注釈民事訴訟法

第4巻

第一審の訴訟手続(2)
§§179〜280

高田裕成・三木浩一
山本克己・山本和彦
編集

有斐閣 コンメンタール

目　　次

第2編　第一審の訴訟手続

第4章　証　　拠

【証拠前注】…………………………………………（大村雅彦）… 1

第1節　総　　則
§179〔証明することを要しない事実〕……………（佐藤鉄男）… 61
§180〔証拠の申出〕…………………………………（同）… 96
§181〔証拠調べを要しない場合〕…………………（同）…106
§182〔集中証拠調べ〕………………………………（同）…117
§183〔当事者の不出頭の場合の取扱い〕…………（同）…126
§184〔外国における証拠調べ〕……………………（手嶋あさみ）…133
§185〔裁判所外における証拠調べ〕………………（花村良一）…151
§186〔調査の嘱託〕…………………………………（濱本章子）…160
§187〔参考人等の審尋〕……………………………（同）…166
§188〔疎明〕…………………………………………（同）…169
§189〔過料の裁判の執行〕…………………………（同）…173

第2節　証人尋問
§190〔証人義務〕……………………………………（山本克己）…178
§191〔公務員の尋問〕………………………………（同）…190
§192〔不出頭に対する過料等〕……………………（今津綾子）…205
§193〔不出頭に対する罰金等〕……………………（同）…211
§194〔勾引〕…………………………………………（安西明子）…213
§195〔受命裁判官等による証人尋問〕……………（同）…215
§196〔証言拒絶権〕…………………………………（内海博俊）…220
§197 ………………………………………………（杉山悦子）…236

§198〔証言拒絶の理由の疎明〕……………………………（今津綾子）…254
§199〔証言拒絶についての裁判〕…………………………（同）…257
§200〔証言拒絶に対する制裁〕……………………………（同）…261
§201〔宣誓〕…………………………………………………（安西明子）…264
§202〔尋問の順序〕…………………………………………（同）…273
§203〔書類に基づく陳述の禁止〕…………………………（同）…289
§203条の2〔付添い〕………………………………………（同）…292
§203条の3〔遮へいの措置〕………………………………（同）…295
§204〔映像等の送受信による通話の方法による尋問〕……（同）…298
§205〔尋問に代わる書面の提出〕…………………………（同）…304
§206〔受命裁判官等の権限〕………………………………（同）…310

第3節　当事者尋問

§207〔当事者本人の尋問〕…………………………………（町村泰貴）…312
§208〔不出頭等の効果〕……………………………………（同）…325
§209〔虚偽の陳述に対する過料〕…………………………（同）…331
§210〔証人尋問の規定の準用〕……………………………（同）…336
§211〔法定代理人の尋問〕…………………………………（同）…340

第4節　鑑　定

§212〔鑑定義務〕……………………………………………（町村泰貴）…342
§213〔鑑定人の指定〕………………………………………（同）…352
§214〔忌避〕…………………………………………………（同）…361
§215〔鑑定人の陳述の方式等〕……………………………（同）…368
§215の2〔鑑定人質問〕……………………………………（同）…382
§215の3〔映像等の送受信による通話の方法による陳述〕
　　　　………………………………………………………（同）…387
§215の4〔受命裁判官等の権限〕…………………………（同）…391
§216〔証人尋問の規定の準用〕……………………………（同）…393
§217〔鑑定証人〕……………………………………………（同）…397
§218〔鑑定の嘱託〕…………………………………………（同）…399

第5節　書　証

§219〔書証の申出〕……………………………………（名津井吉裕）…404
§220〔文書提出義務〕…………………………………（三木浩一）…486
§221〔文書提出命令の申立て〕…………………………（同）…551
§222〔文書の特定のための手続〕………………………（同）…559
§223〔文書提出命令等〕…………………………………（同）…570
§224〔当事者が文書提出命令に従わない場合等の効果〕
　　　……………………………………………………（名津井吉裕）…623
§225〔第三者が文書提出命令に従わない場合の過料〕…（同）…678
§226〔文書送付の嘱託〕…………………………………（同）…684
§227〔文書の留置〕………………………………………（同）…700
§228〔文書の成立〕………………………………………（同）…705
§229〔筆跡等の対照による証明〕………………………（同）…773
§230〔文書の成立の真正を争った者に対する過料〕……（同）…788
§231〔文書に準ずる物件への準用〕……………………（同）…802

第6節　検　証

§232〔検証の目的の提示等〕……………………………（手嶋あさみ）…827
§233〔検証の際の鑑定〕…………………………………（同）…860

第7節　証拠保全

§234〔証拠保全〕…………………………………………（德岡由美子）…868
§235〔管轄裁判所等〕……………………………………（同）…877
§236〔相手方の指定ができない場合の取扱い〕………（同）…880
§237〔職権による証拠保全〕……………………………（同）…882
§238〔不服申立ての不許〕………………………………（同）…884
§239〔受命裁判官による証拠調べ〕……………………（同）…885
§240〔期日の呼出し〕……………………………………（同）…886
§241〔証拠保全の費用〕…………………………………（同）…888
§242〔口頭弁論における再尋問〕………………………（同）…890

第5章　判　　決

§243〔終局判決〕………………………………………（中西正）…892
§244 ………………………………………………………（同）…915
§245〔中間判決〕………………………………………（同）…927
§246〔判決事項〕………………………………………（山本和彦）…938
§247〔自由心証主義〕…………………………………（同）…975
§248〔損害額の認定〕…………………………………（同）…1017
§249〔直接主義〕………………………………………（山田文）…1045
§250〔判決の発効〕……………………………………（久保井恵子）…1063
§251〔言渡期日〕………………………………………（同）…1068
§252〔言渡しの方式〕…………………………………（同）…1073
§253〔判決書〕…………………………………………（同）…1078
§254〔言渡しの方式の特則〕…………………………（同）…1112
§255〔判決書等の送達〕………………………………（同）…1116
§256〔変更の判決〕……………………………………（松原弘信）…1120
§257〔更正決定〕………………………………………（同）…1129
§258〔裁判の脱漏〕……………………………………（同）…1144
§259〔仮執行の宣言〕…………………………………（同）…1154
§260〔仮執行の宣言の失効及び原状回復等〕………（同）…1187

第6章　裁判によらない訴訟の完結

§261〔訴えの取下げ〕…………………………………（越山和広）…1205
§262〔訴えの取下げの効果〕…………………………（同）…1235
§263〔訴えの取下げの擬制〕…………………………（同）…1246
§264〔和解条項案の書面による受諾〕………………（中西正）…1261
§265〔裁判所等が定める和解条項〕…………………（同）…1268
§266〔請求の放棄又は認諾〕…………………………（同）…1276
§267〔和解調書等の効力〕……………………………（同）…1287

目　次

第7章　大規模訴訟に関する特則

§268〔大規模訴訟に係る事件における受命裁判官による証人等の尋問〕………………………………………（越山和広）…1316

§269〔大規模訴訟に係る事件における合議体の構成〕…（同）…1335

§269の2〔特許権等に関する訴えに係る事件における合議体の構成〕………………………………………………（同）…1345

第8章　簡易裁判所の訴訟手続に関する特則

§270〔手続の特色〕…………………………（川嶋四郎）…1351

§271〔口頭による訴えの提起〕………………………（同）…1363

§272〔訴えの提起において明らかにすべき事項〕………（同）…1368

§273〔任意の出頭による訴えの提起等〕………………（同）…1374

§274〔反訴の提起に基づく移送〕………………………（同）…1379

§275〔訴え提起前の和解〕………………………………（同）…1388

§275の2〔和解に代わる決定〕…………………………（同）…1409

§276〔準備書面の省略等〕………………………………（同）…1421

§277〔続行期日における陳述の擬制〕…………………（同）…1432

§278〔尋問等に代わる書面の提出〕……………………（同）…1437

§279〔司法委員〕…………………………………………（同）…1447

§280〔判決書の記載事項〕………………………………（同）…1463

事項索引　（1473）

判例索引　（1495）

凡　例

1　関 係 法 令

　関係法令は，平成 28 年 10 月 1 日現在によった。

2　条　　文

　条文は原文通りとした。ただし，数字はアラビア数字に改めた。

3　法令の略記

　民事訴訟法は，単に条数のみをもって示した。また，民事訴訟規則については，「規」と表記した。その他の法令については，原則として有斐閣『六法全書』の法令名略語によった。

4　他の注釈の参照指示

　他の注釈箇所を参照するよう指示する場合には，次のように表示した。

　　→ §286 Ⅳ3(1)参照　　286 条の解説のⅣ3(1)の項を参照

5　判例の略記

　判例の引用にあたっては，以下の略記法を用いた。

　　最判昭 42・7・21 民集 21 巻 6 号 1663 頁

　　　＝最高裁判所昭和 42 年 7 月 21 日判決，最高裁判所民事判例集 21 巻 6 号 1663 頁

　　大決昭 15・2・21 民集 19 巻 267 頁

　　　＝大審院昭和 15 年 2 月 21 日決定，大審院民事判例集 19 巻 267 頁

　　東京高判平 6・5・30 判時 1504 号 93 頁

　　　＝東京高等裁判所平成 6 年 5 月 30 日判決，判例時報 1504 号 93 頁

　　名古屋高金沢支判昭 48・9・19 高民 26 巻 3 号 293 頁

　　　＝名古屋高等裁判所金沢支部昭和 48 年 9 月 19 日判決，高等裁判所民事判例集 26 巻 3 号 293 頁

　　京都地判昭 40・9・21 下民 16 巻 9 号 1429 頁

　　　＝京都地方裁判所昭和 40 年 9 月 21 日判決，下級裁判所民事裁判例集 16 巻 9 号 1429 頁

6　判例集等略語

彙　報	判例彙報
下　刑	下級裁判所刑事裁判例集
家　月	家庭裁判月報

凡　例

下　民	下級裁判所民事裁判例集
行　集	行政事件裁判例集
行　録	行政裁判所判決録
刑　月	刑事裁判月報
刑　集	大審院（最高裁判所）刑事判例集
刑　録	大審院刑事判決録
高　刑	高等裁判所刑事判例集
高　民	高等裁判所民事判例集
交通民集	交通事故民事裁判例集
最近判	最近判例集（法律新報社）
裁　時	裁判所時報
裁判集民	最高裁判所裁判集民事
裁判例	大審院裁判例（法律新聞社）
訟　月	訟務月報
新　聞	法律新聞〔戦前のもの〕
東高民時報	東京高等裁判所民事判決時報
判決全集	大審院判決全集
判例拾遺	大審院判例拾遺
評論○○巻民訴○○頁	法律〔学説判例〕評論全集○○巻民事訴訟法○○頁
民　集	大審院（最高裁判所）民事判例集
民　録	大審院民事判決録
要旨集民訴	裁判例要旨集民事訴訟法
労働資料	労働資料速報
労　民	労働関係民事裁判例集
TKC文献番号	TKCローライブラリーに収録されているLEX/DBインターネットの文献番号

7　引用文献の略記
① 文献を引用する際には，後掲9の文献略語に掲げるものをのぞき，著者（執筆者）の姓名，書名（論文名），巻数または号数（掲載誌とその巻号または号），刊行年，参照頁を掲記した。
② 判例批評については，次の略記法を用いた。
　鈴木正裕〔判批〕民商○巻○号○頁
　青山善充・民訴百選Ⅱ○頁

8　雑　誌　略　語
一　法　　　一橋大学研究年報法学研究　　　一　論　　　一橋論叢

関　法	法学論集（関西大学）	法　学	法学（東北大学）
金　判	金融・商事判例	法　協	法学協会雑誌（東京大学）
金　法	金融法務事情	法　教	法学教室
銀　法	銀行法務21	法　研	法学研究（慶應義塾大学）
神　戸	神戸法学雑誌	法　雑	法学雑誌（大阪市立大学）
国　際	国際法外交雑誌	法　時	法律時報
戸　時	戸籍時報	法　セ	法学セミナー
際　商	国際商事法務	法　政	法政研究（九州大学）
司　研	司法研修所論集	法　論	法律論叢（明治大学）
私　法	私法（日本私法学会）	民　月	民事月報
ジュリ	ジュリスト	民　商	民商法雑誌
志　林	法学志林（法政大学）	民訴雑誌	民事訴訟雑誌
新　報	法学新報（中央大学）	明　学	明治学院論叢法学研究
曹　時	法曹時報	名　城	名城法学
日　法	日本法学	名　法	名古屋大学法政論集
判　時	判例時報	立　教	立教法学
判　タ	判例タイムズ	立　命	立命館法学
判　評	判例評論（判例時報付録）	リマークス	私法判例リマークス
阪　法	阪大法学	論　叢	法学論叢（京都大学）
ひろば	法律のひろば		

9　文献略語

① 体系書，注釈書，論文集

青山古稀	青山善充先生古稀祝賀論文集『民事手続法学の新たな地平』（有斐閣，2009年）
秋山ほかI〔2版〕・〔2版追補版〕，II〔2版〕，III，IV，V，VI，VII	秋山幹男＝伊藤眞＝加藤新太郎＝髙田裕成＝福田剛久＝山本和彦（菊井維大＝村松俊夫原著）『コンメンタール民事訴訟法I〔第2版〕・〔第2版追補版〕，II〔第2版〕，III，IV，V，VI』（日本評論社，2006年・2014年（I），2006年（II），2008年（III），2010年（IV），2012年（V），2014年（VI），2016年（VII））
石川古稀上，下	石川明先生古稀祝賀『現代社会における民事手続法の展開上，下』（商事法務，2002年）
一問一答	法務省民事局参事官室編『一問一答新民事訴訟法』（商事法務研究会，1996年）
一問一答平成15年	小野瀬厚＝武智克典編著『一問一答平成15年改正民事訴訟法』（商事法務，2004年）

凡　例

一問一答平成 16 年	小野瀬厚＝原司編著『一問一答平成 16 年改正民事訴訟法・非訟事件手続法・民事執行法』（商事法務，2005 年）
一問一答平成 23 年	佐藤達文＝小林康彦編著『一問一答平成 23 年民事訴訟法等改正──国際裁判管轄法制の整備』（商事法務，2012 年）
伊藤喜寿	伊藤滋夫先生喜寿記念『要件事実・事実認定論と基礎法学の新たな展開』（青林書院，2009 年）
伊東・研究	伊東乾『民事訴訟法研究』（酒井書店，1968 年）
伊東乾古稀	伊東乾教授古稀記念論文集『民事訴訟の理論と実践』（慶應通信，1991 年）
伊藤〔3 版再訂版〕，〔3 版 3 訂版〕，〔3 版 4 訂版〕，〔4 版〕，〔4 版補訂版〕	伊藤眞『民事訴訟法〔第 3 版再訂版〕，〔第 3 版 3 訂版〕，〔第 3 版 4 訂版〕，〔第 4 版〕，〔第 4 版補訂版〕』（有斐閣，2006 年，2008 年，2010 年，2011 年，2014 年）
伊藤・当事者	伊藤眞『民事訴訟の当事者』（弘文堂，1978 年）
伊藤眞古稀	伊藤眞先生古稀祝賀論文集『民事手続の現代的使命』（有斐閣，2015 年）
井上・法理	井上治典『多数当事者訴訟の法理』（弘文堂，1981 年）
井上追悼	井上治典先生追悼論文集『民事紛争と手続理論の現在』（法律文化社，2008 年）
井上＝伊藤＝佐上	井上治典＝伊藤眞＝佐上善和『これからの民事訴訟法』（日本評論社，1984 年）
岩松還暦	岩松三郎裁判官還暦記念『訴訟と裁判』（有斐閣，1956 年）
上田〔4 版〕，〔5 版〕，〔6 版〕，〔7 版〕	上田徹一郎『民事訴訟法〔第 4 版〕，〔第 5 版〕，〔第 6 版〕，〔第 7 版〕』（法学書院，2004 年，2007 年，2009 年，2011 年）
上田・判決効	上田徹一郎『判決効の範囲』（有斐閣，1985 年）
梅本〔新版〕，〔3 版〕，〔4 版〕	梅本吉彦『民事訴訟法〔新版〕，〔第 3 版〕，〔第 4 版〕』（信山社，2006 年，2007 年，2009 年）
笠井＝越山編・新コンメ〔初版〕，〔2 版〕	笠井正俊＝越山和広編『新・コンメンタール民事訴訟法〔初版〕，〔第 2 版〕』（日本評論社，2010 年，2013 年）
賀集ほか編・基本法コンメ(1)〜(3)〔3 版〕，〔3 版追補版〕	賀集唱＝松本博之＝加藤新太郎編『基本法コンメンタール民事訴訟法 1 〜 3〔第 3 版〕，〔第 3 版追補版〕』（日本評論社，2007 年〜 2008 年，2012 年）
加藤・要論	加藤正治『新訂民事訴訟法要論』（有斐閣，1951 年）
兼子・概論	兼子一『民事訴訟法概論』（岩波書店，1938 年）
兼子・研究(1)〜(3)	兼子一『民事法研究一巻〜三巻』（酒井書店，1950 年〜 1969 年〔増補 1976 年〕）

兼子・実体法	兼子一『実体法と訴訟法』（有斐閣，1957 年）
兼子・条解上	兼子一『条解民事訴訟法上』（弘文堂，1955 年）
兼子・体系	兼子一『新修民事訴訟法体系〔増訂版〕』（酒井書店，1965 年）
兼子・判例民訴	兼子一『判例民事訴訟法』（弘文堂，1950 年）
兼子＝竹下・民訴〔新版〕	兼子一＝竹下守夫『民事訴訟法（法律学講座双書）〔新版〕』（弘文堂，1993 年）
兼子＝竹下・裁判〔4版〕	兼子一＝竹下守夫『裁判法（法律学全集）〔第4版〕』（有斐閣，1999 年）
兼子ほか・条解	兼子一＝松浦馨＝新堂幸司＝竹下守夫『条解民事訴訟法』（弘文堂，1986 年）
兼子ほか・条解〔2版〕	兼子一原著／松浦馨＝新堂幸司＝竹下守夫＝高橋宏志＝加藤新太郎＝上原敏夫＝高田裕成『条解民事訴訟法〔第2版〕』（弘文堂，2011 年）
兼子還暦上，中，下	兼子一博士還暦記念『裁判法の諸問題上，中，下』（有斐閣，1969 年〜1970 年）
河 野	河野正憲『民事訴訟法』（有斐閣，2009 年）
木川・序説	木川統一郎『民事訴訟政策序説』（有斐閣，1968 年）
木川・政策研究	木川統一郎『比較民事訴訟政策の研究』（有斐閣，1972 年）
木川古稀上，中，下	木川統一郎博士古稀祝賀『民事裁判の充実と促進上巻，中巻，下巻』（判例タイムズ社，1994 年）
菊井・講義	菊井維大『民事訴訟法講義』（弘文堂，1955 年）
菊井上，下	菊井維大『民事訴訟法上，下』（弘文堂，1958 年）
菊井＝村松Ⅰ	菊井維大＝村松俊夫『全訂民事訴訟法Ⅰ〔補訂版〕』（日本評論社，1993 年）
菊井＝村松Ⅱ	菊井維大＝村松俊夫『全訂民事訴訟法Ⅱ』（日本評論社，1989 年）
菊井＝村松Ⅲ	菊井維大＝村松俊夫『全訂民事訴訟法Ⅲ』（日本評論社，1986 年）
菊井献呈上，下	菊井維大先生献呈論集『裁判と法上，下』（有斐閣，1967 年）
吉川追悼上，下	吉川大二郎博士追悼論集『手続法の理論と実践上，下』（法律文化社，1980 年，1981 年）
旧注釈民訴(1)〜(9)	新堂幸司＝鈴木正裕＝竹下守夫編集代表『注釈民事訴訟法第1巻〜第9巻』（有斐閣，1991 年〜1998 年）
倉田・証明	倉田卓次『民事実務と証明論』（日本評論社，1987 年）

凡例		
研究会	竹下守夫＝青山善充＝伊藤眞編集代表『研究会新民事訴訟法――立法・解釈・運用（ジュリスト増刊）』（有斐閣，1999年）	
小　島	小島武司『民事訴訟法』（有斐閣，2013年）	
小島・法理	小島武司『民事訴訟の基礎法理』（有斐閣，1988年）	
小島・理論	小島武司『訴訟制度改革の理論』（弘文堂，1977年）	
小島＝高桑編	小島武司＝高桑昭編『注解仲裁法』（青林書院，1988年）	
小島古稀上，下	小島武司先生古稀祝賀『民事司法の法理と政策上，下』（商事法務，2008年）	
小林・証拠法〔2版〕	小林秀之『新証拠法〔第2版〕』（弘文堂，2003年）	
小室・研究	小室直人『上訴制度の研究』（有斐閣，1961年）	
小室ほか編・基本法コンメ(1)～(3)〔2版〕	小室直人＝賀集唱＝松本博之＝加藤新太郎編『基本法コンメンタール新民事訴訟法1～3〔第2版〕』（日本評論社，2003年）	
小室＝小山還暦上，中，下	小室直人＝小山昇先生還暦記念『裁判と上訴上，中，下』（有斐閣，1980年）	
小山〔五訂版〕，〔新版〕	小山昇『民事訴訟法（現代法律学全集）〔五訂版〕，〔新版〕』（青林書院，1989年，2001年）	
小山・著作集(1)～(13)	小山昇『小山昇著作集1巻～13巻』（信山社，1990年～1994年）	
小山・論集	小山昇『訴訟物論集〔増補版〕』（有斐閣，1972年）	
近藤・論考Ⅰ～Ⅳ	近藤完爾『近藤完爾民事訴訟論考Ⅰ～Ⅳ』（判例タイムズ社，1978年）	
斎　藤	斎藤秀夫『民事訴訟法概論〔新版〕』（有斐閣，1982年）	
斎藤編・旧注解民訴(1)～(7)	斎藤秀夫編著『注解民事訴訟法(1)～(7)』（第一法規出版，1968年～1981年）	
斎藤ほか編・注解民訴(1)～(12)	斎藤秀夫＝小室直人＝西村宏一＝林屋礼二編著『注解民事訴訟法〔第2版〕(1)～(12)』（第一法規出版，1991年～1996年）	
坂田・処分権主義	坂田宏『民事訴訟における処分権主義』（有斐閣，2001年）	
坂原・既判力	坂原正夫『民事訴訟法における既判力の研究』（慶應義塾大学法学研究会，1993年）	
澤木＝青山編	澤木敬郎＝青山善充編『国際民事訴訟法の理論』（有斐閣，1987年）	
条解規則〔初版〕，〔増補版〕	最高裁判所事務総局民事局監修『条解民事訴訟規則〔初版〕，〔増補版〕』（司法協会，1997年，2004年）	

新堂〔3版補正版〕，〔4版〕，〔5版〕	新堂幸司『新民事訴訟法〔第3版補正版〕，〔第4版〕，〔第5版〕』（弘文堂，2005年，2008年，2011年）
新堂・旧	新堂幸司『民事訴訟法〔第2版補正版〕』（弘文堂，1990年）
新堂・争点効上，下	新堂幸司『訴訟物と争点効上，下』（有斐閣，1988年，1991年）
新堂・展開	新堂幸司『民事訴訟法学の展開』（有斐閣，2000年）
新堂・判例	新堂幸司『判例民事手続法』（弘文堂，1994年）
新堂・役割	新堂幸司『民事訴訟制度の役割』（有斐閣，1993年）
新堂編・特別講義	新堂幸司編著『特別講義民事訴訟法』（有斐閣，1988年）
新堂古稀上，下	新堂幸司先生古稀祝賀『民事訴訟法理論の新たな構築上，下』（有斐閣，2001年）
鈴木古稀	鈴木正裕先生古稀祝賀『民事訴訟法の史的展開』（有斐閣，2002年）
住吉・判決効	住吉博『訴訟的救済と判決効』（弘文堂，1985年）
住吉・民訴判例	住吉博『民事訴訟判例評釈』（法学書院，1978年）
住吉・論集Ⅰ，Ⅱ	住吉博『民事訴訟論集1巻，2巻』（法学書院，1978年，1981年）
染野古稀	染野義信博士古稀記念論文集『民事訴訟法の現代的構築』（勁草書房，1989年）
高桑＝道垣内編	高桑昭＝道垣内正人編『国際民事訴訟法（財産法関係）』（青林書院，2002年）
高橋上〔初版〕，〔2版〕，〔2版補訂版〕／下〔初版〕，〔補訂版〕，〔補訂2版〕，〔2版〕，〔2版補訂版〕	高橋宏志『重点講義民事訴訟法上〔初版〕，〔第2版〕，〔第2版補訂版〕／下〔初版〕，〔補訂版〕，〔補訂第2版〕，〔第2版〕，〔第2版補訂版〕』（有斐閣，2005年，2011年，2013年／2004年，2006年，2010年，2012年，2014年）
高橋・概論	高橋宏志『民事訴訟法概論』（有斐閣，2016年）
竹下古稀	竹下守夫先生古稀記念『権利実現過程の基本構造』（有斐閣，2002年）
谷口・口述	谷口安平『口述民事訴訟法』（成文堂，1987年）
谷口＝井上編(1)～(6)	谷口安平＝井上治典編『新・判例コンメンタール民事訴訟法1～6』（三省堂，1993年～1995年）
谷口古稀	谷口安平先生古稀祝賀『現代民事司法の諸相』（成文堂，2005年）
田原古稀上，下	田原睦夫先生古稀・最高裁判事退官記念論文集『現代民事法の実務と理論上，下』（金融財政事情研究会，2013年）

凡　例

注解民執(1)～(8)	鈴木忠一＝三ヶ月章編『注解民事執行法1～8』（第一法規出版，1984年～1985年）
飛澤・逐条解説	飛澤知行編著『逐条解説・対外国民事裁判権法』（商事法務，2009年）
中田・法理	中田淳一『訴と判決の法理』（有斐閣，1972年）
中田・研究	中田淳一『民事訴訟判例研究』（有斐閣，1972年）
中田・講義	中田淳一『民事訴訟法講義上巻』（有信堂，1954年）
中田・訴訟	中田淳一『訴訟及び仲裁の法理』（有信堂，1953年）
中田還暦上，下	中田淳一先生還暦記念『民事訴訟の理論上，下』（有斐閣，1969年，1970年）
中野・解説	中野貞一郎『解説新民事訴訟法』（有斐閣，1997年）
中野・現在問題	中野貞一郎『民事手続の現在問題』（判例タイムズ社，1989年）
中野・推認	中野貞一郎『過失の推認〔増補版〕』（弘文堂，1987年）
中野・訴訟関係	中野貞一郎『訴訟関係と訴訟行為』（弘文堂，1961年）
中野・民執	中野貞一郎『民事執行法〔増補新訂6版〕』（青林書院，2010年）
中野・論点Ⅰ，Ⅱ	中野貞一郎『民事訴訟法の論点Ⅰ，Ⅱ』（判例タイムズ社，1994年，2001年）
中野古稀上，下	中野貞一郎先生古稀祝賀『判例民事訴訟法の理論上，下』（有斐閣，1995年）
中野＝松浦＝鈴木編〔2版補訂版〕，〔2版補訂2版〕	中野貞一郎＝松浦馨＝鈴木正裕編『新民事訴訟法講義（有斐閣大学双書）〔第2版補訂版〕，〔第2版補訂2版〕』（有斐閣，2006年，2008年）
中村還暦	中村宗雄教授還暦祝賀論集『訴訟法学と実体法学』（早稲田大学法学会，1955年）
中村古稀	中村宗雄先生古稀祝賀記念論集『民事訴訟の法理』（敬文堂，1965年）
林屋〔2版〕	林屋礼二『新民事訴訟法概要〔第2版〕』（有斐閣，2004年）
福永・当事者論	福永有利『民事訴訟当事者論』（有斐閣，2004年）
福永古稀	福永有利先生古稀記念『企業紛争と民事手続法理論』（商事法務，2005年）
細野・要義(1)～(5)	細野長良『民事訴訟法要義一巻～五巻』（巌松堂，1930年～1937年）
松岡・註釈(1)～(6)	松岡義正『新民事訴訟法註釈一巻～六巻』（清水書店，1929年～1939年）

松田記念上，下	松田二郎判事在職四十年記念『会社と訴訟上，下』（有斐閣，1968年）
松本＝上野〔4版〕，〔5版〕，〔6版〕，〔7版〕，〔8版〕	松本博之＝上野㤗男『民事訴訟法〔第4版〕，〔第5版〕，〔第6版〕，〔第7版〕，〔第8版〕』（弘文堂，2005年，2008年，2010年，2012年，2015年）
松本＝河野＝徳田編・立法資料〔10〕～〔14〕	松本博之＝河野正憲＝徳田和幸編著『日本立法資料全集10～14民事訴訟法（大正改正編）(1)～(5)』（信山社，1993年）
松本古稀	松本博之先生古稀祝賀論文集『民事手続法制の展開と手続原則』（弘文堂，2016年）
三ヶ月・研究(1)～(10)	三ヶ月章『民事訴訟法研究一巻～十巻』（有斐閣，1962年～1989年）
三ヶ月・全集	三ヶ月章『民事訴訟法（法律学全集）』（有斐閣，1959年）
三ヶ月・双書〔3版〕	三ヶ月章『民事訴訟法（法律学講座双書）〔第3版〕』（弘文堂，1992年）
三ヶ月・判例民訴	三ヶ月章『判例民事訴訟法』（弘文堂，1974年）
三ヶ月古稀上，中，下	三ヶ月章先生古稀祝賀『民事手続法学の革新上巻，中巻，下巻』（有斐閣，1991年）
三木・手続運営	三木浩一『民事訴訟における手続運営の理論』（有斐閣，2013年）
三木ほか〔2版〕	三木浩一＝笠井正俊＝垣内秀介＝菱田雄郷『民事訴訟法（LEGAL QUEST）〔第2版〕』（有斐閣，2015年）
三谷・再審	三谷忠之『民事再審の法理』（法律文化社，1988年）
三宅＝塩崎＝小林編・注解Ⅰ，Ⅱ	三宅省三＝塩崎勤＝小林秀之編集代表『注解民事訴訟法Ⅰ，Ⅱ』（青林書院，2000年，2002年）
村松・研究(1)～(3)	村松俊夫『民事裁判研究Ⅰ民事裁判の研究，Ⅱ民事裁判の諸問題，Ⅲ民事裁判の理論と実務』（有信堂，1967年）
村松・雑考	村松俊夫『民訴雑考』（日本評論社，1959年）
村松ほか編(1)～(3)	村松俊夫＝小山昇＝中野貞一郎＝倉田卓次＝賀集唱編『判例コンメンタール14～16民事訴訟法〔増補版〕Ⅰ～Ⅲ』（三省堂，1984年）
山木戸・研究	山木戸克己『民事訴訟理論の基礎的研究』（有斐閣，1961年）
山木戸・講義	山木戸克己『民事訴訟法講義〔第4版〕』（三和書房，1956年）
山木戸・論集	山木戸克己『民事訴訟法論集』（有斐閣，1990年）

凡　例

山木戸還暦上, 下	山木戸克己教授還暦記念『実体法と手続法の交錯上, 下』（有斐閣, 1974年, 1978年）
山田(1)～(4)	山田正三『改正民事訴訟法第1巻～第4巻』（弘文堂書房, 1928年～1931年）
山本・基本問題	山本和彦『民事訴訟法の基本問題』（判例タイムズ社, 2002年）
山本・現代的課題	山本和彦『民事訴訟法の現代的課題』（有斐閣, 2016年）
吉川追悼上, 下	吉川大二郎先生追悼論集『手続法の理論と実践上, 下』（法律文化社, 1980年（上), 1981年（下））
吉村＝竹下＝谷口	吉村徳重＝竹下守夫＝谷口安平編『講義民事訴訟法〔第2版補正版〕』（青林書院, 1991年）
竜嵜還暦	竜嵜喜助先生還暦記念『紛争処理と正義』（有斐閣出版サービス, 1988年）

② 講座・演習

演習講座上, 下	菊井維大編『全訂民事訴訟法上, 下（現代法律学演習講座）』（青林書院新社, 1963年, 1966年）
演習民訴上, 下	小山昇＝中野貞一郎＝松浦馨＝竹下守夫編『演習民事訴訟法上, 下』（青林書院新社, 1973年）
演習民訴〔新版〕	小山昇＝中野貞一郎＝松浦馨＝竹下守夫編『演習民事訴訟法』（青林書院, 1987年）
演習民訴(1)	鈴木正裕＝井上治典＝上田徹一郎＝谷口安平＝福永有利＝吉村徳重『演習民事訴訟法』（有斐閣, 1982年）
演習民訴(2)	新堂幸司＝伊藤眞＝井上治典＝梅本吉彦＝小島武司＝霜島甲一＝高橋宏志『演習民事訴訟法2』（有斐閣, 1985年）
講座民訴(1)～(7)	新堂幸司編集代表『講座民事訴訟①～⑦』（弘文堂, 1983年～1985年）
講座新民訴(1)～(3)	竹下守夫編集代表『講座新民事訴訟法Ⅰ～Ⅲ』（弘文堂, 1998年, 1999年）
実務ノート(1)	宮川種一郎＝賀集唱編『民事実務ノート第1巻』（判例タイムズ社, 1968年）
実務ノート(2)	本井巽＝中村修三編『民事実務ノート第2巻』（判例タイムズ社, 1968年）
実務ノート(3)	本井巽＝賀集唱編『民事実務ノート第3巻』（判例タイムズ社, 1969年）
実務民訴(1)～⑽	鈴木忠一＝三ヶ月章監修『実務民事訴訟講座1巻～10巻』（日本評論社, 1969年～1971年）

実務民訴第3期(1)～(6)	新堂幸司監修，高橋宏志＝加藤新太郎編『実務民事訴訟講座〔第3期〕1巻～6巻』（日本評論社，2012年～2014年）
実例民訴上，下	兼子一編『実例法学全集民事訴訟法上，下』（青林書院新社，1963年，1965年）
証拠法大系(1)～(5)	門口正人編集代表『民事証拠法大系1巻～5巻』（青林書院，2003年～2007年）
新実務民訴(1)～(14)	鈴木忠一＝三ヶ月章監修『新・実務民事訴訟講座1巻～14巻』（日本評論社，1981年～1984年）
新民訴演習Ⅰ，Ⅱ	三ヶ月章＝中野貞一郎＝竹下守夫編『新版・民事訴訟法演習Ⅰ，Ⅱ』（有斐閣，1983年）
新大系(1)～(4)	三宅省三＝塩崎勤＝小林秀之編集代表『新民事訴訟法大系1巻～4巻』（青林書院，1997年）
展望判例法Ⅰ，Ⅱ	後藤勇＝山口和男編『展望判例法1，2』（判例タイムズ社，1983年，1984年）
判例演習	小室直人編『判例演習講座民事訴訟法』（世界思想社，1973年）
判例実務(1)～(3)	牧山市治＝山口和男編『民事判例実務研究1巻～3巻』（判例タイムズ社，1980年～1983年）
判例実務(4)	山本矩夫＝山口和男編『民事判例実務研究4巻』（判例タイムズ社，1985年）
判例実務(5)，(6)	藤原弘道＝山口和男編『民事判例実務研究5巻，6巻』（判例タイムズ社，1989年）
判例実務(7)，(8)	後藤勇＝山口和男編『民事判例実務研究7巻，8巻』（判例タイムズ社，1991年，1992年）
判例実務(9)，(10)	藤原弘道＝松山恒昭編『民事判例実務研究9巻，10巻』（判例タイムズ社，1995年）
法学演習	伊東乾＝木川統一郎＝中村英郎編『法学演習講座民事訴訟法』（法学書院，1971年）
法律実務(1)～(6)	岩松三郎＝兼子一編『法律実務講座民事訴訟編1巻～6巻』（有斐閣，1958年～1963年）
民事法の諸問題Ⅰ～Ⅳ	近藤完爾＝浅沼武編『民事法の諸問題Ⅰ～Ⅳ』（判例タイムズ社，1965年～1971年）
民事法の諸問題Ⅴ	宮川種一郎＝中野貞一郎編『民事法の諸問題Ⅴ』（判例タイムズ社，1972年）
民訴演習Ⅰ，Ⅱ	中田淳一＝三ヶ月章編『民事訴訟法演習Ⅰ，Ⅱ』（有斐閣，1963年，1964年）

民訴講座(1)〜(5)	民事訴訟法学会編『民事訴訟法講座1巻〜5巻』（有斐閣，1954年〜1956年）
民訴ゼミ	林屋礼二＝小島武司編『民事訴訟法ゼミナール』（有斐閣，1985年）

③　その他

学説展望	学説展望（ジュリスト300号）（有斐閣，1964年）
続学説展望	続学説展望（別冊ジュリスト4号）（有斐閣，1965年）
最判解説	最高裁判所判例解説・民事篇（法曹会）
重判解説	重要判例解説（ジュリスト臨時増刊号）（有斐閣）
主判解説	民事主要判例解説（判例タイムズ臨時増刊）（判例タイムズ社，1978年〜1983年），主要民事判例解説（判例タイムズ社，1988年〜）
商　判	商事判例研究（有斐閣）
争点〔初版〕	民事訴訟法の争点（法律学の争点シリーズ5）（ジュリスト増刊）（有斐閣，1979年）
争点〔新版〕	民事訴訟法の争点〔新版〕（法律学の争点シリーズ5）（ジュリスト増刊）（有斐閣，1988年）
争点〔3版〕	民事訴訟法の争点〔第3版〕（法律学の争点シリーズ5）（ジュリスト増刊）（有斐閣，1998年）
新・争点	民事訴訟法の争点（新・法律学の争点シリーズ4）（ジュリスト増刊）（有斐閣，2009年）
総判研(1)〜(8)	総合判例研究叢書・民事訴訟法(1)〜(8)（有斐閣，1956年〜1965年）
倒産百選	倒産判例百選（別冊ジュリスト52号）（有斐閣，1976年）
新倒産百選	新倒産判例百選（別冊ジュリスト106号）（有斐閣，1990年）
倒産百選〔3版〕，〔4版〕，〔5版〕	倒産判例百選〔第3版〕（別冊ジュリスト163号），倒産判例百選〔第4版〕（別冊ジュリスト184号），倒産判例百選〔第5版〕（別冊ジュリスト216号）（有斐閣，2002年，2006年，2013年）
判　民	判例民事法（有斐閣）
判例展望	判例展望（ジュリスト500号）（有斐閣，1972年）
続判例展望	続判例展望（別冊ジュリスト39号）（有斐閣，1973年）
法教〈1期〉1号〜8号	法学教室〈第1期〉（別冊ジュリスト）1号〜8号（有斐閣，1961年〜1963年）
法教〈2期〉1号〜8号	法学教室〈第2期〉（ジュリスト別冊）1号〜8号（有斐閣，1973年〜1975年）

民執百選	民事執行法判例百選（別冊ジュリスト127号）（有斐閣，1994年）
民執保百選〔初版〕，〔2版〕	民事執行・保全判例百選〔初版〕（別冊ジュリスト177号），〔第2版〕（別冊ジュリスト208号）（有斐閣，2005年，2012年）
民訴百選	民事訴訟法判例百選（別冊ジュリスト5号）（有斐閣，1965年）
続民訴百選	続民事訴訟法判例百選（別冊ジュリスト36号）（有斐閣，1972年）
民訴百選〔2版〕	民事訴訟法判例百選〔第2版〕（別冊ジュリスト76号）（有斐閣，1982年）
民訴百選Ⅰ，Ⅱ〔初版〕	民事訴訟法判例百選Ⅰ，Ⅱ（別冊ジュリスト114号，115号）（有斐閣，1992年）
民訴百選Ⅰ，Ⅱ〔補正版〕	民事訴訟法判例百選Ⅰ，Ⅱ〔新法対応補正版〕（別冊ジュリスト145号，146号）（有斐閣，1998年）
民訴百選〔3版〕，〔4版〕，〔5版〕	民事訴訟法判例百選〔第3版〕（別冊ジュリスト169号），〔第4版〕（別冊ジュリスト201号），〔第5版〕（別冊ジュリスト226号）（有斐閣，2003年，2010年，2015年）

執筆者紹介 (五十音順)

安西明子（あんざい・あきこ）	上智大学教授
今津綾子（いまづ・あやこ）	東北大学准教授
内海博俊（うちうみ・ひろとし）	立教大学准教授
大村雅彦（おおむら・まさひこ）	中央大学教授
川嶋四郎（かわしま・しろう）	同志社大学教授
久保井恵子（くぼい・けいこ）	松山地方裁判所部総括判事
越山和広（こしやま・かずひろ）	龍谷大学教授
佐藤鉄男（さとう・てつお）	中央大学教授
杉山悦子（すぎやま・えつこ）	一橋大学教授
手嶋あさみ（てじま・あさみ）	東京地方裁判所部総括判事
徳岡由美子（とくおか・ゆみこ）	神戸地方・家庭裁判所姫路支部長
中西正（なかにし・まさし）	神戸大学教授
名津井吉裕（なつい・よしひろ）	大阪大学教授
花村良一（はなむら・りょういち）	元司法研修所上席教官
濱本章子（はまもと・あきこ）	大阪地方裁判所部総括判事
町村泰貴（まちむら・やすたか）	北海道大学教授
松原弘信（まつばら・ひろのぶ）	熊本大学教授
三木浩一（みき・こういち）	慶應義塾大学教授
山田文（やまだ・あや）	京都大学教授
山本和彦（やまもと・かずひこ）	一橋大学教授
山本克己（やまもと・かつみ）	京都大学教授

第4章　証　　拠

【証拠前注】

I　総　説

1　証拠・証明に関する戦後の展開

　証拠ないし証明に関する議論は，その主な舞台を少しずつ変化させながら発展してきた。戦後の学界の最初の大きな論争であった訴訟物論争が徐々に下火になると，次に登場したのが証明責任論争であった。そこでは，もともとドイツ法の影響を受けて我が国で通説となった法律要件分類説が，ドイツで台頭した新たな潮流からする理論的挑戦と，我が国の新たな利益衡量説による実質的公平化の要求との，双方から揺さぶられるという構図がみられた。この論争は証明責任分配基準に関する通説的見解の柔軟化の方向に収束していったが，その基準に従って証明責任を分配しても実質的に公平な処遇とは言い難い場合が生じ（特に証拠の偏在する現代型訴訟と称される領域），その不公平を証明責任以前の自由心証の段階において緩和・調整する種々の方策が論じられるようになった（一応の推定，過失の選択的認定，証明妨害，事案解明義務論，証明度の例外的引下げなど）。
　その後，証拠の偏在という状況を所与の前提として証明負担軽減方策を工夫するだけでなく，そもそも，証明責任を課す前提として当事者の証拠・情報収集権能をより拡充することが公平・公正な裁判のために必要なのではないかとの認識が広く共有され，この方向からの数次の法改正によって証拠収集手段の

〔大村〕

拡充が徐々に図られるに至っている。この動きは，証拠収集権能拡充の反面として，秘密保護への配慮をも伴うものである。

さらに最近になると，これまでの議論が所与の前提としてきた証明度（事実認定に必要とされる証明の程度）の基準につき，通説・判例とされる高度の蓋然性基準に対して根本的な疑問を提起し，優越的蓋然性の基準を原則的証明度として採用することがより公平かつ公正な裁判につながるとの主張が有力化しつつあり，同時に，外部からはブラックボックスともみられる裁判官の心証形成過程の理論的な分析にも目が向けられるようになっている。

証拠収集手段の拡充や証明度に関する議論は，比較法的視点，特に英米法系の制度に触発された面が大きいように思われるが，直輸入の考え方ではなく，我が国の制度や実情に即した理論的・政策的な検討に立脚しているといえる。そしてまた，証明責任論争から始まったこれまでの証拠法上の議論が，学界からの発信に加えて，要件事実論を含む実務界からの種々の問題提起に触発され，理論と実務の両方にまたがる相互作用という姿で展開され，豊穣化されてきたことにも留意する必要がある[1]。

2 事実認定と証拠の必要性

裁判とは，裁判官が法規の適用によって行う判断である。法規を適用するためには，法規の要件に該当する事実の存否を確定する必要がある。事実の存否の確定が法の適用を通じて権利ないし法律関係の存否を左右するのであるから，公正な裁判を受ける権利を国民に保障するためには，事実の存否の確定は裁判官の恣意的な判断を排除して客観的な方法で行われる必要がある。

事実の存否が確定される方法には，いくつかの場合がある。第1に，当事者間に争いのない事実（自白された事実）は，そのまま裁判の基礎とされる（179

---

[1] 証明責任論争は，その理論的対立の激しさのわりには具体的結果においてさほどの懸隔を見いだせなかったと評されている。太田勝造・裁判における証明論の基礎〔1982〕2頁，6頁（以下，「太田・証明論」という）。他方で，修正法律要件分類説と称される立場に象徴されるような，法律要件分類説の柔軟化・実質化の推進という成果をもたらしたともいわれる。伊藤眞＝加藤新太郎＝山本和彦・民事訴訟法の論争〔2007〕110頁〔特に山本和彦発言〕。いずれも的確な見方であろう。さらにいえば，この証明責任論争は，証明責任の分配論による処理の限界，すなわち，（客観的）証明責任以前の段階での問題解決の必要性を明らかにした点に，むしろ重要な功績があったといえよう。

条)。この場合は，弁論主義によって両当事者の意思が優先され，裁判所の事実認定権が排除されている。第2に，裁判所に顕著な事実（公知の事実および職務上顕著な事実）は証明を要しないとされ（179条），そのまま裁判の基礎とされる。この場合は恣意的な判断の恐れはないと法が認めているのである。第3に，これら以外の場合には，事実の確定は，口頭弁論の全趣旨および所定の手続に従った証拠調べの結果に基づいて行われなければならない（247条）。裁判所がそのようにして事実の存否を確定することを，事実認定という[2]。口頭弁論の全趣旨は事実認定の資料としては補充的なものであるから，事実認定の客観性を担保するためには，公開主義・直接主義に基づく所定の手続を経て取り調べられる証拠が最も重要な役割を果たすといえる[3]。

3　証拠ないし証明の概念・種類

証拠は，裁判官の事実認定の際にその判断資料となるものである。証明とは，証拠の提出と証拠調べを通じて事実関係等を明らかにする過程ないしはそのような当事者の活動を指す場合と，事実認定が可能な程度に裁判官の心証が形成された状態を指す場合がある。

証拠ないし証明の概念は，次のように多義的に用いられる。

(1) 証拠方法・証拠資料・証拠原因

証拠という言葉は，厳密には，証拠方法，証拠資料および証拠原因の3つの意味に使い分けられる。

㈦　**証拠方法**　裁判官がその五官の作用によって取り調べることができる有形物をいう。これには人的証拠（人証）と物的証拠（物証）がある。人証には証人，鑑定人および当事者本人が，物証には文書および検証物があり，これらの区別に対応して，証拠調べの手続にも，証人尋問，鑑定，当事者尋問，書証，検証の区別がある。これらの有形物が証拠方法として使用できる適格を証

---

[2] 伊藤〔4版〕327頁。なお，審理を尽くしても事実が存否いずれとも不明の場合には，証明責任の適用により事実が確定される。この場合も，事実認定によらない事実確定である。

[3] 23条1項4号は同一人が証人と裁判官を兼ねることを禁じている。裁判官の個人的な「私知」に基づいて事実認定をすることは，たとえ反対尋問など所定の手続を経たとしても許されないことになり，ましてや，そのような手続を経ないで「私知」が裁判に影響を及ぼすことは許されない。

〔大村〕

証拠前注　I

拠能力という[4]。自由心証主義（247条）の下では，原則として証拠能力に制限はない。もっとも，近時，違法収集証拠の証拠能力については議論のあるところである（この点については，§247の注釈参照）。

　(イ)　**証拠資料**　証拠方法の取調べによって裁判官が感得した内容をいう。前述の証拠調べの区別ごとにいうと，証人の供述（証言），鑑定意見，当事者本人の供述，文書の記載内容，検証の結果がそれである。官庁その他の団体に対する調査嘱託（186条）の結果得られた調査報告の内容なども，証拠資料に含まれる。証拠資料が証明主題たる事実の認定に役立つ程度（裁判官の心証形成に役立つ程度）を，証拠価値，証拠力または証明力という。自由心証主義の下では，証拠価値の評価も裁判官の判断に委ねるのが原則である。

　(ウ)　**証拠原因**　実際に裁判官の心証形成の原因となった資料や審理におけるその他の状況をいう。訴訟資料だけでなく，口頭弁論の全趣旨も証拠原因になり得る（247条）。

(2)　**直接証拠と間接証拠**

　証明の対象が主要事実であるかどうかによる区別である。主要事実を直接に証明するための証拠を直接証拠といい，間接事実や補助事実を証明するための証拠を間接証拠という。間接証拠は，間接事実や補助事実の証明を通じて，最終的に主要事実の存否の認定に役立つ。

(3)　**本証と反証**

　証明の対象についての証明責任の所在による区別である。すなわち，自己が証明責任を負う事実を証明するために提出する証拠を本証といい，相手方が証明責任を負う事実を否定するために提出する証拠を反証という。本証は，その事実の存在について確信を抱いてよい状態にまで裁判官の心証を引き上げなければ目的を達成できないが，反証は，その事実の不存在の確信を抱かせなくと

---

4)　兼子・体系240頁，兼子ほか・条解〔2版〕1009頁〔松浦馨＝加藤新太郎〕，新堂〔5版〕566頁，伊藤〔4版〕328頁ほか。これに対し，証拠資料が心証形成のために利用されうる資格を指して証拠能力という立場もある。三ヶ月・双書〔3版〕419頁，賀集ほか編・基本法コンメ(2)〔3版〕139頁〔松本博之〕など。なお，証拠方法ないし証拠資料が事実認定のために用いられる適性を広く証拠能力と捉える立場もあり（旧注釈民訴(6)20頁〔谷口安平〕），従来，慣用的にはそのように用いられてきた（新・争点188頁〔間淵清史〕参照）。

もよく，存否不明という状態に心証を留めることによって目的を達することができる。存否不明の状態ならば，証明責任を負う当事者に不利に扱われるからである。そこで，本証・反証という言葉は，それぞれの目的を達成するのに足りる証明の程度を指して用いられ，あるいはそのための証明活動を指す意味で用いられることもある。

(4) 証明と疎明

前述のように，証明とは，証拠の提出と証拠調べを通じて事実関係等を明らかにする過程ないしはそのような当事者の活動を指す場合と，事実認定が可能な程度に裁判官の心証が形成された状態を指す場合がある。ここでは後者の意味で証明の概念を用いるが，これとの関係で，事実認定に必要とされる心証の程度によって証明と疎明が区別されるとするのがこれまでの通説的見解である。

裁判の基礎となる事実を認定するには，証明を要するのが原則である。証明があったとしてよい心証の程度（証明度）については，後述のように見解の対立が浮上しているが，通説・判例とされている立場によれば，通常人が疑いを差し挟まない程度に裁判官が真実性の確信を持ち得る高度の蓋然性が基準とされている。この高度蓋然性説によれば，証明と違って，疎明とは，裁判官が一応確からしいとの推測を持ってよい状態をいい（また，そのような状態に至らせるための当事者の証拠提出活動も疎明という），疎明の場合の心証の程度が証明の場合よりも低い点に，両者の本質的な違いを見いだすことになる。また，疎明に用いることのできる証拠方法は，即時に取り調べることができるものに制限されている（188条。例えば，在廷証人，持参文書）。

以上の通説に対し，後述のいわゆる優越的蓋然性説によれば，証明と疎明とでは心証の程度には本質的な違いはなく，ただ証拠方法が即時に取り調べることのできるものに限定されるところに疎明の特徴を見いだすことになる[5]（188条は即時性を規定しているにすぎないとみる）。

訴訟において事実を認定するには，通常は証明が必要である。疎明が用いられるのは明文で規定されている場合であり，主として迅速な処理を要する事項

---

[5] 言い換えれば，後述する解明度の違いであると捉えるのである。伊藤眞「証明，証明度および証明責任」法教254号〔2001〕40頁，三木浩一「民事訴訟における証明度」法学研究83巻1号〔2010〕36頁，50頁。解明度については，後掲注10）参照。

や派生的な手続事項についてである（35条1項・44条1項・91条2項・157条の2・198条等参照）。

(5) 厳格な証明と自由な証明

厳格な証明とは，法定の証拠調べ手続（180条以下）に従った証明をいい，自由な証明とは，法定の手続に必ずしも拘束されないで行われる証明をいう（例えば，証拠申出の方式の簡略化，証拠調べ実施方法の任意化など）。しかし，いずれも証明であるから，要求される心証の程度に差はない。

自由な証明といっても，訴訟上の証明であるから裁判官の私知の利用が認められるわけではないが，法定の証拠調べ手続からどの程度解放されるのか，また，いかなる事項について許されるのかなどについて，必ずしも見解の一致をみていない[6]。請求の当否について判断するのに必要な事実については厳格な証明を要求すべきことに争いはない。他方，職権調査事項とりわけ訴訟要件の判断のための前提事実については，審理の簡易迅速性の尊重という見地から，自由な証明で足りるとする見解が有力であるが[7]，これに対しては，訴訟要件が否定されれば当事者は権利保護を受けることができないのであるから，訴訟要件といえども本案の事実に劣らず重要であり，例えば証拠調べへの立会権を明確な根拠もなしに奪うことは疑問であるとする反対論もある[8]。事柄によっては自由な証明の概念は有用と思われるが，その妥当範囲を慎重に限定するとともに，当事者の手続権保障への配慮が必要であろう[9]。

---

6) したがって，利用の仕方によっては裁判官の私知による裁判となる危険もあると指摘される。高橋下〔2版補訂版〕36頁。なお，外国法と自由な証明につき，同37頁参照。

7) 村松俊夫「証拠における弁論主義」岩松還暦270頁（同・研究(3) 142頁），三ヶ月・双書〔3版〕422頁ほか。訴訟要件や上訴要件のほか，法規や経験則も職権調査事項である（ただし，経験則について自由な証明で足りるか否かは後述のように争いがある）。さらに，自由な証明の対象事項として，決定手続における要証事実を挙げる見解もある。これらの点につき，兼子ほか・条解〔2版〕1011頁〔松浦＝加藤〕，旧注釈民訴(6) 31頁〔谷口〕，新堂〔5版〕576頁参照。

8) 賀集ほか編・基本法コンメ(2)〔3版〕〔松本〕141頁，中野・現在問題145頁（中野説は，民事訴訟においては自由な証明は原則として許されないとする）。

9) 新堂・前掲注7)は，職権調査事項全般ではなく，訴訟要件のうち，比較的形式的で容易に把握できる事実についてのみ自由な証明を許容する立場のようにも解され，このように慎重な立場に立てば，反対論との違いは見かけほど大きくはないのかもしれない。伊藤

(6) 証拠申出と証拠抗弁

証拠申出とは，当事者が事実を証明するために具体的な証拠方法を挙げてその取調べを要求する訴訟行為であり，弁論主義の1局面である。これに対し，証拠抗弁とは，相手方がその違法・不要を理由に当該証拠を取り調べるべきでないと陳述したり，取調べの結果について証拠価値がないから採用すべきでないと陳述したりすることをいう。

4 証明度

証明度という言葉は，かつては，具体的事実について証拠調べの結果得られた心証の程度を指す意味で用いられることもあったが，現在では，事実の認定のために一般に必要とされる心証の程度を指す意味で用いるのが通常である。言い換えれば，裁判官がどの程度の心証を形成することができた場合に事実を認定してよいか（認定すべきか）を示す基準概念である[10]。そして，この証明

〔4版〕331頁はさらに限定的な立場と解される。自由な証明のドイツ法上の沿革も含めて詳細については，髙田昌宏「民事訴訟における自由証明の存在と限界」早稲田法学65巻1号〔1989〕1頁以下（同・自由証明の研究〔2008〕11頁所収）参照。なお，非訟事件手続や家事事件手続においては，裁判所が自由な方式で，かつ強制力によらないで裁判の資料を収集することができる「事実の調査」が明文で定められている（非訟49条，家事56条）。

10) 太田・証明論5頁，加藤新太郎「証明度軽減の法理」木川古稀中113頁（同・手続裁量論〔1996〕所収），同「確信と証明度」鈴木古稀551頁，伊藤滋夫・事実認定の基礎〔1996〕157頁など参照。なお，三木・前掲注5) 17頁。このように，証明度自体は，後述の確信や蓋然性という概念を使わずに定義することができる。

なお，「証明度」に重要な関係を有するが証明度とは異なる概念として，近年，「解明度」や「信頼度」というものが提唱されている。①「解明度」とは，「審理結果の確実性」，すなわち，「十分に証拠調べ・事実審理を尽くした度合いであり，新たな証拠で証明主題の蓋然性が変動することのない程度」を意味する概念である。これには裁判官が審理を打ち切る目安という機能があり，裁判官が確信を抱くには，心証以外にこのような要素を考慮している。証拠調べを尽くせば解明度は高くなるが，必ずしも証拠をたくさん調べればよいということではなく，時間的物理的なコストと，係争利益の絶対量との比較衡量によって，どの程度の解明度で足りるかを判断することになる。太田・証明論108頁。②これに対し，「信頼度」とは，自己（裁判官）の心証に対する信頼の程度を表す概念である。裁判官の心証の程度は「点」ではなく「区間」で捉えなければならず，心証における「ゆらぎ」の幅（区間）が小さければ信頼度も高くなる。同一の心証度であっても，心証形成に用いた情報がその量や質において不十分であればあるほど，心証の「ゆらぎ」の幅は大

〔大村〕

度をどのように解すべきかについては，近時，議論のあるところである。

(1) **判例の立場**

判例によると，訴訟上の証明とは，「一点の疑義も許されない自然科学的証明ではなく，経験則に照らして全証拠を総合検討し，特定の事実が特定の結果発生を招来した関係を是認しうる高度の蓋然性を証明することであり，その判定は，通常人が疑を差し挟まない程度に真実性の確信を持ちうるものであることを必要とし，かつ，それで足りる」[11]。

この判示は証明度という言葉を使用していないけれども，事実認定に必要とされる証明のレベルについて判示しているのであるから，証明度としては「高度の蓋然性」を要求するのが判例法理であるとみられる。学説上もこれが通説とされてきたが，現在では，この高度蓋然性説に対して根本的な疑問を提起する反対説（優越的蓋然性説ないし相当蓋然性説）も有力になりつつある。

ただ，その問題に入る前に，判例がいう「（真実の）高度の蓋然性」と「通常人が疑いを差し挟まない程度の真実性の確信」との関係をどのように理解するかも1つの問題であるので，これを検討する。

(2) **確信と蓋然性**

「確信」概念は，我が国の大正時代の体系書において証明ないし証明度の説明に際して中心的に使用され，第2次大戦の前後からは，「高度の蓋然性」概念と併用されて今日に至っている[12]。この「確信」概念は，歴史的にはドイツ

きくなり，心証度の確実性は低くなる。「解明度」と「信頼度」とは区別されるべきであり，「解明度」は「審理の熟度」に関する指標であって心証とは別次元の問題であるのに対し，「信頼度」は心証に関する概念であってどの程度審理を尽くすべきかという問題には関係しないという。三木・前掲注5) 43〜50頁。ただ，両者は無関係ではなく，同51頁では，「解明度が低いときは多くの場合に信頼度を低下させる」とする。

11) 最判昭50・10・24民集29巻9号1417頁（ルンバール（腰椎穿刺）施術と原告に生じた障害との（事実的）因果関係を肯定できないとした原判決を破棄した事例）。これが民事訴訟における証明について定義を示した最初の先例である。これに先立ち，最判昭23・8・5刑集2巻9号1123頁が，刑事事件においてほぼ同様の判示をしていた（ここでは，高度の蓋然性と真実性の確信が「言いかえれば」で結ばれていたところ，ルンバール事件判決では「その判定は」で結ばれている点が異なるにすぎない）。ルンバール判決と類似の判示は，最判平9・2・25民集51巻2号502頁，最判平12・7・18判時1724号29頁などにも引き継がれている。

の学説・判例の影響を受けたものとされている[13]。さらに，最近の研究によれば，そもそも，「確信」概念は，法定証拠主義に対する過剰な反動として生まれたものであるとされる。すなわち，証拠の種類に応じて蓋然性を法定し，その機械的な合算が「完全証明」に達した場合に証明があったものとして扱う法定証拠主義の下では，事実認定はそもそも裁判官の心証によるものではなく，確信も問題にならなかったが，フランス革命を経て自由心証主義が導入されると，法定証拠主義の形式性に対する反動から，裁判官の内心における心証の自由が強調され，裁判官の「主観的確信」こそが事実認定の要であるとされた[14]。しかし，時代が進むにつれて，裁判官の恣意的な事実認定を排除するために，経験則に基づく自由心証主義の内在的制約という考え方が取り入れられるようになり，事実認定の客観化への考慮が生じてくることになる。確信概念を基準としながら通常人の判断や蓋然性の概念を併用する通説的な学説の傾向は，その現れといえよう[15]。

　前掲判旨の引用文の後半部分に即して述べると，「確信」の主体が誰であるかについて，通常人であるという読み方と裁判官であるという読み方がありうるものの，この点は裁判官を主体と解するのが一般の理解である。ただ，それを前提としても，判旨の意味するところは「通常人が疑いを差し挟まない程度に裁判官が真実性の確信を持ちうるもの」ということになり[16]，いずれにせよ，裁判官自身の基準ではなく通常人の判断基準が基準として採用されることになる（それとて，より正確にいえば，これが通常人の判断基準であると裁判官が考えると

[12) 加藤・前掲注10)「確信と証明度」554頁以下。同論文はこれを確信テーゼと呼ぶ。なお，太田・証明論16頁の整理によれば，三ヶ月章教授のように蓋然性に言及せず「確信を得た状態」というように確信概念のみで説明する立場もあれば，新堂幸司教授のように「確信を抱いてよい状態」というように客観的に表現し，実質上は蓋然性に重点を置く立場まで，さまざまである。

13) 太田・証明論13頁ほか。

14) 三木・前掲注5) 38頁以下。

15) 兼子・体系253頁，三ヶ月・双書〔3版〕421頁，新堂〔4版〕500頁（なお，新堂〔5版〕567頁では，優越的蓋然性説に改説されたことに伴い，確信概念が使用されなくなっている）など。

16) 笠井正俊・民訴百選〔3版〕135頁参照。

ころの基準ということになるが）。そうすると，高度の蓋然性の判断は通常人の判断基準に準拠すべきことになるが，他方で，裁判官の主観的「確信」が必ずそれと一致するという保障はない。むしろ，裁判官の「確信」という言葉を使ってはいても通常人の判断のレベルで足りるという趣旨を示すことに前掲判旨の主眼があるとみられ，そうであるとすれば「確信」という表現に重きを置くべきではないという方向に傾くであろう。

　ところで，事実認定は裁判官による判断作用であるから，どのような基準を採ろうとも裁判官の主観的要因が入り込むことはおよそ否定できないのであるが[17]，それを前提としつつ，論理法則や経験則に基づいて事実認定の合理化・客観化をできる限り図るべきであるとの一般的要請を重視する立場から，「真実性の確信」を「高度の蓋然性の認識」に置き換えて理解する有力な見解が提唱されている[18]。通説・判例の立場では，通常人が疑いを差し挟まない程度に裁判官が真実性の確信を持ちうる高度の蓋然性が証明度の基準であることになるが，この見解によれば，それと同じことを「高度の蓋然性の存在を立証して，裁判官にそのような認識を得させた状態」と言い換えることができる[19]。

---

17) 三木・前掲注5) 19頁は，裁判官の確信を基準とする立場（主観説）だけでなく，蓋然性を基準とする立場（客観説）もまた主観的であることを免れないので，いずれにせよ通常人の納得しうる合理的な事実認定の必要性を肯定する以上，両説の間に実質的な差異はないという。なお，第三者による追証が可能かどうかという基準で事実認定を考える間主観説について，春日偉知郎・民事証拠法研究〔1991〕63頁，田尾桃二＝加藤新太郎共編・民事事実認定〔1999〕265頁〔春日偉知郎発言〕。

18) 加藤・前掲注10)「確信と証明度」566頁以下は，判例法理の理解の仕方として，①高度の蓋然性と主観的確信という別個の2要件が必要であるとする見解（2要件説），②高度の蓋然性の判定基準として主観的確信を位置づける見解（確信＝判断基準説），および，③確信は実践的にはさほど意味のないレトリックにすぎないとする見解に分け，最後の説を主張している。

19) 加藤・前掲注10)「確信と証明度」568頁。ちなみに，伊藤眞＝加藤新太郎編・判例から学ぶ民事事実認定（ジュリ増刊）〔2006〕12頁〔伊藤眞〕は，「高度の蓋然性」と「真実性の確信」は，同一の基準を心証の程度という客観的側面から表現するのと，事実認定の主体たる裁判官の心証という主観的側面から表現した違いにすぎず，本質的には同一の意味内容を持っているとしつつ，結局，高度の蓋然性を中心にして考えている。さらに，ベイズの定理による蓋然性計算を応用しようとする太田勝造教授は，確信概念の機能の分析の結果，確信は道具概念や説明概念として不要であり，明確に蓋然性のみを基準とすべ

以上を要するに,「確信」概念は,歴史的由来としてはそれ自体が独自の基準として誕生したが,後にその客観的な説明として「高度の蓋然性」基準が併用され,今日では,それが主客転倒して,重点はもはや「高度の蓋然性」の概念に移っており,ただ,蓋然性の水準の説明概念として,「通常人が疑を差し挟まない程度」の「確信」(前掲判例) という表現が用いられているものとみられる[20]。

(3) 規範概念としての証明度

証明度は,具体的事実について証拠調べの結果得られた心証の程度を指すものではなく,事実の認定に必要とされる心証の程度を指すものであるから,基準概念であり,規範概念である。つまり,裁判官は,心証度が証明度を超えた場合には,証明主題の存在を認定することが許されるだけでなく,その存在を認定する義務を負う[21]。では,規範概念であるとしても,それは実体法領域の問題なのか,それとも訴訟法領域の問題なのか。いずれの法領域においても証明度について一般的に定めた明文はなく,見解が分かれる。

実体法説は,証明度は事実認定が誤りであった場合に原告・被告が被る損失効用(社会的リスク)によって決まるものであり,その効用の評価は適用規範

きであるとする (太田・証明論110頁以下)。これに対し,前掲注15) の見解は,蓋然性基準といっても主観性は免れないことを強調するとともに,心証における蓋然性の精緻な計量可能性を否定し,事実認定におけるベイズ理論の応用可能性に疑問を呈する (三木・前掲注5) 21頁)。

20) ただ,ここで裁判官の「確信」という言葉を使うにしても,それは裁判官がまったく疑いを抱かないということとイコールではなく,そもそも国語としての通常の字義とも必ずしも一致しない柔軟な概念であると解されるが,あえてこの表現が使い続けられることの実際的意義は明らかではない (太田・証明論110頁以下参照)。前述の認識説=レトリック説は1つの考え得る解釈である。他方で,「確信」概念が実際に果たしている役割に関して,優越的蓋然性説の立場から,注目すべき指摘がなされている。すなわち,実務が「実際には……優越的蓋然性を基準にしているにもかかわらず,高度の蓋然性でなければならないという一般論との整合性をとるために確信テーゼが用いられている……つまり,……実際の心証度である優越的蓋然性を擬制である高度の蓋然性に転換するための手段として〔確信が〕使われている」,との指摘がそれである (伊藤眞「証明度をめぐる諸問題——手続的正義と実体的真実の調和を求めて」判タ1098号〔2002〕7頁)。

21) 三木・前掲注5) 18頁。

の趣旨・目的という実体法上の価値判断にかかるものと主張する[22]。これによれば、法律要件（ないしは個々の実体権）ごとに誤判のもたらす社会的リスクは異なり得るのであるから、法律要件ごとに証明度を設定していくことになりかねない。これに対し、訴訟法説は、実体法説では煩瑣でおよそ実用に耐えないと批判するとともに[23]、証明度が自由心証主義に基づく事実認定のあり方について一定の法的規律を設けるものであることから、これを基本的には訴訟法規範と位置づける[24]。一定の実体法規の趣旨・目的がこの問題に影響することはあるにしても、原則的には訴訟法領域の問題として捉えるのである。ただ、訴訟法説によるとしても、どのような考慮要素に基づいて証明度が決定されるかに関しては、微妙な差異がみられる。すなわち、一方では、a）真実発見や公平など訴訟手続の目的と、当事者に与えられる証拠収集手段の内容などに配慮して決定されるとする立場があり[25]、他方では、b）裁判の客観的妥当性や法的安定性の要請、実体的真実発見の要請など、訴訟手続上追求すべき価値を考慮して決定されるとする立場がある[26]。前者は、当事者の証拠収集手段に言及するところに特色があり、後者は、法的安定性に言及する。これは、次にみるように、証明度の水準をどう考えるかという立場の違いにも微妙に連動していると考えられる。

　なお、証明度が規範概念であるとしても、それが「範疇」的規範であるとの指摘が重要である[27]。心証は裁判官の心理状態であり、それを厳密に数値化す

---

22) 太田・証明論 155-156 頁、田尾＝加藤共編・前掲注 17) 303 頁以下〔太田発言〕。
23) 加藤・前掲注 10)「確信と証明度」574 頁。
24) 伊藤・前掲注 20)「諸問題」9 頁、加藤・前掲注 10)「確信と証明度」568 頁、田尾＝加藤共編・前掲注 17) 303 頁〔春日発言〕。なお、同前 303 頁以下〔三木発言〕は、証明責任が実体法と訴訟法の中間領域であることに照応して証明度も両方の要素を含むとし、三木・前掲注 5) 18 頁では、「民事訴訟法上の規律との関係では」自由心証主義における自由の内在的制約であり、247 条の要件の一部とする。
25) 伊藤・前掲注 20)「諸問題」9 頁。なお、伊藤・前掲注 5)「法学教室」35 頁、三木・前掲注 5) 18 頁は、民事訴訟の目的や機能、手続の構造などを考慮して、証明度を設定すべきものとする。
26) 加藤・前掲注 10)「確信と証明度」569 頁。
27) 伊藤・前掲注 5)「法学教室」35 頁。新堂〔5 版〕570 頁にいう「証明度基準領域」という概念も基本的な意味は同様とみられる。

ることは不可能である以上，これを「点」で捉えることは本来できない。したがって，事実認定に必要とされる心証の程度を意味する証明度も同様であり，これを一定の数値で表現するとしても便宜上の比喩にすぎず，もともとある程度の幅を伴う概念であることに留意しなければならない[28]。

(4) **蓋然性の程度——高度蓋然性と優越的蓋然性**

前述のとおり，証明度は，裁判官の（主観的）確信よりも蓋然性を中心に据えて考えるべき概念である。では，それはどの程度の蓋然性を要求するものであろうか。

前述のように，判例は，「高度の蓋然性」を要求し，その水準は「通常人が疑いを差し挟まない程度（に真実性の確信を持ちうるもの）」であるとする。この高度蓋然性説は学説上も広く支持されてきたが[29]，高度の蓋然性とはどのような水準であるかが問題となる。文献によって微妙に異なるものの，数値で表せば，（あくまで比喩的な説明であるが）多くは80％程度とするようである[30]。

高度蓋然性説に反対し，それよりも低いレベルの蓋然性で足りるとする見解はかなり以前から存在したが，近時ふたたび有力に主張されているのがいわゆる優越的蓋然性説である[31]。この説が参考とするのは，コモンロー諸国で伝統

---

28) 三木・前掲注5）44頁も，心証の程度は一定の区間として観念すべきであり，「区間推定」の概念が用いられるべきであるとし，区間で捉えるなら，心証の程度を表す数値はせいぜい10％程度のスケールを単位とすべきであり，優越的蓋然性なら60％，高度の蓋然性なら80％，その中間は70％とする。なお，その60％というのも，文字どおり60ではなく，幅のある概念ということになろう。

29) 兼子ほか・条解〔2版〕1010頁〔松浦＝加藤〕。なお，注68）参照。

30) 三木・前掲注5）23頁，59頁による。ちなみに，兼子・体系254頁は，70％程度ではまだ真偽不明とする。

31) 例えば，早い時期のものとして，石井良三・民事法廷覚え書〔1962〕163頁があり，その後，石田穣・証拠法の再構成〔1980〕143頁，小林・証拠法〔2版〕76頁，遠藤直哉・ロースクール教育論〔2000〕31頁，同・取締役分割責任論〔2002〕176頁などが現れた。もっとも，高度蓋然性基準より低くてよいとしても，どの程度の水準が要求されるべきかについては，これらの見解は必ずしも一致していない。そして，さらに最近になって，伊藤・前掲注5）「法学教室」33頁以下，伊藤・前掲注20）「諸問題」4頁以下，三木・前掲注5）15頁以下，新堂〔5版〕571頁，田村陽子「民事訴訟における証明度論再考」立命館法学327・328合併号〔2009〕517頁などにより，新たに優越的蓋然性説が支持されている。

的に採用されている民事の証明度である「証拠（証明）の優越」（preponderance of evidence）という基準である[32]。ただ，人間の心証を1％単位で計量することなど不可能であるのにこの立場では51％の証明があればよいと表現したり，弁論の全趣旨が等閑視されるなど，我が国の目からみればしっくり来ない説明がなされてきたため，そのような誤解を生みやすいコモンロー上の概念とは区別する意味で，最近のこの説は「優越的蓋然性」という言葉を使用し，その水準を比喩的に表せば60％程度の蓋然性であるとする[33]。

　さて，優越的蓋然性説は，高度蓋然性説を判例上確立したとされる前出のルンバール事件最高裁判決[34]に疑問を提起する。すなわち，原審が，患者の発作および病変はルンバール施術により生じたとの疑いがあるがそのように断定することは躊躇せざるを得ないとして因果関係を認めることができないと判示したのに対し，最高裁は，前記引用のような一般論を述べた後，原審の確定した事実を総合検討すれば，因果関係を肯定するのが相当であるとして，原判決を破棄・差し戻したのであるが，この場合の原審の裁判官の心証としてはフィフティ・フィフティ程度であったと解されることから，最高裁は一般論としては高度の蓋然性を基準としてはいるが，実際には優越的蓋然性のレベルで運用し

---

32) スカンディナビア法においても類似の考え方（「超過原則」）が最も有力とされている。萩原金美・訴訟における主張・証明の法理〔2002〕172頁。

33) 三木・前掲注5) 22頁。ここでも，「証拠の優越」と「優越的蓋然性」とを区別して用いることにする（ちなみに，石田・前掲注31) 143頁も，10％きざみで心証を考え，証明度は60％程度の蓋然性で足りるとし，それをもって証拠の優越あるいは相当程度の蓋然性と呼んでいる）。なお，優越的蓋然性説によれば，60％程度というのは真偽不明を意味する50％程度の次の段階を意味し，その意味で，証明度としては「事実上の下限値」である。これに対し，ドイツやフランスなど大陸法諸国では民事の証明度は刑事訴訟とほぼ同程度と観念されており，これを90％と表現すると，これは「事実上の上限値」である。これらに対し，我が国の80％という水準は比較法的には珍しく，また，刑事の証明度より低い水準でよいとしても，なにゆえ80％なのか，その理由を示す見解はみあたらない，と指摘する。以上につき，三木・前掲注5) 23頁参照。なお，証明度に関するドイツの通説は，「高度の蓋然性」ないしは「確実性に境を接する蓋然性」と表現されていること，これに対して「蓋然性の優越」説や「多段階証明度」説も有力化していることにつき，春日・前掲注17) 50頁以下参照。

34) 最判昭50・10・24民集29巻9号1417頁。本判決の検討として，伊藤＝加藤編・前掲注19) 11頁〔伊藤〕。

ているのではないかと，この説は指摘する[35]。

さらに，長崎原爆訴訟上告審判決[36]では，被害者の受けた傷害等と放射線被曝との因果関係（放射線起因性）が争点となり，原審は，高度の蓋然性までは認定できないが，「原子爆弾による被害の甚大性，原爆後障害症の特殊性，〔原爆医療〕法の目的，性格等」を考慮すると，「相当程度の蓋然性」の証明があれば足りるとして因果関係を肯定したのに対し，最高裁は，原審が相当程度の蓋然性で足りるとしたのは証明度の考え方を誤っており，高度の蓋然性が要求されるが，関連事実を総合すると「放射線起因性があるとの認定を導くことも可能であって，それが経験則上許されないものとまで断ずることはできない」として，原判決を維持した。これに対し，優越的蓋然性説は，「導くことも可能」であるとか，「経験則上許されないとまで断ずることはできない」という判決理由は，高度蓋然性を意味するものとはとうてい理解できず，実際の運用は優越的蓋然性のレベルで行われていると批判する[37][38]。

(5) 両説の優劣論争

(a) 真実発見との関係　　従来，証明度は高く設定すればするほど真実にかなった事実認定ができるとの漠然とした観念が支配的であり，それが高度蓋

---

[35] 伊藤・前掲注20)「諸問題」5頁。原審の心証レベルがフィフティ・フィフティ程度であったかどうかは必ずしも断言できないとしても，通常人が疑いを差し挟まない程度という高度の蓋然性レベルに達していなかったのは確かであろう。なお，高度蓋然性説からも，この判決は「相当程度の蓋然性」で満足しているものとみられている。松本＝上野〔6版〕397頁。

[36] 最判平12・7・18判時1724号29頁（原爆被爆者医療給付認定申請却下処分取消請求事件）。本判決の検討として，伊藤＝加藤編・前掲注19) 16頁〔加藤新太郎〕。

[37] 伊藤・前掲注20)「諸問題」5頁。ほかにも高度蓋然性基準が額面どおりには機能していないことを窺わせる判例・裁判例につき，同6頁参照。笠井正俊「医療関係民事訴訟における事実的因果関係の認定と鑑定」論叢154巻4・5・6号〔2004〕428頁，446頁も，最判平9・2・25民集51巻2号502頁などの検討を通じ，一般論としての高度の蓋然性基準が個々の事案では「原告側に過度の負担を負わせるような高い証明度を要求するものではないことを示唆している」と評価する。

[38] 通説的立場からも，伊藤＝加藤編・前掲注19) 20頁〔加藤〕は，長崎原爆訴訟上告審判決の意味するところについて，「本判決は，そもそも裁判実務において裁判官の証明に当たってのスケールとなるべき『高度の蓋然性』のハードルがやや高すぎることを示唆するものと受け止めるべきではないかと解される」とする。

然性説を支持する立場の基礎にあったと考えられる[39]。裏返せば，優越的蓋然性のような低い証明度で事実認定をすれば，真実から遠ざかる恐れが高まると批判することになる。しかし，優越的蓋然性説によれば，被告に有利に偏った証明度は原告に不利な誤判を誘発する。つまり，高度蓋然性説では，80％を超えるゾーンでは真実にかなった判決になるとしても，それを下回るゾーンでは，被告に有利な誤判を許容する構造になっている。これに対し，原告・被告にほぼ均等に設定された証明度（形式的には51％だが，優越的蓋然性説では60％程度とする）をとれば，誤判のリスクに対して価値中立的であり，誤判のリスクそのものを最小化できるとする[40]。

　また，証明度を上げれば上げるほど，存否不明の領域が拡大し，客観的証明責任の機能範囲が広がるが，証明責任は個別の事件とは関係なく定められた真実擬制のシステムであるから，証明責任の機能範囲を拡大すると，その陰に隠れた誤判を増やすことになり，真実発見から遠ざかることになるとする[41]。そして，理論的にはこのようにいえるところ，実際には，ルンバール判決や長崎原爆訴訟判決は，前述のように，証明の程度が高度蓋然性の水準に達しない場

---

39) 田尾＝加藤共編・前掲注17) 279頁〔田尾桃二発言〕。また，松本博之「民事証拠法の領域における武器平等の原則」講座新民訴(2) 24頁および松本＝上野〔6版〕395頁は，実体的正義の保障という観点からは，「真実にできるだけ近い事実認定が重要である」ことを，高度蓋然性説の根拠とする。

40) 三木・前掲注5) 25頁，28頁。これに対し，加藤・前掲注10)「確信と証明度」572頁は，証明度を上げれば上げるほど真実から遠ざかるという見方は「一面で当たっている」と認めるが，反面，証明度を下げたら真実に近づくという論証は困難ではないか，とする。本文の見解は，後者に対する反論とみられ，誤判のリスクを誘発しない構造自体が重要なのだとする。

41) 萩原・前掲注32) 347頁，401頁，三木・前掲注5) 27頁，加藤新太郎＝伊藤眞＝山本和彦＝坂巻匡＝大江忠＝須藤典明〈座談会〉民事訴訟における証明度」判タ1086号〔2002〕14頁〔伊藤発言〕。なお，優越的蓋然性説では客観的証明責任の機能する局面がなくなるとの批判があるが（賀集ほか編・基本法コンメ(2)〔3版〕143頁〔松本〕），これは51％の蓋然性を基準にする批判である。ここでいう優越的蓋然性説では客観的証明責任の機能局面がなくなるわけではないが，その範囲はなるべく狭い方がよいと答えるであろう。文脈はやや異なるが，「挙証限界」という認識から，「人工の論理〔である証明責任〕に訴える必要を最小限に絞ることこそ，民事証拠法が取り組むべき第1の課題」であると指摘するのは，小島・法理79頁。

合にも，証明責任を適用せず，事実の認定が可能だと述べている。それは証明度を優越的蓋然性の水準に引き下げて運用しているからで，そのことは優越的蓋然性説の方がむしろ真実発見に資することを示唆しているとの見方もあり得よう[42]。

なお，刑事訴訟における証明度との比較が問題となる。刑事でも，判例は高度の蓋然性という基準を要求しており[43]，用語は民事と共通であるが，一般には刑事の証明度の方がより高い（例えば，刑事は90％，民事は80％）と考えられているようである[44]。このことが，高い証明度の方が真実発見機能も高いとの誤解をしばしばもたらす。しかし，優越的蓋然性説によれば，刑事では，「疑わしきは被告人の利益に」という強い政策目的のため，被告人に不利な誤判を最小化しなければならず，その代償として，被告人に有利な誤判を最大化することを許容しているにすぎない[45]。民事訴訟ではそのように一方を有利に扱う政策目的はない[46]。刑事訴訟が高い真実発見機能を有しているとすれば，それは警察および検察の組織力・強制力によって充実した資料が審理の場に提供されるからであり，訴訟資料の充実が真実発見を担保しているとするのである[47]。

　(b)　立証活動の動機付けとの関係　　証明度を優越的蓋然性まで下げると，

---

[42]　これに対し，両判決とも因果関係の存否が争点であるところ，これを純粋な事実的部分と経験則に基づく評価の部分に分けて，後者については実務も「証拠の優越」で判断しているのではないか，とする理解もある。〈座談会〉前掲注41）判タ1086号18頁〔須藤発言〕。また，事実審が想定している高度の蓋然性の水準が高すぎるということを最高裁が示唆しているのではないかとの見方もある。同〈座談会〉判タ1086号28頁〔山本発言〕。前掲注35）参照。

[43]　最判昭23・8・5刑集2巻9号1123頁（前掲注11）参照。

[44]　倉田卓次「民事事実認定と裁判官の心証」判タ1076号〔2002〕15頁。歴史的・比較法的経緯について，〈座談会〉前掲注41）判タ1086号8頁，10頁〔酒巻発言〕。もっとも，刑事でも民事でも裁判官の意識では証明度に違いはない，との意見もある。同〈座談会〉判タ1086号11頁〔須藤発言〕。

[45]　三木・前掲注5）27頁。

[46]　石井・前掲注31）173頁以下は，私的な経済的紛争を対象とする民事訴訟では，当事者間の衡平が基本的理念であり，「疑わしきは相手方の利益に」というルールは成り立たないとする。なお，現状変更者の負担については，後述参照。

[47]　三木・前掲注5）27頁。真実発見を担保するものは証明度ではなく訴訟資料の充実度であるとの考え方は，いわゆる解明度ないし尽証度の観念に関わる。

証拠前注　I

証明責任を負う当事者の立証活動の真剣味が低下するのではないかとの懸念が指摘されている。これに対して，優越的蓋然性説は，優越的蓋然性基準を採ればむしろ当事者の立証活動に動機付けを与え，活発化することができるとする。すなわち，高度蓋然性説の下では，証明責任を負う当事者に非常に高いハードルが課されるので，相手方は本証が高度の蓋然性の水準に到達するところまで来たと思うまでは様子見を決め込んでいられるが，これに比べれば，優越的蓋然性基準の下では，本証がより容易にそのレベルに達する可能性があることから，相手方も反証に努めざるを得なくなり，そうなると，証明責任を負う者もまた手を緩めるわけにはいかないので，全体として立証活動が活発になると説く[48][49]。民事で「証拠の優越」基準を採用するアメリカにおいて，民事訴訟の当事者の立証活動が刑事よりも安易であるという評価は聞かれない[50]。それは，証明度の設定と当事者の立証努力の目標とは別の問題であるからだとされる[51]。

当事者が裁判官の心証を確実に知り得ない以上，高度蓋然性基準の下でも相手方に一定程度の反証努力を期待できると一般にはいえようが，優越的蓋然性基準を採った方が相手方の反証のインセンティブがより強くなることは，論理的に明らかであろう。

　(c)　証拠収集能力との関係　　高度蓋然性説からは，刑事訴訟（訴追側）に

---

[48] 伊藤・前掲注20)「諸問題」10頁。〈座談会〉前掲注41) 判タ1086号24頁〔山本発言〕。なお，伊藤説では，証明度の尺度として抽象的に考える限りは，高度蓋然性と優越的蓋然性とで真実発見への寄与に本質的な違いがあるとはいえないが，当事者の立証活動への動機付けを考えれば，裁判所が心証の開示について適切な対応を採る限り，優越的蓋然性説の方が真実に近づきやすいとする。

[49] 〈座談会〉前掲注41) 判タ1086号22頁〔加藤発言〕は，証明度が高い方が，当事者がより一生懸命対応するというインセンティブが働くのではないか，と述べるが，本証側にはそういえても，反証側のインセンティブにはならない。

[50] 三木・前掲注5) 29頁。

[51] 〈座談会〉前掲注41) 判タ1086号13頁〔伊藤発言〕。なお，心証の程度として本証60％，反証40％の場合でも，要証事実を必ず認定しなければならないかというとそうではなく，当事者双方とも立証に怠惰で，釈明権を行使しても当然予想される証拠が提出されないなどまじめな立証活動がなされなければ，解明度が低いために証明度も優越的蓋然性に達しないという処理が，裁判官の裁量によってなされてよいとする。伊藤・前掲注20)「諸問題」11頁。

比べて民事訴訟では当事者の証拠収集能力は（本証・反証ともに）相対的に低いので、優越的蓋然性説によると事実認定が偶然の要素に左右され、振幅の大きなものになり、法的安定性にも問題がある、と批判する[52]。

　これに対して、優越的蓋然性説からは、①高くない証拠収集能力の下で高度蓋然性を要求することは、本証側の当事者にその負担を課すだけの十分な前提を欠き、むしろ当事者間の公平や手続的正義に反する[53]、②偶然的なわずかな立証活動の差で勝敗が逆転するという事態は、高度蓋然性説を採用して80％程度を基準としても、その周辺においては同様に生じ得るはずである[54]、などと反論する。これは要するに程度問題ということになろう。振幅が多いのは好ましくないとみるか、証拠上勝つべき蓋然性の高い方が勝てることになって公平にかなうとみるかは、どちらの立場を前提とするかによる価値判断の違いという面もあろう。

　なお、前述のように、証拠収集の能力や程度は、証明度よりもむしろ、第1次的には解明度に関わる問題ではないかとの認識が有力になりつつある[55][56]。

　(d)　現状変更者の負担　　権利実現を図る当事者は現状の均衡を覆そうとするものであるが、自力救済の禁止から明らかなように、民事訴訟制度は現状の保護が図られることに価値を置いている。そこで、高度蓋然性説は、現状の均衡を覆そうとする当事者には、より大きな負担を課すことが当事者間の衡平

---

52)　加藤・前掲注10)「確信と証明度」571頁。
53)　伊藤・前掲注20)「諸問題」12頁、新堂〔5版〕571頁。
54)　田尾＝加藤共編・前掲注17) 277頁〔太田発言〕、三木・前掲注5) 33頁。もっとも、そのような事態の発生頻度には違いがあるかもしれない。
55)　〈座談会〉前掲注41) 判タ1086号21頁〔酒巻発言、山本発言、須藤発言など〕。もっとも、そこで示されているように、解明度は結局、証明度にも影響していくという見方が有力である。
56)　アメリカではディスカヴァリによって証拠収集・情報開示を保障したうえで優越的蓋然性基準を採用している。従って、低い証明度基準を採用するなら、証拠収集の充実化によって解明度をできる限り向上させるべきだとの意見もあり得る。これは傾聴すべき面がある。もっとも、歴史的にみる限り、連邦民訴規則がディスカヴァリを導入した1938年より前の時代から、民事では「証拠の優越」基準が採用されていたのであり、それは、疑わしきは被告人の利益にという原則を採用する刑事と違って、民事の場合は原告・被告間の公平の理念と強く結びついていたのではないかと推測される。

にかなう，とする[57]）。

　これに対して優越的蓋然性説からは，具体的な訴訟が現状の維持を目的とするか転覆を目的とするかは，何をもって「現状」とみるかなどにより左右され[58]），さほど明確なものではないので，そのような曖昧な基準で重い負担を課すのは問題である。仮に相手方よりも重い負担が望ましいとしても，負担の程度がアプリオリに決まるものではなく，せいぜい優越的蓋然性の程度にとどめるべきではないか，と反論される[59]）。なお，そもそも自力救済の原則的禁止とは，自己の権利の実現のためであっても他人の権利範囲を侵害して実力行使をすることは原則として許されず，裁判所など強制的権限を有する機関の手続を通じてのみなし得ることを意味するにすぎず，その際にどの水準の証明度が望ましいかということまでが自力救済の禁止から出てくるものではなかろう[60][61]）。

　　（e）　公権力による強制との関係　　高度蓋然性説は，刑罰を科す刑事訴訟ほどではないにしても，民事訴訟の判決は私権の強制的実現に結びつくものであるから，民事の証明度も基本的に高度の蓋然性が必要であると主張する[62]）。

　これに対しては，刑事の高い証明度は「疑わしきは被告人の利益に」という強い政策目的によるものであって，警察・検察による強力な証拠収集の存在が

57）　加藤・前掲注 10）「確信と証明度」571 頁。

58）　〈座談会〉前掲注 41）判タ 1086 号 17 頁〔山本，須藤，加藤各発言〕では，不法行為の損害賠償請求や土地所有権に基づく請求をする者は現状を変更しようとする者であるというとらえ方と，交通事故に遭った者や所有地の利用を妨害された者は現状を変更された側であるというとらえ方が，対立している。三木・前掲注 5）34 頁では，相続財産たる不動産の所有権を相続人間で争っている場合，誰であれ所有権確認の訴えを先に提起した者が現状転覆者になってしまうのかという疑問を提起する。

59）　伊藤・前掲注 20）「諸問題」13 頁。

60）　なお，田尾＝加藤共編・前掲注 17）275 頁〔太田発言〕は，自力救済禁止を現状保護の根拠とするのは論理の飛躍ではないかとする。

61）　伊藤＝加藤＝山本・前掲注 1）146 頁〔加藤新太郎発言〕では，証明の高いハードルは訴訟を抑制する政策と親和的である，簡単に提訴されて応訴を強いられる被告はかなわない，とする。現行民訴法が訴訟抑制政策を採っているのか，そうであるとしても証明度を提訴抑制策とするのが妥当なのか（権利保護を阻害する両刃の剣にならないか），については議論の余地があろう。

62）　加藤・前掲注 10）「確信と証明度」571 頁。

これを支えている。ところが，民事訴訟では原告・被告のいずれかを優遇すべきだとする制度的な価値基準はそもそも存在せず，むしろ公平の理念が妥当するし[63]，公権的な証拠収集手段もない。また，公権力による民事の執行権ということから民事訴訟の証明度の水準が自動的に決まる（あるいは影響を受ける）ものではない，と反論される[64]。

(6) 小 括

当事者主義ないし弁論主義という基本理念との関係で，あるべき証明度は何であるかを検討していく必要がある，との問題提起がある[65]。これは，当事者主義の下で，自律的な訴訟当事者像を基本に置くのか，それとも裁判官のパターナリズムを前提とするのか，ということとの関連を指摘するものと受け止めるべきであろう。そのような問題意識との関連では，高度蓋然性説の論者も，自由主義的訴訟観の下で両当事者が自律的に訴訟活動を展開していくという訴訟像を前提とすれば，優越的蓋然性基準の方が説得力を有することを認めているようである[66]。裏を返せば，高度蓋然性説はパターナリズムと結びついているといえそうである。すなわち，裁判官は単なるアンパイアではなく，当事者の提出した資料に依拠しなければならないという制約の中で釈明権を駆使しつつ能動的に事実関係の解明に責任を負うべきであるという強い職業意識が裁判官の心裡にあり，それが高じると優越的蓋然性説に踏み切ることをためらわせる要因の1つになりそうである[67]。そのような立場からは，「現状変更」を求めて権利主張する当事者に対し，それを認めて「公権的強制的救済」を付与す

---

63) 三木・前掲注5) 35頁。
64) 伊藤・前掲注20)「諸問題」13頁。これに対し，高橋下〔2版補訂〕43頁は，公権的な強制執行に至りうる請求認容判決は誤判の確率がより少ない方が望ましいという理由で，高度蓋然性説を擁護する。公権力による民事の執行において疑わしきは罰せずというに近いほどの強い法的要求があるのかどうか，当事者間の公平の要求との兼ね合いで，意見は分かれ得るところであろう。
65) 〈座談会〉前掲注41) 判タ1086号29頁〔須藤発言〕。
66) 〈座談会〉前掲注41) 判タ1086号30頁（ここでの加藤発言はそのような趣旨と解される）。ただ，訴訟当事者のほとんどが自律的で合理的な行動をするという前提で立論することの当否は，難しい問題かもしれない（加藤・前掲注10) 手続裁量論116頁参照）。
67) ちなみに，若手の裁判官の中には証拠の優越の基準でよいのではないかという意見も相当あるといわれる。〈座談会〉前掲注41) 判タ1086号29頁〔須藤発言〕。

るためには，裁判官が確信できるような高度の蓋然性がなければ容認するわけにはいかない，という考え方に結びつきやすいのではなかろうか。

　さらに，高度蓋然性説の側でも，科学技術的要素から証明が困難な一定の訴訟類型その他いわゆる現代型訴訟においては，証明度を軽減しなければ当事者間の公平や実体的正義に反する結果を招来することになるとして，例外的に証明度を軽減することを正面から許容する立場が有力になっている[68]。したがって，現在では，原則的証明度として高度蓋然性を維持しつつ，場合によって一定の要件の下に引下げを認めるという折衷説ないし二元説（より詳しくは，Ⅱ 4(5)参照）と，全面的に優越的蓋然性に移行すべきであるとする一元説と，二つの立場が対峙しているのであり[69]，高度蓋然性基準で一貫させる学説は（ルンバール事件判決などの一般的説示にもかかわらず）今やほとんど存在しないといっても過言ではなかろう。折衷説によれば，優越的蓋然性説の指摘する意味での誤判の恐れは，一定の領域では低減されるであろうけれども，すべての領域で優越的蓋然性説と同じになるわけではないし，使い分けの基準についても一致しているとはいえない。結局，証明度という概念についての基本的な考え方と，当事者の立証活動の動機付けとの関係をどう考えるかなどが，両説の分かれ目

---

[68]　高度蓋然性を原則的な証明度としつつ，証拠偏在型訴訟など一定の場合に限って，あるいは一定の要件の下に，例外的に証明度の軽減を認める学説は，かなり多数にのぼる。例えば，徳本鎮・企業の不法行為責任の研究〔1974〕130頁，沢井裕・公害の私法的研究〔1969〕239頁，兼子ほか・条解〔2版〕1365頁〔竹下守夫〕，松本・前掲注39) 25頁，加藤・前掲注10) 手続裁量論144頁，松本＝上野〔6版〕395頁以下（ルンバール事件判決とそれ以降のいくつかの最高裁判決が例外的に証明度を引き下げたものと解し，これを支持する），伊藤滋夫・前掲注10) 187頁，高橋下〔2版補訂版〕43頁，河野460頁など。また，小林・証拠法〔2版〕76頁は，原則として「明白かつ説得的な証明」が要求されるが，一定の事件類型においては「証拠の優越」で足りるとする独自の基準を提唱する。証明度の引下げを例外的に認める説の中でも，その許容範囲や許容基準をどのように考えるかはさまざまであり，ニュアンスの幅がある。後出Ⅱ 4(5)参照。

[69]　なお，ここでは親子関係の存否のように高度蓋然性基準をも超える最高度の蓋然性という証明度が要求される限られた領域がありうることは，視野の外に置き，土俵を単純化している。春日偉知郎・民事証拠法論〔2009〕237頁以下参照。ちなみに，ドイツにおいて多段階的証明度という考え方があることにつき，ロルフ・ベンダー（森勇＝豊田博昭訳）「証明度」ペーター・アーレンス編・西独民事訴訟法の現在〔1988〕249頁以下。

になるのではないかと思われる。

ともあれ，先に概観した両説の議論状況や上述のような諸要素を併せて総合的に勘案すると，通説と目されていた高度蓋然性説にはさほど堅固な基礎があったわけではないことが露呈したといってよいであろう。ただ，仮に優越的蓋然性説に全面的に移行した場合，高度蓋然性説を前提として組み立てられてきた種々の立証困難緩和方策にどのような影響が及ぶか（すべて不要となるのか，あるいは何が残るのか）は，まだ十分に論じられているとはいえない[70]。より具体的な検討が待たれるところである。そして，その際には，証明度の問題と深く関連する分析道具概念として登場してきた解明度や信頼度の内容や機能について，さらなる検討が必要となろう[71]。

5　証明の対象

証明の対象となるものは通常は事実であるが，法規や経験則についても証明が必要となることがある。

(1)　事　実

訴訟物たる権利・法律関係は，その性質上，裁判官の五官の作用によってこれを直接認識することはできないし，直接証明することもできない。事実とは具体的な場所と時間によって特定される外界または内心の出来事や状態をいい，これは証拠や別の事実を調べることによって認識が可能である。そこで，訴訟物たる権利の存否の判断は，当該権利の発生・変更・消滅を法律効果として定めている法規の構成要件に該当する事実の証明を通じてこれを行うことにな

---

[70]　伊藤＝加藤＝山本・前掲注 1) 150 頁〔加藤発言，山本発言〕では，①優越的蓋然性説が証明度軽減の諸方策をすべて吸収して不要にしてしまうグランド・セオリーになる可能性と，②60％の優越的蓋然性から51％の「証拠の優越」までさらに下げる理論としてそれらが生き残る可能性とが示唆されている。ちなみに，ドイツでは「蓋然性の優越」説（51％基準）を採用すれば表見証明も通常の証明と何ら変わらなくなるといわれている（春日・前掲注 17) 57 頁）。ただ，「証拠の優越」（51％基準）と区別された優越的蓋然性説の立場ではどう考えるのか，また，個々の立証負担緩和方策の内容や機能をどのように理解するかについての立場の違いによって結論は異なりうるようにも思われ，議論の余地があろう。

[71]　この両概念については，注 10) 参照。なお，証明度と解明度とは理論上は区別されるが，実践的には，解明度は証明度の中に「溶解」していると考えてよいという見解もある。兼子ほか・条解〔2版〕1364 頁〔竹下〕。

証拠前注　I

る[72]。したがって，証明の対象としてまず考えられるのは，主要事実である。ただし，弁論主義の下では，それが当事者によって主張されており，かつ，相手方が争っている場合であることが前提となる。いずれの当事者も主張していない主要事実は判決の基礎としてはならないし，主張事実を相手方が自白した場合は証明を要しないからである（179条。不要証事実の詳細については，同条の注釈を参照）。

さらに，間接事実も，主要事実の存否が争われ，その推認のために必要であれば，証明の対象となる[73]。補助事実も，主要事実や間接事実を証明するための証拠の証拠能力や証拠価値を明らかにするのに必要であれば，証明の対象となる。

(2) **法　規**

法規の存在・内容を知ることは裁判官の職責であり，当事者の主張・証明を要せず，裁判官はその解釈・適用の権限を有する。したがって，通常は法規を証明の対象とすることはない。しかし，裁判官が常に法を知っているとは限らない。とりわけ，準拠法として適用すべき外国法，国内の慣習法や地方条例などを裁判官が知らない場合には，自己に有利な法規の適用を欲する当事者としては，書証・鑑定などによりその法規の存在や内容を証明する必要が生ずる[74]。

---

[72] 差額説に立つといわれる判例・通説によれば，損害の発生だけでなく損害の額も，不法行為の要件事実となり，証明の対象となる。大江忠・要件事実民法4〔第3版，2005〕670頁。これに対し，額の認定は客観的事実の存否の問題ではなく裁判所による法的評価作業であるとする立場では，評価額そのものは証明の対象ではなくなる。春日・前掲注69）259頁，三木浩一「民事訴訟法248条の意義と機能」井上追悼412頁など参照。なお，慰謝料の額は評価であって，要件事実ではない。藤原弘道＝松山恒昭編・民事要件事実講座4〔2007〕211頁〔長秀之〕。

[73] 間接事実については，証明度に達する証明がなければ主要事実推認機能は働かないのかについて，議論がある。II 1(3)参照。

[74] これは厳密な意味での証明責任ではなく（兼子・体系242頁），また，自由な証明で足りる（新堂〔5版〕580頁）。なお，裁判官の法適用義務から外国法についての職権調査義務を肯定する立場が多数説とされるが，これに対し，職権で調査する権能はあるが義務まではなく，当事者による証明や裁判所による調査の結果，外国法の内容が不明であれば，その外国法の適用を主張する当事者が証明責任を負うとする見解も有力である。賀集ほか編・基本法コンメ(2)〔3版〕142頁〔松本博之〕参照。諸外国における外国法の調査・証

(3) 経験則

　経験則とは，経験から帰納された事物の性状や因果の関係などに関する一般性のある知識や法則をいう。日常生活上の常識に属するものから，専門的科学的な法則まで，さまざまな経験則がある（例えば，自動車の時速と制動距離との比例関係，DNA 型判定など）。人が物事を論理的に判断する場合には，必ず経験則の助けを借りて行う。訴訟においても同様であり，裁判官も経験則に基づいて当事者の主張の趣旨を理解し，また証拠価値を評価する。

　経験則は個別の事件に特有な具体的事実ではなく，事物を判断する際の前提となる一般的な知識ないしは法則であり，三段論法の大前提に位置する点で法規に類似する。したがって，事実よりも法規に近い取扱いも可能と考えられるが，他方で，経験則は強弱・種類において多種多様であり，これについて証明の要否を一律に論ずることは困難である。

　近時の多数説と思われる見解によれば，常識的な経験則については裁判官も通常人として知っているはずであり，証明なしにその経験則を使用しても事実認定の客観性・合理性を当事者や国民から疑われる恐れはないが，特殊な専門的知識に属する専門的経験則についてはその趣旨は当てはまらないので，訴訟上の証明を通じて裁判官がこれを獲得したうえで利用すべきであるとする[75]。そのための証拠調べの方法は鑑定などである。もっとも，かつての通説は，経験則は普遍的・客観的なものであることから，その認定の客観性も保障されているとして，裁判官が個人的な経験や研究によってたまたま専門的な経験則を知っていれば証明を要さずに用いてよいし，知らないときでもその証明は自由な証明で足りるとしていた[76]。しかし，そのような偶然の事情によって証明不要とすると，当事者の共通の了解事項でない基準で判断することになり，不意打ちとなって手続保障上問題があるし，鑑定人とその鑑定意見の採否を決する

　　明の取扱いにつき，河野 441 頁参照。

[75]　兼子・体系 243 頁，新堂〔5 版〕579 頁，高橋下〔2 版補訂版〕31 頁，旧注釈民訴(6) 8 頁〔谷口〕，加藤・前掲注 10）手続裁量論 253 頁，兼子ほか・条解〔2 版〕1013 頁〔松浦＝加藤〕など。

[76]　三ヶ月・双書〔3 版〕425 頁，兼子ほか・条解 929 頁〔松浦馨〕など。なお，自由な証明と厳格な証明については，I 3(5)参照。

〔大村〕

裁判官が同一人であってはならないとする23条1項4号の趣旨にもそぐわない。したがって、専門的経験則については、事実認定の客観的公正（およびその外観）を確保するために、裁判官の知・不知を問わず、鑑定という厳格な証明によるべきであろう[77]。もっとも、判例は、証明を不要とする立場とみられている[78]。〔なお、経験則違反と上告審の関係については、自由心証主義（§247）および上告受理（§318）を参照。〕

6 証拠契約

広義では、事実の確定方法に関する当事者間の合意を証拠契約という。これには、一定の事実を認めて争わない旨の自白契約、保険事故の原因など一定の事実の確定を第三者の判定に委ねる仲裁鑑定契約、一定の事実について証明責任の分配を変更する証明責任契約、一定の事実の証明手段を書証に限定するなど証拠方法の提出に関して合意する証拠制限契約などがある。狭義では、証拠制限契約のように証拠方法の提出に関する合意のみを指して証拠契約ともいう[79]。証拠契約は、訴訟上の効果の発生を目的とするので、訴訟契約と解されている[80]。当事者の処分が許されている法律関係に関する限り、証拠契約は原則として有効とするのが今日の通説である[81]。

各種の証拠契約の効力を判断するにあたっては、特に自由心証主義を不当に制約することになるかどうかという観点が重要である。弁論主義の適用される

---

77) なお、伊藤〔4版〕334頁は、経験則は事実に関する判断法則として原則的には事実と同様の取扱いをすべきであるとの立場から、裁判官がたまたま知っている経験則でも私知である以上鑑定等による証明が必要であるが、通常人が疑いを差し挟まない日常的な経験則は公知の事実に準ずるものとして証明不要とする。

78) 判例の状況については、伊藤＝加藤編・前掲注19）76頁以下〔杉山悦子〕に詳しい。判例は、一般的な経験則だけでなく専門的な経験則についても、裁判官の私知に属する経験則を証拠調べなしに利用できるとする立場に立つとみられる。なお、最判昭36・4・28民集15巻4号1115頁は、船位測定の方法に関する経験則を「自明のことがら」とし、かかる「裁判官の通常の知識により認識し得べき推定法則」については鑑定不要と判示している。これに対し、多数説のいう日常的経験則と専門的経験則の区分は、通常人を基準とするものと思われる。

79) 兼子ほか・条解〔2版〕1025頁〔松浦＝加藤〕、新堂〔5版〕600頁、秋山ほかIV 47頁。

80) 伊藤〔4版〕350頁、兼子ほか・条解〔2版〕1025頁〔松浦＝加藤〕。

81) 旧注釈民訴(6)27頁〔谷口〕。

通常の民事訴訟においては，自由心証主義以前の問題として裁判上の自白に裁判所拘束力が認められている以上，主要事実に関しては自白契約も有効と解される。間接事実・補助事実の自白契約の効力は，間接事実・補助事実についても自白の成立を肯定するかどうかとパラレルに考えられる。間接事実等について自白の成立を否定する立場では，間接事実等の自白契約は自由心証主義を制約するものとして許されないと考えることになる。仲裁鑑定契約については，少なくとも主要事実について自白契約が許される以上，主要事実の確定を当事者の意思によって第三者の判定に委ねることも許されるべきである。証明責任契約も，証明責任の分配が究極的には当事者間の公平等を考慮して決定される（法規の要件の定め方に従った分配が公平の理念などによって修正され得る）ものである以上，合意による変更を有効とすべきである。証拠方法の提出に関する証拠制限契約は，自由心証主義を害するとの見方もあり得るが，弁論主義の下では証拠を提出するか否かは当事者の自由に委ねられているのであるから，提出し得る証拠を一定のものに限定する合意等は有効と考えるべきである。もっとも，いったん取り調べられた証拠方法を後から利用しないことにする合意は，裁判所の心証を消滅させようとするもので，自由心証主義を制約することになるので許されない[82]。

　自白契約が有効に存在することが主張・立証されれば，自白がなされたのと同様に取り扱うべきであり，仲裁鑑定契約の有効な存在が主張・立証されれば，受訴裁判所は，調停が行われる場合に準じて，仲裁が行われるまで訴訟手続を中止できると解される。証拠制限契約に違反して証拠が提出されたときは，裁判所は証拠能力を欠くものとしてこれを却下すべきである[83]。

---

[82]　以上につき，伊藤〔4版〕350頁，新堂〔5版〕601頁，兼子ほか・条解〔2版〕1026頁〔松浦＝加藤〕，高橋下〔2版補訂版〕67頁，秋山ほかⅣ 47頁。

[83]　新堂〔5版〕601頁，伊藤〔4版〕350頁。なお，証拠制限契約に関する比較法的な研究については，杉山悦子・民事訴訟と専門家〔2007〕433頁参照。

II 証明責任

1 総　説
(1) 証明責任の意義

　裁判官は自由心証主義（247条）に基づいて事実認定を行うが，証拠調べの結果や口頭弁論の全趣旨を斟酌しても，ある事実について存否いずれとも心証を形成できない場合（存否不明，真偽不明またはノンリケットという）があり得る。その場合でも，裁判所は，事実の存否不明を理由に裁判を拒絶することは許されない。そのような場合でも裁判を可能にするための道具立てが必要となる。それが証明責任である。すなわち，証明責任とは，裁判所が自由心証によってある事実の存否を確定できない場合に，その結果として，判決でその事実を要件とする自分に有利な法律効果の発生が認められないことになるという一方当事者の不利益をいう（従来，挙証責任または立証責任とも呼ばれていたが，近時は証明責任と呼ぶことが多い）。

　証明責任は，特定の事実に関してはいずれかの当事者がこれを負担するものであり，双方が同時にこれを負担することはない（同一事実につき，一方が存在について，他方が不存在について，それぞれ証明責任を負うとしたのでは，存否不明の場合に判決が可能とならない)[84]。

　このような証明責任およびその分配ルール（後述）によれば，事実が存否不明でも判決は可能となる。例えば，貸金返還請求訴訟においては，消費貸借契約（民587条）の成立要件である返還の約束と金銭の授受などの事実は原告（債権者）に証明責任があると解されており，弁済などの債権消滅事由については被告（債務者）に証明責任があると解されている。したがって，原告の主張する返還約束や金銭授受を被告が否認し，証拠調べをしたが存否不明である

---

84) これは，特定の請求（ないし法律効果）を前提とした場合のことであり，同一の事実であっても，異なる請求との関係では，別の当事者が証明責任を負担することがあり得る。例えば，一般の不法行為責任による賠償請求の場合には過失を構成する事実については原告の証明責任に属するのに対して，自賠法3条に基づく責任の場合は同一の事実が無過失についての被告の証明責任に属することになる（伊藤〔4版〕354頁）。なお，新堂〔5版〕604頁。

いう場合には，貸金返還請求権の発生という原告に有利な法律効果の発生が認められず，請求棄却判決がなされることになる。逆に，消費貸借の成立は認められるが，被告の主張する弁済の事実が存否不明である場合には，弁済による消滅という被告に有利な法律効果の発生が認められず，請求認容判決がなされることになる。

　証明責任という不利益は，自分に有利な法律効果を定める法規が適用されないことからもたらされる。しかし，要件事実が存否不明の場合，なにゆえ法規は不適用となるのか。従来の通説は，実体法規はその要件事実の存在が「証明」された場合にのみ適用されると考え，したがって，存否不明であれば法規は適用できないのが原則であるとする（法規不適用原則）[85]。これに対して，近時，実体法規は事実の「存否」（存在または不存在）に法律効果の発生または不発生を結びつけており，存否いずれとも不明の場合に直ちに法規の不適用を導くのは飛躍があり，存否不明の場合にはその実体法規を適用すべきか否かを決するための裁判規範たる証明責任規範が必要であって，これにより通常は不適用に決まると説明する説が台頭している[86]。この対立は，実体法規を第一次的に裁判規範とみるか行為規範とみるかに起因する。後説でも，証明責任規範の源は実体法規範であるというし，しかも，証明責任の分配について明文規定（民117条1項・419条2項・453条，商560条・577条・590条1項・594条1項・617条，製造物4条，自賠3条但書など）があればそれによるが，それ以外の場合は，存否不明の事実は不存在と扱うのが通常の証明責任規範であるとするので，独自の規範を定立する実益に乏しく，多分に観念論で，説明の仕方の問題にすぎないと評される[87]。確かに理論的な説明の仕方の問題にすぎないともいえるが，

---

85) ローゼンベルグ（倉田卓次訳）証明責任論〔全訂版，1987〕21頁，兼子・体系257頁など。

86) 春日・前掲注17）333頁，松本博之・証明責任の分配〔新版，1996〕19頁以下，松本＝上野〔6版〕406頁，旧注釈民訴(6)48頁〔福永有利〕，高橋上〔2版補訂版〕519頁，新堂〔5版〕602頁など参照。なお，松本・前掲8頁は，証明責任の本質は事実が存否不明の場合の法適用問題であり，伝統的な定義が証明責任を当事者の受ける不利益を中心として表現することは，正しい認識を曇らせると批判する。ここでは，伝統的な定義の仕方に従っておく。

87) 伊藤〔4版〕354頁，伊藤＝加藤＝山本・前掲注1）114頁〔伊藤発言〕，兼子ほか・条

ただ，このような独自規範を想定することが，証明責任の分配を実体法規の構造から相対的に分離し，形式に囚われないで弾力的な解釈をより容易にする[88]，あるいは，自賠法3条や各種の法律上の推定規定のように，証明責任規定の定め方によって実体法に変容を加える現象を把握しやすくすると考えるならば[89]，それなりに実践的効用を見いだす余地もあろう[90]。

(2) 証明責任の機能――客観的証明責任・主観的証明責任・立証の必要

証明責任は，審理を尽くしても裁判官が事実について存否いずれとも心証形成をなし得ない場合に，それでも判決を可能にするための，裁判の基準である。したがって，証明責任は，自由心証主義の働きが尽きた段階で発動される。自由心証に基づいて事実の存否を認定できるならば，証明責任を使って判決をする必要はないからである。この意味で，証明責任は，事実が存否不明に終わった場合の不利益が当事者の一方に負担させられるという結果責任であり，そのことをより明確に示すために客観的証明責任という用語も使われる（単に証明責任といえば，通常はこの客観的証明責任を指す）。

このことは，証明責任が審理の途中段階ではまったく機能しないという意味ではない。証明責任の本質は結果責任であるから，弁論主義をとるか職権探知主義をとるかに関係なく，必要になる。どちらの主義をとっても，存否不明という事態は生じ得るからである。ただ，証拠の提出を当事者の責任とする弁論主義の下では，各当事者は，存否不明となれば自己に不利な裁判がなされることになる事実（自分が証明責任を負う事実）については，通常は，自分でそれを証明するための立証活動をせざるを得ない。これは，結果責任としての証明責任を負っている者に生ずる行為責任とみることができ，主観的証明責任と呼ば

解〔2版〕1016頁〔松浦＝加藤〕。
88) 旧注釈民訴(6)50頁〔福永〕。
89) 新堂〔5版〕603頁。
90) 証明責任規範の独自性を肯定することの効用について，小林・証拠法〔2版〕166頁参照。これに対しては，伊藤〔4版〕355頁参照。なお，この論争と関連して法規不適用説の立場から提唱されたものに，「裁判規範としての民法」論がある（伊藤滋夫「要件事実と実体法」ジュリ869号〔1986〕14頁以下，同「続・要件事実と実体法（上）(下)」ジュリ881号86頁以下，882号56頁以下〔1987〕）。これに対する批判として，松本・前掲注86) 338頁，伊藤＝加藤＝山本・前掲注1) 116～117頁〔伊藤発言〕。

れる[91]。

　ある事実についてどちらの当事者が証明責任を負うかは，後述の証明責任分配のルールに従って，訴訟の最初から定まっており，当事者の実際の立証活動など訴訟の具体的な経過いかんによって，途中で相手方に転換されることはない（証明妨害などの場合をその例外とみる説はある）。そして，請求原因，抗弁，再抗弁などに該当する事実についてあらかじめ証明責任の分配が定まっていることによって，証明責任を負っている当事者の側に，本証が要求され，相手方は反証で足りることになるし，どちらの当事者に先に立証を促すかという裁判官の釈明権行使の基準にもなる。そもそも，訴状の請求原因の記載の段階から証明責任を意識していなければ，訴状を的確に作成することもできない。このようにして，証明責任（客観的証明責任）は，審理の全過程を通じて，行為責任としても機能するのである[92]。

　この行為責任としての主観的証明責任と，立証の必要（現実的必要性）とは，区別される。立証の必要は，訴訟の過程の中で裁判官の心証に応じて変転するものであり，立証の必要が生じた者に証明責任があるとは限らない。例えば，貸金返還請求の訴訟で，原告の立証活動によって返還約束の存在という事実について裁判官の心証が原告に有利に形成された場合，被告は，何もしなければ，その事実が原告の有利に認定されてしまうであろうから，裁判官の心証を被告に有利にするための立証活動をする必要に迫られる。そこで，被告が反対の証拠を提出して裁判官の心証を不存在または存否不明の方に引き戻したとすると，今度は，原告がさらに証拠を提出してその事実の存在を証明する必要に迫られ

---

91) 三ヶ月・双書〔3版〕443頁は，主観的証明責任は弁論主義という構造の下で客観的証明責任から流出するもの，とする。なお，主観的証明責任に着目すれば，証明責任は訴訟法の領域に属する事柄とみる余地も出てくるが，証明責任の本質は客観的証明責任であるとの通説的理解を前提とすれば，それは個々の実体法規の適用の問題であり，実体法の領域に属する。同書446頁。

92) なお，いわゆる「手続保障の第三の波」説からは，この行為責任の面を証明責任の中核として再構成しようとする立場が提唱されている。井上＝伊藤＝佐上139頁以下〔佐上〕，佐藤彰一「立証責任論における行為責任の台頭と客観的立証責任概念の意義」立命館法学165＝166号〔1983〕582頁など。これに対する批判として，松本・前掲注86) 315頁，小林・証拠法〔2版〕175頁，伊藤〔4版〕355頁。

る。このように，立証の必要は審理の成りゆきによって当事者の間を移動しうるものであるが，返還約束の証明責任自体は訴訟の最初から最後まで原告にある。したがって，立証の必要は法的概念ではなく，事実的なものである。

　なお，立証の必要には，本証の必要と反証の必要とがある。上の例で，返還約束については原告が証明責任を負っているのであるから，被告に立証の必要が生じることがあるとしても，それは裁判官に存否不明という心証を抱かせれば足りる反証の必要である。これに対して，証明責任を負っている原告に生ずる立証の必要は，証明度のレベルを超える心証を裁判官に抱かせる本証の必要である。

　このようにみてくると，裁判官が立証を促す釈明権を行使する相手方は，立証の必要を負っている当事者であり，必ずしも証明責任を負っている当事者に限られるわけではない。そこで，客観的証明責任を前提としてその負担者にのみ生ずる行為責任としての主観的証明責任を観念することの実益は疑わしいとして，むしろ，客観的証明責任から独立した，立証の現実的必要に即した行為責任が主観的証明責任であると捉え，それを証拠提出責任と呼ぶ立場[93]や，主観的証明責任を抽象的証拠提出責任，立証の現実的必要を具体的証拠提出責任と構成する立場がある[94]。もっとも，これに対しては，立証の必要という意味での証拠提出責任をどちらの当事者が負うかは裁判官の心証によって決まるのであり，心証→証拠提出責任→立証の釈明という説明も，心証→立証の釈明という説明も実態に違いはないし，不意打ち防止等の効用も，証拠提出責任という概念を認めること自体によってではなく，裁判官が立証を促すこと（ないしは心証を開示すること）による効用ではないかと反論される[95]。

　なお，立証の現実的必要といっても，当事者が裁判官の心証を正確に知り得ないならば，理論的な議論にとどまり，当事者の立証活動をコントロールする基準として十分には機能し得ない[96]。そこで，暫定的な心証開示の必要性も主張されている。少なくとも，当事者に立証を促す釈明は，当事者が裁判官の心

---

93) 小林・証拠法〔2版〕』170頁。
94) 松本・前掲注86) 9頁，11頁。
95) 高橋上〔2版補訂版〕528頁以下。
96) 旧注釈民訴(6) 45頁〔福永〕。

証を推測する重要な判断材料となり得る。

(3) **証明責任の対象——主要事実**

証明責任は，主要事実について定められるものであり，かつそれで足りる。裁判を可能にするためには，法規を適用できるか否かを決めればよく，そのためには，法規の定める要件に直接該当する事実つまり主要事実（要件事実）の存否を確定すれば足りるからである。

間接事実は，法規が直接に要件として定める事実ではないから，証明責任を考える必要がない。間接事実ももちろん証明の対象となり，存否不明ということがあり得る。しかし，ある間接事実の存否不明は，他の間接事実や弁論の全趣旨とともに，それも自由心証による主要事実の存否の判断の1つの資料にすぎない。その結果，もし主要事実が存否不明となれば，主要事実の証明責任の分配に従って判決をすればよいと考えられる[97]。

2 証明責任の分配

(1) **法律要件分類説**

証明責任（客観的証明責任を意味する）の分配に関するかつての通説的見解は，法律要件分類説と呼ばれる。この説によると，各当事者は自分に有利な法律効

---

[97] もっとも，この点については見解の対立がある。高橋上〔2版補訂版〕524頁は，間接事実については例えば七分三分という心証のままでも，他の間接事実や弁論の全趣旨を総合して主要事実の存否を認定すればよく，その意味で，間接事実の存否不明は主要事実の存否不明に吸収される，と説く。伊藤＝加藤＝山本・前掲注1) 120頁の山本発言・伊藤発言も，間接反証との関係での見解であるが，同趣旨と思われる。これに対し，間接事実から主要事実を推認するためには，その間接事実は証明されていなければならない，つまり，間接事実そのものが証明度に達していなければ無意味である，との見解もある（石井・前掲注31) 191頁，研究会「証明責任論とその周辺」判タ350号〔1977〕74頁〔倉田卓次発言〕）。0.7のものをいくら乗じても0.8を超えることはないという比喩も使われる。また，規範的要件について評価根拠事実・障害事実を主要事実に格上げして考えるようになった時期から，間接事実でも主要事実と同様に考えるべきであるという立場が有力になっているとされる（伊藤＝加藤＝山本・前掲注1) 122頁〔加藤発言〕参照）。他方，伊藤滋夫教授の分析によれば，1つの間接事実のみから要件事実を推認しなければならない場合は別であるが，そうでない場合，前提事実の証明の程度が低ければ推定事実の存在の確度も低くなるにしても，さらに他の間接事実による補強などの方策を考えればよいのであって，一律にすべての前提事実が証明度に達していなければならないと考える必要はないとされる（伊藤滋夫・前掲注10) 175～181頁）。

果の発生を定める法規の要件事実について証明責任を負う。そして，どの法規（法律効果）がどちらの当事者に有利であるかは，訴訟物たる権利関係を定める法規を基点として，実体法規相互の論理的関係（補充・支持・排斥の関係）によって決まる．すなわち，権利の発生を基礎づける権利根拠規定，根拠規定に基づく法律効果の発生を当初から妨げる権利障害規定，この法律効果を事後的に消滅させる権利消滅規定に分類され，根拠規定は権利者と主張する者が，障害規定と消滅規定については義務者とされた者が，それぞれ自己に有利な規定であるがゆえに，その要件事実について証明責任を負う。さらに，権利根拠規定，障害規定，消滅規定の識別は，通常は，条文の形式的構造による（例えば，本文が権利の発生を定める根拠規定なら，その但書は障害規定となる）[98]。

　法律要件分類説の具体的な適用としては，売買代金請求訴訟を例にとると，訴訟物たる売買代金請求権の発生根拠となる民法555条が権利根拠規定となり，その定める要件事実については債権者（原告）が証明責任を負う。債務者（被告）が錯誤を理由に売買の意思表示の無効を主張するのならば，民法95条本文の要件事実たる要素の錯誤について被告が証明責任を負う。また，被告が売買代金債権の時効消滅を主張するのならば，民法167条（および同166条1項・145条）の定める要件事実について被告が証明責任を負う。なお，上にみた権利根拠事実は請求原因事実，権利障害事実や権利消滅事実は抗弁事実にあたる（権利障害の障害規定にあたる民法95条但書の要件事実は再抗弁事実にあたる）。

　この法律要件分類説は，ドイツにおける規範説（ローゼンベルク説）を基本的に受け継いだものである（前掲①～④）。しかし，重要な違いもある。ローゼンベルクは，⑤法規は何百年にわたって精錬され，立法者によって形を与えられた正義であり，証明責任の分配はかかる実定実体法規にのみ依拠して行うべき

---

[98]　いわゆる規範説や法律要件分類説の要点は，このようにまとめられる。兼子・体系256頁以下，松本・前掲注86) 42頁，春日・前掲注17) 345頁，高橋上〔2版補訂版〕539頁，小林・証拠法〔2版〕182頁など。なお，権利根拠規定，権利障害規定，権利消滅規定の基本的な3分類のほかに，義務者側の履行拒絶によって権利の行使を阻止する権利阻止規定（同時履行の抗弁権や留置権など）があり，また，障害規定・消滅規定に対してその法律効果を妨げる障害規定もある（例えば，障害規定として機能する民法95条本文に対して，同但書はそのまた障害規定となる）。旧注釈民訴(6) 53～54頁〔福永〕，松本＝上野〔6版〕298頁，408頁。

であって，裁判官が実質的考慮を加えて判断してはならないとした。これに対し，我が国の法律要件分類説は⑤の部分を受け継がず，条文の形式的構造による分配の結果が不都合な場合には，法の趣旨や証明負担の公平などの実質的考慮を加味して修正してきた99)。

(2) **通説への批判と新たな学説**

規範説や法律要件分類説は，その後，次のような批判を受けることになった。

第1に，法規不適用原則には飛躍があり，事実が存否不明の場合に法規の適用・不適用を指示する証明責任規範を措定しなければいずれとも決まらないはずである，との批判である（この点については先に述べた）。

第2に，権利根拠規定と権利障害規定の区別の困難が指摘された。例えば，意思表示の効力につき，錯誤がなかったことを権利根拠規定に入れるか，錯誤があったことを権利障害規定に入れるか，また，取得時効における占有者の善意を権利根拠事実と構成するか，その悪意を権利障害事実と構成するかは，実体法の論理上いずれも可能であり，権利根拠規定と権利障害規定の区別は，本来，純粋な実体法の論理だけからは決定できない，との批判である。言い換えれば，条文は，何らかの実質的考慮に基づいて既に行った分配の結果を表現しているにすぎない，ということになろう100)。

第3に，しかも，その法規の表現や構造が，少なくとも日本では必ずしも頼りにならないと批判された。立法者が証明責任の分配に注意を払いつつ法文を起草したならば別であるが，日本では，民法典の起草者は，証明責任の分配を犠牲にしてでも分かりやすさを優先して起草したことが明らかである101)。例えば，民法415条後段がそうであり，その結果，条文の構造だけからみれば，

---

99) 松本・前掲注86) 42頁，旧注釈民訴(6) 54頁〔福永〕。後述の第3の批判にもあるように，ドイツ法と異なり，立法者が証明責任の考慮を実体法の構造に必ずしも反映させていなかったわが国では，規範説を導入するに際してそのような方向に傾いたのは自然の成り行きであったともいえよう。

100) 高橋上〔2版補訂版〕541頁，新堂〔5版〕611頁以下。そうだとすると，その実質的考慮は何であるかが問われなければならない。

101) 法典調査会・民法議事速記録23巻〔1973〕151頁，153頁，石田穣・民法と民事訴訟法の交錯〔1979〕46頁，小林・証拠法〔2版〕185頁。いくつかの条文について，起草者たちはそのように明言している。

債務不履行についての債務者の帰責事由の存在は権利根拠事実として債権者が証明責任を負うものと読める表現になっている。もっとも，日本の法律要件分類説は，もともとこのような場合には例外的に実質的考慮に基づいて規範説の結果を修正する余地を認めており，判例も，債権法における公平の観点から，債務者に帰責事由の不存在の証明責任があると解している[102]。

　規範説ないし法律要件分類説にこれらの批判を浴びせる学説は，我が国では，大別すると二つの系統に分かれる。一つは利益衡量説と呼ばれ，その中にも，利益衡量の因子に一定の順序づけを行う立場と，並列的に捉える立場とがある。前説は，まずは証明責任分配に関する立法者意思により（ただし，これが体現されている条文は少ない），次に，証拠との距離，立証の難易，事実の存否の蓋然性，実体法の立法趣旨，信義則という適用順序によって分配を決する立場である。後説は，当事者間の公平の観点（立証の難易，証拠との距離，蓋然性）や法規の立法趣旨を総合的に考慮して証明責任の分配を決定するという立場である[103]。利益衡量説は，証明責任の分配基準のそもそもの根拠を問い直した点で，大きな功績があったといえる[104]。しかし，条文をまったく離れて証拠との距離などの一般的な基準だけで証明責任の判断が明確にできるのか，法的安定性や当事者の予測可能性を害するのではないかとの不安から，利益衡量説は学説の多数の支持を得るには至っていない。

　現在は，修正（された）法律要件分類説と呼ばれる立場が比較的多くの支持を得ているように思われる[105]。これは，実質的な利益衡量は多くの場合条文

---

102) 最判昭34・9・17民集13巻11号1412頁。

103) 前説は，石田・前掲注101) 45頁以下（本文にあげた因子によっても決まらないときは，最後に法律要件分類説によるとする），同・前掲注31) 143頁。後説は，新堂幸司・新民事訴訟法〔初版〕〔1998〕351頁で，順序づけについては明言していない（なお，新堂〔5版〕609頁は修正法律要件分類説とみられている）。

104) 竜嵜喜助「証明責任の分配」講座民訴(5) 115頁。

105) 修正法律要件分類説に属するとされるものとして，旧注釈民訴(6) 57頁〔福永〕，小林・証拠法〔2版〕188頁，高橋上〔2版補訂版〕547頁，松本・前掲注86) 75頁（証拠との距離や蓋然性は分配の一般的基準にならないとする），新堂〔5版〕609頁など。学説の位置づけについては，笠井正俊「証明責任の分配」争点〔3版〕206頁，宇野聡「証明責任の分配」新・争点184頁参照。笠井・前掲は，現在も法律要件分類説が通説といってよいが，法律要件分類説自体が以前よりも柔軟化してきており，学説の分類自体が難しい

の表現に表れているとして，法律要件分類説が採用していた法規の三分法を維持する点で，かつての通説や実務との連続性を保ちつつ，他方で，法規の立法趣旨やそれに基づく価値判断をも重視し（学説によってはさらに証拠法的な考慮をも加味して）柔軟に決しようとする立場であり，利益衡量説とも実質的な類似性を有するといえなくはない[106]。修正法律要件分類説によれば，具体的な個々の法規における証明責任の分配が規範説の帰結から離れる可能性は，法律要件分類説よりも理論的には高くなろう。

いずれにしても，法律要件が抽象的な法概念である場合には，それ自体を要件事実（主要事実）とみることはできず，当該法律要件の評価根拠事実（あるいは評価障害事実）を割り出してその証明責任を公平に分配するという観点から，実質的考慮の必要性が強くなるであろう[107]。

(3) 若干の条文と判例

証明責任は個々の実体法規の適用に関する問題であるから，その分配の問題

ことを指摘する。

[106] 証明責任論争は，法律要件分類説と利益衡量説の双方が歩み寄るような形で収束に向かい，一般論としては大きな違いがなくなったと評される（伊藤＝加藤＝山本・前掲注1）111頁〔山本発言〕）。その落ち着き所となったとみられる修正法律要件分類説は，若干ぬえ的である。一方で，そもそも規範説とは異なって法律要件分類説自体がもともと柔軟性を有していたため（例えば，法律要件分類説を採る兼子・体系260頁は，各法条の定め方は，実質的には当事者の公平，紛争の迅速な解決，権利実現容易化の政策などの考慮に基づいていることを強調していたのであり，その前提が崩れるときには実質的な観点を表に出して修正を図っていた），修正法律要件分類説といっても大差ないとして，法律要件分類説との近さを指摘する見解がある（中野＝松浦＝鈴木編〔2版補訂2版〕373頁〔青山善充〕は，「法律要件分類説がもともとその程度の柔軟性をもっていた」と指摘する）。他方，修正法律要件分類説に立つとみられる高橋上〔2版補訂版〕547頁は，実体法規の趣旨や当事者間の公平から法規の三分法が導かれるとし，立証の難易なども含めて結局は多面的な考察となり，利益衡量説に近づく，とする。また，小林・証拠法〔2版〕188頁も，修正法律要件分類説と利益衡量説との差はさほど大きくないとする。なお，伊藤〔4版〕357頁参照。

[107] 不法行為における過失（民709条），解約申入れの正当事由（借地借家28条），信義則などについて，旧注釈民訴(6)66頁，77頁，78頁〔福永〕参照。このような分析が深まったことと証明責任論争との関係につき，伊藤＝加藤＝山本・前掲注1）112頁〔伊藤発言〕参照。なお，後出 **2**(4)参照。

は実体法の解釈作業の一環である。法律要件分類説ないし修正法律要件分類説に立って法規の構造に依拠しつつも，立法趣旨，公平，蓋然性などの観点から検討を加えるべき局面はかなりある。以下，若干の具体例をみる。

(ア) **通謀虚偽表示と第三者の善意・悪意**（民94条2項）　判例（最判昭35・2・2民集14巻1号36頁）は，AからY₁に不動産が仮装譲渡され，さらにY₂が抵当権の設定登記を受けた事案で，Y₂が94条2項の保護を受けるためにはみずからの善意について証明責任を負うとする。これは，民法94条1項を権利障害規定，2項をそのまた障害規定（再反対規定）とみることができるので，条文構造に忠実な立場といえる[108]。これに対し，修正法律要件分類説からは，虚偽表示によって外観を作出した者よりもそれを信頼した第三者の方が保護に値するとして，取引安全を優先し，無効主張者（虚偽表示の当事者）が第三者の悪意について証明責任を負うべきであるとされる[109]。これは立法趣旨を強調する立場であり，善意の蓋然性という観点からも原則的には支持されよう[110]。

(イ) **表意者の重大な過失**（民95条但書）　売買契約に基づく代金請求などに対して，契約の意思表示に要素の錯誤（民95条本文）があったことは権利障害事実であり，意思表示の無効を主張する表意者に証明責任がある。さらに，同条但書は本文の例外にあたる再反対規定であることから，表意者の重大な過失は表意者の相手方に証明責任があるとするのが，判例である（大判大7・12・3民録24輯2284頁ほか）。これに対して，修正法律要件分類説などからは，取引安全の要請や，表意者の重過失を相手方が証明することの困難さを理由に，錯誤を主張する表意者が重大な過失の不存在（重大な過失がないという評価を基礎づける事実）についても証明責任を負うべきものと主張されている[111]。

(ウ) **債務不履行の帰責事由**（民415条後段）　前述のように，条文の文言にもかかわらず，既に契約関係にある者の間の公平の観点から，債務不履行の帰責

---

108) 村上博巳・証明責任の研究〔1975〕148頁ほか。
109) 松本・前掲注86) 80頁，小林・証拠法〔2版〕190頁，我妻栄・新訂民法総則〔1965〕292頁ほか。
110) 民訴百選〔4版〕63事件解説135頁〔大村雅彦〕。
111) 石田・前掲注31) 157頁，松本・前掲注86) 79頁，小林・証拠法〔2版〕191頁，旧注釈民訴(6)68頁〔福永〕ほか。

事由の不存在（帰責事由がないという評価を基礎づける事実）の証明責任は債務者にあると解するのが判例（最判昭34・9・17民集13巻11号1412頁）・通説である[112]。

(エ) **準消費貸借契約における旧債務の存否**（民588条）　判例は，旧債務の不存在を理由に準消費貸借契約の効力を争う者（債務者）が，その事実の証明責任を負うとしている（大判大6・11・5民録23輯1743頁，最判昭43・2・16民集22巻2号217頁）。準消費貸借（民588条）における旧債務の存在（新債務に切り替える時点で存在していたこと）は，消費貸借の要物性の要件に代わるものである。したがって，準消費貸借の成立要件は，a) 基礎となる旧債務の存在，および，b) 旧債務の目的物を消費貸借の目的とする合意である。したがって，旧債務の存在は権利根拠事実として債権者（原告）が証明責任を負うとするのが，法律要件分類説の論理的な帰結といえそうである。しかし，準消費貸借が締結されたときには，旧債務証書が債権者から債務者に返還・破棄されるのが通常であるため，債権者に旧債務の証明を求めるのは公平に反するなどの実質的考慮から，判例と同様に債務者説（抗弁説）を採る立場が多数を占めている[113]。

(オ) **背信行為と認めるに足りない特段の事情**（民612条）　賃借権の無断譲渡・転貸があっても，それが賃貸人に対する「背信行為と認めるに足りない特段の事情」があるときは，民法612条「に基づく解除権は発生しない」とするのが確立した判例法理である（最判昭28・9・25民集7巻9号979頁など）。この場合の「特段の事情」の証明責任は，判例によれば，賃借人にある（最判昭41・1・27民集20巻1号136頁）。学説上も多数説はこの結論を支持しており，無断譲渡・無断転貸を解除権発生の権利根拠事実，背信行為と認めるに足りない特段の事情をその権利障害事由（抗弁）と位置づけている[114]。

---

112) 兼子ほか・条解〔2版〕1021頁〔松浦＝加藤〕，小林・証拠法〔2版〕189頁。

113) 旧注釈民訴(6)75頁〔福永〕，松本・前掲注86) 65頁，民訴百選Ⅱ〔補正版〕120事件解説〔森勇〕，小林・証拠法〔2版〕189頁ほか。なお，債権者説に立っても，準消費貸借契約証書を作成したという間接事実が旧債務の存在を事実上推定させ，債務者が間接反証責任を負うと構成して，バランスを取ろうとする説もある（倉田・証明216頁）。

114) 特段の事情を抗弁と位置づける立場は，旧注釈民訴(6)76頁〔福永〕，松本・前掲注86) 55頁，小林・証拠法〔2版〕191頁，民訴百選〔4版〕64事件解説〔栗田隆〕ほか，

(4) 規範的要件（法的評価概念）と証明責任

　法律要件が「過失」（民709条）や「正当事由」（借地借家28条）といった抽象的な評価概念をもって定められている場合，かつてはそれら自体が主要事実（要件事実）として扱われていた[115]。しかし，今日では，それらは事実ではなく法的評価概念（規範的要件）であって，当該評価を基礎づける事実（積極的な評価を根拠づける評価根拠事実，そのような評価を妨げる評価障害事実）が主要事実であると考える立場が実務上も学説上も定着したといってよい[116]。この場合，評価根拠事実や評価障害事実自体は条文には示されていないのであるから，それらを類型的に割り出し，相互関係を考慮しながらその証明責任を公平に分配するためには，利益衡量説が主張したような各種の実質的考慮が必要となり，これは裁判例の蓄積によって形成されていくことになる。

　ところで，規範的要件における主要事実をこのように構成していくならば，証明責任の対象は評価根拠事実や評価障害事実であり，それらについては存否不明という事態はあり得るが，規範的要件そのものは法的評価概念であるから自由心証の問題ではなく，そのような法的評価をすべきか否かの二者択一しかないことになろう。ただ，規範的要件が総合的判断をその特質とすることとの関係で，①評価根拠事実や評価障害事実の一部が証明度に達していない場合には，その一部を切り捨てて残った主要事実のみに基づいて総合評価をするのか，それとも，②通常の要件と違って証明度に達していない主要事実も含めて総合評価をするのかについては，議論のあるところである。実務の立場は前者であるとされている[117]。主要事実を前述のように構成する以上，①の扱いの方がスジは通るということであろうが，総合的な価値判断を要する規範的要件の性

　　多数説である。特段の事情は抽象的な価値概念である。その評価根拠事実については，民訴百選〔3版〕73事件解説〔大村雅彦〕参照。なお，背信行為を解除権の発生要件とする不文の法規が判例法理として形成されたとみて，無断の譲渡・転貸は背信行為という要件事実を推認させる間接事実であり，特段の事情はこの推認を覆す間接反証事実であるとする説もある（倉田・証明229頁，247頁）。間接反証については，後述参照。

115）　兼子・体系199頁，小山〔五訂版〕250頁ほか。
116）　旧注釈民訴(6)77〜78頁〔福永〕，伊藤＝加藤＝山本・前掲注1) 134頁〔山本発言〕，136頁〔加藤発言〕，司法研修所編・民事訴訟における要件事実第1巻〔1985〕30頁以下。
117）　伊藤＝加藤＝山本・前掲注1) 137頁〔加藤発言〕。

質から特別な考慮を要するところかもしれない[118]。

(5) 主張責任と証明責任

弁論主義の下では、証明責任に論理的に先立って、主張責任が問題となる。そして、主張責任の分配は、証明責任の分配と同じルールに従うと考えるのが通説の立場である[119]。すなわち、当事者の主張すべき事実も、証明責任の分配基準に従って、原告の請求原因事実、被告の抗弁事実、原告の再抗弁事実という形で分類されることになる。このように両者を一致させる理由としては、事実が主張されない結果として法規が適用されない不利益と、主張された事実が証明されない結果として法規が適用されない不利益とは、いずれも法規の不適用による不利益という点で共通であることが強調される[120]。

もっとも、証明責任と主張責任の実際の機能という観点から、両者は類似性・近似性があるといえるにとどまり、論理上常に一致しなければならないという必然性はないという見方もある[121]。この立場では両者の不一致を例外的

---

118) ②の見解に立つのは、研究会・前掲注97) 判タ350号47頁以下の賀集唱発言、賀集唱「間接反証」争点〔3版〕210頁、旧注釈民訴(6) 78頁〔福永〕など。高橋説は、「総合判断型の不特定概念」自体の特質から、ある主要事実が存否不明であっても、間接事実の場合のように六分四分などの心証のまま他の主要事実と総合判断して正当事由の成立・不成立という法的判断をすればよいとし(高橋上〔2版補訂版〕524頁)、また、松本説は、法律要件を構成する個々の項目としての法律要件要素が証明責任の対象であり、正当事由などの規範的要件の場合、その判断の基礎となる「当事者双方の事情(具体的事実)について証明責任を観念することは必要でない」との立場から(松本・前掲注86) 336~337頁)、同様に②を支持する。また、伊藤=加藤=山本・前掲注1) 135~136頁〔山本発言〕参照。同137頁の加藤発言・山本発言も、評価根拠事実・評価障害事実に振り分けたために実際の判断プロセスが総合判断として必ずしも適切に行われていないのではないかという疑問や、評価根拠事実と障害事実の関係は貸金返還請求などにおける請求原因と抗弁の関係に比べて裁判官の判断構造が違うのではないかという疑問を提起している。その結果、山本説は、判断要素たる個々の事実は、弁論主義の対象にはなるが証明責任の対象にはならず、それぞれの心証度を前提にして総合判断すべきである、とする。山本和彦「総合判断型一般条項と要件事実」伊藤喜寿65頁以下。なお、証明度に達しない間接事実と主要事実の推認との関係については、Ⅱ 1 (3)および前掲注97) 参照。

119) 兼子・体系262頁、兼子ほか・条解〔2版〕1024頁〔松浦=加藤〕、伊藤〔4版〕299頁、司法研修所編・前掲注116) 20頁ほか。

120) 司法研修所編・前掲注116) 21頁。

121) 高橋上〔2版補訂版〕531頁。

〔大村〕

に許容してもよいということになる。例えば，民法415条の履行遅滞を理由とする損害賠償請求の場合，原告は履行遅滞による損害賠償請求をしているのであるから，履行期までに履行がなかったことを主張しなければ，損害賠償請求権が発生したことを原告の主張自体の中で理由づけていないことになり，訴訟物を基礎づけるための主張として筋が通らないとして，このような場合，（履行の）証明責任は被告にあるが，（不履行の）主張責任は原告にあるという説が有力である[122]。同様に，無権代理人に対する履行請求における代理権についても，その存在の証明責任は民法117条1項の明文上被告にあるが，代理権がなかったことの主張責任は原告にあるという説が有力に主張されている[123]。

この問題は，民法など実体法の解釈論の中で，証明責任の分配とは別に，主張責任の分配ルールを独自に構築できるのかどうかという体系的な問題とも絡みつつ，要件事実論や証明責任論における争点の1つであり続けると思われる[124]。

3 推 定

推定とは，経験則を介してある事実から他の事実を推認することである[125]。推定のもとになる事実を前提事実，推定される事実を推定事実という。推定に

---

122) 主張責任と証明責任が一致しない例外を認める立場として，前田達明「主張責任と立証責任」判タ596号〔1986〕2頁（この論稿が議論の嚆矢となった），中野・現在問題213頁（訴えの有理性の要請から主張責任と証明責任の不一致があり得ると論ずる），松本・前掲注86）344頁，畑瑞穂「主張責任と立証責任に関する覚書」伊藤喜寿46頁以下など。反対説として，司法研修所編・前掲注116）23頁（履行期の徒過の主張さえあれば履行遅滞の発生を主張していることは認識できるとする。履行期が過ぎても履行がなかったという主張も訴状に記載されるのが通常であるが，それは弁済の抗弁の先行否認にすぎないと位置づけられる），伊藤〔4版〕299頁。

123) 村上・前掲注108）43頁，松本・前掲注86）345頁。その他の事例も含めて，詳しくは，旧注釈民訴(6)85頁〔福永〕参照。

124) 伊藤＝加藤＝山本・前掲注1）131頁以下参照〔加藤発言，山本発言〕。また，主張責任概念とは別の，（主張責任のない事実に関する）事案説明責任，訴状言及責任などの道具立ての必要性も指摘されているところである。高橋上〔2版補訂版〕534頁以下，およびそこに引用の諸学説を参照されたい。

125) 推定と推認の用語法について明確な定義はないようであるが，伊藤滋夫・前掲注10）142頁では，「間接事実によって要件事実を推定して認定する（推認する）」と表現されている。

は，事実上の推定と法律上の推定がある。

(1) **事実上の推定**

事実上の推定は，裁判官がその自由心証によって，経験則を用いて行う推認である。

例えば，認知の訴えにおいて，原告の母が受胎可能期間中に被告と性的関係を持ったこと，血液型が矛盾しないこと，身体的特徴の類似性などの事情（間接事実）から，原告と被告との自然的父子関係（主要事実）を推認する場合である。間接事実から間接事実を推認する場合もある。

事実上の推定が成立するかどうかは，証拠と間接事実の証明力および経験則の蓋然性の強弱によって決まる。推定が成立した場合は，推定事実について裁判官の確信が形成されていることになる[126]。

事実上の推定は，前提事実または推定事実についての立証（反証）の必要を相手方に生じさせるが，証明責任を転換させるものではない。したがって，相手方は，a）事実上の推定の基礎となっている前提事実についての裁判官の心証を存否不明に追い込むか，あるいは，b）推定事実自体についての裁判官の心証を存否不明に持ち込むか，いずれかの方法によって推定事実の存在の認定を免れる。ただ，b）の方法を取る場合には，前提事実（間接事実）と両立し得るがこの推認を妨げる別の間接事実を証明する必要がある場合も考えられる。これを理論化し，相手方は別の間接事実を本証しなければ目的を達することができないという，間接反証（反証者に証明責任ある間接事実による反証）の考え方が強力に主張された[127]。

---

[126] 事実上の推定による推認の場合も，推定事実についての心証は，直接証拠による要件事実の認定の場合と同様，通常の証明度（従来の通説によれば，高度の蓋然性）に達していなければならない（賀集唱「事実上の推定における心証の程度——いわゆる『推定の動揺』を考えながら」民訴雑誌14号〔1968〕48頁，中野・推認43頁）。伊藤滋夫・前掲注10）136頁，143頁によれば，両者の間には微妙な程度の差はあるが，間接事実から要件事実を事実上推定する場合も証明度に達していることには違いはない，とされる。

[127] 一般的な説明によると，主要事実Aについて証明責任を負う当事者がAの存在を一応推定させる間接事実a・bを証明した場合に，相手方がa・bと両立する別個の間接事実cの存在を証明してこの推認を妨げ，Aを存否不明の状態に引き戻す立証活動を，間接反証という。cの立証を通じて主要事実Aの存在を争う点で間接証明であり，かつ，

証拠前注 Ⅱ　　　　　　　　　　　　　　　　第2編　第4章　証拠

　間接反証理論には，法律要件分類説（規範説）による証明責任の分配ルールを維持しつつ，負担の公平な配分をもたらす効用があるという。例えば，①認知の訴えにおいて，原告・被告間の父子関係という主要事実の存在を動揺させるために主張されるいわゆる不貞の抗弁（最判昭32・12・3民集11巻13号2009頁），②無断転貸による賃貸借契約の解除を理由とする訴えにおいて，これを妨げるために主張される「背信行為と認めるに足りない特段の事情」（最判昭41・1・27民集20巻1号136頁），③公害訴訟における法的因果関係について，被害の原因物質と汚染経路が原告により立証された場合に，被告企業における原因物質の排出がなかったこと（新潟地判昭46・9・29下民22巻9＝10号別冊1頁）などは，いずれもこのような間接反証事実であると主張された[128]。

　しかし，これに対しては，一方で，そもそも規範的要件において間接反証事実とされたものは，むしろ主要事実（評価障害事実＝抗弁）と構成すべきものであると批判され，他方で，規範的要件以外の局面は，間接事実の本証を要求することを通じて主要事実の証明責任の一部を実質的に相手方に転換しているとして，法律要件分類説（規範説）への批判の材料とされた[129]。最近では，間接反証理論は自由心証の枠内での推認と反証の必要の問題の一局面にすぎず，特別な概念を立てる必要はないとの評価が有力である[130]。

　　　その立証はAを存否不明に追い込めば足りる点で反証であるけれども，c自体が存否不明であればa・bからAへの推認が成立してしまうゆえに，相手方はcの存在を本証しなければ目的を達することができない，とされる。詳細については，倉田・証明237頁以下。
128)　倉田・証明230頁，332頁など。
129)　石田・前掲注101）37頁以下，太田・証明論138頁以下，伊藤＝加藤＝山本・前掲注1) 119～121頁〔山本発言，伊藤発言〕。
130)　賀集・前掲注118）「間接反証」210頁，高橋上〔2版補訂版〕551頁以下，伊藤〔4版〕364頁（事実上の推定を成立させる高度の経験則が働くときは，相手方はそれを覆滅するための間接事実の存在を裁判所に確信させなければならない，という一般論で十分であるとする）。なお，規範的要件以外の場合でも，いわゆる間接反証事実については証明（本証）されなければまったく顧慮されないという間接反証理論の前提自体に反対するものとして，伊藤滋夫・前掲注10) 111頁，119頁，賀集・前掲，松本・前掲注86) 52頁，高橋・前掲。この点については，Ⅱ 1(3)および前掲注97）参照。これに対し，新堂〔5版〕619頁は，間接反証理論が本来有する心証形成過程の説明ないし事実認定の手法としての効用まで否定する必要はないとする（倉田・証明242頁参照）。

(2) 法律上の推定

法律上の推定は，経験則が法規化され（推定規定），法規の適用として推定がなされる場合である。したがって，事実上の推定と異なり，ここでの「推定」は裁判官の自由心証の作用ではない。法律上の推定を定める規定には，一定の前提事実から別の事実を推定する事実推定の例が多いが，前提事実から権利を推定する権利推定もみられる。

(ア) 法律上の事実推定

ある法規の要件事実Aにつき，「X事実（前提事実）あるときはA事実（推定事実）あるものと推定する」という法規がある場合である。例として，占有の継続（民186条2項），賃借権の更新（民619条1項），雇用の更新（民629条1項），嫡出（民772条1項），建物の設置または保存の瑕疵（建物区分9条），支払不能（破15条2項）などがある。このような推定規定が基礎とする経験則の強弱はさまざまであり，立法者は，経験則だけでなく，立証の難易，当事者間の公平など種々の要素を考慮して推定規定を設けたものと考えられる。

当事者には，推定規定を経由せずに本来の要件事実であるA事実を立証するという選択肢もあるが，通常は，より負担の軽いX事実の証明に向かうであろう。その場合，裁判所は，X事実の存在について確信を得れば，A事実の存在を認定しなければならない。

推定は，擬制（みなすと定める規定）と異なり，相手方の反対証明を許す。相手方は，①X事実（前提事実）につき反証をあげて存否不明に追い込むことにより推定規定の適用を排除することができるが，②証明されたX事実を存否不明に追い込むことができなければ，A事実の不存在を証明（本証）しなければ，推定を覆すことができない。その限度で（つまりX事実の存在が証明された場合に限って）ではあるが，法律上の推定規定は，本来の要件事実であるA事実につき，証明責任を転換していることになる。

(イ) 法律上の権利推定

X事実が甲権利の発生原因事実ではないのに，「X事実あるときは甲権利あるものと推定する」という法規がある場合である。前提事実から要件事実を推定するのではなく，直接に権利を推定するのである。例えば，占有という前提事実に基づいて占有者の本権を推定する民法188条がこれにあたる[131]（ほかに，民229条・250条など）。

〔大村〕

権利推定の場合も，当事者は甲権利の発生原因事実について証明責任を免れる。他方，相手方は，①Ｘ事実（前提事実）につき反証をあげて存否不明に追い込むことにより推定規定の適用を排除することができるが，②証明されたＸ事実を存否不明に追い込むことができない場合，甲権利の不存在を明らかにしなければ推定を覆すことができない。甲権利の不存在をいうためには，（特定の発生原因事実の主張が前提にされているわけではないので）その発生原因事実として現時点まで論理的に可能性があるものすべてについて不存在を証明しなければならない。これは非常に過酷な負担となる[132]。

(3) その他の「推定」規定

法規が「推定する」と定めていても，本来の意味での法律上の推定と異なる場合がある。

(ｱ) 意思推定　意思表示の内容について法が一定の内容を推定している場合がある（民136条1項・420条3項・530条3項・569条）。これは，前提事実と推定事実を定めているのではなく，意思表示の解釈を法が定めているものである。したがって，相手方は，前提事実を争って推定を破るということはあり得ず，この推定と矛盾する意思表示がなされたことを証明して争うことになる。

(ｲ) 法定証拠法則　事実認定の際に裁判所が根拠とすべき事実を法が定めている場合がある。文書の成立の真正に関する228条2項・4項である。これは自由心証主義の例外にあたり，一種の法定証拠法則である。推定という言葉を使用しているが，これが本来の法律上の推定と区別される理由は，推定される事実が実体法の法律要件事実ではないこと，したがって，推定事実について証明責任やその転換を考える余地がないこと，にある。相手方がこの推定を覆すためには，証明責任を負わないので本証の必要はなく，反証で足りる[133]。

---

131) 民法188条は権利推定に該当しないとする説もある（藤原弘道・時効と占有〔1985〕205頁）。これに対する批判として，松本・前掲注86) 217頁以下。

132) 権利推定に対する反対証明は，その困難性ゆえに悪魔の証明と呼ばれる。例えば，民法188条でいえば，相手方は占有者の本権について証明責任を転換されているので，そのあらゆる取得原因事実の不存在を証明しなければならず，何らかの消滅原因事実を証明できたとしても，その後現在までの可能な発生原因事実の不存在を証明しなければならない（兼子・研究(1)333頁，旧注釈民訴(6)65頁〔福永〕）。これを緩和する民法解釈上の提案として，松本・前掲注86) 226頁以下。

(ウ) **暫定真実**　特定の法律効果を生じさせるために複数の要件事実を定める法規がある場合に，法がある要件事実の証明に基づいて他の要件事実の存在を推定することがある。これは暫定真実と呼ばれる。例えば，民法 162 条は取得時効の要件事実を複数定めているところ，民法 186 条 1 項は，それらのうち，占有の事実から所有の意思および占有の善意・平穏・公然を推定している。このような法規（民 186 条 1 項のほか，商 503 条 2 項，特許 103 条も同類）は，推定の構造や証明責任を相手方に転換する点では法律上の推定と同じ性質のものであるが，前提事実と推定事実が同一の法律効果の要件事実を構成している点で，本来の法律上の推定規定と異なる[134]。したがって，暫定真実の場合は，前提事実を本文に残し，推定事実の不存在を権利障害事実として但書に規定することが可能であるが，法律上の推定の場合は，前提事実が要件事実の一部ではないので，本文・但書という形にはならない。

4　証明負担の軽減策（証明負担の実質的公平化）

民事訴訟が訴訟当事者にとっておよそ不可能な証明を要求する制度であっては，民事訴訟制度の目的や理念の達成は覚束ない。争点となった事実が存否不明となれば，証明責任を負う当事者が敗訴判決を受けることになるが，証明責任に従った判決が真実に合致する保障はない[135]。その意味で，できる限り存否不明とならずに事実認定が可能となるような工夫と努力が望まれる。

請求原因事実・抗弁事実等の証明責任を原告・被告間に対等に割り当てる一般的ルールを定立するだけでは必ずしも十分ではない。両当事者の公平をより

---

[133]　これが通説である。兼子・研究(1) 310 頁，兼子ほか・条解〔2 版〕1266 頁〔松浦＝加藤〕，伊藤〔4 版〕362 頁，加藤新太郎「文書成立の真正と推定」中野古稀上 592 頁（228 条 4 項の内容は通常の経験則と明らかに一致し，この経験則を法規によってさらに強化し，証明責任の転換まで肯定する必要性や合理性は認められないとする）。これに対し，推定事実を法律要件事実に限定する必然性はないとして，この規定を法律上の事実推定と位置づける立場もある（松本・前掲注 86）177 頁）。

[134]　兼子・研究(1) 311 頁，新堂〔5 版〕616 頁，高橋上〔2 版補訂版〕563 頁など，多くの学説は，民法 186 条 1 項のような規定を，前提事実のない無条件の推定であり，それが暫定真実であると定義するが，ここでは，占有を前提事実とみて，伊藤〔4 版〕362 頁や梅本〔4 版〕796 頁の定義に従う。この立場では，暫定真実という呼称自体が必ずしも適切とはいえない。

[135]　中野・推認 2 頁。

証拠前注　II　　　　　　　　　　　　　　　　　　　　　　　第2編　第4章　証拠

実質的に追求するために，各要件事実の証明負担の軽減を検討することも必要となる。そのような試みは，証明責任の一般的な分配ルール自体を事案類型等に応じて修正することのほか，裁判官の合理的な心証形成ないしは事実認定手法の探求，立証命題の特質や事案類型を考慮した証明度の引下げなどさまざまな方法が考えられ，立法，判例または学説により，実施され，あるいは提案されている[136]。以下では，そのいくつかを取り上げる。

(1) 証明責任の転換

通常の証明責任の分配と異なり，一定の場合に，法規によって，反対事実の証明責任を相手方に負わせることがある。これを証明責任の転換という。

例えば，一般に不法行為の損害賠償請求訴訟では，被告の過失に該当する事実の存在については，権利根拠規定たる民法709条の要件事実として被害者（原告）が証明責任を負うところ，自動車による人身事故の損害賠償請求訴訟の場合は，自動車損害賠償保障法は，「自動車の運行に関し注意を怠らなかったこと」（過失にあたる事実がなかったこと）について，加害者（被告）に証明責任を負わせている（権利障害規定たる自賠法3条但書の要件事実として立法されている）。このような立法は，交通事故の被害者に過失の証明負担を免れさせ，救済の実効性をあげようという政策に基づいている。製造物責任法が，欠陥を理由とする厳格責任を定めて被害者側に過失の証明を不要とする（製造物3条）とともに，製造業者には開発危険の抗弁など一定の免責事由の証明責任を負わせている（同4条）のも，類似の構造といえよう。

このように，証明責任の転換は，一定の立法政策に基づいて，証明責任の分配の一般原則に特別な規整を加える法技術である。既にみたように，法律上の推定規定も証明責任の転換をもたらすものである。いずれにせよ，証明責任の転換は訴訟前から決まっていることであり，訴訟中での具体的な審理経過によって立証の現実的な必要が当事者間で移転する現象は，証明責任の転換とはまったく別のものである。なお，いわゆる証明妨害の効果として，あるいは，危険領域という概念を立てるなどして，解釈によって証明責任の転換を肯定する

---

[136] 証明負担の軽減方策については，坂田宏「証明の軽減」実務民訴第3期(4)129頁，水元宏典「証明負担の軽減」新・争点190頁参照。

(2) 過失の一応の推定，過失の選択的認定

　先に取り上げた事実上の推定のうち，推認が高度の蓋然性ある経験則に基づき定型的になされる場合を一応の推定と呼ぶ立場がある。この場合，前提事実の証明があれば，一定の結果を強力に推認させる経験則によって，推定事実の心証も一挙に証明度に近づくとされる[138]。

　一応の推定は古くからの判例により形成されたものとされる。大審院時代には，天井裏の電灯線付近から出火したことによる家屋焼失の損害賠償請求訴訟で，被告（電灯線設置会社）の過失がなければその損害が通常生ずることがなかったといえる場合には，その損害は一応被告の過失によるものと推定することができるとした判例（大判明40・3・25民録13輯328頁。ただし，そのような推定を可能ならしめる事情の存在はまず原告が立証する責任を負うとして，推定を認めなかった），他人の所有する山林で立木を伐採した場合は，伐採者には一応故意または過失があったものと推定され，伐採者はそうでないことを証明する責任を負うとした判例（大判大7・2・25民録24輯282頁）がある。

　その後，最高裁も，医療過誤訴訟において医師側の過失の選択的（択一的）認定を肯定する判決を下すに及んで，「過失の一応の推定」が典型事例とされるようになった。すなわち，医師の過失について患者側の具体的な主張・立証が困難である場合に，注射部位の腫脹・疼痛の事実から注射液の不良または注射器の消毒不完全のいずれかの過誤があったという選択的な認定をして過失（不法行為責任）を認めた原審判決について，最高裁はいずれの事由も診療行為の過失とみるに足りるものであるから，過失の認定事実として不明ないし不確定だとはいえないとしてこれを容認した（最判昭32・5・10民集11巻5号715頁。同趣旨のものとして，最判昭39・7・28民集18巻6号1241頁）。この判決は，注射部位の化膿は注射に際して何らかの不注意がなければ生じないという高い蓋然

---

[137]　高橋上〔2版補訂版〕560頁は，解釈論として証明責任の転換を主張することは，理論的には説得力が弱いとする。証明妨害については，(3)参照。

[138]　中野・推認1頁以下。ドイツでも，定型的事象経過と称される高度の蓋然性ある経験則が働く場合には外形的経過の証明だけで過失や因果関係が推定できるという「表見証明」の法理が判例で形成されており，一応の推定はこれと類似の概念であるとされる。

〔大村〕

証拠前注 Ⅱ

性のある経験則を基礎にしているからこそ，このような選択的認定を許容したものとされている[139]。

さらに，保全処分が取り消され，または本案訴訟で原告が敗訴した後に，債務者が不当執行による損害賠償（民709条）を請求する訴訟でも，特段の事情がない限り，債権者の過失を推定するのが判例の立場であり（最判昭43・12・24民集22巻13号3428頁[140]，ほか），これも一応の推定とされている。ただ，保全処分の取消しという事実から申立人の過失を強力に推測させるほどの経験則は想定困難であるとの批判もある[141]。

そうすると，過失の一応の推定は必ずしも一様な概念ではないことが窺われ，これが，事実上の推定の一種であるのか（通常の証明度を満たす必要がある），証明度の引下げを認めるものか，あるいは証明責任の転換を認めるものなのか，などについて見方が分かれている[142]。最近では，過失の要件事実の把握の変

---

139) 32年判決につき，民訴百選〔3版〕68事件解説〔新堂幸司〕。39年判決につき，民訴百選〔4版〕59事件解説〔春日偉知郎〕。32年判決に関しては，医師は薬剤メーカーを信頼して使用するのが通常であるから，注射液の不良を医師の過失に結びつけるのは困難であるという疑問もあるが，ともあれ，ここでの判例としての意義は，過失と評価できる事実の選択的な認定を認めた点にあり，さらにその基礎にあるものが，一定の結果を強力に推認させる経験則で，そこでは細かい事実の認定（確定）は不要だとするのである。なお，両判決における概括的・択一的認定の分析について，田尾＝加藤共編・前掲注17) 66頁〔垣内秀介〕参照。

140) もっとも，この判決自体は，仮処分の相手方とすべき者が会社であるかその代表者個人であるか極めて紛らわしいために選択を誤ったということを特段の事情と認めた事例である。

141) 保全処分は，被保全権利の存在について裁判所が一応審理したうえで発令するものであり，申立人の意思だけでできるものではないからである。なお，他人所有山林の事案でも，山林の境界がしばしば不明確であるのは常識で，直ちに過失を推認するほどの強い経験則があるとはいえないという考え方もある。

142) 中野・推認11頁～18頁（事実上の推定にほかならず，ただ，過失事実の不特定的認定の許容と，過失の推認を妨げる特段の事情についての相手方の間接反証責任を伴うとする），太田・証明論197頁以下（過失の一応の推定は事実の推定ではなく疑似結果責任であり，事実の一応の推定は，証明度を引き下げる機能と反証提出義務を課す機能のいずれかまたは双方を有するとする）小林・証明法〔2版〕61頁，藤原弘道「一応の推定と証明責任の転換」講座民訴(5) 127頁，渡辺武文「表見証明と立証軽減」吉川追悼下154頁など参照。

化に伴い，過失そのものは法的評価概念であるから事実上の推定の対象とはならず，「注射行為に際して細菌に感染させたこと」が過失評価の対象となる主要事実（評価根拠事実）であり，「注射器の消毒不完全」・「注射液の不良」の事実は事情（間接事実）であると捉え直せば，通常の事実上の推定として自由心証の枠内で判例の結論は説明可能であり，一応の推定という特別な法理をあえて援用する必要はないとする立場も有力である[143]。ただ，過失の一応の推定には，経験則を用いた事実認定の場面として説明できる場合と，そのような理解に収まりきらない場合があり[144]，過失評価の対象となる主要事実を確定しないまま過失の一応の推定をすることは，過失という法的評価を推定対象とする権利推定の一種として捉えられるとも指摘されているところである[145]。

なお，仮執行がなされた後にその本案判決が変更され，仮執行が不当となった場合，仮執行をした者が原状回復や損害賠償責任を負うところ（260条2項），

---

[143] 伊藤〔4版〕364頁（本文のように要件事実の内容を捉えれば主張の負担を軽減でき，また，証明の負担軽減は証拠収集手段の充実で図るべきであるとする）。また，伊藤滋夫・前掲注10）140頁（過失などの規範的要件は法的評価であるから一応の推定は妥当せず，それ以外の事実に関する一応の推定としても，証明度を引き下げる理論にはならず，反証提出責任の根拠としても曖昧で，結局，一応の推定は不要とする）。なお，高橋上〔2版補訂版〕564頁。

笠井・前掲注37）443頁によれば，原審が疾病の起因剤の特定にこだわるあまり事実的因果関係の証明レベルを極めて高水準のものにしてしまったのを覆し，発症原因が患者に投与された「薬剤のうちの1つであること又はその複数の相互作用であること」が証明されれば足りると判示した最判平9・2・25民集51巻2号502頁は，事実的因果関係について選択的認定を認めたもので，要件事実の適切な把握の例であり，最判平11・3・23判時1677号54頁も，「本件手術〔神経減圧術〕中の〔脳ベラ等の〕何らかの操作上の誤りに起因する」ことが主張立証されれば足りるとしているのは，選択的認定を認めた適切な例であるとする（一応の推定との脈絡は直接には論じられていないが，事実に関する一応の推定という理解を前提とするものであろう）。

[144] 伊藤＝加藤編・前掲注19）61頁〔高田裕成〕。

[145] 高橋上〔2版補訂版〕568頁（解釈による「法律上の（権利）推定」を示唆する），太田・証明論193頁（過失の一応の推定は疑似結果責任，すなわち，ある前提事実の存在から特段の事情がない限り過失の存在を擬制し，特段の事情の証明責任を相手方に課したものであって，前提事実を過失と評価しているだけで，事実上の推定ではないとする）。さらに，諸学説の広範な検討を含む分析については，中西正「過失の一応の推定」鈴木古稀581頁参照。

証拠前注 Ⅱ

この損害賠償責任は無過失責任とするのが，判例・多数説の立場である[146]。保全処分の取消しの場合の前述の判例法理は，過失の権利推定によって評価障害事実の証明責任を事実上転換したものとみれば，仮執行の場合の立法趣旨と平仄が合うという見方も可能である[147]。

(3) 証明妨害

　当事者が故意または過失により，相手方の証拠収集やその利用を妨げる行為をし，それによって相手方の証明活動に支障が生じた場合（証明妨害），民事訴訟制度としては，相手方に有利に何らかの調整を図る必要が感じられる。法は，文書提出命令に違反した文書不提出や毀損などの場合に真実擬制を許容し（224条），当事者尋問において出頭拒否・陳述拒否があった場合に真実擬制を許容する（208条）など，既に一定の場合について制裁の明文を置いている。明文がない証明妨害については解釈に委ねられていると考えられるが，一般的に「証明妨害の法理」としてどのような要件と効果を考えるべきかについては，種々の議論がある[148]。

　まず，証明妨害に対して何らかの法的規制を加えるべきであるとする根拠については，訴訟上の信義則（2条）に求めるのが多数説である。当事者間の公平を強調する説も多いが，趣旨は同様であろう[149]。

　次に，証明妨害の法理を適用する要件については，a）妨害者が証拠方法の作成・保存義務に違反したこと（提訴の前後を問わない），b）その違反行為によって事案の解明が不能になったこと，c）違反行為について故意または過失があったこと，を挙げる説が多い[150]。なお，要件として，証明責任を負う当事者の相手方の妨害行為であることを挙げるかどうかは，1つの問題である。その場合が典型事例であることは間違いないが，証明責任負担者が相手方の反証を妨害することもまた信義則に反するとして，このような場合も含める立場が

---

146) 大判昭12・2・23民集16巻133頁，兼子ほか・条解〔2版〕1431頁〔竹下守夫＝上原敏夫〕。
147) 小林・証拠法〔2版〕61頁，民訴百選〔4版〕60事件解説〔町村泰貴〕など。もっとも，260条2項を過失責任と考える立場（例えば，伊藤〔4版〕574頁）では別であろう。
148) 伊藤＝加藤編・前掲注19）21頁〔山本和彦〕参照。
149) 伊藤＝加藤編・前掲注19）23頁〔山本〕。
150) 兼子ほか・条解〔2版〕1027頁〔松浦＝加藤〕。

一般である[151]。

証明妨害の効果については，学説・裁判例としては，①自由心証による事実上の推定に委ねる説[152]，②証明度の軽減（引下げ）を認める説，③妨害者に証明責任を転換する説[153]，④真実擬制を許容する説[154]，などに分かれるが，複数の効果を併用する立場もある[155]。

①の自由心証による事実上推定説では，通常は確信レベルの心証が要求され，また，妨害するのは不利な証拠であるからだろうという経験則は故意の場合にしか働かないし，③の証明責任の転換は妨害の態様・程度などを柔軟に反映できない難点があるとの批判がある[156]。そこで，最近では，②証明度軽減説

---

[151] 伊藤＝加藤編・前掲注19) 24頁〔山本〕。

[152] 大阪高判昭55・1・30下民31巻1～4号2頁はこの立場であり，土地所有権確認訴訟で，提訴前に被告が境界標，杭，畦道などを損壊して土地の占有状況の立証を妨害した事案であり，「自由心証の範囲で事実上の推定をなし，立証の必要ないし証拠提出責任を被告に課することが許されてよい」とした。また，新潟地判昭46・9・29下民22巻9＝10号別冊1頁（新潟水俣病訴訟）も，公害訴訟の加害企業が因果関係を不明にするために製造工程図を焼却し，工場施設一切を撤去した事案で，因果関係を事実上推認した。

[153] 東京地判平2・7・24判時1364号57頁はこの立場である。日付を明記した保険料の弁済受領書を交付すべき義務のある保険者が日付を記載しなかったことが，保険金請求訴訟において保険料支払いと保険事故との先後関係に関する証明妨害に当たるとし，証明責任が保険者側に転換される，とした（最終的には，他の証拠資料等を総合して保険料支払いは事故の後であったと推認して請求を棄却した）。民訴百選〔3版〕152頁〔春日偉知郎〕参照。

[154] 224条3項がなかった旧法下において，この立法のきっかけとなった東京高判昭54・10・18下民33巻5～8号1031頁（自衛隊機墜落事件）は，国（被告）が文書提出命令に従わず原告による立証を妨げている場合に，解釈によって証明主題たる事実の真実擬制を認めた。

[155] 東京高判平3・1・30判時1381号49頁。これは平成2年東京地判の控訴審判決であり，証明妨害があったときは，要証事実の内容，妨害された証拠の重要性，他の証拠の確保の難易性，経験則などを総合考慮して，①から④のいずれかの効果を裁判所が定めるべきであるとする。もっとも，この判決は，要件に関しては軽過失を除外し，本件では重過失はなかったとして，証明妨害の成立を否定している。少なくとも一般論として重過失に限るという要件設定をすることは，学説上は支持がないようである。民訴百選〔4版〕130頁〔藪口康夫〕参照。この判決は，効果として自由心証による事実上の推定も含めるのであるから，軽過失を排除しなくても調整は可能なように思われる。

[156] 新堂〔5版〕627頁。

証拠前注 II

（確信が形成されないときでも，通常より低い証明度で認定することができるとする）[157]，または，④真実擬制説（他の証拠から得られる心証に加え，当該証拠方法の重要度，妨害の態様・程度等を勘案して，裁判官の裁量により，事実が確定されたと扱うことができるとする）[158] が有力であるが，いくつかの効果を多元的に併用することも考えられる[159]。

(4) 割合的認定（心証度に応じた認定）

裁判官の心証が事実の存否いずれとも決せられない状態にとどまった場合は，証明責任の分配に従って訴訟の勝敗を決することになる。しかし，一定の場合には，裁判官の心証の程度（割合）に応じて損害額ないし債権額の一部につき請求を認容することができるという考え方がある。例えば，交通事故による後遺症の損害賠償請求訴訟で，因果関係に関する積極・消極の証拠資料を総合しても裁判官の心証が70％にとどまった場合，通説・判例とされる高度蓋然性説によれば（そして，証明度の引下げを肯定しなければ），原告の請求を全部棄却せざるを得ない。このような場合に，「不法行為損害賠償の理念である損害の公平な分担の精神」に基づいて，原告の請求額を70％認容した下級審裁判例がある[160]。70％程度の心証の場合，存否不明ではあっても因果関係の存在の

---

157) 伊藤〔4版〕359頁。松本＝上野〔6版〕425頁も，証明度軽減を基本とする立場と思われる。

158) 新堂〔5版〕627頁，高橋上〔2版補訂版〕571頁，旧注釈民訴(7)120頁〔野村秀敏〕132頁。浦和地判平7・10・27判タ905号215頁はこの立場である（証明妨害の効果として裁判所の自由裁量により挙証者の主張事実を真実と認めることができると述べた上で，医師側が保存義務ある診療録を少なくとも過失により紛失したことは証明妨害に当たるが，看護記録，訪問説明など他の証拠資料等を総合考慮すると，相当程度客観的に事実認定が可能であるので，原告主張の事実を真実と認めてよい場合に当たらない，として請求を棄却した）。

159) 伊藤＝加藤編・前掲注19) 25頁〔山本〕は，80％の証明度を60％まで引き下げれば証明度軽減説となり，事案に応じて20％まで引き下げれば証明責任の転換になるので，連続性があるものとして捉えることができ，さらに，真実擬制説は心証とはまったく逆の事実確定も許すものであり，これも含めて事案に応じて柔軟に使い分けることを示唆する。これに近い柔軟な立場として，小林・証拠法〔2版〕143頁。また，信義則に根拠を求めることから効果も多元的でよいとして，東京高判平3・1・30判時1381号49頁を支持する立場もある。兼子ほか・条解〔2版〕1027頁〔松浦＝加藤〕，中野＝松浦＝鈴木編〔2版補訂2版〕376頁〔青山〕。

可能性はかなり高いわけであるが，これで証明があったと擬制して請求を認容すると被害者を不当に利する反面，存否不明として請求を全部棄却することは加害者を不当に利する可能性が高い。そこで，賠償額に心証を素直に反映させて請求額の70％を認容するのが公平にかなう，というのがこの判決の考え方である[161]。

この割合的認定という処理は学説上注目を集め，好意的な学説も現れたが[162]，通説はこのような扱いには消極的である。過去の一回的事実は存在したか存在しなかったかのいずれかであり，それが訴訟における証明で存否不明となれば証明責任によって決するべきであること，上記のような裁判例の採用した扱いは判決と和解を混同するものであること，などがその理由として挙げられる[163]。

(5) 証明度の引下げ

心証度に応じた割合的認定という手法は，これによって賠償額が一部認容さ

---

[160] 東京地判昭45・6・29判時615号38頁（その評釈として，民訴百選Ⅱ〔補正版〕123事件解説〔髙田昌宏〕）。これと同様の立場を取るものとして，東京地判昭47・7・17判タ282号235頁，東京地判昭49・7・18判時764号62頁（貸金返還請求），水戸地判昭50・12・8判タ336号312頁などがある。

[161] この動きを主導した倉田卓次元判事は，当初は逸失利益の合理的な算定のために「確率的心証」論を提案したのであるが，これを「将来のことに限らず，証拠を総合した上での心証を認定事実が正鵠を得ている確率と考えての割合的判断にも推及」された結果，因果関係の割合的認定の判決につながったものである。倉田卓次・民事交通訴訟の課題〔1970〕200頁以下参照。

[162] 三ヶ月・全集460頁，新堂〔5版〕605頁（損害の公平な分担を図ることを理念とする不法行為法の領域においては，このような処理は実体法の解釈の1つとしてあり得る，とする），加藤・前掲注10）手続裁量論200頁，淡路剛久〔判例評釈〕判評148号〔1971〕126頁など。

[163] 兼子ほか・条解〔2版〕1366頁〔竹下〕，高橋上〔2版補訂版〕577頁ほか。詳細な分析の上に立って割合的認定論に反対するものとして，伊藤滋夫・前掲注10）192頁以下。なお，心証に応じた割合的認定と関連して，割合的因果関係論が取り上げられることがある。例えば，被害者の体質的素因が損害の発生に寄与している割合（寄与度）に応じて賠償額の減額を論ずるものである（内容については，加藤・前掲注10）手続裁量論179頁以下参照）。これは，各原因と損害との因果関係を肯定した上での議論であるから，別の論点に関する実体法上の解釈問題である。伊藤滋夫・前掲注10）206頁，高橋上〔2版補訂版〕577頁，兼子ほか・条解〔2版〕1367頁〔竹下〕。

〔大村〕

れた部分に限ってみれば，証明度よりも低い心証度で因果関係を認定するのと事実上等しいようにもみえるが，心証が証明度に達していないことが前提であるから，建前としてはあくまで証明度を下げてはいない164)。これに対し，一定の場合に限り，正面から証明度の引下げを肯定する学説や裁判例が存在する。先に挙げた証明妨害の法理の効果として証明度の引下げを肯定する学説や裁判例は，その1つの場合であるが，それ以外にも，次のようなものを挙げることができる165)。

まず，公害訴訟では，四大公害訴訟の裁判例などを踏まえて，因果関係の存在につき，かなりの程度の蓋然性を示す立証がなされれば足り，加害企業の側で因果関係不存在の反証を行わない限り責任を免れないとする，いわゆる蓋然性説と呼ばれる学説が唱えられ166)，一定の支持を得たが，公害訴訟等に領域が限定された見解であった。

次に，証明度を軽減したとみられる下級審裁判例167)などの分析を通じ，通説である高度蓋然性説を原則として維持しながら，一定の要件の下に例外的に証明度を引き下げることを肯定する考え方が現れた。どのような場合に引下げを認めるべきかについては一致していないが，例えば，a) 現在の科学技術水準・紛争基盤たる社会経済構造からみて，誰がやっても一定限度以上の確実性の心証を裁判官に得させることが構造的に不可能な場合には，証明度の軽減を認めるべきであり，父死亡後の認知請求における父子関係の存在，医療事故・

---

164) 高橋下〔2版補訂版〕44頁参照。
165) 248条が，損害額について証明度の引下げを認めた規定なのか，それとも裁判官による裁量評価を定めた規定なのかについては見解が対立しているところである。これについては，§248の注釈参照。
166) 徳本・前掲注68) 130頁，沢井・前掲注68) 239頁。疎明の域は超えるが，証明には至らない程度で足りるということで，蓋然性説と呼ばれた（太田・証明論209頁）。
167) 証明度を軽減したと考えられる下級審裁判例として，広島地判昭48・4・19判時700号89頁，広島高判昭54・5・16判時944号40頁，東京地判平4・2・7判タ782号65頁，京都地判平10・12・11判時1708号71頁などが挙げられる。加藤・前掲注10)「確信と証明度」576頁。なお，東京地判平4・2・7（東京水俣病訴訟）は，やや晦渋な旨であるために，確率ないしは心証に応じた割合的認定の考え方を取ったものと解する見解もあるが，多くは証明度の引下げを肯定したものと評価している。加藤・前掲注10) 手続裁量論155頁，伊藤＝加藤編・前掲注19) 26頁〔山本克己〕参照。

環境・公害訴訟における過失・因果関係，独禁法違反の損害賠償請求における損害の発生などの証明がそうであるとする説[168]，また，b）証明度軽減の必要性・相当性・補充性という観点から，①事実の証明が事柄の性質上困難であること，②証明困難である結果，実体法の規範目的・趣旨に照らして著しい不正義が生ずること，および，③原則的証明度と等価値の立証が可能な代替的手法（疫学的証明や統計学的証明など）を想定することができないこと，という3要件を満たす場合には，証明度の引下げを認めるべきであるとする説[169]，などが提唱されている。これらの趣旨に賛同する学説も含めて，証明度の例外的引下げを正面から認めようとする傾向は，有力な流れになりつつある[170]。

なお，証明度を軽減したとみられる一連の下級審裁判例のあとに，前出の長崎原爆訴訟上告審判決[171]が出現し，「相当程度の蓋然性」を基準とした原審の考え方を否定し，改めて高度蓋然性基準を宣言したものの，その実際の運用は優越的蓋然性のレベルで行われているのではないかとの批判を（特に，優越的蓋然性説から）招いていることは，前述のとおりである（前出 I 4(6)）。

(6) 事案解明義務，具体的事実陳述＝証拠提出義務

証明責任は証明主題たる事実が存否不明にとどまった場合の不利益をどちらの当事者に負わせるか（客観的証明責任）というところがその本質であるが，分配ルールによってそれが訴訟の初めから分かっていることにより，行為責任（主観的証明責任）としても機能する。しかし，それは，証明責任を負っている

---

168) 兼子ほか・条解〔2版〕1365頁〔竹下〕。民事訴訟における事実の発見は実体法の趣旨を実現するためであるから，このような場合には証明度の要求は当事者間の公平に道を譲らなければならないとする（兼子ほか・条解508頁〔竹下守夫〕）。

169) 加藤・前掲注10) 手続裁量論144頁)，加藤・前掲注10)「確信と証明度」573頁。この説では③の補充性要件が強調されており，公害・薬害訴訟等においては疫学的証明を，また，独禁法違反訴訟では統計学的証明を活用することによって，高度の蓋然性基準を引き下げる必要は基本的になくなるとしており，従って，理論的観点からは証明度軽減を例外的に許容するが，「現実にはそのような事態はあまり想定することができないかもしれない」とする（前掲書147頁）。

170) 伊藤滋夫・前掲注10) 188頁以下は，若干の批判的意見を述べつつ，これらの見解の示す基本的な趣旨には賛同する。同様に，方向性を同じくするものとして，高橋上〔2版補訂版〕583頁，高橋下〔2版補訂版〕43頁，松本・前掲注39) 25頁ほか。

171) 最判平12・7・18判時1724号29頁。

当事者が行動せよということを指示するだけであり,しかも,証明度に関して高度蓋然性説による限り,相手方は「お手並み拝見」という態度を取ることが(少なくとも理論的には)可能である。

　これでは,重要な情報や証拠が当事者の一方に偏在するいわゆる現代型訴訟(公害,環境,薬害,医療過誤,製造物責任訴訟など)では,通常,原告側は過失(欠陥)や因果関係などを具体的に主張し,立証することが困難である。このような事件類型において,主張・立証負担の実質的公平化を図る理論として,ドイツの有力学説に由来する「証明責任を負わない当事者の事案解明義務論」が提唱された。主唱者によれば,①証明責任負担者が自己の権利主張について合理的な基礎があるとする手がかりを示すこと,②この者が客観的に事実解明をなし得ない状況にあること,③そのことに非難可能性がないこと,逆に,④相手方の方には解明が容易かつ期待可能性があること,という4つの要件を満たす場合には,証明責任を負わない相手方当事者に行為義務としての事案解明義務が生じるとする(ここには,事実主張と証拠提出の双方の義務が含まれる)。この理論は,理由付き否認の義務づけ,模索的証明の許容,反証提出義務,(不作為による)証明妨害,文書提出義務などの個別理論を包括する関係にあるとされる。相手方が事案解明義務に違反した場合の効果は,証明レベルの違反では立証主題の真実擬制,主張レベルの違反では(明確ではないが)擬制自白などが考えられるとされる[172]。

　最高裁は,原子炉設置許可処分の取消訴訟(伊方原発訴訟。最判平4・10・29民集46巻7号1174頁)[173]において,次のように判示した。「被告行政庁がした〔原子炉施設の安全性に関する〕右判断に不合理な点があることの主張,立証責任は,本来,原告〔周辺住民〕が負うべきものと解されるが,当該原子炉施設の安全審査に関する資料をすべて被告行政庁の側が保持していることなどの点を考慮すると,被告行政庁の側において,まず,その依拠した前記の具体的審査基準並びに調査審議及び判断の過程等,被告行政庁の判断に不合理な点のない

---

172) 春日・前掲注17) 233頁以下,同・前掲注69) 9頁以下など。なお,畑瑞穂「模索的証明・事案解明義務論」鈴木古稀625頁による整理を参照。

173) 本判決の評釈として,民訴百選〔3版〕75事件解説〔上原敏夫〕,伊藤=加藤編・前掲注19) 96頁〔春日〕,民訴百選〔4版〕62事件解説〔垣内秀介〕など参照。

ことを相当の根拠，資料に基づき主張，立証する必要があり，被告行政庁が右主張，立証を尽くさない場合には，被告行政庁がした右判断に不合理な点があることが事実上推認されるものというべきである」。

この判決は，「不合理な点があること」の主張・証明責任を被告行政庁に転換したものではなく（なぜなら，それを尽くさない場合の効果は「推認」だと述べている），かといって，経験則に基づく事実上の推定で考えているわけでもない（なぜなら，被告側に主張・立証の必要性があるとはいうものの，訴訟の具体的進行状況と関係なくそれを導いている）ところから，まさに事案解明義務を承認したものであると理解する立場が有力である[174]。そして，この義務違反の効果として最高裁が「事実上推認される」と述べた意味は，自由心証の枠内での推認ではなく，文書提出命令違反の効果と同様の真実擬制であるとみる[175]。

これに対し，事案解明義務論が自己の権利主張について手がかりを示すことを要求することに反対し，また，この判決も原告側が手がかりを示すことを求めていないとして，より限定された，信義則上の「具体的事実陳述＝証拠提出義務」を提唱する学説もあり[176]，この判決はこの学説の方により親和的であるとの見方もある[177]。

---

[174] 竹下守夫「伊方原発訴訟最高裁判決と事案解明義務」木川古稀中1頁以下。この見解によれば，最高裁は，①主張・証明責任を負う当事者が事件の事実経過や資料から隔絶した立場にあり，かつ，事件の専門技術的性格から具体的事実を主張・立証し得ないこと（ただ，一応の主張をして手がかり程度は示していること），逆に，②その相手方は十分な資料を有し，かつ，自己の危険性のある行為が問題とされているゆえに，規範的要求としてその行為に違法性のないことの主張・立証を求められても不当とはいえないこと，という要件の下に，主張・証明責任を負わない被告側に事案解明のために必要な主張・立証をする行為義務を認めた，とされる。

[175] 竹下・前掲（注174）19〜22頁。

[176] 松本博之「民事訴訟における証明責任を負わない当事者の具体的事実陳述＝証拠提出義務について」曹時49巻7号〔1997〕1611頁，松本＝上野〔6版〕305頁。この説では，①証明責任負担者が事象経過の外におり，②事実をみずから解明する可能性を有しないが，③相手方は難なく解明を与えることができ，かつ，④具体的事情からみて相手方にそれを期待できるという要件を満たすにもかかわらず，相手方が事案の解明に協力しないときは，信義則に反するとする。④の要件を充足するには，当事者間に一定の関係や先行行為があるなど，特別の接点が必要だとして，さらに限定する。

[177] 高橋上〔2版補訂版〕575頁。もっとも，医療過誤事件などでは，逆に，手がかりを

証拠前注 II

いずれにせよ、多くの学説はこの判決において最高裁はこの種の実定法上の義務を承認したとみており、同様の判示は、その後、相当数の下級審裁判例（原発関連の無効確認訴訟や差止訴訟、河口堰建設差止め、製造物責任訴訟）においてもみられ、また、最高裁平成7年1月27日判決（民集49巻1号56頁）（置き去り男児国籍確認請求事件）も同様の法理を採用していると指摘されている[178]。この理論が証拠偏在型の民事訴訟にどこまで広がるかは、いまだ明らかとはいえないが、民事訴訟上の主張・立証負担の実質的公平（実質的な武器平等）を図るための明文上および解釈上の種々の方策（文書提出義務、証明妨害、一応の推定、当事者照会、釈明権など）の指導理念としても機能しうることから、この事案解明義務論は注目されている[179]。

もっとも、証明度に関する優越的蓋然性説からは、主張責任との関係が重視され、証明レベルでの機能はあまり期待されていないようである[180]。証明負担については優越的蓋然性説自体によって当事者間の公平を実現することが可能だということであろう。

また、主張・証明責任を軸とした従来の民訴原理の足りない部分を埋める新たな原理としての事案解明義務論の意義はおそらく認めつつも、他方で、主張・証明責任との区別を曖昧にし、弁論主義ないし当事者主義あるいは当事者の主体性を危うくしかねない要因もあるとみて、本来の主張・証明責任の基盤をなすところの情報・証拠収集手続の拡充を推進してきた現在の民事訴訟法の下では、文書提出命令、証拠保全、当事者照会などの、本案手続から派生する情報開示のための衛星手続において、当事者主義を反映させた理論や実務を目指すべきであるという構想も、重要な意義を有するものと思われる[181]。

〔大村雅彦〕

　要求する方が妥当だとする。
[178]　伊藤＝加藤編・前掲注19）96頁〔春日〕。
[179]　新堂〔5版〕487頁（真実義務を超えた積極的な訴訟協力義務といえるとする）など参照。
[180]　伊藤＝加藤＝山本・前掲注1）125頁〔伊藤発言〕、伊藤〔4版〕299頁。
[181]　小林・証拠法〔2版〕309頁参照。

第1節　総　　則

（証明することを要しない事実）
第179条　裁判所において当事者が自白した事実及び顕著な事実は，証明することを要しない。

I　本条の趣旨

本条は，民事訴訟法の第2編第4章「証拠」の最初の条文として，裁判上の自白と顕著な事実の2つについて，証拠による認定を要せずそのまま裁判の基礎となしうることを規定するものである。この両者は，合わせて「証明することを要しない」不要証事実と呼ばれることになり共通することになるが，その根拠は同じではない。現実の民事訴訟における重要性は前者の裁判上の自白にあるが，しかし，証拠調べに先立って，証明を要しないという共通現象を捉えて，1つの条文で規定されたものである。

1　立法の沿革

裁判上の自白と顕著な事実を不要証の事実としてまとめて規定するスタイルは，旧民事訴訟法257条を継承するものである。それ以前の旧々民事訴訟法では，本条のような意味での自白に関する規定は存在していなかったが[1]，顕著な事実については，本条と同じく不要証となることを規定していた（旧々218条）。これは，法典論争の末に施行されることなく廃止の運命を辿った，旧民法の証拠編に自白を証拠と捉えた明文規定が用意されており，重複を避けたこ

---
[1] 自白に関しては，旧々民事訴訟法418条で，控訴審手続に関して，「第一審ニ於テ為シタル裁判上ノ自白ハ第二審ニ於テモ亦其効力ヲ有ス」とのみ規定するに止まっていた。立法の沿革については，松本博之・民事自白法〔1994〕3頁以下。

とによると解されている。すなわち，そこには，「前条ニ従ヒテ為シタル自白ヲ相手方ノ受諾シ又ハ之ヲ裁判所ニ於テ認メタルトキハ其自白ハ之ヲ為シタル者ニ対シテ完全ノ証拠ヲ為ス」と規定されていた（旧民法証拠編36条1項）[2]。この旧民法はフランス法の影響を受けたものであったが，施行されることなく廃止され，その後，民法はドイツ法の影響を受けたものが制定施行されるに至り，そこには旧民法の証拠編に相当するものは含まれていなかった。その結果，わが国では，旧民事訴訟法の制定に至るまで，自白に関する基本規定を欠いた状態で民事訴訟が運営されていたことになる。

当初は，自白を完全な証拠と捉える，フランス式の理解を示した判例もあったが（大判明29・1・11民録2輯1巻12頁），次第に自白を証拠以前の主張段階の問題と捉える，ドイツ式の理解が広まっていった[3]。そして，旧々民事訴訟法から旧民事訴訟法に代わる改正に際して，顕著な事実について不要証効を定めた規定に自白を付け加える形で旧民事訴訟法の257条が出来上がり[4]，それをそのまま継承したのが本条である。しかし，旧民法証拠編（したがって，フランス民法）やドイツの民事訴訟法に存在した自白の取消しや撤回に関する規定はおかれることがなく，この点を含めて，現行民事訴訟法に引き継がれた。その意味では，本条の実質的中心を占める自白はもちろん，顕著な事実に関しても，旧法下の判例・学説は現行法の解釈にも通用するものと考えてよい。

2　本条の位置づけ

本条が民事訴訟法中の「証拠」の冒頭の条文であることは，上で述べた立法の沿革に由来するものと考えてよいであろう。と同時に，自白や顕著な事実の民事訴訟における位置づけをも明らかにしていると言える。すなわち，証拠の章の規定ではあるが，フランス民法における，完全な証拠，といった理解に立つものではない。自白した事実および顕著な事実については証明することを要しないとすることで，つまりは，証拠調べに先立って，争いのある部分とそう

---

[2]　さらに，自白は錯誤により取り消しうること（旧民法証拠編36条2項），裁判外の自白も裁判上の自白と同じ証拠力がある旨の規定もあった（同43条1項）。

[3]　河野憲一郎「民事自白法理の再検討(1)」一橋法学4巻1号〔2005〕305頁。

[4]　このことは，松本＝河野＝徳田・立法資料〔12〕277頁（『民事訴訟法改正調査委員会議事速記録』〔1929〕522頁）。

でない部分が選別されることになるので，証拠レベルではなく主張レベルの問題と位置づけられているものと思われる[5]。

　182条では人証についての集中証拠調べの規定がおかれているが，それには十分な争点整理がなされることが前提であり，両当事者の主張のすり合わせが不可欠となる。この段階で両当事者の主張に違いがない，つまり一致が見られれば，それは自白として証明を要せず，またありとあらゆる事実を証明しなければならないのではなく，顕著な事実についても証明を要しないとされることで，争点に絞った効果的な証拠調べにつながるであろうと，証拠調べのお膳立ての役目をするのが本条の意義と言ってよいであろう。

　しかし，自白と顕著な事実という異質なものを同一の条文で規定することは，確かに不要証効という現象面こそ共通するが，珍しい立法例であり，前述のような沿革に由来する。その一方で，理論的にも実務的にも重要なはずの自白については，159条にある擬制自白の規定を除けば，本条が唯一の規定であり，空白が多いという点も特徴的である。自白については，以下で述べていくように多くの問題点があるが，これらについてわが国の民事訴訟法は何も語っていないということになる。それだけに，自白については，解釈で補う余地は大きいし，判例の集積から導かれる判例法理のもつ意味も大きいと思われる[6]。

3　刑事自白との違い

　自白は，民事事件の独壇場ではない。刑事事件においても，重要なものとなっている。もっとも，自白に対する捉え方は，刑事と民事では大きく異なっている。

　刑事であれ民事であれ，自己に不利益な事実を認める自白は，その後の裁判への影響は必至である。実際，刑事事件の多くは被告人が自己の犯罪事実を認める供述をしており，迅速に有罪判決に至っている。犯罪事実を争う否認事件

---

[5]　自白を証拠ではなく，主張レベルで扱うことについては，賀集ほか編・基本法コンメ(2)〔3版〕153頁〔髙地茂世〕，ドイツ法的な自白法理とも呼びうる，河野・前掲注3) 307頁。
[6]　自白に関する論文集として，松本・前掲注1)。自白の判例法理については，竹下守夫「判例綜合研究・裁判上の自白」民商44巻3号〔1961〕82頁，福永有利「戦後証拠法判例研究・裁判上の自白(1)～(3・完)」民商91巻5号124頁，92巻1号76頁，92巻2号56頁〔いずれも，1985〕。

と違い，自白事件の焦点は情状による刑の減刑となっているのが実情であり，両者が選別できることで制度が成り立っていると言っても過言ではない。しかし，自白を証拠の女王として重視しこれに依存したことで，拷問の強要や誤判につながった暗い歴史を踏まえ，今日では，自白にはむしろ警戒の念をもって臨む自白法理の確立が刑事手続の課題とされる状況にある。わが国においても，自白の証拠能力も証拠力も厳しく制限する趣旨の規定が，憲法そして刑事訴訟法においておかれているところである（憲38条2項3項，刑訴319条）。すなわち，証拠能力に関しては拷問等の違法を阻止するための自白法則が，証拠力に関してはそれ以外の証拠の存在を要するという補強法則が，歴史的に形成されてきた[7]。

これに比べると，民事事件における自白は，本条の不要証効により，相手方そして裁判所にとって省力化が図られるという点で，むしろ歓迎されていると思われる。もっとも，民事事件のために一方当事者が他方当事者に対して拷問をはたらくようなことは通常はないと考えられるが，詐欺行為によって導かれた自白について効力を認めるべきではないことは言うまでもない（最判昭33・3・7民集12巻3号469頁）。

また，民事事件における自白が，主として裁判上の自白を問題とするのに対し，刑事事件における自白が問題となるのは，裁判上の自白に限定されることはなく，否むしろ裁判外で強要された自白が事件の処理をミス・リードしてしまうことが少なくなかったので，自白法則が発展したと言える。

II 裁判上の自白

裁判上の自白に関する論点は多岐にわたる。以下，項目を追って説明する。

1 裁判上の自白という概念

本条が問題とするのは，当事者が当該訴訟の口頭弁論または弁論準備手続における訴訟行為としてなされる自己に不利な事実の陳述，すなわち，裁判上の自白である。これ以外の場面で本人に不利な事実が陳述されても，それは裁判

---

[7] 民事と刑事の自白の比較については，小林秀之＝安富潔・クロスオーバー民事訴訟法・刑事訴訟法〔第3版，2010〕202頁。

外の自白にすぎず，本条にいう自白の効力は認められない[8]。したがって，当該訴訟の本人尋問や他の訴訟の口頭弁論における自白も，裁判外の自白にすぎないことになる（後者の例として，大判昭10・8・24民集14巻1582頁，最判昭40・2・23判時403号31頁）。もっとも，本条にいう自白の効力はないとしても，裁判外の自白であれ自白があったことが弁論の全趣旨として裁判所の自由心証の中で裁判に影響を与えることまで否定する趣旨ではない[9]。

実際，訴訟前の交渉過程や別件の訴訟等で，相手方の事実主張を認めることは少なからずある。しかし，裁判外の自白と裁判上の自白は，明確にこれを区別し，後者についてのみ本条所定の不要証効がはたらくものと解される。たとえば，貸金の返還請求において，原告Xが「何年何月何日を返済期限として，Yに金300万円を貸した」と口頭弁論で主張した（訴状または準備書面に記載し，それが陳述された）ところ，被告Yがこれに対する答弁として「その事実を認める」と陳述したような場合，このYの陳述が典型的な裁判上の自白である。つまり，明示の肯定的陳述があることである。

したがって，当事者が期日に欠席したり，出席しても沈黙しているような場合は，本条でいう自白とは区別されることになる。訴訟という制度は，暗礁に乗り上げた紛争の解決に向けて相手方の応答を強制する力を認められたものであるから，曖昧な態度でもこれを一定の方向に解釈して打開策を探っていく。すなわち，相対立する当事者の態度としては，争うか（否認），争わずに認めるか（自白）の明示的応答のほかに，知らない（不知），黙る（沈黙）といった曖昧なものもありうるところ，不知は否認と扱い（159条2項），沈黙は自白と扱うものとしている（同条1項）。このように，沈黙を自白と扱ったり，口頭弁論期日の欠席を自白と扱うこと（同条3項）を擬制自白と呼んでおり，事実認定ひいては結論に大きな影響を与えている。その効果の点で擬制自白は裁判上の自白に劣らないものがあるが，本条で論じていく自白とは異なる。

さらに，証拠契約の1つとして時折見受けられる自白契約もまた，本条でい

---

[8] 旧民法証拠編では，裁判外の自白が相手方またはその代理人の面前において，口頭でまたは書面等でなされた場合（同42条1項）は，裁判上の自白と同じ「完全ノ証拠」と扱われていた（同43条1項・36条1項）。

[9] 兼子・体系247頁，旧注釈民訴(6)90頁〔佐上善和〕。

う裁判上の自白とは違う。自白契約とは，ある事実を認めて争わないことを当事者間で合意するものであり，私的自治の範囲内では，当事者が合意した事実に基づく法律関係も認められると解されるので，自白契約の存在が主張・立証されれば，裁判所もこれに拘束されることになろう。その意味で自白と同じ効果が認められるが，それは当事者間の合意に由来するものであるから，やはり裁判上の自白とは区別されるべきである。

2　裁判上の自白の法的性質

裁判上の自白は，それによって訴訟上の効果が生じるものであるから，訴訟行為の1つであると言ってよい。そして，その法的性質をどのように解するか，これは自白の効力の根拠や撤回の可否・要件にも関係してくるので，様々な考えが唱えられてきた[10]。列挙すると，次の諸説がある。①証拠放棄説は，相手方の証明責任を免除し防御権を放棄する意思表示であるとする。②権利処分説は，証拠の放棄によって，係争中の権利を処分する意思表示であるとする。③事実確定説は，自白により相手方主張の事実を真実と確定する意思表示であるとする。④観念表示説は，事実についての自己の認識の陳述であるとする。前の3つが意思的な要素を重視するのに対し，最後のものはこれを捨象している。また，そもそも，自白の法的性質論を不要とする見解もある[11]。

わが国では，自白は当該事実を認めるとの観念の表示であると解する，観念表示説が支持されてきた[12]。この理解によれば，それが自己にとって不利益であることの認識は要しないし，その自白の効果についての認識も要しない，とされる。しかし，この考え方によると，「真実ではないが争わない」とか「真実だが争う」といった具合に事実認識と意思にずれがある陳述の扱いに窮する場面が出てくる。前段と後段で矛盾があり，こうした陳述で自白の成立を認めるべきか，疑わしいときは釈明によって明らかにすべきではあるが，意思を重

---

10)　旧注釈民訴(6) 92 頁〔佐上〕。19 世紀ドイツにおける学説については，松本・前掲注 1) 228 頁以下。

11)　三ヶ月・双書〔3 版〕429 頁。成立要件と撤回要件を連動させない，三ヶ月・全集 389 頁。

12)　兼子・体系 247 頁，兼子ほか・条解〔2 版〕1032 頁〔松浦馨＝加藤新太郎〕，斎藤ほか編・注解民訴(7) 253 頁〔小室直人＝吉野孝義〕。

視するか観念で足りるかで違いが出てくることがわかる。自白を観念の表示と捉える立場が多かったところ，当該訴訟で何を争うか，したがって，どこまでは認めるかの自己決定に意味を見出し，自白については当事者の意思を重視すべきであるとする見解も有力である[13]。難しい問題であるが，私的自治の支配する民事訴訟にあって自白は何をどう争うかという当事者の意思が体現したものと思われるので，その成立や撤回に関しても当事者の意思的要素は無視できないだろう。

3　自白法理の適用範囲

自白が成立した事実については証明を要せず，裁判所はこれを裁判の基礎にしなければならず（審判排除効），また自白した当事者はこれに反する主張を禁じられる（不可撤回効）。こうした自白の効果は，弁論主義の第2法則として説かれているところであるが，そうすると弁論主義が妥当しない手続や事項に関して自白法理が適用されるのかという意味で，自白法理の適用範囲が問題となってくる。私的自治の要請を排して，公益的な見地から客観的な真実の担保が求められる分野であると説明されるところであるが，事はそれほど単純ではない。格別に整理して述べることとしたい。実際，弁論主義が採用されないと言っても，その意味合いは決して一様ではないのである。

(1)　人 事 訴 訟

狭義の人事訴訟に関しては，民事訴訟法の規定が適用除外になるものが少なくないが，自白法理についてはこれが明示されている（人訴19条1項）。そもそも人事訴訟にあっては，その審理原則を通常の民事訴訟とは異にしており，職権探知主義によるものとされている。人事訴訟の対象となるのは，婚姻，親子といった人間の基本的な身分関係であり，真実に即した判断が要請されるので，事実に関する主張・立証の最終責任を当事者に負わせず，裁判所が責任を負うものとした[14]。すなわち，人事訴訟においては，一方当事者が自己に不利益な相手方の主張を認める態度に出ても，それに審判排除効は伴わず，裁判所は職権で真実性の担保を図るべきであるという趣旨である。これは，現行人事

---

13)　新堂〔5版〕582頁，高橋上〔2版補訂版〕476頁，山本・基本問題158頁，川嶋四郎・民事訴訟法〔2013〕471頁。

14)　松本博之・人事訴訟法〔第3版，2007〕60頁，72頁。

〔佐藤〕

訴訟法の前身の人事訴訟手続法以来の発想である（旧人訴10条2項・26条・32条）。

　したがって，従来の判例においても，人事訴訟における自白法理の不適用は確認されており（大判昭11・4・7法学5巻1363頁，最判昭41・1・21判時438号27頁），現行の人事訴訟においても同様に解してよかろう。

　その意味では明文規定があり，自明の問題と言ってもよいのであるが，人事訴訟の範囲については，なお議論の余地はある。人事訴訟手続法に比べ，人事訴訟法は，人事訴訟の範囲を広げこれを明確化している（人訴2条）。すなわち，3つのカテゴリーに分けて列挙している。①婚姻関係訴訟としては，婚姻無効の訴え，婚姻取消しの訴え，離婚の訴え，協議離婚無効の訴え，協議離婚取消しの訴え，婚姻関係存否の確認の訴え，が挙げられ，②実親子関係訴訟としては，嫡出否認の訴え，認知の訴え，認知無効の訴え，認知取消しの訴え，父を定めることを目的とする訴え，実親子関係存否の確認の訴え，が挙げられ，③養子縁組関係訴訟としては，養子縁組無効の訴え，養子縁組取消しの訴え，離縁の訴え，協議上の離縁の無効の訴え，協議上の離縁の取消しの訴え，養親子関係存否の訴え，が挙げられている。これらを限定的なものと解すれば，自白法理の適用排除もこの範囲に限られることになる。しかし，人事訴訟に近接したものとして，家庭裁判所では，家事事件について審判・調停を扱っているが（裁31条の3第1項1号，家事39条・244条），調停が不調になれば，家事関係の事件が訴訟で争われることになるところ，上記カテゴリーに属さない訴訟での自白の扱いをどうするかである。古い判例では，旧人事訴訟手続法を類推し，自白法理の適用排除を示唆するものがある（嫡出親子関係不存在確認の訴えについて，最判昭25・12・28民集4巻13号701頁，相続放棄の効力に関して，大阪地判昭27・10・21下民3巻10号1487頁）。

　この点は，人事訴訟と通常訴訟の違いをどう解するかという根本にかかわる。基本的には，身分関係については，相対的解決というわけにはいかないことから，人事訴訟の確定判決には対世効が定められている（人訴24条1項）。そのため，できるだけ真実に沿った判断を確保する意味で弁論主義を排除し職権探知主義が採られていると解されている。確かに，人事訴訟では，当事者適格（人訴12条）こそないものの，当該訴訟の結果如何で自分の身分関係にも影響

する第三者の存在が考えられることも多いが，その者の手続保障は必ずしも万全ではない（人訴15条参照）。その意味で，単に当事者間で事実主張が一致したとして自白によりそれを裁判の基礎としてしまうわけにはいかないという人事訴訟法の趣旨は妥当であろう[15]。

　人事訴訟に関連して，家事審判・調停についてもふれておこう。家事事件手続法では非訟事件手続法の準用ではなく，職権探知主義を独自に定めている（家事56条・258条）。したがって，家事審判・調停では自白法理は適用されないと考えてよい[16]。旧法（家事審判法）の下でも，遺産分割審判を中心に当事者主義的運用の効用が唱えられ，当事者の主張・立証をベースにした手続運営，ひいては自白法理の類推も示唆されているが，なお決定的ではない（自白に肯定的なのは，東京高決昭54・6・6家月32巻3号101頁，否定的なのは，東京高決昭53・10・19家月31巻9号31頁）。職権探知主義と当事者の主体的関与は矛盾するものではない。

　(2) 会社関係訴訟

　かつて商法の各所に散らばっていた会社関係の訴訟について，会社法ではまとまった形で規定が整備された（会社第7編第2章訴訟）。会社関係訴訟と言っても種々のものがあるので一言では片付けられないが[17]，その訴訟は会社の利害関係者に影響が及ぶものであるので，当事者適格者に独特の規律があるほか，管轄・参加・判決効など手続論でも通常の民事訴訟とは異なる扱いがされている。とりわけ，ここで問題となるのは，会社関係訴訟の利害関係者への影響が

---

[15] 旧注釈民訴(6)94～95頁〔佐上〕。人事訴訟の典型となる離婚訴訟については，わが国の民法が協議離婚を認めている（民763条）ことから，職権探知は不要で弁論主義で足るとの理解もあり得よう。実際，人事訴訟が職権探知主義であると言っても，まずは当事者の主張・立証抜きには成り立たない。徳田和幸「人事訴訟における審理原則と課題」法時81巻3号〔2009〕28頁。

[16] 佐上善和・家事審判法〔2007〕213頁。家事審判での手続保障が不十分な点について，同「家事審判手続における手続保障」法時81巻3号〔2009〕34頁。

[17] 会社法では，①会社の組織に関する訴え，②株式会社における責任追及等の訴え，③株式会社の役員の解任の訴え，④特別清算に関する訴え，⑤持分会社の社員の除名の訴え等，⑥清算持分会社の財産処分の取消しの訴え，⑦社債発行会社の弁済等の取消しの訴え，の7つに大別されているが，とりわけ会社の組織に関する訴えは，株式関係，決議関係，会社設立・解散・合併・分割関係，といったようにさらに多岐にわたる。

§179 II

具体的に対世効[18]の付与となって現れている（会社838条）場合の自白法理の適用の可否である。これは，人事訴訟の場合と同様，性質上，当事者限りの相対的解決というわけにいかないことによる。そのため，会社法では，訴訟の存在を関係者に知らしめる公告・通知（会社849条4項5項参照）がなされる旨が規定されることもあり[19]，組織関係の訴えの多くについては形成訴訟と解されている。

　会社法になってからのこの問題に関する裁判例はまだ知られていないが，商法時代の会社関係訴訟に関しては，これに言及したものが少なからず存在する。自白法理の適用の可否については，考え方が分かれている[20]。まず，会社関係訴訟の第三者への影響から，自白法理の適用を排除するのは（株主総会決議無効確認訴訟につき，大阪地判昭28・6・29下民4巻6号945頁，株式会社解散請求訴訟につき，大阪地判昭35・1・22下民11巻1号85頁，同じく，鳥取地判昭42・4・25判タ218号219頁），その対世効ゆえに真実性の担保に配慮してのものである[21]。これに対し，自白法理の適用を認めるものも多く（株主総会決議取消訴訟につき，広島高岡山支判昭33・12・26高民11巻10号743頁，有限会社社員総会決議不存在確認訴訟につき，甲府地判昭35・3・29下民11巻3号609頁，東京地判昭46・2・22判時633号91頁），この場合，対世効があると言っても，人事訴訟ほどの公益性はなく，会社関係訴訟が実質的に財産権上の争いに帰すると考えるのである[22]。

　確かに対世効が予定されていることが多いという意味で，会社関係訴訟にお

---

18) この場合の対世効の具体的意味は，当該会社の構成員である株式会社の株主，持分会社の社員への影響ということになる。認容判決のみの片面的な対世効である。

19) 会社法ではいわゆる株主代表訴訟のほか訴訟の公告に関しては明確ではないが，対世効が認められる会社訴訟ではなお要請されているものと考えられている，小林秀之＝高橋均・株主代表訴訟とコーポレート・ガバナンス〔2008〕41頁。逆に，株主代表訴訟では対世効の規定はないが，代位による判決効の拡張（115条1項2号）ではなく，代表の適切性による反射効で原告以外の株主にも効力が及ぶと解される，小林＝高橋・同42頁。なお，訴訟の公告が現実に一般の株主の当該訴訟への参加のきっかけになることは少ないようである，高橋均・株主代表訴訟の理論と制度改正の課題〔2008〕308頁。

20) 福永・前掲注6）民商92巻1号77頁，旧注釈民訴(6)96頁〔佐上〕。

21) 兼子・体系347頁，竹下・前掲注6）468頁。

22) 兼子ほか・条解〔2版〕1033頁〔松浦＝加藤〕，斎藤ほか編・注解民訴(7)264頁〔小室＝吉野〕。

ける自白法理の否定は現行会社法の下でも主張されている[23]。しかし，前述のように，会社関係訴訟と言っても種々のものがあるし，判決に対世効がある場合も，結局は株主・社員への影響はその財産権に収斂すると考えられる。自白法理を排除しても，人事訴訟のような職権探知規定があるわけではないから裁判所が真実性を担保できるとは限らないであろう。したがって，基本的には自白法理を肯定し，対世効を受ける第三者の不都合は訴訟参加の機会や再審に委ねればよいと考える。実際，自白の拘束力を否定した裁判例の事案は，自白法理を適用しても結果的に差はなかったと分析されている[24]。

(3) 境界（筆界）確定訴訟

土地の境界（筆界）確定訴訟は[25]，民事訴訟の形をとりながらも，その争いの対象である境界（筆界）の特殊性から，独特の手続法理が確立してきた。なかでも，これが形式的形成訴訟と解されてきたことと関係して，自白法理の適用の可否が問われる。すなわち，境界は私的処分になじまないもので，裁判所は当事者の主張する境界には拘束されず，控訴審における不利益変更禁止の原則の適用はないとされ，当事者の合意に左右されないとして判例は自白に否定的である（最判昭42・12・26民集21巻10号2627頁）。

しかし，この点はこの訴訟の性質をどのようなものと位置づけるか次第で変わる可能性もある。確かに，不動産登記法で定義された筆界（不登123条1号）を確定する訴訟であると解する限りでは，自白法理の適用は排除されると解するのが正しいであろう。しかし，従来から境界確定訴訟を筆界だけを定めるものと解するのは現実を無視したものであり，事は隣接地所有者間の所有権の範囲の争いとみるべきで，そうであれば，通常訴訟と同様に，自白や和解も認め

---

23) 西岡清一郎＝大門匡編・商事関係訴訟〔2013〕15頁，東京地方裁判所商事研究会編・類型別会社訴訟Ⅰ〔第3版，2011〕57頁，江頭憲治郎＝門口正人編集代表・会社法大系4〔2008〕393頁。

24) 福永・前掲注6）民商91巻1号81頁。

25) 従来，境界確定訴訟は明文規定なしに確立していたが，近時の不動産登記法の改正により，筆界の定義規定（不登123条1号）とともに，側面から筆界特定訴訟の存在が認められた（不登147条・148条）。佐藤鉄男「境界（筆界）紛争解決制度の現状と展望」法時80巻2号〔2008〕55頁。森崎英二「筆界確定訴訟と筆界特定制度」ジュリ1372号〔2009〕22頁。寳金敏明・境界の理論と実務〔2009〕495頁。

られるとの見解も有力である[26]。

(4) 行政訴訟

　行政事件訴訟法では，取消訴訟について，職権証拠調べの規定をおき（行訴24条），取消判決の対世効を認める（行訴32条）など，民事訴訟の例による（行訴7条）としながらも特殊な位置づけとなっている。行政訴訟の性質上，自白法理が適用にならないと解する見解もあったが，実務では早くから自白法理の適用を認めていた（選挙訴訟につき，最判昭31・7・19民集10巻7号915頁，抗告訴訟につき，東京地判昭35・3・17行集11巻3号598頁）。学説も，人事訴訟のように明文で自白法理の適用を排除する規定がないことから，基本的には民事訴訟の例によって自白法理を適用してよいと解するのが通説であると思われる[27]。国や地方公共団体が被告になるだけで，損害賠償が問題となる国家賠償訴訟においても自白法理の適用を否定する要因はない。

(5) 訴訟要件

　通常の民事訴訟においても，訴訟要件を基礎づける事実については職権調査事項であり，自白法理の適用の可否には格別の配慮が必要となってくる。もっとも，訴訟要件の中には，訴えの利益や当事者適格のように，本案の審理と密接にかかわるものもあって一様ではない。

　しかし，少なくとも，裁判権の存否，専属管轄，当事者能力，訴訟能力，代理権といった訴訟要件は公益性が強いものであるから，自白法理は適用にならないと解されている。これに対し，訴えの利益や当事者適格については，本案の審理に関連し公益性も弱いとして，弁論主義が適用され[28]，したがって，自白も成立すると解するのが通説であると思われる（東京高判昭54・4・26下民34巻5～8号679頁）。

　ただ，この問題については異論も出ている。当事者適格でも，判決効の拡張がある場合の当事者適格に関する事実については自白の成立を否定すべきであるとして，線引きに揺らぎがみられる[29]。さらに，より根本的には，訴訟要件

---

26) 新堂〔5版〕213頁，同・判例45頁。
27) 雄川一郎・行政争訟法〔1957〕212頁，兼子ほか・条解〔2版〕1034頁〔松浦＝加藤〕。
28) 三ヶ月・全集167頁，新堂〔5版〕237頁。
29) 兼子ほか・条解〔2版〕1034頁〔松浦＝加藤〕。

が職権調査事項であることの意味をめぐって，これが弁論主義や職権探知主義とも異なるもので，自白には拘束されず証拠調べによって自白事実とは異なる事実を認定できるものと解する見解が唱えられている[30]。こうなると，自白の成立余地は小さくなるが，職権証拠調べを志向するものでもない。訴訟要件という一くくりでは決着がつけにくい問題である。

(6) 強行法規・公序良俗違反

これは後述する権利自白の議論とも関係するが，強行法規に反したり公序良俗に反する形で両当事者の事実主張が一致した場合に，この点での自白の成立を認めうるかという問題である。ニュアンスを異にした下級審の裁判例がある（大阪高判昭37・12・26下民13巻12号2602頁は，弁論に現れた資料によって公序良俗に違反すると認められない限り自白の成立を認め，東京地判昭54・3・23判時942号65頁は，農地法との関係での農地の認定は当事者の自白に拘束されないとしている）。背後にある公益性から考えると，自白の成立には否定的であるのが妥当であると解する。

4 自白の成立要件

裁判上の自白が成立するのは，次の4つの要件を満たす場合であると解される。すなわち，①事実についての陳述であること，②口頭弁論または弁論準備手続における陳述であること，③相手方の主張との一致，④自己に不利益な事実の陳述であること，である。以下，個別的に述べていく。

(1) 事実についての陳述

自白の対象となるのは，それによって証明が不要になるもの，つまり具体的な事実であると解される。その意味は，裁判所と当事者の役割分担として，法律の適用，解釈は裁判所の専権とされているので，事実ではなく法律の適用，解釈について当事者間で意見が一致しても，裁判所を拘束する自白の効果は認められないということである。もっとも，この点は，権利自白の問題として，後に自白の対象の所で改めて述べる。

また，自白の対象となる事実が主要事実に限定されるのか，間接事実や補助

---

[30] 高島義郎「訴訟要件の類型化と審理方法」講座民訴(2) 110頁以下，松本・前掲注1) 115頁以下。

事実も含まれるのか，も問題とされてきた。これは，民事自白論の基礎が弁論主義にあるところに関係するものである。間接事実や補助事実についての自白が裁判所を拘束するとなると，自由心証主義に基づく事実認定に支障を来すとして否定的に解されているが，これも後述する。

(2) 口頭弁論または弁論準備手続における陳述

本条で問題とする裁判上の自白は，当事者の訴訟行為としてなされることを要する。したがって，訴訟になる前の交渉過程で不利な事実を認めることがあっても，それは裁判外の自白にすぎないし，当事者尋問における発言として相手方の主張を認めても証拠資料の一環とはなりえてもここでいう自白には該当しない。また，当該訴訟の口頭弁論または弁論準備手続における陳述が自白になりうるのであって，別件訴訟における口頭弁論等における陳述が当該訴訟の自白として拘束力をもつこともない（最判昭40・2・23判時403号31頁）。

(3) 相手方の主張との一致

これは裁判上の自白がどのようにして成立するかという態様の問題であり，また一致しているかどうかという当事者の主張の解釈の問題でもある。

通常は，まず相手方が主張した自分に不利な主張を事実であるとして認める，というパターンで自白が成立する。しかし，両者の陳述の時間の先後は問うものではなく，したがって，まず一方の当事者が自分に不利な陳述をした後で，相手方がこれを援用する，という形で陳述が一致することでも自白は成立する（大判昭8・2・9民集12巻397頁）。これを先行自白と呼んでいる。相手方が援用する前は陳述の一致がなく自白はまだ成立していないので，不利な陳述をした当事者がこれを撤回することは妨げないと解される。なお，不利な陳述が相手方によって援用されることなく，また本人もこれを撤回しないとどうなるか。自白そのものではないものの，その陳述を裁判所が斟酌することは許されると解されており（最判昭41・9・8民集20巻7号1314頁参照），この点も後述する。

自白が成立するのは，事実主張が一致している部分についてである。当事者の陳述はいろいろであるので，自白となるのは陳述の一部であり，これに他の内容が含まれるということは少なくない。たとえば，原告が貸金の返還を求めた訴訟において，被告が「原告から金を受け取ったことは確かだが，あれは立て替えた分である」と陳述した場合，金銭の授受についてのみ自白は成立し，

第1節　総則　　　　　　　　　　　　　　　　　　　　　§179 Ⅱ

消費貸借契約については否定していることになり，これを理由付否認という。また，「金を受け取ったことはあるが，既に返した」という陳述をした場合は，原告の主張事実を認める自白をした上で，別途，弁済の抗弁を出したことを意味し，これを制限付自白という。

なお，主張の一致で自白が成立するのは独立した当事者間においてであり，補助参加人が争っていても当事者間の自白の成立を妨げない（東京地八王子支判平14・9・5交通民集35巻5号1207頁）。

(4)　自己に不利益なこと

自白という言葉の一般的な意味が示唆するように，裁判上の自白は，自己に不利益な陳述であることが必要であると解されている。しかし，この自己に不利益であるということが何を基準としたものか，考え方は対立が続いている。

第1の考え方は，自白の成立にとっての不利益な事実とは，相手方が証明責任を負う事実のことを意味するものと解する証明責任説である（この立場に立つ判例として，大判昭11・6・9民集15巻1328頁）[31]。これに対し，第2の考え方は，自己が証明責任を負っている事実も含むものであり，陳述者にとって敗訴をもたらす可能性のあるものであればよいと解する敗訴可能性説である[32]。両説の違いとしてよく挙げられるのは，貸金返還請求訴訟において金銭の授受は原告が証明責任を負う事実であるところ，被告が金銭の交付はされていない旨を陳述し原告がこれを認めた場合どうなるか，をめぐってである。証明責任説ではこの場合に原告に自白が成立することはないが，敗訴可能性説では自白が成立することになる。つまり，後者の方が自白が成立する余地は広がることになり，一見すると両説は大きく違って見える。しかし，上の例のような原告の陳述は請求自体と矛盾したものであるから，自白云々の前に裁判所の釈明がなされ，すぐに撤回されるのが普通と思われるので，現実に両説の違いが浮き彫

---

31)　証明責任説に立つ学説としては，三ヶ月・全集388頁，伊藤〔4版補訂版〕343頁，斎藤ほか編・注解民訴(7)249頁〔小室＝吉野〕，賀集ほか編・基本法コンメ(2)〔3版〕155頁〔髙地〕。

32)　判例においてこの立場を明言するものは少ない（下級審で，京都地判昭39・12・23判タ172号219頁）が，学説では，兼子・体系246頁，新堂〔5版〕583頁，高橋上〔2版補訂版〕484頁，兼子ほか・条解〔2版〕1030頁〔松浦＝加藤〕，秋山ほかⅣ52頁，川嶋・前掲注13) 476頁。

〔佐藤〕

りになることは稀であろう。

しかし，そもそも両説とも問題を抱えている[33]。証明責任説では，その分配自体が大きな問題となるものであり，その点が定まらないことには自白の成否が決められないということになってしまうことがある。これに対し，敗訴可能性説も，個々の事実が不利になるのか有利になるのか必ずしも一義的ではなく流動的であることから，そもそも陳述の時点で自白の成否が不明ということになりかねない。

そこで，不利益性を自白の成立要件としない，とする考え方が説かれることになる[34]。難しい問題であるが，自白はその成立によって争点を絞り込むという意味で訴訟の展開を左右するものであり，基本的には証明責任を基準にした不利益性が通常はわかりやすい。敗訴への接近を読み込むのは必ずしも当事者の訴訟行動にそぐわない面があり，自白陳述も抗弁による勝訴に活路を求めてのことと想像できる。したがって，証拠調べに入る前に，証明責任を基準にどの点で相手方の負担を軽くしたかという視点で自白の成否を判断するのが妥当ではないかと考える[35]。

5　自白の対象となる事実

前述したように，自白の対象となるのは具体的な事実であるとされている。そして，自白の効果は弁論主義と関係づけて説明されることから，その事実についても，弁論主義をめぐる主要事実，間接事実，補助事実といった区別の影響が及んでくることになる。

(1)　間接事実の自白

従来，弁論主義で主張責任が問題となるのは主要事実に限定されると解されていたが，主要事実と間接事実との区別が必ずしも一義的でないこと，また間接事実が重要な意味をもつ訴訟がありうること[36]，などから，間接事実の自白の可否が問題となってくる。

大審院時代の判例の立場は明確ではないが，最高裁は，間接事実についての

---

33) 旧注釈民訴(6)105頁〔佐上〕．学説の検討については，松本・前掲注1) 13頁以下。
34) 不要説に立つと思われるのは，松本・前掲注1) 32頁，田邊誠「法的判断に関する当事者の権限——権利自白を中心として」判タ581号〔1986〕78頁。
35) 旧注釈民訴(6)109頁〔佐上〕。

第1節　総則　　　　　　　　　　　　　　　　　　　　　§179 II

自白は裁判所を拘束するものではないとし（最判昭31・5・25民集10巻5号577頁），また当事者を拘束するものでもないとしている（最判昭41・9・22民集20巻7号1392頁）。学説も，間接事実レベルの自白にまで拘束力があると，裁判所の自由心証による事実認定を妨げる結果になることを理由とする自白否定説が伝統的な理解であると思われる[37]。しかし，学説においては，間接事実の自白について，判例と異なる見解を示すものが少なくない。つまり，間接事実の自白の拘束力を肯定しようというものである。自白は拘束力があることで争点整理の実効性が確保されるものであり，当事者が当該訴訟でどの点で争おうとするかの自己決定の反映が自白であると考えるのである[38]。

　主要事実と間接事実の線引きの問題もあるが，この問題は，争点中心の効果的な訴訟運営と自由心証主義による事実認定の要請にどう折り合いをつけるかというところに行き着くものである。すなわち，間接事実にまで踏み込んで争点整理をしたのに，これにとらわれず当事者は自由に別の主張ができるが，裁判所の事実認定も全く自由ということでよいか，である。おそらく間接事実の自白について何らの拘束力を認めないということになれば，争点整理の意義が薄れ，審理が漂流してしまわないとも限らない。その意味で，間接事実の自白も裁判所，当事者を拘束すると解するのが，現行民事訴訟法が求める争点整理・集中証拠調べといった審理方式に適合的であるように思える。ただ，あくまで特定の間接事実について自白があってそれに拘束されると言っても，間接事実の性格上，別の間接事実からの自由心証で主要事実の存否を認定することは妨げないと解される。こう考えれば，間接事実の自白の拘束力が自由心証主義の足かせになってしまうことはないであろう。

---

36)　現行の訴訟運営では，重要な事実は早めに具体的に示されることが求められている（規53条1項2項・79条2項3項・80条1項）ので，これに対する相手方の反応も早期に現れる。自白論の展開との関係での考察を試みるものとして，高田裕成「間接事実の自白──自白の効力論の一断面」松本古稀〔2016〕345頁。

37)　間接事実の自白を否定するのは，兼子・体系248頁，兼子ほか・条解〔2版〕1034頁〔松浦＝加藤〕，斎藤ほか編・注解民訴(7)257頁〔小室＝吉野〕，伊藤〔4版〕338頁。

38)　ニュアンスは異なるが，間接事実の自白の拘束力を肯定するのは，新堂〔5版〕586頁，松本・前掲注1) 91頁，高橋上〔2版補訂版〕494頁，山本・基本問題166頁，河野410頁。

〔佐藤〕

(2) 補助事実の自白

次に，補助事実，すなわち証拠の信憑性にかかわる事実について主張の一致があった場合も，自白が成立し拘束力が認められることになるのか，問題とされてきた。一般論としては，間接事実以上に，補助事実の自白の拘束力には否定的になるはずのものと思われるが，主として問題になるのは書証の成立の真正についてであり，この点，判例に変遷が見られるし，学説も多岐にわたっている。

大審院は，書証の成立の真正について自白の成立を認めていた（大判大元・12・14民録18輯1035頁，大判大13・3・3民集3巻105頁ほか）[39]。戦後，しばらく最高裁の判例はなかったが，下級審は大審院と同様，書証の成立の真正についての自白の成立を認め当事者を拘束すると解していた（広島高判昭31・12・18下民7巻12号3699頁，仙台高判昭39・5・27訟月10巻7号940頁ほか）。しかし，間接事実の自白の拘束力を否定する最高裁判決が現れるに至ったことが補助事実の自白の扱いについて再考を促すことになった。すなわち，最高裁昭和52年4月15日判決（民集31巻3号371頁）は，建物収去土地明渡請求事件における当該土地の所有権移転の鍵となる委任状の成立を認めたことをめぐって，当事者の自白の撤回を認め，裁判所を拘束することはないと述べるに至った[40]。また，最高裁昭和55年4月22日判決（判時968号53頁）も，書証の成立についての自白は裁判所も当事者も拘束しないと述べて続いた[41]。

---

[39] もっとも，明治時代には，書証の成立の真正については自白は成立しないとしたものがある。大判明43・11・5新聞683号27頁。

[40] しかし，この最高裁判決には吉田豊裁判官の意見が付されており，本件では単に自分が署名捺印した委任状であることを認めているだけで，空白欄が勝手に埋められたものであり代理権の授与については争っているので，そもそも委任状の真正を自白したものと言えないとしている。そもそも法廷意見が事案の処理として適切だったかという問題がある。本最判について，上原敏夫〔判批〕伊藤眞＝加藤新太郎編・民事事実認定（ジュリ増刊）〔2006〕51頁。

[41] 地上権設定登記の抹消を求めた事件における「地上権設定契約書」の成立の真正の自白であるが，かかる請求にあって，この書証の成立の真正を認めるのは当事者の行為として矛盾しており，自白とみるべきか疑義があるケースであった。昭和52年最判も同55年最判も当該事案の結論を導くのに最適の判示とは言い難いと指摘するのは，福永・前掲注6）民商91巻5号145頁。

書証については，争点整理で認否が確認され，その成立の真正が争われれば挙証者に証明責任があり（228条1項），明文で証書真否確認の訴えが認められている（134条）など，主要事実に近い存在であることが，その自白の拘束力の肯定を促す要因であると思われる[42]。これに対して，書証の成立の真正について特別視することを疑問とし，裁判官の自由心証による事実認定を重視し，書証の成立の真正の場合を含め補助事実の自白の拘束力を否定する見解も根強い[43]。微妙な問題であるが，まずは書証の成立の真正の自白が主要事実の認否と矛盾するような場合は，まずは裁判所は釈明によって当事者の真意を確認することが大事であろう。その上で主張の一致が確認できるのであれば，拘束力を認めてよいと考える。もっとも，補助事実の自白は証拠の形式的証拠力を確定するまでのものであるので，これが当然に自由心証による主要事実の認定を実質的に決定づけるものとなるかどうかは別であると解する。

(3) 権利自白

自白の対象となるのは事実である，とされる。したがって，権利や法律関係に関する当事者の陳述が一致したからと言って，裁判上の自白が成立する余地はないように思える。しかし，そもそも裁判において問題になる事実は，多かれ少なかれ法的な効果を意識しての事実であり，権利や法律関係に関する陳述と事実に関する陳述は現実には交錯しうるものである。そして，訴訟物たる権利や法律関係について当事者間で争いがないことになれば，請求の認諾または放棄とされ（266条1項），調書に記載されることで確定判決と同一の効力が認められることになっている（267条）という意味で，法律上の陳述の一致にも明確な意義づけがされている場合がある。それでは，訴訟物レベルではなく，攻撃防御方法のレベルにおいて法律上の陳述が一致する場合をどうみるか，である。講学上これは権利自白と呼ばれて議論がされてきた問題であり，争わないという当事者の意思と法の解釈・適用を職責とする裁判所の権限との関係をどう解するか，判例も学説も複雑な様相を見せてきた[44]。

---

42) 書証の成立の真正についての自白の拘束力を肯定する学説しては，坂原正夫「裁判上の自白法則の適用範囲」講座民訴(4)172頁，兼子ほか・条解〔2版〕1035頁〔松浦＝加藤〕，小林・証拠法〔2版〕238頁，松本＝上野〔8版〕335頁。

43) 河野信夫「文書の真否」新実務民訴(2)213頁，上原・前掲注40）54頁。

〔佐藤〕

まず，権利自白論として論ずべき対象を明らかにする必要があろう。裁判において当事者が行う法律上の陳述には，次の3つのパターンがあるとされてきた[45]。すなわち，①法規・経験則の存否・内容・解釈に関する陳述，②具体的事実が特定の法律要件に該当するかどうかの評価，③個々の法的効果または権利・法律関係の存否に関する陳述，の3つである。現実に現れる陳述ではその区別が判然としないこともありうるが，前二者は，法律の解釈そして適用というまさに裁判官に委ねられた作用と言ってよいものであるから，基本的には自白の対象にはならないと解される。したがって，最後の③に関する陳述の一致が権利自白の可否として問題とすべきものということになるが，自白の可否を論ずる脈絡では，①②も含めて判例が現れていた。

①のパターンとしては，最高裁昭和42年11月16日判決（民集21巻9号2430頁）が知られている。これは不動産の停止条件付代物弁済契約をめぐる事件で，代物弁済という契約名にこだわらず，裁判所がいわゆる仮登記担保という異なる法律判断を示したものであり，契約の解釈について当事者の見解が一致しても裁判所がこれに拘束されるものではないことを明らかにしている。

②のパターンは，特定の事実と関係した法律要件該当の陳述ということで[46]，次のような最高裁判例が存在する。最高裁昭和30年7月5日判決（民集9巻9号985頁）は，消費貸借に際し利息の天引がされたケースで，天引額が述べられた上で額面額と現実の受領額のどちらで契約の成立を認めるかは法律効果の判断であり，当事者の陳述が一致しても自白にはならないとした。また，最高

---

44) 権利自白については，坂原正夫「権利自白論(1)～(3・完)」法学研究43巻12号〔1970〕18頁，44巻1号〔1971〕50頁，同2号〔1971〕54頁，田邊・前掲注34），松本・前掲注1）141頁以下，河野憲一郎「法律上の陳述に対してなされた自白とその効力——『権利自白論』の再検討(1)(2・完)」商学討究57巻1号〔2006〕209頁，59巻1号〔2008〕157頁。

45) 福永・前掲注6) 民商92巻2号57頁。もっとも，3つのパターンは整然と区別して現れるとは限らず，境界は曖昧で混在することもある，旧注釈民訴(6)118頁〔佐上〕。

46) このパターンに関しては，事実を示した上で構成要件事実の存在を示すもの（法的当てはめ型），事実についての知覚を法的概念として示すもの（事実判断陳述型），具体的事実と関係づけることなく構成要件の充足を示すもの（構成要件事実陳述型），の3つにさらに区別できるとされている。

裁昭和37年2月13日判決（判時292号18頁）は，ある家屋が法律上の不動産といえるか問題となったケースで，「その買受当時には未完成ではあつたが，法律上の建物として既に不動産化されていた」との陳述について，事実上の陳述を含む限度で自白が成立するとした。すなわち，一致した法律効果の点での自白は認めず，関連して述べられた事実の限りで自白の成立を認めるということである[47]。

③のパターンは，訴訟物レベルでの法律上の陳述だと請求の認諾・放棄になってしまうので，訴訟物たる権利関係の前提となる権利関係（先決的法律関係）についての陳述が一致する場合である。最高裁昭和31年7月19日判決（民集10巻7号915頁）では，選挙の当選無効確認訴訟において，被告である選挙管理委員会が特定の投票の無効を認めた点を，法律の解釈・適用に関する主張を含むもので，裁判所を拘束しない旨が述べられ，最高裁昭和40年12月21日判決（民集19巻9号2221頁）でも，家屋の所有権を取得した者が占有者に対する賃貸人たる地位を承継した旨を陳述したことについて，やはり，権利自白であり裁判所を拘束しないとされた。

最高裁の判例から窺われることは，当事者の法律上の判断については裁判所を拘束しないという理解であり，これは下級審の裁判例でも同様と解されている。すなわち，先決的法律関係について当事者の主張が一致しても，これを否定する事実が現れれば裁判所はこれに拘束されず自由に判断することを妨げない，ということである[48]。もっとも，先決的権利関係については結論部分が述べられ，基礎になるような事実主張が一切ないためその当否を検討する余地がなく，裁判所としてもそれを前提とするほかないということはありうるところである[49]。

---

47) 下級審の裁判例であるが，東京地判昭49・3・1下民25巻1～4号129頁は，自衛隊機と民間航空機の事故をめぐる国賠訴訟において，国が自衛隊機の過失を認める陳述をしたことに関し，事実調査を行った上での陳述であるから，事実の自白に該当するとされた点で，自白の対象についてのスタンスを示している。
48) 谷口＝井上編(4)35頁〔徳田和幸〕。
49) このような理解から，大阪高判昭54・8・29判タ402号97頁は，いわゆる権利自白であっても，基礎たる事実の主張がない場合は，撤回については通常の自白と同様の扱いを受けるとした。

権利自白に関しての学説は複雑な状況にあるが，大きな流れとしては，古くは権利自白を認めない否定説が通説であったのに対し，現在は，否定説は少数となり，何らかの形で権利自白の拘束力を肯定しようとする考えが多数になっていると思われる[50]。確かに，事実レベルの通常の自白であれ，権利自白であれ，それはどこまでを譲り何を争うかという当事者の訴訟戦術の現れであることを考えると，否定説は現在の民事訴訟における当事者と裁判所の役割分担という点でも謙抑的にすぎよう。当事者の権利自白で裁判所の法適用権限が制約されると考える前に，当事者の法律上の陳述については釈明によって確認すべきであるし（当事者と裁判所の法的対話），これによって争点が絞られ審理の促進につながる自白の効用は捨てがたい。したがって，権利自白があればその限りで相手方は当該権利主張に関する立証負担を免れるが，完全に裁判所の判断権が排除されるわけではなく，訴訟に現れた事実から時にはそれと異なった法律判断もできるし，撤回についても通常の自白ほど高いハードルを課さない，という権利自白特有の位置づけをするのが妥当と解したい[51]。

6 自白の態様

自白は両当事者の陳述が一致することを要件とし，その前提として自己に不利益となる当事者の陳述がある。自白の態様，そしてこれに関連して，相手方の援用しない自己に不利益な陳述について触れておきたい。

(1) 自白の可分性

両当事者の陳述の一致が自白の要件となるのであるが，一致とは一言一句同じ文言であることを要するものではないから，一致しているかどうかは解釈によることになる。自白の成立要件の箇所で述べたとおり，相手方の主張を争う部分と認める部分が混在した陳述がされることは稀ではなく，その陳述の一部についてのみ自白の成立を認めることも可能で，すなわち自白は可分性のあるものと解されている[52]。

---

50) 高見進〔判批〕伊藤＝加藤編・前掲注40) 44頁。もっとも，権利自白の拘束力を肯定する学説にも多様な理解がある。基礎となる事実が一切述べられず法的効果のみが述べられた場合に限定したり，所有権とか売買といった一般常識化した法的効果に限定されるとか，訴訟代理人弁護士がした権利自白に限られるとか，折衷的な理解も多い。

51) 兼子・体系246頁，新堂〔5版〕590頁。川嶋・前掲注13) 482頁。

これには2つの態様が区別される。貸金の返還を求められた被告の対応を例にすると，「返したはずである」と「あれはもらったものである」とでは，ともに金銭の受領自体は認めている点で自白が成立するが，当該陳述の意義は異なる。前者は，金銭の受領は認めた上で，自らが証明責任を負う抗弁を主張して原告の請求を争うものであり，これを制限付自白と呼ぶのに対し，後者は，金銭の受領自体は認めた上で，理由を付けて相手の主張を争っているものであることから，理由付否認と呼んでいる。後者の場合，相手方は，請求を基礎づける一部（金銭の授受）については立証の必要がなくなったに止まる。もちろん，こうして陳述の一部分について自白が成立する場合であっても，自白の効果には変わりがなく，その分だけ争点が絞られることになる。裁判所としても，適切な釈明により自白が成立する部分を確認しておくことが望ましいと言える。

(2) 先行自白

これは自白の成立に関する，陳述の時間的先後の問題である。通常は，一方が自分に有利な陳述（言い換えれば，他方に不利益な陳述）をし，他方がこれを認める，という形で自白は成立するものである。しかし，たとえば，争点は自分（被告）が証明責任を負う事実（抗弁事実）なので，相手方（原告）が証明責任を負う事実（請求原因事実）は先に認めてしまう，といったことも実際の訴訟ではありうる。そして，相手方がその後でそれを援用すれば，その時点で両者の陳述が一致することになり自白が成立する（大判昭8・2・9民集12巻397頁）。このようにして成立する自白を，不利益な陳述が先行したことから，先行自白と呼んでいる。ただ，自白は両当事者の陳述の一致を要件の1つとするので，相手方が援用する前に，不利益な陳述をした本人がこれを撤回してしまえば自白は成立しないし，自白成立前の撤回であるから，後で述べる自白の撤回規制に服することもない。また，相手方がこれを援用しない，あるいは積極的に争う場合は，陳述の一致に至っていないので，自白は成立しない。もっとも，そのような陳述をいったんはしたことが裁判官の自由心証に影響することはありえよう。

---

52) 旧注釈民訴(6) 109頁〔佐上〕，小林・証拠法〔2版〕244頁。ドイツの民事訴訟法では自白の可分性が明文で示されている（ZPO §289）。

〔佐藤〕

ところで，先行自白が現れる例は，被告の場合だけでなく，むしろ原告の側にも多いとされる[53]。たとえば，原告が被告の抗弁を予想して再抗弁事実を主張する場合である。土地の明渡請求で，相手方の不法占有が理由であるとするとともに，賃貸借の抗弁を予想し再抗弁として解除を主張するような場合，賃貸借の抗弁事実については先行自白ということになろう。また，原告の主張が被告の抗弁の基礎となったような場合も，不利益な事実を陳述したと言えるし，請求原因の中に，抗弁に対する再抗弁の事実を主張しなければならないような場合もそうなる。このように，訴訟の成り行き，見通し次第で先行自白が成立することがあり，その限りで自白の効果も認められるが，言うまでもなく，最終的な勝敗に直結するとは限らない。

(3) 相手方の援用しない自己に不利益な陳述

先行自白は，一方の当事者が自己に不利益な陳述を先にして，相手方が後にこれを援用することで成立するものであるが，常にそうなるとは限らない。つまり，相手方がこれを援用しない，あるいは積極的に争うということもありうる。それがどのような扱いになるか，従来から議論があった。前述した先行自白に関係しているところがあるが，原告が自己に不利益となる陳述をしたのに被告がこれを援用せず，また逆に，被告が自己に不利益な陳述をしたのに原告がこれを援用しない，という現象である。援用さえされれば，自白が成立して，前者は請求棄却に近づき，後者は請求認容に近づくことになるのであるが，援用なしにこうした結論を導くことは，当事者が望まない事実での勝訴を押しつけることになるかもしれないため，悩ましい問題であった。

通説の立場は，これを「相手方の援用しない自己に不利益な陳述」というカテゴリーで捉え，自白は成立しないが，裁判所はこれを判決の基礎とすることができる，と解する[54]。どちらの当事者の陳述であるかについて不自然さはあるが，弁論に現れている以上，判決の基礎となしうることは肯定してよいと思われるので，問題は，相手方が援用しないことを重視するかどうかである。ま

---

53) 旧注釈民訴(6)110頁〔佐上〕。
54) 兼子一「相手方の援用せざる当事者の自己に不利なる陳述」同・研究(1)199頁以下，三ヶ月・全集159頁・388頁，新堂〔5版〕583頁。松本＝上野〔8版〕343頁は疑問とする。

た，証拠調べの要否はどうか，である。ドイツでは，援用はなくとも，その陳述によって，同じ結論を導く陳述が両当事者からなされたとみて，証拠調べなしに（原告が不利益陳述をした場合は）請求棄却または（被告が不利益陳述をした場合は）請求認容としてよい，と解する「等価値陳述」の理論が展開されていた[55]。わが国でも紹介された考え方であるが，もともとドイツでも反対が唱えられていたものであり，決め手となるには至っていない。実際，援用がないのに，自白に準じた証拠調べを要しないという扱いにはなお抵抗感が拭えないところである。

こうした脈絡でその位置づけが問題となってきたのが，最高裁昭和41年9月8日判決（民集20巻7号1314頁）である。これは，所有権に基づき，土地の明渡しを求めていた当事者が，相手方にその土地の使用を許した事実を主張したという事案で，裁判所が当該事実を証拠によって認定できる場合には，相手方がそれを援用しない場合でも，請求の当否の判断でその事実は斟酌すべきである，とされたものである。もっとも，本件は，別々に係属していた訴訟が併合されたことに伴ってこうした問題になったもので，使用貸借の事実がそもそも不利益な陳述と位置づけうるものかどうか自体が微妙なものであったが，援用がなくとも斟酌すべきとされた[56]。さらに，最高裁平成9年7月17日判決（裁判集民183号1031頁），そして最高裁平成12年4月7日判決（裁判集民198号1頁）は，ともに不動産の所有権確認等の請求で，単独所有か遺産としての共有かに関し，相手方（被告）から主張された後者を構成する事実を当事者（原告）が援用しなかった場合であっても，裁判所がこれを認定できる以上は斟酌すべきであるとしており，最高裁の方向性は一応一貫している[57]。しかし，不

---

55) 等価値陳述については，鈴木正裕「弁論主義に関する諸問題」司法研修所77号〔1986〕1頁，木川統一郎・訴訟促進政策の新展開〔1987〕72頁，松本・前掲注1）293頁，劉穎「不利益陳述の取扱いに関する覚書」新報122巻7＝8号〔2016〕105頁。

56) 旧注釈民訴(6)111頁〔佐上〕。河野正憲・民訴百選Ⅰ〔補正版〕218頁。

57) 両判決とも多くの「判批」が公表されている。平成9年判決については，松本博之・リマークス17号〔1998〕124頁，畑瑞穂・民訴百選〔3版〕120頁，松村和德・民訴百選〔4版〕108頁。平成12年判決については，笠井正俊・リマークス23号〔2001〕124頁，岡庭幹司・ジュリ1202号〔2001〕113頁。二羽和彦「親族間の遺産をめぐる争いについて」高岡法学13巻1＝2号〔2002〕91頁は双方について検討している。

利益な陳述を自白に近づけて，証拠調べを排したものではなく，むしろ弁論に現れた事実が裁判の基礎にされるのは当然とも言えるので，この問題は自白そのものとは区別して扱われるべきものである。さらに，そもそも陳述の有利・不利は決して一義的なものではないので，そうした陳述が現れたこと，そしてそれが援用されないことも，弁論の全趣旨として裁判所の自由心証に委ねられるという脈絡での理解も可能であろう。

7　自白の効果とその根拠

裁判上の自白が成立すると，裁判所そして当事者に所定の効果，すなわち拘束力が生ずる。裁判所は，自白が成立した事実については証拠調べによることなく判決の基礎にしなければならないとされ（本条），自白した当事者も，一定の要件を満たさない限り自白を撤回できないとされている。法の文言では，裁判所に対する拘束力しか規定されていないように見えるが，当事者が自由に撤回できないことで裁判所が拘束される，そして裁判所が拘束されている以上当事者が撤回しても意味がない，と相関連したものである。

このような拘束力が裁判上の自白に認められる根拠は[58]，訴訟資料の収集を当事者の責任とする弁論主義に求めるのが一般であり，自白の拘束力は弁論主義の第2法則として知られている。しかし，弁論主義による基礎づけは，裁判所に対する自白の拘束力の根拠としては説得力をもつが，当事者に対する拘束力まで説明し尽くせるかは疑問も残る。そこで，禁反言，相手方の信頼保護，証拠の散逸といった動態的視点や，自白が拘束力をもつことで審理の促進・充実に資するといった政策的視点も加味して理解しておくことが妥当と思われる。

(1)　裁判所に対する拘束力

自白が成立すると，裁判所はこれを判決の基礎にしなければならないという意味で拘束される。証拠調べを要することなく判決の基礎とされることから，自白の裁判所に対する拘束力は，証明不要効ないし審判排除効と呼ばれる。すなわち，裁判所は，証拠によってそれと異なる心証を得たとしても，自白に反した事実認定はできないのである（最判昭30・9・27民集9巻10号1444頁）。

---

[58]　自白の拘束力の根拠については，旧注釈民訴(6)123頁〔佐上〕，小林・証拠法〔2版〕219頁以下。加波眞一「当事者に争いのない陳述の取扱いと証明不要効」法政論集223号〔2008〕93頁。まだ議論の可能性があるとするのは，実務民訴第3期(4)80頁〔菱田雄郷〕。

こうした自白の効果は，弁論主義によって説明される。私的な紛争を対象とする民事訴訟では，私的自治の反映として，当事者間で特に争いのない事実はそのまま判断の基礎としてよい，という理解である。当事者の主張が一致していれば，一般には真実である蓋然性も高いと言えるので，争いのある部分の審理に集中せよということでもある。

しかし，弁論主義は真実発見の手段ではあっても最終的に真実性を担保するものではないから，弁論主義を排除したり制限している場合（II 3）には，こうした拘束力は否定されることになる（人訴19条1項参照）。さらに，自白された事実が顕著な事実に反したり不能な事実であった場合も，裁判制度のあり方に関わってくる問題であるが，裁判所を拘束しないと解すべきであろう。

また，自白の対象として述べた，間接事実や補助事実の自白については，判例は裁判所を拘束しないと解しているが，学説は異なる方向にある。

(2) 当事者に対する拘束力

自白が成立すると，それ以降，当事者は原則としてこれに反する主張ができなくなる，という意味で拘束される。この拘束力は，不可撤回効と呼ばれている。そして，これは，いったんは争わない態度に出たのに後でこれを翻されると，審理が混乱するし，争いのある部分に精力を注ごうとしていた相手方の信頼を裏切ることになるとして，禁反言に基づく自白当事者の自己責任から説明される。

しかし，この不可撤回効は，絶対的なものとはされていない。わが国ではこの点に関する明文規定は存在しないが，所定の場合には自白の撤回を認めている。実際，人間の認識は不完全なものであり，訴訟当事者の不利益な陳述は，時には誤解によることも考えられるので，いったん成立した自白を絶対視しては裁判に対する信頼を損なわないとも限らないからである。次の自白の撤回として述べる。

8 自白の撤回

プロセスとして訴訟行為を積み重ねていく訴訟において，自白が成立すれば前述のような効果が認められているので，それを前提に審理は進んでいくことになる。すなわち，自白が成立するということは，それだけ争点が絞られたことになるので，後になって簡単に自白が撤回されては，それまでの審理が覆さ

れ，相手方も裁判所も迷惑を被ってしまう。その意味で，当事者はこうした自白の効果を踏まえて，本来は慎重に，そして不利益な陳述をするからにはそれなりにリスクも計算しなければならないと言える。ところが，現実には，その陳述が誤解に基づくものであったり，全く事実に反したものであることが後でわかったりすることは少なからずありうる。それを後の祭りとしてしまっては，最終的に誤った判断を導き，当事者にとって不満の残る裁判，ひいては社会の信頼も損ないかねないので，自白は撤回が認められる場合があるとされてきた。

　もっとも，自白の撤回について，反真実と錯誤の証明を要件にこれを認めるといった明文規定がある国（ドイツ，ZPO § 290）と違って，わが国では自白の撤回は判例・学説の積み重ねで議論が進展してきた[59]。すなわち，自白の撤回は，次のような場合に認められると解されてきた。①相手方の同意がある場合，②自白について再審事由に当たる瑕疵がある場合，③自白が真実に反し錯誤によることが証明された場合，の3つである。そのほか，訴訟代理人がした自白を当事者が更正する場合（57条）も，自白の撤回に類似した現象となる（正確には，自白はまだ成立していない）。

(1) 相手方の同意

　裁判上の自白の拘束力は，前述のように，弁論主義，そして相手方との関係で基礎づけられる。そうすると，相手方が自白の撤回に同意しているのであれば，禁反言の法理をはたらかす必要はなくなるし，裁判所も，弁論主義の観点から考えて，当事者が改めて当該事実を争点とし証拠による裁判を求めることを拒めなくなると解してよい。相手方の同意は，必ずしも積極的なものである必要はなく，自白当事者の撤回に異議を述べないことでもよいし（最判昭34・9・17民集13巻11号1372頁），撤回を前提にそれについて答弁している場合も同意とみなしてよい（最判昭34・11・19民集13巻12号1500頁）。もっとも，自白を撤回し新たな主張をすることが時機に後れた攻撃防御方法として却下される（157条）可能性がないわけではない。

---

[59] 宇野聡「裁判上の自白の不可撤回性について」鈴木古稀433頁，伊東俊明「民事訴訟における自白の撤回の規律について」横浜国際経済法学11巻3号〔2003〕1頁。畑瑞穂「裁判上の自白の撤回に関する覚書」松本古稀〔2016〕363頁。

(2) 再審事由に当たる瑕疵がある場合

これは、自白が詐欺等の刑事上罰すべき他人の行為（338条1項5号）によってなされた場合に、これを理由に自白の無効ないし取消しが認められるかである。判例では、他人の詐欺行為によってされた自白であるとして当事者が無効、取消しを主張したケースで自白の効力は認められないとしたものがある（最判昭33・3・7民集12巻3号469頁）。他人の詐欺行為に誘発された自白を前提にした裁判では正義に反するので、判例は妥当であるが、再審事由と同様に有罪判決の確定を要する（338条2項）のかどうかも問題となる。判例は不要としている（最判昭36・10・5民集15巻9号2271頁）。確かに、再審の場合にはこれが必要とされているわけだが、係属中の訴訟における自白にこうした瑕疵があることが判明した場合には、あまりハードルを上げず、早期にこれを考慮する方が訴訟経済に適うものと思われる[60]。

(3) 反真実と錯誤による自白の撤回

自白の撤回の可否として最も論じられてきたのが、この問題である。前述のように、ドイツの民事訴訟法は明文で、これらの証明があった場合には裁判上の自白は効力を失うものとしている。これに倣う形で、わが国の古い判例は、自白した事実が真実に反し、かつ、錯誤によるものであることを証明したときには撤回を可能と解した（大判大4・9・29民録21輯1520頁、大判大11・2・20民集1巻52頁）[61]。訴訟行為について民法の意思表示の規定が（類推）適用されるかは争いがあるところであるが、そのような自白は瑕疵を帯びたものであり当事者に禁反言を強いるのは酷と言えるから、妥当であろう。学説でも、反真実と錯誤の双方の証明を自白の撤回要件と解する見解が通説を形成していったと見られるが、実務の扱いは早くから双方の証明を要件とする意味を運用で緩和していた。すなわち、自白が真実に反するとの証明があれば、特別の事情がない限り、錯誤によるものと推定し、実質的には錯誤の立証を軽減する扱いであった（大判大9・4・24民録26輯687頁、大判大10・11・2民録27輯1872頁）。戦後、最高裁もこの錯誤の立証を緩和する運用を継承したとみられる（最判昭25・7・

---

[60] 旧注釈民訴(6)125頁〔佐上〕、兼子ほか・条解〔2版〕1035頁〔松浦＝加藤〕。
[61] 大正11大判は自白の取消しと表現している。東京地判平4・2・24判タ796号223頁。

11民集4巻7号316頁)。そうなると，学説も，自白の撤回要件としての反真実と錯誤について様々な見解が唱えられるようになった。

　まず，実務の運用が反真実に重きをおいていたので，反真実の証明で自白の撤回を認め，錯誤要件を不要と解する立場である[62]。すなわち，錯誤要件は相手方との関係で沿革的に必要とされてきたが，相手方の保護も真実発見の前には譲るべきと考えるものである（反真実で自白の撤回を認めた下級審の裁判例として，東京高判平元・10・31判タ765号234頁)。

　これに対し，逆に，錯誤要件を重視し，錯誤の証明があれば自白の撤回を認めてよく，反真実の証明は不要とする立場もある[63]。これは，反真実の証明を自白の撤回要件とすることは，本来，主張レベルの問題であるはずの自白の撤回を証拠レベルの問題にしてしまうと批判し，自白したことがやむを得なかったという錯誤の観点で撤回を論ずべきであると説くものである。

　悩ましい問題であり，錯誤重視説の指摘も無視できないものがあるが，しかし，錯誤というもっぱら自白者側の事情のみで撤回を認めるのも，もともと相手方との関係で大きな効果のある自白の撤回の規律としては適切を欠くように思える。錯誤に基づく撤回によって生ずる相手方の不都合が，反真実の証明というハードルがあることで，調整弁になりうるので，従来の判例・学説を支持したい[64]。

(4) 権利自白の撤回

　権利自白に関しては，そもそも権利や法律関係が自白の対象になるかどうか自体から争いがあることは前述したとおりであるが，これを認める場合には，やはり撤回の問題が出てくる。自白としての効力を認めるのであれば，撤回要件も事実に関する自白と同様に考えることが基本であろう。しかし，法律概念の内容や当事者の理解力にもよるが，当事者が錯誤に陥りやすいのは権利や法律関係に関する陳述であろう。その意味で，事実に関する自白に比べ，撤回は緩やかに運用されてよいように思われる[65]。また，法律上の陳述のうち事実主

---

62) 錯誤要件を不要とするのは，柏木邦良「裁判上の自白の撤回について」司法研修所創立15周年記念論文集上巻〔1962〕300頁以下，松本・前掲注1）51頁以下。
63) 坂原・前掲注42）181頁，池田辰夫・新世代の民事裁判〔1996〕166頁。
64) 小林・証拠法〔2版〕255頁。

第1節　総則　　　　　　　　　　　　　　　　　　　　§179 Ⅲ

張についてしか自白を認めないとすれば，法的結論の部分については拘束力がないことになるので，その主張を変更することは妨げられず，つまり撤回は自由ということになる。

　このように考えると，権利自白を認める一方で撤回について緩やかに運用することと，権利自白そのものを認めない立場とでは，実際上その差は小さいことがわかる。

Ⅲ　顕著な事実

　本条の趣旨で述べたように，証明を要しないという共通現象から同一の条文で規定されているが，以下で説明する顕著な事実は，裁判上の自白とは性質を異にするものである。すなわち，民事訴訟が私的紛争を対象とするところから，争いのない事実についてはあえて証明を要しないとしたのが自白であるが，顕著な事実は，その存否・内容が明白であるのでいちいち証拠による認定を必要としない，という言わば常識的なことを確認したものである（これを判断の基礎とすることができることについて，最判平18・11・27民集60巻9号3437頁）。もっとも，証明を要しないという効果との関係で，訴訟の結果への影響も大きいので，理論的な争いがあるものも少なくない[66]。

1　顕著な事実という概念

　本条にいう顕著な事実は，「公知の事実」と「職務上顕著な事実（裁判上知り得た事実ともいう）」を区別して理解するのが通常である。その明白性により判断の客観性が担保されることによるものであるから，職権探知主義の手続においても適用がある（人訴19条1項参照）。合議体の場合には，その過半数に顕著であればよい（最判昭31・7・20民集10巻8号947頁）[67]。したがって，個々の裁判官のみに顕著にすぎない場合はこれに該当せず，むしろ「裁判官の私知」として安易な利用は禁じられる。

　証明を要しないと規定されている点で，顕著な事実は，法的三段論法の小前

---

65)　旧注釈民訴(6)130頁〔佐上〕，賀集ほか編・基本法コンメ(2)〔3版〕157頁〔髙地〕。最判昭30・7・5民集9巻9号985頁は，法律上の陳述の変更については，自白の取消しの法理を適用すべきでないとした。

66)　渡辺武文「職務上顕著な事実」中野古稀上555頁。

提に位置づけられることになり，大前提におかれる経験則とは区別されるべきものである。しかし，顕著な事実と経験則は常に明確に区別できるものとは限らない[68]。近時は，裁判においても，事実認定に高度な専門知識が必要な場合が増えてきた。裁判官が専門知識を備えていたとしても，それが例外ないし偶然にすぎないときは，明白な事実とは言えないので，顕著な事実として利用すべきではない。だからと言って，すべてを当事者の証明に委ねることは困難を強いることにもなるので，裁判所はこれを補う態勢を整備している。裁判所調査官（裁57条），専門委員（92条の2以下）の役割は，こうした意味合いに位置づけることもできる。

ところで，証明を要しない顕著な事実を裁判の基礎にするには，当事者の主張を要するか争いがある。顕著な事実が主要事実となる場合に現れる問題であるが，顕著であることが前提であるから，当事者の主張がなくとも裁判の基礎にできるとの立場（積極説）と，顕著な事実についても当事者の主張を要するという立場（消極説）が，対立する[69]。消極説を表明した古い判例がある（大判明36・6・17民録9輯742頁）。主要事実となる事案で主張がないことは現実には稀有と思われるが，間接事実や補助事実である場合とは違うので，当事者の主張は要すると解すべきであろう。裁判所が顕著な事実について指摘し当事者の主張を促すことは，事柄の性質上，そのことをもって公正を害することにはつながりにくいので，むしろなされるべきであろう。

2 公知の事実

顕著な事実のうち，不特定多数の通常人が疑いを差しはさまない程度に知っ

---

67) 最判昭31・7・20は，同一の取引をめぐって並行的に係属した刑事事件と民事事件が，構成員の過半数を同じくしていた事案で，先に判決に至った刑事事件の認定事実を顧慮しないのが審理不尽とされたものである。配属裁判官の少ない地方の裁判所ではありうる事態であり，注意が必要である。もっとも，刑事と民事では，審理構造，証拠法則も異なるので，事実認定が当然に連動するものではない。いわゆる民刑事分離がわが国では原則とされてきたが，犯罪被害者保護の一環として，刑事手続に付随する損害賠償の制度が導入された。こうした民刑事の融合は，顕著な事実に新たな視点を付け加えるものである。

68) 三ヶ月・全集353頁，小林・証拠法〔2版〕261頁。

69) 積極説は，三ヶ月・全集391頁，兼子ほか・条解〔2版〕1040頁〔松浦＝加藤〕，消極説は，兼子・体系250頁，新堂〔5版〕591頁，秋山ほかⅣ 66頁。

第1節　総則　　　　　　　　　　　　　　　　　　　　　　　§179 Ⅲ

ている事実を「公知の事実」といい，「職務上顕著な事実」と区別して論じられる。

　公知とは，裁判官を含めて社会の構成員に広く知られているという意味であり，歴史的事件（2.26事件，9.11テロ等），大震災・大事故（阪神淡路大震災，東日本大震災，航空機墜落，JR脱線等），著名人（天皇，首相，等）の生死，公共施設に関すること（東京スカイツリーの高さ，駅前交差点の所在状況等）等がこれに当たる。しかし，万人に普遍的に知れ渡っていなければならないものではなく，時と場所により公知性は異なることもある。大審院大正10年1月27日判決（民録27輯111頁）は，特定の地方の衆議院議員選挙の候補者の氏名を公知の事実と扱ってよいとしたものである。こうした事実は，全国的には知られていなくとも，当該選挙区内の有権者たる裁判官を含む多数人に知られているであろうから妥当と言えよう。しかし，訴訟当事者を含む多数人に知られているが，裁判官には知られていないという場合は，本条が想定する公知の事実とは言えないであろう[70]。

　公知の事実は，前述の例のように典型的なものばかりではなく，時と場所によって異なる相対的なものと理解されている。そうすると，そもそも公知であるかどうかが争いになることもありうる。特に，当該事実が不利に作用する当事者から，公知でないとの反証がなされることがありえよう。その場合には，公知であることを証明する必要があるが，公知性を証明するよりも，端的に当該事実を証明する方が有効であることが多いと思われる。問題は，公知であるかどうかが争いになった場合に，それが事実問題であってその点の判断の当否が適法な上告理由を構成しえないかどうかである。最高裁昭和25年7月14日判決（民集4巻8号353頁）は，借家難の事情の不存在は顕著な事実で証明不要であるから，この点に関する鑑定を原審が不採用としたことを是認した例であるが，そのような事実の認定は事実問題であっても，顕著な事実かどうかは法律問題であるとして，学説からは批判されている[71]。

---

[70]　現在の裁判官人事では，頻繁な転勤，活動の自制等の要因で，地域での公知（常識）が裁判官にとっては未知（常識外）ということが起こりうる。当事者からの主張で裁判官が当該事実を知ったのでは既知ではないから公知とは言えず，当該事実は証明が必要になる。旧注釈民訴(6)131頁〔佐上〕。

〔佐藤〕　93

3 職務上顕著な事実

　公知の事実と区別される，職務上顕著な事実とは，裁判官がその職務を行うにあたってまたはこれと関連して知ることができ，かつ，明確に記憶のある事実のことである。裁判官が自ら関与した裁判はもちろんのこと，自らが関与していなくても，裁判所の各種手続の結果として公告されるもの，たとえば，倒産手続の開始決定，不動産競売の決定，後見開始の審判等もこれに含まれる。現に係属中の訴訟に絡んで知ったものである必要はなく，別事件で知ったものでもよい（最判昭57・3・30判時1038号288頁）。

　こうした事実が不要証とされるのは，事実の真実性が担保されているからである。つまり，証明の対象からはずして裁判官の記憶を裁判の基礎にしても結果が異ならないことによる。必要に応じて記録を確認することは妨げないが，記録を調査しないことには判明しないような事実は，ここでいう顕著な事実とは言えない[72]。その意味で，判例・裁判例でわかる事実は当然に顕著な事実になるものではない。もっとも，その点は多少緩やかに解してもよく，いわゆるリーディング・ケースにかかる事実はこれに含めて運用してもよいと思われる。

　職務上顕著な事実は，その性質から考えて，公知の事実のように，当事者が当然に知っているものではない。したがって，それが裁判官の私知ではなく職務上顕著な事実と言い得るためには，当事者に対し裁判官の知得の経緯を，少なくとも判決理由中に摘示すべきであるし，望むらくは審理中に開示し，必要に応じ記録を取り寄せ閲覧の機会を与えることがあってよい。

　難しいのは，裁判官が職務上知り得る事実には，裁判所の手続として種類を異にしたものから得られるものも少なくないことである。典型的には，刑事訴訟と民事訴訟の違いであり，民事でも各種の決定事件は訴訟事件とは審理構造を異にしている。したがって，本条に定める顕著な事実として証拠調べなしに裁判の基礎とすることが問題である場合もありえよう。言い換えれば，審理原則や証明度の異なる裁判での事実の取扱いには，慎重な姿勢も必要であろう[73]。

---

71) 不要証の効果が認められる，顕著な事実かどうかはやはり（179条の解釈にかかる）法律問題であろう。三ヶ月・全集395頁，新堂〔5版〕592頁，小林・証拠法〔2版〕260頁，秋山ほかⅣ66頁。

72) 三ヶ月・全集396頁，旧注釈民訴(6)133頁〔佐上〕。

第1節　総則　　　　　　　　　　　　　　　　　　　　§179 Ⅲ

当該事実についての一方当事者の主張があることを前提に，裁判官がその経緯を示すなどして相手方の理解を得て裁判の基礎とするのが望ましい。

　なお，憲法訴訟における立法事実は，具体的な事実とは異なるが，公知の事実とも言い難いし，職務上顕著な事実でもない。法適用・解釈の問題として，裁判官の専権事項と考えられなくもないが，それが判断に与える影響を考えると，裁判所の職権探知と当事者の立法事実へのアクセス権の調和が必要と思われる[74]。

〔佐藤鉄男〕

---

73)　小林・証拠法〔2版〕262頁。
74)　旧注釈民訴(6) 134頁〔佐上〕，山本克己「民事訴訟における立法事実の審理」木川古稀下21頁，原竹裕・裁判による法創造と事実審理〔2000〕。

§ 180 I

（証拠の申出）

第180条　① 証拠の申出は，証明すべき事実を特定してしなければならない。

② 証拠の申出は，期日前においてもすることができる。

I　本条の趣旨

　本条は，証拠について定める第2編第4章の総則規定の1つとして，後に定める各証拠方法に共通する基本的事項を定めたものである。弁論主義が支配する民事訴訟においては，事実の主張と証拠の収集・提出は当事者の責任になるところ，本条は，裁判所に対して当該事件で取調べを求める当事者の訴訟行為となる証拠の申出についての基本ルールを述べている。1項では，証拠の申出は，証明すべき事実を特定してしなければならないこと，2項では，証拠の申出が，本来は攻撃防御方法として口頭弁論期日または争点および証拠の整理手続において行うべきものであるところ，その期日前でもできること，つまり証拠の申出の時期と場所が手続期日外で，そして期日の前でも構わないことを明らかにしている。旧258条も本条と全く同趣旨のことを述べており，変更なく受け継がれているので，旧法の判例・学説はそのまま本条にも妥当することになると思われる。

　旧民事訴訟法では，昭和23年の一部改正まで，旧261条として職権証拠調べの規定があったので，当事者からの証拠の申出がないものについても裁判所の職権で取り調べることがありえたが，同条が削除されて以降は，証拠の申出が当事者の訴訟行為として重要性を増したことになる。もっとも，通常の民事訴訟でも個別例外的に職権による証拠調べがなされる場合があり，その限りでは当事者による証拠の申出がなくとも証拠調べがなされることがあるし，逆に，弁論主義が否定されている人事訴訟や行政事件訴訟などでも，職権探知ないし職権証拠調べの規定があるので（人訴20条，行訴24条），当事者による証拠の申出の意義は相対的に低下する。

第1節　総則

II　証拠申出の位置づけ

　一般的な意味での職権による証拠調べの規定がない以上，証拠の申出は，民事訴訟の当事者にとって，事実の主張と並んで，勝訴に向けた攻撃防御方法を提出する重要な訴訟行為となる。時機に後れることなく適時になされることが当然求められるが（156条・157条），争点も明らかにならないうちに大量の証拠を出す物量戦を試みるのは得策とは言えず，争点整理に資する書証などが早期に提出されるべき（規55条・80条2項・81条）なのに比べると，人証の申請が多少後れるのは許容されよう（規100条参照）。

　もっとも，弁論主義が妥当する通常の民事訴訟においても，事柄の性質上，当事者からの証拠の申出を待たず，裁判所が職権で証拠調べをする例外が個別的に定められていることがある。職権証拠調べの具体例としては，管轄に関する事項（14条），調査の嘱託（186条），当事者尋問（207条），鑑定の嘱託（218条），公文書の成立の真否の照会（228条3項），検証の際の鑑定（233条），訴訟係属中の証拠保全（237条），会計帳簿の提出（会社434条）といったものがある。これらについては，当然，本条が問題となることはない。逆に，これらを除く他の証拠調べに関しては当事者の申出が出発点になることを意味する。

III　証拠の申出

1　申出権者

　証拠の申出は，裁判所に対して特定の証拠方法について取り調べることを求める基本的な訴訟行為であり，当事者権の中でも最重要なものである。また，当事者のほか，補助参加人にも証拠の申出権は認められる（45条）。

　当事者の正当な権限として証拠の申出がされた以上，裁判所はこれに何らかの応答をしなければならないことになるが，もちろん，証拠の採否は181条の問題であり，採用された証拠の評価は247条の自由心証の問題となる。つまり，消極的な結果となることがあるにしても，証拠の申出は裁判所のリアクションを促す意味がある。

2　申出の方式

　証拠の申出は，当事者が口頭または書面で行う（規1条）。期日において口頭

〔佐藤〕

で行うことも可能であるが，基本的には，むしろ期日前に書面で行うことが望まれており現に励行されている。

証拠の申出に際しては，本条では，①「証明すべき事実」の特定のみが求められているように見えるが，そのほか，②「証明すべき事実と証拠方法との関係」を具体的に明示すること（規99条1項），そして③取調べを求める証拠方法の特定，も必要となる[1]。この3つによって裁判所も相手方も証拠の申出の具体的内容を理解することが可能になる。証拠の申出は裁判所に対する訴訟行為であるが，準備書面と同様，申出の書面は申し出た当事者から相手方に直送すべきものとされている（規99条2項）。

3　証明すべき事実

本条1項にいう「証明すべき事実」とは，立証事項とか立証命題とも言われるものであるが，つまり，争いがあるためその証拠方法によって証明しようとする事実のことである。証明することを要しない事実（179条）でない限り，あらゆる事象は立証命題となる可能性がありうるが，ここで問題となるのはもちろん法的に意味のある事実ということになろう。したがって，法律要件に該当しうる要件事実が中心となり，場合によって，要件事実の証明に寄与する間接事実や補助事実も対象になるものと思われる。証拠の申出は，基本的には証明責任を負っている当事者の行為として考えるべきものであるが，時には，証明責任を負っている当事者の申し出る証拠を想定し，相手方もあらかじめ別の証拠の申出をすることも少なくない。この場合は，本証ではないので，証明すべき事実は，要は自己に不利な要件事実の存在を疑わせる間接事実ということになるだろう[2]。

証明すべき事実は，ある程度具体的に特定されることが望まれる。この点は，たとえば，証人尋問の申出に際し，「できる限り，個別的かつ具体的」な尋問事項書の提出が求められていること（規107条）からも窺われる。あるいは，尋問当事者の不出頭や文書提出命令に従わない場合の真実擬制（208条・224条3項・232条1項）の運用という点からも，抽象的概括的なものでは不都合と思

---

1) 旧注釈民訴(6)136頁〔佐上善和〕，賀集ほか編・基本法コンメ(2)〔3版〕158頁〔髙地茂世〕。
2) 大江忠・要件事実民事訴訟法〔下〕〔2000〕25頁。

われる[3]。

　しかし，場合によっては，立証事項を具体的に特定することが困難な場合もあり，証拠調べから主張の手掛かりを得ようとする，いわゆる模索的証明を全く許容しないのかという別の問題につながってくる[4]。その意味で，立証事項の特定は，相手方の防御の予測，尋問を受ける人証対象者の想定範囲，といった点との関係で相対的なものになってこよう。

4　立証趣旨

　証明すべき事実と証拠方法との関係，すなわち当該証拠方法をもって何を証明しようとするのかという立証趣旨を具体的に明示することが民訴規則で求められている（規99条1項）。これを欠いた証拠の申出が当然に不適法ということではないが，立証趣旨は裁判所が証拠の採否の判断がしやすくなるものであるから，不明の場合には裁判所は当事者に釈明を求めるべきであろう[5]。実務的には，立証趣旨を補完するものとして証拠説明書（規137条）が利用されることが少なくないようである[6]。たとえば，書証であれば，それの作成経緯やその中のどこがどんな意義をもつのか，証人であれば，どういう立場の人間で何を知っているのか，といったことが，証明力に関する意見とともに記されるものである。もっとも，証拠の評価については，自由心証主義，そして証拠共通の原則が妥当するので，当該証拠方法の申出者が想定した立証趣旨に裁判官の心証形成が拘束されることはない。

5　証拠方法の特定

　具体的に何の取調べを求めるのか，証拠方法を特定することも当然必要となるが，もとよりこれは各証拠方法によって異なる。特定の仕方は各証拠方法の問題となるが，次のようになろう。証人尋問，当事者尋問に関しては，氏名・住所などを示せばほぼ特定できる。書証の場合は，文書の表示・趣旨・作成名義・所持者などである（219条・221条，規137条）。検証の場合は，検証目的物

---

[3]　旧注釈民訴(6)137頁〔佐上〕，秋山ほかⅣ72頁，兼子ほか・条解〔2版〕1043頁〔松浦馨＝加藤新太郎〕。
[4]　本条と模索的証明の関係については，旧注釈民訴(6)147頁〔佐上〕，高橋・概論189頁。
[5]　旧注釈民訴(6)139頁〔佐上〕。
[6]　加藤新太郎編・民事訴訟実務の基礎〔3版〕記録篇61頁・解説篇131頁〔村田渉〕。

の所在地・品目などである（232条，規150条）。鑑定については，当事者としては鑑定を申し出るだけでよく具体的な鑑定人の特定までは要しないとされているが，鑑定を要する事件では，両当事者からそれぞれ意中の鑑定人が推薦されることが少なくないようである[7]。

6　費用の予納

証拠の申出そのものに印紙の貼用は要しない。しかし，証拠調べに費用がかかる場合は，当面は申出者がこれを負担すべきものとされ予納が必要となる（民訴費11条・12条）。具体的には，証人や鑑定人の日当や交通費といったものである。予納を命じられた当事者が予納しない場合は，裁判所が証拠調べを行わない対応にでることもありうる（民訴費12条2項。最判昭28・4・30民集7巻4号457頁）。費用の予納は原則として現金によるものとされている（民訴費13条）。

もっとも，予納義務者が予納しなくとも，その相手方の方から予納があった場合にはその証拠調べを行うことを妨げるものではない（最判昭32・6・25民集11巻6号1143頁）。予納の目的は証人等へ給付する資金を裁判所が確保することが目的であるから，予納を怠る当事者への制裁はその限りで二次的なものと考えてよいであろう。

7　証拠の提出

前述のように，証拠の申出と同時に，書証については，証拠説明書を添え，取調べを求める書証そのものを裁判所に提出することになる。人証の場合は，尋問事項書を証拠申出の際に提出する（規107条）。在廷証人，在廷当事者を尋問する限りでは，証拠の申出と証拠の提出が同時ということになる。この場合は，通常は，証拠調べ期日の出頭を確保しておけばよい（規109条）。

IV　証拠申出の時期

証拠の申出は，主張と並ぶ攻撃防御方法の一つである。したがって，口頭弁論期日または争点および証拠の整理手続においてこれを行うべきものというこ

---

[7]　鑑定の手続をとらず，専門家の意見書を書証として出す「私鑑定」によることも多い，梅本〔4版〕828頁，高橋・概論197頁。

第 1 節　総則　　　　　　　　　　　　　　　　　　　　　　　§ 180 Ⅴ

とになるが，本条 2 項は，期日前でもこれをできるものと定めている。ここで言う「期日前」とは，期日が時間と場所（法廷や準備室）を特定することで訴訟の関係人が一堂に会し訴訟行為を行う機会のことを指すことから考えて，特定の期日設定を要しないという意味で，期日前であるとともに期日外でもあると解することができる。つまり，証拠の申出そのものは，証拠調べそのものとは違う，言わばその準備にすぎないのでそのための期日を設定しなくてもよいだろう，ということである。しかし，期日外の場合は，相手方に他方当事者の行った証拠の申出について知らせる必要があり，必ずしも明示的な規定ではないが，準備書面の記載事項となっている相手方の「陳述」（161 条 2 項 2 号，規 88 条 1 項）はその趣旨を反映したものであると思われる。

　一見，本条 2 項の規定からは証拠の申出の時期が柔軟なものであるかのような印象を受けるが，攻撃防御方法としての規制に服することを忘れるべきではない。すなわち，適時の提出が望まれることはもちろん（156 条・157 条），182 条の集中証拠調べの実現に込められた現行民事訴訟法の方針からも，証拠の申出は早めに行うべきことが求められている，と言うべきだろう。とりわけ，書証に関しては，訴状や答弁書の提出段階からの提出が励行されている（規 55 条 2 項・80 条 2 項・81 条）。争点および証拠の整理手続との関係でも，提出時期が制限されることもある（167 条・174 条・178 条）。

Ⅴ　証拠の申出に関する相手方の立場

　証拠の申出は，主張と並び，訴訟当事者にとっては自分の手の内を審理の場にのせることを意味する。申出者がまず前述のような申出の条件を満たすことを前提に，裁判所は次に，他方当事者のこれに関する陳述等も参考にした上で，証拠の採否を判断するのが通常の処理であろう。そして，証拠申出に関する相手方の陳述は，裁判所の証拠採否の参考というにとどまらず，双方審尋主義の観点からの意義もある[8]。もっとも，陳述の機会を与えることなく証拠調べに入った場合でも，特に相手方から異議がなければ責問権の放棄として瑕疵は治癒されると解されている（在廷証人の証拠申出の例として，最判昭 26・3・29 民集 5

---

[8]　旧注釈民訴(6) 143 頁〔佐上〕，石川明「証拠に関する当事者権」講座民訴(5) 4 頁。

〔佐藤〕

巻5号177頁)。

　証拠申出に関する相手方の陳述は，他方当事者が申し出た証拠についての許容性や信用性についての具体的な異議となって現れることもあり，これを一般に証拠抗弁と呼んでいる。すなわち，時機に後れた証拠申出であること，違法に収集された証拠であること，証拠制限契約があること，といった様々な異議が出てくる可能性がある。これらは，事実に関する主張レベルでの抗弁とは違い，証拠の採否そして評価という裁判所の裁量の領域にかかるものであることになる。したがって，そのすべてに逐一裁判所からの応接があるということにはならない。しかし，私的自治の範囲内での証拠制限契約は有効と解されるので，これに反して申し出られた証拠方法は採用すべきではない。たとえば，ある事実の証明を書証に限定するであるとか，事故原因や損害額の算定を第三者の鑑定に委ねる仲裁鑑定契約が存する場合，これは尊重されてしかるべきである。これに対して，違法収集証拠である旨の証拠抗弁への対応は微妙な問題がある。というのも，刑事訴訟では違法収集証拠の排除法則が積み上げられてきているのに対し，民事訴訟ではそこまで厳格な扱いはしてこなかった。すなわち，当然に証拠能力を否定することはせず，証拠調べを行い評価のところで多少の考慮をするという扱いが比較的多かったが，手続の公正という点でもう少し厳格な対応が求められつつあるようにも思える[9]（反社会性が強いとして証拠申出が却下されたものとして，東京地判平10・5・29判タ1004号260頁)。

Ⅵ　証拠の申出の撤回

1　撤回の可否

　能動的な訴訟行為である証拠の申出は，他方で，考え直してこれを撤回することも本来は自由のはずである（旧々民訴320条）。実際，証拠調べに入る前は自由に撤回できるものと思われる。すなわち，申し出た証拠方法が自分にとっていい方向に作用しないのではないかと見通しが変わったような場合である。しかし，いったん証拠調べに入った以上，証拠共通の原則が働き，申出者の思惑とは異なり，相手方に有利な証拠原因となるといった成り行きになることも

---

[9]　中野＝松浦＝鈴木編〔2版補訂2版〕354頁〔青山善充〕，河野489頁。

ありうるので，相手方の同意が必要となると解される。そうすると，証拠作用の逆転が明確な場合は，相手方も簡単には同意しないと思われるので，実際に撤回が可能なのは関連性が薄かったり証拠力が弱そうな証拠に限られてこよう。

問題は，相手方の同意を得れば，証拠調べが終了した後にも撤回が可能かどうかである。この点については，証拠調べが終了すれば証拠の申出は目的を達したので撤回は観念できないということと，これによって裁判官の心証が形成されているからということで，否定的に解するのが判例であり（最判昭32・6・25民集11巻6号1143頁，最判昭58・5・26判時1088号74頁），通説である[10]。これに対して，相手方の同意で両当事者が当該証拠の利用を望まなくなったのに撤回を認めないのは，弁論主義に照らし妥当でないという理解も有力である[11]。実務的には，判例に現れているほど撤回に厳格ではないようで，相手方の同意があれば撤回を認める扱いが書証では多くされているようである。その場合は，撤回された証拠による心証形成は除去されなければならないということになるが，証拠による心証形成は相互に関連する複合的なものであるから，1つの証拠の影響の除去といったことが厳密に可能であるのかは疑問も残る。その意味で，通説を妥当と考えるが，結果的に箸にも棒にも掛からない証拠について，証拠の撤回を肯定することまで妨げるものではない。

2 撤回の擬制

適法に証拠申出がされたにもかかわらず，採否の決定がされないまま弁論が終結した場合をどう解するか。当事者の双方が異議を述べなかったり，「他に主張・立証はない」と述べていれば，それは証拠申出を放棄したものと考える，つまり撤回を擬制するのが古くからの判例である（大判大9・8・9民録26輯1354頁，最判昭26・3・29民集5巻5号177頁，最判昭27・11・20民集6巻10号1015頁，最判昭28・10・23民集7巻10号1114頁）。これに対して，証拠申出の撤回の擬制という見方には，当事者の意思に反するとして，学説では反対も多い[12]。この点は，撤回を擬制するのではなく，証拠申出について裁判所が黙示

---

10) 高橋下〔第2版補訂版〕94頁，秋山ほかⅣ71頁，河野494頁。
11) 飯原一乗「証拠申出と証拠決定」実務民訴(1)241頁，旧注釈民訴(6)145頁〔佐上〕，兼子ほか・条解〔2版〕1046頁〔松浦＝加藤〕。
12) 兼子・体系265頁，三ヶ月・双書〔3版〕462頁。

の却下をしたものと扱えば，上級審でその点を含めて判断の対象となるし，証拠申出の効力が維持されるので改めての証拠申出が不要となり，当事者の不利益は少ないと思われる[13]。

3 撤回の方法と効果

証拠申出の撤回は，証拠申出と同様，期日または期日前に，口頭または書面でできる。相手方の同意を要しない場合には，相手方が期日に出頭していなくとも撤回ができる。また，証拠申出の撤回に裁判所の許可は不要である。

証拠の申出が撤回されれば，その証拠申出自体がなかったことになる。したがって，職権で取調べが可能な場合でない限り，取り調べれば違法となる。撤回そのものが自由であるのと同様，思い直して再度の証拠の申出をすることも全く妨げない。

Ⅶ 模索的証明と本条の関係

本来は証拠の申出に際して立証事項を具体的に示すことが必要である。しかし，現実には，証明責任を負う側の当事者の情報不足が不可避で，むしろ証拠調べを先行してそれから主張を整えようという，情報獲得のための証拠申出を許容するか問題とされてきた。いわゆる模索的証明の問題である。

もともとは，ドイツで，身分関係訴訟，とりわけ認知請求を受けた被告男性が，原告の母親が複数の男性と関係をもっていた（不貞の抗弁）として，さしたる手掛かりもないのに母親の証人申請をしたことから始まったとされる[14]。現在は，むしろ，医療過誤，公害，製造物責任などのいわゆる現代型訴訟における両当事者間の証拠偏在が絡んで問題となることが多くなっている。

たしかに，立証事項が曖昧な，当て推量の証拠申出は，本条との関係で不適法と言うべきであろう。しかし，個別の事案との関係で，どこまで当事者が当面の主張・立証の具体化が可能か，証明責任を負わない当事者の事案解明義務の展開如何とも絡んでいる（伊方原発訴訟上告審判決・最判平4・10・29民集46巻7号1174頁は，最高裁がこれを示唆したものとされている）[15]。すなわち，模索的証

---

13) 旧注釈民訴(6) 147頁〔佐上〕。
14) 旧注釈民訴(6) 148頁〔佐上〕。

明として不適法な証拠申出と扱う問題処理ではなく，個別事件との関係で，当面は抽象的な主張・立証命題のままで証拠調べを許容することもありうるとし，それを事案解明義務の範疇で問題を捉えていくべきではないかという見方[16]に共感する。

〔佐藤鉄男〕

---

15) 事案解明義務については，安井英俊「事案解明義務の法的根拠とその適用範囲」同法58巻7号〔2007〕505頁。
16) 髙橋下〔第2版補訂版〕91頁。

§181 I

(証拠調べを要しない場合)

第181条 ① 裁判所は，当事者が申し出た証拠で必要でないと認めるものは，取り調べることを要しない。
② 証拠調べについて不定期間の障害があるときは，裁判所は，証拠調べをしないことができる。

I 本条の趣旨

　本条は，前条（180条）による当事者の証拠申出に対する裁判所の対応について述べるものである。すなわち，申出のあった証拠についてこれを取り調べるか否かの応答をすることになるわけだが，本条はこの証拠の採否に関係した規定である。証拠申出に対しては，これを取り調べるまたは調べないの両方の対応がありうるところ，本条は，文言としては，取り調べない場合のことを示しているが，当然，取り調べるか否か裁判所に証拠採否の裁量があることを含意している。なお，本条1項は旧259条を，そして2項は旧260条をそのまま引き継いだものであり，旧来の判例・学説は基本的にはそのまま本条の参考にしてよいと思われる。

　本条は，証拠の採否が裁判所の裁量に委ねられることを示唆しているが，むしろ，本条の判例・学説はこの裁量を規律すべく解釈を積み重ねてきたと言ってよい。

　1項は，申出のあったすべての証拠を取り調べるのではなく，不要なものは取り調べなくてよいとしているが，逆に，不要たることが明らかでない限り，当事者の証拠申出には真摯な応答が求められているとも解される。すなわち，証拠の申出は，弁論主義の下では，勝訴に向けての攻撃防御方法として当事者の訴訟行為の基本となるものであるから，ここにあまり高いハードルがあっては困る。しかも，取り調べた証拠の評価は裁判所の自由心証に委ねられるので（247条），当事者としては念入りに臨みたいところであり，敗訴となる当事者に申し出た証拠が取り調べてもらえなかったとの不満を残さない意味でも，申出のあった証拠は取り調べるのが原則と考えるのが出発点であろう。しかし，迅速性や訴訟経済の要請もある以上，不必要な証拠調べに付き合うわけにもい

かない。そこで，本条1項が必要性から採否を決しうること，2項が不定期間の障害があれば証拠調べをしなくてよい，と証拠採否の裁量の歯止めたるべく存在するのである。

II　証拠採否をめぐる裁判所と当事者

既に一般的な意味での職権証拠調べの規定（旧261条)[1]がないので，基本的には証拠の収集そして申出は，当事者の責任であると同時に権限でもある。これに対し，その証拠の採否そして評価は，裁判官の裁量に委ねられる。もっとも，自由心証主義という広範な裁量が明言されている証拠の評価に比べると，証拠の採否に関しては裁判官の裁量をある程度規制することが必要と解されてきており，その試みの結晶として本条があると言える[2]。すなわち，職権による証拠調べが期待できない以上，申し出た証拠が取り調べられることなくことごとく不採用となっては，その当事者は証明の機会を失ってしまいかねないからである。そこで，当事者の申し出た証拠については，採用するのが出発点であるとする立場もあるほどである[3]。

しかし，民事訴訟は証拠の量を競い合う物量戦ではなく，その中で証拠は争点についての裁判官の判断材料たることが存在目的なのであるから，本条1項による必要性の観点からの制限といったことも不可避となる。また，裁判官との関係だけでなく，相対立している当事者との関係もあるので，その点での規律にも服する。たとえば，書証については必ず相手方の認否が問われ（228条，民訴規145条）その結果は調書に記載される扱いである。その他の証拠申出についても，相手方に意見を述べる機会が与えられることになっており（161条2項2号，規88条1項），これを踏まえて裁判官は採否を決することになると思われる。したがって，証拠の採否も当事者間の攻防の反映ということになるし，

---

[1]　職権証拠調べの規定は，旧々民事訴訟法にはなく，大正15年の改正で新設されたが，昭和23年に削除されている。
[2]　旧注釈民訴(6)155頁〔矢吹徹雄〕，三角比呂「証拠の採否」大江忠ほか編・手続裁量とその規律〔2005〕161頁以下。
[3]　この立場は，木川統一郎「敗訴見込みの当事者の証拠申請の採否」同・民事訴訟法改正問題〔1992〕95頁以下，秋山ほかIV 82頁，兼子ほか・条解〔2版〕1048頁〔松浦馨＝加藤新太郎〕。

攻撃防御方法としての規律に服することも言うまでもない。すなわち，自白が成立した事実や顕著な事実に関しては証拠調べは不要である（179条）から証拠調べをする必要はなく（顕著な事実と鑑定の関係につき，最判昭25・7・14民集4巻8号353頁），既に十分な証明ができているのに重ねての証拠調べも不要であろう。また，相対立する当事者間のやり取りの一環として証拠の申出もあるわけなので，時機や信義則の問題から逃れられるものではない。

III 証拠の採否とその法則

1 証拠申出に対する応答

　当事者が証拠の申出をするのは，それが取り調べられることを意図するものであるから，当然，申出に対する裁判所からの応答を期待している。すなわち，それが不適法であれば却下，適法であるが必要がないときは棄却，そして証拠調べを行う証拠採用，のいずれかの応答である。現行民事訴訟法は，証拠決定に関する所定の方式について触れていない。旧々民事訴訟法では，関連する規定があったが（旧々276条・274条2項），旧法になってからはその種の規定はなくなっている[4]。そのためもあってか，明示的に証拠決定がされることなく取り調べられることも少なくないし，黙示的に証拠の申出が却下されている例も多いようである（黙示の却下を許容したものとして，最判昭26・3・29民集5巻5号177頁，最判昭27・12・25民集6巻12号1240頁）。しかし，採否の決定は，当事者にとっては明示的になされることが望ましいものであり，とりわけ，採用されない場合は他の証拠申出を検討する機会を当事者に与える意味でも明示的に決定されることが望まれる[5]。

　証拠の申出に対し，これを却下，棄却，採用する裁判所の応答はどれも証拠決定であるが，証拠として採用する旨の決定を指して証拠決定という用語法も一般的である[6]。ちなみに，証拠申出の不適法却下と必要性がない棄却は本来は意味が異なるものであるが，後者を含め採用されないことを却下と称する用

---

[4] 旧注釈民訴(6)163頁〔矢吹〕。

[5] 当事者の対応に配慮して，高橋下〔2版補訂版〕95頁，川嶋四郎・民事訴訟法〔2013〕525頁。

[6] 谷口＝井上編(5)64頁〔德田和幸〕。

語法も多いようである[7]。

　ところで，証拠決定をいつすべきかについては，特に規定はなく，裁判所の訴訟指揮に委ねられているが（最判昭38・11・7民集17巻11号1330頁），結論のはっきりしたものについて先送りする理由はないであろう。証拠決定は当事者に告知される。この決定そのものに当事者が不満を抱くことも考えられるが，原則として，独立してこれに対して不服申立てをする余地はなく，本案判決に対する上訴の中で証拠に関する裁判所の訴訟指揮についても争うことになる。ただ，裁判所がいったん行った証拠採否に関する決定を取り消して，採否の判断を改めることも妨げないと解されている。これに対し，文書提出命令の申立てに関しては，法が特に規定を設けそれ自体の争いを想定して即時抗告が許容されている（223条7項）。もっとも，文書提出命令の却下決定に対する即時抗告をする前に口頭弁論が終結してしまった場合は，もはや即時抗告は不適法となってしまう（最決平13・4・26判時1750号101頁）。また，証拠調べの必要性を欠くことを理由として却下された文書提出命令の申立てに対して，必要性を理由に独立の不服申立てはできない（最決平12・3・10民集54巻3号1073頁）。

2　証拠の不採用

　一口に申し出た証拠が不採用となると言っても，その意味は同じとは限らない。たとえば，立証事項を明示しないとか（180条1項），証人を具体的に指定しないとか，必要な費用を予納しないとか，そもそもその証拠申出が方式に違反している場合は，方式違反で証拠申出は却下となる。また，当該証拠申出が時機に後れた攻撃防御方法であったり（157条），反社会的な手段で収集された証拠で証拠能力を否定すべきような場合は，不適法な証拠申出として却下される。これに対して，必要性に照らし裁判所の裁量で証拠を不採用とする，すなわち，証拠申出の棄却が本条の基本問題である。これについて，法は何らの基準も示していないのであるが，立証事項との関係，証拠方法の関係，で状況は異なるので分けて説明する。

　まず，立証事項との関係である。証拠は，争点となった事実等の立証のために提出されるものであるから，こうした目的から外れたものまで採用する必要

---

[7] 旧注釈民訴(6)165頁〔矢吹〕。

はない。①裁判上の自白が成立した事実，裁判所に顕著な事実（179条）に関する証拠申出，②当該事件の訴訟物や争点とは関連性のない事実に関する証拠申出（争点の判断に不必要とされた例として，大判大3・11・18民録20輯952頁）は，これを採用して取り調べることは無意味であろう。また，③裁判所が既に主要事実について心証を得ているのに，間接事実の証明のためにされた証拠申出，④相手方から抗弁の提出がないのにそれを想定してされた再抗弁事実に関する証拠申出，⑤既に心証を得ている事実について重ねてされた証拠申出，⑥同一争点について，出所が同じでより有力な他の証拠方法が既に取調べ済みであるところへ，重ねてされた証拠申出，もまた立証事項との関係で不必要な証拠申出と言ってよいだろう8)。⑦そもそも主張自体が有理性を欠き，立証事項も証明の必要がないとされた例もある（最判昭38・11・7民集17巻11号1330頁）。

　これに対し，証拠方法との関係での証拠の採否とは，証拠方法によって裁判所の採否判断の裁量に差があることに由来するものである。すなわち，鑑定や当事者尋問の採否については裁判所の裁量の幅が比較的広いものと解されている。それは，鑑定はもともと裁判所の知識を補充する性質のものであるから，その要否は裁判所自身の判断次第であるという意味であるし，当事者尋問に関しては職権でも採用できるものであることによる。これらと比べると，証人や書証については当事者の証拠申出権が尊重されるべき性質のものであり，証拠調べ前に証明力が弱そうであるとの予断で採否を決めてしまうことには慎重であるべきと解されることになる。

3　唯一の証拠法理

　証拠の採否に関する判例法理として説かれてきた「唯一の証拠」という考え方がある。これは，本条で不必要な証拠については取り調べることを要しない，と裁判所の裁量が定められているのであるが，この裁量を規制するものとして説かれてきたものである。もっとも，例外も多く，それほど絶対的基準とも言えない観も拭えない9)。

　もともと唯一の証拠法理が認められるようになったのは，旧々民事訴訟法

---

8)　三角・前掲注2) 164頁，賀集ほか編・基本法コンメ(2)〔3版〕160頁〔髙地茂世〕。

9)　あくまで，一応の考え方にとどまるとして，高橋下〔2版補訂版〕95頁。

274条1項に「当事者ノ申出テタル数多ノ証拠中其調フ可キ限度ハ裁判所之ヲ定ム」とあったことから，裁判所には取り調べるべき証拠の数を制限することが可能とされていたこと，その反対解釈で，唯一の証拠についてはこれを取り調べなければならない，という考え方が導かれたものとされている。実際，このことを明言した判例は大審院の時代から最高裁に引き継がれて存在する（大判明31・2・24民録4輯2巻48頁，大判大15・12・6民集5巻781頁，最判昭53・3・23判時885号118頁）。つまり，唯一の証拠まで封じられて証明責任を果たしていないとされたのでは，その者に審尋の機会を与えないに等しく双方審尋の要請に反することになると解されるのである[10]。唯一の証拠を取り調べないことは証拠法則に反した事実認定をしたことになり，上告理由になると解される。

　しかし，他方で唯一の証拠でありながらこれを採用しなかった例も少なくないし，そもそも唯一か否かをどのレベルで考えるかという問題もある。すなわち，各審級単位で唯一かどうか判断するとした古い判例もあるが（大判明31・2・24民録4輯2巻48頁），基本的には審級全体を通じて唯一かどうか判断すべきものと解されている（一審で証拠調べがなされているので，控訴審で調べなくともこの法理には反しないとしたのは，大判昭7・4・19民集11巻671頁）。その上で，唯一かどうかは，語感的には申出当事者にとって唯一ということもありえなくはないが，主要事実の存否にかかる争点ごとに判断すべきものと解されている[11]。

　どのレベルで解するにせよ，「唯一の証拠」というのは形式的な基準であるため，実質的な証拠採否の観点から，唯一の証拠でありながら，これを取り調べなくても違法ではない，という例外が多く認められている。証拠採否をめぐる裁判所の裁量には規制があるということであり，実質的に判断されていると言ってもよい[12]。言い換えると，唯一の証拠であれば当然に採用になるものではなく，仮に唯一であっても証拠としての諸々の規律から自由になるわけではないので，例外もニュアンスを異にしたものがあり，いくつかにグループ分け

---

[10] 三ヶ月・全集421頁。対立する意見書の検討がなく採証法則違反とされた例として，最判平18・11・14裁判集民222号167頁。

[11] 中務俊昌「『唯一の証拠方法』と民事訴訟における証拠調の範囲」論叢60巻1=2号〔1954〕229頁。

[12] 兼子・体系264頁，千野直邦「『唯一の証拠』法理」争点〔初版〕229頁。

が可能である[13]）。

　第1に，当事者の懈怠に対する制裁の意味で，唯一の証拠でも取り調べがされなかったものとして，①費用を予納しない場合（最判昭28・4・30民集7巻4号457頁），②人証における不出頭の場合（本人尋問の本人不出頭につき，最判昭29・11・5民集8巻11号2007頁，証人尋問での証人および当事者の不出頭につき，最判昭35・4・26民集14巻6号1064頁，最判昭39・4・3民集18巻4号513頁），③証拠の申出書不提出の場合（最判昭35・4・26民集14巻6号1111頁，最判昭36・11・10民集15巻10号2474頁），④証拠の申出が時機に後れた場合（口頭弁論終結の日に初めて主張し検証を申し出たケースにつき，最大判昭30・4・27民集9巻5号582頁，弁論再開の申立てとともにされた証拠申出につき，最判昭45・5・21判時595号55頁），といったものがある。第2に，証拠調べに障害がある場合には，唯一の証拠でも取調べは叶わないことになる（証人の住所が不明であったものとして，最判昭30・9・9民集9巻10号1242頁）。第3に，唯一の証拠という以前に，証拠調べを要しない場合で，①権利の存否に影響のない事実についての証拠申出（大判大3・11・18民録20輯952頁），②証明を必要としない事項を立証事項とした証拠申出（最判昭38・11・7民集17巻11号1330頁），といったものがある。以上は，唯一の証拠でなくとも証拠調べがされない類のものであったが，これに対し，唯一の証拠でありながら，取り調べることをしなかったという意味で，まさにこの法理にも例外があることを示すものもある。すなわち，鑑定は裁判所の判断能力を補助するものであるから，裁判所が不要と考えればこれを却下しうるとしたもの（大判昭15・6・28民集19巻1087頁）や，検証についても，裁判所が他の証拠によって心証がとれており検証の必要がないのであれば唯一の証拠申出であっても却下できるとしたもの（大判大10・2・9民録27輯252頁）などである。

　このように例外はあっても，唯一の証拠法理は，証拠の採否について認められる裁判所の裁量が全くの自由裁量ではないことを明らかにしている意義はなお今日ももっていると思われる。

13）　これについては，旧注釈民訴(6)158頁〔矢吹〕，秋山ほかIV 80頁。

4　証拠方法による採否の差異

　証拠の採否を決するのは，基本的には，当該事件の争点と関連しこれを取り調べる必要があるかどうか，による。その意味で，一般的な法則化になじまない個別的な問題であるが，証拠方法の種類によって，無視できない傾向があることは否定できない。

(1)　書証の採否の位置づけ

　書証については，採否よりも認否，そして提出義務の方が切実な問題となることの方が多い。つまり，採否はあまり問題とならず，むしろ書証は出せるものは出し，争点および証拠の整理段階で確認がされるので，無制限に取り調べられた形になってしまっている[14]。実際，証拠となる書証はこれを広くそして早めに確認することが，後の集中証拠調べにつながり訴訟の促進に寄与することは間違いない。これを証拠の採否という観点でみるなら，明示的な採否決定がされることが少ないまま，きわめて緩やかに採用されている，という状況にある。しかし，厳密に考えれば，関連性のない証拠を取り調べる必要がないことは書証についても当てはまることである。民訴規則137条1項では，書証について立証趣旨等を明らかにした証拠説明書の提出が励行されており，それが採否の検討材料となることが意図されているので[15]，不要な書証は明示的に不採用とされるべきものと言えよう[16]。しかし，争点整理の段階では，関連性の判断を裁判所が自信をもってできるとは限らないので，広めにこれを取り調べている実務を非難するのは実情に即さないであろうから，採否の基準は他の証拠方法に比べ格段に緩やかな現状を肯定してよいだろう。

(2)　検証および鑑定の採否

　検証や鑑定は，費用や手間の点もあり，もともと利用率の高くない証拠方法である[17]。しかし，不動産関係事件，医療過誤や交通事故による損害賠償事件，

---

14)　170条2項の弁論準備手続における証拠調べがこのことを示していることにつき，一問一答196頁。
15)　条解規則〔増補版〕291頁。
16)　三角・前掲注2) 172頁。
17)　実情分析については，民事訴訟実態調査研究会・民事訴訟の計量分析（続）〔2008〕448頁，450頁〔藤本利一〕。

知財関係事件等，特定の事件類型では効用が認められる。訴訟関係の明瞭化のための釈明処分（151条1項5号）の場合は，緩やかな基準で実施される可能性があるのに対し，本来の検証，鑑定については，唯一の証拠の法理の例外の部分で述べたように，採否に関する裁判所の裁量の余地は広かった。しかし，現行法は，鑑定については，鑑定人の確保や鑑定人質問で問題があったところを改善しており，他の証拠方法に比べ必要性が厳格となるような運用は望ましいものではないが，費用対効果というハードルにはなお無頓着というわけにもいかないであろう。

(3) 証人と当事者尋問の採否

証人および当事者本人の尋問は，争点および証拠の整理後集中的にこれを行うべきものとされている（182条）。そのために，証人については，具体的に証人を指定し（規106条），立証事項との関係を明らかにし（180条，民訴規99条1項），尋問時間の見通し（規106条），尋問事項書（規107条）も示しておくべきものとされている。一般的に，証人の申請率，採用率，採用人数とも減少する傾向にある。採否の基準を一般化することは困難であるが，証人についてはその必要性をかなり吟味していることが窺われる。複数の証人の申出があるとき，より効果的な証人に絞るのは当然であろう。当事者の意見も聴いた上で，証人の中でもより直接的な経験をしていて核心となる情報をもっていると思われる者を優先的に採用することになろう。

これに対し，当事者については，現行法は，当事者尋問の補充性を緩和するに至っており（207条2項），また当該事件について最も事情を知っている人証として，証人に比べると採用率は高い[18]。この点，証人は，建前としては宣誓の下に中立の第三者として証言するというのがもともとの発想であったわけだが，周知のとおり，現実には証人は党派的な存在となっている。その意味で，申出者による尋問（主尋問）によって引き出される証言内容は当事者尋問とさほど変わらない（証人の汚染とも言われる），という認識が影響しているものと思われる。しかも，近時は，人証に関しては，陳述書の利用が盛んになり，人証の実施に影響を及ぼしている観がある。陳述書自体，功罪相半ばするところ

---

[18] 三角・前掲注2）178頁。

があるが，人証に完全に代替できるものではないし，党派性を前提に考えれば，主尋問よりも反対尋問の保障という意味で，人証の採用・実施は奨励されるべきであろう[19]。

IV 証拠決定の時期

　集中証拠調べ（182条），当事者尋問と証人尋問の順序（207条2項），といった規定はあるが，証拠調べの順序そして証拠決定をいつどうするかは裁判所の裁量に委ねられている。現在の実務運営では，手持ちの書証は早期の提出が励行され，証拠の整理段階で証拠決定をして取り調べがなされるのが通常であろう。したがって，書証以外については，争点整理後に採否が決まり，このうち特に人証については集中証拠調べに先立って一括して証拠決定がなされることが想定されていると解される。不採用の場合は，明示的にその旨の決定がされることが望ましいが[20]，実際には，ある程度審理が進まないと採用の可否そのものが判断できないという場合があり，他の証拠調べが進んだことで不要になることも考えられる。その場合は，いったん証拠決定が留保され，結果的に不要になったのであるから，証拠申出を撤回するか，弁論終結時に却下決定をするべきことになろう[21]。申出の撤回もなく，却下決定もないまま弁論を終結した場合は，黙示的に却下されたと解するほかない（最判昭27・12・25民集6巻12号1240頁）。

V 証拠調べの不定期間の障害

　証拠調べ不要の場合として，本条2項は，証拠調べに不定期間の障害がある場合を挙げているが，これは冒頭に述べたように，旧260条を引き継いだものである。旧々民事訴訟法にあった（旧々275条），障害除去の猶予期間は引き継

---

[19] 当事者の希望・理由を聴いた上で，争点について最も正確な心証が形成でき，当事者も納得のいく証人を採用すべきである。証拠法大系(3)97頁〔白石史子〕。

[20] 不採用の理由は示す必要がないという判例（大判大7・9・5民録24輯1607頁）があるが，理由如何で当事者の対応も異なるので，簡単にでも示すことが望ましいとするのは，兼子ほか・条解〔2版〕1051頁〔松浦＝加藤〕。

[21] 旧注釈民訴(6)167頁〔矢吹〕。

がれなかった。

　不定期間の障害とは，証拠調べに支障を来し，それがいつまで続くか不明で見通しが立たないことを意味する。具体的には，証人の転居先が不明である場合（最判昭30・9・9民集9巻10号1242頁），証人または当事者本人が病気で治癒の見通しがない場合，文書または検証物を紛失し発見が困難な場合，監督官庁が公務員の尋問を承認する（191条）見込みがない場合，といったことが考えられる[22]。確定期間であっても障害が相当長期にわたる場合も，遅延の防止という本項の趣旨から考えて，準じて扱ってよいであろう[23]。これに対して，鑑定人の鑑定書の提出が遅れている場合は，提出を督促するか，別の鑑定人を指定するなどの対処で障害を除去する術があるので，本項の不定期間の障害には該当しないと解される（大決明35・1・24民録8輯1巻46頁）。

　本項を適用する場合，裁判所は，証拠の申出を却下するか，既にした採用決定を取り消した上で却下決定をすることになる。不定期間の障害の発生・存続について，証拠申出当事者に帰責事由があるかどうかと本項の適用は関係しない。また，唯一の証拠に該当する場合にも適用を妨げない（最判昭32・2・8裁判集民25号441頁）。もっとも，本項は「証拠調べをしないことができる」と規定するものであるから，不定期間の障害の場合を当然却下としているわけではない。当該証拠の重要性・種類，手続の進行状況，障害の回復の可能性，といった諸事情を勘案し，却下の結論を控え，回復を待つ場合があることを許容している[24]。

〔佐藤鉄男〕

---

22)　賀集ほか編・基本法コンメ(2)〔3版〕160頁〔高地〕。
23)　旧注釈民訴(6)168頁〔矢吹〕，秋山ほかⅣ85頁。
24)　旧注釈民訴(6)168頁〔矢吹〕。

第1節　総則

(集中証拠調べ)
第182条　証人及び当事者本人の尋問は，できる限り，争点及び証拠の整理が終了した後に集中して行わなければならない。

I　本条の趣旨

本条は，証拠調べのうちの証人尋問，当事者尋問については，できる限り集中して行うべきことを説いた規定であり，それ自体としては訓示規定と位置づけられるものである。

わが国の民事訴訟法の法文として，この種の規定が設けられたのは今回が初めてであり，旧民事訴訟法，旧々民事訴訟法にこれに対応した条文はない。しかし，厳密に言えば，昭和25年に制定された民事訴訟の継続審理に関する規則で同趣旨の規定が導入され，旧規則27条に引き継がれて存在していたという意味では，真新しいというものでもない。

もっとも，GHQの影響下で，民事訴訟法本体をそのままにして，訴訟法構造の異なる中で定着したアメリカン・スタイルをわが国で実現することは困難で，旧規則27条は理論倒れに終わっていたのが実情である。これに対し，現行民事訴訟法における集中証拠調べは，周辺の様々な改革とともに，新しく法律事項として明示されたものであり，全く尊重されることのない訓示規定（たとえば，口頭弁論終結から2週間以内の判決言渡しを求めていた旧190条1項。現行法では2月以内とされている，251条1項）といった意味合いのものと解すべきではない。本法全体の趣旨からも，裁判所はもちろん，当事者，代理人弁護士は，可能な限り集中証拠調べ実現に向け努力すべきことがこの182条の趣旨と解されるし[1]，「利用しやすく，わかりやすい」民事訴訟の実現を目指して改正された現行法を象徴する条文と言ってもよい。

---

1)　一問一答223頁。

〔佐藤〕

II 証拠調べの位置づけと集中証拠調べへの道のり

1 証拠結合主義

　争点となった事実について証拠調べによって認定し判決に至るという裁判の流れで考えると，基本的には証拠調べは審理の終盤に位置するのが通常である。ドイツの普通法では，事実主張と証拠提出を段階的に分ける証拠分離主義をとっていたが，事実主張の失権効をおそれるあまり仮定的主張が多くなり訴訟遅延を招いたため，その後は事実主張の段階と証拠提出の段階を分けずこれを随時化する証拠結合主義が採用され，日本では旧々民事訴訟法の時代から証拠結合主義であった。確かに，証拠結合主義では，訴訟の早い段階から事実と証拠の結びつきを意識させる効用があるものの，他方で，訴訟を段階的に区切らず一体と扱い終結に至るまで裁判資料はどの段階で出してもよいとする随時提出主義（旧137条）と相俟って，逆に緊張感を欠き，訴訟促進にはつながっていなかった。旧法下でも時機に後れた攻撃防御方法を却下する旨の規定（旧139条）で遅延を防止しようとはしていたが，効果は上がっていなかった。

2 五月雨式審理の実態

　いかに裁判官を増員しても，提訴された事件順に1件ずつ決着させてから次の事件の審理に入るという，完全な集中審理方式はまず不可能である。つまり，同時に多数の事件を併行させて審理させるのが現実である（併行審理。裁判官の世界では，毎月の終結事件数を新受事件数が上回る結果，手持ち事件数が増えることを「赤字」と呼んでいることがこれを物語る）。すなわち，係属している多数の事件の審理を，順繰りにローテーションさせて少しずつ進行させる五月雨式審理が民事訴訟の実態であった。個々の事件処理としてはまったりとしたものになり，各期日の記憶は薄れ，1回の期日だけ事件を傍聴しても全体を把握することが難しく，また裁判官が途中で交代し証拠調べに関与していない後任の裁判官が判決を書いたり，と非能率であるというに止まらず，口頭主義・公開主義・直接主義との関係でも問題が指摘されていた。

　こうした非能率的な訴訟運営には当然批判があったところであり，旧法から現行民事訴訟法に至る改正直前期には，各裁判所で弁護士会の協力も得ながら実務運営改善のための工夫を試みていたところであり，現行法はそうした実務

第1節　総則

の成果を反映したものであった。それまで，証拠収集手段が不十分なこともあり，手探りで主張と証拠調べを行きつ戻りつで集中証拠調べなど覚束なかったところ，それ自体として功罪もないわけではなかったが，「弁論兼和解」といった柔軟な手法で裁判所と両当事者が早めに争点を詰め，絞られた争点について可能な限り集中証拠調べを実施する方向へ実務が大きく動いていたのであった2)。

3　集中証拠調べの条件

集中証拠調べは，これを強行規定と位置づけても，それだけでは当然に実現に結びつくわけのものではない。全体として円環構造をなす訴訟手続の一局面として，他の諸制度の成果と相俟って初めて可能となるものである。それは，本民事訴訟法の根幹にもかかわるものであるが，とりわけ，証拠収集手段の拡充，そして争点整理の充実，が集中証拠調べの条件となる。前者は，文書提出命令の一般義務化（220条4号）のほか，当事者照会（163条），提訴前の証拠収集処分（132条の2以下）などが寄与している。そして，後者については，新たに導入された弁論準備手続（168条以下）等で，事前の争点整理を徹底して行うべきこととされた。また，攻撃防御方法の適時提出（156条），そして進行の具体的目安たる審理計画（147条の3）も，集中証拠調べの土台固めとして作用すると思われる。加えて，規則レベルでも，書証提出の早期提出（規55条・80条2項・81条），人証の一括申請（規100条），証人の出頭確保（規109条）などが集中証拠調べに結びつくものと思われる3)。

このように考えれば，本条の集中証拠調べがどの程度機能しているかは，関連の諸制度とともに，現行民事訴訟法全体を評価する指標となることがわかる。この点，きわめて高い比率で集中証拠調べが実施されていると指摘されているところであるが4)，実態調査の結果でも，大阪地裁，東京地裁といった大都市の裁判所で比率が高く，その他の地区でも3件中2件は集中証拠調べが実施さ

---

2)　こうした実務改善努力から本条の集中証拠調べに至る沿革については，証拠法大系(3) 221～225頁〔手嶋あさみ〕，実務民訴第3期(4)157頁〔村田渉〕。
3)　現行法全体と集中審理については，新堂〔5版〕521頁。
4)　山本和彦編・民事訴訟の過去・現在・未来〔2005〕130頁〔塩谷國昭〕，151頁〔山本和彦〕。

〔佐藤〕

れていることが明らかになった[5]。

III 集中証拠調べの意味と効用

1 集中証拠調べの意味

「集中証拠調べ」が，期日と期日の間が開き，また主張と証拠調べが漂流する「五月雨式審理」を改めるべき実務処理を意味することは疑いないとしても，具体的に集中証拠調べが何を意味するかについては，本法は明らかにしていない[6]。ただ，一応の目途として広く共有されているのは，整理された争点に対する人証調べが1回の期日で終了するか，近接した（2週間以内）複数期日内に実施され終了すること，といった人証実施運営であるかと思われる。ここでもその例に従って論を進めるが，法廷の使用という物理的条件，裁判官・書記官・代理人弁護士の準備という人的条件には地域間格差も避けられないものであるから，あまりそうした固定的な基準にこだわるのは適切でないおそれもある点は注意を要する[7]。

2 集中証拠調べの目的

本条は集中証拠調べの実施を唱えているが，もとよりこれが絶対的な目的であると考えて規定しているのではない。しかし，これによって止揚しようとした旧来の五月雨式審理が，多くの場合，民事訴訟の基本原理や目的に反することになっていたことは間違いないので，集中証拠調べは現行の民事訴訟法の成果を推し測るバロメーターの役割を担っていると言ってよい。

本法は，手続法として対比される刑事訴訟法や近時の主要法令にあるように，第1条で目的規定を掲げることをしなかった。しかし，目的論を捨象したわけではなく，民事訴訟法学はむしろ最も真剣に目的論を展開してきたことは今さら言うまでもない。単純な一元化を許さないほど豊富に目的論が語られてきたことによると思われるが，集中証拠調べもその体裁さえ整えばよい，というほど単純なものではない。

---

5) 民事訴訟実態調査研究会編・民事訴訟の計量分析（続）〔2008〕387頁〔藤本利一〕。
6) 法制審議会の改正の経緯からその含意を浮き彫りにしようとしたものとして，研究会229頁〔竹下守夫発言〕。
7) この点を指摘するのは，民事訴訟実態調査研究会編・前掲注5) 466頁〔濱田陽子〕。

第 1 節　総則

　従前の五月雨式審理に比べれば，集中証拠調べの方が民事訴訟の理想に近づくであろう，という，相対的なものである。表面的に比較しうるものとして，集中証拠調べが訴訟遅延の改善に寄与することは当然に期待されてはいるが，これを実施したからといって，単純に審理期間が激減するようなものではない[8]。裁判の迅速化は本法2条にも謳われ，その後制定された裁判迅速化法でもさらに強調され，現に，わが国の訴訟の平均審理期間は相当に短縮している[9]。しかし，これはすべてが集中証拠調べの実施の成果であるわけではないし，迅速は訴訟にとって次善の価値しかない。言うまでもなく，公正な裁判の実現こそが最善の価値であり，集中証拠調べは，五月雨式審理に比べこれに寄与しうるという理解である。すなわち，集中した人証尋問の実施で，裁判官も鮮明な形で心証が形成できるし，当事者もここに精力を注ぐことで充実感も味わえる[10]。つまり，大事なのは，集中証拠調べそれ自体よりも，あくまで最終的には公正な裁判の実現，それへの寄与が期待されるのが集中証拠調べであると，認識されるに至ったことが本条の背景であるということである。

IV　本条の解釈

1　人証尋問の位置づけ

　本条の見出しは「集中証拠調べ」であるが，これがいわゆる証拠分離主義に言う，事実主張と証拠提出の段階に訴訟手続を分離するという意味ではない。本条は，当事者と証人の「人証尋問」と，「争点及び証拠の整理」の区分けを明示したものである。もとより，書証の出し惜しみを許容するものではなく，むしろ書証は別に早期提出が促され，証拠整理の段階での確認が励行されている。そして，逆に言えば，争点や証拠を未整理のまま，模索的に人の口から何かを引き出そうという趣旨で人証尋問は行うものではない，という含みをもっ

---

[8]　新大系(3) 24頁〔園尾隆司〕。
[9]　地裁第一審の民事通常訴訟の平均審理期間は，裁判の迅速化に係る検証に関する報告書〔2015〕によると，平成16年・8.3月，平成18年・7.8月，平成20年・6.5月，平成22年・6.8月，平成24年・7.8月，平成26年・8.5月となっている。
[10]　集中証拠調べを当事者の立証権の実質的保障と位置づけるのは，研究会229頁〔竹下発言〕。

ていると思われる。言い換えれば，旧来の形式的な証拠分離主義を志向するものではなく，しっかり争点と証拠の整理を行った上で人証尋問を行うべきであるという意味で訴訟手続に実質的なメリハリをつけることを要求したものと解するのが正しい。そして，争点と証拠の整理が終われば，できるだけ集中的に人証尋問を行うべきものとされているのは，人証尋問を，争点に関する言わば天王山と位置づけ，一気に決着へと向かわしめようということであろう。

なお，条文には表現されていないが，争点と証拠の整理が終わった以上は，すみやかに人証尋問を実施すべきことも当然要請されているものと思われる。すなわち，争点と証拠の整理が終わったことで和解の気運が生まれることもありえようが，そうでない限りは，メリハリのある訴訟運営で充実かつ迅速な審理を実現しようとしたものであるから，間延びさせることなく集中的人証尋問へと移ることが望ましい。

2 集中的人証尋問

集中して行うべきは，証人尋問と当事者尋問，つまり人証である。この点についても，「できる限り」そして「集中して」という本条の文言の趣旨は，訓示的なものであるとしても，それなりの重みはある。

まず，「できる限り」ということであるので，全件で集中的人証尋問にしなければならない，という意味ではない。集中的実施が困難な場合も出てくるであろうし，かえって五月雨式審理の中でこそ和解の気運が出てくるといったこともありえよう。したがって，一応は集中的実施をしない手続的裁量の余地を残したものと考えられる。もっとも，改正に先立つ実務改善の試みでは，特に最初から集中証拠調べが向いていないといった事件類型があるわけではないとのことであるから[11]，集中証拠調べを端から断念することはやはり許されるものではない。

また，「集中して」の意味であるが，前述したように，人証尋問を1回で，あるいは2週間程度以内に終えるくらいが一応の目途ではあろう。要は，記憶喚起のために調書に頼ることをせずに，次の尋問に臨める程度に近接していることである[12]。もとより記憶力抜群の人を想定したものではないし，単に期日

---

[11] 証拠法大系(3) 257頁〔奥宮京子〕。

第 1 節　総則

§ 182 V

間のサイクルが従前より短くなったというだけでは意味がないので，複数期日にまたがる場合も 1 カ月くらい以内には全部の人証尋問を終えることが集中の意義であり，そうでなければ迅速化につながらない。もっとも，理想的には 1 期日で実施すれば，五月雨式では不可能であった，再尋問，在廷尋問（規 120 条），対質方式（規 118 条）といった形で尋問のバリエーションが増え[13]，それだけ尋問の成果は上がるし，傍聴人にもわかりやすいものになるであろう。

V　集中証拠調べの実践

　本条の集中証拠調べは，前述のように，訴訟手続の円環構造の中で他の諸制度と相俟って可能となるものである。逆に言えば，集中証拠調べが実践され成果が上がっていれば，本法全体がうまく機能していることを示していることになる。どのように集中証拠調べの体制を整えるか，確認しておこう。

1　争点整理手続と集中証拠調べの関係

　法は争点整理手続について格別の工夫を凝らした。すなわち，①準備的口頭弁論，②弁論準備手続，③書面による準備手続，のうち事案に適した方法を選択することになるわけだが，いずれの方法を選択するにせよ，「その後の証拠調べにより証明すべき事実」を確認しておくことが必要となる（165 条 1 項・170 条 5 項・177 条）。集中証拠調べの実施に先立って，関係者の間で争点の認識が共有できていないようでは，的を射た人証尋問は覚束ないであろう[14]。提出可能な書証は早期にこれを提出し，争点整理手続で十分チェックしておくべきことも当然である。

2　集中証拠調べの準備

　争点と証拠の整理後，すみやかに集中証拠調べを実施するには，そのための準備も必要となる。当事者と代理人の協力・努力なしに集中証拠調べはなしうるものではない。

　必要な証人の出頭確保（規 109 条）はもちろん，争点との関係で証人から何を聴きだすべきか，明確な尋問イメージをもつことが肝要となる。人証調べの

---

12)　講座新民訴(2) 270 頁〔村上正敏〕。
13)　賀集ほか編・基本法コンメ(2)〔3 版〕163 頁〔西口元〕。
14)　講座新民訴(2) 278 頁〔村上〕。

〔佐藤〕

順番や主尋問・反対尋問の時間, そして尋問方法についても事前に協議しておくべきであろう[15]。集中証拠調べの原則は弁護士の執務態勢を従来のものと変えた面があるとも言われ, 集中証拠調べの段階を迎えた受任事件については, ある程度当該事件に集中することが必要になるし, 複数の弁護士で準備に当たることが効果的になることも多いだろう。

3 集中証拠調べに関連する規則

集中証拠調べを実践するには種々の条件整備が必要となるが, 規則にも関連事項が定められている。

第1に, 証人および当事者本人尋問の一括申出である（規100条）。既に争点および証拠の整理手続を経て, 証人, 当事者本人の尋問で証明すべき事項（争点）は明らかになっているはずであるので, 人証の尋問の申出は一括して行われるべきであり, 同条はこのことを正面から規定している。実務では, 尋問順序, 尋問時間等の目途を定めた尋問計画が策定され, 集中証拠調べの実践を期している。

第2に, 証拠調べの即時実施の定めである（規101条）。すなわち, せっかく争点および証拠の整理手続を終えた以上, 証拠調べは間髪を入れずに行うことが望ましい。旧規則25条も, 準備手続終了後直ちに証拠調べをすべき旨を裁判所に求めていたが, この点は現行法では一層妥当するところであり, 改めて争点および証拠の整理手続の終了後は証拠調べが即時に実施されるべき旨が規定されている。

第3に, 文書等の事前提出の定めである（規102条）。提出可能な書証等は人証の尋問前に出ているはずであるが, 規則102条は, 人証の証拠調べの実施に先立って, 当該人証の陳述の信用性を争う弾劾証拠を除いて, 尋問で使用する予定の文書等を, 証拠調べ実施期日の相当期間前までに提出すべきことを定めている。これは弾劾証拠でもないのに相手方にとって不意打ちとなる文書が当日突然提出されては, 尋問が混乱ないし空転しないとも限らないためである。その意味で, この事前提出の励行は, それが集中証拠調べの実現につながるであろうことを期したものといえる。

---

[15] 集中証拠調べのための協議結果の例として, 証拠法大系(3) 288頁〔奥宮〕参照。

4 陳述書利用の可否

人証に関しては，陳述書の問題が避けて通れない[16]。その有用性とともに弊害も指摘されていることは周知のとおりであり，功罪が半ばすることは承知の上で利用されているのが実情であろう。とりわけ，集中証拠調べとの関係では，時間の節約という意味で，主尋問の内容を予告し反対尋問に資するという効用が確かにあり，陳述書が不可欠になっているとも言われている[17]。しかし，本条の要請を形式的に満たすために陳述書に頼ることがあるとすればそれは本末転倒であろう。したがって，陳述書はあくまで人証尋問を充実したものにする一手段と考えるべきであり，人証尋問の短縮のための陳述書ではない。

5 最終弁論

集中証拠調べの後，結果を踏まえた最終準備書面の提出にこだわる代理人が少ないようである。無用とまでは言わないまでも，実質的には集中証拠調べで裁判官の心証は形成されていると思われるので，かかる書面を陳述させる期日をもうける必要はないであろう。むしろ，集中証拠調べの最後に証拠弁論を行うことも効果的であろう[18]。

〔佐藤鉄男〕

---

[16] 陳述書については，山本克己「人証の取調べの書面化」自由と正義46巻8号〔1995〕54頁，髙橋宏志・新民事訴訟法論考〔1998〕107頁，秋山ほかIV 96〜98頁，現代民事法研究会・民事訴訟のスキルとマインド〔2010〕240頁〔髙橋宏志〕，実務民訴第3期(1) 249頁〔菅原郁夫〕。

[17] 講座新民訴(2) 291頁〔村上〕。

[18] 講座新民訴(2) 297頁〔村上〕。

§183 Ⅰ・Ⅱ

（当事者の不出頭の場合の取扱い）
第183条 証拠調べは，当事者が期日に出頭しない場合においても，することができる。

Ⅰ 本条の趣旨

本条は，民事訴訟の証拠調べについて，当事者が期日に出頭しない，つまり当事者欠席の場合においてもこれができることを明らかにしたものである。これは，民事訴訟における当事者の役割を重視し，証拠調べについても，証人尋問における交互尋問制（202条）に象徴されるように，当事者主導を謳う法の建前からすると違和感も覚えるが，ともかくも証拠調べに当事者の立会いが不可欠でないことを法律上明言したことを意味する。なぜなら，民事訴訟の主役は当事者であると言っても，手続を主宰し進行を確保するのは裁判所であるとの役割分担関係が採られており（職権進行主義），その意味では，事情はどうあれ，証拠調べが予定された期日に当事者が欠席したことを理由に期日を空転させるのは望ましくないからである。当事者不出頭の影響の大きい証人尋問でも，裁判長は補充尋問，介入尋問の権限があるのであるから（202条，規113条），当事者が出頭していなくても可能であろうとの前提に基づいている。実際，期日に呼び出され出頭した証人にとっても，空振りは不快なことである。訴訟遅延を防ぐための規定と位置づけられるものである。

Ⅱ 規定の沿革

本条と同趣旨のことは，旧民事訴訟法263条でも定められており，本条はそれをそのまま引き継いでいる。そして，その旧263条は，旧々民事訴訟法284条1項に由来するものである[1]。旧々284条1項は，「当事者ノ一方又ハ双方証拠調ノ期日ニ出頭セサルトキハ事件ノ程度ニ因リ為シ得ヘキ限リハ証拠調ヲ為ス可シ」とあった。さらに，この旧々284条1項は，2項に「原告若クハ被告ノ出頭セサルカ為ニ証拠調ノ全部又ハ一分ヲ為スコトヲ得サル場合ニ於テハ

---

1) 旧注釈民訴(6)173頁以下〔柏木邦良〕。

第1節　総則

其追完又ハ補充ハ此カ為メ訴訟手続ノ遅滞セサルトキ又ハ挙証者其過失ニ非スシテ前期日ニ出頭スル能ハサリシコトヲ疏明スルトキニ限リ判決ニ接著スル口頭弁論ノ終結ニ至ルマテ申立ニ因リ之ヲ命ス」と定める規定を伴っており，このような1項と2項の関係は，ドイツ民事訴訟法に倣ったものであった（ZPO §367）。

　沿革的には，職権主義の色彩の強いドイツ民事訴訟法，そして旧々民事訴訟法の中で，当事者の不出頭でも証拠調べができる（「得」）というよりすべきである（「為ス可シ」）と規定されていて，また不出頭であった以上は原則として事後の証拠調べが制限される，というふうに位置づけられていたものが本条のルーツである。そして，大正15年の民事訴訟法改正に際して，当事者が不出頭でも証拠調べを「為スコトヲ得」と変わる一方で[2]，事後の証拠調べを制限する，かつての2項の規定は受け継がれず，その後，昭和23年の改正で職権証拠調べの規定が廃止され，当事者主義の視点で交互尋問制が採用されるなどの周辺の変化があったが，旧263条はそのままで，さらに口語化されたのが現行183条ということになる。こうした本条の来歴が，本条の意義づけを微妙なものにすることになる。

Ⅲ　当事者の不出頭と証拠調べの関係

　本条のあり方を探るに際しては，民事訴訟の基本原則や運用も意識する必要がある。職権証拠調べを基調とし，当事者はこれに立ち会うことができる，というのであれば，不出頭は権利を放棄したのであるから，本条はしごく当然のことを規定したというにすぎないだろう。しかし，交互尋問制を採用し，単なる立会いではなく証拠調べに関して当事者の役割を強化して以降は，裁判所としても本条の運用に迷いを生みやすい。さらには，争点の整理も不十分なまま漂流することの多かったかつての民事訴訟の実態の下では，主尋問または反対尋問をする当事者がいない状態で，裁判所が的確に証人尋問を実施することは難しかったと思われる。したがって，従前は，当事者が証拠調べ期日に出頭し

---

[2]　松本＝河野＝徳田・立法資料〔12〕281頁（『民事訴訟法改正調査委員会議事速記録』〔1929〕530頁）。

〔佐藤〕

ない際には，事実上証拠調べを延期する扱いとなることが多かったとされる[3]。言い換えると，旧々284条2項のような事後の証拠調べを限定的とする扱いは全くなかったようである。

しかし，本条の趣旨は，既に大正15年から続けられてきたものである。迅速な訴訟運営ということは，常に民事訴訟法の立法で求められてきたものであり，当事者の不出頭で証拠調べを延期するのは好ましいとは言えない。交互尋問制であっても，裁判長には尋問に対応する備えが求められていたと言えるし[4]，現行法制定前の旧民事訴訟法の実務改善努力，そしてそれを受け継いだ現行法にあっては，裁判所には相応の証拠調べ準備があってしかるべきであり，期日の空転は避けられるはずである[5]。

すなわち，前条（182条）は集中証拠調べを謳う規定であるが，これは攻撃防御方法が適時に提出されるべきこと（156条），そして事案に即した争点整理手続の実施（164条以下）を前提に，証拠調べの時には，両当事者そして裁判所の間で争点が共有され証明主題も明確になっている（165条）ことで可能なことである。つまり，人証の方法，質問事項もかなり具体化していることが前提であるから，ここで当事者が欠席したからといって，証拠調べができなくなるようなことはないと考えられるのである。証拠調べを延期する扱いは，むしろ，当事者の立会権に配慮した，念入りな対応と位置づけられる。実際，不出頭の当事者からその理由を含めて事前に連絡があることが常識的には考えられるところであり，本条は，理由の如何を問わず，何が何でも証拠調べを敢行せよと言っているわけではない。

IV 本条の証拠調べと裁判所の裁量

1 本条の証拠調べ

本条でなしうる証拠調べに，格別な限定はないので，基本的には当事者の不出頭が当該証拠調べ期日に影響を与えないというのが本条の建前である。もっとも，当日に当事者が提出予定であった文書が出ない，あるいは尋問予定であ

---

[3] 賀集ほか編・基本法コンメ(2)〔3版〕164頁〔西口元〕。
[4] 旧注釈民訴(6)175頁〔柏木〕。
[5] 賀集ほか編・基本法コンメ(2)〔3版〕164頁〔西口〕。

った当事者本人がこない，というまさに事実上不能となる証拠調べがあることは致し方ない。この点を除けば，当日の証拠調べは通常どおり行えばよく，このことをもって当日の証拠調べが瑕疵を帯びることはなく，したがって，欠席当事者から異議を言われる筋合いではない（東京地判昭35・9・30下民11巻9号2034頁）。しかし，もちろん，欠席当事者の役割（典型的には，主尋問なり反対尋問）を想定して証拠調べ期日に臨んでいるはずなので，当日の段取りはそれなりに変更を余儀なくされることはやむを得ない。

その意味で，本条の存在意義が最も意識されることになるのは，証人尋問であると思われる。すなわち，当事者の証拠調べ立会いの意義は交互尋問への関与，とりわけ反対尋問権にあることは間違いないが，尋問そのものは，当初から裁判長の介入，補充を予定しているし，尋問事項は判明しているはずなので（民訴規107条），当事者の一方はもちろん双方が出頭しなくても，十分対応は可能と解されることになる。鑑定については，証拠調べとして重要なのは鑑定書の中身であり，当事者の出頭を前提とした質問権は補充的なものにすぎないので（215条の2），当事者不出頭の影響は小さいと思われる。

これに対し，当事者尋問に関しては，不出頭による証拠調べの事実上の不能という影響が出る。これによって，出席した相手方が反対尋問することも不能になるが，欠席者には不出頭の効果が伴うので（208条），当該証拠調べ期日を延期せず実施しても出席者の不利益になることはないだろう。書証についても，当事者の不出頭は証拠調べに当然に支障を来すことはないと考えられる。欠席者が当日提出予定の文書が出ないという事実上の影響は免れないが，その他の点では影響はない。また，検証についても，一方の当事者の不出頭はさして影響しないと思われるが，両当事者が現れないとなると，とりわけ最もポピュラーな現場検証などは当事者の具体的な指示・説明の下に行うのが一般であることを考えると事実上の支障が大きくなることが予想される[6]。もちろん，検証の趣旨はあらかじめ確定しているはずなので，両当事者が欠席でも可能なことを裁判所がすることは妨げないが，検証の実質的効果はどうしても薄くなるこ

---

6) 旧注釈民訴(6)180頁〔柏木〕。これに対し，兼子ほか・条解〔2版〕1060頁〔松浦馨＝加藤新太郎〕は，現場検証は可能としている。

とは避けがたい。

2 当事者の不出頭

本条における当事者の不出頭とは，本人訴訟の場合は本人が，訴訟代理人が就いている場合は本人も代理人も期日に現れないことを指す。そして，当事者の不出頭には，一方の場合と双方の場合がありうる。口頭弁論期日等における欠席については，民事訴訟法はそれ自体として別途の規律を予定しているところであるが（陳述擬制＝158条，擬制自白＝159条3項，審理の現状に基づく判決＝244条，訴えの取下げ擬制＝263条），本条は，欠席があった証拠調べ期日の問題である。

まず，一方の欠席はどうか。証拠調べは，それまでに整理された争点を解明するための重要な段取りであり，真実の発見，手続保障という意味でも当事者の関与にも大きな意義が込められていると思われる。しかし，ここで一方の当事者が現れないからといって，当然に証拠調べ期日を延期してしまっては，訴訟の進行ペースをその欠席当事者に委ねてしまうことになり，引き延ばし戦術を許容することにもつながりかねない。その意味で，当事者不出頭でも証拠調べを可とする本条は，訴訟の進行に関する裁判所の主導権を体現したものと言える。同時に，証拠の申出は既になされているので（180条），交互尋問制だからといって，争点についての最終判断者となる裁判官に常に消極的な態度を強制する趣旨と考える必要はなく，証拠調べ期日を予定どおりこなす積極的な裁判官像は現行法と矛盾するものではないと考える。

これに対して，証拠調べ期日に当事者双方が欠席した場合はどうであろうか。双方の欠席の理由がわかる限りでは，ある程度理由を斟酌することは妨げない，つまりやむを得ないとみて期日を延期する柔軟性は否定されないと思われるが，欠席の理由がわからない時，そして理由がわかる時でも，やはり本条を機能させ証拠調べを敢行させるのが本来の趣旨であると思われる。交互尋問制に対する懐疑的姿勢まで本条に読み込むことは深読みになるかと思われるが，本条は出頭すると思われていた当事者が現れないという，緊急時のルールとして，裁判官が期日を全うすることを基本的に期したとみるべきだろう。双方欠席の場合に，証拠決定を取り消した古い裁判例があるが（神戸地判昭26・7・19下民2巻7号923頁），これは現在の民事訴訟運営で考えると欠席に対する過剰反応で

あり，争点が整理され立証プランも固まっている以上，証拠調べをすべきものと解すべきであろう[7]。

V 証拠調べの追完または補充

前述したように，旧々民事訴訟法では，当事者不出頭であっても証拠調べをなすべきとの規定に続けて，事後の証拠調べをかなり厳格に制限する旨の規定が存在していた。しかし，大正15年の改正ではその趣旨の規定は引き継がれなかった。このような条文構成の状態で，本条を適用しての証拠調べと事後の証拠調べの関係をどう解するかが問題となる。

従前の運用としては，当事者が出頭しない際は証拠調べを事実上延期する，つまりは証拠調べは他日を期すことが少なくなかった。欠席理由がわかりそれがやむを得ない場合は，そうした運用も首肯できなくないが，簡単に延期することは，訴訟の進行が欠席当事者の都合で遅れることを許容してしまうことになりかねない。したがって，当事者不出頭でも可能な限り証拠調べを実施するのが，本条の趣旨に適うと解したわけだが，仮に当事者不出頭の下で証拠調べがなされたとして，後日，欠席当事者が証拠調べの追完なり補充を求めうるかという問題がなお残る。当然，無制限にこれが認められたのでは，本条の意義は減殺されてしまう[8]。ただ，不出頭がやむを得ない理由によることが後でわかり，かつ，不出頭により証拠調べが不十分なものになってしまったという場合にまで，事後の証拠調べを一切認めないというのは厳格にすぎる。

そこで，旧々284条2項ひいては母法となるドイツ民事訴訟法367条2項の趣旨は，明文化された規定としては引き継がれなかったが，参考とされてよいという見解[9]に共感する。すなわち，①手続の遅延をもたらさないこと，②期日の不出頭に帰責事由がないこと，③当事者の不出頭のゆえに証拠調べが不十分になってしまったと認められること，このような方針で事後の証拠調べの追

---

[7] 旧注釈民訴(6)176頁〔柏木〕，賀集ほか編・基本法コンメ(2)〔3版〕164頁〔西口〕，高橋下〔第2版補訂版〕95頁。

[8] 旧注釈民訴(6)177頁〔柏木〕，賀集ほか編・基本法コンメ(2)〔3版〕164頁〔西口〕，秋山ほかIV 107頁，兼子ほか・条解〔2版〕1060頁〔松浦＝加藤〕。

[9] 旧注釈民訴(6)178頁〔柏木〕，兼子ほか・条解〔2版〕1060頁〔松浦＝加藤〕。

〔佐藤〕

§ *183* Ⅴ

完なり補充を求める，といったことになろう。やや厳格に映るかもしれないが，終結した口頭弁論の再開（153条）に関する裁判所の手続裁量（判例として，最判昭56・9・24民集35巻6号1088頁）との比較では，まだ弁論終結前であることを前提にすれば，もう少し緩やかであってもよいように思う。もちろん，欠席当事者にそうした権利があるわけではなく，事後の証拠調べ実施に向けて裁判官の裁量を促すための要素と考えておきたい。

〔佐藤鉄男〕

第1節　総則　　　　　　　　　　　　　　　　　　　　　§184 I

（外国における証拠調べ）
第184条　①　外国においてすべき証拠調べは，その国の管轄官庁又はその国に駐在する日本の大使，公使若しくは領事に嘱託してしなければならない。
②　外国においてした証拠調べは，その国の法律に違反する場合であっても，この法律に違反しないときは，その効力を有する。

I　本条の趣旨

　我が国の裁判所に係属する民事訴訟において，外国に所在する証人や鑑定人の尋問等，外国において証拠調べを行う必要が生じることがある。証拠調べは，主権の一作用たる裁判権の行使であり，その行使は原則として日本国内に限られるから，外国における証拠調べを当然に行うことはできないし，後に詳述するとおり，仮にこれを自由に行えるとすれば，当該外国の主権を侵害することになりかねない。そこで，外国における証拠調べを必要とする場合には，その実施（裁判権の行使）について，当該外国との間での国家間の合意に基づき，その協力（国際司法共助）を得て行う必要があることになる。
　本条は，このような場合について，我が国における訴訟手続として，外国においてすべき証拠調べは，その国の管轄官庁又はその国に駐在する日本の大使，公使又は領事に嘱託して行うべきものと規定するとともに，その効力について定めたものである。そして，これを受けて，民訴規則103条は，その嘱託の手続を裁判長がすべきものと定めている。
　ただし，実際に外国において証拠調べが実施されるためには，当該外国との合意と協力（国際司法共助）を要することは上記のとおりであるから，具体的に採り得る嘱託の内容（証拠調べの方法）及び手続は，日本と具体的な相手先国との合意と協力のあり様によって，基本的に規定されることになる。

〔手嶋〕　133

II 外国においてする証拠調べの方法とその根拠

1 証拠に係る国際司法共助

(1) 国際司法共助

(ア) 一般に，ある国で行われている裁判の進行・審理のために他国の裁判機関が国際的に協力する活動を国際司法共助という。かかる司法共助について，各国は当然に何らかの国際法上の義務を負うものではないから，共助を得られるか否かは，相手先国の任意に委ねられることになる。このことからくる不確実性を極力除去するため，様々な形で継続的な国際約束を締結する努力が重ねられてきており，外交上の交渉によって必要の都度行う個別的合意（個別の応諾）のほかに，継続的なものとして，多国間で統一的な仕組みのもとで司法共助を行おうとする多国間条約，特定二国間における二国間条約，二国間で交換公文，口上書等により包括的に司法共助の取決めを行う二国間共助取決め等がある。

(イ) 司法共助の対象については，広狭様々な考え方があるが，証拠調べと裁判上の文書の送達とがその中核であることについてはほぼ異論がない[1]。

証拠調べ等の「裁判上の行為」は，国家機関たる裁判所が関与する法的効果を伴う行為（裁判権の行使）であるから，他国で自由に行えばその国の主権を侵害しかねないという伝統的な主権尊重の考え方[2]が基盤となって構築されてきたものであり，原則として，我が国の裁判官は外国の領域内で証拠調べを行うことはできないし，外国の裁判官もまた我が国の領域内で証拠調べを行うこ

---

1) 国際司法共助の概念に係る整理は，多田望・国際民事証拠共助法の研究〔2000〕6頁以下に詳しい。広義では，本文記載の送達手続及び証拠調べ手続に係るもののほか，外国法の内容教示（証明・照会）や，外国判決の承認・執行を含む考え方もある。
2) 最高裁判所事務総局民事局監修・国際民事事件手続ハンドブック〔民事裁判資料集252号，2013〕（以下「ハンドブック」として引用）5頁ほか。小林秀之「国際司法共助」澤木＝青山編308頁以下に記載されているアメリカ合衆国の連邦地方裁判所の司法共助のあり方に関する連邦法典第28編1782条についての記載も参考になる。なお，同規定は，我が国の当事者が直接連邦地方裁判所に申し立てる形で利用することが可能なものとなっている（証拠法大系(2) 280頁〔山崎栄一郎〕，藤田泰宏・日／米国際訴訟の実務と論点〔1998〕260頁以下）。

とはできないことを前提とする。ただし，同じ民事裁判においても，手続やその根底にある理念は国により，また法体系により様々であり，これに伴って「裁判権の行使」として観念されるものや，「証拠調べ」として司法共助の対象とすべき具体的な手続についての認識にもずれがあり得，それが国際司法摩擦の要因ともなっていると言われている[3]。本条との関係について言えば，「外国における証拠調べ」の範囲としても問題となり得る。

例えば，外国に所在する証人を当該外国において尋問することは，外国における証拠調べの典型であり，司法共助によるべきことに異論はないと言ってよい。一方，同じ外国在住の第三者であっても，これを当事者が同行証人として証拠申請し，受訴裁判所がこれを採用して日本国内の同裁判所の法廷で尋問を実施することは，実務上しばしば行われていることである[4]。しかし，呼出状の送達を要する場合については考え方が分かれる。応じない場合の法的制裁（192条・193条ほか）に裏打ちされた呼出状を発し，在外証人に出頭を強制すること自体が，外国の主権を侵害することになり，司法共助によらなければ許されないとする考え方が一般的であるが[5]，証人を採用する行為自体は日本国内で完結しており，その段階で何らかの物理的行為が外国で行われるわけでもないから，呼出状の送達を司法共助によって行う限りは，外国の主権（執行管轄権）を侵害するおそれはないとの整理もあり得るとの指摘や，さらには，期日の不遵守について制裁が予定されない簡易の呼出しを行う限りは，理論上問題

---

[3] 特に大陸法系国と英米法系国との間では，送達が職権送達と私人送達とで異なり，証拠調べではdiscoveryの有無など差異が著しいため，国際司法共助の局面で二国間の衝突が生じやすく，こうした相互の裁判制度の相違から生ずる衝突をどのように解決して国際的司法協力を行うかが，国際司法共助の最大の課題であると言っても過言でないとの指摘がある（小林・前掲注2）286頁）。英米法系諸国では，証拠の収集は，本来的に訴訟当事者の手に委ねられており，裁判所の命に依存しないことから，特にアメリカ合衆国は，他国の主権に一応の配慮を払いつつも訴訟当事者が強制力の行使なく外国で証拠の収集を行うことを外国主権の侵害と考えることには消極的であるとされている（春日偉知郎「証拠収集及び証拠調べにおける国際司法共助——執行管轄権の視点を交えて」中野古稀下427頁）。

[4] 多田・前掲注1）85頁，213頁ほかは，これを「任意に応じる」証拠調べとして，実務上の有用性を指摘している。

[5] 小杉丈夫「外国での証拠調べ」高桑＝道垣内編218頁ほか。

は生じないとの指摘もある[6]。文書提出命令や調査嘱託，送付嘱託等，裁判所の行為自体は日本国内において完結する証拠調べ手続にも類似の問題がある。このような観点から，司法共助の範囲の問題は本質的には，法廷地法（日本の民事訴訟法）と外国主権の相互限界付け，あるいは，法廷地法の妥当範囲を外国主権尊重の観点等からどれだけ制限すべきかという点に集約されるとの指摘がある[7]。このような観点は，後記**3**のような問題点を検討する際にも有用であろう。

(2) 日本の証拠調べに係る国際司法共助法制

我が国に係属する民事訴訟のために外国における証拠調べを行う根拠となる国家間の合意及びこれを実施するために定められた法令等は以下のとおりである。

(ｱ) **多国間条約**　多国間条約としては，「民事訴訟手続に関する条約」（昭和45年条約第6号。以下「民訴条約」という）がある。民訴条約は，各国において異なっていた司法共助要請の要件等について，国際的な統一基準を定め，相互に民事事件に関する訴訟書類の送達及び証拠調べを円滑にすること等を目的としてハーグ国際私法会議で採択されたものであり，日本は昭和45年にこれを批准した。締約国は，日本を含め，平成27年12月16日現在で49か国に上るが[8]，いわゆる英米法系国であるアメリカ合衆国，英国，カナダ等はこれには加盟していない。

締約国の司法当局は，民事又は商事に関し，他の締約国の権限のある当局（司法当局）に対し，その管轄区域内で証拠調べ[9]その他の裁判上の行為[10]を行うよう司法共助を嘱託することができることとされ（民訴条約8条），その転達[11]の経路についても具体的に規定されている[12]。また，関係国間の条約（取

---

6) 古田啓昌・国際民事訴訟法入門〔2012〕130頁。特に，当事者尋問については，当事者が外国に所在しても，一定の場合には我が国の民事裁判権が及ぶと解されるから，当該当事者を尋問のために当該訴訟事件の期日に呼び出すこともできると解されるとしている（同135頁）。

7) 小杉・前掲注5) 217頁。

8) ハーグ国際私法会議公式サイト参照。

9) 証人（当事者）尋問，調査嘱託，検証，審尋等（ハンドブック14頁）。

10) 宣誓の受理，担保の受理，和解等（ハンドブック14頁）。

決め）がある場合や証拠調べの行われる国が拒否しない場合には，締約国が自国の外交官又は領事官に直接証拠調べ等を実施させること（領事証拠調べ）も妨げないこととされており（同条約15条），これは領事官等に証拠調べを実施させることにより，時間と費用の節約の余地を認めようとするものである[13]。

なお，証拠調べに関する多国間条約としては，民訴条約のほかにもいわゆるハーグ証拠収集条約（外国における民事又は商事に関する証拠の収集に関する条約）（1970年採択）が存在する。「民事又は商事に関する裁判上及び裁判外の文書の外国における送達及び告知に関する条約」（昭和45年条約第7号。以下「送達条約」という）が，民訴条約第1章の送達の部分について，防御権を保障しつつ手続を簡素化する形で実質的に改正することを目的としたのと同様に，各締約国の司法当局が相互に中央当局を通じて直接嘱託を行い得ることとして嘱託経路を簡素化する等，民訴条約第2章を合理化する内容となっており，選択肢の幅を広げる観点からもその批准を求める見解も多いが[14]，現時点において我が国はこれを批准していない。

(イ) 二国間条約　我が国が一方の当事国となっている二国間条約としては，アメリカ合衆国との間の領事条約（以下「日米領事条約」という），グレート・ブリテン及び北部アイルランド連合王国（以下「英国」という）との間の領事条約（以下「日英領事条約」という）があり，これらにおいては，いずれも，相互に領事官が派遣国の法令に従い，かつ接受国の法令に反しない方法で，接受国にあ

---

11) 司法共助による外国に対する文書送付の手続のうち，文書が受託国の送達実施機関に到達するまでの手続を「転達」といい，送達実施機関が行う「送達」と区別して用いる。両者を併せて「送付」という（ハンドブック10頁）。

12) 後記 **2**(1)(ア)も参照されたい。

13) 高桑昭・国際民事訴訟法・国際私法論集〔2011〕107頁，116頁。なお，「外交関係に関するウィーン条約」及び「領事関係に関するウィーン条約」上，外交官，領事官が接受国において証拠調べを行うことがその権限の一つとして定められているが，そのことのみで当然に外交官等が証拠調べを実施できるわけではなく，別途関係国間で多国間条約，二国間条約等により具体的にその旨の取決めをしておく必要がある（旧注釈民訴(6)190頁〔柏木邦良〕ほか）。多田・前掲注1）56頁は，この点について，領事証拠調べは強制力を用い得ないものであるが，自国領域内で証拠調べという一種の公的行為が行われることへの危惧感等，実施される国の主権への配慮から，同国の同意が伝統的に必要とされていると説明している。

るすべての者から自発的に提供される証言を録取することができるとされている（日米領事条約17条1項(e)(ii)，日英領事条約25条)[15]）。

　(ｳ)　二国間共助取決め　　民訴条約や領事条約を締結していないが，我が国との間で司法共助の取決め（二国間共助取決め）をしている例としては，ブラジル連邦共和国，タイ王国等がある[16]）。

　(ｴ)　個別の応諾　　上記(ｲ)から(ｳ)のような包括的な合意がない場合でも，具体的な必要が生じて嘱託がされたときに，外交上の交渉によって，その具体的な事件についての個別の合意により証拠調べが実施される場合もある（個別の応諾）。実例としては，シンガポール共和国，ペルー共和国等が挙げられる。

　(ｵ)　国内法令　　関連する国内の法令としては，我が国が外国からの嘱託を受けて証拠調べを行うこと等に関する規律として明治38年に制定された「外国裁判所ノ嘱託ニ因ル共助法」（明治38年法律第63号。以下「共助法」という）と，民訴条約の実施に伴い，その批准と同年に民事訴訟手続に関する特例等を定めるものとして制定された「民事訴訟手続に関する条約等の実施に伴う民事訴訟

14）　小林・前掲注2）320頁，服部壽重「民事事件における国際司法共助」新実務民訴(7)192頁以下ほか。なお，同条約は，法体系の相違から生ずる問題を克服し，民訴条約には非加盟の英米法系国の加盟を可能とすることを一つの眼目としており，同条約第2章は，外交官，領事官又は受託者（コミッショナー。証拠調べの実施を依頼された者）により，他の締約国の領域で直接証拠調べをすることを認める内容を含んでいるため，我が国では，特に英米法系諸国におけるディスカバリーとの関係での懸念が指摘されている。ただし，批准の際に第2章の規定を排除することを宣言すること（同条約33条）や，公判前の書証の開示（pre-trial discovery of documents）のための証拠調べの嘱託を実施しない旨の宣言をすること（同条約23条）も可能であり，いかなる留保を付すかという形で検討すべきであるとして，その必要を指摘するものも多い。

15）　ただし，我が国は在外証人等が日本国籍を有するか，日本語を十分に解する場合に限っている（後記**2**(1)(ｳ)(b)参照)。

16）　このような取決めにより我が国が司法共助（法律上の補助）を行う（受託する）場合については「外国裁判所ノ嘱託ニ因ル共助法」が規定しているが，これによれば，証拠調べの嘱託が外交機関を経由してされたものであること（同法1条の2第1項1号），嘱託書及びその関係書類に日本語の翻訳文が添付されること（同項4号），嘱託国が受託事項を実施するに当たって要する費用を弁償することを保証したこと（同項5号）及び相互の保証がなければならないこと（同項6号）とされており，これを根拠として，口上書による共助の合意がされている。

第1節　総則　　　　　　　　　　　　　　　　　　　　　　　§184 Ⅱ

手続の特例等に関する法律」（昭和45年法律第115号。以下「特例法」という）及び同法の委任に基づき制定された「民事訴訟手続に関する条約等の実施に伴う民事訴訟手続の特例等に関する規則」（昭和45年最高裁規則第6号。以下「特例規則」という）がある。

　特例法及び特例規則の規定する内容は，基本的に，我が国が外国から司法共助を受託する際の手続に関するものであるが，相互主義の観点からすると，その内容は我が国が嘱託する内容を裏側から記述したものと言ってもよい。また，特例規則5条は，民訴条約8条の当局（司法当局）に対する嘱託書及びその添付書類に添付すべき翻訳書や，民訴条約の締約国に駐在する大使，公使又は領事に対する嘱託書の添付書類等について規定している。

　民訴条約や個別の応諾等に基づく共助の嘱託等の具体的な手続については，平成3年4月10日最高裁民二第89号事務総長通達「民事訴訟手続に関する条約等による文書の送達，証拠調べ等及び執行認許の請求の嘱託並びに訴訟上の救助請求書の送付について」（以下「基本通達」という。ハンドブック125頁以下所収）が詳細に定めている。

2　証拠調べの方法

(1)　証拠調べの方法の概要

　上記のような構造にあることから，本条に基づく証拠調べは，当該証拠が所在する国（嘱託先）との間で，上記1(2)記載のいかなる国際合意が存在するかにより，その方法が基本的に規定されることになる[17]。具体的な方法は次のとおりである。

　　(ｱ)　**民訴条約の締約国の権限ある当局（司法当局）による証拠調べ**　　(a)　概要　嘱託先が民訴条約の締約国である場合，民訴条約に基づき，外国の権限を有する当局（司法当局であり，条約上「受託当局」と記述されている）に嘱託して証拠調べを行うことができる（民訴条約8条～16条）[18]。

　対象は，民事又は商事に関する事件における証拠調べに限られる（民訴条約8条）。行政訴訟については，事案の実質に鑑みて対象となり得るか判断すべき

---

[17]　我が国の諸外国との条約等の締結の状況は，ハンドブック431頁以下参照（平成24年9月1日現在）。

〔手嶋〕

こととなろう[19]。

　対象となる「証拠調べ」は，証人（当事者）尋問，調査嘱託，検証，審尋等があるが，嘱託の実例は多くはなく，そのほとんどが証人（当事者）尋問と調査嘱託である[20]。

　証拠調べは，受託事項を実施する司法当局によりその国の国内法に従って行われ（民訴条約14条1項），受託事項は，国内の他の当局からの嘱託による場合に用いられる強制方法と同様の強制方法を用いて実施される。ただし，当事者の呼出しについては強制方法を用いることを要しないとされている（同条約11条1項）。また，上記のとおり，原則として受託国の国内法に従って行われるものの，嘱託当局が特別の方法によって実施することを要請する余地が認められており，受託事項を実施する司法当局は，その方法が自国の法律に反しないものである限りその要請に応ずるとされている（同条約14条2項）。「特別の方法」としては，証人尋問等における宣誓の方法，時期，尋問の方法等が想定される。

　受託当局は，嘱託当局から要請があれば，証拠調べに関係当事者が立ち会うことができるように，嘱託当局に対し証拠調べの期日及び場所を通知することとされている（民訴条約11条2項）から，その希望がある場合には，嘱託書に上記通知を求める旨を記載しておく必要がある（基本通達別紙様式第9備考参照)[21]。

---

18) 我が国が受託して行う場合には，我が国の指定当局（受託当局）である外務大臣（特例法2条）を経由して，裁判所が嘱託を受けて証拠調べを行うことになり，具体的には，特例法3条2項に基づき，証拠調べを行うべき地を管轄する地方裁判所が法律上の補助を行う。

19) 民訴条約に基づく文書の送付に係る司法共助に関しても同様の問題があるが，これについて，締約国の中には行政訴訟の制度を認めていない国もあり，また，行政訴訟を認めていたとしてもその範囲が必ずしも一定していないことから，各国の行政訴訟に該当するか否かでこの条約の適用を受ける文書か否かを判断すると不平等を生じてしまうため，事案の実質に鑑みて判断すべきであるとされている（ハンドブック10頁）。なお，基本通達第2の2は，行政訴訟事件の証拠調べの嘱託手続について，管轄裁判所証拠調べ，許容される場合の領事証拠調べに準ずる趣旨を規定している。

20) ハンドブック14頁。民訴条約に基づくものも含め，近時の証拠調べ嘱託件数の推移等については，同448頁以下を参照されたい。

第 1 節　総則　　　　　　　　　　　　　　　　　　　　§*184* Ⅱ

　受託国は，嘱託関係書類の真正が立証されない場合，嘱託の実施がその国の司法権に属しない場合やその国の主権又は安全を害する場合を除いて，実施を拒否することはできない（民訴条約 11 条 3 項）。受託国の指定当局は，受託事項の実施を確認し，実施を妨げた事由がある場合はこれを明示する書類を嘱託国の領事官に送付することとされている（同条約 9 条 1 項後段）。

　(b)　嘱託手続　　民訴条約は，前述のとおり，司法共助要請の要件等について国際的な統一基準を定め，手続の円滑化を期して定められたものであり，嘱託の手続に関しても具体的な定めを置いている。

　嘱託は，嘱託国の領事官が受託国の指定当局に転達することとされているが（民訴条約 9 条 1 項前段），各締約国は受託について外交上の経路を通じて転達されることを希望する旨の宣言をすることができ（同条 3 項），この宣言をした国に対する要請は，外交上の経路を通じて行うことになる[22]。

　受訴裁判所は，受託当局に対する証拠調べの嘱託書を，受託当局の公用語又は両国間で合意される言語で作成するか，そのいずれかの言語による翻訳文[23]を添付する必要があるが（民訴条約 10 条），我が国では翻訳文を添付することとしている（特例規則 5 条 1 項，基本通達第 2 の 1 (1)ウ)[24]。証人尋問又は当事者尋問の嘱託書には，詳細な尋問事項書（基本通達第 2 の 1 (1)イ）のほか，受託当局が事件の概要を知る必要があると思われる場合には，事件の概要を記載した書面又は訴状，答弁書等の写しを添付する必要がある[25]。翻訳文は，嘱託国の外交官，領事官又は受託国の宣誓した翻訳者が正確性を証明したものでなければならない（民訴条約 10 条）。

　証拠調べに要した費用は，通常は少額であることから，事務の煩雑を避ける観点で，償還請求できないのが原則とされている（民訴条約 16 条 1 項）。しかし，証人や鑑定人に支払う費用，証人が任意に出頭せず裁判所附属吏が介入したこ

---

21)　ハンドブック 47 頁。

22)　他方，特定の締約国間において，それぞれの指定当局の間で直接に司法共助の嘱託を転達することを認めるための取決めを行うことを妨げないとされている（民訴条約 9 条 4 項）。

23)　公用語が複数ある場合はそのいずれでもよい。

24)　嘱託書の様式は基本通達別紙参照。

25)　これら添付書類についても翻訳文の添付を要する（特例規則 5 条 1 項）。

〔手嶋〕　141

とによる費用，嘱託当局が特別の方法によって証拠調べを実施することを要請したことにより生じる費用については，償還請求されることがある（同条2項)[26]。

　嘱託書等は，嘱託する受訴裁判所の長から最高裁判所，我が国の外務省，在外領事官（大使館），受託国の指定当局へと転達され，受託当局（司法当局）によって証拠調べが実施される。受託国が，民訴条約9条3項により，外交上の経路を通じて嘱託がされることを希望する旨の宣言をしている場合には，受託国に駐在する我が国大使宛てに，受託国の外務省に嘱託書等を転達すべき旨の依頼書（様式は基本通達別紙参照）を付して依頼することになる。この場合は，嘱託書等は，在外領事官（大使館）から受託国の外務省に転達される。

　(イ)　**外国の裁判所に対する証拠調べの嘱託（管轄裁判所証拠調べ）**　　二国間の共助取決め又は個別の応諾に基づき，外国の裁判所に嘱託して証拠調べを行う方法である。嘱託を受けて，受託国の裁判所が，同国の国内法に従って証拠調べを行う。

　嘱託書（受託国の管轄裁判所宛て）の作成，嘱託書に添付すべき書類，受託国の公用語による翻訳文の作成（ただし，ブラジル連邦共和国に対する場合を除く[27]）等の点は，基本的に前記(ア)と同様である。証拠調べに要した費用は，(ア)と異なり，原則として相手国に支払う必要があり，相当額の予納が必要となる。

　嘱託書等は，嘱託する裁判所の長から最高裁判所を経て，外交上の経路（我が国の外務省，在外大使館，受託国の外務省）を経由して，受託国の管轄裁判所に転達される。

　(ウ)　**在外領事等に対する証拠調べの嘱託（領事証拠調べ）**　　(a)　証拠が所在する外国に駐在する我が国の外交官又は領事官が直接証拠調べを実施するものであり，二国間条約（領事条約。具体的には，日英領事条約25条[28]，日米領事条約17条1項(e)(i)[29]）に定めがある場合，民訴条約15条に基づく場合，個別の応

---

[26]　これらの費用のほか，嘱託書等を外国で翻訳させる場合の費用及び在外大使館等による翻訳証明に要する費用は，当事者に予納させる必要がある（基本通達第2の1(1)オ）。

[27]　ブラジル連邦共和国に嘱託する場合は，同国の公証翻訳人による翻訳が必要となるため，嘱託時の翻訳文の添付は必要ないが，上記翻訳のための費用が必要となることから，当事者にこれを予納させる必要がある。

第1節　総則　　　　　　　　　　　　　　　　　　　　§184 Ⅱ

諾に基づいて行われる場合がある。

　(b)　領事条約に基づく場合　　領事官は，派遣国の法令に従い，接受国の法令に反しないような方法で，派遣国の裁判所のために自発的に提供された証言を録取することができる。

　民事又は商事に限られないが，証拠調べの方法としては，証言の録取（証人〔当事者〕尋問）である。日英領事条約上は対象となる証人等について特段の限定はなく，日米領事条約上は接受国内にあるすべての者とされているが，我が国は，日本人以外の者を証人とする場合は出頭拒否が起こりやすいことや，尋問に際して通訳が必要となること等を考慮して[30]，実務上，対象を，日本国籍を有する者又は日本語を十分に解する者に限定している（基本通達第2の1(2)カ[31]）。

　(c)　民訴条約に基づく場合　　民訴条約の締約国での証拠調べは，当該国との条約や取決めがある場合又はその国が拒否しない場合は，我が国の在外領事等が直接これを行うことができる（同条約15条）。時間や費用を節約する余地を認める観点から，領事証拠調べの方法を民訴条約においても可能としたものであるが，締約国の対応は，全面的に拒否する国，証人等が領事官等の派遣国の国籍を有する場合のみ許容する国など様々である。我が国は，この点について，特段拒否等の宣言を行っていないが，(a)記載の2つの領事条約に定める場合を除いては，昭和28年9月22日付法務省民事甲第1722号外務事務次官あて法務事務次官回答[32]に基づき，原則として外国領事官が当該外国の国民以

---

[28]　25条　領事官は，派遣国の裁判所のために，裁判上の文書を送達し，又は口頭若しくは書面により自発的に提供された証言を録取する権利を有する。ただし，派遣国の法令に従い，かつ，接受国の法令に反しない方法で行なわれることを条件とする。

[29]　17条　(1)　領事官は，その領事管轄区域内において，次のことを行なうことができる。（中略）(e)　派遣国の法令に従い，かつ，接受国の法令に反しないような方法で，接受国内にあるすべての者に関し，(i)派遣国の裁判所のために，その者に裁判上の文書を送達すること。(ii)派遣国の裁判所その他の司法当局のために，その者が自発的に提供する証言を録取すること。(iii)その者に宣誓を行なわせること。（後略）

[30]　服部・前掲注14）180頁，多田・前掲注1）61頁ほか。

[31]　また，当該証人等が嘱託した在外領事等の属する領事官の管轄区域に居住するものでなければならないとしている。

〔手嶋〕　　143

§184 Ⅱ　　　　　　　　　　　　　　　　　　　　　第2編　第4章　証拠

外の者を対象として領事証拠調べを行うことは認めておらず，我が国が嘱託国となる場合についても，我が国の領事官は外国において日本国民以外を対象とした領事証拠調べは行っていない[33]）。

　民事又は商事に関する事件に限ること（民訴条約8条），証人（当事者）尋問，検証，鑑定人の指定等を対象とすることは，既述のとおりである。

　(d)　個別の応諾による場合　　相手国が自国内において我が国の在外領事等により証拠調べが行われることを応諾する場合には，在外領事等は，原則として自国民に対してのみ当該国において証拠調べを行うことができる。

　(e)　手続　　在外領事等に宛てた証拠調べの嘱託書（基本通達別紙様式参照）を作成する。嘱託書には，尋問事項を個別的かつ具体的に記載した尋問事項書を添付しなければならない。また，在外領事等が事件の概要を知る必要があると思われる場合には，事件の概要を記載した書面又は訴状，答弁書等の写しを添付する必要がある（基本通達第2の1(2)イ・ウ）。

　尋問事項書，事件の概要書，訴状，答弁書等には，証人若しくは当事者が解する言語又は当該国の公用語のいずれかによる翻訳文を添付する必要がある。ただし，尋問を受ける証人等が日本語を解することが明らかな場合は，翻訳文の添付は要さず，その旨を嘱託書に付記する（特例規則5条2項・2条2項，基本通達第2の1(2)ウ）。

　証拠調べの実施に要した費用については，証人等から請求があれば支払う必要があり，予納を要する[34]）。

---

32)　ハンドブック219頁。日本に駐在する領事官から，日本国内における領事証拠調べの許容性について照会を受けたのに対し，相互主義を条件として認めて差し支えないが，日本国民及び第三国国民に対し証拠調べを行うことは認めるべきではない（したがって，当該領事官の本国の国民についてのみ認められる）との見解を表明したもの。

33)　ハンドブック16頁，服部・前掲注14）180頁，多田・前掲注1）57頁，71頁ほか。多田・前掲注1）57頁にも指摘があるように，ドイツとの間で，領事等による証拠調べなどについて合意が存在したことをうかがわせる資料（昭和38年8月28日最高裁民二第458号高等裁判所長官，地方及び家庭裁判所長あて事務総長通知に引用されている別紙「外務省告示第133号」，ハンドブック213頁）が存在するが，同資料からはその具体的内容は明らかではない。ただし，同資料にも，領事証拠調べの対象は原則として自国民に限られる旨が記載されている。前掲注13）及び同15）も併せ参照されたい。

(2) 各方法の特徴等

領事証拠調べは，我が国の在外領事等が実施することから，他の方法と比べ，迅速かつ確実な実施が期待できる。また，取調べの対象となる者が日本語を解するときは，尋問事項書等に翻訳文の添付が不要で，嘱託手続としても簡便であるし，対象者にとっても，通訳等の点でかえって効率的であると言ってよい。しかし，この方法では，証人等が任意に出頭しない場合は，証人尋問等は実施できず，他の方法による必要がある。

これに対し，民訴条約に基づく外国の権限ある当局による証拠調べは，領事証拠調べができない場合（証人等が日本国籍を有しない場合等）でも行うことができるし，受託国の国内法により行われる強制方法と同様の強制方法を用いて受託事項が実施され，確実な実施を期待することができる（ただし，当事者の呼出しについては，強制方法を用いることを要しないとされている）。他方，常に翻訳文の添付が必要であり，受託国の事情等により領事証拠調べと比較すると時間がかかる場合がある。

管轄裁判所証拠調べは，領事証拠調べができない場合でも行うことができ，また受託国の国内法に従って証人の出頭を強制することもできるが，外交ルートを経由するため，領事証拠調べと比べて時間がかかり，常に翻訳文の添付を要する（ブラジル連邦共和国の場合を除く）。

これらの方法の優先関係については，領事証拠調べが不可能である場合に，権限ある当局又は管轄裁判所による証拠調べを行うことができるとする見解もあるが[35]，前に述べた関連法制上明確な規定もない。相手先国との国際的な合意の内容に拘束されることはもちろんであるが，証拠調べの必要に応える観点からは，許容される方法のうちでは，上記のような特徴に徴し，当該事件における証人の国籍，任意の出頭の蓋然性等により最も適切な方法を選択することができるとするのが合理的であり，特段の優先関係はないと考えるのが相当で

---

34) 民訴条約に基づく場合，証拠調べの実施にかかる料金又は費用は原則として償還請求はされないことは指定当局証拠調べの場合と同様であるが，反対の取決めがない限り，証人又は鑑定人に支払う費用や嘱託国の要請する特別の方法によったために要した費用等については償還請求される場合がある（民訴条約16条）。

35) 旧注釈民訴(6)〔柏木〕189頁ほか。

あろう[36]。

3 証人（当事者）尋問以外の証拠調べ
(1) 文書提出命令

我が国の民事訴訟法上，相手方当事者又は第三者の所持する文書の提出は，これらの文書の提出義務を負う者に対する文書提出命令を申し立てることによって行われる（219条・221条，規140条）。

第三者に対する文書提出命令については，文書の提出を命じられた第三者がこれに従わない場合，裁判所は決定で当該第三者を20万円以下の過料に処することができる（225条1項）から，このような不遵守の制裁が予定される以上，上記の文書提出命令の発令は，我が国の民事裁判権の行使であり，文書を所持する第三者が外国に所在する場合にこれを発令することは，当該外国の主権を侵害するものとして許されないと解するのが一般である[37]。

これに対し，当事者に対する文書提出命令については，当事者がこれに従わない場合，裁判所は，当該文書の記載に関する相手方の主張（ないし当該文書によって証明すべき事実）を真実と認めることができる（224条1項・3項）という制裁を伴うが，第三者に対する場合と異なり，過料の制裁等も定められていない。このため，外国在住の当事者に対する文書提出命令の発令は，その送達について司法共助を要する場合があるものの，発令それ自体は主権侵害の問題は生じないとする考え方[38]と，第三者の場合と同様に強制力を伴うものとして整理した上で，外国在住の当事者に対する発令の可否は，我が国の民事裁判権が当該当事者に及ぶか否かの問題として整理する考え方とがある[39]。

(2) 文書送付の嘱託

書証の申出は，文書の所持者にその文書の送付を嘱託することを申し立てる

---

36) 受訴裁判所の裁判長の裁量とする指摘もある（賀集ほか編・基本法コンメ(2)〔3版追補版〕165頁〔西口元〕）。
37) 小杉・前掲注5) 220頁。ただし，古田・前掲注6) 140頁は，文書提出命令の命令行為それ自体は日本国内で完結しており，その段階で何らかの物理的行為が外国で行われるわけではないから，発令自体は外国の主権を侵害するおそれはないという整理もあり得るであろうとする。
38) 小杉・前掲注5) 219頁。
39) 古田・前掲注6) 141頁の整理。

第1節　総則　　　　　　　　　　　　　　　　　　　　　　§184 II

方法で行うことができる (226条本文)。裁判所は，当該文書の証拠調べの必要性を認めれば，(当事者が法令により当該文書の正本又は謄本の交付を求めることができる場合でない限り) これを採用する決定を行う。文書提出命令と異なり，送付嘱託を受けた名宛人が嘱託に応じなかった場合について何らの制裁の規定も置かれておらず，一般に，法令に特別の定めがある場合を除き，名宛人は文書送付嘱託に応じる義務はなく，これに応ずるか否かはまったく任意と解される[40]。したがって，外国に所在する名宛人に対し，文書送付嘱託を行うことについては，外国の主権を侵害するという問題は生じないとされている[41]。

(3)　調査嘱託

　裁判所は，必要な調査を外国の官公署等に嘱託することができる (186条)。調査嘱託については，これを簡易かつ特殊な証拠調べとする考え方[42]と，証拠調べの準備行為とする考え方とがあるが，前者が通説とされている[43]。調査嘱託が，団体による報告の客観性，確実性を期待して，証人尋問や鑑定と異なり，宣誓や反対尋問権の保障等の規制を設けることなく規定されているものであることから，調査内容は，自ずとその趣旨になじむものであることが求められ，基本的には，嘱託先が保有する情報に基づいて容易に結果を得ることのできる客観的事項に限られるとされている[44]。

　民訴法186条は，受訴裁判所の権限を規定する形で，嘱託先として「外国の官庁若しくは公署」を明示しているが，嘱託先の義務については明文の規定は置かれていない。この点，外国の官庁その他の団体については，内国のそれとは異なり，条約・国際協定のない限り，少なくとも嘱託先がこれに応ずる義務はないとするのが通説である[45]。

　このような理解を前提として，外国の官庁その他の団体に対する調査嘱託を

---

[40]　証拠法大系(4) 79 頁〔古閑裕二〕。
[41]　小杉・前掲注5) 221 頁，古田・前掲注6) 142 頁。
[42]　証拠法大系(5) 134 頁〔小海隆則〕参照。
[43]　賀集ほか編・基本法コンメ(2)〔3版追補版〕168 頁〔西口〕，旧注釈民訴(6) 170 頁〔矢吹徹雄〕，秋山ほかⅣ 121 頁，証拠法大系(5) 134 頁〔小海〕ほか。
[44]　証拠法大系(5) 141 頁〔小海〕，賀集ほか編・基本法コンメ(2)〔3版追補版〕168 頁〔西口〕，秋山ほかⅣ 123 頁，旧注釈民訴(6) 170 頁〔矢吹〕，野田宏・最判解説昭和45年度 27 頁ほか。

〔手嶋〕　147

行っても，外国の主権に対する侵害の問題は生じないとの指摘もあるが[46]，そもそも条約その他の定めがなければ嘱託することができないとの考え方もあり[47]，後者の場合には，条約その他の対象となる証拠調べの範囲や個別の応諾の問題となろう。

(4) 検証（検証物の提示命令，検証物送付嘱託）

検証の申出は，検証物の所持者に対し，検証物の提示命令又は送付嘱託を申し立てることによって行うことができる（232条1項・219条・226条）。検証物を第三者が所持する場合は，第三者に対し，検証物の提示命令（又は検証受忍命令）を発令することになるが，第三者がこれに従わない場合には，裁判所は決定で当該第三者を20万円以下の過料に処すことができる（232条2項）。他方，当事者が検証物提示命令に従わない場合は，裁判所は当該検証物の性状等に関する相手方の主張又は当該検証物によって証明しようとする事実に関する相手方の主張を真実と認めることができるにとどまる（232条1項・224条）。

第三者に対する検証物提示命令は，上記のような不遵守の制裁が予定される以上，検証物提示命令の発令は，我が国の民事裁判権の行使であり，検証物を所持する第三者が外国に所在する場合にこれを発令することは，当該外国の主権を侵害するものとして許されないと解するのが一般であること，当事者に対するものについてはこれとは異なり，制約はされないとする考え方があることは，文書提出命令の場合と同様である[48]。

また，検証物の送付嘱託については，任意の協力を求めるものであるとの理解が一般であり，外国在住の所持者に対する場合でも，外国の主権に対する侵害の問題は生じないとの指摘がある[49]。

---

45) 証拠法大系(5)147頁〔小海〕，斎藤ほか編・注解民訴(6)172頁〔矢吹〕，兼子ほか・条解〔2版〕1069頁〔松浦馨＝加藤新太郎〕。なお，菊井＝村松Ⅱ428頁，秋山ほかⅣ122頁，賀集ほか編・基本法コンメ(2)〔3版追補版〕169頁〔西口〕は，そもそも条約その他の定めがなければ，嘱託できないと解している。

46) 古田・前掲注6)151頁。

47) 前掲注45)参照。

48) 小杉・前掲注5)221頁。

49) 古田・前掲注6)150頁。

4　外国において実施された証拠調べの結果とその効力

(1)　実施された証拠調べの位置づけ

外国において実施された証拠調べの結果は，受訴裁判所の弁論に顕出されなければ証拠資料とはならない。当事者の援用は不要と解してよいであろう[50]。

(2)　効　力

国際司法共助によって実施される証拠調べは，受託国の法律に従ってされるのが原則であるから[51]，日本の法律と異なる方法で実施されても有効であることは当然であるが[52]，他方，当該国の法律に違反する場合でも，我が国の民事訴訟法に違反していないときは，効力を有するとされている（184条2項）。当該外国の法律上手続違背があっても，我が国の法律上適法であれば無効とする必要はないからである[53]。効力を有するという意味については，考え方が分かれており，証拠能力の問題とする見解[54]，証拠力の問題とする見解[55]，証拠調べが適式・適法に行われたとの評価を受けるとする見解[56]などがある。

手続の瑕疵については，責問権の放棄に関する規定（90条）の適用があるが，これによっても瑕疵が治癒されないような場合は，基本的には証拠調べをやり

---

50)　賀集ほか編・基本法コンメ(2)〔3版追補版〕166頁〔西口〕ほか。

51)　証拠調べを含め訴訟行為が行われる形式は行為地の法律によるとの原則が，国際民事訴訟法上承認されている（斎藤ほか編・注解民訴(7)328頁〔斎藤秀夫＝吉野孝義＝西村宏一〕）。

52)　ただし，我が国の手続法の重要な基本理念や根本規則（手続的公序）に反する場合は別であるとの指摘がある（多田・前掲注1）66頁）。

53)　この場合は，平等主義の立場から言って，我が国の民事訴訟と同じ基準で判定すれば足り，それ以上の厳しい基準によって，これを無効とするほどの必要はなく，むしろこれを有効として救済するのが妥当だからであるとの説明がされている（斎藤ほか編・注解民訴(7)328頁〔斎藤＝吉野＝西村〕）。

54)　斎藤ほか編・注解民訴(5)469頁〔山本和彦〕。

55)　旧注釈民訴(6)202頁〔柏木〕は，裁判の基礎となる事実認定は適法な証拠調べを経た証拠によらなければならないが，こうした手続の遵守がもはや不可能であると民訴法が考える場合，すなわち外国において不適法であった嘱託証拠調べにより得られた証人尋問調書等が受訴裁判所に提出されたときは，自由心証主義による証拠評価の問題となると言わざるを得ないとする。

56)　多田・前掲注1）65頁，兼子ほか・条解〔2版〕1062頁〔松浦＝加藤〕，谷口＝井上編(5)71頁〔小長光馨〕ほか。

§184 Ⅱ

直すべきである。しかし，証拠調べに関する規定は，大部分が当事者の便宜と利益の保護を目的とする任意規定であるから，再度の実施が不可能な場合には，瑕疵の内容や程度を勘案し，最終的には，裁判所が自由な心証により証拠調べの結果を斟酌することができるとする考え方が主流であろう[57]。

〔手嶋あさみ〕

---

57) 斎藤ほか編・注解民訴(7) 329頁〔斎藤＝吉野＝西村〕，兼子ほか・条解〔2版〕1062頁〔松浦＝加藤〕。

第1節　総則

（裁判所外における証拠調べ）

第185条　①　裁判所は，相当と認めるときは，裁判所外において証拠調べをすることができる。この場合においては，合議体の構成員に命じ，又は地方裁判所若しくは簡易裁判所に嘱託して証拠調べをさせることができる。

②　前項に規定する嘱託により職務を行う受託裁判官は，他の地方裁判所又は簡易裁判所において証拠調べをすることを相当と認めるときは，更に証拠調べの嘱託をすることができる。

I　本条の趣旨

民事訴訟における証拠調べの手続は，直接主義の要請上，口頭弁論において受訴裁判所の関与の下に行われるのが原則である。しかしながら，この原則を貫くことが困難な場合もあると考えられることから，民事訴訟法は，一定の場合には，裁判所の庁舎外の場所で，証拠調べをすることができることを定めている。そして，その場合には，受訴裁判所自らが証拠調べをするほか，受命裁判官による証拠調べによることや，他の地方裁判所や簡易裁判所への嘱託による証拠調べの方法によることもできるものとするとともに（本条1項），嘱託を受けた裁判所において，他の地方裁判所又は簡易裁判所において証拠調べをすることが相当であると認める場合には，更に嘱託をすること（再嘱託）ができるものとされている（本条2項）。

II　裁判所外における証拠調べ

1　必要性

民事訴訟手続においては，直接主義（249条）が採用され，判決はその基本となる口頭弁論に関与した裁判官がすることとされている。口頭弁論は，公開法廷で行うことが原則であり（憲82条），裁判所が法廷を開くのは，裁判所又は支部の庁舎とされている（裁69条1項）。

そこで，証拠調べの手続も，直接主義の要請上，口頭弁論において受訴裁判所の関与の下に行われるのが原則であることとなる。しかしながら，必要とな

〔花村〕

る証人が入院中の患者であるなどの理由から，受訴裁判所の庁舎への出頭を求めることが困難である場合や，瑕疵の有無が争いとなっている建築物の性状を確認するときのように，検証の対象物の性質上，法廷において証拠調べをすることが不可能である場合もあることから，上記の原則を常に貫徹することは困難であることになる。

そこで，本条において，裁判所が相当と認める場合には，裁判所外において証拠調べをすることができる旨を定めているものである。

2 「裁判所外」の意味

前述のとおり，証拠調べは，裁判所又は支部の庁舎内の法廷において行われるのが原則であるから，ここに「裁判所外」とは，受訴裁判所の庁舎の外の場所であり，かつ，受訴裁判所の法廷以外の場所を意味することとなる。

(1) 法廷は，裁判所又は支部の庁舎で開くのが原則であるから（裁69条1項），受訴裁判所の庁舎の外の場所であれば，通常は「裁判所外」であることになる。しかしながら，災害等の緊急事態により裁判所外で開廷する必要があるために最高裁判所の指定する場所で手続を行う場合には[1]，その場所で法廷を開くことができるので（同条2項），このような指定に基づく場合については，受訴裁判所の庁舎外の場所ではあるが，「法廷」に当たることとなり，本条の適用場面ではないことになる。

(2) また，上述のとおり，受訴裁判所が法廷を開くのは，自らの裁判所の庁舎内であるから，他の裁判所の庁舎内にある法廷（法廷としての設備を備えた部屋）を借りて証拠調べを行う場合でも，最高裁判所の指定（前記(1)参照）を受けない限り，それは原則的な意味での「法廷」には当たらないから，「裁判所外」であることになる。

(3) なお，本条にいう「裁判所外」とは，受訴裁判所の庁舎の外の場所である必要があり，受訴裁判所の庁舎内にある法廷（法廷としての設備を備えた部屋）以外の場所（会議室，弁論準備室など）で証拠調べをすることは，本条の適用場面ではない（このような「裁判所内」における証拠調べが許容される場合については，

---

[1] 裁判所法69条2項による指定については，最高裁判所事務総局総務局編・裁判所法逐条解説(下)〔1969〕9頁以下を参照。

第1節　総則　　　　　　　　　　　　　　　　　　　　§ 185 Ⅱ

大規模訴訟に関する特則である民訴法268条を参照）。

　また，いわゆるテレビ会議装置による尋問（204条参照）や少額訴訟における電話会議装置による尋問（372条3項）においては，尋問対象となる証人又は本人は，物理的には法廷外にいることになるが，手続自体は，他の関係者はすべて法廷に出頭した上で（規123条1項2項参照），公開法廷において行われるものであって，「裁判所外」における証拠調べには該当しない。

3　裁判所外における証拠調べが相当である場合

　(1)　裁判所外における証拠調べをすることが相当である場合とは，どのような場合であるか。証拠調べについても，直接主義が適用され，また公開法廷における手続が執られることが原則的要請であることからすれば，単に裁判所外で証拠調べを行うことが便宜であるというのでは足りないが，法廷において行うことが不可能又は著しく困難である場合に限定されるものではなく，関係者の負担や真実発見に資する度合い等をも考慮した上で，裁判所外で証拠調べを行うことが，審理を進める上で必要であるといえるような事情が認められる場合を意味すると解される[2]。

　なお，裁判所外における証人尋問及び本人尋問については，民訴法195条（民訴法210条で本人尋問に準用）各号で受命裁判官等による尋問手続を行うことができる場合として，①証人が出頭する義務がないとき，又は正当な理由により出頭することができないとき，②証人が受訴裁判所に出頭するについて不相当な費用又は時間を要するとき，③現場において証人を尋問することが事実を発見するために必要であるときなどが列記されている。同条は，裁判所外における証拠調べをする場合において，受命裁判官等による手続を行うことができる場合を限定するものであり，本条との関係では，その特則規定としての位置づけを有すると解される。

　(2)　裁判所外における証拠調べが行われる具体的な事案としては，証拠調べの対象物を法廷に持ち込むことができない場合（建築物の性状を検証する場合，

---

[2] 受訴裁判所又は受命裁判官が，受訴裁判所の所属する裁判所の管轄区域外で裁判所外の証拠調べをすることができるかどうかについては，法律上明文の規定はないが，旧法以来，判例は，管轄区域は職権行使を制限する趣旨ではないとしている（大判昭13・5・24民集17巻1063頁）。なお，刑事訴訟法12条も参照。

〔花村〕

境界確定のための現地検証など）や，入院中であるとか病気・高齢等の理由により裁判所に出頭することができない証人や当事者本人の尋問を行う場合，現場の状況を確認しながら証人等の尋問を行う必要がある場合などが，実務上の典型事例である[3]。

4 裁判所外における証拠調べの決定

裁判所外において証拠調べを行う旨の決定や，後述の受命裁判官又は受託裁判官による旨の決定については，不服申立ての手段は法定されていないので，当事者は，受訴裁判所の当該判断に不服があっても，不服申立てをすることはできない。

裁判所外における証拠調べに係る決定は，訴訟指揮についての裁判であるので，受訴裁判所は，これを取り消すこともできるし，他の方法による証拠調べを実施することもできる[4]。

5 裁判所外における証拠調べの手続の実施

(1) 裁判所外における証拠調べであっても，後述する受命裁判官や受託裁判官による場合を除けば，手続の実施をする主体は，受訴裁判所であり，当該事件を担当する1人の単独裁判官又は3人（例外的に5人）の合議体である。

(2) 証拠調べの実施場所として，出頭義務又は検証受忍義務を負う者以外の官公署・病院・会社・銀行の事務室・応接室や私人宅を使用するときには，それぞれの管理責任者の許諾を得なければならない[5]。また，これらの管理責任者において，使用を受忍すべき義務を当然に負うわけではないので，実施の決定に当たっては，事前に許諾の可否を確認する必要がある。

(3) 裁判所外における証拠調べの手続は，公開の法廷における口頭弁論には該当しないから，公開主義は適用されない[6]。その結果を法廷における口頭弁論に上程する必要性については，後記V参照。

---

[3] 証人等が遠隔地に居住するため，受訴裁判所への出頭に過分の時間と費用を要するような場合については，現在でも，裁判所外における証拠調べによる必要性がある場面はあるが，平成8年改正により，いわゆるテレビ会議装置による尋問（204条）の制度が導入されたことにより，その必要性は，相対的に後退したと評価することもできよう。

[4] 菊井＝村松II 438頁，秋山ほかIV 117頁。

[5] 菊井＝村松II 438頁，兼子ほか・条解〔2版〕1064頁〔松浦馨＝加藤新太郎〕。

[6] 斎藤207頁，大判明45・2・5民録18輯58頁。

第1節　総則　　　　　　　　　　　　　　　　　　　　　§185 Ⅲ

Ⅲ　受命裁判官及び受託裁判官による手続

1　受命裁判官により手続を行う場合

(1)　受訴裁判所が裁判所外で証拠調べを行うこととする場合には，合議体の構成員を受命裁判官として，これを行わせることができる（本条1項後段）。

受訴裁判所の合議体構成員全員が現場に赴き，又は証人のいるところに出向いて証拠調べをするよりも，受命裁判官に実施させることが，より相当であるかどうかを判断する考慮要素・事情等については，法律上は特段の定めはなく，裁判所の裁量に委ねられていると解されるが，一般的には，証拠方法の重要性，裁判所側の事情，証拠調べの費用の負担者の資力，病気の関係人の病状などの諸事情を総合して決めることになるといわれている[7]。

(2)　受命裁判官による証拠調べを実施する場合には，受訴裁判所は，証拠決定において，受命裁判官による旨を明らかにし，また，裁判長が，いずれの構成員を受命裁判官とするかを指定することになる（規31条1項）。この場合の受命裁判官の人数について，1人でなければならないか，2人以上とすることも許されるかについては，争いがある。3人の合議体において，2人の構成員によることを認めると，これら2人の意見が過半数を占めることになることなどから，1人に限られるとする説[8]，特別の事情がある場合のほかは，2人を受命裁判官とすることは望ましくないとする説[9]，法律上は特段の制限はなく，2人でも差し支えないとする説[10]などがあるが，実務上は，2人の裁判官（例えば，裁判長と主任裁判官）を指名することも，しばしば行われている。

2　受託裁判官により手続を行う場合

(1)　受訴裁判所は，相当と認めるときは，他の地方裁判所又は簡易裁判所に嘱託して，証拠調べをさせる旨の決定をすることができる（本条1項後段）。嘱託を相当とする場合については，法律上は特段の制限はなく，受訴裁判所の裁量に委ねられているが，検証の現場や証人の所在地などが遠隔地であるため，

---

[7]　斎藤ほか編・注解民訴(7) 335頁〔斎藤秀夫＝吉野孝義＝西村宏一〕。
[8]　西村宏一「受命裁判官は1人に限るか」民事法の諸問題Ⅰ 36頁。
[9]　菊井＝村松Ⅱ〔初版，1964〕266頁。
[10]　菊井＝村松Ⅱ 439頁，斎藤ほか編・注解民訴(7) 337頁〔斎藤＝吉野＝西村〕。

〔花村〕

受訴裁判所の合議体構成員全員が赴き，又は受命裁判官が出張して証拠調べをするのに困難があるときなどが，典型的場面と考えられる。

なお，受訴裁判所については，一審裁判所に限定されないので，控訴審裁判所や上告審裁判所から他の地方裁判所や簡易裁判所に証拠調べを嘱託することも可能であると解される（297条・313条）。

(2) 嘱託をする旨の決定は，受訴裁判所が行うが，嘱託の手続（嘱託書の作成，送付等）は，裁判所書記官が行うものとされている（規31条2項）。

嘱託を受ける裁判所は，地方裁判所又は簡易裁判所であるが，証人その他の第三者の出頭の便宜を考慮して，その住所地により近い裁判所を選択するとの観点から，実際上は，簡易裁判所に嘱託されるのが通例であるといわれている[11]。証拠調べの嘱託においては，受訴裁判所から，地方裁判所又は簡易裁判所あてに嘱託がされるので，嘱託を受けた裁判所に所属するいずれの裁判官が証拠調べを担当するかについては，嘱託を受けた裁判所の事務分配の定めによって決まることとなり，受訴裁判所において，特定の裁判官を指名して嘱託をすることはできない。

3 受命裁判官又は受託裁判官による手続

(1) 受命裁判官又は受託裁判官は，証拠調べをするための期日と場所を指定し（規35条），当事者双方及び証人等を呼び出さなければならない。この期日については，前述した受訴裁判所が自ら裁判所外において証拠調べを行う場合と同様に，口頭弁論は行われず，公開主義は適用されないので，受託裁判官が，その所属する裁判所の法廷（法廷としての設備を備えた部屋）において証拠調べを行う場合を含めて，公開する必要はないと解されている。

(2) 受命裁判官が証拠調べを行う場合には，証人尋問の際の裁判所及び裁判長の職務は，受命裁判官が行うものとされている（規125条）。よって，尋問の順序（規113条），質問の制限（規114条・115条）及びこれらの裁判に対する異議及び異議に対する裁判（規117条）などに係る職務は，いずれも受命裁判官が行うことができる。

(3) 証拠調べの実施場所について，管理責任者の許諾を得る必要がある場合

---

11) 菊井＝村松Ⅱ 442頁。

第1節　総則　　　　　　　　　　　　　　　　　　　　　§185 Ⅳ

があることについては，前述のⅡ5 (2) と同様である。

(4) 受託裁判官は，証拠調べに要する費用につき，当事者に予納を命じることができるが，当事者が必要な費用の予納をしない場合に，証拠調べの決定を取り消すかどうか（民訴費12条2項）は，受訴裁判所の判断によることとなるので，そのような事態が生じた場合には，受託裁判官は，受訴裁判所に対し，通知をすることにより，証拠調べの決定を取り消すかどうかの判断を促すことになろう[12]。

(5) 受託裁判官による証拠調べが終了したときは，受託裁判官が所属する裁判所の裁判所書記官は，証拠調べに係る記録を，受訴裁判所の裁判所書記官に送付することになる（規105条）。

Ⅳ　転嘱の手続

1　転嘱をすることができる場合

裁判所外における証拠調べの嘱託を受けた受託裁判官は，他の地方裁判所又は簡易裁判所において証拠調べをすることを相当と認めるときは，更に証拠調べの嘱託（転嘱）をすることができる（本条2項）。

証拠調べの嘱託がされた後に，受託裁判官において，嘱託の前提とされていた事情が変更し，又は誤信があったことが判明した場合に，いったん受訴裁判所へ手続を戻して，再度，受訴裁判所から別の地方裁判所又は簡易裁判所への嘱託をする場合には，手続が遅滞し，訴訟手続の迅速な進行を害することとなるから，そのような弊害を避けるために認められるものである。

転嘱が必要となる典型的な場面としては，証人が他の裁判所の管轄区域内に転居していることが判明した場合や，検証の目的物の所在地が他の裁判所の管轄区域内に移転された場合のほか，証人の居住地や検証の目的物の所在地について，受訴裁判所の誤信に基づいて嘱託がされた後に，真の居住地・所在地が判明した場合などが通例であるといわれている。

転嘱に係る判断は，受託裁判官の権限ではあるが，その必要性・相当性については，証拠調べの結果を利用する受訴裁判所が最も的確に判断することがで

---

[12]　斎藤ほか編・注解民訴(7) 340頁〔斎藤＝吉野＝西村〕。

〔花村〕

きる立場にあると思われるので，実務上は，受託裁判官において転嘱の当否を検討するに当たっては，受訴裁判所の意見を確認して行われることが多いであろう。

なお，転嘱を受けた裁判所が更に転嘱をする必要性を認めたときは，再度の転嘱も認められるものと解される[13]。

2 転嘱がされた場合の手続

受託裁判官が転嘱をする場合には，受託裁判官が所属する裁判所の裁判所書記官において，その旨を受訴裁判所および当事者に通知しなければならないものとされている（規104条）。

V 証拠調べの結果の口頭弁論への上程

(1) 裁判所外における証拠調べは，前述のとおり，受命裁判官又は受託裁判官が行う場合はもとより，受訴裁判所が行う場合においても，公開主義の適用がなく，公開の法廷において行われる手続ではないことから，法律上の明文の規定はないが，公開主義及び直接主義の要請を満たす観点から，受訴裁判所におけるその後の口頭弁論の際に，裁判所外における証拠調べの結果を上程する必要があると解されている。

(2) 口頭弁論への上程の方法については，当事者による証拠調べの結果の援用が必要であるかどうか，また，当事者が援用しない自由を有するかどうかについて，学説上争いがある。

かつての通説は，証拠調べの結果が受訴裁判所の訴訟資料となるためには，当事者が証拠調べの結果を援用することが必要であり，援用をすることによってはじめて訴訟資料となりうると解していた[14]。これに対して，援用を必要としないとする反対説も有力となり[15]，判例も援用不要説をとるものと解される

---

13) 斎藤ほか編・注解民訴(7) 341頁〔斎藤＝吉野＝西村〕，兼子ほか・条解〔2版〕1066頁〔松浦馨＝加藤〕。

14) 細野・要義(3) 387頁，加藤・要論431頁，兼子・条解上732頁など。また，斎藤ほか編・注解民訴(7) 348頁〔斎藤＝吉野＝西村〕。ただし，職権による証拠調べの場合には，結果陳述は，不要である（斎藤ほか編・注解民訴(7) 351頁〔斎藤＝吉野＝西村〕，兼子ほか・条解〔初版〕974頁〔松浦馨〕）。

15) 西村宏一「証拠調の結果の援用」判タ40号〔1954〕11頁（同・民事法の諸問題Ⅰ

第1節　総則　　　　　　　　　　　　　　　　　　　　　　　　§185 Ⅴ

　また，かつての学説上は，援用をするかしないかは当事者の自由であると解するものが多かったようであるが，当事者の申出に基づいて証拠調べが実施されたにもかかわらず，当事者が援用するかしないかの自由を有すると解することは，その結果のいかんに基づいて，証拠調べ終了後の撤回を許すことと同様になってしまい，通常の証拠調べの場合と比較しても均衡を欠くこととなるといわざるを得ない。よって，当事者に援用の自由があると解するのは，相当でないと考える[17]。この点については，裁判所が当事者に援用の機会を与えたにもかかわらず，当事者が積極的に援用をしない場合には，裁判所が証拠調べの結果を口頭弁論に顕出すれば足りると解すべきであろう[18]。

〔花村良一〕

〔1965〕193頁），近藤完爾「口頭主義の反省」岩松還暦215頁，飯原一乗「証拠申出と証拠決定」実務民訴(1) 240頁。

16) 最判昭35・2・9民集14巻1号84頁は，受託裁判官による証人尋問の結果につき，当事者に援用の機会を与えたにもかかわらず，当事者双方においてこれをしないときは，援用のないまま口頭弁論を終結しても違法ではないとした。また，最判昭45・3・26民集24巻3号165頁は，調査嘱託によって得られた回答者等の調査の結果を証拠とするには，裁判所がこれを口頭弁論に提示して当事者に意見を陳述する機会を与えれば足り，当事者の援用を要しないと判示している。

17) 援用しない自由を当事者に認めない見解として，菊井=村松Ⅱ440頁，兼子ほか・条解〔初版〕973頁〔松浦〕。なお，兼子ほか・条解〔初版〕973～974頁〔松浦〕は，裁判所が当事者に対して証拠調べの結果を陳述する機会を与えたにもかかわらず，当事者がこれを怠るときは，裁判所自らが証拠調べの結果を陳述した上で，当事者に弁論を促し，当事者が異議を述べずに証拠調べの結果について弁論をしたときは，責問権の喪失により，当事者の陳述がないことの瑕疵を主張することができなくなると指摘する。

18) 賀集ほか編・基本法コンメ(2)〔3版〕168頁〔西口元〕，秋山ほかⅣ115～116頁，兼子ほか・条解〔2版〕1068頁〔松浦=加藤〕も，結論において同様である。なお，当事者が援用しない場合であっても，裁判所において証拠調べの結果を顕出することができるとの見解については，職権証拠調べに関する旧民事訴訟法261条が削除されたこととの関係で許されない解釈であるとの指摘があるが（斎藤ほか編・注解民訴(7) 347頁〔斎藤=吉野=西村〕），受訴裁判所による証拠調べの採用自体が当事者の申出によって行われれば，その取調べ結果自体を訴訟資料にすることができるかどうかの場面とは，次元を異にするものといえ，職権証拠調べが原則禁止されることとは，直接関連性はないと解してよいのではなかろうか。

〔花村〕

§186 I

（調査の嘱託）

第186条 裁判所は，必要な調査を官庁若しくは公署，外国の官庁若しくは公署又は学校，商工会議所，取引所その他の団体に嘱託することができる。

I 条文の趣旨

　本条は，内外の官庁，公署，学校等の団体を利用して，争いのある事実の存否に必要な事実の調査報告を徴する証拠収集の特別な方法について規定する。本条に規定する制度を調査の嘱託または調査嘱託といい，また，この嘱託の制度によって証拠を獲得することも調査嘱託と呼ぶ。

　内外の官庁，公署，学校等の団体からの何らかの情報を証拠とする方法としては，その情報に関する担当者等を証人または鑑定人として証人尋問または鑑定をするか，当該団体，担当者等の作成文書を書証とする方法がある。しかし，官庁，公署，学校等の団体が職務・業務上保有する情報や，それを加工することなどにより容易に入手できる情報については，公正かつ確実な報告・回答が期待できるのであれば，直接その報告・回答を求めることでも提供される情報の質は確保されると考えられる。証人尋問等の手続を実施するためには，相応の時間・手間を必要とすることが通常であり，また，情報提供者側の負担も軽いものとはいえないことを考えれば，このような場合にまであえてこうした手続の履践を要求する必要はない。

　そこで，本条は，手元にある資料に基づいて容易に調査することができる客観的事項について，公正さを有すると考えられる者に対して調査を委託して，その調査報告を証拠資料とする簡易・迅速な証拠収集方法を認めることとしたものである[1]。

---

[1] 本条の証拠法上の位置付けについては，簡易かつ特殊な証拠調べ手続を定めたものとする立場が通説である（上田〔7版〕416頁，中野＝松浦＝鈴木編〔2版補訂2版〕347頁〔春日偉知郎〕，新堂〔5版〕390頁，旧注釈民訴(6)172頁〔矢吹徹雄〕）。

第1節　総則　　　　　　　　　　　　　　　　　§186 Ⅱ・Ⅲ

Ⅱ　嘱　託　先

　嘱託先は，官庁もしくは公署，外国の官庁もしくは公署または学校，商工会議所，取引所その他の団体である。学校の中には，国公立の学校のみならず私立学校も含まれる。また，団体であれば，公的団体のみならず会社等の私的団体も含まれる。そして，団体としての実質があれば，その権利能力の有無を問わないから，権利能力のない社団または財団でもよい[2]。

　訴訟当事者である団体に対して調査嘱託をなしうるか否かについては，積極・消極両説ある[3]が釈明や当事者照会（163条）などでまかなえるから，必要性に乏しい。また，調査報告の正確性が必ずしも担保できないから，一方当事者の申立てで相手方に対する調査嘱託を採用するのはともかく，職権で当事者に対する調査嘱託を行うべきではないであろう。

　調査嘱託の相手方に上記の制限があるのは，調査嘱託が，十分な資料と設備を有する官庁などの団体を利用して，争いある事実の存否に必要な調査報告を徴する簡易な証拠収集方法であることをその理由とする。その趣旨から，自然人に対して調査嘱託をすることはできない[4]。自然人に対しては，証人尋問または鑑定の方法による。

Ⅲ　「必要な調査」の内容

　本条において嘱託先として掲げられているのは，内外の官庁・公署，学校，商工会議所，取引所その他の団体であり，これらの団体が報告の主体となることからすれば，調査の内容は，これらの団体が団体として保有する情報に関す

---

[2] 菊井＝村松Ⅱ 428頁，賀集ほか編・基本法コンメ(2)〔3版追補版〕169頁〔西口元〕。なお，新法の制定に当たっては個人に対する調査嘱託の途を開くことも検討されたが，結論として見送られることとなったようである（研究会 294頁〔福田剛久発言〕）。これに対し，個人であっても，相当規模の法人化されていない法律事務所や公認会計士事務所，個人経営の病院などの場合には，調査嘱託を可能と考える立場もある（旧注釈民訴(6) 171頁〔矢吹〕，証拠法大系(5) 146頁〔小海隆則〕）。

[3] 積極説として旧注釈民訴(6) 171頁〔矢吹〕。消極説として兼子ほか・条解〔2版〕1068頁〔松浦馨＝加藤新太郎〕。

[4] 菊井＝村松Ⅱ 428頁，賀集ほか編・基本法コンメ(2)〔3版追補版〕169頁〔西口〕。

〔濵本〕

るものに限られ，当該団体の構成員または所属員が当該団体の職務・業務と関係なく個人的に得た情報等については，調査の対象とはならない[5]。

　また，調査嘱託が，証人等の証拠方法によることなく，嘱託先からの報告結果をそのまま証拠資料とすることができる実質的根拠は，嘱託先から公正かつ確実な報告がされることが期待できることにあり，このことは，嘱託先が公正であり，かつ報告作成過程においても過誤が混入せず正確な報告がされることのほか，報告の内容についても確実な報告になじむものであることを要請するものである。したがって，調査を求めうる事項は，基本的には，報告に当たって報告者が主観を混入させるおそれのない客観的な事項であって，手元にある資料から容易に結果の得られるものに限られる[6]。相当な研究・調査を必要とする事項や意見を求める事項については，鑑定の嘱託（218条）によるべきであり，当事者に反対尋問を保障する必要のあるものは証人尋問によるべきである[7]。

　具体的な調査事項の例としては，一定の日時の気象，雨量など（気象台に対するもの），ある年度のある地方の農産物の作柄（農林水産省または農業協同組合に対するもの），平均寿命の統計資料（厚生労働省に対するもの），公営住宅の賃貸条件（地方公共団体に対するもの），ある人との取引の内容（銀行に対するもの），ある商品の一定の日時における価格（取引所または商工会議所に対するもの），外国法の内容（外国の領事館に対するもの），ある取引に関する慣習の存否（取引所または商工会議所に対するもの），伝染病の症状（伝染病研究所に対するもの）などが挙げられる[8][9]ほか，判例集等に掲載の裁判例からうかがえる具体的事項と

---

[5]　証拠法大系(5) 141頁〔小海〕。

[6]　野田宏・最判解説昭和45年度上27頁（以下，「野田・判解」で引用），旧注釈民訴(6) 171頁〔矢吹〕，証拠法大系(5) 141頁〔小海〕。

[7]　旧注釈民訴(6) 171頁〔矢吹〕。ただし，当事者双方とも調査嘱託によることについて同意しており，嘱託先の了承が得られる場合等には，主観的事項や事案の具体的な内容に関する事項にわたっても調査嘱託によることができると考えられる（大森文彦ほか・座談会「民事訴訟の新展開（上）」判タ1153号19頁〔山本和彦発言〕，同18〜21頁〔福田剛久発言〕，証拠法大系(5) 144頁，秋山ほかⅣ124頁）。

[8]　菊井＝村松Ⅱ427頁，斎藤ほか編・注解民訴(7) 313頁〔小室直人＝吉野孝義〕，兼子ほか・条解〔2版〕1069頁〔松浦馨＝加藤新太郎〕。

して，人絹糸の先物取引におけるある限月の納会値段（繊維商品取引所に対する
もの。最判昭45・3・26民集24巻3号165頁），救急治療時にした交通事故受傷者
の血中アルコール検査の測定結果（私立大学病院に対するもの。東京地判平4・1・
24交通民集25巻1号71頁），原告の休業期間・給与の支払状況等（勤務先の保険
会社に対するもの。最判平7・10・24交通民集28巻5号1260頁），屋外労働者職種
別賃金調査の結果（労働基準局に対するもの。高知地判平8・3・19交通民集29巻2
号419頁）等がある[10]。

IV　嘱託の手続

　調査の嘱託は，当事者の申立てによるほか，職権によりすることができる[11]。

　調査嘱託の申立ては，口頭ですることもできるが（規1条1項），実務上は書
面でするのが一般である。申立書には，証明すべき事実（180条1項）のほか，
嘱託先および嘱託すべき調査事項を記載する[12]。

　申立てがあった場合，受訴裁判所は，これに対する陳述の機会を相手方当事
者に与えた上で，裁量により（181条1項），調査嘱託をするかどうかを決定す
る[13]。

　採否の決定があるまでは，申立てを自由に撤回することができるが，採用が
決まれば，証拠共通の原則が働き，相手方当事者に有利な結果となる可能性
もあるから，相手方当事者の同意がなければ撤回はできない。嘱託の結果が受訴
裁判所に到着し，口頭弁論に顕出（後述VI）されれば，証拠調べとして完了す
るため，その後の撤回はできない。

　嘱託者については，旧民訴法では，裁判長がするものとされていたが，民事
訴訟規則31条2項は，裁判所の決定に基づき，裁判所書記官がするものとし

---

9) 両当事者の同意のうえ嘱託先の了承も得て，より事案の具体的内容に踏み込んだ調査嘱
　　託をした例につき秋山ほかIV 124頁。
10) 証拠法大系(5) 141頁〔小海〕。
11) 証拠法大系(5) 137頁〜140頁〔小海〕，新堂〔5版〕621頁。旧民訴法262条について
　　の菊井＝村松II 428頁，旧注釈民訴(6) 172頁〔矢吹〕。
12) 証拠法大系(5) 153頁〔小海〕。
13) 申立書が相手方に送付（直送）されれば，特段の事情がない限り，その時点で相手方
　　に陳述の機会が与えられたものと考えられる（証拠法大系(5) 154頁〔小海〕）。

た。

嘱託先が嘱託に応じて調査をしたときは，嘱託先の請求により報酬および必要な費用を支払わねばならない（民訴費20条）が，実務上この請求がされることはほとんどない。

V 調査応諾義務の有無

嘱託先は，嘱託に応ずる義務を負うかという問題については，内国の官庁その他の団体と外国のそれとを区別し，後者については，当然には応諾義務はなく，前者については，裁判所の嘱託があればこれに応ずべき一般公法上の義務を負うとするのが通説であり[14]，その旨を判示した裁判例もある[15]。したがって，嘱託を受けた内国の団体は，正当な事由がない限りは調査報告を拒むことができない。

では，嘱託先が応諾義務に反して調査に応じなかった場合に，制裁を科すことができるか。これを認める少数説もある[16]が，制裁を科すことはできないとするのが通説である[17]。

なお，嘱託を申し立てた者が，応諾義務に反して調査に応じなかった嘱託先に対し，不法行為に基づく損害賠償を求めることができるかが問題となった裁判例として，大阪地裁平成18年2月22日判決（金判1238号37頁）およびその控訴審である大阪高裁平成19年1月30日判決（金判1263号25頁）がある。

VI 証拠資料とする方法

調査嘱託が簡易・迅速な証拠収集方法であることからして，調査嘱託に対する回答は，書面によることが予定されているものと解される[18]。

---

[14] 兼子ほか・条解〔2版〕1068頁〔松浦＝加藤〕，斎藤ほか編・注解民訴(7) 314頁〔小室＝吉野〕，旧注釈民訴(6) 172頁〔矢吹〕。なお，菊井＝村松Ⅱ 428頁は，外国の官庁等に対する嘱託は，条約などの規定がある場合でなければ依頼できないとする。

[15] 大阪地判平18・2・22金判1238号37頁およびその控訴審である大阪高判平19・1・30金判1263号25頁。

[16] 細野・要義(3) 379頁は，証人尋問の規定を準用して過料の制裁を科し得るとする。

[17] 斎藤ほか編・注解民訴(7) 314頁〔小室＝吉野〕，旧注釈民訴(6) 172頁〔矢吹〕，菊井＝村松Ⅱ 428頁。

そして，調査嘱託はそれ自体が簡易・特殊な証拠調べ手続であることからすれば，この回答書を裁判所が証拠資料とするためには，調査嘱託の回答書を改めて書証として証拠調べの対象とする必要はなく[19]，裁判所はこれを口頭弁論において示して当事者に意見陳述の機会を与えることで足り，当事者の援用を要しない（最判昭45・3・26民集24巻3号165頁）[20]。実務上は，裁判所が調査嘱託の回答書を口頭弁論において示した上で当事者に意見陳述の機会を与えることを，口頭弁論への顕出という[21]。

Ⅶ 本条の準用等

1 釈明処分としての調査嘱託

訴訟関係を明確にするための釈明処分としての調査嘱託（151条1項6号）は，本条の定める証拠調べとしての調査嘱託とは異なるが，事実調査の結果の報告を求める点で本条の調査嘱託と共通性があるので，釈明処分としての調査嘱託についても本条が準用されている（同条2項）。

2 訴えの提起前における証拠収集の処分としての調査嘱託

平成15年の改正により導入された訴えの提起前における証拠収集処分においても，調査嘱託ができることとされた（132条の4第1項2号）。

〔濱本章子〕

---

18) 証拠法大系(5)127頁。
19) 野田・判解25頁。
20) 上田401頁，中野＝松浦＝鈴木編〔2版補訂2版〕307頁，348頁〔春日〕，新堂〔5版〕390頁，斎藤ほか編・注解民訴(7)314頁〔小室＝吉野〕，旧注釈民訴(6)172頁〔矢吹〕，菊井＝村松Ⅱ428頁，証拠法大系(5)151頁〔小海〕。
21) 証拠法大系(5)152頁〔小海〕。

§187 Ⅰ・Ⅱ

（参考人等の審尋）
第187条　①　裁判所は，決定で完結すべき事件について，参考人又は当事者本人を審尋することができる。ただし，参考人については，当事者が申し出た者に限る。
②　前項の規定による審尋は，相手方がある事件については，当事者双方が立ち会うことができる審尋の期日においてしなければならない。

Ⅰ　条文の趣旨

　旧法では，決定で完結すべき事件について，証言等の供述を取得するためには，任意に口頭弁論を開いて（旧法125条1項但書），証人尋問や本人尋問を実施しなければならなかった。しかし，決定で完結すべき事件は，判決で終結すべき事件と比べると，迅速に処理することが要請される事件であるから，口頭弁論を開いて証人尋問等を実施するまでもないと考えられる。そこで，本条は，同様に決定手続を採用する民事執行手続（民執5条）および民事保全における保全異議等の手続（民保7条・29条）と同じく，民事訴訟手続一般においても，簡易な証拠調べとして，参考人や当事者の審尋をすることができるとした[1]。

Ⅱ　審尋の意義

　審尋とは，当事者その他の訴訟関係人に，書面または口頭で，事件について陳述する機会を与える非公開の手続である。
　審尋には，訴訟資料の収集を目的とするものと，証拠資料の収集を目的とするものとがある。前者は，主張の整理・補充を目的とするものであるから，主張整理の審尋ということができ，民訴法87条2項に規定する審尋がこれに当たる。後者は，簡易な証拠調べを目的とするものであるから，証拠調べの審尋ということができる。本条は，後者の証拠調べの審尋を規定したものである。
　主張整理の審尋は，当事者の主張が不明な場合などに，当事者の主張を整

---

[1]　一問一答224頁。

理・補充するためになされるものであって，証拠資料の収集を目的とするものではなく，したがって，心証形成を目的とするものではないし，審尋の対象も当事者に限られる。これに対し，本条の審尋は，簡易な証拠調べの方法であるから，心証形成を目的とし，当事者以外の参考人も対象となる。

III 審尋の申出

当事者本人の審尋は，当事者から申出があった場合のほか，職権によってもすることができるが，参考人の審尋は，当事者が申し出た者に限られる（本条1項但書）。本条の審尋が，簡易な証拠調べであることから，証拠調べに関する180条（証拠の申出）または207条（当事者本人の尋問）との均衡を図ったものである[2]。

IV 審尋の対象

審尋の対象は，参考人または当事者本人である。ここでいう当事者とは，厳密な意味での当事者本人を指し，自然人であれば，原告または被告であり，法人であれば，その代表者本人であると解される。釈明処分としては，当事者のほかに当事者のために事務を処理しまたは補助する者に陳述をさせることができる（151条1項2号）が，本条の審尋は，簡易な証拠調べであるから，当事者尋問の規定（207条）にならって当事者本人に限るものと考えられる。

参考人については，事件の審理のために有益であれば誰でもよい。

V 審尋の方法

1 当事者双方の立会い

本条の審尋は，簡易な証拠調べであるから，当事者の一方のみの立会いのもとで実施するのは，当事者間の公平を欠く。そこで，本条2項は，相手方がある事件については，当事者双方が立ち会うことができる審尋の期日において参考人等を審尋しなければならないと規定した。

---

[2] 一問一答224頁。

〔濱本〕

2 証人尋問との差異

(1) 呼出し

証人尋問では，適正な事実認定のために，不出頭者に対する制裁（192条・193条）および勾引（194条）が行われるが，参考人の審尋では，疎明で足りるから（188条），参考人の呼出しをすることはできず，不出頭者に対する制裁や勾引は行われない。

(2) 宣誓等

証人尋問や本人尋問においては，供述内容の真実性を担保するために，宣誓が行われるほか偽証罪等の制裁も科されるが，参考人の審尋は，簡易な証拠調べであるから，参考人等に宣誓義務を課すことや偽証罪等の制裁を科す必要はない。

(3) 公開

証人尋問等は，原則として，公開の法廷で行われなければならない（憲82条）が，参考人等の審尋は，必ずしも公開する必要はなく，法廷で行うことも必要ではない。

(4) 尋問方法

証人尋問等においては，原則として交互尋問（202条1項）が行われるが，参考人等の審尋においては，一定の方法はなく，裁判所は，裁量により自由な方法を用いることができる。

Ⅵ 審尋の調書

審尋の調書については，民事訴訟規則78条によって口頭弁論調書の規定が準用されている。

〔濱本章子〕

第1節　総則

(疎明)
第188条　疎明は，即時に取り調べることができる証拠によってしなければならない。

I　条文の趣旨

本条は，疎明の方法に関する規定である。

迅速な処理が要請される手続において，裁判の基礎とされる事項について，証明ではなく，疎明という一応確からしい程度の心証でよいとされる場合があるが，本条は，疎明の場合の証拠は，事件の迅速処理の要請上，即時に取り調べることができる証拠でなければならないとした。

なお，旧法267条2項は，疎明に代わるものとして保証金の供託と宣誓を定めていた。しかし，実務では，この制度がほとんど利用されておらず，また，この規定によるのが相当な事項として想定されていた仮差押えまたは仮処分の理由については，民事保全法制定の際に，明文で，保証金の供託または主張が真実である旨の宣誓によって疎明に代えることができないものとされた（平成8年の民訴法改正による削除前の民保13条3項）。このような事情に照らし，旧法267条2項およびこれに関する規定（旧法267条3項・268条～270条）は，現在では存続させる必要性が乏しいものと考えられ，また，疎明の方法としては，当事者の陳述または陳述書を利用すれば足り，疎明に代わる保証金の供託，宣誓の制度を廃止することによる不都合もないことから，平成8年の民訴法改正により疎明に代わる保証金の供託，宣誓の制度は廃止された。

II　疎明の意義

裁判所が事実を確定するためには，証拠調べに基づいて一定の心証を得なければならないが，その心証の程度には，証明と疎明がある。証明とは，裁判官がある事実の存否について確信を得た状態，あるいは，裁判官にそのような確信を抱かせようとして証拠を提出する当事者の努力をいう。これに対し，疎明とは，裁判官がある事実の存否について一応確からしいとの推測を得た状態または裁判官がそのような推測を行ってよい状態，あるいは，裁判官にそのよう

な推測を得させようとして証拠を提出する当事者の努力をいう。

　証明と疎明は，事実認定について法によって要求される裁判官の心証の程度において差異がある[1]。証明は，ある事実（要証事実）の存在についての「高度の蓋然性」を証明することであり，その判定は，「通常人が疑を差し挟まない程度に真実性の確信を持ちうるもの」であることを必要とする（最判昭50・10・24民集29巻9号1417頁）。これに対し，疎明の場合には，裁判官が対象となる事実の存否について抱く心証の程度は，証明の場合に比して一段低く（最判昭29・2・18裁判集民12号693頁），たぶん間違いがない，おそらくはそうであろうという程度の蓋然性で足りる[2]。その程度の蓋然性を得たかどうかは，証明の場合と同様に裁判所の自由心証による（247条）。

Ⅲ　疎明事項

　裁判の基礎となる事実は，本来，裁判官が確信を得たうえで認定されなければならず，原則として証明が必要とされる。疎明は，証明よりも低い程度の心証であるから，疎明で足りるのは，原則として明文のある場合に限られる。証明事項と疎明事項との区別は，原則として明文の規定の有無によるのであり，判決で裁判すべき場合か，決定・命令で裁判すべきか，あるいは，口頭弁論を開いて認定・判断される場合か否かといった一般的基準で区別されるわけではない。例えば，執行処分に対する異議についての裁判は決定であるが，その基礎事実については証明が必要とされる（民執11条）。また，仮差押え・仮処分においては，口頭弁論を開くか否かにかかわらず（民保3条），裁判は決定によるが，被保全権利や保全の必要性については，疎明で足りる（同13条2項）。

　なお，疎明で足りるとされる場合には，その疎明事項に係る相手方の抗弁も疎明で足りることになる。

　法が明文で規定している疎明事項は，次のとおり3種類に分類することができる。

---

1) 菊井＝村松Ⅱ445頁，兼子ほか・条解〔2版〕1072頁〔松浦馨＝加藤新太郎〕，旧注釈民訴(6)221頁〔石渡哲〕，賀集ほか編・基本法コンメ(2)〔3版追補版〕171頁〔西口元〕，証拠法大系(2)12頁〔西田隆裕〕。

2) 菊井＝村松Ⅱ445頁。

第1節　総則　　　　　　　　　　　　　　　　　　　§188 Ⅲ

① 暫定的に権利・義務関係が定められる場合の判断事項

　暫定的に権利を確定したり，権利の終局的確定までの暫定的な処置をする場合には，証明を要求すると，判断までに時間を要し，かえって制度本来の趣旨を没却しかねないため，疎明で足りるものとされている。

　具体的には，保全命令の要件（民保13条2項），保全異議の申立てがあった場合の保全執行停止等の要件（同27条1項），保全命令の取消しの要件（同38条2項）。仮処分命令の取消しの要件（同法39条2項），保全命令の取消決定に対して保全抗告があった場合の保全命令取消決定の効力停止の要件（同42条1項），強制執行の停止等の要件（民訴403条1項各号，民執36条1項・38条4項）等がそれぞれ疎明事項とされている。

② 訴訟手続上の派生的判断事項

　権利・義務関係が終局的に確定されるまでの過程で訴訟手続上争いが生じた場合など，本案に関しない訴訟手続上の派生的事項について証明を要求することは，訴訟手続の最終目的である権利・義務関係の終局的確定の遅延につながりかねないことから，そのような事項については，疎明で足りるものとされた。

　補助参加の理由（44条1項），証言拒絶の理由（198条），訴訟費用額の確定における費用額（規24条2項），訴訟上の救助の事由（同30条），証拠保全の事由（同153条3項）等がこれに当たる。

③ 申立ての濫用等の防止

　申立ての濫用，軽率な申立てを防止しようとする趣旨から，特に申立て自体の適式要件として疎明を要求している場合がある。

　例えば，除斥または忌避の申立てにおいては，除斥原因，忌避原因について疎明が要求され（規10条3項），その疎明を欠けば，申立て自体が却下される。また，債権者による破産申立てにおいても，申立人の債権の存在および破産手続開始の原因事実について疎明が要求される（破18条2項）。

　以上のとおり，疎明事項は，原則として法定されている（上記のほか，民訴35条1項・91条2項～4項・92条1項，民訴規130条2項，民執115条3項，行訴25条5項等）が，例外的に事柄の性質上類推解釈によって疎明の対象とされる場合もある[3]。

〔濱本〕

Ⅳ 疎明の方法

　疎明の場合の証拠方法に一般的な制限はない。しかし，疎明で足りるとして必要な心証の程度を引き下げるのは，主として裁判の迅速性の確保の要請に基づくものである。そこで，本条は，疎明のための証拠については，証明の場合と異なり，即時に取り調べうるものに限定している。

　「即時に」とは，口頭弁論期日や審尋期日において直ちに取り調べることのできることを意味する。期日が開かれない場合は，その申立てに際してという意味である。具体的には，期日が開かれた場合には，その期日に裁判所に提出できる文書，検証物および法定や審尋の場に臨席する証人や当事者本人などに限られ，書面審理の場合には，裁判をするまでの間に提出される書面に限られることになる。実務では，尋問に代わる当事者や関係者の陳述書，鑑定に代わる鑑定意見書，現場検証に代わる写真，ビデオテープなどが提出されることが多い。

　これに対し，調査の嘱託（186条），文書提出命令（223条），文書送付の嘱託（226条），呼出しを要する証人の尋問，裁判所外における検証・証人尋問・当事者尋問等の証拠調べ（185条）は，即時性の要件を満たさないため許されない。

〔濵本章子〕

3）　菊井＝村松Ⅱ 446頁，兼子ほか・条解〔2版〕1072頁〔松浦＝加藤〕，旧注釈民訴(6) 221頁〔石渡〕，証拠法大系(2) 33頁〔西田〕。

第1節　総則

（過料の裁判の執行）

第189条　①　この章の規定による過料の裁判は，検察官の命令で執行する。この命令は，執行力のある債務名義と同一の効力を有する。
②　過料の裁判の執行は，民事執行法（昭和54年法律第4号）その他強制執行の手続に関する法令の規定に従ってする。ただし，執行をする前に裁判の送達をすることを要しない。
③　刑事訴訟法（昭和23年法律第131号）第507条の規定は，過料の裁判の執行について準用する。
④　過料の裁判の執行があった後に当該裁判（以下この項において「原裁判」という。）に対して即時抗告があった場合において，抗告裁判所が当該即時抗告を理由があると認めて原裁判を取り消して更に過料の裁判をしたときは，その金額の限度において当該過料の裁判の執行があったものとみなす。この場合において，原裁判の執行によって得た金額が当該過料の金額を超えるときは，その超過額は，これを還付しなければならない。

I　条文の趣旨

　昭和55年の民事執行法施行前は，過料等の裁判の執行については，旧民訴法第6編強制執行中の561条ノ2が，同裁判は検察官の命令をもって執行する旨を規定していた。しかし，民事執行法の施行にあたり，同条は民事執行法附則3条により削除された。この削除に伴って旧民訴法270条ノ2が新設されたが，本条はこれを口語化したものである。

　この章（第4章証拠）の規定による過料の裁判は，公権力に基づくものであって対立する当事者間において給付を命ずるものではないから，本条1項は，検察官の命令を債務名義とする旨を規定する。

　本条2項は，過料の裁判の執行も民事執行法その他強制執行の手続に関する法令の規定に従ってする旨を定めている。

　本条3項は，平成13年法律第139号によって，刑事訴訟法に，裁判の執行に関して必要があると認めるときは検察官または裁判所もしくは裁判官は公務

所等に照会することができる旨の規定が新設される（刑訴507条）とともに，同規定が，過料の裁判の執行についても準用されることとなり，追加されたものである。

本条4項は，平成16年法律第152号によって，非訟事件手続法の過料の手続に関する改正の一環として，同法164条4項（現行法121条4項）に刑訴法494条と同趣旨の裁判の執行の二度手間等を避ける規定が設けられたのとともに，本条においても同一の規定が設けられたものである。

II この章の規定による過料の裁判

この章（第4章証拠）の規定による過料の裁判とは，192条1項（証人の不出頭），200条（証言拒絶），201条5項（宣誓拒絶），209条1項（宣誓した当事者の虚偽の陳述），211条（法定代理人の尋問につき当事者本人の尋問に関する規定の準用），216条（鑑定につき証人の規定の準用），225条1項（第三者の文書提出命令違反），229条5項（第三者の対照用文書の提出命令違反），230条1項（文書成立の否認），232条2項（第三者の検証物提出命令違反）において制裁として科せられる過料の裁判である。なお，154条2項は，通訳人について鑑定人の規定を準用しているので証人についての過料の規定が準用されることになる（216条）。また，381条3項は，少額訴訟による裁判を求めた回数の虚偽届出に対する過料（同条1項）の裁判について，本条を準用している。

III 検察官の命令

民事執行法22条は，債務名義となりうるものを列挙しており，同条3号は，「抗告によらなければ不服を申し立てることができない裁判」とある。過料の裁判は，一見これに該当するようにみえるが，対立する当事者間において給付を命ずるものではなく，違反行為に対する制裁の宣言であるから，民事執行法22条3号の裁判には当たらない[1]。そこで，本条1項によって，過料の裁判の執行を命ずる検察官の命令に債務名義としての資格が与えられることとなった

---

1) 菊井維大・強制執行法（総論）〔1976〕94頁，旧注釈民訴(6)233頁〔石渡哲〕，賀集ほか編・基本法コンメ(2)〔3版追補版〕172頁〔西口元〕。

第1節　総則

ものである。

　検察官の執行命令は，過料の裁判が確定した後，当該過料の裁判をした裁判所に対応する検察庁所属の検察官が，過料の裁判の正本または謄本に，同裁判に基づき過料の宣告を受けた者に対して執行すべきことを付記し，署名または記名捺印したうえ，年月日を記入して行う[2]。

IV　過料の裁判の執行

1　適用される規定

　本条2項は，過料の裁判の執行は民事執行法その他強制執行の手続に関する法令の規定に従って行うべきことを定めている。このような法令には，民事執行規則，民事執行法施行令，滞納処分と強制執行等との手続の調整に関する法律，同規則等がある。

2　執行文付与の不要

　検察官は，執行命令を債務名義として執行機関に対して執行申立てをすれば足り，その際，執行文の付与は不要である。本条1項によって，検察官の命令が「執行力のある債務名義と同一の効力を有する」とされているところ，「執行力のある債務名義」とは「執行力のある正本」を意味すると解されるからである[3]。

　なお，過料は，過料に処せられた者の国家に対する一身専属的債務であると解されるから，執行命令に表示された当事者に承継ないし交替があった場合には，承継執行の余地はなく，承継執行文の発付もできないと解される[4]。

V　裁判の事前送達の不要

　民事執行法29条は，強制執行開始の要件として，債務者に対する債務名義

---

[2]　旧注釈民訴(6)233頁〔石渡〕，賀集ほか編・基本法コンメ(2)〔3版追補版〕172頁〔西口〕。

[3]　旧注釈民訴(6)234〜235頁〔石渡〕，賀集ほか編・基本法コンメ(2)〔3版追補版〕172頁〔西口〕。

[4]　兼子ほか・条解〔2版〕1075頁〔松浦馨=加藤新太郎〕，旧注釈民訴(6)235頁〔石渡〕，賀集ほか編・基本法コンメ(2)〔3版追補版〕172頁〔西口〕。

の事前または同時送達を規定しているが，本条による執行の場合には，2項但書によって裁判の事前送達は不要とされる。

Ⅵ 公務所等への照会

前記Ⅰのとおり，平成13年の民訴法改正により，本条3項が追加され，刑訴法507条の規定が準用されることとなった。刑訴法507条は，検察官等が裁判の執行に関して必要があると認めるときは，公務所または公私の団体に照会して必要な事項の報告を求めることができる旨を定めた規定である。財産刑，自由刑その他の裁判を的確に執行するためには，その執行を受ける者の所在や資産等について公務所等に照会して調査を行う必要があるが，刑訴法にその調査権限を定めた規定がなく，照会の相手方から照会の根拠規定がないことを理由として協力を拒まれる例が増加するなど，裁判の執行に困難を来すことがあったために，平成13年の刑訴法改正により新設された[5]。過料の裁判の執行についても，過料の裁判を受けた者の住所等が不明な場合等には公務所等に対する照会が必要となることから，本条3項において，刑訴法507条の規定を準用することとした。

Ⅶ 執行後に即時抗告があった場合の処理

前記Ⅰのとおり，平成16年の民訴法改正により，本条4項が追加され，過料の裁判の執行があった後に当該裁判（原裁判）に対して即時抗告があった場合の処理に関する規定が設けられた。過料の裁判に対しては，即時抗告ができる（192条2項・209条2項・229条6項・230条2項・232条3項・381条2項及びこれらの規定のいずれかの準用規定）が，過料の裁判の執行があった後に即時抗告があった場合，抗告裁判所は原裁判を取り消して原裁判の過料の金額とは異なる金額の過料に処する旨の裁判をすることがありうる。この場合，原裁判の執行として徴収した過料を一旦全額返還した後に改めて抗告審の過料の裁判の執行をするのは二度手間になるうえ，当事者の資力が悪化していれば抗告審の裁判の執行が事実上困難になることもあるので，抗告裁判所が当該即時抗告を理

---

5) 松尾浩也監修・条解刑事訴訟法〔第4版，2009〕1202頁。

由があると認めて原裁判を取り消して更に過料の裁判をした場合において，抗告裁判所が判断した過料の金額が，原裁判の過料の金額以上のときには，既に執行した原裁判の金額の限度において当該過料の裁判の執行があったものとみなすこととし，原裁判の執行により得た過料の金額が抗告裁判所が判断した過料の金額を超えるときは，その超過額は，これを還付しなければならないこととした[6]。

〔濱本章子〕

---

[6] 一問一答平成16年87～88頁。

第2節　証人尋問

（証人義務）
第 190 条　裁判所は，特別の定めがある場合を除き，何人でも証人として尋問することができる。

（証人尋問の申出）
規則第 106 条　証人尋問の申出は，証人を指定し，かつ，尋問に要する見込みの時間を明らかにしてしなければならない。

（尋問事項書）
規則第 107 条　①　証人尋問の申出をするときは，同時に，尋問事項書（尋問事項を記載した書面をいう。以下同じ。）2通を提出しなければならない。ただし，やむを得ない事由があるときは，裁判長の定める期間内に提出すれば足りる。
②　尋問事項書は，できる限り，個別的かつ具体的に記載しなければならない。
③　第1項の申出をする当事者は，尋問事項書について直送をしなければならない。

I　証人尋問総論

1　証人の概念

　証人とは，過去において自らが経験した具体的な事実についての自己の認識を，その記憶に基づいて，訴訟において供述（証言）すべき第三者である。具体的事実の意味や解釈について述べること，あるいは，具体的事実に基づく推

論や判断を述べることは，意見の陳述であって，ここで言う自己の認識の供述には当たらない（規115条2項5号）。意見を述べることができる者は複数存在し得るが，記憶に基づいて具体的な事実についての認識を述べることができるのは，当該事実を経験し，それについての記憶を保持する特定人に限られる。証人については，不出頭に対する制裁や勾引の規定が用意されている（192条～194条）のに対して，専門的知見（学識経験）に基づいて意見や判断を陳述すべき鑑定人については，そのような定めがない（216条参照）のは，鑑定人は代替性があるのが通例であるのに対して，証人は，代替性がないがゆえに，出頭確保の要請が高いからである[1]。

2　証人能力

証人能力とは，証人となり得る資格である。当該訴訟の当事者とその法定代理人・代表者（法人の代表者のほか，29条により当事者能力を認められる団体の代表者・管理人を含む）以外のすべての自然人が証人能力を有する（法人その他の団体には記憶が存在しないので，法人その他の団体に証人能力が認められないことは当然である）。当事者とその法定代理人・代表者に，これらの者自身が過去において経験した事実の認識を供述させる場合には，証人尋問ではなく，当事者尋問の手続による（207条・211条・37条）。

当事者尋問と証人尋問の大きな相違点は，証人尋問については偽証罪（刑169条）が成立し得るのに対して，当事者尋問についてはそうでないことである。当事者が過去に経験した事実を真実に即して供述することは，場合によっては当該当事者の敗訴をもたらすことがあるから，当事者に対して刑罰の威嚇をもって真実に即した供述を強制することは期待可能性の観点から適当でない。そこで，当事者については，虚偽の供述（虚偽陳述）について過料の制裁（209条1項）しか予定していない，当事者尋問の手続が用意されているのである[2]。当事者の利益を守ることを義務付けられている，当事者の法定代理人・代表者についても同様である。判例（最判昭27・2・22民集6巻2号279頁）は，当該訴

---

[1]　秋山ほかIV 141頁以下。ただし，事実の認識の供述と意見の陳述の区別が必ずしも容易ではないことから，本文で述べた証人と鑑定人の区別に対しては，主として裁判実務家から異論が唱えられている。この点については，旧注釈民訴(6) 239頁以下〔藤原弘道〕を参照。

訟を追行していない代表者の証人能力を肯定するが，疑問である。これに対して，当事者の訴訟代理人については，証人能力が肯定される。訴訟代理人が証人として尋問される場合も，本人である当事者の利益を守る義務と真実に即した証言をする義務との間でコンフリクトが生じ得るが，そのような場合，訴訟代理人は辞任すべきである。

　解釈論上，証人能力の有無が問題になる場面として，訴訟担当者が当事者として訴訟を追行している場合を挙げることができる。この場合の訴訟担当者は当事者であるから，これに証人能力がないことに異論は見られない。これに対して，被担当者については，当事者ではないことを理由に，証人能力を肯定する見解が一般的であるように見受けられる[3]。しかし，被担当者は，当事者である訴訟担当者が請求棄却判決を受ければ，それが確定すると既判力を不利に受ける立場にある（115条1項2号）から，これに対して，刑罰の威嚇をもって臨むことは相当ではない点については，その者が固有適格者（本来的な利益帰属者）として当事者となっている場合と変わりはない。したがって，被担当者の証人能力は否定されるべきである。

　通常共同訴訟の場合の共同訴訟人は，尋問事項がもっぱら他の共同訴訟人と相手方の間の請求に関わるものであるときには，証人能力がある（大判昭3・4・7評論17巻民訴403頁）。通常共同訴訟の場合の共同訴訟人の一部が第一審判決に対する控訴人にも被控訴人にもならなかった場合，この者は，控訴審においてもはや当事者ではないから，控訴審においては証人能力を有する（最判昭

---

2) 高橋下〔2版〕107頁。なお，旧法336条は「裁判所カ証拠調ニ依リテ心証ヲ得ルコト能ハサルトキハ申立ニ因リ又ハ職権ヲ以テ当事者本人ヲ訊問スルコトヲ得」として，他の証拠調べによって心証を得ることができない場合に限って当事者尋問をすることができる旨（当事者尋問の補充性）を定めていたが，現行法はこの規定を引き継がなかった（207条2項参照）。当事者尋問の補充性は，当事者は自らの勝訴のために記憶をねじ曲げてでも自己に有利な供述をする傾向があるため，当事者尋問で得られた供述は信用性が低いということを理由としていたが，事案の真相解明にはむしろ当事者尋問を手続の早い段階で実施することが有用であるとの実務界の意見を考慮して，現行法は当事者尋問の補充性を廃止したのである。当事者尋問の補充性の廃止については，福永有利「証人尋問と当事者尋問の改革」講座新民訴(2)232頁以下を参照。

3) 旧注釈民訴(6)240頁〔藤原〕，秋山ほかⅣ143頁。

34・3・6判時179号16頁)。補助参加人，訴訟告知を受けた被告知者も，当事者ではないので，証人能力を有する。しかし，補助参加人であっても，共同訴訟的補助参加の場合のそれについては，議論の余地がある。判決効（参加的効力を除く）を不利に受ける可能性がある場合については，証人能力を認めるべきではなかろう。

　当事者尋問によるべき者以外の自然人には，証人能力が広く認められる。訴訟能力の有無は証言能力に影響がなく，幼児にも証人能力はある（証言時に8歳，9歳であった者につき，最判昭43・2・9判時510号38頁)。しかし，幼児や精神に障碍を来している者の証言は，証拠力が劣ると認められることが通例であろう。裁判官・裁判所書記官・専門委員・知財調査官は，担当する当該訴訟事件について証人となることができるが，証人となった後は当該事件につき除斥される（23条1項4号・27条・92条の6第1項・92条の9第1項)。

　証人能力のない者を証人として尋問した場合，その証言を証拠資料として用いることができるかどうかについて，大審院は，当初，当事者の異議の有無にかかわらず，証拠資料として用いることはできないとしていた（大判大13・6・24民集3巻290頁)。しかし，後に判例を変更して，かかる証言であっても事実認定のために用いることができるとした（大判昭11・10・6民集15巻1789頁)。学説は，このような場合を念頭に置いて，民訴法の証拠調べの方式に関する定めは強行規定ではなく，当事者が異議を述べない限り，証拠調べの方式を取り違えた手続違背の瑕疵は，責問権の放棄（90条）によって治癒されると解している[4]。ただし，責問権の放棄によって，民訴法上の違法性が治癒されても，証人として尋問された証人能力のない者に，偽証罪は成立しないと解すべきである。逆に，証人能力のある者を当事者尋問の手続によって尋問した場合について，最高裁は，被尋問者がこれを拒まず，当事者が異議を述べなければ，その違法は責問権の放棄によって治癒するとしている（最判昭30・6・24民集9巻7号930頁)。

3　伝聞証言及び反対尋問の機会を欠く証言の扱い

　証人が自ら直接に経験した事実ではなく，他人から聞き及んだ事実を証言し

---

[4]　秋山ほかⅣ144頁，条解〔2版〕1079頁〔松浦馨＝加藤新太郎〕。

〔山本（克）〕

た場合に，かかる証言（伝聞証言）が当該事実の認定との関係で証拠能力を有するかどうか，という問題点については，大審院時代に判例の変遷があった。大審院は，当初，伝聞証言の証拠能力を否定していた（大判明31・2・1民録4輯2巻1頁，大判明32・11・1民録5輯10巻23頁，大判明33・11・2民録6輯10巻1頁）が，やがて，例外的に証言能力が認められる場合があるとするに至り（大判明34・2・9民録7輯2巻66頁），最終的には，明示的に判例変更をして，伝聞証言の証拠能力を肯定した（大連判明40・4・29民録13輯458頁，大判大3・9・23民録20輯682頁，大判大6・6・18民録23輯1072頁）。

　戦後，アメリカ法の影響の下に，刑事訴訟において原則として伝聞証拠の証拠能力が否定され，民事訴訟にも交互尋問制度が導入されたが，最高裁は，「証拠を，原則として右のような反対尋問を経たものだけに限り，実質的にこれを経ていない，いわゆる伝聞証言その他の伝聞証拠の証拠能力を制限するか，或はこれ等の証拠能力に制限を加えることなく，その証明力如何の判断を，専ら裁判官の自由な心証に委せるかは，反対尋問権の行使につきどの程度まで実質的な保障を与えるかという立法政策の問題であつて，交互尋問制のもとにおいては必ず伝聞証拠の証拠能力を否定しなければならない論理的な必要があるわけではない」として，伝聞証言に限らず，伝聞証拠一般について証拠能力の制限を否定した（最判昭27・12・5民集6巻11号1117頁）。その後も，この立場は最高裁判例において踏襲されている（最判昭32・3・26民集11巻3号543頁，最判昭32・7・9民集11巻7号1203頁）。

　学説においても，民訴法が証言等に関して証拠能力を制限する旨の規定を置いていないのは，伝聞証拠について証拠能力は肯定する趣旨に出たものであるとの解釈が一般的である[5]。ただし，伝聞証言については，その証拠力を慎重に判断する必要があることも同時に指摘されている。

　伝聞証言の証拠力に関連する問題点として，反対尋問の機会を欠いたまま行われた証人尋問によって得られた証言の扱いをどうするか，という問題がある。当事者尋問についてではあるが，病臥中の被告本人の臨床尋問において病状悪化のために反対尋問が不可能となった事案について，最高裁は，「やむを得な

---

5) 旧注釈民訴(6)244頁〔藤原〕，秋山ほかⅣ147頁。

第 2 節　証人尋問

い事由によつて反対訊問ができなかつた場合には，単に反対訊問の機会がなかつたというだけの理由で，右本人訊問の結果を事実認定の資料とすることができないと解すべきではな〔い〕」と判示しており（最判昭 32・2・8 民集 11 巻 2 号 258 頁），その趣旨は証人尋問に推し及ぼすことができよう。同判決については，反対尋問の機会を欠くに至った理由の如何を問わず，反対尋問を欠いた証言の証拠能力を肯定し，反対尋問を経由していないことは証言の証拠力の判断において顧慮すれば足りる（東京高判昭 51・9・13 判時 837 号 44 頁）という趣旨ではなく，反対尋問が「やむを得ない事由」により実施できなかった場合にその射程は限定されており，かかる事由がないにもかかわらず反対尋問の機会を欠いた場合には，証言の証拠力は否定されるべきである旨を判示したとの理解が学説においては有力である[6]。もっとも，前掲最判昭和 27 年 12 月 5 日は，交互尋問制の趣旨について，「反対尋問権の行使により，証言の信憑力が十分吟味される点にある」との，反対尋問権は証言の信用性についての裁判官の判断を容易ならしめるという制度目的を実現するための反射的な権利に過ぎず，本来的な意味における権利ではないとの理解を示した，とも解することができる判示をしている。このような理解からは，理由の如何を問わず反対尋問の機会を欠いたことは，証言の証拠力の判断において斟酌すれば足りると解する方が一貫していると考えられる。したがって，有力説の立場においては，反対尋問権を本来的な意味の権利（権利者自身の利益のための権利）として根拠付ける必要があろう。

4　証言の証拠力

　証言とは証人が過去に経験した事実をその記憶に基づいて再現する供述であるから，証言の証拠力（実質的証拠力，信用性）には次のような問題点がある。第 1 に，人は，経験し知覚した断片的ないくつかの事実をまとめ上げて，意味がある 1 つの事象として記憶するのであるが，知覚自体の正確性に限界があることに加えて，「まとめ上げ」に際して，他人の影響を受けたり，先入観に支配されたり，希望的な観測を織り込んだりといった，様々なバイアスが排除されるとは限らない（作成者が経験した事実が記載された報告文書についても同様の問

---

[6]　旧注釈民訴(6) 245 頁〔藤原〕，秋山ほかⅣ 228 頁，条解〔2 版〕1123 頁〔松浦＝加藤〕。

題がある)。次に，記憶の特性上，時間の経過により，記憶が劣化したり，記憶した内容が変容したりすることを排除できない（文書は事後的な改ざんがされない限りこの弊を免れている）。最後に，証言に際して，証人が記憶に即した供述をするとは限らない（文書にはこのような問題はない）。記憶に即した供述をしないことの心理的な原因としては，様々なことがあり得るところである。とりわけ，証人は一方当事者からの依頼によって証言することが通例であることから，このような証人が，証言に際して，依頼者である当事者の利益を図ることを第一義とし，記憶に即した供述をすることが二の次にされることが多いことが，頻繁に指摘されている。

　これらの問題点のうち，第1のものは，法的にコントロールすることができない。自由心証主義の下で証言の証拠力の評価を委ねられた裁判官の観察力・洞察力に期待するほかはない。これに対して，第2・第3の点は，契約書などの文書の作成を強制すること（その方法としては，法律行為の要式行為化や，ある範疇の事実について許容される証拠方法を文書に限定することなどが考えられる）で，回避することができるが，現状はそうなっていない。また，第3の問題点に対する対処方法として考案されたのが，交互尋問制度であり，反対尋問によって記憶に即していない証言をあぶり出すことが期待されている。しかし，反対尋問がこのような機能を果たすためには，弁護士が一定水準の尋問技術を有していることが必要であるが，裁判官の間では弁護士の尋問技術の現状に対して消極的な評価が一般的であるように見受けられる。また，相矛盾する証言をした複数の証人を対質（規118条）させることも，第3の問題に対する対処方法として有効であるとの指摘もある。

　このように証言の証拠力の評価には困難な問題が伴う。裁判官としての実務経験に基づき，あるいは，心理学[7]の成果を踏まえて，証言の証拠力評価を合理化（この合理化には，理念的に2つの方向があり得る。つまり，1つは裁判官の恣意

---

7) 証言者の心理など裁判手続に対する心理学の応用を試みるのが，裁判心理学である。従来，我が国においては，裁判心理学は刑事を中心に展開されており（最近では，裁判員の心証に対して影響力を与えるための尋問の技術に関心が向けられているようである），民事の研究は緒に就いたばかりである。なお，民事裁判心理学の先駆的業績として，菅原郁夫・民事裁判心理学序説〔1998〕がある。

第2節　証人尋問

的な判断を排除するという方向であり，もう1つは虚偽の証言を発見する方法の探索という方向である）するための有意的なファクターを列挙することが行われている[8]。このようなファクターを列挙し検討することは，法曹養成のため，あるいは，裁判官・弁護士が日々の実務を反省するためには，有用であると考えられる。しかし，これらのファクターは万能のものではあり得ず，合理化には限界がある。換言すると，証言の証拠力の評価のブラック・ボックス化は不可避である。

5　証人尋問の申出と尋問事項書

(1) **証人尋問の申出**

証人尋問の申出は証拠の申出の一種であるから，民訴規則99条所定の事項その他の証拠の申出一般に関するルール（→証拠前注Ⅰ3）の適用があるが，民訴規則106条は，証人尋問の申出に固有の定めを置いている。

まず，裁判所が当該証人を呼び出すことができるように，証人尋問の申出においては，証人を指定する必要がある（規106条前段）。ここでの指定は，住所・氏名によって証人を特定するのが通例である。代替性がある鑑定人は受訴裁判所等が指定する（213条）こととされているのに対して，被代替的な証人は証拠申出において（つまり，当事者によって）指定されるのである。

次に，証人尋問の申出において，尋問に要する見込みの時間を明らかにする必要がある（規106条後段）。集中証拠調べ（182条）を実施する前提として，裁判所は証拠調べ期日に要する時間についての予測を立てる必要があるが，この予測の材料として証人尋問の申出にかかる要求がされているのである。なお，ここで明示を要求されている尋問に要する見込みの時間は，証人尋問全体に要すると予測される時間であるとされる[9]が，反対尋問等に要する見込みの時間は，申出人には容易に予測できないから，主尋問に要すると予測される時間を明示するだけで足りると解される。

(2) **尋問事項書**

証人尋問の申出と同時に，申出人は，尋問事項を記載した書面である尋問事

---

8) 秋山ほかⅣ 148頁，条解〔2版〕1081頁〔松浦＝加藤〕。
9) 条解規則〔初版〕234頁。

〔山本（克）〕

項書を2通提出しなければならない（規107条1項本文）。

　この尋問事項書には，いくつかの役割を果たすことが期待されている。まず，尋問事項書は，裁判所に，証人尋問期日の準備をするための材料を提供する。尋問事項書1通は，このような目的を果たすべきものとして，訴訟記録に編綴される。次に，証人に，記憶を予め喚起させ，あるいは，証言拒絶事由の有無を判断する材料を提供するものとされている。このような目的のために，尋問事項書は呼出状に添付して（規108条）証人に送達される。最後に，尋問事項書は，相手方当事者に，反対尋問の準備の材料を提供する。この目的のため，尋問事項書は申出人により相手方当事者に直送されることになっている（規107条3項）。なお，相手方当事者には直送されるので，裁判所に提出される尋問事項書は，記録に編綴されるべき1通と呼出状に添付されるべき1通の，計2通とされているのである。

　民訴規則107条の前身は，旧民訴規則31条であるところ，旧規則において尋問事項書に記載が求められるのは「尋問事項の要領」であるとされていた。「要領」という表現が簡略な記載を許容するかのような誤解を与えるため（簡略な記載は上記の役割を果たすことができない），民訴規則107条1項は「要領」の語を用いていない。したがって，同項自体ができるだけ詳細な記載を求めていると言うべきであるが，更にその趣旨を明確にするために，同条2項において「できる限り，個別的かつ具体的に記載」することが要求されている。

　民訴規則107条1項但書は，尋問事項書の提出時期に関する例外として，やむを得ない事由があるときは，裁判長により定められた期間内に提出すれば足りる旨を定めている。もっとも，弁論及び証拠の整理が十分にされていれば，やむを得ない事由がある場合は滅多に生じないと考えられ，できるだけ同但書が適用されることがなくなるような手続運営が望まれる[10]。

6　証人の旅費等

　証人は公法上の義務の履行として裁判所に出頭し証言するのではあるが，出頭のために要した旅費・宿泊費等の諸費用のすべてを証人に負担させるのは適当でない。そこで，裁判所に出頭した証人は旅費（民訴費21条），日当（民訴費

---

10)　条解規則〔初版〕236頁。

22条）及び宿泊料（民訴費23条）を請求できることとされている（民訴費18条1項本文）。ただし、証人が正当な理由なく宣誓または証言を拒んだ場合はこの限りではない（同項但書）。これらの費用は、当事者に納付義務がある費用であり（民訴費11条1項1号）、証人尋問の申出をした当事者（民訴費11条2項）が概算額を予納する義務を負い（民訴費12条1項）、裁判所は保管している予納金から旅費等を証人に支払うことになる。そして、証人の旅費等は、訴訟費用であるとされており（民訴費2条2号）、最終的な負担者は訴訟費用の負担の裁判により定まる（67条。ただし、68条）。

　証人に旅費等が支払われる根拠として、証人が司法権の適正な行使に協力することを挙げる見解もある[11]が、この見解によっては、証人の旅費等が国庫の負担となる可能性を排除できず、不十分な説明であると思われる。民事訴訟は、訴訟当事者間の法律関係を明らかにすることを通じて、国民の私法上の法的地位の保護を図る、国家の国民に対する義務を履行するための制度であり、証人義務は国家のかかる義務を果たすために課せられている。したがって、証人に給付すべき費用の負担者は、民事訴訟制度によって保護を受ける訴訟当事者であるとされているのである。なお、刑事訴訟においても、証人の旅費等は訴訟費用であるとされている（刑訴費2条1号）が、それを負担するのは国庫であるのが原則である（刑訴181条参照）。

II　本条の趣旨——証人義務

1　証人義務の性質

　本条は、裁判所が原則として何人であっても証人として尋問できる権限を定めているが、その権限の反面としての証人義務が本条の規定するところであることについては異論がない。

　この証人義務は裁判所に対する義務であるから、国家主権の一部を担う司法権にかかる義務である点において公法上の義務である。証人は、他人間の法律関係が争われている民事訴訟事件において、自己の生活や仕事を犠牲にして、情報を提供する義務を負うのであるが、その根拠は、民事訴訟が、訴訟当事者

11）　旧注釈民訴(6)251頁〔藤原〕、秋山ほかIV 149頁。

間の法律関係を明らかにすることを通じて，国民の私法上の法的地位の保護を図り，国家の国民に対する義務を履行するための制度であり，その制度目的を実現するためには日本の民事裁判権に服する者一般の協力が必要であることに求められる。同じく一般義務である文書提出義務（220条）と証人義務は，少なくとも，民事訴訟の目的を実現するための協力義務である限度で性質を同じくするのであるが，全く同質の義務と見るべきかどうかについては議論があり得るところである。

2 証人義務の内容

証人義務は，具体的には，出頭義務，証言義務と宣誓義務の3つの要素から構成される。

(1) 出頭義務

出頭義務とは，適法な呼出しがあった場合に，それに応じて，呼出しをした受訴裁判所または受命裁判官・受託裁判官（185条）の面前に出頭する義務である。出頭義務は，抽象的な義務としては日本の裁判権に服する者全般に課せられているが，特定の者が特定の訴訟事件との関係での具体的な出頭義務を負うのは，裁判所が当該者を証人とする旨を決定し，かつ，その者に対して適法な呼出しをした場合だけである。呼出状の送達の受領があるまでは，具体的な出頭義務が生じることはない。

出頭義務違反に対する制裁として，秩序罰としての訴訟費用の負担・過料（192条）と刑罰としての罰金・拘留（193条）が用意されている。また，直接的に出頭を強制する手段として，勾引がある（194条）。

(2) 証言義務

証言義務とは，過去に認識した事実について，良心に従って真実を述べ，かつ，何事も隠さず，また，何事も付け加えない（規112条4項）義務である。この証言義務が証人義務の中核をなしている。

証言義務の対象となるのは，あくまでも証人が過去において認識した事実である。したがって，呼出状に添付された尋問事項書に記載された尋問事項である事実を，過去において証人が全く認識したことがない場合において，書類その他の資料を調査し新たに認識を得た上で，この新たな認識に基づいて供述をする義務はない。しかし，尋問事項が過去において認識した事実であるが，そ

の記憶が薄れあるいは消失した場合に，書類その他の資料によって記憶を喚起する義務はあるとされている。

　この証言義務の例外をなすのが，証言拒絶権（196条・197条）である。

(3) 宣誓義務

　宣誓義務とは，証人が法定の方式に従って宣誓をする義務であるが，その詳細は§201の注釈に譲る。

〔山本克己〕

§191 Ⅰ

(公務員の尋問)

第191条 ① 公務員又は公務員であった者を証人として職務上の秘密について尋問する場合には，裁判所は，当該監督官庁（衆議院若しくは参議院の議員又はその職にあった者についてはその院，内閣総理大臣その他の国務大臣又はその職にあった者については内閣）の承認を得なければならない。

② 前項の承認は，公共の利益を害し，又は公務の遂行に著しい支障を生ずるおそれがある場合を除き，拒むことができない。

Ⅰ　本条の趣旨

　一般職の公務員または公務員であった者や，（少なくとも一部の）特別職の公務員または公務員であった者は，職務上知ることができた秘密を守る法律上の義務（守秘義務ないし秘密保持義務）を負っている。この義務は，職務上知ることができた秘密が公然のものになることで，公共の利益や私人の利益が害されることを防止するためにある。また，法律上の守秘義務を負っていない特別職の公務員または公務員であった者についても，職務上知ることができた秘密を証人義務の範囲に含めることは，証言によりその秘密が公然のものになることによって生ずる不都合を回避する必要性は，守秘義務を負っている公務員または公務員であった者の場合と同様に存在する。他方，我が国の裁判権に服する者は，証人となる義務（証人義務）を負っている（190条）。したがって，公務員または公務員であった者が，我が国の裁判権に服する場合において，職務上知ることができた秘密につきこの者を証人として尋問しようとするとき，証人義務により達成されるべき民事司法上の必要性（これを基礎とする証人義務）と職務上知ることができた秘密の秘匿の義務ないし必要性が衝突することになる。本条は，この2つの要請を調整するために設けられた規定である。具体的には，当該監督官庁等の承認がなければ，公務員または公務員であった者は，証人義務を免除されるのである。

　本条と同様に公務員の職務上の秘密を保護する規定には，公務員の証言拒絶権を定める197条1項1号，本条および197条1項1号を鑑定人に準用する

216条，公務員の職務上の秘密が記載された文書・準文書に提出義務がないことを定める220条4号ロ，231条がある。公務員または公務員であった者を当事者尋問の規定により尋問する場合については，同趣旨の規定がないので，本条（および197条1項）の類推適用の可否が問題になる。当事者尋問における当事者の義務は厳格なものではない（208条・209条）が当事者尋問において公務員の職務上の秘密が監督官庁等の承認がなくても公になってしまうことは，証人尋問や鑑定の場合とバランスを失しているので，類推適用を認めるべきである[1]。

II 公務員または公務員であった者

1 一般職の公務員

本条1項の「公務員」概念に，一般職の国家公務員および地方公務員が含まれることに疑問の余地はない。一般職の公務員には法律上守秘義務が課せられ（国公2条4項前段・100条1項，地公3条1項・34条1項），守秘義務違反には刑罰の制裁が科されることとされている（国公109条12号，地公60条2号）。このような厳格な守秘義務と証人義務の衝突を調整することが本条の趣旨である。

行政執行法人の役職員は国家公務員であるとされ（独行通則法51条），特定地方独立行政法人の役職員は地方公務員であるとされる（地独行法47条）ので，これらの公務員型の独立行政法人の職員（役員は，後に述べるように，特別職の公務員である）は，一般職の公務員として，本条の「公務員」に該当する。これに対して，非公務員型の独立行政法人（中期目標管理法人，国立研究開発法人，国立大学法人および一般地方独立行政法人）の役職員については，次に述べるみなし公務員についての議論が当てはまる。

2 みなし公務員等

では，公務員ではないが，その職務の公共性に鑑みて，刑法その他の罰則の適用に関して公務員とみなされる，いわゆるみなし公務員は，本条（および197条1項1号）において，「公務員」に準じた扱いを受けるべきであろうか。本条の趣旨は，少なくとも一般職の公務員との関係では，法律によって課せら

---

[1] 秋山ほかIV 160頁，条解〔2版〕1085頁〔松浦馨＝加藤新太郎〕。

〔山本（克）〕

れた厳格な守秘義務と証人義務の衝突を調整することにあるので，みなし公務員であっても，国家公務員や地方公務員と同等の厳格な，つまり，刑罰のサンクションによって担保された守秘義務を負わない者（もっとも，そのようなみなし公務員となる職があるかどうか，子細に調査する必要がある）には，本条を類推適用する余地がないと考えるべきであろう。逆に言えば，みなし公務員のうち，公共の利益のために法律により厳格な守秘義務を課せられている者は，本条の類推適用を受ける。例えば，国立大学法人の役職員は，みなし公務員であり（国大法人19条），かつ，刑罰により担保された守秘義務を負わされている（同法18条・38条）から，本条の類推適用を受けると考えられる（最決平25・12・19民集67巻9号1938頁は，国立大学法人の役職員が民訴法220条4号ロにいう「公務員」に含まれるとする）。もう一例挙げると，特殊法人である日本年金機構の役職員はみなし公務員であり（日本年金機構法20条），かつ，刑罰により担保された守秘義務を負っている（同法25条・57条）ので，同様である。また，同機構から業務の委託を受けた者等も，みなし公務員ではないにもかかわらず，刑罰によって担保された守秘義務を同様に課せられている（同法31条2項・57条）ので，本条の類推適用との関係では，同機構の役職員と同様に扱われるべきであろう。

　以上のことから明らかなように，みなし公務員であることは，本条が類推適用がされるための必須の条件でない。むしろ，その職務の公共性の観点から厳格な守秘義務を法律上負わされている者に，本条が類推適用されるべきである。日本銀行の役職員は，刑法の適用以外の観点においても（したがって，本条との関係でも），法令により公務に従事する職員とみなされ（日銀30条），かつ，刑罰によって担保された守秘義務を負っている（同法29条・63条）ので，当然ながら本条の適用を受ける。また，金融商品取引所の役職員等は，いかなる点においても公務員とみなされてはいないが，公共性の観点から刑罰によって担保された守秘義務を負っている（金商87条の8・197条）ので，本条の類推適用を受ける[2]。

　ここでは日本年金機構から業務委託を受けた者等を例に挙げたが，国，特殊

---

[2]　秋山ほかⅣ 161頁。

法人や地方公共団体が民間に業務委託することを許容する旨の法律が近年増加しているところ，これらの法律において業務委託先の民間の業者等に刑罰によって担保された守秘義務が課せられることがある。また，金融商品取引所の役職員等もいかなる点でも公務員とみなされていない民間人である。立法論的には，これらの公務員とみなされないにもかかわらず厳格な守秘義務を負う民間人を，証人義務との関係で公務員と同列の扱いをすることを明文化することが適当かどうか，検討する必要があるように思われる。

3 特別職の公務員

特別職の公務員（国公2条3項，地公4条2項）には，国家公務員法100条1項，地方公務員法34条1項の適用がない（国公2条5項，地公4条2項）。したがって，特別職の公務員やその職にあった者が，刑罰によって担保された法律上の守秘義務を負うかどうかは，当該職の職務等を定める法律または条例によって定められることとなる[3]。

刑罰によって担保された守秘義務を負う特別職の公務員には，例えば，特命全権大使等の国家公務員法2条3項11号（外務公務員法2条1項1号～6号も参照）の所定の外務公務員（守秘義務につき同法4条1項による国公100条1項の準用，罰則につき外務公務員法27条），行政執行法人及び特定地方独立行政法人の役員（特別職であることにつき，国公2条3項17号，地公3条3項6号，守秘義務と罰則につき，独行通則法53条1項・69条の2，地独行法50条1項・128条）がある。これらの職にある者またはあった者との関係では，本条の趣旨は一般職の公務員またはそれであった者の場合と等しい。

他方，特別職の公務員には，刑罰によって担保された法律上の守秘義務が課せられていないものもある。本条1項が挙げている，衆議院議員，参議院議員，内閣総理大臣その他の国務大臣（特別職であることにつき，国公2条3項1号・2

---

3) 特別職の国家公務員の守秘義務の現状については，平成21年（2009年）7月10日付けで，参議院議長に提出された内閣の答弁書（内閣参質171第224号，http://www.sangiin.go.jp/japanese/joho1/kousei/syuisyo/171/toup/t171224.pdf）を参照。なお，同答弁書は，内閣総理大臣，国務大臣，副大臣，大臣政務官，内閣副官房長官及び内閣法制局長官については，官吏服務規律（明治20年勅令39号）により，守秘義務が課されている（ただし，同勅令は罰則を定めていない）とするが，同勅令が現行憲法下で法規範として妥当しているかどうかには議論の余地がある。

§191 II

号・9号）がそうである。このような厳格な守秘義務が法律上課せられていない特別職の公務員またはその職にあった者については、厳格な守秘義務と証人義務の衝突がないのであるから、立法論的には、本条の適用範囲に含めることが適当かどうか、疑問の余地がある。しかし、本条が衆議院議員等を含む「公務員」一般またはその職にあった者一般を対象としていることは、文言上否定することができない。したがって、厳格な守秘義務を負わされていない特別職の公務員との関係では、本条の趣旨は、義務の衝突の調整以外に求めなければならない。職務上の秘密について尋問を受けるべきかどうかについて、当該公務員または公務員であった者個人の判断によるのではなく、当該職にある者が構成員である合議体（例えば、衆議院、参議院または内閣）や監督官庁による慎重な判断がされることを求めることにあると考えるべきであろう。

　ただし、特別職の公務員（地公3条3項1号）である普通地方公共団体の首長（やはり法律上厳格な守秘義務を課せられていない）については、内閣に相当する合議体がないので、合議体による慎重な判断はあり得ず、また、首長を監督する上級の官庁も観念できないので、首長についての本条の承認権者は現職の首長であると考えざるを得ない。しかしながら、元首長が証人尋問を受ける場合に、現職の首長が承認権者となることが、本条の存在意義の1つであると考えられる。また、尋問を受けるのが現職の首長であれ、元首長であれ、承認権者である現職の首長が本条2項の拘束を受けることも、首長との関係での本条の存在意義である。以上で述べたことは、地方自治法上の制度である特別区の長や広域連合の長についても当てはまる。

　なお、1999年制定、2000年施行のいわゆる地方分権一括法（地方分権の推進を図るための関係法律の整備等に関する法律）による改正前の地方自治法に定められていた、普通地方公共団体の機関委任事務は国の事務であるので、首長（元職を含む）が機関委任事務に関連した事項の尋問を受ける場合には、本条により当該事務の主務大臣の承認が必要である。なお、現行地方自治法上の普通地方公共団体の事務は、自治事務と法定受託事務に大別されるが、法定受託事務（かつての機関委任事務の多くがこれに再編された）も国の指揮命令を受けない自治体固有の事務であるので、首長（元職を含む）が法定受託事務に関連する事項の尋問を受ける場合には、自治事務の場合と同様に、現職の首長が承認権者で

第2節　証人尋問

ある。

　普通地方公共団体の首長等について述べたことから明らかなように，本条は現行憲法下における地方自治法制を十分に反映していない。また，多様なものを含む特別職の公務員制度に，本条が十分に対応できているかどうか，検証することが求められるように思われる。立法論的な再検討が必要であろう。

4　裁判官等

　裁判官およびその他の裁判所職員は，特別職の国家公務員である（国公2条3項13号）。したがって，3で述べたことが原則として当てはまる。しかし，裁判官については，評議の秘密（裁75条2項）との関係で，個別の裁判事件に関する評議に関して，評議に関与した裁判官または裁判官であった者を証人として尋問することが，本条によって可能となるかについては議論がある。評議の秘密は絶対的であるので，本条を適用する余地がなく，かかる証人尋問は一切許されないという見解[4]がある一方で，本条の適用を認める見解[5]も主張されている。

　裁判員には，評議の秘密（裁判員70条1項）その他職務上知り得た秘密について守秘義務が課せられ（同法9条2項），その違反について刑事罰が用意されている（同法108条1項～3項）。このように厳格な守秘義務と証人義務の衝突があり得るので，裁判員または裁判員であった者についても，本条の類推適用があると考えるべきである。ただし，評議の秘密との関係で本条の類推適用が排除されるかどうかについては，裁判官に準じることになろう。

5　特定秘密保護法上の守秘義務を負わされている者

　平成25年に制定された特定秘密保護法（特定秘密の保護に関する法律）23条1項は，特定秘密の取扱いの業務に従事する者（その業務に従事しなくなった後を含む）がその業務により知得した特定秘密を漏らした場合に，刑罰を科す旨を定めている。ここでの従事する者には，適合事業者の従業員であって特定秘密の取扱いの業務を行う者（同法5条4項～6項）が含まれる。また，同法23条2項は，同法の定めるところにより提供された特定秘密について，当該提供の目

---

4)　秋山ほかⅣ169頁。
5)　旧注釈民訴(6)258頁以下〔藤原弘道〕。

〔山本（克）〕

的である業務により当該特定秘密を知得した者がこれを漏らした場合にも，刑罰を科す旨を定めている。

したがって，同法23条1項・2項所定の者（公務員または公務員であった者であるとは限らない）を，証人として特定秘密に指定された事項について尋問する場合にも，本条の適用ないし類推適用があると言うべきである。

Ⅲ 職務上の秘密

1 秘密の意義

職務上の「秘密」の意義については，①官庁が明示的に秘密として指定したものであり，それだけがその実質に関わりなく秘密であるという見解（形式秘説），②その事項が広く一般人に知られておらず，かつ，国や地方自治体がその行政目的等を達成するために実質的にもそれを秘匿するに値するものが秘密であるという見解（実質秘説），③両者の要件を備えたものだけが秘密であるとする見解（形式秘実質秘複合説）が対立している[6]。

本条2項の承認拒絶の要件は，「公共の利益を害し，又は公務の遂行に著しい支障を生ずるおそれがある場合」であり，そこでは実質的な観点が採用されていると言うべきである。したがって，本条の「秘密」には，実質秘説が妥当すると考えられる（形式秘の典型である特定秘密につき後述するところを参照されたい）。

判例は，実質秘説（最決昭52・12・19刑集31巻7号1053頁）ないし形式秘実質秘複合説（最決昭53・5・31刑集32巻3号457頁）を採用していると理解されてきたが，これらの最高裁判例は，一般職の国家公務員に対して国家公務員法109条12号の罰則を適用することの前提となる，同法100条1項所定の「職務上知ることのできた秘密」に関するものであり，本条の「職業上の秘密」に関するものではなかった。

しかし，本条所定の「職務上の秘密」と文書提出義務の例外事由を定める220条4号ロ所定の「公務員の職務上の秘密」は，意義を同じくすると考えられるところ，最決平成17年10月14日（民集59巻8号2265頁）は，後者の

---

6) 詳細については，旧注釈民訴(6)260頁以下〔藤原〕，秋山ほかⅣ161頁以下を参照。

「公務員の職務上の秘密」について，「公務員が職務上知り得た非公知の事項であって，実質的にもそれを秘密として保護するに値すると認められるものをいう」と判示し，実質秘説を採用した（その後の最決平25・4・19判タ1392号64頁は，明示的に判示はしていないものの，220条4号ロ所定の「公務員の職務上の秘密」について，やはり，実質秘説を前提としていると推測される）。したがって，本条の「職務上の秘密」についても，判例上は，実質秘説が妥当していると解される。

　特定秘密保護法上の特定秘密に指定された事項は，本条の適用においてどのように扱われるべきであろうか。同法10条1項2号・2項・3項は，特定秘密が記載された文書について，223条6項の規定（文書提出申立てのあった文書が220条4号イ～ニに該当するかどうかを判断するためのインカメラ手続を定める）に従って裁判所に提示することを認めている[7]。このことは，特定秘密に指定された事項が記載された文書も，220条4号ロに該当しなければ，文書提出命令の対象となることを前提にしていると考えられる。したがって，特定秘密に指定された事項についても，それが220条4号ロ所定の「公務員の職務上の秘密」に属するかどうかは，実質秘であるかどうかによって決せられると考えるべきである。そして，本条の「職務上の秘密」についても，同様のことが言える。

2　「職務上の」秘密と「職務上知ることのできた（知り得た）」秘密

　保持されるべき秘密について，一般職の公務員の守秘義務の基本規定である，国家公務員法100条1項は「職務上知ることのできた秘密」，地方公務員法34条1項は「職務上知り得た秘密」である旨をそれぞれ定めている。これに対して，証人になることにつき許可を受けた場合に証人として証言することが許される秘密について，国家公務員法100条2項と地方公務員法34条2項は，ともに「職務上の秘密」であると定めている。したがって，前者と後者の関係が問題になる（ただし，両者について実質秘説が妥当する）。なお，証人として職務上の秘密を証言することの許可について，国家公務員法100条3項は「法律又は政令の定める条件及び手続に係る場合を除いては，これを拒むことができない」と，地方公務員法34条3項は「法律に特別の定がある場合を除く外，拒

---

[7]　内閣官房特定秘密保護法施行準備室「特定秘密の保護に関する法律【逐条解説】（未定稿）」（http://www.cas.go.jp/jp/seisaku/jyouhouhozen/dai2/sankou4.pdf）59頁以下を参照。

むことができない」と定めているところ，刑事訴訟法144条，議院証言法（議院における証人の宣誓及び証言等に関する法律）5条などとともに，本条は，国家公務員法100条3項・地方公務員法34条3項所定の法律の定めに該当する。したがって，本条所定の「職務上の秘密」と国家公務員法100条2項・地方公務員法34条2項所定の「職務上の秘密」は意義を同じくする。

　さて，かつての一般的な見解によると，「職務上知ることができた（知り得た）秘密」に公務員が職務を遂行する過程で知ることができた秘密一般を指し，私人の秘密を含む広い意味を有するのに対して，「職務上の秘密」は，公務員が職務上所管している秘密であるとされていた[8]。ただし，職務上の秘密に私人の秘密が一切含まれないのかどうかは，検討を要する問題である。

　本条の「職務上の秘密」と意義を同じくする220条4号ロ所定の「公務員の職務上の秘密」について，前掲最決平成17年10月14日は，「公務員の所掌事務に属する秘密だけでなく，公務員が職務を遂行する上で知ることができた私人の秘密であって，それが本案事件において公にされることにより，私人との信頼関係が損なわれ，公務の公正かつ円滑な運営に支障を来すこととなるものも含まれる」と判示している。つまり，「職務上の秘密」には，公務員の所掌事務に属する秘密だけではなく，それが公になることで，私人との信頼関係が損なわれることによって，公務の公正かつ円滑な運営に支障を来すことになるような私人の秘密が含まれる，というのである。なお，同決定は，「公務員が職務を遂行する上で知ることができた私人の秘密であって，それが本案事件において公にされることにより，私人との信頼関係が損なわれ，公務の公正かつ円滑な運営に支障を来すこととなるもの」であっても，「公務の遂行に著しい支障を生ずるおそれがある」とは認められないことがある旨を肯定していることに注意が必要である。つまり，「公務の公正かつ円滑な運営に支障を来す」ことと「公務の遂行に著しい支障を生ずる」ことは同義ではなく，前者の方が後者よりも緩やかな概念であるのである。この判例の趣旨は，本条にも妥当すると解される[9]。

---

8)　鵜飼信成・公務員法〔新版，1980〕237頁など。
9)　秋山ほかⅣ163頁以下。

3 一般職の公務員以外の場合

厳格な守秘義務が課せられていない特別職の公務員については，当然のことながら，国家公務員法100条2項・地方公務員法34条2項に相当する規定は置かれていない。しかし，このような特別職の公務員にも，本条の規定が適用される以上，「職務上の秘密」概念や承認の手続と承認拒絶の要件について，一般職の公務員の場合と同様の扱いを受けるべきである。

また，公共性の観点から厳格な守秘義務を課せられた，特別職の公務員，日本銀行の役職員，みなし公務員および民間人については，国家公務員法100条1項・地方公務員法34条1項と類似した文言の規定により守秘義務が課されていることが通例であるが，国家公務員法100条2項・地方公務員法34条2項に相当する規定は置かれていない。しかし，本条の適用ないし類推適用があると解する以上，やはり，「職務上の秘密」概念や承認の手続と承認拒絶の要件については，一般職の公務員と同様の扱いがされるべきである。

Ⅳ 承認の手続と承認拒絶の要件

1 承認の請求

公務員または公務員であった者を証人として尋問することを申し出た当事者が提出した尋問事項書から，尋問事項が公務員の職務上の秘密に該当すると判断した場合，裁判所，正確には受訴裁判所は，承認権者である監督官庁等に対して直接（司法行政上のルートを経由することなく），証人を尋問することにつき承認の請求をする。この場合，単に証人尋問の申出があっただけでは足りず，当該証人尋問が必要である旨の判断をした上で，証人尋問を行う旨の決定をした後直ちに（証人に対する呼出状の送達前に），承認の請求を行うべきである。証人尋問をするかどうか不確かな段階で承認を請求することは適当でないからである。

また，証人尋問を行う旨の決定をした時点で受訴裁判所が尋問事項が公務員の職務上の秘密に該当するとは考えなかった場合であっても，証人尋問の最中に，証人である公務員または公務員であった者が，尋問事項が職務上の秘密に属するという理由で証言を拒絶する（197条1項1号）ときは，受訴裁判所（証人尋問が受命裁判官・受託裁判官によって行われる場合には，206条前段により，当該

裁判官）は，証人尋問を中断して，承認の請求をすべきである。この場合には，承認権者の承認があれば，後日改めて証人尋問を行うことになる。なお，証人である公務員または公務員であった者が証言を拒絶する場合，証言拒絶の理由を疎明しなければならない（198条）。このことは，197条1項1号所定の拒絶理由の有無（尋問事項が公務員の職務上の秘密に属するかどうか）の最終的判断権は，受訴裁判所（または，受命裁判官・受託裁判官）にあることを意味していると考えられる。したがって，証人尋問を実施する前に承認の請求をする場合にも，尋問事項が公務員の職務上の秘密に属し承認の請求を要するかどうかの判断権は，受訴裁判所にあると考えるべきである[10]。

2　承認権者

承認の請求は，承認権者である監督官庁等に対してされる。

証人が衆議院議員またはその職にあった者である場合には衆議院が，参議院議員またはその職にあった者である場合には参議院が，それぞれ承認権者である。普通地方公共団体や財産区・広域連合の議員または議員であった者について本条は定めを欠いているが，国会議員の場合に準じて，承認権者は当該地方議会であると考えるべきである。

内閣総理大臣その他の国務大臣やその職にあった者については，承認権者は内閣である（本条1項）。普通地方公共団体の首長，特別区の長や広域連合の長あるいはその職にあった者については，上述のように，機関委任事務に関する場合を除いて，現職の首長その他の長が承認権者であると考えるべきである。

上述のもの以外の行政部門の国家公務員（一部の特別職を含む）については，一般職につき国家公務員法100条2項の適用ないし類推適用により，当該公務員が所属する所轄庁の長が，退職者については，その退職した官職またはこれに相当する官職の所轄庁の長が，それぞれ承認権者であるのが原則である。同様に，上述のもの以外の地方公務員（一部の特別職を含む）については，地方公務員法34条2項の適用ないし類推適用により，当該公務員の任命権者が，退

---

10) 伊藤〔4版補訂版〕378頁以下，秋山ほかⅣ165頁，条解〔2版〕1089頁〔松浦＝加藤〕。なお，現行法の立案時にこの点についての立法論を展開する論稿として，伊藤眞「証言拒絶権の研究(1)」ジュリ1051号〔1994〕90頁以下があり，制定後の議論に多大な影響を与えている。

職者については，機関委任事務に関する場合を除いて，その退職した職またはこれに相当する職に係る任命権者が，それぞれ承認権者である。

ただし，国または地方の独立行政委員会の委員や職員またはこれらの職にあった者については，委員会の独立性に鑑み，委員会が承認権者であると考えるべきである。また，憲法90条により設置が必要とされる会計検査院は，内閣に対して独立の地位が認められている（会検1条）ので，検査官や検査院の職員またはこれらの職にあった者については，現職の会計検査院長が承認権者である。日本銀行も同様に内閣との関係で自主性・独立性が認められているため，その役職員または役職員であった者についての承認権者は，現職の日本銀行総裁（罰則の適用以外の点でも公務員とみなされる）であると考えられる。

では，みなし公務員である特殊法人・独立行政法人の役職員または役職員であった者については，承認権者を当該法人の長と当該法人の監督官庁のいずれと考えるべきであろうか。刑法その他の罰則との関係で公務員とみなされているに過ぎないこれらの法人の長が，承認要件の判断をすることは適当ではないように思われる。したがって，監督官庁が承認権者であると考えるべきであろう。同様のことは，金融商品取引所の役職員または役職員であった者のように，みなし公務員ではないにもかかわらず，厳格な守秘義務を課せられている場合の承認権者にも妥当する。これに対して，行政執行法人と特定地方独立行政法人の長は，公務員であるので，当該法人の役職員または役職員であった者との関係で，承認権者となると解される。また，公共性の観点から厳格な守秘義務を課せられた，業務の委託先の民間人等については，委託元の職員に準じた扱いがされるべきである。

裁判官その他の裁判所職員またはその職にあった者について，承認権者は誰であろうか。行政部門の国家公務員の場合の所轄庁の長に相当するのは，司法行政の長である最高裁判所長官であるので，これが承認権者であると考えるべきである。

なお，ある者が本条の対象となる複数の職を兼務している場合や，ある本条の対象となる職から他の本条の対象となる職に移籍した場合には，尋問事項である秘密を知るに至った職務がどの職のそれであるかによって，承認権者が定まる。当該事項に承認拒絶事由があるかどうかの判断は，その職の監督官庁等

が行うのが適当であるからである[11]）。

以上で述べたことにかかわらず，特定秘密との関係では，指定者が承認権者であると解すべきであろう。

3　承認権者の判断

承認権者である監督官庁等は，当該証人の証言によって職務上の秘密が公にされることによって，公共の利益を著しく害し，または公務の遂行に著しい支障を生じるおそれがない限り，承認を拒むことができない（本条2項)[12]。逆に言えば，承認権者は，公共利益阻害要件または公務遂行阻害要件がある場合には，承認を拒絶することができる。

公共の利益を著しく害するおそれには，国や地方自治体の重大な利益を害する（刑訴144条参照）おそれだけではなく，その開示により社会一般に重大な損害をもたらすおそれも含むとされる。国や自治体の利益と社会一般の利益を明確に峻別できるかどうかには，疑問の余地があるが，私人の個別的な利益が害されるおそれはここに含まれない。公益侵害要件が認められる具体例としては，223条4項各号所定の場合や行政機関の保有する情報の公開に関する法律5条3号から5号所定の場合を挙げることができる。

「公務の遂行に著しい支障を生ずるおそれ」の解釈には，行政機関の保有する情報の公開に関する法律5条6号，独立行政法人等の保有する情報の公開に関する法律5条4号やこれらの法律の規定に類似する条例の規定の解釈が参考になる（ただし，本条2項の「おそれ」が「著しい」ものでなければならないことに，注意が必要である）。行政機関等の意思形成過程に関する事実は，この公務遂行阻害要件を満たすことが多いと考えられる（文書提出命令に関してではあるが，前掲最決平17・10・14参照）。また，職務上の秘密が全くの私的な利益に関するものであっても，それが公になることにより，行政機関等の事業の遂行に著しい支障が生ずる場合も含まれ得る。文書提出命令に関する前掲最決平成17年10

---

11)　旧注釈民訴(6)261頁以下〔藤原〕。反対，秋山ほかⅣ167頁，条解〔2版〕1087頁〔松浦＝加藤〕。

12)　証人を拒絶できる要件を明文化するかどうかについては，立案過程で紆余曲折があった。伊藤眞「証言拒絶権の研究（3・完)」ジュリ1053号〔1994〕60頁以下，山本和彦「公務員の職務上の秘密と証拠調べ」講座新民訴(2)177頁を参照。

月14日は，結論的には公務遂行阻害要件の充足を否定したが，抽象論としてはこの理を肯定していると考えられ，準文書（具体的には，全国消費実態調査に係る統計の基礎となった調査対象世帯の家計等のデータを電磁的に記録した媒体）の提出義務に関する前掲最決平成25年4月19日は，「仮に本件準文書が本案訴訟において提出されると，……調査票情報に含まれる個人の情報が保護されることを前提として任意に調査に協力した被調査者の信頼を著しく損ない，ひいては，被調査者の任意の協力を通じて統計の真実性及び正確性を担保することが著しく困難となることは避け難いものというべきであ〔る〕」と判示して，この理を肯定している。

前掲最決平成17年10月14日は，文書提出義務について，「『その提出により公共の利益を害し，又は公務の遂行に著しい支障を生ずるおそれがある』とは，単に文書の性格から公共の利益を害し，又は公務の遂行に著しい支障を生ずる抽象的なおそれがあることが認められるだけでは足りず，その文書の記載内容からみてそのおそれの存在することが具体的に認められることが必要である」と述べるが，その理は本条2項の解釈にも当てはまる。

もっとも，本条の場合，承認権者が承認拒絶をしたときに，受訴裁判所としてはその当否を審査することなく，証人尋問を行う旨の決定を取り消さなければならず，証人尋問の申出をした当事者もこの決定に対して不服を申し立てることができない。220条4号ロの所定の事由の有無を受訴裁判所が独自に審査でき（223条1項。なお，同条4項も参照），また，同号ロに該当することを理由に文書提出命令の申立てを却下する決定に対して，申立人が即時抗告をすることができる（同条7項），文書提出義務の場合との大きな違いがある。この点を捉えて，証人義務の場合についても，後者と同様の規律（インカメラ手続の導入を含む）を置くべきであるとの立法論も唱えられている[13]。

承認権者は，承認をする場合にも，承認を拒絶する場合にも，承認請求をした受訴裁判所または受命裁判官・受託裁判官に対してその旨の通知をしなければならない。承認を拒絶する旨の通知に，具体的な理由を付さなければならないかどうかについては，争いがある[14]。このことは，承認拒絶の処分に対して，

---

13) 旧注釈民訴(6) 264頁〔藤原〕。

§191 Ⅳ

証人尋問の申出をした訴訟当事者が行政不服審判や行政訴訟（処分取消訴訟）といった行政法上の救済を求めることができるかどうか，という点と関連付けて論じられることが通例である。つまり，後者の救済を肯定する論者は，具体的な理由を付すべきであると説き，救済を否定する論者は，理由を付すことを求めない，という傾向が見られるのである。しかし，行政不服審判や処分取消訴訟の可否は別として，訴訟手続の透明性の観点から，具体的な理由を付すことを求めるべきである。もっとも，理由の具体性の程度は，秘密の具体的な内容が明らかにならない程度に止まらざるを得ないことに注意が必要である。

特定秘密に指定された事項の証人尋問に承認が与えられた場合には，指定権者は指定を取り消さなければならないことになろう。

承認が得られていない段階で，公務員等または公務員等であった者が職務上知り得た秘密について証言した場合に，その証言を証拠資料として裁判で利用することができるであろうか。正規の証人尋問の結果として得られた証言である点において，他の場合と異なることがないから，利用できると解することが相当である。もっとも，かかる証言をした証人が守秘義務違反を理由として刑罰や懲戒処分等の服務上の処分を受けることは排除されない。

〔山本克己〕

14）詳細については，秋山ほかⅣ 169 頁を参照。

第 2 節　証人尋問

（不出頭に対する過料等）
第 192 条　①　証人が正当な理由なく出頭しないときは，裁判所は，決定で，これによって生じた訴訟費用の負担を命じ，かつ，10 万円以下の過料に処する。
②　前項の決定に対しては，即時抗告をすることができる。

I　本条の趣旨

　わが国の裁判権に服する者は国家に対する公法上の義務としての証人義務を負う（190 条）。この一般的抽象的義務は，本案訴訟の当事者による証拠申出と裁判所による証拠決定を通じて具体化され[1]，そこで証人とされた者は，①出頭，②宣誓，③供述の義務を負うことになる。本条は，証人が①の義務に違反した場合の措置を規定するものである（なお，②，③の義務違反については，200 条，201 条 5 項がそれぞれ本条を準用している）。

　本条に掲げる措置はいずれも出頭しなかった証人への公法上の制裁と位置づけられるが，訴訟費用の負担は証人から訴訟当事者への損害賠償としての性質をも有するものであり[2]，また過料は不出頭を生じさせないための事前の警告としても機能する。

　本条の制裁だけで証人の出頭を確保するに十分といえるかは疑問であり，法はさらに刑罰規定を設けるほか（193 条），実務上は当事者が証拠申出に係る証人を期日に同行するという方法により出頭確保に努めている（規 109 条参照）。

---

1)　秋山ほかⅣ 153 頁，兼子ほか・条解〔2 版〕1083 頁〔松浦馨 = 加藤新太郎〕，賀集ほか編・基本法コンメ(2)〔3 版追補版〕182 頁〔三代川三千代 = 鈴木昭洋〕。これに対して，伊藤〔4 版〕372 頁，三木ほか〔2 版〕291 頁〔三木浩一〕は証拠決定後適法な呼出しをしたときに出頭義務が具体化するという。旧注釈民訴(6) 253 頁〔藤原弘道〕も同様であり，呼出しの予定されない同行証人には具体的出頭義務はないとする。
2)　旧注釈民訴(6) 283 頁〔藤原〕。

〔今津〕　205

II 要 件

1 証人義務

本条は義務違反の制裁を定めるものであるから，証人として証拠決定された者がそもそも一般的証言義務を負わない場合（→ §190 参照）には適用されない。

2 呼 出 し

証人に本条の制裁が科せられる前提として，この者が特定の期日に出頭すべき旨の裁判所による要求（呼出し）を受けているのでなければならない[3)4)]。

呼出しが民訴法 94 条の定める方法によらず，又は呼出状が出頭すべき日時及び場所並びに不出頭に係る法律上の制裁の記載（規 108 条 2 号・3 号）を欠く場合には，いずれも本条は適用されない。

これに対して，当事者の表示の記載及び尋問事項書の添付（規 108 条柱書・1 号）については，その不備は呼出しの適法性を左右しないものと解される[5)]。呼出しに際して本案の訴訟当事者や尋問事項を知らされないのでは，証人は法廷で何を供述すればよいのかわからないから，そのような呼出しは不親切なものではあるが，少なくとも出頭日時等が明らかであれば出頭の要求として必要最低限の用はなすものといえるからである。

3 不 出 頭

「出頭しない」とは，呼出しにより指定された口頭弁論期日において証人が期日の開始（規 62 条）から終了に至るまで法廷に現れなかったことをいう。さらに，証人がいったんは出頭した場合であっても，尋問開始前に退廷してしまった場合や法廷の秩序維持のため退廷を命じられた場合（裁 71 条 2 項）などは，やはり本条にいう「出頭しない」場合に該当する。

---

3) 旧々民事訴訟法では明言されていたが，大正 15 年改正で当然のこととして削除されたという経緯がある。旧注釈民訴(6) 277 頁〔藤原〕。

4) この要件により，出頭義務の具体化に係る呼出しの要否につきいずれと解するにせよ（前掲注 1) 参照），当事者が同行してくることを約した証人（同行証人）がその不出頭に対して本条の制裁を科せられることはない。

5) 秋山ほかⅣ 158 頁・171 頁，兼子ほか・条解〔2 版〕1091 頁〔松浦＝加藤〕，賀集ほか編・基本法コンメ(2)〔3 版追補版〕185 頁〔三代川＝鈴木〕。

4 正当な理由

例として，起居の自由を欠くほどの重病（大決昭6・6・3裁判例5巻民145頁），天災等による交通途絶，業務又は家事に関する社会通念上やむを得ない事情，無過失による呼出状の不知が挙げられる。

これに対して，裁判所から適式な呼出しを受けたにもかかわらず本案の訴訟当事者やその訴訟代理人から出頭の必要がないと告げられたために出頭しなかった場合，単なる旅行や緊急性のない出張により期日に不在である場合などは，正当な理由があるものとは評価できないであろう（ただし，後述のように，これらの事情は制裁の内容を決するに際して考慮要素となる）。

III 裁 判

1 審理及び裁判

本条の要件に該当することについて，誰にその主張及び立証をゆだねるべきか。

とりわけ正当な理由について問題となるが，証人が一般的義務として証言義務を負い，それが具体化されたものとしての出頭義務を負うという構造上，義務違反の制裁を回避するための正当な理由があることについては証拠申出をした訴訟当事者ではなく証人がこれを明らかにすべきである[6]。

この場合の証明について，本条は（狭義の）証明が必要なのか疎明で足りるのかを明言しないが，手続事項であり，また証言拒絶事由の場合（198条）との均衡を考えれば，疎明で足りるものと解される[7]。

本条の裁判は，申立てをまたず職権により[8]，証人を名宛人として，決定の

---

[6] 秋山ほかIV 171頁，兼子ほか・条解〔2版〕1092頁〔松浦＝加藤〕，賀集ほか編・基本法コンメ(2)〔3版追補版〕185頁〔三代川＝鈴木〕。証言拒絶理由の場合（198条）との均衡からいっても，証人に理由を明らかにさせるべきであろう。札幌高決昭33・4・10下民9巻4号631頁も，呼出しを受けた証人が不参届を出すだけでその具体的な事情を疎明しなかったことを理由に，正当の事由なくして出頭しなかったものと認定している。反対，旧注釈民訴(6) 280頁〔藤原〕（真偽不明の場合に制裁を科すのでは「疑わしきは罰せず」との基本的法原則に反するおそれがあるとする）。

[7] 賀集ほか編・基本法コンメ(2)〔3版追補版〕185頁〔三代川＝鈴木〕。

[8] 旧注釈民訴(6) 277頁〔藤原〕。

方式でこれを行う。ただし，訴訟費用については，職権による裁判がなされないままになれば出頭しなかった証人に負担させてしかるべき費用を訴訟当事者が肩代わりする事態が生ずることから，訴訟当事者には申立権が認められる[9]。

2 訴訟費用

ここで証人が負担を命じられる訴訟費用とは，証人の不出頭によって無駄になった費用及び余分に支出しなければならなくなった費用をいう。例えば，訴訟当事者が尋問期日に出頭したにもかかわらず証人が現れなかったときは，訴訟当事者や訴訟代理人の旅費日当などを本条により証人に負担させることができる。

これに対して，当該尋問期日において別の証人の尋問や訴訟当事者による弁論が予定されていた場合には，いずれにせよ訴訟当事者は期日に出頭する必要があったのであり，出頭に係る旅費日当は証人の不出頭により無駄になったものとはいえないから，その負担を証人に命ずることはできない[10]。

また，証人が正当な理由なく出頭せず，かつ，訴訟当事者が無駄な費用を支出したことが認められる場合であってもなお，裁判所はその裁量により費用負担の命令を差し控えることができる[11]。

---

9) 秋山ほかⅣ 173 頁，兼子ほか・条解〔2 版〕1092 頁〔松浦＝加藤〕，賀集ほか編・基本法コンメ(2)〔3 版追補版〕186 頁〔三代川＝鈴木〕。ここから，訴訟費用の負担には公法上の制裁という以外の意味合いを読み取ることができる（本文Ⅰ参照）。訴訟当事者が申立てをなす場合，出頭しなかった証人が被申立人となり，決定は両者を名宛人として下される。なお，ここでいう訴訟当事者が費用を現に支出（予納）した当事者に限られるのか，それとも相手方をも含むのかは，判然としない。本案の帰趨によっては訴訟費用がそれを支出した当事者ではなく相手方によって負担されるものであること（61 条）を考えれば，敗訴当事者にこそ無駄になった費用を証人に負わしめる利益があるように思われるが（前掲注 2）も本条の費用負担の性質を「訴訟費用の負担者である敗訴当事者への損害賠償」であると見る），本文後述（Ⅳ 1）のように費用について直ちに強制執行ができることにかんがみれば現に支出した者にのみ申立権を認めれば足りるとも解し得る。
10) 東京地決昭 46・3・15 下民 22 巻 3＝4 号 267 頁。
11) 前掲注 10) 東京地決昭 46・3・15 は，正当な理由なく出頭しない証人の呼出費用につき，証人に負担を命ずることは適当でないとした。額が僅少であり，また不出頭の後に証拠決定が取り消されたという経緯を考慮したことによる。

3 過料

過料は刑罰ではなく民事上の秩序罰であるから，民事手続として本案に係る受訴裁判所が自ら裁判を行うことができる。一般に決定手続における口頭弁論や審尋の実施は任意であるが（87条1項・2項），刑罰ではなくとも制裁として機能するものである以上，手続保障の観点から，過料に処する旨の判断を下すに際しては証人に意見陳述の機会を確保しておくべきであろう（非訟120条2項参照)[12]。

本条にいう正当な理由なく出頭しない場合に該当するとしても，過料に処するかどうか，及び処するとしてその額については，訴訟費用の場合と同じく，なお裁判所の裁量により決せられる。したがって，例えば，証人が不出頭に至るなんらかの事情を主張する場合において，それが一定の合理性を有するものの正当な理由とまでいえるかどうか判断が難しいときは，正当理由の存在を否定しつつ過料の量定に際してその事情を斟酌するという扱いも可能である（大決昭8・2・25裁判例7巻民3頁，大決昭8・12・23裁判例7巻民292頁）。また，正当な理由なく出頭しなかったと認めたものの，証人が資料を裁判所に送付するなどしたことを考慮し，結局不出頭は裁判所の適正な判断をさほど阻害するものではなかったとして制裁を回避する裁判例もある（横浜地判平19・7・31労経速1982号3頁・TKC文献番号28132202）。

4 訴訟費用の負担と過料との関係

裁判所が証人に制裁を科すべきものと判断した場合において，訴訟費用の負担だけ，あるいは過料だけを制裁として科すことができるか。

費用負担を命じ「かつ」過料に処する，との文言に忠実に解すれば，要件に該当する限りは両者をともに科すべきことになろう。しかし，訴訟費用の負担を命ずるに際しては不出頭による不利益を訴訟当事者と証人とのいずれに負わせるべきかという私人間の利益衡量の観点が重視されるのに対して，過料はもっぱら証人の公法上の義務違反を問題とするものであって，両者は性質を異にするから，それぞれ別個の判断に服するものとして，場合によっては一方のみ

---

[12] 秋山ほかⅣ 174頁。なお，同173頁は，訴訟費用の負担を命ずるに際しても87条2項により証人を審尋するのが望ましいとする。

を科すことも可能であると解する[13]。

IV 執行及び不服申立て

1 執　行

訴訟費用の負担を命ずる決定について，決定は告知とともに執行力が生ずるから（119条），訴訟当事者は直ちにこれを債務名義として証人に対する強制執行を申し立てることができる（民執22条3号）。受訴裁判所は負担すべき具体的な費用額を定めないでおくこともでき，その場合にあっては裁判所書記官に対する費用確定の申立てを経て債務名義を得ることになる（71条1項，民執22条4号の2）[14]。

過料に処する旨の決定については，189条に従う。

2 不服申立て

訴訟費用の負担を命じられ又は過料に処せられた証人，及び訴訟費用の負担を命ずる裁判を申し立てたにもかかわらずそれを却下された訴訟当事者は，不服を申し立てることができる（証人について，本条2項による即時抗告。訴訟当事者について，328条1項による通常抗告）。

即時抗告は執行停止の効力を有するから（334条1項），訴訟費用の負担を命ずる決定に対して証人による即時抗告があれば，執行手続はそれ以上先に進まなくなる。なお，過料に処する決定については，もともと確定をまって執行する扱いであるから[15]，執行停止は問題とならない。

証人が，訴訟費用の負担又は過料の決定の告知を受けてから1週間の不変期間内に即時抗告をしない場合には，決定は確定に至る（332条）。

〔今津綾子〕

---

13) 秋山ほかIV 173頁，兼子ほか・条解〔2版〕1093頁〔松浦＝加藤〕，賀集ほか編・基本法コンメ(2)〔3版追補版〕186頁〔三代川＝鈴木〕。これに対して，菊井＝村松II 486頁，笠井＝越山編・新コンメ〔2版〕793頁〔山田文〕は，証人が過料に処せられるべきときには訴訟費用の負担をも命ずべきとする。

14) 旧注釈民訴(6)282頁〔藤原〕。

15) 秋山ほかIV 137頁・174頁，兼子ほか・条解〔2版〕1075頁〔松浦＝加藤〕・1093頁〔松浦＝加藤〕，賀集ほか編・基本法コンメ(2)〔3版追補版〕172頁〔西口元〕・186頁〔三代川＝鈴木〕。

第2節　証人尋問

（不出頭に対する罰金等）
第193条　①　証人が正当な理由なく出頭しないときは，10万円以下の罰金又は拘留に処する。
②　前項の罪を犯した者には，情状により，罰金及び拘留を併科することができる。

I　本条の趣旨

証人の出頭を確保する手段としては192条にも規定があるが，出頭義務の確実な履行のためにはこれだけでは不十分であることから，さらに刑罰規定を設けたものである。

II　手　続

罰金及び拘留はいずれも刑罰であるから（刑9条），本案に係る受訴裁判所が民事手続においてこれを科することはもちろんできない。受訴裁判所は，証人の不出頭が本条の要件に該当すると思料すれば，捜査機関に告発し（刑訴239条2項），以後は刑事手続に委ねることになる。

III　192条との関係

1　要　件

192条1項と本条1項はいずれも「証人が正当な理由なく出頭しないときは」との文言を用いているが，制裁としての重さの違いにかんがみれば，正当な理由はないが汲むべき事情がある場合には192条の適用にとどめ，なんらの事情もなく不出頭を繰り返す，勾引（194条）を命じられたにもかかわらず逃亡する等のより悪質な態様のものにつき本条1項にいう不出頭にあたると解すべきである（これよりさらに悪質なもの，例えば罰金に処せられたにもかかわらずさらに出頭しない場合などは，本条2項の併科で対応することになる）。

2　併　科

罰金と拘留とを併科することは本条2項が明示的に認めるところであるが，192条の定める過料と本条の定める罰金等とを併せて科すことについては規定

〔今津〕

§193 Ⅲ

がない。これが許されるものであるかどうか，争いがある。

　過料は秩序罰であり，罰金等は刑罰であって，両者はその性質も裁判手続も異なるという点を重視すれば，制裁の発動についてはそれぞれに判断されてよく，場合によっては併科もあり得ると解することができる（刑事手続に関する判例であるが，刑訴160条の過料と同161条の罰金等との併科を認める最判昭39・6・5刑集18巻5号189頁参照）[1]。これに対して，民事上のものか刑事上のものかの違いこそあれ，いずれも制裁としての意味を有するものであるという点を重視すれば，同一の不出頭を捉えて二重に制裁を科することは憲法39条後段との関係で疑義が生ずるから，本条2項のような明文の規定もないままに併科することは許されないとの見解を導き得る[2]。刑罰ないしそれに類する制裁に関連する法規の運用には謙抑的であるべきこと，また不出頭の情状が悪質であれば受訴裁判所としては本条に定める刑事裁判所の処分に委ねれば足り，それと並行して自ら過料の制裁までをも科すべき実際上の必要も見出しがたいことから，後者の見解を支持すべきものと解する。

〔今津綾子〕

---

1) 菊井＝村松Ⅱ489頁。
2) 斎藤編・旧注解民訴(5)30頁〔伊藤彦造〕（「積極説に従う」と表記する斎藤ほか編・注解民訴(7)419頁〔伊藤彦造＝東孝行＝西村宏一〕も同旨と思われる），旧注釈民訴(6)285頁〔藤原弘道〕，兼子ほか・条解〔2版〕1094頁〔松浦馨＝加藤新太郎〕。秋山ほかⅣ175頁も，規範論としてはともかく運用論としては，併科は相当といえない旨を述べる。

第2節　証人尋問

(勾引)

第194条　①　裁判所は，正当な理由なく出頭しない証人の勾引を命ずることができる。

②　刑事訴訟法中勾引に関する規定は，前項の勾引について準用する。

I　本条の趣旨——勾引とその要件

　勾引とは，実力で証人を受訴裁判所などの出頭すべき場所へ引致することである。証人には代替性がないことから直接強制を認める規定をおいたものであり，鑑定人に対しては勾引はできない[1]。受命裁判官・受託裁判官も勾引することができる（206条）。勾引の要件となる，正当な理由がないことについては，192条の場合と同じである。また，少なくとも1回は適法な呼出しを受けていなければならない。

　本条が「正当な理由なく出頭しない証人」と規定しているところから，当初から不出頭が予想される場合であっても，不出頭の事実が1度もないのにいきなり勾引を命ずることはできないとされる[2]。実務上も，繰り返し呼び出しても一向に出頭しようとせず，しかもその証人の証言が訴訟に不可欠である場合にはじめて勾引が命じられる[3]。第三者的証人が少ない実務では[4]，実際に本条が適用されるのは極めてまれで[5]，証人が呼出しに応じない場合には当事者がその証人申請を撤回することが多い[6]。

---

1)　本条は旧法278条を引き継いでいる。216条は本条を準用していない。
2)　旧注釈民訴(6)286頁〔藤原弘道〕，菊井＝村松 II 490頁，秋山ほかIV 176頁。ただし，斎藤ほか編・注解民訴(7)420頁〔伊藤彦造＝東孝行＝西村宏一〕。
3)　菊井＝村松 II 490頁，秋山ほかIV 176頁，賀集ほか編・基本法コンメ(2)〔3版追補版〕187頁〔三代川三千代＝鈴木昭洋〕。
4)　東京地方裁判所プラクティス委員会第二小委員会「民事訴訟の運用に関するアンケート結果(2)『証拠調べ関係』(中間とりまとめ)」判タ1269号〔2008〕48頁によると，東京地裁で主に民事通常訴訟を担当する36か部において第三者証人の取調べが実施される事件の割合は，約20～29％とするのが4割弱であり，人証は大抵，当事者である。
5)　旧注釈民訴(6)286頁〔藤原〕。
6)　証拠法大系(3)15頁〔信濃孝一〕，菊井＝村松 II 490頁，秋山ほかIV 176頁。ただし，斎藤ほか編・注解(7)420頁〔伊藤彦造＝東孝行＝西村宏一〕。

〔安西〕

II 勾引の手続

　刑事訴訟法の準用（刑訴 153 条。民訴規 111 条による刑訴規 68 条・71〜76 条準用）により，受訴裁判所等が勾引状を発し，検察官の指揮によって，検察事務官または司法警察職員が執行する（刑訴 153 条による同 62 条・64 条・70 条 1 項・73 条 1 項の準用）。

　勾引を命ずる場合にも，証人に呼出状を送達しておく必要がある[7]。しかし，証拠調期日の前に呼出状を送達しておくと，証人が当日自宅を留守にするなどして勾引の執行ができなくなるようなときは，勾引状の執行と同時に呼出状を送達する[8]。

　なお，勾引された証人も，出頭のために要した実費の保障として，旅費・日当・宿泊料を請求することができる（民訴費 18 条）。勾引を命じる措置に対しては，証人も当事者も不服申立てができないとされる[9]。

〔安西明子〕

---

[7] 証人の証拠調期日への具体的な出頭義務は，呼出状送達によりはじめて発生し，出頭義務を負わない者に勾引状を執行することは，勾引の要件を充たさない。兼子ほか・条解〔2 版〕1095 頁〔松浦=加藤新太郎〕，菊井=村松 II 278 頁，斎藤ほか編・注解民訴(7) 420 頁〔伊藤=東=西村〕，旧注釈民訴(6) 286 頁〔藤原〕，秋山ほか IV 177 頁。

[8] 兼子ほか・条解〔2 版〕1095 頁〔松浦=加藤〕。勾引状を執行する検察事務官等に，執行官か廷吏を同行させて，執行直前に呼出状を送達する方法が考えられる。菊井=村松 II 490 頁，斎藤ほか編・注解民訴(7) 420 頁〔伊藤=東=西村〕，旧注釈民訴(6) 287 頁〔藤原〕，証拠法大系(3) 14 頁〔信濃〕，秋山ほか IV 177 頁。

[9] 証拠法大系(3) 15 頁〔信濃〕，秋山ほか IV 177 頁。

第2節　証人尋問　　　　　　　　　　　　　　　　　　　§195　I

　（受命裁判官等による証人尋問）
　第195条　裁判所は，次に掲げる場合に限り，受命裁判官又は受託裁判官に裁判所外で証人の尋問をさせることができる。
　　一　証人が受訴裁判所に出頭する義務がないとき，又は正当な理由により出頭することができないとき。
　　二　証人が受訴裁判所に出頭するについて不相当な費用又は時間を要するとき。
　　三　現場において証人を尋問することが事実を発見するために必要であるとき。
　　四　当事者に異議がないとき。

I　本条の趣旨

　直接主義（249条），公開主義（憲82条）の要請から，証拠調べは受訴裁判所が公開の法廷で行うのが原則である。この例外として，裁判所が「相当と認めるときは」，裁判所外における受命裁判官・受託裁判官による証拠調べが許されている（185条）。本条は，訴訟手続において極めて重要な証人尋問につき，185条の特則としてその要件を明確化し，相当性判断に制限を加えたものと解されている[1]。

　証人尋問は審理の重要な部分であることから，本条の前身である旧法279条は，直接主義を徹底し，その例外を2つに限定していた。これを本条は1号・2号として引き継いでいる。これに対して，審理の充実・促進を図るため，機動的に証人尋問を実施する実務上の必要性から，一定の場合に直接主義の要請を緩和することが主張された。これを受けて本条は，さらに3号・4号を追加して，受命裁判官等による尋問が認められる範囲を拡大した[2]。本条は当事者尋問にも準用される（210条）。

---

1) 秋山ほかⅣ178頁，兼子ほか・条解〔2版〕1095頁〔松浦馨＝加藤新太郎〕，笠井＝越山編・新コンメ〔2版〕796頁〔山田文〕。旧法につき兼子ほか・条解996頁〔松浦馨〕，菊井＝村松Ⅱ491頁，斎藤ほか編・注解民訴(7)421頁〔伊藤彦造＝東孝行＝西村宏一〕，旧注釈民訴(6)288頁〔藤原弘道〕。

〔安西〕

§195 Ⅱ

本条の要件を具備しないのになされた受命・受託裁判官による証人尋問は違法であり，そのような証拠調べの結果に基づく判決に対する上告理由となる[3]。ただし，この瑕疵は私益保護を目的とする直接主義違反であるとして，当事者が責問権を喪失すれば（90条）その違法も治癒されると解されている（最判昭50・1・17判時769号45頁)[4]。

本条に関しては，テレビ会議システムによる尋問（204条）や尋問に代わる書面提出（205条）との振り分けも問題となる[5]。

なお，受訴裁判所内で受命裁判官が証人または当事者の尋問を行うことはできないが，大規模訴訟の場合には，後述のとおりこれを認める特則がある（268条）。また，証拠保全手続においては，例外的に受訴裁判所において受命裁判官が証拠調べをすることができる（239条）。

Ⅱ 要件——受命裁判官等による尋問が許される場合

1 本条1号

現行法上，証人には出頭義務があるから（190条），通常は出頭義務のない場合はない。ただし，強いてあげれば，治外法権を持ち，証人義務を負わない外交官等が，証人として尋問には応じるが，裁判所への出頭を拒む場合等が考えられている[6]。

出頭できない正当な理由とは192条の場合とほぼ同じであり，病気，高齢等

---

2) 一問一答229頁，実体的真実発見および効率性の要請とする兼子ほか・条解〔2版〕1096頁〔松浦＝加藤〕。

3) 秋山ほかⅣ178頁，兼子ほか・条解〔2版〕1095頁〔松浦＝加藤〕，賀集ほか編・基本法コンメ(2)〔3版追補版〕187頁〔三代川三千代＝鈴木昭洋〕。旧法につき兼子ほか・条解996頁〔松浦〕，菊井＝村松Ⅱ492頁，斎藤ほか編・注解民訴(7)422頁〔伊藤＝東＝西村〕，法律実務(4)237頁，旧注釈民訴(6)290頁〔藤原〕。

4) 秋山ほかⅣ178頁，兼子ほか・条解〔2版〕1096頁〔松浦＝加藤〕，旧法につき兼子ほか・条解996頁〔松浦〕，菊井＝村松Ⅱ492頁，斎藤ほか編・注解民訴(7)422頁〔伊藤＝東＝西村〕，旧注釈民訴(6)290頁〔藤原〕，野村秀敏「証言の証拠能力と証拠力(1)」民商98巻5号〔1988〕101頁，並木茂・昭和50年度重判解説110頁。

5) 研究会247頁〔福田剛久発言〕。テレビ会議により受託裁判官による尋問が相対化すると指摘する，証拠法大系(2)249頁〔田代雅彦〕。直接主義の要請から慎重な判断を要するとする笠井＝越山編・新コンメ〔2版〕797頁〔山田〕。

の身体的理由や業務等に関し社会通念上やむを得ないと見られる事情のため出頭できない場合と解されている[7]。

2　2号

証人が遠隔地に居住するため，出頭に要する費用や時間が不相当な場合である。証人は出頭に必要な旅費・日当・宿泊料をあらかじめ支給されるので（民訴費18条），費用が不相当かどうかは，それを負担する当事者の立場（訴額や当事者の資力）から判断すべきとされる[8]。

相当数の証人が裁判所所在地に居住していない場合が本号に該当するかという問題については，結局その事情だけで本号に該当すると見るのは困難で，ひとつの考慮事情にすぎないと見られる[9]。17条移送や前述したテレビ会議システム（204条）との振分けに関わる。

3　3号

大正15年の民訴法改正前は，ドイツ民訴法375条1項1号にならい，「真実ヲ探知スル為メ現場ニ就キ証人ヲ訊問スルノ必要ナルトキ」に受命・受託裁判官による証人尋問を認めていたが（旧318条1号），旧法では削除された。これを受け，直接主義，公開主義を徹底し，裁判所外での証拠調べ（185条）を本条1号・2号に限定する立場が通説であった[10]。しかし，受命裁判官等による検証やその際の鑑定が認められていること（233条・旧334条）とのバランスのほか，前述のとおり審理の充実・促進を図る観点から，機動的に証人尋問をする実務上の必要性が高いとして，直接主義への固執には疑問も提示されてい

---

6) 秋山ほかⅣ180頁等。旧法につき兼子ほか・条解996頁〔松浦〕，菊井＝村松Ⅱ493頁，旧注釈民訴(6)289頁〔藤原〕。
7) 賀集ほか編・基本法コンメ(2)〔3版追補版〕187頁〔三代川＝鈴木〕等。
8) 秋山ほかⅣ180頁，賀集ほか編・基本法コンメ(2)〔3版追補版〕188頁〔三代川＝鈴木〕，旧法につき兼子ほか・条解996頁〔松浦〕，斎藤ほか編・注解民訴(7)423頁〔伊藤＝東＝西村〕，旧注釈民訴(6)290頁〔藤原〕。反対に証人の立場を主とし，裁判所と当事者の立場も考慮すべきとするのは，菊井＝村松Ⅱ494頁。
9) 秋山ほかⅣ181頁，そのような場合は本条4号で対処しうるとする賀集ほか編・基本法コンメ(2)〔3版追補版〕188頁〔三代川＝鈴木〕参照。
10) 兼子ほか・条解996頁〔松浦〕，菊井＝村松Ⅱ491頁，旧注釈民訴(6)288頁〔藤原〕。賀集ほか編・基本法コンメ(2)〔3版追補版〕188頁〔三代川＝鈴木〕，秋山ほかⅣ181頁。

た[11]。たとえば境界の争いや交通事故，労災事故等のように現場のある事件では，現場を見ながら証言してもらうのが有益であり，裁判官も証言を理解しやすい[12]。そこで，本号で受命・受託裁判官が現場で証人尋問をすることができることを明文で認めたのである。

4　4号

さらに，上記に該当しない場合であっても，当事者に異議がないときは受命・受託裁判官による裁判所外での証拠調べを認めた。職務多忙の医師の尋問等の場合は，1号の正当な理由に該当する余地があるが，本号により受命・受託裁判官による尋問を一層利用しやすくなるとされる[13]。

本号は3号までとは異質の規定である。とくに裁判所外での証拠調べを認める185条との関係が問題とされている。すなわち1号から3号は，185条の裁判所外での証拠調べを「裁判所が相当と認めるとき」を具体的に限定していると理解できるところ，4号については当事者が異議がないことに加えて，裁判所が相当と認める判断も必要かどうか，見解が分かれうる[14]。相当性判断も必要とするのが通説といえようが[15]，当事者間に異議がなければそれだけで本条を適用してよいとする見解もある[16]。

なお，当事者に異議がない場合でも，受命裁判官が受訴裁判所の属する裁判所内で証人等の尋問を行うことは許されないが（大判明32・1・31民録5輯1巻65頁），大規模訴訟の場合は，当事者に異議がないときにこれを認める特則がある（268条）。この場合，合議体の構成員が受訴裁判所内で手分けして尋問を

---

11)　菊井＝村松Ⅱ492頁，旧注釈民訴(6)288頁〔藤原〕。
12)　研究会247頁〔秋山幹男発言〕。
13)　研究会247頁〔秋山発言〕。
14)　研究会248頁〔伊藤眞発言〕。
15)　一問一答230頁，研究会248頁〔柳田幸三発言〕，同248頁〔伊藤発言〕，証拠法大系(3)161頁〔木村元昭〕，賀集ほか編・基本法コンメ(2)〔3版追補版〕188頁〔三代川＝鈴木〕，兼子ほか・条解〔2版〕1096頁〔松浦＝加藤〕，秋山ほかⅣ182頁，笠井＝越山編・新コンメ〔2版〕797頁〔山田〕。直接主義の観点から同旨は矢吹徹雄「証人尋問③——証人尋問の仕方」新大系(3)66頁。
16)　研究会248頁〔鈴木正裕発言〕。当事者に異議がないことが相当性を形成するとみる，同250頁〔竹下守夫発言〕。

第2節　証人尋問　　　　　　　　　　　　　　　　　　　　　§195 II

行うことができる[17]。

〔安西明子〕

---

[17]　賀集ほか編・基本法コンメ(2)〔3版追補版〕187頁〔三代川＝鈴木〕。詳細は須藤典明「大規模訴訟の審理」塚原朋一ほか編・新民事訴訟法の理論と実務（下）〔1997〕201頁。なおこの積極的活用を説くのは塚原朋一執筆代表・新民訴法実践ノート〔1999〕126頁。反対に直接主義等の観点から批判的なのは，高橋下〔2版補訂〕382頁注69，賀集ほか編・基本法コンメ(2)〔3版追補版〕328，330頁〔川嶋四郎〕。

§ *196* Ⅰ　　　　　　　　　　　　　　　　　　　第2編　第4章　証拠

（証言拒絶権）
第 **196** 条　証言が証人又は証人と次に掲げる関係を有する者が刑事訴追を受け，又は有罪判決を受けるおそれがある事項に関するときは，証人は，証言を拒むことができる。証言がこれらの者の名誉を害すべき事項に関するときも，同様とする。
一　配偶者，四親等内の血族若しくは三親等内の姻族の関係にあり，又はあったこと。
二　後見人と被後見人の関係にあること。

Ⅰ　条文の趣旨

1　概　要
(1)　本条の概観

本条は，証人自身およびこれと1号・2号に定める関係を有する者が，「刑事訴追を受け，又は有罪判決を受けるおそれがある事項」（柱書前段）と，これらの者の「名誉を害すべき事項」（柱書後段）に関する証言を拒絶する権利，すなわち証言拒絶権を証人に認める[1]。証言によりリスクに晒される者（以下では仮に「被リスク者」と呼ぶ）の証人との関係と，被リスク者が負うリスクの性質の組み合わせにより，以下の①ないし⑥の範囲で証言拒絶権が認められる。
①　証人に刑事訴追等のおそれがある事項
②　証人の（もと）親族に刑事訴追等のおそれがある事項
③　証人と後見・被後見関係にある者に刑事訴追等のおそれがある事項
④　証人の名誉を害すべき事項
⑤　証人の（もと）親族の名誉を害すべき事項
⑥　証人と後見・被後見関係にある者の名誉を害すべき事項

これらの範囲で証言拒絶権を認める理由に関する議論には，Ⅱで触れる。なお同様に証言拒絶権を一定の場合に認める次条との関係に関して，本条の証言

---

[1]　当事者と一定の関係を有する者に，尋問事項の如何を問わず証言拒絶権を認める立法例（旧々法297条・ドイツ民事訴訟法383条）もあるが，本条はあくまで特定の尋問事項に関してのみ証言拒絶権を認める。

220　　〔内海〕

第2節　証人尋問　　　　　　　　　　　　　　　　　　　　§196　I

拒絶権は尋問事項それ自体の性質から，次条のものは証人が第三者に対して負う黙秘義務から導かれるという仕分けがされることがある[2]。その当否あるいは思考経済上の有用性については留保するが，少なくとも解釈・運用上の実益を有するものではないと考えられるので，これ以上は立ち入らない。

(2) 証言拒絶権の性質

本条および次条が定める証言拒絶権は，一般的な証人義務（190条）の一内容をなす証言義務の存在にもかかわらず，例外的に，裁判所から証言を求められてもこれを拒絶することができる公法上の抗弁権であるとされる[3]。公法上の抗弁権であることから，私人間の合意による証言拒絶権の設定および消滅は認められない[4]こと，証人が証言拒絶権を行使せずあえて証言することは可能であり，当該証言の評価は裁判所の自由心証に委ねられ[5]，他方証人は偽証に対する制裁を当然には免れないこと，が導かれることが一般的である。ただし，厳密にはこれらの命題の当否はそれぞれに吟味されるべきものであろう。

2　沿革および近時の改正

本条は，旧法280条[6]の内容をほぼ引き継ぐものである[7]が，平成8年の現行法制定時において以下の改正が加えられている。第一に，柱書後段の表現が

---

2) 田中和夫「証言拒絶権」斎藤還暦・法と裁判〔1942〕84頁，斎藤ほか編・注解民訴(7) 425頁〔斎藤秀夫＝東孝行〕など。なお次条1項3号に関しては，尋問事項の性質に基づくものが含まれるとの指摘もある（秋山ほかⅣ 184頁）。

3) 田中・前掲注2) 82頁，旧注釈民訴(6) 292頁〔坂田宏〕，斎藤ほか編・注解民訴(7) 425頁〔斎藤＝東〕，菊井＝村松Ⅱ 495頁，兼子ほか・条解〔2版〕1097頁〔松浦馨＝加藤新太郎〕，秋山ほかⅣ 184頁，賀集ほか編・基本法コンメ(2)〔3版〕188頁〔小林秀之＝山本浩美〕。

4) 私法上の契約としては有効であるとする異説（斎藤ほか編・注解民訴(7) 425頁〔斎藤＝東〕）がある。ただ，この説が合意当事者間における債権的な効力を念頭においているとすると，直接的には公法上の権利の合意による設定・消滅を否定するにすぎないようにもみえる一般的見解がそのことまで否定しているのかは必ずしも明らかではない（証拠法大系(3) 47頁〔早田尚貴〕は債権的効力の限りでは賛成）ともいえる。

5) 菊井＝村松Ⅱ 496頁，旧注釈民訴(6) 292頁〔坂田〕，斎藤ほか編・注解民訴(7) 426頁〔斎藤＝東〕。ただし，次条1項2号における黙秘義務に反してされた証言につき証拠能力を否定すべきとする見解もある（旧注釈民訴(6) 319頁〔坂田〕，証拠法大系(3) 47頁〔早田〕。反対，兼子ほか・条解〔2版〕1102頁〔松浦＝加藤〕）。

〔内海〕　221

§ 196 I　　　　　　　　　　　　　　　　　　第 2 編　第 4 章　証拠

「恥辱ニ帰スヘキ事項」から「名誉を害すべき事項」へと改められたが，これは「旧法の実質を維持」[8]するものとされている。第二に，旧法 280 条 3 号（「証人カ主人トシテ仕フル者」）が削除された。これは，証人とそのような関係にある者が柱書に定めるリスクを負う事項に関する証言拒絶権を廃止する実質的改正であり，その理由は，同号が前近代的な人的関係を前提とすること，また「従たる者」にのみ証言拒絶権を認める片面的規定であることが，いずれも現代の社会状況に適合しないことにあったとされている[9]。

3　先例の欠如と解釈論の意義

証言拒絶権一般について指摘される[10]ことでもあるが，とくに本条に関しては，公表裁判例は皆無であり，裁判例に現れない形で本条の証言拒絶権が主張されその可否が争われることも少ないことから，次条と比較しても「影が薄い」と評価されている[11]。もっとも，その原因の少なくとも一部が，複数の実務家が指摘するように，運用上の工夫によって問題が柔軟かつ未然に解決されている[12]ことにあるのだとすれば，実務に携わる法律家層がおよそ本条を無視しようとしているのでない限り，その運用の基礎に本条の内容があることは否定しがたいように思われる。だとすれば，本条に関する解釈・立法論には，少

---

6) 旧法 280 条はいわゆる大正 15 年改正において確立したものであるが，第二次大戦後（昭和 23 年）に家族法改正に伴う若干の改正を受けている。以上を含め，沿革につき詳しくは田中・前掲注 3) 108 頁，旧注釈民訴(6) 297 頁〔坂田〕。

7) 一問一答 231 頁，秋山ほかⅣ 183 頁，兼子ほか・条解〔2 版〕1097 頁〔松浦＝加藤〕。

8) 一問一答 232 頁。この経緯は，「名誉」概念とその法的保護に関する民法・刑法等その他の分野における議論の成果を本条に移植することが当然にできるわけではない可能性を示唆するものでもある。

9) 一問一答 231 頁，研究会 251 頁〔柳田幸三発言〕。なお旧法下においても，立法論として廃止すべきとの見解が有力であった。旧注釈民訴(6) 303 頁〔坂田〕，兼子ほか・条解 998 頁〔松浦馨〕。

10) 東孝行「民事訴訟における運用論の試み——証言拒絶権を中心として」判タ 770 号〔1992〕4 頁，証拠法大系(3) 47 頁〔早田〕，小島武司＝高谷進・豊田愛章・民事実務読本(3)証明・事実認定〔1989〕156 頁〔高谷＝豊田〕。

11) 証拠法大系(3) 61 頁〔早田〕。

12) 東・前掲注 10) 5 頁，小島ほか・前掲注 10) 156 頁〔高谷＝豊田〕，証拠法大系(3) 84 頁〔早田〕。

なくとも，これら運用の形成あるいは必要な修正の手がかりを提供するものとしてなお一定の実践的意義があると考えられよう。直接的な適用例・裁判例の欠如は，本条の重要性を直ちに否定する理由にはならない[13]というべきである。

II 本条一般にかかわる問題

1 憲法上の権利保障との関係など

(1) 議論状況の概観

本条が定める証言拒絶権の趣旨は，伝統的に，①ないし⑥の場合に証人に対し証言を強いることは人情に反し情誼にもとり，また真実の証言を確保できる期待可能性も少ないという政策的判断にあると説明されてきた[14]。現在でもこの説明は広く採用されている[15]。対して近時では，自己負罪拒否特権（憲38条1項）[16]やいわゆる自己情報コントロール権としてのプライバシー権[17][18]等の憲法上の権利ないし価値の保障・尊重を本条の証言拒絶権が果たすべき役割として強調する立場が提示され，一定の注目を集めている。本条が認める範囲の証言拒絶権を正当化する根拠をより具体的に示す必要性があるとの認識は，伝統的説明の支持者も含めて共有されつつあるように思われる[19]。しかし，一方で

---

13) 小島ほか・前掲注10) 157頁〔高谷＝豊田〕は，フォーマルな形で行使されない傾向があることから，わが国の一般市民は証言拒絶権に対し否定的に評価しており，証言拒絶権は「制限的に解釈してゆかれるもの」と予測する。これに対し，旧注釈民訴(6) 296頁〔坂田〕は，実務上正当な証言拒絶権が行使されることが日常となってはじめて証言拒絶権に対する評価は可能となると反論する。

14) 旧法に関するものとして，斎藤ほか編・注解民訴(7) 425頁〔斎藤＝東〕，旧注釈民訴(6) 292頁〔坂田〕，菊井＝村松II 495頁など。

15) 現行法下におけるものとして，秋山ほかIV 183頁，証拠法大系(3) 62頁〔早田〕，賀集ほか編・基本法コンメ(2)〔3版〕188頁〔小林＝山本〕。

16) 伊藤〔4版補訂版〕383頁。伊藤教授によれば，本条は「自己負罪供述強要禁止と類似の趣旨」に基づくものとされ，憲法38条1項の保障が直接的に及ぶわけではない範囲では，証人自身の社会的地位あるいは証人と第三者の社会的関係を保護法益として本条による証言拒絶権が認められる（同書378頁）。ありうる議論だが，その範囲における証言拒絶権と自己負罪拒否特権の「類似」性は自明ではないようにも思われる。

17) 旧注釈民訴(6) 293頁〔坂田〕，坂田宏「民事訴訟における証人義務と証言拒絶権」横浜経営研究15巻1号〔1994〕36頁，同「証言拒絶権の要件」争点〔3版〕224頁。春日偉知郎「証言拒絶権」講座新民訴(2) 128頁の分析も参照。

§ 196 II　　　　　　　　　　　　　　　　　　　　第2編　第4章　証拠

近時の議論がそのような企てに成功しているのかどうかはまた別の, 少なくとも検証を要する問題である。

(2)　若干の検討

現行憲法に時間的に先行する旧法 280 条を引き継ぐ本条が, 歴史的事実として憲法上の基本権保障を体現すべく立案・採用されたと理解することには無理があるが, 一般論として, 国家による証言の強制の限界を定めている本条が, 証人の憲法上の権利を保障する機能を果たしうることを直ちに否定する理由はないように思われる。仮に従来そのことが十分に踏まえられていなかったのだとすれば[20], 近時の議論には, その点に関する注意喚起としての意義が認められよう。しかし従来においても, 本条（の解釈）が, 訴訟における真実発見への要請と証言の強制によりもたらされる人格的利益に対する侵害とを調整する役割を果たしていることは相応に認識されてきた[21]のだとすると, 憲法上の権利保障という視点を付け加えることがいかなる性質・程度の影響をもたらしうるかは, 必ずしも明らかではない。

そこで若干の検討を試みるとすれば, まず, 憲法上の自己負罪拒否特権は, 本条が定める証言拒絶権のうち①部分の存在意義を説明する[22]根拠となりうるとしても, ②ないし⑥の範囲の証言拒絶権を説明する直接的な根拠にはなりにくそうである[23]。だとすれば, ①部分の解釈あるいは改廃が問題となるのでない限り, 憲法 38 条 1 項の参照が本条の解釈に直接的に与える影響はさほど大きくないように思われる。

---

18)　その多義性を含め, 憲法学におけるプライバシー権に関する議論に関しては, 例えば, 長谷部恭男・憲法〔第5版, 2011〕144 頁, 樋口陽一＝佐藤幸治＝中村睦男＝浦部法穂・注釈日本国憲法上巻〔1984〕290 頁〔佐藤〕, 野中俊彦＝中村睦男＝高橋和之＝高見勝利・憲法 I〔第5版, 2012〕275 頁などを参照。
19)　秋山ほかIV 183 頁, 証拠法大系(3) 62 頁〔早田〕。
20)　旧注釈民訴(6) 295 頁〔坂田〕。
21)　田中・前掲注 3) 89 頁は,「国家司法上の要求と個人の感情とを如何に調和せしむべきか」が証言拒絶権に関する議論の課題であることをすでに指摘する。
22)　ただし, いわゆる川崎民商事件最高裁判決の基準（最大判昭 47・11・22 刑集 26 巻 9 号 554 頁〔560 頁〕）に照らすと, 民事訴訟が「実質上, 刑事責任追及のための資料の取得収集に直接結びつく作用を一般的に有する」といえないため, 民事訴訟における証言に憲法 38 条 1 項の適用があることは厳密には明らかではないともいいうる。

他方,証言義務を伴う証人尋問が憲法(13条)から導かれるいわゆる自己情報コントロール権との間に緊張関係を生じうること,また証言拒絶権がこの緊張関係を調整する機能を有しうることも,おそらくは否定しがたい。しかし,前述の沿革あるいは本条の文言等からみれば,憲法(が保障する自己情報コントロール権)がいかなる範囲の情報についてその秘匿を保障し,あるいは,その保障の司法権による制約をいかなる範囲・程度において承認しているのか[24]を探究する重要な手がかりとして本条を位置づけることには困難がある[25]。そうであるとすれば,憲法がいかなる範囲で情報秘匿の権利を確保するよう要請しているかはひとまず本条の解釈(の骨子)とは別途に解明される必要があり,その内容は,本条の解釈における二次的な調整のための手がかりとして機能するに止まると理解しておくことがさしあたり穏当であるように思われる[26][27]。

 だとすれば,結局,本条の解釈に当たっては,さしあたり文言を主要な手がかりとしてその根拠ないしは存在意義を捕捉し,それに基づいて解釈が分かれうる問題の処理を検討するという通常の条文解釈の手法を試みつつ,その際,憲法によって秘匿の保障が要求される(と解される)情報について証言の拒絶を認めることのできる解釈が,少なくとも一般的な解釈手法の枠内で可能であ

---

23) 長谷部由起子「秘密保護と文書提出義務」民訴雑誌56号〔2010〕34頁,笠井=越山編・新コンメ〔初版〕754頁〔山田文〕。刑事訴訟法146条・147条に関する最判昭27・8・6刑集6巻8号974頁も参照。なお憲法38条1項にいう「不利益」を広く解する(芦部信喜編・憲法Ⅲ人権(2)〔1981〕210頁〔杉原泰雄〕)場合には,本条②ないし⑥をその保護範囲に含めることも不可能ではないが,通説・判例はこれを本人の刑事上の不利益に限定して理解しているものと思われる。樋口ほか・前掲注18) 784頁〔佐藤〕,長谷部恭男・前掲注18) 253頁,野中ほか・前掲注18) 428頁など)。

24) ただし憲法学上も,自己情報コントロール権に基づいてその秘匿が保護されるべき情報の範囲はなお不明確であるとされる。野中ほか・前掲注18) 276頁。また,自己情報コントロール権保障の重要性を共有しながら,本条に相当する証言拒絶権を(限定的にしか)認めない国々も存在する(旧注釈民訴(6)298頁〔坂田〕など参照)ことも忘れるべきではない。

25) ただし,自己情報コントロール権によって保護される範囲は社会通念によって定まるとの理解(長谷部恭男・前掲注18) 146頁)によれば,本条を,わが国における社会通念を明らかにする手がかりとして理解することも不可能ではない。ただし,大正15年改正時と現在の社会通念が一致するかは別途問題となりうる。

る限りにおいて，より適切な解釈である蓋然性が高いことを併せて認識しておけば足りると考えられよう。なお，以上の指摘が立法論にわたる検討において憲法上の議論との慎重なすり合わせが不可欠であることを否定するものでないことは，言うまでもない。

2 本条の具体的根拠・存在意義
(1) 概　要
　以上を前提にしても，本条がおよそ解釈の余地を残さないものでない限り，本条によって保護されている一定の尊重に値する利益・価値がいかなるものであるかにつき，解釈の指針となりうる程度に具体的な解明を図ることは，少なくとも有益であろう。回答としては，以下のようなものがありうる。

(2) 証人の利益保護
　すでに述べたとおり，本条の主たる存在意義の少なくとも一部が証人の精神的・人格的利益の保護にあることについては，ある程度の範囲において暗黙にせよ了解があるように思われる。その内実としては，さしあたり本条所定の，自身またはその一定の関係者に重大な不利益を及ぼしうる事項につき証言を強いられることによる証人の精神的負担を想定できそうであるが，他方で，証人がそのような負担を被るのは本条所定の場合に限らないとの指摘もありうる。

(3) 被リスク者の利益保護
　本条は，証言によって被リスク者が被る不利益から被リスク者を（も）保護するものであるとの理解[28]も示唆されている。ただし，本条の定める被リスク者は，自己の秘密が証人によって開示されないことにつき法的保護に値する利

---

26) 憲法との整合性確保のために大幅な調整が必要となる可能性もないわけではないが，本条および次条が憲法上秘匿を保障されるべき範囲をカバーできていない場合に違憲となるのは190条であるとも考えられる。またこれを避けるため190条の合憲限定解釈として明文なき証言拒絶事由を肯定することも不可能ではない（旧注釈民訴(6)256頁〔藤原弘道〕参照）。そうすると，憲法が要請する証言拒絶権の範囲を本条が解釈によって（無理をしてでも）取り込むことは，必須の要請とまではいえないようにも思われる。
27) 提唱者も，「憲法的視点」は，議論の構図ないし「パラダイム」を根本的に転換させるものではないとしている。旧注釈民訴(6)295頁〔坂田〕。
28) 証拠法大系(3)63頁〔早田〕。ただし，証人自身が被リスク者でもある①④の場合は(2)と区別する意味はなく，②③⑤⑥の場合に独自性が見出されうるものである。

益を有するものではないとの指摘もあり[29]，少なくとも広く支持されているとはいいがたい。

(4) 証人と被リスク者の関係保護

ややニュアンスを異にする議論として，②③⑤⑥の場合を念頭に，証人と被リスク者の社会的関係を保護することに本条の存在意義を求める見解も提示されている[30]。その意図は必ずしも明確ではないが，おそらく，証人による供述が被リスク者に不利益をもたらすことが証人と被リスク者の間の社会的（あるいは端的に人間）関係を破壊する危険があるとの認識を前提に，その危険から証人または被リスク者を保護することに本条の存在意義を見出すものと思われる[31]。興味深い議論だが，重要な社会的関係は本条所定の場合に限らないとの指摘も可能であろう。

(5) 真 実 発 見

伝統的説明は，真実の証言が得られる期待可能性の欠如をも本条の存在意義として挙げている。これは，本条が規定する範囲の情報について証言を強制しても，真実の発見にさほど役に立たないか，あるいは有害でさえある[32]という議論として理解できる。議論が前者の範囲に止まるならば，その役割は限定的[33]ともいえそうであるが，後者を含むとすると，本条は真実発見により資するものとして，証人および被リスク者の利益保護の問題とは独立に（も）正当化される余地があることとなる。もっとも，真実の証言が得られる可能性も一定以上あるのであれば，証言をさせた上でその評価は裁判所の自由心証に委ねるという考え方もありうるところではある[34]。

---

[29] 長谷部由起子・前掲注23) 34頁。

[30] 伊藤〔4版補訂版〕378頁。

[31] 遠藤功「証言拒絶権の要件」争点〔新版〕266頁も，このような趣旨の議論を含んでいると理解しうる。

[32] 賀集ほか編・基本法コンメ(2)〔3版〕188頁〔小林＝山本〕，菊井維大・民事訴訟法下〔補正版，1968〕318頁は，本条が定める場合に証言を強制することは「事の真相を誤る」と指摘する。

[33] 証拠法大系(3) 62頁〔早田〕。

[34] なお，証言拒絶権を行使せずされた証言の証拠能力につき，Ⅰ1(2)および前掲注5)参照。

〔内海〕

(6) 小 括

(2)ないし(5)は，必ずしも相互に排他的な議論ではない。したがって，本条の存在理由をさらに絞り込む作業が直ちに必要となるわけではないが，具体的な解釈論に当たっては，いずれをより重視するかによって結論が分かれうる場合が生じうる。他方で，これらの法益あるいは価値が，より実質的にみた場合にどれほどの尊重を必要とするものであるか，仮に尊重すべきだとしても，尊重されるべき場合が本条所定の範囲と一致するかといった点に関しては，いずれの議論においても疑問の余地が残りうるように思われる。根拠論のこのような不安定さ[35]は，より緻密な利益考量に基づき適用範囲を修正すべきとする種々の解釈論・立法論（具体的内容はⅢで触れる）を喚起する要因となる一方で，本条の文言をいわゆる調整問題を解決するものとして，さしあたり文言に忠実な解釈態度を支持することの根拠ともなっている可能性がある[36]。

3 相関的判断の可能性

さらに最近では，次条1項3号の解釈において判例上採用された手法[37]を本条の解釈にも転用して，文言上本条柱書に該当する事項についても，当該事項が「保護に値するか否か」をさらに問題とし，しかもその判断に際して，本条が明文上は考慮要素に挙げていない当該証言の証拠としての重要性等も考慮に入れて，保護法益の価値（の程度）との相関的な判断をすることの可否が議論されている[38]。議論が熟しているとは言いがたいが，現状では，本条柱書前段に関しては否定的な意見が多い[39]一方，後段に関しては，積極的立場[40]と消極

---

35) 1で紹介した近時の議論は，憲法上の議論を参照してこれを克服しようとする試みとして理解しうるが，とくに証人以外の者の犯罪をはじめとする（真実である）不祥事を，（関係者とはいえ）他人である証人が隠す権利／述べない自由の要保護性は，名誉や自己情報コントロール権の価値を一般論として認めるとしても，なお自明のものではないようにも思われる。

36) 散見される拡張的解釈への警戒（菊井＝村松Ⅱ496頁など）は，このような意味において理解する余地もあるかもしれない。

37) 証言事項が次条1項3号にいう「職業の秘密」に該当する場合でも，「保護に値する秘密」でなければ証言拒絶は認められず，保護に値する秘密であるか否かは対立する諸利益の比較衡量によるべきであるとする最決平18・10・3民集60巻8号2647頁が採用する手法である。詳しくは→§197参照。

38) 伊藤眞「文書提出義務をめぐる判例法理の形成と展開」判タ1277号〔2008〕16頁。

的立場[41]）が混在している。

　さしあたり，憲法38条1項違反（自己負罪拒否特権の侵害）は許されないとしても，その範囲外にある証言事項を念頭に置く限り，「おそれ」や「害すべき」という本条の文言は，このような相関的判断手法を採用する余地を原理的に排除しているとまでは言いにくいように思われる。ただし，仮に採用するとしても，(i)本条が証言拒絶権を認めることによって擁護しようとする利益ないし価値の内実とその重要性の程度を正当に把握し，(ii)これを踏まえてある程度の基準が設定されることが必要[42][43]となろうが，**2**で述べたように，とくに(i)の作業には困難も予想される[44]。議論の先行きはなお不透明である。

III　証言拒絶の要件

1　尋問事項に関する要件

(1)　柱書前段

　本条柱書前段は，証言が，証人及び各号に定める範囲の被リスク者が「刑事訴追を受け，又は有罪判決を受けるおそれがある事項に関するとき」に証言拒絶が認められるとする（①②③）。①は自己負罪拒否特権保障の一場面と解しう

---

39)　伊藤・前掲注38) 16頁，秋山ほかⅣ 185頁，証拠法大系(3) 65頁〔早田〕，坂田宏「取材源秘匿と職業の秘密に基づく証言拒絶権について」ジュリ1329号〔2007〕15頁。

40)　伊藤・前掲注38) 16頁，秋山ほかⅣ 185頁，研究会251頁〔秋山幹男発言〕。

41)　証拠法大系(3) 65頁，67頁〔早田〕。ただし，証言拒絶を広く認める方向においては，証言の証拠としての価値（が高くないこと）を考慮に入れて相関的な判断をすることは検討されてよいとする（同84頁）。

42)　証言の強制により得られる利益との単純な「比較」はおそらく不可能である。長谷部恭男「取材源秘匿と公平な裁判」同・憲法の境界〔2009〕157頁参照。

43)　保護されるべき証人・被リスク者の要保護性が高ければ，それだけ証拠としての重要性を根拠に証言を強制することが正当化される場合は減少することになる。正当化できる場合がゼロということになれば相関的判断は否定されることとなろう。また，**2**(5)の考慮に強い意義を認める場合には，証言の重要性が高い場合はあまり想定できないということになりうる。

44)　他方でこの問題は，証言の「必要」性（181条）判断（に基づく証人採否の決定）のあり方とも密接に関連しており（証拠法大系(3) 82頁〔早田〕参照），受訴裁判所の「必要」性判断について証人から（の疎明に基づく）（再）審査を求める権利を実質的に認める意義を有しうる。

〔内海〕

る[45)]としても、②③に関しては、さしあたりⅡ2で挙げた利益・価値のいずれか（複数の可能性もある）を保護するものと考えることが穏当であろう。

「刑事訴追を受け、又は有罪判決を受けるおそれ」は、証言内容が、被リスク者にとって、犯罪の発覚および自らへの嫌疑、ひいては自らへの有罪判決を導く端緒あるいは証拠となる可能性がある場合に認められる。刑事訴追および有罪判決は、刑法典上の罪に関するものに限らず、特別法や委任命令上の罪に関するものも含まれる。ただし証人の証言内容が、被リスク者がすでにした証言内容と食い違うために偽証罪適用の可能性が生じるだけでは証言拒絶は認められないとするのが通説[46)]である。なお懲戒処分は刑罰でないため含まれないが、「名誉を害すべき事項」に当たる余地がそのことによって排除されるわけではない。

「おそれ」の程度は文言上問われていない。「軽い程度で足り」る[47)]とするのが一般的な理解と思われるが、「相当程度に高い」蓋然性を要するとの説も現れている[48)]。Ⅱ3で触れたとおり、証拠としての必要性等との相関的な判断の余地は否定的に解されている[49)]。

(2) 柱 書 後 段

柱書後段は、被リスク者の「名誉を害すべき事項」について証言拒絶を認める（表の④⑤⑥）。いずれに関しても、さしあたりⅡ2で挙げた利益・価値のいずれか（複数の可能性もある）を保護するものと考えることが穏当であろう。なお旧法280条の実質に変更はないとの理解（Ⅰ2）から、旧法下における解釈は概ね維持されるものと考えられる。

「名誉を害すべき事項」とは、被リスク者の社会的評価を低下させる事項を

---

45) ただし前掲注22）に注意。
46) 兼子ほか・条解〔2版〕1098頁〔松浦＝加藤〕、賀集ほか編・基本法コンメ(2)〔3版〕189頁〔小林＝山本〕、秋山ほかⅣ187頁。リスクが証言の内容に由来するのではないかからだとされる。
47) 斎藤ほか編・注解民訴(7)427頁〔斎藤＝東〕。ただし明示するものは少ないともいえる。
48) 三木浩一ほか・民事訴訟法〔2013〕289頁〔三木〕。
49) 伊藤・前掲注38）16頁、秋山ほかⅣ185頁、証拠法大系(3)65頁〔早田〕、坂田・前掲注39）15頁。ただし、自己負罪拒否特権の絶対的保障を根拠とする説明は、②③には厳密には妥当しない。

第 2 節　証人尋問　　　　　　　　　　　　　　　　　　　§ 196 Ⅲ

指す[50]とされる。社会的評価の低下を招くか否かは，証人および被リスク者の主観によってではなく，社会通念に照らして判断される[51]。また前段との表現の違いから「おそれ」では足りないとされる[52]。もっとも，証言拒絶権が行使された場合には社会的評価の低下が実際に生じるわけではない以上，低下の蓋然性が高度であることの要求に止まらざるをえない。社会的評価低下の程度については，社会的地位の保持が困難になる程度に社会的・道徳的非難を招く事項である必要があるとする見解[53]がおそらく一般的であるが，証拠の重要性等との相関的な判断がなされるべきか否かについては，前述（Ⅱ 3）のとおり見解が分かれる。

　さらに，本段に狭義のプライバシー（私生活上のセンシティブな情報を公にされない利益[54]）保護の機能をも果たさせようとする見解[55]があるが，仮に社会的評価の低下を招くとは想定しにくいケースまで含めるべきとの趣旨であるとすれば，直ちに支持することは難しい[56]。狭義のプライバシーを害する事項について証言拒絶権を認めることが仮に正当であるとしても，その範囲ないし要件は，証拠としての重要性等との相関的判断の可否あるいは代替的保護手段[57]の

---

50)　伊藤〔4 版補訂版〕384 頁，兼子ほか・条解〔2 版〕1098 頁〔松浦＝加藤〕，秋山ほかⅣ 187 頁，賀集ほか編・基本法コンメ(2)〔3 版〕189 頁〔小林＝山本〕。

51)　ここでの判断には，被リスク者の社会的地位や境遇も考慮に入れることができるとされており，その意味で「相対的な判断」であると説明される（旧注釈民訴(6) 300 頁〔坂田〕，兼子ほか・条解〔2 版〕1098 頁〔松浦＝加藤〕）が，本文にいう「相関的な判断」とは意味が異なる。

52)　田中・前掲注 3) 86 頁，菊井＝村松Ⅱ 497 頁，証拠法大系(3) 67 頁〔早田〕，秋山ほかⅣ 187 頁。

53)　伊藤〔4 版補訂版〕384 頁，兼子ほか・条解〔2 版〕1098 頁〔松浦＝加藤〕，秋山ほかⅣ 187 頁，三木ほか・前掲注 48〕289 頁〔三木〕，笠井＝越山編・新コンメ〔2 版〕799 頁〔山田〕。

54)　憲法学上確立された用語法があるわけではないようにみえるが，自己情報コントロール権＝プライバシー権は，必ずしもセンシティブとはいえない情報の（不必要な）収集からの保護をも基礎づける意味でも用いられることがあり（長谷部恭男・前掲注 18) 150 頁），またⅡ 1 で触れた議論もこのような（相対的に）広い意味のプライバシー権を想定している可能性がある。

55)　高橋下〔2 版〕101 頁，垣内秀介「自己使用文書に対する文書提出義務免除の根拠」小島古稀上 262 頁。

〔内海〕

意義等も含め、熟慮[58]の上で条文化されることが望ましい[59]。というのも、現状でも、少なくとも極端なケースであれば、憲法から直接、あるいは190条の限定解釈により証言拒絶を実質的に認める余地[60]がないわけではないからである。

2 被リスク者の属性に関する要件
(1) 総論

本条は、柱書に規定されたリスクを証人および、証人と本条1号・2号に規定された関係を有するものが負う場合に証言拒絶権を認める。特に準用規定があるわけではないが、用いられる概念（血族・親族概念、親等計算、後見等）に関し、少なくとも原則として民法（第4編）における規律および理解[61]に従うことは当然の前提とされている。

(2) 証人本人

柱書にいう「証人」とはあくまで証人を指すから、証人が属しあるいは代表する団体等に生じるリスクは当然には含まれない。

(3) 1号

本条1号は、被リスク者が証人の配偶者、四親等内の血族若しくは三親等内の姻族である場合、又は過去そうであった場合にも、証言拒絶を認める（②⑤）。

(ア) 配偶者　配偶者とは証人の夫または妻である。事実婚（内縁）関係にある者は含まないとするのが支配的見解[62]であったが、含めてよいという見

---

56) 現行法上、プライバシーそれ自体は証言拒絶の根拠とはならないとの指摘（竹下守夫「新民事訴訟法と証拠収集制度」法教196号〔1997〕19頁）も有力である。

57) 尋問の公開停止（憲82条2項、人訴22条）、訴訟記録の公開制限（92条1項1号）など。

58) 具体的な提案として、例えば、上原敏夫ほか・シンポジウム「民事裁判における情報の開示・保護」民訴雑誌54号〔2008〕97頁〔田邊誠報告〕、115頁〔山本和彦報告〕など。

59) 現行法制定時にも、プライバシー保護のための証言拒絶権を本条に明文化することが検討されたが、保護範囲等につき議論が未成熟であるとして断念されたとされている（研究会251頁〔柳田発言〕）。

60) 旧注釈民訴(6)256頁〔藤原〕。前掲注26）も参照。

61) 概略の説明として、例えば、前田陽一＝本山敦＝浦野由紀子・民法Ⅵ〔第2版、2012〕23頁以下〔前田〕。

解⁶³⁾が有力になりつつある。ただし，婚約者までは含めがたいとするのがなお一般的とみられる⁶⁴⁾。

　(イ)　**四親等内の親族・三親等内の姻族**　「四親等内の親族」は，四親等の親族（従兄弟・曾祖父母・曾孫等）までを含み，「三親等内の姻族」には三親等の姻族（配偶者のおじおば・甥姪など）までを含む。刑事訴訟法147条・議院証言法4条1項よりも広い範囲の者が含まれ，かつ，親族関係が終了した後も証言拒絶権は存続する。範囲が広すぎるのではないかとの立法論的批判が有力になされている⁶⁵⁾。

　(ウ)　**過去に(ア)(イ)であった者**　離婚・離縁・死別等の理由により(ア)(イ)の関係が消滅しても，本条の証言拒絶権は消滅しない。ただし，柱書後段との関係⁶⁶⁾で被リスク者が死者である場合に証言拒絶が可能かは必ずしも明確でない⁶⁷⁾が，少なくとも文言上自明に排除されるわけではない。なお前述のとおり，(ア)(イ)の範囲と合わせて立法論として広範に過ぎるとの批判がある。

(4)　2号

本条2号は，被リスク者が証人の後見人である場合と，証人が被リスク者の

---

62) 菊井＝村松Ⅱ496頁，斎藤ほか編・注解民訴(7)428頁〔斎藤＝東〕，兼子ほか・条解〔2版〕1099頁〔松浦＝加藤〕など。範囲を不明確にする等の理由による。なお前掲注36) も参照。

63) 旧注釈民訴(6)301頁〔坂田〕，坂田・前掲注17)「証人義務と証言拒絶権」39頁，秋山ほかⅣ188頁，笠井＝越山編・新コンメ〔2版〕799頁〔山田〕，遠藤・前掲注31) 266頁。

64) 秋山ほかⅣ188頁，兼子ほか・条解〔2版〕1099頁〔松浦＝加藤〕，賀集ほか編・基本法コンメ(2)〔3版〕189頁〔小林＝山本〕。ただし遠藤・前掲注31) 266頁は反対。

65) 伊藤〔4版補訂版〕383頁，兼子ほか・条解998頁〔松浦〕など。

66) 死者が刑事訴追・有罪判決を受けることはないため，柱書前段は問題とならない。対して死者の名誉は，民刑法上でも全く保護されていないわけではない（刑法230条2項，内田貴・民法Ⅱ〔第3版，2011〕373頁参照）。情報公開法制の文脈における議論であるが，宇賀克也・新・情報公開法の逐条解説〔第6版，2014〕72頁も参照。

67) 配偶者が死亡した後でもそれ以前と同様に扱うべき旨の記述は散見される（菊井＝村松Ⅱ497頁，秋山ほかⅣ188頁，斎藤ほか編・注解民訴(7)429頁〔斎藤＝東〕，旧注釈民訴(6)302頁〔坂田〕）が，生存中の姻族が被リスク者である場合を念頭に置くものである可能性（民728条2項参照）もある。仮にそうでないとしても，配偶者の死亡のみが挙げられているため，それ以外の親族が死亡している場合も同様に扱われるのかはなお明確でない。

〔内海〕

後見人である場合を含む。前号と異なり，後見・被後見の関係が終了している場合には，証言拒絶権は認められない。後見監督人，保佐人[68]，補助人は含まれないとされる。法人が後見人である場合[69]に関しては議論がないが，被リスク者が後見人たる法人である場合には，当然に適用が排除されるわけではないと思われる。後見人たる法人の代表者等が証人となり，被後見人に関する事項を証言する場合は，少なくとも文言上は含まれない。

(5) 次条2項準用の可否

なお，おそらく少数説であるが，被リスク者と証人が異なる場合に，197条2項を準用して，本条柱書に該当する事項につき，被リスク者が，これを証人が証言することを許容した場合証言拒絶はできないとする見解がある[70]。本条が証人に固有の利益を保護しており，だからこそ197条のみに2項の規定が置かれているのであるとすれば，同項の本条への準用は適切でないということになるが，保護法益の理解の仕方によっては，このような解釈にも合理性を認める余地が全くないわけではない[71]。

Ⅳ 証言拒絶権の行使

本条の証言拒絶権は，証人尋問終了までいつでも行使可能である。尋問事項書[72]等から事前に行使すべきことが明らかになっていれば，証人尋問開始前に行使することができる[73]が，反対尋問等において偶発的に本条に該当する事項につき質問がされた場合には，その都度行使できる。いずれの場合も，証言拒

---

68) 刑訴147条2号・3号，議院証言法4条1項2号・3号は保佐人を含む。
69) 法人が後見人となることは，成年後見人につき平成11年（民843条4項），未成年後見人につき平成23年（民840条3項）の改正で明文上認められた。そのような経緯のため，現行民訴法立案時には必ずしも意識されていなかった問題である可能性がある。
70) 秋山ほかⅣ202頁，菊井=村松Ⅱ496頁。ただこの解釈の可能性に触れる文献自体が少ないため，反対されているとも断定しにくい。
71) Ⅱ 2 とくに(3)(4)参照。
72) 証人に呼出状を送達する場合には，尋問事項書が添付される（規108条）。またいわゆる同行証人である場合には，一方当事者から尋問事項に関する情報提供を受けることが可能であろう。
73) この場合，宣誓のみ拒否するという対応も可能（201条4項）である。同条の解説を参照。

第2節　証人尋問　　　　　　　　　　　　　　　　　　　　§196 Ⅳ

絶の理由を疎明する必要があり（198条），証言拒絶の可否は受訴裁判所の決定により判断される（199条。即時抗告可）ことになる。なお，証人に対して証言拒絶権の存在を告知することを命ずる規定は見当たらず，よって告知義務はないとする見解が通説的[74]であるが，少なくとも立法論としては告知を保障すべきとの指摘[75]が有力になされている。併せて，証人が証言拒絶の可否に関し弁護士の助言を求める機会を保障することも考えられてよいとの指摘もある[76]。

〔内海博俊〕

---

74)　秋山ほかⅣ185頁，兼子ほか・条解〔2版〕1098頁〔松浦＝加藤〕，賀集ほか編・基本法コンメ(2)〔3版〕188頁〔小林＝山本〕など。ただし根拠としては「公法上の抗弁権としての性格」が挙げられる程度である。

75)　上原ほか・前掲注58) 96頁〔田邊報告〕，旧注釈民訴(6) 295頁〔坂田〕，坂田・前掲注17)「証人義務と証言拒絶権」40頁は不告知により不要の証言を強いられた証人による国家賠償請求の余地をも示唆する。笠井＝越山編・新コンメ〔2版〕798頁〔山田〕，春日・前掲注17) 131頁など立法論に限定しない主張もなされている。

76)　上原ほか・前掲注58) 125頁〔霜島甲一質問・田邊誠発言〕。

§197 I

第 197 条 ① 次に掲げる場合には，証人は，証言を拒むことができる。
一　第 191 条第 1 項の場合
二　医師，歯科医師，薬剤師，医薬品販売業者，助産師，弁護士（外国法事務弁護士を含む。），弁理士，弁護人，公証人，宗教，祈禱若しくは祭祀の職にある者又はこれらの職にあった者が職務上知り得た事実で黙秘すべきものについて尋問を受ける場合
三　技術又は職業の秘密に関する事項について尋問を受ける場合
② 前項の規定は，証人が黙秘の義務を免除された場合には，適用しない。

I 本条の趣旨

1 本条の概要

本条は，公務員の職務上の秘密，医師や弁護士など，一定の職業に就くものが職務上知りえた事実で黙秘すべきものや，技術または職業の秘密に関する事項について，証言を拒絶することを認めるものである。民事訴訟法は，真実に即した裁判を可能にするために，日本の裁判権に服する者にはすべて，証人義務を課している（190 条）。他方で，真実発見を犠牲にしても，保護すべき他の法益がある場合には，証人義務を免れるものとしている。たとえば，民訴法 196 条では，証人や証人と一定の身分関係にある者が刑事訴追を受け，または有罪判決を受けるおそれがある事項について，証言を拒絶することを認めている。これは，特定の事項について証言を要求することによって，証人や証人と一定の関係にある者の社会的関係が損なわれることを防止することを目的とした規定である（→§196 参照）。これに対して，本条は，職務上，あるいは職務に関して負う秘密保持義務等に基づいて，当該秘密について証言を拒むことを認めるものである[1]。立法政策としては，証人と当事者との間に一定の身分関係があることを理由に，尋問事項の内容を問わずに包括的に証言拒絶権を認め

---

[1] 笠井＝越山編・新コンメ〔2 版〕800 頁〔山田文〕，秋山ほかⅣ 189 頁。

ることも考えられるが、現行法は、そのような方法を採用せず、証言事項の内容に応じた証言拒絶権のみ認めている[2]。

2 本条の沿革

本条は、平成8年改正前の旧民事訴訟法281条の規定を、現代語化してそのまま引き継いだものである[3]。平成8年改正に際しては、銀行などの金融機関が有する顧客情報や、報道関係者が有する取材源の秘密を保護するため、これらも明文で証言拒絶事由として掲げることが提案されていたが、改正は実現されなかった[4]。そのため、本条で規定されていない事項についての証言拒絶の可否については、依然として解釈に委ねられている。

さらに、本条は、2項において、証人が黙秘の義務が免除された場合には、証言拒絶権を行使することを認めない。これは、秘密の帰属主体から黙秘の義務を免除された場合を指す。このように、本項は、証言をする者と、証言拒絶権によって保護される秘密の主体が異なる場合を想定しているようにも思われるが、本条1項3号には、両者が異なる場合のみならず、同じである場合、すなわち証人自身の秘密について証言拒絶をする場合も含まれる。そのため、本条全体が錯綜しているので、わかりやすく整理すべきであるという指摘も見られたが[5]、この点も改正は見送られている。

II 1項1号

1 本号の概要

本条1項1号は、民訴法191条1項に該当する事項についての証言拒絶権を認める。民訴法191条1項は、公務員または公務員であった者（以下、「公務員等」とする）を証人として職務上の秘密について尋問する場合の特則として、当該監督官庁の承認を得なければならないものとする。これは、国家利益や公

---

2) 伊藤眞「証言拒絶権の研究(1)」ジュリ1051号〔1994〕88頁、90頁参照。
3) それ以前の改正の経緯や比較法についての分析については、旧注釈民訴(6) 305頁以下〔坂田宏〕、坂田宏「民事訴訟における証人義務と証言拒絶権——その比較法的考察と憲法的契機に関する覚書」横浜経営研究15巻1号〔1994〕33頁、溜箭将之「証言拒絶権と裁判の公正——取材源秘匿をめぐる展開の日米比較から」立教75巻〔2008〕143頁等参照。
4) 秋山ほかIV 189頁。
5) 旧注釈民訴(6) 305頁〔坂田〕。

共の福祉などの公益を保護することを，その目的としたものであり[6]，本条1項1号も，同様の理由に基づいて，公務員等は職務上の秘密について証言を求められた場合には，証言拒絶をすることを認める。すなわち，これらの事項について，公務員等に証言を求める場合には，裁判所は当該監督官庁の承認を得なければならず，承認が得られれば，黙秘義務は解除され，当該公務員等は証言を拒むことができないが，承認が得られない以上，証言を拒むことはできる。職務上の秘密の意義については，§191の解説に委ねることとして，以下では，裁判所が監督官庁の許可を求める際の手続について解説する。

2 監督官庁の承認を求める手続

証言事項に職務上の秘密が含まれるか否かについて，当事者の提出した尋問事項書から明らかになる場合には，裁判所は証人尋問の決定をするに先立ち，監督官庁に対して承認を求める手続をとることになる。しかしながら，尋問事項書からは直ちにわからないが，尋問の途中で職務上の秘密に該当することが明らかになる場合も考えられる。この場合には，証人が職務上の秘密に該当することを理由に証言を拒絶した後に，裁判所が監督官庁に承認を求めることになる[7]。

もっとも，公務員等が職務上の秘密であると述べて証言拒絶を求めたが，裁判所が，当該事項が職務上の秘密に該当しないと考えた場合に，裁判所が監督官庁への承認手続を経ることなく，直ちに証言拒絶の申出を認めないことができるのかが問題となる。すなわち，裁判所に，職務上の秘密該当性について実質的，終局的判断権限があるのか，あるいはそのような権限は監督官庁に委ねられているのかが問題となる。これは旧法の下から議論の対象となってきたものである。

立案担当者の考え方は，公務員が職務上の秘密に該当すると述べた場合には，疎明を要することなく，直ちに監督官庁の許可を求めるべきであるというものである[8]。この考え方は，職務上の秘密該当性についての裁判所の判断権限を

---

[6] 旧注釈民訴(6)314頁〔坂田〕，斎藤ほか編・注解民訴(7)434頁〔斎藤秀夫＝東孝行〕。

[7] 旧注釈民訴(6)312頁〔坂田〕。

[8] 研究会244～245頁〔柳田幸三〕。これを支持するものとして，賀集ほか編・基本法コンメ(2)〔3版〕193頁〔小林秀之＝山本浩美〕。

一切排除するものである。

　これに対して，民訴法198条において，証人には証言拒絶事由について疎明が求められている以上，公務員等が職業上の秘密に該当すると述べるのみでは足りず，疎明をすることが必要であり，ある程度の疎明をした以上，裁判所はそれ以上に判断する権限を持たず，直ちに監督官庁に承認を得なければならないという見解もある[9]。この考え方は，民訴法199条1項が，民訴法197条1項1号を除外していることをその根拠とする。もっとも，疎明がなければ，証言拒絶権の行使は濫用となり，証言拒絶に対しては制裁が課されることになる。

　さらに，最終的な判断権は裁判所にあるという見解も有力に主張されている[10]。ただし，裁判所は，監督官庁の意見を聞いて慎重に判断をすべきであるものとされる。確かに，公務秘密文書該当性を判断するインカメラ手続が認められていること（223条6項）は，裁判所に公務秘密性について判断能力があることを前提としているようであるが，民訴法191条1項を前提とする以上は，第2説が支持できよう。

Ⅲ　1項2号

1　本号の趣旨と保護法益

　本条1項2号は，知的専門職に従事する者が，その職務上知りえた秘密について，証言を拒絶することを認める。たとえば，医師が医療行為の過程で知った患者の病状や，弁護士が依頼者との対話を通じて知った依頼者の秘密について，本号により証言を拒絶することが認められる。また，現在これらの職にある者のみならず，過去にこれらの職にあった場合も，同様に証言拒絶権を行使することができる。

　本号に掲げる専門的職業は，いずれも，職務遂行にあたって顧客らの第三者の秘密を知る機会があり，かつ，これらの秘密について，法律上守秘義務が課されているものであるが，本号の保護法益が何であるかをめぐっては，その評価が若干分かれるところである。多数説は，同号の保護法益は，守秘義務を負

---

9) 井口牧郎「公務員の証言拒絶と国公法100条」実務民訴(1)306頁，斎藤ほか編・注解民訴(7)335頁，350頁〔斎藤＝東〕，伊藤〔4版補訂版〕378～379頁。
10) 旧注釈民訴(6)312頁〔坂田〕，菊井＝村松Ⅱ472頁。

う専門的職業従事者を信頼して，秘密を開示した者の利益であり，専門的職業そのものではないとする[11]。これに対して，同号は，専門的職業従事者に対する人々の信頼を保護することにより，職業の存立自体を確保するという政策考慮に基づく，すなわち専門的職業そのものも保護法益であるという考え方も主張されている[12]。

　本号によって保護される秘密の帰属主体は，患者や依頼者など専門的職業従事者に秘密を開示した者であり，2項において黙秘義務を解除する権限を有するのもこれらの者である。しかしながら，他方で，本号が，契約に基づくものも含め，守秘義務を負うすべての者に対して証言拒絶権を認めているのではなく，社会的に確立した一定の専門的職業に就くものを列挙していることに鑑みると，これらの職業に対する信頼を強化して，その存立基盤を確固なものにするという政策的判断もその背景にはあり，二次的には専門職そのものも保護の対象としているといえよう[13]。

2　証言拒絶権を行使する主体

(1)　条文上の専門職従事者

　同号によると，「医師，歯科医師，薬剤師，医薬品販売業者，助産師，弁護士（外国法事務弁護士を含む。），弁理士，弁護人，公証人，宗教，祈禱若しくは祭祀の職にある者又はこれらの職にあった者」について証言拒絶権を認めている。列挙されている職業は旧法のそれと同じであり，医療関係，法律関係，宗教関係の専門職に分けられる。

　医療関係の専門職として挙げられているのは，医師（医師2条・17条），歯科医師（歯科医師1条・2条），薬剤師（薬剤師1条・2条），医薬品販売業者（医薬24条），助産師（保助看3条）である。これらの者は，いずれも職務上知りえた事実について法律上守秘義務が課されているために（刑134条，医療86条，医薬86条2項，感染73条等），民事訴訟においても，その守秘義務を遵守できるように，証言拒絶権を認めたものである。

---

11)　旧注釈民訴(6) 314頁〔坂田〕，斎藤ほか編・注解民訴(7) 436頁〔斎藤＝東〕，菊井＝村松Ⅱ 501頁，早田尚貴「証言拒絶権」証拠法大系(3) 69頁，秋山ほかⅣ 189頁。

12)　松本＝上野〔8版〕483頁。

13)　伊藤〔4版補訂版〕379頁，笠井＝越山編・新コンメ〔2版〕801頁〔山田〕。

法律関係の専門職には，弁護士（弁護3条・4条），外国法事務弁護士（外事弁護2条3号），弁理士（弁理士4条），弁護人（刑訴31条2項，民訴54条1項但書），公証人（公証1条）[14]が含まれる。これらの者も法律上守秘義務を負うからである[15]（弁護23条，弁護士職務基本規程23条，外事弁護50条・67条，弁理士30条，公証4条，議院証言4条2項，刑訴149条，刑134条等）。

問題となるのは，弁護士の守秘義務と証言拒絶権との関係であるが，この点については(3)で述べる。

同号が他に掲げる宗教関係の専門職のうち，宗教の職にある者としては，神官，僧侶，神父，牧師，教師，伝道師などが含まれる。また，祈禱若しくは祭祀の職にある者としては祈禱師，霊媒師，占い師などであり，一般に神仏とみられているものに限らず，祈禱または祭祀をする職業にあるものを広く指す[16]。

(2) **類推適用の可否**

かつての通説によると，本号は制限列挙規定であり，本号に記載された職にある者のみが，証言拒絶権を負うと解されていた[17]。

もっとも，その立法趣旨に鑑みて，依頼者等の秘密を保護するために特別法の規定により守秘義務が定められている専門職業者については，同号の類推適用により，証言拒絶権を認めるのが適当である[18]。たとえば，医療関係の専門職として，看護師，理学療法士，心理療法士が，法律関係の専門職として，公認会計士（会計士27条），司法書士（司書24条），税務署員（税通126条，地税22条），調停委員や参与員（民調38条，家事292条），労働委員会，行政委員会等の

---

[14] 東京高決平4・6・19判タ856号257頁では，「遺言者が死亡した後に，公正証書遺言によってされた財産の帰属に関する遺言者の意思表示の効力を巡って紛争が生じ，この点に関する事情について，当該公正証書を作成した公証人の証言を得るほかこれに代替し得る適切な証拠方法がない場合，右紛争について実体に即した公正な裁判を実現するために，右紛争の争点に対する判断に必要な限度で遺言者の秘密に属する事実が開示されることになっても止むを得ないものというべきである。」とし，一定の場合に証言拒絶権の行使が制約されることが示されている。

[15] ただし，保佐人は含まれない（刑法134条参照，秋山ほかⅣ189頁）。

[16] 斎藤ほか編・注解民訴(7)436頁〔斎藤＝東〕，旧注釈民訴(6)315頁〔坂田〕，秋山ほかⅣ189頁。

[17] 菊井＝村松Ⅱ501頁。

委員（労組23条，独禁39条，公選227条）等も，本号には掲げられていないものの，法律の定めによる守秘義務を負うために，本号の類推適用によって，証言拒絶権を行使することができる。

　これに加えて，法令上は守秘義務を負うと定められてはいないものの，契約や社会慣習上守秘義務が課されている者にも本号を類推適用できるかが問題となる。たとえば，顧客情報について守秘義務を負う金融機関や，取材源について秘匿義務を負う報道の業務などに従事する者が本号の類推適用によって証言拒絶権を行使することができるかという問題である。この問題は旧法以来関心の対象となっており，特に取材源の秘匿については，民事訴訟手続に関する改正要綱試案でこれを明記することが提案されたが，改正は実現されなかった[19]。

　この問題について，多数説の立場は，法令上守秘義務を負わない者については，類推適用の余地はないものとするが[20]，拡張解釈を許容する見解も少数ながらある[21]。ただし，2号での類推適用を否定した場合であっても，3号の職業の秘密として保護される可能性はある。

---

18)　法律実務(4) 203頁，旧注釈民訴(6) 315頁，笠井＝越山編・新コンメ〔2版〕802頁。兼子ほか・条解〔2版〕1101頁〔松浦馨＝加藤新太郎〕，斎藤ほか編・注解民訴(7) 436頁〔斎藤＝東〕，早田・前掲注11）68頁，69頁，滝井繁雄「証言拒絶権」滝井繁男＝田原睦夫＝清水正憲編・論点新民事訴訟法〔1998〕344頁，秋山ほかⅣ 189頁，賀集ほか編・基本法コンメ(2)〔3版〕195頁〔小林＝山本〕，春日偉知郎「証言拒絶権」講座新民訴(2) 136頁。

19)　改正要綱試案（法務省民事局参事官室編・民事訴訟手続に関する改正要綱試案（別冊NBL27号〔1994〕））第5証拠第2証人尋問「新聞，通信，放送その他の報道の事業の取材又は編集の業務に従事する者は，取材源に関する事項で黙秘すべきものについて，証言を拒絶することができるものとする。」

20)　法律実務(4) 203頁，兼子ほか・条解〔2版〕1101頁〔松浦＝加藤〕，斎藤ほか編・注解民訴(7) 437頁〔斎藤＝東〕，早田・前掲注11）69頁，秋山ほかⅣ 189頁，賀集ほか編・基本法コンメ(2)〔3版〕195頁〔小林＝山本〕，伊藤〔4版補訂版〕380頁，滝井・前掲注18) 344頁。

21)　他人の秘密をのぞき見る特徴を持つ職業について証言拒絶権を認めるものとして，ロルフ・シュテュルナー（鈴木正裕＝小橋馨訳）「民事訴訟における職業上の秘密」民商94巻4号〔1986〕429頁。立法論として含めるべきとするものとして，兼子ほか・条解999頁〔松浦〕，旧注釈民訴(6) 316頁〔坂田〕。

(3) 弁護士と証言拒絶権

　弁護士と依頼者との間の秘密についての証言拒絶をめぐる問題は，2つに分けて整理することができる。1つは，弁護士が証言拒絶権を行使することができる事項は誰の秘密であるかという問題である。実体法上の守秘義務の範囲と一致させるとしても，その範囲は必ずしも明らかではないからである[22]。もっとも，弁護士の守秘義務の根拠を，依頼者との機密性のあるコミュニケーションを促進し，司法全体に利益をもたらす点に見出し，原則として弁護士と依頼者間のかかるコミュニケーションについては，主観的・客観的な意味での秘密該当性を問わずに，職務上の秘密に該当するものとし，依頼者と弁護士以外の者との間に生じたコミュニケーションについても一定の場合には証言拒絶権の行使を認めるべきであるとの主張は考慮に値しよう[23]。

　もう1つは，弁護士以外の者も証言拒絶権を行使することができるかという問題である。これは，Attorney-Client Privilege，すなわち，弁護士ら法律専門職と依頼人との間で行われた相談内容などについて秘匿特権を認めることができるか，という問題に置き換えることもできる。過去には立法論として，これを証言拒絶事由に組み込むことも検討された。たとえば，平成24年に日弁連から提出された文書提出命令及び当事者照会制度改正に関する民事訴訟法改正要綱試案第1，6において「弁護士等（弁護士（外国法事務弁護士を含む。），弁理士，弁護人及び公証人をいう。以下同じ。）の法的助言を得ることを目的とした弁護士等と依頼者との間の協議又は交信にかかる事項であって，秘密として保持されているものについて尋問を受ける場合」に証言拒絶権を行使することができるとする案が出された。

　このような秘密については民訴法197条1項2号による保護では十分ではない。というのも，2号では，弁護士に対して依頼人との間の秘密について証言

---

[22] たとえば，弁護士職務基本規程23条によると，弁護士は依頼者について職務上知りえた事実について守秘義務を負うとされ，弁護士法23条では，職務上知りえた事実について守秘義務を負うとされているので，依頼者の秘密に限定されるかどうか見解が分かれる（手賀寛「弁護士の守秘義務と証言拒絶権(1)法学会雑誌49巻1号〔2008〕295頁，318〜319頁）。

[23] 手賀寛「弁護士の守秘義務と証言拒絶権(3・完)」法学会雑誌50巻2号〔2010〕227頁，239〜240頁。

を求める場合に，弁護士が証言を拒絶することを認めるものであり，依頼人に対して，弁護士との間で行われた対話の内容について，証言を拒絶する権限を認めたものではないからである。文書提出命令の場面では，弁護士自身が秘密文書を所持していれば提出を拒むことができ，依頼者やその他の者が文書を所持している場合にも，提出義務を免れる[24]。それとの平仄を合わせ，解釈論として，依頼者側に証言拒絶権の行使を認めることも考えられるが，それには限界もあり，立法論としてAttorney-Client Privilegeの導入を検討する必要性はあろう[25]。

3 職務上知りえた事実

同号による証言拒絶権を行使するためには，加えて，証言拒絶の対象が，これらの職業にある者が，職務上知りえた事実であることが必要である。職務上とは，職務の遂行過程という意味で，その過程で認識することのできた事実は，機会や方法を問わず，広く保護の対象となる。そのため，職務の過程において秘密の主体である本人から直接打ち明けられた事実のみならず，第三者から聞いて知った事実や文書を通じて間接的に知った事実，自己の知識や経験によって知りえた事実も保護の対象となる[26]。これに対して，職務とは無関係に，職務外で偶然知った事実については本号の対象とはならない[27]。

4 黙秘すべきもの

さらに，証言拒絶権を行使するためには，当該秘密が，「黙秘すべきもの」であることを要する。黙秘すべきものとは，一般人に知られていない事実であ

---

[24] 伊藤眞「自己使用文書としての訴訟等準備文書と文書提出義務」佐々木吉男先生追悼論集・民事紛争の解決と手続〔2000〕426頁，三木浩一〔判批〕法学研究78巻7号〔2005〕101頁。

[25] 三木浩一＝山本和彦編・民事訴訟法の改正課題〔2012〕124頁。

[26] 大決大11・3・22民集1巻122頁，菊井＝村松Ⅱ501頁，賀集ほか編・基本法コンメ(2)〔3版〕195頁〔小林＝山本〕，旧注釈民訴(6)316頁〔坂田〕，秋山ほかⅣ192頁。

[27] 東京高決昭59・7・3高民37巻2号136頁（職務遂行のきっかけとなった契約），秋山ほかⅣ192頁，斎藤ほか編・注解民訴(7)438頁〔斎藤＝東〕，賀集ほか編・基本法コンメ(2)〔3版〕195頁〔小林＝山本〕，旧注釈民訴(6)316頁〔坂田〕，兼子ほか・条解〔2版〕1101頁〔松浦＝加藤〕。もっとも，2号で保護がされなくても3号によって保護がされる可能性はある。

り，それを秘密にしておくことが，秘密の主体にとって一定の利益をもたらし（主観的利益），かつ，それを公表することにより，その社会的・経済的信用が失墜したり，損失を被ったりするもの（客観的利益）であり[28]，秘密主体の地位や境遇などを総合的に考慮し，社会通念によって判断される[29]。

当該秘密が「黙秘すべきもの」であるか否かを判断するに際して，秘密の証拠としての必要性，事件の重大性，真実発見の要請等と比較衡量してもなお，秘密としての保護に値するものであることを要するか否かは見解の対立が見られるが[30]，本号の保護法益を考慮すると，否定的に解すべきものと思われる。

秘密の主体は自然人のみならず，団体も含まれる。秘密の客体については，新発明や企業秘密のように，それ自体積極的な評価を受けるもののみならず，前科，経済的窮境，身体的・精神的疾患のように消極的な評価を受けるものも含まれる[31]。

5 証言拒絶権を行使しなかった場合の扱い

本号に掲げる専門職業従事者は，本号に掲げる事項について尋問を受ける場合には，証言拒絶権を行使すべきであるが，行使をしない場合もある。もっとも，証言事項から，事前に守秘義務に違反しなければ証言をすることができないことが明らかな事項については，裁判所は尋問を許すべきではない[32]。これ

---

[28] 兼子ほか・条解〔2版〕1102頁〔松浦=加藤〕，旧注釈民訴(6)316頁，317頁〔坂田〕，斎藤ほか編・注解民訴(7)437頁〔斎藤=東〕，春日・前掲注18）137頁，早田・前掲注11）70頁，71頁，笠井=越山編・新コンメ〔2版〕802頁〔山田〕，賀集ほか編・基本法コンメ(2)〔3版〕195頁〔小林=山本〕，秋山ほかⅣ193頁。東京高決昭59・7・3高民37巻2号136頁「一般に知られておらず，かつ，それが公表されれば，名誉，信用その他につき社会的，経済的に不利な影響を受ける事項であって，本人が特に秘匿することを欲するとともに，他人が同じ立場に立った場合においても同じように秘匿しておきたいと考えるような事実を指すものというべきである。」として，主観的にも客観的にも保護に値する秘密であることを求めた上で，弁護士と依頼者との間の訴訟委任契約の着手金や報酬額は職業秘密に該当しないとする。

[29] 旧注釈民訴(6)317頁〔坂田〕。

[30] 前掲東京高決平成4・6・19では公証人の場合に比較衡量を認めるが，早田・前掲注11）では比較衡量に否定的な姿勢が示されている。

[31] 賀集ほか編・基本法コンメ(2)〔3版〕195頁〔小林=山本〕，秋山ほかⅣ193頁，旧注釈民訴(6)316頁〔坂田〕。

に対して，専門職業従事者が，証言拒絶権を行使することなく証言をした場合，この証言がどのように扱われるのかが問題となる。

　見解は分かれており，特段の違法性阻却事由がない限り，かかる証言については証拠能力を欠き，証拠資料として用いられないという考え方[33]，秘密の主体の利益と司法上の利益とを比較し，後者が優越する限りは違法性が阻却されるという考え方[34]と，証言そのものは有効なものとして採用できるという考え方の対立が見られる[35]。この場合は，守秘義務違反を理由とした損害賠償請求で処理すべきであり，証言そのものの証拠能力は肯定されよう。

IV　1項3号

1　本号の趣旨

　本条1項3号は，技術または職業の秘密に関する事項について尋問を受ける場合に証言拒絶権を認める。これらの秘密は，公開されることによってその社会的価値が下がる，ないしはなくなる結果，当該技術を用いた企業活動や職業活動の遂行が困難になる可能性があるものである。そのような事態を防止して，かかる活動を保護するために，同号が設けられた[36]。

　なお，1号ないし3号の証言拒絶事由は，いずれも秘密の保護を目的とするものであるが，1，2号が秘密の主体と証言をする者との関係に着目して制限を加えているのに対して，3号は，そのような人的関係に着目することなく，秘密そのものを保護する点で違いが見られる。

---

32) 秋山ほかIV 194頁。
33) 旧注釈民訴(6) 317頁〔坂田〕。
34) 斎藤ほか編・注解民訴(7) 438〜439頁〔斎藤＝東〕。
35) 秋山ほかIV 194頁，賀集ほか編・基本法コンメ(2)〔3版〕196頁〔小林＝山本〕，兼子ほか・条解〔2版〕1102頁〔松浦＝加藤〕，早田・前掲注11) 74頁，75頁。千賀・前掲注23) 300頁は，証言拒絶権は公法上の抗弁権であり，私法上の契約により設定したり放棄したりすることは許されないとしつつも，証言拒絶権を行使しなかった場合の証拠能力を肯定する。
36) 賀集ほか編・基本法コンメ(2)〔3版〕196頁〔小林＝山本〕，秋山ほかIV 194頁，旧注釈民訴(6) 318頁〔坂田〕。

2 「技術又は職業の秘密」の意義

技術または職業の秘密の意義については，最高裁平成 12 年 3 月 10 日決定（民集 54 巻 3 号 1073 頁）が，「その事項が公開されると，当該技術の有する社会的価値が下落しこれによる活動が困難になるもの又は当該職業に深刻な影響を与え以後その遂行が困難になるものをいう」としている。すなわち，主観的な秘密では足りず，公開により技術を用いた活動や職業活動に不利益が生ずることが必要であると判断している。

本号の定める技術または職業の秘密に類似する概念としては，不競法 2 条 6 項が定める営業秘密，すなわち「秘密として管理されている生産方法，販売方法その他事業活動に有用な技術上又は営業上の情報であって，公然と知られていないもの」と重なり合うことが多いが，全く同一のものではない。

たとえば，技術の秘密とは，産業活動で用いられる生産方法に限定されず，音楽や絵画といった芸術・文化的活動，運動やスポーツ技術の秘訣，ノウハウなども含まれる[37]。

これに対して，職業の秘密は，社会的，国家的に認められている職業上の秘密を指すものと解されている[38]。たとえば，製造販売業における原料仕入れ先，販売先，販売数量，顧客リストや，取材源等の情報の入手経路等がこれに該当し，過去の裁判例では，会社の希望退職被慰留者の氏名[39]，労働組合の匿名組合員の氏名[40]も職業の秘密に当たるとされている。報道関係者の有する取材源の秘密が職業の秘密として保護されるかについては，見解の対立が見られたが，最高裁は，後述する平成 18 年決定において，一定の要件の下で職業の秘密として保護される旨を示した。

3 利益衡量の必要性

技術または職業の秘密については，これを開示することにより不利益が生ずることにとどまらず，その不利益が，証言がされないことによって真実発見が妨げられる司法の不利益と比して大きなものであることを要するか，すなわち，

---

37) 旧注釈民訴(6) 319 頁，秋山ほかⅣ 195 頁，伊藤〔4 版補訂版〕349 頁。
38) 秋山ほかⅣ 195 頁。制限しない見解として，細野・要義(3) 404 頁。
39) 東京地八王子支決昭 51・7・28 判時 847 号 76 頁。
40) 東京地決昭 53・3・3 下民 29 巻 1～4 号 112 頁。

〔杉山〕

§197 IV

他の利益との比較衡量をして決するか否かをめぐって，裁判例や学説上の見解の対立が見られた。

　この問題については，報道関係者の取材源の秘匿が問題となった最高裁平成18年10月3日決定（民集60巻8号2647頁）（以下，「平成18年決定」とする）が，以下のように述べて，利益衡量を肯定する考え方が最高裁として初めて示された。「ある秘密が上記の意味での職業の秘密に当たる場合においても，そのことから直ちに証言拒絶が認められるものではなく，そのうち保護に値する秘密についてのみ証言拒絶が認められると解すべきである。そして，保護に値する秘密であるかどうかは，秘密の公表によって生ずる不利益と証言の拒絶によって犠牲になる真実発見及び裁判の公正との比較衡量により決せられるというべきである。」。「一般に，それがみだりに開示されると，報道関係者と取材源となる者との間の信頼関係が損なわれ，将来にわたる自由で円滑な取材活動が妨げられることとなり，報道機関の業務に深刻な影響を与え以後その遂行が困難になると解される」ために，取材源の秘密は職業の秘密に当たるとした。その上で，「当該取材源の秘密が保護に値する秘密であるかどうかは，当該報道の内容，性質，その持つ社会的な意義・価値，当該取材の態様，将来における同種の取材活動が妨げられることによって生ずる不利益の内容，程度等と，当該民事事件の内容，性質，その持つ社会的な意義・価値，当該民事事件において当該証言を必要とする程度，代替証拠の有無等の諸事情を比較衡量して決すべきことになる。」とした。

　職業の秘密が記載された文書については，220条4号ハに該当して提出を拒絶することができそうであるが，その際にも同様に比較衡量をするべきかも問題となるが，金融機関の自己査定文書の提出義務が争われた最高裁平成20年11月25日決定（民集62巻10号2507頁）（以下，「平成20年決定」とする）において，最高裁はこれを肯定する姿勢を示している[41]（→§220参照）。

　学説では，最高裁と同様に，当該事件の重要性，公共性の程度，代替証拠の有無，証人の中立性，要証事実についての証明責任の所在等と，秘密の重要性

[41) 傍論ではあるが，最決平19・8・23裁判集民225号345頁でも比較衡量を肯定する姿勢が示されている。

や態様とを比較衡量して，決すべきであるという考え方が比較的多いようである42)。

　他方で，このような比較衡量を供することには，否定的な見解も有力に主張されている43)。その理由としては，次のような点が挙げられている。証言拒絶権を認める場面においては，秘密の保護が重視されており，そもそも真実発見は犠牲にされているので，さらに真実発見の必要性と比較衡量をする必要はない。同じ種類の情報でも，訴訟の公益性の高さや，代替証拠の有無といった証拠の状態で保護の有無が異なると，秘密帰属主体の予測可能性を欠く。また，一方当事者の支配下にある証人の証言拒絶権の行使により，相手方の立証活動が困難になる場合に証言拒絶権の行使を認めないというのでは，証言拒絶権の存在意義が疑われかねず，証明困難の問題は別の方法で対処すべきである。

　真実発見と裁判の公正との比較衡量を持ち出すのではなく，平成12年決定に沿って実質秘に該当するか否か慎重に判断するという方向が望ましかったと思われるが，平成18年決定により，少なくとも取材源の秘匿に限っては，比較衡量を肯定する姿勢が最高裁によって示された以上，比較衡量を正面から否定することは難しくなったといえる。もっとも，否定説が懸念するように，秘密保持者らに対する予測可能性を担保するためにも，比較衡量をする場面を制限したり44)，比較すべき考慮要素をより限定するなどする必要はある。

4　第三者の秘密

(1)　2号と3号との関係

　本条1項2号では，専門職従事者が守秘義務を負う事項について証言拒絶の対象となっており，2号と3号では，秘密の保護という点で共通点が見られる。

---

42)　秋山ほかⅣ195頁，旧注釈民訴(6)322頁，327頁〔坂田〕，柏木邦良「企業秘密と証言拒絶」新実民訴(2)138頁，早田・前掲注11)79頁，森脇純夫「企業秘密と訴訟審理」実務民訴第3期(4)199頁。平成18年決定の射程は，取材源の秘匿の場合に限定されるとして，一般の職業の秘密について比較衡量に消極的な見解を示すのは，坂田宏「取材源秘匿と職業の秘密に基づく証言拒絶権について——いわゆる比較衡量論について」ジュリ1329号〔2007〕9頁，春日偉知郎・民事証拠法論集〔1995〕197頁。

43)　伊藤〔4版補訂版〕382頁，松本＝上野〔8版〕486頁。

44)　山本和彦〔判批〕銀法685号〔2008〕8頁は，訴訟当事者でない第三者の職業の秘密について比較衡量を否定する。

2号は証人以外の秘密の保護を目的とした規定であるが，3号も証人自体の秘密はもとより，証人と一定の関係にある第三者の秘密も保護の対象となりうる。全く無関係の第三者の秘密について，証人がたまたま知っていた場合には証言拒絶権が認められない点は争いがないが[45]，どの程度の関係がある第三者の秘密であれば，証言拒絶権が認められるかについては，見解の対立が見られる。

　この点，単なる私的な契約に基づいて守秘義務を設定し，これに基づいて証言拒絶権を設定することに対しては，否定的な見解もある[46]。他方で，秘密の帰属主体に準ずる地位にある場合，証人が被雇用者，補助者，請負人など他人の技術・職業の秘密を守らなければならない場合，またはそれによって自ら生計を維持し，あるいはこれに準ずる重要な経済的利益を有する場合も拒絶できるという見解や[47]，これらに加えて第三者との明示または黙示の契約によって守秘義務を負う場合も拒絶できるという考え方[48]，さらに，証人と秘密主体の間に社会的・倫理的に黙秘の義務があるときも拒絶できるという見解もある[49]。

　社会的・倫理的に黙秘義務がある場合にまで証言拒絶を認めるのは，その範囲が不明確になることから行き過ぎであろうが，他方で，契約によって企業秘密をその不当な開示から保護する必要性も高まっている。そのため，秘密の帰属主体に準ずるものや，秘密の主体から秘密の管理を委ねられ，契約上（および慣習法上）守秘義務を負う場合には証言拒絶権を認めるべきであろう。

　先に述べたように，2号の専門職従事者は限定列挙であると解されており，契約などによって守秘義務を負う者については，2号によっては証言拒絶権を

---

45) 秋山ほかⅣ 199頁，伊藤〔4版補訂版〕383頁，兼子ほか・条解〔2版〕1104頁〔松浦＝加藤〕。
46) 兼子ほか・条解 1001頁〔松浦〕，法律実務(4) 204頁，柏木・前掲注 42) 144頁。
47) 兼子ほか・条解 1000頁〔松浦〕，春日・前掲注 18) 144頁，滝井・前掲注 18) 346頁。
48) 兼子ほか・条解〔2版〕1105頁〔松浦＝加藤〕，伊藤〔4版補訂版〕383頁，法律実務(4) 204頁，秋山ほかⅣ 195頁，旧注釈民訴(6) 321頁〔坂田〕，森脇・前掲注 42) 195頁。柏木・前掲注 42) 145頁は，企業秘密の管理等に実質的な決定権を持つか，実質的な影響を与える地位にある従業員のみが証言拒絶の権限を有するとする。
49) 菊井＝村松Ⅱ 502頁。証人自身，証人と経済的に同一体と目すべきもの，証人と生計を一つにする親族または法令上契約上もしくは社会通念上黙秘義務がある場合も含むというものは，斎藤ほか編・注解民訴(7) 441頁〔斎藤＝東〕。

行使することは認められない。しかしながら，このように解することにより，契約等による守秘義務を負う事項についても，3号の職業の秘密の要件を充たせば，証言拒絶権を行使する余地があると解される。

(2) 守秘義務と職業の秘密の関係

証人が契約等による守秘義務を負う場合も3号による保護の対象となるとしても，これが，当該証人自身の職業の秘密として保護されるのか，あるいは，当該証人に秘密を開示した第三者の職業の秘密として保護されるか，また，当該第三者の訴訟上の地位を問わずに一律に保護されるのかは明らかではない。

この問題に関連して，金融機関の守秘義務と職業の秘密について判示した2つの最高裁決定に着目できる。最高裁平成19年12月11日決定（民集61巻9号3364頁）（以下，「平成19年決定」とする）は，「金融機関は，顧客との取引内容に関する情報や顧客との取引に関して得た顧客の信用にかかわる情報などの顧客情報につき，商慣習上又は契約上，当該顧客との関係において守秘義務を負い，その顧客情報をみだりに外部に漏らすことは許されない。しかしながら，金融機関が有する上記守秘義務は，上記の根拠に基づき個々の顧客との関係において認められるにすぎないものであるから，金融機関が民事訴訟において訴訟外の第三者として開示を求められた顧客情報について，当該顧客自身が当該民事訴訟の当事者として開示義務を負う場合には，当該顧客は上記顧客情報につき金融機関の守秘義務により保護されるべき正当な利益を有さず，金融機関は，訴訟手続において上記顧客情報を開示しても守秘義務には違反しないというべきである。そうすると，金融機関は，訴訟手続上，顧客に対し守秘義務を負うことを理由として上記顧客情報の開示を拒否することはできず，同情報は，金融機関がこれにつき職業の秘密として保護に値する独自の利益を有する場合は別として，民訴法197条1項3号にいう職業の秘密として保護されないものというべきである。」とした。また，前掲平成20年決定は，平成19年決定を引用して，「金融機関が民事訴訟の当事者として開示を求められた顧客情報について，当該顧客が上記民事訴訟の受訴裁判所から同情報の開示を求められればこれを開示すべき義務を負う場合には，当該顧客は同情報につき金融機関の守秘義務により保護されるべき正当な利益を有さず，金融機関は，訴訟手続において同情報を開示しても守秘義務には違反しないと解するのが相当である。」

とした上で,「顧客が開示義務を負う顧客情報については,金融機関は,訴訟手続上,顧客に対し守秘義務を負うことを理由としてその開示を拒絶することはできず,同情報は,金融機関がこれにつき職業の秘密として保護に値する独自の利益を有する場合は別として,職業の秘密として保護されるものではない」とする。

平成19年決定は,金融機関が第三者であり顧客が訴訟上の当事者である場合の,平成20年決定は,金融機関が訴訟上の当事者で顧客が第三者である場合の決定であるが,いずれも同じ判断枠組みに基づき,顧客が訴訟上開示義務を負う場合を除くという限定を付した上で,金融機関が商慣習上または契約上守秘義務を負う顧客情報については,金融機関の職業の秘密に該当することを前提としているようである。加えて,金融機関に対する顧客の信用などといった独自の利益も,その職業の秘密として保護されるものとする。もっとも,顧客が訴訟上開示義務を負うか否かを判断する際には,さらに,顧客の有する秘密が,顧客の職業の秘密に該当するか否かを判断せざるをえない,やや複雑な判断構造を採用している。

このような判断に対しては,そもそも職業の秘密として保護されるのは,訴外第三者の秘密に限られ,訴訟当事者の秘密は保護に値しないという批判や,金融機関の秘密ではなく,端的に顧客自身の職業の秘密として構成すべきであったという批判も見られる[50]。ただし,最高裁は,守秘義務を負う事項について,基本的に顧客ではなく金融機関自身の職業の秘密として構成しているようである。また,守秘義務が免除される要件となる,顧客が第三者である場合の開示義務については,顧客が訴訟当事者である場合よりもやや厳格に解していると評価することもできる[51]。

V 2項

本条2項によると,証人が黙秘の義務を免除された場合には,証言を拒絶することができない。黙秘の義務を免除された場合とは,秘密の主体が当該秘密

---

[50] 長谷部由起子「金融機関の所持する文書に対する文書提出命令」金法1810号〔2007〕44頁,同〔判批〕金法1876号〔2009〕71頁。
[51] 杉山悦子〔判批〕ジュリ1376号〔2009〕147頁。

の開示を承諾した場合である。本条の保護法益をめぐっては若干の見解の相違が見られるものの，第一次的には秘密の主体の保護である点は一致しているからである。

　もっとも，黙秘義務の免除をする権限を有する者は，各号によって異なる。たとえば，1項1号の場合には，監督官庁であるが，2号の場合には，専門職業従事者に対して秘密を開示した患者や依頼人がこれに該当する。3号の場合には，秘密や守秘義務の態様や内容，秘密の帰属主体が多様であるため，それに応じて免除権限を有する者が異なる[52]。

　免除権限を有する者が競合する場合には双方の承諾が必要となる[53]。たとえば，医師が公務員であり，職務上知りえた患者の秘密について証言を求められた場合には，監督官庁の承認に加えて，患者の承諾が必要となる[54]。

　承諾の態様は，積極的なものに限らず，消極的なもの，すなわち承諾が推認できる場合であっても構わない。後者の例としては，秘密の主体が，当該秘密事項について自ら証人尋問を請求したり，質問に対して積極的に異議を述べなかった場合や[55]，秘密主体自身が秘密事項に関して損害賠償請求訴訟を提起した場合，たとえば患者が医師に対して医療過誤訴訟を提起して病状を開示する場合も，秘密の開示を同意したものと言えるので，黙秘義務は免除される[56]。

　もっとも，選挙人の投票した被選挙人の氏名等（公選52条），裁判所の評議の内容（裁75条2項），調停の評議の内容（民調37条，家事293条）等，については，事柄の性質上，絶対的に秘密として保護されなければならず，秘密の主体による承諾権限はなく，証言拒絶権を行使することができる[57]。

〔杉山悦子〕

---

52)　笠井＝越山編・新コンメ〔2版〕803頁〔山田〕，旧注釈民訴(6)328頁〔坂田〕。
53)　賀集ほか編・基本法コンメ(2)〔3版〕198頁〔小林＝山本〕。
54)　秋山ほかⅣ194頁，斎藤ほか編・注解民訴(7)445頁〔斎藤＝東〕。
55)　秋山ほかⅣ194頁，旧注釈民訴(6)328頁〔坂田〕，斎藤ほか編・注解民訴(7)445頁〔斎藤＝東〕。
56)　秋山ほかⅣ194頁，賀集ほか編・基本法コンメ(2)〔3版〕196頁〔小林＝山本〕。
57)　秋山ほかⅣ202頁，賀集ほか編・基本法コンメ(2)〔3版〕198頁〔小林＝山本〕，旧注釈民訴(6)311頁〔坂田〕，斎藤ほか編・注解民訴(7)445頁〔斎藤＝東〕。

§198 Ⅰ・Ⅱ

（証言拒絶の理由の疎明）
第198条　証言拒絶の理由は，疎明しなければならない。

Ⅰ　本条の趣旨

　本条は，証言拒絶に際して証人にその理由づけを明らかにするよう求めることにより，濫用的な証言拒絶の申立てを防ぐ趣旨のものである[1]。

　また，証言拒絶があれば受訴裁判所は次条の裁判において証言拒絶理由の存否を判断すべきところ（199条），本条には当該裁判における証明の程度を規定する意味もある。すなわち，「高度の蓋然性」までは要求せず，疎明すなわち「一応確からしい」[2]ことの証明で足りる旨を定めることで，迅速性・簡便性の要請に応えている[3]。

Ⅱ　理由の疎明

1　証言拒絶

　本条の証言拒絶とは，証言をなすべき義務があるにもかかわらずこれをしないことをいい，証拠決定の告知を受け取った[4]証人は実際に証言する前であればいつでもこれをなすことができる。

　拒絶の方法としては，証言台に上ったうえで積極的に「拒絶します」と述べることのほか，沈黙することにより消極的にこれを行うこともできる[5]。さらに，出頭せずあらかじめ書面により又は口頭で拒絶の意思を明らかにしておく

---

1) 菊井＝村松Ⅱ507頁，斎藤ほか編・注解民訴(7)445頁〔斎藤秀夫＝東孝行〕，旧注釈民訴(6)329頁〔坂田宏〕，秋山ほかⅣ202頁，兼子ほか・条解〔2版〕1105頁〔松浦馨＝加藤新太郎〕，賀集ほか編・基本法コンメ(2)〔3版追補版〕198頁〔小林秀之＝山本浩美〕。
2) 疎明の意義については，本文のような考え方のほか，「解明度」の概念を用いる見解も主張されている。§188参照。
3) 笠井＝越山編・新コンメ〔2版〕804頁〔山田文〕。
4) 同行証人の場合を除き，実際上は呼出状の送達を受け取ることになる（菊井＝村松Ⅱ507頁）。
5) 「記憶にない」等の供述も，証人の調査義務の理解にもよるが（→§190参照），場合によっては証言拒絶と評価され得る。旧注釈民訴(6)254頁〔藤原弘道〕，伊藤〔4版〕373頁。

第2節　証人尋問　　　　　　　　　　　　　　　　　　　§198 Ⅱ

ことでもよい（この場合，後述の理由の疎明が伴っていれば，証人の不出頭は「正当な理由」にもとづくものとして192条の制裁を免れる[6]）。

　拒絶の対象は任意であり，求められる供述の一切を拒絶することのほか，特定の事項に係る質問についてのみ拒絶してもよい。

　拒絶の相手方について，理由の疎明が裁判所に対してなされることとの関係上，拒絶の意思表示もまた裁判所に宛てて行うべきものと解される。したがって，例えば，証人が期日に先立って証拠申出をした本案訴訟の当事者に対して証言しない旨の意思を明らかにしていたとしても，本条にいう証言拒絶には該当しない。

2　理由の疎明

　理由の疎明とは，理由を述べることとその理由について疎明することとの2つの要素を内包する。したがって，理由について疎明がない場合のほか，そもそも理由すら述べない場合も，本条の規定に対する違反となる。

　証言義務が一般的義務として規定され（190条），法定の事由（196条各号・197条1項各号）がある場合に限り証人にそれを拒絶する権利が与えられる[7]という構造上，ここでいう証言拒絶の理由を述べることとは要するに当該証言拒絶がいずれの条文により許されるものであるかを明らかにすることである。

　本条にいう疎明があったとされるために実際上どの程度の証明活動が要求されるかは，拒絶の理由に応じて異なる。尋問事項書（規107条）の記載から証言拒絶権の存在が容易に看取される場合，例えば196条1号に規定する血族または姻族関係を拒絶理由とする場合には，それだけで必要な疎明があったものと認められ，証人がそれ以上に積極的な証明活動を展開する必要はない[8]。こ

---

[6]　秋山ほかⅣ 203頁，兼子ほか・条解〔2版〕1106頁〔松浦＝加藤〕，賀集ほか編・基本法コンメ(2)〔3版追補版〕199頁〔小林＝山本〕。この場合の出頭義務の存否につき，旧注釈民訴(6) 330頁〔坂田〕参照。

[7]　証人義務が国家に対して負う公法上の義務であるとされることに対応して，証言拒絶権は裁判所から証言を求められた場合にそれを拒絶することができる公法上の権利として有する抗弁権であると解されている。旧注釈民訴(6) 292頁〔坂田〕，中野＝松浦＝鈴木編〔2版補訂2版〕309頁〔春日偉知郎〕，秋山ほかⅣ 184頁，兼子ほか・条解〔2版〕1106頁〔松浦＝加藤〕，賀集ほか編・基本法コンメ(2)〔3版追補版〕188頁〔小林＝山本〕。§196参照。

〔今津〕

れに対して，例えば197条1項3号に規定する「技術又は職業の秘密に関する事項」であることを理由とする場合には，単に条文を指摘して理由を開示しただけではなお疎明の完了と認めるに足りないのが通常であると思われる。この場合，証拠方法の提出等の証明活動を展開することを通じて，尋問事項が「秘密」に該当し，証言拒絶が許される旨の裁判官の心証を「一応確からしい」という程度にまで引き上げる必要がある。

III 199条との関係

証人が，本条に従い証言拒絶の理由を述べ，かつ，その存在を疎明した場合，裁判所は，次条の裁判として証言拒絶申立てに理由がある旨の決定をなす（199条）。

これに対して，証言拒絶の理由につき証人がその存在を疎明するに至らなかった場合には，裁判所は，証言拒絶申立てを却下する旨の決定をなす（199条）[9]。証言を拒絶するにもかかわらず理由を述べない場合も同様である。

〔今津綾子〕

---

[8] 菊井＝村松II 507頁，斎藤ほか編・注解民訴(7) 446頁〔斎藤＝東〕，旧注釈民訴(6) 330頁〔坂田〕，秋山ほかIV 203頁。なお，兼子ほか・条解〔2版〕1106頁〔松浦＝加藤〕は「疎明の必要はない」とするが，これも本文と同じく，すでに疎明に至ったものとしてそれ以上の立証（立疎明）活動が不要であるとの趣旨であろう。

[9] 斎藤ほか編・注解民訴(7) 446頁〔斎藤＝東〕，兼子ほか・条解〔2版〕1106頁〔松浦＝加藤〕は疎明を証言拒絶の適法要件であると見，旧注釈民訴(6) 329頁〔坂田〕，賀集ほか編・基本法コンメ(2)〔3版追補版〕199頁〔小林＝山本〕はさらに本文の場合には証言拒絶申立てを不適法却下できるとする。しかし，証言拒絶理由に係る疎明の有無（証人が当該理由の存在を基礎づけるための証明活動をなし，その結果として裁判官が必要な心証を形成するに至ったかどうか）は申立ての適否ではなく実体判断にかかわる問題であって，この場合には申立てに理由なしという趣旨において却下決定をすべきであろう（菊井＝村松II 508頁，秋山ほかIV 203頁参照）。もっとも，この場面では用語として棄却決定と却下決定を厳密に使い分ける必要までは認められない（決定・命令に関する限り，法文上も実務上も両概念は正確に区別されていないからである。賀集ほか・基本法コンメ(1)〔3版追補版〕277頁〔鈴木正裕〕）。

第 2 節　証人尋問　　　　　　　　　　　　　　　　　　　§199 I

(証言拒絶についての裁判)
第 199 条　①　第 197 条第 1 項第 1 号の場合を除き，証言拒絶の当否については，受訴裁判所が，当事者を審尋して，決定で，裁判をする。
②　前項の裁判に対しては，当事者及び証人は，即時抗告をすることができる。

I　本条の趣旨

　受訴裁判所が証言拒絶に接した場合にとるべき措置について明文で規定したものであり，特に訴訟当事者の扱い，裁判の形式を明らかにする点に意義がある。ただし，「公務員又は公務員であった者を証人として職務上の秘密について尋問する場合」(197 条 1 項 1 号，191 条 1 項) における証言拒絶については，本条の適用は除外されている[1]。

　次条との関係ではさらに，理由のない証言拒絶を貫く証人に対して制裁を発動するための要件とも位置づけられる (→§200 参照)。

---

[1]　証人とされた公務員が「職務上の秘密」該当性を理由に証言を拒絶した場合，裁判所は，本条の裁判をなすことに代えて監督官庁等の承認 (191 条 1 項) を求める手続をとらなければならない。この場合において，承認が得られないときは，それ以上尋問を実施することができないから，当該公務員に係る証拠採用決定を取り消し，証拠申出を却下しなければならない (本条により証言拒絶を正当とする旨の裁判をおこなうのではない。実務民訴(1) 307 頁，菊井＝村松 II 509 頁，斎藤ほか編・注解民訴(7) 450 頁〔斎藤秀夫＝東孝行〕，秋山ほかIV 205 頁，兼子ほか・条解〔2 版〕1106 頁〔松浦馨＝加藤新太郎〕)。承認が得られたときは，「秘密」性が解除され尋問を続行することができる。承認を与えるかどうかに係る監督官庁の判断権を尊重する必要から，裁判所が本条の裁判を通じて右承認の当否を判断することは許されない (兼子ほか・条解〔2 版〕1106 頁〔松浦＝加藤〕)。これに対して，「秘密」該当性については裁判所に最終的な判断権を認める見解も有力である。§191 参照)。ただし，承認の有無やその範囲につき疑義が生じた場合には，裁判所がそれを解消するための審理をおこなっても監督官庁の判断権を不当に侵すことにはならず，むしろ積極的に疑義を解消し，公務員の証言拒絶の当否を明らかにする必要が認められるから，その手続として本条の裁判をもって臨むことも許されるものと解する。

〔今津〕

II 当事者

本条にいう「当事者」とは，本案訴訟における当事者を指す。

本条の裁判は決定手続によるものであるから，本来ならば口頭弁論を開くかどうか及び利害関係人を審尋するかどうかは裁判所の任意である（87条1項・2項）。しかし，訴訟当事者は証人が証言を拒絶することを許されるものかどうかについて重大な利害関係を有することから，本条は特にこれを審尋しなければならないものと定めている[2][3]。

III 裁 判

1 裁判の開始

本条は，裁判の開始が申立てによるものか職権によるものかを明らかにしない。

証人が証言を拒絶する場合，訴訟当事者（挙証者）との間に中間の争いが生ずることになるから[4]，この場合の証人は当該争いの解決，すなわち証言拒絶に理由があるかどうかに対する裁判所の判断を得ることを当然に求めていると

---

[2] 兼子ほか・条解〔2版〕1106頁〔松浦＝加藤〕，賀集ほか編・基本法コンメ(2)〔3版追補版〕199頁〔小林秀之＝山本浩美〕は，審尋されるべき「当事者」とは証言を拒絶する証人について証拠申出をした側の当事者（挙証者）のみをいうとする（共同申請であれば両当事者となる）。他方，旧注釈民訴(6) 334頁〔坂田宏〕，秋山ほかIV 204頁は，反対尋問に対する拒絶の場合など局面によっては挙証者の相手方をも審尋する必要があるとする。証言義務及び証言拒絶権が私人間の権利義務ではなく公法上のそれであることにかんがみれば，拒絶の当否をめぐる争いを挙証者と証人間だけのものと考えるのは適切ではない。相手方当事者も適正な訴訟手続の実現を求める者として証言拒絶権の存否に利害関係を有するのであり，またそれは拒絶が反対尋問に際して生じたものである場合に限られないから，挙証者と同じく相手方にもつねに審尋の機会が与えられるべきである（ドイツ民訴387条は「両当事者」の審尋を定めている）。

[3] 実質的には証言拒絶を認める決定がなされる場合の規定であり，申立てを却下する場合には審尋を要しない（笠井＝越山編・新コンメ〔2版〕805頁〔山田文〕。旧注釈民訴(6) 334頁〔坂田〕はさらに，拒絶を理由なしとする裁判についても審尋は必要ないとする）。

[4] 斎藤ほか編・注解民訴(7) 449頁〔斎藤＝東〕，旧注釈民訴(6) 332頁〔坂田〕，秋山ほかIV 205頁，兼子ほか・条解〔2版〕1106頁〔松浦＝加藤〕。

第2節　証人尋問　　　　　　　　　　　　　　　　　　　　§199 III

みてよいであろう。したがって，証人による証言拒絶は本条の裁判を求める申立てとしての意義を有し，それをもって本条の裁判が開始されることになる。

2　審　理

本条の裁判における審理の対象は，証言拒絶理由の存否である[5]。証人尋問の必要性は本条の裁判とは関連がない（181条1項参照。必要性がないのであれば証言拒絶を認めるのではなく証拠決定を取り消すべきである）[6]。

ここで証言拒絶理由とは，およそ法定の拒絶事由のすべてを指すものではなく，証人が拒絶に際して主張した特定の理由をいう。したがって，前条における証人の拒絶理由の提示は，本条の裁判との関係においては審判対象の特定としての意義を有することになる。

拒絶理由の存在に係る証明は，疎明[7]で足りる（198条）。

3　裁　判

本条の裁判は，決定の形式による。

裁判所が証言拒絶理由の存在を認めれば，証言拒絶には理由がある旨の決定をする。これに対して，拒絶理由の存在を認めることができない場合には，証言拒絶には理由がない旨の決定をする。

また，証人が単に証言を拒絶するのみで理由を明らかにしないときは，拒絶

---

[5]　笠井＝越山編・新コンメ〔2版〕804頁〔山田〕。

[6]　東京高決昭59・7・3高民37巻2号136頁は，本条の裁判の抗告審裁判所は尋問内容の関連性や必要性を審査できないとし，その理由として，必要性は受訴裁判所が判断すべき事柄であって（旧294条4号，295条〔規則115条2項・3項に相当〕），独立の不服申立てができないことを挙げる。しかし，本文に述べたようにそもそも証拠調べの必要性は証言拒絶の当否とはかかわりがないのであって，抗告審裁判所はもちろん受訴裁判所にも本条の裁判としてそれを審査する余地はない。

[7]　旧注釈民訴(6)333頁〔坂田〕は，理由の疎明（198条）の後，さらに本条の裁判に際して裁判官が「疎明不十分としてさらなる疎明方法を証人に求め」る場合があるとする（これを前提として，「疎明ありとするレヴェルを若干低くす」べきことを提唱する。これに賛同するものとして，髙橋下〔2版補訂版〕105頁注100）。しかし，本条の裁判で求められる証明の程度を198条にいう疎明と別異に解する必然性はなく，証言拒絶の理由が存在することにつき裁判官に「一応確からしい」程度の心証が形成されれば，198条の疎明と認め，かつ，本条により拒絶を正当とする裁判をなすことができるものと解する（笠井＝越山編・新コンメ〔2版〕804頁〔山田〕参照）。

〔今津〕

の当否について立ち入るまでもなく，却下の決定をなすことができる。

4 訴訟費用

本条の裁判の費用は，中間の争いの費用として証拠申出をした当事者と証人が負担する（67条1項但書）[8]。

IV 即時抗告

訴訟当事者及び証人は，本条の裁判に不服があれば，即時抗告ができる[9]。

証言拒絶を理由なしとする裁判に対して即時抗告があれば，抗告手続が決着するまで証拠調べは先に進まない（334条1項）。即時抗告がないまま不変期間を徒過すれば，裁判は確定し，裁判所はあらためて期日を定めて証拠調べを実施することになる（証人がなお証言を拒む場合について，200条）。

証言拒絶を理由ありとする裁判に対して即時抗告があれば，やはり抗告審終了まで手続は進まない（334条1項）。確定すれば，証言を拒絶した証人に係る証拠調べは終了する。

〔今津綾子〕

---

8) 旧注釈民訴(6)334頁〔坂田〕，秋山ほかIV 205頁，兼子ほか・条解〔2版〕1106頁〔松浦＝加藤〕，賀集ほか編・基本法コンメ(2)〔3版追補版〕200頁〔小林＝山本〕。もっとも，前掲注2)で指摘した私益に係る争いでないという点を強調するのであれば，本案の手続に関して生じた費用として本案に敗訴した訴訟当事者の負担に帰せしむるべきである（61条）。

9) 挙証者の相手方の扱いについて，裁判の帰趨にかかわらず不利益を受けることはないとして不服申立てを認めない見解（賀集ほか編・基本法コンメ(2)〔3版追補版〕200頁〔小林＝山本〕），反対尋問に係る証言拒絶の場合に不服申立てを認める見解（札幌高決昭54・8・31下民30巻5～8号403頁）もあるが，挙証者であると否とを問わず裁判により不利益を受ける場合には不服申立てを認めるべきであろう。ここで拒絶を理由ありとする裁判に対して挙証者の相手方が被る「不利益」につき，旧注釈民訴(6)335頁〔坂田〕は反対尋問における証言拒絶の場合に生ずるものと解している（したがって第二の見解と同じ帰結に至る）が，前掲注2)で指摘した点を強調すれば，不当な証言拒絶は主尋問・反対尋問・補充尋問の別なく訴訟当事者に適正な手続を阻害するという意味での「不利益」をもたらすと考えるべきであろう（相手方の反対尋問権と並んで証拠共通の原則に言及する秋山ほかIV 206頁，兼子ほか・条解〔2版〕1107頁〔松浦＝加藤〕もその趣旨か）。

第2節　証人尋問

(証言拒絶に対する制裁)
第200条　第192条及び第193条の規定は，証言拒絶を理由がないとする裁判が確定した後に証人が正当な理由なく証言を拒む場合について準用する。

I　本条の趣旨

本条は，証言拒絶に理由がないと判断されているにもかかわらずなお正当な理由なく証言を拒む証人について，制裁を科すことを定めるものである。

制裁とはすなわち訴訟費用の負担，過料，罰金及び拘留である(192条・193条)。証人がこれらの制裁をいとわず証言拒絶を貫く限りそれ以上に供述を引き出す手段はなく(194条との対比)，またそのような証人の態度は本案の訴訟当事者の有利にも不利にもならない(208条・224条・229条との対比。225条も参照)。

II　要　件

1　裁判の確定

本条の制裁は，証言拒絶を理由なしとする裁判(199条。証言拒絶の当否を判断することなく却下する裁判も含む)が確定したことを要件とする。ただし，「公務員又は公務員であった者を証人として職務上の秘密について尋問する場合」(法197条1項1号，191条1項)における証言拒絶につき本条の制裁を科すときは，監督官庁等の承認(191条1項)があったことをもって裁判の確定に代える[1]。

証人が証言拒絶の理由を述べず，あるいは述べられた理由が存在しないこと

---

[1] 条文にはあらわれていないが，本文の場合には原則として証言拒絶の当否に係る裁判所の裁判はおこなわれないことから(§199参照)，その確定を要件と解することはできない。したがって，監督官庁等の承認があれば直ちに本条の制裁を科すことができる(兼子ほか・条解1003頁〔松浦馨〕，斎藤ほか編・注解民訴(7)454頁〔斎藤秀夫＝東孝行〕。反対，菊井＝村松II 511頁，秋山ほかIV 208頁，旧注釈民訴(6)337頁〔坂田宏〕。兼子ほか・条解〔2版〕1108頁〔松浦馨＝加藤新太郎〕は，その理由として，制裁における適正手続確保の観点を挙げる)。

〔今津〕

が明らかであっても，前条の裁判の確定を経ない限り，本条による制裁を科すことはできない[2]。

2　正当な理由のない証言拒絶

証人が，証言拒絶を理由なしとする裁判の確定にもかかわらずなお同一の拒絶理由の主張を繰り返すような場合は，正当な理由のない拒絶といえる。

これに対して，拒絶を理由なしとする裁判の確定後に別の証言拒絶理由が生じたことを主張する場合，証人の証言拒絶には「正当な理由」があるものとして，本条の制裁を免れる。制裁を科すには，受訴裁判所はあらためて当該拒絶理由について前条の裁判を行う必要がある。

裁判の確定後，確定前から存在していた別の証言拒絶理由を主張して争う場合，「正当な理由」を認めることができるか。実体上証言を拒絶すべき理由があるにもかかわらず証人の立証技術の巧拙によっては制裁を科され得るというのは，拒絶事由を定める法の趣旨に照らして問題がないではないが，この種の主張を認めると濫用的な証言拒絶の繰り返しにより手続が停滞する懸念があるから，この場合には「正当な理由」を認めず本条の制裁を科すものと解すべきであろう[3]。

III　手　続

1　192条の準用

本条の要件に該当する場合，受訴裁判所は，決定で，訴訟費用の負担を命じ，

---

[2] 旧々民訴法302条は，「原因ヲ開示セスシテ証言ヲ拒ミ又ハ開示シタル原因ノ棄却確定シタル後ニ之ヲ拒ミタルトキ」は罰金等を言い渡すことができるとしていた。これとの対比から，現行法は，拒絶理由の開示がない場合にも開示された拒絶理由が存在しない場合にも一律に裁判の確定を要求する趣旨であると解される。大決明36・9・15民録9輯954頁は，旧々民訴法下の裁判例であるが，証人が理由を付して証言を拒絶するにもかかわらず理由の存否について裁判をすることなく直ちに罰金等を言い渡した原審の措置を不当であるとした。

[3] 秋山ほかIV 207頁。なお，旧注釈民訴(6) 337頁〔坂田〕，賀集ほか編・基本法コンメ(2)〔3版追補版〕200頁〔小林秀之＝山本浩美〕，笠井＝越山編・新コンメ〔2版〕806頁〔山田文〕は，裁判の基準時前に存在していた拒絶理由は「遮断」されると述べており，199条の決定に確定判決にいう既判力に相当する内容上の拘束力を認める趣旨のものと解される。

かつ，10万円以下の過料に処する。この決定に対しては即時抗告が認められる。

2 193条の準用

本条の要件については受訴裁判所が自らこれを判断することができる。要件に該当しているとの判断に至れば，捜査機関に告発し（刑訴239条2項），以後は刑事手続に委ねることになる[4]。この手続において，刑事裁判所は，先に確定した民事裁判の結果と無関係に，あらためて証言拒絶に理由がないかどうかを判断する[5]。

〔今津綾子〕

---

4) 兼子ほか・条解〔2版〕1108頁〔松浦＝加藤〕。賀集ほか編・基本法コンメ⑵〔3版追補版〕201頁〔小林＝山本〕は，要件の存在を認めた受訴裁判所がそのまま193条の罰金等を科すことができるような書きぶりであるが，準用されれば刑罰規定であるという性質が失われるものではないから，本文のように解すべきである。

5) 兼子ほか・条解〔2版〕1108頁〔松浦＝加藤〕。

§201 I

（宣誓）

第201条　① 証人には，特別の定めがある場合を除き，宣誓をさせなければならない。

② 16歳未満の者又は宣誓の趣旨を理解することができない者を証人として尋問する場合には，宣誓をさせることができない。

③ 第196条の規定に該当する証人で証言拒絶の権利を行使しないものを尋問する場合には，宣誓をさせないことができる。

④ 証人は，自己又は自己と第196条各号に掲げる関係を有する者に著しい利害関係のある事項について尋問を受けるときは，宣誓を拒むことができる。

⑤ 第198条及び第199条の規定は証人が宣誓を拒む場合について，第192条及び第193条の規定は宣誓拒絶に理由がないとする裁判が確定した後に証人が正当な理由なく宣誓を拒む場合について準用する。

I　本条の趣旨

1　宣誓義務

証人に対し，特別の定めがある場合を除き，原則的に宣誓義務を課し，証言の真実性を担保する趣旨である。宣誓をさせるかどうかにつき，裁判所の裁量は認められず，また当事者に宣誓放棄権はない[1]。特別の定めとは本条2項ないし4項である。

宣誓義務は証人義務の一内容とされ，刑法169条の偽証罪は，宣誓をした証人にのみ成立する。もっとも実際は，偽証罪はほとんど取り上げられないため[2]，宣誓は心理的効果にとどまる。また，もともと宗教心の薄いわが国での宣誓の効用には疑問もあり，ドイツ民訴法391条にならって必要的宣誓から裁

---

1) 斎藤ほか編・注解民訴(7) 458頁〔斎藤秀夫＝東孝行〕，証拠法大系(3) 22頁〔信濃孝一〕。
2) 民事訴訟事件における証言につき偽証罪の成立を認めた数少ない最近の例として，東京高判平11・12・3判タ1046号280頁。笠井＝越山編・新コンメ〔2版〕808頁〔山田文〕参照。

第 2 節　証人尋問　　　　　　　　　　　　　　　　　　§201 I

量宣誓へ転換すべきとの主張もある[3]。さらには，民事訴訟の目的ないし理念を実体的真実の発見に求めない考え方によれば[4]，当事者とは無関係な第三者的証人はほとんどなく，争点整理により少数に限定された証人が集中証拠調べにより当事者本人とともに一期日に一堂に会する証人尋問の現状をふまえ[5]，あらためて宣誓の意義，機能を問い直す必要が生じよう。

なお，簡易裁判所における少額訴訟については，本条の特則として，一般的に証人の尋問は宣誓させないですることができる（372 条 1 項）。柔軟な審理方式を採用し，事件内容や証人の都合等に応じて臨機応変に立証することができるようにする目的とされる[6]。

2　宣誓を欠く場合

宣誓させるべき者に宣誓させないで証人尋問をした場合は違法であるが，当事者が異議を述べなければ責問権を喪失し，違法は治癒されるとするのが判例であり（最判昭 29・2・11 民集 8 巻 2 号 429 頁），多数説である[7]。

宣誓させないで尋問を始めた時点で当事者が異議を出せば，直ちに尋問を止めて，宣誓させたうえで尋問をやり直す。尋問途中で異議が出た場合は，宣誓させて直前の尋問からやり直し，それ以前の尋問部分は，遅滞なく異議が述べ

---

[3]　藤原弘道「宣誓の効用」判タ 697 号〔1989〕27 頁，旧注釈民訴(6) 344 頁〔藤原弘道〕。なお宣誓の沿革につき，旧注釈民訴(6) 338 頁〔藤原〕。

[4]　井上治典「民事訴訟の役割」同・民事手続論〔1993〕12 頁等。この立場によれば証人尋問は，裁判官による真実発見の舞台ではなく，証人ら紛争関係者自身が一堂に会する場である。宣誓の相手方を裁判所ととらえること（旧注釈民訴(6) 346 頁〔藤原〕）にも疑問が生じる。なお，真実発見を偽証罪によって確保しようとする試みは無意味とする佐藤彰一「法廷活動における弁護士の役割」和田仁孝＝佐藤彰一編・弁護士活動を問い直す〔2004〕181 頁も参照。

[5]　集中証拠調べの状況につき，濱田陽子「人証調べの分析」判タ 1307 号〔2009〕40 頁，人証実施状況につき佐藤岩夫ほか・利用者からみた民事訴訟〔2006〕157 頁〔菅原郁夫〕（菅原郁夫・民事訴訟政策と心理学〔2010〕164 頁所収），東京地方裁判所プラクティス委員会第二小委員会「民事訴訟の現状と今後の展望(2)」判タ 1301 号〔2009〕24 頁参照。

[6]　一問一答 411 頁。条解規則〔初版〕150 頁。

[7]　菊井＝村松 II 514 頁，斎藤ほか編・注解民訴(7) 462 頁〔斎藤＝東〕，兼子ほか・条解 1004 頁〔松浦馨〕，旧注釈民訴(6) 347 頁〔藤原〕，証拠法大系(3) 23 頁〔信濃〕，兼子ほか・条解〔2 版〕1109 頁〔松浦馨＝加藤新太郎〕，秋山ほか IV 212 頁。

〔安西〕

られなかったとして責問権を放棄したと解されることになる[8]。尋問終了後になって異議を述べても責問権を喪失したことになる[9]。

II　宣誓の方式

宣誓の方式に関しては，民事訴訟規則112条が旧民訴法285条ないし288条を，民事訴訟規則67条1項4号が旧法292条を引き継いでいる。

1　宣誓の時期

証人の宣誓は尋問の前にさせなければならない（規112条1項）。通常は，証人に対し，まず人違いでないことを確かめ（人定尋問），それに引き続いて行う。後述のように，宣誓義務の免除や拒絶が問題となる場合などは，特別の事由があるとして，尋問の後に宣誓をさせることもできる。このほか，対質（規118条・126条）を行う場合にも，事後宣誓が許される特別の事由とされている[10]。

事前宣誓と母法ドイツ法の採る事後宣誓の優劣については，前者から後者へ転換したドイツ民訴法の改正を検討のうえ，結局いずれとも決しがたいとする見解がある[11]。

2　宣誓の態様

宣誓は起立して厳粛に行う（規112条2項）。この規定は諸外国の立法例にもない独自の規定として，大正15年の改正法によって新設された[12]。傍聴人を含めた法廷内の全員が起立することを想定しているが，実務は統一されていない[13]。本条は訓示規定であり，これに反してなされた宣誓も違法にはならない。

3　宣誓の方式

具体的には，証人自らが宣誓書を朗読し，これに署名押印する（規112条3

---

[8]　証拠法大系(3) 23頁〔信濃〕。
[9]　遅滞なく異議を述べたことにならないとする，菊井＝村松 II 520頁。
[10]　兼子ほか・条解1004頁〔松浦〕，菊井＝村松 II 514頁，斎藤ほか編・注解民訴(7) 461頁〔斎藤＝東〕，旧注釈民訴(6) 345頁〔藤原〕，兼子ほか・条解〔2版〕1110頁〔松浦＝加藤〕。これに対し，証拠法大系(3) 24頁〔信濃〕も参照。
[11]　いずれが証人に真実を述べる決意をさせるかという，真実発見目的から検討する旧注釈民訴(6) 345頁〔藤原〕。
[12]　旧注釈民訴(6) 347頁〔藤原〕。
[13]　証拠法大系(3) 24頁〔信濃〕。

項)。

　旧法では，証人が朗読できないときは裁判長が代わりに朗読することとされていたが（旧法288条），現行規則は裁判所書記官がすることに改めた（規112条3項）。ただし，旧法下でも刑事訴訟と同様（刑訴規118条3項），書記官に朗読を代行させることができると解する見解があった[14]。

　一期日に数人の証人を尋問するとき，実務上，証人全員に同時に宣誓させる運用がある[15]。この場合でも，各証人に宣誓書を朗読させなければならず，そのうちの1人に代表させて宣誓させてはならないとされている[16]。1人ずつ宣誓させる方が証人の心理に与える影響が大きいという理由であるが，宣誓の効用に関する懐疑論からは，それほど重視されない[17]。

　証人が身体障害等のため，自ら署名することができないような場合については明文の規定がない。実務上は従来から，証人に押印のみをさせ，立ち会った裁判所書記官が代わりに署名したうえ，証人自署不能のため立会書記官が署名を代書して押印させた旨を付記する運用がなされている[18]。

4　宣誓書の記載内容

　宣誓書の記載内容は民事訴訟規則112条4項に規定されている。各裁判所には宣誓文言を印刷した定型の宣誓書が備えられており，証人はそれを読み上げる。具体的な宣誓文言は裁判所によって若干の相違がある[19]。

5　趣旨の説明・罰則の告知

　証人が宣誓の趣旨を十分に理解しなければ，宣誓の効用が発揮されないので，

---

14)　旧注釈民訴(6) 351頁〔藤原〕。

15)　証拠法大系(3) 24頁〔信濃〕。ドイツ民訴法392条も同旨を定めている。なお，刑訴規則119条は証人の宣誓は各別にさせなければならない旨規定する。

16)　兼子ほか・条解1004頁〔松浦〕，菊井＝村松Ⅱ 515頁，斎藤ほか編・注解民訴(7) 464，469頁〔斎藤＝東〕，旧注釈民訴(6) 351頁〔藤原〕。違法ではないが避けるのが望ましいとするのは秋山ほかⅣ 217頁。

17)　旧注釈民訴(6) 352頁〔藤原〕，証拠法大系(3) 24頁〔信濃〕。

18)　旧注釈民訴(6) 352頁〔藤原〕，条解規則〔初版〕245頁，賀集ほか編・基本法コンメ(2)〔3版追補版〕202頁〔井上哲男〕，秋山ほかⅣ 218頁，兼子ほか・条解〔2版〕1110頁〔松浦＝加藤〕。

19)　証拠法大系(3) 25頁〔信濃〕，賀集ほか編・基本法コンメ(2)〔3版追補版〕202頁〔井上〕。

〔安西〕

§201 Ⅲ

宣誓前に裁判長から証人に対し，宣誓の意味をわかりやすく説明し，かつ，偽証の罰を告げることとしている（規112条5項）。

　本条は単なる訓示規定とは解されないため，宣誓の趣旨の説明および罰則の告知をしないで宣誓させたうえ尋問した場合に，その証人尋問は違法である。ただし，宣誓を欠く証言と同様，責問権放棄の対象となると解されている[20]。

　偽証罪が成立するかどうかは，刑法169条の解釈問題であるが，同条の「宣誓した証人」とは適法に宣誓した証人であると解し，宣誓手続に瑕疵がある場合には偽証罪の成立を否定するのが多数説である[21]。

6　調書記載

　宣誓の有無および宣誓をさせなかった理由は，口頭弁論調書の必要的記載事項である（規67条1項4号）。それにより上級審の裁判官等に当該証拠の信用性を判断する際の資料を提供しようとする趣旨である[22]。

　宣誓の趣旨説明・罰則告知は宣誓自体ではないから，調書の必要的記載事項には当たらないが，実務上は通常これも調書に記載される[23]。

Ⅲ　宣誓義務のない場合（本条2項）

1　宣誓無能力

　旧289条を引き継いだ規定である。証人能力は備わっていても，一定年齢に達しない者および知能不十分のため宣誓の意味を理解できない者は宣誓能力を欠くから，宣誓義務がないとする趣旨である（本条2項）。16歳未満の者には

---

20) 兼子ほか・条解1004頁〔松浦〕，菊井＝村松Ⅱ515頁，斎藤ほか編・注解民訴(7)467頁〔斎藤＝東〕，旧注釈民訴(6)350頁〔藤原〕，秋山ほかⅣ219頁，証拠法大系(3)25頁〔信濃〕。

21) 兼子ほか・条解1004頁〔松浦〕，菊井＝村松Ⅱ515頁，斎藤ほか編・注解民訴(7)467頁〔斎藤＝東〕，秋山ほかⅣ219頁，証拠法大系(3)25頁〔信濃〕。これに対し，証人が宣誓の趣旨を諒知して宣誓書に署名押印した以上，必ずしも宣誓書朗読等の所定の手続を履践していなくても，偽証罪の成立を認めたのは広島高判昭41・9・30高刑19巻5号620頁。

22) 兼子ほか・条解1007頁〔松浦〕，菊井＝村松Ⅱ524頁，斎藤ほか編・注解民訴(7)483頁〔斎藤＝東〕，旧注釈民訴(6)361頁〔藤原〕，条解規則〔初版〕150頁，証拠法大系(3)29頁〔信濃〕。

23) 旧注釈民訴(6)349頁〔藤原〕。

宣誓の趣旨を理解できると認められても画一的に宣誓を禁じる一方，16歳以上の者の宣誓の趣旨を理解する能力については個別的に判断することとしている。証人が16歳未満かどうかは，生年月日を尋問して確認する等して，裁判所が認定する。16歳以上の者に宣誓能力があるかどうかは，必要があればその点に関する簡単な尋問をして，個別的に判断する。その判定が容易でないときには，とりあえず宣誓させないで尋問し，その供述内容や態度から能力ありと認めれば，事後宣誓をさせればよい（規112条1項但書）[24]。

2 本項違反の効果

本項に違反して宣誓させた場合，その者が虚偽の陳述をしても偽証罪にはならない[25]。

証言の効力については，判例は，13歳の少年に宣誓させた上，証言させた事案について，責問権の放棄を論ずるまでもなくその証言が虚偽の陳述でないと認める限り，裁判所は証拠として採用しても差し支えないとした（最判昭40・10・21民集19巻7号1910頁）[26]。この判例に対しては賛否が分かれている。反対説としては，法規違反は違法となるが，これを前提に，責問権の放棄により違法が治癒され，証言が有効になると解すべきであるとの説や[27]，判例のように本条を実質的に訓示規定と解すると，宣誓制度の濫用を招き，宣誓によって証言の真実性を担保させようとする宣誓制度の趣旨に反することとなるおそれがあるとの説[28]などがある。これに対し，判例に賛成する見解は，宣誓がなされたことによりその証言の信用性が増すことはあっても減じることは考えら

---

[24] 以上につき旧注釈民訴(6)354頁，355頁〔藤原〕。

[25] 菊井＝村松Ⅱ519頁，斎藤ほか編・注解民訴(7)474頁〔斎藤＝東〕，兼子ほか・条解1006頁〔松浦〕，賀集ほか編・基本法コンメ(2)〔3版追補版〕202頁〔井上〕，秋山ほかⅣ213頁，同旨の判例として，最大判昭27・11・5刑集6巻10号1159頁。

[26] 子供同士の遊戯中の事故につき，13歳の証人に宣誓させた事案で，違法な手続ではあるが，宣誓させるべき証人に宣誓させずに尋問した場合と異なり，訴訟上有効であるから，責問権の放棄を論ずるまでもないとした。

判例はかつて，本条に違反した証言は裁判資料とできないとしたことも（大判明31・3・18民録4輯3巻54頁），責問権の放棄・喪失により証拠として採用できるとしたこともあった（大判大9・3・18民録26輯354頁）。

[27] 斎藤ほか編・注解民訴(7)476頁〔斎藤＝東〕。

[28] 嶋田敬介「判批」民商54巻5号〔1966〕738頁。

れないし，およそ証拠能力を否定する必要はないとするものや[29]，本項の趣旨は宣誓を禁止するというより宣誓させなくてよいという程度のものであるから，違法というほどのことはないし，反対説のいう宣誓制度の濫用は杞憂であるとするもの[30]がある。刑事訴訟法はそのような供述も証言としての効力を妨げられないことを明文で定め，無条件で証拠能力を認めている（刑訴155条2項）。

IV 宣誓を免除できる場合（本条3項）

1 趣 旨

196条の証言拒絶権を有する証人が権利を行使せずに任意に証言しようとする場合，職権により宣誓を免除することができるものとした。旧290条を引き継いだ規定である。

本項の趣旨については明らかでない。証言拒絶権を持つ者は，次項により宣誓を拒絶することもできるが，証言や宣誓を拒絶するにはその理由を疎明しなければならず（本条5項による198条の準用），不利な事情を明らかにしなければならないおそれがあるので，裁判所の裁量により宣誓をさせないで尋問できることとしたとの説明や[31]，証言を拒絶できる地位にある証人に対し偽証の刑罰により威嚇して宣誓を強いるのは人道に反するという説明がある[32]。このほか，従来の説明は説得的でないとして，母法たるドイツ民訴法の検討から，宣誓させてもその効果が期待できない場合には宣誓なしで証言させようという趣旨と見る立場もある[33]。

実際上，宣誓が免除される例はほとんどなく，この規定は空文化しているとされる[34]。

2 宣誓免除の決定等

宣誓免除の決定は，裁判所または証人尋問を行う受命・受託裁判官が職権で

---

29) 新堂幸司〔判批〕法協83巻5号〔1966〕833頁（新堂・判例382頁所収）。
30) 旧注釈民訴(6)356頁〔藤原〕，笠井＝越山編・新コンメ〔2版〕809頁〔山田文〕，秋山ほかIV 213頁参照。
31) 兼子ほか・条解1006頁〔松浦〕，兼子ほか・条解〔2版〕1111頁〔松浦＝加藤〕。
32) 細野・要義(3)408頁。同旨は秋山ほかIV 214頁。
33) 旧注釈民訴(6)357頁〔藤原〕。
34) 旧注釈民訴(6)358頁〔藤原〕。

行う。宣誓免除の申立ては，職権発動を促す申出にすぎないとされ，この決定に対しては不服申立てができない[35]。不服があれば，次に見るように宣誓拒絶権を行使することになる。

　一般に，宣誓を免除された証人の証言は，宣誓をした場合より証拠価値が低いと考えられるが，個々の証言の証拠価値は裁判所の自由心証による，とされる[36]。

　本項に該当しない証人に宣誓を免除した場合，当事者が異議を述べなければ責問権の放棄により瑕疵が治癒される[37]。

V　宣誓を拒絶できる場合（本条4項・5項）

1　趣　旨

自己または196条に掲げられる関係を持つ者に著しい利害関係がある事項につき，宣誓拒絶権を認める規定である。本条4項が引き継いでいる旧291条は，大正15年改正により新設されており，独立の宣誓拒絶権を認めたものと解されているが，その趣旨は明確でない。起草者によれば，証言の必要性は高く証言拒絶権は認められないものの，自己または近親者の利害関係に関わる事項で中立な証言は困難である場合，証人にとって酷であるから宣誓だけは拒絶できることとしたとの説明がなされた[38]。しかし，本条の沿革の検討から，前述の証言免除の場合と同様，証人またはその近親者等に著しい利害関係のある事項につき，証人が中立な証言をするのは難しいから，宣誓させても実効性がなく，

---

35)　菊井＝村松Ⅱ522頁，斎藤ほか編・注解民訴(7) 478頁〔斎藤＝東〕，賀集ほか編・基本法コンメ(2)〔3版追補版〕203頁〔井上〕，兼子ほか・条解1007頁〔松浦〕，秋山ほかⅣ215頁，兼子ほか・条解〔2版〕1111頁〔松浦＝加藤〕。

36)　菊井＝村松Ⅱ522頁，斎藤ほか編・注解民訴(7) 478頁〔斎藤＝東〕，賀集ほか編・基本法コンメ(2)〔3版追補版〕203頁〔井上〕，証拠法大系(3) 27頁〔信濃〕。ただし，宣誓の効用を疑問視する立場からは問題とされまい（旧注釈民訴(6) 358頁〔藤原〕にはこの点の記述がない）。

37)　菊井＝村松Ⅱ522頁，斎藤ほか編・注解民訴(7) 478頁〔斎藤＝東〕，賀集ほか編・基本法コンメ(2)〔3版追補版〕203頁〔井上〕，証拠法大系(3) 27頁〔信濃〕，秋山ほかⅣ215頁，兼子ほか・条解〔2版〕1111頁〔松浦＝加藤〕。

38)　法曹会『民事訴訟法改正調査委員会速記録』〔1929〕571頁，573頁〔松本＝河野＝徳田編・立法資料〔12〕302～303頁〕。

§ 201 Ⅴ

宣誓を強制することはしない趣旨とする見解が示されている[39]。この見解によれば，宣誓拒絶権として構成することは不当であり，宣誓を原則とせず，必要に応じて裁判所が宣誓を命じる裁量的宣誓とするのが妥当な立法とされる[40]。

著しい利害関係がある事項についても明確でない。証人およびその近親者等に直接の財産上の損害を生じさせる事項のほか，精神的苦痛を生じさせる事実についても利害関係があるとされる[41]。しかし，「著しい利害関係」という文言からは，その損害や苦痛は軽微なものでは足りないと解される[42]。

実務では，この宣誓拒絶権の規定も，宣誓免除の規定と同様，空文化しているという[43]。

2 拒絶事由の疎明，制裁等

証人が宣誓を拒絶する場合，証言拒絶の理由の疎明の規定（198条）が準用され，宣誓を拒絶しようとする証人は，尋問事項が本条4項に該当することを疎明しなければならない。宣誓拒絶事由の有無については，証言拒絶の理由の裁判の規定（199条）が準用されるので，受訴裁判所は当事者を審尋のうえ，決定で裁判し，この裁判について当事者および証人は即時抗告することができる。

正当事由のない宣誓拒絶に対する制裁は，宣誓拒絶に理由がないとする裁判が確定した後に，改めて指定された期日に証人がなお宣誓を拒む場合にはじめて科せられることになる。不出頭に対する過料等（192条）および罰金等の規定（193条）が準用される。旧293条と同趣旨の規定である。

なお受命裁判官・受託裁判官が証人尋問をする場合には，これらの裁判官が受訴裁判所に代わって上記の裁判所および裁判長の職務を行う（206条）。

〔安西明子〕

---

39) 旧注釈民訴(6)360頁〔藤原〕。
40) 旧注釈民訴(6)360頁〔藤原〕，兼子ほか・条解1007頁〔松浦〕，兼子ほか・条解〔2版〕1111頁〔松浦＝加藤〕。
41) 兼子ほか・条解1007頁〔松浦〕，菊井＝村松Ⅱ523頁，斎藤ほか編・注解民訴(7)481頁〔斎藤＝東〕，賀集ほか編・基本法コンメ(2)〔3版追補版〕203頁〔井上〕，秋山ほかⅣ215頁，証拠法大系(3)28頁〔信濃〕，兼子ほか・条解〔2版〕1111頁〔松浦＝加藤〕。
42) 旧注釈民訴(6)360頁〔藤原〕，秋山ほかⅣ215頁。
43) 旧注釈民訴(6)358頁〔藤原〕。

第2節　証人尋問

（尋問の順序）
第202条 ① 証人の尋問は，その尋問の申出をした当事者，他の当事者，裁判長の順序でする。
② 裁判長は，適当と認めるときは，当事者の意見を聴いて，前項の順序を変更することができる。
③ 当事者が前項の規定による変更について異議を述べたときは，裁判所は，決定で，その異議について裁判をする。

I 本条の趣旨

1 交互尋問制度の導入

本条は，証人尋問を行う順序について，交互尋問制を原則とすることを定めている。

制定当初の民訴法（明治23法29号）は，裁判長が証人尋問を行うことを原則とし，陪審裁判官は裁判長に告げて尋問できたが，当事者は自ら発問することが許されず，証人の供述を明白にするため必要な発問を裁判長に申し立てることができるのみであった（旧旧法315条）。しかし大正15年の民訴法の大改正に伴い，当事者は裁判長の許可を得て，証人に直接発問できると改められ，当事者による補充尋問が認められた（旧法の当初の299条）。その後，昭和23年の改正により，職権証拠調べの規定廃止と並行して，英米法にならった交互尋問制度が採用され，裁判所主導型の尋問から当事者主導型のそれへと切り替えられた（旧294条）。

英米法における交互尋問制度は，古くからの陪審裁判の歴史を背景に，証拠収集制度を前提としているが，わが国ではその背景や前提なしに，交互尋問の原則だけが定められた。このことから，わが国の交互尋問制度については，採用当初から問題点が指摘されており，廃止論さえ唱えられてきた[1]。そこで主に問題とされたのは，交互尋問が職権による場合と比較して長時間を要することである。これに対しては，交互尋問制の欠陥とされる点の原因は事前準備不足であり，裁判官と当事者の協働により解決できるとか[2]，裁判官主導の尋問の場合の短所（裁判官への依存，当事者に与える不公平感等）の方が深刻であると

〔安西〕

§202 Ⅰ

の反論もなされた[3]。そして，現在では交互尋問制がすでに実務に定着している以上，これを全面廃止する必要はないとする考え方が一般的となっていた[4]。

2 交互尋問制度の緩和

一方，実務では従来から，本人訴訟等で当事者が証人尋問を適切に行えない場合に裁判所がまず尋問するという運用があった。そして補充尋問や介入尋問では一定の限度があるから（後述Ⅱ1），交互尋問の例外として，当事者の主尋問に先立って裁判所が尋問することを認める必要が認識されていた。

このような現状を受け，民事保全法（平成8年改正前の11条）の考え方を取り入れて，現行法は本条で，交互尋問を原則としつつ，例外的に尋問の順序を変更することを認め，その例外の要件を明定した[5]。これは，平成8年改正による新設規定である。

交互尋問の例外を認めることと弁論主義との関係につき，弁論主義によれば証人尋問には当事者による申請が必要となるが，その証人をどう尋問するかまでは規律されないから，両者は無関係であるとの見解がある[6]。しかし，これに対しては，交互尋問制の背後には証拠資料提出についての当事者の主導権が

---

1) 鉅鹿義明「民事訴訟促進のために」ジュリ198号〔1960〕14頁，宗宮信次「訴訟手続管見」自由と正義11巻4号〔1960〕23頁，木川統一郎「戦後最大のエラー・交互尋問の導入」判タ400号〔1980〕96頁，同「交互訊問に関する法改正の必要性」ジュリ998号〔1992〕66頁（同・民事訴訟法改正問題〔1994〕80頁所収）。なお兼子ほか・条解〔2版〕1116頁〔松浦馨＝加藤新太郎〕参照。
2) 石井良三「交互尋問における問題点の所在」判時244号〔1961〕5頁（同・民事法廷覚え書〔1962〕42頁所収）。
3) 本間義信「証人尋問に関する制度上の問題点」自由と正義31巻5号〔1980〕68頁。証拠法大系(3)106頁〔白石史子〕。心理学の角度から交互尋問制と裁判官尋問制を比較した，菅原郁夫「証人尋問制度の心理学的考察」法学51巻5号〔1987〕745頁，52巻1号〔1988〕87頁，4号〔1988〕563頁（同・民事裁判心理学序説〔1998〕63頁所収），菅原・民事訴訟政策と心理学〔2010〕26頁，33頁も参照。
4) 研究会253頁〔竹下守夫発言〕，高橋宏志「証拠調べ立法論素描」木川古稀中106頁（同・新民事訴訟法論考〔1998〕134頁所収），加藤新太郎編著・民事尋問技術〔3版，2011〕12頁〔加藤〕，秋山ほかⅣ224頁，兼子ほか・条解〔2版〕1117頁〔松浦＝加藤〕。
5) 一問一答233頁，研究会252頁〔柳田幸三発言〕，兼子ほか・条解〔2版〕1118頁〔松浦＝加藤〕，秋山ほかⅣ225頁。なお本条により平成8年改正前の民保11条は廃止された。
6) 研究会254頁，257頁〔鈴木正裕発言〕。

第2節　証人尋問

あるとの指摘[7]，当事者主義を強調する立場から，特定の証人からどのような証言を引き出して証拠資料とするかについても当事者に支配を認めることが当事者主義の徹底になるとする見解[8]がある。

なお，主に本人訴訟を想定する少額訴訟では，特則として，証人尋問は裁判官が相当と認める順序で行うこととされている（372条2項）。

II　尋問の順序

1　尋問順序の原則

裁判長は，証人に対し氏名，住所，年齢，職業等を尋ねて確認したうえ（人定尋問），宣誓をさせる。引き続いて行われる証人尋問は，当事者の尋問が裁判長による尋問に先行し（202条1項），尋問の申出をした当事者による主尋問，相手が当事者による反対尋問，さらに再主尋問と続く（規113条1項）。さらに当事者は，裁判長の許可を得て，再反対尋問以下の尋問をすることができ（同条2項），最後に裁判長が補充尋問をする。また裁判長は，必要があると認めるときは，いつでも，介入尋問をすることができ，当事者も裁判長の許可を得て介入尋問ができる（同条3項）。陪席裁判官は，裁判長に告げて証人を尋問することができる（同条4項）。

再主尋問までは当事者は権利として尋問権を行使できるが，それ以降については裁判長の裁量にゆだねられている。しかし，再主尋問の結果，それまでに現れていない事項についての証言が出た場合には，これに対する反対尋問は，本来の反対尋問同様，相手方は権利として行使できるとされる[9]。当事者による尋問ののち，裁判長は補充尋問を行えるが，当事者の手続保障の観点から，補充が行きすぎて当事者に不公平となったり，当事者による尋問を阻害するようなことがあってはならない。交互尋問制のもとでは，当事者による尋問によ

---

7)　研究会254頁〔伊藤眞発言〕。

8)　村松俊夫「証拠における弁論主義」同・民事裁判の理論と実務〔1967〕143頁は交互尋問制が弁論主義に大きな意義を持つとする。石井・前掲注2) 46頁は証人から証言を引き出す権利（証明権）を認める。福永有利「証人尋問と当事者尋問の改革」講座新民訴(2) 225頁，梅本〔4版〕818頁注2参照。

9)　旧注釈民訴(6) 373頁〔太田幸夫〕，斎藤ほか編・注解民訴(7) 501頁〔斎藤秀夫＝東孝行〕。

り得られた証言の趣旨が不明確である場合にそれを明確にする等，確認的な事項に限るべきであるとされる[10]。

2 反対尋問権の保障

交互尋問制が採用されたことによる大きな意義は，反対尋問権の保障である[11]。

反対尋問を欠く証言の証拠能力については，証人尋問ではなく当事者尋問の事件ではあるが，次のような判例がある。被告本人に対する臨床尋問で，主尋問が長時間にわたったため，立会医師の勧告により原告の反対尋問の機会が与えられなかった事案で，やむをえない事由により反対尋問ができなかったからといって，それだけの理由で，証拠能力を否定することはできず，あとは裁判官の自由心証主義の枠内での証拠力の問題であるとした（最判昭32・2・8民集11巻2号258頁）。この判例の読み方には，やむをえない事由に力点を置き，そういう事情がなければ証拠能力は否定されると解する傾向（手続保障重視）と伝聞証拠にも証拠能力を肯定する判例・通説のもとでは反対尋問がなくとも証拠能力を肯定せざるをえないと解する傾向がある，と分析される[12]。解釈論としては後者が整合的だが，前者の立場から，反対尋問権の行使が意識的に妨げられたという極端な場合には，その違法性から証拠能力が否定されるとの解釈が有力である[13]。

---

[10] 旧注釈民訴(6)374頁〔太田〕。補充尋問の程度につき，秋山ほかⅣ230頁，加藤編著・前掲注4) 253頁〔永石一郎〕，274頁〔加藤〕参照。

[11] 笠井＝越山編・新コンメ〔2版〕810頁〔山田文〕等。一方で，反対尋問が証人の人格攻撃となることを批判する菅原郁夫「民事訴訟における証人尋問の暴力性」法社会学54号〔2001〕171頁，尋問経験（反対尋問）が手続や訴訟制度の評価を下げているとの分析は，佐藤岩夫ほか編・利用者からみた民事訴訟〔2006〕141頁〔菅原〕（菅原・民事訴訟政策と心理学〔2010〕152頁所収）。

[12] 高橋下〔2版補訂版〕101頁。笠井＝越山編・新コンメ〔2版〕811頁〔山田〕は，本件で当事者が反対尋問がなかったことに異議も述べず，再尋問申請もしなかった点を重視する。

[13] 高橋下〔2版補訂版〕101頁，野村秀敏「証言の証拠能力と証拠力(1)」民商98巻5号〔1988〕619頁，土井王明・最判解説昭和32年度38頁，小林秀之・新証拠法〔2版，2003〕46頁，加藤編著・前掲注4) 14頁〔加藤〕，兼子ほか・条解〔2版〕1123頁〔松浦＝加藤〕，賀集ほか編・基本法コンメ(2)〔3版追補版〕205頁〔井上哲男〕。

第2節　証人尋問　　　　　　　　　　　　　　　　　　　　　§ 202 Ⅲ

3　介 入 尋 問

　裁判長は，「必要があると認めるときは」交互尋問のいかなる段階でも尋問できるが，交互尋問方式を原則とする以上，基本的に当事者の尋問計画に任せるべきであり，尋問の流れを妨げるような介入は許されない[14]。当事者も必要がある場合，相手方および裁判長等の尋問中に介入尋問をすることの許可を求めうるが，やはり質問者の尋問計画を乱すおそれがあるから限定し，できるだけ自分の尋問段階で質問すべきとされる[15]。

Ⅲ　尋問順序の変更

1　順序変更の要件

　証人尋問の順序を変更する権限は裁判長にあるとしても，変更するのを「適当と認めるとき」でなければならない。旧法下でも，当事者が事前準備をしていない場合や従前の経過から見て適切でない尋問を継続することが想定される場合に，裁判長が尋問をしてよいとされており[16]，これが現行法下でも妥当すると見られている[17]。裁判官主導により交互尋問制自体が崩壊する危機感を示していた弁護士会に配慮して，本条は本人訴訟を念頭に置いた規定であり，実際の運用もそれに限定されるとの見解もある[18]。これに対しては，本人訴訟であってもそれまでの主張整理に十分対応できている場合に尋問順序を変更する必要はないとか[19]，訴訟代理人のほかに当事者本人が尋問を行う意思があり，

---

[14] 法律実務(4) 222頁，兼子ほか・条解 1014頁〔松浦馨〕，証拠法大系(3) 203頁〔出口尚明〕，加藤編著・前掲注 4) 250頁〔永石〕・279頁〔加藤〕，秋山ほかⅣ 231頁，兼子ほか・条解〔2版〕1119頁〔松浦＝加藤〕，賀集ほか編・基本法コンメ(2)〔3版追補版〕204頁〔井上〕。これに対し，裁判長の積極的介入尋問も必要と説くのは，石井良三「交互尋問における当事者と裁判官」判時 245号〔1961〕7頁（同・前掲注 2) 69頁所収）。

[15] 旧注釈民訴(6) 375頁〔太田〕。ただし，介入尋問がかなり行われているとする，高橋宏志ほか・座談会「民事訴訟における証人尋問──弁護士，裁判官の意識調査アンケートをもとに」判タ 1109号〔2003〕32頁。

[16] 石井・前掲注 14) 8頁（同・前掲注 2) 68頁所収）。

[17] 一問一答 233頁，福永・前掲注 8) 228頁，大江忠「証拠調べ」大江忠＝加藤新太郎＝山本和彦編・手続裁量とその規律〔2005〕189頁。

[18] 研究会 252頁〔福田剛久発言〕，とくに 254頁では通常の場合は介入尋問で足りるとする。大江ほか編・前掲注 17) 195頁〔村田渉〕。

〔安西〕

適切に行うことができる場合には許容すべきとの指摘もある[20]。

また，当事者の反対がある場合には，基本的に順序変更が適当でないが，当事者の異議がないときに変更を認めるとは規定しなかったという立法経緯からしても，当事者の反対があるからといって常に不適当とはいえない[21]。しかし，順序変更すべきかどうかの判断は証人と事前面接をした，あるいはそれを断られた当事者の方がよくできるとの指摘もある[22]。

たしかに一方当事者の異議がある限り順序変更できないとするのは硬直すぎるが，交互尋問制による当事者主義を重視すべきであり，裁判所から見た効率性や真実発見の観点から順序変更の「適当性」を判断すべきではない。

なお，当事者が尋問期日に正当な理由なく欠席した場合の処理について，旧法下でも議論があったところ，当事者が証人尋問権を放棄したと見て，183条により職権尋問をすべきとか[23]，事情によっては証人尋問決定を取り消すこともできると解されている[24]。

2 順序変更の手続

裁判長が，尋問順序を変更しようとするときには，事前に当事者の意見を聴かなければならない。当事者への意見聴取は，前述の順序変更要件である「適当性」の判断指標となるとともに，手続的前提でもある。これをしないで順序を変更することは，手続規定違反であるが，責問権の放棄の対象となると解する説がある[25]。

尋問の順序変更に対しては，当事者は異議を申し立てることができるが，これについてはⅤで述べる。

---

[19] 証拠法大系(3) 202頁〔出口〕。
[20] 旧法につき旧注釈民訴(6) 368頁〔太田〕。
[21] 大江ほか編・前掲注18) 195頁〔村田〕。福永・前掲注8) 228頁は，逆に両当事者が職権尋問を希望してもそれだけで順序変更を認めることには疑問があるとする。
[22] 矢吹徹雄「証人尋問③——証人尋問の仕方」新大系(3) 63頁。
[23] 法律実務(4) 235頁，村松・前掲注8) 150頁，兼子ほか・条解〔2版〕1122頁〔松浦＝加藤〕。
[24] 福永・前掲注8) 228頁，旧注釈民訴(6) 368頁〔太田〕，兼子ほか・条解〔2版〕1122頁〔松浦＝加藤〕。神戸地判昭26・7・19下民2巻7号923頁。秋山ほかⅣ 225頁も参照。
[25] 福永・前掲注8) 229頁。

Ⅳ 尋問の制限

尋問の制限に関しては，基本的に旧法を引き継いだうえ，旧規則との重複を解消して規則化し，規定が整備されている（規114条・115条。旧294条4項，旧規34条・35条）。

1 尋問の範囲とその制限

尋問事項の原則的な範囲については，主尋問は立証すべき事項とその関連事項，反対尋問は主尋問に現れた事項とその関連事項ならびに証言の信用性に関する事項，再主尋問は反対尋問に現れた事項とその関連事項とされている（規114条1項）。

質問が上記の範囲を超える場合でも，当事者の権利が不当に害されることはなく，逐次質問を制限されるわけではない。たとえば反対尋問で自己の積極的な主張にかかる事項について質問することも，原則的範囲には属しないが，裁判長の裁量によって許すことができる，と解されている[26]。裁判長は，質問が本来の範囲以外のものであって，相当でないと認めるときは，申立てまたは職権で制限することができる（規114条2項）。

質問の制限については，後述Ⅴの通り，当事者は異議を述べることができる（規117条）。

2 尋問の方法とその制限

質問は個別的かつ具体的にするのが原則である（規115条1項・107条2項）。これは次に見る不相当な質問の例示とは独立に規定され，基本的な原則として一問一答方式の質問方法を採ることを示したものと解されている。ただし，この規定に違反しても，裁判長による質問制限（同115条3項）には直結させないこととして，事案に応じて物語式の陳述も許容できるようにしている[27]。

---

[26] 条解規則〔初版〕251頁，証拠法大系(3) 108頁〔白石〕。この点については古くから議論があったところ，範囲外の尋問を許しても主尋問者側にさしたる不意打ちでもなく，必要な範囲で許せば時間と労力の節約になるとするのは，旧注釈民訴(6) 371頁〔太田〕。

[27] 条解規則〔初版〕252頁。証拠法大系(3) 108頁〔白石〕，福永・前掲注8) 229頁。物語方式と一問一答方式の比較検討は旧注釈民訴(6) 376頁〔太田〕，加藤編著・前掲注4) 127頁〔本間通義〕。それぞれの運用の工夫は，西口元「集中証拠調べ」早稲田法学74巻4号〔1999〕845頁，同「新民事訴訟法下の人証調べの工夫」判タ1073号〔2002〕20頁。

また、①証人を侮辱し、または困惑させる質問、②誘導質問、③重複質問、④争点に関係ない質問、⑤意見の陳述を求める質問、⑥証人が直接経験しなかった事実についての陳述を求める質問の禁止が個別に規定されており[28]、これに違反するときは裁判長が申立てまたは職権により質問を制限することができる（民訴規115条2項3項）。ただし、証人の人格保護を直接の目的とする①以外は、正当な理由がある限り、許される（同条2項但書）。

②の誘導質問は、質問者の期待する証言を引き出すために証言者に暗示を与えることを問題とする。主尋問で、②に正当な理由が認められる場合とは、証人の身分、経歴、交友関係等、実質的尋問に入るに先だって明らかにする必要がある準備的事項に関するとき（刑訴規199条の3第3項1号）等とされる[29]。一方、反対尋問では、交互尋問制のもとでの証人は通常、証人申請した側に立つということをふまえ、主尋問の事前準備を崩すのに必要な限度で誘導尋問が許容されることが多い[30]。③の重複質問は無益な質問を許さない趣旨であるから、証人が質問の趣旨を誤解したと見られる場合の確認や、反対尋問において主尋問の供述を維持していることを確認したうえでこれを弾劾する場合等には正当な理由が認められる。④を許す正当な理由は見いだしにくいが、一見して争点と無関係と見られても、次の質問の伏線となっている場合等、にわかに関連性の判断をつけることはできず、裁判長による介入や質問の制限は難しい[31]。⑤について、たとえば人や物の同一性、人の年齢、性質等についての判断等、

---

28) 旧民訴規則35条では、各号に加えて、不必要に攻撃的な質問など「これに準ずるもの」も不相当と認められるときは制限できることとされており（旧注釈民訴(6)383頁〔太田〕）、これらは現行規則のもとでも制限されよう（条解規則〔初版〕253頁）。

29) 斎藤ほか編・注解民訴(7)507頁〔斎藤＝東〕、旧注釈民訴(6)379頁〔太田〕、加藤編著・前掲注4)131頁〔本間〕。実務上、誘導尋問が行われても異議が少ないことにつき、秋山ほかIV 234頁。裁判官は弁護士が異議を出したら制限するとの調査結果は、高橋ほか・前掲注15)13頁、14頁。

30) 主尋問につき誘導尋問を原則として禁じ、反対尋問には必要がある場合に許容する刑訴規199条の3第3項、199条の4第3項を民訴においても参考にすべきとする、旧注釈民訴(6)379頁〔太田〕。同旨は、斎藤ほか編・注解民訴(7)507頁〔斎藤＝東〕、秋山ほかIV 234頁。

31) 旧注釈民訴(6)378頁〔太田〕。同旨は秋山ほかIV 235頁、加藤編著・前掲注4)134頁〔本間〕。

第2節　証人尋問　　　　　　　　　　　　　　　　　　§ 202 V

証人の推測事項でも，それが証人の自ら体験した事実に基づく場合には当然に許される。事実の認識すら五官の判断作用であり，意見との相違は相対的であるからである[32]。⑥はいわゆる伝聞証言を制限する趣旨であるが，直接経験者が死亡したり，所在不明である等の場合には，正当な理由が認められる。

V　当事者からの異議

1　趣　旨

　尋問の順序や質問の制限等についての裁判に対しては，当事者に異議権を認めて手続進行への関与の途を開いたうえ[33]，異議の当否の裁判は直ちに決定ですることとして手続の機動性も確保している。このうち，尋問の順序変更に対する異議のみが現行法に規定され（202条3項），それ以外の，尋問の許否や質問制限の裁判に対する異議は規則化されている（規117条。旧法295条の一部，旧規則36条）。前者の裁判だけは，受命・受託裁判官により尋問が実施された場合でも，受訴裁判所がすることとされている（202条3項・206条但書）。

　ところで，同じく「異議」の用語を用いるものとして，証人尋問の許否または制限を求める当事者の申立てがある。たとえば交互尋問が行われている際，尋問をしていない当事者から相手方の尋問に対して，「異議があります。今の尋問は誘導尋問です」等の発言がされる場合，これは裁判長に対し質問の制限を求める申立てであり（規115条3項），ここでいう異議と区別される[34]。この例において，裁判長が上記申立てに基づいて質問を制限した場合に，尋問をしていた当事者がこれを不服とするとき，ここにいう異議が可能である（同117条1項）[35]。実務では，当事者が相手方の尋問に対して制限の申立てを述べる

---

[32]　田中和夫・新版証拠法〔増補第3版，1971〕367頁，旧注釈民訴(6)381頁〔太田〕，証拠法大系(3)109頁〔白石〕，秋山ほかIV 236頁，加藤編著・前掲注4）135頁〔本間〕。また尋問のプロセスを重視し，和解も視野に入れて，要証事実と直接関係ない尋問も認める，高橋ほか・前掲注15）24頁，25頁。

[33]　交互尋問制の採用と同様，訴訟運営の民主化の一環と評する，斎藤ほか編・注解民訴(7)513頁〔斎藤＝東〕，旧注釈民訴(6)384頁〔太田〕。

[34]　兼子ほか・条解1015頁〔松浦〕，旧注釈民訴(6)384頁〔太田〕，証拠法大系(3)110頁〔白石〕，賀集ほか編・基本法コンメ(2)〔3版追補版〕204頁〔井上〕，兼子ほか・条解〔2版〕1120頁〔松浦＝加藤〕，秋山ほかIV 238頁。

〔安西〕

ことは多くない。その原因は相手方代理人との感情的対立をおそれたり，訴訟指揮をしている裁判官への遠慮等とされるが[36]，尋問の活性化のために，異議権をもっと行使すべきであるとされる[37]。

2　異議権の行使

ここで認められる異議の対象は，尋問順序の変更（202条2項）と再反対尋問以下の尋問と介入尋問（規113条2項3項），質問の制限（同114条2項・115条3項），文書等の利用（同116条1項）の規定による裁判長の裁判である。

異議の申立権者は，職権による変更や制限の場合，これにより不利益を被る当事者であり，前述の申立てが却下された場合にはその申立人，容れられた場合にはその反対当事者とされ，証人は証拠調べの対象にすぎないから異議申立権はないとされている[38]。

異議申立ては，裁判長の措置または裁判のあった後，遅滞なくなされなければならず，さもないと責問権の対象として異議権を失うと解されている[39]。

3　異議に対する裁判

異議の申立てがあったときは，尋問をしている当該裁判所が直ちに裁判をしなければならない（202条3項，規117条2項）。受命・受託裁判官が尋問をしている場合，尋問順序の変更に対する異議についての裁判だけは受訴裁判所がし

---

35)　証拠法大系(3) 110頁〔白石〕，賀集ほか編・基本法コンメ(2)〔3版追補版〕204頁〔井上〕。

36)　加藤編著・前掲注4) 249頁〔永石〕，証拠法大系(3) 110頁〔白石〕。

37)　兼子ほか・条解〔2版〕1120頁〔松浦＝加藤〕，秋山ほかⅣ 238頁，高橋ほか・前掲注15) 19頁。交互尋問の実務を改善するための一方策として，異議の活性化を主張する，木川統一郎「交互訊問制度の運用と将来」新実務民訴(2) 89頁。また，異議を出さない実務慣行は旧法下の五月雨式尋問を前提としており，現行法の集中証拠調べ（短期決戦）においては違法な尋問に対して適切に制限を申し立てる必要があるとする，証拠法大系(3) 205頁〔出口〕。なお，異議が反対尋問による証人の人格攻撃を緩和しうることにつき，佐藤彰一「法廷活動における弁護士の役割」和田仁孝＝佐藤彰一編・弁護士活動を問い直す〔2004〕184頁参照。

38)　旧注釈民訴(6) 385頁〔太田〕，兼子ほか・条解〔2版〕1120頁〔松浦＝加藤〕。同旨は斎藤ほか編・注解民訴(7) 514頁〔斎藤＝東〕。

39)　菊井＝村松Ⅱ 539頁，斎藤ほか編・注解民訴(7) 514頁〔斎藤＝東〕，旧注釈民訴(6) 385頁〔太田〕，旧規則解説 74頁，条解規則〔初版〕258頁，秋山ほかⅣ 238頁。

第 2 節　証人尋問　　　　　　　　　　　　　　　　　　　§ 202 Ⅵ

なければならないが（206 条但書）[40]，それ以外の裁判は受命・受託裁判官がする。異議の申立ておよびこれに対する裁判は，調書に記載する[41]。

　異議申立てが時機に後れてされた場合，訴訟を遅延させる目的でなされた場合等，異議申立てが不適法なときは申立ては却下される（刑訴規 205 条の 4 参照）。異議申立てに理由がないと認められる場合には棄却決定が下される（同 205 条の 5 参照）。異議申立てに理由があると認められる場合，決定でその旨宣言すると同時に決定内容に応じた措置がとられる（刑訴規 205 条の 6 参照）。違法に得られた証言の一部を調書から削除することも可能とされるが，一方，上級審の判断に供するため，排除される部分を何らかの方法で記録しておく必要も指摘される[42]。

　この異議に対する裁判に対しては，抗告を認めた規定がない（328 条参照）。したがって裁判に対する独立の不服申立ては認められず，上告審において本案判決と同時に判断を受けることになる[43]。

Ⅵ　証人尋問における工夫

1　後に尋問すべき証人の取扱い等

　一期日に複数の証人を尋問するときは，必要に応じて後に尋問する証人を在廷させることができる（規 120 条．旧法 298 条）。隔離尋問を原則としつつ，他の証人の証言を聴かせたうえで尋問する方が記憶の喚起に役立つ場合等に，裁判長の裁量により証人の在廷を許すことができるようにしている[44]。なお，当

---

40)　証拠法大系(3) 163 頁〔木村元昭〕，秋山ほかⅣ 257 頁，兼子ほか・条解〔2 版〕1134 頁〔松浦＝加藤〕は，証人をどのような順序で尋問するかは手続保障に関わり，心証形成にも影響が強いので，その判断は受訴裁判所がすべきとの趣旨とする。

41)　旧注釈民訴(6) 385 頁〔太田〕，条解規則〔初版〕258 頁。

42)　旧注釈民訴(6) 386 頁〔太田〕。

43)　菊井＝村松Ⅱ 539 頁，斎藤ほか編・注解民訴(7) 517 頁〔斎藤＝東〕，旧注釈民訴(6) 386 頁〔太田〕，条解規則〔初版〕258 頁，兼子ほか・条解〔2 版〕1120 頁〔松浦＝加藤〕，秋山ほかⅣ 238 頁。

44)　条解規則〔初版〕262 頁，菊井＝村松Ⅱ 542 頁，斎藤ほか編・注解民訴(7) 518 頁〔斎藤＝東〕，旧注釈民訴(6) 390 頁〔太田〕，兼子ほか・条解〔2 版〕1122 頁〔松浦＝加藤〕，秋山ほかⅣ 242 頁，加藤編著・前掲注 4) 151 頁〔本間〕。

〔安西〕

§ 202 Ⅵ　　　　　　　　　　　　　　　　　　第2編　第4章　証拠

事者本人は訴訟主体として常に在廷できるので，本人には本条の適用が排除されている（規127条但書，旧法342条）[45]。1人の証人の尋問でさえ数期日に及んでいた旧法下と比べ，集中証拠調べが一般化した現在の実務では，本条が大きな意味を持つ[46]。従来は証人が互いに影響し合って自由な証言を妨げられないように，隔離尋問が一般的であったが，最近ではむしろ互いの相違を認識し，それに絞った充実した尋問が可能となるとして[47]，在廷を許可することが増えている[48]。

　また，特定の傍聴人のせいで，証人が威圧されて十分な陳述ができないときは，当事者の意見を聴いたうえで，傍聴人を退廷させることもできる（民訴規121条）。民事介入暴力に関わる事件で暴力団関係者等が傍聴人として在廷している場合を典型例とし，刑事訴訟規則202条等を参考にして現行規則において規定が新設された[49]。これと関連し，平成19年改正では証人と傍聴人との遮へい等の措置が新設されたが（203条の2・203条の3・204条2号），特定の傍聴人を退廷させる本条の要件は他より厳格となっている[50]。公開原則から見ても運用は慎重であるべきであろう[51]。

　以上は公開原則に関わる問題である。平成19年改正もあり，民事訴訟にお

---

45)　条解規則〔初版〕276頁。

46)　矢吹・前掲注22) 64頁，証拠法大系(3) 112頁〔白石〕，秋山ほかⅣ 242頁。

47)　条解規則〔初版〕263頁，松森宏「人証の集中証拠調べ」上谷清＝加藤新太郎編・新民事訴訟法施行三年の総括と将来の展望〔2002〕241頁，証拠法大系(3) 112頁〔白石〕，245頁〔手嶋あさみ〕，271頁〔奥宮京子〕。かつては隔離尋問が証言の真実性を高めるとされていたのに対し，最近は，西口元ほか「チームワークによる汎用的訴訟運営を目指して(3)」判タ849号〔1994〕25頁，三宅弘人「集中証拠調べの準備と配慮」木川古稀中89頁，村上正敏「集中証拠調べ」講座新民訴(2) 294頁をはじめ，在廷許可を真実発見に役立てようとしている。

48)　東京地方裁判所プラクティス委員会「新民事訴訟法・新民事訴訟規則の施行状況に関するアンケート結果の概要」判時1735号〔2001〕34頁では，在廷を許可することが多いとする裁判体が合議で約2割，単独で3割強ある。これを少なくないと見る，人竹たかし「人証の集中証拠調べ」上谷＝加藤編・前掲注47) 214頁。在廷許可が徐々に普及しているとするのは証拠法大系(3) 112頁〔白石〕。なお伊藤〔4版補訂版〕387頁参照。

49)　条解規則〔初版〕264頁，研究会258頁〔福田発言〕，矢吹・前掲注22) 64頁，証拠法大系(3) 120頁〔白石〕，兼子ほか・条解〔2版〕1122頁〔松浦＝加藤〕，秋山ほかⅣ 243頁。

第 2 節　証人尋問　　　　　　　　　　　　　　　§202 Ⅵ

ける公開原則はいっそう相対化することも予測される一方，当事者本人と証人をはじめとする紛争関係者が集中証拠調べによって1期日に一堂に会する運用がなされている[52]。この現状をふまえ，裁判の公正担保としての抽象的な一般公開ではなく，紛争関係者による具体的な紛争調整の観点から，より実質的な公開の意義をあらためて見いだす必要があろう[53]。

2　主尋問連続方式と対質

(1)　主尋問連続方式等

集中証拠調べの実施に伴い，複数の証人につき，まず主尋問を連続して行い，その後に各人の反対尋問，再主尋問を行うという方式による証人尋問が増えている[54]。この方法は，交互尋問制の例外というより，そのバリエイションの一つと見ることができ，202条2項・3項の適用はないと考えられている。したがって裁判所はその採用を当事者の同意がある場合に限定しなくてよいが，当事者から意見聴取はすべきであるとされている[55]。

また，証人が複数のとき，順次証人を尋問していくと，後の証人の証言によ

---

50)　本条は証人への「威圧」を要件とするのに対し，遮へい措置，ビデオリンク方式は証人が「圧迫を受け精神の平穏を著しく害されるおそれがある」ときである。なお，条解規則〔初版〕264頁参照。秋山ほかⅣ243頁も参照。

51)　矢吹・前掲注22)64頁。代理人が選任されている事件で，この規定を当事者本人まで類推適用し，傍聴席にいる当事者本人を退廷させることはできないとする。傍聴人を具体的に特定して退廷させることにより一般公開主義に抵触しないことになるとされる（研究会259頁〔竹下発言〕）。

52)　松森・前掲注47)243頁は，証人として採用されなかった者や事件の解決に影響力のある者などに積極的に傍聴してもらい，和解手続も視野に入れた運用を示している。証拠法大系(3)114頁〔白石〕も同旨。なお医療訴訟において病院関係者や医学部学生等の傍聴があることにつき高橋宏志ほか・座談会「民事訴訟法改正10年，そして新たな時代へ」ジュリ1317号〔2006〕23頁〔福田剛久発言〕。

53)　公開の意義・機能を紛争ネットワークの活性化と見る，仁木恒夫「裁判の公開と法専門家」法政60巻1号〔1993〕136頁。

54)　研究会228頁〔福田発言〕，福永・前掲注8)227頁，賀集ほか編・基本法コンメ(2)〔3版追補版〕204頁〔井上〕，秋山ほかⅣ225頁。反対尋問は人格攻撃になるとの批判，証人（本人）の語りの促進という観点から主尋問連続方式，後述の二巡方式を評価する佐藤・前掲注37)185頁。

55)　福永・前掲注8)227頁，大江ほか編・前掲注17)195頁〔村田〕。

〔安西〕

§ 202 Ⅵ

っては前の証人に再び尋問する必要が出る場合が多いので，その際は2巡目の尋問をする二巡方式も実施されており[56]，主尋問連続方式と組み合わせる運用がなされている[57]。この方式によれば，他の証人等の供述を聴いたうえで再度の発言の機会が保障されるので，集中証拠調べの効用を最大限確保できるほか，反対尋問に相当するものを別の証人等の主尋問で実質的に行えるので，反対尋問の短縮化を図れるとも指摘される[58]。

(2) 対　質

尋問の際，前述1の通り，複数の証人らを在廷させておき（規120条），質問者が複数の証人らを並べて尋問したり，証人らが互いに論争したりする対質を行うことができる（規118条1項。旧法296条。当事者につき規126条）[59]。対質が実施された場合には調書に記載する（規118条2項）[60]。集中証拠調べでは関係証人らがすべて期日に出頭しているので，対質を利用しやすい[61]。対質を行うときは，裁判長がまず証人を尋問できるが（同条3項），対質は本来の尋問の後にするのが一般的であるから，202条1項の例外に該当しないと解されている[62]。

---

56) 研究会256頁〔福田発言〕，証拠法大系(3)248頁〔手嶋〕。佐藤・前掲注37) 185頁も参照。

57) 証拠法大系(3)270頁〔奥宮〕。

58) 研究会228頁〔福田発言〕。

59) 対質の歴史や方法，問題点につき西口元「対質尋問の実証的研究」中村英郎古稀・民事訴訟法学の新たな展開(上)〔1996〕265頁，京都シミュレーション新民事訴訟研究会・シミュレーション新民事訴訟〔訂正版, 2002〕256頁。対質尋問の類型につき西口元ほか「チームワークによる汎用的訴訟運営を目指して（5・完）」判タ858号〔1994〕69頁，その後の対質をとり入れた尋問方法モデルにつき西口元「争点整理と人証調べとの関係」吉村古稀・弁論と証拠調べの理論と実践〔2002〕330頁。対質が一定程度普及している現状の分析，積極的活用の必要性につき東京地方裁判所プラクティス委員会第二小委員会「民事訴訟の現状と今後の展望(2)」判タ1301号〔2009〕28頁。なお伊藤〔4版補訂版〕388頁は，証人自身が尋問主体となることは認められないとする。同旨は条解規則〔初版〕260頁等。

60) 調書記載方法がわかりにくいことが対質実施の障害となっているとの指摘から，最低限の記載事項を定めたものであるが，細目は実務運用にゆだねられている（条解規則〔初版〕260頁）。具体的記載法につき篠原勝美ほか・民事訴訟の新しい審理方法に関する研究（司法研究報告書48輯1号）〔1996〕173頁。

第2節　証人尋問　　　　　　　　　　　　　　　　　　§ 202 Ⅵ

　なお，対質を命じるかどうかは裁量に任されており当事者は職権発動を促す申立てができるにとどまるとされる[63]。

　ただし，主尋問連続方式や対質の意義も，単なる裁判官の心証形成，真実発見の手段としてではなく[64]，前述1の，集中証拠調べによって一堂に会する紛争関係者の視点，紛争調整としての機能から検討されるべきではないだろうか。

3　陳述書，文書等の利用

　近時の実務では，証人や当事者の陳述書をあらかじめ書証として提出し，法廷での供述を短縮したり，これに代える運用が一般的である。交互尋問においても陳述書によればコンパクトで的確な尋問が可能となり，その効用は大きいとされる[65]。ただし陳述書の主尋問代替機能につき，口頭弁論の諸原則との関係で，主尋問を全く行わずに陳述書に代えることは問題とされている[66]。とくに裁判の帰趨を決する重要な争点に関する事実については，陳述書の内容と重

---

61)　篠原ほか・前掲注60) 172頁，矢吹・前掲注22) 63頁，証拠法大系(3) 247頁〔手嶋〕，賀集ほか編・基本法コンメ(2)〔3版追補版〕205頁〔井上〕。対質実施状況につき，証拠法大系(3) 279頁〔奥宮〕，東京地方裁判所プラクティス委員会第二小委員会「民事訴訟の運用に関するアンケート結果(2)『証拠調べ関係』（中間とりまとめ）」判タ1269号〔2008〕53頁。

62)　研究会252頁〔福田発言〕，条解規則〔初版〕261頁，福永・前掲注8) 226頁。

63)　菊井＝村松Ⅱ540頁，兼子ほか・条解1017頁〔松浦〕，斎藤ほか編・注解民訴(7) 520頁〔斎藤＝東〕，旧注釈民訴(6) 387頁〔太田〕，兼子ほか・条解〔2版〕1119頁〔松浦＝加藤〕，秋山ほかⅣ240頁，賀集ほか編・基本法コンメ(2)〔3版追補版〕205頁〔井上〕。

64)　証拠法大系(3) 116頁〔白石〕によれば，対質により証人が自己の証言を虚偽と認めるといった劇的な効果はない。なお笠井＝越山編・新コンメ〔2版〕811頁〔山田〕参照。

65)　研究会255頁〔福田発言〕，村上・前掲注47) 291頁等。

66)　西口元「陳述書をめぐる諸問題」判タ919号〔1996〕37頁（現代民事法研究会・民事訴訟のスキルとマインド〔2010〕260頁所収），高橋・前掲注4) 105頁（同・新民事訴訟法論考〔1998〕134頁所収)），高橋宏志「陳述書について」判タ919号〔1996〕33頁（同・新民事訴訟法論考〔1998〕121頁，現代民事法研究会・前掲書252頁所収），本間靖規「人証の取調べにおける直接主義と書面の利用」講座新民訴(2) 214頁，大段亨「陳述書の利用」上谷＝加藤編・前掲注47) 260頁，271頁，旧注釈民訴(6) 375頁〔太田〕，東京地方裁判所プラクティス委員会第二小委員会・前掲注59) 34頁，同「効果的で無駄のない尋問とは何か」判タ1340号〔2011〕53頁。形式的事項の尋問は陳述書に譲り，実質争点に関する重点の尋問を絞るとする最高裁判所事務総局民事局監修・民事訴訟の運営改善資料〔1994〕224頁。

〔安西〕

複しても，必ず主尋問を行う運用がなされているといい[67]，陳述書は後に尋問が行われることを前提とすべきとの提言もある[68]。一方，陳述書の事前開示機能は反対尋問に役立つとされてきた[69]。

このほか，証人への質問の際，文書や図面，写真，模型等を利用することは従来からあったところ，現行規則において証人尋問の規定を整備する一環として，刑訴規則を参考に明文が置かれた（規116条，刑訴規199条の12）[70]。利用文書等がまだ証拠として提出されていない場合，質問の前に，相手方に閲覧する機会を与えておかねばならない（規116条2項）。調書添付等の必要があるときは，裁判長が当事者にその文書等の写しを提出させる（同条3項）。

また，裁判長は必要があれば証人に文字の筆記や状況説明のための略図記載等の行為をさせることができる（規119条。旧法297条）。

〔安西明子〕

---

67) 大竹・前掲注48）213頁，松森・前掲注47）247頁，中本和洋「陳述書のガイドライン」判タ937号〔1997〕55頁，証拠法大系(3) 108頁〔出口〕等。

68) 第二東京弁護士会民事訴訟改善研究委員会「陳述書に関する提言」判タ1181号〔2005〕31頁，松本伸也「陳述書の利用」上谷＝加藤編・前掲注47）291頁，川端基彦「陳述書」新・争点207頁，兼子ほか・条解〔2版〕1123頁〔松浦＝加藤〕等。しかし，これが十分には守られていないことにつき，東京地方裁判所プラクティス委員会第二小委員会・前掲注61）47頁，東京地方裁判所プラクティス委員会第二小委員会・前掲注59）36頁，同「効果的で無駄のない尋問とは何か」判タ1340号〔2011〕53頁。証拠法大系(3) 186頁〔生島弘康〕は人証申請を予定しない陳述書は，重要な争点に関する場合，撤回を求める慎重な取扱いをすべきとする。笠井正俊「陳述書の活用と審理原則」ジュリ1317号〔2006〕84頁，川添利賢「陳述書の軌跡とそのあるべき姿」判タ1286号〔2009〕46頁，加藤新太郎編・民事事実認定と立証活動Ⅰ〔2009〕112頁，東京地方裁判所プラクティス委員会第二小委員会・前掲注59）52頁も参照。なお，反対尋問への批判から陳述書の使い方を見直す佐藤・前掲注37）186頁。

69) 松本・前掲注68）290頁等。証拠法大系(3) 188頁，195頁〔生島〕，加藤編著・前掲注4）22頁〔加藤〕も参照。以上，陳述書につき→§203Ⅱ参照。

70) 条解規則〔初版〕254頁，証拠法大系(3) 118頁〔白石〕，兼子ほか・条解〔2版〕1119頁〔松浦＝加藤〕，秋山ほかⅣ237頁。なお利用方法につき加藤編著・前掲注4）138頁〔本間〕参照。

（書類に基づく陳述の禁止）
　第203条　証人は，書類に基づいて陳述することができない。ただし，裁判長の許可を受けたときは，この限りでない。

I　本条の趣旨

　証人は経験した事実につき記憶に基づいて陳述することを求められる。書類を見ながら，あるいはそれを朗読して，自分の経験しないことを述べたり，自由な証言を阻害されたりすることがないように，書類に基づいて質問に答えることは，原則として許されない。しかし，計算・日時など数字で示される事項，物の列挙などについては，書類を見ながら証言することを求めた方がより精確であり，それにより記憶を呼び戻すことができる場合もある。そこで，本条は但書で，裁判長の許可を得て，証人がメモや記録などを見ながら証言することも認めた。
　本条は旧299条の規定を引き継いでいる。大正15年改正前の314条は，書類に基づく陳述を禁ずる原則をとり，算数関係に限定して例外を認めていたが，旧299条はその原則を維持しつつ，算数関係に限らず，裁判長の裁量により例外を認めることとした。
　本条但書による裁判長の許可は職権事項であり，当事者に申立権はないとされる[1]。許可なく書類を用いた陳述は，証言としての効力が当然なくなるのでなく，その価値判断は裁判所の自由心証に任せられる。書類に基づいた証言に対して当事者が異議を述べないときは，責問権の放棄によってその瑕疵は治癒されると解されている[2]。
　書面を見ながら証言することが相当である場合として，計算関係，技術関係等の細かい複雑な事項，証人が記憶を失っている事項，人，物，土地などの特定に関する事項あるいは相当長期間にわたる事件の経緯を述べる場合などがあ

---

1)　秋山ほかⅣ 245頁，旧注釈民訴(6) 391頁〔太田幸夫〕。
2)　秋山ほかⅣ 245頁，兼子ほか・条解〔2版〕1124頁〔松浦馨＝加藤新太郎〕，菊井＝村松Ⅱ 543頁，兼子ほか・条解 1018頁〔松浦馨〕，斎藤ほか編・注釈民訴(7) 524頁〔小室直人＝東孝行〕。

〔安西〕

げられる³⁾。この場合のメモなどは，両当事者に開示し，書証として提出されていることが望ましい⁴⁾。不当な許可により得られた証言の証明力には問題があるため，その意味でも，証人が何を見ながら証言したかは記録される必要がある。たとえば，証人があらかじめ作成してきた書面に基づいて証言し，これを調書の末尾に添付することは，実務上よく行われているという⁵⁾。

　一方，当事者は，証人に質問する際，裁判長の許可を得て，文書，図面，写真，模型，装置その他の適当な物件を利用することができる（規116条）⁶⁾。

II　陳述書，尋問に代わる書面提出等との関係

　近時の実務では，証人や当事者の陳述書をあらかじめ書証として提出し，法廷での供述を短縮したり，これに代える運用がほとんどの事件で行われている。口頭弁論の諸原則に基づく本条との関係では，証人・当事者本人尋問の際，陳述書を朗読したり，「陳述書記載の通り」と供述することは許されない⁷⁾。陳述書は，証拠調べに関しては主尋問代替機能を持つとされるが，主尋問を全く行わずに陳述書に代えることは問題とされている⁸⁾。とくに裁判の帰趨を決する重要な争点に関する事実については，陳述書の内容と重複しても，必ず主尋

---

3)　秋山ほかIV 245頁，旧注釈民訴(6) 391頁〔太田〕。
4)　菊井＝村松II 544頁。秋山ほかIV 245頁は，これは本来予定されていないため，書面が証言内容となるか書証となるか，性質を明確にするよう訴訟指揮すべきとする。
5)　賀集ほか編・基本法コンメ(2)〔3版追補版〕205頁〔井上哲男〕。なお，秋山ほかIV 245頁はこれを書証ではなく証言内容とする。
6)　なお→ §202 VI 3 参照。
7)　大段亨「陳述書の利用」上谷清＝加藤新太郎編・新民事訴訟法施行三年の総括と将来の展望〔2002〕260頁。
8)　西口元「陳述書をめぐる諸問題」判タ919号〔1996〕37頁（現代民事法研究会・民事訴訟のスキルとマインド〔2010〕260頁所収），高橋宏志「陳述書について」同33頁（同書252頁，同・新民事訴訟法論考〔1998〕121頁），同「証拠調べ立法論素描」木川古稀中105頁（同・新民事訴訟法論考134頁所収），川添利賢「陳述書の軌跡とそのあるべき姿」判タ1286号〔2009〕46頁。形式的事項の尋問は陳述書に譲り，実質争点に関する重点尋問に絞るとする最高裁判所事務総局民事局監修・民事訴訟の運営改善資料〔1994〕224頁。笠井＝越山編・新コンメ〔2版〕812頁〔山田文〕，松本＝上野〔8版〕492頁，伊藤〔4版補訂版〕392頁，梅本〔4版〕821頁，上田〔7版〕403頁。

第 2 節　証人尋問　　　　　　　　　　　　　　　　　　　　§203 II

問を行う運用がなされているといい9)，陳述書は後に尋問が行われることを前提とすべきとの提言もある10)。

　一方，現行法は，尋問に代えて書面を提出することを，簡易裁判所以外の通常訴訟においても，証人尋問に限って認めた（205条）。このほか，現行法の制定に際し，陳述書などの私署証書につき，その作成者自身が署名捺印したことを認め，公証人がその旨を認証する宣誓認証私署証書の制度が公証人法に置かれた（公証58条ノ2）。しかし，口頭弁論の基本原則，それに基づく本条からすれば，これらの制度は証拠調べにおいて補充的手段と位置づけるべきであるし，実際もそれほど使われてはいない11)。

〔安西明子〕

9)　大竹たかし「人証の集中証拠調べ——裁判所の立場から見ての問題点と改善への期待」上谷＝加藤編・前掲注7) 213頁，松森宏「人証の集中証拠調べ——訴訟代理人の立場での問題点と改善のために必要な条件」同書247頁，中本和洋「陳述書のガイドライン」判タ937号〔1997〕55頁等。

10)　第二東京弁護士会民事訴訟改善研究委員会「陳述書に関する提言」判タ1181号〔2005〕31頁，松本伸也「陳述書の利用——訴訟代理人の立場での問題点と改善への期待」上谷＝加藤編・前掲注7) 291頁，川端基彦「陳述書」新・争点207頁等。この提言を批判的に検討する，加藤新太郎編・民事事実認定と立証活動 I〔2009〕112頁，加藤新太郎編・民事事実認定と立証活動 II〔2009〕17頁，笠井正俊「陳述書の活用と審理原則」ジュリ1317号〔2006〕84頁も参照。しかし，これが十分に守られていないことにつき，東京地方裁判所プラクティス委員会第二小委員会「民事訴訟の運用に関するアンケート結果(2)『証拠調べ関係』（中間とりまとめ）」判タ1269号〔2008〕47頁，同「民事訴訟の現状と今後の展望(2)」判タ1301号〔2009〕36頁。これを受けた運用のあり方につき，川添・前掲注8) 50頁，加藤新太郎編・民事事実認定と立証活動 I〔2009〕63頁，寺本昌広「陳述書の利用の現状と今後の課題」判タ1317号〔2010〕49頁，東京地方裁判所プラクティス委員会第二小委員会「効果的で無駄のない尋問とは何か」判タ1340号〔2011〕53頁。なお反対尋問への批判から尋問を予定しない陳述書も認めようとする佐藤彰一「法廷活動における弁護士の役割」和田仁孝＝佐藤彰一編・弁護士活動を問い直す〔2004〕186頁。

11)　→§205 I 注5) と IV 注31) 参照。兼子ほか・条解〔2版〕1124頁〔松浦＝加藤〕は証明力が高くないとする。

§203の2

(付添い)

第203条の2 ① 裁判長は，証人の年齢又は心身の状態その他の事情を考慮し，証人が尋問を受ける場合に著しく不安又は緊張を覚えるおそれがあると認めるときは，その不安又は緊張を緩和するのに適当であり，かつ，裁判長若しくは当事者の尋問若しくは証人の陳述を妨げ，又はその陳述の内容に不当な影響を与えるおそれがないと認める者を，その証人の陳述中，証人に付き添わせることができる。

② 前項の規定により証人に付き添うこととされた者は，その証人の陳述中，裁判長若しくは当事者の尋問若しくは証人の陳述を妨げ，又はその陳述の内容に不当な影響を与えるような言動をしてはならない。

③ 当事者が，第1項の規定による裁判長の処置に対し，異議を述べたときは，裁判所は，決定で，その異議について裁判をする。

本条は平成19年の民事訴訟法の一部改正による新規定である。平成19年6月20日成立の「犯罪被害者等の権利利益の保護を図るための刑事訴訟法等の一部を改正する法律」(平成19法95)は，犯罪被害者等の権利利益保護を図るため，刑訴法を一部改正したほか，刑事訴訟においてすでに規定のある証人を保護する措置を民事訴訟に導入する規定を整備した[1]。刑訴法においては，平成12年の同法の一部改正により，付添い(刑訴157条の2)，遮へいの措置(同157条の3)，ビデオリンク方式による尋問(同157条の4)が設けられている。本条は当事者尋問にも準用される(210条)。

付添い・遮へいはこれまでも裁判長の訴訟指揮(148条)の一環として可能

---

[1] 小野瀬厚「犯罪被害者等の保護に関する民事訴訟法の改正について」民月62巻8号〔2007〕13頁，賀集ほか編・基本法コンメ(2)〔3版追補版〕206頁〔井上哲男〕，松本＝上野〔8版〕488頁，伊藤〔4版補訂版〕389頁，新堂〔5版〕637頁，山本和彦「犯罪被害者の保護」新・争点36頁，兼子ほか・条解〔2版〕1125頁〔加藤新太郎〕，秋山ほかⅣ246頁，笠井＝越山編・新コンメ〔2版〕813頁〔山田文〕。

と考えられてきたところ，新規定はその要件および措置内容を明確に規定したものと解されている。改正の経緯からは，犯罪被害者が加害者に対して不法行為を原因として損害賠償を請求するような場合が典型例と考えられるが，本条の対象は犯罪被害者に限定されない。一般的に，法廷で証言することは，高度の緊張を伴うところ，そのうち証人の年齢，心身の状態その他の事情を考慮し，尋問時の証人の不安・緊張を緩和する必要が認められる場合には，陳述を妨げたり陳述内容に不当な影響を与えるおそれのない者を付き添わせて，落ち着いて証言ができるよう特段の配慮をしたのである。犯罪被害者のほか，犯罪とは関係なくとも，たとえば年少者や高齢者の証人にその家族が付き添ったり，健康上の問題がある証人に医師，看護師，心理カウンセラーなどが付き添ったりすることを想定している。「証人の年齢又は心身の状態その他の事情」が考慮事情とされ，「著しく不安又は緊張を覚えるおそれがあると認めるとき」が要件とされているのは，刑事訴訟法第157条の2第1項と同様である。遮へいの措置（203条の3）とは異なり，犯罪被害者の例示はされていないが，考慮事情とされる典型であることは前述した。

付添いの措置の決定主体は，これまでの訴訟指揮権に基づく場合と同様，裁判長であるが，この措置をとるにあたっては裁判長は当事者および証人の意見を聴かなければならない（規122条の2第1項）。刑事訴訟法では検察官等への意見聴取が規定され〔刑訴157条の2第1項〕，証人自身への意見聴取は規定されていない。しかし本条は，付添いの措置は当事者の質問や証人の陳述に影響を及ぼす可能性があることから当事者への意見聴取を，またそもそも証人の権利利益保護を目的とするものであるから証人自身の意向確認をする必要があるとの趣旨で設けられた[2]。付添いの措置をとったこと，証人に付き添った者の氏名および証人との関係は調書に記載される（規122条の2第2項）。

本条2項は，付添人が当事者等による尋問のあり方に影響を及ぼすことを防止するための規定であり，刑事訴訟法第157条の2第2項と同趣旨である。なお裁判長の処置に対し，当事者は異議申立てをすることができる（本条

---

[2] 笹本哲朗「民事訴訟規則の一部改正の解説」民事法情報259号〔2008〕3頁。

〔安西〕

§203の2

第2編　第4章　証拠

3項)。148条とは独立して本条を新設したことから，これに対する異議も150条とは別に規定したものであり，202条2項に対応する同条3項にならったものである。

〔安西明子〕

第2節　証人尋問

(遮へいの措置)

第203条の3　①　裁判長は，事案の性質，証人の年齢又は心身の状態，証人と当事者本人又はその法定代理人との関係（証人がこれらの者が行った犯罪により害を被った者であることを含む。次条第二号において同じ。）その他の事情により，証人が当事者本人又はその法定代理人の面前（同条に規定する方法による場合を含む。）において陳述するときは圧迫を受け精神の平穏を著しく害されるおそれがあると認める場合であって，相当と認めるときは，その当事者本人又は法定代理人とその証人との間で，一方から又は相互に相手の状態を認識することができないようにするための措置をとることができる。

②　裁判長は，事案の性質，証人が犯罪により害を被った者であること，証人の年齢，心身の状態又は名誉に対する影響その他の事情を考慮し，相当と認めるときは，傍聴人とその証人との間で，相互に相手の状態を認識することができないようにするための措置をとることができる。

③　前条第3項の規定は，前二項の規定による裁判長の処置について準用する。

本条も，前条同様，平成19年改正による新規定であり，刑事訴訟法157条の3と同趣旨である。

現行規則では，証人が特定の傍聴人との関係で威圧され十分な陳述をすることができない場合に，当事者の意見を聴いて，証言の間その傍聴人を退廷させることを認める規定も新設されていた（規121条)[1]。刑事訴訟規則202条等を参考とした規定であり，たとえば民事介入暴力が問題となる事件で暴力団関係者が傍聴しているような場合を想定する[2]。なお本条2項やビデオリンク（204

---

[1]　→§202 Ⅵ 1 参照。ただし，本条が「十分な陳述をすることができないこと」を要件とせず，証人の不安や緊張緩和自体を目的とすることについては，小野瀬厚「犯罪被害者等の保護に関する民事訴訟法の改正について」民月62巻8号〔2007〕13頁。

[2]　条解規則〔初版〕264頁。

〔安西〕

§203の3

条)の措置をとる場合にも，傍聴人を退廷させることができることを明らかにするため，民訴規則121条に括弧書が加えられた。

　従来から裁判長の訴訟指揮（148条）として，証人尋問の際に，証人等の精神的不安等を軽減するため，衝立を置く等の措置を講じる実務運用があったところ，本条がその要件を明確化した[3]。なお，前条と異なり，本条の考慮事情に犯罪被害者の例示がなされているのは，刑事訴訟法と同様の範囲で遮へいの措置が認められることを明確にする趣旨と説明されている[4]。すなわち，民事訴訟において付添い・遮へいの措置をとり得る事案に限定はないが，単に対立当事者等の面前での陳述に不安を覚えるというような一般的場合は含まれないことを明らかにするためである。

　裁判長は，事案の性質等に応じ，当事者本人またはその法定代理人と証人との間（本条1項），傍聴人と証人との間（本条2項）を遮へいする措置をとることができる。1項には「圧迫を受け精神の平穏を著しく害されるおそれがある」場合であり，「相当と認めるとき」という厳格な要件がある。これに対し2項は，名誉に対する影響が考慮事情とされている。この違いは，証人と当事者等との間を遮へいする場合は当事者の尋問権を害するおそれがあり，影響が深刻であるが，証人と傍聴人との間の遮へいは単に傍聴人から証人が見えないだけであるから要件を緩和するものである[5]。たしかに当事者等と証人との間の遮へいの方がより限定されるべきであるが，民事訴訟における公開主義を相対化させるべきでない。本条が当事者尋問にも準用される点から見ても（210条），相当性は絞られてよい。今のところ，相当性がない場合として，証人がこの措置を望まない場合のほか，そもそも犯罪（不法行為）の成否自体が争われており，被告から証人を認識できない状態での尋問が不適切な場合が想定されている[6]。実務では，セクハラ，性犯罪等の被害者が加害者の面前では供述

---

[3] 秋山ほかIV 248頁，兼子ほか・条解〔2版〕1126頁〔加藤新太郎〕，賀集ほか編・基本法コンメ(2)〔3版追補版〕206頁〔井上哲男〕，山本和彦「犯罪被害者の保護」新・争点37頁，伊藤〔4版補訂版〕389頁，新堂〔5版〕637頁。

[4] 小野瀬・前掲注1) 18頁。

[5] 小野瀬・前掲注1) 21頁。なお松本＝上野〔8版〕490頁，笠井＝越山編・新コンメ〔2版〕814頁〔山田文〕参照。

[6] 小野瀬・前掲注1) 18頁等。

第2節　証人尋問　　　　　　　　　　　　　　　　　　§203の3

困難である場合等に用いられている[7]。

　遮へいの措置をとるにあたっては，裁判長が当事者および証人の意見を聴かなければならないとされており（規122条の3第1項），その趣旨は前条解説で引用した民訴規則122条の2第1項と同様である[8]。また，裁判長の処置に対する異議については前条3項が準用されているので，同解説を参照されたい。

　遮へいとビデオリンク（204条2号）の措置を組み合わせることも可能とされている。刑事訴訟については，遮へい措置とビデオリンク方式による尋問が併用されても，憲法82条1項・37条1項に反しないとの判例があるが（最判平17・4・14刑集59巻3号259頁）[9]，民事訴訟において公開原則を安易に後退させることなく，適切に運用していく必要があろう。

〔安西明子〕

---

[7]　東京地方裁判所プラクティス委員会第二小委員会「民事訴訟の運用に関するアンケート結果(2)『証拠調べ関係』（中間とりまとめ）」判タ1269号〔2008〕56頁，同「民事訴訟の現状と今後の展望(2)」判タ1301号〔2009〕30頁。

[8]　笹本哲朗「民事訴訟規則の一部改正の解説」民事法情報259号〔2008〕3頁。なお調書記載（規122条の3第2項）についても基本的に前条解説で述べたのと同様であるほか，本条については遮へい措置の種類も記載すべきことにつき，笹本・前掲4頁。

[9]　次条Ⅱ1参照。

§204 I

(映像等の送受信による通話の方法による尋問)
第204条　裁判所は，次に掲げる場合には，最高裁判所規則で定めるところにより，映像と音声の送受信により相手の状態を相互に認識しながら通話をすることができる方法によって，証人の尋問をすることができる。
一　証人が遠隔の地に居住するとき。
二　事案の性質，証人の年齢又は心身の状態，証人と当事者本人又はその法定代理人との関係その他の事情により，証人が裁判長及び当事者が証人を尋問するために在席する場所において陳述するときは圧迫を受け精神の平穏を著しく害されるおそれがあると認める場合であって，相当と認めるとき。

I　本条の趣旨

　証人尋問は，直接主義の要請（249条），ひいては当事者をはじめとする関係者が一堂に会することによる紛争調整本来の機能・目的から，受訴裁判所の法廷で行われるのが原則である。ただし，証人が遠隔地に居住する場合には受訴裁判所に出向くのが困難なこともある（本条1号）。そこで，証人の出頭負担あるいは受命裁判官等の尋問による場合（195条）に生ずる裁判官や当事者が証人のもとまで出向く時間・費用の負担を軽減し，比較的早い時期に証人尋問を実施することができるようにするため，映像と音声の送受信により相手の表情等を認識しながら通話する方法を利用できるようにした。
　さらに，平成19年改正（平成19年6月20日成立の「犯罪被害者等の権利利益の保護を図るための刑事訴訟法等の一部を改正する法律」（平成19法95））により，証人の精神的不安等を軽減するためにも，映像と音声の送受信による尋問ができるようになった（本条2号）[1]。これは刑事訴訟法157条の4第1項3号と同趣旨である。なお，本号の考慮事情に犯罪被害者の例示がなされていること（203条の3第1項括弧書）および相当性については前条の解説を参照されたい。
　この方法による尋問を行うかどうか，本条の要件判断は裁判所の裁量事項であるが，特別な方法による尋問であるから，当事者の意見を聴くこととされて

第2節　証人尋問　　　　　　　　　　　　　　　　　　　　　§204 I

いる（規123条1項）。本条2号の方式については当事者だけでなく証人の意見も聴取することとされているのは（同条2項前段），付添いの措置（203条の2，規122条の2）と同趣旨である。一方，本条に基づく尋問を行う旨の決定については，付添い・遮へいの措置（203条の2・203条の3）と異なり，裁判長の処分ではなく裁判所の判断であるため，当事者による異議の規定は設けられていない。また本案と密接な関係があるとして，抗告といった独立の不服申立手続も認められていない[2]。

　本条による尋問は，法廷で証人を目の前にして尋問する場合と違い，テレビカメラを通じてのコミュニケーションであるから，尋問の意図が伝わりにくかったり，証人の証言の趣旨や態度がつかみにくいなどの限界がある。1号関係については，いまのところ，それほど重要でない証人，証言事項がそれほど複雑でない場合に使用するのが無難とされる[3]。

　本条は当事者尋問に準用されている（210条）。また鑑定人については，すでに平成15年改正により，遠隔地居住の場合に限らず，その他相当と認めるときにテレビ会議システムを利用できる旨の規定が設けられている（215条の3）。

---

1)　小野瀬厚「犯罪被害者等の保護に関する民事訴訟法の改正について」民月62巻8号〔2007〕22頁，秋山ほかⅣ 253頁，兼子ほか・条解〔2版〕1131頁〔加藤新太郎〕，笠井＝越山編・新コンメ〔2版〕815頁〔山田文〕，賀集ほか編・基本法コンメ(2)〔3版追補版〕208頁〔井上哲男〕，山本和彦「犯罪被害者の保護」新・争点37頁，伊藤〔4版補訂版〕389頁，松本＝上野〔8版〕488頁，新堂〔5版〕639頁。
2)　小野瀬・前掲注1) 24～26頁。
3)　研究会261頁〔秋山幹男発言〕。利用状況につき最高裁判所事務総局民事局監修・民事訴訟の新しい運営に関する執務資料〔2000〕87頁。利用実例も相当報告されているが，集中証拠調べにおける対質には向かず，あまり利用されていないという（証拠法大系(3) 272頁〔奥宮京子〕）。東京地方裁判所プラクティス委員会第二小委員会「民事訴訟の運用に関するアンケート結果(2)『証拠調べ関係』（中間とりまとめ）」判タ1269号〔2008〕55頁によると，東京地裁で民事通常訴訟事件を担当する36か部の裁判体の半数余りがこの方式を利用したことがない，現状程度の利用を続けたい，現在の装置では画像，音声の到達にタイムラグがあるなど細かい点が伝わりにくく，実施に手間がかかる等とされている。一方，心証形成に有効であり，今後活発な利用が期待されるとするのは東京地方裁判所プラクティス委員会第二小委員会「民事訴訟の現状と今後の展望(2)」判タ1301号〔2009〕30頁。

〔安西〕

II 具体的方法

1 テレビ会議システム——民訴規 123 条

通信機器による尋問の具体的な方法については，今後の技術の進歩や裁判実務の変化の可能性を考慮して，柔軟な対応ができるように，規則に委任している[4]。

いわゆるテレビ会議システムを利用した証人尋問とは，当事者双方は通常の証人尋問と同じく受訴裁判所に出向き，証人だけが装置の設置された最寄りの裁判所に出向いて，尋問を行うことである（規 123 条 1 項）[5]。

また，本条 2 号については，刑事訴訟においてすでに行われていたビデオリンク方式による。これは，法廷内の訴訟関係人が，テレビモニターを通じて，同じ裁判所内の別室にいる証人に尋問を行う方式である。刑事訴訟では，「裁判官及び訴訟関係人が証人を尋問するために在席する場所」と「同一の構内」（刑訴 157 条の 4 第 1 項）とされているが，民事訴訟では，証人が遠隔地に居住する場合のテレビ会議の方法がすでに導入されているため，受訴裁判所以外の，証人の出頭しやすい裁判所，むしろ証人となる犯罪被害者等の保護のために加害者等から離れた裁判所を出頭場所とすることもできる（規 123 条 2 項前段）。

このように，本条 2 号はもちろん 1 号関係でも，訴訟当事者やその代理人は証人が出席する場所に行って尋問することはできないとされている（規 123 条 2 項後段）[6]。

想定される典型例としては，本条が当事者尋問にも準用されていることから（210 条），刑事訴訟における典型例と同様，性犯罪等の被害者が原告となって加害者に対し損害賠償を請求する場合があげられている[7]。なお，刑事訴訟に関して，ビデオリンク方式（刑訴 157 条の 4）により，証人と傍聴人間に遮へい

---

[4] 条解規則〔初版〕268 頁。平成 19 年民訴法改正を受けた民訴規則改正については笹本哲朗「民事訴訟規則の一部改正の解説」民事法情報 259 号〔2008〕2 頁以下。

[5] なお条解規則〔初版〕267 頁参照。

[6] 笹本・前掲注 4）5 頁，徳田園恵＝福永浩之「OA 機器の利用による裁判手続の効率化」講座新民訴(3) 160 頁。松尾浩也編著・逐条解説犯罪被害者保護二法〔2001〕83 頁は，別室で証人に直接尋問すること自体が証人の精神的負担になる等の理由を挙げる。

第2節　証人尋問　　　　　　　　　　　　　　　　　　　　　§204 Ⅱ

措置をとった場合も公開原則（憲82条1項）を充たすとされている（最判平17・4・14刑集59巻3号259頁）。しかし，起訴を経ていない民事訴訟では，犯罪（不法行為）の成否そのものが争われている場合もあるので，当事者の尋問権や公開原則を安易に後退させるべきではない[8]。

　テレビ会議による尋問実施の補助手段として，文書を提示したり，証人の宣誓書を確認するため，ファクシミリの利用が認められている（規123条3項）。テレビ会議による尋問をしたこと，証人が出頭した受訴裁判所以外の裁判所については調書に記載しなければならない（同条4項）。この尋問は，証人が当事者や裁判所の在席する場所に現実に出頭しない特別な証拠調べ方法であり，当事者の質問や証人の陳述に影響するから，訴訟記録上明確にしておく必要があるし，証人が出頭した裁判所は，通常の口頭弁論調書の記載事項とされている「弁論の場所」（規66条1項5号）の一部に相当するためである[9]。

2　事前準備

　テレビ会議を用いた証人尋問につき，当事者は通常の証人尋問の申出をすればよく，本条による旨の申立権はないとされているが，当事者が本条による尋問を希望する場合，その旨の書面を証人尋問の申出書とともに提出し，職権の発動を促す申出をしてくることが少なくない[10]。前述のとおり，裁判所はテレビ会議の方法によるかどうかを決定する際に，当事者の意見を聴くこととされている（規123条1項）。この決定において，証拠調べの期日および証人を出頭させる裁判所を決定し，その裁判所に書面で協力を嘱託する[11]。

　テレビ会議のための回線使用料等の基本料金およびファクシミリ送信費用は

---

7) 賀集ほか編・基本法コンメ(2)〔3版追補版〕209頁〔井上哲男〕。そのほか，DVの離婚事件などをあげる，東京地方裁判所プラクティス委員会第二小委員会・前掲注3) 判タ1269号56頁。
8) 小野瀬・前掲注1) 18頁。前条の解説と笠井＝越山編・新コンメ〔2版〕814頁〔山田〕も参照。
9) 証人が受訴裁判所に出頭している場合には，その裁判所が弁論の場所と同一なので別途記載の必要がないとされる。笹本・前掲注4) 5頁。
10) 最高裁判所事務総局民事局監修・新しい民事訴訟の実務〔1997〕212頁。秋山ほかⅣ252頁，兼子ほか・条解〔2版〕1131頁〔加藤新太郎〕も参照。
11) 証拠法大系(3)146頁〔木村元昭〕。

〔安西〕

国庫負担とされている。これに対して、テレビ会議を利用した尋問の通信料は、証人の日当等と同様、証拠調べを行うために必要な給付（民訴費11条1項）に該当し、証人尋問を申し出た当事者が予納しなければならない（同12条1項)12)。

　受訴裁判所は、証人に対し、尋問事項書とともに、出頭すべき裁判所、その住所および法廷等を明示した呼出状を送付する。実務上は、テレビ会議の方法による証人尋問の実施に関する説明を記載した書面を送付することもある13)。

　テレビ会議を利用した尋問を円滑に実施するためには、弁論準備手続等において、当事者と裁判所による綿密な打合せが必要とされる14)。また、この尋問では証人が出頭する裁判所の協力が不可欠となるので、受訴裁判所はこの裁判所に対し、共助の嘱託をすることになる15)。

3　証人尋問の実施

　受訴裁判所の法廷にはテレビカメラとともにテレビ画面（ディスプレイ）が設置され、裁判官や当事者だけでなく、傍聴人もテレビ画面を通して証人の証言を視聴する。機器を設置し、当事者と裁判官らが同じテレビ画面を見るということになると、通常の法廷よりラウンドテーブル法廷が適しており16)、実務上そのように運用されている17)。

　証人が出頭する裁判所にも、テレビカメラとテレビ画面が据えられ、証人もテレビカメラとマイクを通じて証言する。証人が出頭して証言する場所は法廷である必要はなく、公開の必要はないと解されている18)。証人はテレビ画面を通して受訴裁判所の法廷に出頭しているのであり、受訴裁判所の法廷でテレビ画面で証言を傍聴できれば公開の要請を充たすものと考えられている。受訴裁判所が認識できるのはテレビ画面に映る範囲に限られ、その法廷警察権が十分

---

12)　証拠法大系(2) 301頁〔下里敬明＝及川節子〕も参照。
13)　証拠法大系(3) 146頁〔木村〕。
14)　賀集ほか編・基本法コンメ(2)〔3版追補版〕208頁〔井上〕。
15)　最高裁判所事務総局民事局監修・前掲注10) 212頁。
16)　福田剛久「証人尋問①——OA機器を用いた証人尋問」新大系(3) 32頁。
17)　証拠法大系(3) 147頁〔木村〕、秋山ほかⅣ 252頁、兼子ほか・条解〔2版〕1130頁〔加藤〕。
18)　福田・前掲注16) 35頁、証拠法大系(3) 147頁〔木村〕、徳田＝福永・前掲注6) 160頁。

第2節　証人尋問

に及ばないことからも，証人が証言する場所を公開するのは適当でないとされる。

　証人が出頭する裁判所の職員は，証人の尋問場所への誘導，尋問に必要な装置の操作，尋問場所の秩序維持等のため，尋問に立ち会う必要がある。テレビカメラの操作，証人に書証を示す場合の書画カメラの操作も立ち会った裁判所書記官が行うことが多い。書証を示す場合はファクシミリを利用することもあるが，通常，事前に書証の写しを証人が出頭する裁判所に送付しておき，尋問の際に立ち会った職員から示してもらうことが多い[19]。

　前述のとおり，本条による尋問を実施した場合には，その旨と証人が出頭した裁判所を調書に記載しなければならない（規123条4項）。なお，速記録や要領調書を作成せず，録画したビデオテープを尋問調書の記載に代えることが可能である（規68条）[20]。

　尋問終了後，証人が出頭した裁判所は，証人が署名した宣誓書，旅費等の請求書を受訴裁判所に送付する。

〔安西明子〕

---

[19]　証拠法大系(3) 147頁〔木村〕。
[20]　そのため裁判記録のあり方に影響を及ぼすと立法当初から予測されていた。福田・前掲注16) 34頁。実務上，ビデオテープにあるカウンター番号のどの時点に，どのような供述等があったかを記載したインデックスを添付する運用がある。証拠法大系(3) 147頁〔木村〕。

§205 I

（尋問に代わる書面の提出）
第205条 裁判所は，相当と認める場合において，当事者に異議がないときは，証人の尋問に代え，書面の提出をさせることができる。

I 本条の趣旨

本条は現行法により新設された。簡易裁判所については旧法が，証人や鑑定人が遠隔地に居住していたり，病気等の理由で裁判所への出頭は困難で，反対尋問を省いても信用性が高い陳述が期待されるなどの相当な場合には，尋問に代えて供述書や鑑定書の提出を命じることを認めていた（旧358条ノ3）。これを，地方裁判所以上の通常手続において，当事者の異議がない場合に，証人尋問に限定して拡張したのである（210条・216条は205条を準用していない）[1]。

この書面尋問の制度は，審理の簡易化を目的としているが，口頭弁論の諸原則との関係が問題となるし，当事者の反対尋問の機会を奪う。そのため，これと機能的に重なる証拠調べ方法との関係で補完的手段とされる[2]。旧法下の簡易裁判所においてもあまり使われていなかったようであり[3]，立法当初は注目されたものの[4]，現在それほど利用されていない[5]。

---

1) 一問一答235頁。鑑定の場合につき215条1項（一問一答240頁も参照）。旧法下では簡裁において証人と鑑定人に限定されてきたが（旧注釈民訴(7)423頁〔梶村太市＝石田賢一〕），現行278条は当事者尋問にも範囲を広げた。
2) 高橋宏志「書面尋問——研究者の視点から」判タ1006号〔1999〕40頁（現代民事法研究会・民事訴訟のスキルとマインド〔2010〕305頁所収），高田昌宏「民事訴訟における証人尋問の書面化の限界(1)」早稲田法学72巻4号〔1997〕203頁，証拠法大系(3)214頁〔出口尚明〕。後述IV参照。
3) 条解規則〔初版〕269頁，旧注釈民訴(7)418頁〔梶村＝石田〕。
4) 当時の利用状況につき小山稔「書面尋問——弁護士の視点から」判タ1006号〔1999〕44頁（現代民事法研究会・前掲注2）314頁所収）。
5) 証拠法大系(2)111頁〔内堀宏達〕，東京地方裁判所民事部プラクティス委員会第一小委員会「書面尋問の意義とモデル書式について」判タ1316号〔2010〕6頁。一方，東京地裁において実施したことがない部は2割弱とする，東京地方裁判所プラクティス委員会第二小委員会「民事訴訟の運用に関するアンケート結果(2)『証拠調べ関係』（中間とりまとめ）」判タ1269号〔2008〕54頁。

II 書面尋問の要件

1 裁判所が相当と認めること

書面尋問の相当性判断は，裁判所の裁量と解されるところ[6]，その考慮要素としては旧法下の簡易裁判所の特則の適用例とされてきた，以下の事項があげられる[7]。すなわち，証人予定者が病気入院中，在監者，職務多忙（医師，建設会社現場主任），遠隔地居住など出頭困難であること。しかも当該証人の証言が反対尋問にさらすまでもなく，公平で客観的と見込まれること。尋問事項が簡明であること，である[8]。

ただし，遠隔地居住等の場合は受命裁判官等による尋問（195条），テレビ会議システムによる尋問（204条1号）が可能であるから，反対尋問の必要性が低く，尋問事項が簡明であることを要件の中心に据えるべきとされる[9]。

2 当事者に異議がないこと

書面尋問は原則的証拠調べ手続である証人尋問の代用であって，あくまで例外的措置である[10]。旧法上も，弁論主義の観点から，証拠申請をした当事者の意思を尊重するのが妥当な運用とされており[11]，実務上，当事者の反対のあるときに強行しても成果は得られないとの配慮がされている。一方，当事者の異議がない場合でも，前掲の相当性要件の審査をする必要があるとされる[12]。

---

[6] 大江忠「証拠調べ」大江忠＝加藤新太郎＝山本和彦編・手続裁量とその規律〔2005〕191頁。

[7] 菊井＝村松II 782頁，旧注釈民訴(7) 415頁以下〔梶村＝石田〕，秋山ほかIV 255頁，笠井＝越山編・新コンメ〔2版〕817頁〔山田文〕，松本＝上野〔8版〕491頁等。

[8] 現行法下でも同様の実施例を示す，東京地方裁判所プラクティス委員会第二小委員会・前掲注5) 54頁，55頁，同「民事訴訟の現状と今後の展望(2)」判タ1301号〔2009〕29頁。なお東京地方裁判所民事部プラクティス委員会第一小委員会・前掲注5) 8頁は，以上の典型例のほか，第三者証人につき事前の証拠収集を兼ねて書面尋問を行うという活用法を提案する。

[9] 高橋・前掲注2) 41頁。後述IVも参照。

[10] 当事者に異議がないことを反対尋問権の放棄と見ることにつき，研究会263頁〔柳田幸三発言〕，266頁〔鈴木正裕発言〕。

[11] 旧注釈民訴(7) 416頁〔梶村＝石田〕等。なお秋山ほかIV 255頁は，当事者の異議のないことを裁判所の手続裁量の制約要素とする。

なお，上記の要件を充たさずになされた書面尋問は，終局判決に対する上訴で指摘できるが，責問権の放棄の対象となると解されている[13]。

III 書面尋問の手続

当事者は通常の方法により証人申請を行い，書面尋問の方法によることを特に申し立てる必要はないが，実務上は，証人尋問を申請した当事者が書面尋問を相当とする旨とその理由を述べる[14]。これに対して相手方が意見を述べたうえ，裁判所が証人尋問の申出を採用するに当たり書面尋問の方法による旨の決定をする[15]。

証人尋問を申し出た当事者が主尋問に代わる尋問事項書を提出したのち，相手方当事者は，反対尋問に相当する機会として，証人予定者に回答を希望する事項を記載した書面を提出する（規124条1項）[16]。前掲の相当性要件のうち，尋問事項の簡明性のためには，事前準備が重要である。旧法下においてもこの制度の活用のためには，人証ごとに尋問事項を工夫する，多義的解釈の余地を生じないよう単純・具体化する等が指摘されてきた[17]。

裁判所から証人予定者に尋問事項書を発送する際，裁判長は証人が尋問に代

---

12) 高橋・前掲注2) 41頁，兼子ほか・条解〔2版〕1133頁〔加藤新太郎〕。なお，簡裁の訴訟手続に関する278条では，相当性だけが要件とされている。
13) 高橋・前掲注2) 41頁。それがドイツの通説・判例であることにつき，高田・前掲注2) 221頁。
14) 中野哲弘「証人尋問②——書面尋問」新大系(3) 44頁，証拠法大系(2) 108頁〔内堀〕。なお，書面尋問を希望する場合の証拠申出書等のモデルは，東京地方裁判所民事部プラクティス委員会第一小委員会・前掲注5) 10, 16頁参照。
15) 証拠法大系(3) 139頁〔木村元昭〕。決定にあたっての詳細は，東京地方裁判所民事部プラクティス委員会第一小委員会・前掲注5) 10頁。
16) 研究会263頁〔福田剛久発言〕。実務運用につき，証拠法大系(3) 141頁〔木村〕，中野・前掲注14) 44頁，46頁，最高裁判所事務総局民事局監修・新しい民事訴訟の実務〔1997〕193頁，東京地方裁判所民事部プラクティス委員会第一小委員会・前掲注5) 10, 16頁参照。これを手続保障の観点から重視する秋山ほかⅣ 256頁，兼子ほか・条解〔2版〕1133頁〔加藤〕。
17) 旧注釈民訴(7) 419頁〔梶村＝石田〕，司法研修所・少額事件の簡易迅速な処理に関する研究（司法研究報告書42輯1号）〔1991〕73頁等。なお現行法での運用の留意点は，東京地方裁判所民事部プラクティス委員会第一小委員会・前掲注5) 13頁。

わる書面（回答書）を提出すべき期間を定めることができる（規 124 条 2 項）。提出期限を決めておかないと，証人の回答意思を確認できないまま，いつまでも回答を待つことになりかねない[18]。証人は，その真意に基づき作成されたものであることを担保するため，回答書に署名押印しなければならない（同条 3 項）。

　裁判所は，書面尋問により証人が提出した回答書を口頭弁論に顕出し，当事者に意見陳述の機会を与える。この顕出により，当事者が特に援用しなくても，回答内容は証拠資料となるが，書面尋問は弁論準備手続の中で行われるのが実態であろうから，弁論への顕出は形式的なものと考えられる[19]。書面尋問の結果，必要に応じて，尋問事項を追加して再度回答を求めたり，法廷で尋問することもできる[20]。

　書面尋問の証人には旅費・日当は支給されない[21]。時間をかけて回答書を書くことを予定していないので書記料も支給されないこととなるが，調査嘱託に準じて書面作成費用を支給すべきである[22]。

Ⅳ　書面尋問の性質と類似手続との関係

　書面尋問は，実際には書証とともに弁論準備手続の中で実施され機能も書証に近いが，証人尋問の一種である[23]。本条は，証人尋問に関する規定が置かれ

---

[18]　中野・前掲注 14) 48 頁，賀集ほか編・基本法コンメ(2)〔3 版追補版〕209 頁〔井上哲男〕。おおむね 2 週間から 1 ヶ月の提出期間を設定することが多いとするのは，東京地方裁判所民事部プラクティス委員会第一小委員会・前掲注 5) 11 頁。

[19]　高橋・前掲注 2) 42 頁。当事者双方は，回答書に不利な内容が記載されていたとしても，証拠資料となることを否定できない。東京地方裁判所民事部プラクティス委員会第一小委員会・前掲注 5) 13 頁。

[20]　研究会 263 頁，264 頁〔福田発言〕，中野・前掲注 14) 37 頁，51 頁。旧法下につき旧注釈民訴(7) 422 頁〔梶村＝石田〕，菊井＝村松 Ⅱ 784 頁，兼子ほか・条解 1139 頁〔松浦馨〕。

[21]　証拠法大系(2) 110 頁〔内堀〕，306 頁〔下里敬明＝及川節子〕，証拠法大系(3) 143 頁〔木村〕，中野・前掲注 14) 50 頁，研究会 266 頁〔福田発言〕。回答書返送の郵券などの費用やその他の工夫につき，東京地方裁判所民事部プラクティス委員会第一小委員会・前掲注 5) 11 頁参照。

[22]　高橋・前掲注 2) 42 頁。旧法下で同旨は旧注釈民訴(7) 423 頁〔梶村＝石田〕。

た節にあり，明確に証人として規定する。ただし，宣誓も要求されず偽証にも問われない。証人は正当な理由なく出頭しない場合に過料・罰金に処せられ，勾引も認められているが，書面尋問には回答拒絶への制裁もない。

　前述の通り，口頭弁論の諸原則に照らして，書面尋問は，受命裁判官等による尋問（195条），テレビ会議システムによる尋問（204条）が困難な場合の補充手段と位置づけられるべきである。

　同じく証人尋問の代用と評される調査嘱託（186条）との関係では，186条の守備範囲外である個人への調査嘱託としての機能が期待され，たとえば個人の医師（多忙で出頭困難，かつ客観的回答が期待される）に対する活用法が考えられた[24]。一方，このような専門的知見の導入の手段としては，平成15年改正により専門委員の制度が新設され（92条の2以下），さらに鑑定手続も改善されている（215条以下）[25]。

　そこで書面尋問の活用法としては，証拠開示機能，すなわち本来の口頭弁論での証人尋問を予定しつつ，争点整理段階で書面尋問への回答書を求めることが考えられる[26]。ここでは同じく証拠開示機能を持つとされる陳述書との関係が問題となるところ[27]，当事者が接触できる証人は陳述書，接触困難な証人は書面尋問という振り分けが想定される[28]。しかし，このような証人尋問を予定

---

[23] 法的性質につき旧注釈民訴(7)421頁〔梶村＝石田〕，菊井＝村松Ⅱ783頁，研究会265頁〔伊藤眞発言〕，兼子ほか・条解1139頁〔松浦〕，秋山ほかⅣ255頁，松本＝上野〔8版〕491頁等。

[24] 研究会264頁〔柳田幸三発言〕，中野・前掲注14）42頁，証拠法大系(2)111頁〔内堀〕。なお，東京地方裁判所プラクティス委員会第二小委員会・前掲注5）54頁によれば，医療集中部での後医に対する尋問に利用されている。

[25] 専門委員制度により，審理の早期段階から専門家の関与が可能となり，電話会議システムの利用も認められている（92条の3）。鑑定手続の改正では，鑑定人が口頭で意見陳述したり（215条），裁判所や当事者からの質問に答えたりしやすい環境が整えられたうえ（215条の2），遠隔地に居住していなくても職務多忙など相当な場合にテレビ会議システムの利用が認められることとなっている（215条の3）。

[26] 研究会263頁〔福田発言〕，中野・前掲注14）43頁，証拠法大系(2)111頁〔内堀〕，証拠法大系(3)143頁〔木村〕，水上敏＝大迫隆二「新民事訴訟法における証拠調べ」大阪地裁新民訴法研究会・実務新民事訴訟〔1998〕207頁。前掲注8）に挙げた東京地方裁判所民事部プラクティス委員会第一小委員会・前掲注5）8頁の活用法も同旨と思われる。

する運用は，尋問に代えて書面を提出するという本条の趣旨とその要件論，特に相当性の解釈論から大きく離れており[29]，便宜的な解釈論が横行し，歯止めがきかなくなるとの批判的見解がある[30]。

また，現行法の制定に際し，陳述書などの私署証書につき，その署名捺印通りの者が作成したことを認め，公証人がその旨を認証する宣誓認証私署証書の制度が公証人法に置かれた（公証58条ノ2)[31]。

〔安西明子〕

---

27) ただし陳述書は書証であり，当事者本人にも多用される。なお本条を陳述書の根拠とできるかにつき，本間靖規「人証の取調べにおける直接主義と書面の利用」講座新民訴(2) 211頁。陳述書につき→§203 Ⅱ および §202 Ⅵ 3 参照。
28) 大竹たかし「人証の集中証拠調べ」上谷清＝加藤新太郎編・新民事訴訟法施行3年の総括と将来の展望〔2002〕216頁。
29) 逆に中野・前掲注14) 43頁，東京地方裁判所民事部プラクティス委員会第一小委員会・前掲注5) 8頁はこれを相当性の具体例に含める。
30) 髙橋・前掲注2) 43頁。
31) 柳田幸三「新民事訴訟法の制定及び公証人法の改正について」公証115号〔1996〕56頁，始関正光「『民事訴訟法の施行に伴う関係法律の整備等に関する法律』の解説」曹時49巻10号〔1997〕1頁，小林久起「新民事訴訟法の施行に伴う公証制度の改正」NBL633号〔1998〕17頁，利用状況につき東京公証人会「宣誓認証制度の活用をめぐる座談会(上)(下)判時1674号〔1999〕15頁，1675号〔1999〕12頁，塚原朋一執筆代表・新民訴法実践ノート〔1999〕120頁等。この制度の有用性に疑問を示すのは本間・前掲注27) 216頁。

§ 206 I

(受命裁判官等の権限)
第 206 条 受命裁判官又は受託裁判官が証人尋問をする場合には、裁判所及び裁判長の職務は、その裁判官が行う。ただし、第 202 条第 3 項の規定による異議についての裁判は、受訴裁判所がする。

I 本条の趣旨および内容

旧法 300 条の規定を引き継ぎ、証人尋問の円滑な実施のため、受命裁判官または受託裁判官が証人尋問を実施する場合 (195 条)、本来、裁判所および裁判長の権限として定められている事項は、一定の裁判以外、当該裁判官がこれらの職務を行うものとした。本条は当事者本人の尋問に準用されている (210 条)。民訴規則 125 条は、本条に対応し、規則に定める裁判長の職務について受命裁判官等の権限になることを明示している。基本的に旧規則 37 条と同趣旨のものである。

証人尋問について、本来、裁判所が行うべき職務としては、監督官庁の承認を受けること (191 条)、証人の不出頭に対する過料等の裁判 (192 条)、勾引命令 (194 条)、証言拒絶についての裁判 (199 条)、証言拒絶に対する過料等の裁判 (200 条)、宣誓拒絶に対する制裁 (201 条 5 項)、宣誓の免除 (同条 3 項) 等がある。裁判長の職務としては、宣誓の実施 (同条 1 項)、宣誓の趣旨説明・罰則の告知 (規 112 条 5 項)、質問の制限 (同 114 条 2 項・115 条 3 項)、対質尋問の命令 (同 118 条 1 項)、尋問の順序の変更 (202 条 2 項)、書類に基づく陳述の許可 (203 条) 等がある。

なお、受命裁判官等のした裁判に対しては、それが受訴裁判所の裁判であれば抗告ができる場合にも、直ちに抗告をすべきでなく、まず受訴裁判所に異議の申立てをして、その決定に対して抗告をする (329 条)[1]。

---

1) 秋山ほかⅣ 257 頁、旧注釈民訴(6) 395 頁〔太田幸夫〕、秋山ほかⅥ 417 頁、賀集ほか編・基本法コンメ(3)〔3 版追補版〕106 頁。

第 2 節　証人尋問

II　異議についての裁判

　本条但書により，尋問の順序の変更についての異議の裁判（202 条 3 項）だけは，受訴裁判所が行う。証人をどのような順序で尋問するかは手続保障に関わり，心証形成にも影響が強いので，その判断は受訴裁判所がすべきとの趣旨である[2]。受訴裁判所が単独制の場合も同じである。しかし，その他の異議の裁判は，受命・受託裁判官が行う（規 125 条には 206 条のような但書はない）。

　旧民訴規則 37 条は，旧法 300 条の規定を受けて，尋問の拒否や質問の制限の裁判に対する異議については，受命・受託裁判官でなく，受訴裁判所が判断するものとしていたが，批判があった[3]。尋問の途中で異議が出された場合，証人尋問を中断して受訴裁判所の判断を仰いでいたのでは円滑な尋問ができない。尋問に関連して即決が求められる裁判は機動的になされる必要があるため，民訴規則 125 条は，同規則 117 条の異議の裁判も，受訴裁判所ではなく，受命・受託裁判官ができるようにしたのである[4]。

　なお，外国裁判所の嘱託に基づく受託裁判官による証人尋問については，外国との司法共助による特殊性により受訴裁判所に判断を求めることが制度上認められないので，異議の裁判についても，受託裁判官が判断すべきものと解されている[5]。

〔安西明子〕

---

[2]　証拠法大系(3) 163 頁〔木村元昭〕，秋山ほかIV 257 頁，兼子ほか・条解〔2 版〕1134 頁〔松浦馨＝加藤新太郎〕。

[3]　当事者が異議を述べた点につき，尋問を中止して受訴裁判所の判断を待って処理するか，一応尋問を続行して受訴裁判所が違法であると裁判すれば，その点の証言を排除するか説が分かれていた。菊井＝村松 II 546 頁，旧注釈民訴(6) 394 頁〔太田〕，斎藤ほか編・注解(7) 526 頁〔小室直人＝東孝行〕。

[4]　条解規則〔初版〕273 頁。

[5]　秋山ほかIV 258 頁，旧注釈民訴(6) 395 頁〔太田〕。

第3節　当事者尋問

（当事者本人の尋問）
第207条　① 裁判所は，申立てにより又は職権で，当事者本人を尋問することができる。この場合においては，その当事者に宣誓をさせることができる。
② 証人及び当事者本人の尋問を行うときは，まず証人の尋問をする。ただし，適当と認めるときは，当事者の意見を聴いて，まず当事者本人の尋問をすることができる。

I　当事者尋問の意義

1　当事者尋問とは
(1)　定　義
　当事者尋問とは，本人尋問とも呼ばれるが，当事者本人または法定代理人を証拠方法として，その見聞した事実の陳述を証拠資料とするために取り調べることをいう。
　当事者尋問は証拠調べの一つであり，これにより得られた陳述は証拠資料となる。これに対して当事者が弁論として事実を主張する場合は，その事実主張が訴訟資料となる点で，当事者尋問とは区別される。裁判所が釈明処分として当事者本人の出頭を求め（151条），あるいは当事者本人が自ら出頭して弁論または弁論準備期日などで事実を陳述する場合も，その性質は弁論としての事実主張であり，証拠調べとしての当事者尋問ではない。訴訟資料となる陳述は，弁論の全趣旨（247条）として証拠資料ともなるが，逆に証拠資料たるべき当事者尋問の結果は，当然には訴訟資料とならない。したがって当事者尋問において相手方の主張する自己に不利な事実を認める旨陳述したとしても自白は成

第3節　当事者尋問　　　　　　　　　　　　　　　　　§207 Ⅰ

立しない[1]し，弁論として主張していない主要事実を当事者尋問の中で陳述したとしても，その事実を判決の基礎とすることはできない。

(2) 証人尋問との異同

当事者尋問と証人尋問との差異は多岐にわたるが，その主なものは証人義務(190条)に関連して不出頭・宣誓拒絶・証言拒絶に対する制裁(192条，193条，200条，201条5項および208条)，勾引の有無(194条)，証言拒絶権(197条，198条，199条)，宣誓の裁量性(207条)，虚偽陳述に対する制裁(刑法169条および209条)があり，このほか尋問の順序(207条2項)，職権による尋問の可否(207条1項)がある。

以上の差異は，一般に事件に利害関係を有する当事者本人の陳述が中立的な証人の陳述よりも証拠価値において劣ると考えられていること，また利害関係を有する当事者本人に証人と同じような証言義務を課すことが酷だと考えられること，この2点から説明される[2]。しかしいずれも当事者本人と証人との単純な類型論に基づいたものであり，両者の取扱いの違いを十分理由付けるものとは言いがたい。本来的に訴訟の主体として信義誠実の原則に適った訴訟追行の責務を負う当事者は，訴外第三者である証人よりも真実義務を強く求められるとする見方もありうる[3]し，証拠価値という点でも第三者より直接の当事者の方が確実かつ詳細な情報を陳述できる場合も多いし，判例は本人尋問の結果が証言よりも証拠価値において劣るとは解していない[4]。出頭・供述義務は基本的に差異がなく，その強制のための効果的な方法が異なるが故に，宣誓や制裁の規定が異なると解すべきであろう。

---

1) 大判昭6・4・23法律新報256号21頁，大判昭10・6・24法学5巻120頁。
2) 例えば高橋下〔2版補訂版〕109頁参照。
3) この発想は，例えば208条の不出頭に対する正当な理由の解釈において，証人に不出頭が許される正当な理由より多少厳しく解されるという見解にも反映されている。§208の注釈参照。
4) このことは繰り返し判示されている。大判大15・5・4民集5巻362頁，大判昭9・3・1新聞3675号10頁・評論23巻民訴269頁，大判昭9・3・30新聞3686号12頁・評論23巻民訴269頁，大判昭14・2・1評論28巻民訴273頁，最判昭37・7・17裁判集民61号633頁。

〔町村〕

2 沿革

我が国の当事者尋問に関する規定は、いわゆるテヒョー草案[5]第4編第1章第8節「原被告本人ヲ証人トシテ審問スルコト」において、11か条にわたって当事者本人を証人として尋問するための特則が設けられた。これは、当時のドイツ帝国民事訴訟法（CPO）が採用していた当事者宣誓制度[6]を排し、イギリス法系の当事者証人尋問を採用したとされている[7]。

明治23年の旧々民事訴訟法は、テヒョー草案と異なり、360条から364条までの5か条のみを当事者尋問にあてている。ここでは、補充性、在廷の当事者は尋問決定後直ちに尋問を行うこと、書面による陳述の原則禁止、出頭・陳述拒否に対する真実擬制、法定代理人の尋問といった規定がおかれていた。

これらの規定は、概ね、大正15年の旧民訴法336条以下に受け継がれた。旧民訴法において加えられた主な改正点は、尋問を受ける当事者に宣誓をさせることができるものとしたことであり、これに伴って宣誓拒絶や宣誓の上でなされた虚偽陳述に対する制裁を設けた。その他、対質などの証人尋問に関する規定も準用された。なお補充性に関しては、議会に提出された原案に「其ノ他必要アリト認ムルトキ」とあった文言を議会審議中に削除したため、原案では例示に過ぎなかった「裁判所カ証拠調ニ依リ心証ヲ得ルコト能ハサルトキ」が当事者尋問を認める唯一の場合となって残された[8]。

3 旧法からの改正点

平成8年に制定された現行法は、当事者尋問について、その補充性を廃止するという改正を施している。

旧々民訴法以来、我が国の当事者尋問は、他の証拠調べによっても心証が得られない場合に補充的・例外的な手段として当事者尋問を行うものとしてきた。これは通常の証拠調べではない当事者宣誓制度を沿革に持つことや、中立的な

---

[5] 明治19年に司法大臣に提出された『訴訟法草案』である。テヒョーと旧々民事訴訟法制定に至る経緯につき、鈴木正裕・近代民事訴訟法史・日本〔2004〕35頁以下参照。

[6] 当事者宣誓制度については、野村秀敏「ローマ法における当事者宣誓制度」三ヶ月古稀中451頁以下、河野信夫「当事者の尋問」講座民訴(5)297頁以下、特に299頁以下など参照。

[7] 兼子・研究(2)13頁、中野・現在問題188頁以下、特に196頁参照。

[8] この間の経緯は中野・現在問題196頁以下に詳しい。

第3節　当事者尋問

第三者による陳述よりも利害関係者である当事者の陳述は信用性が低いと見なされたこと，自己の利害に関わることについて陳述を強いるのは人情にもとること，そして裁判所が事件処理を急ぐために当事者尋問を先に行って他の証拠を取り調べなくなる虞れがあることなどによる。しかし紛争に直接関わった当事者本人は事実関係を最もよく知る者であり，事案解明のためには証人よりも先に本人の陳述を聞くことが必要または適当である場合も多い。本人の陳述だからといって当然に他の証拠よりも証明力が低いと決め付けるべきではない。実際にも証人尋問に先立って本人尋問を実施する例も見られることから，補充性の原則を疑問視する見解も多かった[9]。

そこで，現行法は補充性の原則を廃止することとし，旧336条にあった「裁判所カ証拠調ニ依リテ心証ヲ得ルコト能ハサルトキ」との要件を削除した。また本条2項では原則として証人尋問よりも本人尋問を先に行うとしつつ，「当事者の意見を聴いて，まず当事者本人の尋問をすることができる」との但書を付け加えた[10]。

4　比 較 法

英米の民事訴訟法では，当事者と証人とを区別しない。これに対して大陸法では，当事者の陳述による証拠を証言とは区別して扱う。

現在のドイツ民事訴訟法（ZPO）では，445条以下に当事者尋問が規定されている。これによれば，まず当事者尋問の申立ては原則として証明責任を負う当事者が，他の方法によっては証明を尽くせない場合に，相手方当事者の尋問により証明することを目的としてなされる（ZPO445条）。ただし，当事者間に合意があれば証明責任を負う当事者自身が尋問を受けることができ（同447条），また裁判所は心証が十分得られないときに，職権で，証明責任の所在にかかわらず，当事者の一方または双方の尋問を行うことができる（同448条）。このよ

---

[9]　代表的なものとして，田中和夫「訴訟資料の相手方よりの取得」法協58巻4号〔1940〕506頁以下，田辺公二・民事訴訟の動態と背景〔1964〕359頁以下，萩原金美「当事者尋問の補充性にかんする一考察」新報80巻2号〔1973〕1頁以下，中野・現在問題188頁以下。補充性原則を訓示規定に過ぎないと判示した例として，大判昭10・2・4法学4巻923頁。このほか，大判昭10・2・27新聞3823号13頁・評論24巻民訴193頁も参照。

[10]　なお，高橋下〔2版補訂版〕110頁は緩和された補充性と呼ぶ。

〔町村〕

うにドイツ法では，証明責任の所在が要件に考慮されている点や，職権による場合も補充性が要求されている点が注目される。

　フランス民事訴訟法においては，comparution personnelle（本人出頭）に関する規定（仏民訴184条から198条まで）がこれに当たる。当事者本人が裁判所の証拠調べの対象として尋問を受ける制度は，ナポレオン法典の旧民事訴訟法典に「当事者本人の出頭とその尋問」（旧仏民訴119条）および「事実及び箇条に関する尋問」（同324条から336条まで）が用意されていたところ，これらは当事者の自白を得るための手続と位置づけられていた。1975年に成立した現行法典は，必ずしもそのような目的で当事者の尋問を行うわけではなく，検証や証人尋問と同様に証拠調べの一つとして位置づけられている。

　もっとも，フランスでは証人尋問と同様に本人尋問もめったに利用されない。代わって利用されるのが，鑑定人による当事者または第三者の聴取であり，実質的には鑑定人の下で当事者尋問が行われている[11]。

II　当事者尋問の要件

1　当事者本人の範囲

　本条の対象となる当事者本人には，原告，被告のほか，主たる当事者としての参加人（共同訴訟参加人および独立当事者参加人）が含まれることに異論はない。

　共同訴訟人のうちの一人の尋問を他の共同訴訟人または相手方が求める場合に，要証事実が他の共同訴訟人に関する事項であって尋問を受ける共同訴訟人とは全く関係がないときには，証人尋問の規定によるべきとする見解[12]もあるが，尋問事項ごとに取り扱いを分けることになり，柔軟性を損なうので妥当ではない[13]。

　法定代理人については211条で当事者本人に関する規定が準用されるが，訴訟代理人はこの規定の適用がないので，本条の対象とはならない。会社代表者は法定代理人の規定が準用される（37条）ので，本人尋問の対象となるが，当

---

[11]　司法研修所編・フランスにおける民事訴訟の運営〔1993〕105頁以下参照。
[12]　法律実務(4)244頁，旧注釈民訴(5)260頁〔河野〕。
[13]　同旨，秋山ほかIV 263頁，大判昭3・4・7新聞2866号12頁。

第 3 節　当事者尋問

該訴訟事件において会社を代表しない者は代表者であっても証人適格を有する[14]。

　この他に問題となるのは補助参加人，共同訴訟的補助参加人，訴訟告知を受けた被告知者，48 条により脱退した者，選定当事者に訴訟追行を授権した選定者，その他 115 条などの規定により判決の効力を受ける者が考えられる。実質的に見れば，これらの者が当事者本人と同程度に訴訟の結果に利害関係を有している場合も有りうるが，そうした実質的な利害関係の有無により取り扱いを分けるのは適当ではない。形式的な基準により，すなわち尋問を行う事件において主たる当事者としての地位にあるかどうかによって決すべきであり，これらの者の尋問は証人尋問の方法により行うべきである[15]。釈明処分の対象となるいわゆる準当事者（151 条 1 項 2 号）についても，証拠調べとして尋問する場合は証人尋問を行うべきである[16]。

　本来当事者尋問の方法により尋問すべき者を証人として尋問した場合，または逆に証人として尋問すべき者を当事者尋問の方法により尋問した場合，その陳述はどのように取り扱われるべきかという問題がある。判例は，責問権の放棄により瑕疵が治癒される[17]としている。学説もまた，責問権の放棄により治癒するとの見解[18]や，当然に当事者尋問の結果として証拠資料になるとの見解[19]がある。当事者尋問と証人尋問とでは制裁のあり方が異なり，それが陳述の内容に影響を与える可能性もあるが，少なくとも責問権の放棄・喪失により瑕疵は治癒すると解してよい。

　なお，本来当事者本人として尋問を受けるべき者が証人として扱われた場合，

---

14)　最判昭 27・2・22 民集 6 巻 2 号 279 頁。
15)　選定者につき，最判昭 42・9・7 裁判集民 88 号 343 頁。
16)　同旨，小室ほか編・基本法コンメ(2)〔3 版〕217 頁〔鈴木重勝〕，高橋下〔2 版補訂版〕112 頁。
17)　大判昭 11・10・6 民集 15 巻 1789 頁，東京高判昭 29・12・20 東高民時報 5 巻 13 号 305 頁，東京高判昭 31・2・28 高民 9 巻 3 号 130 頁，名古屋地判昭 50・12・24 下民 26 巻 9〜12 号 105 頁。行政訴訟であることを特に理由としているが，責問権放棄による瑕疵の治癒を認める最判昭 30・6・24 民集 9 巻 7 号 930 頁も参照。
18)　高橋下〔2 版補訂版〕109 頁。
19)　秋山ほかⅣ 260 頁。

〔町村〕

その者が異議を述べることも考えられるが，証言拒絶権のような申立権と不服申立権（199条）が制度的に用意されているわけではない。尋問を受ける者自身の異議を証言拒絶等の申立てに準じて扱うことも考えるべきである。

2 申立て又は職権によること

当事者尋問は原則として一方当事者の申立てにより実施されるが，裁判所が職権により尋問をすることもできる。弁論主義の一内容である職権証拠調べの禁止の例外である。

当事者尋問の申立ては，尋問を受ける当事者が自ら申し立てることが多いが，相手方当事者の尋問を申し立てることも同様にできる。被告のみに代理人が付いている場合に，被告側から原告の当事者尋問を申し立てることが多いとの調査結果もある[20]。

ドイツ法は証明責任を負う当事者が証明を十分行えなかった場合に，その相手方当事者の尋問を申し立てることを原則としている（ZPO445条）[21]。日本法では，そのような証明責任の所在に関する制約がないので，証明責任を負う当事者が自らの当事者尋問を申し立てることも，あるいは証明責任を負わない当事者が申し立てることも可能である。

いわゆる本人訴訟で尋問を受ける当事者に代理人がいない場合も，自らの当事者尋問を申し立てることはできる。この場合，裁判所が主尋問に代わって尋問を行い，相手方当事者の反対尋問を行うのが一般的である。

当事者尋問の申立ては証拠調べの申出であるから，証明すべき事項の特定（180条）が必要となる。また，尋問を受ける当事者または法定代理人の指定，尋問に要する見込みの時間（規106条），尋問事項書（規107条）が必要となる[22]。一般の証拠申出と同様に，その必要性がないと裁判所が判断した場合には本人尋問の申立てがあっても採用されない[23]。

---

20) 民事訴訟実態調査研究会編・民事訴訟の計量調査（続）〔2008〕372頁。
21) ただし，証明責任を負う当事者に対する尋問も，その両当事者が同意すれば許される（ZPO447条）し，職権により当事者を尋問する場合は，そのような証明責任の所在は斟酌されない（ZPO448条）。
22) 規則127条による証人尋問に関する規定の準用。
23) 大判大7・12・16民録24輯2332頁，大判昭8・9・12民集12巻2160頁・評論22巻民訴481頁。

III 当事者尋問の実施

1 宣誓

当事者尋問においても，証人尋問と同様の方式により，宣誓をさせることができる。宣誓をさせるかどうかは裁判所の裁量によるものと解されているが，実務上は当事者本人に宣誓をされない事例は皆無に近く，また当事者本人が宣誓を拒むことも皆無に近いとされている[24]。

2 尋問の順序および方法

本条2項によれば，当事者本人と証人とを尋問する場合，まず証人尋問を行い，当事者本人の尋問は後に行うものとされているが，但書により，当事者の意見を聴いて，当事者尋問を先行させることができる。

集中証拠調べを原則とする現行の実務では，1回の期日または近接した複数回の期日において人証の取り調べが集中して行われるのが原則であり，その証拠決定は争点整理段階において一括してなされるので，本条2項本文のような順序とすることにあまり大きな意味はない。かえって，早期に事案の全体像を把握するために争点整理を兼ねて，あるいは訴訟関係を明瞭にするための釈明処分の要素を含めて，審理の早い段階でまず当事者尋問を行うという運用も行われてきた[25]。

尋問の方法については，証人尋問と同様に交互尋問が原則であり，尋問を申し立てた側がまず主尋問を行う。その順序は，必要に応じて変更することも可能である（210条による202条の準用）。

尋問を受ける当事者が訴訟代理人を選任していない場合は，その本人に対して質問をする者がいないことになるので，裁判官がその者に対して質問をし，相手方が反対尋問をする形態がとられる。

3 対質

当事者本人の尋問においても，他の当事者または証人との対質が可能である（規126条）。旧民訴法では法律事項とされていた（旧337条）が，現行法は規則

---

24) 証拠法大系(3)136頁〔貝阿彌誠〕。
25) 証拠法大系(3)126頁以下〔貝阿彌誠〕。

事項としている。

4　陳述書の活用

　当事者尋問には限られないが，現行民事訴訟法制定の前後から，当事者本人または第三者が陳述書を作成して書証として提出し，その者の尋問に代えたり，あるいは陳述書の記載を前提として尋問を行ったりする実務が一般化している。集中証拠調べを原則とする現行法のもとでは，主尋問と同一期日に反対尋問が行われるので，主尋問の内容があらかじめ開示されている必要があり，陳述書はそうした証拠開示類似の機能を果たしていると評価されている[26]。

　平成12年の民事訴訟記録を元に行われた実態調査結果によれば，陳述書の作成者は当事者本人または代表者が46.5％を占めており，本人の近親者や従業員が26.4％，その他の者が22.5％となっている[27]。また，陳述書を証拠方法として提出した後に，その作成者を尋問したかどうかについて作成者の属性別にまとめたデータによれば，当事者本人または代表者について最も高く67.7％が尋問を実施しており，従業員は55.4％，近親者は46.0％が尋問を実施している。これ以外の第三者が陳述書を提出した場合，その者の尋問を実施したのは31.6％にとどまっている[28]。

　この数字を見る限り，陳述書によって人証取調べに代えることは実務上行われているが，当事者本人や代表者，またはそれに近い立場の者に対しては尋問が実施される事が多い。それ以外の第三者に対する尋問実施率が低いのは，尋問を積極的に受けたいという取調べ対象者側の意欲の違いや，証拠提出者としての当事者の積極性の違い，さらには裁判所による尋問の必要性判断の違いに起因するものであろう。

IV　人事訴訟の特則

　人事訴訟法は，当事者尋問についていくつかの特則を規定している。

1　出頭等の強制

　人事訴訟においては，裁判所は当事者本人に出頭を命じ，当事者がこれに従

---

26)　証拠法大系(3)132頁〔貝阿彌誠〕。
27)　民事訴訟実態調査研究会編・前掲注20）440頁。
28)　同前444頁。

第 3 節　当事者尋問　　　　　　　　　　　　　　　　　　§ 207 Ⅳ

わない場合は勾引することができ，また過料のほかに罰金，拘留などの刑事制裁を受けることがある（人訴 21 条による民訴法 192 条から 194 条までの準用）。

他方，出頭，宣誓および陳述を正当な理由なく拒んだ場合の真実擬制を定めた 208 条は，人訴 19 条 1 項により適用排除されている。これは職権探知主義と相容れないからである[29]。

2　公開停止

証人尋問も同様だが，人事訴訟においては，当事者または法定代理人の尋問について公開停止の措置をとることができる（人訴 22 条）。これは特に身分関係についての争いに関連して，プライバシーに関わるセンシティブな事項について尋問を受けることが多く，尋問を受ける者の利益を保護する必要がある一方で，判決効が対世的に及び，真実を明らかにする必要が高いことから，人事訴訟法制定とともに新設されたものである。

人事訴訟も訴訟手続である以上，憲法 82 条の公開審理の保障が及ぶので，これと公開停止との関係が問題となる。憲法 82 条は，その 2 項において例外的に非公開審理を可能とする場合を定めているが，「裁判官の全員一致で，公の秩序又は善良の風俗を害する虞があると決した場合」を要件としており，尋問を受ける者のプライバシー保護の必要性は必ずしも非公開を正当化する要件に該当するとは認められない。

立法担当者は，裁判の公開が裁判を公正に行うために制度として保障されたものと解し，「裁判の公開を困難とする真にやむを得ない事情があり，かつ，裁判を公開することによってかえって適正な裁判（身分関係の形成又は存否の確認）が行われなくなると認められるといういわば極限的な場合においても，なお憲法 82 条が適正な裁判の実現を犠牲にしてまで裁判の公開を求めていると解することは相当でない」[30]との価値判断により，裁判の公開により誤った身分関係の形成または存否の確認が行われるおそれがある場合は憲法 82 条 2 項の「公の秩序……を害する虞がある」場合に該当すると解した。

具体的に人訴法 22 条は，「その当事者等又は証人が公開の法廷で当該事項に

29）　松本博之・人事訴訟法〔第 2 版，2007〕172 頁。
30）　小野瀬厚＝岡健太郎編著・一問一答新しい人事訴訟制度〔2004〕92 頁。

ついて陳述をすることにより社会生活を営むのに著しい支障を生ずることが明らかであることから当該事項について十分な陳述をすることができず，かつ，当該陳述を欠くことにより他の証拠のみによっては当該身分関係の形成又は存否の確認のための適正な裁判をすることができない」と裁判官の全員一致により認めるときには，非公開で当事者尋問を行うことができると定めた。この決定にあたっては，あらかじめ当事者等または証人の意見を聴かなければならないほか，公衆に対しても退廷させる前に非公開での尋問を行う旨を理由とともに言い渡さなければならないこと，当該事項の尋問終了後は公衆を入廷させなければならないことも規定されている（人訴22条2項および3項）。

なお東京家庭裁判所における当事者尋問等の公開停止の実施例は，平成16年4月1日から平成19年末まで1件のみであったとの報告がある[31]。

V　知的財産関係訴訟の特則

平成16年の裁判所法等を改正する法律（平成16年法律120号）により，特許法，実用新案法および不正競争防止法においても，上記の人事訴訟法と同様の当事者尋問等の公開停止に関する規定が設けられた。特許法では105条の7がそれであり，実用新案法30条が特許法105条の7を準用している。また不正競争防止法では13条に同旨の規定がおかれている。

いわゆる企業秘密をめぐっては，実体法が営業秘密等の秘密保護を規定しているのに，民事訴訟では公開原則の下で必ずしもその秘密保護がはかられず，従って秘密侵害行為に対して法的救済が困難となっているとの問題提起がかねてからなされていた[32]。平成8年の現行民事訴訟法制定時には，訴訟記録の閲覧制限が定められるにとどまっていたが，平成15年の人事訴訟法制定における公開停止の立法化を踏まえ，翌年知的財産関係の法律にも導入されたものである。

憲法82条の公開原則との関係では，知的財産関係訴訟についても人事訴訟

---

[31]　東京家庭裁判所家事第6部編著・東京家庭裁判所における人事訴訟の審理の実情〔改訂版，2008〕44頁。

[32]　田邊誠「民事訴訟における秘密保護」ジュリ1028号〔1993〕93頁，伊藤眞「営業秘密の保護と審理の公開原則(上)(下)」ジュリ1030号83頁，1031号77頁〔1993〕など。

第 3 節　当事者尋問　　　　　　　　　　　　　　　　　　　§ 207 Ⅵ

法と同様に，営業秘密との関係で裁判の公開を困難とする真にやむを得ない事情があり，かつ，裁判を公開することによってかえって適正な裁判が行われなくなるという極限的な場合についてまで，憲法が裁判の公開を求めていると解することはできないとの説明がなされている[33]。もっとも判決の効力が対世的におよび，職権探知主義をとる人事訴訟では，真実に適った裁判を公序の要請とすることができても，弁論主義の下で確定判決に対世効もない知的財産関係訴訟では，同列に論じることはできないはずである。公開原則の適用が提訴を困難とし，ひいては憲法32条に定める裁判を受ける権利の侵害となりうると評価できる場合に限り，公開停止が合憲となると解すべきである[34]。

なお，特許法105条の7においては，人訴法と異なり，当事者尋問などで陳述する事項の要領を記した書面を裁判所に提出させ，この書面を原則として何人にも開示しないが，必要と認められる場合は相手方当事者等に開示して意見を聞くことができると規定されている（同条3項および4項）。これは，公開停止の要否を判断する裁判所が当該秘密の内容を知る必要があること，そして同条2項により公開停止の要否について意見を求められる当事者等も，その内容を知る必要があることによるものである[35]。

Ⅵ　手形小切手訴訟の特則

手形小切手訴訟においては，証拠方法を原則として書証に限っている（352条1項）が，文書の真否および手形の提示に関する事実については，申立てにより当事者本人の尋問を行うことができると規定されている（同条3項）。これはドイツ民事訴訟法595条2項にも同旨の規定がある。

通常手続と異なり，職権による取調べは認められていない。また，手形小切手訴訟では証人尋問が禁止されていることから，当事者尋問の対象となるかど

---

33)　近藤昌昭＝齊藤友嘉・知的財産関係二法　労働審判法〔2004〕102頁。
34)　この点につき阿部＝井窪＝片山法律事務所編・平成16年改正裁判所法等を改正する法律の解説〔2005〕57頁以下参照。
35)　不正競争防止法13条3項および4項にも同趣旨の規定がある。これに対して人事訴訟法が同趣旨の規定をおかないのは，公開停止により保護されるべき事項について，相手方は通常その内容を知っており，また裁判所も書面による要領がなくとも公開停止の要否を判断できるという理由による。

〔町村〕　323

うかの解釈がより厳密に求められることが指摘されている[36]。

〔町村泰貴〕

---

36) 菊井＝村松Ⅲ494頁。

第3節　当事者尋問　　　　　　　　　　　　　　　　§208 Ⅰ・Ⅱ

（不出頭等の効果）
第208条　当事者本人を尋問する場合において、その当事者が、正当な理由なく、出頭せず、又は宣誓若しくは陳述を拒んだときは、裁判所は、尋問事項に関する相手方の主張を真実と認めることができる。

Ⅰ　本条の趣旨

本条は、当事者尋問における不出頭、宣誓拒絶または陳述拒絶に対する制裁を定めている。当事者本人であっても証拠方法として宣誓の上陳述をする訴訟法上の義務があることが本条で示されている。

証人の不出頭や宣誓・陳述拒絶に対しては、刑事罰や過料、勾引が規定されている[1]のに対して、本条が定めるサンクションは、文書提出命令に対する不遵守の場合と同様に、「尋問事項に関する相手方の主張を真実と認める」ことである。したがって、一方当事者が尋問事項を示して他方当事者本人の尋問を申し出た場合が想定されたものと考えられる。もっとも、条文上はこの場合に限定しておらず、またそう解する必要もない。裁判所が職権で当事者尋問を行う場合でも、自ら申し出た当事者尋問の期日に出頭しない場合でも、本条の要件に該当する場合はその不利益が負わされることがありうる[2]。

Ⅱ　要　件

1　出頭拒否

(1)　呼出し

出頭義務が認められるためには、当事者尋問を実施する決定があり、これに基づき尋問を受ける当事者本人が適式に呼び出されている必要がある。

呼出しの手続は94条による。94条2項は、呼出状の送達または在廷する当

---

1)　192条から194条および200条、201条5項による準用。
2)　京都地判昭25・8・22下民1巻8号1322頁は、原告代理人の申請による原告本人尋問に原告が出頭しなかったため、本条に基づく真実擬制が適用された事例である。被告側から尋問事項書の提出はなく、被告の従前の主張を真実と認めた事例と解される。

〔町村〕　325

事者本人に尋問期日を告知した場合でなければ，期日不出頭に対する不利益を帰することができないとしており，その他の方法による，いわゆる簡易呼出しの場合は，その期日呼出しを受けた旨の書面を提出したときを除いて本条の制裁を科すことはできない。したがって，訴訟代理人が当事者本人を同行して出頭させる旨を約束し，訴訟代理人から本人に尋問期日が知らされていた場合，その旨の書面を本人が提出していなければ，本人が出頭しなかったとしても本条の制裁を科すことはできない。

当事者本人の呼出しに際して，あらかじめ尋問事項が明確になっていることが必要であり，尋問の申出に必要な尋問事項書において「個別的かつ具体的に記載」しておく必要がある[3]。尋問事項があらかじめ個別的かつ具体的に示されていないときは，本条の不利益を負担させることはできない[4]。

呼出しに際して本条の制裁を告知することが必要かどうかをめぐっては見解の対立がある[5]。呼出状には不出頭の場合の制裁を記載することとされている[6]ので，通常は問題とならないが，呼出状の送達以外の方法で適式に呼び出された場合には，不出頭の場合の制裁が告知されていないこともありうる。相手方の尋問事項が告知されていれば，出頭等を拒めばその尋問事項について不利に扱われることは当然予見すべきであるので，制裁の告知は不要と解すべきである。

(2) 正当な理由

出頭拒否の正当な理由は，証人の不出頭の場合と原則として同様に考えることができる（192条）。例えば，病気や交通障害の場合などが典型的である[7]。業務上の都合や私的な用事での欠席も，やむを得ない場合は正当な理由と認め

---

[3] 民訴規127条が準用する107条2項参照。ただし，前掲京都地判昭和25・8・22は，尋問事項書を提出していなかった例と考えられる。
[4] 東京地判平14・10・15判タ1160号273頁参照。
[5] 菊井＝村松Ⅱ703頁は，この制裁の告知を必要とするが，秋山ほかⅣ266頁は不要とする。
[6] 民訴規127条が準用する108条3号。
[7] 医師の診断書により正当な理由を認めた事例として，東京地判平18・3・17裁判所ウェブサイト（東京地裁平成16年（ワ）24617号）。

第3節 当事者尋問　　　　　　　　　　　　　　　　　　　§208 Ⅱ

られる余地がある。しかし，単に当事者尋問を受けたくないという希望8)や敗訴のおそれがあること，相手方当事者からの尋問で二次被害を受ける可能性9)や刑事訴追を招くおそれ10)などは正当な理由に該当しない。

　当事者本人は自分のことで出頭するのであるから，私的な理由での不出頭が正当と認められるかどうかは，第三者が私的な理由で出頭しない場合よりも多少厳格に解されるとされている11)。

　(3) **不出頭後の手続**

　呼出しを受けた当事者本人が尋問予定期日に出頭しなかった場合，当該尋問を取りやめるか，再度呼出しを試みるかは裁判所の裁量による。呼出しを受けた当事者本人が期日までに上申書等を提出して出頭できない旨を申し出ていた場合には，そこに正当な理由が記載されていればもちろんのこと，そうでないとしても，期日を延期して再度出頭を待つことがありうる12)。ただし，集中証拠調べを原則とする現行法の下では，期日延期により審理が著しく遅延する場合も考えられるが，当該尋問が事実認定に必要だと裁判所が判断する限りにおいてはやむを得ない。

　唯一の証拠法理との関係で，当事者本人の尋問が唯一の証拠であるとしても，正当な理由なく出頭しない場合は，これを取調べなくとも違法とはならない13)。当事者本人に正当な理由があって出頭せず，期日の延期を求めている場合には，唯一の証拠であるかどうかにかかわらず，事実認定ができない以上は期日を延期することとなろう。

　不出頭に正当な理由があるかどうか，そして正当な理由がない場合に本条の

---

8) 大阪高判平4・1・28判タ787号263頁。
9) 東京地判平14・10・15判タ1160号273頁。このケースでは，本人尋問の必要性がないことも不出頭の正当な理由として主張されているが，裁判所はその必要性を判断するのが裁判所であることを理由に排斥している。
10) 東京地判平17・3・30判時1896号49頁。宣誓や陳述を拒む事由とはなっても，出頭すら拒む事由とは認められないとする。
11) 菊井＝村松Ⅱ701頁，秋山ほかⅣ266頁。
12) 本条の真実擬制を認めた裁判例を見ても，二回ないし三回の呼出しを試みたことが指摘されている。例えば東京地判平14・10・15判タ1160号273頁参照。
13) 大判昭14・7・5民集18巻740頁，最判昭29・11・5民集8巻11号2007頁。

〔町村〕　327

制裁を科すかどうかは，終局判決の中で示されるので，これに対する争いも終局判決に対する不服申立てにおいて主張することとなる。本条の制裁を科すかどうかも裁判所の裁量に委ねられていると解すべきだが，相手方当事者は本条に基づいて自己の主張を真実と認められるとの期待を抱くであろう。そして本条によっても自己の主張を真実と認められないのであれば，さらに他の証拠により立証するなどの対応が考えられる。したがって，当事者本人が出頭しないにもかかわらず本条の真実擬制を適用しないで相手方の主張を排斥するのであれば，原則としてそのことは釈明すべきである。

2 宣誓・陳述拒否

(1) 宣誓の裁量性

当事者尋問では，証人尋問と異なり宣誓をさせるかどうかは裁判所の裁量に委ねられている（207条）。本条の制裁は，裁判所が宣誓を求めたのに，当事者本人がこれを拒んだ場合である。宣誓を裁量的としたのは，事件に最も利害関係を有する当事者に宣誓を強いることが酷な場合もあるとの配慮によるが，実務上はほとんどすべての場合に宣誓をさせているというのであるから，その趣旨は宣誓を拒む正当な理由の判断において斟酌されることとなる。もっとも宣誓拒否ということもごくまれであるとされているので，実際上は問題とならないのであろう。

(2) 宣誓拒否の正当な理由

宣誓拒否の正当な理由は，原則として証人の宣誓拒否と同様に考えることができるとの説明がなされている[14]。もっとも，証人が宣誓拒否を認められる要件「自己又は自己と第百九十六条各号に掲げる関係を有する者に著しい利害関係のある事項について尋問を受けるとき」（201条4項）と同様に考えるなら，当事者本人の尋問はほとんど宣誓拒否の正当な理由があることとなる。しかし他方で，敗訴のおそれがあることは正当な理由にならないとされており[15]，これを前提とするのであれば，証言拒絶権に該当する事由（196条，197条）がある場合に限って，宣誓拒絶の正当な理由があると評価することになる。

---

14) 菊井＝村松Ⅱ 702頁，秋山ほかⅣ 267頁。

15) 菊井＝村松Ⅱ 702頁など参照。

(3) 陳述拒否の正当な理由

陳述拒否についても正当な理由がなければ本条の制裁を受ける。証人には証言拒絶権が法定されている（196条，197条）が，当事者本人についても証言拒絶権の規定が参考となる。

Ⅲ 真実擬制の意義

1 自由心証主義の例外

本条の制裁は，当事者が文書提出命令に従わなかった場合の効果と同様に，相手方の主張事実を真実と認めることができると規定されている。少なくとも心証を得たわけではないのに真実と認めることができるとする点で，自由心証主義の例外をなす。

ただし，裁判上の自白とは異なり，裁判所の認定権限を排斥するものではなく，本条の適用は裁判所の裁量に委ねられている。正当な理由なく当事者尋問に応じない当事者の主張を他の証拠から認めることもできる。この意味では「真実擬制」というのはミスリーディングである。また，その場合でもあえて本条の適用により，相手方の主張事実を認めることもできるとされている。

本条の適用を認めた裁判例は数多く公刊されている[16]。

2 共同訴訟の場合

共同訴訟人の一人が当事者尋問に応じないで本条に基づき相手方の主張事実を真実と認める場合，他の共同訴訟人との関係では同様の扱いをすることはできない。通常共同訴訟の場合，共同訴訟人独立の原則が働くので，共同訴訟人の一人が本条の制裁を受けるとしても，他の共同訴訟人が同様の制裁を受ける理由はないからである。もちろん他の共同訴訟人との関係で，証拠に基づき，同様の結論とすることは可能である[17]。

---

16) 既に引用したものの他，大阪高判昭43・9・20判時548号75頁，大阪高判昭44・3・20判タ235号251頁，最判昭44・7・18裁判集民96号369頁，東京地判昭47・4・26判タ282号367頁，東京高判昭48・1・30判時695号74頁，東京高判昭56・4・23判タ446号99頁，東京地判昭58・5・30判時1112号91頁など参照。

17) その例として，大阪高判平4・1・28判タ787号263頁が挙げられる。そこでは共同訴訟人の一人について本条の制裁により相手方主張事実を真実と認め，他の共同訴訟人についても証拠により同一の事実を認定している。

〔町村〕

§208 Ⅲ

必要的共同訴訟の場合は，合一確定の必要性が認められる以上，共同訴訟人の間で本条の適用を受ける者と受けない者とが併存して判決が区々に別れることは許されない。共同訴訟人の一人が，相共同訴訟人の不出頭等に対する不利益を当然に受けるというのも不当であろう。結局，不出頭等を弁論の全趣旨として心証に影響させることは格別，必要的共同訴訟の関係にある当事者全員が同一の尋問事項について正当な理由なく出頭を拒むなどした場合でなければ，本条の真実擬制は働かないと解すべきである。

〔町村泰貴〕

第3節　当事者尋問

（虚偽の陳述に対する過料）
第209条　① 宣誓した当事者が虚偽の陳述をしたときは，裁判所は，決定で，10万円以下の過料に処する。
② 前項の決定に対しては，即時抗告をすることができる。
③ 第1項の場合において，虚偽の陳述をした当事者が訴訟の係属中その陳述が虚偽であることを認めたときは，裁判所は，事情により，同項の決定を取り消すことができる。

I　本条の趣旨

本条は，当事者本人の虚偽陳述に対する制裁を定める。

証人の場合は虚偽の陳述に対して刑法上の偽証罪の制裁があるが，当事者本人については，訴訟に直接の利害関係を有する者に陳述を強制するのであるから，虚偽の陳述に対して刑事罰の制裁を科すことは酷であるとの立法判断に基づく。

ただし，酷であるといっても虚偽の陳述が法的に許されるわけではなく，当事者本人として，真実義務を負う。本条は，このことを前提にするものである。

II　過料の裁判

過料の決定は，職権により，受訴裁判所が言い渡す。

相手方当事者が虚偽の陳述であるとして過料の裁判の申立てをすることはありうるが，これは職権の発動を促すものにすぎない。過料の裁判の申立てがあっても，裁判所は過料に処するかどうかの裁判をしなければならないものではない[1]。相手方当事者が過料の裁判を求めて申し立てたのに対して，却下の裁判をした場合でも，これに対する不服申立てはできない[2]。

過料の決定は受訴裁判所がするので，受命裁判官または受託裁判官によって

---

1) 最決平17・11・18判時1920号38頁，菊井＝村松II 705頁。これに対して相手方当事者に申立権を認める見解として，兼子・判例民訴231頁，兼子ほか・条解1096頁〔松浦馨〕，斎藤編・旧注解民訴(5)310頁〔林屋礼二〕。
2) 大決昭15・5・18民集19巻873頁，大阪高決昭58・9・26判タ510号117頁。

当事者尋問がなされた場合でも，その虚偽の陳述であることを受訴裁判所が認定し決定する。受訴裁判所は，当該事件が上訴審に係属した後も，また確定した後にあっても，本条による過料の裁判をすることができると解されている[3]。もっとも，いつまでも過料の決定をすることができるというのでは，当事者の地位が不安定にすぎる。基本事件が確定判決等により終結した後，相当期間が経過し，当事者が過料の制裁を受けることはないとの期待を持つに至った後は，もはや過料の裁判をする余地がなくなると解すべきである。

本条の要件を満たした虚偽の陳述が認められた場合，受訴裁判所は必ず過料の裁判をしなければならないか，それとも一定の裁量の余地があるか。当事者は再審事由との関係で虚偽陳述を理由とする過料の裁判を求める権利があるとの立場に立てば，裁量の余地は認められないと解する余地もある[4]が，後述の通り，要件には幅があり，一律に過料を科すかどうかを決するのは相当でない。再審事由は，虚偽陳述の証拠がないという以外の理由で過料の確定裁判を得ることができないことを証明すれば再審の訴え提起に支障がないので，裁判所の裁量を否定する根拠とはならない[5]。

III 要 件

1 宣誓をした当事者

当事者本人の尋問にあたり，宣誓をさせるかどうかは裁判所の裁量に委ねられている（207条）。したがって宣誓をしないでした陳述や，正当な理由をもって宣誓を拒んだ場合（208条）の陳述が虚偽であったとしても，本条の制裁は受けない。

2 虚偽の陳述

当事者本人の陳述が虚偽であった場合の意味は，条文上は明らかでない。

まず，虚偽とは陳述された事実が客観的な真実に反した場合をいうのか，陳述者の主観的な認識に反する場合をいうのか，それともその両方，すなわち陳述者の主観的な認識にも反し，かつ客観的な真実に合致しない場合をいうのだ

---

3) 最判昭51・1・16判時806号34頁，福岡高判昭50・7・31判タ332号237頁。
4) 兼子ほか・条解1096頁〔松浦〕。
5) 同旨，秋山ほかIV 270頁以下。

ろうか？　少なくとも客観的な真実に反する陳述であることは必要であろうが，それに加えて裁判例には当事者本人が虚偽であることを認識していることを要するとするものがある[6]。

　なお，刑法上の偽証罪の成立要件においても主観説と客観説の対立があり，主観説が通説とされているが，そこでは証人が自己の記憶に反する事実を陳述すれば，それがたまたま客観的真実に合致していても，なお偽証となると説かれている[7]。

　主観的な認識に反することを要するとしても，重過失または通常の注意を怠ったために真実と反する認識を持った場合は含まれるのか，あるいは憶測を述べて結果的に真実に反する陳述となった場合は含まれるのか。言い換えれば，当事者本人は陳述にあたって一定の調査確認義務があるのかどうかが問題となる。民事訴訟規則85条は，当事者に対し，主張立証を尽くすため事実関係の調査義務を課している。もっとも，この規定は訴訟行為を行う主体としての当事者の義務であって，証拠調べの客体たる当事者本人を想定したものではないし，そもそもこの規定は訓示規定と解されている。したがってこの規定を根拠として，真実に反する陳述をしたことに過失があったと評価できる場合に過料の制裁を科すことは適当ではない。

　虚偽の陳述というためには，陳述のすべてが真実に反する必要はなく，陳述の一部が虚偽であれば足りるが，裁判の結論に影響しない部分のみ虚偽であった場合や，虚偽の陳述がなされても措信されないことにより結果的に裁判の結果を左右しなかった場合にも，常に本条の適用があるのかは問題である。刑法上の偽証罪については，偽証罪を抽象的危険犯であるとし，虚偽の陳述の結果国家の審判作用の適正が侵害されたことや侵害の具体的危険が発生したことを必要としないとされている[8]。もっともこれに対しては，事件との関連性を欠

---

[6]　東京高決昭39・3・10下民15巻3号502頁。
[7]　団藤重光責任編集・注釈刑法(4)〔1965〕248頁〔団藤〕。
[8]　大塚仁ほか編・大コンメンタール刑法第8巻〔第2版，2001〕304頁〔池上政幸〕。この立場からも，抽象的危険すら生じない場合は偽証罪に当たらないとの指摘がある。団藤責任編集・同前249頁。ただし，虚偽の陳述が裁判や処分の基礎となる可能性すら必要としないという。

〔町村〕

§ 209 Ⅳ　　　　　　　　　　　　　　　第2編　第4章　証拠

く供述内容で事実認定にとって重要性を欠く場合には誤判の抽象的危険すら生じないとの説も有力に唱えられている[9]。

　思うに，ごく僅かな，訴訟の争点にほとんど関係しない部分の陳述に真実に反したところがあったという場合でも過料に処せられるのは相当でない。過料の決定をするためには，訴訟の争点に関わる重要部分[10]，あるいは訴訟の結論を左右する部分について，真実に反する陳述がなされた場合に限られるべきである。その部分に関する虚偽陳述であれば，裁判所が措信しなかった場合でも過料の制裁は免れないと解する。

　虚偽の陳述が証言拒絶事由に相当する事項（196条および197条参照）についてなされた場合にも過料の制裁を科すのかも問題となる。証言拒否事由に関する規定は当事者本人の尋問に準用されていないが，陳述を拒む正当な理由（208条）として考慮されうる。そこで，本来であれば証言拒絶事由があれば陳述を拒むことができたのに，あえて虚偽の陳述をしたのであれば，過料の制裁が科されても当然と考えられる。もっとも，当事者本人が正当な理由で陳述を拒む旨主張しても裁判所がこれを認めないで陳述を命じたのであれば，陳述を拒むという余地はない[11]し，その判断に対して不服申立ての余地もない。したがって，証言拒絶事由に相当する事項について陳述を求められたということは，過料の制裁を免れる事由になると解すべきである[12]。

Ⅳ　不服申立ておよび取消し

1　即時抗告

　本条の過料の決定に対しては，過料を命じられた当事者が，その告知を受けた日から一週間の不変期間内に即時抗告をすることができる（332条）。

---

9)　学説の状況に付き，大塚ほか編・前掲書304頁。
10)　その意味では争いある主要事実に関してのみならず，結論を左右しうる重要な間接事実についても含まれる。
11)　陳述を拒めば，その尋問事項に関する相手方の主張事実が真実と認められる可能性がある。208条参照。
12)　なお，刑法上の偽証罪について判例は，証言拒絶権があるのに証言を拒まなかった場合に，虚偽の陳述をすれば偽証罪が成立するとしている。団藤責任編集・前掲書251頁，大塚ほか編・前掲書296頁参照。

2 虚偽陳述を認めた場合の取消し

　過料の決定が確定した後でも，当事者が訴訟の係属中に虚偽の陳述をしたことを自認した場合は，裁判所は過料の決定を取り消すことができる。偽証罪について刑法170条が「裁判が確定する前」に自白したときに刑の軽減または免除をすることができるとの規定をおいているが，本条3項はこれと同趣旨である[13]。

　虚偽の陳述であることを自認するとは，特に方式が定められていないので，当事者尋問や釈明処分としての当事者の陳述による場合のほか，裁判所に対して上申書等の書面により自認することも可能と解される。

　自認することで過料決定の取消しを求めることができるのは，訴訟の係属中とあるので，過料の決定をした裁判所から上訴審に移審しても，なお可能である。

　虚偽陳述を自認することで審理の適正さを回復できることを過料決定取消しの根拠とするのであれば，その虚偽陳述によって自己に不利な裁判が下された相手方当事者に，裁判の是正を求める機会を与える必要がある。虚偽陳述をした裁判所に事件が係属中の場合は虚偽陳述の自認を弁論に上程すればよいが，上訴審裁判所に係属中で原裁判所に自認の上申がなされた場合は，相手方当事者にもその旨および過料取消しの裁判の告知をすべきである。

〔町村泰貴〕

---

[13] 刑法170条の趣旨につき，団藤責任編集・前掲書256頁，大塚ほか編・前掲書315頁参照。

§210 Ⅰ・Ⅱ

(証人尋問の規定の準用)
第210条 第195条,第201条第2項,第202条から第204条まで及び第206条の規定は,当事者本人の尋問について準用する。

Ⅰ 本条の趣旨

本条は,証人尋問の規定のうち,当事者尋問に準用されるものを示す。民事訴訟規則にも同様に,証人尋問に関する同規則の規定を当事者尋問に準用する規定(民訴規127条)がおかれている。

証人尋問と当事者尋問とは,ともに陳述者の体験した事実を法廷で陳述させて証拠資料を得る証拠調べであるという点で共通するので,その実施方式も原則として共通の規律によることが適当であるとしたのである。

Ⅱ 準用される規定の内容

1 受命裁判官等に関するもの

証人尋問を受命裁判官または受託裁判官によって行うことができるとの規定(195条),およびその場合の受命裁判官等の権限(206条および規125条)が準用されている。

2 申出および呼出しに関するもの

当事者本人尋問の申出に際して,尋問を受ける本人の指定および尋問に要する見込みの時間を明示すること(規106条),尋問事項書を提出すること(規107条)が準用されている。これらは裁判所が職権で当事者本人を尋問する場合は準用されないこととなろう。

また呼出しについて,呼出状の記載事項(規108条),尋問を申し出た当事者による出頭確保(規109条),尋問を受ける者が出頭できない場合の届出義務(規110条)が準用される。規則109条は,尋問を受ける当事者本人の出頭を,その代理人が確保することとなる。相手方当事者本人の尋問を申し出た場合,尋問を申し出た当事者が尋問を受ける当事者本人の出頭を確保することは事実上難しいので,出頭拒否に対する制裁規定(208条)はその場合が主な適用場面となる。

3 宣誓および尋問の実施

　宣誓については，裁判所の裁量に任されており（207条），その制裁も証人尋問のような過料および罰金または拘留とは異なり，相手方の主張の真実擬制となっているが，宣誓を求められたら正当の理由なくして拒むことはできない（208条）。したがって，16歳未満の者または宣誓の趣旨を理解できない者の宣誓義務除外（201条2項）については当事者本人の尋問にも準用される。また，宣誓の方式（規112条）も証人尋問と同様に行われる。実際にも，証人と当事者本人との尋問が同一期日に行われる場合，両者が一緒に宣誓をするのが通常である。

　尋問の実施方法については，交互尋問の順序とその例外（202条および規113条），書面に基づく陳述の禁止（203条），質問の制限（規114条および規115条），そして文書等を利用した質問（規116条），当事者の異議申立て（規117条）の各規定も準用される。

　対質については，当事者本人と他の当事者本人または証人との対質を命じる事ができる旨が規則126条に規定されているが，対質の調書記載と裁判長による尋問の規定（規118条2項，3項）は準用される。

　そのほか，文字の筆記（規119条），テレビ会議システムを通じた尋問（204条および規123条），視覚障害者・聴覚障害者に対する書面質問・書面回答の朗読（規122条）の各規定も準用される。

4 証人の保護に関するもの

　証人尋問について「犯罪被害者等の権利利益の保護を図るための刑事訴訟法等の一部を改正する法律」（平成19年法律95号）によっていくつかの証人保護の規定が設けられたが，当事者本人の尋問にもそれらは準用される。すなわち，証人の付添い（203条の2および規122条の2），遮へい措置（203条の3および規122条の3），傍聴人の退廷（規121条）の各規定である。

III　準用されない規定

　本条が準用していない規定は，証人義務（190条），公務員の尋問の特則（191条），不出頭の制裁（192条，193条），勾引（194条），証言拒絶権とその手続（196条～200条），宣誓（201条のうち2項以外の項），書面尋問（205条）である。

〔町村〕

また，民事訴訟規則では，準用しない規定として勾引に関する同111条，後に尋問すべき証人の取扱いに関する同120条および書面尋問に関する同124条が明示されている。

このうち書面尋問に関する規定は，旧法358条の3で簡易裁判所における証人尋問と鑑定人の意見陳述について認められていたところを，現行法が，当事者本人の尋問に拡張する（278条）一方で，簡裁以外の裁判所の訴訟手続でも証人尋問に限定して認めたもの（205条）である。そこでは反対尋問権の保障という観点から，証人の書面尋問には一定の要件と相手方当事者の回答希望事項の提出という手続を定めている。これを当事者本人の尋問に認めなかった理由は必ずしも明らかではないが，当事者は証人よりも自らの裁判に利害関係を有しており，遠距離に居住している場合でも出頭するのが当然という判断によるものと考えられる[1]。

なお，いわゆる陳述書は，205条の要件・手続が適用になるものではないから，当事者本人に書面尋問の規定が準用されないことは当事者本人が陳述書を作成提出することの妨げとなるものではない[2]。

後に尋問すべき証人の取扱いに関する規則120条が準用されていないのは，当事者本人に審理立会権があるため，在廷を許さないことを原則とする同条は前提を欠くからである。後に尋問を受ける当事者を，その異議にもかかわらず退廷させて相手方本人尋問を施行したことが違法とされた裁判例[3]もある。

この他，直接主義との関係で弁論の更新がなされた後の再尋問の規定（249条3項）が本人尋問にも適用ないし準用されるかについて，判例はこれを消極に解している[4]。

IV 証言拒否事由

当事者本人の尋問に証言拒否事由に関する196条および197条は本条により

---

1) 例えば秋山ほかIV 274頁は，「通常の訴訟手続において，当事者尋問を行わず，これに代わる書面の提出で済ませるというようなことは考えられないから」としている。
2) 当事者本人と陳述書につき，→§207参照。
3) 大阪高判昭36・10・11判時282号22頁。ただし，結論には影響がないとされている。
4) 最判昭42・3・31民集21巻2号502頁。

準用されていない。しかし，208条にいう「正当な理由」の解釈として，証言拒否事由と同様の事由があるときは陳述を拒むことができると解される[5]。

その際，証言拒否に関する手続規定（198条，199条）の準用はないが，証人尋問と異なり制裁は相手方の主張の真実擬制であるから，終局判決においてはじめて問題となる。その判断，すなわち証言拒否事由の有無およびその正当の理由としての認定に不服のある当事者は，終局判決に対する上訴において主張するほかはない。

公務員の尋問に関して本条は191条を準用していないが，公務員が当事者本人として尋問を受け，その際職務上の秘密について尋問されることも起こりうる。この場合に，公務員自身が監督官庁の許可を得ることは当然できるが，公務員自身が許可を得ようとしないときに，裁判所から監督官庁に承認を求めることはできないかが問題となる。公務員が自己に不利な内容の陳述を職務上の秘密に当たるとの理由で拒むことができ，その不利益を受けないというのでは裁判の公正・公平に反することとなるので，191条の手続を類推適用し，裁判所から監督官庁へ承認を求めることができると解すべきである。

〔町村泰貴〕

---

[5] 秋山ほかⅣ 272頁，貝阿彌誠「当事者尋問／出頭・宣誓・供述義務についての証人との異同」証拠法大系(3)136頁，高橋下〔2版補訂版〕113頁など。

§211 Ⅰ・Ⅱ

（法定代理人の尋問）

第211条 この法律中当事者本人の尋問に関する規定は，訴訟において当事者を代表する法定代理人について準用する。ただし，当事者本人を尋問することを妨げない。

Ⅰ　本条の趣旨

本条は，未成年者および成年被後見人の法定代理人について，当事者本人の尋問の規定を準用することとしたものである。旧341条と同趣旨である。

民事訴訟規則128条も，当事者本人尋問に関する規則の規定を法定代理人に準用している。

Ⅱ　法定代理人

本条の適用のある法定代理人は，当事者が未成年者または成年被後見人である場合の法定代理人であり，当事者に代わって法定代理人が訴訟を追行する（31条）。この場合，訴訟の結果につき当事者と同様の利害関係を有しており，証人適格はなく，当事者本人として扱う方が適当だとの判断による。

法人の代表者および法人格なき社団財団の代表者または管理人についても法定代理人の規定が準用されている（37条）ので，本条も準用される。

法人などの代表者でも，当該訴訟において当事者を代表しない者は証人として尋問される[1]。

法定代理人かどうかは，尋問の時を基準として決せられると解されるので，証拠決定の時点では未だ法定代理人でなかった者を証人として尋問する旨の決定をした時でも，その後に法定代理人となった場合は，本条に基づいて当事者本人の尋問に関する規定が適用される。ただし，誤って証人尋問の手続によったときでも，責問権の喪失により，その瑕疵は治癒されうる[2]。

---

1) 最判昭27・2・22民集6巻2号279頁。
2) この点は，→§207参照。

〔町村〕

III 当事者本人の尋問

　本条但書は，法定代理人がいる場合でも，当事者本人に供述能力があると認められる場合には，その尋問が許されると規定している。法定代理人を尋問した場合でも尋問していない場合でも，当事者本人の尋問が必要であり，かつ供述能力が認められる限り，当事者本人を尋問することができる。

　なお，供述はできるが宣誓能力がないという場合には，宣誓をさせないで尋問することも可能である（210条による201条2項の準用）。

〔町村泰貴〕

§212 I　　　　　　　　　　　　　　　　　　　　　第2編　第4章　証拠

第4節　鑑　　定

（鑑定義務）
第212条　①　鑑定に必要な学識経験を有する者は，鑑定をする義務を負う。
②　第196条又は第201条第4項の規定により証言又は宣誓を拒むことができる者と同一の地位にある者及び同条第2項に規定する者は，鑑定人となることができない。

I　鑑定の意義

1　鑑定の定義

　裁判では，特殊な専門的事実や経験則の認定が必要となったり，外国法や地方慣習などの適用が必要となる場合があり得る。これに対して裁判制度の担い手である裁判官，検察官および弁護士は，法律の専門家ではあっても，法律以外の専門的知識を持っているとは限らない。そこで，これらの専門的知見を裁判で利用するための諸制度が必要となる。民事訴訟手続におけるその代表的な制度は，本条以下において定められている鑑定である。
　ここでいう鑑定とは，特別の学識経験を有する者に，その専門的知見に基づいて，法規，慣習，経験則などの専門的知識と，それらを具体的事実に適用して得た判断の結果を裁判所に報告させることを目的とする証拠調べである[1]。
　証拠調べである以上，原則として当事者の申出に基づいて実施され[2]，鑑定

---

1)　鑑定の対象については，**I 5**参照。
2)　例外として検証の際の鑑定（233条）は職権により命じることができるほか，鑑定嘱託（218条）も当事者の申出を要しない。この点については，→§213 **II 1**参照。

342　〔町村〕

第4節　鑑定

人に対する質問も証人の交互尋問にならって規定されている（215条の2）ほか，証人尋問の規定のいくつかが準用されている（216条）。他方，裁判官の認識や判断能力を補充する中立的な第三者という位置づけから，鑑定人は裁判所が指定する（213条）ほか，忌避の制度が設けられている（214条）。

このように，鑑定制度は裁判官の中立的な補助者としての役割と，当事者の攻撃防御方法として党派的に用いられる側面とを併せ持っていることに留意する必要がある[3]。

2　類似の制度

鑑定と同様に，専門的知見を裁判で利用するための制度としては，まず専門委員（92条の2以下）[4]および裁判所調査官（裁57条，知的財産関係事件について民訴92条の8）の制度が挙げられる。また，釈明処分としての鑑定（151条）も類似の制度であるが，これらは証拠調べではない。特に釈明処分としての鑑定は，証拠調べの規定を準用している（同条2項）が，あくまで訴訟関係を明瞭にするための処分であり，争点整理のために用いられ，それによって得られた資料を証拠資料とすることは許されない。

証拠調べにおける類似の制度としては，鑑定嘱託（218条）や調査嘱託（186条）がある。特に鑑定嘱託は，裁判所の職権で，官庁もしくは公署，外国の官

---

[3]　この点について，野田宏「鑑定をめぐる諸問題」新実務民訴(2)153頁以下参照。なお，鑑定を中心とした専門家の訴訟への関与を比較法的に考察し，裁判所委託型と当事者委託型の2つに類型化し，それぞれの手続規律を論じたものとして，杉山悦子・民事訴訟と専門家〔2007〕がある。そこでは鑑定は裁判所委託型の1つとして位置づけて手続規律を検討されている。

[4]　専門委員制度の意義等については該当条文の注釈を参照されたい。専門委員の運用につき，奥宮京子「専門委員制度の実情と課題」松嶋英機＝伊藤眞＝福田剛久編・新しい時代の民事司法――門口正人判事退官記念〔2011〕，大阪地方裁判所専門訴訟事件研究会・大阪地方裁判所における専門委員制度等の運用の実際（判タ臨増1190号）〔2005〕，山本和彦ほか「(座談会)専門委員の活用について」判タ1373号〔2012〕4頁，平野麻耶「専門委員の活用状況について――統計とアンケートの分析をもとに」判タ1373号〔2012〕39頁，高部眞規子＝熊代雅音「東京地裁知的財産権部における専門委員制度の活用について」判タ1181号〔2005〕4頁，東京地方裁判所民事部四委員会「改正民事訴訟法500日の歩み(1)～(4・完)」判時1910号〔2006〕3頁，1911号〔2006〕3頁，1913号〔2006〕3頁，1914号〔2006〕3頁など参照。

§212 I

庁もしくは公署，または相当の設備を有する法人に対して鑑定を求めることができるものであり，宣誓を除く鑑定の規定が準用される。知的財産に関する計算鑑定人（特許105条の2，新案30条，意匠41条，商標39条，著作114条の4，不正競争8条）も，民訴法上の鑑定の特則であるが，例えば当事者の計算鑑定人に対する説明義務が規定されるなど，通常の鑑定とは異なる特徴もある[5]。

鑑定証人（217条）も，具体的事実を陳述の内容とし，代替性がないという点で証人そのものではあるが，特別の学識経験により得られた事実を陳述するという点で鑑定に類似する[6]。

平成15年の民訴法改正で導入された訴え提起前の証拠収集処分における専門的知見に基づく意見陳述の嘱託（132条の4第1項3号）も，専門家の意見を聴取する点で鑑定に類似する。もっともこれは訴え提起前であるから，受訴裁判所に対する直接の専門的知見の補充ではない。

このほか，民事調停委員（民調8条）や司法委員（279条）に専門的知見を有する者を任命し，その専門的知見を裁判に応用するということも考えられる。民事調停委員に関しては，事件を調停に付した上で，調停委員会の下で事実関係についての整理を行い，あるいは受訴裁判所の裁判官が調停主任となり，これに民事調停委員が裁判所の命を受けて専門的な知識経験に基づく意見を述べる（民調8条）などの方策をとり，調停が不調となれば調停に代わる決定（民調17条）を下し，受訴裁判所における手続に書証として採用するといった実務が行われてきた[7]。

証拠契約の一種として，第三者に一定の事実の判定を委ねることを内容とす

---

5) なお，杉山・前掲注3) 387頁以下参照。同398頁では，民訴法上の鑑定の規律を確認したにすぎないとされている。
6) 鑑定人と証人との区別については，→ §213参照。
7) 東京地方裁判所建築瑕疵紛争検討委員会「建築瑕疵紛争事件の適正かつ迅速な処理のために」判時1710号〔2000〕8頁，大谷禎男ほか「東京地裁医療集中部における訴訟運営に関する協議会」判タ1119号〔2003〕36頁，池田光宏ほか「大阪地方裁判所における付調停事件への取組み」判タ1035号〔2000〕4頁など参照。なお，専門委員制度の導入により，このやり方は行われなくなってきているという。大阪地方裁判所専門訴訟事件検討委員会「大阪地方裁判所建築関係訴訟集中部における審理の実情」判タ1168号〔2005〕56頁，東京地方裁判所民事部四委員会・前掲注4)(2)13頁など。

第4節　鑑定

る仲裁鑑定契約も，専門的知見に基づく判断を裁判に利用するという意味で鑑定に類似するものである[8]。

3　私鑑定

証拠調べとして行われる鑑定のほかに，当事者が，裁判外で専門家の意見や判断を求め，その結果を書面にまとめ，書証として提出することがある。これを私鑑定または私的鑑定といい，提出された書面は私鑑定書または意見書などと呼ばれる。

これが本条以下に規定された鑑定と同一でないことは言うまでもない。したがって書証の一種と位置づけることとなる。日本法は，例えば訴訟提起後に作成された書面に証拠能力を認めないなどといった証拠法則を採用していないので，議論のあるところだが[9]，いわゆる陳述書などと同様に，適法であることも当然である。

しかし実質的には，例えば陳述書が証人尋問に完全に代替してしまえば反対尋問権の侵害となり得るように，一方当事者の依頼と提供資料に基づいて得られた専門家の見解であることに留意した取扱いをすべきである。自由心証主義の下で，私鑑定の証拠価値は裁判官の専権的評価に委ねざるを得ないが，当事者間に実質的に争いがある点に関して，私鑑定を証拠として認定する場合には，私鑑定を実施した専門家を証人尋問するなど，相手方当事者に争う機会を与えるべきであろう。

私鑑定の提出時期に関して，私鑑定が証拠方法としてよりも争点整理のため

---

8)　仲裁鑑定契約の効力につき，兼子・体系255頁，新堂〔5版〕601頁，伊藤〔4版〕350頁など参照。

9)　中野貞一郎「私鑑定について」判タ642号〔1987〕27頁以下は，一般の書証ではなく当事者の陳述の一部として扱うべきことを説く。その後，原則として書証と扱うことを是認されつつ，本来の鑑定申請を優先すること，証拠評価において特殊性を十分斟酌されるべきと改説されている。同「鑑定の現在問題」同・民事手続の現在問題〔1989〕141頁，特に176頁以下参照。また，木川統一郎教授は，私鑑定の書面を証拠資料としてではなく主張書面として扱うべきだとされるが，その場合には当事者が書証としてではなく準備書面の一部をなすものとして提出する扱いを求めるという。木川統一郎「争点整理過程で提出された私鑑定書の取扱いについて」同編著・民事鑑定の研究〔2003〕83頁以下，特に88頁注3参照。このほか，旧注釈民訴(6)419頁以下〔太田勝造〕も参照。

〔町村〕

の資料として有用だとの観点から，あるいは証拠調べとして実施した鑑定に対する反論として私鑑定の提出を繰り返しては際限がなくなり，集中審理主義にも反するという観点から，私鑑定書はできるかぎり早期に，遅くとも裁判所の鑑定が実施される前に提出することが望ましいと論じられている[10]。

4 沿革

我が国民事訴訟法の鑑定制度は，大陸法に起源を有する。

大陸法において，専門家の知見を裁判に利用する現象はローマ法に遡り，中世のカノン法やゲルマン法においても実例が見られる[11]が，詳細な手続を定めたのは，フランスの1667年ルイ王令[12]においてであった。これはその後1806年の民事訴訟法典[13]に受け継がれた。

ドイツでは，1877年に統一された民事訴訟法典（CPO）が制定され，鑑定に関しても整備された[14]。我が国における明治23年の旧々民訴法は，このCPOを継受したものである。

旧々民事訴訟法の鑑定に関する規定は，現在と同様に証拠調べの1つとされていたが，鑑定人の選任を裁判所が行うとしつつも当事者が鑑定人を指名したり，合意により任命するとの規定が設けられていた（旧々324条）。他方，裁判所は複数の鑑定人を選任し，共同鑑定を行わせることも可能であった（旧々330条）。なお，鑑定人に対する旅費日当，鑑定料等は国庫から支給されていた（旧々332条1項）。

大正15年の民訴法改正に際しては，当事者の鑑定人指名や合意による選任

---

10) 証拠法大系(5)8頁〔高橋譲〕。なお，石川正＝加藤新太郎＝高橋宏志＝森脇純夫「（座談会）現代型訴訟と鑑定——私鑑定も含めて」NBL782号〔2004〕4頁以下参照。
11) 杉山・前掲注3) 8頁以下参照。
12) 塙浩「ルイ14世民事訴訟王令（1667年4月）(1)」神戸法学雑誌24巻2号〔1974〕165頁に翻訳がある。鑑定に関する規定は，第21章第8条から第15条までにある。
13) いわゆるナポレオン法典として制定された。邦訳としては，若林安雄「1806年フランス民事訴訟法典（仮訳）(1)(2)」近大法学30巻3＝4号〔1983〕73頁以下，32巻2＝3＝4号〔1985〕43頁以下のほか，法協78巻1号〔1961〕から90巻11号〔1973〕までに翻訳が掲載されている。鑑定に関する302条以下は法協84巻11号1524頁以下にある。
14) ドイツ民事訴訟法における鑑定については，杉山・前掲注3) 8頁以下，木川編著・前掲注9) 特に356頁以下，431頁以下など参照。

第4節　鑑定　　　　　　　　　　　　　　　　　　　　　§212 I

が廃止された。また鑑定にかかる費用は当事者の訴訟費用として，申立当事者が予納すべきものとされた。

　平成8年の現行民訴法制定に際しては，鑑定人の負担軽減を目的として書面宣誓が導入された（規131条2項）ほか，鑑定の充実のための審理立会い・発問権（規133条），鑑定事項を定める手続規定（規129条）が設けられた。

　その後，司法制度改革審議会意見書における鑑定制度の改革提言に対応して，平成15年の民訴法改正において，訴え提起前の証拠収集制度および専門委員制度の創設と同時に，鑑定制度の改善が図られた。具体的には補充鑑定の可能性を明確化し（215条2項），証人尋問規定の包括的準用を改めて鑑定人質問の制度を設け（215条の2），テレビ会議システムの利用範囲を拡大した（215条の3）。

5　鑑定の対象および要否

　鑑定の対象となるのは，証拠調べ一般についてと同様に，まず事実の存否である。このほかに問題となるのは，国内法令・地方条例等，その解釈，外国法令とその解釈，慣習（法），そして経験則が挙げられる。これらは裁判三段論法でいう大前提に位置づけられ，裁判所の職責として知っているべきものと解されるが，国内法令はともかく，地方条例や外国法令等は実際問題として裁判所が知っているとは期待できない。また経験則や慣習の存在についても，専門的な分野に属するものは裁判所が知っているべきものということもできない。したがって，証明の対象となり得るし，その証拠調べの方法として鑑定の対象となり得る。

　ただし，鑑定による証明の必要性があるかどうかは，また別の問題である。事実の存否とは異なり，本来は裁判所の職責として調査すべき事柄であるとすれば，いわゆる厳格な証明による必要はなく，自由な証明で足りる。地方条例等は各地方自治体において例規集をオンラインで公開している例も多く，そうでなくとも調査嘱託（186条）により調査する方が鑑定によるよりも適切と考えられる。

　外国法およびその解釈に必要な事実の収集も同様に調査嘱託によることが考えられるが，当該外国法に通じた専門家に鑑定を依頼した方が適切かつ効率的な場合もあろう。その場合には鑑定によることとなるが，その場合でも適用す

〔町村〕　347

べき法令についての調査は証拠調べによる必要はない。釈明処分として，職権で鑑定を命じることも可能と解される。

　専門的な内容の経験則およびそれに基づく事実の存否は，証拠調べとしての鑑定を必要とするのが原則である。専門的とはいえない経験則や事実の存否の判断は，鑑定を要せず，裁判所の知識判断によることができる[15]。これに対して，専門的な知見でありながら，裁判所がそれを知っていた場合に，鑑定によらないで自らの知見を裁判に利用して良いかという問題がある。原則的には，裁判所自らが調査すべき事柄である以上，裁判官個人の知見を用いることも適法と考えられる[16]。しかし，たまたま担当裁判官個人が専門家として知っていただけで，両当事者が当該専門的知見をめぐって争っており，上訴された場合の上級審裁判官も共通の知識を有するとは期待できない場合は，その判断根拠が訴訟資料中にあることが必要である。したがって，裁判官個人の知識を用いることができるのは，裁判所に顕著な事実（179条）と同様に，専門的知見が裁判所に顕著といえる場合に限られると解すべきである。

II　鑑定義務

1　義務の性質

　本条1項は，旧302条1項を引き継いで鑑定義務を定める。旧々326条も同趣旨であった。証人義務（190条）や文書提出義務（220条）などと同様に，我が国の主権の一部である裁判権に服する者が国籍にかかわらず負う，国家に対する公法上の義務と解されている[17]。

　この義務の趣旨は，民事裁判の適正を図るためというのが一般的な理解だが，司法的判断が特定の専門分野における行為基準を作り上げる機能を果たすことから，その専門分野に従事する専門家が積極的に鑑定の義務を尽くすことが望ましいとの観点で鑑定義務を理解すべきとの見解[18]もある。

---

[15]　大判明36・3・6民録9輯242頁，大判昭17・7・31新聞4795号10頁，最判昭28・11・20民集7巻11号1229頁，最判昭36・4・28民集15巻4号1115頁など参照。
[16]　秋山ほかIV 281頁，野田・前掲注3）153頁以下参照。
[17]　菊井＝村松II 561頁。
[18]　証拠法大系(3)9頁以下〔高橋〕。

第4節　鑑定　　　　　　　　　　　　　　　　　　　　　　　§212 Ⅲ

　鑑定義務が生じるのは「鑑定に必要な学識経験を有する者」についてである。鑑定の対象分野に職業として関わっている必要は必ずしもなく[19]、職業として関わっていれば足りるものでもない。鑑定事項によっては極めて狭い専門的な学識経験が必要とされることもある。結局，鑑定事項に応じて裁判所が鑑定人候補者の適否を判断するほかはない。なお，鑑定人に指定された者が他に適任者がいることを理由に辞退することは許されないと解されている[20]。

2　義務の内容

　鑑定人は，期日に出頭し，書面または口頭により宣誓をし，良心に従って誠実に鑑定を実施し，鑑定結果を書面または口頭で報告し，鑑定人質問を受ける義務を負う。

　鑑定人が正当な理由なく出頭しない場合，宣誓を拒む場合，鑑定拒絶に正当な理由がないとする裁判が確定した後にもなお正当な理由なく鑑定を拒む場合には，制裁が規定されている（216条による192条および193条準用）。ただし，証人と異なり代替性があるほか，出頭を直接強制しても鑑定の実施を直接強制することはできないので，勾引の規定は準用されていない[21]。

Ⅲ　鑑定人適格

1　本条2項の趣旨

　鑑定は，公正かつ中立的な第三者が，その専門的知見およびそれに基づく判断を裁判所に提供するものであるから，その公正中立を害する事情があるときや専門的知見の提供が期待できない場合は，学識経験のある者であっても適格を有しない。本条2項は，この趣旨の下で，欠格事由を定めた。旧302条2項，および旧々327条も同趣旨である。

　鑑定人について誠実に鑑定をすることを妨げるべき事情があるときは，本条のほかに忌避制度（214条）も用意されている。

　証人の場合は証言するかしないか，証人の側で決めることができ，あるいは

---

19)　大判昭9・12・21新聞3823号7頁。
20)　証拠法大系(5)9頁〔高橋〕，秋山ほかⅣ294頁，菊井＝村松Ⅱ561頁。
21)　216条に証人の勾引を定めた194条が準用されていない。旧法には勾引の不適用を定めた旧303条がおかれていた。

宣誓しないで証言する余地を認めているが，鑑定の場合は鑑定させるか否かの二者択一となっている[22]。旧法の立法時の説明では宣誓をさせないで鑑定をさせることは望ましくなく，鑑定人には代替性があるということが理由として述べられている[23]。

2 欠格事由

(1) **196条の規定により証言を拒むことができる者と同一の地位にある者**

196条は，証人自ら，または証人と一定の親族関係にある者もしくは後見人・被後見人の関係にある者の刑事訴追または有罪判決を受けるおそれのある事項について，あるいはそれらの者の名誉を害するおそれのある事項について証言拒絶権を定めたものである。証言拒絶権の場合は特定の事項との関係で証言を拒めるとしたもので，拒絶は証人の権利であるとともに証人となること自体を拒むことはできない。これに対して鑑定人の場合は，そのような事情が認められる場合に誠実な鑑定をすることを期待できないので，本人の意思にかかわらず欠格事由としたものである。このように鑑定事項との関係で個別的に欠格事由を定めることについては，むしろ裁判官の除斥のように画一的に決するべきとの批判がある[24]。

(2) **201条4項の規定により宣誓を拒むことができる者と同一の地位にある者**

201条4項は，証人自身または証人と196条各号に規定する一定の親族関係にある者に「著しい利害関係のある事項」について宣誓拒絶権を定めたものである。鑑定の場合に欠格事由としたのは上記(1)と同趣旨である。

(3) **201条2項に規定する者**

201条2項は，16歳未満の者または宣誓の趣旨を理解することができない者に宣誓をさせることを禁止している。鑑定人の欠格事由としたのは，鑑定を行う能力に欠けるとして定型的に定めたものであり，特に年齢による制限は実際の能力とかかわりなく適格がないとされる。もっとも，特定の専門知識を有する者が年少者である場合に，その年齢により一律に欠格事由とすることには疑問がないわけではない。専門知識の有無よりも，年少者には「誠実な鑑定」を

---

22) 旧注釈民訴(6)426頁〔太田勝造〕参照。
23) 民事訴訟法改正調査委員会速記録〔1929〕595頁参照。
24) 兼子ほか・条解〔2版〕1156頁〔松浦馨＝加藤新太郎〕。

期待できない場合があり，罰則をもって「誠実な鑑定」を求めることは酷であるとの理由によるものであろう。

3　欠格事由がある場合の処理

裁判所は，鑑定人に指定しようとする者に本条2項の事由があるかどうかを予め調査しなければならない。この際，少しでも疑念がある場合は鑑定人に指定することを差し控えるべきとされている[25]。

裁判所が欠格事由の存在に気が付かず，鑑定人として指定した後に欠格事由が判明した場合には，その指定を職権で取り消す。既に鑑定意見が提出されている場合も同様で，その鑑定意見は証拠能力を欠く[26]し，その鑑定意見に基づいて下された判決は違法なものとして取り消されるべきである[27]。

〔町村泰貴〕

---

[25]　菊井＝村松Ⅱ562頁，秋山ほかⅣ295頁。
[26]　法律実務講座(4)310頁，兼子ほか・条解〔2版〕1156頁〔松浦＝加藤〕。
[27]　秋山ほかⅣ295頁。

§213 Ⅰ・Ⅱ

（鑑定人の指定）
第213条 鑑定人は，受訴裁判所，受命裁判官又は受託裁判官が指定する。

Ⅰ 本条の趣旨

本条は，鑑定人の指定を裁判所において行うと定めている。鑑定も証拠調べの一種として弁論主義に服するので，鑑定の実施は基本的に当事者の申出に基づいてなされるが，証人と異なり鑑定人を特定するのは当事者ではない。このことは，鑑定が裁判所の事実認定を補助する目的を有することの現れである。

鑑定人の指定について旧々法324条3項が，当事者双方が一定の者を鑑定人とすることに合意したときは裁判所はこの合意に拘束されると規定していた[1]が，旧法以来この規定は削除されて今日に至っている。したがって，現行法上は鑑定人の選定に際して当事者の合意があっても，裁判所はこれに拘束されないと解される[2]が，実務上はその者を不適当と認めるべき特別の事情がない限り，その者を鑑定人に指定することが多いとされている[3]。

なお，当事者の一方が候補者として指名し，他方がこれに反対している場合にも，裁判所がその候補者を鑑定人に指定することは適法である。もっとも他に適切な鑑定人がいるか，あるいは証明方法として鑑定による必要がなければ別であり，また忌避の可能性の有無は予め慎重に検討すべきであろう。

Ⅱ 鑑定の申出

1 職権による鑑定の可否

鑑定は証拠調べの一種であるので，弁論主義の下では当事者の申出を必要とする。職権による鑑定が許される場合としては，釈明処分としての鑑定（151条1項5号）および検証に際しての鑑定（233条）がある。このほか，職権探知

---

1) なお，ドイツ民事訴訟法404条4項参照。
2) 菊井＝村松Ⅱ 564頁，兼子ほか・条解〔2版〕1027頁〔松浦馨＝加藤新太郎〕，旧注釈民訴(6) 432頁など〔畑郁夫〕。
3) 秋山ほかⅣ 301頁。

主義をとる人事訴訟（人訴20条）や行政訴訟（行訴24条）では可能だが，一般の鑑定においては許されていない[4]。

当事者の申出が必要だとしても，鑑定申出をするかどうかについて釈明義務があるとされることもあり得る。裁判例に現れたところでは，文書の真正な成立が争われたので筆跡鑑定の申出をしたところ，一審裁判所は鑑定を不必要として真正な成立を認めたが，控訴審ではその真正な成立を認めず，それにもかかわらず鑑定申出をするかどうか釈明しなかった点が違法とされたものがある[5]。

2 鑑定申出の手続

鑑定の申出は，180条に基づき証明すべき事実を特定するほか，これと証拠との関係を具体的に明示した書面（規99条）を提出してする。鑑定についてはさらに，鑑定を求める事項を記載した書面を裁判所に提出する（規129条）。通常は鑑定申出書と同時に提出され，いずれも相手方に直送することとなる（規99条2項および同129条2項）が，やむを得ない事情があるときは，鑑定を求める事項を記載した書面については裁判長の定める期間内に提出すれば足りる（規129条1項但書）。鑑定事項については後記Ⅲ参照。

3 鑑定申出の時期

鑑定の時期を定めた規定はない。適時提出主義（156）の下で，適切な時期に申し出るべきである。

いかなる時をもって適切というかは，事案と鑑定の内容によりケースバイケースだが，一般には，訴訟の早い段階で鑑定を実施し，鑑定人とともに争点整理も行うという考え方と，鑑定を行う前提事実が十分明らかになってから鑑定人を指定して鑑定を行うという考え方とがあり得る。後者の考え方は，鑑定の前提事実が最終的に裁判所の認定事実と異なることとなれば，鑑定を行った意

---

[4] これに対して，鑑定は裁判所の事実認定能力を補助するものとの位置づけから，職権鑑定を可能とする見解も有力である。三ヶ月・全集418頁以下，中野貞一郎・過失の推認〔1978〕147頁，澤野順彦・民事裁判と鑑定〔1982〕27頁，栂善夫「科学裁判と鑑定」講座民訴(5)247頁以下，特に253頁以下参照。

[5] 最判平8・2・22判時1559号46頁。もっとも，この判決は鑑定申出に関するものというよりは，証拠申出一般に関するものというべきであろう。

味が乏しく有益な鑑定結果が得られないこと、鑑定人の負担が重くなることなどから、早期に鑑定人を選任することは適当でないこと、争点整理に関与した鑑定人の意見に反対の当事者が証拠調べとしての鑑定に反対することもないとはいえないとの理由による[6]。

　もっとも現行法は、鑑定人の負担軽減[7]に意を尽くしながらも、鑑定人が審理に立ち会い証人等に発問する機会を設けるなど、早期に鑑定人を選任する方法を予定した規定をいくつかおいている（民訴規129条の2による鑑定事項に関する協議、民訴規133条による発問など）。そうしたやり方と、平成15年改正により導入された専門委員が関与した審理の方法とは類似する。平成8年の段階で構想された鑑定人早期選任のやり方は、専門委員制度に受け継がれ、発展したともいえる。もっとも専門委員が関与する事件類型は限られているので、それ以外の場面ではなお、鑑定人が早期に選任され、争点審理や証拠調べにも関与した上で鑑定作業を行うという審理方法が可能かつ有効な場合があると考えられる。そこでこうしたやり方をとるのであれば、審理の早い段階で鑑定を申し出て、鑑定人を選任し、必要に応じて期日に関与させることとなる[8]。

　これに対して鑑定の前提事実が明らかになった段階で、特定された鑑定事項についての検討を鑑定人が行い、鑑定書を提出し、必要に応じて質問に答えるという方式であれば、鑑定申出の時期も審理の終盤ということになる。

4　鑑定申出の採否

　鑑定申出に対する採否も、一般の証拠申出と同様に裁判所がその必要性を評

---

[6]　証拠法大系(4)23頁以下〔石井浩〕参照。例えば大阪地裁医事部においては、「争点整理が十分にされていない事案で鑑定を行うと、鑑定人に事案の判断をすべて委ねてしまうことになりかねないこと、鑑定後に主張の変更や、前提事実の変化があった場合、当該鑑定が無駄になりかねないこと、鑑定には長時間を要することなどからすれば、鑑定は、原則として、集中証拠調べ後に行うのが相当である」としている。大阪地方裁判所第17、第19、第20民事部「大阪地方裁判所医事部の審理運営方針」判タ1335号〔2011〕5頁、特に18頁参照。

[7]　例えば書面宣誓（規131条2項）、映像の送受信による鑑定人質問（215条の3）の規定は鑑定人の負担軽減を意図して規定されたものである。

[8]　なお、大阪地裁医事部では「早期に鑑定を行い、事案の前提となる点を確定した方が事案の解決に有用である場合」に、早期鑑定を実施するとしている。大阪地方裁判所第17、第19、第20民事部・前掲注6）18頁。

第4節　鑑定　　　　　　　　　　　　　　　　　　　　§213 III

価する (181条)9)。ただし，鑑定が専門的知見について裁判所の判断能力を補充するものという性格から，唯一の証拠として鑑定申出がなされた場合に却下することは許されるか，という問題がある。判例には，鑑定が裁判所の判断能力を補助するものであることを理由として，唯一の証拠方法かどうかにかかわらずその申請を容れなくとも違法ではないとしたものがある10)。もっとも，鑑定は当事者の証明手段の1つでもあるのであるから，裁判所の判断能力を補充するという性格があるとしても，当事者の証拠提出権の最低限の保障としての唯一の証拠法理の適用が排除されるという論理必然性はない。唯一の証拠法理自体，形式的に唯一であれば必ず取調べを要するわけではなく，例外的に取調べを要しない場合は認められている11)。鑑定の場合も，他の証拠方法と特段区別して扱う必要はないと考えられる。

III　鑑定事項の決定

鑑定事項を適切に定めることは，有益な鑑定結果を得るためのキーポイントとされている。

鑑定は一方当事者の申出により行われる証拠調べであるから，本来であれば鑑定事項も申出当事者が一方的に定めるのが原則的なあり方である。しかし裁判所の心証形成に寄与する有益な鑑定結果を得るためには，その事件における争点や心証の程度に応じて適切な事項について鑑定を求める必要がある。また，鑑定を求める対象の選択によっては，事案に適切な結果が得られたり，得られなかったりする。その対象を適切に特定すること自体も，しばしばその分野の専門的知見を必要とする場合がある。

そこで，民事訴訟規則は，鑑定申出当事者に「鑑定を求める事項を記載した書面」の提出を求め，その相手方に直送させ，相手方からもこの書面に対する

---

9)　鑑定が専門的とはいえない事項について申し出られた場合には，裁判所自らの知見に基づいて審理判断すれば足りる。ただし，一般に顕著とはいえない専門的知見について，たまたま裁判官個人が知識を有している場合には，当事者間の争点に関する限り，鑑定によることが必要と考えられる。この点については，→ §212 I 5参照。

10)　大判大3・11・9民録20輯907頁，大判大3・12・11民録20輯1076頁。

11)　旧注釈民訴(6)156頁以下〔矢吹徹雄〕が詳しい。

〔町村〕　355

意見を求め，双方の意見を踏まえた上で裁判所が鑑定事項を決定するものとしている（規 129 条）。この規則は，旧法の下での実務を明文化したものとされている[12]。

なお，鑑定を申し出る当事者が提出する「鑑定を求める事項を記載した書面」は，証人尋問の際の尋問事項の要領を記載した書面と異なり，2 通提出する必要はない。証人尋問事項の要領を記載した書面は裁判所に提出するものと証人の呼出状に添付するものとが必要であるところ，「鑑定を求める事項を記載した書面」は，それが鑑定人に送付されるわけではなく，鑑定人には裁判所が作成する鑑定事項を記載した書面が送付されるためである[13]。

さらに，鑑定事項の決定には当該分野の専門的知見が必要だということから，鑑定人の意見を聴いた上で鑑定事項を定めるという実務も行われていた[14]。平成 15 年の改正ではこの実務を取り入れ，「口頭弁論若しくは弁論準備手続の期日又は進行協議期日において，鑑定事項の内容，鑑定に必要な資料その他鑑定のために必要な事項について，当事者及び鑑定人と協議をする」可能性を開いた（規 129 条の 2）。書面による準備手続でも同様である（同条後段）。

以上の規定によれば，鑑定の申出当事者から鑑定を求める事項を記載した書面が提出され，これについて相手方当事者の意見を踏まえて裁判所が鑑定事項を決定し，これを前提として鑑定人を指定して鑑定事項を記載した書面を送付するのが通常の流れだが，そのバリエーションとして，鑑定事項を確定しないで鑑定人を指定することや，鑑定人指定前に定めた鑑定事項を，その指定後に変更することも許容されていると解される。

IV 鑑定人の指定手続

1 鑑定人の選定

鑑定人の具体的な人選は裁判所の責任において行うが，鑑定を求める事項に関する専門家についてあらかじめ情報を得ている[15]のでなければ，容易ではな

---

12) 条解規則〔初版〕278 頁。
13) 条解規則〔初版〕279 頁以下参照。
14) 前田順司ほか「専門的知見を必要とする民事訴訟の運営」司法研究報告書 52 輯 1 号〔2000〕101 頁参照。

第4節　鑑定　　　　　　　　　　　　　　　　　§ 213 Ⅳ

い。

　当事者双方が特定の者を鑑定人にする旨の合意をし，あるいは一方当事者の指名する者に他方当事者が争わない場合は，その者が鑑定を行うのに必要な学識経験を有すると判断される限り，その者を指定できる。そのような候補者が存在しない場合は，鑑定を求める事項を専門とする大学，商工会議所，同業組合，研究機関その他の団体に推薦を依頼することもある[16]。

　さらに，旧法時代から各裁判所が公私の研究所その他の専門団体の分野別名簿等を入手したうえ適宜の情報を個別に集め，あるいは最高裁事務総局が各高裁・地裁からの報告を得て「民事事件鑑定等事例集」を刊行し，各裁判所に配布して鑑定人名簿としての活用にも用いられていた[17]。

　現行法施行直後に行われたアンケート調査では，鑑定人を見つける方法として多い順に，①大学，学会，建築士会その他の団体に推薦依頼をした，②最高裁配布の鑑定等事例集を参考にした，③当事者からの推薦によった，④庁単位で集積した鑑定事例を参考にした，⑤調停委員に相談した，⑥論文，文献等を見て，その著者に依頼した，⑦部または係単位で集積した鑑定事例を参考にした，⑧調査官に相談した，⑨裁判所内の診療所の勤務医に相談した，という例が挙げられている[18]。

　もっともこうした実務運用上の工夫にもかかわらず，適切な鑑定人を選定することは困難な課題であり，このことは訴訟遅延の一因として改善の必要性が指摘されてきた[19]。

---

15)　例えば賃料をめぐる紛争に関しては，不動産競売手続で評価人の候補となっている不動産鑑定士の中から適任者を選んで鑑定人に指定することがあるとされている。証拠法大系(4) 17頁〔石井〕参照。

16)　菊井＝村松Ⅱ 565頁。

17)　旧注釈民訴(6) 436頁〔畑〕。具体的には，民事裁判資料として昭和49年から刊行されている。

18)　前田ほか・前掲注14) 115頁以下。

19)　司法制度改革審議会意見書17頁以下。そこでは専門的知見を要する事件における鑑定制度の改革として，「鑑定人名簿の整備，専門家団体との連携，最高裁判所において準備を進めている医事関係訴訟委員会，建築関係訴訟委員会の新設など，鑑定人選任プロセスを円滑化することを含め，鑑定制度を改善すべき」と提言されていた。同18頁。

〔町村〕

§213 Ⅳ　　　　　　　　　　　　　　　　　第2編　第4章　証拠

2　鑑定人リスト

　適切な鑑定人を選定することの困難性は，旧法時から特に医療事故関係訴訟などについて指摘されており，鑑定人候補者をリストアップする制度が提唱されてきた[20]。

　裁判上の鑑定人候補者をリストアップする例は，ドイツにおいて商工会議所等が一定の実務経験等の基準を満たす者から試験によって選任される「公選鑑定人制度」や，フランスにおいて破毀院および各控訴院が管内の専門家を裁判上の鑑定人として名簿に登載する制度など[21]が存在する。特にフランスでは，現在の民事訴訟法典が制定されたのとほぼ同時期の1971年に，法律[22]で鑑定人リストの作成を規定し，2004年には大幅な改正[23]をして，民事と刑事に共通の鑑定人リストを作成している。

　こうした内外の状況に基づき，平成13年には医事関係訴訟委員会規則[24]および建築関係訴訟委員会規則[25]が制定された。これらの規則に基づき，受訴裁判所からの鑑定人選定依頼を受け，それぞれの委員会が関係学会への推薦依頼を行い，その推薦に基づいて鑑定候補者を受訴裁判所に返す手続が設けられた。関係学会は，医事関係訴訟の場合は事件ごとの専門領域に応じて多数に及ぶので，そのいずれを推薦依頼先とするかについて医事関係訴訟委員会の医師委員が行うとされているが，建築関係訴訟の場合は，日本建築学会の下に設けられ

---

20)　加藤一郎＝鈴木潔監修・医療過誤紛争をめぐる諸問題〔1974〕317頁，前田ほか・前掲注14）125頁以下。なお，借地借家法41条以下に定められた借地非訟事件に関しては，同法47条の鑑定委員会を構成する鑑定委員として，あらかじめその候補者をリストアップする制度が設けられていた。この点については鑑定委員規則（昭和42年最高裁規則4号）が制定されている。

21)　前田ほか・前掲注14）29頁以下および44頁以下参照。清水宏「ドイツにおける鑑定人確保のための方策について」木川統一郎編著・民事鑑定の研究〔2003〕258頁以下，生田美弥子「フランス民事鑑定と鑑定人リスト」同書283頁以下など参照。

22)　Loi n° 71-498 du 29 juin 1971 relative aux experts judiciaires.

23)　Loi n° 2004-130 du 11 février 2004 réformant le statut de certaines professions judiciaires ou juridiques, des experts judiciaires, des conseils en propriété industrielle et des experts en ventes aux enchères publiques.

24)　平成13年最高裁規則5号。

25)　平成13年最高裁規則6号。

第4節　鑑定　　　　　　　　　　　　　　　　　　§213 Ⅳ

た司法支援建築会議[26]）が推薦依頼先となっている。

3　鑑定人の数

鑑定人の数を定めた規定はなく，1つの鑑定事項に対して1人という場合もあれば，複数人が同一の鑑定事項について指定されることもあり得る。

複数の鑑定人が同一の鑑定事項について指定された場合も，共同して意見を述べる場合と各別に意見を述べる場合とがあり得る（規132条）。そのいずれの方式によるかは，鑑定事項の性質や重要性などに照らして裁判所が決定するが，当事者の希望も斟酌するのが妥当だとされている[27]）。

近時は，実務運用上の工夫として複数の鑑定人を同一の鑑定事項について選任する方法が用いられるようになった[28]）。すなわち，複数の鑑定人に対してアンケート方式で専門的知見を答えてもらう方式[29]）や，数名の専門家が一堂に会して鑑定事項に関する議論を行い，それぞれの見解を述べて鑑定意見とするカンファレンス方式[30]）などが行われている。特にカンファレンス方式は医療事故訴訟を扱う東京地裁の医療集中部において活用されており，原則として3名の鑑定人が事前に鑑定事項に関する意見を簡潔な書面にまとめて提出し，口頭弁論期日において口頭で鑑定意見を陳述し，鑑定人質問に答えるというやり方で定着している。

---

26) この組織については http://news-sv.aij.or.jp/shien/s0/ 参照。それによれば，平成25年1月段階で全国9カ所の支部を設け，359人の会員が組織されている。
27) 秋山ほかⅢ 302頁。
28) 詳細は，→ §215 Ⅵ参照。
29) 前田順司「医療訴訟におけるアンケート方式による鑑定の試みについて」判夕1068号〔2001〕52頁，前田ほか・前掲注14）98頁以下および169頁以下，証拠法大系(5) 59頁以下〔前田順司〕など参照。
30) 秋山ほかⅣ 303頁，証拠法大系(5) 60頁以下〔前田〕，大谷禎男ほか「東京地裁医療集中部における訴訟運営に関する協議会」判夕1119号〔2003〕48頁以下，池町知佐子「医療訴訟における鑑定」畔柳達雄＝高瀬浩造＝前田順司編・医療裁判処方箋〔2004〕63頁以下，福田剛久＝高瀬浩造編・医療訴訟と専門情報〔2004〕125頁以下，釜田ゆり＝山田哲也＝小川卓逸「東京地裁医療集中部における事件の概況」民事法情報213号〔2004〕23頁，秋吉仁美「カンファレンス鑑定の現状と課題」法の支配150号〔2008〕4頁，東京地方裁判所医療訴訟対策委員会「東京地方裁判所医療集中部における鑑定の実情とその検証（上）」判時1963号〔2007〕3頁以下など参照。

〔町村〕　　359

4 再度の鑑定人指定

いったん，鑑定人を指定して鑑定意見を述べさせた後に，同一事項について別の鑑定人を指定して鑑定を行わせることがあり得る。これを再鑑定という。

鑑定は裁判所の事実認定に用いる証拠調べであるから，1つの鑑定により心証形成が十分でなければ，第2の鑑定を実施することも可能であり，また鑑定により一方当事者に有利な心証を形成したとしても，反対当事者が別の鑑定により，心証を覆すことも可能である。

もっとも無制限に鑑定を繰り返すことができるわけではなく，他の証拠調べと同様に，必要性の判断は事実審裁判官の専権的な裁量に任されている。特に鑑定結果に当事者が不満だというだけでは，再鑑定を認める理由とはならないであろう[31]。

V 受訴裁判所，受命裁判官または受託裁判官による指定

鑑定人の指定は，受訴裁判所のみならず，受命裁判官または受託裁判官により行うことができる。

大都市においては鑑定人となるべき専門家へのアクセスがそれなりに容易だとしても，大都市以外では裁判所の地元で専門家を見つけることが困難な場合があり得る。そこで，大都市部の裁判所に嘱託して，受託裁判官が鑑定人を指定することが考えられる。また，鑑定人の指定を受訴裁判所が合議体の一員である受命裁判官に行わせることも可能である。

鑑定を受命裁判官または受託裁判官に行わせる場合には，原則として鑑定人の指定も委任する趣旨と理解すべきとの裁判例[32]がある。

〔町村泰貴〕

---

31) この点につき，→§215 V 参照。この点について論じたものとして，木川統一郎＝生田美弥子「再鑑定及び第三鑑定の必要性の基準」木川編著・前掲注21) 536頁以下。
32) 大判大元・12・19民録18輯1056頁，大判大9・11・15民録26輯1785頁。

第4節　鑑定

(忌避)

第214条　① 鑑定人について誠実に鑑定をすることを妨げるべき事情があるときは，当事者は，その鑑定人が鑑定事項について陳述をする前に，これを忌避することができる。鑑定人が陳述をした場合であっても，その後に，忌避の原因が生じ，又は当事者がその原因があることを知ったときは，同様とする。

② 忌避の申立ては，受訴裁判所，受命裁判官又は受託裁判官にしなければならない。

③ 忌避を理由があるとする決定に対しては，不服を申し立てることができない。

④ 忌避を理由がないとする決定に対しては，即時抗告をすることができる。

I　本条の趣旨

　鑑定人については，裁判官および裁判所書記官などと同様に忌避の制度が設けられている。これは，鑑定人が証人などと異なり代替性があることに加え，裁判所の判断作用を補う補助者としての地位を鑑定人が有していることにも由来する[1]。

　ただし，特に鑑定人の代替性については近年のいわゆる現代型訴訟などで代替鑑定人を見い出すことができないケースが見られることから，鑑定人の中立性の要請も一部後退を余儀なくされ，忌避の解釈に影響を与えることが指摘されている[2]。

---

1) 鑑定人の忌避制度は，ドイツ，オーストリア，イタリア，フランス，そして韓国でもそれぞれ民事訴訟法に規定が見られる。民事訴訟法典現代語化研究会編・各国民事訴訟法参照条文〔1995〕504頁以下参照。

2) 旧注釈民訴(6) 443頁以下，特に447頁〔畑郁夫〕参照。

II 忌避事由

1 誠実に鑑定をすることを妨げるべき事情

忌避事由は，「誠実に鑑定をすることを妨げるべき事情」と規定されている。これは裁判官の忌避事由として規定されている「裁判の公正を妨げるべき事情」（24条1項）よりは広く，裁判官の除斥原因として規定されている事由（23条）と同様の事情も含まれる。なお，鑑定人の欠格事由（212条2項）がある者はそもそも鑑定人とはなれないので，忌避手続による必要はない。もっとも欠格事由を看過して鑑定人に指定し，場合により鑑定意見が提出されることも考えられる。この場合は鑑定人の指定の取消しや鑑定意見の証拠能力の欠缺で対処すれば足りるが，当事者が忌避を申し立てて来たときは，これに基づいて処理することも許されよう[3]。

一般に誠実な鑑定をすることを妨げるべき事情とは，当該事件の当事者の一方と友人関係や雇用・取引関係などで密接な関係がある者，当事者の一方の依頼により裁判外で鑑定をしたことがある者，当該事件に利害関係がある者，鑑定対象事項について自らが関与した者，鑑定作業において一方当事者の資料提供のみを受けて，他方当事者の提供する資料を顧みないなどの偏頗な取扱いが見られる者などが挙げられている[4]。

これらは当事者の主観によるものではなく，客観的事情であることが必要である[5]。

もっとも，こうした例示は一応の目安というべきであろう。一方当事者と密接な関係があることといっても欠格事由（212条2項）には当たらないことを前提としており，「密接な関係」の程度は様々である。鑑定作業上の偏頗な扱いも，それによって誠実な鑑定を妨げるべき事情に当たるかどうかの評価は様々

---

[3] 旧注釈民訴(6)430頁〔太田勝造〕参照。

[4] 旧注釈民訴(6)445頁〔畑郁夫〕。このうち鑑定対象事項に自らが関与したとは，例えば医師として自ら行った診療行為について鑑定を行うとか，エンジニアが自ら設計製作に関与した機械の性能について鑑定を行うという場合が例示されている。

[5] 広島高決昭53・4・22下民29巻1～4号247頁，高知地決昭53・4・15判時900号100頁，東京高決平17・5・19判夕1196号311頁。

であり，ケースバイケースの評価をするほかはない。いずれも明確な基準ではなく，またそのうちの複数の事由が挙げられることもあるので，それら多くの要素を総合して判断することになろう。裁判外で一方当事者の依頼による鑑定をしたことがあるという例も，その一事をもって忌避事由に当たると解すべきではなく，実質的な評価の一要素と考えるべきである[6]。

なお，忌避事由がある場合でも，鑑定人に代替性がないときは直ちに忌避を認めるのではなく，その事由の存在を証拠価値の評価において考慮すれば足りるとする見解も有力である[7]。

2 裁判例

(1) 忌避肯定例

いわゆる六価クロム関係訴訟において，鑑定人3名が，いずれも「クロム被害研究会」を構成する医師団の代表世話人ないしメンバーとして原告らの支援活動をしてきたこと，原告被害者らの自主検診と診断書を作成しこれを書証として原告が提出していることを認定し，「誠実に鑑定をすることを妨げるべき事情に該当するものと解する余地がないとはいえない」とした例[8]がある。

また，裁判外で一方当事者の依頼により私的鑑定をしたことを理由に，忌避申立てが認められた事例[9]もある。

(2) 忌避否定例

当事者の一方と競争関係にある病院の院長の職にあったことを鑑定人指定の際に申し出なかったこと，および鑑定人の専門分野が鑑定事項に要する専門知識と異なっていたことは忌避事由に該当しないとされた事例[10]，スモン訴訟において，他のスモン訴訟で統一診断書を作成したり，集団検診を実施したり，

---

6) 石川明〔判批〕判評246号（判時928号）〔1979〕174頁，中野貞一郎「科学鑑定の評価」中野貞一郎編・科学裁判と鑑定〔1988〕44頁なども同旨か。
7) 前掲注6)掲記の論文のほか，秋山ほかIV 308頁以下参照。
8) 東京高決昭56・1・28判時995号58頁。ただし結論は，鑑定意見の陳述後に忌避原因を知ったとはいえないとして，忌避申立てを却下した原決定を支持している。
9) 前掲注3)広島高決昭53・4・22。他方，スモン訴訟における共同鑑定人の一人について，他の事件での統一診断書が訴訟外で私的鑑定をしたことに該当しないとしたものとして，東京地決昭53・11・30判時913号96頁。
10) 東京地決昭63・7・21判時1303号93頁。

スモンの会全国連絡協議会の協力者や構成員であったりすることは未だ誠実に鑑定することを妨げるべき事情には当たらないとする事例[11]などがある。

3 共同鑑定の場合

複数の鑑定人が共同で鑑定を行うものとして指定された場合[12]における忌避事由の考え方に議論がある。すなわち忌避事由の有無は，共同鑑定人の一人一人について各別に判断するのか，それとも鑑定人団全体としての鑑定が不誠実な鑑定となるおそれを要するのか，裁判例も分かれている[13]。

前述の通り，鑑定人の忌避事由は，当事者との身分関係なども含まれるのであるから，共同鑑定人の場合も個々の鑑定人ごとに忌避事由の有無を判断することになる。そして忌避事由が一部の鑑定人にのみ認められる場合に，その鑑定人の意見は論理的に全体の鑑定意見に影響するものというべきであろう。そしてその場合に共同鑑定人のうち忌避事由の存しない者についてまで忌避を認める理由はない。したがって，結局，共同鑑定人の一部のみについて忌避事由の有無を検討し，忌避事由が認められる者のみを忌避することが相当である[14]。

Ⅲ 忌避の手続

1 忌避申立ての時期

忌避申立ては，原則として「その鑑定人が鑑定事項について陳述をする前」にしなければならない（本条1項）。書面による鑑定意見を求める場合は，鑑定人が鑑定書を裁判所に提出する前であればよい[15]。

ただし，忌避の事由が陳述の後に生じた場合，または当事者が忌避事由を陳

---

11) 前掲注9）東京地決昭53・11・30。
12) 共同鑑定については，→ §213参照。
13) 一部の共同鑑定人について忌避事由があることで鑑定人団による鑑定そのものが不誠実な鑑定であるとの疑惑を起こさせる事情が必要だとするものとして，前掲注5）高知地決昭53・4・15，静岡地決昭53・3・10訟月24巻2号310頁（後掲東京高決昭53・5・19の原決定）。これに対して共同鑑定人のそれぞれについて忌避事由の有無を判断し，個々の鑑定人ごとに忌避が認められ得るとするものとして，東京高決昭53・5・19訟月24巻6号1255頁（前掲静岡地決昭53・3・10の抗告審），前掲注3）広島高決昭53・4・22。
14) 結果同旨，菊井＝村松Ⅱ569頁。
15) 仙台高決昭38・7・16下民14巻7号1432頁。

述の後に知ったときは，陳述の後であっても忌避を求めることができる[16]。

　本案判決後，訴訟係属中に忌避事由を当事者が知ったときは，上訴審においてこれを主張することが許されると解される[17]。控訴審であれば，再鑑定などの事実審理を行い，上告審であれば鑑定の結果が判決の結論に影響を及ぼす限り，採証法則違反として破棄事由となる[18]。

　判決確定後は，忌避事由の存在が再審事由とならないので，もはや主張することはできない。

2　忌避申立てと裁判

　忌避申立ては，受訴裁判所または受命裁判官もしくは受託裁判官に対してする（本条2項）。証拠調べとしての鑑定を行う裁判体が自ら鑑定人を指定した場合には問題がないが，鑑定人を指定した裁判体と証拠調べを行う裁判体とが異なる場合は，いずれの裁判体に忌避を申し立てるべきか問題となる。鑑定人の忌避申立ては鑑定人指定に対する異議申立てと位置づけられるので，鑑定人を指定した裁判体に対して忌避申立てをするのが理論的に妥当である[19]。受命裁判官または受託裁判官が鑑定人を指定しても，その任務が終了した後にあっては，受託裁判所に対して申し立てるほかはない。

　忌避申立ては，期日において口頭ですることができるほかは，書面によってする（規130条1項）。期日において口頭で忌避申立てがされた場合は，その旨を期日調書に記載する。

　また，忌避申立てには手数料の納付が必要となる（民訴費3条別表第1・17号

---

[16]　陳述の後に忌避事由を知るに至ったものではないとする例として，前掲注8）東京高決昭56・1・28。

[17]　当事者が知らなかったことに過失があっても忌避申立てができるとするものとして，旧注釈民訴(6)448頁〔畑郁夫〕。

[18]　秋山ほかⅣ312頁参照。

[19]　同旨，旧注釈民訴(6)450頁〔畑〕。秋山ほかⅣ312頁，兼子ほか・条解〔2版〕1031頁〔松浦馨＝加藤新太郎〕。ただし，旧法時の立法者は「何も鑑定人の選任したる裁判所に限ると云ふ趣意ではない」と説明し，証拠調べを行う裁判体でもよいという見解であった。『民事訴訟法改正調査委員会速記録』〔1929〕605頁〔松岡義正〕。これに基づいて証拠調べを行う裁判体が忌避の裁判をするものと解する見解として，法律実務(4)311頁などがある。

〔町村〕

イ)。

　忌避事由は，疎明しなければならない（規130条2項）。裁判官の除斥・忌避申立てについては申立てをした日から3日以内という疎明の期間が定められている（規10条3項）が，鑑定人の忌避には規定がない。あえて規定をおかなかった趣旨は明らかでないが，相当期間内に疎明されない場合はそのことを理由に却下できるものと解されている[20]。

　忌避申立てを理由ありとする決定により，鑑定人の指定は遡ってその効力を失うものと考えられる。したがって鑑定意見の陳述または提出前に決定がなされたときは，鑑定人としての地位を失い，鑑定作業を続行することができなくなる。鑑定意見の陳述または提出後に忌避を認める決定がなされたときは，その鑑定意見を証拠資料から排除することになる。

3　不服申立て

　鑑定人の忌避申立てを認める裁判に対しては，不服申立てができない（本条3項）が，忌避申立てを却下する裁判に対しては即時抗告をすることができる（本条4項）。

　忌避申立てを認める決定に不服申立てが認められないのは，忌避申立てをした当事者の相手方にとって，他の鑑定人により鑑定がなされれば足りるし，忌避された鑑定人には，自らを鑑定人とすることを求める正当な利益がないためである。独立した不服申立てが認められないのみならず，上訴審で忌避申立てを認めた決定の不当を理由として判決を攻撃することもできない[21]。

　忌避を理由なしとする決定に対しては，忌避申立てをした当事者が即時抗告をすることができる。受命裁判官または受託裁判官が忌避申立てを却下する決定をした場合は，当事者はまず受訴裁判所に異議を申し立てる（329条1項）。受訴裁判所が異議を却下した場合には，これに対してさらに本条4項に基づく

---

[20] 条解規則〔初版〕281頁。なお，疎明に代えて保証または宣誓をする，いわゆる疎明代用保証・宣誓の制度（旧267条2項）は，現行法の下では存在しないので，ここでの疎明にも保証をもって代えることができるかどうかという議論（菊井＝村松Ⅱ575頁など）は，もはや問題とはならない。

[21] 秋山ほかⅣ315頁。同旨，大判大9・9・10民録26輯1324頁，大判大9・12・2民録26輯1883頁。

第 4 節　鑑定　　　　　　　　　　　　　　　　　　　　§214 Ⅲ

即時抗告をすることができると解すべきであろう。

〔町村泰貴〕

§215 Ⅰ・Ⅱ

（鑑定人の陳述の方式等）
第215条 ① 裁判長は，鑑定人に，書面又は口頭で，意見を述べさせることができる。
② 裁判所は，鑑定人に意見を述べさせた場合において，当該意見の内容を明瞭にし，又はその根拠を確認するため必要があると認めるときは，申立てにより又は職権で，鑑定人に更に意見を述べさせることができる。

Ⅰ 本条の趣旨

本条は，鑑定人の意見陳述の方式として口頭または書面によること，および申立てまたは職権による補充鑑定意見の陳述を規定する。本条に関連して民事訴訟規則は，複数の鑑定人がいる場合に共同して，または各別に，意見を述べること（規132条1項），書面による意見陳述の場合の期間を定めること（同条2項），補充鑑定意見を求める場合に鑑定事項の決定に準じた手続（規132条の2）を定めている。

なお，便宜上，鑑定作業と鑑定人の発問等（規133条）についても，本条の注釈で取り上げることとする。

旧法には，旧308条で意見陳述が書面または口頭によること，および共同または各別にすることが定められていた。現行法は旧308条の一部を規則事項としたほか，現行規則制定時に鑑定人の発問等（規133条）を設けた。そして平成15年民事訴訟法改正およびこれに伴う規則改正の際に，本条2項，規則132条2項，同132条の2が設けられた。

Ⅱ 鑑定作業

1 鑑定のための資料収集

(1) 資料収集の必要性

鑑定人が裁判所の指定を受け，鑑定事項について鑑定意見を形成するには，既に有する専門的知見に加えて，様々な資料を必要とすることがあり得る。鑑定が一般論としての経験則や専門的知見を提供することで足りる場合であれば

第4節　鑑定　　　　　　　　　　　　　　　　　　　§215 II

ともかく，当該事件の事実関係に基づいて，専門的知見を用いて一定の結論を得る作業が求められている場合には，当該事件の事実関係を明らかにする資料が不可欠となる。

(2)　裁判所による資料提供

鑑定人に対する資料の提供は，まず鑑定人を指定する裁判所が行うことが必要である。

訴訟の終盤において，特に集中証拠調期日終了後に鑑定が実施される場合には，争点整理と証拠調べにより得られた事実を鑑定の前提事実とすることができる[1]。この場合には，裁判所において，既に提出された訴訟資料，証拠資料の中から鑑定に必要なものを選択して鑑定資料として鑑定人に送付することとなる。

例えば大阪地裁医事部では，鑑定人に対する送付資料として「鑑定事項のほか，争点整理案，診療経過一覧表，尋問調書，A号証，B号証」が列挙され，準備書面等の主張書面およびC号証は基本的に送付しないとしている[2]。

早い段階で鑑定が実施される場合にも，基本的には鑑定作業の開始時点で裁判所に提出された訴訟資料，証拠資料を基礎として鑑定資料を選択することとなるが，鑑定人が審理に立ち会い，証人等に発問するなどして得た情報も，鑑定のための資料ということになる。

近時の医療事故訴訟において，特に東京地裁が積極的に行っているカンファ

---

[1]　鑑定申出とその実施時期については，→§213 II 2参照。

[2]　大阪地方裁判所第17，第19，第20民事部「大阪地方裁判所医事部の審理運営方針」判タ1335号〔2011〕5頁，19頁以下参照。ここでいうA号証，B号証，C号証について，「A号証は，医療・看護・投薬行為等の事実経過などに関する書証であり，診療録やレントゲンフィルム，各種検査記録，医療行為の経過や根拠に関する陳述書などが含まれる。B号証は，医療行為の評価や一般的な医学的知見に関する書証であり，私的鑑定書（意見書）や医学文献等が含まれる。C号証は，損害立証のための書証及びその他の書証であり，治療費や通院交通費の領収証，給与所得の源泉徴収票，損害内容に関する陳述書や，明確に分類できない書証等が含まれる」とされている。秋吉仁美・医療訴訟〔2009〕113頁以下，味元厚二郎「鑑定」髙橋譲編著・医療訴訟の実務〔2013〕255頁，特に267頁など参照。東京地裁医療集中部で行われるようになった分類法だが，その他の裁判所にも普及しているとされ，例えば大阪地裁でも上記の審理運営方針において取り入れられている。

〔町村〕

§215 Ⅱ

レンス鑑定³⁾では、「争点を整理した主張整理案や診療経過をまとめた診療経過一覧表を交付したり、鑑定のための資料についても、当事者と協議の上、必要な資料を選別」した上で、鑑定人指定後に「主任裁判官と担当書記官とが鑑定人のもとを訪れ、鑑定資料を交付」するとされている⁴⁾。

(3) 鑑定人独自の資料収集

(ア) 資料収集権限

裁判所が鑑定人に鑑定資料を送付する以外に、鑑定人が独自に事実関係を調査し、当事者から資料提供を得ることは許されるであろうか。

特許法など、知的財産諸法におけるいわゆる計算鑑定人については、「当事者は、鑑定人に対し、当該鑑定をするため必要な事項について説明しなければならない」との規定がおかれている⁵⁾。こうした明文の規定がない場合でも、鑑定人は鑑定に必要な資料を自ら収集できるし、収集すべきと考えられている。

裁判例では、営林技手である鑑定人が鑑定事項である実測図の作成にあたり、訴訟手続外で入手した実測図謄本を鑑定の資料としたという場合に、「その一事により直ちに鑑定の結果を採用し得なくなるわけではなく、右実測図謄本は、本件鑑定人がその特別の知識経験により正確と認めて鑑定の資料に採用したものであることが、鑑定書の記載を通じて看取し得る以上、これを使用してなした鑑定を採用したことをもって違法であるとはいえない」と判示したものがある⁶⁾。また鑑定人の忌避が問題となる類型として、一方当事者の提供した資料のみを斟酌して他方当事者の提供した資料を顧みないことというものが挙げられている⁷⁾ところからも、鑑定人が独自に当事者から資料提供を受けることがあり得ることが推察される。

なお、鑑定人が訴外第三者から情報を得ることについては、事実上の証人尋

---

3) このカンファレンス鑑定については、Ⅵ2(2)参照。
4) 東京地方裁判所医療訴訟対策委員会「東京地方裁判所医療集中部における鑑定の実情とその検証(上)」判時1963号〔2007〕4頁。
5) 特許法105条の2参照。同種の規定は種苗法38条、不競法8条にあり、また実用新案法、意匠法、商標法では準用規定がある。
6) 最判昭31・12・28民集10巻12号1639頁。
7) §214 Ⅱ 1参照。

370 〔町村〕

問をさせることにもなるとして，その許否をめぐる見解が分かれているとされる[8]。

ただし，鑑定人に強制力を持った調査権限があるわけではないので，当事者および第三者は資料提出を強制されず，また鑑定人の求めに応じて説明等をすべき義務もない[9]。鑑定人が必要と考える文書の提出を当事者または第三者に拒まれた場合，裁判所にその旨を報告し，釈明権の行使により，または当事者の申立てに基づく文書提出命令により，あるいは文書送付嘱託などにより，当該文書の提出を求める方法がある。動産・不動産の検証についても，裁判所が当事者の申立てに基づき検証を実施し，鑑定人に立ち会わせるといった方法によることとなろう。

(イ) **鑑定作業の規律**

フランス民事訴訟法の鑑定に相当する技術者により行われる証拠調べ[10]では，当事者に証拠調べに対する協力義務が定められ[11]，技術者による証拠調べにおいても当事者には口頭または書面による情報提供義務と文書の伝達義務[12]があり，鑑定人に対する文書提出義務[13]が規定されている。その一方で，裁判官が対審の原則を遵守させ，自らも遵守しなければならないとの規定[14]に基づいて，鑑定作業においても対審の原則が妥当するとされている。具体的には，当事者および第三者は鑑定作業に呼び出され[15]，立会いが認められ，実質的にも当事者の防御権を保障するために専門家代理人を立ち会わせたり，鑑定内容を検証するための資料提供を受け，当事者が意見等を技術者に対して述べる機会が保障される。ただし，秘密保護や鑑定作業に対する妨害の防止などのために，防

---

8) 杉山悦子・民事訴訟と専門家〔2007〕315頁。
9) これに対して信義則上の証拠調べ協力義務を負うとするものとして，兼子ほか・条解〔2版〕1153頁〔松浦馨＝加藤新太郎〕。
10) フランス民事訴訟法典（CPC）232条以下に規定されており，「確認 constatation」，「診断 consultation」，「鑑定 expertise」の3種類がある。
11) CPC11条。
12) CPC242条および243条。
13) CPC275条。
14) CPC16条1項。
15) CPC160条参照。

§ 215 II　　　　　　　　　　　　　　　　　　第2編　第4章　証拠

御権行使が制限されることもあり得る[16]。

　またドイツ民事訴訟法には，鑑定人に対する調査権限の付与および当事者との接触許可を裁判所の権限とする規定[17]がおかれ，また鑑定人の調査作業における当事者公開を認めるのが判例通説であり，立会いを認めない例外も一定の限度で認められている[18]。

　これに対して我が国では，鑑定人の鑑定作業に当事者が立会いを権利として要求できる旨の規定はなく，判例も立会いの機会を与えなくとも違法とはならないとする[19]。学説では，判例に賛成して当事者に公開しなくとも違法とはならないとする見解が一般的[20]だが，鑑定人の調査期日への当事者の呼出しを必要とすべきとする見解もある[21]。

　私見は，まず原則として双方審尋主義は鑑定作業の過程にも及ぶと考えるので，少なくとも一方当事者のみに立会いの機会を与えて，他方当事者にはその機会を与えないとすることは法的に問題があると解する。もっとも，当事者の立会いに適する鑑定作業はそれほど多いわけではなく，例えば土地の境界線確定や不動産の価値評価を行うための現場調査や，再現実験，面接調査など，当事者の立会いに支障がなく，かえって必要な情報を随時提供することで鑑定作業が順調に進むような場合に限られる。その場合は双方とも呼び出して立ち会わせる必要があると解することができようが，それ以外の場合，例えば文献調査による場合や他の専門家との協議などは，必ずしも当事者公開に適さない[22]。

---

16)　フランスの鑑定と当事者の防御権保障または対審原理の保障について，杉山・前掲注8) 215頁以下，木川統一郎＝生田美弥子「鑑定人の鑑定準備作業における当事者公開原則について」木川統一郎編著・民事鑑定の研究〔2003〕457頁以下，同「ドイツ・フランスの民事鑑定から学ぶ」同書356頁以下。

17)　ドイツ民事訴訟法（ZPO）404a条。

18)　杉山・前掲注8) 103頁以下，木川＝生田・前掲注16) 457頁以下，特に471頁以下参照。

19)　最判昭35・3・10民集14巻3号389頁。

20)　旧注釈民訴(6) 467頁〔井上繁規〕は，当事者の立会権を否定しつつ，鑑定意見の信用性を高めるためにできるだけ当事者に立会いの機会を与えることが望ましいとする。

21)　木川＝生田・前掲注16) 457頁以下。

22)　木川＝生田・前掲注16) 464頁では，鑑定準備のための専門知識の深化と題して，当事者公開になじまないとされる。

372　〔町村〕

またフランスおよびドイツにおいて論じられているように，保護されるべき秘密やプライバシーへの配慮，鑑定作業に対する妨害の防止などの事情がある場合には，当事者への公開を避ける必要がある。当事者に非公開，あるいは一方当事者のみと接触してなされた鑑定作業においては，その過程と，そこで得られた鑑定資料を可能な限り両当事者にオープンにすることによって，事後的チェックを可能とすれば足りる。

なお，双方審尋主義に実質的にも抵触するような偏頗な鑑定作業がなされた場合には，鑑定人の忌避事由となり得るほか，鑑定人質問の中で弾劾[23]し，鑑定結果の証拠評価において適切に判断されるべきである。

2 鑑定人の発問

規則133条は，「鑑定人は，鑑定のため必要があるときは，審理に立ち会い，裁判長に証人若しくは当事者本人に対する尋問を求め，又は裁判長の許可を得て，これらの者に対し直接に問いを発することができる」と規定する。

これは現行規則において新設された規定だが，旧法の時代から実務運用として鑑定人が審理に立ち会い，当事者本人や証人に対する必要な事項に関する尋問を裁判長からしてもらうことは可能と解されてきた[24]。実際にも，鑑定人が審理に立ち会って鑑定資料を収集する実務はアンケート調査で明らかとなっている[25]。

そこで規則133条は，従前の実務を前提に，鑑定人が直接の発問も可能とする内容として規定された。なお刑事訴訟規則134条は，3項において「鑑定人は，被告人に対する質問若しくは証人の尋問を求め，又は裁判長の許可を受けてこれらの者に対し直接に問を発することができる」と定めており，規則133条の制定にあたって参考にされた[26]。

鑑定人の求めにより裁判長が証人または当事者本人を尋問する場合は，通常

---

23) もっとも鑑定人質問において鑑定人の偏頗性を浮かび上がらせるような質問は制限される可能性がある。この点は§215の2の注釈参照。
24) 旧注釈民訴(6)466頁〔井上〕。
25) 前田順司ほか「専門的知見を必要とする民事訴訟の運営」司法研究報告書52輯1号〔2000〕101頁参照。
26) 条解規則〔初版〕285頁。

の証人尋問・本人尋問であり，偽証罪等の制裁の対象となる。鑑定人自身が発問する場合も，これと同質のものとして同じく制裁の対象となる[27]。

3 鑑定意見の作成

鑑定意見は，口頭または書面により作成するが，実務上はほとんどの場合が書面により作成される[28]。

書面により鑑定意見を提出させる場合，裁判長は当該書面を提出すべき期間を定めることができる（規132条2項）。

III 鑑定意見の陳述

1 書面による鑑定

(1) 鑑定書の構成

本条は鑑定意見の陳述を口頭で行うか，書面で行うか，裁判長の裁量に委ねている。書面による陳述は，鑑定書を作成してこれを裁判所に提出して行う。

鑑定書は，鑑定意見の結論部分である鑑定主文が記載されるほか，事件番号，事件名，当事者名，裁判所名，鑑定を命じられた年月日，鑑定事項，鑑定理由，鑑定書の作成年月日，鑑定に使用した資料が記載され，鑑定人の署名押印がなされる[29]。

このうち鑑定主文のみが鑑定意見となり，鑑定理由の部分は鑑定意見とはならないとする見解[30]がかつては有力であったが，必ずしもそのように解する合理性はない[31]。むしろ鑑定主文に示された判断の証拠評価を行うには，鑑定理由との整合性も斟酌する必要があり，全体が鑑定意見として証拠資料となると解すべきである。

また，鑑定理由が記載されていなくとも違法ではないとする判例がある[32]。

---

27) 秋山ほかIV 323頁。
28) 前田ほか・前掲注25) 220頁のアンケート結果によれば，口頭による鑑定意見陳述をしたことがあると答えたものがわずかに7件，書面と口頭の併用が1件で，残る133件は口頭による鑑定意見の陳述をしたことはないと答えている。
29) 証拠法大系(5) 29頁〔高橋譲〕。
30) 菊井＝村松II 557頁・579頁，野田宏「鑑定をめぐる諸問題」新実務民訴(2) 164頁。
31) 兼子ほか・条解〔2版〕1153頁〔松浦＝加藤〕。
32) 大判大5・5・6民録22輯904頁，最判昭35・3・10民集14巻3号389頁，最判昭

血液型の鑑定など定型的なものであれば必ずしも理由の記載は必要がないと解される。しかし、複雑な判断を要し、鑑定結果の評価をめぐって争いが生じ得るものについては判断材料として鑑定理由が必要である。その場合は本条2項に基づく補充意見を求めることになろう。

(2) 口頭弁論への顕出

鑑定書が裁判所に提出されると、裁判所がこれを口頭弁論期日に顕出し、証拠資料となる。証拠資料となってからは、当事者が鑑定の申出を撤回することはできなくなる[33]。また、当事者が改めて援用する必要はない。ただし、受命裁判官または受託裁判官の下に鑑定書が提出された場合には、これを受訴裁判所の口頭弁論に上程するために当事者による結果陳述が必要との説もある[34]。

(3) 共同鑑定の場合

複数の鑑定人が同一の鑑定事項について共同して鑑定意見を求められた場合、その鑑定意見を共同で述べるか、各別に述べるかは、裁判長の裁量により決定される（規132条1項）。

共同で一通の鑑定書を作成する場合でも、鑑定人の間の意見が対立すれば、複数の結論を記載した鑑定書とならざるを得ないこともある。

2 口頭による鑑定意見の陳述

鑑定人が口頭で鑑定意見を陳述することは、鑑定書作成の負担を回避し、時間の節約と訴訟関係者の問題点理解の向上にも役立つと指摘されている[35]。もっとも、鑑定人にとってもその場で問われてその場で答えることは難しく、訴訟関係者にとっても口頭の説明を直ちに理解することは困難であり、書面は不要といっても結局は詳細なメモを用意しておく必要があるなど、負担軽減にも必ずしも結びつかない可能性がある[36]。そのため、実務は必ずしも積極的では

35・4・21民集14巻6号930頁。
33) 最判昭58・5・26判時1088号74頁。
34) 証拠法大系(5)34頁〔高橋〕。なお、受託裁判官による証人尋問の結果については当事者による援用の機会を保障する必要があるとした最判昭35・2・9民集14巻1号84頁参照。
35) 畔柳達雄「医療事故訴訟提起時および応訴の際の準備活動」新実務民訴(5)213頁、特に280頁以下。なお、中野・現在問題141頁、特に158頁以下も同旨。
36) 前田ほか・前掲注25) 98頁以下参照。

なかった。また，従来は証人尋問の規定が鑑定人の口頭による意見陳述に準用されてきたため，必ずしも鑑定人の陳述に適合的ではない面もあった。そこで平成15年の民訴法改正により215条の2の新設と216条の改正が行われ，鑑定人質問の規定が整備された。この改正の詳細は§215の2の注釈に譲るが，今後は口頭による意見陳述も増加する可能性がある。

鑑定人に口頭で意見を述べさせる場合は，あらかじめ送付されている鑑定事項に基づき，証拠調期日に宣誓をして直ちに口頭で意見を陳述することとなる。ただし，宣誓後に直ちに陳述することが困難な場合は，別の期日に陳述することもあり得る[37]。

口頭で意見を述べる場合でも，鑑定主文に相当する結論部分と，結論を導く理由を説明することが必要である[38]。

なお，書面と口頭による意見陳述とを組み合わせて，簡易な鑑定書を提出し，口頭による意見陳述を行う方式もあり得る。その利点としては，書面作成の負担をなるべく軽減しつつ，口頭による意見を裁判所および訴訟当事者が理解することを容易にするというものである。

複数の鑑定人が口頭で意見を陳述する場合，証人と同様に原則として隔離尋問をすべきかという問題がある[39]。後述するような鑑定人の意見陳述の方式が多様化している中では，特に隔離尋問を必要とする事情がある場合に限って，裁判長の訴訟指揮の一環として隔離すれば足りると解する。

Ⅳ 補充鑑定意見

本条2項は，鑑定人の鑑定意見が必ずしも明確ではなく，あるいは根拠を確認する必要がある場合などに，裁判所または当事者が補充の鑑定意見を求める

---

[37] 菊井＝村松Ⅱ579頁，秋山ほかⅣ319頁。
[38] 菊井＝村松Ⅱ579頁，秋山ほかⅣ320頁。なお，それらには鑑定に理由を付すことを要しないとした裁判例として大判大5・5・6前掲注31)，最判昭35・3・10前掲注31)，最判昭35・4・21前掲注31) が引用されているが，鑑定結果の証拠評価のためには，理由を付さなくても足りる場合は実際上限られてくるであろう。
[39] 旧法の下で隔離尋問を原則とするものとして，兼子・条解上785頁。原則として隔離尋問は必要ないとするものとして，法律実務(4)316頁。旧法の下での議論は旧注釈民訴(6)465頁以下〔井上〕が詳しい。

ことができることを定める。これは平成15年改正[40]において新設された規定だが，旧法の下でも既に，鑑定書の記載のみでは曖昧または不十分と思われる点があるときや，さらに理解を深める必要があると思われるときには，口頭弁論期日に鑑定人の出頭を求めて口頭で補充をさせたり，さらに書面をもって意見を述べさせるという扱いが実務で行われていた[41]。本項は，こうした従前の実務における鑑定人の質問（尋問）を鑑定人による意見陳述の一環として位置づけられるものであることを明らかにしたものである[42]。

　この補充鑑定意見の制度は，既に証拠調べとして採用された鑑定の一環であるから，当事者の申立ては必ずしも必要とせず，職権でも行うことができる。また当初の鑑定申出をした当事者に限られず，その相手方当事者が申し立ててもよい[43]。

　規則132条の2によれば，当事者が補充鑑定意見の申立てをする場合，原則として補充鑑定意見を求める事項を記載した書面を，申立てと同時または裁判所の定める期間内に，裁判所に提出しなければならない（1項）。裁判所が職権で補充鑑定意見を求める場合も，当事者に対してあらかじめ鑑定人に更に意見を求める事項を記載した書面を提出させることができる（2項）。当事者が提出するこれらの書面は，それぞれ相手方に直送される（3項）。そして相手方は当事者が提出し，直送した書面について意見があれば，その意見を記載した書面を裁判所に提出し（4項），これらの書面と意見を考慮して，裁判所が鑑定人に更に意見を求める事項を定め，その事項を記載した書面を鑑定人に送付する（5項）。

　補充鑑定意見も，当初の鑑定意見と同様に，書面または口頭でなされる。口頭でなされる方が鑑定人の負担も小さく，不明瞭なところを質問するのにも便利であることから，通常は口頭でなされるが，書面による場合も少なからずあるとされている[44]。

---

40) 平成15年法律108号。
41) 菊井＝村松II 578頁，旧注釈民訴(6) 457頁以下〔井上〕。
42) 一問一答平成15年60頁。
43) 賀集ほか編・基本法コンメ(2)〔3版〕223頁〔信濃孝一〕。
44) 賀集ほか編・基本法コンメ(2)〔3版〕223頁以下〔信濃〕。

V　鑑定意見の採否

　鑑定意見は，証拠資料として，裁判所の事実認定に用いられる。一般に証拠資料をどのように評価し，採用するかは，裁判所の自由心証による判断に任されている（247条）。このことは鑑定意見であっても同様であり，裁判所の専権的評価に任される[45]。

　鑑定意見の証拠力を評価するにあたっては，鑑定主文と鑑定理由との整合性など鑑定意見それ自体の合理性を評価するほか，鑑定人の専門性および中立性に関する補助事実の検討，および他の証拠資料や弁論の全趣旨との比較検討の中で，実質的な評価を加えていくほかはない。この点では他の証拠資料の評価と同様である。

　複数の鑑定意見が提出され，それが異なる内容となっている場合も同様の証拠評価を行う[46]。本条2項の補充鑑定や215条の2に基づく鑑定人質問，および鑑定人同士の対質を試みることもあろう。当事者の申出に基づき新たな鑑定を試みることもあり得るが，安易に新たな鑑定を際限なく重ねることはもとより適当ではない[47]。

---

[45]　自由心証であるからといって経験則に反する判断が許されるわけではないことはいうまでもない。最判平9・2・25民集51巻2号502頁は，鑑定のみに依拠してされた原判決の事実認定が，当該鑑定の内容および証拠として提出された医学文献その他の事実と比較して評価したときに経験則違反になると判示したものである。このほか最判平18・1・27判時1927号57頁は鑑定書および私的鑑定書について，最判平18・11・14判時1956号77頁は私的鑑定書について，それぞれ原審の認定が経験則に反し，採証法則に違反するとしている。

[46]　大判昭7・3・7民集11巻285頁は，複数の鑑定意見のうちの一部のみを採用した原判決を採証法則違反とする上告理由に対し，「当事者ノ提出援用シタル数多ノ証拠中何レヲ採用スヘキヤハ事実審ノ自由ナル心証ニ依ルヘキモノナレハ原院カ被上告人ノ援用シタル右鑑定人ノ鑑定ヲ採用シタルハ不法ニ非ス」と判示している。また大判昭10・10・8新聞3900号9頁は，多数の鑑定人の意見を捨てて少数の意見を採用しても違法ではないとしている。

[47]　再鑑定といっても，基本的には裁判所の自由心証に基づく必要性判断という点では最初の鑑定の採否と同様である。なおこの点について論じたものとして，木川統一郎＝生田美弥子「再鑑定及び第三鑑定の必要性の基準」木川編著・前掲注16）536頁以下。

〔町村〕

VI 鑑定をめぐる近時の改革

1 改革の必要

　いわゆる専門訴訟における鑑定をめぐっては，近時の司法制度改革の過程でも，訴訟遅延の原因の1つと指摘され，様々な対策が施されてきた。具体的には，鑑定人の人選を容易にするためのネットワーク構築[48]，鑑定人の負担軽減を目的とする書面宣誓（規131条2項）やテレビ会議システムの活用（215条の3），そして鑑定人の意見陳述をめぐる改革である。

　なお，鑑定をめぐる改革は諸外国においても行われてきた。その中でも鑑定人の意見陳述方法については，オーストラリア等で行われているコンカレント・エヴィデンスが興味深い例である[49]。これは，イギリスにおける司法制度改革の出発点となったウルフ・レポート[50]において指摘されていた専門家証人の問題点に対応した改革の成果であり，オーストラリアの各州，各裁判所，そしてその他の諸国にも広がっている[51]。

　コンカレント・エヴィデンスのプロセスは，複数の専門家証人が，まず個別に意見書を作成し，次いで専門家証人同士が話し合って合意できる点と合意できない点とをまとめたコンカレント・レポートを作成し，これをもとに法廷では複数の専門家証人に対して裁判官および訴訟当事者代理人が疑問点を質問する。その際，専門家証人の1人の回答に対して他の専門家証人がその場で異なる見解を述べることもあるという。

　我が国では，比較法的な検討素材としては主としてドイツやフランスにおける鑑定の仕組みが参考とされた[52]が，次に紹介するように，実務運用上の工夫

---

[48] この点に関しては，→§213 IV参照。
[49] 我が国において紹介したものとして，JST-RISTEX研究プロジェクト「不確実な科学的状況での法的意思決定」編・法と科学のハンドブック〔2012〕<http://www.law-science.org/items/handbook.pdf>，特に67頁以下。
[50] H. K. Woolf, *Access to Justice* (Final Report to the Lord Chancellor on the civil justice system in England and Wales, HMSO, London, 1996).
[51] Peter McClellan, "New Method with Experts-Concurrent Evidence" (2010) 3 (1) Journal of Court Innovation 259.
[52] 前田ほか・前掲注25）20頁以下。また，木川編著・前掲注16）がドイツ法およびフ

から発展してきたと考えられる新たな方式は，オーストラリアのコンカレント・エヴィデンスのやり方にも共通しているように見える。

2 鑑定人の意見陳述における新たな方式

(1) アンケート方式

近年の医療事故訴訟においては，複数人による鑑定が積極的に活用されている[53]が，その1つとしてアンケート方式による鑑定も行われている[54]。

これは訴訟記録を仔細に検討しなくとも回答できるように質問を整理し，同分野の複数の専門家が回答することで，1人で判断する責任を負うという重圧と鑑定人の能力や公平中立性に疑問を生じる事態とを回避するというものである。このためには，争点整理段階で釈明処分としての鑑定人を選任し，鑑定事項の作成に関与させる必要がある。

(2) カンファレンス鑑定

カンファレンス鑑定とは，東京地裁医療集中部を中心として行われているものである[55]。これは，医療機関における症例検討会に範を得て，医師が医療行為を行う際に日常的に行っている方法を鑑定に応用しようとするもので，口頭鑑定の一種と位置づけられる[56]。

具体的には，「あらかじめ，鑑定人に鑑定事項と鑑定資料を交付して検討してもらった上で，裁判所若しくは医療機関等の一定の施設に，裁判所，当事者及び数名の鑑定人が集まり，裁判所の訴訟指揮の下，各鑑定人に鑑定事項について，意見を述べてもらい，意見が異なる事項については，鑑定人に対し，鑑

ランス法について精力的な紹介をされてきた。

53) 例えば，千葉大医事紛争研究会「ミニシンポジウム 千葉地方裁判所の医療事件の複数鑑定制度」判タ1191号〔2005〕43頁〔山下洋一郎〕，味元・前掲注2) 255頁以下など参照。

54) 前田ほか・前掲注25) 98頁以下，および169頁以下の別紙12，前田順司「医療訴訟におけるアンケート方式による鑑定の試みについて」判タ1068号〔2001〕52頁参照。

55) 東京地裁のほか，大阪地裁でもアンケート方式などに加えてカンファレンス鑑定が行われている。大阪地方裁判所第17，第19，第20民事部・前掲注2) 18頁，池田辰夫ほか「〔座談会〕医事関係訴訟における審理手続の現状と課題(下)」判タ1331号〔2010〕7頁以下〔揖斐潔発言〕参照。

56) 中野・現在問題158頁では，「裁判所および両当事者が鑑定人の口頭説明を中心にフリートーキングを行う」「鑑定準備期日」として提唱されていた。

第4節　鑑定　　　　　　　　　　　　　　　　　　§215 Ⅵ

定人の意見や議論の内容に関する疑問点などについて質問を行い，それらの結果をすべて録音反訳等によって記録化し，これを各鑑定人の口頭鑑定の結果とする方式」とされている[57]。

　特に東京地裁の標準的なやり方[58]では，鑑定事項と鑑定のために必要な資料を取りまとめた後，在京13ヵ所の大学病院のうちから持ち回りで鑑定人候補者の推薦を依頼し，推薦された候補者3名を鑑定人に指定して，鑑定事項と鑑定資料を交付する際に書面での宣誓を行わせる。その後，カンファレンス鑑定期日の約3週間前までに「鑑定事項に対する意見の要旨」と題する書面を裁判所に送付させ，両当事者には裁判所から送付する。カンファレンス鑑定期日は口頭弁論期日として行われ[59]，多くの場合はラウンドテーブル法廷で開かれ，裁判所からの質問と両当事者（代理人）からの質問に答える形で意見陳述が行われるが，鑑定人の間で意見が割れた場合には，鑑定人同士の議論が行われることもあるという。

〔町村泰貴〕

---

57)　証拠法大系(5) 60頁以下〔前田順司〕。
58)　東京地方裁判所医療訴訟対策委員会・前掲注4) 3頁以下参照。
59)　この期日は215条の2に定められた鑑定人質問の手続によるものと位置づけられている。

§215の2 Ⅰ

（鑑定人質問）

第215条の2　①　裁判所は，鑑定人に口頭で意見を述べさせる場合には，鑑定人が意見の陳述をした後に，鑑定人に対し質問をすることができる。

②　前項の質問は，裁判長，その鑑定の申出をした当事者，他の当事者の順序でする。

③　裁判長は，適当と認めるときは，当事者の意見を聴いて，前項の順序を変更することができる。

④　当事者が前項の規定による変更について異議を述べたときは，裁判所は，決定で，その異議について裁判をする。

Ⅰ　本条の趣旨

　本条は，平成15年の民訴法改正[1]の際に新設された条文であり，司法制度改革審議会の意見書における提言を受けて行われた立法の一環である。

　本条制定以前は鑑定人が意見を述べるための手続として証人尋問の手続に従うものとされ（改正前の216条），したがって交互尋問制度によることとされていた。これは過去に経験した事実を述べさせる方式である上，鑑定人が質問に対して応答するという形でなされることから，「専門家である鑑定人が鑑定事項について十分に意見を述べることができないこともあるという指摘や，鑑定人に対して必要以上に敵対的な質問がされることがあるとの指摘」[2]があった。そこで，鑑定人が質問に先立ってまず意見を述べるなど，専門的知見の陳述にふさわしい方法に整備したのが本条および全面的に改正された216条である。また，規則132条の3および132条の4でも，鑑定人質問の規定が整備されている。

　なお，近時は鑑定人の意見陳述方法を多様化する改革が進められており，とりわけカンファレンス鑑定[3]は口頭による鑑定意見陳述の一種に位置づけられ

---

1)　平成15年法律108号。
2)　一問一答平成15年39頁。
3)　カンファレンス鑑定などの近時の改革については，→§215 Ⅲ 3参照。

〔町村〕

る。本条が直接予定している方式ではないが，本条および関係する規則の解釈として可能とされている。

II 鑑定人質問の順序

1 口頭による意見陳述

鑑定人質問に先立って，まず鑑定人に口頭で意見の陳述をさせる。これは，過去の事実を見聞した者からその事実を聞き出す証人と異なり，専門家の意見を聴くという鑑定手続の性質に適合する方式として導入された[4]。

鑑定意見が口頭で陳述される場合は，そのまま本条の手続によることになるが，書面により鑑定意見が述べられる場合は，補充鑑定意見を口頭で求める場合（215条2項）に，本条の適用がある。

2 裁判長および陪席裁判官の質問

鑑定人の意見陳述に続き，原則として裁判長が鑑定人に対して質問をし，次いでその鑑定の申出をした当事者，そして他の当事者の順序で質問をする（本条2項）。

証人尋問と異なり，裁判長がまず質問をすることとしているのは，鑑定が裁判所の事実認定のために必要な専門的知見を補うという性質に適合的だからとされている[5]。

陪席裁判官は，裁判長に告げて，鑑定人に対し質問をすることができる（規132条の3第2項）。

なお，裁判長は法定の順序による質問のほかに，必要があればいつでも，鑑定人の陳述中でも，当事者の質問中でも，自ら鑑定人に質問することができるし，当事者による質問を許すことができる（規132条の3第1項）。これは訴訟指揮権を持つ裁判長が円滑に鑑定人質問を実施するために認められた権限とされる[6]。

---

[4] 一問一答平成15年60頁。
[5] 一問一答平成15年60頁。
[6] 秋山ほかIV 328頁。

〔町村〕

3 当事者の質問

(1) 質問の順序

当事者も鑑定人に対して質問をすることができる。

その順序は，証人尋問のように主尋問，反対尋問，再主尋問という用語を用いないものの，鑑定の申出をした当事者による質問，その相手方当事者による質問，そして鑑定の申出をした当事者の再度の質問と規定され（規132条の3第3項），証人尋問の場合（同113条）と同様である。ただし，当事者の質問は裁判長の質問を踏まえて補充的にされるものであり，その内容もいずれの当事者であれ「鑑定人の意見の内容を明瞭にし，又はその根拠を確認するために必要な事項」とされているので（同132条の4第1項），証人尋問のような整理（同114条1項各号）はなされていない[7]。

裁判長は，適当と認めたときは，この法定の順序を変更できる。例えば鑑定の申出をした当事者にまず鑑定意見の根拠などを明確にさせる必要があるときや，他の当事者の質問により争点を明確にさせたいときなどが考えられる[8]。その際，当事者の意見を聴き，また当事者から変更に異議があれば，その異議について決定する（本条3項4項）。加えて当事者は，裁判長の許可を得て，さらに鑑定人に質問をすることができる（規132条の3第4項）。

なお，当事者双方から申出のあった鑑定の場合は，裁判長が当事者の質問の順序を定めることとされている（同条3項但書）。

(2) 質問の趣旨および制限

鑑定人の引受け手がなかなか見つからず，訴訟遅延の一因となっていたとの指摘があり，鑑定人候補者のリスト作りなどが検討されてきた[9]が，専門家が鑑定を引き受けるのを嫌がる理由として，法廷で尋問を受ける負担に対する不満があった[10]。そのため，平成15年の民事訴訟法および同規則の改正により鑑定人質問の規定を整備し，証人尋問の単なる準用ではなく，専門家からその

---

[7] 条解規則〔増補版〕56頁。

[8] 秋山ほかⅣ328頁参照。

[9] この点については，→§213 Ⅳ 2参照。

[10] 前田順司ほか「専門的な知見を必要とする民事訴訟の運営」司法研究報告書52輯1号311頁〔2000〕参照。

専門的知見を聴くのにふさわしいやり方を採用した。

　具体的に，規則132条の4は，本条を受けて，鑑定人に対する質問事項を「鑑定人の意見の内容を明瞭にし，又はその根拠を確認するために必要な事項」（同条1項）と定め，その質問も「できる限り，具体的にしなければならない」（同条2項）と定めている。証人尋問の場合は「個別的かつ具体的に」と定められている（規115条1項）のに対し，鑑定人質問では「一問一答式の質問方法では，鑑定人が必要かつ適切な回答を十分に行うことができない場合があるとの指摘」に応えて，ある程度包括的な形で陳述させることとしても問題がないという趣旨から「個別的に」という文言を削っている[11]。

　さらに当事者の質問が制限される場合として，「鑑定人を侮辱し，又は困惑させる質問」，「誘導質問」，「既にした質問と重複する質問」「第1項に規定する事項に関係のない質問」を列挙し（規132条の4第3項），これに反する質問は裁判長が申立てにより，または職権で，制限するものとしている（同条4項）。証人尋問に関する規則115条2項と比較すると，「意見の陳述を求める質問」と「証人が直接経験しなかった事実についての陳述を求める質問」に対応する規定がないが，これは自己の経験した事実ではなく専門的知見に基づく意見を陳述する鑑定人質問の性質上，当然である[12]。

　なお，誘導質問と重複質問は，正当な理由があるときは許容される（規132条の4第3項但書）。

III　裁判長の裁判に対する異議

　規則133条の2は，鑑定手続における裁判長の裁判について，当事者が異議を述べることができるとし，この異議に対しては決定で直ちに裁判をしなければならないと規定する。

　これは，平成15年の規則改正で新設された条文であり，それまでは規則117条を準用していたところ，鑑定に関する裁判長の裁判が規則で整備されたことに対応して，新たに設けられた。

---

11)　条解規則〔増補版〕57頁。
12)　条解規則〔増補版〕57頁以下。

§215の2 Ⅲ

　対象となる裁判長の裁判は，鑑定人質問の順序（規132条の3第1項，3項ただし書および4項），鑑定人質問の制限（同132条の4第4項），鑑定人の発問等（同133条），そして文書等の質問への利用（同134条により準用される民訴規116条1項）である。

　異議申立ては裁判長の裁判があってから遅滞なくすることを要し，責問権の放棄の対象となる（90条）。

　当事者の異議に対しては，裁判所が直ちに決定で裁判する。この決定に対する不服申立ては独立してすることはできず，本案判決に対する上訴により，本案判決と同時に判断を受けることとなる[13]。

〔町村泰貴〕

---

13) 条解規則〔増補版〕61頁。

第4節　鑑定

(映像等の送受信による通話の方法による陳述)
第215条の3　裁判所は，鑑定人に口頭で意見を述べさせる場合において，鑑定人が遠隔の地に居住しているときその他相当と認めるときは，最高裁判所規則で定めるところにより，隔地者が映像と音声の送受信により相手の状態を相互に認識しながら通話をすることができる方法によって，意見を述べさせることができる。

I　本条の趣旨

　鑑定人の口頭による意見陳述の際，いわゆるテレビ会議システムを利用できるようにするというのが本条の趣旨である。

　テレビ会議システムの意義について詳しくは§204の注釈に譲るが，現行法制定時に証人尋問の方法として同条に規定された。その概略は，映像と音声の送受信を可能とする専用の通信システムにより，法廷と陳述者の出頭した場所とを結び，法廷に出頭した両当事者（代理人）と裁判所が陳述者の顔を見ながら尋問をするというものである。

　証人尋問に関する204条は，その後平成19年の民訴法改正[1]において，証人保護のため，いわゆるビデオリンク方式による尋問が追加されている（同条2号）。

　本条は，平成15年の民訴法改正において新設されたものだが，それ以前は216条により，204条が準用されていた。新たに独自の規定を設けたのは，当時の204条において陳述者が遠隔地に居住していることのみを要件としていたところ，鑑定人に関しては医師などの多忙な者が多いことに加え，証人尋問では記憶に基づき正確に証言しているかテストするなど直接対面して尋問を実施すべき必要があるのに対して，鑑定人の場合はその必要性が低いと考えられたことから，その要件を緩和するという趣旨である[2]。

---

1) 犯罪被害者等の権利利益の保護を図るための刑事訴訟法等の一部を改正する法律（平成19年法律95号）。
2) 一問一答平成15年61頁。

〔町村〕

II　テレビ会議システム利用の要件

　本条は,「鑑定人が遠隔の地に居住しているとき」に加え,「その他相当と認めるとき」と規定し,証人尋問の場合よりも範囲を拡大している。

　この相当と認めるときとは,鑑定人が多忙であるなどの事情が認められる場合が想定されている[3]。

　なお,鑑定人は特定分野における専門家であるから,全国の裁判所の近くにそのような専門家が常にいるとは限らない。大都市以外の地方の裁判所において大都市部にいる専門家を鑑定人に指定する必要が生じた場合,本条のような手段がなければ,受託裁判官により鑑定を行うことが考えられる（215条の4参照)。しかしながら,鑑定意見が書面で提出されるだけであればともかく,その不明瞭な部分の補充や根拠の確認のために補充意見を求め,口頭で鑑定人質問をするという場合には,判決を下す裁判所が直接鑑定人の質問にあたることが望ましい[4]。したがって,証人尋問と同様の「鑑定人が遠隔の地に居住している」場合におけるテレビ会議システムの利用可能性も,鑑定という証拠調べの充実のために重要である。

III　テレビ会議システムの方法

　テレビ会議システムを利用した鑑定人質問の具体的方法は,規則132条の5に定められている。すなわち,当事者の意見を聴いて,当事者を受訴裁判所の法廷に出頭させ,鑑定人は「当該手続に必要な装置の設置された場所であって裁判所が相当と認める場所に出頭」させて行うものとされている。

　証人尋問の場合は「証人を当該尋問に必要な装置の設置された他の裁判所に出頭させて」行うものとされている（規123条1項）が,鑑定人の場合は「他の裁判所」という限定がない。これは遠隔地にいる場合のみならず多忙な場合も利用できることにしたことに伴い,大学や附属病院など,裁判所との間でテ

---

3) 一問一答平成15年61頁。
4) これは直接主義（249条）の要請ではあるが,事実としても受託裁判官にとって確認したい事項と判決裁判所にとって確認したい事項とは必ずしも一致するとは限らないと思われる。

レビ会議システムを利用する設備が設置された場所で，かつ裁判所が相当と認めた場所でもよいとしたものである[5]。

加えて，その場で文書の写しを送信して提示するなどの必要が生じた場合には，ファクシミリによる文書送信を利用する（規132条の5第2項）。これは証人尋問の場合（規123条3項）と同様である。

以上の方法で鑑定人の意見陳述と質問が行われたときは，その旨および鑑定人が出頭した場所を調書に記載する（規132条の5第3項）。

IV テレビ会議システムによる鑑定人質問の実際

以上のように，鑑定人質問については証人尋問よりもさらに要件や方法の限定を緩和して，テレビ会議システムの利用を促進する方向が示されている。しかし，実際には，鑑定人質問にテレビ会議システムが用いられる例は少ない。

その理由は，そもそも人証調べにおけるテレビ会議システム自体の利用が従前必ずしも多くなかったこと[6]に加え，証人尋問に対して鑑定人質問を行うことも少なく，多くの場合は書面による鑑定であり，補充鑑定意見も書面で済ませることが多かった。したがって，テレビ会議システムによる必要がある場合が極めて少なかった。さらに，口頭による鑑定人質問を多く行なっている東京地裁の医療集中部は，口頭による場合にカンファレンス鑑定[7]の方式が多く，この点でもテレビ会議システムの利用になじまないか必要がない場合が多いという事情によるものと考えられる。

なお平成24年までは，その回線にISDN回線を使用し，その通信料は当事者が予納すべきものとなっていた（民訴費12条1項）。ところが，最高裁によれば，平成25年1月以降，家事事件手続法の施行に伴う家庭裁判所へのテレビ会議システムの導入に併せて，テレビ会議システム専用のIPネットワークを新たに敷設し，また多地点会議装置も設置した。これにより個別の通信に通信料は発生せず，当事者の予納や負担の必要がなくなった。加えて多地点会議装

---

5) 条解規則〔増補版〕60頁。
6) 最高裁によれば，人証取調べ全体について，年によって異なるが，多い年で200件超，少ない年は50件弱というのが従来のテレビ会議システム利用実績である。
7) カンファレンス鑑定などの近時の改革については，→§215 VI参照。

§215の3 Ⅳ

置により最大6地点との同時接続ができるようになったため，利便性は高まったということができる。

〔町村泰貴〕

第4節 鑑定

（受命裁判官等の権限）
第215条の4 受命裁判官又は受託裁判官が鑑定人に意見を述べさせる場合には，裁判所及び裁判長の職務は，その裁判官が行う。ただし，第215条の2第4項の規定による異議についての裁判は，受訴裁判所がする。

I 本条の趣旨

本条は受命裁判官または受託裁判官が鑑定人に意見を述べさせる場合に，裁判所および裁判官の権限を当該裁判官が行使する旨を定めている。

本条は平成15年民訴法改正[1]の際に新設された規定である。それまでは216条による206条の準用によって同様の規定があったが，特に鑑定人の意見陳述の方式などを独自の規定に改めたため，本条を創設したとされている[2]。

II 裁判所および裁判長の職務

本条により受命裁判官または受託裁判官が行うものとされている職務には，以下のものがある。
① 鑑定人に書面または口頭で意見を述べさせる（215条1項，規132条）。
② 補充鑑定意見を述べさせる（215条2項，規132条の2第1項2項4項5項）。
③ 鑑定人質問をする（215条の2第1項2項，規132条の3第1項3項4項・132条の4第4項）。
④ 鑑定人質問の順序を変更する（215条の2第3項）。
⑤ 鑑定人にテレビ会議システムの方法を利用した意見陳述をさせる（215条の3）。

本条のほかに，鑑定に関して受命裁判官または受託裁判官の職務を規定した条項としては，本条のほかに，鑑定人の指定（213条），忌避（214条2項）がある。また規則134条が証人尋問における受命裁判官および受託裁判官の職務を

---

1) 平成15年法律108号。
2) 秋山ほかIV 334頁。

〔町村〕

定めた規則125条を準用している。

III　鑑定人質問の順序変更に関する異議の裁判

　本条但書により，鑑定人質問の順序を変更したことに当事者が異議を述べた場合，受命裁判官または受託裁判官がその順序変更をしたときであっても，受訴裁判所がその異議についての裁判をする。

　これは証人尋問に関する206条但書と同趣旨であり，いずれも手続保障の観点で受訴裁判所による判断を必要としたものである[3]。

〔町村泰貴〕

---

3) 秋山ほかIV 257頁以下。

第4節　鑑定

（証人尋問の規定の準用）

第216条　第191条の規定は公務員又は公務員であった者に鑑定人として職務上の秘密について意見を述べさせる場合について，第197条から第199条までの規定は鑑定人が鑑定を拒む場合について，第201条第1項の規定は鑑定人に宣誓をさせる場合について，第192条及び第193条の規定は鑑定人が正当な理由なく出頭しない場合，鑑定人が宣誓を拒む場合及び鑑定拒絶を理由がないとする裁判が確定した後に鑑定人が正当な理由なく鑑定を拒む場合について準用する。

I　本条の趣旨

　本条は，鑑定の手続に証人尋問の規定の一部を準用するものである。鑑定人は，証人と同様に訴訟当事者以外の第三者による人証と位置づけられ，その知見を言語化して証拠資料に提供するという点で共通する。したがって，その取調べの多くの点で共通のルールが妥当する。

　そこで旧法は，証人尋問に関する規定を「別段ノ規定アル場合ヲ除クノ外」鑑定に準用するとの包括的な規定を設けていた（旧301条）。現行法の当初の規定も同様であった。

　ところが平成15年の民訴法改正[1]では，鑑定手続について独自の規定を整備し，特に証人尋問とは別に鑑定人質問として口頭での意見陳述と質疑を行う規定を整えたことから，包括的な準用から準用すべき条文を個別に列挙するように改めたのである。

　また規則134条においても，同様に準用する個別の条文を列挙するように改正された。

---

1) 平成15年法律108号。鑑定に関するこの改正の趣旨および主たる内容については，→§215の2を参照。

〔町村〕

II 準用される規定

1 公務員の職務上の秘密（191条）

(1) 監督官庁の承諾とその時期

公務員または公務員であった者が，その職務上の秘密に属する事項について鑑定を行う場合，裁判所は，その鑑定人に関する監督官庁の承認を得なければならない。衆議院または参議院議員であり，あるいはその議員であった者については，その院の承諾を得る必要があり，内閣総理大臣その他の国務大臣，あるいはそれらの職にあった者については，内閣の承諾を得る必要がある。

この承諾は，証人の場合であれば証人尋問期日までに得られればよいが，鑑定人の場合は鑑定意見を書面または口頭で述べるときまでに得る必要がある。実際上は，鑑定事項が確定し，鑑定人の人選の段階で承諾を得ることとなろう。

(2) 不承諾の要件

監督官庁等は，この承認を求められた場合，当該鑑定人が鑑定を行うことで「公共の利益を害し，又は公務の遂行に著しい支障を生ずるおそれがある場合」でなければ承諾を拒むことができない（191条2項）[2]。

なお，裁判所は，鑑定事項との関係で鑑定人の専門的知見それ自体が職務上の秘密であるか，または鑑定意見が職務上の秘密に関わるか，いずれであっても191条の手続をとることとなる[3]。

2 鑑定拒絶権（197条から199条まで）

証言拒絶事由（197条），その理由の疎明（198条），そして証言拒絶についての裁判（199条）が準用されている。

同じく証言拒絶権に関する規定である196条が準用されていないのは，鑑定人の場合欠格事由として196条と同一の地位にあるものを排除しているからである（212条2項）。

3 宣誓（201条1項，規131条・112条2項3項5項）

201条1項の準用により，鑑定人にも宣誓をさせなければならない。証人尋

---

[2] その意義については，→§191を参照。
[3] 秋山ほかⅣ338頁。

問の場合の宣誓免除の規定（201条2項以下）の準用はなく，欠格事由によりカバーされている（212条2項）。

鑑定人の宣誓については，規則112条の準用により，起立して厳粛に行うこと（同2項），宣誓書を朗読し，署名押印すること（同3項），裁判長による宣誓の趣旨説明と虚偽鑑定の罰が告知される（同5項）。しかし証人尋問と異なり，「良心に従って誠実に鑑定をすることを誓う旨」を記載した宣誓書を用いること（規131条1項），口頭ではなく，これに署名押印したものを提出する方式（書面宣誓）[4]によってすることもできる（同2項）。その場合の宣誓の趣旨説明と虚偽鑑定の罰の告知は，これらを記載した書面を送付する方式で行う（同項後段）。

宣誓書は，訴訟手続上重要な事項を証明する書面（規3条1項3号）として，ファクシミリによる送信ではなく，別途郵送するか，鑑定書と同時に提出する必要がある[5]。

なお，東京地裁を中心として行われているカンファレンス鑑定では，裁判官等が鑑定人を訪問し，鑑定の説明を行うので，宣誓書の署名押印と提出もその際に行われるとされている[6]。鑑定意見の提出前の段階で裁判所と鑑定人とが協議したり，鑑定人が鑑定資料の収集のため証人尋問に立ち会うなどの機会（規133条）があれば，その際に鑑定書の署名押印と提出を行うことが考えられる。

4 不出頭，宣誓・鑑定の拒絶（192条・193条）

鑑定人は，証人の証言義務と同様に鑑定義務を負っており（212条1項），虚偽の鑑定を行った場合には刑事罰が規定されている（刑171条）。そこで本条においては，正当な理由のない不出頭に対する訴訟費用負担と過料の制裁（192

---

4) この書面宣誓の制度は，鑑定人の負担を軽減する趣旨で設けられたものである。条解規則〔初版〕282頁。なお，虚偽鑑定罪（刑171条）には「法律により宣誓した鑑定人」とあるので，鑑定の方式を規則事項とすることに問題がないわけではないが，宣誓義務を法律に規定している（216条による201条1項準用）ことから，その具体的方式が規則により定められても問題はないと解されている。同書283頁。

5) 条解規則〔初版〕283頁。

6) 東京地方裁判所医療訴訟対策委員会「東京地方裁判所医療集中部における鑑定の実情とその検証(上)」判時1963号4頁〔2007〕。

§216 Ⅲ

条）および罰金または拘留（193条）を準用するとともに，証人尋問に関する規定（200条および201条5項）と同様に，鑑定拒絶または宣誓拒絶を理由がないとする裁判が確定した後の正当な理由のない鑑定拒絶または宣誓拒絶に対して192条および193条を準用する。

これに対して勾引（194条）の規定は準用されていない。これは旧法でも同様であり，強制的に裁判所に連れてきても誠実な鑑定は期待できないということによる[7]。

5　その他

以上のほかに，民訴規則が準用規定を置いている（規134条）。そこでは108条（呼出状の記載事項等），110条（不出頭の届出），116条（文書等の質問への利用），118条（対質），119条（文字の筆記等），121条（傍聴人の退廷），122条（書面による質問または回答の朗読），125条（受命裁判官等の権限）が準用されている。

Ⅲ　準用されない規定

これに対して，準用されていない主な規定は，受命裁判官等に関する195条，206条，証言拒絶に対する制裁に関する200条，証人尋問の方法に関する202条から204条まで，証人の勾引に関する194条，そして証人尋問に代わる書面の提出に関する205条である。受命裁判官等については215条の4が独自に規定をおき，証人尋問の方法や書面尋問，制裁についても鑑定独自の規定がある。勾引の規定は，鑑定人に代替性があることや，勾引しても誠実な鑑定が期待できないことにより準用されていない[8]。

〔町村泰貴〕

---

[7]　旧注釈民訴(6) 425頁〔太田勝造〕。
[8]　秋山ほかⅣ 336頁。

第4節　鑑定

(鑑定証人)

第217条　特別の学識経験により知り得た事実に関する尋問については，証人尋問に関する規定による。

I　本条の趣旨

本条は，第三者が特別の学識経験により知り得た事実について尋問を受ける場合に，鑑定人ではなく証人としての尋問を受ける旨を規定する。

旧法においても同旨の規定（旧309条）が置かれており，その趣旨に変更はない。また，民訴規則135条も，鑑定証人の尋問に証人尋問の規定が適用されるとしており，鑑定人ではなく証人であることをより直截に表現している。

II　鑑定人と証人との差異

1　鑑定人と証人との区別

鑑定人と証人との区別は，理論的には明確に区別できるが，実際上は必ずしも判然としない場合がある[1]。

証人は，過去において経験した事実認識を報告するものであるのに対し，鑑定人は裁判所の求める事項について専門的知見と，これに基づく判断とを報告するものである。したがって証人は代替性がないのに対して鑑定人には代替性があり，誰を証人とするかは当事者が指定するのに対して，鑑定人の人選は裁判所の権限である。

しかしながら，報告を求める事項によっては，両者の区別が明確でないことがしばしば出てくる。例えば，過去の一定時期に慣習があったかどうか[2]，商品価値に関連しての過去の相場[3]などについての認識は，専門的な事柄ではあるが，証言であって鑑定ではないとされている。

---

[1]　秋山ほかIV第2節前注1，283頁以下，340頁以下，旧注釈民訴(6)第2節前注I〔藤原弘道〕，木川統一郎＝清水宏「鑑定人に証人尋問の規定が準用されるのは何故か」木川統一郎編著・民事鑑定の研究〔2003〕45頁以下など参照。

[2]　大判明38・1・14民録11輯3頁。

[3]　大判明37・11・7民録10輯1404頁，東京控判明41・1・25新聞481号4頁。

また，本条のような鑑定証人の例として，患者を診療した医師に当該患者の病状等を証言させる場合を考えると，当該患者の病状についての認識はまさしく特別の学識経験により知り得た事実だが，その病状に対してどのような治療の選択肢があり，そのいずれが適応であったか，当該患者の予後はどのようなものと予想されるかなどについては，専門的知見とこれに基づく判断である。

2　鑑定人兼証人

　同一の第三者が，専門的知見をもとに自ら経験した事柄と同時に専門的知見とこれに基づく判断とを報告するような場合には，厳密に理論的には鑑定人と（鑑定）証人との立場を兼ねるものとして扱うことも考えられるし，あらかじめ，そういう立場，すなわち鑑定人兼証人として証拠決定をすることは考えられる。その場合は鑑定に必要な鑑定事項と鑑定資料の送付，その他鑑定の準備および鑑定書の提出を求めるとともに，証拠調期日に鑑定人兼証人として出頭を求め，宣誓についても両方の趣旨を兼ねた宣誓文言により行うこととなろう。

　この場合は，鑑定人と証人のそれぞれの規律は重複して適用され，旅費・日当のほかに鑑定料が支給され，また証人としての呼出しには勾引も適用されるが，鑑定人としての期日への出頭は勾引の適用がないなど，その立場に応じた規定の適用がなされることとなる。

3　鑑定人と証人の区別の誤り

　本来鑑定人として意見を述べるべき者を証人として尋問し，またはその逆の場合には，理論的には違法な証拠調べであり，その結果を証拠資料とすることはできないはずである。

　もっとも，例えば証人として尋問された者がその専門的知見に基づき経験則等の存在を述べ，あるいは専門的知見に基づく意見を述べた場合や，鑑定人が過去に自らが経験した事実を述べたとしても，その違法は責問権の放棄により治癒すると解する[4]。

〔町村泰貴〕

---

4)　大判明39・3・30民録12輯411頁，大判昭14・7・7新聞4456号9頁，賀集ほか編・基本法コンメ(2)〔3版〕226頁〔信濃孝一〕。

第4節　鑑定

(鑑定の嘱託)
第218条　① 裁判所は，必要があると認めるときは，官庁若しくは公署，外国の官庁若しくは公署又は相当の設備を有する法人に鑑定を嘱託することができる。この場合においては，宣誓に関する規定を除き，この節の規定を準用する。
② 前項の場合において，裁判所は，必要があると認めるときは，官庁，公署又は法人の指定した者に鑑定書の説明をさせることができる。

I　本条の趣旨

　本条は，官庁・公署，外国の官庁・公署，または相当の設備を有する法人に対する鑑定の嘱託を定める。旧民訴法310条の内容をほぼそのまま受け継いだものである。その趣旨は，鑑定人自身の専門的知見だけでなく，組織的な知見や機械その他の設備を活用した鑑定が必要な場合に，自然人ではなく国内外の官庁・公署と相当の設備のある法人にも鑑定を依頼できるようにするためのものである。
　本条にいう「嘱託」とは，文書送付嘱託 (226条) や調査嘱託 (186条) でも用いられているが，裁判所が他の機関に対して協力を求める行為を意味する。
　本条は裁判所の権限を定めているので，これに対応して，国内の官庁・公署のみならず相当の設備のある法人も，鑑定に応じるべき公法上の義務を負う[1]。ただし，この義務は，裁判所が主権の一部をなす司法権の行使としてした嘱託に対応するものであるから，主権の及ばない外国の官庁・公署に対しては，条約その他の特別の規定がない限り，その義務は生じない。
　なお，嘱託に応じる義務に反したとしても，直接の制裁規定はない。鑑定の嘱託については，嘱託先と打ち合わせ，事前に了解を得た上で嘱託をするのが通例とされている[2]ので，具体的に嘱託したのに嘱託先が応じないということ

---

1) この点は，調査嘱託 (186条) や文書送付嘱託 (226条) のほか，証人義務や鑑定義務，文書提出義務などと同様である。
2) 秋山ほかⅣ 343頁。

は稀であろうと思われる。また鑑定嘱託に応じたにもかかわらず、正当な理由なく鑑定嘱託の結果を提出しない場合には、鑑定拒絶として制裁（216条による192条・193条の準用）が適用される[3]。

II　鑑定嘱託と調査嘱託との異同

鑑定嘱託と調査嘱託（186条）とは、官庁や公署、その他の団体に対して一定の事項の報告を求めるという点で共通する。いずれも裁判所が職権で嘱託を行い、嘱託先は公法上の回答義務を負うが、宣誓は求められないという点も共通である。

両者の違いは、調査嘱託の場合、嘱託先が自らの資料により比較的簡単に事実を確認し、判断できる事項について報告を求めるものである[4]のに対し、鑑定嘱託は専門的な知見を必要とし、一定の人的物的組織による分析検討を行った結果について報告を求めるものである。両者は性質として共通するが、報告を求める事項について一応の区別がある。ただし、その区別は相対的なものであり、例えば調査嘱託で足りる事項について本条の嘱託をしても、違法となるものではないと解されよう。

III　鑑定嘱託の手続

1　鑑定の嘱託

鑑定嘱託は、職権により行うことができるが、当事者が鑑定嘱託を求めることもあり得る。この場合は職権の発動を求める申請ということになるが、実際上は当事者の申請に基づいて鑑定嘱託をする場合がほとんどであるとされている[5]。

---

3) 調査嘱託では嘱託先が調査に不当に応じない場合の不法行為責任が問題となる。結論は否定したものの、嘱託先が嘱託を求めた当事者に不法行為責任を負う可能性を認めた裁判例も存在する。東京高判平24・10・24判時2168号65頁。鑑定嘱託でも事前に了解を得た上で嘱託を引き受けた者が正当な理由なく回答をしないという場合は、嘱託を求めた当事者に損害が認められる限り、不法行為責任を負うものと解する余地がある。なおこの場合の過失や違法性の考え方については町村泰貴〔判批〕私法判例リマークス47号〔2013〕114頁以下、特に117頁参照。

4) →§186参照。その他、秋山ほかIV 343頁。

第4節 鑑定　　　　　　　　　　　　　　　　　　　　§218 Ⅲ

当事者が鑑定の申請をして，裁判所が本条に基づく鑑定嘱託を相当と認めた場合，そのように申請の趣旨を訂正させるべきと解されている[6]。

なお，鑑定嘱託の費用は，報酬とともに請求に基づいて支給される[7]。当事者が求めた場合は当該当事者が予納するが，裁判所が職権で行う場合は裁判所が定めた者に予納させる[8]。

2　嘱託先

嘱託の相手方は，官庁，公署，外国の官庁もしくは公署，または相当の設備を有する法人である。官庁とは国の行政機関を指し，公署とは地方公共団体その他の公共機関を指す。相当の設備を有する法人とは，病院や研究機関を意味するものと解されているが，これに限られるものではない。必要とされる専門的調査鑑定能力が認められる限り，民間企業であっても良いと考える。自然人は本条の対象とならないが，法人格のない団体でも相当の設備を有するものは嘱託先となり得る[9]。

団体ではない個人事業主の場合に，本条の嘱託先となり得るかどうかは争いがある[10]。一定の人的組織によって鑑定作業を行うのでなければ，通常の鑑定をその個人に依頼すれば足りるのであり，本条による必要はない。本条の適用によれば職権での鑑定嘱託が可能となるので便利だということもあろうが，このことは逆に職権による鑑定を認めない原則に対する脱法である。むしろ，前述のとおり，本条による鑑定嘱託自体ほとんど職権で行うことはないとされているのであり，事実上職権による鑑定が可能になるということはメリットとはいえない。

---

5) 旧注釈民訴(6) 476 頁〔井上繁規〕，秋山ほかⅣ 345 頁。
6) 秋山ほかⅣ 344 頁以下。
7) 民訴費 20 条。
8) 民訴費 11 条 2 項。
9) 秋山ほかⅣ 345 頁。旧注釈民訴(6) 476 頁〔井上〕は反対。本条は「法人」と明記し，調査嘱託を定めた 186 条は「団体」としており，文理的には本条の嘱託を法人格のある団体に限るべきように見えるが，嘱託に応じる能力は法人格の有無に必ずしも連動するものではないので，法人格の有無という形式面で截然と区別する必要はない。
10) 肯定説として，秋山ほかⅣ 345 頁，賀集ほか編・基本法コンメ(2)〔3 版〕226 頁〔信濃孝一〕。否定説として旧注釈民訴(6) 476 頁〔井上〕。

〔町村〕　401

3 鑑定の規定の準用

鑑定嘱託については，宣誓に関する規定を除き，鑑定に関する規定が準用される。官公庁等および団体が嘱託を受ける場合，実際に鑑定作業を行う者が宣誓をしたり，嘱託先である組織の名において宣誓書を作成することも考えられるが，その意義が乏しいとして採用されていない[11]。

このほか，216条が準用する規定のうち，公務員の職務上の秘密について意見を述べさせる場合の191条の手続のほか宣誓に関するものも準用はない。

口頭または書面陳述に関する規定（215条1項）は本条の嘱託に適用はなく，補充鑑定意見に関する規定（同条2項）は，本条2項と趣旨を同じくするので，準用はない。もっとも，鑑定人質問（215条の2），テレビ会議システム利用に関する規定（215条の3），受命裁判官等の権限（215条の4）については，本条2項に定める鑑定結果の説明を求める場合に準用することが考えられる。

欠格事由に関する212条2項は準用の対象となり得るが，実際に意味があるのは嘱託先と著しい利害関係がある事項についての鑑定嘱託だけである（201条4項）。忌避（214条）については準用を否定する理由はない。

このほか，217条の鑑定証人の規定は本条に準用する余地はない。ただし，本条により鑑定嘱託を行った組織等の担当者を217条に基づいて尋問することは差し支えない。

規則136条も，鑑定に関する民訴規則の規定を，宣誓に関するものを除いて準用している。

IV 鑑定書の提出と説明

1 鑑定書の証拠調べ

鑑定の嘱託がなされると，嘱託先は鑑定作業を行い，その結果を書面にまとめて裁判所に提出する。これは，鑑定における鑑定書と同様に，それ自体が証拠資料となるので，改めて当事者が提出する必要はない[12]。ただし，裁判所はこの書面を弁論に顕出し，当事者に意見陳述の機会を与える必要がある[13]。

---

11) 秋山ほかIV 344頁，旧注釈民訴(6) 478頁〔井上〕は，宣誓が自然人を前提にすることと，本条の鑑定受託者が一般に良心に従い誠実に鑑定をすると期待できるからと説明する。
12) 秋山ほかIV 346頁，旧注釈民訴(6) 477頁以下〔井上〕。

2 鑑定嘱託の結果の説明

　嘱託先から提出された鑑定書について、裁判所が必要と認めたときは、嘱託先の指定する者に鑑定書の説明をさせることができる。これは215条2項と同様に、鑑定書に不明確な点や曖昧または不備な点があるときに、これを明らかにするためであり、原則として職権によるが、当事者が説明をさせるよう求めることもあり得る。

　説明者は、鑑定人ではないのはもちろん、証人とも異なり、特別の資格により陳述をするものと解されている[14]。もっとも、釈明処分ではなく鑑定嘱託の結果を補充するものであるから、説明の内容は証拠資料となるし、したがって証拠調べの一部をなすものとして、口頭弁論期日に行うべきである。その際は、鑑定人質問に関する215条の2以下の規定を準用して行うべきであろう。ただし、必要があれば裁判所の外で、説明に必要な設備のある場所で説明させることも可能と解される。その場合は受命裁判官によることもありうる[15]。

〔町村泰貴〕

---

13) 調査嘱託に関して最判昭45・3・26民集24巻3号165頁は、回答書を弁論に提示して当事者に意見陳述の機会を与えれば足り、当事者の援用は不要としている。
14) 秋山ほかⅣ 347頁。
15) 旧注釈民訴(6) 479頁〔井上〕。

第5節　書　　証

（書証の申出）
第219条　書証の申出は，文書を提出し，又は文書の所持者にその提出を命ずることを申し立ててしなければならない。

I　本条の趣旨

1　概　　要

本条は，書証の申出は当事者の申出によるべきことを前提に，書証の申出には二通りの方法があることを規定する。すなわち，当事者である申立人が自ら文書を所持する場合には文書を裁判所に提出して書証の申出をする方法，および，相手方当事者又は第三者が文書を所持する場合には申立人が裁判所に対して文書の提出を命ずることを申し立てて書証の申出をする方法である。後者の場合には，文書提出命令の申立て以外にも，文書の送付嘱託を申し立てることによっても書証の申出をすることが別途規定されている（226条）。この点を考慮すると，民訴法に規定された書証の申出の方法は，三通りあることになる。しかしながら，文書の送付嘱託については，条文の文言上，一個の独立した書証の申出の方法とされているにもかかわらず，書証の申出（申立人が文書を提出する場合）に向けた準備行為としての性格が強いとする見方がある（「記録の顕出」との関係も含め，詳細については，§226を参照）。

2　沿　　革

本条は，その前身である旧民訴法311条（「書証ノ申出ハ文書ヲ提出シ又ハ之ヲ所持スル者ニ其ノ提出ヲ命セムコトヲ申立テ之ヲ為スコトヲ要ス」）を現代語化したものである。これに対して，旧民訴法311条は，旧々民訴法から大きく改正さ

第5節　書証　　　　　　　　　　　　　　　　　　　　　　§ *219* II

れている。すなわち，旧々民訴法 334 条は，挙証者が文書を所持する場合に関するドイツ民訴法（ZPO）420 条に倣い，「書証ノ申出ハ書証ヲ提出シテ之ヲ為ス」と規定し，旧々民訴法 335 条は，相手方が文書を所持する場合に関するZPO421 条に倣い，「挙証者其使用セントスル証書カ相手方ノ手ニ存スル旨ヲ主張スルトキハ書証ノ申出ハ相手方ニ其証書ノ提出ヲ命セントスルコトヲ申立テテ之ヲ為ス可シ」と規定していた。さらに，旧々民訴法 342 条は，ZPO428 条に倣い，「挙証者其使用セントスル証書カ第三者ノ手ニ存スル旨ヲ主張スルトキハ書証ノ申出ハ其証書ヲ取寄スル為メ期間ヲ定メンコトヲ申立テテ之ヲ為ス」と規定していた。旧民訴法 311 条は，挙証者が文書を自ら所持する場合については旧々民訴法 334 条を踏襲する一方で，文書を第三者が所持する場合については，相手方が所持する場合とともに「所持者」と把握して文書提出命令を申し立てる方法に統合した上で，これら三カ条をまとめて規定することにしたものである[1]。

3　民訴規則

書証に関しては，民訴規則にその細則規定があるが，以下では，文書の写し・証拠説明書の提出（規 137 条），外国語で作成された文書の訳文添付（規 138 条），文書の写しの提出期間（規 139 条），受命裁判官等による証拠調べの調書（規 142 条），文書の提出または送付の方法（規 143 条）を取り上げて，書証の概念（II）および文書の証拠能力と証拠力（III）を検討した後に解説を加えることにする（IV）。

II　書証の概念

1　書証の意義

書証とは，文書（および準文書。231 条）の意味内容を証拠資料とするための証拠調べをいう。ここでいう「書証」は，法文上は証拠調べの手続を意味するが，実務上は，書証という証拠調べの対象となる文書そのものを指す用語法が一般化している[2]。後者の用語法は実務慣行に由来し[3]，民訴規則にもその例

---

1) 旧注釈民訴(7) 30 頁〔西野喜一〕，斎藤ほか編・注釈民訴(8) 119 頁〔遠藤功＝宮本聖司＝林屋礼二〕。
2) このような用例を採用した判例として，最判昭 52・4・15 民集 31 巻 3 号 371 頁を参照。

〔名津井〕　405

を見出すことができる（規55条2項・80条2項・81条・139条等）。しかし，以下の記述は法文の解説を主目的とするため，単に「書証」というときは，原則として証拠調べの手続を意味するものとするが，実務慣行上の用語法も殊更排除しないことにする。

2 文書の意義

書証の対象は，文書でなければならない。文書とは，文字その他の記号によって思想的意味（思想・判断・報告・認識・感情等）を表現した紙面その他の有形物をいう[4]。このような文書の一般的な定義から，解釈上重要な要素を抽出すると，文書は，(イ)文字その他の記号が使用された見読可能なものであること（見読可能性），(ロ)一定の思想的意味（情報）を保存ないし伝達することができること（思想保存性），という二つの要素から構成される[5]。

若干敷衍すると，文書性の要素(イ)は，人が見読できることを主たる内容とする。すなわち，文字その他の記号は，文書に記された思想等を人が認識するための手段であるから，文書であるにはその使用が前提となる。ここにいう文字は，日本語に限られず，外国語でもよい（訳文添付については，後述Ⅳ7を参照）。文字以外の記号としては，暗号，点字，電信，速記号等，文字の代用となるものが含まれる。他方，これらの記載方法にとくに限定はなく，印刷・謄写・手記のいずれであっても構わない。

---

3) 河野信夫「文書の真否」新実務民訴(2) 205頁注1は，検証物たる文書と区別するための慣用語と説明する。
4) 兼子・体系274頁，新堂〔5版〕646頁，伊藤〔4版補訂版〕399頁，高橋（下）〔2版補訂版〕127頁，松本＝上野〔8版〕504頁，秋山ほかⅣ349頁，兼子ほか・条解〔2版〕1176頁〔松浦馨＝加藤新太郎〕，旧注釈民訴(7) 2頁〔吉村徳重〕等。これに対し，伊藤滋夫・判タ752号〔1991〕16頁，証拠法大系(4) 5頁〔難波孝一〕は，「文字その他の記号の組合せによって人の思想を表現している外観を有している有形物」と定義する。本文のような定義では，文書であることに異論がない習字の目的で書かれた書面が文書に含まれなくなってしまうことを理由とする。しかし，要素(ロ)に関して後述するように，思想的意味を保存・表現していない書面は文書性を否定してよいのではなかろうか。仮にこのような書面を文書と認めても，証拠にはならないからである（ただし，検証物としては別論である）。
5) 新民訴体系(3) 90頁〔宇野聡〕。定義中の「有体物」という要素は，要素(イ)に関して後述するように「見読可能性」に含まれる。

第5節　書証　　　　　　　　　　　　　　　　　　　　　§219 II

　以上に対して，文字その他の記号が使用されていないもの（つまり，見読できないもの）は，要素(イ)を欠き，文書性が否定される。割符，界標等のように，識別のために図形その他の組合せによって作成された目印は，思想等の認識手段たる文字その他の記号が使用されていないため，文書性は否定されるが，当該物件に思想等が保存されている限り，書証の手続によるべきである。この点は，図面，写真，録音テープ，ビデオテープその他の情報を表すために作成された物件も同様である（231条）。その他，いわゆる新種証拠（コンピューター用の磁気テープ，マイクロフィルム，磁気ディスク，フラッシュメモリ等）も準文書に含まれる（準文書については，§231を参照）。

　ところで，文書の定義によれば，文書は有形物でなければならない。有形物は，通常は紙面であるが，紙片，布片，木片，石，皮革，プラスチック等もこれに含まれる[6]。すなわち，見読すべき文字その他の記号を記録・保存することのできる物件である限り，有形物に該当する。この観点から，新種証拠については，情報を保存した記録媒体（磁気ディスク等）は有形物であるにせよ，プリントアウトした一通の文書の元になるデータを電磁的に記録した一塊の有形物を観念することができない（とりわけランダム・アクセス型の記録方式の場合）という理由から，文書性を否定することもできる。しかしながら，その問題に入る前に，見読可能な文字その他の記号の使用という観点から，他の準文書と同様に整理することも十分に可能である。したがって，文書の定義のうち，有形物であることは，文書性の独立した要素として認める必要はなく，要素(イ)（見読可能性）の前提又は一内容と解しておけば足りる。

　次に，文書性の要素(ロ)は，一定の思想的意味（情報）の存在に関するものであり，文書性の根本的な要素である。書証という証拠調べは，文書に記載された人の思想的意味内容を閲読して証拠資料とするものである以上，要素(ロ)を欠いたものは無意味である。ところで，ここにいう思想とは，外的事象に基づき人の思考作用を経て形成された意味内容のことであり，一定の判断，感情，意志，欲求等をも含んだ幅のある概念である。広い意味では，情報と呼ぶことも

---

[6] 衣類の桐箱の表書に記載されたものを文書とした例として，大判昭13・7・4法学8巻237頁。

できる。他方，このような思想的意味内容が含まれない場合，要素(ロ)を欠き，文書性は否定される7)。要素(ロ)（思想保存性）が欠けた場合には，要素(イ)（見読可能性）が欠けた場合のように準文書として書証の対象とする余地もない。具体例として，習字の目的で書かれた文字（の組合せ）は，作成者がそもそも思想を表現する意図を有しない以上，文書ではない8)。

　以上のように，あるものが文書と認められるには，要素(イ)・(ロ)をともに備えていなければならない。他方，これらを備えている限り，文書性は否定されない。よって，文書の成立の真正（228条）や証拠能力（後述Ⅲ1参照）の問題は，文書性とは無関係である。

3　検証との関係

(1)　文書の二面性

　書証は，文字その他の記号により表現された人の思想的意味を証拠資料とする証拠調べの手続であるのに対し，文書の素材，文書の記載方法（手記，印刷等），文書の態様，文字その他の色彩等は，裁判官がその五感の作用によって感得した内容を証拠資料とする検証の対象である。文書については，これらの外形的側面のほか，文書の存在自体も検証の対象となる9)。このように，文書それ自体は，書証の対象にも，検証の対象にもなるという意味で二面性がある。例えば，AがB名義の委任状を偽造した（偽造文書の）場合，挙証者が当該文書をB作成の委任状（処分証書）として提出し，Bは作成者でないと判明したとき，当該文書からBの思想的意味を獲得することはできないものの，当該文書は真の作成者による偽造行為があった事実を証する検証物ではある。これに対し，挙証者がA作成の文書としてB名義の委任状を提出し，Aが作成者であると認定されたとき，当該文書はA作成の真正な文書として書証の対象となる10)。

---

7)　兼子・体系278頁，兼子ほか・条解〔2版〕1176頁〔松浦＝加藤〕等では，楽譜の文書性が否定されている。しかし，楽譜の通り演奏された音楽も一定の条件下では思想的意味を持つこともあり得る。これを証拠とする場合，楽譜の音楽を正確に演奏する機器を使用して，準文書（231条）として書証手続による可能性は残るものと解される。

8)　前掲注4)を参照。

9)　河野・前掲注3) 206頁注6，同208頁。

第5節　書証　　　　　　　　　　　　　　　　　　　　§219 II

　以上のような文書の二面性が問題となる事例として，次のようなものがある。原告の所有する不動産を被告が原告の知らぬ間に所有権移転登記を経由したと主張して提起された所有権移転登記抹消登記手続請求訴訟において，原告が甲号証として登記申請書（司法書士作成の登記申請書，原告と被告の司法書士に対する登記委任状）を提出する場合である[11]。原告が提出した証拠説明書の記載により，原告は登記申請書を検証物（偽造の証明のための証拠）として提出する趣旨が明らかであるときでも，本件訴訟では登記原因事実の証明責任は被告にあるため，登記申請書の被告意思表示部分は被告の作成した真正な文書として書証の対象とならなければ意味がない。加えて，原告意思表示部分も真正な文書でなければならないところ，被告自身は登記申請書について書証の申出をしていない以上，挙証者による作成者の主張（原告意思表示部分の作成者が原告である旨の被告の主張）がなく，その限りで検証物とならざるを得ない。しかし実務上は，裁判所が，被告に対して，登記申請書を乙号証として提出するように促し，被告の主張を待って原告の認否を求めるようにし，書証の対象としているとされる。

　しかし，上記のような実務上の扱いに代えて，より簡便な解決策も検討されている。すなわち，原告が登記申請書を甲号証として提出した場合には，第一次的には検証物として提出されているものの，第二次的には，書証として提出する趣旨も含まれると扱い，原告・被告双方に成立の主張をさせるべきと説く見解がそれである[12]。この見解は，改めて乙号証として書証の申出をせずに済むところに意味がある。もっとも，上記事例と異なり，原告に証明責任のある損害賠償請求訴訟において，原告が登記申請書を被告による偽造文書として提出した際に，当該登記申請書を被告の作成した真正文書として扱う見解[13]はす

―――――――――
10)　法律実務(4) 261頁，証拠法大系(4) 8頁〔難波〕等。なお，→§228 II 2(3)参照。
11)　秋山ほかⅣ 350頁によって適示された事例である。
12)　秋山ほかⅣ 351頁。なお，倉田・証明190頁以下も参照。
13)　兼子・体系277頁，法律実務(4) 261頁，証拠法大系(4) 8頁〔難波〕，秋山ほかⅣ 351頁等多数。同旨を説く倉田・証明191頁は，被告が政敵である原告を貶めるために作成した原告名義の文書に関して，原告が被告を名誉毀損で提訴したという事例において，「原告名義ではあるが，被告の作成にかかるものである」旨の付陳を伴う書証の申出をすることで，原告の提出した偽造文書が単なる検証物にすぎないとの扱いを避けようとする。被告

〔名津井〕　409

でに存在する（→ §228 II 2(3)(ウ)参照）。問題は，この事例との均衡上，上記事例のように被告に証明責任がある場合にも，簡便な方法で書証として扱うことが許されるかという点である。上記の見解はこれを肯定するが，基本的には賛同してよいものと思われる。ただし，論者の指摘するように原告意思表示の部分に関する被告の主張（援用）については，拘泥しなくてよいのではなかろうか。理由として，①文書の二面性から，原告による登記申請書の提出は，検証の趣旨が主たるものだとしても，実際には書証の申出の体裁で行われるのであるから[14]，職権証拠調べを問題にする必要がないこと，②作成者が誰かの問題は元より補助事実であって主要事実ではないのであるから，弁論主義違反には問われない以上，厳密にはせいぜい当事者主義的運用が犠牲になるにすぎないこと，③当事者主義的運用が後退するとしても，被告が原告意思表示部分の原告による作成を主張することは原告にとって想定内のことであって不意打ちもなく，原告に特段の不利益が認められないこと，を挙げることができよう。

(2) 複合的な証拠の申出

　文書を証拠として提出する場合，その文書によって何を証明するのか（要証事実は何か），その文書のどのような点を証拠資料とするのか（文書の記載内容か，文書の外形的側面あるいは存在自体か）によって，挙証者は，書証の申出をすべきか，検証の申出をすべきかを決定しなければならない。これは，民訴法上，証拠調べ手続として書証と検証が区別されたことの帰結である。しかしその一方で，検証に関する民訴法の規定は，書証に関するそれを大幅に準用しており，両者の間には共通する点も少なくない（232条1項）。確かに，実務上，書証の申出においては，甲号証，乙号証として文書を提出すべきであるのに対し，検証の申出においては検甲号証，検乙号証として提出すべきものとされている。これに従えば，一通の文書の意味内容を証拠とするとともに，その外形的側面をも証拠としたい場合には，挙証者（原告）はこれを甲号証，検甲号証として

　　　が提出すれば，真正文書としての提出になるから，上記の付陳は原告による作成との被告の主張に対して，積極否認に相当し，これにより書証の申出の体裁を保つことができる（原告・被告のどちらが提出しても，当該文書は書証となる）。
14) 後述する「複合的な証拠の申出」としての書証の申出を意味する。端的には，書証の申出には検証の申出が包含されるものとする考え方と言えよう。

各別に提出しなければならないが、非効率な印象が否めない。しかしながら、文書は、(1)で検討したように二面性を有する。厳密には、文書の二面性が常に問題となるわけではないが、文書を提出する趣旨が検証の申出にある場合でも、これを書証の申出の形式に則って提出する実務が広く行われているとされる。しかも、わが国の実務の運用を前提とすると、書証の手続と検証の手続は大きく異なるところがないため、何が立証事項か、何が証拠資料となるかに留意して、挙証者およびその相手方が適切な主張を尽くせば、手続上瑕疵が生ずる余地はないとする見解も主張されている[15]。一見すると、民訴法による証拠方法の区別を無にするような主張にも映るが、(1)で検討した事例にみられるように、両者を厳格に区別することは、必ずしも適切な結果に結びつかない面がある。すなわち、検証の趣旨をもった書証の申出、書証の対象とされた文書の検証は、いずれも文書の二面性に由来し、実務上の必要から導かれた取扱いとして、基本的に是認すべきものと解される。なお、この場合、書証と検証の関係としては、書証の優位（書証が検証を包含する関係）が顕著である。しかし、明示的に検証の申出がされた場合にまでこれを排除する必要はなく、その場合には検証調書（規151条）の作成を要する。

4 文書の種類
(1) 公文書、私文書の区別

公文書とは、公務員がその権限に基づいて職務上作成した文書をいう。たとえば、裁判官の作成した判決書、公証人の作成した公正証書、執行官の作成した現況調査報告書等がこれに当たる。外国の官庁、公署が作成した文書も公文書として認められる（228条5項）。一方、このような公文書に該当しない文書は、すべて私文書である。

このように、公文書と私文書は、当該文書の方式および趣旨に照らして、公務員が職務上作成したものと認められるかどうかによって区別される（228条2項）。この区別により、当該文書が公務員において職務上作成されたと認められる限り、当該文書をその他の文書と区別することが、公務員の職務権限によって正当化されることになる。そこで、民訴法は、この区別に基づいて文書の

---

15) 秋山ほかⅣ 352頁。

成立に関する真正の推定について異なる規律を定め、公文書については、これを作成した公務員の職務権限を根拠として、その成立の真正を推定することとしている（228条2項）。

なお、公文書と私文書の区別は、上記のように文書の作成者の属性によるため、一通の文書であっても、複数の者によって作成された部分は、それぞれについて公文書と私文書を観念することになる。一例として、内容証明郵便の場合、証明部分は公文書であるが、その他の部分は私文書である[16]。

(2) 処分証書、報告文書の区別

処分証書（処分文書ともいう）とは、法律行為がその書面によって行われたものをいう。証明すべき事項が法律行為であるときは処分証書によって証明することができる。行政処分の告知書、判決書、手形、遺言書、内容証明郵便による催告および条件付契約解除の通知書等が、処分証書の例である。文書は、形式的証拠力として真正に成立していなければ、事実認定に供することはできないが、処分証書の場合には、真正に成立している限り、作成者が過去の一定時点において法律行為をしたことが確定される。

一方、報告文書（報告証書ともいう）とは、作成者の見聞、判断、感想、記憶等を記載・報告する文書である。たとえば、議事録、受取証、領収書、商業帳簿、戸籍簿・登記簿の謄本、日誌、日記、診療カルテ・診断書、一般的な信書（法律行為の記載がないもの）等がその例となる。報告文書も、真正に成立していなければ、事実認定に供することはできないが、真正に成立している限り、作成者が過去の一定時点において一定の事項について一定の認識をもっていたことが確定される。なお、実務上よく利用される陳述書[17]は、その位置づけをめぐり議論があるが（後述Ⅲ2参照）、上記文書の区別としては、報告文書である。

処分証書と報告文書とを区別する実質的な理由は、その証拠力の差異にある。すなわち、処分証書は、文書の作成を通じて法律行為が行われるため、その成立の真正が認められる限り、当該処分証書に記載された法律行為の存在を認定すべきである。これに対して、報告文書は、作成者の見聞等が記載された文書

---

16) 秋山ほかⅣ 353頁、証拠法大系(4)10頁〔難波〕、旧注釈民訴(7)13頁〔吉村〕等。

17) 陳述書の実質的証拠力は貧弱とみられている（旧注釈民訴(7)14頁〔吉村〕等）。

であるため，報告文書が真正に成立したものであっても，記載内容に対応する事実が存在することを直接的に証明するとは限らない。たとえば，貸金の返還を督促する文書が貸付けの証拠として提出されても，貸付けの事実を認めてよいことにはならない[18]。訴え提起後に作成された当事者本人または第三者の陳述書は前述のように報告文書であって，そこでの記載内容に対応する事実を鵜呑みにできないのも同様である。以上は，処分証書と対比した際の報告文書の基本的な特徴である。

以上のような処分証書と報告文書の区別は1通の文書についても成立する。たとえば，売買契約書は，契約条項については処分証書であるが，他の部分（契約書作成の日時，場所，立会人など）は報告文書である。手紙の中に贈与等の意思表示が記されているときは，その部分については処分証書であるが，他の部分は報告文書である。

(3) 原本，謄本，正本，副本，抄本の区別

文書については，原本，謄本，正本，副本，抄本が区別されることがある（規143条等）。

まず，原本とは，最初にかつ確定的に作成された文書をいう。原本は通常は1通であるが，契約書等については，原本が複数作成される場合がある。これに対して，謄本，正本，副本は，いずれも原本の「写し」であるから，内容は原本と同一である。

このうち，謄本は，原本の存在と内容を証明するために，原本の内容をそのまま写した文書である。謄本のうち，公証権限を有する公務員[19]が，公証の付記をした文書を認証謄本という。認証謄本は本来，原本に基づいて作成すべきものであるが，正本に基づいて作成することもできる。

正本は，原本と同一の効力を付与すべく公証官が作成した謄本をいう。たとえば，判決書や和解調書を当事者に送達する場合，保存してある原本と同一の効力を有する文書を名宛人に交付するために，正本が作成される。

副本も，原本と同一の内容，同一の効力を有する謄本であるが，正本とは別

---

[18] 旧注釈民訴(7)13頁〔吉村〕。
[19] 公正証書につき公証人，戸籍簿につき市町村長，訴訟書類につき裁判所書記官等が，ここにいう公務員に当たる。

§219 Ⅲ

に，原本の控えとして作成されるものである[20]。

抄本は，原本の必要な一部を写したものをいう。公証権限を有する公務員が公証の付記をした文書を認証抄本という。

Ⅲ 文書の証拠能力と証拠力

1 文書の証拠能力

(1) 証拠能力

証拠能力とは，ある有形物（証人，鑑定人，当事者，文書又は検証物）[21]が証拠方法として用いられうる適性（適格）をいう[22]。これに対し，証拠能力を，一定の証拠資料が事実認定のために用いられうる適格と解した上で，通説にいう証拠能力（証拠方法たりうる適性）を証拠適格と定義する見解もある[23]。確かに通説も，証拠方法たりうる適格とは別に，事実認定の用に供しうる適格を観念するが（後述の形式的証拠力を参照），この少数説のように前者を証拠適格とする用語法は一般的ではない。通説の用語法は実務に浸透し[24]，理論上もとくに不便はない。

他方，証拠能力については，形式的証拠力との関係にも留意しなければならない。形式的証拠力は，主に文書に関して問題になるが，これは一般に，文書が作成者と主張される者の意思に基づいて作成されたこと，つまり，文書が真正に成立したことが，文書の形式的証拠力の内容とされ，文書が形式的証拠力を欠くとき，当該文書を事実認定のために用いることはできないものと解されている（→ §228 Ⅰ 2(1)参照）。以上を踏まえると，少なくとも文書に関しては，証拠能力は当該文書を証拠方法として用いうることを指すのに対し，形式的証拠力は当該文書を事実認定のために用いうることを指すものと解することができる。

---

20) 加藤新太郎編・民事訴訟実務の基礎〔解説編〕〔第3版，2011〕136頁注56。
21) 証拠法大系(2)〔内堀宏達〕は，「有形物」の具体的内容を本文のように摘示する。
22) 兼子・体系240頁，新堂〔5版〕566頁，高橋下〔2版補訂版〕29頁，同30頁注5，伊藤〔4版補訂版〕331頁等。
23) 三ヶ月・双書〔3版〕419頁，三ヶ月・全集380頁。証拠能力について同旨を説くものとして，賀集ほか編・基本法コンメ2〔3版〕139頁〔松本博之〕。
24) 証拠法大系(2)〔内堀〕70頁注3。

〔名津井〕

もっとも，証拠能力に関する上記少数説のように，証拠能力は事実認定のために用いうる適格と解する見解もある。この立場では，証拠能力と形式的証拠力は重なることになる。この点にかんがみても，証拠能力は前述した通説に従うべきであるが，たとえ通説に従うときでも，文書を証拠方法として用いうることの内容には，概念上，当該文書を事実認定のために用いうることが含まれる可能性がある[25]。そしてこの点が，証拠能力と形式的証拠力の区別を困難にする原因と考えられる。したがって，証拠能力の内容には，事実認定のために用いうるという属性は含まれないものと解すべきであり，このように解することで，両者を明確に区別することができる[26]。

(2) **自由心証主義との関係**

証拠能力に関するもう一つの留意点として，自由心証主義の内容に証拠能力の無制限を挙げる見解[27]の扱いがある。自由心証主義は，争いのある事実について弁論の全趣旨と証拠調べの結果を斟酌して裁判官が自らの心証により，事実主張が真実であるかどうかを判断する建前であるから (247条)，事実主張を真実と認めるべきかどうかを証拠法則によって定める法定証拠主義とは互いに対峙する関係にある。しかし，このような両者の関係から，自由心証主義の下では，あらゆる証拠法則は排除される，よって証拠能力は無制限であると短絡することはできない[28]。なぜなら，刑事訴訟手続においては，自由心証主義

---

25) 旧注釈民訴(6)〔谷口安平〕は，例えば，忌避が認められると鑑定人になることができないことを意味するものとして証拠方法の証拠能力，鑑定した後に鑑定意見を証拠として用いることができないことを証拠資料の証拠能力と解し，証拠能力の内容として証拠方法の適格と証拠資料の適格の双方を認める。この見解は証拠能力を主軸とした用語法であり，本文で示唆した方向の議論の一例である。

26) 文書については，本文のように証拠能力と形式的証拠力を区別することができるが，形式的証拠力を観念することができる限り，他の証拠方法にも応用することができる。

27) 兼子・体系252頁，新堂〔5版〕595頁，司法研修所編・民事訴訟における事実認定〔2007〕72頁等。なお，民事訴訟における証拠能力の無制限の指摘は，判例にも見受けられるところ，たとえば伝聞証拠に関する最判昭27・12・5民集6巻11号1117頁では，「わが現行民事訴訟法は，私人間の紛争解決を目的とする民事訴訟法においては，伝聞証言その他の伝聞証拠の採否は，裁判官の自由な心証による判断に委せて差支えないという見解のもとに，この種の証拠能力制限の規定を設けなかつたものと解するのが相当である」とされている。

〔名津井〕

（刑訴318条）が妥当するにもかかわらず，厳格な証拠排除法則として証拠能力の規定（刑訴320条以下参照）が整備されているからである。このように，自由心証主義を採用した裁判制度の下でも，何等かの証拠（排除）法則の成立する可能性がある以上，裁判官による事実認定は，論理則・経験則のほか，一定の証拠（排除）法則に則った判断と解すべきである。そうである以上，民事訴訟法における自由心証主義から証拠能力の無制限を導出しようとする前述の見解には問題がある[29]。このことは，文書の形式的証拠力（228条）も証拠（排除）法則の一種である[30]と解する限り自明であるが，証拠能力についても，次に検討するように，訴え提起に際して又は訴え提起後に作成された文書，および，違法収集証拠につき，証拠能力が議論の対象とされてきた。

2 訴え提起に際し又は訴え提起後に作成された文書
(1) 問題の所在

裁判所が請求の当否を判断するには，事実を確定して法を適用しなければならないが，事実の存否を判断するには，当該事実の徴憑となる証拠を吟味してそこから事実の有無を推認しなければならない。この意味で，証拠はこれによって推認すべき事実と同時的に存在すべきものである。ところが，証明すべき事実に関する証拠が，訴え提起に際して又は訴え提起後，当事者その他これに準ずる者や第三者によって作成されたとすれば，当該事実の存否を判断するのに役立つどころか，かえって裁判官による適切な心証形成を妨げる可能性が懸念される。この点を重視するならば，この種の証拠を証拠方法として用いる余地を否定すること，すなわち当該証拠の証拠能力を否定することが考えられる。

---

[28] 旧注釈民訴(6)21頁〔谷口〕，間渕清史「証拠能力」新・争点188頁。

[29] 旧注釈民訴(6)21頁〔谷口〕，松本＝上野〔8版〕437頁，兼子ほか・条解〔2版〕1373頁〔松浦＝加藤〕等。なお，証拠法大系(2)〔内堀〕71頁は，本文の論旨に反対するようであるが，証拠能力の無制限を絶対の原則とせず（同70頁），自由心証主義と証拠能力の無制限の間の密接な関係を指摘するにとどまるため，自由心証主義を制約する何等かの証拠（排除）法則を否定しないとすれば，結論において大差ないものと思われる。

[30] ここでは，例えば，二段の推定における二段目の推定を規定した228条4項を法定証拠法則とする見解（詳細は，§228の解説を参照）ではなく，真正に成立した文書でなければ事実認定に用いることができないという文書の形式的証拠力の規律自体（同条1項参照）を指している。

しかしその一方で，当該証拠が訴え提起に際し又は訴え提起後に作成されたものであっても，その作成目的や内容にかんがみ，直ちに証拠能力を否定すべきでないものもある。例えば，証人尋問は本来，証人が出廷して口頭で直接に供述した内容を証拠資料とすべきであるが，民訴法は，裁判所が相当と認める場合において，当事者に異議がないとき，証人尋問に代えて書面尋問をすることを認めている（205条）。もっとも，尋問に代わる書面は証言代替物であって証拠方法としては人証であるから，書証ではない[31]。つまり，証人尋問における書面尋問の許容は，証人尋問（証言）に代えて証人の供述内容を記載した書面が，訴え提起に際して又は訴え提起後に作成されたにもかかわらず，証拠能力を有することの直接の根拠になるわけではない。また，証人が書面に基づいて陳述することを禁止し，証人がその記憶に基づいて自由に発言すること自体を尊重した規定（203条）の存在は，裁判長が許可した場合に例外を認めているものの，民訴法が，証言内容の備忘録等として提訴後に作成された書面につき，基本的には消極的な評価を加えていることを示している。

以上の検討を踏まえると，実務上すでに広く利用されている陳述書の証拠能力も検討の対象に含まれる。陳述書は，訴訟での利用を予定して作成される，当事者，準当事者又は第三者の供述を記載した文書のことである[32]。陳述書は，利用の目的や内容によってその機能は様々であるが（この点は後述(3)），通常は，供述者である当事者・証人予定者から事情を聴取した訴訟代理人である弁護士が書面を作成し，これを供述者に確認させた上で，署名・押印させて完成させている[33]。本人が作成する場合もあるが，本人訴訟を別とすれば，この場合にも弁護士による一定の指導がある。この意味で，陳述書は，当事者又は証人予定者本人の供述そのものではないが，形式的証拠力を備えた真正な文書として書証の対象とされている。したがって，陳述書には，基本的に冒頭の疑問がそ

---

[31] 伊藤〔4版補訂版〕388頁，秋山ほかⅣ 255頁。

[32] 詳しくは，「当事者（法人の代表者を含む），いわゆる準当事者（親族，従業員等）または第三者の供述を記載した書面であって，訴えの提起に際して，または訴え提起後に，訴訟で用いることを予定して作成されたもので，書証の形で裁判所に提出されるもの」とも定義されている。笠井正俊「陳述書の活用と審理原則」ジュリ1317号〔2006〕78頁。坂本倫城「陳述書をめぐる諸問題」判タ954号〔1998〕4頁等。

[33] 川端基彦「陳述書」新・争点206頁等。

§219 Ⅲ　　　　　　　　　　　　　　　　　第2編　第4章　証拠

のまま妥当することになる。

　以下では，まず関連する判例を検討した上で，陳述書をその利用目的・内容に応じて類型化し，近時の議論状況を踏まえて若干の検討を加える。

(2) 判　例

　大審院は当初，訴え提起に際して又は訴え提起後に，当該訴訟の係争事実について一私人が作成した文書（人証回避目的のものも含む）については，相手方がその内容を是認しない限り証拠能力（原文は「証拠力」であるが，用語法につき，前述1(1)を参照）はない，とする見解を堅持していた[34]。理論的な根拠は明らかにされていないが，前述(1)の冒頭における疑問によるものと推察される。しかし，本件文書に関する当時の判例は，相手方の同意（是認）を条件として，本件文書の証拠能力を認めていた点に着眼すると，この当時においても，本件文書の証拠能力が完全に否定されていたわけではない。

　また，上記の判例とは異なり，本件文書について，相手方の同意を問わず，証拠能力を肯定した例もあり[35]，その態度の動揺について学説から批判を被っていた[36]。

　このような状況において，大判昭14・11・21（民集18巻1545頁）は，「訴提起後ニ於テ其ノ訴訟ノ係争事実ニ関シ第三者タル一私人ノ作成シタル文書ト雖モ書証トシテノ証拠能力ヲ有セサルモノニアラサルハ論ナクタトヒ相手方ニ於テ其ノ成立ヲ否認シ若クハ其ノ内容ヲ是認セサル場合ト雖モ之カ為メニ其ノ証拠力ヲ失フモノニアラス」と判示し，明確に肯定説を採用するに至った。

　この判例は，訴え提起後に当事者が係争事実に関して作成した文書（内容証明郵便）に関する最判昭24・2・1（民集3巻2号21頁）によって踏襲されている。その後，最高裁は，最判昭37・2・27（裁判集民58号997頁）が加除式の帳

---

34)　大判明32・5・2民録5輯5号4頁，大判明38・5・9民録11輯636頁，大判明39・1・18民録12輯55頁，大判明40・11・13民録13輯1130頁，大判大2・4・4評論2巻民訴88頁，大判大10・2・2民録27輯172頁，大決大10・5・2民録27輯838頁，大判大12・2・3民集2巻42頁，大判昭4・4・5民集8巻249頁。

35)　大判大4・6・19民録21輯993頁，大判大7・9・18民録24輯1787頁，大判大7・9・23民録24輯1722頁，大判大15・12・22民集5巻891頁，大判昭2・2・25民集6巻59頁等。

36)　兼子・判例民訴224頁等。

簿について，最判昭37・4・10（裁判集民60号97頁）が書証として提出された鑑定理由のない鑑定書（いわゆる私鑑定報告書）について，また最判昭39・11・27（裁判集民76号347頁）が記録簿からの抜粋に解説を加えた書面について，それぞれ証拠能力を肯定しており，最高裁判決として証拠能力を否定した例は存在しない。

(3) 人証の書面化と陳述書の利用

(A) 陳述書の適法性　　訴え提起に際して又は訴え提起後に作成された文書は，前述(1)の疑問にもかかわらず，判例上，その証拠能力は肯定されている。この種の文書については，証拠能力を認めた上で，文書の成立の真正（形式的証拠力）と文書の証拠価値（実質的証拠力）を裁判官が自由な心証によって評価してよい，というのが，判例の立場であると解して差し支えないものと思われる[37]。もっとも，陳述書を利用した実務が高度化する中で，その利用範囲が拡大し，類型的な考察が必要になっている。そこで，原始的な類型である人証取調べにおける陳述書と，争点整理のための陳述書に分けて若干の検討を加えることにする。

(B) 形式事項型　　証人尋問における主尋問の補完のため，計算書類・経理記録・専門技術等の口頭では不正確・冗長となるもの，人間関係・経歴等を客観的かつ時系列的に記載したもの等の形式的事項の供述内容を記載した陳述書は，古くから利用されてきた。これは，大正15年改正前の旧々民訴法314条

---

[37] 文献は極めて多く，萩原金美「目の裁判か，耳の裁判か——民事訴訟法改正問題雑考」判タ858号〔1994〕8頁，山本克己「人証の取調べの書面化——『陳述書』の利用を中心に」自由と正義46巻8号〔1995〕59頁，北尾哲郎「書証その他」新大系(3) 67頁，同「陳述書の運用準則」判タ937号〔1997〕57頁，坂本・前掲注32) 4頁，証拠法大系(2)〔2004〕69頁〔内堀宏達〕，第二東京弁護士会民事訴訟改善研究委員会「陳述書に関する提言」判タ1181号〔2005〕31頁，同主催「陳述書の運用に関するシンポジウム」判タ1200〔2006〕51頁，近藤壽邦＝岩坪朗彦「陳述書の活用について」判タ1258号〔2008〕35頁，高倉太郎「現行民事訴訟法改正前後における陳述書の役割の変遷」千葉大学法学論集23巻3号〔2008〕167頁，研究会〈事実認定と立証活動〉「報告文書の光と影」加藤新太郎編・民事事実認定と立証活動(1)〔2009〕63頁（初出：判タ1220号〔2006〕），川添利賢「陳述書の軌跡とそのあるべき姿」判タ1286号〔2009〕45頁，寺本昌広「陳述書の利用の現状と今後の課題」判タ1317号〔2010〕49頁，東京地方裁判所プラクティス委員会第二小委員会「効果的で無駄のない尋問とは何か」判タ1340号〔2011〕50頁等がある。

が，「証人ハ其供述ニ換ヘテ書類ヲ朗読シ其他覚書ヲ用キルコトヲ得ス但算数ノ関係ニ限リ覚書ヲ用キルコトヲ得」と定め，覚書に基づく供述禁止の例外を，計算関係に限定していたことから，提訴後に作成された文書の証拠能力に懐疑的な判例が主流であった当時も，形式的事項を記載した陳述書には問題がないとされたものと推察される。しかし本来は，計算関係を記載した書面に基づいて陳述すること（証人尋問）と，計算関係の陳述に代えてそれを記載した書面を提出すること（書証）は別問題であり，前者が可能でも，後者が適法とは限らない。しかも当時は，現在のような書面尋問に関する規定が存在しなかったことにも照らせば，陳述書の利用範囲を限定することが，その適法性（証拠能力）を担保すると解されていたものと思われる。

(c) **主尋問代替型** 形式事項型の陳述書は，機能面に着眼すると，口頭による不正確を補完し，時間を節約する機能のほか，供述内容を事前に相手方当事者に開示する機能（証拠開示機能），さらに，これにより相手方が重要な点に絞った反対尋問を可能にし，反対尋問を充実させる機能を有する[38]。しかしこれらの機能効用は，形式事項に限られないことから，陳述書によって供述の肩代わりをさせる部分を拡大する方向に実務が動くことは，想像に難くない。前掲昭和14年大判はこの方向を追認する意味を有していたとの評価も可能であろう。この点は，最高裁になっても同様であり（前掲昭和24年最判等），主尋問を陳述書に代替させてこれを大幅に省略する主尋問代替型の陳述書が旧法以来活用されてきた。とりわけ旧法下の実務改善運動を経て明文化された集中証拠調べ（182条）を実践するには，主尋問代替型の陳述書は不可欠と言ってよいほど広く浸透しているのが実情である。すなわち，この種の陳述書は，多くの場合，争点整理の完了後，人証調べの前（約1週間から数日前）に裁判所の求めに応じて提出される。陳述書が提出されている場合，主尋問の際には，陳述書

---

[38] 本文で指摘した，(a) 主尋問補完・代替機能，(b) 供述事前開示機能（証拠開示機能）のほか，後述の事案提示型について，(c) 争点整理機能がしばしば指摘されるが，このほかにも，当事者と弁護士の間で訴訟準備を促進させること（事前準備促進機能），書記官による調書作成を合理化すること（調書作成補完機能），当事者の主張が訴訟の早い段階で固定すること（主張固定機能），当事者の訴訟に対する参加意識を高めること等が指摘されている。

に記載された通りの供述がされるものと予測されるので，実際には証人に陳述書の記載をなぞらせるのではなく，特に重要な点に絞って供述させて，時間を節約することができる。と同時に，その分だけ相手方の反対尋問に時間を割くことができる。陳述書が証拠調べ期日に先立って提出されることにより，主尋問における供述内容が相手方に開示される結果，相手方は反対尋問の準備が容易になる。たとえば，他の証拠があるときはこれと照合して，反対尋問の材料を獲得できる等，相手方の防御権を実質化することに役立つ。陳述書による証拠開示は，もちろん裁判所にとっても有用であり，裁判所は，陳述書を通じて事案を容易に把握できることから，問題意識をもって尋問に備えることができ，ひいては人証調べの質を向上させる効用がある（この方向を推し進めるとき，後述(D)の争点整理型に行きつくものと思われる）。

　なお，主尋問を補完・代替する陳述書が重宝される背景には，尋問事項書の実務慣行がある。すなわち，本来，尋問事項書において主尋問の内容が詳細に記載されていれば，陳述書に頼る必要は大幅に減少するものと思われる。ところが，実務上，尋問事項書にはごく簡単にしか尋問事項を記載しないという慣行があり，またその改善は当面見込めないという事情が，この種の陳述書が普及した背景にあることに留意しておきたい。

　(D)　**事案提示型**　　主尋問代替型の陳述書には，単に主尋問の一部を省略して効果的な尋問を実現する側面のみならず，尋問事項を相手方に事前に提示し，反対尋問の準備を促進する側面をも有していた。後者の側面は，さらに，争点整理の段階における主張および証拠の整理との関係において魅力的であることは多言を要しない。陳述書の多くは前述(B)(C)型のものが本流ではあるが，近時は，争点整理段階における陳述書の効用が注目されている。

　争点整理は，当事者双方の主張と証拠を整理して争点を絞り，要証事実を明らかにするとともに，取り調べるべき証拠，とりわけ人証を特定し，整理することを内容とする。争点整理を首尾よく実施するには，裁判所が，事件の全体像をできる限り早い段階で把握できる必要があるところ，当事者双方がそれぞれの視点から事件像を時系列に沿って詳しく記載した陳述書を提示すれば，裁判所は，事件の経緯を把握して真の争点を把握することが容易になり，証拠調べ（人証調べ）をすべき事項および尋問対象者を効率的に整理することができ

る。このような事案提示型の陳述書は，その性質上，当事者が作成したものが多いと考えられるが，それに限られず，第三者が作成する場合もある。

　以上のような事案提示型の陳述書は，争点整理の初期段階で提出されるべきものであるが，その結果，準備書面との関係が問題とならざるを得ない。事件の経緯や背景事情等の間接事実を早期に把握することが目的であれば，準備書面を詳細に書くことでも可能だからである[39]。つまり，本来は準備書面で記載すべき事項（訴訟資料）が，書証である陳述書に記載されている点で，訴訟資料と証拠資料を峻別する民事訴訟の審理構造に抵触し，とりわけ当事者作成の陳述書に関しては，陳述書の記載内容が弁論で陳述されない限り，弁論主義に違反する危険をはらむことになる。また，事案提示型陳述書に記載された事項の多くは，争点整理の初期段階で提出されることからして，後で行われる尋問において反対尋問に晒されることを当初から予定していない。すなわち，事案提示型陳述書の性格上，陳述書に記載された事項は「主張」を兼ねるため，尋問を経なくとも直ちに違法ではないとの評価が前提にあることになるが，「証拠」として書証目録に編綴される陳述書の記載内容について尋問を省くときは，「証拠」を兼ねるにもかかわらず，必要な手続を経由しないまま裁判官の心証形成に影響を与えることを認めることになる点で，主尋問代替型の陳述書と同列に扱うことは困難である。実務家（弁護士）の間でも以上に述べた諸点を問題視し，この種の陳述書を「争点整理目的の陳述書」と呼び，安易な利用に警鐘を鳴らす「提言」もされている[40]。

---

[39] 当事者が提出する陳述書を適法化する議論としては，民訴法151条1項1号の釈明処分として当事者本人又は法定代理人に期日に出頭させて陳述を求めることができることを踏まえて，口頭陳述に代えて陳述書の提出を求めることができるとの見解があるが，これは同号の釈明処分が狭義の弁論に属するとの解釈が前提となる（山本克己「陳述書問題について」判タ938号〔1997〕72頁）。

[40] 第二東京弁護士会民事訴訟改善研究委員会・前掲注37)「陳述書に関する提言」36頁以下は，争点整理目的の陳述書について，①争点整理に必要な主張は準備書面によるべきであり，書証をもって準備書面に代替させることは法の予定しないところである（裁判所が争点整理目的の陳述書の提出を要求することは，当事者が主張しない事項を書証の形を借りて主張させることになる）こと，②争点整理目的の陳述書は性質上訴訟の初期段階で提出されるため，尋問対象になる者が特定されず，争点も未整理であるため，将来尋問されない者の陳述書まで無差別に提出されること，を指摘して，争点整理目的の陳述書は，

第5節　書証　　　　　　　　　　　　　　　　　　　　§219 Ⅲ

　これらの問題点は，一見すると致命的な欠陥とも思われるが，事案提示型ないし争点整理目的の陳述書について証拠能力を否定する見解は見当たらず，かえって実務上の必要性から，この種の陳述書を歓迎する見解が少なくない。とりわけ，準備書面については，民訴規則によって間接事実の記載が求められているが，そこでは要件事実（主要事実）の記載とともにそれに関連する事実を記載することが想定されている（規53条，79条，80条，81条）。すなわち，準備書面には，事件像ないし事件の経緯（ストーリー）が時系列に沿って記載されることはなく，法的主張に関連する事実が必要な限りで記載されるのが実情であり，こうした実務慣行は容易には変更されないとする見方が一般的である。この見方を前提としつつ，争点整理を充実させ，集中証拠調べに結びつけるための工夫として，事案提示型ないし争点整理目的の陳述書の効用が語られる以上，前述の問題点は，この種の陳述書を排除する根拠ではなく，実務上の工夫によって改善すべき課題として認識されているにすぎない。

　(E)　証拠排除法則の欠如と運用の方向　　民訴法は，旧法以来，陳述書に関して沈黙している。しかし判例は，大審院の時代から，提訴後に人証回避の目的で作成された陳述書について，後の証人尋問における書面尋問の制度化を待つまでもなく，相手方の異議がないことを要件とすることなく，証拠能力を肯定した（前掲昭和14年大判）。平成8年改正時には，書面に基づく陳述の禁止について旧民訴法299条が例外を裁判所の許可のある場合に拡張したのを維持している（203条）。また証人尋問に限ってではあるが，書面尋問を一定の要件の下で認めているため（前述(1)参照），大審院判例が提訴後に作成された書面の証拠能力を否定していた当時（前述(2)参照）と比べると，肯定説に有利な材料が増えている。この状況で，陳述書の証拠能力を明確に否定するには，刑事訴訟における伝聞証拠の証拠能力と同様の規定が必要と解されるが，民訴法にはこれがない。つまり，伝聞証拠が排除されない以上，陳述書において伝聞的供述内容が含まれていても，これを根拠に陳述書を証拠資料から排除することができない。加えて，伝聞証拠を排除する実質的根拠である反対尋問権の保障が欠如している点も，伝聞証拠を排除しないことの裏返しとして，少なくとも民事

「一般には不適法と考えられる」と述べる。

〔名津井〕

訴訟においては伝聞的供述内容を含む陳述書を排除する根拠として決め手になりにくい。さらに，陳述書一般に指摘される直接主義・口頭主義の違反も，直接主義・口頭主義の形骸化は，なにも陳述書に限って生じているわけではなく，むしろ尋問が行われれば補完される面もあるため，証拠能力を否定する決め手にはならない。

　もっとも，以上のような形式事項型・主尋問代替型陳述書を念頭においた議論は，事案提示型陳述書あるいは争点整理目的の陳述書の正当化にはなお不十分である。もっとも，この種の陳述書の問題点についても，争点整理において主張と証拠の両方を駆使して争点を絞るのは一般的な実務であり，絞られた争点について集中証拠調べ（とりわけ人証調べ）を実施して適切かつ効率的な訴訟運営を確保できるならば，訴訟資料と証拠資料を区別することに過度に拘泥すべきでないとする指摘がある[41]。また，陳述書が準備書面としての性質と証拠として性質を併有するという二面性自体を評価する見解もある[42]。すなわち，争点整理での利用に関連した指摘であるが，早期に提出される陳述書について，証拠開示的機能（あるいは尋問事項の予告）と並んで，陳述書の主張としての側面を前提としてその主張を早い段階で固定させる機能（主張固定機能）が指摘され，これが争点の効率的な絞り込みを可能にし，集中証拠調べ（人証）を充実させる効用があるとされる。また，「主張」の実質を備えた「証拠」であること自体の効用として，準備書面では認否を厳格にしなければならず裁判所の負担も大きいのに対し，陳述書を証拠（書証）として扱えば，裁判所は，陳述書を読む権限を確保して，認否のために厳格に読む義務（主張の見落としのリス

---

41)　那須弘平「争点整理における陳述書の機能」現代民事法研究会・民事訴訟のスキルとマインド〔2010〕226頁・231頁（初出：判タ919号〔1996〕）。

42)　陳述書が書証であることを認めた上で，準備書面の添付書類として提出することを提唱する見解として，山本克己・前掲注39）71頁がある。準備書面（規79条。訴状が準備書面を兼ねる場合〔規53条3項〕，答弁書・答弁に対反論〔規80条・81条〕も含む）の添付書類（規55条2項）は，理論上，「書証の写し」の文言にかかわらず，そのままでは書証たる文書の写し（規137条1項）ではない（後述Ⅳ4(1)参照）という意味では主張の一部をなす書面ではあるが，書証である文書の写しの添付を排除するものではなく，運用上は後者の添付が大勢を占めるため，少なくとも期日に書証の申出をするまでは前者の意味を兼ねる点で二面性をもつことが，上記見解の前提にあると考えられる。

ク）から解放されるという側面も一つの利点として認識されるに至っている[43]。

　このように，陳述書を禁止する明確な規定がなく，かえって諸々の効用が期待される現状の下では，主尋問代替型はもとより，事案提示型ないし争点整理目的の陳述書といえども，これを一律に訴訟手続から駆逐するのは困難であろう。しかしながら，弁護士の側から出てきた前述の「提言」が波紋を呼んでいるように，とりわけ「争点整理目的の陳述書」には危ういところがある。この種の陳述書が効用を発揮する背景には，準備書面の機能不全が見え隠れすることも一因と考えられるが，これにとどまらず，直接主義・口頭主義違反の問題もいまだ克服されたとは言い難い。また，陳述書の作成過程で生じる人証の汚染の問題も，手付かずの状態で残っている。そして，これらの問題は，本来ならば，相手方の反対尋問を通じた点検によって無害化することができるものと解されていた。しかし，争点整理目的の陳述書はそもそも尋問を予定せず，また仮に尋問を予定して提出されていた場合でも，争点整理が進展し，人証調べの対象が絞り込まれ，当初予定していた人証調べが実施されないことになった結果として，反対尋問のない陳述書が書証として記録に残ることは十分にあり得る。確かに，陳述書に関連する人証が取調べの対象から除外されたのであるから，その陳述書の記載内容は重要でないとも考えられるものの，証拠資料になる以上，裁判官の心証に影響を与えない保障はない。もっとも，裁判所の側からは，この場合は自由心証主義が働き，この種の陳述書は証拠力が乏しく，また証拠力を割り引いて証拠評価をすることができるから，陳述書のみに依拠して事実認定をすることはないとも指摘される[44]。しかし，反対尋問の機会がなかった相手方にしてみれば，この種の陳述書が証拠となることに不安を抱くこと自体はやむを得ない面があろう。争点整理手続の中で陳述書を利用していく限り，おそらく反対尋問を経ない陳述書の出現を防ぐことはできそうにない。まだ実例は少ないと思われるものの，前述の裁判所の立場とは裏腹に，陳述書だけで事実を認定した第一審判決の存在も報告されている[45]。陳述書の活用も，

---

43) 髙橋下〔2版補訂版〕809頁，同「陳述書について――研究者の視点から」現代民事法研究会・前掲注41）240頁・243頁（初出：判タ1006号〔1999〕）。

44) 研究会〈事実認定と立証活動〉・前掲注37）121頁〔村田渉発言〕。

45) 髙橋下〔2版補訂版〕824頁，同827頁注31。同所では，第15回全国裁判官懇話会報

〔名津井〕

すでに行き着くところまで行ったと見てよい。

　以上を踏まえて，陳述書をどのように扱うべきだろうか。基本的には，主尋問代替型・事案提示型ともに陳述書の証拠能力を原則として肯定した上で，看過しがたい難点があるときはこれを最小化する方向で，理論面・運用面の双方において工夫していくほかないものと思われる。この意味で，反対尋問を経ない陳述書も，結果的に反対尋問の機会のなかった場合か，尋問を最初から予定しない場合かを問わず，反対尋問を経ないことのみを理由として証拠能力は否定されないと解することになる。判例および実務がすでにその方向に進んでいることもあるが，反対尋問が実際に行われないことから直ちに証拠能力を否定するのは，やや形式論にすぎる面があり，裁判官の自由心証による審査の側面を過小評価していると言わざるを得ない。仮に反対尋問権を保障しても，当事者ないし代理人の技術的な問題で適切な反対尋問ができない場合，相手方が反対尋問権を行使することを欲しない場合等でも，陳述書の証拠能力は否定されないが，これは裁判官による審査（可能性）を前提とするからである。問題となるのは，反対尋問を予定した陳述書について，反対尋問権を侵害する目的および手段において著しい反社会性が認められるような場合（例えば，意図的に虚偽の陳述書を作成して提出し，脅迫等により裁判官の正常な訴訟指揮を妨げたような場合）であり，仮にそのようなことがあれば，例外的に証拠能力を否定して証拠資料から排除すべきであろう。しかし，現実にこれはあり得ないとすると，反対尋問を経ない陳述書はその証拠能力を維持した上で，証拠価値を低く見積もることをもって対処するほかないであろう。

3　違法収集証拠

(1) **問題の所在**

　一般に，違法な手段を用いて作成・収集された証拠のことを違法収集証拠という。違法収集証拠は，高い証拠価値を期待するがために無理をしてまで作成または収集される場合があり，真実発見の観点[46]を重視するときは何とかして

告「裁判官と司法改革　民事分科会合同報告・交互尋問（人間証拠調べ）と裁判所の関与について」判時 1562 号（1996）4 頁（とくに 13 頁 4 段の高裁判事の発言）等が引用されている。

[46]　判例，学説を問わず，証拠能力の肯定に向かわせる最大の論拠とされるが，伊藤眞

これを事実認定に利用する方向で考えることになろう。しかし他方で，裁判所が違法収集証拠を取り調べて，心証を形成することを許した結果，挙証者が有利になるとすれば，他方当事者は裁判の公平性に疑問を抱くことになろう。しかも，裁判所が証拠の作成・収集に用いられる手段を問わないとすれば，違法な手段を用いた証拠収集の誘因となってこれを助長することも懸念される[47]。これが現実になれば，公正な裁判に対する国民の信頼が害される可能性もあろう。ところで，自由心証主義の下では証拠能力の判断も裁判所の自由心証に服することになるが，ここから直ちに証拠能力の無制限を帰結することには慎重でなければならない（前述Ⅲ1(2)参照）。特に違法収集証拠には，前述の疑問があるために，その証拠能力が否定される可能性は一般に認められていると言ってよい。問題は，どのような場合に違法収集証拠の利用が制限されるか[48]であるが，従来，無断録音や窃取された文書を素材とした検討が行われており，また最近では，情報機器の発達を背景として，盗撮された画像や動画，PC・携帯電話等のメール等の無断コピー，違法アクセスにより入手されたデータ等が問題となることもある（準文書としての側面については，§231の解説を参照）。

　以下では，まず裁判例を紹介するが，無断録音と窃取された文書は区別して扱うことにする。というのも，無断録音は録音機器に保存された音声が取調べの対象となるのに対し，窃取された文書はその作成者の思想が紙面等に「書かれた状態」で固定されている点が異なることに加え，無断録音は音声データの作成自体や作成過程における違法性が問われるのに対し，窃取された文書は挙証者がこれを入手した方法・経緯の違法性が問われる点で，態様も異なるからである。ただし，前者の相違は，記録された音声を反訳した書面（内容説明書。規149条）が利用される限り緩和される（詳細は，§231の解説を参照）。

「違法収集証拠・証言拒絶権」法セ332号〔1982〕92頁は，納税者たる国民のための真実発見を説く。

[47] 山本卓「民事訴訟における信義誠実の原則」司法研究報告書14輯1号〔1962〕41頁。
[48] なお，任意規定である訴訟法規に違反した証拠の扱いという問題もあるが，例えば，宣誓を欠いた証言（大判昭15・2・27民集19巻239頁，最判昭29・2・11民集8巻2号429頁），証人尋問により法定代理人を尋問して得られた証言（大判昭11・10・6民集15巻1789頁）は，責問権の放棄・喪失により瑕疵は治癒されるので（90条），以下の本文では，これらを違法収集証拠の問題として扱わない（反対，間渕・新・争点188頁）。

〔名津井〕

(2) 無断録音テープ・反訳書の証拠能力

　話者の同意なしにテープレコーダーに録音された音声を反訳した書面の証拠能力が問題となった事案において，①東京地判昭46・4・26（判時641号81頁）は，「録音テープに録取された会談の内容は，本件事件の当事者間で本件事件について質疑がなされた際にこれを一方当事者側において録取したものであり，特に会談の当事者以外にききとられまいと意図した形跡はないから，右録取に際し他方当事者の同意を得ていなかった一事をもって公序良俗に反し違法に収集されたものであって，これにもとづいて作成された証拠に証拠能力を肯定することが社会通念上相当でないとするにはあたらない」とした。①については，実体法上の違法性（違法収集証拠か否か）として公序良俗違反が問題とされたことに加え，この問題が証拠能力（訴訟法上の問題）の判断に強く影響するかのように説かれた点が注目される。本件では結論として証拠能力が肯定されたが，話者が会談内容を他者に聞かせない意図を有する場合には公序良俗違反となり，さらに証拠能力が否定される余地を残した[49]）。

　②東京高判昭52・7・15（判時867号60頁）は，「証拠が，著しく反社会的な手段を用いて，人の精神的肉体的自由を拘束する等の人格権侵害を伴う方法によって採集されたものであるときは，それ自体違法の評価を受け，その証拠能力を否定されてもやむを得ない」との立場を前提とし，「話者の同意なくしてなされた録音テープは，通常話者の一般的人格権の侵害となり得ることは明らかであるから，その証拠能力の適否の判定に当っては，その録音の手段方法が著しく反社会的と認められるか否かを基準とすべきものと解するのが相当であり，これを本件についてみるに，右録音は，酒席における……の発言供述を，単に同人ら不知の間に録取したものであるにとどまり，いまだ同人らの人格権を著しく反社会的な手段方法で侵害したものということはできない」と述べ，結論として，録音テープの証拠能力を肯定した。①と異なり，話者の同意なしに会話を録音したことが話者の一般的人格権の侵害を構成し得るものと捉えられていること（法律構成），また，②は話者の同意のない録音が話者の人格権を侵害する（違法収集証拠に該当する）ことを認めながら，証拠能力の判断につい

---

[49] 小山昇「録音テープの証拠調べ」判タ446号〔1981〕26頁以下，特に28頁。

ては，別途，著しく反社会的な手段方法を用いたかどうかを基準にするという枠組みを提示した点が注目される。この枠組みでは，違法収集証拠の証拠能力は，人格権侵害よりも厳格な基準を具備してはじめて否定されるものと解される。

③盛岡地判昭59・8・10（判時1135号98頁）も，「一般に被録取者の同意を得ない録音はプライバシーを侵害する違法な行為というべきであるが，民訴法にはかかる違法な手段方法によって入手した証拠の証拠能力に関する規定はない。しかしながら，法律上これを制限する規定がないからといって直ちにその証拠能力を肯定するのは相当でなく，民訴法の基本原則である公平の原則に照らし，かかる証拠を事実認定の資料に供することが著しく信義に反すると認められる場合にはその証拠能力は否定すべきである。被録取者が身体的精神的自由の拘束下で供述を強制されその内容を録取された場合のように，証拠の入手方法に強度の違法性が認められる場合には，将来の違法行為の抑制の見地からもその証拠能力は否定すべきであろう」とする。しかし他方で，「訴訟における真実発見の要請をも考慮するとき，一般的人格権侵害の事実のみで直ちにその証拠能力を否定するのは妥当でなく，会話の内容自体が個人の秘密として保護に値するか否か，とりわけその内容が公共の利害に関する事実か否か，訴訟において当該証拠の占める重要性等を総合考慮したうえその証拠能力の有無を決するのが相当」と述べて比較衡量の枠組みを提示した上で，「右録音は，ホテルあるいは自動車内での……被告……の発言内容を単に同人ら不知の間に録取したものであるにとどまり，しかもその供述内容は一六年間余の長きにわたり秘匿されていた同人らの犯罪行為に関するものであって重大な公共の利害に関する事実であり，かつ本件訴訟中に占める証拠としての重要性も非常に大きい」として，録音テープの証拠能力を肯定している。ここでは，証拠能力を判断する法的観点として，一般的人格権の侵害以外にも，公平の原則や信義則に言及されているものの，話者の同意なしに会話を録音しただけでは足りず，身体的精神的拘束をして供述を強要する等，証拠の入手方法に強度の違法性が必要とする点では，②と同様と見てよい。②と異なるのは，会話内容に含まれる秘密の要保護性，公共の利害との関連性，証拠の重要性等を要素とした比較衡量により判断すべきとされた点である[50]。

〔名津井〕

これらの肯定例に対し、④大分地判昭46・11・8（判時656号82頁）は、「相手方の同意なしに対話を録音することは、公益を保護するため或いは著しく優越する正当利益を擁護するためなど特段の事情のない限り、相手方の人格権を侵害する不法な行為と言うべきであり、民事事件の一方の当事者の証拠固めというような私的利益のみでは未だ一般的にこれを正当化することはできない」として、「対話の相手方の同意のない無断録音テープ」を「法廷においてこれを証拠として許容することは訴訟法上の信義則、公正の原則に反する」と述べて「録音録取書」の証拠採用を否定した。④においては、無断録音による人格権侵害は不法行為に基づく損害賠償等で解決することを前提にしながら、人格権侵害が証拠能力の判断に影響することを否定する見解は、損害賠償義務を覚悟した無断録音を誘発する弊害があるため、法廷における公正の原則に反する、と批判されている。この批判に照らせば、④は、無断録音による人格権侵害は証拠能力の否定を伴わない限り一貫しないとする立場と解される[51]。また、このような一元的な見解は、結論は真逆であるものの、①と通底するのに対し、証拠能力の判断を人格権侵害から切り離した②や比較衡量を志向する③とは一線を画する。

(3) **盗取された文書等**

養子である被告は、養親である原告と不和のため家を出ていたが、一時実家に赴いた際に原告の居宅座敷に残置した被告所有の日記帳を、原告が被告による重大な侮辱行為を証明するための証拠として提出した離縁請求訴訟の事案において、⑤大判昭18・7・2（民集22巻574頁）は、被告の承諾がなければ当該日記を証拠とすることはできないとする民訴法の規定がないと説示して、日記帳の証拠能力を肯定した。この事案では、挙証者たる原告が日記帳を所持していたため、証拠収集行為の違法評価は、窃取ではなく（占有離脱物の）横領が

---

50) 小林・証拠法〔2版〕137頁が、③の方向を支持する。渡辺武文「証拠に関する当事者行為の規律」講座民訴(5)176頁以下は、②の一般論に依拠しつつ、場合分けをして、証拠方法の作成手段がきわめて反社会的であり、個人の尊厳を害する場合（相手方の精神的・身体的自由を拘束した録音の場合）は証拠能力を否定し、証拠方法の入手手段に違法性がある場合（無断録音の場合）は、③と同様、総合的な比較衡量によっている。

51) 松本＝上野〔8版〕は、④を「無断録音テープの許容性を定型的に否定するもの」と整理する。

想定されている[52]。また日記帳には個人的秘密が記載されることもあり，作成者の同意なしに法廷で内容が明らかになれば，作成者の人格権侵害のおそれがある文書であるところ，⑤は，日記帳の証拠能力を否定する規定がないことを指摘するのみで，文書の記載内容の秘密性，人格権侵害にわたる言及はない[53]。

⑥名古屋高決昭56・2・18（判時1007号66頁）は，被告会社による不当解雇にかかる原告の地位存在確認請求訴訟で，勝手に持ち出された被告会社の人事部長の手帳の写しが証拠として提出された事案において，裁判所は，違法収集証拠の利用を禁止した民訴法の規定がないこと，挙証者が文書を所持する場合はその文書が相手方に属するときでも大審院（前掲⑤）はその証拠利用を認めていること，さらに，証拠収集の違法は実体法規に基づく効果（刑事訴追，物の返還および損害賠償請求）を帰結するのみで，訴訟法との統一的法体系を理由に当該文書の証拠利用を否定できないことを指摘して，肯定説を展開する。

しかし，本判決はここから直ちには結論に向かわず，「民事訴訟における実体的真実の追求も無制限」ではなく，「法の設定する他の理想ないし原則あるいはより高次の法益をまもるために譲歩を余儀なくされる場合もある」と説示して，証言拒絶権に言及し，「民事訴訟法が証人尋問の場合につき明文をもって個人の尊厳の前に実体的真実発見の要請を後退させていることにかんがみると，書証の場合においても，当該書証が窃取等正当な保持者の意思に反して提出者によって取得されたものであり，かつ，これを証拠として取調べることによってその者あるいは相手方当事者の個人的秘密が法廷で明らかにされ，これらの者の人格権が侵害されると認められる場合（私的な日記帳，手紙などがその適例である。）には，その書証を証拠方法とすることは許されず，その証拠としての申出は却下を免れない」と論じている。

包括的で示唆に富んだ説示であるが，⑥の事案の処理としては，原告を支援する団体が会社内の会議室で当該人事部長と面接した際に同人が机上に置き忘れた手帳を団体構成員の誰かが持ち出し，コピーされたことを知りながら写しの供与を受けたという経緯に照らし，原告の所為に違法性はなく，また手帳の

---

52) 住吉博〔後掲⑥の判批〕判評276号〔1982〕35頁。
53) 伊藤正己〔本件判批〕法協62巻3号〔1944〕410頁は，旧民訴法311条（現・本条）にいう挙証者の所持する文書であるから，自由に書証として提出できるとする。

内容は人事部長の職務上の出来事や行事予定であって，個人の私生活に関する手記・日記等ではないから，証拠調べによる人格権侵害はないとして証拠能力を肯定している。⑥が，日記帳等の個人の私生活に関する内容を記載した文書について，作成者の同意なく取り調べることを人格権侵害と指摘して証拠利用を禁止している点は，⑤と好対照をなしている。というのも，⑤は，日記帳という個人の私生活に関する事項が記載される蓋然性の高い文書にもかかわらず，この点に何ら留保することなく，作成者（所有者）の同意なしに証拠能力を認めていたからである。⑥に従えば，本件手帳に個人の私生活に関する事項が記載されていたならば，証拠能力を否定せざるを得ないはずであり，⑤の判旨との抵触は否定し難い。

⑦神戸地判昭59・5・18（判時1135号140頁）は，被告会社のキャビネットに保管されていた書類が何者かによって窃取され，その後原告が証拠として提出したところ，被告から証拠排除が求められた事案において，裁判所は，当事者自身または第三者と共謀して相手方の所持する文書を窃取する等の信義則に反する特段の事情がない限り証拠能力は否定されないとの立場から，この事案のように誰が窃取したか不明の場合も特段の事情はないとして本件文書の証拠能力を肯定した。ところで，本件文書については，取調べによって人格権侵害を引き起こす私生活に関する事項が問題とされていないが，これは本件文書が「労務管理懇談会実施報告」等の業務上作成されたからであろう。他方，本件文書の入手方法については信義則違反が問われたが，たとえ挙証者が本件文書を入手する過程において第三者による窃取のような違法行為が介在したとしても，挙証者たる当事者が共謀した場合のように信義則違反となる特段の事情がない限り，証拠能力は否定されないと判断された点は，⑥と同様と考えられる。

⑧名古屋地判平3・8・9（判時1408号105頁）は，妻から夫の不倫相手に対する損害賠償請求で，被告宅の郵便受けから原告が無断で持ち出し，開披・隠匿していた夫から被告に宛てた信書（情交関係の徴憑）の証拠能力が問題となった事案において，裁判所は，「当事者が挙証の用に供する証拠は，それが著しく反社会的な手段を用いて採集されたものである等，その証拠能力自体が否定されてもやむを得ないような場合を除いて，その証拠能力を肯定すべきもの」と説示し，夫が情交関係を妻に隠そうとせず，夫婦がなお家業を共同して営み，

同居もしている本件では，証拠収集の方法・態様において証拠能力を否定するほどの違法性はないとした。⑧において，証拠の入手方法の著しい反社会性に言及された点は，無断録音テープに関する②と同様であるが，判例内在的には入手方法の信義則違反（⑥・⑦参照）を問う余地があった。しかし，証拠能力を否定すべき著しい反社会性が認められるときは，信義則に違反するのであれば，この点に拘る必要はない（なお，後述⑨では，著しい反社会性と訴訟上の信義則が同列に扱われている）。

　これに対して，⑨東京地判平 10・5・29（判タ 1004 号 260 頁）は，夫から妻の不倫相手に対する損害賠償請求訴訟で，原告がその弁護士に交付した陳述書の原稿ないし手控えとして作成した大学ノートが，妻により原告に無断で持ち出され，被告を介して被告代理人の手に渡り，証拠として提出された事案において，裁判所は，「証拠の収集の仕方に社会的にみて相当性を欠くなどの反社会性が高い事情がある場合には，民事訴訟法二条の趣旨に徴し，当該証拠の申出は却下すべき」であるとの立場から，当該文書は，「依頼者と弁護士との間でのみ交わされる文書であり，第三者の目に触れないことを旨とする」ので，その「文書の密行性という性質及び入手の方法において，書証として提出することに強い反社会性があり，民事訴訟法二条の掲げる信義誠実の原則に反する」として証拠の申出を却下している。証拠の入手方法の反社会性を指摘する点では，⑧その他と類似するが，証拠能力を判断する法的観点としては信義則が重視されている（この点につき，前述⑧を参照）。本件では，確かに文書の記載内容が個人の私生活に関する事項と割り切りにくいことから，入手方法が問題とされたとも考えられる。しかしながら，⑧では夫婦間での文書の無断持ち出しの事案で入手方法の違法性が否定されており，本件の入手方法に殊更高い反社会性を認めるべき事情も見当たらない。したがって，本件においては，訴訟委任関係を前提として依頼人が訴訟準備のために作成されたという本件文書の性質に着眼し，職業の秘密（197 条 1 項 3 号・220 条 4 号ハ）の観点から証拠能力を否定する余地もあったと考えられる[54]。

---

54)　高橋下〔2 版補訂版〕52 頁注 34 は，ワークプロダクト理論〔訴訟準備活動成果秘匿の法理〕との類似を指摘する。

〔名津井〕

(4) その他

⑩名古屋地判平15・2・7（判タ1118号278頁）は、著作権法に違反して音楽著作物を再生する社交ダンス教室に原告が雇用した調査員が潜入調査して作成した報告書の証拠能力が問題となった事案において、裁判所は、②を引用して、当該「証拠が著しく反社会的な手段を用いて、人の精神的、肉体的自由を拘束するなどの人格権侵害を伴う方法によって採集されたものであるときに限り、その証拠能力は否定される」と説示し、本件報告書については、「調査員がダンスレッスンを受ける過程で現実に見聞した事実を報告したものであること、調査員は、事実を見聞するに際し、他人に危害を加えたり、自由意思を抑圧するなどの手段をとることはなかったこと」、「調査当時、被告らが原告の著作権を侵害している蓋然性が高かったこと」を考慮して、証拠能力を肯定している。本件報告書の記載内容は被告の同意なく行われた潜入調査の結果であって、これが裁判所による取調べにより明らかになれば被告は従前の営業を維持できず、重大な不利益を被る一方、被告による著作権法違反を暴き、同法の秩序を回復する必要性は高く、本件報告書がそのための重要な証拠となる事案であった。前者に着眼して、職業の秘密（197条1項3号、220条4号ハ）の観点から証拠能力を否定する余地もないではないが、後者の観点がより重視されたとみるべきだろう。

以上のほか、⑪東京地判平21・12・25（裁判所ウェブサイト）、⑫知財高判平24・9・26、⑬東京地判平26・6・20は、社員規則ないし秘密保持契約上の秘密保持義務に違反して入手した文書につき、著しい反社会的方法による取得に当たらないとして証拠能力を肯定している[55]。

(5) 判例の整理

違法収集証拠の証拠能力に関する裁判例を鳥瞰すれば、無断録音テープの証拠能力につき、著しく反社会的な方法で作成・入手されたかどうかを基準とし

---

[55] その他、判例集には登載されていないが、林昭一・民訴百選〔4版〕140頁によれば、大阪地判平11・3・29（外部流出した警察内部教養向け資料）、東京地判平15・1・17（職場の上司が作成した部下の観察記録）、東京地判平17・2・25（難民認定の申請者の出身国で実施された実地調査報告書）、東京地判平17・5・30（夫婦が共同で使用するパソコンに保存されたメールのコピー）等がある。

第5節　書証　　　　　　　　　　　　　　　　　　　　　§219 Ⅲ

て証拠能力を肯定した②が広く受容されおり（⑧・⑨・⑩・⑪等），その指導的地位が明らかとなる。

　次に類型別では，無断録音に関する①～④の裁判例は，④を除いて肯定例であり，肯定例のうち，①は公序良俗との関係でそもそも違法性を認めていないのに対し，②と③は人格権の侵害を肯定する。しかし，②はこれに加えて録音方法が著しく反社会的ではないとして証拠能力を肯定し，他方，③は人格権侵害を，秘密の要保護性，公共の利害，証拠重要性等と総合考慮して証拠能力を肯定している。他方，否定例の④は，訴訟上の信義則と公平の原則の関係で人格権の侵害を肯定し，公益の保護や優越的利益等の特段の事情を否定して，証拠能力を否定している。このように，肯定例・否定例を問わず，①を除けば，話者の同意のない無断録音が人格権を侵害するものであることは認められているが，証拠能力まで否定したのは④のみである。とりわけ，②と③は，無断録音が人格権を侵害することを認めながら，証拠能力を肯定している。

　他方，窃取された文書に関する⑤～⑨は，⑨を除いて肯定例であるが，作成者（所有者）が証拠利用を承諾していない文書の証拠能力について，大審院判例である⑤は，日記帳にもかかわらず何の留保もなく肯定した。これに対し，⑥は，仕事に使う手帳であって人格権侵害を引き起こす日記帳・手紙等ではないとして肯定し，⑦は，証拠書類の窃取に挙証者が関与した等の信義則違反となる特段の事情がないとして肯定し，⑧は，信書の取得が著しく反社会的な手段ではないとして肯定している。他方，否定例の⑨は，陳述書の原稿・手控え（大学ノート）の入手方法・証拠利用に強い反社会性があり，訴訟上の信義則に反するとして証拠能力を否定している。このように，文書については，その内容や性質から人格権侵害や強度の反社会性が肯定できる場合（⑥の一般論，⑨の結論）を除けば，作成者（所有者）が証拠利用を承諾していないだけでは違法性はなく，証拠能力も肯定される（⑥・⑦の結論）。この意味で，日記帳について無留保で肯定した⑤は異色である。また，信書について肯定した⑧は，信書の内容にかかる情交関係が夫婦間で公然であった事情が作用したように見受けられる。

(6)　学説の検討

　学説上は，違法収集証拠の証拠能力が否定される可能性を認める見解が多い。

〔名津井〕

確かに，古くは，証拠の作成・入手における違法と証拠としての利用可能性を切り離し，前者は，別途刑事訴追や損害賠償等で処理すれば足り，後者に影響しないと割り切って考える肯定説[56]も主張されていた。学説上，これを正面から説く見解は近時見受けられないが，前述したように実務はなおこの立場であるとの評価も強ち不可能ではないものと思われる。

　ところで，違法収集証拠の違法性をどのように判断すべきか，また理論的な根拠を何に求めるかについては，様々な見解が主張されている[57]。

　裁判例において証拠能力を判断する法的観点として頻繁に指摘されるのは信義則であるが，学説においても信義則に依拠する見解が多数説である[58]。信義則違反の判断であるため，具体的な事案に即した検討が不可欠となる。一般には，証拠収集の方法・態様，基本事件における当該証拠の重要性，当該証拠の採用・取調べにより害される利益およびこれにより保護される利益等が総合的に評価され，信義則違反の有無が判断される。裁判例に登場する，証拠収集方法の著しい反社会性，人の精神的肉体的自由の拘束による強制性，プライバシー等の人格権侵害は，信義則違反と判断される蓋然性の高いものの例示と位置づけられることになろう。そしてこれらの例示は，証拠能力が原則として肯定されることを前提とした例外である。信義則は，一般には訴訟上の信義則（2

---

56) 法律実務(4)154頁，伊藤・前掲注53) 410頁。なお，前掲大判昭18・7・2もこれと同旨とする見解も少なくないが，本件は，挙証者が文書を所持し，それを証拠として提出しているため，証拠収集には違法性はないが，作成者（所有者）の同意を得ずに証拠として提出したところに問題があった事案である。

57) 学説の整理については，証拠法大系(2)〔内堀〕91頁，間渕・新・争点188頁，旧注釈民訴(6) 21頁以下〔谷口〕，春日偉知郎「違法収集証拠」同・民事証拠法研究〔1991〕159頁（初出：同「録音テープ等の証拠調べ」新実務民訴(2)），森勇「民事訴訟における違法収集証拠の取扱い——証拠収集行為の実体法上の瑕疵とその訴訟法的評価」判タ507号〔1983〕18頁等を参照。

58) 山木戸克己「民事訴訟と信義則」同・論集76頁，永井紀明・判評156号〔1972〕19頁，上村明広「違法収集証拠の証拠適格」岡法32巻3＝4号〔1983〕745頁，井上繁規「日米両国におけるビデオテープの裁判への導入（下）」判タ643号〔1987〕22頁，旧注釈民訴(6) 21頁〔谷口〕，証拠法大系(2)〔内堀〕94頁，秋山ほかⅣ23頁，兼子ほか・条解〔2版〕1377頁〔竹下守夫〕，杉山悦子「民事訴訟における違法収集証拠の取扱いについて」伊藤眞古稀311頁等。

条)が想定されているため、証拠収集行為に実体法規違反があることから直ちに信義則違反、証拠能力否定と結論する59)のではなく、証拠の作成・入手に実体法規違反があるときでも、上記の総合的な評価により信義則違反が認められない限り、証拠能力には影響しないものと解されている。訴訟上の信義則に違反するかどうかの評価は、その内容自体が多義的である60)ため、見解も分かれているが61)、概ね上記のような見解をここでは信義則説と呼ぶことにする。

もっとも、学説には、真実発見の要請と手続の公正・法秩序の統一性や違法収集の誘発の防止との調整という観点から、当該証拠の重要性・必要性や審理の対象、収集行為の態様と被侵害利益などの要素を総合的に比較衡量して決すべきとする見解62)もある。この見解は、しばしば比較衡量説として信義則説と区別される63)。しかし、この説を前提に証拠能力を否定するときには、やはり何等かの法的観点からの理由づけが必要と思われ、そのときに仮に信義則違反が持ち出されるとすれば、信義則説との区別は相当困難である。ただし、信義則説で考慮される要素には主観的なものが含まれかつ重視されるのに対し、比較衡量説はそれを考慮しないとすれば、その限りで区別する余地がある。

他方、個人の尊厳という憲法的価値に由来する人格権侵害の場合をその他の場合と区別して保護する見解64)がある。これによると、人格権を侵害する形で作成・入手された証拠は、裁判所がこれを取り調べること自体によって人権侵害を引き起こすことにかんがみ、その取調べが禁止される結果、当該証拠は排除されるが、その他の場合は、諸事情を考慮して証拠の利用を禁止すべきかどうかを判断すべきとされる。このように人格権を侵害して作成・収集された証

---

59) 山木戸・前掲注58) 76頁、山本・前掲注47) 41頁、菊井＝村松Ⅰ 1011頁。
60) 訴訟上の信義則は、訴訟状態の不当形成の排除、訴訟上の禁反言、訴訟上の権能の失効、訴訟上の権能の濫用の禁止に類型化する見解が有力である。中野＝松浦＝鈴木編〔2版補訂2版〕26頁〔中野貞一郎〕等。
61) 証拠法大系(2)〔内堀〕94頁は、訴訟上の権利の濫用禁止の一場合に分類するが、間渕清史「民事訴訟における違法収集証拠（一）」民商103巻3号〔1990〕135頁によると、ドイツの信義則説は、訴訟状態の不当形成の排除として捉える見解が有力のようである。
62) 小林・証拠法〔2版〕123頁、渡辺・前掲注50) 178頁。
63) 高橋下〔2版補訂版〕48頁、証拠法大系(2)〔内堀〕92頁。
64) 松本＝上野〔8版〕434頁。

§ 219 Ⅲ

拠をその他の違法収集証拠と区別して排除する見解は，ドイツの判例[65]に由来する。大略，無断録音（秘密録音）は原則として一般的人格権に対する違法な侵害であるが，人格権上の私的領域の保護も無制約ではなく，正当防衛や緊急避難が成立する場合や，無断録音により実現される利益が人格権により保護される利益を優越する場合には，例外的に無断録音の証拠利用が正当化されるのであり，証拠づくりのような私的利益によっては正当化されない，とされている[66]。また，ドイツの判例を踏まえながら，主張立証に配慮した見解もある。これによれば，人格権侵害を伴わない違法収集証拠は原則として証拠能力を認めて，これを争う相手方が証拠能力阻却事由を証明すべきものとする一方，人格権侵害を伴う場合は定型的に証拠能力を否定し，挙証者が違法性阻却事由を証明できた場合に限り，例外的に証拠能力を認めるべきとされる[67]。

　以上に紹介したように，個人の尊厳（憲法的価値）に由来する一般的人格権を侵害して作成・入手された証拠の証拠能力を原則否定する見解も，一様ではない。しかし，いずれにせよ憲法遵守義務の名宛人である裁判所がこの種の証拠を取り調べるときは，人格権の侵害（つまり，憲法的価値の否定）を是認する結果となることにかんがみ，取調べ自体を禁止する（証拠から排除する）という点は同じである。そこで，このような見解を人格権侵害説と呼ぶ。人格権侵害説は，証拠調べを通じて裁判所が獲得する証拠資料の中に個人の私生活に関する事項が含まれるかどうかではなく，証拠の作成・入手に関して著しい反社会性が認められる場合には当該証拠の証拠能力を否定する点に特徴がある。

　もっとも，人格権侵害説は，証拠不足の状況にあって当該証拠が唯一の証拠である場合にも貫徹されるとすれば，一つの問題である。というのも，この場

---

[65]　1958年5月20日の連邦通常裁判所の判決（BGHZ28, 284 = NJW1958, 1344）。本判決を含むドイツの判例について，間渕清史「民事訴訟における違法収集証拠（二・完）」民商103巻4号〔1991〕100頁，木川統一郎＝馬越道夫「民事訴訟における録音テープの証拠調」民事法の諸問題Ⅴ378頁等を参照。

[66]　裁判例④が，無断録音について，公益を擁護する等の特段の事情がない限り，人格権を侵害する不法な行為に該当し，一方当事者の証拠固めという私的利益はこれに該当しないとするのは，ドイツの判例の影響であろう。木川＝馬越・前掲注65）382頁も参照。

[67]　春日・前掲注57）167頁，森・前掲注57）18頁，福冨哲也「無断録音テープの証拠能力について」白川古稀・民事紛争をめぐる法的諸問題〔1999〕219頁等。

合，要証事実の真偽不明，ひいては当該事実の証明責任を負う当事者の敗訴という重大な結果が生じるからである。しかし，人格権侵害説は，違法収集証拠を用いた挙証者の敗訴を予定した見解と解される以上，当該証拠の証拠能力を否定するにより直ちに挙証者の敗訴が帰結されるとしても，自らの結論を譲らないはずである。

　これに対して，信義則説（ないし比較衡量説）によれば，同じ違法収集証拠であっても証拠能力を肯定する余地がある。実際，先に検討した裁判例のうち，否定例は僅かである（前掲④・⑨）ことに加え，人格権侵害説の論旨と比較すると，実務が人格権侵害説を採用しているとは思われない[68]。裁判例の中には，無断録音について人格権侵害と評価できることを指摘しながら，作成・入手の方法に著しい反社会性がないとの理由で証拠能力を認めた裁判例（前掲②）があり，しかもこの裁判例が指導的地位を占めている（前述(5)参照）。判旨の言い回しは必ずしも一様ではないので断定することはできないが，わが国の裁判例は，概して信義則説に親和的と評してよいのではなかろうか。このように解する場合，判旨に登場する人格権侵害や著しい反社会的な入手方法への言及は，一般論として証拠能力が否定され得る事例の一つ（例示）を適示したものと解される。換言すれば，証拠能力を原則として認めることを前提に，当該証拠が，著しく反社会的な手段ないし態様で獲得されたと評価できる例外的な場合[69]に

---

[68] 船越隆司「民事訴訟における証拠の証拠能力」争点〔新版〕236頁は，人格権侵害の違法（違憲）から証拠排除を導く学説と，証拠の作成・入手方法の著しい反社会性が認められない限り証拠利用を認める判例の間にある溝に関して，証拠収集や証明について当事者主義が支配するわが国では，当事者の自由活動を可及的に広く認める必要があると指摘する（この指摘に好意的な文献として，高橋下〔2版補訂版〕51頁注33等）。しかし，職権主義的とされるドイツ法で支配的な見解が，証拠調べによって人格権侵害が引き起こされることの禁止を説くとき，証拠の作成・入手方法は不問にするものと評価されていることに着眼すれば，獲得された証拠に個人の私的領域に関する事項が含まれない限り，証拠収集活動の自由は保障されているとも言えそうである。間渕・前掲注61）150頁参照。

[69] 判例上，無断録音というだけでは著しい反社会性は認められないため，②・⑩にいうように「精神的肉体的拘束」が介在したことが必要である。しかし，「精神的肉体的拘束」の内容にも幅があり，比較的閉鎖的な空間で供述を強要された場合から，密室に監禁して脅迫・拷問された場合，近親者を人質にとられて供述を強要された場合などの極端な場合まで視野に入ってくる。もっとも，極端な場合にしか証拠能力は否定されないとすれば，

〔名津井〕

該当するかどうかを，訴訟上の信義則の観点から審査することになる。このとき，作成者・所有者の同意を欠くことを理由とする人格権侵害や窃取などの法律違反は，直ちには「証拠能力を否定する理由にはならない」と判断されることになろう。

　以上のほか，当事者間の論争ルールを措定し，当該証拠収集行為によって獲得された証拠の訴訟における利用の許否を判断する見解[70]，当事者権の一内容として観念される証明権の内在的制約として，他人の権利又は利益を侵害してまで証明することを禁止する規範を認め，違法収集証拠をこの規範に基づき排除する見解[71]等がある[72]。前者はすでに信義則説に近いとの評価を受けているが[73]，後者については，違法収集証拠の証拠能力を原則として否定するため，信義則説との溝が大きい。

　さらに，人格権侵害を伴う違法収集証拠に着眼し，従来とは異なる角度から検討を進める見解がある。すなわち，訴訟外の差止請求を訴訟内において実現する相手方の手段として，違法収集証拠の排除を内容とする証拠抗弁を位置づける見解がそれである[74]。人格権侵害を重視する見解は従来から存在するが，そこでは裁判所による証拠調べが人格権侵害を惹起することの阻止（禁止）といった垂直関係の議論が中心であったのに対し，上記の見解は当事者間の水平

　　　この問題の意義が損なわれる。したがって，録音された音声が話者の自由を不当に奪って獲得されたと認められる限り，「精神的肉体的拘束」を認定してよいであろう。窃取された文書については，挙証者の共謀を要求する⑦が参考になろう。
70)　井上治典・民事手続論〔1993〕53頁。
71)　間渕・前掲注65) 119頁。
72)　加藤新太郎ほか「立証活動における倫理（下）」判タ 1337号〔2011〕5頁では，違法収集証拠について，弁護士倫理あるいは品位の観点から検討が加えられている。なお，アメリカ法の状況を伝えるものとして，間渕清史「アメリカ民事訴訟における証拠排除法則（一）（二・完）」民商107巻1号〔1992〕88頁，同2号〔1992〕46頁，河野通弘「私人による違法獲得証拠と証拠排除――アメリカ合衆国判例の検討を中心として」法と政治33巻1号〔1982〕91頁等。
73)　高橋下〔2版補訂版〕51頁注31，旧注釈民訴(6)23頁〔谷口〕。
74)　河野憲一郎「違法収集証拠をめぐる訴訟当事者間の法律関係」立教64号〔2003〕100頁，同「ドイツ民事訴訟法理論における違法収集証拠排除論の新たな展開」商学討究56巻2=3号〔2005〕303頁。

関係において違法収集証拠の排除の問題を捉え直す試みとして注目される。

　また，人格権侵害の典型であるプライバシー侵害のみならず，営業秘密の保護をも視野に入れ，現行の証拠開示制度（文書・検証物提出命令，当事者照会，秘密保持命令等）との関係を踏まえて違法収集証拠の証拠能力が制限される範囲を綿密に検討するものもある[75]。そこで示唆されている第三者公開の制限に関する立法論は，理論と実務の双方が今後取り組まねばならない課題であると考えられる。

　以上，実に多様な見解が主張されているが，判例は信義則説と見受けられるのに対し，人格権侵害を伴う場合をその他の場合から区別して違法収集証拠の証拠能力を否定しようとする学説が多い。確かに，裁判例の分析から得られた信義則説は，違法収集証拠の証拠能力が否定される場合が相当に限定されている。この点，人格権侵害説は，いわば信義則違反が認められる範囲を拡張し，証拠の作成・入手に際して人格権侵害が認められる場合には，当該証拠の証拠能力を否定することを志向している。にもかかわらず，判例ないし実務がこの方向に進まないのは，人格権侵害が認められる証拠が唯一の証拠であるなどの証拠不足が問題となる場合に，当該証拠を排除しない扱いをする余地がなくなると解されているからであろう。しかしながら，両者の溝は，裁判例の蓄積を通じて埋めることができるはずであり，またそうすべきである。換言すれば，重要な証拠であるにもかかわらず，その入手過程に人格権侵害が認められる場合には，安易に証拠採用することや一律に証拠排除することは，どちらとも難がある以上，事案に即した調整の余地を残す信義則説が妥当であるが，判例のそれは信義則違反が認められる場合を限定しすぎている観が否めない。よって，信義則説は今後，人格権侵害説の問題意識を真摯に受け止め，安易な証拠採用との印象を与えないよう慎重を期すべきである。

---

75)　杉山・前掲注58) 328頁。

IV 書証の申出

1 文書を提出してする書証の申出

(1) 期日における書証の申出

当事者は，自らが所持する文書を提出して書証の申出をすることができる（219条）。書証の申出において提出すべき文書は，原本，正本または認証謄本（以下，「原本等」）でなければならない（規143条1項）。しかし，通常は書証の申出をするときまでに原本等の写しが提出されているので（規137条1項），文書の留置命令（227条）がない限り，原本等を裁判所と相手方当事者に提示するのみである。

また，文書を提出してする書証の申出は，裁判所外における取調べを求める場合（185条。後述 **8** を参照）を除き，口頭弁論期日および弁論準備手続期日においてしなければならない[76]。しかし一般には，証拠の申出は期日前においてもすることができる（180条2項）から，文書を提出してする書証の申出を期日に限定することは，その例外に当たる[77]。この例外は，文書を閲読して取り調べるという書証の性質上，事前の準備が要らず，文書が提出されると直ちに取調べを実施することができるため，期日外の書証の申出を認める必要がないものとされてきた長年の実務慣行に由来する[78]。

以上のように，文書を提出してする書証の申出は，事前にその写しを提出した上で，期日において原本等を提出してしなければならない。具体的には，契約書の原本を所持する当事者が書証の申出をするときは，まず契約書の写しを作成し，これを期日における書証の申出をするときまでに裁判所に提出しておき，期日において契約書の原本を裁判所に持参してこれを提示（提出）しなければならない（なお，原本の提示や写しの提出についての詳細は，後述 **2** を参照）。

これに対して，例えば，期日において契約書の原本等を提出しない場合や，そもそも期日に出頭しない場合には，たとえ契約書の写しが事前に裁判所に提出されていても，書証の申出をしたことにはならない[79]。また，たとえ事前に

---

76) 最判昭37・9・21民集16巻9号2052頁。
77) 秋山ほかIV 364頁。
78) 旧注釈民訴(7) 31頁〔西野喜一〕等。

第5節　書証　　　　　　　　　　　　　　　　　　　　§ 219 Ⅳ

原本等が提出されていたとしても，期日において書証の申出をしなければならない。例えば，訴状・控訴状・答弁書等とともに文書の原本等が裁判所に郵送されていたというだけでは，書証の申出があったとは認められない[80]。関連して，陳述が擬制される書面（158条・170条・277条）に書証の申出の記載がある文書が添付してある場合については，かつて陳述擬制の効果を書証の申出にも及ぼす見解[81]も見られたが，近時は上記と同様，期日において原本等を提出しない限り，書証の申出があったものと認めない見解が有力である[82]。

　もっとも，文書を提出してする書証の申出は，証人尋問期日においてすることができない。したがって，例えば，証人尋問期日において新たな文書を示して証人尋問をしようとする場合には，後に提出する予定の文書（甲（乙）○号証）であることを特定して示した上で，その後の口頭弁論期日または弁論準備手続期日（当該証人尋問期日と同じ日の尋問終了後に設定される場合も多い）で改めてその文書について書証の申出をしなければならない点は，上記と同様である[83]。

　なお，旧法下においては，訴訟促進のために「書証の早期提出」が強調された[84]。しかし，これは期日外（ないし期日前）の書証の申出ではなく，文書の写しを早期に裁判所と相手方当事者に提出することを求めたものである。期日に先立つ写しの提出は，現在は明文化されている（規137条1項を参照）。

　(2)　申出の方式

　旧法下では，当事者の所持する文書を提出して書証の申出をする場合，上記の本則には従わず，むしろ，文書の内容および趣旨を挙証者が口頭で簡単に陳述し，あるいは端的に文書のみをその写しとともに提出していた[85]。旧法下で

---

79)　最判昭35・12・9民集14巻13号3020頁。
80)　最判昭37・9・21前掲注76)。
81)　大判昭8・4・25民集12巻870頁，法律実務(4)164頁。
82)　旧注釈民訴(7)31頁〔西野〕，斎藤ほか編・注解民訴(7)292頁〔小室直人＝吉野孝義〕等。
83)　秋山ほかⅣ365頁，旧注釈民訴(7)32頁〔西野〕。
84)　司法研修所編・民事訴訟のプラクティスに関する研究〔1989〕77頁・116頁，裁判所書記官研修所実務研究報告書・民事訴訟の審理の充実と書記官の役割〔1990〕218頁，旧注釈民訴(7)32頁〔西野〕等。

〔名津井〕　443

は，こうした実務の理由として，裁判官の抱える事件数が多いために1回の期日に多くの時間を割けないという一般的事情のほか，とくに立証事項や立証趣旨を明示するまでもなく，それらが明白な文書（例として，登記簿謄本・戸籍謄本・契約書・手形や小切手・領収書等）が多いこと等が指摘されていた。しかしながら，上記の文書が，必ずしも典型的ではない立証事項を証明するために提出される場合には説明を要するのは当然のことであり，また立証事項や立証趣旨が明白なものばかりとは限らないため，上記本則に対する例外を正当化する理由としては物足りないものであった。

これに対して，現行法は，書証の申出をする際に，文書の写しと同時期に証拠説明書を提出することを挙証者に要求しており（規137条1項），証拠説明書を通じて証拠の申出にかかる立証事項や立証趣旨を明らかにする実務が，すでに広く浸透しているようである[86]（証拠説明書の導入と，争点整理・集中証拠調べとの関係等の詳細は，後述**5**を参照）。

(3) 文書の一部の提出

書証の申出をするときは，一通の文書の一部のみを提出して書証の申出をすることも許される。証明すべき事実と関連性の低い部分を除いて文書を提出することは，文書の取調べの効率化に資する面があり，これによって相手方当事者に不利益が生ずる場合にはその手当を考えれば足りるからである。ここにいう文書の一部の提出には，①一通の文書の一部を遮蔽する等して物理的に文書の一部を閲読できない形にして提出する場合と，②文書をそのまま提出しつつ，その一部のみの申出である旨を明示して，書証の申出をする場合がある。②の例としては，書き込みや傍線等がある文書であって，手書き部分の内容や作成者が問題になることを回避するため，当該文書の本体のみを証拠としたい場合，文書内の手書き部分が判読困難である場合，文書内に外国語で記載された部分

---

85) 旧法下の実務を紹介するものとして，旧注釈民訴(7)33頁〔西野〕を参照。これによれば，旧法下では，とくに書面によることは絶無ではないまでも稀であるとされている。なお，本文に掲げた，法180条1項は旧法258条1項，規則1条1項は旧法150条，規則99条1項は旧規則30条がそれぞれ対応する。

86) 司法研修所編・民事訴訟の新しい審理方法に関する研究〔1996〕84頁は，準備書面に主張と証拠との関連を記載させる扱いは一般的になっていると指摘する。この扱いが裁判所主導で励行されてきたことにつき，旧注釈民訴(7)33頁〔西野〕を参照。

第5節　書証　　　　　　　　　　　　　　　　　　　　§219 Ⅳ

があるものの，そのために訳文を添付することがコスト的に見合わない場合等
があり得る。いずれにせよ，②の場合には，提出時に書証の対象としない部分
を特定し，証拠としない旨を明らかにしなければならず，書証目録にもその旨
の記載を要する[87]。

　文書の一部の提出について相手方当事者に不服があるときは，①の場合，引
用文書として文書提出命令を申し立てることにより，これを提出させることが
できる。これに対して，②の場合，挙証者が書証としなかった部分の中に被告
の主張にとって証拠となり得る記述があるときには，受領した写しを原本とし
て当該文書の必要な部分につき，別途書証の申出をすることができる。なお，
②の場合，裁判所は，挙証者が除外した部分であっても，現実には判読するこ
とができるが，一部申出の趣旨を尊重して，除外部分からの心証形成を避ける
べきである。ただし，相手方当事者がその部分を必要とするときは，受領した
写しを原本として別途書証の申出をすることができる。

(4)　**文書の取調べ**

　書証の申出により提出された文書を裁判所がどのようにして取り調べるのか
について，民訴法は規定を置いていない。書証は，裁判官が証拠として提出さ
れた文書を閲読し，そこから得られた意味内容を証拠資料とする証拠調べであ
るから，文書の取調べの手続は書証の性質に即して決定しなければならない。

　まず，口頭弁論期日，準備的口頭弁論期日または弁論準備手続期日において
文書の原本等を提出してする書証の申出は，裁判官が文書を閲読することがで
きる状態にすることであるから，文書の取調べは裁判官が文書を閲読できる状
態になったときに開始する。もっとも，挙証者は，書証の申出に先立って文書
の写しを提出しなければならず（規137条1項），裁判官は，書証の申出の前で
あっても文書の写しにより文書を閲読できる状態に置かれている。しかし，弁
論主義の下では証拠調べも証拠の申出に基づく必要がある以上，書証の申出が
ない限り，文書の取調べを開始することはできず，また書証の申出の前に裁判
官が文書の写しを閲読したとしても，それは文書の取調べではなく，閲読した
結果を証拠資料とすることは許されない。また，書証の申出に先立って提出さ

---

87)　旧注釈民訴(7) 36頁〔西野〕。

§219 Ⅳ

れた写しは、期日に提出された原本等と照合され、内容の同一が確認された後は、もっぱら写しが取調べの対象となる。実務上、両者の同一性の確認は「提出扱い」と呼ばれ[88]、以後写しを閲読した結果を証拠資料とすることが可能になる。したがって、文書の取調べの開始時期は、正確には「提出扱い」の確認作業を終えたときである。書証目録への登載も同様[89]であり、「提出扱い」となったときに登録される[90]。このように、「提出扱い」となった場合に書証目録に編綴されるのは文書の写しであるが、原本等を提出して書証の申出をしない限り、写しが提出されただけでは、書証の申出にはならないし、たとえ文書の写しが編綴されていても、いまだ取調べの対象となる文書は提出されていない[91]。既提出の写しが、書証の申出の際に提出された原本等と照合されて同一性を認められて初めて、取調べの対象となる文書が提出されたことになるのである。

他方、文書の取調べは、文書を閲読して証拠資料を得ることであり、「提出扱い」の後は、判決が言渡しにより成立するまでの間、いつでもこれを閲読することができる状態になる。しかし、文書の取調べは判決の言渡しまで時間を要するものではないし、即座に取調べが終わる場合も少なくない。しかも、写しと照合された後の原本等は挙証者に返還されるのが通常であること等にかんがみると、文書の取調べは、提出と同時に終了するものと解するのが合理的である[92]。他方、文書は、人証の取調べの際にこれと並行して閲読されることも多く、このようにして文書を閲読する方が、文書のみを閲読するよりも強く心証に作用するとされる[93]。この点にかんがみると、文書の提出と同時に取調べが終了するとの解釈は非現実的とも考えられるが、民訴法は文書の留置（227

---

88) 証拠法大系(4) 240頁〔古閑裕二〕。
89) 文書の写しの提出は、書証の申出ではない以上、理論上は原本等を提出して書証の申出があったときに記録に編綴されると解すべきである。
90) この結果、現実にまだ閲読していないという実質的な意味で取調べが未了の文書と閲読を終えた取調べ済みの文書が、書証目録上に併存することになる。証拠法大系(4) 240頁〔古閑〕。
91) 秋山ほかⅣ 366頁。
92) 秋山ほかⅣ 365頁。
93) 証拠法大系(4) 241頁〔古閑〕。

条）を規定することにより，いったん取調べが終了した文書を，その後の手続においても取調べ済みの文書として随時閲読できることを認めているため，人証の取調べと並行した文書の閲読は，取調べ済みの文書を留置して閲読する場合に準じるものとみることができる。したがって，法的な意味における文書の取調べという手続そのものは，やはり提出と同時に終了すると解すべきであろう。このように文書の取調べが提出と同時に終了する点は，書証の特色である。

以上のように，文書の取調べの終了をその提出と同時であると解し，「提出扱い」の後，裁判官はもっぱら文書の写しによって心証を形成するものと考えるときでも，原本等を閲読する必要が生じたときには，再度の提出を求めることは可能と考えられる。「提出扱い」の後の写しは，証拠としては原本等と同等のものであって，そこから得られる証拠資料が原本等から得られる証拠資料と同一であるとの想定が成り立つ限りにおいて，原本性を認められる。しかしこの想定が何等かの理由で疑わしくなったときには，原本等と再度照合し，さらにこれを実際に閲読するため，原本等の提出を求めることができるものと解すべきである[94]。これは，挙証者がいったん書証の申出をした以上，裁判官が原本等を閲読できる状態に置く必要性は，判決が言渡しにより成立するまで持続すること，裁判所は本来原本等を留置できること（227条），裁判所は正本・認証謄本が提出されていても原本の提出を求めることができること（規143条2項）等からも正当化できよう。なお，挙証者が裁判所からの再提出の要請に応じない場合でも，写しを原本とする書証の申出も認められていること（後述**2(4)(ウ)**参照）にかんがみ，書証の申出の撤回とみなすべきではなく，当該文書の証拠力の問題として扱うべきである。

(5) **申出の受理・採否**

(ア) **実務の扱い**　当事者が証拠の申出をしても，裁判所が不要と認めれば，当該証拠を取り調べる必要はない（181条1項）。書証の申出も証拠の申出（180

---

[94] 証拠法大系(4)241頁〔古閑〕は，証人や本人に文書を示して尋問するときこそ，原本を持参すべきであるが，現実には，写しのまま尋問する訴訟代理人が多く，結果として，尋問される者の記憶喚起が不十分となる可能性を指摘する。首肯できる指摘であるが，本文における写しの原本性に対する疑問の解消を目的とした原本等の再提出の必要性とは異なる文脈における原本の必要性を指摘したものである。

条1項）の一つである以上，提出された文書の取調べの要否が問題となる可能性はある。しかしながら，実務上は，書証の申出が受理されないことは稀であり，せいぜい訳文添付のない文書についてこれを受理した上で取調べの対象から外す例がある程度とされる[95]。

このように，裁判所が当事者による書証の申出をほぼすべて採用する理由としては，①書証の申出にかかる文書について立証事項・立証趣旨を明確にしない申出が多く，口頭弁論期日にこれらを確認する作業には時間を要するため，受理の段階で証拠の必要性を適切に取捨選択できないこと，②書証の申出のあった期日とは別に期日を用意する必要がないため，証拠の必要性を厳格に吟味する理由がないこと，③主要事実の認定には必要がない文書も，間接事実の認定に有益な場合があること，④訴訟記録の様式として，証人等目録には「採否の裁判」の欄があるのに対し，書証目録にはそのような欄がなく[96]，またこのような様式の違いは，書証の申出を受理した後に裁判所がその採否を決することを本来予定しないことを意味するものと解される[97]こと等が挙げられる。

(イ) **不必要な書証の排除**　書証の申出をほぼすべて採用する前述の実務がある一方で，「書証の氾濫」と呼ばれる負の現象の問題性が指摘されている[98]。これを避けるには，不必要な文書，つまり，証拠原因にならず，要証事実や争点に関連性のない文書を取調べの対象から排除できる必要があると考えられる。

しかし，書証の申出をほぼ例外なく受理し，文書の提出と同時にその取調べが終了するとの解釈（前述(4)を参照）を前提にすると，書証に関しては証拠の採否の審査は機能していないと言わざるを得ない。しかもこの状況を踏まえて，通説は，書証の申出を受理すると，直ちに黙示的にこれを証拠として採用する旨の証拠決定があったものと解している[99]。以上を前提とすると，いったん受理・採用された文書，したがって手続上取調べが終了したものと扱われる文書，

---

95) 旧注釈民訴(7) 48頁〔西野〕。
96) 最高裁事務総局長・民事局長通達「民事事件の口頭弁論調書等の様式及び記載方法について」別紙第2号様式の「書証目録」は，同第3号様式の「証人等目録」と異なり，採否を記載する欄を設けていない。
97) 旧注釈民訴(7) 48頁〔西野〕。
98) 倉田・証明168頁，旧注釈民訴(7) 48頁〔西野〕等。
99) 秋山ほかⅣ 365頁，旧注釈民訴(7) 49頁〔西野〕。

第5節　書証　　　　　　　　　　　　　　　　　　　　　§219 Ⅳ

あるいは，裁判官が実際に閲読した文書であっても，証拠資料から排除できることを認めない限り，「取り調べることを要しない」（181条1項）の文言は，書証に関しては空文化していることになる。

　もっとも，当事者は一般に口頭弁論の終結に至るまで証拠の申出を撤回できるため，書証の申出にかかる文書が不必要な場合には，実務では申出の撤回を促すのが相当とされている[100]。しかも，前述した黙示の証拠決定は，訴訟指揮の裁判（120条）であるから，裁判所はこれを何時でも取り消すことができる。この点，理論的には，裁判所はこの証拠決定を取り消した上で，申出の撤回を勧告すべきであるが，黙示の証拠決定についてそこまで精密な手続を観念する必要はないとすれば，当事者から書証の申出を撤回する意思が表明された場合，黙示の証拠決定は当然に失効するものと解することになろう。このように解しておけば，書証の申出の撤回は元より口頭ですることができるから（規1条），裁判所による申出の撤回の勧告に対して挙証者が応じる限り，簡便な手続によって不必要な書証を証拠資料から排除することができる。

　もっとも，書証の申出が撤回された場合の効果については，なお若干の検討が必要なように思われる。というのも，通説が書証の申出に対して裁判所による受理，黙示の証拠決定を観念することは前述したが，書証の場合，提出された文書の取調べも「提出扱い」と同時に終了するため，当該文書の記載内容はすでに証拠資料になっている。そのため，①証拠資料になったものを裁判官の心証形成の基礎から排除することができるか，②すでに証拠調べが終了した書証について申出の撤回を許すことができるか，という点が問題となるからである。

　まず，①は，違法収集証拠等の証拠能力が否定された証拠一般について生ずる問題である。後述(ウ)で述べるように，少なくも不必要な書証に関してはこの点は問題にならないものと解すべきである。他方，②については，たとえ判決が言い渡されても，確定する前は訴えの取下げが許されること（261条1項）にかんがみ，提出された文書の取調べが（観念的に）終了した後であっても，書証の申出を撤回すること自体は可能とした上で（261条1項類推），申出の撤回

---

[100]　旧注釈民訴(7) 48頁〔西野〕。

〔名津井〕

には相手方の同意を要する（261条2項類推）かどうかが問題になる。詳細は後述(エ)で述べるが，申出の撤回に対する相手方の同意は不要と解すべきであるところ，申出の撤回と同じ効果を裁判所の処分行為を通じて実現する申出の却下においては，当然に問題にならないものと解すべきである。

　以上に対して，裁判所が書証の申出を撤回するように促しても，挙証者がこれに応じない場合には，「書証の氾濫」はなお解消されない。そこで，上記の撤回勧告とは別の解決策を検討しなければならない。この点について，たとえ取調べが終了した文書であっても，不必要な文書であることが判明したときは，裁判所は書証の申出を却下することができるとする見解が主張されている[101]。論者は，訴訟記録上，書証目録には書証の申出に対する採否の項目がなく，これを予定していないと解されることが，上記の解釈にとって障害となりうることを懸念する。しかし，書証目録における記載欄の欠如は，書証の申出の撤回があった場合も同様であるから，決定的な理由にならないものと解すべきであろう。問題は，不必要な書証について裁判所からの撤回勧告に応じない場合に，裁判所の行為によって撤回と同様の効果を生じさせる点にある。書証目録に採否の記載欄がないことは，上記の通り申出撤回の障害にならないならば，申出却下も同様に解し，不必要な書証の却下は許されるものと解すべきであろう。証拠調べ後に申出を撤回する場合には，前述①・②と同様に解すべきである（詳しくは，後述(ウ)(エ)参照）。結論として，裁判所が申出を却下する場合は，相手方の同意は問題にならない。相手方がこれに不満があるときは，却下された文書（写し）を原本として改めて書証の申出をすべきである。しかし，裁判所がそのような相手方の意向を察知したときは，申出を却下すべきではなかろう。このように，文書一般の証拠としての有用性に加えて，相手方の意向にも配慮するとき，書証の申出を却下する扱いは，あくまで例外にとどまる。

　(ウ)　**書証の申出を当事者が撤回しまたは裁判所が却下した場合の効果**　書証の申出をすべて受理する実務の下でも，不必要な書証については，裁判所がその撤回を勧告して申出を撤回させ，挙証者がこれに応じないときは，裁判所は書証の申出を却下することができる。文書が裁判所に提出され，裁判所が「提

101）　旧注釈民訴(7) 48頁〔西野〕。

出扱い」にしたと同時に文書の取調べも終了することを前提とする限り，不必要な文書であってもすでに証拠資料の一部をなすことから，上記のように書証の申出の撤回または裁判所による申出の却下があった場合，証拠資料の一部を裁判官の心証形成の基礎資料から排除しなければならないかどうかが問題となる。

　この点，違法収集証拠として証拠能力が否定された場合には，当該証拠に基づいて事実認定をすることは許されない以上，当該証拠を証拠資料から除去し，心証形成への影響を排除する必要がある。事実認定者が素人であればともかく，証拠裁判主義に基づいて職業裁判官に裁判の任に当たらせる前提の下では，特定の証拠を用いて事実認定をしてはならないとの証拠排除義務を指定することができ，裁判官は証拠能力が否定された証拠について証拠排除義務が課されるものと解される[102]。

　これに対し，書証の申出があった文書の中に不必要な文書が含まれるときに，当事者にその申出の撤回を勧告してこれに応じた申出の撤回がされた場合や裁判所がそのような書証の申出を却下した場合には，裁判官が，当該文書は要証事実や争点と関係がなく，不要であると判断したことが前提になるため，そもそも排除すべき心証ないし証拠資料が当該文書から形成されていないはずであるから，証拠排除を論じる実益はないものと考えるのが素直である。

　(エ)　**書証の申出の撤回に対する相手方の同意**　裁判所において，一方当事者が申し出た書証が不必要と判断されても，文書の写しは書証の申出に先立って相手方当事者に直送されるので（規137条2項），当該文書が相手方の要証事実との関係でなお必要な場合，相手方当事者は写しを原本として自ら書証の申出をすることができる。このことを前提とするとき，書証の申出の撤回について，相手方当事者の同意は必要であろうか。文書の取調べが終了した後の撤回について問題となる。

　判例は，証人尋問について，証人尋問の終了後は，証人尋問の申請を撤回できないとし（最判昭32・6・25民集11巻6号1143頁），鑑定についても，「一たん受訴裁判所の心証形成の資料に供された証拠については，その証拠の申出を撤

---

102)　証拠法大系(4) 243頁〔古閑〕。

回することは許されず，また，裁判所は右証拠がその申出をした者にとって有利であるか否かにかかわらず当事者双方に共通する証拠としてその価値の判断をしなければならないものであって，原審が右鑑定結果を証拠として事実認定をしたことに所論の違法はない」として，撤回可能性を否定している（最判昭58・5・26判時1088号74頁）。

　学説は，書証も証人尋問や鑑定の場合と異ならないことを理由に撤回可能性を否定する見解[103]，相手方当事者の同意があれば可能とする見解[104]，相手方の同意は不要とする見解[105]がある。撤回可能性が否定される理由は，①いったん裁判官の心証形成のための資料となったときは，もはや心証への影響を消すことができないこと，②証拠共通の原則により，いったん書証の申出に基づいて取調べが終了した文書は，当事者双方に共通の証拠であることに求められる。しかし，①は職業裁判官を前提とする限り，不可能とまでは言えず，②も相手方が同意する限りは支障がないと解されるため，相手方の同意がある限り，撤回を認める見解が一般的とされている[106]）。

　もっとも，書証の申出の撤回は，挙証者自らの判断でする場合のほか，裁判所からの撤回の促しに基づいてする場合もある。裁判所が撤回を促しているときに，相手方の同意がない限り撤回自体が禁止されるのでは，意味がないのではなかろうか。むしろ，裁判所が撤回を促し，挙証者がこれに応じて撤回の意思を表明したときはその効力を生じることとし，相手方がこれに反対するとき

---

[103] 兼子・体系263頁，新堂〔5版〕623頁。なお，この撤回否定説は，あくまで証拠調べの終了後であり，証拠調べの中途では，相手方の同意があれば撤回を認める。

[104] 菊井＝村松Ⅱ415頁，秋山ほかⅣ362頁等。

[105] 証拠法大系(4)243頁〔古閑〕。相手方が同意しない場合に書証の申出の撤回を認めても，不満のある相手方は撤回された証拠方法を自ら提出することを理由に，相手方の同意も書証の撤回の要件とはならないとする。

[106] 前掲注104）に掲げた文献を参照。なお，ドイツ民事訴訟法（ZPO）436条は，「挙証者は，文書の提出後においては，相手方の同意がある場合に限りその証拠方法を放棄することができる。」と規定する（旧々民訴法350条にも同旨が規定されている）。放棄は本文にいう撤回と同義である（菊井＝村松Ⅱ416頁等。旧々民訴法350条）。これに対し，高橋〔2版補訂版〕95頁および97頁注91は，争点・証拠整理の充実が意図されている現行法の下では，提出された書証を判決起案前になって丁寧に読むという実務は否定されるべきであり，この実務を前提にした書証の申出の撤回も否定されるべきと論ずる。

は，別途自ら写しを原本として書証の申出をすればよく，これによって挙証者の狡猾な訴訟活動を阻止することは可能である。

　書証の申出の撤回は，それ自体好ましいことではなく，本来は不必要な書証が氾濫しないよう，写しの事前提出を励行し，写しにより証拠の必要性の審査を適切に行い，期日における書証の申出の際にはこの審査に基づいて，すでに提出した写しのうち不要なものを省いて申出をさせる方が，書証実務の効率化につながるものと考えられる。しかし，これが機能しなかった場合の対処法として，撤回可能性は肯定しておくべきであり，また裁判所主導の撤回の促しが奏功するには，相手方の同意を不要と解すべきである[107]。

(6) 提出後の文書の整理・保存

(ア) **書証番号による文書（写し）の特定**　　提出された文書の写しは，裁判所において訴訟記録に編綴される。期日に提出された原本等は当事者に返還されるから，編綴されるのは文書の写しである。写しを記録に綴じる際，原告提出のものには「甲（号証）」，被告提出のものには「乙（号証）」，参加人提出のものには「丙（号証）」の符号を用い，各号証ごとに，文書（写し）が提出された順序で一連の番号を付して訴訟記録に綴じるのが実務慣行とされる。事件が控訴審に係属した場合には，一連の番号は第一審の最終の番号に続けて付番される。当事者が多数いるときには「丁」以下の符号が使用されることがあり，また大規模な訴訟事件で書証が膨大になるときは，不法行為の例であれば，損害論や責任論といった争点毎に書証を区別して整理できるよう「乙A」「乙B」等の符号を用いる等の工夫もされている[108]。なお，裁判所が職権で文書の取調べをした場合，上記の符号・一連番号は付されない[109]。

　このように，裁判所に提出された文書の写しに付号・付番する目的は，第一

---

107)　なお，書証の申出の撤回について相手方当事者の同意を不要とする解釈は，不必要な書証の申出の却下を肯定する立場（本書）とも整合しやすい点にも留意すべきである。

108)　裁判所職員総合研修所監修・民事実務講義案(1)〔5訂版，2016〕130頁，司法研修所編・専門的な知見を必要とする民事訴訟の運営〔2000〕66頁，裁判所書記官研修所編・民事実務の研究(2)〔1976〕36頁，旧注釈民訴(7)34頁〔西野〕。

109)　裁判所書記官研修所編・民事実務の研究(1)〔1976〕117頁，旧注釈民訴(7)34頁〔西野〕。ただし，裁判所職員総合研修所監修・前掲注108) 130頁以下では対応する記述が消えている。

に，文書（写し）を特定することにある。訴状・答弁書・準備書面・判決書といった文書や，証人尋問・当事者尋問における質問等においては，一般には「甲第〇号証」といった書証番号で特定して摘示・引用されている。また，書証目録においても，こうして特定された文書（写し）につき，提出された期日や標目等が記載される。さらに，このような文書（写し）の特定方式が採用されている結果，一通の文書の一部や，加除式書籍などの簿冊の一部のみについて書証の申出をすることを許しても，提出された一部を一片の文書として書証番号により特定できるので，混乱を避けることができる。この特定方式を応用すれば，実際には別の文書であっても，立証活動の便宜上，密接に関連する文書を関連づけて書証の申出をすることもできる。たとえば，封筒とその内容物としての手紙，手形と不渡りの付箋，請求書と領収書，申請書と許可書等がその例であり，このときには「甲第〇号証の1・2」のような枝番号が適している[110]。

(イ) **当事者が付した文書番号と書証番号**　当事者が提出した文書は，(ア)で述べた方法で特定され，訴訟記録に編綴されるが，書証番号の付け方には若干の留保が必要である。すなわち，当事者が書証の申出をする際は，提出予定の文書に「甲第〇号証」のように符号・付番することが多いため，書証の申出をほぼすべて受理する現在の実務の下では，当事者が文書（写し）に付した文書番号がそのまま受け入れられ，訴訟記録上の書証番号として指定されているのが実情とされている。しかしながら，これは書証の申出のほぼすべてを受理する現在の実務を反映した結果にすぎず，裁判所は当事者の付した文書番号には拘束されないのが，むしろ原則である[111]。例えば，弁論準備手続では，文書の証拠調べもすることができるが（170条2項），この手続では裁判官が中心となって争点および証拠の整理を行うので，当事者が提出する予定であった文書が不要と判明したときは，当事者が付した文書番号と異なる書証番号が付される場合がある[112]。

---

110)　裁判所職員総合研修所監修・前掲注108）130頁，旧注釈民訴(7)34頁〔西野〕。
111)　裁判所職員総合研修所監修・前掲注108）130頁，裁判所書記官研修所編・前掲注109）117頁。
112)　もっとも，裁判所職員総合研修所監修・前掲注108）130頁注1では，裁判所が，番

2 文書の写しの提出

(1) 写しの意義

書証の申出をする者は，申出の時までに文書の写しを裁判所に提出しなければならない（規137条1項本文）。謄本（ないし認証謄本），正本，副本および抄本はいずれも原本に基づき作成された写しである（前述Ⅱ4(3)参照）。これらの写しの作成者が誰であるかは，これらの区別にも影響するため，重要である。そのため，従来の実務では，写しの作成者を明らかにするため，写しの末尾に「原本により正写した」旨を記載し，写しの作成者（通常は訴訟代理人）が記名捺印するのが実務慣行とされている[113]。

当事者によって写しが提出される場合，相手方当事者の数に1を加えた通数の写しを裁判所に提出しなければならない（規137条1項括弧書）。相手方当事者が1人である場合には2通を提出する必要がある。このうち1通は裁判所に提出され，訴訟記録の証拠編（第2分類）に当事者別・番号順に編綴される。他の1通（副本）は，書証の申出をする者が相手方当事者に直送する（規137条2項）。

(2) 写しの作成

文書の写しは原本の記載内容を正確に写したものでなければならないが，その一方で，複写機器の発達・普及により，原本と同等のものを容易かつ廉価に作成できるため，現在ではコピー機を利用した写しが普通である[114]。しかし，写しの作成方法には本来制限がなく，手書きによる筆写や青写真等を排除するものではない[115]。確かに，書証は文書を閲読してその意味内容を証拠資料と

号を付し直すことによる混乱が予測される場合には，欠番処理（書証目録の番号欄の左欄外に「第○号証欠番」等と付記する扱い）をするのが相当とされている。

[113] 秋山ほかⅣ367頁，旧注釈民訴(7)41頁〔西野〕等。最高裁判所事務総局民事局編・民事訴訟規則の解説〔1956〕76頁は，証明文言は必要とする。なお，秋山ほかⅣ367頁によれば，写し（手続上の原本）が正確かどうかは，証拠調べの際に裁判所が十分照合すべきことであるから，正写の付記および写しの作成者による記名捺印が，「今日では必ずしも行われなくなっている」との指摘も見られる。

[114] 旧注釈民訴(7)43頁〔西野〕は，電子複写以外の写しが提出されることは皆無であるという。

[115] 証拠法大系(4)59頁〔古閑〕。

する証拠調べであるが，文書の証拠力は文字や記号が記載された有形物の材質・筆跡・色彩等にも備わり，検証の性質をも併有するところ，手書きによる場合には，意味内容については正確に転写できても，検証の要素が排除されてしまう。したがって，現在の複写技術を前提とする限り，手書きによる写しは避けるべきである[116]。

　他方，写しの中に原本には含まれない情報を付加することは許されない。しかし，写しの事件に関連する部分を強調するため，赤鉛筆でアンダーラインを引いたり，マーカー等で着色したりした程度のものは許容範囲とされている[117]。また，訴訟記録の版の大きさに合わせる目的で，原本を拡大または縮小したコピーが提出されることがある。しかし，所定の版より原本が小さいときは，所定の版の台紙に原本の等倍コピーを貼り付けることもある。他方，所定の版より原本が大きいときは，縮小コピーにより大きさを揃えた写しが提出される。これにより，検証の要素は多少なりとも排除されるが，書証のためには文書の意味内容を把握できれば足りるため，縮小コピーも許容されている[118]。

　(3) 写しの必要性

　(ア) 写しの提出がない書証の申出　　文書を提出して書証の申出をするときは，申出の時までに写しを提出すべきであるが（規137条1項），写しの提出を欠いた書証の申出であっても不適法として却下すべきではないとするのが，判例の立場である[119]。最判昭44・12・4（判時583号60頁）は，「書証の申出は，証すべき事実を表示して文書を提出してすれば足り，同時にその写を提出することはその有効要件ではない」とするが，事前であれ，同時であれ，書証申出の時に写しが提出されていないとしても，違法ではないとしたものと解される。また，現民訴規則137条の前身である旧民訴規則39条が制定される前の判例として，最判昭25・6・16（民集4巻6号219頁）は，事後に写しが提出されず，

---

116) これに対して，秋山ほかⅣ366頁は，手書きによる写しは，今日ではもはや許されないとする。
117) 証拠法大系(4) 60頁〔古閑〕。
118) 旧注釈民訴(7) 41頁〔西野〕，秋山ほかⅣ367頁。
119) 最判昭37・5・18裁判集民60号705頁，最判昭44・12・4判時583号60頁。

記録に写しが存在しない場合でも，裁判所は記録上提出・認否・援用されたことが明らかな書証を証拠原因とすることができるとする。この前提として，同最判は，写しの提出や写しを記録に編綴することは実際の便宜上の慣行でしかなく，これらがなくても違法ではないとする。しかし，同最判の後には，前掲の旧民訴規則が制定され，現在も写しの提出は民訴規則上当事者に義務づけられているため，これらの規則の下では，写しの提出を欠いた書証の申出は少なくとも規則違反になる。しかしながら，前掲昭和44年最判による限り，写しの提出を欠くときでも，書証の申出は有効と見なければならない。そして通説が，写しの提出を義務づけた規則の規定を訓示規定と解するのは，上記の判例に依拠するからである。結局，判例・通説によれば，写しの提出は書証の申出の有効要件ではないため，書証の申出を写しの提出がないことを理由に却下することはできないと解することになる[120]。

　(ｲ)　**写しを必要とする理由**　　判例・通説によって，写しの提出を義務づけた民訴規則の規定が訓示規定と解されているとしても，実務において写しはすでに不可欠な存在となっている。その事情として，①口頭弁論調書の一部である書証目録には，書証番号・提出された期日・文書の標目・成立の真正に対する相手方の認否が記載されるのに対し，内容は記載されないため，写しがないと裁判所も当事者も後日どのような文書が提出されたかが不明となること，②文書の情報量は一般に膨大であり，そのすべてを裁判官が期日における取調べにより記憶にとどめることは現実的でないこと，③提出された文書は，期日における手続的な取調べが終了した後においても，必要に応じて閲読し，証人尋問・当事者尋問等の供述と照合し，あるいは判決起案の際に参照して，文書の内容や体裁を吟味することができなければ，裁判そのものが支障をきたすこと（この事情は，裁判官の更迭や上訴の関係に限られない）等が挙げられる。

　(ｳ)　**写しの不提出に対する対処**　　写しが現実に果たしている役割にかんがみると，写しの提出を義務づけた民訴規則の規定が訓示規定であることはともかくとして，現に写しが提出されないときの対処は明確になっていなければな

---

[120]　秋山ほかⅣ367頁，兼子ほか・条解〔2版〕1186頁〔松浦＝加藤〕，旧注釈民訴(7)43頁〔西野〕，法律実務(4)281頁，最高裁判所事務総局民事局編・前掲注113）76頁。反対の見解として，飯原一乗「証拠申出と証拠決定」実務民訴(1)243頁。

らない。この点，大阪高判昭30・11・29（高民8巻9号678頁）は，書証の申出をしながら写しの提出がなく，その後，裁判官が全員更迭された事案において，裁判所は当該文書の内容等を認識できないため，形式的には証拠資料であっても現実には証拠資料として利用できないことによる不利益は，写しの提出を怠った者に帰せしめるしかない旨判示している[121]。写しが必要とされる前掲①〜③の事情がすべて満たされない以上，書証目録に文書の形式的な情報があっても，その内容を閲読して証拠資料を得るという書証本来の取調べを実施することができないのであるから，結局は書証の申出をしなかった場合と同様の結果になることはやむを得ない[122]。

　確かに，最後は上記の対処法をもって是とするしかないと思われる。しかし，書証の申出をする際には，原本等が提出されており，その時に写しの提出がないことは，提出済みの写しと原本等を照合する手続がある以上，裁判所が明確に把握できるはずである。判例・通説が，写しの提出を義務づけた民訴規則の規定を訓示規定としているとしても，写しがほぼ例外なく提出される実情の下では，書証の申出の時点で写しが提出されていないことが明らかな場合に，裁判所が何も対処しないことには問題があるのではなかろうか。書証の申出の有効性とは別に，写しを必要とする①〜③の事情がある以上，写しの提出はむしろ徹底させるべきだろう。この点，文書の留置（227条）の活用を検討してはどうだろうか。確かに文書の留置については，挙証者の意に反して留置できないとの解釈や，留置を決定した後の文書の保管場所や方法等の問題が生じることを理由に，実務上はほとんど利用されないとされる[123]。他方で，文書の留置に伴う上記の問題に配慮して，写しの提出という実務慣行が生じたとの指摘もある[124]。とすると，書証の申出に際して写しが提出されない場合には，文書の留置の代替措置が機能していないのであるから，裁判所は，期日に提出された原本等を留置して，後日の取調べに利用できるようにすべきである。そし

---

121) 同旨の下級審裁判例として，東京地判昭41・9・8判時463号50頁がある。
122) 兼子ほか・条解〔2版〕1186頁〔松浦＝加藤〕，旧注釈民訴(7) 43頁〔西野〕，野田宏「書証の写の意味」民事法の諸問題Ⅱ 359頁等。
123) 野田・前掲注122) 352頁。
124) 最高裁判所事務総局民事局編・前掲注113) 75頁，法律事務(4) 281頁。

て，当事者が提出した原本等の返還を求める場合には，写しの提出を条件として文書の留置の決定を取り消すようにすれば，民訴規則で挙証者に義務づけられた写しの提出について実効性を確保することができるのではなかろうか。なお，写しの不提出は，書証の申出の効力を左右しないとしても，訓示規定に違反する点で一定の瑕疵を帯びるが，後日写しが提出された場合には治癒される[125]。

(4) 写しによる書証の申出

(ア) **写しが正本・認証謄本である場合** 書証の申出は原本を提出してするのが原則であるが，正本・認証謄本は写しの一種であるものの，写しとしての正確性が担保されているため，写しの提出をもって書証の申出をすることが認められる。判例も，正本・認証謄本以外の写しによる書証の申出を不適法とする[126]。正本・認証謄本が原本に準じる以上，これらを提出してする書証の申出に際しても，正本・認証謄本の写しが事前または申出と同時に提出され，期日における正本・認証謄本との照合を経て挙証者に返還されることになる（規143条1項）。文書を提出してする書証の申出は「原本等」によるべきとされる場合，原本以外の文書は，この意味で正本・認証謄本である。

(イ) **写しを原本に代えて提出する場合** 写しが正本・認証謄本でなくても，写しの提出による書証の申出が認められることがある。具体的には，原本を提出できない事情があるために，写しを提出せざるを得ない場合がこれに当たる。ここでいう写しの提出は，後述の「写しを原本として」提出する（原本をそもそも所持していない）場合と区別するため，「写しを原本に代えて」提出する場合と呼ばれる[127]。写しを原本に代えて提出する場合は，上記の事情によりやむなく写しを提出することになるのであるから，取調べの対象はあくまで原本であって，写しはその代用である。この意味で，写しを原本に代えて提出することは，書証の申出において原本等を提出すべきとの原則（規143条1項）の例外をなす[128]。

---

125) 証拠法大系(4) 58頁〔古閑〕。
126) 最判昭35・12・9民集14巻13号3020頁。
127) 証拠法大系(4) 58頁〔古閑〕，旧注釈民訴(7) 36頁〔西野〕。
128) 秋山ほかIV 494頁。

原本を提出できない事情があるときは，確かに写しを原本に代える必要性があるが[129]，他方で，この提出方法は，原本に代えて写しを取り調べることにより，原本を取り調べたことにする一種の便法であるから，その利用を軽々に許すべきではない。そこで，判例は古くから，当事者間において写しをもって原本に代えることに異議がなく，かつ，その原本の存在および成立に争いがないときは，挙証者は，原本・正本・認証謄本を提出する必要はないとしている[130]。この要件は，原本を提出できない事情を抱えた挙証者にも書証の申出の途を開く一方で，見られては困る原本を手元において写しで賄おうとする挙証者の策動に対しては相手方の同意を通じて歯止めをかけようとするものと考えられる。しかし，写しと原本を照合できない相手方の異議がないことのみによって，挙証者が原本の提出を回避できるとする点には疑問の余地もある。そこで，判例の要件に加えて，原本を提出できない相当な事情を疎明させるべきであり，挙証者が相当な理由なく原本の提出を渋り，写しをもってこれに代える意図を有するものと認められるときは，この便法を利用したこと自体から，原本の証拠価値を消極的に評価すべきであろう[131]。なお，写しを原本に代えて提出する場合の書証目録の記載は，「〇〇契約書（写し）」とされるのに対し，写しを原本として提出する場合の記載は「〇〇契約書写し」として区別されている[132]。

　(ウ)　**写しを原本として提出する場合**　　写しが正本・認証謄本でなくても，写しの提出による書証の申出が認められるもう一つの例が，「写しを原本として」提出する場合である。これは，原本が挙証者の手元になく，写しのみを所持しているときに，これを取調べの対象とするために書証の申出をする場合である。東京地判平2・10・5（判時1364号3頁）は，「証拠調べの対象となる文書を原本ではなく写しそれ自体とする趣旨のもとに，写しそれ自体を提出して

---

129) この場合にも，写しによる書証の申出を不適法（最判昭35・12・9前掲注126）参照）とすると，挙証者は証拠があっても証明できない結果，相手方を不当に利することになる。
130) 大判昭5・6・18民集9巻609頁。同旨の先例として，大判明37・10・19民録10輯1276頁，大判大10・9・28民録27輯1646頁。
131) 証拠法大系(4)58頁〔古閑〕。
132) 秋山ほかⅣ495頁，証拠法大系(4)58頁〔古閑〕。

書証の申出をすることは，当該写しが民訴法322条1項〔筆者注：現・規143条1項〕所定の『原本』（いわば「手続上の原本[133]」というべきもの）であるから，当然に許容される」と判示しており，また通説も，写しを書証の対象とすることを認めている[134]。このように，写しを原本として提出する場合は，書証の申出において原本等を提出する原則（規143条1項）の例外には当たらない[135]。

　書証の申出において写しを原本として提出する場合，文書の成立の真正に関する認否の対象は，手続上の原本であるところの当該写しである。よって，当該写しを作成したと主張される者が，手続上の原本たる写しの作成者である。これは写しを原本とすることの帰結であり，写しが手書きであれ，印刷であれ，あるいは，それに何らかの加工が施された場合であれ，写しの元になった文書（真の原本）の作成者とは別に，原本として提出された写しを作成したと主張される者によって当該写し（手続上の原本）が作成されたかどうかを基準としてこの文書の真否が判断されなければならない（→§228 Ⅱ 1 (2)参照）。

　しかし，写しを原本として提出した挙証者の意図は，どこかに存在し，写しの元になった文書（手続上の原本との対比で，この文書を「真の原本[136]」という）に記載された内容を要証事実としてそれを証明するために，手元にある写しを原本として提出することにある。とすると，写しを原本として提出する場合には，原本の存在とその真正な成立についての事実上の主張を伴うものと解される。したがって，手続上の原本の形式的証拠力として相手方の認否が必要とな

---

133) 倉田・証明193頁。
134) 秋山ほかⅣ 494頁，春日偉知郎〔判批〕リマークス1992（上）145頁，倉田・証明194頁，河野・前掲注3) 222頁，佐藤尚「文書の写による書証の申出をめぐる諸問題」裁判所書記官研修所編・書研創立30周年記念論文集〔1978〕309頁等。
135) 書証の対象をあくまで原本とする見地から，原本として提出された写しの取調べを検証とみる見解（伊藤滋夫「書証に関する二，三の問題（下）」判タ755号〔1991〕55頁）もある。この見解によれば，写しを原本として提出した場合，当該文書の認否を取らないのが実務であるところ，その説明に便宜と指摘されるが，旧注釈民訴(7)37頁〔西野〕は書証と検証を混同する結果になるとして批判的である。写しを原本とする場合も，結局は真の原本を観念し，その意味内容を証拠資料とする趣旨であるから，書証と考えるべきだろう。
136) 倉田・証明193頁，前掲東京地判平2・10・5等。

〔名津井〕

るのは，①手続上の原本（写し）の成立，②原本（真の原本）の存在，③原本（真の原本）の成立の三点である[137]。ところが，①は，現代の複写装置を利用する限り，作成者が誰であろうと通常は原本と相違ない写しを作成できるため，旧法以来，相手方の認否を求めない実務があるとされる[138]。また，写しを原本として提出する場合には，期日において手続上の原本（写し）と原本（真の原本）の照合が形式上は省かれるものの，手続上の原本の実質的証拠力は，真の原本との同一性に由来する以上，その審査は不可欠であるため，写しと原本の同一性をどのように審査するかという問題もある。本来，挙証者からの同一性の主張について，相手方の認否を求め，争いがなければ同一と扱い，争いあれば裁判所が同一性を認定すべきである。しかしこの点は，旧法以来，真の原本の存在および成立（②・③）について相手方に認否させる前述の実務があることから，②・③に争いがなければそのことが，また，争いがあれば裁判所の認定が，手続上の原本と真の原本の同一性の審査を兼ねるものとされる[139]。

これに対し，手続上の原本の形式的証拠力は，直截にその成立（①）と解し，原本の存在および成立（②・③）は，手続上の原本の実質的証拠力の問題になると解する見解[140]もある。この見解によれば，通説において手続上の原本と真の原本の同一性の審査を兼ねるとされた，真の原本の存在とその成立（②・③）の審査は，手続上の原本の形式的証拠力の内容から脱落する。しかし，手続上の原本と真の原本の同一性は，それ自体として独自に認定しなければならない。そうである以上，実際には大きな違いを生じないが，手続上の原本の形式的証拠力をその成立（①）に限定することで，写しを原本とする書証においては，写しそのものが証拠であるという通説の建前を貫徹させることができるほか，写しと原本の同一性を前提として写しの取調べを通じて原本の記載内容に迫りそこから心証を形成する，という写しを原本とする書証手続の構造に即

---

[137] 秋山ほかⅣ 494 頁，証拠法大系(4) 59 頁〔古閑〕，旧注釈民訴(7) 38 頁〔西野〕，倉田・証明 194 頁，河野・前掲注 3) 222 頁，佐藤・前掲注 134) 325 頁等。

[138] 旧注釈民訴(7) 38 頁〔西野〕。

[139] 旧注釈民訴(7) 38 頁〔西野〕。

[140] 旧注釈民訴(7) 39 頁〔西野〕は，原本の存在・成立に関して実務上行われている認否を，原本の補助事実に関する争点を限定するための実務上の慣行と評価する。

第5節　書証

した説明が可能になるところに，この見解の利点がある。確かに，通説においては，手続上の原本の形式的証拠力に手続上の原本の成立（①）のみならず，真の原本の存在とその成立（②・③）が含まれ，しかも現実には②・③のみが審査されるものとすれば，写しを原本とする書証手続の構造から乖離する。上記見解は，この帰結を避ける意図がある。しかしながら，上記見解によるときは，第一に，現代の複写技術を前提にすれば，手続上の原本の形式的証拠力（①）を審査する意義がほとんどないこと，第二に，写しを原本とする書証手続の不可欠の前提である両者の同一性が，手続上の原本の形式的証拠力とどのような関係に立つかが不明確となり，仮に原本の存在及びその成立（②・③）が手続上の原本の実質的証拠力と重なるとすると，自らが批判する検証説（注135）参照）との区別が曖昧になる。したがって，通説については，手続上の原本の形式的証拠力という建前に反し，原本の存在およびその成立（②・③）を審査するといった羊頭狗肉の難点があるとの批判はあるものの，この建前によって②・③に対する相手方の認否をとることの必要性が基礎づけられ，また相手方の認否をとる従前の実務慣行を明確に説明できる利点があることにかんがみ，なお通説を維持すべきである。

　以上を踏まえ，写しを原本に代える書証手続と，写しを原本とする書証手続の関係について補足しておく。すでに検討したように，両者は理論上截然と区別すべきであるが，実務上は，文書の写しについて書証の申出がされる場合，写しを原本とするものがほとんどであるとされる。原因として，写しを原本に代えることに対する異議の有無が付記されない扱いを認める扱いがあるとされ，規則143条1項の例外をなさない写しを原本とする書証手続が，便法的に利用される例も少なくないことには留意すべきである[141]。

(5)　引用文書の写しの提出

　旧法では，当事者が引用した文書については，その謄本または抄本の提出を命ずることができると規定していた（旧322条3項）。書証の申出に際しては，写しを事前にまたは書証の申出と同時に裁判所に提出する必要があるが（規137条1項），これは当事者が書証の申出をする文書に関するものであるから，

---

[141]　河野・前掲注3) 223頁。

単に準備書面において引用した文書でとくに書証の申出をしないものは，その写しが裁判所に提出される保障はない。そこで，上記旧法は，引用文書を書証たる文書と同様に訴訟記録に編綴する目的で規定された[142]。しかし，現行の民訴規則は，旧法の同規定を引き継いでいない。その理由については，規則137条1項を掲げ，書証の申出に際して写しの提出が必要となったことの関係で旧法の規定が不要になったと説明する見解もある[143]。しかし，準備書面で引用したことから直ちに引用文書について書証の申出をする意思を認めることができるとも限らない。よって，現行規則は，準備書面等に引用された文書で写しの提出がないものは，訴訟指揮権の行使によってその提出を促すことにより対処するとしたものと解さざるを得ないだろう[144]。

3 原本の提出・送付命令

(1) 意 義

文書の提出または送付は，原本，正本または認証謄本でしなければならないが（規143条1項），提出された正本または認証謄本の成立の真正（形式的証拠力）や文書の内容（実質的証拠力）に問題がある等，正本または認証謄本のみでは証拠として不十分であり，原本が必要と認められる場合，裁判所は，原本の所持者に対し，原本の提出または送付を命ずることができる（同条2項）。原本提出・送付命令は，文書の所持者が正本または認証謄本を提出したにもかかわらず，なお原本が必要な場合に関するものであって，文書の所持者が写しを提出した場合一般を対象とするわけではない。また，民訴規則143条2項の存在自体から明らかなように，正本または認証謄本を提出または送付した者は，当然に原本を送付・提出する義務を負うわけではない[145]。

(2) 旧法との関係

民訴規則143条は，文書の提出等の方法を規定した旧法322条を規則化したものである。旧322条1項および2項は，民訴規則143条1項・2項に対応する。これに対して，旧322条3項は，当事者が証拠として引用した文書の原本

---

142) 旧注釈民訴(7)150頁〔田邊誠〕等。
143) 秋山ほかⅣ496頁。
144) 条解規則〔初版〕305頁注4参照。
145) 菊井＝村松Ⅱ642頁，旧注釈民訴(7)149頁〔田邊〕。

が，取調べ後に申出をした当事者に返却される実務を前提として，その文書の謄本等を訴訟記録に編綴するため，その提出を命ずることができるとした規定であった。しかし，旧民訴規則39条の制定により，書証の申出の際に訴訟記録に編綴する分も含めて写しを提出することになり，3項の存在意義が低下していた。旧民訴規則39条は，民訴規則137条として引き継がれたことから，旧法322条を規則化するに際し，旧322条3項は民訴規則143条に引き継がないこととされた[146]。

(3) 態様等

原本提出・送付命令が発令される態様としては，①挙証者が自ら所持する正本または認証謄本を提出して書証の申出をしたところ，裁判所が原本の必要を認めた場合，②挙証者の申立てに基づき，文書を所持する相手方当事者に文書の提出が命じられまたは文書の送付が嘱託され，正本または認証謄本が提出または送付されたが，裁判所が原本の必要を認めた場合，③②とは異なり，正本または認証謄本を所持し，提出した者が第三者であった場合がある。裁判所が，申立てによりまたは職権で原本提出・送付命令を発令することができるのは，①の提出者，②・③の所持者が，自ら原本を所持する場合である。これに対し，①の提出者，②・③の所持者以外の者が原本を所持する場合には，直ちに原本提出・送付命令を発令することはできない[147]。この場合，原本の所持者に対し，別途文書提出命令または文書送付嘱託の申立てをしなければならない。結局，裁判所が原本提出・送付命令を発令することができるのは，正本または認証謄本を提出した所持者が原本をも所持する場合に限られる。

(4) 原本提出・送付命令に従わない場合

原本提出・送付命令は独自の制裁規定を有しない。そこで，裁判所は，原本の所持者（①の提出者，②・③の所持者）が任意に原本を提出しない場合には，

---

146) 条解規則〔初版〕305頁注4によれば，旧民訴法322条3項は，受訴裁判所が保管する他の事件の記録を当事者が証拠として引用する場合，旧民訴規則39条に違反して当事者が書証の申出にかかる文書の写しを提出しない場合に機能する程度のものとされていたが，同項が脱落した現行の民訴規則143条の下では，裁判長が訴訟指揮権を行使して適宜写しの提出を命ずる等により対処することになるとされる。

147) 菊井＝村松Ⅱ642頁，兼子ほか・条解1074頁，斎藤ほか編・注解民訴(8)204頁〔小室直人＝宮本聖司〕，旧注釈民訴(7)149頁〔田邊〕，秋山ほかⅣ496頁等。

原本提出・送付命令を発令し，不提出の場合にはその事実と不提出の理由を斟酌して，提出された正本または認証謄本の証拠力を自由心証により評価すべきである[148]。

(5) 裁　判

原本提出・送付命令は，それ自体訴訟指揮の裁判（120条）の一種（その形式は決定）であるから，相当と認める方法で告知することにより効力を生ずる（119条）。不服があれば，異議を申し立てることができるが，原本提出・送付命令は独立した上訴の対象とはならず，裁判所が異議を相当と認める場合，いつでもこれを取り消すことができるのみである。

4　写しの提出時期

(1) 意　義

文書の写しは，文書を提出して書証の申出をする場合には，その「申出をする時まで」に提出しなければならない（規137条1項本文）。これが写しの提出時期に関する原則であるが，旧規則39条では，書証の申出と「同時に」その写しを提出しなければならないとしていた点を改めたものである。旧規則が，同時提出を規定した理由は，期日に提出された原本等（旧322条1項，規143条1項）を留置する代わりに，その写しを訴訟記録に編綴するとともに，相手方に送付するために必要とされたからである。しかし，文書を提出してする書証の申出は期日に原本等を提出してしなければならないため，同規則は，写しについても期日に提出しなければならないと規定しただけの内容に乏しいものとなっていた。他方で，写しは，期日前でも提出可能であり，期日における書証

---

[148] ドイツ民事訴訟法（ZPO）435条は，公文書につき，「原本または公文書の認証要件を備えた認証謄本を提出することができる。ただし，裁判所は，挙証者に対して原本の提出を命じ，または，原本の提出を妨げる事情を主張し，疎明することを命じることができる」と規定する（第一文）。同条の原本提出命令が，裁判所に提出された認証謄本では間に合わない場合を想定したものであることは明らかである。また，同条は第二文において，「この命令に従って原本が提出されない場合，裁判所は，認証謄本の証明力を自由な心証に従って判断するものとする」と規定する。民訴規則143条は，公文書に限定した規定ではないが，内容的には，ZPO435条第一文にほぼ対応するのに対し，同条第二文に相当する規定はわが国には存在しない。そこで，ZPO435条に倣い，本文のように解すべきである。同様の論旨を説くものとして，秋山ほかⅣ496頁等がある。

第5節　書証　　　　　　　　　　　　　　　　　　　　　§219 Ⅳ

の申出に先立って写しが提出・送付されるならば，これと証拠説明書（後述 5 参照）とが相まって，裁判所および相手方は，期日に提出される予定の文書の内容を事前に検討し，立証趣旨との関連性，取調べの必要性等を判断することができるため，主張および証拠の整理にとって非常に有益である。こうした理由から，文書を提出して書証の申出をするときは，その写しを「書証の申出をする期日より前」に提出しなければならないものとされた[149]。なお，規則の文言上は，書証の「申出をする時まで」であるが，具体的には，上記の通り「書証の申出をする期日より前」と解すべきである。

　ただし，書証の申出をする予定ではないが，法廷に持参していた文書について急遽書証の申出をすることにした場合には，当該文書を期日において取り調べた後，後日，「裁判長の定める期間内」にその写しを提出すればよい（規137条1項但書）。

　以上のほか，文書を提出して書証の申出をする場合における写しの提出期間には，以下のような若干の特則がある。すなわち，訴状，答弁書および答弁書に対する原告の反論の準備書面を提出する際には，立証事項について，契約書等の基本的かつ重要な文書の写しを添付して提出しなければならないとされている（規55条・80条2項・81条）。しかし，この添付書類は本来，書証の申出の際に事前に提出すべき写し（規137条1項）とは別のものである。また，添付の際に「甲○号証」等の表示をすることにより，規則137条1項の写しの提出を兼ねることができる[150]。したがって，上記規則は，結局のところ，同条1項の特則には当たらない。

(2)　証人尋問等において使用する予定の文書の場合

(ア)　**尋問使用文書の提出期間**　　証人尋問等において使用する予定の文書（以下，「尋問使用文書」という）は，当該尋問等を開始する時（すなわち，尋問期日[151]）の相当期間前までに提出しなければならない（規102条）。これは，尋問

---

149)　条解規則〔初版〕290頁。
150)　条解規則〔初版〕123頁。
151)　「当該尋問……を開始する時（の相当期間前まで）」は，文字通り「尋問（質問）する時」の意味に解することはできない。さもないと，規則116条2項の「当該質問（の前に）」と同義になり，二つの規律が重複する。これを避けるには，本文のように，前者を

〔名津井〕　　467

§219 Ⅳ　　　　　　　　　　　　　　　　　　　　　　　第2編　第4章　証拠

使用文書として原本を想定した提出期間の定めであるが，原本を提出できないときは，写しを提出すれば足りるとされている（同条但書）。しかし，尋問使用文書のうち，「証人等の陳述の信用性を争うための証拠」として使用するもの（すなわち，弾劾証拠152)）には，尋問使用文書の提出期間は妥当しない（規102条本文）。これは，弾劾証拠の性格に配慮したものと推察されるが，原則的な提出期間に対する重大な例外であって，尋問使用文書が弾劾証拠である限り，尋問期日に提出することは妨げられないことになる。

　しかしながら，弾劾証拠である尋問使用文書であっても，その文書の証拠調べがされていないときは，当該質問の前に，相手方にこれを閲覧する機会を与えなければならない（規116条2項本文・127条）。これによれば，実際には尋問をいったん中断して当該文書を当事者に閲覧させる，といった手続を踏むことになる153)。もっとも，相手方に異議がなければ事前の閲覧を省くことができる。しかし，相手方に異議がある限り，当該文書が弾劾証拠であっても，事前の閲覧なしに尋問に使用することは許されない以上，原則として文書（写しを含む）の後出しはできない仕組みになっている。他方，弾劾証拠である尋問使用文書についてすでに証拠調べ（つまり，書証の申出）が終わっているときは，書証の申出のときに当該文書（原本）が裁判所に提出されているので，申出の前に提出された写しは記録に編綴され，また相手方にも写しが直送されていることから，尋問期日における質問の前に相手方に閲覧する機会を保障する必要はない。

　(ｲ)　**写しの提出時期**　　以上の規則の下では，証人・当事者の尋問期日の直前に尋問使用文書が発見されたような事例154)では，尋問期日の前に書証の申出に適した期日（口頭弁論期日・弁論準備手続期日）がないため，書証の申出をすることができない。しかし，当該文書の写しであれば，期日外であっても裁

　　「尋問期日」と解し，その相当期間前までと読むべきである。
152)　条解規則〔初版〕230頁注3。
153)　証拠法大系(4)61頁〔古閑〕。
154)　条解規則〔初版〕229頁は，書面による準備手続で争点整理をし，終結後の口頭弁論期日に証人等の尋問を実施する例を挙げて，尋問使用文書の原本を尋問期日前に提出できない場合を説明するが，本文に掲げた例（証拠法大系(4)61頁〔古閑〕）の方が現実には多いものと思われる。

判所に提出し，相手方に送付（直送）することができる。規則102条但書が「写しを提出すれば足りる」とした趣旨は，原本に関する原則的な提出期間と同じ制限を写しに適用するのではなく，むしろ，上記の事例のように，文書（原本）を提出してする書証の申出ができない場合に，その写しを尋問期日前の任意の時期に提出・送付させ，相手方がこれを吟味して尋問期日に備えることができるようにする点にある[155]。

　(ウ)　**弾劾証拠の例外**　規則116条2項の下では，弾劾証拠である尋問使用文書であって証拠調べが未了であるものは，相手方の異議がある場合，実際の質問の前にその文書を相手方に閲覧させない限り，尋問時に使用することが原則として禁止される。確かに，この場合でも，相手方が当該文書を吟味する余裕は，取調べ済みの文書に比して乏しいものとなるが，この点は弾劾証拠の性格にかんがみ，許容範囲とされたものと解される。これに対し，相手方の異議がないときは，相手方に事前に閲覧させる必要すらない。場合によっては，そのようにして弾劾証拠として使用された文書が，効果的に機能することもあろう。相手方がこれを避ける手段は，弾劾証拠に対する異議しかないのであり，相手方がこの異議を述べれば，少なくとも尋問期日の当該質問の前には文書を閲覧することができるため，露骨な不意打ちだけは免れることができる。しかし，いずれにせよ，弾劾証拠である尋問使用文書は，尋問期日の時点で証拠調べが済んでいなくても，相手方に事前に閲覧させれば，相手方の異議にもかかわらず，供述者に対する質問の際に使用することができる。しかも，弾劾証拠とされた文書は尋問期日の時点で証拠調べが未了であるところ，尋問期日あるいはその後の期日において，書証の申出をすることが時機に後れたものとして却下されないならば，尋問使用文書について提出期間を設けた趣旨が大きく損なわれることになる。ここに深刻なジレンマがある。弾劾証拠である限り，尋問使用文書の提出期間を徒過した写しの提出・送付も甘受せざるを得ないが，弾劾証拠を装った提出期間後の提出・送付に対しては，時機に後れた防御方法として却下する等，厳格に対処すべきである。

---

155)　条解規則〔初版〕229頁。

(3) 裁判所が特定の事項に関する書証の申出をすべき期間を定めた場合

裁判長は，民訴法162条に基づき，「特定の事項に関する証拠の申出をすべき期間」を定めることができるが，「証拠の申出」としてとくに「書証の申出（文書を提出してするものに限る。）」をすべき期間を定めたときは，「その期間が満了する前」に，書証の写しを提出しなければならない（規139条）。しかし，裁判長が書証の申出をすべき「期間」を定めると言っても，書証の申出は「期日」にしかできない以上，実務上は「期日」を定めることになる。他方で，規則137条1項は，文書を提出してする書証の申出の際，その申出の前に写しを提出すべきと定めているので，裁判長が162条に基づき，書証の申出の期日を定めた場合，期日前に写しを提出すべきことは規則137条1項から明らかである。しかし，規則136条は，写しの事前の提出・送付（直送）が，一般に裁判所および相手方にとり，提出予定の文書をあらかじめ吟味し，立証趣旨との関連性や取調べの必要性等を判断するのに有益であることにかんがみ，早期開示の趣旨を明確にするために規定されたものである。この意味で，規則139条による写しの事前提出の趣旨は同137条と同じであるから，証拠説明書についても事前に提出・送付すべきである。なお，特定の事項に関する書証の申出の期間（期日）が命じられる場合としては，診療録のように，存在すると予測されるが，いまだ提出されない重要な文書であって，その提出がないと事案の解明が進まないような場合が指摘されている[156]。

5 証拠説明書

(1) 意 義

証拠説明書とは，書証の申出をしようとする文書について，①文書の標目，②作成者，および，③立証趣旨を明らかにした文書のことである（規137条1項本文）。書証の申出も，証拠の申出（181条1項）である以上，書証の申出をする際には，証明すべき事実を特定してしなければならない。さらに，関連する規則99条1項は，証拠の申出において，証明すべき事実と証拠との関係の明示を求めている。ここから，規則99条1項は，「証明すべき事実」，「証拠（方法）」および「証明すべき事実と証拠（方法）との関係」の三者を明らかに

---

156) 証拠法大系(4) 61頁〔古閑〕。

すべきことを規定したとされる[157]。もっとも，裁判所が，証拠調べの必要性を判断するには，証明すべき事実と証拠との関係を把握する必要があることは自明であるから，規則99条1項は当然の規定ともいわれる。とすると，規則99条1項を待たずとも，181条1項に基づき上記三者は証拠の申出において明示しなければならない。他方，「証拠（方法）」は，例えば書証の場合，文書の提出それ自体と捉えたのでは意味がないため，取調べの対象となる資格を備えた文書であることを示すべく，文書の成立の真正の判断に必要な作成者を明示する必要があり，また証拠となるべき文書を特定するため，その標目（題名）もまた必要となる。結局のところ，規則137条1項を待たずとも，書証の申出において，①〜③を明示する必要性を導くことができる。

しかしながら，旧法の下では，立証趣旨等の不明確な書証の申出がある一方で，その改善を志向する実務が試みられていた[158]。そこで，こうした実務を契機として，①〜③を明らかにする証拠説明書の作成・提出が原則であることを規則上明確にすることにより，新法下の実務における定着を図ったのが，規則137条1項の趣旨とされる[159]。実際，現行民訴法においては，争点中心の審理手続が構想され，争点および証拠を早期に整理してから集中証拠調べを実施することが要請されているが（182条），証拠説明書は，争点および証拠を整理する段階において文書の整理に役立つことから，その利用価値が旧法下に比して格段に高まっている。

(2) 標目・作成者・立証趣旨

(ｱ) **標　目**　文書の標目とは，書証の申出をすべき文書がどのような文書であるかを率直に明示し，かつ，特定するための文書の題名である。文書自体に適切な題名があるときは，そのまま標目に記載すればよい（例として，賃貸借契約書等）。そのような題名がないときでも，無題とはせず，挙証者が文書の内容に見合った題名を記載すべきである。同じ題名，同じ作成者の文書が複数あるときは，同一の標目の文書にならないよう，日付や書き出し等によって区別すべきである。しかし，民事裁判の判決では書証にあらかじめ付された記号に

---

157) 条解規則〔初版〕223頁。
158) 古閑裕二「新民事訴訟法による訴訟運営と集中審理（上）」判タ952号〔1997〕50頁。
159) 条解規則〔初版〕291頁。

§219 Ⅳ　　　　　　　　　　　　　　　　　　第2編　第4章　証拠

よって記載されるので（前述Ⅳ1(6)を参照），標目自体から厳密に区別できるようにするまでの必要はないとされる[160]。

　(イ)　作成者　　作成者とは，挙証者が文書の作成名義人であると主張する者のことである。書証においては，真正に成立した（形式的証拠力を備えた）文書についてのみ，その実質的証拠力を判断することができる。文書の成立の真正は，挙証者が作成名義人であると主張する者によって作成されたことを意味する以上，文書を提出して書証の申出をする場合，挙証者において，取調べの対象となる文書が誰によって作成されたのかを主張しなければならない。相手方は，この主張について認否を求められる。実務上，書証の申出をする際に当事者がこの陳述をしている意識が希薄であるとの指摘が見られる。確かに，旧法の下では，書証の申出をした当事者が，特に文書の作成者を主張していなくても，黙示的に主張があったものと扱われてきたとされる[161]。文書に作成者として記載がある者とは別の者が作成した文書として提出するときは，「偽造文書として提出」という体裁がとられ，真の作成者についての当事者の主張に対して，相手方の認否を要する。誰が作成したか不明な文書として提出するときは，検証の申出と扱うことになる。しかし，従来のこのような実務に対しては，基本に立ち返って作成者に関する陳述を記載すべきとする批判[162]も見られる。賛成すべきと思われるが，証拠説明書における記載が，一般には主張でも証拠でもないとされること[163]との関係が残るように思われる。この点は，作成者の黙示的主張を許容する実務を改善する意識が高まり，証拠説明書をそのために活用すれば克服できるはずであるが，現状はいまだ不徹底であるとすれば，黙示の主張を甘受しつつ，文書の属性の一部を説明したものと扱った上で，必要に応じて挙証者に釈明し，作成者を主張させていくしかなかろう。

　(ウ)　立証趣旨　　立証趣旨は，本来，「証明すべき事実」および「これと証

---

160)　証拠法大系(4) 69頁〔古閑〕。
161)　旧注釈民訴(7) 35頁〔西野〕，倉田・証明 177頁，証拠法大系(4) 70頁〔古閑〕等。
162)　証拠法大系(4) 70頁〔古閑〕は，乙作成と記載された文書を提出した当事者が，これを甲作成と主張し，相手方が乙作成と主張する（偽造文書として提出の）場合，書証目録の提出欄のうち標目等に「甲作成」，それに対応する陳述欄の成立に「否認」，成立の争いについての主張に「乙作成である。」と記載すべきとする。
163)　証拠法大系(4) 69頁〔古閑〕。

472　〔名津井〕

拠（文書）との関係」の二者によって構成されると考えられる[164]。しかし，規則137条1項においては，証明すべき事実のみを指して，「立証趣旨」の用語が使用されている[165]。これを前提にすると，立証趣旨（＝証明すべき事実）は，基本的には，要件事実を意味するものと解すべきであるが，要件事実の記載のみでは，証拠である文書と要証事実の関係がはっきりしない場合には，間接事実を加味して記載することや（重要な）間接事実をもって代替させることも許されるべきであろう[166]。他方，当該文書によって証明したい事実が，そもそも間接事実である場合には，間接事実を記載すべきである。もっとも，立証趣旨は，本来証明すべき事実と証拠（文書）との関係を含むものと解すべきであるとすると，このような説明は一面的であるとの批判もあり得る。しかし，証明すべき事実と証拠（文書）との関係は，立証趣旨（＝証明すべき事実）の記載内容と文書の標目を対照して判断すべきものと考えれば，立証趣旨の用語は，さしあたり証明すべき事実を指すものと解して，簡潔な記載を要求することには意義があるものと解されるため，立証趣旨の本来の意義に反するとの批判は当たらないと言うべきであろう。

(3) 提出時期等

文書を提出して書証の申出をするとき，証拠説明書は，文書の写しと同様，「当該申出をする時までに」提出しなければならない（規137条1項）。そのため，証拠説明書の提出時期については，基本的には，写しの提出時期（前述4参照）で記載した内容がそのまま妥当する。なお，証拠説明書の通数も，文書の写しと同様であり，原則として2通の提出を要する（相手方当事者が複数であるときはその数に1を加えた通数）。

(4) **提 出 義 務**

規則上，文書を提出して書証の申出をする者には，証拠説明書を提出する義務があるが，「文書の記載から明らかな場合」は，提出義務は免除される（規137条1項本文）。「文書の記載から明らかな場合」とは，登記簿謄本，戸籍謄本のように，文書それ自体から標目・作成者・立証趣旨が明らかな場合がその例

---

164) 秋山ほかⅣ368頁。
165) 証拠法大系(4)70頁〔古閑〕，条解規則〔初版〕290頁。
166) 証拠法大系(4)71頁〔古閑〕も同旨か。

とされる[167]。このように例外に該当して提出義務が免除される文書も少なくないであろうが、その他の多くの文書は、証拠説明書が必要と判断されることになろう。第一次的に証拠説明書の要否を判断するのは、当事者ないし訴訟代理人であるから、証拠説明書を作成する段階で、立証趣旨が吟味され、「書証の氾濫」を抑制する効果も期待されている[168]。しかし、このような効果は、証拠説明書の提出義務が遵守されることを前提としている。提出義務が遵守される限り、証拠説明書を具体的にどのように記載するかについては、ある程度の幅があってよい。とくに訴訟代理人において、証拠の重要性に応じ、説明に濃淡をつけるため、一連の証拠のいくつかを詳細に説明し、その他は簡略に済ませること[169]は、「文書の記載から明らかな場合」を弾力的に解釈することを前提として認められてよいだろう。証拠説明書の利用価値に関しては、従来、やや裁判所からみた有益性が強調されてきた観があるが、むしろ、当事者側（訴訟代理人）にとって、争点に関する自らの主張を裏づける証拠につき、とくにどの証拠を重視しているかを明示し、より効果的な立証活動を行うために役に立つかどうかという観点が重要である。制度化された当初とは異なり、現在ではかなり利用されるようになったのは[170]、証拠説明書が当事者にとっても有用であるとの認識が浸透してきたことの現れであろう。

6 写しおよび証拠説明書の直送

　文書を提出して書証の申出をする者は、文書の写し2通とともに原則として証拠説明書2通を裁判所に提出しなければならないが（規137条1項）、各2通の提出を求めるのは、うち1通を裁判所が相手方当事者に送付することを前提としている。しかし、民訴規則は、多くの場合、直送（当事者の相手方に対する

---

[167] 条解規則〔初版〕291頁。旧注釈民訴(7) 33頁〔西野〕は、その他、手形・小切手、契約書、領収書を挙げている。

[168] 秋山ほかIV 368頁。

[169] 証拠法大系(4) 72頁〔古閑〕も同旨と思われる。

[170] 2003年刊行の証拠法大系(4) 72頁〔古閑〕は、書証の申出をする際に原則として証拠説明書の提出が必要であるとの認識は「実務において、未だ十分に浸透していないため、従来どおり、写しを提出するだけで書証の申出がされることが多い」と評価していた。これに対し、民事訴訟実態調査研究会編・民事訴訟の計量分析（続）〔2008〕398頁以下によれば、53〜70パーセントの事件で証拠説明書が提出されているという調査結果もある。

第5節　書証　　　　　　　　　　　　　　　　　　　§219 Ⅳ

直接の送付をいう。規47条1項括弧書）を義務づけている（規24条2項・82条2項・83条・99条2項・107条3項・129条2項・132条の2第3項・138条1項・149条2項）。にもかかわらず，文書を提出して書証の申出をする当事者に対しては，その写しと証拠説明書を直送することができるとのみ規定し（規137条2項），義務とまではしていない。とくに証拠申出書については，規則99条2項により直送が義務とされていることに照らすと，書証の申出にかかる文書の写しと証拠説明書について直送が義務とされないのは，均衡を失するようにも思われる。しかし，直送はそもそもファクシミリを利用した送信を想定したものであるところ，証拠説明書は別として，書証の対象となるべき文書の写しは，記載された文字その他の記号や紙面の大きさ等が様々であり得ることや，ファクシミリを利用した送信では必ずしも細部まで鮮明に送信（送付先で再現）できないことにかんがみると，一律に直送を義務づけることは適当でないと考えられる[171]。このような理由から，写しと証拠説明書は，裁判所（実際は，裁判所書記官）による送付を原則として，直送もできることとされた。もっとも，直送した場合には，裁判所による送付は必要でないため（規47条3項），書証の申出をする当事者が直送を選択したときは，裁判所に提出する書類は1通でよい。この点を強調し，円滑な審理のため，写しと証拠説明書の直送を原則とすべきとする見解[172]も主張されている。直送に利用できる機器も多様化している状況にかんがみると，実務がこの方向を志向するのは自然である。

7　訳文の添付

(1)　意　義

(ア)　**改正の趣旨**　　外国語で作成された文書（以下，「外国語文書」という）を提出して書証の申出をするときは，取調べを求める部分についてその文書の訳文を添付しなければならない（規138条1項）。旧民訴法248条は，外国語で作成された文書に訳文を添付しなければならない[173]と規定し，同規定は，書証一般や訴状，準備書面等にも適用されると解されていた（通説）。しかし，裁判所法74条が「裁判所では，日本語を用いる」と規定するため，訴状や準備

---

171)　条解規則〔初版〕291頁。
172)　証拠法大系(4)60頁〔古閑〕。
173)　旧注釈民訴(5)480頁〔竜嵜喜助〕。

〔名津井〕　　475

書面等において日本語を使用すべきことは同条により明らかと解する場合，旧248条の適用対象は，外国語で作成された書証（文書）に限られることになる。旧法下の実務では，この観点から旧248条は外国語で作成された書証（文書）に関する規定と扱われていた。規則138条1項は，これを前提に，旧248条を規則化する際，適用対象を外国語で作成された書証（文書）に純化したものである[174]。なお，適用対象が何であれ（書証〔文書〕，準備書面〔の引用文書〕等），訳文はその添付書類であるため，旧法の改正時には，細目に関する規律ということで規則化されている[175]。

　(ｲ)　**変更点**　旧248条の改正および規則化の趣旨によると，旧法からの実質的な変更はないかのように見える。しかし，①旧法下では，訴状や準備書面等が外国語で作成・提出される場合にも，訳文を添付することによって裁判所法74条との抵触を回避できると解する見解が多かったのに対し，現在は，裁判所法74条が，訴状や準備書面等に直接適用され，これらを外国語で作成・提出すること自体が許されなくなったこと，②旧法下では，裁判所に提出される外国語文書にはすべて訳文を添付しなければならないと解されていたのに対し，現在は，取調べを求める部分に限定した訳文の添付が必要になったこと，の二点が変更されたことは明らかである（なお，訳文の正確性について意見がある場合の意見書の提出が新設された点は，後述(3)参照）。このうち，②は，旧法当時から実務上認められていたため，実質的変更とは言えない。これに対し，①は，旧248条が規律していた部分が実質的に削除された結果である。これに起因して，外国語で作成された訴状や準備書面等に訳文を添付したものが提出された場合の取扱いについて問題が生じた。しかしこの点については，裁判所法74条が，旧248条と当時の通説との関係で，外国語で作成された訴状や準備書面等の存在を前提にしていた[176]のに対し，現在は旧248条のこの部分が実質的に削除され，民訴規則が書証のみを対象にすることになった結果，訳文添付の有無にかかわらず，外国語で作成された訴状や準備書面はそれ自体が裁判所法74条違反により無効となるものと解さざるを得ない。

---

174)　条解規則〔初版〕293頁。
175)　条解規則〔初版〕294頁注2参照。
176)　条解規則〔初版〕294頁注1参照。

(2) 訳文の提出時期・翻訳料

外国語文書を提出して書証の申出をする場合，外国語文書の写しもその申出の時までに提出しなければならない（写しの提出時期について，前述Ⅳ4参照）。写しを提出するときは，これに訳文を添付しなければならない。この点は民訴規則上必ずしも明確ではないが，規則138条1項後段は，写しを直送するときには，「同時に，その訳文」も直送しなければならないと規定しており，直送は，相手方に送付すべき写しを裁判所に提出することに代わるものであるから，裁判所に提出するときにも，同様に訳文を提出すべきものと解される[177]。なお，翻訳料は，法定の費用（民訴費2条6号・8号，民訴費規3条）の範囲で訴訟費用となり，敗訴者が負担する（61条）。

(3) 訳文の不添付の効果

(ア) 訳文不添付の意味　外国語文書を提出して書証の申出がされた場合には，これに訳文が添付されていない限り，文書の内容を裁判所や相手方に了知させたことにならない（規138条1項前段。同項後段の直送も同様）。問題は，この場合，外国語文書を提出した書証の申出をどのように扱うかである。訳文の添付がなければ文書の内容を了知できない以上，書証の申出自体がなかったとみるか，それとも，書証の申出は有効であるが，提出された文書を事実認定に供しえない点で，写しの提出がない書証の申出の場合と同様とみるべきかが問題となる。しかし，前者は，外国語文書がその写しとともに提出されたことを無視する点で妥当とは思われない。他方，後者の場合，外国語文書の写しは提出されているのに，およそ写しが提出されていない場合と同視することになる。この点，訴訟記録に編綴された外国語文書の内容が了知できない場合は，写しの提出がないまま原本が返還され，書証目録の記載はあるものの後日に文書を参照できない場合と同様に扱うべきであろう[178]。

(イ) 訳文のない外国語文書を取り調べた場合　訳文の添付がない場合，文書の提出があるにもかかわらず取調べができないという状況が生じる。問題は，それでも敢えて取り調べることができるか，またそのときの効果如何である。

---

177) 秋山ほかⅣ369頁，条解規則〔初版〕295頁注4参照。
178) 倉田・証明202頁は，訳文のない「文書が――書証としては受け付けられていても――心証に影響しえないだけのこと」と指摘する。

この点，外国語文書といっても，英文の場合には内容を了知できないものとして扱うことに疑問の余地がある。では，訳文添付のないまま外国語文書を取り調べた場合，これは違法であろうか。この点が争われた最判昭 41・3・11（判時 441 号 33 頁）は，訳文添付のない外国語文書を「採証の用に供したのは違法な手続によるもの」としたが，当該文書の「意味内容・立証趣旨が口頭弁論および証拠調の結果を通じて明らかにされ，当事者においてもこれを充分了知している」場合には，旧民訴法 248 条の趣旨に照らし，違法ではないと判示している。これについては，責問権の放棄・喪失により瑕疵が治癒することを認めたものとする見解がある[179]。本件事案では，外国語文書の内容が結果的に当事者に了知された点に着眼して違法性が否定されているからである。これに対して，現実の了知の有無は問題ではなく，外国語文書は訳文添付によって初めて証拠となるとの見解（前掲昭和 41 年最判の上告理由）もある。しかし，外国語文書を提出したときの書証の対象は原文であって，訳文でも原文と訳文の一体的な文書でもないとされている[180]。原文説によれば，訳文は，原文の付属書類と解することができる（付属書類説。学説は後述(4)参照）。またこのときは，訳文なしで原文（外国語文書）を取り調べること自体は違法であるが，訳文がなくても内容が了知できる事情（例えば，英文等で作成され，訴訟資料・証拠資料からその意味内容・立証趣旨を当事者が了知できた等）がある場合には，違法性が阻却されるものと解すべきであるから，昭和 41 年最判の立場（責問権の放棄・喪失説）が妥当である。

(4) 訳文の正確性にかかる意見

(ア) 訳文の正確性　外国語文書の訳文の正確性について，相手方に意見があるときは，意見を記載した書面（以下，「意見書」という）を裁判所に提出しなければならない（規 138 条 2 項）。わが国には，訳文を作成する翻訳者の資格を限定する規定はないので，訳文の正確性は，翻訳者の資格に基づいて担保することができない。他方で，誤訳を補正しなければ，訳文を添付しないときと

---

[179] 秋山ほかⅣ 369 頁，証拠法大系(4) 63 頁〔古閑〕，兼子ほか・条解〔2 版〕1187 頁〔松浦＝加藤〕。

[180] 原田晃治「民事訴訟における外国語文書の取調べ」司研 73 号〔1984〕45 頁，太田秀夫「民事訴訟における『通事』」判タ 525 号〔1984〕77 頁。

同様か，場合によっては有害なこともある。もっとも，旧法下の実務では，相手方が訳文の正確性を争うときは，その指摘や対訳等が意見として提出され，訳文の正確性をまず吟味する一方，訳文の正確性に当事者間で争いがないときは，その点を問題とせずに審理が進められていたとされる。これを規則上明文化するとともに，訳文と同様，相手方の意見は書面で提出することを求めることにしたのが，規則138条2項の趣旨である[181]。よって，相手方が意見書を提出するときは，訳文の正確性に疑問を呈するだけでもよく，対案としての訳文を作成・添付してもよいが[182]，意見書の提出がない限り，たとえ誤訳があっても，正確なものとして裁判所は審理を進めることができる。

　(イ)　**意見書の提出時期と直送**　訳文の正確性に関する意見書は，外国語文書の写しと訳文が裁判所に提出・送付（前述(2)参照）された後，相当な期間内に提出されることが期待される[183]。誤訳の指摘や対案としての訳文は，本来，外国語文書とともに提出・送付される訳文の内容に関するものである以上，意見書の提出が適時になされないと，訳文添付の趣旨が没却されるからである。また，明文規定はないが，意見書も直送することができると解されており，写しと訳文が直送されている場合，意見書もまた直送である[184]。

　(5)　**訳文および意見書の性質**

　(ア)　**取調べの対象**　外国語文書を提出して書証の申出がされた場合，証拠として取り調べるべき対象が何かをめぐっては，外国語で作成された原文とする説（原文説），その訳文とする説（訳文説），両者を一体として捉えたものとする説（原文訳文一体説）がある。この点，外国の官庁または公署が作成した文書（無論，外国語文書）の成立の真正（形式的証拠力）に疑いがあるときは，当該官庁または公署に照会することができるとの規律（228条3項・5項）は，外国語文書（原文）が取調べの対象であることを前提にしていると解されるため，原文説が妥当である[185]。

---

181)　条解規則〔初版〕294頁。
182)　証拠法大系(4)64頁〔古閑〕。
183)　秋山ほかⅣ 370頁。
184)　秋山ほかⅣ 370頁，条解規則〔初版〕295頁注5参照。
185)　原田・前掲注180) 42頁，証拠法大系(4)64頁〔古閑〕。

〔名津井〕

§219 Ⅳ

　(イ)　**訳文・意見書**　　訳文および意見書の性質をめぐっては，外国語文書の付属書類（付属書類説），証拠説明書（準備書面）説，外国語文書から独立した一個の証拠としての独立文書（独立証拠）説がある[186]。この点については，前述のように取調べの対象が原文であるならば，訳文はその付属書類とするのが自然であり，規則138条1項は，訳文を外国語文書（原文）の添付物として規定するため，意見書も含めて付属書類説が妥当である[187]。もっとも，訳文は，それ本来の提出時期（前述(2)参照）はともかく，実際には外国語文書よりも遅れて提出される。意見書は，訳文の誤訳等を指摘するものであるため，訳文のさらに後に提出される。この点で，一個の文書としての側面を備えるため，付属文書であってもこれに書証番号（原文との関係が分かる枝番）を付して記録に綴じることになろう。ただし，これは訳文や意見書そのものを書証とすることを意味しないため，一種の便法である。

　(ウ)　**書証として提出する場合**　　訳文の正確性について相手方が争う場合には，外国語文書の該当部分の意味内容の確定が争点になっているとみることができる。このとき，外国語文書（原文）のみならず，その訳文および意見書は，当該争点のための独立した証拠としての性格を帯びる。そこで，このような見方の理論的可能性が問題となるが，訴状には「書証の写し」を添付書類とすることが許されている。添付書類である以上，当然には証拠とならず，証拠にしたい場合には添付書類を書証として提出する必要があるが，書証番号を付してこれを兼ねることを認めるのが実務である。とすると，これと同様に考えて，訳文や意見書も外国語文書の付属書類ではあるが，これに書証番号を付して書証として提出することも可能と解するのが妥当であろう。ただし，この場合，原則として訳文や意見書の写しがこれらの原本の提出前に提出されねばならないが，実際には写しを原本として提出する（前述2(4)(ウ)を参照）趣旨であるとして，裁判所もそのままこれを取り調べの対象として扱う場合が多いであろう。

　このように，訳文や意見書についても書証として提出されたものと扱うことが可能であるとすると，取調べの対象を外国語文書とする前提で訳文・意見書

---

186)　倉田・証明203頁。
187)　証拠法大系(4)64頁〔古閑〕等。

第5節　書証　　　　　　　　　　　　　　　　　　　§219 Ⅳ

を付属書類とする本書の立場（前述(ｱ)(ｲ)参照）との関係が問題となる。この点については，次のように解すべきだろう。すなわち，訳文・意見書は，原則として付属書類説によるべきであるが，書証の整理のため，必ず書証番号を付すべきである。ただし，訳文の正確性について争いがあるときは，訳文・意見書も独立の証拠として扱うことができる。この後者の扱いは，意見書が提出された場合のすべてではなく，訳文の正確性が本案の判断に影響を与える場合に限られると考えれば，付属書類説としてなお維持することができるものと思われる[188]。

8　裁判所外における文書の取調べ

(1) 意　義

文書を提出して書証の申出をするときは，期日において原本・正本・認証謄本（原本等）を提出してしなければならないが（規143条1項），原本が必要な場合には，その提出・送付を命じることができる（同条2項）。これは当該文書の原本の所持者が原本を提出・送付できることを前提とする。原本を提出・送付することが困難な事情がある場合，裁判所は，原本の所在する場所において文書を取り調べなければならない。例えば，文書が非常に大部であって運搬・受入・保管等に支障がある場合，貴重な文書であるために他の場所に移すことが制限される場合，あるいは，文書が毀損しやすい等そもそも運搬に耐えない場合等には，原本の提出・送付が困難である。このような場合，受訴裁判所は，合議体の構成員に命じて（受命裁判官），または，地方裁判所もしくは簡易裁判所に嘱託して（受託裁判官），裁判所外で証拠調べをすることができる（185条1項）。裁判所外における証拠調べには，文書の証拠調べも含まれる。そこで，規則142条1項は，受命裁判官または受託裁判官に文書の証拠調べをさせる場合には，裁判所は，調書に記載すべき事項を定めることができると規定するとともに，同条2項は，受命裁判官または受託裁判官が所属する裁判所書記官は，当該調書に当該文書の写しを添付することができると規定したものである。なお，旧321条は，調書の記載事項が全面的に規則化されたこと，および，受

---

[188] 証拠法大系(4)65頁〔古閑〕とほぼ同旨である。なお，同書64頁では，訳文の正確性に争いがある場合に釈明処分として一種の鑑定である翻訳を行うことができ，その場合，外国語文書，訳文および意見書は鑑定資料として必要になるとの指摘がある。

〔名津井〕　　481

命・受託裁判官の証拠調べの結果を受訴裁判所に報告するという裁判所内の事務処理に関する事項であることを理由として規則化されたものである[189]。規則142条1項は，旧321条1項の内容をそのまま規則化したのに対し，規則142条2項は，旧321条2項の内容に改正を加えている（後述(3)参照）。

(2) 調書の記載事項

受訴裁判所が，受命裁判官・受託裁判官に裁判所外で文書の証拠調べをさせた場合，受命裁判官・受託裁判官は，証拠調べの結果を受訴裁判所に報告するために，調書を作成しなければならない。しかし，事実認定を行うのは受訴裁判所であるから，裁判所外での証拠調べにおいて何をとくに調べるべきかを定め，受命裁判官・受託裁判官がその点を取り調べた結果を調書に記載するようにしなければ，意味のある証拠資料を獲得することはできない。そこで，受訴裁判所は，「調書に記載すべき事項」を定めることができることを明らかにしたのが規則142条の趣旨である。これには，基本事件の表示等の形式的記載事項（規66条1項）のほか，文書の成立の認否，および，文書の写しを見ただけでは認識することが困難な事項，具体的には，筆記用具の種類（筆書・ペン書・鉛筆書等の区別），文字の色合い（墨色，ペン書のインクの色，鉛筆書の鉛筆の色等の差異や濃淡），紙の状態（紙の質や種類，劣化状況等），外観・体裁に関する事項（部分的な筆跡の相違，ペン書・鉛筆書の箇所の交わり具合，挿入・修正・削除の有無等）を記載して，当該文書の証拠力を判断する判断材料をできる限り提供するようにすべきである[190]。

(3) 写しの調書添付

裁判所書記官は，受命裁判官・受託裁判官が原本を取り調べた結果を記載する調書に，当該原本の写しを添付することができる（規142条2項）。この点，旧321条2項は，調書には文書の「謄本」（または抄本）を添付することを「要ス」と規定していた。これは，調書の記載事項（規142条1項）の指示によっても文書の内容を忠実に記述することは容易でないために，証拠調べの結果を忠実に受訴裁判所に伝達することを図ったものとされる。しかし，現在の複写

---

189) 条解規則〔初版〕302頁注1参照。
190) 秋山ほかⅣ492頁，条解規則〔初版〕301頁，旧注釈民訴(7)145頁〔田邊〕。

第5節　書証　　　　　　　　　　　　　　　　　　　　　§*219* Ⅳ

技術を前提とする限り，認証謄本を要求する必要性まではなく，単に写し（コピー）で足りることや，文書を提出して書証の申出がされた場合，申出をした当事者から写しが提出されている（規137条1項）から，受命裁判官・受託裁判官に常に写しを添付させる必要性は乏しい。そこで，調書への写しの添付は，書証の申出の際に提出された写しと対比して検討する必要がある場合等，とくに必要があるときに添付できることにしたものとされる。また，調書に添付するのは，調書の作成権限を有する裁判所書記官であるから，その点も明示されている[191]。

(4) 文書の所持者，取調べの場所

受命裁判官・受託裁判官による取調べの対象となる文書の所持者は，①挙証者自身の場合もあるが，その他，②文書提出義務を負う者，③送付嘱託を受けた者，④任意に文書の提出または閲覧を承諾している第三者のいずれでもよい[192]。なお，②および③が所持する文書を取り調べる場合は，それぞれ文書提出命令・送付嘱託を申し立てて書証の申出をしていることが前提である。

文書の取調べは，文書の所在地で行われるが，これは所持者の住所，主たる事務所・営業所（4条）となることが多いだろう。このようにして特定された文書の所在地は，受命裁判官・受託裁判官による裁判所外の証拠調べの決定において明示しなければならない[193]。文書の所在地が，受命裁判官・受託裁判官の所属する裁判所の管轄区域外であることが明らかになった場合には，さらに文書の所在地を管轄する裁判所に証拠調べを嘱託することができる（180条2項）。

9　文書提出命令・送付嘱託

(1) 申　立　て

本条は，挙証者が文書を所持しない場合における書証の申出の方法として，挙証者が，文書の所持者に対して文書の提出を命ずることを申し立てることによることを認めている。文書提出命令の申立てによる書証の申出は，挙証者が提出を求める文書について所持者が提出義務を負うことを前提とする（220条）。

---

191) 秋山ほかⅣ 492頁，条解規則〔初版〕302頁。
192) 秋山ほかⅣ 491頁，旧注釈民訴(7) 145頁〔田邊〕。
193) 秋山ほかⅣ 492頁。

〔名津井〕

挙証者の申立てに基づき，裁判所は，文書の所持者が提出義務を負うかどうかを審査し，提出義務を負うと認めるとき，文書提出命令を発令するのに対し，提出義務がないと認めるとき，申立てを却下しなければならない（詳細は，§221の解説を参照）。

なお，民訴法上の文書提出命令のほか，一定の文書に関する提出命令制度が整備されている。すなわち，商業帳簿，会計帳簿，計算書類等の書類提出命令（商法19条4項，会社法434条・443条），損害の計算に必要な書類の提出命令（特許105条），侵害行為またはその損害の立証に必要な書類の提出命令（独禁80条）である（これらの書類提出命令に対する民訴法の規定の準用については，§224 I 2(3)を参照）。

挙証者が文書を所持しない場合には，文書提出命令の申立てによるほか，送付嘱託の申立てによっても書証の申出をすることができる（226条）。送付嘱託の申立ては，所持者が提出義務を負わない場合にも利用することができるが，所持者が文書の提出に協力することが前提となる（詳細は，§226の解説参照）。

ところで，証拠の申出は，原則として期日前においてもすることができるが（180条1項），文書の所持者が文書を提出してする書証の申出は，期日においてしなければならないものとされ，この点で例外をなしていた（Ⅳ 1(1)参照）。これに対して，文書提出命令および送付嘱託の申立ては，これらが書証の申出の一形態（本条）であって証拠の申出（180条1項）に当たる以上，期日前にもすることができる（同条2項）。これは，文書を提出してする書証の手続は，期日に提出すれば即座に取調べを実施することができるため，期日前にする必要はないのに対し，文書提出命令・送付嘱託の申立てによる書証の申出は，裁判所による提出命令または送付嘱託に応じて文書が提出・送付され，裁判所が当該文書を期日に顕出させる手続が介在するため，取調べを実施する期日に先立って書証の申出をする必要があるからである。

(2) 文書の提出

文書提出命令に従って文書を提出する場合であれ，送付嘱託に協力して文書を送付する場合であれ，所持者は，原本，正本または認証謄本でしなければならない（規143条1項）。これらのうち，いずれの提出を求めるかは，本来，申立人が指定すべきである。しかし，この指定がない場合には，他のもので目的

第5節　書証　　　　　　　　　　　　　　　　　　　　　　§219 Ⅳ

を達することができる場合でない限り，裁判所は，原本を提出・送付させることができる（同条2項）。また，所持者による文書の提出・送付自体は，期日前（外）にもできるが，当該文書を証拠とするには口頭弁論に顕出させなければならない。文書の提出・送付が，期日前にされたとき，裁判所は，これを口頭弁論期日まで留置（227条）しておかなければならない[194]。

10　その他の場合

(1) 当事者が所持する文書の職権による提出命令

書証の申出は，当事者においてするのが原則であるが，当事者の所持する会計帳簿（会社434条・616条），計算書類及びその附属明細書（会社443条・619条），商業帳簿（商19条4項。会計帳簿・貸借対照表〔同2項〕のみを対象とし，その附属書類・証拠書類等は含まない）については，裁判所が，職権でその全部又は一部の提出を命ずることができる[195]。当事者が，この提出命令に従って提出したときは，裁判所は，職権でこれらの書類を弁論に顕出させて証拠とすることができる。この提出命令を発令できる訴訟事件は，商事事件に限られない。

(2) 訴訟記録の取寄せ

他の事件の訴訟記録等については，受訴裁判所以外の裁判所がこれを保管する場合には送付嘱託の申立て（226条）によることができるのに対し，受訴裁判所が保管する場合には，実務上「記録の取寄せ」と呼ばれる簡易な手続[196]を通じて他の事件の記録を口頭弁論に顕出させることができる（「自庁記録の顕出」ともいう。詳細は，§226 Ⅱ 6を参照）。

〔名津井吉裕〕

---

194) 秋山ほかⅣ 371頁。
195) 秋山ほかⅣ 371頁。
196) 大判昭7・4・19民集11巻671頁。記録の取寄せは，書証の申出の準備行為にすぎず，書証の申出には当たらないとされることが多いが（斎藤ほか編・注解民訴(8) 197頁〔小室＝宮本〕，秋山ほかⅣ 490頁等），送付嘱託との同質性に照らし，書証の申出の一方法と解する余地がある（詳細は，§226 Ⅱ 6(3)を参照）。

〔名津井〕

§ 220 I　　　　　　　　　　　　　　第2編　第4章　証拠

（文書提出義務）

第 220 条　次に掲げる場合には，文書の所持者は，その提出を拒むことができない。

一　当事者が訴訟において引用した文書を自ら所持するとき。

二　挙証者が文書の所持者に対しその引渡し又は閲覧を求めることができるとき。

三　文書が挙証者の利益のために作成され，又は挙証者と文書の所持者との法律関係について作成されたとき。

四　前三号に掲げる場合のほか，文書が次に掲げるもののいずれにも該当しないとき。

　　イ　文書の所持者又は文書の所持者と第 196 条各号に掲げる関係を有する者についての同条に規定する事項が記載されている文書

　　ロ　公務員の職務上の秘密に関する文書でその提出により公共の利益を害し，又は公務の遂行に著しい支障を生ずるおそれがあるもの

　　ハ　第 197 条第 1 項第二号に規定する事実又は同項第三号に規定する事項で，黙秘の義務が免除されていないものが記載されている文書

　　ニ　専ら文書の所持者の利用に供するための文書（国又は地方公共団体が所持する文書にあっては，公務員が組織的に用いるものを除く。）

　　ホ　刑事事件に係る訴訟に関する書類若しくは少年の保護事件の記録又はこれらの事件において押収されている文書

I　本条の趣旨

　本条は，文書の所持者である当事者または第三者が，民事訴訟の証拠方法に供するために必要な文書の提出義務を負う場合について定めた規定である。これを挙証者の立場からいえば，相手方または第三者の所持する文書，すなわち

第5節　書証　　　　　　　　　　　　　　　　　　　　　§ 220 Ⅱ

自らの所持や管理の下にない文書について，これを証拠方法として入手することができる場合の実質的要件を定めた規定である。近代以降の社会では，社会生活や取引関係で生起するさまざまな事象や情報は，文書として記録されることが少なくない。したがって，民事紛争において，文書はしばしば公正な裁判を実現するための不可欠の証拠となる。そこで，民事訴訟法は，本条以下において文書提出命令の制度を用意し，裁判に必要な文書を強制力をもって提出させるために，文書提出義務を定めたものである。

　文書提出義務は，申立人と所持者の間の私法上の義務ではなく，所持者の裁判所に対する訴訟法上の義務である。つまり，挙証者の立証上の利益を図る趣旨に尽きるものではなく，裁判制度の適切な運用という公益も目的であり，それゆえに国家に対する公法上の義務としての位置付けがなされている。ちなみに，本条2号に定める文書は，申立人が所持者に対して文書の引渡しまたは閲覧を求める私法上の権利を有することが，文書提出義務が生じる原因となっているが，この場合でも，文書提出義務それ自体は公法上の義務である[1]。

　文書提出義務は，裁判所による特定の文書の提出を命じる裁判（決定）としての文書提出命令が出されるまでは，抽象的な義務にとどまる。すなわち，当事者による文書提出命令の申立てを受けて，裁判所が特定の文書について所持者に対して提出を命じる裁判をしたときに，はじめて強制力を伴う具体的な義務として発現する。その意味で，本条は，裁判所が文書提出命令を発令するための実質的要件を定めたものである。これは，証人尋問における証人義務が，裁判所の証人尋問の決定によって，はじめて具体的な義務として現実化するのと同様である。

Ⅱ　総　説

1　立法の経緯

　平成8年改正前の旧民事訴訟法312条には，本条の1号から3号までに相当する規定しかなかった。すなわち，提出義務が認められる文書は，当事者が訴訟において引用した文書（一号文書。以下，「引用文書」という），挙証者が引渡請

---

[1] 斎藤ほか編・注解民訴(8)139頁〔斎藤秀夫＝宮本聖司〕参照。

〔三木〕

求権または閲覧請求権を有する文書(二号文書。以下,「権利文書」という),挙証者の利益のために作成された文書(三号前段文書。以下,「利益文書」という),挙証者と所持者との法律関係について作成された文書(三号後段文書。以下,「法律関係文書」という)のみであった。したがって,旧法下の文書提出義務は,証人義務のような一般義務ではなく,法律が定める特定の原因が存在する場合に限って認められる限定義務であった。このように,旧法下における文書提出義務が限定義務とされたのは(証人義務は,すでに一般義務であったにもかかわらず),①文書に対する所持者の処分の自由を尊重する必要があること,②文書の記載内容における秘密保持の利益を保護する必要があること,③文書の記載内容は不可分な場合が多く,要証事実と無関係な部分まで公開されるおそれがあるために,証人義務よりも所持者に対する不利益が大きいと考えられたことなどによる[2]。

　しかし,これに対しては,証拠が偏在する場合などにおいて挙証者の証拠収集の権能を強化する必要を説く見解や,実体的真実の発見の理念を実現するために文書提出義務の拡張を説く見解などが,有力に主張された。また,裁判例においても,三号文書(旧法と現行法とで文言上は実質的に同じ規定)における「利益」概念や「法律関係」概念の拡大的な解釈などにより,文書提出義務の拡大を指向する傾向が強くなった[3]。こうした文書提出義務の拡大に向けた実務や学説の動きが背景となり,さらに,同じく平成8年改正で導入した争点整理手続において当事者が十分な訴訟準備ができるようにするためには,相手方や第三者の手中にある証拠へのアクセスを高める必要があるとの要請もあり[4],平成8年改正において,特定の原因が存在しない場合にも提出義務を認める4号を追加することにより,文書提出義務の一般義務化が図られた。

　このように文書提出義務の一般義務化が図られるにあたっては,立法に際して複数の選択肢が存在した[5]。まず,法制審議会における審議では,証人義務

---

2) 竹下守夫＝野村秀敏「民事訴訟における文書提出命令(2・完)」判時804号(判評206号)〔1976〕119頁(5頁),菊井＝村松Ⅱ610頁等参照。

3) 旧法下の学説および裁判例については,旧注釈民訴(7)50頁〔廣尾勝彰〕,兼子ほか・条解1046頁〔松浦馨〕,斎藤ほか編・注解民訴(8)133頁〔斎藤＝宮本〕等参照。

4) 一問一答245頁参照。

と同様に文書提出義務を一般義務化する考え方のほかに，旧法が採用する制限列挙主義を維持しつつ，3号の利益文書および法律関係文書の範囲を拡大する考え方も議論された。しかし，3号は，19世紀ドイツ民訴法の「共通文書」の考え方を採り入れたものであり，利益文書および法律関係文書の概念を拡大するといっても，そこにはおのずから限界があるうえに，その外延が一層不明確になるという問題がある。また，いずれの考え方によるにせよ，提出義務の範囲を拡大する場合には，除外事由を明文化する必要があるところ，3号の概念に依拠しつつ除外事由を明文化すると，かえって提出義務の範囲を限定したかのような体裁の立法となりかねない。さらに，社会や経済の発展に伴って権利関係の複雑化と多様化が進んだ現代では，起こりうるあらゆる形態の訴訟において必要となりうる文書をあらかじめ想定し，それを網羅的に列挙することは技術的にも困難である。このような理由で，一般義務化を端的に指向する4号の新設が選択された。他方，このようにして一般義務を定めた4号が導入されれば，従来の1号ないし3号はこれに包摂されるために，もはや不要であって削除すべきとも考えられる。しかし，平成8年改正では，こうした形での一般義務化は徹底されず，1号ないし3号の限定列挙規定は維持されたので，後述するように，新たな解釈問題を惹起するところとなった。

　文書提出義務の一般義務化は，平成8年改正の時点では，公務員または公務員であった者の職務上の秘密に関する文書（以下，「公務秘密文書」という）については対象外とされた。その経緯は，次のとおりである。政府提出の法案の段階では，公務秘密文書についても一般的に提出義務が及ぶが，監督官庁が承認をしなければ提出義務がないものとされていた。しかし，国会での法案審議の過程において，このように監督官庁の承認がない限り提出義務を認めないという枠組みは，行政官庁による不当な文書の提出拒否を助長するものであり，行政情報開示の流れにも逆行するとの強い批判がなされた。その結果，政府原案に修正が加えられ，とりあえず公務秘密文書の提出義務の範囲は旧法の範囲にとどめおき，当時，行政情報公開制度に関して行われていた検討と並行して総合的な検討を加えたうえで，現行民訴法の公布後2年を目途として必要な措置

5）　一問一答247頁参照。

を講ずるものとされた[6]。その後，平成11年5月に行政情報公開法が制定された。そして，平成13年6月，本条4号の一般義務文書に公務秘密文書を含めるとともに，公務秘密文書に特有の除外事由として同号ロおよびホが設けられた。

2　1号ないし3号（限定義務規定）と4号（一般義務規定）の関係
(1) 理論的な整理

現行法は，4号を新設して文書提出義務の一般義務化を図る一方で，旧法において存在した1号ないし3号の限定義務規定を維持した。一般義務という概念を純粋に徹底すれば，1号ないし3号に規定された文書を含むすべての文書が包摂されるはずであるので，限定義務規定が維持されていることの意味が問われることになる。理論的に純化して整理すれば，大きく，次の3つの立場が考えられる（ただし，現実における学説の多くは，必ずしも下記のような純化を徹底してはいない）。

第1は，1号ないし3号は4号の特別規定にあたり，4号とは別の規律が適用されるとする立場である（以下，「特別規定説」という）[7]。この立場によれば，1号ないし3号に列挙された文書には，4号が定める除外事由や，223条6項に規定するイン・カメラ手続の適用がないと考えるのが自然である。したがって，1号ないし3号には，この点において，独自の存在意義が認められることになる[8]。また，この立場では，3号の利益文書および法律関係文書の意義および範囲については，旧法下で展開された拡大的な解釈は採用されず，本来の限定的な解釈が採られることになる[9]。除外事由やイン・カメラ手続の適用を

---

6)　改正の経緯については，深山卓也ほか「民事訴訟法の一部を改正する法律の概要(上)(下)」ジュリ1209号〔2001〕102頁，同1210号〔2001〕173頁参照。

7)　原強「文書提出命令①」新大系(3) 131頁参照。ただし，一号ないし三号文書にも解釈による除外事由の余地を認める。

8)　竹下守夫「新民事訴訟法と証拠収集制度」法教196号〔1997〕18頁は，「1号ないし3号に当たるときには，例外なしに提出義務が認められると解する余地が生じたことは望ましい」とする。また，佐藤彰一「証拠収集」法時68巻11号〔1996〕18頁は，「基本的な方向としては，4号の除外規定は1号から3号の規定には適用がないと読み取るべきもの」とする。

9)　佐藤・前掲注8)は，「4号が規定された以上，個別規定の方は本来の読みかたにもどす

排除するに値する文書に対象を限る必要があるし、旧法下の拡大的な解釈によって実質的な一般義務化を図った文書は、4号でカバーされるからである。

　第2は、1号ないし3号は4号の例示規定であり、1号ないし3号と4号とで規律が異なることはないとする立場である（以下、「例示規定説」という）。4号の新設による一般義務化の本来の趣旨に最も忠実な立場ともいえる。この立場では、1号ないし3号に列挙された文書についても、当然に、4号が定める除外事由の適用または類推適用があり、223条6項に規定するイン・カメラ手続の適用または類推適用もあることになる[10]（ただし、ホの除外事由についてのイン・カメラ手続は223条6項自体が認めていないので除かれる）。また、3号の利益文書および法律関係文書の意義および範囲については、特別規定説と同様に、旧法下で展開された拡大的な解釈は採用されないことになる[11]。この立場によれば、すべての文書が4号の適用下におかれるため、旧法下の拡大的な解釈によって達成しようとした一般義務化は、4号によって全面的に図ることができるからである。もっとも、刑事関係文書については、一律に4号の一般義務の対象から除外されているため、例示規定説の下でも、例外的かつ暫定的（4号ホの規律に関して将来の法改正があるとすれば）に、3号の独自性を認めることが望ましいであろう。

　第3は、現行法の1号ないし3号は、旧法312条1号ないし3号を単に現代語化しただけであり、旧法下における解釈もそのまま踏襲され、これに付加する形で4号が設けられたとする立場である（以下、「旧法維持説」という）。平成

べき」とする。

10)　研究会280頁〔鈴木正裕〕は、4号の除外事由は3号や場合によっては1号にも類推適用され、必要があればイン・カメラ手続も類推適用されるとする。また、上野泰男「文書提出義務の範囲」講座新民訴(2)52頁は、三号文書に対する4号の除外事由の適用の可否につき、「同じ証言拒絶事由に該当する事項が記載された文書が、三号文書とされるか四号文書とされるかによって、除外文書とされなかったりされたりすることは不合理」等の理由を挙げ、4号の除外事由が三号文書にも類推適用されるとする。

11)　上野・前掲注10)は、「この拡張解釈により三号文書の本来の範囲を超えて三号文書に組み込まれてきた文書は、四号文書として取り扱うのが自然であろう」とする。同「新民事訴訟法における文書提出義務の一局面」原井古稀・改革期の民事手続法〔2000〕106頁も同旨。

8年改正における立案担当者が唱える立場である[12]）。この立場によれば，1号ないし3号文書には，4号に定める除外事由は当然のこととして適用されず，223条6項に規定するイン・カメラ手続の適用も当然ないことになる。しかし，次の2点に注意を要する。まず，3号後段の法律関係文書について，旧法下では，所持者等の自己使用の目的で作成された文書は，内部文書（「自己使用文書」，「内部的文書」ともいう）として提出義務が免除されるとする見解が有力であった。こうした見解をとる場合には，実質的に4号ニが適用されるのと近い結果となる。次に，1号ないし3号の文書提出義務一般について，旧法下では，文書提出義務に証言拒絶事由が類推適用されるとする解釈が，有力に行われていた。こうした見解をとる場合には，実質的に4号イないしハが適用されるのと大きな差異はなくなる。つまり，旧法維持説は，1号ないし3号の文書に対する4号の除外事由の適用については，内部文書および証言拒絶事由の類推適用の解釈を通して，実質的に例示規定説と近い結論になる。なお，3号の利益文書および法律関係文書の意義および範囲については，旧法維持説においては，旧法下で展開された拡大的な解釈を維持することが理論的には自然である。

(2) 判例の立場

このように，1号ないし3号の限定義務規定と4号の一般義務規定の関係をめぐっては解釈が分かれ得るが，判例の立場は，両者の関係を直接的に明示するものはみられないものの，基本的に旧法維持説によっているものと考えられる。

まず，法律関係文書について内部文書性が問題になった判例として，最高裁平成12年3月10日決定（訟月47巻4号897頁）がある。この事件では，教科用図書検定調査審議会が検定手続において作成した文書につき，本条3号後段の法律関係文書に該当するとして，文書提出命令の申立てがなされた。これに対し，最高裁は，本条3号後段の文書には，文書の所持者がもっぱら自己使用のために作成した内部文書は含まれないとの一般論を述べたうえで，本件文書は文部省（当時）内部において使用されるために作成された文書であるから3号後段の文書には該当せず，文書提出義務を負うものではない旨を判示した。

---

12) 一問一答253頁参照。

これは,「共通文書」は「内部文書」を含まないとする旧法下の裁判例における伝統的な立場[13]が,現行法の下でも維持される旨を判示したものと解される。こうした旧法下以来の「内部文書」の概念は,本条4号ニの「自己利用文書」概念より広いと思われるので,4号ニに該当する文書は当然に3号後段に該当しないことになろう。

　一言,断っておく必要があるのは,この判例は,平成13年改正によって公務秘密文書が一般義務文書に組み入れられる前のものであり,当時は4号に基づく申立ての余地はなかったので,3号後段と4号の関係が,直接的に判断されているわけではないことである。しかし,いずれにせよ,結果的には4号ニの除外事由があれば3号後段の適用はないことになり,その意味では両者の関係が間接的に判断されているともいえよう。なお,本判例以前において,最高裁は,本条4号ニの自己利用文書に該当する文書は,当然に本条3号後段の法律関係文書に該当しないとする判示を繰り返し述べている（最決平11・11・12民集53巻8号1787頁,最決平11・11・26金判1081号54頁,最決平12・12・14民集54巻9号2709頁等）。これらの判例は,そのように解する理由を特に述べていないが,上記判例と同様に,共通文書である法律関係文書は内部文書を含まないとする理解を前提としていたものと思われる。したがって,4号ニの除外事由があれば3号後段の適用がないとする立場は,現行法下において,すでに確立した判例理論であるといってよいであろう。そうすると,こうした判例理論の下では,自己利用文書に該当する文書に関する限りは4号のみが適用されることになるので,この限度では例示規定説と同様の結果となる。

　次に,やはり法律関係文書について,文書の秘密性が問題になった判例として,最高裁平成16年2月20日決定（判時1862号154頁）がある。この事件は,県が漁業協同組合との漁業補償交渉に臨むに際して手持ち資料として作成した補償額算定調書の一部（申立人に対する補償額欄の部分）について,本条3号および4号に基づいて,文書提出命令の申立てがなされたものである。最高裁は,まず,4号該当性について,本件文書は本条4号ロ所定の「公務員の職務上の

13）　竹下＝野村・前掲注2）119頁,三木浩一「自己使用文書」法教221号〔1999〕35頁等参照。

秘密に関する文書」であり，同号ロ所定の，その提出により「公務の遂行に著しい支障を生ずるおそれがあるもの」にも当たるので，同号ロの除外事由に該当するものと判断し，次に，3号該当性について，このように，「公務員の職務上の秘密に関する文書であって，その提出により公務の遂行に著しい支障を生ずるおそれがあるものに当たると解される以上，民訴法191条，197条1項1号の各規定の趣旨に照らし」，文書の所持者は，「本件文書の提出を拒むことができるものというべきであるから」，3号に基づく申立てについても，「その理由がないことは明らかである」とした。これは，旧法下においては文書提出義務にも証言拒絶事由が類推適用されるものとする解釈が有力であったことを踏まえ，現行法の下でも同様の解釈を採用することを明らかにしたものと一般に理解されている。したがって，結果的には三号文書についても4号ロが適用されるのとほぼ等しいことになり，その限度では例示規定説と同様の結果となる。

(3) **判例の分析**

上記のように，判例の立場では，3号後段の法律関係文書については，結果的に，4号ニの自己利用文書に該当する場合には内部文書として提出義務が否定されることになり，また，4号ロの公務秘密文書に該当する場合にも証言拒絶権の規定の趣旨に照らして提出義務が否定される。これら以外の除外事由との関係については最高裁の判例はないが，4号イの自己負罪事由等に該当する文書および4号ハの職業秘密等に該当する文書についても，同様に法律関係文書の概念および趣旨の解釈を通して，結果的には提出義務を否定することになるものとの理解が有力である[14]。そうすると，以上の限りでは，3号後段の法律関係文書の規定は4号と別個の存在意義はなく，結果において例示規定説が採用されたのと同様となる。ただし，刑事関係文書については4号ホにより全面的に文書提出義務が除外されているため，一種の便法として，3号後段に基づいて一定の場合に提出義務を認める運用が行われている。したがって，刑事関係文書との関係では，例外的かつ暫定的に，なお3号後段にも独立の存在意義が認められる。

---

14) 伊藤〔4版補訂版〕418頁，秋山ほかⅣ390頁，三木ほか〔2版〕322頁参照。

また，3号前段の利益文書についても，直接的な最高裁の判例はないが，判例の立場を前提とすると，法律関係文書と同様の解釈がなされる可能性が高く，またそうすべきであると解される[15]。すなわち，4号ニの自己利用文書との関係では，判例が内部文書は共通文書の概念に含まれないとの伝統的な理解を前提としているとすれば，法律関係文書と同じくドイツの共通文書の概念に由来する利益文書についても，提出義務が否定されることになろう。4号ロの公務秘密文書についても，証言拒絶権の規定の趣旨に照らして提出義務が否定されるとする判例理論によれば，利益文書についても当然に提出義務が否定されるはずである。4号イおよび4号ハについても，法律関係文書と別異に解すべき理由はない。したがって，3号前段の利益文書の規定も，以上の限りでは，独立の存在意義はないことになる。これらを総合すると，3号については前段および後段の全体について，刑事関係文書を除いて独立の存在意義はもはや考えにくく，その限りでは例示規定説と実質的に異ならない。

以上に対し，1号の引用文書および2号の権利文書については，別途の考察を必要とする。これらについては，旧法下および現行法下を通じて，公刊された最高裁の判例はない。また，旧法下以来の学説においても，内部文書の概念や証言拒絶権の類推などによって提出義務を否定する議論はみられない。また，実質的に考えても，1号の引用文書については，引用行為によって所持者が秘匿利益を黙示に放棄しているものと考えれば，4号イないしハの事由が存在する場合であっても，提出義務を認めるべきものと考えることになろう。ただし，後述するように，引用者＝所持者以外の者が実質的な秘密主体であって，引用者＝所持者とは別個に秘匿利益を有している場合には，秘密主体の利益を保護すべきであるので，無条件に提出義務が認められるとまではいえない。これに対し，2号の権利文書については，文書提出命令の申立人に当該文書に対する法律上の引渡請求権または閲覧請求権が認められる場合であるので，無条件の提出義務を認めるべきであろう。

---

15) 秋山ほかⅣ 390頁参照。

Ⅲ 文書提出義務を負う者

1 文書の「所持者」の意義

　文書提出義務を負う者は，本条各号の要件を満たした文書の「所持者」である（本条本文）。この場合における「所持」という概念は，民法上の占有権の要件である所持（民180条）とは，必ずしも同じではない。文書提出命令の趣旨に照らして固有に考えるべきものであり，以下の要請をすべて満たす必要がある[16]。

　第1に，裁判所の提出命令に従って文書を提出しようと思えば，自らの意思で提出できる立場にある者でなければならない。第2に，裁判所の命令に従うことを拒否しようと思えば，自らの意思で提出を拒むことができる立場にある者でなければならない。第3に，文書を提出することによって生ずる不都合や不利益につき，その責任を負いうる立場にある者でなければならない。第4に，文書提出命令に従わなかったときには，一定の不利益や制裁を受けるに値する者でなければならない。これらの要請を満たせば直接占有者のみならず間接占有者でもよい。

　こうした4つの要請を満たす地位または立場は，一般に裁判例などにおいて，文書に対する「支配」という言葉で表現される（福岡高決昭52・7・12下民28巻5～8号796頁，札幌高決昭52・5・30下民28巻5～8号599頁等）。すなわち，文書の「所持者」とは，文書を現実に握持しているかどうかを問わず，社会通念に照らして文書に対して支配を有している者であるとするのが，有力な見解である[17]。たとえば，寄託契約に基づく寄託者は，文書を現実に握持しておらず，受寄者を通じて間接占有しているにすぎないが，寄託者は，返還の時期の定めの有無にかかわらず，いつでも寄託物の返還を受寄者に求めることができる（民662条）し，文書提出による不都合について責任を負いうる立場にあって，不提出の制裁を受けるに値する者であるので，文書に対する「支配」を有する。

---

16) 証拠法大系(4)92頁〔萩本修〕，三木・手続運営498頁等参照。
17) 菊井＝村松Ⅱ611頁，斎藤ほか編・注解民訴(8)140頁〔斎藤＝宮本〕，旧注釈民訴(7)59頁〔廣尾〕，93頁〔野村秀敏〕等参照。

2 「所持者」が問題になった裁判例

下級審の裁判例において，文書の所持者が問題になった事件をいくつか挙げると，以下のようなものがある。

スモン薬害訴訟において，製薬会社である被告が原告である患者らを相手方として，診療録の文書提出命令を求めた事件（福岡地決昭52・6・21判時869号31頁，福岡高決昭52・7・12下民32巻9～12号1167頁）がある。この事案では，文書提出命令の申立てに先立って，診療録の現実の保管者である各医療機関に対する文書送付嘱託の申立てが行われたが，患者らは，各医療機関に対してこの送付嘱託に応じないよう継続的かつ統一的な働きかけを行い，各医療機関は患者らの意向も考慮に入れて診療録の送付を拒絶した。裁判所は，原審および抗告審ともに，たとえそのような事実があったとしても，本件における診療録の提出の可能性がもっぱら患者らの意思にかかっているということはできず，患者らに診療録の支配があると評価することはできないとして，患者らは所持者ではないとした。

また，本案事件の原告が訴外の弁護士に対して申し立てた懲戒請求につき，日弁連が下した異議申出棄却の決定が不法行為に当たるとして，日弁連に対して損害賠償を求める訴えが提起された事件において，単位弁護士会の綱紀委員会が作成した懲戒請求事件議事録等につき，日弁連を文書の所持者として，文書提出命令が求められた事件（東京高決昭59・2・20判タ526号145頁）がある。裁判所は，単位弁護士会が現実に所持している文書について，日弁連が懲戒手続規程等に基づいて当該文書の提出を求めうるとしても，それによって日弁連がその文書を所持しているのと同視することはできないと判示して，日弁連の所持を否定した。

本案事件の原告が県警察所属の警察官が作成した捜査関係書類につき，県を所持者として文書提出命令を申し立てたところ，原審は，対象文書の写しを県が保管していることを理由として申立てを一部認容した。これに対し，抗告審（高松高決平11・8・18判時1706号54頁）は，文書の所持者とは，当該文書について処分権を有し，その閲覧請求に応ずべきか否かについての決定権限をもつ者と解すべきであるところ，刑事訴訟関係書類についてそのような権限を有するのは刑訴法に照らして明らかに検察官であり，したがって文書の所持者は検

察官であって県ではないとした。

3 公務文書の「所持者」

行政官署が文書を管理している場合，その文書の所持者が誰であるかについては，公法上の権利義務の主体である国または地方公共団体と解する見解（法主体説）と，文書の閲覧の許否について決定権限を有する行政庁と解する見解（行政庁説）とが対立している。学説上の伝統的な通説および裁判例の主流（福岡高決昭33・1・23訟月4巻6号825頁，大阪高決昭62・3・18判時1246号92頁，高松高決平11・8・18判時1706号54頁，東京高決平15・11・18判時1884号34頁等）は，かつては行政訴訟の被告適格が行政庁に認められていたこともあって，行政庁説であるとされてきた[18]。しかし，平成16年の行政事件訴訟法の改正によって，行政訴訟の被告適格が国等の法主体に移ったことによって議論の前提に変化が生じたことや，民事訴訟法の平成13年改正が法主体説に親和的であることもあって，近時は法主体説も有力である[19]。また，実務においても，国家賠償請求訴訟のような民事訴訟を本案とする事件では，法主体説が採用された裁判例（最決平12・3・10判時1711号55頁）がみられる。

そこで，検討するに，①行政事件訴訟法の平成16年改正によって行政訴訟の被告適格が国等の法主体に移ったこと，②民事訴訟法の平成13年改正で設けられた223条3項の監督官庁からの意見聴取の制度は文書の所持者を国等の法主体とすることを前提とした制度であること，③220条4号ニの括弧書は国等の法主体が文書の所持者であることを当然の前提としていること，④現在では国等の法主体が本案事件の当事者であることがほとんどとなるところ，法主体を所持者としないと224条の真実擬制の制裁を発動することができなくなること，⑤行政庁を所持者とした場合には，文書提出命令の申立人にとって所持者を特定することが容易ではなくなること，⑥文書に記載された公務秘密の開示の可否の判断については，223条3項に基づいて監督官庁の意見を聴取することが手続的に保障されているので，あえて行政庁説を採る必要はないことなどを考慮すると，法主体説が妥当であろう[20]。

---

18) 秋山壽延「行政訴訟における文書提出命令」新実務民訴(9)303頁参照。
19) 三木・手続運営509頁，伊藤〔4版補訂版〕425頁，秋山ほかIV 429頁等参照。
20) 三木・手続運営514頁参照。

4 「所持」の事実の証明責任

　文書提出命令の申立ての相手方が「所持」の事実を争うときは，申立人が，その事実について証明責任を負う（東京高決昭39・7・3下民15巻7号1713頁，東京高決昭54・8・3判時942号52頁，大阪高決昭56・10・14判時1046号53頁，福岡高決平8・8・15判タ929号259頁等）。ただし，文書提出命令の申立人が，文書が，現在，相手方の所持にあることを直接的に立証することは多くの場合に困難であるので，相手方が文書を所持するに至った事情を立証すれば，間接事実による立証として十分であると解すべきである。申立人が，こうした立証を行った場合には，相手方において，その後における紛失等について反証を挙げる必要がある（前掲福岡高決平8・8・15）。なお，一定の事業者においては，業法の規定や取引上の慣習などにより，文書の所持に関して事実上の推定が働く場合がある（広島高決平21・11・17消費者法ニュース82号82頁）。

Ⅳ 引用文書（本条1号）

1 引用文書の提出義務の趣旨

　本条1号は，当事者が訴訟において引用した文書を自ら所持するときは，その文書の提出義務を負う旨を定める。本規定の立法趣旨であるが，当事者が，自己の主張を基礎づけるために，自己が所持する文書の存在または内容を積極的に引用した以上，相手方当事者との関係では秘密保持の利益を放棄したものとみなすべきであるし，その文書を閲読したいという相手方当事者の要請を断るのは公平に反するからである[21]。以上に加えて，その文書の存在を根拠としてなされた当事者の主張について，それが真実であるとの心証を一方的に裁判所に抱かせる危険があるので，その文書を相手方の批判に晒すことが必要である，という趣旨が説かれることもある（東京高決昭40・5・20判タ178号147頁等）。しかし，これについては，文書がただ引用されただけで，結局証拠としては提出されなかったときに，その主張のみによって裁判所が心証を形成するとすれば，それは心証形成として問題である。むしろ，引用されただけで提出されない文書に基づく主張は，信用できないと考えるべきであるので，これを

---

21) 若林諒「文書提出命令における引用文書について」判例実務(7) 388頁以下参照。

引用文書の提出義務の趣旨と考えることは妥当ではない[22]。

2 提出義務者

文書提出義務を負う者は，上述したように文書の「所持者」であるが，本条1号については，所持者であると同時に，「当事者」でなければならない。

この「当事者」に補助参加人を含むかどうか，という問題がある。消極説は，224条または225条の制裁が補助参加人には及ばないとの解釈を前提として，補助参加人を含まないとする[23]。しかし，旧法下以来の通説は，補助参加人を含むとする積極説である[24]。補助参加人は，被参加人の訴訟行為と抵触しない限度で，一切の訴訟行為をすることができ（45条），自己または被参加人の利益のために，その所持する文書を引用することも可能である。それにもかかわらず，その所持する引用した文書の提出を拒絶し得るとするのは，公平を欠くからである。また，積極説は，補助参加人が文書提出命令に従わなかったときは，狭義の当事者に該当しない第三者として225条に基づく過料の制裁を課すことができるものとする。積極説が妥当である。ただし，被参加人が所持する文書を補助参加人が引用した場合には，本条1号に基づく提出義務を認めることはできない[25]。補助参加人が所持する文書を被参加人が引用した場合も同様である。両者の間に，文書の提出に関して一方が他方に命令や指示ができる関係はなく，文書の「支配」がないので所持者とはいえないからである。

訴訟から脱退した当事者（48条・50条3項・51条）が，脱退前に自己の所持する文書を引用していたときは，脱退後においても，本条1号の文書提出義務を負う[26]。脱退後の判決は，脱退した当事者に対してもその効力を有するので（48条），脱退後も，脱退前であれば負担するはずの当事者としての文書提出義務を認めることが妥当であるからである。脱退者が文書提出命令に従わないと

---

22) 証拠法大系(4) 98頁〔萩本〕，高橋宏志「引用文書の解釈論」新堂＝山本編・前掲注16) 291頁参照。
23) 法律実務(4) 283頁，兼子・条解上 793頁。
24) 旧注釈民訴(7) 66頁〔廣尾〕，斎藤ほか編・注解民訴(8) 145頁〔斎藤＝宮本〕，賀集ほか編・基本法コンメ(2)〔3版追補版〕231頁〔春日偉知郎〕，伊藤〔4版補訂版〕412頁，中野＝松浦＝鈴木編〔2版補訂2版〕332頁〔春日偉知郎〕等参照。
25) 旧注釈民訴(7) 66頁〔廣尾〕，斎藤ほか編・注解民訴(8) 145頁〔斎藤＝宮本〕参照。
26) 斎藤ほか編・注解民訴(8) 146頁〔斎藤＝宮本〕。

きは，当事者ではないので224条の制裁を課すことはできないが，第三者として225条に基づく過料の制裁を課すことができる。

3 「訴訟において」の意味

本条1号にいう「訴訟において」とは，「口頭弁論や弁論準備手続において」よりも広い意味であると一般に解されている。旧法下から現行法下を通じての通説および裁判例によれば，未だ口頭弁論で陳述されていない準備書面に記載されている文書でも差し支えなく[27]，また，書証として提出した当事者の陳述書や当事者尋問の中で，その文書の存在や内容を積極的に引用している場合でも，これに当たるとされる[28]。旧法下の裁判例も同旨である（大阪地決昭45・11・6訟月17巻1号131頁，名古屋地決昭51・1・30訟月22巻3号779頁，名古屋高決昭52・2・3高民30巻1号1頁，浦和地決昭54・11・6訟月26巻2号325頁等参照）。しかし，これに対しては，陳述されていない準備書面での記載や書証での言及のみで提出義務を課すのは，主張と証拠の峻別という民事訴訟法の原則から外れるとする異論も出されている[29]。また，書証の中における引用については，旧法下における学説[30]や裁判例（東京地決昭43・10・15訟月14巻10号1185頁）の中にも，本条1号に該当しないとする見解がみられる。

こうした議論は，1号と4号の関係について，例示規定説をとる場合には実質的な意味をもたないが，特別規定説や旧法維持説をとる場合には結果の差異をもたらす。しかし，たとえ特別規定説や旧法維持説によるとしても，通説や裁判例の解釈は，文書提出義務が限定義務であった時代に，それを拡げる努力として展開されてきた議論が引き継がれたものであることを考えると，本条4号で一般提出義務が認められた現行法の下では，主張と証拠の関係についての一般原則を歪めてまで，そうした解釈を維持することの妥当性は疑わしい[31]。

---

27) 斎藤ほか編・注解民訴(8)142頁〔斎藤＝宮本〕，旧注釈民訴(7)67頁〔廣尾〕，証拠法大系(4)104頁〔萩本〕，伊藤〔4版補訂版〕412頁，松本＝上野〔8版〕510頁，秋山ほかⅣ376頁等参照。
28) 斎藤ほか編・注解民訴(8)143頁〔斎藤＝宮本〕，旧注釈民訴(7)67頁〔廣尾〕，秋山・前掲注18) 287頁，伊藤〔4版補訂版〕412頁，秋山ほかⅣ376頁等参照。
29) 高橋・前掲注22) 294頁。
30) 兼子ほか・条解1050頁〔松浦〕。
31) 高橋・前掲注22) 302頁。

現行法の下では，口頭弁論で陳述されていない準備書面に記載されている文書や，書証として提出した当事者の陳述書や当事者尋問の中で引用された文書などは，1号の引用文書としての提出義務はなく，別途，4号の一般義務文書としての提出義務の問題として除外事由を含めて考えていくべきである。

4 「引用した」の意味

本条1号にいう「引用した」の意味については，立証のために証拠として引用した場合に限定されるか，主張の明確化のために引用した場合も含むのか，について見解が分かれる。学説としては，①文書そのものを証拠として引用することを指し，文書の内容を引用するだけでは足りないと解する見解[32]，②立証のために引用する文書に限定せず，文書の存在と内容を引用しているだけで足りるとする見解（東京高決昭40・5・20判タ178号147頁，大阪地決昭61・5・28判時1209号16頁）[33]，③基本的には立証のための引用に限るが，立証のためか主張のためかが判然としない場合には，立証のためと解してよいとする見解[34]，などが唱えられている。母法となったドイツ法は「挙証のため引用した」と明文で規定しており，ドイツでは，法文に忠実な①の立場が判例および有力説である[35]。しかし，このような限定のない日本法の解釈において，同様に解すべき必然性はない。また，①の立場では，立証のためかそれとも主張のためかを区別することが困難である場合には，いずれのための引用かという論点を浮上させ，訴訟の遅延にもつながることになる[36]。③は，この問題の解消を図ろうとする立場であるが，立証のための引用に拘泥する点においてなお問題がある。多数説は②であり，妥当であろう。

「引用した」といえるためには，積極的にその文書の存在に言及した場合でなければならない。当事者が，その文書を秘密にしておく利益を積極的に放棄したものでなければ，提出義務を課すのは妥当ではないからである。したがっ

---

32) 兼子・体系279頁，法律実務(4)283頁，兼子・条解上793頁等参照。
33) 斎藤ほか編・注解民訴(8)144頁〔斎藤＝宮本〕，旧注釈民訴(7)68頁〔廣尾〕，賀集ほか編・基本法コンメ(2)〔3版追補版〕231頁〔春日〕，秋山ほかⅣ377頁。
34) 兼子ほか・条解〔2版〕1191頁〔加藤新太郎〕。
35) 斎藤ほか編・注解民訴(8)144頁〔斎藤＝宮本〕。
36) 高橋・前掲注22) 297頁。

て，裁判所の釈明や相手方からの照会に答えて受動的に所持を認めた場合は，これに含まれない（東京高決昭40・5・20判タ178号147頁，東京地決昭43・9・14判時530号18頁）[37]。しかし，相手方の主張に対する反駁としてなされたものであっても，自己の提出した証拠の信憑性の高いことの根拠として，文書の存在や内容を明らかにした場合は「引用した」に該当する[38]。引用が事後に撤回された場合につき，通説[39]および裁判例（福岡高決昭52・7・12下民28巻5〜8号796頁）は，いったん引用した後にそれを撤回しても，引用文書としての提出義務を免れることができないとする。しかし，およそ主張は，自白を除いて原則として撤回は自由であるはずであるとして，これに疑問を呈する見解もある[40]。本条1号の立法趣旨として，前述したように，裁判官への心証の影響は根拠とすべきではないとする立場が妥当であると解されるので，撤回が許されるとする立場に賛成する。

5 証言拒絶事由との関係

旧法下の解釈として，本号の引用文書に該当する場合には，たとえ証言拒絶が認められるような事由があったとしても，本号に基づく文書提出義務は免れることができないとの学説[41]や裁判例（名古屋高決昭52・2・3高民30巻1号1頁）が存在した。また，現行法下においても，引用文書については，引用行為によって秘密の利益を放棄したものとして，196条や197条の類推適用を否定する見解がある[42]。しかし，これに対しては，証言拒絶事由は訴訟の公益性をもってしても踏み込んではならない領域を示すものであり，単に引用したというだけで拒絶事由やプライバシーが消失するというのは行き過ぎであり，また，第三者の秘密が関わるときは，当事者はそもそも秘密とする利益を放棄することはできないとの見解がある[43]。後者の見解が妥当である。

---

37) 斎藤ほか編・注解民訴(8) 145頁〔斎藤＝宮本〕，旧注釈民訴(7) 69頁〔廣尾〕，伊藤〔4版補訂版〕412頁，秋山ほかⅣ 377頁。
38) 斎藤ほか編・注解民訴(8) 145頁〔斎藤＝宮本〕，秋山ほかⅣ 377頁。
39) 斎藤ほか編・注解民訴(8) 144頁〔斎藤＝宮本〕，旧注釈民訴(7) 68頁〔廣尾〕。
40) 高橋・前掲注22) 296頁。
41) 兼子ほか・条解1050頁〔松浦〕。
42) 伊藤〔4版補訂版〕418頁，松本＝上野〔8版〕511頁，秋山ほかⅣ 390頁。
43) 高橋・前掲注22) 296頁。

V 権利文書（本条2号）

1 権利文書の提出義務の趣旨

　本条2号は，挙証者が，文書の所持者に対して引渡請求権または閲覧請求権を有する場合に，その所持者が文書提出義務を負う旨を規定する。文書の所持者が挙証者に対してその文書の引渡義務または閲覧義務を負う以上，所持者は挙証者に文書の開示を拒む利益はない。また，引渡請求権が認められる場合には，仮に文書提出義務が認められなくても，その請求権を別の訴訟などを通じて実現することができる。しかし，そうした手段は迂遠であるので，より直接的な手段として，文書提出命令によることができる旨を明らかにしたものである。

　本号にいう引渡請求権および閲覧請求権が，私法上の権利に限られるのか，それとも公法上の権利を含むのかについては，争いがある。消極説は，①母法となったドイツ民事訴訟法422条や旧旧民訴法336条1号が私法上の権利に限っていること，②公法上の請求権を訴訟外で行使すれば本号によらずとも目的を達成できること，③その拒否処分に対しては別途の行政訴訟等によって解決を図るべきものであること，④行政に対する交付請求の際の手数料等を回避する結果となるのは相当でないことなどを理由として，公法上の権利はこれに含まれないとする[44]。旧法下の下級審裁判例にも消極説をとるものがある（大阪高決昭62・3・18判時1246号92頁，名古屋地決平2・10・16判時1378号61頁）。これに対し，積極説は，①ドイツ民事訴訟法422条や旧旧民訴法336条1号のような規定がわが国の現行民訴法にはないこと，②行政訴訟などを必要とせずに文書提出義務を認めることが簡明直截であることなどを理由として，公法上の請求権も本号に含まれるものとする[45]。現行法下の解釈としては，積極説が多数である。本条4号の新設により一般義務化を図った現行法の趣旨に照らしても，積極説が妥当である。

44）　法律実務(4) 284頁，菊井＝村松II 614頁，斎藤ほか編・注解民訴(8) 148頁〔斎藤＝宮本〕，秋山・前掲注18) 289頁。

45）　伊藤〔4版補訂版〕413頁，賀集ほか編・基本法コンメ(2)〔3版追補版〕232頁〔春日〕，秋山ほかIV 378頁等参照。

2 私法上の請求権

私法上の請求権は，物権的であると債権的であるとを問わない。また，その発生原因についても，法令による場合と契約による場合のいずれであってもよい[46]。

法令に基づく請求権のうち，引渡請求権の例としては，共有物の分割者の証書の保存者に対する証書の使用請求権（民262条4項），指図債権の譲受人の譲渡人に対する債権証書の交付請求権（民469条），弁済者の債権者に対する債権証書の返還請求権（民487条），代位弁済者の債権者に対する債権証書の交付請求権（民503条1項），委任者の受任者に対する委任事務書類の引渡請求権（民646条1項）などがある。

法令に基づく閲覧請求権の例としては，指図債権の債務者の債権証書真偽調査権（民470条），組合員の組合の業務・財産状況調査権（民673条），株主等・一般社団財団法人の社員等の定款の閲覧請求権（会社31条2項，一般法人14条2項），株主等・一般社団財団法人の社員等の株主名簿・社員名簿の閲覧請求権（会社125条2項，一般法人32条2項），株主等の新株予約権原簿の閲覧請求権（会社252条2項），株主等・一般社団財団法人の社員等の株主総会議事録・社員総会議事録の閲覧請求権（会社318条4項，一般法人57条4項），株主等・一般社団財団法人の社員等の計算書類等の閲覧請求権（会社442条3項，一般法人129条3項），社債権者等の社債原簿の閲覧請求権（会社684条2項），匿名組合員の営業者の貸借対照表の閲覧謄写請求権（商539条1項）などがある。

3 公法上の請求権

公法上の請求権の例としては，情報公開請求権（行政情報公開3条など），訴訟記録の閲覧等請求権（91条1項，刑訴47条但書，刑事記録4条・5条，犯罪被害保護3条・4条，少年5条の2），公判調書の閲覧等請求権（刑訴49条），審判事件記録の閲覧等請求権（独禁70条の15，金商185条の13），登記事項証明書等の交付請求権（不登119条～121条・149条，商登10条・11条），戸籍謄本等の交付請求権（戸10条・10条の2）などがある。

---

46) 東京高決昭47・5・22高民25巻3号209頁〔傍論〕。

4 法令または契約に根拠がない場合

　法令上の明文規定や契約に根拠がない場合に，条理などを根拠として本号に基づく文書提出義務を認めることができるかどうかについては，肯定説[47]もあるが，否定説[48]が多数である。裁判例にも肯定説をとるものがあるが（高松高決昭54・7・2下民32巻9〜12号1437頁），やはり，否定説によるものが多い（東京高決昭47・5・22高民25巻3号209頁，東京高決昭55・1・18下民32巻9〜12号1512頁，東京高決昭58・12・13判時1105号54頁）。肯定説は，文書提出義務が限定義務であった旧法下においては，解釈によって提出義務の拡大を図る意義があった。しかし，本条4号で一般提出義務を認めた現行法の下では，あえて肯定説をとる必要性は乏しい。したがって，否定説が妥当である。

VI 利益文書（3号前段）

1 3号前段の提出義務の趣旨

　本条3号前段は，文書が挙証者の利益のために作成された場合において，その文書の提出義務を定めるものである。文書作成の目的が，挙証者の法的地位や権利義務を発生させるものであるとき，あるいは，挙証者の法的地位や権利義務を証明または基礎づけるものであるときには，その文書を訴訟において証拠方法として利用することを認めることが相当であるという理由である[49]。こうした立法趣旨から明らかなように，本号の利益文書という概念は，文書作成の目的または動機が挙証者の利益にあることを，その本質的な要素とする。したがって，単に文書の記載内容が本案の争点と関係しており，挙証者に事実認定上の有利な結果が生じるというだけでは，本号の利益文書には当たらない

---

[47] 兼子ほか・条解1051頁〔松浦〕，宮崎良夫〔判批〕自治研究57巻5号〔1981〕119頁等参照。

[48] 菊井＝村松II 615頁，斎藤ほか編・注解民訴(8) 149頁〔斎藤＝宮本〕，旧注釈民訴(7) 72頁〔廣尾〕，伊藤〔4版補訂版〕413頁，秋山ほかIV 380頁。

[49] 沿革的には，「利益文書」という概念は，後述の「法律関係文書」概念とともに，旧旧民訴法336条2号の「共通文書」概念に由来するものである。さらに，「共通文書」概念の由来を遡れば，旧旧民訴法の母法となった1877年のドイツ旧民訴法，さらに，それに先立つ1866年のハノーファー草案にたどり着く。詳細は，竹下＝野村・前掲注2) 116頁，旧注釈民訴(7) 63頁〔廣尾〕等参照。

(広島地決昭43・4・6訟月14巻6号620頁，大阪高決昭54・3・15下民32巻9〜12号1387頁)。

利益文書は，もっぱら挙証者の利益のためにのみ作成された文書である必要はなく，同時に他人との共同の利益のために作成された文書でもよい（福岡高決昭52・7・13高民30巻3号175頁，大阪高決昭54・9・5下民32巻9〜12号1460頁，東京高決昭61・5・8判時1199号75頁，大阪高決平4・6・11判タ807号250頁)。株主代表訴訟・債権者代位訴訟・選定当事者訴訟などの訴訟担当の場合は，訴訟を追行する担当者のみならず，会社・被代位者・選定者などの被担当者も，ここにいう挙証者に当たるものと解すべきである[50]。

2 利益文書の範囲

伝統的な通説[51]は，本号にいう「利益文書」とは，その文書が挙証者の地位，権利，権限などを「直接」的に基礎づけるものであり，かつ，そのことを「目的」として作成された文書であるとする。すなわち，挙証者の利益についての「直接性」と文書作成の目的や動機における「主観性」を要件とすることにより，利益文書という概念の外延を画そうとする解釈である。このような解釈は，裁判例においても，伝統的に確立された考え方であった（大阪高決昭40・9・28判時434号41頁，大阪高決昭54・9・5下民32巻9〜12号1471頁，東京高決昭59・2・28判タ528号191頁)。こうした要件を満たす利益文書の典型例には，挙証者を受遺者とする遺言状，挙証者のためにする契約の契約書，挙証者の代理権を証明する委任状，挙証者を支払人とする領収書，挙証者に対して出された同意書，挙証者の身分を証明する身分証明書などがある。

これに対し，旧法下において，この「直接性」と「主観性」を必要としないものとする裁判例が出されるようになった。たとえば，大阪高裁昭和53年6月20日決定（下民32巻9〜12号1288頁）は，利益文書においては，挙証者の法律上の利益を明らかにするものであることが要件であるが，それは法律上の利益を直接に明らかにするものにとどまらず，間接に明らかにするもので足り，また，作成の目的は作成者の主観的意図にとどまらず，文書の性質から客観的

---

50) 秋山ほかⅣ380頁参照。
51) 法律実務(4)284頁，菊井＝村松Ⅱ615頁，斎藤ほか編・注解民訴(8)150頁〔斎藤＝宮本〕等参照。

に認められれば足りるとする。また，これに続く，高松地裁昭和54年2月7日決定（判時942号60頁），大阪地裁昭和54年8月10日決定（下民32巻9〜12号1453頁），大阪地裁昭和54年9月21日決定（下民32巻9〜12号1482頁），大阪地裁昭和56年2月25日決定（判タ440号109頁），大阪地裁平成4年3月9日決定（判時1425号106頁），大阪高裁平成4年6月11日決定（判タ807号250頁）なども，ほぼ同旨を判示する。また，これらの裁判例を受けて，学説の中にも，利益文書には，挙証者の権利等を直接基礎づける目的で作成された文書のみならず，具体的な争点の解明に役立つのであれば，間接的に挙証者の権利等の証明に効果のある文書も含まれるとする見解[52]などが現れた。

　しかし，これらの裁判例や学説のように，挙証者の利益における「直接性」と文書作成の目的における「主観性」を不要とすると，その文書が高い証拠価値を有すれば利益文書と認められることになりかねず，実質的に一般提出義務を認めるのに近くなる。また，こうした緩やかな解釈は，文書提出義務が限定義務であった旧法下では，解釈により提出義務の範囲の拡張を図る有力な考え方といえたが，現行法の下では，提出義務の一般義務化は本条4号で実現するものとされたのであるから，このような利益文書概念の拡大を図る解釈はとるべきではない[53]。したがって，現行法の下では，伝統的な「直接性」と「主観性」を要件とする考え方が妥当である。

　このように，本来の利益文書の解釈に回帰する立場をとれば，旧法下において議論があった未払賃金訴訟などの被告である使用者が所持する賃金台帳については，使用者が賃金額を把握するための資料とすることを直接の目的として作成される文書であり，原告である労働者の利益を直接の目的として作成されるものではないので，原告にとっての利益文書ではないことになろう（大阪高決昭40・9・28判時434号41頁，福岡高決昭48・2・1下民24巻1〜4号74頁，大阪高決昭53・3・15労判295号46頁，大阪高決昭54・9・5下民32巻9〜12号1471頁）[54]。また，同様に，旧法下で争われた訴外の医療機関が所持する薬害訴訟

---

52) 上村明広〔判批〕判評232号〔1978〕153頁等参照。
53) 秋山ほかIV 382頁参照。
54) 秋山ほかIV 381頁参照。これに対し，伊藤〔4版補訂版〕415頁は，賃金台帳は使用者の適正な賃金管理を担保するとともに，労働者の賃金の内容が法令等に照らして適正に算

の原告の診療録についても，作成した医師の診療活動の補助や適正な診療行為の確保が直接の目的であるので，被告である製薬会社や原告である患者の利益を直接の目的とする文書とはいえないと解すべきである（大阪地決昭 53・1・17 判時 904 号 75 頁，大阪高決昭 53・5・17 高民 31 巻 2 号 187 頁，名古屋高金沢支決昭 54・2・15 判タ 384 号 127 頁，東京高決昭 59・9・17 高民 37 巻 3 号 164 頁)[55]。

Ⅶ 法律関係文書（3号後段）

1 3号後段の提出義務の趣旨

本条3号後段は，文書が挙証者と文書の所持者との間の法律関係について作成された場合において，その文書の提出義務を定めるものである。挙証者と所持者の間で文書に対する共同の利害が生じている場合には，挙証者が文書という物についての共有権を有していないとしても，その文書の記載内容については，一種の持分権的な支配権を有すると考えることができる。そこで，こうした法律関係文書の所持者に対し，挙証者の立証に協力すべき義務を観念したものである[56]。挙証者と所持者との法律関係について作成された文書とは，法律関係それ自体を記載した文書のみならず，その法律関係に関連性がある事項を記載した文書でもよいとするのが，旧法以来の伝統的な通説である[57]。また，株主代表訴訟・債権者代位訴訟・選定当事者訴訟などの訴訟担当の場合は，訴訟を追行する担当者のみならず，会社・被代位者・選定者などの被担当者も，ここにいう挙証者に当たるものと解すべきである[58]。

定されることを目的とするものであり，現行法の下でも，挙証者である労働者にとっての利益文書であるとするが，疑問である。

55) 秋山ほかⅣ 381 頁参照。
56) 沿革的には，「法律関係文書」という概念は，前述の「利益文書」概念とともに，旧旧民訴法 336 条 2 号の「共通文書」概念に由来し，さらに遡れば，旧旧民訴法の母法である 1877 年のドイツ旧民訴法，さらに，1866 年のハノーファー草案にたどり着く。詳細は，竹下＝野村・前掲注2) 116 頁，旧注釈民訴(7) 63 頁〔廣尾〕等参照。
57) 菊井＝村松Ⅱ 618 頁，法律実務(4) 285 頁，斎藤ほか編・注解民訴(8) 152 頁〔斎藤＝宮本〕，旧注釈民訴(7) 78 頁〔廣尾〕等参照。
58) 秋山ほかⅣ 382 頁。

2　法律関係文書の範囲

　法律関係文書における「法律関係」の意味ないし範囲については，契約関係に限定されるとする裁判例（大阪地決昭52・11・22労働法律旬報953号27頁，大阪高決昭54・9・5下民32巻9～12号1460頁，大阪高決昭54・9・5下民32巻9～12号1471頁）や学説[59]がある。たしかに，立法の沿革を辿ると，旧法の立法者は，法律関係の発生原因が契約関係である場合を想定していたと解する余地がある[60]。しかし，現代の民事訴訟においては，契約関係事件に限らず多種多様な事件が取り扱われており，今日においては，法律関係の範囲を契約関係に限定することに合理性を見出すことはできない。旧法下の通説[61]および現行法下の最高裁判例（最決平17・7・22民集59巻6号1837頁，最決平19・12・12民集61巻9号3400頁等）のいずれにおいても，契約関係に限定するとの解釈はとられていない。したがって，「法律関係」には，債務不履行，不当利得，事務管理，不法行為等の契約以外の私法上の法律関係や，公法上の法律関係も含まれると解すべきである。

　また，法律関係文書の沿革である共通文書の概念を前提として考えると，法律関係文書は，挙証者と所持者の共同関与によって作成された文書でなければならないと解する余地もある（東京高決昭47・5・22高民25巻3号209頁参照）。しかし，挙証者と所持者の共同関与によらなくても，文書に対する両者の共同の利害が生じることはあるので，現行規定の解釈において，そのように考えるべき必然性はない。したがって，所持者が単独で作成したものでもよいし，挙証者または所持者以外の第三者が作成したものでもよい[62]。

　上述したように，法律関係文書は，挙証者と所持者の法律関係それ自体を記載した文書のみならず，その法律関係に関連性がある事項を記載した文書でもよいが，その「関連性」をどの程度厳格に解するか，あるいは緩やかに解する

---

59)　伊藤榮子〔判批〕民訴百選〔第2版〕221頁。
60)　斎藤ほか編・注解民訴(8)153頁〔斎藤＝宮本〕参照。
61)　菊井＝村松Ⅱ618頁，斎藤ほか編・注解民訴(8)153頁〔斎藤＝宮本〕，旧注釈民訴(7)79頁〔廣尾〕，秋山ほかⅣ383頁。
62)　菊井＝村松Ⅱ618頁，斎藤ほか編・注解民訴(8)153頁〔斎藤＝宮本〕，旧注釈民訴(7)78頁〔廣尾〕，秋山ほかⅣ383頁。

かについては，多様な見解がある。旧法下の議論を，おおむね厳格性の高いものから順にみていくと，以下のようになる。

　第1は，法律関係文書とは，挙証者と所持者との間の法律関係それ自体およびその構成要件事実の全部または一部が記載された文書をいうとするものである（前掲大阪高決昭53・5・17，大阪高決昭53・9・22判時912号43頁）。第2は，法律関係文書であるためには，少なくとも挙証者と所持者との間に成立した具体的な法律関係それ自体ないしこれと密接な関連を有する事項を記載内容とすることを要するとするものである（東京高決昭53・11・28判時916号28頁，前掲大阪高決昭54・9・5，大阪高決昭55・7・17判時986号65頁，大阪高決平元・10・23判時1373号51頁）。第3は，具体的または個別的な法律関係そのものを記載した文書でなくても，その前提ないし形成過程を記載し，または形成過程において作成された文書であれば足りるとするものである（東京地決昭43・9・27行集19巻8＝9号1523頁，高松高決昭50・7・17判時786号3頁，東京高決昭51・6・30判時829号53頁）。第4は，法律関係文書の該当性を，立証事項の重要性，代替証拠の有無，文書の性質，所持者が当事者か第三者か，プライバシーの保護，乱用の可能性，公共の利益等をファクターとして，利益衡量により決するものとする説[63]である。

　これらのうち，第3および第4の見解は，実質的に一般提出義務を認めるのと等しくなりかねず，文書提出義務が限定義務であった旧法下では，解釈により提出義務の範囲の拡張を図ろうとする有力な考え方であったとしても，提出義務の一般義務化を本条4号で実現するものとした現行法下の解釈としては適切ではない。これに対し，第1と第2の見解は，具体的な適用の結果において大きな差異はない。しかし，基準としての柔軟性を考えると，第2の立場が最も適切であろう。

　以上を踏まえたうえでの法律関係文書の例としては，次のようなものを挙げることができる。契約関係を原因とするものとしては，契約書，契約申込書，契約承諾書，契約解除通知，法律行為の取消しの通知書，契約締結過程で交換

---

[63]　小島武司「教科書検定手続において作成された文書と文書提出命令の許否」判時584号〔1970〕128頁。

された手紙，家賃通帳，商業帳簿，判取帳（大判昭7・10・24民集11巻1912頁），売買の際に授受された印鑑証明書（仙台高決昭31・11・29下民7巻11号3460頁）などがある。また，挙証者や所持者以外の第三者が作成したものとしては，挙証者と所持者の間の紛争に関する裁決書や判決書の正本などがある。公法上の法律関係を原因とするもので，現行法下の裁判例に現れたものには，挙証者に対する捜索差押許可状および捜索差押令状請求書（最決平17・7・22民集59巻6号1837頁），勾留状（最決平19・12・12民集61巻9号3400頁）などがある（刑事関係文書の特殊性については後述）。

3 内部文書の除外

旧法下では，法律関係文書としての文書提出義務を除外するために，「内部文書（あるいは，自己使用文書，内部的文書）」の概念が用いられた。この「内部文書」という概念は，元来，法律関係文書の沿革的な祖型としての「共通文書」の概念との関係において生まれたものである。「共通文書」とは，挙証者と所持者の共同の利益のために作成された文書や，共同の事務遂行の過程で作成された文書などを指す。そうすると，もっぱら文書の所持者による内部使用のみが想定されている文書は，こうした意味における「共通文書」性がないから，「内部文書」は「共通文書」とは認められず，ひいては法律関係文書ではないことになる。つまり，本来的には，ある文書が内部文書であるということと法律関係文書でないということは，同じことを異なった表現で述べたに等しいものであった[64]。

ところが，旧法下においては，限定義務とされていた文書提出義務を解釈によって拡大しようという動きなどにより，法律関係文書の概念は，次第に「共通文書」概念の枠を超えて，拡大的に解釈されるようになっていった。それに伴って，拡大した法律関係文書概念の外延を画するための道具概念として，あるいは，文書提出義務の有無をめぐる利益衡量のための道具概念として，「内部文書」という概念が使われる裁判例が出てくるようになった[65]。

たとえば，大阪高裁平成元年10月23日決定（判時1373号51頁）は，法律関

---

64) 研究会285頁〔竹下守夫発言〕，三木・前掲注13) 35頁等参照。

65) 三木・前掲注13) 35頁参照。

係文書の意義につき,「共通文書として,挙証者と所持者その他の者の共同の目的・利用のために作成されたものであることを要し,所持者がもっぱら自己使用のために作成した内部文書は含まれない」としたうえで,砂利採取規制計画書類につき,官庁内部の職務上の利用のために用いることを予定している内部文書であるとして,その提出義務を否定した。この裁判例では,内部文書という概念は,沿革的な意味,すなわち共通文書概念の補集合概念として用いられており,文書作成時における主観的な作成目的のみによって内部文書性が判断されている(第1類型)。

これに対し,福岡高裁平成7年3月9日決定(判タ883号269頁)は,証券会社が所持する注文伝票につき,証券取引法等により作成が義務づけられているので内部文書ではないとして提出義務を肯定した。また,東京高裁平成9年8月22日決定(金法1506号68頁)は,銀行が所持する貸出稟議書および認可決裁書につき,法令により作成が義務づけられてはいないので内部文書であるとして,提出義務を否定した。これらの裁判例では,内部文書という概念は,沿革的な共通文書概念との関係を離れて,法令上の作成義務の有無を主たる基準として,法律関係文書概念の外延を画する道具として用いられている(第2類型)。

また,東京高裁平成元年6月28日決定(判時1323号64頁)は,「本件文書の作成目的が,抗告人Yが行政庁としてなす,前記各処分の適正さを担保するところにあって,その証拠資料という性格を有しており,しかも本件認定患者らや医療機関という第三者が作成ないし関与しているところからすると,単に行政機関内部においてその意思決定の形成過程において作成された純然たる内部文書と認めることはできない」として,内部文書性の判断に際して,文書の性格や機能に関する判断を行っている。すなわち,ここでは内部文書という概念は,単に共通文書概念の補集合概念としてではなく,実質的かつ具体的な衡量を行うための道具として使われている(第3類型)。

このように,旧法下における内部文書という概念は,法律関係文書としての文書提出義務を除外するための機能を有していたが,その意味内容や使われ方は必ずしも一様ではなかった。現行法下では,最高裁平成12年3月10日決定(判時1711号55頁)が,教科用図書検定調査審議会の審議結果を記載した文書

等が本条3号後段の法律関係文書に該当するかどうかを判断するに際し，作成時における主観的な目的と法令上の作成義務がないことを理由に内部文書性を肯定しており，旧法下の主流を占めた第2類型の用いられ方が踏襲されていることになる。

　こうした旧法下以来の「内部文書」概念と本条4号ニの「自己利用文書」概念との概念相互の関係は，次のとおりである。本条4号ニの該当性については，後述するように，最高裁平成11年11月12日決定（民集53巻8号1787頁）により，「外部非開示性」と「不利益性」の要件で判断するものとする判例理論が確立している。このうち，「外部非開示性」要件は，文書の作成時における作成者の主観的な作成目的と法令上の作成義務の不存在等を主要な考慮要素とするので，旧法下における第1類型および第2類型の判断とおおむね共通する。また，「不利益性」要件は，看過しがたい不利益が生じる場合に限って「自己利用文書」該当性を認めるものであり，第3類型における実質的な衡量と類似の発想に基づく。しかし，第3類型よりも提出義務の除外に謙抑的である。つまり，旧法下以来の「内部文書」概念は，第1類型や第2類型は言うに及ばず，第3類型も含めて，本条4号ニの「自己利用文書」よりも提出義務の除外範囲が広い。したがって，より厳格な本条4号ニの「自己利用文書」該当性が認められれば，ほぼ必然的に「内部文書」に該当することになり，ひいては本条3号後段の法律関係文書に該当しないことになる[66]。つまり，後述のように4号ホを回避するための手段として本条3号が使われている刑事関係文書の場合を別にすれば，現行法下における「内部文書」概念は「自己利用文書」概念を包摂する関係にあり，同一の文書の提出義務として本条4号と本条3号後段がともに主張されている場合，4号ニの「自己利用文書」該当性が認められたときは3号後段の「内部文書」該当性も当然に認められるので，3号後段の提出義務も必然的に否定される。前掲最決平成11・11・12には，「本件文書が，『専ら文書の所持者の利用に供するための文書』に当たると解される以上，民訴法220条3号後段の文書に該当しないことはいうまでもない」との判示があり，明示的には述べていないが同様の論理を用いているものと思われる。以後の判

66）　秋山ほかⅣ 385頁参照。

例も一貫して同旨の判断をしている。

Ⅷ 一般義務文書（4号）

1 4号の立法趣旨

　旧法下における文書提出義務の対象文書は，本条1号ないし3号に相当する規定（旧312条1号~3号）において限定列挙された文書のみであった。そのため，重要な証拠となるべき文書を挙証者が自ら所持していないときは，当事者の主張活動や立証活動に支障をもたらし，ひいては事案の解明を妨げるなどの問題が生じた。特に，証拠の構造的な偏在が顕著ないわゆる現代型訴訟（たとえば，公害訴訟，医療訴訟，製造物責任訴訟など）においては，真実発見のための効果的な措置がないに等しく，民事司法制度が期待される機能を果たしていないとの指摘もあった。そこで，下級審裁判例のなかには，このような状況を打開すべく，3号の「利益文書」概念や「法律関係文書」概念を拡張的に運用することにより，解釈によって実質的または部分的な一般義務化を図ろうとする動きもみられた。しかし，こうした運用に対しては，解釈論としては行き過ぎであるとして，これを批判する見解も有力であったうえに，運用による解決の限界に遭遇する局面も多かった[67]。

　こうした旧法下での状況を踏まえて，現行法は，文書提出義務の一般義務化に向かった。まず，平成8年改正において，旧法下において限定義務としての提出義務が認められていた引用文書，権利文書，利益文書，法律関係文書の提出義務については，文言を現代語化しただけでこれを維持した（本条1号~3号）。さらに，これに加えて本条4号を新たに設け，同号に列挙された除外事由に該当する場合を除いて，証拠としての必要性が認められるすべての文書について，一般的に提出義務を認めることにした。ただし，こうした4号の新設による一般義務化は，平成8年改正の時点では，公務文書の取扱いをめぐる国会での審議を受けて，この段階では私文書に限定された。しかし，平成13年の改正によって，公務文書についても，新たに規定された除外事由とともに，本条4号に取り込まれることとなった[68]。これによって，私文書および公務文

---

67) 旧注釈民訴(7) 50頁〔廣尾〕，兼子ほか・条解1046頁〔松浦〕等参照。

書のいずれについても，本条4号において文書提出義務が統一的に規定されることとなった。すなわち，平成13年改正後の本条4号は，あらゆる文書について一般的に提出義務を認めるものである。

　もっとも，本条4号による一般義務化は不徹底であり，本来の意味における一般義務のレベルには達していない。すなわち，本条4号は，文書が5つの除外事由のいずれかを具備していれば文書提出義務自体が生じないとする。それらは，①文書の所持者が証人尋問を受けたとすれば証言を拒絶することができるような事項が記載されている文書（イ・ロ・ハ），②もっぱら文書の所持者の利用に供するための文書（ニ），③刑事事件または少年保護事件に関係する文書（ホ）の3種に大別することができる。このうち，②および③に関する除外事由は，文書提出義務に固有の事由であるが，①は，その内容において証言拒絶事由と基本的に一致する。しかし，証人義務のほうは，日本の裁判権に服するすべての者について原則として例外なく発生し，証言拒絶事由がある場合には，証人が証言を拒絶することができるという構造になっている。これに対し，本条4号は，これらの事由に該当しない場合にのみ，文書提出義務が発生するという構造である。つまり，これらの事由がある文書は，最初から一般提出義務の対象ではないものとされている。そこで，本条4号が定める5つの事由は，「拒絶事由」ではなく「除外事由」と呼ばれている。もちろん，②および③も，同様に，「拒絶事由」ではなく「除外事由」の位置付けでしかない。このように，本条4号は，完全な一般義務化を達成したものとはいえないことから，「制限的一般義務化」ともいわれる[69]。

2　除外事由の主張責任・証明責任

　上述のように，本条4号が定める事由は拒絶事由ではなく除外事由であるが，仮にその主張責任・証明責任が文書の所持者の側にあるのであれば，実質的には，拒絶事由と大差はないことになる。しかし，4号の規定ぶりは，申立人が主張責任・証明責任を負うという構造となっている。また，通説も，申立人が

---

[68] 深山ほか・前掲注6)(上)102頁，同(下)173頁参照。

[69] 賀集ほか編・基本法コンメ(2)〔3版追補版〕232頁〔春日〕参照。もっとも，同文献がどのような意味で「制限的一般義務化」という言葉を使っているのかは厳密には明らかではない。

除外事由の不存在について主張責任・証明責任を負うと解している[70]。証言拒絶事由と規定ぶりを書き分けていること（本条4号と196条〜198条との対比），および，4号を設けながら1号ないし3号を存置したこと（1号ないし3号は，申立人が該当事由の主張責任・証明責任を負う。4号の主張責任・証明責任を所持者が負うとすると，1号ないし3号の存在意義は希薄になる）[71]を考えると，立法趣旨は明らかにそうであろう[72]。

しかし，除外事由は基本的に文書の所持者の支配圏に属し，その存否や内容を知るすべのない申立人に具体的な主張や立証を期待することは，非現実的であることが普通である。したがって，申立人は，抽象的に除外事由の不存在を主張すれば，期待可能な主張責任を果たしたものと解される。また，証明責任についても，文書の所持者から除外事由の存在についての立証がなければ，経験則に照らして，除外事由は存在しないとの事実上の推定が認められるものと解すべきである。そうすれば，結果的に，所持者は自ら立証活動を行う必要性に迫られるであろう[73]。現実にも，実務では，そのような形で運用が行われることが多いようであり，実務の運用においては，申立人の主張責任・証明責任は，相当程度に緩和されているということができよう。

3　自己負罪拒否権・名誉侵害に関する文書（4号イ）

(1) 規定の趣旨

本条4号イは，文書の所持者自身または所持者と一定の関係にある者が刑事訴追または有罪判決を受けるおそれがある事項が記載されている文書，および，これらの者の名誉を害すべき事項が記載されている文書は，一般提出義務から除外される旨を定める。証言拒絶事由を定めた196条を準用しているのは，証人の証言義務と文書の提出義務は，その形態は異なっていても，自己負罪拒否権や名誉侵害に関わる事実が訴訟の場で開示される場合の不利益という点では

---

[70] 田原睦夫「文書提出義務の範囲と不提出の効果」ジュリ1098号〔1996〕63頁，竹下・前掲注8) 19頁，伊藤〔4版補訂版〕419頁等参照。

[71] 高橋下〔2版補訂版〕165頁。

[72] 一問一答256頁。

[73] 賀集ほか編・基本法コンメ(2)〔3版追補版〕237頁〔春日〕，秋山ほかⅣ391頁，深山ほか・前掲注6)（上）110頁注6等参照。

同じであることから，両者を基本的に同一の規律に服させる趣旨である。

ただし，196条と本条4号イとで，その立法趣旨が完全に同じであるかどうかは，これらの規定の解釈によるという側面がある。すなわち，196条の立法趣旨については，①証人に対してこれらの事項の証言を強いることが人情や情誼に反し，真実の証言がなされる期待可能性も少ないことに求める見解[74]と，②自己負罪拒否権については憲法38条1項と類似の趣旨に基づく基本的人権の保護[75]に，名誉侵害については憲法13条に基づく基本的人権に求める見解[76]とがあるところ，①は主として証人尋問に固有の理由であり，文書提出命令については考えにくいからである。しかし，196条の証言拒絶事由については，②のように憲法的価値との調整として捉えるべきであり，本条4号イについては，もっぱら②をもって立法趣旨と考えることになるので，196条と本条4号イは，立法趣旨を同じくするものといえよう。

(2) 適用範囲

本条4号イの適用範囲については，文書所持者が法人である場合にも，この除外事由が適用されるかという問題があるが，条文の表現や規定の沿革から考えて，自然人のみを対象とするとする見解が有力である[77]。上述のように，この除外事由の立法趣旨を憲法で保障された基本的人権の保護にあると考えると，法人にも基本的人権の保障がないわけではないにせよ，自然人とは保障の程度に差異があることは不自然ではない。条文の表現は明らかに自然人を想定したものであり，法人には適用されないと解すべきである[78]。

(3) 利益衡量の可否

本条4号イの除外事由が，事件の重要性や証拠の必要性等との利益衡量に親しむかという問題については，自己負罪拒否権は憲法38条1項の趣旨に照らして絶対的な保護に値するので利益衡量の対象にはならないが，名誉侵害は職

---

[74] 菊井＝村松Ⅱ495頁，斎藤ほか編・注解民訴(7)425頁〔斎藤秀夫＝東孝行〕等参照。
[75] 伊藤〔4版補訂版〕383頁参照。
[76] 旧注釈民訴(6)293頁〔坂田宏〕参照。
[77] 高橋下〔2版補訂版〕180頁注181参照。
[78] 深山ほか・前掲注6)(上)110頁注9は，国や地方公共団体に対して提出義務を課しても，人情に反する行為を強いることにはならないことから，220条4号イの適用の余地はないとする。

〔三木〕

業の秘密などと同じく利益衡量に親しむとする見解がある[79]。自己負罪拒否権は，人間性に対する配慮と自白偏重による人権侵害を防止するための制度的保障であり，本質的に利益衡量には親しまないと解するべきである。他方，名誉の保護は，憲法13条に根拠を求め得るとはいえ，「名誉」は評価的な概念であり，絶対的な確定にはなじまないので利益衡量の余地を認めるべきである。

4 公務秘密文書（4号ロ）

(1) 規定の趣旨

本条4号ロは，文書が，①公務員の職務上の秘密に関するものであって（公務秘密性），②その提出により公共の利益を害するか，または公務の遂行に著しい支障を生ずるおそれがある（公益侵害性）場合には，4号の一般提出義務から除外される旨を定める。証人尋問における公務秘密の証言拒絶権（197条1項1号・191条）に対応する。すなわち，証人の証言義務と文書の提出義務は，公務員の守秘義務（国公100条1項，地公34条1項）の保護と訴訟上の真実発見との調整を図る必要があるという点では同じであることから，両者を基本的に同一の規律に服させる趣旨である。公務秘密性および公益侵害性の要件を満たすか否かについての最終的な判断権は裁判所にあるが，公務員の守秘義務を解除する権限を有する監督官庁の意見を聴く必要があるので（国公100条2項・3項，地公34条2項・3項参照），223条3項ないし5項に，そのための手続が設けられている（詳しくは，→§223参照）。

(2) 行政情報公開制度との関係

公務員が，行政情報公開法の規定に従って情報を公開した場合には，服務規律違反に問われることはなく，国家公務員法上の守秘義務に抵触することはない。つまり，文書に記載されている情報が不開示情報に該当しないときは，その文書の記載内容について国家公務員法上の守秘義務は働かないのであるから，不開示情報が記載されていない行政文書が公務秘密文書に該当する余地はない。他方で，行政情報公開制度における不開示情報には該当するが，公務員の職務上の秘密には該当しないものはあり得るので，不開示情報が記載されている行政文書であっても，公務秘密文書に該当するとは限らない[80]。

---

79) 秋山ほかIV 394頁。

〔三木〕

(3) 私人が所持する公務秘密文書

本条4号ロは，提出義務が除外される公務秘密文書を公務文書に限定しておらず，私人が所持している文書であっても，それが公務秘密文書であれば，すべて提出義務が除外されるものとしている。私人が国または地方公共団体と何らかの法律関係に基づいて公務秘密文書を所持する場合であっても，公務秘密が公の法廷に顕出されないように保護する必要がある点において，公務員が公務秘密文書を所持する場合と変わるところはないからである。たとえば，自衛隊の艦船の建造を請け負った私企業が，防衛庁が作成した設計図を所持する場合などが，その例である。なお，私人が国や地方公共団体との法律関係に基づいて公務秘密文書を所持している場合は，その私人は，その法律関係に基づいて当該公務秘密について守秘義務を負っているのが通常であり，その場合には，同時に本条4号ハ後段による除外事由の対象にもなり得る[81]。

(4) 公務秘密性

「公務員の職務上の秘密」とは，公務員が職務上知り得た非公知の事項であることに加えて，実質的にもそれを秘密として保護するに値すると認められるものをいう（最決昭52・12・19刑集31巻7号1053頁，最決昭53・5・31刑集32巻3号457頁）。すなわち，いわゆる「実質秘」でなければならない。また，ここでいう「公務員」には，公務員と同様の厳格な守秘義務が課されている「みなし公務員」も含まれる。たとえば，特定独立行政法人の職員（独行法51条）や日本銀行の職員（日銀30条）などが，これに当たる[82]。

このような意味における「公務員の職務上の秘密」には，①公務員の所掌事務に属する秘密と，②公務員が職務遂行の過程で知り得た私人の秘密の2種類がある[83]。両者の取扱いの違いであるが，判例（最決平17・10・14民集59巻8号2265頁）によれば，①は，行政内部における意思形成に関するので，当然に公務秘密性が認められるとする。もっとも，こうした類型的な判断の仕方は，「秘密」を実質秘と捉える立場と必ずしも整合しないとする批判もある[84]。他

---

80) 深山ほか・前掲注6)(上)106頁参照。
81) 深山ほか・前掲注6)(上)106頁参照。
82) 深山ほか・前掲注6)(上)110頁注14参照。
83) 深山ほか・前掲注6)(上)104頁参照。

方，②は，公にされると私人との信頼関係が損なわれ，公務の公正かつ円滑な運営に支障を来すこととなる場合に限って，はじめて公務秘密性を獲得する。私人の秘密については，公務秘密として保護されるべき因果関係が必要だからである。

(5) 公益侵害性

(ア) 「公益侵害性」要件の意義　公務秘密性のある文書が開示されることによって，「公共の利益が害されるおそれがある場合」や「公務の遂行に著しい支障を生ずるおそれがある場合」にまで，訴訟上の真実発見を優先させることはできない。そこで，公務秘密性だけでは一般提出義務は解除されないが，それに加えて，こうした事由が認められる場合には，文書提出義務が否定されるとしたものである。法文は，「公共の利益が害されるおそれがある場合」と「公務の遂行に著しい支障を生ずるおそれがある場合」を併記しているが，「公共の利益」という概念は抽象性が高いことから，除外対象となる文書の範囲をできる限り明確にするために，「公共の利益」を害するおそれのある典型的な場合として「公務の遂行に著しい支障を生ずるおそれ」を抜き出して独立に掲げたものである[85]。すなわち，後者は前者の例示である。

(イ) 「おそれ」の意味　ここにいう「おそれ」という文言は，公益侵害性の判断には将来の予測が不可避となることから用いられているものであり，秘密の範囲を広く解釈する根拠となるものではない。したがって，公益侵害の抽象的な可能性が認められるだけでは不十分である[86]。最高裁平成17年10月14日決定（民集59巻8号2265頁）も，公益侵害の「おそれ」の意味につき，「抽象的なおそれがあることが認められるだけでは足りず，その文書の記載内容からみてそのおそれの存在することが具体的に認められることが必要である」とする。実際に，この点が問題になった下級審の裁判例として，東京高裁平成16年5月6日決定（判時1891号56頁）がある。同決定は，国税不服審判所に対する参考人の答述を記載した書面の文書提出命令に対して国税不服審判所長から申し立てられた即時抗告審の判断として，抗告人は当該文書が開示される

---

84) 秋山ほかⅣ 398頁参照。
85) 深山ほか・前掲注6)(上)105頁参照。
86) 深山ほか・前掲注6)(上)105頁参照。

と今後の職権調査や審理に著しい支障を生ずるおそれがあると主張するが，抗告人の主張する事由は今後の同種事件への事実上の影響が懸念されるというに過ぎず，一般的，抽象的な支障の可能性を述べるにとどまり，公務の遂行に著しい支障が生じることの根拠としては不十分であると判示した。

(ウ) 「公益侵害性」の具体例　「公共の利益が害されるおそれがある場合」の具体例としては，平成 8 年改正の立案担当者は，外交交渉の過程において内容を明らかにしない約束で行われた外交会談の具体的内容が記載された文書や，自衛隊の航空機の性能が記載された文書を挙げている[87]。また，「公務の遂行に著しい支障を生ずるおそれがある場合」の具体例として立案担当者が挙げているのは，行政内部において非公開で行われた委員会の議事録，私人の収支状況が記載されている納税申告書，実施前の国家試験の試験問題が記載された文書，競争入札手続における入札予定価格が記載された文書等である[88]。上述したように，「公務の遂行に著しい支障を生ずるおそれ」は「公共の利益が害されるおそれ」の典型例を掲げたものであるので，両者を厳密に区別する実益はなく，いずれかに該当すれば公益侵害性の要件を満たす。

(エ) 「公益侵害性」を肯定した裁判例　公益侵害性の要件を肯定した裁判例としては，次のようなものがある。最高裁平成 16 年 2 月 20 日決定（判時 1862 号 154 頁）は，県が漁業協同組合（漁協）との間で漁業補償交渉をする際の手持ち資料として作成した補償額算定調書中の補償見積額が記載された部分は，その内容が明らかになった場合には，漁協による各組合員に対する補償額の決定や配分に著しい支障を生ずるおそれがあり，県と漁協との信頼関係が失われることになり，将来，県が他の漁協との間で本件と同様の漁業補償交渉を円滑に進める際の著しい支障ともなり得ることは明らかであるとして，公務の遂行に著しい支障を生ずるおそれが認められるとした。

また，最高裁平成 17 年 7 月 22 日決定（民集 59 巻 6 号 1888 頁）は，外国人の退去強制令書の発令処分の取消請求事件を本案とし，法務省が外国公機関に照会を行った際に外務省に交付した依頼文書の控え，これに関して外務省が外国

---

[87] 深山ほか・前掲注 6)(上) 105 頁参照。

[88] 深山ほか・前掲注 6)(上) 105 頁参照。

公機関に交付した照会文書の控え,これに対する回答文書,の提出命令が求められた事件において,開示により他国との信頼関係が損なわれ,わが国の調査活動等の遂行に著しい支障を生ずるおそれがあるものと認める余地があるとした。

(オ)「公益侵害性」を否定した裁判例　　他方,公益侵害性の要件を否定した裁判例には,次のようなものがある。最高裁平成17年10月14日決定（民集59巻8号2265頁）は,労働災害が発生した際に労働基準監督官等の調査担当者が作成した災害調査復命書のうち,当該調査担当者が職務上知ることができた事業場の安全管理体制や労災事故の発生状況等は,調査担当者が有する法律上の権限などに鑑みると,これが本案事件において提出されても,関係者の信頼を著しく損なうということはできず,以後の調査にあたって関係者の協力を得ることが著しく困難になるということもできないとした。

また,下級審裁判例では,交通事故に基づく損害賠償請求を本案とし,実況見分現場における捜査担当警察官の手書きメモの提出が求められた事件において,岡山地裁平成22年3月8日決定（判時2078号87頁）は,本件文書に記載されている事項は当事者間に発生した事故に関するものであり,警察官の主観的な意見等は記載されておらず,当事者双方が文書の送付嘱託を求めていること等に鑑みると,これが公になったとしても,警察と当事者らの信頼関係が損なわれ,これによって,公務の公正かつ円滑な運営に支障を来すとは考えられない旨を判示した。

死亡した患者の相続人が提起した医療訴訟において,救急救命士が作成した救急活動記録票について文書提出命令が申し立てられた事件でも,死亡した傷病者の遺族が提起した医療訴訟において当該文書を証拠として用いても,傷病者本人がこれを用いる場合と同様であって,傷病者と救急救命士との信頼関係を損なうものではないとして,公益侵害性を否定した裁判例がある（東京地決平16・9・16判時1876号65頁）。

(6) 利益衡量の可否

本条4号ロの除外事由について,事件の重要性や証拠の必要性等との利益衡量に親しむかという問題がある。公務秘密の開示による公益侵害のおそれは,私的な秘密の利益とは異なるとして,利益衡量を否定する見解もある[89]。しか

し，公務秘密の開示による公益侵害のおそれといえども，訴訟における真実発見の要請という別の公益との衡量を免れるものではないであろう。また，職務秘密性が実質秘であるとすれば，職務秘密性と公益侵害性は，判断において実質的に重なり合うので，さらに公益侵害性の要件が付加されているのは，利益衡量を認める趣旨であると考えることもできよう。学説の多数も，利益衡量の余地を認める[90]。下級審裁判例（東京高決平20・2・19判タ1300号293頁）にも，「『公務の遂行に著しい支障を生ずるおそれがある』か否かについては，仮にこれに当たるとしてもその程度には高低が存するものであり，他方で，当該文書の問題となる部分に証拠調べの必要性があるとしても，その程度にも自ずから強弱があることを考えると，同条4号ロに該当しないか否かの判断に当たっては，証拠調べの必要性の程度と公共の利益を害し又は公務の遂行に著しい支障を生ずるおそれの程度を総合的に衡量して判断するのが相当である」と判示したものがある。

5 法定専門職秘密文書（4号ハ前段）

(1) 規定の趣旨

本条4号ハ前段は，①医療，法律，宗教に関係する法定の専門職にある者またはそれらの職にあった者（以下，「法定専門職」という）が職務上知り得た事実が記載されている文書であって，②黙秘すべきものであり，かつ，③黙秘の義務が免除されていないもの（黙秘義務の非免除）は，一般提出義務から除外される旨を定める。このうち，①および②は，証言拒絶事由を定めた197条1項2号を準用するものであり，また，③は，証言拒絶事由における197条2項に対応する。法定専門職の証言拒絶事由を定めた197条1項2号と平仄を合わせる形で，中世以来，プロフェッションと呼ばれてきた一定の知的専門職に対する患者・依頼者・信徒等の信頼を保護するために，文書の一般提出義務に対する除外事由としたものである。したがって，197条1項2号および2項と同じく，③により，保護の対象である秘密の主体が黙秘の義務を免除した場合は提出除外事由とはならないものとされている。

---

89) 松本＝上野〔8版〕517頁参照。
90) 伊藤〔4版補訂版〕428頁，長谷部由起子「公務文書の提出義務」井上追悼353頁，秋山ほかIV 399頁等参照。

(2) **法定専門職が職務上知り得た事実が記載された文書**

　法定専門職が職務上知り得た事実が記載された文書は，それらの専門職自身が所持しているものに限られるわけではなく，所持者が誰であるかを問わない[91]。所持者が誰であろうと，知的専門職を信頼して秘密を打ち明けた患者・依頼者・信徒等の利益を保護する必要があるからである。197条1項2号については，同規定に基づいて証言拒絶権を行使することができるのは法定専門職が証人になった場合に限られるので，この点で証言拒絶事由とは異なることになる。平成8年改正の立案担当者は，医師が職務上知り得た事実が記載された診療録を医療法人が所持している場合，この医療法人は本条4号に基づく提出義務を負わないという例を挙げている[92]。

　197条1項2号の解釈として，同号が掲げる医師や弁護士等の職業は，原則として，類推解釈を許さない制限列挙であるとされる。ただし，通説は，法令上の守秘義務がある一定の専門的な職業に限っては，例外的に，同号の拡張的な解釈を認める。具体的には，調停委員・参与員（民調38条，家事292条）公認会計士（会計士27条），司法書士（司書24条），行政書士（行書12条），税務署員等（税通126条，地税22条），選挙管理委員会の委員等（公選227条）などである（詳しくは，§197の解説を参照）。本条4号ハ前段の解釈においても，同様に解すべきことになろう。最高裁平成16年11月26日決定（民集58巻8号2393頁）（以下，「平成16年決定」という）も，公認会計士が本条4号ハ前段の対象に含まれることを当然の前提として，判断を行っている。

　法定専門職が「職務上知り得た」といえるためには，職務と無関係な活動における知見が除外されることは当然であるが，狭い意味における法定専門職本来の職務（たとえば，弁護士であれば，民事訴訟，刑事訴訟，法律相談，顧問業務などの仕事）に限られるかどうかが問題になる。この点につき，前掲の平成16年決定は，経営破綻した保険会社の保険管理人によって設置された弁護士や公認

---

91) 一問一答250頁，伊藤眞「自己使用文書としての訴訟等準備文書と文書提出義務」佐々木吉男追悼・民事紛争の解決と手続〔2000〕426頁，三木浩一〔判批〕法研78巻7号〔2005〕101頁，髙橋下〔2版補訂版〕183頁注183，秋山ほかⅣ399頁，三木ほか〔2版〕326頁等参照。

92) 一問一答250頁参照。

会計士を委員とする調査委員会が作成した調査報告書の文書提出命令が求められた事件において，本条4号ハ前段の適用が認められる旨の判断をした。これは，調査委員会の委員としての職務は弁護士や公認会計士の本来の仕事ではないとはいえ，彼らは単なる有識者として委員に任命されたわけではなく，法定専門職としての能力や見識を活用して調査等を行うことを期待されていたものであり，保険管理人が代表する保険会社との間に，法定専門職に対する依頼人の信頼を保護すべき関係があったものと認められたからであろう[93]。すなわち，法定専門職本来の職務に限られるわけではないが，法定専門職としての能力や見識を前提とする職務であることは，必要であると解される。

(3) 黙秘すべきもの

「黙秘すべきもの」とは，一般に知られていない事実であって，本人が秘匿を欲しており（主観的秘匿利益），かつ，客観的にも保護に値するような利益を有する（客観的秘匿利益）ものをいう。これは，197条1項2号（旧法下では281条1項2号）についての伝統的な通説である[94]。前掲の平成16年決定は，現行法の下で同規定を準用する本条4号ハ前段との関係でも，同様の立場を採用することを明らかにした。また，同決定は，この解釈の当該事件における具体的な当てはめとして，弁護士等を委員とする調査委員会が作成した破綻保険会社の調査報告書について，当該文書は法令上の根拠を有する命令に基づく調査の結果を記載した文書であること，プライバシー等に関する事項が記載されるものではないこと，当該文書を作成した調査委員会は公益のために調査を行うものであること，調査委員会に加わった弁護士等は公益のために調査に加わったに過ぎないことなどを理由として，客観的秘匿利益を有するとはいえず，「黙秘すべきもの」には当たらないとした。

(4) 黙秘義務の非免除

本条4号ハ前段は，法定専門職に対する秘密主体の信頼を保護することを根拠とする除外事由であるので，秘密主体が黙秘義務を免除すれば，提出義務を

---

93) 中村也寸司・最判解説平成16年度763頁，上野泰男・平成16年度重判解説131頁参照。

94) 旧注釈民訴(6) 316頁〔坂田〕，上野・前掲注93) 131頁，林道晴〔判批〕NBL802号〔2005〕48頁等参照。

否定する理由はなくなる。そこで，黙秘義務が免除されていないことが要件とされている。この黙秘義務の免除は，必ずしも明示的でなくてもよい。たとえば，医療事件で患者自身が原告になっている場合は，医者が作成した診療録等についての黙秘義務は免除されたものと解すべきである[95]。これに対し，患者自身以外の親族等が原告になっている場合は，このようにいうことはできないであろう。また，この点に関する裁判例として，前掲の平成16年決定の原審である東京高裁平成16年6月8日決定（民集58巻8号2412頁）は，秘密主体自身が記者発表によって公表した事実およびこれを基礎付ける事実については，弁護士等との関係でも黙秘義務を解除したものとした。

(5) 利益衡量の可否

法定専門職秘密文書について利益衡量が許されるかどうかについては議論がある。東京高裁平成4年6月19日決定（判タ856号257頁）は，公証人の職務上の秘密に関する証言拒絶権について，公証人の証言を得るほかに適切な代替証拠がない場合には，実体に即した公正な裁判を実現するために，公証人の証言拒絶権は利益衡量に服する旨を判示した。仮に，この裁判例の論理を一般化し得るとすれば，法定専門職一般の証言拒絶権およびこれを準用する本条4号ハ前段の除外事由についても，利益衡量が許されることになる。

しかし，これに対しては，法定専門職は，職務の遂行過程において患者や依頼者の高度のプライバシーにかかる秘密に接する機会を定型的に有し，このことが他の技術または職業の秘密と区別して規定が置かれている理由でもあるので，その高い信頼性を保護するためには，利益衡量を否定するか，少なくとも法定専門職が知り得た秘密の司法への協力義務に対する絶対的優越性を認めるべきであるとする見解がある[96]。

たしかに，法定専門職が職務上知り得た事実について，無条件で利益衡量を許すことになれば，患者や依頼者は安心して法定専門職に秘密を打ち明けることができない。しかし，法定専門職が職務上知り得た事実は多種多様である点で，利益衡量が完全に否定される自己負罪拒否権に関する事実とは異なるとこ

---

95) 高橋下〔2版補訂版〕168頁参照。
96) 伊藤眞「文書提出義務をめぐる判例法理の形成と展開」判タ1277号〔2008〕16頁参照。

ろがあり、利益衡量の余地を完全に否定することにも疑問がある。したがって、法定専門職が職務上知り得た事実について優越性を認めつつ、これを覆し得るより高度の公益性や必要性等の事情がある場合に限って、利益衡量が許されるものと解すべきである。

6 技術職業秘密文書（4号ハ後段）
(1) 規定の趣旨

本条4号ハ後段は、①技術または職業の秘密に関する事項が記載されている文書（技術または職業の秘密）であって、②黙秘の義務が免除されていないもの（黙秘義務の非免除）は、一般提出義務から除外される旨を定める。①は、197条1項3号を準用しており、②は、197条2項に対応する。証言拒絶権に関する197条1項3号は、技術や職業の秘密が公にされると、その技術を用いた活動や職業の維持遂行が困難または不可能になるおそれがあるので、それを防止することによって、技術や職業の社会的な価値を保護することを目的とするが、本条4号ハ後段は、これと平仄を合わせたものである。したがって、197条1項3号と同様に、秘密主体が黙秘義務を免除したときにまで除外事由とする必要はないので、②の要件が設けられている。なお、これらの法文上の要件に加えて、後述するように、判例法理によって、さらに「保護に値する秘密」であること（要保護性）が、いわば第3の要件として課されることになる。

(2) 技術または職業の秘密

「技術の秘密」とは、「その事項が公開されると、当該技術の有する社会的価値が下落し、これによる活動が困難になるもの」を意味し、「職業の秘密」とは、「その事項が公開されると、当該職業に深刻な影響を与え、以後その遂行が困難になるもの」を意味する。これは、旧法下以来の伝統的な通説・裁判例であるが、最高裁平成12年3月10日決定（民集54巻3号1073頁）は、現行法の197条1項3号についても、同じ解釈を採用することを明らかにした。すなわち、「技術または職業の秘密」というためには単なる主観的な秘密である（主観的秘匿利益）だけでは足りず、当該技術を用いた活動が困難になるとか、当該職業の遂行が困難になるとかなど、実質的かつ具体的な損害が認められるもの（客観的秘匿利益）でなければならない。

代表的な裁判例としては、次のようなものがある。最高裁平成20年11月

25日決定（民集62巻10号2507頁）は，金融機関が作成した顧客の財務状況等について評価した情報につき，このような情報が開示されれば当該顧客が重大な不利益を被り，当該顧客の金融機関に対する信頼が損なわれるなど金融機関の業務に深刻な影響を与え，以後，その遂行が困難になるので「職業の秘密」に該当するとした。他方，下級審裁判例として，大阪高裁平成16年12月27日決定（判時1921号68頁）は，日本銀行が保管する信用金庫に送付した所見通知の提出が申し立てられた事案において，日銀考査の結果は，金融庁の職員に閲覧させ，正当な理由がある場合には開示することができる旨が定められているものであるから，これが裁判所の文書提出命令に応じて提出されることがあっても，金融機関が資料の提出等に消極的な姿勢になるとは認めがたいことなどを理由として，「職業の秘密」には該当しないとした。

　「職業の秘密」については，秘密の保持者と秘密の主体が分離することが，しばしばある（「技術の秘密」については，両者が一致することが多い）。たとえば，金融機関が顧客との取引内容に関する情報を有する場合，その秘密の保持者として文書提出命令の相手方になるのは金融機関であっても，その秘密の秘匿によって直接的に保護される主体は顧客であり，金融機関は，当該顧客に対して商慣習上または契約上の守秘義務を負うという関係にある。このような場合に，いずれの利益を基準に「職業の秘密」を判断すべきかが問題となる。この点につき，最高裁平成19年12月11日決定（民集61巻9号3364頁）は，金融機関に対して顧客の取引履歴が記載された取引明細書の提出が求められた事件において，当該顧客自身が訴訟の当事者として開示義務を負う場合には，当該顧客は金融機関の守秘義務により保護されるべき正当な利益を有しないから，この文書に記載された情報は，職業の秘密として保護されないとした。すなわち，秘密の保持者（金融機関）の利益ではなく秘密の主体（顧客）の利益を基準に判断すべきものとした。最高裁平成20年11月25日決定（民集62巻10号2507頁）も，これと同様の判断を示しており，秘密の主体の利益を基準とすべきものとする判例理論が確立している。

(3)　黙秘義務の非免除

　本条4号ハ後段は，秘密主体が有する技術や従事する職業自体の保護を目的とする除外事由であるので，秘密主体が黙秘義務を免除した場合には，提出義

務を否定する理由はない。そこで，黙秘義務が免除されていないことが要件とされている。本条4号ハ前段と同じく，この黙秘義務の免除は必ずしも明示的でなくてもよい。

(4) 要保護性

本条4号ハ後段が明文で定める要件は，上述のように，①技術または職業の秘密と，②黙秘義務の非免除であるが，裁判例は，これらに該当するのみでは足りず，さらに，「保護に値する秘密」のみが除外事由になるとする。すなわち，法文上の要件に加えて，③保護に値する秘密（要保護性）という要件が，判例法理により付加されているものといってよい。これは，197条1項3号に関して，旧法下から採られてきた考え方である（大阪高決昭48・7・12下民24巻5～8号455頁，東京高決昭59・7・3高民37巻2号136頁）。現行法下では，最高裁平成18年10月3日決定（民集60巻8号2647頁）（報道関係者の取材源の秘匿に関する事件）が，「職業の秘密」に加えて「要保護性」が必要であるとの立場を採ることを明らかにした。

さらに，197条1項3号を準用する本条4号ハ後段との関係で，この点を明らかにしたのが，最高裁平成19年11月30日決定（民集61巻8号3186頁）（銀行が所持する自己査定資料について本条4号ニの該当性を否定）の差戻し後の再度の上告審である最高裁平成20年11月25日決定（民集62巻10号2507頁）（同一文書について本条4号ハ後段の該当性を否定）である。すなわち，同決定は，上記の最決平成18年10月3日を引用して「文書提出命令の対象文書に職業の秘密に当たる情報が記載されていても，所持者が民訴法220条4号ハ，197条1項3号に基づき文書の提出を拒絶することができるのは，対象文書に記載された職業の秘密が保護に値する秘密に当たる場合に限られ，当該情報が保護に値する秘密であるかどうかは，その情報の内容，性質，その情報が開示されることにより所持者に与える不利益の内容，程度等と，当該民事事件の内容，性質，当該民事事件の証拠として当該文書を必要とする程度等の諸事情を比較衡量して決すべきものである」と判示し，「保護に値する秘密」のみが除外事由になるものとした。

この「要保護性」要件の具体的な事件における適用例としては，次のようなものがある。前掲最決平成19・11・30は，金融機関が顧客の財務状況等につ

いて分析および評価した情報は「職業の秘密」に当たるが，当該情報は，既に倒産した顧客の倒産前の財務状況等に関するものであるから，これが開示されても当該顧客が受ける不利益は小さく，金融機関の業務に対する影響も軽微であるのに対し，本案訴訟は必ずしも軽微な事件ではなく，本案事件の争点を立証する書証としての証拠価値は高く，これに代わる中立的・客観的な証拠も存在しないとして，「保護に値する秘密」には当たらないとした。他方，同決定後の下級審裁判例では，不動産鑑定士が賃貸人等の第三者から収集した新規賃料や継続賃料に関する情報について，不動産鑑定士としての業務を通じて収集された情報が開示されると賃貸人等との信頼関係が損なわれ，その業務に深刻な影響が生じる可能性があるのに対し，申立人は，既に開示されている情報によって相手方の主張に反論を加えることは十分に可能であるとして，「保護に値する秘密」に当たるとしたものがある（東京高決平22・7・20判時2106号37頁）。

(5) 利益衡量の可否

　上述のように，判例によれば，「保護に値する秘密」であるかどうかは，「その情報の内容，性質，その情報が開示されることにより所持者に与える不利益の内容，程度等と，当該民事事件の内容，性質，当該民事事件の証拠として当該文書を必要とする程度等の諸事情を比較衡量して決すべきものである」とされる。すなわち，判例が定立した要保護性はもともと利益衡量を目的とした要件であり，技術または職業の秘密について，事件の性質や証拠としての必要性との利益衡量を当然に容認する。

　こうした判例の考え方に対しては，利益衡量を判断枠組みとすると，秘密の主体にとっての予測可能性が失われることや，技術・職業の秘密を保護する法の目的が損なわれるとして，異を唱える見解もある[97]。しかし，他方において，技術・職業の秘密といっても秘密の程度には段階があるので中間領域の秘密における司法の利益の調整の余地を残しておくべきであるとする見解[98]や，柔軟な判断の余地を残すために利益衡量を認めるべきであるとする見解[99]など，判

---

97) 伊藤〔4版補訂版〕382頁，松本＝上野〔8版〕486頁等参照。
98) 高橋下〔2版補訂版〕183頁注184参照。
99) 秋山ほかⅣ405頁参照。

例の考え方を支持する見解もある。技術・職業の秘密には種々のものが含まれ得ることを考えると，利益衡量による調整や柔軟な判断が必要な場合があり得ることは，現実問題として否定できない。したがって，判例の立場が基本的に支持されるべきである。

7 自己利用文書（4号ニ）
(1) 規定の趣旨

本条4号ニは，専ら文書の所持者の利用に供するための文書は，一般提出義務から除外されるものとする。文書の所持者にとって外部への開示をおよそ予定していない文書については，これを一般提出義務の対象とすると，文書の作成者の自由な活動を妨げるおそれがあるとする経済界の意見などがあり，これに配慮して，旧法下における内部文書の考え方を基にして設けられた除外事由である。この除外事由に該当する文書の呼称は定まっていないが（自己使用文書，自己専用文書，自己専使用文書，自己専利用文書など），本条の解説では「自己利用文書」と呼ぶことにする[100]。

しかし，証言拒絶事由と対応する除外事由のように記載内容の秘密性を直接的に問題とするわけではなく，文書作成者の作成時における作成目的を主要な要素とするため，これによって，一般提出義務の広範な例外を認めることにもつながりかねない。そこで，この除外事由に対しては，立法段階および立法直後の早い段階から，学説や実務において議論が沸騰した。現在では，後述するように，平成11年の最高裁判例において，自己利用文書該当性を抑制的に解釈する方向の準則が打ち立てられている。しかし，これによって議論が収束したわけではなく，平成16年改正の際には，この除外事由の見直しが検討されたが[101]，結局，改正は見送られた。

本条4号ニには括弧書があり，「国又は地方公共団体が所持する文書にあっては，公務員が組織的に用いるものを除く」とする。これは，公務員が組織的に利用するものとして保管している文書は，行政情報公開法による開示の対象となる文書なので（行政情報公開2条2項），たとえ外部への開示が予定されて

---

100) 各種の呼称については，高橋下〔2版補訂版〕185頁注185参照。
101) 一問一答平成16年41頁参照。

いなくても，自己利用文書としての除外は認められないとする趣旨である。したがって，たとえば備忘録や手控えの一種であっても，それが公務員が組織的に利用するものであれば，自己利用文書には該当しない。他方，公務員が個人で使用するための備忘録や手控えは，自己利用文書に該当する余地がある。ところで，本条4号ニ括弧書については，そこにいう「国又は地方公共団体」に国や地方公共団体に準ずる法人等が含まれるかという問題があるが，最高裁平成25年12月19日決定（民集67巻9号1938頁）は，国立大学法人が所持しその役員または職員が組織的に用いる文書の提出命令申立事件において，国立大学法人は，国立大学法人法により，その業務運営等において国が一定の関与をし，その役員および職員は罰則の適用につき法令により公務に従事する職員とみなされるほか，その保有する情報は国の行政機関の場合とほぼ同様に開示すべきものとされていることを理由として，本条4号ニ括弧書の類推適用を認めた。この判例法理によれば，国立大学法人以外でも同様の規律を受ける法人等については，同じく本条4号ニ括弧書の類推適用が認められることになろう。

(2) **判例準則による変容**

平成8年改正後における最初の文書提出命令に関する最高裁判断である最高裁平成11年11月12日決定（民集53巻8号1787頁）（以下，「平成11年決定」という）は，かねてより下級審や学説において激しい議論があった金融機関の貸出稟議書の自己利用文書該当性を判断する前提として，本条4号ニの自己利用文書に該当するかどうかの判断基準について，後述の一般的な考え方を示した。そして，これ以降の自己利用文書該当性をめぐって争われた事件は，最高裁であると下級審であるとを問わず，例外なくこの判断基準を用いている。平成11年決定が示した判断基準が判例準則の位置を獲得しているといわれる由縁である。

平成11年決定が判示した判断基準は，次のとおりである。すなわち，ある文書が，①その作成目的，記載内容，これを現在の所持者が所持するに至るまでの経緯，その他の事情から判断して，もっぱら内部の者の利用に供する目的で作成され，外部の者に開示することが予定されていない文書であって（以下，「外部非開示性」という），②開示されると個人のプライバシーが侵害されたり個人ないし団体の自由な意思形成が阻害されたりするなど，開示によって所持者

の側に看過し難い不利益が生ずるおそれがあると認められる場合には（以下，「不利益性」という），③特段の事情がない限り（正確には「特段の事情の不存在」であるが，以下，単に「特段の事情」という），当該文書は自己利用文書に当たる。

このように，平成11年決定は，「外部非開示性」，「不利益性」，「特段の事情」の3つをすべて満たした場合に，はじめて自己利用文書に該当するとの判断を示した。これらのうち，「外部非開示性」は，本条4号ニの規定の言い換えに近く，また，「特段の事情」は例外的な事態に備えた一種の安全弁であるとすれば，ともに自然に導かれる要件である。これに対し，「不利益性」は，本条4号ニの条文解釈の域を超えており，文書提出義務の一般義務化の趣旨を忠実に実現する意図をもって，自己利用文書概念を限定解釈するために，最高裁によって特に付加された要件である[102]。その意味では，最高裁判例を通じて，いわば実質的な立法が行われたものである。したがって，本条4号ニは，この判例準則によって既に明文からは変容を遂げていると考えるべきである。

判例準則が示した3要件のうち，「特段の事情」は，後述するように，独立の要件として評価すべきかどうかは疑わしい。そこで，残る「外部非開示性」と「不利益性」の関係が主として問題となるが，概略的には，「外部非開示性」は外形的要件であり，「不利益性」は実質的要件であると整理することができよう[103]。ただし，実際の運用では，平成11年決定の判示も，その後の判例における運用も，こうした理解から外れる部分があり，両者の関係は，実務において必ずしも論理的に整理されてはいない。すなわち，「外部非開示性」については，平成11年決定は，その考慮要素として文書の記載内容や所持の経緯を挙げるが，これらは実質的要件と重複するし，「外部非開示性」について実質的な判断をした裁判例もある。他方，「不利益性」について，文書の記載内容を考慮することなく，外形的判断をした裁判例も少なくない。しかし，「外部非開示性」は，当該文書の一般的な利用形態や共通意識などの類型的な性質が主たるファクターとなるから，やはり基本的には外形的要件であり，「不利益性」は，文書の記載内容を考慮せずには判断することが難しい場合が多いで

---

102) 小野憲一・最判解説平成11年度783頁参照。
103) 小林秀之〔判批〕判評499号〔2000〕29頁，村上正子「裁判例からみた文書提出拒絶権」筑波法政〔2001〕77頁等参照。

第5節　書証　　　　　　　　　　　　　　　　　　　　　§ 220 Ⅷ

あろうから，やはり基本的には実質的要件であるといえよう。

　以下，この平成11年決定を確立した判例準則として位置付けた上で，同決定以後の主要な裁判例について，①「外部非開示性」と「不利益性」が未分化の時期，②「外部非開示性」の考慮要素，③「不利益性」の考慮要素，④「特段の事情」の位置付け，⑤文書類型に即した判断傾向，⑥利益衡量の可否の6つの観点から，概観することにする。

(3)　「外部非開示性」と「不利益性」が未分化の時期

　平成11年決定は，銀行の貸手責任が顧客である借主から問われた本案事件において，銀行が所持する貸出稟議書の文書提出命令が申し立てられたケースであるが，自らが定立した3要件につき，そのすべてを満たすとして，貸出稟議書は自己利用文書に当たり提出義務はないとした。この事件では，「外部非開示性」と「不利益性」は明確に区別されることなく判断が行われており，また記載内容等を考慮した実質的判断もなされていない。したがって，具体的なあてはめにおいては，「不利益性」の要件を付加したことの意義が生かされているかどうかは疑問である。

　この翌年に出された最高裁平成12年12月14日決定（民集54巻9号2709頁）（以下，「平成12年決定」という）は，信用金庫の会員による会員代表訴訟を本案事件とし，貸出稟議書の文書提出命令を申し立てた事件である。同決定は，「外部非開示性」および「不利益性」の要件につき，当該事案に即した具体的な検討を行うことなく，平成11年決定を引用するのみで，アプリオリに当該事件における貸出稟議書はこれらを満たすとして，直ちに「特段の事情」の検討に入っている。すなわち，貸出稟議書という文書の類型のみで「外部非開示性」と「不利益性」を一括判断しており，この事件でも両要件の明確な区別はみられない。

　こうした「外部非開示性」と「不利益性」の未分化は，その後もしばらく続く。たとえば，平成12年決定より4年後の最高裁平成16年11月26日決定（民集58巻8号2393頁）においても，「外部非開示性」と「不利益性」は明確に区別されていない。両要件の機能差を明確に意識した判示がみられるのは，後述の平成18年決定の頃からである。

〔三木〕

(4) 「外部非開示性」の考慮要素

(ｱ) **基本的な枠組み**　「外部非開示性」は，基本的には外形的要件であるが，ある程度の実質的な判断がなされた裁判例も少なくない。その際，圧倒的に多い手法は，「法令上の作成義務」がある文書については「外部非開示性」を原則として否定するが，事案に応じて，それ以外の考慮要素を適宜加味するというものである。他方，「法令上の作成義務」がない文書については，それ以外の要素を類型的または実質的に判断するものとされている。

(ｲ) **法令上の作成義務**　「外部非開示性」要件の判断において，裁判例が一貫して重視するのは，法令上の作成義務である。すなわち，当該文書が法令によって作成を義務付けられた文書であるか，文書の作成自体は法令で義務付けられていなくても，法令上の根拠を有する命令に基づく文書や法令上の義務行為の前提として作成された文書など，法令上の作成義務に準ずる場合には，もっぱら内部の者のみで利用が完結することが想定されていないとして，「外部非開示性」の要件を否定することが多い。

たとえば，最高裁平成16年11月26日決定（民集58巻8号2393頁）は，破綻保険会社の保険管理人によって設置された弁護士および公認会計士を委員とする調査委員会が作成した調査報告書の文書提出命令が申し立てられた事案であるが，この調査報告書の作成が法令上の根拠を有する命令に基づくことを主たる理由として，「外部非開示性」を否定した。すなわち，法令上に調査報告書の作成義務が明記されているわけではないが，法令上の根拠を有する命令に基づく調査の結果を記載した文書であり，所持者の内部で使用するだけの文書ではないことを考慮したものである。

また，最高裁平成19年11月30日決定（民集61巻8号3186頁）は，銀行に対する監督官庁の資産査定の前提となる資料（自己査定資料）について文書提出命令が申し立てられた事案である。同決定は，監督官庁による資産査定は法令により義務付けられており，自己査定資料はこの法令上の義務を果たす前提として作成されたものであることを重要な要素として，「外部非開示性」を否定した。

このように，近時の裁判例は，「外部非開示性」を否定する根拠として法令上の作成義務を有力な手がかりとし，さらに，これを法令上の作成義務に準ず

る場合に拡大する傾向にある。そして，これにより，自己利用文書該当性の判断については，抑制的な態度がとられることになる。法令上の作成義務の範囲が拡大すれば，外部非開示性は否定されやすくなり，そうすると，自己利用文書該当性も否定されやすくなるという関係にあるからである。

ただし，法令上の作成義務があれば，常に「外部非開示性」が否定されるとはいえない。たとえば，最高裁平成17年11月10日決定（民集59巻9号2503頁）は，地方議会の議員が政務調査費を用いて行った調査研究の報告書等の文書提出命令が申し立てられた事案であり，当該文書は，法令によって作成が義務付けられているものである。しかし，同決定は，当該文書は，議員が所属する会派の代表者に提出するものであり，議長への提出や市長への送付は予定されていないこと，その趣旨は議員の調査研究に対する執行機関等からの干渉を防止するところにあることなどを理由として，法令上の作成義務を決定的な要素とせず，「外部非開示性」を肯定した。最高裁平成22年4月12日決定（判時2078号3頁）も，同様の文書について提出義務が争われた事例であるが，やはり，法令上の作成義務よりも政治活動の自由を重視して「外部非開示性」を肯定した。

他方，法令上の作成義務がない場合は，それだけで「外部非開示性」が満たされるわけではなく，判断の一要素にとどまる。最高裁の裁判例としては，最高裁平成23年10月11日決定（判時2136号9頁）がある。この事件では，弁護士に対する懲戒処分の議事に関する弁護士会の綱紀委員会の議事録の文書提出命令が申し立てられた。最高裁は，弁護士法には綱紀委員会の議事録の作成および保存に関する規定はないことに加えて，綱紀委員会の議事は非公開であって，議事録の閲覧や謄写も認められていないことなどを理由に挙げた上で，「外部非開示性」の要件を満たすものと判示した。また，下級審の裁判例であるが，東京高裁平成26年8月8日決定（判時2252号46頁）は，相手方が近畿財務局長宛に提出する報告書を作成する前提として営業員をヒアリング調査した結果をまとめた文書等の提出命令が申し立てられた事案において，文書の作成・保存や提出が法的に義務付けられているかという点は，外部非開示性を判断する一資料となるにとどまり，それが不可欠の要件というわけではないと判示して，その他の事情を検討して自己利用文書該当性を否定した。

〔三木〕

(ウ)　**守秘義務との関係**　「外部非開示性」の判断において，たとえ外部への開示が予定されていても，それが監督官庁による調査のように開示の相手方が守秘義務を負っており，そこからさらに外部に情報が漏れるおそれがほとんどない場合には，なお「外部非開示性」の要件を充足するとの考え方がある[104]。しかし，上述した最高裁平成19年11月30日決定（民集61巻8号3186頁）は，自己査定資料が監督官庁による資産査定での使用が予定されている文書であることを理由に「外部非開示性」を否定し，公務員の守秘義務により監督官庁からさらに外部に開示されるおそれがほとんどないことは，考慮しなかった。

　この事件に先立つ裁判例でも，開示の相手方が守秘義務を負う者と解される事例がいくつかあるが，いずれも守秘義務との関係を問題にしていない。したがって，判例において，開示の相手方が守秘義務を負う場合には，なお「外部非開示性」を肯定し得るとの考え方が採られていないことは明らかである。守秘義務を負う者への開示のみが予定されている場合でも，もはや純粋な内部理由の目的とはいえないのであるから，こうした判例の立場は支持されるべきである[105]。

　(5)　「不利益性」の考慮要素

　(ア)　**基本的な枠組み**　「不利益性」は，前述したように基本的には実質的要件であるが，「外部非開示性」と未分化の時期に典型的にみられるように，類型的に判断されることも多い。実質的な判断がなされるときは，「個人のプライバシーの侵害」と「団体の自由な意思形成の阻害」が「不利益性」の有無における主要な考慮要素とされる。「個人のプライバシーの侵害」と「団体の自由な意思形成の阻害」が「不利益性」の典型であることは，リーディング・ケースである平成11年決定において既に示されていたが，より明確に示されたのは，最高裁平成18年2月17日決定（民集60巻2号496頁）（以下，「平成18年決定」という）においてである。この事件は，銀行の本部部署から各営業店長等に発出されたいわゆる社内通達文書の提出が求められた事件であるが，同決定は，当該文書は，銀行の内部意思が形成される過程で作成される文書ではな

---

104)　新堂・展開228頁参照。
105)　秋山ほかⅣ411頁参照。

く，その開示により銀行の自由な意思形成が阻害されるものではないことをまず確認し，次に，当該文書には個人のプライバシー等が記載されているわけでもないので，個人のプライバシー侵害の問題も生じないとして，「不利益性」を否定した。もちろん，裁判例のなかには，この2つ以外の考慮要素を挙げたものもあるが，「不利益性」に関する考慮要素の中核は，多くの場合において，この2つである。

　(ｲ)　**個人のプライバシーの侵害**　　前述した最高裁平成17年11月10日決定（民集59巻9号2503頁）は，地方議会の会派が所持する政務調査研究報告書の文書提出命令が求められた事例において，所持者である会派および所属議員の調査研究に支障が生ずるおそれに加えて，調査研究に協力した第三者の氏名等が記載されている場合には，これが開示されると，その第三者のプライバシーが侵害されるおそれもあることを理由として，「不利益性」を肯定した。類似の事件である最高裁平成22年4月12日決定（判時2078号3頁）においても，同様に，調査研究活動に協力した第三者のプライバシーの侵害のおそれが，「不利益性」を肯定する考慮要素のひとつとなっている。また，上述したように，平成18年決定では，社内通達文書には個人のプライバシーに関する情報が記載されていないことが，「不利益性」を否定する論拠として加えられている。

　(ｳ)　**団体の自由な意思形成の阻害**　　平成18年決定は，当該事件における社内通達文書の記載内容や作成目的を具体的に検討し，当該文書は，一般的な業務遂行上の指針を示し，あるいは，客観的な業務結果報告を記載したものであり，その作成目的は，これらを各営業支店長等に周知伝達することにあるから，法人内部の意思形成過程で作成される文書ではなく，その開示によって自由な意思形成が阻害される性質のものではないことを主要な理由として，「不利益性」を否定した。また，前述の最高裁平成23年10月11日決定（判時2136号9頁）は，会社以外の団体における意思形成が問題になった事例であるが，弁護士会の綱紀委員会の議事録のうち，「重要な発言の要旨」に当たる部分は綱紀委員会の内部における意思形成過程に関する情報が記載されているものであり，これが外部に開示されると，綱紀委員会における自由な意見の表明に支障を来し，その自由な意思形成が阻害されるとして「不利益性」を肯定した。下級審

の裁判例としては，次のようなものがある。名古屋高裁平成20年10月27日決定（証券取引被害判例セレクト32巻121頁）は，証券会社である本案事件の被告が所持する営業日誌は，「外部非開示性要件」は充足するとしても，法人内部における意思形成過程で作成される文書ではなく，意思形成に関わる従業員等の意見が必ず記載されているものではないので，「不利益性」要件は満たさないとした。

(6) 「特段の事情」の位置付け

前述したように，平成12年決定が会員代表訴訟において「特段の事情」を否定したことにより，「特段の事情」が独立の要件かどうかについて疑問が生じていたところ，その翌年に，「特段の事情」を認めて提出義務を肯定した判例が出された。最高裁平成13年12月7日決定（民集55巻7号1411頁）が，それである。この事件は，経営破綻した信用組合から整理回収機構が営業を譲り受けた場合において，その信用組合が作成した貸出稟議書に対して文書提出命令が申し立てられたものである。同決定は，①信用組合は清算中なので将来において貸付業務等を行うことはなく，②整理回収機構は法律の規定に基づいて債権の回収にあたっているものであって，当該貸出稟議書の提出を命じられても自由な意思形成が阻害されるおそれはないことから，「特段の事情」の存在を肯定できるとした。

この判例によって，一応は，「特段の事情」も，独立の要件として機能することが示されたといえよう。しかし，この事件における事情はかなり特殊であり，そこから，「特段の事情」が機能する場面はきわめて狭いことも，同時に明らかになった。また，この判例において，「特段の事情」の考慮要素として挙げられた上記の①や②の事情は，あえて「特段の事情」を持ち出すまでもなく，「不利益性」の問題として処理することも可能であったともいえる。このように見てくると，仮に「特段の事情」が独立の要件であるとしても，その要件としての意義はあまり高いとはいえない。そして，上述したように，「外部非開示性」と「不利益性」がスクリーニングの機能を強化しつつある近時の傾向を踏まえると，ますます，その要件としての意義は低下していくことが考えられる。

(7) 文書類型ごとの判断傾向

(ア) 稟議書　企業内部で使用される稟議書の自己利用文書該当性，とりわけ金融機関が作成・所持する貸出稟議書の取扱いは，平成8年改正の直後から文書提出命令をめぐる議論の中心を占め，裁判例の数も多い[106]。もともと，自己利用文書という除外事由は，文書提出義務の拡大に反対であった経済界等との妥協の産物という側面があり，立案担当者は，稟議書は自己利用文書の典型例として無条件で該当する旨を断言していた[107]。しかし，他方において，稟議書は，企業責任を追及する訴訟などでは，真実発見に不可欠の重要な証拠となることから，立案担当者の見解とは対照的に，無条件で非該当とする見解や原則的に非該当とする見解を含めて，多種多様な見解が主張され，下級審の判断も大きく分かれた[108]。

このような状況の下で，最高裁は，初期の一連の裁判例により，企業内部で用いられる稟議書のうち，少なくとも金融機関の貸出稟議書については，類型的に自己利用文書に該当する旨を明らかにした。すなわち，上述のように，平成11年決定は，具体的な記載内容を問うことなく，貸出稟議書は，類型的に自己利用文書に当たるものと判示した。また，この直後に出された最高裁平成11年11月26日決定（金判1081号54頁）は，平成11年決定を引用するのみで，当該事案における貸出稟議書を具体的に検討することなく，自己利用文書該当性を肯定している。さらに，平成12年決定は，たとえ信用金庫の会員代表訴訟であっても，同様の判断が妥当するものとした。続く平成13年決定は，文書作成者が清算中の法人である等の事情を「特段の事情」として考慮したものの，「外部非開示性」と「不利益性」については同様の類型的な判断をし，貸出稟議書が原則的に自己利用文書に当たることを確認した。

このように，金融機関の貸出稟議書は類型的に自己利用文書に該当するとの

---

106) 平成11年決定より前の下級審の裁判例については，田原睦夫〔判批〕民商124巻4＝5号〔2001〕697頁参照。
107) 一問一答251頁。国会審議における法務省民事局長の回答も同旨。
108) 当時の学説の分布や下級審の裁判例の整理については，並木茂「銀行の貸出稟議書は文書提出命令の対象となるか(上)」金法1561号〔1999〕44頁，山本和彦「銀行の貸出稟議書に対する文書提出命令」NBL679号〔1999〕8頁，高橋下〔2版補訂版〕171頁等参照。

〔三木〕

判断が定着したが，こうした判例の判断傾向が広く稟議書一般に及ぶものと即断するのは，早計であろう。稟議書は，一般に，企業内部での使用が想定されており，法令上の作成義務もないため，判例の判断手法によれば「外部非開示性」は肯定されやすい。しかし，「不利益性」については，貸出稟議書には貸出先に関する忌憚のない評価や意見が記載されており，開示されると金融機関の内部における自由な意思形成が阻害されることが，この要件を充足する理由とされているところ，このような記載事項は貸出稟議書に固有のものであるからである。

実際にも，下級審ではあるが，銀行が作成・所持する貸出稟議書以外の稟議書について，その自己利用文書該当性を否定した裁判例がみられる。すなわち，大阪高裁平成21年5月15日決定（金法1901号132頁）は，金利スワップ取引契約に関する稟議書等の文書提出命令が申し立てられた事件において，法令による作成や保存の義務がある文書ではなく，文書作成の目的や記載内容等から，「外部非開示性」は肯定されるとしたが，申立対象のうちの顧客の属性に関する事実関係が記載された稟議書については，その開示によって所持者の自由な意思形成が阻害されるおそれはないとして，「不利益性」を否定し，自己利用文書には該当しないとして提出義務を認めた。

　(ｲ)　その他の社内文書　　貸出稟議書に関する平成11年決定が出された当初，その射程は広く企業の社内文書全体に及ぶのではないかという観測もあった。しかし，その後の裁判例の展開は，貸出稟議書以外の社内文書については，容易なことでは自己利用文書該当性を認めない方向に進んでいるように思われる。その典型ともいえる平成18年決定は，前述したように，いわゆる社内通達文書について，「外部非開示性」は肯定したが，社内通達文書が開示されても自由な意思形成は阻害されないとして「不利益性」を否定した。

実務家の見解の中には，社内通達文書といえども，その開示は金融機関の業務の根底をなす意思形成部分に影響を与え，自由な意思形成を阻害するおそれがあると論ずるものもあることを考えると[109]，判例の立場は，平成11年決定

---

109)　長谷川俊明「社内通達文書に提出命令を認めた最高裁決定」銀法660号〔2006〕7頁参照。

の当時よりも,社内文書に対して厳しい態度がとられる方向にシフトしてきているといえようか。

　なお,下級審ではあるが,前述の名古屋高裁平成20年10月27日決定(証券取引被害判例セレクト32巻121頁)は,証券会社が所持する注文伝票については,法令によって作成および保存が義務付けられていることを理由として「外部非開示性」を否定し,また,営業日誌については,団体内部の意思形成に関わる従業員等の意見が必ず記載されているものではなく,これを開示しても法人としての自由な意思形成が阻害されるわけではないことを理由として「不利益性」を否定し,いずれについても提出義務を認める判断を示している。

　(ウ)　**政務調査に関する書類**　地方議会の議員による政務調査に関する書類についても,いくつかの裁判例が出されている。最高裁平成17年11月10日決定(民集59巻9号2503頁)は,地方議会の会派に所属する議員が政務調査費を用いて行った調査研究の内容および経費の内訳を記載した調査研究報告書とその添付書類について,政治活動の自由の保護などを重視して,自己利用文書該当性を認めた。ただし,横尾和子裁判官の反対意見が付されている。また,最高裁平成22年4月12日決定(判時2078号3頁)は,政務調査報告書とこれに対応する領収書について,同様の理由により,自己利用文書に該当するとした。ただし,これにも,須藤正彦裁判官の反対意見が付されている。ちなみに,この事件の原審である名古屋高裁平成21年9月30日決定(TKC文献番号25463465)は,政務調査費の透明性確保の要請を重視して,自己利用文書該当性を否定している。このように,政務調査に関する書類については,とりあえず自己利用文書該当性が類型的に肯定されている。これに対し,最高裁平成26年10月29日決定(判時2247号3頁)は,政務調査費の1万円以下の支出に係る領収書その他の証拠書類等および会計帳簿につき文書提出命令が申し立てられた事案において,同事案における自治体の改正条例では,1万円を超える支出に係る領収書の写し等は議長への提出が義務付けられており,1万円以下の支出に係る領収書の写し等は提出が義務付けられていないが,これは領収書の写し等の作成や管理等に要する議員や議長の事務負担に配慮する趣旨であり,議長において条例に基づく調査を行う際には必要に応じて支出の多寡にかかわらず直接確認することが予定されていると解すべきであるから,「外部非開示

性」の要件を満たさないとして，自己利用文書該当性を否定した。本件各文書は，前記平成22年決定における領収書に類似しており，また法令上の作成が直接義務付けられている文書でもないが，1万円を超える領収書の写し等の議長への提出を義務付ける条例の改正がなされ，その趣旨は1万円以下の領収書にも及ぶとの解釈から，前記平成22年決定とは反対の結論が導かれたものであろう。したがって，これをもって政務調査に関する書類についての判例の態度が変化したとまではいえない。

(8) 利益衡量の可否

自己利用文書該当性の判断に利益衡量を許容するかどうかについては，これを肯定する見解が多数である[110]。その主たる論拠は，自己利用文書概念は事実概念ではなく評価概念であり，価値的評価を行うためには挙証者との公平や真実発見の要請等との利益衡量を伴わざるを得ないところにある。学説の中には，自己利用文書は文書自体の特性に着目した概念であるので，事件ごとの相対性を認めるべきではないとして利益衡量を否定する見解もあるが，これらの見解も，別の理論を介在させて結果的に相対性を認めているとの分析がなされている[111]。

自己利用文書概念は，経済界の要請と司法の要請との調和を図る意図で設けられたものであり，そうした立法の経緯に照らしても，評価的要素を完全に否定することは困難である。また，立法者は，「自己利用」概念に加えて，「専ら」という評価概念を付加し，評価性をより強調しているようにもみえる[112]。さらに，平成11年決定の判例準則も，利益衡量を認める方向に働くものと思われる。すなわち，「不利益性」が「看過し難い」かどうかを判断するに際しては，挙証者との公平や真実発見の要請等との利益衡量が必要になるものと思われる。加えて，「特段の事情」による調整も，利益衡量を伴うことになろう。したがって，利益衡量を許容するものと解すべきである。

---

[110] 伊藤眞「文書提出義務と自己使用文書の意義」法協114巻12号〔1997〕1454頁，研究会287頁，原強「文書提出命令①」新大系(3)110頁，賀集ほか編・基本法コンメ(2)〔3版追補版〕234頁〔春日〕等参照。

[111] 髙橋下〔2版補訂版〕174頁参照。

[112] 新堂〔5版〕400頁参照。

8 刑事関係文書（4号ホ）

(1) 規定の趣旨

本条4号ホは、「刑事事件に係る訴訟に関する書類」、もしくは、「少年の保護事件の記録」、または、「これらの事件において押収されている文書」（以上を総称して、以下、「刑事関係文書」という）を提出義務の除外事由とする。これは、刑事関係文書も公務文書の一種であるところ、他の公務文書の取扱い（本条4号ロ・223条3項ないし5項）とは異なる取扱いをするとの趣旨である。すなわち、およそ刑事関係文書であれば、その記載内容や作成の経過等を一切問うことなく、無条件で一般提出義務から除外することを意味する。また、刑事関係文書は、他の除外事由と異なり、イン・カメラ審理手続の対象からも外されている（223条6項）。

「刑事事件に係る訴訟に関する書類」とは、被疑事件または被告事件に関して作成された書類を意味し、起訴状や公判調書のみならず、弁護人選任届等の手続書類や、供述調書等の証拠書類も含まれる。また、裁判所や捜査機関が保有している書類に限られず、弁護人や私人が保管している書類も含まれる。「少年の保護事件の記録」とは、家庭裁判所における少年審判の用に供するために作成され、または編綴された書類を意味する。捜査関係書類その他の非行事実の存否を認定する書類のほか、家庭裁判所調査官が作成する少年調査票その他の少年の処遇に参考となる書類が含まれる。「これらの事件において押収されている文書」とは、刑事事件および少年の保護事件において押収されている証拠物のうち、文書であるものを意味する[113]。

これらの文書が一律に除外事由とされた理由は、次のように説明されている。まず、これらの文書が開示された場合には、①捜査の進捗状況や捜査手法等が明らかとなり、関係証拠の隠滅や犯人の逃亡等の危険が生じること、②被告人や被害者などの名誉やプライバシー等に対して重大な侵害が及ぶこと、③犯罪の手口が開示され、模倣犯の出現や犯罪手口の巧妙化などが生じること、④将来の捜査や公判において、国民の協力を得ることが困難になることなど、さまざまな弊害が生じるおそれがある。他方、これらの文書については、刑事訴訟

---

[113] 深山ほか・前掲注6)(下) 173頁参照。

法，刑事確定訴訟記録法，犯罪被害者保護法，少年法，少年審判規則等で，それぞれの文書の性質に応じて，開示による弊害と開示により得られる公益との調整を考慮したうえで，閲覧や交付に関して特別の手続が設けられている。そのため，これらによって開示が認められている範囲を超えて，民事裁判所が刑事関係文書の提出を命ずることになると，これらの法令による開示と整合しない結果を生ずるおそれがある。また，本条4号ロに含めることについては，監督官庁が捜査の秘密との関係から223条3項に基づいて詳細な理由を述べられない場合もある[114]。

しかし，こうした立法理由に対しては，平成13年の立法当時から批判も多い。批判の理由としては，①刑事関係文書と比べて重要性では遜色のない他の公務文書は，4号ロによって規律されており，それで特段の問題も生じていないこと，②捜査の秘密や捜査や公判への支障の懸念は，223条3項および4項の手続などで，保護としては十分と考えられること，③民事訴訟における事件の重要性や証拠の必要性などは，受訴裁判所の判断が必要であることなどが挙げられる[115]。このような批判も踏まえ，平成13年改正法の施行後3年を目途に再検討を加えるものとされ[116]，これを受けて平成16年改正時に法制審議会の部会で再検討が行われた。しかし，刑事訴訟法等の制度に基づく開示請求の大部分について開示が認められているという事実などが指摘され，結局，特段の措置や改正はなされなかった。

(2) **本条3号後段による提出義務**

上述のように，刑事関係文書は，本条4号の一般義務から一律に除外されている。しかし，これに対する対応手段として，実務では，本条1号ないし3号が本条4号とは独立した規定であるとする判例の立場を踏まえて，3号後段の法律関係文書に基づく提出義務を申し立てることが行われるようになった。そして，判例も，こうした3号後段の申立てを容認する姿勢を示している。したがって，前述したように3号後段の規定は，一般的にはその機能は4号で満たされているので存在意義はほとんどないが，刑事関係文書に関する限度では，

---

114) 深山ほか・前掲注6)(下)174頁参照。
115) 秋山ほかⅣ 421頁参照。
116) 民事訴訟法の一部を改正する法律（平成13年法律第96号）附則3項。

なお独立の意義を発揮していることになる。

　この問題に関するリーディング・ケースである最高裁平成16年5月25日決定（民集58巻5号1135頁）（以下,「平成16年決定」という）は，刑事関係文書が本条3号の法律関係文書に該当するか否かについては，この問題に明示的に言及することなく，当然に本条3号に該当することを前提として，直ちに刑事訴訟法47条但書との関係についての判断を行った。

　刑事関係文書の法律関係文書該当性について正面から判断をしたのは，最高裁平成17年7月22日決定（民集59巻6号1837頁）（以下,「平成17年決定」という）である。これは，捜索差押許可状および捜索差押令状請求書の文書提出命令が求められた事案であるが，同決定は，本件の各許可状は，これによって被疑者らが有する住居，書類および所持品について，侵入，捜索および押収を受けることのない権利（憲35条1項）を制約して，警察官に被疑者らの住居等の捜索やその所有物を差し押さえる権限を付与し，被疑者らにこれを受忍させるという，警察と被疑者らとの間の法律関係を生じさせる文書であり，また，本件の各請求書は，各許可状の発付を求めるために法律上作成を要することとされている文書である（刑訴218条3項，刑訴規155条1項）から，いずれも法律関係文書に該当するとした。

　さらに，最高裁平成19年12月12日決定（民集61巻9号3400頁）（以下,「平成19年決定」という）は，被疑者の勾留請求の資料とされた告訴状や被疑者の供述調書の文書提出命令が申し立てられた事案において，勾留状は，これによって被疑者の身体の自由を制約して，これを受忍させるという被疑者と国との間の法律関係を生じさせる文書であり，また，勾留請求書は，勾留状の発付を求めるために刑事訴訟規則147条により作成を要することとされている文書であるから，いずれも法律関係文書に該当し，供述調書等は，勾留請求にあたって刑事訴訟規則148条1項3号所定の資料として検察官が裁判官に提供したものであるから，これらも法律関係文書に該当するとした。

　このように，判例は，刑事関係文書は本条3号後段の法律関係文書に該当しうるものとするとともに，当然のこととして，本条3号後段を根拠として文書提出命令が申し立てられた場合には，4号ホの除外事由は適用されないものとしている。また，その際の「法律関係文書」概念については，旧法下における

(3) 刑事訴訟法47条但書との関係

　しかし、判例は、本条3号後段の法律関係文書に該当すれば、直ちに文書提出命令を発令するものとはしていない。本条3号後段に該当する場合でも、さらに、刑事訴訟法47条の趣旨に照らし、その文書を開示するか否かについては、なお文書の保管者の合理的な裁量が働くものとする。ただし、その裁量権は無制限ではなく、裁量権の逸脱または濫用と認められる場合には、提出義務が認められるものとする。つまり、受訴裁判所は、刑事関係文書の保管者が提出を拒絶したことが、その裁量権の逸脱または濫用であるか否かについて審査権を有し、逸脱または濫用と認められる限度において、文書提出命令を発令することができるものとするのである。

　具体的には、平成16年決定は、次のようにいう。刑事訴訟法47条の趣旨につき、「同条ただし書の規定による『訴訟に関する書類』を公にすることを相当と認めることができるか否かの判断は、当該『訴訟に関する書類』を公にする目的、必要性の有無、程度、公にすることによる被告人、被疑者及び関係者の名誉、プライバシーの侵害等の上記の弊害発生のおそれの有無等諸般の事情を総合的に考慮してされるべきものであり、当該『訴訟に関する書類』を保管する者の合理的な裁量にゆだねられている」。そして、これに続けて、「民事訴訟の当事者が、民訴法220条3号後段の規定に基づき、刑訴法47条所定の『訴訟に関する書類』に該当する文書の提出を求める場合においても、当該文書の保管者の上記裁量的判断は尊重されるべきである」とする。しかし、「当該文書が法律関係文書に該当する場合であって、その保管者が提出を拒否したことが、民事訴訟における当該文書を取り調べる必要性の有無、程度、当該文書が開示されることによる上記の弊害発生のおそれの有無等の諸般の事情に照らし、その裁量権の範囲を逸脱し、又は濫用するものであると認められるときは、裁判所は、当該文書の提出を命ずることができる」。平成17年決定および平成19年決定も、この平成16年決定を引用して同じ判断をしている。

　したがって、本条3号に基づいて刑事関係文書について文書提出命令が申し立てられたときは、裁判所は、文書の保管者の裁量権の範囲について判断することになる。その際における裁判所の判断内容は、実質的には、本条4号ロの

第5節　書証　　　　　　　　　　　　　　　　　　　§ 220 Ⅷ

公務文書として文書提出命令が申し立てられたときにおける場合と近似する。犯罪の予防，捜査，公訴の維持などに関する公務文書については，223条3項および4項により監督官庁の裁量権が尊重されるからである。

(4)　平成16年決定の法理の適用例

まず，平成16年決定は，共犯者の捜査段階における供述調書の文書提出命令が申し立てられた事例である。同決定は，この事件では，当該文書が提出されなくても他の証拠による立証が可能であること，共犯者や第三者の名誉やプライバシーが侵害されるおそれがないとはいえないことを理由として，文書の保管者の裁量権の逸脱または濫用はないとし，提出義務を否定した。

次に，平成17年決定では，捜索差押許可状および捜索差押令状請求書の提出が求められたが，同決定は，捜索差押許可状は，証拠として不可欠ではないが，取り調べることが有益な証拠であり，第三者の名誉やプライバシーを侵害する記載も認められないとして，裁量権の逸脱または濫用があるとして，提出義務を肯定した。他方，捜索差押令状請求書については，処分を受けるものへの呈示は予定されていないうえ，捜査の秘密に関わる事項や第三者のプライバシーに属する事項が含まれていることが少なくないなどの理由を挙げて，裁量権の逸脱や濫用はないとして，提出義務を否定した。

また，平成19年決定は，被疑者の勾留請求の資料とされた告訴状や被疑者の供述調書の文書提出命令が申し立てられた事案であるが，取調べの必要性がある文書であること，被害者が被疑事実に関して民事訴訟を提起しており，その審理に必要とされる範囲でプライバシーが明らかにされることを容認していたこと，被疑事件について不起訴処分がされていることなどを理由として，裁量権の逸脱または濫用があるとして，提出義務を認めた。

(5)　利益衡量の可否

上述したように，平成16年決定は，刑事訴訟法47条但書の規定による「訴訟に関する書類」を「公に」することが「相当と認められる」か否かの判断は，「当該『訴訟に関する書類』を公にする目的，必要性の有無，程度，公にすることによる被告人，被疑者及び関係者の名誉，プライバシーの侵害等の上記の弊害発生のおそれの有無等諸般の事情を総合的に考慮してされるべきものであり，当該『訴訟に関する書類』を保管する者の合理的な裁量にゆだねられてい

〔三木〕　549

る」と判示した。この判例法理によれば，刑事関係文書は，利益衡量に親しむ文書ということになる。刑事関係文書といえども，民事訴訟における真実発見等の利益との衡量を免れるものではないので，利益衡量が許されると解すべきである。

〔三木浩一〕

第 5 節　書証

（文書提出命令の申立て）
第 221 条　① 文書提出命令の申立ては，次に掲げる事項を明らかにしてしなければならない。
　一　文書の表示
　二　文書の趣旨
　三　文書の所持者
　四　証明すべき事実
　五　文書の提出義務の原因
② 前条第四号に掲げる場合であることを文書の提出義務の原因とする文書提出命令の申立ては，書証の申出を文書提出命令の申立てによってする必要がある場合でなければ，することができない。

I　本条の趣旨

　本条は，文書提出命令の申立ての方法を定める。書証の申出は，①文書を自ら提出するか，②文書の所持者に対する提出命令を申し立てるか，③文書の所持者に対する送付嘱託を申し立てるか，いずれかによって行わなければならない（219 条・226 条）。本条は，そのうちの②に関するものである。文書提出命令の申立ては，証拠の申出の一方法であり，証拠調べの準備行為である。したがって，口頭弁論期日または弁論準備手続期日において行うことができるのはもちろんのこと，これらの期日前においても行うことができる（180 条 2 項）。

　本条 1 項は，旧法下の規定（旧 313 条）を，そのまま現代語化して引き継いだものである。旧法下では，文書提出命令の申立てを口頭によって行うことも可能であった（旧 150 条）。しかし，現実には，ほとんどの事件において書面による申立てがなされていたうえに，現行法では，220 条で文書提出義務の範囲が拡大されたことに伴い，申立てに対する判断はより複雑になり，それを根拠づけるための申立人の主張も詳しくなることが予想された。そこで，手続を明確化するために，文書提出命令の申立ては書面によらなければならないこととした（規 140 条 1 項）。したがって，現行法においては，本条 1 項各号が定める事項は，文書提出命令の申立書における必要的記載事項ということになる。

〔三木〕

本条2項は，現行法において新設された規定である。旧法以来の220条1号ないし3号に基づく文書提出義務は，当事者と対象文書の間に特別の関係が認められる場合に限られる限定義務であるのに対し，同条4号に基づく文書提出義務は，こうした特別の関係を要しない一般義務であるので，両者を差別化するために，4号による提出義務の補充性を規定したものである。

本条は，非訟事件手続，家事審判手続，家事調停手続にも準用されている（非訟53条1項，家事64条1項・258条1項）。また，商法，特許法，会社法に基づく文書提出命令（商19条4項，特許105条1項，会社434条・443条）の申立てにも適用される。

II 申立書の必要的記載事項（1項）

本条1項各号は，文書提出命令の申立書における必要的記載事項を定めるものであるから，いずれかの記載を欠くとき，または記載が不十分であるときは，申立ては不適法として却下される。

1 文書の表示（1号）・文書の趣旨（2号）

「文書の表示」とは，文書の標目，作成名義人，種別，作成日付などによって，外形的に文書を特定するものを意味し，「文書の趣旨」とは，文書に記載された内容の概略や要点を意味する。両者相まって文書を特定する機能を果たす。実務においては，「文書の表示」と「文書の趣旨」が一体となって記載されることも多い。両者は常にそれぞれ明確に区別できるとは限らないし，また，あえて区別する実益があるわけでもない[1]。なお，「文書の表示」や「文書の趣旨」は，4号の「証明すべき事実」との関連において証拠としての必要性の判断に資することもあれば，5号の「文書の提出義務の原因」と相まって提出義務の存否の判断に使われることもある。また，224条によって真実擬制を行う際の資料ともなる[2]。

文書提出命令の申立人は，「文書の表示」および「文書の趣旨」により，対象となる文書の特定責任を果たさなければならない。しかし，文書提出命令の

---

1) 三木・手続運営519頁注3参照。
2) 旧注釈民訴(7)91頁〔野村秀敏〕参照。

申立ては，その本質上，他者の支配下にある文書を対象とするものであるため，過度に厳格な特定を要求すると実質的に不可能を強いることになる。また，たとえ申立人による特定が概括的であったとしても，文書の所持者が自らの知識や情報を付加することにより，対象文書を識別することができるのであれば，所持者が不利益を被ることにはならない。そこで，申立人において具体的な特定をすることが困難な事情があり，かつ，所持者において対象文書を識別することができる事項が明らかにされているときは，そのような申立ては適法というべきである。学説における近時の多数の立場である[3]。

　裁判例としては，次のようなものがある。最高裁平成13年2月22日決定（判時1742号89頁）は，「被告が平成4年3月31日期から平成8年3月31日期までに行った，A社に対する会計監査及び中間監査に際して作成した，財務諸表の監査証明に関する省令6条に基づく監査調書」との記載により，文書提出命令が申し立てられた事件において，この程度の記載でも「文書の表示及び趣旨の記載に欠けるところはなく，個々の文書の表示及び趣旨が明示されていないとしても，文書提出命令の申立ての対象文書の特定として不足するところはない」と判示した。すなわち，監査調書は1個の文書ではなく，多種多様な独立の文書が複数のファイルに綴じ込まれているものであるが，個別の文書の特定は不要としたものである。このような監査調書を構成する個別文書は，部外者である申立人には個々の特定が不可能であるが，所持者にすれば特定は容易であることを考えると，妥当な判断と思われる[4]。また，下級審では，「原被告間の金銭消費貸借契約について，契約当初からの，契約年月日，貸付けの金額，受領金額等，貸金業の規制等に関する法律19条及び同法施行規則16条所定の事項を記載した帳簿」との記載につき，「文書の所持者である被告が該当文書を識別することができる程度に特定されている」として，識別が可能な程度の特定で適法とした裁判例などもある（札幌簡決平10・12・4判タ1039号

---

3) 旧注釈民訴(7)91頁〔野村〕，大村雅彦「文書提出命令⑥——発令手続と制裁」新大系(3) 226頁，三木・手続運営520頁，伊藤〔4版補訂版〕409頁注369等参照。

4) 同決定が，一般的に概括的な文書の特定を容認する法理を判示したものか，それとも本件事案の特殊性に配慮した事案判例なのかについては，評価が分かれ得る。三木・手続運営583頁参照。

2 文書の所持者（3号）

「文書の所持者」とは，文書提出命令の対象文書を所持する者である。220条柱書および223条1項にいう「文書の所持者」と同義であり，文書提出命令の名宛人を特定するための記載事項である。通常は，所持者の氏名および住所により特定する。ここにいう文書の「所持者」とは，現実に文書を握持している者とは限らず，寄託契約に基づく寄託者のように，自らの意思のみに基づいて文書の提出または不提出を判断することができるという意味で，文書の「支配」を有する者である[5]（詳しくは，→§220参照）。行政官署が文書を管理している場合には，文書の「所持者」について，公法上の権利義務の主体である国または公共団体であると解する見解（法主体説）と，文書の閲覧の許否について決定権限を有する行政庁と解する見解（行政庁説）の対立があるが，近時は，法主体説が有力である[6]（詳しくは，→§220参照）。

一部の見解は，さらに，当該文書をその者が所持している事情まで記載する必要があるとする[7]。しかし，これに対しては，相手方が所持の事実を争っているなど，所持を認定する資料として必要があるときは任意的記載事項とすれば足り，記載が要求されるわけではないとする見解も有力である[8]。たしかに，相手方が自らの所持の事実を争っているなど，一定の場合には，申立ての段階で所持の事情まで記載しておくことが望ましいであろう。しかし，所持の事情が記載されていなければ相手方の応答を待つまでもなく申立てを却下すべきであるとか，相手方が争ってもいないのに常に所持の事情を記載すべきだとする理由はない。また，後述の文書の所持に関する証明責任の所在は，申立書の必要的記載事項とは別の問題である。したがって，所持の事情の記載は，本条1項3号の要求するところではないと解すべきである。

---

5) 三木・手続運営498頁参照。
6) 伊藤〔4版補訂版〕425頁，三木・手続運営509頁，秋山ほかⅣ429頁等参照。
7) 法律実務(4)285頁，旧注釈民訴(7)93頁〔野村〕，斎藤ほか編・注解民訴(8)165頁〔斎藤秀夫＝宮本聖司〕，兼子ほか・条解1064頁〔松浦馨〕参照。
8) 菊井＝村松Ⅱ623頁，証拠法大系(4)157頁〔金子修〕，秋山ほかⅣ429頁等参照。

3 証明すべき事実（4号）

「証明すべき事実」とは，文書提出命令の対象文書によって立証しようとする事実である。180条1項の「証明すべき事実」と同義であり，いわゆる証明主題ないし立証趣旨に相当する。「文書の表示」および「文書の趣旨」と「証明すべき事実」とを照らし合わせることにより，当該文書が証拠として関連性を有することを明らかにするためのものである。したがって，文書提出命令の申立書の必要的記載事項としては，最低限，証拠としての「関連性」の限度が記載されていれば法の要求を満たす。しかし，文書提出命令は証拠の申出方法の1つであり，同時に証拠としての「必要性」も判断されるので（180条1項），「必要性」の判断に資する程度の記載があることが望ましい。「証明すべき事実」は，主要事実のみならず間接事実や補助事実でもよいし，文書提出命令の申立人が証明責任を負わない事実でもよい。

「関連性」および「必要性」を示すために，どの程度の具体性を有する記載が必要かという点については，次のように考えるべきであろう。「文書の表示」および「文書の趣旨」は他者の支配下にある文書の客観的な情報であるので，具体的な記載を要求することは困難を強いることが多いのに対し，「証明すべき事実」は，挙証者が自ら主張する主観的な事実であるので，ある程度の具体的な記載を要求することは，必ずしも不合理ではない。したがって，原則的には，ある程度の具体的な記載が必要である。ただし，事件によっては，挙証者が証明すべき事実関係の圏外にあって，主観的な主張すら具体的に行うのは困難であり，むしろ，文書提出命令によって提出された文書を用いて，主張や立証の基礎を得る必要がある場合もあることは否定できない。そのような場合には，ある程度，抽象的または概括的な記載であっても許されるものと解すべきである。学説の多数の立場であり[9]，旧法下の裁判例においてとられていた考え方の傾向でもある（大阪高決昭53・3・6高民31巻1号38頁，浦和地決昭57・11・10行集33巻11号2256頁，仙台高決平5・5・12判時1460号38頁等）。

なお，現行法は，224条1項の「文書の記載に関する主張」の真実擬制に加えて，3項により「証明すべき事実に関する主張」の真実擬制を認めているの

---

9) 伊藤〔4版補訂版〕409頁，証拠法大系(4)159頁〔金子〕，秋山ほかⅣ430頁等参照。

で，挙証者が証明すべき事実関係を知ることができない場合でも，この後者の真実擬制が可能な程度の具体的な記載が要求されていると考える余地もないではない。しかし，文書提出命令が発令されたときでも，常に真実擬制の制裁が問題になるわけではないし，相手方が命令に従わないときでも，制裁を発動するか否かは裁判所の裁量によるものであることを考えると，224条3項と本条1項4号における必要的記載事項としての具体性の程度との間に直接的な関係を認めるべき必然性はないと考えられる[10]。

4 文書の提出義務の原因（5号）

「文書の提出義務の原因」とは，文書提出義務の根拠が220条各号のいずれに基づくものであるかを示すための具体的事実である。文書提出命令の申立てが，民訴法220条に基づく場合には同条各号に該当する具体的事実を示し，商法19条4項，特許法105条1項，会社法434条・443条などに基づく場合には，これらの規定に該当する具体的事実を示すことになる。ただし，「文書の表示」，「文書の趣旨」，「証明すべき事実」などから提出義務の原因に該当する具体的事実を容易に推知できるときは，単に根拠法条を記載するだけでも足りる[11]。

220条各号のうち，1号ないし3号を提出義務の原因とする場合は，当事者と対象文書との間における特別の関係が基礎となっているので，各号が定める特別の関係を具体的な事実によって積極的に明らかにしなければならない。これに対し，4号を原因とする場合には，特別の関係を問わない一般義務に基づくものであるから，提出義務の原因の積極的な記載は考えられず，むしろ，同号イないしホに所定の除外事由のいずれにも該当しない旨を記載することになる。その際の具体性の程度については，申立人にとって所持者の支配権内に属する除外事由につき，その不存在を具体的に主張することは通常困難であることを考えると，抽象的または概括的な記載にとどまることも許されるものと解すべきである[12]。また，利益衡量をすることが認められる除外事由については，

---

[10] 証拠法大系(4) 159頁〔金子〕参照。

[11] 旧注釈民訴(7) 95頁〔野村〕，秋山ほかⅣ 430頁等参照。

[12] 大村・前掲注3) 227頁，三木・手続運営524頁，証拠法大系(4) 160頁〔金子〕，秋山ほかⅣ 431頁等参照。

利益衡量における考慮要素である「事件の重要性」や「証拠としての必要性」なども記載対象となり得る[13]。

Ⅲ　一般義務の補充性（2項）

　本条2項は，220条4号が定める一般義務を提出義務の原因とする文書提出命令の申立ては，書証の申出を文書提出命令の申立てによってする必要がある場合でなければならないとする。これは，挙証者自身が自ら証拠を収集して提出することができる場合にまで，その努力をせずに一般義務である4号の文書提出命令に頼ることは，文書提出命令が強制的に証拠の提出を命ずるものであることから，挙証者と文書の所持者との間で著しく公平を欠くとの考慮に基づく[14]。もっとも，同条1号ないし3号を原因とする文書提出命令の申立てについても，文書の所持者に対して強制的に提出を命ずる点では，同じであるともいえる。しかし，同条1号ないし3号は，当事者と対象文書との間に特別の関係がある場合に提出義務を認めるものであるから，その要件の中に，文書提出命令によって文書を入手する必要性が当然に内包されているとして，差別化が図られたものである[15]。

　本条2項が定める文書提出命令の申立てによって証拠を入手する「必要」は，181条1項が定める証拠として取り調べる「必要」とは異なる。したがって，証拠として必要かどうかとは別個に判断されるし，本条2項の要件を満たした場合でも，証拠としての必要性はあらためて要求される。この点につき，福岡高裁平成18年12月28日決定（判タ1247号337頁）は，交通事故による損害賠償を請求した本案事件の原告が，被告が作成した私的鑑定書の文書提出命令を申し立てた事件において，他の立証方法でも同一内容の証拠を獲得することが可能であるとの事情は181条1項の問題であって，本条2項の問題として捉えた点は疑問であると判示する。なお，本条1項各号の事項と異なり，この2項が定める事情は，文書提出命令の申立書の必要的記載事項ではないと考えられるので，他の手段でこの事情を主張・立証することでも足りると解すべきであ

13）　三木・手続運営523頁参照。
14）　一問一答257頁参照。
15）　一問一答257頁参照。

る[16]。また，本条１項各号の記載から当然に必要性が確認しうる場合については，これをもって本条２項に関する主張・立証があるものと考えてよいであろう[17]。

　本条２項の補充性要件の充足が認められない場合としては，登記簿謄本のように法令によって何人でも入手が可能な場合，資料館などの一般的に利用できる施設で謄写をすることが可能な場合，公刊されている書籍のように容易に入手できる場合，文書の所持者から容易に任意提出を受けることができる場合などが挙げられる[18]。文書提出命令以外の方法で文書が入手できないわけではないが，それには過大な費用やその他の負担などの事実上の困難が予想される場合は，それらの負担と文書の所持者との関係における公平との衡量的な判断によって，本条２項の要件を充足するかどうかを判断すべきである。本条２項の「必要性」を裏付ける事実の存否が問題になる場合は，その主張責任および証明責任は申立人にあると解される[19]。

〔三木浩一〕

---

[16]　証拠法大系(4) 148 頁〔金子〕参照。
[17]　三木・手続運営 525 頁参照。
[18]　一問一答 257 頁，三木・手続運営 525 頁等参照。
[19]　三木・手続運営 525 頁参照。

第5節　書証

(文書の特定のための手続)

第222条　①　文書提出命令の申立てをする場合において，前条第1項第一号又は第二号に掲げる事項を明らかにすることが著しく困難であるときは，その申立ての時においては，これらの事項に代えて，文書の所持者がその申立てに係る文書を識別することができる事項を明らかにすれば足りる。この場合においては，裁判所に対し，文書の所持者に当該文書についての同項第一号又は第二号に掲げる事項を明らかにすることを求めるよう申し出なければならない。

②　前項の規定による申出があったときは，裁判所は，文書提出命令の申立てに理由がないことが明らかな場合を除き，文書の所持者に対し，同項後段の事項を明らかにすることを求めることができる。

I　本条の趣旨

本条は，文書提出命令の申立てにおいて対象文書を特定することが著しく困難であるときに，裁判所の助力を得て文書を特定するための特別の手続を定めたものである。

文書提出命令の申立人は，申立てにあたって，申立書の必要的記載事項である「文書の表示」および「文書の趣旨」(221条1項1号・2号)により，対象文書を特定しなければならない。対象文書の特定を欠く申立ては，それだけで不適法として却下される。しかし，申立人が文書の作成過程に関与していない場合や，記載内容である事象経過の圏外にあった場合などのように，文書を特定するための具体的な情報を有していないことも少なくない。

このような場合には，文書の所持者を証人として尋問して，文書を特定するための情報を入手することも考えられる。しかし，裁判所からの要請があれば文書の所持者による協力が期待できるような場合にまで，常に証人尋問などの手間をかけなければ文書提出命令の申立てができないとすると，訴訟経済に反するし，文書の所持者に対しても余計な負担を強いることになる[1]。また，現

---

1)　一問一答259頁参照。

行法の制定過程では，特定のために必要な情報を文書の所持者に強制的に開示させる手続も検討されたが，関係者の一部からの強い反発もあって，そうした制度の創設は見送られた[2]。

　そこで，証人尋問等による文書の特定情報の入手に代えて，裁判所の要請に基づく所持者の任意の協力を促す制度として，平成8年改正時に新たに設けられたのが，本条の文書特定手続の制度である。すなわち，文書提出命令の申立人は，文書を特定することが著しく困難であるときは，申立てにあたって，文書特定手続を利用する旨の申出をすれば，「文書の表示」または「文書の趣旨」を明らかにせずともよく，これらの事項に代えて，文書の所持者が申立てにかかる文書を識別することができる事項を明らかにすることで足りる。この文書特定手続の申出を受けて，裁判所は，文書の所持者に対し，「文書の表示」および「文書の趣旨」を明らかにすることを求めることになる。

　しかし，文書特定手続が平成8年改正によって設けられて以来，実務においてこの手続が用いられたことは，ほとんどないといわれる。また，まれに当事者から文書特定手続の申出があっても，裁判所はその実施を避けることが多いとされる[3]。その理由は，以下の諸点に求めることができよう。まず，当事者の側では，文書特定手続には強制力がないので，これを利用するインセンティブを欠く。また，文書特定手続の申出をすることは，そのままでは特定がないことを自認するに等しいので，強制力の有無にかかわらず，当事者にとっては利用しにくい制度である。したがって，概括的な特定でも特定要件を満たしている旨を主張して（文書特定手続の申出をすることなく），文書提出命令の申立てを行うという戦略がとられることが多い。他方，裁判所の側でも，強制力を伴わないのでは，その実施に消極的になることはやむを得ない。また，強制力の有無にかかわらず，迂遠な文書特定手続を実施するより，ある程度の概括的な特定であっても適法であるとして，文書提出命令を発令することで対応することが，裁判所にとっても簡便であることは想像に難くない（→§221参照）。

---

2) 立法の経緯については，三木・手続運営550頁参照。
3) 最決平13・2・22判時1742号89頁の原々審である大阪地裁は，当事者が文書特定手続の申出をしていたにもかかわらず，これを実施しないことにつき何らの理由を示すことなく，文書特定手続を実施しなかったとされる。同事件の「抗告理由」判時同号91頁参照。

このようなことから，本条が定める文書特定手続は非現実的な要素をもつ制度であり，立法上の不備がある制度との評価もなされている[4]。

II 文書特定手続の申出の要件

本条が定める文書特定手続の申出の要件は，①文書提出命令の申立てに際して申出をすること（文書提出命令への附随性），②「文書の表示」（221条1項1号）または「文書の趣旨」（同条同項2号）（以下,「文書特定事項」という）を明らかにすることが著しく困難であること（特定困難性），③文書特定事項に代えて，文書の所持者がその申立てに係る文書を識別することができる事項（以下,「文書識別事項」という）を明らかにすること（識別可能性）である（本条1項）。これらの要件を満たして文書特定手続の申出をすれば，文書特定事項の記載がなくても，文書提出命令の申立ては，その申立ての時点では適法な文書提出命令の申立てとして扱われる（本条1項第1文）。そして，裁判所は，文書特定手続の申出を受けて，申立人のために，文書特定事項を明らかにすることを所持者に求めていくことになる。

1 文書提出命令への附随性

文書特定手続の申出は，文書提出命令と無関係にすることはできず，文書提出命令の申立ての際に行うことを要する。立法経緯をみると，当初の検討事項の段階では，一定の要件がある場合に，当事者に対して，文書目録の提出を命ずる制度なども提案されていた。しかし，その後の審議において，こうした制度には問題があるとして，最終的な妥協として，要綱案の段階において初めて示されたのが，本条の形で結実した文書特定手続である[5]。この文書特定手続は，それまでの提案が，まず文書の所持者に文書情報の開示を命ずる制度を想定していたのに対し，文書情報の開示を求める前提として，文書提出命令の申立てを要求するものである。すなわち，文書特定手続は，イングランドにおける自動的ディスカヴァリ制度やアメリカにおけるディスクロージャー制度のような文書情報の開示に関する独立の制度ではなく[6]，あくまでも文書提出命令

---

[4] 高橋下〔2版補訂版〕144頁，三木浩一「文書提出命令の発令手続における文書の特定」石川古稀下128頁等参照。

[5] 検討事項から要綱試案を経て要綱案に至る経緯については，三木・手続運営551頁参照。

に付随するものであり，文書提出命令の申立手続の一部として制度設計されている。そのこともあって，文書特定手続の申出の方式は，文書提出命令の方式に関する規定が準用されている（規140条3項による99条2項・140条1項・同条2項の準用）。

したがって，文書特定手続の申出のタイミングは，次のいずれかでなければならない。一般的には，文書提出命令の申立ての段階で文書特定事項が記載されていないため，そのままでは申立てが不適法とされることになるので，文書提出命令の申立てと同時に，文書特定手続の申出をすることになろう。しかし，文書提出命令の申立人としては，文書の特定に足りる事項が記載されていると考えて申立てをしたところ，その後に裁判所から文書特定事項の記載が不十分であるとして申立ての補正を促されることもあり得る。このような場合には，その段階で，文書特定手続の申出をすることも許される[7]。なお，文書特定手続が文書提出命令の補助的な手段であることの帰結として，文書提出命令の申立てに理由がないことが明らかな場合は，たとえ文書特定手続の申出があっても，裁判所は，それに応答することなく，直ちに文書提出命令の申立てを却下しなければならない。

2 特定困難性

文書特定手続の申出は，文書特定事項を明らかにすることが申出人にとって「著しく困難」であるときにのみ行うことができる。「著しく」という文言が挿入されているのは，文書提出命令は，他人の支配下にある文書の提出を求めるものであるから，申立人にとって文書の特定にある程度の困難が伴うのは，いわば当然のことであるので，単なる困難性だけでは，文書提出命令の申立てのほとんどに文書特定手続が利用できることになりかねないからである[8]。したがって，申立人が合理的に期待される努力を払っても，なお特定できないという状況がなければならない。このような状況が生じる場合としては，申立人が，外部者として文書の作成の経緯を知る機会を与えられていない場合，たとえ内部者であっても文書の作成過程に関与していない場合，文書の記載内容である

---

6) イギリスやアメリカの制度との比較については，三木・手続運営555頁参照。
7) 一問一答262頁参照。
8) 一問一答261頁参照。

事象経過の圏外にある場合などがある[9]。こうした状況が存在する限り，証拠の偏在が顕著な現代型紛争事件のみならず，古典型紛争事件であってもよい。

ここにいう「著しく困難」といえるためには，文書特定事項の情報を獲得する他の手段を十分に尽くしたことが必要かどうか，すなわち文書特定手続は補充性を要件とするかという問題がある。文書提出命令の申立人は，文書特定手続のほかにも，当事者照会（163条），弁護士会照会（弁護23条の2），証人尋問（190条以下），当事者尋問（207条以下）などによっても，文書特定事項に関する情報を得ることが可能な場合があるからである。しかし，補充性の要件は認められないとする見解が多数である[10]。裁判所からの要請があれば所持者が文書の特定に協力することが期待できるような場合にまで，常にこれらの手段を事前に尽くさなければならないとすれば，訴訟経済に反することになるし，所持者に余計な負担をかけることにもなりかねないからである。ただし，これらの手段により情報を獲得することが容易であるような場合には，これらを尽くしていないことは，特定困難性を否定するための資料とはなり得る。

3　識別可能性

文書特定手続の申出をするためには，文書の所持者が申立てにかかる文書を識別することができる事項（文書識別事項）を明らかにして，文書提出命令の申立てをしなければならない。つまり，文書特定事項を明らかにする責任に代えて，文書識別事項を明らかにする責任を文書提出命令の申立人に課すものであり，結局，文書特定手続の申出をすることと引き換えに，文書提出命令の申立ての時点における文書の特定責任を緩和したものである。すなわち，識別可能性の要件が設けられているということは，文書特定責任が完全に免除されるわけではなく，文書特定事項よりも特定性の程度が低い文書識別事項を文書提出命令の申立書に記載しなければならないことを意味する。

ここにいう文書識別事項とは，その事項が明らかにされていれば，文書の所持者において，不相当な時間や労力を要しないで，対象文書またはそれを含む文書グループを，他の文書または文書グループから区別することができるよう

---

[9] 三木・手続運営527頁参照。
[10] 三木・手続運営527頁・560頁，証拠法大系(4)163頁〔金子修〕，秋山ほかⅣ435頁等参照。

な事項である[11]。多くの場合には，当該文書が属する文書のカテゴリーが，これに当たるであろう。たとえば，「特定の原子力発電所の建設に関して特定の電力会社が一定の期間内に国に提出した調査資料の一切」とか，「特定の航空機事故に関して事故調査委員会が作成した事故調査報告書および関連資料の一切」といった形で，対象文書のカテゴリーを示せば，本条にいう文書識別事項として認められるものと思われる[12]。なお，現行法下の判例の中には，文書特定手続の申出がなくとも，「被告が一定期間に行ったA社に対する会計監査および中間監査に際して作成した財務諸表の監査証明に関する省令6条に基づく監査調書」という記載は，文書特定事項としての記載に欠けるところはないとしたもの（最決平13・2・22判時1742号89頁）がある。このように，文書特定事項を緩やかに解して概括的特定を認める場合には，文書特定事項と文書識別事項の差異は，実質的にほとんどないことになろう。

　こうした識別可能性の要件は，文書の所持者に対する負担の相当性が概念定義に入っていることからも分かるように，価値的かつ衡量的な概念である。すなわち，申立人にとっての特定の困難性の程度，申立人による特定のための努力の程度，所持者が文書のカテゴリーについて有する情報の程度，申立人と所持者との関係や紛争の経緯など，申立人側の事情と所持者側の事情を総合的に考慮して判断されるべきものである[13]。具体的には，たとえば，申立人の責めに帰すことができない事情によって，申立人が文書を特定するのに高度の負担を要する場合には，それに応じて，文書の所持者が識別に要する負担がある程度高くなることもやむを得ないものと思われる。また，申立人の特定を困難にした原因が所持者の側にある場合にも，それに応じて，識別可能性は認められやすくなると解すべきであろう。

4　即時の却下

　文書提出命令の申立人から文書特定手続の申出があったときでも，文書提出命令の申立てに理由がないことが明らかな場合には，裁判所は，文書特定手続を実施することなく，文書提出命令の申立てを即時に却下しなければならない

---

11)　一問一答262頁参照。
12)　三木・手続運営563頁参照。
13)　三木・手続運営563頁，秋山ほかⅣ436頁等参照。

(222条2項)。文書特定手続は，文書提出命令の申立ての要件のうちの文書特定責任のみを緩和するものであるので，その他の要件の欠缺等によって，文書提出命令の申立てに理由がないことが明らかな場合には，もはや文書特定手続を実施する必要はないからである。

　この即時の却下に該当する場合としては，①文書提出命令の申立てが221条1項3号から5号までの形式的要件を欠く場合，②文書提出命令の申立てが221条2項の必要性の要件を欠く場合，③文書の所持の証明がない場合，④文書の特定を待つまでもなくその証拠調べの必要性（181条1項）がないことが明らかな場合，⑤文書の特定を待つまでもなく220条各号の提出義務がないことが明らかな場合などである[14]。

　これに対し，申立人が提示したカテゴリーに含まれる文書の量が過度に膨大である場合や，カテゴリーに含まれる文書を所持者において特定するのに過度の費用や時間を要する場合など，識別可能性の要件に関わる場合は，直ちに提出命令の申立てを却下すべきではない。裁判所は，所持者の負担を合理的な程度にまで低減するよう申立人に対してカテゴリーの縮減を求めるべきであり，申立人がこれに応じない場合に初めて申立てを却下すべきである[15]。

Ⅲ　文書特定手続の申出の効果

　上述の要件を満たした文書特定手続の申出がなされれば，①文書提出命令の申立てにおいて文書特定事項が明らかでなくても，その時点では，当該申立ては適法なものとして扱われる（本条1項第1文）とともに，②裁判所は，申立人のために，文書の所持者に対し，文書特定事項を明らかにすることを求めることになる（本条2項）。

　まず，①であるが，立案担当者の説明によれば，文書提出命令の申出は文書提出命令の申立ての段階における文書特定責任を緩和するのみであり，文書提出命令を発令する段階では，文書が特定されていることが必要である。そして，文書の所持者が裁判所の求めに従わない場合にも特段の制裁はないので，この

---

14)　一問一答262頁参照。
15)　三木・手続運営529頁参照。

場合にも申立人がなおその申立てを維持したいと考えるときは，証人尋問などの他の方法で文書の特定に必要な情報を入手する必要があり，それらによっても最終的に文書が特定されないときは，文書提出命令の申立ては却下されることになるとする。しかし，これについては，異なる見解も有力に主張されている。それらの有力説は，後述の文書特定手続の実施の効果との関連で論じられており，詳しくはそこで述べる。

次に，②については，上述の要件を満たした文書特定手続の申出がある場合に，裁判所は，これを実施するか否かの裁量権を有するか否かという問題がある。これについては，本条2項の文言は「求めることができる」として，裁量権を肯定するようにみえなくもない。また，当事者が文書特定手続の申出をしていたにもかかわらず，これを実施しなかった実務も報告されている[16]。しかし，学説の多数は，裁判所には裁量権はなく，要件を満たす申出がある限り，裁判所は文書特定の求めをせずに，文書の不特定を理由に文書提出命令の申立てを却下することは許されないとする[17]。文書特定手続の申出がなされるのは，文書提出命令の申立てにおいて文書の特定がない場合であり，文書特定手続を実施しなければ，文書提出命令の申立てが却下されることにつながるのであるから，裁判所の裁量で実施をしないのは不当である。したがって，基本的に多数説の立場が妥当である[18]。

IV 文書特定手続の実施の効果

裁判所が文書特定手続を実施して，文書の所持者に対して文書特定事項の開示を求めたときは，所持者はこれに応ずべき公法上の一般義務を負うものと解される[19]。現行法の下では，文書提出義務は公法上の一般義務として位置付けられたところ（220条4号），文書特定手続は文書提出義務の前提手続として設

---

16) 最決平13・2・22判時1742号89頁の「抗告理由」判時同号91頁参照。
17) 証拠法大系(4)166頁〔金子〕，秋山ほかⅣ439頁等参照。
18) 三木・手続運営590頁は，一定の場合に限られた裁判所の裁量権を認めるが，この見解は，文書提出命令の申立てにおいて文書識別事項が記載されていれば，文書特定手続を経ることなく直ちに文書提出命令を発することができるものとする発令肯定説を前提にした見解であり，発令否定説を前提とする立案担当者の見解とは，立論の基礎を異にする。
19) 三木・手続運営567頁，秋山ほかⅣ439頁等参照。

けられたものであり，同様に，公法上の一般義務と捉えることが妥当であるからである。しかし，法は，文書の所持者がこの開示義務を履行しなかった場合において，開示を強制するための手段を定めてはいない。そこで，所持者における開示義務の不履行の場合に，文書提出命令の申立てをどのように扱うべきかが問題となる。これについては，大別して，以下の３つの立場が主張されている。

　第１は，文書特定手続はもともと強制手段を予定していない制度であり，所持者が文書特定事項を開示しなければ，最終的に文書を特定することはできず，裁判所は文書の特定がない場合は文書提出命令を発令することができないので，文書提出命令の申立てを却下すべきものとする立場（発令否定説）である[20]。しかし，文書提出命令の申立てとその前提手続である文書特定手続が使われるのは，文書の所持者が任意に文書を提出しない場合であり，したがって所持者側の敵対性が強いことが普通であるのに，所持者が開示義務を履行しないときは，裁判所として打つ手がないというのでは，文書特定手続の存在意義が問われることになろう。

　第２は，文書の所持者が裁判所の求めに応じなかった段階で，もう一度当該申立ておよび当該事案の内容を総合的に検討し，当初の申立てにおける特定の程度によって，すでに文書の特定が十分であったという再評価を加えることが許されるとする立場（再評価説）である[21]。この見解は，文書特定手続は，文書の特定がある場合にもなされる場合があることを前提とする。文書特定手続に一定の実効性を付与しようとする試みである点は，次の発令肯定説と同旨である。ただし，この見解は，再評価において，当初の特定の程度が高くないと判断した場合には，たとえ文書識別事項が明らかにされていたとしても，文書提出命令を却下するものとする点で，識別可能性があれば文書提出命令を認める発令肯定説とは異なる。しかし，識別可能性があるが特定は不十分であるという状態が具体的にどのような場合なのか，なぜ識別可能性があるだけでは所持者の保護に十分とはいえないのか，文書の特定があるのに裁判所が文書特定

---

20) 一問一答263頁，研究会291頁〔柳田幸三〕等。
21) 田原睦夫「文書提出義務の範囲と不提出の効果」ジュリ1098号〔1996〕65頁，研究会291頁〔秋山幹男〕，高橋下〔2版補訂版〕149頁注159，秋山ほかⅣ441頁等。

手続を行う場合とはどのような場合なのかなどについて疑問がある。また，文書特定手続を実施したのは文書の特定がなかったからであるはずなのに，所持者の態度によって当初から特定があったとするのは，論理的には無理があるとの批判がある[22]。

　第3は，文書の所持者が裁判所の求めに応じなかった場合は，裁判所は，文書提出命令を発令することができるとする立場（発令肯定説）である[23]。文書特定手続の実効性の確保を最も直截に実現する解釈である。直ちに発令を肯定することができる理由については，論者によってさまざまな説明がなされている。たとえば，文書特定手続は概括的特定による提出の負担を避けるという所持者の利益のための制度であり，裁判所の求めに応じないことは，その利益の放棄とみなすことができるという説明[24]，所持者が当事者である場合には開示を拒否することが信義則に反する場合があるという説明[25]，識別可能性があれば所持者の保護に欠けるところはないという説明[26]などである。また，申立ての内容，文書の証拠価値，所持者の事情，他の手段で文書情報が得られる可能性などを総合的に考慮して，提出を命じることができるとする考え方[27]も唱えられている。いずれの見解も，文書提出命令は，概括的特定ないし文書識別事項による特定があれば，直ちに発令してもよいのが本来であるとの認識が背景にある。

　文書提出命令の申立てにおける文書の特定については，旧法下においても，概括的特定ないし文書識別事項による特定で足りるとする裁判例（浦和地決昭

---

[22] 三木・手続運営577頁参照。また，高橋下〔2版補訂版〕152頁は，このような論理は，「特定性がないにもかかわらず，あると強弁する大いなる嘘（大いなるフィクション）に支えられているものである」とする。

[23] 中野・解説54頁，大村雅彦「新民事訴訟法とアメリカ法」自由と正義48巻12号〔1997〕90頁，三木・手続運営531頁・568頁，京都シミュレーション新民事訴訟研究会「文書提出命令の申立てとその審理」判タ974号〔1998〕11頁，研究会290頁〔鈴木正裕〕，同292頁〔伊藤眞〕，伊藤〔4版補訂版〕410頁等参照。

[24] 研究会292頁〔伊藤眞〕，伊藤〔4版補訂版〕410頁参照。

[25] 三木・手続運営569頁参照。

[26] 三木・手続運営578頁参照。

[27] 三木・手続運営569頁参照。

47・1・27 判時 655 号 11 頁, 高松高決昭 50・7・17 判時 786 号 3 頁, 東京高決昭 50・8・7 下民 26 巻 5～8 号 686 頁等) が現れていた。また, 学説においても, そうした裁判例を支持する見解が多数であった[28]。現行法下における裁判例にも, 識別可能性の程度の特定で文書提出命令を発令したものがみられる (前掲最決平 13・2・22, 札幌簡決平 10・12・4 判タ 1039 号 267 頁等) (詳しくは, →§221 参照)。現行法の制定に際して文書特定手続を導入したときに, この制度によって従来よりも文書提出命令が出しにくくなることは何人も想定していなかったはずであることを考えると[29], 概括的特定ないし文書識別事項による特定があれば, 文書提出命令を発令することを認めることができるとする立場を前提とする発令肯定説が文書の特定に関する一連の議論の流れに沿うものといえよう。

〔三木浩一〕

---

28) 詳しくは, 三木・手続運営 549 頁参照。
29) 研究会 291 頁〔伊藤眞〕参照。

（文書提出命令等）

第223条　①　裁判所は，文書提出命令の申立てを理由があると認めるときは，決定で，文書の所持者に対し，その提出を命ずる。この場合において，文書に取り調べる必要がないと認める部分又は提出の義務があると認めることができない部分があるときは，その部分を除いて，提出を命ずることができる。

②　裁判所は，第三者に対して文書の提出を命じようとする場合には，その第三者を審尋しなければならない。

③　裁判所は，公務員の職務上の秘密に関する文書について第220条第四号に掲げる場合であることを文書の提出義務の原因とする文書提出命令の申立てがあった場合には，その申立てに理由がないことが明らかなときを除き，当該文書が同号ロに掲げる文書に該当するかどうかについて，当該監督官庁（衆議院又は参議院の議員の職務上の秘密に関する文書についてはその院，内閣総理大臣その他の国務大臣の職務上の秘密に関する文書については内閣。以下この条において同じ。）の意見を聴かなければならない。この場合において，当該監督官庁は，当該文書が同号ロに掲げる文書に該当する旨の意見を述べるときは，その理由を示さなければならない。

④　前項の場合において，当該監督官庁が当該文書の提出により次に掲げるおそれがあることを理由として当該文書が第220条第四号ロに掲げる文書に該当する旨の意見を述べたときは，裁判所は，その意見について相当の理由があると認めるに足りない場合に限り，文書の所持者に対し，その提出を命ずることができる。

一　国の安全が害されるおそれ，他国若しくは国際機関との信頼関係が損なわれるおそれ又は他国若しくは国際機関との交渉上不利益を被るおそれ

二　犯罪の予防，鎮圧又は捜査，公訴の維持，刑の執行その他の公共の安全と秩序の維持に支障を及ぼすおそれ

⑤　第3項前段の場合において，当該監督官庁は，当該文書の所持者以外の第三者の技術又は職業の秘密に関する事項に係る記載がされ

ている文書について意見を述べようとするときは，第220条第四号ロに掲げる文書に該当する旨の意見を述べようとするときを除き，あらかじめ，当該第三者の意見を聴くものとする。

⑥　裁判所は，文書提出命令の申立てに係る文書が第220条第四号イからニまでに掲げる文書のいずれかに該当するかどうかの判断をするため必要があると認めるときは，文書の所持者にその提示をさせることができる。この場合においては，何人も，その提示された文書の開示を求めることができない。

⑦　文書提出命令の申立てについての決定に対しては，即時抗告をすることができる。

I　本条の趣旨

　本条は，文書提出命令の申立てにおける審理手続について定める。本条の内容は，大きく以下の4つから成る。

　第1は，文書提出命令の裁判についての一般的な定めである。1項および2項がこれを規定する。まず，1項前段は，裁判所が文書提出命令の申立てに理由がある場合には，決定で文書提出命令を発令する旨を定める。次に，2項は，当事者以外の第三者に対して文書提出命令を発令する場合には，その第三者の審尋を裁判所に義務付けるものである。1項前段と2項については，平成8年改正後も旧法からの実質的な変更はない。また，1項後段は，文書提出命令を発令するに際して，裁判所が文書の一部提出を命ずることを認めるものとする規定である。この規定は，旧法下において一部提出命令の可否について争いがあったことから，明文を設けてその争いを解決するために，平成8年改正において新設されたものである[1]。

　第2は，公務秘密文書の判断手続に関する定めである。3項から5項までがこれを規定する。これらの規定は，平成13年改正において，公務秘密文書に関する規律（220条4号ロ）が新設されたことに伴い，その提出命令の申立てを

---

1)　一問一答164頁参照。

〔三木〕

§ 223 Ⅱ　　　　　　　　　　　　　　　　　　　第2編　第4章　証拠

審理するための特別の手続として創設された[2]。証人尋問の規定（191条）と平仄を合わせるとともに（後述のⅢ 2(2)で説明するように，証人尋問の規律と完全に同じではない），監督官庁による守秘義務の解除権限等と公務文書における文書提出義務の一般義務化との調整を図ったものである。これらの規定のうち，3項は，監督官庁からの意見聴取の手続を定め，4項および5項は，3項の手続を行うに際して特別な事情が存在する場合における手続について定める。すなわち，4項は，公務秘密文書に高度な秘密事項が記載されている旨の意見が述べられた場合の規定であり，5項は，公務秘密文書に第三者の技術または職業の秘密が記載されている場合の規定である。

　第3は，いわゆるイン・カメラ手続に関する定めである。6項が，これを規定する。すなわち，220条4号のイないしニに規定する除外事由の存否を判断するために，対象文書を裁判所のみが閲読することができる場合について定めたものである。もともと，平成8年改正において，3項として新設された規定であるが[3]，平成13年改正で現行の3項ないし5項が挿入されたため，6項に移動した[4]。なお，イン・カメラ手続を補助するものとして，裁判所は，必要があると認めるときは，この規定によって提示された文書を一時保管することができる旨の規定が民事訴訟規則141条に置かれている。

　第4は，文書提出命令の申立てに関する決定に対し，即時抗告の方法で不服申立てができる旨を定めた7項である。旧法にも同じ内容の規定があり，旧法からの実質的な変更はない。平成8年改正では4項として規定されていたが，平成13年改正における3項から5項までの挿入により，現在の7項に移動した。

Ⅱ　文書提出命令の申立てに関する裁判

1　文書提出命令における裁判の方式

　文書提出命令の申立てがあれば，裁判所は，文書の所持者が相手方当事者で

---

2)　深山卓也ほか「民事訴訟法の一部を改正する法律の概要(下)」ジュリ1210号〔2001〕175頁以下参照。
3)　一問一答265頁参照。
4)　深山ほか・前掲注2) 179頁参照。

ある場合と第三者である場合とを問わず，その申立ての当否について，必ず決定の方式で裁判をしなければならない（本条1項前段）。条文上は，裁判所が申立てを認めて文書提出命令を発令する場合のみが規定されており，申立てに理由がない場合については，直接的な言及はないが，当然の解釈として決定の形式で申立てを却下すべきことになる。以上から明らかなように，文書提出命令における「命令」とは，文書の所持者に対して提出を命じるという裁判の作用を表現したものであり，裁判の種類としては「決定」である。

　文書提出命令に関する裁判の告知方法については，格別の規定がないので，一般の決定と同じく，相当と認める方法で告知をすることによって効力が生ずる（119条）。したがって，法律上，裁判所は決定書を作成する義務はない。しかし，文書提出命令の申立てに関する決定に対しては，本案の裁判とは独立して即時抗告ができるところ（本条7項），即時抗告の機会を保障するためには，決定がなされたという事実およびその内容が当事者に明確に伝わる必要があるので，申立てを認容する場合であれ却下する場合であれ，原則として決定書を作成して当事者に送達すべきである[5]。

　もっとも，補正を促すまでもなく申立てに理由のないことが明らかな場合や，審理の経過に照らして証拠調べの必要性がないことが明らかなものについては，口頭で却下することも不当とはいえないであろう[6]。しかし，その場合でも，申立てを却下する理由は，明示的に述べられなければならない。とりわけ，①文書提出義務を欠くことを理由とするのか，それとも，②証拠調べの必要性がないことを理由とするのかは，申立人の抗告権の保障に直結するので，明確に述べられるべきである。すなわち，後述するように（V2(2)参照），①の場合は本条7項に基づく即時抗告が認められるが，②の場合は認められないと解する立場が多数であるので，いずれの理由による却下かが明確でないと，申立人の即時抗告権が実質的に侵害されるおそれがあるからである。また，告知の方法や時期についても，当事者の即時抗告の機会の保障などの手続上の権利に配慮したものでなければならない。

---

[5]　証拠法大系(4)191頁〔和久田道雄〕参照。同書191頁によれば，実務上，多くの場合には，決定を作成して当事者に送達する運用がされているという。

[6]　証拠法大系(4)191頁〔和久田〕参照。

2 文書提出命令の申立てにおける審理の規律

(1) 審理に関する原則

文書提出命令の申立ての裁判の審理手続は，口頭弁論または弁論準備手続に関する規律に従う。したがって，基本的に弁論主義や処分権主義の適用を受ける。また，本案審理と同様に双方審尋主義が妥当するので，相手方である文書の所持者に手続保障の機会を付与する必要がある。すなわち，裁判所は，申立書の形式的記載要件を満たしていない場合のように直ちに申立てを却下しうるときを除いて，相手方にその意見を聴く機会を与えたうえで裁判をしなければならない[7]。このことは，文書提出命令の申立ての相手方が本案の相手方当事者である場合と第三者である場合とを問わないが，それぞれの手続上の立場に応じて，以下のように，手続保障の態様が異なる。

(2) 相手方が本案の当事者である場合

文書提出命令の申立ての相手方が本案の相手方当事者である場合において，口頭弁論期日または弁論準備手続期日において申立てがなされたときは，相手方当事者は，その手続内で意見を述べる機会が与えられる。なお，民事訴訟規則140条2項は，相手方当事者は，文書提出命令の申立てに意見があるときは，意見を記載した書面を裁判所に提出しなければならないとするが，これは，相手方当事者から書面による意見書の提出がなされることが多いことから，その実務を明文化したものである[8]。したがって，相手方当事者による意見の陳述が書面にのみ限られるとする趣旨ではない。また，文書提出命令の申立てが期日外でなされたときや，申立てがなされた期日に欠席していたときであっても，相手方当事者は，同規則に基づいて書面で意見を述べる機会が与えられる。

(3) 相手方が第三者である場合

これに対し，相手方が本案の第三者である場合には，相手方当事者と同様の手続保障の機会を当然に有しているわけではない。そこで，第三者に対して文書提出命令を発令しようとする場合には，裁判所は必ずその第三者を審尋しなければならない（本条2項）。ただし，この規定は，審尋して意見を述べる機会

---

[7] 菊井＝村松Ⅱ 626頁参照。

[8] 条解規則〔初版〕298頁参照。

第5節　書証　　　　　　　　　　　　　　　　　　　　　　　　　§223 Ⅱ

を与えることを意味するにとどまり，第三者が審尋期日に出頭しない場合にまで，裁判所に審尋の義務を課すものではない。この第三者の審尋の手段は，口頭によるものでも書面によるものでもよい。また，裁判所が文書提出命令の申立てを却下する場合には，相手方に不利益を与えるものではないから，審尋の必要はないと解されている[9]。したがって，本条2項の規律が実際に適用されるのは，申立てに一応の理由が認められるときになろう。なお，文書提出命令の審理には上述のように弁論主義が適用されるので，第三者が審尋期日に欠席したときは，擬制自白の成立を認めることができるものと解すべきである（159条3項・170条5項参照）[10]。

(4) **文書提出命令の申立ての裁判の審理事項**

裁判所が，文書提出命令の申立ての裁判において審理する事項は，①申立書の記載が形式的な要件を充足しているかどうか（221条），②対象文書が証拠としての必要性を有するかどうか（181条），③対象文書が現に存在し，かつ，相手方がそれを所持しているかどうか，④相手方に文書提出義務が認められるかどうか（220条）である。②の審理が必要な理由は，文書提出命令の申立てが書証の申出を兼ねているからである（219条）。具体的に②として審理されるのは，証明主題が請求の当否の判断にとって必要な重要な事実といえるかどうか，および，その文書が証明主題の解明にとって必要な証拠であるかどうかの2点である。また，③の審理が必要な理由は，文書提出命令の申立ては，文書の所持者を相手方としてなされるべきものであるからである。これらのうち，①と④は，§221および§220の解説に委ねるものとし，以下，②と③について検討を加える。

(5) **証拠調べの必要性の判断**

文書提出命令の申立てについての審理において，通常は，まず証拠調べの必要性が判断される。証拠としての必要性を欠けば，文書の所持や文書提出義務の存否などを審理するまでもないからである。ただし，証拠としての必要性の判断は，なるべく緩やかに行わなければならない[11]。その文書が証明主題の解

---

9) 菊井＝村松Ⅱ627頁，旧注釈民訴(7)102頁〔野村秀敏〕，斎藤ほか編・注解民訴(8)176頁〔遠藤功＝宮本聖司＝林屋礼二〕，秋山ほかⅣ450頁等参照。

10) 旧注釈民訴(7)102頁〔野村〕参照。

〔三木〕

§223 Ⅱ　　　　　　　　　　　　　　　　　　　　第2編　第4章　証拠

明にとって必要な証拠であるかどうかは文書の記載内容次第であるところ，文書提出命令の申立てに対する裁判では，その点を具体的に確認することなく判断が行われるし，必要性がないとして文書提出命令の申立てが却下されてしまうと，その文書を証拠とする途は完全に断たれることになるからである。具体的には，たとえば相手方が申立ての対象文書には証明主題に関連する記載がないと主張した場合であっても，それのみで，証拠としての必要性がないとの判断をすべきではない[12]。したがって，裁判所がある文書の提出を命じたが，その文書では結局のところ目的を達することができなかったという事態が生ずることも，ある程度はやむを得ないものと考えるべきである[13]。立法論的には，文書提出命令の申立てを証拠の申出と切り離し，証拠収集手段として純化する方向での改正も検討に値するであろう。

(6)　**文書の存在および所持の証明**

(ア)　**基本的な考え方**　　文書提出命令の申立てには，対象とされた文書が存在すること，および，相手方がその文書を所持することの主張が，当然に含まれている（文書の「所持者」および「所持」の概念については，→§220 Ⅲ参照）。こうした文書の存在および所持の事実に関する証明責任が申立人にあることについては争いがない（東京高決昭39・7・3下民15巻7号1713頁，東京高決昭54・8・3判時942号52頁，大阪高決昭56・10・14判時1046号53頁，福岡高決平8・8・15判タ929号259頁等）。ただし，前述したように，文書提出命令の申立ての審理手続には弁論主義が適用されるので，相手方が，文書の存在または所持を争わない場合には，自白または擬制自白の成立により，これらの事実が存在するものと認定してよい（159条1項3項・170条5項）。これに対し，相手方が文書の存在または所持を争った場合には，これらの事実が証拠によって証明される必要がある。

ただし，文書の存在および所持に関する証明の程度は厳格に考えるべきではなく[14]，緩やかな程度の証明（疎明）で足りるものと解すべきである[15]。なぜ

---

11)　菊井＝村松Ⅱ625頁，旧注釈民訴(7) 100頁〔野村〕，斎藤ほか編・注解民訴(8) 177頁〔遠藤＝宮本＝林屋〕，秋山ほかⅣ447頁等参照。

12)　大判昭7・10・24民集11巻1912頁参照。

13)　菊井＝村松Ⅱ626頁参照。

なら，文書提出命令が申し立てられる場合には，対象文書は申立人の支配圏外にあり，申立人において，その存在または所持の事実を証明することには困難を伴う場合が多いので，これを厳格に考えるものとすると本来提出されるべき文書が提出されないことになる可能性が高いからである。また，相手方が被る実質的な不利益は，相手方が文書提出命令に応じなかった場合の制裁にあるが，224条は真実擬制をするかどうかについて裁判所の裁量を認めており，過料を定めた225条も発動に裁判所の裁量を許すものと考えられているので，裁判所が制裁の運用を慎重に行うことに留意すれば，相手方の不当な不利益は避けられるから，相手方の不利益との衡量の観点からも厳格な運用である必要はない。

(イ) **所持に至った事情の証明**　以上を踏まえると，申立人が証明すべき事実としては，とりあえず相手方が対象文書を所持するに至った事情のみで十分であると解される。いったん所持した後の廃棄や紛失の事実は，後述するように，相手方が反証責任を負うものとする見解が多数である。したがって，相手方が所持しているのを過去に見た旨の証言などがあれば，現時点における存在および所持の証明として足りるであろう。また，①一定の文書を作成および保存するのが社会通念や取引社会の常識などに照らして通常であるという事実や，②文書の作成および保存の義務が法定されているという事実などは，文書の作成および保存に関する経験則に基づく一種の間接事実であるが，こうした間接事実に基づく証明でもよい。

①に属する裁判例としては，消費者金融会社に対して申立人との取引履歴に関する文書の提出命令が申し立てられた事案において，過払金に関する訴訟の係属が容易に予想されるなどの事情がある場合には，10年を超える取引履歴についても記録媒体を保存しているものと推認し得るとしたもの（旭川地決平18・5・1 TKC文献番号25437208），過去に一定期日以前の取引履歴に関する文書につき，存在しないと主張していたにもかかわらず，その後に開示したことが

---

14) 現在の多数説である。小林秀之「文書提出命令をめぐる最近の判例の動向(3)」判評267号〔1981〕143頁，兼子ほか・条解〔2版〕1232頁〔加藤新太郎〕，谷口＝井上編(5) 212頁〔小林秀之〕，旧注釈民訴(7)99頁〔野村〕，証拠法大系(4)175頁〔金子修〕等参照。

15) 西村宏一「文書提出命令の申立における文書所持の立証」民事法の諸問題Ⅰ 245頁は，相手方の文書の所持に関する立証は疎明ではなく証明を要するとするが，疑問である。

ある等の事実を考慮して，申立てにかかる文書の所持を推認したもの（名古屋高決平21・3・5 TKC文献番号25471888），貸金業法19条による帳簿の作成義務を負わない期間であっても，貸金業者においては交渉記録を作成保存していることが一般的であるとして，当該記録の所持を推認したもの（広島高決平21・11・17消費者法ニュース82号82頁）などが見られる。

また，②に属する裁判例としては，貸金業法19条による帳簿の保存義務を根拠として文書の所持を認定したもの（大分地決平18・2・28 TKC文献番号25437224，前掲広島高決平21・11・17），医師法24条による診療録の保存義務を根拠としたもの（前掲大阪高決昭56・10・14）などがある。

(ウ) **廃棄等の事実の証明** 相手方から，対象文書を過去に所持していたが，廃棄，紛失，滅失，譲渡，交付（以下，「廃棄等」という）などにより，すでに現存していない旨の主張がなされることがある。しかし，申立人において，これらの事実の不存在を立証することは，多くの場合において不可能または困難である。そこで，申立人としては，相手方が文書を所持するに至った事情を立証すれば足り，相手方において，廃棄等についての反証責任を負うものと解すべきである。すなわち，申立人が所持に至る事情について一応の立証をしたときは，相手方による廃棄等の事実の反証が功を奏さない限り，対象文書の存在と相手方における所持が推認されることになる（前掲大分地決平18・2・28，東京高決平18・3・29 TKC文献番号25437213，前掲旭川地決平18・5・1，前掲名古屋高決平21・3・5等）。

(エ) **文書の不存在の可能性と文書提出命令** このように，文書の存在および所持の証明は緩やかに考えるべきとの立場を前提とすると，場合によっては，裁判所は，文書が存在しない可能性を感じていても，文書提出命令を発令すべきことになる。このことに対し，裁判所が一定の心理的抵抗をおぼえる場合があることは考えられるが[16]，このように考えないと，本来提出されるべき文書が提出されない事態が生じうるので，文書提出命令制度の趣旨に鑑みて割り切って考えるべきである[17]。また，文書が存在しない可能性がある場合に文書提

---

[16] 西村・前掲注15) 242頁は，「本来文書の提出命令は，文書の存在することを前提として出されるものであり，その不存在の可能性を予定しての提出命令というものは考えられない」と述べるが疑問であり，本文のように考えるべきである。

出命令が発令された場合の相手方の不利益については，上述したように，発令のみで直ちに具体的な不利益が生じるわけではなく，相手方にとって実質的な不利益が生ずるのは制裁が科される場合であるが（224条・225条），裁判所の慎重な制裁の運用によって不当な結果の発生は回避できることも考慮すべきである。なお，法律上の保存義務があるにもかかわらず，保管場所の確保が困難であるなどの理由で，これを保存期間満了前に廃棄した場合には，たとえ文書が現存しなくても，相手方は真実擬制の制裁（224条）等の不利益を甘受すべきである（札幌簡決平10・12・4判タ1039号267頁）。

3　文書提出命令の申立てにおける裁判の規律

(1)　裁判に関する原則

裁判所は，前述したように，①申立書の記載に関する要件（221条），②文書の証拠としての必要性（181条），③文書の現存および所持，④文書提出義務（220条）の4点を審理し，文書提出命令の申立てがこれらをすべて満たす場合には，文書の所持者に対し，その提出を決定で命じなければならない。他方，これらのうちのいずれかが否定される場合には，決定で申立てを却下しなければならない。

申立ての許否いずれにせよ，必ず決定の裁判による応答はなされなければならない。裁判の適式な申立てがある以上，裁判所がこれに対して裁判により応答する義務を負うのは，当然のことである。また，実質的にも，文書提出命令の申立てに関する裁判に対しては，本案とは独立して即時抗告の方法による上訴が認められているので（本条7項），この当事者の不服申立権を保障するためにも，裁判による応答の必要がある。したがって，文書提出命令の申立てに対して何ら決定をしないまま，本案事件の口頭弁論を終結して判決を言い渡すことは違法である（最判昭30・3・24民集9巻3号357頁）。

この点に関連して，文書提出命令の申立てがなされた後，所持者が当該提出を求められた文書を任意に提出した場合には，申立てはその目的を果たして意味を失ったので，申立ての許否の裁判は不要であるとする裁判例（福岡高決昭49・2・2判時747号67頁）がある。しかし，裁判所は裁判の申立てに応答す

---

17)　証拠法大系(4)175頁〔金子〕参照。

義務があるので、たとえ任意提出があったとしても、許否の裁判をしないことは許されないと解される。任意提出によって申立てが目的を果たしたのであれば、積極的に申立てを却下する決定をすべきである。実質的にも、提出を求められた文書と任意提出された文書との同一性を確認する必要があるので、このような場合に裁判をすることには意味がある[18]。

(2) 黙示の却下

上記のように、文書提出命令の申立てに対して許否の裁判をしないことは違法であるが、その裁判は必ずしも明示である必要はなく、却下の場合には黙示でも足りるとされる（最判昭43・2・1判時514号53頁）[19]。

しかし、黙示の却下には疑問がある。文書提出命令の申立てに関する裁判は本案手続内における付随的裁判であり、終局判決までになされる必要があるはずであるが、黙示の却下とされる事案では、終局判決をもって黙示の却下があったものと事後的にみなされるのであり、黙示の裁判とみなされる裁判所の具体的な応答行為があるわけではない[20]。また、実質的にみても、黙示の却下を認めると、申立人の即時抗告により救済を受ける権利が奪われることになる。もちろん、終局判決に対する上訴の中で、黙示の却下に対する不服を主張することができるが、それでは法が認める独立の上訴の機会の保障とはいえない。したがって、文書提出命令の申立てに関する裁判は明示的に行われるべきであり（上述したように、場合によっては口頭でもよい）、黙示の却下は違法と解すべきである[21]。

ただし、文書提出命令の申立てを却下する場合、証拠としての必要性がない

---

[18] 旧注釈民訴(7) 97頁〔野村〕参照。

[19] 黙示の却下を肯定する見解として、大村雅彦「文書提出命令⑥」新大系(3) 233頁、旧注釈民訴(7) 97頁〔野村〕、証拠法大系(4) 191頁〔和久田〕、秋山ほかⅣ 446頁等。

[20] 本案手続と付随手続は別個であるが、事後的に黙示の却下とみなされる場合は、現象としては本案手続の打ち切り行為があるだけであって、付随手続それ自体には裁判とみなされる裁判所の行為はない。ちなみに、裁判はその本質において作為行為であり、不作為の裁判なるものは本来的に観念しがたい。三木浩一〔判批〕法研84巻8号〔2011〕130頁参照。

[21] 谷口＝井上編(5) 211頁〔小林〕、住吉博〔判批〕判タ367号〔1978〕203頁、三木浩一〔判批〕リマークス25号〔2002〕122頁参照。

との理由によることもあり，この場合は即時抗告が認められないと解されているので，この理由によるときは，黙示の却下は違法ではないという理解もあり得ないではない。しかし，黙示の却下は，「黙示」であるがゆえに，当事者にはいずれの理由によるものか判断しがたいことや，不作為の裁判なるものは本来的には観念しがたいことを考えると，一律に違法と解すべきであろう。

4 一部提出命令

(1) 平成8年改正による規定の新設

平成8年改正前の旧法下では，文書の一部に証拠調べの必要がない部分や提出義務が認められない部分がある場合に，文書提出命令の要件を満たす部分のみの一部提出を命ずることができるかどうかについて明文規定がなく，解釈が分かれていた[22]。しかし，たとえ申立ての対象とされた文書に文書提出命令の発令要件を満たさない部分があるとしても，そのほかの部分については要件を満たしており，事案の解明のためには一部といえども提出させる必要が認められる場合には，文書全体について提出を命ずることができないと解することは不当である。そこで，平成8年改正において，本条1項後段を設けて一部提出命令が可能である旨を明らかにし，これによって，旧法下における解釈上の争いを立法的に解決した[23]。なお，この一部提出命令の許容を定めた規定は，文書の成立の真否を判断するために筆跡等の対照用文書の提出を命ずる手続にも準用されている（229条2項）。

(2) 文書の一部の意義

しかし，平成8年改正による本条1項後段の新設は，解釈上の疑義を完全に払拭するものではなかった。本条1項後段は，「文書に取り調べる必要がないと認める部分又は提出の義務があると認めることができない部分があるときは，その部分を除いて，提出を命ずることができる」とするが，ここにいう「部分」，すなわち文書の一部とは具体的に何を意味するかについては解釈の余地があり，実際に平成8年改正後もなお見解の不一致がみられた。

およそ1個の文書の「部分」と呼びうるものには，具体的には次のような場

---

22) 田邊誠「民事訴訟における企業秘密の保護(上)」判タ775号〔1992〕28頁，29頁注22・注23参照。
23) 一問一答264頁参照。

合がある。第1に，もともとは作成名義が異なる複数の文書であったものが，1つの文書として綴じられている場合がある。たとえば，異なる担当者が作成した業務上の記録が編綴された冊子や異なる担当者により毎日作成されている日誌などである（編綴文書型）。第2に，単独の作成名義による文書における特定の頁または特定のまとまった項目などが問題になる場合もある。たとえば，業務日誌の特定の日に関する記載や研究開発文書の特定の項目などである（特定項目型）。第3に，会計帳簿における取引先の名称，賃金台帳における個人名，看護記録における他の患者に関する記載など，文書中の特定の単語や事項なども文書の部分と考えることが可能である（特定単語型）。

　これらのうち，第1および第2の場合については，提出命令の対象となる部分が他の部分から独立していると認められる限り[24]，文書の一部として提出を命ずることができることに争いはない[25]。これに対し，第3の文書中の特定の単語や事項について，これを墨塗りするなどの方法で削除して，その写しの提出を命ずることができるかについては，本条1項後段の新設後もなお議論が続いた。肯定説は，秘密やプライバシーの保護と事案解明の要請を調和させるためには，墨塗り等による削除の方法を用いて提出を命じることが最も効果的である場合があり得るので，削除により文書の意味が変わってしまう場合や，文書としての意味をなさなくなる場合などを除き，このような方法による提出命令も本条1項後段により認められるとする[26]。これに対し，否定説は，原本提出主義の原則（規143条）や文書の一体性を強調して，いわば虫食い状態の文書として提出させることは法が予定していないとする[27]。

---

24) 文書の一部の独立性が問題になったものとして，国税調査官が移転価格調査の内容を記録した文書について，当該文書は，被調査者に対する質問と回答の中から国税調査官がその要点を備忘録として作成したものであり，質問と回答はこん然一体となって記載されているので，回答者の発言内容だけを取り出すことができないとして，一部提出命令を出すことはできないとした裁判例（東京地決平19・6・26訟月54巻9号2074頁，東京高決平19・7・18訟月54巻9号2065頁）がある。
25) 研究会294頁〔竹下守夫〕，三木・手続運営545頁，証拠法大系(4)196頁〔和久田〕参照。
26) 研究会294頁〔竹下〕，295頁〔秋山幹男〕，三木・手続運営546頁参照。
27) 研究会294頁〔福田剛久〕参照。

(3) 特定単語型における墨塗提出の可否

　旧法下では，上述したように，一部提出命令の可否は不明確であったが，具体的に見解の対立がみられたものの多くは特定単語型であった。すなわち，一部提出命令を否定した裁判例としては，大阪高裁昭和61年9月10日決定（判時1222号35頁），名古屋地裁昭和63年12月12日決定（判タ693号226頁），広島高裁松江支部平成元年3月6日決定（訟月36巻3号323頁）などがしばしば引用されるが，いずれも，青色申告決算書のうちに文書所持者である課税庁の守秘義務の対象となる納税者の固有名部分がある場合に，これを削除した同決算書の写しの提出を命ずることは，現存しない文書を作成したうえで提出を命ずることになるので認められないとするものであり，すべて本稿にいう特定単語型の事例である。他方，一部提出命令を認めた裁判例として，大阪地裁昭和61年5月28日決定（判時1209号16頁），鳥取地裁平成元年1月25日決定（訟月36巻3号337頁）などが引用されるが，前者は上記大阪高決の原審であり，後者も上記広島高松江支決の原審であるので，いうまでもなく特定単語型の事例である。

　このように，特定単語型については見解の対立があったが，最高裁は，現行法下における本条1項後段の解釈として，特定単語型の事案において一部提出命令を認めた。すなわち，最高裁平成13年2月22日決定（判時1742号89頁）は，「1通の文書の記載中に提出の義務があると認めることができない部分があるときは，特段の事情のない限り，当該部分を除いて提出を命ずることができると解するのが相当である」と述べたうえで，原審が，当該事件において文書提出命令の申立ての対象となった監査調書のうち，「貸付先の一部の氏名，会社名，住所，職業，電話番号及びファックス番号部分を除いて提出を命じたことは正当として是認することができる」とした。同決定にいう「特段の事情」がどのような場合を意味するかは判文上明らかではないが，肯定説が指摘するように，削除によって文書の意味が変わってしまう場合や，文書としての意味をなさなくなる場合などが考えられよう。

　上記平成13年決定以後の裁判例として，海上自衛隊員の自殺に関連する各種文書のうち，調査関係文書から被調査者等の氏名，所属，役職，階級，経歴等の記載部分を除外し，あるいは訓練実施記録の所見欄などを除外するなどし

て，一部提出を命じたもの（横浜地決平19・9・21判タ1278号306頁）がある。

(4) 一部提出の方法

一部提出の方法については格別の定めがなく，実務の運用に委ねられる。まず，バインダーの形式で編綴されている編綴文書型の場合などについては，文書提出命令の対象となった一部を取り外して，原本をそのまま提出することが可能である。これに対し，編綴文書型でも取り外しができない場合や，特定項目型や特定単語型の場合には，原本をそのままの形で提出することは困難である。そこで，①原本の除外部分に事後の取り外しが可能な紙を貼って提出する，②除外部分を墨塗りなどした認証謄本を作成してこれを提出する（規143条1項），③当事者の合意を得て除外部分を墨塗りなどした写し（機械コピー）の提出をもって原本の提出に代える，などの方法がとられることになる[28]。

III 公務秘密文書該当性の判断手続

1 制度の概要

平成8年における民訴法の改正に際し，当初の政府原案では，公務員の職務上の秘密に関する文書は，監督官庁が承認をしない限り文書提出義務がないものとされていた。しかし，そのような制度は，行政庁による不当な文書の提出拒否を助長するものであり，行政情報公開の流れにも逆行するとの批判が起こった。そこで，衆議院法務委員会において，政府原案に修正が加えられ，公務文書（公務員または公務員であった者がその職務に関して保管または所持する文書）一般の文書提出義務の範囲について，いったん旧法のままにとどめおくこととし，当時，政府部内で進められていた行政情報公開制度に関する検討と併行して総合的な検討を加え，同改正法の公布後2年を目途として，必要な措置を講ずるものとされた。これに基づき，公務文書を対象とする文書提出命令のあり方について検討が加えられた結果，平成13年改正において，公務文書における文書提出義務の一般義務化と公務秘密文書（公務員が職務上知り得た秘密に関する文書であって，その提出により公共利益の侵害または公務遂行に著しい支障のおそれを生ずるもの）の一般提出義務からの除外が定められた。そして，この新たな除外

---

28) 研究会296頁〔福田〕，三木・手続運営545頁参照。

事由である公務秘密文書該当性を判断するための手続として創設されたのが，本条3項ないし5項の手続である[29]）。

　制度の具体的な仕組みは，以下のとおりである。①裁判所は，公務員の職務上の秘密に関する文書について一般提出義務を定めた220条4号に基づく文書提出命令の申立てがあったときは，その対象文書が同号ロに定める公務秘密文書に該当するかどうかについて，原則として，監督官庁から必ず意見を聴かなければならない（監督官庁からの意見聴取の手続。本条3項前段）。②この裁判所からの意見聴取に対して監督官庁が回答する際に，公務秘密文書の該当性を肯定する旨の意見を述べるときは，その理由を明示しなければならない（監督官庁の理由明示義務。本条3項後段）。③監督官庁の意見において，対象文書が単なる公務秘密文書ではなく，国家の安全や刑事司法の維持などに関わる高度の秘密が記載されたもの（高度公務秘密文書）であると主張されたときは，裁判所は，公務秘密文書該当性それ自体を直接判断することは許されず，監督官庁の意見が相当であるか否かの審査（相当性審査）のみをすることができる（高度公務秘密文書の司法審査における謙抑性。本条4項）。④監督官庁が意見を述べるに際し，文書中に私企業等の第三者の技術または職業の秘密が記載されている場合には，その文書が公務秘密文書に該当する旨の意見を述べようとするときを除き，あらかじめその第三者の意見を聴かなければならない（第三者からの意見聴取の手続。本条5項）。

2　監督官庁からの意見聴取の手続

(1)　本条3項の趣旨

　公務秘密文書に該当する可能性が認められる文書について，一般提出義務（220条4号）に基づく文書提出命令の申立てがあったときは，裁判所は，その申立てに理由がないことが明らかな場合を除いて，同号ロの除外事由の有無について，監督官庁の意見を聴かなければならない（本条3項前段）。こうした義務的な監督官庁からの意見聴取の制度が設けられたのは，監督官庁は，公務員の守秘義務を解除する権限を有していること（国公100条2項，地公34条2項

---

[29]　平成13年改正の経緯については，深山卓也ほか「民事訴訟法の一部を改正する法律の概要(上)」ジュリ1209号〔2001〕102頁以下参照。

等），および，文書に記載された事項が公務秘密に該当するかどうかを最もよく知る立場にあることが，考慮されたからである[30]。すなわち，公務員の職務上の秘密に該当するか否かについて，裁判所が適正な判断を行うためには，監督官庁の意見を聴取することが適当であると考えられたことによる[31]。

　もっとも，文書提出命令の申立てについて，証拠としての必要性がない場合や，文書の特定を欠く場合など，公務秘密文書該当性以外の理由によって明らかに申立てが却下されるべき場合には，監督官庁の意見を聴くまでもない。そこで，「その申立てに理由がないことが明らかなとき」には，意見聴取の必要はないものとされている（本条3項前段）。

　なお，文書の存否は意見聴取の対象ではないので，情報公開法8条が定めるグローマー拒否（文書の存否を明らかにできない旨の意見）は，本条3項が規定する監督官庁の「意見」には含まれない[32]。

(2)　証言拒絶権に関する規律との関係

　このように，公務秘密文書該当性の判断において裁判所は監督官庁の意見を必ず聴く必要があるが，最終的な判断権者はあくまでも裁判所である。これは，職務上の秘密を理由とする証言拒絶権の最終的な判断権者が監督官庁とされていること（191条1項）と比較すると，規律の態様を異にする。本条3項は，文書提出命令における除外事由の判断と証人尋問における証言拒絶権の判断について基本的に平仄を合わせることを意図して作られたものであるにもかかわらず，このように最終的な判断権者が異なるものとされた理由については，以下のように考えられる。

　証人尋問の手続は，裁判官および双方当事者の面前において，当事者等が行う尋問に対して証人が証言をするという形態で行われる証拠調べであるため，裁判所は，証人が証言しようとしている供述の具体的な内容を事前に知ることができず，証言に先立って公務秘密該当性の判断を行うことが困難である。他方，監督官庁は，証人となる公務員が知得している情報の公務秘密該当性や秘密保持の必要性の判断に必要とする資料や情報を有し，当該公務員の守秘義務

---

30)　深山ほか・前掲注2) 176頁参照。
31)　証拠法大系(4) 133頁〔花村良一〕参照。
32)　伊藤〔4版補訂版〕430頁注411参照。

を解除する権限を有している。したがって、平成8年改正当時と比較して行政情報公開の要請が高まっている現在でも[33]，証言拒絶権については，監督官庁を判断権者とすることに相応の合理性が認められる。

これに対し，文書提出命令の場合は，公務に関する情報が記載された書面がすでに存在し，記載された情報は固定されて不動であるので，裁判所は，文書の表示や趣旨（221条1項1号2号）および監督官庁の意見などから，公務秘密文書該当性を判断することが可能であり，それで判断材料として不十分な場合には，さらにイン・カメラ手続を用いることもできる（本条6項）。

このように，証人尋問の場合と文書提出命令の場合とでは，証拠調べの性質に違いがあるため，公務秘密に関する最終的な判断権者を異にするものとされたと考えられる[34]。

(3) 監督官庁

「監督官庁」とは何を意味するかにつき，立案担当者は，文書に記載された職務上の秘密に関する事項を所掌している所轄庁の長等をいうとするが[35]，学説には，文書作成者または保管者たる公務員を監督する官庁を指すとする見解もある[36]。前者の見解は，秘密事項の所掌官庁の長等こそが，公務秘密該当性について最も適切な意見を述べることができることを根拠とする。これに対し，後者の見解は，秘密事項の所掌官庁は裁判所にとって必ずしも明確ではない場合があるし，複数の官庁が所掌する場合などもあるので，意見聴取をする対象官庁の明確化という観点からは，公務員の監督官庁が適切であるとする。

このように，見解が分かれるが，以下のように解すべきである。本条3項の立法趣旨は，上述したように，公務秘密該当性について裁判所が適正な判断を行うための資料を得ることにあるので，その趣旨からは，ここにいう「監督官庁」は，基本的には立案担当者が述べる秘密事項の所掌官庁の長等であるべきである。しかし，裁判所にとって秘密事項の所掌官庁が明確でない場合や，複

---

[33] 行政機関の保有する情報の公開に関する法律（情報公開法）は，平成11年5月に成立し，同13年4月1日から施行されている。
[34] 証拠法大系(4)135頁〔花村〕参照。
[35] 深山ほか・前掲注2) 176頁参照。
[36] 伊藤〔4版補訂版〕429頁参照。

数の官庁が所掌すると思われる場合には，裁判所は，公務員の監督官庁が秘密事項の所掌官庁であるとの推定の下に，公務員の監督官庁に意見を聴くことも許される[37]。現実にも，秘密事項の所掌官庁と公務員の監督官庁が一致することは少なくないであろうし，両者が異なる場合には，裁判所から意見照会を受けた公務員の監督官庁は，秘密事項の所掌官庁と協議を行うべき条理上の義務を負うものと考えられるからである[38]。

前述した裁判所が意見照会をした官庁が秘密事項の所掌官庁と異なるという事態は，退職した公務員が所持する文書に対する提出命令でも問題となり得る。退職した公務員については，退職時の所轄庁の長等が守秘義務の解除権者とされていることから，その職務上の秘密についての守秘義務の解除権者と秘密事項の所掌官庁とが一致しないことがあるからである。このような場合，裁判所は，守秘義務の解除権者である退職時の所轄庁の長等に照会をかけることになろうが，その官庁が秘密事項の所掌官庁と異なる場合には，やはり両庁で協議を行うべき条理上の義務があると解すべきである[39]。

なお，衆議院または参議院の議員の職務上の秘密に関する文書についてはその院，内閣総理大臣その他の国務大臣の職務上の秘密に関する文書については内閣が監督官庁となる（本条3項前段括弧書）。

(4) 文書の所持者による意見陳述との関係

本条3項に基づく監督官庁による意見陳述とは別に，文書の所持者（国や地方公共団体などの法主体）が，文書提出命令の申立ての審理手続の中で，意見陳述の機会が与えられることは当然である。すなわち，文書の所持者が相手方当事者である場合は，書面による意見陳述の機会が保障されており（規140条2項），また，文書の所持者が第三者である場合は，裁判所はその第三者を審尋しなければならないので（本条2項），いずれの場合でも，文書の所持者は意見を述べる機会を有する。こうした文書の所持者による意見陳述は，文書提出命令の申立ての審理に関係する全般に及ぶので，いうまでもなく公務秘密文書の該当性についても意見を述べることができる。しかし，①文書の所持者として

---

37) 秋山ほかⅣ453頁参照。
38) 深山ほか・前掲注2) 181頁注24参照。
39) 深山ほか・前掲注2) 176頁参照。

の国等と監督官庁とは，それぞれ異なる立場にあり，その述べる意見も完全に一致するとは限らないこと，②一般的には，監督官庁は文書の所持者である国等の内部機関であることが多いが，国等を通じてその意見を述べさせることとした場合には，その真意が十分には裁判所に伝わらないおそれもあること等の理由により，本条3項は，文書の所持者による意見陳述とは別個に監督官庁からの意見聴取を義務付けているものである[40]。

(5) 監督官庁の理由明示義務

監督官庁が，文書が公務秘密文書に該当する旨の意見を述べる場合には，その理由を示さなければならない（本条3項後段）。監督官庁から意見を聴取する目的は，裁判所が公務秘密文書の該当性の判断を適正に行うことができるようにするためであり，そのためには，意見に理由が示されることにより，判断内容が明らかにされている必要があるからである[41]。特に，「公共の利益を害し，又は公務の遂行に著しい支障を生ずるおそれ」については，単なる抽象的な危険の指摘のみでは足りず，具体的な危険の根拠を示すことが求められる[42]。

(6) 意見聴取義務違反の効果

裁判所が，本条3項の定めに反して監督官庁からの意見聴取を行わなかった場合，どのような効果が生じるかについては特段の規定がなく，解釈に委ねられている。まず，文書提出命令の申立てを却下した場合には，相手方当事者や監督官庁にとって実害はないので，当該決定の効果に影響は生じない。これに対し，文書提出命令を発令した場合には，当該決定が手続上の瑕疵を帯びたものとして，抗告審における取消しの対象となるかどうかが問題となる。これについては，本条3項の意見聴取は，あくまでも参考として意見を聴くにとどまるものであるので，抗告審における取消しの対象とはならず，抗告審であらためて監督官庁の意見を聴取し，それを踏まえて抗告審が文書提出義務の存否を判断すればよいとする見解がある[43]。本条の趣旨に照らして妥当であろう。

---

40) 深山ほか・前掲注2) 176頁参照。
41) 深山ほか・前掲注2) 176頁参照。
42) 伊藤〔4版補訂版〕429頁，秋山ほかⅣ 455頁等参照。
43) 秋山ほかⅣ 455頁。

3 高度公務秘密文書の取扱い

(1) 本条4項の趣旨

前述のように，監督官庁が，本条3項に基づく裁判所からの意見聴取に対し，申立ての対象文書が公務秘密文書に該当する旨の意見を述べるときは，その理由を具体的に述べなければならないが（本条3項後段），そこで述べられた理由が一定の高度な公益に関わる秘密であるときは，その秘密を所掌する官庁の専門的かつ政策的な判断を要するという特殊性を考慮して，裁判所は，以下のように，監督官庁の判断をいわば最大限に尊重するものとする仕組みが採用されている。

まず，高度な公益として本条4項に列挙されているのは，①「国の安全が害されるおそれ，他国若しくは国際機関との信頼関係が損なわれるおそれ又は他国若しくは国際機関との交渉上不利益を被るおそれ」（1号）と，②「犯罪の予防，鎮圧又は捜査，公訴の維持，刑の執行その他の公共の安全と秩序の維持に支障を及ぼすおそれ」（2号）である。次に，これらの高度公務秘密を審査するに際しては，裁判所は，行政機関の長等の第一次的な判断を尊重して，その判断に「相当の理由」があったかどうかのみを審理し，「相当の理由」があるとは認めることができない場合に限って，文書提出命令を出すことができるものとされている（本条4項柱書）。

(2) 情報公開法との関係

本条4項1号が掲げる「国の安全が害されるおそれ，他国若しくは国際機関との信頼関係が損なわれるおそれ又は他国若しくは国際機関との交渉上不利益を被るおそれ」と，情報公開法5条3号が掲げる「公にすることにより，国の安全が害されるおそれ，他国若しくは国際機関との信頼関係が損なわれるおそれ又は他国若しくは国際機関との交渉上不利益を被るおそれ」は，文言からも明らかなように同義である。また，同様に，本条4項2号が掲げる「犯罪の予防，鎮圧又は捜査，公訴の維持，刑の執行その他の公共の安全と秩序の維持に支障を及ぼすおそれ」と，情報公開法5条4号が掲げる「公にすることにより，犯罪の予防，鎮圧又は捜査，公訴の維持，刑の執行その他の公共の安全と秩序の維持に支障を及ぼすおそれ」も同義である。

さらに，本条4項は，監督官庁の意見を尊重する趣旨から裁判所の判断権を

「相当の理由」の判断にとどめているが，情報公開法5条3号・4号も，他の号と異なり44)，上記のおそれがあると行政機関の長が認めることにつき「相当の理由」がある情報を不開示情報と定めており，やはり，行政機関の長の判断権を最大限に尊重している。すなわち，開示決定等の取消しや開示決定等の不服申立てにかかる裁決の取消しなどを求める訴訟（情報公開訴訟）において，ある情報が同法5条3号・4号の不開示情報に該当するか否かが争われたときは，裁判所は，行政機関の長による第一次的判断を尊重して，その判断の相当性のみを審査することになる。したがって，この点でも本条4項と情報公開法の規律は一致する45)。

以上のように，本条4項は，民事訴訟における文書提出義務の判断について，情報公開法と同様の仕組みを設けることにより，公務秘密文書の開示に関する法規制に齟齬がないようにしている。

(3) **防衛・外交等情報（本条4項1号）**

本条4項1号が規定する高度公務秘密は，国家の防衛や外交関係からみて，公務秘密文書の開示が高度の公益を損なうおそれがある情報である。こうした意味での高度の公益として，個別的に列挙されているのは，①国の安全が害されるおそれ，②他国もしくは国際機関との信頼関係が損なわれるおそれ，③他国もしくは国際機関との交渉上不利益を被るおそれである。こうした防衛・外交情報について，裁判所による覆審的な司法審査を行わず，監督官庁の判断に対する相当性の司法審査にとどめている理由は，この種の情報については，220条4号ロに定める「その提出により公共の利益を害し，又は公務の遂行に著しい支障を生ずるおそれ」の評価に高度の政策的判断を伴い，また，国防，外交上の専門的，技術的な判断を要するという特殊性が認められるからである。比較法的にみても，国の安全等に関する情報の開示に関しては，司法審査について，特別の考慮が払われていることが稀ではないとされる46)。

---

44) 情報公開法5条における他の4つの号は，「おそれ」があるかどうかによって不開示情報となるか否かを決めているのに対し，3号・4号は，「おそれがあると行政機関の長が認めること」に「相当の理由」があるかどうかによって，不開示情報になるか否かを決めている。

45) 深山ほか・前掲注2）178頁参照。

§ 223 Ⅲ

個別列挙されている事項のうち、まず、①にいう「国の安全」とは、国家の構成要素である国土、国民および統治体制が平和な状態に保たれていることを意味する。すなわち、国家社会の基本的な秩序が平穏に維持されていることをいい、具体的には、直接的または間接的な侵略に対して独立と平和が守られていることや、国民の生命が国外からの脅威等から保護されていることである。そして、それらが「害されるおそれ」とは、これらの利益に対する侵害の可能性をいう[47]。次に、②は、当該秘密を開示することが他国との取り決めや国際慣行に反することになるなど、わが国との関係に悪影響を及ぼす可能性があることをいう。最後に、③は、他国や国際機関との間の進行中または予想される交渉に関して、わが国のとろうとする立場が明らかにされ、または推測することが可能になり、そのために交渉上の不利益を生ずる可能性をいう。いずれの場合も、そこにいう「可能性」は、抽象的な可能性では不十分であり、具体的な可能性でなければならない。本条4項は、同3項後段が定める監督官庁の理由明示義務を前提とするものであり、いかに相当性審査といえども、裁判所が適正な判断を行うためには具体的な情報が不可欠であるし、国民の的確な理解と批判の下にある公正で民主的な行政の推進[48]という現在の行政情報の公開に関する理念に照らせば、可能な限りのアカウンタビリティは、行政機関が負う当然の義務といえるからである。

①に関する裁判例としては、次のようなものがある。護衛艦に勤務する海上自衛隊員の自殺について、その両親が国等を被告として安全配慮義務違反に基づく国家賠償を求めた事件において、海上自衛隊内で作成された事故調査報告書等を対象文書として、文書提出命令の申立てがなされた。この事件において、対象文書の一部である上陸簿について、監督官庁である防衛大臣が、国の安全が害されるおそれを理由として220条4号ロに該当する旨の意見を述べた。これに対し、原審は、上陸簿には艦隊の実員数、階級構成、乗組員の勤務体制等が記載されており、海上自衛隊の護衛艦の活動、行動状況、運用状況が容易に推察されることにより、以後の作戦行動、任務遂行に支障が生じるとの防衛大

---

46) 総務省行政管理局編・詳解情報公開法〔2001〕63頁参照。
47) 畠基晃・情報公開法の解説と国会論議〔1999〕60頁参照。
48) 情報公開法1条参照。

臣の意見には，相当の理由がないとはいえないと判示した（横浜地決平19・9・21判タ1278号306頁）。これに対し，抗告審は，一般論としては，上陸簿の公開には原審判示のような問題が存在するため防衛大臣の意見に相当の理由がないとはいえないが，自殺した隊員等の上陸の日時，開始時刻，帰隊時刻を記載した部分に限定した場合には，これらの事項を開示したからといって，上陸した艦隊の実員数，階級構成，乗組員の勤務体制等が明らかになるわけではなく，防衛大臣の意見に相当の理由があると認めるに足りないとした（東京高決平20・2・19判タ1300号293頁）。本条1項後段の定める一部提出命令を活用することにより，高度公務秘密の保護と文書提出命令による事案解明の要請の調和を図ったものとして評価に値する。

また，②に関する裁判例としては，次のようなものがある。(i)法務省が外務省を通じて外国公機関に照会を行った際に外務省に交付した依頼文書の控え，(ii)外務省が外国公機関に交付した照会文書の控え，(iii)当該外国公機関が外務省に交付した回答文書等につき，許可抗告審である最高裁判所は，これを公にすることにより，当該外国との信頼関係が損なわれるおそれがあるところ，国際的な慣例の有無や，これらが公開された場合におけるわが国と当該外国との間の信頼関係に与える影響等について，原審で審理が尽くされていない状態の下では，本条4項1号の②を理由として220条4号ロに該当する旨を述べる監督官庁の意見に相当の理由があると認めるに足りないかどうかを判断することはできないとして，事件を原審に差し戻した（最決平17・7・22民集59巻6号1888頁）。これを受けた差戻抗告審は，(i)については，すでに記載された情報は実質秘とはいえなくなっているとして，監督官庁である法務大臣の②を理由とする意見には相当の理由があると認めるに足りないとし，他方，(ii)(iii)については，これらは外交実務上「口上書」と称される外交文書の形式によるものであり，口上書は公開しないことが外交上の慣例となっていることを理由として，監督官庁である外務大臣の②を理由とする意見には相当の理由があるとした（東京高決平18・3・30判タ1254号312頁）。

(4) **犯罪捜査・秩序維持等情報**（本条4項2号）

本条4項2号が規定する高度公務秘密は，公共の安全と秩序の維持に支障を及ぼすおそれのある情報である。その例として，犯罪の予防，鎮圧または捜査，

公訴の維持，刑の執行が挙げられているが，前号と異なり，これらはあくまでも「公共の安全と秩序の維持」の例示であり（「その他」ではなく，「その他の」という法制執務上の表現が使われている），これらに限られるわけではない。これらの例示によって明らかにされているように，この規定は，いわゆる司法警察を念頭に置いたものである。したがって，個人テロ等からの人の生命，身体等の保護，もっぱら犯罪を目的とする集団に対する監視活動等に関する情報などが対象である。他方，伝染病の予防，建築規制，食品・環境・薬品の安全規制，災害警備等の行政警察は含まれない49)。

　犯罪捜査・秩序維持等情報について，監督官庁の判断に対する相当性の司法審査にとどめているのは，この種の情報についても，その判断に高度の政策的判断を伴うこと，および，犯罪等に関する将来予測には，専門的，技術的な判断を要するという特殊性が認められるからである。

(5) 「相当の理由」の審理・判断

　監督官庁から，文書提出命令の申立ての対象文書が高度公務秘密に該当する旨の意見が述べられたときは，裁判所は，通常の公務秘密の場合のように直接的に秘密それ自体の有無を審理・判断することはできず，行政機関の長等の判断が「相当の理由」によってなされたかどうかのみを審理・判断する。換言すれば，その判断が合理性を有するとして許容される限度内のものかどうかを審理・判断すべきことになる50)。行政機関の長等の第一次的な判断が合理性を有する範囲内のものであるかどうかに関する事実の証明責任は，行政機関の側が負う51)。

　裁判所が監督官庁の意見に相当の理由があるか否かについて判断する際，イン・カメラ手続によって文書の記載内容を閲読するまでもなく，文書の表示および趣旨と監督官庁の意見によって判断できるのが通常であろう。しかし，監

---

49) 総務省行政管理局編・前掲注46) 68頁，畠・前掲注47) 68頁参照。
50) したがって，実際には，公務秘密の該当性がなかった場合でも，監督官庁が「相当の理由」によって該当性があると判断したときは，裁判所が文書提出命令を発令することができないこともあり得ることになる。畠・前掲注47) 62頁参照。
51) 第145回国会参議院総務委員会会議録3号27頁の政府委員（(旧)総務庁瀧上行政管理局長）の答弁，畠・前掲注47) 64頁等参照。

督官庁の意見を基礎付けるべき文書中の記載の存否や内容等が争われ，裁判所が文書の内容を見ることなく相当の理由があるかどうかを適切に判断することができないときは，裁判所は，監督官庁の意見が相当であるか否かを判断するために，イン・カメラ手続を利用することもできる[52]。

裁判所が，監督官庁の意見に相当の理由があると判断したときは，文書提出命令の申立てを却下する。これに対し，監督官庁の意見に相当の理由があると認めるには足りないと判断したときは，次に，一般の公務秘密文書と同様に，公務秘密文書の該当性を審査して文書提出義務の存否を判断する[53]。したがって，監督官庁の意見に相当の理由が認められない場合であっても，公務秘密文書に該当するものとして，文書提出義務が否定されることは，あり得ることになる。

4　第三者からの意見聴取の手続

(1)　本条5項の趣旨

本条3項前段に基づき裁判所から意見照会を受けた監督官庁が，当該文書の所持者以外の第三者の技術または職業の秘密に関する事項が記載されている文書について意見を述べようとするときは，220条4号ロに該当する旨の意見を述べようとするときを除き，あらかじめ当該第三者の意見を聴取しなければならない（223条5項）。

公務秘密文書の中には，私企業をはじめとする第三者の技術または職業の秘密が記載されている文書が存在する。このような第三者の秘密は，通常，公務員がその職務を遂行する過程で，当該第三者の協力を得て収集したものであるが，監督官庁が，その秘密の重要性や秘匿の必要性などについて誤った判断をして秘密が公にされると，以後，同様の情報を収集するにあたり，第三者の協力を得ることができなくなるなど，公務の遂行に支障を生ずるおそれがある[54]。そこで，このような場合には，監督官庁は，公務秘密文書に該当しない旨の意見を述べるときは，それに先だって第三者の意見を聴取しなければならないものとし，監督官庁が述べる意見の適正を確保し，もって裁判所による公務秘密

---

52)　深山ほか・前掲注2) 177頁参照。
53)　深山ほか・前掲注2) 177頁参照。
54)　深山ほか・前掲注2) 178頁参照。

文書の該当性の判断が適正に行われることを担保している。

　このように，監督官庁による第三者からの意見聴取の手続は，監督官庁自身の判断の適正を確保するためのものであり，第三者の秘密を直接的に保護することを目的とするものではないとするのが，立案担当者の説明である[55]。この見解によれば，第三者の保護はあくまでも反射的利益に過ぎないと位置付けられることになる[56]。これに対し，本条5項には，監督官庁の意見の適正および裁判所の判断の適正の確保とともに，第三者の利益の保護も含まれるものと考える見解も有力である[57]。第三者は秘密主体であるにもかかわらず，文書の所持者でない限り，文書提出命令の手続の中ではその秘密について主張する機会がないことを考えると，本条5項は，第三者の利益保護をも目的とするものと解すべきであろう。ただし，このように考える場合でも，意見聴取の対象第三者は，文書提出命令事件の当事者ではなく，文書提出命令に対する即時抗告権はないと解さざるを得ないので，実質的な差異はあまりなく，主として規定の趣旨の説明の違いにとどまることになる。

　なお，いずれの見解による場合でも，監督官庁が，220条4号ロに該当する旨の意見を述べようとするときは，これによって第三者の利益の保護は図られるので，第三者の意見を聴くまでもない。

(2) 本条5項の対象

　本条5項に基づいて監督官庁が第三者から意見を聴取する義務を負うのは，220条4号ロの除外事由に該当するかどうかの判断を行う場合に限られる。したがって，同条同号ハの除外事由に該当するかどうかなどが問題になる場合において，本条5項により監督官庁が第三者から意見聴取をする義務を負うことはない。

　すなわち，公務員が所持する文書の中には，国等が民間企業から秘密を外部に漏らさないとの秘密保持の合意（契約上の守秘義務）の下に，当該企業の技術または職業の秘密に関する情報を入手し，それが当該公務文書に記載されてい

---

55) 深山ほか・前掲注2) 179頁参照。
56) 秋山ほかⅣ 461頁参照。
57) 伊藤〔4版補訂版〕430頁，松本＝上野〔8版〕519頁，賀集ほか編・基本法コンメ(2)〔3版追補版〕243頁〔髙田昌宏〕等参照。

る場合もあり，このような文書は220条4号ハに掲げるうちの197条1項3号の除外事由に該当することになるが，このような場合は，本条5項が規律する対象ではない。なぜなら，この場合の守秘義務の義務主体は，私法上の権利義務の帰属主体である国や地方公共団体等であるので，文書の所持者である国や地方公共団体等によって，220条4号ハ・197条1項3号の事由が存在する旨の主張がなされることになる。他方，監督官庁は，そのような主張をすべき立場にないので，監督官庁の意見に関する本条5項の規律するところではないからである[58]。

また，220条4号ハに掲げるうちの197条1項2号に関する秘密についても，本条5項の対象とはされていない。医師，弁護士等の法定専門職が職務上知り得た秘密が記載されている公務文書については，監督官庁が私人である医師，弁護士等の意見をあえて聴くまでもなく，これを公開した場合の弊害は自明であり，監督官庁がその判断を誤ることはないと考えられる。そこで，このような文書については，医師，弁護士等の私人に対して意見聴取をする手続は設けられなかったものである[59]。

Ⅳ　イン・カメラ手続

1　イン・カメラ手続とは

(1)　本条6項の趣旨

本条6項は，文書提出命令の申立てが220条4号の一般提出義務に基づいてなされた場合において，同号イないしニに定める除外事由の有無を判断するために文書の内容を閲読する必要があるときは，受訴裁判所を構成する裁判官のみが当該文書を直接閲読して除外事由の有無を審査することができるものとする手続を設けている。この手続は，アメリカにおける情報自由法（Freedom of Information Act, FOIA）が定めるイン・カメラ審査（in camera inspection）[60]をモデルとして平成8年改正において新設されたことから[61]，一般に，イン・カメ

---

58)　深山ほか・前掲注2) 178頁参照。
59)　深山ほか・前掲注2) 181頁注27参照。
60)　5 USC § 552 (a) (4) (B).
61)　アメリカでは，行政情報公開訴訟におけるイン・カメラ手続のほかに，プリトライア

ラ手続（またはイン・カメラ審理）と呼ばれる[62]。

220条4号を根拠とする文書提出命令の申立てにおいては，同条1号ないし3号のような当事者と文書との特別の関係は必要ないので，文書提出義務の存否は，もっぱら4号が定める除外事由の有無によって決まることになる。そして，当該事件で問題となる除外事由が文書の記載内容に関わる場合には，裁判所が文書の記載内容を直接見て判断するのが，最も確実な方法である。しかし，他方において，裁判所が文書を閲読する際に，それが相手方やその他の訴訟関係人の目に触れてしまっては，220条4号に除外事由を規定して文書に記載された秘密等を保護しようとした趣旨が没却されてしまう。そこで，秘密等が漏洩することを防止しつつ，文書の記載内容を裁判所が確認することができる手段として設けられたのが，このイン・カメラ手続である[63]。したがって，イン・カメラ手続の実施によって裁判所に提示された文書は，相手方やその代理人も含めて，何人に対しても非開示とされている（本条6項後段）。

なお，前述したように，イン・カメラ手続は，高度公務秘密文書の審査において，監督官庁の意見に相当の理由があるかどうかを判断するために利用することも可能である[64]。

(2) **本条6項の特徴**

このように本条6項は，アメリカ法をモデルとしたイン・カメラ手続を設けているが，本条6項が定めるイン・カメラ手続は，アメリカ法のそれとは，次の点で異なっている。第1に，本条6項のイン・カメラ手続は，必ず受訴裁判所を構成する裁判官が文書を閲読することになっており，受訴裁判所以外の裁判官や裁判所が任命した第三者による閲読等の選択肢は置かれていない。第2に，本条6項のイン・カメラ手続では，当事者および代理人は手続から完全に排除されており，文書提出命令の申立人やその代理人が秘密保護命令を受けて

ルにおける保護命令の一態様としてのイン・カメラ手続やトレード・シークレット保護訴訟におけるイン・カメラ手続などがある。伊藤眞「イン・カメラ手続の光と影」新堂古稀下202頁参照。

62) 一問一答266頁，中野・解説55頁等参照。
63) 一問一答265頁参照。
64) 深山ほか・前掲注2) 177頁参照。

第5節　書証

文書を閲読するなどの選択肢は置かれていない。

　アメリカ法のイン・カメラ手続は，これに比べると遙かに柔軟であり，本条6項の規律とは大きく異なっている。まず，第1の点であるが，アメリカの制度では，イン・カメラ手続をどのように行うかは裁判所の裁量に委ねられているので，事情に応じて受訴裁判所の裁判官以外の者が文書を閲読することも行われている。また，第2の点についても，秘密保護命令の内容に応じて，当事者や代理人に開示が許されることもある。とりわけ，プリトライアルにおけるイン・カメラ手続やトレード・シークレット保護訴訟におけるイン・カメラ手続においては，代理人である弁護士までもが手続から排除されることは，通常の場合は考えられないといわれている。

　また，日本法においても，本条6項とは異なる規律のイン・カメラ手続が設けられている例がある。たとえば，特許法105条2項は同条1項が定める正当な理由により書類の所持者が提出を拒むことができるか否かを判断するためにイン・カメラ手続を用いることができる旨を規定しているが，同条3項において，必要に応じて当事者やその代理人への開示を認めており，上記の第2の点について，本条6項とは異なる仕組みがとられている。この特許法105条3項は，実用新案法30条，商標法39条，意匠法41条で準用されており，また，不正競争防止法7条3項，著作権法114条の3第3項，独占禁止法83条の4第3項にも，同様の規定がおかれている。

　このように，上記の2つの特徴はイン・カメラ手続という非公開審理の仕組み自体にとって必然ではなく，本条6項に固有のものである。そして，本条6項が，このような特徴を備えた仕組みを採用したために，次のような問題が生ずることとなった。まず，第1の特徴により，イン・カメラ手続は本来220条4号の除外事由の有無のみを審査する手続であるはずなのに，同一の裁判官が本案に属する事実の心証を形成する事態が生じることがあり，ひいては訴訟物自体についての実質的な心証形成がイン・カメラ手続の中でなされるおそれがある（以下，「心証に対する影響」という）。また，第2の特徴により，当事者はイン・カメラ手続の中における手続保障が与えられず，とりわけ文書の所持者が当事者の一方である場合には，その当事者と裁判所のみが文書の内容を知り，他方の当事者は，その内容について知る機会が一切与えられないことが，手続

〔三木〕

保障の見地から危惧される（以下，「手続保障に対する危惧」という)65)。

こうした本条6項の定めるイン・カメラ手続に付随する問題は，後述のイン・カメラ手続をめぐるいくつかの議論の基礎となり，あるいはそれらの議論における論者の立場を決定する要因となっている。

2 イン・カメラ手続の対象

(1) 220条1号ないし3号の文書

イン・カメラ手続は，本条6項の明文では220条4号イからニまでの除外事由を判断するための手続であるとされているが，解釈上，同条1号から3号までに基づく申立ての審理に利用することができるかどうかについて，立法直後から否定説と肯定説がある。否定説は，本条6項の文理を重視して，220条1号から3号までに基づく申立ての審理にイン・カメラ手続を利用することは，場合のいかんを問わず許されないとする66)。これに対し，肯定説は，1号から3号までに基づく申立てに4号の除外事由の適用または類推適用が認められることを前提として，その4号所定の事由の審査のためであれば，イン・カメラ手続を用いることは許されるとする67)。

このように，1号から3号までに4号の適用または類推適用を認めるかどうかが議論の前提となるが，これを認めるのであれば（→§220参照），イン・カメラ手続は，4号の除外事由にあたる秘密等が外部に漏洩することを防止しつつ，文書の記載内容自体を裁判所が直接確認し得る手段として設けられている以上，その制度趣旨に照らして，イン・カメラ手続の利用を認めるべきである。また，1号ないし3号の要件自体の審査のために用いるのではなく，適用または類推適用される4号の除外事由に相当する事由の審査のみに用いるのであるから，本条6項の文理に反するわけでもない。ただし，肯定説に立った場合でも，1号から3号までの要件自体の審査のためにイン・カメラ手続を用いるこ

---

65) 伊藤・前掲注61) 197頁参照。

66) 一問一答266頁，田原睦夫「文書提出命令の範囲と不提出の効果」ジュリ1098号〔1996〕65頁，研究会282頁〔青山善充〕，中野＝松浦＝鈴木編〔2版補訂2版〕344頁〔春日偉知郎〕，賀集ほか編・基本法コンメ(2)〔3版追補版〕244頁〔髙田〕等参照。

67) 研究会280頁〔鈴木正裕〕・282頁〔伊藤眞〕，山下孝之「文書提出命令②」新大系(3) 151頁，三木・手続運営540頁，髙橋下〔2版補訂版〕204頁注207，証拠法大系(4) 184頁〔金子〕等参照。

(2) 220条4号ホの刑事関係文書

　本条6項は，イン・カメラ手続を用いることができるのは，220条4号のイからニまでの除外事由の判断をするためとしており，同号ホの除外事由は，イン・カメラ手続の対象から明文で排除されている。その理由であるが，立案担当者の説明によれば，4号ホの刑事関係文書に該当するかどうかは，文書の記載内容ではなく，外形的かつ形式的な基準で類型的に判断することが可能であり，文書提出命令の申立てにおいて，申立人が「文書の表示」および「文書の趣旨」を特定して申し立てることにより，自ずと明らかになるものであるからとされる[68]。すなわち，刑事関係文書は，裁判所が文書の記載内容を閲読しなければ除外文書に該当するか否かの判断ができない類型の文書ではないということが理由である。しかし，すべての刑事関係文書について，例外なく外形的かつ形式的な基準で類型的に判断することが可能かどうかは疑問であり，立法論的には問題なしとしない。

　なお，現在の実務では，刑事関係文書については，220条4号ホによる除外を回避するための便法として同条3号後段に基づく申立てが行われており（→§220参照），判例も，こうした3号後段による申立てを容認しているため（最決平16・5・25民集58巻5号1135頁，最決平17・7・22民集59巻6号1837頁，最決平19・12・12民集61巻9号3400頁），この場合にイン・カメラ手続が利用できるかという問題が新たに生じている。判例は，対象文書が3号後段に該当する場合には，刑事訴訟法47条の趣旨に照らして文書の保管者に裁量権の逸脱または濫用があるか否かを審査するという判断枠組みを確立しているが，その際における裁判所の判断は，実質的には，220条4号ロの除外事由の判断と近似する。したがって，上述した4号の除外事由の適用または類推適用がある場合に準じるものとして，本条6項を類推適用してイン・カメラ手続の利用を認めるべきであろう[69]。

---

[68]　深山ほか・前掲注2) 179頁参照。
[69]　秋山ほかⅣ 464頁は，この場合に，本条6項の「類推適用を認めるという考え方もあり得よう」とする。

§223 Ⅳ

(3) 文書の特定のための利用

　文書の特定を目的としてイン・カメラ手続を行うことができるか。実際の事件において，この点が論じられたのは，文書の特定基準に関して先例的判断を示した最高裁平成13年2月22日決定（判時1742号89頁）の第一審および抗告審である。抗告人の主張によれば，この事件の第一審（大阪地決平11・7・23判時1715号42頁）は，原告が文書特定手続（222条）の実施を申し出たのにこれを実施せず，イン・カメラ手続を実施して文書を提示させ（本条6項），裁判所みずから個別文書を特定し，直ちに文書提出命令を発令した。これに対し，抗告人は，イン・カメラ手続を本来予定されていない文書特定のために流用したことは違法であると主張した。抗告審（大阪高決平12・1・17判時1715号39頁）は，「原審裁判所がした本件監査調書一式の提示命令は，訴訟の円滑な運営という観点から訴訟指揮の一環として行われたものと認められ，抗告人両名も異議なくこれに従っているから，仮に法223条3項〔現行法223条6項〕が予定するところを超える点があっても，直ちに違法ということはできない」とした[70]。

　しかし，文書の特定のためにイン・カメラ手続を流用することに対しては，これを批判する見解が多い[71]。イン・カメラ手続には，上述のように，心証に対する影響と手続保障に対する危惧という問題があり，その利用には慎重さが求められるし，文書の特定のために文書特定手続という法定の手続が設けられており，当事者がその実施を求めたのであれば，それによるべきことは当然である。また，イン・カメラ手続による場合には，文書提出命令の申立人は，文書の特定の手続に関与できないので，事実上，いずれの文書を除外事由の存否判断の対象とすべきかなどを裁判所が判断することになり，当事者自治を侵害する結果となる[72]。したがって，申立人と所持者が明示的に合意をしたのであればともかく（両者に合意がある場合については，後述参照），裁判所が職権で文書の特定のためにイン・カメラ手続を利用することは違法であり，たとえ当事

---

70) 最高裁は，原告の文書提出命令の申立てによって対象文書は必要な特定がなされていたので，第一審が文書の特定のためにイン・カメラ手続を実施したという主張は，その前提を欠くとして，この点の判断を行わなかった（最決平13・2・22判時1742号89頁）。
71) 三木・手続運営592頁，証拠法大系(4)155頁〔金子〕，秋山ほかⅣ465頁等参照。
72) 三木・手続運営593頁参照。

者がそれに適時に異議を述べなかったとしても，この瑕疵は治癒されないものと解する[73]。

3 イン・カメラ手続の運用

(1) 補充性説の当否

イン・カメラ手続を実施するにあたっては，補充性の原則に従うべきであるとする見解（補充性説）がある[74]。すなわち，イン・カメラ手続には，心証に対する影響と手続保障に対する危惧という問題があるので，間接事実の積み重ねなどの他の手段で文書の内容が推認できる場合にはイン・カメラ手続を実施すべきではなく，他の手段によることが不可能な場合にはじめてイン・カメラ手続が許されるとする。こうした補充性説が手続法上の適法性を問う解釈論として唱えられているのか，実務上の妥当性を主張する運用論として唱えられているのかは判然としないが，補充性の要件を満たさないイン・カメラ手続の実施は違法であるとする適法性に関する議論であるとすれば，そのような考えは妥当ではない。第1に，本条6項は，イン・カメラ手続の実施の要件を裁判所が「必要があると認めるとき」としており，実施の要否の判断を裁判所の裁量に委ねている。第2に，補充性を満たしているかどうかの評価は微妙であり，補充性説をとる場合には，事案に応じて果断に行われるべきイン・カメラ手続が適切に実施されなくなる可能性があるからである。このように，補充性の原則をイン・カメラ手続実施の適法要件として付加することは妥当ではない。学説の多数も，補充性説に否定的である[75]。

(2) 裁判所の裁量権とその限界

上述のように，イン・カメラ手続を実施するかどうかは，基本的に裁判所の裁量権に委ねられているが，本条6項は，除外事由を判断するのに「必要があると認めるとき」に実施できるとしているのであるから，明らかに必要性が認められないときにまで実施することは許されないし，明らかに必要性が認められるときに実施しないことも許されない。すなわち，本条6項は，イン・カメ

---

[73] 証拠法大系(4)157頁〔金子〕は，「所持人が異議なく従ったというのも違法性を払拭する理由となるか疑問がある」とする。
[74] 奥博司「文書提出命令⑤」新大系(3) 297頁参照。
[75] 三木・手続運営534頁，証拠法大系(4)181頁〔金子〕，秋山ほかⅣ 466頁等参照。

ラ手続が必要かどうかは受訴裁判所にしか判断できない場合が多いことから，その判断を受訴裁判所の裁量に委ねつつ，「必要があると認めるとき」という要件で裁量権の限界を画しているものと解される[76]。具体的には，除外事由が認められる可能性がおよそ考えられない場合や，除外事由を判断するために明らかに適切な他の方法がある場合に，なおイン・カメラ手続を実施した場合には，裁量権の逸脱または濫用となろう。また，これと反対に，イン・カメラ手続を実施しなければ除外事由について適正な判断を下すことができないことが明らかな場合に，あえてイン・カメラ手続を実施せずに文書提出命令の申立てを却下した場合も，やはり裁量権の逸脱または濫用となるものと解される[77]。

(3) 合意に基づく運用の可否

イン・カメラ手続の運用に関し，本条6項に定める方式によるほかに，文書提出命令の申立人と文書の所持者との合意に基づいて，法定の方式とは異なる運用を行うことも可能であり，むしろ，イン・カメラ手続の柔軟な実施として望ましいとする議論がある[78]。すなわち，①220条所定の除外事由の有無がイン・カメラ手続の対象にならない場合であっても[79]，それをイン・カメラ手続で取り調べることを両者が合意する，②文書の証拠としての必要性をイン・カメラ手続で取り調べることを両者が合意する，③文書の特定のために当該文書を所持者が裁判所に提示し，裁判所がみずから特定することを両者が合意する，④申立人，申立人の従業員等，またはその代理人が，イン・カメラ手続に立ち会うことを文書の所持者が合意する，⑤専門性の高い文書につき，文書内容を適切に評価しうる専門家がイン・カメラ手続に立ち会うことを両者が合意する，などを認めようという議論である。こうした合意に基づく運用の可否については，①②③と④⑤を分けて考える必要があり，また，訴訟法上の適法性と運用上の妥当性も分けて考える必要があろう。

---

76) 三木・手続運営 536 頁参照。
77) 秋山ほかIV 467 頁参照。
78) 三木・手続運営 541 頁，伊藤・前掲注 61) 207 頁，証拠法大系(4) 184 頁〔金子〕，秋山ほかIV 472 頁等参照。
79) 220条4号ホおよび220条1号から3号までに基づく申立てに4号の除外事由の類推適用を認めるがイン・カメラ手続の利用は認めない解釈をとった場合など。

まず、①②③は、受訴裁判所の裁判官のみが文書を閲読するという本条6項型のイン・カメラ手続の仕組みは維持しつつ、そのイン・カメラ手続の範囲を合意によって拡大するものである。イン・カメラ手続には、上述のように、心証に対する影響と手続保障に対する危惧という問題があるところ、それによって不利益を受ける可能性があるのは、主として文書提出命令の申立人である。その申立人が、イン・カメラ手続の範囲の拡張に合意している以上、これらは適法なものと考えるべきであろう。他方、妥当性については、イン・カメラ手続は対審審理や公開審理の原則から外れるイレギュラーな手続であることを考えると、いかに当事者の合意があるとはいえ、裁判所はその運用方法の拡大に慎重であるべきであり、特に必要性が認められる場合に限って実施すべきものと思われる[80]。

次に、④⑤であるが、これらは、受訴裁判所の裁判官のみが文書を閲読するという仕組みを合意によって変更するものであり、これらの合意によって不利益を受ける可能性があるのは、主として、文書の所持者であり、より正確にいえば、文書に記載された秘密の主体である。したがって、まず、適法性については、所持者が文書の開示・非開示を決定する権限があることが確認されている場合は、その所持者が裁判官以外の者への開示に合意している以上、適法と考えるべきであり、反対に、その権限が確認されていない場合は、違法と考えるべきである。他方、その運用については、秘密の主体として所持者以外の第三者が含まれている可能性があるので、そもそも所持者に合意すべき権限があるのか、権限の有無をどのような手順で判断するのか、判断が誤っていたときに誰がどのように責任をとるのかといった問題を、慎重な配慮の下に事前に解決しておく必要があるものと思われる。また、申立人等や専門家の立会いを認める条件として、秘密保護の合意がなされるかどうかも、考慮する必要があろう[81]。

(4) ヴォーン手続

上述したように、イン・カメラ手続実施の適法要件としての補充性説は採ら

---

80) 三木・手続運営541頁、証拠法大系(4)184頁〔金子〕参照。
81) 三木・手続運営541頁、伊藤・前掲注61) 207頁、証拠法大系(4)185頁〔金子〕参照。

れるべきではないが，本条6項が定めるイン・カメラ手続には，心証に対する影響と手続保障に対する危惧という問題があることは否定できないので，運用論としては慎重な実施が望ましい。そこで，裁判所は，イン・カメラ手続の実施に先立って，文書提出命令の手続の当事者に対し，除外事由に関するできる限りの主張および立証の機会を与え，または，積極的にこれを求める措置を講じるべきである。そのための手段として唱えられているのが，アメリカの行政情報開示請求訴訟において確立された審理手法であるヴォーン手続（Vaughn procedure）である。

ヴォーン手続においては，開示請求の対象である情報の所有者に対し，非開示を主張する情報およびそれを非開示とする理由につき，それらを項目別に整理した一種の目録を作成させる。この目録をヴォーン・インデックス（Vaughn index）と呼ぶ。ヴォーン・インデックスの記載方法に法定の形式があるわけではないが，一般的には，①非開示とする文書または文書のカテゴリー，②非開示の根拠となる事由を定めた規定の条項，③非開示事由に該当する理由について，これらを詳細に結びつけた一覧が作成される。ヴォーン・インデックスは，情報の請求者と裁判所が，それから非開示の明確な理由を読み取れるだけの内容を有していなければならないが，もちろん情報の秘密性やプライバシーなどを危うくするほどの具体的な記載までは要求されない。アメリカでは，ヴォーン・インデックスは，宣誓供述書により提出される[82]。

わが国でも，裁判所は，原則として，イン・カメラ手続に先立ってヴォーン手続を実施すべきである。また，文書の所持者がヴォーン手続の実施を要求した場合は，裁判所は，原則として，この要求を尊重しなければならないと解する。わが国の民訴法上の位置付けとしては，裁判所から文書の所持者にヴォーン・インデックスの提出を求める場合は，釈明権行使の一環と考えることができる。また，文書の所持者がヴォーン手続の実施を要求した場合に裁判所がこれを尊重すべき根拠は，イン・カメラ手続は「必要があると認めるとき」に初めて実施することができるとされていること（本条6項）に求めることができ

---

[82] ヴォーン手続およびヴォーン・インデックスについては，三木・手続運営543頁，伊藤・前掲注61) 199頁等参照。

よう。また、ヴォーン・インデックスは、わが国では、準備書面または陳述書により提出されることになる[83]。

わが国の現在の本条6項の運用において、ヴォーン手続と称し得る定型化された実務が行われているとはいえない。しかし、裁判所が、文書の所持者に対して除外事由に関する主張や立証を事実上求めることは珍しくなく、ヴォーン手続の精神が部分的に実施されていると評することもできよう。わが国において、本格的なヴォーン手続が定着していくためには、文書の所持者にインセンティブがなければならないが、その前提として、除外事由の証明責任が所持者にあるというルールの確立が必要である。現在の実務では、除外事由の事実上の証明責任を所持者に課すに近い運用が行われつつあり、それを推し進めていくことが期待される。また、将来の立法課題としては、明文で除外事由の証明責任を所持者に課す改正を検討すべきであろう。

4 イン・カメラ手続の実施

(1) 対象文書の提示命令

裁判所は、イン・カメラ手続の実施を決めたときは、対象文書を裁判所が閲読するために、所持者に当該文書の提示を求めることができる（本条6項前段）。この対象文書の提示命令の訴訟法上の位置付けは、訴訟指揮権の行使であると解される。提示命令を受けた当該文書の所持者は、訴訟法上の提示義務を負うものと解される[84]。その際、一定の事由がある場合に所持者が提示を拒否する権利があるか否かという問題があるが、平成8年改正でイン・カメラ手続が導入されてから平成13年改正までの時期においては、国家の安寧秩序に関する場合などには、提出を拒むことができるとする見解が有力であった[85]。

しかし、平成13年改正によって、公務文書に関する文書提出義務の規定が整備され、国の安全が害されるおそれのような高度公務秘密の場合は裁判所の

---

83) 研究会301頁〔秋山幹男〕、坂本団「証拠収集制度の改革をめぐって」自由と正義48巻7号〔1997〕84頁、松浦正弘「文書提出命令の意義と課題」自由と正義48巻10号〔1997〕56頁、三木・手続運営545頁、伊藤・前掲注61）200頁、秋山ほかⅣ472頁等参照。

84) 秋山ほかⅣ470頁参照。なお、研究会304頁〔柳田幸三〕は、提示義務を否定する趣旨ともとれるが、そのような理解は正当ではない。

85) 研究会304頁〔伊藤〕、三木・手続運営542頁、証拠法大系(4)186頁〔金子〕等参照。

相当性の判断に服するものとされ（本条4項），その相当性の判断に際してはイン・カメラ手続の利用が許されるものとされた以上，同改正後の解釈としては，国家の安寧秩序に関する場合やその他の高度公務秘密に関わる場合なども含めて，いかなる場合も文書の所持者は提示を拒むことはできないものと解すべきである[86]。また，このように解しても，イン・カメラ手続は裁判官のみが文書を閲読する制度であり，わが国における裁判官に対する信頼性の高さを考えれば，高度公務秘密等の外部への漏出を懸念する必要はないであろう。

なお，この提示命令に付随する措置として，イン・カメラ手続のために裁判所に提示された文書は，裁判所が文書提出義務の有無の判断をするために，一時保管することができる（規141条）。文書提出義務の判断は，複雑な事項を対象とするものであって，一定の時間を要することもあるので，「一時」という限定を付して保管を認めたものである[87]。

(2) 提示命令に従わなかったときの効果

裁判所による文書の提示命令に対して所持者が応じなかった場合，その制裁については特に規定されていない。仮に，除外事由の証明責任が文書提出命令の申立人にあり，所持者の提示拒否に対する何らの措置もないとすれば，所持者が提示命令に応じない場合には，結局，除外事由の有無は不明なままとなるから，証明責任に従って文書提出命令の申立てを却下することになる。しかし，それではイン・カメラ手続の実効性を維持することが困難となる。そこで，所持者が文書の提示義務を負っているにもかかわらず，合理的に理由が示されることなく提示が拒絶された場合には，除外事由の不存在が高度の蓋然性をもって推認され，これに反する特段の事情がない限り，文書提出命令を発令すべきであるとする見解が有力に主張されている[88]。また，このような推認が働かない場合であっても，所持者は提示義務を負っている以上，所持者の不提示は証明妨害に該当し，除外事由の不存在が擬制されるとする見解も有力に主張されている[89]。

---

86) 秋山ほかⅣ 470頁参照。
87) 条解規則〔初版〕300頁参照。
88) 研究会303頁〔福田〕，304頁〔青山・伊藤〕，三木・手続運営542頁，秋山ほかⅣ 470頁等参照。

(3) 提示された文書の閲読

　文書の所持者が提示命令に応じて文書を提示すれば，受訴裁判所の裁判官がこれを閲読する。この場合には，当該裁判官以外の何人も，その提示された文書の開示を求めることはできない（本条6項後段）。すなわち，当該訴訟の両当事者やその代理人といえども，当該文書に対して閲読その他のアクセスをすることはできない。これは，対審審理や当事者公開（双方審尋主義）の原則からすればイレギュラーであるが，文書中の秘密等を保護すべき要請に基づくやむを得ない措置である。ただし，将来的な立法論としては，特許法等にならって，秘密保持命令制度の導入と合わせて当事者または代理人の立会いを認める制度の創設を検討すべきであろう。

　本条6項後段がいう「何人も」に，裁判所調査官および専門委員が含まれるかどうかという問題がある。裁判所調査官については，この規定の趣旨は裁判所内部の者にのみ閲読を許すという趣旨であるので，裁判所の内部者である裁判所調査官は「何人も」に該当せず，閲読は妨げられないとする見解が有力である[90]。この考え方を前提とすれば，専門委員についても，内部者またはそれに準じる者として，裁判所調査官と同様に考える見解もあり得る。しかし，専門委員は，裁判所調査官と同じ意味での内部者とまではいえず，また，訴訟手続への関与がもともと法定の態様に限定されていることを考えると（92条の2）[91]，否定的に解すべきである[92]。

(4) イン・カメラ手続と証拠の必要性の判断

　イン・カメラ手続は，220条4号に定める除外事由の判断のための制度であり，対象文書を証拠として取り調べる必要性（181条1項）を審査することを目的としてイン・カメラ手続を実施することが許されないことに争いはない。し

---

89) 研究会303頁〔福田・竹下〕，証拠法大系(1) 209頁〔福田剛久〕，秋山ほかⅣ 470頁等参照。

90) 研究会306頁〔伊藤・柳田・福田・鈴木〕参照。

91) イン・カメラ手続への関与は，争点整理および訴訟の進行（92条の2第1項）や和解（同条3項）に関するものでないし，証拠調べをするにあたり，「訴訟関係又は証拠調べの結果の趣旨を明瞭にするため」（同条2項）ともいえない。

92) 秋山ほかⅣ 469頁は，裁判所調査官については閲読を認める見解が有力であるが，専門委員についてはなお問題があるとする。

かし，除外事由の有無を判断するためにイン・カメラ手続を実施し，裁判所が提示された文書を閲読してみたところ，証拠として取り調べる必要がないことが判明するという事態は起こり得る。この場合に，裁判所が，証拠としての必要性がないとして文書提出命令の申立てを却下することができるかどうかについては，争いがある。

否定説は，イン・カメラ手続は，あくまでも除外事由を認定するための手続なのであるから，仮にイン・カメラ手続により裁判所が文書を閲読した結果として，取調べの必要がないことが判明したとしても，それを理由として文書提出命令の申立てを却下することはできないとする[93]。これに対し，多数説である肯定説は，証拠としての必要性がないにもかかわらず，却下ができないのは硬直的にすぎるとして，却下を認めるべきであるとする[94]。

否定説によれば，証拠としての必要性がないにもかかわらず，除外事由が認められないときは，当該文書の提出を命じなければならないことになり，さらに，必要性のない証拠の取調べを行うことになる。これは，あまりに不合理かつ無意味であるので，肯定説を支持すべきである。ただし，このような問題が生じるのは，文書提出命令を証拠の申出方法の1つとしていることに起因するのであり，立法論的には，証拠の申出より前の段階における純粋な証拠収集手段として再構築することが検討されてよいであろう。

(5) **イン・カメラ手続と本案の心証形成**

イン・カメラ手続は，220条4号の除外事由の有無を判断するために限定された手続であるから，裁判所は，イン・カメラ手続によって文書を見たとしても，それによって本案の心証を形成することは許されない。現実の問題としては，イン・カメラ手続の結果として文書提出義務があると判断されて文書提出命令が発令された場合には，あらためて当該文書に基づく心証形成が可能になるので，結果的にイン・カメラ手続による本案の心証形成という問題は顕在化しない。

これに対し，文書提出義務がないと判断され，結局証拠として採用されるに

---

[93] 田原・前掲注66) 65頁参照。
[94] 研究会299頁〔秋山・竹下・鈴木〕，三木・手続運営538頁，証拠法大系(4)183頁〔金子〕，伊藤〔4版補訂版〕421頁注396，秋山ほかⅣ464頁等参照。

至らなかった場合には，この問題が顕在化する。すでに文書を見たことによって事実上の心証が形成され，それが本案の判決に影響を与えるおそれがないとはいえないからである。もちろん，このような場合には，裁判官は，イン・カメラ手続の過程において得た事実上の心証を，本案の心証形成から排除すべき訴訟法上の義務を負うはずであるので[95]，この場合でも，イン・カメラ手続による本案の心証形成という問題は生じないように思われる。しかし，事案によっては，心証排除の義務のみでは解消しきれない問題が生じる。

そのような問題の一端を露わにしたのが，以下に紹介する事件である。この事件において，原告は，被告の製造にかかる製剤の検査のために被告が使用している試験方法が原告の特許権を侵害しているとして，被告に対して当該試験方法の使用差止め等を求める訴えを提起し，これを立証するために，220条4号の一般提出義務に基づいて被告が所持する文書の提出命令を求める申立てをした。これに対し，被告は，当該文書には被告独自の試験方法が記載されており，220条4号ロ・197条1項3号所定の技術の秘密に該当するとして，提出義務を争った。原審は，イン・カメラ手続を実施したうえで，①当該文書に記載された試験方法は，原告の特許権にかかる試験方法とは異なるものであること，②当該文書に記載された試験方法は，220条4号ロ・197条1項3号所定の技術または職業の秘密に該当することを理由として，文書提出命令の申立てを却下した。さらに，抗告審（東京高決平10・7・16金判1055号39頁）も，原審と同様に①と②を判断して，原審の判断は相当であるとした。このうち，②は，除外事由の有無の判断であるが，①は，本案の中心争点に関する判断である。

イン・カメラ手続は，220条4号の除外事由の判断を目的とするものであることを考えると，①の判断は不要であったといえなくもない。しかし，本件では，除外事由である被告の技術が保護に値する秘密といえるかという問題が，同時に，本案の中心争点である被告の技術と原告の技術との異同という問題と重なり合うため[96]，①を切り離して②のみを説示するのは，かえって不自然である。また，①の心証と②の心証が重なり合うものである以上，本案の心証を

---

95) 一問一答267頁参照。
96) 伊藤・前掲注61) 196頁参照。

排除すべき義務は，このような場合には実質的に意味をもたない。したがって，この事件において，裁判所が①の判断を示したことは，むしろ裁判理由における説明責任を尽くしたものとして，積極的に評価することも可能であろう。

たしかに，イン・カメラ手続の本来のあり方からすれば，イン・カメラ手続で結果的に本案の心証が形成される事態は望ましくないが，上記のように，除外事由の心証と本案の心証が重なり合うケースでは，イン・カメラ手続において本案の心証形成がなされる事態は不可避であり，裁判官の職業上の心証排除義務のみで完全に解消できるものではない。したがって，将来の立法論として，イン・カメラ手続における判断者を受訴裁判所の裁判官以外の者にするか，あるいは，イン・カメラ手続において本案に準じた手続保障を当事者に与えるために，当事者やその代理人等の立会いを認める仕組みを作るかなどを，検討していくべきであろう。

5 イン・カメラ手続と上訴
(1) 抗告審

原審において，文書提出命令が発令された場合または申立てが却下された場合のいずれにおいても，これに対する即時抗告による再審査の申立てが認められている（本条7項）。その際，抗告審は，原審でイン・カメラ手続が実施された場合または実施されなかった場合のいずれにおいても，みずからイン・カメラ手続を実施することができる。抗告審は事実審であり（331条），第一審と同様に証拠調べを行うことができるので，書証の一環としてのイン・カメラ手続を実施することも当然に認められるからである。

実務上の運用としては，原審でイン・カメラ手続が行われた場合でも，再度，抗告審でイン・カメラ手続を行う場合が少なくないものと思われる。原審がイン・カメラ手続の審理内容を決定理由に具体的に記載すると，イン・カメラ手続によって保護しようとした秘密等が漏洩するおそれがあるため，いきおい原審の決定理由は抽象性の高いものとならざるを得ず，また，原審がイン・カメラ手続で見た文書の記載内容を記録することもできないため[97]，抗告審として

---

97) 前掲東京高決平10・7・16は，原審がイン・カメラ手続によって所持者から提示を受けた文書の内容を記録化することができないため，みずからもイン・カメラ手続により文書の提示を受けた旨を述べている。

は，原審が行ったイン・カメラ手続の結果に依拠して，みずからの判断をすることが困難であるからである[98]）。

(2) 再抗告審，許可抗告審

これに対し，再抗告審や許可抗告審は，法律審であるので，みずからイン・カメラ手続を実施することはできない。その結果，原審がイン・カメラ手続を実施して行った判断の結果を再抗告審や許可抗告審で争うことは，基本的には許されないことになる。判例（最決平 20・11・25 民集 62 巻 10 号 2507 頁）にも，許可抗告審につき，「同項〔本条 6 項〕の手続は，事実認定のための審理の一環として行われるもので，法律審で行うべきものではないから，原審の認定が一件記録に照らして明らかに不合理であるといえるような特段の事情がない限り，原審の認定を法律審である許可抗告審において争うことはできない」としたものがある。したがって，法律審では，原審のイン・カメラ手続で提示された文書を除くその他のあらゆる資料を基礎にして，原審の論理や採用した経験則などが明らかに不合理であるか否かのみを判断することになる。

V 不服申立て

1 本条 7 項の趣旨

文書提出命令の申立ては，書証の申出方法の 1 つなので（219 条），証拠の申出（180 条）と，文書提出命令の発令を要求する申立て（221 条）の双方を含んだ複合行為である。したがって，文書提出命令の申立てを認容または却下する決定は，証拠の採否に関する裁判ということになる。証拠の採否に関する裁判は，訴訟指揮に関する決定の一種であり，裁判所はいつでもこれを取り消すことができるし（120 条），口頭弁論を経てなされることが通常であるので，一般的には抗告による不服申立ては認められず（328 条 1 項），終局判決に対する不服申立ての中でのみ争うことができるのが原則である。しかし，文書提出命令の申立ての許否は，しばしば争点の確定や人証の取扱いに影響し，ときには裁判の帰趨を左右することもあるので，その重要性および迅速な解決の必要性を

---

[98] 研究会 305 頁〔福田〕は，イン・カメラ手続は，「二つの審級の裁判官が自ら見て判断をして，それを信用するというシステム」であるとする。

考慮して，独立かつ早期に上級審の審理を受けることを可能にするために，即時抗告による独立の不服申立てを認めたものである[99]。これにより，文書提出命令の申立人と相手方が当事者同士である場合であっても，文書提出命令の申立てに関する裁判は，即時抗告がなされると，本案の手続とは切り離されて判断されることとなる。

2 却下決定に対する即時抗告

(1) 即時抗告権者とその相手方

文書提出命令の申立てが却下された場合における即時抗告の申立権者は，文書提出命令の申立人である。この点につき，旧法下では，本条7項（旧法315条）は，文書の提出を命じられた第三者に対して特に即時抗告を認めた規定であり，文書提出命令の申立てを却下された当事者は，即時抗告権を有しないとする裁判例があった（東京高決昭38・3・5下民14巻3号359頁）。しかし，そのように解すべき規定の文言上の制約はなく，上述の立法趣旨に照らして正当化しうる実質的な理由もない。現在の学説では，抗告権者を第三者に限定すべきものとする見解はみられない[100]。

この場合における即時抗告の相手方は，文書の所持者である。すなわち，相手方当事者が所持者であるときは，その当事者が抗告審の相手方となり，第三者が所持者であるときは，その第三者が相手方となる。後者の点につき，旧法下では，第三者に対する審尋手続が行われていなければ相手方たる地位には立たないとして，審尋を経ている場合にのみ，第三者は抗告審の相手方となるとする見解が有力であった[101]。しかし，第三者を所持者とする文書提出命令の申立手続は，申立人と所持者である第三者と間の手続であるから，第三者が審尋を経ているかどうかを問わず，常に第三者は抗告審の相手方となるものと解すべきである[102]。

---

99) 旧注釈民訴(7)103頁〔野村〕，賀集ほか編・基本法コンメ(2)〔3版追補版〕244頁〔髙田〕，秋山ほかIV 473頁等参照。

100) 旧注釈民訴(7)103頁〔野村〕，斎藤ほか編・注解民訴(8)181頁〔遠藤＝宮本＝林屋〕，賀集ほか編・基本法コンメ(2)〔3版追補版〕244頁〔髙田〕，証拠法大系(4)199頁〔和久田〕，秋山ほかIV 474頁等参照。

101) 法律実務(4)287頁，旧注釈民訴(7)104頁〔野村〕，斎藤ほか編・注解民訴(8)180頁〔遠藤＝宮本＝林屋〕，兼子ほか・条解1066頁〔松浦〕等参照。

第5節　書証　　　　　　　　　　　　　　　　　　　　　　　§223 Ⅴ

(2)　証拠調べの必要性の判断に対する即時抗告

　文書提出命令の申立てが，文書提出義務の不存在という理由ではなく，証拠調べの必要性がないという理由で却下された場合に，本条7項に基づく即時抗告が許されるかという問題がある。旧法下の学説には，旧法315条（現行法本条7項）は証拠の採否に関する決定については独立の不服申立てを許さないものとする原則の例外を定めた規定であるとして，証拠調べの必要性がないことが明白であるかどうかを判断するための即時抗告が許されるとする肯定説もあった[103]。

　しかし，文書提出命令の申立ては，証拠の申出と文書提出命令の発令を要求する申立ての双方を含んだ複合行為であるところ，旧法315条（現行法本条7項）は後者についての判断に対する即時抗告を認めた規定であり，前者の判断は受訴裁判所の専権であるとして，証拠調べの必要性を欠くことを理由とする却下に対する即時抗告は許されないものとする否定説が多数であった[104]。また，裁判例も，同様の理由により，ほぼ一致して否定説を採用していた（札幌高決昭52・5・30下民28巻5〜8号599頁，大阪高決昭53・9・4判時918号86頁，東京高決昭57・4・28判時1045号91頁など）。

　こうした状況の下，最高裁は，現行法の解釈として否定説を採ることを明らかにした（最決平12・3・10民集54巻3号1073頁）。近時の学説においても，否定説が圧倒的な多数である[105]。文書提出命令は，前述したように，証拠の申出と提出命令の申立ての複合行為であるところ，前者の証拠の申出に関しては，①証拠の採否に関する判断は本質的には受訴裁判所の専権に属するものであること，②証拠調べが必要かどうかを本案事件の審理に関与していない抗告審が判断することは困難であること，③文書提出命令以外の方法による証拠の申出の場合との均衡を考慮する必要があることなどから，否定説が相当であるもの

---

102)　秋山ほかⅣ473頁参照。
103)　小林・前掲注14)「文書提出命令をめぐる最近の判例の動向(3)」144頁参照。
104)　住吉・前掲注21)204頁，旧注釈民訴(7)104頁〔野村〕，斎藤ほか編・注解民訴(8)181頁〔遠藤＝宮本＝林屋〕，兼子ほか・条解1066頁〔松浦〕等参照。
105)　伊藤〔4版補訂版〕422頁注397，新堂〔5版〕412頁，賀集ほか編・基本法コンメ(2)〔3版追補版〕244頁〔髙田〕，証拠法大系(4)204頁〔和久田〕，秋山ほかⅣ475頁等参照。

〔三木〕　615

と解される。

　ただし，以下の諸点に留意する必要がある。第1に，220条4号が定める除外事由には利益衡量に親しむものが含まれているところ（最高裁判例および学説の多数は，ハ後段の技術職業秘密文書およびホの刑事関係文書について利益衡量を認め，学説では，さらに，ロの公務秘密文書およびニの自己利用文書についても，利益衡量を認める見解が多数である。→§220参照），利益衡量における考慮要素には証拠調べの必要性も含まれるので，証拠調べの必要性が独立に判断されたときは即時抗告の対象とならないとしても，文書提出義務の存否の判断において考慮要素となった場合には，即時抗告の対象となると考えざるを得ない[106]。第2に，否定説によるときは，証拠調べの必要性がないとして文書提出命令の申立てが却下されてしまうと，その文書を証拠とする途は完全に断たれることになるので，原審における証拠調べの必要性の判断は，緩やかに行われるべきことが，否定説の不可欠の前提となろう（→§220参照）。第3に，否定説のもう1つの前提として，文書提出命令の却下決定には，決定書による場合はもちろんのこと，口頭による場合であっても，常に却下の理由が明示的に示されていなければならない。そうでないと，申立人にとって，即時抗告が認められる却下か認められない却下かが判断できず，即時抗告権を適切に行使できないおそれがあるからである。とりわけ，黙示の却下は，理由が示されない却下の最たるものであって即時抗告権の侵害のおそれが高いので，許されないものと解すべきである[107]。第4に，否定説は，文書提出命令の申立てが書証の申出を兼ねるという現在の規律を前提とするものであるが，こうした規律には立法論的な問題があり，将来の課題として，両者を分離する法改正を検討すべきであろう。

(3) 口頭弁論終結後の即時抗告の可否

　文書提出命令の申立てを却下する決定に対し，口頭弁論終結後に即時抗告をすることができるかという問題がある。旧法下の裁判例は，一致して，本案事件の口頭弁論終結後における即時抗告は許されないとして，否定説をとってきた（東京高決昭38・3・5下民14巻3号359頁，東京高決昭49・3・29判時753号21

---

106) 髙橋下〔2版補訂版〕206頁参照。
107) 三木・前掲注21) 122頁参照。

頁，東京高決昭 56・12・3 下民 32 巻 9〜12 号 1604 頁等）。こうした中で，現行法下において，最高裁平成 13 年 4 月 26 日決定（判時 1750 号 101 頁）は，①本案の口頭弁論終結後は，もはや文書提出命令の申立てにかかる文書を当該審級で取り調べる余地がないこと，および，②即時抗告を否定しても，当事者は，本案について控訴することにより，控訴審で文書提出命令の却下の当否を争うことができることを理由として，否定説をとることを明らかにした。学説においては，本条 7 項が規定する即時抗告権が侵害されることを理由に肯定説をとる見解[108]と，判例と同様の理由により否定説をとる見解[109]とがあり，後者が多数説である。

　この問題は，一見すると，文書提出命令の裁判における不服申立ての時期の議論のようにみえる。しかし，このような問題が議論される事案とは，文書提出命令の申立てがあったのに，受訴裁判所が口頭弁論終結時まで許否の判断をせず，口頭弁論終結直前に理由を告げずに口頭で却下する場合や，あるいは，最後まで明示的な判断をせず，そのことが事後的に黙示の却下として説明される場合である[110]。上記の平成 13 年最決も，口頭弁論終結直前に受訴裁判所が口頭で理由を告げずに却下した事案であった。このような実務上の取扱いの適否に関する問題意識なしに，単純に即時抗告の時的限界の問題として論ずることは，事柄の本質を正しく捉えたものとはいえない。そして，そのような観点からこの問題をみた場合には，口頭弁論終結直前の口頭却下やいわゆる黙示の却下がなされると，申立人が即時抗告を提起しようとすれば否応なく口頭弁論の終結後にならざるを得ず，その場合に口頭弁論終結後には即時抗告を認めないという否定説をとると，申立人の即時抗告権は実質的に奪われたに等しいことになる[111]。

---

[108]　三木・前掲注 21) 122 頁参照。なお，賀集ほか編・基本法コンメ(2)〔3 版追補版〕245 頁〔髙田〕は，否定説について「議論の余地があろう」とし，肯定説に一定の理解を示している。

[109]　旧注釈民訴(7) 103 頁〔野村〕，斎藤ほか編・注解民訴(8) 181 頁〔遠藤＝宮本＝林屋〕，伊藤〔4 版補訂版〕422 頁注 397，秋山ほかⅣ 474 頁等参照。

[110]　問題の本質が，理由を告げない口頭の却下や黙示の却下の不適切性にあることを指摘するものとして，三木・前掲注 21) 122 頁，松本＝上野〔8 版〕537 頁，証拠法大系(4) 205 頁〔和久田〕等参照。

これに対し，実務のサイドからは，口頭弁論終結直前の口頭による理由を告げない却下や黙示の却下がなされる場合には，証拠調べの必要性がないことが理由であることが多いので，即時抗告権の侵害にはならないという説明がなされることがある。しかし，すべての事件がそうであるという保障はなく，いずれにしても理由が告げられないので，抗告権者にとって却下の理由は知りようがなく，本来であれば抗告が許されたはずの場合か否かは不明である。

以上を踏まえると，次のように考えるべきである[112]。口頭弁論終結直前の口頭による理由を告げない却下や黙示の却下について，証拠調べの必要性がないとの理由によることが客観的に明らかな場合には即時抗告は許されない（もっとも，この場合に即時抗告が許されないのは，却下の理由が証拠調べの必要性がないことによるのであるから即時抗告の申立ての時期を問うものではなく，厳密には口頭弁論終結後の即時抗告の可否の問題ではない）。他方，そうでない場合には，本条7項が定める即時抗告権を保障するために，たとえ口頭弁論終結後であろうとも，即時抗告は許されると解すべきである。上記平成13年最決が挙げる理由のうち，①については，抗告審で即時抗告に理由があると認められた場合には，原審は口頭弁論の再開義務を負うと解されるので，否定説をとる理由とはならない。また，②については，たとえ控訴審で争う機会があるとしても，申立人は第一審で当該文書を証拠として用いる機会を奪われるのであるから，やはり否定説をとる理由とはならない。

(4) **抗告審による自判の可否**

抗告審が文書提出命令の申立てを却下した原決定を不当と判断した場合，抗告審はこれを取り消すことになるが，その場合に，抗告審は，自判して文書提出命令を発令することが許されるかという問題がある。原審に差し戻すか自判するかは抗告裁判所の裁量に委ねられているとする見解[113]と，抗告審にそのような裁量権はなく必ず原審に差し戻すことを要するとする見解[114]とがある。

---

111) 証拠法大系(4) 206 頁〔和久田〕参照。
112) 三木・前掲注21) 122 頁参照。
113) 斎藤ほか編・注解民訴(8) 182 頁〔遠藤＝宮本＝林屋〕，菊井＝村松Ⅱ 629 頁等参照。
114) 住吉・前掲注21) 204 頁，旧注釈民訴(7) 105 頁〔野村〕，兼子ほか・条解 1066 頁〔松浦〕，賀集ほか編・基本法コンメ(2)〔3版追補版〕245 頁〔髙田〕，証拠法大系(4) 207 頁

証拠の採否に関する判断は本質的には受訴裁判所の専権に属することや，本案事件の審理に関与していない抗告審が証拠調べの必要性を判断することは不適当であることを考えると，抗告審には自判に関する裁量権はなく，原則として原審に差し戻すべきである。ただし，原審ですでに証拠調べの必要性がある旨の判断をしていることが明らかな場合は，自判をしても上記の趣旨に反することはないので，許されると解すべきである。しかし，このことは，一定の範囲で抗告審に裁量権を認めることを意味するわけではなく，あくまでも証拠調べの必要性の判断は原審に専属することを前提として，原審における証拠調べの必要性を認めた判断がすでにある場合には，それを抗告審が尊重する義務があるとする趣旨である。したがって裁量権はないと解する[115]。

3 認容決定に対する即時抗告

(1) 即時抗告権者とその相手方

文書提出命令の申立てが認容された場合において，文書提出命令の申立手続の相手方である文書の所持者は即時抗告権を有する。このことは，申立手続の相手方が本案手続の相手方当事者であると第三者であるとを問わない。また，この場合における即時抗告の手続の相手方は文書提出命令の申立人である。以上の点については，争いはない。

これに対し，第三者を相手方とする文書提出命令に対し，本案手続の相手方当事者が即時抗告権を有するか否かは，かねてから議論があった。旧法下の裁判例には，否定説をとるもの（広島高決昭52・12・19高民30巻4号456頁）と肯定説をとるもの（大阪高決昭53・5・17高民31巻2号187頁）があったが，学説においては，旧法下と現行法下の両方を通じて，本案手続の当事者にも即時抗告権を認めるべきものとする肯定説が多数を占めてきた[116]。肯定説は，本案手続

〔和久田〕等参照。

115) 秋山ほかIV 476頁は，「原審ですでに必要性ありと判断していると認められる場合や必要性について当事者間に争いがない場合などその点を抗告審でも判断できる場合もあるので，自判の余地を否定することは相当でない」とする。しかし，後者の当事者間に争いがない場合に自判を認めることは疑問である。また，この見解が，抗告審の裁量権を一定の範囲で認める趣旨かどうか判然としないが，本文で述べたように，自判の余地がないわけではないとしても，抗告審の裁量権は認められないと解すべきである。

116) 菊井＝村松II 628頁，旧注釈民訴(7)105頁〔野村〕，斎藤ほか編・注解民訴(8)181頁

の当事者は,その文書の記載に強い利害関係を有することを主たる根拠とする。

こうした中で,現行法下において,最高裁は,本条7項は,文書提出命令に従わなければ文書の所持者は真実擬制や過料の制裁という不利益を受けることがあるので,申立人と所持者の間で文書提出義務の存否を争う機会を付与したものであり,それ以外の者は,たとえ本案事件の当事者であっても,即時抗告をすることはできない旨を判示して,否定説をとることを明らかにした(最決平12・12・14民集54巻9号2743頁)。近時の有力な学説にも,①文書提出命令は書証の申出の一方法であること,②相手方当事者が文書の記載に利害関係を有するとしても,それはあくまでも事実上のものにすぎず,本質的に訴訟外の第三者が有する利害関係と異ならないこと,③相手方当事者は,自己に不利となる文書を証拠調べの対象から排除する正当な利益を有していないことなどを根拠として,否定説をとるものがみられるようになった[117]。

本条7項が即時抗告を認めているのは,文書提出義務の存否を独立に争う機会を付与するためであるが,たとえ提出義務の除外事由が認められる場合であっても,文書の所持者である第三者は任意に文書を提出することもできるのであり,相手方当事者はそれを阻止することはできないことを考えると,文書提出命令に対する不服申立ては文書の所持者のみに委ねられているとみるべきである。したがって,平成12年最決がとった否定説が妥当であると解する。

(2) 証拠調べの必要性の判断に対する即時抗告

文書提出命令の申立てを認容する決定に対して,相手方である文書の所持者が,文書提出義務の不存在という理由ではなく,証拠調べの必要性がないという理由で即時抗告をすることは認められない[118]。証拠調べの必要性を欠くという理由での却下決定に対して申立人が即時抗告をすることができないのと同様に,①証拠の採否に関する判断は本質的には受訴裁判所の専権に属するもの

〔遠藤=宮本=林屋〕,小林・前掲注14)「文書提出命令をめぐる最近の判例の動向(3)」145頁,兼子ほか・条解1067頁〔松浦〕,賀集ほか編・基本法コンメ(2)〔3版追補版〕244頁〔高田〕,高橋下〔2版補訂版〕207頁等参照。

117) 伊藤〔4版補訂版〕422頁注398,新堂〔5版〕412頁,証拠法大系(4)201頁〔和久田〕,秋山ほかⅣ476頁等参照。

118) 旧注釈民訴(7)105頁〔野村〕,証拠法大系(4)205頁〔和久田〕,秋山ほかⅣ475頁,東京高決昭59・6・7下民35巻5~8号336頁等参照。

第5節　書証

であること，②証拠調べが必要かどうかを本案事件の審理に関与していない抗告審が判断することは困難であること，③文書提出命令以外の方法による証拠の申出の場合との均衡を考慮する必要がある等の理由が，この場合にも妥当するからである。

4　即時抗告に関する手続

(1)　抗告および抗告審の手続

抗告申立てに関する手続および抗告審の手続には，その性質に反しない限り，控訴に関する規定が準用される（331条）。この規定の解釈において，とりわけ問題となるのは，控訴状は被控訴人に送達されなければならない旨を定める289条1項が，331条を通じて抗告審の手続に準用されるか否かである。しかし，抗告状の写しを原則として送付しなければならない旨が近時の立法により定められた非訟事件や家事事件の領域における終局決定の場合と異なり（非訟69条1項，家事88条1項），民訴法の下では，289条1項が331条により抗告審の手続に準用されるとは一般に解されていない[119]。したがって，非訟事件や家事事件のような立法措置が講じられていない現状では，抗告裁判所は相手方に必ず抗告状を送達または送付しなければならないわけではなく，送達等をするかしないかは抗告裁判所の裁量に委ねられており，また，抗告状の送達等以外の方法によって抗告がなされたことを相手方に知らせるかどうかも，基本的には抗告裁判所の裁量の問題であると一般に解されている[120]。

(2)　抗告審における手続保障

しかし，上述した抗告裁判所の裁量権も無限定ではあり得ない。この点につき，最高裁平成23年4月13日決定（民集65巻3号1290頁）は，原々審がXによる文書提出命令の申立てを認容したのに対し，Yの即時抗告を受けた原審が，その申立書の写しをXに送付することも，即時抗告があったことをXに知らせることもせず，その結果，Xに何らの攻撃防御の機会を与えることなく，文書提出命令を取り消して同申立てを却下したという事件において，抗告審である

---

[119]　菊井＝村松Ⅲ 336頁参照。

[120]　民事訴訟法上の付随的手続のうちの重要なものについて，非訟事件手続法69条1項や家事事件手続法88条1項のような規定を設けることは，将来の立法課題として検討に値しよう。

〔三木〕

§223 Ⅴ

原審の審理手続は，民事訴訟における手続的正義の要求に反するというべきであり，裁量の範囲を逸脱した違法があるとして，原決定を破棄して差し戻した。

この事件において，最高裁は，①本件文書は，本案訴訟における当事者の主張立証の方針や裁判所の判断に重大な影響を与える可能性があること，②本件文書提出命令に関する裁判で争われている事項は，当事者の主張やその提出する証拠に依存するところが大きいことを指摘し，このような事情があるときに相手方に不利益な決定をする場合には，当事者に攻撃防御の機会を与える必要性がきわめて高いとして，抗告裁判所の裁量権の逸脱を結論づけている。

すなわち，本条7項に基づく即時抗告があった場合において，すべての場合とまではいえないが，①および②のような事情が認められ，かつ，原審の決定を相手方の不利益に変更する場合には，本件の判例法理に照らし，即時抗告の申立書の写しの送付等によって相手方に攻撃防御の機会を与えることが，抗告裁判所には義務付けられているものと解することができよう。また，抗告審の手続においても，①および②のような事情がある場合において，抗告裁判所が原審の決定を取り消すときは，非訟事件や家事事件の規律（非訟70条，家事89条1項）に照らして，即時抗告の相手方の陳述を聴く義務があるものと解すべきであろう。

〔三木浩一〕

第5節　書証　　　　　　　　　　　　　　　　　　　　　§224 Ⅰ

（当事者が文書提出命令に従わない場合等の効果）
第224条　① 当事者が文書提出命令に従わないときは，裁判所は，当該文書の記載に関する相手方の主張を真実と認めることができる。
② 当事者が相手方の使用を妨げる目的で提出の義務がある文書を滅失させ，その他これを使用することができないようにしたときも，前項と同様とする。
③ 前二項に規定する場合において，相手方が，当該文書の記載に関して具体的な主張をすること及び当該文書により証明すべき事実を他の証拠により証明することが著しく困難であるときは，裁判所は，その事実に関する相手方の主張を真実と認めることができる。

Ⅰ　本条の趣旨

1　概　要

(1)　全体像

　本条は，当事者が文書提出命令に従わなかった場合の効果を規定したものである。旧法と比較すると，本条1項は，当事者が文書提出命令に従わない場合に「文書ニ関スル相手方ノ主張」を真実と認めることができる旨を定めた旧法316条に対応し，第2項は，当事者が文書の使用を妨害する目的でこれを滅失その他使用不能にした場合に「文書ニ関スル相手方ノ主張」を真実と認めることができる旨定めた旧法317条に対応する。「文書ニ関スル相手方ノ主張」の意義については旧法下で疑義が生じていたが，通説・判例は，当該文書の記載内容に関する相手方の主張と解していた[1]。なぜなら，当該文書の記載内容を超えて，証明すべき事実まで真実と認めると，当該文書が提出された場合以上に申立人が有利になり，妥当でないと解されたからである[2]。

---

1)　最判昭31・9・28裁判集民23号281頁，菊井＝村松Ⅱ630頁。
2)　賀集ほか編・基本法コンメ(2)〔3版〕246頁〔髙田昌宏〕等。これに対して，東京高判昭54・10・18下民33巻5〜8号1031頁は，当該文書により証明すべき事実を真実と認めることができるとする。同旨の学説として，竹下守夫「模索的証明と文書提出命令違反の効果」吉川追悼下182頁，同〔判批〕判タ411号〔1980〕267頁。

しかし，文書提出命令の申立人は当該文書を所持しないため，文書の記載内容を具体的には知ることができず，その結果，申立人が当該文書（の記載内容）に関して何も主張できないときは，真実と認めるべき主張がない以上，旧法316条を適用する余地がない。制裁が機能しなければ，文書提出命令に従わず，挙証者の証明を妨害し，自己に有利に訴訟を展開しようとする所持者が野放しになってしまう[3]。そこで，平成8年改正の現行法は，旧法を引き継いだ本条1項・2項に加えて3項を新設し，挙証者が文書の記載内容を具体的に主張できないときにも対応できる制裁を用意するため，「当該文書により証明すべき……事実に関する相手方の主張」を真実と認めることができる権限を裁判所に付与することにしたのである[4]。

(2) **証明妨害法理の明文規定**

本条は，他の同旨の規定と並んで，証明妨害法理を明文で認めたものと説明されるのが一般的である。この法理は，通説的な見解によれば，当事者の一方の故意・過失による証明妨害行為により，挙証者が証明困難に陥った場合，当事者間の信義則ないし公平の観点から，妨害者がそのことによって有利にならないよう，裁判所が事実認定において一定の調整をすることをその内容とし，本条は，この証明妨害法理を認めた個別規定の1つと位置づけられる。なお，証明妨害法理については，その根拠，要件，効果をめぐって様々な見解が存在するが，詳細はⅥに譲ることとする。

2 適用除外

(1) **人事訴訟法**

人事訴訟は，身分関係を対象とする裁判手続であって実体的真実に基づく裁判の要請が強いことから，職権探知主義が採用されている（人訴20条）。そのため，本条その他で採用される真実擬制の規律（民訴208条，224条[5]）及び229条

---

3) 証拠法大系(4) 210頁〔和久田道雄〕等。

4) 一問一答270頁，秋山ほかⅣ 477頁，兼子ほか・条解〔2版〕1250頁〔松浦馨＝加藤新太郎〕。裁判例については，林昭一「証明妨害に関する裁判例の変遷と到達点について」同志社法学65巻4号〔2013〕1頁が有益である。

5) 人訴19条には明示されていないが，後掲非訟事件手続法53条1項と同様，224条が229条第2項及び232条第1項において準用する場合を含むものと解される。

第 4 項)は、適用が除外されている(人訴19条1項)。

(2) 非訟事件手続法

　非訟事件手続法も職権探知主義が妥当する手続であるが、非訟事件手続において裁判所の判断の基礎となる資料の収集を証拠調べという方法で行う限り、民訴法に準ずるものとして立法された。しかし、本条その他で採用されている真実擬制の規律(民訴208条、224条〔229条2項及び232条1項において準用する場合を含む〕及び229条4項)は、事件の公益性を考慮し、裁判所が実体的真実に基づいた裁判をすべき要請が強いことから、適用が除外されている(非訟53条1項)[6]。他方、その代替措置として、当事者が文書提出命令に従わない等の場合、裁判所は過料の制裁を科すことができることとしている(非訟53条3項、4項及び6項)。

(3) その他の文書にかかる提出命令

　従来、商法19条4項、会社法434条・443条に基づく商業帳簿、会計帳簿、計算書類等の提出命令に従わない所持者に対して本条を適用することについては、消極説が有力であった[7]。しかし、商法学では積極説が多数説である[8]。実際、商法・会社法上の前掲の規定には、申立手続、審理手続、不服申立てに関する定めがないため、民訴法の文書提出命令の規定を準用せざるを得ない以上、文書提出命令不服従の効果も民訴法の規定を準用すべきである。以上は、特許法上の書類提出義務(特許105条)、独禁法上の文書提出義務(独禁80条)についても同様である[9]。

---

[6] 金子修編著・一問一答非訟事件手続法〔2012〕85頁。

[7] 法律実務(4)289頁は、「提出命令に応じなかったという事実は、口頭弁論の全趣旨の一環として裁判所の自由心証に基づく事実認定に影響を与えうるに過ぎない」とする。このように解する理由として、職権による提出命令は商業帳簿等の高い証拠力を理由として認められたものであるから、このこととの均衡上、不提出の効果について民訴法を適用すべきではないとされる。同旨を説くものとして、兼子ほか・条解1067頁〔松浦馨〕、注釈民訴(7)114頁〔野村秀敏〕、奈良次郎「商業帳簿と文書提出命令」山木戸還暦下247頁等。

[8] 江頭憲治郎・株式会社法〔第6版、2015〕699頁等多数。

[9] 秋山ほかIV 478頁。

II 文書の記載に関する真実擬制

1 文書の不提出

(1) 不服従（従わない）の意義

　本条１項の「文書提出命令に従わないとき」とは，文書提出を命じられた当事者が当該文書を任意に提出しない場合をいう。文書を焼却等により滅失させた場合，文書を損傷させ又は記載を塗りつぶす等して記載内容を閲読できないようにした場合も，「文書提出命令に従わないとき」に該当するが，これらの場合には本条２項が適用されるため，１項の適用はないものと解される。したがって，本条１項は，文書が存在すること（ただし，損傷等により閲読不能な文書を除く）を前提として，これを提出しない場合に関する規定と解すべきである。なお，文書の存在も本条１項の前提ではあるが，この点は文書提出命令の判断において審査される建前であるから[10]，本条１項の要件として改めて挙証者が証明する必要はない。

(2) 故　意

　文書の所持者が裁判所に提出を命じられた文書を提出しない場合には，文書が存在する限り，所持者は故意に提出しないものと評価することができる。文書の所持者が明示的に提出を拒否する旨を表明したかどうかを問わない。文書の提出を命じられた所持者が，相当期間[11]内に文書を提出しない場合，裁判所は，文書の提出を拒んだもの（不提出の故意があるもの）と認めて本条１項を適用することができる。他方，文書の提出を命じられた所持者の過失により当該文書が提出されないという事態は，想定することが困難である。文書提出命令によって提出義務がある以上，文書が存在し，かつこれを提出しないという結果があれば，不提出の故意が認められるものと解すべきである。なお，文書の不提出にかかる故意の証明責任[12]は挙証者にあると解すべきであるが（関連し

---

[10] 証拠法大系(4) 174頁〔金子修〕等。

[11] 民訴規則102条と異なり，当該文書を証人尋問等で使用するかどうかを問わない。

[12] 文書提出命令から相当期間が経過してなお文書が提出されていないことは，裁判所にとって明らかであり，弁論の全趣旨により容易に認定できるため，実際に証明責任が問題になることはない。

て，後述 **2**(2)(エ)参照），文書の提出義務が生じた後に提出しない所持者には故意が認められる以上，文書の所持者が当該文書を実際に提出しない限り，真実擬制の効果が生じるかどうかは別として（効果につき，後述 **3** 以下を参照），本条の適用要件が具備されるという状況から免れる余地はない[13]。

(3) **文書の記載**

本条 1 項の適用の効果は，文書提出命令の申立人による「文書の記載に関する主張」を真実と認めることであるため，挙証者（申立人）が当該文書の記載につき一定の主張をしていることが前提である。

もっとも，本条 1 項の「文書の記載」は，「文書の表示」および「文書の趣旨」（221 条 1 項 1 号・2 号）とは異なる。すなわち，「文書の表示」および「文書の趣旨」は，提出すべき文書を特定するために必要な事項（特定事項）であるが，挙証者においてこれらの事項を明らかにすることが著しく困難な場合には，所持者において提出すべき文書を識別することができる事項（識別事項）を明らかにすれば足りる（222 条 1 項）。文書特定手続を利用すれば，文書提出命令の申立て段階では，文書の特定事項に代えて識別事項を明らかにすれば申立てを適法と扱うことができるが，その一方で，所持者に対して文書の特定事項を明らかにすることを求めるよう挙証者が裁判所に申し出なければならない。裁判所の所持者に対する特定事項の開示の要請には制裁がないため，最終的に文書の識別事項しか明らかにならない可能性がある。ところが，文書提出命令の発令段階では，特定事項まで必要であるから，識別事項しか明らかにされない場合，文書の不特定を理由に申立てが却下されることになる[14]。このように，「文書の表示」および「文書の趣旨」は，文書の特定事項として申立ての適法要件であるのに対し，「文書の記載」は文書の記載内容そのものである。後者

---

13) 本条 2 項の場合には，使用妨害目的（使用妨害の故意）について，文書の保存期間が定められている場合，当該期間中に文書が滅失等した場合，所持者の故意を推認する余地があることについて，大判昭 6・12・5 裁判例 5 巻民 271 頁，および，後述 **2**(2)(ア)参照。

14) 一問一答 263 頁。文書特定手続が，文書の特定を強く要求することに対しては，平成 8 年改正当初から疑問が呈されており，識別事項のみで発令しても所持者に過大な負担となることはないこと等を理由に，概括的特定（文書の所持者が不相当な時間や労力を要しないで，対象文書又はそれを含むグループを他の文書又は文書グループから区別することができる状態）をもって発令すべきとする見解として，三木・手続運営 584 頁以下を参照。

は，文書が提出されたとき，裁判所が心証を形成する対象となる記載事項を指し，文書の実質的証拠力に関するものとして上記の特定事項とは区別される。ただし，文書の特定事項・識別事項が文書の記載内容の一部をなすことも少なくないため，上記の区別は相対的である。

「文書の記載」が上記の通りである以上，当該文書を所持しない挙証者がこれを具体的に明らかにすることは，文書の特定事項以上に困難であろう。しかしながら，要証事実の証明に役立つと挙証者が考える文書が存在し，それを相手方当事者が所持する場合，当該文書の記載内容が明らかになれば要証事実の証明に役立つと考えるからこそ，挙証者は当該文書の訴訟への顕出を必要と考えるものと解される。つまり，挙証者には当該文書の記載事項について一定の認識（挙証者が期待する記載内容）を有することもある。とすれば，本条1項の「文書の記載」は，当該文書に記載されていると挙証者が期待する内容が，挙証者によって主張されることを予定している。仮にこうして主張された「文書の記載」が実際の記載内容と異なるところがあり，あるいは不正確であるとしても，本条1項を適用する上で致命的ではない（前述(2)参照）。

(4) 具体例

判例（最判昭31・9・28裁判集民23号281頁）によれば，文書提出命令違反の効果は，「単に当該文書の記載内容についてのX〔上告人〕の主張を真実と認め得るに過ぎない」とされ，証明すべき事実，すなわち，「本件においては『昭和19年9月1日YとAとの間に締結された賃貸借が一時使用のためでない通常の賃貸借であるとの事実〔J〕まで真実と認められるものでなく，単に『右同日の賃貸借証書に一時使用の趣旨の記載がないこと』を真実と認め得るに過ぎず，右賃貸借が一時使用のためのものかどうかは更に原審の自由心証による判断に委ねられていることは，その証書が現実に提出された場合におけると変りがない」とされる。

昭和31年最判は，文書の記載の真実擬制について，文書提出命令にかかる当該文書が現実に提出された場合と「変りがない」とする。裁判所は当該文書を実際には閲読できない以上，挙証者の主張する文書の記載内容を真実と認めた結果が，当該文書を閲読できたとすれば得られたであろう記載内容の心証と同じかどうかは，そもそも分からないはずである。よって，昭和31年最判の

第5節　書証　　　　　　　　　　　　　　　　　　　　　§224 II

指摘は，前者が後者と一致するものとみなす（擬制する）という判断作用の結果を説明したものと解することができる[15]。これに対して，当該文書の所持者は，挙証者の主張する記載内容と当該文書の実際の記載内容の異同を正確に判断することができる。したがって，裁判所が，審理過程において，本条1項を適用して真実擬制をする旨を文書の所持者に告知すれば，挙証者が当該文書に基づく要証事実の証明に成功し，ひいては訴訟の結果を予測して行動できるようになるため，敗訴を回避したいときは，当該文書を提出して真実擬制の結果及び要証事実を争うか，敗訴を覚悟してなお当該文書の提出を拒み続けるかを決定することができる。しかし，これは裁判所が真実擬制をする旨を審理過程で文書の所持者に告知することが前提となろう。判決によってはじめてこれを知った場合には，少なくとも当該審級では当該文書を提出する機会がないため，敗訴の結果を回避するには控訴を提起した上で，文書を提出して真実擬制の結果を争う必要がある。

2　文書の使用妨害

(1)　趣　旨

本条2項は，当事者が，相手方の使用を妨げる目的で，提出義務のある文書を滅失させ，その他文書を使用不能にした場合，裁判所は，相手方の「文書の記載に関する主張」を真実と認めることを許容する。旧法317条は「提出ノ義務アル文書ヲ毀滅シ其ノ他之ヲ使用スルコト能ハサルニ至ラシメタルトキハ裁判所ハ其ノ文書ニ関スル相手方ノ主張ヲ真実ト認ムルコトヲ得」と規定していたところ，本条2項は，使用妨害の効果とされた真実擬制について，本条1項を準用することとしたほか，「毀滅」を改めて「滅失」としたこと以外，旧法を現代語化したにとどまる。

本条2項は，提出義務のある文書を滅失等により使用不能にした場合を規律する。これは，本条1項が規定する場合のほか，所持者が提出義務のある文書を滅失させたため文書の提出が不可能になった場合や，提出義務のある文書が提出されたがその損傷が著しいために閲読して記載内容を把握できない場合

---

[15]　ドイツ民事訴訟法（ZPO）427条は，本条1項に相当する規定であるが，「挙証者の主張を証明されたものと認めることができる」とする。

等も，挙証者が当該文書を証拠として利用できないため，本条1項と同じ効果を認めたものである。

(2) 使用妨害の目的

(ア) 故意の場合　「相手方の使用を妨げる目的」（使用妨害目的）は，文言からして故意であり，具体的には，当該文書を訴訟上書証として用いることを妨害する意図を意味する。もっとも，この意図が特定人（相手方当事者等）に対する使用妨害を意識したものであることや，具体的な紛争を前提としていることは必ずしも要求されず，当該文書の使用妨害に向けられた抽象的な意図があれば足りると解されている。すなわち，万一，将来誰かとの間に紛争が生じた場合，当該文書が存在しては相手方にそれを利用され，自己に不利益になるかもしれないと考える程度でよい[16]。このように，通説は，妨害行為にかかる主観的態様としては使用妨害目的（故意）を要求する一方で，故意の内容を相当に抽象化して把握する。

しかしながら，通説が，本条2項の要件である使用妨害目的として故意に限定する点については，実効性の観点から批判もあった。すなわち，本条2項の前身である旧法317条に関して，文書の保存に関する過失によって文書の使用不能が惹起された場合には，故意に準じて同条を適用すべきとする見解[17]があり，平成8年改正の際にもこうした批判を踏まえて，「法令上一定期間の保存義務が定められている文書をその保存期間内に当事者が毀滅する等した場合には，使用を妨げる目的があったものと推定するものとするとの考え方」が検討事項に掲げられた[18]。しかし，作成義務が課された文書は多種多様であり，そのすべてに故意の推定を及ぼすことの合理性，商法36条1項の「営業ニ関スル重要書類」のように具体的にどのような文書が保存対象になるのか不明確な

---

16) 法律実務(4) 290頁，兼子ほか・条解 1070頁〔松浦〕，菊井＝村松II 632頁，斎藤ほか編・注解民訴(8) 190頁〔遠藤功＝宮本聖司＝林屋礼二〕，旧注釈民訴(7) 118頁〔野村〕，賀集ほか編・基本法コンメ(2)〔3版〕246頁〔髙田昌宏〕，秋山ほかIV 481頁，兼子ほか・条解〔2版〕1254頁〔松浦＝加藤〕等。

17) 斎藤ほか編・注解民訴(8) 191頁〔遠藤＝宮本＝林屋〕，旧注釈民訴(7) 119頁〔野村〕等。

18) 法務省民事局参事官室編・民事訴訟手続の検討課題——民事訴訟手続に関する検討事項とその補足説明〔1991〕31頁以下。

文書が存在すること，文書の作成すらされていない場合との均衡等が検討された結果，立法化が見送られた経緯がある[19]。

　以上のような経緯に照らし，通説が本条2項の使用妨害目的を故意に限定しながら，その内容をかなり抽象的に捉える背景には，保存義務のある文書を過失により使用不能にした場合を取り込む意図が看取される。

　関連する裁判例を見てみると，旧法317条に関するものとして，大判昭6・12・5（裁判例5巻民271頁）がある。これは，組合がその終了に至るまで保管すべき帳簿・書類を正当な理由なく毀滅した事案において，書類等を毀滅する際にその当時具体的な紛争がなくても，使用妨害目的による文書の毀滅になると判示したものである。本条2項（旧法317条）の要件を故意に限定する通説の立場では，故意の内容を抽象化することが前提となる。これに対して，保存義務のある文書を過失により使用不能とした場合を故意に準じて扱う前述の見解によれば，帳簿書類の毀滅は保存期間中であった以上，毀滅に向けられた故意はなくても，文書の保存に重過失を認定することができ，かかる重過失を故意に準じて旧317条を適用することになる。ちなみに，検討事項に掲げられた見解では，保存義務，保存期間中の毀滅といった事実から故意を推定するため，重過失の認定を経由しない。

　他方，本条2項に関するものとしては，カードローンの取引履歴等が記載された商業帳簿等に関する本庄簡判平19・6・14（判タ1254号199頁）が，昭和6年大判を引用しつつ，「反訴被告の取引履歴の削除，廃棄の処分は，顧客から過払金算出の資料として開示が求められることもあることを知りながら，保存期間内にある取引履歴を敢えて削除，廃棄して反訴原告が証拠として使用できないようにしたものと認められる」と判示している[20]。本判決は，取引履歴の削除・廃棄に向けられた具体的な故意を認定したものではなく，通説を前提として，抽象化された故意の限度で故意を認定したものと解される。

---

[19] 河野理子「文書提出命令違反とその制裁」滝井繁男＝田原睦夫＝清水正憲編・論点新民事訴訟法〔1998〕328頁。

[20] なお，札幌簡決平成10・12・4判タ1039号267頁も昭和6年大判を引用するが，商業帳簿（旧商35条）の保存期間（同36条）の経過後にも提出義務を認めた先例としての引用である。

§224 Ⅱ

(ｲ) **過失の場合**　通説は，使用妨害以外の目的により又は過失によって文書が使用不能となった場合について，本条2項の適用を否定する[21]。本条2項（および旧317条）にいう「相手方の使用を妨げる目的」（使用妨害目的）の文言から，使用妨害に向けられた故意が要求されるからである。しかし，本条2項を過失（とくに「文書の保存に関する重過失」）がある場合にも適用する見解も主張されており（前述(ｱ)参照），また，本条2項から離れて，証明妨害の一般法理を観念し，過失による証明妨害の成立を説く見解[22]もある（証明妨害の一般法理については，後述Ⅳ4参照）。これらの見解を視野に入れるとき，本条2項が，過失（重過失）の場合に適用される可能性を否定すべきではない。

しかしながら，従来の裁判例は，本条2項（旧法317条）を過失の場合に適用することを否定してきた。すなわち，大阪地判昭43・5・20（判タ225号209頁）の事案では，実用新案権の侵害による損害賠償請求事件で，当該侵害の事実を証明するための商業帳簿等にかかる使用妨害の目的が問われたが，商業帳簿類の一部は火災の消火作業により水損したほか，残存する帳簿類は機械工具寮に保管していたところ，工具寮移転の際に石炭箱に詰めていた商業帳簿類を工具が誤って焼却した旨認定され，問題の商業帳簿類が存在することは認められたが，隠匿毀滅が過失による場合にあたるとして旧317条（本条2項）の適用を否定している。また，浦和地判平7・10・27（判タ905号215頁）の事案では，法令上保存が義務付けられている診療録（医師24条）を，診療過誤が疑われている矢先に紛失したことにつき過失を認め，証明妨害に当たるとする一方で，診療録以外の証拠からも相当程度客観的に事実認定が可能であるとして，過失の証明妨害があるからといって直ちに紛失した診療録の内容について挙証者の主張する通りに認定することはできないと判示した。

---

21) 兼子ほか・条解1069頁〔松浦〕，菊井＝村松Ⅱ632頁，斎藤ほか編・注解民訴(8)190頁〔遠藤＝宮本＝林屋〕，旧注釈民訴(7)118頁〔野村〕，賀集ほか・基本法コンメ(2)〔3版〕246頁〔髙田〕，秋山ほかⅣ481頁，兼子ほか・条解〔2版〕1254頁〔松浦＝加藤〕等。

22) 証明妨害の一般法理を説く見解は，過失による証明妨害に対する制裁として真実擬制は過剰と評価し，帰責性の程度に応じた効果を検討することを志向する。もっとも，船越隆行「実定法秩序と証明責任(9)」判評362号180頁は，本条2項と同様の効果を認めている。

第5節　書証　　　　　　　　　　　　　　　　　　　　§224 II

　昭和43年大阪地判の事案では，商業帳簿類の保存において火災の消火活動を想定しなかった点を重過失と認定することは，確かに困難と言わざるを得ない。これに対して，平成7年浦和地判の事案では，診療録以外の証拠がなければ，要証事実の認定が著しい困難に陥っていた可能性があることにかんがみると，診療過誤が疑われ得る状況において診療録を紛失したことに重過失を認める余地があったと考えられる。とすれば，保存義務のある文書の保存期間中の滅失（重過失の場合）を故意に準ずるとする前述の見解のみならず，本条2項の故意を抽象化する通説の立場（前述(ｱ)を参照）からも，本条2項を適用できた事案であったと解する余地があろう。

　(ｳ)　**証明責任**　　通説は，故意（使用妨害目的）の証明責任が挙証者にあるものとする。昭和6年大判，最判昭39・9・17（裁判集民75号249頁）も，旧法317条の要件事実はその適用を主張する者が立証責任を負うことを前提とする。このように，ある要証事実の証拠となる文書が所持者の故意で使用不能となった場合には，挙証者は当該文書自体を証明に用いることができないため，所持者の故意による当該文書の使用不能を証明して，本条2項の制裁の発動を求めることになる。そうである以上，同項の要件である故意の証明責任は，挙証者が負うべきである。

　もっとも，通説は，故意（使用妨害目的）について相手方の特定や使用妨害に向けられた具体的な意思を要求しないため，抽象的な故意で満足する。よって，昭和6年大判のように保存義務のある文書が保存期間中に使用不能となった場合にも故意を認定することができる。しかし，このような通説は，(ｱ)において検討した通り，保存義務のある文書の保存期間中の滅失を重過失と認めてこれを故意に準じて扱う見解，あるいは，当該滅失に対する重過失の評価を経由せずに故意を推定する見解（前掲・検討課題〔注18〕）に掲げられた見解）と結論において同じである。後者と同旨を説く見解は，現行法の下でも主張されており[23]，近時はさらに，本条2項の真実擬制（本条1項参照）を法律上の推定による証明責任の転換を規定したものと解した上で，使用妨害の事実をその前

---

23)　兼子ほか・条解〔2版〕1254頁〔松浦＝加藤〕，秋山ほかⅣ 481頁。なお，旧注釈民訴(7) 119頁〔野村〕等も参照。

〔名津井〕

提事実とする見解も主張されている[24]。これによれば，保存義務のある文書が保存期間中に滅失等により使用不能になった事実が証明されると，所持者の使用妨害目的が本条2項により法律上推定される結果，所持者は反対事実（使用妨害目的のないこと）の証明責任を負うことになる。

(3) 提出義務のある文書の滅失・使用不能

(ア) **文書提出命令との関係**　文書の使用妨害に関する本条2項の「提出の義務がある文書」とは，法220条に基づいて提出義務が認められる文書のことである。つまり，文書提出命令の有無には関係がなく，法220条の下で所持者が提出義務を負う文書であればよいため，提出義務は抽象的あるいは潜在的なもので足りるとされる[25]。よって，ある文書が文書提出命令の前に滅失等によって使用不能となった場合でも，当該文書を提出義務のある文書と認めることができる[26]。

このような通説的見解とは異なり，学説の中には，所持者が悪意で文書の使用を妨害し，滅失等した場合には，たとえ提出義務のない文書であっても本条2項を適用できるとする見解も主張されている[27]。しかしながら，この見解に対しては，このような例外は明文に反するために根拠に乏しく，提出義務はないが任意提出の用意がある第三者の所持する文書を相手方当事者が悪意で妨害した場合等には証明妨害の一般法理による対処を検討すべきであるとの批判[28]がある（証明妨害の一般法理については，後述Ⅳ4参照）。このように解する限り，本条2項は，文書提出命令の有無はともかく，やはり提出義務のある文書について使用妨害が認められる場合に適用すべきものと解される。

(イ) **1項と2項の競合問題**　文書提出命令との関係では，本条1項，2項

---

24) 林昭一「証明妨害の効果について」民訴雑誌60号〔2014〕160頁。なお，斎藤ほか編・注解民訴(8)191頁〔遠藤＝宮本＝林屋〕も同旨か。

25) 兼子ほか・条解〔2版〕1254頁〔松浦＝加藤〕，秋山ほかⅣ481頁，菊井＝村松Ⅱ632頁，法律実務(4)289頁，斎藤ほか編・注解民訴(8)191頁〔遠藤＝宮本＝林屋〕，旧注釈民訴(7)119頁〔野村〕等。

26) 秋山ほかⅣ481頁，賀集ほか編・基本法コンメ(2)〔3版〕246頁〔髙田〕等。

27) 渡辺武文「証拠に関する当事者行為の規律」講座民訴(5)170頁，P・アーレンス（松本博之＝吉野正三郎編訳）・ドイツ民事訴訟の理論と実務〔1991〕43頁。

28) 旧注釈民訴(7)120頁〔野村〕。

の適用が競合したときの処理という問題がある。というのも，文書の提出を命じられた所持者が提出義務のある文書を滅失等により使用不能にした結果，当該文書を提出することができない場合には，本条1項・2項ともに要件を具備するからである。この問題は，旧法の下においても存在し，旧316条（現・本条1項）のみを適用する見解[29]（1項適用説），旧317条（現・本条2項）のみを適用する見解[30]（2項適用説），両者の競合を受容した上で挙証者はいずれを主張してもよいとする見解[31]（挙証者選択説）が主張されていた。

上記の事例においては，文書提出命令が発令された場合における不提出であるため，1項を適用できるほか，法220条に基づく提出義務のある文書が滅失等により使用不能になったため，2項を適用することもできる。

一般に，2項の要件である使用妨害目的（故意）を直接に証明することは困難が予測される。2項適用説では，所持者が文書提出命令に従わないにもかかわらず，故意を証明できないために挙証者の証明不能を解消できない可能性が懸念される。確かにこの点は，通説が故意の内容を抽象化しているため，保存義務のある文書が保存期間中に滅失等した場合には深刻な問題にはならないものと解される。しかし，法220条の文書提出義務が一般義務化されている現在，提出義務のある文書のすべてに保存義務があるとは限らない。したがって，故意の証明困難から挙証者を解放することができる解釈が必要であろう。

この観点からは，1項適用説および挙証者選択説が挙証者にとって有利である。このうち，1項適用説が，文書が滅失等により使用不能な場合において2項の適用を排除することに対しては疑問がある。この問題を回避するには，両者の競合を認める必要がある。実質的にも，1項であれ，2項であれ，これを適用した場合の効果は同じであるから，挙証者が状況に応じて選択できるものと解すべきである。この結果，挙証者は，使用妨害の事実があるにもかかわらず，その証明を回避できることになるが，この点を否定的に評価すべきではないことは，前述した通りである。

以上のような理由から，挙証者選択説が妥当であり，これが旧法以来の多数

---

29) 小室直人＝賀集唱編・基本法コンメンタール民事訴訟法Ⅱ〔第4版，1992〕138頁。
30) 菊井＝村松Ⅱ 633頁。
31) 斎藤ほか編・注解民訴(8)192頁〔遠藤＝宮本＝林屋〕，旧注釈民訴(7)120頁〔野村〕。

§224 II　　　　　　　　　　　　　　　　　　　　第2編　第4章　証拠

説である[32]。挙証者がとくに2項の適用を求める場合には，これが認められない場合に備えて1項の適用を求める旨の予備的主張を許容すべきだろう。

　(ウ)　**文書の記載に関する主張の要否**　本条2項の「提出の義務がある文書」については，文書提出命令の申立て以前に滅失等により使用不能となり，所持者すらその正確な内容を知ることができない場合も，適用場面に含まれる可能性がある（前述(1)参照）。旧法下では，このような場合も，挙証者はなお当該文書の記載内容を主張しなければならないかどうかが問題とされていた[33]。これに対して，現行法には本条3項があるため，文書の記載内容の主張が困難であり，他の要件も具備するときは，証明すべき事実に関する挙証者の主張についての真実擬制を目指すことができる。この前提の下では，挙証者が滅失等により使用不能となった文書について提出命令を申し立てる場合，当該文書の記載内容をそもそも主張する必要がないと解する余地が生じる。このように，文書の記載内容の主張の要否については旧法下にも増して，本条2項において問題となる状況が生じている[34]。

　参考となる判例として，旧法下のものではあるが，所持者により滅失させられた文書の記載内容ではなく，要証事実についての真実擬制を認めた東京地判平6・3・30（判時1523号106頁）がある。この事案では，原告の申し立てた起訴前の証拠保全として診療録等の書類の検証をするため，被告クリニックに赴き，診療録の存在を確認したが，被告不在のため内容の提示が拒否された後，再度決定された検証期日では，前回存在が確認された診療録のうち一時期以降のものしか提示されず，それ以前のものは見当たらないとして被告が提示を拒否した。裁判所は，提示拒否された診療録につき，被告は裁判の証拠として提

---

[32]　秋山ほかIV 481頁のほか，前掲注25)に掲げた文献。

[33]　この点に関する旧法下の議論状況については，竹下・前掲注2) 163頁のほか，後述III 2も参照。

[34]　本文に掲げた問題状況は，本条1項においても問題となり得るが，本条2項の適用される場面は文書の使用不能が前提となるだけに，より深刻である。なお，証明すべき事実の真実擬制との関係で，証明すべき事実の主張の要否は，当該事実が要件事実である限り，弁論主義の下ではすでに主張されていることが前提となるため，基本的には問題とならない。しかし，このことを前提としてもなお生ずる，証明すべき事実の特定性・具体性をめぐる問題点については，後述III 2(4)を参照。

示が求められていることを知りながら，敢えて破棄等して原告が証拠として使用できない状態にしたと推認し，被告が当該診療録を証拠とするのを妨害するのは，診療に不適正があったとの認定に結びつく記載が診療録中にあったと疑うに足る行為であるとして，「〔破棄された〕診療録に記載されていた可能性の高い原告の症状や診療内容等については，原告の供述内容がとくに不合理ではなく，かつこれと異なる被告の供述に十分な根拠がない場合には，民事訴訟法317条の趣旨に従い（原告は，同条を援用したり，診療録の内容について具体的な主張をしたりしているわけではないが），原告の供述を真実と認めるのが相当である」とし，原告主張の事実（上顎洞穿孔がインプラント手術時か，少なくともその後間もなく生じていた）と推定すべきとし，当該事実は，特段の事情がない限り，歯科医師としての被告の診療契約上の善管注意義務違反を基礎づけるとしている。

現行法の下では，上記のような結論は，本条3項に基づいて導くことができる。しかし，文書が故意による滅失等で使用不能となった場合には，必ず本条3項の真実擬制が働くとは限らない（後述3参照）。そうだとすると，当該文書の記載内容について本条3項を当てにして挙証者が当該文書の記載内容についてまったく主張していないときは，真実擬制の対象となるべき文書の記載に関する主張が存在しないという理由で，本条2項を適用することができないことになる。したがって，この帰結を避けるには，証明すべき事実の真実擬制が可能になった現行法の下でも，挙証者は，滅失等により使用不能になった文書の記載内容を可能な限り主張しておく必要がある。

(エ) **滅失・使用不能**　文書の滅失（旧法では「毀滅」）とは，文書をシュレッダーにかける等して破棄し，あるいは，焼却することである。また，文書を使用不能にするとは，インクや墨で記載面を塗りつぶして読めない状態にし，あるいは，返還を請求することの困難な外国人等に交付し，文書は存在しても訴訟では事実上使用できないようにする場合等を指している[35]。

また，電磁的記録に電子情報として記録されたデータが，文書の形では残っ

---

35) 菊井＝村松II 633頁，斎藤ほか編・注釈民訴(8) 192頁〔遠藤＝宮本＝林屋〕，旧注釈民訴(7) 120頁〔野村〕，秋山ほかIV 482頁等。

ていない場合，そのデータを消去したときは，本条2項を類推適用することができる[36]）。

　以上のほか，学説の中には，第三者の所持する文書につき，当事者が過料相当の金額を提供して不提出を促した場合，この当事者について本条2項の類推適用を示唆する見解[37]）があるが，賛成すべきである[38]）。文書の一部のみを破り捨て，あるいは墨で塗りつぶした場合も，その部分の記載についての挙証者の主張を真実と擬制することができる。なお，文書の所持者が，滅失・使用不能にされた文書について所有権（滅失させることのできる権利）を有することは，本条の適用にとって妨げとならない[39]）。

3　効　果
(1)　制　度　目　的

　文書の提出を命じられた当事者が命令に従わない場合の効果が，「当該文書の記載に関する相手方の主張」（本条1項・2項），又は，「証明すべき事実……に関する相手方の主張」（本条3項）の真実擬制であることは，条文上明らかである。また，真実擬制という効果が，裁判所の命令に違反した当事者に対する「制裁」であることについては異論をみない。しかし，この制裁が何を目的としたものかについては，必ずしも一義的ではない。

　大別すると，制裁をもって文書の提出を間接的に強制し，当該文書を提出させることにあるのか，それとも当該文書が提出されないことを前提として挙証者の証明不能，ひいては裁判所の真偽不明を解消することにあるのか，の2つに分けることができる。

　まず，本条1項は，両方の目的を有するものと解される。すなわち，本条1項は，所持者の手元に文書が現存するため，これを提出できるにもかかわらず，所持者が提出を拒んでいる場合に関する制裁である。審理段階において本条1項が適用され，真実擬制が可能になれば，文書の不提出という単純な要件設定と相俟って，文書を実際に提出しない限り，同項の適用を免れることはできな

---

36)　証拠法大系(4) 214頁〔和久井〕。
37)　高橋下〔2版補訂版〕200頁。
38)　秋山ほかⅣ 482頁。
39)　旧注釈民訴(7) 120頁〔野村〕。

い。そうである以上，本条1項は，所持者に対して文書の提出を強制する効果を発揮する[40]。しかし，所持者がそれでも文書を提出しない場合には，挙証者は，当該文書を証拠として利用できない結果，弁論終結時までに，証明すべき事実を証明することができない可能性がある。そのため，裁判所は，文書の記載又は一定の要件（本条3項）に基づき，証明すべき事実を真実と認めて，挙証者が被った証明困難を解消することができる。

他方，本条2項は，文書がすでに現存しないか，損傷等により文書を閲読して証拠調べをすることができない場合に関する制裁である。これらの場合には，文書の提出が不可能であるか，提出されても文書の記載内容を証拠資料とすることができないため，挙証者の証明困難は何ら解消されない。よって，本条2項の制裁は，文書の提出を目的としたものではなく，文書の記載又は証明すべき事実の真実擬制を目的とするものと解される。

以上のように，本条1項と本条2項は，制裁の目的を異にするものと解される。もっとも，前述した本条1項の目的は，実務上必ずしも追及されていないように思われる。というのも，本条1項の制裁の目的は文書の提出にあるとしても，その目的を果たすには，同一審級における審理段階において裁判所が同項の適用を文書の所持者に告知しない限り，改心した所持者が文書を提出する機会がそもそも存在しない。つまり，本条1項の目的をどのように設定するかは，裁判所の訴訟指揮に依存するところ，裁判例をみる限り，本条1項が同一審級内の弁論終結前に適用され，所持者に対してその旨を告知するような運用は見受けられない。この点は，本条3項が規定する証明すべき事実の真実擬制に関しても同様である。このような認識が正しいとすれば，本条1項の制裁の目的も，上記の運用を前提とする限り，本条2項と同様，文書の所持者による証明妨害に起因する挙証者の証明不能等の解消にあるものと解さざるを得ない。

もっとも，以上のように解しても，文書を提出させるという本条1項（及び3項）の制裁の目的が無意味になるわけではない。文書が所持者の手元に現存するときは，裁判所による運用次第では，文書の提出を目的とした制裁として機能する可能性はなお残されている。この意味で，本条各項の制裁の目的を検

---

[40] 坂田宏「文書提出命令違反の効果」講座新民訴(2)115頁は，この目的を強調する。

討することは，新たな解釈論ひいては立法論を検討する際に，重要な視点となるものと思われる[41]。

(2) **法 的 性 質**

旧民訴法316条・317条に関しては，これを法定証拠法則とする見解がある[42]。この見解は，これらの規定の前身とされる旧々民訴法341条1項が法定証拠法則であったことに由来するものと思われる。すなわち，同項は，挙証者が謄本を提出したのに対し，原本の所持者が裁判所の証書提出命令に従わないとき，裁判所は当該謄本を正当なもの（原本と符合する）とみなすことを要すると規定していた。確かに，同項の下でも，原本との符合が擬制された謄本に基づき，挙証者の主張する事実を認定できるかどうかは自由心証主義に服するが，証書提出命令に違反した効果である謄本の正当性（原本との符合）にかかる反証は許されず，所持者が命令違反の効果を除去するには，原本を提出しなければならないと解されていた[43]。このような規律は，旧民訴法に引き継がれなかったが，立案担当者は，旧々規定に「適当の修正」を加えて旧316条・317条の2箇条に分けて規定したと説明していたため，法定証拠法則としての性質は，旧法においてもなお維持されたとの解釈が生まれたものと解される。

上記の見解が指摘するように，旧316条・317条が法定証拠法則であるならば，自由心証主義を排除して裁判所を拘束する性質を有しなければならないところ[44]，両者の文言はいずれも「真実ト認ムルコトヲ得」とされたため，果してこれらの旧規定のどこに法定証拠法則としての性質を見出すことができるかについては疑問の余地があった。そしてこの点は，旧規定をほぼそのまま引き継いだ現行民訴法224条1項・2項にも妥当する。文書の記載に関する挙証者の主張の真実擬制において，裁判所が他の事実や証拠を勘案してこれを決するというのであれば，その判断は自由心証と無縁ではあり得ない。実際，旧

---

41) 林・前掲注4) 40頁は，証明妨害の態様の違いに着眼して，1項と2項で同じ効果を認めていることの当否について再検討の余地を示唆する。
42) 法律実務(4) 290頁，兼子・研究(1) 310頁。
43) 坂田・前掲注40) 101頁。
44) 春日偉知郎「自由心証主義」同・民事証拠法研究〔1991〕41頁，松本博之・証明責任の分配〔新版，1996〕178頁。

316条・317条に関する学説は、文書の記載に関する挙証者の主張を真実と擬制した結果に対して、文書の所持者による反証を許容しているが[45]、仮に真実擬制の結果が反証により覆るのであれば、真実擬制はやはり自由心証の枠内の問題と言わねばならない。このように見てくると、旧316条・317条が「真実ト認ムルコトヲ得」との文言の下で規定された時点で、法定証拠法則としての性質を喪失したと考えるのが素直なように思われる。

もっとも、法定証拠法則の意義について、一定の証拠が揃えば一定の事実を認定しなければならない（旧316条を例にとれば、文書の不提出の場合には当該文書の記載に関する挙証者の主張を真実と認めなければならない）と厳格に解するのではなく、文書の記載に関する挙証者の主張に確信を抱かなくても、真実と認めてよいという経験則に基づく推認による事実認定の枠を超えて文書の記載内容を認定することを許容するところに自由心証主義の例外（制限・制約）の契機を見出す見解[46]がある。また、裁判所は真実擬制のときは必ず命令違反の事実によらなければならないところに法定証拠法則の片鱗を見出す見解も主張されている[47]。しかし、これらの見解は、いずれにせよ文書の記載に関する真実擬制が純然たる法定証拠法則であるとまで主張する趣旨ではなく、法定証拠法則を想起させる端緒があると指摘したものにすぎない。したがって、真実擬制をすることが「できる」との規律が、裁判所の裁量や反証可能性を認めていることにかんがみ、これらの見解の存在は、前述の評価を左右しないものと解される。

(3) 真 実 擬 制

前述(2)のように、本条の真実擬制が本来の法定証拠法則でないならば、「真実と認める」ことの意義は、自由心証の枠内に位置づけられる。真実擬制を含む証明妨害の効果の根拠と内容に関しては、後述Ⅳ以下（わが国の学説の詳細は、特に3(5)参照）で検討する。

---

45) 竹下・前掲注 2) 吉川追悼下 184 頁、旧注釈民訴(7) 113 頁〔野村〕等。
46) 旧注釈民訴(7) 108 頁〔野村〕、菊井＝村松Ⅱ 631 頁、斎藤ほか編・注解民訴(8) 184 頁〔遠藤＝宮本＝林屋〕等。
47) 伊藤〔4版補訂版〕423 頁注 402 参照。

III 証明すべき事実に関する真実擬制

1 趣 旨

　平成8年改正によって新設された本条3項は，文書の提出を命じられた当事者が，当該文書を提出しない場合，あるいは，提出義務のある文書を滅失等により使用不能とした場合において，挙証者が当該文書の記載内容を具体的に主張することができず，他の証拠から「証明すべき事実」（証明主題）を証明することが著しく困難となったとき，証明主題に関する挙証者の主張について真実擬制をすることができる旨を明らかにした規定である。

　旧法下でも，本条3項と同様の真実擬制の必要性を説く学説[48]が有力に主張され，これに依拠した東京高判昭54・10・18（下民33巻5〜8号1031頁）もあったところ，平成8年改正は，一定の要件の下で証明主題の真実擬制を認めることにより，旧法316条・317条にみられた制裁としての脆弱性ないし実効性の問題を立法的に解決したものである[49]。

2 要 件

(1) 旧法下の判例・学説と本条3項の新設

　昭和54年東京高判は，文書提出命令に従わない当事者に対して，文書の記載内容に代えて「証明すべき事実」の真実擬制を認めたものである。事案は，航空自衛隊のパイロットAが飛行訓練中の墜落事故で死亡し，Aの遺族Xらが Y（国）を相手に損害賠償を請求したものである。Xらは，本件墜落事故が本件事故機の整備不完全のため惹起された事実を立証する必要があるとして，Yに対して航空事故調査委員会の作成した「航空事故調査報告書」の提出命令を申し立てたところ，裁判所はYに提出を命じたが，提出期限とされた口頭弁論期日までにYが同報告書を提出しなかったため，裁判所は，旧法316条により，同報告書で立証しようとする事実，つまり，「本件事故が本件事故機の整備不完全のために惹起された事実」を真実と認めた。

　昭和54年東京高判の事案では，挙証者が，「航空事故調査報告書」の作成過

---

48) 竹下・前掲注2) 吉川追悼下183頁。
49) 田原睦夫「文書提出義務の範囲と不提出の効果」ジュリ1098号〔1996〕66頁等。

程に一切関与していないため，その内容を了知できる立場にないことから，「文書の記載」の具体的な主張を期待することができなかった。その結果，旧316条の前提となる「文書の記載に関する相手方の主張」すら存在せず，真実擬制の対象がなかったため，文書提出命令に従わない所持者を挙証者の犠牲において不当に利する結果が予測された。これを阻止するには，真実擬制の対象を他の事項に求める必要があるところ，当該文書の不提出によりその記載内容が不明となる結果，「証明すべき事実」を挙証者が証明できない関係にあることにかんがみ，「証明すべき事実」に関する挙証者の主張を真実と認めることで，上記の問題が克服された点において，本判決は画期的なものであった。

昭和54年東京高判が契機となり，「証明すべき事実」の真実擬制をめぐる議論が活性化した[50]一方で，消極論もあった。すなわち，昭和31年最判（前述Ⅱ1(4)参照）によれば，旧316条の真実擬制は，文書が提出されたときと同じ状態を作出すれば足りるはずであるのに対し，「証明すべき事実」の真実擬制は，文書が実際に提出されたとき以上に挙証者を有利にすることになる（他方で，所持者には過剰な制裁となる）点で，旧316条の解釈の限界を超えているといった批判がそれである[51]。

しかし，旧法下では，挙証者において文書の記載内容を具体的に主張できない場合には証明すべき事実の真実擬制を肯定する見解が有力であったことは確かであり[52]，これらの積極説が，本条3項の新設の原動力となったこともまた明らかである[53]。

もっとも，本条3項は，証明すべき事実の真実擬制の要件として，①文書の記載に関して具体的な主張をすること，および，②当該文書により証明すべき事実を他の証拠により証明すること，が著しく困難であることを掲げている。つまり，これらの適用要件は，昭和54年東京高判を単純に条文化したもので

---

50) 小林秀之「文書提出命令をめぐる最近の裁判例の動向(3)」判評267号8頁，竹下・前掲注2)〔判批〕267頁，新実務民訴(2)186頁〔野村秀敏〕，兼子ほか・条解1068頁〔松浦馨〕等。
51) 菊井＝村松Ⅱ631頁，斎藤ほか編・注解民訴(8)187頁〔遠藤＝宮本＝林屋〕。
52) 前掲注50)に掲げた文献参照。
53) 一問一答269頁，田原・前掲注49)66頁，大村雅彦「文書提出命令⑥発令手続と制裁」新大系(3)238頁，河野・前掲注19)323頁。

はない。以下では，本条3項の適用要件を個別に検討する。

(2) 文書記載事項の主張困難性

本条1項・2項による真実擬制は，挙証者が文書の記載内容について具体的に主張できることを前提とする。しかし，挙証者においてそのような主張をすることが著しく困難である場合には，真実と認めるべき挙証者の主張が存在しない結果，真実擬制ができないという機能不全が生じ，本条1項・2項の実効性が疑われることになる。本条3項は，この問題を解消するため，当該文書によって証明すべき事実の真実擬制を明文で許容した規定である。

もっとも，旧法下では，文書の記載内容を超えて当該文書により証明すべき事実を真実と認めるときは，当該文書が実際に提出されても証明すべき事実の証明に成功するかどうかが明らかでない以上，かえって挙証者を不当に利する可能性が懸念されていた[54]。本条3項は，この点にも配慮して，「当該文書の記載に関して具体的な主張をすることが著しく困難であること」（主張困難性）を本条3項の要件としたものである[55]。

主張困難性は，文書の記載内容を主張することが著しく困難である挙証者が，その代わりに主張すべき事実であり，本条3項の適用を基礎づける主要事実であるから，その証明責任は挙証者にある。

(3) 他の証拠による証明困難性

本条3項を適用するには，「証明すべき事実を他の証拠により証明することが著しく困難であること」（証明困難性）の要件も具備しなければならない。このように，主張困難性（前述(2)）に加えて証明困難性が要件とされたのは，本来の事実認定との関係が意識されたからである。すなわち，本条3項の真実擬制は，他の証拠や弁論の全趣旨から「証明すべき事実」を認定することができる限り，必要がないはずである。確かに，本条1項・2項の妨害行為が認められる場合に，他の証拠や弁論の全趣旨から証明すべき事実を認定すると，妨害者に対する制裁を免除したのと同じ結果となる。しかし，本条3項の真実擬制を用いなくとも，証明すべき事実を認定できるならば，通常の事実認定を敢え

---

54) 前掲注51）に掲げた文献を参照。

55) 秋山ほかⅣ 483頁。

て避けるだけの理由はない。真実擬制の内容をどのように解するかの問題とも関係するが，真実擬制が多少なりとも通常の事実認定と異なる側面を有するならば，当該事実を通常の事実認定の方法に即して判断する方が，不自然な事実判断ないし誤判の防止に寄与する可能性が高い。本条3項の証明困難性という要件は，このような意味において本条3項の補充性を明らかにしたものであり，本条3項が本条1項・2項よりも強力な真実擬制であることに照らせば，前者を後者に対して補充的に位置づけたこと自体には合理性があるものと解される。

(4) 証明すべき事実の特定

(ア) 特定の必要性とその限界　　本条3項による真実擬制の対象は，「証明すべき事実に関する挙証者の主張」であるが，「証明すべき事実」は挙証者が文書提出命令を申し立てる際に明らかにしなければならない（221条1項4号）。しかしその一方で，文書の作成・保存・管理等から距離のある立場にある挙証者にとって，文書の記載内容を具体的に主張することは元より困難であり，そのような状況にある挙証者は，当該文書によって「証明すべき事実」を特定して具体的に主張することもまた困難であることが少なくない[56]。

旧法下においても，「証明すべき事実」がどこまで具体的で特定された事実でなければならないかが検討されており，文書の所持者が真実擬制された事実について他の証拠によりそれが不真実であることを証明し，真実擬制を免れようとしても，真実擬制の対象とされた事実が具体性・特定性を欠くときは，防御が困難となり得ることの問題性が指摘されていた。例えば，昭和54年東京高判において，「本件事故が事故機の整備不完全のため惹起された」という事実を例とすると，どのような点が「整備不完全」であり，それが本件事故とどのようにつながるのかが明らかにされなければ，所持者の防御が困難であり，「まして『何らかの過失』『何らかの因果関係』となると反対事実の証明はほとんど不可能」と指摘されている[57]。

---

[56] 竹下・前掲注2) 吉川追悼下163頁は，証拠が顕著に偏在する事例で，模索的証明の許容性を説く。模索的証明に関する文献として，佐上善和「民事訴訟における模索的証明について」法と権利(3)〔民商78巻臨時増刊号・1978〕200頁以下，畑瑞穂「模索的証明・事案解明義務論」鈴木古稀607頁等。

[57] 竹下・前掲注2) 吉川追悼下187頁。なお，本文に引用した箇所では，「反対事実の証

しかし，挙証者（原告）が上記の問題点を解消できる程度の特定性・具体性を伴った主張をするには，挙証者が航空機の整備に関する詳細な資料を保有していなければならないところ，本件では，まさにそうでないが故に文書提出命令が申し立てられたことを看過してはならない。そして，挙証者の主張した「整備不完全」が真実に反するというならば，所持者（被告）において事故原因が整備不良でないこと，他に原因があること，を証明すべきである。よって，所持者が，文書の提出を拒否しながら，このような立証活動（反証）もしなかった結果，挙証者が証明主題の証明に挫折したとして敗訴するのは公平に反すると言わざるを得ない[58]。このように，挙証者の主張に特定性・具体性が欠けているとしても，その原因の多くが，挙証者が自ら当該文書を参照できない点にあるとすれば，挙証者の主張に要求される特定性・具体性をある程度緩和することが公平に適うものと解される。

(イ) **真実擬制の結果の特定性・具体性** 証明に必要な文書が手元にないことにかんがみ，挙証者による証明すべき事実の主張につき特定性・具体性を緩和すべきものと解される反面，そうした前提で主張された証明すべき事実を真実と認めることが，必ずしも挙証者にとって有利な結果をもたらさない可能性が指摘されている。旧法下の裁判例には，「文書の記載」や「証明すべき事実」として現に主張された内容が拙劣であるため，仮に真実擬制を認めても，要件事実の認定には役に立たない場合があるとされる[59]。やむを得ない面もあるが，具体的な事案に関して生じる問題でもあり，裁判例の積み重ねによる事例の蓄積が待たれる[60]。

他方，文書の表示・趣旨に照らして不自然な「文書の記載」・「証明すべき事実」が記載されている場合には，裁判所は，漫然と本条の適用要件のみを審査

明」とされているが，文書提出命令違反の効果を検討した同書181頁以下で，真実擬制の実質が証明責任の転換であることが明らかにされているわけではない。とすると，証明主題の証明責任はなお挙証者（原告）にあることになるから，ここでは証明主題たる事実についての所持者による「反証」が語られているものと解される。この前提の下では，「反対事実の証明」は，正確には間接反証における間接事実の証明を意味するものと思われる。

58) 竹下・前掲注2) 吉川追悼下183頁以下。
59) 竹下・前掲注2) 吉川追悼下183頁，坂田・前掲注40) 114頁。
60) 坂田・前掲注40) 115頁。

し，実効性に乏しい真実擬制をすることのないように努める必要がある。この場合，裁判所は，挙証者に釈明して「文書の記載」・「証明すべき事実」を訂正する機会を与える運用が望ましい。証拠の偏在を是正するという文書提出命令の本来の趣旨に即した機能を本条が発揮するには，裁判所による適切な訴訟指揮が不可欠である。

3 効 果

(1) 証明すべき事実の真実擬制

(ア) 旧法下で想定された「証明すべき事実」　旧法下において，文書の記載に代えて証明主題の真実擬制が論じられる場合，証明主題としては，しばしば規範的な要件事実に該当する具体的事実の一つが具体例とされてきた[61]。これによると，証明すべき事実とは当該具体的事実であり，真実擬制がされる場合には，反証可能性は残るものの，要件事実が認定される。証明すべき事実の真実擬制に対しては，挙証者を過剰に保護することになるという批判[62]が加えられていたが，それはこの状況を想定したものであったと考えられる。

(イ) 立案担当者の想定する「証明すべき事実」の具体例　以上に対して，本条3項の立案担当者は，次の事例によって新規定の説明をしている[63]。すなわち，金銭消費貸借の事実を証明すべき事実として借用証書の提出命令が発せられた場合，「当該文書の記載に関する相手方の主張」の真実擬制は，①借用証書が存在すること，②その文書を申立人が作成者であると主張する者が作成したこと，および，③その文書に，誰から誰あて，金額，弁済期，利息等申立人が主張するとおりの記載がされていること，を真実と認めることができる。他方，「当該文書により証明すべき事実に関する相手方の主張」の真実擬制とは，当該文書（借用証書）により証明しようとした事実，すなわち，金銭消費貸借の事実を真実と認めることができる。要件事実の評価的要素が僅少であるときに，当該事実の直接証拠（直接証明）となる文書が提出されないこと等を理由

---

61) Ⅲ2(1)で検討した，昭和54年東京高判がその一例であり，竹下・前掲注2) 吉川追悼下187頁以下は，問題点を意識しつつも，これに寛容な論旨を展開する。

62) 前掲注51) に掲げた文献を参照。

63) 一問一答271頁。なお，本文に掲げた具体例は，菊井＝村松Ⅱ630頁において示されたものと同じである。

として本条3項を適用する場合には、文書の記載内容の真実擬制の結果と、当該文書により証明すべき事実の真実擬制の結果の間には、実際上それほど大きな懸隔がないため、真実擬制の結果は、所持者の妨害行為により生じた挙証者の証明困難を回復する範囲に収まることになる。したがって、本条3項は、1項・2項の真実擬制と同程度の効果を「証明すべき事実」にまで拡大することを狙った規定と解することができる。

　(ウ)　**証明すべき事実の意義**　旧法下においては、前述(ア)のように、問題の文書と真実擬制される事実との間に直接証拠（直接証明）の関係があることが、必ずしも意識されてこなかったように思われる。例えば、医療過誤訴訟における医師の過失とカルテとの関係をみると、カルテが提出されない場合、カルテと医師の過失ないし過失に該当する具体的な医療行為との間に直接証拠（直接証明）の関係が成立しないため、カルテが提出されても、医師の過失ないし過失に該当する具体的な医療行為が直ちに証明されることはなく、カルテにより証明された医師の医療処置（事実）を専門的な経験則に基づいて規範的に評価しない限り、過失ないし過失相当の行為を認定することはできない。このように、当該文書が提出されても、証明すべき事実の証拠として必ずしも決め手にならない関係にある場合には、証明すべき事実に関する挙証者の主張を真実と認めることにより、挙証者を過剰に保護する弊害が懸念される。

　このように、実務上問題となる「証明すべき事実」と、(イ)で検討した立案担当者が想定した「証明すべき事実」との間には、規範的な要件事実か否か、あるいは、評価的要素の多寡の点で大きな違いがあり、そのことが真実擬制の結果に対する評価の違いとなって表れてくるように思われる。しかし、真実擬制されるべき「証明すべき事実（に関する挙証者の主張）」が、具体的にどのように設定されるべきかについて、本条3項から解答を引き出すことは困難であろう。よって、訴訟上どのような事実が「証明すべき事実」として真実擬制されてきたかを検討する必要があるが、この点は、後述Ⅳ2に譲る。

　(2)　**法 的 性 質**

　本条3項についても、真実擬制が「できる」との文言にもかかわらず、自由心証主義の制約（制限・例外）と説明されることがある。本条1項・2項に関しては、前述Ⅱ3(2)で解説したが、証明すべき事実の真実擬制を定めた本条3項

第5節　書証　　　　　　　　　　　　　　　　　　　　　　　§224 Ⅲ

に関するものを含めると，次の見解がある。

　すなわち，①裁判所は真実擬制のときは必ず命令違反の事実によらねばならないところに法定証拠法則の片鱗を見出す見解[64]，②-(1)文書の提出を命じられた当事者による当該文書の不提出又は使用妨害の事実に加えて本条3項の要件を満たした場合の中には，真実擬制をしなければならない場合があること，および，②-(2)裁判所による真実擬制の結果に対して文書の所持者は反証を提出できるが，反証として提出する証拠は，文書提出命令にかかる当該文書に限定されること，に自由心証主義を制約する契機を認める見解[65]である。このほか，本条1項・2項について，③経験則に基づく推認による事実認定の枠を超えて文書の記載内容を認定できる点に自由心証主義の制約を認める見解[66]は，証明すべき事実についても同様に，真実擬制にかかる裁判所の裁量的な事実判断を自由心証主義の制約と把握するものと思われる[67]。

　このうち，①・③の見解は，もともと厳密な意味で法定証拠法則であることを主張するものではなく，自由心証主義の一般原則とやや異なる点をそのように表現したにとどまる。これに対して，②の見解は，(1)裁判所が一定の場合には真実擬制の義務を負うこと，(2)問題の文書の提出以外をもってする反証を否定することの2点を認めて，本条3項の真実擬制を文字通りの法定証拠法則とする解釈が提示されている。このうち，(2)の指摘は，本条1項が規律する文書が提出されない場合に関するものであり，文書が提出された場合には本条3項の真実擬制という制裁は除去されるとの主張を含む[68]。しかしながら，文書が提出された場合に制裁が解除されるのは，本条1項の要件が欠けた場合の当然

---

64) 伊藤〔4版補訂版〕432頁注402参照。秋山ほかⅣ 480頁は，①と③の両方に言及して自由心証主義の一種の例外という。
65) 坂田・前掲注40) 116頁。
66) 旧注釈民訴(7) 108頁〔野村〕，菊井＝村松Ⅱ 631頁，斎藤ほか編・注解民訴(8) 184頁〔遠藤＝宮本＝林屋〕等。
67) 新法に関して，秋山ほかⅣ 480頁，兼子ほか・条解〔2版〕1253頁〔松浦＝加藤〕，新大系(3) 237頁〔大村〕，河野・前掲注19) 327頁等。田原・前掲注49) 66頁，証拠法大系(4) 212頁〔和久田〕は，他の証拠および弁論の全趣旨の総合的判断と表現しているが，基本的に同旨であろう。
68) 坂田・前掲注40) 116頁。

〔名津井〕

の帰結（間接的に文書の提出を強制する機能の目的達成による終了）であるから，文書の提出以外の反証を許さないとの主張は，誤解を招くところがある。よって，②の見解の意図するところは，むしろ反証の全面禁止にあるものと解され，またそのように解することにより，②の見解は本来の法定証拠法則に接近する。ただし，(1)のように裁判所が負う真実擬制の義務は，一定の条件を具備した場合に限られるとすれば，正確には準法定証拠法則であろう。

以上のように，本条3項に関しては，法定証拠法則の端緒を見出そうとする見解も一部主張されているが，一般には，3項の真実擬制もまた，裁判所の自由心証主義に服するものと解されている。もっとも，本条の規定する証明妨害の効果に関しては，裁判所の自由心証主義を前提としつつ，根拠および内容をめぐっていくつもの見解が主張されている。詳細については，後述Ⅳ3（我が国の学説については，特に(5)）に譲る。

Ⅳ　文書提出命令違反の効果と証明妨害法理

1　趣　旨

文書の不提出・使用妨害に対する真実擬制と同様の規律は，筆跡対象用文書等の不提出・手記命令不服従に関する229条2項・4項，当事者尋問の拒絶・不出頭に関する208条（法定代理人につき，211条），検証物の不提示・使用妨害に関する232条1項においても採用されている[69]。

これらの一連の規律は，しばしば証明妨害法理に基づくものと説明される。証明妨害法理は，「証明責任を負わない側の当事者が，その故意または過失による行為（作為・不作為）によって，証明責任を負う側の当事者による証明ができないようにし，あるいはそれを困難にした場合には，事実認定上，証明責任を負う側の当事者の利益のために調整がなされなければならない，とする理論[70]」，あるいは，「当事者が，相手方による証拠の収集や提出を妨害した場合

---

[69] 旧法では，本条の前身である316条・317条のほか，328条1項，329条2項，335条1項および338条が証明妨害法理に基づくとされている。旧注釈民訴(7)121頁〔野村〕。

[70] 中野・推認119頁注19，本間義信「証明妨害」民商65巻2号〔1971〕181頁，同「証明妨害」争点〔初版〕248頁，同「証明妨害」争点〔新版〕258頁，同「証明妨害」演習民訴〔新版〕501頁，旧注釈民訴(7)121頁〔野村〕等。

に，裁判所がその事実認定にあたって妨害を受けた当事者の有利に調整すること[71]」，をいう。証明妨害法理は，ドイツにおいて判例上いち早く確立され，その後学説の展開がみられるが，引用した前者の定義は，ドイツの判例に準拠したものである。最近では，わが国においても，「実定法の規定を超えた意味で証明妨害法理を認めうることについては，ほとんど異論はない」といった評価もされているが[72]，後者の定義は，わが国のそのような議論状況を踏まえたものである。

しかし，わが国では，証明妨害法理が判例上確立したとは言い難く，この法理の根拠および内容については，なお流動的な状況にある。そこで，以下では，証明妨害法理と本条（および上記の真実擬制を定めた規定）の関係について若干の整理を試みる[73]。

2 裁判例

(1) 旧法下の裁判例

文書・準文書，検証物の提出に関して，証明妨害が問題となった裁判例は，旧法以来，若干存在する[74]。

証明すべき事実の真実擬制を定めた明文規定がなかった当時のものとしては，〔1〕最判昭31・9・28（裁判集民23号281頁），〔2〕大阪地判昭43・5・20（判タ225号209頁），〔3〕新潟地判昭46・9・29（下民22巻9＝10号別冊1頁），〔4〕東

---

71) 新堂〔5版〕627頁。
72) 山本和彦「証明妨害——自衛隊機墜落事件」伊藤眞＝加藤新太郎編・〈判例から学ぶ〉民事事実認定〔2006〕23頁。
73) 本間・前掲注70）民商65巻2号181頁，鳥飼英助「民事訴訟における証拠毀滅」司法研修所論集1971-Ⅱ70頁，竜嵜喜助ほか・研究会「証明責任論とその周辺」判タ350号〔1977〕87頁，竜嵜喜助・証明責任論〔1987〕80頁，春日偉知郎「証明妨害をめぐる近時の動向（上）（中）（下）」判タ412号9頁・413号17頁・414号23頁〔1980〕，同・前掲注44）民事証拠法研究191頁，渡辺武文「証拠に関する当事者行為の規律」講座民訴(5)161頁，小林・証拠法〔2版〕127頁，G・バウムゲルテル（三上威彦訳）「民事訴訟における証明妨害」判タ585号〔1986〕18頁，アーレンス・前掲注27）40頁等。
74) 裁判例の調査は，林・前掲注4）1頁に負う。参照の便宜上，裁判例の番号は林論文と共通にした。なお，当事者尋問の尋問事項に関する真実擬制の規定（旧338条，現208条）の適用例については，本間・前掲注70）204頁以下，林・前掲注4）27頁に裁判例が掲げられている。

京高判昭 54・10・18（下民 33 巻 5~8 号 1031 頁），〔5〕大阪高判昭 55・1・30（下民 31 巻 1~4 号 2 頁），〔6〕東京高判平 3・1・30（判時 1381 号 49 頁），〔7〕東京地判平 2・7・24（判時 1364 号 57 頁），〔8〕東京地判平 6・3・30（判時 1523 号 106 頁），〔9〕浦和地判平 7・10・27（判タ 905 号 215 頁）がある[75]。わが国の実務は，証明妨害の効果について自由心証説を採用していると説かれるが[76]，本条 3 項のように証明すべき事実の真実擬制を認める規定がない場合には，妨害行為があって，証明すべき事実を真実と認める根拠がない以上，自由心証による判断となるのは，むしろ当然のことである。この趣旨が端的に見て取れるのは，裁判例〔1〕〔2〕〔3〕および〔9〕[77]であり，結論として証明すべき事実を認定していない。

これに対して，裁判例〔5〕は，土地の境界を明示していた検証目的物を破壊して挙証者による土地の占有状態の証明を妨害した事例で，「立証妨害によつて直ちに挙証責任が転換されるとまではいえないけれども，民訴法 335 条，317 条等の精神に照らし，裁判所は自由心証の範囲で事実上の推定をなし，立証の必要ないし証拠提出責任を被告に課することが許されてよい」とする。証明妨害を認めた裁判例には，旧民訴法 316 条・317 条の趣旨・精神に準じる形で，証明主題の真実擬制を認めた裁判例〔4〕[78]〔8〕，立証の必要ないし証拠提出責任を妨害者に課した裁判例〔5〕，証明責任の転換を認めた裁判例〔7〕がある。

ところで，裁判例〔6〕〔7〕は，自動車保険金支払請求事件で，保険事故と

---

75) 本間・前掲注 70）204 頁は，最判昭 39・9・17 裁判集民 75 号 249 頁を，旧民訴法 317 条が過失による毀滅を含むかについて故意を必要とした例として挙げるが，同最判の事案は，同条の適用を求める挙証者が，相手方が故意に文書を毀滅したと主張をしながら，証拠を示さなかったために挙証者の主張を採用しなかった原審の判断を相当としたものであり，過失による毀滅に同条を適用できるかどうかが判断されていないため，本文では省くこととした。

76) 藤原弘道「一応の推定と証明責任の転換」講座民訴(5) 154 頁。

77) 裁判例〔9〕も，〔8〕と同様，医療過誤事件であるが，診療録が過失により紛失されたことから，故意による使用妨害に関する旧民訴法 317 条は適用できないとする一方，過失による証明妨害が認められるかどうかを検討し，これを否定したものである。

78) 裁判例〔4〕は，III 2(1)以下で検討した通り，文書の記載内容を主張し難い事例で，証明すべき事実に関する挙証者の主張を真実と認めたものである。

遅滞保険料の支払日時の前後関係が争点となり，遅滞保険料弁済受領書の弁済日時の不記載が証明妨害に当たるかどうかが問題となった事例であるが，〔7〕は本件不記載（民486条の義務違反）を証明妨害とし，その効果として証明責任の転換を認めて，被告（保険者）に保険事故が遅滞分割保険料等の支払前に生じたことの主張・立証をすべきとしたのに対し，〔6〕は証明妨害の成立自体を否定しつつ，傍論として，「証明妨害があった場合，裁判所は，要証事実の内容，妨害された証拠の内容や形態，他の証拠の確保の難易性，当該事案における妨害された証拠の重要性，経験則などを総合考慮して，事案に応じて，①挙証者の主張事実を事実上推定するか，②証明妨害の程度等に応じ裁量的に挙証者の主張事実を真実として擬制するか，③挙証者の主張事実について証明度の軽減を認めるか，④立証責任の転換をし，挙証者の主張の反対事実の立証責任を相手方に負わせるかを決すべきである」と述べている。

　裁判例〔6〕は，証明妨害のいくつかの効果の中からどの効果を認めるかにつき，裁判所が事案に応じて裁量的に判断できるとするが，これも自由心証説の内容だろうか。この点については，否定例ながら，裁判例〔9〕が，証明妨害の一般論につき，「故意または過失により，信義則に反する証明妨害行為を行った場合には，証明妨害行為の対象となった証拠方法の当該訴訟における重要性の程度，証明妨害をした者の有責の程度，他の証拠資料による心証等を総合的に考慮した上で，裁判所の自由裁量により，当該証拠方法の性質，内容についての挙証者の主張事実を真実と認定しうる場合もある」と判示するが，裁判例〔6〕の判旨と実質的な相違はあるのだろうか。

　両者を比較すると，どちらも諸要素を総合考慮して判断する点では同じであるが，裁判例〔9〕が言及する効果は，裁判例〔6〕が掲げる②の効果に該当する。この点は，肯定例である裁判例〔4〕〔8〕も同様である。また裁判例〔7〕は④の効果に該当する。裁判例〔5〕は，内容上，①又は③の効果に該当するように思われる。

　このように，裁判例〔6〕は，裁判所の自由裁量により採用し得る効果を網羅的に示した点に特徴があるものの，他の裁判例と同様，自由心証説を採用したものと解される。したがって，旧法下の裁判例が自由心証説を採用していたとする評価は妥当なものと思われる。

〔名津井〕

§ 224 Ⅳ

ところで,「自由心証説」と類似の見解として,「証拠評価説」がある。証明妨害行為により一定の証拠が利用できなくなった場合,他の証拠をも総合して,証拠の欠如,さらには,当該証拠によって証明すべき事実の真偽不明の事態に対処すべきものとする点で両者は同じであって,たとえその対処法の一つとして,証明責任の転換と同様の効果を認めていても,この点は変わらない。以下では,この意味で「自由心証説」の呼称を用いることとする。

(2) 新法下の裁判例

本条3項を含む新法下においても,若干の裁判例が知られている。すなわち,〔10〕東京高判平14・1・31（判時1815号123頁）,〔11〕知財高判平21・1・28（判タ1300号287頁）,〔12〕東京地判平15・11・28（裁判所ウェブサイト）,〔13〕本庄簡判平19・6・14（判タ1254号199頁）,〔14〕東京高判平22・12・15（消費者法ニュース87号60頁）,〔15〕東京高決平24・3・22（消費者法ニュース92号157頁）,〔16〕名古屋高金沢支判平20・2・4（裁判所ウェブサイト）,〔17〕東京高判平21・3・27（判タ1308号283頁）,〔18〕さいたま地判平23・2・4（賃金と社会保障1576号58頁）,〔19〕京都地判平23・10・31（判タ1373号173頁）,〔20〕東京高判平24・6・4（判時2162号54頁）等がある。

上記の裁判例においても,旧法下のものと同様,自由心証説を基調とした判断が示されているようである。その旨を明確に述べたものは少ないが,例えば,裁判例〔14〕は,過払金返還請求事件で貸金業者の重過失によって破棄された取引履歴につき,本条3項を適用して挙証者の主張を真実と認めるには当該主張に「相応の合理性」がなければならないと述べた上で,挙証者の主張する「推計値をもって一つのあり得る合理的な推測といえるのであって,相応の合理性を認めることができる」と判示している。また,裁判例〔15〕が,過払金返還請求事件で取引履歴につき文書提出命令を発令する前提としてではあるが,「民事訴訟法224条1項による真実擬制は,文書提出命令が発令されれば常に機械的に適用されるものではなく,真実擬制を認めるに足りる合理的な事実が個別具体的に主張されていることなどが必要であり,文書提出命令の発令後に,他の証拠や経験則や弁論の全趣旨などをも総合的に勘案した上で個別に判断されるべきものである」と判示する。裁判例〔15〕は,「相応の合理性」には言及していないが,自由心証説の論旨が比較的鮮明に述べられたものとして参考

になる。このほか，裁判例〔16〕も，住民が食料費等で支出された政務調査費を市に返還することを求める義務付け訴訟における飲食代金部分について，本条3項を適用して挙証者の主張を真実と認めるにあたり，当該主張が「一定の客観的根拠に基づいて相応の合理性がある主張・立証をした」ものである点に留意している。

これに対して，裁判例〔17〕は，挙証者がICレコーダ等に保存されたデータに不法行為事実が記録されているとしてその提出を求めたところ，所持者がこれを上書き消去等で破棄したとして提出を拒んだ事案では，本条に言及せずに，挙証者が主張する通りに推認している。裁判例〔18〕も，特別養護老人ホームの入所者が誤嚥で窒息死した事故に関する遺族の損害賠償請求事件で，挙証者が誤嚥の原因は介護服の欠陥にあると主張したところ，問題の介護服はすでに処分され，原因究明に必要な資料がない点について，他の証拠および弁論の全趣旨から，介護服の使用方法が不適切であったことに原因があると推認している。どちらも，証明妨害の事実が認められる事例ながら，本条に言及がなく，挙証者に有利に認定されている点が注目される。確かに，本条3項は，他の証拠と弁論の全趣旨によって，証明主題を挙証者に有利に認定できる限り，適用することができない。このような本条3項の補充性（前述Ⅲ 2(3)参照）は，本条3項が，証拠の欠如により証明不能であるにもかかわらず，証明主題を認定する権限を裁判所に付与した点にかんがみれば，当然である。しかし，これに限らず，本条3項を適用した結果が，他の証拠や弁論の全趣旨から明らかとなった内容からみて，「相応の合理性」が求められることを，裁判例〔14〕〔15〕〔16〕は示唆している[79]。

以上のほか，本条3項の適用の結果が，他の証拠や弁論の全趣旨から得られた心証から大きく乖離しない範囲に落ち着くことに対する配慮は，法248条の法意を援用した点で異彩を放つ裁判例〔10〕にも見出すことができる。これは，模倣品販売による不正競争防止法違反を理由として，正規品の販売業者が，模倣品の販売業者に損害賠償を請求した事件であるが，模倣品の売上高について，

---

[79] 同じ過払金返還請求事件で取引履歴に関する挙証者の主張の真実擬制（本条3項）が認められた裁判例〔13〕は，淡々と条文上の要件を認定している。

売上伝票が被告から提出されなかったため，挙証者の主張する販売個数を真実と認めるべきかどうかにつき，「民事訴訟法248条の法意の下に同法224条1項あるいは2項を適用して」，挙証者の主張する販売個数を下回る個数に限り真実と認めると判断したものである。この点，裁判例〔11〕では，特許権等の侵害差止めおよび損害賠償請求事件において，販売台数に関する資料を被告が提出しなかったところ，本条3項を適用して挙証者の主張を真実と認めている。裁判例〔11〕と対比すると，裁判例〔10〕では，本条3項の規律は真実擬制をするか否かであることにかんがみ，裁判所が，商品の流通状況，業者の営業内容を考慮して販売個数を裁量的に判断するためには，民訴法248条の法意を援用する必要があったものと解される。この判断は，本条3項を形式的に適用した結果を回避したものと言うべきであり，証明主題の真実擬制の結果につき，「相応の合理性」が考慮されていることを示唆するものである。

　もっとも，本条の真実擬制について上記と異なる理解を前提としているものもある。裁判例〔12〕は，医療過誤事件において診療録がねつ造されたため，挙証者が証明困難に陥ったところ，本条を類推適用して挙証者が主張するクリニックの過失を真実と認めること[80]は躊躇されるとする一方で，重大な障がいが生じた挙証者を考慮し，診療録等のねつ造という事実が，クリニックの過失を認定する上で，クリニックに不利益になる事情と認めている。結果的には，裁判例〔17〕〔18〕と同様，本条を適用せず証明妨害を挙証者に有利に処理しているが，裁判例〔12〕は，真実擬制によって病院側の「過失」を認めることを避けている点は，旧法下の裁判例〔4〕との関係で問題があるように思われる。なお，裁判例〔20〕は，複数の会社を利用して貸付を行い違法な利益を得ていた事案で，提出を命じられた社債原簿等の提出を被告が拒んだため，本条1項により，社債引受人に関する挙証者の主張（証明主題たる資金還流の事実）を真実と認めているが[81]，提出拒絶の事実は，他の事実と並んで，社債引受人

---

[80]　本条3項を指すものと解される。

[81]　判旨からは本条1項か3項かは不明であるが，1項によるものと解すべきだろう。林昭一〔判批〕リマークス48号〔2014〕114頁。本件について，伊藤眞ほか・座談会「民事訴訟手続における裁判実務の動向と検討（第5回）」判タ1397号〔2014〕58頁以下（加藤新太郎発言）は，社債原簿を見れば，法人格否認の主張にかかる本件5社の経済的

に関する事実の間接事実とされている。本条を適用せずに，挙証者に有利に判断した裁判例〔17〕〔18〕と同様に解される。

(3) 故意・過失

　文書の不提出，使用妨害ともに故意による場合が典型であることは，条文上明らかであるものの，解釈上，未必の故意，重過失の場合も適用可能性があるとされることは前述した。例えば，裁判例〔6〕〔14〕は，重過失の場合に適用を肯定している。このうち裁判例〔6〕は，その原審である裁判例〔7〕が，保険者は契約者から保険料を受領したときは受領金額のほかその日時を明記した弁済受領書を交付する義務を負うところ，その「義務の懈怠がその故意又は過失に基づくものではないといえない限り，……〔中略〕……被保険者の立証を妨害したこととなる」として，過失を緩やかに認定したのを改め，「保険金を支払おうとする保険契約者の無知に乗じて保険の効力の及ぶ期間を曖昧にする等の故意で，あるいは，それと同視し得る程度の重大な過失」によって保険料を受領した日時の不記載が生じたことを要求した上で，有責性なしとして証明妨害を否定している[82]。

　その他，本条（旧民訴316条・317条）の適用ないし証明妨害を認めた例で有責性に言及がないものは，故意があることを前提とするものだろう。そこで，否定例の中から有責性に言及したものに着眼すると，裁判例〔2〕は，過失による場合には旧317条を適用できないとする。また，裁判例〔9〕も，過失による診療録の紛失は証明妨害に当たるが，故意までは認められず，他の証拠から患者の症状を相当程度認定できることを考慮し，診療録の内容に関する真実

同一性が分かるはずというところまで解明して社債原簿の提出命令が申し立てられ，社債原簿を出したら挙証者（借主）の主張事実が明らかになる展開になったことを踏まえ，本条1項の適用により真実擬制をしたものと分析する。これに対し，春日偉知郎発言は，要証事実である財産の混同・資金の循環（法人格否認の評価根拠事実）に対し，本条3項を適用して真実を擬制したとの見方を示す。

82) 裁判例〔6〕〔7〕については，保険事故の発生が遅滞分割保険料の支払日時より後である点につき裁判所は確定的な心証を得ていたと見受けられるため，遅滞保険料の弁済受領書の弁済日時が仮に記載されていても，保険金請求権は認められない事案であったと考えられることから，証明妨害の検討の必要性に疑問が呈されている。上原敏夫〔判批〕判評395号〔1992〕33頁，河野憲一郎・民訴百選〔5版〕131頁。

擬制を否定している。他方，やや特殊な否定例として，裁判例〔12〕は，病院側の診療録のねつ造について本条（224条）2項を類推適用する余地があることを認めながらもこれを回避し，通常の事実認定により本件医療過誤にかかるクリニックの過失を認定したものであり，証明妨害の該当性が疑われる診療録のねつ造が故意によること自体は明らかな事案であった。また，裁判例〔19〕は，元従業員が未払時間外手当等の支払いを求める一方で，労働時間の証明に必要な記録について雇主が当該記録を廃棄したことが不法行為に当たるとして雇主に対して損害賠償を請求した事案において，雇主がタイムカードを提訴1年前に廃止し，それ以前の記録を不要として廃棄したために，これを保持しておらず訴訟に提出できないとしても，証明妨害として違法とは言えないと判示したものである。以上のような否定例からは，妨害行為に故意を要求する実務の傾向を看取することができ，これを拡張するとしても，せいぜい故意と同視し得る重過失がある場合までというのが実情のようである。

3 学説

(1) 概要

　証明妨害法理は，ドイツの判例に端を発し，学説の展開を見た後，わが国に紹介され，現在に至っている。証明妨害については，ドイツ法も，わが国と同様，散発的な規定を有するのみで，一般的規定があるわけではない。そのため，証明妨害の根拠，要件および効果については判例・学説に依存するところが大きい。効果については，古い判例が，証明責任転換説を採用している[83]のに対し，学説上は自由心証説（証拠評価説）が優勢とされているが，これらに限らず，様々な見解が主張されている。証明責任転換説は，証明責任が実体法の領域に属するため，そのような効果を導くための根拠を実体法に求める傾向にある。これに対して，自由心証説は，裁判所の自由心証の領域での調整を目指す

---

83) 1877年11月19日のライヒ裁判所の判例（RGZ20, 516）は，「証明責任を負う当事者の立証を不可能にしたことにつき責任ある者は，相手方の証明責任でもって自己を防御することは許されない。むしろ，逆に，相手方の主張が不真実であることを立証できない場合には，相手方の主張が真実であるとみなされる」と判示する。また1958年の連邦通常裁判所は，「証明による空白は，その解明不能が証明責任を負わない当事者によって有責に惹起されたものである場合には，その者の責任となる」と判示する。いずれも証明妨害の効果として証明責任の転換を認めたものとされている。

ことから，根拠もまた訴訟法に求める傾向にある。

　(2) ドイツの学説

　(ア) 証明責任転換説

　　(a) **損害賠償義務説**　実体法上，証拠保存義務を負う者が，有責的にこれに違反し，挙証者の証明を著しく困難にし，又は不可能にしたことにより損害を被った場合，妨害者は損害賠償義務を負い，そのための原状回復義務として，妨害者は証明責任を負わねばならないとされる。ドイツの初期の判例[84]であり，証拠保存義務違反に基づく実体法上の原状回復義務の内容として証明責任の転換を認める点に特徴がある。これに対しては，証明妨害がなければ挙証者が証明主題の証明に成功した保障がないにもかかわらず，証明責任の転換を認めるのは原状回復の範囲を超えて過大である，また，実体法上の有責的行為に基づいて訴訟上の効果の発生を認めることは困難である等の批判がある。

　前者に関して，近時の判例は，証明妨害の効果として，「証明責任の転換に至るまでの証明度の軽減」を認める方向に展開している（後述(ウ)参照）。また，後者の批判に関しては，後述のように他の論拠を説く学説が登場する契機となっている。

　　(b) **危険領域説**　当事者の一方が，法律上又は事実上の手段によって一般に支配し得る生活領域のことを危険領域と呼ぶ。損害賠償請求事件において，損害原因が，加害者の危険領域において生じた場合，被害者は証明窮状に陥る一方で，加害者は事実関係を解明できる立場にあるため，過失および因果関係について，加害者側に証明責任を負わせることが，超実体法的な正義の命令であるとされる[85]。故意又は過失による証明妨害は，妨害者の危険領域に属するため，すべて証明責任の転換となる。これに対しては，危険領域の概念が曖昧であるためその領域の外縁が不明確である，損害原因が加害者の危険領域に属

---

84) 連邦通常裁判所1951年9月27日判決〔BGHZ3, 162〕等。なお，わが国でこれを支持する見解として，細野・要義(3)367頁以下があるが，故意の場合に限定する。

85) プレルスの見解（Prölss, Beweiserleichterungen im Schadenersatzprozeß, 1966, S.87ff.）である。これを紹介する文献として，本間・前掲注70）民商65巻2号194頁，竜嵜・前掲注73）86頁，春日・前掲注73）判タ413号19頁，旧注釈民訴(7)123頁〔野村〕。なお，松本・前掲注44）59頁も参照。

することの主張立証に被害者が成功し，かつ証明妨害に基づく証明不能が損害の一つに該当する場合でも，妨害者（加害者）は証明妨害が自己の責めに帰し得ないことの証明責任を転換されるにとどまり，損害原因の有責性の証明責任転換までは導出できない等の批判がある。

　(c)　**期待可能性説**　証明妨害の効果（制裁）としては自由心証では足りず，証明責任の転換が必要であるところ，証明責任の分配は，本来，どちらの当事者に証明を期待できるかという意味の期待可能性を基準とする（ド民282条・285条）。相手方の妨害行為により挙証者が証明できる期待可能性がなくなり，この状況の惹起に責任を負う相手方は，もはや挙証者の証明責任を主張し得ず，反対事実を証明しなければならないとされる[86]。しかし，上記の規定を期待可能性により説明するのは困難である等の批判がある。

　(d)　**公平（衡平）説**　相手方の証明妨害行為により，挙証者において事実を証明できなくなった場合，その状況を有責的に作出した者が責任を負わせる（証明責任を転換する）のが当事者間の衡平にかなうとする見解もある[87]。なお，当事者間の衡平は一般原則と位置づけられ，信義則に基づく個別的な調整とは意識的に区別されている。

　(イ)　**自由心証説**

　(a)　**経験則説**　挙証者の主張が真実でないならば，相手方は証明妨害をせず，かえって援助したはずであるとの経験則，あるいは，所持者が証明妨害をするのは所持する証拠が不利だからであり，挙証者の主張はかえって真実であろうとの経験則を根拠として証明妨害法理を認める見解である[88]。裁判所は，

---

[86]　ブロマイアーの見解（Blomeyer, Die Umkehr der Beweislast, AcP 158 (1959), S.97ff.）である。これを紹介する文献として，本間・前掲注70）民商65巻2号193頁，竜嵜・前掲注73）85頁，春日・前掲注73）判タ413号17頁，旧注釈民訴(7)123頁〔野村〕。

[87]　ローゼンベルク＝シュヴァープの見解（Rosenberg/Schwab, Zivilprozeßrecht, 10. Aufl., 1969, §118 Ⅲ 6a）である。これを紹介する文献として，本間・前掲注70）民商65巻2号194頁，竜嵜・前掲注73）87頁，旧注釈民訴(7)124頁〔野村〕。

[88]　ローゼンベルクの見解（Rosenberg, Beweislast, 5.Aufl., S.190ff.）である。該当箇所をローゼンベルク（倉田卓司訳）・証明責任論〔全訂版〕226頁から引用しておくと，「裁判

この経験則に基づいて、挙証者の主張を「証明されたものとみなす」ことができる[89]。この効果は必ず生じるわけではなく、裁判所の自由心証による。この見解に対しては、経験則に基づく事実上の推定は、裁判所の自由心証に解消されるから、証明妨害法理を打ち立てる意味がない、過失による証明妨害の場合、これらの経験則は働かない等の批判がある[90]。

(b) 信義則説 　　学説上、「当事者は自己が悪意により惹起したある事実の発生または不発生から、何の権利も引き出すことはできない」という信義則が民事訴訟に妥当することを根拠とする見解がある[91]。当時は、信義則の民事訴訟への適用が否定されていたこともあり、上記命題は慣習法とされていた。また、過失を含まない内容であった。しかしその後、1933年10月27日の民訴法改正を契機として、肯定説が支配的となった。このことを前提に、故意又は過失による証明妨害は信義則に違反すると説く見解がある[92]。しかし、この見解は、裁判所との関係における権利濫用と捉えることにより、目的とされた効果を否定する点に特徴があり、相手方が証明責任を負う挙証者の立証の必要を自己に有利に利用することを否定することをもって、相手方に不利な結論を導出する。これに対して、信義則違反の内容として、「先行行為に対する矛盾

所は、経験則、すなわち相手方としては、その事実がもし真実でないのなら証拠提出を無駄だとして止めるようなことはしなかったろう、かえってまさにこれに力を注いだことであったろう、相手方は証拠調を妨害したことによって自分が証拠調の結果を虞れていることを知らせてしまったのだ、という経験則を根拠として、争いのある主張を証明されたものとみなすことができる（ねばならぬのではない）」。

[89] ドイツ法では、表見証明の成立として捉えられるため、相手方に証明の必要が移り、反証が奏功しない限り、挙証者の主張は「証明された」と認められる。しかし、異論もあるようである。本間・前掲注70) 民商65巻2号187頁。

[90] 新堂〔5版〕267頁等。なお、訴訟で有利になる証拠ならば大切に保管するであろうとの経験則を指摘する見解 (Musielak, Die Grundlagen der Beweislast im Zivilprozeß, 1975, S.133ff.,140) もあるが、同様の批判が当てはまる。

[91] ヘルヴィヒの見解 (Hellwig, System des deutschen Zivilprozeßrechts, Teil 1, 1912, S. 458ff.,476) である。これを紹介する文献として、本間・前掲注70) 民商65巻2号188頁、旧注釈民訴(7)125頁〔野村〕。

[92] バウムゲルテル (Baumgärtel, Treu und Glauben, gute Sitten und Schikaneverbot im Erkenntnisverfahren, ZZP 69 (1956), S. 106ff.) の見解である。これを紹介する文献として、本間・前掲注70) 民商65巻2号188頁、旧注釈民訴(7)125頁〔野村〕。

〔名津井〕

挙動の禁止（*venire contra factum proprium*）」という当事者間で妥当する信義則を根拠とする見解がある[93]。これによると，証拠方法を作成する用意のあること，あるいは，存在し保管されている証拠方法の存在が先行行為とされ，これに反して証拠方法の作成を怠り，あるいは有責的に使用不能にしたことにより挙証者の証明を挫折させた場合には矛盾挙動となるところ，妨害者が当該証拠方法の訴訟における利用可能性を認識している限り，挙証者が証明に挫折したことから利益を引き出すことは許されない。証明妨害法理の根拠を信義則に求める見解は，多くの判例及び学説によって採用されているが，一般に承認されているのは当事者間で妥当する信義則の方である[94]。

(c) **訴訟上の協力義務** ドイツ民訴法 372a 条（血統確定のための検査の受忍義務）・423 条（引用文書の提出義務）に基づき，訴訟上の一般的な協力義務が成立し，この義務を根拠として同 427 条・444 条（本条 1 項・2 項に相当）を類推適用できると主張する見解がある[95]。論者によれば，同 372a 条・423 条といった特別規定が及ばない場合には，同 138 条の真実義務・完全義務の違反に根拠を求めることができるとされる。しかし，この見解には強い批判がある。真実義務・完全義務は，その規定の文言上，もっぱら事実（の陳述）に関するものであって，証拠方法の提出とは関係がないからである。また，ドイツ民訴法は，事情によっては認められる証明責任を負わない当事者の事案解明義務を除けば，証明責任を負う者の領域に属する立証活動についての一般的な協力義務というものを知らない。しかも，訴訟上の一般的な協力義務を証明妨害の根拠とする場合には，訴訟上の行為しか問題とならず，訴訟前の作為・不作為が考慮されない等の批判がある[96]。

---

[93]　ゲルハルトの見解（Gerhardt, Beweisvereitelung im Zivilprozessrecht, AcP169 (1969), S.302ff.）である。この見解を紹介した文献として，本間・前掲注 70）民商 65 巻 2 号 189 頁等を参照。このほか，シュナイダー（Schneider, Die Beweisvereitelung, MDR, 1969, S.4ff.）も矛盾挙動禁止を根拠とする。竜嵜・前掲注 73）89 頁等も参照。

[94]　Baumgärtel/Laumen/Prütting, Handbuch der Beweislast, 2009, S.240f. 本間・前掲注 70）民商 65 巻 2 号 189 頁。

[95]　ペータースの見解（Beweisvereitelung und Mitwirkungspflicht des Beweisgegners, ZZP 82 (1969), S.200, 208.）である。

[96]　その他，一般的協力義務の肯定は，弁論主義と緊張関係にある真実義務を強調しすぎ

(d) ドイツ民訴法 427 条・444 条類推適用説　ドイツ民訴法 427 条・444 条（本条 1 項・2 項に相当）は，証明妨害のすべての事例に妥当する一般的な法理を規定しているとする見解であり，若干の判例及び学説がこれを採用している[97]。しかし，これらの規定は，証明妨害の効果について非常に有益であるとしても，証明妨害の審査の基礎とするには適していない。とくに 444 条においては，単なる過失による証明妨害が問題とならないため，同条を類推適用することができない。とりわけ，訴訟前におけるいい加減な証拠方法の保管によって生じた過失の証明妨害は，証明妨害の重要な適用領域であり，不注意な行為によって証明妨害が生じることは広く承認されている等の批判がある。

(e) 証拠保存義務（事案解明義務）　ドイツ民訴法 138 条・372a 条・422 条・423 条・444 条において規定された個別的事案解明義務を類推して，訴訟上の一般的事案解明義務の存在を認め，訴訟内のみならず，訴訟前にもその義務があるとして，一般的な証拠保存義務を認める[98]。証明妨害は，この意味の証拠保存義務の違反として捉えられる。

(ウ) 証明責任転換説と自由心証説の関係　証明妨害の効果を証明責任の転換とする見解に関しては，確定責任としての証明責任という観点から，不正確であるとの指摘もある。というのも，確定責任としての証明責任は，訴訟の途中で相手方に移転しないからである。実際，証明責任の転換を説いていた初期の判例（前述 3(1)参照）も，若干の変遷を経た後，1978 年 6 月 27 日の連邦通常裁判所の判決が「証明責任の転換に至り得る証明軽減」を認め，現在もなお判例として定着している[99]。また，近時の解説書では，本来証明責任を負う者がそ

る，真実義務は証拠方法の提出に関係がないため，一般的協力義務を導出できないこと等が指摘されている（旧注釈民訴(7) 127 頁〔野村〕）。

97)　ヴァーレンドルフ（Wahrendorf, Die Prinzipien der Beweislast im Haftungsrecht, 1976, S.126ff.）等の見解がこれに属する。Hans-Willi Laumen, a.a.O., S.236f. ヴァーレンドルフの見解を紹介する文献として，春日・前掲注 73）判タ 413 号 21 頁。

98)　春日・前掲注 44）209 頁，同・前掲注 73）判タ 413 号 23 頁，旧注釈民訴(7) 126 頁〔野村〕。

99)　連邦通常裁判所（BGH）1978 年 6 月 27 日判決（BGHZ, 72, 132）は，「医師の責めに帰すべき事案解明の阻害の観点から，医師の不手際についての完全な証明責任を患者に対して公平上もはや期待しえない場合，証明責任の転換に至る可能性をもつ証明軽減が認めら

§224 Ⅳ

の証明責任を完全に除去されたときは，表見証明が適用されたのと同様，具体的証明責任が転換された効果として本証は証明されたものとみなされると説明される。具体的証明責任は，裁判所が認定すべき事実は具体的でなければならないことを前提にそのための証明を誰がすべきかを問題とする概念であって，確定責任としての客観的証明責任とは区別される[100]。とすると，上記の確定判例のいう「証明責任の転換に至り得る証明軽減」については，証明責任を負う当事者の客観的証明責任を維持したまま，具体的証明責任が相手方に課されることと解される。この場合，証明責任を負う当事者は事実の主張をすれば足り，当該事実の証明はすべて相手方において負担すべきことになる。ただし，相手方は，証明責任を負う者を勝訴させるための証明活動をする義務はないため，当該事実の反対事実を証明する負担を負う。客観的証明責任は維持される以上，反対事実の証明は反証である。ところが，証明責任を負う者の主張は，自ら証明しなくても，証明されたと扱われる以上，相手方がこれを覆すには，反対事実について証明度に達する証明が要請される。この観点からは，相手方による反対事実の証明は本証であるが，客観的証明責任を維持する建前の下で，相手方による反対事実の証明を本証とみるべきかどうかにつき，なお議論がある。また，「証明責任の転換に至り得る証明軽減」の内容が上記の通りであるとすると，「証明軽減」とは，挙証者の証明主題に関して，証明度を引き下げることであると解されるが，判例上必ずしもそのような表現は採用されていない。相手方による反対事実の証明は，証明主題の証明度を引き下げることにより，証明責任を負う挙証者の証明負担を軽減する反面，相手方による反対事実の証明は本証に近づく。しかしその一方で，端的に証明責任の転換としないことによって，挙証者に可能な証明を求めつつ，それが困難な部分は，相手方に反対事実の証明を負担させるという事案に応じた調整が可能になる。「証明軽減」の狙いは，まさにここにあるとみることができよう。

(3) わが国の学説

(ア) **概　要**　わが国の学説は，ドイツの議論状況を参照して発展した経緯

れ得る」とする。ドイツの判例については，春日・前掲注44) 191頁以下を参照。

[100]　わが国においてこれに相当するのは「立証の必要」という観念である。松本＝上野〔8版〕464頁。

から，①典型的な証明妨害行為が訴訟前のものであることが多いため，訴訟前の行為を取り込む必要があること，②過失による証明妨害に対応すべきであるとしても，それには根拠が必要であること，③ドイツの判例が従前の証明責任転換説から「証明責任の転換に至るまでの証明度の軽減」へと効果論の内容を変化させたことに対応できること，④証明妨害行為が実体法上の行為であっても訴訟法上の効果を導くことができること，⑤当事者間の衡平は，個別的な事例の調整の原理にはふさわしくないこと等に留意した議論を展開してきたようである。このうち，③と⑤の関係について付言すると，証明責任転換説の根拠は当事者間の公平（衡平）が主流とされてきたが，証明責任の転換の意義が解明され，証明度の軽減と連続的とされるようになった。この結果，証明責任転換説の根拠とされた当事者間の公平は，自由心証説（用語法につき，前述**2**(1)を参照）の根拠としても掲げられ，結局，当事者間の公平および信義則が，証明責任の転換に至るまでの証明度軽減を効果として認める自由心証説の根拠とされるようになる。わが国の学説は，このようなドイツ法の動向を踏まえ，ある程度議論が整序されたところに成立している。とくに，根拠論に関しては，当事者間の公平および信義則を掲げる見解が多数説である。

　(ｲ)　**信義則説**　　旧法の当時から，証明妨害法理の根拠とされたのは信義則であったが[101]，現行法では，2条が明文で訴訟上の信義則を規定したことにより，より自覚的に信義則説が主張されるようになっている[102]。もっとも，信義則違反の態様[103]としては，ドイツの多数説と同様，矛盾挙動禁止（禁反言）とする有力説がある一方で，いずれの態様であるかについて言及しない見解も少なくない[104]。矛盾挙動禁止（禁反言）について，先行行為である証明妨

---

101)　竹下・前掲注2）吉川追悼下181頁，本間・前掲注70）民商65巻2号216頁等。
102)　新堂〔5版〕627頁，兼子ほか・条解〔2版〕1253頁〔松浦＝加藤〕，新大系(3) 237頁〔大村〕，秋山ほかⅣ489頁，証拠法大系(4)〔和久田〕212頁等。
103)　学説上，信義則は，(ア)訴訟状態の不当形成の排除，(イ)訴訟上の禁反言（矛盾挙動禁止），(ウ)訴訟上の権能の失効，(エ)訴訟上の権能の濫用禁止，の4種に分類する見解が多数を占める。中野貞一郎・争点〔初版〕42頁，中野＝松浦＝鈴木編〔2版補訂2版〕27頁，旧注釈民訴(1) 47頁〔谷口安平〕，旧注釈民訴(3) 41頁〔伊藤眞〕等。梅善夫・新・争点17頁。
104)　矛盾挙動禁止を根拠とする見解としては，前掲注93）に掲げた，Gerhardt や

§224 Ⅳ　　　　　　　　　　　　　　　　　　　　第2編　第4章　証拠

害行為とその後の利益（挙証者の証明不能による主張事実の不認定）の享受との間に矛盾はないとの批判もある[105]。

　根拠について，わが国の信義則説は，当事者間の公平とともに信義則を掲げる見解が多い。当事者間の公平という根拠は，ドイツでは証明責任の転換を説く学説にみられ，危険領域説のように実体法における証明責任の分配を変更する際の根拠としても指摘される。これに対して，わが国の信義則説は，信義則を根拠としつつも，個別的な事案における調整ではなく，ある程度類型化・一般化された調整を予定していることが，ドイツ法と異なる原因の一つと推察される。

　他方，効果については，本条の「真実擬制」の意義をめぐり，議論が錯綜している。しかも，本条は真実擬制をすることが「できる」と規定するにもかかわらず，これを法定証拠法則とする見解が繰り返し主張されてきたことも（前述Ⅱ3(2)を参照），問題を複雑にしている。

　(a) **自由心証説**　　挙証者の主張に一定の合理性があり，他の証拠や弁論の全趣旨から得られた心証および証明妨害の事実を経験則に照らして得られた心証を総合して，自由心証の枠内で挙証者の主張の真否を判断すればよいとする見解である。証明主題の認定は，他の証拠に関する経験則および証明妨害事実を経験則に当てはめた結果であり，相手方の反証にも特段の制限はない。後者の経験則としては，証明妨害をするのは当該証拠が所持者に不利である，挙証者の主張が不当ならば所持者はこれを支援するはずである，有利な証拠は大切に保管する者である等が挙げられる。証明妨害が所持者の過失による場合には，当該文書に関する経験則は働かないが，他の証拠や弁論の趣旨から挙証者の主張を証明されたと扱うことは妨げられない。なお，わが国の実務は，証明妨害の事実を自由心証説で処理してきたと評価されている[106]。

　　Schneider が代表的である。
105)　先行行為である証明妨害行為とその後の利益（挙証者の証明不能による主張事実の不認定）の享受との間に矛盾はないとの批判もあるが（旧注釈民訴(7)127頁〔野村〕），先行行為は，証明妨害行為ではなく，所持者として証拠を作成し，あるいは，保管すべき立場を指し，それに反する証明妨害行為が後行行為であり，後行行為により生じた挙証者による証明の挫折から利益を得ることが非難されているのではなかろうか。
106)　講座民訴(5)154頁〔藤原弘道〕は，明文規定のある場合以外で証明妨害法理が実務上

自由心証説への批判としては，自由心証説の論旨のためには特別の規定は不要であり，かえって247条との区別が不明確になると言われるが，果たしてそう言い切れるかは疑問の余地がある。というのも，真実擬制の規定は，証明妨害をした当事者に対する制裁権限を裁判所に与えた規定と解されることが多いが，証明妨害行為を認定できる場合には常に制裁を科すべしとの主張は皆無に等しい。条文がない場合，一般法理として制裁を説く場合はさらに困難であろう。むしろ，証明妨害の効果については，証明妨害行為によって引き起こされる真偽不明を克服するのに必要な権限を裁判所に与えれば十分である。つまり，証明妨害に起因する真偽不明という害悪の除去・無害化に重点を置くべきである。とすると，他の証拠や弁論の全趣旨から得られた心証と整合する内容の主張が挙証者によってされている限り，その主張の真偽を確かめるのに必要な証拠が訴訟に顕出されないときでも，挙証者の主張を証明されたものと扱うことのできる権限を裁判所に付与すれば十分である。この権限は，247条からは導出できないのであるから，それを与えることを明示した特別の規定が必要であり，それが本条であると説明することができる。

(b) **真実擬制説**　「裁判所は，すでに他の証拠や弁論の全趣旨から得られた自由心証の結果に対して，信義則の適用例として，その裁量で，妨害の態様，帰責の程度，妨害された証拠の重要度等から妨害に対するサンクションを勘案して，証明ありとみるかどうかを定めるべきである（帰責の程度が高いならば，反対の心証を得ていても主張者の事実を認定する余地もある）」，とされる見解がこれに当たる[107]。自由心証説では，経験則に基づく推論である以上，反対の心証が得られたときに挙証者の主張を「証明あり」と認めることはあり得ない。真実擬制説は，他の証拠や弁論の全趣旨による自由心証の結果（経験則に基づく推論）から距離を置き，証明妨害を契機とした裁判所の裁量に基づ

　独自の機能を果たしている形跡はみられないとしつつも，「証明妨害の……〔中略〕……事実が，わが国の裁判実務上全く無視されているわけでは決してない。そのような事実が事実認定に影響を及ぼさないはずはないからである。ただ，実務上は，ことさらに証明妨害の法理などとはいわないで，自由な心証によって事実を認定する際に，当然のこととしてそれを一つの間接事実として斟酌してきたにすぎないのである」と述べるが，一般法理としての実際上の機能の説明として，正鵠を射ているものと思われる。

107)　新堂〔5版〕627頁，山本・前掲注72) 25頁。

く制裁として「証明あり」とする権限を認めること（裁量判断による証明）に加えて，文書不提出の場合には当該文書の提出に限って反証を認め，あるいは，帰責性の高い場合には反証を許さないこと（反証制限）を認めることによって，自由心証では説明できない判断結果を認めるものである。なお，真実擬制はそれ自体が分析対象であるため，真実擬制説という呼称は不自然であるが，裁判所の裁量判断とそれに対する反証制限とによって形成・保護された事実が，ここでいう「真実」を意味するものと解することができる。

(c) **証明度軽減説** ドイツにおける証明責任転換説が，近時の判例により，「証明責任の転換に至り得る程度の証明軽減」を認める説へと変遷する過程を踏まえて，「真実と認めること」の意義を証明度の引下げに求める見解がある[108]。証明責任の転換は，主要事実に関するものとなるのに対し，証明度軽減説は，間接事実・補助事実を含めることができる。ところで，「自由心証に委ねることは確信を前提とするから，この考え方は，証明妨害の効果を自由心証に委ねる説とは区別される」と言われるが，裁判所の心証度が引き下げられた証明度に到達するかどうかは自由心証の問題であること，証拠評価に関する裁判所の裁量的判断が留保されることは否めない。この意味で，この見解も自由心証から距離を置くが，それを完全に排除するものではない。

(d) **証明責任転換（法律上の推定）説** 初期の学説には，ドイツ学説に倣い，証明責任転換を説く見解があったものの，その後はドイツの議論状況の影響からか，わが国で証明責任転換説を採用する見解は知られていない（なお，前掲注57）も参照）。そうした中，文書の使用妨害に関して，法律上の推定による証明責任の転換を説く見解が現れている[109]。訴訟外の使用妨害事実（前提事実）が証明された場合には，民訴法224条3項（解釈上の推定規定）に基づき，要証事実（推定事実）が法律上推定されるものと解し，使用妨害をした者は，前提事実の反証又は要証事実の不真実の本証によって反駁すべきとされる。要件は，①所持者が提出義務のある文書の作成・保存に関する実体法上の義務に違反したこと（使用妨害事実），②使用妨害につき所持者に有責性があること

---

108) 伊藤〔4版補訂版〕362頁（後掲本文の引用は，同頁注259から抜粋），兼子ほか・条解〔2版〕1253頁〔松浦＝加藤〕。
109) 林・前掲注24）168頁以下。

(主観的要件)，③証拠に関する具体的主張および代替証拠による証明が困難であること（証拠の重要性，224条3項），である[110]。

証明責任転換説に対しては，主にドイツのそれを想定したものではあるが，証明妨害行為があれば，反対事実の証明がない限り，他の証拠と関係なく，また過失の軽重を問わずに訴訟の決着がつくのは形式的にすぎ，証明責任を負う当事者が相手方の反証を妨害した場合に意味をなさない等の批判がある。そこにいう形式性と要件の明確化は裏腹の関係にあり，最近提唱された上記の証明責任転換説は，要件の明確化を優先するものとみられる。

(ウ) **事案解明義務説**　ドイツの事案解明義務論がわが国に紹介され，一定の支持者を得ている[111]。根拠に関しては，詰まるところ，信義則に求められるため，上記の信義則説の一種であるが，事案解明義務を一般的に肯定した上で証明責任からの帰結と事案解明義務との間に齟齬が生じる場面において，事案解明義務違反，とくに訴訟前の違反態様としての証拠保存義務違反として証明妨害を整理する。個別的な事例の調整を超えて予見可能性・法的安定性を志向する点において，信義則を類型化した側面を有する。

4　証明妨害の一般法理

(1) 要　件

(a) **要件構成**　証明妨害一般の要件については，細部の違いを別とすれば，大筋において見解の一致がみられる。ドイツ法（医事訴訟の例）を参照した見解によれば，①広い意味での証拠保存義務に対する違反あるいは事案解明

---

110) ①・②については，文書の破棄自体は価値中立的であるが，契約上・信義則上（いずれも実体法上）の証拠保存義務を所持者が負う場合，それによって証明される要件事実の証明責任は，所持者の証明協力を前提として挙証者に分配されるところ，所持者が当該義務に有責的に違反したとき，上記分配が正当性を喪失する結果，所持者（妨害者）が反対事実の証明責任を負担してはじめて公平に適うとの解釈に基づいている。③を満たす限り，文書は重要であるため，原状回復が要請されるが，文書が滅失等で使用不能である以上，原状回復の内容は文書内容の回復を超えて要件事実（推定事実）の証明に行き着くものと解されている。なお，②の有責性には過失が含まれる。

111) まとまった研究として，春日・前掲注44) 233頁以下，松本博之・民事訴訟における事案の解明〔2015〕25頁以下等。シュテュルナーの見解（Stürner, Die Aufklärungspflicht der Parteien des Zivilprozesses, 1976, S.152ff.）については，春日・前掲注73) 判タ413号23頁，佐上善和・民訴雑誌24号238頁等も参照。

〔名津井〕

§224 Ⅳ

への協力義務に対する違反が存在すること（義務違反），②こうした義務違反によって要件事実の解明不能が起こり（因果関係），証明責任を負う者に事案の解明を期待し得ないこと，③こうした義務違反が有責的なものであること（帰責事由），④義務違反行為が公平な訴訟追行の要請に反するものであったとの規範的評価ができるとき，証明妨害と認められる[112]。これに対して，わが国の学説としてより消化された形で要件をまとめる見解によれば，①妨害者が証拠方法の作成・保全義務に違反したこと（提訴の前後を問わない），②そのような違反行為によって事実が解明不能になったこと，③当該違反行為に故意・過失があるときに，証明妨害を認めるものもある[113]。前者が，要件事実や証明責任に言及するのは，証明妨害の効果について証明責任転換説（初期の判例および学説。前述3(2)(ア)を参照）から出発したドイツ法の議論を意識したからに他ならない。また，前者において公平な訴訟追行に反することの規範的評価が独立の要件とされるのは，各要件を比較的形式的に判断して最後に調整するからである。この点，後者においては，各要件の認定の際に当事者間の信義則や公平が考慮される。したがって，両者の間に，実際には大きな違いはないものと言えよう。

　ところで，上記のほか，証拠提出義務を独立の要件とする見解[114]がある。証拠提出義務は，証拠作成義務および証拠保存義務から区別された一つの義務として観念することができ，とくに本条1項においては，文書を作成してこれを所持しながら，文書提出命令に従わない場合に証明妨害が成立するため，そこでの義務違反は，提出義務以外には存在しない。また，本条2項も，使用妨害の対象となる文書について提出義務のあることを明文で規定している以上，提出義務は，保存義務と区別して規定されている。このように，本条1項・2項の双方で，提出義務の存在が前提とされる以上，一般的な証明妨害の要件としても，証拠提出義務は，証拠保存義務・証拠作成義務とは別に要件になるものと解すべきである。よって，例えば，提出義務のない文書についてこれを作成しない，訴訟に提出しない，あるいは滅失させたとしても，証明妨害に当た

112）春日・前掲注44）208頁。また，旧注釈民訴(7)128頁〔野村〕も同旨か。
113）山本・前掲注72）23頁。
114）旧注釈民訴(7)129頁〔野村〕。

第5節　書証

らない。検証物は文書に準じるものと解される（232条1項）。

　これに対し，当事者尋問について正当な理由なく出頭・宣誓・陳述を拒んだこと（208条）が証明妨害に当たるとしても，出頭義務・宣誓義務・陳述義務から区別された「提出義務」に相当する義務を観念する必要はない。また，証人には一般義務としての証人義務があり，挙証者は証人尋問を申し出ることができるため，相手方当事者に「提出義務」に相当する義務を観念する余地はない。挙証者が証人として申請した者を相手方が買収して口止めし，あるいは，海外に移住させて証人尋問を困難にさせた場合は証明妨害になり得るとしても，証人自身の出頭・宣誓・陳述義務から区別された義務を相手方当事者について観念する必要はない。鑑定人は証人に準じるものと解される（216条）。

　(b)　**妨害行為：証拠保存・作成義務違反**　　証明妨害が認められるには，妨害行為がなければならない。妨害行為は，挙証者において証明困難を惹起する端緒であり，作為のみならず，不作為も含まれる。例えば，将来証拠となるべき文書を作成しないという不作為，文書を作成したが必要事項を記入しない[115]といった不作為も妨害行為に当たる。

　妨害行為の時期については，訴え提起後，証拠調べの申出後に限定されず，訴え提起前でもよい。文書の不作成や滅失等による使用妨害は，通常は提訴前の妨害行為である。もっとも，提訴前に証拠を破棄する行為を一般的に禁止することに疑問を呈する見解もある[116]。これは，実体法上，証拠保存義務がない場合には，証拠になり得る物件を破棄する行為はそれ自体として価値中立的であり，証明妨害として非難できるのは，当該物件について証拠保存義務があることを前提とするとの趣旨である。このように解した場合，商業帳簿やカルテのように法律上の作成保存義務がある物件でない限り，義務違反に当たらないことになる。もっとも，法令上の義務に限らず，契約に関する付随義務として，保存義務がある場合も含まれるものと解される。これを排除しては，証明妨害の成立範囲が狭きに失する。問題は，法令又は契約において作成・保存義務が課されていない物件であっても，当事者間の信義則・公平の観点から，当

---

115)　前掲裁判例〔6〕東京高判平3・1・30，〔7〕東京地判平2・7・24を参照。
116)　林昭一「企業紛争における戦略的な証拠廃棄とその規制」福永古稀445頁，林・前掲注24）167頁。

該物件の作成・保存義務を課すべき場合がないかどうかであろう。証明妨害法理の根拠を，当事者間の信義則・公平に求める立場では，この場合を認めるほうが一貫するものと思われる[117]。したがって，証拠の破棄等が当事者間の信義則・公平に反すると評価できる場合には，これを妨害行為と認めるべきである。

(c) **証明困難・証明不能との因果関係**　証明妨害が認められるには，妨害行為によって証明主題の証明困難・証明不能を惹起したことが要件となる。証明責任転換説では，証明責任（確定責任）の対象となる事実が問題となるため，この事実は主要事実である。これに対して，自由心証説，真実擬制説，証明度軽減説では，必ずしも主要事実に限定されず，間接事実・補助事実の証明困難も含まれる。しかしながら，ある間接事実が証明困難となっても，他の間接事実から主要事実を推認できるときは，挙証者には具体的な不利益は生じていないとも考えられる。むしろ，当該間接事実が重要であるときこそ，その証明に必要な文書の不提出や滅失等による使用不能といった妨害行為は非難されるべきである。よって，証明困難の判断基準は，基本的には主要事実と解すべきであり，間接事実であるときはそれが重要である限りにおいて，証明困難を帰結するものと解すべきである。本条1項・2項が，証明主題の証明に必要な文書の記載を問題とする趣旨も，このような意味に解することになる。

また，証明困難は，必ずしも絶対的な証明不能に限られない。証明不能まで要求すると，理論上は証明可能な事実でも，そのために甚大なコストを要する場合，その負担に耐えられない挙証者は，証明妨害の法理による調整を受けられないからである[118]。証明妨害法理の根拠を，当事者間の信義則ないし公平に求める限り，証明困難の判断基準は相対的なものと解すべきであるから，上記の場合でも証明困難と認めて差し支えない。

次に，証明困難は妨害行為によって惹起されたことを要する。これは事実的因果関係の問題であり，挙証者において証明困難が生じていても，それが妨害行為によって惹起されたものでない限り，証明妨害法理を適用することはでき

---

117)　旧注釈民訴(7) 130頁〔野村〕は，信義則上の保存義務を認める。
118)　旧注釈民訴(7) 130頁〔野村〕，山本・前掲注72) 24頁。

ない。また，妨害行為により重要な証拠が滅失等したときでも，当該証拠の提出義務が訴訟上認められない場合には，当該証拠は証明主題の証明に必要のない証拠にすぎない以上，因果関係は否定される[119]。

なお，証明困難の基準となる事実が，主要事実に限定されないとすると，証明責任を負わない当事者の反証について，証明責任を負う当事者が妨害行為により証明（反証）困難を惹起する場合にも，証明妨害法理を適用する可能性が生じる[120]。これに対して，証明責任転換説では，証明責任を転換された当事者による反対事実の証明もまた本証であるため，とくに反証に対する適用問題を生じない[121]。このことへの対処が問題となりそうであるが，この見解では，証明責任を負わない当事者には，証明責任（証拠提出責任）が転換されていると解するため，反対事実の本証が必要であり，反対事実は主要事実になることから，とくに問題は生じないものと解される。

(d) 帰責事由 証明妨害が認められるには，妨害行為が妨害者の責めに帰することができることが要件となる。本条2項の使用妨害目的は，妨害行為の典型を故意としているものと解されるが，他方で，証明妨害法理の根拠を当事者間の信義則ないし公平に求める限り，故意は未必的なもので足りると拡張して解釈されている。

過失による妨害行為について証明妨害を認めるべきかどうかは，経験則説が例示する経験則は故意を想定したものである関係で，過失は除外されることがあるものの，近時は，多くの見解が過失による妨害行為にも証明妨害法理が適用できることを認めている。問題は，過失の証明妨害といっても，故意に匹敵する重過失に限定されるのか，軽過失でもよいかである。しかしこの点は，証明妨害法理の根拠が当事者間の信義則ないし公平に求められることを踏まえ，所持者に課された証拠保存義務が，契約による強い態様のものか，信義則上義

---

119) 前掲注118）に掲げた文献を参照。
120) 山本・前掲注72) 24頁は，近時の学説が，証明妨害の相手方が証明責任を負うことを証明妨害の要件としない理由を，この点に求めるようである。しかし，これに加えて，証明度軽減説が多数説となっている事情もその背景にあると思われる。
121) もっとも，証明責任の転換といっても，その実質は証拠提出責任の問題であり，（客観的）証明責任を負わない当事者に証拠提出責任を課したものにすぎないと解するときは，ここでもやはり証拠提出責任（つまり反証）への適用問題を避けられない。

務を承認されたものかをも視野に入れつつ，相対的に決定していくべきであろう[122]。

故意・過失については，上記のほか，認識対象の問題もある。例えば，故意の妨害行為によって証明困難を生じさせた場合，そこでの「故意」は，妨害行為をすること自体に向けられた認識のほか，妨害行為によって惹起される相手方の証明困難に対する認識も必要とする見解がある[123]。ドイツの判例法理であり，「二重の故意」と呼ばれる。確かに，妨害行為が故意で行われたかどうかを判断する際，妨害行為自体の認識から，証明困難の発生の認識を区別することは可能であり，そのように判断する方が，妨害者の非難可能性を慎重かつ正確に判断できるだろう。このように解する限り，両者の認識がない限り，故意は認められないことになりそうであるが，挙証者の証明負担を考慮して，妨害行為の認識が明確である限り，証明困難発生の認識を推認してよいのではなかろうか。

故意について上記のように解する場合，過失の妨害行為についても二重の過失を観念することができる。しかし，過失の妨害行為について有責性が肯定されるかどうかについては，妨害行為の態様を考慮しなければならない。予見可能性のある結果回避義務を過失の内容と解する通説的な見解の下では，妨害行為に関する結果回避義務の違反と，証明困難発生に関する結果回避義務の違反とを区別して判断することになるが，前述した故意の場合と同様，挙証者の証明負担が大きくなりすぎる懸念があるため，前者について過失を認めることができるならば，後者の過失を推認できると考える余地がある[124]。

(2) 効　果

証明妨害の一般法理として，証明妨害に対していかなる効果を付与するかが

[122) 軽過失であるからといって，直ちに帰責性は否定されないと解することになる。もっとも，平成2年東京地判〔7〕は，証明妨害につき，故意又は重過失を要件とし，軽過失の場合の証明妨害を否定する旨判示している。しかし，多数説はこれに批判的であり，その論旨を正当化する理論の一つとして，本文の考え方がある（同旨，旧注釈民訴(7)131頁〔野村〕，山本・前掲注72) 24頁等）。

123) 春日・前掲注44) 208頁，旧注釈民訴(7)131頁〔野村〕等。

124) ドイツ法においても，二重の過失が要件とされるようである。春日・前掲注44) 208頁以下。

問題となるが，この点は従来，証明妨害の個別規定に関する効果論の中で検討されてきた。すなわち，基本的には，妨害行為により引き起こされた証明困難ないし真偽不明をどのような方法で無害化するかという点が主な問題である。挙証者が証明困難にあるとき，これによる真偽不明を証明責任によって処理するときは，当事者間の信義則ないし公平の観点から見て不当であろう。そこで，妨害された証拠方法の回復に相当する効果，さらには妨害された証拠方法によって証明すべき事実の証明に相当する効果を認めることにより，当事者間の公平の回復を図ることが検討されてきたのである。

　従来，こうした観点から，①真実擬制，②証明責任の転換，③証明度軽減，④事実上の推定（経験則に基づく推認）等が論じられてきた[125]。まず，真実擬制については，その意義自体に議論があるが，裁判所による裁量的な証明擬制と反証の制限とによって真偽不明となった事実が回復されることを意味する限り，一つの効果となり得る。

　次に，②の証明責任の転換も，その意味をめぐる議論があったが，現在では，確定責任としての証明責任は，証明責任規定や法律上の推定規定によって，又は判例法理によって転換されることはあるとしても，訴訟の途中で（とくに証明妨害を契機として）転換することはないという点に異論はない。この前提の下では，文字通りの証明責任の転換ではなく，証明妨害をした当事者に事案解明の負担を課すことのできる理論に関心が赴くことになる。このような見地から，(A) 証拠提出義務（責任）ないし立証の必要[126]，(B) 解釈による法律上の推定[127]，が提唱されている。このうち，(A) 証拠提出義務（責任）が，近時は有力である。

　もっとも，③の証明度軽減は，ある事実の心証が原則的証明度に到達しないときでも，軽減された証明度に至れば当該事実の証明ありと認める結果，相手方は反対事実を証明（本証）すべきことになるため，②との相違も，証明度の設定次第であって相対的である。

　このような②・③に対し，④の事実上の推定は，通常の事実認定に他ならな

---

125)　山本・前掲注72) 25頁。
126)　春日・前掲注44) 233頁，松本・前掲注111) 25頁等を参照。
127)　林・前掲注24) 168頁以下。

いため，証明妨害法理の効果として位置づけること自体に疑問が呈されている。しかしながら，証明妨害の主観的要件として過失を取り込んでいく方向の議論が有力であることに照らすと，事実上の推定は，まさに効果として軽微であるが故に，証明妨害の効果の一つとして位置づける必要がある。この点は，証明妨害の事実を認めながら，本条の適用を回避する一方で，当事者間の公平を図るべく，事実上の推定をしている裁判例が散見されることにかんがみ，決して不自然ではない。

　このように見てくると，証明妨害の効果は，実質的には，真実擬制（①），②ないし③の観点からする証拠提出義務（ないし立証の必要），事実上の推定（④）のいずれかに絞られることになる。

　わが国では，本条の効果については，真実擬制説が多数説であるとされることが多い。しかし，単に条文がそのように定めていることを指摘しただけの文献[128]も少なくない。ここで問題とするのは，前述のように本条が真実擬制を規定したことの趣旨を理論的に分析し，その内容として，裁判所の裁量的事実認定と反証制限とを明確に主張するもののみを真実擬制説と呼ぶが，この点を明確に説くものは必ずしも多くない[129]。近時はむしろ，証拠提出義務説[130]，証明度軽減説[131]が有力のように見受けられる。

　もっとも，証明妨害の一般法理の効果については，これをいずれかに絞る必要はないのではなかろうか。裁判例が蓄積する中で形成されてきた証明妨害の内容に照らせば，妨害行為の有責性について過失を取り込み，有責性の強いものから弱いものまで証明妨害は成立し得る。前掲①～④の効果は，①が最も強く，④が最も弱い。よって，例えば，使用妨害目的（故意）の証明妨害であって滅失等により使用不能になった提出義務のある文書が証拠として重要なものであるとき，裁判所は，証拠提出義務ないし立証の必要（②又は③）のほか，①の可能性を検討すべきである。これに対し，証明妨害が過失による滅失等であるときは，裁判所は，証拠提出義務ないし立証の必要（②又は③）のほか，

---

128) 新民訴法体系(3) 237 頁〔大村〕等。
129) 坂田・前掲注 40) 116 頁のほか，前掲注 107) に掲げた文献を参照。
130) 春日・前掲注 44) 233 頁，松本・前掲注 111) 25 頁。
131) 前掲注 108) に掲げた文献を参照。

④によって通常の事実認定と同様に処理することもできる。証明妨害の一般法理の効果論において，効果の選択に関する判断権限を裁判所に認めることは，自由心証説の枠組みでは当然のことである。

〔名津井吉裕〕

§225 I

(第三者が文書提出命令に従わない場合の過料)

第225条 ① 第三者が文書提出命令に従わないときは,裁判所は,決定で,20万円以下の過料に処する。

② 前項の決定に対しては,即時抗告をすることができる。

I 本条の趣旨

1 概要

本条は,第三者に対して文書提出命令が発せられた場合において,第三者がこれに従わないときの制裁を規定する。本条は旧法318条に対応し,過料の上限額が引き上げられたこと(後述2)を除けば,同条を現代語化したにとどまる。法224条と対比すると,当事者が文書提出命令に従わないときの制裁は,文書の記載又は証明すべき事実に関する挙証者の主張の真実擬制であるのに対し,第三者に対する制裁については本条により過料とされている。これは,当事者として敗訴可能性に晒されない第三者にとって真実擬制という制裁は意味をなさない一方で,国家に対する公法上の義務である第三者の提出義務に基づく文書提出命令を債務名義(民執22条)として強制執行をすることは,そもそも許されないからである[1]。したがって,第三者に対する制裁は,文書提出命令を遵守させる手段として間接強制的に機能する過料が適している。

2 過料の上限額の引上げ

旧318条は,過料の上限額について10万円以下と定めていたが,本条は,これを20万円以下にまで引き上げた(なお,第三者の検証物提示命令違反に対する過料〔232条2項〕も同様[2])。文書提出命令制度を実効あらしめるのが目的とされる[3]が,過料の制裁を定めた他の規定(192条1項,193条1項,200条,209条,216条,230条1項)の上限額は,いずれも10万円以下であるのに対し,本

---

1) 法律実務(4) 288頁,菊井 = 村松 II 633頁,斎藤ほか編・注解民訴(8) 193頁〔遠藤功 = 宮本聖司 = 林屋礼二〕,旧注釈民訴(7) 136頁〔野村秀敏〕,兼子ほか・条解1070頁〔松浦馨〕,秋山ほか IV 485頁,兼子ほか・条解〔2版〕1255頁〔松浦馨 = 加藤新太郎〕等参照。

2) 一問一答279頁。

3) 一問一答273頁。

条（及び232条2項）の過料の上限額が20万円以下とされたことにかんがみ，書証（及び検証）の重要性に配慮したものと考えられる[4]。

なお，20万円という過料額については，それでも判決にとって決定的な文書である場合には，十分な制裁であるか疑問とする見解がある[5]。相手方当事者と第三者との間に一定の連携関係があり，第三者に十分な資力がある場合には，上限額の引上げに多くを期待することはできない。しかし，相手方当事者が第三者に対して過料額相当の金額を提供して文書の不提出を促したと認められる場合には，相手方当事者に対して224条2項による制裁の余地がある[6]。

3 他の法令上の提出義務ある文書への適用

224条と同様，本条による制裁も，他の法令上の提出義務のある文書（→§224 I 2(3)参照）の不提出に対する制裁として準用される[7]。

II 過料決定

1 当事者等

本条の第三者には，補助参加人が含まれる[8]。また，制裁としての過料は行政罰[9]であるが，第三者は必ずしも公法人一般を除く私人又は私法人に限られないものと解すべきである[10]。確かに，国又は地方公共団体のような本源的統治主体を制裁の対象となる第三者とするときは，過料に処す者と処せられる者が同一に帰することになって不都合であるため，本条の第三者には含まれない[11]。しかし，公法人はこれ以外にも様々なものがあり，前述の関係が成立し

---

4) 検証は，しばしば書証との連続性が指摘される（→§219 II 3参照）点にかんがみ，同時に引き上げることに合理性があるものと解される。

5) 高橋下〔2版補訂版〕198頁。

6) 高橋下〔2版補訂版〕200頁。

7) 秋山ほかIV 486頁。

8) 前掲注1)に掲げた文献を参照。なお，法230条の当事者の範囲には補助参加人は含まれない。同条の解説を参照。

9) 兼子ほか・条解1070頁〔松浦〕，兼子ほか・条解〔2版〕1255頁〔松浦＝加藤〕。なお，行政罰とは行政上の義務の懈怠に対する制裁一般を指す（塩野宏・行政法I〔第4版，2005〕224頁以下等）。とくに過料は，行政上の秩序罰（行政上の秩序に障害を与える危険がある義務違反に対して科される罰）とされている（塩野・同書227頁）。

10) 旧注釈民訴(7)136頁〔野村〕，秋山ほかIV 486頁。

〔名津井〕

ないと認められる限り，公法人が第三者に含まれる場合があるものと解される。

2 過料決定

(1) 申立て不要

裁判所は，文書提出命令に従わない第三者を過料に処するかどうか，また過料額をどのように定めるかにつき，申立てに基づくことなく職権で裁量により決定する。

(2) 決定の時期

過料決定の時期についても，原則として裁判所の裁量に委ねられる。もっとも，文書の成立の真正を真実に反して争った者に対する過料決定（230条1項）については，この決定のために必要となる真実性の判断が本案と結び付いているため，過料決定が事実審の口頭弁論終結時と重なることになる（詳細について，§230第3項の解説参照）。他方，本条の過料決定の要件は，必ずしも本案と結び付かないため，過料決定は事実審の口頭弁論終結時よりも前にすることができ，またそうすべきである。というのも，過料決定後に提出された文書を本案の審理に利用する余地を残すためには，過料決定が口頭弁論終結前にされる必要があるからである。ただし，文書提出命令には第三者も従うことが多く，過料決定まで必要となる例はないとの指摘もある[12]。

(3) 態様等

文書提出命令および過料決定は，第三者に対して同一の文書について1回以上発令することはできない[13]。文書を所持する第三者がすでに文書提出命令等が発令された者と異なる場合は，たとえ同一の文書であっても発令してよい（文書の所持者が変更された場合等）。また，同一事件であっても審級が異なるときは，再び文書提出命令および過料決定をすることができる[14]。さらに，一つの文書提出命令において複数の文書の提出を命じたときは，提出されない文書

---

11) 旧注釈民訴(7)136頁〔野村〕，秋山ほかIV 486頁。

12) 証拠法大系(4)215頁〔和久田道雄〕。

13) 法律実務(4)288頁，兼子ほか・条解1070頁〔松浦〕，斎藤ほか編・注解民訴(8)194頁〔遠藤＝宮本＝林屋〕，旧注釈民訴(7)136頁〔野村〕，秋山ほかIV 487頁。

14) 斎藤ほか編・注解民訴(8)194頁〔遠藤＝宮本＝林屋〕，旧注釈民訴(7)137頁〔野村〕，秋山ほかIV 487頁。

ごとに過料決定をすることができる[15]。

3 即時抗告

　文書提出命令に従わないために過料決定を受けた第三者は，即時抗告をすることができる（本条2項。抗告期間について，332条）。当該第三者は，抗告理由として，文書提出命令の確定後に提出義務が消滅したことを主張することができる。

　これに対し，文書提出命令に関する違法・不当を過料決定に対する抗告理由として主張できるか否かは争いがある。肯定説によれば，①文書提出命令は実体的確定力（既判力）を有しない裁判（訴訟手続に関する決定）であるから，形式的に確定した後もその違法・不当の主張は妨げられない，②過料決定の基礎となった文書の必要性は現在のものであるから，過料決定に対する抗告理由として文書の必要性に関する事情の主張を排斥する理由はない[16]，③文書提出命令の発令時における文書の存在・所持の証明は厳格でないため，過料決定に対する抗告理由としてこれらの事項を審査する必要がある[17]，とされる。

　学説の状況は否定説が多数を占めるが，その理由は，文書提出命令に対する即時抗告（223条7項）は，過料決定に対する即時抗告（本条2項）とは別に規定されている以上，文書提出命令の違法・不当は，前者において主張すべきであって，後者において主張することは許されない点に求められている[18]。一見，形式的な理由であり，また過料決定自体がそれほど多いわけではないため，肯定しても支障はないようにみえる。しかしながら，文書提出命令が発令され，すでに確定している以上，当該第三者は原則として提出義務を争えないと解するのが文書提出命令制度の存在意義にかんがみて自然であり（よって，肯定説の上記①は決め手にならない以上，②・③は前提を欠く），文書の提出を命じられた第三者が，過料決定がされた段階になってはじめて本腰を入れるという態度を漫

---

15) 旧注釈民訴(7)137頁〔野村〕，斎藤ほか編・注解民訴(8)194頁〔遠藤＝宮本＝林屋〕。
16) 斎藤ほか編・注解民訴(8)195頁〔遠藤＝宮本＝林屋〕，兼子ほか・条解1070頁〔松浦〕，小室＝賀集Ⅱ139頁。
17) 旧注釈民訴(7)138頁〔野村〕。
18) 兼子ほか・条解〔2版〕1256頁〔松浦＝加藤〕，賀集ほか編・基本法コンメ(2)〔3版〕247頁〔髙田昌宏〕，証拠法大系(4)215頁〔和久田〕等。

然と許容するような解釈はすべきではないとの理由から，否定説によるべきである。

4 過料決定の取消し

過料決定の確定後，事実審の口頭弁論終結時までに第三者が文書を提出したときは，過料決定を取り消すことができる。この点に関する明文規定はないが，文書の成立の真正を真実に反して争った当事者又は代理人が訴訟係属中に成立の真正を認めた場合に関する230条3項の類推適用を認めるべきである[19]。これに対して，過料決定の確定後は，もはや取り消すことができないとする見解[20]もある。しかし本条は，過料という制裁手段を規定する以上，その間接強制機能をもって文書の提出義務を履行させることに主眼があると解すべきであるから，たとえ過料決定が確定した後であっても，文書を提出したときは同決定の取消しを認めるべきである。

III 過料以外の制裁の可能性

本条の過料という制裁は，その間接強制機能によって文書提出義務の履行を確保するものであるが，より直接的に提出を強制する手段として，実体法上の請求権の強制執行がある。すなわち，挙証者が文書を所持する第三者に対して引渡請求権を有する場合には，給付訴訟を通じて取得した確定判決を債務名義（民執22条1項1号）として当該文書の引渡しを受けた後，自ら所持する文書として書証の申出をすることができる。

以上は制裁ではなく，実体法上の権利の実現であるが，その実質を制裁として導入する考えが，前述 I 1 でも言及した，文書提出命令を債務名義とする第三者に対する文書の引渡請求である[21]。しかし，第三者の文書提出義務は，国家に対する公法上の義務である以上，挙証者の引渡請求権と同列に扱うことは

---

[19] 兼子ほか・条解〔2版〕1255頁〔松浦＝加藤〕，賀集ほか編・基本法コンメ(2)〔3版〕247頁〔髙田〕，旧注釈民訴(7)137頁〔野村〕，斎藤ほか編・注解民訴(8)194頁〔遠藤＝宮本＝林屋〕等。

[20] 細野・要義(3)472頁，菊井＝村松II 634頁。

[21] 平成8年改正の立案過程では，この方向も検討されたようである。一問一答273頁は，所持者の住居等の捜索ができることになる（民執169条2項，同123条2項）点で行き過ぎと評価されたという。

許されないと解するのが通説である[22]。他方，間接強制（民執172条）は，現在では物の引渡請求にも利用できることになっているが（同173条），上記と同じ理由で，文書提出命令を債務名義とする間接強制も許されない。結局，裁判所の命令を遵守させる行政罰として過料に処するという本条が採用した制裁手段は，上記の通説を前提としたものである以上，訴訟外の文書の引渡請求訴訟が利用できる場合はともかく，そうでない限り，第三者の文書提出義務の履行確保の手段としては，本条の制裁が唯一と解すべきである。ただし，立法論としては，より実効性を高めるため（ただし，前述 II 2(2)参照），過料額の上限額のさらなる引上げを検討する余地がある[23]。

〔名津井吉裕〕

---

22) 前掲注1）に掲げた文献を参照。
23) 講座新民訴(2)121頁〔坂田宏〕は，直接強制（文書提出命令を債務名義とする文書の引渡執行）の方向での立法論の可能性を指摘している。秋山ほかIV 486頁も同旨。

(文書送付の嘱託)
第226条 書証の申出は，第219条の規定にかかわらず，文書の所持者にその文書の送付を嘱託することを申し立ててすることができる。ただし，当事者が法令により文書の正本又は謄本の交付を求めることができる場合は，この限りでない。

I 本条の趣旨

1 意　義

　書証の申出は，期日において文書を提出してするのが原則である。しかし，裁判所の証拠調べを求める文書を挙証者自身が所持していない限り，この方法で書証の申出をすることはできない。そのため，民訴法は，証拠調べが必要な文書を挙証者以外の第三者（相手方当事者・その他の第三者）が所持する場合について，文書提出命令を申し立てて書証の申出をする方法（219条）のほか本条によって，文書の所持者にその文書の送付を嘱託することを申し立てることによって書証の申出をする方法を認めている（本条本文）。このように文書提出命令とは別に文書送付嘱託が認められているのは，裁判所を通じた文書送付嘱託があれば文書の所持者が任意の提出に応じる可能性がある限り，制裁を伴う文書提出命令（223条1項，224条，225条）を利用するまでもないからである（後述2参照）。他方，本条の方法による書証の申出も，文書提出命令と同様，裁判所の手を煩わせることになる。よって，挙証者自身が，法令上文書の正本又は謄本を入手できる場合には，本条による書証の申出は許されない（本条但書）。

2 嘱託の相手方の無限定

　本条の前身となった旧319条も，以上と同旨を規定していたが，更にその前身にあたる旧々346条は，ドイツ民事訴訟法432条に倣い，文書送付嘱託の相手方として官公署又は公務員のみを規定していた。大正改正時に旧319条を定めた際に，相手方を官公署等に限定することをやめ，私人をも相手方とするようになったが，本条はこれを引き継いだものである。この改正の趣旨は，文書を所持する相手方が任意の提出に応じる場合には文書提出命令の必要がないた

め，相手方に提出義務がないときの受け皿として私人を相手方とする規定が必要とされたからである¹)。一般に，相手方に文書提出義務がないときでも，裁判所が文書送付嘱託をすれば，任意の提出を期待することができる。こうした見地からは，相手方の範囲を限定する必要がないため，本条がこれを広く設定したことには合理性があると考えられる（応答義務に関しては，後述 II 5(1)参照）。

II 手続

1 申立て

文書送付嘱託の申立てをする者は「文書の所持者にその文書の送付を嘱託すること」を申し立てるべきであるが，この申立ても書証の申出の一方法であるため（実務が「書証の申出」という建前から乖離している点につき，後述 4(5)参照），申立てに際しては，証拠の申出一般に必要とされる「立証趣旨」を明らかにする必要がある（180 条 1 項，規 99 条 1 項）。したがって，申立人は，次に述べるように，文書の所持者および送付を求める文書を特定する必要があるほか，証明すべき事実および当該事実と証拠との具体的な関係を明らかにしなければならない²)。

(1) 文書の所持者の特定

文書の所持者は，申立てを認容する証拠決定の名宛人である以上，これが特定されない限り，申立ては不適法として却下すべきである。例えば，国，取引銀行などの抽象的記載は許されない³)。他方，申立てに際して，所持者と名指しされた者が文書送付嘱託の対象とされた文書を現に所持することを証明する必要はない（文書提出命令との対比）。というのも，文書送付嘱託制度は，任意提出を予定するからである。そのため，合理的に必要な努力をもってしても所

---

1) 松本＝河野＝徳田編・立法資料〔13〕531 頁，旧注釈民訴(7)139 頁〔田邊誠〕。
2) 証拠説明書の記載事項としての立証趣旨について，証拠法大系(4)70 頁〔古閑裕二〕。
3) 証拠法大系(4)74 頁〔古閑〕。なお，旧法下においては，文書送付嘱託の申立てを書証の申出の一方法であることを徹底する見地から，民訴法 221 条 1 項に相当する旧民訴法 313 条を文書送付嘱託の申立てに準用する見解（法律実務(4)291 頁）も主張されていた。しかし，文書送付嘱託を受けた所持者の応答義務（後述 5(1)参照）を制裁のある文書提出義務と同様に解することには問題があるため，準用は否定すべきである。秋山ほかIV 489 頁も同旨。

持者を特定することができないときは，申立人が所持者と信ずる者を所持者として文書送付嘱託を申し立てれば足りる。結果的に，所持者と主張された者が送付を求められた文書を所持していないと回答したときは，他の者を相手方として申し立てることになる[4]。

(2) 送付を求める文書の特定

申立人は，その合理的な努力によって送付を求める文書を特定することができるときは，文書を特定して文書送付嘱託を申し立てるべきである。しかし，任意の提出を前提とする所持者と申立人との関係は，往々にして希薄であるため，文書の特定が困難な場合も少なくない。この点，文書提出命令の申立ての際には文書の識別情報まで特定性を緩和する余地が認められたのであるから（222条），文書送付嘱託の申立てにおいても同程度の緩和は許されてよい。こうした見地からは，余計に取り寄せた文書の中から必要なものを選別し，書証の申出をする文書送付嘱託の実務（後述 4(5)参照）の許容性が問題となる。しかし，申立人と所持者の間の希薄な関係が，文書の特定を困難にする事情となっている点に配慮すれば，必要な文書が含まれる範囲が明らかにされている限り，文書の識別事項によって特定される場合に準じて，申立てを適法と解することができる。

(3) 立 証 趣 旨

申立人は，立証趣旨として証明すべき事実を特定しなければならない（180条1項，規99条1項）。もっとも，証明すべき事実の特定は，弁論主義の下で事実主張の責務のある当事者が弁論において陳述する事実のうち，申立てにかかる文書がどの事実主張に関するものであるかを示すことに他ならないため，証明すべき事実を特定すること自体に支障が生じることは通常考えられない。これに対して，申立てにかかる文書がどの主張事実の証明に関するものかが不明であるときは，裁判所は，文書送付嘱託の申立てを証拠決定において認容してはならない（181条1項）。

---

[4] 証拠法大系(4)75頁〔古閑〕は，この限りで，「模索的な申立ても許される」とするが，所持者を特定して申し立てる努力が奏功しなかったときの結果を説明する趣旨と解される。

第5節　書証　　　　　　　　　　　　　　　　　　　　§226 II

(4) 期日前の申立て

文書送付嘱託の申立ても証拠の申出であるから，期日前にもすることができる[5]（180条2項）。実際，文書送付嘱託に基づいて所持者から文書が送付されてくるまでには一定の時間を要するため，重要な文書の送付嘱託は，第1回口頭弁論期日前にするのが常識とされている[6]。期日前に申立てがあれば，これを認容する証拠決定を期日前に行い，裁判所書記官が文書送付嘱託の手続をすることにより，期日前に所持者から文書の送付を受けた上で，当該期日に文書を提示することができる。

2　証拠決定

(1) 裁判

文書送付嘱託の申立てについて，裁判所は，次項(2)①・②の要件の具備を認めたときは，これを認容する旨の証拠決定（送付嘱託決定）をするのに対し，これらの要件のいずれかを具備しないと認めたときは，申立てを却下する旨の証拠決定をする。文書の所持者が送付を求められた文書の提出義務（220条）を負うことは，申立てを認容するための要件ではないため，文書の所持者に提出義務がない場合に申立てを認容し，あるいは，文書の所持者に提出義務がある場合に申立てを却下する決定をすることは妨げられない。

(2) 理由

文書送付嘱託の申立てが認容されるための要件は，①送付を求める文書が証明すべき事実の証明に必要であること（証拠調べの必要性。181条1項），②送付を求める文書について当事者が正本又は謄本の交付を求めることができる場合（本条但書）でないことである。①は，証拠の申出一般に必要とされる要件であり，文書送付嘱託においては立証趣旨の問題である（前述1(3)参照）。

他方，②は，正本又は謄本の交付を受けることができる文書については，自

---

5) 法律実務(4)291頁は，口頭弁論期日または準備手続期日に行うべきとするが，これに従う見解は見当たらない。本文で述べたように期日前の申立てを認めるのが通説である。斎藤ほか編・注解民訴(8)197頁〔小室直人＝宮本聖司〕，秋山ほかIV 489頁等。なお，旧法下で多く見られた刑事不起訴記録に関するものではあるが（本文IV 1参照），京都地決昭40・3・30訟月11巻6号877頁が期日前の文書送付嘱託を認めている。

6) 証拠法大系(4)77頁〔古閑〕は，過失相殺が争われる場合における交通事故の実況見分調書を例として掲げている。秋山ほかIV 489頁も同旨。

〔名津井〕　687

§ 226 Ⅱ

ら正本又は謄本を入手して書証の申出をすれば足りるため，そのような文書でないこと（正謄抄本の独自入手に対する補充性）を文書送付嘱託の申立てのための要件としたものである（文書提出命令に関する 221 条 2 項と同旨）。例えば，不動産登記簿の登記事項証明書（不登 119 条 1 項），商業登記簿の登記事項証明書（商登 10 条 1 項），戸籍の謄本もしくは抄本又は戸籍に記載した事項の証明書（戸 10 条 1 項，10 条の 2 第 1 項・3 項〜5 項），特許関係の書類の謄本もしくは抄本（特許 186 条 1 項）等が典型例[7]であり，文書送付嘱託ではなく，自ら正本又は謄本を入手すれば足りる。近時は，行政機関の保有する情報の開示制度（行政情報公開法），地方公共団体の定める情報公開条例によって入手できる場合にも，本条但書の適用を認める（文書送付嘱託の申立て要件の具備を否定する）見解があるが[8]，賛同すべきである。

ただし，正本又は謄本の交付を受けることのできる者が，一定の利害関係人に限定されている場合（例，土地所在図等の図面以外の閲覧請求につき，不登 121 条 2 項但書）や，閲覧のみに限定されている場合（例，登記簿の附属書類，附属書類が電磁的記録に記録されているときにその内容を出力した書面の閲覧について，同 121 条 1 項）は，②の要件が具備される（本条但書を適用できない）ため，文書送付嘱託の申立てを認容すべきである。

なお，申立てにより文書の所持者とされた者が現に文書を所持していることは，文書送付嘱託の要件ではないので，申立ての際にとくに文書の所持を証明する必要はない。その反面，文書送付嘱託の決定にもかかわらず，相手方から

---

7) 旧注釈民訴(7) 139 頁〔田邊〕，証拠法大系(4) 76 頁〔古閑〕，秋山ほかⅣ 491 頁等。
8) 証拠法大系(4) 76 頁〔古閑〕。なお，秋山ほかⅣ 491 頁は，裁判所の保有する訴訟記録も，本条の申立てをすることはできないとしつつも，正謄抄本を入手するのに手数・日数がかかることなどもあってか，他の裁判所に文書送付嘱託をする例も実務上みられると指摘する。訴訟記録の謄写請求や正謄抄本の交付請求については，当事者又は利害関係人が申立人であっても（91 条 3 項），「裁判所の執務に支障がある」ときは許されないことになっている（同条 5 項）ところに遅速等の一因があるように思われる。確かに，挙証者に選択の余地を認める見地からは，挙証者の謄写・交付請求に対する裁判所の対応の遅速等を理由に，これを回避して申し立てられた文書送付嘱託の申立てであってもこれを認容する（本条但書を適用して本文②の要件の具備を認める）ことが考えられるが，本条但書の解釈としては，この種の申立てを認容すべきではなかろう。

第5節　書証

文書を所持していない旨の回答がされる場合が生じ得る。

(3) 不服申立て等

文書送付嘱託の決定は、証拠の採否の裁判であり、本案とは別に独立して不服申立てをすることはできない。この点は、申立てを認容する決定であるか、申立てを認めずこれを却下する決定であるかを問わない。

3　嘱託とその後の手続

(1) 嘱託手続

現行法は、送達事務を裁判所書記官の仕事とするが（98条2項）、裁判所のする嘱託手続も原則として裁判所書記官がする（裁判所書記官が名義人となる）ものとされている（規31条2項）。よって、文書送付嘱託を認容する決定がされたとき、裁判所書記官が、文書の所持者とされる者に対し、文書の送付を嘱託する。

(2) 文書の送付

文書送付嘱託を受けた文書の所持者（文書を現に所持する者）が、文書を送付するときは、原本、正本又は認証のある謄本でしなければならない（規143条1項）。写し（認証のない謄本）による送付も、申立人の同意[9]を前提として（あるいは、写しで足りる場合はその旨を申立て時に明らかにしていることを前提として）認められるのが実務とされる[10]。ただし、その後に原本を取り調べる必要が生じたときは、別途、原本の送付を申し立てることができる（規143条2項）。なお、文書の所持者が正本・認証謄本を送付した場合には、原本の送付が改めて求められる事態は、写しの場合より少ないと考えられる。

(3) 文書の保管と閲覧・謄写

送付された文書は、民事保管物として保管される（→ §227 II 3(3)参照）。保管中の文書については、期日において提示される前であっても、当事者は、これを閲覧し、謄写することができる。書証の申出は、期日においてしなければならない以上、期日前に閲覧・謄写し、必要な文書を選別して、期日において書

---

[9]　文書の送付嘱託を受けて文書の所持者が任意に提出できると判断しても、当該文書を所持者においても使用する必要がある場合、写しの送付でよいかどうかを、裁判所を通じて申立人に照会し、同意を得る必要がある。

[10]　証拠法大系(4) 78頁〔古閑〕。

〔名津井〕

証の申出をすることを一般的に認める実務（後述**4**参照）は，期日前の閲覧・謄写を前提としている。

(4) **費　用**

送付に要する費用（送料）は，訴訟費用の一つである（民訴費2条9号）。これは，文書送付嘱託を申し立てた当事者が予納する（同11条・12条）。予納がない場合，裁判所は，文書送付嘱託をしないことができる（同12条2項）。

もっとも，前述(2)のように，写しの送付で足りるとされた場合における複写の費用も，以上と同様に解すべきかという問題がある[11]。文書の所持者が支出した複写費用は，調査嘱託に準じて請求又は償還を受けられる（民訴費18条2項）ため，請求に応じて文書の所持者に支給すべきである（同20条1項）から，上記と同様に解してよいだろう[12]。

4　文書の提示

(1) **意　義**

裁判所が，文書送付嘱託に基づいて文書の所持者から送付された文書を口頭弁論期日等に顕出させることを，「文書の提示」という[13]。裁判所は，送付された文書をすべて提示しなければならない。提示された文書が文書送付嘱託の申立てにかかる文書と同一であることを，裁判所が申立人に確認させることにより，文書の提示は完了する[14]。

---

11)　証拠法大系(4)78頁〔古閑〕。

12)　証拠法大系(4)78頁〔古閑〕は，本文と同じ結論に至る過程で，調査嘱託等に報酬が支給されること，文書の所持者が原本の送付を免れたことは，理由にならないとして，行政情報公開法16条で手数料の納付が必要とされることを根拠とする。文書の所持者が，行政機関に含まれる場合にはよく当てはまるが，文書の所持者が私人である場合もあるため，本文のように解しておきたい。なお，記録の取寄せの費用については，後述**6**参照。

13)　証拠法大系(4)79頁〔古閑〕，加藤新太郎編・民事訴訟実務の基礎〔解説編〕〔第2版，2007〕132頁。加藤編・同書133頁が，「裁判所が当事者に対して裁判所に提出等されている文書があることを告知し，当事者に示す行為」を「弁論提示」と呼ぶのも同旨と解される。

14)　法律実務(4)291頁が引用する288頁は，文書送付嘱託を書証の申出の一方法であることに徹する立場を前提として，提示された文書はすべて証拠となるため，証拠番号を付し，かつ，当事者は書証として「援用しなければならない」という。しかし，同書295頁の注33では，「挙証者が援用していない段階にあっては，撤回が許される」としており，明示

(2) 期日における文書の提示と文書の援用

　文書送付嘱託の手続は，実務上，期日前に所持者に対して文書の送付を嘱託し，所持者から裁判所に文書が送付され，裁判所が送付された文書のすべてを口頭弁論期日等において当事者に提示し，申立人がそこから必要な文書を選別した上で，当該文書を書証として提出するまでの一連の手続を指すものと解されている。送付された文書が提示され，訴訟に顕出されると，裁判所は本来これを取り調べることができる状態になるが，提示された文書のすべてが取り調べられ，書証目録に記載されるわけではなく，申立人による文書の選別および選別された文書を証拠として提出する旨の意思の表明（これは「援用」と呼ばれる）という契機が存在する。そのため，文書送付嘱託の手続に基づいて書証の対象となる文書は，裁判所に送付されて当事者に提示された文書の一部にすぎない。したがって，申立人が書証として援用しなかった文書は，文書送付嘱託の申立てが撤回されたものと解され[15]，当然のことながら，書証目録に記載されることはない。他方，文書送付嘱託の手続を通じて書証の対象となる文書は，申立人が送付・提示された文書を選別した後にする文書の援用によってはじめて最終的に特定される。

　なお，文書の提示はすべての文書について行うため，申立人が援用しなくても，相手方当事者には有益なこともあり得るため，相手方当事者が別途，送付・提示された文書を選別し，書証の申出に相当する援用をすることができるものと解される[16]。このことを前提とすれば，文書送付嘱託の申立てに基づいて文書が裁判所に送付されたときは，その旨を相手方当事者にも通知すべきであり，閲覧・謄写の機会を保障しなければならない[17]。

　　　的ではないが，送付・提示された文書の選別の余地を認めているものと解される。
15) 援用されない結果，文書送付嘱託が撤回されても，費用（前述3(4)参照）は文書送付嘱託が認められた文書の全体について申立人が負担すべきである。
16) 証拠法大系(4)79頁〔古閑〕。
17) 相手方当事者は，自ら文書送付嘱託の申立てをすることもできるが，同一の所持者に対して，同種の文書について同一の裁判所から，重ねて文書送付嘱託をすることは回避すべきである。これを未然に防ぐには，相手方当事者にも，文書送付嘱託にかかる文書の到着を知らせるべきである。

(3) 期日前における文書の選別

　文書の提示は期日において行われるが、裁判所による証拠調べの対象となる文書を特定するための援用も、その実質は書証の申出に相当する以上、期日においてしなければならない。しかし、文書が提示された期日において申立人および相手方当事者が直ちに必要な文書を選別した上で援用することは、とりわけ文書送付嘱託を申し立てる際の文書の特定が緩和される場合には期待し難い。

　そこで、送付された文書について、いったんすべてを閲覧・謄写し、立証趣旨を踏まえて必要な文書を選別した上で、当該文書について改めて写しを提出して書証の申出をする実務が行われている。これは選別のための時間的猶予を確保するには合理的な方法であるが、他方で、このために少なくとも2回の期日（文書提示の期日と文書提出〔援用〕の期日）を要するとすれば、手続が緩慢になり、争点整理に支障が生ずる。

　文書送付嘱託の手続を期日前にすることを認める実益は、この問題を回避する点にある。すなわち、原本に相当する文書（送付された文書）はすでに裁判所の手元で保管されている以上、送付された文書の閲覧・謄写および必要な文書の選別を期日前にした上で期日に臨むこととすれば、期日においては写しを提出して必要な文書を援用するだけであるから、文書送付嘱託による書証の申出は1回の期日で足りることになる。

　もっとも、以上のように送付された文書の閲覧・謄写を期日前に認めるとき、文書の提示は、申立人および相手方当事者が、期日前に送付された文書の閲覧・謄写をした時点において実質的には済んでいる以上、形骸化することになる[18]。

(4) 弁論準備手続期日における文書の提示

　文書の提示は、弁論準備手続期日においてもすることができる。書証の申出は、弁論準備手続期日においてもすることができる（170条2項）以上、当然と解すべきである。実際これを認めないと、争点整理の期日までに、送付された文書の選別を経て必要な文書を絞り込む作業が進められず、争点整理に支障が

---

[18] 証拠法大系(4) 79頁〔古閑〕は、文書の提示の「手続的意味は小さく、儀式としての性格が強くなる」という。

生ずる。また，(3)で述べたように期日前にも送付された文書の閲覧・謄写を認める限り，文書の提示の実質は，せいぜい送付嘱託の申立てにかかる文書が裁判所に適切に送付されたことを確認する点にあるところ，弁論準備手続期日における文書の提示を否定すると，当該期日においてすでに取調べの済んだ文書について，口頭弁論期日で文書の提示（送付文書の確認）をせざるを得なくなるが，これは無意味である[19]。

(5) 法文と実務の乖離

文書送付嘱託の実務において，送付された文書が当事者により選別され，必要な文書について改めて書証の申出（理論上は，援用）をするという扱いがされている点については，批判もある。すなわち，こうした実務によれば，文書送付嘱託は書証の申出の「準備行為」であり，文書送付嘱託を書証の申出の一方法として規定している法文に反するとの批判がそれである[20]。また，「送付嘱託の申立てによって証拠調べ手続が始まっている以上，申出当事者が文書を選別するというのはおかしい[21]」といった指摘も同旨であろう。

しかし，このような法文から乖離した実務には，相応の理由もある。すなわち，①文書送付嘱託の申立てをした当事者は，対象となる文書の内容を詳しく知らず，送付されてみて初めてそれを知ることが多いため，文書送付嘱託の申立ての際に証拠説明書を作成・提出することが困難であること，②送付された文書から申立当事者が必要な文書ないし必要な箇所を選択した上で書証の申出をすれば，不要な文書の氾濫を避けられること，である[22]。

---

19) 証拠法大系(4) 79 頁〔古閑〕。

20) 坂井芳雄「訴訟記録取寄申請と送付記録提出行為との関係（その一）」民事法の諸問題 I 243 頁。

21) 高橋下〔2版補訂版〕148 頁注 153。他に，旧注釈民訴(7) 138 頁〔田邊〕，新堂〔5版〕651 頁，伊藤〔4版補訂版〕407 頁も挙げられる。

22) 坂井論文（前掲注 20)）に対する反論として，河嶋昭「訴訟記録取寄申請と送付記録提出行為との関係（その二）」民事法の諸問題 I 256 頁があるほか，証拠法大系(4) 74 頁〔古閑〕，加藤編・前掲注 13) 133 頁，賀集ほか編・基本法コンメ(2)〔3版〕247 頁〔土屋文昭〕。最近の文献である，近藤昌昭＝足立拓人＝立石雅彦「裁判所から文書送付の嘱託を受けた文書所持者がその嘱託に応ずべき義務について」判タ 1218 号〔2006〕31 頁，小島浩＝小野寺健太＝城阪由貴＝立石雅彦「個人情報保護法制と文書送付嘱託」判タ 1218 〔2006〕24 頁，須藤典明ほか「文書送付嘱託関係のモデル書式について」判タ 1267 号

もっとも，こうした実務は旧法下ですでに一般的に行われ，現在も継続している以上，法文との乖離を批判するのみでは不十分と言わざるを得ない。実際，文書送付嘱託の実務は，書証の申出の一方法であることを前提としているため，批判が的を得ているか疑問もある。すなわち，文書送付嘱託の手続の一環として行われる書証の申出は，挙証者が文書を所持する場合の書証申出と全く同じではない。つまり，申立人は，すでに裁判所に送付され，保管されている文書について「書証の申出」をし，これにより証拠調べの対象となる文書を具体的に特定することになる。また，「書証の申出」のされた文書が送付された文書の一部である場合には，その他の文書について，文書送付嘱託の申立てに基づき証拠調べを求める意思を撤回する行為を伴う。この点は，申立人に対してすべての送付された文書を提示して，その場で選別してもらうことによっても可能であるが，送付されて裁判所に保管されている文書のすべてを申立人が閲覧・謄写し，取調べの対象とすべき文書の写しを改めて裁判所に提出する方が簡明であることから，実務慣行として行われ，確立したものと思われる。とすれば，「文書の所持者による書証の申出」に似た部分を切り離して，その前段階の手続を「準備行為」と呼び，それに続く写しの提出を「書証の申出」と呼んで，文書送付嘱託は，証拠収集と書証の申出の組み合わせであると性質決定し，文書送付嘱託を書証の申出の一方法であることを明らかにした法文から乖離しているとの批判には，さほど説得力はないと言わざるを得ない。むしろ，文書送付嘱託の申立てに始まり，文書の所持者からの送付，裁判所による保管，申立人の閲覧・謄写および文書の選別，期日における裁判所による文書の提示および写しの提出による書証の援用といった一連の行為を通じて取調べの対象となる文書を特定し，訴訟に顕出させる手続を文書送付嘱託と捉えるべきであろう。

5　送付の拒絶と応答義務

(1) 応答義務

　文書送付嘱託の相手方については，条文上「文書の所持者」と規定されるのみであり，特に限定はない（前述 I 2 参照）。よって，相手方（文書の所持者）に

〔2008〕5頁も含め，実務家は肯定的である。

は，官公署・公務員のほか，私人・私法人も含まれる。同様に，訴訟外の第三者に限定する根拠もないため，相手方当事者であってもよい[23]。

しかし，このような相手方の無限定にもかかわらず，文書送付嘱託に応じて文書を送付する義務（応答義務）については，官公署・公務員と私人・私法人を区別し，前者のみが応答義務を負うと解するのが通説である。この応答義務が一般的な法的義務であることについては異論を見ないが，その根拠をどこに求めるかについては，公法上の一般的義務[24]，一般国法上の義務[25]，公法上の共助義務[26]，裁判を受ける権利という公益の実現に奉仕すべき義務[27]等が主張されている[28]。他方，私人については，「裁判に協力する趣旨でこれに応じるのが妥当である[29]」との表現が見られるものの，文書送付嘱託に対する応答義務はないとするのが，旧法以来の通説である[30]。

しかし，応答義務については，官公署・公務員と私人・私法人を区別する根拠はないとして，私人についても応答義務を認める見解（肯定説）が現れている[31]。理由として，①旧々法とは異なり文書送付嘱託の相手方が条文上限定されていないこと，②文書送付嘱託は申立てにより裁判所が文書送付の必要性を検討して決定したことに基づいて嘱託する点において当事者が任意に協力を求める場合とは異なること，③文書提出義務は一般義務化された以上は文書送付嘱託の応答義務も一般的な公法上の義務とされるべきであること，④調査嘱託

---

[23] 高橋下〔2版補訂版〕147頁注152。
[24] 菊井＝村松Ⅱ636頁，賀集ほか編・基本法コンメ(2)〔3版〕247頁〔土屋〕。
[25] 斎藤ほか編・注解民訴(8)198頁〔小室＝宮本〕。
[26] 高橋下〔2版補訂版〕143頁。
[27] 旧注釈民訴(7)140頁〔田邊〕。
[28] 東京地判昭50・2・24判時789号61頁は，不起訴記録の文書送付嘱託について，記録を所持する検察官は，「公益のため行動すべき公的機関として，裁判所からの嘱託に応じ司法事務に協力し，訴訟における真実発見に資するよう協力すべき立場」にあるから，文書送付嘱託に応ずべき義務があるとする。
[29] 賀集ほか編・基本法コンメ(2)〔3版〕247頁〔土屋〕。
[30] ドイツにおいては，文書送付嘱託の相手方を官公署・公務員に限ることを前提として，相互共助の観点から，原則として応答する義務があると解するようである。旧注釈民訴(7)140頁〔田邊〕。
[31] 近藤ほか・前掲注22)31頁。

〔名津井〕

(186条) では公法上の義務としての回答義務について官公署と私的団体を区別していないこと，⑤弁護士会照会（弁護23条の2）の回答義務は公務所又は公私の団体にあること等が指摘されている。

　もっとも，この見解は，私人（法人を含む）に応答義務を認める意味を，所持者が正当な理由なく文書送付嘱託に応じない場合，それが違法と評価されて申立人に対する不法行為を構成することに求めている[32]。しかし，私人たる所持者の応答義務も，いずれにせよ一般的な公法上の義務である以上，申立人に対する不法行為を基礎づけられるかどうかは問題である。まず肯定説の理由①は，私人には応答義務がなくても任意の提出を求める余地があることを理由として文書送付嘱託の相手方が旧法（およびこれを踏襲した現行法）において私人にまで拡張されたこと（前述Ⅰ2参照）と相性が悪い面がある。他の理由も私人たる所持者の応答義務を認める根拠としては決め手に欠けるように思われる。とりわけ，理由③の文書提出義務の一般義務化は，制裁を伴う提出義務の問題であるのに対し，文書送付嘱託制度は，文書提出義務が免除される場合でも，送付を求めることができるところに意味がある以上，同列に論ずべきではない。また，通説は，応答義務にかかわらず，任意提出を求める制度であることを前提に，文書送付嘱託の申立てにかかる文書を所持者と主張される者が現に所持するかどうかを問題としない扱いを許容しているため（前述Ⅱ1(1)参照），応答義務を文書提出義務に近づけて一般化するとき，こうした扱いを説明することが困難になる。確かに，文書送付嘱託を受けた私人たる所持者は，裁判所に協力することが求められていると考えられるが，この状況を「応答義務」と呼び，官公署・公務員の立場と同列に置くことについては，なお慎重な検討が必要である。

(2) 送付拒絶に対する対応

　文書の所持者は，裁判所からの文書送付嘱託に応じるかどうかを判断することができる。すなわち，文書送付嘱託が文書の所持者による任意提出を求めるものである限り，相手方の応答義務（前述(1)）の有無にかかわらず，応答拒絶はあり得る。応答拒絶自体に対する制裁はないため，この場合，挙証者は当該

---

32) 近藤ほか・前掲注22) 36頁。

第5節　書証　　　　　　　　　　　　　　　　　　　　　　§226 Ⅱ

文書について文書提出命令の申立てを検討せざるを得ない。文書の所持者が文書提出義務（220条）を負う場合には，不提出等には制裁が課されるため，これを嫌う文書の所持者は提出を余儀なくされることになろう。このことを前提とすると，文書の所持者が文書送付嘱託を受けたときは，文書提出義務が予測される限り，素直に応じるのが得策である。この点は，文書送付嘱託の相手方が，私人であるか，官公署・公務員であるかを問わない。しかし，文書提出義務を背後に控えた文書ばかりが文書送付嘱託の対象となるわけではない。むしろ，文書提出命令の威嚇に頼らず，相手方からの任意提出を期待するところに文書送付嘱託制度の意義があることにかんがみれば，この制度が適切に運用されるには，文書の所持者が裁判所からの嘱託に協力する姿勢が不可欠である。この意味で，文書送付嘱託に協力できない特別な事情がない限り，文書の所持者は，裁判所に協力することが期待される[33]。

6　記録の取寄せ

(1)　趣　旨

裁判所が保管する他の事件の訴訟記録を自己の訴訟の証拠として利用したいときは，訴訟記録の取寄せを申請することができる。判例（大判昭7・4・19民集11巻671頁）が文書送付嘱託に代わる簡易な訴訟記録の入手方法としてこれを認め，旧法以来実務に定着している。記録の取寄せは，申請の対象が同一の裁判所内にある記録であるため，文書送付嘱託の申立てまでの必要がないとの考えに基づくものと解されている。なお，記録の取寄せは，「(自庁内の)記録の顕出[34]」，「記録の提示[35]」と呼ばれることもあるが，内容は同じである。

(2)　文書の所持者たる裁判所

前掲昭和7年大判は，「当事者カ受訴裁判所ノ保管ニ属スル他ノ事件ノ記録ヲ証拠トシテ援用セントスルトキハ其ノ文書ノ送付嘱託ヲ申請スルコトヲ要セ

---

33) 須藤ほか・前掲注22) 5頁は，その具体例であり，文書の所持者の立場に配慮して，任意提出の促進に向けた実務改善を提案しており，興味深い。
34) 証拠法大系(4) 80頁〔古閑〕。
35) 加藤編・前掲注13) 132頁は，他の裁判所が保管する訴訟記録についての書証の申出を「記録提示の申出」といい（証拠法大系(4) 80頁〔古閑〕は「記録の顕出の申立て」），この手続を，文書送付嘱託と区別して「記録の提示」あるいは「記録の取寄せ」という。公表された文献上は，「記録の取寄せ」の呼称を用いるものが多い。

〔名津井〕

ス単ニ之カ使用方ヲ受訴裁判所ニ請求スルヲ以テ足ルモノトス」と判示する。「受訴裁判所」は，事件の係属する（ここでは特に過去に係属した）訴訟法上の意味の裁判所という通常の意味[36]ではなく，通常の意味の受訴裁判所が属する国法上の意味の裁判所（官署としての裁判所）を指している。また，「事件ノ記録」には，民事事件のみならず，刑事事件の訴訟記録や支部に係属する事件の訴訟記録が含まれるが，家庭裁判所・簡易裁判所の保管する事件記録は含まれないとされる[37]。文書の所持者が後者である場合や，別の国法上の裁判所が保管する訴訟記録については，原則である文書送付嘱託の申立てによる必要がある[38]。

(3) 経緯・性質

旧法下の文献では，しばしば記録の取寄せと文書送付嘱託とが横並びで検討されている[39]。実際，概括的に特定された文書の全体の取寄せを申請し，送付された文書全体の中から必要な文書を選別して，裁判所に書証として提出するという点は，裁判所を相手方とする記録の取寄せにおいても同様とされている。こうした実務慣行は，記録の取寄せが先行するようであり，民事訴訟規則[40]の制定前には，文書送付嘱託は文書を特定して申し立て，送付された文書のすべてに書証番号を付していた例があったのに対し，規則制定後は見かけなくなったと指摘されている[41]。その後，記録の取寄せと文書送付嘱託は，実質的に同じものであるとの評価が一般的に見られる[42]。そうであるならば，記録の取寄せも，文書送付嘱託と並ぶ書証の申出の一方法であろうか。一部の学説は，記録の取寄せは，書証の申出のための準備行為であり，それ自体は証拠の申出ではないとしている[43]。しかし，同様の指摘は，文書送付嘱託にもみられることにかんがみると，記録の取寄せもまた，準備行為から文書の提出へとつながる

---

36) 新堂〔5版〕105頁等。
37) 証拠法大系(4) 80頁〔古閑〕。
38) 加藤編・前掲注13) 132頁。
39) 坂井・前掲注20) 234頁，河嶋・前掲注22) 256頁等。
40) 戦後，日本国憲法77条1項により最高裁判所が規則制定権を付与されたことを前提とする。松本博之・民事訴訟法の立法史と解釈学〔2015〕。
41) 倉田・証明167頁。
42) 加藤編・前掲注13) 132頁。
43) 斎藤ほか編・注解民訴(8) 197頁〔小室＝宮本〕，秋山ほかⅣ 490頁。

一連の手続として把握できる（前述4(2)(5)参照）以上，やはり書証の申出の一方法と解すべきであろう。

　もっとも，記録の取寄せについては，本条のような明文規定はない。しかし，本条の「文書の所持者」から裁判所が除外されていると解すべき十分な根拠はなく，自ら訴訟記録の閲覧・謄写ができる場合（民91条・92条）はそれによるべきであることは，記録の取寄せにおいても同様と解されること，他の事件の訴訟記録が立証趣旨との関係で必要かどうかは記録の取寄せにおいても審査されるべきであること等を考慮すると，本条を類推適用すべきである。

　なお，記録の取寄せについては，記録の取寄せ（論者は，「記録の顕出」の用語法を使用する）という特殊な形態を認めず，文書送付嘱託に一本化すべきと説く見解[44]があるが，①後述(4)の費用に関する取扱いに相違点があること，②同一の裁判所が保管する訴訟記録の利用を求める場合と，他の裁判所，官公庁又は私人が所持する文書を利用する場合とは，「送付」の有無という点で明確な差異があることにかんがみると，入手した文書を裁判所に提出するときの類似性にもかかわらず，両者を区別した方が簡明である。したがって，記録の取寄せは，従来通りに解した上で，文書送付嘱託の規定を類推適用すべきである。

(4) 費　用

　記録の取寄せは，同一の裁判所内に保管される訴訟記録を取り寄せるものであるから，文書送付嘱託の場合とは異なり，送付費用の予納は不要である[45]。これに加えて，訴訟記録の閲覧・謄写の費用まで不要とすべきかどうかが問題になるが，前述3(4)と同様に解して手数料は必要と解すべきである。

〔名津井吉裕〕

---

44)　証拠法大系(4)81頁〔古閑〕。
45)　秋山ほかⅣ490頁。

§ 227 Ⅰ・Ⅱ

(文書の留置)
第 227 条　裁判所は，必要があると認めるときは，提出又は送付に係る文書を留め置くことができる。

Ⅰ　本条の趣旨

　本条は，文書の証拠調べのため，裁判所に提出され又は送付された文書の留置について規定する。文書の証拠調べは，裁判所が口頭弁論期日又は弁論準備手続期日（170条2項）において提出された文書を閲読して把握した意味内容を証拠資料とする手続であるが，あらかじめ写しを提出しておき，期日に提出された原本と照合して相違なければ写しを訴訟記録に編綴し，原本は当事者又は第三者に返還するのが実務の扱いである（規137条1項[1]）。しかし，例外的に写しでは足りず，原本を裁判所に留置する必要のある場合（後述Ⅱ2参照）がある。そこで，本条は，裁判所が必要と認める限り，文書の真否を確認した後も，原本を留め置く権限があることを明らかにしている。なお，証拠調べの手続に関する規定の多くは，平成8年改正時に規則事項とされているが（規142条・143条等），本条は，前述のように裁判所の権限を定めた規定であるため，法律事項とされたものである[2]。

Ⅱ　提出文書の留置

1　写しの提出と原本の返還

　文書を閲読して得られる意味内容を証拠資料とする書証の性質上，原本の文字情報等を正確に複写する技術を前提にすれば，写しによっても文書の取調べは目的を達する場合が多い。そのため，書証の申出に際してあらかじめ提出された写しと原本を照合してその一致を確認できれば，保管に伴う責任が生じる原本を返還し，写しのみを訴訟記録に綴じること自体は，合理的な取扱いであ

---

[1]　書証の申出は原本等でしなければならない（規143条）が，それに先立って写しの提出が求められる。写しがある限り原本を返還することを前提として，写しの提出を義務づけたものである。民訴規137条については，§219Ⅳ以下を参照。

[2]　秋山ほかⅣ 498頁。

る。写しの提出・訴訟記録への編綴は，文書の綿密な取調べに役立つ一方で，証拠調べの結果である文書の意味内容を保存して備忘に資する機能や，裁判官の更迭や控訴の場合にも調書の記載を補完し，従前の証拠調べの結果を伝達する機能が重宝されているという事情[3]が，民訴規則137条の基礎にある。

2 原本が必要な場合

一般的には，写しは上記のように有益であるとしても，原本を取り調べる必要があることもある。例えば，紙の材質，文書に現れた筆跡，インク等の文字や印影の色合い・かすれ・劣化の進み具合等，原本でなければ正確に獲得しにくい情報があり，帳簿その他の計算書類のように原本との照合に一定の時間を要する場合もある。また，写しの提出がされない間（規137条1項但書）に，原本が改竄されるおそれがあるようなときも，原本を留置する必要がある[4]。いずれにせよ，原本を留置してこれを子細に吟味する必要があるかどうかは，文書の証拠力を評価する裁判所の責任で判断すべきであるから，それに対応して文書を留置できる裁判所の権限が本条によって認められたのである。

3 留置決定とその効力

(1) 意 義

本条により，裁判所が文書を留め置くことを命ずる裁判は，決定である（留置決定[5]）。これも訴訟指揮に関する裁判の一種である[6]。留置決定は，証拠調

---

[3] 旧注釈民訴(7) 143頁〔田邊誠〕，倉田・証明16頁。

[4] ドイツ民事訴訟法443条は，文書の真正が争われ，又は，文書の内容が変更されるおそれがあるとき，当該文書は訴訟が終了するまで裁判所の事務課に保管される（ただし，公の秩序のために他の官庁に当該文書を引き渡す必要のない場合に限る）と規定しており，本条とは異なり，文書の偽造・変造を防止する目的が重視されている（Stein/Jonas/Leipold, ZPO, 22.Aufl., 5.Bd., §443, Rn.2）。訴訟終了まで留置（条文上の文言としては，保管）できるとの規律はこの目的に資する。もっとも，同条が明確に規定するように，文書の真正が争われるときにも当該文書を留置することができる以上，本文に掲げた検証の趣旨を含んだ留置を排除するわけではないものと解される。

[5] なお，斎藤ほか編・注解民訴(8) 199頁〔小室直人＝宮本聖司〕は「留置命令」とするが，裁判の形式は決定である。

[6] 不服があっても異議を述べることができるのみで（150条），独立に不服を申し立てることはできない。が，その反面，留置決定はいつでも取り消すことができる（120条）。証拠法大系(4) 242頁〔古閑裕二〕，秋山ほかⅣ 498頁等。

べの前後を問わず，裁判所が必要と認めた文書（原本）について発することができる[7]。また，留置される文書は，当事者が自ら提出したものか，文書提出命令に基づいて相手方又は第三者が提出したものか，さらには送付嘱託に応じて送付されたものかも問わない。このように，文書の留置は，裁判所が必要と認めるとき，その裁量により決定すべきものである。

ところで，学説上，文書の原本を子細に調べる必要があるときは，相手方当事者も留置決定を求めることができるとされている[8]。確かに，証拠共通の原則の観点からは，相手方当事者も原本の留置に利害を有することがあろう。しかし，留置決定はあくまで裁判所の裁量的判断に基づくものである以上，留置決定の申立ては，裁判所に対して訴訟指揮に関する裁判を促す意義を有するにとどまる。

(2) 効　力

留置決定には，これを強制する手段や制裁がない。そのため，留置決定のされた文書も，提出者が文書の留置を承諾しないときは実効性に欠けるとの指摘がみられる[9]。この指摘は，提出又は送付された文書（原本）が写しとの照合を経て提出者に返還されたこと，つまり，留置決定の時点で原本の占有が提出者にあることを前提としている。したがって，この指摘にいう留置決定の強制力とは，いったん裁判所に提示された後，返還された文書（原本）を裁判所に引き渡すことを命ずる裁判やこの命令を担保する仕組み（制裁）のことを指す。以上のように解する限り，留置決定が強制力を欠くという問題を克服するためには，提出者が当該文書（原本）の留置を承諾している（任意提出が見込まれる）場合に限って留置決定をすべきものと解する必要がある[10]。さもないと，返還された文書（原本）を占有する提出者が留置決定に従わない場合，裁判所の威

---

[7] 秋山ほかⅣ 498 頁，旧注釈民訴(7) 143 頁〔田邊〕，菊井＝村松Ⅱ 638 頁，法律実務(4) 281 頁等。菊井＝村松Ⅱ 638 頁，法律実務(4) 281 頁。ただし，後述(2)のように，理論上は，証拠調べと同時にすることができるところに意味がある。

[8] 秋山ほかⅣ 498 頁，旧注釈民訴(7) 143 頁〔田邊〕，兼子ほか・条解 1072 頁〔松浦馨〕，斎藤ほか編・注解民訴(8) 199 頁〔小室＝宮本〕。

[9] 証拠法大系(4) 242 頁〔古閑〕，旧注釈民訴(7) 144 頁〔田邊〕，兼子ほか・条解 1072 頁〔松浦〕，斎藤ほか編・注解民訴(8) 199 頁〔小室＝宮本〕。

[10] 法律実務(4) 281 頁。

信に傷がつくからである。他方，提出者が自ら文書を利用するために取り戻すことを欲する場合には（裁判所の占有が前提），そのような事情にも配慮して留置の必要性を判断すべきとする見解[11]もあるが，提出者の任意性を重視する点で同様の基盤の上にあるものと解される。

　以上のように，従来，留置決定に強制力がない点は，文書提出者の任意の協力によって補完すべきものと解されてきた。しかし，留置決定の時点で文書の占有が裁判所にある場合と提出者の手元にすでに返還されている場合とを区別せず，前者を念頭において留置決定に強制力がないと評価することには疑問がある。この点，裁判所が文書を取り調べるために原本が必要と認めるときは，原本提出命令（規143条2項）を発令することができ，不提出の場合にはこの点を弁論の全趣旨として自由心証により評価すべきものと解されている[12]。とすれば，文書の占有が提出者にある場合に留置を拒絶する場合も，これと同様に自由心証による評価で対処することができるはずであり，この対処法をして強制力が弱いとする批判は妥当とは思われない[13]。そうである以上，文書（原本）が提出者の手元にすでに返還されている場合には，原本提出命令の準用をもって対処すべきである。提出者がこの命令に従わない場合，そのことが当該文書の証拠力の評価において裁判官の心証形成に影響することになる。

　以上に対し，より抜本的には，文書（原本）が提出者の手元に返還された場合にまで留置決定をすることができることを前提としてきた従来の解釈自体を見直すこともまた検討すべきである。すなわち，留置決定は，あらかじめ提出された写しとの照合のため口頭弁論期日に原本が提出されたとき，つまり，原本の占有が裁判所にある状況で発することを原則とすべきだろう[14]。こうした運用が徹底されるならば，提出者に返還された文書（原本）につき，裁判所が留置決定をしたにもかかわらず，提出者がこれに従わず，その実効性が疑われ

---

[11]　秋山ほかⅣ 498頁。

[12]　証拠法大系(4) 243頁〔古閑〕。

[13]　なお，民訴法224条の効果論においては，自由心証説が最有力であることにも留意すべきである（→§224 Ⅳ 3(5)参照）。

[14]　この場合，留置決定の時期は，文書（原本）を口頭弁論期日において提出し，写しと照合したときに証拠調べが終了するとの一般的な説明を前提とする限り，証拠調べと同時と解することになろう。

るという事態は生じない。むしろ，留置決定の効力は，提出者からの原本返還の要請に対し，裁判所がこれを拒否する態様において最も効果的に生じ，この態様で留置決定を利用する限り，とくに制裁がなくても，十分な実効性を確保することができる。それでも，何等かの事情により，裁判所が適切な時期に留置決定をすることができず，文書（原本）が提出者の手元に返還されてしまった場合には，前述したように原本提出命令の準用によって実効性の確保を図らざるを得ない。

(3) **留置される文書の保管**

留置決定のされた文書は，裁判所の責任において保管し，裁判所が必要と認めた事情がなくなったときは，速やかに提出者（当事者，第三者）に返還しなければならない[15]。文書の保管に関しては，「裁判所の事件に関する保管金等の取扱いに関する規程」（昭37・9・10最高裁規程3号・改正昭54・4・23）によっている。保管中の文書は，「民事保管物」（同規程2条2項）と呼ばれ，保管物主任官の管理下で保管される（同規程7条～10条参照）。

〔名津井吉裕〕

---

15) 秋山ほかⅣ 498頁，法律実務(4) 281頁。

第5節　書証

（文書の成立）
第228条　①　文書は，その成立が真正であることを証明しなければならない。
②　文書は，その方式及び趣旨により公務員が職務上作成したものと認めるべきときは，真正に成立した公文書と推定する。
③　公文書の成立の真否について疑いがあるときは，裁判所は，職権で，当該官庁又は公署に照会をすることができる。
④　私文書は，本人又はその代理人の署名又は押印があるときは，真正に成立したものと推定する。
⑤　第2項及び第3項の規定は，外国の官庁又は公署の作成に係るものと認めるべき文書について準用する。

I　本条の趣旨

1　概　要

　書証は裁判官が文書を閲読して得られた記載内容を証拠資料とする手続であるから，その前提として取調べの対象となる文書が作成者の意思に基づいて作成された真正な文書でなければならない。そこで本条1項は，書証の申出をする当事者は，取調べの対象となる文書の真正を証明しなければならない旨を規定する。もっとも，文書には公文書と私文書の区別がある。そこで，公文書および私文書の真正についてそれぞれに推定規定を設け（2項・4項），とくに公文書についてその真正が疑わしいとき，裁判所が職権で官公庁に照会できることとした（3項）。外国の公文書も，内国公文書と同様である（5項）。

2　文書の形式的証拠力

(1)　意　義

　証拠力（証明力，証拠価値ともいう）は，証拠が特定の要証事実の認定に寄与する程度のことであるが，証拠力は形式的証拠力と実質的証拠力に区別される[1]。判例もこの区別を認めるものと解される[2]。文書に関して言えば，文書

---

[1]　河野信夫「文書の真否」新実務民訴(2) 204頁は，実質的証拠力から形式的証拠力を区別

は文字その他の記号により人の思想を表現したものであり，また書証は文書の意味内容を証拠資料とする証拠調べである以上，文書に表示された思想が誰のものかが分からなければ，文書の閲読によって得られたその意味内容を証拠資料としても意味がない。この点は，証人尋問において人違いの証人の証言には意味がなく，事前に人定質問により挙証者が証人申請した者と証人として出頭した者の同一性を判断することと対比することができる[3]。したがって，文書の作成者が誰であり，その者によって当該文書が作成されたかどうかが，文書の意味内容が要証事実の認定に寄与するかどうかの前提問題として判断されなければならない。このようにして文書が特定の作成者の意思に基づいて作成されているとき，当該文書は真正であり，そのような文書に形式的証拠力が認められる[4]。また，文書に形式的証拠力が認められてはじめて，当該文書は要証事実の認定の資料に供されることになる。なお，文書の形式的証拠力は，文書の真正に尽きないと解されているが，詳細は後述 II 1(3)で言及する。

し，後者を前者の前提問題と構成できるのは，何も文書に限ったことではなく，例えば，証人尋問において申請された証人と出廷した証人が同一であること（この点は宣誓前の人定質問で確認される），現場検証において検証すべき場所と検証のためたどり着いた場所が一致すること（この点は当事者の指示説明や提出された図面等で確認される）も，形式的証拠力と解して何ら差し支えない。しかし，これらの同一性は判断が容易であるために実際には問題とならないのに対し，文書はそれ自体から作成名義人と真の作成者の同一性が分からないことから，形式的証拠力はとくに文書（書証）について重要な意義を有すると指摘する。なお，高橋下〔2版補訂版〕134頁注134も参照。

2) 最判昭25・2・28民集4巻2号75頁が「書証の成立を認めるということはただ其書証の作成名義人が真実作成したもので偽造のものではないということを認めるだけで，その書証に書いてあることが客観的に真実であるという事実を認めることではない」とするのは，この区別を前提とするものと解される。ただし，「書証の成立」として語られた内容は，文書の真正を偽造文書ではないことと解していた当時のものであり，現在の通説とは異なることには注意を要する。なお，後述 II 2(3)(ウ)も参照。

3) 倉田・証明183頁も，「文書の真正はいわば証人尋問における人定質問で人違いがあってはならぬのに匹敵する」とする。同旨を指摘する文献は多い。

4) 信濃孝一＝岡田伸太「文書の真正と証拠価値」実務民訴第3期(4)249頁と，最判昭46・4・22判時629号60頁を掲げて，文書の形式的証拠力を，文書が「作成者の意思を表現するものとしてその記載内容にそう事実を認定」できる価値をいう，とする。

第5節　書証　　　　　　　　　　　　　　　　　　　　　　　　　§228 I

(2) 処分証書・報告文書の区別と文書の形式的証拠力

　文書については，処分証書と報告文書の区別があるが（→§219 4(2)参照），これらの文書における形式的証拠力の意義には若干の差異が生ずる。

　まず，処分証書（例えば，契約書，遺言書，委任状，手形等，法律行為が当該文書の作成を通じてなされる場合の文書）の場合，当該文書によって証明されるのは当該文書に記載された法律行為の存在である。具体的には，契約の成立・不成立が争われている事案では，挙証者が契約書を書証として提出したのに対し，相手方がこれを否認し，契約書の成立の真正が争われた場合，契約書の真正が証明されると，記載内容が作成者の意思に基づくものと認定されると同時に，記載内容である当該契約の存在もまた証明されたことになる[5]。したがって，処分証書の場合には，当該文書の形式的証拠力の有無が主たる争点となる。

　これに対して，報告文書（処分証書以外の文書であり，例えば，登記簿，戸籍簿，受取証，診断書，日記等）は，作成者の見聞，判断，感想，記憶等を記載した文書にすぎないことから，当該文書に形式的証拠力が認められても，文書の記載内容である事実が認定されるとは限らない。なお，一通の文書の中に，処分証書と報告文書が混在する場合もある。例えば契約書については，契約条項の記載部分は処分証書，作成日，場所，立会人等の記載部分は報告文書であるが，このような場合には，各記載部分に対応して文書の証拠力（形式的証拠力・実質的証拠力）が判断される[6]。

---

[5] 法律実務(4) 269 頁，兼子・体系 278 頁，新堂〔5版〕650 頁，伊藤〔4版補訂版〕405 頁，高橋下〔2版補訂版〕129 頁，旧注釈民訴(7) 13 頁〔吉村徳重〕，証拠法大系(4) 18 頁〔石井浩〕，秋山ほかⅣ 354 頁，兼子ほか・条解〔2版〕1180 頁〔松浦馨＝加藤新太郎〕等。最判昭45・11・26 裁判集民101号565頁は，真正に成立した処分証書（売買契約書）があれば，特段の事情のない限り，記載通りの事実を認定すべきとした裁判例として参考になる。その他の例を含め，後藤勇「民事事実認定のスキル」田尾桃二＝加藤新太郎編・民事事実認定〔1999〕164 頁（初出：「民事裁判における事実認定」司法研修所論集82号〔1990〕）を参照。

[6] 法律実務(4) 270 頁，旧注釈民訴(7) 13 頁〔吉村〕，証拠法大系(4) 18 頁〔石井〕等。

〔名津井〕

II 文書の真正

1 条文の趣旨
(1) 新設の趣旨

本条 1 項の前身は，民事訴訟法の大正 15 年（1926 年）改正により新設された旧法 325 条である[7]。同条は「私文書ハ其ノ真正ナルコトヲ証スルコトヲ要ス」という規定であったが，旧法には公文書に関して同旨を定めた規定はなかった。旧法 325 条の新設理由は，私文書の場合，公文書のように文書の趣旨と方式によって真正を推定する規定（旧法 323 条 1 項。本条 2 項と同旨〔後述 IV 参照〕）が適合しないため，私文書の真正が争われた場合，挙証者はその証明を要することを明記する点にあったとされる[8]。

これに対して，本条 1 項は，文書一般についてその成立の真正が証明されなければならない旨規定する。旧法と異なり，公文書についてもその成立の真正の証明が必要であるとの趣旨が追加されたことになる。もっとも，旧法下でも公文書の形式的証拠力の観念はあり，公文書の真正の推定規定（前掲・旧法 323 条 1 項）も存在したが，公文書に対する一般的な信頼を背景として，その真正を証明する必要が明確に意識されていなかったものと推察される。これに対して，本条 1 項は，文書の真正が重要であることについては，私文書と公文書の間に区別はないという当然の事理に基づき，旧法の「私文書」を「文書」に改めたものと解されるため，上記の変更は実質的な改正を意味しない。

---

[7] 旧々民訴法における，検真の制度〔旧々 352 条・353 条〕は，これに伴い廃止されている。

[8] 松本＝河野＝徳田編・立法資料〔13〕「民事訴訟法中改正法律案理由書」215 頁に掲載された〔理由〕では，「私文書ハ公文書ト異ナリ前述ノ如キ推定ヲ為スニ適セサルヲ以テ私文書ノ真否ニ付争アルトキハ挙証者ニ於テ其ノ成立ヲ立証スルコトヲ要スルモノトセリ」とされている。第 2 案までは 279 条に同旨の法文案があるところ，松本＝河野＝徳田編・立法資料〔12〕「民事訴訟法改正調査委員会議事速記録第三二回（大正一一年一二月一九日）」335 頁によれば，松岡義正（起草委員）は，「唯此私文書は公文書と違ひまして信用力が薄いのでありますから，そこで此真正なることを証することを要すと斯う云ふ風に此点を明らかにしたのであります」と説明していた。

(2) 意 義

通説によれば，文書の真正（文書の成立の真正ともいう）は，「文書が作成者であると挙証者が主張する者（特定人）の意思に基づいて作成されたものであること」を指すものと解される[9]。この定義の中には，①文書が特定の作成者の意思に基づいていること，および，②①にいう特定の作成者が挙証者の主張する作成者であること，が含まれる。文書の真正について，①が不可欠の内容をなすことに異論はなく，文書の真正において核心部分をなすと一般に解されている。実際，文書は一般に，特定人の思想[10]（意思，判断，報告，感想等）が文字その他の記号の組み合わせによって表現された有形物と解されるのであるから，文書はそれが特定の作成者によって作成されていてはじめて，閲読により特定人の思想等が判明し，これが要証事実の認定資料となるのである。これに対して，前述②の要素が，文書の真正に不可欠かどうかについては議論があるが，詳細は後述 **2**(2)以下を参照されたい。

(3) 文書の作成に向けられた意思の内容

前述①の要素から明らかなように，文書は特定の作成者の意思に基づくものでなければならないが，文字その他の記号が，当初から作成者の意思を表示することを予定していない場合にも，当該記号で表現された有形物を真正な文書と認めてよいだろうか。

問題となるのは，習字の目的で作成された文書である。これは文字その他の記号を記述する能力を高める目的で作成されるため，書き表された文字その他の記号は，作成者の思想を具体化することをそもそも予定していない。このような習字目的で作成された文書も，作成者の意思に基づいて作成されている以上，真正に成立しているが，その文書には，作成者の思想等が具体化されていないため，形式的証拠力は否定されることになる[11]。

---

9) 秋山ほかⅣ 500 頁，司法研修所編・民事訴訟における事実認定〔2007〕（以下，「事実認定」）74 頁，証拠法大系(4) 20 頁〔石井〕，斎藤ほか編・注解民訴(8) 104 頁〔小室直人＝宮本聖司〕，兼子ほか・条解 1042 頁〔松浦馨〕，加藤新太郎「文書成立の真正の認定」中野古稀上 579 頁，河野・前掲注 1) 203 頁，法律実務(4) 260 頁等多数。

10) 高橋下〔2 版補訂版〕133 頁注 135 は，本文のような「思想」の用語法に反対し，「意思，判断等」と表記することを提案する。「思想」がドイツ語の誤訳であり，本来の意味は，「人の頭の中にある情報」を指すことが理由とされる。

〔名津井〕

このように習字目的で作成された文書については，文書の真正と形式的証拠力の区別が顕在化する。すなわち，文書の作成に向けられた作成者の意思（前述①の意思）は，習字目的の文書では，文字その他の記号を何等かの形で作成すること自体に向けられた意思に限定される。文字その他の記号が作成者の意思に基づいている限り，文書は真正に成立しているとしても，その文書には作成者の思想が存在しないため，文書の形式的証拠力は否定される。しかし，文書の真正と形式的証拠力のこのような区別は，習字目的で作成された文書を真正文書として説明するためのものという性格が強い。通常は，文書を作成する場合，作成者はその思想を具体化する目的で作成するのであるから，文字その他の記号を作成する意思があれば，作成者の思想を具体化する意思も認められることがほとんどであろう。この意味で，文書の形式的証拠力を主として文書の真正の観点から捉えること（文書の真正のことを形式的証拠力と呼称する通説的な用語法）を誤りとまでいう必要はないように思われる[12]。なお，文書の真正と作成者の意思の具体化とによって形式的証拠力が認められることを意識して，形式的証拠力を「文書の記載内容が，作成者の主張する特定人の思想の表現であると認められること」という定義[13]も試みられているが，前述した理由から，以下では特にこだわらないことにする[14]。

2　文書の作成者

(1)　意　義

　文書の作成者とは，当該文書を通じて表される思想の主体のことである。文書の真正に関する通説的定義（前述1(2)参照）によれば，文書は，挙証者の主張する作成者の意思に基づくものでなければならない。また，「作成者」が上記の定義から明らかなように，ここでいう「作成者」は文書に文字その他の記号を記載した者と一致するとは限らない。例えば，Aが口述した内容を秘書

---

11)　証拠法大系(4)24頁〔石井〕，伊藤〔4版補訂版〕403頁，高橋下〔2版補訂版〕128頁等。
12)　証拠法大系(4)18頁〔石井〕，事実認定81頁，加藤・前掲注9) 579頁ほか。
13)　新堂〔5版〕648頁，伊藤〔4版補訂版〕403頁，高橋下〔2版補訂版〕128頁等。
14)　内海博俊「『法定証拠法則』たる『推定』の意義に関する覚書」伊藤眞古稀55頁注13は，通説用語法と異なる定義を採用する見解と通説との間に実質的な対立はないと指摘する。

第5節　書証　　　　　　　　　　　　　　　　　　　　　§228 II

等の地位にあるBが筆記した文書の作成者はAであり，Bは文字等を記載する作業を行った者（記載者）にすぎない。このとき，BはAの筆記用具（道具）と同じと解される[15]。したがって，裁判所が文書の真正を判断する作業は，文書の文字その他の記号が誰によって記載されたかではなく，当該文書に記載された文字その他の記号によって表現された思想の主体を明らかにすることでなければならず，しかも通説においては，挙証者が当該文書の作成者であると主張する特定人が当該文書に表現された思想の主体と一致するかどうかを判断しなければならないのである。ところが，この通説に対しては，従来，有力な反対説がある。そこで，まず通説の立場を明らかにした後，反対説に言及することとする。

(2)　文書の作成者の特定の要否

(ア)　通　説　　文書の真正は，当該文書が作成者の意思に基づいて作成されたことであるが，通説は，この作成者をして，挙証者が当該文書の作成者であると主張した者であることを要求する（前述1(2)の定義②参照）。これによれば，裁判所が文書の真正を判断する際，当該文書が挙証者の主張する特定の作成者によって作成されたかどうかを判断しなければならない。つまり，裁判所による作成者の審判の範囲は，挙証者による作成者の主張の当否に絞られる。例えば，挙証者がA作成の文書であると主張したのに対し，裁判所もA作成の文書であると認めるとき，当該文書は真正である。これに対して，裁判所がA以外の者，例えばBが作成者であると判断した場合，当該文書は真正と認められず，よって形式的証拠力がないため，事実認定の資料とすることはできない。ただし，通説においても，挙証者が当該文書をB作成の文書として主張を変更すれば，当該文書をB作成の文書として真正な文書と認めることができる（その他の解決方法[16]については，後述III 2(1)参照）。他方，文書の作成者が挙証者の主張するAでないことは明らかであるが，誰が作成者であるかが全く不明な文書も，不真正とせざるを得ず，形式的証拠力は認められないが，通説は，文書の存在自体を示す検証物として事実認定の資料とする可能性を認

---

15)　証拠法大系(4)25頁〔石井〕，河野・前掲注1) 27頁，事実認定77頁等。
16)　事実認定88頁は，A以外の者が作成した文書と判明した場合でも，通説は「様々な根拠から実質的にこれを認定判断に供することを認める考え方が大勢である」とする。

〔名津井〕　711

めている（詳細は，後述Ⅲ2(3)参照）。

　ところで，通説が，文書の真正を判断する基準となる作成者について，挙証者によって主張された作成者でなければならないと解する理論的根拠を弁論主義ないし当事者主義に求めている点には，後述の反対説からの批判がある。通説は，文書の証拠調べが文書を閲読してその意味内容を証拠資料とする証拠調べである以上，文書に表現された思想の主体が誰であるかは，証人尋問における証人の特定と同価値であり，決定的に重要な事実であるから[17]，これを当事者の意向に従って決定するため，弁論主義またはこれと同様に取り扱う必要があると解してきた。換言すれば，弁論主義の第三準則（当事者が申し出ない証拠について証拠調べをすることの禁止〔職権証拠調べの禁止〕）は，証拠の申出をするかどうかに尽きるのではなく，書証として申し出た文書が誰の思想を表現したものとして真正であるかにも及ぶと解してきたのである。

　これに対して，後述の反対説は，通説的定義の中には文書の真正とは関係のない弁論主義の内容（挙証者による作成者の特定主張の必要）が不当に含まれていると批判する。すなわち，通説は，誰が作成者であるかという事実が補助事実である以上，その弁論への顕出には弁論主義が適用されないことを看過しているというのである。つまり，弁論主義は，書証の申出が挙証者に委ねられることをもって尽きたものと解されている[18]。

　ところで，通説を前提としながら，挙証者の主張したA作成の文書ではなく，B作成の文書として真正であるとの結論を導くにあたり，証拠共通の原則を根拠とする見解がある[19]。その論旨は，A作成の文書を証拠共通の原則を理由にB作成の文書として相手方に有利に利用してよいというものであるが，

---

[17] 森宏司「私文書の真正推定再考」田原古稀下1088頁等。なお，倉田・証明183頁（前掲注3）で引用した部分）も参照。

[18] 後述(ｲ)および(ｳ)の見解は，ともにこのように解していることになる。なお，近藤昌昭「文書に関する二，三の問題について」伊東乾古稀384頁は，「提出された証拠たる文書からどのような証拠資料を感得するかの自由心証主義の問題」と解することが，反対説の根拠になっていると指摘する。他方，旧注釈民訴(7)161頁〔太田勝造〕は，「真実発見の要請という面から見て証拠としての文書の有用性を広く活かすべきであること」が反対説の実質的根拠であると指摘する。

[19] 菊井＝村松Ⅱ401頁・652頁。

A作成の文書として真正でないものに証拠共通の原則を適用することはできない。形式的証拠力は証拠共通の原則以前の問題であるから，A作成の文書として真正でない上記文書に証拠共通の原則を適用する余地はないはずである[20]。また，仮にこの点を措いたとしても，証拠共通の原則によって説明できるのは相手方に有利に利用できることまでであり，挙証者に有利に利用できることを説明する根拠にはならない[21]。したがって，証拠共通の原則を根拠としてB作成の文書として真正と認める余地はない。

　(イ)　**作成者確定説**　文書の真正の判断において，文書の作成者は，挙証者の主張した作成者である必要はなく，当該文書が特定人の意思に基づいて作成されたことが裁判所によって確定されることで足りるとする見解がある[22]。これによれば，挙証者がA作成の文書として真正である旨主張して書証の申出をしたときでも，作成者がBと判明すれば，挙証者が作成者をBと主張し直すかまたは相手方が自己のために当該文書を書証として援用しなくとも，裁判所は当該文書をB作成の文書として真正と認めることができる。作成者確定説は，このように解すべき理由として，裁判所の自由心証による真実発見の要請に応えやすくなること，文書の真正は補助事実であって弁論主義の適用はない以上裁判所は挙証者による作成者の主張を待つべき理由がないこと，弁論主義は当該文書について書証の申出がされることで尽きていること，挙証者による作成者の主張が求められる慣行は当事者主義の要請によるもので文書の真正とは関係がないと解し得ること等が指摘される。作成者確定説においては，挙証者の主張した作成者の文書でなくても，誰が作成した文書であるかが判明する限り当該文書を真正と認めることが可能となる点で，真正と認められる文書

---

[20]　上村明広「東京地判昭和45・6・26の判批」判評148号〔1971〕25頁，伊藤滋夫「書証に関する二，三の問題（中）」判タ753号〔1991〕23頁。

[21]　伊藤（滋）・前掲注20)（中）23頁，証拠法大系(4)52頁注1〔石井〕。

[22]　磯崎良誉「文書の形式的証拠力——いわゆる『文書の成立の真正』ということの意義について」判タ87号〔1959〕101頁，上村・前掲注20)23頁，池田良兼「文書の真正についての一考察」司法研修所創立15周年記念論文集上巻〔1962〕331頁。なお，通説を前提として作成者確定説の結論を許容する見解（兼子ほか・条解1043頁注10〔松浦〕）もあるが，その根拠に証拠共通の原則を持ち出すことの問題点については，前述(ア)を参照。

の範囲は通説より広くなる。このことは、作成者確定説の狙いが不真正な文書をできる限り減らす点にあったことに照らし、当然である。

作成者確定説に対しては、通説から、挙証者がA作成の文書として提出した場合、文書の真正について作成者がAかどうかを主題として審理できる方が、誰が作成した文書であるかを一般的な形で問うよりもメリハリの効いた審理が可能となって訴訟政策上は通説の方が合理的である、挙証者がA作成の文書として提出したものがB作成の文書と判明した場合には挙証者に釈明して挙証者が作成者の主張を変更すれば済むことである、文書の真正においても当事者主義（弁論主義23)）を尊重すべきである等の反論がある24)。

また、作成者確定説においても、最終的には誰が作成者であるかを裁判所が特定して確定しなければならないため、挙証者がA作成の文書と主張し、裁判所が作成者はA以外の誰であるかが分からず、結果として作成者が不明となった場合には、不真正な文書として事実認定の資料とすることができなくなる。しかし、この点は通説と同様、検証物として取り調べて証拠として利用する余地がある（作成者不明の場合については、後述Ⅲ2(3)を参照）。

(ウ) **相対的確定説**　作成者確定説と同様、文書が真正であるために作成者は挙証者の主張した者でなくてもよく、しかも作成者は要証事実との関係で文書の記載内容を証拠資料とするのに必要な一定範囲の者として特定していれば当該文書を真正と認めることができるとする見解25)がある。これによれば、文書の形式的証拠力は「実質的証拠力を最小限有しているはずであると一般に考え得る文書」と解すべきであり、この観点から文書の真正は、「文書が、特定の者（但し、作成者を特定するための方法が氏名及びこれに準ずる方法以外の方法である場合には、要証事実との関係で必要とされるその者の立場が明らかであるときに限

---

23) 作成者確定説に対しては、通説の立場から、弁論主義（第三準則。前述(ア)参照）に反し、「当事者の申出のない証拠を用いることになる」といった批判があり得る。しかし、作成者確定説は、作成者の主張を不要としているわけではなく、挙証者による作成者の主張に裁判所の判断が拘束されない場合があることを認めて、挙証者による作成者の主張の意義を大幅に低下させているにすぎず、作成者の特定（真の作成者はBであるとの認定）はなお必要と解していることには注意を要する。

24) 秋山ほかⅣ 501 頁等。

25) 伊藤滋夫「書証に関する二、三の問題（上）」判タ 752 号〔1991〕27 頁以下。

る）によって，又は，要証事実との関係で文書の意味内容を証拠資料とするために必要とされる特定の範囲内の者によって，作成されたことが確定されることである[26]」と定義することができるとされる。この見解に従えば，文書の作成者は常に個人として特定される必要はなく，要証事実との関係で，当該事実を認定するのに必要な範囲の者であることが分かれば，作成者は特定されたと判断してよく，また作成者の特定方法も氏名には限定されず，他の方法も許される。これは通説および作成者確定説が要求する作成者の特定性自体を緩和したものである[27]（なお，作成者確定説に関する前掲注23）の留意点は，相対的確定説にも妥当する）。この点については，どの程度緩和を許容するのかが問題となるが，例えば，友人と旅行中の旅行者が旅先で知り合った者が，同行した友人が交通事故に遭った状況を目撃してメモに残していたため，旅先で知り合った者の氏名不詳のまま，当該メモを証拠として提出した場合には，旅先の特定の日時場所で知り合った者として特定される限り，作成者の特定を認めてよいとされる[28]。ただし，通説の中にも，作成者の特定性を厳密に要求せず，上記の程度の緩和を認める見解がある[29]（相対的確定説の下での作成者の認定については，後述Ⅲ2(1)を参照）。

(3) **作成名義人の記載と作成者の主張**

文書に作成名義人の記載があるときは，その名義人が作成者であることが多いと考えられる。そのような文書が証拠として提出された場合には，挙証者がとくに作成者が誰であるかを主張していなくとも，作成名義人が作成者であるとの黙示の主張があるものと解される[30]。しかし，挙証者が作成名義人と異なる者が作成者であると考えるときは，文書の記載にかかわらず作成者を特定して主張しなければならない（規137条）。文書に作成名義人が記載されていない場合も，作成者の主張が必要であることに変わりはない[31]。

---

26) 伊藤（滋）・前掲注25）（上）31頁。
27) 証拠法大系(4)22頁〔石井〕，高橋下〔2版補訂版〕137頁注144も，伊藤（滋）説について，この点に特徴を見出している。
28) 伊藤（滋）・前掲注25）（上）27頁以下。なお，高橋下〔2版補訂版〕136頁注144には，伊藤（滋）説の簡略な整理がある。
29) 加藤・前掲注9）588頁，高橋下〔2版補訂版〕138頁注144。
30) 河野・前掲注1）207頁。

このように文書の作成名義人の記載は，これが挙証者による作成者の認識と一致する限り，文書の作成者の主張としての効果を認めることができる。これに対して，文書に作成名義人の記載があるが，挙証者がこれと異なる特定人を作成者と主張する場合には，いくつかの類型がある。文書に表示された名義人をＡ，文書に文字等を実際に記載した者をＢとする。問題になるのは，(ア)作成名義人が作成者の通称等である場合，(イ)代理人が作成した文書（署名代理方式で作成された文書を含む），(ウ)偽造文書である。

(ア) **通称等を名義として使用した文書** 文書の作成名義人はＡと記載されているが，ＡはＢの通称（その他，雅号・変名・商号等）であって，ＡとＢは同一主体であり，Ｂが文字等を記載する等の物理的な作業をしている場合には（「ＡことＢ」の関係），作成名義人と作成者は同一主体であっても，表示が異なるのであるから，挙証者はこのことを裁判所に説明すべきである[32]。結局，「ＡことＢ」（作成者Ｂ）の文書は，もともとＢが作成名義人として表示された真正な文書と同等のものと解することになる。というのも，挙証者による作成者の主張（ないしＡとＢの関係の説明）がなければ，文書の表示からＡ作成の文書と判断されるであろうが，そのときでもＡとＢは同一主体である以上，当該文書は真正に成立しているからである。

(イ) **代理人が作成した文書**

(a) **顕名代理方式** 「Ａ代理人Ｂ」と表示された文書については，作成名義人が代理人Ｂであるか（代理人説），本人Ａであるか（本人説）をめぐる見解の対立がある。まず，代理人説は，「Ａ代理人Ｂ」と表示された文書の作成者は代理人Ｂであるとする見解である[33]。すなわち，「Ａ代理人Ｂ」と表示された文書は，Ａの委任に基づいてＢが（使者ではなく）代理人として意思表示をした結果であり，Ｂの意思表示の効果はＢが顕名することによってＡに帰

---

31) 前述(2)で検討した通説はもちろん，他の説の場合でも，書証の申出に際して挙証者により作成者が主張されなければならない。証拠法大系(4) 51 頁〔石井〕。

32) 河野・前掲注1) 207 頁。

33) 代理人説として，河野・前掲注1) 209 頁，坂原正夫「私文書の検真と真正の推定（一）」民商 97 巻 2 号〔1987〕230 頁，倉田・証明 180 頁，旧注釈民訴(7) 165 頁〔太田〕，証拠法大系(4) 27 頁〔石井〕，事実認定 76 頁，秋山ほかⅣ 503 頁，高橋下〔2 版補訂版〕132 頁等，多数説である。

属する（民99条，100条）。文書の作成に際して意思表示をした主体をそのまま作成者と認めることから，形式説とも呼ばれる。挙証者が当該文書の作成者をBと主張する場合，相手方がB作成の文書であることを認めつつ，Bの代理権を否定するとき，相手方は当該文書の真正について「認める」と認否すべきことになる。挙証者は，この相手方の認否によって当該文書の真正を証明する必要がなくなる。しかし，Bの代理権の要件事実（①代理人による意思表示，②顕名，③①に先立つ代理権発生原因）[34]については，文書の真正とは別に，一般原則に従ってBが証明しなければならない。

　これに対し，本人説は，「A代理人B」と表示された文書の作成者は本人Aであるとする見解である[35]。この見解は，Bが代理人として行為した効果は本人Aに帰属すること（民99条1項）に着眼し，当該文書に具体化された意思表示を実質的にAの意思と認めることから，実質説とも呼ばれる。挙証者が，当該文書の作成者をBと主張する場合，相手方がB作成の文書であることを認めつつ，Bの代理権を否定するとき，相手方は当該文書の真正について「否認する」と認否すべきことになる。もっとも，挙証者が，当該文書を真正なものとするには，作成者をAと主張しただけでは済まない。つまり，本人説では，当該文書がAの文書であるとの挙証者の主張に加え，Bの代理権の要件事実についても主張しなければ，当該文書の真正の主張として一貫しないという点が，代理人説と異なる。

　多数説は代理人説であり，従来，本人説に対して次のような分析を加えてきた。すなわち，債権者Cが，無権代理人Bの責任を追及する訴訟において，借用書をB作成の文書として提出する場合において，Bが借用書をAの代理人として作成したことを主張して争うとき，本人説によれば，借用書の成立を否認することになるから，CはBが無権代理人であることを文書の真正を証明する一環として「証明」しなければならないのに対し，代理人説によれば，作成者がBであることは当事者間で争いがないから，Bの代理権は，文書の

---

34)　司法研修所編・増補民事訴訟における要件事実(1)〔1986〕68頁。

35)　本人説として，森宏司「私文書の真正の推定とその動揺」判タ563号〔1985〕27頁，斎藤ほか編・注解民訴(8) 212頁〔小室＝宮本〕，神戸敬太郎「民事訴訟法の書証たる文書の成立についての主張とこれに対する陳述」民商27巻2号〔1952〕80頁等がある。

真正の証明とは別に，一般原則に従ってBが証明することになるとされる[36]。

　確かに，上記の無権代理人の事例において本人説に従えば，Cが借用書をA作成の文書として提出する場合，Bの代理権の要件事実について，Cはその反対事実を主張立証すべきことになりそうである。しかし，代理権の要件事実はこれを有利に援用できるBに主張立証責任があり，これと異なる見解も，債権者は主張責任のみを負うとするにとどまる[37]。多数説（代理人説）からの指摘が正しいとすれば，同じ文書をCが提出してA作成と主張するときは，Bの代理権の要件事実に関する証明責任がCに転換することになるが，本人説がまさにその旨を説いているとは解し難い[38]。よって，挙証者である債権者Cは，代理権の不存在につき主張責任を負うが，証明責任はBにあるため，代理人説が本人説の帰結として指摘してきた内容には疑問がある[39]。

　他方，代理人説によれば，挙証者が上記訴訟で「A代理人B」と表示された文書の作成者をAと主張する場合には，当該文書の作成者はBである以上，たとえBの代理権が証明されたとしても，当該文書は不真正とせざるを得な

36）　菊井＝村松II 653頁，秋山ほかIV 503頁。
37）　岡口基一・要件事実マニュアル(1)〔4版，2013〕215頁。
38）　森・前掲注17）1095頁は，両説の関係について，「代理権授与の事実は挙証者が立証することになって違いはなく，理論的な位置づけが異なるにすぎない」としている。
39）　また，本文に掲げた無権代理人に対する責任追及訴訟の事例において，Aが債権者Cに対し，借用書による債務の不存在確認訴訟を提起し，Cがこれを争ったので，BがAの代理名義を冒用して債務を負担したことを立証するため，Aが「A代理人B」名義の借用書を提出したとき，Cが借用書の真正を認め，これを自己に有利に援用する場合も，関連して問題とされている（菊井＝村松II 635頁，秋山ほかIV 503頁）。この場合については，Aが借用書を提出した趣旨を検証物とするところに求める見解を紹介しつつ，これを退けて，Aの真意はB自身が作成した借用書として提出する点にあるのに対し，Cの真意は「A代理人B」が作成した借用書として提出する点にあるから，どちらも書証であると解されるとし，「しかも両者とも文書の真正に争いがあるから，裁判所は口頭弁論の全趣旨および証拠調べの結果により，そのいずれかに認定することもできるし，いずれの事実をも否定することができる」と説明されているが，やや晦渋な印象を覚える。というのも，Aが借用書を提出するのは，A名義部分のB作成を主張するためであり，偽造文書という趣旨であるのに対し，Cが借用書を提出するのも，A名義部分のB作成を主張するためであることは，代理人説による限り自明であり，当該文書がB作成の文書として真正である点に争いはないからである。これに対し，本人説によるときは，Cが「A

い。実務ではこの場合，裁判所が釈明して作成者の変更を促し，挙証者が作成者をBと主張し直すことで解決することも多いであろう[40]。しかし，挙証者が当該文書をA作成と主張したときに，Bの代理権が証明されても，不真正な文書になることは一つの問題であろう。しかしその一方で，本人説に対する代理人説の批判は前述の通り相当でないにせよ，本人説は「A代理人B」と表示された文書の作成主体の評価が実質化する点が従来問題とされている[41]ほか，「A代理人B」の文書がB作成と主張される限り，不真正とならざるを得ない。とりわけ，後者の帰結が受け入れられないとすれば，本人説の下でも，Bが自らの責任を免れるため，当該文書をB作成の文書として提出し，その真正な成立を主張立証することができなければならない[42]。

以上のように，代理人説も本人説もそれ単独では一貫させられないとの問題意識から，「A代理人B」と表示された文書の作成者は，思想内容を文書に実際に記載したBであると同時に，Bに代理権があるときは，Aの意思に基づくA作成の文書でもあると解した上で，挙証者は，当該文書の作成者をAとするか，Bとするかを選択して主張することができると説く見解（挙証者選択説）も主張されている[43]。この見解によれば，「A代理人B」と表示された文

　代理人B」名義の借用書をA作成と主張すると，AはB作成と主張する以上，借用書の真否について両者の主張が食い違うことになるため，この状況を指摘したものと解すべきであろうか。仮にこの通りであるとすると，債務不存在確認訴訟の例は，本文に掲げた責任追及訴訟の例の裏返しになることを指摘したにとどまる。なお，以上と類似した問題が生じる事例として，原告所有の不動産が原告の知らぬ間に被告名義に移転されていると主張し，所有権移転登記抹消登記請求訴訟を提起した場合に甲号証として提出される登記申請書，同じく登記申請書が，同一原告により被告に対して損害賠償請求訴訟で提出された場合等が検討されている（菊井＝村松Ⅱ591頁）。

40) 森・前掲注17) 1093頁。
41) 高橋下〔2版補訂版〕132頁は，本人説について，現実の意思表示の主体が判断過程に現れないことに問題があると指摘する。また，井上泰人「文書の真正な成立と署名代理形式で作成された処分証書の取扱いに関する一試論」判タ939号〔1997〕25頁は，本人説と代理制度の不整合を詳細に検討している。
42) 森・前掲注35) 27頁，同・前掲注17) 1094頁。
43) 森・前掲注17) 1093頁以下では，理由として，①弁論主義を前提として特定の作成者を主張する権能を挙証者に認める場合，挙証者に「A代理人B」と表示された文書の作成者をA，Bのいずれと主張するかの選択の自由を認めることが合理的であること，②偽造

書をＢ作成と主張する場合は代理人説，Ａ作成と主張する場合は本人説の結論を採用することになる。すなわち，先に検討した通り，代理人説と本人説の相違点は，Ｂの代理権の要件事実を文書の真正の証明の枠内に取り込むかどうかに帰着し，理論構成上の問題にとどまるとすれば，どちらか一方に決めず，弁論主義（ないし当事者主義）を尊重して，挙証者の選択に委ねる見解は合理的なものと思われる。もっとも，実務上は，「Ａ代理人Ｂ」と表示された文書は，Ｂ作成の文書として提出されることが多く，稀にＡ作成の文書として提出されたときでも，裁判所の釈明による作成者の主張の変更で対処できる場合がほとんどであるとすれば，裁判所の釈明が奏功しない例外的な事例で，当該文書を真正なものと扱うこと（相手方の否認を前提に挙証者の証明に基づいて真正と認定すること）ができるようにするために，挙証者選択説を採用する必要はないとの見方もあろう。しかし，次に検討する署名代理方式についても統一的な説明ができることは，挙証者選択説の利点である。

　　(b)　署名代理方式　　署名代理は，代理人が本人に代わって文書に本人の記名押印または署名をし，代理人資格の表示および代理人自身の記名押印または署名をしない方式のことである[44]。このように署名代理方式で作成された文書の作成者は，「Ａ」と表示されるのみであるから，①Ａ自身が実際に作成した文書，②ＢがＡの使者（道具・表示機関）となって物理的に作成したＡ名義の文書（意思表示の主体がＡであることに異論はない），③署名代理方式でＢが作成したＡ名義の文書，④Ａ名義の偽造文書（ないし無権代理文書）のいずれであるのか見分けがつかない[45]。このうち，②の文書のＢは使者であるから，①の文書と同様，作成者がＡになることに問題はない（②は，①に準ずる）。他

文書について，偽造者作成の真正文書として提出することが許されるとする通説的見解による帰結との均衡上，①のような挙証者による作成者の選択的主張も許されるべきであること，③民訴法228条4項の文理解釈として，「私文書は，本人又はその代理人の署名又は押印があるときは，本人の文書として真正に成立したものと推定する」と読むのが自然であること，が指摘されている。

44)　河野・前掲注1) 208頁。なお，森・前掲注17) 1095頁以下は，同様の定義を採用しつつ，代理人と使者の区別は，法律行為に限定され，事実行為である署名押印には妥当しないとし，後者においては専ら代行権限の有無のみが問題になると指摘する。

45)　事実認定78頁。

方, ④の文書の作成者が偽造者Bであることは自明である。問題は, ③の文書であるが, これはBがA名義の文書を非顕名で作成し, Bに代理権がある場合であり, Bに代理権がない場合は, ④の文書である。したがって, 文書の作成名義人として表示されているのは「A」のみであるが, 実体的には, BがAの代理人として作成したことが前提となる以上, 顕名代理方式における代理人説と本人説の対立が, 署名代理方式にも妥当する可能性がある。顕名代理方式で作成された文書の作成者については, 前述(a)で検討したように代理人説が多数説であったが, 署名代理方式の作成者については, まさにAのみが作成者と表示されていることから, いわゆる二段の推定 (後述Ⅲ1参照) の適用上, Aを作成者とみなすことによって①の文書と同様に扱うことができるため, 本人説が便宜であり, 実務は本人説によっているとの評価もある[46]。

これに対し, 署名代理方式で作成された文書に関して, 本人説には代理制度と整合しない面があると指摘する一方で, 代理人と使者の区別は実務においてしばしば重要でないと指摘し, 両説を止揚する見解もある[47]。これによれば, 署名代理方式で作成された文書においては, 作成者は, 「名義人本人 (使者が当該処分証書を物理的に作成した場合を含む。) 又は同人から授権を受けた代理人」のように範囲として特定することができれば足りるとされる。すなわち, 署名代理方式で文書を作成する趣旨は, 処分証書について法律行為の効果帰属主体を明確にする点にあり, ハンコを重視するわが国の社会の慣習を踏まえれば, 「文書に名義人の印章によって顕出された印影が存する場合には, 経験則上, 当該印影は名義人又は名義人から当該印影部分作成権限の授権を受けた者によって顕出されたものと推定される」との命題が妥当するとされる[48]。

この見解は, 「名義人本人 (使者による場合を含む。) 又は同人から授権を受

---

46) 井上・前掲注41) 27頁注27, 事実認定78頁等。これに対し, 加藤新太郎編・民事事実認定と立証活動(1) 〔2009〕8頁 〔須藤典明〕 は, 本人説に対して懐疑的である。
47) 井上・前掲注41) 21頁。
48) 井上・前掲注41) 35頁。ただし, 文書の真正の定義については, 通説と異なり, (Aの)「意思に基づく作成」ではなく, (Aの)「作成権限に基づく作成」と解することが前提とされている。ここにいう「作成権限」が, 代理権であるか, 使者としての権限であるかは, 署名代理方式の趣旨からして, 挙証者にとっても, 裁判所にとっても, あまり重要ではないとされている (井上・前掲注41) 37頁注62)。

けた代理人」を一括りとして文書の記載内容の意思主体と捉えるところに特徴がある。この論旨は「選択的特定」を認めたものと説明されることもあるが[49]、挙証者がなすべき文書の意思主体の特定（作成者の主張）は，上記の通り一括りの主体で足りるとされる以上，代理人か，本人かを選択するのは専ら裁判所であるから，挙証者の観点からは「範囲的特定」であり，裁判所は特定された範囲の中から処分証書の効果帰属主体を確定することが求められることになる（範囲的特定説）。とくに後者の点では，特定された作成者の範囲内である限り，裁判所の判断は挙証者による作成者の主張に拘束されない点で，作成者確定説（前述(2)(イ)参照）と通底する。他方，挙証者が主張する作成者の特定性を緩和する点では，相対的確定説（前述(2)(ウ)参照）と同様であり，署名代理方式の文書に適合的に再編された見解とみることができる。範囲的特定説においても，裁判所が認定した作成者が，特定された作成者の範囲に属しない場合，当該文書は不真正となり得る。

　他方，顕名代理方式で作成された文書に関する挙証者選択説は，署名代理方式の文書でも同様に解すべきとされている。つまり，署名代理方式の文書の作成者はＡと表示されている以上，通常は，作成者はＡと主張されたものと扱われるが，作成者をＢと主張することも許される。したがって，顕名代理方式に関しても同説の論旨が妥当するが，この場合には，上記の通り，作成者はＡと主張されていることになるため，代理人説の下では当該文書は不真正になるという同説の問題が浮上する。挙証者選択説では，この問題は本人説の守備範囲であるから，挙証者は予備的に作成者をＢとする主張をしておくことで，裁判所による不真正の判断を回避することができる[50]（上記の範囲的特定を認める場合は，別である）。

　署名代理方式で作成された文書は，本人説で足りるようにも思われるが，顕

---

[49] 高橋下〔2版補訂版〕140頁注147。ただし，高橋説はこれを支持するわけではなく，「本人作成（使者を含む）か，そうでないとすれば代理人作成」と順位的に（予備的に）作成者が主張されていると構成すべきであると述べる。しかし，一般論としては代理人説を支持するようであるから（同書132頁），署名代理方式の文書に限って本人説を支持したか，あるいは，後述する挙証者選択説と同様の前提を採用したものと思われる。

[50] 森・前掲注17）1103頁。

名代理方式で作成された文書との理論的な連続性を確保できること，当初の作成者の目論見が崩れた場合の対応が用意されている点で，挙証者選択説が妥当であろう。

(ウ) 偽造文書

かつての通説は，文書の真正をして「文書がその作成名義人によって作成されたこと」と定義したため，文書の真正は偽造文書ではないことを意味するものと解されていた[51]。この見解によれば，偽造文書は形式的証拠力を欠くため，書証として利用することはできず，せいぜい検証物として取調べの対象となるにすぎない。これに対し，現在の通説は，文書の作成者をして「作成者であると挙証者が主張する者」と定義するため，たとえ真の作成者でなくても，作成者であると挙証者が主張する者の意思に基づいている限り，真正に成立した文書として事実認定の用に供することができる[52]。例えば，BがAに無断でAの名義を冒用して作成した委任状は，挙証者が当該文書をAが作成したA名義の委任状として提出するときは不真正であるのに対し，Bが作成したA名義の委任状（偽造文書）として提出するときは真正であり，書証の対象とすることができる[53]。このように真正な偽造文書は存在し得るが，偽造文書は，Bが使者であれ，代理人であれ，文書作成を代行する権限を有しない者が，A名義を冒用して作成した文書である。よって，Aが作成した文書としての外観（作成名義人としてのAの表示）があっても，当該文書にはAの意思表示ないし思想は一切記載されていない。そうである以上，A名義の偽造文書がAの意思表示を証明する文書として証拠になり得ないことは当然である。にもかかわらず，現在の通説が偽造文書についても書証の申出を認めるのは，当該文書が偽造行為の存在の証明に役立つからである。この点，かつての通説ではもちろん，現在の通説の下でも，当該文書について検証の申出をすることができ，

---

[51] 田中盈「書証の認否について」判タ25号〔1952〕34頁，石神武蔵「偽造証書の形式的証拠力」民商12巻3号〔1940〕407頁，磯崎・前掲注22）101頁，伊藤（滋）・前掲注25）（上）19頁。
[52] 伊藤（滋）・前掲注25）（上）20頁。
[53] 証拠法大系(4)8頁〔石井〕。この点において，民事上の「偽造」は，刑事上の「偽造」とは異なる意味に解されている（同26頁）。

実際にそのような申出も多いとされるが，これはAに無断で作成されたA名義の委任状が存在することを示して偽造行為の存在を証明する場合である[54]。しかし，検証の場合は検証調書を作成する点が煩瑣であること等の理由から，書証として取り調べる方が望ましいとして，文書の定義が前述のように変更された結果，偽造文書（A名義の委任状）も，B作成の真正な文書として書証の対象とすることができるようになったものと解されている[55]。

3 相手方の認否

(1) 意 義

文書を提出して書証の申出をする場合は，その申出の時までに，写しの提出とともに文書の標目，作成者および立証趣旨を明らかにした証拠説明書を提出しなければならない（規137条1項）。すなわち，書証の申出をする際には，文書の真正をどのように定義するか（前述2(2)参照）にかかわりなく，挙証者は文書の作成者が誰であるかを主張しなければならない[56]。これに対し，相手方が文書の成立を否認するときは，その理由を明らかにしなければならない（同145条）。この点，旧法下の実務では，書証として提出された文書の成立につき，必ず（すべての文書について個別的に）相手方に認否をさせるのが一般的であった[57]。しかしその当時から，相手方が明確に成立を否認した場合（とくに争点との関係で重要な書証の成立が問題となる場合）以外は，認否をとること自体にあまり意味がないとの認識が広がっていた[58]。とりわけ争点中心型の審理を前提とした新判決様式の導入に代表される実務改善の試み[59]が進められるに従い，書証実務についても文書の真正を争うかどうかを裁判所が一括して相手方に確認し，相手方が争うときはその理由とともに主張するよう促す運用[60]が一般化していった。民訴規145条はこのような旧法下の運用を踏まえた規律であり，現行法の下でも同様に運用されているようである[61]。

---

54) 証拠法大系(4) 26頁〔石井〕。
55) 伊藤（滋）・前掲注25）（上）20頁。
56) 証拠法大系(4) 51頁〔石井〕。
57) 菊井＝村松II 649頁，秋山ほかIV 505頁，条解規則〔初版〕306頁等。
58) 証拠法大系(4) 30頁〔石井〕，条解規則〔初版〕306頁。
59) 条解規則〔初版〕306頁。
60) 高橋下〔2版補訂版〕141頁注148。

(2) 認否の態様

　文書の成立に関する認否の態様[62]としては、「甲○号証の成立は認める」、「甲○号証の成立は否認する」、「甲○号証の成立は知らない」であるが、現実的な態様として、認否しない（沈黙）もある。

　まず否認については、民訴規145条が、「文書の成立を否認するときは、その理由を明らかにしなければならない」と規定する（準備書面に関する民訴規79条3項と同旨）。同条は、直接的には、理由を明らかにしない文書の成立の否認（単純否認）を対象とするが、否認と同様に扱われる不知（159条2項）に対しても同条の趣旨は及ぶ[63]。規則の立案資料[64]によれば、民訴規145条が、文書の成立を否認する場合に理由を付すことを義務付けたことにより、単純否認や単なる不知の認否は、「事実認定上大きな影響を及ぼさない（特段の立証を待たず書証の成立を認定する。）ことが、規定上も明確にされることとなった」とされる。この引用文の注釈によれば、「書証の成立をめぐる審理を実質的なものとするため」、「書証の成立を争う当事者に対し、争う理由を積極的に主張させるような訴訟指揮」をする「運用を行うことが考えられる」とされる。このように民訴規145条は、否認および不知の陳述に関する裁判所の訴訟指揮ないし運用を定めたものとされる。ここで問題となるのは、同条に違反した否認および不知の効果であるが、上記引用中の括弧書きでは、（裁判所が）「特段の立証を待たず書証の成立を認定する」（ことができる）とされている。この記述が同条違反の効果に関することは言うまでもないが、その意味については、①同

---

61) 証拠法大系(4)30頁〔石井〕。
62) 菊井＝村松Ⅱ649頁、秋山ほかⅣ505頁。
63) 現在の実務のように、文書の成立について相手方に一括して認否を求め、とくに争うと陳述しない限り、成立に争いがないものと扱う運用（一括方式）は、沈黙を抑制する機能を有する（高橋下〔2版補訂版〕141頁注148は、自白の減少を指摘する）。しかし、一括認否の結果、成立に争いがないものとされた文書について、補助事実としての文書の成立に自白が成立し、拘束力が生じるかどうかは問題であり、詳細は後述4(1)に譲る。なお、旧法下の見解ではあるが、相手方が認否しない（沈黙の）ときでも、弁論の全趣旨から争っていると認められる限り、否認に準じて挙証者に証明の必要を生じさせる余地があるとするものとして、西野喜一「弁論の全趣旨（下）」判時1414号〔1992〕3頁・12頁。
64) 条解規則〔初版〕307頁。

条に違反した否認または不知は無効となり，認否が存在しない以上，認否しない場合（159条1項）と同様，擬制自白が成立するため，当該事実を認定できる[65]としたものか，②同条に違反して否認または不知の陳述も無効ではないが，事実認定において重視されないため，弁論の全趣旨に基づいて当該事実を認定できるとしたものか，といった評価があり得る。この点，①の見解は，民訴規145条に違反した否認または不知の対象事実を裁判所が認定すべき根拠として擬制自白を援用できる点は明快であるが，同条違反に基づいてこれらの陳述の無効を帰結することは困難である。他方，②の見解は，旧法下の実務にみられた濫用的な不知（期待された調査を怠って漫然と不知と認否するもの）に対し，弁論の全趣旨に基づいて文書の成立を認定する場合があったこと[66]に準拠している。民訴規145条の規律は，当事者の行為義務を定めた訓示規定の類（規53条1項，80条1項等）である以上，これに違反した否認や不知も効力を失わないものと解されるため，②の見解が妥当である。したがって，民訴規145条は，②の見解が参照した旧法下の実務を規則化したものと解すべきである。なお，民

[65] 旧法下において，不知の陳述に対して厳格に対処する見解として，仙田富士夫「補助事実の自白」司法研修所報23号〔1959〕106頁，倉田・証明180頁等があるが，これが規則化されたと仮定したものが，①の見解である。なお，ドイツ民事訴訟法（ZPO）138条4項（「不知をもってする陳述は，その当事者自身の行為に関するのではなく，また，その当事者自身の知覚の対象でもなかった事実についてのみ許される。」）と規定し，同項により不知の陳述が許される場合は否認と同視されるのに対し，許されない場合は擬制自白が成立する。証明責任を負わない当事者の事実陳述義務と関連した同項の紹介として，松本博之・民事訴訟における事案の解明〔2015〕90頁以下，沿革を含めた詳細については，伊東俊明「不知の陳述の規制(1)」民商117巻4=5号〔1998〕622頁，同「不知の陳述の規制（2・完）」民商117巻6号〔1998〕841頁を参照。

[66] 菊井＝村松Ⅱ649頁は，「不知の認否がしばしば濫用されており，第三者作成の文書でも，相手方はできるかぎり認めるか否認するかの認否をすべきであり，容易に調査しうるのにこれを怠り漫然と不知と認否する場合には，弁論の全趣旨によって成立を認定されることのあることを甘受すべきであろう（最判昭和27・10・21民集6巻9号841頁）。ことに，当事者自身の作成名義の文書の認否は，自分の意思を表現するために作成したかどうかを内容とするから，作成時期が古く全く記憶にないという特別の場合以外は，成立を認めるか否認するかのどちらかの答弁をしなければならない」とする。また，「相手方が認否をせずに終わった文書については，弁論の全趣旨から明らかに争わないと認められる場合（140条1項〔現159条1項―引用者〕）以外は，証拠によってその成立を認定すれば，

訴規145条は，上記のように原則として単なる否認や不知の陳述を無効としたものと解されるとしても，旧法下において指摘されていたように，作成時期が古すぎて記憶が全くないような特別な場合には，例外的に不知の陳述を許容せざるを得ないだろう。

このような民訴規145条の下では，挙証者による文書の真正の主張に対し，相手方は，「当該文書は被告が偽造した」，「訴外何某が原告の実印を冒用して偽造した」等の両立しない事実を具体的に述べることが求められる[67]。そして，書証目録にはこのような否認の内容が記載されなければならない[68]。

ところで，民訴規145条に違反した効果について言及した二つの見解は，①の見解が違反の効果を擬制自白としたのに対し，②の見解は裁判所の裁量評価としていた。しかしこの点以外にも，作成時期が古すぎて記憶が全くないような事例において，不知の陳述を許容するかどうかの問題がある。不知の陳述について規制のなかった旧法とは異なり，民訴規145条のように否認（不知）を制限する方針の現行法（規則を含む）の下では，①の見解は不知の陳述を許さないのに対し，②の見解は例外的にこれを許容する。とりわけ，①の見解は，文書に関する記憶がなくても，改めて調査する義務を負うとする点で徹底しているが，「証明責任を負わない事実陳述義務」を前提とした立論でもあり，民訴規145条の解釈論の枠には収まらない[69]。

(3) 作成者の記名押印または署名の認否

文書の真正に関する推定規定（228条4項）との関係では，推定事実である文

相手方に別に不利益を与えないから差し支えない」とも述べている。

67) 証拠法大系(4)31頁〔石井〕。
68) 裁判所職員総合研修所監修・民事実務講義案(1)〔5訂版，2016〕150頁以下，証拠法大系(4)34頁注5〔石井〕等。
69) 松本＝上野〔8版〕329頁は，単純否認を規制する現在の民事訴訟法の下では，単なる不知の陳述は許されないとする。具体的には，「当事者自身の行為またはその知覚領域内にある事実については，その当事者の記憶が失われているという場合にも，単純な不知の陳述は許され」ないとする立場から，「期待可能な調査をして自己の記憶をリフレッシュし，その結果に基づいて具体的な事実陳述をしなければならない」との「事後的調査義務」を提唱し，この義務を怠って不知の陳述をした場合には，相手方の事実主張を自白したものとみなされると論じている（松本・前掲注65）114頁以下も同旨）。

書の真正（文書の存在，作成者）に対する認否とは別に，前提事実である作成者の記名押印または署名について，相手方は，挙証者の主張に対する認否を明らかにすべき場合がある。例えば，挙証者（原告）が，作成名義人がAであり，Aの印影のある文書をA作成の真正な文書として提出した場合，相手方（被告）が，当該文書の成立は否認するが，Aの記名下の印影またはAの署名がAの意思に基づくことを認めるときには，「甲○号証の成立は否認する。ただし，Aの署名の成立は認める」，「甲○号証の成立は否認する。ただし，A名下の印影の成立は認める」と認否する。また，Aの記名下の印影がAの印章によることを認めるものの，Aの意思に基づくことを否認するときは，「甲○号証の成立は否認する。ただし，A名下の印影がAの印章によるものであることは認めるが，これは盗用されたものである」等と認否する[70]。したがって，単に「印影を認める」という認否では上記のいずれであるかが不明となるので，釈明によりいずれかを明らかにさせる必要がある[71]。

(4) 写しを使った書証の申出の場合

写しの証拠調べは，一般に書証であると解されている[72]。書証の対象として写しが提出されるのは，原本に代えて写しを提出する場合，写しを原本として提出する場合である。この場合の認否については，§219 Ⅳ 2(4)を参照[73]。

(5) 文書の真正を判決書に記載する方法

文書の真否に関する裁判所の判断を判決書に記載する場合，相手方が争わな

---

70) 証拠法大系(4) 31 頁〔石井〕。
71) 証拠法大系(4) 32 頁〔石井〕。
72) 検証とする見解として，伊藤滋夫「書証に関する二，三の問題（下）」判タ 755 号〔1991〕54 頁以下。
73) 文献として，引用箇所に掲げたもののほか，証拠法大系(4) 34 頁注 11〔石井〕にも解説がある。これによれば，写し（手続上の原本）成立の認否とは別に，真の原本の存在と成立についても認否が必要であるとする見解がなお根強いようである。写し（手続上の原本）の認否のみでよいとする見解は，真の原本の存在と成立は，写し（手続上の原本）の実質的証拠力の問題と位置づけることになるが，これに対する認否があったときは書証目録に記載すべきであるとする点で一貫しないところがある。真の原本に関する認否の結果を書証目録に記載するならば，写しの認否を不要とすべきであるが，その場合には写しを手続上の原本とする理論構成と整合しない。前注の検証説は，この問題を回避する狙いがある（ただし，真の原本の存在と成立の真正は必要とされる）。

いときは,「成立に争いのない甲〇号証」と記載する。相手方が争い,証人の証言あるいは弁論の全趣旨によって文書の真正を認めるときは,「証人何某の証言により真正に成立したものと認められる甲〇号証」あるいは「弁論の全趣旨により真正に成立したものと認められる甲〇号証」のように記載する[74]。

　旧法下におけるすべての書証の認否をとる実務は,新様式判決の導入との関係でも改める必要に迫られ,文書の真正に関する裁判所の判断は,それが争点となった場合を除き,記載しない,また成立に争いがない等の説示もしない運用が定着しつつあった[75]。現行法の下では,同様の運用が実務となっている[76]。こうした実務においても,文書の真正が争点となった場合には,判決書に裁判所の判断を記載しなければならない。しかしながら,この点に関する判例[77]は,「事実認定の根拠として判決に引用する文書が真正に成立したこと及びその理由の記載は,判決書の必要的記載事項（民訴法191条1項〔現253条1項〕）ではないと解すべき」であると判示し,前述した実務と整合しないかのようである。確かに,判決に引用する文書の真正な成立とその理由は,判決書に記載しなくても理由不備の違法（旧395条1項6号〔現312条2項6号〕）とはならない。しかし,上記判例の事案では,判決書に記載がなくとも裁判所が証拠または弁論の全趣旨により当該文書の真正を認めて事実認定の資料としたことが明らかであったという事情が背景にあり,他方で,一般論としては文書の真否が重要な争点となっている場合は,その点に関する裁判所の判断およびその理由を記載することが相当である旨も述べられていることにかんがみ,前述した実務を否定したものとは認められない。

4　文書の真正に関する自白

(1)　補助事実の自白

　文書が真正に成立したことは,証拠の信用性に関する事実として補助事実に分類される。民事訴訟の審理原則である弁論主義の下では,主要事実に自白が成立すると,裁判所は自白された事実をそのまま判決の基礎として採用しなけ

---

[74]　証拠法大系(4)33頁〔石井〕。
[75]　条解規則〔初版〕307頁。
[76]　証拠法大系(4)33頁〔石井〕。
[77]　最判平9・5・30判時1605号42頁。

ればならず，また当事者も例外的に撤回が許される場合[78]を除いて自白を撤回できないものと解されている。主要事実の自白には，裁判所および自白した当事者に対する拘束力が認められるのに対し，補助事実の自白については，後述(→(3))するように肯定説も主張されているものの，判例がこれを否定していることもあり，否定的な論調が一般的である[79]。このような議論状況は，間接事実の自白についても同様である[80]。

(2) 判 例

文書の真正という補助事実の自白を扱った判例には，変遷が見られる[81]。当初は，大判明治43年11月5日（新聞683号27頁）が，当事者に対する自白の拘束力を否定していた。しかし，大判大正元年12月14日（民録18輯1035頁），大判大正13年3月3日（民集3巻105頁），大判昭和2年11月5日（新聞2777号16頁），大判昭和2年12月27日（新聞2836号9頁），大判昭和5年11月15日（新聞3205号6頁），大判昭和15年7月22日（法学10巻91頁）といった一連の大審院判例は，相手方の同意があるか，自白が真実に反し錯誤に基づく場合でなければ撤回は許されない旨の判示を繰り返し，当事者に対する自白の拘束力を認める立場を確立していた。戦後の下級審裁判例は，この大審院判例を踏襲し，広島高判昭和31年12月18日（下民7巻12号3699頁），仙台高判昭和39年5月27日（訟月10巻7号940頁），札幌地判昭和42年1月13日（判時493号49頁），東京地判昭和48年4月18日（判時720号72頁）等が当事者に対する自

---

[78] 判例は，相手方が自白の撤回に同意した場合（最判昭34・9・17民集13巻11号1372頁），刑事上罰すべき他人（相手方または第三者）の行為により自白した場合（最判昭33・3・7民集12巻3号469頁，最判昭36・10・5民集15巻9号2271頁），自白が真実に反しかつ錯誤により自白した場合（大判大4・9・29民録21輯1520頁，大判大9・4・24民録26輯687頁，最判昭25・7・11民集4巻7号316頁，最判昭41・12・6判時468号40頁等）において，自白の撤回を認めている。

[79] 上原敏夫「補助事実についての自白の拘束力」伊藤眞＝加藤新太郎編・〈判例から学ぶ〉民事事実認定〔2006〕51頁等。

[80] 間接事実についての自白の拘束力については，最判昭31・5・25民集10巻5号577頁が裁判所に対する拘束力を否定し，最判昭41・9・22民集20巻7号1392頁が当事者に対する拘束力を否定している。

[81] 竹下守夫「裁判上の自白」民商44巻3号〔1961〕442頁，福永有利「裁判上の自白（一）」民商91巻5号〔1985〕776頁等。

第5節 書証　　　　　　　　　　　　　　　　　　　　　　§228 II

白の拘束力を認めている[82]）。

　以上に掲げた判例は，裁判所に対する自白の拘束力に触れるものではなかったが，最判昭和52年4月15日（民集31巻3号371頁）は，「書証の成立の真正についての自白は裁判所を拘束するものではない」と判示し，最判昭和55年4月22日（判時968号53頁）がこれに続いて，裁判所に対する自白の拘束力を否定している。昭和52年最判については，これを当事者に対する自白の拘束力を否定した判例とする見解[83]）もあるが，判旨の文言を素直に受け取る限り，裁判所に対する自白の拘束力を否定したものと解すべきである[84]）。このことを前提にすると，裁判所に対する自白の拘束力を否定した昭和52年最判および同55年最判が，当事者に対する自白の拘束力を肯定する大審院判例や戦後の実務と整合するかどうかが問われることになる。

　(3)　学　説

　以下では，文書の真正の自白につき，裁判所に対する拘束力と当事者に対する拘束力を連動させ，両者を肯定するものを「肯定説」，両者を否定するものを「否定説」と呼ぶことにする。裁判所に対する拘束力を認め，当事者に対する拘束力を否定する見解はこれまでに主張された形跡がなく，それは合理的であると思われるのに対し，裁判所に対する拘束力を否定しつつ，当事者に対する拘束力を認める見解は存在するため，これを「折衷説」と呼ぶことにする。

　㋐　否定説　　間接事実の自白の拘束力（裁判所および当事者の双方に対する拘束力）を否定した判例[85]）は，とくにその理由を明らかにしていない。しかし，この判例が依拠したとみられる学説が，間接事実の自白の拘束力につき，「主要事実を自由心証による認定に任せる以上，裁判所が公知の事実に反するとか或は証拠調の結果によって疑を抱く間接事実を，自白があったからと存在するものとして，それに基いて心証を形成するように要求することは，無理な注文だからである[86]）」とする点に着眼し，補助事実の自白も同様に解する見解があ

---

82)　ただし，東京地判昭31・12・3下民7巻12号3528頁は，否定説である。
83)　旧注釈民訴(6)116頁〔佐上善和〕。
84)　上原・前掲注79) 52頁。
85)　前掲注80) の判例を参照。
86)　兼子・体系248頁，同・法協74巻3号〔1957〕404頁。

〔名津井〕　731

る[87]。自由心証主義の下では，間接事実は主要事実との関係では証拠に準じるため，書証（文書）の真正という補助事実も，間接事実と同様と考えることには一定の合理性がある。すなわち，文書の真正は形式的証拠力の問題であるところ，文書の実質的証拠力が裁判所の自由心証に委ねられるときは，形式的証拠力もこれに委ねない限り自由心証主義が不当に制約されるからである[88]。例えば，文書の真正の自白が裁判所に対する拘束力をもつ場合，裁判所が文書の真正に疑いを抱いたときであっても，当該文書の実質的証拠力を吟味しなければならないとすれば，不当な制約になるとされる[89]。裁判所に対する自白の拘束力を否定すれば，裁判所は，上記の場合でも当該文書を真正でないものと認定することができる。

　(イ)　**肯定説**　文書の真正は，補助事実の一つであることは確かであるが，一般の補助事実と同列ではない[90]。すなわち，文書の真正は，それ自体について証明の必要が法定され，よって証明責任を観念できる点において，補助事実一般とは一線を画する。また，文書の真正については，当該事実を確認の対象とした証書真否確認の訴え（134条）を提起することができるのであり，この訴えにおいて被告が請求を認諾すれば，文書の真正に拘束力（267条）が生じる[91]。つまり，文書の真正という事実については，当事者の処分権が法律で認められている以上，同じ事実が補助事実として訴訟に登場したとたん，自白の対象から除外されるとすれば，全く一貫性がない。大審院判例が，文書の真正に関する自白の撤回のために前述(2)の要件の具備を求めていたのは正当であり，昭和52年および昭和55年最判には問題がある。より実質的に考えても，当事者が真正に成立したものと認め，あとは文書の実質的証拠力の問題とする意向があるときに，裁判所が当該文書の真正を疑い，当事者の意向に反して文書の真正の問題に介入することに対しては，謙抑的でなければならない[92]。また，

---

87)　河野・前掲注1) 212頁。
88)　法律実務(4) 21頁，竹下・前掲注81) 447頁，伊藤（滋）・前掲注20)（中）20頁，上原・前掲注79) 54頁等，多数。
89)　証拠法大系(4) 36頁〔石井〕。
90)　倉田・証明185頁。
91)　高橋下〔2版補訂版〕132頁。
92)　高橋下〔2版補訂版〕133頁。

文書の真正に自白の拘束力を認めたとしても，当該文書の実質的証拠力は裁判所が自由心証によって評価するのであるから，自由心証主義の制約にもならない[93]。さらに，主要事実の自白と同様，相手方の自白によって文書の真正に関する証拠の保存・収集を不要と判断した自白者が証拠を散逸させた場合，裁判所に対する拘束力を否定するときは自白者が不測の不利益を被る可能性がある[94]。肯定説は，これらの理由から，文書の真正の自白について裁判所および当事者に対する拘束力を認めている[95]。

　(ウ)　**制限的肯定説**　報告文書と区別された処分証書に限り，その真正な成立を自白したときは拘束力を生じるとする見解がある[96]。すなわち，文書の真正の自白一般には拘束力が否定されるが，処分証書は，真正に成立すればそこに表示された意思表示の直接証拠となる点において主要事実の自白に準じるため，例外的に自白の拘束力が認められる。前述(イ)の肯定説は，補助事実の自白のうち，文書の真正の自白一般を特別扱いにするのに対し，この見解は，文書の真正も他の補助事実と同様に解しながら，処分証書の実際の機能に根差した解釈を提唱する点に特徴がある[97]。

　また，文書の記載内容が主要事実に関するものであり，当事者が文書の真正を自白したことが，当該主要事実の自白としても解釈できる場合には，文書の真正の自白も拘束力をもつと説く見解[98]もある。この見解は，文書の真正に対する自白の拘束力を処分証書に限定しない点では上記の見解と異なるが，実際には処分証書が多いと考えられる[99]。

---

93)　証拠法大系(4) 37 頁〔石井〕。
94)　松本＝上野〔8 版〕334 頁等。
95)　肯定説として，兼子ほか・条解 964 頁・1043 頁〔松浦〕，倉田・証明 185 頁，旧注釈民訴(7) 169 頁〔太田〕，松本博之・民事自白法〔1994〕107 頁，斎藤ほか編・注解民訴(8) 212 頁〔小室＝宮本〕，松本＝上野〔8 版〕334 頁等。
96)　松本博之〔判批〕判評 222 号〔1977〕46 頁（松本旧説。次注を参照），春日偉知郎〔判批〕民商 78 巻 4 号〔1978〕106 頁，高橋宏志〔判批〕法協 96 巻 2 号〔1979〕213 頁，旧注釈民訴(7) 20 頁〔吉村〕。なお，高橋下〔2 版補訂版〕141 頁注 149 も参照。
97)　ただし，現在は肯定説（前掲注 95）の文献を参照）である。処分証書も報告文書も文書の真否の問題では違いがなく，報告文書の中にも領収書のように証明力の強いものがあることを理由に，松本・前掲注 95）110 頁によって改説された。
98)　上田徹一郎〔判批〕判タ 367 号〔1978〕81 頁，上田〔7 版〕363 頁。

§228 Ⅱ 第2編 第4章 証拠

(ェ) 折衷説　文書の真正の自白には裁判所に対する拘束力はないとしても，当事者に対する拘束力はあるとする見解が折衷説である[100]。前者は，裁判所に対する拘束力を否定した昭和52年最判に準拠するのに対し，後者は，当事者に対する拘束力を前提とした大審院判例を援用する必要がある（判例につき，前述(2)参照）。しかしこの点につき，最高裁は，当事者に対する拘束力も否定すると推測する見解が少なくない[101]。また，理論的にも，裁判所に対する拘束力と当事者に対する拘束力とは表裏の関係にあるため，前者を否定しつつ後者を肯定すれば矛盾となること，当事者に対する拘束力を認めても，自白当事者は自白事実と異なる事実を主張した場合，裁判所がこの事実を認定することは妨げられない（裁判所は自白事実に拘束されない）以上，当事者に対する拘束力は無意味であること等の指摘がある[102]。

これに対し，折衷説は，自白とは，ある事実に対する自白者の認識の表示であり，民事訴訟の当事者が，相手方による自己に不利な事実主張を争うのは当然であるにもかかわらず，これを認めた場合には，自白者の自己責任および相手方に対する禁反言に基づき，原則として自白の取消しは許されないと説く[103]。加えて，折衷説は，裁判所に対する拘束力が否定される場合でも，裁

---

99) この見解は，具体例として昭和52年最判における「代理権付与の白紙委任状」を挙げる。しかし，高橋下〔2版補訂版〕141頁注149は，自白が成立していないとして処理すべき事案であったとする。

100) 仙田・前掲注65) 99頁，村上博巳・証明責任の研究〔1975〕301頁，池田条男〔判批〕北海学園大学法学研究13巻3号〔1978〕575頁。

101) 河野・前掲注1) 214頁，谷口＝井上編(5) 232頁〔田中〕，証拠法大系(4) 38頁注8〔石井〕。なお，秋山ほかⅣ505頁は，裁判所に対する自白の拘束力を否定した昭和52年最判は，当事者に対する拘束力の否定を前提としていたとの見方を提示する。

102) 川嵜義徳・昭和41年最判解説377頁，旧注釈民訴(7) 20頁〔吉村〕，証拠法大系(4) 38頁〔石井〕等。池田（条）・前掲注100) 580頁は，文書の真正に関する自白の拘束力が問題となるのは，当事者が契約の不存在を主張しながら，その契約書の真正を認めるといった矛盾した陳述がされている場合が多いため，当該自白をもって自白者の意向の表明と認めるべきではないとする。

103) 仙田・前掲注65) 136頁。ただし，相手方の同意がある場合には取消しは許され，また相手方が自白の対象となった事実上の陳述を取り消すことも自由であるが，時機に後れた攻撃防御方法の制約に服しなければならないという。

第5節　書証

判所が自白事実に基づいて判決をすることに何ら支障がない以上，自白者の自己責任や相手方に対する禁反言はこの限りで否定されないとする[104]。なお，実務は古くから当事者に対する拘束力を認める扱いと指摘されており[105]，最近でもこの扱いが「これまでの実務の大勢」と評されている[106]。

(4)　若干の検討

補助事実である文書の真正に自白が成立した場合の拘束力（裁判所に対する拘束力，当事者に対する拘束力）については，前述の見解が対立するが，この論点は，裁判上の自白の拘束力が主要事実に限られることを前提としながら，その例外が認められるかどうかの対立であった。これに対して，文書の真正について当事者間の主張が一致すれば，「自白した事実」（179条）として証明を要しないとの効果（証明不要効）が生じることに異論はない[107]。そこで，まず文書の真正の自白に証明不要効が生じた場合の帰結を検討した上で，これに加えて主要事実の自白と同等の控訴力が必要かどうかを考察する。

例えば，文書の真正は証明しなければならない（本条1項）が，証明の負担（証明責任ないし立証責任）は書証の申出をする当事者（挙証者）が負うところ，挙証者がAの作成した文書であると主張し，相手方がこれを認めた場合，当該文書はA作成の文書として真正に成立したことについて「自白」（補助事実の自白）が成立する。昭和52年最判によれば，相手方の自白は裁判所を拘束しないが，自白者（相手方）はこれに拘束されると解する見解（前述(3)(エ)の折衷説）がある。しかしながら，ここで仮に補助事実の自白に撤回禁止効を認めたとしても，通説的な撤回要件（自白が真実に反し，かつ，自白者が真実であるとの

---

104)　仙田・前掲注65）138頁。
105)　仙田・前掲注65）138頁は，前掲大判大13・3・3民集3巻105頁の「甲第四号証ノ一，二ハ不知右ニ抵触スル前回ノ申立ヲ取消スト述ヘタルモ相手方ノ訴訟代理人カ之ニ対シテ承諾ヲ与ヘタル形蹟ナキヲ以テ右ノ取消ハ其ノ効ナク」を引用し，本文のように述べている。
106)　河野・前掲注1）214頁，証拠法大系(4)38頁〔石井〕，事実認定141頁等。
107)　証明不要効に関する最近の研究として，山本克己「間接事実についての自白」法教283号〔2004〕74頁，加波眞一「当事者に争いのない陳述の取扱いと証明不要効」名法223号〔2008〕105頁，勅使川原和彦「『弁論主義の第2テーゼ』と『裁判上の自白』小考」石川明＝三木浩一編・民事手続法の現代的機能〔2014〕41頁等を参照。

〔名津井〕

錯誤の下に自白したこと）および反真実の証明により錯誤が推定されるとの判例法理[108]の下では，自白者は A 以外の者（例えば B）が真の作成者であると主張すること自体は許されることになる。自白者がこのように主張した上で，B が作成者であることの証明にも成功すれば，裁判所は，当該文書を B が作成した文書であると認定することができる。これが補助事実の自白に撤回禁止効（当事者に対する拘束力）を認める見解（肯定説，折衷説）の帰結であるが，そうである以上，撤回禁止効を認めてもその実益には疑問が生じる。これに対して，自白者が，当該文書の真の作成者は B であることの証明に失敗した結果，自白者の主張する証明主題（B 作成の文書であること）が真偽不明になっても，当該文書は作成者不明の文書として形式的証拠力が否定されるわけではなく，裁判所が疑念を抱かない限り[109]，自白事実（A 作成の文書であること）を特段の証明なしに認定することができる。

　以上の検討を踏まえると，当事者に対する自白の拘束力を認める見解（肯定説はもちろん，折衷説も）が，しばしば大審院判例を援用して自説の正当化を試みてきた自白の効果が撤回禁止効である限り，自白者が撤回禁止要件を具備する形で自白事実と異なる事実を主張立証し，これに挫折した場合の効果は，自白事実を特段の証明なしに認定できることに限られる。とすれば，この帰結は，証明不要効によって十分に説明することができるのではなかろうか。すなわち，自白者が撤回しようとする場合には，主要事実の自白に関する撤回要件およびこれを緩和する前述の判例法理の下では，撤回禁止効が事実上機能しない結果，自白事実と異なる事実の証明活動に対して自白事実の証明不要効はとくに作用しない。この点は，異なる事実の証明に成功しても，あるいはこれに挫折しても同じであり，いずれの場合も証明不要効があれば足りることになる。なお，自白者が撤回しないときは，そもそも撤回禁止効は問題にならない。

　このように当事者に対する拘束力は実効性が乏しく意味がない[110]とすると，

---

108) 大判大 4・9・29 民録 21 輯 1520 頁等，前掲注 78) に掲げた判例を参照。

109) 疑念を抱いた場合の処理については，高田裕成「間接事実の自白——自白の効力論の一断面」松本古稀 352 頁。

110) 自白された補助事実を裁判所が判決の基礎とすることは，否定説においても排除されていない。なお，山本・前掲注 107) 79 頁は自白撤回の制限には意味がないと指摘するこ

実質的な争点は，裁判所に対する拘束力の有無である。この点をめぐる肯定説と否定説の間の対立は，容易には解消されないようにも思われる。しかし最近では，自白撤回要件の分析が進んだ結果[111]，裁判所に対する拘束力の内容として，自白事実の審理に入ることに対する制約という側面が後退し，自白撤回者に対して撤回要件の主張立証に負担を課す方向で研究が進められている[112]。主要事実の自白がこの方向にあることにかんがみると，補助事実（文書の真正）の自白の裁判所に対する拘束力についても，これを肯定するならば，自白当事者が自白の撤回を求めるときに自白法理として何を要件として設定し，どのような負担を自白当事者に課すのかを検討する必要がある。補助事実の自白の拘束力（裁判所に対する拘束力）を肯定する場合，論者は，主要事実の自白の拘束力に関する自説を補助事実の自白の拘束力にも適用することになる[113]。

III 私文書の真正

1 私文書の真正の推定

(1) 条文の趣旨

(ア) **新設の理由** 本条4項の前身は，大正15年（1926年）改正により新設された旧法326条（「私文書ハ本人又ハ其ノ代理人ノ署名又ハ捺印アルトキハ之ヲ真正ナルモノト推定ス」）である。私文書であっても，一定の条件が整えば，その真正を推定すべきであるというのが，旧法326条新設の理由[114]である。一定の条件とは，署名または押印（捺印）のみならず，それが真正であること（署

とから，否定説に与するものと思われる。

111) 旧注釈民訴(7)170頁〔太田〕は，反真実を自白撤回要件とする通説判例は，自白者が自白内容を争うだけで自白の裁判所に対する拘束力である審判排除効（自白された事実の審理に立ち入らない，自白された事実と異なる判断をしない）を排除できることを認めていることから，自白内容の反真実の証明責任を自白者に負担させることが，自白の正味の効果（拘束力）であると分析する。さもないと，「通説判例は自白撤回要件（反真実の認定）が自白の撤回（反真実の認定）であるという循環論法的論理矛盾」にほとんど陥る（錯誤要件を加味してようやくこれを回避できる）ことになると指摘する。なお，この点はすでに自白の拘束力をめぐる議論における共通認識になっているものと思われる。

112) 畑瑞穂「裁判上の自白の撤回に関する覚書」松本古稀366頁。

113) 前掲注95) に掲げた肯定説の文献を参照。

114) 松本＝河野＝徳田編・立法資料〔13〕前掲注8)「理由書」215頁。

名または押印が作成者〔本人または代理人〕の意思に基づくこと）である[115]。本条 4 項は，旧法 326 条の内容をそのままに現代語化したものである。

　(イ)　**推定の前提事実**　立法資料（前掲注 114)，115) 参照）によれば，私文書の真正を推定するための前提事実は，当該文書における本人または代理人の署名または押印が真正であること（本人または代理人の意思に基づき署名または押印がされたこと）である。本条 4 項（旧 326 条）は，これを前提事実として当該文書の真正を推定する旨を定める。しかし，条文の文言は，「本人又はその代理人の署名又は押印がある」ことであり，署名または押印の真正，すなわち，署名または押印が本人またはその代理人（以下では，「代理人」を含む意味で，原則として「本人等」と略するが，「等」の中に第三者も含まれるとの誤解を避けるため，適宜「作成者」または単に「本人」の表記も使用する）の意思に基づくこととは規定されていない。そこで，本条 4 項の推定の前提事実は，本人等の「署名又は押印がある」ことで足りるか，それとも「署名又は押印が本人等の意思に基づくこと」と解すべきかが問題となる。

　本条 4 項の推定事実（条文上の推定事実）は，文書が作成者の意思に基づいて作成されたこと（文書が真正に成立したこと）であるから，上記の問題は，条文上の推定事実を推定する前提事実として適切かどうかに帰着する。この点，文書の記載が作成者の意思に基づいた内容である場合，作成者は当該文書に署名または押印をするはずであるという経験則を措定すれば，作成者の署名または押印がある場合には，当該文書は作成者の意思に基づくものと推定することができる。もっとも，署名はともかく，押印については，他人であっても本人と全く同様に（後述(3)(イ)参照）することができる。この意味で押印が作成者の意思に基づかないとき，上記の推定をすることはできない。そうだとすると，本条 4 項の前提事実となるべき「署名又は押印がある」ことは，「署名又は押印が作成者の意思に基づくこと」（意思に基づく署名または押印）を意味するものと解する必要がある。

---

[115]　松本＝河野＝徳田編・立法資料〔13〕「民事訴訟法中改正法律案外一件特別委員小委員会議事速記録 5 号」533 頁。

(2) 推定の構造

(ア) 二段の推定の意義　文書に顕出された印影が，作成者の意思に基づく押印によるものであるとき，本条4項により文書の真正を推定することができる。しかし，他人が本人の印章を使って押印することも日常的に行われているのが実情である。家庭内で認印を共用していることや，会社等の組織内で認印を他人に預けて押印を代行させていることがあるのはもちろん，たとえ実印でも家族間では本人に無断で使用できる可能性は否定できない。署名はともかく，本人または代理人の印影があるという事実のみでは，文書全体が真正に成立したものと認める根拠として薄弱である。そこで，本条4項の前提事実の内容を，文書全体の成立の真正をより強く推認させる本人または代理人の意思に基づく署名または押印と捉えることとし，その一方で，この解釈上の前提事実を推定するための前提事実を，条文に規定された本人または代理人の署名または押印と捉えることにより，文書の真正を二段階の推定を経て判断する作用のことを，一般に「二段の推定」と呼んでいる。

(イ) 判　例　二段の推定に基づく文書の真正を明らかにした最初の最高裁判決は，最判昭和39年5月12日（民集18巻4号597頁）である。これによると，「民訴326条〔現228条4項〕に『本人又ハ其ノ代理人ノ署名又ハ捺印アルトキ』というのは，該署名または捺印が，本人またはその代理人の意思に基づいて，真正に成立したときの謂であるが，文書中の印影が本人または代理人の印章によって顕出された事実が確定された場合には，反証がない限り，該印影は本人または代理人の意思に基づいて成立したものと推定するのが相当であり，右推定がなされる結果，当該文書は，民訴326条〔現228条4項〕にいう『本人又ハ其ノ代理人ノ（中略）捺印アルトキ』の要件を充たし，その全体が真正に成立したものと推定されることとなる」とされている[116]。

昭和39年最判が確立した二段の推定は，以降の実務を支配して現在に至っている。二段の推定は，改めてその詳細を確認すれば，本人又は代理人の署名又は押印があること，とくに押印については，本人又は代理人の印章と文書に

---

[116] この判例は，その後，最判昭40・7・2裁判民集79号639頁，最判昭43・6・21裁判集民91号427頁等で踏襲されている。

§228 Ⅲ

顕出された印影とが一致していることを前提事実として，経験則に基づき，本人又は代理人の意思に基づく署名又は押印であることを推定する一段目の推定と，本人又は代理人の意思に基づく署名又は押印があることを前提事実として，本条4項の推定規定に基づき，文書全体の成立の真正を推定する二段目の推定によって構成される。このうち，一段目の推定が，経験則に基づく事実上の推定であることに異論はない。これに対して，二段目の推定は，その性質をめぐり見解の対立がみられる。以下では，その検討をする前に，それぞれの推定の根拠を明らかにしておくことにする。

(3) 一段目の推定

(ア) **性　質**　二段の推定における一段目の推定は，とりわけ押印の場合，文書に顕出された印影と作成者の印章により顕出される印影とが同一であることから，当該文書の印影が作成者の意思に基づく押印の結果顕出されたことを推定するものである。経験則に基づく事実上の推定であって，挙証者の証明責任を転換する効果はない。よって，相手方の反証により，当該推定が動揺すれば，挙証者はさらに証明する必要があり，またこの証明が奏功しなければ，本条4項の前提事実である押印の真正（作成者の意思に基づく押印）は認められず，本条4項の推定自体が不可能になる。ただし，挙証者が本条4項の推定を使わず，文書の真正を直接に証明する余地はある。一段目の推定は，前述の通り，経験則に基づく事実上の推定であるから，署名と押印でそれぞれ異なる経験則が援用されている。

(イ) **署名の場合**　署名の場合には，本人等が自書するため，第三者が本人等の手を拘束して無理に筆記させた等の事情でもない限り，署名は本人等のものである場合がほとんどであると考えられる。このように，文書に顕出された署名から，本人等の意思に基づく署名を推定する際の根拠となる経験則は，署名という行為自体の社会的意味に由来するため，押印における経験則よりも強力である。仮に疑いがあるときでも，筆跡を対照して本人等の自書によるものか否かを判定することができるため（229条），経験則による推定が機能する場面は，押印の場合に比べて狭くなる。かくして，本人等の署名があれば，本人等の意思に基づく署名がされたことを認めることができる。

(ウ) **押印の場合**　押印の場合にも，印影が本人等の印章と同一であり，当

該印影が本人等の印章によって顕出されたものと認められるならば、本人等の意思に基づいて押印されたものと考えることができる。これは、他人が本人の印章を勝手に使用することは通常考えられないという日常生活上の経験則に基づく推論的判断である。ここでは本人等の意思に基づいて押印されたかどうかが重要であるから、認印・三文判かあるいは実印かという印章の種類自体は決め手にならず[117]、また文書の印影と本人等の印章により顕出される印影とが一致していても、同時にその押印が本人等の意思に基づいていないことが認定できる場合には、本人等の意思に基づく押印を認定することができないこともある[118]。要するに、文書の印影と本人等の印章とが一致するという事実は、上記経験則における最も有力な前提事実にすぎないのであり、文書全体の真正を推定する前提事実は、あくまで当該印影が本人等の意思に基づく押印の結果顕出されたという事実である。

(I) 相手方による反証

(a) 一段目の推定の前提事実に対する反証　一段目の推定の前提事実が、文書の印影が本人等の印章により顕出される印影と同一であることであるから、相手方はこの事実の存在を真偽不明に持ち込むことによって、一段目の推定が働くこと自体を阻止することができる。反証の対象となる前提事実は、本人等の印章であること、印章と印影とが同一であること（本人等の印章による印影であること）である[119]。本人等の印章であること（印章専用の事実）の認定を妨げる事情としては、当該印章が他人の印章であること、印章が二人以上の者の共有ないし共用に属すること（本人専用の印章ではないこと）が挙げられる[120]。これらの事情（印章非専用の事実）があるならば、「本人の印章を他人が勝手に使用することは、通常はあり得ない」という経験則は、最初から機能しない。このように、印章非専用の事実は、相手方に有利に（挙証者に不利に）作用する以

---

117) 事実認定107頁。
118) 最判昭38・11・15裁判集民69号243頁。事実認定97頁。
119) 事実認定103頁・106頁、信濃孝一「印影と私文書の真正の推定」判時1242号〔1987〕13頁。
120) 事実認定106頁、加藤・前掲注9) 593頁、河野・前掲注1) 219頁、森・前掲注35) 30頁等。

上，文書の成立を争う相手方において，印章非専用の事実を主張立証する必要がある[121]。もっとも，本人の印章であるとして示された印章の種類によって，上記の経験則の働き方は異なったものになる。印鑑登録された実印であれば，本人の印章である蓋然性は高いため，相手方の印章非専用の反証も強い根拠がない限り，本人の印章と認定される。これに対して，三文判の認印となると，本人の印章である蓋然性は低いため，相手方が印章非専用を主張立証（反証）すれば，本人専用性に容易に疑いが生じ，挙証者はこれを打ち消す立証に迫られる。要証事実の整理としては，本人の印章であること（印章専用の事実）の証明責任は挙証者にあり，相手方は積極否認の間接事実として印章非専用の事実を主張立証するものと捉えることができる[122]ため，印章の種類によっては相手方による間接事実の立証の重要性が異なるものと考えられる。もっとも，印章の保管は文書の作成者の内部問題であって，挙証者が容易に知ることが期待できないため，印章専用の事実の主張立証を挙証者に強く求めるのは酷であるとの指摘[123]もある。この指摘を踏まえれば，認印・三文判であっても実印の場合と同様に印章専用の事実の蓋然性を認める必要がある[124]。すなわち，印章専用の事実は，印章の種類にかかわりなく認定できる事実であり，相手方はその反証として印章非専用の事実を主張立証することになるが，印章の種類が認印・三文判であることは，印章非専用に関する事情の一つと位置づけられ，印影が認印・三文判によって顕出されたときは，印章専用の事実に対する相手方の反証が比較的容易になることが多いと考えられる。

以上のほか，第三者が本人の印章（実印）と印影が全く同一の別の印章を入

---

[121] 河野・前掲注1）218頁，森・前掲注35）30頁，滝澤孝臣「手形署名の立証責任」村重慶一編・裁判実務体系(2)〔1984〕334頁，坂原正夫「私文書の検真と真正の推定（三）」民商97巻4号〔1988〕525頁，事実認定107頁等。

[122] 信濃・前掲注119）13頁，事実認定108頁。

[123] 事実認定107頁，その他，前掲注121）に掲げた文献。

[124] 印影成立の推定の基礎にある経験則は印章の種類を問わないことになるが，同旨を指摘する判例として，最判昭50・6・12裁判集民115号95頁が引用される（事実認定108頁注98は反対か）。同旨の文献として，賀集唱「事実上の推定における心証の程度」民訴雑誌14号〔1968〕51頁，証拠法大系(4)44頁〔石井〕等。他方，菊井＝村松Ⅱ403頁は，実印や常に使用されている印章以外は推定を否定する。

手して押捺した蓋然性がある場合や，文書の内容や作成の経緯に不自然な点がある場合にも，印影の同一性が否定される[125]。相手方はこれらの事実を主張立証（反証）して，推定の前提事実に疑いを生じさせ，印影成立の推定が働くのを阻止することができる[126]。

 (b) 一段目の推定を破る反証 昭和39年最判は一段目の推定（印影成立の推定）について，「文書中の印影が本人または代理人の印章によって顕出された事実が確定された場合には，反証がない限り，該印影は本人または代理人の意思に基づいて成立したものと推定するのが相当であ（る）」と判示する。この推定を破る典型的事情は，①印章の紛失・盗難・盗用，②他人に預託していた印章の冒用，③文書が作成されていること自体が不自然であること，とされている[127]。①の盗用等については，基本的には「印章が，当該文書に押捺された時点以前に，本人の下から盗取され，または本人が紛失していた事実」が認められることにより，本人の印章に対する支配が失われ，もって印章が本人の意思に基づかないで使用された疑いを生じさせる，という形で押印の真正を動揺させることになる[128]。②の他人への預託については，第三者に印章を預託していた事実（印章の物理的支配の欠如）では足りず，基本的には，印章を

---

125) 事実認定109頁。最判昭62・12・11判時1296号16頁。

126) 事実認定110頁注101は，印影の同一性に対する反証の実質的審理は，次述(b)の推定を破る反証と類似するという。

127) 本文の類型は，事実認定113頁によるものである。他の類型化の試みとして，森・前掲注35) 33頁の盗用型・冒用型・その他（非盗用非冒用型）の三分類（事実認定113頁とほぼ同旨），信濃・前掲注119) 15頁の盗用型・委任違背型・保管者冒用型・その他の四分類，滝澤・前掲注121) 332頁の本人保管型・第三者保管型・所在不明型の三分類，加藤・前掲注9) 593頁の印章の共有共用ケース，印章預託ケース，盗用ケース，フリーライダー・ケース，不自然ケースの五分類がある。加藤論文の分類は，前提事実の反証と一段目の推定を破る反証を同列に整理したものである。

128) 事実認定114頁。この類型の典型として，同居者による印章の冒用（保証契約が多い）があるが，人間関係が近いほど，本人の印章に対する支配が破られる可能性は高くなるが，本人が事情を知る可能性も高くなるというジレンマがあるため，慎重な検討が必要と指摘して，本人にとっての文書の記載内容の合理性・不合理性といった実質的な事情の判断が重要であるとするが（同書117頁），実質的証拠力に踏み込んだ検討の必要性を示唆するようである。

第三者に預ける際の目的（使用目的や権限を限定しての交付）以外に使用された事実が認められることにより，印章が本人の意思に基づかずに使用された疑いが生じる[129]。③は類型的事情ではなく，むしろ，文書の内容自体が不合理，文書の外形が不自然，文書の存在が客観的状況と整合しない，挙証者の対応（書証の提出時期等）の不自然等から，押印の真正が疑われる場合である[130]。

以上の①～③の事情は，一段目の推定の基礎にある経験則が通用しない例外に当たることを示す特段の事情と解される。①～③の特段の事情があると，印影が本人の印章により顕出された事実から本人の意思による押印を推定することが妨げられるが，これは①～③の事情（間接事実）が，前提事実（間接事実）と両立する場合に相当する。しかし，①～③の事情が証明されれば，推定は動揺し，推定事実（本人の意思による押印）を認定できない[131]。もっとも，このような相手方の立証活動がいわゆる間接反証に該当し[132]，①～③の間接事実には証明（本証）が求められると解すべきかどうかは一つの問題である。間接反証の概念定立とその効用（証明責任転換可能性）には好意的な見解[133]もあるが，

---

129) 事実認定119頁。最判昭47・10・12金法668号38頁，最判昭48・6・26判時735号5頁。なお，この類型は，署名代理方式の文書と重なる場合が多いようである（同書119頁）。

130) 事実認定123頁。③の類型は，前述①の類型における同居者による印章の冒用と同様，実質的証拠力に踏み込んで判断される場合に当たるように思われる。これが一類型として整理されるのは，文書の真正がしばしば形式的証拠力にとどまらず，実質的証拠力に踏み込んだ判断になることの傍証という面がある。事実認定131頁注141も，文書の真正がしばしば実質的証拠力と重なることを認めている。

131) 信濃・前掲注119) 13頁。本文にいう①～③の事情の「証明」については，後述する間接反証の理論構成に懐疑的な見解から，必ずしも「証明」される必要はないと指摘されている。①～③のような間接事実を，「反対間接事実」と呼び，必ずしも証明されずとも，その「存在の可能性が様々な確度であることといった諸般の状況が，その事実の性質に応じて，そのまま考慮に入れられるべきであろう」とされる（伊藤滋夫・事実認定の基礎〔1996〕120頁）。森・前掲注17) 1118頁以下もこれに賛同し，同旨を説く。

132) 証拠法大系(4) 44頁〔石井〕，滝澤・前掲注121) 331頁，信濃・前掲注119) 13頁，森・前掲注35) 27頁，賀集・前掲注124) 46頁・51頁。

133) 中野＝松浦＝鈴木編〔2版補訂2版〕381頁〔青山善充〕，竹下守夫「間接反証という概念の効用」法教（2期）5号〔1974〕145頁。なお，間接反証に批判的な見解とされることがある新堂〔5版〕619頁も，間接反証の効用（証明責任転換可能性）を否定するの

近時はむしろ批判的な見解に勢いがある[134]。

　なお，署名の場合の推定に関しては，わが国がハンコ社会であることに加えて，署名の特質（前述(イ)参照）により適当な事例が見当たらない[135]。

(4)　二段目の推定

(ア)　性　質

　(a)　法定証拠法則説　　通説[136]によれば，本条4項の推定（二段目の推定）規定は，「事実認定に際しての裁判官の自由心証に対する一応の拘束を定めたもの（自由心証の例外）」であるとされる[137]。他の文献でも「裁判所が一定の事実を認定する際にその根拠とすべき事実が法定されることがある。これは自由心証主義の例外をなすものであり，法定証拠法則と呼ばれる」と説明されている[138]。後者の説明は，冒頭の通説における「裁判官の自由心証に対する一応の拘束」の内容を詰めているのであり，具体的には，「署名または押印の真正（前提事実）」から文書の真正を推定すべきことを法定した（一定の事実上の推定を規範命題化した[139]）点に法定証拠法則たる所以があるということである[140]。

　　　は行き過ぎであるという。

134)　伊藤〔4版補訂版〕367頁注271は，事実上の推定を生ぜしめる高度の経験則が働くときは，相手方はこれを覆滅するための間接事実の存在を裁判所に確信させなければならないという一般論で十分と指摘する。間接反証を詳細に検討して批判するのは，伊藤（滋）・前掲注131）111頁以下。旧注釈民訴(7)184頁〔太田〕も批判的であり，「特段の事情について本証以上の証明でなければ推定が覆らない場合から軽い反証程度で推定が覆る場合，さらには，具体的な主張だけでも弁論の全趣旨とあわさって推定が覆る場合まで事案ごとに雑多であろう」という。また，高橋上〔2版補訂版〕551頁も参照。

135)　事実認定126頁。

136)　内海・前掲注14）57頁は，兼子・研究(1)310頁・319頁の記述（ローゼンベルクの影響が強い）と，その後に通説ないし法定証拠法則説と呼ばれることになる見解との間にギャップが生じていると指摘し，後者を「経験則説」を呼んで区別する。すなわち，兼子説は，少なくともその意図するところでは，「『法定証拠法則』たる『推定』」という事実上の推定でも，法律上の推定でもない第三のカテゴリーに属する推定を想定し，「事物の蓋然性に基づく純然たる事実判断」に対する「外在的な法ルールを設定するもの」と捉えていた可能性があるのに対し，経験則説は，本文で紹介するように，事実上の推定を法律化したという意味で「法定証拠法則」を捉える見解である。鋭い分析であり，以下の叙述においても，通説ないし法定証拠法則説の内容は，その内部における多数説である経験則説を念頭に置くことにする。

〔名津井〕

また，事実上の推定である以上，要証事実である文書の真正の証明責任（これは文書の真正を主張する挙証者が負う）が転換されることはなく，「(本条4項の推定を) 覆すには，その推定を怪ませる程度の心証を起こさせる反証で足りる[141]」と解することになる[142]。ここでいう相手方の反証とは，署名または押印の真正（前提事実）を真偽不明に持ち込むか，経験則の例外となる特段の事情を主張立証して推定を破るかして，文書全体の真正（推定事実）を動揺させることを意味し[143]，推定事実の反対事実を証明する必要はない[144]。

　　(b) 法律上の推定説　　法律上の推定（とりわけ事実推定）とは，ある実体規定でAという法律効果の要件事実とされている乙事実につき，他の法規（推定規定）で「甲事実（前提事実）あるときは乙事実（推定事実）あるものと推定する」と定めている場合[145]，あるいは，「一定の事実が存在するときは，一定の権利または法律効果を定める他の法規の法律要件要素の存在を推定する旨の規定（推定規定）が存在する場合[146]」のことである[147]。本人等の署名または押印が真正であること（前提事実）を要件に，文書本文の真正を推定する本

---

137) 事実認定 94 頁。これは，兼子・研究(1) 310 頁の「事実認定に際し裁判官の自由心証に対する一応の拘束としての法定証拠法則」に由来する。菊井＝村松Ⅱ 643 頁，法律実務(4) 264 頁等。

138) 伊藤〔4版補訂版〕365 頁。「証拠に関する経験則」を法定したもの，という説明（高橋下〔2版補訂版〕136 頁注 143）も同旨だろう。また，三ヶ月・全集 400 頁も「経験則を法律化したという意味で裁判所の認定の基準としての一種の法定証拠法則」であるとする。

139) 伊藤〔4版補訂版〕404 頁注 357 では，後述の有力説に反論して，「事実上の推定を裁判官の自由心証についての規範命題化したという点では，たとえ反証によって覆されるものであっても法定証拠法則としての意味はある」とされている。

140) 通説の説明では，裁判官の自由心証に対する制約が，前提事実を法律で限定した点にあるのか，経験則を法律で固定した点にあるのかは必ずしも明確ではないが，法定証拠法則という性質を理由づける上ではどちらでも構わない。なお，通説においては，法定証拠法則の意義が必ずしも判然としないが，「一定の証拠方法に一定の証拠価値を付与することを，裁判官に命じまたは禁止する法規」と定義する文献がある（斎藤ほか編・注解民訴(8) 206 頁〔小室＝宮本〕，旧注釈民訴(7) 154 頁〔太田〕）。この定義では，証拠価値（証拠力）の付与に重点が置かれている。

141) 兼子・体系 277 頁。

142) 通説が法定証拠法則説を維持する理由として，「実務的な感覚」（事実認定 94 頁），

条4項は，法律上の推定であると解する有力説がある[148]。挙証者は，推定事実を直接に証明することもできるが，これよりも証明の容易な前提事実を証明すれば，法律により要証事実（推定事実）が推定される。相手方が本条4項の法律上の推定を免れるには，署名または押印の真正（前提事実）に対し，反証を挙げて裁判官の心証を真偽不明に持ち込むか，または文書全体の真正（推定事実）が真実に反することを証明するか，いずれかの方法によることになる[149]。法律上の推定は，前提事実の証明を要件とする証明責任の特別規定であり，前提事実が証明されている限り，文書の真正に関する法律上の推定規定の適用を免れるには，相手方がその反対事実（文書の不真正）を証明（本証）しなければならない点が，法定証拠法則説との最大の相違点である[150]。なお，相手方は前提事実に対する反証によって前提事実の存在を動揺させることによっても本条4項の推定が働かないようにすることができるが，これは法定証拠法則説も同じである。また，本条4項によって証明主題を文書の真正（要証事実）から本人等の署名または押印の真正（前提事実）に変更する（選択できる）点も，法

「政策的実践的考慮にもとづくバランス感覚」（旧注釈民訴(7)155頁〔太田〕）から，「自由心証に対する過度の制約になりかねない」ことへの配慮（事実認定95頁）が指摘されている。なお，旧注釈民訴(7)156頁〔太田〕は，「通説の理論構成は，解釈論としても判例の説明理論としても誤っている」が，「通説の実質的価値判断」は妥当であるとの立場である。

143) 事実認定102頁。
144) 事実認定105頁は，推定を破る事情の立証を間接反証と位置づけ，該当事実について本証を要すると説く見解（森・前掲注35）27頁，信濃・前掲注119）13頁）は，徹底すれば，推定事実の反対事実の証明を要求する法律上の推定説と大差ないことになりかねないと指摘する。この問題意識については，後述(エ)参照。
145) 中野＝松浦＝鈴木編〔2版補訂2版〕377頁〔青山〕。
146) 松本＝上野〔8版〕467頁。
147) 例えば，破産手続開始原因（要件事実）である支払不能について，支払停止があるときは支払不能と推定する破産法15条2項は法律上の推定規定である。その他，民186条2項・619条1項・629条1項・772条，手形20条2項，破47条2項・51条等が，法律上の推定の例とされている。
148) 松本＝上野〔8版〕505頁，松本博之・証明責任の分配〔新版，1996〕177頁（初出「変造手形に関する証明責任の分配と私文書の真正の推定」法学雑誌32巻4号〔1986〕81頁以下），坂原正夫「私文書の検真と真正の推定（二）」民商97巻3号〔1987〕413頁。

定証拠法則説と異ならない[151]）。

　　(c)　証明度・解明度軽減説　　本条４項の推定は，その性質はともかく，証明軽減を内容とする点に着目し，要証事実の証明度を高く維持しながら，そこにたどり着くのに必要な解明度も同様に高く設定していることに疑問を呈し，本条４項の推定は，証明度と解明度の双方を軽減する趣旨であると捉えて，証明軽減の趣旨の可視化を図る見解がある[152]）。具体的には，署名または押印の真正が認められる場合における本条４項の推定の趣旨は，①解明度はその段階で十分であるとして（つまり，必要とされる解明度を引き下げて），心証度が証明度を超えていることを条件に文書の真正を認定することを許容するもの（つまり，証明度は引き下げない），②必要とされる解明度はそのままで，証明度をある程度引き下げるもの，③必要とされる解明度も証明度もある程度引き下げるもの，④証明責任の転換（50％以下となるまで証明度を引き下げる）をするが，解明度はそのままにしておくもの，⑤証明責任を転換し，かつ，解明度も引き下げるもの，の５通りが論理的にあり得ると指摘する。このうち，立案担当者や通説（法定証拠法則説）が，証明責任を転換する趣旨を含んだ④および⑤を採用しないのは，政策実践的考慮に基づくバランス感覚による判断として賛成できるとする一方，他の①〜③の趣旨のうち，いずれが妥当であるかは「理論的」説明の問題であると指摘して，次のようにいう。まず，①は，必要とされる解明度のみを軽減するにとどまり，立証軽減の効果は限定的である。②は，証明

---

149)　松本・前掲注148) 178頁。通説については「法定証拠法則は本来，自由な心証による事実判断を排斥したところに成り立つ」と論じ，「単なる反証により裁判官の心証を真偽不明の状態に持ち込めば適用されなくなるような『法定証拠法則』は法定証拠法則の名に価しない」と指摘している。もっとも，この指摘は，本条４項の推定規定は，その解釈内容が改められて相手方は本証を要するとされる限り，法定証拠法則であること自体を否定しないものと解される。この点については，後述(エ)で検討する。

150)　他方で，この有力説は，「法律上の推定を実体法上の法律要件要素に限定しなければならない必然性は見当たら（ない）」と批判する（松本＝上野〔８版〕505頁，松本・前掲注148) 177頁）。これは，通説，とりわけ兼子説が，推定事実が実体法規の要件事実になっていることを基準として，法律上の推定と認めることに向けられている。

151)　松本・前掲注148) 177頁が，「法律上の推定は証明主題の変更を本質とするものではな（い）」と指摘するが，本文のような比較を踏まえた指摘と考えられる。

152)　旧注釈民訴(7) 179頁〔太田〕。

度を引き下げただけでは，必要とされる解明度が達成されるとは限らないため，やはり立証軽減の効果は限定的である。これに対して，③は，必要とされる解明度と証明度の両方を引き下げるので，立証軽減にとって効果的であり，かつ本条4項とそれに関する実務を矛盾なく説明し，また正当化することができる[153]。要するにこの見解は，文書の真正を認定する際に，証明度の軽減によって事実認定の基準を引き下げて誤判可能性を引き下げるとともに，必要な解明度も引き下げて挙証者の立証負担を軽減することによって，推定に頼らずに要証事実を認定することができる判断構造を提唱するものである。本条4項の推定が，証明軽減を目的とする法技術であるとしても，「推定」のみが唯一の選択肢ではないことを説いたところに意義があるものと考えられる。

(イ) **推定を破る反証**　本条4項の推定（二段目の推定）については，前述のような見解の対立がみられるが，その検討（後述(エ)）に入る前に，通説とされる法定証拠法則説による事実上の推定の構造を明らかにしておくことにする。この点につき，昭和39年最判は，一段目の推定（印影成立の推定）「がなされる結果，当該文書は民訴326条〔現228条4項〕にいう『本人又ハ其ノ代理人ノ（中略）捺印アルトキ』の要件を充たし，その全体が真正に成立したものと推定されることとなる」，「民訴326条〔現228条4項〕に『本人又ハ其ノ代理人ノ署名又ハ捺印アルトキ』というのは，該署名または捺印が，本人またはその代理人の意思に基づいて，真正に成立したときの謂である」，と判示する。

このように二段目の推定は，文書の署名または印影が作成者の意思に基づくものであることを前提事実として，文書の署名または押印以外の部分について，作成者の意思に基づく記載であることを推定することを内容とする。この推定を破る事情として訴訟で主張される典型的事情とされるのは，①本人等が白紙に署名または押印したところ，他人がこれを悪用して文書を完成させたこと，②本人等が一定の内容（本文）の記載を他人に委託した上で署名または押印したところ，その他人が委託された事項以外の事項を記入して文書を完成させた（変造した）こと，③本人等が署名または押印して完成させた文書の記載が，他人により後日勝手に改ざんされたこと，等である[154]。

---

[153] 旧注釈民訴(7) 181頁〔太田〕。

〔名津井〕

以上の①〜③の事情が，二段目の推定の基礎にある経験則の例外として特段の事情に該当し，二段目の推定の前提事実と両立するが故に，その証明により推定が動揺し，推定事実（作成者の意思に基づく文書の作成）が認定できなくなることは，(3)(エ)(b)で述べた一段目の推定の場合と同様である。よって，相手方は，推定を破る反証として，文書全体の真正に対して疑いを抱かせる程度まで①〜③の特段の事情を主張立証すればよい[155]。なお，①〜③の特段の事情となる間接事実が「真偽不明のときはそのような不明のものとして総合的に主要事実を判断すれば足りる[156]」と解されている。

もっとも，以上の事情とは異なり，文書本文の記載が署名者または押印者によるものではないこと，署名または押印をする際に文書本文に目を通さなかったこと，文書本文が後日第三者によって記載されたこと等の事情が相手方から主張立証されても，それだけでは本条4項の推定（二段目の推定）が破られることはなく，前述①〜③のような特段の事情が主張立証（反証）されなければならない[157]，と扱うのが実務とされている。しかし，前述①〜③と上記の事情との相違はかなり微妙であって，加除訂正等の作為が行われた意図の評価に左右される面がある。悪用の意図がないときは，これらの作為が加わったことによって直ちに文書の真正が否定されることはないという判断（経験則）が，上記の微妙な区別を基礎づけているものと解される。

　(ウ)　**直接証明とその反証**　　挙証者は，一段目の推定にかかわらず，本条4

---

154) 事実認定128頁以下。本文①の事情については，XがYに対し，Yの子Aの借入金債務の連帯保証債務の履行を請求した事案で，Xが提出した委任状および印鑑証明書は，Yが別口債務に関して署名押印以外白紙の委任状を第三者に交付し，完済の際に返却されなかったものが，勝手に補充されて本件に利用されたと主張して争った事案に関する最判昭35・6・2裁判集民42号75頁が参考になる。同最判は，委任状の作成日付が印鑑証明書の日付と一致しないこと，委任状を交付された第三者の証言が第一審と原審で変遷していること等の不自然さを指摘し，委任状の偽造の主張を排斥した原判決を破棄している。なお，土屋文昭＝林道晴編・ステップアップ民事事実認定〔2010〕73頁も参照。

155) 旧注釈民訴(7)184頁〔太田〕は，本文の「反証」を「文書全体の真正についての心証度が証明度以下になるまでの反対証明」と説明する。事実認定129頁，土屋＝林編・前掲注154）74頁等も同旨である。

156) 高橋上〔2版補訂版〕556頁。

157) 法律実務(4)267頁，事実認定130頁。

項の前提事実（作成者の意思に基づく押印）を直接証明することができる。直接証明は，例えば，作成者が押印する状況を撮影したビデオ映像等が考えられる。この場合，当該事実の蓋然性に疑いを生じさせる相手方の反証も可能である。概念上は一段目の推定の前提事実の反証，一段目の推定を破る反証と区別され，具体的には押印当時のアリバイが想定される。二段目の推定の推定事実についても，挙証者は直接証明することができ，相手方はこれに対して反証が可能である。これは二段目の推定を破る反証と概念上区別され，具体的には文書作成当時のアリバイが想定される[158]。

　(エ)　若干の検討　　本条4項の推定が実務上問題となるのは，主に一段目の推定の成否（二段目の推定の前提事実の有無）であるから，二段目の推定の性質に関する法定証拠法則説と法律上の推定説の対立に拘泥すべきではないだろう。しかしながら，両説の最大の相違点が，本条4項の推定（二段目の推定）が働くときに相手方のなすべき立証活動が反証か，それとも本証かという問題に帰着するという従来の説明に満足すべきかどうかについては若干の疑問がある。そこで，以下では敢えて両説の関係について検討を加えることにする。

　証拠法則は"Beweisregel"の訳語である。ドイツ民事訴訟法（ZPO）286条は，1項で自由心証主義の採用を宣言した上で，2項において「裁判所は，本法律に規定する場合に限り，法定の証拠法則（Gesetzliche Beweisregeln）に拘束される[159]」と規定する。文書の真正に関連するいくつかの規定（ZPO415条～418条，435条第1文，438条2項。公文書または私文書の証拠力）は，同条2項の法定証拠法則の具体例とされているが[160]，例えば，私文書に関するZPO416条は，「私文書は，それが作成者によって署名され又は公証人が認証した筆跡によって署名されている限り，署名にかかる意思が作成者のものであることにつき，完全な証拠力を有する」と規定する。そして，同条を前提とした

---

158) 信濃・前掲注119) 13頁。
159) 訳出するにあたっては，法務大臣官房司法法制部編・ドイツ民事訴訟法典——2011年12月22日現在〔2012〕を参考にしたが，同書の訳文と異なるところもある。
160) 例えば，Baumgärtel/Laumen/Prütting, Handbuch der Beweislast, Grundlagen, 2009, §4 Rdnr. 9；Tomas/Putzo/Reichhold, ZPO, 37. Aufl., 2016, §286 Rdnr. 20；Prütting/Gehrlein/Laumen, ZPO, 8. Aufl., 2016, §286, Rdnr. 18；Musilak/Voit/Foerste, ZPO, 13.Aufl., 2016, §286, Rdnr.14 等。

ZPO440条2項は,「署名の真正が認定されているとき又は文書に記された筆跡が公証人により認証されているときは,その署名又は筆跡のある文書それ自体が真正と推定される」と規定する。同項の法的性質について,支配的見解は,法律上の推定（Gesetzliche Vermutungen）であるとする[161]。本条4項と比較すると,署名に特化した規律になっているものの,ZPO416条（署名の真正に関する法定証拠法則）の守備範囲がわが国の一段目の推定に対応し,ZPO440条2項（署名の真正に基づく文書の真正の法律上の推定）の守備範囲が二段目の推定に対応することには多言を要しないであろう。

ところで,ドイツ法には,わが国とは異なり,法律上の推定に関する一般規定があるところ,ZPO292条第1文は,「法律が,ある事実の存在を推定すると規定していても,法律が別段の規定をしていない限り,反対事実を証明することが許される」と規定する。反対事実の証明は一般原則に基づく証明であるから,相手方は,反対事実を直接証明することはもちろんのこと,間接証明をすることも許される。また,同条第2文が,当事者尋問によって反証をすることを否定したZPO445条2項の適用がないことを明らかにしていることから,相手方による反対事実の「証明」は本証であり,反証ではない。

この点,わが国の法律上の推定説も,本条4項の適用要件である前提事実が認定されたときは,推定事実の証明責任が転換され,推定事実の反対事実を相手方が証明（本証）しない限り,推定規定の適用（推定事実の認定）を免れないものと解していた[162]（前述(ア)(b)参照）。反対事実の証明が一般原則による証明である点はドイツ法と同様である。これに対し,法定証拠法則説は,本条4項の推定を破るためには反証で足りるものと解していた。しかしながら,本条4項

---

[161] 松本・前掲注148）181頁注19が指摘するが,次に掲げる最近の文献でも,ZPO292条（法律上の推定）の適用場面と解されている。Stein / Jonas / Leipold, ZPO, 22. Aufl., Bd.5, 2006, §440, Rdnr.2；Tomas/Putzo/Reichhold, ZPO, 37.Aufl., 2016, §440, Rdnr.3；Prütting /Gehrlein/ Preuß, ZPO, 8.Aufl., 2016, §440, Rdnr.7；Musilak/Voit/Huber, ZPO, 13. Aufl., 2016, §440, Rdnr. 3-4.

[162] 加藤・前掲注9）592頁は,法定証拠法則説を前提として,「（前提事実に対する反証・推定を覆すための立証によらなくとも,）推定事実の不存在を証明できれば,反証活動として成功したことになる」と指摘した上で,「法律上の事実推定説と異なり,これが常に必要とされるわけではない」と述べるが,同旨である。

の推定が事実上の推定であることを前提としても，前提事実に基づく推定が強力なときは，反証も強力なものが要求されるところ，実際にはその反証が証明に近いこと（推定事実の反対事実の直接証明よりむしろその間接証明の高度化）が自覚された結果，その内部矛盾に苦しんでいる様子がうかがえる[163]。この点，法律上の推定説の下では，推定事実の反対事実の証明は本証を要するとしても，往々にしてそれは特段の事情（間接事実）を証明して反対事実を立証していくという間接証明になる。とすると，どちらの説によっても，実際に相手方が行うべき立証活動は異ならない。冒頭でも指摘したように，従来，法定証拠法則説においては，相手方は推定事実の存在の推定を動揺させることができれば推定事実の認定を免れることができるところが法律上の推定説との相違点とされてきた。しかしながら，証拠法則たる事実上の推定の基礎にある経験則が本来的に崩れにくく，推定事実の反証が奏功するのは稀であるという認識が実務家（とりわけ裁判官）の間で共有されるに至っているとすれば，両者の相違はすでに紙一重のところまで来ているのではなかろうか。

　以上のように考えると，残された問題は，法定証拠法則説の出発点に位置する兼子説と法律上の推定説との関係である。兼子説は，本条4項を法律上の推定と解さない理由を，推定事実が実体法規の要件事実ではない点に求める[164]。

---

163)　二段目の推定に関しては，通説の立場から，「作成者が当該文書に署名押印しているにもかかわらず，その一部分の記載を争う場合については，当該部分のみの真正を安易に否定してはならないのであって，これを争う側において，当該部分の記載が自分の知らない間に第三者によって記載されたとの事実を窺わせるかなり強力な証拠を提出しない限りは，書証全体の成立を一応認めるのが経験則に合致するとされている」（事実認定132頁）との指摘がみられる。ここでは，二段目の推定が，「かなり強力な証拠」でなければ破ることのできない推定と解されている。これは，二段目の推定を破るためには特段の事情（間接事実）を証明（本証）しなければならないことを意味するのであろうか。しかし他方で，特段の事情（間接事実）の立証は，間接反証に該当すると解して，相手方は間接反証事実を証明（本証）しなければならないとする見解には批判的な態度が表明される（事実認定105頁。前掲注144）を参照）。しかし，この態度は，間接反証と解すると法律上の推定説と同じ結論になること自体を嫌ったことに由来するところ，指摘された自説（法定証拠法則説）の帰結が気に入らないとの理由で当該指摘自体を批判し，さらに間接反証の概念自体の問題にすり替えることは妥当ではない。

164)　兼子・研究(1)310頁・319頁。

兼子説に影響を与えたとされるローゼンベルクは,「法律上の推定は法定証拠法則ではない」とし,ZPO415条〜418条は法定証拠法則であるとする一方,法定証拠法則は,支配的見解と同様に「ある証拠方法の証拠価値(あるいは,ある証拠原因の証拠力)を確定したもの」であるとする[165]。このように支配的見解と同旨を説きながら,ZPO440条2項については「法律上の推定」ではないと主張し,この主張が異説であることを自認するのである。兼子説は,このローゼンベルク説に符合する。

以上のようなドイツ法上の異説と支配的見解との対立構図が,兼子説を経由して継受された結果,わが国では異説のほうが有力視され,ついに法定証拠法則説が通説化することになった。そのため,前述のように法定証拠法則説と法律上の推定説との対立は解消の余地があるにもかかわらず,伝統的な上記の対立構図が障害となり,身動きが取れない状況にあるように思われる。しかし,明文の証明主題を有する「推定」規定(本条4項)を法定証拠法則と解することに根拠はなく,法律上の推定説に向けられた批判はいずれも当を得ないものと解されることから,本条4項の「推定」は法律上の推定と解すべきである[166]。この場合,法定証拠法則説の下で相手方が反証すべきものとされてきた特段の事情(前述(イ)に掲げた①〜③等の事情[167])は,相手方が(法律上の)推定事実の反対事実を本証(証明)する一環としてなす間接証明において,反対事

---

[165] ローゼンベルク(倉田卓次訳)・証明責任論〔全訂版,1987〕265頁。これは,証拠法則に関する一般的な定義(「一定の証拠方法に一定の証拠価値を付与することを裁判官に命ずる——または,禁止する——法規」。この定義は,同じ箇所でシュタイン=ヨナス=シェンケの見解として引用されている)と比較して,大きく異ならない。いずれにせよ,自由心証主義を排除ないし制限する法規範を意味する。

[166] 詳細については,名津井吉裕「私文書の真正の推定における証拠法則の再検討」徳田和幸先生古稀祝賀論文集・民事手続法の現代的課題と理論的解明〔2017〕を参照。

[167] 同所に掲げた典型的な事情(①署名または押印以外白紙の文書の悪用,②署名または押印により完成された委託文書の委託事項の変造,③署名または押印により完成された文書の後日改ざん)は,(法律上の)推定事実の反対事実の存在を基礎づける重要な間接事実となる。法定証拠法則説の下で,事実上の推定を動揺させるに足りないとされた事情(文書本文の記載が署名者・押印者によるものではない,署名または押印の際に文書本文に目を通していない等)は,法律上の推定説の下でも,上記の典型的な事情に比べて,推定事実の反対事実の存在を基礎づけるには足りないとされることが多いであろう。

実の存在を基礎づける事情として主張立証すべきであり，裁判所は，（法律上の）推定事実の反対事実の有無を一般原則に従って判断すべきである。

2　私文書の真正の認定

(1)　認定の必要

文書の真正は，挙証者が作成者と主張する者の意思に基づいて作成されたことを意味するが（通説），書証の申出がされた文書の真正を相手方が争う限り，裁判所は，当該文書が真正かどうかを吟味し，認定しなければならない。では，挙証者が当該文書の作成者をAであると主張して書証の申出をしたところ，真の作成者がBと判明したとき，裁判所は，当該文書をどのように取り扱うべきか。

通説は，文書の作成者をして「挙証者が作成者として主張する者」と解するため（前述Ⅱ2(2)(ア)参照），真の作成者がBであると判明したときには，挙証者が作成者の主張をBに変更しない限り，当該文書はA作成の文書としては不真正であり，形式的証拠力を欠くため，事実認定の用に供することを原則として許さない[168]。これに対し，作成者確定説，相対的確定説は，通説と異なる結論に至るものと考えられる（前述Ⅱ2(2)(イ)(ウ)参照）。すなわち，作成者確定説では，挙証者による作成者の主張にかかわらず，当該文書の作成者が決まればよいとされるため，真の作成者がBであると判断される限り，当該文書は，B作成の文書として真正と認めることができる。また，相対的確定説は，挙証者は特定人を作成者として主張することができない場合には，要証事実との関係で，当該文書に記載された思想の主体として必要な範囲で作成者が特定されていれば足りると解するため，作成者が主張する一定範囲・条件を満たす作成者にBが該当する限り，当該文書は，B作成の文書として真正と認めることができる[169]。

問題は，上記事例の文書をB作成の真正文書と認定するには，作成者確定

---

[168]　伊藤〔4版補訂版〕403頁注355，仙田・前掲注65) 102頁，河野・前掲注1) 203頁。
[169]　要証事実との関係で，一定範囲の者を作成者として特定することに合理性が認められる場合の具体例として，ある事故を目撃した状況を記載した文書（報告文書）と目撃者等が挙げられる。伊藤（滋）・前掲注25)（上) 27頁，加藤・前掲注9) 588頁，高橋下〔2版補訂版〕137頁注144。

説や相対的確定説に従わねばならないかという点である。従来，通説の立場を前提としつつ，例外的に，B作成の真正文書として認める見解もいくつか存在する。すなわち，①挙証者の意図に沿い，かつ，相手方にとって不意打ちにならない限り，事実認定の資料にしてよいとする見解[170]，②(1)作成者が一定範囲の者（目撃者等）であり，要証事実との関連で意味づけができる場合には，認定された作成者と作成者と主張された者の間には定型的に事実上の同一性を肯定できること，あるいは，(2)要証事実との関連で意味のある文書である場合には，例外的に挙証者が主張した者以外の者の思想としてその記載内容を証拠資料とすることができることを理由とする見解[171]，③挙証者の主張する者の作成した文書として実質的証拠力が認められることに対する挙証者の利益を過大視する必要はないとして，作成者の主張については，審理の過程で黙示の主張の変更があったものと解する見解[172]，④争点との関連性が薄く，相手方が不知ないし単純否認したにすぎない文書は，事実認定の資料とすることができるとする見解[173]が主張されている（その他，証拠共通の原則を主たる根拠とする見解もあるが，前述Ⅱ2(2)(ｱ)で検討したため，ここでは省略する）。

　以上に掲げた諸説のうち，まず，②の見解については，相対的確定説と同旨ではないかとの指摘がみられる[174]。②の見解は，通説を前提とする以上，挙証者の主張する作成者と裁判所の認定する作成者が異なる場合，裁判所は挙証者に釈明して作成者の主張を修正させない限り[175]，文書は不真正となるはずであるが，最終的に挙証者の主張した作成者と異なる者を作成者と認定することができる（挙証者による作成者の主張の修正手続は不可欠ではない）と解されている以上，上記の指摘は正当なものと思われる。しかし，②の見解は，あくまでこの扱いを例外とする趣旨であり，この点においてなお相対的確定説とは区別

---

170) 旧注釈民訴(7) 18頁〔吉村〕・162頁〔太田〕，坂原・前掲注148）（二）393頁。
171) 加藤・前掲注9）588頁以下。
172) 信濃孝一＝岡田伸太「文書の真正と証拠価値」実務民訴第3期(4) 263頁。
173) 証拠法体系(4) 31頁〔石井〕。
174) 証拠法体系(4) 52頁注6〔石井〕。
175) 伊藤（滋）・前掲注20）（中）25頁も，挙証者の主張した作成者と異なる者が作成者と判明した場合における裁判所の対処として釈明権行使に言及するが，挙証者による主張の修正手続を不可欠とするものではない。

第5節　書証　　　　　　　　　　　　　　　　　　　　　　§228 Ⅲ

されることになろう。また、③の見解は、黙示の主張の変更を認める点に特徴があるが、その論旨は、相対的確定説と通底するものであり、黙示の主張の変更も例外的な扱いと解されるため、②と大きな違いはないものと思われる。この意味では、①の見解も、相手方の防御権に配慮しつつ、挙証者の意図を活かそうとするものと解される限り、②の見解と大きな違いはないものと思われる。①～③の見解に対して、④の見解は、争点と関連性の薄い事実に関する証拠につき、相手方の認否態度から真摯に争っていないとみられる限りで、作成者の主張の修正手続を省略しようとするものであり、対象として想定されている文書の類型が、上記の他の見解とはかなり異なるように思われる。この意味で、④の見解は、①～③の見解と両立し得る。

(2) 判　例

挙証者の主張する作成者と異なる者が真の作成者と判明した事例の取扱いにつき、直接的に判断した判例はないとされるが、判例の立場を推測する上で有益な裁判例として、最判昭和46年4月22日（判時629号60頁）がしばしば引用される[176]。判旨は、基本的には、挙証者が作成者と主張する者の思想を表現した文書としてではなく、文書の存在それ自体を証拠資料とするときは、その成立の認定を要しない旨を判示したものと解される[177]。通説によれば、不真正な文書として形式的証拠力を欠き、事実認定の資料に供し得ないところを、文書の存在それ自体の証拠としてはなお意味があるとした点に意義がある。そこで、この点に着眼して、当該文書の成立を争う相手方に有利な証拠として利

---

[176] 同最判は、「原審は、所論の甲第一号証ないし第三号証によつて本件請負代金内金合計一六四万円が原被告間に授受されたことを直接認定したものではなく、これら甲号証の存在を証拠資料として他の証拠と共に、右甲号証が被上告人と訴外〇〇または同〇〇との間に授受された文書であることを認定したものにすぎないことは、原判文上明らかである。したがつて、原審は、右甲号証が作成者の意思を表現するものとしてその記載内容にそう事実を認定したのではないのであるから、原判決が右甲号証の成立を認める根拠を示さなかつた点に違法の廉は存しない」と述べる。同旨の下級審裁判例として、東京地判昭45・6・26判時615号46頁がある。

[177] なお、文書の作成者が代理人であるかどうかが争われ、この点が本人の文書として真正かどうかの問題として発現した場合には、文書の真否を判断せずに利用できることもある旨を説いた判例とする見解（坂原・前掲注148）（二）394頁）もある。

用できること，つまり，第三者作成の文書として当該文書の存在を証拠資料とする検証物の提出があったものと扱うことを証拠共通の原則の作用として認めた判例とする見解[178]もある。しかし，証拠共通の原則を根拠として，検証の申出もないのに当該文書を検証物として取り調べることを許容することに対しては弁論主義（証拠の申出における当事者主義）の観点から疑問の余地があろう。書証にはもともと検証的な要素があると指摘されるが，そのことと上記の取扱いを認めることとは別問題と解すべきである。また，当該文書を検証物と解した場合，その文書の記載内容を証拠資料とすることは許されないが，書証として提出された文書であるため，裁判所において，当該文書の記載内容から主要事実を認定した場合には，これまた弁論主義（第一準則）違反となる以上，上記の取扱いは弁論主義違反の温床になりかねない。結局，これらの点を考慮するとき，当該文書は書証として取り調べる方向で検討すべきであり，その理論的な枠組みとして，通説を前提としつつ，前述(1)で検討した①～④の見解が主張されているのが現状といえよう。以上のように解する限り，挙証者が作成者として主張した者と異なる者が作成した文書としてその意味内容を証拠資料とすることに対して消極的[179]とされる判例（前掲昭和46年最判）は，真の作成者(B)を特定できる場合はもちろん，目撃者等の一定範囲の者として特定することができる限り，妥当しないものと解すべきである。なお，作成者確定説，相対的確定説では，挙証者がAを作成者と主張したものをBと認定することは元より可能である。

(3) **作成者不明の文書**

挙証者が主張した作成者と異なる者が真の作成者である場合に関連する問題として，作成者が不明な文書の取扱いがある。作成者が不明といっても，理論上は，作成者が存在しないならば文書は存在し得ないから，文書が存在する限り，作成者は存在するはずである。したがって，作成者不明の文書とは，作成者は存在するが，それが誰かを挙証者も裁判所も全く特定できない文書のことを指す。この種の文書の取扱いは，通説[180]はもちろん作成者確定説[181]や相対

---

178) 西村宏一〔判批〕続民訴百選164頁，兼子ほか・条解1043頁〔松浦〕。
179) 証拠法大系(4)48頁〔石井〕，加藤・前掲注9) 588頁等がその旨指摘する。
180) 伊藤〔4版補訂版〕403頁注355，河野・前掲注1) 203頁。

的確定説[182]においても問題となり得るところ，作成者不明の文書と判断される限り，いずれの見解においても当該文書の形式的証拠力は否定されることになる。

　問題は，作成者不明の文書は，およそ事実認定の資料にならないと解すべきかという点である。この点，当該文書の存在自体を証拠として用いる必要があり，もともと検証物として証拠申立てをしてもよかったものが，書証として提出されていた場合（例えば，ビラや新聞を当時の流言や世論の証拠方法とする場合）には，「検証の結果として事実認定に供してよい」とされ，「そのように解しても，証拠申立主義や弁論主義に反しないのみならず，かえって証拠共通の原則や訴訟経済の要請に合する」とする見解があり，多数説である[183]。この点，昭和46年最判が，作成者不明の文書はその存在を証拠資料とする限り，証拠として事実認定の用に供することを認めたのは，当該文書を検証物としたものと解するのが自然である。しかし，(2)で述べたように，書証として提出された文書を相手方からの検証の申出なしに検証物として取り調べるという便法の根拠を，上記多数説のように（訴訟経済はともかくとして）証拠共通の原則に求めることに対しては弁論主義の観点から疑問があるほか，前述したように弁論主義（第一準則）違反の温床になり得る。したがって，この便法は，前述(1)で検討した①〜④の見解によっても作成者を絞ることができず，作成者が全く不明な場合に限定すべきである[184]。

---

181) 磯崎・前掲注22) 104頁，上村・前掲注20) 25頁。
182) 伊藤（滋）・前掲注25)（上）17頁・30頁。
183) 兼子ほか・条解1043頁〔松浦〕，河野・前掲注1) 208頁，加藤・前掲注9) 588頁，事実認定89頁等。
184) 法律実務(4) 261頁は，書証の申出にかかる文書を挙証者の主張する作成者以外の者が作成した文書として取り調べ，あるいは，検証物として取り調べることは，「挙証者からの申立がない証拠に基づいて裁判を行う結果となり，証拠方法における当事者主義の原則が破壊されることになるであろう」とする。

Ⅳ 公文書の真正

1 条文の趣旨

(1) 概　要

　挙証者が公文書を証拠として提出したとき，相手方がその真正を争う限り，挙証者は当該文書が真正な公文書であることを証明しなければならないが（本条1項），本条2項は，その際に，当該文書の方式および趣旨によって公務員が作成したものと認められることを証明することにより，真正な公文書であることが推定される旨を明らかにしたものである。なお，本条2項の（文書の）「方式」および「趣旨」は，ドイツ民事訴訟法（ZPO）437条1項（「文書が，その方式及び内容に従い官公庁または公証権限を有する者により作成されたものと認められるときは，真正な文書と推定する。」）[185]と照合すると，「方式」が"Form"，「趣旨」が"Inhalt"にそれぞれ対応している。すなわち，「方式」は文書の書式（様式），体裁等の形式面のことであり，「趣旨」は文書の記載内容のことである（方式，様式に関する詳細は，後述 2(1)参照）。

(2) 旧法323条1項の新設

　本条2項の前身は，大正15年改正によって新設された旧法323条1項である（同条2項は，本条3項に対応する。後述 3 参照）。同項新設の理由については，「本條ハ公文書ノ成立ニ關スル推定ノ規定ナリトス蓋シ文書カ其ノ方式及趣旨ニ依リ官吏其ノ他ノ公務員ノ職務上ノ作成ニ係ルモノト認ムヘキモノナルトキハ一應其ノ成立ノ真正ヲ推定スルハ蓋シ当然ノコトナルヲ以テ第一項ニ依リ其ノ趣旨ヲ明定シタ」ものとされる[186]。「一應……推定」することの意義については，政府委員である池田寅二郎が，「即チ其方式並ニ趣旨カラ見マシテ，官吏其他ノ公務員ガ職務上作ッタモノ云フコトガ見ラレマス場合ニハ，ソレハ一應真正ナルモノト推定ヲスル，デアルカラ，是ハソレヲ真正ナモノデナイト云フコトヲ主張スル側ノ方デ立証スルノ責ガアルノデアルト云フコトニ相成リマス[187]」，あるいは，「公文書ニ於テハ其形式ガ一應整フテ居レバ先ヅ正シイ

---

185) 訳出するにあたっては，法務大臣官房司法法制部編・前掲注159) を参考にした。
186) 松本＝河野＝徳田編・立法資料〔13〕前掲注8)「理由書」215頁。
187) 松本＝河野＝徳田編・立法資料〔13〕前掲注115)「速記録」532頁。

モノト見ル[188])」と説明されている。前者の説明から，ここにいう「推定」が反駁を許さない擬制ではないことを確認することはできるが，事実上の推定か，法律上の推定かは判然としない（詳細は，後述 **2**(2)(ウ)参照）。

ところで，旧 323 条 1 項が制定されるまでの大審院は，公文書は反証がない限りその成立を否認できない[189]，あるいは，否認のみでは文書は証拠力（形式的証拠力）を失わない[190]，とする判断を繰り返し，否認すれば挙証者において文書の真正を証明する必要が生じる私文書と対照的な判例を形成していた[191]。旧法 323 条 1 項の新設は，同時に新設された私文書の真正の推定に関する旧法 326 条とは別に，公文書の真正の推定に関する規定を設けたことを意味する。本条 2 項は，旧法 323 条 1 項の内容を維持しつつ，これを現代語化したものである。

2 公文書の真正の推定
(1) 推定の前提事実

本条 2 項は，文書がその方式および趣旨により公務員が職務上作成したものと認めるべきときに，その文書の真正を推定している。本条 2 項の推定の前提事実は，次に掲げる要素から構成されるものと考えられる。

(ア) **方式**　公務員が公文書を作成するときは，官公署の用紙を用い，作成者である官公署名あるいは作成者の官職氏名を記載し，契印その他に官公署の庁印を押捺するのが原則である[192]。本条は，公文書の作成方式に関するこうした事情を踏まえ，文書の方式から公務員が作成したと認められるものであるときは，そのことを真正に成立した公文書と認める際の一資料としたものである[193]。なお，旧法 151 条 4 項は，「訴訟記録ノ正本，謄本又ハ抄本ニハ其ノ

---

188) 松本＝河野＝徳田編・立法資料〔13〕前掲注 115）「速記録」542 頁。
189) 大判大 12・11・20 評論 13 巻民訴 137 頁。
190) 大判明 32・5・25 民録 5 輯 5 巻 119 頁，大判明 41・2・27 民録 14 輯 135 頁，大判大元・11・11 民録 18 輯 956 頁，大判大 4・7・26 民録 21 輯 1230 頁。
191) 斎藤ほか編・注解民訴(8) 205 頁〔小室＝宮本〕。
192) 菊井＝村松 II 643 頁，秋山ほか IV 508 頁。
193) 秋山ほか IV 508 頁。なお，松本＝河野＝徳田編・立法資料〔13〕前掲注 115）「速記録」532 頁（前掲注 188）に関する本文の引用），旧注釈民訴(7) 151 頁〔太田〕，斎藤ほか編・注解民訴(8) 206 頁〔小室＝宮本〕も参照。

正本，謄本又ハ抄本ナルコトヲ記載シ裁判所書記官之ニ署名捺印シ且裁判所ノ印ヲ押捺スルコトヲ要ス但シ署名捺印ニ代ヘテ記名捺印スルコトヲ得」と規定し，訴訟記録の正謄抄本は，前述の公文書の方式に合致する方式をもって作成すべきものとされていた。これに対し，現行法では，訴訟記録の正謄抄本の作成者である裁判所書記官の記名押印に加えて，「裁判所の印」（上記の「庁印」に相当）を押捺しなくとも，偽造防止の目的は果たし得るとの理由から，裁判所の印は省略された上で，規則化された[194]（規33条）。したがって，上記のような「庁印」省略の理由に照らし，訴訟記録の正謄抄本は，裁判所の印がなくても公文書と解すべきである。

以上のほか，裁判官の作成する判決書，公証人が公証人法に基づいて作成した証明書，執行官の作成した現況調査報告書，登記官（不登9条）による登記事項証明書，旧日本郵政公社の職員（旧日本郵政公社法50条の国家公務員）が作成した配達証明書・送達証明書，印鑑登録証明書等を公文書の例として挙げることができる[195]（判例上公文書と認められた例については，後掲判例〔10〕〜〔14〕を参照）。

(イ) **趣旨（内容）**　文書の方式に関しては公文書らしい体裁を備えた文書であっても，そのことのみから「公務員が職務上作成したもの」と判断することはできない。文書の方式に加えて，文書に記載された趣旨（内容）の観点からも，そのように判断できる場合でなければならない。例えば，官公署の用箋が使用され，職印が押捺されている場合（形式面に問題のない場合）でも，記載内容が，時候見舞，結婚の通知，離婚の話等の私的な事項にすぎない場合には，当該文書を真正な公文書として推定する前提事実は認められない[196]。

(ウ) **公務員の職務権限**　文書の方式および趣旨から公務員が作成したような体裁があるときでも，公務員がその職務権限内の事項について作成した文書でなければ，真正な公文書であることの推定は働かない。文書の方式および趣旨に照らして，当該文書の発行権限が，作成者と表示された公務員の職務権限に含まれていることが必要である[197]。換言すれば，本条2項によって公務員

---

194) 条解規則〔初版〕73頁。
195) 事実認定62頁。
196) 菊井＝村松Ⅱ644頁，秋山ほかⅣ508頁，事実認定62頁。

の職務権限の存在が推定されるわけではない[198]。公務員が，公文書らしい方式で，それらしい内容を記載した文書を作成しても，その文書の発行権限が当該公務員の職務権限に含まれない場合，そもそも公文書としての資格を欠くからである。

　公務員の職務権限の有無が公文書の判断に影響を与えた判例は戦前のものが多く，明治・大正時代の大審院判例には否定例[199]が目立つが，比較的新しいところでは肯定例[200]もある。例えば，否定例である判例〔5〕〔7〕（前掲注199）参照）と，肯定例である判例〔12〕〔13〕（前掲注200）参照）の関係は一見矛盾するようであるが，公文書とされた記載事項に関する公務員の職務権限の評価が結論に影響したものとみられる。このように判例が蓄積するにともない，本条2項の前身である旧323条1項が制定される前の判例は，否定例から肯定例へと変化していったと考えられる。加えて，同項の制定により，真正な公文書と認められるために必要な要件が明確化され，公文書の発行主体に正しい認識が共有されていった結果，判例上問題となることも少なくなったものと考えら

---

197) 法律実務(4) 255 頁，菊井＝村松 II 644 頁，秋山ほか IV 508 頁，事実認定 62 頁等。
198) 斎藤ほか編・注解民訴(8) 207 頁〔小室＝宮本〕，証拠法大系(4) 41 頁〔石井〕。
199) 〔1〕戸籍簿の記載事項である事実の判断をする権限を有しない戸籍吏が出生年月日に関して自身の判断による事実を掲載した書面（大判明 32・10・10 民録 5 輯 9 巻 62 頁），〔2〕公募上の地所または建物が売主または抵当置主に属する等につき事実相違なきことを証するに止まる戸長が作成した当事者の身分（後見人の真正）を認める旨の奥書（大判明 32・10・20 民録 5 輯 9 巻 118 頁），〔3〕抵当権設定登記にかかる契約証書に登記官が登記済と記入した場合その記載以外の部分（大判明 34・5・18 民録 7 輯 5 巻 100 頁），〔4〕荷車営業に関する村長の証明書（大判明 37・10・14 民録 10 輯 1242 頁），〔5〕不動産の譲渡に関する事項の町村長の証明書（大判明 38・1・19 民録 11 輯 18 頁），〔6〕郵便局員による郵便物の消印の証明書（大判明 40・2・26 民録 13 輯 175 頁），〔7〕堰の共有関係・利用状況に関する村長の証明書（大判明 42・2・23 民録 15 輯 148 頁），〔8〕村長が山林を反別し，その共有者・持分につき作成した証明書（大判大元・11・26 民録 18 輯 997 頁），〔9〕公証人が家屋の形状・場所・破損の有無を録取した文書（大判大 10・11・4 民録 27 輯 1942 頁）。
200) 〔10〕寄留制度があった当時に市長が発効した寄留証明書（大判大元・11・11 前掲注190）），〔11〕戸長が連印し，区長が奥書した文書（大判大 4・7・26 前掲注190）），〔12〕戸長及び副戸長の連署奥印ある売渡証書（大判大 12・11・20 前掲注189）），〔13〕町村長の作成した家屋に関する証明書（大判昭 6・5・27 新聞 3296 号 12 頁・評論 20 巻民訴 499

れる。

(2) **推定の構造と性質**

以上のように，文書がその方式および趣旨から公文書らしい体裁を備え，作成者と主張された公務員がそのような文書を作成する職務権限を有する場合には，当該文書は，公務員が職務上作成したものと認めるべきである。本条2項は，このことを前提事実として，作成者と主張された公務員の意思に基づいて当該文書が作成されたこと，すなわち，真正に成立した公文書であることを推定する規定である。

(ア) **前提事実および推定事実の設定**　本条2項（旧323条1項）の推定に関しては，「真正に成立した公文書が私文書に較べ信用力があることと，『公文書らしい文書』の真正とは循環論法の関係にある」と指摘する見解がある[201]。確かに，本条2項の前提事実に作成主体である公務員の職務権限の存在を加え，推定事実に作成主体である公務員が職務権限に基づいて作成したことを加えると，循環するように思われる。しかし，私文書と区別して公文書の真正について規定を設けたのは，上記(2)の通説的な見解によれば，公務員の職務権限を推定する趣旨ではない。むしろ，職務権限の存否の判断は，前提事実を認定する段階で完結しているため，職務権限は本条2項の推定自体とは関係がない。換言すれば，方式および趣旨から公文書の体裁を有する文書を作成する職務権限を有する公務員が文書を作成したことを前提事実として，当該公務員がその意思に基づいて当該文書を作成したことのみが推定される構造と解すべきである。この意味で，推定事実は，私文書の真正の推定と同様，作成者が当該文書を作成する意思の存在に限られるため，ここに循環論法は存在しないように思われる。

なお，公務員の職務権限は，前提事実の判断において完結するものと解すべきであるから，文書の方式および趣旨に照らして，当該文書を公務員が職務上作成したことに疑いが生じたときに官公署に職権で問い合わせることを認める本条3項（旧323条2項）は，もっぱら本条2項の前提事実の認定において活

頁），〔14〕耕地整理組合の議事録（大判昭15・9・21民集19巻1644頁）等。
[201]　旧注釈民訴(7) 152頁〔太田〕。

用すべきである。ただし，これは職務権限の有無が調査対象となる場合であり，公務員の作成意思に疑問が生じた場合[202]には，推定事実との関係でも本条 3 項の職権照会を利用することができる（後述 3 参照）。

　(ｲ)　**証拠方法**　　本条 2 項は，文書の方式および趣旨から，当該文書を公務員が職務上作成したものかどうかを認定することを予定している。文書の方式については，使用された用箋の種類，材質，色合いのほか，書体，文字，印影等の形状，筆跡等も取り調べるべき場合もある。これに適した証拠方法は本来検証であるが，その一方で，文書の趣旨の取調べは，記載内容の閲読であるため，書証でもある。本条 2 項の前提事実を認定するには，このように検証と書証の双方を駆使した判断が必要であり，法 229 条の存在はそのことを前提としたものとみられる。もっとも，複写技術が高度に進化した現在，公文書らしい文書を偽装することも容易であるため，前提事実の判断はしばしば困難が予測される。そこで，疑いが生じたときは，官公署に対する照会（本条 3 項）を活用すべきである。

　(ｳ)　**推定の性質**　　文書がその方式および趣旨から，公務員が職務上作成したものと認めることができる場合，このことを前提事実として，作成者と主張される公務員がその意思に基づいて当該文書を作成したことを推定するのが本条 2 項の推定であるが，この推定の性質については，私文書の真正の推定に関する本条 4 項と同様，法定証拠法則説と法律上の推定説が対立している。一般に，本条 2 項の推定も，本条 4 項の推定と同様とされるため，ここでも法定証拠法則説が通説である[203]。しかし，本条 4 項と同様，明文の証明主題を有する「推定」規定である本条 2 項を法定証拠法則と解することに根拠はないため，本条 2 項の推定もまた法律上の推定と解すべきである[204]（前述Ⅲ 1 (4)(ｴ)参照）。

---

202)　菊井＝村松Ⅱ 645 頁，秋山ほかⅣ 509 頁は，文書が本条 2 項の推定を受けても，「それが公文書であるだけに，裁判所がその成立について疑いを持つ場合にも，なお推定によって成立を判断することは必ずしも適当ではないので」，本条 3 項（旧 323 条 2 項）が設けられたと指摘するが，本文で指摘した後者の場合を想定した記述と考えられる。

203)　法律実務(4) 264 頁，菊井＝村松Ⅱ 643 頁，秋山ほかⅣ 509 頁，証拠法大系(4) 40 頁〔石井〕，事実認定 96 頁注 76 等。

204)　なお，本条 2 項に相当する ZPO437 条 1 項（訳文は，本文 1 (1)を参照）は，法律上の推定を定めたものであり，相手方は反対事実の証明（本証）を要すると解されている。

(3) 公文書と認定されない文書の取扱い

文書が真正な公文書と認められない場合でも，その文書が私文書として真正かどうかは別問題である。とりわけ，本条2項の前提事実が認定できない場合でも，文書の顕出された印影と作成者と主張される者（作成した公務員とされた者）の印章が一致し，その者の意思に基づいて押印されたと認められる限り，真正な私文書として事実認定に用いることができる[205]。

(4) 実質的証拠力との関係

本条2項の推定は，公文書の真正な成立に関するものであるから，記載内容の真実までは推定されず，裁判所の自由心証に委ねられる[206]。換言すれば，公文書には高い証拠力があるとしても，それは処分証書と同様のものではなく，あくまで報告文書の証拠力の問題である。例えば，①甲と乙の婚姻が戸籍簿に記載された場合の戸籍謄抄本，②不動産について甲から乙への所有権移転登記が不動産登記簿に記載された場合の登記事項証明書は，公文書として真正な成立が認められても，甲乙間の婚姻の事実，甲から乙への所有権移転の事実が，当然に認定されるわけではない[207]。すなわち，①の文書は，甲乙に関する婚姻の届出が行われ，届出内容が記載されたこと，②の文書は，甲から乙への所有権移転登記に関する登記申請が行われ，登記申請事項が登記簿に記載されたことの証拠とはなるが，①の文書から婚姻届の真正，さらに婚姻の事実，②の文書から登記申請書類の真正，さらに所有権移転の事実を推認することはできないのが原則である[208]。もっとも，最判昭和34年1月8日（民集13巻1号1頁）は，所有権取得登記抹消登記手続を求めた事件で，山林の所有権が被告の所有と登記されていることについて当事者間に争いがないことから，被告の所

Stein / Jonas / Leipold, ZPO, 22. Aufl., Bd. 5, 2006, §437, Rdnr. 4；Tomas / Putzo / Reichhold, ZPO, 37. Aufl., 2016, §437, Rdnr.2；Prütting /Gehrlein/ Preuß , ZPO, 8. Aufl., 2016, §437, Rdnr.1, 4；Musilak/Voit/Huber, ZPO, 13. Aufl., 2016, §437, Rdnr. 3.

205) 法律実務(4) 255頁。
206) 菊井＝村松Ⅱ 646頁，秋山ほかⅣ 509頁，事実認定 96頁等。最判昭38・4・18裁判集民65号527頁，最判昭40・12・10裁判集民81号395頁。
207) 菊井＝村松Ⅱ 645頁，秋山ほかⅣ 509頁。
208) 婚姻届や登記申請書類は，①・②の文書を作成するのに必要な資料ではあるが，それ自体は私文書であり別途証明を要する（本条1項）からである。

有に属すると一応推定すると判示した原判決を是認している。また，最判昭和28年4月23日（民集7巻4号396頁）は，戸籍簿に「昭和○年○月○日時刻不明某所で戦死○県知事○○報告同○年○月○日受附」との記載がある場合，その記載が，戸籍法89条の報告に基づいて登載されたと認められるとき，反証がない限り，戸籍簿に記載されている日に死亡したものと認めるべきであるとした。登記簿・戸籍簿の記載に争いがなく，他に証拠がない場合には，これらの文書に基づいて記載された事実を推認することが許されてよいであろう[209]。ただし，これはあくまで事実上の推定にすぎないことは言うまでもない。

(5) 一通の文書が公文書と私文書によって構成される場合

一通の文書の中に公文書である部分と私文書である部分とがある場合，本条2項の推定は，公文書である部分についてのみ適用される[210]。例えば，内容証明郵便の場合，証明部分は公文書であるが，証明される部分は私文書である。このように一通の文書の内部に区別がある以上，公文書の部分については，当該文書の方式および趣旨から公務員が職務上作成したものと認められる場合には，当該文書は真正と推定され，前提事実等に疑いがあるときは，裁判所は職権で官公署に照会して疑いを晴らした上で公務員の作成意思を推定するといった対応が可能であるのに対し，私文書の部分についてはこうした制度はなく，もっぱら挙証者が証明しなければならない。以上から明らかなように，一通の文書のうち，公文書の部分の真正が推定される場合でも，私文書の部分についての真否の判断には影響しない[211]。

3 官公署に対する照会

(1) 条文の趣旨

本条3項の前身は，大正15年改正により新設された旧法323条2項である。同項新設の理由は，「公文書ノ真否ニ付疑アル場合ノ職権調査ノ規定」とされ

---

[209] 菊井＝村松Ⅱ645頁，秋山ほかⅣ509頁も同旨。ただし，仮登記について仮登記権利者の所有権取得または原因契約の成立の推認を否定した判例（最判昭49・2・7民集28巻1号52頁）もある。

[210] 菊井＝村松Ⅱ646頁，斎藤ほか編・注解民訴(8)208頁〔小室＝宮本〕，秋山ほかⅣ353頁・510頁等。

[211] 秋山ほかⅣ510頁。

ている212)。起草委員によれば，公文書の真正について裁判所に疑いが生じた場合には，当該文書の作成にかかる官庁または公署に照会（旧法323条2項では「問合」）し，その回答を踏まえて公文書の真正を判断できる方が簡明であるため，同項が設置されたものと説明されている213)。本条3項は，この旧法323条2項を現代語化してそのまま引き継いだものである。

　なお，本条3項は，2項に基づく公文書の真正の推定が働くとき，相手方がなすべき立証活動が，不真正の本証（反対事実の証明）ではないことについて条文上の根拠を提供するものではない214)。というのも，裁判所の職権による官公署に対する照会は，公文書の真正が真偽不明となった場合，当該事実の証明責任をどちらの当事者が負うかを問わず，これを解消する方策を真実探求の見地から用意したものと解されるからである215)。本条2項の推定の性質については，前述2(2)(ウ)を参照されたい。

(2) 職権による照会

　文書がその方式および趣旨から公務員が職務上作成したような体裁を有する場合でも，そのように認定すべきかどうか216)に疑問が残る場合もある。例え

---

212) 松本＝河野＝徳田編・立法資料〔13〕前掲注8)「理由書」215頁。
213) 松岡義正（起草委員）は，「是は略式の証拠調でありまして斯う云う規定が置いてあるのが実際問題として簡便であります」と説明する（松本＝河野＝徳田編・立法資料〔12〕前掲注8)「速記録」335頁)）。
214) 兼子ほか・条解1076頁〔松浦〕は，本条3項の前身である旧法323条2項を根拠として，相手方の立証活動が，後述のように一種の「反証」と呼ばれる点について，これが本証でないことは，「2項で真否につき疑いあるときといっていることから推知される（本来の法律上の推定ならば疑いあるぐらいでは覆えらない）」と指摘するが，本条2項の前提事実の認定の際に生じた疑いと読むのが原則であるため（前述2(2)(ア)を参照），この指摘には疑問がある。
215) 旧注釈民訴(7)156頁〔太田〕。
216) 菊井＝村松Ⅱ646頁，秋山ほかⅣ510頁等。なお，本条2項を事実上の推定を内容とする法定証拠法則と解する立場では，本条3項にいう「疑い」は，公文書の真正の推定にかかる前提事実の存在に対するものであるか，推定を基礎づける経験則に対するものか，これらの疑いが相手方の反証に基づくものかどうかを問わない（ただし，以下の本文①～③の事例はいずれも前提事実の存在に関するものである）。また，推定に基づく文書の真正（推定事実）に対する疑いでもよいが，この場合は反証によって疑いが生じた場合に限られる。他方，法律上の推定と解する立場では，直接的には前提事実の存在に対する疑い

ば，①文書には官公署の用箋ではなく通常の便箋を用いているが，官公署の庁印が押捺してある場合，②形式上公務員が作成したかどうかが疑わしい場合，③ある課の課長が証明文書を作成しているが，同課の権限内容が不明なため職務に関して作成されたものであるかどうかが疑わしい場合等である[217]。これらの場合には，原則に戻って挙証者に当該文書の方式，趣旨，作成主体とされる公務員の職務権限に関する疑問を解消するための証明を求めることもできるが（本条1項），公文書であるだけに，挙証者による解明には自ずと限界があるため，むしろ，当該文書を発出した官公署に対し，裁判所が直接照会する方が簡明である[218]。

上記①〜③のような場合に裁判所が職権で官公署に照会した場合には，当該官公署は，裁判所に対して公法上の回答義務があるものと解される。裁判所に送付された回答書は，調査嘱託の場合と同様，口頭弁論に顕出させ，相手方に反証の機会を保障した上で，これを自由心証により評価し，本条2項の推定の前提事実に対する当初の疑問が解消される限り，同項を適用して当該文書が真正に成立した公文書であることを推定することができる[219]。

ところで，裁判所の職権による照会に対する官公署の回答書について，これを書証と取り扱うべきとする見解[220]もある。しかし，挙証者が書証の申出を

のみを指すことになるが，この疑いは相手方の反証に基づくものかどうかを問わない。またこの立場では，本条2項の推定規定の適用を前提として，相手方が（推定事実の）反対事実の証明（本証）に奏功したために生じた反対事実の存在の蓋然性（推定事実の存在に対する疑い）を補強する際に利用することもできると解すべきである。

217) 菊井=村松II 646頁，秋山ほかIV 510頁（両書とも，公文書の成立について，「法律上の推定がなされている」と述べるが，法定証拠法則説を前提とする限り，事実上の推定を意味するものと解される）。

218) ちなみに，本条4項に相当するZPO437条2項は，「裁判所は，真正について疑いを抱いた場合には，職権によっても，文書を作成すべき官庁又は前項の者に対して真正に関して陳述を求めることができる」と同様の規定を置いている（同条1項については，前掲注204)を参照）。訳文は，法務大臣官房司法法制部編・前掲注159)によった。

219) 法律実務(4) 274頁注21，斎藤ほか編・注解民訴(8) 208頁〔小室=宮本〕，旧注釈民訴(7) 156頁〔太田〕，秋山ほかIV 511頁。

220) 細野・要義(3) 451頁は，この回答書（報告書）について，人証の補充であるが，証人尋問の規定によったものではないから，書証として取り扱うべきものとしている。

しているのは、一応公文書の体裁を備える当該文書であって、当該文書の真正に関する官公署に対する照会は裁判所が職権でしたものである以上、裁判所に送付された回答書に対応する挙証者の申立て（書証の申出）は存在しないのであるから、解釈としては無理があろう。裁判所は回答書を口頭弁論に顕出させるべきものとされるのは、調査嘱託の報告書と同様、当事者主義を尊重し、当事者に意見を述べる機会を提供するためであり、書証の申出の準備行為の一環（記録の取寄せ）というわけでもない。本条3項の照会は職権によるものである以上、この結論は当然であり、「格別に書証として取り扱う必要はない[221]」のである。以上のように解しても、当事者は、裁判所に対して官公署に照会するよう、職権の発動を促す申立て（上申）ができることはいうまでもない[222]。

V 外国公文書の真正

1 条文の趣旨

本条5項は、旧法324条（「前条ノ規定ハ外国ノ官庁又ハ公署ノ作成ニ係ルモノト認ムヘキ文書ニ之ヲ準用ス」）を前身とするが、これは大正15年改正により新設された規定である。同条新設の理由は、「本条ハ外国ノ官公署ノ作成ニ依ルモノト認ムヘキ文書ノ成立ノ推定ニ関スル規定ニシテ前条ト其ノ趣旨ヲ等フス」とされている[223]。もっとも、旧法の起草過程において、外国公文書については二通りの扱いが認められていた。すなわち、起草委員会の法案278条は、「外国ノ官庁又ハ公署ノ作リタル文書ニシテ其外国ニ駐在スル日本ノ大使、公使又ハ領事ノ証明アルモノ」を国内の公文書（現行の本条2項・旧法323条1項に相当）と同様に扱い、同法案279条は、外国公文書であって日本の大使、公使または領事の証明のないものは、私文書（現行の本条4項・旧法325条に相当）と同様に扱う旨を定めていた[224]。本条5項は、これらの法案が民事訴訟法改正調査委員会の検討を経て修正・制定された旧法324条を、現代語化したものである。

---

221) 法律実務(4) 274頁注21。
222) 秋山ほかⅣ 511頁。
223) 松本＝河野＝徳田編・立法資料〔13〕前掲注8)「理由書」215頁。
224) 松本＝河野＝徳田編・立法資料〔12〕前掲注8)「速記録」335頁〜337頁。

2　文書の真正の推定（2項の準用）

外国公文書は，1で概観した起草過程に照らし，当該外国に駐在する日本の大使，公使または領事の証明があるかどうかを問わず，当該外国文書の方式および趣旨から，当該外国の官公署が作成したものと認めるべきとき，真正に成立した外国公文書と推定されることになる（本条5項による2項の準用）。無論，本条2項の準用により，わが国の裁判所が外国公文書の真否を判断できるようにするためには，外国公文書について書証の申出をする際に，挙証者において，当該文書が外国の官公署によって作成されたものであることを証明しなければならないのは当然である（本条1項）。ところが，挙証者の立証活動にもかかわらず，裁判所において，当該外国文書の方式および趣旨，作成した外国公務員の職務権限を判断することができない場合は相当にあるものと考えられる[225]。しかし，挙証者が提出した証拠から，判断に必要な知識を補充して，本条2項の前提事実を判断することが可能な場合には，裁判所は，当該外国文書に本条2項を準用して，当該外国文書を真正に成立した外国公文書と推定すべきである（本条5項）。これが，本条5項によって本条2項が準用された理由と解される。

3　外国の官公署に対する照会（3項の準用）

前述2の場合とは異なり，挙証者の立証活動にもかかわらず，外国公文書の方式，趣旨および外国公務員の職務権限が分からないために，裁判所が本条2項を準用して真正な外国公文書と推定することができない場合もある。本条5項は，この場合に備えて，本条3項を準用する。この点，本条5項の前身である旧法324条は，「前条」を準用すると規定してたところ，旧法323条のうち，1項（本条2項に相当）のみを準用し，2項（本条3項に相当）を準用しないということも可能であった。実際，旧法324条に関する通説は，旧法323条2項の準用を否定していた（否定説）[226]。その理由として，①外国公文書の真正について裁判所が疑いを抱いても，外国の官公署は，条約その他の根拠がない限り，日本の裁判所の照会に対する回答義務がないこと，②ドイツ法を参考に[227]，

---

225)　菊井＝村松Ⅱ 647 頁，秋山ほかⅣ 514 頁。
226)　菊井＝村松Ⅱ 647 頁，斎藤ほか編・注解民訴(8) 209 頁〔小室＝宮本〕，旧注釈民訴(7) 157 頁〔太田〕。

§ 228 V

外国に駐在する日本の大使，公使または領事が当該外国文書の方式，趣旨および外国公務員の職務権限について証明することができれば，その証明で足りると解されることが指摘されていた[228]。日本の領事・大公使には回答義務があるからである。

　これに対し，本条5項は明確に本条3項を準用しているため，現行法の下では肯定説しかあり得ない。しかしながら，実質的には旧法下の考え方がなお有効と考えられる。すなわち，外国官公署に対する職権による照会は，回答義務を基礎づける条約その他の根拠がない限り，やはり回答を期待することは困難なことが少なくない。そこで，日本の領事・大公使に対して外国公文書の真否を照会し，本条2項の前提事実が証明された場合（その旨を記載した報告書によって前提事実に対する裁判所の疑いが晴れた場合），本条2項を準用して真正な外国公文書と推定することができるものと解すべきである（この場合も報告書の口頭弁論への顕出は必要と解される）。ただし，本条3項の準用により，裁判所は，外国の官公署に照会すること自体はできるから，回答義務の有無にかかわらず必要な事実を照会し，任意に回答が得られた場合には，裁判所は，その報告書を口頭弁論に顕出した上で，前提事実を自由心証により判断することができる[229]。

〔名津井吉裕〕

---

[227]　ZPO438条は，外国公文書の真正は裁判所が事件の状況に応じて裁量により判断すべきと規定するが（1項），その真正の証明は連邦領事または連邦公使の認証をもって代えることができるとする（2項）。訳語について，法務大臣官房司法法制部編・前掲注159）を参考にした。

[228]　菊井＝村松Ⅱ 647頁，秋山ほかⅣ 515頁。

[229]　旧注釈民訴(7) 157頁〔太田〕。

第5節　書証　　　　　　　　　　　　　　　　　　　　§229 I

（筆跡等の対照による証明）
第229条　①　文書の成立の真否は，筆跡又は印影の対照によっても，証明することができる。
②　第219条，第223条，第224条第1項及び第2項，第226条並びに第227条の規定は，対照の用に供すべき筆跡又は印影を備える文書その他の物件の提出又は送付について準用する。
③　対照をするのに適当な相手方の筆跡がないときは，裁判所は，対照の用に供すべき文字の筆記を相手方に命ずることができる。
④　相手方が正当な理由なく前項の規定による決定に従わないときは，裁判所は，文書の成立の真否に関する挙証者の主張を真実と認めることができる。書体を変えて筆記したときも，同様とする。
⑤　第三者が正当な理由なく第2項において準用する第223条第1項の規定による提出の命令に従わないときは，裁判所は，決定で，10万円以下の過料に処する。
⑥　前項の決定に対しては，即時抗告をすることができる。

I　本条の趣旨

1　概　要

　書証の申出をする当事者は，裁判所に提出する文書が真正であること（補助事実）を証明しなければならない（228条1項）。文書の真正もまた，一般原則に基づいて証明すべきであるから，公文書であれ，私文書であれ，挙証者が用いるどのような証拠方法を用いてこれを証明するかは，挙証者の判断に委ねられている。本条はこのことを基本としつつ，文書の真正は，当該文書の筆跡又は印影を同一の主体が作成した他の文書の筆跡又は印影と対照することによっても証明できるという，いわば当然の事理を注意的に規定したものである[1]。

　本条2項は，対照の用に供すべき筆跡又は印影を備える文書その他の物件

---

1)　秋山ほかIV 516頁，兼子ほか・条解〔2版〕1269頁〔松浦馨＝加藤新太郎〕，賀集ほか編・基本法コンメ(2)〔3版〕250頁〔土屋文昭〕，旧注釈民訴(7)185頁〔中村雅麿〕等。

〔名津井〕　773

(以下,「対照用物件」という)を裁判所に提示させるのに必要な手続に関する諸規定(書証の申出〔219条〕,文書提出命令および不服従の効果〔223条,224条1項・2項〕,文書送付嘱託〔226条〕,文書の留置〔227条〕)を準用する。本条5項および6項は,対照用物件を所持する第三者が,本条2項により準用される文書提出命令に従わないときの効果を規定したものである。他方,本条3項は,対照すべき筆跡がない場合について,裁判所は相手方に筆記を命じてこれを対照の用に供することができる旨を規定し,本条4項は相手方が裁判所の筆記命令に従わないときの効果を規定している。なお,旧法329条は「筆記」ではなく「手記」の用語を用いていた(「筆記命令」も「手記命令」とされていた)が,以下では「筆記」に統一する。

2 旧法との関係

本条は,旧民訴法327条(筆跡又は印影の対照),328条(対照用文書の提出手続)および329条(相手方の筆記義務)を一カ条にまとめて整理したものである。具体的には,旧法327条は本条1項,旧法328条1項が本条2項,旧法328条2項が本条5項・6項,旧法329条1項が本条3項,旧法329条2項が本条4項にそれぞれ対応している。関連規定であった旧法330条(対照用文書の添付)は,規則事項とされた(規146条)。

Ⅱ 筆跡または印影の対照

1 対照用物件

文書に顕出された筆跡又は印影の真正を証明する際,これと対照すべき筆跡又は印影を備える文書その他の物件にはとくに制限がない(大判昭17・2・25評論31巻民訴85頁[2])。しかし,筆跡又は印影の真否を判断する上で役に立つものでなければならない。基本的には,文書の作成者の署名又は印影であることが当事者間で争いのないもの(補助事実の自白については,§228 Ⅱ 4を参照),あるいは,証拠等によりその点を確定し得るものが必要である[3]。例えば,文書の真正に争いのない証書の印影(大判明32・6・27民録5輯6巻84頁)は,対照

---

[2] 判旨によれば,「凡ソ書證ノ眞否判定ノ資料ニ供スヘキ對照物ノ選擇ノ如キハ私文書タルト否トヲ問ハス事實審タル原審カ自由ニ決シ得ヘキ事項」であるとされる。

[3] 秋山ほかⅣ516頁。

用物件として利用することができる。

　裁判所に提出された資料の中に適当な対照用物件がないときは、いくつかの方法がある。まず、①文書の作成者の筆跡又は印影を備えた文書その他の物件を挙証者自ら提出し、あるいは、所持者に提出又は送付させることができる。裁判所に提出された文書に備わった筆跡又は印影の真正につき当事者間に争いがなければ、前掲判例と同様、対照用物件として利用することができる。

　また、裁判所は、②真否に争いのある文書の作成者が証人として出廷したときには当該証人に文字の筆記を命じること（規119条）、③真否に争いのある文書の作成者が相手方当事者であるときにはその当事者に文字の筆記を命じること（本条3項）ができる。さらに、④真否に争いのある文書の作成者が挙証者自身であるときには自ら文字を筆記することもできる（本条1項）。②～④の場合に裁判官の面前で筆記された文字（筆跡）の真正は、争う余地のない書面として対照用物件に利用することができる。なお、判例上、証人が任意に筆記した文字（大判明39・12・6民録12輯1604頁）も対照の用に供されている。一方、訴状に添付された訴訟委任状の署名は当然には対照用物件として利用できず、当該署名の真正が確定されていなければならない[4]（大判昭3・6・2新聞2888号16頁・評論17巻民訴491頁）。

2　性　質

　本条1項・2項・3項にいう「対照」の性質は、検証である[5]。しかし、裁判所が「対照」により文書の真否を判断する際にも、検証の証拠決定が行われることはなく、職権に基づいて「対照」するのが旧法以来の実務である[6]。また、「対照」は口頭弁論期日後にすることも妨げられない[7]。以上を背景とし

---

[4]　斎藤ほか編・注解民訴(8)224頁〔小室直人＝宮本聖司〕は、当事者尋問の際、本人の自署に係るものかどうかを確認すべきと指摘する。

[5]　秋山ほかⅣ516頁、兼子ほか・条解〔2版〕1269頁〔松浦＝加藤〕、賀集ほか編・基本法コンメ(2)〔3版〕250頁〔土屋〕、斎藤ほか編・注解民訴(8)224頁〔小室＝宮本〕、旧注釈民訴(7)186頁〔中村〕等。なお、本条2項が準用する諸規定は、検証に関する法232条1項が準用する諸規定と共通する。

[6]　秋山ほかⅣ516頁、賀集ほか編・基本法コンメ(2)〔3版〕250頁〔土屋〕、斎藤ほか編・注解民訴(8)224頁〔小室＝宮本〕、旧注釈民訴(7)186頁〔中村〕等。なお、大審院判例として、大判昭11・9・2新聞4038号7頁・評論25巻民訴434頁がある。

て，口頭弁論期日における「対照」の結果が調書に記載されることはなく，また判決書においても，とくに必要のある場合に記載すれば足りるものとされている8)。

3 他の証拠方法による証明

本条は，筆跡又は印影の真正の証明を筆跡又は印影の対照（つまり，検証）によることができることを注意的に規定したにとどまり（前述Ⅰ），他の証拠方法によることを排除したものではない。判例（大判明38・12・15民録11輯1746頁）がこの旨を明らかにしている9)（大判大8・11・19民録25輯2029頁も同旨）。とくに処分証書（売買契約書，借用証書等）のように，文書の真正が証明されると要証事実が認定される重要な文書の場合，裁判官は筆跡や印影を判定する専門家ではない以上，筆跡又は印影の同一性のみを根拠として当該文書の真正を認定することは，一見して同一性が明白であるか又はよほどの習熟がない限り10)，原則として避けるべきである11)。判例上，証言（前掲大判明38・12・15），鑑定（前掲大判大8・11・19）によって筆跡又は印影の同一性が認定された例12)があるのは，このような考えを背景とするものと解すべきである。確かに，一般論としては，本条1項の「対照」によるか，他の証拠方法によるか，さらに

---

7) 斎藤ほか編・注解民訴(8) 224頁〔小室＝宮本〕。

8) 秋山ほかⅣ 516頁，兼子ほか・条解〔2版〕1269頁〔松浦＝加藤〕，賀集ほか編・基本法コンメ(2)〔3版〕250頁〔土屋〕，斎藤ほか編・注解民訴(8) 224頁〔小室＝宮本〕，旧注釈民訴(7) 186頁〔中村〕等。

9) 判旨によれば，「證書ノ眞正ニ成立シタリヤ否ヤヲ定ムルニハ必スシモ之ニ押捺シアル印影ノ對照鑑定ノミニ依ル可キモノニアラスシテ其他ノ方法ヲ以テスルコトヲ得可シ」とされる。

10) 斎藤ほか編・注解民訴(8) 224頁〔小室＝宮本〕は，筆跡又は印影の同一性が認められるときは，他に特別の事由がない限り，書証の成立を認めるのが相当であるとして，大判昭3・6・2新聞2888号16頁・評論17巻民訴491頁，大判昭7・2・4裁判例6巻民14頁を挙げる。

11) 秋山ほかⅣ 517頁，兼子ほか・条解〔2版〕1269頁〔松浦＝加藤〕，賀集ほか編・基本法コンメ(2)〔3版〕250頁〔土屋〕，斎藤ほか編・注解民訴(8) 224頁〔小室＝宮本〕，旧注釈民訴(7) 186頁〔中村〕等。

12) 大判明34・10・4新聞61号25頁は，印影が市町村備え付けの印鑑等によるものと異なる場合，他に立証のない限り，真正と認めるべきではないとする。斎藤ほか編・注解民訴(8) 224～225頁〔小室＝宮本〕。

は両者を併用するかといった判断は，筆跡又は印影に関する証拠評価に基づいて初めて判断できる事項であるから，本来裁判所の自由心証に委ねられるべきものではある。しかし，筆跡又は印影の同一性が争われ，その点に疑いが生じている場合であり，しかも当該文書が要証事実との関係において重要性の高いものであるときは，他の証拠方法と併用する等して慎重な認定を心がけるべきである13)。

4 対照用物件としての原本

筆跡又は印影の対照は，書証の申出にかかる文書の筆跡又は印影の真正を他の真正に成立した筆跡又は印影のある文書その他の対照用物件を照合することによって，前者の真正を証明し，また裁判所がその旨を判断する場合であるから，対照用物件はそもそも原本以外（謄本・抄本）では意味がない14)。対照の用に適した相手方の筆跡がない場合の筆記命令（本条3項15)）は，筆跡の原本を創るものであることに照らせば，対照用物件として原本が必要であることは明らかである。もっとも，原本の提出が困難な事情があるときは，現在の複写技術の進歩を踏まえると，形式的に否定することは妥当でなく，写しを原本に代える余地もあり得る。しかしこの場合には，その写しが本来対照の用に供すべき原本の写しであることを裁判所は厳密に確認しなければならない（認証謄本等）。なお，相手方当事者（本条3項）や証人（規119条）が法廷で筆記した文字が記された書面は原本である。

Ⅲ 対照用文書の提出手続

1 提出義務

作成者の筆跡又は印影を備えた文書その他の物件（対照用物件）を書証の対

---

13) 兼子ほか・条解〔2版〕1269頁〔松浦＝加藤〕，賀集ほか編・基本法コンメ(2)〔3版〕250頁〔土屋〕，齋藤ほか編・注解民訴(8) 224頁〔小室＝宮本〕，菊井＝村松Ⅱ 658頁等も同旨。これに対して，秋山ほかⅣ 517頁は，証人尋問や鑑定による場合に筆跡又は印影の対照をも判断資料に加えるかどうかは裁判所の裁量であるとし，裁量の幅を広く捉える。

14) 秋山ほかⅣ 518頁，旧注釈民訴(7) 187頁〔中村〕。齋藤ほか編・注解民訴(8) 224頁〔小室＝宮本〕が文字の筆記に言及するのも同旨と思われる。

15) 本条3項の筆記命令は，原本の必要性を前提とし，それが無理なときの代替措置として法廷で筆記された文字との対照を可能にする制度である。

象となる文書に顕出された筆跡又は印影と対照する証拠調べの性質は検証であるが，この対照をするためには対照用物件が裁判所に提示されなければならない。本条2項が，検証に関する法232条と同様，文書の提出，文書提出命令，文書送付嘱託および文書の留置に関する条文を準用するのは，対照用物件の提出手続のためである。もっとも，本条2項は，検証に関する法232条1項と同様，文書提出義務に関する法220条を準用していない。この点は，旧法下でも同様であり，旧法335条1項（現232条1項）も，旧法312条（現220条）を準用していなかったため，検証の目的物を相手方当事者又は第三者が所持する場合，所持者が検証の目的物を裁判所に提示する義務（検証物提示義務）又は所持者が裁判所による検証を受忍する義務（検証受忍義務）を負うことの理論的根拠をめぐり，見解が対立していた[16]。

　その概要を示せば，①検証物提示義務は証人義務（公法上の一般的義務）に準ずるものとする見解，②検証物提示義務は文書提出義務に準ずるものとする見解，③相手方当事者又は第三者が挙証者に対して検証物を提示する実体法上の義務を負う場合に検証物提示義務があるとする見解，④③に加えて相手方が訴状又は準備書面において当該検証物を証拠として援用した場合にも検証物提示義務を認める見解，⑤訴訟法律関係に基づき当事者は無制限に検証物提示義務を負う（第三者は全く義務を負わない）とする見解等があった。このうち，②説は，旧法335条1項（現232条1項）が旧法312条（現220条）を準用していない点を無視することになる。また，この説によれば，文書提出義務が限定義務とされていた旧法下では検証提示義務も限定義務になるが，現行法の下では文書提出義務が一般義務である以上，①説との区別が困難になる。③説は，訴訟法上の義務の根拠を実体法上の義務（引渡義務・供閲義務）に求めることに起因する理論上の問題のほか，実体法上の義務の範囲に検証物提示義務の範囲が限定され，狭きに失する点に難がある。④説は，所持者が引用した検証物の提示義務に関しては合理的な一面があるが，実体法上の引渡義務を根拠とする部分については，③説と同様の問題を抱えることになる。これに対して，①説に

---

[16] 法律実務(4)329頁，菊井＝村松Ⅱ678頁，斎藤ほか編・注解民訴(8)247頁〔斎藤秀夫＝宮本聖司〕，旧注釈民訴(7)207頁〔加藤新太郎〕，秋山ほかⅣ540頁等参照。

よれば，旧法335条1項（現232条1項）が，旧法312条（現220条）を準用しないまま，相手方当事者が文書提出命令に従わない場合の効果に関する旧法316条・317条（現224条1項・2項）を準用し，旧法335条2項において第三者が検証物提示命令に従わない場合の過料の制裁を規定しているという規律全体につき，一定の合理性をもって説明することができ，このことが結局のところ文書提出義務の規定（旧312条）を準用しなかった立法趣旨とも合致すると見られたことから，①説が通説であった[17]。

　現行法である232条1項も，検証物提示義務（および検証受忍義務）について明文規定を有しないが，これは旧法下の通説（上記①説）に基づいて立法されたことに由来する[18]。したがって，法232条1項が規定する検証物提示命令を理論的に基礎づける検証物提示義務は，証人義務と同様の公法上の一般的義務（裁判以前に当然に観念される国民の義務）であり，この義務に正当な理由なく従わないときの制裁（232条1項が準用する224条，232条2項）も公法上の一般的義務に基づくものと解されることになる。

　以上を前提とすると，本条2項の提出手続が検証物提示手続に準ずることにかんがみ，検証物提示義務の根拠に関する旧法以来の上記通説は，対照用物件の提出義務のそれに対し，基本的にはそのまま妥当するものと解すべきである。ただし，本条2項は，筆跡又は印影の対照用物件の所持者が裁判所の提出命令に従わない場合の制裁について，法224条3項を準用していない。これは，本条1項の要証命題が筆跡又は印影の同一性という形式的証拠力に関する事項であることにかんがみ，筆跡又は印影が争われる文書によって証明しようとする事実についてまで真実擬制を認めるには及ばないと判断されたものと解される。

2　提出手続

(1)　趣　旨

　裁判所にすでに提出された資料の中に適当な対照用物件がない場合，挙証者は筆跡又は印影の真正を裁判所に認定してもらうため，対照用物件を裁判所に提示する必要がある。挙証者自身がこれを有することもあるが，そうでないと

---

[17]　前掲注16）の文献を参照。
[18]　法務省民事局参事官室編・民事訴訟手続に関する改正試案〔1994〕88頁，証拠法大系(5)102頁〔吉川愼一〕，秋山ほかⅣ 541頁。

きは相手方当事者あるいは第三者の所持する対照用物件を裁判所に提示させる必要がある。そこで，本条2項は，対照の性質を踏まえ，検証に関する法232条1項と同様，文書提出命令に関する一定の規定（219条，223条，224条1項・2項，226条，227条）を準用し[19]，また本条5項・6項において別途規定を置いて，対照用物件を裁判所に提示させる手続を整備している。

(2) 申立て

挙証者が，対照用物件を自ら所持するときはこれを提出し，そうでないときは対照用物件の所持者に対してその提出を命ずるよう裁判所に申し立てることにより，対照用物件との対照（一種の検証）の申立てをしなければならない（本条2項が準用する219条）。もっとも，本条1項の対照による筆跡又は印影の対照は，前述Ⅱ2で述べたように裁判所が職権ですることもできると解されているため，当事者主義が作用するのは対照用物件が裁判所にいまだ提出されていない場合である。

本条2項は法221条を準用していない。しかし，証拠申出の一般的な規律に従って証明すべき事実等を明らかにする必要があるとされる[20]。確かに，本条1項による対照も証拠の申出の一種であるから，証明すべき事実を特定すべきことは一般原則（180条1項）から明らかである[21]。他方，挙証者が文書を所持しない場合の一般的規律としては，文書提出命令の申立てに関する法221条1項がある。これによれば，対照用物件を挙証者自身が提出するときは証明すべき事実を明らかにし，文書提出命令を申し立てるときは，対照用物件の表示・趣旨・所持者および証明すべき事実を明らかにする必要があるものと解される[22]。この意味で，本条2項が法221条1項を準用しなかったことには疑問の

---

19) 他方，220条，221条，222条，224条3項，225条は準用されていない。このうち，225条は，本条5項・6項がこれに代わる独自の規定だからである。

20) 秋山ほかⅣ 517頁。

21) 「証明すべき事実」は，ここでは，筆跡又は印影の真正が争われている文書におけるそれらの真否である。書証として提出された文書ごとに問題となるものであるから，どの文書の筆跡又は印影の真否の判断資料として対照用物件を提出するのか，また提出・送付を求めるのかを明らかにしない限り，審理が混乱するのは当然である。

22) 旧法下で同旨を説く見解として，斎藤ほか編・注解民訴(8)225頁〔小室＝宮本〕，旧注釈民訴(7)187頁〔中村〕等。

余地がある。

(3) 対照用物件提出命令と不提出の効果

本条2項は法223条を準用しているため、裁判所は、対照用物件の提出命令の申立てを理由ありと認めるときは、決定で所持者に対して提出を命ずることができる（223条1項）。対照用物件の所持者が第三者である場合には、裁判所は、第三者を審尋しなければならない（223条2項）。この決定に対しては、即時抗告をすることができる（223条7項）。

対照用物件を所持する当事者が、決定に従って当該物件を提出しないとき、あるいは、挙証者の使用を妨害する目的で対照用物件を滅失等により使用不能にしたとき、裁判所は、筆跡又は印影の真正が争われている文書と同一の筆跡又は印影を備えた文書が存在すること（このような文書が存在するという挙証者の主張）を認めることができる[23]（224条1項・2項）。

対照用物件を所持する第三者が、正当な理由なく、本条2項の準用による対照用物件提出命令に従わないとき、裁判所は、決定で10万円以下の過料に処することができる（本条5項）。第三者がこの決定に不服があるときは、即時抗告をすることができる（本条6項）。対照用物件の所持者が第三者であるときの上記規律は、第三者に対する文書提出命令の規律（225条）と異なり、正当な理由なく提出命令に従わないことを制裁の要件としており、また過料の上限額も10万円以下としている。

(4) 対照用物件送付嘱託、提出・送付された対照用物件の留置

本条2項は、法226条を準用するため、挙証者は、対照用物件の所持者に対してその送付を嘱託することができる。ただし、対照用物件は原本でなければ意味をなさない（前述Ⅱ4を参照）ため、法226条ただし書は準用されないものと解すべきである[24]。また、本条2項は、法227条を準用するため、裁判所は、

---

23) 秋山ほかⅣ517頁、兼子ほか・条解〔2版〕1269頁〔松浦＝加藤〕、賀集ほか編・基本法コンメ(2)〔3版〕250頁〔土屋〕、斎藤ほか編・注解民訴(8)226頁〔小室＝宮本〕、旧注釈民訴(7)188頁〔中村〕等。

24) 秋山ほかⅣ518頁、斎藤ほか編・注解民訴(8)226頁〔小室＝宮本〕、旧注釈民訴(7)187頁〔中村〕。これに対して、兼子ほか・条解〔2版〕1269頁〔松浦＝加藤〕、賀集ほか編・基本法コンメ(2)〔3版〕250頁〔土屋〕は、法226条（旧法319条）を引用するのみで但書には言及していない。

必要があると認めるとき，提出又は送付された対照用物件を留め置くことができる。なお，留置決定と原本提出命令の関係については，§277 II 3を参照。

(5) 対照用物件の調書添付の方法，原本返還

本条1項による筆跡又は印影の対照の用に供した書類[25]の原本，謄本又は抄本は，調書（160条）に添付しなければならない（規146条1項）。もっとも，対照用物件は原本でなければならない（前述II 4を参照）ため，謄本・抄本が調書に添付されることとの関係については整理が必要である。

この点，対照用物件は原本でなければならない以上，調書に添付すべき書類も原本であるのが原則である。しかし実務上，原本を記録に添付するときは，「裁判所の事件に関する保管金等の取扱いに関する規程」（昭和37年最高裁判所規程3号）に基づいて民事保管物として保管される[26]ことになっている（なお，§277 II 3(3)も参照）。このように原本の調書添付は，原本の保管を伴う[27]のであるが，その反面，原本は最終的に提出者に返還しなければならないという制約がある。そこで，裁判所は，事件が確定するまでの間は原本を記録に添付しておき，事件の確定後には提供者の申出に応じて，謄本又は抄本と差し替えて原本を返還すべきである[28]。添付された原本それ自体は訴訟記録を構成しないが，差し替え後の謄本又は抄本は，訴訟記録の一部となる。さらに，事件が確定する前に提供者から原本返還の申出があるときは，事件の審理に支障がない限り，これに応じて原本を返還すべきである。このような取扱いは，提出又は送付された原本を調書に添付する際，提供者が原本の提供（一時保管）を承諾しない場合も，同様である[29]。

---

[25] 筆跡又は印影の対照に供されるために提出又は送付される文書は，「文書その他の物件」（本条2項）であるが，調書添付の対象となるのは「書類」のみである。この「書類」は，文書よりも広く，調書添付に適するものと解されており，例えば，図面や写真なども含まれる（条解規則〔初版〕309頁）。

[26] 秋山ほかIV 519頁，斎藤ほか編・注解民訴(8) 228頁〔小室＝宮本〕，旧注釈民訴(7) 190頁〔中村〕。

[27] この点は，法227条により原本である文書を留置した場合も同様である。この意味で，原本の調書への添付は，文書の留置と同じ性質を有する。

[28] 秋山ほかIV 520頁，斎藤ほか編・注解民訴(8) 228頁〔小室＝宮本〕，旧注釈民訴(7) 190頁〔中村〕。

以上に対して，対照の用に供された物件が文書以外のものである場合には，当該物件につき検証の申出をさせて，検証調書を作成しなければ，後日何を対照の用に供したのかが不明となるおそれがある。その対策として，裁判所は，当該物件を留め置くことができる（本条2項が準用する227条）。なお，対照用物件の留置をしない場合に備えて，その検証の申出をさせ，検証調書を作成すべきと指摘する見解もある[30]。

(6) 一時保管

本条2項は，インカメラ審理手続（文書提出命令の除外事由の非公開審理手続）に関する法223条6項を準用して，対照の用に供すべき文書その他の物件の取調べについても，インカメラ審理手続の対象になることを明らかにしている。そこで，民訴規則146条2項は，インカメラ審理手続のために裁判所に提示された文書の一時保管に関する同規則141条を準用し，提示された対照用物件の一時保管を認めている[31]。

(7) 受命裁判官等の証拠調べの調書

本条2項は，法219条，223条1項，226条を準用するため，裁判所は，提出又は送付された対照用物件（文書その他の物件）の証拠調べを，民訴規則146条2項が準用する同142条に基づき，受命裁判官又は受託裁判官にさせることができる。すなわち，裁判所は，その証拠調べについての調書（法160条）に記載すべき事項[32]を定めることができ（規142条1項），受命裁判官等の所属する裁判所の裁判所書記官は，当該調書に対照用物件の写しを添付することができる（同条2項）[33]。ただし，筆跡又は印影の対照において，対照用物件の写し自体には意味がない（前述II4を参照）。よって，民訴規則146条2項が同規則142条を準用する意義は，受命裁判官等が筆跡又は印影の対照により文書の真否を判断した結果とその理由を調書に記載させる点にあり，対照用物件の写し

---

29) 秋山ほかIV 519頁，斎藤ほか編・注解民訴(8) 228頁〔小室＝宮本〕旧注釈民訴(7) 190頁〔中村〕。
30) 旧注釈民訴(7) 190頁〔中村〕。
31) 条解規則〔初版〕309頁。
32) 具体的には，受命裁判官等が証拠調べをした結果等のことである。
33) 条解規則〔初版〕309頁。

の添付は受命裁判官等がどのような物件によって判断したのかを確認する資料とする趣旨である[34]。そうである以上，裁判所は，調書に添付された写しから心証をとることは許されない。

Ⅳ 相手方の筆記義務

1 趣　旨

文書が真正であることを作成者の筆跡の真正によって証明しようとする場合，当該筆跡との対照に適した文書等（対照用物件）があり，すでに裁判所に提示されているとき，裁判所は筆跡の対照によって筆跡の真否を判断することができる。そうでなくても，対照に適した対照用物件が存在するならば，挙証者が提示し，又は所持者に提出を命じて提出させることができる。しかし，対照用物件がそもそも存在しない場合，このような手段を採り得ない。この場合には，作成者に文字を実際に筆記させて対照用の文字を作り出し，これと対照することによって筆跡の真否を判断せざるを得ない。本条3項は，相手方が作成者である場合には，対照用物件がない限り，裁判所は相手方に対して対照の用に供すべき文字の筆記を命じることができると規定する。作成者が第三者である場合には，証人尋問の申出をして証人を出廷させた上で筆記させることができる（規119条）。筆記を命じられた相手方が正当な理由なく筆記命令に従わない場合には，制裁が用意されている（本条4項）。

2 筆記義務

(1) **法的性質**

対照用物件の所持者が正当な理由なく裁判所の提出命令に従わない場合には制裁が課されるが（本条5項），これは証人義務と同様の公法上の一般的義務（裁判以前に当然に観念される国民の義務）を前提としたものである（前述Ⅲ1参照）。相手方の筆記義務もこれと同様に解すべきである。すなわち，筆記命令は，対照用物件が存在しない場合にこれに相当する筆跡を作り出すことのできる作成者（挙証者の主張する作成者）に対して裁判所が文字の筆記を命じるものである。相手方の筆記義務は，証人の行為義務としての筆記義務（規119条。後述4参

---

34) 秋山ほかⅣ520頁。

照）を，作成者が当事者である場合について制裁を伴った筆記義務に高めたものと解される。裁判所は，相手方がこのような筆記義務を負うことを前提に，制裁を伴った実効性のある筆記命令を発令することができる。筆記命令によって相手方は実効性のある筆記義務を負うため，これに違反した場合には制裁が課される（本条4項）。なお，相手方が筆記すべき対照用の文字は，氏名に限らず，文書中に記載された文字が自筆かどうかに争いがある場合の当該文字も含まれる[35]。

(2) 筆記命令の申立てと裁判

筆記命令は，対照用物件が存在しないことを要件とするため，対照用物件の提出命令との関係では補充的な手段である。したがって，①訴訟記録中に対照の用に適した筆跡のある物件がなく，②対照用物件が作成者（相手方当事者又は第三者）から提出されず（本条2項・5項参照），③挙証者自身も適当な対照用物件を提出できないときは，筆記命令の申立てには理由があるものと解される[36]。裁判所は，申立てに理由があるときは，決定で相手方に筆記を命じることができる。ただし，相手方が出頭していないときは，筆記を命じる旨を明らかにして改めて相手方を口頭弁論期日に呼び出した上で筆記を命じる必要がある。これに対して，他の証拠によって筆跡の真正を証明できる場合はもちろん，相手方が筆跡の真正を認めているため証明の必要がないときは，裁判所は決定でこれを却下すべきである[37]。

3 筆記命令違反の効果

相手方が正当な理由なしに筆記を命じた決定に従わないとき，裁判所は，文書の成立の真否に関する挙証者の主張を真実と認めることができる（本条4項）。例えば，①出廷している相手方が文字の筆記を拒絶する場合，②相手方が書体を変えて文字を筆記した場合（4項後段），③筆記のため口頭弁論期日に呼び出された相手方が出廷しない場合には，筆記命令に違反したことになる[38]。筆記

---

[35] 秋山ほかⅣ 518頁，斎藤ほか編・注解民訴(8) 227頁〔小室＝宮本〕，旧注釈民訴(7) 189頁〔中村〕。

[36] 秋山ほかⅣ 518頁も同旨と解される。

[37] 秋山ほかⅣ 518頁，旧注釈民訴(7) 189頁〔中村〕。

[38] 兼子ほか・条解〔2版〕1270頁〔松浦＝加藤〕。

命令に違反したときの効果は，対照用物件の不提出（本条2項〔224条1項・2項の準用〕）と同様，真実擬制である。書証の対象となる文書に顕出された筆跡は相手方が自筆したものであるとする挙証者の主張が真実と認められる。もっとも，裁判所が，他の証拠等から当該筆跡が相手方の自筆ではないという心証を得たときは，当該筆跡を真正に成立したものと認めないことができることは，法224条と同様である。

4 文書の作成者が第三者である場合

書証の対象となる文書の作成者が第三者であって，その筆跡の真否を判断するための対照用文書が存在しない場合には，本条3項のような筆記命令制度がない。しかし挙証者が，一般原則に従って筆跡の真正を証人尋問によって証明するため，当該第三者の証人尋問の申出をすれば，裁判長は，公法上の一般的義務である証人義務の一環として証人が負うべき行為義務を前提として対照の用に供すべき文字の筆記を出廷した証人に命ずることができる（規119条）。証人が文字を筆記した場合，その書面は訴訟記録に綴じる必要がある[39]。旧法297条は本条3項・4項と同旨を規定していたが，現行法の制定時に規則事項とされた。

証人尋問の申出は挙証者においてしなければならないが，民訴規則119条の行為命令（裁判の形式は命令）は，裁判長が職権ですることができるため，挙証者による筆記命令の申立てを必要としない。仮に挙証者が申立てをしても，裁判長の職権発動を促す効果があるにとどまる[40]。また，裁判長の行為命令にもかかわらず，証人が文字の筆記を拒絶する等してこれに従わないとしても，とくに制裁は課されない。文字の筆記の拒絶は，証言そのものの拒絶ではないからである[41]。しかし，証人が書証の対象である文書の筆跡は自分のものではな

---

[39] 秋山ほかⅣ 241 頁は，証人尋問調書の末尾に添付すべきとして，民訴規69条を引用するのに対し，斎藤ほか・注解民訴(8)228頁〔小室＝宮本〕は，期日の弁論調書に添付しなければならないと述べて，裁判所に提示された対照用物件に関する民訴規146条1項（旧330条）を引用する。筆記された文字が記された書面の趣旨からすると，後者の方が適切である。

[40] 秋山ほかⅣ 241 頁。

[41] 旧注釈民訴(6)388頁〔太田幸夫〕。民訴規119条（旧297条）の定める証人の行為義務は，証人尋問の一環として，証人に課すことのできる付随的な義務であり，条文上例示さ

いと証言し，また正当な理由なく文字の筆記を拒否したような場合には，裁判所の自由心証により，書証の対象である文書の筆跡が当該第三者の自筆によるものと認定することは妨げられない。

これに対して，裁判長の行為命令に違反して文字の筆記を拒絶した場合には証言拒絶（200条）と同様の制裁を認める見解[42]もある。しかし，旧法297条には制裁がないために規則化された経緯[43]にかんがみ，規則の解釈として民訴法200条を類推することは困難であろう。また，第三者についても本条4項（旧329条2項）と同様の制裁を認める見解[44]もあるが，現行法の解釈としては困難である[45]。

この点，作成者に文字を筆記させた書面を対照の用に供することは，対照用物件が存在しない場合を補完するものである以上，第三者に対する対照用物件の提出命令（本条5項）を梃子にして，筆記義務のある第三者に対する制裁つきの提出命令制度の立法を検討する必要がある。この前提で解釈による制裁を検討する限り，筆記を内容とする裁判所の行為命令に従わない場合は，対照用物件の不提出に準じて，本条5項の限度で制裁を課すことができるにとどまるものと解すべきである。

〔名津井吉裕〕

れる文字の筆記のほか，事故の状況・手術方法・物の所在位置等の図示，証人の障害部位の提示，歩行，発声等，「比較的簡易な行為」に限られる。秋山ほかⅣ 214 頁，兼子ほか・条解〔2版〕1122 頁〔松浦＝加藤〕，旧注釈民訴(6) 388 頁〔太田〕，法律実務(4) 232 頁等。

42) 斎藤ほか編・注解民訴(8) 227 頁〔小室＝宮本〕，旧注釈民訴(7) 189 頁〔中村〕，中島弘道・日本民事訴訟法〔1934〕1409 頁，細野・要義(3) 418 頁。
43) 秋山ほかⅣ 241 頁。
44) 菊井＝村松Ⅱ 662 頁。
45) 旧注釈民訴(7) 189 頁〔中村〕も，本条4項（旧 329 条 2 項）は，当事者相互間に関する規定であり，直ちに第三者たる証人に準用すべきでないことを理由として，同項の拡張適用に疑問を呈する。

§230 I

(文書の成立の真正を争った者に対する過料)

第230条 ① 当事者又はその代理人が故意又は重大な過失により真実に反して文書の成立の真正を争ったときは，裁判所は，決定で，10万円以下の過料に処する。

② 前項の決定に対しては，即時抗告をすることができる。

③ 第1項の場合において，文書の成立の真正を争った当事者又は代理人が訴訟の係属中その文書の成立が真正であることを認めたときは，裁判所は，事情により，同項の決定を取り消すことができる。

I 本条の趣旨

1 概　要

我が国の民事訴訟法には，いわゆる「真実義務（Wahrheitspflicht）[1]」（内容について，後述3を参照）を宣言した規定はない。これに対し，本条は，当事者又は代理人が真実に反して文書の真正を争った場合の制裁（過料）を規定する。つまり，本条は，文書の真正が訴訟において重要な事実であることにかんがみ，これを真実に反して争うことの禁止を前提として，違反した者に制裁を課したものと解さざるを得ない。このように制裁規定の前提として観念される禁止規範は，「真実義務」そのものと解される。この点は，法209条（宣誓した当事者の虚偽の陳述に対する制裁）も同様であり，これらの条文は「真実義務」の存在を示す根拠規定としての意義を有する。なお，真実義務は，「虚偽陳述の禁止」とも呼ばれ（後述3(1)参照），その遵守により誤判の危険を低減させる機能を有するほか，虚偽陳述を原因とする文書の真否の争いを阻止することで訴訟遅延の防止にも寄与する[2]。

---

[1] 真実義務については，中田淳一「訴訟上の真実義務について」同・訴訟65頁以下，山木戸克己「弁論主義の法構造」同・論集12頁以下，中野貞一郎「民事訴訟における信義誠実の原則」同・訴訟関係74頁以下，同「民事訴訟における真実義務」同・過失の推認〔増補版，2004〕153頁以下，加藤新太郎「真実義務と弁護士の役割」同・弁護士役割論〔新版，2014〕249頁，中野＝松浦＝鈴木編〔2版補訂2版〕208頁〔鈴木正裕〕，秋山ほかⅡ〔2版〕163頁等を参照。

[2] 斎藤ほか編・注解民訴(8) 231頁〔小室直人＝宮本聖司〕。

第5節　書証　　　　　　　　　　　　　　　　　　　　　§230 I

2　沿革

　本条の前身は，大正 15（1933）年改正後の旧民訴法 331 条（さらにこれと同文の 1890 年制定の旧々民訴法 355 条）[3]であるが，真実義務が旧々法 355 条に規定されるに至った経緯は判然としない。すなわち，旧々法 355 条の原形は，明治 19 年 6 月に起草されたテヒョー草案 347 条であり，文書の成立の否認の濫用に対して金銭罰（科金）を規定していた[4]。しかし，テヒョーが草案 347 条を起草した当時，何を参考にしたのかが必ずしも明らかではない。この点については，学説上，フランス法の影響が指摘されている[5]一方で，オーストリア法[6]（草案）やヴュルテンブルク法の影響，さらにこれらの元になったハノーファー草案の影響を指摘する見解[7]もある。いずれにせよ，本条は，テヒョー草案 347 条に始まり，旧々法 355 条，旧法 331 条を経て，平成 8 年の民事訴訟法において現代語化されたものである。

　なお，本条と並んで真実義務を認めた規定の一例として引用される法 209 条[8]の前身は，旧法 339 条である。旧々法には条文がなく，大正 15 年改正に

---

[3]　旧々法 355 条 1 項は，本条 1 項および 2 項を合わせたものに相当し，旧々法 355 条 2 項は本条 3 項に相当する。

[4]　鈴木正裕・近代民事訴訟法史・ドイツ〔2012〕387 頁注 72 は，本文に掲げたテヒョー草案 347 条のほか，同草案 223 条 1 項を真実義務の規定として掲げる。しかし，この規定は結局のところ，1890 年制定の旧々法には採用されていない。また，同草案 223 条 1 項は，旧々法 112 条とほぼ同じであり，裁判所の釈明処分に関する規定である（旧注釈民訴(7) 250 頁〔河野信夫〕）。当時はドイツ民事訴訟法（以下，ZPO）にも真実義務に関する一般規定（138 条）はなく，1933 年の改正を待って導入されたことにかんがみ，同草案 223 条 1 項が，当時の真実義務の一般規定であったわけではない。

[5]　兼子一「日本民事訴訟法に対する仏蘭西法の影響」同・研究(2) 23 頁。なお，以下の文献は，この兼子論文を引用して，旧々法 355 条はフランス法に倣った規定であると解説している。秋山ほかⅣ 520 頁，兼子ほか・条解〔2 版〕1270 頁〔松浦馨＝加藤新太郎〕，斎藤ほか編・注解民訴(8) 230 頁〔小室＝宮本〕，旧注釈民訴(7) 191 頁〔中村雅麿〕，菊井＝村松Ⅱ 663 頁等。

[6]　ZPO138 条 1 項に影響を与えたとされる，1895 年オーストリア民訴法 178 条の草案である。

[7]　鈴木・前掲注 4）387 頁注 72。これより先に，中野・前掲注 1）過失の推認 174 頁も，1793 年プロイセン一般裁判所法，1862 年ヴュルテンブルク民訴法，1864 年バーデン民訴法等で真実義務が明規されていたと指摘する。なお，テヒョー草案一般については，松本

〔名津井〕

より，ドイツ民事訴訟法（以下，ZPO）455条に倣って当事者尋問における宣誓の制度が導入された際，宣誓をしたにもかかわらず虚偽の陳述をした場合には過料に処するのが至当であるとの理由から新設された[9]。このように，本条と法209条は沿革が異なることには注意が必要である。

3　真実義務

(1)　概　念

　本条（旧々355条，旧331条）の沿革はともかく，我が国における真実義務の内容は，1933年の改正により導入されたZPO138条1項[10]および同項に関するドイツの議論を参考にして形成されてきた。ZPO138条1項は，完全義務（完全陳述義務）（Vollständigkeitspflicht）と並んで真実義務を規定しているが，この真実義務は，「事実上の陳述についての信義誠実義務」であり，「真実」とは，客観的真実ではなく「当事者が真実と考えるところのもの」，つまりは主観的真実のことである。よって，真実義務は，正確には，「正直義務（Pflicht der Wahrhaftigkeit）」である。その具体的内容は，①「当事者が真実でないと自分で知っているあるいはそう信じている事実を主張してはなら」ない（主張型），②「自分が真実に合すると知りあるいはそう信ずる相手方の主張を争ってはならない」（否認型），というにある。また，③「故意の不完全な主張あるいは沈黙（は）実際上不真実の積極的主張をしたのと同じ結果を導く」ことになるため，①・②と同様に許されない[11]。

　最後の③は，真実義務が完全義務と重なることを意味し，それ故にZPO138条1項も両者を同時に規定する。我が国のかつての通説は，完全陳述義務を「当事者が知っている事実関係について有利不利を問わず完全に陳述する訴訟

博之・民事訴訟法の立法史と解釈学〔2015〕19頁以下も参照。

8)　当事者尋問に関する民訴法209条は，宣誓した当事者が虚偽の陳述をしたことに対する制裁（過料）を規定する。

9)　旧注釈民訴(7) 267頁，247〜249頁〔河野〕。

10)　この文脈においてしばしば引用されるのが，ZPO138条1項（「当事者は，事実状況（tatsächliche Umstände）に関する自らの陳述を，完全にかつ真実に即してしなければならない。」）である。訳文は，法務大臣官房司法法制部編・ドイツ民事訴訟法典──2011年12月22日現在〔2012〕によった。

11)　本文の引用について，中野・訴訟関係74頁，同・前掲注1）過失の推認156頁を参照。

上の義務」[12]として捉えて，完全陳述義務は弁論主義に抵触し，我が国では認められないと解していた[13]。しかし近時は，「一部の事実を隠してされた不完全な陳述が全体としてみたときに主観的真実に反する場合，その陳述」を禁止する命令として完全義務を捉え，真実義務の一分肢とみる見解[14]が有力である。これによれば，完全義務は弁論主義と抵触せず，むしろこれを補完するものとなる。

他方，①と②を合わせたものは「虚偽陳述の禁止」とも呼ばれ，我が国の通説はこれを真実義務の内容と解している[15]。虚偽陳述の禁止としての真実義務は，現行民訴法2条によって信義誠実の原則が明文化されて以降，信義則を根拠とする見解が通説である[16]。また，真実義務は，かつて弁論主義との抵触が議論されたが，現在は，手段説では弁論主義の補完的なものとして，また本質説では信義則の一環として，自説の内部に位置づけられている[17]。これら以外にも，当事者権の一内容である弁論権の内在的制約とみる見解[18]等がある。

(2) **代理人の真実義務**

これまでに検討した真実義務の内容は，当事者を想定したものである。しかしながら，本条は代理人が真実に反して文書の成立を争った場合にも制裁を課すことを明らかにしている。本条の制裁が真実義務を基礎としているのであれば，代理人についても真実義務があり，本条の制裁は代理人自身がその真実義務に違反したことに対するものと捉える余地がある[19]。もっとも，法定代理人

---

12) 加藤・前掲注1) 279頁注8，秋山ほか〔2版〕Ⅱ165頁。真実義務が虚偽陳述を禁止する消極的な命令であるのに対して，本文のような完全陳述義務は，事実を包み隠さずに（つまり真実を）陳述することを求める積極的な命令として対比される。しかしそれ故に，事実の訴訟への顕出を当事者の事由に委ねる弁論主義とは相容れないことになる。
13) 三ヶ月・全集161頁，中田・前掲注1) 74頁，山木戸・前掲注1) 20頁，秋山ほか〔2版〕Ⅱ165頁。
14) 中野・前掲注1) 過失の推認156頁，高橋上〔2版補訂版〕470頁。
15) 秋山ほか〔2版〕Ⅱ165頁，旧注釈民訴(7)191頁〔中村〕。
16) 中野＝松浦＝鈴木編〔2版補訂2版〕208頁〔鈴木（正）〕等。
17) 秋山ほか〔2版〕Ⅱ164頁，加藤・前掲注1) 275頁。
18) 徳田和幸「弁論権の内在的制約」同・フランス民事訴訟法の基礎理論〔1994〕118頁，127頁。学説紹介について，加藤・前掲注1) 275頁。
19) 中野・前掲注1) 過失の推認156頁も，代理人の真実義務に肯定的なドイツ学説を紹

は当事者本人に準ずる地位にあるため，真実義務についても，当事者に含めて扱えば足りる[20]（なお，後述 II 1(1)参照）。したがって，当事者の真実義務と区別された代理人自身の真実義務が問題となるのは任意代理人であり，実際にはもっぱら弁護士等の訴訟代理人の真実義務が検討の対象となる。この点，訴訟代理人である弁護士が真実義務を負うとしても，それは代理人（任意代理人）であることから当然に導かれるのではなく，社会的正義の実現という弁護士の一般的責務（弁護1条）あるいは弁護士の執務規範から導かれるものと解する見解が有力である[21]。この有力説のように，当事者の真実義務は，弁護士等の訴訟代理人には及ばないと解するとき，弁護士に課される真実義務は，弁護実務に即した内実を観念することになる[22]。

(3) **真実義務の実効性**

真実義務が法的義務かどうかは，かつて問題とされたが，前述(1)のように弁論主義と抵触しないとするのが通説であることに照らし，もはや「全く自明的」であって，信義則の発現として当然に存在を肯定すべきものと解されている[23]。問題は，真実義務に違反した場合の効果である。真実義務に付随する効果（制裁）としては様々なもの[24]が指摘され，本条および法209条もその一例

介する。

20) 秋山ほかIV 521頁，菊井＝村松II 664頁等は，旧法331条1項（現本条1項）の代理人には法定代理人と訴訟代理人の双方が含まれるとしながら，前者は当事者本人に準じて判断すべきであるとしている。

21) 加藤・前掲注1) 290頁，中野＝松浦＝鈴木編〔2版補訂2版〕223頁注17〔鈴木正裕〕，新堂〔5版〕486頁，高橋上〔2版補訂版〕472頁等。

22) 加藤・前掲注1) 290頁がこの方向である。高橋上〔2版補訂版〕472頁も参照。ここでは，弁護士の執務規範が制裁を伴ったものにまで高められた例として，アメリカ連邦民事訴訟規則11条がある。アメリカ法のその後の動向につき，座談会「ルール11と弁護士の役割」判タ920号〔1996〕23頁等。

23) 中野・前掲注1) 過失の推認173頁。

24) 中野・前掲注1) 過失の推認170頁は，①真実義務に違反した勝訴者に対する訴訟費用の負担，②真実義務に違反した主張が時機に後れた場合における訴訟遅延目的の認定，③真実義務に違反した当事者の他の主張に関する不利な証拠評価，④真実義務違反が相手方の損失において財産上の利得を得るものであるときの詐欺罪，⑤真実義務に違反した当事者に対する損害賠償請求は，いずれも真実義務に固有の制裁ではないとし，本文に掲げる「真実義務違反の主張は不適法であり，裁判所は，これを斟酌してはならない」のみが

である。しかし，真実義務の直接の効果としては，真実義務に違反した陳述が不適法となり，訴訟上の陳述としての効果を生じない（裁判所はこれを斟酌しない）ことに限られよう。前述(1)の①に掲げた主張型では，真実義務違反の主張が存在しない（斟酌されない）ため，失当となり得るのに対し，②の否認型では，真実義務違反の主張が存在しない（斟酌されない）結果，擬制自白が成立し得る[25]。しかし，真実義務違反の主張かどうかは，事実認定を経て客観的事実が明らかになった後でしか判断できないところ，その段階に至れば，通常は判決に熟しており，主観的真実に反する主張をしたかどうかをわざわざ詮索する必要はない。かりにこれを詮索した結果として真実義務違反が認められても，すでに判明している客観的事実は動かないため，事実認定も判決も何ら影響を受けない[26]。要するに，真実義務違反の効果は，裁判所がその種の主張を斟酌しないだけのことであるから，通常の事実認定の過程に埋没するのであり，評価規範としての制裁は問題にならないものと解さざるを得ない。

II 文書の真正を争った者に対する制裁

1 過料に処せられる当事者等の故意・過失

(1) 当事者

当事者は，書証の対象である文書を自らの意思で作成したことを知りながら，又は通常人に期待される注意を払えば当該文書を自らの意思で作成したとわかるにもかかわらず，文書の成立を否認し若しくは不知の陳述をした場合，本条1項の過料に処せられる。なお，代理人のうち，法定代理人の故意又は過失は，当事者本人に準じて判断すべきである（前述 I 3(2)参照）。

(2) 代理人（訴訟代理人）

代理人には，法定代理人および任意代理人が含まれるが，本条の代理人として想定されるのは，任意代理人のうちの訴訟代理人である（法定代理人については，前述(1)を参照）。訴訟代理人（とくに弁護士）が，本人の意思をそのまま取り

　　真実義務違反の直接の効果とみてよいとする。真実義務違反の効果に関しては，加藤・前掲注1) 276頁も参照。
25) ②の否認型を指摘する文献として，高橋上〔2版補訂版〕471頁。
26) 中野・前掲注1) 過失の推認171頁，高橋上〔2版補訂版〕472頁。

次いで争ったときでも，①わずかな注意を払えば当事者本人の誤りがわかり，それを本人に伝えればたやすく撤回するものと認められる場合，②本人は文書の成立を認めているのに訴訟代理人が争った場合，③本人に確認することを怠って文書の成立を争った場合等，文書の成立を争ったことについて訴訟代理人自身に帰責性がある場合，当事者本人とは別に本条1項の過料に処せられる。

(3) 補助参加人

補助参加人（42条）は当事者ではないが，従たる当事者と呼ばれることがある。しかしながら，通説は，本条1項を補助参加人に適用して過料に処することを認めない。かつては肯定説[27]も主張されていた。確かに，補助参加人は当事者と同様に訴訟行為をすることができる（45条1項）が，抵触行為（同2項）の制約があること，「従たる当事者」はやはり当事者でないことにかんがみ，否定説に従うべきである[28]。

(4) 補佐人

補佐人（60条）は任意代理人の一種ではあるが，当事者又は代理人と一緒でなければ裁判所に出頭できず（同条1項），補佐人の陳述に対しては当事者又は代理人の取消権・更正権がある（同条3項）。このように補佐人独自の陳述を観念できる範囲は狭く，その中での故意・過失を問題とすることはさらに困難であるから，本条1項を適用して補佐人を過料に処することはできない。

2 真実に反する否認・不知

(1) 重過失型

本条1項の過料に処するためには，当事者又は代理人が真実に反して文書の真正を争った場合でなければならない。真実に反するとは，裁判所が他の証拠等により文書が作成者の意思に基づいて作成されたものと認定できる場合において，当事者又は代理人がこれを争ったこと，つまり否認又は不知の陳述をしたことである[29]。しかも本条1項は，当事者又は代理人が真実に反して争ったことに重過失を要求するため，例えば，文書の真正を争ったにもかかわらず，

---

27) 細野・要義(3) 478 頁．

28) 秋山ほかⅣ 521 頁，旧注釈民訴(7) 192 頁〔中村〕．

29) 不知の効果は原則否認に準じるが，場合によってはこの効果を否定されることもある。斎藤ほか編・注解民訴(8) 231 頁〔小室＝宮本〕，後掲注 35）参照．

当該文書が真正と認められただけでは重過失には当たらない。むしろ，当事者又は代理人が重大な認識不足あるいは調査の懈怠があり，通常人に期待される注意を払えば文書の真正を争わなかったと認められるときに限り[30]，本条1項の過料に処することができるものと解される。

(2) **故 意 型**

当事者又は代理人は，当該文書が真正に成立したことを知りながら，敢えてこれを争う場合もある[31]。この場合，相手方は最初から，文書の成立を争うことが真実に反することを認識していた以上，その主観的態様は故意であり，本条1項の過料に処すべきである。

(3) **共 謀 型**

当事者と代理人が共謀して文書の成立を故意に争ったと認められる場合には，双方を過料に処するべきである。なお，当事者本人，訴訟代理人に対する制裁は，それぞれの故意又は重過失に基づくため，場合によっては双方が過料に処せられることもある[32]。

(4) **判 例**

本条の制裁は旧法下の実務においてほとんど発動されなかった[33]とされるが，旧法331条を当事者に適用して過料に処した原審を失当とした判例[34]がある。

---

[30] 秋山ほかⅣ 521 頁，賀集ほか編・基本法コンメ(2)〔3 版〕251 頁〔土屋文昭〕，斎藤ほか編・注解民訴(8) 231 頁〔小室＝宮本〕，旧注釈民訴(7) 192 頁〔中村〕。

[31] 斎藤ほか編・注解民訴(8) 231 頁〔小室＝宮本〕は，自分の作成した文書について不知と陳述する場合には，作成時期が古いといった特別の場合は別として，故意に争ったものと認められるとする（同書 214〜215 頁の解説も参照）。ただし，これは飽くまで，本条1項の要件である「争った」に関する解釈である。なお，ZPO138 条 4 項は，当事者自身の行為でも当事者自身の知覚の対象でもなかった事実についてしか不知の陳述を認めない。高橋上〔2 版補訂版〕474 頁注 70 は同項の規律の我が国への導入に積極的である。しかし，上記の場合には，裁判所が釈明して事実を上程するように促すべきであり，これに応じない場合は弁論の全趣旨で評価すべきとする。不知の陳述を裁判所の釈明を介して理由付否認に組み替えさせる方法として注目される。

[32] 秋山ほかⅣ 521 頁，賀集ほか編・基本法コンメ(2)〔3 版〕251 頁〔土屋〕，斎藤ほか編・注解民訴(8) 232 頁〔小室＝宮本〕，旧注釈民訴(7) 193 頁〔中村〕。

[33] 秋山ほかⅣ 522 頁，賀集ほか編・基本法コンメ(2)〔3 版〕251 頁〔土屋〕，斎藤ほか編・注解民訴(8) 231 頁〔小室＝宮本〕，旧注釈民訴(7) 193 頁〔中村〕。

〔名津井〕

すなわち，第一審裁判所の第一回口頭弁論において証書の全部の成立を争った抗告人（第一審被告。ただし，訴訟代理人が選任されている）が，控訴審において訴訟代理人を通じて否認の陳述を撤回させて自身の名下の印影の真正を認めた事案において，控訴審裁判所が抗告人に対して旧法331条を適用して過料に処したところ，抗告審となる大審院は，抗告人が印影の成立を認めたことによって反証がない限り文書全体を真正と推定すべき場合であっても，この事実のみによって抗告人が当該文書の全部の真正を知っていたか又は知ることができたにもかかわらず故意又は（重）過失によりこれを争ったものと断定すべきではないと判示して，原決定を取り消したものである。この判例は否定例であるため，故意型・重過失型のどちらかに分類することはできない。いずれにせよ，旧法下の実務のように相手方が文書の成立を否認する際に理由が要求されないときは，本条1項（旧331条1項）の制裁を発動する端緒を見出すことは相当に困難であったものと解され，このことが旧法331条1項の制裁の発動を妨げていた可能性がある。

(5) 単純否認の制約

現行法の下では，民訴規則145条が，文書の成立を否認するときは，その理由を明らかにしなければならないと規定する。同条により，まったく調査しないで漫然と単純否認をすることは禁止され，否認するときは理由を付さねばならない。また，不知の陳述は相手方の主張した事実を争ったものと推定されるが（159条2項），文書の作成者が当該文書の真否について単純な不知の陳述をすることは，民訴規則145条の趣旨に照らして許されない（否認と同様に理由を付して答えるか，さもなければ自白とみなされる[35]）ものと解される。したがって，

---

34) 大決昭6・3・10 裁判例5巻民32頁。
35) 松本＝上野〔8版〕329頁は，当事者自身の行為又はその知覚領域内にある事実については，その当事者の記憶が失われている場合にも，単純な不知の陳述をすることは許されないとし，期待可能な調査をしたうえでその結果に基づいて具体的な事実陳述をしなければならないとする（事後的調査義務）。また，同書330頁では，第三者が情報を保持するときでもこの調査義務は免れず，必要な調査を怠って不知の陳述をした場合，相手方の事実主張を自白したものとみなされるとする。この点については，松本博之・民事訴訟における事案の解明〔2015〕114頁以下，前掲注31）の高橋説も参照。なお，以上の議論が，前掲注31）のZPO138条4項を踏まえた解釈であることは明らかであるが，旧法下にお

書証の申出をした当事者（挙証者）の相手方が，文書の成立を否認する際に主張した理由を検討し，その理由がないときは文書の成立が認められるが，この場合でも，相手方が争う理由があると信じたことに一定の合理性があれば，重過失が認められないため，本条１項を適用することはできないものと解される。これに対して，相手方に争う理由がまったくないか，理由があると信じることに合理性が認められないときは，重過失を認定できるため，本条１項の過料に処すべきである。なお，相手方が文書の成立を否認した理由が認められ，文書の成立が否定された場合，本条１項の適用の余地はない。

このように民訴規則145条に従えば，上記の通り，相手方が文書の成立を争ったところ，結果的に当該文書が真正と認められた場合，相手方が主張した否認の理由の合理性，すなわち，当該理由を相手方の故意又は重過失として認定できるかどうかを検討することによって，本条１項の過料に処すべき者の範囲を明確化することができる。単純否認を認める旧法下では十分に機能しなかった点であり，同規則145条の下では本条１項の適用が促進されるものと期待される。

3　過料決定

(1)　**職権による過料決定とその時期**

本条１項は「……処する」と規定するが，過料決定は裁判所がその裁量に基づいて職権でなすべきものである[36]。このことに関連して問題となるのは，過料決定の時期である。すなわち，過料決定の時期を定めた規定はないところ，裁判所が過料決定をするためには，当事者又は代理人が真実に反して文書の成立を争ったものと判断できる必要があるが，実質的には，裁判所が他の証拠によって当該文書の真正を認めることのできる状態（当事者等が真実に反して争ったと判断できる状態）にあることが前提となるため，具体的には，事実審の口頭弁論終結時（基準時）を措いて他にない。かりにこの時以前に過料決定をする

いて，同様の議論をするものとして，斎藤ほか編・注解民訴(8)213頁以下，231頁〔小室＝宮本〕があり，とくに同書231頁は，自身が作成した文書について不知と陳述する場合には，「成立を承認したものと扱うこともできる」とする。

[36]　秋山ほかⅣ521頁，兼子ほか・条解〔2版〕1271頁〔松浦＝加藤〕，斎藤ほか編・注解民訴(8)232頁〔小室＝宮本〕，旧注釈民訴(7)193頁〔中村〕。

と，書証の申出のあった文書の真否について裁判所の判断を開示することになり，ひいては事件に対する判断を判決の前にすることになる。また，基準時前である以上，さらに証拠資料が追加され，文書の真否の判断が覆る可能性も残っている。過料決定は，このように理論上は早くとも基準時まで待つべきであるが，一般には判決と同時かそれ以降にすべきものと解されている[37]。

(2) 即時抗告

本条1項の過料に処せられた当事者又は代理人は，即時抗告（332条）をすることができる（本条2項）。ただし，過料決定をした裁判所は，本条2項にかかわらず，抗告を理由があると認めるときは，再度の考案により過料決定の取消しその他更正をすることができる[38]（333条）。

(3) 確定した過料決定の執行

確定した過料決定は，執行力ある債務名義と同一の効力を有する[39]（189条1項，民執22条3号）。また，確定した過料決定の執行については，検察官の命令により執行することができる（189条1項）が，その他は原則として一般の強制執行と同様である（同条2項）。

4 過料決定の取消し

(1) 趣 旨

裁判所が当事者又は代理人に対して過料決定をした後，訴訟係属中に，当事者又は代理人が前言を改めて文書の成立を認めたとき，裁判所は諸事情を考慮して過料決定を取り消すことができる（本条3項）。文書の成立を真実に反して争った当事者又は代理人に対して過料決定をしても，書証の申出をした当事者は文書の真正の証明負担（228条1項）を免れないところ，前言を改めて文書の真正を認めれば，過料決定の保護目的である誤判危険の除去や訴訟遅延の防止（前述Ⅰ1参照）は達成されるため，もはや過料決定を維持する理由がなくなるからである。文書の成立を争った相手方にとっても，前言を改めれば過料決定が取り消されるならば，前言を改める誘因として機能するものと期待すること

---

[37] 秋山ほかⅣ 522 頁，斎藤ほか編・注解民訴(8) 232 頁〔小室＝宮本〕，旧注釈民訴(7) 193 頁〔中村〕。

[38] 秋山ほかⅣ 523 頁，旧注釈民訴(7) 194 頁〔中村〕。

[39] 斎藤ほか編・注解民訴(8) 232 頁〔小室＝宮本〕，旧注釈民訴(7) 194 頁〔中村〕。

ができる[40]。

(2) 取消決定をする裁判所

過料決定を取り消すことのできる裁判所は，過料決定をした裁判所である。したがって，第一審裁判所が過料決定をした後，控訴審において文書の成立を争った当事者が前言を改めて文書の成立を認めた場合でも，第一審裁判所が取消決定をしなければならない[41]。

(3) 取消しの時期

過料決定の取消しは，過料決定が確定した後であってもすることができる[42]。むしろ，確定前であれば即時抗告で十分である。例えば，訴訟代理人が真実に反して文書の成立を争い，その後直ちに本人がこれを取り消して文書の成立を認めた場合（57条参照），文書の成立を争ったという効果は生じないため，本来は過料決定をすべきではない。このような過料決定については，即時抗告（本条2項）を通じて同決定を取り消すべきである[43]。

(4) 取消しを正当化する事情

過料決定の取消しについては，本条3項が「……できる」と規定することから明らかなように，過料決定をした裁判所の裁量に委ねられている。過料決定は，文書の真正を真実に反して争った当事者又は代理人に対する制裁であり，当事者又は代理人によって過料決定の保護目的が害されたかどうかは，訴訟事件とは別個の紛争と言うことができる。したがって，裁判所が過料決定をした後に，文書の真正を争った当事者又は代理人が前言を改めてこれを認めるに至ったからといって，本条1項の保護目的が害されたことが直ちに帳消しになるわけではないため，取消しを正当化するだけの「事情」が求められる。例えば，当事者又は代理人が文書の真正を真実に反して争ったことに対して過料決定がされたが，他の証拠によって文書の真正を証明するために生じた訴訟遅延が深

---

40) 秋山ほかⅣ 523頁。
41) 秋山ほかⅣ 523頁，斎藤ほか編・注解民訴(8) 233頁〔小室＝宮本〕，旧注釈民訴(7) 194頁〔中村〕。
42) 秋山ほかⅣ 523頁，兼子ほか・条解〔2版〕1271頁〔松浦＝加藤〕，斎藤ほか編・注解民訴(8) 233頁〔小室＝宮本〕。
43) 秋山ほかⅣ 523頁，斎藤ほか編・注解民訴(8) 232頁〔小室＝宮本〕，旧注釈民訴(7) 194頁〔中村〕。

〔名津井〕

刻なものではなかった場合には，前言を改めて文書の成立を認めた当事者又は代理人には，過料決定を取り消すべき「事情」を認める余地がある[44]。これに対して，当事者又は代理人が真実に反して文書の真正を争った結果，事実審においてその証明のために証拠調べが実施され，過料決定が下されたが，上告審に至ってようやく前言を改めて文書の成立を認めたような場合には，訴訟遅延は明らかであるため，もはや過料決定を取り消すべき「事情」はないものと考えられる[45]。

5　過料決定の利用を妨げる事情と現行法制

　旧法下の実務においては，本条1項の過料決定がほとんど活用されなかったと指摘されている[46]。従来指摘されている原因は，①過料決定は裁判所の裁量に委ねられていること，②本条が他の規定と調和を保っていないこと，③真実に反して争ったという判断を下級審裁判所が明確に行い難いこと，④本条1項の過料決定およびその確定が再審事由との関係で不可欠ではないこと，である[47]。④について若干敷衍しておくと，当事者尋問における虚偽の陳述に対する過料決定（法209条）は再審事由（法338条1項7号）となり，再審の訴えを提起するには虚偽陳述に対する制裁としての過料決定が確定しているか，又は証拠がないという理由以外の理由により過料の確定決定を得られないことが必要である（法338条2項）。これに対して，本条1項の過料決定にはこのような事情がないため，裁判所がかりに過料決定を控えたとしても，相手方に特段の不利益は生じない。そうである以上，裁判所が本条1項の過料決定を積極的に活用する契機は乏しい。以上のように，従来から指摘されてきた諸点にかんがみると，裁判所が本条1項の過料決定を活用してこなかったことには，やむを得ない面がある。

　しかしながら，前述 **2**(5)でも述べたように，民訴規則145条により文書の成

---

44)　秋山ほかⅣ 523頁，斎藤ほか編・注解民訴(8) 233頁〔小室＝宮本〕，旧注釈民訴(7) 194頁〔中村〕。
45)　秋山ほかⅣ 523頁，旧注釈民訴(7) 194頁〔中村〕。
46)　前掲注33）に掲げた文献。
47)　本文の①〜④を挙げるのは，秋山ほかⅣ 522頁。また，③および④を挙げるのは，旧注釈民訴(7) 193頁〔中村〕。

立を否認する際に理由を明示すべきことになった以上，文書の成立が認められた後に，相手方がこれを否認した理由を検討すれば，その故意又は重過失を認定することは旧法下に比べて容易になるものと思われる。文書の真正という事実（補助事実）に限定されるとはいえ，真実義務の遵守を確保することができる制度がある以上，その積極的な活用が実務改善を促進するものと期待することができる。

〔名津井吉裕〕

§231 I

(文書に準ずる物件への準用)
第231条 この節の規定は，図面，写真，録音テープ，ビデオテープその他の情報を表すために作成された物件で文書でないものについて準用する。

I 本条の趣旨

1 概　要

文書とは，文字その他の記号によって思想・判断・報告・認識・感想等を表示した紙面その他の有形物をいう。文書の定義の内容は，(イ) 文字その他の記号が使用された見読可能なものであること（見読可能性），(ロ) 一定の思想的意味（情報）を保存ないし伝達することができること（思想保存性）という二つの要素から構成されるものと解される[1]。(イ)(ロ) の要素のいずれかが欠けたものは「文書」ではない。本条は，このうち「情報を表すために作成された物件で文書でないもの」（「文書に準ずる物件」あるいは「準文書[2]」と呼ばれる）の証拠調べについて，書証の規定を準用することを明らかにしている。

また，規則147条は，同137条から146条の規定を本条の準文書に準用する。さらに，同148条は，写真又は録音テープ等の証拠調べの申出をする際の証拠説明書について追加的事項を定め，同149条は，録音テープ等の証拠調べにおいて裁判所又は相手方の求めに応じて，反訳書面を提出すべきことを規定している。

2 準 文 書

(1) 証徴としての準文書

旧332条は，「本節ノ規定ハ証徴ノ為作リタル物件ニシテ文書ニ非サルモノニ之ヲ準用ス」と規定していたため，準文書は「証徴のために作成された物件」を指すものと解されていた[3]。ここにいう「証徴」とは，確かであること

---

[1] 新大系(3) 90頁〔宇野聡〕。
[2] 本条にいう「準文書」は，本来は「文書」ではないが，「文書」と同様に書証手続によって証拠調べをすべき物件を総称する用語法であり，すでに定着している。
[3] 秋山ほかIV 525頁。

第5節　書証　　　　　　　　　　　　　　　　　　　　　　　　§231 I

を保障する目印（識別のためのしるし）のことである4)。例えば，手荷物預証としての割符（同一の文字・図形等を記載した物を二つ合わせて証拠とするもの），下足札，ロッカーの番号キー，境界標・道標その他の標識，検査済みマーク等が，「証徴」の例とされていた5)。これらの「証徴」そのものは，作成者の思想を表示していないため，文書ではない。しかし，例えば割符の場合，割符の一片と符合する他の一片を所持する者が預け物の権利者であることを保管者に推認させるように，ある物件に記された符号等やその組合せに対してその使用者が思想的意味を付与していると認められるものは，物件の性状に関する情報を獲得するための検証物から区別された証拠として扱うべきである。

　以上のような観点から，「証徴」と呼ばれてきた物件のほか，写真，スケッチ，地図，図面（設計図，見取り図），楽譜，商品見本，記念品等の物件も，それらが後日の証拠として残すために作成され，また一定の情報を伝達する意図をもって作成されている限り，本来の文書ではないものの，なお当該物件に保存された情報を証拠とするときは，書証手続によって証拠調べをすべきものと解されてきた6)。

(2)　**本条に例示された準文書**

　本条は，準文書として，図面，写真，録音テープ，ビデオテープを例示している。このうち，図面および写真は，旧法下では「証徴」の一種として準文書になるとする解釈が一般的であったこと（前述(1)参照）を踏まえ，本条は，これらを確認的に例示したものである7)。

　これに対して，録音テープ，ビデオテープ（以下，「録音テープ等」という〔規68条1項参照〕）は，これらを準文書として書証手続により証拠調べをすべきかどうかにつき，旧法下では書証説，検証説の対立がみられた。本条は，録音テープ等を例示して書証説の採用を明文で明らかにすることにより，解釈上の争

---

4)　兼子・体系275頁。
5)　法律実務(4)253頁。
6)　兼子ほか・条解1082頁〔松浦馨〕，斎藤ほか編・注解民訴(8)234頁〔小室直人＝宮本聖司〕，旧注釈民訴(7)195頁〔中村雅麿〕，法律実務(4)253頁。
7)　一問一答278頁は，図面および写真について「準文書の典型例と解されている」とするが，旧法下の「証徴」を出発点とすると，一段階発展した形の準文書という方が正確だろう。

〔名津井〕

いを立法的に解決したものである[8]。

(3) 本条に例示されなかった物件

録音テープ等と並んで，コンピュータ用磁気テープ，磁気ディスク，光ディスク等の記録媒体（以下，「磁気ディスク等」という）の証拠調べについても，旧法下では，書証説と検証説に代表される学説上の議論があった。しかしながら，磁気ディスク等については，録音テープ等のように再生の方式が一定しておらず，法廷で容易に再生できない場合があり，また争いが生じた場合には「鑑定その他の証拠調べ手続（検証）」[9]によらねばならないことから，本条への例示は見送られることになった。この結果，上記の議論は引き続き解釈に委ねられたことになる（詳細は，後述Ⅳ2以下を参照）。

(4) 本条の準文書

旧332条は，「証徴のために作成された物件」を準文書としたのに対し，本条は，「情報を表すために作成された物件」を準文書としている。立案担当者によれば，「証徴」という用語が分かりにくいため，若干の例示を掲げて「情報を表すために作成された物件で文書でないもの」という表現に改めたとされる[10]。しかしながら，「証徴のための物件」と「情報を表す物件」とは，ふつう同じ意味ではないため，実質改正ではないのかとの疑問が生じ得る。確かに，旧法下において「証徴」の意味は広く解釈され，後日の証拠として残すための物件，さらに一定の情報を伝達する意図をもった物件もこれに含める考え方が有力であった（前述(1)参照）。実際，録音テープ等を準文書と認める解釈（書証

---

8) 一問一答277頁，研究会313頁〔柳田幸三発言〕。

9) 一問一答277頁，研究会312頁〔柳田発言〕。なお，この場合の対処法として，「検証または鑑定」という表現が用いられることがあるが，書証はしばしば検証を伴うことにかんがみれば，立案担当者が説くように，理論上は，鑑定が前面に出てくるべきである。しかし，鑑定一般に伴う事情（適切な鑑定人を得ることの困難性，時間的および金銭的コスト等）から，検証が利用される場合が多いと考えられる。確かに，法律上は職権鑑定の可能性が認められているが（233条），鑑定まで必要とされる事案は稀であるほか，仮に鑑定が必要な状況が生じても，裁判所が職権で鑑定を実施することは前述の事情から実務上想定し難く，裁判所は鑑定の申出を促すにとどまることになろう。このように，書証以外の証拠方法としては，理論面はともかく，実務上は鑑定よりも検証が前面に出てくることを表すため，以下の本文では，「鑑定その他の証拠調べ手続（検証）」という表現を用いる。

10) 一問一答278頁，研究会312頁〔柳田発言〕。

第 5 節　書証

説）が，旧法下では多数を占めていた（後述Ⅲ参照）。そうだとすると，本条が立案された当時，旧 332 条の適用対象は，「証徴のために作成された物件」のほか，さらに「情報を表すために作成された物件」として広く解釈されており，本条はこのような状況を踏まえて立案されたものと解さざるを得ない[11]。このように考えることにより，本条は，旧法からの実質改正ではなく，表現の変更にとどまるという前述の説明を受容することができる。

3　準文書の書証手続

準文書は，本条により，書証手続によって証拠調べをすることができる。書証の申出については，準文書を自ら所持する場合にはそれを提出してすることができる（219 条）。書証の申出をする者は，その時までに準文書の写しと証拠説明書を各 2 通提出しなければならない（規 137 条 1 項）。書証の申出をする者が準文書を所持しないときは，所持者に対してその提出を命ずることを申し立てることができ（219 条），あるいは，文書送付嘱託を申し立てることもできる（226 条）。裁判所は，必要なときは提出された準文書を留置することができる（227 条）。ところで，準文書についても形式的証拠力に相当する問題が生じ得る。確かに，録音テープ等については，その意味合いに若干異なる面があるが（後述Ⅲ 2 (1)参照），準文書の種類によっては（例えば，図面等），文書の成立の真正に関する 228 条（その他，229 条・230 条）を準用する余地がある。また，規則 137 条から 146 条の規定も，準文書の証拠調べのために準用される（規 147 条。その他，同 148 条・149 条）。なお，準文書についても，文書と区別することなく，書証番号（甲○号証等）を付すのが一般の実務である[12]。

Ⅱ　図面および写真

1　旧法下の実務の追認

(1)　証　拠　方　法

図面および写真は，立案担当者によれば，準文書の典型例として本条に例示されたものである[13]。しかし，写真といっても，例えば，①怪我の状態や事故

---

11)　兼子ほか・条解〔2 版〕1272 頁〔松浦馨＝加藤新太郎〕の説明からは，本文で述べた趣旨と同様の意図が見受けられる。
12)　秋山ほかⅣ 527 頁，研究会 313 頁・314 頁〔福田剛久発言〕。

〔名津井〕

現場を撮影した写真（その他，レントゲンフィルム[14]）は，それを通じて被写体の状態を認識するために証拠として提出されるときは検証物である。他方，②ある文書（カルテ等）を撮影した写真の記載内容の証拠調べを求める場合は，文書の写しを原本として提出したときと同じであるから，当該写真は文書である。これに対して，③写真の被写体には文字その他の記号が使用されていないものの，それに思想的意味がある場合には，その思想内容の証拠調べを求めるとき，当該写真は準文書である[15]。

ところが，旧法下の実務では，写真に関する上記①〜③の理論的な区分にこだわらず，写真の形態（紙片に類似する）および手続の簡易さ（検証によると検証調書を作成する必要があり，また，準文書ならば記録作成上は書証として一括して綴じることができる）等にかんがみ，書証手続が利用されてきた[16]。本条が，準文書の典型例として写真を例示したということは，こうした旧法下の実務が追認されたことを意味している[17]。

(2) 証拠説明書

写真の証拠調べの申出は期日に写真を提出してすべきである（本条による219条の準用）。この場合，挙証者は証拠調べの申出をする時までに，標目，作成者および立証趣旨を明らかにした証拠説明書を提出しなければならない[18]（規

---

13) 一問一答278頁。
14) 医療過誤訴訟等においては，患部を撮影したレントゲンフィルム（レントゲン写真）が証拠として提出されることが多い。これは本来検証物であるが，①の類型と同様，書証手続で取り調べるのが実務である。秋山ほかⅣ529頁，加藤新太郎「新種証拠の取調べ」同・民事事実認定論〔2014〕（初出「同」講座新民訴(2)）324頁注32。
15) 秋山ほかⅣ527頁，証拠法大系(4)252頁〔難波孝一〕，加藤・前掲注14) 323頁。
16) 秋山ほかⅣ527頁，証拠法大系(4)252頁〔難波〕，新大系(3)87頁〔宇野〕。なお，斎藤ほか編・注解民訴(8)234頁〔小室＝宮本〕，旧注釈民訴(7)195頁〔中村〕等も，証拠調べの目的により書証と検証は区別されることを前提として，写真を準文書に加えている。
17) 証拠法大系(4)252頁〔難波〕。
18) 旧法下では，被写体が同じであれば誰が撮影しても同じであるとの理由で挙証者に作成者（撮影者）を主張させる必要はないとする見解（河野信夫「文書の真否」新実務民訴(2)210頁）もあったが，写真撮影には撮影者の個性が影響することを理由に挙証者は作成者（撮影者）を主張すべきとする見解（倉田・証明197頁）が有力であった。規則148条は，本文に述べたように，規則137条1項の原則規定（規則147条による準用）を前提と

147条による同137条1項の準用)。写真に関する証拠説明書の場合には，撮影等の対象，その日時および場所についても明らかにしなければならない（規148条)。これは，写真等の準文書の証拠説明書に関する特則である。この特則は，写真等の準文書の証拠価値を適切に評価することができるようにするために設けられたものである[19]。もっとも，追加的記載事項の副次的効果として，作成者（撮影者）をその氏名等で特定できないときには，有用な特定要素として機能することが期待される。例えば，現場を撮影した写真は，仮に作成者を氏名等によって特定できないときでも，撮影日時および場所によって特定される範囲で作成者を絞ることができれば，作成者は特定されたものと認めて，写真の実質的証拠力を裁判所の心証形成に活用する途を開くことができる[20]。

確かに，準文書の証拠調べは書証に準ずるから，準文書の真正，とりわけ作成者（撮影者）の特定および証明が必要であると考えるとき（本条による228条1項の準用)，上記のような扱いは一種の便法という側面がある。しかし，写真，図面，地図等は，しばしば一般の文書よりも情報量が多く，証拠としての有用性が高いことにかんがみ，作成者の特定のために追加的記載事項を活用することによって範囲的に特定する形で緩和することは許されてよいだろう。実際，写真の作成者が特定できないことが原因で，その形式的証拠力が否定され，検証物として証拠調べをせざるを得ない[21]とすれば，本条が，写真を準文書の典型例として例示した趣旨が没却されてしまうおそれがある。さらに，とりわけ前述(1)に掲げた類型①の写真は検証物にほかならず，それ自体には思想的意味はないものとみる限り，そもそも作成者を特定する根拠に欠けると言わざるを得ない[22]。にもかかわらず，便宜的に，類型①の写真を準文書とするのであれば，類型②および③の写真について作成者の特定および証明を厳密に要求するときは，写真の訴訟上の取扱いとして均衡を失することになろう。したがって，作成者の特定性の緩和は，規則148条の趣旨にかんがみ，本条が写真（前述(1)

するため，後者の見解が採用されている。証拠法大系(4)73頁〔古閑裕二〕。
19) 条解規則〔増補版〕311頁。
20) 文書について，同様の議論があるが，詳細は，§228 II 2(2)を参照。
21) 文書について，このような扱いになることの詳細について，§228 II 6(3)を参照。
22) 証拠法大系(4)253頁〔難波〕。

〔名津井〕

に掲げた類型①〜③を含む）を例示したこと自体によって，現行法上最初から予定されているものと解すべきである。

　もっとも，写真の中でもデジタル写真の場合には，撮影日の細工，あるはずの被写体の削除・加工，ないはずの被写体の付加等をする技術が発達していることに留意しなければならない[23]。しかし，この点は上記のような解釈を左右する問題ではない。

2　マイクロフィルム

　マイクロフィルムは，カメラで書類を縮小撮影した銀塩写真フィルムのことである。書類の保管場所の節約や長期保存，あるいは，事務の効率化を目的として作成される。マイクロフィルムの内容は書類（文書）の映像であり，文書自体は「書かれた状態」にあるが，マイクロフィルムのみでは被写体である文書の見読可能性がないため，専用の機器（マイクロリーダー）によって拡大表示するか，あるいは紙に印刷して（つまり，写真として現像して）見読可能な状態にして閲読しなければならない。実務上は，これらの方法のうち，マイクロフィルムから作成した写真を書証手続によって取り調べるのが相当とされる[24]。したがって，被写体である文書の記載内容を証拠資料とするには，原則としてマイクロフィルムから写真を作成して見読可能にしたうえで書証手続によって証拠調べをしなければならない。これが旧法下の取扱い[25]であり，現行法においても，マイクロフィルムは，写真と同様，準文書として書証手続により取り調べることができる[26]。そしてこの場合には，マイクロフィルムの被写体である文書[27]が原本であり，マイクロフィルムから作成した写真はその写しに該当

---

23)　加藤・前掲注14) 322頁。

24)　加藤・前掲注14) 324頁注34。写真であれば，他の文書と同様に証拠資料として綴じることができることも，この扱いが支持される理由であろう。

25)　秋山ほかⅣ 528頁，斎藤ほか編・注解民訴(8) 234頁〔小室＝宮本〕，菊井＝村松Ⅱ 667頁等。文献として，宮脇幸彦「マイクロフィルムの民事訴訟における証拠能力と証拠力」商事法務159号〔1959〕6頁，古谷明一「民事紛争におけるマイクロフィルムの証拠能力」NBL142号〔1977〕12頁，加藤新太郎「新種証拠の証拠調べ」同・手続裁量論〔2014〕（初出「新種証拠と証拠調べの方式」講座民訴(5)) 210頁等。

26)　秋山ほかⅣ 528頁，証拠法大系(4) 253〔難波〕，加藤・前掲注14) 309頁等。

27)　しばしば「マイクロフィルム自体が原本である」と表現されるが（秋山ほかⅣ 528等），

第5節　書証　　　　　　　　　　　　　　　　　　　　　　§231 Ⅲ

するものと解される。しかし実務上は，写しを原本として提出することも行われているため，当該写真を原本として提出することも可能と解されている[28]。マイクロフィルムから作成した写真に偽造の疑いがあり，原本たる文書の紙質，文字の墨色等について入念に調べる必要がある場合には，原本である文書を被写体として記録したマイクロフィルム自体（さらには，被写体がなお現存するときはその文書自体）を検証により取り調べる必要がある[29]。この場合には，マイクロリーダーを使用して閲読することになろう（被写体である実物を調べるときは，所蔵場所において調査する必要がある）。

Ⅲ　録音テープ・ビデオテープ

1　意　義

　録音テープ，ビデオテープ（以下，「録音テープ等」）は，一定の電磁的符号の組合せを用いて音声，画像，映像等を記録するものである。文書性（（イ）見読可能性，（ロ）思想保存性）については，見読可能性に欠けているが，記録された音声等が思想的意味を表現している限り，文書に準ずる性質を有する[30]。そこで本条は，録音テープ等を準文書として例示し，これらに記録された思想内容を取り調べるために書証手続を準用することを明らかにした。旧法下でみられた書証説と検証説の理論上の対立（後述 **2** 参照）は，本条によって立法的に解決されたことになる。もっとも，現行法においても，音声の性状の検査等を目的とする場合には，検証物として取り調べることができる[31]。

　　本文のように解すべきである。しかし，被写体である原本がマイクロフィルムの作成後に破棄され，あるいは，劣化が進んで判読不能になる等した場合は，マイクロフィルムが原本となる。よって，前述の指摘はこうした場合を想定したものと解される。もっとも，本文で後述するように，本来写しであるマイクロフィルムを原本とする証拠調べは，元より可能である。

28）　秋山ほかⅣ 529 頁，証拠法大系(4) 253 頁〔難波〕。
29）　秋山ほかⅣ 529 頁。
30）　一問一答 277 頁，証拠法大系(4) 254 頁〔難波〕，新大系(3) 88 頁〔宇野〕，秋山ほかⅣ 529 頁等。
31）　一問一答 277 頁，秋山ほかⅣ 529 頁，証拠法大系(4) 244 頁〔難波〕等。

〔名津井〕

2 録音テープ

(1) 旧法下の学説と本条の趣旨

録音テープは，記録された電磁的符号が文字ではないため，そのままでは見読できないが，再生機器を利用すれば記録された音声を再生することができるため，再生された音声を聴取して思想内容を認識することができ，また音声（おもに人の発言）については文字に起こして書面化することもできる。

以上のような特徴にかんがみ，旧法下では，録音テープ等を法廷で再生して音声を聴取することによって認識することのできる思想内容を証拠資料とするときは，書証手続によるべきとする書証説が多数説であった[32]。これによれば，録音テープ等を本来の用法に従って再生し，記録された音声を聴取することが，文書の閲読に相当する。これに対して，録音テープは，いまだ文字によって「書かれた状態」にはなく，再生機器によって記録された音声を再生し，聴覚によって感得してはじめて得られる録音内容が証拠資料となるため，これは検証物であるとする検証説も有力であった[33]。

もっとも，録音テープを法廷に設置した再生機器によって再生し，記録された音声を聴取する点について，両説は共通する。相違点は，①文書提出義務が限定義務とされていた旧法下では，検証協力義務が証人義務と同様の一般義務であること，②再生した音声の主体と挙証者の主張する音声の主体との同一性の証明については，書証説によっても文書の真正の推定規定の適用は問題とならず，また職権鑑定は一般には許されないため，録音テープは「署名なき書証」となるのに対し，検証説によれば，明文で職権鑑定が許されているため（233条），発声主体の同一性の判断に鑑定を利用することができること，③書証説の下では，発声主体の同一性の証明のために検証の証拠決定を要することになるのに対し，検証説ではそのような決定は不要であり，また録音内容の証

---

[32] 兼子・体系280頁，法律実務(4)325頁，菊井＝村松Ⅱ418頁，春日偉知郎「違法収集証拠」同・民事証拠法研究〔1991〕（原題「録音テープ等の証拠調べ」新実務民訴(2)）170頁。

[33] 木川統一郎＝馬越道夫「民事訴訟における録音テープの証拠調」判タ237号〔1969〕38頁，渡部武文「証拠調べの方式」新民訴演習Ⅰ255頁，住吉博・昭和52年度重判解説140頁，斎藤ほか編・注解民訴(8)234頁〔小室＝宮本〕等。なお，ドイツでは現在も検証説が通説である。Musielak, ZPO Kommentar, 11. Aufl., 2014, §371, Rdnr. 6.

拠調べはもともと検証であるから（検証説），これらを一括して検証によって取り調べることができるという利点があること等にある[34]。

　しかしながら，①の相違点は，旧法下でも文書提出義務の範囲拡大によってすでに相対化されており，現行法では文書提出義務が一般義務化されたため[35]，もはや相違点ではない。また，②の相違点において指摘された発声主体の同一性は，当事者間に争いがなければ問題にならず，たとえ争いがあってもその証明は一般原則によることになる以上，検証または鑑定によって証明することになるのは当然である。にもかかわらず，③の相違点として，検証説であればこの問題が生じても一体的な証拠調べができることが利点として指摘されるが，証明の対象に応じて証拠方法が異なるのは何ら不自然ではないのであるから，この点を指摘して書証説を批判するのは的外れである。

　そこで，他の相違点を検討すると，実務上，録音テープの証拠調べにおいては，再生された音声の聴取を正確かつ円滑にすることができるように，録音内容を文書化した反訳書面が提出されている。この実務慣行をめぐっては，両説の間で意義づけが異なっている。すなわち，書証説によれば，反訳書面は，録音テープに記録された音声を原本とするため，その写し（謄本）に相当する。これに対して，検証説によれば，反訳書面は，裁判所書記官が法廷で再生された録音テープの検証調書を作成することにかかる多大な負担を軽減する目的で，検証調書に添付される文書資料として位置づけられる[36]。ただし，検証説では，反訳書面の文書としての性質は，録音テープの存在および内容を推認させる報告文書の一種とされる[37]。

　本条は，旧法下における以上のような議論を踏まえ，書証説を採用したものである（前述1参照）。したがって，録音テープに記録された音声が原本であり，その再生および聴取が文書の閲読に相当すると解することになるから，録音テ

---

[34]　渡辺昭二「コンピュータ記憶媒体に関する証拠調べ方法と調書の記載」書研所報36号〔1990〕173頁以下。
[35]　上野泰男「文書提出義務の範囲」講座新民訴(2)33頁等。
[36]　渡辺・前掲注34) 254頁。
[37]　夏井高人・裁判実務とコンピュータ〔1993〕102頁，旧注釈民訴(7)24頁〔吉村徳重〕等。

ープの再生および聴取は，これを実施するのが原則となる。しかし実務上は，再生された音声を聴取する際の便宜のために提出される反訳書面（写し）を原本とし，特段の疑問がなければ，もっぱらこれを取り調べる扱いが一般的である（詳細は，後述(2)(3)参照）。

(2) 内容説明書（反訳書面）

　旧法下では，録音テープを証拠として取り調べる場合にも，反訳書面が提出される実務が存在することは，前述(1)の最後で検討した通りである。これは，録音テープを再生して，記録された音声を聴取するだけでは，録音内容の認識に不明確な点が残りやすいため，反訳書面があらかじめ提出されることにより，発言者を特定し，発言内容を明確にすることが容易かつ可能になることを期待したものである[38]。

　現行法では，規則149条が，旧法下の実務を踏まえて，「録音テープ等の内容を説明した書面」（内容説明書）を明文化し，その提出，直送，および，相手方による意見書の提出についても併せて規定することとしている[39]。

　もっとも，規則149条が規定する内容説明書は，録音テープの証拠調べの申出をする際に常に提出しなければならないのではなく，裁判所または相手方の求めがあるときに提出すれば足りる。内容の同一性について当事者間に争いがない場合にまで内容説明書の提出を求めるときは，証拠の申出をした当事者に必要以上の負担を課すことになることが考慮されたからである[40]。また，内容説明書としては，録音テープに記録されたすべての内容を正確に再現した「反訳書面」（規149条1項括弧書）が典型であるが，これに限定する趣旨ではなく，必要に応じて説明の程度および範囲を決定することが許される[41]。さらに，内容説明書については，相手方にこれを直送しなければならないこと（同条2項），内容説明書に対して相手方に意見がある場合には裁判所に意見書を提出すべきこと[42]（同条3項）が明文で規定された。これらの規定は，1項の内容説明書

---

38) 条解規則〔増補版〕312頁。
39) 条解規則〔増補版〕312頁。
40) 条解規則〔増補版〕312頁。
41) 条解規則〔増補版〕313頁。
42) 内容説明書の直送との均衡上，意見書も証拠の申出をした当事者に直送すべきものと

第 5 節　書証　　　　　　　　　　　　　　　　　　　§ 231 Ⅲ

が，録音テープ（原本）との関係で，外国語で作成された文書の訳文に相当するという考えに基づき，規則 138 条 1 項・2 項と同様の規律が設けられたものである[43]。なお，相手方から意見書が提出されない場合，内容説明書には問題がないものとして審理を進めることになる[44]。

(3) 反訳書面の書証手続の規則化

旧法下の実務では，録音テープに記録された思想内容を証拠資料とする場合，録音テープ自体を証拠物件として証拠調べをする方法（録音テープの再生および聴取）は，前述したような書証説と検証説の対立に裁判所が直面することもあって，必ずしも歓迎されていなかった[45]。むしろ，反訳書面を証拠（原本）として提出し，書証手続により取り調べる方法の方が広く行われていた。

反訳書面を原本とする書証手続による場合，反訳書面は通常の文書と同様に扱うことになるが，反訳書面の作成者が誰であるかはあまり意味がないため，反訳文書の成立の真正は問題とならない。むしろ，録音テープに記録された音声の主体と反訳書面の発言者であると挙証者が主張する者とが同一であること（発言者の同一性）が重要であり，この点は，通常の文書における形式的証拠力の問題に匹敵する[46]。そこで，発言主体の同一性について，相手方が疑問を抱いた場合には，録音テープを法廷で再生し，記録された音声を実際に聴取して，反訳書面の内容と対比しなければならない。つまり，発言主体の同一性は，書証の対象である反訳書面の実質的証拠力の前提となる補助事実であるところ，その証明は，録音テープの音声を聴覚によって直接認識しなければならないことから，検証である[47]。しかしながら，実際にこのような検証を実施するときは，反訳書面を証拠（原本）として取り調べる方法の利点が大きく減殺される。

　　される。条解規則〔増補版〕313 頁注 4 参照。
43)　条解規則〔増補版〕313 頁。
44)　証拠法大系(4) 255 頁〔難波〕。
45)　小山昇「録音テープの証拠調べ」判タ 446 号〔1981〕29 頁。
46)　小山・前掲注 45) 29 頁も，発言者の同一性の問題を，反訳書面の真正と表現しつつも，挙証者の主張する人物の供述が記載されていることであって，「文書の成立の真正とはすこしちがう」と指摘する。なお，これを「証拠方法についての事実」というが，本文と同旨であろう。
47)　加藤・前掲注 25) 235 頁。

そこで，旧法下の実務では，録音テープに記録された思想内容を証拠資料とする場合，挙証者は，反訳書面だけを提出し，相手方には録音テープの複製物を交付して，発言主体の同一性を相手方が自ら確認できるようにする便法が行われていた[48]。

このように，旧法下の実務では，録音テープを証拠として証拠調べをする方法（前述(1)参照）と並んで，反訳書面を証拠として証拠調べをする方法も許容されていた。規則144条は，後者の実務を追認し，明文化したものである。同条は，反訳書面（原本）の内容と録音テープの内容の同一性について相手方が疑いを抱いた場合に備えて，録音テープの複製物を相手方の求めに応じて交付する義務を明文で挙証者に課している[49]。このような複製物の交付義務は，相手方の防御権を保障するものとして合理的である[50]。しかし，複製物の交付は，旧法下の実務で行われた便法を規則化したものであるため，録音テープのオリジナルを検証あるいは鑑定する必要が生じたときは，本則に戻り，録音テープの再生および聴取をしなければならない。この場合，相手方が複製物では確認できなかったところを取り調べることになるため，通常は鑑定その他の手続（検証）による必要があろう。

なお，発言者の同一性について疑問が生じた反訳書面の実質的証拠力は，裁判所の自由心証により評価されるべきことは当然であるが，相手方に交付された複製物の確認によってもなお疑問が解消しない場合，反訳書面の実質的証拠力は相当に乏しいものとならざるを得ない。

(4) 証拠説明書の記載事項

規則148条は，録音テープについても，証拠説明書の記載事項（規137条）を追加して，録音の対象，日時および場所を明らかにすべきことを規定している。詳細は，写真について述べたところと同様である（前述Ⅱ1(2)参照）。

---

[48] 証拠法大系(4)256頁〔難波〕，新大系(3)93頁〔宇野〕，菊井＝村松Ⅱ676頁。

[49] 現行法の制定過程で行われた意見照会では，圧倒的多数が賛意を表明したとされる。新大系(3)96頁〔宇野〕。法務省民事局参事官室編・民事訴訟手続に関する改正要綱試案補足説明〔別冊NBL27号，1994〕41頁。

[50] 証拠法大系(4)256頁〔難波〕。

(5) 二種類の書証手続

　録音テープの証拠調べについて，二種類の書証手続が認められている。旧法下では，録音テープを証拠とする証拠調べの方法は，それ自体が書証手続であるのか，検証手続であるのかが議論されたが，本条は書証説に従ってこの点を立法的に解決した。他方で，反訳書面を証拠とする書証手続が，旧法の実務に即して明文化されている。問題は，両者をどのようにして使い分けるかという点である。

　録音テープに記録された思想内容を証拠資料とするときは，どちらの方法も利用することができるが，両者を比較すると，反訳書面を証拠とする書証手続（規144条）が原則的な方法になるものと解される。この点は，旧法下においてすでにそうであったとも考えられるが，それ以外に関していえば，録音テープの再生および聴取が不可欠となる録音テープ自体の証拠調べ（準文書の書証手続）は，再生のための準備，再生および聴取に相応の時間を要することから，反訳書面を原本とする書証手続に比べて不便であることは否めない。しかも，反訳書面を原本とする書証手続を選んだとしても，録音テープの複製物は相手方に交付されるため，相手方の防御権にも配慮されていることや，発言者の同一性に問題があるときは別途録音テープの再生および聴取が可能であることにも照らせば，準文書の書証手続が積極的に選択されないのはやむを得ない。しかし他方で，現行法の下では，準文書の書証手続が規則148条，149条によって整備されているため，発言時の雰囲気，周囲の様子等を含めて証拠とすべきときは，こちらの方が有用である。録音テープについて書証の申出をする者は，この点に留意して適切な方法を決定すべきである。

3　ビデオテープ

　ビデオテープは，映像と音声が一体となったものであるため，本来は検証物として検証手続によるべきものとするのが旧法下の実務であった[51]。しかし，映像の意味が希薄なものもあり，その場合には主として思想内容を証拠資料とするため，書証手続によることも許されていた[52]。本条は，録音テープと並ん

---

51) 森晴茂＝手塚寿雄「ビデオテープの検証と調書の記載について」書研所報31号〔1980〕331頁。
52) 秋山ほかⅣ532頁。

でビデオテープを例示しているため，書証手続を利用する実務を明文化したものである。この場合の具体的な手続は，録音テープの証拠調べに準ずる（規148条・149条のほか，同144条も適用される）。映画フィルムもビデオテープと同様である。

Ⅳ　磁気ディスク等の電磁的記録媒体

1　意　義

本条は，コンピュータ用の磁気テープ，磁気ディスク等，光ディスク等の電磁的記録媒体（以下，「磁気ディスク等」という）を例示していない。磁気ディスク等に記録される情報は，コンピュータを使用して作成・保存されたものであるから，これをそのまま見読することは不可能であるため，文書ではない。しかし他方で，コンピュータを使用して磁気ディスク等に記録された情報を読み出し，ディスプレイ・プリンター等の出力装置に表示すれば，記録された情報を見読することができる。このように，磁気ディスク等は，録音テープ等と同様の機能を有することにかんがみれば，本条に例示する余地があった。しかし，立案担当者によれば，磁気ディスク等を再生機器によって再生することは，録音テープ等の場合に比べて一般的に容易ではないという理由から，本条への例示が見送られることになった[53]。

2　規定見送りの経緯

(1)　旧法下の学説

磁気ディスク等に記録された情報を証拠資料とするためにどのような方法で証拠調べをすべきかについては，録音テープ等と同様，書証説，検証説の対立があった。両説は，いずれも磁気ディスク等の電磁的記録媒体そのものを証拠とする場合の対立であるが，他方で，磁気ディスク等に記録された情報をコンピュータとそれに接続された出力機器を使用してプリントアウトした文書を証拠として位置づけることを前提とした新書証説，新検証説の対立も生じていた。

書証説[54]は，磁気ディスク等に記録された情報には一定の思想的意味が含ま

---

[53]　一問一答277頁。
[54]　竹下守夫「コンピュータの導入と民事訴訟法上の諸問題」ジュリ484号〔1971〕31頁，春日・前掲注32）171頁，兼子ほか・条解1040頁〔松浦〕，梅本吉彦「情報化社会におけ

れており，それを証拠資料とする以上，磁気ディスク等が準文書（原本）であり，これをプリントアウトした文書はその写しに相当するものと位置づける。これに対して，検証説[55]は，磁気ディスク等に記録された情報には一定の思想的意味が含まれているとしても，そのままの状態では見読可能性がないのであるから文書ではなく，検証によって記録内容を視覚的に感得した結果を証拠資料とする必要があるとする。

　他方，新書証説[56]は，磁気ディスク等に記録された情報には一定の思想的意味が含まれるが，それはコンピュータに接続された出力機器によってプリントアウトすることにより文書として閲読できる状態にある「可能文書」であり，それ自体は証拠調べの対象にはならないとする。この「可能文書」から当該出力機器を通じて作られた「生成文書」（＝プリントアウトした文書）が原本であるから，これを書証手続により取り調べるべきであるとする（このとき，「可能文書」である記録媒体は「生成文書」を生成するための資料と位置づけられる）。これに対して，新検証説[57]（個別機能説）は，磁気ディスク等の文書性を否定する点で検証説と同様であり，磁気ディスク等の証拠調べは検証によるべきであるとする。他方，磁気ディスク等に記録された情報をプリントアウトした文書は，それ自体独立の文書（原本）として書証手続により取り調べるべきであるとする[58]。プリントアウトした文書は，記録媒体から独立した存在として記憶媒体の存在および記録媒体上のデータないし情報の内容を推認させる報告文書の一

　　る民事訴訟法」民訴雑誌 33 号〔1987〕17 頁，佐上善和「コンピュータを用いた取引・契約と民事訴訟」NBL386 号〔1987〕39 頁等。
55)　住吉博〔判批〕判評 243 号〔1979〕, 29 頁，本間義信〔判批〕昭和 53 年主要民事判例解説（判タ 390 号）265 頁。
56)　加藤・前掲注 14) 317 頁，同・前掲注 25) 227 頁，同「新種証拠と証拠調べ方式」争点〔新版〕261 頁，春日・前掲注 32) 172 頁，旧注釈民訴(7) 9 頁〔吉村〕，兼子ほか・条解〔2 版〕1177 頁〔松浦＝加藤〕，伊藤〔4 版補訂版〕406 頁等。
57)　夏井・前掲注 37) 102 頁，渡辺・前掲注 34) 165 頁。
58)　新検証説に対しては，磁気ディスク等の検証手続と，プリントアウトした文書の書証手続の間の関連づけが不明確であること，結局のところ，磁気ディスク等に保存された内容とプリントアウトした文書の内容の同一性に問題があり，検証でプリントアウトを再施したときは，再試後の文書が原本として取り調べられるだけのことであるといった批判がある。旧注釈民訴(7) 9 頁〔吉村〕。

種とされ，作成名義人が通常の出力操作をしたことを経験則として証拠価値（一定の操作から一定の結果が得られたこと）を得ることになるにすぎないため，その価値は相対的に乏しいものとなる59)。

(2) 旧法下の裁判例

旧法下において，文書提出命令の申立ての対象とされた磁気テープについて判断した大阪高決昭和53・3・6（高民31巻1号38頁）（多奈川火力公害訴訟）は，「磁気テープ（電磁的記録）自体は通常の文字による文書とはいいえない。しかし……本件測定資料……中の測定記録をインプットした磁気テープは，多数の情報を電気信号に転換しこれを電磁的に記録した有形物であって，それをプリント・アウトすれば可視的状態になしうるから，準文書」（であり，）「磁気テープがその内容を直接視読できないこと，あるいは直接視読による証拠調の困難なことをもって，その準文書性を否定することができない。」と判示し，書証説（前述(1)参照）を採用している60)。また，関連事件である大阪高決昭和54・2・26（高民32巻1号24頁）も，前掲昭和53年大阪高決を引用して磁気テ

---

59) 夏井・前掲注37) 102頁。学説の評価について，春日偉知郎「新種証拠の証拠調べ」同・民事証拠法論集〔1995〕（初出「同」ジュリ1028号）60頁も参照。

60) 同旨を説くのは，加藤・前掲注14) 317頁，同・前掲注56) 260頁等。これに対して，旧注釈民訴(7) 199頁〔中村〕は，昭和53年大阪高決が，この分野における先例とされることに疑問を呈している。他方，磁気テープ等の記録および読み出し方式の特性を指摘して，同決定（および後掲昭和54年大阪高決）が，書証説を採用したものかどうかについて疑問を呈する見解として，旧注釈民訴(7) 4頁〔吉村〕，夏井・前掲注37) 156頁，春日・前掲注59) 58頁等がある。とくに，書証説への批判として，記録媒体上，一個の文書に相当するファイルが連続的データとして保存される場合（シーケンシャル・アクセス型）には，連続的データについて物理的な文書の概念を適用できる余地があるのに対し，記録データが不連続であるため，それ自体に一個の文書の概念を適用する余地がなく，アクセスしてはじめて得られる情報について論理的な文書を観念できるにすぎない場合（ランダム・アクセス型）には，記録媒体上に文書の概念はいまだ存在しないため，現在しない文書に対する証拠の申出は不適法であるという点が重要であろう（夏井・前掲注37) 156頁，春日・前掲注59) 58頁）。このように解する限り，磁気ディスク等の記録媒体自体が原本であり，検証（又は鑑定）でなければ，証拠資料を獲得することができない。しかし，この点を根拠として検証説を正当とすることはできず，むしろ，新書証説あるいは新検証説（個別機能説）の論拠になる。以下の本文でも述べるように，後続の昭和54年大阪高決は，この点に配慮していた可能性がある。

ープの準文書性を認めている。昭和54年大阪高決では，裁判所書記官に対する磁気テープの閲覧謄写請求の可否が問われた。申立人は，準文書（原本）である磁気テープが訴訟記録に含まれることを前提としたところ，裁判所は，当該磁気テープを所持する相手方が口頭弁論期日にこれを提出し，裁判長はこれを顕出したものの，相手方がその保管を移転しない旨を述べて持ち帰ったために訴訟記録に編綴されず，裁判所書記官はこれを保管していないと認定し，本件訴訟記録には含まれないとして閲覧謄写請求を否定した原決定を維持したものである。

ところで，昭和54年大阪高決は，「抗告人らにおいて，本件磁気テープの収録内容とプリントアウトした文書（前掲乙号各証）の内容とが一致しないこと，またはその疑があることの疑念を抱くのであれば，受訴裁判所に対し本件磁気テープの収録内容をアウトプットすることについての鑑定を求めるか，若しくは検証を求め，裁判所が適当な補助者を使用しコンピューターを操作させてアウトプットされた結果を検証の結果として調書に作成する等の方法を採りうる。」と指摘している。先に指摘したように，昭和54年大阪高決も書証説を前提とする以上，磁気テープの記録内容とプリントアウトした文書の内容との同一性は，磁気テープから法廷に設置したコンピュータ機器を使用して出力すること（実演）によって証明するのが本則となる点にかんがみると，同高決が申立人に疑問が生じたときに検証・鑑定を用いると述べた点はいささか一貫性を欠くように思われる。これに対して，新書証説のようにプリントアウトされた文書を原本とする場合には，前述の内容的同一性は，当該文書の形式的証拠力に相当する補助事実であり，申立人がこれに疑問が生じた限りで，検証ないし鑑定によってそれを確認すべきものと位置づけることができるため，何ら不自然な点はない。

(3) 検討事項・要綱試案

旧法下では前述(1)のような見解の対立があったが，現行法の制定過程においては新書証説を基調とした改正案が検討された。前述(2)で検討した昭和53年大阪高決は，書証説を採用したものであるが，他方で，昭和54年大阪高決においてプリントアウトされた文書自体を原本とする考え方（新書証説）が見受けられたことをも考慮すれば，当時有力に主張されていた新書証説が，改正提

案の基礎に据えられたことは自然な成り行きであるように思われる。

　(A)　検討事項　「民事訴訟手続に関する検討事項[61]」(以下,「検討事項」という)は,「磁気ディスク等の証拠調べ」について,①「磁気ディスク等に記憶された思想内容を証拠資料とする場合には,プリントアウトされて閲読可能な状態になった文書(以下「プリントアウトされた文書」という。)を原本として提出することができるものとする考え方」を「証拠調べの方法」として提案した。同時に,②「当事者は,プリントアウトされた文書の記載から明らかな場合その他一定の場合を除き,磁気ディスク等に入力した者,入力した日時,プリントアウトをした者,プリントアウトをした日時等の事項を明らかにしなければならないものとするとの考え方」の当否も問うている。また,「鑑定に必要な情報の開示」について,③「プリントアウトされた文書が書証として提出された場合において,磁気ディスク等に入力された内容を確認するための鑑定を行うときは,裁判所は,証拠調べを申請した者が当該磁気ディスク等を管理している場合には,その者に対し,情報入力の形態等鑑定に必要な情報の開示を命ずることができるものとするとの考え方」の当否も問われている。

　検討事項①～③の考え方は,新書証説の論者により,同説を採用したものと評価されており[62],検討事項①にいう「プリントアウトされた文書」は「生成文書」に相当する。当該文書は通常の書証手続によって取り調べることになるが,プリントアウトされた文書が生成文書であることの特徴を踏まえた証拠説明として,検討事項②が掲げる記載事項を記載した書面の提出が提案された。検討事項③の提案は,磁気ディスク等に記録された内容とプリントアウトされた文書の内容の同一性に疑問が生じた場合における鑑定に必要な情報の開示命令制度である。しかし,磁気ディスク等の複製物を相手方に交付して簡易に確認する余地もあるところであり(録音テープ等に関するⅢ 2(3)参照),鑑定はそれでもなお疑問が晴れない場合に問題になるものと考えられる。

---

61)　法務省民事局参事官室編・民事訴訟手続に関する検討事項とその補足説明〔別冊NBL23号,1991〕40頁・41頁。

62)　加藤・前掲注14) 314頁,同・前掲注25) 239頁,春日・前掲注59) 65頁,旧注釈民訴(7)9頁〔吉村〕。他方,一般的な見地からの同様の評価として,新大系(3) 103頁〔宇野〕も参照。

第5節　書証

(B)　要綱試案　「民事訴訟手続に関する改正要綱試案[63]」(以下,「要綱試案」という)では,「磁気ディスク等の証拠調べ」の項目が削られた。理由としては,第一に,磁気ディスク等に記録された思想内容を証拠資料とするときは,通常はプリントアウトされた文書を書証として取り調べれば足りる。仮に磁気ディスク等自体を取り調べる必要が生じたときは,鑑定その他の証拠調べ手続(検証)によるしかないため,特別な規定を置く必要性が乏しいこと,第二に,各種のコンピュータ用記録媒体を包括的に規制するのは困難であることが挙げられている[64]。この結果,磁気ディスク等の証拠調べは,従前の例によることになった。これは,磁気ディスク等の準文書性を完全に否定する趣旨ではなく,磁気ディスク等に記録された思想内容を法廷に設置された装置によって容易に出力することの困難性に配慮したものと解されている[65]。しかしその一方で,検討事項(とくに①・②)において新書証説が採用されたことが示すように,当時は旧法下でもすでに新書証説による実務が存在し,成果を挙げていたと考えられるところ,その踏襲を含意する点にも留意すべきである[66]。

もっとも,新書証説では,プリントアウトした文書を原本として取り調べるが,当該文書が磁気ディスク等からの生成文書であることは否定できないため,証拠説明書の記載事項のままでは,当該文書の説明としては不十分とも考えられる。すなわち,「磁気ディスク等に入力した者,入力した日時,プリントアウトをした者,プリントアウトをした日時等の事項を明らかにし」た書面が必要とならざるを得ない。要綱試案の説明によれば,この書面は証拠説明書の一種として取り扱うこととされた[67]。他方,磁気ディスク等に記録された情報とプリントアウトされた文書の内容の同一性に疑問が生じ,鑑定が必要となる場合,そのために必要な情報の開示が問題となる(検討事項③)。しかし,証拠申請した者が正当な理由なく鑑定に必要な情報を開示しないときは,当該文書の証拠価値に関する自由心証の問題として対処することができるという理由から,

---

63)　法務省民事局参事官室編・前掲注49) 45頁・46頁。
64)　法務省民事局参事官室編・前掲注49) 45頁・46頁。
65)　一問一答277頁,研究会313頁〔柳田発言〕等。
66)　加藤・前掲注14) 320頁。
67)　加藤・前掲注14) 319頁。

検討事項③についても要綱試案に盛り込むことは見送られている[68]。

(4) 本条の立場

磁気ディスク等の証拠調べに関する規定は，要綱試案で脱落した結果，本条では何ら言及されていない。新書証説の論者は，前述したように同説の実務への普及による帰結としてこれを歓迎する一方で，立法論としては，新書証説を明文で確認すべきであるとしながら，磁気ディスク等の電磁的記録媒体は技術的進歩が早く，その種類も多様であるため，本条が包括的法規制を見送って解釈に委ねたことにも合理性はあるとする[69]。

3 証拠調べの手続

(1) 問題の所在

本条が，磁気ディスク等を例示しない形で立法された経緯は前述の通りであるが，この結果，現行法上，磁気ディスク等をどのように取り調べるのかが問題となる。磁気ディスク等が本条の例示から漏れた理由が，法廷における再生の困難性にあるならば，この種の技術が進歩し，録音テープ等と同様，法廷で容易に再生できる状況に至れば，「情報を表すために作成された物件で文書でないもの」（準文書）として書証手続によって取り調べることは，解釈上可能と言わねばならない。

(2) 準文書としての書証手続

磁気ディスク等は，本条の「情報を表すために作成された物件で文書でないもの」（準文書）として，書証の手続により証拠調べを行うことができる。本条の適用要件は，当該記録媒体に保存された情報を法廷で容易に再生する（プリントアウトのほか，見読可能な状態にする）ことができ，裁判官がこれを認識できることである。したがって，例えばICレコーダーで録音され，録音機器本体，フラッシュメモリ，CD等の記録媒体に保存された音声や，デジタルカメラやデジタルビデオで撮影され，撮影機器本体，DVD，フラッシュメモリ等の記憶媒体に保存された画像または映像についても，上記の要件を具備する限り準文書であるから，録音テープ等と同様に証拠調べを実施することができる[70]。

---

68) 法務省民事局参事官室編・前掲注49) 45頁，加藤・前掲注14) 319頁，新大系(3) 104頁〔宇野〕。

69) 加藤・前掲注14) 321頁。

換言すれば，各種の記録媒体に保存された情報が，音声，画像または映像であるか，文字等で記載された文書であるかは，準文書の概念からして問題にならない。むしろ，文字情報と画像・映像とが一つの文書ファイルに混在するものも珍しくないことにかんがみると，準文書として書証手続により取調べを行うことができるかどうかの判断においても，当該記録媒体に保存された情報が，文字情報か，それとも音声・画像・映像の情報かにこだわるべきではない。

他方，準文書として書証手続により取り調べることとされた記録媒体上の情報は，それ自体が原本であるから，これを見読可能な状態にしなければ，証拠調べ（閲読）をすることができない。磁気ディスク等の証拠調べの立法化は見送られたが，録音テープ等に関しては，それに記録された音声・画像・映像について内容説明書の提出が義務づけられた（規149条1項）。内容説明書は，理論上は，原本たる記録媒体上の情報の写し（謄本）に相当する。磁気ディスク等を準文書として書証手続により取り調べる場合も，内容説明書としての写しを提出すべきであり，その相手方への直送，相手方からの意見書の提出（規149条2項・3項）も録音テープ等の場合に準ずる。また，証拠説明書の記載についても，通常の記載事項（規137条1項）に加えて，録音テープ等に要求される追加的記載事項（同148条）が必要である。

(3) 検証または鑑定手続

磁気ディスク等に保存された情報の内容とプリントアウトした文書の内容の同一性に疑問がある場合には，鑑定その他の証拠調べ手続（検証）によりこれを確認することが一般に認められているが，磁気ディスク等であって，本条の準文書の要件（法廷で容易に再生できること）を具備しない場合にも，これを準文書として書証手続によることはできない。この場合には，磁気ディスク等それ自体を鑑定その他の証拠調べ手続（検証）により取り調べることになる。検証には，書証手続に関する規定が準用されるが（232条1項），証拠説明書（規137条1項，148条），内容説明書（同149条）の規定も，磁気ディスク等について検証手続により取り調べる場合には準用すべきである[71]。また，必要に応じ

---

70) 加藤・前掲注14) 325頁。
71) 新大系(3)105頁〔宇野〕。

§231 Ⅳ　　　　　　　　　　　　　　　　　第2編　第4章　証拠

て鑑定を行う場合には[72]，鑑定に必要な磁気ディスク等に関する情報の開示についても，磁気ディスク等を提出した者に対して協力を求めることができる（要綱試案に関する，前述2(3)(B)参照）ものと解される。提出者が任意に協力しない場合には，磁気ディスク等の実質的証拠力について裁判所の自由心証の問題として扱われることになる。

(4) プリントアウトした文書の書証手続

プリントアウトした文書を原本とする書証手続は，旧法以来，新書証説の提唱する書証手続の一種である。検討事項では改正案として採用されたが（前述2(3)(A)参照），要綱試案ではこの手続のために敢えて規定を置く必要はない（前述2(3)(B)参照）として明文化は見送られた。このような経緯からして，この方法は，現行法の下でも通用するものと解される[73]。

もっとも，磁気ディスク等が本条に例示されていないため，民事訴訟規則においても磁気ディスク等に関する規定はない。しかし，録音テープ等については，これを準文書とする書証手続とは別に，録音テープ等の反訳書面を原本とする書証手続が，規則144条において明文化されている。同条の手続によれば，録音テープ等は原本である反訳書面を作成する際の資料であり，反訳書面の内容と録音テープ等の内容の同一性に疑問があるときは，複製物を相手方に交付して簡易に確認させることができ，それでも疑問が解消しない場合には，鑑定その他の証拠調べ手続（検証）によって調べることになる。ここで，磁気ディスク等に保存された情報をプリントアウトした書面が反訳書面（原本）に相当すると解するならば，規則144条の類推適用により，上記の一連の手続が磁気ディスク等に妥当するものと解される。

また，プリントアウトした文書が原本として証拠物件になるとしても，当該文書が，磁気ディスク等に保存された情報から生成されたものであることに変わりはない。したがって，プリントアウトした文書の証拠説明書としては，本来の記載事項（規137条1項）だけではなく，録音テープ等に関する追加的記載事項（同148条）の一種として検討事項②の書面を作成・提出すべきである

---

[72] 実務上，職権による鑑定（233条）の実施は一般に考え難いことにつき，前掲注9)を参照。

[73] 新大系(3)108頁〔宇野〕。

(同148条の準用。また，前述Ⅳ 2(3)(B)参照)。なお，内容説明書（規149条）については，プリントアウトした文書そのものが記録媒体上の情報の内容説明を兼ねるため，原則として不要である[74]。

(5) 二種類の書証手続

　磁気ディスク等に保存された思想内容を証拠資料とするためには，前述の通り，磁気ディスク等に保存された情報を準文書（原本）とする書証手続と，磁気ディスク等を所要の機器を使用してプリントアウトした文書を原本とする書証手続の二種類の方法を利用することができる。問題はどちらを利用すべきかであるが，録音テープ等についてしばしば指摘されるように，保存された音声・画像・映像の雰囲気や周囲の状況の分かる情報が，磁気ディスク等に保存された情報の中にも存在する場合には，磁気ディスク等を準文書とする書証手続が選択される可能性がある。これに対して，保存された情報の多くが文字情報である場合には，準文書としての書証手続が選択されることは少ないであろう。また，磁気ディスク等に保存された情報を法廷で再生することが困難である場合には，鑑定その他の証拠調べ手続（検証）でなければ目的を達し得ないため（前述(2)参照)，磁気ディスク等を準文書とする書証手続を選択することができない。以上のように考えると，磁気ディスク等を準文書とする書証手続は，記録媒体上の情報が音声・画像・映像が中心であり，それを法廷で容易に再生できる場合に限られることになろう。したがって，磁気ディスク等に保存された思想内容を証拠資料とする場合には，プリントアウトした文書を原本とする書証手続が原則的方法になる[75]。ただし，このような位置づけは，記録媒体に

---

74) 磁気ディスク等を準文書として書証手続をする場合と同様，規則149条の準用ないし類推を説く見解（加藤・前掲注14) 327頁は，「裁判所または相手方の求めがあるときは」，内容説明書の提出を要すると説く）もあるが，プリントアウトした文書を原本とする場合に準用可能性があるのは，規則144条はもちろんとして，同148条までが限度であろう。というのも，同149条1項は，録音テープ等を証拠とした場合，反訳書面が単に写し（謄本）として必要なだけでなく，法廷で再生される音声等の内容をあらかじめ説明する書面として規定されたものだからである。なお，内容説明書を必要と説く前述の見解も，裁判所または相手方から提出が求められた場合に限られるとすれば，本文と同様，原則不要説と解される。

75) 証拠法大系(4) 258頁〔難波〕が，プリントアウトした文書を原本とする書証手続が本

§231 Ⅳ

保存された情報の再生技術ないし再生機器の普及の程度に依存する以上，絶対的なものでないことは，3(1)で述べた通りである。

〔名津井吉裕〕

則であるとするのも，同旨と思われる。

第6節　検　証

（検証の目的の提示等）
第232条　① 第219条，第223条，第224条，第226条及び第227条の規定は，検証の目的の提示又は送付について準用する。
② 第三者が正当な理由なく前項において準用する第223条第1項の規定による提示の命令に従わないときは，裁判所は，決定で，20万円以下の過料に処する。
③ 前項の決定に対しては，即時抗告をすることができる。

I　条文の趣旨

　検証の申出，目的の提示及び送付の手続について，本条1項において，書証の申出（219条），文書の提出等に関する規定（文書提出命令等〔223条〕，当事者が文書提出命令に従わない場合等の効果〔224条〕，文書送付の嘱託〔226条〕，文書の留置〔227条〕）を準用して規定するとともに，このうちの提示命令に関して，本条2項で，第三者が提示命令に違反した場合に過料の制裁があること（その前提としての検証協力義務）を，本条3項で，過料の決定に対する不服申立てについて規定する。2項及び3項は，第三者が文書提出命令に従わないときの制裁等を定める225条と同趣旨のものであるが，本条では「正当な理由」のないことが制裁の要件とされている点で異なる。

　文書提出義務を定める220条，文書提出命令の申立ての方式（必要的記載事項等）を定める221条，文書の特定のための手続を定める222条，第三者が提出命令に従わない場合の制裁を定める225条は準用されていない。220条が準用されていないのは，後記Ⅲに記載のとおり，一般義務として検証協力義務

§ 232 Ⅱ

（検証受忍義務）があり，証言拒絶事由がある場合は検証を拒絶することができるとの解釈を前提とするものである[1]。221条が準用されないのは，証拠申出の方式を一般的に定める180条等が適用され，民訴規則150条に細則が置かれているためである。また，225条に対応する規定は，別途232条2項・3項として定めが置かれている。

なお，民訴規則において，具体的な検証申出の方式（規150条）[2]，提示文書の保管及び受命裁判官等にさせる場合における調書（規151条・141条・142条）について，具体的な定めがされている。

本条は検証の冒頭の条文であるので，便宜，以下ではまず，前提として，検証の意義及び検証協力義務等について述べることとする。

Ⅱ　検証の意義

1　検証とは

検証は，裁判官がその感覚作用（視覚，聴覚，味覚，嗅覚，触覚のいわゆる五感）によって，直接に，事物の性状・現象を検査し，その結果（検査・観察して得た事実判断・認識）を証拠資料とする証拠調べである[3]。

---

1) 後記Ⅲのとおり，本条に相当する旧法335条が文書の提出義務を定めた同312条を準用していなかったのは，文書提出義務が同312条所定の事由がある場合に限って認められる限定的な義務であるのと異なり，当事者又は第三者の検証協力義務（検証物の提示又は送付，検証受忍義務）を公法上の一般的義務とする立場に立っていたことによる。文書提出義務が限定的な義務とされていたのは，文書やその記載内容に対する所持者の処分の自由や秘密保持の利益を尊重する必要があること，また記載内容の不可分性等から所持者に与える不利益が証人義務より大きいと考えられたことによるとされている。現行民訴法は，220条4号を新たに加え，文書提出義務もまた一般義務とされるに至ったが，イからホの5つの除外事由が設けられ，そのいずれにも該当しない場合に初めて文書提出義務が発生するという構造で規律されており，除外事由に該当する事実の不存在についても，提出命令の申立人の側で証明責任を負うと解するのが通説である（秋山ほかⅣ 391頁ほか）。本条が依然として民訴法220条を準用しないのは，旧法下と同様に，一般義務としての検証受忍義務があり，証言拒絶事由に相当する事由がある場合はこれを拒絶することができるとの解釈に立って立法されたことによるものであるが，上記のように構造が異なり，実質的にも，上記のように文書の特性に応じて具体的に規定された文書提出義務の除外事由は，証言拒絶事由より広い面がある点を指摘することができる。

2) 訴訟手続の細目に関する事項を定めるものとして，旧法333条を規則化した規定である。

第6節　検証　　　　　　　　　　　　　　　　　　　　　　　　§232 Ⅱ

　視覚による検証が典型であるが（事故発生現場の状況，境界紛争における係争土地や境界付近の状況，建物・機械等の瑕疵や朽廃の状況等），嫌忌施設の操業差止めや損害賠償を求める訴訟等で騒音の程度，排気ガスや臭気の状況等を検証する場合など，聴覚や嗅覚（ひいてはその複合）による検証もまれではない[4]。また，知的財産権訴訟で，係争物の性状の検証として食品の味を味覚により検証することや，製品の手触りを触覚により検証することもあり得る。その過程で，例えば騒音の程度の検証では音量・音質の，排気ガスの状況の検証では排気ガスの成分等の測定・分析等，特別の専門的な知識・経験が必要になることがあり得るが，そのような場合には，検証の際の裁判官の認識・判断能力を補充するために鑑定（233条）を利用することもできる。

2　検証の対象

　検証の対象となる事物を「検証の目的」（232条1項，規150条）という（実務上は一般に「検証物」又は「検証の目的物」という）。人の五感の作用によって検査・観察し得るものであればよく，有体物・無体物を問わない[5]。検証の申出の際は，検証の目的を表示してしなければならない（規150条）[6]。

　人間は，その者の供述の内容（人の思想内容）を証拠とする場合は人証であるが，容姿，骨格，声色，病状など身体の物理的形状や特徴を検査・観察する場合は，検証物である。文書も，記載されている思想内容を閲読し，これを証拠資料とする場合は書証であるが，紙質，筆跡の同一性等を認識対象とするのであれば，検証の対象である[7]。

---

3)　新堂〔5版〕652頁。旧注釈民訴(7)200頁〔加藤新太郎〕，菊井＝村松Ⅱ682頁同旨。
4)　例えば事故現場の検証は，視覚による検証の典型であるが，実際には視覚のみならず空間的感覚や時間的感覚をも総合して一定の認識を得ている。したがって，その結果は，本来写真やビデオテープ等の準文書によって完全に代替し得るものではないが，その差は大きくはなく，争点に係る証拠資料としては写真やビデオテープ等の効果的な活用により十分に目的を達することができる場合も多いとの指摘もある（証拠法大系(5)85頁〔吉川慎一〕）。
5)　例えば特定の場所における騒音の実情等，必ずしも検証「物」という言い方がぴったりしない場合もある（秋山ほかⅣ543頁）。
6)　後記Ⅳ2(2)も参照されたい。

〔手嶋〕　　829

3 検証の結果と証明の対象

(1) 検証の結果

検証の結果とは，裁判官が自らの感覚作用によって検証物を直接検査して得る検証物の性状等に関する事実判断・認識である。

検証の結果得られる検証物についての直接的な現状認識にとどまらず，そこから推理される事項も検証の結果と言い得るかについては，これを否定する考え方もあるが[8]，肯定する考え方が一般的である。検証の機能を十分に発揮させる観点からすれば，検証によって得られる証拠資料を検証物の単なる外形的判断や現状認識に限定するのは相当ではなく，原因や過去の状態等，現状から客観的・合理的に導かれる推理判断も，検証の結果得られる事実判断（現状認識に経験則を適用して得られた総合的な事実判断）として当然に検証の結果に含まれると解してよい[9]。ただし，この場合も，推理判断過程の客観性の担保やその検証可能性の確保の観点から，検証調書に記載する際には，当該推理判断を導く前提となる事実判断を挙げた上で，推理判断を示す等の配慮をするのが相当である。

これに対し，事実判断を超える法律判断が「検証の結果」に含まれないことは争いがない。例えば，交通事故現場の検証において，交差点の状況，見通し，関係地点間の距離等が検証の結果に該当することは明らかであるが，これらの事実に基づく規範的評価である過失の有無等は，法律判断であって，検証の結

---

7) 東京高裁平成11年12月3日決定（判タ1026号290頁）は，「証拠調べの方法を書証でするか検証とするかについては，その証拠資料になるのが，文書ないし準文書として思想，意思表示，事実報告情報等の表現内容であるのか，それともその資料の存在状態，記録状態，性状等であるかで区別すべきである」としている。

8) 兼子ほか・条解367頁〔新堂幸司〕。

9) 法律実務(4)333頁，338頁以下，斎藤ほか編・注解民訴(8)276頁〔斎藤秀夫＝宮本聖司＝西村宏一〕，鈴木信幸＝山田忠克「民事検証の手続と調書（訂正版）」書記官実務研究14巻1号〔1966〕5頁，旧注釈民訴(7)244頁〔加藤〕，証拠法大系(5)87頁〔吉川〕ほか。
大審院昭和7年4月18日判決（刑集11巻384頁）は，焼跡の状況等に基づき発火の箇所・経路等について推理判断を交えた記載のある火災現場の検証調書について，検証という手続の目的に照らせば，検証の目的に必要な実験をし，考察・判断を加えてその結果を明らかにすることは当然に法が予定するところであり，「斯クノ如キ判断ハ固ヨリ検証ノ範囲ニ属スルモノ」としている（上記刑集391頁）。

果には含まれない10)。

検証の結果は，検証調書の実質的記載事項である（規67条)11)。

(2) 証明の対象

検証によって証明すべき事実（180条1項）は，争いのある主要事実及び間接事実のほか，補助事実の場合もある。検証できるのはあくまで検証物の現状であるから，過去の時点における目的物の状態が主要事実である場合は，検証の結果は間接事実である。証人の証言内容が目的物の現況と合致するか否か等，他の証拠方法の証明力を争うために行う検証は，補助事実を対象とする例である。

また，例えば交通事故の現場で事故車と同じ型の自動車を使用して走行速度と制動距離との関係を明らかにしようとする場合等，経験則の証明を目的とする場合もあるとされるが12)，このような経験則についての厳密な判断を裁判官が五感で認識できる結果のみで行い得るかは疑問で，本来は専門的な知見による吟味を要する場合であろうとの指摘もある13)。

4 検証の特徴——人証・書証等他の証拠調べとの対比

(1) 検証による事実判断の構造

検証は，裁判官が自らの五感によって直接認識した結果（事実判断）が証拠資料となる点で，裁判官以外の者の事実判断を認識の対象とする他の証拠調べとは構造を異にする。人証（証人尋問，当事者尋問等）は，その証人等の事実判断・認識（思想内容）を同人の供述（言語という認識の表現・伝達方法）を通じて認識・感得する証拠調べである。書証もまた文字又はその他の記号によって表された文書の作成名義人の思想内容を認識・感得する証拠調べである。鑑定は，鑑定人の経験則又はこれを具体的な事実に適用して得た事実判断についての認識・判断を感得する証拠調べであり，これらはいずれも裁判官以外の者が形成

---

10) 法律実務(4) 338頁，斎藤ほか編・注解民訴(8) 277頁〔斎藤＝宮本＝西村〕，鈴木＝山田・前掲注9) 4頁，旧注釈民訴(7) 245頁〔加藤〕。

11) 検証調書の作成の要否，記載すべき事項等については，斎藤ほか編・注解民訴(8) 275頁以下〔斎藤＝宮本＝西村〕，旧注釈民訴(7) 241頁以下〔加藤〕，証拠法大系(5) 123頁以下〔吉川〕等に詳しい。

12) 菊井＝村松Ⅱ 677頁，旧注釈民訴(7) 201頁〔加藤〕。

13) 証拠法大系(5) 80頁〔吉川〕。

した事実判断（思想内容）を認識対象とする。したがって，これらの証拠調べの結果に基づく裁判官の事実判断は，他人の認識又は思想内容を裁判官が言語等の伝達手段を介して認識するという方法を通じて行われる点で「間接的」であるのに対し，検証は，裁判官の直接の認識により事実判断が行われる。これが検証とその他の証拠調べの基本的な違いと言ってよい14)。

(2) **構造の違いからくる特徴等**

このような構造の違いから，裁判官自身の認識過程や判断過程における誤りの可能性のほかに，他の証拠調べでは，当該他人の認識過程や伝達過程における誤りの可能性があり，証拠としての信用性や証明力（実質的証拠力）が問題となり得る。加えて書証では，その思想内容が何人のものであるかという書証の成立（形式的証拠力）が前提として問題となることになる。

これに対し，検証は，裁判官が直接事物の性状等を認識する証拠調べであるから，他人の認識過程や伝達過程における誤りは生ずる余地がないし，上記のような意味における形式的証拠力も問題とならない。その意味で，検証は，その対象物の現在の状態についての最も確実な証拠調べであると言われている15)。ただし，裁判官の認識過程において誤りが生じる可能性は否定できず，その場合にはかえって裁判官の事実判断が完全に言語化・客観化されてオープンな検討の対象となる機会を欠く面があるという点で，その意義を過大視することに対する懸念も指摘されている16)。また，書証における形式的証拠力の問題とは質を異にするものの，検証の対象物と本来対象となるべき目的物との同一性は，検証の結果を認定資料に用いる前提として問題になる。例えば，事故や取引などの事件を組成した「実物」の検証の場合，現に検証の対象となっている物がその「実物」と同一でなければ検証の意味がない。したがって，裁判所は，検

---

14) 菊井＝村松Ⅱ 674頁，秋山ほかⅣ 537頁，証拠法大系(5) 88頁〔吉川〕，旧注釈民訴(7) 201頁〔加藤〕。

15) したがって，裁判所が目的物の現在の状態を自ら検証しながらその結果を措信しないことは，検証の目的物が偽造・変造等により本来検証の対象となるべきものと一致しない場合以外にはあり得ない（ただし，検証の結果から要証事実を認定できるかという訴訟全体の中での証拠評価の問題はもとより別論である）（法律実務(4) 325頁，旧注釈民訴(7) 204頁〔加藤〕）。

16) 証拠法大系(5) 88頁以下〔吉川〕。

証実施前に当事者から提出された図面や指示説明等によってその同一性や真正性（偽造・変造が加えられていないこと）を確認しなければならないし，この点に争いや疑義がある場合には，検証申出者にその同一性を証明させなければならない。同一性がないと認められる場合には，検証を中止することになろう[17]。

(3) 書証と検証の交錯

既述のとおり，文書について，その思想内容ではなく，作成年代や紙質，色，筆跡・印影の同一性等を検査して事実判断をする場合には，理論上検証と位置づけられる。しかし，実定法上の「書証」も，文書の提出について裁判所が原本の提出を命ずることができるとする規定（規143条2項）や，文書の成立の真否に関し筆跡又は印影の対照による証明についての定め（229条）が置かれていること等からも明らかなとおり，その性状（紙質，色等）や記載された筆跡・印影の対照をその重要な内容として当然に含むものである[18]。

偽造文書として提出される文書の証拠調べについては，文書の記載内容にかかわらず，当該文書が偽造文書であったことの証明を目的として提出されている場合には，検証であるが，偽造者の思想内容を証拠資料として用いることを目的とする場合には，偽造者により真正に作成された文書として，書証として取調べを行うべきことになる[19]。しかし，実際には，一方当事者から前者（検証物）としての申出がされる場合には，他方当事者から同一文書について真正

---

17) この同一性・真正性について，検証の前提問題として問題となるという意味において，実質的証拠力（証明力）と区別して検証における「形式的証拠力」の問題として整理する見解（旧注釈民訴(7) 203頁以下〔加藤〕）もある。ただし，書証のそれとは実質的に異なる問題であり，明文の規定もなく区別する実益がないとする見解があるほか（三ヶ月・全集381頁），目的物の同一性の問題として扱うべきである（証拠法大系(5) 96頁〔吉川〕），区別を観念することはできるが，条文に現れているわけではなく，厳密に処理されているわけでもないというのが学説・実務の実情であろう（高橋下〔2版〕214頁）等の指摘がある。「形式的証拠力」として整理するか否かは別として，この点が検証における重要な前提問題であることについては異論がない（秋山ほかⅣ 538頁）。

なお，証拠法大系(5) 97頁〔吉川〕は，人がその認識した事実の報告のために作成した目的物を検証物とする場合（例示検証）には，当該目的物は人の思想内容を表すものと言えるから，書証の場合と同様にその思想内容の主体が問題となり，書証におけるそれと対応する形で形式的証拠力を問題とすべきであるとする。

18) 証拠法大系(5) 98頁〔吉川〕は，これを「書証の検証的要素」という。

文書（書証）としての主張がされる場合も多く，同一の文書について検証と書証の二重の取扱いをしなければならないことは煩瑣であること等から，実務上は，偽造文書（検証物）としての申出があっても，一旦その取調べは留保して，相手方に真正文書（書証）としての提出の意向があればこれを促し，提出されればこれに偽造文書であるとの認否を得て，あえて別途検証の目的物としての提出はさせないという取扱いがされる場合も多い[20]。

5　検証原型説と新種証拠の証拠調べ

　検証の性質と関連して，およそ証拠調べは裁判官の五感を通じて証拠方法から証拠資料・証拠原因を得る過程であるから，裁判官の五感によることを本質とする検証が最も基本的な証拠調べと言え，証人尋問，鑑定，書証などはいずれも基本的にこの検証の一亜種と解することができるとする考え方（検証原型説）がある[21]。この考え方によれば，新種証拠が提出された場合には，まず検証の方法によることが可能か否かを検討してみるのが適当であり，検証によっても芳しい結果を導くことができず，当該新種証拠と類似の証拠方法がすでに認知されており，その証拠方法について規律された証拠調べによった方が妥当な結果が導かれるときには，それによるべきであるとする。

　しかし，検証とその他の証拠調べはいずれかが一般的に優先する関係にあるわけではなく，前記 4 のとおりの基本的な構造の違いを踏まえ，例えば磁気デ

---

19) 検証説（法律実務(4) 325 頁，河野信夫「文書の真否」新実務民訴(2) 208 頁，旧注釈民訴(7) 201 頁〔加藤〕ほか）。これに対し，同一の文書が，偽造文書として提出されるか，他方当事者から真正文書（書証）として提出されるかによって，証拠調べの性質が変わることになる不都合があるとして，むしろ実質に着目して，偽造文書であるとの付陳を伴う書証の申出をさせ，その付陳に対して認否させるべきであるとする書証説（倉田・証明 191 頁）がある。旧注釈民訴(7) 202 頁〔加藤〕は，実務上偽造文書が問題となるような事例の争点は，当該文書の作成の真否に集約されるから，証明責任の所在との関係を考慮すれば書証説の説く運用は合理的であるとした上で，両様の取扱いが可能であるが，証拠申出をする当事者の意思により決すれば足りるとしている。実務上の取扱いは，概ね本文記載のとおりと言ってよいであろう。

20) 倉田・証明 161 頁，証拠法大系(5) 99 頁〔吉川〕。また，そもそも検証物が紙に表示されたものである場合には，甲〇号証などと表示し，実務上書証に準じた取扱いがされる場合が多い（後記Ⅳ 2(3)(イ)参照）。

21) 鈴木正裕「録音テープの証拠調べ」演習民訴(1) 107 頁。

ィスク等の証拠調べなど新種証拠の証拠調べについても，これによって表された人の認識や思想を証拠調べの対象とする場合には基本的に書証に準じた取扱い（231条）をすべきであるとする考え方が一般的であると言ってよい[22]。録音テープやビデオテープ，コンピュータ用磁気テープ，磁気ディスク等のコンピュータ用記録媒体等の新種証拠は，思想の記録・伝達という機能の面で文書と同一の機能を果たし得る一方で，視覚によっては記載内容を認識することができず，その内容を認識するためには一定の機器を介在させる必要があるほか，コンピュータ用磁気テープ等の再生においても，その過程がアナログ記録媒体とは異なり一定のプログラムによって論理的に行われるために，変換が一義的絶対性を持たない（したがって，当該機器による再生の結果と元のデータとの同一性が保証されているとは言えない）等の点に特徴がある。再生が一般に簡明で容易な録音テープやビデオテープについても，旧法下では，検証によるべきであるとする考え方もあったが，実務上は書証に準じた取扱いが主流であり，現行民訴法231条において，図面や写真とともに準文書として書証に準じた扱いとすることが明文化された。記録されている人の思想や認識の意味内容を音声によって証拠調べの対象とするという意味では，書証との違いは，人の思想表現が文字によって記録されているか，音声によって記録されているか（認識方法が視覚によるか，聴覚によるか）の差に過ぎず，両者の間に本質的な差異はないことによる[23]。ただし，記録された思想内容ではなく，例えば特定の音が発せられたか否かや声の主の特定，騒音の状況等，音自体の発生が問題とされる場合

---

[22] 菊井＝村松 II 674 頁，秋山ほかIV 538 頁，証拠法大系(5) 90 頁〔吉川〕。旧法下のものとして，竹下守夫「コンピュータの導入と民事訴訟法上の諸問題」ジュリ484号〔1971〕31頁，春日偉知郎「録音テープ等の証拠調べ」新実務民訴(2) 201 頁ほか。ただし，具体的な取扱いについては，さらに書証説，新書証説，新検証説等様々な考え方がある。新種証拠の取調べをめぐる考え方については，現行民訴法の制定過程における議論も含め，加藤新太郎「新種証拠の取調べ」同・民事事実認定論〔2014〕309頁以下に詳しく，以下の記述もこれによるところが大きい。民訴法231条についての記載も参照されたい。

[23] 人証との違いは，人証は裁判官の面前での供述である点で，表現された思想の主体についての問題は生じる余地がないこと，書証との違いは，録音テープやビデオテープ等では音声や映像により思想の主体について裁判官が直接視覚・聴覚によって認識できる場合があり得ることが挙げられる（秋山ほかIV 538 頁）。

には，録音テープ等の証拠調べを検証の方法によって行うことが当然に考慮されてよい。磁気ディスク等のコンピュータ用記録媒体に記録された情報の証拠調べについては，現行民訴法下においても，その取扱いは解釈に委ねられているが，基本的には，これについても，表された人の認識や思想を証拠調べの対象とする場合には書証に準じて取り扱う考え方が主流であると言ってよい（当該記録媒体自体を文書又は 231 条の準文書として証拠調べをする方法（書証説）と，これを一定の機器等を通じて可読化した生成文書を原本として証拠調べをする方法（新書証説）等があるが，実務的には後者の取扱いが主流と言ってよいであろう）[24]。ただし，録音テープやビデオテープの再生とは異なり変換過程の一義的な絶対性を欠くから，記録された情報とこれを閲読可能な形でプリントアウトした文書等との間の同一性について争いが生じることがあり得る。その場合には，この点の判断のために当該記録媒体について鑑定や検証を行うことになろう（新書証説によれば，生成文書の記録媒体の内容との同一性という実質的証拠力の判断の問題であり，補助事実の立証を目的とする証拠調べとして位置づけられる。他方，書証説によれば，原本である記録媒体とプリントアウトした文書（写し）との同一性の問題として位置づけられることになる）。

6 証拠調べとしての検証と釈明処分としての検証

検証には，本節で定める証拠調べとしての検証のほかに，釈明処分としての検証（151 条 1 項 5 号）があり，証拠調べとしての検証を狭義の検証，釈明処分としての検証を併せて広義の検証と言うことがある[25]。例えば，土地の境界をめぐる紛争における土地の形状や交通事故損害賠償請求訴訟における事故現場の道路の状況等は，その外形的・客観的な状況自体については当事者間に争いがなく，証拠調べも要しないのが通常であるが，各当事者がそれぞれ独自の観点で土地の境界線や位置関係に関する主張を展開するため，双方の主張がかみ合わず，当事者の主張を正確に把握し，認識の共通化を図るためには現地の見

---

[24] 加藤・前掲注 22）327 頁，秋山ほかⅣ 533 頁以下，539 頁，高橋下〔2 版〕216 頁以下ほか。旧法下の裁判例として，大阪高裁昭和 53 年 3 月 6 日決定（高民 31 巻 1 号 38 頁），大阪高裁昭和 54 年 2 月 26 日決定（高民 32 巻 1 号 24 頁）がある。

[25] 秋山光明「検証についての一考察」司法研修所創立 10 周年記念論文集上〔1958〕550 頁。

第6節　検証　　　　　　　　　　　　　　　　　　　　　§232 II

分が不可欠ということもまれではない。釈明処分としての検証は，このような場合に，裁判所が当事者の弁論の内容を的確に理解し，事案の全体像を把握するなど訴訟関係を明瞭にするため，訴訟指揮の一つとして職権で行うことができるものであり，その点で争いのある事実の認定資料とすることを目的とする証拠調べとしての検証と異なる[26]。ただし，手続は，釈明処分としての検証にも本節の規定が準用され（151条2項），検証を行った際には，調書の作成も要する（規67条5号）ほか，その結果は，弁論の全趣旨として事実認定の資料となり得る[27]。また，検証の結果を記載した検証調書を当事者が書証として援用することも差し支えないとされている[28]。

事件の「現場」（195条3号）等で状況等を確認しながら訴訟の進行についての打合せを行い，当事者の主張等の確認を行うことや，専門的技術的な問題について知見を有する関係者（技術者等）から説明を受けることは，当事者の主張を深く理解し，訴訟進行の在り方を決定するためにも有益であり，「事実上の検証」などとして旧法下においても実務上行われ，成果をあげていたものである[29]。同様の目的で活用されるものとして裁判所外における進行協議期日（規97条）があり，これも上記のような実務上の工夫に法令上の根拠を与えたものとされているが[30]，進行協議期日はあくまで訴訟の進行に関する協議を行うためのものであって，同期日における手続については口頭弁論調書の規定も準用されないし（規78条），調書の作成も基本的に予定されていない[31]。

---

26)　証拠調べとしての検証は，他の証拠調べと同様に，当事者の申立てに基づいて実施され，職権によることは許されない。ただし，民事訴訟の形式をとるものの実質的には非訟事件に属する境界確定訴訟については，処分権主義がそのまま適用されず，裁判所がいずれの当事者も主張していない境界を確定することもあり得ることによる現実的な必要性等から，例外的に職権による検証を含む職権証拠調べを認めるとする説がある（旧注釈民訴(7) 214頁〔加藤〕，奥村正策「土地境界確定訴訟の諸問題」実務民訴(4) 192頁，伊藤瑩子・境界確定訴訟に関する執務資料〔民事裁判資料125号〕(1980) 698頁，反対・証拠法大系(5) 100頁〔吉川〕）。
27)　秋山ほかIII 303頁，旧注釈民訴(7) 205頁〔加藤〕，高橋下〔2版〕210頁。
28)　秋山ほかIII 303頁。

〔手嶋〕　837

III 検証協力義務——検証物提示義務・検証受忍義務

1 検証協力義務の存否

(1) 問題の所在

　検証を申し出た者以外の者（相手方当事者や第三者）が検証物を所持・占有している場合は，これらの者の協力がなければ検証を実施することができない。このような場合に相手方当事者や第三者が検証物を裁判所に提出すべき義務を検証物提示義務といい，提出が不能または困難な目的物について，その所在場所において検証を実施することを忍容すべき義務を検証受忍義務という。これらの義務を併せて検証協力義務というが，このような義務を負うか否か，また負うとしてその範囲については，他の証拠調べの場合と異なり明文の規定を欠くことから議論が分かれることとなった[32]。

---

29) 松野嘉貞＝石垣君雄「集団訴訟における訴訟手続上の諸問題」司法研究報告書29輯1号〔1978〕160頁以下でも既に，公害訴訟等における健康被害の程度等に関する検証の申請について，当事者の申請の目的も，「証拠調べそのものというよりは，病状や機能障害の程度等を裁判所自ら検分することにより診断書，鑑定書，その他病状等に関する近親者の証言等の理解に便ならしめ，損害額等の認定に関する全般的な心証形成に反映させ利用することにあると理解してよいと思われる。即ち，それは鑑定，証言，書証をよりよく理解するための補助的手段と解せられるから，既に病状等に関する診断書，鑑定書，その他これに関する証拠がある以上，検分の結果を調書に残すことの意義はそれほど大きくないというべきである。従って，このような検証は，正式の検証として実施することなく，調書の記載を要しないいわゆる事実上の検証で足りると思われる」などとされている。また，公害等の発生源である工場等の検証（証拠調べとしての検証）に関し，現場を検分したことにより，事件の争点が明確となり，その後の証人尋問にも役立ち，釈明処分的な効果が大きかったこと等が紹介され，必ずしも通常のやり方にとらわれることなく，当事者の主張に対する釈明処分的な観点や証拠保全的な観点から，実質的証拠調べの段階に入る前の比較的早期に実施することも考えてよいなどの指摘がされている。

30) 条解規則〔初版〕221頁。

31) なお，当事者主義の例外として職権により行われる釈明処分としての検証については，当事者の公平を害しないよう証拠調べとしての検証に準じた厳格な手続で行う必要があるが，当事者の申出に基づき，裁判所と当事者双方が協議して実施するような場合には，相当程度簡略な方法で行うことも許されるであろうとの指摘もある（証拠法大系(5)81頁以下〔吉川〕）。

第 6 節　検証

(2) 考え方の整理

(ア) 旧法下では，民訴法に明文の規定がなく，旧 335 条（現 232 条 1 項）において文書提出義務に係る旧 312 条（現 220 条）が準用されていないこともあって，解釈が問題となった。旧 335 条 1 項が同 316 条（現 224 条 1 項：当事者の不提出の効果）を準用し，旧 335 条 2 項で第三者が提示命令に従わない場合の制裁を定めていたこと[33]等から，かかる義務を全面的に否定する見解はなかったものの，義務を認める根拠及びその範囲については，様々な見解があり，概ね以下のように整理されていた[34]。

第 1 説は，証人義務と同様に，一般的な公法上の義務として検証協力義務を負い，正当な事由がない限りこれを免れないとする考え方。第 2 説は，民事訴訟において一般的に検証に協力すべき公法上の義務は存在せず，検証物の占有者に対して協力を強制する実体法上の権利（引渡しや供閲を求める権利）に基づいて生じるとする考え方。第 3 説は，文書提出義務に関する規定を類推適用するとする考え方。第 4 説は，検証の申出者が実体法上提出や交付を求める権利を有する場合に加え，相手方が準備書面において引用しまたは立証のため引用したものについても提出義務があるとする考え方。第 5 説は，訴訟法律関係に基づき，当事者は無制限に検証協力義務を負うが，第三者にはこの義務はないとする考え方である。

第 3 説は，検証物の提示等について定める旧 335 条 1 項（現 232 条 1 項）が文書提出義務を規定する旧 312 条（現 220 条）をあえて準用対象から除外している点や，文書提出義務に関し一種の検証物提出義務を定める旧 328 条（現

---

[32] 証人については，190 条（証人義務）において一般人に証人義務があることを明らかにし，鑑定人については 212 条 1 項が鑑定義務を，文書については 220 条が文書提出義務をそれぞれ定めている。

[33] 旧法前は検証協力義務を否定する見解が支配的であったが，旧法の立法の過程で，証人義務と同様の意味で当事者及び第三者に広く検証の目的を提示する義務を定め，相当な理由がない以上は訴訟の審理に協力する義務を負わせるのが至当であるとの考えに基づき，正当な理由なく提示命令に従わない当事者に対しては旧 316 条の規定を準用し，第三者に対しても同様に過料の制裁を付すこととする旨が立法の理由として説明されている（斎藤ほか編・注解民訴(8) 247 頁以下〔斎藤秀夫＝宮本聖司〕参照）。

[34] 斎藤ほか編・注解民訴(8) 247 頁以下〔斎藤＝宮本〕。

229条）が検証については準用されていない点等において難がある。第2説は，旧法前の通説であったが，訴訟法上の義務を実体法上の義務の問題に置き換える点に疑問があり，結果的に検証協力義務が認められる範囲も極めて限定的で，旧法の立法者の見解とも整合しない[35]。第4説は，正義公平の観点からはもっともな面があるとされているものの[36]，第3説と同様の難がある上，検証協力義務が認められる範囲も極めて限定される。第5説は，当事者に対しては，訴訟法律関係という実定法にない概念に基づき無制限の検証協力義務を導くことになる一方で，第三者については何らの義務も認めないという結果となる。結局，第1説が最も素直な解釈であり，旧法の立法趣旨にも合致し[37]，通説となっていた[38]。

(イ) 現行民訴法も，旧法と同様，検証協力義務について明文の規定は設けていないが，前記通説の解釈を前提として立法されたものとされており[39]，現行法下でも上記第1説が通説と言ってよい[40]。

(ウ) 上記第1説は，検証協力義務について，証人義務と同様に，我が国の裁判権に服する以上当然に生じる一般的な公法上の義務（裁判所の審理に協力すべき義務）であるとする[41]。これに対し，文書提出義務は，伝統的に，法律の定める事由がある場合に限って特別かつ限定的に認められる義務とされていたが，これは，文書の提出が，思想内容や精神生活と関わりが深く，所持者に与える影響も大きいこと等から，限定義務とすることに相応の理由があったためであり，これに対し，検証は，客観的な検証物の形状等の認識を目的とするもので

---

35) 前掲注33) 参照。
36) 細野・要義(3) 487頁。
37) 前掲注33) 参照。
38) 菊井＝村松Ⅱ 679頁，法律実務(4) 329頁，兼子ほか・条解1084頁〔松浦馨〕，旧注釈民訴(7) 207頁以下〔加藤〕，斎藤ほか編・注解民訴(8) 247頁以下〔斎藤＝宮本〕，賀集ほか編・基本法コンメ(2)〔3版追補版〕252頁〔田村幸一〕，秋山ほかⅣ 540頁，証拠法大系(5) 102頁以下〔吉川〕ほか。
39) 法務省民事局参事官室「民事訴訟手続に関する改正要綱試案補足説明」〔1993〕三八（『民事訴訟手続の改正試案』別冊NBL23号，ジュリ1042号所収），一問一答279頁。
40) 証拠法大系(5) 105頁〔吉川〕，秋山ほかⅣ 541頁。関連する裁判例については，本文の後記**2**(2)も参照されたい。

第6節　検証

あるから，裁判権に服する者が真実発見に協力する義務を制限すべき合理的根拠が存せず，一般義務と解した上で，旧280条・281条の証言拒絶事由に該当するような場合に限り，拒絶の正当事由ありとすることが相当と考えられるのであり，この理は，文書提出義務もまた一般義務とされた現行民訴法下では一層妥当するとされている[42]。

2　検証協力義務の範囲

(1)　上記のとおり，検証物を所持又は占有する者は，一般に検証協力義務を負い，正当な事由がない限りこれを免れないと解されるが，民訴法上，同義務の範囲を直接定める規定はなく，当事者又は第三者が「正当な理由なく」提示命令に従わない場合の制裁に関する規定（当事者については，文書提出命令に係る224条を準用する232条1項。第三者については，裁判所は決定で20万円以下の過料に処するとする232条2項）があるのみである。したがって，いかなる事由が協力

---

[41]　賀集ほか編・基本法コンメ(2)〔3版追補版〕252頁〔田村〕，斎藤ほか編・注解民訴(8) 247頁〔斎藤＝宮本〕，旧注釈民訴(7) 207頁〔加藤〕ほか。この点については，我が国の裁判権に服するからといってどのような義務でも負担するとすることはできないから，このような形で一般的義務としての検証協力義務を導くことには疑問が残り，むしろ当事者が検証物提示命令や検証受忍命令に従わない場合の効果（232条1項による224条の準用）や第三者が正当な理由なく検証物提示命令や検証受忍命令に従わない場合の過料の制裁（232条2項）に関する定めがされていることの論理的前提としてこれを認めるのが相当であり，それで足りるとする指摘もある（証拠法大系(5) 104頁以下〔吉川〕）。

[42]　旧注釈民訴(7) 209頁〔加藤〕，新堂〔5版〕414頁以下，伊藤〔4版〕431頁，高橋下〔2版〕211頁同旨。

上記旧注釈民訴(7) 209頁〔加藤〕は，第1説の実質的根拠について次のように説明している。検証協力義務は，裁判所が証拠調べを実施しようとする場合に関係当事者や第三者に広く認められる証拠調べ協力義務の一形態であるが，この証拠調べ協力義務は，証拠調べの目的であり民事訴訟の制度理念でもある実体的真実発見についての関係当事者等に対するバックアップの要請に由来するもので，それぞれの証拠調べにおける義務の性質は，その証拠方法の属性や協力のために要する負担の軽重に相応して内容が定められることになる。文書の提出については，所有権に基づく自由な処分が尊重されるべきことや，思想内容や精神生活と関わりが深く，所持者に与える影響も大きいこと等から，限定的義務とすることにも相応の理由があるが，これに対し，証人となることや，文書と同様に所有権が観念されるものの所持者の思想内容や精神生活とは関わりのない客観的な存在である検証物の提示等に伴う所持者の負担は，文書の提出に比して軽いと考えられることから，一般義務と解することが相当といえる。

〔手嶋〕

を拒否し得る正当な事由に該当するかは，検証協力義務が認められる趣旨から判断する以外ない。

　重症患者の病室への立入りを要することになる等，検証の実施によって人の生命身体，健康状態に重大な影響を及ぼすおそれがある場合等には，その性質上当然に協力を拒否し得る正当な事由があると考えられる。また，前記 1(2)(ｳ)のとおり，検証協力義務は，証人義務と同様公法上の一般的義務に基づくものと解されるから，義務の範囲についても証言義務に関する規定（196 条・197 条）を類推適用するのが相当である。したがって，①検証によって自己又は法定の近親者等が刑事上の訴追を受けるなどのおそれがある場合（196 条），②自己の公務上又は一定の職務上知り得た秘密や技術又は職業の秘密に関する場合は，正当の事由があるものとして，同義務を免れることができると解するのが相当である[43]。

　(2) 旧法下で，検証物提示義務を一般義務と解した上で，証言拒絶事由を定める関係規定（旧 281 条及び同条の引用する同 272 条。現 197 条及び同条の引用する同 191 条に相当）の趣旨を類推した裁判例として，大阪高裁昭和 58 年 2 月 28 日決定（高民 36 巻 1 号 39 頁），大阪高裁昭和 61 年 6 月 23 日決定（高民 39 巻 3 号 45 頁）などがある。

　また，現民訴法下の裁判例として，東京高裁平成 11 年 12 月 3 日決定（判タ 1026 号 290 頁）は，NHK がニュース報道のために行ったビデオ撮影によりプライバシーを侵害されたとする慰謝料請求の事案における当該未放送ビデオについての検証と検証物提示命令の申立てについて，我が国の裁判権に服する者の一般的義務として検証協力義務が認められることを前提としつつ，検証は，そ

---

[43]　法律実務(4) 329 頁以下，秋山ほかⅣ 541 頁以下，斎藤ほか編・注解民訴(8) 268 頁〔斎藤＝宮本＝西村〕，証拠法大系(5) 106 頁〔吉川〕。後記本文(2)に記載の東京高裁平成 11 年 12 月 3 日決定（判タ 1026 号 290 頁）及び前掲注 42 参照。

　ただし，高証下〔2 版〕211 頁は，正当な事由の判断には，書証に関する 220 条 4 号が参考となるとしており，検証協力義務の範囲について証言義務の類推適用が通説となった背景には，旧民訴法においては，文書提出義務の範囲が限定的となっていたことが影響しているとする指摘もある（東京弁護士会民事訴訟問題等特別委員会編・最新判例からみる民事訴訟の実務〔2010〕467 頁）。なお，証言拒絶事由に係る詳細は，§196 及び §197 の解説を参照されたい。

第6節　検証　　　　　　　　　　　　　　　　　　　　　§232 Ⅲ

の実施により人の生命身体，健康状態への重大な影響を及ぼすおそれがある等のことから，その性質上当然に検証の拒否を正当化し得るとき，又は検証受忍者に証人尋問における証言拒絶事由が存するとき等の「正当の事由」があるときはこれを拒否することができるとした上で，報道機関の取材の成果（取材の過程で撮影したビデオテープ等）については，取材の過程に関する事項について記者やカメラマン等が証人として尋問を受けた場合に民訴法197条1項3号所定の「職業の秘密」に該当し原則として証言拒絶権を有すると解されるのと同様に，「職業の秘密」に属するものとして提出を拒絶する権利が原則として認められるが，その権利の行使について「訴訟における公正な裁判の実現の要請」との比較衡量において，公正な裁判の実現の要請が勝る特段の事情が存するときは，その行使は制約を受けるのであり，公正な裁判の実現の要請については，事件の重要性，要証事実と取材の成果との関連性，証拠調べの必要性等を具体的に検討し，取材の成果を明らかにすることが将来の取材の自由に及ぼす影響の度合い，さらには報道の自由との相関関係等を具体的に考慮に入れ，慎重に比較衡量して，正当な事由の存否を判断すべきであるとしている[44]。

　公務員の職務上の秘密に関するものとして，最高裁平成20年12月18日決定（綿引万里子＝宮城保「許可抗告事件の実情——平成20年度」判時2046号17頁〔21事件〕）は，生活保護記録の検証物提示命令申立てについて，民訴法220条4号ロの公務秘密に該当しないとして提示を命じた原判断を是認している。

　(3)　検証拒絶の正当な理由の立証については，疎明を要する（後記 Ⅴ 3(2)(ア)(c)参照）[45]。

---

[44] この比較衡量に関し，決定は，職業の秘密は，一般に当該秘密を基礎として職業活動を行う主体の利益を保護するものであるが，報道機関が報道のために取材した情報等の秘匿は，民主社会全体の利益と関係するから，その観点からの利益も考慮に入れる必要があるとするとともに，他方で，憲法上国民には公正な裁判を受ける権利が保障されており，これを実現するためには，報道機関の取材成果も証拠として提出させる必要があり，その必要の度合いを示す諸事情と，報道の自由に及ぼす影響の度合い等の諸事情を，具体的に比較衡量する必要があるとしている。

[45] 旧注釈民訴(7)218頁〔加藤〕，証拠法大系(5)108頁〔吉川〕。秋山ほかⅣ542頁は，検証拒絶の正当な理由の立証についても「証明」を要するとするが，検証拒絶について，証言拒絶権に係る規定を類推するとすれば，疎明と考えるべきであろうか（198条）。

〔手嶋〕

IV 検証の申出

1 総論

検証の申出は，当事者の申出がある場合に限って行われる。証拠調べとしての検証は，前記のとおり，釈明処分としての検証（151条1項5号）とは異なり，裁判所の職権によって行うことは許されない。

2 検証の申出の方式

(1) 概要

検証の申出は，証拠申出の方式の原則に従って，証明すべき事実及びこれと証拠との関係を具体的に明示するとともに（180条1項，規99条），検証の目的を表示し（規150条），書証の申出の場合に準じて，①検証の目的物の提示（219条の準用），②検証物提示命令又は検証受忍命令の申立て（219条の準用）または③検証物の送付嘱託の申立て（226条の準用）のいずれかの方法によってすることを要する。

申出は，書面によるほか，文書提出命令の申立て（規140条1項）とは異なり口頭ですることもできるが（規1条），実務上は，手続の明確性の観点から書面によることが通例である[46]。また，申出は，口頭弁論期日又は弁論準備手続期日においてするほか，期日前（期日外）においてもすることができるが（180条2項）[47]，検証自体は，裁判所外における証拠調べ（185条）等所定の場合を除き，口頭弁論期日において（法廷で）しなければならないから，弁論準備手続期日において目的物を提示して検証の申出を行った場合でも，口頭弁論期日において改めて提示することを要する[48]。

---

[46] 旧注釈民訴(7) 214頁〔加藤〕。

[47] 書証においては，口頭弁論期日等において文書を顕出することにより証拠の申出が行われ（219条），それと同時に証拠調べがされるため，申出を期日前に行うことはできないとされている。ただし，その申出前にその写しを提出しなければならないとされており（規137条1項），これは証拠調べの準備行為に当たるものとされている（秋山ほかIV 77頁ほか）。

[48] 弁論準備手続においては，文書及び準文書の証拠調べ以外の証拠調べはすることができない（170条）。

(2) 検証の目的の表示（規150条）

ここにいう「検証の目的」とは，検証の対象となる事物をいい[49]，検証の申出においては，これを他と区別して明らかにできる程度に特定して表示しなければならない。通常は，検証の対象物（検証物）を表示することで，証明しようとする事実の記載と相まって，検証の対象を明確にすることができるが，必ずしもこれに限られるものではなく，証明しようとする事実と相まって，裁判所によってされるべき検証の内容を明確にできるものであれば足りる。例えば，特定の場所における騒音の実情を立証しようとする場合のように，検証の対象を特定の有体物として把握し，表示することはできない場合もあるが，この場合も，証明しようとする事実とともに，検証の場所を明確にすることで，検証の目的を明らかにすることができる[50]。

裁判所が行うべき検証の対象を明確にすることは，特に裁判所外で検証を実施する場合（185条）にその必要性が高く，土地や建物などの不動産の検証や事故現場の検証等では，その所在を明確に特定する必要がある。これに対し，検証物を法廷で提示する場合には，その範囲はこれによって明確になるから，特定のためにはその物の名称を表示する程度でも実際上はあまり問題となることはない。

(3) 検証の申出の方法——検証の目的物の提示等の申立て

(ア) **総論** 書証の申出に準じて，①自ら所持する検証物を提示してする方法（219条の準用），②検証物を所持する者に対しその提示を命ずること（検証物提示命令）又は検証を受忍すべきことを命ずること（検証受忍命令）を申し立ててする方法（219条の準用），③検証物を所持する者に任意の協力が期待できる場合に，当該目的物の送付を嘱託する旨を申し立ててする方法（226条の準用）のいずれかの方法によってしなければならない。

検証は，裁判官がその感覚作用によって直接に事物の性状等を検査しその結果を証拠資料とする証拠調べであるから，検証物が提示されることが検証実施の大前提であり，したがって，検証の申出は，申出者自身が検証の目的物を所

---

49) 前記 II 2 参照。
50) 菊井＝村松 II 680頁，秋山ほかIV 543頁，条解規則〔初版〕314頁。

§232 Ⅳ

持するときはこれを提示し，相手方又は第三者がこれを所持している場合には，その提示若しくは受忍を命ずべきこと，又は送付の嘱託を申し立ててしなければならない。

(イ) **検証の目的物の提示**　検証の申出人自身が検証物を所持していてこれを提示することができる場合は，自らこれを裁判所に提示して検証の申出をする。

検証物が容易に運搬できる物である場合には，書証の提出と同様，申出時に実際に裁判所にこれを提示することを要するが，運搬できない物（例えば，申出人所有の不動産等）である場合には，いつでも検証の用に供し得る準備があることを申し出れば足りる。この場合には，検証採用決定の後，裁判所外における証拠調べ（185条1項）としての検証時にその場所（その物の所在地等）で裁判所に目的物を提示することになる。また，検証の申出人自身が検証物を所持していない場合でも，公道における検証のように管理者（所持者）の承諾を要しない場合には，検証物提示命令又は検証受忍命令の申立て等は不要であり，単純な検証申出で足りる。[51]

検証の目的物には，検甲〇号証，検乙〇号証といった番号を付して提示するのが慣行である。ただし，写真や商標を印刷したレッテル等，紙に表示されたものである場合には，書証と同様に甲〇号証，乙〇号証と表示し，民訴規則137条1項に準じて写しを添えて提出するのが一般的な取扱いと言ってよいが，表示の仕方の問題であって，実質が異なるものではない。[52]

(ウ) **検証物提示命令又は検証受忍命令の申立て**　検証の申出人が検証物を所持せず，相手方又は第三者がこれを所持ないし占有しているときは，検証物提示命令（検証物を裁判所に提出すべき旨の命令）又は検証受忍命令（提出不能又は提出困難な目的物についてその所在場所で検証を実施することを忍容すべき旨の命令）を発すべきことを申し立てて，検証の申出をする（219条の準用）。ただし，相手方又は第三者の任意の協力が期待できるときは，(エ)の送付嘱託の申出によることができるから，こうした任意の提出や受忍を期待することができない場合に，

---

51) 旧注釈民訴(7) 216頁〔加藤〕，証拠法大系(5) 106頁以下〔吉川〕ほか。
52) 秋山ほかⅣ 545頁，菊井＝村松Ⅱ 687頁。

第6節　検証　　　　　　　　　　　　　　　　　　　　§232 Ⅳ

これらの命令の申立てによることになる。また，後記Ⅴ3(2)のとおり，検証物提示命令又は検証受忍命令が発令されるのは，相手方又は第三者が検証の目的物を所持することが認められ，かつ当該所持者が検証協力義務を負う場合に限られる。

　なお，人を検証の目的物とする場合は，提示命令ではなく「出頭命令」の申立てによるのが通例であるが，その実質は検証物提示命令と同様である。

　(エ)　**検証物の送付嘱託の申立て**　　検証申出者が検証物を所持せず，相手方又は第三者がこれを所持している場合，検証申出者は，当該所持者に対し当該目的物の送付を嘱託することを申し立てて，検証の申出をすることができる（226条の準用）。これは，当該所持者が目的物の提示義務を負うと否とにかかわらず，制裁を伴わない任意の提出を求めるために行われるものであり，任意の協力が期待できるときはこの方法による。

　ただし，検証物の中には，その性質上，物理的又は経済的に裁判所に送付することが不可能又は著しく困難なものがあり得，このようなものについては，送付嘱託をすることはできない。また，226条但書の準用についても，検証の性質に応じて修正した解釈を要する。226条但書が，文書送付嘱託について，当事者が法令により文書の正本又は謄本の交付を求めることができる場合を除外しているのは，書証の場合は，証拠調べの対象は文書の記載内容（文字によって表された思想内容）であるから，これが原本と同一であることさえ担保されれば，必ずしも原本を証拠調べの対象とする必要はないことによる。しかし，検証の場合は，文書の記載内容（思想内容）それ自体ではなく，例えば筆跡や印影の状況等が問題となるからこそ検証の目的とされているのであって，正本や謄本で記載内容が正確に確認できるからといって，直ちに原本の送付嘱託の申立てを排斥することはできない。原本の写真等が正謄本として提出され，その検証で原本の検証と同様の認識が得られるような場合は，同条但書を準用して原本自体の送付嘱託の申立てはできないと解してよいと考えられるが，そのようなケースは実際には少ないということになろう[53]。

---

53)　菊井＝村松Ⅱ689頁，秋山ほかⅣ549頁，旧注釈民訴(7)232頁〔加藤〕ほか。

V　検証の申出の採否

1　総　論

　裁判所は，検証の申出について，その必要性が認められる場合で（181条），検証の申出人自身が検証物を所持するか，又は検証物提示命令等の申立てについて理由があると認められるときは（223条の準用），これを採用し（検証物提示命令等の申立てについてはその旨を命じて），検証を実施することになる。

　検証物提示命令等の申立てによる検証申出の場合には，当該命令等が発令されない結果，検証が採用されないケースが生じ得る。同申立てについては，文書提出命令の申立てに係る223条が準用され，目的物の一部についての提示を命ずることもできる（同条1項の準用）。これらの申立てに係る決定については，即時抗告をすることができる（同条7項の準用）。

2　検証の必要性

　検証の申出についても，当事者による証拠の申出一般と同様に，その採否は裁判所の必要性の判断に委ねられており，裁判所は，必要でないと認めるものは取り調べることを要しない（181条）。具体的な判断の基準としては，争点との関連性，重要性，証拠調べとしての有効性が認められることが挙げられている[54]。したがって，例えば，裁判所が他の証拠により十分な心証を得ており，検証を不必要であると認めるときは，検証を採用しない[55]。

　検証の必要性が認められ，検証の申出人自身が検証物を所持する場合は，この申出を採用し，その場で直ちに検証を行うか（法廷内検証），別途の期日に改めて目的物の提示を得て検証を行うことになる。

---

54) 旧注釈民訴(7) 216頁〔加藤〕，斎藤ほか編・注解民訴(8) 264頁〔斎藤＝宮本＝西村〕，証拠法大系(5) 110頁〔吉川〕。

55) 法律実務(4) 183頁，兼子ほか・条解963頁〔松浦馨〕ほか。なお，旧注釈民訴(7) 217頁〔加藤〕は，裁判例として，大阪国際空港公害訴訟において航空機騒音の程度及び原告らの日常生活に与える侵害の実態を立証するための取材フィルムの検証の申出につき，裁判所による検証その他直接の証拠による立証が可能なこと，取材フィルムの検証は直接の検証等に比して証拠価値が劣ること等を理由として検証申出を却下したケース（大阪地決昭46・11・15判時651号28頁）を指摘している。

3 検証物提示命令等

(1) 総　論

　検証の申出人が検証物を所持せず，検証物提示命令又は検証受忍命令の申立てにより検証の申出を行う場合，裁判所は，これらの申立てに理由があると認めるときは，決定で検証物の所持者に対しその提示等を命ずることになる（223条1項の準用）。その審理，判断及び不服申立ての手続等については，文書提出命令の申立てに係る223条が全面的に準用されている（「文書の提出」を「検証の目的物の提示」と読み替える。ただし検証物が提示不能又は困難な場合には，「検証の受忍」となる）。

(2) 検証物提示命令等の申立てに係る審理・判断

　(ア)　要　件　　(a) 前記の必要性（検証の必要性）が認められる場合で，相手方当事者又は第三者が検証物を所持し，検証協力義務を負うことが認められるときは，裁判所は，決定で検証物提示命令又は検証受忍命令をする[56]。

　(b)　相手方又は第三者が検証物を所持している事実は，検証の申出人において証明しなければならない。決定手続ではあるが，決定により提示又は受忍を命じた場合には，後記(4)のとおり間接強制が課せられ得るという効果を伴うものであるから，疎明では足りず，基本原則どおり証明を要すると解されている[57]。

　この目的物所持の要件については，検証の申出人において現在所持していることの証明を要するとする考え方（現所持説）と，過去の一定時点における所持の事実を証明すれば足り，それ以降現在まで所持していることが事実上推定されるから，その後の目的物の滅失・喪失の事実について相手方に証明責任があるとする考え方（もと所持説）があるが，実際にはいずれの考え方によって

---

[56]　なお，相手方当事者又は第三者が所持する物についてその場所で検証する場合において，所持者が検証を受けることを予め承諾している場合等，検証物の提示又は検証の受忍を拒否しないことが明らかなときは，必ずしも検証物提示命令等を発する必要はない（証拠法大系(5)108頁〔吉川〕）。

[57]　証拠法大系(5)108頁〔吉川〕，旧注釈民訴(7)228頁〔加藤〕，法律実務(4)328頁，斎藤ほか編・注解民訴(8)267頁〔斎藤＝宮本＝西村〕。旧旧民訴法においては，所持者が第三者であるときは，その旨を「疎明」すべきものと定められていたが（同法344条），旧民訴法制定時にこれが削除された。

〔手嶋〕

もさほど大きな差異は生じないとする指摘が多い[58]）。

　(c)　検証協力義務については，前記Ⅲに記載のとおり，相手方当事者又は第三者は，検証に協力すべき一般的な公法上の義務（検証の目的物の提示義務又は検証受忍義務）を負い，正当な事由がない限りこれを免れない（拒否することはできない）と解するのが相当である。正当な事由は，相手方当事者又は第三者においてこれを疎明することを要する[59]）。

　(d)　したがって，裁判所としては，①相手方又は第三者が検証物を所持又は占有すること及びその提示義務等を争わないとき，②検証の申出人において，相手方又は第三者が検証物を所持又は占有することを証明し，相手方又は第三者が上記の正当の事由の存在を疎明することができなかったときは，決定で，検証物の提示又は検証の受忍を命ずることになる[60]）。

　検証物の所持が証明されないとき，若しくは相手方又は第三者において正当の事由の存在を疎明したときは，検証物提示命令又は検証受忍命令の申立ては却下されることになる。もっとも検証の必要性自体が認められない場合は，検証の申出自体が却下される（採用されない）ことになり（181条），この場合は，検証物提示命令又は検証受忍命令自体も当然に却下されることになる。逆に，

---

58)　文書提出命令における文書の所持の立証責任と同様の問題であり，同箇所も参照されたい。「もと所持説」（法律実務(3)328頁，同(4)286頁，菊井＝村松Ⅱ626頁，斎藤ほか編・注解民訴(8)267頁〔斎藤＝宮本＝西村〕，175頁〔遠藤功＝宮本聖司＝林屋礼二〕，旧注釈民訴(7)98頁〔野村秀敏〕，228頁〔加藤〕，大村雅彦「文書提出命令⑥――発令手続と制裁」新大系(3)229頁，証拠法大系(4)175頁〔金子修〕ほか）は，証明責任の公平な分配の観点から，証明責任の原則に従って解決すべきであるとするが，「現所持説」（兼子ほか・条解1065頁〔松浦〕，西村宏一「文書提出命令の申立における文書所持の立証」近藤完爾・浅沼武編・民事法の諸問題Ⅰ巻〔1965〕244頁，証拠法大系(5)108頁〔吉川〕）も，「検証物の喪失・滅失」を相手方が主張して争う場合はその旨の反証を要するのであり，文書の所持について厳格な立証を求めることは相当でないとの立場から，具体的な運用の場面では両者に大差はないとしている（兼子ほか・条解1065頁〔松浦〕。なお，これに関連して，仮に裁判所が誤った命令を発することがあったとしても，相手方が提示命令に応じなかった場合の制裁の適用に際し，命令に応じない理由の当否について改めて慎重に審理すれば足りるとする部分があるが，この点については疑問も呈されている（旧注釈民訴(7)229〔加藤〕，証拠法大系(5)108頁〔吉川〕））。

59)　旧注釈民訴(7)218頁〔加藤〕，証拠法大系(5)108頁〔吉川〕。

検証物提示命令又は検証受忍命令が発令され得ない結果，検証の申出自体が採用されない場合もあり得る。

検証物の一部についてのみ取調べの必要性や検証物の提示義務又は検証受忍義務がある（検証拒絶事由がない）と認められるような場合には，これが認められない部分を除いた一部について検証物の提示又は検証の受忍を命ずることができる（232条1項による223条1項の準用。現行法制定時に取扱いの明確化の観点から新設された規定である）。提出を命ずべき一部を特定するについては，後記(エ)のインカメラ手続を活用する余地があろう[61]。

(e) なお，情報公開法に基づく行政文書の開示請求に対する不開示決定の取消訴訟において，不開示とされた文書を検証の目的とする検証を被告に受忍義務を負わせて行うことは，それによって当該文書の不開示決定を取り消して当該文書が開示されたのと実質的に同じ事態を生じさせ，訴訟の目的を達成させてしまうことになり，情報公開法による情報公開制度の趣旨に照らして不合理と言わざるを得ないから，被告に当該文書の検証を受忍すべき義務を負わせて検証を行うことは許されず，被告に当該文書を検証の目的として提示を命ずることも許されない（仮に原告が検証への立会権を放棄するなどしたとしても許されない）[62]。

(イ) 審尋　第三者に対して検証物の提示を命じようとするときは，その第三者を事前に審尋しなければならない（223条2項の準用）[63]。

---

[60] 証拠の採否の判断については，必ずしも決定を要しないとする考え方もあるが，実務上は，当事者の申し出た証拠方法については必ず（口頭弁論終結時における黙示的なものも含め）決定をしている。また，証拠申出の採否の決定は受訴裁判所の専権に属するものであって，独立の不服申立てはできないのが原則であるが，文書提出命令の申立てに係る決定については，その重要性及び迅速な解決の必要性に鑑み，即時抗告による独立の不服申立てが認められており（223条7項），裁判所は申立てがあったときは必ずその当否を判断し，決定によりその採否を判断しなければならないとされており（秋山ほかⅣ446頁，473頁ほか），この223条は検証物提示命令にも準用されている。ただし，証拠調べの必要性がないとして文書提出命令の申立てが却下された場合に即時抗告が許されるか否かについては，証拠調べの要否の判断は受訴裁判所の専権であること等から，即時抗告は許されないとするのが通説・判例（最決平12・3・10民集54巻3号1073頁）である。

[61] 文書提出命令の一部提出命令に関する秋山ほかⅣ449頁ほか。

[62] 最高裁平成21年1月15日決定（民集63巻1号46頁）。後記(エ)も参照されたい。

(ウ) **公務秘密文書に関する監督官庁の意見聴取**　(a) 公務秘密文書については，平成13年の民訴法改正において，文書提出命令に関して，その提出義務の一般義務化とともに除外事由が規定され（220条4号ロ），これに対応して手続上の特則として，223条3項において，公務秘密文書について一般義務に基づく提出命令の申立てがあった場合には，原則として除外事由に該当するか否かについて監督官庁の意見を聴かなければならないものとされ，この規定が検証物提示命令等に準用されている（232条1項）。したがって，公務員の職務上の秘密に関するものについて検証物提示命令の申立てがされた場合は，裁判所は220条4号ロ（その提示により，公共の利益を害し，又は公務の遂行に著しい支障を生ずるおそれがあること。実質的には，証言拒絶について定める197条1項1号，191条1項・2項の内容と同様である）に該当するか否かについて監督官庁の意見を聴取しなければならない。

　検証物提示命令等に関して文書提出義務を規定する220条は準用されていないが，検証の目的物の所持者には，前記Ⅲに記載のとおり，一般義務として検証協力義務（検証物提示義務・検証受忍義務）があり，正当な理由があればこれが免除されると解されており，その正当な理由としては，証言拒絶権に関する196条及び197条が類推適用されると解するのが相当である。197条1項の類推適用により，191条1項に該当する場合（検証の目的物が公務員の職務上の秘密に関するものである場合）は，検証協力義務が免除されることになるが，その範囲は結局のところ監督官庁が承認を拒絶できる191条2項の規定する「公共の利益を害し，又は公務の遂行に著しい支障を生ずるおそれがある場合」に限られるのであり[64]，220条4号ロに該当する場合と同一である。したがって，結論的には，220条4号ロに該当する場合は検証の目的物の提示等を拒絶する正当な理由があることになり，裁判所は，その該当性についての監督官庁の意見

---

[63]　相手方当事者が検証の目的物を所持する場合については，口頭弁論期日において意見を述べる機会が与えられており，特段の定めはない。相手方当事者が欠席した口頭弁論期日に出頭した一方当事者が提示命令を申し立てて検証申出をした場合には，欠席当事者の意見陳述の機会を保障するためにこれを審尋すべきであるとする考え方もあるが（文書提出命令に関しての菊井＝村松Ⅱ 626頁，斎藤ほか編・注解民訴(8) 266頁〔斎藤＝宮本＝西村〕），必ずしも審尋という形式でなく，続行期日において実質的に意見陳述の機会を設ければ足りよう（旧注釈民訴(7) 229頁〔加藤〕，証拠法大系(5) 112頁〔吉川〕）。

を聴いた上で，正当な理由の有無を判断することになる65)。

　(b)　監督官庁が，国の安全が害されるおそれや犯罪の予防その他の公共の安全と秩序の維持に支障を及ぼすおそれ等，223条4項1号及び2号所定のおそれがあることを理由として，検証の目的物が民事訴訟法220条4号ロに該当する旨の意見を述べたときは，裁判所は，その意見について相当の理由があると認めるに足りない場合に限り，当該目的物の所持者に対し，その提出を命ずることができる（223条4項の準用）。

　(c)　監督官庁は，検証物がその所持者以外の第三者の技術又は職業の秘密に関する事項に係るものであるときは，当該目的物が220条4号ロに該当するとの意見を述べる場合を除き（すなわち公務秘密に該当しない旨の意見を述べようとする場合は），あらかじめ当該第三者の意見を聴かなければならない（223条5項の準用）。

　(エ)　インカメラ審理　　裁判所は，検証物の提示等を拒む正当な理由（196条又は197条の証言拒絶事由）の有無を判断するため必要があると認めるときは，検証物の所持者にその提示をさせることができる。この場合，当事者をはじめ何人もその目的物の開示を求めることはできない（223条6項の準用。同項には「第220条4号イからニまでに掲げる文書のいずれかに該当するかどうかの判断をする

---

64)　197条1項1号の証言拒絶権は，公務員としての職務上の守秘義務に基づくもので，権限ある監督官庁の承認があれば解除されるところ，監督官庁は，191条2項に該当する場合以外は承認を与えるべきであり，裁判所からの承認請求を拒むことはできない（秋山ほかIV 167頁，189頁ほか）。

65)　秋山ほかIV 547頁。前掲最高裁平成20年12月18日決定（綿引万里子＝宮城保「許可抗告事件の実情——平成20年度」判時2046号17頁〔21事件〕）の原々審（福岡地小倉支決平20・1・16）は，220条4号ロ該当性について監督官庁に意見照会を行った上で，220条4号ロの公務秘密文書に該当するとして検証物提示命令の申立てを却下し，検証を不能としたが，原審（福岡高決平20・5・19）は，公務員が職務上知り得た非公知の事実であり，実質的にも秘密として保護に値するとはいえるが，その提示により公共の利益を害し，又は公務の遂行に著しい支障を生ずる具体的なおそれがあるとはいえないとして，その提示を命じた。これを不服として，原決定は220条4号ロの解釈を誤り判例（最決平17・10・14民集59巻8号2265頁）に違反するとして許可抗告の申立てがされたところ，上記最決は，本件事実関係の下では，所論の点に関する原審の判断は，結論において是認することができ，原決定に所論の判例違反はないとして，抗告を棄却した。

〔手嶋〕

§232 V

ため必要があると認めるとき」とあるが，前記Ⅲ記載のとおりの検証物の提示等を拒む正当な理由に該当するか否かの判断をするため必要があるときと解することになる）。文書提出命令に係る審理と同様，正当な理由に該当する事項の存否を適正かつ迅速に判断するためには，裁判所が検証の目的とされたものを直接見分することが有用である場合がある一方で，その内容が相手方その他の訴訟関係者の目に触れてしまっては，目的物の提示を拒絶し得ることとして所持者等の秘密を保護しようとする趣旨を没却することになることから，裁判所のみがその提示を求めて見分し得る手続として現行民訴法制定時に新設されたものである。上記の判断のために必要と認めるときは，裁判所は提示された当該目的物を一時保管することもできる（規141条・151条）。

ただし，インカメラ審理については，文書提出命令の場合についてと同様，当事者の立会権のない手続であることから手続保障に欠ける（目的物の所持者でない当事者は当該目的物を見ることなく提示義務の存否について主張することを余儀なくされることになる），また結論的には提示義務がないことになる検証物を裁判所が事実上見てしまうことにより，裁判所が事実上心証を得てしまうことになるのではないかといった危惧を示す声もある[66]。秘密と開示とのバランスをとるために設けられた異例の手続であり，その微妙なバランスを保つために慎重な運営を心がけるべきであるとの指摘もされている[67]。

なお，情報公開法に基づく行政文書の開示請求に対する不開示決定の取消しを求めた訴訟において，原告が不開示文書の検証を申し出るとともに，被告に対し同文書の検証物提示命令の申立てを行ったうえ，検証への立会権を放棄し，検証調書の作成についても当該不開示文書の記載内容の詳細が明らかになる方法での検証調書の作成を求めない旨陳述したケースについて，不開示とされた文書を対象とする検証を被告に受忍させることは，それにより当該文書の不開示決定を取り消して当該文書が開示されたのと実質的に同じ事態を生じさせ，訴訟の目的を達成させてしまうことになり，情報公開法による情報公開制度の趣旨に照らして不合理であり，被告に当該文書の検証を受忍すべき義務を負わ

---

[66] 秋山ほかⅣ548頁。
[67] 証拠法大系(5)112頁〔吉川〕。

せて検証を行うことは許されず，その提示を命ずることも許されないとしたうえで，立会権の放棄等を前提とする上記の申出は，上記のような不合理な結果が生ずることを回避するため，事実上のインカメラ審理を行うことを求めるものにほかならないが，訴訟で用いられる証拠は，当事者の吟味，弾劾の機会を経たものに限られることは，民事訴訟の基本原則であり，現行民訴法上も，文書提出義務又は検証物提示義務の存否を判断するためのインカメラ手続に関する規定は設けられたものの，証拠調べそのものを非公開のインカメラ審理で行い得る旨を定めた規定はないこと等からしても，裁判所が不開示文書についてインカメラ審理を行うことは許されず，相手方が立会権の放棄等をしたとしても，抗告人に不開示文書の検証を受忍すべき義務を負わせてその検証を行うことは許されないから，そのために抗告人に本件不開示文書の提示を命ずることも許されないと解するのが相当であるとしている（最決平21・1・15民集63巻1号46頁）。

(3) **検証物提示命令等に対する不服申立て**

(ｱ) 検証の採否の決定とは異なり，検証物提示命令及び検証受忍命令の申立てについての決定に対しては，文書提出命令の申立てについての決定の場合と同様，即時抗告をすることができる（223条7項の準用）。

検証物提示命令等の申立てを却下する決定に対しては，それが検証の必要性が認められないことによる場合を除き，申立人は即時抗告をすることができる[68]。また，検証の目的物の提示又は検証の受忍を命ずる決定に対して即時抗告をすることができるのは，検証物の所持者である[69]。後者の場合に，相手方当事者も利害関係があり，即時抗告をすることができるとする考え方もある

---

68) 検証物の所持者を相手方とするが，これが第三者であってその者に対する審尋を経ていないときは，相手方なしに行うこととなる（証拠法大系(5)113頁〔吉川〕）。
69) 通説（法律実務(4)287頁，斎藤ほか編・注解民訴(8)267頁〔斎藤＝宮本＝西村〕，兼子ほか・条解1067頁〔松浦〕）。旧法下の文書提出命令に関し，文書提出を命じられた第三者に特に即時抗告権を認めた規定であるとして，当事者である所持者には即時抗告権がないとする裁判例（東京高決昭38・3・5下民14巻3号359頁）もあったが，223条7項にはそのような文言上の制約もなく，制限的に解すべき実質的な理由もないことから，当事者もまた即時抗告申立権を有すると解するのが相当である（秋山ほかIV 474頁，旧注釈民訴(7)230頁〔加藤〕，証拠法大系(5)113頁〔吉川〕ほか）。

〔手嶋〕

が[70]，相手方当事者は提示命令等の名宛人ではなく，また判断の対象となる提示義務等の存否は本案訴訟とは別に申立人と所持者との間で争われる問題であるから，消極に解するのが相当であろう[71]。

(イ) 検証物提示命令等については執行力がないから，即時抗告の申立てがあっても，同命令等についての執行停止（334条1項）の問題は生じない。

(4) **検証物提示命令等に従わない場合の効果**

(ア) **当事者が検証物提示命令等に従わない場合**　(a) 検証物提示命令が確定すれば，提示を命じられた当事者は検証の目的物を裁判所に提示しなければならないが，この義務は，国に対する公法上の義務であって申立人に対する私法上の義務ではないから，申立人は，当事者が提示命令等に従わない場合でも，検証物提示命令等を債務名義とする目的物の引渡し等の直接強制をすることはできないと解されている[72]。これに対し，232条1項は，当事者が文書提出命令に従わない場合の制裁について定める224条1項を準用しており，これにより間接的に提示義務等が強制されることになる。

(b) 当事者が検証物提示命令又は検証受忍命令に従わないときは，裁判所は当該検証物の性状に関する相手方当事者（申立人）の主張を真実と認めることができる（224条1項の準用）。

裁判所が上記により真実と認めることができるのは，検証物の性状に関する相手方当事者（申立人）の具体的な主張であり，検証によって証明しようとする事実（証明テーマ）そのものではない。例えば，特許権侵害に基づく損害賠償請求訴訟において，被告が特許権を侵害する機械を使用しているとして，原告が被告使用の機械の検証を求める場合，被告の検証物提示命令違反によって真実と認めることができる事実は，被告使用の機械が原告主張の具体的な（特許権違反の）態様を備えるものであることであり，このような具体的な態様が主張されていなければ，検証の目的がそのような物であることを真実と認める

---

70) 文書提出命令に関し，菊井＝村松Ⅱ 628頁，兼子ほか・条解1068頁〔松浦〕，東京高決昭59・9・17高民37巻3号164頁。
71) 旧注釈民訴(7)231頁〔加藤〕，証拠法大系(5)113頁〔吉川〕，谷口＝井上編(5)357頁，広島高決昭52・12・19高民30巻4号456頁。
72) 大判昭8・7・10刑集12巻1227頁。

ことはできない。

　(c)　ただし，当該検証物の性状等について検証の申立人が具体的な主張をすることが著しく困難である場合で，当該検証物によって証明しようとする事実を他の証拠によって立証することが著しく困難であるときは，その事実に関する申立人の主張（前記の特許権侵害に基づく損害賠償請求の例でいえば，被告が当該機械を使用することが侵害行為を組成すること自体）を真実と認めることができるものとされている（224条3項の準用。同条は現行民訴法において新たに設けられた規定である）。このような場合にも制裁の趣旨を貫徹する必要があることによる。

　(d)　当事者が検証物提示命令等に従わない場合でも，裁判所は，検証物に係る相手方当事者（申立人）の主張を必ず真実と認めなければならないわけではない。裁判所は，他の証拠資料等から申立人の主張について十分な心証（高度の蓋然性の認識）を得ない場合でも，当事者の検証物提示命令等違反という事実のみで，その主張を真実と認めることができることを定めたものであり[73]，命令違反の事実にかかわらず他の証拠資料や弁論の全趣旨から申立人の主張とは異なる判断をすることもできる。その判断は裁判所の裁量に委ねられていることになるが，裁量の行使は合理的である必要があるから，申立人の主張がそれ自体として，又は他の証拠方法との関連において真実ではない蓋然性が高い等の事情がある場合には，裁判所としては本条によることなく証明責任の一般原則に戻るということになるであろう[74]。

　(e)　実体的真実の発見が重視され，職権探知主義の適用のある人事訴訟においては，本制裁は適用を除外されている（人訴19条1項，非訟53条1項）。

　(イ)　**第三者が検証物提示命令等に従わない場合**　　検証の目的物を所持する第三者は，裁判所にこれを提示する公法上の一般義務を負うから，正当な理由なく検証物提示命令に従わない場合は，過料の制裁がある（232条2項）。

---

[73]　検証物の提示を命じられたにもかかわらずこれを提示しないという当事者の対応を弁論の全趣旨として勘案すれば，自由心証により検証の目的に係る性状や要件事実を認定できる場合には，自由心証の領域にとどまる問題であり，224条3項の準用による必要はない。

[74]　証拠法大系(5)116頁〔吉川〕。

正当な事由としては，検証に応じることが事実上不可能な場合のほか証人の証言義務に関する規定を類推するのが相当である。検証によって自己又は法定の近親者が刑事上の訴追を受けるなどのおそれがある場合（196条），守秘義務により証言を拒絶できる場合（197条）などがこれに当たる。

過料の決定に対しては，即時抗告をすることができる（232条3項）。

(5) 当事者が検証を妨害する目的で提示義務のある検証の目的物を滅失・使用不能にした場合の制裁

当事者が提出義務のある文書を使用妨害の目的で滅失又は使用不能にした場合の制裁について定める224条2項及び3項は，検証物提示命令等についても準用されている。すなわち，当事者が検証を妨害する目的で検証の目的物を滅失又は使用不能にした場合は，裁判所は，検証物の性状に関する相手方当事者（申立人）の主張を真実と認めることができる。また，申立人が当該検証物の性状に関して具体的な主張をすることが著しく困難であるときは，裁判所は，その事実に関する申立人の主張自体を真実と認めることができるのも，当事者が検証物提示命令等に違反した場合と同様である。提示義務があれば足り，実際の提示命令の発令の有無とは関係がない。理論的には信義則に由来し，208条などと並んで証明妨害の法理を明文化した場合の一つとされている[75]。

Ⅵ 検証物の留置その他

1 検証物の留置

文書の提出又は送付に関し，裁判所が必要と認めるときは提出又は送付に係る文書を留め置くことができるとする227条は，検証物の提示にも準用されている（232条1項）。

検証は，期日において裁判所又は検証物所在地（現場検証）において，提示又は送付を受けた検証物を裁判官が直接検査，観察して実施し，検証物は，検証の実施後提示した者に返還されるのが原則である。しかし，一期日で当該検証物の検証が終了しない場合や，滅失・毀損，偽造・変造等のおそれがあり，これを防止する必要がある場合など，裁判所が保管しておくのが便宜であると

---

[75] 秋山ほかⅣ 477頁ほか。

き[76]は，裁判所がこれを留置することができる。

　留置の決定に強制力はなく，提出者がこれに従わない場合の制裁の定めもない。したがって提出者があくまでこれを拒否する場合は，決定の実効性を確保することは難しいが，決定自体について所持者の承諾を要すると解する必要はない[77]。

　留置された検証物は，民事保管物として扱い，留置の必要がなくなれば，提出者に還付される。

　なお，これとは別に，インカメラ審理の際の提示文書の保管に係る民訴規則141条の規定は，民訴規則151条により検証にも準用されている。

2　受命裁判官・受託裁判官による検証と検証調書

　現232条に該当する旧335条が準用していた同321条（受命裁判官・受託裁判官による取調べ）は，現行民訴法制定に伴い規則化されて民訴規則142条（受命裁判官等の証拠調べの調書）となり，これを民訴規則151条で準用している。

　検証を受命裁判官又は受託裁判官にさせる場合において，裁判所は当該証拠調べについての調書に記載すべき事項を定めることができ（規142条1項の準用），これによって検証の要点を受命裁判官等に明示することができる。また，検証調書には検証の目的物の写しを添付することができる（同条2項の準用）。写真又は図面などで検証の目的物を推知できるような場合には，これを添付することが適当であろう。

〔手嶋あさみ〕

---

76)　法律実務(4) 328頁ほか。
77)　旧注釈民訴(7) 233頁〔加藤〕，秋山ほかⅣ 498頁ほか。反対・法律実務(4) 281頁。

§233 Ⅰ・Ⅱ・Ⅲ

（検証の際の鑑定）
第233条　裁判所又は受命裁判官若しくは受託裁判官は，検証をするに当たり，必要があると認めるときは，鑑定を命ずることができる。

Ⅰ　条文の趣旨

検証は，裁判官自らが事物の性状等を検査しその結果（検査・観察して得た事実判断・認識）を証拠資料とする証拠調べであるが，例えば，事実を認識する過程や認識した事実に基づく事実判断に特別の専門的知識や技能を要する場合，また裁判官自身の感覚作用によって検証の目的物を認識することが困難な場合等，様々な理由から裁判官が具体的な事実判断をすることができず，検証の一部又は全部の実施が不可能である場合がある（検証障害）。本条は，このような場合にもその目的を達することができるよう，裁判所が必要と認めるときは，検証を補充し，あるいはこれに代替し得るものとして，職権で鑑定を命ずることができることとするものである。

Ⅱ　鑑定命令の主体

受訴裁判所のほか，受命裁判官又は受託裁判官も自らの判断で鑑定を命ずることができる[1]。

Ⅲ　検証障害と鑑定

1　検証障害が生じる具体的な場面

裁判官が自らの感覚作用によって検証の目的を認識し，これに基づいて事実判断をすることが困難となる場合としては，裁判官が検証物の認識や具体的な事実判断に必要な専門的知識・能力を欠く場合のほか，認識・判断自体には支障がないが，その前提の認識対象たる事象を生じるまでの過程に特別の技能を要する場合や，裁判官が直接実見することが現実的に困難又は適当でない場合

---

[1] 旧334条は，受命裁判官及び受託裁判官のみを主体として明示していたが，受訴裁判所が命じ得ることは当然と解されていた。

等が挙げられる2)。より具体的には以下のとおりである。
　①　検証物の認識や認識に基づく事実判断に専門的な知識経験を要する場合
　　例えば，医療過誤に係る訴訟において患者の身体の現状を検証するに際し，医学的な専門知識による判断を加えて初めて的確な認識が可能となる場合や，建物の瑕疵の存否が争われる事案において建物の検証をするに際し，外見のみならず建築の専門知識による判断を加えて初めて，瑕疵の具体的な内容や程度等の的確な事実判断が可能となる場合などがこれに当たる。
　②　検証の目的を自ら認識すること自体には支障はないが，その前提として検証すべき状況を現出させるために特別の技能や経験を要する場合　例えば，機械やプログラムソフトの瑕疵が争われる事件において，機械やコンピュータを作動させて検証し，性能上の限界や欠陥を判断する場合には，当該機械やコンピュータを的確に操作する技術を有する者に運転操作をさせなければ，検証すべき状況自体を現出させることができない。
　③　裁判官が直接実見することが不可能ないし不相当な場合　例えば，検証の目的が高所や海底に存在する場合など，とび職やダイバーでなければ検証物を実見し得る場所に到達することができないか，重大な危険を伴う場合などがある3)。

---

2) 秋山ほかⅣ552頁。岩野徹「鑑定」岩松還暦288頁以下は，検証について，受訴裁判所（又は受命・受託裁判所）自身が証拠資料としての具体的な事実判断（検証の結果）を形成するものであること，訴訟開始後に訴訟手続上においてのみこれを形成するものであることを特徴として指摘し，したがって訴訟中での裁判所による判断形成の可能性がない場合，すなわち裁判官による経験可能性やこれに基づき具体的事実判断を形成し得る判断能力（判断に必要な大前提としての経験則や感覚能力等）を欠く場合には，検証が不可能となるほか，危険性・訴訟経済・礼儀等の顧慮から裁判官が直接検証することが適当ではない場合にも検証障害が存することになるとする（旧注釈民訴(7)220頁〔加藤新太郎〕同旨）。法律実務(4)326頁は，検証は，裁判所がその判断能力によって目的物について事実判断をすることであるが，ここにいう判断能力とは，五官により経験則を適用して事実判断をする能力のみならず，技術的・経済的・道徳的その他の見地から著しい困難なしに検証の目的物につき事実判断をなし得ることをも含むとし，裁判官がこの五官の能力又は経験則を欠き，若しくは検証のために上記のような困難を冒さなければならない場合を検証障害とする。
3) 本文中の例のほか，女性の身体検査等を男性の裁判官が実施することについて，社会通

〔手嶋〕

2　本条における鑑定の意味と性質
(1)　本条の守備範囲

　鑑定は，本来，特別の学識経験を有する第三者に，裁判所に対して，専門の学識経験に基づく知識（経験則等）又はこれを適用して得た具体的な事実判断を報告させ，裁判官の認識・判断能力を補充するための証拠調べである。したがって，前記①の場合に，鑑定を命じることができ，それが本来的な鑑定の性質を有するものであることについては問題がない。

　これに対し，前記②及び③の場合は，裁判官は，検証の本来の目的である事実認識や判断そのものについての認識・判断能力を欠くわけではなく，実見に至る過程に支障があるにとどまるのであって，②において機械の操作を命じることや，③においてダイバーに海底に所在する検証物を実見させることが，厳密な意味で鑑定と言えるのか否かについては，問題がないわけではない。いずれの場合も受託者が特別の技能を備える点で，特別の学識経験に通じる面はあるものの，特に前者は，検証の準備段階で裁判所に協力するのみで，裁判所に事実判断を提供するものではないという点では，むしろ補助的な立場に立つ者とも言える[4]。また後者における事実認識・判断の提供についても，検証を代替する方法としては，実見した者を証人として扱うことも考えられる。

　しかし，本条の趣旨（検証障害を克服して検証の目的を達することができるよう，これを補充，代替し得るものとして，裁判所が職権で鑑定を命ずることができることとする）に鑑みると，厳密な意味での鑑定の概念からは外れる場合であっても，②及び③のいずれの場合も，鑑定に準ずるものとして扱い，本条の命令を発することができるものと解されている。その理論的な整理の仕方については若干

　念上の困難がある例として挙げられる場合もある。前注及び後掲注5）も参照されたい。

[4]　磁気テープの実質的証拠力を判定するために所要のコンピュータを作動させるケースについて，旧注釈民訴(7)220頁〔加藤〕では，検証実施に高価な機械を要し，訴訟経済上相当な範囲を超えるコストを要する場合であり，専門的知識及び必要な機器を有する鑑定人とともに検証を実施することで証拠調べの目的を達することができる，①と同様に検証の際の鑑定によって検証障害を克服すべきことが明らかな場合として整理されている。明記されていないが，ここでは，実質的証拠力について実際に実質的な事実判断を提供させることを想定しているか，後記Ⅳ2に記載のとおり，機械の操作の過程で時々刻々事実判断の提供がされていると整理するかのいずれかと考えられる。

の相違があるが，ここでは，検証が行われるべきであるのに障害があるという現実的なニーズが認められる場合に，裁判所の代替者に対して本条による命令を発し得るとすること，そして当該受託者を鑑定に係る規定によって取り扱うことの合理性が実質的なポイントになっているといってよい[5]。

(2) 検証補助者

上記の鑑定人との対比において，検証に当たり，裁判所の手足として，特別の専門的知識・技能を要しないような機械的労務（例えば，検証現場における巻

---

[5] 秋山ほかⅣ 553 頁，菊井＝村松Ⅱ 684 頁。理論的には，検証や鑑定という証拠調べの本質をいかに理解するかとも関係する。主要な考え方として，以下が挙げられる。

岩野・前掲注 2) 291 頁，296 頁，297 頁，308 頁は，検証も鑑定も，訴訟開始後に裁判所の決するところによって初めて具体的な事実判断を形成し，表明する証拠方法である点で本質的な共通性を有し，相互に代替性のある証拠方法といえるとした上で，検証において，裁判官による経験可能性や判断能力等の点で検証障害が存在する場合には，経験則の欠如の場合に限らず，検証障害のない者に検証（実験）を委託することを断念しなければならない理由は見出し得ないとして，広く鑑定を命ずることによる代替・補充を認める（この受託者を訴訟法上鑑定人と称するか，他の名称を付するかはそれほど重要なことではないが，この受託者を訴訟法上鑑定の規定によって取り扱うか，証人の規定によって処理するかが問題となるとし，要点は勾引の許否，忌避の能否，鑑定料支払いの要否にあるとした上で，結論として鑑定に関する規定によって遇すべきであるとする）。また，冒頭に記載した点が鑑定と証人とを区別する特徴でもあり，そのような観点からすれば鑑定意見の内容は必ずしも特別の学識経験を表明するものであることも要しないとして，判断形成の操作にのみ特別の技能を要する場合や，さらには女性の身体検査を委託された女性の場合のように，何ら特別の知識がない場合でもなお鑑定意見たるに適しないことはないといえるとして，危険性や訴訟経済，礼儀等の顧慮から生じる検証障害についても，広く鑑定による補充・代替を是とする。

法律実務(4) 326 頁は，検証は，裁判所の判断能力によって行うのであり，検証の目的物は裁判所の判断能力によって認識できることを要するが，この場合に問題となる裁判官の「判断能力」は広義であって，技術的・経済的・道義的その他の見地から著しい困難なしに検証の目的物について事実判断をなし得ることも含むとし，裁判所がかかる意味での判断能力を欠く場合には，職権をもってかかる障害のない者に命じて鑑定人として裁判所とともに又は裁判所に代わって検証の目的物を見分させ，これに関する事実判断（鑑定意見）を報告させて検証の補助又は代用となし得るとし，本条もかかる代替性に基づく規定であると説明する。

旧注釈民訴(7) 221 頁以下〔加藤〕は，本文③の場合において高所・海底等に到達する技能を有するに過ぎない者は，厳密には大前提となるべき専門的知識を備えた「学識経験を

§233 Ⅲ

尺による距離の測定や，障害物の除去，検証実施を円滑にするための検証現場の交通整理等）に服して検証を補助する者を検証補助者と呼ぶ。検証補助者は，裁判所の検証を側面から補助し，能率的な作業に協力するのみで，裁判所の直接の事実判断に特別の寄与をするものではなく，したがって，上記の作業をさせるについて鑑定を命ずる必要はなく，本条は適用されない[6]。実務上は，現場に居合わせる書記官や当事者がこれに当たるのが通常である。

有する者」（212条）とは言えないが，裁判所に事実判断を提供する者である点で，単なる検証補助者ではあり得ず，これらの者を証人として扱うべきか，鑑定人として規律すべきかの問題となるところ，実質的な観点からして勾引の許否，忌避の可否，鑑定料支払いの要否等の点で，鑑定人として扱う方が望ましいと言え，検証が行われるべきであるのに障害がある場合に限って，検証をすべき裁判所の代替者としての受託者に対して鑑定の規定を類推して鑑定を命ずることができると解すべきであるとする。ただし，専門的知識がなくとも可能な場合の女性の身体検査については，検証によらなくとも，写真撮影をしてこれを証拠とし，又は証人尋問等の方法によって検証障害を克服すべきであろう（ただし，仮に検証申出を採用してしまえば，これを単なる検証補助者と解することはできず，鑑定人と解するほかないであろう〔同223頁〕）と指摘する。

菊井＝村松Ⅱ682頁以下は，本条の趣旨について，検証障害がある場合に，障害を除き，検証の目的を達成することができるよう備えようとするものであるとした上で，このような趣旨からして，厳密な意味での鑑定の概念からは外れる場合であっても，鑑定に準ずるものとして，本条の命令を発することができると解して差し支えないとし，検証補助者との区別は，事実判断そのものを提供するか否かによってされるべきであり，本条の場合の鑑定人は，特別な知識経験に基づく判断の提供者に限定される必然性はないとする。

証拠法大系(5)〔吉川慎一〕92頁は，確かに，裁判所の命令により事実判断を形成して報告させる点に着目すると，民訴法にはそのような報告を裁判所が求める手続は鑑定以外にないから，これを鑑定に類するものとして扱うことも考えられるが，やはり鑑定は，特別の学識経験を有する者に委託するものであるから，なんら特別の学識経験と関係がない者についてまで鑑定の規律を類推することは相当ではないとして，当該裁判官にとっては検証の目的物を認識することに障害がある場合の障害がない者（当該裁判官が高所恐怖症である場合の，高所恐怖症でない者）や，裁判官自身の感覚作用によって検証の目的物を認識することが社会的に不適切であるとされる場合の社会的に不適切とされない者（女性の身体検査の場合における女性の者）に検証の目的物を認識させ，報告を受ける場合については，鑑定として扱う理由はなく，報告内容を疑う余地のない関係のない者（裁判所職員）を手足として用い，これを検証補助者として扱うのが相当であるとする。

6) 秋山ほかⅣ552頁，法律実務(4)326頁，菊井＝村松Ⅱ684頁ほか。菊井＝村松Ⅱは，さ

Ⅳ 鑑定の結果と調書への記載

1 鑑定の結果と検証の結果

　検証障害により検証の全部又は一部を実施することができない場合，裁判官は，本条による鑑定を命じ，鑑定人に裁判所とともに，又はこれに代わって検査をさせ，これに基づく事実判断を裁判所に報告させることになるが，この結果はどのように扱われるべきか。

　検証は裁判官が五感の作用によって直接事実判断を行うことを本質的要素とする証拠調べであるから，裁判官がまったく実見に関与しなかったような場合には，裁判官の直接の関与がない以上，その結果は検証の結果とはいえない。当該事実判断は純然たる鑑定人自身の事実判断であって，鑑定の結果と解するのが通説である[7]。

　これに対し，例えば，裁判官も鑑定人とともに自動車に同乗して運転をさせ，速力と停止距離との関係を実験するような場合には，裁判官もまた直接検査しているのであるから，それは検証と解して差し支えない[8]。

2 調書への記載

　上記のとおり，本条による鑑定を命じられた鑑定人の判断自体は，鑑定の結果であり，したがって，検証の結果として検証調書に記載すべきものではない。

　検証調書には，検証の準備的事項や裁判所の実見に基づく事実判断が検証の結果として記載され，これによって鑑定人の判断の基礎となる事実が裁判所の

　　らに，検証補助者か否かは，事実判断そのものを提供するか否かによって区別されるべきであり（旧注釈民訴(7) 223頁〔加藤〕同旨），重要なのは，裁判所の直接判断と言えるか否かであるとする（菊井＝村松Ⅱ 685頁）。

[7] 旧注釈民訴(7) 222頁〔加藤〕，秋山ほかⅣ 553頁，法律実務(4) 326頁，菊井＝村松Ⅱ 684頁，斎藤ほか編・注解民訴(8) 258頁〔斎藤秀夫＝宮本聖司＝西村宏一〕ほか。
　　裁判所が鑑定人に検証を委任し，これを受けて鑑定人が裁判所に代替して検証を実施するものであって，検証の結果は鑑定意見の中に含まれることになり，鑑定書が検証調書に代わるものになるとする考え方もあるが，鑑定人は裁判所を代理して検証をするのではないとするのが通説である（斎藤ほか編・注解民訴(8) 258頁〔斎藤＝宮本＝西村〕，法律実務(4) 326頁参照）。

[8] 秋山ほかⅣ 553頁，菊井＝村松Ⅱ 684頁。

直接判断によって公証され，あるいは鑑定人が実見した鑑定の目的物が明確になる等，当然に密接な関係を有し，鑑定にとって重要な効果が得られることになるが，鑑定人の判断そのものは，別途書面（鑑定（意見）書）によって報告させることが想定されるほか，検証現場で直ちに口頭での判断が示される場合にも，検証調書にではなく，鑑定人尋問調書にその結果を記載すべきである[9]。

なお，前記Ⅲ1の②の例のように，特別の知識経験や技能を有する者に機械の運転や操作を命じて検証の準備段階で裁判所に協力させるような場合には，鑑定人の判断は，機械の運転，操作の時々刻々になされてその過程（行動）に具現しており，結果としての事実判断が提供されるわけではないから，これを事後的に鑑定（意見）書として報告させることにはほとんど固有の意味がないのが通常である。この場合にも，鑑定人としての宣誓は必要であり，鑑定人尋問調書の作成は要するが，鑑定の結果自体は，検証調書中に，鑑定人に当該機械の運転操作をさせた経過を記録すれば足りると解される[10]。

V 職権による鑑定命令

本条による鑑定は，当事者の特別の申立てがなくとも，基本となる検証の申出があれば足り，検証の目的を達するに必要な範囲内で[11]，職権により命ずることができる。

受命裁判官又は受託裁判官に検証をさせる場合には，受訴裁判所がその旨の決定と合わせて鑑定を命ずることもできるし，受命裁判官又は受託裁判官の独

---

9) 秋山ほかⅣ553頁，菊井＝村松Ⅱ685頁，法律実務(4)326頁，338頁，斎藤ほか編・注解民訴(8)259頁〔斎藤＝宮本＝西村〕。
10) 秋山ほかⅣ553頁以下，菊井＝村松Ⅱ685頁。なお，当該経過の検証調書への記録については，検証の結果とは区別して記載すべきものとされている。これは当該経過が検証の準備段階と位置づけられていることと関連するものと考えられ，当該経過を含めて裁判官が実見する場合には，広く検証対象とすることも考えられるように思われる。なお，記録方法としては，例えば写真の引用等の方法がある。
11) 法律実務(4)326頁は，鑑定人に，裁判所とともに，又はこれに代わって「検証の範囲内で」目的物に関する事実判断をさせることができるとする。岩野・前掲注2）309頁は，受訴裁判所が鑑定を命ずる場合には，検証の範囲と鑑定の範囲とが必ずしも一致しなければならないことはないが，受命裁判官及び受託裁判官が検証に際し鑑定を必要とするときは，鑑定の範囲は検証の範囲を出てはならないとする。

第6節　検証

自の判断によってこれを命ずることもできる。

〔手嶋あさみ〕

第7節　証拠保全

（証拠保全）
第234条　裁判所は，あらかじめ証拠調べをしておかなければその証拠を使用することが困難となる事情があると認めるときは，申立てにより，この章の規定に従い，証拠調べをすることができる。

I　条文の趣旨

1　概　説

本条は，第2編第4章第7節の最初の条文として，証拠保全の要件を規定したものである。訴訟においては，法的判断の前提としての事実関係に争いがある場合，的確な裏付証拠が事実認定の決め手になるといえるところ，証拠保全は，将来予想される訴訟または現在係属中の訴訟における実際の証拠調べの時を待っていたのでは，事実認定に必要な証拠の使用が困難となる事情（以下「使用困難事情」ともいう）が生じた場合に，あらかじめ本章の規定による証拠調べ，すなわち訴訟係属中と同様の方法による証拠調べをすることによって，その結果を保全しておくための手続である。証拠保全の対象となる証拠方法は，本章に規定する証拠方法すべてであって，制限はない。

2　類似制度との違い

証拠保全は，将来，訴訟手続で当該証拠調べの結果を利用することを予定して，訴訟係属中と同じ証拠調べを行うという，訴訟の付随手続であり，権利そのものの保全を目的とする訴訟手続外の手続である民事保全法に基づく保全処分とは異なる。また，証拠保全は，裁判所が行う証拠調べであるのに対し，訴えの提起前の証拠収集処分（132条の2以下）は，裁判所が行う証拠調べではな

第7節　証拠保全　　　　　　　　　　　　　　　　　　§234 Ⅱ

い（したがって，証拠を収集した当事者は，後の訴訟で送付嘱託に係る文書や調査嘱託の結果を記載した文書等を書証として提出することを要する）上，後者は，使用困難事情は要件となっていないものの，申立人または相手方において提訴予告通知を要すること，予告通知から4カ月以内に申し立てること，訴訟が提起された場合の立証に必要であることが明らかな証拠であること，申立人が当該証拠となるべきものを自ら収集することが困難であることのほか，いわゆる相当性が要件とされている点で，証拠保全とは，要件・効果が異なる手続である。

3　証拠保全の機能

　証拠保全は，本来，上記のとおり，将来事実認定に供する時のために，あらかじめ証拠調べをして証拠の現状・内容を保全するためのものであって，結果的に，提訴前に相手方ないし第三者の手持ち証拠の内容が分かり（証拠開示機能），紛争解決に資するといった効果（紛争解決機能）も得られることも多いが，それらはあくまで上記本来の証拠保全の目的を達成する過程で得られた事実上の効果であって，本条の趣旨に照らしても，証拠開示機能をもって証拠保全の目的と解する考え方は，現行法の解釈としては採り得ない。

4　証拠保全の申立ての方式（民事訴訟規則153条）

　証拠保全の申立ては，書面でしなければならず（規153条1項），その書面には，①相手方の表示，②証明すべき事実，③証拠，④証拠保全の事由を記載しなければならないとされている（同条2項）。そのうち，②は立証事項（180条1項）を意味し，③は証拠保全の対象である具体的な証拠方法，④は証拠保全を必要とする事由であり，次項で改めて具体的に解説する。

Ⅱ　証拠保全の要件

1　証拠保全の前提

　証拠保全も，本章の規定に従ったあらかじめの「証拠調べ」であることから，立証事項との関係で，当該証拠の証拠調べが必要であることは，証拠保全の事由の当然の前提となるものと解される。このことは，前記のとおり，民事訴訟規則153条で，証拠保全の申立書には，証明すべき事実を記載すべきこととされていることからも明らかである。

　ただし，本来，証拠の必要性の有無・程度は，本案訴訟の受訴裁判所の判断

に委ねられているし，証拠保全の緊急性にかんがみると，上記証明すべき事実も，あまりに具体的かつ詳細な記載を要求することは，証拠保全制度の趣旨を没却することになるので，その具体性や正確性等の程度については柔軟に解すべきである。したがって，証拠保全の要件としては，証拠保全の対象である証拠方法をもって当該立証事項を立証するという結び付き（その関係は，直接証拠，間接証拠を問わない）が認められればよい。

必要性の関係で，証拠保全制度の趣旨・目的から一定の制約があることを指摘した例として，証拠保全の申立てに係る立証事項を証明するに足る証拠が既に存在し，申立てに係る証拠を保全する必要のないことが極めて明白であるとして，申立てが却下された事例（東京高決昭60・8・29判時1163号69頁）が参考になる。これに対し，その証拠方法の証拠価値や重要性は，本来証拠保全手続において審査されるべき事項ではない（東京高決昭51・6・30判時829号53頁）。

2 証拠保全を必要とする事由（本来の保全事由）——「その証拠を使用することが困難となる事情」

(1) 総 説

証拠保全の要件として，中核となるのは，「あらかじめ証拠調べをしておかなければその証拠を使用することが困難となる事情」（＝使用困難事情）という要件であり，これが民事訴訟規則153条2項4号にいう「証拠保全の事由」である。この証拠保全の事由とは，訴訟で証拠調べをするのを待っていたのでは，証拠として使用すること自体が困難となる，すなわち，申立ての対象である証拠がなくなるか（廃棄，散逸，滅失，隠匿，死亡等），あるいは，証拠として使用すること自体は可能であっても，その本来の証拠価値を発揮することが不可能となってしまう，すなわち，証拠の形状ないし内容が変更（毀損，改築，改ざん，記憶減退等）されるといった事情がなければならない。このうち，証拠がなくなる例として，書証の場合の「廃棄のおそれ」とは，たとえば，ある文書の保存期間が法令や組織の内規で定められている場合に，その文書の保存期間が過ぎようとしており，証拠調べの時期まで待っていたのでは，当該文書が廃棄されてしまうおそれがあるといった場合であり，人証の場合は，死期が迫っているといった場合である。現状変更の例として，検証物の場合の「毀損のおそれ」とは，たとえば，火災現場で焼損した建物が取り壊されてしまうと，本案

訴訟で出火場所や火災原因の解明ができなくなってしまうおそれがあるといった場合であり，人証の場合の「記憶減退」とは，高齢者が認知症に罹っていて，今後急速に記憶力が減退するといった場合である。実務上最も申立件数が多い，医療過誤事件で医療機関の過失の前提として診療経過の立証に必要となる診療録の証拠保全の申立てにおいては，しばしば証拠保全の事由として「改ざんのおそれ」が主張されるが，この点については項を改めて解説する。

(2) 改ざんのおそれ

　診療録につき，「改ざんのおそれ」があると認められるためには，①医療過誤訴訟における証拠の偏在にかんがみ，証拠保全の証拠開示機能を重視したり，診療録改ざんに関する実例の存在や，自己に不利益な証拠を所持していることに起因する医師の改ざんへの傾向ないし動機の存在等を根拠にしたりして，一般的抽象的に改ざんのおそれがあるとすることで足りるという説（便宜「抽象的危険説」という）[1]と，②証拠保全の証拠開示機能を過大視することは，証拠保全を証拠調べと規定する現行法の解釈論を超えるし，不利な証拠を保持するからといって，すべての医師が診療録を改ざんするおそれがあるとまではいえず，抽象的なおそれのみで証拠調べをするのは不公平であることなどを根拠として，改ざんのおそれは一般的抽象的なものでは足りず，客観的な具体的事情に基づいて，当該医療機関であれば改ざんするおそれがあるとされても無理からぬという程度に，具体的な危険性が必要であるとする説（便宜「具体的危険説」という）[2]とが対立している（その中間的な説もある）が，具体的危険説が通説で，実務の運用もこれによっている（この点を明確に判示したものとして，広島

---

[1] 林圭介「証拠保全に関する研究」民訴雑誌37巻〔1991〕38頁，小林秀之「民事訴訟における訴訟資料・証拠資料の収集（4・完）」法協97巻11号〔1980〕1567頁，新堂幸司「訴訟提起前におけるカルテ等の閲覧・謄写について」判タ382号〔1979〕16頁，畔柳達雄「医療事故訴訟提起前の準備活動——医療事故訴訟の準備活動における問題点(1)」新実務民訴(5)196頁等。

[2] 菊井＝村松Ⅱ717頁，斎藤ほか編・注解民訴(8)332頁〔小室直人＝宮本聖司〕，兼子ほか・条解〔2版〕1285頁〔松浦馨＝加藤新太郎〕，大竹たかし「提訴前の証拠保全実施上の諸問題——改ざんのおそれを保全事由とするカルテ等の証拠保全を中心として」判タ361号〔1978〕76頁，加藤新太郎＝齊木教朗「診療録の証拠保全」裁判実務体系(17)476頁，証拠法大系(5)182頁〔齋藤隆＝阿閉正則＝下澤良太＝餘太分亜紀〕等。

〔徳岡〕

地決昭61・11・21判時1224号76頁参照。また，具体的危険説に立ちながら，当該証拠については一般的・抽象的な証拠の廃棄，改ざんのおそれがないとして申立てが却下された事例として，東京地決平10・8・27判タ983号278頁参照）。

I 1の冒頭に考察した現行法上の証拠保全制度の趣旨にかんがみると，使用困難事情が一般的・抽象的に主張されるだけで，通常申立人側の審尋のみで相手方には反論の機会がなく，認容決定に対しては不服申立ても許されないまま，証拠調べが実施されることになるのは相当ではなく，一般に上記事情が客観的・具体的に疎明されてはじめて要件を満たすものと解すべきところ，診療録の改ざんのおそれの場合のみその具体性が必要ないとするのは不合理であって，基本的には具体的危険説によるべきである。具体的な改ざんのおそれを一応推認させるに足りる事情としては，当該医療事故の内容（重大な過誤か），診療経過（不自然ないし不合理な経過をたどっているか）およびその後の交渉経緯における医療機関側の説明内容（不合理な説明があったか）や態度（相当な理由がないのに説明を拒絶するなど不誠実ないし責任回避の態度があったか），当該医療機関の社会的信用（改ざんないし不正行為の前歴等があったか）等の事実が考えられる。そして，上記のような具体的な事実の主張と疎明が不十分な場合には，主張や疎明（申立人の陳述書等）を補充させて，申立人の審尋を行った上で，具体的危険説に立っても，改ざんのおそれの具体性の程度は，事案ごとに当該事案の内容，当該医療機関の属性や申立人と医療機関側との交渉経緯等にかんがみ，柔軟に解釈・運用することが望ましい。

3 「あらかじめ」の意味

本条の「あらかじめ」とは，本来の訴訟においてされる証拠調べの時点を基準として，その前の時点という意味である。訴訟係属中においては，証拠決定をしていない場合はもちろん，証拠決定がされていても，証拠調期日までには相当間隔がある場合も該当する。

III 証拠保全の要件の調査と認定

1 審 尋

証拠保全は，決定で裁判する手続であるから，その要件（管轄，規153条所定の要件）の審理については，口頭弁論を経る必要はなく（87条1項但書），審尋

(同条2項)で足りる。実務上は，担当裁判官が書面審査をした後，申立人(ないしその代理人)と面接する方式により行っている。

2 疎　明

証拠保全の事由は，疎明されなければならず(規153条3項)，申立人は，自己の主張事実が一応確からしいとの心証を裁判官に抱かせる程度の立証が必要である。疎明の方法は，即時に取り調べることができる証拠によることが必要であり(188条)，証拠保全手続においては，書証のほか，申立人の陳述書，報告書等が多用されている。

3 決　定

裁判所は，証拠保全の要件が認められる場合には，証拠保全決定(証拠調べを採用し，証拠調べの期日および場所を指定する証拠決定も兼ねる)をすることになるが，この決定は義務的なものであり，裁判所の裁量の余地はない。第三者所持の文書について，検証あるいは書証として証拠調べをする場合に，第三者に当該文書の提出義務がない場合でも，証拠保全決定をすることによって任意に提出することもあり得るから，提出義務がないことのみを理由に証拠保全の申立てを却下すべきではない(東京地決大3・12・28新聞990号26頁)。

Ⅳ　証拠保全の実施

1　実施方法(特に文書の場合)

証拠保全における証拠調べは，それぞれ第2編第4章の規定に従ってされるが，特に対象が文書の場合には，書証の取調べとして実施する考え方(便宜「書証説」という)と，検証として実施する考え方(便宜「検証説」という)があり，証拠保全の事由につき，文書が存在しなくなるおそれのある場合(廃棄等の場合)には，将来原本による取調べが不可能となるおそれがあるのであるから，書証説が合理的である。これに対し，文書の形状，内容が変更されるおそれがある場合(改ざん等の場合)には，本来，証拠調べを行って心証を取るのは受訴裁判所であり，証拠保全の目的に照らすと，現状を保全しておくことで目的は達せられるので，文書の外形や文字の配列等を認識して，その現状を記録化しておくこと，すなわち検証でもって足りると考えるのが合理的である。

〔徳岡〕

2 証拠保全決定の送達の問題

決定は，相当と認める方法で告知する（119条）が，証拠保全の場合は，通常決定書を作成し，その正本を証拠調期日の呼出状とともに送達している。相手方が法人（名宛人はその代表者〔37条・102条1項〕）の場合の送達場所は，原則として代表者の所在する営業所または事務所所在地（103条1項）となる。ただし，特に診療録を対象とする証拠保全の場合に，医療機関が法人の場合，病院が法人の営業所または事務所（103条1項但書）に当たると解して，病院の所在地に送達することが可能な場合がある。

従前（平成16年3月31日まで）の国立病院のうち，国立ハンセン病療養所が相手方の場合の送達場所は，法務省，法務局または地方法務局が原則となる（最判平3・12・5訟月38巻6号1029頁参照）。一方，国立ハンセン病療養所を除き，平成16年4月1日以降独立行政法人国立病院機構に移管された旧国立病院および平成22年4月1日以降独立行政法人に移行した国立高度専門医療研究センターについては，各病院を医療の提供等の業務を行う法人の営業所または事務所と見て，各病院を送達場所とするのが相当である（東京地方裁判所証拠保全・収集処分検討委員会「独立行政法人国立病院機構に対する証拠保全決定の送達について」判時1853号〔2004〕3頁参照）。他方，従前（平成16年3月31日まで）の国立大学附属病院の送達場所は，同年4月1日以降これらの病院を所管することになった各国立大学法人の主たる事務所とするのが相当であり，公立病院が相手方の場合の送達場所は，原則として地方公共団体の事務所所在地である都道府県庁または市役所等となる。

3 提示命令

証拠保全の申立てと同時に，文書提出命令の申立てや検証物提示命令の申立てが同時にされることも多い。そのうち前者の場合は民訴法220条の規定に従って文書提出義務の有無が判断されることになる。これに対し，後者の場合は，同法232条が220条を準用していないため，相手方ないし第三者である検証物の所持者は，正当な事由（証人の証言拒絶理由〔196条・197条〕のような事由が考えられる）がある場合のほかは，検証物の提示を拒むことができず，一般的に検証物提示義務を負う（大阪高決昭38・12・26下民14巻12号2664頁参照）。なお，相手方が提示命令に従わないときは，当該文書の記載に関する申立人の主張が

真実と擬制されるという,不提出の効果が課せられる(224条1項・232条1項)が,申立人の主張事実そのものが真実と認められるわけではない。これに対し,提示命令が発せられず,証拠保全決定によって任意の提出を求められているにすぎない場合は,相手方が証拠調べを拒絶しても,これによって原告の主張事実を推測させるなど,不利益を被るわけではない(大阪地判昭46・9・10判タ274号337頁参照)。

　提示命令を発令する際,文書の所持者が第三者の場合は,当該第三者を審尋する必要がある(223条2項・232条1項)のに対し,文書の所持者が相手方の場合は,相手方に陳述の機会を与えることを必要とする規定はないから,相手方に審尋の機会を与えなかったとしても,違法とはならない(前掲大阪高決昭38・12・26下民14巻12号2664頁参照)。文書提出命令の場合(223条7項)だけでなく,検証物提示命令の場合も即時抗告ができる(232条1項により上記223条7項が準用されている)から,相手方としては,提示命令に対し即時抗告をし,抗告審で上記のような正当事由を主張することができる。

　ところで,一般に,証拠保全手続における提示命令の発令の可否については,実務上証拠保全決定の送達が証拠調期日の直前にされ,相手方に対し不服申立てをするための時間的余裕が不十分であることを根拠に,発令に消極的な見解[3]と,検証をより効果的に実施するべく,明示的な提示命令の申立てがない場合であっても,決定前に申立人に提示命令の要否について確認し,提示命令の申立てを追加する機会を与えることが多くの場合妥当な取扱いとする見解[4]が存在する。実務的には,証拠保全の決定の段階では,所持者の任意の提出を期待して提示命令の発令を留保して,できる限り任意に提出を促し,任意に提出されれば,申立人に提示命令の申立ては取り下げてもらうという処理をするのが適切である。そして,任意の提出を拒否された場合は,提示命令を発することになるが,その場合には,不服申立ての方法や期間等について適切な説明をする必要がある。

　これに対し,証拠保全の対象文書が本案訴訟では書証として取調べが予定さ

---

[3]　林・前掲注1)34頁。
[4]　加藤=齊木・前掲注2)482頁。

§234 Ⅳ

れる文書であるが，文書提出命令の除外事由に該当するような場合（自己利用文書〔220条4号ニ〕等）に，証拠保全を検証の手続で行うときには，文書提出義務の制限の潜脱を避ける必要があるから，検証物提示命令を発することはできないと解される。

〔徳岡由美子〕

第 7 節　証拠保全

(管轄裁判所等)

第 235 条　① 訴えの提起後における証拠保全の申立ては，その証拠を使用すべき審級の裁判所にしなければならない。ただし，最初の口頭弁論の期日が指定され，又は事件が弁論準備手続若しくは書面による準備手続に付された後口頭弁論の終結に至るまでの間は，受訴裁判所にしなければならない。
② 訴えの提起前における証拠保全の申立ては，尋問を受けるべき者若しくは文書を所持する者の居所又は検証物の所在地を管轄する地方裁判所又は簡易裁判所にしなければならない。
③ 急迫の事情がある場合には，訴えの提起後であっても，前項の地方裁判所又は簡易裁判所に証拠保全の申立てをすることができる。

I　条文の趣旨

本条は，証拠保全の管轄裁判所について，訴えの提起後に申し立てる場合（1 項）と，訴えの提起前に申し立てる場合（2 項）に分けて，管轄裁判所を規定するとともに，訴えの提起後であっても，急迫の事情がある場合には，訴えの提起前の場合と同じ裁判所も管轄を有することを定めた（3 項）ものである。

II　訴えの提起後の申立ての場合の管轄裁判所

訴えの提起後に証拠保全の申立てを行う場合は，「その証拠を使用すべき審級の裁判所」が管轄権を有する（本条 1 項）。「その証拠を使用すべき審級の裁判所」とは，本案訴訟の受訴裁判所と国法上同一の裁判所（たとえば，本案訴訟の受訴裁判所が大阪地方裁判所の場合は大阪地方裁判所）のことである。国法上同一の裁判所が受訴裁判所であるとは限らないため，同項但書において，本案訴訟で，最初の口頭弁論期日が指定されるか，弁論準備手続もしくは書面による準備手続に付されるか（すなわち，争点整理手続が開始されるか）した後口頭弁論の終結時までの間は，事件の実質的審理が始められようとしており，訴訟手続の進行の見通しを勘案した上で，証拠保全の事由について最も的確な判断をすることができるのは受訴裁判所であるから，上記の期間中は，本案を審理し

ている受訴裁判所が管轄権を有するとされたものである（この但書の規定は、平成8年の改正によって新設された）。

なお、第一審の口頭弁論が終結され判決がされる前後の時期に証拠保全の申立てがされた場合に、本条1項本文の「その証拠を使用すべき審級の裁判所」が第一審裁判所であるのか、控訴裁判所であるのかについては学説の対立があるが、口頭弁論を終結しても判決がされるまでの間は、口頭弁論の再開がされる場合もあり得るから、上記「審級の裁判所」は依然として第一審裁判所であるべきであるのに対し、判決がされた後は、もはや第一審裁判所が証拠保全の申立てに係る証拠を用いることはあり得ないから、上記「審級の裁判所」は控訴裁判所と考えるのが相当である。

Ⅲ　訴えの提起前の申立ての場合の管轄裁判所

訴えの提起前に証拠保全の申立てを行う場合は、各証拠方法の存在する場所、すなわち、証人尋問ないし当事者尋問の場合には尋問を受けるべき者の居所を、書証や送付嘱託の場合は文書を所持する者の居所を、検証の場合は検証物の所在地を、それぞれ管轄する地方裁判所または簡易裁判所が管轄権を有する（本条2項）。証拠保全は急速を要する場合が多いところ、訴え提起前においては、各証拠方法の存在する場所を管轄する裁判所が証拠調べを行うのが迅速性の要請に適い、最も合理的と考えられるからである。地方裁判所にするか、簡易裁判所にするかは、申立人の選択に任されている。

Ⅳ　急迫の事情がある場合の管轄裁判所

訴えの提起後の管轄裁判所は、原則として前記Ⅱのとおりであるが、急迫の事情がある場合には、前記Ⅲの訴え提起前の管轄裁判所に申立てをすることができるものとした（本条3項）。証拠保全の事由自体、少なからず急速を要する場合が想定されているので、本項の「急迫の事情がある場合」とは、たとえば、証人の死期や事故現場の片付けが差し迫っている場合等、当該証拠方法の使用が不可能または困難に陥る高度の緊急性がある場合をいうものと解され、この要件については、申立人が疎明することを要する。

V その他の問題

1 管轄の異なる複数の証拠方法を対象とする申立ての場合

管轄の異なる複数の証拠方法を対象として，証拠保全の申立てがされた場合には，申立てとしては証拠方法ごとに複数あると解されるところ，このような場合に，民訴法7条（併合請求における管轄）が類推適用されるか否かについては，肯定説と否定説がある。一般的に相手方にとっては，証拠方法ごとに異なる管轄裁判所で証拠調べを受けるよりは，1つの裁判所で証拠調べを受ける方が都合がよいと考えられるから，同条の類推適用を肯定するのが合理的であるが，第三者が不利益を受けるような場合には，申立人に当該証拠方法に係る申立てのみいったん取り下げさせ，当該証拠方法についての本来の管轄裁判所に再度証拠保全の申立てをさせるのが合理的である。

2 管轄違いの場合の処理について

証拠保全の申立てが管轄のない裁判所にされた場合には，裁判所は，民訴法16条1項を類推適用して，事件を管轄裁判所に移送することは可能であるものと解される。ただし，証拠保全は急速を要する場合が多いところ，移送の処理（事件の確定と記録の送付等）を待っていたのでは申立人の利益に沿わなくなることから，裁判所は，申立人に対し，まずは管轄違いの問題を指摘して，申立てをいったん取り下げ，改めて管轄裁判所に証拠保全の申立てをするよう促すのが適切である。

〔徳岡由美子〕

§236 Ⅰ・Ⅱ

（相手方の指定ができない場合の取扱い）
　第236条　証拠保全の申立ては，相手方を指定することができない場合においても，することができる。この場合においては，裁判所は，相手方となるべき者のために特別代理人を選任することができる。

Ⅰ　条文の趣旨

　証拠保全の申立ては，本案訴訟係属中あるいはその係属を予定して，本案訴訟でその結果を利用すべく，あらかじめ証拠調べを行うものであるから，基本的には相手方を想定しており，相手方には証拠保全決定の送達および証拠調期日の呼出しがされ，原則として証拠調べへの立会権（240条）が保障される構造になっている。そのため，証拠保全の申立書には，「相手方の表示」を記載すべきことになっている（規153条2項1号）。ここに「相手方」とは，訴訟が係属している場合には相手方の当事者であり，訴えの提起前の申立ての場合には相手方となるべき当事者である。
　本条は，証拠保全の申立人が，たとえば，交通事故のひき逃げ事件のように，相手方が不詳であるが，現場の状況については緊急に保全しておかなければならないというような状況で，申立時には相手方を指定することができない場合には，相手方を指定しなくても，申立てをすることができる旨を規定したものであり（前段），併せて，その場合に，裁判所が相手方となるべき者の利益を保護するため，特別代理人を選任することができる旨規定したものである（後段）。

Ⅱ　相手方を指定することができない場合

　申立人は，相手方を指定することができない場合には，その事情を主張し疎明しなければならない。
　相手方は特定できるが，相手方の住所，居所が不明の場合には，本条には該当せず，送達を公示送達（110条）によって行うものである。訴訟中に相続等の訴訟承継が生じ，相続人が未確定であって承継人が不明の場合など，訴訟手続が中断している場合にも，本条を準用することができると考えられる。

Ⅲ 特別代理人の選任

　裁判所は，相手方の指定がない場合，当事者の申立てがなくても裁量により，相手方となるべき者のために，特別代理人を選任することができる。特別代理人の選任を待っていては証拠保全の目的が達せられないほど，急迫の事情がある場合には，裁判所は，特別代理人を選任せずに，証拠保全（証拠調べ）をすることもできるものと解される。なお，申立人は，特別代理人に係る費用・報酬を予納する必要があるが，当該費用は，最終的には訴訟費用の一部となる（241条）。

〔徳岡由美子〕

(職権による証拠保全)
　第237条　裁判所は，必要があると認めるときは，訴訟の係属中，職権で，証拠保全の決定をすることができる。

I　本条の趣旨

　本条は，訴訟が係属している場合に，受訴裁判所（235条1項但書参照）が必要であると認めるときは，申立てによらず，職権で証拠保全の決定をすることができる旨，すなわち，証拠保全における職権証拠調べについて規定したものである。
　明治23年の制定当時の旧民訴法は，証拠保全の要件がなくても相手方の承諾があれば，証拠保全を許すことができるとしていた（旧民訴371条）が，この手続の濫用を防ぐべく，大正8年の改正の際にこれを廃止して，所定の要件を必要とする代わりに，一般的職権証拠調べができるように改正されたのと同じく，職権によっても証拠保全ができるように改正された（旧民訴347条）ものといわれている[1]。

II　職権による証拠保全決定

　本来，証拠の収集や証拠の申出は，当事者主義により基本的には当事者に委ねられており，実際の訴訟においても，当事者の申出がないのに，裁判所が主導して職権で証拠保全の決定をし，証拠調べをするような場合は稀ではないかと思われる。一般的職権証拠調べの規定（旧民訴261条）が既に旧法時代の昭和23年の改正で削除された現在の解釈論としても，本条の適用があるのは，本来の証拠調べで職権証拠調べが認められている場合，すなわち，調査の嘱託（186条），鑑定の嘱託（218条），公文書の真否の照会（228条3項），検証の際の鑑定（233条）および当事者本人の尋問（207条）の場合に限定されるものと解される。具体的には，たとえば，本人訴訟で，争点の判断には相手方当事者の尋問が不可欠な場合に，訴訟の初期の段階で相手方当事者の死期が迫っており，

---

1) 斎藤ほか編・注解民訴(8)319頁，334頁〔小室直人＝宮本聖司〕。

第7節 証拠保全

裁判所が立証を打診したにもかかわらず，当事者が相手方当事者本人尋問を目的とした証拠保全ないし当該尋問そのものの申出をしようとしないといったような場合を想定することは可能である。

これに対し，民事訴訟においても職権調査事項として職権証拠調べが必要な場合，すなわち，裁判権，専属管轄，当事者能力，訴訟能力等について審理する場合や，職権証拠調べが認められる人事訴訟（人訴20条），行政訴訟（行訴24条）においては，職権による証拠保全があらゆる証拠方法について認められるものと解される。

〔徳岡由美子〕

（不服申立ての不許）
　第238条　証拠保全の決定に対しては，不服を申し立てることができない。

I　本条の趣旨

　裁判所は，証拠保全の申立てについては決定で判断を示すことになるが，そのうち，申立てを認容する決定につき，本条は，不服申立てができない旨規定したものである。証拠保全の手続には迅速性が要請されることや，証拠保全決定に基づき証拠調べを実施しようとすること自体に，相手方は不利益を被らないことから，不服申立てを許さないことにしたものである。

II　関連する問題

　まず，証拠保全を却下する決定に対しては，口頭弁論を経ないで訴訟手続に関する申立てを却下した決定として，抗告をすることができる（328条）。
　次に，証拠保全決定自体には不服申立ては許されないものの，個々の証拠調べにおける書証の場合の文書提出命令に対する相手方ないし第三者の即時抗告，証人尋問の場合の証言拒絶や，検証物の提示命令の場合に上記証言拒絶の規定を類推適用した提示拒否等，不服申立てないし証拠調べの拒否をすることは妨げられない（223条7項・199条2項）。

〔徳岡由美子〕

第7節　証拠保全

(受命裁判官による証拠調べ)
第239条　第235条第1項ただし書の場合には，裁判所は，受命裁判官に証拠調べをさせることができる。

I　本条の趣旨

本条は，訴え提起後の訴訟の審理中に受訴裁判所に証拠保全の申立てがされた場合(235条1項但書の場合)に，裁判所が受命裁判官に命じて証拠調べをさせることができる旨規定したものである。これは，証拠保全における証拠調べは迅速性を要するので，機動性を発揮することを可能にすべく，受命裁判官による証拠調べの道を開いたものである(この規定も，平成8年の改正で，235条1項但書の新設に伴い，新設された)。

II　本条の意義

本来，受命裁判官によって証拠調べができる場合としては，185条1項後段・195条・210条・216条に規定されているが，これらは，裁判所外での証拠調べの場合であり，従来は受命裁判官によって裁判所内で証拠調べをすることはできなかった。したがって，本条は，受命裁判官が裁判所内で証拠調べをする場合に，その存在意義があることになる。

〔徳岡由美子〕

§240 I・II

(期日の呼出し)
第 240 条 証拠調べの期日には，申立人及び相手方を呼び出さなければならない。ただし，急速を要する場合は，この限りでない。

I 本条の趣旨

証拠保全においては，第 2 編第 4 章の規定に従い，証拠調べを行う（234 条）が，本条は，当事者の立会権を保障するために，その証拠調べの期日には，急速を要する場合以外は，原則として申立人と相手方を呼び出すことを要する旨規定したものである。

II 本条の適用ないし違反の効果

証拠保全決定は，証拠決定を含むものであり，同決定は送達されるが，同時に，証拠調期日への呼出しのための呼出状も同封して送達することになる。呼出しを受けた申立人ないし相手方が証拠調べの期日に出頭しなくても，立会いの機会を与えられたのであるから，証拠調べを行うことができる（183 条参照）。

本条本文に反し，申立人ないし相手方に対する呼出しを欠いた証拠調手続は瑕疵がある。この点につき，当該証拠保全手続や，後の訴訟手続において証拠調べの結果が援用された際に，当該呼出しを受けなかった当事者が遅滞なく異議を述べなかった場合は，責問権を放棄したものとして，瑕疵は治癒される（大判昭 13・5・24 民集 17 巻 1063 頁）。これに対し，呼出しを受けなかった当事者が異議を述べている場合に，証人調べの結果等，当該証拠調べの結果を証拠として利用できるか否かについては，利用できないという考え方，すなわち，被告代理人に対してもされた呼出しに係る呼出状の証拠保全手続期日の記載が誤っていた場合に，当該証拠保全手続による原告本人尋問の結果は被告において異議のある以上は証拠にとり得ないとする例（東京地判昭 35・9・27 判時 238 号 26 頁）もあるが，民事訴訟においては証拠能力に制限はないから，証拠としては採用され，ただ，証拠価値につき受訴裁判所の判断に委ねられるものと解するのが一般である。なお，このような場合，呼出しを受けなかった当事者としては，再尋問が可能である限り，再尋問の申出（242 条）をすることによっ

て対処することができる。

III　急速を要する場合

　急速を要する場合は，証拠調べの期日への呼出しは要しない。「急速を要する場合」とは，たとえば，証人の死期や文書の廃棄処分が今日明日にも迫っている場合や，外国に去ってしまう場合など，呼出しを経ていたのでは証拠保全の目的を達せられないような場合である。急速を要する場合か否かの判断は，裁判所の裁量に委ねられ，その判断が誤っていた場合（客観的に見て，急速を要する場合でなかった場合）にも，当該証拠調手続は無効とはならない。

〔徳岡由美子〕

§241　I・II・III

（証拠保全の費用）
　第241条　証拠保全に関する費用は，訴訟費用の一部とする。

I　本条の趣旨

　証拠保全の決定は，事件を完結する裁判ではないため，裁判所は，申立てに係る費用に関する裁判をしない（67条参照）。ところで，証拠保全手続も，裁判の付随手続であるため，これに関する費用も，訴訟費用の一部とされるのが相当である。本条は，その趣旨を明記したものである。

II　証拠保全に関する費用

　証拠保全に関する費用には，申立手数料（貼用印紙代），送達費用（執行官送達の場合には執行官の手数料や旅費），担当裁判官・書記官の旅費，証人，鑑定人の旅費・日当，鑑定料，特別代理人の報酬（236条）等がある。

III　訴訟費用の一部としての負担について

　証拠保全に関する費用は，本案訴訟の終局判決において負担を定める訴訟費用の一部として，同判決で負担者ないし負担割合を定めることになる。原則として敗訴者負担である（61条）が，証拠保全の時点において（「行為の時における訴訟の程度において」〔62条参照〕），証拠保全が相手方の権利の伸張もしくは防御に必要であった場合には，勝訴の当事者に証拠保全に関する費用を負担させることができる（62条参照）。訴訟費用に含まれる証拠保全に関する費用は，訴訟費用額の確定手続（71条）を経て，取り立てることができる。

　本案訴訟が提起されなかった場合には，証拠保全に関する費用につき，相手方に対し，債務不履行または不法行為に基づく損害賠償請求の訴えを別途提起して回収すべきであるとの考え方もあるが，同費用に関し，別途訴訟を提起せざるを得ないとするならば，権利行使が事実上困難であるし，その後本案訴訟が提起されれば，当該別途の訴訟は，訴えの利益を失うことになってしまうことからすると，上記考え方は妥当ではなく，訴訟が裁判および和解によらないで完結した場合に準じて，裁判所が決定で負担を命じ，それに基づいて負担の

第7節　証拠保全

額を確定する方法（73条）によるのが相当である。

〔徳岡由美子〕

(口頭弁論における再尋問)
第 242 条　証拠保全の手続において尋問をした証人について，当事者が口頭弁論における尋問の申出をしたときは，裁判所は，その尋問をしなければならない。

I　本条の趣旨

証拠保全の証拠調べにおいて証人尋問した裁判所と，本案の受訴裁判所とは異なることが多い。本条は，口頭弁論における直接主義を貫徹するために，証拠保全の手続において尋問をした証人について，当事者が口頭弁論における再尋問の申出をしたときは，裁判所は，その尋問をすることを要する旨規定したものであり，裁判官の交代の際において再尋問を認めた 249 条 3 項と同趣旨の規定である。

II　再　尋　問

再尋問の申出は，本案で証拠保全における証拠調べの結果が援用された後速やかに申し出る必要があり，同申出が時機に後れたものである場合には，これにより訴訟の完結を遅延させることとなると認められるときには却下されることもある (157 条)。

再尋問が事実上不可能な場合（証人の死亡，外国所在等）や，再尋問が可能であってもその必要がない場合には，これを行う必要はない。ただし，証拠保全手続では，相手方が証拠調べに立ち会う機会を与えられなかったり，急速に証拠調べが行われ，当事者としては十分に尋問することができなかったということもあるから，再尋問の採否に際してはこれらの事情を十分に考慮する必要がある。

本条が適用される再尋問の申出の対象は「証人」に限定され，鑑定人，当事者尋問には適用されない。しかし，鑑定人や当事者の場合も，一般の証拠申出をすることによって再尋問を行うことが可能であり，その申出の採否については本条の趣旨が妥当するというべきである。

III 証拠保全の結果の本案訴訟での利用

　証拠保全のための証拠調べが行われた場合には，その証拠調べを行った裁判所の裁判所書記官が，本案の訴訟記録の存する裁判所の裁判所書記官に対し，証拠調べに関する記録を送付する（規154条）。なお，訴えの提起前の証拠保全の場合は，訴状にその証拠調べを行った裁判所および証拠保全事件の表示を記載することになっている（同54条）ので，これが上記記録送付の端緒となる。

　当事者はいずれも，口頭弁論期日において証拠保全の証拠調調書に基づきその結果を陳述することによって，証拠保全の結果を訴訟で使用することができる。その際，証拠保全の結果は，原則として本案訴訟内での取調べと同一の効力を有するから，証拠保全で証拠調べが行われ証拠調調書が作成されている場合でも，上記援用によって人証として口頭弁論に上程されることになる。前記再尋問をすべきであるのにこれをしなかった場合は，証拠保全の証拠調べの結果を本案訴訟において証拠として採用することはできない。

〔徳岡由美子〕

第5章　判　決

（終局判決）
第 243 条　①　裁判所は，訴訟が裁判をするのに熟したときは，終局判決をする。
②　裁判所は，訴訟の一部が裁判をするのに熟したときは，その一部について終局判決をすることができる。
③　前項の規定は，口頭弁論の併合を命じた数個の訴訟中その一が裁判をするのに熟した場合及び本訴又は反訴が裁判をするのに熟した場合について準用する。

I　終局判決

1　はじめに

本条は，終局判決につき，判決をすべきときを判断する基準，一部判決をすることのできる（すべき）要件などにつき，規律するものである。なお，終局判決には，上訴が認められる（281条1項・311条1項。終局判決と認める重要な実益の1つが上訴である）。

2　終局判決の意義

(1)　終局判決とは，訴えまたは上訴によって係属している訴訟事件の一部または全部について，その審級の審理を完結させる判決をいう[1]。訴訟手続にお

---

1) 兼子ほか・条解〔2版〕1302頁〔竹下守夫〕，賀集ほか編・基本法コンメ(2)〔3版〕262

ける中間の争いについてなされる中間判決（245条）と対置される。審級を完結させることで十分であり，訴訟自体を完結させることまで必要とされるわけではない（終局判決と構成する主な実益の1つが上訴にある以上，このことは当然である）。また，訴訟の全部について審理を完結させる終局判決を全部判決，一部につき審理を完結させる終局判決を一部判決という。

　(2) 上級審が，下級審の判決を取り消しまたは破棄し，事件を差し戻す判決または移送する判決をした場合，この判決は，仮に確定しても，訴訟自体を完結することはなく，事件を下級審に移審せしめるだけである。そこで，差戻判決が終局判決か中間判決かについて，見解が対立した。控訴審が第一審判決を取り消した点の当否に争いがあるなら，まず上告審がそれを審査し，その正当性を確定した上で，第一審で差戻し後の審理を行うのが合理的訴訟運営である。そのためには，差戻判決は上訴のできない中間判決ではなく，終局判決と解さなければならない（最判昭26・10・16民集5巻11号583頁）[2]。終局判決は，審級を完結させることで足り，訴訟自体を完結させることまでは必要ないわけである。

　手形・小切手訴訟手続（350条以下），少額訴訟手続（368条以下）を完結する判決は，審級を完結させるものではないが（異議申立てにより通常の手続に移行する。361条・379条1項），当該訴訟自体を完結するので，「終局判決」とされている（356条・357条・377条・378条1項）。ただし，異議申立てにより通常の手続に移行する構造との関係で，上訴その他の不服申立てについては特別の定めがある（356条・357条・377条・378条1項）。以上の規律に鑑みれば，これらの判決は終局判決に準ずる判決であると見るべきであろう。

　訴訟上の請求の当否の判断に基づき審級を完結させる本案判決だけでなく，本案判決の前提となる要件（訴訟要件）の存在が認められないという判断に基づき審級を完結させる訴訟判決も，終局判決である。訴えの取下げや，訴訟上の和解の有効性が争われ，裁判所がこれを有効と認めて訴訟の完結を宣言する判決（訴訟終了宣言の判決）も，その審級の審理を完結させる以上，終局判決で

　　頁以下〔鈴木正裕〕，秋山ほかⅤ7頁。
2)　兼子ほか・条解〔2版〕1303頁〔竹下〕，旧注釈民訴(4)13頁〔鈴木正裕〕，賀集ほか編・基本法コンメ(2)〔3版〕263頁〔鈴木〕。

ある[3]。

II 終局判決をなすべきとき（本条1項）

1 民訴法243条1項の趣旨

(1) 原　則

　終局判決をいつするかは，裁判所が職権をもって判断すべきであり，裁判所の裁量に属する[4]。以下は，裁判所が裁量に従い判断する際の基準である。

　裁判所は，訴訟が裁判をするのに熟したときは，直ちに終局判決をすることを義務づけられる（本条1項）。当事者の申出に応じて，不必要な弁論や証拠調べを行うため，あるいは，上訴審での破棄・取消しに備えて，念のために，主文を導く上で判断を要しない争点につき審理を行うため，口頭弁論の終結を引き延ばすことは，許されないのである[5]。このことは，当事者の迅速な裁判を受ける権利，および効率的な紛争解決という社会的経済的要請からの，当然の帰結である。

(2) 例　外

　ただし，以下の場合には，訴訟が裁判をするのに熟したとしても，終局判決をしてはならない[6]。①訴訟能力，法定代理権，または訴訟行為をするのに必要な授権を欠く場合などで，補正の余地があるときは，期間を定めて補正を命ずべきであり（34条1項・37条・59条），補正期間経過前は，終局判決をしてはならない。②裁判官の除斥・忌避の申立てがある場合，その裁判が確定するまでは，終局判決はすべきでない（26条本文。終局判決は同条但書の「急速を要する行為」には該当しないと解される）。③法律上一部判決をすることができない場合（後述参照）には，訴訟の一部が裁判をするに熟しても，それにつき終局判決をしてはならないと解される。なお，④裁判所は，裁判をするに熟したと見て弁

---

3) 兼子ほか・条解〔2版〕1302頁〔竹下〕，賀集ほか編・基本法コンメ(2)〔3版〕263頁〔鈴木〕。

4) 秋山ほかⅤ7頁。

5) 法律実務(4)23頁，兼子ほか・条解〔2版〕1303頁以下〔竹下〕，旧注釈民訴(4)24頁〔鈴木〕，秋山ほかⅤ7頁。

6) 旧注釈民訴(4)24頁〔鈴木〕，兼子ほか・条解〔2版〕1304頁〔竹下〕。

論を終結した後、審理が不十分であると判明すれば、終局判決をせず、口頭弁論の再開（153条）を命じなければならない[7]。

また、以下の場合には、訴訟が裁判をするのに熟したとしても、裁判所は、必要に応じて、終局判決をしないことが許される[8]。ⓐ裁判所は、訴訟がいかなる程度にあるかを問わず、和解を試み、または受命裁判官もしくは受託裁判官に和解を試みさせることができる（89条）。したがって、訴訟が裁判をするのに熟したと判断しても、状況によっては、終局判決をせず、和解を試みることも許されよう。ⓑ人事訴訟（離婚の訴え・離縁の訴え）においても、同様に解すべきである（人訴37条・44条を参照）。ⓒ終局判決が前提とした民事判決、刑事判決、または行政処分につき、取消しを求める手続が係属し、取消しが認められる蓋然性が高いと判断される場合は、終局判決をせず、その帰趨を見守ることも許されよう（338条1項8号を参照）[9]。

2　「訴訟が裁判をするのに熟したとき」の意義

(1) 定　義

「訴訟が裁判をするのに熟したとき」は、終局判決をすべきときを判断する基準であり、裁判所が、審理の結果、訴えが不適法であることにつき、適法であるときは、原告の請求の当否につき、終局的な判断をすることが可能な状態に達したことであると、定義されている[10]。

しかし、裁判所がこのような判断に達するためには、訴訟要件（訴えが適法であるか否かを判断する要件である）や、訴訟の対象たる権利に関する要件事実（原告の請求の当否を判断する要件である）以外にも、多種多様な事項に関する判断が必要である（後述3を参照）。したがって、どのような事項につき判断を終えれば、訴訟が裁判をするのに熟したことになるのかという観点から、「訴訟が裁判をするのに熟したとき」を定義することは困難であり、敢えていうなら、

---

[7] 秋山ほかⅤ8頁。
[8] 旧注釈民訴(4)24頁以下〔鈴木〕、兼子ほか・条解〔2版〕1304頁〔竹下〕、秋山ほかⅤ7頁。
[9] 兼子ほか・条解〔2版〕1732頁〔竹下〕、秋山ほかⅤ8頁も参照。
[10] 兼子ほか・条解〔2版〕1304頁以下〔竹下〕ほか。なお、賀集ほか編・基本法コンメ(2)〔3版〕263頁〔鈴木〕は、本条1項にいう「訴訟」とは、当該判決を以て判断すべき事項そのものを指すと解されると、される。

審理の結果，裁判所が，①本件判決をする上で判断せねばならない事項は何かと，②それらの事項に対する結論につき，判断を固めたことであると，定義するほかないであろう。

ただ，裁判所が行う多種多様な事項に関する判断は，最終的には，訴訟要件の存在と，訴訟の対象たる権利に関する要件事実の存在に関する判断に収斂するといえ，訴えの適法性，請求の当否に関する判断は，裁判所が行った多種多様な事項に関する判断の総まとめ・結論であると，位置づけることができる。

このように考えるなら，「訴訟が裁判をするのに熟したとき」とは，裁判所が，審理の結果，訴えが不適法であることにつき，適法であるときは，原告の請求の当否につき終局的な判断をすることが可能な状態に達したことであると，定義することには，一定の合理性があると思われる。

(2) 具体例

以上の定義に従えば，「訴訟が裁判をするのに熟したとき」とは，具体的・類型的には，以下のようになろう。

(ア) 訴訟判決　訴訟要件は本案判決の前提要件であり，訴訟要件の積極的要件につき，1つでも存在を認めることのできないとき，あるいは，消極的要件（訴訟障害）につき，1つでも存在が認められるときには，裁判所は，訴訟が裁判をするに熟したとして審理を終結し，訴え却下の終局判決をするのが，原則である。

訴訟要件の審理に法的拘束力ある順序を認める見解は，ある訴訟要件に先立って調査すべき他の訴訟要件がある場合，たとえ前者の存在が認められないと判断されても，後者の存在を調査・確定した後でなければ，裁判をするに熟したことにはならないと主張する[11]。しかし，訴訟制度の効率的な運営のためには，訴訟要件の審理の順序には法的拘束力はなく（合理的な審理のための指針と解すべきである），ある訴訟要件の存在が認められなければ，裁判をするに熟したと見て，訴訟判決をすべきである[12]。ただし，代理権の存在，訴え提起の有

---

11) 例えば，兼子・体系151頁は，管轄違いが判明した場合，移送決定は，訴え提起の適法性や，裁判権の存在等につき判断した後でなければ出せないが，訴えの利益を判断する前に出すことができる，とする。この問題については，高橋下〔2版補訂版〕9頁以下を参照。

効性，訴状送達の有効性，裁判権の存在のように，その訴訟要件の欠缺を看過すると，他の訴訟要件の欠缺を理由とする訴え却下判決が，無効になったり，再審により取り消されたりする場合には，その訴訟要件の審理をまたねばならないと，解される[13]。

　訴訟要件欠缺の場合でも，訴訟要件によっては，終局判決（訴訟判決）を出さない（裁判をするのに熟したことにはならない）ときがある。①受訴裁判所に管轄がない場合は，訴えを却下するのではなく，管轄裁判所に移送する決定を行う（16条1項）。②併合の訴え（38条・47条・52条・136条）や，訴訟内の訴え（143条・145条・146条）については[14]，併合の要件，訴訟内訴え提起の要件は，訴訟要件の1つであるが，これらが欠けていても，裁判をするに熟したとして，訴え却下の終局判決をするのではなく，当該訴えを別訴として取り扱うべきである[15]。

　訴訟要件が存在するとの判断に達していなくても，請求に理由のないことが明らかとなれば，裁判をするに熟したと見て，請求棄却判決を出せるのかについても，見解が対立する。訴訟要件が本案判決の要件である点を考慮するなら，否定すべきであるが，訴訟要件の趣旨の多様性に鑑み，一定の訴訟要件については，それが存在するとの判断に達しなくても，請求棄却判決を出せると解する見解が，有力である[16]。ただ，このような訴訟要件の範囲については，無益

---

12)　高橋下〔2版補訂版〕10頁，秋山ほかⅤ 10頁。
13)　旧注釈民訴(4) 16頁〔鈴木〕，兼子ほか・条解〔2版〕1308頁〔竹下〕。秋山ほかⅤ 10頁は，訴状送達の効力や裁判権の存在などは，他の訴訟要件の前提となるものであるから，その充足に疑いがある間は，他の訴訟要件の欠缺による訴え却下判決を避けるべきである，とされる。
14)　「訴訟内訴え提起」「訴訟内の訴え」については，鈴木正裕「訴訟内訴え提起の要件と審理」新堂編・特別講義222頁を参照。
15)　兼子ほか・条解〔2版〕1308頁以下〔竹下〕。訴えの変更，反訴については，鈴木・前掲注14) 230頁以下，247頁以下。
　　しかし，訴えの変更の要件が満たされていない場合は終局判決で却下すると解するのが実務であり（鈴木・前掲注14) 244頁以下），反訴の要件が満たされていない場合も反訴を却下する判決を出すべきであると解するのが判例である（最判昭41・11・10民集20巻9号1733頁）。
16)　鈴木正裕「訴訟要件と本案要件との審理順序」民商57巻4号〔1968〕507頁，兼子は

§243 Ⅱ

な訴訟の排除を趣旨とする，訴えの利益，当事者適格（訴訟担当の当事者適格は除く）がこれに該当する点に争いはないが，管轄，当事者能力，出訴期間，重複訴訟の禁止，訴訟内訴え提起の要件，訴え取下げ後の再訴禁止，抗弁事項（訴訟障害事由）などについては，見解が対立している[17]。

　(イ)　**請求棄却判決**　原告の請求が，当事者の主張した事実がすべて存在すると仮定しても，実体法上認められないときは，裁判をするに熟したと見て，請求棄却判決をすべきである[18]。

　また，原告の請求を理由づける事実の存在を認めることができないときは，裁判をするに熟したと見て，請求棄却判決をすべきである。請求を理由づけるため，複数の事由が主張されている場合（例，土地所有権の確認請求を理由づけるため，①当該土地に関する被告のもと所有及び被告・原告の間の売買契約と，②取得時効が主張〔援用〕されている場合）は，いずれの存在も認められないと判断されたとき（例では，①も②も認められないと判断されたとき）が，裁判をするに熟したときである。

　原告の請求を理由づける事実が認められる場合でも，抗弁，つまり，原告の請求に対し，障害事由，消滅事由，権利阻止事由等に該当する事実が主張されたときは，それが認められた時点で，裁判をするに熟したと見て，請求棄却判決をすべきである。抗弁が複数の場合（例，売掛代金請求に対し，錯誤による売買契約の無効，弁済，消滅時効が主張・援用された場合）には，そのうちの1つが認められればよい。どの抗弁から審理判断するかは，裁判所の裁量に委ねられる[19]。ただし，相殺の抗弁は，その性質上（114条2項を参照），他の抗弁が認められない（原告の訴求債権の存在が認められた）ときに，審理判断されるべきで

　　か・条解〔2版〕725頁以下〔竹下〕，新堂〔5版〕237頁以下，高橋下〔補訂2版〕10頁以下。反対，伊藤〔4版〕165頁以下。

17)　鈴木・前掲注16) 507頁，兼子ほか・条解〔2版〕727頁〔竹下〕，高橋下〔補訂2版〕12頁以下。

18)　兼子ほか・条解〔2版〕1309頁〔竹下〕。原告主張の事実だけでは不十分であっても，被告主張の事実も併せれば，請求が理由づけられる場合は，この限りでない。兼子一「相手方の援用せざる当事者の自己に不利なる事実の陳述」兼子・研究(1) 232頁ほか。このほか，旧注釈民訴(4) 16頁〔鈴木〕も参照。

19)　兼子ほか・条解〔2版〕1310頁〔竹下〕。

ある。期限未到来，停止条件不成就による請求棄却判決（一時的棄却）の既判力の特殊性に鑑みて[20]，このような抗弁の審判についても後回しにすべきか否かについては，見解の対立がある[21]。

再抗弁，再々抗弁等についても，以上と同様である[22]。

(ウ) **請求認容判決**　すべての訴訟要件が備わり，原告の請求原因が認められ，被告の抗弁がすべて認められず，あるいは，認められる抗弁があっても，これに対する原告の再抗弁が認められるなら（以下省略），裁判をするに熟したとして，請求認容の終局判決をする。1つの請求につき，複数の請求原因がある場合（例，土地所有権の確認請求において売買契約と取得時効が主張・援用されている場合），そのうちの1つが認められればよいことはいうまでもない。いずれを認めるかは，裁判所の裁量による[23]。

3　「訴訟が裁判をするのに熟したとき」の判断基準

(1) はじめに

「訴訟が裁判をするのに熟したとき」とは，裁判所が，審理の結果，訴えが不適法であることにつき，適法であるときは，原告の請求の当否につき，終局的な判断をすることが可能な状態に達したことであるという定義は，そのような判断が可能な状態に至った過程を捨象している。このことは，裁判所が，審理の結果，①判決をする上で判断せねばならない事項は何かと，②それらの事項に対する結論につき，判断を固めたことであると定義しても，同様であろう。

しかし，上述したように（**2**を参照），裁判所が「訴訟が裁判をするのに熟した」との判断に達するためには，多種多様な事項に関する判断が必要であり，これに関する客観的基準を定立することは困難である。つまり，訴訟が裁判をするのに熟する過程を客観化することは，困難なのである。ある論者は，この

---

20) 高橋下〔補訂2版〕595頁ほか。
21) 松本博之・既判力理論の再検討〔2006〕27頁，高橋下〔補訂2版〕597頁以下。
22) 留置権の抗弁（民295条），同時履行の抗弁（民533条）の場合は，裁判をするに熟する点は同じであるが，引換給付判決をする。限定承認の抗弁については，旧注釈民訴(4) 17頁〔鈴木〕。消極的確認訴訟の特殊性については，兼子ほか・条解〔2版〕1310頁〔竹下〕を参照。
23) 兼子ほか・条解〔2版〕1311頁〔竹下〕。消極的確認訴訟の特色についても，1311頁を参照のこと。

点につき,「具体的な事件は,その事件の種類・態様,当事者の資料収集能力,現に提出された資料の質・量などによって千差万別であり,容易に抽象的な基準をもって律することができない。」と述べる[24]。このように客観的で明確な基準を定立できないのであれば,訴訟が裁判をするのに熟したか否かは,基本的には裁判所の専権事項であり,その自由裁量に委ねられていると,解するほかないであろう[25]。

ただし,それは,全く何の制限もない「自由裁量」だと解すべきではない[26]。裁判所が裁量権の行使を誤れば,釈明義務違反,審理不尽,当事者の弁論権の侵害,あるいは手続保障の欠如といった問題が生じるからである(争い方としては,弁論再開の申出,上訴などがあろう)[27]。

したがって,「訴訟が裁判をするのに熟した」との判断に至る過程を可及的に客観化する試みは,怠るべきでない。以下(2)・(3)では,このような趣旨で主張されている若干の見解を,紹介したい。

(2) 「訴訟が裁判をするのに熟したとき」の分析

はじめに,訴訟が裁判をするのに熟したときについて,包括的・理論的分析を行った見解を,紹介したい[28]。

(ア) この見解は,訴訟が裁判をするのに熟したときには,2つの側面があると分析する。すなわち,①事案の完全な解明,あるいは訴訟資料の充実などに代表される,審理の結果生じた情報状態の側面と,②釈明権の行使や攻撃防御方法提出の機会の保障などに代表される,審理における手続保障の側面である[29]。

---

[24] 旧注釈民訴(4) 20頁〔鈴木〕。賀集ほか編・基本法コンメ(2)〔3版〕263頁〔鈴木〕は,訴訟が裁判をするのに熟したかどうかは,裁判官の個性・能力,事件の種類・内容,当事者の資料収集能力,現に提出された資料の質・量によって千差万別であり,容易に明確な基準を示すことはできないと,される。

[25] 太田勝造「訴訟カ裁判ヲ為スニ熟スルトキ」新堂編・特別講義430頁以下,旧注釈民訴(4) 20頁〔鈴木〕,兼子ほか・条解〔2版〕1307頁〔竹下〕。

[26] 兼子ほか・条解〔2版〕1307頁。

[27] 太田・前掲注25) 441頁以下,旧注釈民訴(4) 20頁以下〔鈴木〕,兼子ほか・条解〔2版〕1307頁〔竹下〕。

[28] 太田・前掲注25) 429頁以下。

(イ) 審理の結果生じた情報状態の側面については、以下のように説明する[30]。

訴訟が裁判をするのに熟するためには、事実主張（争点形成）、法律構成、証拠調べの3つのレベルで審理が十分に尽くされることが必要である。すなわち、事実の主張を尽くし、争点を網羅し、明確にし、かつ整理するだけでなく、法律構成の点でも十分に検討を尽くすことが必要である（法律構成は事実整理の前提となる）[31]。また、事実認定についても、審理が十分に尽くされ、審理結果の確実性が高まらなければならない。

ここに、審理が十分に尽くされたとは、必要とされる解明度が達成されたということであり、可能な法律構成、適用可能な法条・要件事実が十分に検討し尽くされ、予想され得る主張や証拠の提出が尽きたことである。これは、今後新しい訴訟資料、証拠資料などが現れても、裁判所の判断や心証度に動揺する可能性がなくなったことを意味すると言い換えることもできよう[32]。

以上が、訴訟が裁判をするのに熟することの中心的な内容である。

(ウ) 次に、手続保障に関しては、以下の4点が保障されなければならないとされる[33]。

① 法律構成、争点形成など、訴訟状態の現状について、裁判所と両当事者の間に共通の認識が形成されるよう、手続保障されなければならない。

② 各当事者は、自分に有利な結果を獲得するため、主張・立証などを行う機会・可能性を、保障されなければならない。

---

29) 太田・前掲注25) 432頁以下。
30) 太田・前掲注25) 437頁以下。
31) 論者は、「法律構成と争点形成は、不即不離な関係にあると考えている」とされるが（太田・前掲注25) 438頁)、そのとおりであると思われる。法律構成により、当該訴訟物との関係で何が要件事実であるかが決定され、さらに取調べが求められている証拠方法も加えれば、当事者の主張する事実のうち、何が間接事実であり、補助事実であるかが、明らかとなる。
32) 太田勝造・裁判における証明論の基礎〔1982〕108頁以下を参照。なお、論者は、事実認定のレベルで必要とされる解明度は、訴訟に必要な時間的物質的費用と紛争の重大性の比較衡量により判断されるべきだともいわれる。太田・前掲注25) 439頁以下。
33) 太田・前掲注25) 441頁以下。

③　各当事者は，訴訟の進行に自分の意見を反映させる機会・可能性を保障されなければならない。審理を続けたいという当事者の意思は無視すべきでないが，当事者に訴訟追行の熱意がない場合には，裁判に熟したとして，弁論を終結することも可能である。

④　各当事者は，訴訟の場で紛争当事者が平和裡にコミュニケーションをもつなど，訴訟手続固有の利益を保障されなければならない。

(3)　「訴訟が裁判をするのに熟したとき」の判断基準

　有力な見解は，(2)で紹介した理論をふまえ，裁判をなすに熟したか否かを判定するための一般的基準は，①どの範囲の事実ないし事項を審理の対象とすべきか（審理の対象の問題）と，②その対象たる事実ないし事項について判断材料をどの限度まで収集すべきか（判断材料の収集の限度の問題）の，2つの要素から構成され，②は，さらに，ⓐ審理の結果の確実性が高まり，必要とされる情報状態が達成されたか否かの観点と，ⓑ当事者に攻撃防御の機会が十分に保障されたか否かの観点から構成されると，主張する[34]。以下，説明したい。

　(ア)　**審理の対象の問題**　　審理の対象の範囲は，訴訟要件たる事項，訴訟の対象たる権利・法律関係の要件事実，その存否を推認させる間接事実であるとする見解もあるが[35]，これに尽きるわけではない。補助事実はもちろんのこと，民事訴訟手続上の事項など，多種多様な事項が審理の対象となる[36]。また，判

---

[34]　旧注釈民訴(4) 15 頁〔鈴木〕，新堂〔5 版〕554 頁以下，兼子ほか・条解〔2 版〕1304 頁以下〔竹下〕。

[35]　兼子ほか・条解〔2 版〕1305 頁〔竹下〕。

[36]　裁判所が「訴訟が裁判をするに熟した」と判断するには，訴訟要件や，訴訟の対象たる権利に関する要件事実のほか，様々な事項に関する判断が必要である。すなわち，裁判所は，訴えや，当事者の主張などから，訴訟の対象となる権利を特定し，要件事実を明らかにするなど，法律構成をし，当事者の主張を整理する。取調べを求められた証拠方法との関係などから，重要な間接事実，補助事実なども明らかにする。そして，争点が明らかになれば，証拠調べが実施される。裁判所は，自由心証主義の下で，経験則などに従い，証拠の採否を決定し，証拠調べで得られた証拠資料に基づき，事実を認定する。この過程で，裁判所は，釈明などの訴訟指揮を行い，中断した訴訟手続の受継，訴えの変更や反訴の許否など，訴訟手続についても判断する。以上に尽きるわけではないが，このようにして，訴訟要件の具備に関して判断が固まり，すべての訴訟要件が具備されている場合には，訴訟物の要件事実の存在に関して判断が固まれば，裁判所は終局判決をすることになる。

断すべき事項が適切に選択されるためには，主張を尽くさせ，法律構成を十分に検討して，争点を網羅し，明確にし，整理することも，必要であろう[37]。しかし，執行手続に関する事項（現行法上執行手続において執行担当機関が調査・判断すべき事項)[38]，仮の履行状態などは[39]，審理の対象とはならない（ここでは，これらの問題の詳細には立ち入らない）。

(イ)　**判断材料の収集の限度の問題**　　(ア)で述べた事項を判断する資料は，その審級の手続に現れた訴訟資料，証拠資料などである。弁論主義が妥当する範囲では当事者が収集して裁判所に提出するが，職権探知主義が妥当する範囲では裁判所も職権でその資料を収集せねばならない[40]。

以上の資料から，どの程度の心証・判断が形成されれば，「訴訟が裁判をするのに熟した」といえるのかが問題であるが，今後新しい資料が現れても，裁判所が形成した心証ないし判断の動揺する可能性がなくなったときであると，解されよう（必要とされる解明度の達成）[41]。

したがって，当事者の提出した訴訟資料・証拠資料及び職権探知が妥当する範囲で裁判所が収集した資料により，判断せねばならないすべての事項につき上述した解明度が得られ，最終的に，訴えが不適法であることにつき，適法であるときは原告の請求の当否につき，同様の結果が得られた場合には，裁判をするのに熟したことになる。

ただし，これに至る手続過程で，裁判所の釈明も交えて，両当事者に十分な主張・立証の機会が保障されたことが前提である。また，唯一の証拠の理論が妥当する場面では，審理結果の確実性が得られても，その証拠の取調べが終わるまでは，裁判をするのに熟したことにはならない[42]。

他方，当事者の提出した訴訟資料・証拠資料などから上述した解明度が得ら

---

[37]　太田・前掲注25) 438頁。
[38]　兼子ほか・条解〔2版〕1305頁以下〔竹下〕。
[39]　旧注釈民訴(4) 23頁以下〔鈴木〕，兼子ほか・条解〔2版〕1312頁以下〔竹下〕。
[40]　旧注釈民訴(4) 18頁〔鈴木〕，兼子ほか・条解〔2版〕1306頁以下〔竹下〕。
[41]　旧注釈民訴(4) 19頁〔鈴木〕。解明度と類似する概念として，三木浩一教授が提唱される「信頼度」がある。信頼度の概念及び信頼度と解明度の相違については，三木・手続運営457頁以下，462頁以下を，参照。
[42]　兼子ほか・条解〔2版〕1306頁〔竹下〕。

れない場合（必要とされる事実の一部または全部が主張されていない場合，獲得された証拠資料から要証事実につき審理結果の確実性が得られない場合などがある）は，問題である。これについては，以下のような有力な見解がある[43]。まず，①当事者が既に主張・立証を尽くし，裁判所も釈明すべき点がなく，職権で収集しうる資料も尽きた場合は，裁判をするのに熟したと考えてよい。しかし，②そうでない場合には，裁判をするのに熟したとはいえず，審理を続行し，当事者に攻撃防御方法を提出する機会を与え，必要に応じて釈明権を行使して，事案の完全な解明に努めるべきである。それにもかかわらず，当事者が釈明に応じず，与えられた弁論の機会も利用せず，それが当事者の故意または重大な過失に基づくと認められる場合には，157条・157条の2の趣旨に基づき，裁判をするのに熟したと見て，弁論を終結すべきである。

Ⅲ 判決の個数

1 はじめに

判決には「個数」がある。1個の判決に対して当事者が上訴をすれば，判決全体の確定が遮断され，それが対象とする請求のすべてが上訴審に移審することになる。

「判決の個数」は，複数の請求が1つの訴訟手続で審判される場合に，実益のある概念である。すなわち，このような場合，①複数の請求全体につき1個の判決がなされるときと，②個々の請求ごとに1個の判決がなされるときがある。①の場合，当該判決に対する上訴は，すべての請求について判決の確定を遮断し，移審の効果を生ぜしめることになる。これに対して，②の場合は，当該判決の対象である請求についてのみ，確定遮断効と移審効が生じることになる。

複数の請求が1つの訴訟手続で審理される場合，民訴法の解釈上，ⓐ複数の請求全体に1個の判決をしてもよいし，個々の請求ごとに1個の判決をしてもよいとき，ⓑ複数の請求全体に1個の判決をしなければならないとき，ⓒ複数の請求のなかの個々の請求ごとに1個の判決をしなければならないときがある。

---

[43] 兼子ほか・条解〔2版〕1307頁〔竹下〕。

したがって，このような場合，外形上1個の判決がなされた（具体的には1通の判決書で判決がなされた）ときは，その事例がⓑに該当するなら1個の判決がなされたと解釈することになり，ⓒに該当するなら請求ごとに複数の判決がなされたと解することになる。そうでないなら，民訴法上違法な（瑕疵ある）判決だと解されることになる。

問題はⓐの場合であるが，特段の事情のない限り，形式的に1つの判決でなされたときは，1個の全部判決であると見るのが合理的であると解される[44]。

なお，Ⅳで検討する一部判決は，ⓐの場合の問題であるといえよう。

2 個別問題

以下では，訴えの併合の各形態が，上述1のⓐ，ⓑ，ⓒのいずれに該当するのかを，検討することにしたい。

(1) 訴えの主観的併合

通常共同訴訟の場合は，共同訴訟人独立の原則から，判決は請求ごとに行わなければならないと解される。したがって，ⓒに該当する。これに対して，必要的共同訴訟は，固有必要的共同訴訟，類似必要的共同訴訟を問わず，合一確定の必要があるのだから（40条1項），全体として1個の判決を行わなければならない（ただし，固有必要的共同訴訟については，請求が1個であることを理由に判決も1個であると解する見解が，多数である）[45]。独立当事者参加の場合も，民訴法47条4項が40条1項を準用し，合一確定が図られるので，同様である。すなわち，これらはⓑに該当する。

(2) 訴えの客観的併合など

訴えの客観的併合，弁論の併合，訴えの変更，反訴により，複数の請求が1つの訴訟手続で審理されている場合，1個の判決をすることもできるし，一定の要件が備われば，各請求ごとに判決をすることもできる。すなわち，ⓐに該当する。

---

[44] 以上の問題については，秋山ほかⅤ16頁以下を参照。
[45] 秋山ほかⅤ18頁。

Ⅳ 一部判決

1 意 義

1つの訴訟手続で複数の請求が審理され，上述Ⅰの@に該当する場合，そのすべてについて終局判決を行うときと，その一部について終局判決を行うときがある。一部について行われたときは，その終局判決を一部判決，残された請求につき後からなされる終局判決を残部判決（結末判決）という。すべてについて行われたときは，その終局判決を全部判決という。以上に対し，裁判所が全部判決をする意図で一部判決をした場合を，裁判の脱漏という。そして，脱漏に係る請求に関する判決を，追加判決（補充判決）という。

2 一部判決をなし得るとき

(1) はじめに

本条2項は，どのような要件の下で一部判決をすることができるのかにつき，裁判所は，訴訟の一部が裁判をするのに熟したときは，その一部について終局判決をすることができると，規定する。そこで，以下では，まず，一部判決のメリット・デメリットを見た上で，一部判決をするための要件を，検討する。

(2) 一部判決のメリット・デメリット

一部判決は，1個の訴訟手続で複数の請求が審理されている場合に，それらの請求のうち裁判をするに熟したものにつき終局判決をすることにより，①審理の整理・集中化を実現し（請求が少なくなれば，そのぶん審理・判決は簡明になろう），②当事者に早期の紛争解決を与える，とりわけ勝訴当事者に早期の救済を与える（確定の時期も早まるであろうし，一部判決をして仮執行宣言を付ければ迅速な救済となろう），という制度である[46]。

しかし，一部判決には，デメリットもある。すなわち，一部判決がなされ，これに対して上訴がなされると，それまで1つの訴訟手続で審理していた複数の請求が，一部は上訴審に，残余の部分は原審に係属して，審理・判決されることになる。そうなると，これまで1つの訴訟手続でなされていた審理が，複

[46) 兼子ほか・条解〔2版〕1316頁〔竹下〕，賀集ほか編・基本法コンメ(2)〔3版〕262頁以下〔鈴木〕。

数の訴訟手続でなされることとなり，訴訟経済上は好ましくないし[47]，当事者の訴訟追行上の負担も増大する。さらに，同一の事実上・法律上の問題につき，上訴審と原審の判断が分かれ，その内容に矛盾のある判決がなされることもあり得よう。このような事態を避けるため，当初は，複数の請求を1つの手続で審理していたのである。

(3) 「訴訟の一部」が裁判をするのに熟したとき

本条2項は，「訴訟の一部」が裁判をするのに熟したとき，一部判決をなし得ると規定する。「訴訟の一部」とは，基本的には，1個の訴訟手続で複数の請求が審理されている場合の請求の一部であると，解される。一部判決は，その性質上，残部から独立して判断ができ，残部に対する判断の影響を受けないものでなければならないからである[48]。1個の請求に関する攻撃防御方法，中間の争い，数額と区別される意味での「請求の原因」などは，その対象とはなり得ない[49]。なお，一部判決・残部判決は，1個の請求の内容が可分である場合にも，問題となり得る（後述参照）。

(4) 訴訟の一部が「裁判をするのに熟したとき」

一部判決をなし得るのは，訴訟の一部が「裁判をするのに熟したとき」である。一部判決も終局判決である以上，このことは当然である。裁判をするのに熟したときの意味は，Ⅱで検討したとおりである。

(5) 裁判所の訴訟指揮上の裁量

訴訟の一部が裁判をするのに熟し，一部判決が可能な場合でも，これをするか否かは裁判所の訴訟指揮上の裁量に委ねられる（本条2項は，その一部について終局判決をすることができると規定する）。一部判決が可能な場合に，裁判所が一部判決をしたこと，あるいはしなかったことにつき，当事者は不服申立てをなし得ない[50]。

---

[47] 審理の際，同一の資料を双方の審級で用いることもあり得ようが，その負担も看過し難い。すなわち，一部判決に対して上訴があり，上級審でも訴訟記録を必要とするときは，弁論の分離の場合と同様，残部の係属している裁判所の書記官が，訴訟記録の正本を作成し，上級裁判所に送付する。兼子ほか・条解〔2版〕1321頁〔竹下〕，賀集ほか編・基本法コンメ(2)〔3版〕264頁以下〔鈴木〕。

[48] 兼子ほか・条解〔2版〕1317頁〔竹下〕。

[49] 兼子ほか・条解〔2版〕1317頁〔竹下〕。

このように裁判所の訴訟指揮上の裁量が認められた趣旨は，一部判決には上述(2)のようなメリットとデメリットがあり，一部判決をすべきか否かにつき一律で明確な基準を定立することが困難なので，裁判所に，事件ごとに，一部判決のメリット・デメリットを衡量して，一部判決をするか否かにつき，合理的な判断をすることを委ねた点にあると，解されよう。したがって，裁判所は，一部判決をするか否かを決定する際，上述(2)で挙げた諸要素を，考慮に入れるべきことになろう。これは，弁論を分離するか否かを決定する際の考慮と，軌を一にしているといわれる[51]。

ただし，裁判所の裁量にも制約があり，一部判決が許されない場合になされた違法な一部判決に対しては，一定の救済がなされる。後述3(3)を参照。

(6) **個別的検討**

1つの訴訟手続で複数の請求が審理・判決される場合には，定型的に一部判決が許されないと解される場合がある。また，上述(2)のようなメリット・デメリットが，定型的に現れる場面もある。そこで，以下では，訴えの併合の形態ごとに，この問題を個別的に検討することにしたい。

(ア) **請求の内容が可分である場合**　1つの請求が訴訟手続で審判され，その請求の内容が可分である場合に，一部判決が許されるか否かについて，議論がある。いわゆる一部請求否定論は，すべきでないという結論と親和性をもつ[52]。また，上訴されたとき判断内容が矛盾する判決のなされる危険があるので，矛盾判決回避の観点からも，すべきでないという結論が導かれよう。ただし，請求を基礎づける契約の存在は認められるが，抗弁として一部弁済や相殺などが主張され，その審理に時間がかかりそうな場合には，当該抗弁に係らない部分につき請求認容の一部判決をすることを認める見解も，あり得よう[53]。

(イ) **単純併合**　審理されている複数の請求が単純併合の場合，一部判決が認められるのが原則である。

---

50) 兼子ほか・条解〔2版〕1317頁〔竹下〕。
51) 伊藤〔4版〕474頁，笠井＝越山編・新コンメ843頁〔越山和広〕。
52) 伊藤〔4版〕475頁は，判断の矛盾・抵触を避けることのほか，一部請求を否定すべきことを理由に，一部判決を許されないとする。
53) 菊井＝村松Ⅰ1146頁，兼子ほか・条解〔2版〕1317頁〔竹下〕。

§ 243 Ⅳ

ただし、①1つの請求が他の請求の先決的法律関係となっている場合（例、甲地の所有権の確認請求と、甲地に関する移転登記手続請求、甲地の明渡請求が単純併合されている場合）、あるいは、②複数の請求が共通の先決的法律関係に由来する場合（例、甲地に関する移転登記手続請求と、甲地の明渡請求が単純併合されている場合）については、かつてはこれを認める見解が多数であったが[54]、近時は、一部判決の結果、矛盾した判決が出され、法律関係が紛糾する（紛争解決が不可能となる）危険があることを理由に、これを認めない見解が多数である[55]。

ここでは、民訴法142条とのバランスも考慮すべきだと思われる。すなわち、主要な争点を共通とする場合には、別訴禁止・併合強制という意味での重複訴訟禁止となると解する立場からは[56]、弁論の分離と共に、一部判決も禁止されるのだと解するのが、合理的であろう。他方、重複訴訟禁止の対象を主要な争点の共通に拡張することに反対する、通説（訴訟物を基準に重複訴訟禁止の範囲を画する）は、①や②についても一部判決を認める見解と、親和的である。ただ、通説のなかでも、このような重複訴訟の禁止の拡張が任意であるべき反訴の提起を事実上強制する点を批判する見解は[57]、一部判決が問題となる場面でこのような弊害は生じないので、①や②につき一部判決を認めないことと矛盾しないと思われる[58]。

なお、上述②については、さらに例外のルールを考えることができる。すなわち、1つの基本契約に基づく複数の請求が1つの訴訟手続で審判される場合でも、ⓐ基本契約の存在は明らかである（あるいは自白されている）が、一部の請求につき抗弁が主張され、その審理に時間がかかりそうな場合に、他の部分につき請求認容の一部判決をすること、ⓑ基本契約の存在の審理には時間を要するが、一部の請求につき（仮に存在するとしても）時効の成立が明らかな場合に、その部分につき請求棄却の一部判決をすること等は、一部判決の趣旨から

---

54) 兼子・体系320頁、菊井＝村松Ⅰ1145頁、三ヶ月・全集144頁など。
55) 小室直人「訴えの客観的併合の一態様」同・訴訟物と既判力〔1999〕177頁、伊藤〔4版〕474頁、新堂〔5版〕658、752頁、兼子ほか・条解〔2版〕1318頁〔竹下〕。
56) 高橋上〔2版補訂版〕132頁以下、伊藤〔4版〕218頁以下ほか。
57) 兼子ほか・条解〔2版〕825頁以下〔竹下守夫＝上原敏夫〕。
58) 兼子ほか・条解〔2版〕1318頁〔竹下〕は、①や②につき原則として一部判決を認めない。

〔中西〕

§243 Ⅳ

は，許される[59]）。

　(ウ)　**予備的併合**　　予備的併合において，主たる請求を棄却する場合には，同時に予備的請求についても判決することを要し，主たる請求についてのみ一部判決をすることは許されないと解される[60]）。予備的併合は，複数の請求が相互に両立しない場合に，主位請求が認容されないときに備えて，その認容を解除条件として，予備的請求についても予め審判を申し立てるのであり，両請求に対する判断に矛盾があってはならないのだから，このことは当然であろう。

　　主たる請求を認容する場合は，解除条件の成就により（原告は予備的請求については判決を求めない意思である），予備的請求は審判の対象とならない。すなわち主位請求認容判決は1個の全部判決であり，ここでは一部判決の問題は生じない[61]）。

　(エ)　**選択的併合**　　1つの請求を棄却する場合，予備的併合の場合のような分断回避の要請はないので，一部判決は認められるとする見解や，すべての請求につき統一的審判を求める併合形態である以上一部判決はできないとする見解などが，対立する[62]）。なお，1つの請求を認容する場合は，解除条件の成就により，他の請求は審判の対象とならないので，一部判決の問題は生じない。

　(オ)　**通常共同訴訟**　　通常共同訴訟の場合，共同訴訟人独立の原則から，主観的に併合されている請求の1つにつき終局判決をすることに，問題はない。ただし，上述Ⅲのように，通常共同訴訟においては，すべての請求につき外観上1つの判決がなされても，各請求につき1個の判決が成立すると解されるので，上述した終局判決は，全部判決であり，一部判決ではない。その意味で，ここでは，一部判決の問題は生じない。

---

59) 兼子ほか・条解〔2版〕1317頁〔竹下〕も参照。兼子ほか・前掲は，一方が金銭債権の場合は，法律関係を紛糾させないので，一部判決を一律に禁止する必要はないともいわれる。

60) 最判昭38・3・8民集17巻2号304頁，伊藤〔4版〕474頁，新堂〔5版〕658頁，兼子ほか・条解〔2版〕1318頁〔竹下〕ほか。

61) 主位請求認容判決に対して控訴がなされると，予備的請求も同時に控訴審に移審し，被告は予備的請求について審級の利益を失うことになるが，通説はこの結果を容認している。賀集ほか編・基本法コンメ(2)〔3版〕265頁〔鈴木〕，新堂〔5版〕753頁

62) 兼子ほか・条解〔2版〕1319頁〔竹下〕，笠井＝越山編・新コンメ844頁〔越山〕。

ただし，同時審判の申出のある共同訴訟は，弁論および裁判を分離しないでしなければならない以上（41条1項），一部判決をすることもできないと解されよう。

(カ) **必要的共同訴訟**　必要的共同訴訟は，固有必要的共同訴訟，類似必要的共同訴訟を問わず，合一確定の必要があるのだから（40条1項），一部判決を認めることはできない。独立当事者参加の場合も，民訴法47条4項が40条1項を準用し，合一確定が図られるので，一部判決を認めるべきではない[63]。

(キ) **弁論の併合・訴えの変更・反訴（本条3項）**　本条3項は，前項の規定は，口頭弁論の併合を命じた数個の訴訟中その一が裁判をするのに熟した場合および本訴または反訴が裁判をするのに熟した場合について準用すると，規定する。

弁論の併合（152条1項）があれば，後発的に，1つの訴訟手続で複数の請求が審判される状態が生ずる。したがって，このような場合に一部判決ができるか否かは，上述した基準で判断することになろう。本条3項は，このことを注意的に規定したものである[64]。訴えの変更の場合も同様であろう。

反訴が提起された場合も1つの訴訟手続で本訴と反訴が審理されることとなるので，一部判決については，上述(イ)の単純併合で述べたルールが妥当しよう。すなわち，本訴または反訴については一部判決が認められるのが原則である。ただし，本訴または反訴のうち，①一方が他方の先決的法律関係となっている場合（例，本訴請求が所有権に基づく移転登記手続請求で，反訴が所有権の確認である場合），あるいは，②双方が共通の先決的法律関係に由来する場合（例，ⓐ本訴が所有権に基づく明渡請求で，反訴が所有権移転登記手続請求である場合，ⓑある売買契約に基づき，目的物引渡請求の本訴と，売買代金支払請求の反訴がなされた場合）には，一部判決は許されないと解すべきであろう[65]。このほか，単純併合の場合

---

[63] 最判昭43・4・12民集22巻4号877頁，最判昭45・12・24判時618号34頁，兼子ほか・条解〔2版〕1319頁〔竹下〕，賀集ほか編・基本法コンメ(2)〔3版〕266頁〔鈴木〕。

[64] 笠井＝越山編・新コンメ844頁〔越山〕。本条3項が「準用」とした理由については，兼子ほか・条解〔2版〕1320頁〔竹下〕，賀集ほか編・基本法コンメ(2)〔3版〕266頁〔鈴木〕を参照。

[65] 兼子ほか・条解〔2版〕1320頁以下〔竹下〕，賀集ほか編・基本法コンメ(2)〔3版〕266頁〔鈴木〕，笠井＝越山編・新コンメ845頁〔越山〕。

とは異なり，③既判力が抵触する場合もあり（例，同一不動産につき所有権確認の本訴と反訴が提起されている場合），このような場合には，一部判決はより強く禁止されると解されよう。なお，ここでも民訴法142条とのバランスを考慮した解釈が要求されよう。すなわち，既判力が及ぶため，あるいは主要な争点を共通とするため，別訴禁止・反訴強制という意味での重複訴訟禁止となると解される場合であれば，弁論の分離と共に，一部判決も禁止されるのだと解するのが，合理的であろう。

　予備的反訴の場合，本訴請求を棄却するときは，予備的反訴についても判決せねばならないので，一部判決は許されないと解される。他方，本訴請求を認容するときは，解除条件成就により，予備的反訴は審判の対象とならず，一部判決は問題とならない。

3　一部判決の手続

(1) 一部判決をする際の訴訟指揮

　一部判決をするときは，その部分につき弁論を尽くさせ，手続保障を充足させるため，弁論の制限などをして，当事者にその旨を予知させるのが適切である。

　そして，訴訟が裁判をするのに熟したと判断されれば，弁論を分離した上で[66]，口頭弁論を終結し，判決言渡期日を指定して，一部判決を言い渡すことになる[67]。

(2) 訴訟費用の裁判[68]

　訴訟費用の裁判は，残部判決で全訴訟費用につきまとめてするのが原則である。訴訟費用を，一部判決をするのに要した部分と，残部判決をするのに要した部分に分けることは，困難だからである。残部判決で行った訴訟費用の裁判は，一部判決の補充としての意味をもち，これと一体をなすと解される。ただし，一部判決の対象となった部分に関する訴訟費用を区別し得る場合は，一部判決において訴訟費用の裁判をしても差し支えない。

---

[66]　秋山ほかⅢ 309頁，Ⅴ 19頁，伊藤〔4版〕474頁。反対，兼子ほか・条解〔2版〕1321頁〔竹下〕。

[67]　兼子ほか・条解〔2版〕1321頁〔竹下〕。

[68]　兼子ほか・条解〔2版〕1321頁〔竹下〕。

(3) 違法な一部判決に対する救済

(ア) 上述**2**(5)のように，一部判決が許される場合に，これをするか否かは，裁判所の訴訟指揮上の裁量に委ねられている。一部判決が可能な場合に，裁判所が一部判決をしたこと，あるいはしなかったことにつき，当事者は不服申立てをなし得ない[69]。

(イ) しかし，一部判決が法律上許されない場合（上述Ⅲ 1 及びⅣ 2 (6)の(ア)ないし(キ)を参照）には，裁判所の裁量は問題とならず，当該一部判決は民訴法上違法となり，以下のように取り扱われると解される[70]。

① 当該一部判決は，形式的には一部判決とされていても（判決の主文や理由などからは一部判決と解されるとしても），瑕疵ある全部判決であると見るべきである。違法な一部判決である以上，残部につき結末判決（残部判決）をすることは許されないからである。

② したがって，当該一部判決に対して上訴がなされた場合には，すべての請求との関係で上訴がなされたことになる。上訴の効力である移審効と確定遮断効も，当然のことながら，すべての請求につき生ずる。上訴審では，事件の全体が審理の対象となるのである。

③ また，当該一部判決が，固有必要的共同訴訟や独立当事者参加において，一部の当事者に対してのみなされた場合であれば，名宛人となっていない当事者も上訴を提起できる。

④ 上訴審は，当該一部判決を，理由不備または理由齟齬として，取り消すべきである（破棄すべきである）。その上で，自判するか，原審に差し戻すべきである。

⑤ 一部判決の違法が職権で顧慮されるべきか否かは問題であるが，判例は，独立当事者参加訴訟で一部判決がなされた事案において，訴訟要件に準じて職権で顧慮すべきであると判示している（最判昭43・4・12民集22巻4号877頁）。判例の立場を支持すべきである[71]。

---

69) 兼子ほか・条解〔2版〕1317頁〔竹下〕。
70) 兼子・体系320頁，三ヶ月・全集297頁，菊井＝村松Ⅰ1144頁，賀集ほか編・基本法コンメ(2)〔3版〕266頁〔鈴木〕，兼子ほか・条解〔2版〕1322頁〔竹下〕。
71) 兼子ほか・条解〔2版〕1322頁〔竹下〕。

⑥　当該一部判決が違法であるにもかかわらず確定した場合，訴訟は事件全体として終了するが，瑕疵を治癒する法的手段については見解が対立する。第1の見解は，判断の脱漏が存在する以上再審を認めるべきであると，主張する[72]。これに対して，第2の見解は，確定した一部判決には再審事由はないと解しつつ，判断されていない請求に関しては，主文もなく，既判力は生じていないので，当事者は再訴を提起できると，主張する[73]。

　⑦　なお，当該一部判決に対して上訴がなされた後，原審がさらに誤って残部判決をし，それに対しても独立の上訴がなされた場合については，上訴審は双方の事件を併合した上で，これらの判決を取り消すべきであるとする，有力な見解がある[74]。しかし，残部判決は，もはや係属していない事件について，誤ってなされた判決であると，見るべきである。したがって，上訴審で併合する必要はなく，取消しの対象となり，「確定」しても無効の判決として扱うべきである。再審の対象となるか否かは，無効の判決も再審の対象となるか否かにより決すべきである。

　(ウ)　なお，上述(イ)の見解に対して，①一部判決の許否についても，行為規範としての一部判決許否の基準と，一部判決をしてしまった後で上訴により取り消すべきかどうかを決める基準とは，区別して考察すべきである，②一部判決をしてしまったとき，その判決の瑕疵として上訴によって取り消すかどうかは，訴訟経済・公平のバランスで考察すべきであるとする，有力な見解がある[75]。

〔中西　正〕

---

72)　秋山ほかⅤ 20 頁。
73)　兼子ほか・条解〔2 版〕1322 頁〔竹下〕。「違法な一部判決も確定すれば，当然に再審事由があることにはならない」とされる。
74)　秋山ほかⅤ 20 頁。なお，取り消した判決を原審に差し戻すか自判するかは上訴審の裁量だとされる。
75)　新堂〔5 版〕752 頁以下。

第244条　裁判所は，当事者の双方又は一方が口頭弁論の期日に出頭せず，又は弁論をしないで退廷をした場合において，審理の現状及び当事者の訴訟追行の状況を考慮して相当と認めるときは，終局判決をすることができる。ただし，当事者の一方が口頭弁論の期日に出頭せず，又は弁論をしないで退廷をした場合には，出頭した相手方の申出があるときに限る。

I　本条の趣旨

旧民事訴訟法の下では，当事者が，①口頭弁論期日に必要な主張や証拠の申出をしない，②そもそも口頭弁論期日に出頭しない等，審理の進行に非協力的な民事訴訟事件が少なくないと，いわれていた[1]。

このような不熱心訴訟追行に対しては，一定の対策が必要である。民事訴訟の利用者は，限られた司法資源の効率的な利用と，当事者の負担の適正化という観点から，口頭弁論期日その他の期日を無駄にしないよう訴訟追行することが期待される[2]。この点に異論はないであろう。そして，不熱心な訴訟追行は，このような正当な期待に背き，司法資源の有効な利用，当事者の負担の適正化の点で，問題を生ぜしめるからである。

そこで，平成8年の民事訴訟法改正において，不熱心訴訟追行に対処するため，ⓐ訴えの取下げを擬制する要件が緩和されるとともに（263条），ⓑ「審理の現状に基づく判決の制度」が導入された。本条はこのⓑを規律するものである。

したがって，本条の目的は，不熱心な訴訟追行による弊害を防ぐこと，言い換えれば，民事訴訟の当事者に口頭弁論期日その他の期日を無駄にしないよう

---

[1] 池田辰夫「不熱心訴訟追行とその帰責法理」同・新世代の民事裁判〔1996〕129頁，小島武司「不熱心訴訟追行の訴訟法的評価」新堂編・特別講義411頁以下，加藤新太郎「不熱心訴訟追行に対する措置②——審理の現状に基づく判決」新大系(3)302頁以下，宇野聡「不熱心な訴訟追行に対する対応」塚原朋一ほか編・新民事訴訟法の理論と実務（上）〔1997〕279頁以下ほか。

[2] 加藤・前掲注1) 301頁以下。

訴訟追行することを要求し，司法資源の有効な利用，および当事者の負担の適正化を実現することであると，見ることができよう。

II 本条と243条との関係

1 はじめに

民訴法243条1項は，訴訟が裁判をするのに熟したときに終局判決をする旨を規定する。したがって，「審理の現状及び当事者の訴訟追行の状況を考慮して相当と認めるときは，終局判決をすることができる」と規定する本条は，243条1項と，どのような関係に立つのかが，問題となろう。

本条は最高裁昭和41年11月22日判決（民集20巻9号1914頁）を参考にして創設されたといわれているので[3]，初めにこの昭和41年判決を紹介した後，本問題を検討したい。

2 最高裁昭和41年11月22日判決（民集20巻9号1914頁）

最高裁判所は，この判決で，「訴訟が裁判を為すに熟するときは，裁判所は口頭弁論を終結して終局判決をすることができることは民訴法182条により明らかであつて[4]，当該口頭弁論期日に当事者の双方が出頭していないことは，裁判所の右職権の行使を妨げるべき理由とならない。所論は，民訴法238条を根拠として右見解を争うが，民訴法238条は[5]，当事者双方が口頭弁論の期日に出頭せず，または弁論を為さないで退廷した場合において，裁判所が口頭弁論を終結せずかつ新期日の指定をもなさないで当該口頭弁論期日を終了した場合における取扱を規定したものと解すべく，この制度があるからといつて直ちに所論のように解しなければならないものではない」と判示した。

この判例のルールには，以下のような批判が可能である[6]。口頭弁論期日が

---

3) 法務省民事局参事官室編「民事訴訟手続の検討課題」別冊NBL23号〔1991〕26頁。本条は，最高昭41・11・22と，ドイツ民訴法の「記録の現状による裁判の制度」を参考にして創設されたといわれている。

4) 旧民訴法182条は，訴訟が裁判をなすに熟するときは，裁判所は終局判決をなす旨を，規定していた。

5) 旧民訴法238条は，当事者双方が口頭弁論期日に出頭しなかった場合，または出頭したが弁論をせずに退廷し，3ヵ月以内に期日指定の申立てがない場合には，訴えの取下げがあったとみなす旨を，規定していた。

指定されたのは，その時点で訴訟が未だ裁判をするに熟していなかったからである。そして，その期日に弁論も証拠調べも行われず，当事者の攻撃防御につき何の進展もなかった以上，訴訟が裁判をするに熟するに至るわけがない。したがって，この判例のルールは，訴訟が裁判をするに熟したときに弁論を終結し終局判決をするという民訴法の原則に反している。

しかし，この批判に対しては，次のような説明がなされている[7]。訴訟が裁判をするに熟したか否かは，訴訟の全経過に基づく総合的判断であるから，当事者の当該期日の欠席が判断資料となり，訴訟が裁判をするに熟したとの判断に至ることも稀ではない。また，前回の期日で既に裁判をするに熟していたが，裁判所の優柔不断から一期日続行したに過ぎない場合もある。未だ裁判をするに熟してはいないのに弁論を終結することもあり得ようが，この場合には審理不尽の違法が問題となろう。

以上を見る限りでは，この昭和41年判決は，「訴訟が裁判を為すに熟するとき」の枠内で，不熱心な訴訟追行の問題に対処したものと思われる。

3 検　討

(1) はじめに

本条本文の趣旨については，①昭和41年判決のルールを維持し，「相当と認めるとき」とは，「訴訟が裁判をするのに熟したとき」の一場面であるとする見解と，②熟していなくとも，審理の現状および当事者の訴訟追行の状況を考慮して，いわば不熱心な訴訟追行者に対する制裁として，弁論を終結し，終局判決をすることを可能ならしめたものとする見解が対立していると，いわれている[8]。

しかし，現実に主張されている見解を見る限り[9]，本条は，十分な手続保障

---

[6] 坂井芳雄・最判解説昭和41年度459頁以下，鈴木正裕「新民事訴訟法における裁判所と当事者」講座新民訴(1) 54頁以下ほか。

[7] 坂井・前掲注6) 459頁以下。

[8] 鈴木・前掲注6) 55頁，賀集ほか編・基本法コンメ(2)〔3版〕267頁〔鈴木正裕〕。

[9] 滝井繁男「不熱心な訴訟追行」田原睦夫ほか編・論点新民事訴訟法〔1998〕390頁以下，宇野・前掲注1) 292頁以下，加藤・前掲注1) 314頁，研究会316頁以下〔竹下守夫発言〕，ほか。

次のような有力な見解もあるが，やはり同じ趣旨であると思われる。民訴法244条の

がなされたにもかかわらず，当事者の不熱心な訴訟追行のため，判断材料の収集が不十分な場合に，当事者双方が欠席する口頭弁論期日において，弁論を終結し，審理の現状に基づく判決をすることを許した規定であるとする点で，見解の一致を見ていると思われる。

そこで，以下では，これらの見解の最大公約数的要素を要約し，代表的な見解として，紹介することにしたい。

(2) 代表的な見解

客観的な証拠収集状況からすれば裁判をなすに熟したといえないときでも，当事者の不熱心な訴訟追行など，個々の事件の具体的事情を根拠に，それ以後の攻撃防御方法提出の機会を包括的に失権させるという意味で，弁論を終結することは，民訴法243条1項の下でも許される。攻撃防御方法が出し尽くされた結果裁判をするに熟したわけではないが，主張責任・立証責任を使えば裁判はできるので，そうすべき十分な根拠があるなら，包括的失権を認めるべきだからである。昭和41年判決も，このような趣旨に理解されよう。

(3) 分　析

(a) 以下では，次のような理論を用いて，代表的な見解を分析する。「訴訟が裁判をするのに熟したとき」には2つの面がある[10]。すなわち，①事案の完全な解明，あるいは訴訟資料の充実などに代表される，審理の結果生じた情報状態という面と，②釈明権の行使や攻撃防御方法提出の機会の保障などに代表される，審理における手続保障の面である。①は，訴訟が裁判をするのに熟した（必要とされる解明度が達成された）ことを，法律構成，適用される法条，要件事実などが十分に検討し尽くされ，予想される主張や証拠の提出が尽きた

「相当と認めるとき」と243条1項の「裁判をするのに熟したとき」の関係は，異なる規定で規律されている以上，別の概念だと理解すべきである。すなわち，後者は，訴訟資料が収集された程度という客観的な概念であるのに対し，前者は，訴訟資料収集の程度に，当事者の不熱心な訴訟追行など他の要素も加わった，より柔軟な概念である。244条は，訴訟資料収集の程度が243条1項の水準に及んでいなくとも，ほかの状況（当事者の不熱心な訴訟追行など）を考慮して，相当であると判断されるなら，口頭弁論を終結することを認めた規定である。研究会318頁以下〔柳田幸三発言〕。

10) 太田勝造「訴訟カ裁判ヲ為スニ熟スルトキ」新堂編・特別講義429頁以下。詳細は§243 II 3(2)を参照。

こと，あるいは，今後新しい訴訟資料，証拠資料などが現れても，裁判所の判断や心証度に動揺する可能性がなくなったことだとする理論である[11]。②は，4つのルールより成るが（詳細は§243 II 3(2)(ウ)を参照），これらが充足されることを意味する。そして，訴訟が裁判をするのに熟するためには，①と②が備わらなくてはならない。

　(b)　この理論によれば，以下のような分析が可能である。

　㋐　既に裁判をするに熟していたが，裁判所が念のため一期日続行したに過ぎない場合，当該期日に当事者が欠席したときでも，弁論を終結し，終局判決をすることができる。これは民訴法243条1項により正当化される。

　㋑　前回の期日では必ずしも明らかでなかったが，当該期日に当事者が欠席したため，既に主張や証拠の提出は尽くされた（今後新しい訴訟資料，証拠資料は提出されないだろう）と判断し得る場合にも，裁判所は，弁論を終結し，終局判決をすることができる。これも民訴法243条1項により正当化されよう。

　㋒　ある期日が終わった時点である主張・立証が残っており，その主張・立証のため次回期日が指定されたが，当事者は欠席し，弁論も証拠調べもなされず，仮に次の期日に当事者が当該事項につき主張・立証を求めても，時機後れの攻撃防御方法として民訴法157条1項により却下され，そうであるなら主張や証拠の提出は尽くされたと判断される場合には，裁判所は，弁論を終結し，終局判決をすることができよう。しかし，これも民訴法243条1項（および157条1項）により正当化されると思われる。

　㋓　以上のように考えるなら，上述(2)の代表的な見解が述べるように，民訴法244条固有の適用領域は，ある期日が終わった時点で，当該事件につき想定される主張や証拠の提出は尽くされてはいないが，当事者のそれまでの訴訟追行の状況を考慮するなら，以後なされる主張・証拠の提出のすべてを却下すべき場面である（本条のような将来なされる可能性のある主張・立証も含めた包括的な失権は，民訴法157条1項によっては実現できない）。

　そして，当事者の主張・立証を包括的に排斥すべき場面（包括的に排斥しても手続保障の問題は生じない場面）において，これ以上情報は入って来ないという

---

[11]　太田勝造・裁判における証明論の基礎〔1982〕108頁以下も参照。

意味で「必要とされる情報状態」は達成された（当事者の新たな主張・立証はないので裁判所の判断や心証度に動揺の可能性はなくなった）として[12]，「訴訟が裁判をするに熟した」と見て，終局判決を出すのが，審理の現状に基づく判決の制度であると，理解すべきである[13]。

　(c)　そこで，このような包括的失権を正当化する根拠は何かが問題となるが，それは本条の目的から導かれよう。

　本条の目的は，不熱心な訴訟追行による弊害を防ぐこと，言い換えれば，民事訴訟の当事者に口頭弁論期日その他の期日を無駄にしないよう訴訟追行することを要求し，①限りある司法資源の有効な利用と，②当事者の負担の適正化を実現することにある（上述Ⅰを参照）。

　したがって，当事者が訴訟追行に熱意をもたず，つまり当事者に口頭弁論期日その他の期日を無駄にしないよう訴訟追行する意思がなく，ある期日に当事者の双方または一方が出頭しない，あるいは弁論をしないで退廷した場合で，このまま訴訟を続けたのでは，上述①または②が実現できない虞があるときには，このような包括的失権も正当化されると，解すべきであろう。なお，以上に後述Ⅲの補充性肯定説による制約が加わる点も，看過されてはならない。

　(d)　審理の現状に基づく判決をするか否か（当事者の主張・立証を包括的に排斥するか否か）は，受訴裁判所の裁量的判断による。口頭弁論期日不出頭等に対する評価（不出頭等の原因は多様であり，従前の具体的な訴訟の経過も考慮せねばならない）や，今後の当事者の主張・立証に対する期待など，様々な要素を考慮に入れて判断せねばならず，画一的で明確な基準を定立することは困難だからである[14]。

---

12)　証拠の提出が尽きていなくても事実認定は可能である。「訴訟は，当事者の主張，立証に依存しているわけで，当事者の主張，立証次第では，最初の段階から判決ができるわけです。仮に抗弁があったとしても，それを立証する証拠を提出しないということであれば，これを認めるに足りる証拠がないということで判決ができるわけです。そういう意味では，当事者の訴訟活動次第で，どの時点でも判決をしようと思えばできるのが訴訟であると言っていいと思うのです」。研究会317頁〔福田剛久発言〕。

13)　一問一答新民訴286頁，研究会316頁〔柳田発言〕，兼子ほか・条解〔2版〕1323頁〔竹下守夫〕，秋山ほかⅤ26頁。賀集ほか編・基本法コンメ(2)〔3版〕267頁〔鈴木〕は反対か。

この点を捉えて，本条は，243条（訴訟が裁判をするに熟したと認めるときは，受訴裁判所は弁論を終結し速やかに判決を言い渡すべきであり，そこに裁量的判断を容れる余地はないとする）の特則であると解する，有力な見解がある[15]。

III 本条と民訴法263条との関係

民訴法263条は，当事者双方が口頭弁論または弁論準備期日に出頭しない（弁論・申述をせず退廷・退席した）場合には，㋐その期日から1ヵ月以内に期日指定の申立てがないときには，訴えの取下げが擬制され（同条前段），㋑当事者双方が連続して2回出頭等をしないときも同様である（同条後段）旨を，規定する。上述のように（Iを参照），263条も本条と同じ目的を実現するので，当事者双方が口頭弁論期日に出頭しない（弁論せずに退廷した）場合に，本条により事件を処理すべきか，263条により事件を処理すべきかが，問題となろう。

これについては，原則として263条により処理すべきであり，本条の適用は，263条では対処し得ない場合（例，両当事者は欠席と期日指定の申立てを繰り返すが，決して2回続けては欠席しない事例），当事者に真摯に訴訟追行する意思が欠如し，恣意的・濫用的な訴訟追行と認められる場合などに限られるとする見解（補充性肯定説）が，有力である。その理由は，263条による方が，事件処理としては簡易・迅速であり，当事者に与える不利益も少ない（第一審では再訴が可能であるし，控訴審でも当事者が認識している第一審判決が確定するのみである）からである[16]。

補充性肯定説は基本的に正当であると思われるが，以下の点も看過されてはならない。

第1に，上述 II 3(3)(b)の㋐，㋑，㋒に該当する事例では，弁論の終結は民訴法243条1項により義務づけられるのだから，民訴法263条による処理はす

---

14) 笠井正俊「審理の現状に基づく判決をする裁量」ジュリ1265号98頁，研究会318頁〔柳田発言〕，加藤・前掲注1）314頁，秋山ほかV 27頁。したがって，事実審が審理の現状に基づく裁判をした場合，上告審としては，裁量権行使の逸脱と見られる場合に限って，審理不尽等の理由によって，原判決を破棄することが許される（秋山ほかV 27頁）。

15) 秋山ほかV 27頁。

16) 宇野・前掲注1）294頁以下，研究会317頁〔福田発言〕，兼子ほか・条解〔2版〕1325頁〔竹下〕。

べきでない。この場面では，本条の補充性は問題とならないと思われる。

　第2に，263条によるか本条によるかが問題となり得るのは，いずれによっても不熱心な訴訟追行の弊害が除去できる場合に限られる。上述Ⅱ3(3)(b)㋩に該当する事例で，それまでに一定の訴訟追行がなされ，その結果を消滅させてしまうことが，司法資源の有効利用の観点から問題となる場合，もしくは当事者（期待される訴訟追行を行っている当事者）にとって不公平となる場合には，裁判所は終局判決をすべきである[17]。

　なお，不熱心訴訟追行の問題が控訴審で初めて生じた場合には，第一審の判決を確定させれば問題が解決するのであれば，審理の現状に基づく判決をする条件が満たされていても，民訴法263条による処理（民訴法292条2項および313条による263条の準用による上訴の取下げ）を行うことができる。

Ⅳ　本条適用の要件

1　口頭弁論期日における当事者双方または一方の不出頭または退廷

　本条は，当事者双方または一方が，口頭弁論期日に出頭しないか，弁論をせずに退廷した場合に，適用される。

　弁論準備手続において同様の事態が生じても，終局判決はすべきでなく，本条は適用されない。このような場合には，まず弁論準備手続に付する決定を取り消して（172条），訴訟を口頭弁論に移すべきであるとされる[18]。

　不出頭，弁論をせずに退廷することは，不熱心な訴訟追行という評価を基礎づける事実である。当事者が訴訟追行に熱意をもたないことを当事者の内心の問題と位置づけるのであれば（上述Ⅱ3(3)(c)を参照），そのような内心を推認させる間接事実である。したがって，弁論をしたというためには，そのような評価ないし推認を否定するだけの訴訟追行がなければならず，期日の延期申請のみをして退廷すれば弁論をせずに退廷したと解されよう[19]。

---

17) 笠井＝越山編・新コンメ849頁〔越山和広〕を参照。
18) 兼子ほか・条解〔2版〕1324頁〔竹下〕，秋山ほかⅤ28頁。
19) 兼子ほか・条解〔2版〕1324頁〔竹下〕，秋山ほかⅤ28頁。

2 審理の現状および当事者の訴訟追行の状況を考慮して相当と認めるとき

(1) 審理の現状

補充性肯定説に立ち，本条の適用は，263条では対処し得ない場合や，当事者に真摯に訴訟追行する意思が欠如し，恣意的・濫用的な訴訟追行と認められる場合などに限られると解しても，それまでに一定の訴訟追行がなされ，その結果を消滅させてしまうことが，司法資源の有効利用の観点から問題となる場合，もしくは当事者（期待される訴訟追行を行っている当事者）にとって不公平となる場合には，裁判所は審理の現状に基づく判決をすべきである。「審理の現状」はこのような場面で，考慮されると解される[20]。

口頭弁論期日不出頭等を評価する際，従前の具体的な訴訟の経過を考慮する場合も，審理の現状を考慮することに該当する。

審理の現状を，終局判決の理由を基礎づける事実などが審理に上程されていることと理解する見解もある[21]。しかし，不熱心訴訟追行を理由に主張・立証を包括的に排斥した時点で，当事者の主張が訴状の適法性すら基礎づけていなくても，不適法却下の判決をすればよいのであるから，このような限定は必要ないと思われる。

(2) 当事者の訴訟追行の状況

不熱心訴訟追行とは，当事者が訴訟追行に熱意をもたず，つまり当事者に口頭弁論期日その他の期日を無駄にしないよう訴訟追行せず，このまま訴訟を続けたのでは，①限りある司法資源の有効な利用，または②当事者の負担の適正化を実現できないときである。そして，口頭弁論期日における当事者双方または一方の不出頭または退廷が，複数回なされた場合には，当事者が訴訟追行に熱意をもっていないとの評価（そのような意思の推認）を基礎づけよう。「当事者の訴訟追行の状況」とは，このような評価（推認）をさらに強める事実と，弱める事実であると解される。

当事者が訴訟追行に熱意をもっていないとの評価（推認）を強める事実として，例えば，当事者の主張・立証が真摯に行われていないこと，期日に遅刻し

---

20) 秋山ほかV 29頁以下参照。
21) 秋山ほかV 29頁。

たり，欠席したり，退廷したりする理由に合理性のないことを，挙げることができよう。

他方，複数回の欠席を正当化する事情として，和解交渉が継続中であること，主張・立証が困難で準備に時間を要すること，あるいは，本人訴訟のため準備に時間を要すること等を，挙げることができよう。複数回出頭しない等，当事者のそれまでに訴訟追行の状況に，これらの事情を加えれば，①の弊害も②の弊害も生じないと判断されるなら，本条の適用はないものと思われる。

なお，これらの事情のため期日に欠席したり退廷したりする場合でも，当事者は当該事情を上申書など然るべき方法により裁判所に適時伝達にすべきであり，それをしない場合には本条が適用される可能性があろう[22]。

3　当事者の一方の欠席の場合

当事者の一方が口頭弁論の期日に出頭せず，または弁論をしないで退廷した場合には，出頭した相手方の申出がなければ，本条は適用されない（本条但書）。

このような場合，一方の当事者のみが訴訟追行に不熱心であるということになり，以上で論じた要件の存否は当該当事者に関してのみ検討することになる。

そして，一方の当事者は訴訟追行に熱心である以上（不熱心であるとはいえない以上），他方当事者の不熱心な訴訟追行により，当事者の負担の適正化の点で問題が生じている（出頭した当事者に不公平な結果が生じる）として，不熱心な当事者につき包括的な失権が認められる蓋然性が高くなる，さらには，民訴法263条と本条の選択の問題で本条により終局判決をなすべきであると判断される蓋然性が高くなると，見るべきであろう。

ただし，そのような場合であっても，出頭した相手方の申出がなければ，本条は適用されない。本条による包括的失権は，不熱心な訴訟追行により正当化されるのであり，出頭していない（弁論をしないで退廷した）当事者に対してのみ正当化されるからである。出頭し弁論している当事者，すなわち訴訟追行に熱心な（不熱心であるとはいえない）当事者は，主張・立証をする機会を保障されるべきであり，その同意なしに，あるいは正当化根拠なく，これを奪われることはないからである。出頭した相手方の申出は，主張・立証をする機会を放

22）秋山ほかV 29頁。

棄する意思表示であると解されよう。

このような規律により，それまでの審理の結果に基づいて終局判決がなされるなら自分に不利な判決になると判断する場合，出頭している当事者は，申出をせず，さらに主張・立証をすることができる。あるいは，相手方が上訴した場合に備えて，さらに主張・立証をすることもできる[23]。

なお，本条但書の趣旨を以上のように解するなら，裁判所が，出頭した当事者については，既に主張・立証は尽くされていると判断する場合，その申出がなくとも，弁論を終結し，終局判決をすることができる。この場合，出頭した当事者については民訴法243条1項により，出頭しなかった当事者については本条により，弁論が終結されたことになる。

4 判決言渡期日の呼出し

本条により口頭弁論を終結し終局判決をする場合も，裁判所は，判決言渡期日を指定し，その期日に判決の言渡しをしなければならない（250条・251条）。そして，期日を開くには，あらかじめ期日指定の裁判（93条1項）を告知し，両当事者に対し，所定の方式で，期日の呼出しをせねばならない（94条）。しかし，判決言渡期日については，裁判所書記官があらかじめその日時を当事者に通知するが，期日において告知された場合には，通知を要しないとされている（規156条）。

したがって，当事者双方が欠席したため，裁判所が本条に基づき弁論を終結し，同時に判決言渡期日を指定し，当該期日に告知した場合には，両当事者に対して判決言渡期日の通知がなされないことになる（当事者が欠席しているのだから告知も意味はない）。これは旧民事訴訟法下の判例によるものである（当事者一方の欠席の場合は，最判昭23・5・18民集2巻5号115頁，最判昭23・9・30民集2巻10号360頁，当事者双方の欠席の場合は，最判昭56・3・20民集35巻2号219頁）。

このような規律に対しては，不当であるとする見解もあるが[24]，本条が適用される場面については，当事者の手続権を不当に害するとはいえないとする見解もある[25]。両当事者がその主張・立証につき包括的に失権することが正当化

---

23) 一問一答286頁，研究会318頁〔福田，竹下，秋山幹男発言〕，兼子ほか・条解〔2版〕1325頁〔竹下〕。

24) 賀集ほか編・基本法コンメ(2)〔3版〕267頁〔鈴木〕。

されるのであれば，このような規律も不当ではないというべきであろう。

〔中西　正〕

---

25)　兼子ほか・条解〔2版〕1325頁〔竹下〕。

（中間判決）

第245条 裁判所は，独立した攻撃又は防御の方法その他中間の争いについて，裁判をするのに熟したときは，中間判決をすることができる。請求の原因及び数額について争いがある場合におけるその原因についても，同様とする。

I 意義及び趣旨[1]

中間判決とは，訴訟の進行中に当事者間で争点となった，本案または訴訟手続に関する事項につき，あらかじめ裁判所の判断を与え，以後その審級では当該判断を争えないこととして，審理を整序し，終局判決を準備する判決である。この点で，係属する訴訟事件につき当該審級の審理を完結させる終局判決と異なっている。

中間判決は，審理を整序し終局判決を準備するための制度であるため，主文の判断の拘束力は当該審級にのみ妥当し，独立した上訴も許されないことになる（後述VIを参照）。

本条は，中間判決の対象を，①独立した攻撃または防御の方法，②中間の争い，③請求の原因と規定している。中間判決の対象は，審理を整序し終局判決を準備するという制度の趣旨に沿い，判決という慎重な形式・手続に値する事項とされるべきであり，如何なる事項がこれに該当するかは，このような観点から合目的的に解釈されるべきである。

中間判決をするとして弁論を終結するなら裁判所が当該事件につき予断を示したことになるし，中間判決のため判決書を作成するのは裁判所にとって相当の負担になることから，中間判決は余り行われていないといわれている。しかし，争点を整理し効率的な訴訟制度の運営をするという観点からは，中間判決を積極的に活用することが望まれよう[2]。

---

1) 兼子ほか・条解〔2版〕1326頁〔竹下守夫〕，賀集ほか編・基本法コンメ(2)〔3版〕268頁〔鈴木正裕〕，秋山ほかV 32頁。
2) 池田辰夫・新世代の民事裁判〔1996〕61頁，松岡千帆＝吉川泉「中間判決――その現状と課題」判夕1157号〔2004〕49頁，秋山ほかV 33頁。中間判決の実務例については，

〔中西〕

II 独立した攻撃または防御の方法

1 独立した攻撃または防御の方法とは，攻撃・防御方法のうち，他の攻撃・防御方法から独立して審理・判断することができ，かつそのようにすることが審理を整序し終局判決を準備するという制度の趣旨に適うものをいう[3]。したがって，それは，基本的には，権利根拠事実，権利障害事実，権利消滅事実，権利阻止事実など，一定の法的効果を付与された法律要件該当事実に関する主張であると，解すべきであろう。例えば，所有権確認請求訴訟において，請求原因として売買契約，取得時効が主張され，抗弁として錯誤，時効の中断が主張された場合には，売買契約，取得時効，錯誤，時効の中断は，いずれも独立した攻撃または防御の方法となる[4]。

2 1つの独立した攻撃または防御の方法に該当する事実の一部の主張は，これに該当しないと解するのが通説である[5]。不法行為に基づく損害賠償請求訴訟における過失を構成する事実についても，他の事実（例，損害，因果関係，責任能力）と相俟って初めて法律効果を生ぜしめる以上，独立した攻撃方法とはいえない，とされる[6]。しかし，このような事実が中間判決の対象となる場合もあり得ると解する見解も，有力である。すなわち，公害訴訟，薬害訴訟で過失と因果関係の双方が主要な争点とされている場合に，過失，因果関係の各々につき中間判決をすることは，その制度趣旨を実現し，かつ判決という慎重な形式・手続を踏むに値し，特許権侵害に基づく損害賠償請求訴訟で，特許権侵害と過失が争点とされる場合も同様である，とされる[7]。

賀集ほか編・基本法コンメ(2)〔3版〕269頁以下〔鈴木〕，秋山ほかV 33頁以下を参照。

3) 兼子ほか・条解〔2版〕1327頁〔竹下〕，賀集ほか編・基本法コンメ(2)〔3版〕268頁〔鈴木〕，秋山ほかV 34頁。

4) 兼子ほか・条解〔2版〕1327頁〔竹下〕，賀集ほか編・基本法コンメ(2)〔3版〕268頁〔鈴木〕，秋山ほかV 34頁。

5) 兼子ほか・条解〔2版〕1327頁〔竹下〕，賀集ほか編・基本法コンメ(2)〔3版〕268頁〔鈴木〕，秋山ほかV 34頁。

6) 賀集ほか編・基本法コンメ(2)〔3版〕268頁〔鈴木〕，新堂〔5版〕661頁，伊藤〔4版〕477頁。

7) 兼子ほか・条解〔2版〕1327頁〔竹下〕。大阪高判平16・10・15判タ1188号313頁も

§ 245 Ⅲ

 3 法律問題（法令の規定の解釈の主張，法令が憲法違反であるとの主張など）自体は，事実審の裁判所では，中間判決の対象とならない[8]。ただし，ある法令の規定の解釈が争点となり，それゆえある要件事実の存否が争点となる場合には，その要件事実の主張が独立した攻撃または防御の方法として中間判決の対象となり，当該法律問題についての判断が中間判決において示されることはあり得よう。

　しかし，上告審において上告理由として主張されるときは，法律問題の主張も中間判決の対象となり得る[9]。例えば，ある法令の憲法違反が上告理由として主張され，最高裁判所大法廷がこの問題について判決し（最高裁判所事務処理規則9条2項1号，裁判法10条を参照），小法廷がそれ以外の上告理由と上告の終局的な当否に関して判決する場合，大法廷の判決は中間判決としての性質を有する[10]。

Ⅲ 中間の争い

　中間の争いとは，本案判断をするための前提となる訴訟上の事項に関する争いで，口頭弁論に基づいて判断すべきもののことである。訴訟手続の開始・進行・終了に影響を及ぼす訴訟上の事項や，訴訟行為の効力に関する事項についての当事者間の争いであり，具体的には，訴訟要件の存否，訴え取下げの効力，訴訟上の和解の効力，請求の放棄・認諾の効力，訴訟行為の追完の適否，証拠調べの適否，代理権の有無などに関する争いが，これに該当する[11]。

　実質的には中間の争いに属する事項であっても，法が決定で裁判する旨規定しているもの，例えば，補助参加の許否（44条1項前段），義務承継人の訴訟引受け（50条1項），受継申立ての許否（128条1項），訴えの変更の許否（143条4

　　　参照。秋山ほかⅤ34頁は，「このような考え方についても積極的な検討をする必要があろう」とする。
 8) 兼子ほか・条解〔2版〕1328頁〔竹下〕，秋山ほかⅤ34頁。
 9) 兼子ほか・条解〔2版〕1328頁〔竹下〕，秋山ほかⅤ34頁。
 10) それ以外では，上告審では，事実審理をしないので，中間判決をして，審理を整序し，終局判決を準備する必要はほとんどない（秋山ほかⅤ34頁）。
 11) 兼子ほか・条解〔2版〕1328頁〔竹下〕，賀集ほか編・基本法コンメ(2)〔3版〕268頁〔鈴木〕，秋山ほかⅤ35頁。

項),証言拒絶についての裁判(199条1項),文書提出命令の申立ての許否(223条1項)等については,中間判決は許されない。

Ⅳ 請求の原因——原因判決

1 意義・趣旨

請求の原因(「請求の原因および数額について争いがある場合におけるその原因」)とは,訴訟物である実体法上の請求権の要件事実全体から,数額に関する部分を除いたものである。本条前段の「独立した攻撃又は防御の方法」を複数含むものである。請求を特定するのに必要とされる「請求の原因」(133条2項2号)や,「請求を理由づける事実」(規則53条1項・2項)が,基本的に,訴訟物である実体法上の請求権の権利根拠事実の全部または一部を含むだけであるのに対し,本条の「請求の原因」は,権利根拠事実だけでなく,権利障害事実,権利消滅事実,権利阻止事実など,全ての要件事実(ただし数額に関する部分は除く)を含んでいるわけである[12]。

請求の原因にも数額にも争いがあり,双方共に複雑な審理を必要とする場合に,双方を同時並行的に審理し,請求権が存在しないと判断することになれば,数額についての審理は必要なかったことになる。このような訴訟経済に反する結果を避けるため,審理を二段階に区切って,まず請求の原因につき審理をし,権利の存在が肯定される場合に,そのことを確認するため原因判決という中間判決をするというのが,制度の趣旨である[13]。

2 「請求の原因」の範囲

(1) 請求の原因とは,既述の如く,訴訟物である実体法上の請求権の要件事実全体から,数額に関する部分を除いたものである。ただ,ある事項が請求の原因に含まれるか否かは,このような概念規定,弁論の整序という制度趣旨のほか,当事者に対する公平の観点から,決せられるべきである[14]。けだし,あ

---

[12] いわゆる限定承認の抗弁は,請求の成否そのものではなく,その執行力の範囲に影響を与えるにとどまるので,請求の原因に関わるものとはいえない。兼子ほか・条解〔2版〕1318頁・1332頁〔竹下〕,秋山ほかⅤ 38頁。

[13] 兼子ほか・条解〔2版〕1329頁〔竹下〕,賀集ほか編・基本法コンメ(2)〔3版〕268頁〔鈴木〕,秋山ほかⅤ 38頁。

る事項が請求の原因に含まれるか否かの解釈問題は、①原因判決の審判のため弁論の制限をした場合に当該事項を主張できるか、②中間判決の拘束力により当該事項の主張を排斥できるかの点にかかわるからである（後述V、Ⅵを参照）。

(2) 過失相殺（民418条・722条2項）の抗弁が請求の原因に含まれるか否かは、数額に関する事項でもあるだけに、問題である。しかし、含まれると解すべきである[15]。過失相殺を基礎づける事実は損害賠償請求権の発生を基礎づける事実と一体を成しているので、このように解するのが審理の整序に資するし、当事者に対しても過度の期待とならない（期待可能性を肯定できる）からである。原因判決で過失割合まで定めるのか、原告の過失を認定するのみで割合は事後の数額の確定に譲るのかは、裁判所の裁量による[16]。

(3) 相殺は訴訟物たる請求権の消滅事由となるので、相殺の抗弁は請求の原因に該当すると解される。ただし、受働債権（訴訟物たる請求権）の存在・数額が確定されなければ相殺の範囲も定まらないので、原因判決で相殺適状を審判し、その後訴訟物たる請求権の数額を確定した後、相殺の抗弁につき最終的な判断を行うべきである。また、自働債権の存在が認められないなど、相殺適状が認められないなら、その旨を原因判決で判示すべきである[17]。

他方、相殺の抗弁は、訴訟物たる請求権の存在を否定する手段が尽きた場面で、新たな出捐により、当該請求権を消滅せしめる法的手段である。相殺の抗弁の自働債権につき争いがあれば、当該訴訟は別個の紛争を新たに抱え込むことにもなる。したがって、訴訟物たる請求権の存在を争う原因判決の審理段階でその提出を強制するのは不公平であり（提出することに期待可能性はない）、合理的な訴訟運営にもつながらない。訴訟物たる請求権の存在が既判力により確定されても相殺の抗弁は遮断されないとする判例のルールも（最判昭40・4・2民集19巻3号539頁）、このことを基礎づけよう。したがって、相殺の抗弁は原

---

[14] 兼子ほか・条解〔2版〕1331頁〔竹下〕。

[15] 兼子ほか・条解〔2版〕1331頁〔竹下〕、賀集ほか編・基本法コンメ(2)〔3版〕269頁〔鈴木〕、秋山ほかV 39頁。

[16] 兼子ほか・条解〔2版〕1331頁〔竹下〕、賀集ほか編・基本法コンメ(2)〔3版〕269頁〔鈴木〕、秋山ほかV 39頁。

[17] 兼子ほか・条解〔2版〕1332頁〔竹下〕、賀集ほか編・基本法コンメ(2)〔3版〕269頁〔鈴木〕、秋山ほかV 40頁。

因判決の審理の段階で提出すべきであり，原因判決後に主張することは許されないとの見解は[18]，正当でない。

そこで，相殺の抗弁は，原因判決で相殺の抗弁が後に提出されることを留保すれば，訴訟物たる請求権の数額確定後に審判できると解するだけでなく[19]，さらに進めて，原因判決の審理の段階で提出しなくても，数額の審理の段階で提出して審理・判断を受けることができると解すべきである[20]。

ただし，既に相殺権が行使されていた場合は，弁済，代物弁済など一般の債務消滅原因と同じであり，提出につき期待可能性を肯定できるので，相殺の抗弁は原因判決の審理の段階で提出すべきであり，原因判決後に主張することは許されないと解すべきである[21]。

3 原因判決をなし得る場合

(1) 原因判決をなし得るのは，数額のある請求権を訴訟物とする訴訟において，請求の原因と数額の双方につき争いがある場合である[22]。これは，原因判決の制度趣旨から，明らかであろう。

(2) 原因判決は，本案にかかわるものである以上，訴訟要件が具備されていなければ，これを行うことはできない[23]。

(3) 原因判決は，訴訟物である請求権を根拠づける事実が認められ，抗弁となる事実（権利障害事実，権利消滅事実，権利阻止事実など）が認められない場合に，これを行うことができる[24]。

V 手 続

(1) 中間判決は裁判所の訴訟指揮の一手段である。したがって，中間判決をするか否かは裁判所の裁量に委ねられ，当事者が個々の争点につき中間判決を

---

18) 大判昭8・7・4民集12巻1752頁，中野「相殺の抗弁」訴訟関係124頁。
19) 兼子・判例民訴175頁，新堂〔5版〕662頁。
20) 兼子ほか・条解〔2版〕1332頁〔竹下〕，秋山ほかV 40頁。
21) 伊藤〔4版〕478頁，兼子ほか・条解〔2版〕1332頁〔竹下〕，秋山ほかV 41頁。
22) 兼子ほか・条解〔2版〕1329頁〔竹下〕，賀集ほか編・基本法コンメ(2)〔3版〕268頁〔鈴木〕，秋山ほかV 38頁。
23) 兼子ほか・条解〔2版〕1330頁〔竹下〕，秋山ほかV 38頁。
24) 兼子ほか・条解〔2版〕1330頁〔竹下〕。

求めることは職権の発動を促しているにすぎない[25]。

(2) 裁判所は，中間判決をする場合，当該争点につき，弁論の制限をし（当該独立した攻撃・防御方法，中間の争い，請求の原因に弁論の制限をし），両当事者が攻撃・防御を尽くしたことを確認して，弁論の終結を宣言した上で，中間判決を行う[26]。審理を整序し終局判決を準備する判決であるという中間判決の制度趣旨からも，中間判決の拘束力を受ける当事者に対する手続保障の観点からも，中間判決のための審理の結果請求棄却の終局判決をする場合があることからも，このことは重要である。

なお，（終局判決ではなく）中間判決をする旨を明らかにして一旦弁論を終結すると，裁判所は，当該中間判決の事項につき，予めその判断内容を開示する結果となる場合がある（独立した攻撃・防御の方法もしくは請求の原因の場合である）。これを避けるため，中間判決をするか終局判決をするかを示すことなく一旦口頭弁論を終結する実務例が多いとされている[27]。

(3) 独立した攻撃・防御方法を審理した結果，当該要件事実が認められる場合には，その旨の中間判決をする。ただし，当該要件事実が権利障害事実，権利消滅事実，権利阻止事実などに該当するなら，請求棄却の終局判決をすることになる（ただし，訴訟要件の具備が前提である）。

中間の争いの場合，ある訴訟要件の存在が認められるなら，中間判決で当該訴訟要件欠缺が認められない旨を宣言して，審理を続行することになる。他方，当該訴訟要件の存在が認められない場合には，終局判決である訴訟判決がなされる。また，訴えの取下げ，請求の放棄，訴訟上の和解などの効力につき争いがある場合には，訴訟は終了したこととされている以上，当事者（無効を主張する側の当事者）が期日指定の申立てをし，裁判所が期日を指定して，口頭弁論により審理をする。そして，裁判所がこれらの訴訟行為を無効であると判断するなら，その旨を宣言する中間判決をした上で，審理を続行する[28]。他方，

---

25) 兼子ほか・条解〔2版〕1333頁〔竹下〕，賀集ほか編・基本法コンメ(2)〔3版〕269頁〔鈴木〕，秋山ほかⅤ32頁以下。
26) 兼子ほか・条解〔2版〕1333頁〔竹下〕，秋山ほかⅤ33頁，35頁。松岡＝吉川・前掲注2）51頁。
27) 松岡＝吉川・前掲注2）51頁，秋山ほかⅤ35頁。

§245 Ⅴ

これらの訴訟行為は有効で訴訟は終了したと判断するなら，終局判決（訴訟終了宣言）により事件を処理すべきである[29]。

　請求の原因の場合，訴訟物たる請求権の存在が認められる場合には，その旨の中間判決（原因判決）をすることになるが，認められない場合には，請求棄却の終局判決をすることになる（ただし訴訟要件の具備が前提である）。

　(4)　中間判決も，一般の判決と同様に，判決書の原本を作成し，それに基づいて言い渡し（250条・252条），その正本を各当事者に送達しなければならない（255条1項・2項）。ただし，訴訟費用の負担の裁判は終局判決（事件を完結する裁判）に委ねるべきである（67条1項）[30]。

　中間判決は，終局判決がなされた後も，これに付加し一体となるのではなく，相対的な独立性を保つことになる。

　(5)　中間判決に対する独立の不服申立ては許されない（281条1項本文参照）。審理の整序という制度趣旨を徹底するなら，中間判決につき独立の上訴を認め，形式的確定を図るべきであろうが，そのような制度は，上訴の濫用を招き，かえって訴訟遅延の原因となるからである[31]。

　中間判決は，終局判決に対して上訴されたときに，「終局判決前の裁判」として上訴審の判断の対象となる（283条・313条）。中間判決の拘束力は当該審級の裁判所を拘束するだけなので，当事者は上級審においてその拘束力を受けることなく主張・立証し，上級審も同様にして審判することができる（中間判決の当否についても審判できる）。ただし，当事者が中間判決の違法を主張しない場合，職権調査事項に該当しない限り，判断する義務はないのは当然である[32]。

---

28)　なお，中間判決をせず，審理を続行する（本案につき弁論をしたり期日指定をしたりする）実務例もあるといわれている。秋山ほかⅤ35頁。

29)　実務上は期日指定の申立てを却下する判決によることもあるといわれる。秋山ほかⅤ35頁。

30)　兼子ほか・条解〔2版〕1333頁〔竹下〕。他方，秋山ほかⅤ36頁は，中間判決において訴訟費用につき裁判をする余地が完全に排除されるわけではない，とされる。

31)　独立した上訴を認めた旧旧民訴法207条2項の下では，本文のような弊害が認められた。賀集ほか編・基本法コンメ(2)〔3版〕269頁〔鈴木〕。

32)　大判昭15・3・5民集19巻324頁，兼子ほか・条解〔2版〕1335頁〔竹下〕，秋山ほかⅤ37頁。

上級審が終局判決を取り消しても，中間判決が同時に取り消されることにはならない。したがって，上級裁判所が終局判決（例，第一審判決）を取り消して，事件を差し戻した場合（307条本文・308条1項・325条1項前段など），差戻しを受けた裁判所（第一審裁判所，原審など）は，依然として中間判決に拘束されると解される[33]。これを回避するには，主文で当該中間判決の取消しを宣言せねばならない。ただし，中間判決が差戻判決の拘束力（325条3項，裁4条）に抵触するときは，明示の取消しがなくても効力を失うと解すべきだとの見解が，有力である[34]。

Ⅵ 中間判決の拘束力

1 拘束力の内容

裁判所は，中間判決を行うと，①その中間判決の取消しや変更ができない，②終局判決をする際その中間判決の主文の判断を前提としなければならない等の，拘束力を受ける。また，それゆえ，当事者も，③中間判決と矛盾する主張をすることができない（そのような主張は排斥される）。ただし，中間判決の口頭弁論終結時より後で生じた事由は，排斥されることはない[35]。なお，以上のような拘束力は，中間判決の主文の判断についてのみ生じ，理由中の判断には生じない（大判昭8・12・15法学3巻563頁）。

これら①・②・③の拘束力は，既判力の根拠論における二元説とパラレルに，審理を整序し終局判決を準備するという中間判決の制度趣旨と手続保障の要請から導くことができよう。したがって，上述のように，①・②・③の拘束力は当該審級にしか及ばず，上訴があれば，当事者はこのような拘束を受けずに主張・立証でき，裁判所も同様に審判できるわけである。

中間判決に絶対的上告理由（312条2項）または再審事由（338条1項）がある

---

[33] 大判大2・3・26民録19輯141頁，兼子ほか・条解〔2版〕1335頁〔竹下〕，秋山ほかⅤ37頁。なお，このような場合には，中間判決も当然に取り消されたと見て，拘束されないと解する見解もある。斎藤ほか編・注解民訴(4)341頁〔小室直人＝渡部吉隆＝斎藤秀夫〕。

[34] 兼子ほか・条解〔2版〕1335頁〔竹下〕，秋山ほかⅤ37頁。

[35] 以上につき，兼子ほか・条解〔2版〕1335頁〔竹下〕，秋山ほかⅤ36頁以下，賀集ほか編・基本法コンメ(2)〔3版〕269頁〔鈴木〕。

§245 VI

場合には，それを主張して，その拘束力を否定することができると，解される[36]。判決の手続の違法（306条）の場合も，同様であろうか[37]。中間判決のための手続にそれ以外の法令違反が存する場合には，その瑕疵を理由として当該審級において中間判決の拘束力を否定することはできないと解される[38]。

2 第三者に対する効力

中間判決の拘束力が，中間判決後に当該訴訟に加わった第三者に及ぶか否かは，その第三者が従前の当事者の訴訟追行の結果を承認すべき地位にあるか否かによって，決定される[39]。したがって，補助参加人や，訴訟承継人には及ぶ一方，共同訴訟的補助参加人には及ばないと（被参加人と矛盾する訴訟行為の可能性を保障されている）解される。

3 当該訴訟手続外の効力

中間判決は当該審級でのみ効力を有するが，終局判決が確定した後，訴訟上の信義則を根拠として，後の訴訟で拘束力を持つ可能性は，排除できない[40]。中間判決についても争点効を肯定する見解もある[41]。

4 原因判決固有の問題

原因判決があっても，その後の審理で，損害額がゼロと算定されれば，請求棄却判決がなされると，解すべきである[42]。

原因判決の後であっても請求を拡張することは許されるが，原因判決と拡張された請求の共通の争点に関しては，信義則を根拠とした判決理由中の判断の拘束力とパラレルに，原因判決の判断が拘束力を持つと解する見解が，有力に主張されている[43]。原因判決中で証拠に基づいてなされた判断は当該審級ではもはや解決済みであるとの当事者の信頼は保護に値し，相手方当事者は信義則

---

36) 斎藤ほか編・注解民訴(4) 341頁〔小室＝渡部＝斎藤〕，兼子ほか・条解〔2版〕1333頁〔竹下〕，秋山ほかⅤ 37頁。
37) 兼子ほか・条解〔2版〕1333頁〔竹下〕。
38) 兼子ほか・条解〔2版〕1333頁〔竹下〕。
39) 兼子ほか・条解〔2版〕1334頁〔竹下〕，秋山ほかⅤ 37頁。
40) 兼子ほか・条解〔2版〕1334頁〔竹下〕。
41) 新堂〔5版〕663頁。
42) 兼子ほか・条解〔2版〕1334頁〔竹下〕。
43) 兼子ほか・条解〔2版〕1334頁〔竹下〕。

§245 Ⅵ

上再度争うことは許されないと解するのである。

〔中西　正〕

§246 Ⅰ

(判決事項)
第246条 裁判所は，当事者が申し立てていない事項について，判決をすることができない。

Ⅰ 本条の意義

1 処分権主義の意義と限界

本条は，当事者が申し立てていない事項につき裁判所は判決できないという規律を明らかにするが，これは処分権主義の主要な内容をなす。処分権主義とは，当事者が訴訟の開始・終了や審判の対象・限度を自由に決定できるとする原則である[1]。

処分権主義が民事訴訟において認められる根拠は，訴訟の対象である法律関係について妥当する私的自治の原則が当該対象につき審判する民事訴訟手続にも反映されたものと考えるのが一般的である[2]（私的自治説）。国家の刑罰権が問題となる刑事訴訟とは異なり，私人の権利や法的利益の救済ないし私的紛争の解決を目的とする民事訴訟では，国家権力がその任務を独占するものではない。私人が救済を諦めたり，合意により解決したり，裁判所以外の第三者に解決を委ねたりする（いわゆるADRによる）ことがもともと可能であり，私人があえて裁判所における解決を求める場合にも，その求める範囲で救済ないし解決を付与すれば足りると解される。これが処分権主義の根拠である。その意味で，本条は国家権力の介入を拒否する私人の意思を重視するものであり，パターナリズムの対極にある。つまり，いかに原告の請求の内容が裁判所の目からみて不適切なものであり，紛争の真の解決のためにより適切な請求がありうるとしても，裁判所が当事者の利益を慮り，職権で申立ての範囲を超えた紛争解決を図ることは許されない[3]。

処分権主義の内容としては，以下の3点が指摘されよう[4]。①民事訴訟は原

---

1) 処分権主義については，さらに§133解説なども参照。
2) 弁論主義の根拠については議論があるが，処分権主義については異論は少ない。
3) なお，処分権主義を憲法上の自己決定権により基礎づけようとする見解として，坂田・処分権主義18頁以下参照。

告の訴えをまって初めて開始されること（職権による審判の禁止。「訴えなければ裁判なし」の原則），②当事者は訴訟係属後も，訴えの取下げ，請求の放棄・認諾，和解によって，判決によらずに訴訟手続を中途で終了させることができること，③裁判所の審判を求める対象および限度も原告が自由に定めることができ，裁判所はそれに拘束されること（申立拘束原則）である。本条は，このような処分権主義の内容のうち，③の点を定めたものということになる。なお，①や③の原則については，なぜ原告のみに処分権が付与されるのか，が疑問となりうる。例えば，原告が狭く申立事項を特定したときには，それに付き合わされる被告や裁判所の利益を考慮する必要はないか，という問題意識である[5]。この点は，民事訴訟の目的が原告である当事者の法的利益の救済を図る点にあることから説明されよう。被告の利益は反訴等の形で保護しうる範囲を定め，裁判所等の利益は分断できない申立ての範囲（訴訟物の最小範囲）を定める中で考慮されるべきものであり（その点で前述の新堂説は相当性を有する），それらを前提とした上での処分権主義は基本的に原告の利益の保護に専心すれば足りるからである。

　以上のような処分権主義が民事訴訟の基本的原則である点については現在異論を見ないといってよいが，これらの内容が最も典型的に妥当するのは対等な当事者間の財産権関係の紛争である。民事実体法における私的自治の原則も，そのような場面を念頭に置いて発展してきた考え方といえよう。これに対し，公益的な要請の強い紛争類型においては，必ずしも処分権主義がそのままの形では妥当しない場面が存在する。このような類型では，第三者の保護，真実の発見その他の公的利益の保護のために当事者の処分をそのまま受け入れることができない場合があるからである。したがって，そのような場面では私的自治に基づく処分権主義をそのまま適用することは相当ではないと解されよう[6]。さらに，当事者間に何らかの意味で力の格差があり，武器対等を図る必要がある場合にも，処分権主義のそのままの適用が制限される場合がありえよう。このような場合に，私的自治の原則をそのまま妥当させることは弱者にとって不

---

4)　旧注釈民訴(4)93頁〔青山善充〕参照。
5)　新堂〔5版〕331頁は，この点を新訴訟物理論の根拠として援用される。
6)　このような例外につき本条との関係では，Ⅱの適用範囲を参照。

〔山本（和）〕

当な帰結となる場合があり，国家の社会権的な介入が必要とされることがあるからである。ただ，このような場合には，処分権主義の適用を完全に否定することは一般に相当ではなく，釈明権の行使等によって当事者の意思をなお重視しながら，不当な帰結を避ける試みが相当であるといえよう[7]。

2　本条の機能

　本条の根拠は，前述のように（1参照），私的自治の原則に基づく原告の意思の尊重にある。その意味で，本条は原告のための制度である[8]。しかし，本条は，実質的にみれば，被告（相手方）にとっての不意打ちを防止する機能を有する。つまり，被告としては，原告の請求を超えて不利な判決がされるおそれはないので，請求を基準として攻撃防御の仕方を決断することができる。例えば，1000万円の請求がされている場合，被告としては当該訴訟における最大限のリスクは1000万円ということが計算できるので，その程度であれば，費用をかけて優秀な弁護士を代理人とはしないという選択を合理的にすることができる。仮にこの場合も裁判所が1億円の判決をする可能性があるということであれば，被告にとっては訴訟のリスクが計算できなくなり，どの程度のコストをかけるかの合理的判断が困難になろう。このように，本条は，裁判所を原告（申立人）の申立てに拘束することによって，被告（相手方）の予測可能性を確保する機能を有している[9]。その結果，本条の適用範囲（例えば一部認容の許容される範囲）を定めるに際しては，被告の不意打ち防止の観点がより重要な基準となるとする見解もあるが[10]，この点はあくまでも本条の付随的機能に止まり，本来は釈明義務等他の制度によって確保されるべき内容であるので，原

---

[7]　このような場面は，裁判所が強制できない以上，「処分権主義が制限されるとは言えない」とされるのは，松本＝上野〔8版〕43頁参照。

[8]　なお，反訴や手続上の申立て等も考慮すれば，正確には広く申立人のための制度といえる。

[9]　谷口安平「アメリカ民訴における判決の申立と裁判」論叢88巻1＝2＝3号〔1970〕128頁，兼子ほか・条解〔2版〕1387頁〔竹下守夫〕，旧注釈民訴(4)95頁〔青山〕，新堂〔5版〕330頁，伊藤〔4版〕207頁（「防御の目標を提示する手続保障の役割をもっている」とされる），梅本〔3版〕892頁，河野正憲「民事訴訟の訴訟原則」民訴雑誌42号〔1996〕15頁など参照。

[10]　兼子ほか・条解〔2版〕1338頁〔竹下〕参照。

告の意思の尊重という観点から問題がないのであれば，一部認容等によって被告に不意打ちがあるとしても，本条違反として問擬することはできないものと解される（詳細は，Ⅳ・Ⅴ参照）。

また，本条は，裁判所の側からみるとき，当事者の申立事項を超えた判決をすることができないのと同時に，そのような判決をする必要がないことをも包含している。後者の側面は，裁判所にとっての負担の軽減に資する[11]。裁判所はあくまでも原告の申立事項のみを審判の範囲として考えておけば足り，それを超えた問題は考慮の外に置いてよいからである。その意味で，裁判所の負担軽減も結果として本条の機能として認められよう[12]。

3 本条と弁論主義の関係

本条の定めは，弁論主義とは直接関係しない。本条の根拠である処分権主義も弁論主義も，ともに訴訟における当事者の支配権を認めるという意味で，当事者主義の発現であり，また広義で弁論主義という場合には処分権主義をも含んだ意味で用いられることもある[13]。また，かつては，弁論主義（とりわけ，裁判所は当事者の主張しない事実を認定できないという，いわゆる第1テーゼ）の根拠条文として，本条が援用されることもあった。しかし，本条にいう「当事者が申し立てていない事項」とはあくまで訴訟物および判決要求に関するもののみを指し（Ⅲ1参照），それを基礎づける攻撃防御方法の提出を指すものではない（大判昭7・12・17新聞3511号12頁〔本条は当事者の主張しない事実を判断資料とできないという意味ではないとする〕）。すなわち，固有の意味での弁論主義は，判決の基礎をなす訴訟資料の収集に関する原則であり，前述のように（1参照），訴訟の開始・終了や審判の対象・限度自体に関する処分権主義とは，その適用対象を異にしたものである。また，それが適用される範囲も，広い意味での当事者主義が妥当する範囲として共通する部分も大きいが，必ずしも完全に一致するものではない[14]。以上のように，本条は，弁論主義と共通の根拠を有する

---

11) 旧注釈民訴(4)95頁〔青山〕参照。

12) ただ，この点については，前述のように（1参照），場合によって訴えの変更等に係る裁判所の釈明義務を認める見解に立てば，そのような機能はかなり削減されることになろう。

13) 本条を「広義の弁論主義」を定めたものとされるのは，菊井＝村松Ⅰ1015頁参照。

〔山本（和）〕

が，それと直接の関係を有するものではないといえる[15]（弁論主義については，第1編第5章第1節審理前注参照）。

II 本条の適用範囲

1 民事訴訟

本条は，民事訴訟法の適用される民事訴訟一般について，**2**以下に述べるような例外を除き，適用される。上訴審においても，上訴審が自判をする場合には，本条の適用がある。申立人の相手方の反対申立ては本条の申立てには含まれず，被告の請求棄却の申立てや訴え却下の申立てがなくても，裁判所は請求棄却・訴え却下の判決をすることができる[16]（最判昭36・2・24民集15巻2号301頁〔控訴棄却の申立てがなくても控訴を棄却できるとしたもの〕参照）。

なお，上訴審について，不服申立ての限度でのみ原判決を取消し・変更できるとする規律（304条。利益変更禁止・不利益変更禁止の原則）は，本条と同趣旨の制度であるが，その根拠につき，本条と同じ処分権主義に基づくものか，それとは異なる政策的な根拠に基づくものかについて，近時議論のあるところであり（詳細は，§304解説参照），その適用範囲も本条と同一であるとは限らない[17]。再審に関する法348条1項も同じである。

2 付随的・派生的裁判

本条は，本案に対する裁判（判決）だけではなく，訴訟上の申立てに関する裁判の場合でも，当該裁判が必ず当事者の申立てを要するものであるときは，準用されるものと解される（122条）。判例は，本条の対象を本案の申立てに限定するが（大判昭2・4・27民集6巻209頁〔旧々法231条1項の「事物」が訴訟物に限られるとする〕，大判昭5・11・19評論19巻民訴592頁〔旧法186条の「事項」は

---

14) 例えば，**II 3**で見るように，弁論主義の適用が広く排除されている人事訴訟等においても，処分権主義は適用になっている部分がある。

15) 処分権主義と弁論主義の関係一般については，坂田・処分権主義5頁以下参照。

16) 例えば，被告が欠席して請求に対する応答がない場合でも，原告の請求が法律上成立しえない場合には，請求棄却の判決ができる。

17) 非訟事件等について本条の類推は否定しながら，不利益変更禁止の妥当を認める見解もある。

旧々法231条1項の「事物」と同義で本案の意に外ならないとする〕，大判昭7・12・17新聞3511号12頁〔旧法186条の対象を「本案判決（訴訟判決に対す）」とする〕），民事訴訟に係る付随的・派生的裁判で申立てを要するものについては，処分権主義の妥当を否定すべき理由はなく，本条の準用を認めるべきである[18]。

これに対して，付随的・派生的な裁判でも，申立てによるほか職権によってもすることができる裁判や職権によってのみすることができる裁判がある。これらの裁判については，もともと職権でできるものであるので，その範囲も当事者の申立ての有無や範囲には拘束されないものと解される。例えば，移送の裁判（16条・17条），法定代理人等に対する訴訟費用償還命令（69条1項）などである。そのような裁判が判決においてされるものである場合も同様である。すなわち，訴訟費用の裁判（67条），仮執行宣言（259条1項），仮執行免脱宣言（同条3項），濫上訴の制裁金の裁判（303条）などである。当事者の申立てに応じなかったことを理由に仮執行宣言を補充する場合（259条5項）には，申立ての存在を前提とするのでそれに拘束される（担保を条件とする仮執行宣言の申立てに基づくときは，無担保の仮執行宣言は許されない）とする見解もあるが[19]，もともとの仮執行宣言が職権でできる以上，やはり申立てには拘束されず，上記の場合に無担保の仮執行宣言も許されると解される[20]。

3　人事訴訟・会社組織関係訴訟・行政訴訟等

本条は，処分権主義に基づき，弁論主義とは直接関係がないものであるので（Ⅰ3参照），弁論主義が適用されないかあるいはその適用が一部制限を受けているような訴訟類型においても，適用がある。例えば，職権探知主義が適用される人事訴訟においても適用があると解される[21]。人事訴訟法は，19条において民事訴訟法の適用除外を定めるが，本条はそこに含まれていない。同様の

---

18) 兼子ほか・条解〔2版〕1339頁〔竹下〕，旧注釈民訴(4)97頁〔青山〕，斎藤ほか編・注解民訴(4)385頁〔斎藤秀夫＝渡部吉隆＝小室直人〕，賀集ほか編・基本法コンメ(2)〔3版〕270頁〔奈良次郎〕など参照。
19) 兼子ほか・条解〔2版〕〔竹下〕1338頁参照。
20) 菊井＝村松Ⅰ1016頁，秋山ほかⅤ42頁，東京控判昭9・7・23新聞3748号4頁参照。
21) 兼子ほか・条解〔2版〕1338頁〔竹下〕，旧注釈民訴(4)98頁〔青山〕，斎藤ほか編・注解民訴(4)385頁〔斎藤＝渡部＝小室〕，賀集ほか編・基本法コンメ(2)〔3版〕270頁〔奈良〕など参照。

ことは，株主総会決議取消訴訟など会社組織関係訴訟においても，行政処分取消訴訟など行政訴訟においても妥当する。ただ，人事訴訟における附帯処分については，それが実質的には非訟事件の裁判であることから，非訟事件の裁判と同様の取扱いになる（**5**参照）。

4　いわゆる形式的形成訴訟——境界確定訴訟・共有物分割訴訟

以上のように，民事訴訟については本条が一般的に適用になると解されるが，その例外として形式的形成訴訟とされる訴訟類型がある。判例は，境界確定訴訟について，原告は甲乙両地間の境界の確定を求める旨を申し立てればよく特定の境界線の存在を主張する必要はないし（最判昭41・5・20裁判集民83号579頁），仮に一定の境界線を特定して申し立てても，裁判所はそれに拘束されることはなく，自ら真実であると認めるところに従って境界線を定めれば足りるものとする（大連判大12・6・2民集2巻345頁）。したがって，本条の適用は否定されることになる[22]。また，共有物分割訴訟（民256条）についても，当事者は単に分割を申し立てればよく，仮に特定の分割態様を求めても裁判所はそれに拘束されないとする[23]ので，やはり本条の適用は否定されているものと見られる。

通説は，このような判例準則について，境界確定訴訟や共有物分割訴訟は実質的には非訟事件であり，いわゆる形式的形成訴訟であると性格づけて，その結論を支持する[24]。境界確定訴訟について本条の適用を認める有力説があるが[25]，これらは，当該訴訟の対象とされる境界を所有権界と解する点で判例等

---

22) 最判昭和38・10・15民集17巻9号1220頁も，直接には不利益変更禁止原則の適用に関する判断であるが，「客観的な境界を知り得ない場合には常識に訴え最も妥当な線を見出してこれを境界と定むべく，かくして定められた境界が当事者の主張以上に実際上有利であるか不利であるかは問うべきではないのであり，当事者の主張しない境界線を確定しても民訴186条〔現行246条〕の規定に違反するものではない」とする。

23) 最判昭和57・3・9判時1040号53頁は，「裁判所は，当事者が申し立てた分割の方法にかかわらず，共有物を競売に付しその売得金を共有者の持分の割合に応じて分割することを命ずることができる」とする。

24) 兼子・条解上465頁，斎藤ほか編・注解民訴(4)386頁〔斎藤＝渡部＝小室〕など参照。なお，菊井＝村松Ⅰ1027頁は，「その性質が何であるかは別として」本条の適用を認めない判例は相当とされるし（同旨，秋山ほかⅤ56頁），旧注釈民訴(4)97頁〔青山〕は「裁判所が公権的に境界を定める必要に応えるのが境界確定訴訟であ」るとの認識を前提に，本条の適用を否定される。

とは立論の前提を異にしている[26]。判例・通説はあくまでその対象を公法上の境界（筆界）と理解しているのであり，そのような前提を相当とする限り[27]，当事者の合意によって公法上の境界を左右する結果となる本条の適用を認めることはできないと解される[28]。

これに対し，共有物分割訴訟について本条の適用を否定する実質的根拠は異なる点にあると解される。それは，判決内容の多様性に鑑み，申立事項の範囲の内外を明確に定めることができない点にあるのではないかと考えられる。例えば，分割の方法として，現物分割のほか，競売による分割や代償金による分割などの方法があり，現物分割する場合も，その方法は極めて多様であると考えられるからである。しかし，このような状況は，本条の適用排除を導く理由にはなり難いと思われる。ここで問題となっているのは，あくまでも所有権（共有権）という私権の処分に過ぎないのであり，私的自治の原則が妥当すべき事柄である[29]。そうだとすれば，申立事項の内外の判断は，たとえ困難であっても，解釈問題として判断すべきであり，本条の適用自体を否定すべきものではないと解される[30]。したがって，原告は共有物の分割の方法を申し立てる必要があり，裁判所はその方法に拘束されるものと解すべきである。

5　非訟事件の裁判

非訟事件の裁判については，本条の直接適用はなく，類推適用がありうるか

---

25) 小室直人「境界確定訴訟の再検討」中村宗雄先生古稀〔1965〕144頁，花田政道「土地境界確定訴訟の機能」不動産法大系Ⅵ〔1970〕116頁，宮川種一郎「境界確定訴訟の再評価」判タ270号〔1972〕49頁など参照。

26) ただ，筆界を前提になお否定説をとられるのは，新堂〔5版〕334頁，松本＝上野〔8版〕189頁参照。

27) 「筆界確定訴訟」を実定法上前提とした規定として，不登147条・148条参照。

28) 本条の適用を認めると，和解を認めるのと同じ結果をもたらす。山本和彦「境界確定訴訟」同・基本問題65頁以下参照。なお，そのような意味での境界確定訴訟とは別に，所有権範囲確認訴訟を観念することができ，それについては当然本条の適用が認められよう。山本・基本問題71頁参照。

29) 民法258条1項が第一次的に協議による分割を前提としていることからも明らかであろう。

30) 原告の申し立てた分割方法が相当ではないと考える他の共有者（被告）があるときは，反訴の方法で他の分割方法を求めるべきであろう。

のみが問題となる。まず、職権によって裁判ができるものについては、（申立てが可能であっても）本条は類推適用されないと解される。

　他方、申立てによってのみされる裁判（旧非訟19条2項・20条2項参照）については、旧法下で、事件の性質や目的から裁判所の裁量を認めるべき多くの事件類型については、本条の類推適用はないとするのが通説であった[31]。財産分与の審判（最判平2・7・20民集44巻5号975頁[32]）、婚姻費用分担の審判（大阪家堺支審昭39・6・11家月16巻11号156頁[33]）、遺産分割の審判など家事審判は一般にこの類型に含まれるとされる。これに対し、借地非訟については、当事者主義的な構造を有していることから、本条の類推適用を肯定する見解も有力であった[34]。

　非訟事件手続法及び家事事件手続法は、全面的に改正され、2011年に現行法が制定された。そこでも、本条は準用されていない。その理由について、立案担当者は、職権によって開始される手続が存在すること[35]、裁判所が審判の対象とする範囲も必ずしも申立ての内容に厳密に拘束されるわけではないと考えられていることを挙げる[36]。その結果、旧法下と同様、この問題は解釈に委ねられることになったが、現行法下で有力な見解として、非訟物・審判物[37]を超える判断とその枠内で給付等を求める限度を超える判断とに分け、後者については申立ての拘束力はないが、前者については拘束力がある、すなわち当事

---

31) 鈴木忠一「非訟事件における民訴規定の準用」同・非訟・家事事件の研究〔1971〕336頁、兼子ほか・条解〔2版〕1340頁〔竹下〕、旧注釈民訴(4)99頁〔青山〕など参照。

32) 不利益変更禁止の原則が妥当しないことの理由として、「裁判所は申立人の主張に拘束されることなく自らその正当と認めるところに従って分与の有無、その額及び方法を定めるべきものであって、裁判所が申立人の主張を超えて有利に分与の額等を認定しても民訴法186条〔現行246条〕の規定に違反するものではない」とする。

33) 「判決が請求の趣旨額を超過して認容できないのとは異り、審判は申立請求額に拘束されることがないのは、家事審判の性質に基づく」とする。

34) 兼子ほか・条解〔2版〕1341頁〔竹下〕、旧注釈民訴(4)99頁〔青山〕など参照。

35) それに準じるものとして、検察官や法務大臣に申立権が認められている事件類型があることも指摘される。

36) 金子修編著・一問一答非訟事件手続法〔2012〕37頁参照。

37) この概念については、例えば、高田裕成編著・家事事件手続法〔2014〕159頁以下参照。

者が申し立てた非訟物・審判物を超える判断を裁判所がすることは許されないとの見解が示されている[38]。

この点について，まず家事審判など当事者の利益以外の利益（第三者の利益や公益）が関わる事件については，一般に当事者の処分権を認めることは相当ではなく，本条の類推適用は原則として否定されるべきであろう。ただ，申立人が申し立てている事項とそもそも異なる事項について裁判をすること（例えば，財産分与の審判の申立てに対して扶養の審判をすること）が許されない限りでは，本条の類推適用があるといってもよいであろう[39]。これに対し，同種の裁判であるが，申立ての額や方法と異なる内容の裁判をすることは妨げられない。他方，基本的に当事者の私益のみに関する事件については，本条の類推適用を認めてよいと解される。この点は，共有物分割訴訟について前述したとおり（4参照），裁判が複雑な内容を有し，申立事項を超えているかどうかの判定が困難であるような事件においても，同様である。したがって，借地非訟事件や労働審判事件，さらに一部の会社非訟事件（株価算定事件など）等については，本条の類推適用が認められよう。

6 民事保全の裁判

民事保全における保全命令の裁判については，本条が準用される[40]（民保7条）。したがって，仮差押えについては，仮差押命令において対象とできる物（民保21条本文）は，動産の場合を除き，申立書において特定された物（民保規19条1項本文）に限られる。

他方，仮処分については，民事保全法24条の位置づけが問題となる。この条文は，裁判所は「仮処分命令の申立ての目的を達するため」「必要な処分をすることができる」としているため，仮処分命令の申立ての趣旨とは異なる処分ができることを前提にしているようにも読め，それは本条と抵触するとも解

---

38) 高田編著・前掲注37) 161頁〔高田発言〕など参照。
39) ただ，この点は職権による裁判を禁止する規定の違反と捉えれば足りるという見方もありうる。例外的に職権による裁判が認められている場合には，本文のような裁判も違法とはいえないからである。
40) この点を明示的に認める見解として，例えば，旧注釈民訴(4) 99頁〔青山〕，瀬木比呂志監修・エッセンシャル・コンメンタール民事保全法〔2008〕71頁〔江原健志〕など参照。

〔山本（和）〕

しうるからである。この点の理解については，旧法時代以来，①申立ての趣旨の裁判所に対する拘束を認め，民事保全法24条も申立ての趣旨の範囲内で必要な仮処分をすることを裁判所に認めているに止まるとの見解（申立拘束説），②申立ての趣旨は単なる提案以上の意味はもたず，裁判所はこれに拘束されずに必要な仮処分をすることができるとの見解（提案説），③申立ての趣旨には拘束されないが，債権者によって明らかにされた申立ての目的には拘束され，裁判所はその目的の範囲内で必要な仮処分をすることができるとの見解（目的拘束説）があるとされる[41]。①は本条の範囲内で民事保全法24条を解釈する見解であり，②および③は同条を本条の例外と捉える見解と見られるが，議論の詳細については，民事保全法の文献を参照されたい。

7　その他の裁判

督促手続についても本条の準用がある[42]（384条）。仲裁手続については，本条の準用はない。旧民訴法および公示催告仲裁法では，民訴法の適用ないし包括準用が認められていたところ（公催仲裁1条参照），肯定する裁判例（東京地判昭42・10・20下民18巻9＝10号1033頁〔ただし，申立ての範囲の特定は緩やかに認める〕）と否定する裁判例（神戸地判昭32・9・30下民8巻9号1843頁）があった[43]。これに対し，仲裁法は「裁判所が行う手続」についてのみ民訴法を準用するので（仲裁10条），仲裁手続自体には準用は及ばず，本条の類推適用が問題になりうるところ，仲裁法は，取消事由として，「仲裁判断が……仲裁手続における申立ての範囲を超える事項に関する判断を含むものであること」を挙げており（仲裁45条2項5号），これは強行規定であると解されているので[44]，実質的に本条が類推適用されるのと同じ帰結になると解される。[45]

---

41)　瀬木監修・前掲注40）197頁以下〔江原〕，瀬木比呂志・民事保全法〔第3版，2009〕355頁以下など参照。
42)　旧注釈民訴(4)99頁〔青山〕参照。
43)　旧法下の議論につき，小島武司・仲裁法〔2000〕289頁以下参照。
44)　近藤昌昭ほか・仲裁法コンメンタール〔2003〕143頁など参照。
45)　ただし，仲裁手続の特性に鑑み，申立ての範囲の拘束を訴訟の場合と同程度に厳格なものと理解すべきかについては，なお諸説がありえよう。この問題については，三木浩一＝山本和彦編・新仲裁法の理論と実務〔ジュリスト増刊，2006〕245頁以下，小島武司＝猪股孝史・仲裁法〔2014〕337頁など参照。

Ⅲ 申立事項

1 申立事項の意義

(1) 申立事項の内容

　本条は，判決が当事者の申し立てていない事項についてされたかどうかを問題とするが，その前提として，当事者の申し立てた事項（申立事項）がどのように定まるかが問題となる。ここでの「申立事項」とは，①原告の被告に対する一定の権利ないし法律関係の存否の主張と，②そのような権利ないし法律関係について原告の求める判決内容とから成る[46]。①が一般に訴訟上の請求ないし訴訟物と呼ばれる。申立事項は請求ないし訴訟物を指すといわれることもあるが[47]（最判昭33・7・8民集12巻11号1740頁，最判昭35・5・24訟月6巻6号1206頁など），訴訟物は同一とされても，判決内容が原告の求めるものと異なっている場合にはやはり本条違反が問題となりうるので（具体的には，(3)参照），②も定義に含めておく必要がある。

　これに対し，原告の求める審判手続も問題になるとして，例えば，通常訴訟か手形訴訟あるいは少額訴訟かの選択を本条の問題とする見解もあるが[48]，通常訴訟が求められているのに手形訴訟・少額訴訟で審理をすること（あるいはその逆）は原則として法350条2項・法368条1項の手続規定違反（当事者の申出がないのに手形訴訟の手続によった，あるいは当事者の申出があるのにその手続によらなかった違法）となるのであり，最終的な判決のみを取り上げて本条違反と解すべきではなかろう。

(2) 訴訟物

　まず，上記①については，いわゆる訴訟物論が問題となる。実体法上の請求

---

46) 後者につき，新堂〔5版〕329頁〔「利益主張の限度」と表現される〕，梅本〔3版〕893頁〔「判決の態様」と表現される〕秋山ほかⅤ43頁，斎藤ほか・注解民訴(4)387頁〔斎藤＝渡部＝小室〕，兼子ほか・条解〔2版〕1336頁〔竹下〕，旧注釈民訴(4)100頁〔長谷部由起子〕など参照，伊藤〔4版〕207頁が「訴訟物およびそれについての審判の形式」とされるのも同旨か。

47) 菊井＝村松Ⅰ1016頁など参照。

48) 兼子ほか・条解〔2版〕1336頁〔竹下〕，賀集ほか編・基本法コンメ(2)〔3版〕271頁〔奈良〕，新堂〔5版〕332頁，伊藤〔4版〕208頁など参照。

§246 Ⅲ

権ごとに訴訟物を観念するいわゆる旧訴訟物理論をとるか，必ずしも実体法上の請求権によらずに1回の給付を求める法的地位等を基準とする新訴訟物理論をとるかによって，本条の違反になるかどうかの結論が左右される場面がある。例えば，医療事故で債務不履行に基づき1億円の損害賠償請求がされている場合において，裁判所が不法行為に基づいて1億円の損害賠償を命じる判決をしたときは，旧訴訟物理論によれば異なる訴訟物について判決をしたことになり，本条違反の判決となるが，新訴訟物理論によれば（弁論主義違反となる可能性はあるものの）本条には反しないことになろう。この点について，学説上は新訴訟物理論による見解が有力であるが，判例は旧訴訟物理論によっているとされる。例えば，手形振出人に対する手形金請求に対して手形保証に基づき認容する判決を本条違反とするもの（最判昭35・4・12民集14巻5号825頁），賃借権に基づく妨害排除請求に対して占有権に基づき認容する判決を本条違反とするもの（最判昭36・3・24民集15巻3号542頁），不法行為に基づく損害賠償請求に対して債務不履行に基づき認容する判決を本条違反とするもの（最判昭53・6・23判時897号59頁〔ただし，「上告人らの主張しないところに従ってした違法がある」と表現する〕）などがある[49]。

(3) 判決内容の求め

次に，上記②については，原告の求める判決内容が問題となる。典型的には，原告が売買代金として100万円の支払を請求しているところ，裁判所が同じ売買代金として300万円の支払を命じるような場合である。この場合は，もともとの請求が黙示の一部請求であったとすると，判例によれば，訴訟物は債権全体であるとされているので（最判昭32・6・7民集11巻6号948頁など），300万円の認容判決をしても異なる訴訟物について判決していることにはならないが，やはり本条に反していることは明らかであろう。この場合には，②を含めた意味での申立事項を超えた判決になると解されるからである。さらに，債権の給付請求に対して，期限が未到来であるなどの場合に，同一債権の存在確認の判決をすることも，（後述のように〔Ⅳ2参照〕，一部認容の範囲には含まれないと解さ

---

[49] なお，訴訟物論争など訴訟物の区分の基準をめぐる議論の詳細については，§133解説を参照されたい。

れるとすると)やはり訴訟物は同じと解されるが、②を踏まえて、申し立てられていない事項につき判決したことになり、許されない[50](大判大8・2・6民録25輯276頁)。債務不存在確認請求に対して、被告の反訴なしに、同一債権の給付判決をすることも同様である。

　また、原告が2つの請求を主位的請求・予備的請求として順序を付けて審判を申し立てている請求の予備的併合の場合に、裁判所が予備的請求から先に判断することも本条に反する[51]。予備的請求は主位的請求の認容を解除条件とする申立てであると解されるところ、先に予備的請求を判断することは解除条件に係る原告の意思を無視し、解除条件成就前は申立てのない事項について判断する結果になるからである。

2　申立事項の特定

(1)　特定の方法

　本条の申立事項は通常、訴状の請求の趣旨および原因(133条2項2号)の記載において特定される。どの程度の特定を要するかは、前述のように、訴訟物をどのように理解するかで異なってくるが、ここでは詳論しない(→§133解説参照)。1でみたように、訴訟物の特定とともに、求める判決内容の特定も必要である。例えば、金銭給付訴訟においては、原告の求める金額を特定して申し立てる必要がある。この点について、不法行為に基づく損害賠償請求訴訟等において、損害額算定の裁量性や原告にとっての金額特定の困難性などを根拠に金額を明示しない請求も適法であるとする見解もあるが[52]、被告の防御可能性などの観点からすれば、解釈論としてはこの場合にも例外を認めるべきではなかろう[53]。

---

50)　新堂〔5版〕331頁参照(ただし、給付請求がだめなら確認判決を求めるとの当事者の意思がはっきりしているときは許されるとされる)。松本=上野〔8版〕583頁はこれを「権利保護形式の種類」の問題とされる。

51)　新堂〔5版〕332頁参照。

52)　五十部豊久「損害賠償額算定における訴訟上の特殊性」法協79巻6号〔1963〕731頁以下など参照。

53)　原告の不利益については裁判所の釈明による対応等に期待することになる(新堂〔5版〕334頁注1、旧注釈民訴(4)102頁〔長谷部〕など参照)。ただし、立法論としての検討の余地はあろう。

〔山本(和)〕

債務不存在確認請求訴訟においては，その判決内容は，債務の上限額と下限額において問題となる。例えば，「原告と被告との間の平成〇年〇月〇日付金銭消費貸借契約に基づく金 1000 万円の貸金債務は金 200 万円を超えて存在しないことの確認を求める」という形で，請求の趣旨が記載されたとすると，この場合の申立事項の上限額は 1000 万円，下限額は 200 万円ということになる（「金 200 万円を超えて」の部分がなければ，下限額はゼロと解されることになる）。このうち，下限額を下回る判決（例えば，上記の場合に，金 100 万円を超えて債務不存在を確認する判決）をすることは，本条に違反する。これに対し，上限額が本条との関係で必須か，裁判所を拘束するかが問題となる。この点が，請求の趣旨で明示されていなくても請求の原因における記載等から明確になっていれば問題がないことは明らかであるが（最判昭 40・9・17 民集 19 巻 6 号 1533 頁参照），請求原因からも明らかでない場合であっても，そのような申立てが適法と認められる限りで[54]，本条の関係ではそのまま判決することは問題ないし[55]，判決で上限額を特定することも問題はない[56]。他方，原告が上限額を示しているにもかかわらず，裁判所がその上限額を超えて判決する（前述の例で，金 1500 万円の貸金債務の不存在確認の判決をする）ことは本条に反する[57]。

(2) 特定が明確ではない場合の扱い

請求の趣旨および原因の表示から，申立事項が明確ではない場合には，裁判所は，釈明権を行使して原告の意思を明らかにし，訴状の補正を命じるべきことになる。申立事項が不特定である場合には，このような釈明による対応が基本であり，実際にも通常はそれで問題の解決が図られる。換言すれば，裁判所の行為規範としては，申立てに疑義が残るにもかかわらず，釈明をせずに，後述のような申立ての解釈によることは原則として相当ではない[58]。ただ，本条の問題が生じるのは，そのような釈明による対応が十分に図られず（適切な釈

---

54) この点の議論は，§133 解説参照。
55) 請求認容判決は当該債務が一切存在しないことを確定し，請求棄却判決は下限額を超えて債務が存在することのみを確定する。
56) 原告の意思との関係では，それは一部認容判決となる場合もあろう。Ⅴ 1 参照。
57) また，請求棄却の判決も上限額の範囲で当該債務の存在を確定するに止まり，後に被告が 1000 万円と 1500 万円の差額である 500 万円の支払請求訴訟を提起してきた場合にも，前訴判決の既判力はその部分には及ばない。

明がされなかった場合と釈明に対する原告の対応が十分でなくそれ以上の明確化が困難と解される場合とがあろう)，結果として，申立事項と判決事項との間に齟齬が生じたような外観を呈する場合である[59]。したがって，このような場合になお本条に違反しないとする法律構成としては，以下のように，いくつかのものがありうるが，現行法の下での裁判所の行為規範としては，争点整理の手続等の中で，そのような事態が発生しないように，可及的な努力が尽くされることが期待されよう[60]。

　このような場合，原告の申立事項について何らかの解釈を施して，判決事項と齟齬していないと理解することが考えられる。まずありうるのは，原告の黙示の申立てを認める解釈である[61]。例えば，抵当権実行による競落人の所有権取得の無効確認請求を原告（目的不動産の元所有者）の所有権確認請求と解するもの（最判昭40・4・16民集19巻3号658頁），株主総会決議不存在確認の訴えを株主総会決議無効確認の訴えと解するもの（最判昭45・7・9民集24巻7号755頁），株主総会決議無効確認の訴えについて当初から決議取消請求もされていたと解するもの（最判昭54・11・16民集33巻7号709頁），賃料相当損害金請求につき賃貸借契約の解除が認められない場合は賃料請求の黙示の申立てがあると解するもの（大阪地判昭45・1・31判時606号61頁，東京地判昭42・2・28下民18巻1＝2号186頁，東京地判昭30・6・15判時59号19頁），仮登記権利者からの家屋明渡請求につき本登記手続後の将来の明渡請求が包含されていると解する

---

58) 例えば，賀集ほか編・基本法コンメ(2)〔3版〕271頁〔奈良〕は，「当事者の申立ての趣旨が明確を欠きまたは適当でないと判断したときは，その趣旨を善解して救済する」「か，または，釈明すべき」とされるが〔斎藤ほか編・注解民訴(4)388頁〔斎藤＝渡部＝小室〕も同旨〕，これが申立ての善解と釈明とを一般的に並置するものであるとすれば，相当とは言い難い。

59) 適切な釈明がされたにもかかわらず，原告が申立てをあえて変更しない場合には，原告の確定的な意思がそこに表れており，後述のような申立事項の解釈を裁判所がすることは処分権主義に反することになろう。

60) 坂田宏「申立事項と判決事項」中野古稀上418頁は，以下のような判決を「判決による釈明」に関する判決とされ，実質的には「裁判所・裁判官のための『救済判決』」と評される。

61) 後述の一部認容も，黙示の申立てによって説明される場合があるが，これはもともと処分権主義に反しないものと理解されよう。

もの（東京高判昭36・6・28下民12巻6号1451頁〔弁論の全趣旨に照らし明白とする〕）などがある。そして，これらの場合には，黙示の申立てがあったとされる請求が本来の請求と予備的併合または選択的併合の関係にあったとされることが多い。

　以上が当事者の意思の解釈による方法であるが，訴訟物の解釈において，原告の申立事項と判決事項の同一性を認める解釈もある。すなわち，当事者が請求について一定の法律上の名称を付していたとしても，裁判所はその名称自体には拘束されず，請求としての同一性が認められる限り，異なる法律上の名称に係る請求として認めることができる（したがって，この場合はそもそも本条の問題を生じない）とするものである。例えば，当事者が消費貸借と主張していても裁判所が準消費貸借として認容することはできるし（最判昭41・10・6判時473号31頁），原告が不法占拠ないし損害金と呼称していても不当利得返還請求として認容することもできるとされる（最判昭34・9・22民集13巻11号1451頁[62]）。また，民法715条の請求について自動車損害賠償保障法3条による請求を認めることも許される（大阪高判昭37・7・26下民13巻7号1568頁〔法的呼称の使用の誤りとする〕，千葉地判昭37・10・27判タ139号103頁〔特別法の優先を根拠とする〕）。「裁判所は法を知る」の原則[63]の下，当事者の法的な見解は裁判所を拘束しないことをその根拠とするものである。しかし，旧訴訟物論の下で，請求権が同一で法的呼称のみが異なるのか，請求権自体が異なるのかの判別は必ずしも容易なものではなく[64]，行為規範としては一般に余り望ましい方法とは言い難い。

3　一部請求の場合

　原告が請求権の一部を申立事項として特定する場合を一部請求という。これには，請求権の量的一部について申し立てる量的一部請求と質的一部について

---

[62] 「本来不当利得返還請求権のみが成立すべき場合に，該権利を主張しながら，その法律的評価ないし表現を誤ったにすぎない」とする。

[63] このような原則の発生や展開等については，山本和彦・民事訴訟審理構造論〔1995〕96頁以下参照。

[64] 例えば，旧訴訟物論による秋山ほかV47頁も，「以上のような考え方によっても，実体法上の権利・法律関係の異同は，必ずしも常に明瞭といえるわけではない」と認められる。

§246 Ⅳ

申し立てる質的一部請求がある65)。いずれにしても，処分権主義の下で，（訴権の濫用にわたるような例外的な場合を除き）このような一部請求をすることができること自体には争いがない66)。

本条との関係では，原告が一部請求をしてきた場合に，裁判所はそれを超えた部分について判断することができるかが問題となる。結論として，このような判決が本条に違反することについては争いがないとみられる。まず，明示の一部請求の場合には，判例は，一部請求の訴訟物が当該一部の部分に限られることを前提にするので（最判昭37・8・10民集16巻8号1720頁など），そのような判決は訴訟物の範囲を超える判決として許されないことになる67)。他方，黙示の一部請求の場合には，いずれの見解によっても，訴訟物は請求権全体ということになるので，本条違反は，原告の求める判決内容を超えることにある（前記Ⅲ1(3)の観点から本条に違反する）ことになろう。

Ⅳ 本条の違反──申立事項と判決の齟齬

1 本条違反の態様

本条は，Ⅲでみたような意味での申立事項には含まれない事項について，裁判所は判決をすることができない旨の規範を明らかにするものである。したがって，本条違反の態様はまず大きく2つに分かれる。1つは，原告の全く申し立てていない事項について判決をすることであり，もう1つは原告の申し立てている事項を超えて判決をすることである。前者が本条に含まれることは明白であるが，後者も，当該超過した部分に関する限り，それはやはり申立事項には含まれていないものであり，「当事者が申し立てていない事項」に関する判決ということになるからである。そして，後者はさらに2つに分かれ，申立事

---

65) 量的・質的の区分は後述の一部認容の場合に基本的に対応しよう。Ⅴ2・3参照。
66) 他方，一部請求後の残額請求の可否の問題については議論があるが，この問題については，第1編第5章第5節裁判前注参照。
67) ただ，近時の有力説（伊藤〔4版〕213頁以下参照）は，訴訟物はこの場合も当該請求権全体であるとしながら，原告の申立ては「給付命令の上限」を画するものと解されるので，原告の求める判決内容を超える（前記Ⅲ1(3)の観点から本条に違反する）ものと解される。

〔山本（和）〕

項を超えている態様として，量的に超過する判決と質的に超過する判決がある。以下では，それぞれについて検討する。

なお，ここで「判決をすることができない」としている趣旨は，判決主文において，換言すれば既判力・執行力など判決効をもった判断として，申し立てていない事項を対象とした場合に限られる。逆にいえば，判決理由中の判断等として，当事者の申し立てていない事項について判断したとしても，それが弁論主義に反するかどうかの問題は別途生じるとしても，本条とは関係がない（Ⅰ4も参照）。例えば，原告である賃借人が賃料毎月100万円の賃借権の存在の確認を求めたところ，裁判所が賃料毎月50万円の賃借権の存在を確認する判決をした場合，原告が賃借権の存在そのものの確認を求めており，賃料額の確定を求めるものでないときは，本条に違反しないとされる（最判昭32・1・31民集11巻1号133頁）[68]。ここでの賃料額の記載は訴訟物となっている賃借権を特定する意味しかなく，賃料額についての判断は既判力を有するものではないからである[69]。他方，原告が地代額の確認を求めずに，土地賃借権を有することの確認のみを求めているにもかかわらず，地代額の確認をすることは，本条に違反する（最判平24・1・31裁判集民239号659頁）。また，1人の被告に対する請求について，第三者との連帯債務であるとの理由で認容することも，判決の効力に差異をもたらさないので，本条に反するものではない（最判昭30・4・7民集9巻4号466頁）。

2 非申立事項に対する判決

まず，原告が全く申し立てていない事項（非申立事項）について裁判所が判決をすることは，本条に違反する。そもそも訴えの提起がされていない場合に，裁判所が判決をする場合が典型的であり（「訴えなければ裁判なし」），訴えが提起されている場合においても，訴えにおける訴訟物とは全く異なる訴訟物について判決する場合はこれに含まれる[70]。例えば，原告が所有権に基づく土地の

---

[68] 変更登記の対象である建物の構造建坪の僅少の差異につき同旨として，大判昭8・6・15新聞3576号13頁参照。

[69] ただ，そうであるとすれば，主文において賃料額を認定することがそもそも相当でなく，単に目的物によって特定された賃借権を掲げれば足りるとされるのは，兼子ほか・条解〔2版〕1337頁〔竹下〕参照。

明渡しを求めているのに対し，裁判所が当該土地の所有権確認の判決をするような場合である。処分権主義違反の最も基本的な形態である。

　実際にこのような形で本条違反が問題になる例としては，訴訟物が異なる場合が一般である。例えば，土地賃借権に基づく板垣撤去請求に対して占有権に基づき認容判決をすること（最判昭36・3・24民集15巻3号542頁），約束手形の共同振出しを理由とする手形金請求に対して手形保証を理由に請求認容の判決をすること（最判昭35・4・12民集14巻5号825頁），売買代金支払請求に対して請負報酬の支払として認容判決をすること（札幌高判昭32・5・13高民10巻4号223頁），不法行為による損害賠償請求に対して債務不履行として請求認容判決をすること（最判昭53・6・23判時897号59頁〔ただし，傍論である〕，東京高判昭51・2・25判時812号61頁）などは，いずれも本条に反すると解されている[71]。また，特殊な事案であるが，第一審で訴訟上の和解が成立したところ，当事者の一方が当該和解を無効として期日の指定を申し立てたが，裁判所が訴訟終了宣言判決をしたのに対し，当該当事者が控訴したところ，控訴審が和解無効確認の判決をすることは，本条に違反する（最判平27・11・30民集69巻7号2154頁）。

　なお，このような意味での本条の規律は，一般に処分権主義が適用されないとされているような裁判類型においても妥当する余地がある点に注意を要する。例えば，家事審判については，一般に処分権主義は適用されず，本条の類推適用もないとされることも多いが（II 5参照），前述のように，職権による裁判が許されていない類型については，当事者が全く申し立てていない事項についての審判が許されるわけではない。例えば，申立人が離婚後の財産分与の申立てをしているのに対し，裁判所が申立人と相手方の間の子の親権者を変更する審判をすることが許されないことは言うまでもない。このような規律を本条の類推で説明するか，裁判が申立てによるべき旨の規律（前述の例であれば，民法819条6項の「子の親族の請求によって，親権者を他の一方に変更することができる」旨の規定）の違反として説明するかは，いずれもありえよう。ただ，後者のよ

---

70)　訴訟物が同一であるが原告の求める判決内容とは異なる判決をする場合は，**3** または **4** の場合ということになろう。

71)　国家賠償請求関係の事例として，最判平成3・7・16訟月38巻3号473頁も参照。

うな説明をとるとしても，事の実質としては，**3** や **4** の内容と比較して，**2** の意味での本条の射程は広いものがある点には注意を要する[72]。

3 申立事項を量的に超過する判決

次に，原告が申し立てた事項が量的な内容を含むものである場合において，その申立事項を量的に超過する判決は本条に違反する。例えば，原告が1000万円の支払を請求しているときに，裁判所が1500万円の支払を命じる判決をすることは本条に違反して許されない。法248条の場合のように，裁判所に損害額の算定に関する裁量が認められると解される場合であっても，同様である[73]。ただ，損害賠償請求については，同一の行為に係る被侵害利益ごとの損害額全体が訴訟物であると解されるので（最判昭48・4・5民集27巻3号419頁[74]，最判昭61・5・30民集40巻4号725頁[75]），費目間の流用は許される。例えば，逸失利益500万円，慰謝料500万円の総額1000万円の損害賠償請求に対し，逸失利益300万円，慰謝料700万円の総額1000万円の給付判決をすることは本条に反しない[76]。

このような例として，附帯請求である遅延損害金の請求に対して請求における起算日以前の日からその支払を命じる判決（大判昭15・5・24法学10巻83頁）や，不法行為による損害賠償請求に対して当該賠償請求権に係る債務の不履行

---

[72] 伊藤〔4版〕207頁注92は，一般に形式的形成訴訟における処分権主義の適用を否定されながら，「境界確定訴訟においても，『訴えなければ裁判なし』という不告不理の原則自体は妥当する」とされている。また，河野・前掲注9）14頁は，「訴えなければ判決なし」の原則は当事者が法律関係について自由な処分権限をもたない分野でも妥当するとし，それを私権の処分自由という価値を超えた「処分権主義自体がもつ手続の公正維持機能」から説明されるもので，興味深い。

[73] 新堂〔5版〕334頁注1，旧注釈民訴(4)111頁〔長谷部〕など参照。河野549頁は反対か。

[74] 「同一事故により生じた同一の身体傷害を理由とする財産上の損害と精神上の損害とは，原因事実および被侵害利益を共通にするものであるから，その賠償の請求権は一個」と判示する。

[75] 著作財産権侵害による精神的損害と著作者人格権侵害による精神的損害とは，被侵害利益の相違に従い，別個の訴訟物とする。

[76] 新堂〔5版〕335頁注2，兼子ほか・条解〔2版〕1347頁〔竹下〕，旧注釈民訴(4)111頁〔長谷部〕など参照。

による損害賠償の支払を命じる判決（大判大7・10・10民録24輯1893頁）は，いずれも量的な超過として本条に反する。また，原告が当初から自己の請求を一部自制している場合に，その自制を超えた判決もやはり量的な超過をもたらす。例えば，原告が自認額を控除して残額請求をしているのに対し，自認額の一部のみを控除した額の認容判決をすることは，本条に違反する（最判昭53・7・25判時909号45頁）。また，同様に，原告が引換給付判決を申し立てているときに，原告の申し立てた額を下回る額の給付と引換えとする判決（例えば，300万円の支払と引換えに移転登記手続を求める請求に対し，100万円の支払と引換えに移転登記手続を命じる判決）も本条に反して許されない。

4　申立事項を質的に超過する判決

最後に，申立事項を質的に超過する判決も本条に反する。例えば，給付判決の申立てに対して確認判決をすることは本条に反する[77]（大判大8・2・6民録25輯276頁）。他方，将来給付請求に対して裁判所が現在給付判決をすることができるかは問題である。一般には，質的に申立事項を超えるものとして本条違反と解することができる。ただ，当初期限としていた期日が訴訟手続中に到来した場合において，現在給付判決をできるかについては争いがある。多数の見解はこれを適法と解するところ[78]，このような場合は，原告の意思は請求それ自体から明白であると認められ，黙示の訴えの変更を認めてよいのではないかと思われる。

これに対し，現在給付請求に対して将来給付判決をすることは一部認容として一般には可能と解される（V 3参照）。しかし，問題となる場合として，原告の一時金請求に対して裁判所が定期金判決をすることができるかが問題とされている。これについて，従来否定する判例があり（最判昭62・2・6判時1232号100頁〔付添看護費用について〕），学説も否定する見解が有力であったが[79]，現

---

77)　条解〔2版〕1343頁〔竹下〕，秋山ほかV 54頁など。ただし，当事者が確認判決を求める意思を有する場合には可能とされるのは，菊井＝村松 I 1026頁参照。

78)　新堂〔5版〕332頁〔原告の主張内容からその趣旨と解される場合〕，中野＝松浦＝鈴木編〔2版補訂版〕421頁〔松本博之〕，中野・論点 I 145頁，旧注釈民訴(4) 109頁〔長谷部〕など参照。

79)　例えば，新堂〔5版〕334頁参照。被告の資力の見通し等不確定要素の存在や和解に代わる決定（法275条の2）の規律等を根拠とされる。

行法制定後，主として損害賠償請求における将来の介護費用について肯定する下級審裁判例が多く出されている（東京地判平 8・12・10 判時 1589 号 81 頁[80]，東京高判平 15・7・29 判時 1838 号 69 頁など）。ここでは，まず実体法上の問題として，裁判所によるそのような期限の利益の付与が認められるかという点が先決問題としてあることに注意を要する。そのような期限の付与が認められなければ，当然そのような判決は許されないことになり，そもそも本条の問題とはならない。問題は，仮にそのような期限の利益付与が認められるとして，一時金請求であれば棄却になることを前提とすれば[81]，定期金判決は原告の意思には反しないものと考えられる。一時金と定期金との選択が可能と解される場合には一時金を選択する意思が原告にあったとしても，ゼロか定期金かという選択であれば後者をとるのが通常の意思と考えられるからである[82]。

V 一部認容判決

1 一部認容判決の意義・許容性

原告の申立ての範囲内であれば，その一部について認容判決をすることは本条に反しない。これを一部認容判決という[83]。一部認容判決には，量的な一部

---

80) 「予備的かつ黙示的にこのような条件付定期金給付判決を求めているものと考えられる」とする。
81) 東京高判平 15・7・29 前掲は，このような理解を前提にしているように見受けられる。一時金請求が実体法上認められるにもかかわらず，裁判所がその裁量で定期金判決をすることは実体法に反する判決ということになろう。実体法が裁判所の裁量による選択を認めているのであればそのような判決も可能であるが，そのように解するのは一般に困難であろう。
82) 大阪地判平成 17・6・27 判夕 1188 号 282 頁は，逸失利益について，原告が定期金のみを求め一時金を拒否しているにもかかわらず，一時金請求を認容した例である。その理由として，訴えを却下すると再訴により被告に迷惑がかかり，請求を認容しても被告に不意打ちにはならないことを挙げる。しかし，定期金請求が認められないのであればむしろ請求を棄却すべきであり（これは訴えの利益の問題ではなく，実体法上の請求権の存否の問題であると解される），訴訟物は同一と解されるので（そうでなければ一時金請求に対する定期金の一部認容もできないはずである），一時金による再訴も許されない（したがって被告に迷惑はかからない）と考えるのが筋ではなかろうか。
83) この場合には，残部の請求は棄却されることになり，同時に一部棄却判決でもある。

認容判決と質的な一部認容判決がある。前者は原告の申立ての量的な一部を認容するものであり（例えば，1000万円の支払請求に対する500万円の認容判決など），後者は原告の申立ての質的な一部を認容するものである（例えば，無条件の給付請求に対する条件付の給付判決など）。

　一部認容判決が許される根拠は，原告の通常の意思の推測にある。すなわち，仮に一部認容が許されないとして，原告の請求が一部のみ認容される旨の心証を裁判所が有していることを原告が知れば，原告は，そのまま放置して請求の全部棄却を招くよりも，請求を減縮して当該一部のみを請求するのが合理的な行動と考えられる[84]。そうであるとすれば，あえて一々裁判所の心証を開示して請求減縮の機会を原告に与えるよりも，請求減縮がなくてもそのまま一部認容を認めることが制度として効率的であると考えられたものである。例外的にそのような意思の推測が働かない場合がありうるとしても[85]，その場合も，あくまでも釈明によって原告の意思を確認すべきであろう（最判昭24・8・2民集3巻9号291頁[86]）。そのような釈明を経ずに全部棄却の判決をするのは，極めて例外的な場面に限られよう。

　以上のように，一部認容判決の許容性は一義的に原告の意思に係っていると考えられるが，被告の防御権との関係が問題になりうるとの指摘がある[87]。認容の限度（境界設定）が両当事者の十分な攻撃防御の対象となっておらず，一部認容が被告にとって不意打ちとなるおそれがある場合には，一部認容判決は許されないとする議論である。確かに，とりわけ質的一部認容の場合には，一部認容判決の可否および内容が被告にとって予想し難く，その防御権を侵害するおそれがある場合が皆無とはいえない（原告による請求の減縮の手続の省略がそ

---

84) 紛争の終局的・実効的解決を一部認容の根拠とする見解もあるが（これについては，坂田・処分権主義131頁など参照），一部認容の代替措置が全部棄却判決であるとすると，（紛争解決の内容はともかく）実効的な解決自体はそれで図られていることになり，この点を根拠とすることは相当でない。

85) 例えば，家屋の全部明渡しを求める原告は通常一部のみの明渡しを求める意思を有しないとされる。

86) 家屋の一部の明渡しを求める原告の意思が明白であったことから，原審は釈明の必要がなかったとする。この点につき，旧注釈民訴(4)113頁〔長谷部〕参照。

87) 兼子ほか・条解〔2版〕1347頁〔竹下〕，旧注釈民訴(4)113頁〔長谷部〕など参照。

のような不意打ちを招きうる)。ただ，それが（質的なものであれ）原告の申立事項に含まれているとすれば，その点を本条違反で問擬することにはやはり疑義がある。不意打ちの問題は審理の仕方の問題であり，釈明義務違反等の問題はありうるとしても，そのような一部認容判決が本条に違反するということはないと解される。また，一部認容判決が民事訴訟制度の効率的運営や紛争の適切な解決等の「公益」の観点から許されない場合があるとの指摘もありうる[88]。しかし，認容であれ棄却であれ，既判力をもって紛争解決を図りうる範囲は同じであり，それによって一部認容判決が許されなくなる場合は想定し難い。

　以上のように，一部認容判決の根拠を原告の意思の推測に求めるとすれば，原告が一部認容よりも全部棄却を求める意思を明示的に有する場合には，（推測された意思は覆されたので）その明示の意思に従うべきことになり，一部認容判決はできないと解されよう[89]（最判昭24・8・2民集3巻9号291頁[90]）。そのように解しても，それは被告にとって有利なものであるし，既判力の範囲も同じであるので，「公益」を害することもない。ただ，このような場合であっても，上限を特定しない債務不存在確認の例などを挙げて，なお一部認容を裁判所がすべき場合があるとする議論もある[91]。つまり，原告が上限を特定しないで債務不存在確認請求をした場合において[92]，裁判所が100万円の範囲で債務が存在するとの心証をもったときに，原告が明示的に請求の全部棄却を望んだ際の取扱いの問題である。全部棄却により債務は存在するとの点のみが既判力で確定するとすれば，後の訴訟では50万円の債務のみが存在するとの判断が出るかもしれず，原告にとって一部認容よりも有利な結果を得られる可能性があるからである。そこで，裁判所は既に十分な審理をしており，被告の利益を考えても，この場合は原告の意思に反しても，100万円の債務存在の一部認容判決

---

88) 旧注釈民訴(4)113頁〔長谷部〕はこの趣旨を含むか。
89) 松本＝上野〔8版〕586頁参照。
90) 「原告がその理由ある部分のみならば請求認容の判決を求めないことが明らかな場合は請求全部を棄却する外ない」とする。
91) 兼子ほか・条解〔2版〕1347頁〔竹下〕，旧注釈民訴(4)113頁〔長谷部〕など参照。
92) ただし，そもそもこのような金額を特定しない確認請求が許されないとする見解として，伊藤〔4版〕211頁参照。また，その適法性をめぐる議論については特に，坂田・処分権主義42頁以下参照。

をすべきであるとの議論である[93]。しかし，そもそもこのような請求が適法であるのは，既判力が及ぶ債務の範囲を確定したければ，被告の側で上限を画して給付訴訟を提起すべきであるとの政策判断によるものと見られる。そこには，被告がそのような反訴を提起しない限り，紛争解決が中途半端になってもやむをえないとの判断が内在しているように思われる[94]。そして，そのような政策判断が合理性をもつのであれば，この場合に一部認容がされなくてもやむをえないのではなかろうか。いずれにしても，このような事例は，請求棄却判決の場合と認容判決の場合の既判力の範囲がずれるという極めて稀な類型に関するもので，その一般化は避けるべきであろう。

一部認容となる心証を裁判所が抱いた場合には，裁判所は一部認容判決をしなければならない。そのような場合に，請求を全部棄却する裁量は，裁判所にはないと解される。前述のように，この場合は，原告が請求の範囲を減縮しているのと同視されるので，減縮された範囲で請求が認められるのに棄却判決をすることは違法であることは明らかだからである。

2 量的一部認容判決

原告の請求に対してその分量的な一部のみを認容するのが量的一部認容判決である。金銭給付請求に対してその金額を減じて給付判決をする場合や，一定数量の物の引渡請求に対してその数量を減じて給付判決をする場合などが典型である。そのほか，程度において一部のみを認容する場合もこれに含まれる。例えば，名誉毀損を理由とする謝罪広告請求において広告の活字を小さくして掲載の回数を減らしたりする場合や，一定額の支払請求に対して供託を命じる判決をする場合などである[95]。ただ，このような場合には，後述の質的一部認容判決との境界は微妙になる。判例上認められたものとして，家屋の全部明渡請求に対して一部の明渡しの判決をする場合[96]（最判昭24・8・2民集3巻9号

---

93) 必ず一部認容判決をすべきとされるのは，兼子ほか・条解〔2版〕1358頁〔竹下〕，伊藤〔4版〕212頁（ただし，前述のように，上限を特定しない不存在確認が許されないとの立場を前提とされる）など参照。

94) そもそも「公益」を重視するのであれば，常に原告に上限を特定させ，そうしなければ訴えを不適法とするという判断もありえたところ，そのような制度を採用しなかったものである点に留意を要する。

95) 兼子ほか・条解〔2版〕1346頁〔竹下〕参照。

291頁），所有権確認請求に対して共有持分権確認判決をする場合（東京高判昭41・11・25 判時469号43頁[97]，大阪地判昭36・4・13 行集12巻4号650頁[98]）などがある。

　この点で議論のある問題として，債務不存在確認請求に対する一部認容判決の問題がある。前述のとおり（Ⅲ 2(1)参照），債務不存在確認請求における申立事項はその上限額と下限額とによって特定される（最判昭40・9・17民集19巻6号1533頁参照）。単に1000万円の債務不存在確認の場合，下限額はゼロということになり，裁判所は債務の現存額を審理し，300万円の債務が存在するときは，一部認容として300万円を超えて債務が存在しないことを確認しなければならない（その余の請求は棄却される）。この場合，300万円の債務の存在と700万円の債務の不存在が既判力により確定される。また，1000万円の債務について100万円を超えて存在しないことの確認請求においては，上限が1000万円，下限が100万円ということになるが，裁判所はやはり債務の現存額を審理しなければならず（100万円を超える債務の存在の心証を得ても直ちに請求を棄却することはできず），300万円の債務の存在の心証を得たときは，やはり一部認容として300万円を超えて債務が存在しないことを確認しなければならない。この場合，200万円の債務の存在と700万円の債務の不存在が既判力により確定されるが，原告が当初から訴訟物から除外していた100万円の部分には既判力は生じない[99]。

　原告が上限を示さずに債務不存在確認請求をすることが仮に許されるとすれ

---

96) ただし，伊藤〔4版〕210頁注98，秋山ほかⅤ 50頁，菊井＝村松Ⅰ1025頁などは質的一部認容の例とする。

97) 「共有持分権の確認請求は特に単独所有権以外の所有権確認を求めない意思でない限り単独所有権確認請求のうちに包含される」とする。

98) 「所有権についての共有持分権は，所有権の単純な分量的一部分であるとはいえないにしても，少なくとも共有持分の総合として一つの完全な所有権が観念せられるという意味で，共有持分権の確認は単独所有権の確認のわくの中にある」とする。

99) ただし，この部分を後訴で被告が請求した場合に，原告が争うことは原則として禁反言となり，信義則に反して許されないと解される（兼子ほか・条解〔2版〕1357頁〔竹下〕参照）。反対として，新堂〔5版〕341頁，坂田・処分権主義46頁などは既判力により排斥されるとされる。

ば，300万円の債務の存在の心証を裁判所が得たときは，原則として300万円を超えて債務が存在しない旨の一部認容判決をすることになるが，原告が全部棄却判決を求めるときにどのように扱うかについては，前述のとおり，議論がありうる（V1参照）。なお，不法行為による損害賠償の場合に不法行為自体の存在を否定するなどして，債務自体が存在しない旨を確認する趣旨で債務不存在確認請求をする場合において，不法行為があり，なにがしかの損害が生じていることが認定できたときは，裁判所は直ちに請求を棄却すべきことになる[100]（交通事故による損害賠償債務について，損害が原告の主張する額を超える場合には単に請求棄却判決をすれば足りるとするものとして，東京地判平4・1・31判時1418号109頁[101]）。このような請求に該当するかどうかは，結局，原告の意思（債務の発生原因を否定する趣旨か），被告の対応（損害額について現段階で主張する意思ないし期待可能性がないか），債務の性質（存在の有無が額と切り離して問題になるか）などを考慮して決することになろう[102]。ただ，このような場合も，審理の過程で損害額まで確定できる心証を抱いたときは，一部認容判決をすべきものと解される[103]。原告が一部認容判決を拒否する場合は，前記と同様の問題となる（1参照）。

3　質的一部認容判決——条件付給付判決・引換給付判決等

原告の請求に対してその質的な一部のみを認容するのが質的一部認容判決である。分量で量ることができ，その一部性が比較的明確な量的一部認容判決に対し，質的一部認容判決の場合には，それがそもそも一部認容として許容されるのかどうかについて争いが生じやすい。例えば，共有の性質を有する入会権の確認請求に対して，共有の性質を有しない入会権の確認判決をすることは，同一の入会権という権利のうち，その内容の強固なものの請求に対して脆弱なものを認容する判決であり，質的な一部認容と解してよい[104]（盛岡地判昭5・

---

100)　松本＝上野〔8版〕587頁参照。
101)　損害賠償の場合の損害額の算定困難性と裁判所の裁量を根拠とする。
102)　旧注釈民訴(4)116頁〔長谷部〕など参照。
103)　原告の請求が不法行為の不存在確認であれば，上記のような一部認容はできないが，そのような確認請求は事実の確認に近く，訴えの利益があるかどうかは問題である。なお，この問題を債務不存在確認訴訟の提訴強制機能の問題として，確認の利益の観点からアプローチする見解として，坂田・処分権主義83頁以下参照。

7・9新聞3157号9頁。反対，盛岡地判昭2・4・22新聞2723号12頁[105]））。

(1) 登記請求

　このような質的一部認容がよく問題になる類型として，登記請求がある。登記請求はその内容がしばしば技術的で複雑となる結果，原告の請求が登記法上そのままの形では認容されないが，若干変容すれば認容できる場合が生じやすく，それが質的一部認容かどうかが問題となる。例えば，一筆の土地の所有権移転登記手続請求に対してその一部につき分筆の上移転登記手続を命じる判決は一部認容として許される（最判昭30・6・24民集9巻7号919頁）。また，共有者の1人の無断移転登記について他の共有者による移転登記抹消登記手続請求に対して共有持分に応じた更正登記手続判決をすることも同様である（最判昭38・2・22民集17巻1号235頁[106]，最判昭44・5・29判時560号44頁[107]，最判平22・4・20判時2078号22頁[108]参照）。抵当権不存在を理由とする抵当権設定登記抹消登記手続請求に対し被担保債権の一部不存在を理由とする抵当権設定登記更正登記手続判決をすること（福岡高判昭36・5・30判時276号21頁，札幌高判昭40・5・14判タ178号148頁）や，破産管財人による移転登記抹消登記手続請求に対して否認の登記の判決をすること（東京地判昭42・11・7判時519号61頁）なども一部認容として許される。

(2) 明渡請求

　次に，やはり不動産に関してその占有が問題となる場合として，建物収去土地明渡請求に対して，建物買取請求権が行使された結果，建物引渡判決や建物退去土地明渡判決ができるかが問題となる。この問題については，判例は一貫して一部認容判決が許されるとしている（大判昭9・6・15民集13巻1000頁〔代金支払と引換えに建物および土地の明渡しを命じるべきとする〕，大判昭14・8・24民

---

104)　斎藤ほか編・注解民訴(4)393頁参照〔斎藤＝渡部＝小室〕。
105)　両者はその権利の性質を異にしており，共有の性質を有する入会権の確認請求には共有の性質を有しない入会権の確認の申立ては含まれていないとする。
106)　この場合の更正登記はその実質において一部抹消登記であるので，分量的一部認容判決にほかならないと判示する。
107)　所有権保存登記抹消登記手続請求は共有持分に応じた更正登記手続請求を包含すると判示する。
108)　抹消登記手続請求に更正登記手続を求める趣旨が含まれると判示する。

集 18 巻 877 頁〔代金支払と引換えに建物の引渡しを命じうるとする〕，最判昭 33・6・6 民集 12 巻 9 号 1384 頁〔建物収去土地明渡請求に建物の引渡請求が包含されているとする〕，最判昭 36・2・28 民集 15 巻 2 号 324 頁〔上記と同旨を述べ，第三者占有があって現実の引渡しをなしえない場合には，指図による占有移転を求める趣旨を含むとする〕など参照）。しかし，このような判決は訴訟物の同一性を欠き，許されず，訴えの変更を要するとの考え方もありえないではない。しかし，まず建物収去土地明渡請求と建物退去土地明渡判決とは，明渡しの態様が異なるものの，土地明渡しという根幹の部分が一致しており，訴訟物の同一性を維持していると考えてよいであろう。他方，建物引渡判決の場合は，請求の客体が土地と建物で相違があり，訴訟物に違いがあると解する余地があるが[109]，原告の建物収去土地明渡請求が本来認容されるべき場合に被告の建物買取請求権の行使という一方的意思で権利関係を変動させるものであり，一部認容判決をすることが当事者間の公平に適うという実質的考慮[110]に加え，この判決が前記の建物退去土地明渡判決と実質的に同視できるものであるとすれば，この場合も（あえて黙示の予備的請求を観念せずとも）一部認容判決を許してよいと解される。

(3) **期限付・条件付判決**

また，原告の無条件の給付請求に対して裁判所が期限付または条件付の判決をする場合がある。救済形式の面からこれを見れば，現在給付の請求に対して将来給付の判決をする場合ということになる。前提としては，①そもそも実体法上原告の意思に関係なくそのような請求権が存在すること[111]，②事実関係の面で当事者に不意打ちがないこと[112]（弁論主義の問題や釈明義務の問題）をクリアしていることがある。ここでは，そのような前提条件を満たしている場合に，本条の観点からそのような判決をすることが許されるかが問題であるが，肯定説[113]と否定説[114]に分かれている。この場合は，履行期未到来による請求

---

109) ただし，前述のように，判例は建物収去土地明渡請求に建物引渡請求が含まれていると理解するようである。

110) 兼子ほか・条解〔2 版〕1353 頁〔竹下〕参照。

111) 一時金給付請求に対する定期金判決についてはこのような実体法上の根拠の有無が先決問題となると解されることにつき，**Ⅳ 4** 参照。

112) 兼子ほか・条解〔2 版〕1343 頁〔竹下〕，旧注釈民訴(4) 108 頁〔長谷部〕などが問題とされるのはこのような点に解消されよう。

〔山本（和）〕

棄却判決の既判力の特殊性を勘案する必要があるように思われる。この既判力は，履行期については特定せず，履行期の到来が後訴で証明できれば権利主張できるものと解するとすれば，原告は棄却判決の確定直後に履行期の到来を主張できる点で，かなり先の履行期を特定した将来給付判決よりも原告にとって有利な結果になる場合がありうるように思われる。その意味で，将来給付が請求棄却よりも当然に有利とはいえず，そのような場合に原告の意思を確認せずに一部認容判決をすることには問題があるように思われる[115]。

判例は，無条件の土地引渡請求に対して条件付引渡判決をすることを認めている（最判昭40・7・23民集19巻5号1292頁参照）。同様に，抵当権登記抹消登記手続請求に対して残債務がある場合には残債務の弁済を条件とする抹消登記手続判決をすることも一部認容として許される[116]。さらに，遺留分減殺請求に基づく遺贈目的物の返還請求に対して受遺者が価格弁償の意思表示をしたときは，裁判所は，弁償額を定めてその支払がないことを条件に返還請求を認容できるとされる（最判平9・2・25民集51巻2号448頁，最判平9・7・17判時1617号93頁）。なお，条件としての支払額を原告の請求から引き上げる判決ができるかが問題となる。一般的には許容されると解されるが[117]，この点は立退料

---

[113] 斎藤ほか編・注解民訴(4)392頁〔斎藤＝渡部＝小室〕，新堂〔5版〕331頁，中野＝松浦＝鈴木編〔2版補訂版〕421頁〔松本〕，伊藤〔4版〕208頁，梅本〔3版〕894頁，秋山ほかV 54頁など参照。

[114] 三ヶ月・全集155頁（特別の利益を要する点で紛争解決の特別の型とされ，請求の趣旨の変更を要するとされる），中野・論点I 146頁（被告にとって請求異議の起訴責任という不利益が課されることを問題とされる），松本＝上野〔8版〕584頁（将来給付は申立て以上に原告に有利な判決になるとされる）など参照。

[115] なお，375条は，少額訴訟における支払猶予（将来給付）判決を原告の申立てによらずに認めうることを前提としている（この点を肯定説の根拠として援用される見解として，河野549頁，坂田・前掲注60）413頁など参照）が，この場合には，猶予の期間が法定されており（375条1項），そのような担保のない一般の場合とは事情が異なるように思われる。

[116] 梅本〔3版〕895頁参照。

[117] 原告主張の残債務より多額の債務の支払を条件とする抵当権登記抹消登記手続判決を認める大判昭7・11・28民集11巻2204頁など参照。学説として，兼子ほか・条解〔2版〕1351頁〔竹下〕，旧注釈民訴(4)120頁〔長谷部〕など参照。

判決等と同旨の問題であり，後に詳述する（(5)参照）。

(4) 引換給付判決

次に，同様の問題であるが，原告の無条件の給付請求に対して裁判所が引換給付判決をする場合がある。これも一般に質的一部認容判決として許される[118]。例えば，単純給付請求に対して被告の同時履行の抗弁権に基づき引換給付判決をすることは一部認容として許される[119]（大判明44・12・11民録17輯772頁，大判大5・2・9民録22輯221頁，大判大7・4・15民録24輯687頁）。同様に，単純給付請求に対して被告の留置権の抗弁に基づき引換給付をすることも一部認容として許される。古い判例は担保権一般につき否定していたが（大判明36・3・18民録9輯283頁[120]，大判明37・10・14民録10輯1258頁[121]），最高裁判所は判例を変更して許容している（最判昭33・3・13民集12巻3号524頁，最判昭33・6・6民集12巻9号1384頁，最判昭47・11・16民集26巻9号1619頁[122]など）。学説も一致して判例を支持する[123]。

(5) 立退料判決

また，立退料についてはいくつかの問題がありうる。そもそも立退料の支払が条件になるのか引換給付になるのかが問題とされる[124]。この点は実体法の解釈の問題と考えられるが，現在の借地借家法は両方の可能性を認めていると解される[125]（同法28条は「建物の明渡しの条件として又は建物の明渡しと引換えに」

---

[118] 以下のような権利抗弁の概念につき，ローマ法以来の歴史的分析を踏まえ，「主張共通の原則という弁論主義の例外としての処分権主義の問題」として把握されるのは，坂田・処分権主義266頁参照。

[119] 兼子ほか・条解〔2版〕1350頁〔竹下〕，旧注釈民訴(4)118頁〔長谷部〕，三ヶ月・全集155頁，新堂〔5版〕343頁，秋山ほかV51頁など参照。

[120] 「書入」の例で，債務の履行をした上でなければ引渡請求権が発生しないことを理由とする。

[121] 抵当権登記抹消請求の例で，前記判決と同旨を説く。

[122] 物の引渡請求に対する留置権の抗弁を認容する場合において，その物に関して生じた債務の支払義務を負う者が原告ではなく第三者であるときは，被告に対し，その第三者から当該債務の支払を受けるのと引換えに物の引渡しを命じるべきであるとする。

[123] 兼子ほか・条解〔2版〕1350頁〔竹下〕，旧注釈民訴(4)119頁〔長谷部〕，新堂〔5版〕343頁，秋山ほかV51頁など参照。なお，このような場合の反対給付に係る既判力の有無に関する議論については，坂田・処分権主義146頁以下参照。

〔山本（和）〕

§246 V

財産上の給付をする旨の申出と定めている)。仮にそうだとすると,条件付給付の請求に対して引換給付判決をすること(またはその逆)は一部認容として可能かが問題となりえよう。この点が完全に原告の意思に委ねられているのだとすれば,実際には問題となることは少ないが,理論的には,執行手続を考えれば,一般に引換給付の方が債権者にとっては有利であると解されるので[126],引換給付の申立てに対し条件付判決をすることは一部認容として許されるのに対し,条件付判決の申立てに対し引換給付判決をすることは本条に反して許されないことになろう。

次に,引換給付として原告が申し出た立退料を裁判所が引き上げることが一部認容としてできるかが問題となる[127]。判例は,原告の申出と格段の相違のない一定の範囲内であれば,一部認容判決として許容されるとし(最判昭46・11・25民集25巻8号1343頁〔300万円の申出に対し500万円の立退料〕,最判昭46・12・7判時657号51頁〔500万円の申出に対し1000万円の立退料〕),学説もこれを支持する[128]。これによれば,「格段の相違」があるときは許されないということになるが,原告の明示の意思がそうであれば許されないとしても,明示の意思がない場合にはむしろ一部認容判決がされてよいと解される。原告にとっては(仮に「格段の相違」があったとしても)一部認容が全部棄却よりは有利なはずであり,引換給付判決は立退金の支払義務を確定するものではないので,原告が金額に不満であれば執行しなければ済むだけの話である。行為規範としては

---

124) 判例は一貫して引換給付とするが,旧法下で条件付判決を相当としていた見解として,兼子ほか・条解542頁注18〔竹下〕参照(ただし,兼子ほか・条解〔2版〕1355頁〔竹下〕は,現行借地借家法28条は,明文上,その両者の可能性を認めているので,この点は原告の選択に委ねられるとされる)。

125) 旧注釈民訴(4)120頁〔長谷部〕参照。

126) 条件付判決の場合には執行手続の前に条件成就執行文を取得する必要があるが(民執27条1項),引換給付であれば反対給付があったことは執行手続開始の条件になるに過ぎない(民執31条1項)。

127) これに対し,原告の申出よりも低い立退料で引換給付判決をすることは本条に反する。反対,近藤崇晴・民訴百選Ⅱ〔補正版〕313頁など参照。

128) 菊井=村松Ⅰ1026頁,旧注釈民訴(4)121頁〔長谷部〕,松本=上野〔8版〕588頁,梅本〔3版〕894頁〔著しく上回る立退料の支払は原告の意思に適うとはいえず請求棄却判決をすべきとされる〕など参照。

裁判所は釈明をすべきであるが、原告の意思が不明確である場合を前提にすれば、裁判所は一部認容判決をすべきものと解される。

さらに、原告から立退料の申出がない場合に、なお立退料と引換給付判決をすることができるかが問題となる。このような判決も一部認容として適法とする裁判例があるが（東京地判昭35・7・4判時234号7頁〔3ヵ月以内の立退料の提供を条件とする〕、同昭39・8・15判時398号39頁〔1ヵ月以内の立退料の支払を条件とする〕）、学説上批判的な見解が多い[129]。しかし、実体法上それが許されるかどうかという問題はあるものの、仮に実体法上許されるのであれば、弁論主義の問題はありうるが、本条との関係では問題はないと解される[130]。この点で、上記の条件付判決等の一般的な規律と異にする理由はないと解されるからである。なお、無条件明渡しと立退料による明渡しは請求権が別異であるという議論があるが[131]、それでは無条件の明渡請求の棄却判決後に立退料との引換えに明渡しを求めて再訴できることになり、不当と思われる。ただ、この場合にも原告の意思に反しないかどうかは問題となり、一部認容が可能な場合にも全部棄却を原告が明示的に求めることは許され、その場合には一部認容はできないものと解される（Ⅴ 1 参照）。なお逆に、立退料と引換えの明渡しを求めたのに対し、無条件の明渡判決をすることが本条違反であることはいうまでもない。

(6) **責任財産限定判決**

最後に、無条件の給付請求がされている場合に、限定承認がされたとして相続財産の限度で支払を命じることは一部認容として許される[132]（大判昭7・6・2民集11巻1099頁）。この場合、実務慣行上、責任財産の部分は訴訟物を構成しないとしてその余の請求を棄却する旨の判示はされないようであるが、実質的には質的一部認容に含まれる[133]。そして、一部が実質的に棄却されている趣旨は、上記のような判決の後に無留保の判決を求めることはできない（最判

---

129) 本条違反とするのは、兼子ほか・条解〔2版〕1356頁〔竹下〕、伊藤〔4版〕210頁注99、秋山ほかⅤ 53頁。疑問とするのは、菊井＝村松Ⅰ 1026頁。

130) 同旨、旧注釈民訴(4)122頁〔長谷部〕参照。

131) 伊藤〔4版〕210頁注99参照。

132) 兼子ほか・条解〔2版〕1352頁〔竹下〕、旧注釈民訴(4)120頁〔長谷部〕、新堂〔5版〕343頁、秋山ほかⅤ 53頁参照。

133) 伊藤〔4版〕210頁注98参照。

昭49・4・26民集28巻3号503頁）とされる点に表れる[134]。また，給付請求において当事者間の不執行の合意が主張された場合，当該給付請求を認容しながら強制執行をすることはできない旨を判決主文において明らかにすることになるが[135]（最判平5・11・11民集47巻9号5255頁），これも（その余の請求棄却の趣旨が明示されなくても）同様に一部認容判決となる。

4 一部請求における一部認容判決

最後に，原告が一部請求をしている場合に一部認容判決をすることも当然に許される。1000万円の債権のうち200万円が請求されている場合，裁判所は150万円の債権のみの存在を認めるときは，150万円の支払を命じる一部認容判決をすることになる。ただ，問題が生じるのは，一部請求において被告の債務消滅の抗弁によって債権の一部が消滅していると認められる場合に，その消滅している部分を債権のどの部分から控除して判決するかという問題である。例えば，1000万円の債権のうち200万円が請求されている場合において，300万円の債務消滅が認められるときに，請求されている200万円の部分から控除するか，請求されていない800万円の部分から控除するかによって結論が異なることになる。

この点に関する考え方としては，①請求されていない部分から控除する外側説（上記の例では全部認容判決となる），②請求されている部分から控除する内側説（上記の例では全部棄却判決となる），③請求されていない部分と請求されている部分とから按分して控除する按分説（上記の例では140万円の一部認容判決となる）がありうる。ただ，これを一律に考えることは相当ではなく，(1)債務消滅を導く抗弁が相殺かそれ以外のもの（弁済，過失相殺等）か，(2)一部請求が数量的一部請求（一部の範囲を特定せず数量のみで表す一部請求）か費目限定型一部請求（費目によって特定された一部請求）か，によって区別して論じる必要がある。

まず，訴訟上の相殺の抗弁に基づく場合には，原則として内側説によることが相当と解される。けだし，実体法上，相殺によって受働債権の消滅する範囲は充当の法理によって定まるものとされ（民512条），充当に関する特段の合意

---

[134] 判例は，相続財産の限度とする部分に「既判力に準ずる効力」が生じるとする。

[135] 新堂〔5版〕344頁，梅本〔3版〕896頁（ただし，その帰結を疑問とされる）など参照。

がなければ，相殺をする者が相殺の時に充当すべき債務を指定できるものとされるからである（民 512 条による民 488 条 1 項の準用）。したがって，一部請求の場合に相殺の抗弁を提出する被告の通常の意思は，訴求されている部分に充当することであると解されるので，内側説の帰結となる（反対として，最判平 6・11・22 民集 48 巻 7 号 1355 頁は，後記の過失相殺等の場合と同じ理由で外側説をとる）。これに対して，それ以外の抗弁の場合には，そのような充当は問題とならない[136]。まず数量的一部請求については，外側説が相当と解される。けだし，これらの場合は，既に提訴前に債権の一部が消滅しているので，提訴する原告の意思としては当然，消滅していない部分を訴求していると解されるからである。したがって，外側説が相当である[137]（過失相殺について同旨の判例として，最判昭 48・4・5 民集 27 巻 3 号 419 頁参照）。最後に，相殺以外の抗弁につき費目限定型一部請求の場合は，按分説が相当と解される。このような一部請求が認められる趣旨は，他の費目についての審判を避けるという原告の意思があり，それを尊重するものであるとすれば，他の費目の総額に影響しない按分の範囲で減額するのが相当と考えられるからである[138]。

VI 本条違反の効果

本条に違反する裁判も当然には無効ではない。したがって，その裁判に対して許される不服申立ての方法によって取り消されることになる。本条違反は裁判内容に関するものであるので，法 90 条による異議権喪失の対象にはならない。上告審では，本条違反は絶対的上告理由ではないので，高等裁判所が上告審の場合には法令違反として上告理由となるが，最高裁判所が上告審の場合には上告受理理由となりうるに止まる。また，本条違反は再審事由にはならな

---

[136] 厳密にいえば，訴え提起後の一部弁済において，債務者が訴求部分に対する充当を指定した場合も，相殺と同様の帰結となる。しかし，弁済の抗弁は通常，提訴前の弁済であり，その時点では，債権の分断は生じていないので，充当は問題となりえない。

[137] 通説である。反対説として，梅本〔3 版〕898 頁参照。

[138] 費目限定型一部請求において按分説を前提とするようにも解される判例として，最判平 20・7・10 判時 2020 号 71 頁参照。費目限定型一部請求において一部認容判決後，他の費目の残額請求について信義則に反するとの判示をしていない点で，外側説を前提としてはいないように見受けられる。

§ 246 Ⅵ

い[139]）。

　ただ，相手方の上訴があっても，申立人が上訴審で申立ての変更ができる限り，当該原裁判の内容に対応する申立てを改めてすることによって，本条違反の瑕疵は治癒される結果になる[140]）。例えば，1000万円の支払を求める請求に対して，2000万円の支払を命じる判決がされ，被告が控訴した場合において，原告が控訴審で訴えの変更をして，2000万円の支払に請求を拡張したときは，第一審判決の瑕疵は治癒され，控訴は棄却されうることになる。ただし，上告審や再抗告審など申立ての変更ができない場合には，上記のような治癒は生じえない。

〔山本和彦〕

---

[139]　ただし，判決理由が念頭においている請求を主文が明白な誤りによって超えている場合には，更正決定の対象となるとされるのは，松本＝上野〔8版〕589頁参照。

[140]　伊藤〔4版〕207頁，新堂〔5版〕334頁（被控訴人に請求の趣旨の拡張をする趣旨か釈明すべきとされる），松本＝上野〔8版〕589頁（控訴棄却の申立てに当然に請求の拡張が含まれるとされる）など参照。

(自由心証主義)

第247条 裁判所は，判決をするに当たり，口頭弁論の全趣旨及び証拠調べの結果をしん酌して，自由な心証により，事実についての主張を真実と認めるべきか否かを判断する。

I　本条の趣旨――自由心証主義の概念

　本条は，裁判所の事実認定において自由心証主義を採用することを明らかにした規定である。旧法185条と同旨であり，現行法による改正はない。

　自由心証主義とは，裁判所が判決の基礎となる事実を認定する場合に，当該審理に顕れた一切の資料に基づいて，裁判所が自由な判断によって心証の形成を行うことを認める考え方である。すなわち，この原則は，①裁判所の判断の基礎となる資料（証拠資料等）についての自由と，②そのような資料の評価（証明力等）についての自由を意味しているといえる[1]。

　自由心証主義と対立する考え方として，いわゆる法定証拠主義がある。法定証拠主義とは，一定の事実の認定についての証拠方法や証明力について予め法定し，裁判所の事実認定における判断を拘束しようとする考え方である。例えば，契約の成立については必ず書証によって認定しなければならないといった証拠方法の制限や，一定数の証人の証言が一致すれば必ずその事実を真実と認定しなければならないといった証明力の法定などである。このような法定証拠主義は，ゲルマン法に由来し，中世イタリア法を経て，ドイツ普通法時代に発達したものといわれるが，裁判の形式的公正を保ち，裁判官の恣意的判断を制約する目的を有していた。しかし，社会経済生活の複雑化に伴う紛争の多様化の結果，証拠方法や証明力の制約は裁判における真実発見をかえって困難にするとともに，近代裁判官制度の確立により裁判官に対する信頼が増してきた状況の中で，法定証拠主義の合理性は失われていった。その結果，大革命後のフランス法は，まず刑事訴訟について，次いで民事訴訟についても自由心証主義

---

1)　これに対し，松本＝上野〔8版〕436頁は，証拠方法に制限がないこと（①の内容）は自由心証主義とは別個の問題として，②のみを自由心証主義の内容として理解される。

〔山本（和）〕

を採用し，裁判官の自由な判断に信頼を置いて真実の発見を期待したものである。そして，それ以降の諸国の民事訴訟法はいずれもそれに倣うことになった[2]。

以上のような歴史的経緯を経て，日本の民事訴訟法も，その制定以来[3]，一定の例外（Ⅳ 2 以下参照）はあるものの[4]，自由心証主義を採用しているものである[5]。

Ⅱ　自由心証主義の意義

1　自由心証主義の目的

自由心証主義の制度目的は，実体的真実に合致した事実認定を実現することにある。民事訴訟において，実体的真実に基づく判決がされる必要があるかどうか，また必要がある場合にその根拠はどこにあるか，については様々な議論のあるところである[6]。筆者は，民事訴訟が国家権力の行使によって合意によらずに私人間の権利関係を変動させるという強制力を有するものである以上，敗訴当事者をそれに拘束するためには，その判決が真実に基づいて実体法が適正に適用されたものであること[7]が前提要件になるものと考える。したがって，民事訴訟は（それが完全に実現できるかはともかく[8]）真実の発見を目標とすべき

---

2) 以上のような沿革について，兼子ほか・条解〔2版〕1359頁以下〔竹下守夫〕，秋山ほかⅤ 57頁，旧注釈民訴(4) 43頁以下〔加藤新太郎〕など参照。なお，ドイツ法の沿革については，春日偉知郎・民事証拠法研究〔1991〕43頁注3参照。

3) 旧々法217条において，既にほぼ現行法と同様の規定が存在した。

4) なにがしかの例外は，この原則を採用するいずれの国にも存在するものと考えられる。例えば，この原則の発祥の地といわれるフランス法でも，一定額を超える契約等については書証によらなければならず，証人による立証が許されないといった例外が認められている（フランス民法1341条参照）。

5) 刑事訴訟においても自由心証主義が採用されている。刑訴法318条参照。

6) このような議論については，秋山ほかⅤ 58頁以下，旧注釈民訴(4) 44頁以下〔加藤〕など参照。この点に関する私見について，山本和彦・民事訴訟法の現代的課題〔2016〕364頁以下参照。

7) 兼子ほか・条解〔2版〕1360頁〔竹下〕は，実体法の趣旨の実現という目的を真実発見よりも高次の目的と解し，自由心証主義の解釈・運用も実体法の趣旨の実現という目的により規定される面がある旨を指摘する。

であり，その目的実現のために，法定証拠主義よりも自由心証主義がより適合的であると判断されるならば9)，自由心証主義を採用すべきものであろう。

2 自由心証主義の制度的基盤

自由心証主義は，その成立の経緯（Ⅰ参照）からも明らかなように，訴訟法上の諸制度や諸原則の確立と一体のものである10)。そのような制度的基盤を欠くとき，自由心証主義は，法定証拠主義がまさに懸念した恣意的裁判を導くおそれがあるものであることを常に念頭に置かなければならない。

そのような制度的基盤の第1は，近代的裁判官制度の確立である。自由心証主義は，裁判官の能力や独立に対する信頼に基づく恣意的判断の防止可能性を前提に採用されるものであるからである。具体的には，裁判官の独立・身分保障（憲76条3項・78条，裁48条），裁判官の任用資格の厳格な定めによる能力担保（裁41条～44条），公正な任用システム（裁39条・40条・45条）等が不可欠の前提としてある。

制度的基盤の第2としては，公開主義，口頭主義，直接主義といった審理方式の諸原則の確立がある。公開主義は，当事者以外の眼があり事後的検証が可能になることにより，裁判官の恣意的な事実認定に対する抑制効果がある。口頭主義及び直接主義により，裁判官は新鮮な心証を形成でき，証拠や当事者と直接に接触することで，真実に適った事実認定の基礎が提供される。その意味で，これらの諸原則も自由心証主義の前提を構成する11)。

---

8) 真実発見が果たされなかったことが結果的に判明した場合に，なお敗訴者を判決に拘束すべきか，また拘束できるかは1つの問題であるが，そのような場合には，相手方（勝訴者）の利益や制度の費用負担者（納税者）の利益との比較衡量の中で，当該判決を維持すべきかどうかが決せられよう（その制度的な衡量結果が再審事由の範囲等に反映される）。

9) なお，真実発見の観点から，法定証拠主義が常に自由心証主義に劣っているかどうかは，訴訟係属前の証拠の収集・保存の局面も考慮して慎重な判断が必要である。例えば，契約締結の証拠を書証に限定する考え方は，必ず契約書を作成する実務を奨励し，結果として人証による証明に頼る自由心証主義よりも真実の発見に資するかもしれない。本文の記載はあくまでも一般論であり，司法制度基盤の状況，当該社会や経済の状況，具体的な対象局面などによっては，自由心証主義の例外を認める方が真実発見に適合的である可能性はあるといえよう。

10) 以下については，兼子ほか・条解〔2版〕1360頁以下〔竹下〕，秋山ほかⅤ60頁，旧注釈民訴(4)45頁〔加藤〕など参照。

〔山本（和）〕

3 自由心証主義と弁論主義

　弁論主義によって，裁判所は，当事者が主張していない事実について自由心証に基づきその存在が認められるとしても，その事実を認定することができないし，当事者の自白に反する事実についても同様である。しかし，これは弁論主義と自由心証主義が対立していることを意味するものではない。弁論主義によって裁判所の事実認定が必要となる範囲が画定され，そのような範囲において自由心証主義が妥当するものであるから，弁論主義は自由心証主義にいわば先行して適用されることが前提とされ，両者は互いに抵触する関係にはない[12]。

4 自由心証主義と証明責任

　自由心証主義においては，裁判所は，自由な心証に基づき当事者の事実についての主張が真実かどうかを判断するが，その際にいずれの当事者が証明責任を負っているかを問題にする必要はない。裁判所は，当事者の主張の真偽が本条によって判断される場合は，それに基づきそのような認定をすることになるが，本条は，必ず真偽いずれかの認定をしなければならないと求める趣旨ではない[13]。裁判所の心証が証明度（Ⅲ2参照）に達しない場合には，真偽不明として，証明責任の分配によって判決をする余地は認められている。その意味で，

---

[11]　ただ，これらは，近代的裁判官制度の確立のように，不可欠の前提とまで言えるかには疑問もある。書面主義・間接主義の下でも自由心証主義の採用は不可能ではないからである（この点につき，兼子ほか・条解〔2版〕1361頁〔竹下〕参照）。実際，口頭主義や公開主義を採用していない非訟事件においても，自由心証主義が採用されている（非訟60条による本条の準用）。ただ，沿革的にみてもこれら諸原則と自由心証主義が密接に関連して発展してきたことは否定できないし，諸原則と自由心証主義がより親和的であることも間違いなかろう。

[12]　秋山ほかⅤ61頁，旧注釈民訴(4)46頁〔加藤〕，三ヶ月・全集397頁，賀集ほか編・基本法コンメ(2)〔3版〕274頁〔奈良次郎〕など参照。なお，間接事実に自白を認めるかどうかについて，自白を認めると自由心証主義に反するので認められない旨の議論がされることがある。これは，ａという間接事実が自白された場合において，それと矛盾するｂという間接事実が証拠等によって認定されるときに，裁判所が経験則からＡという主要事実を認定するかどうかが自由心証で判断できなくなるという事態を指しているものと解される。ただ，ａの自白を認める以上，それと矛盾するｂの事実は認定できなくなると考えることができれば，本文と同様，必ずしも自由心証主義との抵触と捉える必要はない。

[13]　この点については，兼子ほか・条解〔2版〕1378頁〔竹下〕参照。

「自由心証の領域が尽きた所から証明責任の支配が始まる」といわれるように，両者はその適用領域を異にする[14]。

III 自由心証主義の内容

1 事実認定の証拠法則からの解放

　自由心証主義においては，前述のように，裁判所は，判決の基礎とする証拠資料を自由に取捨選択することができ，またその証明力（証拠価値）についても自由に判断することができる。さらに，事実認定が間接事実を前提に経験則に基づき行われる場合においては，経験則の取捨選択及びその蓋然性の評価等も裁判所の自由な判断に委ねられることになる[15]。

　ある事実について別の判決においてある認定が既にされている場合であっても，裁判所は，（既判力に反しない範囲で）依然として自由心証に基づき別の認定をすることができる。この点が特に問題となるのは，同一の事実について既に刑事判決における事実認定が存在する場合である。刑事判決は民事事件について既判力を有しないので，自由心証主義が妥当し，民事事件の判決に際しては，刑事判決の事実認定に拘束されることはない[16]。

---

14) これに対し，証明責任を要証事実の証明に関する法理と捉える立場との関係については，秋山ほかV 64頁，旧注釈民訴(4) 48頁以下〔加藤〕参照。

15) 最判昭36・1・24民集15巻1号35頁は，逸失利益に関して死亡した被害者の活動可能な年齢の算定は経験則に基づく認定であるが，裁判所はそれを自由な心証によって認定できるものと判示する。

16) 最判昭25・2・28民集4巻2号75頁（刑事判決で特定の債権の存在が認定されていても，民事判決ではその不存在を認定することは差し支えないとされる），最判昭34・11・26民集13巻12号1573頁（刑事判決で過失が否定されていても，民事判決でこれと一致した判断をしなければならないことはないとされる），兼子ほか・条解〔2版〕1361頁〔竹下〕，秋山ほかV 66頁，旧注釈民訴(4) 50頁〔加藤〕，斎藤ほか編・注解民訴(4) 358頁〔小室直人＝渡部吉隆＝斎藤秀夫〕など参照。なお，最判昭31・7・20民集10巻8号947頁は，構成員の過半数を共通とする2つの裁判所が同一取引に関する民事・刑事の両事件を担当する場合において，当事者がいったん刑事判決の認定と異なる相手方の主張を自白した後にその取消しを主張しているときは，自白の真実性の判断について刑事判決の事実認定を顕著な事実として顧慮すべき旨を判示するが，これは，民事判決が刑事の事実認定に拘束されるとの趣旨ではなく，あくまでも自由心証主義の枠内で，考慮すべき資料の範囲について判断したものと解される（秋山ほかV 66頁，旧注釈民訴(4) 50頁〔加藤〕参

2 事実認定に必要な心証の程度（証明度）

(1) 証明度の意義

　自由心証主義によって，事実の存否の判断は裁判所の自由な心証に委ねられているが，どの程度の心証があれば事実の存否が認定できるかという判断まで裁判所の自由に委ねているわけではない。心証とは，裁判官の内心に形成される事実の存否についての認識であり，審理の進行に応じてその度合い（心証度）は変化するが，心証度が一定のレベルに達して初めて事実の存否の認定が許される。このような事実の存否の認定のために必要な心証のことを証明度と呼ぶ[17]。

(2) 原則的な証明度

　原則的な証明度については，一般の人が日常の社会生活において疑いを抱かずに，その判断を信頼して行動する程度の高度の蓋然性が必要であると解するのが通説である[18]。換言すれば，単にその事実がありそうであるという程度の心証（相当程度の蓋然性）では足りず[19]，他方で反対事実が認められる可能性が絶無であるとまで確信を持つ必要まではないということである。また，判例（最判昭50・10・24民集29巻9号1417頁）は，いわゆるルンバール事件において，訴訟上の因果関係の立証について「一点の疑義も許されない自然科学的証明ではなく，経験則に照らして全証拠を総合検討し，特定の事実が特定の結果発生を招来した関係を是認しうる高度の蓋然性を証明することであり，その判定は，通常人が疑を差し挟まない程度に真実性の確信を持ちうるものであることを必要とし，かつ，それで足りる」と判示し，その後の判例もその判断内容を踏襲している（すべて因果関係に関する事例である）[20]。そして，このような原則的証

　　照）。

17) 新堂〔5版〕570頁は，裁判所が証明ありとしてよい証明点から証明ありとしなければならない証明点に至る証明度基準領域を観念する。これは，証明度について裁判所の裁量を認めながら，その裁量にも限界があることを明示する見解ということができよう。

18) 兼子ほか・条解〔2版〕1362頁〔竹下〕，秋山ほかⅤ70頁，旧注釈民訴(4)52頁〔加藤〕，兼子・体系253頁，三ヶ月・全集381頁，高橋下〔2版補訂版〕41頁，松本＝上野〔8版〕439頁など参照。

19) 一般にこの程度の心証は，疎明において必要とされるものと解されるが，後述の解明度（(4)参照）との関係で近時議論のあるところである。

明度は，実体法上の事実であれ訴訟法上の事実であれ，また主要事実，間接事実，補助事実の区別なく妥当するものとされる[21]。

問題となりうる点として，第1に，上記のような客観的な蓋然性とは独立して裁判官の主観的な確信が要素となりうるか，第2に，その蓋然性の程度として高度の蓋然性が必要とされるか，という点がある。

まず，第1点については，判例は，前述のように，「真実性の確信を持ちうる」ことを要素とする。その意味で，客観的要素（蓋然性）と主観的要素（確信）は独立に必要とされている。しかし，「確信を現に持った」ではなく「確信を持ちうる」と表現されていることからも明らかなように，ここでの「確信」は個々の裁判官の完全に主観的なものではないと考えられる。換言すれば，高度の蓋然性が証明されれば，合理的な判断者であれば確信を抱くはずであり，それで証明があったものと解されることになる。その意味で，主観的な確信は決して客観的蓋然性と独立して証明度を規定しているわけではない[22]。

次に，第2点については，学説上，異説が多い。すなわち，①証拠偏在型の公害・薬害訴訟など一部の訴訟類型については，高度の蓋然性は必要なく一定の蓋然性で足りるとする見解[23]，②一般的に証明度は証拠の優越の程度で足りるとする見解[24]，③一般的に証明度は相当の蓋然性ないし優越的な蓋然性で足

---

20) 最判平9・2・25民集51巻2号502頁，最判平11・2・25民集53巻2号235頁，最判平12・7・18判時1724号29頁，最判平18・6・16民集60巻5号1997頁など参照。既に刑事事件において同旨の証明度を必要とするものとして，最判昭23・8・5刑集2巻9号1123頁参照。

21) ただし，間接事実や補助事実については異説がありうる。(3)参照。

22) このような考え方は，様々な表現はあるものの，現在の一般的理解と言えよう（兼子ほか・条解〔2版〕1362頁〔竹下〕，秋山ほかⅤ68頁，新堂〔5版〕569頁，松本＝上野〔8版〕439頁など参照）。兼子ほか・条解〔2版〕前掲や松本＝上野〔8版〕前掲は，これを「主観的要素と客観的要素の結合」と表現するし，秋山ほかⅤ前掲は，「確信は事実認定における裁判官の主体性を認知し，表現している説明のための象徴的な概念ではあるが，それ以上に実践的意義を持たない修辞（レトリック）とみるべきである」とし，「確信＝レトリック説」と表現する。

23) 西原道雄「公害に対する私法的救済の特質と機能」法時39巻7号〔1967〕12頁，沢井裕・公害の私法的研究〔1969〕239頁など参照。なお，訴訟類型に応じて証明度に変化を認める考え方として，小林・証拠法〔2版〕76頁参照。

りるとする見解[25]などである（このうち，②と③は実質的に同旨の見解とも考えられる）。このような見解は，証明責任を負う当事者が十分な証拠を所持しない場合があること，そのような場合に当該当事者が証拠を収集するための制度が現行法上十分ではないこと，それにもかかわらず高度の蓋然性を証明度とすると，相手方当事者は必要な立証活動をせず，民事訴訟における真実解明が阻害されること[26]等を問題にするものと考えられる。

　これに対して，通説的な見解からは，証明度を引き下げることによって，事実認定が偶然の要素に大きく左右されてしまい，判断の安定性が阻害されること，自力救済の禁止の前提とされる現状維持の確保の要請に鑑み，現状を変更しようとする当事者により重い負担を課すのが相当であること，判決による権利の存否の判断は公権力による強制を伴い，国民の信頼を確保しうるものでなければならず，その基礎である事実認定はそれに相応する確実性が必要であることなどから，なお高度の蓋然性が必要である旨の反論がされている[27]。通説的見解においても，上記少数説の問題意識については共感されているように思われるが，問題解決の方向として，証明度を一般的に（あるいは訴訟類型全体に）引き下げるのではなく，①証拠収集方法を解釈論・立法論的に拡充すること，②個別事件の状況に応じて証明度の引下げ（(3)(イ)参照）を図ることによって対応すべきものとされる[28]。

---

24)　石井良三・民事法廷覚え書〔1962〕166頁，加藤一郎・公害法の生成と展開〔1968〕29頁，石田穰・証拠法の再構成〔1980〕143頁など参照。

25)　伊藤眞「証明度をめぐる諸問題」判タ1098号〔2002〕4頁以下，三木・手続運営438頁以下，新堂〔5版〕571頁など参照。

26)　特に新堂〔5版〕572頁は，証明度を高めることによって誤判率が高まることを問題とされる。これについては，さらに太田勝造・裁判における証明論の基礎〔1982〕147頁以下参照。

27)　兼子ほか・条解〔2版〕1363頁〔竹下〕，秋山ほかⅤ70頁，松本＝上野〔8版〕439頁など参照。ただ，これに対しては，証明度の引下げは，当事者間の敗訴負担を変動させるだけで，証明の安定性を変えるものではない（この点はむしろ解明度〔(4)参照〕等の問題である），証明責任を負う当事者が常に現状の変更を求めるものではない（物権的妨害予防請求の原告の場合など）等の再反論が加えられている。このような議論については，加藤新太郎ほか「〈座談会〉民事訴訟における証明度」判タ1086号〔2002〕4頁以下，三木・前掲注25) 439頁以下など参照。

なお，この議論との関係で，判例通説のいう「高度の蓋然性」の概念について，それをあまりに高度のものと理解して運用する実務が一部にあるが，そのような理解が相当ではない点が確認されていることには注意を要する。例えば，最高裁平成12年7月18日判決（判時1724号29頁）は，原爆被爆者の負傷・疾病と放射能との因果関係の証明につき，原判決は証明度について相当程度の蓋然性で足りるとしたのに対し，高度の蓋然性を必要としながら，当該事件においては高度の蓋然性はあったと判断している。これは，高度の蓋然性の概念についての原判決の理解が過剰なものであった可能性を示唆しており，そのような運用に対する「警鐘」[29]の意味が上記の少数説にはあるとみることもできよう[30]。

(3) 例外的な証明度

判例通説の見解を前提としても，以上のような原則的証明度が妥当するかどうか，議論がある問題がある。以下では，原則的証明度より高いとされる場合（ア）と低いとされる場合（イ）について簡単に検討する。

(ア) 原則的証明度より高いとする議論がある場合　まず，形式的証拠力の根拠となる事実（補助事実）について高い証明度が求められるとする見解がある。すなわち，文書の成立の真正や証人・検証物の同一性などは，当該証拠が実質的証拠力をもちうるいわば絶対的条件であるので，100％ではないにしても，それに近い極めて高い証明度を必要とするとの説である[31]。確かにこのような事実の場合は証拠力の評価が2段階になり[32]，「証拠力評価の構造」が一般とは異なる側面はある[33]。ただ他方で，100％近い高度の蓋然性を求めると，事

---

28) 兼子ほか・条解〔2版〕1363頁〔竹下〕参照。
29) 秋山ほかV 70頁参照。
30) 兼子ほか・条解〔2版〕1364頁〔竹下〕は，「九分九厘まで間違いないと認められて始めて，真実と認定すべき」とされる兼子一「立証責任」兼子・研究(3)130頁の見解について，「ミス・リーディングである」と評価され，「比喩的にいえば，80％程度以上というのが大方の理解ではないか」とされる。ただ，前記少数説は80％であっても過剰な要求とみる。新堂〔5版〕572頁など参照。
31) 倉田卓次・民事交通訴訟の課題〔1970〕150頁参照。
32) 例えば，文書の真正が80％の証明度，その文書に基づく要証事実が80％の証明度の場合，結局，$0.8 \times 0.8 = 0.64$（64％）の証明度にしかならないという見方もある。

実認定が硬直化するおそれも否定できない。そこで，この場合は，通常の証明度を満たせば，当該証拠は形式的証拠力を満たすことは前提にしながら，最終的な要証事実の認定に際しては，当該証拠の脆弱性も考慮しながら，本来の証明度を満たすかどうかを考えるべきではなかろうか。

同様の問題は，事実上の推定の基礎となる間接事実についても存在する。この場合，一般的にはそのような間接事実についても証明度を観念し，その証明度をクリアした事実に経験則を適用して主要事実を認定するので，経験則が100％確実なものではないとすれば，直接証拠による場合に比して認定の脆弱性を免れないことになる。通説はこの場合も，必要な証明度に変動はないとするが[34]，1つの間接事実に基づく事実上の推定の場合には別異に解する見解もある[35]。しかし，このような問題を生じさせる根源的な原因は，間接事実についても固有の証明度を観念する点にあると考えられ，むしろこの点については，そのような証明度を観念せず，間接事実については裁判所の具体的な心証度に応じて事実認定に利用するとの見解[36]を採るべきではなかろうか[37]。それによって，直接証拠に基づく認定の場合と事実上の推定の場合との心証度の乖離を避けることができるものと解される[38]。

(イ) **原則的証明度より低いとされる場合——証明度の軽減** 前述のように((2)参照)，原則的証明度について高度の蓋然性を要求する通説の立場においても，近時は，具体的な事件との関係ではそのような証明度を引き下げうる場合があるとする見解が多数になっている。これは，個々の事案においては，原則的証明度を要求する結果として本来実体権が認められるべき当事者の証明が著しく困難となり，結果として実体法が予定していた解決ができなくなることは

---

33) この指摘につき，兼子ほか・条解〔2版〕1365頁〔竹下〕参照。
34) 中野・推認43頁，秋山ほかⅤ 71頁，旧注釈民訴(4)53頁〔加藤〕など参照。
35) 兼子ほか・条解〔2版〕1365頁〔竹下〕参照。
36) この点につき，伊藤滋夫・事実認定の基礎〔1996〕111頁以下など参照。
37) 証明度は証明責任を発動する前提として必要なものであるとすれば（Ⅱ 4参照），証明責任を必要としない間接事実については証明度も必要ないということになろう。
38) 例えば，間接事実の心証度が80％で，経験則も80％の確率のものである場合には，主要事実の心証度は $0.8 \times 0.8 = 0.64$（64％）ということになり，80％が証明度として必要であるとすれば，証明はされていないという帰結になろう。

実質的公平や実体的正義の観点から相当ではないという理解による。

　以上のような考え方の下で、証明度の軽減を図る場合の要件としては、以下のような見解がある[39]。すなわち、①現在の科学技術の水準や社会経済構造からして誰がやっても原則的証明度を裁判所に得させることが構造的に不可能な場合に証明度の軽減を認める見解[40]、②原則的証明度が実体法の規範目的や趣旨に反するような場合に証明度の軽減を認める見解[41]、③原則的証明度による証明が事柄の性質上困難であり、その結果実体法の趣旨目的に照らして著しい不正義が生じる一方、代替手法が想定できない場合に証明度の軽減を認める見解[42]などがある。

　原則的証明度を措定する以上、その例外は限定的な場合に限られるべきであることに異論はないと思われる。そして、証拠偏在の問題は本来、証拠収集方法の充実によって解決すべきものであるとすれば、一般的な証明困難の問題を証明度軽減で救済する発想は相当でなく、①の見解が指摘するように、いかに証拠収集方法を充実してもおよそ対処不可能な場合に初めて証明度軽減が問題になると解するべきであろう。加えて、そのような事態を実体法が予定しているのであれば、あえて証明度を軽減して権利者を救済する必要もない。したがって、②の見解の指摘するとおり、そのような事態を実体法が想定していないことも要件となろう。さらに、③の見解の指摘のとおり、補充性も当然要件となるとみられ、結果として、③の見解の示す方向性が相当ではないかと解されよう[43]。

---

[39] このほか、事件類型に応じて証明度の引下げを図る見解については、(2)参照。

[40] 兼子ほか・条解〔2版〕1365頁〔竹下〕参照。具体例として、父死亡後の認知請求における父子関係の存在、医療事故・環境・公害訴訟における過失・因果関係、独禁法違反に基づく損害賠償における損害の発生の証明などを挙げる。

[41] 太田・前掲注26) 214頁参照。松本＝上野〔8版〕441頁以下も「実体法規の規範目的を実現するために、証明度の引下げが強く要請される場合がある」として、環境汚染による損害賠償訴訟、医療関係における因果関係、原爆被爆者医療給付認定要件の放射線起因性などについて論じられる。

[42] 加藤新太郎・手続裁量論〔1996〕145頁、旧注釈民訴(4) 55頁〔加藤〕参照。

[43] ただ、単に原則的証明度による証明が「事柄の性質上困難であ」れば足りるとするのはやや緩やかにすぎるように思われ、①説のように、そのような証明が「構造的に不可能な場合」に限るべきではないかと考えられる。

〔山本（和）〕

なお、いずれにしても原則的証明度を前提に攻撃防御の活動をしている当事者に不意打ちとならないように、裁判所が証明度を軽減する場合には、その点について事前に当事者に対して釈明をし、当事者の適切な立証活動を害さないようにする配慮が必要である。

(4) 証明度と解明度・信頼度の関係

事実認定について証明度と区別されるべき概念として、解明度ないし信頼度がある（それらの意義の詳細については、§243解説参照）。解明度とは、ある時点での心証度が新たな審理によって変動することはない程度のことである[44]。つまり、証明度が事実認定をするために必要な心証の程度を意味するのに対し、解明度は今後の新たな審理によっても心証が変動しないという心証の確実性の程度を意味するものである。この両者について、解明度が低い場合には裁判所も高度の蓋然性をもって心証を形成できないと考えられるので、実践的には解明度は証明度の中に溶解しているとの指摘があるが[45]、理論的にはやはり両者は区別して認識すべきものであろう。

また、近時提唱されている信頼度は、統計学において用いられる区間推定の概念を用いて、心証度に対する信頼の程度を表す概念である[46]。その意味では解明度に類似する面があるが[47]、心証度がその揺らぎを考慮しても（区間推定において最も低い側に振れても）証明度を超える場合に信頼度が認められるものであり、証明度と解明度を統合した側面をもつ概念と評価されよう[48]。

---

44) 解明度の概念・意義については、太田・前掲注26) 108頁、同「『訴訟ガ裁判ニ熟スルトキ』について」新堂編・特別講義 429頁以下など参照。

45) 兼子ほか・条解〔2版〕1364頁〔竹下〕参照。高橋下〔2版補訂版〕44頁注21も、裁判官の主観の中では両者は混然となっていることも多いのではないかと指摘される。

46) 信頼度の概念・意義については、三木浩一「確率的証明と訴訟上の心証形成」慶應義塾大学法学部法律学科開設百年記念論文集〔法律学科篇〕〔1990〕666頁、同・前掲注25) 457頁以下など参照。

47) なお、信頼度は解明度と異なり、「純然たる心理学的概念」とされるが（高橋下〔2版補訂版〕45頁注21など）、信頼度の場合も、それ以上の証拠調べの可能性がなければ、心証の揺らぎは生じないと解されるので、この面で両者は基本的に異なることはないと考えるべきではなかろうか。

48) 解明度と信頼度については、両者の関係も含め、田尾桃二＝加藤新太郎共編・民事事実認定〔1999〕279頁以下参照。

3　証明度と証明責任の関係——確率的心証論

　前述のように（Ⅱ4参照），裁判所の心証が証明度に達しない場合には，真偽不明として，証明責任の分配によって判決がされる。換言すれば，証明度は，証明責任が発動される基点を形成する意義をもつ。その意味で，証明度と証明責任はその守備範囲を異にする概念であるが，例外的に，証明度に達しない場合であっても証明責任によらずに判決をする余地を認める考え方がある。確率的心証論ないし心証度による割合的認定の理論である[49]。

　確率的心証論とは，損害賠償等の金銭請求において，裁判所の心証が証明度に達しない場合であっても，その心証度に応じて請求の一部を認容しうるという考え方である[50]。例えば，裁判所が損害賠償請求訴訟における因果関係の存在について60％の心証を有する場合において，請求額が1億円のときは，6000万円の請求認容判決をすることができるとする見解である。このような趣旨に基づく裁判例も存在する[51]。しかし，通説はこのような見解を否定するし[52]，上級審裁判所においてこのような見解に基づくものも存しない。

　現行法の基本的な枠組みは，前述のとおり，証明度に達しない心証の場合には，証明責任によって判断するというものである。その意味で，確率的心証論

---

49) 外観上類似した考え方として，寄与度による責任限定の議論や過失相殺の類推適用論，さらには期待権侵害の理論などがあるが，これらはいずれも事実認定については通常の証明度を適用した後，純粋に実体法の解釈として，部分的な損害等の認定をするものであり，証明度とは理論的に関係がない（これらの問題については，兼子ほか・条解〔2版〕1367頁〔竹下〕など参照）。ただ，現実には，期待権侵害理論などに表れているように，本来の要証事実（例えば事故がない場合の生存の蓋然性等）の証明度に至る立証が困難である場合に，証明の主題を別の，より立証の容易な対象（例えば適切な医療を受けられる期待）にずらして証明を認めるとの性質を帯有するものであり，実践的には両者に関連があることは否定し難い。

50) 倉田・前掲注31) 200頁，同・証明288頁など参照。これを支持する見解として，淡路剛久〔判批〕判評148号〔1971〕22頁（ただし，交通事故損害賠償の領域に限定する），住吉博〔判批〕判タ322号〔1975〕113頁など参照。

51) 東京地判昭45・6・29判時615号38頁，東京地判昭47・7・17判タ282号235頁，東京地判昭49・7・18判時764号62頁（貸金請求訴訟の例），水戸地判昭50・12・8判タ336号312頁，宮崎地判昭58・9・26交通民集16巻5号1273頁など参照。

52) 兼子ほか・条解〔2版〕1367頁〔竹下〕，秋山ほかⅤ78頁，松本＝上野〔8版〕447頁，伊藤・前掲注36) 204頁など参照。

は，そのような事実認定の基本的枠組みに対する挑戦であり，証明責任による解決以外のノンリケット時の解決方法として理解できないものではない[53]。しかし，この枠組みが汎用性を有するものではないことは明らかであり（土地の所有権確認の場合，さらには離婚請求等に適用できないことに異論はなかろう），そうであるとすれば，なぜ金銭請求の場合にだけこのような解決が許されるかについて，理論的説明は困難であろう[54]。加えて，その主たる適用範囲として想定されている損害賠償の局面については，前述のように（注49）参照)，実体法上様々な見解によって証明困難の場合に妥当な解決を図りうる概念装置が用意されつつあり，あえて事実認定論の根幹を変動させる必要まではない状況にあること[55]を前提にすれば，このような考え方に現時点で賛成することは困難といえよう。

4 自由心証主義の内在的制約とその担保

(1) **自由心証主義の内在的制約**

自由心証主義は，当然のことながら，裁判所の恣意的な事実認定を許すものではなく，一定の内在的制約を前提にしたものである。

第1に，裁判所が心証形成の基礎とすることができるのは，訴訟手続に適法に顕出された資料，すなわち証拠調べの結果及び弁論の全趣旨に限られる（これらについては，V・Ⅵ参照）。また，適法に実施された証拠調べの結果及び弁論の全趣旨については，裁判所は心証形成の際に必ず顧慮しなければならない。

第2に，裁判所は，事実認定に際して，論理法則及び経験則に従わなければならない。論理法則とは，概念構成・判断・推論等をするにあたって一般に承認・支持されている，演繹的な思考法則をいい，経験則とは，個別的経験から帰納的に得られた事物の概念や事実関係についての法則的命題をいう[56]。これによって，心証形成が客観的・合理的なものとなり，また批判可能性を有するものとなると解される。

---

53) 兼子ほか・条解〔2版〕1367頁〔竹下〕参照。松本＝上野〔8版〕447頁も，このような考え方は「一定の共感を呼んだ」と評される。
54) 兼子ほか・条解〔2版〕1367頁〔竹下〕参照。
55) この点については，秋山ほかⅤ78頁参照。
56) 経験則の意義やその証明など詳細については，第4章証拠前注参照。

(2) 内在的制約の担保

　以上のような自由心証主義の内在的制約を担保し，当事者や第三者がそれを検証できることを制度的に保障するものが，判決書における判決理由の記載（253条1項3号）ということになる。裁判所は，これによって事実認定の理由を説明することが求められ，上記のような内在的制約に従っていること（事実認定が恣意的なものでないこと）が論証される。

　第1に，裁判所は，証拠資料によって要証事実の認定をする際には，原則として，個々の証拠資料を採用した理由及び排斥した理由を明らかにする必要がある（弁論の全趣旨についても同様であるが，この点は，**V 4**参照）。具体的には，どの証拠資料をどのような理由によって採用ないし排斥したかを示す必要がある。ただ，通常は，採用された証拠資料と排斥された証拠資料が示されれば，経験則上，その採否の理由が当事者や第三者（上級審裁判所等）におのずから明らかになることが多いと考えられる。このような場合には，あえてその採否の理由を個別具体的に記載しなくても，上記担保の趣旨としては十分と考えられるので，理由の明示は不要と解される[57]。証拠の取捨の理由を示す必要はないとする判例群（大判明32・10・3民録5輯9巻22頁[58]，大判大7・7・15民録24輯1453頁[59]，大判大7・9・5民録24輯1607頁，最判昭25・2・28民集4巻2号75頁，最判昭26・3・29民集5巻5号177頁〔裁判所は，証拠の内容をいかなる事由により真実と認めたかを判決の理由で判断することは訴訟法上要請されていないと明示する〕，最判昭32・6・11民集11巻6号1030頁，最判昭36・1・24民集15巻1号35頁，最判昭37・3・23民集16巻3号594頁[60]など）も，そのような趣旨と理解すべきであ

---

[57] 兼子ほか・条解〔2版〕1370頁〔竹下〕（ただし，おのずから明らかであるか否かの判断は慎重にすべきとされる），秋山ほかV 87頁，旧注釈民訴(4)67頁〔加藤〕，兼子・体系254頁（ただし，「どれだけの資料から，どうして確認を得たのかの経路を，常識あるものが一応納得できる程度に掲げなければならない」とする），新堂〔5版〕598頁，松本＝上野〔8版〕595頁，斎藤ほか編・注解民訴(4)368頁〔小室＝渡部＝斎藤〕など参照。

[58] 採用しなかった証拠方法については，必ずしもこれを採用しない理由を一々説示する必要はないと判示する。

[59] 裁判の事実上の理由を判示するについて挙示すべき証拠は，裁判所が判断の資料に供した証拠を指示することをもって足り，必ずしも逐一その証拠の内容を判文に列挙する必要はないと判示する。

る[61]）。

　これに対し，採用された証拠と排斥された証拠だけでは，いかなる理由で要証事実が認定されたかが明らかではなく，一般経験則上異例とみられる認定をする際には，裁判所は，原則どおり，証拠の採否の理由を明らかにしなければならないものと解される。このような場合には，上記内在的制約が担保されたかどうかが当事者又は第三者によって検証される必要があるからである。判例も，認定事実と矛盾する書証がある場合にはそれを排斥する理由を示さないのは違法であるとか（最判昭23・4・13民集2巻4号71頁，最判昭32・10・31民集11巻10号1779頁[62]）），通常信用すべき証言を排斥する場合や通常排斥すべき証言を信用する場合にはその理由を説示しない判決は違法であるとか（最判昭31・10・23民集10巻10号1275頁，最判昭34・7・2裁判集民37号5頁〔相反する内容の証人尋問・当事者尋問の結果を総合していずれとも異なる内容の事実を認定した原判決を理由不備とする〕，最判昭38・12・17裁判集民70号259頁〔証人の証言を措信しない理由として他の証拠を掲げた場合に，その証拠がむしろ当該証言内容に沿うものであるときは，理由齟齬の違法があるとする〕），相反する鑑定書の一方にも相当の合理性がある場合において，他方のみを根拠に過失を否定するときは，判決書でその理由を説示すべきである（最判平18・11・14判時1956号77頁）としているのも同旨と解される。

　第2に，裁判所は，経験則を利用して要証事実の認定をする際には，原則として，いかなる経験則に基づいたのかを明らかにする必要がある。ただ，通常は，用いられた経験則が自明のものであり，そのような推認が通常の事例とみられて，その経験則が当事者や第三者（上級審裁判所等）におのずから明らかになることも多いと考えられる。このような場合には，あえてその経験則を明示

---

60) 諸般の証拠を総合してある事実を認定するにあたり，その用に供せられた証人の供述中に認定事実に反する趣旨の部分が存在する場合でも，その部分を証拠として採用しなかった旨を判文上明示する必要はなく，その供述内容と判文の認定事実とを対照して，どの部分を採用し，どの部分を排斥したものであるかが了知できれば足りるとする。

61) 兼子ほか・条解〔2版〕1369頁〔竹下〕，秋山ほかⅤ86頁参照。

62) 書証の記載およびその体裁から，特段の事情のない限り，その記載どおりの事実を認めるべきである場合に，なんら首肯するに足る理由を示すことなく，その書証を排斥するのは，理由不備の違法を免れないとする。

しなくても，上記担保の趣旨としては十分と考えられるので，その明示は不要と解される。他方，そのような推認が一般の観念からして異例のものであるときは，裁判所はそこで用いた経験則を明示しなければならない（最判昭36・8・8民集15巻7号2005頁）。逆に，当然用いられるべき経験則を用いない場合にも，その理由を説示する必要がある（最判昭43・8・20民集22巻8号1677頁，最判昭50・10・24民集29巻9号1417頁，最判昭54・5・29判時933号128頁，最判平18・3・3判時1928号149頁）。それによって初めて，上記の経験則に係る内在的制約が担保されたかどうかが当事者又は第三者によって検証可能となるからである。

5 合議体による判決の場合

合議体の場合は，複数の裁判官が評議し，最終的には構成裁判官の過半数の評決により事実認定がされる。その場合，評議ないし評決の対象がいかなる点であるかについて議論がある。すなわち，①証拠の取捨の理由や要証事実の推認の理由を対象とする見解[63]，②証拠方法の信憑力を対象とする見解[64]，③主要事実の認定の可否を対象とする見解[65]がある。この問題については，評議と評決を分けて論じるべきであろう。評議については，当然①の見解が妥当し，理由に至るまで慎重に議論すべきであり，それによって初めて合議制の趣旨が全うされる。他方，評決については，判決の結論を得るという点が重視されるべきである。その点では，②ないし③の見解が相当ではないかと思われる。①では，判決の結論が得られないおそれがあろう[66]。なお，結論が一致しても理由に食い違いがある場合には，可及的に議論により統一した理由を形成し，それを判決書に示すべきであるが，一致が得られない場合には，択一的な理由を示すことも可能と解される[67]。

---

[63] 兼子ほか・条解〔2版〕1371頁〔竹下〕，秋山ほかⅤ 88頁，旧注釈民訴(4) 68頁〔加藤〕参照。

[64] 岩松三郎・民事裁判の研究〔1961〕171頁参照。また，最大判昭26・8・1刑集5巻9号1684頁の沢田・井上・岩松各裁判官の少数意見も参照。

[65] 兼子・体系254頁参照。

[66] この見解によれば，ある証拠について，A裁判官はaという理由で信用できないとし，B裁判官はbという理由で信用できないとし，C裁判官は信用できるとする場合，議論しても各裁判官が自説による場合には，評決で決着が付けられないおそれがあろう。

[67] それでも，当事者や第三者はそこで示された複数の理由を検証することで，判決理由

IV 自由心証主義の適用範囲

1 原則

自由心証主義は，事実認定に関する基本原則であり，裁判所が裁判する上で認定を要するすべての事実に適用される。実体法上の事実であると訴訟法上の事実であるとにかかわらず，また主要事実・間接事実・補助事実などあらゆる事実の類型に適用される[68]。また，経験則の存否・内容の認定にも適用される。

法が特に疎明で足りるとしている場合（35条1項・44条1項・91条2項〜4項・92条1項・157条の2但書・198条・403条1項各号など）については，裁判所は，心証が一般的な証明度に達しなくても，一応確からしいと認めれば，裁判その他の所定の訴訟行為をすることができるが[69]，その場合でも，その程度の心証に至ったかどうかについては，裁判所の自由な心証に任せるので，なお自由心証主義の適用範囲といえる。

自由心証主義の適用対象として，旧法下で問題とされたのは，損害額の認定の問題である。慰謝料については事実認定の問題ではなく，裁判所の裁量的評価に委ねられており，自由心証主義の対象にはならないとの見解が多かったし，それ以外の損害額の問題についても，自由心証主義の対象とする見解が一般的であったが，それを否定する見解も有力に存在した[70]。ただ，この問題については，現行法では248条が設けられ，その議論に委ねられることになったので，残された問題（248条が適用にならない損害額の問題はなお本条の問題となるのかなど）を含めて，全面的に§248の解説に委ねる。

2 例外①――証拠方法の制限

以上のように，自由心証主義は民事訴訟において広く適用される原則であるが，なおいくつかの例外がある。まず，法定証拠法則の一種として，一定の要

による事実認定の合理性確保の趣旨は達成されよう。

68) 自白など弁論主義との関係については，II 3参照。
69) このように，疎明を証明度の軽減の問題と捉えるのが通説であるが，解明度の問題と捉える少数説があることにつき，§188解説参照。
70) 五十部豊久「損害賠償額算定における訴訟上の特殊性」法協79巻6号〔1963〕729頁，平井宜雄・損害賠償法の理論〔1971〕492頁以下，幾代通・不法行為〔1977〕264頁，旧注釈民訴(4)68頁〔加藤〕，兼子ほか・条解514頁〔竹下〕など参照。

証事実について認定に利用できる証拠方法が制限されている場合がある。

証拠方法の制限としては，第1に，要証事実の性質に基づく制限がある。すなわち，①代理権又は訴訟行為をするために要する特別の授権の証明方法は書証に限られること（民訴規15条・23条），②口頭弁論の方式に関する規定の遵守の証明のための証拠方法は口頭弁論調書に限られること（160条3項）がその例である。第2に，問題となる手続の目的に基づく制限がある。すなわち，①疎明のための証拠方法は即時に取り調べうるものに限られること（188条），②少額訴訟における証拠方法は即時に取り調べうるものに限られること（371条），③手形・小切手訴訟における本案に関する要証事実の証明のための証拠方法は原則として書証に限られること[71]（352条1項）がその例である。

3　例外②——証拠能力の制限

証拠方法の制限として，第2に，証拠方法の性質それ自体に基づく制限がある。そのような性質に基づき証拠方法としての利用が制限されることを証拠能力の制限と呼ぶ[72]。民事訴訟法は，忌避された鑑定人の場合（214条1項）を例外として，証拠能力を制限する規定を有しない。陪審制度を基軸とする英米法諸国に対し，職業裁判官が事実認定を行う大陸法諸国の民事訴訟法では，多少とも証明力が認められるのであれば，可及的に多くの証拠方法を裁判所の判断材料として，あとは裁判所の自由心証に委ねることが真実の解明に資するという考え方による。しかし，当事者間の公平（信義則）や当事者の手続保障等の観点から特別の理由がある場合には，証拠能力の制限を認めることは本条に反するものではなく許されると解される[73]。自由心証主義といっても無制限のものではなく，他の尊重すべき利益が優越すれば，その例外を認めるべきものだからである。以下では，そのような制限が論じられている問題について個別に検討する[74][75]。

---

71) ただ，例外として，文書の成立の真否及び手形の提示の事実に関する証明は，書証以外でも，当事者尋問によってもすることができる（352条3項）。

72) 兼子・体系240頁，伊藤〔4版〕347頁，中野＝松浦＝鈴木編〔2版補訂版〕278頁〔春日偉知郎〕など参照。

73) 兼子ほか・条解〔2版〕1373頁〔竹下〕，旧注釈民訴(6)21頁〔谷口安平〕など参照。

74) このほか，訴訟手続上の行為について，当該行為を証拠とすること自体がその手続の性質に反する場合も，その行為内容を文書とした証拠方法の利用が制限されることがあり

〔山本（和）〕

§247 Ⅳ

(1) 違法収集証拠の証拠能力

　まず，すべての種類の証拠方法に妥当するものとして，違法収集証拠の問題がある。証拠収集の方法が違法であった場合に，その証拠方法の利用が制限されるべきではないかという問題である[76]。

　従来，判例は一般的にこのような場合も証拠能力を肯定している（大判昭18・7・2民集22巻574頁〔作成者の同意なしに提出された日記の事例〕）。ただ，下級審裁判例では，不法手段で収集された証拠については原則として証拠能力を否定するもの（大分地判昭46・11・8判時656号82頁〔無断録音テープの事例〕[77]，東京地判平10・5・29判タ1004号260頁〔違法に取得された陳述書原稿の事例〕[78]）のほか，結論として証拠能力を肯定するものの，一般論としてはそれが否定される場合がありうることを認める裁判例も多い。例えば，公序良俗に反し又は話者の人格権を侵害する場合に証拠能力が否定されうるとするもの（東京地判昭46・4・26判時641号81頁〔証拠能力肯定〕，東京高判昭52・7・15判時867号60頁〔証拠能力肯定〕，盛岡地判昭59・8・10判時1135号98頁〔証拠能力肯定〕〔いずれも無断録音テープの事例〕），当事者が自ら又は第三者と共謀して文書を窃取したなど信義則に反すると認められる特段の事情がある場合に証拠能力の否定の可能

　うると解される。例えば，弁論準備手続における相手方当事者の発言内容を文書にして書証として提出することは，自由闊達な議論が保障されるべき弁論準備手続の目的に反するとして証拠としての適格を否定した裁判例（東京地判平12・11・29判タ1086号162頁）があるが，相当であろう。同様のことは，専門委員の説明を（当事者の同意なく）書証とするような場合にも認められよう。

75) また，同一の事実について他の裁判所がその判決において行った事実認定について，判決書の証拠能力を認めるべきかという論点もある。実務的に証拠能力を認める扱いが一般的と考えられるが，当事者の手続保障及び裁判官の独立の観点から，証拠能力を否定する有力な見解がある（伊藤〔4版〕348頁参照）。判決効の相対性の観点からも，有力説が相当と解される。

76) この問題については，刑事訴訟における議論が先行し，それが民事訴訟にも反映した側面がある。刑事訴訟法におけるこの問題の議論については，井上正仁・刑事訴訟における証拠排除〔1985〕など参照。

77) 不法行為の誘発のおそれ，法廷における公正の原則及び訴訟上の信義則を根拠とする。

78) 「当該証拠の収集の仕方に社会的にみて相当性を欠くなどの反社会性が高い事情がある場合には，民事訴訟法2条の趣旨に徴し，当該証拠の申出は却下すべきものと解するのが相当である」と判示する。

性を認めるもの（神戸地判昭59・5・18判時1135号140頁[79])〔第三者が窃取した文書の事例]），著しく反社会的手段によって採取されたものについては証拠能力の制限を認めるもの（名古屋地判平3・8・9判時1408号105頁[80)]〔離婚訴訟で妻が夫の住居から無断で持ち出した信書の事例]）等があり，証拠能力について何らかの例外を認める裁判例が多くなっている[81)]。

　学説上は，一定の範囲で証拠能力を否定する見解が多数となっているが，否定の範囲については争いがある。証拠収集行為が人権ないし人格権の侵害になる場合には証拠能力を否定する見解[82)]，証拠収集手段が少なくとも刑事上罰すべき行為に該当するときは証拠能力を否定する見解[83)]などがあるが，現在では，様々な要素を総合的に評価して証拠能力の有無を決すべきとする見解が多い。すなわち，当該証拠の重要性・必要性，他の証拠による立証の難易，事案の内容，訴訟の経過，証拠収集行為の態様・違法性，被侵害利益の性質などの諸事情を総合的に判断すべきものとされる[84)]。そして，そのような総合判断の結果，

---

79) 「一方当事者が自ら若しくは第三者と共謀ないし第三者を教唆して他方当事者の所持する文書を窃取するなど，信義則上これを証拠とすることが許されないとするに足りる特段の事情がない限り，民事訴訟における真実発見の要請その他の諸原則に照らし，文書には原則として証拠能力を認めるのが相当であり，単に第三者の窃取にかかる文書であるという事由のみでは，なおその文書の証拠能力を否定するには足りない」とする。

80) 夫の不貞行為の相手方に対する不法行為に基づく損害賠償請求訴訟において証拠として提出された信書は，夫が不貞行為の相手方に利用させるため賃借していたマンションの郵便受けから妻が夫に無断で持ち出して開披し，隠匿したものであるが，その収集方法・態様は，妻が夫と現在も共に飲食店を営み，同居していることなどを斟酌すると，民事訴訟において証拠能力を否定するまでの違法性があったとは言えないとする。

81) 刑事訴訟におけるリーディングケースとして，違法に差し押さえられた証拠物につき，刑事訴訟法の令状主義の精神を没却するような重大な違法があり，これを証拠として許容することが将来における違法な捜査の抑制の見地からして相当でないと認められる場合には証拠能力が否定されるとした，最判昭53・9・7刑集32巻6号1672頁参照。

82) 春日・前掲注2) 167頁，森勇「民事訴訟における違法収集証拠の取扱い」判タ507号〔1983〕46頁，中野＝松浦＝鈴木編〔2版補訂版〕347頁〔青山善充〕，松本＝上野〔8版〕434頁〔私生活の領域・人権権の侵害の場合は当然に証拠能力を否定し，他の場合は利益衡量に委ねる〕など参照。

83) 伊藤〔4版〕348頁（それ以外の場合も，違法性の程度や証拠の価値，訴訟の性質などの要素を考慮して排除する余地を認められる）など参照。

84) 小林・証拠法〔2版〕137頁，新堂〔5版〕596頁，渡辺武文「証拠に関する当事者行

当該証拠方法の取調べを求めることが信義則に反すると認められる場合には，証拠能力が否定されることになろう[85]。

(2) 提訴後に作成された文書の証拠能力

提訴後に作成された文書は，当該訴訟の存在を意識して作成されたものと考えられ，証拠能力を制限すべきではないかとも考えられる。しかし，判例は，かつては口頭主義・直接主義の観点から一貫して証拠能力を否定していたが[86]，現在は，提訴後に係争事実について，第三者が作成した文書（大判昭14・11・21民集18巻1545頁）[87]はもちろん，当事者が作成した文書（最判昭24・2・1民集3巻2号21頁，最判昭32・7・9民集11巻7号1203頁）についても，証拠能力を肯定している[88]。証明力の判断には慎重さが必要であるが，自由心証主義の例外にまでする必要はないと解される。

(3) 人証に代えて作成された文書の証拠能力

人証に代えて作成された文書の証拠能力については，学説上争いがある[89]。相手方の同意なしにこのような文書の証拠能力を認めれば，実質的に相手方の反対尋問権（202条1項・210条）を奪うことになり，尋問に代わる書面の提出

為の規律」講座民訴(5)178頁，旧注釈民訴(4)73頁〔加藤〕など参照。間淵清史「民事訴訟における違法収集証拠（2・完）」民商103巻4号〔1991〕629頁以下は，裁判を受ける権利の一内容である当事者の証明権の限界としてこの問題を位置づける。

85) 兼子ほか・条解〔2版〕1377頁〔竹下〕，秋山ほかV 94頁，証拠法大系(2) 94頁〔内堀宏達〕など参照。

86) 大判明39・1・18民録12輯55頁，大判大10・2・2民録27輯172頁，大判大12・2・3民集2巻42頁など参照。

87) 他にも疎明との関係で，最判昭25・5・18判タ13号63頁参照。

88) これを支持する見解として，兼子・判例民訴225頁，三ヶ月・判例民訴281頁，賀集ほか編・基本法コンメ(2)〔3版〕276頁〔奈良〕など参照。

89) これと関連して伝聞証言（証人が自ら見聞した事実ではなく，第三者が見聞した事実について第三者の認識を証人が陳述する証言）についてもその適法性が問題となりうるが（刑事訴訟法がこのような証言の証拠能力を原則として否定していることにつき，刑訴法320条1項参照），これは，あくまで証人自身の見聞（第三者からの聞き取り等）が証拠資料となり，その点について反対尋問が可能であるので，証拠能力が認められることは当然である。最判昭27・12・5民集6巻11号1117頁，伊藤〔4版〕348頁（ただ，第三者の見聞した事実そのものについては間接的な証明力しか持たないことに注意すべきとされる），松本＝上野〔8版〕433頁など参照。

の規律（205条）を潜脱する結果になるからである[90]。そのような観点から，このような文書の証拠能力を否定する見解が有力になっている[91]。他方で，このような証拠を認めることも効率性の観点から長所があり，後は裁判所の証拠評価に委ねれば真実解明の観点から問題はないとして，証拠能力を肯定する見解がなお多数を占める[92]。判例も，一般的に証拠能力を肯定する[93]。

　ここでの問題は，相手方当事者の反対尋問権の実質的な確保であると考えられる[94]。したがって，相手方が証人尋問ないし当事者尋問をすることができたかどうかを証拠能力のメルクマールとして考えるべきであろう。つまり，①証人尋問等の申出がされなかった場合には証拠能力を認めてよい，②証人尋問等の申出が却下された場合には証拠能力は否定される，③証人尋問等の申出が認められ，尋問がされた場合には，基本的にその結果が証拠資料となるが，当該書証はそれを補充するものとして証拠能力を有する[95]と解される。①の場合は，当該文書の取調べに黙示的に同意した（異議申出権を放棄した）ものと考えてよい。他方，②の場合は，いかに書証の方が効率的であっても，反対尋問権は当事者の手続保障の根幹にあるものであり，それを否定した形の証拠方法は許容すべきではないと解される。よって，結論として，人証に代えて作成された文書は原則として証拠能力を否定されるが，(1)相手方が（証人尋問等の申出をしな

---

90) なお，人証が許されない手続（手形・小切手訴訟）においてそれを潜脱する目的で作成された文書は証拠能力が認められないとする見解があるが（東京地判昭40・8・25下民16巻8号1322頁，旧注釈民訴(7)16頁〔吉村徳重〕，伊藤〔4版〕398頁など参照），このような規律の趣旨は迅速性の確保にあると解されるところ，書証にすることによって迅速性に問題がなくなるとすれば，問題はやはり反対尋問権の確保にあり，本文の一般的叙述が妥当しよう。

91) 兼子ほか・条解〔2版〕1374頁〔竹下〕，伊藤〔4版〕399頁など参照。旧法下のものとして，斎藤ほか編・注解民訴(4)355頁〔小室＝渡部＝斎藤〕（ただし，同書365頁は，人証代用としての書証を認める趣旨にも読める）参照。

92) 秋山ほかV 95頁，新堂〔5版〕595頁，旧注釈民訴(4)74頁〔加藤〕など参照。

93) 最判昭24・2・1民集3巻2号21頁など参照。

94) 205条の同意の問題も，それによって反対尋問権が放棄され，相手方のチェックを経た証言と同一の性質での証拠資料と認めることを許す要件と解されよう。

95) 相手方がその内容に異論がある場合には，尋問の中でその点を取り上げれば足り，尋問の対象とされなかった事項については，反対尋問権を放棄したとみてよい。

〔山本（和）〕

いなどにより）異議を申し立てないとき，又は(2)証人尋問等が現に行われたときには，例外的に証拠能力が認められるものと解される[96]。

(4) 陳述書の証拠能力

以上の問題と関連する場面として，近時実務で活用されている陳述書の問題がある（陳述書一般については，§182解説参照）。ここでは，陳述書それ自体の意義・性質や許容性に関する議論は省略し，それが書証として提出される場合における証拠能力の問題のみを論じる。

陳述書には，大きく，争点整理目的のものと主尋問代替目的のものがあるとされるが[97]，まず争点整理目的の陳述書は，（準備書面ないしそれを補足する文書であり）そもそも書証として扱うべきではないとする見解がある[98]。この見解が，このような陳述書の証拠能力を否定する趣旨であるかどうかは定かではないが，当事者があえて書証として提出した場合に，その証拠能力をアプリオリに否定する根拠はないように思われる[99]。したがって，証拠能力の観点からは，この2つの類型の陳述書は同様に扱ってよいと考えられる。

そして，陳述書の証拠能力については，一般的に，(3)で述べた，人証に代えて作成された文書の証拠能力と同趣旨が妥当すると解される。すなわち，陳述書において陳述をしている者に対して，証人尋問又は当事者尋問の機会が与えられたかどうかが証拠能力を認めるについてのメルクマールとなると解される。つまり，相手方当事者が当該陳述書を証拠とすることに（陳述者に対する証人尋問又は当事者尋問を申し出ないことによって）異議を述べない場合又は陳述者に対

---

96) (5)で後述するように，申出の却下がやむを得ない事由による場合（対象者の死亡や所在不明等）には，例外的に証拠能力を肯定する余地はあろう。

97) この点については，現代民事法研究会編・民事訴訟のスキルとマインド〔2010〕226頁以下〔那須弘平，高橋宏志，西口元〕など参照。

98) 山本克己「陳述書問題について」判タ938号〔1997〕71頁，兼子ほか・条解〔2版〕1375頁〔竹下〕など参照。松本＝上野〔8版〕492頁が「陳述書の記載内容の包括的援用を許すこと」について，両当事者の同意があっても許されないとされるのも同旨か。これに対し，理論的には無制限に証拠能力を認めるとみられる見解として，賀集ほか編・基本法コンメ(2)〔3版〕276頁〔奈良〕参照（ただし，「大々的な作成文書の利用は，本来適切・妥当かは問題の余地もあろうか」ともされる）。

99) 秋山ほかV 97頁も同旨か。

する証人尋問等が実施された場合には陳述書の証拠能力が認められるが，陳述者の証人尋問等が申し出られながら，その申出が却下された場合には，陳述書の証拠能力は認められない[100]と解すべきである[101]。

(5) 反対尋問を経ない証言・陳述の証拠能力

上記(3)及び(4)の問題と密接な関係を有する問題として，反対尋問を経ない証言ないし陳述の証拠能力の問題がある[102]。通常はこのような事態は想定できないが，主尋問が行われた後に事態が急変して反対尋問ができないような場合が考えられる[103]。このような場合は，相手方の反対尋問権の手続保障としての重要性に鑑み，原則として証拠能力は否定されるものと解されるが，反対尋問ができないことにやむを得ない事由がある場合には，例外的に証拠能力が肯定される余地があろう[104]。この点に関する判例として，最高裁昭和32年2月8日判決（民集11巻2号258頁）は，主尋問終了後に立会医師の勧告によって臨床尋問が打ち切られた事案について，「このように，やむを得ない事由によつて反対訊問ができなかつた場合には，単に反対訊問の機会がなかつたというだけの理由で，右本人訊問の結果を事実認定の資料とすることができないと解すべきではなく，結局，合理的な自由心証によりその証拠力を決し得ると解するのが相当である」と判示する[105]。このような場合は，合理的な時期までに再

---

100) (4)と同様，陳述者の行方不明など証人尋問等を行えないようなやむを得ない事由があるときは，証拠能力を認める余地はあろう。

101) 兼子ほか・条解〔2版〕1376頁〔竹下〕，伊藤〔4版〕388頁なども同旨と思われる。また，第二東京弁護士会民事訴訟改善研究委員会「陳述書に関する提言」判タ1181号〔2005〕32頁以下，川端基彦ほか「陳述書の運用に関するシンポジウム」判タ1200号〔2006〕60頁以下なども参照。これに対し，秋山ほかⅤ96頁以下は，運用として反対尋問権を保障することが相当であるとしながら，反対尋問権が保障されなくても，証拠能力を排除するまでのことはないとされる。

102) なお，伝聞証言の場合は，その証言をした者の信用性によって証明力が判断されることになる点で本文の場合とは異なる。伝聞証言については，前掲注89) も参照。

103) ただし，主尋問と反対尋問が別期日で行われることの多かった旧法下においてはともかく，集中証拠調べが一般化している現行法下では，このような事態が生じることは極めて稀であろう。

104) 同旨として，旧注釈民訴(4)76頁〔加藤〕，兼子ほか・条解〔2版〕1374頁〔竹下〕，秋山ほかⅤ99頁，伊藤〔4版〕399頁など参照。

尋問を行う可能性がないときは，反対尋問ができないことにやむを得ない事由があると解され，証拠能力は認められよう。

(6) 私鑑定書の証拠能力

私鑑定書（私的鑑定報告書などともいう）とは，当事者の一方が専門的知見を有する第三者に依頼して，経験則についての専門的な知識あるいは経験則を用いて得た専門的な意見の内容を裁判所に報告する文書である[106]（私鑑定書の詳細については，第2編第4章第4節前注参照）。

私鑑定書の証拠能力については，同様に専門的知見の導入を図る証拠調べの方法である鑑定との関係で議論がある。有力な見解は，このような私鑑定書は当事者の弁論の一部とみるべきであって当然には証拠方法とはならないが，当事者の合意がある場合には鑑定人の鑑定意見と同様に扱うことが許されるとする[107]。確かに私鑑定書は鑑定において必要とされる手続的な制約（忌避手続・宣誓等による鑑定人の中立性の確保，鑑定人に対する反対質問権等）を回避する側面がある。しかし，問題は，民事訴訟において専門的知見を導入する方法が鑑定という手続に限定されるかどうかである。証人尋問等の場合とは異なり，このような限定は法律上認められず，裁判所の専門的知見を補うためには鑑定が不可欠であるとしても，それとは別に，当事者が専門的知見を訴訟に別途提出する手段が否定される理由はないと解される。また，反対尋問（質問）権の重要性という問題も，1回的事実に関する証人尋問・当事者尋問では決定的なものがあるが，専門的経験則に関する鑑定においては，鑑定人質問によらなくても，他の専門家の意見（私鑑定）や正式の鑑定等によって対処することも十分に可能であり，決定的なものではなかろう。したがって，私鑑定書の証拠能力は否定されず[108]，作成者の尋問等がされていない場合であっても，そのような点

---

105) 他方，小谷勝重裁判官の反対意見は，「反対訊問の機会を与えない供述は，その後の再訊問と相俟つか，または反対訊問権者において積極的にその訊問権を放棄したものと認められる場合でない限り，主訊問による供述だけでは，一方的な訊問でいまだ完結しない，供述としては未完成なものと解すべきであり，したがつて該供述はいまだ裁判の資料となし得ないものと解するを正当」とされる。

106) 証拠法大系(5) 45頁〔前田順司〕，秋山ほかV 97頁など参照。

107) 中野貞一郎「科学鑑定の評価」同編・科学裁判と鑑定〔1988〕57頁（なお，中野教授は後に改説された。中野・現在問題185頁参照），松本＝上野〔8版〕502頁など参照。

を前提に自由心証で証明力を評価すれば足りよう[109]。

4 例外③——法定証拠法則・真実擬制

　法定証拠法則としては，文書の成立の真正に関する推定規定がある（228条2項4項）。これについては，法律上の推定規定であるとする見解もあるが[110]，一般に，証拠評価に係る法則を法律上規定したもの，すなわち法定証拠法則と解されている[111]。その意味で，これは自由心証主義の例外となるものである[112]。

　また，当事者の一方が相手方の立証を妨げた場合に，裁判所が証明度に達する旨の確信を得ないときであっても，挙証者の主張を真実とみなすことができる旨の規定がある（208条・224条・229条2項4項・232条1項）[113]。これらの規定は，経験則等によっても挙証者の主張が証明されたとまでは言えない場合であっても，その主張を真実とみなすことができるとするものであり，やはり自由心証主義の例外となる[114]。

---

108) 旧注釈民訴(4)75頁〔加藤〕，証拠法大系(5)7頁〔高橋譲〕，伊藤〔4版〕396頁，秋山ほかV 98頁など参照。

109) 中野・現在問題185頁（私鑑定書の難点を証拠評価に反映させるべきとされる），野田宏「鑑定をめぐる実務上の二，三の問題」中野編・前掲注107) 9頁など参照。最判平18・1・27判時1927号57頁は，医師の私鑑定書について，反対尋問にさらされていないことを証拠価値の消極的評価の理由として挙げている。

110) 松本＝上野〔8版〕505頁，松本博之・証明責任の分配〔新版，1996〕176頁以下，坂原正夫「私文書の検真と真正の推定(2)」民商97巻3号〔1987〕413頁など参照。

111) 兼子・体系277頁，旧注釈民訴(4)72頁〔加藤〕，秋山ほかⅣ 514頁，賀集ほか編・基本法コンメ(2)〔3版〕275頁〔奈良〕，伊藤〔4版〕400頁，新堂〔5版〕597頁，高橋下〔2版補訂版〕136頁注143，兼子ほか・条解〔2版〕1377頁〔竹下〕など参照。

112) ただし，相手方当事者は反証によってこの推定を覆すことができるので，自由心証主義を完全に排除するものではないとするのは，旧注釈民訴(4)72頁〔加藤〕，秋山ほかV 92頁，新堂〔5版〕597頁など。

113) このほか，証明妨害一般についても同様の効果が認められうると解される。山本和彦「証明妨害」伊藤眞＝加藤新太郎編・「判例から学ぶ」民事事実認定〔2006〕24頁，新堂〔5版〕627頁，兼子ほか・条解518頁〔竹下〕など参照。

114) この点の根拠は相手方の自己責任にあるので，真実解明を優先させるべき人事訴訟など職権探知主義が妥当する訴訟手続においては適用されていない。人訴19条参照。

5　証拠契約

証拠契約としては，①判決の基礎となる事実の確定方法に関する当事者間の合意（自白契約，仲裁鑑定契約，証明責任契約等）と，②証拠方法の提出に関する当事者間の合意（証拠制限契約等）がある（証拠契約の詳細については，第2編第4章前注参照）[115]。

このうち，①については，自由心証主義の前提となる問題についての合意であり，自由心証主義とは関係がないと解される[116]。これに対し，②については，一般に当事者には証拠の提出・撤回の自由が認められているので，当事者の提出できる証拠[117]を一定のものに限定する趣旨の証拠制限契約は，自由心証主義の例外として有効と解される[118]。当該契約に反して証拠申出がされた場合は，相手方の責問権の喪失等がない限り，証拠調べは許されず，裁判所は証拠能力を欠くとして申出を却下すべきことになる[119]。これに対し，既に取り調べられた証拠方法の利用を制限する趣旨の証拠制限契約については，取調べ後の証拠申出の撤回が自由心証主義に反して許されないとされる（§180解説参照）ことと同様に，その効力は否定される[120]。また，本来その利用が許され

---

[115] このほか，論理的に考えうるものとして，特定の証拠の証明力を定める合意や一定の事実から特定の事実を推定してそれを認定のもととする合意（事実推定契約）などがあるが，これらは，自由心証主義に反して許されないと解される。賀集ほか編・基本法コンメ(2)〔3版〕275頁〔奈良〕参照。

[116] ただし，間接事実の自白契約についてどのように考えるかは，やはり間接事実の自白そのものをどのように考えるかに左右され，その自白を自由心証主義の問題（自由心証主義に反するとして許されない）と考えるのであれば，それに関する自白契約も自由心証主義と関連して，許されないことになろう（兼子ほか・条解〔2版〕1026頁〔松浦馨＝加藤新太郎〕）。これに対し，間接事実についても自白が成立することを前提に，間接事実の自白契約も許されるとする見解として，新堂〔5版〕601頁）。

[117] 職権証拠調べが可能である場合において当該証拠方法を排除する合意は効力を有しない。松本＝上野〔8版〕438頁参照。

[118] 兼子ほか・条解〔2版〕1026頁〔松浦＝加藤〕，秋山ほかV 101頁，伊藤〔4版〕350頁，新堂〔5版〕601頁，証拠法大系(2)80頁〔内堀〕，同(1)17頁〔笠井正俊〕など参照。裁判例においても，建物増改築に必要な賃貸人の承諾の証明は書面によることを要する旨の証拠制限契約を有効としたものとして，東京地判昭42・3・28判タ208号127頁参照。

[119] 伊藤〔4版〕351頁，新堂〔5版〕601頁など参照。

[120] 兼子ほか・条解〔2版〕1026頁〔松浦＝加藤〕，秋山ほかV 101頁，伊藤〔4版〕350

ない証拠方法についてその利用を認める合意（証拠拡張契約とも呼ぶべき合意。例えば，専門委員の説明を証拠資料とすることを認める合意）については，その利用禁止の趣旨に反しない範囲でその効力を認める余地があろう[121]。

V 弁論の全趣旨

1 意　義

　前述のように，本条は，裁判所が事実を認定するについて，証拠調べの結果のほか，「口頭弁論の全趣旨」の斟酌を認める[122]。弁論の全趣旨とは，証拠調べの結果（証拠資料）以外の，その訴訟の口頭弁論の過程に現れた一切の態様・状況をいう[123]。換言すれば，口頭弁論における一切の積極・消極の事柄を意味する[124]。したがって，当該事件の審理の過程に現れた事項であっても，口頭弁論に適法に顕出されていない資料は，口頭弁論の全趣旨とはならない。例えば，ある事実を準備書面に記載したとしても，それが口頭弁論で陳述されていなければ，弁論の全趣旨として顧慮の対象にはならない[125]。また，一方当事者が当事者照会に回答しなかったとしても，その点が証拠で立証されれば

　　頁注242，新堂〔5版〕601頁，証拠法大系(2)80頁〔内堀〕，同(1)18頁〔笠井〕など参照。
[121]　専門委員の説明に関連して，山本和彦ほか「〈座談会〉専門委員の活用について」判タ1373号〔2012〕29頁〔山本発言〕参照。
[122]　なお，159条1項でも口頭弁論の全趣旨という概念が用いられているが，これは，弁論全体を一体としてみた当事者の主張内容を意味する概念であり，心証の形成材料に関する本条とは異なる趣旨の概念である。兼子ほか・条解〔2版〕1379頁〔竹下〕，秋山ほかV103頁，賀集ほか編・基本法コンメ(2)〔3版〕275頁〔奈良〕など参照。
[123]　兼子・体系252頁，三ヶ月・全集401頁，兼子ほか・条解〔2版〕1379頁〔竹下〕，秋山ほかV102頁，旧注釈民訴(4)77頁〔加藤〕，斎藤ほか編・注解民訴(4)359頁〔小室＝渡部＝斎藤〕，賀集ほか編・基本法コンメ(2)〔3版〕275頁〔奈良〕，新堂〔5版〕597頁，伊藤〔4版〕349頁など参照。判例として，大判昭3・10・20民集7巻815頁参照。これに対し，谷口・口述444頁は，「口頭弁論が終結された時点で一体としての口頭弁論を振り返りそこから感得されるところのもの」とするが，実質的には同旨ではないかと思われる。
[124]　前掲大判昭3・10・20参照。
[125]　兼子ほか・条解〔2版〕1380頁〔竹下〕参照。反対として，賀集ほか編・基本法コンメ(2)〔3版〕276頁〔奈良〕は，不合理な事項が記載された準備書面が提出されたこと自体は，弁論の全趣旨として斟酌できるとされる。

間接事実として考慮されることはあるが，口頭弁論の過程の事柄ではないので，弁論の全趣旨になるものではない[126]。

2 内　容

前述のように，弁論の全趣旨は，口頭弁論の過程に現れた一切の態様・状況である。例としては[127]，釈明処分（151条）として行われた検証や鑑定によって得られた資料，期日の出頭状況[128]，当事者の陳述の内容（相互に矛盾する主張をしている，曖昧な主張をしているなど），陳述の態度（当然直ちに認否が可能な事実について認否を避ける，陳述が否認から自白，さらに否認へと変遷する，裁判所の釈明を無視するなど），主張・証拠の提出の態様（証明責任を負わない当事者が証拠を提出しないなど）・時期（当然早期に提出し得る攻撃防御方法を遅れて提出したなど）等が挙げられる。これに対し，証拠調べの過程の状況（例えば，証人尋問や本人尋問における証人・本人の供述態度等）は，議論はあるが[129]，証拠調べの結果になると解される[130]。

判例においては，従前の陳述を撤回した場合，撤回された陳述自体は効力を失うが，陳述を撤回したという態度あるいは一旦は陳述したという事実自体は，弁論の全趣旨となり，撤回後の陳述等に係る事実の認定に際して顧慮される（大判昭11・5・21新聞3993号12頁，大判昭11・7・16新聞4022号12頁）。また，人事訴訟においては，自白の証明排除効（179条）は妥当しないが（人訴19条1項），自白がされたこと自体は弁論の全趣旨として顧慮されうる（最判昭41・1・21判時438号27頁[131]）。さらに，裁判所が釈明処分としてした検証，鑑定，調

---

126) 反対，秋山ほかV 105頁など参照。同様に，他の事件で当事者がある事実を主張したとか自白したかという事柄も，その点が立証されれば間接事実となりうる余地はあるが，弁論の全趣旨に含まれないことは当然である。加藤・前掲注42)「手続裁量論」165頁，兼子ほか・条解〔2版〕1380頁〔竹下〕など参照。

127) 弁論の全趣旨の内容の詳細な裁判例研究として，西野喜一・裁判の過程〔1995〕16頁以下参照。

128) 大阪高判昭59・10・5判タ546号142頁は，原告が一審・二審を通じて，本人尋問期日及び口頭弁論期日に一度も出頭しなかったことを弁論の全趣旨として斟酌している。

129) この点の議論については，秋山ほかV 105頁など参照。

130) ただし，証拠調べの対象となっていない事実との関係では，それが弁論の全趣旨になることはありうる。これについては，秋山ほかV 105頁，兼子ほか・条解〔2版〕1380頁〔竹下〕など参照。

査嘱託（151条1項5号6号）の結果も弁論の全趣旨になると解される[132]。

共同訴訟について，必要的共同訴訟における共同訴訟人の1人のした不利益な訴訟行為（自白等）は効力を生じないが（40条1項），その者がそのような行為をしたこと自体は弁論の全趣旨として顧慮される。また，通常共同訴訟における共同訴訟人の1人のした訴訟行為も，同様に，他の共同訴訟人との関係では効力を生じないが（39条），弁論の全趣旨とはなる[133]。判例上も，主債務者と保証人が共同被告となっている場合に，主債務者による主債務の成立に係る自白は，保証人に対しても弁論の全趣旨として斟酌できるとする[134]。

3　弁論の全趣旨による事実認定

弁論の全趣旨は，規定上，証拠調べの結果と全く並列に扱われており，その意味で，弁論の全趣旨によって認定できる事実には制限はないと解される。

ある事実について，証拠調べをせずに，弁論の全趣旨によってのみ認定することも適法である[135]。判例上も，書証の成立の真正（大判昭5・6・27民集9巻619頁，大判昭10・7・9民集14巻1309頁，最判昭27・10・21民集6巻9号841頁），自白の撤回要件の存否（大判大4・9・29民録21輯1520頁，大判昭3・10・20民集7巻815頁），訴えの変更要件の存否（大判昭15・12・20民集19巻2215頁）などが弁論の全趣旨のみによって認定しうるとされている[136]。ここからも明らか

---

131) 養子縁組事件においても，当事者が自白すれば，裁判所は自由心証によってこれが真実であるかどうかを判断し，真実と認めれば，これを一証拠原因として事実認定の資料とすることを妨げられるものではないとする。

132) 兼子ほか・条解〔2版〕1379頁〔竹下〕，秋山ほかV103頁など参照。

133) 賀集ほか編・基本法コンメ(2)〔3版〕276頁〔奈良〕，兼子ほか・条解〔2版〕1379頁〔竹下〕，秋山ほかV104頁など参照。

134) 大判大10・9・28民録27輯1646頁参照。ただ，1人の共同訴訟人の恣意的な訴訟行為により他の者が妄りに不利な影響を受けるべきではないので，慎重な配慮を要するとされるのは，兼子ほか・条解〔2版〕1380頁〔竹下〕参照。

135) 現在では争いはないと言ってよい。三ヶ月・全集400頁，新堂〔5版〕597頁，伊藤〔4版〕349頁，松本＝上野〔8版〕437頁，斎藤ほか編・注解民訴(4)362頁〔小室＝渡部＝斎藤〕，旧注釈民訴(4)80頁〔加藤〕，兼子ほか・条解〔2版〕1380頁〔竹下〕，秋山ほかV106頁，賀集ほか編・基本法コンメ(2)〔3版〕276頁〔奈良〕など参照。

136) 西野・前掲注127)46頁以下の裁判例の分析によれば，ほかにも，紛争の背景事情，紛争の経緯，別件訴訟の顛末等を弁論の全趣旨のみで認定した例があるとされる。

〔山本（和）〕

なとおり，実際には，補助事実や訴訟法の適用に係る事実の認定が多く，少なくとも本案の中心的な争点について弁論の全趣旨のみで認定する例は少ないとみられる。争点整理の充実を前提とする現行法の下では，争点として確定された事実を弁論の全趣旨のみで認定することは極めて例外的な場合に限られよう[137]。

また，証拠調べを行った場合であっても，弁論の全趣旨をその結果よりも重視して事実認定をすることも許される[138]。例えば，訴訟関係からみて当然もっと早い時期に提出されてしかるべき抗弁が遅れて提出された場合，その点を弁論の全趣旨として，その抗弁を肯定する証人尋問の結果があったとしても，抗弁を排斥することは妨げられない[139]。

4 判決理由の記載

弁論の全趣旨によって事実を認定した場合，その旨を判決理由の中で明らかにする必要がある。ただ，その場合に，弁論の全趣旨の具体的な内容を記載する必要があるかどうかが問題となる。判例は，弁論の全趣旨が何を指すか不明であるとして理由不備とするものもあるが[140]，最高裁昭和30年11月8日判決（裁判集民20号373頁）は「弁論の全趣旨の内容は頗る微妙に亘りこれによつて裁判所が事実についての確信を得るに至つた理由を理性常識ある人が首肯できる程度に判決理由中に説示することは至難ないし不可能の場合が多い〔中略〕から，裁判所が弁論の全趣旨をも事実認定の一資料とした場合にその内容を判決理由中に〔中略〕判示すべきものとすることは裁判官に難きを求める場合を生じ，合理的とはいい難い」として，理由不備を否定している[141]。また，

---

[137] 兼子ほか・条解〔2版〕1380頁〔竹下〕，伊藤〔4版〕349頁など参照。
[138] 兼子ほか・条解〔2版〕1380頁〔竹下〕，秋山ほかV 107頁，新堂〔5版〕597頁など参照。ただ，小林・証拠法〔2版〕63頁は，事実認定の客観性の担保の観点から，慎重を要するとされる。
[139] 兼子ほか・条解〔2版〕1380頁〔竹下〕の挙げられる例である。
[140] 大判大12・8・2評論13巻民訴98頁参照。ただ，この判例は，弁論の全趣旨の不特定自体を問題にしたものではなく，それによって事実認定の適法性が確定できない点を問題にしたものと理解する余地もある。山本和彦〔判批〕民訴百選Ⅱ〔補正版〕266頁参照。
[141] また，大判昭10・7・9民集14巻1309頁も，弁論の全趣旨による旨の明示が判決になくても，弁論の全趣旨によったことが判文上容易に知りうるとして，弁論の全趣旨の記

最高裁昭和36年4月7日判決（民集15巻4号694頁）も，それを受ける形で，当該事件において「弁論の全趣旨が何を指すかは，本件記録を照合すればおのずから明らかである」として理由不備の違法はないとして，判決理由中に弁論の全趣旨の内容が記載されている必要はないとする。

　この点についても先に述べた証拠採否等の判決理由における記載のあり方（Ⅲ4(2)参照）と同旨が妥当すると解される。すなわち，判決理由は，当事者及び第三者（さらに上級審）において当該事実認定の当否を検証する機会を与えるものでなければならないという点が基本である[142]。そのような意味では，弁論の全趣旨の内容が当事者や第三者（上級審裁判所等）に自ずから明らかになることも多いと考えられるが，そのような場合には，あえてその経験則を明示しなくても，上記の趣旨としては十分と考えられるので，その明示は不要である一方，その内容が一義的に明らかにならないときは，裁判所は原則に戻って弁論の全趣旨の内容を明示しなければならないと解される。もちろん，判例も指摘するとおり，弁論の全趣旨は多様な内容をもつもので，その具体化にも限界があることは否定できないが，当事者等による検証が可能な形での具体化が図られるべきものであろう（当事者の陳述の態度を弁論の全趣旨とする場合，その態様を具体的に摘示することは確かに困難であるが，どの期日におけるどの事実の陳述の態度かは特定可能であろう）[143]。判例も，当該弁論の全趣旨からその事実の認定を導いた理由の説明は不要とするが（前掲最判昭30・11・8），弁論の全趣旨の内容そのものの説明は（記録から自明の場合を除き）求めている（前掲最判昭36・4・7）と解する余地があろう。

　　載自体を必要とせず適法性を認めている。
142)　このような視点については，特に兼子ほか・条解［2版］1370頁〔竹下〕参照。
143)　この点につき，山本・前掲注140）267頁参照。その意味で，弁論の全趣旨は，当事者の主張立証・裁判所の審理の尽きた所で説明できない部分を引き受けているものであるから，特定がなくても利用が許されるとする見解がある（西野・前掲注127）74頁参照）が，そこまで弁論の全趣旨を抽象化して把握すると，およそ反駁可能性が失われ，当事者の手続保障の観点から相当ではないと解される。

VI 証拠調べの結果

1 意　義

本条によって事実認定において斟酌が認められる（証拠原因となりうる）「証拠調べの結果」とは，適法に実施された証拠調べによって得られた証拠資料を指す。そもそも当該証拠方法が利用できることが前提であるので，例外的に証拠方法や証拠能力の制限がある場合（IV 2～5参照）には，それを取り調べても心証の基礎にはできないし，証拠調べの実施が不適法である場合[144]も同様である。裁判所外で受命裁判官・受託裁判官によって証拠調べが実施された場合には，口頭弁論に上程された結果のみが証拠資料となりうる[145]。

2 証拠力の評価

証拠調べの結果の評価，すなわち証拠力の評価は，裁判所の自由な心証に委ねられる。この点は，実質的証拠力及び形式的証拠力のいずれについても妥当するし，同一証拠の一部を採用し他の部分を排斥することも可能であるし[146]，同一の証拠の一部で一方当事者に有利な事実を認定し，他の部分でその者に不利な事実を認定することも可能である[147]。児童の証言であっても，信憑性が認められれば，証拠原因となりうる[148]。また，公文書の証拠力は一般に高いと考えられるが，具体的事案により他の証拠の証拠力に劣ると評価することも可能である[149]。さらに，鑑定の結果についても，複数の鑑定結果のうちどれ

---

[144] 例えば，当事者を呼び出さないでされた証拠調べの結果などである。なお，宣誓無能力者が宣誓の上でした証言については，手続は違法であるが，訴訟法上有効であるから，証拠調べの結果として斟酌できるとするものとしては，最判昭40・10・21民集19巻7号1910頁参照。

[145] この場合，当事者が証拠調べの結果を援用することは必要なく，受訴裁判所がその結果を口頭弁論に上程すれば当然に証拠資料となりうる。この点の議論につき，秋山ほかV 110頁など参照。

[146] いずれも証言について，大判明33・3・27民録6輯3巻150頁，大判明36・12・23民録9輯1462頁，大判大9・4・5民録26輯451頁など参照。

[147] 大判昭17・2・28法学12巻151頁（証人の第一審における供述と第二審における供述が相違する場合にいずれを採用するかは裁判所の自由裁量に属するとする）など参照。

[148] 最判昭40・10・21民集19巻7号1910頁，最判昭43・2・9判時510号38頁など参照。

を採用するか[150]，鑑定書に理由が示されていなくても採用するか[151]，などの問題について，やはり自由な心証に委ねられる（鑑定の結果の評価の問題につき，詳細は，第2編第4章第4節前注参照）。

3 証拠共通の原則

　証拠調べの結果は，裁判所の自由な心証による事実認定に供されるので，その証拠調べを申し出た当事者の利益にのみ利用しなければならないわけではなく，それによって相手方の主張する事実の認定に利用することもできる（最判昭23・12・21民集2巻14号491頁〔書証について〕，最判昭28・5・14民集7巻5号565頁〔嘱託尋問の結果について〕など参照）。これを証拠共通の原則と呼ぶ。また，共同訴訟の場合には，共同訴訟人の1人の提出した証拠方法による証拠調べの結果は，他の共同訴訟人との関係でも証拠資料となりうる（大判大10・9・28民録27輯1646頁，最判昭45・1・23判時589号50頁など参照）。これを共同訴訟人間の証拠共通の原則と呼ぶ（これについては，§39解説参照）。いずれも自由心証主義の帰結である。

Ⅶ 自由心証主義と事実認定の違法

1 上告審と事実認定の違法

　事実認定が違法とされる場合について，まず控訴審は第2の事実審であるので，第一審の事実認定が違法であるか否かを問わず，自ら控訴審の口頭弁論終結時の証拠調べの結果及び弁論の全趣旨を斟酌して自由な心証に基づき改めて事実認定をすることになる。そして，そのようにして認定した事実に法を適用した結果が第一審判決の結論と異なる場合に，第一審判決を取り消すことになる（302条2項）。したがって，控訴審との関係では，第一審の事実認定の違法がそれ自体として問題となることはない。

---

149) 東京高判昭39・11・30東高民時報15巻11号241頁（公文書の証明力が常に他の証拠の証明力にまさるという経験則は存在しないとする）参照。
150) 大判昭7・3・7民集11巻285頁，大判昭15・12・20民集19巻2283頁（鑑定理由が異なるが鑑定結果が同一である複数の鑑定を採用した事例）など参照。
151) 大判大5・5・6民録22輯904頁，最判昭35・3・10民集14巻3号389頁，最判昭35・4・21民集14巻6号930頁など参照。

これに対し，上告審は法律審であるので，原判決において適法に確定された事実に拘束され（321条1項），自ら事実認定をすることはない。上告審で問題となるのは原判決の法令違反であり，高等裁判所が上告審の場合にはそれが上告理由となるし（312条1項〜3項），最高裁判所が上告審の場合にはそれが法令の解釈に関する重要な事項を含む場合に限って上告受理理由となる（318条）。そこで，事実認定は原則として事実審の自由心証に委ねられているところ，その違法がどのような場合に法令違反になるか（さらにそれが法令の解釈に関する重要な事項を含むか）が問題となる。これは，当事者の側からみると，どのような場合に事実認定に関する不服を理由として上告審に救済を求めることができるかという問題であり，上告審の側からみると，どこまで下級審の事実認定に介入することができるかという問題である[152]。

2 事実認定の違法の態様

事実認定については自由心証主義が適用され，原則としては裁判所の自由な判断に委ねられ，それが違法となることはないが，前述のとおり，そのような自由な判断にも一定の内在的制約（Ⅲ4参照）や限界（Ⅳ2以下参照）がある。そこで，事実認定が違法となる場合とは，そこでの認定がそのような内在的制約に反し，限界を超えた場合であるということができる。そのような場合には，当該内在的制約や限界は法令によるものであるので，その事実認定は法令違反になりうると解される[153]。具体的には，①違法な資料に基づく事実認定，②適法な資料を看過した事実認定，③証明度に反する事実認定，④論理則・経験則などに反した合理的理由に基づかない事実認定がある[154]。以下では，①から③について簡単に論じた後，最も重要な④の経験則違反の問題について別項

---

152) 旧注釈民訴(4) 87頁〔加藤〕，兼子ほか・条解〔2版〕1382頁〔竹下〕，秋山ほかⅤ114頁など参照。

153) さらに，それが法令解釈に関する重要な事項を含むかどうかは具体的な違反の中身によって定まるが，経験則との関係では，3参照。

154) このほか，裁量の範囲を逸脱した事実認定を挙げる見解もある（秋山ほかⅤ114頁参照）。しかし，そこで具体的に挙げられる例は過失割合に関する裁量の逸脱であり，これは法適用の問題であると解される。さらに，損害額の算定の問題も論じられるが，これはこの問題を事実認定の問題と理解するかどうかに関わる点であり，248条において併せて検討する。

で詳論する（**3**参照）。

(1) **違法な資料に基づく事実認定**

　本条により事実認定に用いることができるのは、適法に実施された証拠調べの結果と弁論の全趣旨に限られる。したがって、そもそも訴訟手続に顕出されていない資料（裁判官の私知）に基づく事実認定、不適法な手続による証拠調べの結果に基づく事実認定、証拠としての利用が許されない証拠方法に基づく事実認定、違法収集証拠等として証拠能力を欠く証拠方法に基づく事実認定などは違法な事実認定となり、法令違反を構成する[155]。

(2) **適法な資料を看過した事実認定**

　適法に実施された証拠調べの結果と弁論の全趣旨は、事実認定の際に斟酌できるのみならず、斟酌しなければならない。したがって、それを看過して斟酌しなかった事実認定は違法な事実認定となり、法令違反を構成する[156]。

(3) **証明度に反する事実認定**

　前述のように、自由心証主義によって事実の存否の判断は裁判所の自由な心証に委ねられているが、どの程度の心証があれば事実の存否が認定できるかという判断まで裁判所の自由に委ねているわけではなく、事実認定について必要な心証の度合いとして証明度が存在する。したがって、証明度に達しているにもかかわらずある事実を認定しなかった判決や、証明度に達していないにもかかわらずある事実を認定した判決は、いずれも違法な事実認定となり、法令違反を構成する[157]。

---

[155] 旧注釈民訴(4)89頁〔加藤〕、兼子ほか・条解〔2版〕1383頁〔竹下〕、秋山ほかⅤ114頁など参照。

[156] 最判昭31・7・20民集10巻8号947頁は、構成員の過半数を共通にする2つの裁判所に、同一の取引をめぐる民事事件と刑事事件が係属している場合において、民事事件における自白の撤回に際してその自白が真実に反するか否かが争点となったときに、刑事判決の認定に沿う事実が真実に合致するとの主張に対し、刑事判決の認定を顕著な事実として考慮しなければならず、それを看過した原判決は違法であるとした。

[157] ルンバール事件に関する前掲最判昭50・10・24を初めとして、このような理由で原判決を破棄した判例は枚挙に暇ないが、その一部については、Ⅲ**2**参照。

3 経験則違反と上告

前述のように、自由心証主義にも内在的制約が存在し、事実認定は経験則に基づく合理的なものでなければならない。そこで、経験則に反する事実認定は違法な事実認定となるが、それと上告との関係についてはいくつかの問題がある。第1に、それがいかなる上告理由となりうるかという問題である。第2に、それが上告理由となるのはどのような場合かという問題である。第3に、上告審が最高裁判所である場合に経験則違反に基づき上告受理ができるか、できるのはどのような場合かという問題である。

(1) 経験則違反と上告理由

経験則違反がいかなる上告理由となるかについて、現在ではそれが法令違反を構成するという点で異論はないと考えられる[158]。この点で、①経験則違反を法令と同視して直ちに法令違反とする見解[159]、②経験則違反を自由心証主義の内在的制約に対する違反であると理解し、本条違反とする見解[160]、③認定された事実を法規の構成要件に当てはめるに際して経験則が使われ、その違反があった場合には実体法の解釈・適用の誤りとなり[161]、推論による事実認定の基礎や証拠評価に経験則が使われ、その違反があった場合には本条(手続法)の違反となるとする見解[162]などがある。①の見解は、経験則と法令を同

---

158) かつての判例では、経験則違反を理由不備(さらに審理不尽)として原判決を破棄するものも多かったとされる(兼子ほか・条解〔2版〕1384頁〔竹下〕、新堂〔5版〕599頁注2参照。学説としては、賀集ほか編・基本法コンメ(2)〔3版〕277頁〔奈良〕参照)。しかし、少なくとも現行法の下では絶対的上告理由である理由不備は慎重に解されるべきものであり(最判平11・6・29判時1684号59頁。この点は、§312解説参照)、このような場合を理由不備と解することは相当ではない。現行法下の判例は、理由不備を根拠とすることは避けているものと評価される(兼子ほか・条解〔2版〕1385頁〔竹下〕参照)。

159) 岩松・前掲注64) 153頁、菊井＝村松Ⅰ1013頁など参照。

160) 中野・推認53頁、松本博之「事実認定における『経験則違背の上告可能性』」小室＝小山還暦中269頁、本間義信「訴訟における経験則の機能」講座民訴(5)85頁、旧注釈民訴(8)236頁〔松本博之〕、斎藤ほか編・注解民訴(9)435頁〔斎藤秀夫＝奈良次郎〕、新堂〔5版〕598頁注1、伊藤〔4版〕699頁、中野＝松浦＝鈴木編〔2版補訂版〕356頁〔青山〕など参照。

161) 医療訴訟における医療水準の判断を経験則違反によって誤った場合や診療契約上の説明義務の内容を経験則違反によって誤った場合などが例とされる。

視する点において相当ではない。②の見解は，経験則が事実認定の際に用いられる通常の場合を想定していると考えられるが，③の見解が指摘するように，経験則が法的三段論法の大前提を構成する際に用いられることはあり[163]，その場合に経験則を誤ると結果として析出された規範命題が不当なものになり，実体法違反になるとの指摘は相当であり，経験則を総合的に捉えれば，③説が相当と解される。

(2) 上告理由となる経験則違反

どのような経験則違反が上告理由になるかについても議論がある。すなわち，①経験則違反はすべて上告理由になるとする見解[164]，②常識的・一般的経験則の違反に限って上告理由になる（専門的経験則違反は上告理由にならない）とする見解[165]，③高度の蓋然性をもって一定の結果を推認させるような経験則の違反に限って上告理由になるとする見解[166]，④経験則選択に関する裁判所の裁量権の範囲を逸脱するような経験則違反[167]のみが上告理由になるとする見解[168]などがある。

この問題は，一方では前述のような裁判所の事実認定に係る内在的制約を機能させるために上告審によるチェックの可能性を認める必要性があり，他方で

---

162) 兼子ほか・条解〔2版〕1385頁以下〔竹下〕，秋山ほかⅤ119頁，松本＝上野〔8版〕853頁など参照。
163) これは，契約の解釈や不法行為の注意義務など具体的事案に即した規範命題の設定が問題となる局面において頻出する。
164) 岩松・前掲注64) 162頁，三ヶ月・全集385頁（専門的経験則についても通常の裁判官であればいずれに従ったかを基準に上告審の判断の対象になるとされる），賀集ほか編・基本法コンメ(2)〔3版〕277頁〔奈良〕など参照。
165) 兼子・体系244頁など参照。
166) 中野・推認55頁，斎藤ほか編・注解民訴(9) 436頁〔斎藤＝奈良〕，松本＝上野〔8版〕853頁，中野＝松浦＝鈴木編〔2版補訂版〕356頁〔青山〕，秋山ほかⅤ120頁など参照。
167) 具体的には，経験則を用いた事実認定や証拠評価が著しく不合理である場合や判決書にそのような事実認定・証拠評価の合理的説明がされていない場合が挙げられる。
168) 兼子ほか・条解〔2版〕1387頁〔竹下〕参照。新堂〔5版〕598頁が「事実認定の推論過程で用いる経験法則の取捨選択は，事実審裁判官の専権に属するけれども，その選択があまりにも非常識であるときには」適法な事実認定といえなくなるとされるのも同旨か。

は上告審が法律審であることから過剰な事実認定への介入を認める結果にならないようにする必要性があり，両者の要請のバランスをどのように図るのかという問題であると考えられる。その意味で，①のようにすべての経験則を上告理由とするのは，前者の要請に傾きすぎた判断であり，相当ではなかろう。また，②や③のように，経験則の内容によって限定することも難しいように思われる。②については，医療訴訟などの場合の専門的経験則であっても，それが明らかに不合理なものであるにもかかわらず上告審が絶対に是正できないとするのは相当でないように思われる。また，③についても，その経験則が蓋然性の低いものである場合に，それを誤って事実認定の重要な根拠とする判決を破棄できない理由は明らかではない。

その意味で，④の考え方，すなわち経験則の適用については事実審に一定の裁量を認めながら，裁量権の逸脱があるような場合に限って上告審が介入するという考え方が事実審と法律審の役割分担の観点から相当であると解される。具体的にどのような場合に裁量権の逸脱となるかについては，一般的な裁量の理論に従い，(a)原判決が当該経験則を適用するに際して十分な事実上の基礎を有していない場合，例えば当該経験則が十分に確立したものでないにもかかわらず，それに依拠して判断したような場合や，(b)当該経験則を用いた事実認定が著しく不合理なものである場合，例えばある間接事実から当該経験則を用いてなぜ当該主要事実が導かれるかが合理的に説明できないような場合などに，経験則違反を理由として原判決の破棄を認めるべきであろう[169]。

(3) 経験則違反と上告受理

高等裁判所に対する上告の場合には(2)に従って上告理由となるかどうかが決まるが，最高裁判所に対する場合には，上告受理の問題となり，単に法令違反があるだけでは足りず，それが「法令の解釈に関する重要な事項」を含んでいる必要がある。そこで，経験則違反の問題がそもそもこのような事項を含むことがありうるのか，またありうるとしてそれはどのような場合かが問題となる。

まず，経験則違反が一般に上告受理理由となりうるか，という点については，

---

[169] ④説は，そのほか，判決書にそのような事実認定・証拠評価の合理的説明がされていない場合を挙げるが，これは，上記(b)の場合に吸収されよう。

それを肯定する見解が一般的である[170]。上告受理制度の目的は，法令の解釈適用の誤りに対して上告人を救済する必要があることを前提にしながら，それによって最高裁判所の負担が過度に増大することを防止するため，それが一般的な射程をもち，他の訴訟当事者や社会全体のルール形成の観点から重要性をもつ事件に最高裁判所の判断対象を限定する趣旨の制度であるということができる。そのような観点からすれば，経験則であっても，それが一般的な射程をもつものであれば，最高裁判所がそのような経験則の採否について一定の判断をすることが他の訴訟における判断を安定させ，社会生活のルールを確立するのに寄与する場合は考えられよう。その意味で，経験則違反が上告受理理由になりうること自体は否定できない。

それでは，次にどのような経験則の違反が上告受理理由となるかであるが，この点は，上記の議論から結論が導かれるものと解される。すなわち，その経験則がどの程度一般的な射程をもち，その点を最高裁判所が明らかにすることによって，他の訴訟事件や社会のルール形成にとって有意義であるか，という観点から決まってくるものであろう[171]。したがって，上告受理を認めるかどうかについては，当該経験則が問題となるような同種の訴訟事件がどの程度あるか，そこでの事実認定にあたって当該経験則がどの程度重要な役割を果たす

---

[170] 上告理由となりうる経験則の範囲の議論に関連して，その範囲に争いはあるが，近時の見解はいずれも上告受理事由となりうることを認める。中野＝松浦＝鈴木編〔2版補訂版〕602頁〔上野泰男〕，伊藤〔4版〕701頁，梅本〔3版〕1061頁，兼子ほか・条解〔2版〕1637頁〔加藤〕，秋山ほかⅤ 121頁など参照。なお，新堂〔5版〕600頁注2は，「このような扱いは，個別事件の救済のために最高裁が事実審の事実認定に介入する機会を認めるもので上告制限を掲げた改正法の趣旨には沿わないが，高裁判決の実情を踏まえると，このような原判決破棄の途を設けておく必要は否定し得ない」とされる。

[171] 松本＝上野〔8版〕858頁，中野＝松浦＝鈴木編〔2版補訂版〕602頁〔上野〕は，「適用範囲が広く，かつ高度の蓋然性を伴う経験則についての判例の統一も最高裁判所の任務であると考えられるから，上告受理申立ての理由にあたる」とされる。ただ，蓋然性の高低は必ずしも経験則の重要性に影響するものではないと解される。これに対し，高橋宏志「上告受理と当事者救済機能」井上追悼296頁は，上告受理に当事者救済機能を盛り込んでいく考え方を提示されるが，このような考え方によれば，適用範囲の広狭にかかわらず，当事者にとって明らかに不当な帰結をもたらす経験則適用の誤りは上告受理事由と解する方向になろうか。

〔山本（和）〕

か，社会的にみてそのような経験則がどの程度重要なものとして認識されているかといった事情を総合的に判断して，最終的には最高裁判所の裁量に基づき上告を受理するかどうかを判断すべきものであろう[172]。

〔山本和彦〕

---

[172] この点に関する最高裁判所の判例については，加藤新太郎「上告理由・上告受理申立て理由としての経験則違反」判タ1361号〔2012〕47頁参照。そこで取り上げられている判例について，上記のような観点からは，最判平18・1・27判時1927号57頁や最判平18・11・14判時1956号77頁などは同種の医療訴訟への影響を，遺言公正証書に関する最判平16・2・26判時1853号90頁や借地借家に関する最判平22・7・16判時2094号58頁などは，社会全体におけるそれらの法律関係に係る経験則の重要性を勘案した結果ではないかと推察される。

(損害額の認定)
第248条 損害が生じたことが認められる場合において，損害の性質上その額を立証することが極めて困難であるときは，裁判所は，口頭弁論の全趣旨及び証拠調べの結果に基づき，相当な損害額を認定することができる。

I 本条の趣旨

1 本条の意義

本条は，平成8年改正における新設規定である。損害賠償請求訴訟等においては，損害の発生及び損害額についての証明責任が原告側にあるため，原告が損害の発生について立証したとしても，損害額に関する立証が功を奏さない場合には，請求は棄却されることになる。しかるに，損害が発生していることが証明されているにもかかわらず，その額の立証が客観的に極めて困難であるために証明できないような場合に，請求棄却の結論になることは，原告にとって不当に不利益な結果をもたらし，損害を受けた被害者の救済の趣旨に悖り，当事者間の公平にもそぐわないと考えられる。そこで，本条の規定を設け，そのような場合には，裁判所は，口頭弁論の全趣旨及び証拠調べの結果に基づき，相当な損害額を認定することができることとしたものである（一問一答287頁）。

2 本条制定の経緯
(1) 旧法下の判例

前述のように，本条は現行法による新設規定であるが[1]，同様の考え方は既に旧法下の判例にも存在した。旧法下の判例は，原則として，損害賠償を請求する者は，損害発生の事実に加えて，損害額をも立証すべきであるとし[2]，損

---

1) 本条制定までの議論の概観（特にドイツ法の条文（(2)参照）が日本法に採用されなかった経緯等）については，内海博俊「訴訟における損害賠償額の確定に関する一考察（4・完）」法協129巻12号〔2012〕2799頁以下，伊東俊明「損害額の認定についての一考察」岡山大学法学会雑誌61巻1号〔2011〕42頁以下など参照。
2) 大判明37・1・28刑録10輯105頁〔附帯私訴に関する事案で，賠償額の当否についても証拠による認定の必要がある旨を判示する〕など参照。

害額が証明されない場合には請求を棄却すべきものとしていた[3]。

　しかし，このような原則には例外も認められていた。例えば，精神的損害に関する慰謝料については，その性質から，厳格な証明は要求されず，裁判所が諸般の具体的事情を考慮して妥当と考える額を示すことができるとされていた[4]。また，死亡した幼児の逸失利益についても，判例は，あらゆる証拠資料に基づき，経験則と良識を活用して，できる限り蓋然性のある金額を算出すべきであり，蓋然性に疑いがもたれるときも，被害者側にとって控え目な算定方法を採用するなどして，算定不能としてたやすく請求を棄却すべきではないとしていた[5]。

　以上のように，一定の類型の損害について判例は損害額の立証を緩和する傾向にあったが[6]，なおその射程は明らかではなかった。その点の問題を明らかにした事件として，いわゆる鶴岡灯油訴訟の判決があった[7]。これは，独占禁止法に違反する価格協定（いわゆるやみカルテル）によって高値で灯油を購入させられた消費者の損害について，その損害は現実の購入価格と想定購入価格との差額となるが，想定購入価格を推認することができるのは，価格協定の実施当時から消費者が商品を購入するまでの間に，当該商品の小売価格形成の前提となる経済条件，市場構造その他の経済的要因等に変動がない場合に限られるとし，その点の証明がないため想定購入価格の証明がなく，結局損害額の証明がないとして請求を棄却したものである[8]。しかるに，この判決に対しては，このような経済的要因等の証明は極めて困難なものであり，このような証明を

---

[3]　最判昭28・11・20民集7巻11号1229頁など参照。

[4]　大判明43・4・5民録16輯273頁，大判昭7・7・8民集11巻1525頁，最判昭47・6・22判時673号41頁など参照。

[5]　最判昭39・6・24民集18巻5号874頁など参照。

[6]　このほか，民法710条に基づく法人の名誉毀損による損害について，金銭評価の可能な無形の損害を被ったと認められる限り，損害賠償の請求が可能であるとするものとして，最判昭39・1・28民集18巻1号136頁参照。

[7]　最判平元・12・8民集43巻11号1259頁参照。

[8]　ただし，この判決はそもそも損害の発生自体が証明できなかったもので，損害の発生は認められたが損害額の証明ができなかった場合と決めつけることはできないとする理解として，白石忠志「独禁法関係事件と損害額の認定」日本経済法学会年報19号〔1998〕28頁参照。

消費者側に求めることは，実質的に原告の救済を常に否定するに等しい結果となり，相当でない旨の批判も加えられていた。

(2) 外国法の参照

他方，外国法においては，このような場合について一定の対処をするものが見受けられた。例えば，ドイツ法は以下のような定めを置く[9]。すなわち，ドイツ民事訴訟法287条は，「損害が発生したか否か及び損害額又は賠償すべき利益の額がいくらかについて当事者間で争いがあるときは，裁判所は，これについてすべての事情を評価して，自由な心証により裁判する」と規定する[10]。この規定は，①損害の発生の有無も規定の対象にしている点，②損害の性質上の立証の困難性を問題としていない点などで本条とは異なるが[11]，本条の規定の参考とされたことは明らかであり，その規定ぶり及びそれに関する解釈は本条の解釈の参考ともなり得るものである[12]。

(3) 立案時の議論

以上のような旧法下の実務や外国法の知見を参考として，この問題については，民事訴訟法の改正議論の当初から問題意識がもたれていた。すなわち，「民事訴訟手続に関する検討事項」において既に，「損害賠償請求訴訟において，損害の生じたことは認められるが，損害の性質上その額を立証することが極めて困難である場合には，裁判所は，合理的な裁量により損害額を認定することができる旨の規定を設けるものとするとの考え方」が提案されていた。これは，①損害額について厳格な立証を要求すると原告にとって不当に不利益になるこ

---

[9] ドイツ法以外の例として，スイス債務法の規定があるようであるが，これについては，歴史的な展開を含めて，内海博俊「訴訟における損害賠償額の確定に関する一考察(2)」法協128巻10号〔2011〕2510頁以下など参照。

[10] 同条の訳については，民事訴訟法典現代語化研究会編・各国民事訴訟法参照条文〔1995〕297頁参照。

[11] この規定の性質について，単純に整理すれば，ドイツでは，当初法定証拠主義による拘束からの解放として本文の規定が立法されたものと理解されていたが，自由心証主義の採用に伴い，規定の趣旨についての理解が分かれ，現在では証明度に着目するアプローチが一般的な支持を得ているようである。内海・前掲注1) 2778頁以下参照。

[12] ドイツ法の規定について，その沿革を含めて詳細な検討を加えるものとして，内海博俊「訴訟における損害賠償額の確定に関する一考察(1)〜(3)」法協128巻9号〜11号〔2011〕参照。

〔山本（和）〕

と、②損害額の算定は損害の金銭的評価の問題であり、基本的には裁判所の裁量に委ねられているという見解もあること、③ドイツ民訴法287条にそのような規定があることなどから、このような提案がされたものである[13]。その結果、当初からほぼ現行法に沿った提案がされていたが、「合理的な裁量により」として、裁量的な部分が強調されている点に特徴がある。

その後、この提案については改正要綱試案でも基本的に維持されたが、要綱試案における提案は、「損害の生じたことは認められる場合において、損害の性質上その額を立証することが極めて困難であるときは、裁判所は、すべての事情を評価して、相当と認める損害額を定めることができるものとする」との考え方を提示する。この段階で、「合理的な裁量」という文言が消失している点が注目される[14]。そして、要綱試案の提案に対しても特段の異論はなく、最終的に本条として採用されたものである。ただ、その文言としては、やはり検討事項の「合理的な裁量により」という文言が消え、代わりに新たに「口頭弁論の全趣旨及び証拠調べの結果に基づき」という文言が加えられている点に注意を要する[15]。

3 本条の射程

(1) 本条の特則

本条と同様の趣旨を有しながら、本条の特則に相当する規定として、知的財産権訴訟に関する規定がある[16]。例えば、特許法105条の3は「特許権又は専用実施権の侵害に係る訴訟において、損害が生じたことが認められる場合において、損害額を立証するために必要な事実を立証することが当該事実の性質上

---

13) 法務省民事局参事官室編・民事訴訟手続に関する検討事項補足説明〔NBL別冊23号、1991〕46頁参照。
14) 検討事項と要綱試案の差異について分析するものとして、山本克己「自由心証主義と損害額の認定」講座新民訴(2)302頁以下など参照。
15) 要綱試案補足説明において、本条は自由心証主義の範囲内で証拠による事実認定の原則を変更するものではなく、認定のための証明度を軽減するものとの説明が既にされており、上記のような文言の変更はこのような理解を反映したものと推測される。この点については、証拠法大系(1)301頁〔新谷晋司=吉岡大地〕参照。
16) なお、本条の民事保全手続における準用に関する議論につき、証拠法大系(1)332頁以下〔新谷=吉岡〕参照(結論として、準用は否定される)。

極めて困難であるときは、裁判所は、口頭弁論の全趣旨及び証拠調べの結果に基づき、相当な損害額を認定することができる」とする[17]。本条と比較して、この規定は立証困難の対象を「損害額」自体ではなく、「損害額を立証するために必要な事実」としている点にその特則性がある[18]。換言すれば、仮に損害額の立証自体がその性質上極めて困難とまで言えなくても（それが言えれば本条自体の適用がある）、その立証のために必要な事実の立証がその性質上極めて困難ということができれば、本条と同様の効果が発現することになる。例えば、製品に対する特許発明の寄与度や、利益又は侵害者の販売数量の立証が困難である場合などについて、この規定が適用されることになる[19]。このような場合は、損害の性質上損害額の立証が極めて困難であると解することも可能と思われるが、確認の趣旨も含めてこの規定が設けられている[20]。

(2) 本条の類推適用の可能性

本条の類推適用の可能性が議論されている局面として、土地の所有権界（所有権の範囲）の確定訴訟がある[21]。それによれば、このような訴訟類型については、①係争地域が隣地所有者のいずれかの所有であると証明されたとすれば、請求を棄却することは当事者間の公平に反すること、②所有権の範囲の線引きには無数の方法が考えられるという点で、オール・オア・ナッシングの解決がそぐわないこと、③所有権の境界は時間の経過によって証拠方法の欠乏を来し、その性質上立証が極めて困難な類型の事実関係であることという特色が見られる。他方、本条の実質的な根拠が、①損害の発生が立証されているのに、その額が立証されていないとして請求を棄却することが当事者間の公平に反するこ

---

17) 同旨の規定として、著作権法114条の5、不正競争防止法9条があり、特許法105条の3を準用するものとして、実用新案法30条、意匠法41条、商標法39条がある。
18) 同条の解釈については、中山信弘・特許法〔2010〕362頁以下、春日偉知郎・民事証拠法論〔2009〕265頁以下など参照。
19) この点につき、春日・前掲注18）271頁以下など参照。
20) 中山・前掲注18）362頁は、民訴法248条の解釈が固まるまでは「かなりの期間を必要とするため、昨今の特許法をめぐる情勢はそれまで待っていることはできないということであろう」と評価する。
21) このような議論としては、山本・基本問題68頁以下、林伸太郎「境界確定訴訟の再生のために」民訴雑誌42号〔1996〕264頁以下など参照。

〔山本（和）〕

と，②損害額は1円刻みの相対的解決が可能である点で，オール・オア・ナッシングの解決がそぐわないこと，③損害額の立証がその性質上極めて困難な場合があることに求められることを考えれば，両者の間には実質的な共通性があることから，本条の類推適用を認めるものである。このような考え方に対しては，本条の例外規定性などから結論を留保する見解もあるが[22]，本条は確かに一般的な証明法理との関係では例外的な規律であるが，証明の類型的困難性という特殊状況の下では一般的射程を有し得る規律であると考えられ，上記のような類推の余地は認められてしかるべきであると解される[23]。

II 本条の性質

1 学　説

本条の規定の性質の理解について，学説には争いがある。

第1に，本条は損害額の証明について証明度を軽減したとする「証明度軽減説」がある[24]。この見解は，損害額も事実であり証明の対象になるとの理解を前提に，民事訴訟における事実認定については原則として高度の蓋然性が証明度として必要になるところ（→ §247 III 2 (2)参照），本条は，損害の性質上その立証が極めて困難な場合であることから，原則的証明度を変更して証明度を軽減することを認めたと理解するものである。その意味で，本条は，証明度に関する例外を定めたもので，自由心証主義の例外を定めるものではないと解するこ

---

22) 秋山ほかV 148頁など参照。ただし，「隣地所有者間の所有権界確定訴訟における所有権の範囲を立証することの性質や意味合いを考えると，本条の趣旨と実質的に共通するものがあるとはいえそうである」と評する。

23) 高橋上〔2版補訂版〕91頁注30（「類推することも不可能ではないであろう」とする），賀集ほか編・基本法コンメ(2)〔3版〕280頁〔奈良次郎〕（「徐々に類推適用が予測される」とする），新堂〔5版〕607頁注4（福岡高判平18・3・2判タ1232号329頁を引用し，所有権範囲確認訴訟は損害額の認定と類似した認定方法と考えられるとする）なども同旨と考えられる。

24) 立案担当者がこの見解によっていたことは，一問一答287頁，研究会319頁〔柳田幸三発言〕参照。同旨の見解として，研究会320頁〔青山善充発言〕，山本克己・前掲注14) 318頁，松本博之「民事証拠法の領域における武器対等の原則」講座新民訴(2) 22頁，畑郁夫「新民事訴訟法248条について」原井古稀・改革期の民事手続法〔2000〕505頁以下，松本＝上野〔8版〕444頁，証拠法大系(1) 303頁〔新谷＝吉岡〕など参照。

とになる[25]。

　第2に，損害額の認定について裁判所による裁量判断を許容したものとする「裁量評価説」がある[26]。この見解は，損害額の認定の作業はそもそも証明の対象となるものではなく，その本質において裁判所の裁量評価の問題であり，本条をその趣旨を確認する内容の規定として理解するものである。実体法においても，近時は，損害額の認定は裁判所による損害の裁量的評価の作業であるとする見解が有力となっており[27]，この説はそのような有力説とも符合する。その意味で，本条は，もともと自由心証主義の範疇外であった損害額の認定について，その旨を確認したものと解することになる[28]。

　第3に，上記のような証明度軽減と裁判所の裁量判断の双方を認めたものとする「折衷説」がある[29]。これは，損害額について本来の証明度以下であっても認定を認めるとともに，そのような場合に限らず，損害額について一定程度の心証が形成されない場合であっても，なお裁判所の裁量的判断で，証明度との相関で適切な損害額を定めることを認めたと理解するものである。その意

---

[25]　新堂〔5版〕606頁注2は，損害額について証明がない場合には「損害額は零として裁判せよ」という（本来の）証明責任規範を，「その損害額の証明が極めて困難な場合には，……裁判官が相当と認める額の賠償を命じる裁判をせよ」という内容の規範に変容させ，その限度で実体法規範の適用可能性を拡大したものと説明する。

[26]　研究会320頁〔竹下守夫・鈴木正裕発言〕，春日・前掲注18）259頁（ただ，「これに伴って証明軽減の機能も生ずる」とする），旧注釈民訴(4)70頁〔加藤新太郎〕，坂本恵三「判決③——損害賠償額の認定」新大系(3)275頁，高橋下〔2版補訂版〕59頁（「法的評価で捉える方が理論として発展性がある」とする），河野465頁，三木浩一「民事訴訟法248条の意義と機能」井上追悼416頁など参照。

[27]　平井宜雄・損害賠償法の理論〔1971〕139頁以下，藤原弘道・民事裁判と証明〔2001〕133頁など参照。損害事実説による近時の教科書として，窪田充見・不法行為法〔2007〕151頁，内田貴・民法Ⅱ〔第3版，2011〕384頁など参照。

[28]　この説は，損害発生の事実を前提に，裁量の幅の中で規範的評価を施して損害額を認定するというものであるから，「法的評価説」と呼称する方が適切であるとの見解もある。内海・前掲注12）(1)2151頁参照。

[29]　伊藤眞「損害賠償額の認定」前掲注24）原井古稀68頁以下，伊藤〔4版〕351頁など参照。高橋下〔2版補訂版〕62頁注46は，基本的に裁量評価説によりながら，焼失家財道具や逸失利益の例を証明度軽減で説明できる余地もあるとし，この説との親近性を示している。また，新堂〔5版〕606頁注2も，証明の問題から純粋の裁量評価の問題に至る

味で，本条は自由心証主義の例外をも定めるものと解することになる。

2 裁判例

この点について裁判例の考え方は必ずしも明らかではない。証明度軽減説による旨を明示した裁判例もあるが[30]，多くの裁判例は，その趣旨を必ずしも明確にしていない。そして，裁判例の評価も，学説において一致していない。例えば，248条の適用義務を明確にした最判平20・6・10（判時2042号5頁）（その詳細な内容については，Ⅴ1参照）についても，裁量評価説を前提にしているとみるのが自然とする見解[31]や裁量評価説に近いとする見解[32]が有力であるものの，最高裁判所が一般的な法的見解を示しているものではないことから，そのような見方は性急にすぎるとの評価[33]も示されている。

3 検討

まず，このような法的性質をめぐる議論の意味であるが，そもそも上記のような見解の対立が実質的差異ないし実益をもたらすかどうかである。この点についても見解が分かれており，これは一種の姿勢の問題として理論的重要性をもつに止まり，本条の具体的適用において結論に差は生じないとする見解が有力である[34]。一方，裁量評価説によれば，心証割合を加味した認定や複数の算定

まで段階的な判断構造の推移があることを指摘し，同様の考え方を示唆する。さらに，伊藤滋夫「民事訴訟法248条の定める『相当な損害額の認定』（中）」判時1793号〔2002〕5頁も，裁量を否定しながら，本条は単なる証明度の軽減を超えて「従来は，そうした方法では証明があったとは取り扱われていなかったような方法によっても，証明があったと扱うということを認めた規定」と評価する。

30) 名古屋地判平21・8・7判時2070号77頁〔「民訴法248条は自由心証主義（民訴法247条）のもとにおける証明度の低減を図ったものであると解される」とする〕参照。

31) 加藤新太郎「民訴法248条による相当な損害額の認定」判タ1343号〔2011〕63頁，三木浩一〔判批〕リマークス39号〔2009〕117頁など参照。

32) 杉山悦子〔判批〕民商140巻3号〔2009〕359頁など参照。

33) 松本＝上野〔8版〕445頁注62参照。苗村博子「企業の損害と民訴法248条の活用」判タ1299号〔2009〕39頁も，折衷説の可能性に言及される。

34) 伊藤滋夫・前掲注29）6頁，中野＝松浦＝鈴木編〔2版補訂版〕355頁〔青山善充〕，高橋下〔2版補訂版〕60頁，証拠法大系(1)304頁〔新谷＝吉岡〕（①適用範囲，②上告の可否，③類推適用の可否，④判決理由の記載の程度という諸点について，実務的観点から差異の有無に関して詳細な検討を加える）など参照。

根拠に大きな差がある場合における中間的な損害額の認定などが可能となることや，幼児の逸失利益や火災の場合の動産損害等に広く本条の適用が可能になるなどの実益を指摘する見解もある[35]。筆者は基本的には前者の見解が相当であり，実質的な差が生じる場面はほとんどないのではないかと考えるが[36]，なお証明度軽減説では説明し難い（あるいは説明が極めて不自然になる）場面もなくはなく，その意味では議論の実益が全くないとは言い切れないように思われる。

　そこで，いずれの見解によるべきかであるが，本条の解釈論として，「額を立証すること」という文言が存在することは証明度軽減説に有利な点と思われる[37][38]。立証の対象は基本的に事実のみであるとすれば[39]，立法者はやはり損害額が事実の問題であることを前提としているものと考えざるを得ない[40]。その意味で，第1次的には，この規律はやはり証明度軽減の問題として把握すべきであろう。そして，経済損害などの場合には1円から段階的に証明度が逓減していくことになるので[41]，低められた証明度の範囲で認められる最大の損害額を認定することになる[42]。その場合，損害の性質によって，前提事実から損

---

35) 三木・前掲注26) 433頁以下，加藤・前掲注31) 62頁など参照。
36) 後述のように，慰謝料等について本条の適用対象として説明するかどうかは両説によって異なってくる可能性があるが（Ⅳ2(5)参照），慰謝料の認定に裁判所の裁量があることはいずれの見解によっても異論はない。また，不服申立ての範囲についても（Ⅴ5参照），両説のいずれによるかで，証明度に関する違法（自由心証主義違反）の問題とするか，裁量権の逸脱・濫用の問題とするかという位置づけの差が生じるが，現実の違法性判断の基準に差をもたらすことはないように思われる。
37) 高橋下〔2版補訂版〕63頁注46は，慰謝料などの場合も考えると，法的評価説が「文言に正面から衝突するわけでもない」とするが，「強弁であるが」と付記されており，やや困難な理解であることが自認されている。
38) また，旧法下の判例は損害額が証明の対象になることを当然の前提としていたところ（最判昭28・11・20民集7巻11号1229頁など参照），本条の適用範囲外の損害額認定において，このような判例が変更されたと解する理由はなかろう。
39) ただし，事実認定（民事訴訟法の証明）は多様なものを包含しており，そこには必然的に評価の要素が含まれ得ることにつき，高橋下〔2版補訂版〕59頁など参照。
40) 損害額の認定の性質が，「極めて困難」である場合は裁量評価であるが，「著しく困難」である場合は事実認定であるということも，説明は難しい。新堂〔5版〕606頁注2，松本＝上野〔8版〕445頁など参照。
41) 損害額が1円以上であることについては高度の蓋然性があることが前提となる（損害

§248 Ⅱ

害額を推認する際の経験則が次第に蓋然性の低い，一般的なものになり得るが[43]，なおそれは証明の概念に含まれると解される。したがって，証明度軽減説によって合理的な説明は可能と思われる。そして，このような説明の方が（単なる裁量に依拠するよりも）よりきめの細かい議論を提供できる可能性があろう[44]。

しかるに，損害が客観的に発生している場合（動産の滅失等の場合）には，金額のいかんにかかわらず，損害の発生自体は証明されるものの，損害額について全く手掛かりがなく，経験則とは無縁の合理的理由があれば足りるとされる状態も論理的には想定できる[45]。その場合は，全く事実資料がなくても（例えば，動産の滅失の場合に，どのような動産があったのかについて，たとえ低い証明度であっても全く証明できないとしても），本条は請求の棄却が許されないことを含意しているものと解される。そうであるとすれば，そのような場合は，損害額の認定は全面的に裁判所の裁量的判断に委ねざるを得ないと解される。その意味では，証明度軽減を本旨としながらも裁判所が判断できない場合には裁量によ

の発生について証明があったことが本条適用の前提となるからである。Ⅲ2参照）。

42) すなわち，損害額2円が1円よりも証明度が低く，同じく3円が2円よりも低いとすれば，論理必然的にどこかで低減された証明度を上回る証明がされた金額の段階が生じ，そこが本条で認められる損害額になるものと解される。このような証明度の段階性を前提とすれば，三木・前掲注26）426頁以下が証明度軽減説の立場から導くことが困難とされる中間的な損害額の認定も，証明度軽減説と必ずしも矛盾しないものとして説明できるように思われる。

43) このような判断構造については，新堂〔5版〕606頁注2参照。このように経験則の蓋然性が低まると，その代わりに公平感・相当性を満足させるための合理的理由が加味されるとする。説得力のある論述と思われる。

44) 内海・前掲注1）によれば，このような点がドイツにおいて証明度のアプローチが裁量のような概念に依存する考え方よりも一般化した理由にあるとされる。また，伊藤滋夫「民事訴訟法248条の定める『相当な損害額の認定』（下・完）」判時1796号〔2002〕4頁が裁量評価説に対して強く危惧される点も一部解消されよう。

45) 慰謝料についても，そもそも人の精神的打撃を金銭に換算するという作業であり，基礎的な金額を定めるについては手掛かりがないといえよう（基礎的な額が決まれば，あとは通常人が同様の事態に直面した場合の精神的打撃は同等と推認される一方，何らかの特別の事情があった場合にそれが増減するということは，通常の事実認定の枠組みの中で捉えられる余地があろう）。

る認定も許容される旨を定めたのが本条であり[46]，その意味で折衷説が相当と解されることになる[47]。

III 本条の要件①——損害の発生

1 損害の概念

本条は「損害が生じたことが認められる場合」に限って適用されるものである[48]。そこで，本条の適用要件としてまず，そこで規定されている損害の概念が問題となる。損害の概念については，実体法上，特に不法行為に基づく損害について争いがある。いわゆる差額説と損害事実説（具体的損害説）との対立である[49]。差額説とは，当該行為（不法行為，債務不履行行為等）がなかった場合に想定される利益状況と当該行為によって現実に発生した利益状況とを金銭的に評価して得られた差額を損害と捉える立場である[50]。他方，損害事実説とは，当該行為によって生じた権利侵害の結果ないし不利益状態それ自体を損害と理解し，あとは損害の金銭的評価の問題と捉える立場である[51]。例えば，事

---

46) このような判断構造は，やはり境界確定訴訟の場合と類似したものと解される（この点は，山本・基本問題 71 頁注 23 頁〔「証明度の引下げにより一次的には蓋然的な境界の認定を図るが，それでも認定が不可能な場合には，裁判所が裁量で適切な境界線を裁定するという作業を含むもの」とする〕も参照）。

47) 秋山ほかV 129 頁は，折衷説にも「証明度軽減説を基本にした折衷説と裁量評価説を基本にした折衷説とが観念されることにはなろう」とされるが，本文の見解は前者に当たるものと考えられよう（伊藤〔4 版〕351 頁注 243 も，自説を「証明度軽減説を基本にした折衷説に属する」と整理する）。

48) 本条が適用されるのは，損害賠償請求訴訟が典型であるが，訴訟物は別のものであっても，その訴訟において損害額の認定が問題となる場合（例えば，抗弁として損害賠償債権を自働債権とする相殺が主張される場合など）にも広く適用になる。山本克己・前掲注14) 304 頁，証拠法大系(1) 327 頁〔新谷＝吉岡〕など参照。また，消費者契約法 9 条 1 号の「平均的な損害の額」を算出する際にも本条を適用した裁判例があるとされる（三木・前掲注 26) 428 頁参照）。これに対し，不当利得について本条の適用を否定した例として，名古屋地判平 21・8・7 前掲注 30) 参照。

49) その議論は流動的でかつ錯綜しており，労働能力喪失説や評価段階説などと呼ばれる見解も提唱されているが，ここではその詳細は割愛する。

50) 四宮和夫・不法行為〔1987〕434 頁，高橋眞「損害論」星野英一ほか編・民法講座別巻Ⅰ〔1990〕205 頁など参照。差額説を明確に採用する判例として，最判昭 39・1・28 民

故で人が死亡した場合，事故がなくその人が生存していた場合の利益状態と現在の実際の利益状態との差額を損害とするのが前者であり，その死亡自体を損害と捉え，あとは失われた生命の金銭的評価の問題とするのが後者である。

この両者のいずれの見解をとるかによって本条の適用の有無が左右される場合があり得る。例えば，当該行為によって事実として権利侵害は発生している（損害事実説からは損害の発生が認められる）が，当該行為の前後で利益状態の変動が認められない（差額説からは損害の発生が認められない）場合である[52]。判例・通説（差額説）によれば，この場合には本条は適用されず請求は棄却されることになるが，損害事実説によれば本条が適用され，裁判所が損害額を認定することになる。ただ，その場合でも，利益状態に全く変化がないとすれば，裁判所が裁量によって損害額をゼロと評価することはあり得ると解され[53]，実際に取扱いの違いが生じる場合は少ないようにも思われる[54]。

なお，差額説をとる場合には，必然的に損害と損害額の立証が重なり合うことになるし，損害事実説をとる場合であっても，経済的損害のような場合には

集18巻1号136頁は，「民法上のいわゆる損害とは，一口に云えば，侵害行為がなかったならば惹起しなかつたであろう状態（原状）を（a）とし，侵害行為によって惹起されているところの現実の状態（現状）を（b）としa−b＝x そのxを金銭で評価したものが損害である。そのうち，数理的に算定できるものが，有形の損害すなわち財産上の損害であり，その然らざるものが無形の損害である。しかしその無形の損害と雖も法律の上では金銭評価の途が全くとざされているわけのものではない。侵害行為の程度，加害者，被害者の年令資産その社会的環境等各般の情況を斟酌して右金銭の評価は可能である」と判示する。

51) 前掲注27) 掲記の文献など参照。
52) この逆，つまり差額説によれば損害の発生が認められるが，損害事実説によれば損害の発生が認められない場合というのは，通常想定し難いように思われる。
53) 損害事実説によれば，利益状態に全く差がなくても，例えば加害者の悪性等によって損害額を認めることができるかは1つの問題である（これは慰謝料の算定においてこのような点を考慮できるかとは別問題である。その場合には，相手方の主観的態様によって被害者の精神的打撃に差が生じ得て，結果的に利益状態に差が生じる可能性はある。これに対し，逸失利益や積極損害では相手方の悪性等で利益状態に差は出ないが，それでも損害額に反映できるかというのがここでの問題である）。慎重な検討を要する問題ではあるが（この論点につき，内海・前掲注1) 2828頁以下も参照），本条によりそこまでの裁量を裁判所に付与したと解することには躊躇を禁じ得ない。

やはり損害と損害額の立証が重なることがあると考えられる[55]。このような場合は，結局，損害（行為の前後の経済的な差）が1円以上であること（差があること）が損害の発生と考えられ[56]，その点については通常の証明が必要となり[57]，それが証明できれば，金額については本条の適用によって裁量的に認定できることになるものと解される。

2 損害発生の認定

以上のように，本条は損害の発生をその適用の要件としている。しかし，学説上は，損害の発生自体について，本条の類推適用の可能性を説く見解もある。すなわち，損害の発生の証明を厳格に要求することは本条の意義を失わせることになるので妥当とは言えず，損害の発生自体についても本条を類推適用する余地を認めるべきとするものである[58]。しかし，本条は，ドイツ法とは異なり，明らかに損害の発生を適用要件として措呈しているのであり[59]，それにもかかわらず本条を類推適用することは類推適用の在り方として疑問であるし，その場合に何を本条の適用要件とするのかも明らかではない[60]。また，前述のよう

---

54) そもそもここで前提とされている事態がどの程度生じるかという問題もある。これは加害者の行為によって損傷を受けた物の経済的価値が減少しない（あるいはかえって増加する）などといった稀有な局面であり，そもそも不法行為が成立するのかという点も問題となり得よう。

55) 例えば，鶴岡灯油事件のような事案で何を損害と捉えるかは，損害事実説からも明確とは言い難い。カルテルが実行されたことによって当然に損害があると考えれば問題はないが，そうではなく，やはり消費者に何らかの経済的損失が生じていることが不可欠と考えるとすれば，差額説と同様に，損害と損害額の立証の重なりが生じることになろう。

56) 証拠法大系(1) 309頁〔新谷＝吉岡〕は，実務的観点からみても，「加害行為がなかった場合の仮定的な総財産の額と現実の総財産の額に差があることについては証明度には達しているが，その金額については不明であるという心証は十分あり得る」とされる。

57) このような立証がされていないとして本条の適用を否定したいくつかの裁判例がある。競業会社の創設による顧客の侵奪に基づく損害（東京地判平18・12・12判時1981号53頁。ただし，侵奪された顧客からの得べかりし利益については本条の適用を認めている）や，競争入札をすべき場合に随意契約をしたことによって地方公共団体に生じた損害（東京高判平21・2・24判タ1299号186頁）などである。ただ，このような裁判所の判断は，事案の性質に鑑み，やや厳格にすぎる印象も与える。

58) 研究会323頁〔竹下・鈴木発言〕，324頁〔青山発言〕，兼子ほか・条解〔2版〕1389頁〔上原敏夫〕など参照。松本＝上野〔8版〕445頁も，損害の存在の立証を強く要求す

に，経済的損害等の場合にも，損害の発生を1円以上の損害が発生したことと捉えれば，その立証は本条の趣旨を失わせるほど困難なものにはならないのではないかと思われる。加えて，その立証がどうしても困難である場合には，通常の証明度軽減の法理に従って証明度を軽減して損害の発生を認定すべきではないかと考えられる[61]。したがって，損害の発生について本条を類推適用して，裁判所が認定できるとする見解には賛成できない[62]。

IV 本条の要件②——損害額立証の困難

1 立証困難性

本条の適用要件として，「損害の性質上その額を立証することが極めて困難である」ことが求められる。これは，このような規律が裁判所の裁量的判断ないし証明度軽減を認める例外的な規律である点に鑑み，立証が可能である場合にはその適用を認めず，そのような規律が不可欠になる場合に限ってその適用を認めることとして，補充性を要件化する趣旨である。しかも，単に立証が困難であるだけではなく，①その困難が「損害の性質」に由来する場合に限っていること，②その困難である度合いが「極めて」困難と言える場合に限っていることにおいて，限定的なものである。

まず，「損害の性質上」立証が困難であると言えなければならない。ここでの「損害の性質」については，①当該損害の客観的性質をいい，個別の事案に特有の事情はこれに該当しないとする見解[63]と，②当該損害の抽象的な性質で

　　　べきでないとする。なお，ドイツ民訴法287条1項は，損害額に加えて，損害の発生についても裁判所の裁量的判断を許容している（I 2(2)参照）。
59) 立法者はドイツ法の規定の存在を認識していたことは明らかであり，それにもかかわらず本条のような規定ぶりを採用したことは，ドイツ法とは異なる規律内容を採用するとの明確な政策判断が下されたものと解されよう。
60) 本条の正統性が，損害が発生しているのに額が不明であるとして請求を棄却することは相当でないという価値判断にあるとすれば，損害の発生について本条を類推することは，むしろそれとは別個の価値判断に基づくことになろう。
61) 秋山ほかV 147頁に引用されている加藤新太郎判事の見解（(3)説）は，相当性・補充性を前提に本条の類推適用を認めるものであるが，本文と同旨とも理解される。
62) 同旨として，証拠法大系(1) 328頁〔新谷＝吉岡〕参照。
63) 証拠法大系(1) 312頁〔新谷＝吉岡〕，伊藤滋夫「民事訴訟法248条の定める『相当な損

はなく，個別的・具体的事案の下での立証困難性を言うとする見解[64]とがある。これは結局，損害という概念の抽象性をめぐる議論ということになるが，少なくとも当該具体的事案のみに係っている立証困難を指すものでないことは明らかであろう[65]。もしそうであれば，「損害の性質上」という文言は不要になるからである。あとはどの程度の抽象度を観念するかという問題であるが，ある程度の一般化が可能である場合には，損害の性質上の立証困難性を認めてもよいのではなかろうか。例えば，通院治療費についてたまたま当該事件で領収証を喪失しているために立証が困難であるという場合は含まないが，家財道具の損害は，一般には証明困難であるとは言えないとしても，それが火事で焼失したような場合には一般的な証明困難が妥当するものと評価できよう。したがって，後者のようなものは，損害の性質上証明が困難と考えてよいと解される[66]。

また，立証の困難さは顕著なものである必要がある。「極めて」という文言は，「著しく」など他の文言と比較しても，その度合いが大きいものを指すものであるので，立証困難さの程度は大変大きなものである必要がある。したがって，立証が困難であるとしても，立証者が相当の努力をすれば立証可能であるというような場合には，「極めて」困難とまでは言えないという評価になろう。ただ，どこまでの努力が立証者に求められるかは，かなりの程度裁判所の裁量的判断に委ねられる面があろう[67]。

この点に関連して，損害の立証について，高度の自然科学・社会科学上の知

　害額の認定』（上）」判時 1792 号〔2002〕4 頁，秋山ほかⅤ 134 頁など参照。
[64] 賀集ほか編・基本法コンメ⑵〔3 版〕279 頁〔奈良〕など参照。
[65] 伊藤滋夫・前掲注 63）4 頁は，車が不法行為によって毀損された後に別の者によって盗難されたことによって毀損による損害額の証明が極めて困難になった例を挙げる。
[66] 三木・前掲注 26）431 頁は，多数当事者の損害額の集合的認定に関して，個々の原告の個別積算方式の立証は極めて困難とは言えないが，原告の数が多数に上るために全員の賠償額の算定が極めて困難である場合には本条の適用対象になるとする。興味深い議論であるが，原告の多数性による立証困難が「損害の性質上」の困難と言えるか，なお慎重な検討を要するように思われる。
[67] その場合，具体的な当事者の立証能力を考慮すべきではなく，一般的平均的な当事者を観念して，その者の立場に立った場合に，そのような立証活動が極めて困難であるかどうかによって判断されるべきであろう。秋山ほかⅤ 134 頁の採用される「客観説」も同旨か。

見や理論を用いれば証明可能であるが，その証明には当該訴訟の請求額と比較して釣り合いのとれないような多額の費用を要するという場合に，本条を適用ないし類推適用してよいとする見解が有力である[68]。確かに，訴訟というものが社会的な存在である以上，ここでの立証の困難さは必ずしも物理的な困難性だけではなく，一種の社会的な困難性を含んだ概念であると解することが合理的である。立証を求められる当事者の経済的負担は訴訟救助等によって補うことも可能であるが，不相当な費用を支出して真相を解明することまで求められるとすることは社会的に相当ではなく，そしてその場合に真相が解明されなかった不利益を当事者に負担させることも相当とは言い難いので，本条による損害額の認定を認めるべきであろう。その場合，そのような経済的状況等をも考慮して立証の困難性の度合いを考えるべきものと理解すれば足りるので，あえて本条の類推適用という必要はなく，それは本条の適用そのものであると解される[69]。

2　損害の性質——適用範囲

以上のように，本条は，個別事案における立証の困難さを問題にするのではなく，一定の類型化を前提として，そのように類型化された損害の性質に基づく立証の困難性を問題とするものである。そこで，以下では，学説や裁判例で問題とされることが多い損害類型について，若干の個別的な検討を加える。

(1) 逸失利益

不法行為等がなかった場合には一定の利益が得られるはずであったにもかかわらず，当該行為等によってその利益が得られなかった場合の損害である。このような損害類型では，(過去に現存した状態と現在の状態との差額である後述の積

---

68) 研究会 323 頁〔竹下発言〕，春日・前掲注 18) 263 頁，坂本・前掲注 26) 282 頁，兼子ほか・条解〔2 版〕1389 頁〔上原〕，三木・前掲注 26) 427 頁，秋山ほかⅤ 134 頁，東京地判平 10・10・16 判タ 1016 号 241 頁〔鑑定に要する多額の費用を考慮して本条の適用を認めた事例〕など参照。また，証拠法大系(1) 321 頁〔新谷＝吉岡〕も，極めて例外的な場合に限定されるべきであるが，立証に要する費用と損害額が著しく不均衡である場合には，本条の類推適用が検討されてよいとする。なお，ドイツ民訴法 287 条 2 項は，立証が訴額に比して不相当な困難を伴う場合にも，裁判所の裁量による損害及び損害額の認定を許容しているとされる。

69) 同旨として，裁量評価説の立場からであるが，三木・前掲注 26) 427 頁参照。

極損害とは異なり）不法行為等がなかった場合の仮定的状況の下での利益（一度も現存しなかった利益）を証明しなければならず，必然的に損害の性質上その立証が困難となり得る。実際，立法の過程でも，本条が典型的に問題となり得る類型として，幼児の逸失利益が援用されていた[70]。幼児の場合には，（そもそも成人できるかという問題に加えて）その者が成人後どのような収入を得るかは，その学歴や能力，就く職種等によって全く異なるので，その将来の収入を高度の蓋然性をもって証明することは不可能に近い。実務では，その場合に全就業者の平均的収入によって逸失利益を算定しているが，当該具体の被害者について将来平均収入を稼得し得たことを高度の蓋然性をもって証明できているとは言えない。その意味で，幼児の死亡や労働能力喪失の場合の逸失利益は本条の適用対象と解される[71]。また，成人であっても，年齢が若い者である場合には，定年まで一定の収入を得られることが高度の蓋然性をもって証明できない場合も多いと考えられ[72]，その場合には同様に本条が適用されよう[73]。

　以上のような自然人あるいは就業者の場合だけではなく，法人あるいは事業者の場合にも，一定の行為がなければ得られる収益が高度の蓋然性をもって立証できない場合があり得る[74]。このような場合は，自然人の定型的な逸失利益

---

[70] 一問一答 288 頁は，幼児の逸失利益に関する実務の取扱いを挙げ，本条は「このような実務上の考え方を明文化し」たものとする。結論的にこれに賛成する見解として，伊藤眞・前掲注 29) 65 頁，伊藤〔4 版〕352 頁，三木・前掲注 26) 420 頁，証拠法大系(1) 316 頁〔新谷 = 吉岡〕など参照。

[71] これに対し，山本克己・前掲注 14) 310 頁は，このような場合を本条の適用対象から排除する。その理由は，これが経験則の適用ではなく，予想年収や予想稼働年数を基礎とする旨の実体法上の算定ルールの定立の問題であるとする点にある。鋭い指摘であり十分な検討を要する問題提起ではあるが，判例が実体法ルールを定立したものとする理解にはなお異論もあり得よう（これについては，高橋下〔2 版補訂版〕60 頁注 42 も参照）。

[72] 特に近年のように雇用関係が安定を欠き，またリストラ等で給与の減額等が一般的に行われるような状況では，安定的な収入の稼得について高度の蓋然性をもった証明が困難である場合が多くなるであろう。

[73] また，医療過誤等の場合に，当該過誤がなくても患者の病状が重いものであった場合には，その余命の認定は困難であり，本条の適用対象となり得る。そのような事例として，東京地判平 17・11・30 判タ 1244 号 298 頁など参照。

[74] 信用損害に該当するとされる場合もこのような類型に当たることが多いのではないかと思われる。例えば，レストランが納入された食材により食中毒を発生させ営業停止を命

の場合に比べて，損害額の算定が現に争われることが多く，その結果，裁判例として本条の適用が論じられるものが多く生じている[75]。そこでは，結局，当該行為がなければ，目的物をいくらで売ることができたか（代金の証明），いくつの物を売ることができたか（数量の証明）等の証明が極めて困難であるために，本条が適用されることになる[76]。これに対して，当該行為がなかった場合の収益が安定的なものである場合には，あえて本条によらなくとも，これまでの実績等から高度の蓋然性をもってその行為がなかった場合の収益を証明することができ，損害の証明が極めて困難とまでは言えないことになろう[77]。

(2) **過大費用の発生——談合・カルテル等の場合**

逸失利益と類似した損害類型として，当該不法行為等によって過大な費用が発生した場合がある。この場合も当該行為等がなかった場合の費用額が仮定の事象下での判断となる点で，逸失利益と共通する問題がある[78]（逸失利益が積極的な収入が得られなかった場合の損害であるのに対し，これは消極的な費用の発生を防止できなかった場合の損害であり，基本的に鏡像関係にあるものと言えよう）。

このような類型として，実務上しばしば問題となるのは，公共事業等の価格談合行為による損害である。この場合，談合がなく自由な競争が行われていれば，より低い価格で入札等がされて，地方公共団体が負担する費用が安くなっていたにもかかわらず，談合の結果，高値で入札等がされて，その費用を当該団体が負担しなければならなくなった損害が問題となるが，談合がなかったと

じられた場合に生じた信用損害について本条の適用を認めた裁判例があるが（東京地判平13・2・28判タ1068号181頁），信用毀損による法人の損害は結局，将来の売上の低下に還元されることになるので，逸失利益として観念されることになろう。

75) 秋山ほかV 136頁以下に多数の裁判例が引用されている。
76) 前者の例として，住宅販売に反対する住民による看板類の設置によって値下げ販売を強いられた住宅販売業者の損害は，当該妨害行為がなければいくらで売れたかの立証の困難の問題であり（横浜地判平12・9・6判時1737号101頁），後者の例として，データベースの盗用によって販売数量が減少したことの損害は，当該盗用がなければいくつ販売できたかの立証の困難の問題である（東京地判平14・3・28判時1793号133頁）。
77) そのような観点から，損害額の立証が困難ではないとして本条の適用が否定された例として，東京地判平14・7・24判時1799号124頁〔企業によって当然保存すべき資料が証拠として提出されれば立証は可能とされた〕など参照。
78) これに対し，秋山ほかV 140頁はこれを積極的財産損害の一類型として扱う。

いう仮定的状況での入札価格を高度の蓋然性をもって証明することは極めて困難と考えられる。学説上このような場合を本条の適用対象とすることに争いはなく，裁判例も一致して本条の適用を認めている[79]。

　以上のような損害の構造は，独禁法違反のカルテル（価格協定）がされた場合も同じである[80]。すなわち，この場合も，カルテルがなく自由な競争が行われていれば，より安い価格で販売がされて，消費者が負担する費用が安くなっていたにもかかわらず，カルテルの結果，高値で販売がされ，その費用を消費者が負担しなければならなかった損害が問題となるが，カルテルがなかったという仮定的状況での販売価格（想定販売価格）を高度の蓋然性をもって証明することは極めて困難と考えられるからである。その意味で，この場合も，損害の発生自体が高度の蓋然性をもって証明されれば[81]，このような損害額の認定が本条の適用対象になることに異論はないであろう[82]。

(3)　積極損害——動産損害

　以上のような消極損害に比べて，積極損害は，原則として過去に存在した財産状態がある行為の結果失われて現在の財産状態に移行したことによる損害を意味する。したがって，過去の事実と現在の事実とが立証されればよく，仮定

---

79)　高裁段階のものとして，大阪高判平18・9・14判タ1226号107頁，大阪高判平19・10・30判タ1265号190頁，東京高判平21・5・28判時2060号65頁など参照。詳細については，秋山ほかV 140頁参照。

80)　兼子ほか・条解〔2版〕1390頁〔上原〕も，談合による損害について「独禁法違反の価格協定の事案（鶴岡灯油事件）と立証対象事実の点で共通することの多い事案といえよう」と評価する。

81)　この点が談合事案とカルテル事案とを分ける要素になり得ると考えられる（前掲注8）の白石教授の見解も参照）。談合の場合にはその行為がされることによって入札価格が1円以上上がったことは通常高度の蓋然性をもって証明できるが（そうでなければ談合行為を行う合理性がない），カルテルの場合には，（特に鶴岡灯油事件など価格高騰時に行われるものについては）それがなくても相応の価格上昇が見込まれ，1円以上の損害の発生の証明が容易でない場合もあり得ると考えられるからである。しかし，このような場合であっても，被告があえてそのような協定をするということは，当該価格について専門性を有する被告は少なくとも当該カルテルがなければより安価な販売がされると考えていたことを意味するのであり，そうであれば1円以上の価格上昇については，特段の事情のない限り，高度の蓋然性があるものと考えてよいように思われる。

82)　山本克己・前掲注14）318頁，伊藤〔4版〕352頁注245など参照。

§ 248 IV

的な事態は現れないので，その証明は一般に必ずしも困難ではないと言えよう[83]。その意味では，積極損害は一般的には本条の適用対象外ということになるが，なお特別の場合には立証の困難性が認められる場合がある。実務上よく問題となるのは，火災・水害等によって完全に消失してしまった動産の損害である。

このような場合には，人は一般に自らの保有している動産の種類，数量，購入時点等について正確に記憶しているものではなく，その結果として，過去の状態の再現が極めて困難であり，そのような立証が確実である物（高度の蓋然性をもって証明できる物）に限定すると，本来の損害額に比して過少な賠償しか認められない結果となり，相当ではない。このような損害も，上記のような状況が認められる限りにおいて，定型的に損害額の証明が極めて困難であるということができ[84]，本条の適用対象に含まれるものと解される[85]。ただ，裁判例は動産に損害が生じた場合一般についてかなり広範に本条の適用を認めているように見受けられ[86]，前述のような趣旨から，本条の適用が相当と言えるか，やや疑問のある場合も含まれているように思われる[87]。

---

83) 同旨，証拠法大系(1) 317 頁〔新谷＝吉岡〕など参照。
84) もちろんこの場合も個別動産の被害額の具体的立証の方途も可能であり，その場合も証明度が軽減される形で認定されることになろう。これに対し，高橋下〔2版補訂版〕64 頁注 46 は，損害保険の資料による立証の場合にのみ証明度軽減が機能するとする趣旨か。
85) 火災等により動産が滅失した場合の本条の適用事例として，東京地判平 11・8・31 判時 1687 号 39 頁，大阪地判平 15・10・3 判タ 1153 号 254 頁，東京地判平 18・11・17 判タ 1249 号 145 頁など参照。そのような場合の適用に賛成する見解として，研究会 321 頁〔福田剛久発言〕，伊藤〔4版〕351 頁，山本克己・前掲注 14) 316 頁，伊藤滋夫・前掲注 29) 6 頁，三木・前掲注 26) 424 頁，証拠法大系(1) 318 頁〔新谷＝吉岡〕など参照。これに対し，立案担当者は適用を否定していた（研究会 322 頁〔柳田発言〕参照）。
86) 動産損害型に関する本条の適用事例の詳細について，秋山ほかV 137 頁以下など参照。
87) 例えば，東京高判平 18・8・30 金判 1251 号 13 頁は，防火戸の操作方法に関する説明義務違反の結果，居室火災時に防火戸を作動できずに損害が拡大した場合について，それによる損害拡大の範囲・程度等を確定できないとして本条を適用するが，その実質は損害（拡大した損害部分）の存在について本条を適用しているようにも見える。また，福岡高判平 20・5・29 判時 2025 号 48 頁は，執行官による茶葉の差押えに関する違法の場合に損害額の立証を困難とするが，その認定が極めて困難とまで認められるのかについて疑義もあり得る。

(4) その他の積極損害

　以上のような場合のほか，積極的損害の他の類型についても，損害の性質上その額の認定が極めて困難な場合はあり得ると考えられる。そのような類型をここで網羅的に示すことは困難であるが，以下では裁判例に現れている例をいくつか取り上げる[88]。

　まず，積極損害において将来の長期にわたって発生する損害について，その損害額を現在において認定することが極めて困難である場合が考えられる[89]。例えば，人身損害で将来自宅における介護が必要となる場合に，長期間に及ぶ介護費用額の認定はその損害の性質上極めて困難なものと解される。これは，結局将来の事象経過の不確実性に起因する立証困難ということができ，実質的には逸失利益等と同じ性質のものであろう[90]。

　次に，発生した損害について当該不法行為等と相当因果関係の認められる範囲が限定されているため，その限定された範囲の損害額を認定することが極めて困難である場合が考えられる。例えば，有価証券報告書の虚偽記載に基づく投資家の損害賠償において，虚偽記載がなければ株式を取得しなかったとすれば，損害は株式の取得それ自体となるが，虚偽記載と因果関係のある損害額は，取得価額と処分価額・市場価額との差額から，虚偽記載公表前の経済情勢，市場動向，会社業績等による下落分を控除すべきであり，その損害額の立証は極

---

[88] いわゆる定額化された積極損害として，人身損害の場合における費用等について，証拠法大系(1) 318頁以下〔新谷＝吉岡〕は，入院雑費について本条の適用を認めるが，入院付添費，介護費用，葬儀関係費用等については，その適用を認めない。説得力のある見解と思われる（他方，山本克己・前掲注14) 315頁は，この両類型についてやはり判例による実体法ルールの定立とその適用として位置づける）。

[89] 三木・前掲注26) 421頁以下は，これらを含めて「将来予測型」と名付ける。

[90] このような例として，東京高判平10・4・22判時1646号71頁〔建設業者により節税のため等価交換方式によるマンションの建設を勧誘されてマンションを建設した者が租税特別措置法による減税措置を受けられずに被った損害〕，東京高判平13・7・16判時1757号81頁〔高層リゾートマンションの建築について事業者が行政指導に従わないことを理由に当該マンションの建築確認申請に必要な構造認定書を取得するための構造評定申込書に行政庁の担当官が署名捺印しなかったことによる損害〕，東京高判平21・12・17判時2097号37頁〔生命維持装置を常時装着する必要のある被害者を自宅で介護するために必要な費用〕など参照。同旨，証拠法大系(1) 319頁〔新谷＝吉岡〕参照。

めて困難であるとされる[91]。この場合は，損害額の控除要因が多様であり，かつ，個々の要因と価格下落との対応関係が明確ではないことから，本条の適用を基礎づけることができるものと考えられる。

(5) 慰謝料等——無形損害

慰謝料が本条の適用対象となるかについては，前述のように（Ⅱ 3 参照），本条の性質に関する議論と関係するところである。慰謝料が裁判所の裁量的判断に基づくことに争いはない[92]ところ，証明度軽減説によれば，慰謝料はそもそも証明の対象になる事実問題ではなく，本条の適用対象外とされるのに対し，裁量評価説によれば損害額の裁量による評価を確認する本条の適用範囲に含まれることになろう。この点はいずれにしても説明の問題ではあるが，慰謝料も損害額を算定する要素であることは間違いなく，他の要素と区別して本条の適用対象の外に置くことは必ずしも相当とは思われず[93]，本条の適用対象に含まれ，その額の認定が極めて困難なものと位置付けてよいと解される[94]。結局，慰謝料については，人の精神的打撃を金銭に換算するという作業であり，基礎

---

[91] 最判平23・9・13民集65巻6号2511頁は，有価証券報告書等の虚偽記載が問題とされた事案で，当該虚偽記載の対象となった株式を市場において取得した投資家に生じた損害につき，「本件虚偽記載と相当因果関係のある損害の額は，処分株式についてはその取得価額と処分価額との差額から，保有株式についてはその取得価額と事実審の口頭弁論終結時の同株式の評価額との差額から，本件公表前の経済情勢，市場動向，被上告人〔当該会社〕の業績等本件虚偽記載とは無関係な要因による下落分を控除して，これを算定すべきである」とし，「以上のようにして算定すべき損害の額の立証は極めて困難であることが予想されるが，そのような場合には民訴法248条により相当な損害額を認定すべきである」とする。

[92] 慰謝料について，裁判所の裁量により公平の観念に従い諸般の事情を総合的に斟酌して定めるべきものとする旧法下の判例として，最判昭52・3・15民集31巻2号289頁，最判昭56・10・8判時1023号47頁など参照（他に，前掲注4）も参照）。

[93] 慰謝料の算定に評価の要素が強いことは否定し難いが，それは他の場合にもあり得ることであろう。そもそも人の心の痛みを金銭化できるかという根本的な疑問はあるが，そのような方法で賠償額を算定する以上，事実認定の問題に還元して考えるべきことになろう。内海・前掲注1）2866頁注758は，「苦痛にも負の経済的価値があり，その額の算出は，失われた（正の）財産・利益の額を算出する行為と同様に事実認定として位置づけることが可能である」とするが，正当な指摘と思われる。

[94] 立案者はこのような考え方によっていたとみられる（一問一答288頁参照）。これに反

的な金額を定めるについては手掛かりがなく裁量による判断となるが，基礎的な額が決まれば，何らかの特別の事情があった場合にそれが増減するということは，通常の事実認定の枠組みの中で（必要に応じて証明度を軽減しながら）認定されることになろう[95]。

なお，慰謝料に類似するものとして，法人の無形損害がある。これについて，東京高判平成19・1・31（判タ1263号280頁）は，違法な措置によって施設の利用を拒否された教職員組合の有形無形の損害について本条を適用しているが，その無形損害には慰謝料的な要素が含まれている可能性があろう[96]。前記のような考え方からすれば相当な判断と評価できよう。

V 本条の効果——相当な損害額の認定

1 認定の義務性

本条は，上述（Ⅲ，Ⅳ）のような要件を満たす場合には，裁判所は相当な損害額を「認定することができる」ものとする。この「できる」が権限規定を意味するのか（本来はできないものを本条が許容したに過ぎず，要件を満たす場合には，裁判所は本条を適用しなければならないのか），裁量規定を意味するのか（本条の要件を満たす場合であっても，裁判所は本条を適用してなくてもよい場合があるのか）が問題となる。

判例は，本条の要件を満たす場合には，裁判所は本条による損害額認定の義務を負い，そのような認定を行わずに請求を棄却した判決は法令違反になると評価している。すなわち，まず，最判平18・1・24（判時1926号65頁）は，特許庁の担当職員の過失によって特許権を目的とする質権を取得することができなかったことを理由とする国家賠償請求事件において，「特許庁の担当職員の

対して慰謝料の算定を法的評価の問題とする見解として，伊藤眞・前掲注29）60頁，伊藤〔4版〕253頁，伊藤滋夫・前掲注29）3頁，山本克己・前掲注14）313頁，三木・前掲注26）418頁，河野466頁，証拠法大系(1)315頁〔新谷＝吉岡〕など参照（その結果，証明度軽減説では本条の適用対象外とされ，裁量評価説では本条の適用対象に含まれるとされる傾向にある）。

95) 前掲注45）も参照。
96) 他の例につき，三木・前掲注26）419頁以下など参照。同論文も，無形損害について基本的に慰謝料と同旨が妥当すると論じる。

過失により本件質権を取得することができなかったことにより損害が発生したというべきであるから，その損害額が認定されなければならず，仮に損害額の立証が極めて困難であったとしても，民訴法248条により，口頭弁論の全趣旨及び証拠調べの結果に基づいて，相当な損害額が認定されなければならない」として，損害の発生を否定した原判決を破棄した。これは，本条による損害額の認定を義務付けたものといえるが，原判決は損害の発生自体を否定したものであるため，この部分の判旨は厳密には傍論と言えよう。

次に，最判平20・6・10（判時2042号5頁）は，被告Yの採石行為による採石権侵害の損害賠償を求める訴訟において，提訴に先立ち和解契約が成立しており，本件和解前の採石行為による損害のみが賠償対象になる場合において，「Yが上記採石行為により本件土地……において採石した量と，本件和解後にYが採石権に基づき同土地において採石した量とを明確に区別することができず，損害額の立証が極めて困難であったとしても，民訴法248条により，口頭弁論の全趣旨及び証拠調べの結果に基づいて，相当な損害額が認定されなければならない」とし，損害の発生を前提にしながら，損害額の算定ができないとして請求を棄却した原判決を破棄した。これは，まさに損害の発生を認定した以上，損害額を不明として請求を棄却することが許されないとしたものであり，本条の要件を満たす場合には必ず本条を適用する必要があることを示した判例と言える。

本条による被害者の救済及び当事者の公平確保の趣旨に鑑みれば，その適用を義務付ける判例準則は相当なものと解される。その結果，損害の発生が証明されれば，損害額についてノン・リケットになったとしても，裁判所は請求を棄却することが認められず，常に本条によって損害額を認定して判決しなければならなくなり，損害額については，証明責任は意義を失ったものと解される[97]。

---

[97] その意味で，現行法の下では，損害額について原告が証明責任を負うとした旧法下の判例（最判昭28・11・20民集7巻11号1229頁〔裁判所は，損害額の証明がないときは請求を棄却すべきで，職権で鑑定を命じて損害額を審究すべき職責を負わないとする〕など）は失効したものと解される。この点につき，秋山ほかV 144頁以下，川嶋隆憲〔判批〕法研82巻5号〔2009〕178頁，三木・前掲注26）117頁など参照。

2 損害額認定の資料

本条により損害額を認定するための資料は、口頭弁論の全趣旨及び証拠調べの結果である。これは247条の通常の事実認定の資料と異なるところはなく、それぞれの概念については同条における解釈がそのまま妥当する[98]（→ §247 Ⅴ・Ⅵ参照）。

その結果として、損害額認定の基礎となる事実についても、厳格な証明が妥当することになる。この点について自由な証明を認める見解も存在するが[99]、本条の文言からそのような考え方は排除されているものと解される。けだし、自由な証明が許容されるのであれば、法が前提とする証拠調べの手続によらないような方法（非訟49条などが定める事実の調査のような方法）も認定の資料として明記されてしかるべきであるが、本条はこの点について明確に247条と同じ文言を用いており、そのような解釈の余地はないと解されるからである。したがって、損害額認定の基礎となる事実については、厳格な証明が必要となる[100]。

3 損害額の相当性

本条によって、裁判所は相当な損害額を認めることができる。何をもって「相当な損害額」とするのかは、基本的に裁判所の裁量に委ねられた問題である。ただ、損害額の相当性に関する基本的な考え方については、裁判例は、①損害額について控え目な金額を相当とするもの（抑制的算定説）[101]と、②損害額について合理的根拠をもって実際に生じた損害額に最も近いと考えられる金額を相当とするもの（合理的算定説）[102]とに分かれているとされる[103]。

---

[98] また、当事者の主張しない事実を基礎とする認定は弁論主義違反の問題が生じる。春日・前掲注18）262頁、坂本・前掲注26）278頁、清水正憲「損害額の認定」滝井繁男ほか編・論点新民事訴訟法〔1998〕404頁、証拠法大系(1)325頁〔新谷＝吉岡〕など参照。

[99] 春日・前掲注18）262頁など参照。

[100] 秋山ほかⅤ 142頁、証拠法大系(1)328頁〔新谷＝吉岡〕325頁など参照。

[101] 名古屋地判平21・12・11判時2072号88頁など参照。また、大阪高判平18・9・14判タ1226号107頁などは、本条の適用を明示しないで控え目な額の算出を判示する。

[102] 東京地判平19・10・26判時2012号39頁〔「民事訴訟法248条によって認定すべき損害額は、存在する資料等から、ここまでは確実に発生したであろうと考えられる範囲に抑えた額ではなく、むしろ存在する資料等から合理的に考えられる中で、実際に生じた損害

旧法下においては、死亡した幼児の逸失利益について、被害者側にとって控え目な算定方法によるべきであるとする判例があった[104]。しかし、これは、通常の証明度が要求されるとの前提の下で、高度の蓋然性が満たされる金額を認定するためには、控え目な金額にならざるを得なかったことに基づくものと解され、そのような前提が外れた現行法の下では妥当しない考え方と思われる。むしろ、被害者の救済及び当事者間の公平確保という本条の趣旨に鑑みれば、存在する資料から合理的な根拠をもって最も現実の損害額に近いと考えられる額を裁判所は認定すべきものと解される。その意味で、合理的算定説が相当である[105]。

4　判決理由の記載

本条を適用した場合又は適用しなかった場合に、判決理由をどのように記載するのかが問題となる。まず、本条の適用について争いがあったにもかかわらず、本条を適用せず、原告の請求を棄却する場合には、本条の要件を欠いている旨を判決理由で明らかにする必要がある。すなわち、損害の発生の証明がないこと、あるいは損害の性質上その額を立証することが極めて困難であるとまでは言えないことにつき、判決理由で具体的に説示する必要があろう[106]。

他方、本条を適用する場合には、本条適用の要件が存することを記載しなければならないが、それに加えて、損害額の相当性をどの程度説明すべきかが問

額に最も近いと推測できる額をいう」とする〕、名古屋地判平21・8・7判時2070号77頁、東京高判平23・3・23判時2116号32頁〔「認定すべき損害額は、証拠資料からここまでは確実に存在したであろうと考えられる範囲に抑えた額ではなく、合理的に考えられる中で実際に生じた損害額に最も近いと推測できる額をいう」とする〕など参照。

103) ただ、多くの裁判例はいずれの立場によるかにつき明言していない。例えば、東京高判平21・5・28判時2060号65頁、東京地判平21・6・18判タ1310号198頁など参照。

104) 最判昭39・6・24民集18巻5号874頁など参照。

105) 同旨として、秋山ほかV143頁、証拠法大系(1)326頁〔新谷＝吉岡〕（「被害者が被った損害の金額として最も蓋然性の高い額」とする）参照。松本＝上野〔8版〕446頁も、損害額の証明困難がまさに加害行為等によってもたらされている点に考慮を払い、「低すぎる賠償額の認定になってはならないであろう」とする。この点の議論についてはさらに、伊藤眞ほか・座談会「民事訴訟手続における裁判実務の動向と検討(3)」判タ1375号〔2012〕35頁以下〔山本和彦発言〕も参照。

106) 清水・前掲注98) 403頁、証拠法大系(1)329頁〔新谷＝吉岡〕など参照。

題となる。本条は，この点について裁判所の裁量を認めたものであり，認定の理由を過度に詳細に記載することを求めるとすれば，その趣旨に適合しないとも考えられる。ただ，他方で，単に「諸事情を総合勘案して，裁判所は損害額を○円と認定する」といった形でのみ記載するとすれば，当事者としては，最も重要な金額の問題について具体的に争う方途が事実上奪われることになる。この点は，最終的には裁判所の裁量に委ねざるを得ない問題ではあるが[107]，裁判所の行為規範としては，その認定の相当性を可能な範囲で可及的に客観的な形で示すべきであり，損害額の認定にあたって考慮した事由や要素をできる限り記載し，それに基づき当該認定額となる合理的理由を説明し，その認定が恣意的になりかねないとの危惧に応えるべきであろう[108]。

5 不服申立て

裁判所が本条を適用した場合又は適用しなかった場合に，それに対する不服申立てが可能か，どのような場合に可能かという問題がある。まず，本条の要件を欠く場合に本条を適用する判決が違法な判決になることは明らかである。その場合には，控訴及び高等裁判所に対する上告が可能であり，それが法令の解釈に関する重要な事項を含むと認められる場合（318条1項）には上告受理申立ても可能となる。逆に，本条の要件を満たす場合に本条を適用しなかった判決も，前述のように（1参照），本条の適用が義務的なものであると解される以上，同様に違法な判決となる。

問題は，損害額の相当性の認定自体に対する不服申立てが可能であるかである。この点がどのような問題になるかは，本条の性質（II参照）をどのように理解するかによって異なることになる。証明度軽減説によれば，本条はあくまでも証明度を軽減したものにすぎず，軽減された範囲では通常の自由心証主義に関する規律が妥当することになるので，自由心証主義に内在する制約（経験

---

107) ただし，高橋下〔2版補訂版〕60頁は，「判決理由の中で，評価の前提として認定した事実，評価の内容を基本的には示すべきである。これは（中略）規範的に要請してよいのではなかろうか」とされる。正当な指摘と思われるが，問題は「評価の内容」の意味に帰するのではなかろうか。
108) 秋山ほかV 145頁，伊藤滋夫・前掲注44) 4頁，証拠法大系(1) 329頁〔新谷＝吉岡〕など参照。

則・論理則等）の違反があれば，違法な判決ということになる（この点は，→§247Ⅶ参照)[109]。他方，裁量評価説によれば，一般的な裁量規制と同様に，裁判所の裁量権の行使に濫用あるいは逸脱があった場合に初めて違法な判決になるものと解されよう。このように，いずれの考え方をとるかによって違法性の根拠は異なることになるが，実際の適用においては，この両者にほとんど差はないのではないかと思われる[110]。けだし，証明度が低くなっているとすれば，それにもかかわらずある認定が経験則等に反して違法になるのは，それが著しく常識に反するものに限られ，そのような認定は通常裁量権の範囲を逸脱したものになると考えられるからである。その意味で，本条の法的性質論は，不服申立ての範囲の点についても実際上の差異をもたらすものとは思われない。したがって，上記のような違法の認められる範囲内で上告理由となり得，またそれが法令の解釈に関する重要な事項を含むと認められる場合には上告受理申立ても可能となる[111]。

〔山本和彦〕

---

[109] 証拠法大系(1) 331頁〔新谷＝吉岡〕，伊藤滋夫・前掲注44) 9頁など参照。
[110] このような評価については，秋山ほかⅤ 146頁，証拠法大系(1) 305頁〔新谷＝吉岡〕など参照。
[111] 証拠法大系(1) 331頁〔新谷＝吉岡〕，伊藤滋夫・前掲注44) 9頁など参照。

（直接主義）
第249条 ① 判決は，その基本となる口頭弁論に関与した裁判官がする。
② 裁判官が代わった場合には，当事者は，従前の口頭弁論の結果を陳述しなければならない。
③ 単独の裁判官が代わった場合又は合議体の裁判官の過半数が代わった場合において，その前に尋問をした証人について，当事者が更に尋問の申出をしたときは，裁判所は，その尋問をしなければならない。

I 本条の趣旨

1 直接主義の意義

　本条は，判決をする裁判官は，その基礎となる口頭弁論に関与した者でなければならないとして，直接主義の原則を規定する。直接主義は，弁論及び証拠調べが受訴裁判所を構成する裁判官によって行われ，当事者との間で裁判所側に中間的な者を介在させないことを内容とする訴訟原則である（当事者側の介在者として訴訟代理人が置かれることと対比される）。これに対して，第三者が弁論を聴取し又は証拠方法に接触して作成した記録等に基づいて判決をする場合を間接主義という。

　なお，直接主義の語は多義的であり，ベスト・エビデンス，すなわち立証命題に対する証拠方法の直接性を意味する場合もある。例えば，目撃証人がいる場合には，伝聞証拠（証人側に中間的な介在者がある証拠）を排除すべきとされる。この意味での直接主義は実質的（又は客観的）直接主義と呼ばれ，これとの対比では，本条の直接主義は形式的（又は主観的）直接主義と呼ばれる。以下では，特段の記載のない限り，後者の意味で直接主義の語を用いる[1]。

---

[1]　近藤完爾「直接主義復習」民訴雑誌3号〔1956〕65頁，旧注釈民訴(3)10頁〔伊藤眞〕。両者の相違は，伝聞証拠の許容性，訴え提起後の人証回避のための文書作成と証拠申出の許容性等において現れるが，形式的直接主義のみを前提とすればいずれも許容されることになる（髙田昌宏「証拠法の展開と直接主義の原則」民訴雑誌59号〔2013〕46頁，76頁）。

〔山田〕

§249 I

　直接主義は，口頭主義と結びついたときに実効的なものとなる[2]。口頭主義と組み合わせることにより，裁判官は，弁論に疑問があればすぐに求釈明によってその内容をより精密に理解することができ，また，直接その五感を用いて証拠調べをすることによって，証拠資料の収集と証拠力の評価をより正確に行って鮮明な心証を形成することができ，直接主義の意義が十全に実現されるためである。もちろん，口頭主義との結びつきは論理必然的なものではなく，直接主義と書面主義の組み合わせも理論的には想定しうる。実際，書面尋問（205条）の制度に見られるように，書面の形式であっても，証拠調べが受訴裁判所の面前で行われ，証拠方法と裁判官の間に夾雑物がない手続では，直接主義が保障されていると言える。しかし，書面は作成時の情報を固定して表現するものであり，また，作成者の意図を完全には表現していない場合があることは否定できないから，上記のような具体的な手続の進行に応じた即応性を考慮して直接主義の意義を実現するためには，口頭主義と結びつくことが効果的と考えられる（陳述書について，後述）。

　直接主義は，当事者権の保障との関係でも重要な意義を有する。まず，証拠調べに関しては，仮に間接主義によるとすると，当事者は受訴裁判所の心証形成の過程には関与できないことになり，証拠提出や証拠弁論の的確性が減じられる恐れがある。また，主張に関しても，弁論の機会を実質的に保障するためには，受訴裁判所による求釈明が適時・適切に行われることが必要と考えられ，直接主義の意義が認められる。判決をする裁判官の前で弁論をすることで，当事者は主要事実のみならず間接事実の重要性に関する細かなニュアンスをも含めて認識を共有し争点を整理することが可能となる。争点整理の充実が強調される現行法のもとでは，一層，当事者公開の実効性・完全性が重要視されると考えられるが，判決をする裁判官と当事者との忌憚のないやり取りなくしては，争点整理に向けた意味のある弁論をすることはできないからである。この点は，いわば直接主義の現代的意義と言えよう。

2　直接主義の限界

　この原則の限界が問題となるのは，主として，①裁判官の交代により弁論及

---

[2]　竹下守夫「『口頭弁論』の歴史的意義と将来の展望」講座民訴(4)1頁。

び証拠調べの直接性が失われる場合，②受訴裁判所以外の第三者が証拠調べを行い，その証拠資料を訴訟資料とする場合，③テレビ会議システムによる証拠調べのように証人が在廷しないために証拠調べの直接性が減殺される場合（後述），及び④控訴審が事実認定をする場合である。

　①については，同一の裁判官が全ての口頭弁論に関与することが望ましいところ，集中証拠調べと審理の迅速化が目指されている現行法下では事態の好転を期待できるが，なお，転任や病気等により裁判官が途中で交代せざるを得ない場合がある。直接主義の原則によれば，合議体の一部が交代した場合を含めて，証拠調べを含む全ての口頭弁論を新しい裁判体の前で行うことが求められる。しかし，証拠調べ後の時点では訴訟終結時期の予測が立っているはずであるから，新たな証拠調べはその予測との関係で訴訟終結を遅らせる恐れがあり，非効率的である（とくに，証人が多数の場合や検証対象の所在地が多数かつ散在するような場合に顕著である）。そこで，本条２項は，当事者が新しい裁判体に対して従前の口頭弁論の結果を陳述することで弁論を更新し，従前の口頭弁論の内容を全て——証拠調べで感得された証拠資料を含めて——交代後の裁判官に得させるべきことを規定する。これにより，効率性と直接主義の要請のバランスをとる趣旨である。

　もっとも，弁論の更新による情報の伝達には質的限界がある。例えば，人証の取調べの結果について，証言時の口調や態度等の言語化できない情報を交代後の裁判官が直接感得することはできない。これでは，証言の信憑性等の証拠力の判断において誤る恐れを否定できず，正確な事実認定の妨げとなり，当該裁判官の職務遂行に支障が生ずると同時に，当事者の証明活動の権能も十分には保障されないことにもなる。そこで，本条３項は，交代前に取り調べがなされた証人について，交代後に当事者が証人尋問の申出をしたときは，裁判所はこれを採用しなければならないとした。証拠の採否については，裁判所が専権的に判断権を有するのが原則であるから，証人尋問の実施を求める当事者の権利を認めた本項は，例外的に，実定法上，裁判所に取調べの義務を課する規定である。

　同様の問題は，口頭弁論の併合によって別事件の証拠資料が共通化する場合にも生ずるので，併合後に，別事件で取り調べられた証人につき申請があれば，

改めて尋問を行わなければならない (152条2項)。

②は，受命裁判官・受託裁判官が裁判所外で証拠調べを行う場合が該当する (185条・206条)。現行法は，その要件を緩和し，証人の遠隔地在住等の出頭困難要件のほか，当事者に異議がない場合にも可能とした (195条各号)。また，大規模事件の審理においては，受命裁判官が裁判所内で証拠調べを行うことができる (268条)。さらに，外国司法共助としての証拠調べを嘱託する場合にも，直接性を欠く (184条)。

本条との関係では，特に，受託裁判官による証人尋問・当事者尋問や検証の証拠調べの結果を受訴裁判所に引き継ぐ方法が問題となる。すなわち，実務上は受託裁判官の所属する裁判所から証拠調べに関する記録が送付され (規105条)，これを受訴裁判所が口頭弁論で当事者に提示するが，さらに当事者による援用を必要とするかが問題となる (後述)。

3　証拠調べにおける直接主義

直接主義の要請は，証拠調べの領域で固有の問題を提起する。

まず，書面主義との関係である。人証の取調べにおける書面尋問 (205条，規124条) は，証人の証言に代えて書面の提出を認める証拠調べであり，直接主義を意味あらしめる口頭主義の重大な例外をなす。その要件は，相当性判断と当事者の異議のないことであるが，これらは例外規定として厳格に解釈されるべきであろう。書面化によりコミュニケイションの内容は書面作成者により一方的に固定され，尋問への応答や文脈の解釈に制約を設けるとともに，証人尋問に伴う陳述態度などの証拠力判断のための諸情報が捨象され，その証拠調べにより得られるはずであった情報は一部縮減されるからである。

同系の問題として，いわゆる陳述書についても，直接主義との関係で制限されるべきかが問われる。陳述書の位置付けについては議論があり，争点整理のために提出され実質的には準備書面と扱うべきものと証拠方法 (書証) とすべきものが混在している[3]。また，本来尋問事項書 (規107) の記載として分別さ

---

[3] 山本克己「陳述書問題について」判タ938号69頁 (1997)，本間靖規「人証の取調べにおける直接主義と書面の利用」講座新民訴(2) 189頁 (1999)，伊藤〔4版補訂版〕391頁。これに対し，証拠法大系(2) 69頁，112頁以下〔内堀宏達〕は，全て証拠能力を有する文書であり，書証として取調べをすることを前提とする。

れるべきものも多いが，本条との関係では，後者のうち，尋問事項書記載相当部分を除いた，狭義の陳述書（証人尋問・当事者尋問での証言に代替する記載部分）の扱いが問題となる。

　まず，本来は人証を調べるべきなのに書証が提出されたものと見るならば，実質的直接主義の観点からこれを排除すべきとの主張が可能となる。もっとも，日本法は実質的直接主義を採らず，また一般に証拠能力に制限を設けない通説・判例のもとでは，陳述書のみを証拠から排除することは難しい[4]。

　他方で，上記の文書には主尋問内容予告機能・反対尋問準備機能が指摘されてきた。現行法の下では集中証拠調べ（とくに専門訴訟における専門的事項の尋問）を実現するための事実上の前提として重要な役割を果たしており，この点で積極的な評価ができる。ただし，口頭主義・直接主義に根ざす書面尋問禁止や書類に基づく陳述禁止原則（205条・203条）を僭脱する恐れがあり，さらに，形式的直接主義の観点からは，相手方当事者が反対尋問によって裁判官の心証形成へ直接的な影響を及ぼす権利が排除される恐れを指摘できる[5]。

　そこで，狭義の陳述書記載部分について，相手方当事者に反対尋問の機会が保障されることを前提とするならば，主尋問の全部又は一部の代替は本条には違反しないと考えられる。ただし，この場合にも，少なくとも主尋問は書面尋問となるから，205条との関係で，主尋問を行わないことにつき客観的な理由があること（裁判所による補充尋問の必要性も検討すべきである），及び両当事者の合意があること，を満たす必要があると解される[6]。

　第二に，口頭主義は維持されるものの証人等が裁判官の眼前には出頭しない

---

4) 髙田・前掲注1）74頁以下参照。
5) 社会心理学研究によれば，反対尋問の意義は，裁判官が人間の認知機能として一定のストーリーを作って心証形成し，証拠調べにおいてもこれにそった情報をピックアップしがちであるのに対して，他者たる当事者（弁護士）が交互尋問によって異なる認識枠組みを提示し修正を促す点にある（菅原郁夫「事実認定と心理学——証人尋問制度の再構成」民訴雑誌63号〔2017〕171頁）。
6) 伊藤〔4版補訂版〕392頁は，両当事者の合意及び裁判所が証言内容を考慮して相当と認めることを第1要件とし，さらに，陳述書の内容を援用するとの陳述によって主尋問に代替することは，反対尋問制度の趣旨からも許されないとして，陳述書の記載を参照することを認めて主尋問を行わせる方法によるべきとする。

場合が挙げられる。例えば，証人・当事者本人を対象とする，映像等の送受信による通話の方法による証拠調べ（204条1号・2号，210条），鑑定人の意見陳述（215条の3），少額訴訟における音声の送受信による通話の方法による証人尋問（372条3項）においては，裁判官は証人等に直接対面するわけではないので，証拠方法との間に介在者・物が存在しないという意味での形式的直接主義との関係が問題となり得る。

　もっとも，裁判官が交互尋問及び補充尋問の様子を看取し同時的に心証形成できる点では，第一・第三の場合に比して直接主義への影響は小さいと言えよう（法律上も，裁判所外での証拠調べにはあたらない）。

　第三に，裁判所外での受命裁判官・受託裁判官による証拠調べ（証人尋問・当事者尋問〔185条，195条〕を含む）も，直接主義の要請に正面から抵触する恐れがある。そのため，受命・受託裁判官による証人・当事者尋問が許されるのは，当事者に異議がない場合等明文で列挙された場合に限定される（195条1号〜4号，210条）。1号・2号は旧279条各号と同旨であるが，直接主義との関係で，各号とくに2号の解釈においては，旧法の知らなかった映像等の送受信による通話の方法の採用可能性（204条等）を考慮して，厳格に解するべきである。また，上記の例外は裁判所外で証拠調べをする必要性がある場合に適用されるにとどまり，受訴裁判所の所属する裁判所内で受命裁判官に証人尋問をさせることは原則として違法である（大判明32・1・31民録5輯1巻65頁。ただし，大規模訴訟に係る事件においては，当事者の異議がないときは，裁判所内で受命裁判官に証人・当事者尋問をさせることができる。268条）。これに対し，裁判所外での文書の証拠調べや検証を受命・受託裁判官が行うことは，受訴裁判所の裁量により決定することができる（185条1項）。しかし，文書が客観的証拠方法であることと異なり，検証は，検証物に実際に接し裁判官の五感を用いて心証を形成することを目的とする証拠調べであって，直接主義の要請が一層強いから，受訴裁判所の決定は謙抑的となるべきである。

　受命・受託裁判官の証拠調べの結果は調書に記載され，受訴裁判所に提出ないし送付される。受訴裁判所がこれを証拠資料とするためには，口頭弁論に提示（顕出）する必要がある。さらに当事者の援用を要するかが問題となり得る[7]が，受訴裁判所はこれを読んだ上で顕出しているのだから，すでに書証の

取調べが行われたものと解さざるを得ない。すなわち，受訴裁判所は直接の証拠調べを断念した限りは，「証拠調の価値が減少することは口頭演述によっても調書からの認識によっても回復できない」[8]のであり，これへの対処は，ベスト・エビデンスの選択という意味での証拠採用の判断や尋問再施のルールによるべきことになる。したがって，調書自体については，当事者の証拠としての援用は要しない（援用の自由を認めても，実際には，裁判所の心証からこの証拠調べの結果を排除することは困難であるから，意義は小さい）が，当事者が書証に対して意見を述べ反証を行う機会は保障しなければならない。

このほか，外国における証拠調べ（184条）も，第三者に証拠調べを嘱託する点で直接主義の例外であり，この第三類型に含まれる。

II 本条の沿革

本条1項・2項は，昭和23年改正前の旧法（大正15年法）187条1項・2項をほぼそのまま受け継いでいる[9]。本条1項は，明治23年法232条と同旨で

---

[7] この点に関し，「援用」の語が証拠申出の趣旨と口頭での内容陳述の趣旨で使用されていたため若干の混乱があり，また，判例にも変遷がみられる。判例は，当初は当事者の援用を要しないとしていたが（大判明37・5・9民録10輯624頁等），その後当事者の援用（結果の演述）を要するとの判断がなされ（大判大11・12・5民集1巻755頁，最判昭28・5・14民集7巻5号565頁），形成行為説に立つと解された。最判昭35・2・9民集14巻1号84頁も，援用の機会を与えたにも拘わらず当事者双方が援用しない場合には，受託裁判官による証人尋問の結果につき摘示も判断もしない扱いとした。もっとも，これらの判断は，①明治23年法が受命・受託裁判官の証拠調べに係る当事者の結果演述義務を規定していたこと（同法216条2項），②実務上行われていた受訴裁判所による顕出は，証拠調べ結果の口頭弁論への提出の趣旨ではなく，受訴裁判所が当事者に負っていた証拠調べ結果の受領を通知する義務（同279条2項）が削除された後に，実務上その代替として行っていたものと認識されていたこと（前掲昭35年判決解説〔川添利起〕注3参照）に影響を受けたものと考えられる。

しかし，（形式的）直接主義との関係では，本文記載のように，すでに受訴裁判所が証拠調べを行ったことを前提として，これに対する当事者の証明活動を保障すべきであろう（秋山ほかIV 114頁以下，伊藤〔4版補訂版〕342頁）。

[8] 近藤・前掲注1）85頁。

[9] ただし，旧法は「更迭」の語を用いるため，控訴審と原審の関係には本条の適用はないことは文言上明らかであるが，本項の精神を酌むべきとされる（後掲注12）37頁）。

〔山田〕

あり，当時のドイツ法（1877年帝国民事訴訟法）の規定を翻訳的に継受したものである（現行ドイツ民事訴訟法309条[10]も同旨のままである）。継受当時のドイツ法は自由主義的訴訟手続を構想し，裁判官の権限を限定的なものとしていたが，これも一因とされて訴訟手続の非効率性が批判され，1933年に全面的な法改正がなされるに至った。同様に，日本でも訴訟遅延等への対策が講じられることとなり，大正15年改正において，職権進行主義など，裁判所の権限を強化する法改正がなされた。本条2項に相当する規定は，その一環として追加されたものとされる。もっとも，当時の立法担当者は，本条2項は，すでに実務上の慣行とされていた弁論の更新を条文化したものと説明しており（第51回帝国議会民訴法中改正法律案委員会），そうだとすると，当時の実務慣行が実質的な更新の機能を実現できるような方法であったかは議論の余地があるとしても，少なくとも形式的には，交代後の裁判官についての直接主義の要請が訴訟経済の観点から相対化されるとともに，陳述を当事者にさせることで，当事者に直接主義の内容につき一定の処分を認めるものと評価できる。なお，ドイツ法は，1933年の法改正では，当事者宣誓に代えて当事者尋問を導入し，受命・受託裁判官の権限について明確な限界を設ける等，直接主義を強化する趣旨であったとされる[11]。

　これらに対し，本条3項は，昭和23年の改正において，アメリカ法の影響により追加された規定である。その趣旨は，2項は審理の迅速化のために審理の適正をその限りで犠牲にするものであり，この二律背反を解決する方策として，証人尋問に限って，少なくとも当事者から要求があった場合には，直接証

---

10) ドイツ現行法は，309条のほか，証拠調べにおける直接主義及び当事者公開主義につき明文で規定している（355条，357条）が，近時の訴訟効率化の傾向により，直接主義を緩和する法改正が相次いでいる（受命・受託裁判官による証人尋問の適用範囲の拡大〔375条1a項〕，証人の書面尋問制度の要件緩和〔377条3項〕，映像及び音声の送受信の方法による証人等の尋問制度の導入〔128条のa第2項〕，両当事者の合意を要件とする自由な証明による証拠調べの適法化〔284条第2～第4文〕）。髙田・前掲注1) 46頁の詳細な分析を参照。

11) ブルクハルト・ヘス（松本博之訳）「国内的独自性とヨーロッパでの適応強制の狭間におけるドイツ民事訴訟法」立命館法学326号〔2010〕451頁，松本博之「国際シンポジウム――民事手続法の継受と伝播」同457頁。

人尋問を行っていない裁判官は、その証人を必ず直接に尋問しなければならないとしたものである[12]。本来、直接（審理）主義を徹底するならば、裁判官交代前の証人尋問の結果は全て証拠能力がないものと扱うことになるが、訴訟遅延の回避と当事者の意向を尊重する観点から、申出がある場合に限り尋問義務を課するものとした[13]。

Ⅲ 判決裁判官の意義（本条1項）

1 基本となる口頭弁論への関与

「基本となる口頭弁論」に関与するとは、判決の基礎となる口頭弁論に立ち会ったことを指す。この口頭弁論には、まず口頭弁論を終結した口頭弁論期日が含まれ、これに口頭弁論一体の原則を適用することで、訴訟提起時から口頭弁論終結時までの判決の基礎となるべき弁論の全てが含まれることになる[14]。したがって、最終口頭弁論期日のみに立ち会った裁判官でも、弁論の更新により、適法に判決をすることができる。

弁論準備手続が受命裁判官により行われた場合（171条1項）においても、その結果は口頭弁論期日に陳述されるから（173条、規89条）、口頭弁論終結日に立ち会った裁判官が基本となる口頭弁論に関与したことになり、本条の問題は生じない。準備的口頭弁論は受訴裁判所が行う点で口頭弁論と変わりがないので、当然に本条の趣旨に沿う。

2 判決裁判官

判決をするとは、判決の言渡しではなく、評議及び判決原本の作成により判決の内容を決定することを意味する（裁75条〜77条参照[15]）。したがって、口頭弁論に関与していない裁判官であっても、判決言渡しのみを行うことは違法ではない（大判昭8・2・3民集12巻112頁、最判昭26・6・29裁判集民4号949頁）。

---

12) 改正民事訴訟法詳説（民事裁判資料第9号）〔1948〕35頁（以下、「詳説」）。
13) 詳説38頁。3項の追加は、「証拠調べについて、当事者の権利と責任を拡張し、直接審理主義を更に徹底」することを目的としていたとされる（上野泰男「旧民事訴訟法一八七条三項の新設について」青山古稀1頁、6頁）。
14) 大判明33・12・17民録6輯11巻86頁等。兼子ほか・条解〔2版〕1391頁〔竹下守夫＝上原敏夫〕。反対、旧注釈民訴(4)130頁〔小林秀之〕。
15) 兼子ほか・条解546頁〔竹下守夫〕。

判決言渡しは効力要件である（250条）が，具体的な内容を決するわけではないからである。

3 本項違反の効果

基本たる口頭弁論に関与しない裁判官が構成する裁判体が判決をすることは本項に違反し，法律に従って判決裁判所が構成されなかったことになり，312条2項1号の上告理由となる（最判昭25・9・15民集4巻9号395頁，最判昭32・10・4民集11巻10号1703頁）。なお，弁論の更新の有無は口頭弁論調書によってのみ証明されるから（160条3項），その記載が調書作成後に立会書記官以外の者によってなされた場合は，弁論が適法に更新されたとは言えず，やはり312条2項1号により上告理由となる（最判昭33・11・4民集12巻15号3247頁）[16]。これらは重大な手続上の瑕疵であり，責問権の放棄・喪失によって治癒されることはなく（90条），職権で破棄すべきとされる[17]。再審事由（338条1項1号）にも該当する。また，本項違反を理由として原判決を破棄する場合には，87条1項にかかわらず，必ずしも口頭弁論を開く必要はないとされる（最判平19・1・16裁判集民223号1頁）。

上記のとおり，基本となる口頭弁論に関与していた裁判官が判決をしたか否かは，口頭弁論調書及び判決原本により判断される（160条3項参照）。署名の誤りや偽造の可能性のみならず，判決正本と判決原本の内容に齟齬がある等の事情がある場合にも，基本となる口頭弁論に関与した裁判官により判決がなさ

---

[16] ただし，第一審判決に本項違反があった場合には直接には312条2項1号違反とすべきではない。また，この違反を原判決が看過した場合には，口頭弁論を開いて本案判決をした以上，338条3項を類推して上告理由とすべきでない（兼子ほか・条解〔2版〕1392頁〔竹下＝上原〕，秋山ほかⅤ151頁）。

[17] ただし，学説は，弁論の更新を怠った場合は責問権喪失の対象となるとし，上告受理申立事由を構成するにとどまるとする考え方が有力である（高橋下〔補訂2版〕624頁，688頁，鈴木正裕「当事者による『手続結果の陳述』」石田喜久夫＝西原道雄＝高木多喜男先生還暦記念論文集〔1990〕407頁以下，兼子ほか・条解〔2版〕1394頁〔竹下＝上原〕など。反対，旧注釈民訴(4)137頁〔小林〕）。

なお，ドイツ法は当事者が合意により自由な証明を選択することを可能とし（ZPO284条第2文），その内実としての直接主義についても，これが当事者の利益のために設けられているとの理由から，合意により排除可能であるとするのが通説的な考え方のようである（髙田・前掲注1）157頁）。

れたことが明白でないとして，本項違反が認められる（最判平 11・2・25 判時 1670 号 21 頁）。

Ⅳ　弁論の更新（本条 2 項）

1　意　義

　口頭弁論終結前に裁判官が転任，退官，休職，死亡等により交代を余儀なくされる場合，直接主義を貫徹するためには，交代後の裁判官のために当該手続を最初からやり直すべきことになる。しかし，これはあまりに当事者の負担が重く，また手続の遅延等訴訟経済上も問題となり得るので，本項は，従前の口頭弁論の効力が維持されていることを前提として，報告的な訴訟行為として当事者が口頭弁論の結果を陳述することで，交代した裁判官のために訴訟資料・証拠調べの結果を一体として上程したものと擬制する（弁論の更新）。

　弁論の更新は，法律上は当事者が行うとされているが，少なくとも旧法下では，交代後の裁判官が「裁判官が交代しましたので弁論の更新をします。当事者双方とも従前の口頭弁論の結果陳述をするということでよろしいですね。」と述べて当事者が同意する実務が一般的であり，形式化が指摘されてきた。現行法下では，弁論準備手続の結果の陳述（173 条）において具体的に事件の争点や証拠調べの結果などを口頭で述べることが望ましいとされ，このような実務の導入に引っ張られる形で，本項の手続結果の陳述においても，具体的に従前の口頭弁論の結果を整理し陳述することが期待された[18]。

　しかし，実際には，むしろ 173 条が 249 条の形式的な実務の方に引き寄せられているようである。そのため，弁論更新の形式性への批判，すなわち当事者が事件の要点と調書の記載等の関連を調査し，裁判官が訴訟記録から得るであろう事実関係像と当事者の主張しようとする像とのすり合わせを行って，その後の審理の充実を図るという当事者の積極性を前提とした本来の姿に立ち戻るべきとの主張[19]は，現時点でも，実務の改善を方向づける意義を全く失っていない。

---

[18]　証拠法大系(2) 162 頁〔鬼澤友直〕，旧注釈民訴(4) 134 頁〔小林〕等。
[19]　鈴木正裕・前掲注 17) 407 頁以下，高橋下〔補訂 2 版〕624 頁。

〔山田〕

2 本項の適用範囲

(1) 審級，移送

口頭弁論の途中で裁判官が交代した場合には，事実審の審級を問わず，本項が適用される。上告審においても，口頭弁論期日が開かれ続行すべき場合（319条参照）には，本項が準用される（313条による297条の準用）。

事件の移送や回付により，同一の裁判官が審理をする場合には，弁論更新の必要はないが，簡易裁判所から地方裁判所への移送がなされた場合には，同一人が裁判官であるとしても，手続が異なり，また裁判官としての資格も異なるので，本項が適用されるべきである[20]。

(2) 裁判体の変更

同一手続内で合議体の裁判官の1人が交代した場合，裁判体の構成が変更となるので，本項が適用される。単独体の事件が合議体に移行した場合には当然に弁論の更新が必要であるが，逆に合議体の事件が単独体の事件に移行し，合議体の構成員が引き続き裁判をする場合には，不要である（最判昭26・3・29民集5巻5号177頁）。

(3) 時　期

口頭弁論終結後であっても，判決の内容が確定する前（単独であれば判決書作成前，合議体であれば評議成立前）に裁判官が交代した場合には，弁論の更新が必要となる。そのために弁論の再開が必要となるが，交代した裁判官は再開決定に関与できる（最判昭33・4・11民集12巻5号760頁）。判決内容確定後の交代においては，弁論更新は不要であり，合議体の他の裁判官が，交代により署名捺印できない旨を記載し署名捺印することで足りる（規157条2項）。もっとも，単独裁判官が判決書作成前に交代した場合には，交代後の裁判官が弁論の更新を経て判決書を作成せざるを得ないので，弁論再開決定も交替後の裁判官が行う。仮に単独裁判官が判決書作成後に交代した場合には，弁論更新は不要となる。

なお，証拠調べにおいて裁判官が交代した場合には，証拠調べ終了後に弁論の更新をすべきとの判例がある（大判昭8・2・7民集12巻151頁）が，制度の趣

---

[20] 結論同旨，秋山ほかV152頁。

旨からすれば，交代後の証拠調べを含めて弁論の更新をすべきことになろう。

(4) 決定手続，弁論準備手続

任意的口頭弁論による手続では，口頭弁論以外で得られた情報をも裁判の基礎とすることができ，また裁判所が職権で事実の調査を行う職権探知主義が採用されることが多いので，多数説・判例は，本項の類推適用はされないとする（非訟事件につき大決昭9・1・12民集13巻10頁，家事審判につき東京高決昭52・6・27判時864号92頁）。ただし，人証の証拠調べがされた場合には直接主義の要請がとくに強いこと，弁論更新には新裁判官と当事者が議論する出発点としての機能があることを理由として反対する見解も有力である[21]。

なお，弁論準備手続において裁判官が交代する場合には，弁論の更新は不要である。弁論準備手続では証拠調べは書証に限られており，また，そもそも弁論準備手続終了後の口頭弁論期日に上程することで初めて訴訟資料となるからである[22]。

3 本項違反の効果

弁論更新の懈怠，すなわち，最終の口頭弁論期日に関与していた裁判官が判決をしたが，その裁判官の交代時に弁論の更新がなされていなかった場合，どのような効果が生ずるか。伝統的な通説及び判例は，弁論の更新により初めて従前の弁論が訴訟資料となるとし（形成行為説），その懈怠により当該裁判官は基本たる口頭弁論に関与していないことになり，本条1項に違反するとする。そのうえで，上述（Ⅲ3）のとおり，上告理由（312条2項1号）や再審事由（338条1項1号）に該当するとする[23]。

これに対し，弁論の更新は実質的には直接主義を放棄した制度であって，仮にこれが行われても直接審理が現実に実施されるわけではないにもかかわらず，その違背について1項違反と同様に扱うことは，権衡を失するとの批判がなさ

---

21) 旧注釈民訴(4)136頁〔小林〕。兼子ほか・条解〔2版〕1393頁〔竹下＝上原〕も，証拠調べが行われたときは本条3項の類推適用を認める。さらに，事実の調査の内容につき当事者と裁判官が共通認識に立つことを保障している手続（家事事件手続法66条以下の特則が適用される手続等）においても，本項の趣旨が妥当する余地があると考えられる。
22) 兼子ほか・条解〔2版〕1393頁〔竹下＝上原〕。
23) 兼子・体系229頁，最判昭33・11・4民集12巻15号3247頁。

れており[24]，相当と考えられる。この批判説は，弁論更新の法的性質として報告行為説を採る。その懈怠の効果については，①弁論主義違反（処分権主義違反）を構成するとする説[25]，②2項は従前の結果を報告するだけでなく，当事者の意見陳述の機会を保障した規定であるが，懈怠はその機会を逸したにすぎないと捉える説[26]，等見解は分かれるが，いずれも重大な手続上の瑕疵ではなく当事者の権利放棄の問題であり，したがって上告理由を構成せず，責問権の喪失により治癒されるとする[27]。

　この批判説に対しては，直接主義は民事訴訟制度の根幹的な原理であり，当事者が処分することは許されないとの再批判があり得る。しかし，弁論の更新が直接主義を貫徹するものではないことはすでに指摘されており[28]，また元々は裁判官の報告であったものを当事者の法律行為として規定していること（ドイツでは裁判官の報告に戻していることにつき，鈴木正裕・前掲注17) 参照）も，当事者の処分可能性を認める方向に働く。さらに，判例も，裁判官の交代時に弁論の更新をしなくとも，最終の弁論期日において行われれば瑕疵が治癒されるとしている[29]。

　批判説の述べるように，裁判官の交代という直接主義・口頭主義の形骸化の著しい場面において弁論の更新を行う意義は，交代後の裁判官が記録により訴訟資料を通覧していることを前提とすると，（3項の場合を除いて）直接審理を実現すること自体にウェイトがあるとは言えず，したがって，報告行為説を採るべきと考えられる。同時に，主張に関して，直接主義を通じて裁判所と当事者が事件像の認識の共有化を図る機能が認められるとすれば（前述Ⅰ1），弁論更新は当事者が交代後の裁判官に意見（事件の要点の提示や争点の重み付け）を表明する機会を保障し，裁判官の有する事件像との相違を明確にすることで，当

---

24) 兼子ほか・条解〔2版〕1391頁〔竹下＝上原〕および前掲注17) 参照。
25) 奈良次郎「弁論更新の懈怠の効果についての一考察」司研1975 Ⅰ 20頁。
26) 鈴木重勝「口頭弁論──第二直接主義と間接主義（その1）（その2）」法セ398号80頁・400号76頁〔1988〕。
27) 上記のほか，斉藤編・旧注解民訴(3) 192頁〔小室直人〕。
28) 近藤・前掲注1)。
29) 大判昭16・1・27新聞4667号11頁，最判昭41・2・24裁判集民82号547頁。自然補正説〔三ヶ月・全集341頁，菊井＝村松Ⅰ603頁〕。

事者のその後の弁論活動を的を射たものとする役割（弁論権の実質的保障）を有すると考えられる。したがって，その懈怠は上告理由・再審事由には当たらないと考えられるが，それは弁論の更新の意義を軽視する趣旨ではない。その意義は，弁論準備手続結果の陳述（173条，規89条）と共通すると言うべきであり，その実質化が目指されるべきと考えられる[30]。

V 証人尋問義務（本条3項）

1 意 義

弁論の更新によって，裁判官交代前の訴訟資料及び証拠資料は全て口頭で陳述され，交代後の裁判官に提出されたことになる。しかし，これは直接主義の法的擬制に過ぎず，言語化され得ない情報は陳述の対象とならない。3項は，既にされた証人尋問に関して，この擬制によって捨象される情報の重要性について当事者の判断に委ね，当事者の申出があれば，交代後の裁判官（合議体であればその過半数が代わった場合）は交代前に尋問をした証人について再尋問をすることを義務づけている。

申出をする当事者は，従前に証拠申出をした当事者のみならず，相手方当事者でもよいと解すべきである。証拠共通の原則により，相手方当事者も従前の証人尋問による心証形成に関与する利益を同等に有するからである[31]。尋問事項は，従前と同一である（異なる場合は本条の対象とならない。東京高判昭54・2・6 東高民時報30巻2号21頁・判時925号71頁参照）が，従前の尋問で弾劾的な尋問がなされていた場合，再尋問においては証人は準備してくるであろうから，弾劾の効果は実際には生じない。もっとも，再尋問が行われる場合も，交代前の証拠調べの結果が証拠資料から排除されるわけではないので，交代後の裁判官は，従前の弾劾的な尋問の証拠資料をも基礎として総合的に心証を形成することとなる。

なお，本項の申出も攻撃防御方法であるから，時機に後れた場合には却下の対象となり得る（157条）が，訴訟遅延の解釈において裁判官の交代を考慮に

---

30) 上原敏夫「弁論準備手続」講座新民訴(1)310頁，329頁。
31) 詳説38頁，兼子ほか・条解550頁〔竹下〕，旧注釈民訴(4)138頁〔小林〕，秋山ほかV 158頁。しかし，最判昭37・1・30裁判集民58号377頁は本項の適用外とする。

〔山田〕

入れるべきことになる。

2　本項違反の効果

証人尋問実施義務があったにもかかわらずこれを実施しなかったときは，証拠調べの方法に違法が認められる。裁判官交代前の証人尋問の結果を証拠資料とすることはできない。

交代前の証人尋問の後，自白等により当該争点の証明が不要になった場合や他の証拠方法（書証等）によって当該立証事項が証明されたと裁判所が判断する場合に，再尋問の必要性があるかも問題となる。前者は，再尋問の必要はないと考えられる[32]が，後者に関しては，そもそも本項が証拠採否の権限を制約する規定であって，証明の程度に拘わらず直接審理を保障する規定であるとの前提をとるならば，再尋問の必要性が肯定され得る[33]。

本項の適用除外については，さらに，前掲最判昭和37年1月30日の垂水裁判官補足意見が次の4点を挙げている。すなわち，①数回の弁論更新においてなされた再尋問において，同一証人の証言がすべて繰り返しに過ぎない場合，②弁論更新前の他の証拠と総合すれば証明事項につき既に証明に達している場合，③再尋問の申出が訴訟を遅延させる意図の下になされたと認められる場合，④更新前後で証明責任の所在の判断が変わる等，法律上の理由があるときには適用がないとされる。

これらのうち，③は濫用的な場合であり（これに類似の判断として，東京地判昭36・7・13下民12巻7号1657頁参照），④も証明の必要が法律上失われた場合であるから，本項の趣旨から除かれるべきと言えよう。これに対し，①②の場合をも含めて，交代前の証人尋問の証明力を強化する必要がある場合には，強化の見込みが極めて低いと判断される場合であっても，再尋問の必要性を認めるべきである[34]。

3　適用範囲

本項は，証人尋問以外の人証，すなわち，本人尋問及び鑑定人質問に類推されるか。直接主義の理念及び口頭主義との結びつきからすれば，類推が相当と

---

32) 兼子ほか・条解550頁〔竹下〕，旧注釈民訴(4)139頁〔小林〕，秋山ほかⅤ158頁。
33) 反対，詳説39頁，秋山ほかⅤ158頁。
34) 兼子ほか・条解550頁〔竹下〕。

§249 Ⅴ

考えられる（後掲昭和42年最判の調査官解説もこれを認めるが，結論としては例外規定は狭く解釈さるべきとの一般的法解釈ルールにより消極説を説明している）。しかし，かねて裁判官会同で消極的な見解が示されていたところ[35]，本人尋問について判例（最判昭42・3・31民集21巻2号502頁）も消極説を採用した[36]。判旨は，その理由として，証人が証拠方法として重要であるのに対して当事者の証言の証拠力は弱く補充的な証拠方法に過ぎないことを挙げている。

しかし，旧法下ではともかく，現行法下では当事者尋問の位置付けには変更があり，紛争全体のストーリーを知る者として当事者による陳述の重要性が強く認識されているところであり，積極説を採るべきと考えられる。尋問の順序について，当事者尋問の補充性が緩和され，当事者尋問を証人尋問に先んじて行うことも可能となったことも，その一つの徴表である（207条2項但書参照）。また，旧法下では，当事者尋問の再施を利用して訴訟終結の引き延ばしを図る例が懸念されたと推測されるが，そもそも本項は訴訟終結の遅延を引き受けてもなお直接主義の実現を図る規定であり，当事者尋問の補充性が否定された現行法下では，この懸念も重視されるべきではない。現行法下では争点・証拠整理の充実が図られ，真に必要な人証調べのみが実施されているはずであり，実際人証調べ件数は大きく減少している。このような状況の変化に鑑みれば，訴訟遅延の懸念を過大評価すべきではないと考えられる。

鑑定人についても，原則として，証人と同様に本項の類推を認めることが相当と考えられる。ただし，旧法と異なり，現行法は鑑定人質問を必要的としておらず，書面による意見陳述も可能である（215条，215条の2参照）。したがって，再施を必要とする事件数も多くはなく，実際の影響は小さいであろう。

次に，従来，本項が審級を超えて適用されるかも問題とされてきた。すなわち，第一審で証人尋問が行われこれに関与した裁判官が判決をしたが，控訴審において，原審が尋問した証人につき再尋問をする義務があるかが，続審制の

---

[35] 裁判官会同において，最高裁判所事務局はとくに理由を示すことなく不適用と説明している（上野・前掲注13）12頁注22参照）。同旨，詳説37頁。

[36] 賛成，兼子ほか・条解550頁〔竹下〕，秋山ほかⅤ159頁（ただし，「本項の設けられた趣旨は十分に尊重されるべきであろう」とする。同旨，賀集ほか編・基本法コンメ(2)〔3版〕283頁〔奈良次郎〕），反対，旧注釈民訴(4)139頁〔小林〕。

§249 Ⅴ

理解との関係で問題となり得る。判例は，本項の適用を否定する（最判昭 27・12・25 民集 6 巻 12 号 1240 頁）が，相当と考えられる[37]。控訴審の裁判所の構成が原審とは異なることを前提に，本条のほかに口頭弁論の結果陳述が予定されている（296 条 2 項）ことからも，本項が同一審級内での裁判官の交代を対象とすることは明らかである（上記沿革参照）。

〔山田　文〕

---

[37] 兼子ほか・条解 550 頁〔竹下〕，旧注釈民訴(4) 138 頁〔小林〕，秋山ほかⅤ 159 頁。

（判決の発効）
第 250 条　判決は，言渡しによってその効力を生ずる。

I　本条の趣旨

　本条は，判決がその言渡しによって初めて成立し，その効力を生ずることを定めるものである。言渡しのない判決は，形式上完全に編製され，また，適式に当事者に送達されたとしても判決として成立せず，その効力を有しない（大判明 37・6・6 民録 10 輯 812 頁）。これは，判決の種類によって異ならず，また，口頭弁論を経ない場合（78 条・140 条・256 条 2 項・290 条・319 条など）であっても同様である[1]。これに対して，決定および命令の成立には言渡しは必要でなく，相当と認める方法で告知することによってその効力を生ずる（119 条。例外，民執 69 条）。

II　判決内容の形成

1　単独制と合議制

　判決言渡しは判決書の原本に基づき行われる（252 条）から，判決言渡し時には，判決内容が確定し，判決書（253 条）は既に作成されている。裁判所の判断内容は，裁判所が単独制（裁 26 条 1 項・31 条の 4 第 1 項・35 条）の場合には，1 人の裁判官が自ら判決内容を決定し，これを判決書に表現する。これに対し，合議制の場合は，構成員である定数の裁判官（裁 9 条 2 項・18 条 2 項・26 条 3 項・31 条の 4 第 3 項，民訴 269 条・269 条の 2 第 1 項など）の意思を裁判所の一つの意思として形成する必要があり，それは合議（評議および評決。裁 75 条・77 条）という方法によって決定される[2]。

---

[1]　菊井＝村松 I 1195 頁，兼子ほか・条解〔2 版〕1396 頁〔竹下守夫＝上原敏夫〕，斎藤ほか編・注解民訴(4) 425 頁〔小室直人＝渡部吉隆＝斎藤秀夫〕。

[2]　合議に関する文献としては，岩松三郎「民事裁判における合議」同・民事裁判の研究〔1961〕1 頁，兼子＝竹下・裁判〔4 版〕304 頁以下，法律実務(5) 30 頁以下。

〔久保井〕

2 合　議
(1) 評　議

　合議体が裁判をするために，その構成員が相互に意見を述べあって協議することを評議という[3]。評議は，基本たる口頭弁論（249条1項）に関与した裁判官によって構成される合議体の裁判長が主宰する（裁75条2項）。合議における自由な討論による意思形成を保障するために，評議は秘密に行われ（裁75条1項），構成員はその経過ならびに意見の内容およびその多少の数について，判決の前後を問わず秘密を守らなければならない。ただし，司法修習生（裁66条1項）の傍聴を許すことができる（裁75条1項但書）。評議は，証拠の評価，事実の認定，法律の解釈適用など判決理由に掲げなければならないすべての点について，主文の結論を導き出すように論理的順序に従って行われるべきである。各裁判官はこれらの各判断事項について，必ず自己の意見を述べなければならず（裁76条），ある事項について自己の意見が少数で通らなかった場合でも，これを前提とする次の問題に関する評議に加わることを拒むことはできない[4]。合議の方法については，まず結論によって行うべきか（結論合議説），理由によって行うべきか（理由合議説）が問題となる。例えば，A，B，Cの3裁判官で構成される合議体が，貸金返還請求事件を審理した結果，Aは，貸借契約の成立を否定するが，他の2人はこれを肯定し，Bは被告の弁済の抗弁を認めるが，他の2人はこれを否定し，Cは被告の消滅時効の抗弁を認めるが，他の2人はこれを否定した場合は，3人とも請求棄却の結論に達している。この場合，結論合議説によれば，請求棄却の判決がされることになるが，理由合議説によれば，請求認容の判決となる。後説が通説である[5]。また，評議の対象については，主要事実につき行えば足りるとする見解もあるが[6]，合議対象事項をどの程度細分化するかは事件の性質に応じて判断せざるを得ない[7]。

---

3)　兼子＝竹下・裁判〔4版〕307頁，法律実務(5)31頁。
4)　岩松・前掲注2)30頁，兼子・体系323頁，新堂〔5版〕664頁。
5)　兼子＝竹下・裁判〔4版〕308頁，岩松・前掲注2)24頁以下，菊井＝村松Ⅰ1188頁，兼子・体系323頁，新堂〔5版〕664頁。
6)　兼子＝竹下・裁判〔4版〕307頁，兼子・体系254頁。
7)　岩松・前掲注2)31頁，法律実務(5)34頁以下，伊藤〔4版補訂版〕486頁。

(2) 評決

評議した結果，その点についての合議体としての意見を決めることを評決という[8]。評決は過半数の意見によるが（裁77条1項），裁判実務では，評議を尽くすことにより意見の一致をみるのがほとんどで，評決に至ることは余りない[9]。数額につき意見が3説以上に分かれ，いずれも過半数に達しないときは，過半数になるまで最も多額の意見の数を順次少額の意見の数に加え，その中で最も少額の意見を裁判所の判断とする（裁77条2項1号）。例えば，損害額について，3人の裁判官の意見が，1000万円，800万円，500万円に分かれたときは，1000万円の意見の数を800万円の意見の数に加えるとそれが過半数になるから，800万円が裁判所の判断となる。それ以外の事項については事案もしくは争点の在り方によって，その時々で解決するほかない[10]。また，法律解釈について意見が分かれた場合には，結論が一致するものにつき多数で決するほかない[11]。いったん合議により裁判所の判断が形成されても，言渡しがあるまで判決としては成立しないから，構成員に変更がない限り判断を改めることができる[12]。

(3) 合議の瑕疵

評議・評決の方法に誤りがあったとき，例えば，過半数の意見によらずに判決がされたときなどの判決の効力について問題となる。公開の法廷で言い渡された以上，有効な判決として成立するが，このような場合は，意思決定の不存在を理由に上訴・再審が許されるものと解される[13]。

III 判決の言渡し

判決の言渡しは，公開の法廷（憲82条1項）で，判決書の原本に基づいて行

---

8) 兼子＝竹下・裁判〔4版〕309頁。
9) 岩松・前掲注2)12頁，旧注釈民訴(4)142頁〔渋川満〕。
10) 法律実務(5)41頁。
11) 兼子＝竹下・裁判〔4版〕310頁，兼子ほか・条解〔2版〕1396頁〔竹下＝上原〕。なお，法律実務(5)41頁参照。
12) 法律実務(5)42頁，兼子ほか・条解〔2版〕1396頁〔竹下＝上原〕。
13) もっとも，評議の秘密との関係で，合議が法律の規定に違背してされたという問題が外部に現れることは考えにくい。岩松・前掲注2)46頁以下，法律実務(5)41頁。

う (252条)。言渡しは，判決書原本に記載された判断 (254条の場合を除く) を外界に表示する裁判所の訴訟行為であり[14]，その有無は裁判所の職権調査事項である[15]。口頭弁論終結後判決言渡しまでに裁判所の構成員に変動 (転任，退官，死亡など) があっても，基本たる口頭弁論に関与した裁判所により判決原本が作成されていれば，その原本に基づいて，新しい構成の裁判所が言渡しをすることができる (大判昭8・2・3民集12巻112頁) が，直接主義の要請 (249条1項) から，その判決内容を変更することは許されない[16]。判決内容につき合議が成立したが，判決原本が作成されないうちに構成員の一部が欠けたときは，残りの裁判官が成立済みの合議に基づき判決書を完成し，判決を言い渡す (規157条2項参照)。判決原本の作成がないまま構成員全員が欠けたときは，新構成の裁判所が口頭弁論を再開して審理をやり直さなければならない。

Ⅳ 判決言渡しの効力

判決は言渡しにより成立し効力を生ずるから，言渡し後は，裁判所は自らその判決に拘束され，変更の判決 (256条) による場合以外は，これを撤回したり変更したりすることはできない (判決の自己拘束力，自縛性)[17]。また，給付判決に仮執行宣言が付されているときは，判決は，言渡しにより直ちに執行力を生ずる (民執22条2号)。判決が言い渡されれば，判決書の送達 (255条) 前であっても，敗訴当事者は上訴することができる (東京高判昭37・10・29高民15巻7号567頁)。判決言渡し前にされた控訴は不適法であるとするのが判例であるが (最判昭24・8・18民集3巻9号376頁)，上訴の却下前に判決が言い渡されればその違法は治癒されると解した方がよい[18]。判決の言渡しがないときは，

---

14) 訴訟行為の性質としては，判決内容を宣言する事実行為とする見解 (小山〔五訂版〕380頁，新堂〔5版〕668頁) と，法律効果 (ただし，既判力など確定判決に基づく効力は除く) の発生を目的とするものである以上，意思表示に類するものと考える見解 (伊藤〔4版補訂版〕493頁) がある。

15) 兼子ほか・条解〔2版〕1396頁〔竹下＝上原〕。

16) 菊井＝村松Ⅰ1196頁，斎藤ほか編・注解民訴(4)428頁〔小室＝渡部＝斎藤〕。なお，菊井＝村松Ⅰ1196頁は，判決原本に更正決定の対象となるような明白な誤記等があるときは，新しい構成の裁判所が訂正して言い渡すべきであるとする。

17) 菊井＝村松Ⅰ1196頁。

当事者に判決正本が送達されても，何ら判決の効力は生じないが〔大判明37・6・6民録10輯812頁〕，表見的には判決が存在し，執行の危険があるから，上訴を認めるべきであるとする見解が有力である[19]。

〔久保井恵子〕

---

[18]　同最判の少数意見，菊井＝村松Ⅰ1196頁，旧注釈民訴(4)145頁〔渋川〕，兼子ほか・条解〔2版〕1396頁〔竹下＝上原〕。反対，斎藤ほか編・注解民訴(4)426頁〔小室＝渡部＝斎藤〕。

[19]　菊井＝村松Ⅰ1197頁，兼子ほか・条解〔2版〕1396頁〔竹下＝上原〕，斎藤ほか編・注解民訴(4)426頁〔小室＝渡部＝斎藤〕，大阪高判昭33・12・9下民9巻12号2412頁。

§251 I

（言渡期日）

第251条 ① 判決の言渡しは，口頭弁論の終結の日から2月以内にしなければならない。ただし，事件が複雑であるときその他特別の事情があるときは，この限りでない。
② 判決の言渡しは，当事者が在廷しない場合においても，することができる。

I 本条の趣旨

1 本条1項

本条1項本文は，判決の言渡期日について，原則として口頭弁論終結の日から2ヵ月以内の日とすべき旨を定めたものである。旧190条1項本文は，口頭弁論終結の日から2週間内に判決言渡しをすべき旨規定していたが，多くの場合2週間を超える期間を経て言い渡されている実情があったため，より実務の現状に適合するように2ヵ月以内と改められた[1]。旧法の規定と同じく，この2ヵ月の期間は訓示規定であるから，この期間を経過した後に判決の言渡しをしても判決の効力には関係がなく（大判大7・4・30民録24輯814頁），これ以後の言渡しを違法にするものではない[2]。本条1項但書は，旧190条1項但書と同じ内容の規定であり，事件が複雑なときは判決書の作成に長時間を要することが多いし，また，当事者が進行中の示談が不調に終わったときに判決の言渡しを希望するなどの場合には，むしろ当事者の自主的な紛争解決にまず期待する方が望ましいことなどから，上記期間の例外を認めるものである。なお，このような場合などには，言渡期日を追って指定することも許される[3]。

2 本条2項

旧190条2項と同じく，判決の言渡しは，当事者が在廷しなくてもできる旨を定めたものである。当事者双方が口頭弁論期日に出頭しない場合には，訴訟行為をすることができないのが原則であるが，判決の言渡しには，当事者の積

---

1) 一問一答289頁，南敏文「判決②——判決言渡し」新大系(3)257頁，258頁。
2) 菊井＝村松Ｉ1201頁，兼子ほか・条解〔2版〕1397頁〔竹下守夫＝上原敏夫〕。
3) 兼子ほか・条解〔2版〕1397頁〔竹下＝上原〕，南・前掲注1) 258頁。

極的行為を必要とせず，当事者不在のまま言渡しをしても判決内容に影響はないからである4)。実務では判決言渡期日の調書に当事者の出頭，不出頭を記載しているが，調書にその旨の記載がなくても，本条2項の趣旨により言渡しの効力に影響はない（大判明44・6・27民録17輯435頁）。また，判決の言渡しは訴訟手続の中断中でもできる（132条1項）。

II 言渡期日の指定

判決の言渡期日は，通常，口頭弁論終結の時に指定されるが，別に追って指定することも差し支えない。言渡期日も口頭弁論期日の一種であるから，指定した期日に判決を言い渡すことができないときは，裁判所は職権をもってその期日を変更し，または延期することができ（93条），この場合に変更または延期の理由を示す必要もない（大判昭8・3・28民集12巻505頁）5)。判決は言渡期日に言い渡さなければならないから，その期日の指定をしないでされた言渡しや，言渡期日よりも前に言渡しをした場合は，判決成立手続が法律に違反したとき（306条）に該当し，違法となる6)。もっとも，その違法をもって上告審が原判決を破棄できるかについては問題があり，判例は，旧394条の上告理由となるというもの（大判昭13・4・20民集17巻739頁，最判昭27・11・18民集6巻10号991頁，最判昭42・5・23民集21巻4号916頁）と，その違法を上告理由とするためには，当事者に具体的な不利益が生じたことを要し，上告理由とはならないとするもの（大判昭8・1・31民集12巻39頁，大判昭18・6・1民集22巻426頁，最判昭50・10・24判時824号65頁）に分かれていた7)。

---

4) 菊井＝村松 I 1203頁，兼子ほか・条解〔2版〕1398頁〔竹下＝上原〕，斎藤ほか編・注解民訴(4)434頁〔小室直夫＝渡部吉隆＝斎藤秀夫〕。
5) 斎藤ほか編・注解民訴(4)432頁〔小室＝渡部＝斎藤〕，兼子ほか・条解〔2版〕1397頁〔竹下＝上原〕，南・前掲注1) 258頁。
6) 菊井＝村松 I 1202頁，兼子ほか・条解〔2版〕1397頁〔竹下＝上原〕，斎藤ほか編・注解民訴(4)432頁〔小室＝渡部＝斎藤〕，新堂〔4版〕628頁。
7) 学説では，兼子ほか・条解〔2版〕1397頁〔竹下＝上原〕は上告理由（旧394条）となるとするが，新堂〔5版〕668頁は，上告人の権利関係になんらかの不利益を及ぼすことがなければ，上告理由にするまでもないとする。

〔久保井〕

III 言渡期日の通知

1 民訴規則156条の新設

　民訴規則156条は、「判決の言渡期日の日時は、あらかじめ、裁判所書記官が当事者に通知するものとする。ただし、その日時を期日において告知した場合又はその不備を補正することができない不適法な訴えを口頭弁論を経ないで却下する場合は、この限りでない。」と定めている。これは、旧法下で見解の対立があった点を解決するために新設された規定である。すなわち、旧法下の実務においては、口頭弁論を終結する期日に出頭した当事者に対しては、判決の言渡期日の日時が告知されることになるのが通常であった。しかし、当事者の一方または双方が適法に呼出しを受けた口頭弁論期日に出頭せず、裁判所がその期日に口頭弁論を終結して判決言渡期日を指定してこれを告知した場合、裁判所はその欠席した当事者に判決言渡期日の呼出状を送達することを要しないとされており、この運用は確定した判例によって承認されていた（大判大13・5・10民集3巻200頁、最判昭23・5・18民集2巻5号115頁、最判昭23・9・30民集2巻10号360頁、最判昭45・5・22判時594号66頁、最判昭56・3・20民集35巻2号219頁）[8]。また、判例は、口頭弁論を経ないで訴え、上訴もしくは異議を却下する場合（140条・290条・317条）についても、当事者に対する呼出状の送達は不要としていた（不適法な控訴の却下について大判昭13・7・11民集17巻1419頁、最判昭33・5・16民集12巻7号1034頁、不適法な上告について最判昭44・2・27民集23巻2号497頁。訴えを却下した第一審判決に対する控訴を口頭弁論を経ないで棄却する場合について最判昭57・10・19判時1062号87頁）。さらに、最高裁判所においては、口頭弁論を経ないで上告を棄却する場合（旧401条）にも、判決言渡期日の呼出しをしない運用がされていた。以上のような実務の運用に対しては批判があり、特に、最高裁判所における運用に対しては、法改正により決定による処理の余地が広がり、判決によらなければならない場合が減少すると見込まれることから、最高裁判所において判決をするときはその言渡期日の日時を当事者に通知すべきであるとの指摘がされていた。このような議論を踏まえて、民訴規則156条は、判決の言渡期日の日時が決まったときは、原則として、あらかじめ裁判所書記官が当事者に通知しなければならないことを新た

に定めたが，主として最高裁判所の判決言渡しに関する上記批判や指摘に応えるものであり，期日に欠席した当事者または口頭弁論を経ないで訴え等を却下する場合における当事者に対して判決言渡期日の日時を通知する必要がないという上記の解釈論については変更を加えるものではないことから，その旨を明文で規定したものである（同条但書)[9]。

2 通知の方法

民訴規則156条による通知は，裁判所書記官が行う。「あらかじめ」とは，通知の趣旨にかなったしかるべき相当期間をおいてという意味であり，相当と認める方法により行えばよい（規4条1項）。「相当と認める方法」には，普通郵便はもちろん，電話，ファクシミリ，口頭による伝達等も含まれる[10]。

3 通知に関する瑕疵

旧法下では，言渡期日の指定はあるが，その期日の呼出状の送達または告知を欠く判決言渡しについては，言渡行為自体の瑕疵ではないから，上告理由にならないと解されていた（大判大10・5・13民録27輯910頁，前掲最判昭50・10・24)[11]。これに対して，民訴規則156条は訓示規定と解されるから，通知の瑕

---

[8] このように欠席当事者への呼出手続を不要とする理由としては，判決の言渡期日には，当事者は何らの訴訟行為をすることができず，当事者には判決書の正本が送達されるため，判決の言渡期日への呼出しがなかったとしても不利益がないこと，口頭弁論を終結する期日に出頭しなかった当事者は，その期日に適法な呼出しを受けながら欠席しているので，自ら判決の言渡期日の日時の告知を受ける機会を放棄したと考えられることがあげられている（条解規則〔初版〕326頁，南・前掲注1）259頁）。同様の理解のもと，判決言渡期日に当事者の一方または双方が不出頭の場合に，裁判所が法廷でその言渡期日を延期し，新たな期日を指定したときは，当事者の呼出手続をしなくとも，その告知の効力が生じるとするのが確立した判例である（大判大10・11・10民録27輯2003頁，前掲大判昭8・3・28，大判昭9・4・7民集13巻519頁，前掲最判昭23・5・18，前掲最判昭23・9・30，最判昭24・8・18民集3巻9号376頁，最判昭32・2・26民集11巻2号364頁，最判昭36・12・27民集15巻12号3092頁，前掲最判昭45・5・22，前掲最判昭56・3・20など）。これに対し，学説は，期日に欠席した当事者に対し呼出手続をすべきであるとの見解が有力であった（兼子ほか・条解〔2版〕426頁，1398頁〔竹下＝上原〕，菊井＝村松Ⅰ1026頁，1027頁，1201頁，斎藤ほか編・注解民訴(4)434頁，435頁〔小室＝渡部＝斎藤〕など）。

[9] 条解規則〔初版〕324頁以下，南・前掲注1）258頁以下。

[10] 条解規則〔初版〕14頁。

§251 Ⅲ

疵により判決の言渡手続が違法になるものではないと解される[12]。

〔久保井恵子〕

---

11) 菊井＝村松Ⅰ1202頁，兼子ほか・条解〔2版〕426頁，428頁〔竹下＝上原〕。
12) 条解規則〔初版〕325頁。

（言渡しの方式）
第252条 判決の言渡しは，判決書の原本に基づいてする。

I 本条の趣旨

本条は，判決言渡しの方式の原則を定めたものである。判決の言渡しは判決の外部的成立要件であり，かつ自己拘束力を生じることから，判決原本をあらかじめ作成し，その内容を確定的なものとしてから言い渡すことが望ましい[1]。そこで，旧法では判決の言渡しは判決原本に基づき裁判長が主文を朗読してする（旧189条1項）と定められていたが，平成8年の改正によりその方式の細目に関する部分は規則化され（規155条1項・2項），その余が本条に引き継がれた[2]。なお，本条の例外として新たに調書判決の方式による言渡しの制度が導入された（254条，規155条3項）。

II 言渡期日

判決の言渡しは，あらかじめ指定された言渡期日（251条1項）に公開の法廷で（憲82条1項，裁70条後段），行われなければならない。弁論の公開を停止した場合でも言渡しは公開されなければならず，この違背は上告理由となる（312条2項5号）[3]。言渡期日については，251条を参照。

III 言渡しの方式

1 原本に基づく言渡し

判決の言渡しは，原本に基づいて行わなければならず，原本に基づかずにした判決の言渡しは違法となり，判決の取消事由となる（306条）。したがって，判決書の原本は言渡しの前に完成していなければならない[4]。判決書の原本というためには判決書の必要的記載事項（253条）がすべて記載されたものでなくてはならず，裁判官の署名押印（規157条）を具備しない判決書による言渡

---

1) 斎藤ほか編・注解民訴(4)428頁〔小室直人＝渡部吉隆＝斎藤秀夫〕。
2) 条解規則〔初版〕321頁，南敏文「判決②――判決言渡し」新大系(3)257頁，264頁。
3) 法律実務(5)48頁。

しは，原本に基づかないものとして違法となる（大判昭 11・11・27 民集 15 巻 2102 頁）。そして，下級審裁判例の中には，判決書の付記の記載内容や当事者への正本の送達状況等を総合して，言渡期日調書の記載にかかわらず，判決書の原本に基づかない言渡しと認定した事例もある[5]。しかし，言渡しの方式に関する規定の遵守は判決言渡期日調書によってのみ証明することができるから，裁判所書記官への原本交付の日が判決言渡期日から相当期間経過後にされたこと等が明らかであっても，言渡期日調書に原本に基づき言い渡されたと記載されている以上，原本に基づかない言渡しであるとの主張は認められないというべきである（最判昭 26・2・22 民集 5 巻 3 号 102 頁。判決書原本の書記官への交付が言渡期日からの約 3 ヵ月後にされていた事例として大判昭 19・1・20 民集 23 巻 1 頁。同交付が 50 日余り後にされていた事例として最判昭 40・12・21 裁判集民 81 号 713 頁。同交付が 2 ヵ月余り後にされていた事例として最判平 13・7・10 金法 1638 号 40 頁）。また，判決原本が訴訟記録に編綴されていなくても，原本に基づかないで言渡しをしたということにはならない（最判昭 33・4・11 民集 12 巻 5 号 760 頁）。

2 言渡裁判所

判決の言渡しは，判決裁判所を構成する定数の裁判官が関与して行う。既に内容が確定している判決を告知する行為であるから，基本たる口頭弁論に関与しなかった裁判官が行ってもよい（大判明 39・4・14 民録 12 輯 533 頁，大判昭 8・2・3 民集 12 巻 112 頁，最判昭 26・6・29 裁判集民 4 号 949 頁）。しかし，合議体で

---

[4] これに対して，刑事判決については，言渡し時に判決書原本が作成されていることを要しない（菊井＝村松Ⅰ 1198 頁。最判昭 25・11・17 刑集 4 巻 11 号 2328 頁）。なお，原稿により判決の言渡しがされても，言渡し当時，原本の浄書を終えるばかりになっており，かつ当日中に裁判所書記官に原本が交付されたときは，原本に基づく言渡しと同視できるとした事例がある（最判昭 38・3・14 裁判集民 65 号 119 頁）。また，斎藤ほか編・注解民訴(4) 428 頁〔小室＝渡部＝斎藤〕は，立法論として，主文の言渡しを先にすれば，原本作成が促進されると思われるとする。

[5] 判決原本に基づかない言渡しとされた事例としては次のものがある。①判決書に付記された判決書の作成日が判決言渡日から 9 日後で，書記官に原本が交付された日が言渡日から 1 ヵ月経過していた事例（大阪地判昭 36・2・3 下民 12 巻 2 号 218 頁），②判決言渡日の 1 年 1 ヵ月後に判決原本が書記官に交付され，そのころ判決書正本が当事者に送達された事例（東京高判昭 59・3・29 判時 1112 号 65 頁），③判決言渡期日から原本交付が 42 日経過してされた事例（名古屋高判平 9・6・18 判時 1616 号 153 頁）。

審理および裁判をする旨の決定を合議体でした事件の判決を単独裁判官が言い渡すことは裁判所法26条2項1号に反するから違法であり，上告理由（312条2項1号）および再審事由（338条1項1号）となる[6]。ただし，合議体で審理する旨の決定は何時でもこれを取り消し，単独体の審理に戻すことができる（最判昭26・3・29民集5巻5号177頁）から，その決定をした後は単独裁判官で言渡しができる[7]。

3 主文の朗読

判決の言渡しは裁判長が主文を朗読して行う（規155条1項）。また，裁判長は，相当と認めるときは，判決の理由を朗読し，または口頭でその要領を告げることができる（同条2項）。これらは，旧189条1項，2項のうち新252条に引き継がれた部分を除いた部分を規則化したものである[8]。判決の主文には別紙目録や別紙図面が用いられることもあるが，これらの朗読は適宜省略することができる[9]。また，裁判長が発声不能の場合等には，陪席裁判官が代わって朗読することも可能である[10]。裁判長は，相当と認めるとき（例えば，当事者が出頭して判決の理由を聞きたいと強く望んでいる場合や，社会の注目を集める事件であって，判決の言渡期日に多数の傍聴人がいる場合において，裁判長が判決の理由について言及する必要があると認めたときなど）は，主文の朗読に加え，判決の理由を朗読するか，その理由の要領を口頭で告げることができる[11]。後者の場合には，判決理由の要旨があらかじめ作成され，主文朗読の直後に当事者や報道機関に配布されることもある[12]。判決はその言渡しまで変更することが可能であるが（250条参照），言渡しは判決書の原本に基づいてする必要があるから，朗読さ

---

[6] 菊井＝村松Ⅰ1198頁，斎藤ほか編・注解民訴(4)428頁〔小室＝渡部＝斎藤〕。これに対し，法律実務(5)47頁注12は言渡しをする裁判所は「判決裁判所」ではないから，上告理由や再審事由に当たらないとする。

[7] 菊井＝村松Ⅰ1198頁，斎藤ほか編・注解民訴(4)428頁〔小室＝渡部＝斎藤〕。反対，法律実務(5)46頁，47頁。

[8] 条解規則〔初版〕322頁。

[9] 菊井＝村松Ⅰ1200頁。

[10] 法律実務(5)45頁，菊井＝村松Ⅰ1198頁。

[11] 菊井＝村松Ⅰ1200頁，条解規則〔初版〕322頁。

[12] 旧注釈民訴(4)149頁〔渋川満〕。

れる主文は判決原本記載の主文と一致しなければならない[13]。したがって，裁判長の朗読した主文と判決原本記載の主文とが相違する場合は言渡手続に瑕疵があることになるが，直ちにまたは改めて言渡期日を指定して言渡しをし直すことができる[14]。もっとも，このような瑕疵があっても，後述のとおり，裁判長が判決原本に基づき判決を言い渡した旨が調書に記載されていれば，原本に基づき主文を朗読して言い渡したものと認められ（最判昭39・4・7民集18巻4号520頁），瑕疵の立証はできないことになる[15]。なお，朗読した判決理由と判決原本の理由の記載とが一致しない場合は言渡しの方式の瑕疵とはならない[16]。

4 言渡しの方式の瑕疵と調書の記載

判決の言渡しはその言渡期日調書に記載しなければならない（160条1項，規67条1項8号）。実務上は「裁判長　判決原本に基づき判決言渡し」と記載されるが，主文を朗読したことはこの記載に含まれていると解されている（前掲最判昭39・4・7）。そして，通説・判例によれば，口頭弁論の方式に関する規定の遵守は，原則として調書によってのみ証明することができ（160条3項本文）[17]，他の証明は許されないから，原本に基づき判決を言い渡した旨の記載があれば，その事実が認められることになる（前掲最判昭26・2・22，前掲最判昭40・12・21）[18]。これに対し，判決の言渡しが原本に基づかずにされたことが判決書原

---

[13] 斎藤ほか編・注解民訴(4)430頁〔小室＝渡部＝斎藤〕。これに対して，刑事判決の場合は宣告内容が優先される（最判昭51・11・4刑集30巻10号1887頁）。

[14] 菊井＝村松Ⅰ1199頁，斎藤ほか編・注解民訴(4)430頁〔小室＝渡部＝斎藤〕。なお，菊井＝村松Ⅰ1199頁は，明白な誤読である限り，判決正本の送達により原本記載どおりの判決の効力が生ずるとする。

[15] 菊井＝村松Ⅰ1199頁。兼子ほか・条解〔2版〕1399頁〔竹下守夫＝上原敏夫〕。

[16] 法律実務(5)46頁，斎藤ほか編・注解民訴(4)430頁〔小室＝渡部＝斎藤〕。兼子ほか・条解〔2版〕1399頁〔竹下＝上原〕。

[17] 160条3項（旧147条）は，訴訟手続の安定・明確を期して，書記官を立ち会わせて調書を作成させ，弁論の経過について記録させる以上，訴訟手続そのものがさらに紛争の原因となり，審理の混乱と遅延が生じるのを避けるため，弁論の方式に関する記載については調書に絶対的な信用をおき，自由心証主義の例外として調書の法定証拠力を定めたものと説明されている（菊井＝村松Ⅰ981頁，兼子ほか・条解〔2版〕956頁〔新堂幸司＝上原敏夫〕，伊藤〔4版補訂版〕294頁）。

[18] 同旨，菊井＝村松Ⅰ987頁，1199頁。兼子ほか・条解〔2版〕1399頁〔竹下＝上原〕。

本の付記等から明らかな場合に言渡期日調書の記載の証明力を否定する見解もある[19]。判決言渡期日に原本に基づき判決を言い渡したが、調書にその旨の記載がされていない場合は、通常は調書の更正の問題となり、相当の期間内にこれを行うことは可能であるが、上告理由で調書の欠缺が指摘された後は、欠缺していた事項を調書に記載することは許されず（最判昭42・5・23民集21巻4号916頁）、この点は、調書の更正の場合も同様に考えられる[20]。調書に記載等がなく、その更正が許されない場合は、言渡しが適式にされたことの立証ができなくなるから、結局、言渡しは不適法となる（306条）[21]。判決言渡手続の違背に対しては当事者は責問権の放棄ができない。しかし、裁判所は適式に言渡しをやり直すことはできる[22]。

〔久保井恵子〕

---

[19] 法律実務(5)49頁、斎藤ほか編・注解民訴(4)429頁〔小室＝渡部＝斎藤〕、旧注釈民訴(4)149頁〔渋川、前掲注5）の裁判例など。なお、弁論の方式に関して口頭弁論調書の記載の証明力を結論として否定した最近の事例として、東京高裁平成19年5月30日判決（判時1993号22頁）。

[20] 菊井＝村松Ⅰ1199頁。なお、斎藤ほか編・注解民訴(4)429頁〔小室＝渡部＝斎藤〕は、指摘の有無にかかわらず、判決送達直前までは更正が可能であるとする。

[21] 菊井＝村松Ⅰ1200頁。なお、判決言渡期日調書の記載から適法な判決の言渡しがなかったとされた事例として、①調書に判決言渡しに関与した裁判長の記載を欠くため、原判決の言渡しが適式にされたことを証明できないとされた事例（最判昭55・9・11民集34巻5号737頁）、②合議裁判所における判決言渡調書に裁判長以外の裁判官の氏名の記載がない場合に合議体による言渡しであることが証明できないとされた事例（名古屋高判昭30・10・17高民8巻10号782頁）、③調書に言渡しの記載がないとされた事例（東京高判昭61・1・29判時1184号72頁）がある。

[22] 兼子ほか・条解〔2版〕1399頁〔竹下＝上原〕、斎藤ほか編・注解民訴(4)430頁〔小室＝渡部＝斎藤〕。

§253 I

(判決書)

第253条 ① 判決書には，次に掲げる事項を記載しなければならない。
　一　主文
　二　事実
　三　理由
　四　口頭弁論の終結の日
　五　当事者及び法定代理人
　六　裁判所
② 事実の記載においては，請求を明らかにし，かつ，主文が正当であることを示すのに必要な主張を摘示しなければならない。

I　本条の趣旨

1　判決書作成の目的

　判決書には，次のような目的，機能があると説明されている。①訴訟当事者に対して，裁判所の判断およびその判断の過程を正確に知らせる。当事者は，これによって，上訴するかどうかの判断を的確にすることができ，判決の効力（既判力，執行力，形成力等）の及ぶ範囲をより正確に予測することができる。②上級審に対し，その再審査のため，いかなる事実に基づき，いかなる理由のもとに判決したかを明らかにする。③一般国民に対して，具体的事件を通じて法の内容を明らかにするとともに，裁判所の判断とその判断の過程を示すことによって裁判の公正を保障する。④判決をする裁判官自身に対し，自己の考え，判断を客観視することを可能にする[1]。このうち，①の目的が最も重要であることについては異論がない。本条は，このような判決書の目的，機能に応える

---

1) 賀集唱「民事判決書の合理化と定型化」実務民訴(2) 3 頁，4 頁，畔上英治「民事裁判書」兼子還暦上 341 頁，349 頁，村松俊夫「判決書」民訴講座(3) 735 頁，737 頁，菊井 = 村松 I 1205 頁，兼子ほか・条解〔2 版〕1400 頁〔竹下守夫 = 上原敏夫〕，新堂〔5 版〕664 頁，伊藤〔4 版補訂版〕487 頁，梅本〔4 版〕886 頁，司法研修所編・10 訂民事判決起案の手引〔2006〕（以下「10 訂起案の手引」で引用）1 頁など。

ために，最低限，必要とされる記載事項を定めたものであり，旧法191条1項において，判決書の必要的記載事項につき，①主文，②事実および争点，③理由，④当事者および法定代理人，⑤裁判所と定められていたのを，判決書様式に関する改善の経緯を背景として整備したものである[2]。

2 判決書様式の変遷

(1) 在来様式の判決書

(ア) **在来様式以前** 民事判決書の具体的な記載内容・方法については，裁判実務における長年の慣行として，ほぼ一定の様式が培われていた。それは，事件番号・事件名，表題（「判決」，「中間判決」等の種類の表示），当事者，主文，事実[3]，理由の順に記載され，最後に裁判所の表示と裁判官の署名押印がされるというものであり，「事実及び争点」の摘示については，当事者毎にまとめて，申立て，主張，相手方の主張に対する認否反論，証拠及び相手方提出証拠に対する認否の順に記載し，最後に理由を記載するというものが大勢であった[4]。

(イ) **在来様式の登場** 昭和33年に司法研修所の「民事判決起案の手引」が刊行され，昭和40年代後半以降は「民事判決起案の手引」5訂版（昭和46年）の示す様式による判決書の起案が一般化し，いわゆる在来様式（旧様式，手引型）と呼ばれるものが主流を占めるようになった[5]。在来様式は，事件番号・事件名，表題，当事者，主文，事実，理由，裁判所の順に記載する。そして，①「事実」欄には，「当事者の求めた裁判」，「当事者の主張」，「証拠」[6]に三分し，「当事者の求めた裁判」には，「請求の趣旨」と「請求の趣旨に対する答弁」等を記載する。「当事者の主張」には，「請求の原因」，「請求の原因に対する認否」，「抗弁」，「抗弁に対する認否」，「再抗弁」，「再抗弁に対する認否」

---

[2] 一問一答290頁，中野・解説62頁，伊藤〔4版補訂版〕486頁，487頁，新堂〔5版〕665頁以下。兼子ほか・条解〔2版〕1401頁〔竹下＝上原〕。

[3] 旧法191条1項の「事実及争点」の「事実」とは「争いのない事実」の，「争点」とは「争いのある事実」の意であるが（兼子・研究(2)「民事判決に於ける事実の意義」53頁），実務では併せて「事実」とのみ表示していた（菊井＝村松Ⅰ1212頁）。

[4] 法律実務(5)66頁，村松・前掲注1) 753頁，藤原弘道「新様式判決と事実摘示」木川古稀上740頁，743頁以下。

[5] 倉田卓次「求めた裁判か求める裁判か」判タ402号〔1980〕7頁，10頁以下。

……の順序で，原則的に法律要件に該当する事実を主張立証責任に従って網羅的に整理する。②「理由」欄には，「事実」欄で整理した論理的な構造に従って，争いのない事実についてはその旨を記載し，争いのある事実については証拠判断をして事実関係を確定した上で，確定された事実に法律を適用して請求の有無の判断を記載する。

(ウ) **在来様式に対する批判** 判決書の様式，特に事実および理由をどのように記載すべきかに関しては，判決書の作成に要する時間と労力が多大であり，それが訴訟遅延の一因ともなっているという指摘もあったため，古くからその記載の合理化・簡易化が論ぜられ，実務上も幾つかのモデルが示されていた[7]。そして，在来様式の判決書に対しては，当事者の主張を，実体法に定める権利の発生，変更，消滅の法律要件を立証責任の原則に従って緻密に分析し論理的に整理するので，事実に見落としが生ぜず，裁判所の判断の完璧性が保障されるという利点が評価される一方で，判決の構造，様式が精緻なものになりすぎ，裁判官がその作成に相当の時間と労力を割いているにもかかわらず，冗長で平面的であり，社会的事実も立証責任の所在を理由に細分化されるため，全体像が把握できにくく，当事者間の中心的な争点が明確にされず，当事者にとって分かりにくいなどの批判がされていた[8]。

(2) **新様式の判決書**

(ア) **共同提言** 東京高・地裁民事判決書改善委員会＝大阪高・地裁民事判決書改善委員会は，上記のような在来様式の判決書に対する批判に応えて，平

---

[6] 証拠関係が必要的記載事項である「事実」に含まれるかについては，積極に解されていたが（大判大10・4・25民録27輯770頁など），判決書記載の合理化・簡易化との関係で，消極説が登場し（畔上・前掲注1）367頁など），証拠関係を省略しても，記録と判決理由から認定事実と証拠との関係が分かるようにしておけば，判決に影響を及ぼす違法とはならないと解されるに至った（菊井＝村松Ⅰ1214頁，最判昭52・10・25裁判集民122号119頁，最判昭53・7・17裁判集民124号333頁，最判昭54・12・20裁判集民128号253頁など）。なお，昭和57年（法律第83号）改正により訴訟記録中の調書の引用が可能となり（旧法191条2項但書），書証目録および証人等目録を引用する方式が主流となった。

[7] 岩口守夫「訴訟遅延の防止に関する実証的研究」司法研修報告書7輯3号〔1954〕115頁，前田覚郎「民事訴訟記録および判決書の合理化に関する研究」司法研究報告書17輯6号〔1968〕74頁，中野貞一郎「民事判決書における事実摘示について」民事法の諸問題Ⅴ334頁，賀集・前掲注1），畔上・前掲注1）。

成2年1月,「民事判決書の新しい様式について」と題する共同提言を公表した。この共同提言は,①当事者のための判決であることを重視し,事件における中心的争点を浮かび上がらせ,これに対する判断を平易簡明な文体を用い,分かりやすい文章で示すよう心掛ける,②裁判官にとって,書きやすいものであることも念頭に置く,③形式的な記載,重複記載等の無駄を省き,簡潔なものとなるように心掛け,そのためには事実および理由を一括して記載する,④「事実及び理由」は,全体を通じて,主文が導かれる論理的過程が明瞭に読み取れる程度の記載で足りるものとするが,中心的争点については,具体的な事実関係が明らかになるよう,主張と証拠を摘示して丁寧に記述するよう心掛けることを基本的な考え方とするものである。この共同提言が考案する新様式判決書の「事実及び理由」,「争点に対する判断」の記載の概要は,次のとおりである。①請求(申立て)は,従前のとおりとする。ただし,訴訟費用の負担の申立て,仮執行宣言の申立ておよび請求の趣旨に対する答弁は省略する。②事案の概要は,当該事件がどのような類型の事件であって,どの点が中心的な争点であるのかを概説し,「争点に対する判断」の記載と総合して,主文が導かれる論理的過程を明らかにする。したがって,中心的争点以外の事実主張も,主文を導き出すのに必要不可欠なものである限り,概括的に記載しておかなければならない。具体的な記載は,争いのない事実と主要な争点とを簡潔に記載する方法が基本型となるものと考えられる。③「争点に対する判断」は,中心的争点についての判断は認定事実とこれに関連する具体的証拠との結びつきをできるだけ明確にしながら,丁寧に記述する。これ以外の争点については,主文が導かれる論理的過程を明らかにするのに必要な限度で概括的に判断が示されていれば足りる[9]。

(イ) **新様式に対する批判,評価** この共同提言が示した新様式判決に対し

---

[8] 島田禮介ほか「座談会・民事判決書の新しい様式をめぐって」ジュリ958号〔1990〕15頁,16頁,小林秀之「民事判決書新様式の評価と検討」判タ724号〔1990〕4頁,鈴木正裕ほか「ミニ・シンポジウム 民事判決書の新様式について」判タ741号〔1991〕4頁,6頁など参照。

[9] 最高裁事務総局「民事判決書の新しい様式について」〔平成2年〕,判タ715号〔1990〕4頁,ジュリ958号〔1990〕37頁。

ては，要件事実の一部を見落としたり，主張立証責任の所在を誤る可能性がある，何が中心的争点であるかについて当事者と裁判所との間に認識違いを生じるおそれがある，控訴審における原審口頭弁論の結果陳述の方式に問題を生じさせるなどの問題点が指摘された[10]。このような指摘を踏まえて，大阪高・地裁民事判決書改善委員会は平成4年2月に，東京高・地裁民事判決書改善委員会は平成6年3月に，それぞれ新様式による民事判決書の在り方を見直す報告を行った[11]。在来様式と新様式のいずれが判決書の記載様式として優れているかは，判決書作成の目的に即して決められるものであるが，当事者にとっては，判決主文を導くために裁判所が中心的争点についてどのような証拠資料に基づいて判断をしたかが最も重要な問題であり，これを平明に示すことを目的に据えている点で，新様式判決を積極的に評価できるとして，新様式判決は広く実務に受け入れられるようになった[12]。このような実務の動向を前提として，253条は，新様式判決の基礎にある考え方を採用し，判決書の記載事項の整備を図ったものである[13]。

(3) 判決書様式の現状

新様式判決書は，平成2年の共同提言以降，急速に普及した。もっとも，実

---

[10] 共同提言に対する評価に関する文献として，小林・前掲注8)，西野喜一「民事判決書の新様式について」判タ724号〔1990〕22頁，同「民事判決書新様式再論」判タ733号〔1990〕13頁，鈴木ほか・前掲注8)「ミニ・シンポジウム　民事判決書の新様式について」，木川統一郎「民訴法の基本理論からみた新様式判決」判タ752号〔1991〕4頁，坂元和夫「判決書の簡略化」自由と正義43巻12号〔1992〕37頁など。

[11] 大阪高・地裁民事判決書改善委員会「新様式の判決書の見直しの結果について」（民事裁判資料201号）〔平成4年〕，東京高等・地方裁判所民事判決書改善委員会「新様式による民事判決書の在り方について」（民事裁判資料208号）〔平成6年〕。また，具体的な記載例について，新しい様式による民事判決書集1集〜3集（民事裁判資料189号，192号，199号）〔平成2年〜平成4年〕。

[12] その後の新様式判決に対する評価に関する文献として，後藤勇「新様式の判決」木川古稀上717頁，藤原・前掲注4)，佐藤歳二「上告審からみた新様式判決書」木川古稀中393頁。

[13] 一問一答290頁，新堂〔5版〕667頁，伊藤〔4版補訂版〕490頁，兼子ほか・条解〔2版〕1401頁〔竹下＝上原〕，中野＝松浦＝鈴木編〔2版補訂版〕427頁〔松本博之〕，松本＝上野〔8版〕594頁，595頁。

務ではすべての判決書が新様式によって作成されているわけではない。事案によっては在来様式の判決書の方が審理の結果をより当事者に分かりやすく示すことができる場合もあるからである。新様式判決書の具体的な記載方法等については様々なヴァリエーションがあり，現在も検討が続けられているが[14]，これらには，従前以上に要件事実的な思考に基づく主張分析と的確な訴訟指揮によって，主要事実のみならず間接事実を含めた争点整理が早期にかつ十分に行われ，争点についての裁判所および当事者間の認識が一致し，的確な集中証拠調べが行われることが重要であるとの共通した理解がある。また，控訴審においても，第一審判決が新様式で作成されている場合は，それとほぼ同様の形式によって判決書を作成する実務が相当に定着するに至っている。そして，続審制の下でも，控訴人が不服とする特定の認定判断の当否に審判の対象を絞って審理を集中するという事後審的訴訟運営が望ましく，その審理経過を控訴審判決書に反映させるという観点から，控訴人の主張や第一審からの審理経過の記載方法や引用判決の在り方等について検討がされている[15]。

II　必要的記載事項

1　主文（本条1項1号）

(1)　主文の意義

　主文は，判決の結論であり，当事者の訴え・上訴に対する応答である。判決の言渡し（250条）は，裁判長が主文を朗読してする（規155条1項）から，主文は，外形上他の部分から分離して，独立の項目として記載されることを要し，

---

14) 新様式判決の具体的な記載方法等について，10訂起案の手引89頁以下，江見弘武「判決①——判決書」新大系(3)241頁，宮﨑公男「判決書」講座新民訴(2)343頁，吉川愼一「判決書」・塚原朋一ほか編・新民事訴訟法の理論と実務（下）〔1997〕111頁，三浦潤＝加藤正男「新民事訴訟法における判決」大阪地裁新民訴法研究会・実務新民事訴訟法〔1998〕228頁，瀬木比呂志・民事訴訟実務と制度の焦点〔2006〕365頁以下，同・民事裁判実務と理論の架橋〔2007〕250頁，遠藤賢治「民訴法および民訴実務が判決書に期待するものはなにか」判タ1222号〔2006〕35頁，同「民事第一審判決書の記載内容」曹時60巻3号〔2008〕1頁，二宮照興「好ましい判決と弁護士のつとめ」判タ1222号〔2006〕41頁。

15) 井上繁規・民事控訴審の判決と審理〔2009〕345頁以下。

当該判決の効力を明瞭にするために，簡潔かつ明確に記載されなければならない[16]。訴訟物についての裁判および訴訟費用についての裁判を記載し，必要に応じて仮執行またはその免脱の宣言を記載する。職権で付随的裁判を必要とするとき（民819条2項など）は，その裁判も記載しなければならない。訴訟物についての主文は，訴えに対する裁判所の応答として，訴訟物たる権利または法律関係についての判断の結論を示すものである。主文は，確定判決の効力の基礎となるものであるが，結論のみが簡潔に示されているため，当事者や訴訟物たる権利関係を特定するためには，当事者の表示や理由の説示を総合することが必要になる[17]。判決主文は判決書の記載自体によりその内容が明らかにされなければならないから，訴訟記録中の書面（証拠書類，検証調書の添付図面など）を引用することは許されないと解すべきである。もっとも，主文を簡明にするために，別紙として物件目録や図面等を判決書に添付することは妨げず（最判昭39・5・26民集18巻4号654頁），実務上多く行われている。一般的に，物件を表示する場合は，その特定が十分かどうかに留意すべきである[18]。

(2) 訴訟判決

(ｱ) 訴えの却下　訴訟要件を欠き，それが補正できない場合または原告がその補正命令に応じない場合は，「本件訴えを却下する」とする（140条）。欠缺している要件は，理由中に示せば足りる[19]。当事者適格または訴えの利益を欠く場合は請求棄却の判決をすべきであるという見解（権利保護請求権説）もあり，大審院判決や初期の最高裁判決にはこれによったものもあるが，これらも

---

16) 法律実務(5)61頁，右田堯雄「民事判決の主文」実務民訴(2)21頁。

17) 兼子・体系341頁，斎藤ほか編・注解民訴(4)445頁〔小室直人＝渡部吉隆＝斎藤秀夫〕，伊藤〔4版補訂版〕487頁。

18) 主文不明確の違法があるとされた事例として，①最高裁昭和29年1月19日判決（民集8巻1号35頁）（農地買収処分取消訴訟における対象土地の範囲を「約7畝歩」などと記載），②最高裁昭和32年7月30日判決（民集11巻7号1424頁）（土地の範囲を示す図面に基点，方位，距離が未記入），③最高裁昭和35年6月14日判決（民集14巻8号1324頁）（境界線の基点の位置が不明），④最高裁昭和39年7月21日判決（裁判集民74号677頁）（建物収去部分および土地明渡部分の不特定），⑤最高裁昭和45年1月23日判決（裁判集民98号43頁）（一筆の土地の一部の明渡しを命ずる判決において明渡部分の不特定）などがある。

19) 斎藤ほか編・注解民訴(4)445頁〔小室＝渡部＝斎藤〕。

訴訟要件の一つであるから、他の訴訟要件欠缺の場合と同様に訴え却下の判決をすべきであるとするのが通説である[20]。また、被告の利益保護を主たる目的とする訴訟要件（仲裁合意の抗弁や任意管轄など）や訴えの利益のような無益な訴訟の排除を目的とする訴訟要件については、それらの存否よりも先に本案に関する審理が終了した場合は、請求棄却の本案判決をする方が紛争の抜本的な解決に繋がり、被告の利益にも合致するという見解も有力であるが[21]、訴訟要件が本案判決の論理的前提であることなどを理由として、これを否定するのが通説である[22]。

(イ) **訴訟終了宣言** 訴訟は、訴えの取下げ（261条）や和解（267条）、一身専属的な権利関係が訴訟物となっている場合の当事者の死亡など、裁判以外の理由によって終了することもあり、これらの終了原因が生じたときは、当該訴訟はその時点で終了することとなるが、後に当該終了原因の効力等を争って期日指定の申立てがされる場合がある。この場合、裁判所は訴訟が既に終了している旨を対外的に宣言して明らかにするが、これも訴訟判決の一種である[23]。この場合は「本件訴訟は、平成○年○月○日原告が訴えを取り下げたことにより終了した。」「本件訴訟は、平成○年○月○日原告が死亡したことにより終了した。」などと記載する[24]。

(ウ) **訴訟要件を肯定する場合** 通常、主文または理由中で触れることはないが、訴訟要件の存否について争いがあるときは、本案判決の理由中でその旨を説明し、ときに中間判決（245条）をする[25]。

---

20) 菊井＝村松Ⅰ 1136頁、1137頁、三ヶ月・双書〔3版〕343頁、斎藤ほか編・注解民訴(4)445頁〔小室＝渡部＝斎藤〕、最判昭31・10・4民集10巻10号1229頁（遺言者の生前における遺言無効確認の訴えを却下した事例）。
21) 新堂〔5版〕237頁、238頁、鈴木正裕「訴訟要件と本案要件との審理順序」民商57巻4号〔1968〕3頁、坂口裕英「訴訟要件論と訴訟阻却（抗弁）事由」兼子還暦中223頁など。
22) 菊井＝村松Ⅰ 1135頁、兼子・体系152頁以下、三ヶ月・双書〔3版〕342頁、斎藤ほか編・注解民訴(4)445頁〔小室＝渡部＝斎藤〕、伊藤〔4版補訂版165頁、166頁〕。
23) 兼子・体系321頁、法律実務(5)61頁、斎藤ほか編・注解民訴(4)445頁〔小室＝渡部＝斎藤〕。

(3) 本案判決

訴えが適法であるときは本案判決をする。

(ｱ) **請求棄却の主文**　原告の請求を理由なしとして棄却する場合は、「原告の請求を棄却する。」とする。複数の請求が併合されている場合、例えば、数個の債務の履行請求の単純に併合している場合、あるいは同一額の金員の請求を予備的ないし選択的に併合して行う場合、原告敗訴の主文は、「原告の請求をいずれも棄却する。」とする。もっとも、主たる請求と附帯請求をいずれも棄却する場合は、単に「原告の請求を棄却する。」と判示するのが例である[26]。相殺の抗弁で原告の請求を棄却するときは、学説は既判力との関係で（114条2項）、その旨を主文に明記するのが望ましいとするが[27]、実務では、理由中に記載するにとどまり、主文には記載していない。請求の一部のみが理由がある場合は、理由がないとして棄却される部分につき「原告のその余の請求を棄却する。」と明示する。原告の単なる給付請求に対し、被告が同時履行（民533条）や留置権（民295条）の抗弁を提出し、それが認められるときは、原告の請求を全部棄却すべきではなく、引換給付の判決をする。この場合は、「原告のその余の請求を棄却する。」と一部棄却であることを主文に示すのが実務の取扱いである[28]。請求の予備的併合において、主位的請求を全部認容するときは、予備的請求を棄却するとの記載は不要であるが、予備的請求を認容するときは、主位的請求を棄却すると記載する[29]。また、選択的併合の場合に、複数の請求のうち1つの請求を認容するときは、他の請求を棄却するとは記載しな

---

24)　訴訟終了宣言の記載例については、塚原朋一編著・事例と解説 民事裁判の主文〔2006〕321頁、329頁参照。なお、当事者の死亡による訴訟終了を認めた事例として、①生活保護処分に関する裁決取消訴訟（最大判昭42・5・24民集21巻5号1043頁）、②ゴルフクラブの会員たる地位確認請求訴訟（最判昭53・6・16裁判集民124号123頁）、③労働契約上の地位確認請求訴訟（最判平元・9・22裁判集民157号645頁）がある。また、人事訴訟における当事者死亡による訴訟の帰趨については、新人事訴訟法（平成16年4月1日施行）によって整備された（26条・27条・41条2項・42条3項）。

25)　法律実務(5)61頁。右田・前掲注16) 24頁。

26)　10訂起案の手引10頁。

27)　兼子ほか・条解〔2版〕1402頁〔竹下＝上原〕、菊井＝村松Ⅰ1210頁、斎藤ほか編・注解民訴(4) 446頁〔小室＝渡部＝斎藤〕。

28)　10訂起案の手引13頁、14頁。

い。被告が複数で，すべての被告に対する請求を棄却する場合は「原告の請求をいずれも棄却する。」とする。被告甲に対する請求の一部を認容してその余を棄却し，被告乙に対するその請求を全部棄却するような場合は，単に「原告のその余の請求を棄却する。」ではなくて，「被告甲に対するその余の請求及び被告乙に対する請求を棄却する。」とする方が分かりやすい[30]。

　(ｲ)　**請求認容の場合**　　原告の請求を認容するときは，訴訟の形態に応じて，その請求の内容を具体的に記載する。これは，給付判決の場合に，執行機関が主文の記載のみで執行すべき債務名義の内容，範囲が明瞭にわかり，事実および理由の記載まで読まなくてもよいようにするという事務的配慮によるものであり[31]，この慣行は，登記や戸籍への登載等にも便利であることから，確認判決や形成判決等にも及んでいる。

　(ｳ)　**給付判決の主文**　　給付訴訟における主文は，執行機関が迷わないようにその表現は一義的であることを要し，命令形を用いて，「被告は，原告に対し，○○万円を支払え。」などと記載する。給付目的の法的性格（例えば貸金とか売買代金）は記載しないのが実務の取扱いである[32]。利息や賃料請求のように，判決時に確定額を示すことができないときは，元金額，利率，期間を明らかにし，執行の際の計算に疑義を生じないようにする。期間については，具体的な日を記載すべきであるが，満了日につき「支払済みまで」と記載することは，弁済または執行手続においてこの日は明らかになるから，このような表現で差し支えない。将来給付や条件未成就の請求で民訴法135条の要件を具備する場合は，期限や条件を明示して「被告は，原告に対し，平成○年○月○日が到来したときは○円を支払え。」というように記載する。また，将来の定期金給付を命ずる場合は，「被告は，原告に対し，平成○年○月から原告の死亡又は原告が満○歳に達するまでのいずれか早いほうの時期に至るまでの間，1か

---

29)　法律実務62頁，菊井＝村松Ⅰ1210頁，斎藤ほか編・注解民訴(4)446頁〔小室＝渡部＝斎藤〕。
30)　10訂起案の手引10頁，11頁。
31)　畔上・前掲注1）357頁，358頁。
32)　村松・前掲注1）744頁，10訂起案の手引11頁。なお，宣言形（「支払う義務がある。」，「支払わなければならない。」）は確認判決の主文と紛らわしいから避けるべきである（反対，兼子ほか・条解〔2版〕1402頁〔竹下＝上原〕）。

〔久保井〕　1087

月○万円の金員を毎月末日限り支払え。」などと記載する[33]。同時履行や留置権の主張があるときは，反対給付の内容を明示し，「被告は，原告から○円の支払を受けるのと引換えに，原告に対し，別紙物件目録記載の土地を明け渡せ。」などとする[34]。代償請求（民執31条2項）の場合は，「前項の株券に対する強制執行ができないときは，」などと条件の内容を明確にする必要がある[35]。選択債務（民406条～410条）の給付については選択権者を明示し，特定物の給付については特定に必要な事項を明示する[36]。物の引渡しについては原則として履行場所は表示するまでもない[37]。認容すべき金額に円未満の端数が出た場合，実務では円未満を切り捨てることが多い。登記手続請求訴訟は，被告に登記申請という意思表示を求めるものであり，不動産の権利に関する登記申請には登記原因を明らかにすることを要するから（不登61条），通常，判決主文において登記原因を明らかにして，「原告は，被告に対し，別紙物件目録記載の土地について，平成○年○月○日売買を原因とする所有権移転登記手続をせよ。」などと記載する[38]。しかし，抹消登記手続を命ずる主文では登記原因を記載しないのが通例である[39]。当事者が複数の場合は各当事者相互の関係や権利義務の範囲を明確にしなければならない。数名に対してそれぞれ全額の金員

---

[33] 定期金賠償方式による判決の可否については，従前議論があったが，民訴法117条の新設により可能であることが明らかとなり，近時，交通事故の損害賠償請求事件等において多くみられる。その記載例等については，塚原編著・前掲注24) 65頁以下参照。

[34] 最高裁昭和33年3月13日判決（民集12巻3号524頁），最高裁昭和33年6月6日判決（民集12巻9号1384頁）参照。なお，留置権の被担保債権の支払義務者が債務者以外の第三者である場合について，最高裁昭和47年11月16日判決（民集26巻9号1619頁），最高裁昭和58年3月31日判決（民集37巻2号152頁）参照。

[35] 村松・前掲注1) 745頁。主文の記載例等については，塚原編著・前掲注24) 116頁以下参照。

[36] もっとも，最高裁昭和25年2月14日判決（民集4巻2号60頁）は，判決理由により引渡しを命ずる私権が特定すれば足りるとする。

[37] 村松・前掲注1) 744頁。

[38] もっとも，最高裁昭和32年9月17日判決（民集11巻9号1555頁）は，理由中で登記原因を明らかにすれば足りるとする。

[39] 10訂起案の手引15頁。また，登記に関する主文の記載例等の詳細については，同書14頁以下，塚原編著・前掲注24) 143頁以下，青山正明編著・民事訴訟と不動産登記一問一答〔新版，2004〕140頁以下参照。

支払を命ずる場合には「各自」とか「それぞれ」のように表示する必要があり，単に「被告両名は，原告に対し 100 万円を支払え。」と表示すると，分割債務（民 427 条）となり，各被告に 50 万円ずつの支払を命じたものと解される（最判昭 32・6・7 民集 11 巻 6 号 948 頁）から注意を要する。数名の被告が原告に対し連帯債務（民 432 条）や不真正連帯債務を負う場合は，「各自〇円を支払え」とする書き方と，「連帯して〇円を支払え」とする書き方があるが，最近の実務では後者によるものが多い。手形債務の場合は「合同して〇円を支払え」（手 47 条）と記載する。客観的併合の場合で金銭のように同一種類の給付を命ずるときは，主文に合算額を示せば足りる[40]。簡易裁判所において，少額訴訟の手続によるときは，判決で分割払等を定めることができる（375 条）。

(エ) **確認判決の主文** 確認判決は，訴訟物である権利関係の存否を確定するものであり（例外, 134 条），確認の対象となるべき権利または法律関係を判決主文で具体的に特定し，「……確認する。」と表現する。確認の対象となる権利または法律関係は，通常，原告の請求の趣旨に現れているが，必ずしもそのままの文言を用いる必要はないし，請求原因から確認を求める申立ての範囲を明確にすることもできる[41]。確認の対象が物権である場合には，権利の主体，客体および権利の種類を明らかにして「原告が別紙物件目録記載の土地につき所有権を有することを確認する」などと記載する。土地所有権の範囲の確認訴訟においては，その土地の範囲を特定するために容易に動かし難い事物を基点と定めて，方位，角度，距離等を明らかにして正確にその土地の範囲を特定する必要がある[42]。確認の対象である権利が債権である場合には，その発生原因事実によって特定する必要があり，紛争の実情に応じて権利の内容を明らかにし，「原被告間の平成〇年〇月〇日付け消費貸借契約に基づく原告の被告に対する元金〇円の貸金債務は存在しないことを確認する。」とか，「原告が，別紙

---

40) 請求の客観的併合，主観的併合の場合の主文記載例について，村松・前掲注 1) 745 頁以下，10 訂起案の手引 12 頁以下，斎藤ほか編・注解民訴(4) 448 頁〔小室＝渡部＝斎藤〕など。
41) 大審院明治 41 年 10 月 9 日判決（民録 14 輯 969 頁），最高裁昭和 40 年 9 月 17 日判決（民集 19 巻 6 号 1533 頁）参照。
42) 大審院昭和 11 年 3 月 10 日判決（民集 15 巻 695 頁），最高裁昭和 32 年 7 月 30 日判決（民集 11 巻 7 号 1424 頁）参照。

物件目録記載の建物につき，原被告間の平成○年○月○日付け賃貸借契約に基づく賃料1か月8万円の期限の定めのない賃借権を有することを確認する。」などと記載する[43]。訴訟当事者が複数ある場合は，いずれの当事者間で権利関係を確認するものであるのかを明らかにする必要がある。

　(オ)　**形成判決の主文**　　形成判決は，その判決により法律関係を直接発生・変更・消滅させるものであるから，主文中でその法律関係変動の宣言を行う。例えば，「原告と被告とを離婚する」，「被告から原告に対する……の判決に基づく強制執行を許さない。」などと記載し，確認判決や給付判決の主文と紛らわしい表現は避けるべきである（「離婚せよ」，「……強制執行してはならない。」とすると給付判決と紛らわしい）[44]。身分法上または社団関係における無効確認（婚姻・縁組無効，株主総会決議の無効など）の訴えや詐害行為取消訴訟の性質についてはそれぞれ争いがある[45]。また，法律関係の変動を目的とする点では他の形成の訴えとその性質を同じくするが，訴訟物たる形成原因または形成権が存在しないものとして，共有物分割訴訟（民258条1項），境界確定訴訟などがあり，形式的形成訴訟と呼ばれているが，その実質は非訟事件であると解するのが判例・通説である[46]。なお，境界確定訴訟では，係争の隣接地相互間の境界を主文に明示すればよく，その土地の所有者を表示する必要はない（最判昭37・10・30民集16巻10号2170頁）が，主文に表示される境界線の基点が明確にな

---

43)　確認判決の主文記載例については，10訂起案の手引17頁，塚原編著・前掲注24）90頁以下参照。もっとも，賃借権確認請求訴訟において，賃料額，存続期間，契約成立日の主文掲記がなくても足りるとしたものとして，最高裁昭和44年9月11日判決（判時572号23頁）がある。また，可分な権利関係の存否の確認請求訴訟では，一部認容・一部棄却になることがあり，その場合は「原被告間の平成○年○月○日付け消費貸借契約に基づく原告の被告に対する返還債務は○円を超えて存在しないことを確認する。原告のその余の請求を棄却する。」などと記載する。なお，所有権確認請求訴訟において共有持分の限度で所有権を有することの確認請求が含まれるとした事例として，最高裁昭和42年3月23日判決（裁判集民86号669頁），最高裁平成9年7月17日判決（判時1614号72頁）。
44)　村松・前掲注1）746頁，10訂起案の手引17頁。
45)　新堂〔5版〕209頁以下，伊藤〔4版補訂版〕160頁以下参照。
46)　最判昭43・2・22民集22巻2号270頁。兼子・体系146頁，147頁，伊藤〔4版補訂版〕162頁。これに対し，有力説は，境界確定の訴えの性質は所有権の範囲の確認の訴えであるとする（新堂〔5版〕212頁以下）。

るようにしなければならない（最判昭35・6・14民集14巻8号1324頁）。また，共有物分割訴訟において代償分割をすることが可能であるが（最判平8・10・31民集50巻9号2563頁参照），その場合は，主文において，代償金の支払を命じる。

　(カ)　**特殊な主文**　離婚訴訟における親権者の指定（民819条2項），財産分与，養育費の分担等の附帯処分（人訴32条）についての裁判の結論は主文に記載する。養育費は，当事者の申立てによりその支払を命じることができ（最判平元・12・11民集43巻12号1763頁，最判平9・4・10民集51巻4号1972頁），定期金給付の方法によるのが通例である。財産分与も当事者の申立てにより財産分与の額を定め，金銭以外の財産をもってその額を定める場合は，主文に分与すべき財産を特定し（最判昭41・7・15民集20巻6号1197頁），必要に応じてその引渡し等を命じる。執行文付与に対する異議の訴え，請求異議の訴えまたは第三者異議の訴えにおいて，執行停止等の裁判がされていた場合は，本案判決の主文において，その取消し・変更・認可の裁判をする（民執37条1項・38条4項）。仮執行宣言付支払督促に対する異議申立て後の訴訟（395条）においては，判決主文中で，仮執行宣言付支払督促の取消し・変更・認可をすべきである（最判昭36・6・16民集15巻6号1584頁）。手形訴訟の異議（357条）後の判決において，手形判決と同じ結論に達したときは，認可の判決をする（362条1項）。給付訴訟において，不執行の合意が認定された場合（最判平5・11・11民集47巻9号5255頁）や限定承認（最判昭49・4・26民集28巻3号503頁）が認められた場合など，強制執行の可否や責任の範囲を判決の主文に明示しなければならない場合もある[47]。

　(4)　**従たる主文**
　訴訟費用の負担の裁判（67条），仮執行宣言に関する裁判（259条）などが主文に記載され，この部分を従たる主文と呼ぶことがある[48]。
　(ア)　**訴訟費用**　訴訟費用の裁判は公益的な性質も併有しているので，裁判所は，事件を完結する裁判を行うごとに，当事者の申立ての有無にかかわらず職権で裁判しなければならない（67条）。支払督促手続の場合を除いて，判決当時に訴訟費用の具体的数額を知ることは困難なため，訴訟費用の負担者とその負担割合だけを裁判し，「訴訟費用は原告の負担とする。」とか，「訴訟費用

はこれを3分し，その2を原告の負担とし，その余は被告の負担とする。」などと記載する。その具体的な金額は訴訟費用額の確定手続により定められる(71条)[49]。共同訴訟の場合で一方の数名の当事者がいずれも全部敗訴したときは「訴訟費用は被告らの負担とする。」などと記載する。この場合は特に明示しなくとも法律上当然に平等負担になると解されている(65条1項本文)。共同訴訟人の連帯負担(同項但書)と定める場合にはその旨を明記する。共同訴訟人中で勝敗が分かれた場合の訴訟費用の負担の主文の記載については難しい問題がある[50]。手形小切手判決に対する異議申立て後の通常手続における判決では，異議申立て後の訴訟費用についてのみ裁判する(363条1項・367条2項)ことを明らかにする趣旨で「異議申立て後の訴訟費用は被告の負担とする。」などと記載する。訴訟費用の裁判を脱漏したときは，追加判決ではなく，申立てによりまたは職権で，その負担について裁判をする(258条2項)。

　(ｲ)　**仮執行の宣言**　財産権上の請求に関する判決については，申立てによりまたは職権で仮執行宣言を付すことができ(259条1項)，その場合は判決の主文に掲げなければならず(同条4項)，主文中の末尾に「この判決は(第○項に限り)仮に執行することができる。」と記載する。もっとも，実務では申立

---

47) 以上の特殊な主文の記載例等については，塚原編著・前掲注24) 126頁以下，183頁以下，202頁以下，228頁以下，242頁以下，270頁以下などを参照。なお，限定承認(民922条)が認められた場合は，相続人に対し相続財産の限度で債務の支払を命ずる旨の留保付給付判決をすべきであるが，この留保付給付判決は債務の存在を限定するのではなく，強制執行の範囲を限定するにすぎないから，一部棄却の判決はしない(大判昭7・6・2民集11巻1099頁，前掲最判昭49・4・26参照)。この場合，判決に何が相続財産であるのかを明示する必要はない(村松・前掲注1) 745頁，斎藤ほか編・注解民訴(4) 448頁〔小室＝渡部＝斎藤〕)。また，代位弁済により取得した原債権および担保権についての請求を認容する場合の主文について最高裁昭和61年2月20日判決(民集40巻1号43頁)，仮処分の目的物の引渡請求訴訟係属中に換価され売得金が供託された場合の請求認容の主文について最高裁昭和44年5月29日判決(民集23巻6号1034頁)参照。

48) 伊藤〔4版補訂版〕488頁。

49) 村松・前掲注1) 750頁，鈴木忠一「訴訟費用の裁判」実務民訴(3) 917頁，927頁，斎藤ほか編・注解民訴(4) 452頁〔小室＝渡部＝斎藤〕。

50) 訴訟費用の裁判の記載例等については，10訂起案の手引24頁以下，塚原編著・前掲注24) 453頁以下参照。

てのない場合に仮執行宣言をすることはほとんどない。職権で仮執行宣言を付さなければならない場合もある（同条2項・376条，民執37条1項・38条4項など）。仮執行宣言の申立てがあったのに，または，それが必要的なのに裁判をしなかったときは，補充の決定をする（259条5項）。仮執行宣言の申立てを却下する場合は，実務では主文には掲げず，理由中にその旨説明をしている。確認判決や形成判決については，仮執行宣言を付すことができるかどうか議論があり，実務上は付さないのが通例である（形成判決の場合の例外として，民執37条1項・38条4項）。登記手続など意思表示を命ずる判決についても，通説はその性質上仮執行宣言を付すことができないとしている。仮執行免脱の宣言は申立てによりまたは職権で担保を立てて行うことができ（259条3項），主文に掲げなければならず（同条4項），「ただし，被告が〇〇万円の担保を供するときはその仮執行を免れることができる。」などと記載する。この申立てを却下する場合は，理由中に記載するのが通例である[51]。

　(ウ)　その他の裁判　　上訴期間（285条・313条）に付加期間を付与する場合（96条2項）は，「被告のために，この判決に対する控訴のための付加期間を〇日と定める」などと記載する[52]。濫上訴に対する制裁を定める場合も主文に記載する（303条1項2項・313条）。

　(5)　上訴審の裁判

　控訴が不適法な場合は「本件控訴を却下する」とし（290条），一審判決が相当な場合は「本件控訴を棄却する」とする（302条1項）。一審判決を相当と認めるときは，理由が異なっても，控訴棄却の判決をする（同条2項）。上訴棄却判決が確定すると下級審判決の主文が基準となるから，下級審判決の不明確を見過ごさないようにすべきである。控訴に理由があるときは，原判決を取り消した上で（305条），原審に差し戻すか（307条・308条），管轄裁判所に移送するか（管轄違いの場合，309条），本案について判断し，主文に明記する[53]。一審判決の一部が正当で，一部が不当であるときは，実務では，原判決を変更するとするのが一般的である[54]。例えば，原告の請求を全部認容した一審判決の一部

---

51)　仮執行宣言・免脱宣言の要否に関する判断基準や記載例等については，10訂起案の手引27頁以下参照。
52)　村松・前掲注1）751頁，塚原編著・前掲注24）485頁以下。

が不当な場合（被告の控訴）は「原判決を次のとおり変更する。控訴人は被控訴人に対し〇〇円を支払え。被控訴人のその余の請求を棄却する。」と記載する。控訴審において，訴えの取下げや変更がされた場合や併合請求に対する判断内容を変更する場合には，主文の記載等が問題となり，一審判決が当然に失効等する場合でも，主文において失効等した旨を明らかにしておくことが望ましいとされている[55]。控訴審判決で事実および理由を記載するには一審判決を引用できるが（規184条），主文において，一審判決に別紙として添付された物件目録や図面等の引用することも許される（最判昭39・5・26民集18巻4号654頁）。上告審の判決は概ね控訴審の判決に準ずる[56]。

2 事実（本条1項2号）

(1) 事実記載の目的

判決書に事実を記載する目的については，従来，①弁論主義の下では，裁判所の判断の対象となるのは，当事者から主張された主要事実のみになるから，この点を明らかにする，②裁判所の判断たる判決理由に先立って事実を記載することで判断の遺脱を防ぐ，③控訴審が続審制をとっている関係から，第一審の口頭弁論の結果を残しておく必要があり，事実記載はこの役割も担うと説明

---

53) 控訴審判決の主文については，田中恒朗＝右田堯雄「民事第二審判決書について」（司法研究報告書第20輯2号）〔1975〕，右田・前掲注16) 26頁以下，吉井直昭「控訴審の実務処理上の諸問題」実務民訴(2) 275頁，292頁以下，山下郁夫「控訴審判決の主文」木川古稀中336頁，塚原編著・前掲注24) 487頁以下，井上・前掲注15) 52頁以下など。

54) 最判昭30・9・29裁判集民19号757頁，斎藤ほか編・注解民訴(4) 451頁〔小室＝渡部＝斎藤〕，田中＝右田・前掲注53) 56頁，井上・前掲注15) 83頁。

55) 控訴審における訴えの取下げ・変更や併合請求に関する判断が一審と異なる場合に関する判例としては，①請求減縮の場合について，最判昭24・11・8民集3巻11号495頁，最判昭45・12・4裁判集民101号639頁，②訴えの交換的変更がされた場合について，最判昭31・12・20民集10巻12号1573頁，最判昭32・2・28民集11巻2号374頁，最判昭43・4・26裁判集民4号26頁，③請求の予備的併合の場合について，最判昭33・10・14民集12巻14号3091頁，最判昭38・3・8民集17巻2号304頁，④併合態様の変更の場合について，最判昭39・4・7民集18巻4号520頁などがある。また，その場合の主文記載例等については，田中＝右田・前掲注53) 86頁以下，井上・前掲注15) 97頁以下参照。

56) 菊井＝村松 I 1211頁。

されてきた[57]。そして，旧法 191 条 1 項にいう「事実及争点」とは，判決の基礎となる一切の資料を意味し，判決理由における事実認定および法律的判断の基礎となるものと解されていた。

(2) 本条 2 項の趣旨

新法は，判決書は中心的争点を明確にして，当事者に分かりやすく記載されるべきであるという新様式判決書の基礎にある考え方を採用し，「事実の記載においては，請求を明らかにし，かつ，主文が正当であることを示すのに必要な主張を摘示しなければならない。」(本条 2 項) と規定している。この請求を明らかにするとは，審判の対象が何かを判決書に明示することによって，判決の効力である既判力の客観的範囲を判決書上から明らかにしようとする趣旨である。ここにいう「請求」とは，訴訟の審判の対象である「訴訟物」と同義であり，「請求の趣旨」の記載のみで特定される場合はその記載のみをもって足りることになるが，その記載だけからは「請求」が明らかにならない場合 (金銭の給付請求の場合など) には，訴訟物の特定のために必要な範囲で請求原因事実をも示さなければならないことになる。さらに「事実」の記載においては，当事者の主張のうち，主文が正当であることを示すのに必要な主張を摘示しなければならない。争点に対する判断を基本とする場合には，判決書の記載事項としても，当該訴訟における当事者の主張のすべてを判決書に記載することは必ずしも必要ではなく，むしろ，主文を導くのに必要な主張を記載すれば足りると考えられるからである[58]。

(3) 新法における事実の意義

このような本条 2 項の趣旨からすれば，主位的請求や選択的な請求の一方を認容するときは，主文の結論に影響を及ぼさない予備的請求や選択的な他方の請求についての主張は事実として摘示する必要はないことになる[59]。また，請求棄却の判決の場合は，請求原因事実の記載は要するが，請求原因事実が認められないのであれば，抗弁以下の事実を記載する必要はないこととなる。さらに，請求認容の判決の場合，請求原因が認められ，抗弁事実が認められないと

---

[57] 兼子・研究(2) 42 頁以下，三ヶ月・双書〔3 版〕344 頁，菊井＝村松 I 1214 頁，兼子ほか・条解〔2 版〕1403 頁〔竹下＝上原〕。

[58] 一問一答 292 頁。

きは，再抗弁以下の事実を記載する必要はないこととなる[60]。また，「事実」とは，訴訟物たる権利関係に関連する法律効果の基礎として当事者から主張された主要事実のみならず，それに関連する重要な間接事実をも意味することになる[61]。もっとも，主要事実と間接事実の区別，とりわけ，「過失」や「正当事由」など法律要件が抽象的概念で規定されている場合（民1条2項3項・90条・709条，借地借家28条など）は，その基礎となる具体的事実が主要事実か間接事実かについては見解が分かれており，かつては，間接事実説が有力であったが，近時は，それぞれの評価の前提となる具体的な事実が主要事実になると解する見解が有力である[62]。そして，実務では，間接事実説に立つ場合であっても，具体的な事実を重要な間接事実とみて，これを摘示している[63]。

(4) 事実の記載方法

(ア) 一般的な説明　口頭弁論に現れた当事者双方の主張を，口頭弁論終結時を基準として，整理・要約して記載する。訴訟の途中で撤回された主張は，相手方当事者が撤回に異議を述べ，裁判所が撤回の可否について判断しなければならない場合を除き，記載しない[64]。当事者が口頭弁論で陳述した主張に限られるから，証拠資料中の事実を当事者の主張として取り扱うことは許されな

---

59) 江見・前掲注14) 248頁，宮﨑・前掲注14) 358頁。なお，吉川・前掲注14) 133頁は，このような場合でも，判決書の記載から「請求」を明らかにするために，予備的な請求や選択的な他方の請求を特定するに足りる程度の主張は摘示すべきであるとする。これに対し，旧法下では口頭弁論に現れた全訴訟資料を原則として網羅すべきであるから，第一審としての判断に必要がないと考えられるものの摘示も遺脱すべきでないとされていた（法律実務(5)71頁）。

60) 江見・前掲注14) 248頁，吉川・前掲注14) 134頁，宮﨑・前掲注14) 358頁。

61) 伊藤〔4版補訂版〕488頁。これに対し，旧法下では，判決書に記載すべき事実は通常「主要事実」を指すものとされていた（村松・前掲注1) 755頁，斎藤ほか編・注解民訴(4) 455頁〔小室＝渡部＝斎藤〕）。なお，菊井＝村松Ⅰ1213頁は，間接事実のうち全くの事情にすぎないものは記載を要しないが，その事実があれば主要事実が通常認められるというような重要な間接事実については記載すべきとする。

62) 田尾桃二「主要事実と間接事実に関する二，三の疑問」兼子還暦中269頁，菊井＝村松Ⅰ785頁以下，新堂〔5版〕476頁以下，伊藤〔4版補訂版〕299頁以下などを参照。

63) 村松・前掲注1) 755頁，賀集・前掲注1) 11頁，菊井＝村松Ⅰ1213頁，10訂起案の手引44頁以下。

64) 菊井＝村松Ⅰ1212頁，1213頁。

いし，準備書面に記載があってもこれを口頭弁論で陳述していないときは，同様である。主張は黙示的にもされることがあり，主張がされているかどうかは陳述全体の趣旨から客観的に判断する必要がある。当事者の主張内容は，判決書自体から明らかにならなければならないから，他の書面を引用して「訴状記載のとおり」などと記載することは許されないが，書面を別紙として判決書に添付することは許される[65]。控訴審判決では，第一審判決の事実記載の引用が許されるが（規184条），差戻前の同審級の判決の引用は違法とされている（大判昭11・5・20民集15巻849頁）。主張自体失当と考えられる主張の摘示の要否は，その主張が法律上全く無意味と考えられるか否かや当事者の主張全体の中でどの程度の重要性を占めるかなどを総合的に考慮して決するほかないが，摘示した場合には，理由中でそれが失当である旨の判断を示す[66]。当事者の法律上の主張は，それが特に事実関係の理解に必要な場合や当該事件の中心的争点となっている場合を除き，記載しないのが普通であり，訴訟要件に関する事項も，争いがない限り原則として記載しない[67]。訴訟の審理中に生じた出来事は，判決理由中の判断に影響するもの（例えば，訴訟係属中の当事者の死亡，遅延損害金の起算日である訴状送達の日など）は記載すべきである[68]。当事者の不出頭に関する事実は，擬制自白（159条3項）に関するときは記載すべきである（大判昭9・7・5民集13巻1283頁）。証拠関係は必要的記載事項ではなくなり，訴訟記録中の調書の記載の引用（旧191条2項但書）も不要となった[69]。

　(ｲ)　**事実記載の順序・方法**　　いわゆる在来様式と新様式があることは，上述のとおりである。

　　(a)　**在来様式の場合**　　第1に「当事者の求めた裁判」として，請求の趣旨を記載し，訴訟費用の負担および仮執行宣言の申立てがある場合はこれを

---

65)　10訂起案の手引45頁，菊井＝村松Ⅰ 1216頁。
66)　10訂起案の手引43頁。
67)　斎藤ほか編・注解民訴(4) 455頁〔小室＝渡部＝斎藤〕，菊井＝村松Ⅰ 1214頁，1215頁。
68)　菊井＝村松Ⅰ 1215頁，斎藤ほか編・注解民訴(4) 455頁〔小室＝渡部＝斎藤〕。
69)　兼子ほか・条解〔2版〕1404頁〔竹下＝上原〕。旧法191条1項2号の「事実及争点」には，証拠方法が含まれると解されていた（前掲注6）。なお，申出はあったが採用されなかった証拠方法の記載の要否については見解が分かれていたが，不要説が有力であって，実務上も記載されていなかった（菊井＝村松Ⅰ 1215頁）。

〔久保井〕

記載し，被告の請求の趣旨に対する答弁を記載し，訴訟費用の負担および仮執行免脱宣言の申立てがあるときはこれらを記載する。第2に「当事者の主張」として，原告の請求原因事実，これに対する被告の認否，被告の抗弁事実，これに対する原告の認否，原告の再抗弁事実，これに対する被告の認否というように，主張立証責任の原則に従って記載する。当事者が口頭弁論で陳述した主張に限られるが，その陳述の順序にとらわれず，理論的にその順序を考えて記載する。認否は，法律効果を生じさせる要件となる事実について行い，どの事実を認め，どの事実を否認し，どの事実は不知（159条2項）であるかを正確に表示する。自白の撤回（自白を撤回できる場合について，最判昭25・7・11民集4巻7号316頁参照）があり，相手方当事者が異議がある場合は，その旨を記載し，理由中で撤回の効力について判断する。擬制自白（159条1項）が成立する場合は，争うことを明らかにしない旨記載する方法と，認否欄を空白にする方法がある[70]。

　　(b)　新様式の場合　　記載の順序や内容については，概要，次のとおり説明されている[71]。第1に，「請求の趣旨」の記載は，在来様式のとおりとするが，訴訟費用および仮執行宣言に関する申立て，「請求の趣旨に対する答弁」は省略する[72]。第2に，重複記載を避けるため，項目を「事実」と「理由」に分けずに「事実及び理由」と一括し，「事案の概要」，「争点に対する判断」の全体を通じて事実および理由を記載する。「事案の概要」は，当該紛争の類型や中心的な争点を概説するもので，「争点に対する判断」の記載と総合して主文が導かれる論理的過程を明らかにするものである。したがって，「事案の概要」欄の冒頭で，紛争の概要を簡潔に記載して訴訟物を明らかにし，あるいは争いのない事実や争点として摘示される事実や主張が実体上どういう意味を持つのかを明らかにするのが相当であるし，中心的争点以外の事実主張も主文を

---

70)　請求原因以下の具体的な記載方法等については，10訂起案の手引35頁以下参照。
71)　前掲 I 2(2)(ア)「民事判決書の新しい様式について」3頁以下，10訂起案の手引90頁以下。
72)　前掲注71)「民事判決書の新しい様式について」3頁。これに対し，小林・前掲注8) 14頁，旧注釈民訴(4)171頁〔渋川満〕は，職権で判断される訴訟費用負担の申立ては省略可能であるが，仮執行（または免脱）宣言に関する申立てについては記載すべきであり，請求の趣旨に対する答弁の省略にも反対する。

導き出すのに必要不可欠なものである限り，概括的に記載する必要がある。「事案の概要」は，「争いのない事実」と「争点」とに分けて記載するのが一般的であるが，事案に応じて，全体として判決書の記述を分かりやすくするため，主文を導くために判断が必要で証拠によって認定する事実関係も含めて，「前提事実」とか「争いのない事実等」の見出しの欄に，証拠で認定した旨を付記して記載した方がよい場合もある。中心的争点以外の争点には結論を導くために判断が必要なものと，そうでないものとがあり，前者については記載を欠くことができないが，後者の記載は不要である[73]。

3　理由（本条1項3号）

(1)　理由記載の意義

裁判は，結論のみを当事者に示せば足りるものではなく，必ずそれが法律によってされた裁判であることの理由づけを示さなければならない。原告の請求はもちろん，当事者の個々の攻撃防御方法も，法規を大前提とし，事実を小前提として，推理・判断した結論という形で主張されるが，裁判はその当事者の主張が主張どおりであるかをいちいち判断して請求の当否を判断するものであり，その経過を記載して明らかにするのが判決書の理由である。したがって，争いのない事実についてはその旨を確定し，争いがある事実についてはどのような証拠によってどのように確定したかを明らかにし，それに対してどのような法律を適用したかを示して，主文に掲げる結論を導き出した過程を論理的な順序を追って明らかにしなければならない。「理由」が判決書の必要的記載事項とされたのは，主文に掲げる結論を導き出した判断過程をこのような三段論法の形式によるものとして，判断者の恣意を排除し，判断の客観性・合理性を

---

[73] なお，実際の判決書の起案では，どの事実を「争いのない事実等」欄に記載して，どの事実を「争点」欄に記載すべきかという振り分けの問題（当事者が真剣に争っている事実を軽微な争点にすぎないものとして安易に「争いのない事実等」に記載すべきではないし，末梢的な事実にすぎないものを「争点」に掲げて何が主要な争点かが不明確にならないように留意すべきである）や，争いのない事実等の記載場所の問題（争いのない事実等であっても中心的な争点に密接に関連する場合には「争点」欄にその事実を記載して，争いのない旨または証拠を付記する方がわかりやすい事案もある）なども生じる（宮﨑・前掲注14）364頁。なお，二宮・前掲注14）42頁，瀬木・前掲注14）「民事訴訟実務と制度の焦点」366頁以下など参照）。

担保しようとしたものである[74]。

(2) 理由記載の程度・方式

　結論に至る過程に必要な判断はすべて欠くことはできないが，あくまで当該具体的事件に即した無駄のない簡潔な表現を用いて，請求の当否を判断するのに必要な限度で記載されるべきである。したがって，例えば，弁済と消滅時効の抗弁が提出されている場合，いずれかの抗弁が認められれば，他の抗弁についての判断を省略して，請求を棄却することができる[75]。在来様式の判決では，事実欄に記載した請求原因，抗弁，再抗弁……という主張立証責任に基づく論理的記載の順序に従って，事実の存否につき判断を行い，認定をした事実について法律判断を記載する。これに対し，新様式の判決では，中心的争点についての判断は認定事実とこれに関連する具体的証拠との結びつきをできるだけ明確にしながら，丁寧に記述しなければならないが，それ以外の争点については，主文が導かれる論理的過程を明らかにするのに必要な限度で，概括的に判断が示されていれば足りる。争点に対する判断の記載の構成については，最初に認定事実を一括して記載し，次にこれを引きながら争点の判断をする方法，争点ごとに関係する認定事実とこれに基づく判断とをまとめて記載する方法があるが，事案に応じて適切な方法を選択すべきである[76]。

(3) 事実の確定

　(ア) **証拠を要しない場合**　当事者間に争いのない事実（179条）は，弁論主義が妥当する領域である限り，そのまま判決の基礎としなければならない。在来様式の判決書では，主張事実および自白を共に事実欄に摘示した上で，「請求原因事実はすべて当事者間に争いがない」とか「抗弁1の事実は，原告が明らかに争わないから自白したものとみなす」（159条1項の場合）などと記載する。ただし，弁論主義が制限され，自白法則の適用がない人事訴訟事件などでは必ず証拠による認定が必要となるし，自白と異なる認定をしても違法となら

---

[74] 菊井＝村松Ⅰ1216頁，斎藤ほか編・注解民訴(4)458頁〔小室＝渡部＝斎藤〕，村松・前掲注1）757頁。

[75] 菊井＝村松Ⅰ1217頁，斎藤ほか編・注解民訴(4)458頁〔小室＝渡部＝斎藤〕，村松・前掲注1）758頁。

[76] 前掲注71）「民事判決書の新しい様式について」4頁，10訂起案の手引92頁。

ない。裁判所に顕著な事実（179条）も証拠で認定する必要はなく，「○○の事実は，当裁判所に顕著である」と記載する。平均余命の年数，労働者の平均賃金の額等は反対説もあるが，実務では顕著な事実とする例が多いようである。訴状送達の日などの訴訟上の出来事も，顕著な事実の一種と解されている[77]。顕著であることの理由まで説明する必要はない[78]。

　(イ)　**証拠による場合**

　　(a)　**事実認定**　　争いのある事実については，裁判所に顕著な事実の場合を除いて，必ず証拠と弁論の全趣旨によって認定しなければならない[79]。裁判官は取り調べた証拠の証明力を評価して，要証事実の存否についての判断を形成していく[80]。証拠の証明力の評価は，裁判官の自由心証に委ねられており（247条），その判断が経験則，論理法則に適い，通常の事態と認められる場合には，証拠を排斥する理由はいちいちこれを判示することを要さず（最判昭25・2・28民集4巻2号75頁，最判昭32・6・11民集11巻6号1030頁，最判昭37・9・18裁判集民62号517頁，最判昭39・9・25裁判集民75号499頁，書証の一部分を採用し他の部分を排斥する場合について，最判昭37・3・22裁判集民59号481頁，最判昭38・3・19裁判集民65号231頁），心証形成の過程を判示する必要はない（最判昭56・11・13裁判集民134号227頁）。しかし，その判断が通常の事態とはいえ

---

77)　10訂起案の手引62頁。これに対し，斎藤ほか編・注解民訴(4)459頁〔小室＝渡部＝斎藤〕は，その訴訟における個々の訴訟行為は「顕著な事実」に属しないが，「訴訟記録から明らかである」と判示すれば足りるとする。

78)　斎藤ほか編・注解民訴(4)459頁〔小室＝渡部＝斎藤〕。

79)　菊井＝村松 I 1217頁。なお，ここにいう弁論の全趣旨とは口頭弁論に現れた一切の訴訟資料から証拠調べの結果を除いたものである（菊井＝村松 I 1162頁，伊藤〔4版補訂版〕351頁）。

80)　判決理由，事実認定に関する参考文献については，旧注釈民訴(4)156頁，173頁〔渋川〕に詳細に紹介されている。そのほか近時のものとして，田尾桃二＝加藤新太郎・民事事実認定〔1999〕，後藤勇・民事裁判における経験則〔1990〕，同・続・民事裁判における経験則〔2003〕，滝澤泉ほか・民事訴訟における事実認定〔2007〕，伊藤眞＝加藤新太郎編・〔判例から学ぶ〕民事事実認定〔2006〕，田中豊・事実認定の考え方と実務〔2008〕，土屋文昭「事実認定再考」自由と正義48巻8号〔1997〕72頁，吉川愼一「事実認定の構造と訴訟運営」自由と正義50巻9号〔1999〕62頁，村田渉「推認による事実認定例と問題点」判タ1213号〔2006〕42頁。

〔久保井〕

ない場合にはそのような認定の根拠理由を明示すべきである（最判昭43・3・1裁判集民90号535頁）[81]。そのような意味合いから，書証については，その記載および体裁から特別の事情がない限り，その記載どおりの事実を認めるべき場合（協定書，契約書について最判昭42・12・21裁判集民89号457頁，売買契約公正証書等について最判昭45・11・26裁判集民101号565頁，売買契約書について最判昭47・3・2裁判集民105号225頁，遺言書について最判平13・3・13判時1745号88頁など）は，特にそれを採用しなかった理由を明らかにする必要があり，何ら理由を示すことなく，その書証を排斥するのは理由不備の違法があるとするのが判例である（最判昭32・10・31民集11巻10号1779頁，最判昭37・3・1裁判集民59号9頁，前掲最判昭43・3・1，最判昭59・3・13裁判集民141号295頁など）。もっとも，手紙や陳述書などの報告文書では，成立が認められても記載内容の事実が直ちに肯定されることにはならない[82]。書証の成立に関する判断は，判決書の必要的記載事項ではないが（最判平9・5・30判時1605号42頁），文書の成否自体が重要な争点となっている場合には，当該文書の成否に関する判断およびその理由を記載することが必要である（最判昭45・10・30裁判集民101号313頁）。これに対し，人証[83]については，証拠方法としての性質上一般的にはそのような必要はなく，証人の供述中に認定事実に反する趣旨の部分がある場合でも，その部分を証拠として採用しなかった旨判示する必要はなく，その供述内容と判決文の認定事実を対比して，どの部分を採用し，どの部分を排斥したかが了知できれば足りるとするのが判例である（最判昭37・3・23民集16巻3号594頁）。もっとも，判例の見解を前提としても，経験則上，通常採用すべき証言を採用しなかったとき，または通常採用すべきでない証言を採用したときなどは，その理由を説明すべきである（最判昭31・10・23民集10巻10号1275頁，最判昭

---

81) 兼子ほか・条解〔2版〕1405頁〔竹下＝上原〕。
82) 菊井＝村松Ⅱ595頁。伊藤〔4版補訂版〕400頁。なお，報告文書の具体例，機能等については，証拠法体系(4)13頁以下参照。
83) 人証の証拠評価等に関する文献としては，鈴木重信「人証と証拠評価に関する問題について」中村古稀277頁，鈴木重信「証言の証明力の評価」自由と正義31巻5号（1980）54頁，野村秀敏「証言の証拠能力と証拠力(1)」「同（2・完）」民商98巻5号64頁，同98巻6号57頁〔1988〕，加藤新太郎「人証の証拠評価と事実認定」曹時59巻1号（2007）1頁など。また，10訂起案の手引65頁以下参照。

38・12・17裁判集民70号259頁など)[84]。間接事実から主要事実を推認する場合についても，経験則上通常のそれと異なるときは同様に説明をすべきである（最判昭24・4・28民集3巻5号164頁，最判昭36・8・8民集15巻7号2005頁，最判昭50・10・24民集29巻9号1417頁)[85]。理論上は，弁論の全趣旨（247条）は証拠調べの結果に対して補充的なものではないから，証拠調べをしないで弁論の全趣旨のみによって争いのある事実を認定することも全く不可能ではない。しかし，主要事実についてそのような認定ができることは少なく，実務ではほとんど行われていない[86]。経験則上，当然に一定の主張をしまたは一定の証拠を提出すべきであるのにこれを提出せず，または時機に後れて提出するような場合は，弁論の全趣旨として考慮されることになる。

　(b)　証拠挙示の方法　証拠によって事実を認定する場合は，認定の基礎となった証拠を個別，具体的に記載しなければならないが，証拠の標目等によって，どの証拠か認識できる程度に簡潔に示せば足り，その内容まで摘示することを要しない（大判大7・7・15民録24輯1453頁）。数個の証拠を総合して事実を認定する場合，どの証拠によりどの事実を認定したか，その個々の内容までいちいち判示する必要はなく，記録を照合してこれを明らかにできれば足りる（最判昭41・12・23裁判集民85号869頁）。事実を認定しない場合は，認定するに足りる証拠がないことを説明し，要証事実が不存在であることや反対事実が存在することまでを認定する必要はない（立証責任の分配）。弁論の全趣旨は審理の過程に現れた一切の模様状況をいうから，これを明確に表示することは実際上困難であり，具体的に判示しなくても記録上明らかであれば足りる（最判昭30・11・8裁判集民20号373頁，最判昭36・4・7民集15巻4号694頁，最判昭39・3・12裁判集民72号459頁）。認定事実と証拠との関係について，関係証拠を認定事実の冒頭あるいは末尾にまとめて記載する方法と，小項目または個々の事実ごとに関係証拠を挙げる方法があるが，事案に応じてふさわしい記載方法を選択すべきである。また，中心的争点についての判断を丁寧にするという新様式判決書の考え方からすれば，証拠判断は，その事案における具体的な重

---

84)　菊井＝村松 I 1217頁，1218頁，伊藤〔4版補訂版〕491頁，492頁。
85)　菊井＝村松 I 1218頁，伊藤〔4版補訂版〕491頁，492頁。
86)　菊井＝村松 I 1163頁，10訂起案の手引66頁。

〔久保井〕

要性を考慮してどの程度に記載するかを決め，証拠を採用する理由または排斥する理由は，証拠の評価が勝敗を決するような場合には分かりやすく丁寧に説示するが，それ以外の場合は記載をしないということになろう。書証の成立に関する判断は原則として記載しないこととなるが，書証の成立の真否が実質的に争われている場合には，その成立に関する判断をできるだけ分かりやすく記載すべきである[87]。

(4) **法律の解釈，適用**

法規の解釈が争点となっているような場合を除いて，法律適用の結果を示せば足り，その解釈適用の論拠を示す必要はない（最判昭37・6・19裁判集民61号267頁，最判昭37・11・22裁判集民63号307頁，最判昭43・3・12民集22巻3号562頁）。なお，実体法については，事実認定によりその適用した法条が明らかになる場合が多く，これを明記することは少ないが，特別法その他余り知られていないような法条については，これを明記するのがよい場合もある[88]。訴訟費用や仮執行宣言に関する法令の適用については，在来様式の判決書では，判決書の理由欄の末尾に適用法条を記載しているが，新様式では記載を省略している。また，在来様式では，訴訟費用負担の例外の場合や仮執行宣言の申立てを却下する場合などに理由中で説明をしていたが，新様式判決ではその記載も省略できると説明されている[89]。

(5) **理由不備または理由の食違い**

判決に理由不備または理由の食違いの瑕疵があるときは，上告理由となる（312条2項6号）。理由不備とは理由が全く付されていない場合ばかりではなく，理由の一部が欠け，主文の根拠付けが不足している場合を含む。理由の食違いは，旧法では理由齟齬と呼ばれていたものであり（旧395条1項6号），理由としての論理的一貫性を欠き，主文における判断を正当化するに足りないと認められる場合を指す[90]。その中でも重要な事項について判断を落とした場合は再審事由となる（338条1項9号）。控訴審では，一審判決の理由に不備の点があ

---

87) 前掲注71)「民事判決書の新しい様式について」12頁，13頁，10訂起案の手引93頁。
88) 菊井＝村松Ⅰ1218頁。
89) 10訂起案の手引86頁，前掲注71)「民事判決書の新しい様式について」13頁。
90) 菊井＝村松Ⅲ244頁，伊藤〔4版補訂版〕705頁。

っても結論が同じであれば，また，理由が誤っていても他の理由によってその結論が結果的に是認されれば，控訴は棄却される（302条2項）。

4　口頭弁論の終結の日（本条1項4号）

(1)　意　義

口頭弁論の終結の日は，旧法では必要的記載事項とされていなかったが（旧191条1項参照），判決確定により生ずべき既判力の基準時を明確にするために，必要的記載事項とされたものである[91]。

(2)　記載方法

判決書の冒頭部分に事件番号・事件名の次に記載する例が多い。なお，判決言渡しの日は裁判所書記官が付記することになっているため（規158条），通常これを記載しない。また，判決書作成の日付も通常記載されない[92]。

5　当事者及び法定代理人（本条1項5号）

(1)　当事者

(ｱ)　当事者の特定　　当事者は判決の名宛人であり，判決効の主観的範囲を定めるのに不可欠であるので（115条1項1号，民執23条1項1号），判決書には当事者を他と識別できる程度に特定して記載しなければならない（大判大8・3・4民録25輯372頁）。通常は，その者の氏名および住所をもって特定するが，不十分な場合は職業を記載することもある（旧244条1号参照）。氏名が戸籍上の記載と違うときは「AことB」と記載する。住所がないときまたは知れないときは「住所不明」とした上で居所を記載し，いずれも不明のときは「住居所不明」とした上で最後の住所を記載する。人事訴訟や登記登録関係訴訟については，公簿記載の便宜のために，それぞれ「本籍」や「登記（登録）簿上の住所」を記載している。法人その他の団体（29条）については，その名称（商号など）および事務所の所在地を記載し，会社の場合は，事務所の所在地として商業登記簿上の本店所在地を記載するのが通例である[93]。

(ｲ)　表示すべき当事者と記載方法　　一定の資格に基づいて当事者となっている者については，例えば「破産者○○破産管財人」（破74条・80条），「更正

---

91)　一問一答290頁。
92)　10訂起案の手引4頁。
93)　10訂起案の手引5頁以下。

〔久保井〕

§253 Ⅱ

会社○○株式会社管財人」（会更67条・74条），「亡A遺言執行者」（民1012条），「○○地方検察庁検事正」（民744条，人訴12条3項など），「選定当事者○○」（30条）など，その資格をも表示すべきである。訴訟担当の場合の本人は当事者ではないが，その者にも判決効が及ぶことを明らかにするため，例えば「債務者甲代位債権者乙」と当事者乙の肩書を表示して本人甲を特定したり，「選定者は別紙選定者目録記載のとおり」などと表記する。当事者参加人（47条・50条）は当事者であるから記載しなければならない。この場合の脱退者（48条）は，当事者ではないが，判決の効力が及ぶので，当事者欄に表示する。補助参加人（42条）も判決の効力が及ぶため記載するのが適当である。これに対し，訴訟告知の被告知者（53条4項）の記載は不要とされており，実務でも記載されていない[94]。当事者の記載は，口頭弁論終結当時の当事者を表示する。それ以前に訴訟の承継等があって当事者が変更した場合は，新たに当事者となった者を「亡○○訴訟承継人○○」などと肩書を付記して記載するのが通例である[95]。当事者の表示は，その審級での当事者としての地位（一審では，原告，被告，本訴原告兼反訴被告，控訴審では，控訴人，被控訴人，被控訴人兼附帯控訴人，上告審では上告人・被上告人など）も記載する[96]。なお，必要的共同訴訟人の1人が上訴した場合は，他の共同訴訟人も上訴の当事者として表示しなければならない（大判大9・5・13民録26輯699頁）。

　(ｳ)　**表示の瑕疵**　　当事者の表示の不完全は，判決書全体から補われうるが，結局それが不明確なときは上訴理由となり，既判力・執行力も生じない。なお，当事者の表示は，事実と多少異なっても，特定識別ができれば違法ではなく（大判明37・5・10民録10輯651頁，大判明39・4・18民録12輯617頁，大判大8・9・4民録25輯1580頁），更正決定（257条1項）が可能である[97]。

---

94)　菊井＝村松Ⅰ1219頁，兼子ほか・条解〔2版〕1406頁〔竹下＝上原〕，斎藤ほか編・注解民訴(4)443頁〔小室＝渡部＝斎藤〕。また，記載例等については，塚原編著・前掲注24）3頁以下参照。

95)　このような肩書は，理論上必要とされるわけではないが，従前の記録中に現れている当事者の氏名との連続性を一見して明らかにするため記載されている（10訂起案の手引5頁）。

96)　反対，中野・前掲注7）336頁。なお，控訴審での当事者の表示の記載例については，井上・前掲注15）42頁以下。

〔久保井〕

(2) 法定代理人

　法定代理人または法人の代表者は，当事者が無能力者または法人その他の団体である場合にこれに代わって訴訟追行に当たる者であり，訴訟行為が訴訟追行権のある者により適法にされたことを明確にするために必要的記載事項とされており，送達先の名宛人もその者となる（102条1項）。実務では，「同法定代理人後見人A」（民843条・859条），「同代表者代表理事A」（37条），「同特別代理人A」（35条）などと法定代理人の地位を基礎づける資格を付して記載している。法人の代表者はその住所を特に記載しないが，これは法人の事務所等に送達するのが通例だからである（103条1項）。なお，訴訟中に法人の代表者が代表権を失った場合において，旧代表者から委任を受けた訴訟代理人がある場合には，代表権消滅の事実が相手方に通知されていなくても，判決に新代表者を表示することが許される（最判昭43・4・16民集22巻4号929頁）が，これらの代理人等の表示は代理権等の存在を確定するまでの意義を持つわけではない。また，法定代理人の表示の欠缺または不完全は事後に更正決定をすれば足り，判決そのものを違法とするものではない（大判昭9・11・27民集13巻2183頁）[98]。

(3) 訴訟代理人

　訴訟代理人は，法定代理人と異なり，必要的記載事項ではないから，記載しなくても違法ではない（最判昭33・1・23民集12巻1号72頁）。しかし，実務では，当該訴訟の追行者を明確にし（312条2項4号参照），また，送達の便宜のために（ただし当事者本人に送達することを妨げない。最判昭25・6・23民集4巻6号240頁），「訴訟代理人弁護士A」，「訴訟復代理人弁護士B」，「訴訟代理人支配人C」（商21条1項）などと肩書を付して記載している。訴訟代理人が多数の場合には，訴訟活動を全くしなかった者の記載を省略する例もある。また，訴訟代理人の住所は記載しないのが通例である[99]。補佐人（60条）の記載も必要

---

[97] 以上について，兼子ほか・条解〔2版〕1406頁〔竹下＝上原〕，斎藤ほか編・注解民訴(4)442頁〔小室＝渡部＝斎藤〕。

[98] 以上について，斎藤ほか編・注解民訴(4)443頁，444頁〔小室＝渡部＝斎藤〕，兼子ほか・条解〔2版〕1406頁，1407頁〔竹下＝上原〕，10訂起案の手引7頁参照。また，記載例等については塚原編著・前掲注24）45頁以下参照。

的でないが，近時の実務では記載している例もある。

6　裁判所（本条1項6号）

(1) **意　義**

ここにいう「裁判所」とは，狭義の裁判所ではなく，受訴裁判所を構成する裁判官が所属する官署としての裁判所である[100]。裁判所の記載がなくても，判決に署名した裁判官の属する裁判所が顕著のときは上告理由にならない（大判明34・2・2民録7輯2巻12頁）。合議審判をする下級裁判所およびその支部には「部」が設けられており（下事規4条），実務では事務処理の便宜上「部」まで記載されている[101]。受訴裁判所を構成して判決に関与した裁判官の表示は，末尾の署名（規157条）で明らかであるから，別に記載する必要はない。

(2) **判決をした裁判官の署名押印（規157条1項）**

(ア) **規則事項**　裁判官の署名押印は，旧法では法律事項とされていたが（旧191条1項），判決書の記載事項としては細目的なものであることから，規則事項とされた[102]。判決をした裁判官とは，その基本となる口頭弁論に関与した裁判官を意味し（249条1項），判決言渡しのみに関与した裁判官は署名押印すべきではない。

(イ) **署名押印することに支障があるとき**　合議体の裁判官が判決書に署名押印することに支障があるときは，他の裁判官が判決書にその事由を付記して署名押印しなければならない（規157条2項）。ここでいう支障とは，病気欠勤や出張など一時的なものだけではなく，転任，退官，死亡など永久的なものも含む。弁論終結から署名押印までにこれらの支障が生じたことによって，判決内容の決定に関与した裁判官が署名押印できなくなったときには，他の裁判官が判決書にその事由を付記して署名押印するが，必ずしも支障の内容を具体的に明らかにする必要はなく，「差支えにより」というような抽象的な記載でも足

---

99) 以上について，斎藤ほか編・注解民訴(4)444頁〔小室＝渡部＝斎藤〕，兼子ほか・条解〔2版〕1406頁，1407頁〔竹下＝上原〕参照，10訂起案の手引8頁参照。

100) 菊井＝村松Ⅰ1220頁，兼子ほか・条解〔2版〕1407頁〔竹下＝上原〕，斎藤ほか編・注解民訴(4)464頁〔小室＝渡部＝斎藤〕。

101) 菊井＝村松Ⅰ1220頁，兼子ほか・条解〔2版〕1407頁〔竹下＝上原〕，斎藤ほか編・注解民訴(4)464頁〔小室＝渡部＝斎藤〕。

102) 条解規則〔初版〕328頁。

りる（大判大8・5・3民録25輯814頁）。なお，退官または転任した裁判官が身分を失った後に判決内容の決定に関与した当時の資格で判決原本に署名押印できるかについては，消極に解すべきである（最判昭48・4・26裁判集民109号225頁）[103]。転任の場合は，反証がない限り転任前の署名押印と推定される（最判昭25・12・1民集4巻12号651頁）。「他の裁判官」とは，共にその判決に関与した裁判官を指し，通常はそのうち上席の裁判官が署名押印する。3名の合議体のうち2名について支障がある場合でも，残りの1名が署名押印すれば差し支えない（大判昭15・3・9民集19巻373頁）。この規定は合議体の裁判についてだけ適用があり，規則化に当たってその点が明確にされた[104]。合議体の裁判官全員について支障があるとき，または単独体の裁判官について支障があるときには，そのままでは判決原本の作成ができないから，支障がなくなって原本が作成できるまで言渡しを延期するか，裁判官が交替して弁論を再開するほかなく，裁判官の署名押印またはその補充を欠く判決原本は未完成であるから，これに基づく言渡しは違法であり，完成した上で改めて言渡しをすべきである[105]。

Ⅲ 任意的記載事項

事務処理上の便宜などのため，実務上記載されている事項がある。

1 事件番号・事件名

判決書の冒頭には，事件を特定して裁判所内部の事件処理関係を明確にするため，「平成〇年（ワ）第〇号建物明渡請求事件」などと，事件符号（民事事件記録符号規程参照），事件番号（毎年訴えの提起順に事件の種類別に一連番号を付ける），事件名を記載する。事件名は，記録の表紙に「事件の標目」として記載されており，原告が訴状に記載した事件名を踏襲するのが例である。いったん事件名が定まると，その後訴えの変更などにより事件の内容が変わり，事件名がこれにそぐわないようになっても，これに応じて事件名を変えるようなこと

---

103) 菊井＝村松Ⅰ1220頁，兼子ほか・条解〔2版〕1407頁〔竹下＝上原〕，斎藤ほか編・注解民訴(4)464頁〔小室＝渡部＝斎藤〕。
104) 条解規則〔初版〕329頁。
105) 兼子ほか・条解〔2版〕1407頁〔竹下＝上原〕，菊井＝村松Ⅰ1220頁。

は原則としてしない[106]。

2　表　題

判決の内容を一見して明らかにするため，その種類に応じて「判決」,「中間判決」(245条)，「変更判決」(256条)，「追加判決」(258条) と表示する。手形小切手訴訟の判決書または判決書に代わる調書には，「手形判決」,「小切手判決」と表示しなければならず（規216条・221条），また，少額訴訟の判決書または判決書に代わる調書には「少額訴訟判決」と，その異議後の判決書または判決書に代わる調書には「少額異議判決」と表示しなければならない（規229条1項・231条1項）。

3　その他

判決原本を作成した裁判官の1人（通常は主任裁判官）が，判決書に契印をするが[107]，それを欠いても連続性が認められる限り，判決原本が無効となるものではなく（最判昭25・1・26民集4巻1号11頁），また，加除挿入箇所には訂正印を押捺するが，それを欠いても判決は違法にならない（大判明43・2・22民録16輯117頁）。また，裁判所書記官は，判決言渡し後判決原本の交付を受けたら，これに言渡日，交付の日を付記して押印しなければならない（規158条）が，この付記，押印を欠いても判決の効力には一切影響はない[108]。

IV　本条の適用

本条は，終局判決（243条）のみならず，中間判決（245条），変更判決（256条），追加判決（258条）にも適用がある。また，判決に関する規定は，決定および命令にもその性質に反しない限り準用される（122条）。決定および命令について裁判書を作成する場合には，本条が準用される[109]。この場合，当事者，主文，裁判所の記載は常に必要とされるが，事実および理由の記載は，訴訟指

---

106) 以上について，10訂起案の手引3頁，4頁。
107) もっとも，近時の実務では，連続性を保持するために判決書の下部等に頁数を記載するのが通例である。
108) 条解規則〔初版〕330頁。
109) 菊井＝村松Ⅰ1348頁，兼子ほか・条解〔2版〕650頁〔竹下＝上原〕，斎藤ほか編・注解民訴(4)439頁〔小室＝渡部＝斎藤〕。

〔久保井〕

揮や執行処分のような処分的性格の裁判には不要である。しかし，抗告に服する裁判については事実および理由を記載すべきである[110]。また，簡易裁判所の判決書の記載事項については，簡略化がされている（280条）。

〔久保井恵子〕

---

[110]　兼子ほか・条解〔2版〕650頁〔竹下＝上原〕，秋山ほかⅡ〔2版〕527頁，賀集ほか編・基本法コンメ(1)〔3版〕305頁〔和田日出光〕，三宅＝塩崎＝小林編・注解Ⅱ570頁〔塩崎勤〕。

§254 I

(言渡しの方式の特則)

第254条 ① 次に掲げる場合において，原告の請求を認容するときは，判決の言渡しは，第252条の規定にかかわらず，判決書の原本に基づかないですることができる。
　一　被告が口頭弁論において原告の主張した事実を争わず，その他何らの防御の方法をも提出しない場合
　二　被告が公示送達による呼出しを受けたにもかかわらず口頭弁論の期日に出頭しない場合（被告の提出した準備書面が口頭弁論において陳述されたものとみなされた場合を除く。）
② 前項の規定により判決の言渡しをしたときは，裁判所は，判決書の作成に代えて，裁判所書記官に，当事者及び法定代理人，主文，請求並びに理由の要旨を，判決の言渡しをした口頭弁論期日の調書に記載させなければならない。

I　本条の趣旨

　本条は，判決の言渡しは判決書の原本に基づいてするとの原則（252条）の例外を定めるものである。被告が口頭弁論において原告の主張した事実について自白をした事件その他の実質的に争いがない事件について，判決の言渡しの方式を簡易にして，当事者が迅速に判決の言渡しを受けることができるようにするため，判決書の原本に基づかない簡易な言渡しをすることができることを認め，その場合には，判決書の作成に代えて，判決の言渡しをした口頭弁論期日の調書に，判決の主文，理由の要旨等を記載した調書を裁判所書記官に作成させることとして，いわゆる調書判決の方法による判決の言渡しの制度を採用したものである[1]。

---

[1]　一問一答294頁，条解規則〔初版〕322頁，323頁。なお，類似の制度として，刑事訴訟規則219条，民事保全規則10条がある。

〔久保井〕

II 判決原本に基づかない判決の言渡しができる場合

1 本条1項1号の場合

旧448条に規定する場合と同一であり、具体的には、次の3つの場合がある。①被告が口頭弁論期日に自ら出頭し、請求原因事実を自白した場合またはこれを明らかに争わないためにこれを自白したものとみなされる場合（159条1項）であって、何らの抗弁事実を主張しないとき。②被告が口頭弁論期日に欠席し、その提出した準備書面等に記載した事項が陳述したものと擬制され（158条）、当該記載において、請求原因事実について自白し、または請求原因事実を明らかに争っていない場合で、何らの抗弁事実の主張をしていないとき。③被告が公示送達以外の方法により呼出しを受けた場合であって、口頭弁論期日に出頭せず、準備書面等の陳述も擬制されない結果、請求原因事実を自白したものとみなされるとき（159条3項・1項）。以上の①から③までの場合は、いずれも原告主張の事実について、当事者間に争いがないものとされ、裁判所においてこれに反する事実を認定することができない場合に当たる[2]。

2 本条1項2号の場合

被告が公示送達による呼出しを受けた場合は、請求原因事実につき擬制自白は成立しない（159条3項但書）。しかしながら、被告が公示送達による呼出しを受けた場合のうち、被告が口頭弁論期日に出頭せず、かつ、その提出にかかる準備書面が擬制陳述されない場合には、実質的にみて、争いがない事件と評価することができるから、254条1項1号の場合と同様に、簡易な判決言渡しを認めてよい。他方で、被告が公示送達を受けた場合であっても、その提出した準備書面が擬制陳述される場合には、その陳述内容に従って、争いがない事件であるかどうかを決すべきである。そこで、このような場合を同項2号から除外し、その場合における判決書に基づかない言渡しの可否については、同項1号に該当するかどうかで決することとしたものである[3]。

---

[2] 一問一答295頁。
[3] 一問一答296頁。

〔久保井〕

3 調書判決の方法による言渡しの方式

254条1項の規定による判決の言渡しは，裁判長が主文および理由の要旨を告げてする（規155条3項）。「理由の要旨」とは，判決書の作成に代えて，言渡期日の調書に記載しなければならない「理由の要旨」と同じである[4]。

4 判決書に代わる調書（本条2項）

254条1項の規定により判決の言渡しをしたときは，判決書の作成に代えて，裁判所書記官に当事者および法定代理人，主文，請求ならびに理由の要旨を，判決の言渡しをした口頭弁論期日の調書に記載させる。当事者の表示および主文は，判決書の記載（253条1項）と同一である。「請求」とは，253条2項に規定する「請求を明らかにし」の「請求」と同義であり，審判の対象である訴訟物を特定明示することをいう。原本に基づかないで判決が言い渡された場合，その口頭弁論調書が判決書に代わるものとなるから，訴訟終了効の範囲を明らかにし，既判力の客観的範囲を明確にするため，その訴訟物を特定する事実を記載する必要がある。請求の趣旨のみによって訴訟物を特定できる場合もあるが，そうでない場合は，請求の原因によって補充することになる。この場合，請求を特定・明示するための具体的な事実を記載することになるが，その程度は，訴訟物たる権利関係について他の権利関係と誤認・混同を生じない程度に必要な限度の事実を記載すればよい。いずれの請求について判断がされたかは判決書に代わる調書の記載自体から明らかにされるべきであるから，「請求」の表示をするに当たり，訴状等の記載を引用することはできない。しかし，訴状等の写しを調書の別紙として添付することは許され，実務ではその方法によることが多い。理由の要旨の記載は，事件の態様に応じて，「請求原因事実は，当事者間に争いがない」，「被告は本件口頭弁論期日に出頭せず，答弁書その他の準備書面を提出しない。したがって，被告において請求原因事実を争うことを明らかにしないものとして，これを自白したものとみなす。」，「被告は，本件口頭弁論期日に出頭せず，陳述したものとみなされた準備書面には請求原因事実を認める旨の記載がある。」，「被告は，公示送達による呼出しを受けたが，本件口頭弁論期日に出頭しない。原告提出の証拠によれば，原告主張の事実が

---

[4] 条解規則〔初版〕323頁。

認められる。」などと裁判所の概括的な判断を記載することになる[5]。なお,少額訴訟における判決の言渡しは,相当でないと認める場合を除き,口頭弁論の終結後直ちにするものとされ,その場合には,判決書の原本に基づかないですることができ,本条項が準用されている(374条)。

〔久保井恵子〕

---

5) 以上について,裁判所職員総合研修所監修・民事実務講義案Ⅰ〔4訂補訂版,2014〕281頁以下。また,判決書に代わる調書の具体的な記載例等については,奈原新二=宇野勝浩「判決書に代わる調書に関する考察と運用例」書研所報46号〔2000〕197頁。

（判決書等の送達）

第255条 ① 判決書又は前条第2項の調書は，当事者に送達しなければならない。

② 前項に規定する送達は，判決書の正本又は前条第2項の調書の謄本によってする。

I 本条の趣旨

判決の言渡しは，原則として，主文を朗読してされ，理由は必ずしも告知されるものではない（規155条1項・2項）から，当事者とりわけ敗訴当事者に対して，上訴をするかどうか決めさせるため，判決の内容を確知させる必要がある。判決書等の送達はこのような趣旨でされるから，この送達がされた時から上訴期間は進行し（285条・313条），さらに，その判決を債務名義として強制執行をする際には，その開始要件である債務名義の送達（民執29条）が果たされることになる[1]。

II 判決書等の送達

1 判決書の送達

(1) 正本による送達

判決書の送達は裁判所書記官が判決書の正本を作成して行う。正本とは原本全部を謄写したもので原本と同一の効力を有するものである[2]。判決書の原本は，言渡し後，遅滞なく裁判所書記官に交付され，裁判所書記官は，これに言渡しおよび交付の日を付記して押印する（規158条）[3]。判決書の正本には，原

---

[1] 菊井＝村松 I 1224頁，1225頁，斎藤ほか編・注解民訴(4)470頁〔小室直人＝渡部吉隆＝斎藤秀夫〕。

[2] 正本，謄本等の意義について，菊井＝村松 I 1002頁，兼子ほか・条解〔2版〕377頁〔新堂幸司＝高橋宏志＝高田裕成〕，伊藤〔4版補訂版〕400頁，401頁。

[3] 判決の言渡し後，その正本の送達までの裁判所内部の事務処理取扱いを定めた旧192条を規則化したものである（条解規則〔初版〕332頁）。なお，この付記に認証力はなく，判決の言渡しの事実は言渡期日の調書の記載（規67条1項8号）によってのみ証明される（160条3項）。

本の写しにそれが正本である旨を記載し，作成した裁判所書記官が記名押印しなければならない（規33条）[4]。正本は適法な形式を備え，原本との同一性が認められるものである限り，多少の誤謬・脱漏があっても，送達の効力を妨げない[5]。これに対して，原本との同一性が認められない場合，正本作成者である裁判所書記官の記名押印を欠くときなどは，判決正本としての効力はなく，送達は無効となるから，改めて判決正本を送達し直さなければならない[6]。正本の記載に誤りがあり，そのために送達を受けた当事者が上訴すべきか否かの判断を誤り，上訴期間を懈怠したような場合は，上訴の追完（97条）により救済され得る[7]。なお，正本に瑕疵がある場合は裁判所書記官は職権で更正できるし，当事者から更正を求めることもできる。無効な正本の送達によっては上訴期間は進行せず[8]，執行開始の要件である債務名義の送達（民執29条）が果たされたことにはならない。この場合の送達の瑕疵については，学説は不変期間に関するから，責問権の放棄はできないと解しているが[9]，判例は責問権の放棄により治癒されるとする（大判大15・4・14民集5巻257頁）。

---

[4] 訴訟記録の正本・謄本・抄本の様式を定めた旧151条4項は，裁判所の印（庁印）の押捺を要するとしていたが，偽造防止は作成者である裁判所書記官の記名押印で図ることができることから，事務手続の簡素化，合理化の観点から，庁印の押捺が廃止された（条解規則〔初版〕73頁）。

[5] 菊井＝村松Ⅰ1225頁，兼子ほか・条解〔2版〕1410頁〔竹下守夫＝上原敏夫〕，斎藤ほか編・注解民訴(4)471頁〔小室＝渡部＝斎藤〕。瑕疵ある正本による送達が有効とされた事例として，①言渡し・原本交付の日の付記を欠く正本によるもの（最判昭35・7・26判時231号40頁），②添付図面を欠いても主文が理解できる正本によるもの（東京地判昭40・10・14判時437号51頁），③裁判官の氏名の記載を欠く正本によるもの（最判昭25・5・30裁判集民3号354頁，最判平3・4・2判時1386号95頁）などがある。

[6] 菊井＝村松Ⅰ1225頁，1226頁，兼子ほか・条解〔2版〕1410頁〔竹下＝上原〕，斎藤ほか編・注解民訴(4)472頁〔小室＝渡部＝斎藤〕。

[7] 法律実務(5)53頁，菊井＝村松Ⅰ1226頁，兼子ほか・条解〔2版〕1410頁〔竹下＝上原〕。

[8] もっとも，判決があった以上，送達がなくても上訴することは許される（東京高判昭37・10・29高民15巻7号567頁）。

[9] 兼子ほか・条解〔2版〕1410頁〔竹下＝上原〕，斎藤ほか編・注解民訴(4)472頁〔小室＝渡部＝斎藤〕。

(2) 送達すべき当事者等

判決書正本の送達は，当事者（当事者の地位を有する参加人を含む）のほか補助参加人にもしなければならないが，選定当事者など他人のために原告となっている者が受けた判決はその他人に送達する必要はなく，脱退した当事者にも送達する必要はない（ただし，これらの者は判決書正本等の交付を請求することができる。91条3項）。もし，判決中に脱退当事者の請求の認諾または放棄のことを記載すれば，その判決を脱退当事者に送達する必要がある[10]。なお，不適法なことが明らかで，その後の訴訟活動によって適法とすることが全く期待できない訴えについては，被告に訴状を送達するまでもなく口頭弁論を経ずに訴え却下の判決をすることができ，この場合の判決正本は，原告にのみ送達すれば足り，被告とされている者に対して送達する必要はない（最判平8・5・28判時1569号48頁）。

2 判決書に代わる調書の送達

判決書に代わる調書の送達は，その謄本によってする（255条2項）が，その正本によってすることもできる（規159条2項）。強制執行は執行文の付された債務名義の正本に基づいて実施し（民執25条本文），その申立書には執行力のある債務名義の正本を添付しなければならない（民執規21条）。したがって，調書判決の方法により給付判決の言渡しを受けた勝訴当事者が判決書に代わる調書の謄本の送達しか受けられないとすれば，強制執行のため，別途その正本の交付を受けることが必要になるし，正本による送達をすることに特に不都合は認められない。そこで，判決書に代わる調書の送達についてもその正本によることができることとされた[11]。実務では，原則として正本を送達するのが相当であるとされている[12]。

3 送達期間

判決書の送達は判決書原本の交付を受けた日から，判決書に代わる調書の送達は判決言渡しの日から，いずれも2週間以内にしなければならない（規159

---

[10] 法律実務(2)54頁，菊井＝村松Ⅰ1225頁，斎藤ほか編・注解民訴(4)471頁〔小室＝渡部＝斎藤〕，伊藤〔4版補訂版〕495頁。

[11] 条解規則〔初版〕332頁。

[12] 裁判所職員総合研修所監修・民事実務講義案Ⅰ〔4訂補訂版，2014〕285頁。

条1項)。この規定は訓示規定であるから，期間経過後に送達されたとしても判決やその送達の効力に影響はない13)。

〔久保井恵子〕

---

13) 菊井＝村松Ⅰ1225頁，兼子ほか・条解〔2版〕1410頁〔竹下＝上原〕，斎藤ほか編・注解民訴(4) 472頁〔小室＝渡部＝斎藤〕。旧193条のうち判決書の送達の期間を定めた部分は，裁判所内部の事務処理について定めるものであり，また訓示的な規定であるので，規則化することとなったものである（条解規則〔初版〕333頁）。

§256 I

(変更の判決)

第256条 ① 裁判所は，判決に法令の違反があることを発見したときは，その言渡し後1週間以内に限り，変更の判決をすることができる。ただし，判決が確定したとき，又は判決を変更するため事件につき更に弁論をする必要があるときは，この限りでない。

② 変更の判決は，口頭弁論を経ないでする。

③ 前項の判決の言渡期日の呼出しにおいては，公示送達による場合を除き，送達をすべき場所にあてて呼出状を発した時に，送達があったものとみなす。

I 本条の趣旨

1 本条の沿革および立法趣旨

判決をした裁判所が自ら法令違反に気づいたとき，自ら判決を変更して法令違反を除去することを判決の変更といい，かかる場合に変更された判決を変更判決という。

本条は，沿革的には，旧法下において第二次世界大戦終結直後の昭和23年の民訴法の一部改正によりアメリカ民訴法の強い影響のもとに導入された規定を，現行法の下でもそのまま引き継いだものである[1]。すなわち，もともと大陸法系に属するわが国の民事訴訟法の下で，裁判所は自ら言い渡した判決に拘束され，自らこれを取り消し，変更することはできないものとされてきた(旧々240条)。これを判決の自己拘束力(自縛力)という(もっとも，伝統的には羈束力という用語がこの意味において用いられてきたが，近時の体系書をはじめとする文献[2]では，羈束力はある裁判所がした裁判が当該手続内において他の裁判所を拘束す

---

1) 本条の沿革について，旧注釈民訴(4)193頁以下〔林淳〕，法律実務(5)126頁以下，小室直人「変更判決に関する研究」同・上訴・再審〔民事訴訟法論集㈡〕〔1999〕275頁以下(初出：民商26巻2号～6号〔1950〕)。

2) 伊藤〔4版補訂版〕489頁，上田〔7版〕469頁，梅本〔4版〕904頁，河野554頁，新堂〔5版〕671頁，中野＝松浦＝鈴木編〔2版補訂版〕439頁〔高橋宏志〕等。なお，松本＝上野〔8版〕601頁注68は伝統的用語法に従い，羈束力という用語を用いている。

る作用の意味において用いられており，この用語法に従う）。そして，この判決の自己拘束力により，たとえ言い渡された判決に誤りや瑕疵があった場合でも，判決を言い渡した原審裁判所が自ら是正することは許されず，当事者の上訴に基づき上訴審だけが是正することができるとされてきた。

　この判決の絶対的な自己拘束力について規定した旧々民訴法240条は大正15年改正で削除されたが，それは条文に明記するまでもない自明のことであるとの判断に基づくものであり，決定・命令については取り消しまたは変更しうる場合を特に明記して，自己拘束力の相対性を明らかにした（旧205条）。その後，アメリカ民訴法の強い影響を受け motion for new trial の制度を参考にして，上述した昭和23年の民訴法改正により判決の自己拘束力のいわば例外として，一定の厳格な要件の下に裁判所が言い渡した判決を自ら取り消し，変更することができる旨の本条が追加して設けられるに至った。

　その立法趣旨は，不当または不必要な上訴の防止を図った昭和23年改正法の立法趣旨に即したものであり，法令違反のうち，明白かつ致命的な瑕疵については，当事者の上訴を待つまでもなく，裁判所が自ら職権でこれを是正できるとする方が，不必要な上訴を回避することができて，当事者の権利保護や上訴審の負担軽減に資するし，裁判の信用のためにも望ましい[3]というものであった。

　なお，本条は，判決一般の通則として，終局判決であると中間判決であるとを問わず適用になるし，決定および命令にも準用される（122条）。

2　本条の適用例と存在意義

　本条を適用した公刊された裁判例はわずか3件であり，実務上変更判決が裁判として争われることはほとんどないといえる。3件のうち，2件は本条新設後まもない時期の裁判例であり，そのうちの1件は，仮処分異議上告事件につき，適法な上告申立てを不適法として却下した判決について，これを上告棄却判決に変更した事例であり[4]，もう1件は，区裁判所のした調停に対する請求

---

[3]　奥野健一＝三宅正雄・改正民事訴訟法の解説〔1948〕43頁，法律実務(5)126頁，斎藤ほか編・注解民訴(4)473頁〔小室直人＝渡部吉隆＝斎藤秀夫〕，兼子ほか・条解〔2版〕1411頁〔竹下守夫＝上原敏夫〕，秋山ほかV 206頁。

[4]　大阪高判昭25・1・21下民1巻1号35頁。

§256 I

異議事件につき，簡易裁判所が専属管轄の規定に違反して請求棄却判決をした後に，これを訴え却下判決に変更した事例である[5]。さらに，もう1件の最近の裁判例として，利息制限法上の利息の計算に関して，言渡し後に法令違反に気づいて変更判決を言い渡したものがある[6]。このように，本条を適用する公刊された裁判例は少ないが，そのことが直ちにこの制度の利用が少ないことを意味するとは必ずしもいえないことに注意を要する。なぜなら，実際には変更判決がなされても，当事者により争われないため裁判例になっていない場合が，可能性として考えられるからである。

　本条の存在意義に対する評価をめぐっては，前述したように沿革的にみて第二次世界大戦終結直後のアメリカ法の強い影響の下に大陸法系とりわけドイツ法系のわが国の民訴法と異質な規定として設けられたことから，その制定当初を中心に，実務家にとまどいや違和感，さらにはその成果を危ぶむ見解が表明されるとともに，学説においても，この制度がアメリカにおける陪審制度と密接に関連するものであることを前提とする消極的評価が有力に主張された[7]。すなわち，陪審法の下で妥当したこの制度は，わが国の民訴法のように，口頭弁論終結後，慎重な勘案に基づいて言い渡された終局判決には妥当しないし，変更判決がなされても，結局，双方当事者は感情的に，あるいは，上訴期間の徒過を防止するために上訴を提起することが予想されることから，無用な上訴の防止を図る立法者の目的を達成されない[8]などといった批判的な評価が有力に主張されたのである[9]。しかしながら，以上のような制定当初にみられた本条に対する実務家や学者による消極的・懐疑的な評価は概して次第に影を潜めてきており，むしろ，それに代わって近時は本条の存在意義に対する積極的な

---

5) 京都簡判昭25・3・4下民1巻3号344頁。

6) 札幌高判平17・6・29判タ1226号333頁。

7) 詳しくは旧注釈民訴(4) 194頁以下〔林〕。最近では，笠井＝越山編・新コンメ〔2版〕931頁〔越山和広〕が，陪審制と結びついたものとの認識に基づき同様の消極的評価を採用する。

8) 代表的なものとして，中田淳一「改正民事訴訟法の諸問題——改正の諸要点とその解説並びに批判」民商23巻6号〔1949〕363頁。

9) もっとも他方で，本条の制定当初においても，必ずしも陪審制度と不離の関係にあるとはいえないとして積極的に評価する見解もあった。小室・前掲注1) 309頁以下。

評価が目立つ。例えば，「変更判決は，判決の不注意な見落としによる法令違反，ないし，一見明白な平凡な法令違背の過誤を簡易迅速に是正，救済する制度であり，このような救済制度はまさに訴訟経済ならびに裁判の威信の確保にとって望ましく，上訴審の負担軽減に役立つ訴訟法に必要な制度であり，変更判決の適用例が少なくても，これを維持する実益があり，必要性がある」[10]とか，「裁判官の自由心証に基づく事実認定の誤りと異なり，適用法令を誤った場合は，客観的に明白であることが通常であることから，判決を言い渡した裁判所自らがこれを是正する途を開くことには，前述した訴訟経済や裁判所の威信という理由や迅速な当事者の権利救済にも役立つことから妥当な制度といえる」[11]などと本条の存在意義に対する積極的な評価が主張されている。確かに，本条は，公刊された適用の裁判例こそ少ないものの，当事者の迅速な権利救済や上級審の負担軽減を含む訴訟経済という実際面のみならず，更正決定と並ぶ判決の自己拘束力の例外ないし緩和という理論面を含めて，存在意義を有すると積極的に評価できよう。

II 変更判決の要件

1 判決に法令違反があること（を発見したとき）

変更判決は，判決に法令違反があることを発見したときに限って許される。事実認定に誤りがあっても判決を変更することはできない。ここにいう法令とは，裁判所が遵守適用すべきすべての法規をいう。憲法，法律，政令，規則，地方公共団体の条例，条約，慣習法，法例により準拠法とされる外国法規などをいう。

本条にいう変更判決を，判決の法令違反が判決主文ないし判決の結論に影響を及ぼす場合にだけ認めるか，それとも，主文に影響がなく単に理由の判断に影響がある場合にもこれを認めるかについて，前者の立場たる制限説と後者の立場たる無制限説という見解の対立がある[12]。無制限説は，主文に影響を及ぼ

---

10) 旧注釈民訴(4) 195 頁〔林〕。
11) 賀集ほか編・基本法コンメ(2)〔3版追補版〕293 頁〔本間靖規〕。
12) 制限説に立つ主な見解として，伊藤〔4 版補訂版〕498 頁，斎藤ほか編・注解民訴(4) 475 頁〔小室＝渡部＝斎藤〕，旧注釈民訴(4) 197 頁〔林〕，谷口＝井上編(3) 125 頁〔遠藤賢

さない法令違反も当事者の利益に影響を及ぼすものであるから，これについて変更判決を認めるのが裁判の過誤をできるだけ是正しようとする判決の変更の規定の趣旨に合致するし，また，無用な上訴を防ぐことにもなることを根拠とするもので，かつて有力であった。しかしながら，判決主文に影響しない法令違反は通常当事者に大きな不利益を及ぼすものではないし，上訴審もこのような法令違反に基づく上訴を訴訟経済上の見地から棄却すべきものとしており，変更判決は致命的な法令違反からの当事者の救済に主眼を置かれている制度である点に鑑み，これらを主な根拠とする制限説が今日の通説であり，妥当であろう。この制限説によれば，上記の法令を失念して判決をしたが，もしこれらを適用していれば別の結論に達したであろう場合に，変更判決をすることができ，法令の不適用が判決主文に影響しない場合に，本条の適用はない。

次に，事実認定の前提となる経験則が本条にいう法令に含まれるかについては，瑕疵の客観的明白性に該当しうることを理由に積極に解する肯定説と，これを肯定すると事実判断の変更を許すことになることを理由に消極に解する多数説である否定説が対立する[13]。瑕疵の客観的明白性を重視する本条の趣旨に鑑み，経験則はそれを満たす法令違反に該当しうることから，例外的に事実判断を許すことになっても変更判決の変更事由に当たるとして本条の適用を肯定すべきであり，肯定説が妥当であると考える。

さらに，判決の基礎になった訴訟手続の法令違反に気づいた場合に変更判決が許されるかどうかにつき，そのまますぐ判決の内容を変更することができないことを理由に，変更判決は許されないとする見解もあるが，新たな弁論を要しないで判決できる場合があることを前提に，かかる場合には許されるものと

治〕，兼子ほか・条解〔2 版〕1411 頁〔竹下＝上原〕，賀集ほか編・基本法コンメ(2)〔3 版追補版〕293 頁〔本間〕，秋山ほかⅤ 208 頁。他方，無制限説に立つ主な見解として，岩松三郎「民事裁判における判断の限界」曹時 3 巻 11 号〔1951〕35～36 頁（同・民事裁判の研究〔1961〕115 頁）。近時，本条の制度目的が法令適用の誤りの迅速な是正と無駄な上訴を広く抑制する点にあるとすれば，無制限説にも相当な理由があると解する見解として，笠井＝越山編・新コンメ〔2 版〕932 頁〔越山〕。

13) 肯定説に立つ主な文献として，旧注釈民訴(4) 196 頁〔林〕，秋山ほかⅤ 207 頁があり，否定説に立つ主な文献として，法律実務(5) 127 頁，兼子ほか・条解〔2 版〕1412 頁〔竹下＝上原〕，賀集ほか編・基本法コンメ(2)〔3 版追補版〕293 頁〔本間〕がある。

解すべきである[14]。なお，判決の言渡し後，法令の改廃があった場合には，裁判所の職権による変更ではなく，当事者の上訴提起に委ねるべきである。

2 判決言渡し後1週間以内であり，かつ判決が未確定であること

この要件は，判決の変更による判決の確定や執行への影響をなるべく避けるために設けられたものである。1週間以内であれば，判決正本の送達の前後を問わない。この1週間は不変期間であり，その性質上伸縮することはできない (96条1項但書)。口頭弁論終結後に手続が中断し，中断中に判決の言渡しがあった場合でも，この期間の進行は停止しない。逆に，中断中の変更判決は可能である。判決が確定すれば，変更判決はできない。したがって，当事者間に単純な不上訴の合意がある場合やあらかじめ当事者双方がともに上訴権を放棄した場合，および控訴権者による控訴権の放棄があった場合，さらに上告棄却判決の言渡しがあった場合には，変更判決ができない。

3 判決を変更するために口頭弁論を開く必要がないこと

変更判決は口頭弁論終結時の訴訟資料に基づいて判決し直すことができるものでなければならない。新たな訴訟資料に基づくことはできない。さらに口頭弁論を必要とする場合には，むしろ上訴審の審理判断に委ねるのが適当だからである。したがって，法令違背があってもその是正のために新たな事実認定が必要である場合には判決の変更はできないことになる。また，判決の言渡し後に裁判官の更迭があった場合は，弁論の更新が必要となる関係で，新しい裁判官は変更判決をすることができない。

III 変更判決の手続

1 職権に基づく変更手続

変更判決は常に職権によって行う。当事者には申立権が認められていないので，その申立ては職権の発動を促す意味を持つにすぎない。変更判決のできる裁判官は，受訴裁判所に限り，最終の口頭弁論に関与した裁判官のみである。合議体の場合には，変更判決をするかどうかの判断は多数決により過半数の意

---

[14] 法律実務(5)129頁，旧注釈民訴(4)197頁〔林〕，兼子ほか・条解〔2版〕1412頁〔竹下＝上原〕，秋山ほかV 208頁。

見により決まる。

変更判決による判決の変更は，通常，その言い渡した前の判決の一部または全部を取り消し，それに代わる新判決をすることによって行うが，例外的に，単に前の判決法令の違反部分だけを取り消すだけで，代わりの新判決をしなくてもよい場合がある。仮執行宣言が付けられないのに付けた場合にこれを取り消す変更判決が，その例として挙げられる。

2 変更判決の言渡しと送達の手続

変更判決も一般の判決と同様に言渡しが必要であり，判決原本に基づく主文の朗読により行う。したがって，1週間の期間内に当事者に対して言渡期日の呼出状の送達が必要になるが，通常の方式では多くの場合間に合わせるのが困難であることから，名宛人の送達場所に呼出状を発送したときに呼出しがあったものとみなす発送主義が採られた（本条③）。したがって，たとえ不送達になっても，判決の効力には影響がなく，呼出状を発した後であれば，同日に変更判決を言い渡すこともできるし，発送と同時でもよい。ただし，公示送達の場合は除外されている（本条③）。というのも，公示送達の場合には，2回目以降の公示送達として職権で行われるが，その場合には，期日の呼出状を掲示場に貼付した日の翌日に効力を生じ（112条1項但書），同日の変更判決の言渡しはできないからである。

Ⅳ 変更判決の効力

1 変更判決と（変更）前の判決の関係

変更判決と（変更）前の判決の関係をどのように考えるかについて，変更判決の性質および効果とも関連して問題となり，従来において見解の対立があった。すなわち，かつては，変更判決と前の判決とはそれぞれ完全に独立した判決であり，変更判決により前の判決は全部失効し，その言渡し手続もなかったとする見解，および，変更判決と前の判決は併存したうえで，変更判決は形成判決であるから，変更判決の確定により初めて前の判決は失効するという見解もあった[15]。しかし，現在の通説は，変更判決とは，前の判決に法令違反があ

---

[15] 前者の見解として，奥野＝三宅・前掲（注3）45頁，最高裁判所事務局民事部編・改

り，これを是正するために，前の判決の一部または全部を撤回し，新たに判決し直すものであると解する。そこで，変更判決は，前の判決の全部または一部をなかったこととして，あらためて判決し直すものであり，前の判決と一体として効力を生じ，変更部分についてのみ前判決が効力を失うと解するのが通説である[16]。したがって，前の判決の一部を援用することも許される。なお，変更判決の主文では，前の判決のどの部分をどのように変更するのかを明確にしなければならない。

また，変更判決は，1項の期間中であれば，上訴がなされていても可能であるが，その場合に上訴は，変更判決に対する上訴として取り扱われることになる。もっとも，上訴期間は変更判決の送達とともに進行すると考えられるから，変更判決により不利益を受けた者は，変更判決の送達後に改めて上訴ができる。その際，多くの場合には，前の判決に対する上訴は，変更判決によって上訴の利益を失うものと思われ，これを理由に却下されることになる。

2 変更の要件を欠缺した変更判決の効力

変更判決の要件を欠くのに変更判決がなされた場合，例えば，①前の判決の言渡しから1週間の期間が経過した後の変更判決や②前の判決に法令違反がないのに変更判決をした場合につき，一方で，欠缺した変更要件の種類（①か②か）にかかわらず一律にこれらの変更判決を有効としたうえで上訴による取消しの対象となると解する見解が有力である[17]。他方，上記①の場合では，その裁判所の手を離れてからした判決として，変更部分の効力が生じえないという意味において当然無効の判決と解すべきであるが，上記②では，変更判決の効力に影響しないため，請求の当否と並んで変更判決の適否も上訴審による審理，取消しの対象となる（もっとも，上訴審が変更判決を取り消したとしても，前の判決が生きかえるわけではない）として，変更の要件により区別した取扱いを認める

正民事訴訟法詳説（民事裁判資料9号）〔1948〕46～47頁。後者の見解として，岩松・前掲注12）36頁。
16) 斎藤ほか編・注解民訴(4)479頁〔小室＝渡部＝斎藤〕，谷口＝井上編(3)125頁〔遠藤〕，旧注釈民訴(4)199頁〔林〕，兼子ほか・条解〔2版〕1413頁〔竹下＝上原〕，秋山ほかⅤ209頁。
17) 旧注釈民訴(4)200頁〔林〕。

見解も有力である[18]。後説では①につき変更された前の判決がそのまま存続することになるが，当事者には変更判決の形式的存在による不安の解消のためこの変更判決に対する上訴を認めるとする。いずれの説も筋が通っているといえるが，実際上の取扱いとしては前説の方が簡明である点でより妥当であるように思われる。

3 変更判決の変更の可否

変更判決をさらに変更することが許されるかについては，許されないと解する否定説が通説[19]であり，妥当であると考える。その理由は，①変更判決は例外的に認められるものであること，②上訴審による変更判決の取消しが可能であり，これを認めなくても支障がないこと，③重ねて変更を認めることは判決の権威を損ない，判決に対する国民の信頼を失うからである。

〔松原弘信〕

---

18) 賀集ほか編・基本法コンメ(2)〔3版追補版〕294頁〔本間〕，兼子ほか・条解〔2版〕1413頁〔竹下＝上原〕。

19) 秋山ほかV 211頁など。

（更正決定）

第257条 ① 判決に計算違い，誤記その他これらに類する明白な誤りがあるときは，裁判所は，申立てにより又は職権で，いつでも更正決定をすることができる。

② 更正決定に対しては，即時抗告をすることができる。ただし，判決に対し適法な控訴があったときは，この限りでない。

I 本条の趣旨

1 本条の趣旨

判決に計算違い，誤記，その他これらに類する明白な誤りがある場合に，判決を言い渡した裁判所がこの誤りを訂正することを判決の更正という（本条1項）。裁判所は一旦判決を言い渡した以上原則として自ら変更することは許されず，上訴審が上訴に基づき変更をすることだけが許される（判決の自己拘束力）[1]。しかし，判決の実質的内容を変更しない明白な表現上の誤りを訂正補充してより完全なものにすることは，判決の自己拘束力を認める趣旨と矛盾しないし，強制執行，戸籍，登記の申請などその判決を利用するうえで訂正を認めないと不都合が生じる場合もある。加えて，かかる明白な表現上の誤りまで上訴を要求することは，いたずらに当事者の負担を増し，裁判所に対する当事者の信頼を損なうことになる。そこで，本条は申立てまたは職権に基づき裁判所が自らした判決の決定による更正という簡単な方法を認めたのである。この決定を更正決定という。このように更正決定の意義は，判決の実質的な内容を変更しない判決の表現上の誤りの訂正というふうに従来は解されてきた。だが，表現上の誤りとまではいえないが不適切，不明瞭，不正確な表現についても，これを表現上の誤りと同視して更正決定による訂正補充を認める形で緩やかに解するのが近時の判例・学説の一般的な動向である[2]。確かに，表現の不適切

---

[1] 伝統的には覊束力という用語がこの意味において用いられていたが，最近の文献では自己拘束力ないし自縛力という用語がこの意味において使われるようになったことについて，→§256 I 参照。

[2] 兼子・体系328頁，新堂〔5版〕672頁，伊藤〔4版補訂版〕496頁，法律実務(5)138頁，

等も表現上の誤りと同等の表現上の瑕疵であるといえるので，このような判例・学説の一般的な動向は妥当であるといえよう。

本条の更正決定は，判決の自己拘束力を緩和する例外規定である点で256条の変更判決と共通するが，判決の実質的内容を変更することができない点で変更判決とは異なる。

2 更正決定と上訴による訂正との関係

更正の対象となる判決の誤りの除去について，更正の申立てによらず判決に対する上訴によってその救済を求めることの可否が問題となる。この問題について，判例は一貫してこれを否定する消極説に立ち，表現上の誤りは，それだけで上訴理由とはならず，それの更正のみを目的とする上訴は許されないというのが，確立した判例であるということができる[3]。学説も，古くは積極説が通説的見解であったものの，その後消極説が今日では通説になっている[4]。前述したように，更正決定は判決の実質的な内容を変更しない表現上の形式的な誤りを訂正するための簡易迅速な救済手段であるから，その要件を満たす場合は専ら判決の更正によるべきであり，直ちに上訴の方法によることはその趣旨に反するというべきである。よって，消極説が妥当であろう。もっとも，本案に関して本来の上訴がなされている場合に，上級裁判所が原判決にある形式的な誤りを本案判決の中で付随的に更正をすることは許されよう[5]。これに関し，第一審判決主文に明白な誤りがある場合，控訴審裁判所が控訴棄却の判決をするにあたり，判決の理由中に理由を示し主文において誤りを更正しても違法でないとした最高裁判例がある[6]。

旧注釈民訴(4)202頁〔林淳〕，兼子ほか・条解〔2版〕1414頁〔竹下守夫＝上原敏夫〕，秋山ほかⅤ206頁。

3) 大判大3・10・14民録20輯772頁，大判昭6・10・14法学1巻上398頁，大判昭8・5・16民集12巻1178頁，大判昭11・7・2新聞4011号18頁，最判昭28・12・24裁判集民11号537頁。

4) 旧注釈民訴(4)202頁〔林〕，兼子ほか・条解〔2版〕1414頁〔竹下＝上原〕，秋山ほかⅤ212頁。

5) 法律実務(5)143頁，旧注釈民訴(4)202頁〔林〕。

6) 最判昭32・7・2民集11巻7号1186頁。

II　更正の対象——更正決定の規定の準用

　本条は，専ら判決の更正について規定しているが，手続法の一般通則を具体化した規定であり，多くの手続法に見られる普遍性をもつ規定であるとみることができる。したがって，本条の規律する更正決定は，下記のように準用規定等により判決の更正以外にも準用することができる[7]。

1　決定および命令への準用

　まず本条の更正は，判決だけでなく，決定および命令についても準用され許される（122条）。それらに関する（裁）判例としては，以下のものがある。

(1)　債権差押命令，取立命令，転付命令に関する（裁）判例

　大審院大正9年8月21日決定（民録26輯1166頁，請求金額の表示の更正），大審院昭和6年8月21日決定（評論20巻民訴479頁，法定代理人の表示の更正），大審院昭和15年6月28日判決（民集19巻1045頁，被差押債権の表示方法の更正），東京高裁昭和26年2月13日決定（高民4巻3号49頁，被転付債権の額の更正），東京高裁昭和28年7月4日決定（東高民時報4巻2号73頁，債務者の表示の更正），東京高裁昭和53年7月19日決定（東高民時報29巻7号150頁，債務者の表示の更正）。

(2)　旧競売法上の決定に関する（裁）判例

　大審院大正4年11月20日決定（民録21輯1867頁，更正規定の準用を明言するが更正の対象不明），大審院昭和5年11月29日決定（民集9巻1102頁，表示された債務者の死亡による相続人名義への更正），仙台高裁昭和35年6月29日決定（高民13巻9号795頁，表示された債務者の死亡による相続人名義への更正），東京高裁昭和35年7月18日決定（下民11巻7号1508頁，請求債権の表示の更正）。

(3)　仮差押決定，仮処分決定に関する裁判例

　福岡高裁昭和27年5月8日決定（下民3巻5号639頁，目的不動産の表示の更正），東京高裁昭和34年5月26日決定（金法212号4頁，第三債務者の表示の更正），横浜地裁昭和37年11月2日判決（下民13巻11号2225頁，表示された債権者の死亡による相続人名義への更正），東京高裁昭和40年8月4日決定（東高民時

---

[7]　この点について，法律実務(5)146頁以下，旧注釈民訴(4)202頁以下〔林〕。

報 16 巻 7 = 8 号 144 頁，添付図面の記載の更正）。

(4) 非訟事件の決定に関する裁判例

東京控訴院昭和 9 年 2 月 17 日決定（新聞 3682 号 5 頁，報酬額確定決定における会社代表者の氏名の表示の更正），名古屋家裁昭和 37 年 6 月 15 日決定（判時 306 号 40 頁，家庭裁判所の少年院送致決定における少年の生年月日の誤記の訂正）。

なお現行法上，非訟の裁判について，非訟事件手続法 58 条，家事事件手続法 77 条に明文の定めがある。

2 確定判決と同一の効力を有するもの

確定判決と同一の効力が認められる破産債権表の記載や更生債権者（担保権者）表の記載，同じく確定判決と同一の効力を有する請求の認諾調書や和解調書（203 条），裁判上の和解と同一の効力を有する調停調書（民調 16 条）についても，その性質上更正が認められるとともに，これらの調書にも判決の更正の規定である本条の準用を認めてこの方式によるべきであると解するのが通説・判例である（準用説ないし更正決定説）[8]。この見解は，いずれも確定判決と同一の効力を有し，債務名義となる特性を有することから，判決に準じた方法によるのが妥当であることを根拠とする。これに対して，和解調書・調停調書については，本条の更正決定の方式によらず，調書の更正の方式によるべきであるとする見解（更正調書説）も少数ながら有力である[9]。ここで調書の更正とは，口頭弁論調書のような調書の記載内容の誤りの是正を言い，わが国の民訴法には明文の規定がない。この説は，調書の作成権限が書記官にあることから作成権限者である書記官によって更正を行うべきであることを根拠とする。しかしながら，ここで問題となる調書も確定判決と同一の効力を有し，特に債務名義として強制執行の基礎となることや，裁判官による更正決定の方がそれに対し

---

[8] 旧注釈民訴(4) 205 頁〔林〕，兼子ほか・条解〔2 版〕1414 頁〔竹下 = 上原〕。

[9] 和解調書につき，菊井 = 村松 I 1238 頁，斎藤ほか編・注解民訴(4) 32 頁〔小室直人 = 渡部吉隆 = 斎藤秀夫〕。なお，秋山ほか V 215 頁によれば，和解調書のうち殊に，訴えの提起前の和解〔275 条〕の場合には，当事者が和解条項を書いてくることが多いので，その脱漏していた条項の記載が更正決定で許されるかどうかが問題となる。そのうえで，双方当事者にその点について争いがない場合には許すことを適当とする場合が多いが，争いがある場合には，調書または記録等から明白な誤謬と認められるような特別の場合を除いては，更正決定をしないことが適当と考えられる場合が多い。

不利益を受ける当事者に即時抗告が許されるなど慎重な手続である点で適切であること，更正調書説だと，作成権者たる書記官が転勤・退職した場合に更正が不能となるし，書記官と裁判官の意見が不一致の場合に更正が不能となるなどの問題点を有することから，判例・通説たる更正決定説が妥当であるように思われる[10]。

(裁) 判例としては下記のものがある。

(1) **破産債権表等の記載に関する（裁）判例**

東京高裁昭和33年8月27日決定（高民11巻7号441頁，破産債権表の記載の更正），最高裁昭和41年4月14日判決（民集20巻4号584頁，更正担保権者の記載の更正）。

(2) **和解調書・調停調書に関する（裁）判例**

大審院大正13年8月2日決定（民集3巻459頁，和解調書の目的物件の記載の更正），大審院昭和6年2月20日決定（民集10巻77頁，和解調書の目的不動産の表示の更正）[11]。最高裁昭和42年7月21日判決（民集21巻6号1615頁，調停調書の調停条項の更正），東京高裁昭和61年7月16日決定（判時1207号56頁）などにその準用があると解されている。

III 更正の要件

1 判決に計算違いや誤記その他これらに類する表現上の誤りがあること

(1) **誤りがあること**

ここでの更正の対象となる誤りとは，判決における表現上の誤りである。すなわち，裁判所が判決において表現しようとした意思と現に判決において表現された表示との間に不一致がある場合である。表現上の誤りである限り，判決主文中のものか判決理由中のものかを問わず，判決のどの部分であってもよいし，誤りの態様も誤記のような積極的な誤りか遺脱のような消極的な誤りかを問わない。したがって，判決の理由中で判断されている裁判が主文中において

---

[10] 旧注釈民訴(4)206頁〔林〕，兼子ほか・条解〔2版〕1414頁〔竹下＝上原〕，秋山ほかV 212頁。なお，家事調停について，家事事件手続法269条は更正決定説に立つことを明確化しており，この趣旨は，和解調書や民事調停調書にも妥当すると考えられる。

[11] 兼子・判例民訴108事件314頁（判旨賛成）。

誤って記載されていない場合も含まれる[12]。他方で，意思と表示の不一致を超えた裁判所の判決に至る意思形成過程の誤りは更正の対象にはならない[13]。もっとも，計算違いは，単なる表現上の誤りではなく，むしろ意思形成過程上の判断の誤りに属するものともいえるので，上記の2種類の誤りを厳密に区別することは困難である。ただ，計算違いについて，判決書に示された計算の根拠に一般的経験則を適用すれば，容易に誤りが発見される性質のものであると考えれば，かかる場合には表現上の誤りの中に含めることができる。

　誤りは，判決のどの部分にあってもよい。すなわち，判決の前文，当事者の表示，主文，事実および理由，裁判所の表示等のいかなる部分に誤りがあっても更正できる。したがって，主文を正反対の意味に更正することも許される。例えば，「控訴人の控訴を棄却する」と記載すべきところを誤って「被控訴人の請求を棄却する」と記載した場合に，後者から前者への更正をなすことも許される[14]。

　前述したように，ここで更正の対象となるのは判決における表現上の誤りであることから，更正の名において判決内容を実質的に変更することは判決の更正の本来の趣旨に反するということができる。しかしながら，概して判例・学説ともに，この表現上の誤りを対象とする判決の更正の要件について適用範囲を緩やかに解する傾向にあるといわれている。すなわち，実務上，意思形成の誤りにおいて更正を利用してその判決の誤りを是正する傾向にあるといわれる。また，学説においても，判決の誤りが表現上の誤りかそれとも意思形成の誤りかの区別の困難な場合，および，判決の誤りが意思形成の誤りを含んでいる場合であっても，その誤りが誰が見ても明白な誤りであると考えられる場合には，その誤りは更正の対象になると解されている[15]。このように判決の更正が表現上の誤りに関わる判決の瑕疵を広く是正することは，訴訟経済にかない当事者

---

12) 例えば，主文中で訴訟費用の負担の裁判の記載が欠けていても理由中で判断されている場合には，更正決定により補うことができる。法律実務(5) 137頁。

13) この意味において判決の更正は裁判の変更ではなく，したがって，判決の拘束力の例外ではない。法律実務(5) 139頁注(1)，岩松三郎・民事裁判の研究〔1961〕117頁。

14) 法律実務(5) 137頁，旧注釈民訴(4) 206頁〔林〕。

15) 菊井＝村松Ⅰ 1232～1233頁，法律実務(5) 137頁，旧注釈民訴(4) 206頁〔林〕。

の便宜・救済に資するものであり，したがって，上記の判例・学説の動向は一般に妥当であると考える。ただし，その際には表現の訂正に名を借りた判断内容の訂正をもたらすことのないよう解釈上許される限界内であるとともに，それを正当化する根拠ないし理論構成を明らかにする必要があろう[16]。

次に，判決の言渡しで判決原本記載の主文を誤読した場合の更正の要否をめぐって更正必要説と更正不要説の対立がある。更正必要説は，誤読によって言い渡された主文のままの判決が成立したものと解し，言い渡したとおりに主文を書き，同時にこれを更正すべきであるとする[17]。これに対し，更正不要説（通説）は，言渡しによって成立したのは原本記載の判決であり，主文の朗読は判決の原本に基づく言渡しの要件を欠いた言渡し行為の瑕疵の問題であると解し，この瑕疵は再度の言渡しにより，または判決原本の送達により治癒され，更正は不要とする[18]。通説である更正不要説が妥当であると考える。

(2) 判　例

この要件に関して判決の更正が認められた主な（裁）判例を挙げると，次の通りである。

(ア)　**当事者欄の誤記の更正**　　最高裁昭和42年8月25日判決（判時496号43頁，当事者が口頭弁論終結前に死亡しても，訴訟代理人が選任されているときは，死者を表示している判決を新当事者に更正すべきである），大審院昭和6年8月21日決定（評論20巻民訴479頁，法定代理人に準じる法人の代表者の表示の更正），東京控訴院昭和9年2月17日決定（新聞3682号5頁，会社代表者の氏名の表示の更正），東京高裁昭和39年7月8日決定（東高民時報15巻7＝8号148頁，登記簿上の新住所に基づく当事者の住所の更正），大審院昭和9年11月27日判決（民集13巻2183頁，法定代理人の氏名の記載の遺脱の更正）。

(イ)　**主文の誤記の更正**　　大阪高裁昭和52年3月30日判決（判時873号42頁，

---

[16]　笠井＝越山編・新コンメ891頁〔越山〕。死者名義訴訟において表示の訂正がなされないまま死者を名宛人とする判決が確定した場合には，相続人への更正を認める見解が有力である（伊藤〔4版補訂版〕115頁）。この有力説に基本的に賛同するが，本文に述べたことは，かかる場合にも妥当するといえよう。

[17]　兼子・条解488頁。

[18]　斎藤ほか編・注解民訴(4)484頁〔小室＝渡部＝斎藤〕，旧注釈民訴(4)207頁〔林〕，兼子ほか・条解〔2版〕1415頁〔竹下＝上原〕。

§ 257 Ⅲ

請求の一部棄却の表示の遺脱の更正)，広島高裁昭和38年7月4日判決（高民16巻5号409頁，「原告その余の請求を棄却する旨の文言の記載の遺脱の更正」，大審院昭和6年5月23日判決（新聞3280号14頁，主文の表示に影響を及ぼしても差し支えないとした更正），最高裁昭和57年3月9日判決（判時1040号53頁，「本件土地を競売に付しその売得金を共有者の持分の割合により分割する」旨を命じた場合，本条1項所定の更正の要件を充足しているかどうかはともかく，共有物分割の性質に照らし結局正当であるとした，更正要件の充足を問わない判決の主文の更正）。

　　(ウ)　**主文および理由における数額の誤記の更正**　　最高裁昭和30年9月29日判決（民集9巻10号1484頁，給料請求に関し「昭和26年」とあるのは「昭和27年」の誤記であることは判決理由によって明白として認めた更正），最高裁昭和32年7月2日判決（民集11巻7号1186頁，控訴裁判所が控訴棄却判決をするに際し，第一審判決主文中「間口1間」とあるを「1間半」と更正しても違法でないとしたもの），大審院昭和8年5月16日判決（民集12巻1178頁，金額誤記の更正を認めたもの），大審院大正3年10月14日判決（民録20輯772頁，金額誤記の更正を認めたもの）がある。なお，更正が認められなかった裁判例として，大阪地裁平成3年5月30日決定（判時1402号93頁，損害賠償額の算定に明白な誤りがあるとはいえないとして更正を認めなかったもの）がある。

　　(エ)　**家屋番号，目的物件，添付図面その他の誤記・遺脱の更正**　　最高裁昭和31年6月1日判決（民集10巻6号625頁，家屋番号の誤記の更正），福岡高裁昭和27年5月8日決定（下民3巻5号639頁，仮処分決定に表示されていた家屋番号の誤記の更正），最高裁昭和43年2月23日判決（民集22巻2号296頁，原告が明渡しを求める目的物件の表示の更正），東京高裁昭和59年8月16日決定（判タ545号139頁，収去すべき建物として判決主文に表示された目的物件の表示の更正），最高裁昭和44年12月18日判決（判時583号59頁，土地引渡訴訟の判決に添付された土地の測量図の基点の記載の脱落の更正），大阪地裁平成4年7月24日決定（判タ825号264頁，判決の別紙添付図面の境界線を構成する点を特定するための表示の誤りの更正），大阪高裁平成4年11月30日決定（判時1470号83頁，前記大阪地裁平成4年7月24日決定を支持した抗告審裁判例で前記添付図面の表示の誤りの更正），東京高裁昭和40年8月4日決定（東高民時報16巻7=8号144頁，仮処分決定の添付図面における申請人の過誤に基づく誤記の更正），大審院昭和8年2月9日判決（民

集12巻397頁，書証の援用の記載の遺脱の更正）。

(オ) **和解・認諾・調停調書の更正**　和解調書の更正を認めた裁判例として，仙台高裁昭和39年9月10日決定（下民15巻9号2172頁），東京高裁昭和55年5月16日決定（判時967号72頁），名古屋高裁金沢支部平成2年2月7日決定（判時1358号112頁），東京地裁平成3年8月27日判決（判時1420号104頁）がある。なお，和解調書の更正を認めなかった裁判例として，大阪高裁昭和31年1月29日決定（高民9巻1号3頁），東京高裁昭和33年12月27日決定（東高民時報9巻12号238頁），東京高裁平成4年6月22日判決（判時1428号87頁）がある。

また，認諾調書の請求の表示の更正を認めた裁判例として，千葉地裁昭和59年8月21日決定（判時1147号130頁）がある。

さらに，調停調書の更正を認めた裁判例として，東京高裁昭和56年11月10日決定（判時1029号77頁），東京高裁昭和61年7月16日決定（判時1207号56頁）がある。なお，調停調書の更正を認めなかった裁判例として，横浜地裁昭和56年7月31日決定（判時1042号128頁），東京高裁昭和59年9月18日決定（判タ544号133頁），最高裁昭和42年7月21日判決（民集21巻6号1615頁）がある。

2　誤りが明白であること

判決を言い渡した裁判所の意思と表示の間に不一致があることが明白であることが更正決定の要件である。ここで明白な誤りとは，判決中に示された判断の実質的根拠を検討しなくとも，判断が一義的に明確であると断定できる場合を指す。したがって，誤りが判決書自体から直ちに認識できる場合に限らず訴訟過程に表れた訴訟資料から判明すれば足りる。すなわち，誤りの明白性を判断するための資料としては，判決（書）と訴訟の全趣旨ないし訴訟の全過程に表れた訴訟記録のほか，公簿や明白な記録，図面などの関連資料があり，さらには誤りが顕著な事実や経験則に照らして推認できる場合にも更正が許される。

他方，口頭弁論を開かなければ判明しないような誤り，誤りの有無について当事者間に争いがあってこれを判断するために証拠調べを要するような誤りは明白な誤りではないと解するのが一般的である[19]。また，和解調書や調停調書などの調書には判決におけるような判決理由の記載がないため，その誤りの明

白性を判断する資料は判決に比べて限定的である。そこで，これらの更正が認められた裁判例では，調書自体から誤りが判明したのが大部分で，調書以外の資料によるのは極めて稀であり，その意味で，和解調書などの更正は結果的にかなり厳格な要件の下で許されると言われている[20]。

　更正決定により訂正できる誤りが，裁判所自身の誤りに起因するか，それとも，当事者の陳述や表示の誤りに起因するかは，誤りが明白かどうかのみを要件とする本条の趣旨に鑑み，問わない（判例・通説）[21]。

　判決事項について判決理由中において判断していながら判決主文にその旨の記載を遺脱した場合も，明白な誤りに該当し，更正の対象となる[22]。逆に，判決事項について判断したことが判決理由において看取できない場合には裁判の脱漏に該当し，判決の更正の対象にはならない。

　誰を基準にして誤りの明白性を判断するかという誤りの明白性の認識主体をめぐる見解として，訴訟関与者とする説と一般第三者とする説の対立がある[23]。両説は内容的に重なり合う部分が少なくないが，前説の方が更正の範囲が若干であれ広くなるし，事件に関係の深い者を基準とする方がより妥当であるから，前説が妥当であろう。

　なお，前述したように，誤りとまではいえないが，不明瞭な表現を正したり，明瞭な表現に直すことも，明白性の要件を満たすならばここでいう更正の範囲に含まれると解される。判決後の事情の変更，例えば，当事者の氏名や目的不動産所在地の町名番地等が変更された場合にも，判決自体に誤りがあるとまではいえないが，更正の規定を準用できると解することができよう。

---

19) 旧注釈民訴(4) 211 頁〔林〕，菊井＝村松Ⅰ 1235 頁，斎藤ほか編・注解民訴(4) 487 頁〔小室＝渡部＝斎藤〕，谷口＝井上編(3) 133 頁〔遠藤賢治〕。
20) 旧注釈民訴(4) 211 頁〔林〕，竹下守夫〔判批〕法協 85 巻 7 号〔1968〕1105〜1106 頁。
21) 原告が明渡しを求める物件の表示を誤ったため判決主文においてもその表示に誤りが生じた場合につき，最判昭 43・2・23 民集 22 巻 2 号 296 頁。
22) その例として，主文における訴訟費用の裁判，仮執行宣言の裁判，「原告その余の請求を棄却する」旨の裁判などの記載の遺脱が挙げられる。旧注釈民訴(4) 212 頁〔林〕。
23) この点について，旧注釈民訴(4) 212 頁〔林〕。

IV 更正の手続

1 手続の開始

　裁判所は判決の成立後いつでも当事者の申立てまたは職権により更正決定をすることができる（257条）。明白な表現上の誤りを正すことの重要性に鑑み，更正決定には時期の制限はなく，上訴提起後でも判決送達前でも，判決確定後でも，執行文付与後でも可能である[24]。

　更正は裁判所の1つの権能であるだけでなく，裁判所は誤りを発見した場合に更正する義務を負う。

2 管轄裁判所

　更正決定をなしうる裁判所は，原則としてその判決をした裁判所である（その裁判所の構成が変わった後でも当然できる）。なぜなら，本条の制度趣旨は自ら言い渡した判決を更正する点にあるからである。事件が上級審に係属している場合，上級裁判所も原判決を更正できるかどうかについては，かつては否定説が有力であり，肯定説との間に見解の対立があった。否定説は，上述した判決の更正の本来の制度趣旨や上級裁判所に更正権能を認めると更正について矛盾した裁判がなされるおそれがあることを根拠とする。しかしながら，誤りが表現上明らかであれば，上級裁判所でも更正できると解する肯定説が今日における判例・通説である[25]。誤りが明白であれば，判決原本の存する上級裁判所に更正権限を認めるのが手続上便宜であるし，矛盾した更正がなされるおそれは実際上少ないと思われること，仮に更正決定間の齟齬がある場合には，上級裁判所の決定を優先させれば問題が解消されること，訴訟経済などを根拠とする。このほかに，訴訟記録の現存する裁判所に更正権能を認める見解も有力である[26]。

---

[24]　大阪高決平4・11・30判時1470号83頁参照。
[25]　大判大12・4・7民集2巻218頁，最判昭32・7・2民集11巻7号1186頁，伊藤〔4版補訂版〕497頁，新堂〔5版〕672頁，中野＝松浦＝鈴木編〔2版補訂版〕440頁〔高橋宏志〕，兼子ほか・条解〔2版〕1416頁〔竹下＝上原〕，秋山ほかV 216頁。否定説として，兼子・体系324頁，兼子・条解上489頁。
[26]　斎藤ほか編・注解民訴(4)〔小室＝渡部＝斎藤〕。

3 裁判

　更正の裁判は決定で行う。したがって，口頭弁論を開くかどうかは任意であり，裁判所の裁量に任せられている。(87条1項但書)。もっとも，誤りが明白であることが要件であるから，口頭弁論を開く必要性は想定できず，通常ないであろう。上級裁判所が下級審の明白な誤りを更正する場合には，その判決文中で更正するという形式をとっても差し支えない[27]。更正決定は判決の原本または正本に付記しなければならない（規160条1項本文）。そして，保存または執行その他の場合を考えて一番便宜という理由から，判決原本の最後の余白に記載するのが原則である。もっとも，判決正本が既に送達されていて回収が困難であるなど裁判所は相当と認めるときは，判決書の原本または正本への付記に代えて，決定書を作成し，その正本を当事者に送達することができる（規160条1項但書）。旧法下の実務上，更正決定がされるのは送達を受けた当事者からの申立てや指摘を受けてであることもあって，広く原本に付記することなく別に決定書を作成して更正決定をしている例が多かったとされ，そのような旧法化の実務の取扱いによっても特に弊害は生じないし，更正決定の内容も明確になることから，現行規則は，原則と但書のいずれによるかは裁判所の裁量に委ねることとしている[28]。なお判決が公示送達のため掲示されたときには，右判決の更正決定を掲示するときは，判決文も添付しなければならない[29]。

V　更正決定の効力と更正決定に対する不服申立て

1　更正決定の効力

　更正決定は判決の言渡し時まで遡及してその効力を生じる[30]。更正決定は判決の内容を変更するものではなく，判決の表現上の誤りを判決言渡時に遡って訂正するものだからである。したがって，更正決定は判決と一体をなすものであり，当初から更正された内容の判決が言い渡されたことになる。それゆえ，

---

[27]　最判昭32・7・2民集11巻7号1186頁。

[28]　この点につき，秋山ほかⅤ218頁以下。後者によると，現在の実務は，但書の決定書によることが多く，その場合は判決書の原本への付記を要しない。

[29]　大判昭7・9・22評論21巻民訴480頁。

[30]　大決大6・10・24民録23輯1601頁。

既判力や執行力等の判決効についても，更正後の判決内容が基準となる。しかし，判決に対する上訴期間は，判決の送達時から進行するので，更正によって影響されない[31]。ただし，更正によって，その内容により判決の勝敗が逆になり，思わぬ不利益を受ける当事者も現れかねない。そこで，このような更正前の当事者が安心して上訴しなかったのが無理もないといった事情があり更正により上訴の必要が新たに生じた場合には，上訴期間経過後でも無理もない事情により上訴を提起しないまま上訴期間を徒過した当事者のために上訴の追完（97条）による救済を許すべきである[32]。また，更正によってはじめて上訴の利益が生ずるような場合には更正決定の送達時から改めて上訴期間が進行するという見解も有力に主張されている[33]。

2　違法な更正決定の効力

違法な更正決定とは，本条にいう更正の要件を欠いた更正決定をいう。民事訴訟法の基本原則によると，裁判が形式的に確定すると，たとえ瑕疵のある違法なものであっても，その内容上の効力を生じ，他の裁判においてもその判断内容を無視することはできないのである。この基本原則からすると，違法な更正決定でも通常有効であり，その効力の排除は関係人の即時抗告によってなされうるにすぎないことになる。このように違法な更正決定でもそのまま確定すれば上級審はこれを有効として扱い，それを裁判の基礎にしなければならなくなる（有効説）。

しかしながら，最高裁判例[34]は，調停調書の事案において旧条項の実質的な内容を変更する違法な更正決定の効力について，「(旧) 民訴法194条（現行民訴法257条）の全く予定しないものであって，右の更正決定は確定しても効力を生じないと解するのが相当である」として，無効説に立つことを明らかにした。その実質的な根拠として，違法な更正決定を有効と解すれば，更正決定の方法により判決の実質的な変更をなしうることを承認する結果となり，257条の趣旨に反することになるし，決定手続によって簡易になされた更正決定に判

---

[31]　大判昭9・11・20新聞3786号12頁。
[32]　法律実務(5)145頁，兼子ほか・条解〔2版〕1417頁〔竹下＝上原〕。
[33]　旧注釈民訴(4)218頁〔林〕，竹下・前掲〔判批〕1110頁。
[34]　最判昭42・7・21民集21巻6号1615頁。

決や調停の実質を変更する効力を認めることはできないからではないかと思われる[35]。その後も高裁裁判例[36]が，和解調書の実質的な内容を変更する違法な和解調書の更正決定の事案において「確定しても効力を生じない」として，無効説に基づき新訴（請求異議の訴え）提起は適法であるとした。

これに対して，伝統的通説は，上記の民事訴訟法の基本原則や法的安定性に基づき有効説に立ち，判例に批判的である[37]。

確かに，無効説によった場合には，判決の効力の内容が不確定になり法的安定性を害する点で問題であるので違法な更正決定は当然無効と解すべきではない。かといって，違法な更正決定に対する救済を考慮すべきであるとすれば，更正によって判決主文における勝敗が逆になり，更正前の勝訴の当事者が安心して上訴しなかったのが無理もない事情がある場合に，上訴期間の徒過後であっても上訴の追完を許すべきであると考える[38]。

3　更正決定に対する不服申立て

更正決定に対しては，それによって不利益を受けた当事者が即時抗告をすることができる（257条2項本文）[39]。ただし，判決に対して適法な控訴があったときは，上記更正決定の当否についても控訴審の判断を受ければ足りるから，即時抗告は許されない（257条2項但書）。更正決定の申立てを不適法として却下した決定に対しては，即時抗告が許される（328条1項）が，更正決定の申立てを理由なしとして却下した決定に対して，即時抗告が許されるかについては，否定説と肯定説の見解対立がある。判例・多数説[40]は，即時抗告を許す旨の規

---

35) 旧注釈民訴(4)219頁〔林〕，栗山忍・最判解説昭和42年度338頁，山木戸〔判批〕民商58巻2号〔1968〕274頁。
36) 東京高判平4・6・22判時1428号87頁。
37) 旧注釈民訴(4)220頁〔林〕，山木戸・前掲〔判批〕207頁，竹下・前掲〔判批〕1102頁，石川明〔判批〕判タ822号〔1993〕68頁，後藤勇〔判批〕平成5年度主要判解220頁。
38) 兼子ほか・条解〔2版〕1417頁〔竹下＝上原〕。
39) 債権差押命令および転付命令について更正決定がなされた場合も，不服申立ては，執行抗告ではなく即時抗告による。これにつき，東京高決昭40・10・8下民16巻10号1549頁，兼子ほか・条解〔2版〕1417頁〔竹下＝上原〕。
40) 否定説に立つ（裁）判例として，大決昭13・11・19民集17巻2238頁，東京高決昭40・10・8下民16巻10号1549頁，主な学説として，兼子329頁，新堂〔5版〕672頁，松本＝上野〔8版〕598頁注62，注釈民訴(4)217頁〔林〕，兼子ほか・条解〔2版〕1417

定がないこと，判決裁判所が自ら誤りがないとしている以上，他の裁判所がこれを強制することは不適当であることなどを根拠に許されないとする否定説である。だが，明白な誤りに該当するかどうかについて考え方が分かれる余地があること，上級審に更正決定をする権限が認められること，および，和解などの調書についての更正の場合には即時抗告以外の不服申立方法が考えられないことを根拠に許されるとする肯定説も有力である[41]。確かに，和解調書および調停調書の更正の場合，控訴により不服を申し立てることができず，即時抗告以外不服申立方法がないことから，即時抗告を認める必要があろう[42]。だが，判決の更正の場合，判決の自己拘束力の例外としての本条の趣旨から，当該裁判所が自ら誤りがないとする以上，上級裁判所といえどもこれを強制すべきではなく，しかも，当事者としては，当該判決に対して上訴の不服申立方法が認められるのである[43]から，否定説の方が妥当であると考える。そうだとすると，当事者としては，当該判決に対して文面どおりに受け取ったうえで，これに対して上訴により不服を申し立てることになろう[44]。

〔松原弘信〕

頁〔竹下＝上原〕。
41) 肯定説の裁判例として，高松高決昭45・5・20判時608号146頁，名古屋高金沢支決平2・2・7判時1358号112頁，東京地決平9・3・31判時1613号114頁。主な学説として，伊藤〔4版補訂版〕498頁，斎藤ほか編・注解民訴(4)489頁〔小室＝渡部＝斎藤〕，秋山ほかⅤ 217頁。
42) また，家事調停における調停調書については，家事事件手続法269条4項により更正決定のみならず，更正申立てを不適法として却下した裁判に対しても即時抗告が認められている。
43) 兼子ほか・条解〔2版〕1417頁〔竹下＝上原〕。
44) 兼子ほか・条解〔2版〕1417頁〔竹下＝上原〕。

§ 258 I

(裁判の脱漏)

第258条 ① 裁判所が請求の一部について裁判を脱漏したときは,訴訟は,その請求の部分については,なおその裁判所に係属する。

② 訴訟費用の負担の裁判を脱漏したときは,裁判所は,申立てにより又は職権で,その訴訟費用の負担について,決定で,裁判をする。この場合においては,第61条から第66条までの規定を準用する。

③ 前項の決定に対しては,即時抗告をすることができる。

④ 第2項の規定による訴訟費用の負担の裁判は,本案判決に対し適法な控訴があったときは,その効力を失う。この場合においては,控訴裁判所は,訴訟の総費用について,その負担の裁判をする。

I 本条の趣旨

1 裁判の脱漏の概念と本条の趣旨

裁判の脱漏とは,裁判所が終局判決の主文で判断すべき請求の全部について裁判するつもりで判断したにもかかわらず,その一部や訴訟費用の裁判について誤って無意識的に裁判をしなかった場合をいう。裁判所は,処分権主義(申立拘束原則)の下で,当事者によって申し立てられた請求全部について申立ての範囲内において判決しなければならない(246条)が,裁判所が終局判決によって判断すべき事項について全部判決あるいは一部判決後の結末判決によって全部を判断すべきところ,無意識的に請求の一部が判断されずに残される場合を裁判の脱漏のうち特に判決の脱漏という[1]。これは無意識的に請求の一部が判断されない点で,意識的に請求の一部のみの判決を行う一部判決と異なる。また,判決の脱漏は,終局判決の主文で判断すべき独立の請求の一部について誤って判断をしない場合であるから,請求を理由づける判決理由中で判断される攻撃防御方法についての判断をしない「判断の遺脱」とも異なる。判断の遺脱は上訴および再審の事由となるのに対して(338条1項但書および338条1項3号),裁判(判決)の脱漏は,既になされた判決を違法にするものではないので,

---

[1] 裁判の脱漏の概念は,判決の脱漏とそれ以外の訴訟費用等の裁判の脱漏からなる。

脱漏に対して裁判所は改めて判決をしなければならず（この判決を追加判決ないし補充判決という），上訴・再審は許されない[2]点で異なる。

本条は，裁判所が請求の一部について裁判を脱漏した場合（判決の脱漏）および訴訟費用の裁判について脱漏した場合を定めたものである。すなわち，本条1項は，裁判所が誤って請求の一部について裁判（判決）をしなかった場合に，裁判（判決）がなされていない部分について受訴裁判所に係属しており，補充的な追加判決をしなければならないことを示したものである。また，本条2項以下は，付随的な裁判である訴訟費用の負担の裁判について特別な規定を設けたものである。

2 裁判の脱漏の沿革

裁判の脱漏について現行民訴法が規律する258条は，沿革的にみると，旧民訴法195条の規定をそのまま受け継いだものであるが，旧々民訴法（242条）とは，裁判の脱漏があった場合における裁判の補充について重要な違いが見られる。

すなわち，裁判の脱漏があった場合における裁判の補充について，旧々民訴法（242条）は，ドイツ民訴法にならい，判決送達後7日以内に当事者の申立てがあった場合に限って追加判決により脱漏した請求の一部について補充し，当事者が上記申立期間を徒過した場合には，脱漏した部分の請求の係属は終了ないし消滅することとし，この部分についての裁判は新訴によらなければならない旨を定めていた。この趣旨は，かかる場合には訴訟は一旦終結したけれどもなお裁判の脱漏があることから，その脱漏した裁判の一部について後で追加判決をするという考え方に基づいていた[3]。したがって，旧々民訴法の下では，当事者の追加裁判の申立てがなければ追加裁判を行うことができず，裁判を脱漏した裁判所は脱漏した裁判をする義務がないことになるという難点があるとともに控訴期間の起算もより複雑だった。

そこで，旧法は，裁判の脱漏の場合に当事者の申立ての有無にかかわらず訴訟は終結しておらず，脱漏した部分は依然裁判所に係属している旨を明言する

---

2) 大判明42・2・8民録15輯68頁，最判昭37・6・9訟月9巻8号1025頁。
3) 旧注釈民訴(4)221頁〔林〕，法曹会編・民事訴訟法改正調査委員会議事速記録〔1929〕706頁〔松岡発言〕（松本＝河野＝徳田編・立法資料〔12〕372頁）。

にとどめた。そのうえで，脱漏した部分の裁判は，旧々法のような追加判決の形式によって補充するのではなく，かかる追加判決を廃止して，通常の一部判決として処理されることになり，脱漏した部分の裁判は残部判決の裁判として捉えられることになった。というのも，そのような取扱いが事柄の性質に適合し，当事者にも負担をかけない合理的なものとされたからである[4]。したがって，脱漏した部分は本判決と無関係に申立てにより，または職権によって追加判決がなされ，追加判決は本判決の上訴期間の進行に影響を及ぼさないこととなった。また，追加判決の裁判について，常に口頭弁論を要するとの旧々法の規定による拘束もなくなった。この旧法の規定（195条）を基本的に継承する形で現行法は規律されているのである。

II 判決の脱漏

1 判決の脱漏の意義

訴訟上の請求についての裁判は判決であるから，請求の一部についての裁判の脱漏は判決の脱漏である。

判決の脱漏は，判決主文の中で請求の一部について誤って判断の記載が脱落している場合をいう。要するに，請求の一部についてうっかりミスや判断すべき内容の見落としにより無意識的に生じたものが判決の脱漏であり，裁判所が意識的に請求の一部について判決をしなかった場合は一部判決であって，判決の脱漏ではない。そこで，判決の脱漏は，同一請求の一部についても，併合された別個の請求の一部についても生じうるし，共同訴訟人のある者またはこれに対する請求についても生じうる。裁判所の弁論の併合の場合にも，併合された訴訟の1つをまず裁判する場合は一部判決をすべきであるから，これによらない場合は，裁判の脱漏になる。もっとも，原告の請求の一部を認容しながら，その他の請求について棄却する旨を判決主文に掲げなかった場合のような，実質的に裁判していることが判決理由中でわかる場合は，主文には明確に表示されていなくても，必要ならば判決の更正ができるから，判決の脱漏とはいえな

---

[4] 旧注釈民訴(4) 222 頁〔林〕，法曹会編・前掲速記録 706～707 頁〔松岡発言〕（松本＝河野＝徳田編・立法資料〔12〕372 頁）。

い[5]。

　以上のように，判決の脱漏は，それにより無意識的に一部判決をしたことになる。したがって，一部判決が許されない場合には，判決の脱漏もない。例えば，必要的共同訴訟や独立当事者参加訴訟のように合一確定の必要があるため一部判決が許されない場合には，一部についてのみ判決がなされた場合には，前の判決そのものの違法を争うべきであり，違法な全部判決であるから判決の脱漏は生じず，上訴によってその取消しを求めるべきであり，追加判決は許されない[6]。

　判決の脱漏に該当する最高裁判例の具体例として，訴えの取下げの特別委任を受けていない訴訟代理人が請求を減縮し（訴えの一部取下げ），裁判所がこれを有効と誤認して減縮部分について判決をしなかった事例[7]，建物明渡請求および賃借権不存在確認請求の訴訟において，後者の請求について判決をしなかった事例[8]，訴えの交換的変更において旧訴の取下げ（撤回）が無効であるにもかかわらず旧訴の判断をしなかった事例[9]，離婚判決において親権者指定がなされなかった事例[10]がある。

　判決の脱漏と判断の遺脱の概念上の違いについては先に（ⅠⅠで）述べたとおりであり，請求の一部について判断しなかった場合が判決の脱漏であり，請求について判決するために判断しなければならない個々の攻撃防御方法について判断をしなかった場合，判断の遺脱であって判決の脱漏ではない。判決の主文には請求全部についての判断の記載があるが，その一部に対する理由が欠如している場合も判断の遺脱であって判決の脱漏ではない。また，同時履行の抗弁権や限定承認の抗弁は，終局判決の主文で判断されるべき事項ではあるが，

---

5) 広島高判昭38・7・4高民16巻5号409頁，東京高判昭41・11・11判タ205号152頁。
6) 最判昭43・4・12民集22巻4号877頁は，独立当事者参加訴訟について本案判決をするときは，参加人，原告，被告の三当事者を判決の名宛人とする1個の終局判決のみが許され，訴訟当事者の一部のみに関する判決をすることは違法であり許されず，また，残余の部分に関する追加判決をすることも許されないと判示した。
7) 最判昭30・7・5民集9巻9号1012頁。
8) 最判昭30・9・22民集9巻10号1294頁。
9) 最判昭31・12・20民集10巻12号1573頁。
10) 最判昭56・11・13判時1026号89頁。

独立の請求ではないから，これらの抗弁について判断をしなかった場合も同様に判断の遺脱であって判決の脱漏ではない[11]。相殺の抗弁について判断しなかった場合も同様である。

　判決の主文において請求の一部についての判断の記載を遺脱している場合，その請求部分について裁判したことが判決理由の記載から明らかでないときは，判決の脱漏があることで異論はないが，逆に，その請求部分について裁判をしたことが判決の理由から明らかなときも判決の脱漏かは問題である。かつての大審院判例は，これをも判決の脱漏と解した[12]が，通説[13]および戦後の裁判例[14]は，判決の誤りと解して，更正による訂正を認めている。かかる場合には判決の更正が可能であるから，それによるべきである点で通説が妥当であるように思われる。

　なお，仮執行宣言の申立てがあったのに判決主文にも理由中にもその判断が示されていない場合には，259条5項により仮執行の宣言の補充という形で立法的解決がなされている。

2　請求の態様と判決の脱漏

　前述したように，判決の脱漏は請求の一部についての裁判を脱漏した場合に生じるので，請求について一部判決が許される場合に可能である。そこで，請求の態様により判決の脱漏が生じるかどうかが問題となる場合として以下のようなものがある。

(1)　同一請求の一部，訴えの客観的併合および主観的併合（通常共同訴訟）の場合

　ここで同一請求の一部の裁判の脱漏とは，例えば，建物の収去と土地の明渡しを求める請求で，その建物の敷地のみの明渡しを命じて，その他の土地の明渡しについて判断しなかった場合が考えられる[15]。それから，同一当事者間に

---

11)　賀集ほか編・基本法コンメ(2)〔3版追補版〕296頁〔本間靖規〕。兼子ほか・条解〔2版〕570頁〔竹下守夫＝上原敏夫〕。
12)　大判大6・11・26民録23輯1810頁，大判大10・7・14民録27輯1341頁。
13)　兼子・体系321頁，新堂〔5版〕387頁，菊井＝村松Ⅰ1240頁。
14)　広島高判昭38・7・4高民16巻5号409頁，東京高判昭41・11・11判タ205号152頁，大阪高判昭52・3・30判時873号42頁。これにつき，§259Ⅵ参照。
15)　秋山ほかⅤ220頁。

§ 258 II

複数の請求が併合されている場合（訴えの主観的併合の場合）につき，その1つにつき判断されなかった場合に，その併合された複数の請求の一部について，その裁判を脱漏した場合に生ずる。裁判所により弁論の併合を命じられた複数の請求の一部，または，本訴・反訴のいずれかについての裁判を脱漏した場合も同様である（243条2項）。ただ，これらの場合にも複数の請求に共通した事実がともに重要な争点になっている場合などには一部請求をすべきでないし，一部判決を許すべきでないという見解[16]が有力に主張されているなかで，かかる見解によれば，これらの場合にも判決の脱漏を生じないことになろう。

(2) **訴えの客観的予備的併合ないし客観的選択的併合の場合**

訴えの客観的予備的併合においてその主位的請求を認容する場合にはそれだけで全部判決になることから，予備的請求について裁判をしなくても裁判の脱漏にならないことは異論がないが，主位的請求を棄却する判決を一部判決によらないでした場合，予備的請求について判決の脱漏を生じるとする脱漏説と生じないとする非脱漏説とがある。この問題について判例[17]は，「主たる請求を排斥する裁判をするときは，同時に予備的請求についても裁判することを要し，これを各別に判決することは許されない」として非脱漏説に立つ。かかる場合に一部判決は許されないと非脱漏説に立つ根拠として，一部判決を許すと主位的請求と予備的請求とが上訴の関係で別々となり，原告が予備的併合との関係で審判を求めた趣旨が失われるということ，残部判決と矛盾するおそれがあることが挙げられ，予備的併合請求訴訟における両請求の一体的関係に鑑み一部判決は許されないことを前提とする非脱漏説（通説）が妥当であると考える[18]。

同様の問題は訴えの選択的併合においても生じる。すなわち，併合された請求のうちの一つを棄却する判決を一部判決によらないでした場合，他の請求について裁判の脱漏を生じるとする脱漏説と生じないとする非脱漏説の対立がある。判例[19]は，選択的併合の場合も予備的併合の場合も同様に一部判決は許されないという見解の下に非脱漏説に立っているとみられる。ここでも選択的に

---

16) たとえば，新堂〔5版〕658頁。
17) 最判昭38・3・8民集17巻2号304頁。
18) 旧注釈民訴(4)226頁〔林〕。
19) 最判昭58・4・14判時1131号81頁。

〔松原〕 1149

併合された両請求の一体的な関係の特質から一部判決は許されないことを前提とする非脱漏説が妥当であると考える[20]。

(3) 判決の脱漏と上訴の可否

判決の脱漏は既になされた判決を違法ならしめるものではない[21]し，原判決の結果に影響を及ぼすものでもない[22]。したがって，判決の脱漏をもって既になされた判決の上訴理由とすることはできず[23]，この後述べる追加判決によって補充すべきことになる。

Ⅲ 追 加 判 決

判決の脱漏において脱漏した部分は，依然としてその裁判所に係属することになる（本条1項）。したがって，裁判所は脱漏に気づけば，脱漏によって係属している残部の請求について，その審理を完結するために終局判決を言い渡すことを要する。これを追加判決（または補充判決）という。

追加判決は，脱漏が判明すれば係属中になる当該請求部分についていつでも職権で判決することができ，またしなければならない。当事者も，言渡期日または口頭弁論指定の申立てをすることができ，かかる当事者からの追加判決の申立ては職権発動を促す意味をもつことになる[24]。旧旧法242条は判決送達の日から7日内に限って当事者に申立権を認めていたが，現行法は期間についての制限を設けず，本来脱漏は裁判所の過失によったものであるから，裁判所が職権で追加判決を行うことにした[25]。脱漏した当該請求部分が既に裁判をするのに熟していて（243条1項），かつ裁判官も最終口頭弁論に関与した者である場合は，ただちに判決言渡期日を指定して追加判決を言い渡せばよいが，そうでないときは口頭弁論を再開して審理しなければならない。しかし，立法論としては，追加判決の期間的制限を設けるなり係属期間を法定すべきであるとい

---

20) 旧注釈民訴(4) 227頁〔林〕。
21) 最判昭30・7・5民集9巻9号1012頁。
22) 最判昭30・9・22民集9巻10号1294頁。
23) 最判昭30・7・5民集9巻9号1012頁，最判昭56・11・13判時1026号89頁。
24) 最判昭30・9・22民集9巻10号1294頁。
25) 秋山ほかⅤ221頁。

う有力な見解がある[26]）。

　問題は，当事者が脱漏があるとしてかかる期日の指定を申し立てたところ，裁判所が脱漏を認めない場合に，口頭弁論期日を指定して，その弁論に基づいて訴訟の終了を宣言する終局判決を言い渡すべきかであるが，訴えの取下げの効力に争いがある場合などと同様に，訴訟係属の有無は，係属の主張されている裁判所で確定することとするのが相当であるから，終局判決を言い渡すべきであろう[27]）。

　追加判決と脱漏判決は，それぞれ別個の判決であり，追加判決の上訴期間も脱漏判決の上訴期間の進行に何ら影響されることなく進行する。両判決がそれぞれ上訴されて控訴審において係属している場合には，これを併合して審理するのが便宜であるという有力な見解[28]）もある。訴訟費用は脱漏判決で裁判された部分は変更できないから，追加判決ではその後の手続費用だけについて裁判すべきである。

IV　訴訟費用の裁判の脱漏

　裁判所は，事件を完結する裁判において，職権で，その審級における訴訟費用の全部についてその負担の裁判をしなければならない（67条1項）。この訴訟費用の裁判は，訴訟物自体についての裁判ではなく，それに付随する裁判であるから，この裁判だけを脱漏した場合，本条1項の追加判決によらず，訴訟が裁判によらずに完結した場合に準じて，決定により訴訟費用の負担について追加的に裁判をすることにしており，この場合，61条から66条までが準用される（本条2項）。なお，具体的な訴訟費用の額については，裁判所書記官が決定する（71条1項）。

　この裁判は，当事者の申立てまたは職権によりなされる。というのも，訴訟費用の負担の裁判がないままでは当事者が困るからであり，本条2項により当

---

26)　賀集ほか編・基本法コンメ(2)〔3版追補版〕297頁〔本間〕，兼子ほか・条解〔2版〕1419頁〔竹下＝上原〕。

27)　兼子ほか・条解〔2版〕1419頁〔竹下＝上原〕，秋山ほかⅤ221～222頁。裁判例として，東京高判平成16・8・31判時1903号21頁。

28)　賀集ほか編・基本法コンメ(2)〔3版追補版〕297頁〔本間〕。

事者の申立権が認められており，この申立ては書面により行わなければならない（規161条）。

訴訟費用についての追加的な決定に対しては，即時抗告をすることができる（本条3項）。

もっとも，こうした規律は本案の裁判がそのまま確定した場合を想定しているので，本案の裁判に対して控訴があったときは，訴訟費用についての追加的な決定は，その効力を失い，控訴裁判所が，訴訟の総費用について，その負担の裁判をする（本条4項）。その趣旨は，本案について控訴がされたときは，控訴裁判所が本案の判断とともに訴訟費用の負担について裁判をするのが適当だからである。したがって，本条4項の上記趣旨に照らして，本案について控訴があったときは，本条3項の即時抗告をすることはできないし，抗告審手続が先行している場合はその対象が失効するので抗告が却下される。

ところで，本条4項の文言は「本案判決に対し適法な控訴があったとき」という限定が付されているが，この点について通説は，控訴を棄却する場合はもとより控訴が不適法として却下する場合もこの訴訟費用の裁判は必要であるから含まれていると解する[29]。ただし，通説においても，控訴審が第一審判決を取り消して差戻しまたは移送するときは，67条2項による。これに対して，少数説は，控訴却下の場合は控訴費用のみを決めるのであり，訴訟費用に関する原裁判の効力は失われないと解する[30]。ところで，本条4項において控訴の提起に限り上告の提起が含まれていないのは，上告審は事件の全面的な再審理を行わないため，訴訟費用の裁判をさせるのは不適当だからである。

なお，非訟事件・家事事件については，非訟事件手続法60条，家事事件手続法79条において明文の規定を設けられ，民訴法258条を準用している。その趣旨は，非訟事件の終局決定や家事審判事件の審判についても，手続の併合（非訟事件手続法35条1項）を命じた複数の非訟事件ないし家事審判事件中の1つにつき判断を示すことなく非訟事件ないし家事審判事件全体につき審判をし

---

[29] 賀集ほか編・基本法コンメ(2)〔3版追補版〕297頁，菊井＝村松Ⅰ1243頁，斎藤ほか編・注解民訴(4)497頁〔小室＝渡部＝斎藤〕，兼子ほか・条解〔2版〕1420頁〔竹下＝上原〕。

[30] 笠井＝越山編・新コンメ〔2版〕941頁〔越山〕。

たものとして処理した場合や，手続費用の負担をしないで終局決定をした場合など，終局決定において判断すべき事項について，判断の脱漏が生じうる。このような場合の手当てとして，なお残部が当該非訟事件ないし家事審判事件が係属していた裁判所に係属しているものとするなど，民訴法258条（第2項の後段を除く）の規定を準用することとしている[31]。なお，民訴法258条2項後段を準用していないのは，非訟事件ないし家事事件における手続費用の負担について，民訴法61条から66条までの規定を準用しておらず，これらの規定を準用するとしている民訴法258条2項後段の規定を準用する基礎を欠くからである。

〔松原弘信〕

---

[31] 金子修編著・逐条解説非訟事件手続法〔2015〕233頁，同編著・逐条解説家事事件手続法〔2013〕259頁。

（仮執行の宣言）

第259条 ① 財産権上の請求に関する判決については，裁判所は，必要があると認めるときは，申立てにより又は職権で，担保を立てて，又は立てないで仮執行をすることができることを宣言することができる。

② 手形又は小切手による金銭の支払の請求及びこれに附帯する法定利率による損害賠償の請求に関する判決については，裁判所は，職権で，担保を立てないで仮執行をすることができることを宣言しなければならない。ただし，裁判所が相当と認めるときは，仮執行を担保を立てることに係らしめることができる。

③ 裁判所は，申立てにより又は職権で，担保を立てて仮執行を免れることができることを宣言することができる。

④ 仮執行の宣言は，判決の主文に掲げなければならない。前項の規定による宣言についても，同様とする。

⑤ 仮執行の宣言の申立てについて裁判をしなかったとき，又は職権で仮執行の宣言をすべき場合においてこれをしなかったときは，裁判所は，申立てにより又は職権で，補充の決定をする。第3項の申立てについて裁判をしなかったときも，同様とする。

⑥ 第76条，第77条，第79条及び第80条の規定は，第1項から第3項までの担保について準用する。

I 本条の趣旨

1 仮執行の宣言の意義・目的と本条の趣旨

(1) 仮執行の宣言の意義

終局判決によって敗訴した当事者には上訴が許され，上訴の提起により原判決の確定が遮断されるため，判決の執行力（強制執行により終局判決の内容を実現する効力）は，主として給付判決についてその判決が確定した場合に初めて認められ，それ以前においては執行力が生じないのが原則である。しかしながら，敗訴者の利益保護の趣旨に基づくこの原則を貫くと，たとえば原告が第一審で

§259 I

　請求認容判決を得ても，この判決に対して敗訴した被告から控訴が提起されると，第一審判決の確定が遮断されて直ちに勝訴原告の権利の満足を得ることが遅らされ，第一審の敗訴被告による執行回避を目的とする濫用的な上訴を誘発することになりかねず，ひいては第一審判決の軽視を助長することにもなりかねない。仮にそうでなくても，原告が第一審で請求認容の給付判決を得た場合には，原告の早期の権利実現のためにこの判決が執行の局面で重視されてしかるべきであるともいえよう。そこで，このような未だ確定していない判決に，確定した場合と同様に，判決主文に表示された権利関係ないし法律関係について給付判決の執行力を与えることを仮執行という（本条）。それゆえ，仮執行の宣言は，未確定の判決に執行を許す旨の宣言であり，言い換えると，未確定の判決に仮執行力を付与する裁判であるということができよう。ただ，かかる定義は実際の適用頻度の高い狭義の執行力を持つ給付判決を対象とする本来の姿には適切であるものの，狭義の執行力を有しない確認判決や形成判決を対象とする場合には必ずしも十分に適切とはいえない[1]。また，仮執行の宣言は，確定前の判決に執行力の付与という法律効果を生ぜしめるので，形成的裁判であるとされる。そこで今日では，仮執行の宣言とは，未確定の終局判決に対して確定判決と同一内容の執行力（広義の執行力を含む）を付与する形成的裁判であるとか，確定判決と同様の狭義または広義の執行力を付与する旨を宣言する終局判決に付随する裁判（宣言）であると一般に定義されている[2]。

　仮執行の宣言は，民事保全（仮差押えおよび仮処分）と並ぶ権利実現のための仮の権利保護手段としての意義を有する[3]。すなわち，仮執行の宣言は，未確定の判決によって認容された請求権の早期実現を可能にするものであるので，判決確定後まで執行をまっては敗訴当事者の無資力の危険にさらされている原審の勝訴当事者にとっては権利実現の成否に直結する重大な意義を有する。実際にも仮執行の宣言は広く利用されており，実務上給付判決に仮執行の宣言を

---

1) 林淳「仮執行宣言の理論」講座民訴(6) 249頁。
2) 新堂〔5版〕742頁，伊藤〔4版補訂版〕578頁，賀集ほか編・基本法コンメ(2)〔3版追補版〕298頁〔本間靖規〕，兼子ほか・条解〔2版〕1421頁〔竹下守夫＝上原敏夫〕。仮執行の宣言をめぐる定義の変遷について，林・前掲注1) 249～250頁。
3) 林・前掲注1) 252頁，本間靖規「仮執行と給付物返還・損害賠償」中野古稀下61頁。

〔松原〕

付することは原則化しているとさえ言われている[4]。

(2) 仮執行の宣言の制度目的

　以上の仮執行の宣言の意義を踏まえて仮執行の宣言の制度目的は何かが問題となりうる。これについて，まず，判決確定前における勝訴当事者の迅速な執行の実現，および怠惰な訴訟進行に対する一つの調整手段とすることとしての濫上訴の阻止と訴訟資料の一審集中を図ることを主目的とし，その他に勝訴当事者の早く満足を受ける権利と敗訴当事者の上訴利益との均衡調和および健全な訴訟運営の目的を挙げ，仮執行の宣言の目的を多元的に捉える多元説がある[5]。次に，上訴制度の濫用阻止の効果だけを主目的と捉える見解がある[6]。また，仮執行の宣言の制度目的として，原告の第一審勝訴により認められた権利の実現の利益と，被告の上訴制度利用との調和のみを挙げる見解が最も有力である[7]。さらに，仮執行の宣言の制度目的としては，第一審をはじめとする原審における敗訴被告の上訴制度利用の利益との調和において勝訴原告の早期の権利実現の利益を図ることおよび判決確定引き延ばしのための上訴たる濫上訴を抑制するとともに，第一審の審判を重視して訴訟資料を第一審に集中させる効果を持つ[8]形で第一審の充実を図る（裏を返せば第一審の空洞化を阻止する）ことの2つを挙げる見解も相当有力である[9]。思うに，上記2つの目的のうち，前者の原審における敗訴被告の上訴制度利用の利益との均衡において勝訴原告

---

[4]　兼子ほか・条解〔2版〕1422頁〔竹下＝上原〕，秋山ほかⅤ226頁。

[5]　林・前掲注1）250頁。

[6]　三ヶ月・双書〔3版〕486頁，兼子ほか・条解573頁〔竹下守夫〕，小川保男「仮執行宣言の本質とその作用――上訴制度廃止又は制限の問題と関係して(1)(2)(3完)」志林44巻2号21頁，3号29頁，4号45頁〔1942〕。この論文が，第二次世界大戦の戦時体制下で，上訴制度の制限ないし廃止が問題とされようとしていた当時の情況に対し，仮執行の運用で十分に濫上訴を防圧できると主張する，極めて実践的意図に支えられた論文であったことについて，青山善充「仮執行の効果に関する一考察」法学協会編・法協百周年記念論文集3巻〔1983〕410頁注(9)。

[7]　兼子・体系354頁，新堂〔5版〕742頁，伊藤〔4版補訂版〕578頁，梅本〔4版〕966頁，本間・前掲注3）61頁，竹下守夫「仮執行の宣言」民訴演習Ⅰ180頁。

[8]　兼子ほか・条解〔2版〕1421頁〔竹下＝上原〕。

[9]　松本＝上野〔8版〕606頁，旧注釈民訴(4)254頁〔森勇〕，兼子ほか・条解〔2版〕1421頁〔竹下＝上原〕，笠井＝越山編・新コンメ〔2版〕898頁〔越山和広〕。

の早期の権利実現の利益を図ることこそが仮執行の宣言の制度に固有の主目的であり，後者の濫上訴の阻止と第一審の充実は上記主目的を達成するなかで他の制度と相まって得られる副次的目的ないし機能と解すべきであるように思われる[10]。

(3) **仮執行の宣言の基本的な仕組み**

　仮執行の宣言は，上訴による取消可能な未確定の判決にその内容的な効力（広義の執行力）を発生させその強制執行を許すとともに，その未確定判決がそのまま上訴審で確定すれば債権者が仮執行によって得た権利満足も確定的となる。そこで，仮執行の宣言は，「仮執行」といっても，民事保全（仮差押え・仮処分）とは異なり，権利の終局的実現（たとえば，金銭の交付）まで進む。ただし，判決が確定していない時点で強制執行を許すことから後に判決が取り消されるのを解除条件として，後に判決が取り消され請求棄却された場合には執行前の現状に復することになり，その意味において法的な効力は浮動状態にある[11]。それと同時に，もし上訴審でそれが取り消された場合には，本条は原審勝訴者の一方的利益のために権利の存否が確定しないうちにその満足を許すので相手方たる債務者は不利益を受けることになることから，仮執行の宣言を失効させ，当事者間において仮執行がなかった状態に復元される仕組みになっている。

　このように仮執行の宣言の制度は，一般的に言って，債権者に有利で債務者に不利な制度であり，特に仮執行宣言付判決が上級審において取り消された場合に債務者が不利益を受けることから，債権者と債務者のバランスを図るべく，債務者の保護のために次のような予防策を定めている。第一に，担保提供を条

---

[10] 濫上訴の防止および訴訟資料の第一審への集中を重要な機能として捉える見解として，竹下・前掲注7) 179頁，山本弘「仮執行宣言と執行停止」ジュリ1028号〔1993〕127頁，伊藤眞「不当仮執行にもとづく損害賠償責任──無過失責任説の再検討」判タ775号〔1992〕8頁，11頁注(18)。なお，仮執行の宣言の制度目的をめぐる見解の対立について，本間・前掲注3) 63頁注(3)。

[11] 秋山ほかⅤ 226頁によれば，仮執行の特色は，執行力の当然の消滅を予定しない本執行と異なり，本案判決が取り消された場合など一定の要件が充足したときに執行力が消滅することにあり，理論的には，本案判決の取消し・変更等を解除条件とする執行力が与えられていることに本執行との違いを見出すことになるという。

件とする仮執行の宣言および担保提供を条件とする執行免脱宣言，第二に，仮執行宣言付判決に対する上訴提起の際の執行停止，第三に，非財産権上の請求についての仮執行の宣言の排除，仮執行の宣言の原状回復ならびに損害賠償義務規定などである[12]。

ところで，勝訴者が仮執行を行うことができるのは，判決主文中に仮執行できる旨の宣言が掲げられている場合に限られる。そこで，仮執行の宣言は，判決未確定の段階でも判決主文に表示された権利ないし法律関係について執行力の付与という法律効果を生ぜしめる形成的裁判であるため，仮執行宣言付給付判決は債務名義になり（民執22条2号），それには執行力が付与されているから，債権者はそれに基づいて強制執行の申立てをすることができる（民執25条本文）[13]。

2 仮執行の宣言の理論的位置づけと近時の動向

以上のように伝統的には，仮執行の宣言の制度は，判決確定による執行の原則の例外であり，本来許されない時点での執行にもかかわらず法律が認めた特別の利益であると判例[14]および伝統的通説[15]において理論的に位置づけられてきた（例外説[16]）。だが，前述したように実務上は旧法下においても広く認められ，金銭支払いを求める訴えでは仮執行宣言を付するのがむしろ原則化しているということができるし，比較法的にみても近時の傾向として，第一審の審理の充実・強化の方向と連動して仮執行および仮執行宣言制度を強化する方向にあるということができる[17]。そうしたなか，仮執行およびその宣言の理論的な位置づけについて，判例および伝統的通説の例外的な位置づけを見直すべきであるとする見解が有力に主張されてきた。まず，仮執行に基づく損害賠償の範囲を論ずる前提として，判決の執行は本来判決の確定を要するという通説の考えを批判し，判決の効力発生時点である確定時は，本来相対的可変な訴訟政策

---

12) 以上の仮執行の宣言の基本的な仕組みについて，林・前掲注1）251頁。なお，仮執行宣言の手続の構造について簡潔に言い表したものとして，伊藤〔4版補訂版〕578頁。
13) 笠井＝越山編・新コンメ898頁〔越山〕。
14) 最判昭52・3・15民集31巻2号289頁。
15) たとえば，兼子・体系357頁，兼子ほか・条解〔2版〕1422頁〔竹下＝上原〕。
16) この点について，清田明夫・争点〔新版〕302頁。
17) 賀集ほか編・基本法コンメ(2)〔3版追補版〕298頁〔本間〕，林・前掲注1）252頁。

的時点であり，仮執行宣言制度の本質は一種の判決の効力発生の制度であり，確定による執行が原則であり，仮執行宣言に基づく執行が例外であるとはもはや言いきれないし，また言う必要もないとして，仮執行の宣言の制度が現実には原則的であることを積極的に評価し判決の効力発生のための制度として理論的に位置づけようとする見解[18]が提唱されている。また，伝統的通説が，仮執行を例外的な制度として把握することから，その効力を不当に弱めてきたとして，それに異論を唱え，仮執行後の債務者の倒産を中心とする仮執行実施の効果の問題について解釈論レベルで仮執行の強化を図ろうとする形で仮執行の本来あるべき姿を提示しようとする見解[19]も有力に主張されている。さらに，仮執行の宣言の制度は原告と被告の利益の調整手段であり，第一審の審理充実の方向からすれば，これを「恩典」とみる時代は過ぎ去ったと考えるべきであるとの指摘もなされている[20]。このような「仮執行の強化」の方向性は，第一審の強化を図る現行法の下で基本的に是認されるべきであり，そのための理論面での見直しが今後の課題といえよう。

　それと関連して，わが国では，旧法下において，上訴提起によって上訴裁判所があまりにも機械的に執行の停止（旧511条・512条）を命ずる傾向があり，その結果，仮執行の宣言の制度の機能を減殺しているのではないかという指摘もあった。そうしたなか，現行民訴法への改正の過程において，当初は，証拠収集手続の拡充とそれに基づく争点整理手続の充実を主な柱とする動きと連動する形で，仮執行宣言の原則化が検討事項に挙がっていたが，結局実現には至らなかった。すなわち，旧法において旧196条，196条の2，197条と3つの

---

[18] 林順碧「仮執行に基づく損害賠償の範囲」菊井献呈下1113頁以下。この説を支持し，それを前提としつつ不当仮執行に基づく損害賠償責任について過失責任説を提唱するものとして，伊藤・前掲注10）5頁以下，伊藤〔4版補訂版〕581頁。なお，清田・前掲注16）302頁は，仮執行力の基礎について，林説を本執行力説として位置づけ，自説として確定判決の効力との違いを訴訟当事者の訴訟活動の形成の度合いに求める手続形成責任説を提唱する。

[19] 青山・前掲注6）427頁以下。

[20] 賀集ほか編・基本法コンメ(2)〔3版追補版〕298頁〔本間〕。この仮執行は「恩典」であるという思想への批判は，三ヶ月章「上訴制度の目的」同・研究(8)101頁にも見受けられる。

§259 I

条文に分かれていた規定を，現行法では本条において統合する形で仮執行の宣言および仮執行の免脱の宣言についての裁判手続を定める改正こそ実現したものの，実質的な内容の変更はなかった。わずかに現行法は，上訴に伴う執行停止の要件を厳格なものとし（403条）[21]，控訴審での金銭の支払いを命ずる判決に関する仮執行宣言を原則化する（310条）とともに，少額裁判における仮執行宣言に関する規定を新設する（376条）にとどめた。もっとも，上級審における執行停止の要件を厳格な要件の下に絞ることとの対比において，一方では仮執行宣言もある程度慎重に付することを要求されるようになったとみる見解が主張されている[22]。他方では，この見解を批判的に引用のうえ，裁量による仮執行の必要性の判断との関連において，裁判所としては，むやみに厳格慎重にならないことが肝要であるとする見解[23]も主張されている。もとより，両説は正面から相対立する見解とまで言えるかは疑問の余地があるものの，現行法下での上訴に伴う執行停止の要件の厳格化との関わりにおいて仮執行の宣言にどの程度慎重さを求めるか，その実務の運用のあり方をめぐって微妙な見解の対立がみられると評することもできよう。そもそも上訴に伴う執行停止の要件の厳格化は第一審の充実という現行法の理念と深く関わっており[24]，仮執行ないしその宣言の制度が，歴史的には「例外から積極的活用へ」との変遷をみせているなかで，そのどの段階に身を置いて解釈に臨むか[25]，執行停止の要件の

---

21) これについて，研究会516頁〔福田剛久発言〕，山本・前掲注10）127頁以下。なお，この改正は，執行停止の要件が緩やかであるため，仮執行宣言が付されても，比較的容易にその執行が停止され，仮執行宣言の趣旨が損なわれているとの指摘がある点に鑑み，執行停止が認められるべき場合を限定してはどうかという観点から示されている。秋山ほかV 226頁は，これによって，仮執行により早期に権利を実現する環境が整備されたとする。近時，仮執行制度と執行停止制度との関係について，民事裁判の迅速性と公正性という視点から両制度の相関性に着目して検討した論稿として，滝澤孝臣「仮執行と執行停止」実務民訴講座〔第3期〕461頁以下が注目される。

22) 賀集ほか編・基本法コンメ(2)〔3版追補版〕298頁〔本間〕。この見解は，本文で述べたことと関連して，仮執行宣言をフリーパスにして保証金のみで調整する実務の運用は現行法の趣旨に反するという。

23) 兼子ほか・条解〔2版〕1423頁〔竹下＝上原〕。

24) その点について，秋山ほかV 226頁。

25) 谷口＝井上編(3)〔本間靖規〕142頁。

厳格化を図った現行法の下でこれを理論的にどのように位置づけるかと関わる形での実務（の運用）のあり様に対する厳正な評価も今後の課題といえよう。

II 仮執行の宣言の要件

仮執行の宣言は，申立てまたは職権で付され，判決主文に掲げられる（本条4項）。その要件は，財産上の請求に関する終局判決であること，および，仮執行をする必要があることである。

1 財産権上の請求に関する終局判決であること

(1) 財産権上の請求

仮執行の宣言を付することができる判決は，「財産権上の請求に関する判決」に限られる（本条1項）。他方，財産上の請求であれば，給付義務の性質上許されないまたは相当でない場合を除いて，原則として仮執行の宣言を付することができる。

ここで財産上の請求とは，金銭もしくは金銭的価値を有する物または権利をその対象とする請求である[26]。請求それ自体がこのような性格を有するものであれば足り，いかなる権利から導かれたかは問わない。たとえば，人格権という非財産的権利に基づく慰謝料請求も，直接的には損害賠償請求権という金銭的利益をその内容とする権利に基づく請求であるから，財産権上の請求である[27]。

請求が財産権上のものであることが要求されるのは，未確定の終局判決には上訴審において取り消される可能性があり，それに伴い原状回復が必要になるが，財産権上の請求の場合には，誤って執行をしても多くの場合金銭賠償による原状回復が可能かつ比較的容易であり，また金銭賠償によって損害を償うことができるからである[28]。要するに，財産上の請求に限ったのは，誤って仮執行をして事後的に仮執行が取り消された場合に金銭賠償による原状回復が容易

---

26) 秋山ほかV 226頁によれば，財産上の請求とは，経済的利益を目的としている権利または法律関係に関する請求をいう。
27) 法律実務(5)156頁，旧注釈民訴(4)236頁〔森〕。
28) 新堂〔5版〕742頁，伊藤〔4版補訂版〕578頁，笠井＝越山編・新コンメ〔2版〕899頁〔越山〕，兼子ほか・条解〔2版〕1422頁〔竹下＝上原〕，秋山ほかV 227頁。

である点で事後処理が困難でないからである。なお，反対給付との同時履行となる引換給付判決に仮執行の宣言を付しうることについては異論はなく，下級審裁判例もこれを認めている[29]。また，家屋明渡請求についても，上訴審において覆されたときに原状回復が困難であることから，通常仮執行の宣言は付されないが，本質的に付される余地がないわけではない[30]。

これに対して，身分上の請求等の非財産権上の請求では，財産権上の請求の場合と異なり原状回復が困難であるうえ，法的安定性が強く要請される身分関係に浮動的状態が生じることになるから，仮執行の宣言を付することはできない[31]。もっとも，本案が非財産権上の請求でも，その手続についての訴訟費用の裁判は財産権上のものであるから，これには仮執行の宣言を付することができる[32]。

(2) **終局判決**

仮執行宣言を付することができる終局判決は，狭義の執行力が付与される給付判決であることが通常であるが，仮執行宣言に基づく執行力は，給付判決に付与される狭義の執行力に限られず広義の執行力をも含むので，対象となる判決も給付判決に必ずしも限られず，広義の執行力が問題となる形成判決や確認判決も含まれると一般に解されている。その明文上認められる具体例として，請求異議訴訟等の終局判決において既にされていた強制執行の停止または取消しを命ずる決定を認可または変更する裁判（訴訟法上の形成判決）には仮執行の宣言が付される（民執37条1項後段・38条4項）[33]。かかる明文上認められるも

---

29) 福岡高判昭30・11・26高民8巻8号602頁。この場合，反対給付は執行法上執行開始の要件である（民執31条1項）。

30) 梅本〔4版〕966～967頁。建物明渡請求に仮執行の宣言を付した例として，京都地判昭61・2・4判時1199号131頁。

31) たとえば，離婚を命ずる判決に仮執行の宣言を付することを認めると，判決の言渡しとともに離婚の効力が生じ，上訴審でその判決が取り消されると再び婚姻関係が復活するように，後に覆滅される可能性のある法律関係が実現することになり，法律関係の安定性を害することになるからである。秋山ほかV 227頁。

32) 大判大8・9・3民録25輯1555頁，兼子ほか・条解〔2版〕1422頁〔竹下＝上原〕。この場合には，判決の確定を申し立てず訴訟費用確定処分を申し立てることができる（71条参照）。

33) 兼子ほか・条解〔2版〕1422頁〔竹下＝上原〕。

の以外にも仮執行の宣言を付することができるかについて，かつて旧法下で見解が分かれていたが，沿革（旧旧法が仮執行の宣言を強制執行編に規定していたが，旧法や現行法が判決手続の裁判の節に規定していること）や本条の趣旨（財産権上の請求に関する判決の内容の判決の確定前における実現を認めることにあること）を理由に付しうるとする積極説（当時の通説）が今日では異論のない通説・判例である[34]。もっとも，このことは確認判決や形成判決にも仮執行の宣言を付しうることを意味するのみであって，仮執行の宣言が付されるのは，その性質上未確定の判決に対する執行を許すことが適切かつ相当な場合であり，かつ仮執行の宣言を付する必要性が認められる場合に限られる[35]。実務上も，通常の形成判決や確認判決については，当事者の申立ても少なく仮執行の宣言を付する必要が乏しいことが多いことから，それを付することはあまりないといわれている[36]。

また，訴訟費用の裁判（67条）に対する仮執行宣言も可能であり，前述したように，本案判決が財産上の請求を対象としないため仮執行宣言を付することができない場合でも，費用の裁判について仮執行の宣言を付することができる。

なお，決定または命令は，終局判決ではないし，一般にその性質上即時に効力を有する（119条）ので，仮執行宣言を付する必要がない（民執22条3号）。他方，終局判決ではない支払督促は仮執行の宣言を付することができる。すなわち，現行法上，旧法下と異なり，支払督促は裁判所書記官により発せられるものであるので判決ではないが，その送達から2週間の間に債務者の異議申立てがなかった場合，債権者の申立てに基づいて仮執行の宣言が付され，その送達により執行力が発生するものと定められている（391条）[37]。

(3) 上記(1)(2)の要件に関して問題となりうる場合

以上のように，仮執行の宣言の要件として財産権上の請求に関する終局判決

---

[34] 旧注釈民訴(4) 237頁〔森〕，兼子ほか・条解〔2版〕1422頁〔竹下＝上原〕，秋山ほかⅤ 227頁。判例も，大判昭10・5・25民集14巻1027頁が仮差押えを取り消す判決について同様に解している。

[35] 秋山ほかⅤ 228頁。

[36] 菊井＝村松Ⅰ 1247頁。兼子ほか・条解〔2版〕1422頁〔竹下＝上原〕，笠井＝越山編・新コンメ〔2版〕899頁〔越山〕。

[37] 兼子ほか・条解〔2版〕1422頁〔竹下＝上原〕。

§259 II

であることを要するが、なお、上記(1)(2)の要件を一見満たすものであっても、その性質上仮執行の宣言を付することができないと解すべきかどうかについて判例・学説上問題となりうるものがあり、それらについてここで取り上げ検討する。

　㋐　前述のように仮執行の宣言は広義の執行力が問題となる形成判決や確認判決も含まれるが、これに関して、上訴を棄却（または却下）する判決に仮執行の宣言を付することができるかがまず問題となる。上訴棄却の判決に仮執行の宣言が付されると、それが確定したと同様になり、上訴によって不服を申し立てられた判決はそれ自体に仮執行の宣言がなくとも、反射的に執行力を有することになる、との意味において積極に解する見解がどちらかといえば多数説であるといえよう38)。だがこれに対し、広義の執行にも適しないこと、積極説のように解すると仮執行の宣言に要求される明確さを欠くことになることを理由に、仮執行の宣言が付されていない判決に対する控訴を棄却または却下する場合には、控訴審自らその主文で第一審判決に仮執行の宣言を付すことが債務名義の内容を明確にする点でも意義があるとして消極に解する説もかなり有力である39)。

　同じく広義の執行力と関わる確認判決の具体的な問題として、請求棄却・訴え却下判決（特に給付訴訟における原告敗訴判決）についても仮執行の宣言を付することができるかについて議論がある。ここでも、このような判決は仮定性とは相容れない既判力しか持たないとして消極に解する説40)もみられるが、それは本案部分のみにあてはまる点を見落としているものであるとして、訴訟費用

---

38) 菊井＝村松Ⅰ1246頁、兼子・条解上496頁、新堂〔5版〕742頁、伊藤〔4版補訂版〕578頁、金子文六「仮執行の宣言」民訴講座(3)765頁、旧注釈民訴(4)239頁〔森〕、東京高決昭43・10・28判タ230号273頁。この説によれば、仮執行の宣言の効果として、原判決に執行力が生じることになる。

39) 斎藤ほか編・注解民訴(5)5頁〔小室直人＝渡部吉隆＝斎藤秀夫〕、竹下・前掲注7) 181頁、宮川種一郎・総判研(3)5頁、兼子ほか・条解〔2版〕1422～1423頁〔竹下＝上原〕、秋山ほかⅤ228頁（この229頁によれば、実務でも、当事者の申立てをまって本文に述べたような取扱いがなされているとのことである）。

40) 宮川・前掲注39) 5頁以下。笠井＝越山編・新コンメ〔2版〕899頁〔越山〕も、実際上無意義であるとして消極説に立つ。

の裁判に関する部分に実益が認められる限りで積極に解する見解が多数説ないし通説[41]である。

　(イ)　前述したように形成判決についても仮執行の宣言を付することができるというのが判例・通説であるが，株主総会決議取消・無効判決や設立無効・合併無効判決など実体法上の権利関係の変動を生じさせる形成判決については，その性格上財産権上の請求に関するものといえない[42]うえに，通常の形成の裁判自体は執行になじまないから仮執行宣言を付しても意味がなく必要性の観点からも仮執行の宣言を付すに適さず，判決全体に仮執行の宣言を付したとしても訴訟費用の裁判について意味を持つにすぎないと一般に解されている。そうしたなかで問題となりうるのは，たとえば共有物分割を命じるとともにあわせて分割されたものの給付を命じる判決（民258条）とか，債務弁済を詐害行為として取り消すとともにあわせて金銭の給付を命じる判決（民424条）のように，形成請求とこの認容および確定を前提とする給付請求の両者を認容する判決中の後者たる給付請求部分に焦点を当てて仮執行の宣言を付することができるかが特に問題となりうる。下級審裁判例のなかには詐害行為取消請求権に基づく債権は判決の確定によって生じることを理由にこれを否定するものがある[43]。また，学説も，形成原因を裁判所が事前に審査・確定することを要求するという訴えの性質上，仮執行になじまないものが少なくないとして消極に解する見解が一般的である[44]。これに対して，仮執行宣言制度は，実体権の最終的な帰趨にかかわらず，本来は判決が確定したならば生じる執行力をそれに先立って発生させるものであるし，実践的にも，これを認めないと，上訴制度の間隙を埋めるという制度の目的をここでは図れないことにあるから，この場合には仮執行の宣言を認めてよいのではないかとする積極説も主張されている[45]。

　(ウ)　行政処分の取消しまたは変更の判決については仮執行の宣言を付するこ

---

41)　斎藤ほか編・注解民訴(5)5頁〔小室＝渡部＝斎藤〕，旧注釈民訴(4)238頁〔森〕，林・前掲注1) 258頁など。
42)　法律実務(5)161頁，秋山ほかⅤ228頁。
43)　東京高判昭63・10・20高民41巻3号125頁。
44)　兼子ほか・条解〔2版〕1423頁〔竹下＝上原〕，秋山ほかⅤ228頁。
45)　旧注釈民訴(4)240頁〔森〕。

とはできないと一般に解されている[46]。その理由として，判決が確定して初めて行政権をも拘束するもので，それ以前に司法権の作用によって行政権に干渉することは三権分立の関係上できないからであると従来から解されてきた[47]。しかし，このような理由付けが仮の義務付けや仮の差止めが認められた現行の行政事件訴訟法の下でも妥当するかは，今後の検討課題といえよう。なお，行政庁の許可を停止条件とする給付判決についても同様に仮執行宣言になじまないとする見解[48]がある一方で，この場合には行政に対する干渉ということは問題とならないから，仮執行の宣言を付することの適格性の局面の問題ではなく，必要性の局面の問題であるとする見解[49]も主張されている。

　(エ)　離婚判決と同時になされる財産分与を命ずる判決に仮執行の宣言を付することができるかについても見解の対立がある。離婚判決の確定によって初めて財産分与請求権（民768条）が発生するものであるから，その確定前に仮執行の宣言を付することはできないとする消極説が支配的な裁判例[50]であるとともに多数説[51]である。他方で，財産分与を受ける者にとって仮執行の宣言を付する必要があり，離婚判決の上訴審での取消率の低さもあって妥当な結論を導くことから離婚判決の確定を条件とする財産分与請求権が現存するものとして仮執行の宣言の付与を認める積極説[52]もかなり有力である。

　(オ)　登記手続を命じる判決などの意思表示を命じる判決についても，仮執行の宣言の付与の可否について争いがある。判例[53]および通説[54]は，判決の確定

---

46)　兼子ほか・条解〔2版〕1423頁〔竹下＝上原〕。

47)　斎藤ほか編・注解民訴(5)8頁〔小室＝渡部＝斎藤〕，法律実務(6)158頁，旧注釈民訴(4)240頁〔森〕，兼子ほか・条解〔2版〕1423頁〔竹下＝上原〕，秋山ほかⅤ230頁。

48)　斎藤ほか編・注解民訴(5)8頁〔小室＝渡部＝斎藤〕。

49)　旧注釈民訴(5)243頁〔森〕。仙台地判昭28・11・10下民4巻11号1625頁。

50)　神戸地判昭26・2・15下民2巻2号202頁，長野地諏訪支判昭26・6・25下民2巻6号808頁，大阪地判昭29・12・7下民5巻12号1981頁，東京地判昭31・6・7下民7巻6号1500頁，東京高判昭43・10・16判タ230号273頁。

51)　菊井＝村松Ⅰ1247頁，法律実務(5)158頁，竹下・前掲注7)181頁，兼子ほか・条解〔2版〕1423頁〔竹下＝上原〕。

52)　林・前掲注1)260頁，斎藤ほか編・注解民訴(5)7頁〔小室＝渡部＝斎藤〕，旧注釈民訴(4)240頁〔森〕。なお，裁判例として，秋田地判昭36・12・25下民12巻12号3194頁。

53)　大判明45・4・12民録18輯377頁，最判昭41・6・2判時464号25頁。なお，大決昭

が意思表示の擬制の要件であり（民執174条1項本文），仮執行の宣言を付しても擬制の効果は生じないので，上級審で覆されたときは著しい混乱を生ずるおそれがあるとして，裁判所は仮執行を付することができないと解する消極説に立つ。これに対して，少数有力説[55]は，登記を命じる判決も財産権上の訴えであり，民執法174条1項は，執行実現の擬制の時点を確定の時と定めたにすぎず，仮執行の宣言を付すことを排除したものではないこと，原状回復の困難性は仮執行の宣言をすることの必要性の問題にすぎないとする。そのうえで，この説によれば，仮執行宣言判決に基づく執行は確定判決の場合と異なり間接強制の方法によるとする[56]。これに対して，通説は，法がこのような執行方法を予定しているかは疑問であると反論する[57]。

(カ) 将来の給付の訴えの請求認容判決について仮執行の宣言を付しうるかも問題となる。伝統的通説[58]は否定説であり，その根拠は，仮執行の宣言を付しても即時の執行は不可能であり，また，判決の確定が条件成就等に先行する場合には仮執行の宣言を付しても無意味だからである。これに対して，無意味かどうかは仮執行の宣言の必要性の問題であり，条件の成就等が口頭弁論終結後判決の確定前に生じる事態もありうることを考えれば，仮執行の宣言を付する必要が全くないとはいえないし，また，将来の給付の訴えが認められるのは，

10・9・27民集14巻1650頁は登記手続を命ずる判決に誤って仮執行の宣言を付した場合は，当然無効ではなく，その判決に基づき登記申請ができるとする（兼子・判例民訴106事件も判旨賛成だが，梅本〔4版〕966頁は疑問とする）。

54) 兼子・体系354頁，伊藤〔4版補訂版〕578頁，梅本〔4版〕966頁，斎藤ほか編・注解民訴(5)8頁〔小室＝渡部＝斎藤〕，笠井＝越山編・新コンメ〔2版〕899頁〔越山〕，菊井＝村松Ⅰ1247頁，兼子ほか・条解〔2版〕1423頁〔竹下＝上原〕。

55) 新堂〔5版〕743頁，河野627頁，中野・民執〔増補新訂6版〕181頁，同「作為・不作為債権の強制執行」同・訴訟関係294頁，同「登記手続を命じる判決と仮執行宣言」同・現在問題248頁以下，旧注釈民訴(4)240頁〔森〕，谷口＝井上編(3)144頁〔本間〕，大阪地判昭41・3・28判タ191号184頁。

56) 中野・民執〔増補新訂6版〕190頁。新堂〔5版〕743頁は，仮執行宣言付判決による登記の必要は大きくないことから，意思表示を命じる判決のすべてについて一律にその確定によってのみ執行力を生じるものとするには飛躍があるとする。

57) 秋山ほかⅤ229頁。

58) 菊井・強制執行法（総論）47頁。

条件成就の暁には即時に権利の実現が図られなければならない必要性のある場合に限られていることに照らすと，仮執行の宣言を付する必要性はかえって強いともいいうるとして，仮執行の宣言を付することができると解する肯定説も近時かなり有力である[59]。

以上のように，「財産権上の請求に関する終局判決であること」という仮執行の宣言の要件を一見満たすものであっても，その性質上仮執行の宣言を付することができないとして消極説に立つものが多数説ないし有力説である場合が少なくない。だが，上記要件を満たしている以上，基本的な方向性としては積極説に立って仮執行の宣言を付することが可能であるとしたうえで，次に述べる「仮執行をする必要があること」の要件で仮執行の宣言を付することの可否を調整するのが妥当ではなかろうか。

2 仮執行をする必要があること
(1) 必要性の基準

仮執行の宣言を付するためには，仮執行をする必要があることが要件となるが，その必要があるかどうかの判断は，原則として裁判所の裁量に委ねられている。なお，金銭の支払いの請求に関する控訴審判決については，申立てがあるときは，不必要と認める場合を除き，無担保で仮執行の宣言を付するのが原則である（310条）。

裁判所の裁量において仮執行の必要性を認定する際に考慮すべき要素としては，まず，①上訴によって判決が変更される蓋然性の少ないこと，たとえば，重要な事実について敗訴者の自白があることや敗訴者が期日への欠席など不熱心訴訟追行により敗訴し積極的に争う意思が認められないなどの事情があることが挙げられる。もっとも，判決を言い渡した裁判所が自らの判決につき上訴審での取消しの可能性を仮執行の必要性に際して考慮することは問題であるとの指摘もある[60]。

---

[59] 旧注釈民訴(4) 238頁〔森〕，梅本〔4版〕967頁，竹下守夫「差止請求の強制執行と将来の損害賠償請求をめぐる諸問題」判時797号〔1976〕32頁。中野・民執〔増補新訂6版〕183頁，秋山ほかV 227頁。人格権に基づく差止請求について仮執行の宣言を付した例として，大阪高判昭50・11・27判時797号36頁。

[60] 河野627頁。

次に，②勝訴原告の早期の権利保護を図る必要ないし即時の執行を必要とする事情があること，たとえば，給料・扶養料その他の生活費の支払請求や種まき期にある耕地の引渡請求など迅速な権利実現がなされないと債権者の生活や事業に重大な損害が生じるおそれのある場合，または少額の金銭債権など権利の性質上時間の経過が権利の実質を損なう場合であることが挙げられる。

　また，③上級審において判決が覆されたとしても，被告の原状回復が可能であり，仮執行により敗訴被告に回復しがたい損害または危険を生じるおそれのないこと，たとえば，建物収去請求において，いったん建物を壊すと，その再建が容易でないとか，営業の休止を余儀なくされて将来にわたって顧客を失うといった事情があれば，このおそれが認められよう[61]。家屋明渡請求において，立退先を見つけられるかどうかが回復しがたい損害を与えるかどうかの判断に重大な影響を持つが，社会の一般的な事情と当事者の個別具体的な事情を合わせて考慮して判断する必要がある[62]。

　さらに，ここでいう仮執行の必要性は，かかる債権者の利益だけでなく債務者の利益も総合的に考慮して決められる相対的概念であるので，以上に述べたこととともに，立担保を仮執行の条件とするか，仮執行免脱宣言を付するかどうかなども総合的に考慮して判断すべきことになろう。概して，金銭の支払いや代替物の給付判決については原則として回復しがたい損害を債務者に与えるおそれは原則としてなく仮執行の必要性は容易に認められるが，確認判決や形成判決については必要性の判断が一層困難な場合が多いといえよう[63]。

　仮執行の必要性の判断に際しては，旧法下において第一審への集中・濫上訴の防止という仮執行宣言制度の目的に照らすと，「むやみに厳格慎重にならないことが肝要」[64]であるとか，それにとどまらず「むしろ積極的に仮執行宣言を付していくという運用が望まれる」[65]ということが言われた。だが，前述し

---

61) 兼子ほか・条解〔2版〕1424頁〔竹下＝上原〕，秋山ほかⅤ231頁。
62) 秋山ほかⅤ251頁。清田明夫〔判批〕判評229号〔1978〕158頁は，そもそも家屋明渡請求は人身に対する侵害を伴う要素があるので，本条にいう財産上の請求に当たらないとする。
63) 秋山ほかⅤ231頁。
64) 兼子ほか・条解575頁〔竹下〕。
65) 旧注釈民訴(4)245頁〔森〕。

たように，現行法下において上級審における執行停止の要件を厳格な要件に絞ったこととの対比において，仮執行宣言もある程度慎重に付することを要求されるようになったと解する見解がある[66]一方で，他方では現行法下でも旧法と同じく「むやみに厳格慎重にならないことが肝要」[67]とする見解もあり，そうした微妙な見解の対立のなかで，現行法下の実務の運用が注目されるとともにそのあるべき姿をめぐる議論の深化が今後の課題となろう。

(2) **法律上仮執行の宣言が必要的な場合**[68]

一般の事件では，仮執行宣言を付すか否かは，裁判所の裁量に委ねられているが，その例外として，仮執行の宣言を必要的なものとして規定している場合として，まず原告の権利を迅速に実現する必要性が特に高い場合，たとえば，手形・小切手判決については，職権に基づき，原則として無担保で仮執行を宣言しなければならない（本条2項）。また，直ちに裁判の効力を生じさせる必要が高い場合，たとえば，少額訴訟の認容判決でも職権で必ず仮執行を宣言しなければならない（376条1項）。その他，前述した民執法37条1項および38条4項がある。

III 仮執行の宣言の申立ておよび裁判

仮執行の宣言は申立てによりまたは職権で本案の終局判決に付随してなされる。

1 申立て

仮執行の宣言の申立ては，本案の申立てないし判決事項の申立てに属する[69]から，口頭弁論で陳述する必要があり，口頭弁論終結後に仮執行の宣言の申立書を提出しても，適法な申立てをしたことにならない[70]。

控訴審で仮執行の宣言の申立てをすることができることについては異論がなく，附帯控訴でこの申立てをすることもできる[71]。問題となるのは，上告審で

---

66) 賀集ほか編・基本法コンメ(2)〔3版追補版〕298頁〔本間〕。
67) 兼子ほか・条解〔2版〕1423頁〔竹下＝上原〕。
68) 兼子ほか・条解〔2版〕1423頁〔竹下＝上原〕。
69) 大判昭11・6・24民集15巻1209頁。
70) 最判昭35・10・4判時238号20頁。

新たにこの申立てができるかである。かつては，上告審が法律審たる事後審であることや判決事項の申立てである以上事実審の口頭弁論終結時までに陳述すべきであること，上告審でこのような申立てを許す必要はないこと等を理由に，消極説が有力であった[72]。だが，今日では積極説が通説である。その理由として，仮執行の宣言の申立ては本案の申立てに属するとはいっても，訴えの変更や反訴の申立てのような新たな請求についての申立てではないので，上告審において新たな事実審理を要求するものではないこと，および，第一審の請求認容判決を取り消した第二審判決に対して破棄差戻しをする場合のように，上告審において第一審判決について仮執行の宣言を付する必要がある場合も考えられることが挙げられる[73]。

なお，支払督促に対して異議の申立てがないときに付する仮執行の宣言（391条），下級審の判決の不服申立てのない部分について上級審で付する仮執行の宣言（294条・323条）は，いずれも申立てがある場合にのみこれを付することができる。

2 職 権

仮執行の宣言は，申立てのみによって付される場合のほか，申立てまたは職権によって付される場合，および職権によって付されなければならない場合がある。そのうち，前者の場合とは，当事者の申立てがない場合にも職権によって付することができる場合である。たとえば，当事者が申立てを看過していて職権によって付する必要性があれば可能である。

職権で仮執行の宣言を付さなければならないとされているのは，まず，①手形・小切手による金銭の支払請求およびこれに附帯する法定利率による損害賠償請求についての判決（本条2項）であり，これは手形・小切手債権の迅速な実現を図り，その経済的な機能を実効あらしめるために認められたものである。手形・小切手による請求に関するものであれば，手形訴訟に限らず通常訴訟に

---

71) 大阪高判昭38・11・5下民14巻11号2208頁。
72) 松岡・註釈(5)1147頁，加藤正治・強制執行法要論〔改訂9版，1951〕46頁，金子・前掲注38）768頁。
73) 菊井＝村松 I 1250頁，斎藤ほか編・注解民訴(5)13頁〔小室＝渡部＝斎藤〕，法律実務(5)163頁，兼子ほか・条解〔2版〕1424頁以下〔竹下＝上原〕。

よる場合にも適用がある[74]。この制度の趣旨は、敗訴被告の控訴提起に伴う執行停止の申立てについての裁判をなす際にも考慮されなければならないので、停止の裁判等をする要件を特別に定めている（403条1項4号）。

そのほか、②強制執行停止または取消決定の認可・変更判決（民執37条1項・38条4項），および、③少額訴訟の請求認容判決（376条1項）がある。

3　仮執行の宣言の裁判

(1)　裁　判

仮執行の宣言は判決主文中に掲げられなければならない（本条4項）。仮執行の申立てを却下する裁判についても同様に解すべきかについては見解の対立があり、申立てに対する応答として同様に解する見解がある[75]一方で、却下の裁判は、判決の執行力の発生とは関係ないので、判決理由中に判示すれば足りると解する見解もあり[76]、実務は後者の立場から主文に掲げていない。また、仮執行の宣言は請求ないし判決の一部について付することができる[77]。この申立てについて裁判所が終局判決中で許否の判断を示さなかった場合については，本条5項に定められており、終局判決とは別の決定などによって行われる場合もある（本条5項・294条・323条）。

(2)　不服申立て

第一審のした仮執行の宣言に関する判決については、本案に対する上訴とともに不服申立てができる。問題となるのは、この仮執行の宣言に関する判決のみに対して本案とは独立に上訴ができるかどうかについてであり、見解の対立がある。もっとも、敗訴者が本案判決に対して不服がないのに、仮執行の宣言の裁判のみに対して不服を申し立てることは上訴権の濫用として許されないので，本訴請求が認容されたが仮執行の宣言が却下された場合が実際に問題となる[78]。積極説[79]は、訴訟費用の裁判に関するような独立の上訴を禁止する規定

---

74) 菊井＝村松Ⅰ1252頁，宮脇幸彦編・手形訴訟関係法規の解説〔1965〕28頁。

75) 旧注釈民訴(4)249頁〔森〕，兼子ほか・条解〔2版〕1425頁〔竹下＝上原〕。

76) 菊井＝村松Ⅰ1255頁，斎藤ほか編・注解民訴(5)15頁〔小室＝渡部＝斎藤〕，秋山ほかⅤ234頁。

77) 秋山ほかⅤ234頁は、その例として、請求の全部に仮執行を求めるための担保提供の資力に欠けているとき、あるいは裁判所が少なくとも請求の一部については上訴があっても変更されることがないと判断したときを挙げる。

(282条, 313条)がないこと, 訴訟費用の裁判に比べてはるかに重大であること, 本案が認容されたが仮執行の宣言の申立てのみが却下された場合には不服の利益があることを根拠として上訴を許す。これに対して, 多数説たる消極説[80]は, 本案勝訴原告は自ら仮執行宣言を求めるために上訴をするまでもなく, 本案につき敗訴当事者が上訴し, 確定が妨げられた後, 附帯控訴により仮執行の宣言を求めることができるとすれば, 仮執行の宣言のみに不服のある者の保護として十分であることを根拠とする。

(3) 担 保

仮執行の宣言は, 無条件にまたは担保を供したうえで仮執行のできる旨を掲げる。特に担保を供することを条件とする旨を命じていなければ無条件に許す趣旨と解すべきである。仮執行の宣言において立担保を要求するかどうかは, 裁判所の裁量的な判断に委ねられ(本条1項), 当事者の申立ては裁判所を拘束しない[81]。ただし, 上級審が原判決中不服の申立てがない部分について仮執行の宣言を付す場合には, 無担保である(294条・323条)。仮執行の宣言において担保を供することを条件としている場合の担保は, 執行文付与の条件(民執27条2項)ではなく, 執行開始の要件である(民執30条2項)。したがって, 原告である債権者は, 判決主文に明示されている金額またはこれに相当する有価証券を供託し, 供託書正本を得て執行機関に提示するか, 供託証明書を供託官から得てこれを執行機関に提出することになる[82]。

仮執行についての担保は, 仮執行の宣言を付して強制執行をした後に, 上級審でその判決が取り消された場合に, 債務者が被った損害を担保(損害賠償請求権を保全)するためのものである。手形・小切手による請求については, 無

---

78) そうだとすれば, 秋山ほかV 235頁とは異なり, 法律実務(5)166頁は折衷説ではなく積極説に位置づけて, 積極説と消極説のみの見解対立と捉えるべきことになろう。

79) 金子・前掲注38)773頁, 法律実務(5)166頁, 兼子ほか・条解〔2版〕1424頁〔竹下=上原〕。

80) 兼子・条解上867頁, 斎藤ほか編・注解民訴(5)17頁〔小室=渡部=斎藤〕, 旧注釈民訴(4)252頁〔森〕, 秋山ほかV 235頁, 東京高判昭31・4・26高民9巻4号231頁。

81) 法律実務(5)166頁, 斎藤ほか編・注解民訴(5)17頁〔小室=渡部=斎藤〕, 旧注釈民訴(4)429頁〔森〕, 秋山ほかV 231頁。

82) 秋山ほかV 235頁。

担保を原則とし，裁判所が担保を供させることを相当と認めた場合にのみ，例外的に担保を条件とする（259条2項但書）。

　請求の併合ならびに共同訴訟の場合には，各請求ないし当事者ごと，仮執行の可否・担保の要否とその額を個別に判示しておくことが理論的に求められるはずであるし，また実務上も望ましい。なお，ここでいう担保が，仮執行によって債務者が実際に被ることになる損害等を担保するものであることからすると，担保の額を具体的に定めず，単に「執行金額の〇分の〇に相当する担保（あるいは金額）」と定めてもよい。同じ理由から「金〇円を執行の割合に応じて担保を供するときは」とすることも認められてよい[83]。

Ⅳ　仮執行の宣言の効力

1　仮執行の宣言の効力の基本的性格

　仮執行の宣言は，これを宣言する判決の言渡しによって直ちにその効力を生じる。すなわち，仮執行の宣言を付された本案判決は，これによって直ちに執行力（広義の執行力を含む）を生じることになる。また，この効果は，仮執行宣言付判決に対して上訴が提起されても失われないし停止されない。ただし，上訴裁判所は事情により，これに基づく強制執行の停止または取消しを命じる仮の処分をすることができる（403条）。さらに，仮執行の宣言および仮執行宣言付判決の効力は，本案判決を取消し・変更する判決または仮執行の宣言だけを取消し・変更する判決の言渡しにより，その取消し・変更の限度で直ちに失効する（260条1項）。

　給付判決に仮執行の宣言があれば，勝訴原告はこれを債務名義として敗訴被告に対して強制執行をすることができる（民執22条2号）。その執行力が何人のために，また何人に対して生じるかは，確定判決の効力に準ずる（115条2項）。仮執行の宣言付判決による強制執行は，仮執行と呼ばれ，民事保全（仮差押え・仮処分）の執行と異なり，仮執行は，権利の保全のためのものではないので執行保全の段階にとどまるものではなく，むしろ，確定判決など他の債務名義と同様に，権利の実現のためのものであるため権利の終局的な満足にまで

---

83)　旧注釈民訴(4)252頁〔森〕。

及ぶ[84])。要するに，仮執行宣言付判決を債務名義とする強制執行は，差押えの段階にとどまるいわゆる保全執行ではなくて換価・満足の段階まで進むいわゆる本執行である。したがって，仮執行宣言付判決を債務名義とする強制執行は，通常の強制執行と同一であるため，同判決が最終的に取り消されても，既に終了した仮執行の効果は影響を受けず，遡及的に無効とならない。したがって，仮執行に基づく強制競売において競落人がその競落不動産の所有権を取得したことを有効とした判例[85]，および，仮執行に基づき債権者が転付命令によって債務者の債権を取得したことを有効と認めた判例[86]があり，学説もこれに賛成している。もっとも，当然のことながら当事者間においては不当利得の返還・損害賠償の問題が生じる。これに対して，仮執行の実体法上の効果についても，同様に解することができるか，すなわち，確定判決など他の債務名義と同様に，仮執行による支払いまたは給付の時点で実体法上の確定的な効力を有すると解すべきかについては，この後2で詳述するように見解の対立がある点に留意する必要がある。

2 仮執行の実体法上の効果

(1) 仮執行による給付の弁済の効力

以上に述べたような仮執行の宣言の効力の基本的な性格のなかで，原告が仮執行の宣言に基づいて執行を実施し満足を得た場合，あるいは，敗訴した被告が，仮執行を回避すべく自ら進んで弁済した場合，原告の得た仮執行による満足あるいは弁済は，当事者間において実体法上どのように評価されるか，すなわち，実体法上の弁済の効力を有するかをめぐって，判例・学説上基本的な見解の対立がある[87]。すなわち，判例・通説は，否定説に立ち，仮執行による支払いまたは給付は実体法上の弁済の効力を生じない（その実体法上の効力は判決の確定をまって初めて確定的に生ずる）と解して，債権は消滅しないとする見解に

---

84) 伊藤〔4版補訂版〕580頁，兼子ほか・条解〔2版〕1426頁〔竹下＝上原〕。
85) 大判昭4・6・1民集8巻565頁，大判昭7・6・10民集11巻1394頁。
86) 大判大9・11・5民録26輯1646頁，仙台地判昭33・10・7判時167号24頁。
87) この問題について，青山・前掲注6) 393頁，林・前掲注1) 267頁以下，同「仮執行と弁済の効力」三ヶ月古稀下117頁，旧注釈民訴(4)258頁以下〔森〕，賀集ほか編・基本法コンメ(2)〔3版追補版〕300頁〔本間〕，兼子ほか・条解〔2版〕1426頁〔竹下＝上原〕。

立つ[88]。この見解は，仮執行によって得た満足は確定的なものではなく，後日において本案判決または仮執行の宣言が取り消されることを解除条件とする暫定的なものであることを理由とする。これに対して，少数説は，上記問題について肯定説に立ち，仮執行による支払いまたは給付を受けた時点（すなわち，仮執行の時点）で実体法上の弁済の効力を有し，したがって，その債権は消滅するという見解に立つ[89]。この見解は，仮執行は他の債務名義に基づく強制執行と全く同じであること，仮執行においては執行力が解除条件付きであるにすぎず，執行の効果は仮定的な性格を有しないことなどを根拠とする。

　この問題は，伝統的には，次の3つの具体的諸問題，すなわち，㈠仮執行後の控訴審の審理における仮執行による給付等の斟酌の可否，㈡仮執行後の控訴審における被告の反対債権による相殺の抗弁の可否，㈢仮執行後の被告の倒産による原告の訴求債権の破産（更生・再生）債権化の可否を論理一体のものとしたうえで直接関連づける形で論じられてきた[90]。すなわち，仮執行による給付の弁済の効力の問題について否定説に立つ伝統的通説によれば，㈠については，仮執行によって債権は確定的に消滅するのではないことを理由として，仮執行による給付結果を控訴審で斟酌すべきでなく，㈡については，仮執行後の相殺も許され，㈢についても，仮執行後の被告の倒産により原告の債権は破産債権，更生債権になるという結論を当然のごとく導き出してきた。これに対して，上記問題について肯定説に立つ小川説は，逆に，㈠について，仮執行による給付結果を控訴審で斟酌すべきことを前提に立論するとともに，㈡について，被告は仮執行後の相殺の抗弁は許されず，㈢についても，訴訟係属中に債務者が破産宣告（破産手続開始決定）を受けても原告の債権は破産債権にならないという伝統的通説と正反対の結論を導き出した[91]。このように伝統的通説および小川説はともに，㈠㈡㈢を論理一体の問題として捉えたうえで仮執行による

---

88) 兼子・体系356頁，菊井＝村松Ⅰ1095頁，兼子ほか・条解〔2版〕1426頁〔竹下＝上原〕。
89) 小川・前掲注6)（3完）48頁。
90) 青山・前掲注6) 413頁。
91) もっとも，青山・前掲注6) 407頁，414頁注(17)によれば，最初にこの3つの問題を論理上一体のものとして把握したのは，少数説の立場に立つ小川論文であったが，通説もこの点に限ってはこの小川論文の立場を受け継いだとする。

給付の弁済の効力の問題と直接関連づけて論じてきたのに対して、これに正面から異論を唱えたのが青山説[92]である。すなわち、青山説は、仮執行によって満足を受けた債権は破産債権や更生債権になるかどうかの問題を念頭に置きつつも、仮執行の強化ないし仮執行の宣言の機能の充実という実践的意図を込めてこの問題に切り込んだ注目すべき見解であり、仮執行による給付の弁済の効力について肯定説をとりつつ、上記(ア)(イ)(ウ)の3つの問題は、その性質や発生する局面を異にするとしたうえで、(ア)について伝統的通説と同じ不考慮説に立ち、(イ)(ウ)については小川説と同じ立場に立つ。さらに、両説の中間（折衷）的見解として、後述の(ア)から(ウ)までの具体的な問題の解決にあたっては両説には一長一短があり、一説だけで妥当な解決が図れるものではないとして、多様な局面に対応できるように、柔軟な姿勢をとり、仮執行による給付の実体法上の弁済の効力が判決の確定をまって生ずる場合と、仮執行による給付の時点で生ずる場合とがあるとして、個別事案ごとに判断し妥当な見解を導出すべきであるとする林説も主張されている[93]。

(2) 仮執行の効果に関する具体的諸問題

ここでは、上記(ア)(イ)(ウ)のほかに、(エ)仮執行後の留置権・同時履行権の抗弁の可否その他について取り上げ順次検討する。

(ア) 仮執行後の控訴審の審理における仮執行による給付等の斟酌の可否　　控（上）訴審が本案請求の当否を判断する場合に仮執行の結果（仮執行によって弁済を受けた事実）を斟酌すべきかという問題について、仮執行による支払いまたは給付が当事者間において実体法上の弁済の効力を有するかという基本的問題と関連させて従来から問題とされてきた。この問題について、一貫した判例[94]および通説[95]は、前述した仮執行による給付の弁済効力否定説の立場と連

---

92) 青山・前掲注6) 393頁以下、特に413頁以下、青山説について、林・前掲注87) 154頁以下。

93) 林・前掲注1) 268頁以下、同・前掲注87)。

94) 金銭請求について大判大15・4・21民集5巻266頁、最判昭36・2・9民集15巻2号209頁、特定物引渡請求について大判昭13・12・20民集17巻2502頁。建物収去土地明渡請求のほか、これと併合された「建物の明渡済み」に至るまでの賃料相当額の損害金請求およびこの損害金請求に対する抗弁として主張された敷金返還請求権につき、最判平成24・4・6民集66巻6号2535頁。

動させて，仮執行後に上訴審が訴訟物たる権利の存否を判断する際には，仮執行の結果たる金銭の受領や物の引渡しなどの事実を斟酌しないで判断しなければならないと否定説に立つ。ここで何が仮執行による給付であるかが問題となるが，仮執行宣言に基づく給付とは，必ずしも仮執行の結果のみに限定されず，特段の事情が認められない限り，任意弁済を含むと一般に解されており，執行官に執行の気勢を示されこれを免れるためにやむなく債務を履行した場合も，これに該当する[96]。この説の根拠としては以下の4点が挙げられる。①仮執行の宣言に基づく強制執行は，判決確定前の仮のものである。②仮執行による債権内容の実現は実体法上の効力を有しない。③仮執行は，将来その判決が取り消されることを解除条件とするものであるから，その条件が満たされたか否かを審理する（上訴審の）手続で仮執行の結果を斟酌するのは論理矛盾だからであるとする。また，④仮執行の結果を斟酌するとなると，原告が当初の請求を維持し続ければ棄却を免れず，これを避けるには不当利得とはならない旨の確認請求に変更する必要が出てくるが，本来理由ある訴えを起こした原告が制度上必然的に訴えの変更をなすべく強制され，訴えの変更をしない限り請求棄却とされるのは不合理だからであるとする[97]。

　それに対して，仮執行宣言に基づく執行に完全な弁済効を認め，したがってその必然的な結果としてその後の訴訟においては原告は申立ての趣旨を変更して仮執行当時債権が存在していた旨の確認を求めるべきであるとする少数説（小川説）がある[98]。さらに，仮執行宣言による執行に弁済効を認めるべきかどうかの問題（仮執行の実体法上の効果の問題）と，これを訴訟において斟酌すべきかどうかの問題（仮執行の訴訟上の取扱いの問題）とを別問題であると区別したうえで，前者については，仮執行は他の債務名義に基づく強制執行と全く同じであること，仮執行においては執行力が解除条件付であるにすぎず，執行の

---

95) 兼子・体系356頁，三ヶ月・双書〔3版〕489頁，新堂〔5版〕744頁，伊藤〔4版補訂版〕580頁，三ヶ月・判例民訴181頁。
96) 新堂〔5版〕704頁注1，伊藤〔4版補訂版〕580頁，小島699頁，竹下・前掲注7)183頁。
97) 青山・前掲注6) 407頁。
98) 小川・前掲注6) (3完) 48頁。この説によれば，原告が申立ての趣旨を変更しない限り請求棄却の判決をすべきであると主張される。

効果は仮定的な性格を有しないことを根拠として肯定するが，後者については，仮執行の前提たる債権の存否の審理において仮執行の結果を顧慮するのは論理矛盾であり，本来理由のある請求を立てた原告が請求棄却の判決を受けるのは一般の正義感情に反するとの理由から通説と同じくこれを否定する見解（青山説）がある[99]。もっとも，これに対して，通説の立場からは，後者について青山説の挙げる根拠は，従来から通説の主張するところ[100]であり，通説も弁済効の否定から直ちに直接訴訟上の不考慮の取扱いの結論を導いていたわけではないとの反論もある[101]。さらに，仮執行による給付の実体法上の弁済の効力が判決の確定をまって生ずる場合と，仮執行の給付の時点で生ずる場合とがあるとして，個別事案ごとに判断し妥当な結論を導出すべきであるとする折衷説（林説）によれば，(ア)の場合には判例・通説と同様に仮執行による弁済を斟酌すべきでないとする[102]。

(イ)　**仮執行後の控訴審における被告の反対債権による相殺の抗弁の可否**　(ア)で述べた判例・通説によれば，弁済効否定説の立場から，仮執行後も，控訴審の審理との関係では，債務は未履行のものとして扱われることになるから，仮執行後も被告は控訴審で反対債権による相殺をすることができると解される[103]。仮執行を免れるために被告が任意に弁済などの行為をした場合などもこれに準じる。この立場は，仮執行による債権の満足は弁済の効力を有しないことを理由とする。これに対して，小川説は，仮執行の宣言に基づく執行に完全な弁済の効力を肯定する立場から相殺を否定する[104]。他方，青山説は，小

---

99)　青山・前掲注 6) 427 頁。青山説によれば，仮執行の結果を判決に反映させないのは，上訴制度を利用する被告の正当な利益を確保するためであると説明される。
100)　竹下・前掲注 7) 183 頁。
101)　谷口＝井上編(3) 148 頁〔本間〕。
102)　林・前掲注 1) 268～269 頁。
103)　菊井下 408 頁，竹下・前掲注 7) 183 頁，旧注釈民訴(4) 261 頁〔森〕，賀集ほか編・基本法コンメ(2)〔3 版追補版〕300 頁〔本間〕，兼子ほか・条解〔2 版〕1426 頁〔竹下＝上原〕。なお，判例として最判昭和 63・3・15 民集 42 巻 3 号 170 頁は，賃金の仮払仮処分の執行にかかる仮払金の返還請求と仮処分債権者が本案訴訟で訴求中の賃金債権を自働債権とする相殺を認めなかった。
104)　小川・前掲（3 完）注 6) 49 頁。

川説のような弁済による債権の消滅からの演繹による否定説に立たず，仮執行を受けた被告に控訴審で反対債権による相殺を認めることは，先の仮執行による給付を被告の態度ひとつで無に帰し，また，そうでなければ別訴によって主張するしかない被告が反対債権を260条2項の給付の返還請求権にすり替えることにより，同一手続内で簡易に債務名義を作出するのを許すことを意味し不当であるとして否定説に立つ[105]。ただし，この説は，仮執行前に債務者が訴訟外で相殺の意思表示をした場合，および第一審で主張して認容されなかった場合における再度の提出についてはこれを認める。しかしながら，かかる見解に対しても，通説の立場から反論がある。すなわち，たとえば，仮執行前に相殺適状にあった債権による相殺であっても相殺の抗弁を許さないというのは，相殺の抗弁の特殊性や実際に執行が行われるかは原告の意思に任されることからして被告に酷な結果を強いることになり，また特に仮執行が仮執行宣言付支払督促によって行われることがあることを考えても否定説は不当であるとする[106]。なお，折衷説（林説）は，この点について通説と同じ立場に立つ[107]。

(ウ) **仮執行後の被告の倒産による原告の訴求債権の破産（更生・再生）債権化の可否**　　この問題は，仮執行後に被告について破産手続あるいは会社更生・民事再生手続が開始された場合に，原告の訴求債権は破産債権あるいは更生・再生債権になるかどうかという問題である。

　仮執行後の債務者の倒産に際して，債権者は倒産債権者として倒産手続に届出をする必要があるかについて，仮執行による債権の満足が確定的なものではないとすれば，その必要があると解するのが判例・通説[108]である。すなわち，

---

105) 青山・前掲注6) 429頁。
106) 賀集ほか編・基本法コンメ(2)〔3版追補版〕300頁〔本間〕，谷口=井上編(3) 148頁〔本間〕，旧注釈民訴(4) 261頁〔森〕。
107) 林・前掲注1) 268頁。
108) 竹下・前掲注7) 183頁。斎藤ほか編・注解民訴(5) 50頁〔小室=渡部=斎藤〕，兼子ほか・条解〔2版〕1426頁〔竹下=上原〕。会社更生については，東京地判昭56・9・14判時1015号20頁。なお，最判平13・12・13民集55巻7号1546頁は，「仮執行が破産宣告当時いまだ終了していないときは，……仮執行はその効力を失い，債権者は破産手続においてのみ債権を行使すべきことになるが，他方，仮執行が破産宣告当時既に終了していれば，破産宣告によってその効力が失われることはない」とするが，原告の債権が破産債

判例・通説によれば，仮執行によって債権者が満足を受けてもそれが確定的な効果を持たず将来その判決が取り消されることを解除条件とするものであるとすれば，仮執行の後判決確定までの間に債務者が破産手続開始決定あるいは会社更生手続開始決定を受けた場合，訴求債権は破産債権あるいは更生債権となって債権者は破産債権者あるいは更生債権者として届け出なければならないと解するのが道理であり，それを怠れば債権者は権利を失う（会更241条）。ここでも，仮執行による債権の満足が弁済の効力を有しないことを根拠としている。しかしこれに対しても有力な反対説[109]がある。倒産法は倒産債権のメルクマールを債権の確定の有無ではなく，手続開始当時の満足の有無に求めているのであり，それは取引社会において後者が決定的に重要であること，届出制度はその懈怠によって被るべき失権と届出をすればこれに応じた弁済が得られる利益とに裏打ちされて成立しているから既に経済的に満足を得ている債権者にこれを期待しても無理であり，他方，この説は，このような債権が債務者のその後の倒産からの保護に値する保護すべきものであり，仮執行制度の目的の一つが債務者の資力の減少から債権者を保護することにあることをその理由とする。折衷（林）説も，この問題では反対説と同じ立場に立っている[110]。

　(エ)　**仮執行後の留置権・同時履行権の抗弁の可否その他**　　仮執行完了後の控訴審において債務者は同時履行・留置権の抗弁を提出できるかについては，これらの抗弁が執行開始の要件であることから仮執行の完了後に控訴審では提出できなくなるから許されないとするのが通説であろう[111]。なお，仮執行後の控訴審で留置権の抗弁を認めたものと評価できる裁判例がある[112]。

　また，仮執行後の遅延損害金の発生に関して，原告がいつまで遅延損害金を請求しうるかについても，遅延利息は現実の執行の時点までしかとることはで

　　　権になるか否かを論じたものではないと解される。佐野裕志・平成13年度重判解134頁。
109)　青山・前掲注6) 415頁。
110)　林・前掲注1) 268頁。旧注釈民訴(4) 258頁以下〔森〕も，この問題では同じ立場である。
111)　兼子ほか・条解〔2版〕1426頁〔竹下＝上原〕，賀集ほか編・基本法コンメ(2)〔3版〕301頁〔本間〕，旧注釈民訴(4) 261頁〔森〕，青山・前掲注6) 342頁，竹下・前掲注7) 183頁。
112)　東京地判昭33・8・29下民9巻8号1701頁。

〔松原〕

きないと解するのが通説であろう。なぜなら仮執行によって原告は債務が履行されたのと同一の利益を享受しているからである[113]）。

V 仮執行免脱宣言

1 仮執行免脱宣言

　裁判所は仮執行の宣言をすると同時に，事情により，相手方の申立てに基づきまたは職権で，一定額の担保を供すればその仮執行を免れることができる旨を，判決主文で宣言することができる（本条3項4項）。これは，裁判所が敗訴当事者の利益を考慮してその者を判決により仮執行を免れさせるよう宣言するものであり，仮執行免脱宣言と呼ぶ。たとえば，被告が仮執行の宣言付判決に基づく家屋収去土地明渡し等の強制執行を受けると，回復が困難になりうるため，上訴で原判決を取り消す判決を得ても損害賠償で満足しなければならない場合も起こりうる（260条）ので，原告のために仮執行を認める一方で，被告のために仮執行を免れることを認めたのである[114]）。仮執行免脱宣言が付されていれば，債務者はその担保を供した書面を執行機関に提出して，執行の停止および執行処分の取消しを求めることができる（民執39条1項5号，40条1項）。この申立てに対する裁判の脱漏については，後述Ⅵ参照。

　免脱のための担保が供託されると仮執行宣言付判決の執行力が消滅するが，にもかかわらず勝訴原告が担保供託の事実を知りながら申し立てた執行は，執行行為として無効ではなく解除条件付弁済として有効であり敗訴被告の損害にはならないとした裁判例（東京地判平4・6・17判時1435号27頁）がある。

　職権により仮執行の宣言を付することが必要的とされている場合に，免脱宣言を付することができるかについては見解の対立がある。かかる場合に免脱宣言を付することは背理であって許されず，手形金請求訴訟では免脱宣言をすることは許されないとする見解がある[115]）一方で，そのように一律にいうことは

113）　旧注釈民訴(4)261頁〔森〕，青山・前掲注6）432頁，兼子ほか・条解〔2版〕1426頁〔竹下＝上原〕。もっとも，青山説によれば，これらの問題は，仮執行によっては原告＝債権者の債権は実体法上未履行であるとの誤った前提をとるから生ずる問題であり，ナンセンスな問題である。

114）　秋山ほかV 239頁。

できず，手形・小切手による請求等の判決（本条2項）について，仮執行免脱の宣言をすることは許される（ただし，手形金等請求の場合には必ず担保の提供を必要とする）と解する見解もある[116]。

2 担　保

　仮執行宣言の担保については被告が，免脱宣言の担保については原告が，仮執行債権者に先立って弁済を受ける権利を有する（本条6項・77条）。ここで仮執行免脱のための担保が，仮執行の免脱の結果として権利の実現が遅延したことで債権者が被ることにある損害に限り担保するものか，それとも，本案の請求権（が金銭請求の場合に問題）を含めて広く担保するものかをめぐって見解の対立がある。前説は，仮執行のための担保が仮執行によって生じる損害の賠償請求権を担保するものであるのと対応させて，仮執行の免脱も，執行を遅延させることによって生じることのある損害の賠償請求権を担保するものと考えるのが相当であるから，一般には判決の対象である請求までをも担保するものではないと解する[117]。判例も，仮執行免脱の担保は，執行の遅れによる原告の損害を担保するものであり，執行債権自体を担保するものではないとする[118]。これに対して，後説は，仮執行の担保を保証する被告の損害のなかには本案請求自体の分が含まれていることを前提に仮執行の担保と仮執行免脱担保との実質的均衡を図るべきであるとともに，被告には仮執行に基づく損害賠償の簡易な確定方法があること（260条2項）とのバランスをも考慮すべきであることを根拠とする[119]。

---

115) 斎藤ほか編・注解民訴(5) 16頁〔小室＝渡部＝斎藤〕，賀集ほか編・基本法コンメ(2)〔3版追補版〕299頁〔本間〕。
116) 旧注釈民訴(4) 254頁〔森〕，兼子ほか・条解〔2版〕1427頁〔竹下＝上原〕，秋山ほかⅤ240頁。
117) 法律実務(5) 177頁，兼子・条解上498頁，兼子ほか・条解〔2版〕1427頁〔竹下＝上原〕，秋山ほかⅤ240頁。この説も，例外的には，被告の上訴が却下または棄却されて原告勝訴の判決が確定した場合に，仮執行の宣言に基づく強制執行がそれまで行えなかったために被る通常の損害ばかりではなく，その間に債務者が財産を隠匿して執行が不能になるおそれの予見できるような執行遅延の特別損害といえるものも担保すると解する。実務上も，この場合の担保は，請求金額に近い金額を定めていることが多い。この点について，秋山ほかⅤ240～241頁。
118) 最判昭43・6・21民集22巻6号1329頁。

Ⅵ 仮執行の宣言の補充

本条5項は，①仮執行の宣言の申立てまたは仮執行免脱宣言の申立てがあったのに裁判所が終局判決でその許否の裁判をしなかった場合，また②裁判所が職権で仮執行の宣言を付すべきであるとき（本条2項，民執37条1項・38条4項）にこれを怠って付さなかった場合，裁判所は申立てまたは職権により補充の決定をすべきことを定めたものである。この規定は，旧法下の判例が仮執行宣言の申立てにつき判断がなされなかったときに裁判の脱漏に当たるとして195条（現行法の258条に対応）の追加判決をしていた（大判昭11・6・24民集15巻1209頁）ところ，付随的裁判である仮執行の宣言に関する裁判の脱漏を通常の判決と同様に追加判決（258条）という形で行うことは疑問である[120]という趣旨から，旧法下で昭和39年の改正により追加された旧196条ノ2をそのまま引き継いだものである。

仮執行の宣言についての裁判または仮執行免脱の裁判が，判決主文においても判決理由においても全く示されなかった場合には，異論なく適用される。問題は，判決理由においては認容の裁判が示されているが，主文中に示されていない場合にも適用されるかであり，見解の対立がある。すなわち，適用されると解する説[121]と，かかる場合には更正決定をすれば足りるので適用されないと解する説[122]に分かれる。

補充決定は，仮執行の宣言の申立て等につき裁判が脱漏した原裁判所が，申立てによりまたは職権をもってする。本案判決に対して不服申立てがあっても原裁判所は補充決定をすることができる[123]。この場合，当事者は上級審で新

---

119) 新堂〔5版〕745頁，同・判例277頁，梅本〔4版〕968頁，松本＝上野〔8版〕553頁，林順碧・続民訴百選〔76〕174頁，旧注釈民訴(4)256頁〔森〕，賀集ほか編・基本法コンメ(2)〔3版追補版〕300頁〔本間〕。

120) かかる疑問を提示したものとして，兼子・判例民訴272頁。

121) 兼子ほか・条解〔2版〕1427頁〔竹下＝上原〕。

122) 斎藤ほか編・注解民訴(5)21頁〔小室＝渡部＝斎藤〕，秋山ほかⅤ242頁。

123) 菊井＝村松Ⅰ1258頁，旧注釈民訴(4)265頁〔森〕，賀集ほか編・基本法コンメ(2)〔3版追補版〕301頁〔本間〕，兼子ほか・条解〔2版〕1427頁〔竹下＝上原〕。もっとも，斎藤ほか編・注解民訴(5)22頁〔小室＝渡部＝斎藤〕は，上訴提起後は本条の申立てはでき

たに仮執行の宣言，仮執行免脱宣言を求めることもできる。

　申立権者は，仮執行の宣言の申立てについての裁判または仮執行免脱宣言の申立てについての裁判がされることにより利益を受ける当事者である。職権をもって必ず仮執行の宣言を付すべき場合に裁判をしなかった場合（上記②の場合）には，仮執行の宣言が付されることにより利益を受ける当事者が申立権者である。もっとも，かかる場合に，当事者に固有の申立権があるのか，単に裁判所に注意を促す意味で申立てができるにとどまるかについても見解の対立がある[124]。

　仮執行の補充の裁判の形式は，決定でなされる。補充決定の方式や告知方法等は，更正決定に関する規定が準用され，判決原本および正本に付記しまたは別に決定正本を作ってなされる（規160条2項）[125]。

　補充決定に対する不服申立てについても，更正決定と同様に，申立て却下の場合を除いて，本案判決に不服申立てをすることなく，補充決定についてのみ不服申立てをすることは許されないと解されている[126]。

Ⅶ　訴訟費用の担保の規定の準用

　本条6項は，仮執行のために債権者が供すべき担保および仮執行を免れるために債務者が供すべき担保について訴訟費用の担保に関する規定を準用しており，担保の提供の方法について76条，担保に対して相手方の有する権利について77条，担保の取消しについて79条，担保物の変換につき80条をそれぞれ準用している。実務上は訴訟費用の担保はあまり使われていないのに対して，本条の担保が実務上使われる頻度が高いといわれている[127]。この担保の性質は，仮執行またはその免脱により相手方に生じる損害の担保（保証）であると判例・通説において解されている[128]。したがって，当事者が右保証金につき

　　　ないとするが，秋山ほかⅤ 252頁は，訴訟記録が上訴審に送付された後は記録の送付を求めてすることができるにとどまるとする。
124)　秋山ほかⅤ 242頁。
125)　兼子ほか・条解〔2版〕1427頁〔竹下＝上原〕。更正決定の場合と同様に，実務上は決定正本の送達によることが多いことについて，秋山ほかⅤ 242頁。
126)　秋山ほかⅤ 242頁。
127)　賀集ほか編・基本法コンメ(2)〔3版追補版〕301頁〔本間〕，秋山ほかⅤ 243頁。

§259 Ⅶ

優先弁済（請求）権（77条）を実行する場合は、損害額の確定による権利の証明を要する[129]。また、相手方は損害賠償請求権について、担保として供託された金銭または有価証券に対し、他の債権者に先立ち優先弁済（請求）権を有する（77条の準用）[130]。

　担保の取消しのための「担保の事由の消滅」（79条1項）とは、原告が仮執行のために供した担保については、仮執行宣言付の判決が取り消されずそのまま確定した場合、もしくは上級審で担保を条件とする仮執行の宣言が無条件のものに変更された場合のことであり、被告が仮執行の免脱のために供した担保については、上級審で仮執行宣言付きの判決が取り消されてそれが確定するなどして、仮執行の宣言が失効したこと（260条1項）を指す[131]。

　79条3項の訴訟の完結とは、仮執行のための担保については、仮執行の宣言の基本である本案判決が取り消されたが、相手方が執行による損害について260条2項による申立てをしない場合、もしくはその申立てによって支払いを命じられた額が担保額に比してかなり少ない場合を指し、また仮執行を免れるための担保については、本案判決が確定しこれに基づく強制執行が完了した場合がこれに当たる[132]。

〔松原弘信〕

---

128) 兼子ほか・条解〔2版〕1427頁〔竹下＝上原〕、賀集ほか編・基本法コンメ(2)〔3版追補版〕301頁〔本間〕。
129) 免脱のための保証金に関して、熊本地判昭41・6・10訟月12巻7号1088頁。賀集ほか編・基本法コンメ(2)〔3版追補版〕301頁〔本間〕。
130) 兼子ほか・条解〔2版〕1428頁〔竹下＝上原〕、秋山ほかⅤ243頁。
131) 賀集ほか編・基本法コンメ(2)〔3版追補版〕301頁〔本間〕、兼子ほか・条解〔2版〕1428頁〔竹下＝上原〕、秋山ほかⅤ243頁。
132) 兼子ほか・条解〔2版〕1428頁〔竹下＝上原〕、秋山ほかⅤ244頁。

（仮執行の宣言の失効及び原状回復等）
第260条　①　仮執行の宣言は，その宣言又は本案判決を変更する判決の言渡しにより，変更の限度においてその効力を失う。
②　本案判決を変更する場合には，裁判所は，被告の申立てにより，その判決において，仮執行の宣言に基づき被告が給付したものの返還及び仮執行により又はこれを免れるために被告が受けた損害の賠償を原告に命じなければならない。
③　仮執行の宣言のみを変更したときは，後に本案判決を変更する判決について，前項の規定を適用する。

I　本条の趣旨

本条は，仮執行の宣言がその効力を失う場合および本案判決の変更によりその効力を失う場合の効果としての債権者の原状回復および損害賠償の義務について規律するものである。

1　本条1項（仮執行の宣言の失効）の趣旨

仮執行の宣言は，一方で，未確定の判決等の裁判に執行力を付与しそれに基づく執行を可能にする制度であるから，他方で，その後の上訴や異議（393条・394条）によって未確定の判決や仮執行の宣言が取消しや変更を受ける可能性がある。かかる場合に，仮執行の宣言は，その宣言を変更する判決または本案判決を変更する判決の言渡しにより，その効力（すなわち執行力）を失うことになる。そのことを定めたのが本条1項の趣旨である。

2　本条2項・3項（原告の原状回復および損害賠償の義務）の趣旨

仮執行宣言付判決は，その本案判決がそのまま確定するとの予想のもとに，勝訴者の利益のために判決確定前に，その本案判決の効力を発生させてその仮執行を許しながら，その本案判決の当否を事後の上級審の審査に委ね，上訴審でその本案判決がそのまま確定すれば仮執行による権利満足は確定的となるが，予想に反してその本案判決が上級審で取り消された場合には，当事者間では仮執行のなかった状態に復元することにより当事者間の公平を図る仕組みとなっている[1]。そこで，仮執行の宣言を利用した当事者[2]は，本案判決を取り消さ

れた場合，既になされた執行が不当執行となるため，仮執行により給付を受けた物を返還して原状回復をしなければならないとともに，もしこれによって債務者に損害を与えた場合には，その損害を賠償しなければならない。しかも，本条2項は，本案判決や仮執行の宣言の取消し・変更の裁判による仮執行の宣言の失効の場合に，債務者の原状回復請求ないし損害賠償請求を別訴によらず当該訴訟において簡易に請求することを認めて債務者に簡易な債務名義を与えることにより債務者の便宜を図る趣旨を定めたものでもある。

II 仮執行の宣言の失効

1 失効原因

仮執行の宣言が失効する原因となるのは，上訴審（もしくは異議後の手続）における仮執行の宣言それ自体の取消し・変更または本案判決の取消し・変更によるもので，その限度で失効する（本条1項）。ここで仮執行の宣言それ自体の取消し・変更とは，上訴審においてまず仮執行の宣言について審理し，一部判決でこれを変更する場合および本案判決において仮執行の宣言のみを変更する場合である。なお，ここで本案判決とは付随的裁判である仮執行の宣言に対して用いられるものである。また，本案判決の取消し・変更がなされないで，そのまま確定した場合にも当然失効する。その場合，確定前に仮執行が開始していれば，その確定後は新たな執行文の付与を受ける必要はなく，確定判決に基づく本執行としてそのまま続行することができる[3]。さらに，仮執行免脱宣言に定められた担保が提供された場合にも失効する。このほか，当然のことながら，上級審で訴えの取下げ，あるいは請求の放棄・認諾ないし訴訟上の和解がなされれば，それまでに言い渡されていた判決は失効するから，仮執行の宣言も失効する[4]。

---

1) 林淳「仮執行宣言の失効と原状回復・損害賠償義務」争点〔初版〕276頁，竹下守夫「仮執行の宣言」民訴演習 I 185頁。
2) 仮執行宣言を利用する当事者は，通常は原告であるが，請求棄却判決で訴訟費用についてのみ仮執行の宣言が付された場合には被告である。竹下・前掲注1）185頁，兼子ほか・条解〔2版〕1430頁〔竹下守夫＝上原敏夫〕。
3) 斎藤ほか編・注解民訴(5) 38頁〔小室直人＝渡部吉隆＝斎藤秀夫〕，法律実務(5) 192頁，旧注釈民訴(4) 271頁〔森勇〕。

2 仮執行の宣言および本案判決を変更する判決

(1) 本条1項にいう仮執行の宣言を変更する判決とは，まず，仮執行の可否ないしはその範囲を変更するものをいう。無条件の仮執行の宣言を条件にかからせ，あるいは担保の金額を増額するなど，債権者にとって条件を不利に変更するものはこれに当たる[5]。もっとも，後者の場合もこれに含ませるのは，執行停止・取消しを認める必要があるからである（民執39条1項・40条）。したがって，債権者が追担保を提供すれば，従前の執行を続行でき，変更後の仮執行の宣言付判決について新たな執行文の付与を受けて再度執行を申し立てる必要はない。他方で，担保を条件とする仮執行を無担保としたり，あるいは担保の金額を減額するような債権者にとって有利に変更するものは，本条にいう仮執行の宣言の変更に当たらない[6]。

仮執行宣言を変更する判決は，本案判決と同時にしかできないというわけでは必ずしもなく，弁論を分離したうえで一部判決として先行して行うこともできる。本条3項は，このことを前提とした規定といえよう。ただし，申立てのある場合は必ず先行判決をすべきか，また当事者に申立権が認められるかについては見解の対立があり，必ず先行判決をすべきと解する見解[7]やかかる見解も含めて当事者に申立権があると解する見解[8]もあるが，通説はそのような明文の規定を欠く現行法の下では，当事者の申立てがあっても先行判決をするかどうかは裁判所の裁量に委ねられ，また当事者に申立権は認められないと解している[9]。

---

[4] 斎藤ほか編・注解民訴(5) 36頁〔小室＝渡部＝斎藤〕，旧注釈民訴(4) 271頁〔森〕，賀集ほか編・基本法コンメ(2)〔3版追補版〕302頁〔本間靖規〕。請求の放棄につき，大判昭12・12・24民集16巻2045頁，大判昭14・4・7民集18巻319頁。

[5] 斎藤ほか編・注解民訴(5) 38頁〔小室＝渡部＝斎藤〕，旧注釈民訴(4) 272頁〔森〕，秋山ほかⅤ 245頁。

[6] 斎藤ほか編・注解民訴(5) 38頁〔小室＝渡部＝斎藤〕，旧注釈民訴(4) 272頁〔森〕，賀集ほか編・基本法コンメ(2)〔3版追補版〕302頁〔本間〕，兼子ほか・条解〔2版〕1429頁〔竹下＝上原〕，秋山ほかⅤ 245頁。もっとも，本条にいう変更に当たると解していると受け取れるものとして，兼子・条解上500頁，法律実務(5) 197頁注(1)。

[7] 林淳「上訴審における仮執行についての先行裁判」明治学院論叢215号〔1974〕128頁。

[8] 金子文六「仮執行」民訴講座(3) 773頁。

[9] 法律実務(5) 191頁，旧注釈民訴(4) 272頁〔森〕。

(2) 仮執行の宣言の付された本案判決の全部または一部が変更された場合も、その限度で仮執行の宣言は失効する。なぜなら、本案判決が変更されれば、仮執行の基礎を欠くことになるからである。変更がどのようなものか、また何がその理由か（実体法上の理由によるか訴訟法違反の理由によるか）は問わない。原判決を取り消し、または破棄する場合であればよく、自判する場合はもとより、事件を原裁判所に差し戻し、または他の裁判所に移送する場合も、これに当たる[10]。

どの範囲で判決が変更されたかは、原則として上訴審の取消し文言により形式的に決せられるべきである。もっとも、これに対しては、上訴審と取り消された判決との実質的な差異によって決せられると解し、上訴審が、形式的には本案判決を全部取り消したものの、自判して、そのうちに取り消された判決の内容を取り込んでいるときは、仮執行の宣言はこの限度では失効しないとする裁判例がある[11]。しかしながら、かかる裁判例に対しては、執行機関に実質的な審査を強いることになって問題であるとの指摘がなされている[12]。したがって、同一物の給付を求める請求の予備的併合で主位請求を認容した第一審判決を不当として予備的請求を認容した場合や控訴審で訴えが変更されて第一審と異なる請求を認容する場合、主文の文言が形式的に同じになるにしても、かつて実務上一部で行われていた控訴棄却（と主文で記載する）判決はこの関係を適切に表すものではないから本条との関係でも適当でなく[13]、原判決を取り消して、その仮執行の宣言を失わせることが必要である。

(3) 本案判決の変更の限度で仮執行の宣言は自動的に失効するが、仮執行の宣言が担保を条件とする場合、この担保額も自動的に変更されるわけではない。たとえば、第一審が1000万円の請求を認容し、300万円の担保を条件に仮執

---

10) 大判昭10・8・10民集14巻1566頁。
11) 大阪地決昭2・4・27新聞2721頁5頁。
12) 旧注釈民訴(4)273頁〔森〕、大阪地決昭2・6・14新聞2721号6頁。
13) 旧注釈民訴(4)273頁〔森〕、秋山ほかⅤ246頁。訴えの変更に関する事案につき最判昭31・12・20民集10巻12号1573頁。訴えの主観的予備的併合において主位的請求を認容した原判決を取り消して予備的請求を認容する場合には、本条にいう取消しに当たるとしたうえで、同じ指摘をするものとして、賀集ほか編・基本法コンメ(2)〔3版追補版〕302頁〔本間〕。

行を認めたが，控訴審がこれを変更し，500万円の請求を一部認容した場合には，債権者はなお第一審の仮執行の宣言に基づいて500万円の限度で仮執行を行いうるが，そのための担保として，控訴審が変更しない限り300万円を提供しなければならない[14]。

(4) 仮執行宣言付第一審判決を維持した控訴審判決を上告審が破棄して原審に差し戻したときは，第一審判決自体は変更されていないから，仮執行の宣言も失効しない。これに対して，控訴審が仮執行宣言付第一審判決を取り消した後，上告審がこの控訴審判決を破棄して原審に差し戻した場合には，第一審判決が維持されるかどうかは未完のままにとどまるから，仮執行宣言が復活することはない[15]。

3 失効の効果

仮執行の宣言の失効とそれに伴う執行力の消滅の効果は，判決の確定をまつことなく判決の言渡しによって直ちに生じる。もっとも，仮執行の宣言の失効は遡及的ではなく，したがって，既に行われた仮執行自体が違法となるわけではなく，将来に向かってその判決による執行ができなくなることを意味する[16]。すなわち，将来に向かってこれに基づく強制執行はできなくなるので，執行文の付与を受けることができなくなるし，仮執行の宣言のみを変更する判決の正本の提出があれば，執行機関は以後の強制執行を停止し（民執39条1項1号），既にした執行処分を取り消さなければならない（民執40条1項）。また，強制執行停止決定を認可する仮執行の宣言付判決が控訴審で取り消されたときは，その確定をまつことなく直ちに強制執行を続行できる[17]。他方，執行力の消滅は遡及的なものではないから，既に行われた仮執行自体がこれによって無効となるわけではない。その結果，仮処分の宣言の失効前に発せられた転付命令は，その本案判決の変更により仮執行の宣言が失効しても，債権移転の効力に影響

---

14) 斎藤ほか編・注解民訴(5)38頁以下〔小室＝渡部＝斎藤〕，法律実務(5)192頁，大阪高判昭30・5・31高民8巻5号345頁。

15) この点について，林淳「仮執行宣言の理論」講座民訴(6)272頁，279頁注(59)，旧注釈民訴(4)273頁〔森〕。

16) 伊藤〔4版補訂版〕573～574頁，兼子ほか・条解〔2版〕1429頁〔竹下＝上原〕，笠井＝越山編・新コンメ〔2版〕902頁〔越山和広〕。

17) 名古屋高決昭34・11・18判時212号27頁。

を及ぼさないし[18]，仮執行の宣言の失効前に強制競売により代金を納付して買受人が取得した権利についても買受人の所有権の取得に影響を及ぼさない[19]。

III 原告の原状回復および損害賠償義務

1 沿革および法的性質

(1) 沿革

仮執行の宣言が失効すると，債権者たる原告は執行によって取得したものを返還する義務を負い，かつ，債務者に損害が発生した場合にはこれを賠償する義務を負う。そこで，債務者たる被告の申立てに基づいて仮執行宣言により被告が給付したものの返還（原状回復[20]），および仮執行により，またはこれを免れるために被告が受けた損害の賠償を裁判所が原告に命じなければならないとする（本条2項3項）。

旧々民訴法510条2項は当時のドイツ法に倣い原状回復義務についてだけ明文の規定を置いたが，その後，大正15年大改正の際に，ここでも当時のドイツ法に倣う形で旧民訴法198条2項は損害賠償義務についても規定を新設し，それが現行民訴法へと受け継がれている[21]。

旧々民訴法下において，原状回復義務の規定は訴訟上の制度と関わる手続規定と解されていた[22]。しかしその後，旧法下では原状回復ないし損害賠償義務の規定は実体（的な）規定であると解されるようになった。すなわち，旧198条2項の原状回復・損害賠償請求権はいずれも実体的請求権であり，同条項は実体的規定であると解されてきた。もっとも，旧法下においても，旧198条2

---

18) 大判大9・11・5民録26輯1646頁。仙台地判昭33・10・7判時167号24頁。
19) 大判昭4・6・1民集8巻565頁，大判昭7・6・10民集11巻1394頁。以上について，秋山ほかV 247頁。
20) 本間靖規「仮執行と給付物返還・損害賠償」中野古稀下65頁注(8)は，原状回復という表現について，特に不法行為につき原状回復主義を採用するドイツ法と比較するには不適切で，条文どおりに給付物返還と表現するのが妥当であるとするが，本文では一般的な用語例に従い原状回復という表現を用いる。
21) 沿革について，鈴木正裕「判決の法律要件的効力」山木戸還暦下163頁以下，旧注釈民訴(4) 274頁以下〔森〕。
22) 松岡・註釈(5) 1169頁。林・前掲注15) 271頁，旧注釈民訴(4) 274頁〔森〕。

項は，実体的要件とともに手続をも規定したものであるとする見解も有力であった[23]。現行法のもとでは，一般的に，本条2項は，実体的要件とともにその手続をも規定したものであると解されており，妥当であろう[24]。

(2) 法的性質

次に，法的性質についても，原状回復義務および損害賠償義務の双方について争いがある。

まず原状回復義務について，これが民法上の不当利得返還義務だとする見解もかつてあった[25]が，原状回復は権利の確定を前提としたものではないため厳密な意味での不当利得ではないが，それに準じる一種の不当利得返還義務たる性質を有すると一般に解されている[26]。そのため，損害賠償義務の場合と異なり，消滅時効については民法167条の一般原則が適用され，また，不法行為地の特別裁判籍の適用はないことになる。また，過失の有無は関係しないから理論的には過失相殺は問題とはならない。しかしながら，給付物返還として価額返還を求める場合には，過失相殺に類似した問題が生じることになろう。

次に，損害賠償義務は，伝統的には仮執行という例外的な権利を利用した債権者は自己の危険に基づいてこれを行うとの基本的な考え方に基づくものである[27]。そうしたなか，この義務の性質について，不当執行論との関連で従来から論じられ，大別して，広義の不法行為説と危険責任説ないし適法行為説の対立がある[28]。わが国の伝統的通説は，広義の不法行為説に立ち[29]，この損害賠償義務を発生させる執行行為を違法行為と評価したり，またはその違法な結果

---

23) 兼子ほか・条解584頁〔竹下守夫〕。
24) 兼子ほか・条解〔2版〕1433頁〔竹下＝上原〕，賀集ほか編・基本法コンメ(2)〔3版追補版〕302頁〔本間〕，秋山ほかⅤ247～248頁。
25) 菊井＝村松Ⅰ1267頁。
26) 札幌高判昭54・7・5判タ402号109頁，大阪地判平5・10・13判時1514号119頁，竹下・前掲注1)185頁，旧注釈民訴(4)274頁以下〔森〕，谷口＝井上編(3)157頁〔本間靖規〕，賀集ほか編・基本法コンメ(2)〔3版追補版〕302頁〔本間〕，兼子ほか・条解〔2版〕1430頁〔竹下＝上原〕，秋山ほかⅤ251頁。
27) 林・前掲注15)273頁。
28) これについて，竹下・前掲注1)185頁。
29) 兼子一・強制執行法〔増補版，1951〕148頁，同「請求権と債務名義」同・研究(1)196頁，法律実務(5)194頁，賀集ほか編・基本法コンメ(2)〔3版追補版〕302頁〔本間〕。

に着目してこれを広義の不法行為と解する。これに対して，ドイツの通説が採用するとされる危険責任説は，執行行為を法的に許された違法行為とし，ただ確定裁判前にこれを行ったことからその危険に対してリスクを負うべきとする一種の危険責任であるとする。そうしたなか，適法行為に基づく法定の特別責任と解する適法行為説もかなり有力である[30]。もっとも，いずれの見解においても，この責任が債権者に対してその危険において特別の利益を与えられたことに基づく危険責任であり，無過失責任であると解してきたなかで，両説の差異は実質的には小さい。すなわち，①消滅時効期間について，広義の不法行為説では民法724条が適用されるのに対して，適法行為説では，民法166条・167条が適用され，②過失相殺について広義の不法行為説だと民法722条2項が，適法行為説だと418条がそれぞれ適用されるという程度であり，民法509条の相殺禁止[31]については，適法行為説はもちろんのこと広義の不法行為説でも従前から適用を否定されており，同趣旨の判例（最判昭53・12・21民集32巻9号1749頁）が出ているなかでは，両説の実質的な違いは益々あまりないといえよう[32]。

2 義務の発生とその消滅

(1) 義務発生の要件

原状回復義務や損害賠償義務の義務発生の要件は，仮執行の基本となる本案判決の取消し・変更の判決の言渡しにより生じ判決の確定を要しない。本案判決の取消し・変更の理由は決定的な意味を有せず，それが実体法上の理由に基づく（ただし，判決後に生じた事由で請求が棄却された場合を除く）か訴訟上の理由に基づくかは問わない[33]。まず仮執行の宣言だけが取り消されたときは，その後本案判決の変更があったときに，原状回復・損害賠償義務が生じる（本条3項）。判例・通説によれば，上告審で破棄差戻しの判決があった場合も，2項

---

30) 斎藤ほか編・注解民訴(5)40頁〔小室＝渡部＝斎藤〕，林・前掲注15）274頁，石川明〔判批〕民商78巻2号〔1978〕223頁。

31) この点について，最判昭53・12・21民集32巻9号1749頁は，民法509条の「不法行為によって生じた」債務に当たらず，したがって，損害賠償請求権を自働債権とする相殺が許されるとする。

32) この点について，兼子ほか・条解〔2版〕1431頁〔竹下＝上原〕。

33) 兼子ほか・条解〔2版〕1430頁〔竹下＝上原〕，林・前掲注15）272頁。

にいう本案判決の変更に該当し原状回復・損害賠償義務が肯定される[34]。もっとも、原状回復・損害賠償義務は、その後の訴訟手続で執行の基本となった判決が取り消され、執行の結果が現在の訴訟状態と相容れないことになったことに基づくのであるから、訴えの取下げによって判決が失効した場合は、判例・通説によれば、本条が適用される余地はない[35]。そのうえで、必要があれば被告は別訴で給付を受けたものの返還ないし損害賠償の請求をしなければならない。なお、控訴が取り下げられて原判決が確定した場合は、仮執行によって給付を受けたものの返還という問題が生じる余地はない[36]。

　本案判決を取り消す判決がさらに上級審で破棄され、前の本案判決が維持された場合は、2項は適用されない。これに反し、上訴審で破棄差戻しとなり、差戻審で新たに請求認容の判決がされた場合は、差戻し前の原判決そのものが維持されたのではないから、その仮執行による損害賠償責任は解除されないと解すべきである。もっとも、請求が認容された以上、執行によって得た物の返還義務は否定される。

(2)　義務の消滅

　原状回復義務も損害賠償義務も、本案判決を取り消す判決が未確定の間は仮定的なものであり、仮執行の宣言付判決が復活すれば消滅することになる。すなわち、上告審において本案判決を取り消す控訴審判決が破棄され控訴が棄却されたときは、原状回復義務も損害賠償義務も当然のこととして消滅する（その間に被告が執行すれば被告が原状回復・損害賠償義務を負う）。

3　義務の内容

(1)　原状回復義務

　原状回復義務は前述したように一種の不当利得返還義務たる性質を有すると一般に解されている[37]ので、その義務の内容は、仮執行の宣言に基づき債務者

---

34)　大判昭10・8・10民集14巻1566頁、旧注釈民訴(4) 277頁〔森〕、兼子ほか・条解〔2版〕1430頁〔竹下＝上原〕、秋山ほかV 248頁。

35)　大判昭8・9・29民集12巻2459頁、兼子・判例民訴〔96〕276頁、兼子ほか・条解〔2版〕1430頁〔竹下＝上原〕。

36)　秋山ほかV 248頁。

37)　竹下・前掲注1) 185頁、法律実務(5) 194頁、斎藤ほか編・注解民訴(5) 40頁〔小室＝渡部＝斎藤〕、鈴木・前掲注21) 180～181頁。

が給付したものの返還である。現物の返還が不能の場合は価格の返還となる。金銭の返還の場合は，給付受領後の利息も含まれる。仮執行の宣言付判決に対し上訴が提起された後，判決によって履行が命じられた債務の返還としてなされた弁済は，それが全くの任意弁済と認められる特別の事情のないかぎり，債権者の強制執行の結果によるものでなくても仮執行の宣言に基づき給付したものに当たり，原状回復の対象となる[38]。たとえば，仮執行に際して執行官に促されて弁済した場合など，仮執行を免れるためにやむをえず弁済した場合や，被告が原告の請求権を争いながらもひとまず任意に弁済した場合も，2項に該当する。

原状回復義務の趣旨は，仮執行により生じた結果を現状に戻すことにあるから，支払いや給付でなくても，この義務の対象になりうる余地はある。たとえば，登記や登録の抹消などがこれに該当する。

(2) **損害賠償義務**

本条の損害賠償義務の法的性質について，前述したように広義の不法行為責任に属するか適法行為に基づく法定の特別責任かをめぐって従来から争いがあったが，近時は無過失責任であるかそれとも過失責任であるかについても議論がある。無過失責任であると解するのが従来からの一貫した通説[39]・判例[40]であり，その理由として，仮執行の宣言付判決は本来判決確定後でなければできない執行をそれ以前にやれるようにするという解除条件付債務名義の特典を原告に与えるものであり，かかる特典を原告が自らの危険において利用する以上は，その結果については無過失責任を負わせるのが相手方との関係で衡平に合致すること，原告にとっては勝訴判決を得て，仮執行に基づいて執行をしているのであるから，権利の行使であると信ずるのが相当で，その点については原

---

38) 最判昭47・6・15民集26巻5号1000頁，最判平22・6・1民集64巻4号953頁。通説も同じ立場である。松本＝上野〔8版〕608頁，兼子ほか・条解〔2版〕1430頁，〔竹下＝上原〕，秋山ほかⅤ251頁。これに対し，債権者において仮執行をしようとする態度を示したことを要するとする見解もあった。法律実務(5)194頁，斎藤ほか編・注解民訴(5)42頁〔小室＝渡部＝斎藤〕。

39) 松本＝上野〔8版〕608頁，林・前掲注15) 274頁。

40) 大判昭12・2・23民集16巻133頁，大阪高判昭29・8・5下民5巻8号1250頁，東京地判昭40・8・31下民16巻8号1359頁，大阪地判昭55・5・28判タ419号131頁。

則として過失が認められないから，過失を要件とすると原告の責任が肯定される可能性が少なくなり，被告債務者を保護する制度趣旨が害され妥当でないことなどを挙げる。これに対して，仮執行宣言が執行力付与の時点を政策的に定める制度であることを前提に，無過失責任説を支える危険責任と本条の責任との詳細な対比に基づいてこれを過失責任と解する少数有力説（伊藤説）[41]がある。この説はその根拠，言い換えれば無過失責任とする判例・通説の問題点として，以下に述べるようなものをかかげる。第1に，過失責任説が通説・判例とされるのは不当提訴や保全執行との均衡であり，とりわけ保全執行においては，任意的口頭弁論において疎明を基準として発令される保全処分の取消しに基づく執行であるにもかかわらずその損害賠償については過失責任の原則が適用されるのに対して，終局判決に基づく仮執行の場合には口頭弁論において証明を基準としてなされるにもかかわらず原告に対して無過失責任を課するのは均衡を失している。第2に，手続のどのような段階で判決に執行力を与えるかは立法政策の問題であり[42]，未確定の執行を例外として，それに基づく責任を加重する必要はない[43]。第3に，旧198条2項は，一般の不法行為における加害行為あるいは違法性の要件事実に対応するものとして，本案判決の変更という要件事実を規定しているのみで，その他は通常の不法行為の要件が妥当すると解することも可能であり，無過失責任と解する必然性はなく，そのように解したとしても原告が故意または過失によって事実や証拠を隠匿したときには，当事者の事案解明義務や証拠開示義務の進展に鑑みて過失責任が実際上問われうることから本条項の存在意義が否定されることはない。第4に，第一審を訴訟運営の中心として，濫上訴を制限することによって訴訟促進を図ろうとするならば，勝訴当事者に重い負担を課すべきではなく，そのためには仮執行を原審原告の

---

41) 伊藤眞「不当仮執行にもとづく損害賠償責任」判タ775号〔1992〕4頁，伊藤〔4版補訂版〕581頁。

42) 伊藤説は，この点で仮執行の基礎について判例・通説たる例外説に立たず，林順碧「仮執行に基づく損害賠償の範囲」菊井献呈下1113頁の立場に立つ。伊藤・前掲注41) 6頁，7頁注 (13)。

43) 判決における勝敗は，手続保障を前提とした原審の判断であり，また，仮執行の宣言の付与も同様に原審の判断によっているにもかかわらず，その判断が上級審で取り消される危険を無条件に原告に負わせるのは適当でないとする。

恩典とする考え方を転換する必要があるとする。要するに，訴訟審理の規律や第一審重視・上訴制限の現行法にもみられる立法論や学説の動向，仮執行を原審勝訴原告の恩典とする伝統的仮執行理論の反省に鑑み，仮執行宣言による債権者の損害賠償義務について過失責任主義を採るべきであるとするのである。

もっとも，この伊藤説に対しては，無過失責任主義を採用すべきとする通説の側から，過失責任主義は債務者に酷な結果となってバランスを失するきらいがあると伊藤説を批判し，債務者の利益を考慮すると無過失責任を基礎としたうえで，具体的な事案において過失相殺をする際に債務者側の事情（たとえば，執行停止を求めなかったこと[44]等）を斟酌することによって両当事者の利益を調整するのが公平に合致し妥当であるとの主張がなされている[45]。

ところで，この損害賠償義務は，仮執行の宣言が職権でされることもあり，それだけで原告の義務が生じるものではないので，仮執行の宣言が付されたことによるものではなく，仮執行の宣言を利用して強制執行をしたことによるものであると解すべきであろう[46]。それゆえ，被告が仮執行を免れまたは執行を停止するために担保を供することがあっても，原告が強制執行に着手する前であれば，原告は損害賠償義務を負わない。したがって，原告が損害賠償義務を負うのは，原告が強制執行に着手したことを要するのであり，損害もそれ以後に生じたものに限られると解するのが多数説である[47]。もっとも，これに対して，原告において仮執行をしようとする態度を示した場合には損害賠償義務を負うとする説[48]も有力だが，この説に対しては判断基準があいまいとなり適当でないという多数説からの批判があり多数説が妥当であろう。

---

[44] たとえば，被告において容易に執行停止を求めることができるのに求めなかったため，損害が増加した場合には，過失相殺の民法722条2項の規定が準用される。秋山ほかV254頁。

[45] 本間・前掲注20）62頁以下，旧注釈民訴(4)276頁〔森〕，賀集ほか編・基本法コンメ(2)〔3版〕302頁〔本間〕，兼子ほか・条解〔2版〕1431頁〔竹下＝上原〕，秋山ほかV253頁。

[46] 秋山ほかV253頁。

[47] 竹下・前掲注1）187頁，斎藤ほか編・注解民訴(5)41頁〔小室＝渡部＝斎藤〕，兼子ほか・条解〔2版〕1432頁〔竹下＝上原〕，秋山ほかV253頁。

[48] 兼子・条解上502頁，旧注釈民訴(4)281頁〔森〕。

仮執行宣言に基づく給付とは，必ずしも仮執行の結果のみに制限されず，特段の事情が認められないかぎり仮執行宣言に従った任意の救済を含む[49]。そのうえで，本条にいう仮執行に基づく損害賠償の範囲が問題となる。この点について，通説[50]・判例[51]は，「仮執行と相当因果関係にある財産上及び精神上のすべての損害」，すなわち，財産上あるいは精神上の損害を問わず，相当因果関係に含まれるすべての損害に及ぶと解する（全損害説）。この説は，判決は確定して初めてその執行力を生ずるのが原則であることから，仮執行を勝訴当事者の利益のための例外的な優遇措置（特典）であるとみなし，確定前に本案判決が取り消された場合には，本来すべきでなかった執行をあえてしたものとして勝訴当事者に仮執行による全損害について不法行為に準ずる損害賠償責任を負わせるべきであり，損害賠償の範囲を限定するための解釈論上の根拠に乏しいことを理由とするものであり，また，その責任を一種の不法行為責任と解して全損害説を根拠づけるのである[52]。これに対して，損害賠償の範囲は仮執行による一切の損害に及ぶものではないとして限定的に解する見解も少数ながら有力説である。すなわち，損害賠償の範囲については，慰謝料請求権を排除する裁判例[53]，これを支持して現行260条2項（旧198条2項）を無過失責任による復元的特別手続として仮執行によって被った損害のうち付随的損害たる営業上の損失および精神上の損害を除外する見解[54]や，損害の範囲を物的損害（得べかりし利益を含む）に限定して精神的損害を除外する説[55]，同じく人身に対する侵害を伴う要素を持つ執行（建物明渡しのケース）と金銭執行を区別した

---

49) 最判昭47・6・15民集26巻5号1000頁，最判平22・6・1民集64巻4号953頁，伊藤〔4版補訂版〕580頁。
50) 斎藤ほか編・注解民訴(5)43頁〔小室＝渡部＝斎藤〕，旧注釈民訴(4)282頁〔森〕，兼子ほか・条解〔2版〕1432頁〔竹下＝上原〕，秋山ほかV 254頁，伊藤〔4版補訂版〕580頁，松本＝上野〔8版〕608頁。
51) 最判昭52・3・15民集31巻2号289頁。この最判について，詳細は，本間・前掲注20) 81頁参照。
52) 兼子・体系357頁など。これについて林・前掲注1) 277頁。
53) 大阪高判昭37・11・19高民15巻9号654頁。
54) 宮川種一郎「仮執行の宣言」総合判例研究叢書(4)民訴法(3)39頁。
55) 林・前掲注42) 1113頁以下特に1128頁以下，同・前掲注15) 249頁。

§260 Ⅳ

うえで，前者については間接損害を含めた広い範囲の損害を認めるが，後者については直接損害に限定する見解[56]などがある。このような見解の対立の根底には，仮執行力の基礎としてのその法的性質をどのように捉えるかをめぐる見解の対立があるといえよう[57]。もっとも，通説の側から，仮執行制度の特殊例外的な位置づけからの解放は正しいとしても，損害の公平な分担を損害の種類の限定で困難としたうえで，損害の種類の限定ではなく全体としての範囲を過失相殺を使いながら狭めていく方向をとるべきであるとする見解[58]や，立法論としては少数有力説のような責任範囲の限定も考えられるとしても法文上の根拠もないので責任の範囲を限定することはできないとする見解[59]が主張されており，解釈論上は通説が妥当であるといえよう。

Ⅳ 被告の原状回復および損害賠償請求の申立方法

1 簡易な申立方法

被告は，原状回復および損害賠償請求について，別訴により独立の訴えを提起することもできる[60]が，仮執行宣言にかかる請求が係属するその訴訟手続内において簡易な給付の申立てができる。その意味において被告に対して訴訟内訴えの提起という簡易な権利救済の申立方式を認めたものである。被告は不当利得などを理由として，別訴によって給付したものの返還を求めることも妨げられないが，法は，被告の利益回復のために簡易な債務名義を与える趣旨から，このような制度を設けたものである[61]。

なお，仮執行宣言のみを変更する場合は，仮に本案判決を変更する判決があれば同様の取扱いをする。

2 申立ての性質

2項は，実体的要件とともに債務者の便宜を図って手続的要件をも規定した

---

56) 清田明夫〔判批〕判評229号〔1978〕42頁，同・昭和52年度重要判解121頁。
57) 清田明夫「仮執行に基づく原状回復・損害賠償義務」争点〔新版〕302頁。
58) 賀集ほか編・基本法コンメ(2)〔3版〕302頁〔本間〕。
59) 秋山ほかⅤ 254頁。
60) 通説，最判昭29・3・9民集8巻3号637頁。
61) 伊藤〔4版補訂版〕580〜581頁。

ものである[62]。その訴訟の当事者以外の者が仮執行を受けた場合でも（115条2項，民執23条1項参照），当事者がその原状回復・損害賠償請求について第三者のために訴訟追行権を有する場合（たとえば，選定当事者による訴訟において敗訴して，選定者が仮執行を受けた場合）には，2項の申立てができるが，第三者が自ら請求するには別訴によるほかはない。また訴訟係属中の債務承継人が，仮執行の宣言付判決の口頭弁論終結後の承継人として（民執23条1項3号かっこ書）執行を受けた場合は，参加によって2項の申立てができる（51条・47条4項・43条2項）。

3 申立て

2項の申立てには，性質上は一種の訴訟上の訴え（被告がする通常の場合は反訴）の提起であり，返還を命ずべき物または金額もしくは損害賠償の額を特定してしなければならない。しかし，相手方の同意を要せず，また上告審が原判決を破棄したものであれば上告審でも許される[63]。もっとも，上告審において2項の申立てが許されるのは，そこで仮執行の宣言付判決が取り消された場合に上告人に簡易迅速な救済を受ける機会を与えるためである。事実審係属中に（その口頭弁論終結時までに）申し立てるのが本則であるから，仮執行の宣言付判決を受けた被告が控訴審では2項の申立てをすることなく，控訴審で仮執行の宣言付第一審判決の変更を得た後，原告から上告がなされた機会に，上告審において初めて申立てをすることはできないとするのが判例である[64]。もっとも，これに対して，被上告人は控訴審段階でつねに本条2項の申立てをしておかなければ，上告審ではもはや申立てを許さないという必要がどれほどあるかは疑問であり，上告審での申立てを原則として肯定するのが妥当であるとする有力な批判がある[65]。

4 相手方の抗弁

2項の申立てに対しては，相手方は弁済，過失相殺等の抗弁はできるが，本案の請求で相殺することは手続の構造上許されない。本案の訴求債権が認めら

---

62) 賀集ほか編・基本法コンメ(2)〔3版〕302頁〔本間〕。
63) 最判昭34・2・20民集13巻2号209頁。
64) 最判昭55・1・24民集34巻1号102頁。
65) 谷口＝井上編(3)158頁〔本間〕。

れれば2項の請求権は発生しないし，否定されればそれとの相殺はありえない。問題は，訴訟手続上の理由により仮執行の宣言付判決を変更する場合である。上訴の本案申立てについては訴求債権の存否につき審理をすることなく既に裁判をなすに熟しているのに，2項の申立てとの関係でなお訴求債権の存否につき審理・判断しなければならないのは，仮執行の宣言付判決が変更されるべきときには，被告に簡易迅速な救済を与えることを目的とする2項の趣旨に反するからである。だから，この場合にも，訴求債権による相殺の抗弁は許されないと解すべきである。これに対して，2項の請求が別訴でなされたときは，前記のような問題は生じないから訴求債権との相殺も許される。

5　申立てに対する裁判

2項の申立てに対しては，本案判決を変更する判決の主文中で裁判すべきである。その判断を見落とせば脱漏であり，追加判決をしなければならない（258条）。この申立てについての裁判は，その性質上即時に執行力を生じるとの説[66]もあるが，これでは仮執行の効力を必要以上に弱めることになるから，原則どおり判決の確定または仮執行の宣言が付されて初めて執行力を生じると解すべきである[67]。

上訴審が本案判決を変更しないときは，本条2項の申立てに対する裁判をする必要がないというのが判例・通説である[68]。2項の申立ては，本案判決が変更されないことを解除条件とするものであるとの理由に基づく。これに対して，判決主文で申立てを棄却する旨の判断を示すのが，訴訟状態を明確にするために適切であるし，また，被告が控訴審で2項の申立てをしたが，控訴棄却の判決が出され，それに対して被告が上告を提起した場合，判例・通説の立場では，

---

66)　兼子・条解上 503 頁。大阪高決昭 33・3・29 高民 11 巻 2 号 169 頁。大阪高決昭 35・5・30 高民 13 巻 4 号 397 頁。

67)　青山善充「仮執行の効果に関する考察」法学協会編・法協百周年記念論文集 3 巻〔1983〕425 頁。斎藤ほか編・注解民訴(5) 46 頁〔小室＝渡部＝斎藤〕，旧注釈民訴(4) 289 頁〔森〕，法律実務(5) 196 頁，兼子ほか・条解〔2 版〕1434 頁〔竹下＝上原〕，秋山ほかV 250 頁。

68)　斎藤ほか編・注解民訴(5) 46 頁〔小室＝渡部＝斎藤〕，法律実務(5) 196 頁，兼子ほか・条解〔2 版〕1434 頁〔竹下＝上原〕，最判昭 51・11・25 民集 30 巻 10 号 999 頁，最判昭 52・3・24 金判 548 号 39 頁。

被告は上告審で再度この申立てをする必要があることになって、妥当ではないとする有力な見解がある[69]。

上告審において2項の申立てをすることが許される場合、上告裁判所は、損害額等につき事実審理を要しないときには、自らこの申立てにつき裁判をすることができるが[70]、そうでないときは、本案については原判決を破棄し、自判する場合であっても、2項の申立てに関する部分は、事件を原審に差し戻さなければならない[71]。

V　2項の類推適用

本条2項は、一応の判断に基づく執行を許しながら、その当否はその後の手続による確定的な判断に留保している手続において、後の裁判で執行が許されないものと判断された場合に、類推適用を認めてよいと解すべきである。たとえば、①仮執行宣言付支払督促が異議後の手続で取り消された場合、②訴訟費用額確定処分などの決定を債務名義として執行した後に、抗告審でこれが取り消された場合、③執行文の付与が異議によって取り消された場合（民執32条・34条）、④執行停止に関する仮の処分として担保を供して執行の続行を許された債権者が、後に本案で敗訴した場合[72]などがこれに該当する[73]。ただし、これらの場合に概して異論がないのは実体規定の類推であり、その手続において、請求について裁判を求められるかどうかはまた別問題である[74]。

---

69) 兼子ほか・条解〔2版〕1434頁〔竹下＝上原〕、上原敏夫〔判批〕法協95巻6号〔1978〕1091頁。なお、菊井＝村松Ⅰ1266頁は、被告が上告した場合に2項の申立ては上告でも維持されているとする。
70) 最判昭34・2・20民集13巻2号209頁、最判昭45・11・6判時610号43頁。
71) 菊井＝村松Ⅰ1266頁、斎藤ほか編・注解民訴(5)44頁〔小室＝渡部＝斎藤〕、兼子ほか・条解〔2版〕1433頁〔竹下＝上原〕。
72) なお、第三者異議の訴えの提起に伴って強制執行停止決定を得た者が敗訴した場合には類推適用がないとする裁判例として、東京地判平5・12・22判タ868号224頁。これにつき、旧注釈民訴(4)290頁〔森〕。
73) 旧注釈民訴(4)290頁〔森〕、兼子ほか・条解〔2版〕1435頁〔竹下＝上原〕。
74) 兼子ほか・条解〔2版〕1435頁〔竹下＝上原〕。もっとも、菊井＝村松Ⅰ1350頁・1269頁や旧注釈民訴(4)290〜291頁〔森〕は、決定手続がとられているものでは、原状回復については同一手続で判断することが認められてよいが、損害賠償については、損害額

§260 V

　これに対して、確定判決に基づく執行が問題となる再審の訴えや請求異議の訴えにおいて債権者が敗訴しても、これらは終局的債務名義であるから、類推適用されない[75]。問題となるのは、不変期間の追完（97条）による上訴で原告が敗訴した場合であり、かかる場合に本条2項の類推適用を認める裁判例[76]や学説[77]があるが、追完は確定効を妨げるものではないから、類推適用を否定すべきであろう[78]。

　また、仮執行宣言付判決を取得した原告が上訴審で請求を放棄した場合（または訴訟費用の裁判について仮執行の宣言を得た第一審勝訴被告が上訴審で請求を認諾した場合）は、訴求（執行）債権の不存在が確定するから、類推適用を肯定すべきであろう[79]。

　なお、保全処分が被保全権利または保全の必要性の欠如等を理由に取り消された場合も、問題状況は本条2項の場合と類似する。そこで、仮処分（満足的仮処分、特に賃金仮払い仮処分）を認める裁判が上訴審で取り消された場合の原状回復について、従前（民事保全法制定前）は規定を欠いていたため、本条の準用でこれを認める判例が相次いだ[80]。だが、現行民事保全法33条・40条1項・41条4項は、原状回復の裁判について、明文で定めている。ただし、本条2項とは異なり、原状回復を命ずるかどうかは裁判所の裁量に委ねられているし、損害賠償については定められていない[81]。そこで、仮処分によって損害を生じた場合の損害賠償責任についてなお本条の類推適用の余地があろう[82]。

〔松原弘信〕

　　確定のため必ず口頭弁論を開く必要があるので、別訴によって請求しなくてはならないとする。
- 75) 旧注釈民訴(4) 291頁〔森〕、兼子ほか・条解〔2版〕1435頁〔竹下＝上原〕。
- 76) 大阪高判昭41・4・20下民17巻3＝4号334頁。
- 77) 斎藤ほか編・注解民訴(5) 45頁〔小室＝渡部＝斎藤〕。
- 78) 旧注釈民訴(4) 291頁〔森〕。
- 79) これを肯定した裁判例として、札幌高判昭54・7・5判タ402号109頁。
- 80) 最判昭63・3・15民集42巻3号170頁。
- 81) 規定の趣旨および立法の経緯について、法務省民事局参事官室編・一問一答民事保全法〔1990〕115頁以下参照。
- 82) 谷口＝井上編(3) 159頁〔本間〕。

第6章　裁判によらない訴訟の完結

（訴えの取下げ）

第261条　① 訴えは，判決が確定するまで，その全部又は一部を取り下げることができる。

② 訴えの取下げは，相手方が本案について準備書面を提出し，弁論準備手続において申述をし，又は口頭弁論をした後にあっては，相手方の同意を得なければ，その効力を生じない。ただし，本訴の取下げがあった場合における反訴の取下げについては，この限りでない。

③ 訴えの取下げは，書面でしなければならない。ただし，口頭弁論，弁論準備手続又は和解の期日（以下この章において「口頭弁論等の期日」という。）においては，口頭ですることを妨げない。

④ 第2項本文の場合において，訴えの取下げが書面でされたときはその書面を，訴えの取下げが口頭弁論等の期日において口頭でされたとき（相手方がその期日に出頭したときを除く。）はその期日の調書の謄本を相手方に送達しなければならない。

⑤ 訴えの取下げの書面の送達を受けた日から2週間以内に相手方が異議を述べないときは，訴えの取下げに同意したものとみなす。訴えの取下げが口頭弁論等の期日において口頭でされた場合において，相手方がその期日に出頭したときは訴えの取下げがあった日から，相手方がその期日に出頭しなかったときは前項の謄本の送達があった日から2週間以内に相手方が異議を述べないときも，同様とする。

〔越山〕

I 意 義

1 訴えの取下げの意義

(1) 処分権主義と訴えの取下げ

　民事訴訟の基本原則の1つである処分権主義（246条参照）は，原告に対して，訴えを提起するかどうか，訴えにおいてどの範囲で判決を求めるのかを決定する権限だけではなく，いったん係属した訴訟を原告の一方的な意思で終了させる権能も認めている。後者に属するのが，訴えの取下げ（261条1項）と請求の放棄（266条参照）であり，本条は，訴えの取下げの要件に関する規定である。訴えの取下げの法的効果は，262条に定められている。また，当事者双方が，口頭弁論もしくは弁論準備手続の期日に出頭せず，または，出頭したが弁論もしくは弁論準備手続における申述をしないで退廷もしくは退席をした場合について，1月以内に期日指定の申立てをしないときは訴えの取下げが擬制されることが，263条に定められている[1]。

(2) 訴えの取下げの定義

　訴えの取下げとは[2]，請求についての審判要求（訴え）を全部または一部撤回する旨の原告（第一審の本訴原告または反訴原告）による裁判所に対する一方的な意思表示をいう（一部の取下げについては，Ⅶ2参照）。訴えの取下げは，裁判所に対する訴訟を終了させるという内容を有する原告の一方のみによる意思表示であり，その主たる法的効果として，訴訟係属の遡及的消滅をもたらす（262条1項）。その意味でこれは訴訟行為（いわゆる与効的訴訟行為）と性質付けられる。訴えの取下げの効果として規定されている再訴禁止（262条2項）は，法律上特に与えられた効果であり，訴えの取下げから生じる本来的な法的効果ではない。また，被告の同意を要する場合があるが，その同意は単なる効力要件にすぎない[3]。

---

[1]　一定の場合に訴えの取下げが擬制されることを定める規定がある。行訴15条4項，家事276条1項，民調20条2項など。ただし，263条の取下げ擬制とは意味が異なる。

[2]　訴えの取下げに至る背景事情については，旧注釈民訴(5)316頁〔梅本吉彦〕，梅本〔4版〕974頁注1が詳しい。

[3]　斎藤ほか編・注解民訴(6)374頁〔渡部吉隆＝加茂紀久男＝西村宏一〕。

2 類似の制度との違い

(1) 請求の放棄

訴えの取下げと請求の放棄は、原告の意思表示に基づく訴訟終了原因である点で共通するが、その効果は異なる。すなわち、訴えの取下げは審判要求自体を撤回するものであり、訴訟係属が遡及的に消滅するという訴訟法上の効果を生じさせる。しかし、請求の放棄は、それが調書に記載されることで、訴えで申し立てられた訴訟上の請求に理由がないことについて訴訟法上の効果（その意味は争いがある。§267 参照）が生じる。また、請求の放棄では確定した請求棄却判決と同等の効果が得られることから、相手方のいわゆる消極的確定の利益を害することはなく、相手方の同意を必要としない。なお、請求に理由がないことを自ら認めて原告が取下げの意思表示をすることは、訴えの取下げであり、請求の放棄ではない[4]。

(2) 上訴の取下げ

上訴の取下げ（292条・313条）は、上訴手続のみに対して取下げの効果が及ぶものであり、上訴期間が経過した時点にさかのぼって原審判決が確定する。したがって、上訴の申立てだけが取り下げられても相手方の利益を害することがないので、その同意を要しない。これに対して、上訴審で訴えを取り下げると、訴訟係属の効果が全体として遡及的に消滅するので、すでに言い渡された下級審の判決の効力も失われる。

(3) 訴訟脱退（48条）

通説によれば、訴訟脱退とは、自らは訴訟から退いて、参加人と相手方との訴訟の結果に自らの立場を委ね、参加人が勝訴すれば自分に対する参加人の請求を認諾する、相手方が勝訴すれば脱退者が原告ならば相手方への請求を放棄する、被告ならば相手方からの請求を認諾することを予告的に陳述するものであるとされる。したがって、訴訟脱退の中には訴えの取下げという要素は含まれない（→ § 48 参照）。

3 訴えの交換的変更・任意的当事者変更との関係

訴えの交換的変更は、新請求の追加的併合と旧請求の取下げ（あるいは請求

---

[4] 斎藤ほか編・注解民訴(6)373頁〔渡部 = 加茂 = 西村〕参照。

の放棄）とが複合した訴訟行為と解されているので（最判昭32・2・28民集11巻2号374頁），旧請求については訴えの取下げの要件が備わることで，はじめてその訴訟係属が消滅する。以上に関しては，§143を参照。

任意的当事者変更は，通説によれば，新当事者による，または新当事者に対する新訴の提起と，旧当事者による，または旧当事者に対する訴えの取下げの複合行為と解されている。したがって，この中には訴えの取下げが含まれる。任意的当事者変更に関しては，第1編第3章前注の解説を参照。

II 要 件

1 訴え取下げの自由

訴えの取下げは，上述したように処分権主義に基づいて認められるものであり（I 1(1)参照），当該訴えで主張される訴訟物がどのような性質のものであるかにかかわらず行うことができる。また，訴えに訴訟要件が具備しているかどうかは問われないから，訴訟要件を欠く訴えであってもこれを取り下げることができる。しかし，訴えの取下げに条件を付することは，手続の安定性を害するので許されない（最判昭50・2・14金法754号29頁）。なお，共同訴訟人の一部の者による訴えの取下げの可能性については，VII 1を参照。

以上が基本的な原則であるが，訴訟物の性質などによって訴え取下げの自由が制約される場合はあるのかどうかが問題となる。以下では，問題となりうるいくつかの類型を取り上げて説明する。

(1) 人 事 訴 訟

人事訴訟法19条は民事訴訟法のうち，訴えの取下げに関する規定の適用を排除していないから，人事訴訟事件についても訴えの取下げは許される。訴えの取下げは，訴訟係属の遡及的消滅を主たる法的効果とし，請求の当否に関してはなんらの法的効果を有しないから，人事訴訟では請求の放棄が許されない（人訴19条2項参照）ということは，訴えの取下げの可能性を左右するものではない。ただし，再訴禁止規定（262条2項）が適用されるかどうかは議論がある（→ §262 IV 2(5)参照）。

(2) 株主代表訴訟

いわゆる株主代表訴訟（会社847条）において原告が一方的に訴えの取下げ

を行うことができるかどうかについては，会社法制定前の学説上，議論が行われていた。これは，終局判決がされる前の段階での取下げはとくに問題がないとしても，終局判決後の取下げの場合は再訴の禁止が働くので，この効果が被担当者である会社や他の株主にも及ぶと解する立場（→§262 Ⅳ 2(4)(ア)参照）からは，一部の株主限りで損害賠償請求権を事実上処分してしまうことになるのではないか，あるいは，訴えの取下げの原因行為としての裁判外での和解の効力を事実上認めることになるのではないかといった疑問があるからである。会社法制定前の学説の多くは，訴えの取下げができることを認めていたようであるが[5]，株主単独での提訴の場合で再訴禁止効が働くとき（終局判決後の場合）については，取下げの権限を否定する見解[6]も主張されていた。しかし，取下げ後の再訴禁止の法的効果を権利の処分という実体法的な効果と同様に解することはできないし，この場合に取下げの自由を否定する見解が前提とする，再訴禁止効が会社や他の株主にも及ぶという考え方についても，そのように解すべきなのかどうか検討の余地があるように思われる。したがって，訴えの取下げができない場合があるとか，取下げに対して会社の同意を要する（会社850条参照）といった解釈論を会社法のもとで採用することは困難であると考える。

(3) その他会社関係訴訟

会社の組織に関する訴え（会社838条）や取締役の地位確認の訴え（最判昭44・7・10民集23巻8号1423頁参照）など会社関係訴訟の本案判決にはいわゆる対世効が認められることがあり，そのような訴訟類型では処分権主義の適用に制限があるのではないかということが議論される。しかし，訴えの取下げ自体には訴訟上の請求を処分するような法的効果はないから，取下げを禁止する理由はない[7]。

---

5) 議論の状況については，南隅基秀「株主代表訴訟における和解，訴えの取下げ，請求の放棄」法学政治学論究33号〔1997〕319頁，329頁以下，新谷勝「株主代表訴訟の取下げとその問題点」銀法530号〔1997〕40頁，旧注釈民訴(5)325頁以下〔梅本〕参照。
6) 南隅・前掲注(5)335頁。
7) 西岡清一郎＝大門匡編・商事関係訴訟〔改訂版，2013〕15頁，新谷勝・会社訴訟・仮処分の理論と実務〔第2版，2011〕11頁など参照。

(4) 行政事件訴訟

　行政事件訴訟に関して行政事件訴訟法に定めがない事項については，民事訴訟の例によるとされている（行訴7条）が，行政事件訴訟でも，訴えの取下げは認められるし，被告である行政庁が訴えの取下げに対して同意することができると考えられている[8]。

(5) 民事執行・民事保全

　民事執行に係る申立ての取下げについては，民事執行法20条により本条が準用されるが，強制競売の申立ての取下げについては特別規定がある（民執76条）。民事保全に係る申立ての取下げについては，民事保全法に申立ての取下げに関する規定があるから（民保18条・35条・40条，民保規4条），その限りでは本条は準用されない[9]。

(6) 支払督促，手形・小切手訴訟，少額訴訟

　支払督促の申立てには，その性質に反しない限り，訴えに関する規定が準用される（384条）。訴えの取下げに関する規定も準用されるから（→§384 V参照），支払督促の申立ては，督促手続の終結まで（これは，仮執行宣言付支払督促が確定するまでと解することになろうか）は，債務者の同意なしに取り下げることができる。適法な督促異議による通常訴訟手続への移行後は，本条に基づいて訴えを取り下げることができる。

　督促異議の取下げについては，旧法以来の議論が残っている（→§386 Ⅳ）。多数説は，仮執行宣言後の督促異議は第一審終局判決のあるまでは取り下げることができるが，仮執行宣言前の督促異議は却下決定の確定前かまたはそれに基づいて通常訴訟に移行するまでの間に取り下げることができるという区別をするが，このような区別は無用であるという見解が有力となっている[10]。

　手形・小切手訴訟および少額訴訟は民事訴訟手続であるから，手形訴訟等による審理および裁判を求める申述を含む訴え（350条・368条）の取下げは，訴えの取下げの規定にしたがって行われる。手形・小切手判決および少額判決に

---

8)　南博方＝高橋滋編・条解行政事件訴訟法〔第3版補正版，2009〕196頁〔齋藤繁道〕，旧注釈民訴(5)327頁〔梅本〕参照。

9)　倒産手続については，破29条・民再32条・会更23条を参照。

10)　このことについては，中野＝松浦＝鈴木編〔2版補訂2版〕689頁以下〔松浦馨〕参照。

対する異議の取下げについては，特別な規定がある（360条・378条2項）。

(7) 非訟事件

非訟事件手続法および家事事件手続法にも申立ての取下げに関する規定がある。いずれも公益性の強い事項を取り扱う手続であるが，申立てが申立人の意思に委ねられていることに対応して，その取下げも申立人の意思により自由にすることができるとすべきであるとの考え方に基づくものである。

非訟事件の申立人は，終局決定（非訟55条）が確定するまで，申立ての全部または一部を取り下げることができる。終局決定がされた後でも確定前であれば取下げは可能であるが，この場合は裁判所の許可を要する（非訟63条1項）[11]。

家事審判の申立ては，審判（家事73条）があるまで，その全部または一部を取り下げることができる（家事82条1項）。ただし，例外的な扱いがされる場合もある（家事事件手続法別表第2に掲げる事項の申立てにつき家事82条2項，後見開始等の申立てにつき家事121条・133条・142条・180条・221条，財産の分与に関する処分の審判の申立てにつき家事153条，遺産の分割の審判の申立てにつき家事199条，遺言の確認の申立ておよび遺言書の検認の申立てにつき家事212条，審判前の保全処分の申立てにつき家事106条4項）[12]。

(8) 取下げ禁止の合意

判例上問題となった例として，あらかじめ第三者との間に無断で訴えを取り下げないことと，それに違反したときは違約金を支払う旨の合意があったのに，それに反した取下げが行われたというものがあり，大審院は，このような約束は訴訟法上も私法上も効力がないとして違約金請求を棄却している（大判昭14・11・17民集18巻1250頁）。しかし，取下げを無効とする訴訟法的な効果が第三者との合意により生じることはないとしても，第三者に対する私法上の損害賠償義務を否定する必要はない[13]。

2 判決が確定していないこと

訴えに対する終局判決が確定して既判力が生じた段階では，もはや原告によ

---

11) 金子修編著・一問一答非訟事件手続法〔2012〕97頁以下参照。
12) 金子修編著・一問一答家事事件手続法〔2012〕140頁以下参照。

る訴えの取下げによって訴訟を終了させることはできない（261条1項）。しかし，終局判決が確定していなければ，判決がされた後でも取下げをすることができるし，訴訟係属の発生前でも取下げをすることができる[14]。事件が上訴審に移審してからでも取下げをすることができる。

判決言渡しの直後に訴えが取り下げられたときは，判決正本を当事者双方に送達し，取下げに対する被告の同意が後にあれば，取下げによって当該訴訟が終了したものとして扱われる。被告が同意しなければ，当該判決の確定により訴訟は終了する。判決正本の送達前に被告が直ちに同意すれば，判決正本の送達は不要であろう[15]。

3 相手方の同意（261条2項）

(1) 同意を要する理由

訴えの取下げは，相手方が本案について準備書面を提出し，弁論準備手続において申述をし，または口頭弁論をした後にあっては，相手方の同意を得なければ，その効力が生じない。これは，本案について請求棄却判決を得ることへの期待が被告側に生じた段階では，この期待は正当な保護に値するから，もはや原告だけの意思で訴訟係属を撤回させることはできないという趣旨である。なお，このような期待のことを消極的確定の利益と表現することがあるが，厳密には，相手方当事者にも等しく存する訴訟物である権利義務の存否確定に対する期待を問題とすべきなのかもしれない。

相手方の同意は，原告の訴えの取下げについて異議がない旨の裁判所に対する一方的な意思表示である。その意思表示が裁判所に到達すれば，訴えの取下げの効力が確定的に生じる[16]。

相手方の同意については，特に要式行為とはされていない。したがって，書

---

13) 旧注釈民訴(5) 327頁〔梅本〕，斎藤ほか編・注解民訴(6) 371頁〔渡部＝加茂＝西村〕，賀集ほか編・基本法コンメ(2)〔3版〕306頁〔松本博之〕。選定当事者が正当な理由なく訴えを取り下げた場合については，兼子ほか・条解〔2版〕1444頁〔竹下守夫＝上原敏夫〕参照。

14) 訴状送達前の取下げは訴訟係属の成立前なので，実質的には訴状の取戻請求であるとされる。兼子ほか・条解〔2版〕1444頁〔竹下＝上原〕，斎藤ほか編・注解民訴(6) 379頁〔渡部＝加茂＝西村〕，旧注釈民訴(5) 333頁〔梅本〕。

15) 以上につき，旧注釈民訴(5) 333頁〔梅本〕参照。

面または口頭によって行われれば足りる。黙示的な同意の可能性もありうるが（訴えの交換的変更について異議なく新請求に応訴した場合について最判昭41・1・21民集20巻1号94頁），同意が擬制されること（**4**参照）が多いであろう。

(2) 被告が「準備書面を提出した場合」の意味

被告が「準備書面を提出した場合」とは，文言どおり準備書面が提出されたことを意味するから，既に提出された準備書面が陳述される前でも，取下げには被告の同意を要する。「弁論準備手続において申述をし，または口頭弁論をした後」とは，現実に陳述がされれば足り，事前に準備書面が提出されていなくてもよい。

議論があるのは，被告が答弁書で第1次的に訴え却下を求め，予備的に請求棄却を求めた場合も，「本案について」準備書面の提出があったといえるかどうかである。予備的にせよ被告が本案について争う意思を表明していれば，被告の同意なしに取下げはできないとする説[17]と，この場合の本案の申立ては，本案前の答弁が認められることを解除条件とする申立て（または本案前の答弁に理由がないことを停止条件とする申立て）だから，まだ確定的な効力は生じておらず，被告の同意なしに取下げができるとする説がある。後者が多数説であり[18]，同様の趣旨と解される下級審判例もある（大阪高判平7・2・14判タ889号281頁，東京高判平8・9・26判時1589号56頁，東京地判平19・7・11判時1992号99頁）。被告が第1次的に訴え却下を求めているときに，請求棄却判決を得ることへの期待が被告側に生じたといってよいかどうか，訴訟判決の既判力によって標準時における訴訟要件の不存在が確定されるが，そのことに被告が利益を有するの

---

16) 同意またはその拒絶（不同意）の撤回は許されないとされる。斎藤ほか編・注解民訴(6) 387頁〔渡部＝加茂＝西村〕，賀集ほか編・基本法コンメ(2)〔3版〕307頁〔松本〕，最判昭37・4・6民集16巻4号686頁（同意拒否の撤回が問題となった例）。ただし，同意についても意思表示の瑕疵に関する規定の類推（Ⅵ参照）は理論上問題となる。旧注釈民訴(5) 341頁以下〔梅本〕参照。

17) 上田〔7版〕437頁。

18) 旧注釈民訴(5) 335頁〔梅本〕，兼子ほか・条解〔2版〕1445頁〔竹下＝上原〕，秋山ほかⅤ 265頁，斎藤ほか編・注解民訴(6) 387頁〔渡部＝加茂＝西村〕，賀集ほか編・基本法コンメ(2)〔3版〕306頁〔松本〕，松本＝上野〔8版〕547頁。なお，高橋下〔2版補訂版〕280頁参照。

かどうかが議論の分かれ目となるが、いずれも原則的には消極に解すべきであろう。

(3) 反訴の場合

本訴の取下げがあった場合における反訴（146条）の取下げには、相手方である本訴原告の同意を要しない（261条2項但書）。本訴原告が、反訴の基礎となる本訴を取り下げておきながら反訴については取下げに対する同意を拒絶するのは公平に反するからである。換言すれば、反訴被告＝本訴原告からは反訴請求について棄却判決を求める利益が消失したということもできるであろう。同様に、本訴が請求の放棄によって終了したときも、反訴の取下げには、本訴原告の同意を要しない（東京高判昭38・9・23下民14巻9号1857頁）。しかし本訴が却下された場合は、原則通り、反訴の取下げには、本訴原告の同意を要する。

(4) 独立当事者参加

独立当事者参加（47条）があった後も、本訴原告は訴えを取り下げることができるが、この場合は、被告および参加人の同意を要する（最判昭60・3・15判時1168号66頁）。本訴の取下げにより独立当事者参加の目的である三者間の請求に関する合一確定が妨げられるので、参加人の同意も必要となると考えられている。

4 相手方の同意の擬制（261条5項）

次の①ないし③の場合は、相手方も訴訟追行に対する熱意を失ったと見られても仕方がないので、異議が述べられなかったことをもって訴えの取下げに同意したものとみなされ、取下げに対する明示の同意は不要とされている。異議の方式には特に定めはないので、例えば期日指定の申立てをすれば異議があったとして扱われる[19]。なお、同意を擬制するための期間は旧規定（大正15年法）では3ヵ月と不相当に長期間となっていたが（旧236条6項）、平成8年改正法は、この期間を2週間に短縮している。

① 訴えの取下げの書面の送達を受けた日から2週間以内に相手方が異議を述べないときは、取下げに対する同意があったとみなされる。

---

[19] 秋山ほかV 269頁、斎藤ほか編・注解民訴(6)389頁〔渡部＝加茂＝西村〕。

② 訴えの取下げが、口頭弁論、弁論準備手続または和解の期日に口頭でされた場合において、相手方がその期日に出頭したが、訴えの取下げがあった日から2週間以内に相手方が異議を述べないときは、取下げに対する同意があったとみなされる。

③ 訴えの取下げが、口頭弁論、弁論準備手続または和解の期日に口頭でされた場合において、その期日に相手方が出頭しなかったときは、その期日の調書の謄本の送達があった日から2週間以内に相手方が異議を述べなければ、取下げに対する同意があったとみなされる。

5 その他の要件

訴えの取下げは訴訟行為であり、その要件として、原告の訴訟能力の存在は必要であると一般に解されている。また、被保佐人、被補助人、後見人その他の法定代理人、訴訟代理人が取下げをするときは、特別の授権が必要である（32条2項1号・55条2項2号）。ただし、訴訟無能力者が法定代理人によらずに訴えを提起した場合や代理権がない代理人が訴えを提起した場合は、訴えの提起に対する追認があるまでの間、訴訟無能力者や無権代理人が、相手方の同意を要することなく、訴えの取下げをすることができるとされている[20]。

III 訴え取下げの手続（261条3項・4項，規162条）

1 書面による取下げ

訴えの取下げは、現に訴訟の係属する裁判所へ、書面でしなければならない。訴えの提起が書面によることに対応して（133条1項）、訴えを取り下げようとする原告の意思を明確にさせる趣旨である。なお、この書面はファクシミリを利用して提出することはできない（規3条1項2号参照）。

2 口頭による取下げ

口頭弁論、弁論準備手続または和解の期日においては、口頭で訴えを取り下げる旨を陳述することができる。この場合は、当該期日の調書に取下げがあったことが記載される（規67条1項1号）。なお、進行協議期日においても取下げ

---

[20] 斎藤ほか編・注解民訴(6)385頁〔渡部＝加茂＝西村〕，賀集ほか編・基本法コンメ(2)〔3版〕306頁〔松本〕，伊藤〔4版補訂版〕448頁，松本＝上野〔8版〕547頁，新堂〔5版〕350頁。

をすることができる（規95条2項）。旧規定（大正15年法）では，口頭弁論期日または準備手続期日においてのみ口頭で取下げができるとされていたが（旧236条3項但書），平成8年改正法は，口頭による取下げの可能性を，和解を目的として行われかつ裁判所または裁判官の面前で行われる和解期日にも拡張したのである[21]。

3　取下書等の送達

(1)　**書面による取下げの場合**

相手方の同意がなければ取下げをすることができない場合（261条2項本文の場合）で，訴えの取下げが書面でされたときは，その書面（取下書と呼ばれる）を相手方[22]に送達しなければならない（本条4項）。これは，取下げに対して同意するかどうかを考慮する現実の機会を与えるために必要とされる措置である。相手方があらかじめ同意していた場合でも，現実に取下げが行われたことを知らせる必要があるから，取下書の送達を省略することはできない[23]。送達に用いられる書面は，取下げをした者から提出された取下書の副本による（規162条1項）。

(2)　**口頭による取下げの場合**

訴えの取下げが口頭弁論，弁論準備手続または和解の期日において口頭でされたときは，相手方がその期日に出頭したときを除き，その期日の調書の謄本を相手方に送達しなければならない（本条4項）。

(3)　**相手方の同意を要しない場合**

訴えの取下げについて相手方の同意を要しない場合は，旧規定（大正15年法）236条4項とは異なり，取下書の送達を要しない[24]。これは，取下書または期日調書の謄本の送達が訴えの取下げの効力発生要件になることはなく，裁判所に対する意思表示により取下げ自体は完了すると解されている[25]からである。この場合，裁判所書記官は，訴えの取下げがあったことを相手方に通知し

---

[21]　一問一答303頁参照。

[22]　死者名義訴訟，氏名冒用訴訟での訴えの取下げにおいてだれに送達するのかという問題がありうる。これについては，旧注釈民訴(5)343頁〔梅本〕を参照。

[23]　秋山ほかⅤ269頁，斎藤ほか編・注解民訴(6)389頁〔渡部＝加茂＝西村〕参照。

[24]　一問一答303頁，条解規則〔初版〕339頁参照。

なければならない（規162条2項）。

IV　取下げの効力

1　取下げの効力について争いがある場合

(1) 職権調査事項

訴えの取下げ，またはこれに対する被告の同意の有無および効力については，訴訟係属が存在するかどうかの問題にかかわるので，職権調査事項である。したがって，この点について裁判所が疑いを抱いたときは，当事者の申立てを待つことなく，進んで当該裁判所がその訴訟手続内で審理・判断しなければならない。

(2) 争うための手段

当事者間でこの点について争いがあるときは，訴えの取下げの無効，不存在確認の別訴を提起する確認の利益を認めることはできず，当該手続内で期日指定の申立てができるにとどまる。期日指定の申立てがあったときは，裁判所は口頭弁論を開いて審理し，訴えの取下げが有効と判断すれば，訴えが取下げにより終了した旨の終局判決を行い（大決昭8・7・11民集12巻2040頁参照。これは独立した上訴の対象となる判決である），取下げが無効だと判断したときは，訴訟はなお係属中であるから，中間判決または終局判決の理由中でそのことを明らかにすべきである[26]。控訴審で行われた訴えの一部取下げの無効を看過して残部請求のみについて控訴棄却の判決をしたときは，理論上，取下げの対象となった部分はなお控訴裁判所に係属しているから，無効な取下げを追認させるか，請求の一部について審判の続行を求めて追加判決を行うべきであるとされる（最判昭30・7・5民集9巻9号1012頁）。

---

25) 斎藤ほか編・注解民訴(6)389頁〔渡部＝加茂＝西村〕，賀集ほか編・基本法コンメ(2)〔3版〕307頁〔松本〕，兼子ほか・条解〔2版〕1446頁〔竹下＝上原〕，新堂〔5版〕352頁など。ただし，旧法下の支払命令に対する異議の取下げについて反対の趣旨の判例（大決昭10・9・13民集14巻1608頁）がある。
26) 菊井＝村松Ⅱ224頁，斎藤ほか編・注解民訴(6)393頁〔渡部＝加茂＝西村〕は主文に掲げるべきであるとする。

(3) **終局判決後に行われた訴えの取下げの効力などについて争いが生じた場合**

　終局判決後に行われた訴えの取下げの効力などについて争いが生じたときに，どの裁判所がその争いについて審理・判断することになるかについては，議論がある。多数説は，上訴を提起して上訴審で取下げの無効または不存在を主張すべきであるとする[27]。これは，終局判決がされたことで，取下げの効力の問題は終局判決の瑕疵に関する争いに転化するから，この争いは上訴審が審理すべきであるという趣旨である。もっとも，この見解に立つ場合には，勝訴当事者に対して訴えの取下げの無効，不存在（および，それに基づいて判決が有効であること）を主張する上訴の利益を認めることができるのかという問題を解決しなくてはならない。これについては，終局判決後に取下げがあったときは勝訴当事者にとっても特に判決が有効であることを確定する利益があり，後の強制執行の段階で争いにならないようにするために上訴する必要は大きいとの考え方が示されている[28]。なお，この問題について，あくまでも第一審裁判所が処理すべきであるか，控訴裁判所が処理すべきであるかを二者択一的に問う理論上の必然性はないとする見解もあるが，この見解も，第一審判決がされれば事件は第一審裁判所を離れているから理論的には上訴するのが相当であると解している[29]。

　いずれにしても，この場合に上訴審裁判所が取下げの効力を審査すべきであると解するならば，終局判決後に取下げの効力について争いが生じ，上訴期間が徒過してしまっていることが生じうる。そのようなときは，上訴の追完を認

---

[27] 兼子ほか・条解〔2版〕1448頁〔竹下＝上原〕，新堂〔5版〕356頁注1，小山〔5訂版〕224頁，伊藤〔4版補訂版〕453頁，斎藤ほか編・注解民訴(6)392頁〔渡部＝加茂＝西村〕。中野貞一郎＝松浦馨＝鈴木正裕編・民事訴訟法講義〔第3版，1995〕382頁〔松浦馨〕は，取下げが終局判決後のときは原裁判所に対して主張すべきとする（同旨，菊井＝村松Ⅱ224頁）。

[28] 兼子ほか・条解〔2版〕1448頁以下〔竹下＝上原〕参照。多数説に立つ以上は，本案についての上訴の利益とは別の意味での上訴の利益を考える必要があることになる。しかし，多数説を支持する伊藤〔4版補訂版〕453頁注25は，勝訴当事者には取下げの無効のみを主張する上訴を認めない趣旨に読める。

[29] 旧注釈民訴(5)347頁〔梅本〕。遠藤功「当事者の意思による訴訟の終了」佐々木吉男先生追悼論集〔2000〕747頁は，上訴するまでは原裁判所に期日指定申立てができるとする。

めるべきである[30]。

2 取下げを看過してされた判決の効力

訴えの取下げが有効に行われているにもかかわらず，これを看過して終局判決をしてしまった場合，この判決は形式的確定により内容上の効力を生じるのであろうか。判例は，既判力がないとはいえないとするが（大判大14・6・4民集4巻317頁），学説は，訴訟係属がないのにされた判決であるから，判決としての効力を生じない（判決の無効）とする見解が有力である[31]。

V 訴え取下げの合意

1 訴え取下げの合意・訴え取下げ契約

(1) 期日外の合意

訴訟係属中に期日外で訴えの取下げを内容とする合意をすることを，訴え取下げの合意または訴え取下げ契約という。古くは，訴訟上の合意は実定法に明文の規定がない場合には許されないとする立場（任意訴訟の禁止）に基づいて，このような合意の効力を否定する考え方がとられていた（大判大12・3・10民集2巻91頁。上告取下げの合意の事例）。しかし，現在では，その内容も明確であり，司法機関の利益を害することはなく，訴訟手続を特に不安定にするわけではないから，適法であると解されている[32]。

(2) 期日における合意

(1)で述べたように，訴え取下げの合意は，期日外（訴訟外）での合意に限定される。すなわち，口頭弁論期日，弁論準備期日，和解期日において原告が訴え取下げの意思を示し，被告がこれに同意をした場合は，本条に基づく訴え取下げの意思表示とそれに対する同意があったものと通常は解釈され，その効力を認めることになる[33]。

(3) 訴訟上の和解との関係

訴え取下げの合意は，訴訟外の和解の一内容として行われるのが通常である

---

30) 兼子ほか・条解〔2版〕1449頁〔竹下＝上原〕参照。
31) 旧注釈民訴(5)349頁〔梅本〕，伊藤〔4版補訂版〕503頁，松本＝上野〔8版〕599頁。
32) このことを詳論したのが，兼子・研究(1)239頁以下（とくに277頁以下）であった。
33) 斎藤ほか編・注解民訴(6)375頁〔渡部＝加茂＝西村〕参照。

といわれている。これに対して，訴訟上の和解が行われ，当事者が特に訴え取下げの合意を和解条項の中に含ませたときは，訴訟上の和解の成立によって本件訴訟は終了することになるから，これと別個に訴え取下げの合意による訴訟終了の効果を論じる必要はないと考えられる[34]。したがって，この場合は，訴えの取下げの合意ではなく，訴訟上の和解の法的性質およびその効力に関する議論の対象となる。これに対して，別件の訴訟上の和解において，本件訴訟を取り下げる旨の合意が成立した場合については，本件についての訴訟終了の合意を含む訴訟上の和解にはならず，本件についての訴訟外での訴え取下げの合意として処理すべきである[35]。

2 法的性質

(1) 私法契約説

訴え取下げの合意の法的性質については議論があり，学説上，なお見解は一致していない[36]。

私法契約説は，訴え取下げの合意に対して私法上の法律効果のみを認める考え方である。これによれば，訴え取下げの合意は私法上の契約として適法であり，これが有効であれば，原告は訴えを取り下げるべき私法上の義務を負担することになる。しかし，この義務の履行がなかった場合にどのようにして合意の効果を実現することになるかについては，見解が変遷した。かつては，私法上の意思表示について一般に妥当するルートを利用すべきだとする見解が主張されたことがある[37]。具体的には，被告はこの義務の履行を求めて別訴を提起でき，訴えの取下げを命ずる給付判決を，意思表示をなすべき債務の強制執行の方法（民執174条）により実現すべきであるとする見解と，強制執行はでき

---

[34] 斎藤ほか編・注解民訴(6) 375 頁〔渡部＝加茂＝西村〕，柏木邦良「訴取下の合意」続民訴百選 98 頁参照。ただし，ドイツではこの点異説があることについて，波多野（照屋）雅子「訴訟上の和解概念の再構成」民訴雑誌 37 号〔1991〕104 頁，同「『訴えの取下げを含む訴訟上の和解』についての試論」法研 62 巻 11 号〔1989〕83 頁以下など参照。

[35] 斎藤ほか編・注解民訴(6) 375 頁〔渡部＝加茂＝西村〕，秋山ほかⅤ 261 頁。

[36] 従来の学説状況については，高橋下〔2版補訂版〕285 頁以下，旧注釈民訴(5) 317 頁以下〔梅本〕，斎藤ほか編・注解民訴(6) 375 頁以下〔渡部＝加茂＝西村〕，賀集ほか編・基本法コンメ(2)〔3版〕308 頁〔松本〕など参照。

[37] この点につき，竹下守夫「訴取下契約」立教 2 号〔1961〕56 頁以下参照。

ないが，損害賠償責任を追及することができるとする見解などが主張された。しかし，現在の私法契約説は，このような契約上の義務の実現方法は迂遠であるとして，訴えの却下によって訴訟の終了という効果を直接的にもたらす方向で議論を再構成している。すなわち，現在の通説[38]および判例（最判昭44・10・17民集23巻10号1825頁）は，合意の存在が主張されることによって当該訴えは権利保護の必要を失い，当該訴えは却下されると説明する。もっとも，訴え取下げの合意があるにもかかわらず訴訟を続行することが信義則に反するとの抗弁により訴えが却下されるとする見解もある[39]。

いずれにしても，私法契約説は，この合意に基づいて直接的に取下げによる訴訟係属の消滅という訴訟法上の効果を認めない点では一致している。ただし，私法契約説でも，取下げの合意に再訴禁止効の規定（262条2項）の準用は認めている[40]。

(2) 訴訟契約説

訴訟契約説は，訴え取下げの合意には，訴えの取下げと同様の法的効果が与えられるべきであり，法的効果を私法上の請求権を介在させて導く必要はないと考え，訴え取下げの合意には，訴訟係属の遡及的消滅という訴訟法上の効果が直接的に与えられると解する[41]。この説では，当事者が有効な契約の存在を主張・立証したときは，裁判所は当該訴訟が訴え取下げの合意によって終了した旨の宣言をする判決（訴訟終了宣言判決）をすべきであるとされるが，訴えに対する正面からの応答の形である訴え却下の方がわかりやすいという説もあ

---

[38] 兼子・体系294頁，斎藤322頁，小山〔5訂版〕218頁，旧注釈民訴(5)319頁以下〔梅本〕，菊井＝村松Ⅱ215頁など。

[39] 宮崎澄夫「訴の取下」民訴講座(3)782頁以下。なお，別訴による履行強制と訴え却下のいずれの可能性をも肯定する立場もある（河本喜与之・新訂民事訴訟法提要〔再版・1950〕298頁）が，通常は，別訴の利益はないものと解されよう。

[40] 兼子・研究(1)282頁注(84)，上村明広・昭和44年度重判解説105頁，旧注釈民訴(5)322頁〔梅本〕など参照。ただし却下判決があった場合に限られよう。

[41] 三ヶ月・全集435頁，竹下・前掲注37）50頁以下，中野＝松浦＝鈴木編・民事訴訟法講義〔第3版〕377頁〔松浦〕，兼子ほか・条解〔2版〕1442頁〔竹下＝上原〕，上田〔7版〕441頁，中野＝松浦＝鈴木編〔2版補訂2版〕390頁〔河野正憲〕，松本＝上野〔8版〕552頁など。

る42)。なお，現在の訴訟契約説は，それ以前の考え方とは異なり，訴訟係属の消滅という訴訟上の処分的効果（変動効果：その訴訟契約で意図された内容が直接訴訟上実現され，訴訟状態の変動が生じるという効果）のほかに，原告に対して訴えの取下げを行うことを義務付ける内容の訴訟法上の義務付けの効果まで認めるに至っている43)。

　訴訟契約説において考え方が分かれるのは，訴訟係属消滅という効果の発生時点である。すなわち，裁判所の訴訟終了宣言判決によってはじめて生じるという立場44)と，当事者が取下げの合意の存在を訴訟上で主張することにより，訴訟係属は合意の時点で消滅し，裁判所の訴訟終了宣言判決はこれを確認するものにすぎないとの立場45)が対立している。訴訟契約によって直接的に処分的効果が生じるとの立場においても，それは裁判所によって考慮される必要があることに注意しなければならない46)。

(3) 両 性 説

　訴え取下げの合意は私法契約と訴訟契約の複合行為であるとしつつ，合意の効果としては訴訟係属の遡及的消滅を認める見解が主張されている47)。この議論の主たる関心である法的効果の面から見れば，この説は訴訟契約説の一形態

---

42) 新堂〔5版〕346頁注1。
43) 日本の初期の訴訟契約説は当時のドイツの学説を参照していた。しかし，ドイツの訴訟契約論は1970年代以降にさらに展開しており，現在の日本の訴訟契約説はこのことを踏まえて主張されている。柏木邦良「最近の西ドイツにおける訴訟契約論について(1)」北海学園大学法学研究6巻2号〔1971〕405頁以下（とくに415頁以下）と，松本博之「最近の西ドイツにおける訴訟契約論の動向」民商64巻1号〔1971〕141頁以下（とくに147頁以下）を参照。青山善充「訴訟法における契約」岩波講座基本法学4〔1983〕255頁以下と兼子ほか・条解〔2版〕1442頁〔竹下＝上原〕はこれに賛成する。高橋下〔2版補訂版〕286頁以下も参照。
44) 三ヶ月・全集435頁。
45) 青山・前掲注43) 259頁，兼子ほか・条解〔2版〕1441頁〔竹下＝上原〕。なお，この点が訴訟契約説の難点であるとされることがある（旧注釈民訴(5) 322頁〔梅本〕参照）。なぜならば，合意の時点が証拠上判然としない場合には効力発生時期が認定できないからであるとされる。
46) 青山・前掲注43) 258頁参照。
47) 伊藤〔4版補訂版〕446頁以下。

と解することができよう。

(4) 検　討

　訴え取下げの合意の法的性質論は，表面的にはそれほど大きな結論の相違をもたらすわけではない。まず，当事者の効果意思をどのように解釈するかという問題については，訴訟契約説においても，訴えの取下げを行うことを義務付ける訴訟法上の効果を認めるに至っているから，その限度ではもはや違いは生じない。また，効果論については，合意で意図された結果を当該訴訟内部で認め，当該訴訟を終了させるという効果を認める点では，いずれの見解も一致している。したがって，問題となるのは，私法契約説がいうように，権利保護の利益が消失するという中間項を媒介させなければ，訴訟終了効を認めることができないのかという点であり，この点では，合意の効果として直接的に訴訟終了効を認めることができる訴訟契約説の方が説明としては優れている。もっとも，訴訟契約説は，裁判所に対して合意の存在を主張・立証しなければ効果が得られないと解しており，この点が批判の対象となっているが，裁判外の合意によって裁判所の知らないところで訴訟が終了すると考えることはできないから，裁判所に合意の成立を報告し，裁判所がそれに対する審査をするという手続は不可欠であろう。したがって，この点が訴訟契約説の決定的な欠陥ということにはならないし[48]，だからといって私法契約説という法律構成しか成立しえないということはないと思われる。今後の議論の重心は，法的性質論の巧拙という抽象論ではなく，合意の成立要件とその効果という具体的な問題へと向けられるべきであろう。

　なお，訴え取下げ契約に一定の義務付け効果を肯定するならば，訴訟係属の消滅という変動効果が訴訟上実現しなかったときは原告に対して損害賠償義務が生じることになるが，他方で，取下げ義務の履行を求める給付訴訟を別に提起する利益は認められない[49]。

---

48) 柏木・前掲注34) 99頁，松本＝上野〔8版〕552頁。
49) 松本＝上野〔8版〕552頁。

3 有効要件

(1) 合意を行うのに必要な資格[50]

この点については、訴訟能力を要するとの立場と行為能力で足りるとの立場のほか、どちらでもよいとする見解がある。訴え取下げの合意が裁判外での合意であることに注目するならば、訴訟契約説でも行為能力で足りると解することになるから、この問題は合意の法的性質論とは論理的に直結しない。

(2) 代 理

訴え取下げの合意が裁判外での合意であることに注目するならば、訴訟契約説でも、本人・訴訟代理人間の委任契約の効力の問題として、民法の代理に関する規定のみで規律されることになる[51]。したがって、訴訟代理人に対して訴え取下げの合意を行うための特別の授権がないときでも、事後的に訴え取下げの合意を委任する契約によって代理権を付与しまたは追認することは可能であるし、その訴訟の訴訟代理人以外の代理人（裁判外の合意なので弁護士代理原則〔54条1項〕は及ばない）によって合意を締結することもできる。私法契約説では、当然、民法により規律されると解することになろう。

(3) 意思表示の瑕疵

合意に瑕疵がある場合、民法の意思表示の瑕疵に関する規定が類推適用される。もっとも、このような無効等の事由は訴え取下げの合意が主張される段階（当該訴訟内）において主張・立証されるべきであり、裁判所の判決が確定した後はもはや主張ができないと解すべきであろう[52]。なお、このことを訴え却下判決または訴訟終了宣言判決の既判力によって導くことができるかどうかについては、**5**(2)を参照。

(4) 基本契約の無効、取消し、解除

訴え取下げの合意は、その基本となる裁判外の和解契約の無効、取消し、解除によって、合意の効果が左右されるのが原則とされる[53]。もっとも、このよ

---

50) 議論状況は、兼子ほか・条解〔2版〕1442頁〔竹下＝上原〕参照。

51) 兼子ほか・条解〔2版〕1443頁〔竹下＝上原〕。

52) 兼子ほか・条解〔2版〕1443頁〔竹下＝上原〕。私法契約説によると、原告が取下げ義務を履行した後にこの種の争いが生じた場合は、裁判所が一定の判断を示さなければならない（旧注釈民訴(5)324頁〔梅本〕参照）。

うな無効等の事由は(3)での説明と同様に、当該訴訟内において主張・立証されるべきであり、その後に生じた債務不履行による和解契約の解除のような場合を別にすれば、裁判所の判決が確定した後はもはや主張ができないと解すべきであろう。

(5) 条件, 期限

条件, 期限を付することは、手続の安定を害さない限り、禁止されない。このことは私法契約説でも同じであろう。したがって、被告が一定の金員を支払うという反対給付の履行を停止条件とする訴え取下げの合意は可能であるが、いったん生じた合意の効果を遡及的に消滅させる解除条件を付することは許されない[54]。

(6) 方 式

管轄の合意 (11条2項参照) などと同様に、書面によることを要するとされている。

4 効 力

(1) 一般的な効果

私法契約説では、原告に対して取下げを義務付ける実体法上の効果が生じるが、訴訟終了という訴訟法上の効果は生じない。他方、訴訟契約説では、訴訟係属の消滅という訴訟法的効果が生じる。また、現在の訴訟契約説は、訴えの取下げを行うことを義務付ける効果も認めている。以上については、2(2)を参照。なお、第三者に対する訴えを取り下げることを合意した場合を問題とした裁判例として、東京高裁昭和56年11月25日判決（判時1029号78頁）がある。

(2) 再訴禁止効

終局判決の言渡し後に訴え取下げの合意がされたときは、再訴禁止効の規定 (262条2項) に基づく効果が生じる。このことは上述の通り、私法契約説も認めている。終局判決前に取下げの合意が行われたときは、当該合意の解釈の問題となる。すなわち、再訴の禁止あるいは不起訴の合意を含むかどうかという

---

[53] 兼子ほか・条解〔2版〕1443頁〔竹下＝上原〕, 清田明夫「訴えの取下げと裁判外の和解」講座民訴(4)352頁参照。

[54] 青山・前掲注43) 264頁、兼子ほか・条解〔2版〕1443頁〔竹下＝上原〕。さらに高橋下〔2版補訂版〕302頁注88参照。

点とその効力の主観的・客観的範囲を合意ごとに具体的に解釈することになるといわれている[55]。

5 裁判所の判決の効果

(1) 判決の形式

訴訟契約説によれば，当事者によって訴え取下げの合意の存在が主張・立証されたことにより，裁判所は訴訟を終了させる趣旨の判決（多数説によれば訴訟終了宣言判決）を行う。私法契約説によると，合意の存在や効果について争いがあるなどの理由から原告が取下げを行わない場合には，裁判所は被告の申立てに基づいて訴え却下の判決をする[56]。2(1)(2)を参照。

(2) 判決の効果

この種の判決にはどのような法的効果が認められるか。これは，例えば，3(3)および(4)で取り上げたように，裁判所の判決がされた後に，基本契約である裁判外の和解契約の無効等を主張できるかどうかという形で問題となると思われる。この点，例えば私法契約説に基づいて行われる訴え却下判決の既判力の対象は，前訴には権利保護の利益がないことに限られるから，この判決の既判力によって，基本契約の無効等を主張する形での紛争の蒸し返しを防ぐことは難しいのではなかろうか。訴訟契約説に基づく訴訟終了宣言判決についても，その既判力の対象が何であるかについては明確に議論されていない。しかし，訴え取下げによる訴訟の終了を認める判決の既判力は，その判決がどのような形式をとるにしても，有効な合意によって当該訴訟が終了したことをもはや争うことができないという意味の効果を有すると考えるべきである。なお，この場合に，訴訟上の和解等の効果において論じられる制限的な既判力を肯定する考え方もありうるかもしれない。しかし，この場合は，裁判所によって取下げ合意の効力が審査されている点で，裁判所の認可を必要としない訴訟上の和解とは異なると解すべきである。

次に，判決確定後の再訴の可能性についてであるが，ここでの判決は訴訟

---

55) 兼子ほか・条解〔2版〕1443頁以下〔竹下＝上原〕参照。

56) 第一審が合意の存在を看過して本案判決（とくに棄却判決）をした場合に，当事者（被告）は訴え却下を求めて控訴する利益があるかどうか問題となるが，控訴の利益を肯定すべきであろう（仲裁合意の抗弁があった場合などと類似する）。

（前訴）の終了を争うことができないという趣旨のもの（本案判決ではない）であるから，同じ訴訟物に基づく再度の訴え提起が既判力によって妨げられることはない。そうであるからこそ，学説は，私法契約説であっても，4(2)で取り上げたように終局判決後の再訴禁止規定の準用を論じてきたのだと考えることができる。

Ⅵ 訴えの取下げと意思表示の瑕疵

1 議論の意味

原告によって行われた訴えの取下げの効力がいったん生じたならば，その撤回は許されないと一般に解されている。しかし，訴えの取下げの意思表示に意思の瑕疵がある場合について，無効・取消し（実質的には撤回であろう）の主張ができるかどうかについては議論がある[57]。

訴えの取下げは訴訟行為であるが（Ⅰ1(2)参照），当事者の意思に基づく訴訟終了原因であることから，錯誤など当事者の意思に瑕疵が生じることは避けられない。例えば，原因行為である裁判外の和解契約に要素の錯誤がある場合などが考えられる。この場合に，訴えの取下げ自体を無効にして，訴訟を続行することができるかということが議論されている。後述するように，詐欺，脅迫等刑事上罰すべき他人の行為により訴えの取下げが行われたときには，意思の瑕疵を考慮することができる点では結論上争いはないので，実際上は，錯誤による無効を考慮できるかどうかの点で，この議論の実益がある。

2 再審事由，とくに可罰的行為（338条1項5号）があるとき

判例（最判昭46・6・25民集25巻4号640頁）は，訴訟行為である訴えの取下げについては，当事者の意思の瑕疵がその効力を直ちに左右することはないとする一方で，「詐欺脅迫等明らかに刑事上罰すべき他人の行為により訴の取下がなされるにいたつたときは」，可罰的行為を再審事由とする民事訴訟法338条1項5号の法意に照らして，訴えの取下げの効力を否定すること（判例は「無効」と表現するが，「取消し」と表現する論者も多い）ができるとする。また，

---

[57] 被告の同意に意思の瑕疵があった場合も，以下述べるのと同様の考え方にしたがって処理されることになる。旧注釈民訴(5)342頁〔梅本〕参照。なお，高松地判昭和37・5・8判時302号27頁（法律の錯誤の例）も参照。

判例は，この場合に，民事訴訟法338条2項の適用はなく，有罪判決の確定やこれに準ずべき要件の具備を必要としないと解している[58]。通説も，再審事由を考慮して，訴えの取下げの効力を否定できるとする[59]が，5号に限定する趣旨であるかどうかは必ずしも明確ではない[60]。

3 意思表示の瑕疵

(1) 判　例

戦前の判例の中には，錯誤による訴えの取下げの無効を認めたもの（大判昭13・12・28評論28巻民訴261頁）や，裁判上の自白の撤回と類似した要件のもとに誤解による取下げの意思表示を取り消すことができるとしたもの（朝鮮高院判大10・2・25新聞1841号16頁）があるが，反対の趣旨のものもある（大判昭14・12・18評論29巻民訴87頁）。

戦後の最高裁判例としてこの問題を直接扱ったものはないが，2で取り上げた判例（前掲最判昭46・6・25）は，当事者の意思の瑕疵が取下げの効力を直ちに左右することはないとの前提に立って再審事由のみの考慮を認めるので，訴訟行為である訴えの取下げの意思表示には民法の意思表示の瑕疵に関する規定の適用を認めないというのが判例の原則であると評価することができる[61]。もっとも，個別の事案における原告の救済の必要性に応じて訴えの取下げの効力を否定したと解される裁判例も存在する（福岡地久留米支判昭52・3・15判タ362号292頁，東京高判昭54・10・8判タ402号78頁，東京地判昭63・8・29判時1314号68頁，東京地判平17・2・24先物取引裁判例集40号113頁）。

---

58) このいわゆる再審事由の訴訟内顧慮という手法の問題性については，松本博之「当事者の訴訟行為と意思の瑕疵」講座民訴(4)300頁以下，松本＝上野〔8版〕137頁，柏木邦良・昭和46年度重判解説101頁を参照。

59) 兼子・体系294頁，三ヶ月・全集429頁，旧注釈民訴(5)337頁〔梅本〕，斎藤ほか編・注解民訴(6)392頁〔渡部＝加茂＝西村〕など。

60) 旧注釈民訴(5)337頁〔梅本〕は，判例・学説が5号に限定して再審事由を考慮する趣旨だとすれば狭すぎるとする。しかし，後述するように，意思表示の瑕疵を広く考慮できるとする立場を採用するならば，考慮できる再審事由を限定すべきかどうかという議論はほぼ意味を失うことになる。

61) 下級審判例については，旧注釈民訴(5)338頁〔梅本〕，斎藤ほか編・注解民訴(6)393頁注17〔渡部＝加茂＝西村〕を参照。

(2) 学　説

　伝統的な学説は，訴訟行為一般についてであるが，訴訟手続の安定性，裁判所に対する公的な陳述には明確性が必要であるなどの理由から，錯誤等の意思表示の瑕疵に関する民法の規定の適用は排除される（表示主義，外観主義の徹底）と考えてきた[62]。したがって，再審事由を考慮する場合を別にして，訴訟行為である訴えの取下げの意思表示の瑕疵はその効力に影響しないことになる。

　しかし，このように訴訟行為一般について一律に意思表示の瑕疵を考慮しないとする考え方は，もはや現在ではほとんど支持されていないのではなかろうか[63]。ここで問題とする訴えの取下げに関しては，むしろその性質上意思の瑕疵を考慮して，取下げの効力を否定することができるとする考え方が広まっているということができる[64]。このような立場からは，当事者の意思に基づく訴訟終了原因ではまさに当事者の意思の真正性が基礎に置かれるべきであること，訴えの取下げは権利の処分行為に近い場合がある（とくに終局判決後の取下げには再訴禁止が働く）から，錯誤の主張を認めないと当事者に重大な不利益が生じるおそれがあること，取り下げた後はもはやそれに続く訴訟行為はありえないから，無効を認めてやり直しても手続の安定性を害しないなどの理由が主張されている。

(3) 検　討

　私見も，錯誤等の意思の瑕疵にもとづく訴えの取下げの意思表示の効力は否定することができると考える。もっとも，訴えの取下げによって，たしかに当該訴訟手続は終了するが，その後に何も行為が積み重なることはないというわけではなく，係争物について新たな法律行為が行われる可能性は否定できない。したがって，右の法律行為によって一定の法的地位を取得した当事者の信頼，期待の保護を考える必要があると思われる[65]。訴訟行為の撤回が許されない理

---

62)　兼子・体系213頁，三ヶ月・全集281頁。

63)　柏木邦良「アーレンツ『当事者の訴訟行為における意思の欠缺』について」北海学園大学法学研究6巻1号〔1971〕181頁以下（特に210頁），河野正憲・当事者行為の法的構造〔1988〕200頁以下，松本・前掲注58) 283頁以下などを参照。

64)　兼子ほか・条解〔2版〕1446頁〔竹下＝上原〕，旧注釈民訴(5) 339頁以下〔梅本〕，伊藤〔4版補訂版〕448頁，新堂〔5版〕350頁以下，高橋下〔2版補訂版〕285頁など。

65)　松本・前掲注58) 288頁，旧注釈民訴(5) 340頁〔梅本〕参照。

由の1つは，当該訴訟行為により生じた相手方当事者の正当な信頼ないし期待を保護する必要があることに求められるからである。換言すれば，意思表示の瑕疵があった場合の規律のあり方は，表意者の保護とその意思表示を信頼した相手方または第三者の保護の必要性の比較考量にもとづいて決定されるべきものであるから，錯誤等の主張可能性には一定の制約を課する必要があるのではないだろうか。すでに，学説上は，民法の錯誤理論に倣う形で，表意者の重過失（民95条但書）の場合を例外とし，その厳格な認定を要するとする立場[66]や，動機の錯誤については相手方の認識可能性を要するとの立場[67]が主張されている。もっとも，このような要件論レベルでの処理が表意者と相手方ないし第三者との利益調整の手段として十分であるかどうかは問題であり，むしろ，意思の瑕疵を主張できる期間を限定することを考えるべきであるとの考え方もある[68]。

訴えの取下げについて，以上のような観点からその効力を否定できるとした場合，取下げの意思表示をした原告は，原則として原裁判所に対して期日指定の申立てを行うべきであると解する（Ⅳ1(2)参照）。

なお，取下げの効力が否定された場合の時効中断効の扱い方については，取下げによっていったん失効した訴えに裁判上の催告としての効力を認めて，取下げ後6月以内に手続の再開を求めれば中断の効果は維持されると解する[69]。

Ⅶ 請求の一部に関する訴えの取下げ

1 請求の併合

請求の客観的併合（136条）があるときに，そのうちの1個の請求について訴えを取り下げることは，どのような併合形態であっても，可能である。通常共同訴訟で，共同訴訟人の一部の者により，または一部の者に対する請求のみ

---

66) 伊藤〔4版補訂版〕448頁参照。
67) 松本・前掲注58）315頁。旧注釈民訴(5)340頁〔梅本〕はこのような限定に反対。
68) 松村和徳「訴えの取下げと請求の放棄・認諾」新・争点247頁参照。再審期間に関する規定の類推については，旧注釈民訴(5)341頁〔梅本〕，東京高判平成3・9・2東高民時報42巻1〜12号56頁参照。
69) 柏木・前掲注58）102頁，兼子ほか・条解877頁注12〔竹下守夫〕参照。

を取り下げることもできる（39条参照）。類似必要的共同訴訟では，通常共同訴訟と同様に一部についての訴えの取下げは可能である。固有必要的共同訴訟については，一部の者による取下げは可能であるが結局当事者適格を欠くことで訴えが却下されるとの少数説と，そもそも取下げ自体が無効であるとする判例（最判昭46・10・7民集25巻7号885頁，最判平6・1・25民集48巻1号41頁）および通説とが対立している。詳細は§40を参照。

2　請求の減縮

(1)　概念の整理

請求の減縮という概念は様々な意味で用いられているが，指導的な学説によれば次の3類型に整理される[70]。すなわち，最広義では，原告が訴訟係属後に訴訟の対象たる権利関係（訴訟物）の個数を減じる場合，広義では，請求の原因によって特定された訴訟物の同一性や個数を動かさないで，単にこれに関する主張の方法を変える場合（請求の趣旨の態様を弱める），最狭義では，訴訟物の同一性および個数も，これに関する主張の態様も変えずにもっぱらその数量的な範囲を減じる場合として請求の減縮という概念が用いられているとされている。このうち，最広義の場合は，数個の請求の一部について審判要求を撤回するものであるから，訴えの一部取下げとして扱われる。広義の場合は，請求の趣旨が変更されるから，これに対しては訴えの変更の規定が適用される。ここで問題となるのは，最狭義の請求の減縮であり，これが訴えの一部取下げになるのかということが論じられる。

(2)　判例・学説

この問題は，一部請求論と関連するものとして論じられるのが通常である。一部請求に関しては，可分な給付を内容とする債権の一部分に限定して提訴してもそれによって訴訟物が個別化することはないとする立場と，可分な給付を内容とする債権の一部に限定した提訴によって訴訟物は個別化する（一部請求を残部請求から特定識別する標識の有無は問わない）と考える見解とが基本的に対立している。前者のように，特定性の標識がない単純な数量的分割では訴訟物が特定，個別化することはないと解するならば，請求の趣旨に表示した金額を

---

70)　中田・研究147頁以下。

§261 Ⅶ

減縮しても，その減縮された金額を残余の金額から特定する標識がなければ，請求の一部取下げと解することはできない。そこで，この立場からは，請求の減縮は給付命令の上限を変更する特殊な訴訟行為であると解する[71]か，一部放棄をしたのと同じ効果が生じる[72]と解されている。

他方，一部請求部分と残部請求部分とが訴訟物として個別化すると解する立場からは，請求の減縮は請求の一部を特定して取り下げたと見る余地が生じる。判例は，このような考え方を前提としており（最判昭37・8・10民集16巻8号1720頁参照），請求の減縮は訴えの一部取下げであると解している（最判昭27・12・25民集6巻12号1255頁，最判昭24・11・8民集3巻11号495頁，最判昭28・12・8裁判集民11号145頁。なお，相殺による減額を理由とした請求の減縮の例として大判昭14・12・2民集18巻1407頁がある）。したがって，請求の減縮は，相手方の同意を要するなど訴えの取下げに関する規制に服する。現在の実務はこのような考え方に立っているようである。学説もこの考え方を支持するものが多い[73]。

もっとも，判例と同様に請求の減縮を訴えの一部取下げと性質付ける学説も，請求の減縮が当事者意思の解釈上，請求の一部放棄と解されることがありうることまでも否定しているわけではない[74]。したがって，取下げと放棄とでは要件が異なり，一部放棄であれば確定判決と同じ効果が生じるので（267条参照），当事者にとって不利になる可能性があることから，釈明権の行使による当事者意思の確認を要するといわれている。問題は，原告の意思が結局はっきりしないときの扱い方であるが，一部取下げと解する見解[75]と，請求の一部放棄と扱う見解[76]が対立している。

---

71) 三ヶ月・全集108頁，伊藤〔4版補訂版〕449頁。なお，高橋下〔2版補訂版〕293頁注62参照。

72) 新堂〔5版〕358頁。斎藤ほか編・注解民訴(6)383頁以下〔渡部＝加茂＝西村〕は，この問題と一部請求の許否の問題とは無関係だとしつつも，減縮された部分が一部判決の対象となりうる程度の特定性を備えているかどうかにより，特定性を欠くときは一部放棄になるとする。

73) 中野＝松浦＝鈴木編〔2版補訂2版〕513頁〔栗田隆〕，上田〔7版〕531頁，旧注釈民訴(5)331頁〔梅本〕，松本＝上野〔8版〕730頁。

74) 秋山ほかⅢ179頁参照。

(3) 当事者の意思が明確でない場合に関する検討

　ここでは，当事者の意思が明確でない場合にどのように解釈すべきかという問題に重点を置いて検討する。思うに，請求の減縮を一部取下げかまたは一部放棄のいずれか一方に，かつ一律に性質決定する必要はないのではなかろうか。例えば，訴訟外で一部弁済を受けたので減額するという場合は，一部の取下げがあったというよりは一部放棄と見るのが自然であろう[77]。要は，当事者の意思がはっきりしない場合における合理的な意思解釈の方法が問題となるのであり，取下げおよび放棄の要件，効果を勘案して原則論を立てる必要がある。また，この問題を請求の趣旨の変更と解する見解もあるが[78]，それで問題が解決するわけではない。

　当事者の意思が明確でない場合に，原則的に請求の一部放棄と解する見解は，減縮部分についてはもはや訴求しないのが原告の意思であると解釈するが，他方で，この見解が放棄調書に請求棄却判決と同様の既判力を認めないならば，再訴の可能性を全面的に留保することになり，被告の保護に欠ける。したがって，被告の同意が成立要件とはならない一部放棄として扱うならば，(制限的にせよ)既判力を認める立場を採用しないと，論理としては一貫しない。しかし，

---

75) 秋山ほかIII 179頁，賀集ほか編・基本法コンメ(2)[3版] 305頁[松本]，松本＝上野[8版] 730頁。

76) 兼子ほか・条解[2版] 1440頁[竹下＝上原]，飯塚重男「訴えの取下げと請求の放棄・認諾」争点[3版] 259頁。結論的にはほとんど異ならないが，書面によらないものは請求の一部放棄と解すべきであるが，書面によるものは特段の事情がない限り，本案の終局判決後であっても訴えの一部取下げと解すべきであると説明する文献(斎藤ほか編・注解民訴(6) 374頁[渡部＝加茂＝西村])もある。

77) 秋山ほかIII 179頁，松本＝上野[8版] 730頁参照。

78) 菊井維大「訴の変更」民訴講座(1) 198頁，宮崎・前掲注39) 785頁など。近年では，谷口182頁，新堂[5版] 358頁，兼子ほか・条解[2版] 831頁[竹下＝上原]が，訴え変更の手続を要するという。確かに，請求の拡張を請求の趣旨の変更として扱う一方で，請求の減縮を請求の趣旨の変更ではないとするのは一貫しない。ただ，訴えの変更として扱うと論じても，それだけでは，請求の減縮が書面行為であることを明らかにしたにとどまり(請求の基礎には明白に変更がないから相手方の同意を要しないことになる)，減縮された部分が法的にどのように処理されるのかが説明できておらず，いずれにしても，それが放棄になるのか取下げと扱われるのかを論じなくてはならないと思われる。

そのように解すると，今度は，原告にとっていっそう不利な方向でその意思を解釈することになってしまう。もっとも，この説は，相手方に消極的確認請求をする提訴責任を負担させればよいと考えているのかもしれず，そうであれば，一部請求部分と残部請求部分とが訴訟物としては個別化するとの見解と整合性を有するといえるかもしれない。しかし，それでは原則として一部放棄と解するメリットが認めにくいと思われる。

　他方，一部取下げとして扱う見解は，262条2項の適用がない限りで再訴の可能性を残すことになるが，相手方に対してそのような効果しか有しない請求の減縮に同意するかどうかを判断する機会が与えられるので，むしろこの説の方がバランスのとれた解釈論ではないかと思われる。なお，相手方が応訴する以前での請求の減縮は，実際上訴状の表示の訂正（請求金額の訂正）と異ならないから，相手方の期待を保護する必要はないと考える。

3　控訴審での一部取下げ

　控訴審で訴えの一部について取下げの意思表示があったときは，残部の請求について控訴に理由がないからといって，単純に控訴棄却判決をすべきではなく（請求の減縮があった場合につき単純に控訴棄却すべきとするのは，最判昭24・11・8民集3巻11号495頁），既判力および執行力の客観的範囲を債務名義上明確に表示するために，残部に関する控訴棄却判決と第一審判決についてその後の訴えの一部取下げによって一部変更があったことを主文に表示すべきである[79]。

〔越山和広〕

---

79) 兼子・判例民訴327頁，斎藤ほか編・注解民訴(6)380頁〔渡部＝加茂＝西村〕。

（訴えの取下げの効果）
第262条　① 訴訟は，訴えの取下げがあった部分については，初めから係属していなかったものとみなす。
② 本案について終局判決があった後に訴えを取り下げた者は，同一の訴えを提起することができない。

I　訴えの取下げの効果

1　訴訟係属の遡及的消滅

(1)　訴訟係属の遡及的消滅

　訴えが取り下げられると（261条），訴えの提起によって成立した訴訟法律関係や，当該訴訟手続の当事者および裁判所により行われた訴訟行為（攻撃防御方法の提出，証拠調べなど）によって形成された法的効果は，すべて遡及的に消滅する（本条1項）。したがって，適法に取下げがあった請求についてあやまって終局判決をすると，その判決は訴訟係属の不存在を看過した判決になる[1]。ただし，訴訟記録は通常の事件のそれと同じように保存されるし，当該事件の訴訟記録を書証として利用することも妨げられない。

(2)　従属・付随する訴訟行為

　(ア)　取り下げられた訴訟手続に従属する性質の訴訟行為は，取下げによりその効力を失う。例えば，補助参加の申出（42条以下）や訴訟告知（53条）がこれに該当する。しかし，訴えの取下げによって消滅する訴訟係属とは別に独自の訴訟法律関係を成立させた訴訟行為の効果が覆滅することはない。例えば，反訴は本訴の取下げがあっても独立した訴えとして扱われるし（146条参照），訴訟承継（49条以下）があった後にもともと係属する訴えが取り下げられても，承継人に係る請求が消滅することはない。中間確認の訴え（145条）が提起された場合，本訴請求が取り下げられると，中間確認請求との先決性が失われる

---

[1]　しかしその判決は無効ではない（大判大14・6・4民集4巻317頁参照）。したがって，当事者は申立てがない事項について裁判がされたことの違法を主張して（斎藤ほか編・注解民訴(6)397頁〔渡部吉隆＝加茂紀久男＝西村宏一〕）上訴でき，上訴審は原判決を取り消して，訴訟が取下げにより終了したことを宣言する。

ことになるが,確認の利益があれば独立の訴えとして扱われる。

(イ) 共同訴訟人の1人が適法に訴えを取り下げることができる場合（39条・40条参照）は,取下げによって他の共同訴訟人の訴訟行為が影響を受けることはないが,取下げをした共同訴訟人の訴訟行為を他の共同訴訟人が援用できるかどうかという別の問題が残される[2]。

(3) 管轄

応訴管轄（12条）は当該訴訟かぎりのものだから,訴えの取下げにより消滅する[3]。しかし,訴え提起の時を標準時として生じる管轄恒定の効果（15条）は覆らないので,取下げに係る請求と併合されることで生じた関連請求の裁判籍（7条）が消滅することはない。

2 仮執行宣言付判決

終局判決後の取下げは禁止されないから,この場合,判決は取下げによって失効する（大決昭8・7・11民集12巻2040頁）。仮執行宣言付判決がされた後に訴えが取り下げられると,仮執行宣言も効力を失う。したがって,債権者が仮執行宣言付判決を債務名義とする強制執行を申し立てた場合,債務者は,執行文付与に対する異議の申立て（民執32条）によって争うことができる。また,訴えの取下げがあったことを証明する文書を訴訟記録を保管する裁判所の書記官に請求して（民訴91条3項）,これに基づいて執行の停止と執行処分の取消しを求めることもできる（民執39条1項3号・40条1項）[4]。仮執行宣言付判決を債務名義とする強制執行をすでに実施した場合は,後に訴えの取下げがあっても,仮執行の基本となった判決がその後の訴訟手続で取り消されたわけではないので,260条2項の適用はない（大判昭8・9・29民集12巻2459頁）。

II 訴えの取下げと訴え提起に係る実体法上の効果

1 訴え提起の実体法上の効果

訴訟行為について実体法が一定の効果を付与することがある。これらの効果

---

2) 兼子ほか・条解〔2版〕1450頁〔竹下守夫＝上原敏夫〕は,類似必要的共同訴訟について45条4項を類推し,援用を肯定。

3) 兼子ほか・条解〔2版〕1449頁〔竹下＝上原〕,秋山ほかI〔2版〕187頁。

4) 兼子ほか・条解〔2版〕1449頁〔竹下＝上原〕,旧注釈民訴(5)351頁〔梅本吉彦〕。

が訴えの取下げにもかかわらず維持されるかどうかは、制度の趣旨により異なる。例えば、裁判上の請求による時効の中断（民147条1号，民訴147条）の効果は、訴えの取下げにより消滅する（民149条）[5]。出訴期間遵守の効果も同様である（民201・747条2項・777条，会社828条1項・831条1項柱書，行訴14条1項など。例外は行訴15条3項）。

2 訴訟上の形成権行使の効果

(1) 議論対象の限定

(ア) 当事者が，攻撃防御方法として私法上の形成権（取消権，解除権，相殺権，建物買取請求権が代表例である）を行使したが，後に原告が訴えを取り下げた場合，形成権行使によって生じた私法上の効果が残存するのかどうかが古くから議論されてきた。同じ問題は，時機に後れた攻撃防御方法であるとの理由で却下された場合（157条）にも生じるが，ここでは，訴え取下げの場合について，相殺権を例にしてこの問題を略説する[6]。

(イ) ここで，多くの文献と同様に，訴訟上相殺の抗弁が提出された場合について説明するのは次のような理由にもとづく。それは，相殺権の主張は取消権のように法律効果の発生を阻止するものではなく，自分に帰属する反対債権を積極的に行使するものだから，訴訟物とは別の権利関係が事実上の審判対象となること，相殺の抗弁の判断には既判力が生じる（114条2項）こと，相殺は自分の権利を犠牲にするものだから訴訟の初期段階で提出することが期待できないなど他の形成権とは異なる特別な性格があるからである。

(2) 訴訟上の形成権（相殺権）行使の法的性質

(ア) 訴訟上の相殺権の行使は，私法上の意思表示とそのような意思表示があったことを裁判所に陳述する訴訟行為の2つが並存するという見解（旧・私法行為説，旧・並存説）がある。この見解によれば，私法行為と訴訟行為とは互い

---

5) 取下げがあっても時効中断の効果が失われないとされた例として，最判昭50・11・28民集29巻10号1797頁（二重起訴解消のために前訴が取り下げられた場合），最判昭38・1・18民集17巻1号1頁（訴えの交換的変更）がある。

6) 学説状況については，中野・論点Ⅱ140頁以下，三上威彦「訴訟における形成権行使」争点〔3版〕176頁，名津井吉裕「訴訟行為」新・争点150頁以下，斎藤ほか編・注解民訴(6)400頁以下〔渡部＝加茂＝西村〕，越山和広「演習」法教382号〔2012〕128頁などを参照。

に無関係であり，両者の行為の要件・方式性・効果は別々に実体私法と訴訟法によって規律される。このような立場によれば，訴訟上の相殺が訴訟上意味を失っても，対当額による債権の消滅という実体法上の法律効果は（実体法上の要件が備わる限り）残存するので，訴えの取下げ後に訴求債権または反対債権について訴えを起こしても，その請求は認められない。

　これに対して，訴訟上の相殺権の行使は私法上の意思表示ではなく，純粋な訴訟行為であるとする見解（訴訟行為説）が対立する。この見解は，訴訟上の相殺権の行使は被告が自分に有利な請求棄却判決を取得するために行う資料の提供行為にすぎず，私法上の法律効果を独立に生じさせることまでは意図していないはずであると考え，旧・私法行為説のような見解は当事者の意図しない過剰な効果を生じさせるものであると非難する。この見解によれば，相殺の実体法上の効果は生じていないと解釈される。

　(イ)　訴訟行為説が論じるように，訴訟上の相殺の抗弁が純粋に訴訟上の理由から意味を失ったにもかかわらず債務消滅の効果が残存するというのは，防御方法として相殺の抗弁を主張した当事者の意図を超える。しかし，相殺の抗弁は，単に訴訟上の意味だけを有する行為ではないはずである。なぜならば，相殺の抗弁が成功して請求棄却判決が得られるのは，相殺による反対債権の消滅という実体法上の法律効果に基づくからである。相殺の抗弁が純粋な訴訟行為であるという前提で，しかも実体法上の効果が生じるという結論を導くためには，判決によって初めて相殺による債務消滅の効果が生じると考えることになるはずだが，それは，裁判相殺という制度でなく，意思表示による相殺という仕組みを導入している民法の立場と矛盾する。したがって，妥当な結論を導き出すためには，相殺の抗弁に含まれる二重の性格を同時に考慮する必要がある。最近の考え方は，このような視点から，細部には相違はあるものの，次のような方向で展開している。すなわち，訴訟上の相殺の抗弁が提出された場合，そこには民法上の意思表示と訴訟行為としての抗弁の提出という二重の性格があることを前提にして，相殺の抗弁を提出した当事者の合理的な意思を推測し，相殺の抗弁が訴えの取下げにより防御方法としての意味を失ったときは失効させるとの条件付法律行為とみるべきであるとか，相殺の意思表示は，債務があるとの判断に裁判所が至ったときに考慮してもらう趣旨であるとともに，防御

方法としての意味を失ったときには，白紙に戻すという効果意思を有するなどと解している（条件説，新・併存説あるいは新・私法行為説）[7]。

III　訴えの取下げがあったときの訴訟費用の負担

訴訟が訴えの取下げにより完結したときは，申立てにより，第一審裁判所は決定で訴訟費用の負担を命じ，その裁判所の裁判所書記官はその決定が執行力を生じた後に，その負担額を定めなければならない（73条1項。最初にすべき口頭弁論の期日の終了前に訴えが取り下げられたときについては，民訴費9条3項1号参照）。訴えを取り下げた者は61条により敗訴者と同視される。もっとも，提訴当時は請求の理由があったが，その後の事情で訴訟を維持する必要がなくなったとして取り下げられた場合には，62条が準用される（73条2項）[8]。

IV　再訴の禁止

1　規定の趣旨

(1)　問題の所在

訴えの取下げにより，いったんされた終局判決も失効する。したがって，原告は改めて訴えを提起しなおすことができるはずである。ところが，本案について終局判決があった後に訴えを取り下げた者は，同一の訴えを提起すること

---

[7]　大判昭9・7・11法学4巻227頁は，相殺の効果は取下げにより消滅するという。なお，当事者が取消権や解除権を訴訟上行使したが，その後訴えが取り下げられて形成権行使の結果が訴訟上考慮されないままに終わったという場合も，相殺権と同様の問題が生じるが，この場合は，実体法上の効果は残存するというのが判例（解除権につき，大判昭8・1・24法学2巻1129頁，大判昭5・1・28評論19巻民法343頁）および旧・併存説の立場である（兼子・体系212頁）。他方，新・併存説からは私法上の効果は消滅するとされる（山木戸・研究51頁）。しかし，取消権や解除権は当事者間の法律関係の清算のために行使されるのが通常であり，その場合は，請求を阻止する抗弁以上の意味がない。したがって，その実体法上の効果は当事者がもともと負担していた債務と実質的に異ならず，訴訟上取消権が行使されたが最終的に訴訟上考慮されないことになった場合に実体法上の効果は残存すると解しても，当事者にとって重大な不利益にはならないようにも思われる。なお，名津井・前掲注6）151頁参照。

[8]　秋山ほかII〔2版〕66頁参照。いわゆる訴訟終了宣言との関係も含め，坂原正夫・民事訴訟法における訴訟終了宣言の研究〔2010〕とそこに掲げられた文献を参照。

ができない（本条2項）。この規定の趣旨については議論があり，見解は帰一しない。それは，第1に，終局判決後の訴え取下げ自体を禁止すれば終局判決は無駄にならないし，同じ訴えが繰り返されることがないにもかかわらず，本条2項が，そうではなく，いわば中途半端な立法的解決を行っている理由を合理的に説明することが困難だからであることと，第2に，再訴を絶対的に禁止すべきではなく，本条2項はできるだけ制限的に解釈すべきであるという要請が働くことが原因であると思われる。

  (2) 立案担当者の見解

　大正15年改正法は，明治民訴法（旧々法198条1項）が終局判決後の訴えの取下げを禁止していたのとは異なり，判決確定時までは訴えの取下げを可能とする一方で（旧法236条1項），終局判決後の取下げについては再訴を禁止するという形に規定を改めた（旧法237条2項）。その理由として，敗訴原告が自分に有利な判決を得るために，取下げによりいったん受けた判決を失効させた上で，さらに同じ訴えを繰り返すこと（あるいは実質上請求権を放棄した原告の再訴）を想定して，そのような場合について濫訴の弊害を防ぐために再訴を禁止したと説明されている[9]。

  (3) 学　説

　他方，学説は立法趣旨をより一般化する。すなわち多数説は，国家が紛争解決案を示したのにこれを失効させて徒労に帰させた当事者に対しては，二度と相手にしないということが本条2項の趣旨であるとする[10]。これは，終局判決後の取下げに対する制裁として本条2項を理解するものである。しかし，これに対しては，訴えの取下げによって当事者間で訴訟とは別の解決が行われることを消極的に評価すべきではなく，取下げにより上級審の負担がなくなり，本案の確定判決と別の法律関係とが当事者間で並列する事態が避けられるという視点を指摘する見解があり[11]，この立場からは，再訴という形で訴訟制度を濫

---

9) 松本＝河野＝徳田編・立法資料〔12〕257頁。
10) 兼子・体系296頁，三ヶ月・全集433頁，新堂〔5版〕354頁など。なお，斎藤ほか編・注解民訴(6)404頁〔渡部＝加茂＝西村〕。
11) 井上正三・立命55号〔1964〕365頁以下（370頁）。なお，高橋下〔2版補訂版〕282頁。

用することを防止する趣旨を明文化したのが本条2項であるとされている。最近では，この見解に導かれる形で，再訴禁止規定の趣旨を被告との関係で説明しようとする立場が有力である[12]。また，公益性の観点からではなく，原告は判決による事件解決を放棄または失権したと見ることができる点に根拠を求める見解も主張されている[13]。

(4) 判　例

判例（最判昭52・7・19民集31巻4号693頁）は，本条2項を，①終局判決を得た後に訴えを取り下げることにより裁判を徒労に帰せしめたことに対する制裁的趣旨の規定であり，②同一紛争をむし返して訴訟制度をもてあそぶような不当な事態の生起を防止する目的の規定であると解している。これは，本条2項の趣旨について取下げに対する制裁的な規定であると解する立場と，再訴の濫用防止と解する立場を組み合わせたような考え方である。

2　要　件

本条2項適用の要件は次のとおりである。

(1) **本案の終局判決の言渡しがあったこと**

本案の終局判決言渡しの後の取下げについて再訴禁止が適用されるから，訴え却下判決の場合はこの規定の適用はない。したがって，訴えの利益がないとして確認の訴えまたは将来給付の訴えが却下された後にその訴えを取り下げた場合，その後の再訴が適法となるかどうかは，本条2項の問題ではない。また，取下げに至った動機はこの規定の適用を左右しないので，不利な本案判決を得た原告による再訴だけが禁止されるわけではない。

この規定が適用されるのは，本案の終局判決後の場合であるから，控訴審で訴えの取下げがあったときも含まれる。ただし，第一審の本案判決が控訴審で

---

12) 上田徹一郎・昭和52年度重判解説143頁，兼子ほか・条解〔2版〕1452頁〔竹下＝上原〕，旧注釈民訴(5)356頁〔梅本〕。なお，演習民訴(1)124頁以下〔井上治典〕，山本克己「訴え取下げ後の再訴」法教301号〔2005〕68頁。

13) 中野＝松浦＝鈴木編〔2版補訂2版〕395頁〔河野正憲〕。角森正雄「訴えの取下げと再訴の禁止」中野古稀下51頁以下は，公益性・当事者間の公平の側面から再訴の許否を判断する具体的要素を抽出する。近藤完爾＝小野寺忍・判タ357号〔1978〕89頁以下（93頁以下）は，判例の基準に加えて，再訴に至った事情と取下げの動機をあわせて再訴の許否を決定すべきだとする。

取り消され差し戻された場合に，差戻審での本案判決の前に訴えを取り下げたときは，既にされた第一審判決は取下げによらずに効力を失っているので，再訴禁止規定の適用はない（最判昭38・10・1民集17巻9号1128頁）。なお，前訴の取下げ前に後訴が提起された場合でも再訴禁止効が生じるとの見解がある[14]。

(2) **再訴について前訴との同一性があること**

(ア) 「同一の訴え」としての再訴が禁止されるのだから，再び提起された訴え（後訴）と前の訴え（前訴）との間には同一性を要する。訴えの同一性は，当事者および訴訟物の2つの観点から判断される。当事者の同一性については(4)の説明を参照。

(イ) 訴訟物の同一性が必要なので，ここでも新・旧訴訟物論争が関連し，不法行為に基づく損害賠償請求を認める判決後に原告が訴えを取り下げて，改めて同一事実関係につき債務不履行による損害賠償請求の訴えを提起した場合は，同一の訴えにはならない（大判昭11・12・22民集15巻2278頁。この判例は，基礎となる事実関係の同一性だけでは足りず，請求原因の同一性を要することを前提とする）。

(ウ) 前訴の訴訟物の一部が後訴の訴訟物となる場合は同一の訴えであるが，一部を請求した前訴と全体を請求する後訴は同一の訴えでないとの説と，両者が重なり合う範囲で同一の訴えになるとの説が対立する[15]。再訴が禁止される権利関係を基本関係とする利息請求などの後訴にも再訴禁止の効果が及ぶかどうかは争いがあり，これを肯定する説[16]と，既判力とは異なり同一関係の場合に限定されるべきだとする説[17]が対立する。

---

[14] 秋山ほかV 276頁，斎藤ほか編・注解民訴(6) 410頁〔渡部＝加茂＝西村〕参照。二重起訴状態が生じ，後訴が却下される前に判決の言渡しがあった前訴を取り下げたときは，二重起訴状態が解消された後訴には再訴禁止の効果が及ぶとする。

[15] 兼子ほか・条解〔2版〕1453頁〔竹下＝上原〕，斎藤ほか編・注解民訴(6) 408頁〔渡部＝加茂＝西村〕参照。

[16] 兼子・体系297頁，兼子ほか・条解〔2版〕1453頁〔竹下＝上原〕，斎藤ほか編・注解民訴(6) 409頁〔渡部＝加茂＝西村〕，新堂〔5版〕355頁。

[17] 三ヶ月・全集434頁，秋山ほかV 275頁，旧注釈民訴(5) 360頁〔梅本〕，上田〔7版〕440頁，伊藤〔4版補訂版〕452頁，高橋下〔2版補訂版〕283頁。

(3) 再訴の提起を正当化する新たな利益または必要性がないこと

　これは，(2)の要件に付加される要件である。最高裁判例（前掲最判昭52・7・19）は，本条2項について，「終局判決を得た後に訴を取下げることにより裁判を徒労に帰せしめたことに対する制裁的趣旨の規定であり，同一紛争をむし返して訴訟制度をもてあそぶような不当な事態の生起を防止する目的に出たものにほかなら」ないという観点から，本条2項は，取下げの後に新たな訴えの利益または必要性が生じているにもかかわらず，一律絶対的に司法的救済の道を閉ざすことをまで意図しているものではないと解している。このような視点から，判例は，2つの訴えの訴訟物が同じ場合であっても，再訴の提起を正当ならしめる新たな利益または必要性が存するときは，もはや「同一の訴え」ということにならず，再訴が許されるとする[18]。学説は，文献によって表現は異なるが[19]，前訴の段階と比較して訴えの提起を必要とする事情に変化が生じ，新たに訴えを必要とする事情が生じているかどうかによって「同一の訴え」であるかどうかを判断するとしている[20]。

(4) 再訴禁止規定の効力が及ぶ主体

　(ア) 訴えを取り下げた当事者本人とその一般承継人は，この規定により再訴ができない。訴え取下げの後の特定承継人については議論があり，多数説は再訴禁止規定の効力が及ぶとするが[21]，これを否定する見解[22]のほか，訴訟物で

---

[18] 同一の訴えについて再訴を許容した例として，最判昭55・1・18判時961号74頁（前訴担当裁判官から「被告に訴状不送達のまま欠席判決をした。控訴審で判決が取り消されることは明らかであるから，いったん訴えを取り下げて再度訴を提起してほしい」旨の要請を受け，原告がこれに従ったという例）がある。

[19] 訴えの利益が認められるかどうかと表現するもの（旧注釈民訴(5)358頁〔梅本〕，新堂〔5版〕354頁）のほか，原告をして訴え提起を必要にさせた事情の同一性（兼子・体系297頁），その後に訴えにより解決を求める利益が個別に生じた場合（三ヶ月・全集434頁）などと表現するものもある。なお，前訴提起時または取下げ時点のいずれの段階での事情と比較するのかは明らかではないが，これは後者であろう（伊藤〔4版補訂版〕451頁）。

[20] 多くの文献は，新たに確認の利益や現在給付の訴えの利益が生じた場合を例示するので，再訴の必要性と訴えの利益は同義と理解していると思われる。しかし，最高裁判例はもう少し広い意味で再訴の必要性を理解しているのではないだろうか。高橋下〔2版補訂版〕297頁注71，角森・前掲注13) 41頁以下も参照。

〔越山〕

ある権利関係が当事者の意思でその内容を自由に決められるものであれば特定承継人も拘束されるとの見解[23]などがある。訴訟担当については，任意的訴訟担当の被担当者は再訴禁止効を受けるが，法定訴訟担当の場合はそうではないとの見解がある[24]。

(イ) 再訴禁止規定によって被告の提訴権限が奪われることはないので，取り下げられた訴えの被告が，同じ訴訟物である権利関係について反対の立場から消極的確認の訴えまたは積極的確認の訴えなどを提起することは許される[25]。

(5) 人 事 訴 訟

人事訴訟についても訴えの取下げが認められることから，本条2項の適用があるかどうかが問題となる。旧人事訴訟手続法のもとでの多数説は，請求の放棄や認諾が許されない人事訴訟で再訴の禁止効を認めると請求の放棄と同じ結果になるとしてこれを否定していた[26]。新しい人事訴訟法のもとでは，請求の放棄，認諾が認められる場合（人訴37条・44条）であるかどうかを問わず再訴禁止の適用を肯定する見解[27]と，請求の放棄，認諾が許されない身分関係を訴訟物とする人事訴訟では再訴禁止の適用が否定されるとする見解[28]が対立して

---

21) 兼子・体系297頁，秋山ほかⅤ274頁，旧注釈民訴(5)359頁〔梅本〕，高橋下〔2版補訂版〕283頁。
22) 三ヶ月・全集434頁，松本＝上野〔7版〕517頁，伊藤〔4版補訂版〕452頁。
23) 兼子ほか・条解〔2版〕1453頁〔竹下＝上原〕，斎藤ほか編・注解民訴(6)406頁〔渡部＝加茂＝西村〕。
24) 伊藤〔4版補訂版〕452頁参照。この立場によれば選定者にも再訴禁止効が及ぶ（秋山ほかⅤ274頁，斎藤ほか編・注解民訴(6)406頁〔渡部＝加茂＝西村〕）。債権者代位訴訟につき，大阪地判昭50・10・30判時817号94頁参照。
25) 秋山ほかⅤ275頁，斎藤ほか編・注解民訴(6)407頁〔渡部＝加茂＝西村〕。
26) 詳細は，斎藤ほか編・注解民訴(6)405〜406頁〔渡部＝加茂＝西村〕，旧注釈民訴(5)360頁以下〔梅本〕参照。
27) 梶村太一＝徳田和幸編・家事事件手続法〔第2版，2007〕165頁注45〔本間靖規〕。ただし，これは再訴禁止の趣旨を制裁よりも原告の選択と自己責任に求めることを前提とする。慎重な表現であるが，伊藤〔4版補訂版〕452頁，新堂〔5版〕356頁，高橋下〔2版補訂版〕284頁は現行規定の解釈論として肯定説に立つ。
28) 松本博之・人事訴訟法〔第3版，2012〕192頁。梅本〔4版〕993頁は認知請求について再訴禁止を否定。なお，詳細は，越山和広「人事事件に係る訴えの取下げと再訴の禁止」石川明＝三木浩一編・民事手続法の現代的機能〔2014〕179頁以下参照。

3 効 果

　再訴の禁止に触れないことは，単に被告保護を目的とするものではないと解されるので，これは，当事者によって処分することのできない訴訟要件[29]である。したがって，職権調査事項であり，これに触れるときはその訴えは却下される。しかし，この制約は訴訟法上の効果にとどまり，実体法上の権利義務関係の消滅をもたらすものではない[30]。したがって，給付訴訟の原告であった者が任意弁済を受けることや担保権を実行することは可能である。また，要件を充足する限り相殺の自働債権とすることもできる。相手方は，この権利義務関係を消極的確認訴訟の対象にすることができる。

〔越山和広〕

---

29) 訴訟障害事由と表現されることがあるが，抗弁事項ではない（三ヶ月・全集433頁参照）。また，起訴が禁止されていないことは体系上，訴えの利益の中に位置付けられるが，再訴の禁止はそれ自体の効力と解すれば足りるとの見解も有力である（高橋上〔2版補訂版〕348頁参照）。ただし，再訴禁止の例外を新たな訴えの利益の存在から導く学説の方向性は，本条2項を訴えの利益と関連付けて理解する考え方と強い親和性を有する。

30) 自然債務なのかについては，旧注釈民訴(5)362頁〔梅本〕参照。

§263 I

(訴えの取下げの擬制)

第263条 当事者双方が，口頭弁論若しくは弁論準備手続の期日に出頭せず，又は弁論若しくは弁論準備手続における申述をしないで退廷若しくは退席をした場合において，1月以内に期日指定の申立てをしないときは，訴えの取下げがあったものとみなす。当事者双方が，連続して2回，口頭弁論若しくは弁論準備手続の期日に出頭せず，又は弁論若しくは弁論準備手続における申述をしないで退廷若しくは退席をしたときも，同様とする。

I 本条の趣旨

1 本条全体の趣旨

(1) **趣　旨**

　本条は，当事者双方が，口頭弁論もしくは弁論準備手続の期日に出頭せず，または，出頭したが弁論もしくは弁論準備手続における申述をしないで退廷もしくは退席をした場合（以下，欠席等という）について，条文所定の期間内にいずれの当事者も期日指定の申立てをしないときは，当事者双方が訴訟の追行に熱意を失ったものとして，訴えの取下げを擬制する規定である。また，当事者双方の欠席等が連続2回にわたる場合も同様に扱われる。したがって，本条は，当事者双方の不熱心な訴訟追行を理由にして訴訟手続を強制的に終了させることを認める規定であるということができる。上訴審で同様の事態が生じたときは，訴えではなく，上訴の取下げが擬制される（292条2項・313条）。

(2) **本条の性質**

　この規定は，場面は異なるが，244条とあわせて民事訴訟の追行に不熱心な当事者への対策として機能するものである。もっとも，本条を端的にそのような不熱心な訴訟当事者に対する制裁規定として理解すべきかどうかについて，現行規定とほぼ同様の内容の旧規定（238条）のもとでは議論が分かれていたとされている。すなわち，本条を期日に出頭しないという懈怠に対する制裁であると表現する文献[1]がある一方で，多くの文献は，事件整理のために一定期間内に当事者が期日指定の申立てをしない限り訴訟を維持する意思がないもの

と擬制する規定であると説明する[2]。

　本条前段の規定は，当事者の欠席（期日の懈怠）から直接的に導かれる効果というよりは，欠席後一定期間にわたり期日指定の申立てをしないという当事者の消極的な態度をもって訴訟を維持する意思がないものと扱う規定であると解されるので，現行規定のもとでも多数説の見方が妥当であろう[3]。他方，旧規定には存在せず現行規定で新たに導入された本条後段の規定は，欠席を繰り返す当事者に対する制裁を直接定めた規定と解することもできるが，この場合も，連続2回の欠席という当事者の態度に基づいて訴訟を追行する意思がないものとして扱う規定と解すれば足りる。したがって，現行規定の理解としては，本条の前段と後段の性質をことさらに区別する必要はないと解する。

(3)　条文の沿革[4]

　明治民訴法は，期日および期間について当事者の自由な処分を認めており，期日に当事者双方が不出頭のときは，その後どちらかの当事者から期日指定の申立てがあるまで当然に訴訟手続は休止し，1年以内に申立てがなければ訴えの取下げを擬制するとの規律を設けていた（旧々法188条）。これは，テヒョー草案402条に由来するものと解される[5]。しかし，大正15年改正によって，職権進行主義が徹底され，休止の制度は廃止され，現在の規定の原型（前段に相当するもの）が導入された。

---

[1]　山田正三「民事訴訟法第238条の期間」論叢25巻5号〔1931〕802頁，上谷清「証拠調期日の欠席と弁論の懈怠」実例民訴上280頁。もっとも，制裁という表現の中に何らかの実質的な意味が含まれているかどうかは明らかではない。

[2]　多少表現の相違はあるが，細野・要義(2) 487頁，兼子・体系233頁，三ヶ月・全集349頁，菊井下277頁，新堂〔5版〕532頁，旧注釈民訴(5) 363頁〔原強〕，兼子ほか・条解〔2版〕1457頁〔竹下守夫＝上原敏夫〕，斎藤ほか編・注解民訴(6) 414頁〔小室直人＝加茂紀久男〕，賀集ほか編・基本法コンメ(2)〔3版〕312頁〔河野正憲〕。中野＝松浦＝鈴木編〔2版補訂2版〕258頁〔池田辰夫〕も同趣旨か。

[3]　いずれにしても現実の意思を問題とするわけではない（斎藤ほか編・注解民訴(6) 418頁〔小室＝加茂〕）。

[4]　旧注釈民訴(5) 364頁〔原〕参照。さらに，本間靖規「期日における当事者の欠席」鈴木古稀465頁以下も参照。

[5]　このルールは，テヒョー草案では欠席判決の規定の中に含まれていたが，明治民訴法では訴訟手続の中断・中止の項目の中に位置付けられていた。

(4) 当事者一方のみの欠席

　当事者の一方が口頭弁論期日に出頭しないときについては，158条，159条1項・3項（170条5項で弁論準備手続に準用），161条3項，244条，277条の解説を参照。

2　本条前段の趣旨

　口頭弁論期日または弁論準備手続の期日に当事者双方が欠席した場合，口頭主義の建前から，裁判所だけで当該期日を行うことはできない（ただし，証拠調期日〔183条〕や，判決言渡期日〔251条2項〕には，当事者の出席を要しない）。この場合，前回の期日ですでに裁判をするのに熟していたが，さらに期日を続行したにもかかわらず，当事者双方が欠席したならば，裁判所は弁論を終結して終局判決をすることになる（243条）。しかし，そうでないときは，期日を続行し，職権により次回期日を指定する（当事者間で和解等の交渉があるような場合には，期日につき追って指定とすることがある）こともできるが[6]，裁判所が職権で期日を指定するのではなく，当該訴訟手続の進行について最も利害関係がある当事者からの期日指定の申立て（93条1項）を待つことも少なくない。ところが，当事者が，いつまでたっても期日指定の申立てをしないならば，訴訟手続は事実上停止し，全く進行しないことになる[7]。このような当事者の欠席は，欠席した個人の問題にとどまらない大きな問題である。なぜならば，当事者双方が訴訟追行に対する熱意を喪失したことによって当該訴訟事件が長期未済事件の形で係属すると，裁判所全体の事件処理の速度が遅れ，潜在的利用者を含めてほかの利用者にも迷惑をかけるからである。

　そこで，裁判所が待機できる限度として，双方当事者欠席の期日終了から1カ月という期間を設定し，その間に期日指定の申立てがないときは，訴えの取下げを擬制することとしたのが本条の前段である。なお，平成8年改正前の旧規定（旧法238条）はこの待機可能時間を3カ月としていたが，それでは現代社会のテンポに合わず，あまりにも長すぎるということで，現行法は1カ月に

---

[6]　裁判所が職権により期日指定をできることについては，大判昭12・12・18民集16巻2012頁，旧注釈民訴(5)367頁〔原〕参照。

[7]　明治民訴法では，この場合訴訟手続が休止するという考え方がとられたが，現在では，訴訟手続が事実上停止，停滞している状態にあるだけにすぎないと考えられている。

これを短縮した[8]。

3　本条後段の趣旨

当事者双方が事件の進行を望まないときに，所定期間内に期日指定の申立てを行うことで訴えの取下げが擬制されることを避けつつ，新たに指定された期日に欠席することを繰り返すという行動をすることがある。このような当事者の行動は，本条前段の場合と同様に訴訟の遅延をもたらす極めて望ましくない事態であるが，旧法のもとでは，このような行動を直接的に規制する条文がなかった。そこで，平成8年改正法は，本条後段の規定を新設し，当事者双方が，連続して2回，口頭弁論もしくは弁論準備手続の期日に出頭せず，または弁論もしくは弁論準備手続における申述をしないで退廷もしくは退席をしたときは，まじめに訴訟を追行する意思がないことは明らかであるとして，訴えの取下げが擬制されるものとしている[9]。

4　不熱心訴訟追行に関するその他の規定

現行法は，本条後段のほか，審理の現状に基づく終局判決の制度（244条）を新たに導入することで，民事訴訟の追行に不熱心な当事者への対策を条文化している。また，準備的口頭弁論期日または弁論準備手続期日に当事者が欠席した場合については，166条（170条5項で弁論準備手続に準用）の規定がある。

II　本条前段の要件

本条前段が適用されるための要件は，(1)当事者双方が，口頭弁論もしくは弁論準備手続の期日に出頭しない（欠席した）こと，または，出頭（出席）したが，弁論もしくは弁論準備手続における申述をしないで退廷もしくは退席をしたこと，(2)当該期日から1カ月の徒過，(3)その間にいずれの当事者からも期日指定の申立てがないことの3つである。

---

[8] 一問一答305頁。
[9] 一問一答305頁，要綱試案32頁。平成8年改正前の旧法のもとでの対応については旧注釈民訴(5)370頁以下〔原〕，池田辰夫「不熱心訴訟追行原告に対する帰責法理の展開」大阪大学法学部創立30周年記念論文集〔1982〕337頁以下など参照。

1 期日の呼出しと当事者の不出頭

(1) 期日の呼出し

当事者は，期日について適法でありかつ正式の呼出し（94条1項）を受けていたことを要する。94条の「その他相当と認める方法」による簡易な方式での呼出しの場合は，期日の懈怠による不利益を課することができないから（94条2項本文），本条適用の要件を欠く。ただし，当事者が期日の呼出しを受けた旨の書面（期日請書）を提出したときは，当事者が期日の通知を受けたことを積極的に認めているから，本条の適用がある（94条2項但書）[10]。

(2) 欠席等の意味

本条が適用されるためには，当事者の双方が事件の呼上げにより期日を開始した時点（規62条）で出頭（出席）していないか，または，出頭はしたが，事件についての弁論を行わずに退廷したことが必要である。ここでいう弁論は，本案についての弁論に限られない。弁論能力を欠く当事者だけが出頭しても欠席と同視される（155条参照）。当事者が退廷を命じられた場合（裁71条2項参照）も，欠席と同視されると一般に解されている。

なお，旧規定（旧法238条）は準備手続に準用されていたが（旧法256条），改正法は，条文の位置関係のことも考慮して，弁論準備手続の期日における欠席等を本条によって明文で規定した。ただし，弁論準備手続は法廷における口頭弁論ではないので，条文上は，弁論に対応する文言として申述，退廷に対応する文言として退席の語を用いている。

(3) 当事者一方のみの欠席等

当事者の一方のみが欠席した場合は，本条の適用はない。当事者の一方が欠席し，出頭した他方の当事者が弁論または申述を行わずに退廷または退席したときは，本条の文言上は，条文を適用することはできないとも解されるが，趣旨は同様に当てはまると解すべきであろう[11]。

(4) 多数当事者訴訟

補助参加人（45条1項）または必要的共同訴訟人の1人（40条1項）が出頭

---

[10] 賀集ほか編・基本法コンメ(2)〔3版〕312頁〔河野〕。旧規定につき，兼子ほか・条解〔2版〕1456頁〔竹下=上原〕。94条の趣旨については，一問一答99頁以下参照。

[11] 秋山ほかV 281頁。

していれば，不出頭の効果は生じない[12]）。

2 期日の意味

(1) 口頭弁論期日・弁論準備期日

本条にいう「口頭弁論の期日」の意味は，当事者が口頭弁論において弁論をなしうる状態にある期日のことであるといわれている[13]）。期日は，最初にすべき口頭弁論期日に限られることはなく，続行期日でもかまわない。

本条にいう「弁論準備手続の期日」は，裁判所が弁論準備手続の期日として指定した期日である（169条1項参照）。

(2) 判決言渡期日

判決言渡期日に当事者が欠席しても，この期日には当事者が弁論をする余地はなく，裁判所は判決を言い渡すことができるから（251条2項），判決言渡期日は，本条の意味での口頭弁論期日には該当しない。

(3) 証拠調期日

口頭弁論期日である証拠調べの期日については，議論がある。通説によれば，裁判所は，証拠決定を取り消さない限り新期日を指定して証拠調べを実施しなければならないから，証拠調べが完結するまでは当事者は弁論をすることができない状態にあるので，双方当事者が証拠調べの期日に欠席しても，本条の意味での口頭弁論期日の欠席には当たらないとされている[14]）。この考え方はわかりにくいが，証拠決定は証拠調べのために一時口頭弁論を中止する訴訟指揮上の裁判であるから，証拠決定により証拠調べの期日が指定されると，証拠調べが完結するまでの間，口頭弁論が一時中止されることになり，その期日に証拠調べが終了すれば直ちに弁論が続行になるという理解[15]）がその背景にある。具体的には，次のように解されている。

① 当事者双方は欠席したが証人が出頭していれば証拠調べをすることができるから（183条），裁判所はむしろ証拠調べを実施すべきである。ただし，証

---

12) 斎藤ほか編・注解民訴(6) 415頁〔小室＝加茂〕。
13) 旧注釈民訴(5) 365頁〔原〕。
14) 学説の詳細は，旧注釈民訴(5) 365頁以下〔原〕参照。
15) 兼子・体系265頁，三ヶ月・全集423頁，新堂〔5版〕625頁。なお，明治民訴法287条1項参照。

〔越山〕

拠調べを行いうる見込みがなく、または証拠調べを不必要と認めて証拠決定を取り消した場合、証拠調べをせずに済ませることができる場合（208条）は別である。

② 受訴裁判所が証人等の不出頭や呼出しの未了のために当該期日に証拠調べを行うことができない場合や、1回の期日では証拠調べを完結できなかったときには、新期日を定めて証拠調べを実施しなければならないから、本条は適用されない。

③ 受命裁判官または受託裁判官によって証拠調べを実施することが決定された場合は、証拠調期日とは別に結果陳述のために口頭弁論期日が指定されるが、受訴裁判所が事前に指定した口頭弁論期日より後に受託裁判官の証拠調期日が指定されたという事案で、その口頭弁論期日に当事者双方が欠席したという場合も、本条の適用はない（大決昭8・5・8民集12巻1084頁。控訴審が受託裁判官に尋問を嘱託した場合）。

これに対して、証拠決定が弁論の一時中止を伴うという明文上の根拠はなく、証拠決定はそれが行われれば受訴裁判所は証拠決定の趣旨に従った証拠調べを実施しなければならないという効果を生じるだけであり、裁判所は適当と認めれば証拠決定をした場合でも証拠調べに先立って弁論を命じることはできるのだから、裁判所は弁論を命じて本条の前提となる当事者の弁論懈怠（欠席の効果）を生じさせることができるとする見解もある[16]。

以下、私見を述べる。上述の説明のうち、証拠調期日に証人尋問等が実施できる場合に関する通説の考え方に対しては、特に異論はない。他方、証拠調べの期日に証人が出頭せず証拠調べが実施できない場合については、口頭弁論期日と証拠調期日とを峻別するという通説の前提となる考え方が現在でも維持されるべきかどうかを検討する余地があると考える[17]。受命または受託裁判官による証拠調べの場合は受訴裁判所の口頭弁論は一時中止していると解すべきであろうが、受訴裁判所が証拠調べをする場合は、事実上狭義の弁論が行われな

---

16) 上谷・前掲注1）275頁以下、名古屋高決昭31・11・8下民7巻11号3153頁。なお、斎藤ほか編・注解民訴(6)416頁〔小室＝加茂〕、斎藤ほか編・注解民訴(7)332頁〔斎藤秀夫＝吉野孝義＝西村宏一〕も参照。

17) 伊藤〔4版補訂版〕372頁参照。

いだけにすぎないと解される。もっとも，前述した具体例②や③の場合に，証拠決定を取り消して，本条の適用につなげるべきではないことはそのとおりであろう。そこで，説明の方法の問題となるが，証拠調べの手続が完結せず狭義の口頭弁論がいまだ事実上実施できない状態にあるときには，当事者に新期日指定の申立てを行わせることを期待することはできないから，そのような場合には，裁判所が新期日を指定せずに当該期日を終了して本条の適用につなげるべきではないと理由付けるべきではないかと思われる[18]。

(4) 和 解 期 日

和解期日における当事者双方の欠席から本条の適用を導くことができるか。旧規定のもとでは，和解の勧試は口頭弁論でされるのが通例であるとして本条の口頭弁論期日に該当するとの見解[19]とそれを疑問視する見解[20]があった。しかし，現在の民事訴訟法第2編第6章の条文は，和解の期日を含む「口頭弁論等の期日」という表現を用いている（261条3項）が，本条はそのような表現でなく，「口頭弁論若しくは弁論準備手続の期日」という表現で明瞭に書き分けていることからすると，和解期日は，条文上口頭弁論期日に含まれないと考えることができる。もっとも，この解釈を支える実質的根拠があるかどうかは疑問である。近時の立法では，和解期日の懈怠も申立ての取下げ擬制の対象となりうるとされており（非訟64条），民訴法でも同様の考え方が今後はとられるべきなのかもしれない。

---

[18] 谷口安平・民訴百選75頁，斎藤ほか編・注解民訴(6)327頁〔斎藤＝加茂〕参照。**4**で説明する移送決定が介在した場合の処理と類似する。なお，証拠調決定が（受訴裁判所自身が証拠調べを施行するときにも）弁論中止の効果を伴うとする見解の由来は明らかではない（細野・要義(3)386頁，兼子・判例民訴194頁参照）。明治民訴法のもとでは，当事者双方の欠席により当然手続が休止するとされていた関係上，証拠調期日の欠席によって手続が休止すると解するならば，当事者不出頭でも証拠調べができるという規定（旧々法284条）と矛盾するので，まずは証拠調べを行いそれが完結して初めて当然口頭弁論が続行することになると考えられていたが（雉本朗造・判例批評録2巻〔1918〕58頁以下参照），弁論が中止されると解されていたかどうかははっきりしない。

[19] 大決昭6・3・3評論20巻民訴167頁，旧注釈民訴(5)366頁〔原〕。

[20] 菊井＝村松Ⅱ236頁，斎藤ほか編・注解民訴(6)415頁〔小室＝加茂〕。

3　1カ月の徒過

期間の計算は民法によるので，当該口頭弁論期日または弁論準備手続期日の翌日が起算点となる（民140条）。

この期間は確定期間であり，裁判所がこれを伸縮することはできない。またこの期間は不変期間ではないので，期日指定申立ての追完はできない（最判昭33・10・17民集12巻14号3161頁）[21]。しかし，これに対しては旧規定のもとでも，取下げ擬制という結果の重大性（とくに上訴の取下げ擬制のときは判決が確定する）から，追完を許さないことに疑問を提起する見解が有力に主張されていた[22]。旧規定のもとでは，追完が認められない実質的な根拠として，裁判所の待機可能期間が3カ月と比較的長いことを援用する見解もあり，期間を大幅に短縮した現行法のもとでは，この解釈を再考する必要があるかもしれない[23]。

4　いずれの当事者からも期日指定の申立てがないこと

(1)　期日指定の申立て

期日指定の申立てには，特定の様式は定められておらず，手数料の納付も要しない[24]。必要的共同訴訟では，共同訴訟人の1人がした期日指定の申立てによって全員にその効力が生じる。通常共同訴訟の場合は，1人がした申立てによって事件全部について期日指定がされることが多いとの指摘がある[25]。

(2)　移送があった場合

この要件との関係では，類型上，期日指定の申立てを当事者に期待することが困難な場合は，本条の適用が排除されるのではないかという問題がある。具体的には，当事者双方が口頭弁論期日に欠席した後所定期間の経過前に管轄違いによる移送の申立てまたは職権による移送決定がされた場合（16条）の扱い方が議論されている。

当事者が移送を行った裁判所の口頭弁論期日に欠席してから所定期間内に事

---

21) 所定期間が経過した後に，本条適用の効果が一応生じたことを前提とした期日指定申立ての追完も許されない。斎藤ほか編・注解民訴(6) 421頁〔小室＝加茂〕参照。
22) 旧注釈民訴(5) 377頁以下〔原〕参照。
23) 中野＝松浦＝鈴木編〔2版補訂2版〕258頁〔池田〕参照。
24) 斎藤ほか編・注解民訴(6) 420頁〔小室＝加茂〕。
25) 斎藤ほか編・注解民訴(6) 420頁〔小室＝加茂〕，秋山ほかV 283頁。

件が移送され，移送先の裁判所において前の期日から起算する所定期間内に期日指定の申立てをしなかったときに，本条が適用されるのかが問題となる。判例は，移送決定に不服がない当事者は移送先の裁判所により期日の指定を待つのが当然であり，訴え取下げを擬制すべきではないとする（最判昭38・10・1民集17巻11号1301頁）。学説もこれに賛成する[26]。これは，当事者から移送申立てがあった場合（申立ての時期が移送元裁判所における口頭弁論期日の前でも後でもよい）および，職権により移送決定があった場合のいずれにも当てはまると解されている。

(3) 職権による期日指定と本条の適用

旧規定のもとでは，当事者双方が口頭弁論期日に欠席したため，裁判所が職権により（前の期日から起算して条文所定の期間内に）期日指定を行ったが，当事者双方がふたたびその口頭弁論期日に欠席した場合について，条文適用の要件である裁判所の待機可能期間の起算点を，職権指定前の期日と職権で指定された期日のいずれとすべきなのかという議論があった。判例（大決昭6・2・3民集10巻33頁）は，職権で指定された後の期日を起算点とする見解（更新説）に立っていたが，職権指定前の期日から所定の期間が経過していれば取下げが擬制されるとの有力な反対論（非更新説）があった[27]。

本条適用の要件は，いずれの当事者からも期日指定の申立てがないことであるが，欠席があった期日から1カ月以内に職権で新期日が指定された場合は，本条による訴訟の強制的な終了を受訴裁判所としてはさしあたり考えないという意思が示されたことになるので，欠席の期日から1カ月が経過したからといって，訴えの取下げが擬制されることはないと解すべきである。以上の意味では，旧規定のもとで主張された更新説が現行規定のもとでも支持されるべきである。もっとも，非更新説が問題としていた類型は，現行規定のもとでは2回連続した口頭弁論期日の欠席ということになって，本条後段の適用を受ける。したがって，この議論は現行法のもとでは実質的に終了したと考えるべきであろう。

---

26) 詳細は，旧注釈民訴(5)369頁〔原〕。
27) 議論状況は，斎藤ほか編・注解民訴(6)419頁以下〔小室＝加茂〕，旧注釈民訴(5)367頁以下〔原〕を参照。現行法につき，秋山ほかⅤ282頁参照。

III 本条後段の要件

1 本条後段が適用される場合

本条後段は，(1)当事者双方が，連続して2回，口頭弁論または弁論準備手続の期日に出頭しない（欠席した）こと，または，(2)当事者双方が，連続して2回，口頭弁論または弁論準備手続の期日に出頭（出席）したが，弁論または弁論準備手続における申述をしないで，退廷または退席をしたことを条件として適用される。また，条文上は，当事者がやむを得ない事由によって2回連続して欠席したときであっても本条後段の適用がある。しかし，極めて例外的な場合には何らかの救済を考えるべきではないかという議論がある[28]。なお，当事者双方がある期日に欠席し，それに続く期日に出頭したが弁論または申述をしないで退廷または退席した場合（逆の場合もありうる）も同様に扱うべきであろう。

本条後段の要件のうち本条前段と重なるものについては，本条IIを参照。

2 不連続的な欠席

本条後段の規定が新設された後でも，不連続的に当事者の双方が欠席等を繰り返す場合には対応ができない。そのような場合には期日指定申立権の濫用があったものとして再度の期日指定申立てを却下し，本条の適用につなげるという考え方もありうる[29]。ただし，それはあくまでも例外的な場合であろう。

IV 効果

1 本条の効果

(1) 本条の効果は，訴えの取下げと同じである（262条）。

(2) 1カ月の期間経過後に当事者が期日指定の申立てを行ったときは，当事者はなお訴訟が受訴裁判所に係属しているとの前提で申立てをしていることになるので，本条適用の要件の具備について調査した上で，要件が具備しているならば，判決により訴訟が終了した旨を宣言すべきである。この場合，口頭弁

---

[28] 研究会338頁以下。

[29] 中野＝松浦＝鈴木編〔2版補訂2版〕258頁〔池田〕参照。また，旧注釈民訴(5) 373頁以下〔原〕参照。

論を経由する必要があるというのが旧規定のもとでの通説であるが[30]，原告の意思に基づく訴えの取下げや訴訟上の和解の効力が争われる場合とは異なり，あえて口頭弁論を開くことは要しないとする見解もありえよう。

(3) 本条の適用があるのにこれを看過して期日指定を行い，弁論を続行してされた本案判決は，訴訟係属がないことを看過してされた判決ということになる。

(4) 本条と244条の関係については，§244を参照。

2 中間の争いを審理する再開期日の欠席

訴えの取下げ（261条）や訴訟上の和解（267条）などの訴訟終了原因の有無や効力について争いが生じ，当事者から期日指定の申立による訴訟の続行が求められたならば，裁判所は，期日を指定して口頭弁論を開き，訴訟終了原因に関する争い（これは245条前段の中間の争いに該当する）について判断しなければならない。

ところが，当事者双方がこの期日に出頭せず，1カ月以内に期日指定の申立てを行わなかった場合，本条前段が適用されるとして，何が取り下げられたとみなされるのだろうか。旧規定のもとでは，もともとの訴え自体が取り下げられたと解する立場と，中間の争い（形式上は期日指定の申立てであろう）が取り下げられたと扱う立場が対立しており，後者が多数説である[31]。裁判所が期日を指定したというだけで旧訴の訴訟係属が直ちに復活することは考えられず，再開された口頭弁論では，弁論続行の前提として訴訟終了原因に関する争いを審理，判断しなければならない。それにもかかわらず，当該期日における欠席等により訴え自体が取り下げられたと解することはできないと思われる。

V 特別手続と本条の準用

1 必要的口頭弁論によらない手続

本条は任意的口頭弁論（87条1項但書）として行われる口頭弁論期日の懈怠

---

30) 兼子・体系182頁，菊井＝村松II 241頁，斎藤ほか編・注解民訴(6) 421頁〔小室＝加茂〕。

31) 議論状況については，演習民訴〔新版〕446頁以下〔本間義信〕および旧注釈民訴(5) 380頁〔原〕を参照。

には適用されない[32]。書面審理が原則であるところ，任意的口頭弁論による訴訟資料の収集は補充的な意味を有するにすぎないので，その懈怠が決定手続で審判される申立てが取り下げられると解するほどの重大な意味を有することにはならない。オール決定主義による民事保全手続の審理（民保3条）でも同様である[33]。これに対して，非訟事件手続や家事事件手続では，当事者双方の欠席から申立ての取下げが擬制される（非訟64条，家事83条）。

2　人事訴訟

人事訴訟法には，本条の適用を排除する規定はない（人訴19条参照）。

3　簡易裁判所の民事訴訟手続，少額訴訟

簡易裁判所の民事訴訟手続（270条以下）および少額訴訟（368条以下）のいずれについても，本条の適用を排除する規定はない。少額訴訟が被告の申述または職権により通常手続に移行した場合（373条）は，その期日における当事者双方の欠席等は通常手続に移行後の訴えの取下げ擬制を導く。他方，少額訴訟の終局判決に対する異議審（378条・379条）での期日における欠席等は，378条による360条3項・263条の準用により，異議の取下げ擬制を導く。

4　手形訴訟

手形訴訟（350条以下）について本条の適用を排除する規定はない。手形訴訟が原告の申述により通常手続に移行した場合（353条）は，その期日における当事者双方の欠席等は通常手続に移行後の訴えの取下げ擬制を導く。他方，手形訴訟の終局判決に対する異議審（357条・361条）での期日における欠席等は，360条3項による263条の異議の取下げに対する準用により，手形判決の失効を伴う訴えの取下げではなく，異議の取下げ擬制を導く。

5　督促手続

(1)　問題の所在

督促手続は口頭弁論に基づくものではないので，督促手続そのものについて当事者の欠席等の法的効果を想定することはできない。しかし，支払督促に対する異議の申立て（督促異議）に基づいて督促手続から通常訴訟手続に事件が

---

[32]　斎藤ほか編・注解民訴(6) 414頁〔小室=加茂〕。

[33]　山崎潮監修・注釈民事保全法上〔1999〕146頁〔山崎〕。

移行した場合は，通常訴訟手続（異議審）で行われる期日の懈怠ということが問題となるが，この問題を規律する明文の規定がない。この問題は旧規定のもとで議論されてきたが[34]，現行規定のもとでも同様の議論が当てはまると解されるので（→§395 Ⅲ 5(2)），旧来の議論を参照しながら略説する。

債務者には，支払督促に対して仮執行宣言が付される前後で，督促異議を行う機会が2回保障されている。支払督促に対して仮執行宣言が付される前に，適法な督促異議の申立て（386条2項）があったときは，支払督促の申立ての際に訴えの提起があったものとして扱われ，通常訴訟手続に移行する（395条）。他方，仮執行宣言後の督促異議（393条）により，督促手続は終了し，事件は通常民事訴訟手続へと移行する（395条）。そこで，移行後の通常訴訟手続の口頭弁論期日に当事者双方が欠席するという事態が生じうる。この場合，本条の適用があるとして，督促異議の取下げを擬制するか，異議によって提起されたとみなされる訴えの取下げを擬制することになるのかがここでの問題である。

(2) 仮執行宣言前の督促異議の場合

仮執行宣言前にされた適法な督促異議に基づいて通常訴訟に移行した場合は，本条の適用があることには争いがない。そして，仮執行宣言前の督促異議によって支払督促が失効する（390条）ので，異議訴訟の審判対象は，原告の請求それ自体と解されている。したがって，この場合に異議審での口頭弁論期日に当事者が欠席等をした場合は，請求自体すなわち訴えが取り下げられたものと擬制される。

(3) 仮執行宣言後の督促異議の場合

仮執行宣言後にされた適法な督促異議に基づいて通常訴訟に移行した場合も，本条の適用があることは争いがないが，その場合，訴えの取下げと解する見解（異議審の第一審としての実質を重視する立場）と，異議の取下げと解する見解（異議審を上訴審類似のものとする立場）がある。後者によれば，本条の適用により仮執行宣言付支払督促が確定する（396条）ことになる。前者の見解では，本

---

34) 旧規定のもとでの学説の詳細は，旧注釈民訴(9) 220頁〔石川明〕，斎藤ほか編・注解民訴(10) 522頁以下〔林屋礼二＝矢澤昇治＝宮本聖司〕，菊井＝村松Ⅲ 460頁，旧注釈民訴(5) 381頁〔原〕参照。現行法の説明として，賀集ほか編・基本法コンメ(3)〔3版〕197頁〔坂原正夫〕，秋山ほかⅦ 305頁以下参照。

条が適用されることで，仮執行宣言付支払督促は失効するとの見解と，支払督促の執行力は維持されるとの見解が対立している。債務者を審尋しないで発付される（386条1項）支払督促では，異議審の第一審的性質を重視すべきであるから，訴えの取下げが擬制されると解する。ただし取下げ擬制は支払督促の執行力を当然に排除するような効力はないと解する。

6 民事執行手続

民事執行手続本体では，二当事者が対立する弁論は予定されていないから，当事者の欠席等の効果を想定することはできない。

執行抗告・執行異議の裁判手続は決定手続なので（民執4条），本条の適用はない。執行関係訴訟（同33条～35条・38条）や取立訴訟（同157条）については本条の適用がある。

配当異議訴訟については，原告が最初の口頭弁論期日に欠席した場合，民事執行法90条3項により訴えが原則として却下されるという特別規定があることから，当事者双方が最初の口頭弁論期日に欠席した場合も，この民事執行法の規定と本条のいずれが適用（ないし準用）されるのかについて議論がある。多数説は，原告が欠席した以上その場合を規律する民事執行法90条3項の適用が優先すると解している[35]。

〔越山和広〕

---

[35] 中野貞一郎・民事執行法〔増補新訂6版，2010〕543頁，香川保一監修・注釈民事執行法(4)〔1983〕340頁〔近藤崇晴〕，鈴木忠一＝三ヶ月章編・注解民事執行法(3)〔1984〕401頁〔中野貞一郎〕，中野貞一郎編・民事執行・保全法概説〔第3版，2006〕227頁〔鈴木正裕〕，旧注釈民訴(5)382頁〔原〕など。裁判例として横浜地判昭59・5・28判タ537号165頁も同旨。

（和解条項案の書面による受諾）
第264条 当事者が遠隔の地に居住していることその他の事由により出頭することが困難であると認められる場合において，その当事者があらかじめ裁判所又は受命裁判官若しくは受託裁判官から提示された和解条項案を受諾する旨の書面を提出し，他の当事者が口頭弁論等の期日に出頭してその和解条項案を受諾したときは，当事者間に和解が調ったものとみなす。

（和解条項案の書面による受諾・法第264条）
規則第163条 ① 法第264条（和解条項案の書面による受諾）の規定に基づき裁判所又は受命裁判官若しくは受託裁判官（以下この章において「裁判所等」という。）が和解条項案を提示するときは，書面に記載してしなければならない。この書面には，同条に規定する効果を付記するものとする。
② 前項の場合において，和解条項案を受諾する旨の書面の提出があったときは，裁判所等は，その書面を提出した当事者の真意を確認しなければならない。
③ 法第264条の規定により当事者間に和解が調ったものとみなされたときは，裁判所書記官は，当該和解を調書に記載しなければならない。この場合において，裁判所書記官は，和解条項案を受諾する旨の書面を提出した当事者に対し，遅滞なく，和解が調ったものとみなされた旨を通知しなければならない。

I 本条の趣旨

　訴訟上の和解は，当事者双方が，口頭弁論等の期日（口頭弁論期日，弁論準備手続期日，和解期日。261条3項）等において，口頭で，合意をすることにより，あるいは成立した合意の内容を陳述することにより，成立するのが，原則である。
　しかし，迅速な紛争解決，柔軟な紛争解決など訴訟上の和解の利点を考慮す

れば，当事者双方が合意したにもかかわらず，当事者の一方が出頭できないことを理由に，訴訟上の和解の成立を認めないことは，紛争の合理的な解決への途を不当に閉ざすことになる。したがって，訴訟手続において，和解のための交渉が続けられ，当事者双方で合意が調い，次回期日に訴訟上の和解が成立すると見込まれる場合には，遠隔地に居住する等の理由から裁判所への出頭が困難な当事者については，期日に出頭して陳述するという上述の原則を緩和し，訴訟上の和解を利用しやすくする必要がある。また，消費者金融事件で，遠隔地の被告が裁判所に出頭せず，請求原因事実は争わないが分割弁済を希望する旨の答弁書を提出するような場合も，同様であろう[1]。

そこで，本条は，上述の原則の例外として，当事者の一方が，予め提示された和解条項案を受諾する旨の書面を提出し，他の当事者が口頭弁論等の期日に出頭してその和解条項案を受諾した場合にも，和解が成立したと見なすものとした[2]。

本条のモデルは，遺産の分割調停事件で，遠隔地に居住するなどの理由により当事者が期日に出頭することが困難な場合において，調停委員会等が定める調停条項の受諾により調停が成立する旨を定めた，旧家事審判法21条の2（現・家事事件手続法〔平成23年法律第52号〕270条1項）である[3]。

立法当初，本条は，電話会議による弁論準備手続期日で和解の合意が成立した場合に（平成15年改正前170条5項は和解ができないと規定していた），頻繁に利用されるものと想定されていた[4]。しかし，平成15年改正により，電話会議による弁論準備手続期日でも和解ができることとされたので[5]，このような利

---

1) 研究会339頁以下〔福田剛久発言〕。なお，消費者金融事件では，当事者本人が遠隔地に住む場合には「当事者が遠隔地に居住していること」に該当し，訴訟代理人の事務所が遠隔地にある場合には「その他の事由により」に該当するものと解すべきである。この問題については，高橋宏志・新民事訴訟法論考〔1998〕182頁以下を参照されたい。
   旧法下では，このような場合には，調停に代わる決定（民調17条）で対処することがあったが，便宜的な処理であることは明らかであると思われる。
2) 一問一答307頁，兼子ほか・条解〔2版〕1459頁〔上原敏夫〕，秋山ほかⅤ286頁以下，賀集ほか編・基本法コンメ(2)〔3版追補版〕313頁〔田辺誠〕。
3) 一問一答307頁，秋山ほかⅤ286頁。
4) 研究会341頁〔福田剛久発言〕。

用の可能性はなくなった。したがって，本条が利用されるのは，当事者双方が口頭弁論期日または和解期日に出頭して和解が成立する手はずであったが，突如当事者の一方が期日に出頭することが不可能ないし困難となった場合に，限られよう[6]。

本条により成立する裁判上の和解（以下本条で成立する裁判上の和解を「受諾和解」という）も，原則に従って成立する裁判上の和解も，その法的性質に変わりはないと解される[7]。

II 要件

1 はじめに

Iで述べた本条の立法趣旨からすれば，当事者双方が出頭しない場合にも受諾和解の成立を認めてよいと思われるし[8]，そもそも，当事者双方が口頭弁論等の期日に出頭して陳述せねばならないという原則自体を見直すべきではないかとさえ思われる。しかし，原則を緩和し過ぎると，訴訟が裁判上の和解により成立した後で，当事者が当該和解の瑕疵（当該和解は当事者の意思に基づいていない，もしくは意思に瑕疵がある）を主張する紛争が多発する虞れもあるので，当事者の一方につき，口頭弁論等の期日に出頭することが困難であると認められることという制約を設けたものと，解すべきであろう。

2 当事者の出頭が困難であること

本条は，一方の当事者が口頭弁論等の期日に出頭することが困難であると認められる場合に適用される。出頭が困難と認められる場合として，遠隔地に居住していること，病気，怪我，刑務所への収監[9]，身体障害，老齢，仕事上の

---

5) 一問一答平成15年改正88頁。
6) 秋山ほかV 287頁。
7) 研究会342頁以下，秋山ほかV 287頁を参照。
8) 髙橋・前掲1) 185頁は以下のように論ずる。「立法論としては，双方が出頭しない場合でも，電話会議装置等を活用して書面受諾和解を可能とすることは考えられないわけではない。しかし，多くの例では，債務者が出頭せずに原案を提出し，裁判所が債権者と協議し説得するということになろうから，当面は，当事者の一方は出頭するという立法でよいのではないか。実績を見て双方不出頭に広げて行くので足りるであろう」。
9) 以上につき，兼子ほか・条解〔2版〕1460頁〔上原〕。

やむを得ぬ事情10)などを，挙げることができよう。原則を緩和し過ぎて裁判上の和解の成立に関して問題が生じるのを防ぐという観点からは，出頭できないこともやむを得ないと思われる客観的事情が必要であると解することになろう。

当事者本人の出頭は可能であるが，訴訟代理人の出頭が困難な場合も，同様に扱ってよいであろう（本条の「その他の事由」に該当すると解される)11)。

当事者の一方が訴訟を続ける意欲がないため出頭はしないが，和解に応じる意思はあるという場合（Ⅰで挙げた消費者金融事件を参照）も，本条の立法の経緯からすれば，出頭困難と認めるべきである12)。ただ，口頭弁論等の期日に出頭して和解につき陳述する意思がない（例，気が進まない）だけで「出頭困難」であると認めることは，裁判上の和解成立に関する原則の破棄につながり，立法の趣旨に反すると思われる。したがって，本条の適用は，被告（債務者）は債権の存在自体は争わないが，履行することができないため，裁判上の和解を望んでいる場合に限定されるべきであろう。この場合，実定法を適用した紛争解決（終局判決。158条・159条・244条但書を参照。調書判決が可能であろう。254条を参照）よりも，和解による紛争解決（例，支払可能な額を分割弁済する）の方が合理的だと思われるし，裁判所が，終局判決を求める原告（債権者）に和解を無理強いする虞れも少ないと考えられるからである13)。

3 書面による和解条項案の提示及び受諾

本条の和解は，まず，裁判所等（以下では，裁判所，受命裁判官，もしくは受託裁判官を「裁判所等」という）が，期日に出頭することの困難な当事者に和解条項案を提示し，提示を受けた当事者がこれを受諾する旨の書面を提出し，裁判所等がその真意を確認した後，期日に出頭した他方の当事者が当該和解条項を受諾する旨を陳述することにより，成立する。

裁判所等による和解条項案の提示は，書面により行う（規163条1項前段)。

---

10) 以上につき，秋山ほかⅤ 288頁。
11) 高橋・前掲注1) 184頁，兼子ほか・条解〔2版〕1460頁〔上原〕，賀集ほか編・基本法コンメ(2)〔3版〕313頁〔田辺〕，ほか。
12) 高橋・前掲注1) 182頁，兼子ほか・条解〔2版〕1460頁〔上原〕，賀集ほか編・基本法コンメ(2)〔3版〕313頁〔田辺〕。
13) 高橋・前掲注1) 184頁以下。

和解条項案の内容を正確に伝えるためである。また，和解条項を提示する書面には，本条の効果，すなわち和解条項案を当事者双方が受諾したときは同案を内容とする和解が成立したものと見なされることを，付記することとされている（同項後段）。これは，和解条項案の受諾により生じる結果を理解した上で受諾することを可能にするためである。提示の方法については特に規定はないが，書面の直接送付によるものとされる。具体的には，特別送達，書面の写しの普通郵便による送付，ファクシミリによる送信などを，挙げることができよう[14]。

　受諾書面の提出があったときは，裁判所等はその書面を提出した当事者の真意を確認しなければならない（規163条2項）。通常の和解では，裁判所等は，出頭した当事者と対面しつつ，和解条項を受諾する意思を最終的に確認することができるが，本条の和解ではそれができないので，和解の真意を慎重に確認する趣旨の規定が置かれたわけである。

　当事者の真意の確認は，①訴訟代理人が選任されている場合は代理人の意思を確認することにより，②そうでない場合には本人の意思を確認することにより，行われる[15]。より具体的には，①の場合は，職印を押捺した代理人名義の受諾書面の提出を受けて受諾書の真正を確認する，裁判所書記官が電話で訴訟代理人に真意を確認し証拠として電話聴取書を作成する等の方法により，②の場合も，本人の印鑑証明書の提出を受けて受諾書の真正を確認する，裁判所書記官が電話で本人の真意を確認し証拠として電話聴取書を作成する等の方法によることになろう[16]。

　裁判所等が和解条項案を出頭しない当事者に提示し，提示を受けた当事者が和解条項案の一部を変更するなら受諾する旨の条件付受諾書面を提出し，他方当事者が期日に変更された和解条項案を受諾すると陳述した場合，本条の和解は成立しないと解すべきであり（裁判所等が提示した和解条項案の受諾は存在しない），裁判所等は，修正された和解条項案を出頭しない当事者に提示するところから，再び手続を進めるべきである[17]。

---

14)　賀集ほか編・基本法コンメ(2)〔3版〕314頁〔田辺〕。
15)　この場合にも，当事者本人の意思を確認する運用が望ましいとの見解もある。研究会347頁〔竹下守夫発言〕。
16)　秋山ほかV 289頁。

和解条項の提示を受け，受諾書面を提出した当事者は，真意の確認を求められたときに，受諾を撤回することは許されると解される[18]。ⓐ他方当事者が期日に出頭して和解条項案を受諾する旨を口頭で陳述するまでは和解は成立しない点，ⓑ他方当事者は期日において和解案を受諾しないことも許されることとの均衡を図るべき点を考慮するなら，期日に他方当事者が受諾するまでは，受諾書面を提出した当事者は受諾を撤回できると解すべきである[19]。

4 第三者が参加する和解の可能性

訴訟の当事者以外の第三者も訴訟上の和解に加わることができる（例，被告の債務につき第三者が連帯保証人となる）。このような第三者が参加する和解が，本条により成立し得るか否かについては，見解の対立がある。

書面により和解条項を受諾する当事者側の第三者については，その第三者が期日における和解の話合いに参加し，当事者とともに和解の実質的合意形成に関与していた場合に限り，本条が適用されるとする見解が，有力である[20]。本条は，受諾書面を提出する前に，期日において話合いがされ，当事者間で和解につき実質的な合意が成立していたことを前提としているからである。

しかし，さらに進めて，当事者の一方が訴訟を続ける意欲がないため出頭はしないが，和解に応じる意思はあるという類型の事例にも，一度も和解期日に出頭したことのない第三者に対して和解条項案を提示し書面で受諾を求める場合には，受諾が当該第三者本人によるものであること，及び受諾が真意によるものであることについて，特に慎重に確認をすることを条件に，本条の適用を認めるべきである[21]。

5 他方当事者の和解条項案の受諾と和解の成立

上述のように，和解条項案の提示を受けた一方当事者が，これを承諾する書面を提出し，裁判所等がその真意を確認した後，期日に出頭した他方の当事者

---

17) 兼子ほか・条解〔2版〕1460頁〔上原〕，秋山ほかⅤ 289頁。

18) 秋山ほかⅤ 289頁。

19) 秋山ほかⅤ 289頁。

20) 兼子ほか・条解〔2版〕1460頁〔上原〕，賀集ほか編・基本法コンメ(2)〔3版〕315頁〔田辺〕。

21) 秋山ほかⅤ 290頁。

が当該和解条項を受諾する旨を陳述することにより，当事者間に和解が調ったものとみなされる。「みなす」としたのは，和解は本来は期日において裁判所の面前で当事者が合意の内容を陳述することにより成立するものだからである[22]。

6 調書への記載等

本条の規定により当事者間に和解が成立したものとみなされたときは，裁判所書記官は当該和解を調書に記載しなければならない。調書は確定判決と同一の効力を有することになる（267条）。調書には，本条の規定により和解が成立した旨を記載することを要する。

本条の規定により和解が成立したとみなされたときは，裁判所書記官は，和解条項案受諾の書面を提出した当事者に対し，遅滞なく，和解が成立したとみなされた旨を通知しなければならない。このような当事者は，期日に出頭しなかった以上，他方当事者が受諾をして和解が成立したかどうか知り得ないからである。

〔中西　正〕

---

22) 秋山ほかⅤ 290頁。

§265・規§164

(裁判所等が定める和解条項)

第265条 ① 裁判所又は受命裁判官若しくは受託裁判官は，当事者の共同の申立てがあるときは，事件の解決のために適当な和解条項を定めることができる。

② 前項の申立ては，書面でしなければならない。この場合においては，その書面に同項の和解条項に服する旨を記載しなければならない。

③ 第1項の規定による和解条項の定めは，口頭弁論等の期日における告知その他相当と認める方法による告知によってする。

④ 当事者は，前項の告知前に限り，第1項の申立てを取り下げることができる。この場合においては，相手方の同意を得ることを要しない。

⑤ 第3項の告知が当事者双方にされたときは，当事者間に和解が調ったものとみなす。

(裁判所等が定める和解条項・法第265条)

規則第164条 ① 裁判所等は，法第265条（裁判所等が定める和解条項）第1項の規定により和解条項を定めようとするときは，当事者の意見を聴かなければならない。

② 法第265条第5項の規定により当事者間に和解が調ったものとみなされたときは，裁判所書記官は，当該和解を調書に記載しなければならない。

③ 前項に規定する場合において，和解条項の定めを期日における告知以外の方法による告知によってしたときは，裁判所等は，裁判所書記官に調書を作成させるものとする。この場合においては，告知がされた旨及び告知の方法をも調書に記載しなければならない。

I 本条の意義・趣旨

(1) 本条は，当事者が共同して裁判所等（以下では，裁判所，受命裁判官，もしくは受託裁判官を「裁判所等」という）に対し，事件の解決のために適切な和解条項を定めることを申し立て，裁判所等が和解条項を定め，当事者双方に告知したときに，当事者間に和解が調ったとみなす制度を，規定している。当事者が和解の成立に向けて交渉を行い，双方の立場は接近したが，なお隔たりがあり，合意に至ることはできないものの，両当事者が，裁判所等が紛争解決の基準を示してくれれば，それに従って紛争を解決しようという意思を有している事例を想定した制度であり，訴訟において多様な紛争解決手段を設け，民事訴訟手続を当事者に利用し易くする目的で，創設されたものである[1]。本条による和解を，裁定和解という[2]。

民事調停制度のうち，地代借賃増減調停事件，商事調停事件，及び鉱害調停事件においては，当事者間に合意が成立する見込みがない場合等において，当事者間に調停委員会の定める調停条項に服する旨の合意（調停の申立て後にされたものでなければならない）があるときは，申立てにより，調停委員会が調停条項を定めることができ，これを調書に記載したときは，調停が成立したとみなす制度が存在するが（調停条項制度。民調法24条の3・31条・32条），本条の裁定和解は，これを参考にした制度である[3]。

(2) 裁定和解は，民訴法上，和解手続に関連する紛争解決の一手段と位置づけられている。

しかし，当事者間の合意は，紛争の解決内容（和解内容）についてではなく，紛争解決のための裁定を第三者である裁判所等に求めることについて成立して

---

1) 一問一答308頁，兼子ほか・条解〔2版〕1463頁〔上原敏夫〕，賀集ほか編・基本法コンメ(2)〔3版〕315頁〔田辺誠〕，秋山ほかⅤ291頁以下。
2) 裁定和解とは，和解の協議の過程で形成された当事者と裁判所との信頼関係に基づいて，両当事者が裁判所等に最終的な裁定を求める制度である。《座談会》「新民事訴訟法及び新民事訴訟規則の運用について」新民事訴訟法・同規則の運用と関係法律・規則の解説〔1999〕370頁〔柳田幸三発言〕。
3) 一問一答308頁，兼子ほか・条解〔2版〕1462頁以下〔上原〕，賀集ほか編・基本法コンメ(2)〔3版〕315頁〔田辺〕，秋山ほかⅤ292頁以下。

おり，この点では和解よりも仲裁に近いといえる[4]。この立場からは，裁判所等が和解条項を定める行為は，専ら裁判所等が判断を示す以上，裁判にほかならないと解することになる。

　他方，実体法に拘束されず，互譲による和解の内容につき条項を定める点では，仲裁と異なり，和解に類似しているといえよう[5]。

　本条は，以上のような観点から，裁定和解を和解手続に関連する紛争解決の一手段と位置づけたものと解される[6]。

II　当事者共同の申立て

1　書面による共同の申立て

　裁定和解は，当事者双方が，事件の解決のため適切な和解条項を定めるよう裁判所等に申し立てることが，必要である。両当事者の申立てが必要なのは，裁判や和解によらない訴訟の終局的な解決を可能とする根拠を，裁判所等が定める和解条項に服することによって紛争を解決するという両当事者の一致した意思に求めるからである[7]。それゆえ，両当事者が同一の書面で申し立てる必要はなく，各自がそれぞれ別の申立書を提出してもよい[8]。そして，訴訟の完結をもたらす重要な申立てであることから，申立ては書面によらなければならず（本条2項），その書面には，当事者双方が裁判所等の定める和解条項に服することになる旨が記載されねばならないものとされている。訴訟の当事者以外の第三者も訴訟上の和解に加わることができるが（例，被告の債務につき第三者が連帯保証人となる），このような第三者は当事者と共同で裁定和解の申立てをしてこれに加わることが可能であると解される[9]。

---

[4]　研究会358頁以下〔鈴木正裕発言・竹下守夫発言〕，兼子ほか・条解〔2版〕1463頁〔上原〕，秋山ほかV 292頁以下を参照。

[5]　研究会358頁以下〔伊藤眞発言・柳田幸三発言〕，秋山ほかV 292頁以下を参照。

[6]　本条を沿革的・比較法的に検討した文献として，吉田元子・裁判所等による和解条項の裁定〔2003〕11頁以下，がある。

[7]　一問一答310頁。

[8]　一問一答310頁。

[9]　兼子ほか・条解〔2版〕1464頁〔上原〕，秋山ほかV 293頁以下，賀集ほか編・基本法コンメ(2)〔3版〕316頁〔田辺〕。

2 条件付申立て

　当事者双方が，和解条項の内容について範囲を定めた上で，裁定和解の申立てができるか否かは，問題である。例えば，1億円の損害賠償請求訴訟で，交渉の結果，原告は6000万円，被告は4000万円まで互譲したが，これ以上譲るのは困難という場合に，当事者双方が，4000万円から6000万円の範囲で裁判所が損害賠償額を決めるのであれば受け容れるという趣旨で，裁定和解の申立てをした場合，裁判所はこのような範囲設定に拘束されるのかという問題である。

　和解交渉の結果，当事者双方の立場は接近したが，なお隔たりがあり，合意に至ることはできない状況の下，両当事者が裁判所等の定める和解条項に服することにより紛争を解決するという制度の趣旨からすれば，肯定説が妥当である[10]。理論的には，裁判所による紛争解決に関して訴訟当事者に認められる自己決定権（処分権主義）がここにも妥当すると，説明することができよう[11]。

　両当事者の設定した条件・範囲では，「事件の解決のために適当な和解条項を定める」ことが不可能な場合には，裁判所等は当事者に再考を促し，それでも当事者が条件等を撤回しない場合には，本条による和解条項の作成は不可能であるとして，事件を両当事者による裁定和解の申立て前の手続に戻すべきである[12]。

3 訴訟代理権の特別授権

　訴訟代理人が裁定和解の申立てをするには，通常の和解とは別に，特別授権が必要であるとの見解もある一方[13]，裁定和解も民訴法55条2項2号の「和解」に該当すると解するのが自然であるので，和解について特別授権があるなら，本条の和解の権限もあると解する見解もある[14]。ただ，後説の論者も，裁定和解は仲裁的な要素も有しているので，訴訟代理人としては，手続について，

---

10) 兼子ほか・条解〔2版〕1464頁〔上原〕，秋山ほかⅤ 293頁以下，賀集ほか編・基本法コンメ(2)〔3版〕316頁〔田辺〕。
11) 兼子ほか・条解〔2版〕1463頁〔上原〕，秋山ほかⅤ 293頁以下，賀集ほか編・基本法コンメ(2)〔3版〕316頁〔田辺〕。反対，高橋宏志・新民事訴訟法論考〔1998〕192頁。
12) 賀集ほか編・基本法コンメ(2)〔3版〕316頁〔田辺〕。
13) 高橋・前掲注11) 189頁，賀集ほか編・基本法コンメ(2)〔3版〕316頁〔田辺〕。
14) 秋山ほかⅤ 293頁。

当事者に十分な説明を行い，理解を得ておくべきである，とされる[15]。

Ⅲ 和解条項による裁定

1 当事者の意見の聴取

本条の申立てがあったときは，裁判所等は事件の解決のために適当な和解条項を定めることができる。どのような和解条項が適当であるかは，裁判所が裁量により判断することになる。

和解条項を定める際には，裁判所等は当事者の意見を聴かなければならない（規164条1項）。①和解条項は，当該事件の事実関係や当事者の意向を十分に把握した上で，裁定しなければならないし，②裁定和解の申立ては和解条項の告知前であればいつでも取り下げられるので，告知に先立ち，申立てをなお維持するか否かを，当事者に確かめなければならないからである[16]。

意見聴取の方法については特に規定はなく，和解期日に対席または交互面接方式で行うほか，期日外で電話やファクシミリを利用して随時行うこともできる。その際，中立性や公平さに配慮せねばならないのは当然である[17]。

2 和解条項

裁定和解制度は，裁判所等が定める和解条項に服することによって紛争を解決するという両当事者の一致した意思を根拠とするが，和解条項の内容については当事者が合意をするわけではない。それだけに，裁判所等は当事者双方の意向を十分に把握し，尊重し，両当事者が想定している範囲内で，当事者の不意打ちとならないように，和解条項を定めなければならない[18]。

通常の訴訟上の和解では，和解の内容は訴訟物の範囲に限定されない。しかし，本条の和解は，和解の内容につき当事者が合意をするのではなく，裁判所が一方的に裁定するので，紛争解決の範囲に関する当事者の自己決定権尊重の

---

15) 秋山ほかⅤ293頁。
16) 条解規則〔増補版〕345頁，研究会356頁〔福田剛久発言〕，秋山ほかⅤ294頁。
17) 賀集ほか編・基本法コンメ(2)〔3版〕316頁〔田辺〕。
18) 秋山ほかⅤ294頁。草野芳朗「和解」塚原朋一ほか編・新民事訴訟法の理論と実務（下）〔1997〕184頁以下は，当事者双方の意見を聴き，基本的方向につき合意をし，合意ができない点を可及的に絞っておく必要があるとする。

観点からは，和解条項の内容は原則として訴訟物の範囲に限定されると解すべきである。ただし，当事者の同意がある場合には，通常の裁判上の和解と同様，訴訟物の範囲を超えても差し支えないと思われる[19]。

　裁判所等は，裁定和解の申立てがあれば，和解条項を定める義務を負うと解される。適切な和解条項の策定は不可能だと思われる等，和解条項を定めるべきでないと判断される場合に，和解条項を定めないことも許されるか否かは問題である[20]。裁定和解の仲裁的要素を重視し，裁判所等が和解条項を定める行為を裁判と見れば（上述Ⅰ(2)を参照），判断拒否（裁判拒絶）は許されないと思われる（ただし，申立てを却下する裁判を行えば，理論上問題はないとする見解もある）[21]。他方，和解の1つと見た場合には，定めないことも許されようか。

3　告　知

　裁判所等は，和解条項の内容を決定すると，口頭弁論等の期日（261条3項を参照）における告知，その他相当と認める方法による告知をする。その他相当と認める方法による告知（期日における告知以外の方法による告知）は，通常は，和解条項を記載した書面の送達または送付により行われる[22]。当事者双方に告知がなされたとき，和解条項が定められたことになり（本条3項），当事者間に和解が調ったものとみなされる（本条5項）。

　告知は和解を成立させる効果を生ぜしめるので，その有無及び時期は明確にされねばならない（時期については，告知と申立て取下げとの前後関係を明確にしなければならない点からも，重要である）。すなわち，期日に告知をした場合には，その旨が期日調書に記載される（規67条1項1号）。調書には，和解成立の日を明確に記載すべきであろう[23]。その他相当と認める方法により告知（期日における告知以外の方法による告知）をした場合には，裁判所等は裁判所書記官に期日外調書を作成させる（規164条）。この場合には，告知がされた旨及び告知の

---

19) 高橋・前掲注11) 191頁，賀集ほか編・基本法コンメ(2)〔3版〕316頁〔田辺〕，兼子ほか・条解〔2版〕1463頁〔上原〕，秋山ほかⅤ 294頁。
20) 秋山ほかⅤ 294頁以下。
21) 草野・前掲注18) 183頁を参照。
22) 一問一答309頁，兼子ほか・条解〔2版〕1464頁〔上原〕，秋山ほかⅤ 295頁。
23) 秋山ほかⅤ 295頁。

方法も調書に記載しなければならない（同条3項後段）。ここでは，告知の到達時期が明確になる送達の方法が望ましい[24]。

Ⅳ 申立ての取下げ

当事者は，和解条項の告知前に限り，本条1項の申立てを取り下げることができる（本条4項）。この場合相手方の同意は不要である。裁定和解が訴訟の終局的な解決を可能とする根拠を，裁判所等が定める和解条項に服することによって紛争を解決するという両当事者の一致した意思に求める以上，当事者（の一方）がそのような解決に服する意思を失ったときは，和解条項の告知前であれば，相手方の同意を得ずに，いつでも申立てを取り下げることができるとしたのである[25]。

申立ての取下げについては，書面によらねばならないとか，相手方に通知せねばならないとかいう規定はないが，取下げの効果は重大である点に鑑みれば，書面によるべきであるし，その書面を相手方に送付すべきである[26]。

当事者は，自分に告知がなされるまでは，申立てを取り下げることができる。取り下げた時点で，既に相手方には告知がなされていても，差し支えない。告知と取下げの前後関係が争いになることもあり得るので，取下げについても，その有無・日時は明確にしておかなければならない[27]。

Ⅴ 調書の作成

(1) 当事者双方に和解条項が告知されると当事者間に和解が調ったものとみなされる（本条5項）。そして，当事者間に和解が調ったものとみなされたときは，裁判所書記官は当該和解を調書に記載しなければならない（規164条2項）。

---

24) 秋山ほかⅤ 295頁。
25) 秋山ほかⅤ 295頁以下。秋山ほかⅤ 296頁は以下のようにいう。「当事者は，従前の和解交渉等の訴訟の過程を通じて，相手方の意向や態度を把握し，裁判所等への信頼感を醸成し，裁判所等が定める和解条項の内容やその幅をある程度予測したうえで，申立てを決断するものと考えられるが，その前提が崩れる不安を抱いたときは，申立てを取り下げることになろう」。
26) 秋山ほかⅤ 296頁。
27) 秋山ほかⅤ 296頁。

§265・規§164 V

和解が調書に記載されると，その調書の記載は確定判決と同一の効力を有することになる（267条）。

(2) 調書に記載されると，確定判決と同一の効力をもつので，他の訴訟上の和解と同様，要素の錯誤による無効，詐欺・強迫による取消しが認められるか否かが，問題となる。

まず，和解内容についての意思表示の瑕疵の問題は生じない。また，裁判所の定めた和解条項が期待に反した，不公平である等の理由も，無効，取消しの事由とはならない。以上の点に問題はないであろう。

しかし，ⓐ適切な和解条項の裁定を求める旨の裁判所等への申立てに要素の錯誤，詐欺・強迫などの瑕疵が存在する，ⓑ告知された和解条項が当事者の付した条件もしくは訴訟物の範囲から逸脱している等として，手続上の瑕疵による和解の無効が問題となる可能性はある[28]。

そこで，問題は，和解の無効をどのような手続で主張するかであるが，本条による和解（裁定和解）については不服申立ての規定がないため，通常の裁判上の和解と同様，期日指定の申立てをして，そこで裁判所の判断を求めるべきであるとする見解[29]，仲裁判断取消しの申立て（仲裁44条）に準じて，本条による和解の取消しの訴えが提起できるとする見解[30]，対立している。

〔中西　正〕

---

28) 賀集ほか編・基本法コンメ(2)〔3版〕317頁〔田辺〕，兼子ほか・条解〔2版〕1464頁〔上原〕，秋山ほかV 297頁。
29) 秋山ほかV 297頁。
30) 賀集ほか編・基本法コンメ(2)〔3版〕317頁〔田辺〕，兼子ほか・条解〔2版〕1464頁〔上原〕。

（請求の放棄又は認諾）

第266条 ① 請求の放棄又は認諾は，口頭弁論等の期日においてする。

② 請求の放棄又は認諾をする旨の書面を提出した当事者が口頭弁論等の期日に出頭しないときは，裁判所又は受命裁判官若しくは受託裁判官は，その旨の陳述をしたものとみなすことができる。

I 本条の趣旨

請求の放棄とは，原告が自ら定立した訴訟上の請求を維持しない旨の裁判所に対する陳述であり，請求の認諾とは，被告が原告の定立した訴訟上の請求を承認する旨の裁判所に対する陳述である。いずれも裁判によらずに訴訟を完結させるものであり，民事訴訟法上の自主的紛争解決の一つである。

旧旧民事訴訟法（明治23年法律第29号）下では，請求の放棄，認諾が行われた場合には，それぞれ放棄判決，認諾判決がなされることとされていた[1]。その後，大正15年の大改正により（大正15年法律第61号），この規律は，請求の放棄，請求の認諾は調書に記載し，このような調書の記載は確定判決と同一の効力を有すると，改められた[2]。改正の理由は，①請求の放棄，請求の認諾がなされた場合，その旨を調書に記載すれば十分であり，終局判決をするまでの必要はないこと（これにより訴訟経済が図られよう），②判決を調書の記載に代えるなら，その効力を明確にしておかねばならないこと，にあった[3]。

しかし，大正15年の大改正による旧民訴法下でも，請求の放棄，請求の認諾の要件，方式などについて規定がなく，少なからぬ解釈上の疑義が生じていた[4]。本条は，以上のような事情に鑑み，請求の放棄，請求の認諾の要件，方式につき規律を行うものである。

---

1) 旧旧民訴法229条は，「口頭弁論ノ際原告其訴ヘタル請求ヲ抛棄シ又ハ被告之ヲ認諾スルトキハ裁判所ハ申立ニ因リ其抛棄又ハ認諾ニ基キ判決ヲ以テ却下又ハ敗訴ノ言渡ヲ為ス可シ」と規定していた。
2) 旧民訴法203条は，「和解又ハ請求ノ抛棄若ハ認諾ヲ調書ニ記載シタルトキハ其ノ記載ハ確定判決ト同一ノ効力ヲ有ス」と規定していた。
3) 中野・論点I 189頁以下を参照。
4) 詳細については，旧注釈民訴(4) 497頁以下〔山本和彦〕を参照。

Ⅱ 請求の放棄・認諾の概念及び法的性質

1 請求の放棄，請求の認諾がなされると，それは調書に記載され，その記載は確定判決と同一の効力を有する（267条）。すなわち，それにより訴訟は終了し，訴訟物たる権利・法律関係の存否につき既判力・執行力が生じる。一方の当事者が相手方の請求もしくは請求棄却の申立てを全面的に認めて争わない旨を裁判所に対して陳述するなら，処分権主義が妥当する民事訴訟では，訴訟により解決されるべき紛争は解決されたと見ることが許されよう。そこで，このような場合に，全面的に認められた請求・請求棄却の申立ての内容を紛争解決基準として妥当せしめ，紛争の蒸し返しを封じた上で，当該訴訟を終了させることとしたのである[5]。

2 このような請求の放棄，請求の認諾の法的性質については，見解の対立がある[6]。

第1の見解は，これらを訴訟行為であると見る（訴訟行為説）[7]。当該民事訴訟を終了させる，その調書の記載は確定判決と同一の効力を有するなど，請求の放棄，請求の認諾は，訴訟法上の効力を生ぜしめること等を，理由とする。

訴訟行為説は，さらに，これらを観念の通知とする見解と，意思表示とする見解に分かれる。前説は，請求の放棄，請求の認諾と解される訴訟行為があれば，どのような意思で行われてもその効力が認められるとの理解を，前提としよう[8]。後説は，請求の放棄，認諾は訴訟終了等の訴訟法上の効果の発生を目的としてなされるのであり，当事者の意思をその核心とするとして，意思表示であると解する[9]。

第2の見解は，これらを実体法上の行為であると見る（私法行為説）[10]。請求

---

5) 新堂〔5版〕357頁以下。
6) この問題については，木川統一郎「請求の抛棄・認諾」民訴講座(3) 802頁以下，河野正憲・当事者行為の法的構造〔1988〕216頁以下，旧注釈民訴(4) 497頁以下，505頁〔山本〕を，参照。
7) 兼子・体系300頁，301頁，三ヶ月・全集436頁，新堂〔5版〕359頁，伊藤〔4版〕448頁，松本＝上野〔7版〕519頁，524頁。
8) 木川・前掲注6) 803頁以下を参照。
9) 新堂〔5版〕359頁，365頁，伊藤〔4版〕448頁，松本＝上野〔7版〕519頁，524頁。

の放棄，請求の認諾は当事者による実体法上の権利の放棄または認諾に，裁判所の公証行為が加わったものであると，解するのである。

　第3の見解は，これらを，訴訟行為としての性質だけでなく，実体法上の処分行為としての性質も有していると見る（併存説）[11]。この見解は，実体法秩序と訴訟法秩序の整合性を考慮して，以下のように主張する。訴訟上の請求を正当とする被告の陳述（請求の認諾）の中には，請求の内容を成す権利の存在・不存在を以て原告・被告間のこれからの法律関係を規律しようとする意思，言い換えれば，主張された権利を実体法上も存在する（存在しない）ものとして妥当させようとする意思が含まれていると解すべきである。その意味で，請求の認諾は，訴訟行為であると同時に，私法上の処分行為でもあるというべきである。同様のことは，請求の放棄にも妥当する[12]。

　3　請求の放棄，請求の認諾は，訴訟上の請求に関する行為であり，訴訟物を構成する権利，訴訟物の前提となる権利の存在自体を認める権利自白や，訴訟物を構成する権利の要件事実が存在することを争わない旨の主張である自白とは，異なる[13]。権利自白，自白の場合には，裁判所はそれに基づいて審理をし，請求の当否を判断した上で，終局判決をすることになるが，請求の放棄・認諾の場合には，調書に記載されることにより確定判決と同一の効力が生じる。

　4　実務上，原告が，弁論準備手続期日や口頭弁論期日において，請求の一部を減縮すると陳述することがあるといわれる。この陳述については，①原告が訴えの一部を取り下げ，被告が黙示の同意をしたという法律構成，②原告が請求の一部を放棄したという法律構成などが，考えられよう。いずれの構成をとるかは，原告の訴訟行為の意思解釈の問題であるから，原告の意思が明確な場合にはそれによるべきであるし，そうでなく事後的な評価が問題となる場合には，ケース・バイ・ケース・ベースの判断によることになろうが，基本的に原告にとって一般的に有利な①と解すべきであろう（最判昭27・12・25民集6巻12号1255頁。被告の黙示の同意を認めることができないなら訴えの取下げは効力を生

---

10)　石川明「請求認諾の法的性質」民訴雑誌13号87頁以下。
11)　兼子ほか・条解705頁以下，710頁〔竹下守夫〕，旧注釈民訴(4)498頁〔山本〕。
12)　兼子ほか・条解705頁以下，710頁〔竹下〕。
13)　三ヶ月・全集436頁以下を参照。

じないと解すことになろう）。しかし，請求の一部放棄をしたと解釈すべき場合もあり得よう[14]。

III 請求の放棄・認諾の方式等

1 請求の放棄・認諾の方式

　請求の放棄・認諾は，口頭弁論，弁論準備手続，または和解の期日（口頭弁論等の期日。261条3項参照）において，行うことができる（本条1項）。旧民訴法下においても，口頭弁論期日，準備手続期日に行うことができる点に争いはなかったが，本項はこの点を明文化したものである[15]。

　他方，旧民訴法下では，和解期日にはすることができないと解されていたが[16]，①和解期日においてもできるとするのが当事者にとって便利であること，②裁判官の面前でなされるという点では，口頭弁論期日，準備手続期日に行う場合と異ならないこと等を理由に，本項は，請求の放棄・認諾は，和解期日においても行うことができるものとした[17]。

　さらに，請求の放棄・認諾は，進行協議期日においても行うことができる（規95条2項）。ⓐ進行協議を行う中で当事者が請求の放棄・認諾を決意するに至る事例も想定されること，ⓑ進行協議期日は当事者に出頭する機会が保障され，裁判官の面前で行われるものであり，特段の弊害も考えられないこと等が，その趣旨である[18]。

2 請求の放棄・認諾の陳述擬制

　請求の放棄・認諾は，原則として，原告もしくは被告がその旨の書面を提出し，かつ口頭弁論等の期日に出頭して，その旨を陳述することにより成立する。しかし，請求の放棄・認諾の陳述をするためだけに裁判所に出頭せねばならないとすることは，当事者に無用の負担を強いることもあり得よう。そこで，請求の放棄・認諾の意思が書面により明確にされている場合に，当事者の出頭の

---

14) 秋山ほかV 299頁。
15) 一問一答 313頁。
16) 旧注釈民訴(4) 500頁〔山本〕。
17) 一問一答 313頁。
18) 秋山ほかV 302頁。

〔中西〕

必要性を緩和するため，本条2項は，請求の放棄・認諾をする旨の書面を提出した当事者が口頭弁論等の期日に出頭しないときは，裁判所，受命裁判官，受託裁判官は，その旨の陳述をしたものとみなすことができ，これにより請求の放棄・認諾の効力を認めることができるものとした（調書への記載が必要であることはいうまでもない）。ただし，本項は，裁判所等の判断により請求の放棄の陳述があったとみなすことができるとするものであり，当事者の不出頭により当然に請求の放棄があったと擬制する趣旨ではない。裁判所，受命裁判官，受託裁判官は，当事者の真意に疑義が生じた場合などには，陳述擬制を認めないことになろう[19]。

Ⅳ 請求の放棄・認諾の要件

1 訴訟行為の要件

請求の放棄は訴訟行為であるので（私法行為説に立てば，以下の論述は妥当しない。上述Ⅱ2を参照），訴訟行為一般の要件が具備されなければならない。したがって，請求の放棄を行うには，原告に訴訟能力が必要である。また，請求の放棄・認諾は，無条件かつ確定的でなければならない[20]。なお，当事者の利益を保護するため，法定代理人・法人等の代表者・訴訟代理人の場合には，特別の授権または委任が必要である（32条2項1号・37条・55条2項2号）。併存説に立つなら，さらに行為能力も必要であることになる。

2 訴訟係属

請求の放棄・認諾を行うには，訴訟が係属中でなければならない。他方，訴訟係属中であれば何れの審級においても可能である。また，弁論が終結された後でも，終局判決言渡し後でも，判決確定前であれば可能である[21]。

そこで，請求の放棄・認諾は訴状の送達により訴訟係属が生じた時点から可能になるとする見解が，主張されている[22]。他方，請求の放棄・認諾は，訴訟上の請求に関する訴訟行為である以上，いずれも原告による訴訟上の請求の定

---

19) 一問一答313頁以下。
20) いわゆる制限付き認諾の問題については，松本＝上野〔7版〕522頁以下を参照。
21) 新堂〔5版〕362頁。
22) 秋山ほかⅤ298頁。

立を要件としている。これを前提としつつ、請求の放棄・認諾は、訴状の送達により訴訟係属が生じた後、原告が口頭弁論期日において訴状を陳述した時点から可能になるとする見解も、主張されている[23]。さらに、請求の放棄については、訴訟係属が生じ、原告が訴状を陳述しただけでなく、被告により請求棄却の申立てがなされた時点から可能になるとする見解もある[24]。①請求の放棄は被告の請求棄却の申立てを前提としていること、②原告が先ず請求を定立した以上、次に被告が対応を求められるのが筋であるから、その前に原告の処分行為を認めることは公平を欠くこと等が、その理由である[25]。

3 訴訟物の内容

請求の放棄・認諾は、訴訟上の請求が特定され、それが現行法で認められる類型に属し、公序良俗・強行法規に反しないことを、要件とする。外国判決や仲裁判断の承認の要件として要求されるのと同じ趣旨である（118条3号、仲裁44条1項8号）[26]。

したがって、請求の放棄・認諾は、給付訴訟、確認訴訟、形成訴訟のいずれにおいても認められる。請求が可分の場合には、その一部について請求の放棄・認諾が可能であるとするのが多数説であるが[27]、一部請求否定説の立場から、一部放棄は原告が給付命令の上限を画するための陳述にすぎず、一部認諾は訴訟法上の意義をもたないとする見解もある[28]。

他方、訴訟物自体が公序良俗・強行法規に反する場合（例、法に規定のない物権の確認請求、犯罪行為の実行を求める訴え）については、請求の認諾は認められ

---

23) 法律実務(3) 174頁、伊藤〔4版〕451頁。この見解からは、最初の口頭弁論期日の前に弁論準備手続期日などが開かれた場合には、その期日には請求の放棄・認諾は許されないことになる。

24) 新堂〔5版〕362頁、兼子ほか・条解〔2版〕1471頁〔竹下守夫＝上原敏夫〕。反対、伊藤〔4版〕451頁。

25) 旧注釈民訴(4) 506頁〔山本〕。この見解は、請求の放棄と認諾が競合した場合、請求の認諾が優先すべきであるとの立場（兼子ほか・条解〔2版〕1471頁〔竹下＝上原〕を参照）を前提とするように思われる。高橋下〔2版補訂版〕306頁を参照。

26) 兼子ほか・条解〔2版〕1467頁〔竹下＝上原〕。

27) 秋山ほかⅤ 298頁、兼子ほか・条解〔2版〕1466頁〔竹下＝上原〕、新堂〔5版〕358頁。

28) 伊藤〔4版〕448頁。

ない。訴訟物自体には問題ないが，請求原因（訴訟物を基礎づける事実）が公序良俗・強行法規に反する場合も，同様である。我が国の法秩序が容認しない利益を司法が実現することは背理だからである。これらの場合，裁判所は請求棄却判決をすべきである。

なお，原告の請求に理由のないことが明らかな場合でも，請求の認諾は可能であると解される。

4 訴訟物に関する処分の自由

請求の放棄・認諾は当事者の意思に基づく自主的紛争解決であり，処分権主義を基礎とするものであるから，原告または被告が民事手続法上その対象である訴訟物につき自由な処分を認められる場合でなければならない（当事者が訴訟物の係争利益を自由に処分できる場合でなければならない）[29]。

職権探知主義がとられる場合には，当事者の自由な処分は許されないので，請求の放棄・認諾は認められない。したがって，人事訴訟法においては請求の放棄・認諾は原則的に排除されている（人訴19条2項による民訴法266条の適用排除，人訴規14条による民訴規95条2項の適用排除）。ただし，離婚・離縁請求事件では協議による離婚・離縁が認められることとの均衡から（最判平6・2・10民集48巻2号388頁を参照），請求の放棄・認諾も認められている（人訴37条1項・44条）。

会社や一般法人などの団体関係訴訟については（会社830〜833条，一般法人264〜267条など），請求の放棄は許されるが，請求の認諾は，請求認容判決には対世効があるため（会社838条，一般法人273条），これを認めると判決効の拡張を受ける一般第三者の利益が不当に害されるという理由で，許されないと解するのが，多数説である[30]。これに対して，①被告である会社・法人が正当な理由なく請求を認諾する場合には取締役や理事の責任が追及されること，②当該訴えの目的となる決議などにつき法律上の利益をもつ第三者は共同訴訟的補助参加などにより自らの利益を守ることができること，③人事訴訟事件と異なり，会社や一般法人などの団体関係訴訟では訴訟物につき自由な処分を認めるべき

---

29) 秋山ほかV 298頁，兼子ほか・条解〔2版〕1469頁〔竹下＝上原〕，賀集ほか編・基本法コンメ(2)〔3版〕318頁〔河野正憲〕，新堂〔5版〕359頁，伊藤〔4版〕449頁。

30) 詳細は，新版注釈会社法(5)345頁〔岩原紳作〕を参照。

である等の理由から，請求の放棄・認諾ともに認められるべきであるとする見解も，存在する[31]。行政訴訟のうち抗告訴訟についても，認諾は許されないとの見解が多数説である[32]。

このほか，第三者の訴訟担当の場合に請求の放棄が許されるか否かという問題がある。第三者が当該訴訟物につき訴訟追行権を付与された趣旨から検討されるべきであるとして，ⓐ債権者代位訴訟や株主代位訴訟などの場合は，債務者財産の保全や会社の権利の実現が訴訟追行権付与の趣旨であるから，請求の放棄は認められず，ⓑ選定当事者の場合は，選定行為の内容に従い決定されるべきであると主張する見解も，存在する[33]。

5 訴訟要件の具備

請求の放棄・認諾は訴訟要件の具備を必要とするのか否かについては，見解の対立がある[34]。これを要求するのが，判例（最判昭28・10・15民集7巻10号1083頁，最判昭30・9・30民集9巻10号1491頁）であり，通説であるとされてきた[35]。請求の放棄・認諾は確定判決に代わるものであり（267条参照），判決による紛争解決をなし得ない場合は許されるべきでないから，本案判決の要件たる訴訟要件を欠く場合には，裁判所は請求の放棄・認諾にかかわらず，訴えを却下すべきであるとするのである。

これに対しては，訴訟要件を一律に請求の放棄・認諾の要件と解することを批判し，ある訴訟要件が請求の放棄・認諾の要件となるか否かは，当該事項が訴訟要件とされている趣旨を考慮しながら，個別に（あるいは類型的に）検討すべきであるとする見解も，有力である[36]。具体的には，確定判決と同一の効力が生じることとの関係上，被告及び事件が日本国の裁判権に服すること，法律上の争訟性（裁3条1項参照），当事者の実在，当事者能力などの具備は必要で

---

31) 伊藤〔4版〕450頁。
32) 兼子ほか・条解〔2版〕1469頁〔竹下＝上原〕。
33) 伊藤〔4版〕450頁。
34) （旧民訴法下における）見解の対立の詳細につき，中野・論点Ⅰ193頁以下を参照。
35) 兼子・体系301頁，三ヶ月・全集437頁，松本＝上野〔7版〕520頁ほか。
36) 中野・論点Ⅰ197頁以下，新堂〔5版〕361頁以下，伊藤〔4版〕451頁，兼子ほか・条解〔2版〕1468頁〔竹下＝上原〕ほか。近時は，このようなアプローチが多数説であるということができようか。

あると解すべきである[37]。しかし，①本案判決の手続的・内容的正当性を確保するための訴訟要件（受訴裁判所の管轄権，二重起訴の禁止など）[38]，②被告の利益を保護するための訴訟要件（被告の意思により放棄し得る訴訟要件。任意管轄，訴えの変更の場合の請求の基礎の同一性など），③紛争解決の実効性を確保するための訴訟要件（訴えの利益〈狭義〉，当事者適格など）は[39]，具備を要しないと解すべきである。①は，本案判決の正当性を確保するために必要であるとされるが，請求の放棄・認諾がなされた場合には本案判決は必要ないからである。②は，請求の放棄・認諾では被告の利益を保護する必要はないからであり（請求の放棄は被告の勝訴であるし，請求の認諾は被告の意思に基づくからである），③は，当事者間で紛争は解決している以上，紛争解決の実効性を吟味する必要はないからである。ただし，法定訴訟担当や判決の拡張を基礎づける当事者適格は，これらの場合に請求の放棄・認諾を認める立場に立つ限り，必要であると解される。

6 意思表示の瑕疵

意思表示に瑕疵がある場合，請求の放棄・認諾の無効・取消しが認められるか否かは，問題である。

私法行為説，併存説に立った場合には，意思表示に関する民法の規定の適用があるので，認められることになろう。

他方，訴訟行為説に立った場合，意思表示に関する民法の規定の類推適用はなく，ただ，再審事由（338条1項5号）が認められるときに限り，その無効を主張できると解するのが，伝統的な見解であろう[40]。しかし，意思表示に関する民法の規定は訴訟を終了させる行為にも類推適用されると解するなら，訴訟行為説に立っても，無効・取消しが認められることがあろう[41]。

---

37) 中野・論点Ⅰ199頁。
38) 中野・論点Ⅰ199頁以下。
39) ②，③については，新堂〔5版〕361頁，兼子ほか・条解〔2版〕1468頁〔竹下＝上原〕，伊藤〔4版〕451頁ほか。
40) 兼子・体系303頁。
41) 兼子ほか・条解〔2版〕910頁以下〔竹下〕，伊藤〔4版〕323頁以下，上野＝松本〔7版〕131頁以下，522頁。裁判所職員総合研修所監修・民事訴訟法講義案〔再訂補訂版〕136頁ほか。なお，訴訟行為であり，かつ観念の通知と解した場合にも，同様に解すべき

7 請求の放棄と認諾の競合

請求の放棄と認諾は競合する可能性がある。その可能性は，請求の放棄は被告の請求棄却の申立て後に許されると解した場合よりも，請求の放棄も認諾も，訴状が送達され訴訟係属が生じた時もしくは原告が口頭弁論期日に訴状を陳述した時から可能となると解した場合の方が，高くなる。

このような場合，認諾は請求が前提とされていることを理由に，請求の放棄が優先すると解する見解もあるが[42]，請求の認諾が優先すると解すべきである[43]。請求の放棄は，当該訴訟との関係では被告に有利であるが，別の訴訟も考慮すれば，全体として，被告に不利となる（請求の認諾が被告に有利となる）場合もあり得るので，被告の判断を優先させるべきだからである。

V 請求の放棄・認諾の効果

1 請求の放棄・認諾を記載した調書が成立すると，その記載は，請求の放棄の場合には請求棄却の確定判決と同一の効力を，請求の認諾の場合には請求認容の確定判決と同一の効力を生ぜしめる[44]。

2 請求の放棄・認諾を記載した調書が成立すると，訴訟は放棄・認諾のあった限度で当然に終了（完結）する。訴訟費用の負担は，申立てにより第一審裁判所の決定手続に委ねられ，負担を命じる決定が執行力を生じた後，その裁判所の裁判所書記官がその額を定める（73条1項前段）。認諾・放棄をした当事者は，原則として敗訴者として費用を負担する（同条2項・61条。62条・63条も参照のこと）。

上級審で請求の放棄・認諾がなされれば，下級審で先になされた終局判決はその限度で効力を失う（大判昭12・12・24民集16巻2045頁，大判昭14・4・7民集18巻319頁）[45]。

である。兼子ほか・条解〔2版〕1470頁〔竹下＝上原〕。
42) 秋山ほかⅤ302頁。
43) 兼子・体系302頁，兼子ほか・条解〔2版〕1471頁〔竹下＝上原〕，新堂〔5版〕362頁，旧注釈民訴(4)506頁〔山本〕，高橋下〔2版補訂版〕306頁。このほか，先になされた方が優先すると解する見解もある。伊藤〔4版〕457頁。
44) 新堂〔5版〕363頁。
45) 新堂〔5版〕364頁，秋山ほかⅤ303頁ほか。

請求の放棄・認諾を記載した調書が成立し，訴訟が終了したにもかかわらず，終局判決がなされた場合には，既に訴訟係属が消滅しているにもかかわらず終局判決をしたことになるので（この終局判決は効力を生じないと解することになろう），当該終局判決に対する上訴は許されず，このような上訴は不適法却下すべきであるとの見解がある（大判昭18・11・30民集22巻1210頁を参照）。しかし，訴訟が終了したかどうかにつき争いがあり，判決の外観も存在するのだから，上訴を認め，当該終局判決を取り消して，訴訟終了を宣言する判決を出すべきである[46]。請求の放棄・認諾がなされたにもかかわらず，調書に記載がなされずに，終局判決がなされた場合は，上訴審は原判決を取り消して，原審に差し戻すなどした上で，原審において請求の放棄・認諾を調書に記載すべきである。

3 認諾調書は請求認容の確定判決と同一の効力を生ぜしめるので，給付請求についての認諾調書は執行力を生じ（民執22条7号），形成請求についての認諾調書は形成力を生ずる。

放棄調書・認諾調書に既判力が生ずるか否かについては，既判力肯定説，既判力否定説，制限的既判力説などの見解が，対立している。詳細は，§267の注釈を参照されたい。

〔中西　正〕

---

[46] 新堂〔5版〕364頁。

（和解調書等の効力）
第 267 条 和解又は請求の放棄若しくは認諾を調書に記載したときは、その記載は、確定判決と同一の効力を有する。

I 本条の趣旨・沿革

　和解、請求の放棄、請求の認諾は、判決によらない訴訟の完結形態であるが、いずれも、適法に成立し、調書に記載されると、その調書の記載に確定判決と同一の効力が与えられる。本条はこの点を明らかにしたものである[1]。

　旧々民事訴訟法（明治23年法律第29号）は、当時のドイツ民訴法に倣い、和解の効力に関しては、和解調書が債務名義となる旨のみを規定していた（旧々559条3号・4号）。他方、請求の放棄、認諾の効果については、当事者の申立てに基づき、認諾判決、放棄判決がなされることとされ（旧々229条）、これらの判決は通常の判決と同一の効力をもっていたと思われる。

　しかし、旧民訴法203条は、以上を改め、和解、請求の放棄、請求の認諾を調書に記載したときは、その調書の記載に確定判決と同一の効力が与えられる旨を規定した[2]。放棄判決・認諾判決は訴訟不経済なので廃止し、請求の放棄・認諾を調書に記載して、これに確定判決と同一の効力を付与することとし、和解についても、その効力をより明確にするため、同様に規定したものである[3]。

　本条はこの旧民訴法203条を受け継いだものである。

II 訴訟上の和解

1 意 義

　訴訟上の和解とは、訴訟係属中に、当事者双方が、訴訟上の請求に関して、紛争解決のため互譲により合意した結果を、訴訟上一致して陳述する行為であ

---

1) 兼子ほか・条解〔2版〕1471頁〔竹下守夫＝上原敏夫〕、秋山ほかV 304頁以下、賀集ほか編・基本法コンメ(2)〔3版追補版〕319頁〔河野正憲〕。
2) 民事訴訟法中改正法律（大正15年法律第61号）。
3) 松本＝河野＝徳田編・立法資料〔12〕383頁、〔13〕371頁を参照。

る[4]，あるいは，訴訟係属中に，当事者双方が，訴訟上の請求に関して互譲による実体法上の合意をし，かつ訴訟終了につき訴訟法上の合意をすることである等と[5]，定義される。

　裁判所の面前でなされる和解を「裁判上の和解」と呼び，裁判外の和解（民法695条の「和解」）と対比させるのが一般であるが，裁判上の和解は，さらに，訴え提起前の和解（275条。起訴前の和解，即決和解，提訴前の和解ともいう）と，訴訟上の和解に分けられる。前者は，訴え提起前に，簡易裁判所の面前で行われ，訴訟係属を前提としない点で，後者と異なる[6]。

　近年，民事訴訟が訴訟上の和解により終結する割合は，多いと評価すべきであろう[7]。かつて裁判所は和解による事件終結を好ましくないと見ていたが[8]，近年ではこれを肯定的に評価する傾向にあるといわれている[9]。和解の利点として，①事実を認定し法を適用した一刀両断的紛争解決ではなく，当事者間の互譲・合意による柔軟・穏当な紛争解決が可能となる（それに伴い，当事者間の良好な関係の維持，高い履行率の確保なども実現される），②判決書の作成が不要で上訴もないなど迅速でコストの少ない紛争解決が可能となる，③訴訟物以外の権利・法律関係を取り込んだ包括的紛争解決が可能となる，④和解による解決の積み重ねにより新たな権利が創造される等が，挙げられている[10]。ただし，その利点を重視する余り，和解を事実上強制し，当事者の裁判を受ける権利（証拠により認定された事実に法を適用することによる紛争の解決を得る権利）を侵害してはならないのは，当然である[11]。

---

4)　兼子ほか・条解〔2版〕1473頁〔竹下＝上原〕。
5)　伊藤〔4版〕455頁，新堂〔5版〕366頁，旧注釈民訴(4)475頁〔山本和彦〕。
6)　「裁判上の和解」の概念については，高橋上〔2版補訂版〕769頁を参照。
7)　旧注釈民訴(4)475頁〔山本〕，高橋上〔2版補訂版〕770頁。
8)　大石忠生＝加藤新太郎「訴訟上の和解の位置付け」後藤勇＝藤田耕三編・訴訟上の和解の理論と実務〔1987〕22頁以下を参照。
9)　旧注釈民訴(4)475頁〔山本〕，高橋上〔2版補訂版〕770頁。
10)　旧注釈民訴(4)475頁〔山本〕，裁判所職員総合研修所監修・民事訴訟法講義案〔再訂補訂版，2010〕（以下，「民訴法講義案」で引用）250頁，伊藤〔4版〕461頁以下。
11)　この問題については，旧注釈民訴(4)476頁〔山本〕，伊藤〔4版〕461頁以下を参照。また，垣内秀介「裁判官による和解勧試の法的規律(1)～(3)」法協117巻6号〔2000〕751頁，118巻1号〔2001〕93頁，122巻7号〔2005〕1137頁，同「裁判官による和解勧試の

2 法的性質

(1) 見解の対立

訴訟上の和解の法的性質を巡っては，見解が対立する[12]。

訴訟上の和解は私法上の和解を前提としている。民事訴訟において確定される権利関係は実体法上存在するそれと一致していると見るなら，訴訟上の和解が成立した場合，内容を等しくする私法上の和解も成立していることになるわけである。そこで，訴訟上の和解と私法上の和解の関係が問題となる。訴訟上の和解の法的性質論は，主としてこの両者の関係を巡る議論である[13]。

かつて，訴訟上の和解の性質論は，訴訟上の和解の要件，効果，無効の主張方法，解除などの問題を解決するとされた[14]。これらの問題は実質的な考慮に基づき個別に解決されるべき点で異論のない今日においても，論理的に関連し合う以上，訴訟上の和解の理論構成は，以上のような個別問題の解決をも念頭に置いて，検討されるべきであろう[15]。

(ア) 私法行為説　訴訟上の和解は，法律行為（民法695条の和解契約）であり，訴訟の機会になされ，調書に記載され，公証されると，民訴法により，訴訟終了効や，確定判決と同一の効力が付与される等と，構成する[16]。訴訟上の和解の効力の問題は，全くの実体法上の問題となろう。

(イ) 訴訟行為説　訴訟上の和解は，私法上の和解を前提としてなされるが，それとは別個の訴訟行為であるとして，以下のように主張する。訴訟係属中になされた訴訟物たる権利関係に関する私法上の和解の内容を両当事者が一致し

法的規律」民訴雑誌49号〔2003〕232頁も参照。

12) 見解の対立については，法律実務(2)100頁以下，石川明・訴訟上の和解の研究〔1966〕1頁以下，同・訴訟行為の研究〔1971〕23頁以下を参照。

13) 高橋上〔2版補訂版〕774頁以下・注8も参照。当事者間で私法上の和解が成立した後，当事者には，これを訴訟上の和解にするか，これに基づいて判決を求めるか，2つの道があるとされる。

14) 宮脇幸彦「訴訟上の和解」民訴演習I 229頁以下は，その典型である。高橋上〔2版補訂版〕763頁も参照。

15) 旧注釈民訴(4)478頁〔山本〕，新堂〔5版〕373頁以下。

16) 石川・前掲注12) 訴訟上の和解の研究25頁，新堂〔5版〕374頁（ただし，法的性質論自体は実益ある議論ではないとされる）。

て裁判所に陳述し，訴訟を終了させ，執行力などの効力を生ぜしめる，訴訟法上の合同行為である[17]。あるいは，訴訟の当事者が訴訟物たる権利または法律関係に関する主張について，相互に譲歩をなすことにより，当該訴訟を終了せしめることを約する，訴訟法上の合意である[18]。

　(ウ)　**併存説（両行為併存説）**　訴訟上の和解は，私法上の和解契約と，訴訟行為である訴訟終了の合意が組み合わさったものだと構成する[19]。両者の関係については，元来，互いに独立して存在し，前者は民法等の実体法，後者は民訴法により規律され，一方の有効・無効は他方のそれに影響を及ぼさないとの理解であったが[20]，近時は，両者の間に牽連性を認める見解（私法上の和解が無効であれば訴訟上の和解も無効になるとする）が，主張されている（新併存説）[21]。新併存説は近時の有力説である。

　(エ)　**両性説**　訴訟上の和解は，私法上の和解の属性と訴法行為の属性を有する単一の行為であり，実体法・訴訟法双方の適用を受けることになるとする見解で，訴訟上の和解における私法上の和解と訴訟行為の併存構成を認めない[22]。実体法・訴訟法どちらか一方により無効とされるときは，訴訟上の和解は無効となる。この見解が多数説であるといわれている[23]。

(2)　**裁　判　例**

　判例は，大審院時代から，基本的には，両性説によっているといわれている

---

17)　兼子・体系306頁，三ヶ月・全集288頁ほか。

18)　中田・講義155頁。

19)　松本＝上野〔7版〕527頁を参照。

20)　法律実務(2)101頁以下，松本＝上野〔7版〕527頁を参照。

21)　兼子ほか・条解〔2版〕1476頁〔竹下＝上原〕，旧注釈民訴(4) 479頁〔山本〕，河野342頁，伊藤〔4版〕457頁。古くは，宮脇・前掲注14) 230頁。ただし，私法上の和解が有効である一方，訴訟行為は無効である場合，訴訟上の和解が無効となる点に争いはないが，私法上の和解は独自の和解として効力を維持すると解すべきか否かについて，見解が対立する（兼子ほか・条解〔2版〕1475頁〔竹下＝上原〕を参照）。

22)　加藤・要論299頁，宮脇・前掲注14) 231頁，吉村徳重「訴訟上の和解」新民訴演習Ⅱ65頁，松本＝上野〔7版〕526頁，笠井＝越山編・新コンメ〔2版〕298頁〔笠井正俊〕ほか。高橋上〔2版補訂版〕776頁は，「私見は，両性説または牽連性を認める併存説となろう」とされる。

23)　秋山ほかⅡ〔2版〕201頁，笠井＝越山編・新コンメ〔2版〕336頁〔笠井〕ほか。

（大判大 6・9・18 民録 23 輯 1342 頁，大判大 9・7・15 民録 26 輯 983 頁，大判大 11・7・8 民集 1 巻 376 頁，大決昭 13・8・2 民集 3 巻 459 頁，大判大 14・4・24 民集 4 巻 195 頁，大決昭 6・4・22 民集 10 巻 380 頁，大判昭 7・11・25 民集 11 巻 2125 頁，最判昭 27・2・8 民集 6 巻 2 号 63 頁，最判昭 31・3・30 民集 10 巻 3 号 242 頁)[24]。最判昭和 31 年 3 月 30 日は，訴訟上の和解の実体は私法上の契約であり，契約に存する瑕疵のため当然無効の場合もあるから，その有効無効は和解調書の文言のみに拘泥せず一般法律行為の解釈の基準に従って判定すべきである旨を判示しているため，私法行為説に近いともいわれるが，当該事案との関係でこのような判示となったのであり，私法行為説によるものではないとされる[25]。

他方，訴訟上の和解は私法上の和解に基礎づけられた訴訟行為であり（前者は後者を含むともいう），私法上の和解が無効であれば裁判上の和解も無効となる一方，訴訟上の和解が訴訟法上の要件を欠いて無効であっても私法上の和解が無効になるとは限らないと判示した，下級審の裁判例もある（広島高判昭 40・1・20 高民 18 巻 1 号 1 頁）。

(3) ま と め

私法行為説は，訴訟終了効だけでなく，執行力，既判力などを説明する上で，不十分であろう。債務名義である執行証書（民執 22 条 5 号）ですら，執行力の根拠は訴訟行為（債務者の執行受諾の意思表示）に求められているのである。

訴訟上の和解に関し私法上の無効・取消し（取消事由の存在）・解除があれば，和解は訴訟上も私法上も無効にすることで，学説も実務もほぼ一致している[26]。訴訟法説からも同様の結論を導くことは可能であるが[27]，このような結論により整合的なのは両性説と新併存説であると思われる。

しかし，いずれの見解も，訴訟上の和解が成立する典型的な場合（裁判所が各当事者を個別に説得し，両当事者が提案された和解案を受け容れ，裁判所の面前で対

---

24) 秋山ほかⅡ〔2 版〕201 頁。旧注釈民訴(4) 478 頁〔山本〕は，判例がいずれの見解をとっているかは必ずしも明確ではないとされる。
25) 笠井＝越山編・新コンメ〔2 版〕336 頁〔笠井〕。
26) 笠井＝越山編・新コンメ〔2 版〕336 頁〔笠井〕。
27) 三ヶ月・全集 444 頁以下は，訴訟行為説に立ちつつ，訴訟上の和解の調書の記載には既判力はないとして，同様の結論を認める。

面し，和解の内容を陳述し，和解調書が作成される）は，うまく説明しているが，両当事者が裁判外で交渉を積み重ねて私法上の和解が成立し，裁判所の面前でその結果を陳述して，訴訟上の和解が成立する場合については，訴訟外で成立した私法上の和解と訴訟上の和解の関係を，合理的に説明できていないように思われる（両者は別個の存在であり，訴訟上の和解の概念の下に統合される必然性はないと思われる）[28]。

このように考えるなら，私法上の和解と訴訟上の和解の間の牽連性を基礎づける法理の存在することが前提ではあるが，訴訟行為説も合理性をもつと思われる（訴訟上の和解が成立する典型的な場面では，裁判所の勧試により私法上の和解が成立し，裁判所の面前における両当事者の陳述により訴訟上の和解が成立すると説明することになろう）。

3 訴訟上の和解の要件

訴訟上の和解の要件は，概略以下のとおりである。

(1) **当事者など**

訴訟上の和解は，当事者が当該訴訟上の請求について行うのが基本である[29]。しかし，訴訟上の請求でない法律関係を含めて和解をすることもできるし，当事者以外の第三者も和解に加わることができると解される。これらは，その必要もあり，効用も大きいので，認められるのである[30]。

当事者以外の第三者が和解に加わる場合，①この第三者は訴訟上の和解に参加している（訴外第三者も含めて訴訟上の和解が成立している）と解する見解と[31]，

---

28) このほか，兼子ほか・条解〔2版〕1476頁〔竹下＝上原〕は，実体法と訴訟法との体系的分離の下では，1個の行為が私法行為と訴訟行為の性質を併有するのは不自然だと批判する。また，松本＝上野〔7版〕527頁は，新併存説に対し，条件や行為基礎論など両者を架橋する方法を明らかにすることなく，私法上の和解と訴訟終了の合意に依存性を認めることには疑問があると，批判する。

29) 訴訟終了効の発生を目的とする以上，訴訟上の和解にとって両当事者と訴訟物は必要不可欠な要素である。伊藤〔4版〕460頁。

30) 伊藤〔4版〕460頁，高橋上〔2版補訂版〕777頁以下ほか。既に裁判所に係属している訴訟物や第三者が入るのが併合和解，そうでない訴訟物や第三者が加わるのが準併合和解である。

31) 法律実務(3)111頁，石川・前掲注16）86頁，旧注釈民訴(4)480頁〔山本〕。

②当事者間では裁判上の和解が成立し，当事者と第三者との間では訴え提起前の和解が成立していると解する見解が[32]，対立している。第三者にも確定判決と同一の効力が及ぶこと，第三者と当事者の間の和解は必ずしも訴え提起前の和解の要件を満たさないこと等を考慮すれば，①説が妥当である[33]。

(2) 係争利益を処分する権限

(a) 訴訟上の和解は，処分権主義に基づく制度であるが，当事者が当該訴訟物について訴えを提起できるだけでなく，当該訴訟物にかかる係争利益を実体法上任意に処分できなければ，許されない[34]。

(b) 職権探知主義が妥当する事件については，訴訟上の和解は許されない[35]。職権探知主義は，当事者による処分の自由を排し，実体的真実に即した判断（裁判）がなされる高度の必要性に基づくからである。人事訴訟では，職権探知主義が妥当するので（人訴 20 条），訴訟上の和解は原則として許されないが（人訴 19 条 2 項），協議離婚・協議離縁が認められることとの均衡上，離婚訴訟，離縁訴訟では離婚，離縁を内容とする訴訟上の和解が認められている（人訴 37 条 1 項本文・44 条）[36]。

(c) 会社の組織に関する行為の無効の訴え（会社 828 条），株主総会等の決議の不存在・無効の確認の訴え（会社 830 条），株主総会等の決議取消しの訴え（会社 831 条）等については，原告にも被告にも係争利益につき処分権限がないことを理由に，訴訟上の和解は許されないと解するのが多数説であるが[37]，和解の成立可能性を肯定すべきだとする有力説もある[38]。

---

32) 兼子・体系 305 頁，新堂〔5 版〕367 頁。高橋上〔2 版補訂版〕778 頁，780 頁も参照。
33) 伊藤〔4 版〕460 頁。
34) 兼子ほか・条解〔2 版〕1469 頁〔竹下＝上原〕，伊藤〔4 版〕458 頁，高橋上〔2 版補訂版〕776 頁。なお，訴訟物たる権利関係自体は，第三者に帰属し当事者が処分し得なくとも，他人間の権利関係の確認訴訟のように，その権利関係の確認によって保護される利益ないし地位が処分し得るものであればよいと，解される。兼子ほか・条解〔2 版〕1469 頁〔竹下＝上原〕。
35) 兼子ほか・条解〔2 版〕1476 頁〔竹下＝上原〕，伊藤〔4 版〕458 頁。
36) 松本博之・人事訴訟法〔第 3 版，2012〕196 頁以下。なお，高橋上〔2 版補訂版〕778 頁注 10 の 2 も参照。
37) 兼子ほか・条解〔2 版〕1477 頁〔竹下＝上原〕。
38) 伊藤〔4 版〕450 頁，458 頁。

(d)　行政訴訟における和解については，訴えの対象たる事項につき当事者が処分権能を有する限り，許される[39]。

　(e)　訴訟担当については，選定当事者など任意的訴訟担当の場合は，授権行為において訴訟物に関する係争利益の処分権限が付与されているか否かにより，訴訟上の和解の可否が決せられるべきである[40]。

　法定訴訟担当の場合は，訴訟追行権付与の趣旨により決すべきである[41]。破産管財人は，清算遂行のため破産財団に関する排他的で包括的な管理処分権を付与されているので（破78条1項），訴訟上の和解をする権限も認められる（破78条2項11号参照）。これに対して，債権者代位訴訟における代位債権者は，責任財産の保全という制度趣旨から，無制限の処分権は認められないので，訴訟上の和解は許されないと解される[42]。債権者取立訴訟（民執157条）についても，無制限の処分権は認められないので，同様であろう[43]。会社法上の責任追及の訴え（会社847条）も，原告たる株主は訴訟担当であるが，同様に，当該株式会社が和解の当事者となるか，和解を承諾する場合でなければ（会社850条1項～4項を参照），訴訟上の和解は許されないと解される[44]。

　訴訟担当において，担当者に訴訟上の和解をする権限がない場合には，被担当者と相手方当事者が私法上の和解をした上で，訴訟担当者と相手方当事者が訴訟終了の合意をすべきであろう[45]。

---

[39]　兼子ほか・条解〔2版〕1477頁〔竹下＝上原〕。行政処分の効力に影響を及ぼす和解は許されないとする見解もある。南博方＝高橋滋編・条解行政事件訴訟法〔第3版補訂版，2009〕195頁〔齋藤繁道〕。

[40]　伊藤〔4版〕459頁（このような処分権限が付与されていない場合には，被担当者たる権利主体を和解に関与させ，私法上の合意をなさしめた上で，訴訟当事者間で訴訟終了の合意をすべきである）。

[41]　伊藤〔4版〕459頁。

[42]　池田辰夫・債権者代位訴訟の構造（1995）104頁，伊藤〔4版〕459頁，高橋上〔2版補訂版〕257頁。

[43]　東京地裁債権執行等手続研究会編著・債権執行の諸問題〔1993〕155頁〔浅井重機〕，伊藤〔4版〕459頁。

[44]　旧注釈民訴(4)481頁〔山本〕，兼子ほか・条解〔2版〕1477頁〔竹下＝上原〕，伊藤〔4版〕459頁，松本＝上野〔7版〕528頁。

[45]　伊藤〔4版〕459頁。

(3) 和解の内容

 (a) 民法695条が和解の要件として互譲を挙げるところから，訴訟上の和解にも互譲が要求されるか否かが問題となる[46]。訴訟行為説によるならともかく，併存説，両性説をとるなら，必要であると解すべきである。ただし，互譲の程度・態様は，裁判上の和解という性質上，訴訟物だけを基準とせず，柔軟に解すべきであろう。すなわち，訴訟物について互譲はなくとも，他の権利関係や訴訟費用の負担などを含め，全体を見て互譲があるといえるなら，訴訟上の和解は適法であると解される[47]。さらに，訴訟係属の消滅自体を互譲と見て，訴訟費用の負担の互譲すら不要とする[48]，あるいは互譲の有無自体は問題とする必要がないとする見解もある[49]。

 (b) 和解条項により認められる権利義務が強行法規に違反する（法律上存在が許されない）場合，公序良俗に反する場合には，当該訴訟上の和解は無効である[50]。権利・法律関係自体は認められるが，公序良俗・強行法規違反の原因に基づく場合も，同様であろう。このような権利・法律関係の実現に国家が助力することは，自己矛盾であり，我が国の法秩序の基本に反すると思われるからである[51]。例えば，借地借家法3条の借地権の存続期間に反する裁判上の和解は無効だと解すべきである（東京高判昭30・5・30東高民時報6巻6号138頁参照）[52]。

 (c) 裁判上の和解に条件を付することの可否は，条件の成就・不成就が和解の成立に関係し，その安定性を害するか否かという観点から，決せられるべきである[53]。訴訟上の和解の成立自体は無条件で，和解の内容に条件が付いて

---

46) 民法695条の互譲の意義については，差し当たり，山本敬三・民法講義Ⅳ-1 契約〔2005〕801頁以下を参照。
47) 新堂〔5版〕366頁以下。
48) 旧注釈民訴(4) 482頁〔山本〕。
49) 高橋上〔2版補訂版〕777頁，779頁以下。
50) 兼子ほか・条解〔2版〕1477頁〔竹下＝上原〕，新堂〔5版〕367頁，旧注釈民訴(4) 482頁〔山本〕。
51) 兼子ほか・条解〔2版〕1468頁〔竹下＝上原〕を参照。
52) 旧注釈民訴(4) 482頁〔山本〕。
53) 以下は，高橋上〔2版補訂版〕780頁以下注14による。

§267 II　　　　　　　　　　　　第2編　第6章　裁判によらない訴訟の完結

いる場合（例，原告が被告に金1億円を支払えば被告は原告に甲地につき所有権移転登記手続をする），当該訴訟上の和解は適法である。訴訟上の和解の成立自体に条件が付された場合は，それが解除条件であれば（例，被告は原告に金1000万円を10回の分割払いで支払う，ただし1回でも支払を怠れば訴訟上の和解自体を無効とする），和解内容の不履行解除と同等だと位置づけ得るので，適法だといえる。しかし，それが停止条件であれば（例，被告が原告に金5000万円を支払えば，原告・被告間にその余の債権債務が存在しない旨の裁判上の和解を成立させる），訴訟経済上の問題があり，不適法である[54]。

(4)　意思の瑕疵がないこと

訴訟上の和解は当事者間の合意に基づいて紛争を解決するのだから，意思表示に要素の錯誤，詐欺，強迫等の瑕疵のある場合，意思表示が通謀虚偽表示である場合などには，その取消し・無効が認められるべきである[55]。意思表示に関する民法の規定は訴訟を終了させる行為に類推適用され[56]，遮断効は意思の瑕疵の主張について及ばないとするなら，訴訟上の和解の法的性質につき，訴訟行為説，併存説，両性説のいずれに立っても，このように解することが可能となろう[57]。

要素の錯誤がある場合（最判昭33・6・14民集12巻9号1492頁）[58]，通謀虚偽

---

[54]　停止条件が成就しない間は訴訟係属があり審理・判決もなされ得るが，判決が確定するまでに停止条件が成就すれば，それまでの審判は無意味になる。髙橋上〔2版補訂版〕780頁。

[55]　兼子ほか・条解〔2版〕1477頁〔竹下＝上原〕，髙橋上〔2版補訂版〕781頁以下，伊藤〔4版〕468頁，三ヶ月・全集444頁ほか。反対，兼子・体系309頁。

[56]　兼子ほか・条解〔2版〕910頁以下〔竹下〕，伊藤〔4版〕323頁以下，民訴法講義案136頁ほか。

[57]　併存説，両性説の場合，私法行為（的側面）・訴訟行為（的側面）のそれぞれに，民法の意思表示に関する規定が，適用・類推適用されるものと思われる。いずれかが無効であれば（取り消されれば），訴訟上の和解は効力を生じないと解される。訴訟行為説の場合も，私法上の和解は訴訟上の和解の前提（基礎）となりその陳述の内容になると解するのであれば（三ヶ月・双書〔3版〕508頁），前者の無効・取消しは後者の無効を招来すると解することが可能であると思われる。前掲(2)(2)，広島高判昭40・1・20も参照。

[58]　ただし，錯誤は，和解の前提ないし基礎として争われなかった事項について，当事者に錯誤があった場合に限られる。山本・前掲注46）806頁以下を参照。

表示によりなされた場合（大阪高判昭55・1・30判時966号50頁）は無効であり，詐欺・強迫によりなされた場合は取り消し得る。無権代理の場合も無効である[59]。

(5) 訴訟要件

訴訟要件は本案判決をする要件であり，訴訟上の和解は本案判決ではないので，訴訟要件は当然にはその要件とならない。訴え提起前の和解との均衡からもこのように解されよう。ただ，調書の記載により確定判決と同一の効力を認められるので，当事者の実在，当事者能力，権利保護の資格など，判決効の不可欠の前提となる訴訟要件の具備は必要である[60]。

(6) 期日における口頭の陳述

訴訟上の和解は，当事者双方が，口頭弁論期日，弁論準備手続期日，和解期日において，裁判所（受命裁判官，受託裁判官）の面前で，口頭で陳述することにより，成立する（例外は，264条・265条）[61]。口頭弁論終結後でも，終局判決後でもよく，上告審においても可能である。訴訟外で私法上の和解が成立し，その事実が口頭弁論で主張された場合でも，両当事者による期日における口頭の陳述がない限り，訴訟上の和解は成立しない。

4　訴訟上の和解の効力

和解を調書に記載したときはその記載は確定判決と同一の効力を有するとされるので，「確定判決と同一の効力」の意味が問題となる。

(1) 訴訟終了効

判決の確定により訴訟は終了する。したがって，和解を調書に記載すれば訴訟は終了するものと解される。訴訟費用，和解の費用は，和解において特段の定めのない限り，各自が負担する（68条）。和解において訴訟費用負担の割合のみを定め，その額は定めなかったときは，訴訟費用額確定決定を申し立てる

---

[59] ただし表見代理の規定は訴訟行為には適用されないと解すべきである。前掲（**2**(2)）広島高判昭40・1・20も参照。

[60] 伊藤〔4版〕460頁以下，新堂〔5版〕367頁，民訴法講義案251頁。

[61] 兼子ほか・条解〔2版〕1477頁〔竹下＝上原〕，伊藤〔4版〕464頁，高橋上〔2版補訂版〕778頁以下。伊藤〔4版〕461頁以下も参照。なお，高橋上〔2版補訂版〕781頁は，訴訟上の和解は調書への記載により成立するとする。

〔中西〕

ことができる（72条）。

和解が上級審でなされたときは，確定判決と同一の効力が生じる以上，下級審判決は当然に失効する[62]。原判決が仮執行宣言付で，それに基づき強制執行が開始され，上級審での和解により原判決が失効した場合，当該強制執行は取り消されるべきである（民執40条1項・39条1項3号を参照）。

(2) 執 行 力

和解調書の記載に和解当事者の一方の他方に対する具体的給付義務が存在するときは，その調書は執行力を有する（民執22条7号。意思表示をすべき義務については民執174条1項本文を参照）。

執行力の主観的範囲は，確定判決のそれに準じる（民執23条1項）。甲地の上に乙（建物）が存在する場合に，裁判上の和解によりAが乙を収去し甲地を明け渡す義務を負ったときは，和解調書成立後Aより乙を借り受けたBは，民執23条1項3号の債務名義成立後の承継人として，当該和解調書の執行力を受ける（最判昭26・4・13民集5巻5号242頁，大決昭5・4・24民集9巻415頁を参照）。しかし，和解調書が成立する前にAより乙を借り受けたBには，及ばないことになる（大決昭7・4・19民集11巻681頁）。

和解調書に記載された請求権（和解当事者の一方が他方に負う給付義務）は，強制執行を可能ならしめる程度に特定性・具体性を有していなければならない（最判昭27・12・25民集6巻12号1271頁，最判昭42・8・25民集21巻7号1729頁を参照）。和解調書の記載が不特定ないし具体性を欠く場合には，執行力は生じないと解され，執行文は付与されない。

(3) 既 判 力

和解調書の記載に既判力があるか否かについては，見解の対立がある[63]。

(ア) **既判力肯定説** 和解調書に既判力を認める見解である[64]。その理由として，以下を挙げることができる。①放棄判決・認諾判決（当然既判力を有す

---

62) 旧注釈民訴(4) 483頁〔山本〕，兼子ほか・条解〔2版〕1478頁〔竹下＝上原〕。
63) この問題については，高田裕成「訴訟上の和解の効力論への一視点」井上追悼260頁以下を参照。
64) 兼子・体系309頁，中田・講義157頁，小山〔5訂版〕444頁，同「訴訟上の和解と調停」同・著作集(7) 253頁。

る）を訴訟経済上の理由から調書の記載に代え，和解の調書記載をこれらと同等に置き，「確定判決と同一の効力を有する」と規定した沿革からすれば，既判力を認めるべきである[65]。②訴訟上の和解は，紛争解決の最終的局面である訴訟において，裁判所の関与の下で行われる，判決に代わる紛争解決手段である以上，既判力をもつべきである[66]。③既判力がないなら，当事者の一方に不当な紛争蒸し返しの手段を与えることになる[67]。

　この見解によれば，和解の無効・取消しの主張は，再審事由（338条1項）に準ずる瑕疵がある場合に，再審の訴えに準ずる訴えによってのみ許され，要素の錯誤や詐欺・強迫というような実体法上の瑕疵に基づき，和解の効力を否定して，期日指定の申立てなどの方法により，和解調書上の権利を否定することは，許されないことになろう[68]。

　(ｲ)　**既判力否定説**　和解調書に既判力はないと解する見解であり[69]，以下を理由とする。①既判力は裁判所による公権的（強権的）紛争解決方式である判決に付与されるが，訴訟上の和解は当事者の合意に基づく自主的紛争解決方式であり，既判力を付与する理由はない[70]。②和解調書には判決主文に対応するものがないので，既判力を認めてもその客観的範囲は不明確である[71]。③訴訟上の和解の有効性を担保する裁判所の関与は必ずしも十分ではない（例，訴

---

65)　これに対しては，このような改正が行われた際，立法者は，訴訟上の和解に判決以上に強い失権効を認める結果となることを十分に理解（意識）していたとは思えない（終局判決に対しては上訴という不服申立てがあるが，訴訟上の和解には対応する手段がない）という批判がある。実務民訴(3) 154頁参照。

66)　兼子・体系309頁。

67)　藤原弘道「訴訟上の和解の既判力と和解の効力を争う方法」後藤＝藤田編・前掲注8)書487頁以下（ただし，判例法を前提とすれば，既判力肯定説は「法的安定の観点からもあまり実務的でないといわざるをえない」とされる）。

68)　兼子ほか・条解〔2版〕1479頁〔竹下＝上原〕。

69)　岩松三郎「民事裁判における判断の限界」同・民事裁判の研究〔1961〕99頁，三ヶ月・全集444頁，石川・前掲注12)訴訟上の和解の研究126頁，中野・論点Ⅰ266頁，新堂〔5版〕355頁，兼子ほか・条解〔2版〕1480頁〔竹下＝上原〕，松本＝上野〔7版〕514頁，高橋上〔2版補訂版〕782頁ほか。現在の多数説である。

70)　三ヶ月・全集443頁以下，新堂〔5版〕372頁以下，高橋上〔2版補訂版〕782頁ほか。

71)　これに対しては，高橋上〔2版補訂版〕782頁を参照。

〔中西〕

訟手続の初期になされる和解，当事者間の交渉で成立した合意を調書化した和解）以上，和解の瑕疵に関する争いを一切遮断するのは手続保障を害し，憲法32条に反するおそれもある[72]。

　(ウ)　**制限的既判力肯定説**　訴訟上の和解が実体法上有効である場合にのみ既判力を認める見解である[73]。

　代表的な見解は，以下のように主張する[74]。和解調書は，既判力の積極的効力（後訴は既判力ある訴訟物の存否に関する判断を前提に判断せねばならないとする拘束力）を有している。これを否定するなら，当事者は，後訴において，何の訴訟法的制約もなく和解調書の記載内容を争うことができ，和解の紛争解決機能は著しく損なわれるからである。調書の記載内容は民法696条により争えないが，承継人など第三者に拡張される利点を考慮するなら，既判力を肯定すべきである。他方，消極的効力（遮断効。訴訟物の存否に関する判断を覆す主張を後訴において遮断する効力）も有しているが，これは意思表示の瑕疵には及ばない。訴訟上の和解の拘束力は合意を基礎とする以上，これについて瑕疵が認められるにもかかわらず，拘束力を維持するのは不適切だからである。

　(エ)　**判　例**[75]　判例は，以下の如く，制限的既判力肯定説に立つと見ることが許されようか[76]。

　① 積極的効力　訴訟上の和解の成立後，当事者の一方が，その無効・取消しを前提とすることなく，和解において合意された権利関係と矛盾する権利関係を訴訟物とする後訴を提起した場合，訴訟物たる権利関係の存否に付き審理するまでもなく，請求を棄却すべきであると解するのが，判例の立場である（大判昭12・5・11判決全集4輯10号3頁，最大判昭33・3・5民集12巻3号381

---

72)　旧注釈民訴(4) 486頁〔山本〕も参照。
73)　中村英郎「裁判上の和解」民訴講座(3) 838頁，菊井下375頁，山木戸・論集434頁，梅本吉彦「訴訟上の和解の効力について」三ヶ月古稀中555頁，旧注釈民訴(4) 486頁〔山本〕，伊藤〔4版〕466頁以下。
74)　伊藤〔4版〕466頁以下を参照。
75)　藤原・前掲注67) 480頁以下の分析に従って，解説する。
76)　兼子ほか・条解〔2版〕1479頁〔竹下＝上原〕。ただし，藤原・前掲注67) 483頁以下は，判例が「和解に既判力を認めたものと確言することはでき」ないとされる。民訴法講義案254頁も同旨である。

頁)77)。また，訴訟上の和解の成立後，その履行がないため，当事者の一方が同一内容の請求をした事例で，大審院は，訴訟上の和解は確定判決と同一の効力を有することを理由に，このような訴えは許されない旨を判示している（大判昭 10・7・25 新聞 3874 号 18 頁)78)。

② 消極的効力（遮断効）　まず，ⓐ訴訟代理人の代理権の欠缺（55 条 2 項 2 号を参照）を理由に訴訟上の和解の無効が主張される事例では，代理権欠缺の証明があれば無効を認めるのが判例である（大判昭 3・3・7 民集 7 巻 98 頁，大判昭 7・11・25 民集 11 巻 2125 頁，大判昭 8・4・26 新聞 3558 号 17 頁，大判昭 14・8・12 民集 18 巻 903 頁，最判昭 38・2・21 民集 17 巻 1 号 182 頁)79)。

次に，ⓑ訴訟上の和解における意思表示の瑕疵（権利障害事由）については，要素の錯誤（民 95 条）を主張・立証して，その効力を争うことができるとするのが判例である（大決昭 6・4・22 民集 10 巻 380 頁，前掲最判昭 33・6・14)80)。

(オ) まとめ　(i) はじめに　訴訟上の和解の既判力の問題においては，①訴訟上の和解により成立した権利をどのように確定するか，②訴訟上の和解を基礎づける意思表示の瑕疵の主張（権利障害事由）を遮断するか，③意思表示の瑕疵を除く訴訟上の和解の要件の欠缺の主張（訴訟上の和解の成立過程における手続的瑕疵など）を遮断するか等が，重要な判断要素となろう。

①は民法 696 条など実体法上の効力で十分であり81)，②，③についてはこれを否定すべきであると考えるなら，既判力否定説に立つことになろう。①については既判力による確定が必要であり，②，③についてもこれを肯定し，民訴

---

77) 最大判昭 33・3・5 は，罹災都市借地借家臨時処理法に基づく借地権設定・借地条件確定の申立てを却下する旨の決定がなされ，「係争土地につき借地権を有しない」旨の訴訟上の和解が成立したのと同一の効力が生じた（同法 25 条）後に，その申立人が同一係争地につき借地権の確認を求める訴えを提起した，事例である。最高裁は，「処理法 25 条は，同法 15 条の規定による裁判は裁判上の和解と同一の効力を有する旨規定し，裁判上の和解は確定判決と同一の効力を有し（民訴 203 条），既判力を有するものと解すべきであり，また，特に所論の如く借地権設定の裁判に限つて既判力を否定しなければならない解釈上の根拠もな」いと判示して，請求を棄却した原審の判断を支持した。
78) この点につき，藤原・前掲注 67) 482 頁以下を参照。
79) この点につき，藤原・前掲注 67) 484 頁，489 頁を参照。
80) 以上の点につき，藤原・前掲注 67) 484 頁，489 頁を参照。
81) 和解契約の効力については，山本・前掲注 46) 802 頁以下を参照。

法338条1項の制約の下でのみ瑕疵の主張を許すべきであると考えるなら，既判力肯定説に立つことになろう。他方，①については既判力による確定が必要であり，③は肯定すべきであるとしつつ，②については遮断を否定するなら，制限的既判力肯定説に立つべきことになる。①，②，③のそれぞれにつき，どのような政策的立場をとるかが，決定的だと考えられる[82]。

　(ii) ②について　　まず，②は遮断すべきでない点については，概ね見解の一致があり（上述3(4)を参照），この点からすれば，既判力肯定説は妥当でないと思われる。

　遮断すべきでないという結論は，既判力否定説からは当然の帰結であるが，制限的肯定説からはこれをどのように説明するか問題となろう（②につき遮断を否定しつつ既判力を認めるのは背理だと批判されている）[83]。この点については，有効な合意の存在を前提として，その調書の記載に拘束力が付与される以上，その拘束力を既判力だとしつつ，合意が有効でない場合には既判力を否定することは，背理ではないと説明することも，可能であろう[84]。

　(iii) ①について　　既判力を肯定すれば訴訟上の和解に基づく権利は調書の記載から直ちに認めることができ，この結論は合理的だと思われる。ただ，既判力を否定しても，当該権利は当事者間の私法上の和解により基礎づけられ，和解調書がこのような私法上の和解の存在の強力な証拠となる。したがって，既判力を認める実益は，このような権利の存在を覆す主張を遮断する点にあることになるが，制限的肯定説の下では，和解における意思表示の瑕疵の主張は遮断されない。仮に，意思表示の瑕疵の主張の遮断を除けばこの場面での遮断効に実益はないとするなら（後述(iv)を参照），否定説と制限的肯定説の間に余り差はないと思われる[85]。

　制限的肯定説は，既判力を認める実益は，和解の拘束力を承継人など第三者

82) 髙田・前掲注63) 269頁以下を参照。
83) 兼子・体系309頁，三ケ月・全集444頁。
84) 伊藤〔4版〕468頁を参照。
85) 訴訟上の和解の成立後に当事者の一方が調書に記載された権利と同じ権利を訴訟物とする訴えを提起した場合，既判力否定説に立てば，既判力獲得のため，訴えを認めることになろうか。ただし，この場合の既判力が和解における意思表示の瑕疵まで遮断すると解すなら，制限的既判力肯定説に立っても訴えを認めることになろう。

に拡張する点にあると，主張する[86]。これに対しては，拡張する実益には疑問があるという批判がある[87]。確かに，私法上の和解の効力（民696条を参照）は当事者以外にも妥当するのだから，和解の内容が公証される以上，既判力の拡張に実益はないと思われる。また，制限的肯定説の既判力は当事者間で実益が少ないのであれば（意思表示の瑕疵につき遮断効が働かない），これを第三者に拡張しても，余り実益のないことは，否定できないと思われる。

(iv) ③について　以上のように考えるなら，問題は，③との関係では，制限的肯定説の既判力の遮断効はどのような実益をもつかであろう。

この点に関しては，差し当たり，㋐訴訟能力の欠缺，㋑代理権の欠缺，㋒関与できない裁判官の和解の成立への関与，㋓調書の記載内容の特定性の欠如，㋔処分権限の欠如などが，問題となると思われる。そして，民訴法338条1項に鑑みれば，㋐，㋑，㋒は既判力を認めても遮断されないので，決め手にならないと思われる（上述4(3)(d)②も参照）。㋓，㋔についても同様であろう。

(v) むすび　制限的肯定説に立ち，変則的な既判力を容認してまでも，遮断効による失権を認める実益があるのか，遮断効による失権を必要ならしめる事由が存在するのか，これが議論のポイントではないかと思われる。そして，以上で見る限り，そのような事由は存在しないように思われる。したがって，既判力否定説に立った上で，個別具体的な解釈により問題点を除去していくというアプローチが，妥当であると思われる。

5　無効等の主張方法

(1) 総説

㋐　はじめに　訴訟上の和解の無効を主張する方法は，民訴法に規定がないため，解釈論上の問題となる。たとえ既判力肯定説に立ったとしても，民訴法338条1項各号該当の事由に基づいて無効を主張できる以上，無効を主張する手続のあり方は問題となろう（再審の訴えをどのように準用するかが問題となる）。

以下では，主として，既判力否定説，制限的肯定説を前提に，検討を行うこ

---

86) 伊藤〔4版〕468頁。
87) 髙橋上〔2版補訂版〕788頁以下。

§267 Ⅱ　　　　　　　　　　　第2編　第6章　裁判によらない訴訟の完結

とにしたい。無効を主張する方法としては，論理的には，期日指定の申立て，和解無効確認の訴え，請求異議の訴え，再審の訴えなどがあり得よう。

　(イ)　**期日指定の申立て**　　当事者は，訴訟上の和解が成立した裁判所に期日指定の申立てをする。裁判所は，申立てを受けると，期日を指定し，口頭弁論を開いた上で，まず，訴訟上の和解が無効であるか否かを審理し[88]，無効であると判断すれば[89]，従来の訴えを続行して，終局判決をし，無効であると判断できなければ，訴訟終了宣言判決をする。

　(ウ)　**和解無効確認の訴え**　　訴訟上の和解により終了したとされる事件（以下「旧訴」という）とは別に，和解無効確認の訴えを提起する。和解の無効を確認する判決が確定した後については，論理的には，①当該訴訟上の和解の訴訟終了効は消滅し（終了しなかったこととなり），これにより旧訴が復活し，期日指定の申立てをするという方法と，②旧訴が復活することはなく，本案につき新訴を提起するという方法が，あり得よう。なお，和解の無効を確認する判決が確定すれば，強制執行を停止し（民執39条1項2号），執行処分の取消しを得ることができる（民執40条1項）。ここで，民訴法403条1項1号を類推適用できるなら，請求異議訴訟と同様の機能を果たすことができよう。

　(エ)　**請求異議の訴え**　　和解調書を債務名義とする民事執行に対して（民執22条7号），請求異議の訴えを提起し（民執35条），そこで裁判上の和解の無効事由を主張・立証する。強制執行の一時停止を得て（民執36条1項・39条1項7号），訴訟上の和解の無効を争い，勝訴判決が確定すれば強制執行の停止・執行処分の取消しを得る（民執39条1項2号・40条1項）ことが，可能となる。

　(オ)　**再審の訴え**　　既判力を肯定するなら，再審の訴えを提起することが可能である。ただし，判決がなされたわけではないので，民訴法338条以下の規定を準用するほかなく，どのように準用するかが問題となろう[90]。

---

88)　この場合，口頭弁論を，和解の無効原因の存在の問題だけに，制限すべきである（152条1項）。
89)　この場合，中間判決をするのが望ましい（245条前段）。
90)　新堂〔5版〕374頁，高橋上〔2版補訂版〕781頁，786頁注18を参照。特に再審事由をどのように解するかが問題となる。

(2) 見解の対立

(ア) **判　例**[91]　判例は，要素の錯誤などにより訴訟上の和解が無効であるときは，旧訴はなお存続するので，当事者は和解の無効を主張して期日指定の申立てをし，訴訟の続行を求めることができ，この場合裁判所は口頭弁論を開き和解の無効につき審理すべきであるとする（大決昭6・4・22民集10巻380頁，大決昭8・7・11民集12巻2040頁）。しかし，他方で，旧訴とは別に，和解無効確認の訴えを提起することもでき（大判大14・4・24民集4巻195頁），和解調書に執行力がある場合には，請求異議の訴えにより調書上の請求権が存在しないことを主張できるとする（大判昭10・9・3民集14巻1886頁）。また，私法上の無効ではない再審事由が問題となる場合には，再審の訴えを認める趣旨の判決もある（大判昭7・11・25民集11巻2125頁）。

(イ) **期日指定の申立て説**　訴訟上の和解の無効の主張方法は，期日指定の申立てを原則とすべきであるが，例外的に訴えの利益が認められる場合には，和解無効確認の訴えも認められるとする[92]。これとは別に，請求異議の訴えを認める見解もある。

当事者が訴訟上の和解が成立した裁判所に申立てをし（無効取消し事由の審理について必ずしも三審級を保障しないことになる。なお，以下では，無効取消し事由を簡略化して「無効事由」という），裁判所が無効事由の存在につき審理をし，無効でなければ訴訟終了宣言判決をし，無効であれば，従来の訴えを続行して終局判決をすることは，訴訟上の和解の無効の事件を，再審手続と同様の手続で処理することになり（ただし，再審事由の存否を巡る紛争を先に既判力を以て解決するような仕組みは存在しない），民事手続法全体におけるバランスの点で合理的であることが，その主たる理由であると思われる[93]。

ただし，①和解に訴訟当事者でない第三者が利害関係人として参加しており，当該第三者が若しくは当該第三者に対して和解無効を主張する場合，②和解無

---

91)　判例のルールは，兼子ほか・条解〔2版〕1480頁〔竹下＝上原〕以下，秋山ほかV 305頁以下による。
92)　兼子ほか・条解〔2版〕1481頁以下〔竹下＝上原〕，秋山ほかV 306頁，高橋上〔2版補訂版〕782頁以下，785頁，伊藤〔4版〕469頁ほか。
93)　高橋上〔2版補訂版〕785頁を参照。

効が記録の保存期間経過後に主張された場合には，期日指定の申立てはできないので，和解無効確認の訴えを認めるべきである（確認の利益が認められる）[94]。

　以上に加え，請求異議の訴えを認めるか否かについては，請求異議の訴えは当該債務名義に基づく強制執行を排除することを固有の使命として民事執行法上特に設けられた訴えであり，執行停止も含めて，債務者にとり最も完備した救済手段であるから，一般に訴えの利益があるとする見解[95]，訴訟上の和解の無効を前提として期日指定の申立てがなされた場合に，民訴法403条が類推適用されると解すれば，執行停止の問題は解決するので，請求異議の訴えを行う必要性はないとする見解[96]，対立する。

　(ウ)　**和解無効確認の訴え説**　訴訟上の和解の無効の主張方法は，和解無効確認の訴えによるべきであるとする見解である[97]。

　ある論者は，和解無効確認の訴えは，必要に応じて請求異議の訴えの形をとるが，期日指定申立ては認められないとし，その理由として，以下の点を挙げる[98]。①訴訟上の和解の無効を巡る争いは，旧訴の訴訟物に関する紛争とは別個の新たな民事紛争であり，その解決に三審級を保障しないのは不当である（和解が上級審で成立した場合，期日指定の申立て説に立てば不当に審級の利益を奪うことになる）。②和解契約の不履行による解除や相殺などを理由とする和解無効は，新たな紛争である以上，別訴により処理するほかない。しかし，期日指定の申立て説に立てば，1つの和解を巡る紛争につき2つの解決手段が存することとなり，当事者はいずれの手段を選択すべきかリスクを負うことになるし，裁判所もどちらが妥当か判断する負担を負う。

　(エ)　**判例の立場を支持する見解**　以下のように主張する[99]。

---

94) 兼子ほか・条解〔2版〕1482頁〔竹下＝上原〕，秋山ほかV 306頁。高橋上〔2版補訂版〕784頁以下では，両当事者が和解無効確認の訴えでよいとする場合，さらには，「応用型の和解」の場合も，和解無効確認の訴えに確認の利益を認めるべきであるとする。
95) 兼子ほか・条解〔2版〕1482頁以下〔竹下＝上原〕。
96) 高橋上〔2版補訂版〕785頁，792頁注34。
97) 三ヶ月・全集445頁，同・双書〔3版〕513頁，石川・前掲注12）訴訟上の和解の研究154頁，同・前掲注12）訴訟行為の研究9頁。
98) 三ヶ月・全集445頁，同・双書〔3版〕513頁。
99) 新堂〔5版〕375頁以下。

§267 II

　訴訟上の和解の効力に関する争いは，ⓐ無効であれば訴訟は終了していないことになるという意味では，訴訟係属の存否にかかわる問題であるし，ⓑ互譲により生じた権利関係の変動を否定するという意味では，新たな実体上の紛争であるともいえる。ⓐを重視すれば，その問題は当該手続内で解決すべきであるし，それまでの訴訟状態をそのまま維持した方が，当事者間の公平からも訴訟経済からも合理的であることになる。しかし，ⓑを重視すれば，三審級を保障すべきである（上級審で和解が成立した場合には別訴により審級の利益を保護すべきである）ことになる。

　以上のように考えるなら，期日指定申立てによる方法と，別訴（和解無効確認の訴え・請求異議の訴え）による方法は，いずれが優れているともいえず，むしろ，既に安定した判例の立場を是認して，両方の途の選択を当事者に許すべきである[100]。

(3) まとめ

　この問題における最も重要な争点は，㋐旧訴の訴訟状態を維持することが，当事者間の公平からも，訴訟経済からも，合理的であると考えるのか，㋑訴訟上の和解の無効を巡る争いに三審級を保障すべきであると考えるのかにあると，いえよう[101]。民訴法の再審の訴えの規律は，明らかに㋐に立っている。

　和解無効確認の訴え説は，訴訟上の和解の無効を巡る争いに三審級を保障しようとする見解だと位置づけられよう。しかし，それでは，再審事由の存否を巡る争いには三審級は保障されていないことと均衡がとれない。また，和解の無効を確認する判決が確定しても，旧訴は復活せず，本案につき新訴を提起すべきであると解するなら（上述(1)(ウ)における②説），訴訟上の和解の無効を巡る争いに三審級，本案を巡る争いに三審級がなされる可能性が生じ，その際旧訴の訴訟状態も活かされないので，当事者間の不公平や訴訟経済上の問題が生じる[102]。

---

100)　髙橋上〔2版補訂版〕784頁以下は，この見解は「実践的で説得力のある考え方」であるが，どのルートによるか両当事者の考えが一致しない場合に，和解を攻撃する側と防御する側のバランスを計るため，原則的なルートがどれかを考えておくべきだとされる。
101)　髙橋上〔2版補訂版〕782頁以下。
102)　髙橋上〔2版補訂版〕783頁以下。

以上からすれば，期日指定の申立てを原則とし，それが困難な場合にのみ和解無効確認訴訟に訴えの利益を認める見解が，妥当であると思われる（例外的に和解無効確認の訴えが認められる場合については上述(2)(イ)を参照）。和解無効を主張する当事者は，無効事由存否の問題につき三審級の保障を望むなら，先制攻撃的に和解無効確認の訴えを提起することもあり得よう。このような場合に和解無効確認の訴えの利益を認めるのは，再審の訴えと同様の審級保障でよいと考える相手方当事者に対し，不公平であると思われる[103]。ただし，両当事者が和解無効確認の訴えで争いたいとする場合は，訴えの利益を認めるべきか否か問題となろう[104]。

なお，旧訴は訴訟上の和解を調書に記載することにより終了しているので，裁判所の訴訟上の和解が無効であるとの判断は，訴訟終了の効果を覆滅させなければならない。期日指定の申立て説に立った場合，判決理由中の判断にこのような効果を付着せしめることが可能なのかという問題があるように思われる[105]。中間判決をすべきであろうか。

6 解　除

(1) はじめに

訴訟上の和解を債務不履行に基づいて解除できる点に，異論はない[106]。そして，既判力肯定説に立ったとしても，既判力の基準時後の事由であり，遮断されない以上，解除・無効の主張が認められるなら，裁判所は，和解の効力が消滅したことを前提に，審理・判断せねばならない。既判力否定説，制限的既

---

[103] 兼子ほか・条解〔2版〕1482頁〔竹下＝上原〕，高橋上〔2版補訂版〕784頁以下を参照。

[104] 高橋上784頁〔2版補訂版〕。当事者の公平を重視すれば可となるし，訴訟経済を重視すれば不可となろうか。

[105] しかし，兼子ほか・条解〔2版〕1481頁〔竹下＝上原〕は，旧訴は訴訟上の和解を調書に記載することにより確定的に終了しているが，裁判所の訴訟上の和解が無効であるとの判断は，訴訟終了の効果を覆滅させ，旧訴訟を続行させるという形成的効果をもつとする。

[106] 訴訟上の和解に債務不履行があった場合，和解調書を債務名義として強制執行できる点に問題はない。しかし，ここでは，強制執行を選択せず，和解契約を解除し，元の権利関係を争う面を，想定している。

判力肯定説からも,同じ結論が導けよう。

問題は,当事者は解除による無効をどのような手続で主張するかである。ここでは,期日指定申立て説,新訴提起説,両者の折衷説が,対立する。

(2) **期日指定申立て説**

解除により訴訟上の和解が無効となれば訴訟終了効も消滅すること,旧訴の訴訟状態を維持することが当事者間の公平からも訴訟経済からも合理的であること,和解契約につき債務不履行が生じているか否かは和解が成立した裁判所に判断させるのが相当であること等を,理由とする[107]。

(3) **新訴提起説**

訴訟上の和解を債務不履行解除しても和解の訴訟終了効は失われないことを理由に,新訴を提起すべきであるとする見解である。債務不履行の存在,解除の有効・無効は,和解自体に付着する瑕疵ではなく,新たな紛争であるから,三審級を保障すべきであること等も,その理由とする[108]。

最判昭和43年2月15日(民集22巻2号184頁)は,「訴訟が訴訟上の和解によつて終了した場合においては,その後その和解の内容たる私法上の契約が債務不履行のため解除されるに至つたとしても,そのことによつては,単にその契約に基づく私法上の権利関係が消滅するのみであつて,和解によつて一旦終了した訴訟が復活するものではないと解するのが相当である」として,新訴の提起が二重起訴の禁止に触れることはないと判示した。

(4) **折 衷 説**

訴訟上の和解を内容的に通常型と更改型に区別し,前者の場合には期日指定申立て,後者の場合には新訴提起を認めるべきであるとする見解[109],期日指定申立ても新訴提起も当事者の選択に従い許されるとする見解など[110]が,ある。

---

107) 兼子ほか・条解〔2版〕1484頁〔竹下=上原〕。
108) 高橋上〔2版補訂版〕794頁は,期日申立てか新訴提起かは両当事者の選択によるが,両当事者の考えが一致しない場合には,新訴提起で行くべきだとされる。
109) 中野=松浦=鈴木編〔2版補訂2版〕418頁,419頁〔松浦馨〕。
110) 吉村・前掲注22) 62頁,田頭章一「和解契約の解除と訴訟の終了」民訴百選Ⅱ〔補正版〕355頁ほか。

〔中西〕

(5) まとめ

ここでは，和解の効力である訴訟終了効は訴訟法上の和解が債務不履行を理由とする解除により影響を受けるのか否か，訴訟上の和解の債務不履行解除を巡る争いに三審級を保障すべきか否かが，問題になるものと思われる。民事訴訟法の原則からすれば，解除は訴訟終了効に影響を及ぼさず，債務不履行解除を巡る問題には三審級を保障すべきであると解すべきであるので，新訴提起説が妥当であろう[111]。

なお，和解無効と和解の債務不履行解除が競合する場合，例えば，訴訟上の和解の錯誤無効と債務不履行解除が競合する場合に，期日指定申立てと新訴提起がなされるなら，それぞれの訴訟で和解無効と和解の解除が認められた時点で，二重起訴の禁止の問題が生じ，いずれかに一本化する必要が生じる。その際，どちらに一本化するのか，一方の訴えを他方に併合するための手続をどう構築するのか等の問題が，生じることになる。

そこで，このような問題を避けるため，和解無効を理由とする期日申立てと和解の債務不履行を理由とする新訴提起を行う場合には，和解無効の訴えと和解の債務不履行を理由とする訴えを併合提起することも許されると，解すべきである。同様に，和解の債務不履行を理由とする訴え提起後，和解の無効も問題となった場合には，訴えの変更により，和解無効の訴えを追加できると解することもできようか。新訴提起により，和解無効と和解の債務不履行解除を巡る紛争を一挙に解決することもできると，解すべきである。

和解無効に関して新訴を提起することは，和解無効確認の訴えを例外的に認める場合（上述 5(2)(イ)を参照）として，認めることができよう。

---

111) Xが，Yに対して売掛代金請求訴訟を提起し，請求認容判決が確定した後，Yの代金不払いを理由に当該売買契約を解除して，先履行した売買目的物の返還を求める場合と，パラレルに考えるわけである。

III 請求の放棄・認諾

1 はじめに

当事者より請求の放棄・認諾をする趣旨の陳述があった場合，裁判所（あるいは準備手続裁判官）は，請求の放棄・認諾の要件が具備されているか否かを調査する。

裁判所は，請求の放棄・認諾が無効であると判断すれば，審理を続行する。無効であると判断した理由は終局判決の理由で説明すればよいが，中間判決（245条）をすることも可能であろう。

裁判所は，要件が備わり有効であると判断すれば，裁判所書記官に指示して，その陳述を調書に記載させなければならない（規67条1項1号・78条）。

請求の放棄・認諾を調書に記載した場合，その調書の記載は確定判決と同一の効力を有する（本条）。そのような効力として，訴訟終了効，既判力，執行力，形成力が挙げられよう。

2 訴訟終了効

請求の放棄・認諾を記載した調書が成立すれば，請求につき本案判決がなされた場合と同一の効力が生じる。確定判決と同一の効力は，本案判決のそれを当然の前提としていると解されるからである。したがって，調書の成立により訴訟は当然に終了（完結）する。

請求の放棄・認諾が上級審でなされた場合，下級審判決は当然に失効する（大判昭12・12・24民集16巻2045頁，大判昭14・4・7民集18巻319頁）。請求の一部についてなされたときは，その限度で失効する[112]。

放棄・認諾をした当事者は，敗訴者として訴訟費用を負担するのが原則である（73条2項・61条）。請求の一部の放棄・認諾の場合は，一部判決があった場合と同様の取り扱いとなる[113]。

請求の放棄・認諾を記載した調書が有効に成立した後で本案判決がなされた場合，その判決は，既に訴訟係属が消滅したことを看過してなされた判決であ

---

[112] 兼子ほか・条解〔2版〕1472頁〔竹下＝上原〕。
[113] 兼子ほか・条解〔2版〕1472頁〔竹下＝上原〕。

るから，無効の判決であると解される114)。すなわち，既判力，執行力などは生じないが，瑕疵ある判決として，上訴，再審により取り消す利益を認められるべきである115)。このような判決も，判決の外形が残り（判決の不存在ではない），有効なものとして利用されるおそれがあるからである。

3 執行力・形成力

認諾調書の場合，給付請求に係るときには執行力が生じ（民執22条7号），形成請求に係るときには形成力が生じる（新たな法律関係が形成される）116)。

4 既判力

(1) はじめに

本条は，請求の放棄・認諾を調書に記載したときは，その調書の記載に確定判決と同一の効力が与えられる旨を規定している。この「確定判決と同一の効力」に既判力が含まれるか否かについては，訴訟上の和解と同様，既判力肯定説，既判力否定説，制限的既判力肯定説が，対立している。

(2) 既判力肯定説

当該訴訟の訴訟物につき既判力が生ずると解する見解である117)。①本条が「確定判決と同一の効力」と規定していること，②認諾判決，放棄判決を訴訟経済という理由から調書に記載に代えたという沿革（上述Iを参照），③既判力を認めなければ，紛争の解決に資さないこと等を118)，理由とする。

この見解に立った場合，請求の放棄・認諾をした当事者の意思に瑕疵があった場合でも，当事者は，再審事由（338条1項）がある場合に限り，再審の訴えに準じた独立の訴えにより，その瑕疵（無効・取消し）を主張することが可能となる119)。

---

114) 兼子ほか・条解〔2版〕1472頁〔竹下＝上原〕，伊藤〔4版〕497頁。
115) 兼子ほか・条解〔2版〕1472頁〔竹下＝上原〕は，上訴した場合，上訴審は当該判決を取り消し，訴訟終了宣言をすべきであるとする。このほか，新堂〔5版〕677頁も参照。
116) 兼子ほか・条解〔2版〕1473頁〔竹下＝上原〕。
117) 兼子・体系303頁，三ヶ月・全集439頁以下，小山〔5訂版〕439頁ほか。
118) 中野貞一郎「請求認諾と訴訟要件・既判力」同・論点I 203頁以下を参照。ただし，中野博士は制限的既判力肯定説に立たれる。
119) 三ヶ月・全集439頁以下を参照。

(3) 既判力否定説

請求の放棄・認諾の調書の記載には既判力は生じないと解する見解である[120]。請求の放棄・認諾は私法上の処分行為を内包する以上，要素の錯誤，詐欺・強迫などの意思表示の瑕疵が存在する場合には，放棄調書・認諾調書が作成されても，放棄・認諾を無効として，放棄した請求の内容をなす権利の存在，認諾した請求の内容をなす権利の不存在の主張を許すべきであり，そのためには，放棄調書・認諾調書の既判力を認めるべきではない，とする[121]。

(4) 制限的既判力肯定説

意思表示たる訴訟行為について詐欺，強迫，錯誤等の取消し，無効事由が認められる場合には，裁判所による公権的判断作用による確定判決の場合とは異なり，既判力の排除を認めてよいとする一方[122]，全ての既判力を否定することは，立法者の想定するところではない[123]，あるいは既判力を認めないなら請求の放棄・認諾制度の紛争解決機能は著しく減殺される等の理由から[124]，請求の放棄・認諾調書の記載に既判力を認めつつも，意思表示の取消し・無効事由に関して遮断効を否定する。

また，当事者の行為自体に既判力を結び付けるのは不当であるとの批判に対しては，処分権主義に基づく当事者の放棄・認諾の陳述を基礎に，裁判所が一定の要件の具備を確認した上で，調書を作成し，その調書の記載に既判力が生ぜしめられるのだから，問題はないと，反論する[125]。

(5) まとめ

請求の放棄・認諾は当事者の意思表示を基礎とする以上，意思表示の瑕疵に基づく無効・取消しの主張を，公権的判断である確定判決と同様に，民訴法

---

120) 兼子ほか・条解〔2版〕1473頁〔竹下＝上原〕，新堂〔5版〕365頁以下（ただし「最近では制限的既判力説も有力である」とされる），河野正憲・当事者行為の法的構造〔1988〕242頁以下，中野＝松浦＝鈴木編〔2版補訂2版〕363頁以下〔松浦〕。
121) 兼子ほか・条解〔2版〕1473頁〔竹下＝上原〕。
122) 松本博之「請求の放棄・認諾と意思の瑕疵」法学雑誌31巻1号〔1984〕172頁以下，中野・前掲注118）202頁，伊藤〔4版〕454頁。
123) 松本・前掲注122）173頁以下，中野・前掲注118）202頁，伊藤〔4版〕454頁。
124) 中野・前掲注118）202頁以下。
125) 伊藤〔4版〕454頁。

338条1項の事由に限定するのは，妥当ではあるまい。この点で，既判力肯定説は正当でないと思われる。したがって，既判力否定説か，制限的既判力肯定説か，いずれかが妥当であることになろう。

そうすると，ここでは，裁判上の和解で検討したのと同様，制限的な既判力という例外的現象を正当化する理由があるのかが，問題となろう。訴訟上の和解では，既判力を否定しても，当事者間の合意により実体法上の権利が変更されたと解することにより，その紛争解決機能の維持が可能である。仮に，請求の放棄・認諾においては，その法的性質につき併存説をとっても，このような法律構成は不可能であるとするなら，制度の存在意義を維持するために，制限的な既判力を認める必要性は格段に高くなると思われる[126]。他方，放棄・認諾という判決代用の紛争解決制度の当然の要請として再訴は封ぜられる，あるいは，当事者が和解類似の実体法上の処分行為をしておりそれに拘束されると考えることができるなら[127]，その必要性はないということになろう。今後の検討が期待される。

5 無効等の主張方法

訴訟上の和解と同様，ここでも，無効を主張する方法としては，期日指定の申立て，請求の放棄・認諾無効確認の訴え，請求異議の訴え，再審の訴えなどがあり得よう。そして，訴訟上の和解での検討が，ここにも妥当するものと思われる。

すなわち，①期日指定の申立てを原則とし，例外的に請求の放棄・認諾無効確認の訴えを認め，請求異議の訴えについては，肯定するか，期日指定の申立てをした民事訴訟に民訴法403条の類推適用を認めた上で否定する見解，②請求の放棄・認諾無効確認の訴えを原則とし（無効を確認する判決確定後の手続については見解が分かれよう），必要な場合には請求異議の訴えも認められる（無効確認の訴えが形を変えたものだと理解する）とする見解，③期日指定の申立て，請求の放棄・認諾無効確認の訴え，請求異議の訴えを，必要に応じて使い分けるこ

---

126) 中野・論点 I 202頁以下を参照。
127) 高橋下〔第2版補訂版〕307頁を参照。

§267 Ⅲ

とを認める見解が，対立することになろう。

〔中西　正〕

第7章　大規模訴訟等に関する特則

（大規模訴訟に係る事件における受命裁判官による証人等の尋問）
第268条　裁判所は，大規模訴訟（当事者が著しく多数で，かつ，尋問すべき証人又は当事者本人が著しく多数である訴訟をいう。）に係る事件について，当事者に異議がないときは，受命裁判官に裁判所内で証人又は当事者本人の尋問をさせることができる。

I　268条・269条の概説

1　268条・269条制定の背景

(1) 大規模な訴訟の問題点

　大規模で複雑な訴訟では，当事者（原告または被告もしくはその双方）の数が著しく多数になるだけではなく，解明されるべき争点が極めて複雑であったり，証拠方法（人証，書証）が多数提出されたりすることが多い。そのため，争点整理および証拠調べの双方について長期間を要し，事件の解決に長年月がかかってしまうおそれが大きい。そこで，大規模な訴訟について訴訟迅速化のための何らかの方策を考えなければならないのではないかということが，268条および269条立法化の背景となる問題意識である[1]。

　たしかに，公害訴訟などを代表例とするような大規模な訴訟は，裁判所に提起される民事訴訟事件のうち大きな割合を占めるわけではないが，一部の大規模な訴訟事件の処理に長期間を要することが，限りある司法資源の効率的な利用を妨げ，他の訴訟事件の処理に悪影響を及ぼす危険があることは否定できな

い。さらに，大規模な訴訟事件の多くが社会の注目を浴びる事件であることから，そのような事件の処理に不相当に長期間を要することが，裁判所に対する国民からの批判の原因になりやすい。したがって，大規模な訴訟の審理を迅速化することが，司法に対する国民の信頼を確保する上で重要な要素となるし，大規模訴訟を迅速化するための制度を導入することが，国の政策としての司法制度改革を遂行するにあたり，ひとつの象徴的な役割を果たすと考えることもできる。そして，とりわけ公害事件や薬害事件では，審理の長期化により，最終的な決着に至る前に被害者である原告が死亡してしまう事態が避けられず，なによりも迅速な紛争解決によって被害者の救済を早期に図る必要が大きいことは，常に留意しておくべきことがらである。

(2) 条文の内容

そこで，平成8年改正法は，当事者が著しく多数で，かつ，尋問すべき証人または当事者本人が著しく多数である訴訟を大規模訴訟と定義し[2]，大規模訴訟について，①受命裁判官による裁判所内での証人尋問および当事者尋問を可能とする規定（268条）と，②合議体の構成に関する特別規定（269条）を新設して，紛争の迅速な解決をめざすことを明らかにした。

(3) その他の方策

大規模訴訟の迅速・適正な審理のために必要とされる方策として268条および269条が定めるものは，必要最小限のものである。他にも様々なものが考え

---

1) 従来の方策に関しては，例えば次のような文献を参照。判時738号〔1974〕掲載の四大公害訴訟（新潟水俣病，水俣病，四日市公害，イタイイタイ病）の担当裁判官による各論文，泉博「集団訴訟の問題点――スモン訴訟の経験から」判タ617号〔1986〕20頁，木村保男「わが国における集団訴訟の実情と課題」民訴25号〔1979〕1頁，司法研究報告書29輯1号・集団訴訟における訴訟手続上の諸問題〔1978〕，司法研究報告書50輯2号・大規模訴訟の審理に関する研究〔2000〕（以下，「司法研修所・大規模訴訟」で引用）など。

2) 従来は「集団訴訟」という用語が用いられることが多く，大規模訴訟という呼称は一般的ではなかったように思われる。集団訴訟の概念規定については，谷口安平「集団訴訟の諸問題」新実務民訴(3)157頁以下など参照。集団訴訟という概念は，集団的な利益の追求という点に重点が置かれたものであるが，268条・269条の大規模訴訟は，原告だけに限定されない当事者の数量的な集団性のほかに，取り調べるべき個別的人証の多数性ということに着目している点が異なるように思われる。

§268 I　　　　　　　　　　第2編　第7章　大規模訴訟等に関する特則

られるが，条文化することが困難なものが多く，実務の創意工夫に委ねられる側面が強い[3]。なお，268条および269条の分析をするにあたっては，規範論としての法解釈論に基づく理解と，望ましい訴訟運営としてはどのような考え方をとるべきかという議論とが複雑に交錯する面がある。

2　268条・269条制定の経緯

大規模な訴訟事件に関して特別な規律を導入すべきではないかとの考え方は，『民事訴訟手続に関する検討事項』で初めて明らかにされ，①合議体の構成員を5人とする，②多数の証人等の取調べを要する場合で，当事者の異議がないときには，受命裁判官に裁判所において証人等の取調べを行わせることができることのほか，受訴裁判所を構成する裁判官が所属する裁判所の他の裁判官を受託裁判官として裁判所内または裁判所外で証人等の取調べをすることができること，③大規模な訴訟では原因判決を行うことを原則とするとの考え方が提示された。このうち，③についてはその後の検討課題から外れることになり，『民事訴訟手続に関する改正要綱試案』の「第10　大規模訴訟の審理」では，上記課題①が維持され，②については，受命裁判官による裁判所内での証人等の尋問を可能とするとの考え方のみが残され，受訴裁判所の構成員でない受託裁判官の活用は，注記事項にとどまった。そして最終的には，この改正要綱試案の考え方をベースにした立法が行われたと評価することができる。

3　大規模訴訟に関する民事訴訟規則の規律

平成8年改正と同時に新しい民事訴訟規則は，①審理の計画（規165条），②連絡を担当する訴訟代理人の届出（同166条），③フレキシブルディスク等の裁判所への提出（同167条）の規定を導入した。これらの規則事項に中には汎用化が可能な内容のものが含まれていたこともあり，平成15年の民事訴訟法改正により，大規模訴訟に限ることなく計画審理に関する規定が民事訴訟法の中に一般的な形で導入されたことから（民訴法第2編第2章），①の規定は削除され，また，③の規定も削除された上で，平成15年改正により民事訴訟規則3条の2として一般化された。

---

3) 司法研修所・大規模訴訟79頁以下参照。審理モデルについては，例えば田原睦夫「大規模訴訟の審理に関する特則」講座新民訴(2)428頁以下が提示するものを参照。

§268 Ⅱ

4 大規模訴訟と計画審理

本章でいう大規模訴訟は，審理計画を定めることが必要とされる事件である4)。したがって，当該事件が大規模訴訟に該当するのかどうかという点は，審理計画を定める段階で予測的に判断することになる（→Ⅲ5, §269 Ⅱ 2参照）。また，268条における大規模訴訟の定義の中には，事実上および法律上の争点の複雑性や審理に長期間を要するおそれがあることなどの実質的な要素は盛り込まれていないが，審理計画を定める段階では，このような実質的な要素も考慮に入れて考える必要があると思われる。

計画審理に関する詳細は，§147の3に譲る。

Ⅱ 本条の趣旨——人証調べにおける直接主義・公開主義との関係

1 本条の意義

(1) いわゆる「庁内受命方式による人証調べ」

本条が対象とする大規模訴訟のうちでも典型例と解される集団的な損害賠償請求訴訟では，過失や因果関係といったような事件全体に共通する争点だけではなく，被害者個人の個別損害の立証のために，多数の被害者本人や証人の取調べを要することがある。このような多数にわたる証人や当事者の尋問手続，とくに当事者尋問を効率的に行うために，ひとつは，代表的な当事者を選抜して本人尋問を行う一方で，その他の当事者については陳述書を活用して尋問に代えるということが考えられる。しかし，この方式によって個別の請求権の存否を確定することは口頭主義，直接主義の観点からは問題であり，口頭主義，直接主義の要請を満たすためには，実際に多くの人証を取り調べることが必要となる。そこで，これを効率的に実施する方法としては，合議体を構成する複数の裁判官が，受命裁判官として当該裁判所内の法廷で手分けをして取調べを行うということが考えられる。これを「庁内受命方式による人証調べ」といい，大規模訴訟の実務でかなり前から採用されてきたといわれている5)。

---

4) 新堂〔5版〕864頁，賀集ほか編・基本法コンメ(2)〔3版〕62頁〔村田渉〕，秋山ほかⅢ 248頁など。

(2) 受命裁判官による裁判所外での証拠調べ

　証人尋問，当事者尋問（以下では，これをまとめて「証人尋問等」と表記する）は裁判官の心証形成を直接左右するものであるから，直接主義が保障される必要があり，受訴裁判所の法廷において受訴裁判所を構成する合議体の構成員全員の面前で尋問手続が行われなければならない[6]。そのため，民訴法195条（210条で当事者尋問に準用）は，受命裁判官が「裁判所外で」証人尋問等をすることができる場合を，特別な理由があるとき（ただし，その範囲は旧法279条よりも拡張された）に限定している[7]。

(3) 受命裁判官による裁判所内での証拠調べ

　では，受命裁判官が「裁判所内で」証人尋問等をすることは許されるのだろうか。大審院の判例には，受訴裁判所の法廷に出頭した証人を受命裁判官が取り調べることは違法であるとしたものがあり（大判明32・1・31民録5輯1巻65頁），民訴法上，受命裁判官は裁判所外で例外的に証人尋問等ができるという規律になっている以上，裁判所に出頭した証人や当事者の尋問手続は，直接主義の要請に基づいて，受訴裁判所の面前で直接行うのが当然と考えざるをえない[8]。このため，(1)で述べたような意味での庁内受命方式が直接主義違反ではないかとの疑いを払拭するために，実務では，当事者からこの方式による尋問の実施に異議がないことの陳述を得て，これを口頭弁論期日調書に記載し，責問権を放棄させることが行われていた[9]。

---

5) 宮崎啓一「新潟水俣病事件の審理について」判時738号〔1974〕3頁，7頁，木村・前掲注1) 13頁，司法研修所・大規模訴訟171頁以下，30頁など参照。斎藤ほか編・注解民訴(7)342頁注6〔斎藤秀夫＝吉野孝義＝西村宏一〕は，この方式について法改正の必要性があることをすでに問題提起していた。受命裁判官が出張する形での尋問の実例については，田原・前掲注3) 418頁参照。

6) 伊藤〔4版補訂版〕387頁，松本＝上野〔8版〕478頁，上田〔7版〕399頁，中野＝松浦＝鈴木編〔2版補訂2版〕303頁，梅本〔4版〕805頁など。

7) 旧規定でも同条が列挙した2つの事由があるときに限って裁判所外での受命裁判官または受託裁判官による証人尋問等が許されると解されていた。旧注釈民訴(6)288頁〔藤原弘道〕，兼子ほか・条解996頁〔松浦馨〕参照。

8) 秋山ほかⅣ 178頁，新堂〔5版〕625頁など参照。

9) 司法研修所・大規模訴訟30頁。したがって，証拠調べにおける直接主義違反は責問権の放棄，喪失の対象になると実務上考えられていたことになる。

(4) 本条の意義

　本条は，このような大規模訴訟における庁内受命方式という実務の扱いを正面から認める規定であり，これによって，当事者に異議がないことを条件として，合議体を構成する複数の裁判官が，裁判所内で並行的に手分けをして個別の損害の立証等に必要とされる多数の証人または本人の尋問を行うことができることになった[10]。したがって，本条は，本来は許されない裁判所内での受命裁判官による証拠調べを，大規模訴訟に限って許容した点に意義がある。

　なお，いわゆる庁内受命方式の人証調べに関する従来の実務でも，受訴裁判所が所属する裁判所の法廷以外の場所で人証調べを実施することは考えられてこなかったと思われるが，本条が，「裁判所外」における受命裁判官の証拠調べという従前から承認されてきた制度と，「裁判所内」における受命裁判官の証拠調べという従来は承認されていなかった制度を等置した結果として，本条に基づく受命裁判官の人証調べは，必ずしも裁判所の法廷として定められた場所で行わなくてもよいと解されることになり，尋問場所の確保という点では，著しく柔軟な処理が可能となった[11]。

(5) 裁判所外での証拠調べ

　大規模訴訟における受命裁判官が，文字どおり裁判所外の場所に出張して証拠調べを行う場合は，本条ではなく，185条や195条に従うことになる。

2　本条と証拠調べにおける直接主義との関係

(1) 大規模訴訟と証拠調べにおける直接主義

　本条に基づく尋問手続は合議体の構成員全員の面前では行われないことから，本条は証拠調べにおける直接主義に対する例外的な規定であると位置づけることができる[12]。

　では，大規模訴訟では直接主義がなぜ例外的に制約できるのだろうか。これ

---

10) 一問一答315頁。
11) このことは人証調手続のインフォーマル化をもたらすことになるのかもしれない。賀集ほか編・基本法コンメ(2)〔3版〕332頁〔川嶋四郎〕参照。
12) 新堂〔5版〕625頁，高橋下〔2版補訂版〕376頁。しかし，研究会368頁および370頁の柳田幸三発言は，直接主義に対する理解が変わったわけではないとする。§185および§195の解説も参照。

〔越山〕

を理論的に説明するのは困難であるが，以下のように考えることができるのではないだろうか。まず，大規模訴訟という訴訟事件では当事者が集団的である一方で，個別の請求が束になっているために請求の当否を判断するには個別立証を必要とするという点で（したがって通常共同訴訟であるのが普通である）集団的ないしは一律的な処理が困難である（あるいは望ましくない）という特殊要因がある[13]。さらに，大規模訴訟では特に迅速な紛争解決が求められるという政策的要請が強い。このような特殊要因と政策的な要請に基づいて，このタイプの訴訟では，個別損害の立証を行う場合，直接主義がある程度制約されてもやむをえないという立法者の判断が形成されたものと思われる。また，多数の当事者から代表者を選抜して行う本人尋問や陳述書による尋問の代替といった便法を採用するよりは，受命裁判官による人証調べのほうが，審理に関する諸原則の観点からはむしろ望ましいということもできる。

なお，立案段階で，同じ裁判所に属する他の裁判官を受託裁判官とする裁判所内での証拠調べは認めないという判断がされたということは（II参照），立法過程では，直接主義に対する制約を必要最小限度のものにとどめようとする配慮が働いたことの表れということができる[14]。

(2) **証拠調べにおける直接主義は当事者の処分に服するか**

また，受命裁判官による（裁判所外での）証拠調べの要件を欠く場合でも，当事者から異議が述べられなければ責問権の放棄によりその瑕疵は治癒されるとの考え方が旧法下では有力であったことも（最判昭50・1・17判時769号45頁参照）[15]，本条の背景にあると考えることができる。すなわち，本条は，このような有力な解釈論を踏まえ，直接主義は公益的な訴訟原則ではないとの考え

---

13) いわゆる包括請求方式（淡路剛久「一括請求・一律請求，包括請求」新実務民訴(6) 255頁，256頁以下，吉村良一・不法行為法〔第4版，2010〕163頁以下など参照）の方がより適切な救済方式であるとの考え方がありうることは別論であるし，本条がそのような考え方を否定するわけでもない。

14) その事件かぎりの受託裁判官に尋問を委ねるとしても，記録の読み込みなど事前の準備作業を期待できないし，受訴裁判所と当事者の間で合意されている審理の進め方と相反する訴訟指揮を行う危険もある。要綱試案57頁，井上英昭「大規模訴訟」新大系(3) 367頁参照。

15) 学説の状況は，旧注釈民訴(6) 290頁〔藤原〕参照。

§ 268 Ⅱ

方に基づいて，それによる保護を受ける当事者の異議がないことによって，直接主義に対する例外的な扱いを正当化しようとしているものと解されるのである[16]。同様の考え方は，195条4号にも見出されるのであり，現行民事訴訟法は，証拠調手続における直接主義からの離反[17]を明らかに志向しているのである。そのような視点からは，大規模訴訟における特則はこのような一般的傾向に沿うものとして，肯定的に評価されることになる[18]。他方で，証拠調べにおける直接主義をできるだけ維持しようとする批判的な立場からは，本条の適用範囲を立法目的に沿う形で限定的に解釈するという方向性が追求されることになる[19]。

いずれにしても，裁判所は当事者および訴訟代理人との協議を通じて，本条の意味と目的を正しく説明し，異議がないことという消極的な同意ではなく，当事者から明確な合意を調達するように努めるべきである（Ⅲ3参照）。

(3) 相当性の判断

要綱試案の文言では，「多数の証人等を尋問する必要があると認める場合その他相当と認める場合」という要件が付されていたが，このような相当性の要件は268条の条文には盛り込まれていない。裁判所外で受命裁判官による証人尋問を行う場合に，当事者の異議がないことのほか，それが相当であるかどうかの判断を要するか否かについては議論がありうるが（→§195の4号の解説を参照），裁判所内での尋問の場合も，相当性の判断を別に要すると解する立場と，268条の適用要件を具備するときには相当性もあると解する立場の2つが考えられる。意識的に論じられてはいないが，なお検討を要する問題である。

---

[16] 研究会368頁〔鈴木正裕発言〕。しかし，研究会368頁〔柳田発言〕および明示的な引用はないがこれを踏まえたと解される証拠法大系(3)170～171頁〔木村元昭〕の理解は異なる。

[17] 高橋下〔補訂版〕553頁の表現に従った。

[18] 研究会368頁で行われている議論はこれであろう。

[19] 例えば，賀集ほか編・基本法コンメ(2)〔3版〕323頁〔川嶋〕，川嶋四郎・民事訴訟過程の創造的展開〔2005〕202頁以下（以下，「川嶋・創造的展開」で引用）はそのような立場である。

〔越山〕

3 本条と証拠調べにおける公開主義との関係

(1) 立案担当者の見解

　本条に基づく証拠調べを行うのは合議体構成員である受命裁判官であるから，直接主義に対する制約は必ずしも大きなものではないということも可能であろう。しかし，本条と公開主義との関係はより深刻な問題である。

　立案担当者によれば，本条に基づいて実施される受命裁判官による証人尋問等は，受訴裁判所が行う口頭弁論には含まれず，したがって，尋問手続は公開法廷で行われなければならないという意味での公開主義の要請は働かないとされている[20]。この立場によれば，尋問が公開可能な裁判所内の法廷で行われるときであっても，195条による裁判所外での尋問と同様に，公開を要しないことになる。その結果として，本条は，大規模訴訟に限って，尋問手続における公開主義を当事者の処分（本条の適用に対して異議を述べないという消極的な行為による処分）に委ねたのと同様の形になる。

(2) 批判と私見

　195条の場合は，裁判所外での証拠調べという特殊な事情があるために，公開法廷を利用することが不可能または著しく困難であるということから，公開法廷による証拠調べの実施が断念されているのであり，それはいわば当然のことであると思われる。しかし，争点整理手続が終了した後で実施される裁判所内での人証調べという，いわば手続の要になる場面で公開主義を制約するためには，それだけの実質的な理由がなければならないはずである。例えば，人事訴訟法22条に見られるような尋問を受ける本人のプライバシー保護という観点が持ち出されるのであれば，当事者に異議がないことを条件とした非公開での尋問手続の実施ということもかろうじて正当化できるかもしれない[21]。しかし，このような観点を立案担当者が黙示的にせよ前提にしているとは考えにくい。また，大規模訴訟に内在する特殊要因や迅速な紛争解決の要請は，憲法上の要請である公開原則（憲82条）と対抗するに足りる利益に該当するとは思わ

---

20) 研究会369頁〔柳田発言〕。同旨，証拠法大系(3)172頁〔木村〕，秋山ほかⅤ 317頁。
21) 川嶋・創造的展開216頁は公開主義を基本としつつ，当事者本人は公開による尋問に異議を述べられるとする。また，庁内受命方式のメリットとして，非公開審理による本人のプライバシー保護を指摘する見解もある（司法研修所・大規模訴訟30頁）。

れない。立案担当者の考え方は，裁判所の法廷には数的に限りがあるので，合議体の構成員が同時に複数の人証を同じ裁判所内の法廷で取り調べることは難しいという現実問題に対する配慮に基づくものと思われるが，このことは，非公開審理を正当化する十分な理由にはならないであろう。受命裁判官による証拠調べは口頭弁論に該当しない（だから憲法との抵触は生じない）という理由は，本条による証拠調べを非公開で行うことができるとする理由としてはあまりにも形式的すぎる。

以上のような批判的な考え方によれば，本条の要件である「当事者に異議がない」ことは，あくまでも直接主義との抵触を避けるための要件であり，当事者による処分に服することのない公開主義をも本条によって制約することはできないと解することになる。そこで，本条は直接主義を制約する限度での特別規定と考えて，解釈論として公開主義を適用すべきであるという考え方[22]に賛成したい。

III 要 件

1 当事者が著しく多数であること

(1) 「著しく多数であること」の意味

大規模訴訟に該当するためには，当事者が著しく多数であることが必要である。「著しく多数」という文言は裁判所の裁量的判断に服する概念であり，はっきりした基準を立てることは困難である。平成8年改正法の立案担当者は，いわゆる現代型訴訟を典型例として想定しつつ，原告数だけで100人程度の場合をひとつの例としてあげている[23]。しかし，この立案担当者の説明は，あくまでも「当事者が著しく多数」である場合の例示にすぎないと解され，100人を下回れば著しく多数ではないということを意味するわけではない。当事者の人数のほかに，取り調べるべき証人等の人数を勘案しつつ合目的的に解釈して，

---

22) 高橋下〔2版補訂版〕382頁注69。もっとも，裁判所は当事者に異議がないことを条件に，195条4号により出張尋問を行うことで，本文に示したような解釈上の縛りを容易にはずすことができる（川嶋・創造的展開216頁注38参照）。だが，195条の場合も相当性の判断が必要であろうし，裁判所内での出張尋問は195条には該当し得ない。

23) 一問一答316頁。

§268 Ⅲ　　　　　　　　　　　　　　第2編　第7章　大規模訴訟等に関する特則

大規模訴訟の特則が適用されるのにふさわしい事件かどうか，3人の合議体が一体となって審理するのでは迅速な裁判の実現が困難であるといえるのかどうかという観点から柔軟に判断するほかない[24]。

(2) 当事者の意味

当事者とは，原告または被告を意味する。そのいずれか一方が著しく多数であればよい。いずれか一方のみでは著しく多数ではないが，当事者双方を加えると著しく多数となる場合も含まれると解される[25]。

(3) 補助参加人

補助参加人（42条）は自らの請求を立てているわけではなく，参加人に生じた損害について個別立証をすることが判決をするために必要になることは考えにくい。したがって，補助参加人は「当事者」には含まれない[26]。

(4) 選　定　者

選定当事者（30条）を選定した選定者が「当事者」に含まれるかどうかについては，議論がある。これは，集団訴訟が提起され選定当事者が選定された場合や，追加的な選定が行われる場合のようなクラスアクション型ともいうべき選定当事者の場合を想定した議論である。選定者をいわば潜在的な当事者として位置づけるならば，選定者が著しく多数である場合には，訴訟当事者が著しく多数である場合と実質的に異ならず，大規模訴訟の特則を適用すべき必要が生じるとして，選定者も当事者に含めて考える見解がある[27]。他方，本条の特別な性格を重視する立場からは，このような拡張解釈には慎重であるべきだと

---

24) 須藤典明「大規模訴訟の審理」塚原朋一ほか編・新民事訴訟法の理論と実務下〔1997〕198頁，井上・前掲注14) 363頁，田原・前掲注3) 415頁，証拠法大系(3)169頁〔木村〕。
25) 田原・前掲注3) 414頁。多人数の共有物分割請求訴訟を例示する。
26) 須藤・前掲注24) 196頁，田原・前掲注3) 415頁，川嶋・創造的展開210頁。
27) 須藤・前掲注24) 195頁，田原・前掲注3) 415頁。この解釈を延長すると，消費者契約法41条以下の適格消費者団体による差止訴訟でも同様の問題が生じるように思えるが，一般に差止訴訟では本条が問題とするような個別の立証は問題とならないであろう。また，いわゆる消費者裁判手続特例法における特定適格消費者団体による共通義務確認訴訟（消費者被害回復2条4号，3条以下）でも個別消費者の損害の立証は予定されておらず（消費者被害回復3条4項参照），本条は適用されないのではなかろうか。なお，倉田卓次ほか「民訴改正『要綱試案』の検討（3・完）」判タ877号〔1995〕56頁〔倉田〕も参照。

いう批判がある[28]）。

2　尋問すべき証人または当事者本人が著しく多数であること

本条の要件である「著しく多数」の意味についての議論は，主として，1の当事者に係る要件の議論として展開されており，そこでの議論が，尋問すべき証人または当事者に係る要件にも，人数の点でそのまま当てはまるものとして考えられているのかどうかは，はっきりしない。人証の数も当事者と同様の意味で著しく多数であることを要すると解するのが，条文の文言に適合すると思われる。しかし，条文の趣旨から考えるならば，人証の数が3人の裁判官の合議体で適正かつ迅速に尋問するのが困難と判断される程度に多数（100人には達しないが数十名に及ぶ場合）であればよいとして，当事者と人証とで意識的に別の解釈論を展開する見解も有力である[29]）。

3　当事者に異議がないとき

(1)　規定の趣旨と問題点

これは，裁判所が訴訟進行に関して手続裁量を行使しようとする場合に，当事者の意思を反映させるための手段である。もっとも，異議申立てというかなり強い権限を当事者に与えた結果，相手方当事者による異議申立権の濫用や異議申立てをめぐって当事者間の足並みが乱れるなどの問題が生じるおそれが避けられない。また，本条の適用に積極的な訴訟代理人や一部の当事者の意向に対して，同じグループに属する他の当事者としては反対しにくいということも考えられ，このような場合は，逆に異議権が実質的に機能しないおそれがある[30]）。いずれにしても，訴訟運営論としては，裁判所は当事者および代理人との協議を通じて，本条の意味と目的を正しく説明し，条文とは異なるが，当事者から明確な合意を調達するように努めるべきである（II 2参照）。

(2)　「当事者に異議がない」ことの意味

「当事者に異議がない」ということは，当事者[31]）からの積極的な同意を要するという意味ではなく，反対の意思が表明されていないことを意味する[32]）。ま

---

28) 賀集ほか編・基本法コンメ(2)〔3版〕328頁〔川嶋〕。ただし，選定当事者からの申出による類推適用を認める。
29) 須藤・前掲注24) 200頁，田原・前掲注3) 416頁。
30) 賀集ほか編・基本法コンメ(2)〔3版〕331頁〔川嶋〕。

た，当事者の1人からでも異議があれば本条の適用は認められない[33]。

　条文は，証人尋問と当事者尋問のいずれについても，本条の適用について異議がないことを必要としている。したがって，個別の尋問されるべき当事者および，個別の証人ごとに，本条の適用に当事者（原告・被告）として異議がないことが必要である[34]。

(3) 異議権と責問権の放棄，喪失

　(ア) 裁判所は，当事者に対して異議を述べる機会を与えなければならない。機会が与えられたのに異議を述べなかった当事者が，尋問手続の開始後に異議を述べることはもはや許されない[35]。

　(イ) 実際上ありえないであろうが，裁判所が本条の適用を何ら予告せずにいきなり本条に基づく手続を進めた場合，(ア)とは異なり，尋問手続の開始後であっても当事者は異議を述べることができる。異議を述べることなく尋問手続が終結したときは，責問権の放棄，喪失が認められる[36]。

　(ウ) 異議が述べられたにもかかわらず本条が適用された場合，この手続は違法である。この場合，仮に責問権の放棄がなければ，この証拠は証拠能力を欠くとの見解が有力である[37]。

---

31) 訴訟当事者である原告および被告のことである。須藤・前掲注24) 202頁。田原・前掲注3) 419頁参照。
32) 須藤・前掲注24) 204頁，田原・前掲注3) 419頁。
33) 須藤・前掲注24) 203頁。そうすると，一部の当事者の（必ずしも理由がない）反対によって本条による迅速な手続の実施が妨げられることになるが，この場合には，反対する当事者について暫定的に弁論を分離し，異議のない者について本条を適用すべきであるとの提案がある（田原・前掲注3) 419頁）。通常共同訴訟であればこのような処理は可能であるが，便宜論にすぎるようにも思われる。この点につき，川嶋・創造的展開217頁注41参照。
34) 賀集ほか編・基本法コンメ(2)〔3版〕331頁〔川嶋〕は，尋問されるべき当事者について異議がないかどうかを問題としているように読める。
35) 須藤・前掲注24) 204頁。
36) 賀集ほか編・基本法コンメ(2)〔3版〕331〜332頁〔川嶋〕も参照。
37) 須藤・前掲注24) 205頁，田原・前掲注3) 419頁，秋山ほかV 317頁。

4 裁判所内での尋問

(1) 立案担当者の見解による場合

　本条に基づく証拠調べは受訴裁判所による口頭弁論ではないから公開して行うことを要しないとするのが，立案担当者の理解である（Ⅱ3参照）。したがって，この理解によれば，裁判所外での人証調べと同様に，本条に基づく尋問手続を実施する場所をはじめから法廷に限る必然性はない。そうだとすると，本条の「裁判所内」とは，要するに，受訴裁判所が属する建物である裁判所の庁舎内であればどこでもよく，通常法廷として用いられる場所のほか，会議室や弁論準備室などでもよいという意味になる。さらに進んで，裁判所の敷地内の別の建物（弁護士会館や仮の建物）でもよいという見解[38]もある。

(2) 公開主義を適用する見解による場合

　他方，本条によっても証拠調手続における公開主義は例外的な扱いを受けることはないとの考え方（Ⅲ3参照）によれば，「裁判所内」とは，受訴裁判所が属する裁判所内であり，かつ公開の法廷でなければならないと解することになる[39]。もっとも，この立場でも，通常法廷として用いられている部屋以外の場所であっても，法廷であると表示して，かつ一般大衆に公開すれば利用できると解することはできるだろう[40]。

　なお，一般公開という扱いにはならないが，(1)の考え方と(2)の考え方との妥協を図る考え方として，原則論としては公開主義の適用はないが，弁論準備手続の傍聴に関する169条2項のような扱い方をすることも考えられてよいかもしれない[41]。

(3) 本条と185条1項・195条との関係

　本条の「裁判所」という文言は，裁判機関としての受訴裁判所のことではなく，受訴裁判所が属する建物である裁判所の庁舎それ自体を意味する。したが

---

38) 賀集ほか編・基本法コンメ(2)〔3版〕331頁〔川嶋〕。これは「裁判所内」という文言を「裁判所の構内」と解するものであるが，やや文言を拡張しすぎる解釈であるように思われる。
39) 髙橋下〔2版補訂版〕382頁注69。
40) 法廷の意味については，斎藤ほか編・注解民訴(7)342頁注1〔斎藤＝吉野＝西村〕参照。
41) 賀集ほか編・基本法コンメ(2)〔3版〕332頁〔川嶋〕参照。

って，本条の導入により，185条1項や195条の「裁判所外」という文言と本条の「裁判所内」という文言は，その表現に従って互いに反対の関係に立つことになる[42]。

　本条の制定以前は，受命裁判官が「裁判所外」で尋問する場合として，例えば証人が入院中の病院など文字どおり裁判所の外で尋問が実施される事例だけが想定され，適法とされていた。これに対して，「裁判所内」すなわち，受訴裁判所の法廷で受命裁判官が尋問すること，および，受訴裁判所が属する裁判所の法廷以外の場所で受命裁判官が尋問をすることは，旧法下ではもちろん，現行法のもとでも，いずれも違法である。しかし，本条の制定によって，裁判所内での受命裁判官による尋問という方式が，大規模訴訟に限って許されることになったわけである。繰り返しになるが，大規模訴訟以外の場合には，証人等が裁判所に出頭できる以上は，受訴裁判所の面前でかつ公開法廷において証人尋問等が行われなければならない。この点は従前からの解釈が維持される[43]。

5　本条を適用すべきかどうかの判断時期

　本条の要件が具備しているかどうかを判断すべき時点については，文献上，当事者に係る要件と人証に係る要件とで別々に説明されている。以下，(1)および(2)でこれを説明し，(3)で私見を述べる。

(1)　当事者に係る要件

　当事者の多数性は，通常，訴えが提起された段階で判断しうるが，本条の意図が機動的な人証調べの実現にあることを考えると，争点整理手続によって争点や証拠がある程度まで整理され，証人尋問実施の目途がついた時点，または，より明確に，268条の決定または269条1項の決定をなす際に判断できることになる[44]。

(2)　人証に係る要件

　人証の多数性が訴訟の初期段階で明らかになることは例外的であり，争点整理手続によって尋問すべき証人や当事者本人がほぼ確定し，その数が大体把握できた時点，あるいは，その尋問の申請および採用が予測しうる状態になった

---

42) 賀集ほか編・基本法コンメ(2)〔3版〕331頁〔川嶋〕。
43) 川嶋・創造的展開221頁。
44) 前者は，須藤・前掲注24) 198頁，後者は，田原・前掲注3) 415頁。

時に判断される[45]。

(3) 私　見

(ア) 当事者が著しく多数であることは，訴訟の初期段階で容易に判明する。しかし，本条は，3人の合議体の面前における尋問手続を行うのでは手続の迅速な進行が確保できないほど人証の数が多いという場合に適用されるところ，そのような事情は，訴訟の初期段階では予測判断にとどまる。本条を適用するためには，当事者および人証にかかる要件のいずれも充足しなければならないから，この判断時期を訴訟の初期段階に限定するのは，無理がある。

(イ) もっとも，計画審理に関する規定が一般的に導入された現在の規律のもとでは，大規模訴訟はその審理計画を策定することが必要的な事件であり，審理計画を定めるべき時期（147条の3第1項）に予測判断として，人証調べにどの程度の時間を要するのかを考えなければならないから，審理計画を定めるときには，本条の適用がありうることも視野に入れる必要がある[46]。しかし，それは，具体的に要件が具備していることが確実になる前の予測的な判断として行われるものにすぎない。本条の意図が機動的な人証調べの実現にあることを考えると，争点整理手続によって尋問すべき人証の数が明確になった段階（人証調べの決定をする段階）で確定的な判断を行い，本条に基づく証拠調べ決定をすることになると解すべきであろう。いずれにしても，審理計画は変更が可能であるから（147条の3第4項），本条の適用に関して訴訟の初期段階での予測判断とその後の確定的な判断とが食い違うことは，別におかしなことではない。

IV　本条に基づく手続

1　証人尋問等の実施

裁判所は，本条に基づく証人尋問等を実施するにあたっては，合議体を構成する裁判官を受命裁判官として，本条に基づいて裁判所内で証人尋問等を行う旨の決定をする。決定では，尋問を行う場所も指定する必要がある。

---

45) 前者は，須藤・前掲注24) 200頁，後者は，田原・前掲注3) 416頁。
46) 改正前民訴規166条について，条解規則〔初版〕349頁参照。

2 口頭弁論への顕出

本条に基づく証人尋問等は受訴裁判所の面前で行われるものではないので，受命裁判官による証人尋問等の結果を証拠資料とするには，直後の口頭弁論期日において証拠調べの結果を顕出しなければならない。本条の「当事者に異議がないとき」は，証拠調べの結果の口頭弁論への顕出を要することなく証拠資料にできるということまで含意していないのであり，195条による証拠調べの場合と同じ手続が必要となる[47]。受命裁判官による証拠調べの結果の口頭弁論への顕出，あるいは結果陳述の必要性に関する議論については，§195および§185を参照。

V 本条違反の効果

本条の要件が欠けるとき，すなわち，大規模訴訟に該当しないのにもかかわらず，受命裁判官による証人尋問等を実施した場合，その手続は違法である。しかし，この瑕疵は責問権の放棄，喪失によって治癒される性質のものであり，したがって，当事者に異議がないことに基づいて違法の問題は生じないことになるという解釈が有力である[48]。これに対しては，大規模訴訟であることの要件は責問権の放棄，喪失に対象にならないとする反対の見解[49]がある。また，この問題とも関連するが，審理の便宜上裁判所や代理人が本条の適用を望む場合に，当事者が明確に異議を述べないことに基づいて安易に本条が適用されてしまう危険があることに対して警戒感を表明する意見もある[50]。

裁判所が，当事者に異議を述べる機会を与えなかった場合，および異議を無視した場合については，III 3(3)を参照。

[47) 研究会369頁〔柳田発言〕，証拠法大系(3)173頁〔木村〕，秋山ほかV 318頁など。この場合，当事者には証拠調べの結果を援用しない自由はないというのが一般的な考え方であるが，賀集ほか編・基本法コンメ(2)〔3版〕332頁〔川嶋〕は，当事者による明確な援用を要求しているので，反対に援用しない自由を認めることになる。

48) 研究会367～368頁での議論を参照。

49) 研究会367～368頁〔青山善充発言〕，川嶋・創造的展開221頁，秋山ほかV 315頁。

50) 賀集ほか編・基本法コンメ(2)〔3版〕327頁以下〔川嶋〕参照。

VI 本条を適用すべきでない場合

1 証人尋問等の対象事項

　本条にいう証人尋問等の対象事項は，条文の趣旨に照らして，従来はやむを得ず陳述書を活用してきたような事項，すなわち，被害者個人の個別損害の立証のために必要な事項に限定されるものと解すべきである[51]。したがって，例えば，損害賠償請求訴訟における加害者の過失や，製造物責任訴訟における製品の欠陥と損害との因果関係のような全被害者に共通する事項については，直接主義，公開主義を制約する本条を適用すべきではないと解する。

　また，本条が直接主義に対する大きな制約を課する規定であることを重視するならば，当該証人が専門家証人であるときや，各争点に関する重要な証人であるときは，本条に基づく受命裁判官による尋問は許されない[52]。

2 大規模訴訟と多数当事者訴訟

　本条に関する立案担当者の議論や解釈論は，いわゆる現代型訴訟の場合を念頭に置いた形で展開されてきたと解される[53]。しかし，当事者が著しく多数であり，かつ尋問されるべき証人または当事者本人が著しく多数である訴訟であれば，現代型訴訟でない多数当事者訴訟一般にも本条は適用される[54]。

　もっとも，例えば極めて多数の当事者間での共有物分割請求訴訟や入会権紛争のようなタイプの訴訟で，直接主義や公開主義という基本的な審理原則を制

---

[51]　賀集ほか編・基本法コンメ(2)〔3版〕332頁〔川嶋〕，井上・前掲注14）368頁，田原・前掲注3）419頁など。このように解するならば，大規模訴訟において証拠調べにおける口頭主義，直接主義がいわば復活すると考えることもできる。しかし，塚原朋一執筆代表・新民訴法実践ノート〔1999〕145頁は，陳述書と代表者選抜方式の尋問により人証調べを手分けして行う必要性は減少していると指摘する。

[52]　田原・前掲注3）416頁，川嶋・創造的展開215頁。

[53]　現代型訴訟については，さしあたり徳田和幸「現代型訴訟の役割と特質」争点〔3版〕24頁など参照。

[54]　賀集ほか編・基本法コンメ(2)〔3版〕327頁〔川嶋〕。現代型訴訟ではない通常の多数当事者訴訟であれば，選定当事者の要件である「共同の利益を有する多数の者」が2人以上と解釈されるのであれば，その倍の4人以上なら著しい多数と考えることができるのではないかとする見解がある。川嶋・創造的展開208頁。しかし，数量だけの問題ではないだろう。

§ 268 Ⅵ　　　　　　　　　　第2編　第7章　大規模訴訟等に関する特則

約してまでも審理の迅速さを確保しなければならない必要性が存在するのかどうかは疑わしい。訴訟迅速化のための方策は本条の適用に限られるわけではないことなどを考えると，当事者の集団性という要素に吸収することができない請求権の個別性という特徴があるタイプの集団的な訴訟に適用範囲を限定しておくことが望ましいのではないかと考える（Ⅱ 2(1)参照)[55]。

〔越山和広〕

---

[55]　集団訴訟，大規模訴訟と多数当事者訴訟は重なり合う面もあるが，一致するわけではない。それぞれの概念の外延を検討する必要があるが，今後の課題である。

（大規模訴訟に係る事件における合議体の構成）
第269条 ① 地方裁判所においては，前条に規定する事件について，5人の裁判官の合議体で審理及び裁判をする旨の決定をその合議体ですることができる。
② 前項の場合には，判事補は，同時に3人以上合議体に加わり，又は裁判長となることができない。

I 概説

1 5人の裁判官による合議体

(1) 5人合議体が法律上認められている場合

　地方裁判所が第一審裁判所として行う民事訴訟の審理は，原則として単独の裁判体で行うが（裁26条1項），合議体で行うことを決定した場合（同条2項1号），その員数は3人とされている（同条3項）。これに対して，本条は，地方裁判所に係属する大規模訴訟について，合議体の構成員を5人とする決定を行う権限を当該合議体に対して認める規定である。裁判所法26条と本条の2つのルールの相互関係については，**I 3**を参照。

　本条以外に下級裁判所で5人の裁判官による審理・裁判を認めている例は，①刑法77条ないし79条の内乱罪に係る訴訟の第一審（裁18条2項但書），②裁判官分限法に基づく裁判官の免官または懲戒の裁判（裁限4条）がある。さらに，平成15年の民事訴訟法改正により，③特許権等に関する訴訟事件については5人の裁判官の合議体で審理および裁判をする旨の決定をすることができることになった（269条の2・310条の2）。また，この改正法と同時に，④特許権等に関する審決等に対する訴え（特許178条1項）についても5人の裁判官の合議体で審理および裁判をする旨の決定をすることができることになった（同182条の2。新案47条2項で準用）。その他，平成25年の独占禁止法改正により，⑤公正取引委員会の命令に係る抗告訴訟等（独禁85条）および独占禁止法25条に基づく損害賠償請求訴訟（独禁85条の2・86条2項）についても5人の裁判官の合議体で審理および裁判をする旨の決定をすることができることになった（控訴審については独禁87条参照）。

(2) 本条とその他の5人合議体規定との比較

(1)に掲げたもののうち①および②は，いずれも，高等裁判所が第一審となるという特別な場合についての規定であり，地方裁判所が第一審として審理する通常の民事訴訟事件について5人の裁判官による大合議制が導入されたのは，本条が初めての例であり，③以下の規定がそれに続くものである。また，(1)に掲げた5人の裁判官による大合議制が導入されている類型は，どちらかというと国家秩序や国民経済に関わる国家的，社会的に重大な影響がある事件について慎重な審理を行うことが目的とされていると解されるが，本条に基づく大合議体は，後述するように，5人の裁判官による争点整理手続や証拠調手続の分担化による効率的で迅速な訴訟運営を企図している点で，従来とはかなり異なった考え方に立脚していることが注目される[1]。

2 本条の趣旨と問題点

(1) 趣 旨

当事者が著しく多数で尋問すべき人証（証人または当事者）が著しく多数である大規模訴訟（268条参照）では，争点・証拠の整理手続および証拠調手続のいずれの段階でも，その手続が長期化するおそれがある（→§268 I 1参照）。そこで，本条は，地方裁判所に係属する大規模訴訟について，合議体の構成員を5人とする決定を行う権限を当該裁判体に認めることで，5名の裁判官が分担してこれらの手続段階を効率的に進行させ，迅速な裁判を実現することを目的としている[2]。なお，この規定は裁判官の員数を3人から5人に拡大することを認めているのであり，5人以内すなわち4人とする権限を与えたものではない。

立案担当者の考え方に従うならば，本条は，人証調べに関する268条と密接

---

1) 賀集ほか編・基本法コンメ(2)〔3版〕334頁〔川嶋四郎〕。さらに，井上英昭「大規模訴訟」新大系(3) 370頁が指摘するように，裁判官の交代による審理の遅延防止ということも期待されるが，それには，本条に加えて，一定期間内での審理の終結を内容とする審理計画が適正に履行されることを要する。したがって，その点は本条の立法目的からは副次的な機能ないし派生的な結果と見るべきであろう。しかし，賀集ほか編・基本法コンメ(2)〔3版〕335頁〔川嶋〕は，裁判官の更迭に関して本条は一定の消極的評価を行っていると考えられるという。

2) 一問一答317〜318頁参照。

な関係があるが，その適用範囲は証拠調段階に限定されるものではなく，受命裁判官による手続進行が可能な弁論準備手続（171条と176条1項および164条を比較）についても適用することができる[3]。もっとも，本条と268条との条文の位置関係から推論すれば[4]，本条の存在意義を268条とより緊密に連動させる考え方も十分に合理的であり[5]，このような理解によれば，本条の主たる趣旨・目的は，人証調べを5人の裁判官によって分担することによる手続進行の効率化，迅速化に求められることになる。

なお，本条が控訴審では準用されないことも，本条の趣旨の理解と密接に関連すると思われるが，この点については，**Ⅴ2**を参照。

(2) **大規模訴訟の類型と5人の裁判官による合議体の有用性**

本条によれば，大規模訴訟の訴訟手続の一部を合議体により一体的に進行させるのではなく，複数の受命裁判官によって個別的あるいは分断的に手続を遂行することができる。しかし，そのような形で訴訟を進めることに意味がある事件類型は，多数の被害者に対する個別の不法行為の成否が中心的な争点となるタイプの集団訴訟（例えば詐欺的商法の被害に関する事件）と，公害や薬害のように総論的な争点と個別被害に関わる争点が混在し，総論的な争点の整理および証拠による解明後に，個別の争点の整理および証拠による解明が控えているような類型に限られるであろう（東京地判平14・10・29判時1885号23頁参照）。

これに対して，個別的因果関係や個人の被害の程度が争点になりえないような訴訟（原子力発電所の設置認可取消訴訟など）は，たとえ当事者が多数であったとしても，人証に関する要件を充足しないことによって，268条がいう大規模訴訟には該当しないと解され（→§268 Ⅲ2・Ⅵ1参照），仮に該当しうるとしても，争点整理や証拠調べを手分けして行う必要はほとんどないと思われる[6]。

---

[3] 田原睦夫「大規模訴訟の審理に関する特則」講座新民訴(2)426頁注34参照。
[4] 賀集ほか編・基本法コンメ(2)〔3版〕334頁〔川嶋〕。
[5] 須藤典明「大規模訴訟の審理」塚原朋一ほか編・新民事訴訟法の理論と実務下〔1997〕205頁以下はそのように読める。
[6] 以上については，司法研究報告書50輯2号・大規模訴訟の審理に関する研究〔2000〕84頁以下，124頁以下（以下，「司法研修所・大規模訴訟」で引用）を参照した。

§269 Ⅰ　　　　　　　　　　　第2編　第7章　大規模訴訟等に関する特則

(3) 問題点

(ア) 5人という多数の受命裁判官によって大規模訴訟の審理を分担することは，たしかに効率的な訴訟運営をもたらすが，合議体内部での緊密な打合せに基づく統一的な方針決定と，分担して行った手続の結果を合議体にフィードバックする作業が欠かせない。このような作業がうまく行われないならば，各裁判官が異なった方針のもとに争点整理や証拠調べを遂行することになり，迅速な審理の実現という本条の直接の趣旨が実現できず，最終的には適正な事案の解決に結びつかない危険がある[7]。

(イ) また，当初3人の合議体で審理をしたが，後に5人の合議体に移行したという場合は，後から尋問手続に加わる2人の裁判官が当該事案をどの程度理解しているかという点が問題となる。さらに，尋問手続の終了後に当初の3人合議体に復帰するという形をとると，合議体から外れた2人の裁判官の心証がどのような形で引き継がれるのかという問題もあり，当事者に対して大きな不安感を与える危険がある[8]。したがって，とりわけ人証調べの分担を行うために，審理の途中から人証調べに限って5人の合議体によることは，条文の配列からも例外的な手続運営であると理解することが適切であろう[9]。

(ウ) 本条による5人の裁判官による大合議体は，裁判官および裁判所書記官について豊富な人員配置が行われてはじめて実質的に機能する。しかし，小規模庁に大規模訴訟が係属した場合，5人による合議体を可能とするような人員配置は困難であると思われるし，現状では，大規模庁であっても，5人の合議体を構成することは必ずしも容易ではないだろう。いずれにしても，この規定の導入によって大規模訴訟の審理の促進が直ちに実現するわけではなく，司法制度改革の一つの柱である法曹の人的基盤の拡充という課題と有機的に関連付けて本条の意義を理解する必要がある。

---

[7] 賀集ほか編・基本法コンメ(2)〔3版〕334頁〔川嶋〕。田原・前掲注3) 421頁, 430頁は，争点ごとに分担して同時並行的に争点整理ができるとするが，このような運用のもとでは，同じ論者が同時に指摘するように，手続結果の合議体へのフィードバックが欠かせない。

[8] 司法研修所・大規模訴訟125頁参照。

[9] 川嶋四郎・民事訴訟過程の創造的展開〔2005〕226頁参照。

§ 269 I

3 裁判所法26条との関係

(1) 裁判所法26条2項・3項との関係

　合議体で扱うべき事件について定める裁判所法26条2項および合議体の員数は3名とすると定める同条3項と，本条1項との関係は，条文の文言からは必ずしも明らかではない。

　裁判所法26条2項はいわゆる法定合議事件に関する規定であり，「他の法律に特別の定があるとき」についての同条2項但書は，例えば民訴法88条（受命裁判官による審尋）や171条（受命裁判官による弁論準備手続）のように，他の法律に特別な定めがあれば，合議体が手続を主宰しなくてよいとする趣旨である。したがって，合議体の員数について裁判所法と異なる規律を定める本条1項は，裁判所法26条2項但書との関係での特別の定めではなく，明文による留保はないが，裁判所法26条3項との関係での特別の規定ということになる[10]。

(2) 民事訴訟法に規定された理由

　なぜ，本条のような特則と裁判所法との関係を裁判所法の中に明文を設けて整理することなく，民事訴訟法の中に直ちに特別規定が導入されることになったのかは，明らかではない。おそらく，次のような理由に基づくものであろう。まず，本条が規律する大規模訴訟は，特別な訴訟類型ではあるが，地方裁判所が裁判所法上本来的に裁判権を有する通常民事訴訟事件である。したがって，本条は通常民事訴訟事件の審理に関する特別な規定にすぎないことになり，下級裁判所の構成や審級制度，裁判権を変更する性質の規定ではないと性質付けられるので，裁判所法ではなく，民事訴訟法の中にいきなり規定が設けられたのであろう[11]。しかし，裁判所法との関係は裁判所法の中で整理しておくべきであったと思われる[12]。

---

[10]　研究会370〜371頁の議論を参照。
[11]　研究会371頁〔竹下守夫発言・柳田幸三発言〕参照。
[12]　研究会371頁〔青山善充発言〕，賀集ほか編・基本法コンメ(2)〔3版〕333頁〔川嶋〕。

〔越山〕

II 要 件

1 大規模訴訟に該当すること

本条は，268条が定めている大規模訴訟に限って適用される規定である。ある訴訟が大規模訴訟に該当するための要件については，§268 III 1 および 2 を参照。

2 決定を行うべき時期

(1) 議論の状況

本条1項に基づく5人の裁判官による合議体で審理および裁判をする旨の決定を行うべき時期については，考え方が分かれうる。すなわち，本条は，証拠調べの局面に限定される規定ではないので（I 2(1)参照），5人の合議体に付する旨の決定の時期は，訴訟の初期段階である[13]と考えるのが，通常の理解であろう。

他方，本条の主たる意義を証拠調べ（証人尋問・当事者尋問）の効率化に求める立場からは，争点整理手続によって争点や証拠がある程度まで整理され，尋問すべき証人や本人がほぼ確定し，その数が大体把握できた時点で本条に基づく決定をすることになると説明される[14]。なお，以上紹介した議論は，計画審理に関する一般的な規定（147条の2以下）が導入される前の議論であるが，現在の規定のもとでも，議論の状況が変化するということはないと考える。

(2) 検 討

本条1項に基づく決定を，申し出るべき証拠方法についてある程度見通しがつく段階まで先送りする議論に対しては，当該事件の争点や進行の経緯を把握できていない新たな裁判官が後から加わって尋問手続を担当することになるから，当事者として抵抗感が強いのではないかという疑問が提起される。また，裁判官も今までの経緯を的確に把握していなければ尋問手続での訴訟指揮が難しいのではないかという疑問がある。そこで，このような問題点を考慮して，当事者双方の主張の骨格が出揃い，半年から1年以内に人証調べが開始される

---

[13] 田原・前掲注3）428頁。
[14] 須藤・前掲注5）207頁。

ことが確実になった時点で，まず258条による尋問を行うことについて当事者と事実上合意をしたうえで，早めに2名の補充裁判官（裁78条）を選任して審理に関与させ，証拠調べの段階で正式に本条の決定をすることが考えられるとの提案がされている[15]。

3人構成から5人の合議制に移行する場合の問題点を考慮するならば，基本的には当事者の意見を聴きつつ審理計画の策定段階で早めに決定を行うべきであるが，尋問すべき証人や本人の数についての見通しがはっきりしないのであれば，決定を先送りしつつ補充裁判官を活用することが望ましいと思われる。

3 その他の問題点

(1) 当事者の異議があるかどうかが問題とならない理由

本条1項は，258条とは異なり，当事者に異議があるかどうかを問題としておらず，また，168条などと異なり，当事者の意見を聴取すべきであるという形にもなっていない。その理由は明らかでないが，裁判所の構成が当事者の意思によって左右されることはないということであろう。また，本条を258条と連動させて考えるならば，裁判所内での受命裁判官による人証調べの実施について当事者から異議が出ることが予想されるような事件では，本条に基づく決定をする実益がないし[16]，逆に，258条の適用について当事者に異議がなければ，本条の適用について二重に同意を得ておく必要もないと解される。

(2) 運用論

しかし，手続が相当程度進行してから初めて5人の合議体に付する決定をする場合に生じうる問題点（Ⅰ2(3)参照）を考えると，心証形成に関する当事者の疑念を払拭するという意味で，あらたに2人の裁判官が加わることに対する合意を得ておくことが望まれる[17]。あるいは，審理計画の策定に関する当事者との協議の中で，5人の合議体に関する同意も調達することになろうか。

---

15) 須藤・前掲注5) 207頁。賀集ほか編・基本法コンメ(2)〔3版〕334頁〔川嶋〕，秋山ほかV 320頁は同趣旨。なお，塚原朋一執筆代表・新民訴法実践ノート〔1999〕146頁も参照。

16) 須藤・前掲注5) 208頁，秋山ほかV 320頁。

17) 須藤・前掲注5) 208頁。田原・前掲注3) 420頁は当事者の意見を聴くべきであるとする。賀集ほか編・基本法コンメ(2)〔3版〕335頁〔川嶋〕は258条の異議がないことの再度の確認を要するという。

III 判事補の人数等の制限（本条2項）

1 趣旨

　本条2項は，判事補（裁43条）が合議体の過半数を超えたり，裁判長になったりするような事態が生じることは好ましくないという判断に基づく規定である。裁判所法27条2項は，判事補は同時に2人以上合議体に加わり，または裁判長になることができないとしており，この規定と同様の趣旨に基づくものと解される。複数の受命裁判官によって人証調べを分担する場合，比較的手持ちの事件数が少ない判事補を活用することは考えられてよいであろうが，裁判官としての経験年数を考慮すると，そのような便宜的な考え方には限度があるということであろう。

　なお，判事補の職権の特例等に関する法律（昭和23法146）により，いわゆる特例判事補として最高裁判所により指名された裁判官に対しては，本条2項の制限は働かない。

2 本条2項と裁判所法27条2項との関係

　本条2項と裁判所法27条2項との関係は条文の文言からは明らかではないが，本条2項は，合議体における判事補の員数に関して裁判所法27条2項の特則を定める例外規定ということになる（I3も参照）[18]。

IV 本条に違反した場合の効果

　本条は，受命裁判官の資格に関する規定ではなく，裁判所を構成する裁判官の員数に関する規律である。したがって，本条に違反した場合は，法律に従って判決裁判所を構成しなかったとき（312条2項1号）に当たるので，絶対的上告理由になる。このことは，本条1項および2項のいずれにも当てはまる[19]。

---

18)　賀集ほか編・基本法コンメ(2)〔3版〕335頁〔川嶋〕。
19)　本条2項違反について，田原・前掲注3) 420頁。

V 控訴審での準用除外

1 趣 旨

本条が第一審である地方裁判所における大規模訴訟の審理のみに関わる特別規定であることは，297条但書が，明文で控訴裁判所についてその準用を排除していることからも明らかである。なお，事物管轄上第一審が簡易裁判所になるときは，地方裁判所が控訴審となるが（裁24条3号），297条但書によれば，控訴裁判所としての地方裁判所については本条の適用が排除される。

2 立法理由

(1) 5人合議制を地方裁判所に限定した理由

立案担当者は[20]，5人合議制を地方裁判所に限定した理由として，地方裁判所を一審とする事件が高等裁判所に控訴された場合には，通常は一審裁判所で争点および証拠の整理手続と証拠調べを経た上で判断されているので，控訴審でこのような手続を多数の裁判官で分担する必要性があまり強くないと説明する。また，事物管轄上第一審が簡易裁判所になるときには，当事者および尋問すべき証人・当事者本人が著しく多数に及ぶことは通常考えにくいとする。しかし，この説明はやや形式的であり，より実質的に見るならば，一審における審理の充実化と，その結果としての控訴の抑制という発想を背景に置くものと解される[21]。

---

[20] 一問一答332頁。倉田卓次ほか「民訴改正『要綱試案』の検討（3・完）」判タ877号〔1995〕56頁〔倉田〕は，証拠調べの5人での分担が立法の狙いで争点の判断を5人ですべきだからではないとすれば，5人合議の地裁判決に対する控訴審も当然5人合議と考える必要はないという。

[21] 賀集ほか編・基本法コンメ(2)〔3版〕335頁〔川嶋〕，川嶋・前掲注9）229頁。なお，この注に掲げた文献では，このような規律のもとでは，5人の審理による地方裁判所の事実認定を3人構成の控訴審が覆すことは必ずしも相当ではないとの判断がされる可能性が高まり，控訴審の法律審への変容が起こりうるとの指摘がある。これは，控訴審の機能が政策形成のガイドラインを当事者に対して示すことに集約されうるとの趣旨であろうか。現代型訴訟における法創造的機能や政策形成的機能の問題と控訴審の役割を関連付けて考えてみる必要を示唆する興味深い意見である。

〔越山〕

(2) 本条の立法目的との関係

　控訴審ではもはや5人合議制が採用されないという規律は，控訴審では改めて最初から争点整理や事実認定をやり直すようなことはしないということを意味すると解される。そうだとすると，本条1項に基づく5人の裁判官による合議体の直接の狙いが，争点整理手続および証拠調手続の効率化による大規模訴訟の迅速な解決にあり[22]，慎重な審理による事実認定の適正化は少なくとも直接の目的ではないことが，控訴審で本条の準用が除外されることによって，改めて示されている[23]。たしかに訴訟の迅速化は，平成8年および平成15年の民事訴訟法改正の大きな課題であるが，5人の裁判官という貴重な人的資源を大規模訴訟という重大事件に投入しながら，その直接の目的が慎重な審理の実現ではないと解することには，釈然としないものが残るといわざるを得ない。

　また，最近の控訴審の実務でいわれている続審制の事後審的運用[24]では，一審で取り調べた人証について控訴審では再尋問の申出を認めない傾向が強いといわれているが（→第5巻上訴前注Ⅲ 2(2)参照），このような傾向も，あえて控訴審でも5人合議制を採用できる余地を残す必要がないという判断を正当化することになるのかもしれない。

〔越山和広〕

---

22) 裁判迅速化法〔平15法107〕の影響も当然考慮に入れるべきであろう。
23) 賀集ほか編・基本法コンメ(2)〔3版〕326頁，335頁〔川嶋〕。
24) 最近の議論については，上野泰男「続審制と控訴審における裁判資料の収集」民事手続法研究2号〔2006〕59頁以下が詳細である。

§269の2 I

(特許権等に関する訴えに係る事件における合議体の構成)
第269条の2　①　第6条第1項各号に定める裁判所においては，特許権等に関する訴えに係る事件について，5人の裁判官の合議体で審理及び裁判をする旨の決定をその合議体ですることができる。ただし，第20条の2第1項の規定により移送された訴訟に係る事件については，この限りでない。
②　前条第2項の規定は，前項の場合について準用する。

I　条文の趣旨

1　本条1項本文の趣旨
(1)　趣　旨

民訴法6条1項が定めている特許権等に関する訴えの中には，その訴訟の結末が，企業活動に重大な影響を与えるだけではなく，わが国の産業界全体に対しても影響を与えるような重大な事件が少なからず存在する。また，特許権等に関する訴えの審理で問題となる専門技術的事項の程度などから見て，特に慎重な審理を要する場合がある。そこで，特許権等に関する訴えの中でも，当該訴訟の帰趨が企業活動に重大な影響を与えるような事件，広く社会的な注目を集める事件，訴訟の審理において問題となる専門技術性の程度が重大な事件などについて，5人の裁判官による合議体で審理および裁判ができるとしたのが本条である。

また，特許権，実用新案権に関する審決等に対する訴えについても，同様の趣旨に基づいて同様の規定が導入されている（特許182条の2，新案47条2項)[1]。

(2)　目　的

本条の目的は，(1)で述べたような意味で重要度の高い特許権等に関する訴えについて，特に適正，慎重な審理および裁判をすることにあると考えられる[2]。このことは，大規模訴訟の審理とは異なり，控訴審でも本条と同様の規律が採用されている（310条の2本文）ことからも推論できる。

---

1)　一問一答平成15年76頁注2参照。

〔越山〕

2　本条1項但書の趣旨

本条1項但書は，次のような趣旨の規定である。すなわち，特許権等に関する訴訟で，専門技術的事項が問題とならないなどの理由で，20条の2第1項に基づいて東京地方裁判所または大阪地方裁判所から他の裁判所に事件が移送された後，再び東京地方裁判所または大阪地方裁判所が当該事件について管轄権を有することになったとしても，本条は適用されないという意味である[3]。

3　本条2項の趣旨

本条2項の趣旨については，§269の2項の解説を参照。

II　条文制定の経緯

1　概　要

本条は，知的財産権関係事件に対する対応強化を目的とした平成15年の民事訴訟法改正によって新設された規定である。前条までの大規模訴訟に関する特則と本条とは直接関係がないが，便宜上この位置に規定が設けられたものであろう。その結果として，民訴法第2編第7章（改正前は第6章であった）の標題は「大規模訴訟等に関する特則」に改められ，また，268条および269条の規定の見出しに対して，「大規模訴訟に係る事件における」規定であることを明示する形式上の変更が施された。

2　本条制定の経緯

(1)　経　緯

平成15年改正で主として検討されたのは，知的財産権関係訴訟の管轄に関する特例のあり方であった。すなわち，平成15年改正の中間試案では，特許権等に関する訴えについては，迅速で充実した審理のために高度の専門技術的知識を要することが多いことから，他の裁判所に比べて知的財産権に関する訴

---

2) 賀集ほか編・基本法コンメ(2)〔3版〕336頁〔川嶋四郎〕は，本条の趣旨を慎重な審理の必要に求めつつも，同書337頁では，一審段階と控訴審段階とで5人合議体の意味が異なるという立場から，一審では269条と同様に効率的かつ迅速な事実審理を目的とすると解している。後述する本条制定の経緯（II参照）と平成15年改正が一層の訴訟促進を目的としていることを踏まえれば，このような理解も考えられなくはないが，迅速化と大合議体は直接には結びつきにくいように思われる。

3) 賀集ほか編・基本法コンメ(2)〔3版〕336頁〔川嶋〕，秋山ほかV 325頁参照。

訟の実務経験が豊富に蓄積されており，また，裁判所の人的・物的体制が格段に整備されている東京地方裁判所，大阪地方裁判所，東京高等裁判所に専属管轄を認めて，この種の専門的知識を要する事件について審理の促進と充実を図ることが計画されていた（詳細は→§6参照）。

これに対して，特許権等に関する訴えについて5人の裁判官による合議体を構成することができるという規律を導入することについては，平成15年改正の中間試案段階では，少なくとも明確な形では検討課題となっていなかった。公表されている資料を参照するかぎりでは，本条の規律は，平成15年改正の法律案要綱案の取りまとめという最終段階ではじめて浮上したようである。すなわち，議事録によると，要綱案のとりまとめを議題とする法制審議会の最終期日に，事務当局から，東京高等裁判所への専属管轄化を認めるのであれば，その東京高等裁判所では5人の裁判官の合議体により審理および裁判を認めるべきであるとの考え方が示され，さらに，5人の合議体によって適正，慎重に裁判をする必要性は控訴審段階に限られないとの理由から，特許権等に関する訴えについて一審の専属管轄を有することになる東京地方裁判所および大阪地方裁判所についても5人の合議体による審理および裁判を認めるべきではないかとの案が示されている[4]。これに基づいて，「民事訴訟法の一部を改正する法律案要綱」（平成15年2月5日法制審議会総会決定）の第1の一の4（一）において本条の原案が盛り込まれることになった。

(2) 立案の意図

以上のような経緯によれば，本条は，特許権等に関する訴えの控訴審を一元的に管轄することとなる東京高等裁判所における専門的な処理体制の強化ということに端を発するものであり，どちらかといえば，5人合議体は控訴審段階での審理の充実と先例創造機能という点に着目して構想された[5]と理解するのが正しい見方であろうと思われる。そして，控訴審段階でそのような規律を導入するのであれば，同じく専属管轄を有することになる東京・大阪両地方裁判所の知財専門部をいわば知財専門裁判所として機能させることが期待される以

---

4) 法制審議会民事・人事訴訟法部会第15回会議（平成15年1月24日）議事録参照。
5) 平成15年12月11日に知的財産戦略本部が発表した「知的財産高等裁判所の創設について（取りまとめ）」のⅡの3において，5人合議体の活用が提言されていた。

上は，第一審段階でも同様の大合議体を設けることを否定する理由はないという方向に考え方が発展したものと解される[6]。

本条は，以上のように立案の初期段階から検討課題となっていたわけではないが，知的財産権関係訴訟における裁判所の専門的な処理体制の強化という司法制度改革の潮流[7]の中に潜んでいたものが具体的に姿を現したということができると思われ，知的財産権関係訴訟審理の充実化のための方策の1つとして位置づけられるべきものである[8]。

III 要件

1 「第6条第1項各号に定める裁判所」

本条の適用がある裁判所は，特許権等に関する訴えについて専属管轄を有する東京地方裁判所および大阪地方裁判所である。すなわち，6条1項によれば，特許権等に関する訴えについて，4条，5条の規定によれば東京高等裁判所，名古屋高等裁判所，仙台高等裁判所または札幌高等裁判所の管轄区域内に所在する地方裁判所が管轄権を有すべき場合には，その訴えは，東京地方裁判所の管轄に専属する（6条1項1号）。また，大阪高等裁判所，広島高等裁判所，福岡高等裁判所または高松高等裁判所の管轄区域内に所在する地方裁判所が管轄権を有すべき場合には，その訴えは，大阪地方裁判所の管轄に専属する（6条1項2号）。

---

[6] そうすると，5人合議体は，一審・控訴審を通じて，特に適正，慎重な審理を要する重大事件に対する対応策であると位置づけた上で，控訴審（知的財産高等裁判所）についての310条の2には，裁判例の（さしあたりの）統一機能という別な意義が付け加えられると解すべきであろう。なお，法制審議会民事・人事訴訟法部会第15回会議議事録・前掲注4）によれば，高等裁判所における5人合議体は判例の統一を目的としたものなのかどうかという点について議論がされており，立案担当者は事実上そのような機能があることを認める（一問一答平成15年75頁参照）。控訴審での先例創造機能については，賀集ほか編・基本法コンメ(2)〔3版〕337頁以下〔川嶋〕参照。知財高裁の判例統一機能の評価については，笠井正俊「知的財産高等裁判所構想に関する若干の考察」判タ1126号〔2003〕4頁，5頁を参照。

[7] 「司法制度改革審議会意見書」II第1の3，「司法制度改革推進計画」II の第1の3，「知的財産戦略」第3章2(2)など参照。

[8] 賀集ほか編・基本法コンメ(2)〔3版〕326頁〔川嶋〕参照。

2 「特許権等に関する訴えに係る事件」

本条が対象とする訴えは，次のようにまとめることができる（以下の記述は大まかなものであり，詳細は§6の解説に譲る）。ただし，20条の2第1項の規定により移送された訴訟に係る事件については，この限りではない（その趣旨はⅠ2を参照）。

(1) 訴えの類型

本条が対象とする訴えは，①特許権（特許66条1項・68条・2条参照），②実用新案権（新案14条1項・16条・2条），③回路配置利用権（半導体3条・10条1項・11条・2条），④プログラムの著作物についての著作者の権利（著作10条1項9号・17条・2条1項10号の2）に関する訴えである。

(2) 具体的な事件類型

具体的な事件類型としては次のようなものが該当する。

(ア) 特許権等の権利者からその権利の侵害者に対する訴訟：差止請求・廃棄請求（特許100条，新案27条，半導体22条，著作112条），不当利得返還請求（民703条・704条，著作117条），損害賠償請求（民709条，特許102条・103条，新案29条，半導体25条，著作114条），信用回復措置請求（民723条，特許106条，新案30条，著作115条），補償金請求（特許65条1項，半導体27条1項）[9]。

(イ) 特許権者等を被告とする訴訟：(ア)に掲げた各請求権の不存在確認訴訟[10]。

(ウ) 職務発明の場合の対価請求（特許35条3項，新案11条3項）[11]。

(エ) 特許権等の侵害が存するとして虚偽事実を告知または流布する行為（不正競争2条1項14号）に対する差止請求（同3条），損害賠償請求（同4条），信用回復請求（同14条）も特許権等の侵害の有無の判断と密接不可分であるとして，条文の文言上は該当しないが，本条の適用対象とする見解がある[12]。

---

[9] 三宅＝塩崎＝小林編・注解Ⅰ122頁〔小田敬美〕，賀集ほか編・基本法コンメ(1)〔3版〕44頁〔加藤新太郎〕，秋山ほかⅠ〔2版〕141頁参照。
[10] 賀集ほか編・基本法コンメ(1)〔3版〕44頁〔加藤〕参照。
[11] 秋山ほかⅠ〔2版〕141頁。
[12] 三宅＝塩崎＝小林編・注解Ⅰ122頁〔小田〕，賀集ほか編・基本法コンメ(1)〔3版〕44頁〔加藤〕参照。

3 合議体で審理および裁判をすべき場合

5人の合議体で審理および裁判をする旨の決定を行うべき場合に該当するかどうかは，当該裁判体の裁量によって決することになる。立案担当者は，当該訴訟の帰趨が企業活動に与える影響の重大性やその審理において問題となる専門技術性の程度等を考慮して特に慎重な審理が必要であると認められる場合に，本条が適用されるとしている[13]。

Ⅳ 本条に違反した場合の効果

本条に違反した場合の効果は，269条違反の場合と同様である（→ §269 Ⅳ参照）。

〔越山和広〕

---

13) 一問一答平成15年74頁参照。

第8章　簡易裁判所の訴訟手続に関する特則

（手続の特色）
第270条　簡易裁判所においては，簡易な手続により迅速に紛争を解決するものとする。

I　本条の趣旨

1　簡易性と迅速性

　本条は，簡易裁判所の訴訟手続のあり方についての基本的な理念を示す規定である。これは，旧法の規定（旧352条）をそのまま受け継いだものである[1]。

　本条は，民事第一審訴訟手続中における簡易裁判所の訴訟手続の特則を定める規定群の最初に位置しており，簡易裁判所における簡易救済を実現するための2つの重要な要素，すなわち，手続の簡易性と迅速性を，その手続の特色として明記している。いずれも，市民に身近な裁判所である簡易裁判所が，市民のニーズに適合した民事紛争解決を行うための基本的な要素である。

　まず，簡易性の理念は，簡易裁判所の手続における中核的理念である。これは，地方裁判所における民事第一審訴訟手続よりも簡易な救済が志向されることを示しており，「簡易な手続」とは，本章の規定および簡易裁判所の手続の特則によるその他の手続を指す。特則を含む簡易裁判所の訴訟手続の特色は，

---

1) 研究会375頁〔柳田幸三発言〕。川嶋四郎「簡易裁判所における法的救済過程に関する覚書」同志社法学374号〔2015〕1頁も参照。特に，本条の経緯については，同・9頁以下を参照。

§270 I　　　　　　第2編　第8章　簡易裁判所の訴訟手続に関する特則

かつての区裁判所（Ⅱ1）を廃止して，全く新たな裁判所を設け，「簡易な手続により迅速に紛争を解決する」ことにある。民事訴訟法2条と照らし合わせて考えた場合には，簡易裁判の実現は，単に裁判所の努力義務というだけではなく，簡易裁判所がまさに市民のために簡易迅速な救済を実現すべき義務を明記していると考えられる。本条が，特に簡易裁判所の訴訟手続の特則の最初に設けられた意義は，ここにあると考えられる。本条は，精神規定的，訓示規定的な性格づけがなされかねないが，後述のような簡易裁判所の創設理念に鑑み（Ⅱ2参照），簡易救済の実現のためには，解釈等を通じて，本条の規範的な具体化が望まれる。

　簡易裁判所における簡易救済手続をより一層具体化する手続として，平成8年の民事訴訟法改正によって少額訴訟手続（368条以下）が創設された。これは，簡易裁判所の救済理念の具体化であるが，本条の趣旨の貫徹は，それにとどまらず，簡易裁判所の特則すべてにおける解釈にも，生かされなければならない。

　次に，迅速性の理念は，簡易裁判所における簡易救済が，迅速な紛争解決をその生命線としていることを意味する。民事訴訟法2条には，すでに，裁判所および当事者の責務として，「裁判所は，民事訴訟が公正かつ迅速に行われるように努め，当事者は，信義に従い誠実に民事訴訟を追行しなければならない。」と規定し，手続の迅速さを追求すべき裁判所の一般的な努力義務を課し，また，司法制度改革の一貫として平成15年に制定された裁判迅速化法（平成15年法107号）も，努力義務ながら審理期間を明記してこの方向性を確認している。さらに，同年の民事訴訟法改正で明記された計画審理の規定（147条の2・147条の3・157条の2）等も，審理の迅速化を企図した規定である。

　このように，近時裁判の迅速化志向が顕著であるが，制度の創設当初からそのことが理念として明示されていた簡易裁判所においては，充実審理とともに，手続の迅速化は現在においてもより一層実現されるべき課題なのである[2)3)]。

---

2)　最近の簡易裁判所における審理は，地方裁判所と比較すると，かなり迅速である。対象とする事案が相対的に簡易であることや，簡易裁判所の事件では欠席判決が多いことなどがその理由であるが，さらなる迅速審理に向けて取り組むことが期待されると，指摘されている。兼子ほか・条解〔2版〕1493頁〔松浦馨＝加藤新太郎〕。なお，平成13年の『司法制度改革審議会意見書』とその後の議論をもとに制定された裁判迅速化法に基づいて行

2 簡易裁判所における訴訟手続特則の適用範囲

　簡易裁判所における民事訴訟の手続とは、簡易裁判所が第一審裁判所として行う手続を意味する。それゆえに、他の裁判所の嘱託により、簡易裁判所の裁判官が受託裁判官として行動する場合は、受訴裁判所の訴訟手続に関する規定によるべきであり、受訴裁判所が地方裁判所であれば、証拠調べも、一般規定である地方裁判所における民事第一審訴訟手続によって行わなければならず、また、証拠保全裁判所として証拠調べを行う場合にも同様である[4]。

　簡易裁判所における民事訴訟手続は、あくまで簡易裁判所における手続の特則であり、簡易裁判所で扱われる事件についての特則ではないので、たとえばその事件について控訴審として地方裁判所が審理判断を行う場合には適用されない。このことは、民事訴訟法297条が、本条を含む第8章の規定を準用していないことから明らかである。

II 簡易裁判所制度の概観

1 簡易裁判所の創設

　日本国憲法76条1項は、「すべて司法権は、最高裁判所及び法律の定めるところにより設置する下級裁判所に属する。」と規定しているが、簡易裁判所は、昭和22年5月3日に、日本国憲法と同時に施行された裁判所法2条1項に、その名称と設置の根拠を有し、同条2項を受けた「下級裁判所の設立及び管轄区域に関する法律」により、名称、所在地および管轄区域を特定して設立された。

　日本の司法制度の中で、簡易裁判所は、下級裁判所の一翼を担い、最下級の

　　われている「裁判の迅速化に係る検証」では、特に簡易裁判所の事件は取り上げられてはいないようである。最高裁判所事務総局編・裁判の迅速化に係る検証に関する報告書（概況編）（平成23年7月）を参照。
3）　ただし、審理の迅速化だけではなく審理の充実化も不可欠であり、迅速化それ自体には、課題も存在する。これについては、川嶋四郎・民事救済過程の展望的指針〔2006〕119頁、同「争点整理の充実・迅速化とその課題(上)(下)——その現代的な展開に寄せて」法時83巻7号18頁、8号100頁〔2011〕、川嶋・前掲注1）20頁、31頁、35頁等を参照。
4）　斎藤ほか編・注解民訴(8) 361頁〔斎藤秀夫＝賀集唱〕、兼子ほか・条解〔2版〕1493頁〔松浦＝加藤〕。

裁判所として，市民に身近な裁判所となることを意図して創設された。比較的少額の民事事件および軽微な犯罪に関する刑事事件を，簡易な手続で迅速に処理するために設けられたのである。

なお，下級裁判所とは，審級制度において，最高裁判所よりも下に位置するということであり，最下級の裁判所とは，その審級制度において，最も下位に位置することを意味する。国民生活との距離においては，簡易裁判所は，最高級のアクセス可能性を有する裁判所なのである。

簡易裁判所は，簡易裁判所判事による単独制の裁判所である。簡易裁判所判事は，他の裁判官とは任用資格や定年等を異にする。任命資格は，「簡易裁判所判事の職務に必要な学識経験のある者」であり，簡易裁判所判事は，選考委員会の選考を経て任命される（裁45条）。また，その定年は，70歳である（裁50条）。

簡易裁判所は，その設立の当初において，民事・刑事の軽微な事件を処理するために，全国各地に数多く設けられた。かつての区裁判所の制度は廃止され，その機能は，地方裁判所の支部に委ね，簡易裁判所は，独自の裁判所として新たに創設されたものである。昭和22年5月の設置当初，その設置箇所は557箇所であり，かつての区裁判所の数が283庁であったのと比較して，約2倍の数の裁判所が設置されたことになる。これは，戦後における簡易裁判所の果たすべき役割に対する期待度の大きさをも示している。その後，簡易裁判所は増設され，最も多いときで，575庁が存在した[5]が，昭和62年における簡易裁判所の適正配置を目的とした新設統廃合等の大改革[6]により，昭和63年5月以降は，452庁となり，さらにその後にも改革が行われ，平成11年1月以降，438庁の簡易裁判所が存在するのである。

簡易裁判所は，比較制度的には，特に，アメリカの少額裁判所（Small Claims

---

5) 斎藤ほか編・注解民訴(8) 355頁〔斎藤＝賀集〕。なお，兼子・体系428頁，川嶋四郎「民事紛争解決過程における簡易裁判所の役割」市民と法97号〔2016〕2頁等も参照。

6) たとえば，竹崎博允「下級裁判所の設立及び管轄区域に関する法律の一部を改正する法律について」ジュリ896号〔1987〕54頁，同「簡易裁判所の適正配置――その意義と簡易裁判所の充実策について」三ヶ月古稀・民事手続法学の革新(上)〔1991〕107頁（以下，竹崎「適正配置」として，引用する），川嶋・前掲注1) 20頁等を参照。

Court）や，イギリスの治安判事（Justice of the Peace）の制度などを念頭に置いて設けられたといわれる[7]。

2 簡易裁判所創設の理念

簡易裁判所は，日本の裁判所制度における最下級の裁判所であり，比較的少額の民事事件および軽微な犯罪に関する刑事事件を簡易な手続で迅速に処理するために設けられた単独制の裁判所である。

まず，戦後の司法制度改革において，連合国軍総司令部（GHQ）は，日本の司法制度の中における民事裁判制度についても，重要な指針を提示していた。それは，戦前の日本司法のあり方についての反省を前提とした「司法の民主化」である[8]。

具体的には，戦後民事訴訟法改正の要点として，たとえば，憲法等の施行に伴う条文の整理，職権主義の退潮，直接審理主義の徹底化，訴訟の迅速化，手続の簡易化，素人性の加味，不要不当の上訴の防止および訴訟関係人の権利の伸長など[9]が挙げられていた。これらはおおむね簡易裁判所にも妥当するが，

---

7) 最高裁判所事務総局総務局「わが国における裁判所制度の沿革㊂」曹時9巻6号〔1957〕731頁（簡易裁判所の設置の問題は，最初，刑事事件について，違警罪即決令の廃止等に伴い，軽犯罪に対する簡易迅速な裁判機構が必要とされるに至ったことから考えられたものであるが，民事事件についても，アメリカのスモール・クレイムズ・コートの思想にならい，この種の裁判機構を設けるべきであるという意見が有力になり，ここに，少額〔訴額2000円〕の民事事件および軽微な犯罪に関する刑事事件について，任用資格や定年等を異にする裁判官に，簡易な手続で事件を処理させようとする簡易裁判所の構想が成立したとする），兼子＝竹下・裁判〔4版〕211頁，三ヶ月・研究(8) 247頁，小島・理論143頁等を参照。さらに，簡易裁判所制度の創設の経緯については，川嶋・前掲注1) 6〜7頁も参照。

8) オプラー（内藤頼博監・納谷廣美＝高地茂世訳）・日本占領と法制改革〔1990（原著1976）〕112頁以下によれば，民事訴訟法には，新憲法の原則に明らかに反する規定はさほど多くなく，基本的には，訴訟手続の促進および裁判所の負担軽減の要求に基づき，改正が図られたが，その改正の背後には，裁判所の負担軽減および裁判所の父権的干渉主義を弱めることによる訴訟手続の民主化という2つの主要な考慮が存在したことが指摘されている。さらに，斎藤ほか編・注解民訴(8) 354頁〔斎藤＝賀集〕，兼子・体系428頁も参照。

9) 菊井維大「民事訴訟法の一部を改正する法律」我妻栄編・新法令の研究(11)〔昭和23年度3輯〕〔1949〕273頁。

特に，訴訟の迅速化，手続の簡易化および素人性の加味は，その手続を構築する上での課題となる。また，簡易裁判所制度の構築に関しては，裁判所法案の提案理由の中で，軽微な民刑事事件のみを扱い，簡易な手続で争議の実情に即した裁判をするように工夫し，「司法の民衆化」に貢献すること[10]も，挙げられていたのである[11]。

　司法の民主化と司法の民衆化との関係は，必ずしも明確ではないが，ともに，基本的には国民主権（憲法前文，1条）を司法領域においても実現すべきことを志向し，司法への国民参加の実現を目指すものである。司法の民衆化として，より具体的に，簡易裁判所において民衆が利用しやすく分かりやすい身近な司法となるべきことが目指されていたのである。特に，国民の司法参加の視点からは，まず，人的側面での民衆化として，法曹資格を有しない者の簡易裁判所判事への任命[12]，司法委員制度（旧358条ノ4～358条ノ6，現279条）の導入，さらには，調停委員（民調8条）の選任等に具体化されており，手続的な側面では，提訴の簡易化（旧353条・354条，現271条・273条），弁護士代理の原則の例外としての許可代理（旧79条1項但書，現54条1項但書），口頭弁論の準備等の簡易化（旧357条，現276条），審理・判決の簡易化（旧358条・358条ノ2・358条ノ3・359条，現277条・278条・280条，規170条）等，国民がよりアクセスしやすい身近な裁判手続が，地方裁判所の訴訟手続の特則として準備されたことを指摘することができ[13]，さらに，訴えの提起前の和解（旧356条，現275条），民事調停（民調1条），支払督促（旧430条以下，現382条以下）という諸手続の存在などをも，挙げることができる。

　このように，創設当初において，簡易裁判所は，少額軽微な民事紛争を解決

---

10) 内藤頼博・終戦後の司法制度改革の経過（第3分冊）〔1959〕950頁以下。

11) 川嶋四郎「民事訴訟法改正の基本的課題に関する一考察——『民事訴訟法改正の基本問題と差止訴訟の帰趨』の補論を兼ねて」熊本法学73号〔1992〕8頁以下。

12) その任命は，「簡易裁判所判事の職務に必要な学識経験のある者」について，選考委員会の選考を経て行われる（裁45条）。

13) これらの中には，裁判所の負担軽減を意図した規定もあるが，間接的に，当事者の利便性を増進させる。なお，かつての区裁判所に関する規律では，原則的に地方裁判所の訴訟手続が適用されること（旧旧法373条参照）となっていたが，この点は，旧法も現行法も，このような規定の仕方をすることなく，簡易裁判所の訴訟手続の特則を規定した。

するという「少額裁判所」としての役割だけではなく（これは，簡易裁判所の「少額裁判所的性格」と呼ぶことができる），市民に最も身近な裁判所として，「多様な簡易救済手続のメニュー」を提供し，多様な市民のニーズに即した紛争解決を図る役割も期待されていたのである（これは，簡易裁判所の「多様な市民ニーズ即応的性格」と呼ぶことができる)[14]。これらは総じて，簡易裁判所における「簡易救済の機能」の発揮への期待である。

3 事物管轄の変遷等とその影響

このような簡易裁判所に関する創設当初の理念は，その後の実務と事物管轄の引上げによって，変容を蒙ることになる。

まず，簡易裁判所は，昭和22年の創設当初，訴額5,000円を超えない事件を取り扱うこととし，市民間の軽微な民事紛争を扱う少額裁判所としての性格を強く打ち出そうとした。この基本的な考え方は，後述する簡易裁判所の手続の特則の創設と併せて考えた場合に，かつての区裁判所とは異なり，市民に身近な裁判所としての理念を第一義に考えたものであった[15]。

しかしその後，簡易裁判所における事物管轄の上限は，昭和26年には3万円に，昭和29年には10万円に，昭和45年には30万円に，昭和57年には90万円に，平成16年には140万円に，それぞれ引き上げられた。これは，物価の上昇や経済の発展に伴う調整の必要性に基づくが，それ以外に，最高裁判所の負担を軽減することや，簡易裁判所を地方裁判所とともに通常の民事第一審訴訟手続を分け合う裁判所とみた上で，両裁判所間の負担の調整を行うことも，重要な考慮要素とされていた[16]（これは，簡易裁判所の「第一審管轄分担的性格」

---

14) 川嶋・前掲注1) 20頁以下も参照。小さなトラブルに対する裁判所のあり方については，たとえば，川嶋四郎「小さなトラブルと裁判」和田仁孝＝太田勝造＝阿部昌樹編・交渉と紛争処理〔2002〕196頁等を参照。さらに，松本＝上野〔8版〕881頁等も参照。

15) これに対して，兼子＝竹下・裁判〔4版〕213頁注3は，裁判所法の下で実際に構成された司法制度全体の構造から見る限り，当初から，そのような少額裁判所たる性格のみを純粋に保つことは難しく，区裁判所と同質の性格をも併わせもたざるをえない状況に置かれていたと指摘する。三ヶ月・研究(8)270頁は，簡易裁判所は，少額裁判所や司法の民衆化の理念を掲げ，せっかく新型の裁判所と裁判官を用意しながら，それに適応した新型の手続については，必ずしも十分な手当のないまま発足したと指摘する。

16) 旧注釈民訴(7) 328頁〔小島武司〕，兼子ほか・条解〔2版〕1491頁〔松浦＝加藤〕。し

と呼ぶことができる)。それは，上告事件を高等裁判所レベルにとどめることになることにより，最高裁判所の負担軽減につながる改革でもあった。

　次に，このような事物管轄の引上げのほかに，簡易裁判所の理念を変容させる（あるいは，貫徹できない）もう1つの重要なポイントとして，簡易裁判所判事の意識を挙げることもできる。一般に，裁判官である以上，どの審級の裁判官であっても，その良心に従い独立してその職権を行い，憲法および法律にのみ拘束されるのであり，個々の裁判に最善を尽くすことは容易に考えられる。戦後，簡易裁判所が設けられ，その手続特則の下で簡易救済が志向された際に，法曹資格を有しない裁判官による裁判の仕組みが創造された限りで，地方裁判所とは異なる裁判所のあり方が許容されたはずである。しかし，現実には，簡易裁判所の特則は，十分には活用されていなかったのが実情である。「何よりも簡裁の担い手である簡裁判事の中に，設立当初簡裁について基本的に地裁の手続と同様に簡易，迅速よりも適正，厳格を重視したのと同様の発想が潜んでいたのではないかと思われる」[17]。

4　現行民事訴訟法の制定と簡易裁判所制度論

　現行民事訴訟法の制定に際しても，簡易裁判所の機能拡充は，重要な課題であった。それは，社会の要請に即した，国民に利用しやすく，分かりやすい民事訴訟の創造を標榜した大改正にとっては，簡易裁判所の手続改革の成否が，この改革全体の成否とも大きく関わっていると考えられたことによる。簡易裁判所の訴訟手続に関する特則については，まず『民事訴訟手続に関する検討事

　　　かし，すでに古くから，このような負担軽減の手法は「邪道」であるとする厳しい批判が存在した。中田淳一「民事訴訟制度」ジュリ361号〔1967〕190頁を参照。
[17]　竹崎・前掲注6)「適正配置」118頁。ただ，この論文では，このような意識をやむをえないものとし，「簡裁における審理，判断をよりラフなものとして是認するという姿勢が，まず何よりも上級審たる地裁にそしてまた法曹全体に拡がっていくのでなければ，簡裁の特則の活用ということは，全く表面的なものに止まるであろう」と指摘する。同・119頁。なお，たとえば，鷲頭忠「特任簡判の弁明」判時437号〔1966〕4頁，斎藤ほか編・注解民訴(8)355頁〔斎藤＝賀集〕（簡易裁判所から地方裁判所への裁量移送は，当事者の申立てがなくても職権で可能であるが，簡易裁判所判事の心理としては，自発的に移送する形式を避ける傾向があると指摘する）なども参照。さらに，新堂〔5版〕871頁，松本＝上野〔8版〕881頁等も参照。

項」では，その改正の要否および方向性が問われたが，それには，改正点の存否に関する一般的な質問に加えて，訴えの提起の方式，書面尋問および調書の作成の3点のみについての検討事項が挙げられていたにすぎなかったが，簡易裁判所制度との関係では，少額訴訟手続の創設に関する具体的な検討事項の提言が，最も注目される[18]。

特に，少額訴訟手続の検討事項に関する補足説明には，簡易裁判所が，訴額が比較的少額の民事事件を簡易な手続で迅速に解決するという理念に基づき特則が設けられているものの，「この特則は，地方裁判所における通常の民事訴訟手続が簡易裁判所の手続にも基本的には適用されることを前提として設けられているところから，少額事件を訴額に見合った費用（経済的負担）で迅速に解決するための手続としては不十分である」との認識のもとで，アメリカ等の少額訴訟手続を引き合いに出して，「簡易裁判所の事件一般についての訴訟手続の特則とは別個に，一般市民が利用しやすい特別の少額事件手続を設けてはどうかという考え方」を挙げたと説明する[19)20]。

その後，基本的には，このような方向での簡易裁判所の手続改革がなされ[21]，創設された少額訴訟手続（368条〜381条）[22]については，その利用件数の増加

---

18) 民事訴訟手続に関する検討事項・検討事項54頁。

19) 民事訴訟手続に関する検討事項補足説明・検討事項56頁。さらに，法務省民事局参事官室編・民事訴訟手続に関する改正試案——試案とその補足説明，検討事項に対する各界意見の概要（別冊NBL27号）〔1994〕36頁も参照。

20) 特に少額訴訟に関しては，それ以前に優れた数多くの業績が積み重ねられていた。少額訴訟手続関係の文献としては，たとえば，小島武司・迅速な裁判〔1987〕509頁，小島・理論159頁，三ヶ月章「少額裁判の理想型」同・研究(8)247頁，五十部豊久「少額訴訟の処理」同・消費者信用と民事司法〔1988〕151頁等のほか，生活紛争処理研究会（代表，新堂幸司教授）により行われた諸研究，たとえば，生活紛争処理研究会・米英における小規模紛争処理実態調査報告書〔1986〕，伊藤眞「少額裁判手続の比較法的研究」判タ555号〔1985〕16頁，高橋宏志「米国ワシントン州少額裁判見聞記」竜嵜還暦81頁，および，棚瀬孝雄・本人訴訟の審理構造〔1988〕などや，司法研修所編・少額事件の簡易迅速な処理に関する研究〔1991〕などを参照。これらの研究は，司法制度の研究が，ともすれば最高裁判所に焦点を当てて行われがちである中で，市民の視点からは，最下級の裁判所である簡易裁判所に焦点を当てた研究には意義深いものがあった。なぜならば，それは，「市民に寄り添う民事訴訟法学」につながる研究だからである。

21) 一問一答319頁，386頁。

に見られるように，一般市民から高い評価を受けることになった[23]）。

5 司法制度改革審議会意見書等の簡易裁判所制度論

2001年6月に公表された『司法制度改革審議会意見書』は，国民主権の実質化を目指した包括的な司法改革の提言である。それは，利用しやすく，分かりやすく，頼りがいのある民事訴訟を志向した改革であり，21世紀の新たな司法への様々な提言を含んでいた。その中には，司法という「公共性の空間」では，「ただ一人の声であっても，真摯に語られる正義の言葉には，真剣に耳が傾けられなければならず，そのことは，我々国民一人ひとりにとって，かけがえのない人生を懸命に生きる一個の人間としての尊厳と誇りに関わる問題であるという，憲法の最も基礎的原理である個人の尊重原理に直接つらなるものである」との注目すべき指摘が見られた。簡易裁判所については，具体的には，民事調停委員，司法委員等について，多様な人材を確保するための方策を講じるべきであり，事物管轄拡大，少額訴訟手続の上限の大幅引上げを行うべきことが提言された。司法委員等の多様な人材確保は，国民の司法参加の一環であるが，事物管轄の拡大等は，「軽微な事件を簡易迅速に解決することを目的とし，国民により身近な簡易裁判所の特質を十分に活かし，裁判所へのアクセスを容易にするとの観点」から，提言がなされたのである。

事物管轄等については，この提言を踏まえて，簡易裁判所の事物管轄は，訴額が90万円から140万円に引き上げられ，少額訴訟手続については，請求適格の訴額が30万円から倍の60万円に引き上げられた[24]）。

このような改革は，簡易裁判所の役割については，少額裁判所以外の機能の発揮をも目指すものであった。それは，「市民ニーズ即応的性格」は拡張（275条の2の新設）しつつ，「少額裁判所的性格」の拡充（請求適格の拡大。368条1項本文）だけではなく，「第一審管轄分担的性格」を強化（事物管轄の拡大。裁33

---

22) さらに，川嶋四郎・民事訴訟過程の創造的展開〔2005〕244頁，265頁を参照。
23) そのことが，『司法制度改革審議会意見書』を契機とした，少額訴訟手続における請求適格の訴額引上げにつながることになる。
　少額訴訟手続に関しては，第5巻§368以下の注釈を参照。
　また，現在では，特定調停（特定調停1条）も利用することができる。
24) たとえば，一問一答平成15年82頁以下。また，和解に代わる決定（275条の2）の手続も新設された。同・84頁参照。

条1項1号）しつつ，いずれの機能をも拡張することを目的とする改革であった。この三者は，簡易裁判所という紛争解決のフォーラムにおける三位一体的な機能向上の試みであった[25)26)]。

III　手続の具体的な特色

現在の簡易裁判所の制度には，地方裁判所と比較して，組織面でも手続面でも，様々な特色が見られる。

まず，組織面では，①旧裁判所構成法下の区裁判所という名称を廃止し，簡易裁判所という新たな名称を採用したこと，②区裁判所の設置箇所と比較して，約2倍の数の簡易裁判所が設置されたこと，③簡易裁判所判事という法曹資格を有しない者が裁判官となることを認めたこと，④訴額による事物管轄の制限を設けたこと（迅速処理を必要とするとの理由から，訴額にかかわらず，旧裁判所構成法14条第2は，家屋の賃貸関係，占有関係，雇用関係，旅人関係などについて，区裁判所の管轄を認めたが，このような規律を廃止したこと），⑤国民の司法参加として，司法委員の制度を設けたこと，さらに，⑥近時市民のアクセスの利便性を向上するために，開放的で親身な受付カウンターを設置したことや定型書式を準備したことなどを挙げることができる。

次に，手続面では，当事者の利便性を図るための規定と裁判所の負担軽減を図る規定が設けられた。

当事者の利便性を図るための規定として，①口頭による訴えの提起（271条），②訴えの提起において明らかにすべき事項の緩和（272条），③任意の出頭による訴えの提起等（273条），④弁護士代理の原則の例外としての許可代理（54条1項但書）および認定司法書士による代理の許容（司書3条1項6号），⑤準備書面の省略等（276条），⑥続行期日における陳述の擬制（277条），⑦尋問に代わる書面の提出（278条），⑧少額訴訟手続（368条以下）および少額執行手続（民執25条但書・167条の2以下）のほか，⑨訴え提起前の和解で和解が調わない場

---

25) この間，簡易裁判所の改善に向けた取組みは間断なく行われた。その成果の一端として，たとえば，高橋宏志「さらに活性化する簡易裁判所」高橋宏志＝千葉勝美＝南敏文＝富澤達編・新しい簡易裁判所の民事司法サービス〔2002〕3頁等を参照。

26) 川嶋四郎・民事訴訟法概説〔第2版〕〔2016〕519頁等も参照。

合の弁論（275条2項），⑩調停手続（民調1条），および，⑪督促手続（382条以下）などを挙げることができる。

　簡易裁判所の負担軽減としては，①訴額にかかわらず，行政訴訟事件が除外されたこと（裁33条1項1号かっこ書），②訴訟の目的の価額の算定ができないとき，または極めて困難であるときは，地方裁判所の管轄に属するものとしたこと（8条2項），③簡易裁判所の管轄事件でも地方裁判所が審理判断することを認めること（16条2項・18条・19条2項），④反訴の提起に基づく移送（274条），⑤尋問に代わる書面の提出（278条），⑥調書記載の簡略化（旧358条ノ2，現民訴規170条），⑦判決書の記載事項（280条）のほか，⑧司法委員による和解勧試の補助（279条1項）などを挙げることができる。なお，簡易裁判所裁判官についての除斥・忌避の裁判を地方裁判所が行うこと（25条1項）も，この範疇に含まれる[27]。

〔川嶋四郎〕

27）　さらに，川嶋・前掲注1）34頁以下を参照。

(口頭による訴えの提起)
第 271 条　訴えは，口頭で提起することができる。

I　本条の趣旨

　本条は，簡易裁判所における簡易救済の趣旨（→ §270 II 2 参照）を実現するために，簡易裁判所の手続において，訴状の提出を必要とすることなく，口頭の陳述による提訴（「口頭提訴」）を可能としたものである。これは，民事訴訟法133条1項（訴え提起の方式）に対する特別規定と位置づけることができる。簡易裁判所における提訴方法を簡易化して，民事訴訟法272条（訴えの提起において明らかにすべき事項）とともに，提訴段階において，簡易裁判所の訴訟手続を利用する当事者の利便性を向上させる趣旨の規定である。

　本条は，簡易裁判所における「提訴方式の簡易化」に関する一群の具体的規律の中で，最初に位置する規定である。この規定群には，本条のほかに，272条（訴えの提起において明らかにすべき事項），273条（任意の出頭による訴えの提起等），および，275条2項（訴え提起前の和解が調わない場合の提訴の擬制）がある。

　旧法でも，本条と同様の規定（旧353条）が存在したが，そこでは，「起訴」の用語が用いられており，この制度は，一般に「口頭起訴」などと呼ばれていた。これに対して，現行法では，民事刑事峻別という基本的な考え方の下で，市民が親しみやすく利用しやすい裁判所の手続構築が目指されたと考えられるが，その一環として，本条における起訴から提訴への変更も，重要な用語選択として評価できる[1]。

　本条は，簡易裁判所における提訴方法として，当事者に，口頭による提訴を行う権利を肯定した規定である。したがって，当事者は，簡易裁判所における提訴に際して，書面による提訴を行うか口頭による提訴を行うかの選択権を有すると考えられる。実際には，本条により，簡易裁判所の窓口等に置かれている定型訴状を作成することさえ困難な人でも簡易裁判所へのアクセスが可能となる[2]が，本条の利用は，そのような場合に限られないことはいうまでもな

---

1) 川嶋四郎・民事訴訟法〔2013〕20頁注28等を参照。

い3)。

　また，簡易裁判所では，当事者双方が任意に裁判所に出向いて，訴訟について口頭弁論を行うことが認められており，その際には，訴えの提起は口頭の陳述によって行う旨が規定されている（273条）。この規定は，当事者双方が任意に裁判所に出向いて提訴し口頭弁論を行う際にも，口頭提訴の方法（本条に規定された方法）が可能であることを確認的に規定したものである。

　なお，訴状の提出によらずに，訴訟の審理が開始される場合として，訴えの提起前の和解が調わないときに直ちに訴訟の弁論に入る場合（275条2項）なども存在する。

II　口頭提訴の手続

　口頭提訴は，民訴規則1条2項により，原告またはその代理人が，簡易裁判所の受付係の裁判所書記官の面前で，原被告の住所氏名，法定代理人，請求の趣旨および紛争の要点（または，請求の原因）等の訴状の記載事項（272条。133条2項参照）を陳述し，裁判所書記官がこれに基づいて調書を作成する。この調書は，実務上，現在でも「起訴調書」[4]と呼ばれているようであるが，上記の趣旨から，「口頭提訴調書」（または，単なる「提訴調書」）と呼ぶべきであろう（現行法が，「起訴」の用語を廃止したことについては，15条〔旧法29条〕・275条〔旧法356条〕等を参照）[5]。

　口頭提訴の場合でも，原告は，所定の手数料を納めなければならない。この点は，書面による訴えの提起の場合と同様である（民訴費3条1項参照）。口頭提訴の場合は，納付された収入印紙を口頭提訴調書に貼付する（同8条）。この場合に，訴状の送達は，この口頭提訴調書の謄本の送達によって行うことになる（規40条2項）。

---

2)　研究会376頁〔福田剛久発言〕参照。

3)　川嶋四郎「簡易裁判所における法的救済過程に関する覚書」同志社法学374号〔2015〕1頁，10頁も参照。

4)　たとえば，兼子ほか・条解〔2版〕1494頁〔松浦馨＝加藤新太郎〕等を参照。

5)　川嶋・前掲注1）146頁注40，286頁注147等も参照。

III 口頭提訴が可能な場合

本条は，簡易裁判所における訴えは，すべて口頭で提起することができることを規定している。それゆえに，まず，本条は，簡易裁判所における通常の訴訟手続の提訴局面だけではなく，少額訴訟手続の場合にも適用になる。またさらに，簡易裁判所の最初の訴え提起だけでなく，訴訟中の訴えの提起についても適用になる。たとえば，訴えの変更（143条），中間確認の訴え（145条），反訴（146条）なども，簡易裁判所では口頭ですることができると解される[6]。

さらに，訴えでさえ口頭で提起できるので，簡易裁判所における訴訟中の付随的な手続についても，口頭申立てが可能であると解される。たとえば，文書の送付嘱託（226条），文書提出命令の申立て（219条），調査嘱託（186条），尋問事項書（規107条）等も，口頭で可能であると考えられる。また，提訴前であっても，たとえば，簡易裁判所における証拠保全の申立て（234条）なども，口頭で可能であると解される。これらの場合のその後の手続は，口頭提訴の場合に準じた取扱いがなされるべきである。

なお，反訴の提起による移送（274条1項）の場合には，本訴が口頭提訴されている場合であっても，地方裁判所では，口頭提訴調書が訴状として扱われることになる。

IV 本条の現状と課題

従来，実務上，口頭提訴の手続はほとんど利用されていないと報告されていた。そして，その原因として，たとえば，①口頭での受理自体について裁判所の公正・中立について相手方に不公平感や偏見をもたれかねないこと，②口頭提訴が裁判所書記官にとって負担過重となること，③旧法下では，現行法272条に対応する規定がなく口頭起訴調書の内容が訴状の記載事項に準じざるをえなかったために，円滑な口頭起訴調書の作成が困難であったこと[7]，さらには，

---

6) 同旨として，たとえば，菊井＝村松II 744頁，旧注釈民訴(7) 352頁〔小島武司〕，斎藤ほか・注解民訴(8) 371頁〔佐々木平伍郎＝賀集唱＝西村宏一〕，賀集ほか編・基本法コンメ(2)〔3版〕340頁〔加藤新太郎〕，兼子ほか・条解〔2版〕1494頁〔松浦＝加藤〕等。

7) 小熊忠一「簡易裁判所における民事実務処理上の諸問題」実務民訴(2) 227頁，斎藤ほ

④簡易裁判所判事の意識が，地方裁判所にならった厳格な手続の履践に関心が向けられていたこと[8]などを，挙げることができる。

そこで，旧法下では，たとえば，立法論として，「たんに起訴は口頭でできるとするだけでなく，起訴調書の記載事項も，訴訟のそれのように厳格にせず，むしろ和解申立程度に記載すれば足りることとし，裁判所が法律的に整理して訴訟物を決定するという構想」[9]をとるべきであろうという立法論も提示されていた。

この点については，現行法では，請求の原因に代えて紛争の要点を明らかにすれば足りるとされた（272条）ので，上記③の問題がなくなったことから，今後は，口頭による訴えの提起が増加することが期待される[10]との指摘も見られる。ただし，上記①②の問題は依然として存在しかねないので，本来法が認めた提訴方法としての口頭提訴が活用されるために，たとえば，公正・中立な裁判所書記官の対応方法の工夫とその実践と，口頭受理を負担と感じないような裁判所サイドの意識改革，負担にならないような人材の配置，裁判所書記官の増員等を行うこと，さらには，このような口頭提訴の手続の周知化などが望まれる。

現在，簡易裁判所には，代表的かつ典型的な事件類型ごとの定型訴状用紙（不動文字によるいくつかの典型的な事件類型ごとの記入式訴状の用紙）が備え置かれており，提訴者に便宜が図られている。このような訴状の受理方式は，「準口頭受理」[11]と呼ばれることもあり，しだいに活用されるようになっているとさ

か・注解民訴(8) 371～372頁〔佐々木＝賀集＝西村〕，横田康祐＝中島寛＝岡田洋佑・簡裁民事手続Ⅰ〔3訂版〕〔2006〕26頁等。

8) 竹崎博允「簡易裁判所の適正配置――その意義と簡易裁判所の充実策について」三ヶ月古稀・民事手続法学の革新(上)〔1991〕119～120頁は，簡易裁判所の手続の特則が十分には活用されていないことの一因を，簡易裁判所判事の中に，基本的に，地裁の手続と同様に，簡易，迅速よりも適正，厳格を重視したのと同様の発想が潜んでいたのではないかと思われると指摘し，「口頭受理について裁判所書記官が消極的であるという問題も根をたどれば，簡裁判事のこのようなメンタリティと繋がりがあることではないかと思われる」と論じている。

9) 兼子ほか・条解 1123頁〔松浦馨〕。
10) 兼子ほか・条解〔2版〕1495頁〔加藤新太郎〕。
11) 竹崎・前掲注8) 117頁（準口頭受理とは，裁判所が裁判手続に習熟していない者から

れている[12]。

　このように，本条は，裁判所へのアクセスの促進に関する重要な手続規定であり，今後の活用が期待される。定型訴状用紙の普及はそれ自体意義があるが，本条の趣旨から，その普及が，実務の運用面で，口頭提訴を妨げる要因となることは許されない。あくまで，権利の濫用とならない限り，簡易裁判所においてどのような提訴方法を採用するかは，当事者の選択に委ねられるからである。

　裁判所へのアクセスの向上を目指す本条の趣旨は，将来的には，IT (Information Technology) または ICT (Information and Communication Technology) の活用を通じた提訴へ道を開き，さらにはインターネット等の情報通信技術を用いた訴訟追行の可能性を示し，誰でもいつでもどこからでも民事裁判等を行うことができるという「司法へのユビキタス・アクセス」[13]の実現（→ §270 Ⅳ 参照）へと発展する可能性さえも有していると考えられる。

〔川嶋四郎〕

の窓口での事件申立てを円滑に受け付けられるよう典型的な事件の類型に応じて用意した書式による申立てをいう，とする），横田＝中島＝岡田・前掲注7) 26頁等。資料的にはやや古いが，口頭提訴に関する日本弁護士連合会の調査結果について，日本弁護士連合会編・簡易裁判所——庶民の裁判所をめざして〔1976〕65頁以下を参照。なお，口頭提訴の手続に関する評価の一端として，たとえば，斎藤ほか・注解民訴(8) 372頁〔佐々木＝賀集＝西村〕等を参照。

12)　簡裁民事実務研究会編・簡易裁判所の民事実務〔改訂版〕〔2005〕30頁，兼子ほか・条解〔2版〕1496頁〔加藤〕等。

13)　川嶋四郎「『e-サポート裁判所』システムの創造的構築のための基礎理論——『IT活用』による『正義へのユビキタス・アクセス』構想」法セ653号〔2009〕36頁，同「『司法へのユビキタス・アクセス』の一潮流」梅善夫先生・遠藤賢治先生古稀祝賀・民事手続における法と実践〔2014〕21頁，同「法律サービス（特に，民事裁判）におけるICTの活用に向けた実証研究について」伊藤眞古稀1325頁等参照。さらに，川嶋四郎・民事訴訟法概説〔第2版〕〔2016〕543頁参照。

(訴えの提起において明らかにすべき事項)
第272条 訴えの提起においては、請求の原因に代えて、紛争の要点を明らかにすれば足りる。

I 本条の趣旨

本条は、簡易裁判所における訴えの提起時において明らかにすべき事項について、請求の原因（133条2項2号）に代えて紛争の要点を明らかにすれば足りるとする。本来、民事第一審訴訟手続における訴状には、当事者、法定代理人、請求の趣旨および原因等を記載しなければならない（133条2項）が、本条は、簡易裁判所の手続では、請求の原因に代えて、紛争の要点を明らかにすればよいとした。これは、提訴時における当事者の負担を軽減する規定である。このような規律は、簡易裁判所における訴訟手続という法的救済過程への道を、簡易な形式で市民に開く規定として、重要な意味をもつ[1]。

旧法では、現行法と同様に、口頭で訴えを提起すること（口頭起訴。旧353条）が認められていたが、訴えの提起に際して明らかにすべき事項については、地方裁判所の手続と同様に扱われていた。すなわち、請求の趣旨のほかに、請求の原因を明らかにすることが必要とされていたのである。そこで、簡易裁判所でも、地方裁判所の場合と同様に、請求の原因が明らかにされていない場合には、訴訟物の特定が不十分であるとして、裁判長が補正命令を出し、それに応じなければ訴状が却下される可能性が存在した。しかし、それでは、簡易裁判所の創設の理念（→§270 II 2参照）に悖ることになりかねず、必ずしも十分な法律的知識を有していない者が、自ら訴訟追行し、簡易・迅速な法的救済を受けられなくなるおそれが存在した。

ところで、手続開始の局面における当事者の利便性の促進に対する工夫は、すでに民事調停の申立てにも見られる。民事調停では、申立ての趣旨のほか、紛争の要点を明らかにしなければならないとされている（民調規2条。なお、非

---

[1] 川嶋四郎「簡易裁判所における法的救済過程に関する覚書」同志社法学374号〔2015〕1頁、19頁参照。

訟 43 条 2 項 2 号，家事 49 条 2 項 2 号・255 条 2 項 2 号も参照）。そこで，本条は，この規定の仕方にならったものであり，法律の素人である一般市民による訴え提起を容易にする趣旨の定めである[2]（なお，民調 19 条も参照）。

　本条は，平成 8 年の民事訴訟法改正における簡易裁判所手続に関する実質的な改正点であり，新設規定である。これは，「単純に迅速化，効率化のみを追求しようとする〔裁判所の〕姿勢に警鐘を打ち鳴らし，真に国民に利用しやすく身近な簡易裁判所を実現する」[3]ための，重要な規定である。

　本条は，民事訴訟法 133 条の特則であり，訴状の記載事項に関する特則を定めたものである。

　この規定は，簡易裁判所における書面による提訴だけではなく，実際には，口頭による提訴（271 条）をも促進させる機能をもち，簡易裁判所における簡易救済手続へのアクセスを促進する重要な規定である。なお，紛争の要点の記載で足りるという規律は，その後，平成 15 年の民事訴訟法改正の際に，訴えの提起前の証拠収集等の手続における予告通知書の記載事項の規律にも，取り入れられることとなった（132 条の 2 第 3 項を参照）[4]。

II　訴訟物特定基準の緩和と「紛争の要点」

1　訴訟物特定基準の緩和

　本条は，請求の原因に代えて紛争の要点を明らかにすることを認めているのみであるので，簡易裁判所の訴訟手続においても，提訴時に請求の趣旨（133 条 2 項 2 号）を明らかにすることは必要となる。

　請求の原因は，訴訟物を特定するための事実であり[5]，本条は，それに代えて紛争の要点を明らかにすれば足りると規定するので，訴訟物の特定の方式に

---

[2]　一問一答 320 頁，研究会 375 頁〔柳田幸三発言〕。
[3]　下里敬明「簡易裁判所の訴訟手続に関する特則」塚原朋一ほか編・新民事訴訟法の理論と実務(下)〔1997〕238 頁。
[4]　なお，その返答書面に関する 132 条の 3 第 1 項本文も参照。ただし，予告通知書の場合は，提訴前であることから，請求の趣旨の記載ではなく，請求の要旨の記載で足りると規定されている。
[5]　民事訴訟法における請求原因という用語については，川嶋四郎・民事訴訟法〔2013〕179 頁注 7 参照。

関する特則として位置づけることができる。それゆえに、簡易裁判所の訴訟手続では、訴訟物の特定基準が緩和されたと考えられる。

また、提訴時には、訴訟物の特定の方式が、通常の訴訟手続と比較して緩和されていることから、訴訟物の特定時期についての特則としても位置づけることができる。

本条が適用になる簡易裁判所における訴えの提起には、特に限定が付されていないので、簡易裁判所における通常の訴訟手続だけではなく、少額訴訟手続でも、また、たとえば、訴えの変更（143条）、中間確認の訴え（145条）、反訴（146条）などの訴訟中の訴えの提起に際しても、請求の原因に代えて紛争の要点を記載すれば足りる。

本条の規定により、提訴時に請求の原因が明らかにされていない場合でも、訴状等は受理されることとなった。また、紛争の要点が明らかにされている場合には、訴状の補正命令（137条1項）を出した上で訴状却下命令（137条2項）を出すこともできなくなった[6]。それゆえに、その他の点について不備がなければ、期日を指定した上で、訴状および期日の呼出状を送達しなければならない。

2 「紛争の要点」

そこで、このような意義をもつ「紛争の要点」とは何かが問題となる。

一般に、法的な知識が必ずしも十分ではない一般市民による簡易裁判所へのアクセスを保障する本条の趣旨から、紛争の要点とは、訴訟物を特定するに足りる請求原因事実ではなく、社会的事実（生の事実）としての紛争における重要事項を意味する。それゆえ、訴状の必要的記載事項である請求の原因（133条2項2号、規53条）よりも広い内容を意味し、法的な視点に基づく要件事実が明記されていなくても、社会的な紛争に関する事実としての重要な情報が明らかにされていれば、紛争の要点の要件を満たしていると考えられるのである[7]。

---

6) 研究会375頁〔柳田発言〕。
7) 紛争の要点として、簡易裁判所における訴状（少額訴訟）のモデルに見られる具体例に関しては、たとえば、中島寛＝岡田洋佑編・少額訴訟の実務——少額訴訟10年を迎えての現状と展望〔2008〕482頁以下等を参照。

用語が同一であるため，民事調停の申立書の記載方法が参考になるが，そこでは，調停の対象となっている権利義務関係とそれについてどのような紛争が発生しており，その実情はどうか，どのような解決を求めるのかなどを記載すれば足りるので，基本的には，それにならうべきであろう。ただ，逆に，訴状のように訴訟物を特定する請求原因事実のみを記載すれば足りるのではなく，紛争の原因や背景，紛争の経緯および提訴時における対立点などを，要約的に記載する必要があるであろう。

このような提訴時における訴訟物の提示のあり方が許容されたことは，簡易裁判所では，実体法に従った法的な性質決定を特に行うことなく訴訟手続を開始できることを意味する。これは，いわば提訴時には，新訴訟物論的な発想で，法的救済を求めて実生活の法的紛争を裁判所に提示することが認められたとも評価できるゆえに，その理論上の意義も少なくないと考えられる。

III　本条と訴訟物の特定等との関係

現実には，多くの場合に，請求の趣旨と紛争の要点が明らかにされることにより，訴訟物が特定されると考えられる。ただし，紛争の要点が明らかにされても，必ずしも訴訟物（実務で用いられている旧訴訟物理論による訴訟物）が特定されたとはいえない場合に，手続をどのように進めるかが問題となる。

本条は，あくまで法律の知識を有しない市民による提訴を容易にする趣旨であり，いつまでも訴訟物が特定されることなく審理が進められてもよいとするものではない[8]とされる[9]。それゆえに，訴えの提起の段階で訴訟物が特定されていない場合であっても，裁判所としては，補正を命じた上で訴状却下命令（137条2項）をすることはできないものの，原告としては，訴え提起後できる限り早期に請求を特定する必要がある。審理の実際では，裁判所が後見的な観点から，適宜期日の内外で釈明権（149条）を行使することが必要となり，訴

---

[8]　中野・解説20頁。下里・前掲注3) 239頁は，運用上は，原告に訴えの提起後できる限り早期に，具体的には，被告の防御の観点から，争点整理終了時または証人尋問等の開始時までには，請求を特定させる必要があろうと指摘する。

[9]　ただし，訴訟上の和解が成立する見込みが大きい場合には，あえて訴訟物を特定することなく，手続を進行させることも許されると解される。

訟物の特定についても，ある程度弾力的に解することが求められる[10]。

　現行実務では，そのような審理がなされ，口頭弁論終結時においてもなお訴訟物が特定されないときには，訴え却下の判決がなされることになる[11]。これは，現行実務でも，簡易裁判所における判決書の記載事項が，地方裁判所の訴訟手続（第一審の訴訟手続）におけるそれよりは簡略化されている（280条参照）ものの，請求の原因の要旨の記載は必要とされており，その限りで口頭弁論終結時までに[12]請求原因の要旨が明らかにされている必要があることによる。

　このような本条と訴訟物の特定との関係は，現行実務の旧訴訟物理論に従った場合の取扱いであるが，市民に身近な裁判所としての簡易裁判所の手続では，地方裁判所における通常の訴訟手続の場合における訴訟物の特定基準は緩和するのが妥当であろう。そこで，請求の趣旨と紛争の要点が明らかにされている限り，簡易裁判所においても，擬制自白（159条），自白（179条）や請求の放棄・認諾[13]（266条）も認められるべきであろう。また，現行実務上，口頭弁論終結時においてもなお訴訟物が特定されないときでも，事案にもよるが，和解に代わる決定（275条の2）の要件を満たす限り，その決定を行うことも可能であると考えられる[14]。また，認められた擬制自白に基づく判決も可能であると考えられる。新訴訟物理論に基づく判決等でも，特定の給付義務を含むものは，債務名義になりうるからである。

---

10) 兼子ほか・条解〔2版〕1495頁〔加藤新太郎〕。訴訟物の特定のもつ意義については，川嶋・前掲注5) 206頁以下参照。

11) 一問一答321頁，中野・概説20頁，佐藤歳二「簡易裁判所の役割と訴訟手続」講座新民訴(3)178〜179頁，賀集ほか編・基本法コンメ(2)〔3版〕341頁〔加藤新太郎〕，兼子ほか・条解〔2版〕1495頁〔加藤〕。

12) なお，下里・前掲注3) 238頁は，旧法下で行われてきたように，訴訟代理人が申し立てる事件等については可能な限り，訴状に訴訟物を特定するのに必要な請求原因事実，すなわち要件事実を記載させるという実務運用には変更がないと指摘する。しかし，条文上は，本人訴訟に限定されず，あらゆる事件で提訴の簡略化が図られていることには，留意すべきであろう。

13) 請求の認諾等の可否については，研究会377頁における竹下守夫発言と福田剛久発言等を参照。

14) 和解に代わる決定については，川嶋四郎「簡易裁判所における『和解に代わる決定』の制度に関する覚書」同志社法学381号〔2016〕1頁等を参照。

Ⅳ 一体型審理との関係

簡易裁判所の訴訟手続，とりわけ少額訴訟の審理は，訴訟資料と証拠資料の峻別を行うことなく（つまり，弁論と証拠調べ〔特に，当事者本人尋問〕とを明確に分けることなく），裁判所が，訴状，答弁書，準備書面および書証等に基づいて，当事者から紛争の実情を聴きながら，訴訟資料と証拠資料とを適宜獲得していくという，弁論と証拠調べを一体化した方法で行われている。これは，裁判所サイドから見て，「一体型審理」と呼ばれている。一期日審理の原則の下で審理しなければならないことから必然的に生み出された実務であり，また，少額訴訟の審理の仕方として，証人尋問は宣誓をさせないですることができ，裁判官が相当と認める順序で証人尋問をすることができる（372条1項・2項）と規定されているのみで，主張整理については特段に規定されていないこともあり，実務上このような運用がなされている（宣誓が行われれば，以後，当事者の陳述は証拠資料になりうるにすぎないとも考えられるが，しかし，弁論と証拠調べが融合した一体型審理の下では，裁判官による事前の注意があることを条件に，宣誓の後の主張の採取も認められると解すべきであろう）。

本条の規定は，276条の規定等とも相俟って，「一体型審理」に寄与する側面があるが，当事者に不意打ちのない手続運営が，裁判所に要請されるであろう[15]。

〔川嶋四郎〕

---

[15] 以上につき，川嶋四郎「略式訴訟の争点——『簡易救済手続』の現状と課題」新・争点 271頁，同・前掲注1）28～31頁も参照。さらに，川嶋四郎・民事訴訟法概説〔第2版〕〔2016〕526頁も参照。

§273 I

(任意の出頭による訴えの提起等)
第273条 当事者双方は，任意に裁判所に出頭し，訴訟について口頭弁論をすることができる。この場合においては，訴えの提起は，口頭の陳述によってする。

I 本条の趣旨

　簡易裁判所では，訴えが提起された後に口頭弁論期日を指定し当事者を呼び出す通常の方法（139条）のほかに，本条により，その開廷時間中に当事者双方が裁判所に同行して出廷し，訴訟について口頭弁論をすることができる。これは，簡易裁判所の制度趣旨（→§270 II 2参照）を実現するために，簡易裁判所を利用する当事者双方の便宜を考慮して，口頭の陳述での訴えの提起を認めて提訴方法を簡略にするとともに，裁判所の期日を開くための呼出手続を省略して，訴訟の簡易迅速な進行を図ろうとする趣旨である。
　当事者の視点からは，本条は，提訴，送達および呼出しを待つまでもなく，一定の準備を行った上で主体的かつ自発的に裁判所における紛争解決を求めることを可能とする手続を規定したものである。当事者双方は，本条により，任意の出廷により訴えの提起をし口頭弁論を開くことを求める権利（いわば「両当事者の出席による即日提訴・即日弁論請求権」と呼ぶことができる）が付与されることになったのである。本条は，民事訴訟法271条（口頭提訴）・272条（訴状記載事項の緩和）と相俟って（各規定の併用により），簡易裁判所へのアクセスを容易化し促進するための規定である。
　旧法にも，本条と同旨の規定（旧354条）が存在した。旧法下では，「随時出頭の場合の起訴」と呼ばれていた[1]。
　しかし，現行法の制定に際して，市民に身近な裁判所としての簡易裁判所では，官公庁に呼ばれて出向く意味をもつ「出頭」という表現は改められるべきであったと考えられる。立法論としては，口頭弁論を行うために当事者双方が

---

1) 斎藤ほか編・注解民訴(8)374頁〔斎藤秀夫＝佐々木平伍郎＝賀集唱〕，旧注釈民訴(7)355頁〔小島武司〕。

簡易裁判所に出向くという実質から，「出廷」または「出席」などといった和やかで穏やかな表現の方が妥当であろう[2]。

そこで，以下では「任意出席（任意出廷）による訴えの提起（提訴）」と呼ぶことにしたい。

本条の手続が活用される場面としては，確かに，緊急案件について当事者双方が早期の解決を求めている場合が，適合的なものである[3]ということができる。しかし，規定の文言が緊急性を要件としていないこと，および，市民に身近な簡易裁判所の手続として，簡易裁判所へのアクセスが方式に縛られない簡易な形式で認められるべきことから，緊急の案件でない民事事件についても，本手続を利用することができる。

従来から，「任意出席による提訴」は，あまり活用されてこなかったようである。それは，まず，このような手続の存在がほとんど知られていないこと，裁判所側の人員不足からこれに対応できないこと，事務処理上，技術上困難が伴うこと[4]，さらには，簡易裁判所サイドでこの制度の促進に対する積極的な意識が必ずしも十分ではなかったことなどを，挙げることができるであろう。

なお，本条の後段は，当事者双方が任意に裁判所に出向いて提訴し口頭弁論を行う際にも，口頭提訴の方法（271条）が可能であることを，確認的に規定したものである。

II 任意の出廷による訴えの提起等

本条により，当事者双方が任意に出席して訴えの提起が行われる場合は，直ちに期日が開かれ，その期日において口頭で陳述することにより訴えの提起が行われ[5]，その内容が口頭弁論調書に記載される[6]。

---

2) この点については，たとえば，井上治典・ケース演習・民事訴訟法〔1996〕38頁を参照。同書では，地方裁判所における民事第一審訴訟事件の手続一般について，「出頭」等の用語の不適切さを指摘している。さらに，川嶋四郎・民事訴訟法〔2013〕20頁注28も参照。
3) 兼子ほか・条解〔2版〕1496頁〔松浦馨＝加藤新太郎〕。
4) 横田康祐＝中島寛＝岡田洋佑・簡裁民事手続I〔3訂版〕〔2006〕103頁。
5) 手続としては，本条に基づいて，紛争当事者は，事前に裁判所に連絡をして，適宜に口頭弁論を実施することが望ましいと考えられる。しかし，裁判所は，特に事前の連絡がな

訴え提起の効力は，原告による提訴の口頭陳述があったときに生じる。原告は，書面による提訴の場合（133条1項）と同様に，所定の手数料を納めなければならない（民訴費3条1項）。

本条の手続による場合，管轄の合意（11条）も認められ，また，専属管轄（13条）に属する場合を除いて，本来的には管轄のない事件でも，管轄が生じることになる。これは，簡易裁判所の制度趣旨から，書面による明示的な管轄の合意はないものの，現に裁判所に来庁している当事者双方の便宜を考慮して，当事者間に管轄の合意（11条）が存在する場合と同様に扱うのが妥当であると考えられるからであり，しかも，被告も同行し本案について弁論することを予定していることから，応訴管轄（12条）の趣旨とも合致するからである。

本条に基づいて，当事者双方が任意に出席して訴えの提起が行われる場合，裁判所は，可能な限り時間と法廷をやり繰りして即日口頭弁論を開かなければならず，他の期日を指定することはできない7) と解される。

本条の手続については，簡易裁判所においてすでに係属している事件について続行期日が未指定の場合についても，本条の類推適用として，これを用いることが許されると解される8)。

  い場合であっても，通常の開廷日における開廷時間中（日曜日その他の休日を除き，簡易裁判所が民事訴訟事件について期日の指定をすることができる日時）である限り，原則として，本条の手続を拒否することはできない。むしろ，簡易裁判所の制度趣旨からすると，この規定を生かす方向で活用すべきである。また，その可能性を拡大するための裁判官の常駐等の人的な手当ても考えるべきであろう。
6) なお，「任意出席による訴えの提起」の場合は，「口頭による訴えの提起（271条）」の場合とは異なり，簡易裁判所の受付係の裁判所書記官の面前で原告が提訴する旨の陳述を行うのではなく，口頭弁論で陳述することにより訴えを提起するのであり，その内容が，口頭弁論調書に記載されることになるのである。兼子ほか・条解〔2版〕1496頁〔松浦＝加藤〕，斎藤ほか編・注解民訴(8) 376頁〔斎藤＝佐々木＝賀集〕を参照。
7) 菊井＝村松Ⅱ 745頁，旧注釈民訴(7) 357頁〔小島〕，兼子ほか・条解〔2版〕1496頁〔松浦＝加藤〕，斎藤ほか編・注解民訴(8) 377頁〔斎藤＝佐々木＝賀集〕。なお，裁判所が，やむをえない事由によって口頭弁論を開くことができない場合であっても，口頭による訴え提起の制度（271条）を活用し，とりあえず口頭提訴がなされたものと扱い，しかも，その場においてできるだけ早い期日を指定することが望まれる。
8) 兼子ほか・条解〔2版〕1496頁〔松浦＝加藤〕，斎藤ほか編・注解民訴(8) 377頁〔斎藤＝佐々木＝賀集〕。

III　本条の手続に関する運用上の課題

　実際には，争いのある当事者双方が同道して裁判所に出廷することは期待しにくいこと，および，現実に当事者双方が裁判所に出向いたとしても，人的・時間的・場所的に余裕がある裁判所でない限り，即時に口頭弁論を開くことが困難であることなどから，本条の手続は，実際にはほとんど利用されていない[9]ようである。

　本条の活用方法の1つとして，旧法下から，簡易裁判所において，民事調停が不調に終わった場合，これを訴訟手続へ円滑に移行させる方法として本条を用いることが提言[10]されている。調停と訴訟の連携のあり方として望ましい提言であり，現行法下では，その立法趣旨にも見られるように，旧法下以上に簡易裁判所の訴訟手続へのアクセスを増進させるべき要請から，本条の手続に関する調停委員会や裁判所書記官等による説明，さらに一般的な周知化が望まれる。

　しかし，本条の手続については，馴合訴訟や氏名冒用訴訟などとして濫用されやすいことが，かねてから指摘[11]されているが，しかし，判決の不当取得等

---

9)　日本弁護士連合会編・簡易裁判所——庶民の裁判所をめざして〔1976〕69頁，兼子ほか・条解〔2版〕1496頁〔松浦＝加藤〕，斎藤ほか編・注解民訴(8) 378頁〔斎藤＝佐々木＝賀集〕，簡裁民事実務研究会編・簡易裁判所の民事実務〔改訂版〕〔2005〕30頁等。

　なお，斎藤ほか編・注解民訴(8) 375頁〔斎藤＝佐々木＝賀集〕では，実際問題として，相争っている当事者がそろって裁判所に出廷することが期待できるということを考えていたとすると，立法者としては，極めて甘い見通しで，かつ楽観的でありすぎたという手厳しい批判がなされている。しかし，これに対しては，一般に言えば紛争当事者関係は多様であり一概にそのように断言することはできず，また，そもそも簡易裁判所における少額軽微な事件に関する簡易救済を実現するためには，多様な市民のニーズに即した紛争解決を図る役割，すなわち「多様な市民ニーズ即応的性格」の発揮が期待されていたのであり，このような「任意出席による訴えの提起」の手続を認めたこと自体に意義があるということができる。それ自体，簡易裁判所の手続の周知化などを行い，手軽な裁判所利用に道を開く可能性を有しているからである。これについては，川嶋四郎「簡易裁判所における法的救済過程に関する覚書」同志社法学374号〔2015〕1頁以下も参照。

10)　小熊忠一「簡易裁判所における民事実務処理上の諸問題」実務民訴(2) 228頁，日本弁護士連合会編・前掲注9) 69頁。

11)　坂井芳雄「国民に密着した簡易裁判所の実現（その2）」判タ204号〔1967〕63頁，兼

§273 Ⅲ　　　　　　　　　　第2編　第8章　簡易裁判所の訴訟手続に関する特則

からの救済方法[12]も提言され実践されており，また，本人確認が様々な方法で可能となった現在では，過度に濫用を警戒するばかりに本条の活用が抑制され簡易裁判所へのアクセスが阻害されないように，留意しなければならないであろう。

〔川嶋四郎〕

　子ほか・条解〔2版〕1497頁〔松浦＝加藤〕。
12）　川嶋・前掲注2）664頁，最決平25・11・21民集67巻8号1686頁，最決平26・7・10判時2237号42頁等を参照。

(反訴の提起に基づく移送)
第274条 ① 被告が反訴で地方裁判所の管轄に属する請求をした場合において、相手方の申立てがあるときは、簡易裁判所は、決定で、本訴及び反訴を地方裁判所に移送しなければならない。この場合においては、第22条の規定を準用する。
② 前項の決定に対しては、不服を申し立てることができない。

(反訴の提起に基づく移送による記録の送付・法第274条)
規則第168条 第9条(移送による記録の送付)の規定は、法第274条(反訴の提起に基づく移送)第1項の規定による移送の裁判が確定した場合について準用する。

I 本条の趣旨

本条は、被告が地方裁判所の管轄に属する訴えを反訴(146条)の形式で請求をした場合に、簡易裁判所は、原告(反訴被告)の移送の申立てにより、決定によって、本訴および反訴を地方裁判所に移送しなければならないことを定める。これは、原告に、被告による反訴の提起に基づく移送申立権を認めた規定である。

本条は、旧法下の規定(旧355条)と同旨の規定である。

本条は、反訴の相手方である原告が、反訴事件について地方裁判所において審理を受ける権利(地方裁判所で裁判を受ける管轄の利益)を尊重し、それを(職権によるのではなく)原告の意思に依存させることとして、原告の便宜を考慮し、その管轄の選択権を尊重した規定である。裁判所の視点から見れば、本訴事件と反訴事件の一括移送による併合審理の利点を生かすことができるので、訴訟経済にも資する規定である。本条は、簡易裁判所における少額訴訟手続では反訴が禁止されている(369条)ので、問題とはならない。手形・小切手訴訟事件においても同様である(351条・367条2項)。

なお、簡易裁判所から地方裁判所への移送に関する規定は、本条のほかに、管轄違いの場合の移送に関する、民事訴訟法16条1項、簡易裁判所の事物管

轄に属する事件を地方裁判所が審理することを認める，16条2項本文，受訴裁判所たる簡易裁判所が，管轄権が存在するにもかかわらず，事件を簡易裁判所所在地を管轄する地方裁判所に移送することを認める18条，不動産に関する訴訟の必要的移送についての，19条2項等がある。

II 移送の要件

1 反訴が適法に提起されたこと

本条は，適法な反訴（146条）の提起の場合にのみ適用されることについては異論がない。この反訴には，中間確認の反訴も含まれる。

しかし，反訴が要件を欠き不適法な場合に，提起された反訴をどのように取り扱うかについては，見解が分かれる。

この問題については，かねてから，①反訴自体を不適法として却下すべきであるとする説（反訴却下説）[1]と，②不適法な反訴のみを管轄違いとして民事訴訟法16条により管轄地方裁判所に移送すべきであるとする説（反訴移送説）[2]とが対立していたが，現在では，②説をより厳密に考え，場合を分ける見解が有力になりつつある。すなわち，③反訴が一般の訴訟要件を欠き独立の訴えとしても維持することができない場合には，簡易裁判所において反訴を却下することが訴訟経済の点からも妥当であるが，しかし，反訴の要件を欠くが独立の訴えとしての要件を充足する場合には，民事訴訟法16条により管轄地方裁判所に移送することが相当であるとの見解[3]である。

基本的には③説が妥当であるが，ただし，そもそも，独立の訴えとして維持できない場合は，その訴えは不適法であり却下されるべきであるので，訴訟経済を考慮して却下するのではなく，反訴不適法として却下することになるであろう。これは，民事訴訟法の通常の原則に従ったものである。これに対して，

---

[1] 中島弘道・日本民事訴訟法（第2編乃至第5編）〔1934〕1524頁，兼子・条解上841頁。

[2] 細野・要義(2)181頁，菊井＝村松II 464頁，小熊忠一「簡易裁判所における民事実務処理上の諸問題」実務民訴(2)232頁，斎藤ほか編・注解民訴(8)382頁〔斎藤秀夫＝佐々木平伍郎＝賀集唱〕。

[3] 兼子ほか・条解1125頁〔松浦馨〕，賀集ほか編・基本法コンメ(2)〔3版〕351頁〔加藤新太郎〕，兼子ほか・条解〔2版〕1497〜1498頁〔松浦馨＝加藤新太郎〕。

反訴要件は欠くものの独立の訴えとしての要件を満たす場合には，16条1項により管轄地方裁判所に移送すべきである[4]。

本条は，反訴提起に伴う原告の移送申立権を認めた規定であるが，たとえば，原告が，訴えの変更（143条）や中間確認の訴え（145条）を提起することにより，訴額の合算額（9条1項）が簡易裁判所の管轄を超えるに至った場合に，どのように扱うべきかが問題となる。まず，原告の訴えの変更については，それが適法であることを前提に，被告が応訴をすれば応訴管轄（12条）が生じるので，そのまま進行させることになり，被告が応訴をしなければ管轄違いとなり，申立てまたは職権で，移送（16条）をすることになる。また，中間確認の訴えが地方裁判所の管轄に属する場合は，本来の事件と分離することができないので，原告・被告のいずれから申し立てられたものであるかを問わず，本条を類推適用すべきであるとする見解[5]があるが，原告や被告の申立てまたは職権で，管轄違いの移送（16条）を行うべきであろう。

さらに，原告が再反訴を提起した場合も問題になる。すなわち，簡易裁判所においても，反訴被告である原告が再反訴を提起することは禁止されていないので，本条の反訴に再反訴を含み，再反訴の訴額と原告の本訴のそれとの合算額が140万円を超える場合に，本条の類推適用が認められるか否かが問題となる。肯定説[6]も存在するが，否定説が妥当であろう。本条の文言からは，本訴被告の反訴提起のみが本条の射程と考えられること，本条の趣旨から再反訴の場合にまで原告の便宜を考えるべきではないこと，さらに，再反訴の場合には，むしろ先に述べた訴えの変更の場合と同様の取扱いを行うのが，当事者間の公平の観点からも妥当であると考えられることによる。

2 反訴請求が地方裁判所の管轄に属すること

本条が適用されるためには，反訴請求が裁判所法33条1項1号に定める訴額（140万円）を超える請求または非財産権上の請求であることを要する。反訴と本訴との訴額は合算されないので，反訴のみに着目することになる。被告

---

4) 旧注釈民訴(7) 360頁〔小島武司〕。川嶋四郎・民事訴訟法〔2013〕759頁も参照。
5) 兼子ほか・条解〔2版〕1498頁〔松浦＝加藤〕，斎藤ほか編・注解民訴(8) 383頁〔斎藤＝佐々木＝賀集〕。
6) 菊井＝村松Ⅱ 464頁，斎藤ほか編・注解民訴(8) 383頁〔斎藤＝佐々木＝賀集〕。

がすでに反訴を提起している場合には，その後に提起する反訴はこれと合算されるから，その結果，地方裁判所の管轄に属することになれば，本条の適用がある[7]。

　反訴が本訴の係属する簡易裁判所の所在地を管轄する地方裁判所以外の地方裁判所の管轄に属するときは，本来の管轄権をもつ地方裁判所か，それとも，簡易裁判所の所在地を管轄する地方裁判所か，どちらへ移送すべきかが問題となる。

　この点については，①反訴について本来の管轄権を有する地方裁判所に移送するという見解[8]と②本訴の係属する簡易裁判所の所在地を管轄する地方裁判所に本訴・反訴ともに移送するという見解[9]が対立している。

　本条の趣旨からは，基本的には②が妥当であろう。本条は，本来地方裁判所の事物管轄に属する請求が反訴として簡易裁判所に提起された場合に，本訴と反訴を一括して当該簡易裁判所の所在地を管轄する地方裁判所に移送して審理することが，本条の移送申立権をもつ原告の意思に合致し，しかもその便宜にかなうことを，規定の趣旨としているので，たまたま反訴請求についての本来の土地管轄が，その他の地方裁判所に存するとしても，その地方裁判所に一括して移送することは，必ずしも原告の利益にはそぐわないと考えられるからである。

　ただし，②説を適用し，本条により移送を受けた裁判所が，さらに本来の管轄権を有する地方裁判所に移送することができるか否かの問題はある。

　肯定説は，法律構成として，民事訴訟法17条と本条を重畳的に適用して，管轄地方裁判所以外の地方裁判所へ移送することはありうるとする。これは，まず本条によって簡易裁判所から管轄地方裁判所へ移送し，そこからさらに17条に基づいて他の地方裁判所へ移送するところを，一挙に簡易裁判所から管轄地方裁判所以外の地方裁判所へ移送する1つの決定で処理しようとするもので，許されてよいとする見解である。また，この見解は，民事訴訟法16条

---

7)　兼子ほか・条解〔2版〕1498頁〔松浦＝加藤〕。
8)　斎藤ほか編・注解民訴(8)384頁〔斎藤＝佐々木＝賀集〕。
9)　菊井＝村松Ⅱ748頁，青柳馨「簡易裁判所」新大系(3)381頁，佐藤歳二「簡易裁判所の役割と訴訟手続」講座新民訴(3)179頁，兼子ほか・条解〔2版〕1498頁〔松浦＝加藤〕等。

と本条を重畳的に適用して，管轄地方裁判所以外の地方裁判所へ移送することもありうるとも指摘する[10]。

しかし，基本的には，否定説が妥当であろう。まず，肯定説を採用する場合は，結局のところ上記①説と変わりがなく，また，本条1項後段は，本条の規律の中に民事訴訟法22条（移送の裁判の拘束力等）の規律を組み込んでおり，その趣旨は，本条のような反訴提起に起因した地方裁判所への移送の場合でも，事件のたらい回しを防止することにあると考えられるからである。原告は，本訴請求について簡易裁判所での簡易迅速な解決を求めていたのである。ここで問題となるのは，本訴の係属する簡易裁判所の所在地を管轄する地方裁判所以外の地方裁判所の管轄に属する反訴を提起した被告の利益を，どこまで考慮するかにあるが，本条があくまで原告の利益を重視した移送申立権の規定であるために，その考慮は不要であろう。ただし，本条の移送決定に際して，原告が，本来の管轄権をもつ地方裁判所（管轄地方裁判所以外の地方裁判所）への移送を認めた場合には，事後的な合意管轄の趣旨を生かして，裁判所は，その裁判所へ移送すべきであると考えられる。

3　本訴が簡易裁判所の管轄に専属するものでないこと

本条の適用に際しては，移送可能性が前提となるために，本訴が簡易裁判所の管轄に専属するものでないことが前提となる（20条1項参照）。そこで，本訴が専属管轄に属する場合で，原告が反訴請求に対し応訴しないときに，その反訴をどのように取り扱うかが問題となる。たとえば，請求異議の訴え（民執35条）の本訴が簡易裁判所に提訴された後に，訴額が140万円を超える債務存在確認の反訴が提起されたものの原告が応訴しない場合などに，この問題が発生する。

これに関しては，①反訴を却下すべきであるとする説（反訴却下説）[11]と，②反訴のみを地方裁判所へ移送すべきであるとする説（反訴移送説）[12]とが対立す

---

10) 兼子ほか・条解〔2版〕1498頁〔松浦＝加藤〕。
11) 兼子・条解上842頁，横田康祐＝中島寛＝岡田洋佑・簡裁民事手続Ⅰ〔3訂版〕〔2006〕79頁。
12) 菊井＝村松Ⅱ747頁，兼子ほか・条解〔2版〕1499頁〔松浦＝加藤〕，斎藤ほか編・注解民訴(8)384頁〔斎藤＝佐々木＝賀集〕。

〔川嶋〕　1383

る。反訴自体が適法であれば，できるだけ独立した訴えとして生かすことが当事者（反訴原告）にとって望ましいと考えられるので，基本的に②説が妥当である。ただし，土地管轄だけが専属管轄であるにとどまり，事物管轄は任意的である場合（例，民執33条2項2号・19条）は，地方裁判所において本訴と反訴を審理させても専属管轄の趣旨に反することにはならないと考えられるので，本条の適用が妨げられることはないと考えられる[13]。

なお，もしも，本訴が，他の簡易裁判所の管轄に属するものであれば，16条により本訴および反訴ともに職権で移送されることになるが，その際，原告の申立てがあれば，裁判所は，本条を競合的に適用して，その上級の地方裁判所に移送すべきであろう[14]。

4 原告（反訴被告）による移送の申立て

本条の移送には，反訴被告である原告の申立てが要件となる。裁判所は，職権で本条の移送を行うことはできない。

原告は，本条に基づいて，反訴請求の事物管轄違いを主張して，地方裁判所の審理判断を求めるためには，自らの本訴請求も一括して移送されることを考慮した上で，この移送を申し立てることになる。

原告が移送の申立てをしなかった場合においても，裁判所は，本訴が専属管轄に属しない限り，民事訴訟法17条〔遅滞を避ける等のための移送〕・18条〔簡易裁判所の裁量移送〕により，本訴と反訴の双方を地方裁判所に移送することができる[15]。

原告が，反訴のみの移送を申し立てた場合について，このような申立てをどのように扱うかについては，見解の対立が見られる。すなわち，①この申立てを却下すべきではなく，常に本訴とともに地方裁判所に移送すべきであるとする見解[16]と，②このような申立てを不適法または無意味な申立てとして却下す

---

[13] 賀集ほか編・基本法コンメ(2)〔3版〕342頁〔加藤〕，兼子ほか・条解〔2版〕1499頁〔松浦＝加藤〕，斎藤ほか編・注解民訴(8)384頁〔斎藤＝佐々木＝賀集〕。

[14] 兼子ほか・条解〔2版〕1499頁〔松浦＝加藤〕。

[15] 賀集ほか編・基本法コンメ(2)〔3版〕342頁〔加藤〕，兼子ほか・条解〔2版〕1499頁〔松浦＝加藤〕。

[16] 菊井＝村松Ⅱ748頁，斎藤ほか編・注解民訴(8)386頁〔斎藤＝佐々木＝賀集〕。

ることも，また，本条の趣旨を生かして本訴および反訴をともに地方裁判所に移送することもできると解するとする見解が対立する[17]。

　まず，②説は，地裁本庁または同支部の所在地以外に設置されているいわゆる独立簡裁においては，事件の移送が，開廷場所の変更を伴い当事者は遠隔の裁判所におもむくことになることを意味するから，常に原告の意思ないし利益に合致するとは限らないので，裁判所としては，原告に釈明してその真意を確認した上で，なお申立ての趣旨が不明な場合には，裁量により，このような申立てを不適法または無意味な申立てとして却下することも，本条の趣旨を生かして本訴および反訴をともに地方裁判所に移送することもできると解すると論じる。確かに，このような原告の移送申立てがなされた場合には，その意思の確認のための釈明は不可欠であるが，原告が反訴だけの移送を求めている限りで，通常反訴の地方裁判所での審理（応訴）を望んでいると考えられるので，特段の事情のない限り，本条に基づく移送申立てではなく，民事訴訟法16条（または，17条）の移送申立てとして扱うのが妥当であろう。これは，裁判所の裁量に委ねると，原告は，反訴にどこで応訴するかについての予見が困難になると考えられるからである。なお，①説による場合は，原告の意思に反して，本訴と一括して移送されることになり，原告の移送申立ての趣旨に反すると考えられるからである。

　また，いつまで本条の移送申立てができるか，すなわち移送申立時期についても，見解の対立が見られる。

　①原告は，反訴の本案について答弁するか準備手続（弁論準備手続等）において申述するまでは，本条による移送の申立権を失わないとする見解[18]と，②原告は反訴状の送達を受けて遅滞なく，すなわち原則としてその直後の口頭弁論において申立てをしなければ，申立権を失うと解するとする見解[19]が対立して

---

17) 兼子ほか・条解〔2版〕1499頁〔松浦＝加藤〕。
18) 菊井＝村松Ⅱ749頁。
19) 賀集ほか編・基本法コンメ(2)〔3版〕342頁〔加藤〕，兼子ほか・条解〔2版〕1500頁〔松浦＝加藤〕，斎藤ほか編・注解民訴(8)385頁〔斎藤＝佐々木＝賀集〕。したがって，原告が反訴請求に応訴すればもちろん（12条），そうでなくともその後の口頭弁論期日にその責めに帰すべき事由により出席しない場合も，申立権を失うから，裁判所が反訴請求について本案判決をすることを妨げないとする。なお，論者は，①説と②説は，実際にはほ

いる。

　この問題については，応訴管轄の発生時をも考慮して，基本的には①説が妥当であると考えられる。つまり，原告は，反訴の本案について弁論するか答弁するか弁論準備手続等において申述するまでは，本条の移送申立権を失わないと解すべきであろう。本条の移送申立権の規定は，原告の利益に配慮した規定であり，法的な知識を必ずしも十分に有していない原告が利用することも多い簡易裁判所では，一般原則と異なる規律を行うことは，必ずしも適切ではないと考えられるからである。

Ⅲ　移送申立てと移送決定

　移送申立てについては，決定で裁判をする。移送申立ての手数料は不要である[20]。本条の移送申立てを却下する決定に対しても，原告は抗告ができるが(328条1項)，民事訴訟法21条を類推して即時抗告と解すべきであろう[21]。なお，裁判所が申立てを看過あるいは無視して，反訴につき終局判決をした場合は，専属管轄違反でない限り，この申立てが管轄違いを主張する方法ゆえに(299条)，控訴審では不服を申し立てられない[22]。

　本条の移送申立てを許容するときは，「本訴および反訴を管轄地方裁判所へ移送する」旨の決定をする。本条の移送決定に対しては，民事訴訟法21条の場合とは異なり，不服申立てが許されてはいない（本条2項）。これは，反訴原

　　とんど異なるところはないとも指摘する。つまり，反訴状送達の後の口頭弁論期日においては通常反訴状が陳述されるので，原告としては当然その答弁をすべきことになり，この場合に，原告が反訴についての答弁を次回期日にしたい旨を裁判所に求める場合がありうるが，簡易迅速を旨とする簡易裁判所の手続においては，相当の理由がない限り，これを認めるべきではないであろうとされるのである。兼子ほか・条解〔2版〕1500頁〔松浦=加藤〕，旧注釈民訴(7) 362頁〔小島武司〕等を参照。ただし，簡易裁判所の簡易救済を実現するためには，第一次的には原告のための簡易迅速な手続運営が図られるべきであり，地方裁判所の管轄に属する反訴が提起された場合には，その反訴にどのように対応するかについて熟慮する機会が保障されるべきであろう。

20)　この点については，斎藤ほか編・注解民訴(8) 386頁〔斎藤=佐々木=賀集〕を参照。
21)　菊井=村松Ⅱ 742頁，賀集ほか・基本法コンメ(2)〔3版〕342頁〔加藤〕，兼子ほか・条解〔2版〕1500頁〔松浦=加藤〕。
22)　兼子ほか・条解〔2版〕1500頁〔松浦=加藤〕。

告（本訴被告）は，地方裁判所の管轄に属する訴え（つまり被告の提訴した反訴）を，本来簡易裁判所には提訴することはできないところ，原告の提訴によって簡易裁判所に提訴できたにすぎず，簡易裁判所で裁判を受ける独自の利益を有さず，しかも，反訴原告は，不服申立ての利益はなく，また，地方裁判所において審理を受けることができるために，特に利益を害されないと考えられるからである。

　確定した移送決定は，地方裁判所を拘束する。地方裁判所は，たとえその決定に専属管轄違背の誤りがあっても，管轄違いとしてさらに移送することはできない（22条2項）。移送決定の確定により，本訴および反訴は，最初から地方裁判所へ係属したものとみなされる（22条3項）ので，従前の簡易裁判所における訴訟手続も，その効力が持続することになる[23]。

　移送の裁判が確定した場合に，移送の裁判をした簡易裁判所の裁判所書記官は，移送を受けた地方裁判所の裁判所書記官に対して，訴訟記録を送付しなければならない（規168条・9条）。

〔川嶋四郎〕

---

[23] 川嶋・前掲注4) 163頁参照。

§275・規§169 I　　　第2編　第8章　簡易裁判所の訴訟手続に関する特則

（訴え提起前の和解）
第275条　① 民事上の争いについては，当事者は，請求の趣旨及び原因並びに争いの実情を表示して，相手方の普通裁判籍の所在地を管轄する簡易裁判所に和解の申立てをすることができる。
② 前項の和解が調わない場合において，和解の期日に出頭した当事者双方の申立てがあるときは，裁判所は，直ちに訴訟の弁論を命ずる。この場合においては，和解の申立てをした者は，その申立てをした時に，訴えを提起したものとみなし，和解の費用は，訴訟費用の一部とする。
③ 申立人又は相手方が第1項の和解の期日に出頭しないときは，裁判所は，和解が調わないものとみなすことができる。
④ 第1項の和解については，第264条及び第265条の規定は，適用しない。

（訴え提起前の和解の調書・法第275条）
規則第169条　訴え提起前の和解が調ったときは，裁判所書記官は，これを調書に記載しなければならない。

I　本条の趣旨

1　訴え提起前の和解の意義

　本条は，簡易裁判所のみに認められている訴え提起前の和解の手続を定める。この制度については，すでに旧法にも存在した（旧法356条を参照）。訴え提起前の和解は，訴訟上の和解とともに，裁判上の和解の一種であり，ともに債務名義（267条，民執22条7号）となりうるが，訴訟上の和解とは異なり，訴訟係属はなく，一般に和解成立プロセスへの裁判官の関与の程度も低い。また，訴訟上の和解が，訴訟手続を終了させる効力を有するのに対して，訴え提起前の和解は，訴訟回避の機能をもつ。
　訴え提起前の和解は，旧法では，起訴前の和解と呼ばれたが，「起訴」という刑事事件を想起させかねない用語を法典から駆逐した現行民事訴訟法下では，

起訴前の和解とは、呼ぶべきではないであろう[1]。なお、この手続によれば、訴訟上の和解とは異なり、当事者双方が出席したまさにその期日に和解を成立させることが可能となるので、従来から「即決和解」とも呼ばれている。法典にはない用語であるが、この言葉は、その機能に着目した用法であり、比較的分かりやすいので、現行法下でも用いてもよいであろう。

訴え提起前の和解は、簡易裁判所における簡易救済の趣旨（→§270 II 2 参照）を具体化するための一手続である。これは、訴訟事件化を未然に防止し、将来の当事者関係を、合意を通じて当事者が主体的かつ規範的に新たに形成する機会を付与することに意義があり、裁判所内における訴訟以外の紛争解決方式である。この手続は、手続対象の種類や価額を問うことなく簡易迅速に債務名義（267条、民執22条7号）を作ることを可能とするものであり、簡易裁判所の「多様な市民ニーズ即応的性格」（→§270 II 2 参照）を具体化した簡易裁判所独自の手続である。

訴え提起前の和解の手続は、和解手続を前置しあるいは強制する制度ではない。むしろ主体的な裁判外の和解的な紛争解決に規範的効果を付与する手続を準備することを通じて、訴訟予防・紛争解決・法的救済の付与に導く手続である。この手続は、それ自体独自の意義を有するが、訴訟との関係では、訴訟移行の道も準備されていることから、いわば当事者双方の手続合意による和解前置主義的な手続の意味合いをももち、その意味で、司法の民主化・民衆化の最前線で市民にとって身近な裁判所となるべき簡易裁判所の手続中に規定されたと考えられる[2]。

---

[1] 川嶋四郎・民事訴訟法〔2013〕20頁注28等参照。簡易裁判所における言葉・法律用語の課題については、→§270 IV参照。

[2] なお、兼子ほか・条解〔2版〕1501頁〔松浦馨＝加藤新太郎〕、賀集ほか編・基本法コンメ(2)〔3版〕343頁〔加藤新太郎〕は、裁判所が和解に関与することは、実質的には裁判権の行使ではなく、行政的な作用であり、非訟事件に属するが、紛争の解決という点では、訴訟と目的を共通にし、また和解不調の場合に訴訟への移行を認める点から、本法中に規定されており、その結果、形式上は本法の適用を受ける訴訟手続の一種となっていると説明する。裁判所の果たす役割は、和解の斡旋勧告ではなく、ある意味では公証的役割にすぎない（菊井＝村松 II 752頁）との指摘も見られる。訴え提起前の和解自体は、確かに非訟的な手続ではあるが、訴訟手続の先駆的な手続、訴訟予防的な手続等の意味合いを

立法論であるが，簡易裁判所の手続を簡略化し，公衆が利用しやすくするという観点から，提訴の方式も緩やかなものとし，和解前置ないし調停前置の手続とする提言[3]も見られる。しかし，むしろ本条は，前述のように，当事者双方の手続合意による和解前置的な手続であり，当事者に対して，直ちに提訴するか，それとも，本条に従い和解前置的な手続を用いるかの選択権を付与した規定と評価できる。制度的かつ強制的な和解・調停前置主義よりも，このような手続選択の主導権を当事者に委ねた当事者自治的規定の方が優れていると評価できるので，現行法の規律で十分であろう。なお，簡易裁判所の手続の簡易化，提訴方式の緩和は，現行法も企図するものであり，今後より一層促進されるべき課題である（→§270 II 2，§271 IV，§272 I 参照）。

2 訴え提起前の和解の機能

訴え提起前の和解は，多様な機能を有し，それゆえに，この手続が当事者によって選択され利用されていると考えられる。

第1に，この手続により，簡易迅速に債務名義を作ることができる点を挙げることができる。民事紛争の早期解決を可能にし，訴訟係属を必要とせず，訴訟予防的な機能を有する。戦後，調停手続が，民事紛争一般に利用可能となったが，調停では，調停委員会による調停活動を通じて，当事者間の互譲により合意が形成されることになるので，その分裁判所内コミュニケーションは図れるものの，調停調書を作るまでにある程度時間がかかるが，訴え提起前の和解は，簡易迅速に債務名義を作ることができる。

第2に，安価にしかも請求額（訴額に相当する請求価額）にかかわらず一定額で債務名義を作ることができる点を挙げることができる。訴え提起前の和解は，訴訟よりも，執行証書（民執22条5号）の作成よりも，その申立手数料が安価である（民訴費3条1項・別表第1第9項参照）ので，当事者は選択しやすい。

第3に，広範囲の請求権について債務名義を作ることができる点を挙げることができる。まず，執行証書は，金銭その他代替物の給付についてしか執行力

も有している。なお，民事調停の場合は，訴訟との連携の規定はある（民調19条参照）が，民事訴訟法中に規定された訴え提起前の和解では，275条2項に，訴訟との連携の方法が規定されている。

3) 兼子ほか・条解〔2版〕1501頁〔松浦＝加藤〕。

を得ることができないが、訴え提起前の和解の対象は、それに限定されることはなく、金銭請求権だけではなく特定物請求権や作為不作為請求権にも及び、その和解調書は、和解の対象となる債務の内容いかんを問わずに債務名義となることから、その有用性が顕著である。しかも、この手続が、簡易裁判所の職分管轄でありながら、先に述べたようにその額に制限がないことも、その機能範囲を広げることになる。さらに、後述のように（Ⅲ 3 参照）、訴え提起前の和解には互譲が必要でないとすると、和解ができない場合でも利用可能になり、いわゆる示談事件でも、債務名義を確保することが可能となる。

　第4に、予防的に債務名義を形成できる実務が採用されている点も挙げることができる。訴え提起前の和解は、第1の利点とも関わるが、広範に活用可能であるので、現実には、後述のように（Ⅲ 2 参照）、当事者間に実際には争いがないように見えるにもかかわらず、当事者の一方が契約上の義務についてあらかじめ将来の執行力を獲得する手段として利用する傾向がある。また、自主的に形成された和解であるために、一般にいえば、その義務内容が任意に履行される蓋然性も高くなり、また、債務名義の存在は、それ自体、任意の履行につき間接強制的な作用をも果たすことになる。ただし、合意形成手続が裁判外で行われるために、対等公正なプロセスを経ることができるか否かについては疑問も生じかねないために、訴え提起前の和解の手続で和解調書が作成される際における簡易裁判所判事や裁判所書記官等の役割が重要となる（Ⅲ 2, Ⅳ 3(4)参照）。

　第5に、訴え提起前の和解は、ADR機関と裁判所とを架橋する機能をも有している。近時、弁護士会等が様々な名称の紛争解決機関を創設しているが、そこで紛争当事者間に紛争を止める合意が成立しても、それだけでは債務名義とはならない（執行力が得られない）ので、その成果が、訴え提起前の和解の手続を活用して、債務名義化されることもある。それゆえに、この手続は、ADR機関と裁判所との連携を可能にするものである。

　なお、第6に、訴訟上の和解とともに訴え提起前の和解が用いられる場合がある。すなわち、判例[4]および通説[5]は、訴訟上の和解がなされる場合に、係

---

4) 大判昭8・5・17法学3巻109頁・新聞3561号10頁、大判昭13・8・9新聞4323号12

属する訴訟の当事者ではない第三者が，訴訟上の和解に参加することを認めている。この場合に，当事者間の和解は訴訟上の和解であるが，第三者が関わる和解は，訴え提起前の和解であると考えられている。これは，準併合和解と呼ばれる。そこで，この場合には，係属中の他人間の訴訟でなされる訴訟上の和解に，訴え提起前の和解が併合されることになる[6]。

3 本条の手続の決定手続への類推適用の可否

訴え提起前の和解は，訴えすなわち判決手続でのみ利用可能であるか，それとも，決定手続が行われるべき場合にも類推適用できるかについても問題となりうる。たとえば，家事審判事件で，当事者の合意によって処分可能な民事的事件（例，遺留分減殺請求事件等）で，本来の和解の規定の類推適用の可否が問題となりうる。

これについては，類推適用を否定する見解[7]が有力である。①本条 2 項の「その申立てをした時に，訴えを提起したものとみなし」という文言からは否定説が妥当であること，および，②決定手続においてもその手続上の和解が認められるので，それに加えて申立て前の和解を認めなければならない実益も乏しいことが，その理由として挙げられている。しかし，類推適用を肯定すべきであろう。なぜならば，①訴えについてさえ，この手続による和解が認められているので，それよりもより簡易な手続においても，本条のような簡易な手続の利用は否定されるべきではなく，また，②確かに決定手続でも和解は認められるが，本条の趣旨がその種の手続の予防・回避にあるとすると，訴訟よりも簡易な手続の予防・回避による紛争解決の方法として本条を利用することが許されると解すべきであろう。③この場合に，申立て前の和解が不調に終わった場合には，275 条 2 項の類推適用により，その要件を満たす場合には，決定手続への移行を認めるべきであろう。さらに，④実益として，決定手続でも，債務名義化が必要となる場合があるので，それにより任意履行が促進されるとす

頁等。

5) 兼子・体系 305 頁等。
6) 川嶋・前掲注 1) 635 頁。
7) 松浦馨「裁判上の和解」契約法大系刊行委員会編・契約法大系(5)〔1963〕221 頁，兼子ほか・条解〔2 版〕1502 頁〔松浦＝加藤〕。

ると，結果的に裁判所の手続経済にも資することになるであろう。

II 訴え提起前の和解の管轄

　訴え提起前の和解は，相手方の普通裁判籍の所在地（4条2項〜4項）の簡易裁判所の管轄に属する。また，訴額にかかわらず，簡易裁判所の職分管轄である。さらに，ある事件（例，請求異議事件。民執35条）が，訴訟としては他の裁判所の専属管轄に属するときでも同様である。ただし，当事者が合意すれば，他の簡易裁判所の管轄とすることもでき，また，当事者双方が任意に簡易裁判所に出向いて和解期日の開始を申し立てる場合（273条の類推適用）も，同様と解される[8]。

　相手方が数人いる場合の管轄をどのように考えるかについては，見解の対立が見られる。すなわち，①相手方の1人の普通裁判籍所在地の簡易裁判所に，民事訴訟法7条本文に基づいて訴え提起前の和解の申立てができるとする見解[9]と，②相手方の各々について管轄があることを要するとする見解[10]とに分かれる。②説は，相手方の手続保障に配慮した見解であるが，基本的には①説が相当であろう。もともと訴え提起前の和解の手続を活用して当事者双方が主体的に紛争を予防することをサポートするのがこの手続であり，その活用範囲を限定すべきではないこと，また，①説によっても，相手方は欠席を選択し，訴え提起前の和解を不調に導く権利はあり（本条3項を参照），自らその不利益を回避する方法も存在し，さらに，もしも訴訟になれば，併合請求の裁判籍から，相手方はその地の裁判所に出向かなければならない立場にあるからである。

　管轄のない裁判所に訴え提起前の和解が申し立てられた場合に，どのように扱うべきかについては，学説上争いがある。この場合に，移送することなく，督促手続の申立てに関する385条1項の規定を類推適用して申立てを却下すべきとする見解[11]があるが，しかし，訴え提起前の和解の場合には，却下すべき

---

[8] 兼子ほか・条解〔2版〕1502頁〔松浦＝加藤〕，賀集ほか編・基本法コンメ(2)〔3版〕343頁〔加藤〕。

[9] 兼子ほか・条解〔2版〕1502頁〔松浦＝加藤〕，賀集ほか編・基本法コンメ(2)〔3版〕343頁〔加藤〕。

[10] 小室ほか編・基本法コンメ(2)〔2版〕292頁〔佐々木吉男〕。

ことを定めた明文の規定はないことから、16条1項の規定を類推適用して、管轄のある簡易裁判所に移送すべきであろう[12]。

III 訴え提起前の和解申立ての要件と方式

1 対象事件

通常訴訟手続によって審理判断される範囲の事件について、申立てがされることを要する（なお、I 3参照）。訴訟上の和解の場合と同一の範囲である。したがって、当事者間の実体法上の和解契約ではすることのできない請求異議の訴えによる執行力の排除を目的とするような和解も可能である[13]。

これに対して、人事に関する訴訟事件その他家庭に関する事件は、訴えの提起前に家事調停を申し立てなければならないので（家事257条）、訴え提起前の和解の手続を用いることはできない。ただし、家庭に関する紛争に関するものであっても、家事事件手続法別表第二事件（同別表第二）以外のもので、当事者の合意によって処分することのできる民事紛争的な色彩の強い事件（たとえば、遺留分減殺などに関する事件等）については、前述のように（I 3参照）訴え提起前の和解を可能とすべきであろう[14]。

公法上の紛争は、訴え提起前の和解の対象とすることはできないが、国家賠償に関する事件は、公法上の紛争ではなく民事上の争いであるため、訴え提起前の和解の対象となる[15]。

なお、訴訟の係属中は訴訟上の和解をすれば足り、またその方が従前の訴訟過程を通じた公正な和解が可能になると考えられるので、訴え提起前の和解は、訴訟係属中には行うことができないと解される[16]。ただし、本訴が係属中であ

---

11) 兼子・体系430頁。
12) 斎藤ほか編・注解民訴(8)398頁〔佐々木平伍郎＝賀集唱＝斎藤秀夫〕。
13) 兼子ほか・条解〔2版〕1503頁〔松浦＝加藤〕、賀集ほか編・基本法コンメ(2)〔3版〕343頁〔加藤〕。
14) 菊井＝村松II 754頁、斎藤ほか編・注解民訴(8)402頁〔佐々木＝賀集＝斎藤〕、兼子ほか・条解〔2版〕1503頁〔松浦＝加藤〕、賀集ほか編・基本法コンメ(2)〔3版〕343頁〔加藤〕。
15) 東京地決昭39・3・16下民15巻3号532頁。
16) 菊井＝村松II 754頁、兼子ほか・条解〔2版〕1503頁〔松浦＝加藤〕、賀集ほか編・基

るにもかかわらず，訴え提起前の和解が成立して和解調書に記載された場合には，それが有効である限り，訴訟係属中における民事訴訟法275条の和解であるという理由だけで，あえてその和解を無効とするまでのことはなく，係属中の訴訟手続に反映させるべきであろう[17]。この場合に，訴え提起前の和解の内容が，係属中の本案を網羅している場合には，裁判所は，和解による訴訟終了判決（この表現については，最判平27・11・30民集69巻7号2154頁参照）を行うか，あるいは，訴えの利益の喪失を理由に，訴えの却下判決を行う[18]べきであろう。

2　「民事上の争い」の存在

訴え提起前の和解申立ての前提として，「民事上の争い」があることが必要である（本条1項）。この争いの意義については，争いがある。特に問題となるのが，将来予想される紛争について，予め当事者間で合意をした上で，その合意内容を和解の内容とする目的で本条の和解の申立てがなされた場合である。

(1)　裁　判　例

裁判例の中には，基本的な考え方の異同がある。

まず，民事上の争いの要件を厳格に解している裁判例（厳格説）[19]が存在する。これらは，争いがないにもかかわらず締結された訴え提起前の和解には，法律上の効力が生じないとする。

これに対して，裁判例の多数は，民事上の争いの要件を緩やかに解している（緩和説）。たとえば，①本条にいう民事上の争いとは，権利関係の存否，内容または範囲についての主張の対立に限定されるのではなく，広く権利関係につ

　本法コンメ(2)〔3版〕343頁〔加藤〕。

17)　東京高決昭25・6・22下民1巻6号967頁，兼子ほか・条解〔2版〕1503頁〔松浦＝加藤〕。

18)　これについては，最決平23・3・9民集65巻2号723頁，最判昭44・10・17民集23巻10号1825頁等の手続対応が参考になる。

19)　たとえば，神戸地判昭24・6・3高民2巻3号317頁，名古屋地判昭46・9・14判タ271号216頁等。また，田川簡決平8・8・6判タ927号252頁（申立人が，相手方に対して，建物明渡請求の認容判決を得て，強制執行の申立てをしたが，起訴前の和解に応じるならば，相手方を賃借人として賃貸してもよいとして，起訴前の和解を申し立てた事案において，すべての将来の債務に付きまとうこのような漠然とした不安が，この要件に該当するものとするなら，それは同条の和解申立ての要件を事実上取り外してしまうのと同じであるとして，和解申立てを却下）も参照。

いての不確実や権利実行の不安をも含むものと解したり[20]，また，②必ずしも現在の紛争がなくても，和解の申立ての際に，将来の紛争の発生可能性が予測でき，その紛争を避ける必要が十分に窺われる場合を含むと解したりする[21]のが一般である。

ただし，このような裁判例の緩和傾向の中で，緩和説に立ちながらも，若干の制限を企図する裁判例も見られる。たとえば，③契約関係から考えて紛争が生じる蓋然性が高いことを理由に，民事上の争いの存在を認めるもの[22]や，④和解申立時において，当事者間に将来の権利実行にあたり紛争が生じることを予測させる具体的事情または権利の実現に不安があると認められる相当の事由が存在することが必要であるとする趣旨のもの[23]も存在する。

なお，裁判例の中には，⑤民事上の争いの要件は，訴え提起前の和解の申立要件にとどまり，その有効要件ではないとするもの[24]も見られる。

(2) 学　説

学説の傾向も，基本的には，裁判例と同様である。

まず，民事上の争いの要件を厳格に解する学説（厳格説）が存在する。この見解は，訴え提起前の和解の手続の安易な利用に警鐘を鳴らし，実務の現状を批判して，たとえば，①この和解の申立前に既存の法律関係についての争いが解決されているような場合には，訴え提起前の和解の申立ては，救済の利益を欠くものとして却下されるべきであり，争いを解決すべき法律関係が未だ存在

---

20) たとえば，大阪高判昭24・11・25高民2巻3号309頁，大阪高判昭31・5・22下民7巻5号1325頁，東京高判昭35・3・3東高民時報11巻3号81頁，東京高判昭38・2・19東高民時報14巻2号24頁，東京地判昭26・2・12下民2巻2号187頁，福岡地決昭44・7・8判時589号65頁，東京地判平元・9・26判時1354号120頁，東京地判平8・9・26判時1605号76頁等。

21) たとえば，名古屋高判昭35・1・29高民13巻1号72頁，東京地判昭30・8・16下民6巻8号1633頁，大阪地判昭40・1・21判タ172号149頁，大阪地決平3・5・14判時1455号119頁等。

22) 釧路地決昭51・12・23訟月22巻13号2929頁。

23) 大阪高決昭59・4・23判タ535号212頁，名古屋地決昭42・1・16下民18巻1＝2号1頁，東京地判昭42・3・6下民18巻3＝4号219頁，大阪地決昭59・3・2判タ535号266頁。

24) 東京地判昭42・3・6下民18巻3＝4号219頁。

しない場合には，法的紛争と見ることはできないから不適法として却下すべきであるとする見解[25]，②たとえば将来の給付を内容とする和解については，将来の給付判決を求めるための将来の給付の訴え（135条）はあらかじめその請求をする必要がある場合に限って許されていることと矛盾するとする見解[26]などがある。かつては，学説上，このような見解が有力であった。この見解の背景には，ともすれば安易に流れがちとされる訴え提起前の和解の手続実務について，一定の反省を促す意義が存在した。

これに対して，現在では，裁判例の傾向と同様に，民事上の争いの要件を緩やかに解する見解（緩和説）[27]が，有力になりつつある。

この問題については，基本的には，緩和説が妥当であろう。確かに，訴え提起前の和解の手続の濫用は許されるべきではないが，しかし，簡易裁判所における簡易救済の理念は訴え提起前の和解でも実現されるべきであり，簡易裁判所における「多様な市民ニーズ即応的性格」は生かすことが望ましく，当事者がすでに裁判所外で成立させた示談契約について，訴え提起前の和解の手続で，簡易迅速に債務名義を得る利益は，広く認められるべきであろう。また，先に述べたように（Ⅰ2参照），互譲の要件を不要と考え，示談契約の債務名義化を肯定する場合には，当事者の意思として，本条の和解が成立しなければ当該示談契約自体を維持するかどうか不確定な事案も少なくないであろうから，一律に申立時点ですでに争いが解決済みであるとはいえないであろう[28]。また，民

---

25) 小野木常「起訴前の和解の原点」末川追悼・法と権利(3)民商法雑誌6月臨時増刊号〔1978〕32頁。ただし，この見解は，いったん成立した和解の効力は維持する。民事上の争いの要件について，いわば行為規範的には厳格に解しつつも，評価規範的には緩和して考える見解である。

26) 兼子・条解上845頁，兼子・体系430頁，山木戸克己「和解手続の対象」同・研究151頁，松浦・前掲注7) 221頁，深沢利一「起訴前の和解に関する諸問題」実務民訴(2) 260頁（訴え提起前の和解は，民事裁判権の作用として裁判官の関与の下に和解が成立し調書が作成されると，公権的判断である判決と同じ効力を有するので，決して公証的作用と同じ考え方によって処理すべきではなく，民事上の争いの要件は，ある程度厳格に解釈しなければならないと論じる）等。

27) 菊井＝村松Ⅱ756頁，斎藤ほか編・注解民訴(8) 403～404頁〔佐々木＝賀集＝斎藤〕，旧注釈民訴(7) 377頁〔田中豊〕等。

28) 兼子ほか・条解〔2版〕1504頁〔松浦＝加藤〕。

事上の争いの要件を，厳格に解し，訴訟における訴えの利益のように考えた場合には，訴え提起前の和解の手続を通じた当事者の意思による自治的紛争解決の可能性を削減することになり，妥当ではないであろう[29]。さらに，本来的に紛争予防的な機能を発揮すべき訴え提起前の和解では，訴訟を予防するための和解申立てを，認めるべきであろう。

以上のことから，民事上の争いの要件については，基本的に緩やかに解すべきであろう。ただし，訴え提起前の和解でも，訴訟上の和解の場合と同様に，和解内容が，公序良俗違反（民90条）等，強行法規に違反するときには，和解を成立させるべきではない。また，和解の成立過程に違法行為がある場合も同様である。訴え提起前の和解の成立に際しては，特に訴訟上の和解と比較して，そのプロセスに裁判官が関与することがほとんどない[30]ために，裁判官による当事者の意思確認は不可欠となるであろう。

3　互譲の要否

訴え提起前の和解において，通常の和解に必要とされる互譲の要件（民695条参照）が必要となるか否かが問題となる。判例[31]および通説[32]は，互譲不要説に立つ。訴え提起前の和解については，すでに述べたように，簡易裁判所における簡易救済（→§270 II 2参照）を実現するために，紛争予防・訴訟回避的機能が重視されるべきであり，簡易な債務名義の形成機能を発揮すべき観点からは，当事者の互譲のあることは必要でないと解すべきであろう。

なお，実際には，互譲必要説に立っても，互譲の対象とその態様とを緩やかに解すれば，結論的にはその差異はほとんどないことになるとの指摘[33]もある

---

29) なお，この点に関しては，当事者の訴訟行為による訴訟の終了である請求の放棄・認諾について，近時の有力説（例，新堂〔5版〕361頁，伊藤〔4版補訂版〕457頁，川嶋・前掲注1）622頁等）が，訴えの利益の具備を要件とはしていない点も，この文脈では示唆的である。

30) ただし，上述のように（I 2），訴訟上の和解に第三者が参加する場合（準併合和解の場合）には，裁判官がその和解の成立過程に関与することになる。

31) 大判昭15・6・8民集19巻975頁。

32) 法律実務(2)164頁，旧注釈民訴(7)379〔田中〕，兼子ほか・条解〔2版〕1504～1505頁〔松浦＝加藤〕。

33) 松浦・前掲注7）220頁，233頁。

が，紛争当事者の簡易裁判所利用を促進し，上記機能を遺憾なく発揮させるためには，正面から互譲不要説を肯定し，その旨を明らかにしておくべきであろう。

IV 訴え提起前の和解の申立てとその手続

1 申立て

訴え提起前の和解の申立ては，書面または口頭によって（規1条），訴状に記載すべき請求の趣旨[34]および請求の原因（133条2項），ならびに，争いの実情を表示して行う。ただし，濫用的な申立ては却下すべきである[35]。

「争いの実情」とは，紛争の契機となった事実や相手方の主張を指す。この争いの実情の表示は，裁判所が和解を勧告する便宜のために要求されるものであるので，その欠缺を理由として和解の無効を主張することはできない[36]。その他，当事者および法定代理人の表示も必要である。

なお，訴え提起前の和解は，簡易裁判所における簡易救済の手続の1つであ

---

[34] 訴え提起前の和解の申立てに際して，和解条項を同時に提出していれば，請求の趣旨は明白であり，特に請求の趣旨と表示して，これを掲げる必要はない（東京高決昭25・6・22下民1巻6号967頁）。

[35] たとえば，灘簡決昭39・12・4下民15巻12号2875頁〔起訴前の和解（当時）の申立てを借家法適用回避目的の疑いがあるとして却下〕，中之条簡決昭43・4・10判時539号63頁〔ダム建設の阻止を目的とし，その手段として水没予定地区内の土地を多数人で共有することを内容とした組合契約が無効であり，その契約を前提とする起訴前の和解の申立てを却下〕等。また，請求異議訴訟であるが，千葉地判平元・8・25判時1361号106頁〔建物賃貸借契約を合意解約して明渡しを猶予する旨の起訴前の和解につき，借家法の適用を潜脱する目的のためのものであるとして無効と判示〕，東京地判平2・7・30判時1389号102頁，東京地判平5・7・20判タ862号271頁も参照。

なお，大阪高判昭55・1・30判時966号50頁（土地使用貸借をめぐる起訴前の和解における土地明渡条項を，通謀虚偽表示により無効と判示），京都地判昭54・2・23下民30巻1～4号39頁（起訴前の和解が，当事者の一方の真意に基づくものでなく，相手方も真意によるものでないことを知っていたか，少なくとも知りえた状況にあった場合は，民法93条但書により無効であると判示）も参照。

[36] 東京地判昭30・8・16下民6巻8号1633頁，大阪地判昭40・1・21判タ172号149頁，横浜地決昭49・8・27訟月20巻11号110頁，兼子ほか・条解〔2版〕1505頁〔松浦＝加藤〕。

〔川嶋〕 1399

り，市民に身近な裁判所として，裁判所が釈明権の行使を要請される場合も少なくはないであろう[37]。

訴え提起前の和解の申立手数料は，民訴費用法3条1項・別表第一第9項に規定があるが，比較的安価（2000円）であり，簡易な債務名義形成機能を後押ししている。訴えの提起について訴訟委任を受けた訴訟代理人は，和解のための特別授権があれば（55条2項2号），本条の和解の申立てについても代理権を有する。

2　時効中断効

訴え提起前の和解の申立てによっては，請求についての訴訟係属を生じることはないものの，民法上，時効中断の効力を生じる（民151条）。

この効力の発生時期については，争いがある。和解申立書が送達された時点において，請求（民147条1号）があったものと見て，この時に時効中断の効力を認める見解[38]もあるが，しかし，訴え提起前の和解の申立時に生じると解すべきである[39]（民151条参照）。

3　訴え提起前の和解の手続

(1)　申立て

訴え提起前の和解の申立てが適法であれば，裁判所は和解期日を定めて，申立人および相手方を呼び出すことになる。訴え提起前の和解の手続に関する規定は，民事訴訟法上，275条に規定されているにすぎないが，民事訴訟法264条および265条の規定を除き，その性質に従い，民事第一審訴訟手続の規定が準用されることになる。和解期日は，口頭弁論期日とは異なり，非公開である。

上述のように，民事訴訟法273条の類推適用により，当事者双方は，裁判所へ任意に出向いて和解期日の開始を求めることもできる[40]。

これに対して，訴え提起前の和解の申立てが，その要件または方式を欠くと

---

37)　この点を示すものとして，たとえば，横浜地決昭49・8・27訟月20巻11号110頁（和解条項に関する釈明権の行使の必要性を判示した例）等を参照。

38)　菊井＝村松Ⅱ762頁。

39)　川島武宜編集代表・注釈民法(5)〔1967〕98頁〔川井健〕。

40)　兼子ほか・条解〔2版〕1506頁〔松浦＝加藤〕，賀集ほか編・基本法コンメ(2)〔3版〕344頁〔加藤〕。

きは，裁判所は，決定でその申立てを却下する。管轄違いの場合には，裁判所は，却下すべきであるとの見解[41]もあるが，簡易裁判所の利用者の便宜を図るために，民事訴訟法16条を準用し，移送をすべきであろう[42]。この却下の決定に対しては，抗告ができる（328条1項）。

(2) **当事者の欠席**

呼出しを受けた当事者が和解期日に欠席しても，当事者に対する制裁の規定はない。この点で，調停の場合とは異なる（民調34条，家事51条3項を参照）。期日に当事者の一方または双方が出席（出頭）しない場合に，どのように考えるべきかについては，見解の対立がある。これについては，民法151条の趣旨から，和解手続を不調として終結すべきものであるとする説[43]もあるが，和解成立の見込みがあると判断できる事案については，期日を続行することも可能であると解するのが妥当であろう[44]。それゆえに，規定の上では，期日に当事者の一方または双方が出頭しない場合には，和解が調わないものとみなすことができる（本条3項）とされているものの，その適用には一定の配慮が必要となるであろう。簡易裁判所の手続利用者である当事者の自主的な手続利用を涵養しつつも，裁判所サイドによる当事者の出席確保の努力も望まれるのである（規32条1項参照）。

当事者双方が出席しない場合も，裁判所は期日を続行することができるが，申立当事者は，この場合に民事訴訟法263条（訴えの取下げの擬制）が準用され，訴えの取下げの擬制が適用になる余地があることには留意する必要がある。ただし，簡易裁判所の訴訟手続では，民事訴訟法263条の機械的な適用は控えるべきであり，裁判所サイドは，当事者の意思確認を行った上で，当事者の出席確保の努力を行いつつ（規32条1項参照），可能な限り期日の続行を図るべきであろう。

---

41) 兼子・条解上846頁。
42) 菊井＝村松Ⅱ759頁，兼子ほか・条解〔2版〕1505頁〔松浦＝加藤〕，賀集ほか編・基本法コンメ(2)〔3版〕344頁〔加藤〕。
43) 兼子・条解上846頁。
44) 菊井＝村松Ⅱ762頁，兼子ほか・条解〔2版〕1505頁〔松浦＝加藤〕。

(3) 訴え提起前の和解の成立

　当事者双方が和解期日に出席した場合には、裁判所は和解を勧め、和解が成立すれば、裁判所書記官は、これを調書に記載することになる（規169条）。この調書は、訴訟上の和解の場合と同様に、確定判決と同一の効力を有する（267条）。

　訴え提起前の和解の場合には、訴訟上の和解の場合とは異なり、終了すべき訴訟手続が存在しないので、和解手続が終結するだけである。

　民事訴訟法160条3項（調書の証明力）の規定は、訴え提起前の和解調書にも準用がある[45]。

　和解のための訴訟能力および代理権に関しては、民事訴訟法32条2項1号および55条2項2号（特別授権に関する規定）が適用になり、また、和解期日には、司法委員が関与することができる（279条）。和解費用については、民事訴訟法68条（和解の場合の費用負担）が適用になる。

(4) 双方代理の問題

　訴え提起前の和解の場合には、その多くが予め当事者間に成立している和解契約について裁判上の和解の効力を得るために申し立てられるので、和解期日には当事者は出席せず、代理人が訴訟に出席して、和解が成立する場合もある。

　特に、訴え提起前の和解の申立人が、あらかじめ相手方から得ておいた白紙委任状を利用して相手方当事者の代理人を選任し、その代理人との間で訴え提起前の和解を成立させたような場合は、双方代理の問題が生じうる。そのような代理人が出席し、本人が欠席した場合でも、現実には、基本的に、相手方本人の意思確認を行うことが必要となるであろう[46]。

---

[45]　名古屋高判昭39・1・30高民17巻1号14頁、兼子ほか・条解〔2版〕1506頁〔松浦＝加藤〕。

[46]　深沢・前掲注26) 257頁は、訴訟代理人の選任が、本人不知の間に白紙委任状を利用してなされる場合もあり、また替玉の方法がとられるおそれもあるので、このような弊害を防ぐ趣旨から、訴え提起前の和解の申立てがなされていることを直接本人に知らせるために、たとえ訴訟代理人が選任されているときでも、相手方本人をも期日に呼び出す必要があると指摘する。これは、妥当な指摘であり、情報通信機器が発達した現代では、出席まで要求することなく、携帯電話等を活用して、本人確認の上で意思確認を行うべきであろう。特に、判例（最判昭38・2・21民集17巻1号182頁、最判平12・3・24民集54巻

§275・規§169 Ⅳ

　ただ、そのような意思確認が行われず、上記代理人との間で訴え提起前の和解が成立した場合に、その効力が問題となる。この問題について、裁判例[47]の中には、事前に当事者間で取り決められた契約内容に基づいて、単に訴え提起前の和解を締結するためだけに代理人が選任された場合には、民法108条や弁護士法25条に違反しないとするものが存在する[48][49]。

　一般に現実には、訴え提起前の和解の場合では、上述のように、事前に当事者間で成立している示談契約・和解契約に基づいて、その内容どおりの訴え提起前の和解を成立させるために代理人が選任されることが多い。このような場合は、申立人により選任された相手方の代理人に相手方が具体的な和解条項の折衝まで委ねる場合とは異なり、実際上の弊害は少ないであろう[50]。

　このような双方代理的な問題は、裁判所にとっては事前のチェックがしにく

　　3号1126頁等）によれば、和解につき特別授権（55条2項2号）がある場合に、その和解権限の範囲が広く解されているので、現在、本人の意思確認は重要であり、後日和解の効力が争われる事態を予防することにもつながるであろう。川嶋・前掲注1）89～90頁参照。ただし、これらの最高裁判例は、いずれも訴訟上の和解に関する先例であるので、訴え提起前の和解の場合は、より制限的に解する余地はある。

47) たとえば、東京地判昭36・8・29下民12巻8号2055頁、大阪地判昭38・6・4判時347号54頁等。

48) これに対して、大阪高判昭36・1・28下民12巻1号128頁は、当事者間で合意された約定について和解調書を作成するために、弁護士が相手方の委任によりその代理人を選任する行為は、弁護士法25条1号に違反して無効であるとして、反対の立場をとる。また、東京地判昭55・2・25判タ414号90頁は、起訴前の和解についての弁護士への委任状に当事者の真正な署名押印がある場合でも、これが当事者の委任の意思に基づいたものでないときは、その起訴前の和解は無効であると判示した。

49) ちなみに、双方代理の問題ではないが、司法書士法9条（現在は、10条）に違反してされた訴え提起前の和解の効力につき、最判昭46・4・20民集25巻3号290頁がある。ここで、最高裁は、司法書士が、起訴前の和解申立書作成の嘱託を受け、その行為に関連して、起訴前の和解の申立ての対象となった法律関係について、和解契約締結の委任を受け、相手方との間に和解契約を締結することは、司法書士法9条に違反して司法書士が「その業務の範囲を越えて他人間の事件に関与」したことに該当するが、司法書士が、同条に違反して和解契約締結の委任を受け、相手方との間に和解契約を締結した場合であっても、その和解契約は、直ちに無効であるとすることはできないと判示した。

50) 兼子ほか・条解〔2版〕1507頁〔松浦＝加藤〕。なお、訴え提起前の和解に関与する弁護士の役割については、加藤新太郎・弁護士役割論〔新版〕〔2000〕328頁等も参照。

〔川嶋〕　1403

い問題であり，しかも，事後的な和解無効が，当事者に不測の損害をももたらしかねない。そこで，このような場合には，双方代理の規律が，相手方の利益保護に主眼があることを考えると，当事者間の事後的な調整に関する規律の望ましいあり方としては，判決手続における民法108条・弁護士法25条（双方代理の禁止）の違反の場合に関する判例[51]および通説[52]の処理（異議説）が，基本的には妥当であろう。この考え方によれば，相手方本人の異議がない限り，訴え提起前の和解は有効となる。異議は，遅滞なく述べる必要があるが，たとえ遅滞なく述べたとしても，異議が禁反言の原則から，認められないことも少なくないであろう。

(5) 訴え提起前の和解の不成立（不調）

双方が出席したものの和解が不調すなわち不成立の場合には，原則として，訴え提起前の和解の手続は終結する。ただし，例外的に，裁判所が続行期日を指定すれば和解が成立する見込みがある場合には，続行期日が指定されるべきである。

和解が不成立の場合でも，当事者双方の申立てがある場合には，裁判所は，直ちに訴訟としての口頭弁論を命じなければならない（本条2項前段）。当事者双方が申し立てない限り，訴訟に移行しないので，裁判所を利用した紛争解決を求める当事者は，改めて訴えを提起しなければならない[53]。

この場合には，申立人は和解申立ての時に訴えを提起したものとみなされる（本条2項後段）。ただし，申立人は，訴額に対応する手数料の額からすでに訴え提起前の和解の申立てについて納めた手数料の額を控除した残額を，納めなければならない（民訴費3条2項）。和解手続の費用は，訴訟費用の一部になる（本条2項後段）。

当事者双方の申立てにより，訴えの提起とみなされるためには，その裁判所が，訴えについて管轄権を有しなければならない。ただし，もしも管轄がなくても，特に他の裁判所の専属管轄に属しない請求である場合には，当事者双方

---

51) 最大判昭38・10・30民集17巻9号1266頁。
52) たとえば，菊井＝村松Ⅱ764頁，兼子ほか・条解〔2版〕289頁〔新堂幸司＝高橋宏志＝高田裕成〕，川嶋・前掲注1）91～92頁等を参照。
53) 新堂〔第5版〕874頁。

が，訴え提起前の和解を申し立てた裁判所の裁判を受けることになる。この場合には，当事者双方の申立てにより，その裁判所について合意管轄が生じるとする見解[54]がある。確かに，本条の「直ちに訴訟の弁論を命ずる」との文言からは，管轄の合意に類する規律のようにも考えることもできるが，むしろ，本条の訴訟手続移行（訴訟移行）の場合には，応訴管轄が生じうると考えるのが妥当であろう。したがって，被告は，本案の弁論前に管轄違いの抗弁を提出することもできると考えるのが妥当であろう。管轄違いの抗弁が出された場合には，移送の許否の問題となる。

地方裁判所に訴訟が係属することになった場合には，簡易裁判所は，訴訟記録を地方裁判所に送付し（規9条参照），地方裁判所の裁判長または裁判官が，あらためて期日を指定し，当事者を呼び出すことになる。

当事者双方の申立てがない限りは，訴訟とはならない。そこで，当事者双方の申立てがない場合に，当事者の一方が訴訟を望むときには，新たに提訴をするほかはない。和解申立てによる時効中断の効力を保持するためには，1ヵ月内に訴えの提起を行わなければならない（民151条）。その場合に，和解手続で支出した費用は訴訟費用とはならないので，実体法上，その弁済を請求できるにすぎない。

なお，訴え提起前の和解の手続から，手形・小切手訴訟へ移行することも可能である（365条・367条2項）。訴え提起前の和解の手続から，少額訴訟手続への移行の規定は存在しないが，当事者双方が，少額訴訟手続への移行の申立てを行った場合には，その手続に移行すべきであろう。

(6) 4項の趣旨と限界

訴え提起前の和解には，和解条項案の書面による受諾の手続（書面和解手続）を規定する，民事訴訟法264条，および，裁判所，受命裁判官・受託裁判官が定める和解条項に関する手続（裁判官仲裁手続）を規定する，民事訴訟法265条は，いずれも適用されない（本条4項）。

これは，訴え提起前の和解が，当事者間に成立した示談契約・和解契約につ

---

[54] 兼子・条解上847頁，賀集ほか編・基本法コンメ(2)〔3版〕344頁〔加藤〕。ただし，そのことを肯定しつつも，この裁判所は，当事者に意思を確認することが必要となるとの指摘も見られる。兼子ほか・条解〔2版〕1507頁〔松浦＝加藤〕。

いて執行力を取得するものとして利用され，紛争予防のためにされるもので通常1回の和解期日で手続が終了することが予定されていることを前提として，まず，書面和解手続の不適用については，民事訴訟法264条の規定を準用して当事者の出席を緩和する要請が乏しく，同条を適用するのは相当ではないと考えられたこと，次に，裁判官仲裁手続の不適用については，民事訴訟法265条の手続が裁判所と当事者との間に一定の信頼関係が形成された場合に用いられることになるものであるため，1回の期日で決着がつくことを予定している訴え提起前の和解に適用することは相当でないと考えられたことによる[55]。しかし，上述のように，訴え提起前の和解でも和解期日が続行される可能性がある限り，続行期日における264条および265条の規定の適用は排除されるべきではないであろう。このように考える場合には，本条4項は，最初になすべき和解の期日にのみ適用すべき規定であると，制限解釈することになる。

なお，本条では，特に民事訴訟規則32条2項の規定の適用は排除されていないので，現地和解を行うことも可能であると考えられる。簡易裁判所の簡易救済を実現するためには，訴え提起前の和解における現地和解の手続の活用も期待される。

(7) 訴え提起前の和解の効力を争う方法

訴え提起前の和解の効力を争うのはどのような方法によるべきかが問題となる。訴訟上の和解では，この場合に，再審か，請求異議の訴えか，和解無効確認の訴えか，期日指定の申立てか，いずれの方法をとることができるかについて議論がある[56]（→ §267 参照）。先に述べたように，訴え提起前の和解の場合には，訴訟上の和解の場合とは異なり，訴訟係属がないので，期日指定の申立てによることはできないとの見解[57]も考えられるが，しかし，和解の瑕疵を争う当事者が再度和解を求めるような場合には，和解期日の指定は可能であると考えたい。そこで，訴え提起前の和解の効力を争う場合も，基本的には，訴訟上の和解の瑕疵を争う場合の議論のように，選択説[58]が妥当であろう。和解の

---

55) 一問一答322頁，賀集ほか編・基本法コンメ(2)〔3版〕345頁〔加藤〕，兼子ほか・条解〔2版〕1507頁〔松浦＝加藤〕．
56) 川嶋・前掲注1) 639頁．
57) 兼子ほか・条解〔2版〕1505頁〔松浦＝加藤〕．

解除の場合も，訴訟上の和解の解除の場合とほぼ同様な議論が可能であろう[59]。

なお，訴え提起前の和解の効力を争うために，請求異議の訴えを選択した場合に，どの裁判所が管轄を有するかについては，従来，見解が分かれていた。古くは，訴額にかかわらず，当該即決和解が成立した簡易裁判所の専属管轄に属すると判示した判例[60]も存在した。その後，「民事訴訟法等の一部を改正する法律」（昭和46年法100号）によって，旧民事訴訟法560条ノ2が新設され，訴額に従って和解の成立した簡易裁判所またはその所在地を管轄する地方裁判所が管轄するものとされた。この旧法560条ノ2は，現在の民事執行法35条3項・33条2項6号に引き継がれている[61]。

4 手続の現況と将来

これまで述べてきたように，訴え提起前の和解には，当事者の自律的な合意を通じた訴訟予防・訴訟回避機能を実現し，簡易に債務名義を創出するという重要な意義が存在する。しかも，この手続は，先に述べたような様々な機能をも有している。それらを見る限り，「当事者による自助的な簡易救済形成機能」を発揮できる迅速・低廉な法的救済手続であるが，しかし，実際の利用状況は必ずしも芳しくない。

明治23年の民事訴訟法に規定された和解のための呼出しの制度，大正15年改正民事訴訟法下の起訴前の和解の制度，そして，平成8年改正の民事訴訟法下における訴え提起前の和解の申立ての新受件数の推移をみた場合には，興味深い変遷が見られる。当初，明治24年には，80,673件の新受件数があったものの，その後，一時期の例外（昭和6年から11年は，毎年2,3万件を記録）を除いて漸減し，平成2年以降は1万件を割り込み，最新の司法統計年報によれば，平成26年では3,188件となっている。これは，最多新受件数を記録した明治24年の約25分の1であり，起訴前の和解に改正された以降でも，そこで最多新受件数を記録した昭和8年（31,898件）の約10分の1である。

このような減少傾向の原因分析が行われなければならず，また，執行証書

---

58) 新堂〔5版〕375頁，川嶋・前掲注1）640頁等。
59) 川嶋・前掲注1）641〜642頁参照。
60) 最判昭37・3・15民集16巻3号548頁。
61) 兼子ほか・条解〔2版〕1505頁〔松浦＝加藤〕。

(民執22条5号)の制度などとの役割分担なども考えなければならないが,簡易裁判所における手続案内などを通じて,利用者のために,一定の効用のある和解に代わる決定の制度の活用が,積極的に企図されるべきであろう[62]。

〔川嶋四郎〕

---

[62] 川嶋四郎「簡易裁判所における『訴え提起前の和解』へのアクセスに関する覚書」徳田和幸先生古稀祝賀論文集・民事手続法の現代的課題と理論的解明〔2017〕311頁参照。

(和解に代わる決定)
第275条の2　①　金銭の支払の請求を目的とする訴えについては，裁判所は，被告が口頭弁論において原告の主張した事実を争わず，その他何らの防御の方法をも提出しない場合において，被告の資力その他の事情を考慮して相当であると認めるときは，原告の意見を聴いて，第3項の期間の経過時から5年を超えない範囲内において，当該請求に係る金銭の支払について，その時期の定め若しくは分割払の定めをし，又はこれと併せて，その時期の定めに従い支払をしたとき，若しくはその分割払の定めによる期限の利益を次項の規定による定めにより失うことなく支払をしたときは訴え提起後の遅延損害金の支払義務を免除する旨の定めをして，当該請求に係る金銭の支払を命ずる決定をすることができる。

②　前項の分割払の定めをするときは，被告が支払を怠った場合における期限の利益の喪失についての定めをしなければならない。

③　第1項の決定に対しては，当事者は，その決定の告知を受けた日から2週間の不変期間内に，その決定をした裁判所に異議を申し立てることができる。

④　前項の期間内に異議の申立てがあったときは，第1項の決定は，その効力を失う。

⑤　第3項の期間内に異議の申立てがないときは，第1項の決定は，裁判上の和解と同一の効力を有する。

I　本条の趣旨

本条は，平成13年6月12日に公表された『司法制度改革審議会意見書』を契機に行われた民事訴訟法の改正（平成15年法108号）によって新設された規定であり，簡易裁判所における簡易救済の機能（→ §270 II 2参照）を，より一層向上させることを目的としたものである[1]。

---

1)　一問一答平成15年82頁。ここでは，『司法制度改革審議会意見書』を挙げ，そこで，

§275の2 I　　　第2編　第8章　簡易裁判所の訴訟手続に関する特則

「和解に代わる決定」とは，簡易裁判所における金銭の支払請求事件について，原告の請求を認容する判決をすることができる場合であっても，期限の猶予の定めなどを付した上で，その支払（分割払の命令を含む）を命じる旨の決定である。この制度は，簡易裁判所における紛争解決メニューの多様化を通じて，簡易裁判所への市民のアクセスを増進させ，事案適合的かつ実効的な紛争解決を目的としている。

　本条は，和解に代わる決定の要件と手続を定めた規定である。簡易裁判所における訴訟手続全般で用いることができるので，この決定の手続は，少額訴訟手続においても用いることができる[2]。

　このように，和解に代わる決定の制度の創設は，簡易裁判所における簡易救済の手続メニューをより多様化させ（これは，簡易裁判所の「多様な市民ニーズ即応的性格」と呼ぶことができる。→§270 II 2参照），個別事件の具体的な文脈に適合的で当事者の満足を増進させることになる場合もあると考えられるので，今

「国民が利用者として容易に司法へアクセスすることができ，多様なニーズに応じた適正・迅速かつ実効的な救済を得ることができるようにするため，簡易裁判所の機能をより充実させるべきであるとの指摘」がなされていることに言及する。さらに，新堂〔5版〕874頁，川嶋四郎「簡易裁判所における法的救済過程に関する覚書」同志社法学374号〔2015〕1頁等も参照。

2）　川嶋四郎「略式訴訟の争点──『簡易救済手続』の現状と課題」新・争点272頁。この和解に代わる決定と支払猶予判決（375条）との関係が問題となる可能性がある。まず，たとえば，3年を超えない範囲内で分割払等の定めをすべき場合に，支払猶予判決によるべきか，それとも和解に代わる決定によるべきかが問題となる。事件の状況により選択的に考えればよいと思われるが，少額訴訟手続では，この決定も即日決定が可能であることを前提にすれば，対話と説明が尽くされていることを条件に，判決によることが原則となるべきであろう（和解に代わる決定の方が，当事者に受容されやすい場合にのみ，それによるべきであろう）。次に，たとえば，3年を超えるが5年を超えない範囲内で分割払等の定めをすべき場合には，通常移行（373条3項4号）することなく，少額訴訟手続で和解に代わる決定を行うことが可能か否かが問題となる。少額訴訟が3年を超える長期分割を予定していない（375条参照）とする考え方からは，否定説に傾くとも思われるが，しかし，和解に代わる決定の制度の創設とともに，簡易裁判所に，この種の決定ならばそれを可能にする規範が導入されたと考えれば，肯定説が妥当であろう。民事訴訟法275条の2には，特に少額訴訟の場合の除外が規定されていないのである。この場合は，通常移行をする必要はなく，しかも，即日決定も可能であると考えられる。川嶋・前掲同頁。

後の運用が期待される。和解に代わる決定の手続は，この種の決定を通じた将来の債権者債務者関係再形成を志向するいわば「強制的な債務弁済計画の策定」を正当化するものであり，任意履行を見通した手続実践が求められるのである。

II　和解に代わる決定制度の創設の経緯とその機能

　和解に代わる決定は，民事調停の局面でよく利用され実効性を発揮していた「調停に代わる決定（いわゆる「17条決定」）」（民調17条）の制度を，簡易裁判所の訴訟手続に導入したものである[3]。

　現実の簡易裁判所における裁判実務では，金銭の支払を目的とする訴えにおいては，一方で，被告側が事実は争うことなく，手元不如意ゆえに分割払を内容とする和解を希望し，他方で，原告側も，たとえ全面的な勝訴判決を得ることができる場合であっても，強制執行手続を実施することの負担等を回避するために，分割払を内容とする和解に応じることが少なくないようである[4]。

　ところが，実際の簡易裁判所における和解手続では，たとえば，遠隔地に在住している場合や避けられない仕事の存在などの理由から，被告が口頭弁論期日等に出席しない場合には，このような和解的解決を図ることは容易ではない。

　確かに，現行民事訴訟法が制定された際に，このような事例をも具体的に視野に入れて[5]，訴訟上の和解を促進させるための新たな規定が設けられた。たとえば，264条の和解条項案の書面による受諾（書面和解）の制度である。裁

---

[3]　以下，一問一答平成15年83頁，兼子ほか・条解〔2版〕1509頁〔松浦馨＝加藤新太郎〕，横田康祐＝中島寛＝岡田洋佑・簡裁民事手続I〔3訂版〕〔2006〕117頁，川嶋四郎「簡易裁判所における『和解に代わる決定』の制度に関する覚書」同志社法学381号〔2016〕1頁，7頁等による。

[4]　たとえば，当事者の一方が貸金業者や信販業者等で，他方が一般市民といった，消費者信用関係訴訟で，遠隔地に居住している被告が，「請求原因事実は認める。毎月1万円の分割払を希望する。」といった内容の答弁書を提出して期日に欠席する例がしばしば見られ，このような場合，原告である貸金業者等から，民事調停法17条の調停に代わる決定を希望する例が多く，実際に，たとえば，毎月1万円の分割払を内容とする17条決定をするという取扱いがされていた。横田＝中島＝岡田・前掲注3）117頁。

[5]　研究会339～340頁〔福田剛久発言〕を参照。

判所から欠席した当事者に対して具体的な和解条項案を提示し，当該当事者が当該和解条項案を受諾する旨を表明した場合は，一方当事者が欠席したままであっても和解が成立するものとする制度であるが，ただ，和解条項案を受諾する旨の当事者の真意を確認するための慎重な手続が定められているなど，その手続が複雑であるために，簡易裁判所における簡易かつ迅速な手続の実現というニーズに応えるためには，必ずしも十分なものではないとされていた[6]。

そこで，現行民事訴訟法の制定以後で本条が創設される以前の簡易裁判所における実務では，事件を民事調停法20条に基づいて調停に付した上で，直ちに同法17条に基づいて，分割払等を内容とする調停に代わる決定を行う運用が行われていた。この決定は，異議の申立てがない場合には，裁判上の和解と同一の効力を有する（民調18条）こととなる（267条，民執22条7号参照）。

しかしながら，この調停に代わる決定の制度は，本来は調停の試みがある程度進んできたものの，最終段階において，あと少しのところで合意に至らないというような場合の手続として予定されているとされ，全く調停の試みをすることなく迅速な解決を図るために便宜的に付調停を活用して17条決定を行うことは，制度本来の趣旨に外れるのではないかとの批判がされていた。

そこで，平成15年の改正法では，本条の和解に代わる決定という新たな制度が設けられた。これにより，裁判所は，金銭の支払を目的とする訴えについて，被告が原告の主張する事実を争わず，その他何らの防御方法を提出しない場合に，相当であると認めるときは，原告の意見を聴いて，分割払等を内容とする和解に代わる決定をすることができることとなり，この決定に対して当事者から適法な異議の申立てがないときは，決定は裁判上の和解と同一の効力（267条）を有するもの（275条の2第5項）とされることとなったのである[7]（267条，民執22条7号参照）。

---

[6] なお，民事訴訟法265条（裁判所等が定める和解条項）は，裁判官仲裁の制度であるが，日本における仲裁利用の少なさをも背景として，いわば裁判官に下駄を預ける手続であるために，和解協議が進みあと少しで合意が成立する可能性があるものの両者間の溝が埋まらないような場合など以外は，あまり用いられてはこなかったようである。川嶋四郎・民事訴訟法〔2013〕632頁参照。

[7] 本条の規定の規範的な特質については，川嶋・前掲注3）9〜13頁を参照。

III 和解に代わる決定の要件

1 概説

受訴裁判所は，次の要件をすべて満たす場合に，和解に代わる決定を行うことができる（本条1項）。すなわち，①金銭の支払請求を目的とする訴えであること，②被告が口頭弁論において原告の主張した事実を争わず，その他何らの防御の方法を提出しない場合であること，③被告の資力その他の事情を考慮して相当であると認めるときであること，および，④原告の意見を聴くことが，その要件である。

この制度のもとになった調停に代わる決定の手続は，調停による当事者間の話合いがある程度進んでいる場合に用いられてきたが，和解に代わる決定は，そのプロセスを飛ばしていわば鶴の一声的に和解的内容の決定，すなわち和解に代わる決定を命じるものであるために，それが受容されるための基礎がなければならない。ここに挙げられた4要件は，いずれもこの基礎を成す要素であると考えられる。つまり，一方で，要件①と③は，いわば事件の実体に着目し，和解に代わる決定にふさわしい事案を選択する際に考慮されるべき要件であり，他方で，要件②と④は，手続的に見て和解に代わる決定の受容可能性に関わる要件である。

2 金銭支払請求（要件①）

この要件は，従来，上記調停に代わる決定がよく行われていた事件類型であり，他の事件類型と比較して和解的解決に馴染みやすい性格であることが認められるゆえに，設けられた要件であると考えられる。

①の要件は，少額訴訟手続等の請求適格（368条参照）と同様であり，金銭の支払請求に限定される。債務不存在確認請求や特定物の引渡しまたは明渡請求は含まれない。ただし，和解に代わる決定では，実質的に見て金銭請求と評価できるような場合には，和解に代わる決定の制度の機能的有用性から，本条の和解に代わる決定が利用できると考えるべきであろう[8]。

---

[8] たとえば，近時，次のような指摘が見られる。すなわち，東京簡易裁判所における立替金請求事件や求償金請求事件では，信販会社である原告が自動車やクレジットカードの引渡しを請求する事例が増えつつあるとする。この種の事件で，自動車の引渡請求は，原告

なお，金銭請求であって明示的一部請求の場合も，形式的には，和解に代わる決定が可能なように見えるが，一部請求を行う原告の意思は多様であり[9]，裁判所が和解に代わる決定を行う際には，後述の要件である原告の意見聴取（→④の要件）を慎重に行うべきである。

3 被告が口頭弁論において原告の主張した事実を争わず，その他何らの防御の方法をも提出しない場合（要件②）

この要件は，当事者間の手続過程におけるやりとりの現状を踏まえて，和解に代わる決定の受容可能性の高さを示す重要な要素である。対論や協議の機会を経ることなく，裁判所の決定の形式によって，和解的解決を命じる手続であるために，事実関係に争いがない場合に限定されたものと考えられる。これは，本条が，個別事件の当事者間における具体的な救済方法の形成のあり方に関わる規定であるために，その形成の基礎としての権利の発生が認められる必要があると考えられたことによる。

被告が，請求原因事実を自白した場合（179条），または，口頭弁論において原告の主張事実を争うことを明らかにしない場合（159条1項。公示送達事件は除く。同条3項但書）で，攻撃防御方法を提出しないときには，この要件が満た

に所有権が留保されているので，その所有権に基づいて引渡請求がなされるが，その目的は，原告が引渡しを受けた自動車を換金して債務に充当することにある。したがって，主たる請求は金銭支払請求であり，（自動車の価額ではなく）支払を求める金銭の額が訴額となる。また，クレジットカードの引渡請求は，信販会社が貸与したクレジットカードを債務者である被告が占有していると未払債務が増加するので，その防止が目的となり，訴額は，発行手数料500円ないし1,000円程度として扱われている。このような簡易裁判所の紛争実態を見ると，いずれの事案でも，自動車であれクレジットカードであれ，それ自体は「付随的に」引渡しを受けるものにすぎないと位置づけられているので，その実情に即した柔軟な運用が望まれると指摘されている。横田=中島=岡田・前掲注3）117～118頁。確かに，このような特定物請求の事案でも，和解に代わる決定の規定を類推適用して，この制度を活用することが考えられる。ただ，この種の事件では，従来どおり，付調停（民調20条）と調停に代わる決定（民調17条）を活用した対応を行い，その実績の積み重ねを通じて，和解に代わる決定の制度の利用対象事件の拡大を志向していく方向性が穏当で望ましいであろう。

9) たとえば，三木浩一「一部請求論について」民訴雑誌47号〔2001〕30頁を参照。さらに，川嶋・前掲注6）266頁も参照。

される。たとえば、被告が、原告の請求原因事実を争わず、分割払を希望する答弁書を提出した場合等が典型例であるが、被告が答弁書を提出しないで欠席した場合も、本条の適用は可能である。

原告が口頭弁論に欠席し被告が出席した場合に、本条を適用する際には、訴状等の陳述擬制と答弁書の陳述の後に、裁判所は、（事前にその意向確認等が行われていないときには）電話等で原告の意見を聴取して、和解に代わる決定の可否を判断すべきであろう。これに対して、原告被告双方が口頭弁論期日に欠席した場合には、休止扱い（263条）も可能であるが、本条には当事者出席の要件は規定されていないので、裁判所は、本条の要件を満たす限り、和解に代わる決定を行うこともできると考えられる（122条・251条2項参照）。

4 被告の資力その他の事情を考慮して相当であると認めるとき（相当性の要件）（要件③）

さらに、被告の資力その他の事情を考慮して相当であると認めるときの要件（相当性の要件）を満たす必要もある。②の要件と重なる面もある[10]が、この要件は、事案の実態に即した要件である。原告が一括払判決を得られる場合でも、原告の強制執行の負担を考慮すれば、被告の任意的・自発的な支払を引き出せる分割払判決の方が有利であるときが、これに当たる。

この要件は、少額訴訟判決（「支払猶予等判決」）の要件と同様の要件であり、そこでの議論が示唆的である。まず、「被告の資力」については、特に被告が倒産状態にある必要はない。「その他の事情」は、個別事件の文脈で様々なファクターが考えられるであろうが、一応実体的事由と手続的事由に分けることができると考える[11]。前者には、たとえば、被告の健康状態や就業状態、被告の家族や同居者の事情、さらに斟酌に値する連帯保証債務であることや、時効の抗弁を知らずに援用しないことなどの事情が含まれる可能性があるが、原告にとって和解に代わる決定でもやむをえないと考えられる事情を、裁判所は、

---

[10] 賀集ほか編・基本法コンメ(2)〔3版〕346頁〔加藤新太郎〕、兼子ほか・条解〔2版〕1510頁〔松浦＝加藤〕は、たとえば、被告が書面等において、「分割払であれば履行できる」、「分割払にして欲しい」または、「ボーナス時には一時金で支払える」などの意向を示しているときなどは、相当性の要件が肯定されるとする。

[11] 川嶋四郎・民事訴訟過程の創造的展開〔2005〕254頁参照。

個別事件の文脈で判断せざるをえないであろう。

　そもそも，本条の和解に代わる決定は，被告が異議を述べることによりその効力を失うから，相当性の要件は，それほど厳しく解する必要はなく，緩やかなものと解してよいであろう[12]。

　さらに，被告が書面等を一切提出せず，むしろ従前の原告とのやりとりから和解的解決の相当性が窺われるような場合であっても，この要件は満たされるであろう。このような一般条項的な規定は，その適用が裁判所の広範な裁量に委ねられた規定のようにも見えるが，しかし，むしろ，簡易裁判所における簡易救済を実践する裁判所が，原告被告関係の来し方行く末を考慮して，原告の意見を聴きながらも，被告の利益にも配慮して，当事者間の関係調整的で柔軟な規律を実践するための根拠規定であると考えられる。したがって，次の④の要件が重要になると考えられる。

5　原告の意見を聴くこと（要件④）

　この要件は，立案担当者の説明によれば，原告に無用の手続負担をかけないための要件とされている[13]。すなわち，和解に代わる決定をした場合には，原告は，異議の申立てをしなければ全部認容の判決を得ることができなくなることから，原告が全部認容の判決を強く希望する場合にまでこの決定をすることは，原告に無用の手続的な負担を課すこととなり，相当ではないと考えられるので，本条では，この決定をする場合には，原告の意見を聴き，その意向を十分に尊重しなければならないこととしたのである[14]。

---

12)　賀集ほか編・基本法コンメ(2)〔3版〕346頁〔加藤〕，兼子ほか・条解〔2版〕1510頁〔松浦＝加藤〕。

13)　一問一答平成15年86頁注1。

14)　なお，民事調停法17条には，特に申立人の意見を聴く旨の定めは存在しない。

　民事訴訟法275条の2に意見聴取の規定が置かれた理由としては，本文に挙げた立案担当者の説明に加えて，さらに次の諸点を挙げることができるであろう。第1に，少額訴訟手続の場合のように，訴訟手続として少額訴訟手続か簡易裁判所の通常手続かを選択できる中での前者の選択の場合とは異なり，和解に代わる決定の手続を含む訴訟手続の場合は，他に選択できる訴訟手続が存在せず，その手続を含まない訴訟手続の選択の機会がないこと，第2に，決定という簡易な形式で債務名義の形成まで可能にする手続であるために慎重手続が採用されるべきこと，第3に，原告の同意ではなく，意見聴取にとどめられたのは，後見的な立場から裁判所が柔軟な法的救済形成を行うことを可能としたことなどを，

この意見聴取の規定は，法的救済を志向する原告と裁判所との対話促進による具体的な救済方法形成手続の要と考えるべきであろう。それゆえに，運用に際しては，原告の同意は要件とはされていないものの，単に聞き置くだけではなく，立案担当者が指摘するように，原告の意向が十分に尊重されるべきであると考えられるのである。ただし，意見聴取の方法は特に規定されていないために，たとえば電話等，多様な方法が考えられる[15]。

IV 和解に代わる決定の内容とその効果等

1 和解に代わる決定の内容

和解に代わる決定は，原告の請求を全面的に認容する旨の判決をすることができる場合に，裁判所が和解的解決を図るために行うので，原告にあまりに不利な内容の決定がされることは，かえって正義に反することにもなりかねないとの考慮から，その和解的解決の内容が限定されている（→下記②・③）[16]。また，被告による和解的判決の受容可能性をも考慮して，提訴後における遅延損害金の免除の可能性（→下記①・④）も規定している。

本条の和解に代わる決定の内容は，以下のとおりである。

①金銭支払請求につき期限を猶予し，または，分割払の定めをすることができ，②5年を超える期限の猶予・分割払をすることはできず（5年を超えない範囲で期限を猶予し，分割払の定めをすることができる），③分割払の定めをするときは，被告が支払を怠った場合における期限の利益の喪失の定めをしなければならず（本条2項），④「被告が，期限の猶予の定めに従ってその期限内に支払った場合又は分割払の定めに従い，期限の利益を失うことなく支払った場合には，訴えの提起後に生じた遅延損害金を免除する。」旨の定めをすることができる。

和解に代わる決定の具体的な内容としては，たとえば次のような内容の決定が可能である[17]。

挙げることができるのである。
15) さらに，川嶋・前掲注3) 23～26頁も参照。
16) 一問一答平成15年86頁注2。
17) 一問一答平成15年85頁。

§275の2 Ⅳ　　　　第2編　第8章　簡易裁判所の訴訟手続に関する特則

(例)
1　被告は，原告に対し，金○○円及びこれに対する平成○○年○月○日から支払済みまで年○分の割合による遅延損害金を支払う義務があることを確認する。
2　被告は，原告に対し，前項の金員のうち，金○○円及びこれに対する平成○○年○月○日から平成○○年○月○○日までの遅延損害金○○円を次のとおり分割して支払え。
　①　平成○○年○月から平成○○年○月まで毎月末日限り金○円
　②　平成○○年○月末日限り金○円
3　原告は，被告が前項の分割金を2回分以上怠ることなく完済したときは，その余の第1項の支払義務を免除する。
4　被告は，第2項の分割金の支払を2回分以上怠ったときは，原告に対し，第1項の金員（ただし，第2項による既払金があるときは，それを控除した残金）を支払え。

　本条によれば，和解に代わる決定における分割払の期間は「5年を超えない範囲内」に限られるが，それを超える分割期間の定めをすることが許されるか否かが問題とされている[18]。事物管轄が限定されている簡易裁判所でも，被告側から，5年を超える分割払の方式が提示されることが，現実には考えられるからである。
　この問題に関しては，様々な議論や対応方法が考えられる。まず，本条の要件を厳格に解する立場からは，本条の適用否定説が考えられる。この立場では，被告から5年を超える分割払の求めが出された場合で原告がその点に異存がない場合は，付調停（民調20条）・決定（民調17条）で，その趣旨を実現することが考えられる（この場合に，両当事者が在廷している場合は，訴訟上の和解が可能であることはいうまでもない）。しかし，和解に代わる決定の制度創設の趣旨からは，本条の適用肯定説が，探究されるべきであろう。ただ，問題は，その具体的なあり方である。

---

[18]　以下については，横田＝中島＝岡田・前掲注3) 123〜125頁を参照。

まず、①「5年以内で分割払の定めをしつつ最終支払期日に残金一括払とする方法」が考えられる。この方法では、被告が、期限の利益を失うことなく最終支払期日に至った場合に、残金について改めてその支払方法について協議することが可能となるとも考えられるが、しかし、すでに、最終支払期日に残金一括払を内容とする給付条項が存在するので、債権者（原告）にその協議を求めることが期待できず、また、残額が多額な場合には被告の支払能力の点に問題が生じることも考えられる。

次に、②「5年以内で分割払の定めをしつつ最終支払期日に改めて残金の分割払を協議する方法」が考えられる。これは、①の難点は回避できるが、新たな問題も生じる。この方法の場合には、最終支払期日における残金については、支払義務の存在が確認されるものの、給付条項を付けず協議条項を入れるにすぎないので、原告の再度の手続負担が生じることになるからである。つまり、原告は、残額について、改めて訴えを提起するか（そして、たとえば再度和解に代わる決定を得るか）、訴え提起前の和解を申し立てるか、あるいは、債権者または債務者が調停を申し立てる方法などが存在する。

さらに、③「当初から5年を超える分割払期間を定める方法」も考えられる。これは、「5年を超えない範囲内」との法定期間の定めを、不変期間ではなく通常期間と解して、5年を超える期間設定も適法と考える見解である。本来的に、一時金払判決を得ることができる原告が、5年を超える分割払に明示的または黙示的に同意していることが確認できる場合には、その趣旨を生かすのが、和解に代わる決定の制度ではないかと考えられる。5年は一応の目安にすぎないと考えられるのである。また、期間内の異議申立ても認められているので、それほど厳格な法適用を行うべきではなく、具体的な事件の状況に即した本条の柔軟な活用が望まれる。

①から③は、基本的には、いずれも適法であると考えられるが、和解に代わる決定の趣旨からは、③の方法を正面から認めることが妥当であろう。

2　和解に代わる決定後の手続とその効果

このような和解に代わる決定がなされた場合に、当事者は、決定の告知を受けてから2週間以内に、その決定した裁判所に異議を申し立てることができる（本条3項）。この異議には、理由を付す必要はない。2週間は不変期間であり、

§ 275 の 2 Ⅳ　　　第 2 編　第 8 章　簡易裁判所の訴訟手続に関する特則

裁判所がその期間を伸縮することはできない。当事者から 2 週間以内に異議の申立てがあったときは，和解に代わる決定は，その効力を失う（本条 4 項）。和解に代わる決定が失効した場合に，裁判所は，従前の訴訟手続を進行させ，判決をすることになる。

　これに対して，2 週間以内に異議の申立てがないときは，和解に代わる決定は，裁判上の和解（訴訟上の和解）と同一の効力を有することになり（本条 5 項），その決定の記載は，確定判決と同一の効力を有することになるので（267 条），特定の給付内容の記載が存在すれば，それは債務名義となる（民執 22 条 7 号）[19]。

〔川嶋四郎〕

---

19)　さらに，和解に代わる決定の手続に関する展望として，川嶋・前掲注 3) 33〜37 頁を参照。

(準備書面の省略等)

第 276 条 ① 口頭弁論は,書面で準備することを要しない。
② 相手方が準備をしなければ陳述をすることができないと認めるべき事項は,前項の規定にかかわらず,書面で準備し,又は口頭弁論前直接に相手方に通知しなければならない。
③ 前項に規定する事項は,相手方が在廷していない口頭弁論においては,準備書面(相手方に送達されたもの又は相手方からその準備書面を受領した旨を記載した書面が提出されたものに限る。)に記載し,又は同項の規定による通知をしたものでなければ,主張することができない。

(証人等の陳述の調書記載の省略等)

規則第 170 条 ① 簡易裁判所における口頭弁論の調書については,裁判官の許可を得て,証人等の陳述又は検証の結果の記載を省略することができる。この場合において,当事者は,裁判官が許可をする際に,意見を述べることができる。
② 前項の規定により調書の記載を省略する場合において,裁判官の命令又は当事者の申出があるときは,裁判所書記官は,当事者の裁判上の利用に供するため,録音テープ等に証人等の陳述又は検証の結果を記録しなければならない。この場合において,当事者の申出があるときは,裁判所書記官は,当該録音テープ等の複製を許さなければならない。

I 本条の趣旨

第一審の訴訟手続,特に地方裁判所の訴訟手続における口頭弁論は,書面で準備しなければならない[1](161条)。これに対して,簡易裁判所においては,法的な知識が十分ではない市民による本人訴訟が多いことから,簡易裁判所に

[1) 準備書面の制度一般については,川嶋四郎・民事訴訟法〔2013〕325~328頁参照。

§276・規§170 I　　第2編　第8章　簡易裁判所の訴訟手続に関する特則

おける簡易救済の趣旨（→§270 II 2, 6参照）に照らして，訴訟手続を簡易化して国民に利用しやすいものとするために，原則として書面による口頭弁論の準備が必要ないこととした（本条1項）。本条は，民事訴訟法161条1項の特則であり，準備書面を提出しなくても，原則として，不利益（161条3項）を負うことはない。

　ただし，相手方が準備しなければ陳述できない事項については，書面による準備が必要であるが，その場合も，準備書面の提出に代えて，口頭弁論前に相手方にその事項を直接通知することでもよいとした（本条2項）。

　本条の規律は，主張関係だけではなく，証拠の申出等の証拠関係についても適用がある。したがって，簡易裁判所の訴訟手続においては，証拠申出書（規99条1項），証人等の尋問事項書（規107条），書証の申出書およびその写しや証拠説明書（規137条）を提出する必要はない。また，法的観点についても，本条の適用があると解すべきであろう。

　本条1項では，準備書面で口頭弁論を準備することが必要でないと規定されているが，簡易裁判所でも，準備書面で口頭弁論を準備してもよく，その提出が禁じられる趣旨ではない[2]。当事者が準備書面を提出した場合には，その作成提出の費用は，訴訟費用となる（62条）。

　本条は，簡易裁判所における「口頭弁論手続の簡略化」に関する一群の規定の最初に位置する。この規定群には，本条のほかに，277条（続行期日における陳述の擬制），278条（尋問等に代わる書面の提出），民事訴訟規則170条（証人等

---

[2] しかし，簡易裁判所の簡易救済手続では，口頭主義が徹底されており，口頭コミュニケーションの活性化が期待されているので，書面提出の原則化や慣行化は回避されるべきである。「これが慣行化すると書面提出が原則のようになってしまい簡易裁判所の特色が失われてしまう恐れがある。訴訟を初めて経験した当事者としても，書面を出しておかないと不利な取扱いを受けるのではないかといった無用な不安を抱くことも予想される。書面提出が慣行化されないよう裁判所の特別の配慮が望まれる。」旧注釈民訴(7) 395頁〔竜嵜喜助〕を参照。しかし，簡易裁判所実務は，必ずしもそうではないようであるので（斎藤ほか編・注解民訴(8) 418頁以下〔菅野国夫＝賀集唱＝西村宏一〕等を参照），本条の趣旨を，簡易裁判所の裁判所職員に徹底させるだけではなく，当事者や代理人へも周知させる必要があるであろう。川嶋四郎「簡易裁判所における法的救済過程に関する覚書」同志社法学374号〔2015〕1頁，41～42頁も参照。

の陳述の調書記載の省略等),同171条(書面尋問)が含まれる。さらに,280条(判決書の記載事項)の規定も,この規定群に含めて考えることもできる。旧法には,簡易裁判所における訴訟手続の特則として呼出方法の簡易化(旧356条ノ2)の規定が存在したが,現行法では削除されている。これは,現行法における期日の呼出しに関する一般規定である94条が,簡易呼出し(呼出状の送達,出席者に対する期日の告知以外の相当と認める方法による呼出し)によることを除外していた旧154条2項を改正し,最初の期日における呼出しについても簡易呼出しを認めることとしたので,簡易裁判所の訴訟手続に関して特則を置く必要がなくなったことを理由としている[3]。

なお,本条は,簡易裁判所の訴訟手続に関する特則であり,控訴審の訴訟手続に関して第一審の訴訟手続の規定の準用規定である297条が,本条を含む第8章の規定を準用していないので,簡易裁判所を第一審とする訴訟事件の控訴審には,本条の適用はない[4]。

本条は,旧法の規定(旧357条)と同旨である。

II 書面による準備または通知が必要な準備必要事項

1 準備必要事項の意義と見解の対立

相手方が準備しなければ陳述をすることができないと認めるべき事項(準備を要する事項)については,なお書面で準備し,または,口頭弁論前に直接に

---

[3] なお,期日の呼出方式としては,①呼出状の送達,②受送達者の「期日請書」による告知(出席した者に対する期日の告知),③簡易な呼出し(相当と認める方法による呼出し。例,普通郵便,口頭,電話,ファクシミリ等による方法)がある。ただ,③の方法では,期日に出席しない当事者等に対して,法律上の制裁その他期日の不遵守による不利益を課すことができない(94条2項本文)ので,最初の期日の呼出しを③の方法で行えば,被告が欠席しても擬制自白(159条3項)により口頭弁論を終結して判決(いわゆる欠席判決)をすることができなくなるので,最初の期日の呼出しについては,原告側には②・③の方法により行い,被告側には①の方法により行うことが多いとされる。以上につき,佐藤歳二「簡易裁判所の役割と訴訟手続」講座新民訴(3)179～180頁を参照。

[4] 旧法(旧378条)にも,民事訴訟法297条と同様に,控訴審における簡易裁判所の訴訟手続に関する特則の適用を除外する旨の規定が存在したが,旧法下では,区裁判所の手続について,反対の判例が存在した。大判昭14・6・24民集18巻721頁。しかし,この判例に対する反対学説として,兼子・判例民訴〔60事件〕181頁等が存在した。

〔川嶋〕

通知しなければならない（本条2項）。これは，被告に対する不意打ち防止のための規定である。

ここでいう「相手方が準備をしなければ陳述をすることができない」事項（以下「準備必要事項」という）とはどのような事項をいうかについては，学説上，議論の対立が見られる[5]。

まず，第1説として，従前の主張に照らして，相手方にとって予想外の新たな攻撃防御方法などが準備必要事項であり，その訴訟の経過から相手方が当然に予想できるものについては，準備書面で準備する必要がないとする見解[6]がある。しかし，この見解に対しては，新たな主張が準備必要事項に当たるとなると，抗弁，再抗弁，再々抗弁となるような主張は，先行否認をしているような場合でない限り，すべてがこれに当たることになってしまい，書面で用意しなくてよいのは相手方の主張にすでに現われた事実に対する認否とか証拠の申出だけということになってしまうが，これでは本条で簡易裁判所の特則を設けた意義が失われてしまうことになる[7]と批判されている。この批判は，旧法下のものであるが，現行法下でより簡易な救済を志向する簡易裁判所の制度趣旨（→§270 II 2参照）や，提訴時に請求の原因に代えて紛争の要点を明らかにすれば足りるとする規律（272条）の趣旨から見ても，妥当すると考えられる。

次に，第2説として，基本的には第1説に依拠しながらも，その見解に限定を付して，従前の主張に照らして相手方にとって予想外の事実や証拠と認められ，しかもその性質上相手方が当然経験しているとはいえない事項が準備必要事項であると解する見解[8]が主張された。しかし，相手方が当然経験している事項か否かは，やや抽象的な基準であり，その基準は必ずしも明確ではなく，仮にその趣旨が不意打ち防止であるならば，それを明示した基準を定立するのが妥当であると考えられる。

---

5) 以下は，旧注釈民訴(7) 395頁以下〔竜嵜〕，斎藤ほか編・注解民訴(8) 420頁以下〔菅野＝賀集＝西村〕等による。
6) 斎藤ほか編・注解民訴(8) 419頁以下〔菅野＝賀集＝西村〕。
7) 菊井＝村松 II 771頁。
8) 兼子ほか・条解 1135頁〔松浦馨〕，兼子ほか・条解〔2版〕1512頁〔松浦馨＝加藤新太郎〕。

また，第3説として，相手方が出席した場合と欠席した場合とに分けて，相手方が出席する場合には通常の訴訟経過では相手方にとって予想できないような事項が準備必要事項であり，相手方が出席せず民事訴訟法161条3項（準備書面不記載の効果）の適用が問題となる場合にはやや厳格に解し，相手方が訴訟の通常の経過から通常予想しうる事項を除いた事項が準備必要事項であるとする見解[9]が登場した。これに対しては，相手方が出席した場合と欠席した場合とで区別することも説得力のある考え方であるが，欠席したか出席したかも，結局は考慮されるべき具体的な訴訟経過の一態様と考えることができるとの指摘[10]も見られる。

そこで，第4説として，総合判断から不意打ちの有無を基準とする見解が提唱された。すなわち，準備必要事項の判断基準は，たとえば，事件の種類・性質（金銭訴訟か不動産訴訟か，弁護士訴訟か本人訴訟か，当事者が法人同士か一方だけの訴訟か，それとも双方とも個人の訴訟か，定型的な単純な訴訟か複雑な訴訟か，人格訴訟か経済訴訟かなど）および具体的な訴訟の経過（訴訟前の紛争状況，訴訟になってからの抗争の程度および態様，期日への出席・欠席の状況，控訴が予想される事件か否かなど）によって異なってくるので，これら訴訟の種類や性質と具体的な訴訟経過とを総合的に判断して，相手方にとって不意打ちになる場合が準備を要する事項に該当すると解すべきであるとする見解[11]である。

2　準備必要事項の考え方

元来，何が本条2項の準備必要事項であるかについては，個別事件の具体的な事情により決まるものであるために，明確かつ特定的な定義は困難である。準備必要事項の幅は，第1説が最も広いが，その他の説の広狭は，必ずしも明

---

9)　菊井＝村松 II 772頁。この見解では，「予想できない事項」と「予想しうる事項を除いた事項」との区別が難しいと考えられるが，しかし，この見解は，訴訟指揮によってその疑義を回避することができるという。同頁。

10)　旧注釈民訴(7) 396頁〔竜嵜〕。賀集ほか編・基本法コンメ(2)〔3版〕347頁〔田村幸一〕も，同旨。

11)　旧注釈民訴(7) 396頁〔竜嵜〕。この見解は，いわゆる少額裁判型の簡易な事件では緩やかな解釈を，不動産訴訟とか弁護士訴訟のような地裁型の訴訟類型では厳密な解釈をすることになろうと指摘する。同頁。
　　また，佐藤・前掲注3) 181頁も参照。

〔川嶋〕

確ではない。いずれにせよ，本条2項の趣旨が，簡易裁判所であっても，手続上の公正さは確保されなければならず，相手方に対する不意打ちの防止にあることから，基本的には，不意打ち防止を基準に据える第4説が妥当であろう。

　実際には，第4説が指摘するように，当該訴訟の具体的な内容や提訴前後の経過等を総合的に勘案して，相手方の不意打ち防止の観点から個別的に判断されることになるであろう。たとえば，その具体的状況において相手方にとって不意打ちを与えるような新たな攻撃防御方法の提出，たとえば，諸般の事情に照らして，相手方に不意打ちを与えるような新たな請求原因事実や抗弁事実の主張，証拠の申出および法的観点の提示などが，これに該当するであろう。

　なお，第1説および第2説から，最初の口頭弁論期日では，原告としてはその請求を理由づける事実や証拠は原則として，相手方の準備を要する事項と認められるから，訴状または口頭提訴調書（→§271 II参照）に表示しておかなければならないとの見解[12]もあるが，簡易裁判所では提訴時には紛争の要点の記載で足りる（272条）ことから，請求を理由づける事実や証拠を，原則的に準備必要事項とすることには疑問がある。少なくとも，相手方が訴訟の主題となっている紛争を認識できる限り，不意打ちとはならないと考えられるので，原則的には本条2項の準備必要事項には該当しないと解される。

　なお，本条2項は，相手方との関係で不意打ち防止を図るための規定であるので，裁判所にとって予想外の事項であるか否かは問題とはならない。そのような事項は，釈明権（149条）の行使対象となるにすぎないであろう。

　本条は，任意規定である。したがって，相手方が異議を述べなければ，責問権（90条）を失い，手続上の瑕疵は治癒されることになるので，当事者は，準備必要事項に相当する新たな主張を提出し，新たな証拠を提出し，そしてまた，新たな法律構成を提示することを妨げられない[13]。

　ただし，たとえば証拠の提出の場合に，主張の提出の場合と同様，相手方が予想していない書証の取調べや証人の尋問を求めるときには，あらかじめ書面で準備するか，または，口頭弁論前に直接相手方に通知しておかなければなら

---

12)　斎藤ほか編・注解民訴(8)420頁〔菅野＝賀集＝西村〕，兼子ほか・条解〔2版〕1512頁〔松浦＝加藤〕。

13)　旧注釈民訴(7)399頁〔竜嵜〕，兼子ほか・条解〔2版〕1512頁〔松浦＝加藤〕等。

ない[14]。

III 書面の提出に代わる通知

　本条2項は簡易裁判所の訴訟手続の特則であり，それが簡易手続となりうるためには，ここで述べた不意打ち防止の方式についても，便法が認められる必要がある。そのための規定が，本条2項であり，準備必要事項について，準備書面の提出に代えて，期日前に相手方に通知しておく方法が認められている。つまり，通知が求められる事項は，この準備必要事項（II）である。

　この通知の方法には特に制限がないが，通知の有無等について争いが生じる可能性があることから，訴訟上，その事実が証明できる方式であることが要請される。そこで，たとえば内容証明郵便等，後日，比較的容易に証明を行うことが可能な方法が望ましいと考えられる。この点に関して，たとえば，電話その他口頭等で通知してもよいが，相手方がその通知の事実を争った場合には，通知者がそれを証明する必要があることを考慮すると，適当な方法とはいいがたいとの指摘[15]も見られるが，近時，電子データの保存，会話の記録等，様々な方式で証拠方法を確保できることから，あながち不適当ともいえないのではないかと考えられる。

　この通知は，相手方に調査等の一定の準備をさせる契機となるものであるから，準備に必要な期間をおいてされることが必要である（規79条）。

IV 書面の提出や通知をしなかった場合の効果

　準備必要事項について書面の提出やこれに代わる通知を行わず，しかも相手方が口頭弁論期日に欠席した場合は，これを主張することができない（本条3項）。準備書面を提出した場合については，その準備書面が相手方に送達されたときか，相手方からその準備書面の受領書面が提出されたときに限り，主張をすることができる。準備書面の直送およびその受領書面の提出については，民訴規83条に，また，書類の送付については，民訴規47条に，それぞれ規定

---

14) 佐藤・前掲注3) 182頁。
15) 賀集ほか編・基本法コンメ(2)〔3版〕347頁〔田村〕。

〔川嶋〕

が置かれている。

通知については，本条2項では，相手方への通知の存否が問題となっているので，相手方に通知されていれば，裁判所に通知されていなくても主張することはできる。

なお，相手方が口頭弁論に出席しても，準備をしていないために特に続行期日が不可避となる場合には，相手方の勝訴の場合であっても，相手方は，そのための訴訟費用の負担を命じられることがありうるであろう（63条）[16]。

V 証人等の陳述の調書記載事項の省略等

1 本規則の意義

簡易裁判所における口頭弁論の調書[17]については，裁判官の許可を得て，証人等の陳述または検証の結果の記載を省略することができ，この場合において，当事者は，裁判官が許可をする際に，意見を述べることができる（規170条1項）。

これは，旧法では法律事項とされていたものを，調書の記載事項に関する他のものと同様に，規則事項とされたものである。旧法（旧358条ノ2第1項）では，調書記載事項の省略について，まず，当事者に異議のある場合にはそれが認められず，また省略対象事項は調書記載事項のすべてに及んでいたが，民訴規170条1項では，調書記載で省略対象となる事項を，証人等の陳述または検証の結果の記載に限定し，かつ，裁判所の許可にかからせた点に，改正点がある。

本規則が設けられた結果，簡易裁判所において証人等の陳述を記録する方法には，第1に，調書に記載する方法（規67条1項），第2に，調書記載を省略する方法（規170条），第3に，調書の記載に代わる録音テープ等に記録する方法（規68条）の3種類に増加した。

本規則は，簡易迅速な手続の実現に裨益する規定である。

本条の規定の適用を相当とする事件としては，たとえば，消費者信用事件

---

16) 兼子ほか・条解〔2版〕1512頁〔松浦＝加藤〕，賀集ほか編・基本法コンメ(2)〔3版〕347頁〔田村〕。

17) 口頭弁論調書の意義等については，川嶋・前掲注1) 360頁参照。

(サラ金事件，クレジット事件)，裁判官の更迭，審理の長期化および控訴提起が予想されず，かつ，判決作成に支障のない事件のほか，公示送達事件，和解成立または取下げにより終了し，またはその見込みのある事件，双方当事者本人訴訟の金銭請求事件，証拠調べが1期日で終了し即日結審した金銭請求事件などを，挙げることができる[18]。

ただ，本条には，特に事件を限定する旨の要件はなく，裁判官の許可の要件しか規定がないので，原則的には，簡易裁判所における全事件で，本条に基づく調書記載の省略が可能になる。

2 証人等の陳述の調書記載事項の省略の要件について

まず，調書記載の省略対象を限定したのは，そもそも口頭弁論調書の作成自体は省略できず，調書作成作業の中で最も大きな比重を占めているのは，証人等の陳述および検証の結果であるので，民事保全規則7条（口頭弁論調書の記載の省略等）の規定を参考に，証人等の陳述または検証の結果の記載に絞った[19]とされる。また，当事者の異議にかからせないこととされたのは，簡易裁判所の民事訴訟事件は，通常1，2回の証拠調べにより口頭弁論が終結する事件が多く，しかも，その判決に対する控訴率も低いことから，証人等の陳述または検証の結果を証書に記載する必要性も比較的低く，また，民保規7条の制度と同様に，運用上，録音テープに証人等の陳述を記録することを併用して，旧法下でも，証人等の陳述の調書への記載の省略を拡大する試みが定着しており，当事者から異議が出されることもなかったことによる[20]とされる。

このように，本条1項の適用に際して，当事者は異議を述べることはできなくなったが，ただ，調書の記載は，当事者の利害に関わるために，当事者は，裁判官が許可をする際に，意見を述べることができるとされた。

この裁判官の許可は，裁判所書記官に対する職務上の許可である[21]。

---

18) 司法研修所編・少額事件の簡易迅速な処理に関する研究〔1991〕128頁，下里敬明「簡易裁判所の訴訟手続に関する特則」塚原朋一ほか編・新民事訴訟法の理論と実務(下)〔1997〕246頁。
19) 条解規則〔初版〕357頁以下を参照。
20) 条解規則〔初版〕357頁，下里・前掲注18) 246頁。
21) 条解規則〔初版〕358頁。このような調書記載の省略を許可する場合に，本条2項の規定により，当事者の申出があるときは，証人等の陳述等を録音テープ等に記録する必要

§276・規§170 Ⅴ　　第2編　第8章　簡易裁判所の訴訟手続に関する特則

実際の運用面では，証拠調べの前に，当事者に調書省略制度の趣旨を説明し，調書省略化に異議がないことについて実質的な確認をとり，録音等の希望を聴いて，これを口頭弁論調書に記載するなどして，記録上明らかにしておくのが相当であり，このような配慮の上で，この制度を積極的に活用すべきであろう[22]。

3　録音テープ等への記録とその取扱い

本条1項に基づいて，調書の記載を省略する場合において，裁判官の命令または当事者の申出がある場合には，裁判所書記官は，当事者の裁判上の利用に供するために，録音テープ等に証人等の陳述または検証の結果を記録しなければならない（規170条2項前段）。この場合において，当事者の申出があるときは，裁判所書記官は，当該録音テープ等の複製を許さなければならない（規170条2項後段）。この規定は，民保規7条2項[23]と同趣旨のものである。

本条2項の適用上，裁判官の命令または当事者の申出は，当該証拠調べの実施前になされる必要がある。また，当事者の裁判上の利用に供するためとは，当事者が，当該事件の上訴審や関連事件で録音テープ等の複製物から録音等の内容を反訳して書証として利用することを意味する。

本条にいう録音テープ等は，口頭弁論調書や訴訟記録の一部となるものではなく，裁判官が交代した場合（249条）や上訴があった場合にも，新たな裁判官または上訴審裁判官は，録音テープ等の内容を聴取する義務を負わない[24]とされるが，直接主義や続審の要請から，その内容を聴取するのが望ましいことはいうまでもないであろう[25]。ただし，社会の様々な局面でICT化（→§271Ⅳ）が進展している現在，電子化された裁判関係データの利便性を向上させる

があるので，「当事者の意向が十分に反映されるように」，裁判官の許可は，証拠調べの実施前になされる必要がある。同頁。

22)　佐藤・前掲注3) 188頁。
23)　最高裁判所事務総局編・条解民事保全規則〔改訂版〕〔1999〕44頁以下を参照。
24)　条解規則〔初版〕358頁。
25)　それゆえに，録音テープ等は訴訟記録の一部ではないので，移送決定や上訴の提起等がされても，移送を受けた裁判所または上訴裁判所等に送付しない（横田康祐＝中島寛＝岡田洋佑・簡裁民事手続Ⅰ〔3訂版〕〔2006〕96頁，下里・前掲注18) 255頁）とされているが，送付すべきであろう。

ために,その内容の一覧性の確保,検索機能・頭出し機能などの充実等,各種情報の総合的な電子処理・電子管理システムの構築と向上が目指されるべきであろう[26]。

〔川嶋四郎〕

---

[26] 川嶋四郎「『e-サポート裁判所』システムの創造的構築のための基礎理論──『IT活用』による『正義へのユビキタス・アクセス』構想」法セ653号〔2009〕36頁・37頁,同・民事訴訟法概説〔第2版〕〔2016〕541〜546頁等を参照。

§277 I　　　　　　　　　　第2編　第8章　簡易裁判所の訴訟手続に関する特則

(続行期日における陳述の擬制)
第 277 条　第 158 条の規定は，原告又は被告が口頭弁論の続行の期日に出頭せず，又は出頭したが本案の弁論をしない場合について準用する。

I　本条の趣旨

　第一審の訴訟手続，特に地方裁判所の訴訟手続では，当事者の一方が口頭弁論期日に欠席し，または出席（出頭）しても本案の弁論をしない場合，最初にすべき口頭弁論の期日に限って，欠席者の提出した書面の記載事項を陳述したものとみなし，出席した相手方に弁論をさせることができる旨を規定している（158 条参照）。これは，対席判決主義の下で，期日が無駄になることを避け，口頭主義が全く骨抜きにならないように，最初にすべき口頭弁論の期日に限定して陳述擬制を認める趣旨の規定であり，口頭主義の形骸化をできるだけ阻止するために，続行期日では陳述擬制を認めない趣旨である[1]。
　しかし，簡易裁判所の訴訟手続では，本条に基づいて，最初にすべき口頭弁論の期日だけではなく，続行期日においても，欠席者の提出書面の陳述を擬制することができることとされた。これは，簡易裁判所の制度趣旨（→ §270 II 2 参照）から，法的な知識が十分ではない市民による本人訴訟が多く，しかも簡易裁判所では軽微な民事事件が多いことから，当事者の便宜を図るために，書面主義の適用範囲を拡大したものである。このような手続原則の緩和は，手続の利用しやすさ，費用の抑制，迅速化の確保にもつながる。ただし，必ず口頭弁論期日を開いて陳述を擬制するものであるから，口頭主義の建前だけは，かろうじて維持されている。簡易裁判所の訴訟では，特に被告の欠席が多いので，続行期日における書面による被告の簡易な答弁（準備書面による応答）を，正面から認めた意義もある。
　このような簡易裁判所の審理過程における書面の活用は，民事訴訟法278条（尋問等に代わる書面の提出）の規定とも基本的に同様な趣旨である。

---

[1]　川嶋四郎・民事訴訟法〔2013〕363 頁。

本条は，旧法（旧358条）の規定と同旨の定めである。

II 本条適用の要件

(1) 続行期日

最初にすべき口頭弁論の期日とは，形式的に第1回期日として指定された期日ではなく，実質的に弁論が初めてされる期日を意味し，続行期日はその後の口頭弁論期日を意味する[2]。簡易裁判所の訴訟手続においては，最初の口頭弁論期日については158条（訴状等の陳述の擬制）により，続行期日については本条により，陳述が擬制されることになる。上訴審においては，本条は適用されず，158条が適用されるが，上訴審で差し戻された事件について，簡易裁判所が第一審として審理を行う場合には，本条の規定が適用されることになる。

(2) 原告または被告の欠席等

本条の陳述擬制は，当事者の一方が口頭弁論期日に出席せず，または出席したものの本案の弁論をしないことが要件であり，当事者双方が出席せず，または出席しても弁論をしないで退廷した場合には，民事訴訟法263条（訴えの取下げの擬制）が適用されることになる[3]。

(3) 陳述擬制の対象となる書面

陳述擬制がなされる書面としては，欠席者が，事実上または法律上の主張を記載した書面を提出していれば，この書面と評価でき，書面の表題等の形式は重要でない。たとえば，支払督促に対して適法な異議申立てがあった場合の異議申立書も，事実上または法律上の主張が記載されていれば，準備書面と評価することができる[4]。

もっとも，その記載事項が市民の目から見て必ずしも明確でない場合は，被告に対する不意打ちを回避するために，そのまま陳述擬制とせず，釈明権

---

2) 川嶋・前掲注1) 363頁。
3) 斎藤ほか・注解民訴(8) 426頁〔菅野国夫＝賀集唱＝西村宏一〕，賀集ほか編・基本法コンメ(2)〔3版〕348頁〔田村幸一〕。
4) 菊井＝村松II 775頁，斎藤ほか・注解民訴(8) 428頁〔菅野＝賀集＝西村〕，旧注釈民訴(7) 402頁〔長谷部由起子〕。
　なお，原告欠席の場合には，出席している被告が弁論をしないで遅延するという選択肢も可能である。これについては，川嶋・前掲注1) 364頁注98参照。

（149条）を行使して，陳述をさせるために続行期日を指定する運用を行うことが適当な場合もあろう5)。ただし，すでに指定された期日を有効に活用するためには，期日外釈明を通じて早期に書面の趣旨を明確化することも要請される。また，続行期日に当事者が欠席した場合に，その当事者が出席した前の期日において現実に陳述していない事項を記載した書面についても，従前の弁論と矛盾しない限り，その期日において陳述したものとみなすのが相当である6)。

　本条でも，口頭弁論の建前は維持されていることから，口頭弁論は，必ず開かなければならない。

　本条の適用に際しては，その書面がその期日までにあらかじめ相手方に送達されていることが必要か，それとも，口頭弁論期日に出席した当事者が，事前提出の書面をその期日で陳述せず，次の期日に欠席した場合に，その書面を擬制陳述とすることができるかについては，議論の対立が存在する7)。

　この問題については，その書面がその期日までにあらかじめ相手方に送達されていることが必要であるとする見解8)がある。しかし，理論的には，相手方が口頭弁論に出席していれば，当事者は準備書面に記載されていない事項でも陳述できること（161条3項参照）を考慮すれば，口頭弁論期日までに裁判所に提出されていれば十分であり，特に相手方に送達されている必要はないと考えられる9)。

　なお，手形判決・小切手判決に対する異議申立てにより開始された通常訴訟手続における最初の口頭弁論期日は，第一審における口頭弁論続行の期日であるので，簡易裁判所では，本条の規定により，民事訴訟法158条の規定（訴状等の陳述の擬制）が準用される10)。少額訴訟判決に対する異議申立てにより開始された通常訴訟手続における最初の口頭弁論期日に関しても，同様である。

---

5) 賀集ほか編・基本法コンメ(2)〔3版〕348頁〔田村〕。
6) 兼子ほか・条解〔2版〕1513頁〔松浦馨＝加藤新太郎〕。
7) 旧注釈民訴(7) 402頁〔長谷部〕を参照。
8) 村松ほか編(3) 198頁。
9) 同旨。斎藤ほか・注解民訴(8) 429頁〔菅野＝賀集＝西村〕，旧注釈民訴(7) 402頁〔長谷部〕等。ただし，相手方の手続保障の観点からは，事前の送達（直送を含む）が望まれる。
10) 京都地判昭40・9・21下民16巻9号1429頁，兼子ほか・条解〔2版〕1513頁〔松浦＝加藤〕。

III 本条適用の効果

　本条の手続としては，裁判所は，続行期日においても，欠席者の提出した書面の記載を陳述されたものとみなし，これと口頭弁論期日に出席した当事者の弁論とをつき合わせて審理することになる。判決書の事実記載の方法としては，当事者の一方が欠席した事実および陳述したものとみなすべき準備書面等を表示し，出席した当事者の弁論によって提出された事実資料を掲げるべきである[11]。

　欠席した当事者が相手方の主張事実を認める旨を記載した準備書面等を提出していた場合には，これによって裁判上の自白が成立する。仮に擬制自白が成立するにとどまるとすると，書面上は自白の意思が明らかであるにもかかわらず，後日容易に自白の撤回が認められることになって，信義則に反することになりかねず，また，欠席者としても，自己の提出した書面の記載内容がそのまま斟酌されることは，当然予期していると考えられるからである[12]。

　欠席した原告が請求を放棄する旨を記載した書面を提出し，または，欠席した被告が請求を認諾する旨を記載した書面を提出していた場合には，請求の放棄・認諾の効果を認め，その調書を作成して訴訟を終了させるべきであると解される[13]。仮にこのような場合に，現行法において，請求の放棄・認諾の効果を認めないとすれば，争う意思のない当事者に訴訟を強制する結果となって不合理であると考えられ，しかも，書面の記載から欠席者の放棄・認諾の意思が明らかであるならば，その効果を認めることに解釈論上の支障はないと考えられるからである[14]。

　ただし，当事者双方が欠席した場合には，双方が提出した書面が陳述されたものとすることはできないので，訴え取下げの擬制（263条）が問題となりうるが，裁判所は，場合により，弁論を終結し，審理の現状に基づく判決（244

---

11) 旧注釈民訴(7) 403 頁〔長谷部〕等。
12) 旧注釈民訴(7) 403 頁〔長谷部〕等。
13) 旧法下のものであるが，村松ほか編(3) 199 頁を参照。さらに→§272 III 参照。
14) 旧注釈民訴(7) 403 頁〔長谷部〕等。

§277 Ⅲ　　　　　　　　　　第2編　第8章　簡易裁判所の訴訟手続に関する特則

条）を行うことも可能である[15]と解される。

〔川嶋四郎〕

---

15)　新堂〔5版〕872頁，川嶋・前掲注1）609頁。

(尋問等に代わる書面の提出)
第278条　裁判所は，相当と認めるときは，証人若しくは当事者本人の尋問又は鑑定人の意見の陳述に代え，書面の提出をさせることができる。

(書面尋問・法第278条)
規則第171条　第124条（書面尋問）の規定は，法第278条（尋問等に代わる書面の提出）の規定により証人若しくは当事者本人の尋問又は鑑定人の意見の陳述に代えて書面の提出をさせる場合について準用する。

I　本条の趣旨

　本条は，簡易裁判所における簡易救済の趣旨（→§270 II 2 参照）を実現するために，第一審の訴訟手続（地方裁判所の訴訟手続）で認められた書面尋問による証人調べの書面化を，人証調べ全般に拡大し，当事者の異議の不存在という要件を外したものである。これは，尋問および質問を，書面（「尋問代替書面」または「質問代替書面」）の提出で代替すべきことを命じるものであることから，これらの書面の提出命令をあわせて「尋問等代替書面提出命令」と呼ぶことにしたい。

　通常の民事訴訟に関する民事訴訟法205条では，証人について，当事者に異議がないときに限り，尋問に代えて書面を提出させることができるとされているが，当事者本人尋問に関する210条は，205条を準用しておらず，また，鑑定に関する216条も，205条を準用していない。これに対して，本条は，簡易裁判所の訴訟手続においては，その審理の簡易化および迅速化を行い簡易救済の実をあげるために，証人だけではなく，当事者本人および鑑定人についても，書面提出の方法による尋問または意見の陳述を認め，また当事者の異議がないことを要件としないこととしたのである。立案担当者によれば，本条は，当事者の負担軽減を意図した規定である[1]とされる。確かに，尋問手続や質問手続が簡略化されることによって，当事者にとって手続負担等の軽減につながる側

面もある。本条は，自由心証主義の生命線である口頭主義や直接主義を後退させても，当事者の便宜に配慮し，簡易迅速な手続運営を志向した規定であると考えられる。

　旧法（旧358条ノ3）にも類似の規定が存在したが，そこでは，証人と鑑定人についてのみ，尋問代替書面提出命令が定められているにすぎなかったが，簡易裁判所では，本来的な簡易救済の趣旨を徹底させるために，当事者についても，人証調べの書面化を正面から肯定したのである。

　本条で当事者本人の書面尋問が認められたのは，訴額が小さいゆえの事件の軽微性などから，出廷を面倒と考え負担に感じる当事者が少なくないとの配慮に基づき，また，主張面では，続行期日での擬制陳述も認められること（277条）に対応し，証拠面でも，必ずしも出廷を要しないこととして，いわば後見的に裁判所が当事者の便宜を図ったからである。つまり，簡易裁判所の訴訟手続では，当事者が出廷することなく，訴訟資料だけではなく証拠資料を提出することができることとし，事案即応的な簡易救済を可能にするために，裁判所主導により，簡易裁判所での手続メニューの多様化が図られたのである。ただ，ここでの書面主義化は，証拠資料面（証拠面）での書面化であり，複雑な事項について正確・慎重を期すことを目的とした訴訟資料面（主張面）での書面主義とは異なる[2]点には，注意を要する。主張面の規律とは異なり，裁判官の心証形成に関わる微妙なニュアンスを含んだ証拠面の規律では，現在の簡易裁判所で普及しているいわゆる「一体型審理」[3]（→§272 Ⅳ参照）の現状を考慮しても，書面化は，基本的には当事者の選択によるのが望ましいと考えられるからである。

　なお，鑑定人への質問が鑑定人による意見陳述の一環として位置づけられることが明らかにされたので（215条の2），本条も，平成16年の改正により，

---

1) 一問一答323頁，研究会378頁〔福田剛久発言〕（遠隔地に住む当事者の例が挙げられている）。
2) 旧注釈民訴(7)415頁〔梶村＝石田〕は，主張の書面化と証拠の書面化は，「彼我同日の談」ではないと指摘する。
3) 川嶋四郎「略式訴訟の争点──『簡易救済手続』の現状と課題」新・争点271頁，同「簡易裁判所における法的救済過程に関する覚書」同志社法学374号〔2015〕1頁，28〜31頁，同・民事訴訟法概説〔第2版〕〔2016〕526頁等も参照。

「鑑定人の尋問」から「鑑定人の意見の陳述」に改められた。

　現在，地方裁判所の民事実務でも，陳述書の繁用により，いわゆる人証の書面化傾向[4]が見られ，また，鑑定に関しても，医療関係訴訟等，一定の事件類型では，私鑑定の繁用により，書証を通じて専門的な知見の活用化傾向[5]が著しいが，それらが，当事者のイニシアティヴによる人証の書面化であるのに対して，本条の手続は，裁判所のイニシアティヴによる人証の書面化である点に特徴がある。本条に，当事者の意見を聴く旨の規定や，当事者の異議申立権等に関する規定はないものの，本条の運用に際し，裁判所は，当事者の意見を聴き，その意向を尊重することが望ましい。

　民事訴訟法205条は，証人について，当事者に異議のない限り，尋問に代えて書面の提出を認めているが，本条の手続においては，「当事者に異議のないこと」は要件とされてはいない。この点で，通常の民事訴訟手続における鑑定人（215条1項）の場合と同様である[6]。

　従来，この種の書面尋問が活用されなかった理由としては，①重要な争点に関する証人は直接尋問したいという当事者の希望があること，②医師や弁護士等の場合を除いて，第三者的立場でない一般の証人の場合には供述書の信憑性に疑問が感じられること，③書面尋問をして不適当であった場合には改めて証人尋問が問題になりうること，④書面尋問の規定を適用する要件が必ずしも明確には論じられていなかったために，裁判所において相当性の判断を躊躇していたと考えられること，⑤書面尋問を実施しても，その人証により提出された

---

[4] たとえば，高橋宏志・新民事訴訟法論考〔1998〕107頁，本間靖規「人証の取調べにおける直接主義と書面の利用」講座新民訴(2)189頁，川嶋四郎・民事訴訟法〔2013〕535頁等を参照。

[5] たとえば，中野貞一郎「鑑定の現在問題」中野・現在問題176頁，木川統一郎「争点整理過程で提出された私鑑定書の取扱いについて」同編・民事鑑定の研究〔2003〕83頁，杉山悦子・民事訴訟と専門家〔2007〕337頁以下，川嶋・前掲注4)318頁等を参照。

[6] ただし，職権鑑定は認められない。川嶋・前掲注4)548頁参照。なお，本条に基づく尋問等代替書面の提出の場合は，民事訴訟法203条で書類に基づく陳述が許可された場合や215条1項に基づき鑑定人の陳述の方式として書面で意見を述べさせる方式が選択された場合とは異なり，その者を呼び出し，書面に基づいて証言させ，または意見を述べさせる必要はない。

書面が必ずしも当初予定していたとおりには要証事実の証明に役立っていなかったこと，および，⑥当事者が本条のような書面尋問の手続の存在について十分認識していなかったことなどが挙げられており，書面尋問が相当な事案については，この手続の紹介をはじめとして，簡易救済を促進するために，事前の準備を十分に行い，当事者の理解を得られるように，裁判所側から積極的にアプローチすることが望まれる[7]。

本条を活用するための事前準備としては，たとえば，①書面尋問による旨の決定書，②証言書，陳述書または鑑定書の提出についての説明書，③尋問事項書の各作成と送付（告知）が必要であるが，証人，当事者または鑑定人に対して上記②もしくは③の書面を送付するに際しては，近時一般的に普及しているテクノロジー（ファクシミリ，インターネット等）を利用する方法等[8]が考えられるであろう。

II 裁判所が書面の提出を相当と認めるとき

裁判所は，本条に基づき，相当と認めるときは，尋問等代替書面の提出をさせることができる[9]。そこで，相当と認めるときとはどのような場合かが問題となる。

一般的には，簡易裁判所における簡易救済の実現のために，本条は民事訴訟のもつ口頭主義・直接主義の原則を後退させることが認められる場合であり，裁判所が相当と認める場合の判断に際しては，個別事件の具体的事情により，臨機応変に考慮すべきであろう[10]。

---

7) 司法研修所編・少額事件の簡易迅速な処理に関する研究〔1991〕72頁，旧注釈民訴(7) 415頁〔梶村＝石田〕，下里敬明「簡易裁判所の訴訟手続に関する特則」塚原朋一ほか編・新民事訴訟法の理論と実務(下)〔1997〕244頁等を参照。
8) 旧注釈民訴(7) 420頁〔梶村＝石田〕を参照。
9) 兼子ほか・条解〔2版〕1514頁〔松浦馨＝加藤新太郎〕は，手続裁量により，この手続をとることができるとする。斎藤ほか編・注解民訴(8) 440頁〔菅野国夫＝賀集唱＝西村宏一〕も，裁判所側の裁量的判断に委ねられるとする。さらに，裁判所におけるITの活用については，川嶋四郎「『e-サポート裁判所』システムの創造的構築のための基礎理論——『IT活用』による『正義へのユビキタス・アクセス』構想」法セ653号〔2009〕36頁も参照。

本条の相当性の判断に際しての考慮要素としては，以下に述べるように，事案の簡易性，尋問事項の内容，人証の状況，申請当事者の意向などを挙げることができる。

(1) 事案の簡易性

まず，事案の簡易性を挙げることができる。簡易裁判所の訴訟事件は，地方裁判所の事件と比較して，通常，訴額が比較的少額の金銭請求訴訟が圧倒的に多いのが実情である。これらの紛争の大多数は金銭消費貸借契約（貸金関係，クレジット関係，立替金求償金請求関係など）や売買契約などに基づく紛争であり，これらの争点は，被告の債務不履行の有無が中心であるから，争点および事実関係はそれほど複雑でないのが通常であるので，この種の事件は，一般に書面尋問に馴染むであろう。また，公示送達事件も，後述の反対尋問の可能性とも関係するが，一般に書面尋問に馴染むものと考えられる。これに対して，当事者間の利害対立が顕著な不動産関係事件，交通事故で過失割合が問題となる損害賠償請求事件等は，個別事件の性格に依存するものの，必ずしも書面尋問には馴染まないと考えられる。

(2) 尋問事項の内容

次に，尋問事項の内容として，特に証人や当事者については，書面尋問に馴染むものである必要がある。書面尋問は要するに反対尋問を経ることなく証拠資料とされるものであるので，当該尋問事項または鑑定事項が簡明かつ具体的なものであることが必要である。たとえば，医師，不動産鑑定士その他専門的知識を有する者に対する鑑定等は，適切な運用が期待できるであろう。特に，簡易裁判所では，不動産に関する鑑定が多い[11]とされるが，たとえば，土地の更地価格，借地権の価格，土地建物の賃料等は，書面質問に適するであろう。ただし，人証の場合に，その見聞した具体的状況を口頭で再現等することが望

---

10) この問題に関しては，旧法下の文献であるが，旧注釈民訴(7) 415 頁〔梶村＝石田〕が委曲を尽くしており，以下これによる。そのほか，斎藤ほか編・注解民訴(8) 440 頁〔菅野＝賀集＝西村〕，下里・前掲注7) 242 頁以下，佐藤歳二「簡易裁判所の役割と訴訟手続」講座新民訴(3) 185 頁以下，賀集ほか編・基本法コンメ(2)〔3 版〕348 頁〔田村幸一〕，兼子ほか・条解〔2 版〕1515 頁〔松浦＝加藤〕等を参照。

11) 中村幸男＝石崎實・簡易裁判所民事手続の展開〔1992〕363 頁。

〔川嶋〕

ましいような場合には，書面尋問は相当性を欠くと考えられる。簡易裁判所の軽微な民事事件では，多くの場合に，尋問事項の内容として相当性を欠くことは少ないと考えられる。

(3) **人証の状況**

最も多様な考慮を要するのは，人証に関してである。ここでは，①人証の出席確保の困難性，②その人証の信用性・重要性，および，③書面の提出の期待可能性などの要素が総合的に考慮されるべきである。

①については，たとえば，その人証の職務の繁忙度，距離的・身体的障がいの有無や程度等が問題となる。予定した人証が，職務上多忙である場合，遠隔地に居住している場合，病気入院中等で出席できない場合，その他，移動が困難な身体障がいなどの理由で出廷を望まない場合などが，これに該当しうるであろう[12]。

②については，証人や当事者に対する書面尋問では，当該証人や当事者の証言が反対尋問の機会を経るまでもなく信用できるような事情の存することが必要となり，当初から信用性の乏しいと考えられる証人や当事者に対しては，むしろ本来の人証調べの手続によるべきことになる。特に，事件のまさに当事者である当事者本人の場合には，反対尋問の必要性が高くなると考えられるので，①との相関関係の考慮がより重要となるであろう。なお，当該証人や当事者による証拠資料としての価値が重要であることなどの事情がある場合も，本条による書面尋問が適すると考えられるが，そもそも人証として採用された以上，基本的に重要性は存在すると考えられる。

また，鑑定人についても，職務上多忙である場合や，遠隔地に居住している場合，その他出席の困難な事情がある場合などは，本条による書面尋問に適する事例として挙げることができるであろう。なお，当該鑑定による証拠資料としての価値が重要であることなどの事情がある場合も，本条による書面尋問が適すると考えられるが，人証として採用された以上，基本的に重要性はあると考えられる。

---

12) ただし，反対尋問権の保障等の実質を考慮した場合には，いわゆるテレビ会議システム（204条・210条・215条の3）や電話会議システム（372条3項）などの利用可能性をも常に斟酌すべきであろう。

③については，当初から，証人，当事者が書面の提出をかたくなに拒否している場合など，書面の提出の期待可能性がない場合には，むしろ簡易迅速な手続進行を阻害するおそれがあるために，不相当な場合となるであろう。

(4) 申請当事者の意向

現行法上は，当事者の異議にかからしめる規定はないものの，基本的には，厳格な証拠調べ手続による証拠申請をした当事者の意思をも尊重するのが，当事者の納得のいく妥当な取扱いということができるであろう[13]。

実務上，これまでに証人または鑑定人につき書面尋問を活用した事例としては，次のものが挙げられている。まず，証人については，①遠方居住の場合，②遠方居住の高齢者の場合，③病気で出席不可能な場合，④病人（母親）の介護のために出席不可能な場合，⑤業務多忙（医師，弁護士，建設会社の現場主任等）な場合，⑥在監者の場合，⑦尋問事項が簡明（求める答えが「はい」，「いいえ」等の簡単なもの，物損事故の修理業者に対し修理代金額を問うもの，入院患者が当時心神喪失の常況にあったか否かの1点だけが対象となるもの，尋問内容がカルテに基づいて当時の病状を述べてもらうだけのもので反対尋問の必要性が希薄なものなど）な場合，⑧出席拒否（兄弟間の訴訟で出席を渋っている当事者以外の兄弟の場合，元の夫からの暴力を恐れている離婚した元妻の場合[14]等）の事例，⑨公示送達事件などがある。また鑑定人については，⑩鑑定の内容につき当事者が争った事例がある[15]。

なお，人証調べでは，映像等の送受信の方法による人証調べ（204条・210条・215条の3。ただし，少額訴訟では，電話会議による証人調べ〔372条3項〕）や，付添いの制度（203条の2），遮へい（遮蔽）の制度（203条の3）等も，新たに設けられたが，テレビ会議システム等の利用が可能であるものの，そのシステム

---

13) 下里・前掲注7）243〜244頁。また，旧法下のものであるが，斎藤ほか編・注解民訴(8)441頁〔菅野＝賀集＝西村〕も参照。

14) 民訴法203条の2〔付添い〕，203条の3〔遮へいの措置〕，204条〔映像等の送受信による通話の方法による尋問〕が制定された現在でも，同様に，書面尋問が妥当な事案は存在するであろう。

15) 旧法下のものであるが，たとえば，司法研修所編・前掲注7）72〜73頁以下，旧注釈民訴(7)416〜417頁〔梶村＝石田〕等を参照。また，現行法下の文献として，たとえば，下里・前掲注7）243頁，佐藤・前掲注10）185頁以下等を参照。

を利用するまでもない場合やそのシステムの利用さえ困難な場合が，一般には本条の場合に該当すると考えられる。

Ⅲ 尋問等代替書面の提出命令に関する手続とその効果等

　受訴裁判所が，人証の申出を採用すべき場合において，本条の規定する尋問等代替書面の提出命令を行うためには，あらかじめ尋問に代わる書面の提出による旨を決定し，その決定正本と，回答すべき事項を定めた書面である尋問事項書（規107条）または鑑定事項（規129条）を指示した書面を，証人，当事者本人，鑑定人に送付して書面を提出するように命じる手続をとる。裁判所は，尋問を申し出た当事者の相手方に対して回答希望事項を記載した書面，すなわち，実質的に見て反対尋問の尋問事項書に相当するものを提出させることができ（規171条・124条1項），この書面と尋問を申し出た者の尋問事項書に基づいて，実際に証人等が回答すべき事項を定めることになる。また，裁判長は，証人等が尋問に代わる書面の提出をすべき期間を定めることができる（規171条・124条2項）。尋問代替書面には，証人，当事者または鑑定人が真意に基づいて作成したものであることを明らかにする趣旨から，署名押印を行う必要がある（規171条・124条3項）。このほかには，別段の定めはなく，本条によるものであることが明らかであれば足りる[16]。

　本条の手続では，宣誓書の添付は要求されていないので，宣誓をさせる余地はない。

　なお，本条に基づく尋問等代替書面の提出命令がない場合に，証人，当事者または鑑定人が任意に書面を提出したときは，本条の書面の提出とは評価できず，陳述書すなわち書証として扱うことができるにすぎない[17]。この場合には，証人等は，改めて出廷し，証言等を行う義務があり，その義務を，書面で代替することはできない。

　本条の規定ぶりからすると，本条の命令は証拠決定の一環であり，このように考えざるをえないように見えるが，特に，当事者本人が自ら口頭弁論期日に

16）　兼子ほか・条解〔2版〕1516頁〔松浦＝加藤〕。
17）　賀集ほか編・基本法コンメ(2)〔3版〕349頁〔田村〕。

おける陳述を望む場合には，原則として本条における裁判官の裁量は収縮し，当事者は通常の当事者尋問の方法で尋問を受けることができると解される[18]。

なお，書面尋問の後に，同一人証につき再度通常の方法による証拠の申出をすることはできる[19]。確かに，再度そのような方法による尋問が要求されることが予想される場合には，相当性の要件を満たさず書面尋問は許されないとの考え方もありうるが，簡易救済の実現のためには，書面尋問の手続の利用に際しては，その要件を緩やかに認め，書面尋問後に再度尋問の必要性が生じた場合には，それも認めることにより，制度の活用が促進されると考えられる。

本条は，立案担当者の説明によれば，上述のように，当事者の負担軽減のための規定であることから，この手続を用いる際には，裁判所は両当事者の意見を聴いて，尋問対象者が本来の尋問方式を望む場合には，基本的に用いるべきではないであろう（Ⅱ参照）。当事者の便宜以上に，当事者本人が陳述する機会が保障されるべきと考えられるからである。なお，裁判所が尋問を申し出た当事者の相手方に対して回答希望事項を記載した書面を提出させることができる旨の規定（規171条・124条1項）は，訓示規定でありしかも裁判所の裁量を認める規定であるが，相手方の手続保障を考慮すると，民訴規則79条3項（積極否認）の実務のように，義務的・必要的な規律として運用すべきであろう。

当事者はこの命令に対しては不服を申し立てることはできない[20]とされている。

また，証言拒絶の手続は適用されない[21]が，本条の命令を受けた証人は，事実上の証言拒絶権の行使として，民事訴訟法196条・197条に該当する事項については，回答を拒否することができる。尋問等代替書面の提出命令には，強制方法はないので，これを命じられた証人，当事者または鑑定人がその命令に

---

18) 佐藤・前掲注10) 186頁は，簡易裁判所の民事事件では，一般に本人尋問が極めて重要になることが多いので，裁判官が本人等から直接事実関係を聴くことが望ましいといえ，本人の言い分を真摯に聴く姿勢が裁判の信頼に結びつくことになるので，安易に当事者尋問に代えて書面を提出させることは望ましくないと論じるが，同感である。151条1項1号も参照。
19) 下里・前掲注7) 245頁，兼子ほか・条解〔2版〕1514頁〔松浦＝加藤〕等。
20) 兼子ほか・条解〔2版〕1514頁〔松浦＝加藤〕。
21) 兼子ほか・条解〔2版〕1516頁〔松浦＝加藤〕。

従わない場合には，改めて口頭弁論に呼び出して正式な尋問等する以外に方法はない[22]。

　本条に基づいて提出された尋問等代替書面は，口頭弁論で顕出させることにより証拠資料となるとするのが実務[23]である。それは，尋問等代替書面であることからは，証言調書等と同様に，提出された書面を当事者に通知の上訴訟記録に編綴することになる。しかし，口頭主義および直接主義の要請から，相手方当事者の申出があれば，尋問等が行われるべきであろう。

　この書面は，証拠方法としては人証であるが，証拠資料としては書証に準じて考えられるので，判決書の表示としては，たとえば「証人Aの供述書」などとするのが相当である[24]と指摘されている。しかし，「供述書」という表現は刑事裁判を想起させるので[25]，「証人Aの証言書」，「当事者Bの陳述書」，または「鑑定人Cの鑑定書」などと表記するのが相当であろう。

　費用関係について，質問代替書面として鑑定書を提出した鑑定人については，その請求により鑑定料および鑑定に必要な費用を支払うことができる（民訴費18条2項）。これに対して，尋問代替書面として証言書を提出した証人については，証言書作成のための日当を支給することはできない[26]。民訴費用法18条1項に規定する日当は，裁判所の呼出しに応じて口頭弁論に出席した場合のみをいうと考えられているからである。しかしながら，公法上の義務の履行であり，また，明らかに鑑定人の場合と均衡を失するから立法的な手当てが必要であろう[27]と指摘されているが，妥当な指摘であろう。

　なお，当事者が尋問代替書面の提出を命じられた場合には，当事者尋問の場合と同様に，日当の支弁は不要である。

〔川嶋四郎〕

---

22) 賀集ほか編・基本法コンメ(2)〔3版〕349頁〔田村〕，兼子ほか・条解〔2版〕1516頁〔松浦＝加藤〕。
23) たとえば，旧注釈民訴(7)423頁〔梶村＝石田〕等を参照。
24) 賀集ほか編・基本法コンメ(2)〔3版〕349頁〔田村〕，兼子ほか・条解〔2版〕1516頁〔松浦＝加藤〕。
25) 川嶋・前掲注4) 20頁注28等を参照。
26) 兼子ほか・条解〔2版〕1516頁〔松浦＝加藤〕。
27) 兼子ほか・条解〔2版〕1516頁〔松浦＝加藤〕。

(司法委員)

第279条 ① 裁判所は，必要があると認めるときは，和解を試みるについて司法委員に補助をさせ，又は司法委員を審理に立ち会わせて事件につきその意見を聴くことができる。

② 司法委員の員数は，各事件について1人以上とする。

③ 司法委員は，毎年あらかじめ地方裁判所の選任した者の中から，事件ごとに裁判所が指定する。

④ 前項の規定により選任される者の資格，員数その他同項の選任に関し必要な事項は，最高裁判所規則で定める。

⑤ 司法委員には，最高裁判所規則で定める額の旅費，日当及び宿泊料を支給する。

(司法委員の発問)

規則第172条 裁判官は，必要があると認めるときは，司法委員が証人等に対し直接に問いを発することを許すことができる。

I 本条の趣旨

本条は，簡易裁判所における司法委員制度について，その基本的な事項を規定している。

この制度は，簡易裁判所が，簡易救済を実現するための市民に身近な親しみやすい裁判所であるので，その裁判プロセスにおいても，国民の健全な良識と感覚を反映させることが望ましいと考えられたことから設けられた制度であり，法曹資格を有しない簡易裁判所判事の制度，民事調停法の民事調停制度，家事事件手続法の家事調停制度および参与員制度などと同様に，司法の民主化・民衆化を支え，国民の司法への参加制度の一翼を担う重要な制度である[1]。

この制度は，単に，裁判の結果の正しさや妥当性を確保するための手続とい

---

1) 川嶋四郎「簡易裁判所における法的救済過程に関する覚書」同志社法学374号〔2015〕1頁，23〜27頁等を参照。

うだけではなく，簡易裁判所の訴訟手続自体の身近さや親和性・庶民性，ひいてはそのような手続過程を経て生み出された和解や判決等の結果の信頼性や納得性を確保するための制度でもある。また，専門的な知見を有する司法委員が関与する場合には，裁判官の専門性を補完するという形式で，そのような作用が発揮されることになる。

　一般に，官僚的な裁判制度の中に，素人性を加味して，司法の民主化・民衆化を図るべきことは，簡易裁判所の創設当時における立法担当者の悲願であった[2]（→§270 II 2 参照）が，司法委員は，人的組織面で，その現実化を企図したものである。

　ところで，すでに，非訟事件である民事調停および家事調停では，調停委員が広く活用されていたが，昭和22年の簡易裁判所の創設に際して，このような一般人の参加をさらに訴訟事件の領域にも押し進めて，訴訟における審理にも立ち会わせることを可能にしたのが，この司法委員の制度である。

　司法委員制度は，家庭裁判所の参与員制度（人訴9条，家事40条）と同様の性格のものであるが，アメリカ等における陪審員制度，ドイツ等における参審員制度および日本における裁判員制度（裁判員の参加する刑事裁判に関する法律）のように，一般国民から事件ごとに選出して立ち会わせるものではない。また，司法委員の意見は参考意見であって，裁判官を拘束するものではなく，これを採用するかどうかは，裁判所の判断に委ねられている[3]。

　本条は，旧法の規定（358条ノ4〔本条1項に対応〕・358条ノ5〔本条2項から4項に対応〕・358条ノ6〔本条5項に対応〕）と同旨の定めであり，旧法下では別個の条文に規定されていた事項が，本条1箇条にまとめられた。この司法委員制度は，現行民事訴訟法の制定過程においては，国民の司法参加の一形態として，民間人の良識や市民感覚をより裁判に反映させる趣旨から，地方裁判所の訴訟手続にも導入し，この制度の拡充を図ることが検討されていた[4]が，現行法に

---

2)　川嶋・前掲注1）6頁等を参照。
3)　兼子＝竹下・裁判〔4版〕218頁は，裁判官の裁量によるとする。
4)　例，民事訴訟手続に関する検討事項（平成3年12月12日付）第一七・二2（一），民事訴訟手続に関する改正要綱試案（平成5年12月20日付）第一七・二1（「地方裁判所における第一審の訴訟手続においても，裁判所が，必要があると認める場合には，和解を

取り入れられることはなかった。国民の司法参加を促進するために，今後改めて導入を検討すべきであろう。

なお，司法委員制度は，司法の民主化を図り市民の司法参加を促進するための制度であるにもかかわらず，ほとんど一般市民には知られていないのが現状である[5]。司法の領域における国民主権を唱えて提示された平成13年6月の『司法制度改革審議会意見書』の公表後もこのような状況であるので，今後の周知化とその選任および職務の透明化が期待される。

Ⅱ　司法委員制度の沿革等

司法委員制度は，昭和22年の簡易裁判所の創設当時にはなく，昭和23年に新設された制度である。

まず，この制度の前提として，昭和21年10月26日に，臨時法制調査会会長が，時の内閣総理大臣宛に答申書を提出し，臨時法制調査会の議決にかかる諸法案要綱が答申された。この答申に基づいて，裁判所法等が制定され，簡易裁判所が新たに誕生した。

司法委員制度については，これまで様々な議論がなされてきた[6]。当初は裁判所法の中に規定する提案がされたようであるが，民事訴訟法の一部改正（昭和23年法149号）により，旧民事訴訟法358条ノ4以下に規定され，現行法にそのまま踏襲されたのである。

司法委員制度等，裁判への市民参加に関する基本的な考え方は，連合国軍総司令部（GHQ）が主導した，戦後日本の司法改革[7]に由来する。国民の司法参

　　試みるについて司法委員に補助をさせ，又は司法委員を審理に立ち会わせて事件につきその意見を聴くことができるものとする」）等を参照。

5）　たとえば，簡裁民事実務研究会編・簡易裁判所の民事実務〔改訂版〕〔2005〕260頁によれば，「現在司法委員として活動している方でも，選任されるまでよく知らなかったと言われる方も少なくない」と指摘する。

6）　たとえば，最高裁判所事務総局総務局「わが国における裁判所制度の沿革㈢」曹時9巻6号〔1957〕733頁注3によれば，簡易裁判所において司法委員を用いることができるものとすることの可否については，意見が対立したが，結局認められたとする。

7）　この点については，たとえば，オプラー（内藤頼博監・納谷廣美＝高地茂世訳）・日本占領と法制改革〔1990（原著1976）〕112頁以下，菊井維大「民事訴訟法の一部を改正す

加の制度としては,制限的ではあったものの,戦前から,学識経験者等が,各種調停法による調停委員,家事審判所において参与員または調停委員として活用されていたのであり,裁判所において民事紛争を解決する際に,裁判官以外の民間人を活用することについては,歴史的に見て,すでにその実績が積み重ねられていたことも,司法委員制度の円滑な導入の背景となった[8]。

ただ,この制度は,創設の当初からあまり利用されず,司法委員が関与した事件数は,決して多くはなかったが,後述のように(Ⅵ参照),昭和63年の簡易裁判所の統廃合以降から,最高裁判所の方針転換もあり,多くの簡易裁判所で積極的に活用され始めたのが実情である[9]。現在では,単に関与率が高まっているばかりでなく,争点整理の段階での関与など,より実質的な内容の濃い関与も行われているとの指摘[10]も見られる。その関与形態が,法が本来意図した司法の民主化・民衆化の意図をどれだけ具体化し実践化されているかについては,今後精査が必要となるであろう。

Ⅲ 司法委員となるべき者の選任と司法委員の指定

1 司法委員となるべき者の選任とその身分

(1) 身　分

司法委員となるべき者(司法委員候補者)は,地方裁判所が,各年ごとにあらかじめ選任する(本条3項)。このことは,司法委員候補者が1月1日付けで選任され,その任期が12月31日までの1年であることを意味する。

司法委員候補者の選任は,司法行政作用であり,この選任の性質は,非常勤の国家公務員(裁判所職員)の任命行為である。これは,個々の事件における司法委員となる候補者を定める意味を有するにすぎない。

司法委員候補者は,たとえば,民事調停委員や家事調停委員のように,特定

る法律」我妻栄編・新法令の研究(11)〔昭和23年度3輯〕〔1949〕273頁等を参照。さらに,川嶋四郎「民事訴訟法改正の基本的課題に関する一考察——『民事訴訟法改正の基本問題と差止訴訟の帰趨』の補論を兼ねて」熊本法学73号〔1992〕8頁以下も参照。

8) 川嶋・前掲注1) 23～24頁。
9) 川嶋・前掲注1) 26頁も参照。
10) 賀集ほか編・基本法コンメ(2)〔3版〕349頁〔田村幸一〕。

の事件を担当しているか否かを問わず常に公務員としての身分を有するわけではない。裁判官から特定の事件について担当を命じられると，司法委員としての身分を取得し，その事件が終了したとき，または，その事件の担当から外れたときに，司法委員としての身分を失うことになる。それゆえに，事件を離れて司法委員は存在しない。

司法委員は，その職務の性格上，職務上知りえた秘密を遵守すべき義務がある[11]。

司法委員となるべき者または司法委員が，この義務に違反して秘密を漏らしたときは，指定または選任が取り消される場合があるほか，刑事罰に処せられることがある（国公109条12号）。

(2) 司法委員となるべき者の選任

(ア) 選任手続等　司法委員となるべき者の選任にあたっての資格，員数等の必要事項は，最高裁判所規則である司法委員規則（昭和23年最高裁規29号）の定めによる（本条4項5項参照）。

地方裁判所は，「良識のある者その他適当と認められる者」の中から，司法委員となるべき者を選任しなければならない（司委規1条）。

まず，「良識のある者」とは，抽象的な概念であるが，健全で優れた見識または判断力を有する者で良心に従い一般民意を民事訴訟の審理に反映させることができる者をいう。「その他適当と認められる者」とは，良識のない者から適当でない者が選任されること自体不適切であるため，良識があることは前提となり，それに加えて，一般に，民事訴訟の審理に必要な特別の知識経験（専門的な知見等）を有する者を意味すると考えられる。ただ，簡易裁判所における国民の司法参加の趣旨を踏まえると，それほど特別な能力は必要なく，欠格事由またはそれに準じた事由がない健全な社会常識を備えた一般国民である場合には，原則として，「良識のある者その他適当と認められる者」の要件を満たすと考えられる。

まず，司法委員となるべき者に選任される者の員数は，1つの簡易裁判所に

---

[11] 兼子ほか・条解〔2版〕1517頁〔松浦馨＝加藤新太郎〕，簡裁民事実務研究会編・前掲注3）262頁。

つき10人以上（司委規3条）と定められている。欠格事由の規定も置かれている（司委規2条1号〜4号）。

　司法委員となるべき者を選任する際には，当該地方裁判所の管轄区域内にある簡易裁判所の司法行政事務を掌理する裁判官の意見を聴かなければならない（司委規4条）。これは，司法委員制度が，1年任期の制度であることから，再任等の場合に，現実に司法委員として和解等を行った者の適性を，現場の簡易裁判所判事の評価に委ねるのが適切と考えられたこと，および，簡易裁判所判事にとって専門的知見の補充が必要と考えられる領域から人材登用を行うのが事件処理に望ましいと考えられたことによる。現在のところ，一般公募がなされていない現状を考えると，いったん選任された司法委員候補者の事後的な資質・適格性のレビューは不可欠であり，たとえば，権威主義的な姿勢，差別意識や偏見の持ち主，非常識な言動や一挙手一投足，さらに無断欠勤，遅刻・欠席などの行為態様は，司法委員としての適格性を欠くと評価できるであろう。

　民事訴訟法279条4項は，無作為選任方式を採用しないことを示している。その点で，市民の司法参加とはいっても，司法側によるスクリーニングを経た参加制度であり，いわば，市民による制限的な司法参加の制度なのである。

　地方裁判所は，いったん選任した後に「司法委員たるにふさわしくない行為」があったときは，その選任を取り消すことになる（司委規5条）。職務の廉潔性を維持するために，司法委員となるべき者に，選任後に，選任前における「ふさわしくない行為」が判明した場合にも，類推適用できると考えられる。

　司法委員規則に定めるもののほか，司法委員となるべき者の選任に関し必要な事項の定めは，地方裁判所に委ねられている（司委規8条）。簡易裁判所がその特質を遺憾なく発揮できるためには，簡易裁判所の担当裁判官から意見を聴く制度を超えて，簡易裁判所自体が，司法委員の選任に深くコミットできる制度設計が望まれる。ただし，独立簡易裁判所等，規模の小さな簡易裁判所は，現行法どおりの規律でやむをえない面はある。

　(イ)　**選任されるべき者**　司法委員（司法委員候補者）は，その職業上の背景等から，「専門司法委員（専門家司法委員）」と「一般司法委員（非専門家司法委員）」の2種類に分けられる。

　まず，専門司法委員は，専門的知識を有する司法委員であり，たとえば，弁

護士，司法書士，不動産鑑定士，土地家屋調査士，公認会計士，医師，社会保険労務士，税理士，建築士，コンピュータのシステム・エンジニア，元判事・判事補，副検事，大学教員などである。これらの職業的背景は，裁判官の専門的知識を補完するのに役立つ。この場合には，専門的な知見を備えているだけではなく，一般良識をも備えていることが，司法委員制度の趣旨からは望ましい。

次に，一般司法委員は，一般良識を備えた司法委員であり，先に述べた司法委員制度の趣旨（II）からは，司法の民主化と国民の司法参加を実現するためには，職業（の有無）にかかわらず社会の様々な領域から広く選任されることが望ましい。

確かに，司法委員の資質が最大限発揮されるためには，司法委員の経歴，職業，資格，専門領域などに関する情報が，事前に裁判所に把握されていなければならない。現に，大規模な簡易裁判所では，アンケートが行われており，司法委員の指定（2参照）の際に参考にされている。

たとえば，東京簡易裁判所では，司法委員となるべき者に対し，専門または得意とする分野，希望する事件の種類等についてアンケートを実施し，それを「アンケート集計結果」としてまとめ，コンピュータにも入力し，裁判官，書記官がそれを一覧したり，専門または得意とする分野から当該事件に適切な人材を検索できる態勢が整えられているという[12]。

かつては名誉職的な委員が多く存在したとされるが，最近の司法委員の積極的な活用状況にかんがみ，実働可能で，専門的知識経験を有する者が選任される傾向にある[13][14]とのことである。

---

12) 横田康祐「司法委員制度の趣旨，活用状況，今後の課題及び方策等」新・裁判実務大系(26)簡易裁判所民事手続法〔2005〕62頁。なお，簡裁民事実務研究会編・前掲注5) 267頁は，「アンケート集計結果によれば，労働関係，パソコン関係，株・証券取引関係，旅行トラブル関係，信託関係，商品先物取引関係，生命保険関係，コンピューター関係の請負，担保保証否認・印鑑相違の預金支払と銀行の責任関係，手形小切手関係，英会話を活用する事件，家事事件絡みの事件など，様々な得意分野を持つ多種多様な司法委員がいることが分かる。その結果，少額訴訟を中心とする市民紛争事件において，司法委員の選任の適正化が一層推進されたところである」と指摘する。

13) 賀集ほか編・基本法コンメ(2)〔3版〕349頁〔田村〕。

2 司法委員の指定とその方式等
(1) 司法委員の指定
　受訴裁判所は，事件ごとに必要があると認める場合には，地方裁判所が選任した司法委員となるべき者の中から，1人以上の司法委員を指定する（本条2項3項）。この指定は，受訴裁判所による一種の訴訟指揮権の行使として行われる[15]。

　1つの事件につき司法委員を何名指定するかは，事件の内容等に応じて考慮されるべきであるが，実務上，指定する人数は1人または2人が通常である。2人の司法委員が指定される場合としては，たとえば，慎重を期す場合，専門的知見を有する者を加える必要がある場合，または新人研修的な意味をもつ場合などがある。複数人の司法委員が指定された場合でも，司法委員は，各自が独立して裁判官を補助しなければならない。

(2) 司法委員の指定方式等
　司法委員の指定の方式，つまり司法委員の関与形態としては，主として2種類のものがある[16]。

　まず，「開廷日立会方式」がある。

　これは，あらかじめ開廷日ごとに司法委員を割り当て，司法委員が，その期日における相当な事件について，法廷に立ち会う方式である。この方式は，当日審理している事件で和解に付すのに相当な事件があった場合に，司法委員に，直ちに和解室等において和解を試みさせ，即日の和解成立によって簡易迅速な

　　なお，調停委員との兼任者も多く，司法委員候補者も，叙勲対象となりうる。
14) 多様な背景をもった司法委員候補者ごとの活用のあり方については，横田・前掲注12) 65頁以下も参照。さらに，横田康祐「司法委員制度の運用状況等の紹介」高橋宏志＝千葉勝美＝南敏文＝富澤達編・新しい簡易裁判所の民事司法サービス〔2002〕152頁も参照。また，一般の司法委員と専門的な知見をもった司法委員の具体的な役割については，西村邑志「司法委員の執務内容について――一般司法委員の立場から」同書161頁，および，津国秀夫「専門家司法委員としての役割」同書165頁等も参照。
15) 横田康祐＝中島寛＝岡田洋佑・簡裁民事手続Ⅰ〔3訂版〕〔2006〕98頁，簡裁民事実務研究会編・前掲注5) 262頁。
16) 旧注釈民訴(7) 435頁〔梶村太市＝石田賢一〕，横田＝中島＝岡田・前掲注15) 99頁，賀集ほか編・基本法コンメ(2)〔3版〕349頁〔田村〕，兼子ほか・条解〔2版〕1517頁〔松浦＝加藤〕等を参照。

解決を図るためや、また、その事件について意見を聴取するために用いられる。

この方式の場合には、具体的には、事前に、特定の日時につきそれぞれの割当表を作成して、各司法委員に配付して、期日を通知するのが一般であろう。

次に、「事件指定方式」がある。これは、特定の事件について、個別的に司法委員を指定し、個別に和解の補助をさせるため、または意見を聴取するために司法委員を指定する方式である。この方式は、従来からとられていた方式であり、被告が争い証拠調べを必要とする事件で、解決に比較的日時を要することが見込まれる場合や、司法委員の専門的知識を活用したい場合などに有用であるとされている。この場合には、事件の性質に応じて、その事件にふさわしい司法委員が個別的に指定され、期日の通知も、指定された司法委員に個別になされる。

Ⅳ 司法委員の関与と職務

1 司法委員の関与

簡易裁判所は、すべての事件について司法委員を用いるのではなく、裁判所が必要ありと認める場合に限って、この制度を利用する（本条1項）。ここで、必要があるとは、簡易裁判所における簡易救済の趣旨（→ §270 Ⅱ 2 参照）を実現するためにふさわしい場合という程度の意味であり、その意味で、簡易裁判所において口頭弁論を行い、また、訴訟上の和解を行う場合には、ほとんどの事案が、司法委員が関与するのにふさわしい事件であると考えられる。

司法委員が関与して成立した和解は、実務上「司法和解」と呼ばれることもあるが、しかし、それは条文にない概念であり、司法機関一般における和解などという意味に受け取られかねないおそれもあり、そもそも市民に親しみやすい簡易裁判所で特別な専門用語を作るべきではないと考える（→ §270 Ⅳ 参照）ので、以下ではこの用語は用いない。

司法委員の関与のあり方として、次のような報告もなされている[17]。たとえば、司法委員は、第1回期日指定の段階で、被告の応訴態度を予想して指定さ

---

17) 以下については、立脇一美「市民型訴訟の取組みについて」大阪地方裁判所簡易裁判所活性化研究会編・大阪簡易裁判所少額訴訟集中係における少額訴訟手続に関する実践的研究報告〔2006〕19頁。

れるが，原則として，被告が争うことが予想される事件について指定されており，被告の欠席を予想して司法委員が指定されなかった場合でも，被告から答弁書が提出され，争うことが判明したときには，その段階で指定される。この場合には，司法委員を指定した場合に，早期に，司法委員に，訴状，書証等の裁判資料のコピーを渡し，裁判官と司法委員が第1回期日前に，事案の概要，予想される争点，審理方針等について協議していると報告されている。

また，「司法委員に求められるのは，裁判官の良い『補佐役』であり，裁判官との望ましい『役割分担』と『連携プレー』であるといえよう」[18]との指摘も見られる。

一般に，司法委員が，和解の補助や意見の陳述，さらには審理における発問を適切に行うためには，第1回期日の前（できれば，数日前）に，簡易裁判所裁判官，裁判所書記官および司法委員の三者で，事前協議を行うことが望まれる。また，裁判官との連携も必要である。ただし，司法委員は，市民参加の制度であるので，独立して意見を述べるべき存在であることにも留意される必要がある。

2 司法委員の職務

(1) 和解勧試を補助すること

裁判所は，必要があると認める場合には，和解を試みる際に，司法委員に補助させることができる（本条1項）。つまり，この場合に，司法委員の視点から見れば，司法委員は，裁判官の和解勧試に際して，その補助を行うことができるのである。

この場合における和解の補助には，訴訟上の和解の補助のほか，訴え提起前の和解（275条）の補助も，理論的には含まれる。ただし，訴え提起前の和解の場合には，当事者間ですでに合意された和解条項について，裁判所が，公証的に処理しているのが実情であるので，実際上は，司法委員に補助させる必要はほとんどないと考えられる[19]。ただし，制度的には訴訟手続への移行（275条2項）も予定されており，訴え提起前の和解が訴訟予防・訴訟回避機能を有

---

[18] 高橋孝「司法委員に何が求められているのか」大阪地方裁判所簡易裁判所活性化研究会編・前掲注17) 96頁。

[19] 賀集ほか編・基本法コンメ(2)〔3版〕349頁〔田村〕。

することから，和解期日に念のために司法委員を立ち会わせることが望ましい事件もなくはないと考えられる（その場合には，「開廷日立会方式」（Ⅲ2(2)参照）による）。

　裁判官は，具体的には，たとえば，いずれの当事者にどの程度の譲歩を求めるのが妥当であるか，どのように説明して当事者を説得するか，また紛争を抜本的に解決してその再発を防止するための和解条項としてどのような内容を盛り込むべきかなどについて，司法委員に補助を求めるのが一般的であり，その豊かな社会経験と健全な良識を活用する余地が大きい[20]。

　すなわち，大都市部の簡易裁判所では，たとえば，同一期日に30件以上の事件が指定され，和解を試みるためにわざわざ別の期日を指定することは，当事者の意向および裁判所の効率面から困難であり，また，法廷で和解を行うとすれば，和解成立までは他の事件の進行を止めることとなり，裁判官が直接当事者の事情を十分に聴く余裕もないのが現状である[21]。

　そこで，裁判所は，先に述べた「開廷日立会方式」（Ⅲ2(2)参照）を採用し，サラ金業者やクレジット会社が原告となるいわゆる業者事件の金銭関係の事件について，被告が定型答弁書または支払督促に対する異議申立書などに分割払の意思を明らかにしている場合には，当事者が出席すれば，司法委員を関与させて直ちに和解室において話合いができるようにしており，実際にも，ほとんどの事案で，当日に和解が成立しているようである。このような方式は，効率的な事件処理に資するのである。その他の事件についても，訴額が低いこともあって，弁護士が訴訟代理人として選任されることはほとんどないという実情もあり，法律の知識経験が十分でない当事者が多いので，司法委員を交えて話し合うことによって，こうした当事者も，重要な事実である要件事実だけでなく，背景事情についても話しやすく，裁判所もその事件における争点を整理しやすくなり，当事者にとっては，法廷の緊張感から解放され，和解室等において司法委員が両当事者から言い分を聴くことによって，当事者の感情的な対立が和らぐことも多く，和解の機運が醸成され，紛争が迅速かつ円満に解決でき

---

20) 菊井＝村松Ⅱ786頁。
21) 以下，横田＝中島＝岡田・前掲注15) 99～100頁，簡裁民事実務研究会編・前掲注5) 363～364頁等による。

〔川嶋〕

ることが多くなると指摘されている。司法委員が当事者間の和解をサポートする限りで，このような効用も期待できるが，司法委員の関与スタンスは多様であり，定期的な研修等を通じて，強制を排除した当事者関係の再形成をサポートする穏当な技法などの体得が強く望まれる。

特に，司法委員が頻繁に活用されている和解の補助形式としては，たとえば多くの場合に，司法委員（1人または2人）が，単独で（裁判官とともにではなく），別室で和解を行い，和解条項（和解案）を作成し，その後に，裁判官の確認を得て，法廷で訴訟上の和解を成立させる手続がとられている。

このような形式における司法委員の活用は，現在の調停委員の活用における多くの場合と同様に，限られた員数の簡易裁判所裁判官の人材を，有効に活用するための便法である（現実には，調停委員が司法委員を兼ねる場合も多い）。しかも，本来裁判官が関与して行うべき和解を，その補助的な地位に立つ司法委員がいわば下請的に代行する形式をとるものであるので，現在の司法資源から考えるとやむをえない側面はあるものの，裁判官による法廷での確認と内容説明は不可欠となるであろう。ただ，当事者対立型の裁判において，仮に交互面接方式によって和解が行われた場合で和解案が作成できなかった場合でも，司法委員が審理に立ち会って裁判官に意見を述べることができることを考えあわせると，公正さの確保の観点から，必ずしも適切な活用方法とは思われない[22]。司法委員が訴訟上の和解の補助をする場合には，裁判官も同席するか，それとも，仮に司法委員のみで和解が行われたものの和解案が作成できず口頭弁論手続に戻る場合には，司法委員が和解の補助で得た情報は裁判官に伝えない（司法委員からは，立ち会った審理についてのみ意見聴取を行う）対応が望まれる。また，司法委員にも，あらかじめそのような注意事項を伝えておくのが望ましいであろう。

(2) 意見を述べること

裁判所は，必要があると認める場合には，司法委員を訴訟事件の審理に立ち会わせて，事件について意見を聴くことができる（本条1項）。つまり，司法委

[22) この点については，家庭裁判所における参与員に関する家事事件手続法40条3項但書をも参照。

員の視点から見れば，司法委員は，この場合に，訴訟事件の審理に立ち会い，事件について裁判官に意見を述べることができるのである。

司法委員の立会いは，訴訟の最初の段階からでも，また途中の段階（例，証拠調べの段階）からでもよい。

司法委員は，裁判官として任命されたものではないので，裁判をすることができないことは当然であるが，司法の民主化を図り国民の司法参加を実現するためという司法委員制度の趣旨から，裁判官が，その豊かな社会経験と健全な良識または専門的知識を活用するために，司法委員の意見を聴いて，裁判の参考にするのである。もっとも，裁判官は，司法委員の意見に拘束されることはなく，それをどのように判決等に生かすかは裁判官の自由心証に委ねられている[23]。

具体的には，たとえば，事案の見方，書証の成立の真否，いずれの証言が信用できるか，個々の証人についてどの点に重点を置いて尋問するか，どのような事実認定をするのが妥当であるか，証人の証言や当事者の陳述の証拠価値，損害賠償事件における因果関係の存否，過失相殺の割合，損害賠償額はどれくらいが相当であるか，相当因果関係の存否いかんというような点などについての意見，さらには適当と考える場合には，法律上の意見を聴くこともできる[24]。

司法委員による意見の聴取内容に，条文上の制限はないから，事実認定や法律判断の全般にわたる。これにより，司法委員の豊かな知識経験や健全な社会常識，さらにその専門的な知見などを，裁判官は，簡易裁判所の簡易救済に生かすことができることとなる。

司法委員の意見は，通例，法廷で発表（公表）するのではなく，裁判官に対して述べるべきであり[25]，外部に知られない方法で聴取すべきである[26]とされる。確かに，司法委員の意見は，裁判官の判断に際して考慮されることで，その制度趣旨が最低限生かされると考えられる。この考え方の基礎には，裁判官

---

23) 前掲注3)とその本文を参照。
24) 菊井＝村松Ⅱ 786頁，賀集ほか編・基本法コンメ(2)〔3版〕349頁〔田村〕，兼子ほか・条解〔2版〕1517頁〔松浦＝加藤〕参照。
25) 兼子ほか・条解〔2版〕1517頁〔松浦＝加藤〕。
26) 賀集ほか編・基本法コンメ(2)〔3版〕349頁〔田村〕。

による司法委員からの意見聴取が，実質的に裁判官の合議に類するものであるとの考え方に由来する。しかし，簡易裁判所における市民目線の簡易救済を視野に入れ，その実現を志向した場合には，裁判官にどのような意見が述べられたかについて，訴訟当事者が知る権利は保障されるべきであると考えられる。したがって，法廷で当事者から意見の開示が求められた場合には，司法委員は，意見の開示義務を負うと考えたい。そのことは，司法委員としての能力や資質の市民によるチェックの観点からも，望ましいであろう。

　意見聴取を活用する効用については，裁判官の視点から見て，たとえば，相談相手として気軽に助言してもらうことで，裁判官が自己の判断に安心感が得られること，司法委員の有する専門的な知見または特殊な知識経験を生かして，紛争の実情に即した適正かつ妥当な解決に資することなどが挙げられている[27]。

　(3) 発問を行うこと

　司法委員が証拠調べに立ち会う場合には，裁判官の許可を得て，証人等に直接発問することもできる（規172条）。これは，現行民事訴訟法の制定を受けて新たに制定された民事訴訟規則において，新設された規定である。旧法下の実務では，司法委員が証人等に質問する場合には，直接発問することはできず裁判官を通じて行うこととされていたが，しかし，司法委員が事件で適切な意見を述べることができるためには，審理に立ち会い，証拠調べなどの審理の経過を裁判官とともに見聞するだけではなく，証人，当事者本人または鑑定人を調べる際には，司法委員自らが証人等に対して直接疑問点などについて発問することが有益であることが考慮された結果設けられた規定である[28]。

---

27) 簡裁民事実務研究会編・前掲注5) 268頁。なお，裁判官の司法委員からの意見聴取の具体例は，たとえば，同書268頁，および，檜山聡＝岸本将嗣「司法委員の意見聴取活用参考例」高橋ほか編・前掲注14) 181頁等を参照。

28) 条解規則〔初版〕361頁，佐藤歳二「簡易裁判所の役割と訴訟手続」講座新民訴(3) 189頁。

　なお，民事訴訟規則上，本条に類似した規定として，民訴規則133条（鑑定人の発問等）の規定があるが，司法委員は，第1に，鑑定人よりも裁判所側に近い立場にあり，事件につき意見を述べるという職責上，当然に審理に立ち会うことが認められる点，第2に，鑑定人の場合は鑑定事項との関係で専門的知見に基づいて意見を述べるが，司法委員にはそのような限定がない点，本条は，「133条と直接的に関連した規定ではな」く（条解

この発問の手続は，たとえば，司法委員が，審理の過程で，証言や陳述等の疑問点や発問事項の概略等を説明して裁判官の許可を求め，これに対して裁判官が口頭で許可を伝える方法によるが，特に方式は定められていないので，国民の司法参加の趣旨を考慮すると，より自由かつ臨機応変な発問が認められるべきであろう。その前提として，裁判官は，司法委員を証拠調べに立ち会わせる場合には，裁判官の許可を得れば証人等に直接発問することもできる旨を，司法委員に対して説明すべきであろう。司法委員は，審理に立ち会う前には，事前に訴訟記録等を熟読しておかなければならない[29]。

V 司法委員への旅費等の支給

司法委員には，前述の司法委員規則に定められた額の旅費，日当および宿泊料が支給される（本条5項）。これは，司法委員が実際に司法委員活動をした場合にのみ支給されるので，実費弁償としての性質を有している。

本条を受けて司法委員規則は，まず，司法委員の旅費については，旅費を，鉄道賃，船賃，航空賃および車賃の4種とし，国家公務員等の旅費に関する法律（旅費法。昭和25年法114号）の規定に基づいて受ける旅費の金額と同一の金額を支給すること（司委規6条1項）を規定し，司法委員の宿泊料については，旅費法の規定に基づいて受ける宿泊料の金額と同一の金額を支給すること（同条2項）を規定し，さらに，これらに定めるもののほか，司法委員に支給する旅費および宿泊料については，別に最高裁判所の定めるところによる（同条3項）と規定する。

次に，司法委員の日当は，執務およびそのための旅行に必要な日数に応じて支給すること（司委規7条1項）が規定され，日当の額は，1日あたり1万300円以内において，裁判所が定めること（同条2項）を規定する。この金額は物

規則〔初版〕361～362頁注1）を参照），司法委員に独自の規定である。

[29] 司法委員としては，まず裁判官から事案についての情報や基本的な考え方を聴き，つとめて裁判官との間で「共通認識」をもつことが重要であるとの指摘（髙橋・前掲注18）96頁）もあるが，健全な良識の反映が求められる司法委員は，訴訟記録等から独自に情報を入手して，裁判官と議論できる状況が形成されることが望ましい。司法委員は，あくまで，独立して補佐する立場にあると考えられるからである。

価の変動などに応じて，随時改正されている。

Ⅵ 司法委員制度の活用実績と課題

　昭和30年代から40年代は，司法委員の活用はあまりされていなかったが，その後，その活用が次第に多くなり，特に平成に入ってから，司法委員が関与した訴訟事件数が年々増加し，平成3年以後，司法委員が関与して成立した和解は和解の過半数を超えている[30]。

　今後は，和解の勧試を補助する役割だけではなく，審理に立ち会い意見を述べる役割面での司法委員の活躍も期待される。

　司法委員制度の基礎として，国民に最も身近な裁判所レベルで国民の司法参加を実現し，司法の民主化・民衆化を全国に普及させるためには，まず，司法委員は，参与員，調停委員とともに，日本の裁判制度の組織的基礎を規定した裁判所法にこそ，その一般的な根拠規定を置くべきであったと考えられる。除斥，忌避および回避の規定も，設けられるべきである。しかも，司法委員制度については，現行法のように，1年任期で司法委員となるべき者を選任する方式をとるのではなく，調停委員と同様に，2年任期で司法委員を任命する方式を採用してもよかったのではないかと考えられる。さらに，制度の周知化とより広く多様な給源を確保すること，ひいては，一般公募を行うことも，今後考慮すべきであろう。

　なお，現行司法委員候補者の選任過程の透明化と，その職務の向上を図り，その不断の検証を行うことも不可欠となるであろう。

〔川嶋四郎〕

---

30) さらに，川嶋・前掲注1) 25～27頁も参照。

(判決書の記載事項)
第280条　判決書に事実及び理由を記載するには，請求の趣旨及び原因の要旨，その原因の有無並びに請求を排斥する理由である抗弁の要旨を表示すれば足りる。

I　本条の趣旨

本条は，簡易裁判所の判決の簡易化と平易化を目的とした規定である。

253条1項は，第一審（地方裁判所）の訴訟手続における判決書の記載事項として，主文，事実，理由，口頭弁論の終結の日，当事者，法定代理人，裁判所の記載が必要的であることを規定し，また，同条2項は，事実の記載においては，請求を明らかにし，主文が正当であることを示すのに必要な主張を摘示しなければならないと規定している[1]。

これに対して，本条は，簡易裁判所における簡易救済の趣旨[2]（→§270 II 参照）から，裁判官が，判決書の簡易化を通じて，判決書作成に費やす労力と時間を軽減し，それにより別の事件の審理の充実や迅速な判決書の作成等に力を注ぐことを可能とした規定であり，かつ，簡易裁判所の利用者にも分かりやすいように，判決書の平易化を志向した規定でもある[3]。そのために，簡易裁判所の裁判官は，判決書に，事実および理由を記載する際には，請求の趣旨および原因の要旨，その原因の有無ならびに請求を排斥する理由である抗弁の要旨を表示すれば足りることとされたのである。これは，「簡略判決」と呼ばれ，その判決書は「簡略判決書」と呼ばれている。しかし，その他の必要的記載事項（253条1項参照）を省略することはできない。

つまり，判決の効力（既判力，執行力および形成力）の範囲を明確にするために必要な当事者の住所・氏名，判決主文，請求の趣旨および原因の要旨等は記

---

1) 判決をした裁判官の署名押印については，民訴規157条を参照。
2) 川嶋四郎「略式訴訟の争点——『簡易救済手続』の現状と課題」新・争点271頁，同「簡易裁判所における法的救済過程に関する覚書」同志社法学374号〔2015〕1頁，3頁等を参照。
3) 旧注釈民訴(7)451頁〔梶村太市＝石田賢一〕。

載しなければならないが，後述のように，そのほかは，どの点で請求を認容しまたは排斥したかの要旨や，結論を導くのに直接役立った主張または抗弁の要旨を表示すれば足りるのである。

このような簡易裁判所における簡易な判決は，これまで簡略判決と呼ばれてきたが，以下で，簡易救済の趣旨を明示するために，「簡易判決」と呼ぶことにする。

本条は，253条の特則であり，旧法の規定（旧359条）と同旨である。

なお，被告が，口頭弁論で原告の主張を争わない場合のように，実質的な争いのない事件や，公示送達事件については，判決書に代えて，調書判決（254条）も可能であるが，簡易裁判所においても，調書判決制度[4]は利用可能である。さらに，少額訴訟判決については，判決の言渡しを，判決書の原本に基づかないで行うことができる（374条2項）。

II 簡易裁判所における簡易判決書の記載内容

1 訴訟物とそれを特定する事実

請求の趣旨および請求の原因の要旨は，理論的には，訴訟物理論に関わる問題であるが，いずれにせよ訴訟物（訴訟上の請求）を提示しそれを特定するとともに，訴訟物を理由づける事実を明示するために，その明記が必要とされる[5]。これは，既判力等，判決の効力の範囲を明らかにするためである。確かに，提訴時には紛争の要点を明らかにすれば足りる（272条）ものの，しかし，口頭弁論終結時までには，その要旨が明らかにできる程度に請求の原因が明らかにされる必要があり，それゆえに，審判の対象である訴訟物を特定するに足りる事実の要旨は，必ず記載しなければならない。請求の趣旨の要旨の記載で足りるとされるものの，判決効の明確化，ひいては執行機関による迅速な執行を可能とするために，訴訟物とそれを特定する事実の記載は，必要的とされるのである。

---

4) 川嶋四郎・民事訴訟法〔2013〕661頁参照。
5) 川嶋・前掲注4) 656～657頁参照。

2 請求の原因の有無

　請求の原因の有無とは，原告の訴訟上の請求，すなわち訴訟物を根拠づけるのに必要な事実が存在するか否かのことを意味する。簡易判決書であっても，合理的な判決書となりうるためには，結論に至るまでの推論過程を，当事者に分かりやすいように明示しておく必要がある。争点についての判断を丁寧に記載することは，当事者に対する説得力の源泉だからである。

　かつて，本条とほぼ同じ文言の規定が存在した旧法下において，簡易裁判所の判決書において，主要事実の記載の省略が認められるか否かについて争いがあった。

　まず，主要事実の記載の省略を認めない否定説は，請求の原因を，請求を理由あらしめる要件事実に当たる主要事実のほか，重要な間接事実等争点を具体的に明確にするのに有用な付加的事実を含む意味であると解した上で，旧民事訴訟法359条の規定が請求の原因の要旨を表示すれば足りるとしたのは，その付加的事実の記載の省略を認めたものであり，主要事実を省略することはできないと解していた[6]。

　これに対して，主要事実の記載の省略を認める肯定説は，旧民事訴訟法359条も本条も，請求を理由づける要件事実の記載の省略を認めたものと解するのが文理上自然であり，請求を理由づける要件事実のすべてを網羅的に記載する必要はないと論じていた[7]。

　本条の規定の文言のように，要旨の記載で足りるとされているので，簡易裁判所における簡易救済の趣旨から，主要事実の記載の省略を認める肯定説が妥当である（後述Ⅲ2も参照）。

　そこで，まず，原告の請求を認容する場合には，「原告の請求は理由がある」と記載すれば足りると考えられる。ただし，事実認定の基本構造に関する事柄であるので，自白のある場合と証拠による認定とを区別して，その推論過程を明らかにしておくべきであろう[8]。すなわち，結論に影響を与える事項の記載

---

[6]　菊井＝村松Ⅱ793頁。

[7]　司法研修所編・少額事件の簡易迅速な処理に関する研究〔1991〕181頁，兼子ほか・条解〔2版〕1519頁〔松浦馨＝加藤新太郎〕等。なお，旧注釈民訴(7) 456頁〔梶村＝石田〕も参照。

で足りるのである。

　次に，原告の請求を棄却する場合には，「原告の請求は理由がない」と記載すればよいであろう。ただし，証拠不十分のためか，主張自体失当のためか，それとも抗弁が認められたためかなどの推論過程が分かる程度に説示するのが妥当であろう[9]。すなわち，ここでもまた，結論に影響を与える事項の記載で足りるのである。

3　抗弁の要旨

　抗弁に関しては，原告の請求を排斥するための理由となる抗弁のみを記載すれば足り，抗弁を排斥して請求を認容する場合には，その抗弁を記載しなくともよい。本条によりその記載が要求されるのは，抗弁の要旨であるとされているので，要件事実にとらわれることなく，事実関係が特定される程度の簡略な表示で足りると考えられる[10]。再抗弁等の場合も同様である。

　ただし，相殺の抗弁については，その判断に既判力が生じるので（114条2項），それを排斥して原告の請求を認容する場合も，判断を明確に表示すべきである[11]。抗弁を記載する場合には，その要旨の記載で足りるので，要件事実をすべて記載する必要はない。

4　証拠の摘示ほか

　以上のほか，本条によれば，証拠の摘示および証拠による個々の事実の認定は表示する必要はない。その他の事項は，判決中に表示されていなくて，当然に判断の遺脱（338条1項9号）とはならない。また，実務上，訴訟費用，仮執行宣言の裁判等についての適用条文の記載も，省略して差し支えない[12]とされているが，簡易裁判所では，法律の知識の十分でない市民が自ら訴訟追行する場合が多いことを考えると，参照の便宜を考え，条文の記載が親切でかつ望ましいと考えられる。

---

8)　賀集ほか編・基本法コンメ(2)〔3版〕349頁〔田村幸一〕351頁，兼子ほか・条解〔2版〕1519頁〔松浦＝加藤〕。
9)　兼子ほか・条解〔2版〕1519頁〔松浦＝加藤〕。
10)　旧注釈民訴(7)457頁〔梶村＝石田〕。
11)　旧注釈民訴(7)458頁〔梶村＝石田〕，兼子ほか・条解〔2版〕1519頁〔松浦＝加藤〕，川嶋・前掲注4) 694～695頁。
12)　以上につき，兼子ほか・条解〔2版〕1519頁〔松浦＝加藤〕を参照。

III 簡易裁判所の簡易判決書のあり方

1 簡易判決書をめぐる議論

簡易裁判所は，すでに述べたように（→§270 II 2 参照），戦後，国民に身近な裁判所として創設され，民事裁判の分野において，市民が少額軽微な民事事件について簡易迅速な法的救済を得ることができることを企図したが，現実には，長らくそのような役割を果たすことができなかった。

しかし，昭和63年に実施された簡易裁判所の統廃合（→§270 II 1 参照）を契機として，簡易裁判所に当初から期待された役割と機能を実現させるために，様々な具体的な取組みが，全国各地の簡易裁判所で行われてきた。これは，その後の平成8年における民事訴訟法の全面改正の際のスローガン「民事訴訟を国民に利用しやすく，分かりやすいものにすること」を先駆的に具体化する様々な試みと評価できるものであった。

特に，簡易裁判所の判決書の改善の動きも顕著であった[13]。

たとえば，この領域で先駆的なものとして，平成2年12月に，『少額事件の簡易迅速な処理に関する研究』[14]が刊行された。また，平成3年7月までに東京，浦和，大阪および松山の各地方裁判所管内簡易裁判所においては，それぞれ「簡易裁判所の民事訴訟手続を国民に利用しやすくするための方策案」[15]が作成されたのをはじめとして，各地で数多くの提言がされた。これらは，簡易裁判所の手続にふさわしく，簡潔で分かりやすい判決書とするための提言である。

その後，平成5年1月に，次に述べるように，簡易裁判所でも新しい様式による民事判決，すなわち新様式判決の提言がなされ，現在，新様式判決書が，簡易裁判所の実務に浸透している。

---

[13] 旧注釈民訴(7)451頁〔梶村＝石田〕，横田康祐＝中島寛＝岡田洋佑・簡裁民事手続I〔3訂版〕〔2006〕103頁等。

[14] これは，司法研究報告書42輯1号であり，前掲注7）の『少額事件の簡易迅速な処理に関する研究』として公刊されている。

[15] 民事裁判資料195号〔1991〕。なお，東京地方裁判所の方策案については，判タ800号〔1993〕45頁，および，旧注釈民訴(7)458頁〔梶村＝石田〕を参照。

2 新様式判決との関係

　この新様式判決は，地方裁判所における民事判決のあり方について，当事者にとって分かりやすい判決の作成という視点から提言され，現在基本的にはその判決様式に従って，判決書が作成されている[16]。これは，「旧様式判決（司法研修所方式判決）」の場合には，当事者双方の主張を要件事実に即して押さえ，これに対する判断を漏らすことなく判決書に記載するものであったが，しかし，一連の流れをもつ当事者間の主張や裁判所の判断が判決書の中で分断され，いわばストーリーとしての一貫性を欠くうらみが存在した。一方で，当事者にとっては，争点が分かりにくく，他方で，裁判官にとっても，網羅的な記述を要するために，判決書の作成に多くの時間を要してしまうなどの問題があった[17]。

　この問題と取り組むために，平成元年に東京および大阪の各高裁・地裁に民事判決書改善委員会が設置され，平成2年1月に公表された「民事判決書の新しい様式について」の共同提言以降，多くの地方裁判所の実務で，「新様式判決」が採用されるに至っている。これによれば，判決書はそもそも当事者のためのものであることの重視を大前提として，そのことを具体化するための方策として，①文章の平易簡明化，②事件における中心的争点の浮き出し，③形式的記載・重複的記載の省略化，および，④事実および理由の一括記載（とりわけ主文を導くための論理的プロセスが明示されること）などが，基本的な考え方の要素として挙げられていた[18]。

　そこで，このような新様式判決と本条の規定による簡易判決との関係が問題となるが，一般には，地方裁判所における改善方策として提言された内容は，簡易裁判所における民事判決の簡略化のためにも，かなりの分野で取り込むことができ，とりわけ，新様式判決における判決書の形式面における合理化は，示唆的であり，また，請求原因の要旨についても，訴訟物の特定で足りるとすることにより，当事者にとって理解しやすいものとなろう[19]。

---

16) 川嶋・前掲注4) 659～660頁を参照。
17) この間の経緯については，たとえば，「〈座談会〉民事判決書の新しい様式をめぐって」ジュリ958号〔1990〕15頁以下を参照。
18) 最高裁判所事務総局編・民事判決書の新しい様式について〔1990〕2頁以下。
19) 旧注釈民訴(7) 452頁〔梶村＝石田〕を参照。ただ，そこでは，「簡易裁判所における民

3 簡易判決書のあり方

地方裁判所における新様式判決モデルは，簡易判決のあり方にも，大きな影響を与えた。その結果，簡易判決では，要するに，「事実」としては，訴訟物が特定されていれば，要件事実のすべてが網羅的に記載されている必要はなく，「理由」としては，理由の有無の結論を端的に述べれば足り，争点があればその判断過程を簡潔に示し，訴訟物の特定の視点と当事者が真に判断を求める事項に判断を下すという観点から，必要な事項を簡潔に記載すればよいのである。このような判決書の記載こそが，本条の規定の趣旨に合致するものである[20]。

かつて，簡易裁判所の簡易判決書のあり方については，その基本的な考え方について変遷が見られた。つまり，簡易判決の制度が実務上あまり活用されていなかった当時は，当事者の納得と上級審の理解を得るために，原則として本格的な判決を書くべきことが要請されていたのである[21]。すなわち，簡易裁判所の裁判事務が繁忙を極め，本格的な判決書を作成していたのでは判決の言渡しが遅延するような場合には，簡易判決を作成することは妥当であるが，しかし，それほど多忙ではない場合には，当事者に満足を与えるとともに上級審に対する関係も考慮して，判決書の作成の仕方に工夫を凝らすことが望ましいとされ，当事者の満足のためには，理由の記載を，上級審との関係では，事実の記載を，それぞれ重視することになると指摘していた。これは，それぞれに比較的詳細な記載を要請する提言でもあった。この見解は，簡易裁判所の手続には一般的な簡易判決の規定が存在するにもかかわらず，特別にいわば補充性の要件を課して，地方裁判所並の本格的な判決書の作成を要請していたのであっ

事訴訟事件の多くは金銭の給付請求であり，しかもそれらの訴訟における被告の応訴態度としては，原告の主張する事実関係につき正面から争うものではなく，むしろその事実関係を前提として期限の猶予を求めたり，極端な場合には直ちに支払うべき余裕がないとする，いわゆる手許不如意の抗弁を提出する場合が多いのであるから，そこでは前記提言が予定した争点なるものは存在しないし，それに伴う判断をする必要もないことになる。したがって，簡易判決にあっては，その提言による新様式判決をそのまま機械的に利用することにはならないであろう」と指摘する。

20) 簡易裁判所の判決モデルについては，たとえば，旧注釈民訴(7) 454 頁〔梶村＝石田〕，横田＝中島＝岡田・前掲注 13) 104 頁以下等を参照。

21) 菊井維大＝村松俊夫・民事訴訟法Ⅱ〔初版〕〔1964〕488 頁。

た[22]。

　しかし、その後、意識も状況も変化した[23]。すなわち、審理自体の充実により適切な解決を図ることこそ重要であり、これを十分に弁えれば、当事者の納得も上訴審の理解も得られるはずであり、また、簡易裁判所の民事事件も類型的なものが多い。確かに、事案によっては、本格的な判決書によることが妥当な場合もあることには変わりがないが、要は、簡易判決に躊躇することはないことを強調したいとされる。本条の趣旨は、簡易裁判所における原則的な簡易判決化であるので、このような変化も、まだ十分ではないが、近時、新様式判決制度の影響下の簡易裁判所では、簡易判決がより一層普及していると評価できる[24]。

　このような近時の傾向は、民事訴訟法における結果志向から過程志向への意識転換に伴い[25]、簡易裁判所本来の簡易救済の趣旨が見直され、本条が例外を設けることなく規定する簡易判決の本来的な価値が、ようやく認識されたことの結果とも評価できる。ただ、その背景には、簡易裁判所における事件数の増加と限られた裁判官の員数での対応という現実が存在したことも、見逃すこと

---

22)　興味深いことに、このような地方裁判所並の本格的な判決書の作成が、簡易裁判所判事が起案能力を疑われないようにするためではないかといった憶測もなされていた。斎藤編・旧注解民訴(5) 421頁。しかし、当事者のニーズを度外視したこのような理不尽な職業意識が仮にあるとすると、改革されるべきは簡易裁判官の基本的な意識であろう。しかし、幸いなことに、この点は、同時に否定もされていた。菊井 = 村松 II 794頁を参照。

23)　菊井 = 村松 II 795頁。ここでは、「区裁判所では、簡易判決が圧倒的に多かったといわれる。簡易裁判所は、簡易判決を活用するに、よりふさわしいといえよう」（同頁）と、妥当な指摘がなされている。

24)　兼子ほか・条解〔2版〕1520頁〔松浦 = 加藤〕。近時は、判決書の形式の問題よりも、事実審理を充実させ正しい結論を導き判決の基本的構成に誤りがないことが上級審の理解と当事者の納得を得られるゆえんであるという意識が、一般化してきているといえると指摘されている。同頁。また、地方裁判所においては、当事者に分かりやすい判決書との観点から、新様式判決書が相当程度普及しているが、簡易裁判所においては、まず本条の簡易判決を積極的に活用し、その上で簡易裁判所の特色を十分に考慮しながら、新様式判決書の考え方をも一部取り入れていくことが肝要であり、現に実務はその方向で運用されているとの指摘（賀集ほか編・基本法コンメ(2)〔3版〕351頁〔田村〕）も見られる。

25)　川嶋・前掲注4) 10〜12頁、同・民事救済過程の展望的指針〔2006〕372〜373頁等を参照。

ができない。簡易裁判所では，地方裁判所とは異なり，市民に身近な裁判所として，しかも，控訴率も相対的に低く，その意味でも，一審限りの納得裁判の志向が望ましい。簡易裁判所の訴訟手続だけではなく，訴訟手続全般で大切なことは，「国民が自分でできる納得裁判」[26]であり，特に，手続過程を通じて，勝訴当事者だけではなく，敗訴当事者の納得得心がいかにして得られるかであろう[27]。

このような簡易な判決の価値は，さらに簡易裁判所における判決書のあり方を超えて，そこに至るプロセスの充実とあいまって，地方裁判所における判決のあり方に対しても，影響を与える可能性を有していると考えられる[28]。

〔川嶋四郎〕

---

26) 川嶋四郎・民事訴訟過程の創造的展開〔2005〕115頁。
27) 高橋宏志「さらに活性化する簡易裁判所」高橋宏志＝千葉勝美＝南敏文＝富澤達編・新しい簡易裁判所の民事司法サービス〔2002〕4頁では，少額訴訟手続の文脈で，「負けても，また機会があれば利用しようと利用者に思ってもらえて初めて，少額訴訟は成功したと評価されることとなる」とのもっともな指摘がなされている。これは，少額訴訟事件に関してだけではなく，すべての民事訴訟事件に妥当する至言であろう。なお，勝訴当事者でも，裁判官等による手続過程での取り扱われ方次第で，大きな不満を募らせる可能性があることについては，川嶋・前掲注26) 265頁以下を参照。
28) 川嶋・前掲注26) 284頁。

事項索引

あ行

相手方の援用しない自己に不利益な陳述 …… 84
按分説 …………………………………………… 972
意思推定 ………………………………………… 46
一応の推定 ……………………………………… 49
一時的棄却 ……………………………………… 899
一部請求 ………………………………………… 954
　　──における一部認容判決 …………… 972
　　──の訴訟物 ………………………………… 955
　　質的── …………………………………… 955
　　量的── …………………………………… 954
一部提出命令 …………………………………… 581
一部認容判決 …………………………………… 960
　　──の意義 ………………………………… 960
　　──の許容性 ……………………………… 960
　　質的── …………………………………… 965
　　質的──（明渡請求）…………………… 966
　　質的──（期限付・条件付判決）……… 967
　　質的──（責任財産限定判決）………… 971
　　質的──（立退料判決）………………… 969
　　質的──（登記請求）…………………… 966
　　質的──（引換給付判決）……………… 969
　　量的── …………………………………… 963
一部判決 ………………………………… 893, 906
　　──と裁判所の訴訟指揮上の裁量 ……… 907
　　──の可否 ………………………………… 908
　　──の手続 ………………………………… 912
　　──のメリット・デメリット …………… 906
　　──をなし得るとき ……………………… 906
　　違法な──に対する救済 ………………… 913
　　可分な1個の請求と── ………………… 908
　　選択的併合と── ………………………… 910
　　訴訟費用の裁判と── …………………… 912
　　単純併合と── …………………………… 908
　　通常共同訴訟と── ……………………… 910
　　必要的共同訴訟と── …………………… 911
　　弁論の併合・訴えの変更・反訴と── … 911
　　予備的併合と── ………………………… 910
一般義務文書 …………………………………… 515
　　──についての文書提出命令の申立て … 557
違法収集証拠 …………………………………… 426

違法収集証拠の証拠能力 ……………… 426, 994
　　（盗取された文書等）…………………… 430
　　（無断録音テープ・反訳書）…………… 428
イン・カメラ手続 ……………………………… 597
　　──と証拠の必要性の判断 ……………… 609
　　──と上訴 ………………………………… 612
　　──と本案の心証形成 …………………… 610
　　──に先立つヴォーン手続の実施 ……… 606
　　──の運用 ………………………………… 603
　　──の合意に基づく運用 ………………… 604
　　──の実施 ………………………………… 607
　　──の実施についての裁判所の裁量 …… 603
　　──の対象 ………………………………… 600
　　アメリカ法の── ………………………… 599
　　刑事関係文書と── ……………………… 601
　　文書の特定のための── ………………… 602
引　用 …………………………………………… 502
　　──の意味 ………………………………… 502
引用文書 ………………………………………… 499
　　──の写しの提出 ………………………… 463
　　──の提出義務者 ………………………… 500
　　──の提出義務と証言拒絶事由との関係
　　　　……………………………………………… 503
ヴォーン・インデックス ……………………… 606
ヴォーン手続 …………………………………… 605
疑わしきは被告人の利益に ……………………… 17
内側説 …………………………………………… 972
写　し …………………………………………… 413
　　──と原本との照合 ……………………… 446
　　──による書証の申出 …………………… 459
　　──の意義 ………………………………… 455
　　──の作成 ………………………………… 455
　　──の直送 ………………………………… 474
　　──の提出 ………………………………… 455
　　──の提出時期 …………………………… 466
　　──の必要性 ……………………………… 456
　　──の不提出に対する対処 ……………… 457
　　──を原本として提出する場合 ………… 460
　　──を原本に代えて提出する場合 ……… 459
　　──を必要とする理由 …………………… 457
訴え提起前の和解 ……………………………… 1388
　　──期日への当事者の欠席 ……………… 1401

——と互譲の要否………………………	1398
——と双方代理………………………	1402
——と民事上の争い………………………	1395
——の意義………………………	1388
——の管轄………………………	1393
——の機能………………………	1390
——の決定手続への類推適用の可否……	1392
——の効力を争う方法………………………	1406
——の成立とその効力………………………	1402
——の対象となる事件………………………	1394
——の手続………………………	1400
——の不成立（不調）………………………	1404
——の申立て………………………	1399
——の申立てによる時効の中断………	1400
——の要件………………………	1394
訴えの一部取下げ………………………	1230
→訴えの取下げ	
——と請求の減縮………………………	1231
控訴審での——	1234
訴えの取下げ………………………	1206
→取下げ	
——と意思表示の瑕疵………………	1227
——と訴え提起の実体法上の効果……	1236
——と訴えの交換的変更………………	1207
——と仮執行宣言付判決………………	1236
——と再訴の禁止………………………	1239
→再訴の禁止	
——と上訴の取下げ………………………	1207
——と処分権主義………………………	1206
——と請求の放棄………………………	1207
——と訴訟上の形成権行使の効果……	1237
——と訴訟脱退………………………	1207
——と訴訟費用の負担………………	1239
——と任意的当事者変更………………	1207
——に対する相手方の同意……………	1212
——に対する相手方の同意の擬制……	1214
——による訴訟係属の遡及的消滅……	1235
——の意義………………………	1206
——の効果………………………	1235
——の効力………………………	1217
——の効力に関する争い………………	1217
——の自由………………………	1208
——の手続………………………	1215
——の要件………………………	1208
——を看過してされた判決の効力……	1219

——を禁止する合意………………………	1211
会社関係訴訟における——	1209
株主代表訴訟における——	1208
行政事件訴訟における——	1210
共同訴訟と——	1230
口頭による——	1215
再審事由がある場合の——の効力……	1227
少額訴訟における——	1210
書面による——	1215
人事訴訟における——	1208
請求の一部に関する——	1230
請求の併合と——	1230
手形・小切手訴訟における——	1210
独立当事者参加と——	1214
訴えの取下げの擬制………………………	1246
——と期日指定申立期間………………	1254
——と不熱心な訴訟追行の場合の終局判決との関係	921
——の沿革………………………	1247
——の効果………………………	1256
——の趣旨………………………	1246
再開期日の欠席と——	1257
職権による期日指定と——	1255
当事者双方の単発不出頭と——	1248, 1249
当事者双方の連続不出頭と——	1249, 1256
訴えの取下げの擬制の規定の準用……	1257
（簡裁民事訴訟，少額訴訟）…………	1258
（人事訴訟）………………………	1258
（手形訴訟）………………………	1258
（督促手続）………………………	1258
（民事執行手続）………………………	1260
訴えの取下げの擬制の要件……	1249, 1256
（期日）………………………	1251
（期日指定の申立てがないこと）……	1254
（呼出しと不出頭）………………………	1250
訴えの取下げの合意（訴え取下げ契約）……	1219
——と訴訟上の和解との関係…………	1219
——の効力………………………	1225
——の法的性質………………………	1220
——の有効要件………………………	1224
——を認める判決の効果………………	1226
営業秘密………………………	247

か 行

外国公文書の真正………………………	770

——の外国官公署に対する照会………… 771
　　——の推定……………………………… 771
外国語文書………………………………… 475
　　——の取調べの対象………………… 479
　　——への訳文の添付………………… 475
外国における証拠調べ…………………… 133
　　——の結果の口頭弁論への顕出…… 149
　　——の効力…………………………… 149
　　——の根拠…………………………… 136
　　——の方法…………………………… 139
　　（検証）……………………………… 148
　　（証人（当事者）尋問）…………… 135
　　（調査嘱託）………………………… 147
　　（文書送付嘱託）…………………… 146
　　（文書提出命令）…………………… 146
蓋然性説……………………………………… 56
　→証明度の引下げ（軽減）
介入尋問…………………………………… 277
解明度……………………………………… 7, 986
　　——と証明度………………………… 986
確　信……………………………………… 8
　　——と蓋然性………………………… 8
隔離尋問…………………………………… 283
確率的心証……………………………… 54, 987
　→割合的認定
過失の一応の推定………………………… 49
過失の選択的認定………………………… 49
仮執行……………………………… 1155, 1174
　　——が可能な場合………………… 1158
　　——後の被告による相殺の主張… 1179
　　——後の被告による留置権・同時履行の抗
　　　弁権の主張……………………… 1181
　　——後の被告の倒産……………… 1180
　　——による給付の弁済効の有無… 1175
　　——の強化………………………… 1159
　　——の結果の上訴審での斟酌の可否… 1177
　　——の実体法上の効果…………… 1175
　　——の必要性……………………… 1168
　　——の免脱………………………… 1182
仮執行宣言…………………………… 1092, 1154
　　——が必要的な場合……………… 1170
　　——と担保………………………… 1173
　　——に関する判決に対する不服申立て… 1172
　　——に基づく給付………………… 1199
　　——の意義………………………… 1154

　　——の近時の動向………………… 1158
　　——の効力………………………… 1174
　　——の裁判………………………… 1172
　　——の仕組み……………………… 1157
　　——の補充………………………… 1184
　　——の申立て……………………… 1170
　　——の目的………………………… 1156
　　——の理論的位置づけ…………… 1158
　　——を変更する判決……………… 1189
意思表示を命じる判決と——……… 1166
確認判決と——……………………… 1162
行政処分の取消し・変更判決と——… 1165
形成判決と——………………… 1162, 1165
決定・命令と——…………………… 1163
財産分与を命じる判決と——……… 1166
支払督促と——……………………… 1163
上訴棄却（却下）判決と——……… 1164
将来給付の訴えの請求認容判決と——… 1167
職権による——……………………… 1171
請求棄却・訴え却下判決と——…… 1164
訴訟費用の裁判と——……………… 1163
手形・小切手債権の請求と——…… 1171
仮執行宣言付判決………………………… 1158
　　——と訴えの取下げ……………… 1236
　　——を債務名義とする強制執行… 1175
仮執行宣言の失効………………………… 1187
　　——に基づく損害賠償…………… 1192
　→損害賠償
　　——に基づく原状回復…………… 1192
　→原状回復
　　——の原因………………………… 1188
　　——の効果………………………… 1191
仮執行宣言の要件………………………… 1161
　　（仮執行の必要性）……………… 1168
　　（財産権上の請求に関する終局判決）… 1161
仮執行免脱宣言…………………………… 1182
　　——と担保………………………… 1183
過　料……………………………………… 209
　→証人の不出頭に対する過料等
当事者の虚偽陳述に対する——…… 331
過料の裁判………………………………… 174
　　——の執行………………………… 175
　　——の執行後の即時抗告………… 176
簡易裁判所……………………………… 1353
　　——における一体型審理………… 1373

——における訴えの提起と訴訟物の特定	管轄裁判所証拠調べ……………………… 142
…………………………………………… 1371	——の特徴……………………………… 145
——における訴えの提起と紛争の要点 ‥ 1369	間接主義…………………………………… 1045
——における簡易救済の機能…………… 1357	——と直接主義………………………… 1045
——における口頭提訴…………………… 1363	間接証拠…………………………………………4
→口頭による訴えの提起	間接反証………………………………………… 43
——における口頭弁論の簡略化………… 1422	完全義務…………………………………… 790
——における準備書面の省略…………… 1421	——と真実義務………………………… 790
——における証人等の陳述の調書記載の省	鑑　定…………………………………… 342
略………………………………………… 1428	——の沿革……………………………… 346
——における手続特則の適用範囲……… 1353	——の採否基準………………………… 113
——における任意出頭提訴……………… 1374	——の対象……………………………… 347
→任意の出廷による訴えの提起	——の手続における裁判長の裁判に対する
——の事物管轄………………………… 1357	異議……………………………………… 385
——の定型訴状………………………… 1366	——の要否……………………………… 347
——の手続の特色……………… 1351, 1361	——類似の制度………………………… 343
簡易裁判所制度……………………………… 1353	——をめぐる改革……………………… 379
現行民事訴訟法の制定と——………… 1358	アンケート方式による——…………… 380
司法制度改革審議会意見書等の——… 1360	カンファレンス——…………………… 380
簡易裁判所における準備必要事項………… 1423	共同——………………………………… 359
——について書面提出・通知をしなかった	公務員による——……………………… 394
場合……………………………………… 1427	再——…………………………………… 360
——についての書面提出に代わる通知‥ 1427	受命裁判官・受託裁判官による——… 391
簡易裁判所における尋問等に代わる書面の提	証人尋問の規定の——への準用……… 393
出…………………………………………… 1437	職権による——………………………… 352
→書面尋問	鑑定意見…………………………………… 368
——が相当である場合………………… 1440	——の採否……………………………… 378
——の手続・効果……………………… 1444	——の作成……………………………… 374
簡易裁判所における続行期日の陳述擬制‥ 1432	補充——………………………………… 376
——の効果……………………………… 1435	鑑定意見の陳述…………………………… 374
——の対象となる書面………………… 1433	共同鑑定の場合の——………………… 375
——の要件……………………………… 1433	口頭による——………………………… 375
簡易裁判所における反訴の提起に基づく移送	書面による——………………………… 374
…………………………………………… 1379	テレビ会議システムによる——……… 387
——の際に移送すべき地方裁判所……… 1382	テレビ会議システムによる——の要件… 388
——の申立て…………………………… 1384	鑑定義務…………………………………… 348
——の申立てに対する裁判…………… 1386	——の性質……………………………… 348
——の要件……………………………… 1380	——の内容……………………………… 349
簡易裁判所の判決書……………………… 1463	鑑定拒絶権………………………………… 394
——と新様式判決……………………… 1468	鑑定作業…………………………………… 368
——のあり方…………………… 1467, 1469	——の規律……………………………… 371
簡易裁判所の判決書の記載事項………… 1464	鑑定事項…………………………………… 355
（抗弁の要旨）………………………… 1466	——の決定……………………………… 355
（請求の原因の有無）………………… 1465	鑑定主文…………………………………… 374
（請求の趣旨及び原因の要旨）……… 1464	——と鑑定理由………………………… 374

事項索引

鑑定書…………………………………… 374
　——の口頭弁論への顕出………… 375, 402
　——の説明……………………………… 403
　——の提出……………………………… 402
　鑑定理由のない——…………………… 374
鑑定証人………………………………… 397
鑑定嘱託………………………………… 399
　——と調査嘱託との異同……………… 400
　——に対する応諾義務………………… 399
　——の相手方（嘱託先）……………… 401
　鑑定の規定の——への準用…………… 402
鑑定嘱託の手続………………………… 400
鑑定人…………………………………… 349
　——適格……………………………… 349
　——と証人との区別………………… 397
　——と証人との区別を誤った場合… 398
　——に欠格事由がある場合………… 351
　——の鑑定拒絶……………………… 395
　——の欠格事由……………………… 350
　——の指定……………… 352, 356, 360
　——の宣誓…………………………… 394
　——の宣誓拒絶……………………… 395
　——の人数…………………………… 359
　——の発問…………………………… 373
　——の不出頭………………………… 395
　——リスト…………………………… 358
鑑定人兼証人…………………………… 398
鑑定人質問……………………………… 382
　——の順序…………………………… 383
　——の制限…………………………… 385
　裁判長・陪席裁判官の——………… 383
　テレビ会議システムによる——…… 388
　当事者の——………………………… 384
鑑定人の忌避…………………………… 361
　——事由……………………………… 362
　——に関する裁判に対する不服申立て… 366
　——に関する裁判例………………… 363
　——の手続…………………………… 364
　——申立てと裁判…………………… 365
　——申立ての時期…………………… 364
　共同鑑定の場合の——事由………… 364
鑑定申出………………………………… 352
　——と釈明義務……………………… 353
　——の採否…………………………… 354
　——の時期…………………………… 353

　——の手続…………………………… 353
鑑定理由………………………………… 374
カンファレンス鑑定…………………… 380
簡略判決（簡易判決）………………… 1463
　→簡易裁判所の判決書
技術職業秘密文書……………………… 528
　——該当性判断の際の利益衡量の可否… 531
技術の秘密……………………… 247, 528
　——と利益衡量……………………… 247
　——についての証言拒絶権………… 246
偽証罪………………………… 264, 268, 333
擬　制……………………………………… 45
　——と推定……………………………… 45
擬制自白…………………………………… 65
起訴前の和解………………………… 1388
　→訴え提起前の和解
規範説……………………………………… 34
　——への批判…………………………… 35
客観的証明責任………………………… 30
共通文書………………………………… 512
　——と内部文書……………………… 512
虚偽陳述………………………………… 332
　——の自認…………………………… 335
　証言拒絶事由に相当する事項に関する
　　——……………………………… 334
挙証責任………………………………… 28
　→証明責任
記録の取寄せ………………………… 485, 697
　——と文書送付嘱託………………… 698
　——の費用…………………………… 699
具体的事実陳述＝証拠提出義務……… 57
経験則…………………………………… 25
経験則違反…………………………… 1011
　——と上告………………………… 1011
　——と上告受理…………………… 1014
　——と上告理由…………………… 1012
　上告受理理由となる——………… 1015
　上告理由となる——……………… 1013
刑事関係文書…………………………… 545
　——とイン・カメラ手続…………… 601
　——の法律関係文書該当性………… 546
形式的証拠力
　文書の——…………………………… 705
　処分証書の——……………………… 707
　報告文書の——……………………… 707

形式的形成訴訟……………………… 944	検証受忍命令……………………… 846
——と処分権主義………………… 944	——に対する不服申立て………… 855
結末判決……………………………… 906	——の申立てに係る審理・判断… 849
→残部判決	当事者が——に従わない場合…… 856
原因判決……………………………… 930	検証障害……………………………… 860
——と過失相殺の抗弁…………… 931	——が生じる場面………………… 860
——と相殺の抗弁………………… 931	——と鑑定………………………… 860
——をなし得る場合……………… 932	検証の際の鑑定……………………… 860
厳格な証明……………………………… 6	——の結果と調書への記載……… 865
検　証……………………………… 828	——の守備範囲…………………… 862
——拒絶の正当な理由…………… 852	——の職権による命令…………… 866
——拒絶の正当な理由とイン・カメラ手続	検証の申出…………………………… 844
………………………………… 853	——の採否………………………… 848
——原型説………………………… 834	——の方式………………………… 844
——と準文書の証拠調べ………… 834	——の方法………………………… 845
——と書証との関係……………… 408	検証物送付嘱託の申立てによる——… 847
——と書証との交錯……………… 833	検証物提示命令・検証受忍命令の申立てに
——によって証明すべき事実…… 831	よる——………………………… 846
——による事実判断の構造……… 831	検証物の提示による——………… 846
——の結果………………………… 830	検証物……………………………… 829
——の採否基準…………………… 113	——の留置………………………… 858
——の対象………………………… 829	検証物送付嘱託…………………… 847
——の特徴………………………… 831	検証物提示義務…………………… 838
——の必要性……………………… 848	検証物提示命令…………………… 846
——の目的…………………… 829, 845	——と公務員の職務上の秘密…… 852
作成者不明の文書と——………… 759	——に対する不服申立て………… 855
釈明処分としての——…………… 837	——の申立てに係る審理・判断… 849
受命裁判官・受託裁判官による——… 859	第三者が——に従わない場合…… 857
証拠調べとしての——と釈明処分としての——	第三者に対する——と審尋……… 851
………………………………… 836	当事者が——に従わない場合…… 856
原状回復……………………………… 1192	検証補助者………………………… 863
原状回復義務…………………… 1193, 1195	顕著な事実………………………… 91
——の消滅………………………… 1195	原　本……………………………… 413
——の内容………………………… 1195	原本の提出・送付命令……………… 464
——の発生要件…………………… 1194	——の意義………………………… 464
——の法的性質…………………… 1193	——の態様………………………… 465
原状回復を求める申立て…………… 1200	権利根拠規定………………………… 34
——に対する相手方の抗弁……… 1201	権利自白……………………………… 79
——に対する裁判………………… 1202	——の撤回………………………… 90
——の規定の類推適用…………… 1203	権利障害規定………………………… 34
——の性質………………………… 1200	権利消滅規定………………………… 34
検証協力義務………………………… 838	権利文書……………………………… 504
——の存否………………………… 838	——と公法上の請求権…………… 505
——の範囲………………………… 841	——と私法上の請求権…………… 505
検証受忍義務………………………… 838	——の提出義務の趣旨…………… 504

事項索引

勾引 ·· 213
 ——の鑑定人への不適用 ············ 396
 ——の手続 ······························ 214
 ——の要件 ······························ 213
合議 ·· 1063
 →評議，→評決
 ——の瑕疵 ···························· 1065
交互尋問制度 ···························· 273, 319
 ——の緩和 ······························ 274
更正決定 ·· 1129
 ——と上訴による訂正との関係 ··· 1130
 ——に対する不服申立て ············ 1142
 ——の効力 ···························· 1140
 ——の裁判 ···························· 1140
 ——の趣旨 ···························· 1129
 ——の対象 ···························· 1131
 ——の手続 ···························· 1139
 ——をなし得る裁判所 ············ 1139
 違法な—— ···························· 1141
更正決定の規定の準用 ················ 1131
 （確定判決と同一の効力を有するもの）·· 1132
 （決定・命令） ························ 1131
更正決定の要件 ···························· 1133
 （誤りの明白性） ······················ 1137
 （判決における表現上の誤りの存在）····· 1133
公知の事実 ·· 92
口頭による訴えの提起 ················ 1363
 ——が可能な場合 ···················· 1365
 ——の現状と課題 ···················· 1365
 ——の手続 ···························· 1364
口頭弁論の終結の日 ···················· 1105
 ——の記載方法 ······················ 1105
高度の蓋然性 ························ 8, 13, 980
 ——と優越的蓋然性 ··················· 13
 ——と優越的蓋然性との優劣 ······ 15
公文書 ··· 411
 ——と私文書との区別 ·············· 411
 ——と私文書とを含む文書の真正 ··· 767
公文書の真正 ·································· 760
 ——の官公署に対する照会 ········ 767
公文書の真正の推定 ······················ 761
 ——の構造 ······························ 764
 ——を破る反証 ······················· 764
公務員の証人尋問 ·························· 190
 ——の承認拒絶に対する不服申立て ····· 203
 ——の承認拒絶要件 ················· 202
 ——の承認権者 ······················· 200
 ——の承認請求 ······················· 199
 ——の承認手続 ················ 199, 238
 （一般職の公務員） ··················· 191
 （裁判官等） ······················ 195, 199
 （特定秘密保護法上の守秘義務を負う者）
              195, 199
 （特別職の公務員） ············· 193, 199
 （みなし公務員等） ············· 191, 199
公務員の当事者尋問 ······················ 339
公務秘密文書 ································· 519
 ——該当性の判断手続 ············ 584
 ——と行政情報公開制度との関係 ··· 519
 ——にいう公益侵害性 ············· 521
 ——にいう公務秘密性 ············· 520
 ——に関する監督官庁からの意見聴取 ··· 585
 ——に関する第三者からの意見聴取 ··· 595
 ——の所持者 ·························· 498
 高度——の取扱い ···················· 590
 私人が所持する—— ··············· 520
国際司法共助 ································· 134
 ——の対象 ···························· 134
 ——法制 ································ 136
コンカレント・エヴィデンス ······· 379

さ 行

最終弁論 ··· 125
再訴の禁止 ···································· 1239
 ——に触れる場合の効果 ·········· 1245
 ——の効力が及ぶ主体 ············ 1243
 ——の趣旨 ···························· 1240
 ——の要件 ···························· 1241
 人事訴訟における—— ············ 1244
裁定和解 ·· 1269
 ——と条件付申立て ················ 1271
 ——と当事者共同の申立て ······ 1270
 ——の成立と調書の作成 ·········· 1274
 ——の無効の主張方法 ············ 1275
 ——の申立てと訴訟代理権の特別授権 ·· 1271
 ——の申立ての取下げ ············ 1274
裁定和解条項 ································ 1272
 ——の決定の際の当事者の意見聴取 ····· 1272
 ——の告知 ···························· 1273
 ——の内容 ···························· 1272

1479

裁　判……………………………………2	――の不利益性………………………538
裁判外の自白………………………………64	――の不利益性と個人のプライバシー … 539
裁判官の私知………………………………91	――の不利益性と団体の自由な意思形成
裁判上（職務上）知り得た事実………94	………………………………………539
裁判上の自白………………………………64	自己利用文書該当性の判断傾向………541
→自白	（政務調査報告書）……………543
裁判上の和解……………………………1288	（稟議書）…………………………541
裁判所外における証拠調べ……………151	（稟議書以外の社内文書）………542
――が相当である場合……………153	自己利用文書に該当する要件…………534
――と直接主義……………………1050	（外部非開示性）…………………536
――の結果の口頭弁論への上程…158	（特段の事情の不存在）…………540
――の決定…………………………154	（不利益性）………………………538
――の手続…………………………154	事　実…………………………………1094
裁判所外における文書の取調べ………481	→判決書の必要的記載事項
裁判所等が定める和解条項……………1268	――の確定………………………1100
→裁定和解	――の記載………………………1095
裁判の脱漏……………………… 906, 1144	――の記載方法…………………1096
→判決の脱漏	――を記載する目的……………1094
――の規定の沿革………………1145	新法における――の意義………1095
訴訟費用の――…………………1151	事実上の推定………………………………43
非訟事件・家事事件への――の規定の準用	事実認定…………………………… 3, 1101
……………………………………1152	――と証拠の必要性…………………2
在来様式の判決書………………………1079	事実認定の違法………………………1009
――における事実記載…………1097	――と自由心証主義……………1009
差額説……………………………………1027	――の態様………………………1010
五月雨式審理……………………………118	上告審と――……………………1009
暫定真実……………………………………47	（違法な資料に基づく事実認定）………1011
残部判決…………………………………906	（証明度に反する事実認定）…………1011
事案解明義務………………………………57	（適法な資料を看過した事実認定）……1011
――違反の効果……………………58	私　知………………………………………91
――が生じる要件…………………58	実質的証拠力
私鑑定（私的鑑定）……………………345	証言の――………………………183
――の提出時期……………………345	文書の――………………………705
磁気ディスク等…………………………816	自　白………………………………………64
――と二種類の書証手続…………825	――の可分性………………………82
――の証拠調べ……………………816	――の効果…………………………86
――の証拠調べの手続……………822	――の裁判所に対する拘束力……86
自己負罪拒否権・名誉侵害関連文書…517	――の審判排除効…………………86
――の範囲…………………………518	――の成立要件……………………73
自己利用文書……………………………532	――の対象…………………………76
――該当性判断の際の利益衡量の可否 … 544	――の当事者に対する拘束力……87
――と内部文書との関係…………514	――の不可撤回効…………………87
――の外部非開示性………………535	――の不利益性（証明責任説）…75
――の外部非開示性と守秘義務…538	――の不利益性（敗訴可能性説）…75
――の外部非開示性と法令上の作成義務	

事 項 索 引

——の法的性質	66
間接事実の——	76
擬制——	65
権利——	79
裁判外の——	65
裁判上の——	64
制限付——	75
先行——	74, 83
文書の真正についての——	729, 735
補助事実の——	78
民事——と刑事——との違い	63

自白契約 26, 66
　間接事実・補助事実の—— 27
自白の撤回 87
　相手方の同意がある場合の—— 88
　再審事由に当たる瑕疵がある場合の—— 89
　反真実と錯誤による—— 89
自白法理の適用範囲 67
　（会社関係訴訟） 69
　（家事審判・調停） 69
　（境界（筆界）確定訴訟） 71
　（強行法規・公序良俗違反の主張） 73
　（行政訴訟） 72
　（人事訴訟） 67
　（訴訟要件に関する主張） 72
私文書 411
　——と公文書との区別 411
　——と公文書とを含む文書の真正 767
私文書の真正 737
　——の推定 737
　　→二段の推定
　——の認定 755
司法委員 1447
　——となるべき者 1450
　——となるべき者の選任 1451
　——による和解勧試の補助 1456
　——の意見 1458
　——の関与 1455
　——の指定 1454
　——の職務 1456
　——の発問 1460
　——への旅費等の支給 1461
　一般—— 1453
　専門—— 1452
司法委員制度 1447

　——の沿革 1449
　——の活用実績と課題 1462
写　真 805
　——の証拠調べ 805
遮へい 295
　——の手続 297
　——の要件と考慮事情 296
終局判決 892
　——の意義 892
　——の種類 893
　——をしてはならない場合 894
　——をしなくてもよい場合 895
　——をなすべきとき 894
　当事者双方の不出頭または退廷と—— 922
　当事者の一方の不出頭または退廷と—— 924
　不熱心な訴訟追行の場合の—— 915
自由心証主義 975
　——と事実認定の違法 1009
　——と証明責任 978
　——と真実擬制 329
　——と弁論主義 978
　——と法定証拠主義 975
　——の意義 976
　——の制度的基盤 977
　——の適用範囲 992
　——の内在的制約 988
　——の内在的制約の担保 989
　——の内容 979
　——の目的 976
　——の例外 992
　合議体による判決と—— 991
集中証拠調べ 117
　——に関連する規則 124
　——の意味 120
　——の際の陳述書利用の可否 125
　——の準備 123
　——の条件 119
　——の目的 120
　争点整理手続と——との関係 123
集中的人証尋問 122
自由な証明 6
主観的証明責任 30
　——と立証の必要との区別 31
取材源の秘匿 248

主尋問	275
再──	275
主尋問連続方式	285
受託当局証拠調べ	139
──の嘱託手続	141
──の対象	140
──の特徴	145
受諾和解	1263
──の成立と調書への記載	1267
──の場合の当事者の真意の確認	1265
──への第三者の参加	1266
受諾和解の要件	1263
（書面による和解条項案の提示・受諾）	1264
（当事者の出頭困難）	1263
主張責任	41
──と証明責任	41
──の分配	41
出頭義務	188
主　文	1083
確認判決の──	1089
給付判決の──	1087
形成判決の──	1090
従たる──	1091
上訴審の裁判の──	1093
訴訟判決の──	1084
特殊な──	1091
本案判決の──	1086
準文書	407, 802
──の例	803
準文書の証拠調べ	805
──と検証	834
（磁気ディスク等）	816
（図面・写真）	805
（ビデオテープ）	815
（マイクロフィルム）	808
（録音テープ）	810
証　言	183
──の証拠力（信用性）	183
証言義務	188
証言拒絶	254
──の理由の疎明	254, 255
正当な理由のない──	262
証言拒絶権	220
──と憲法上の権利保障との関係	223
──の有無の相関的判断の可能性	228
──の行使	234
──の根拠・意義	226
──の性質	221
技術の秘密についての──	246
公務員等の──	237
取材源に関する──	248
職業の秘密についての──	246
専門職従事者が──を行使しなかった場合	245
専門職従事者の──	239
専門職従事者の──の規定の類推適用	241
第三者の秘密に関する──	249
弁護士の──	243
証言拒絶事由	503
──と引用文書の提出義務との関係	503
証言拒絶に対する制裁	261
──の手続	262
──の要件	261
証言拒絶についての裁判	257
──に対する即時抗告	260
──の手続	258
証言拒絶の要件	229
（尋問事項に関するもの）	229
（被リスク者の属性に関するもの）	232
証　拠	3
──の提出	100
──の不採用	109
証拠価値	4
証拠共通の原則	1009
共同訴訟人間の──	1009
証拠契約	26, 1002
証拠結合主義	118
証拠決定	108
──に対する不服申立て	109
──の時期	115
──の取消し	109
──の方式	108
──の要否	108
証拠原因	4
証拠抗弁	7, 102
証拠調べ	
──の順序	115
──の追完	131
──の不定期間の障害	115
──の補充	131

事項索引

外国における―― 133
　→外国における証拠調べ
裁判所外における―― 151
　→裁判所外における証拠調べ
受託裁判官による―― 155
受命裁判官による―― 155, 1319
当事者の不出頭の場合の―― 127
証拠調べの結果 1008
　――の意義 1008
　――の評価 1008
証拠調べの嘱託 151
　外国の裁判所に対する―― 142
　在外領事等に対する―― 142
証拠調べの転嘱（再嘱託） 157
証拠資料 4
証拠制限契約 26, 102
証拠説明書 470
　――の直送 474
　――の通数 473
　――の提出義務（の免除） 473
　――の提出時期 473
証拠提出責任 32
　具体的―― 32
　抽象的―― 32
証拠能力 4, 414
　――と自由心証主義 415
　――と証拠適格 414
　――の制限 993
　私鑑定書の―― 1000
　人証に代えて作成された文書の―― 996
　陳述書の―― 998
　提訴後に作成された文書の―― 996
　反対尋問を経ない証言・陳述の―― 999
証拠の採否 107
　証拠方法による――の差異 113
証拠（証明）の優越 14
証拠分離主義 118
証拠弁論 125
証拠方法 3
　――の制限 992
　――の特定 99
証拠保全 868
　――と受命裁判官による証拠調べ 885
　――と証拠調期日への呼出し 886
　――と証人以外の者の再尋問 890

　――と証人の再尋問 890
　――と提示命令 874
　――と類似制度との違い 868
　――の管轄裁判所 877
　――の機能 869
　――の結果の本案訴訟での利用 891
　――の実施方法 873
　――の費用 888
　――の要件 869
　――の要件の調査と認定 872
　訴え提起後の――の管轄 877
　訴え提起前の――の管轄 878
　急迫の事情がある場合の――の管轄 878
　職権による―― 882
証拠保全決定 873
　――に対する不服申立ての不許 884
　――の送達 874
証拠保全の事由 870
　――の疎明 873
　（あらかじめ） 872
　（改ざんのおそれ） 871
証拠保全の申立て 869
　――と管轄違い 879
　相手方の住所，居所が不明の場合の―― 880
　相手方を指定することができない場合の―― 880
　管轄の異なる複数の証拠方法を対象とする―― 879
証拠申出 7, 97
　――と模索的証明 104
　――に対する応答 108
　――の時期 100
　――の費用の予納 100
　――の方式 97
　期日前（期日外）の―― 101
　複合的な―― 410
証拠申出の撤回 102
　――の擬制 103
　――の方法と効果 104
証拠力 4
　――の評価 1008
証　人 178
　――の在廷 283
　――の呼出し 206

1483

──の旅費等	186
証人義務	187
──の性質	187
──の内容	188
証人尋問	178
→尋問	
──と審尋との差異	168
──と当事者尋問との差異	179, 313
──と当事者尋問との順序	319
──の採否基準	114
──の申出	185
公務員の──	190
→公務員の証人尋問	
裁判所外における──	153
受命裁判官・受託裁判官による──	215, 310
受命裁判官・受託裁判官による──の要件	216
証人能力	179
──と訴訟能力	181
──のない者を証人として尋問した場合	181
共同訴訟人の──	180
訴訟担当者の──	180
被担当者の──	180
補助参加人の──	180
証人の再尋問	1059
→直接主義	
──義務違反の効果	1060
──の規定の適用範囲	1060
──の必要性	1060
──の申出	1059
証人の不出頭	206
──の正当な理由	207
証人の不出頭に対する過料等	205
──と証人の不出頭に対する罰金等との関係	211
──の裁判に対する不服申立て	210
──の裁判の執行	210
──の審理・裁判	207
──の要件	206
証人の不出頭に対する罰金等	211
──と証人の不出頭に対する過料等との関係	211
抄　本	414

認証──	414
証　明──	3, 5, 169
──と疎明	5, 169
──の必要（現実的必要性）	31
厳格な──	6
自由な──	6
証明すべき事実	98, 472, 648
──の特定	98
（文書提出命令）	555
証明すべき事実の真実擬制	642, 647
──の法的性質	648
証明すべき事実の真実擬制の要件	642
（証明すべき事実の特定）	645
（他の証拠による証明困難性）	644
（文書の記載内容の主張困難性）	644
証明責任	28
──と自由心証主義	978
──と主張責任	41
──の機能	30
──の対象	33
──の転換	48
規範的要件（法的評価概念）と──	40
客観的──	30
主観的──	30
証明責任の分配	33
（規範説）	34
（修正法律要件分類説）	36
（法律要件分類説）	33
（利益衡量説）	36
証明責任の分配例	37
証明度	7, 980
──と解明度	986
──と信頼度	986
──の意義	980
──の引下げ（軽減）	55, 984
刑事訴訟における──	17
原則的な──	980
例外的な──	983
（実体法説）	11
（訴訟法説）	12
証明の対象	23
（経験則）	25
（事実）	23
（法規）	24
証明負担の軽減	47

事項索引

証明妨害……………………………52, 650
　——と文書提出命令違反の効果
　　　……………………………………650
　——に関する学説……………………658
　——に関する裁判例…………………651
　——の効果……………………53, 674
　——の効果（ドイツの学説）………658
　——の効果（日本の学説）…………665
　——の根拠（ドイツの学説）………658
　——の根拠（日本の学説）…………665
証明妨害の要件……………………52, 669
　（帰責事由）…………………………673
　（証明困難・証明不能との因果関係）……672
　（妨害行為：証拠保存・作成義務違反）……671
職業の秘密……………………247, 528
　——と守秘義務との関係……………251
　——と利益衡量………………………247
　——についての証言拒絶権…………246
職務上顕著な事実………………………94
職務上知り得た事実……………………244
職務上知ることができた（知り得た）秘密
　　………………………………………198
職務上の秘密……………………………196
　——該当性の最終的判断権者……200, 238
　——と「職務上知ることができた（知り得た）」秘密……………………………197
　——の意義……………………………196
書　証……………………………………405
　——と検証との関係…………………408
　——と検証との交錯…………………833
　——の意義……………………………405
　——の採否基準………………………113
　——の氾濫……………………………448
書証の撤回　→書証の申出の撤回
書証の申出……………………404, 442
　——において提出すべき文書………442
　——の却下……………………………450
　——の採否……………………………447
　——の受理……………………………447
　——の撤回……………………449, 450
　——の撤回と相手方の同意…………451
　——の方式……………………………443
　——の方法……………………………404
　写しによる——………………………459
　写しの提出がない——………………456
　写しを原本として提出する——……460
　写しを原本に代えて提出する——…459
　文書の一部についての——…………444
　文書を提出してする——……………442
書証番号…………………………………453
　——の付け方…………………………454
処分権主義………………………………938
　——と訴えの取下げ………………1206
　——と弁論主義との関係……………941
　——の意義……………………………938
　——の機能……………………………940
　——の限界……………………………939
　——の根拠……………………………938
　——の内容……………………………938
処分権主義違反…………………………955
　——の効果……………………………973
　（非申立事項に対する判決）………956
　（申立事項を質的に超過する判決）……959
　（申立事項を量的に超過する判決）……958
処分権主義の適用範囲…………………942
　（会社関係訴訟）……………………943
　（行政訴訟）…………………………943
　（形式的形成訴訟）…………………944
　（人事訴訟）…………………………943
　（仲裁手続）…………………………948
　（督促手続）…………………………948
　（非訟事件の裁判）…………………945
　（付随的・派生的裁判）……………942
　（民事訴訟）…………………………942
　（民事保全の裁判）…………………947
処分証書…………………………………412
　——と報告文書との区別……………412
　——の形式的証拠力…………………707
書面尋問……………………………304, 1437
　——後の再度の人証の申出………1445
　——と類似手続との関係……………308
　——の性質……………………………307
　——の手続……………………………306
　——の要件……………………………305
書類に基づく陳述
　——が相当である場合………………289
　——の禁止……………………………289
真偽不明……………………………………28
真実擬制……………………………329, 1001
　——と自由心証主義…………………329

1485

共同訴訟の場合の―― ……………… 329
真実義務 …………………………………… 790
　――と完全義務 ………………………… 790
　――の実効性 …………………………… 792
　代理人の―― …………………………… 791
新種証拠 …………………………………… 407
　→準文書
　――の証拠調べ ……………… 805, 835
心　証 ……………………………………… 980
人　証 ………………………………………… 3
　――の一括申出 ………………………… 124
審　尋 ……………………………………… 166
　――と証人尋問との差異 ……………… 168
　――の意義 ……………………………… 166
　――の対象 ……………………………… 167
　――の調書 ……………………………… 168
　――の方法 ……………………………… 167
　――の申出 ……………………………… 167
審判排除効 ………………………………… 86
尋　問　→証人尋問
　――に代わる書面の提出 ……………… 304
　　→書面尋問
　――に関する裁判に対する異議 ……… 281
　――の際の文書等の利用 ……………… 288
　――の制限 ……………………………… 279
　――の範囲 ……………………………… 279
　――の方法 ……………………………… 279
　隔離―― ………………………………… 283
　相当でない―― ………………………… 280
　テレビ会議システムによる―― ……… 298
　ビデオリンク方式による―― ………… 298
尋問権 ……………………………………… 275
尋問事項書 ………………………………… 185
尋問順序 …………………………………… 275
尋問順序の変更 …………………………… 277
　――に対する異議 …………… 281, 311
　――の手続 ……………………………… 278
　――の要件 ……………………………… 277
尋問使用文書 ……………………………… 467
　――の写しの提出時期 ………………… 468
　――の提出時期 ………………………… 467
　弾劾証拠である―― …………………… 468
新様式の判決書 ………………………… 1080
　――における事実記載 ……………… 1098
信頼度 ……………………………… 7, 986

――と証明度 …………………………… 986
推　定 ……………………………………… 42
　――と擬制 ……………………………… 45
　事実上の―― …………………………… 43
　法律上の―― …………………………… 45
推定事実 …………………………………… 42
請求棄却判決 …………………………… 898
請求認容判決 …………………………… 899
請求の原因 ……………………………… 930
　→原因判決
　――の範囲 ……………………………… 930
請求の減縮 ……………………………… 1231
　――と一部放棄 ……………………… 1231
　――と訴えの一部取下げ …………… 1231
請求の認諾 ……………………………… 1276
　――調書の既判力 …………………… 1312
　――調書の執行力・形成力 ………… 1312
　――と公序良俗・強行法規違反 …… 1281
　――と訴訟終了効 …………………… 1311
　――と訴訟物に関する処分の自由 … 1282
　――と訴訟要件の具備の要否 ……… 1283
　――と調書の記載 …………………… 1285
　――の効果 …………………………… 1285
　――の陳述擬制 ……………………… 1279
　――の方式 …………………………… 1279
　――の法的性質 ……………………… 1277
　――の無効の主張方法 ……………… 1314
　――の要件 …………………………… 1280
　――を看過してなされた判決の効力
　　　　　　　　　　　…… 1286, 1311
　抗告訴訟における―― ……………… 1283
　職権探知主義が妥当する場合の―― 1282
　団体関係訴訟における―― ………… 1282
請求の放棄 ……………………………… 1276
　――調書の既判力 …………………… 1312
　――と訴えの取下げ ………………… 1207
　――と訴訟終了効 …………………… 1311
　――と訴訟物に関する処分の自由 … 1282
　――と訴訟要件の具備の要否 ……… 1283
　――と調書の記載 …………………… 1285
　――の効果 …………………………… 1285
　――の陳述擬制 ……………………… 1279
　――の方式 …………………………… 1279
　――の法的性質 ……………………… 1277
　――の無効の主張方法 ……………… 1314

事項索引

――の要件……………………………… 1280
――を看過してなされた判決の効力
　………………………………… 1286, 1311
　職権探知主義が妥当する場合の―― 1282
　訴訟担当の場合の―― ………………… 1283
制限付自白 ……………………………… 75, 83
　――と理由付否認 ……………………… 83
正　本 …………………………………… 413
先行自白 ………………………………… 74, 83
宣　誓 …………………………………… 264
　――と偽証罪 …………………………… 264
　――に関する調書記載 ………………… 268
　――の拒絶 ……………………………… 271
　――の時期 ……………………………… 266
　――の趣旨の説明・罰則の告知 ……… 267
　――の態様 ……………………………… 266
　――の手続 ……………………………… 266
　――の方式 ……………………………… 266
　――の免除 ……………………………… 270
　――を欠く場合 ………………………… 265
　鑑定人の―― …………………………… 394
　当事者尋問と―― ……………………… 319
宣誓義務 ………………………………… 264
　――のない場合 ………………………… 268
宣誓拒絶権 ……………………………… 271
宣誓書 …………………………………… 267
宣誓能力 ………………………………… 268
宣誓無能力 ……………………………… 268
　――者に宣誓させた場合 ……………… 269
前提事実 ………………………………… 42
全部判決 ………………………………… 893
専門職従事者の証言拒絶権 …………… 239
送達条約 ………………………………… 137
相当程度の蓋然性 ……………………… 980
相当な損害額 …………………… 1039, 1041
　→損害額の認定
　――の認定 ……………………………… 1039
　――の認定資料 ………………………… 1041
相当な損害額を認定する要件 ………… 1027
　（損害額立証の困難）………………… 1030
　（損害の発生）………………………… 1027
訴訟が裁判をするのに熟したとき …… 895
　――の判断基準 ………………… 899, 902
　――の分析 ……………………………… 900
　（請求棄却判決）……………………… 898

（請求認容判決）……………………… 899
（訴訟判決）…………………………… 896
訴訟終了宣言（判決）………………… 1085
訴訟上の和解 …………………………… 1287
　――と意思表示の瑕疵 ………………… 1296
　――と訴えの取下げの合意（訴え取下げ契
　　約）との関係 ………………………… 1219
　――と係争利益の処分権限 …………… 1293
　――と公序良俗・強行法規違反 ……… 1295
　――と互譲 ……………………………… 1295
　――と執行力 …………………………… 1298
　――と訴訟終了効 ……………………… 1297
　――と訴訟要件の具備の要否 ………… 1297
　――に条件を付することの可否 ……… 1295
　――の解除（の主張方法）…………… 1308
　――の効力 ……………………………… 1297
　→和解調書
　――の成立と調書の記載 ……………… 1297
　――の内容 ……………………………… 1295
　――の法的性質 ………………………… 1289
　――の無効の主張方法 ………………… 1303
　――の要件 ……………………………… 1292
　――の利点 ……………………………… 1288
　――への第三者の参加 ………………… 1292
　会社関係訴訟における―― …………… 1293
　行政訴訟における―― ………………… 1294
　職権探知主義が妥当する場合の―― … 1293
　訴訟担当の場合の―― ………………… 1294
訴訟上の和解の既判力 ………… 1298, 1301
　（肯定説）……………………………… 1298
　（制限的肯定説）……………………… 1300
　（否定説）……………………………… 1299
訴訟の一部が裁判をするのに熟したとき … 907
訴訟判決 ………………………………… 896
訴訟費用の裁判の脱漏 ………………… 1151
訴訟費用の負担 ………………………… 208
　→証人の不出頭に対する過料等
　――と過料との関係 …………………… 209
訴訟費用の負担の裁判 ………………… 1091
即決和解 ………………………………… 1389
　→訴え提起前の和解
外側説 …………………………………… 972
疎　明 …………………………………… 5, 169
　――と証明 ……………………………… 5
　――の意義 ……………………………… 169

1487

| ——の方法………………………………… 172
| 疎明事項………………………………………… 170
| 損害額の認定………………………………… 1017
| 　→相当な損害額
| 　——と慰謝料………………………………… 1038
| 　——と逸失利益……………………………… 1032
| 　——と過大費用の発生（談合・カルテル等）
| 　　………………………………………………… 1034
| 　——と積極損害……………………………… 1035
| 　——と判決理由の記載……………………… 1042
| 　——と不服申立て…………………………… 1043
| 　——と法人の無形損害……………………… 1039
| 　——の規定の射程…………………………… 1020
| 　——の規定の制定経緯……………………… 1017
| 　——の規定の類推適用……………………… 1021
| 　——の義務性………………………………… 1039
| 　——の性質…………………………………… 1022
| 　（裁量評価説）……………………………… 1023
| 　（証明度軽減説）…………………………… 1022
| 　（折衷説）…………………………………… 1023
| 損害事実説……………………………………… 1027
| 損害賠償………………………………………… 1192
| 損害賠償義務……………………………… 1193, 1196
| 　——の消滅…………………………………… 1195
| 　——の内容…………………………………… 1196
| 　——の発生要件……………………………… 1194
| 　——の法的性質……………………………… 1193
| 損害賠償を求める申立て……………………… 1200
| 　——に対する相手方の抗弁………………… 1201
| 　——に対する裁判…………………………… 1202
| 　——の規定の類推適用……………………… 1203
| 　——の性質…………………………………… 1200

た 行

| 大規模訴訟……………………………………… 1317
| 　——と計画審理……………………………… 1319
| 　——と多数当事者訴訟……………………… 1333
| 　——における合議体の構成………………… 1335
| 　——に関する民事訴訟規則………………… 1318
| 大規模訴訟における5人合議制……………… 1335
| 　——と判事補………………………………… 1342
| 　——の適用される裁判所…………………… 1343
| 　——の有用性………………………………… 1337
| 　——の要件…………………………………… 1340
| 　——の要件を欠く場合……………………… 1342

| 　——を認める趣旨…………………………… 1336
| 大規模訴訟における受命裁判官による尋問… 1316
| 　——と公開主義……………………………… 1324
| 　——と直接主義……………………………… 1321
| 　——の手続…………………………………… 1331
| 　——を行うべきでない場合………………… 1333
| 大規模訴訟における受命裁判官による尋問の
| 　要件…………………………………………… 1325
| 　——の判断時期……………………………… 1330
| 　——を欠く場合……………………………… 1332
| 　（裁判所内）………………………………… 1329
| 　（人証の著しい多数性）…………………… 1327
| 　（当事者の異議の不存在）………………… 1327
| 　（当事者の著しい多数性）………………… 1325
| 第三者の文書提出命令違反…………………… 678
| 　——に対する過料以外の制裁の可能性… 682
| 第三者の文書提出命令違反に対する過料決定
| 　………………………………………………… 679
| 　——に対する即時抗告……………………… 681
| 　——の取消し………………………………… 682
| 対　質…………………………………… 286, 319
| 対照用物件……………………………………… 774
| 　——が存在しない場合……………………… 784
| 　——とイン・カメラ手続…………………… 783
| 　——の原本性………………………………… 777
| 　——の送付嘱託……………………………… 781
| 　——の調書添付の方法……………………… 782
| 　——の提出義務……………………………… 777
| 　——の提出手続……………………………… 779
| 　——の提出命令……………………………… 781
| 　——の不提出の効果………………………… 781
| 　——の留置…………………………………… 781
| 弾劾証拠………………………………………… 124
| 中間の争い……………………………………… 929
| 中間判決………………………………………… 927
| 　——と差戻判決の拘束力…………………… 935
| 　——に対する独立の不服申立て…………… 934
| 　——の意義…………………………………… 927
| 　——の拘束力………………………………… 935
| 　——の手続…………………………………… 932
| 中間判決の対象………………………………… 927
| 　（請求の原因）……………………………… 930
| 　　→原因判決
| 　（中間の争い）……………………………… 929

――（独立した攻撃または防御の方法）……… 928
仲裁鑑定契約……………………………… 26, 102
調査嘱託………………………………………… 160
　――と鑑定嘱託との異同………………… 400
　――に対する応諾義務…………………… 164
　――に対する回答を証拠資料とする方法
　　……………………………………………… 164
　――の相手方（嘱託先）………………… 161
　――の手続………………………………… 163
　――を求め得る事項……………………… 162
調書の更正……………………………………… 1132
調書判決………………………………………… 1112
　――の方法による判決言渡しができる場合
　　……………………………………………… 1113
　――の方法による判決言渡しの方式…… 1114
庁内受命方式による人証調べ………………… 1319
直接主義………………………………………… 1045
　――違反の効果……………… 1054, 1057, 1060
　――と間接主義…………………………… 1045
　――と基本となる口頭弁論への関与…… 1053
　――と口頭主義…………………………… 1045
　――と裁判官の交代……………………… 1055
　――と裁判所外における証拠調べ……… 1050
　――と証人の再尋問……………………… 1059
　――と当事者権の保障…………………… 1046
　――の意義………………………………… 1045
　――の沿革………………………………… 1051
　――の限界………………………………… 1046
　――証拠調べにおける――……………… 1048
直接証拠………………………………………… 4
陳述書………………………… 125, 287, 320, 419
　――の扱い………………………………… 426
　――の事前開示機能……………………… 288
　――の主尋問代替機能…………………… 287
　――の証拠能力…………………………… 419
　――の利用…………………………… 287, 320
追加判決………………………………… 906, 1150
　――の上訴期間…………………………… 1151
付添い…………………………………………… 292
　――の手続………………………………… 293
　――の要件と考慮事情…………………… 293
提出扱い………………………………………… 446
　→写しと原本との照合
テレビ会議システム…………………………… 300
伝聞証言………………………………………… 181

　――の証拠能力…………………………… 182
　――の証拠力……………………………… 182
伝聞証拠の証拠能力…………………………… 182
等価値陳述……………………………………… 85
当事者尋問……………………………………… 312
　――と証人尋問との差異…………… 179, 313
　――と証人尋問との順序………………… 319
　――と宣誓………………………………… 319
　――に関する比較法……………………… 315
　――の沿革………………………………… 314
　――の採否基準…………………………… 114
　――の対象者……………………………… 316
　――の方法………………………………… 319
　――の補充性の廃止……………………… 314
　――の申立て……………………………… 318
　――の要件………………………………… 316
　公務員の――……………………………… 339
　証人尋問の規定の――への準用………… 336
　職権による――…………………………… 318
　人事訴訟における――…………………… 320
　知的財産関係訴訟における――………… 322
　手形小切手訴訟における――…………… 323
当事者尋問における宣誓・陳述拒否………… 328
　――と真実擬制…………………………… 329
　――の正当な理由…………………… 328, 329
当事者尋問における不出頭…………………… 325
　――後の手続……………………………… 327
　――と真実擬制…………………………… 329
　――の正当な理由………………………… 326
当事者の虚偽陳述に対する過料……………… 331
　――の決定に対する即時抗告…………… 334
　――の決定の取消し……………………… 335
　――の裁判………………………………… 331
　――の要件………………………………… 332
当事者の不出頭………………………………… 130
　――と証拠調べ…………………………… 127
謄　本…………………………………………… 413
　認証………………………………………… 413
特許権等に関する訴え………………… 1345, 1349
　――における合議体の構成……………… 1345
特許権等に関する訴訟における5人合議制
　　……………………………………………… 1345
　――の要件………………………………… 1348
取下げ…………………………………………… 1206
　→訴えの取下げ

支払督促の申立ての―――……………1210
督促異議の―――………………………1210
反訴の―――……………………………1214
非訟事件・家事事件に係る申立ての―――
　　　………………………………………1211
民事執行・民事保全に係る申立ての―――
　　　………………………………………1210
取下書……………………………………1216
　　→訴えの取下げ
　―――の送達…………………………1216

な 行

内部文書…………………………………512
　―――と共通文書……………………512
　―――と自己利用文書との関係……514
二巡方式…………………………………286
二段の推定………………………………739
二段の推定の一段目の推定……………740
　―――の性質…………………………740
　―――の前提事実に対する反証……741
　―――を破る反証……………………743
　押印の場合の―――…………………740
　署名の場合の―――…………………740
二段の推定の二段目の推定……………745
　―――の性質……………………745, 751
　―――を破る反証……………………749
任意の出廷による訴えの提起…………1375
　―――の現状と課題…………………1377
認諾判決…………………………………1276
ノンリケット……………………………28

は 行

ハーグ証拠収集条約……………………137
判　　決…………………………………1065
　―――内容の形成……………………1063
　―――の更正…………………………1129
　　→更正決定
　―――の自己拘束力（自縛性）…1066, 1120
　―――の執行力………………………1154
　―――の発効…………………………1063
　―――の変更…………………………1120
　　→変更判決
　言渡しのない―――…………………1063
判決言渡裁判所…………………………1074
判決言渡し………………………………1073

　―――と主文の朗読…………………1075
　―――と調書の記載…………………1076
　―――の効力…………………………1066
　―――の方式…………………………1073
　―――の方式の瑕疵…………………1076
　―――の方式の特則…………………1112
　原本に基づかない―――……………1073
　原本に基づかない―――ができる場合
　　　………………………………………1113
　原本に基づく―――…………………1073
　少額訴訟における―――……………1115
　調書判決の方法による―――………1112
判決裁判官………………………………1053
判決書……………………………………1078
　―――の送達…………………………1116
　―――の送達期間……………………1118
　―――の目的・機能…………………1078
　―――への訴訟代理人の記載………1107
　―――様式の現状……………………1082
　―――様式の変遷……………………1079
　―――を送達すべき当事者等………1118
　在来様式の―――……………………1079
　新様式の―――………………………1080
判決書に代わる調書……………………1114
　―――の送達…………………………1118
　―――の送達期間……………………1118
判決書の任意的記載事項………………1109
　（事件番号・事件名）………………1109
　（表題）………………………………1110
判決書の必要的記載事項………………1083
　（口頭弁論の終結の日）……………1105
　（裁判所）……………………………1108
　（事実）………………………………1094
　（主文）………………………………1083
　（当事者）……………………………1105
　（判決裁判官の署名押印）…………1108
　（法定代理人）………………………1107
　（理由）………………………………1099
判決の言渡期日…………………………1068
　―――における当事者の欠席………1068
　―――の告知…………………………1070
　―――の指定…………………………1069
　―――の通知…………………………1070
　―――の通知に関する瑕疵…………1071
　―――の通知の方法…………………1071

事項索引

──の変更・延期 …………………… 1069
判決の個数 …………………………… 904
 訴えの客観的併合と── ………… 905
 通常共同訴訟と── ……………… 905
 必要的共同訴訟と── …………… 905
判決の脱漏 ……………………… 1144, 1146
 →裁判の脱漏
 ──一部判決 ……………………… 1147
 ──と上訴の可否 ………………… 1150
 ──と追加判決 …………………… 1150
 ──と判断の遺脱 ………… 1144, 1147
 ──の意義 ………………………… 1146
 訴えの客観的予備的併合，客観的選択的併
  合と── ………………………… 1149
 請求の態様と── ………………… 1148
判決理由　→理由
反　証 …………………………………… 4
反対尋問 ……………………………… 275
 ──を欠く証言 …………………… 182
 ──を欠く証言の証拠能力 ……… 276
反対尋問権の保障 …………………… 276
筆記義務 ……………………………… 784
筆記命令 ……………………………… 785
 ──違反の効果 …………………… 785
 文書の作成者が第三者である場合の──
  ………………………………………… 786
筆跡または印影の対照 ……………… 774
 ──と相手方の筆記義務 ………… 784
 →筆記義務，→筆記命令
 ──の性質 ………………………… 775
 ──のための物件 ………………… 774
 →対照用物件
ビデオテープ ………………………… 809
 ──の証拠調べ …………………… 815
ビデオリンク方式 …………………… 300
評　議 ………………………………… 1064
評　決 ………………………………… 1065
不可撤回効 …………………………… 87
副　本 ………………………………… 413
物　証 ………………………………… 3
不熱心な訴訟追行の場合の終局判決 … 915
 ──と訴えの取下げの擬制との関係 … 921
 ──の趣旨 ………………………… 917
 ──の要件 ………………………… 922
不利益陳述 …………………………… 84

文　書 ………………………………… 406
 ──に対する支配 ………………… 496
 ──の意義 ………………………… 406
 ──の一部提出命令 ……………… 581
 ──の一部の提出 ………………… 444
 ──の記載 ………………………… 627
 ──の形式的証拠力 ……………… 705
 ──の実質的証拠力 ……………… 705
 ──の趣旨 ………………… 552, 762
 ──の種類 ………………………… 411
 ──の証拠能力 …………………… 414
 ──の証拠能力と形式的証拠力 … 414
 ──の使用妨害 …………………… 629
 ──の所持についての証明責任 … 499
 ──の送付 ………………………… 689
 ──の特定 ……………… 552, 559, 686
 ──の取調べ ……………………… 445
 ──の二面性 ……………………… 408
 ──の表示 ………………………… 552
 ──の標目 ………………………… 471
 ──の不提出 ……………………… 626
 ──の方式 ………………………… 761
 ──の滅失・使用不能 …………… 637
 ──の留置 ………………………… 700
 →留置決定
 提出義務のある── ……………… 634
 当事者が所持する──の職権による提出命
  令 ………………………………… 485
文書送付嘱託 ………………………… 684
 ──と記録の取寄せ ……………… 698
 ──に対する応答義務 …………… 694
 ──についての裁判 ……………… 687
 ──についての裁判に対する不服申立て
  ………………………………………… 689
 ──の相手方（嘱託先） ………… 684
 ──の拒絶に対する対応 ………… 696
 ──の手続 ………………………… 685
 ──の費用 ………………………… 690
 ──の申立て ……………………… 685
 ──の要件 ………………………… 687
 期日前の──の申立て ………… 687
文書提出義務 ………………………… 486
 ──の一般義務化 ………… 488, 515
 ──の原因 ………………………… 556
 ──の限定義務規定（1号ないし3号）と

1491

一般義務規定（4号）との関係………… 490
　　——の除外事由……………………………… 516
　　——を負う者………………………………… 496
　　（一般義務文書）…………………………… 515
　　（引用文書）………………………………… 499
　　（権利文書）………………………………… 504
　　（法律関係文書）…………………………… 509
　　（利益文書）………………………………… 506
文書提出義務の除外事由
　　——の主張責任・証明責任………………… 516
　　（技術職業秘密文書）……………………… 528
　　（刑事関係文書）…………………………… 545
　　（公務秘密文書）…………………………… 519
　　（自己負罪拒否権・名誉侵害関連文書）… 517
　　（自己利用文書）…………………………… 532
　　（法定専門職秘密文書）…………………… 524
文書提出命令……………………………………… 570
　　——の申立ての即時却下…………………… 564
　　第三者が——に従わない場合……………… 678
　　→第三者の文書提出命令違反
　　当事者が——に従わない場合……………… 623
　　→文書提出命令違反
文書提出命令違反
　　——と使用妨害目的………………………… 629
　　——による真実擬制…………………… 638, 642
　　——による真実擬制の適用除外…………… 624
　　——による真実擬制の法的性質…………… 640
　　——による真実擬制の目的………………… 638
　　——の効果…………………………………… 638
　　——の効果と証明妨害……………………… 650
　　提出義務のある文書の滅失・使用不能と
　　——………………………………………… 635
　　文書の使用妨害による——………………… 630
　　文書の不提出による——…………………… 626
文書提出命令の申立て…………………………… 551
　　——における裁判の規律…………………… 579
　　——における審理の規律…………………… 574
　　——における必要的記載事項……………… 552
　　——に関する裁判…………………………… 572
　　——に関する裁判に対する即時抗告の手続
　　　………………………………………………… 621
　　——に関する裁判に対する不服申立て…… 613
　　——の却下決定に対する即時抗告………… 614
　　——の認容決定に対する即時抗告………… 619
　　——の黙示の却下…………………………… 580

　　一般義務文書についての——……………… 557
文書特定手続……………………………………… 559
　　——の実施の効果…………………………… 566
　　——の申出の効果…………………………… 565
文書特定手続の申出の要件……………………… 561
　　（識別可能性）……………………………… 563
　　（即時却下事由の不存在）………………… 564
　　（特定困難性）……………………………… 562
　　（文書提出命令への附随性）……………… 561
文書の作成者………………………………… 472, 710
　　——が不明である場合……………………… 758
　　——の記名押印・署名に関する認否……… 727
　　——の主張と作成名義人の記載…………… 715
　　——の特定の要否…………………………… 711
　　（偽造文書）………………………………… 723
　　（代理人作成文書）………………………… 716
　　（通称等名義の文書）……………………… 716
文書の証拠能力…………………………………… 414
　　（訴え提起に際しまたは訴え提起後に作成さ
　　れた文書）…………………………………… 416
　　（陳述書）…………………………………… 419
文書の所持者………………………………… 496, 554
　　——の特定…………………………………… 685
文書の真正………………………………………… 708
　　——と形式的証拠力………………………… 710
　　——に関する認否…………………………… 724
　　——についての自白…………………… 729, 735
　　——の意義…………………………………… 709
　　——の推定…………………………………… 737
　　——の筆跡または印影の対照による証明
　　　………………………………………………… 773
　　——を判決書に記載する方法……………… 728
文書の真正を争った者に対する過料決定
　　　…………………………………………… 788, 797
　　——と真実に反する否認・不知…………… 794
　　——と単純否認の制約……………………… 796
　　——と当事者等の故意・過失……………… 793
　　——の沿革…………………………………… 789
　　——の取消し………………………………… 798
　　——の要件…………………………………… 793
　　——の利用を妨げる事情と現行法制……… 800
文書の提示………………………………………… 690
　　弁論準備手続期日における——…………… 692
紛争の要点……………………………………… 1370
変更判決………………………………………… 1120

——と（変更）前の判決との関係……… 1126
——の言渡しと送達………………………… 1126
——の沿革…………………………………… 1120
——の効力…………………………………… 1126
——の趣旨…………………………………… 1120
——の存在意義……………………………… 1122
——の適用例………………………………… 1121
——の手続…………………………………… 1125
——の変更の可否…………………………… 1128
——の要件…………………………………… 1123
　変更の要件を欠く——の効力…………… 1127
弁論兼和解…………………………………… 119
弁論の更新…………………………………… 1055
——と口頭弁論の結果陳述………………… 1055
——の懈怠の効果…………………………… 1057
弁論の全趣旨………………………………… 1003
——と判決理由の記載……………………… 1006
——による事実認定………………………… 1005
——の内容…………………………………… 1004
放棄判決……………………………………… 1276
法規不適用原則……………………………… 29
報告文書……………………………………… 412
——と処分証書との区別…………………… 412
——の形式的証拠力………………………… 707
傍聴人の退廷………………………………… 284, 295
法定証拠主義………………………………… 975
——と自由心証主義………………………… 975
法定証拠法則………………………………… 46, 1001
法定専門職秘密文書………………………… 524
法定代理人…………………………………… 340
——がいる場合の当事者本人の尋問…… 341
——の尋問…………………………………… 340
法律関係文書………………………………… 509
——からの内部文書の除外………………… 512
——の提出義務の趣旨……………………… 509
——の範囲…………………………………… 510
法律上の権利推定…………………………… 45
法律上の事実推定…………………………… 45
法律上の推定………………………………… 45
法律要件分類説……………………………… 33
——への批判………………………………… 35
　修正（された）——……………………… 36
補充尋問……………………………………… 275
補充判決……………………………………… 906, 1150
　→追加判決

本　証………………………………………… 4
本人尋問……………………………………… 312
　→当事者尋問
　裁判所外における——…………………… 153

ま 行

マイクロフィルム…………………………… 808
——の証拠調べ……………………………… 808
民事訴訟手続に関する条約（民訴条約）… 136
——に基づく受託当局嘱託証拠調べ…… 139
　→受託当局証拠調べ
申立事項……………………………………… 949
——が明確ではない場合…………………… 952
——と原告の求める判決内容……………… 950
——と訴訟物………………………………… 949
——と判決との齟齬………………………… 955
——の意義…………………………………… 949
——の特定…………………………………… 951
——の内容…………………………………… 949
　一部請求の場合の——…………………… 954
黙秘義務の免除……………………………… 252
——の権限を有する者……………………… 253
黙秘すべきもの……………………………… 244, 526
　→証言拒絶権、→法定専門職秘密文書
模索的証明…………………………………… 104
——と証拠申出……………………………… 104

や 行

訳文（外国語文書）
——の正確性………………………………… 478
——の性質…………………………………… 480
——の提出時期……………………………… 477
——の添付…………………………………… 475
——のない外国語文書を取り調べた場合
　………………………………………………… 477
——の不添付の効果………………………… 477
——の翻訳料………………………………… 477
訳文の正確性に関する意見書……………… 479
——の性質…………………………………… 480
——の直送…………………………………… 479
——の提出時期……………………………… 479
唯一の証拠（の法理）……………………… 110
優越的蓋然性………………………………… 13
——と高度の蓋然性………………………… 13
——と高度の蓋然性との優劣……………… 15

1493

誘導質問…………………………………… 280
呼出し………………………………… 206, 325

ら行・わ

利益衡量説………………………………… 36
利益文書…………………………………… 506
　　——の提出義務の趣旨………………… 506
　　——の範囲……………………………… 507
立証事項（立証命題）……………………… 98
立証趣旨……………………………… 99, 472
立証責任…………………………………… 28
　　→証明責任
立証の必要（現実的必要性）……………… 31
　　——と主観的証明責任との区別……… 31
理　由…………………………………… 1099
　　→判決書の必要的記載事項
　　——記載の意義……………………… 1099
　　——記載の程度・方式……………… 1100
　　——の食違い………………………… 1104
留置決定………………………………… 701
　　——と原本提出命令………………… 703
　　——の効力…………………………… 702
理由付否認………………………………… 83
　　——と制限付自白……………………… 83
理由不備………………………………… 1104
領事証拠調べ……………………………… 142
　　——の特徴…………………………… 145
稟議書…………………………………… 541
ルンバール事件……………………… 8, 980
録音テープ……………………………… 809
　　——と内容説明書（反訳書面）…… 812
　　——と二種類の書証手続…………… 815
　　——の証拠調べ……………………… 809

和解条項案の書面による受諾………… 1261
　　→受諾和解
和解調書
　　——の既判力………………………… 1298
　　——の執行力………………………… 1298
和解に代わる決定……………………… 1410
　　——後の手続………………………… 1419
　　——の効力…………………………… 1420
　　——の創設経緯……………………… 1411
　　——の内容…………………………… 1417
和解に代わる決定の要件……………… 1413
　　（金銭支払請求）……………………… 1413
　　（原告からの意見聴取）……………… 1416
　　（相当性）……………………………… 1415
　　（被告に争う姿勢のないこと）……… 1414
割合的認定…………………………… 54, 987

判例索引

【大審院】

大判明 29・1・11 民録 2 輯 1 巻 12 頁 ……… 62
大判明 31・2・1 民録 4 輯 2 巻 1 頁 ………… 182
大判明 31・2・24 民録 4 輯 2 巻 48 頁 …… 111
大判明 31・3・18 民録 4 輯 3 巻 54 頁 …… 269
大判明 32・1・31 民録 5 輯 1 巻 65 頁
　………………………………… 218, 1050, 1320
大判明 32・5・2 民録 5 輯 5 巻 4 頁 …… 418
大判明 32・5・25 民録 5 輯 5 巻 119 頁 …… 761
大判明 32・6・27 民録 5 輯 6 巻 84 頁 …… 774
大判明 32・10・3 民録 5 輯 9 巻 22 頁 …… 989
大判明 32・10・10 民録 5 輯 9 巻 62 頁 …… 763
大判明 32・10・20 民録 5 輯 9 巻 118 頁 …… 763
大判明 32・11・1 民録 5 輯 10 巻 23 頁 …… 182
大判明 33・3・27 民録 6 輯 3 巻 150 頁 …… 1008
大判明 33・11・2 民録 6 輯 10 巻 1 頁 …… 182
大判明 33・12・17 民録 6 輯 11 巻 86 頁 …… 1053
大判明 34・2・2 民録 7 輯 2 巻 12 頁 …… 1108
大判明 34・2・9 民録 7 輯 2 巻 66 頁 …… 182
大判明 34・5・18 民録 7 輯 5 巻 100 頁 …… 763
大判明 34・10・4 新聞 61 号 25 頁 …… 776
大決明 35・1・24 民録 8 輯 1 巻 46 頁 …… 116
大判明 36・3・6 民録 9 輯 242 頁 …… 348
大判明 36・3・18 民録 9 輯 283 頁 …… 969
大判明 36・6・17 民録 9 輯 742 頁 …… 92
大決明 36・9・15 民録 9 輯 954 頁 …… 262
大判明 36・12・23 民録 9 輯 1462 頁 …… 1008
大判明 37・1・28 刑録 10 輯 105 頁 …… 1017
大判明 37・5・9 民録 10 輯 624 頁 …… 1051
大判明 37・5・10 民録 10 輯 651 頁 …… 1106
大判明 37・6・6 民録 10 輯 812 頁 …… 1063, 1067
大判明 37・10・14 民録 10 輯 1242 頁 …… 763
大判明 37・10・14 民録 10 輯 1258 頁 …… 969
大判明 37・10・19 民録 10 輯 1276 頁 …… 460
大判明 37・11・7 民録 10 輯 1404 頁 …… 397
大判明 38・1・14 民録 11 輯 3 頁 …… 397
大判明 38・1・19 民録 11 輯 18 頁 …… 763
大判明 38・5・9 民録 11 輯 636 頁 …… 418
大判明 38・12・15 民録 11 輯 1746 頁 …… 776
大判明 39・1・18 民録 12 輯 55 頁 …… 418, 996
大判明 39・3・30 民録 12 輯 411 頁 …… 398
大判明 39・4・14 民録 12 輯 533 頁 …… 1074

大判明 39・4・18 民録 12 輯 617 頁 …… 1106
大判明 39・12・6 民録 12 輯 1604 頁 …… 775
大判明 40・2・26 民録 13 輯 175 頁 …… 763
大判明 40・3・25 民録 13 輯 328 頁 …… 49
大連判明 40・4・29 民録 13 輯 458 頁 …… 182
大判明 40・11・13 民録 13 輯 1130 頁 …… 418
大判明 41・2・27 民録 14 輯 135 頁 …… 761
大判明 41・10・9 民録 14 輯 969 頁 …… 1089
大判明 42・2・8 民録 15 輯 68 頁 …… 1145
大判明 42・2・23 民録 15 輯 148 頁 …… 763
大判明 43・2・22 民録 16 輯 117 頁 …… 1110
大判明 43・4・5 民録 16 輯 273 頁 …… 1018
大判明 43・11・5 新聞 683 号 27 頁 …… 78, 730
大判明 44・6・27 民録 17 輯 435 頁 …… 1069
大判明 44・12・11 民録 17 輯 772 頁 …… 969
大判明 45・2・5 民録 18 輯 58 頁 …… 154
大判明 45・4・12 民録 18 輯 377 頁 …… 1166
大判大元・11・11 民録 18 輯 956 頁
　………………………………… 761, 762, 763
大判大元・11・26 民録 18 輯 997 頁 …… 763
大判大元・12・14 民録 18 輯 1035 頁 …… 78, 730
大判大元・12・19 民録 18 輯 1056 頁 …… 360
大判大 2・3・26 民録 19 輯 141 頁 …… 935
大判大 2・4・4 評論 2 巻民訴 88 頁 …… 418
大判大 3・9・23 民録 20 輯 682 頁 …… 182
大判大 3・10・14 民録 20 輯 772 頁 …… 1130, 1136
大判大 3・11・9 民録 20 輯 907 頁 …… 355
大判大 3・11・18 民録 20 輯 952 頁 …… 110, 112
大判大 3・12・11 民録 20 輯 1076 頁 …… 355
大判大 4・6・19 民録 21 輯 993 頁 …… 418
大判大 4・7・26 民録 21 輯 1230 頁
　………………………………… 761, 762, 763
大判大 4・9・29 民録 21 輯 1520 頁
　………………………………… 89, 730, 736, 1005
大決大 4・11・20 民録 21 輯 1867 頁 …… 1131
大判大 5・2・9 民録 22 輯 221 頁 …… 969
大判大 5・5・6 民録 22 輯 904 頁
　………………………………… 374, 376, 1009
大判大 6・6・18 民録 23 輯 1072 頁 …… 182
大判大 6・9・18 民録 23 輯 1342 頁 …… 1291
大決大 6・10・24 民録 23 輯 1601 頁 …… 1140
大判大 6・11・5 民録 23 輯 1743 頁 …… 39

1495

大判大 6・11・26 民録 23 輯 1810 頁 ……… 1148
大判大 7・2・25 民録 24 輯 282 頁 ………… 49
大判大 7・4・15 民録 24 輯 687 頁 ………… 969
大判大 7・4・30 民録 24 輯 814 頁 ………… 1068
大判大 7・7・15 民録 24 輯 1453 頁 …… 989, 1103
大判大 7・9・5 民録 24 輯 1607 頁 …… 115, 989
大判大 7・9・18 民録 24 輯 1787 頁 ………… 418
大判大 7・9・23 民録 24 輯 1722 頁 ………… 418
大判大 7・10・10 民録 24 輯 1893 頁 ………… 959
大判大 7・12・16 民録 24 輯 2332 頁 ………… 318
大判大 8・2・6 民録 25 輯 276 頁 …… 951, 959
大判大 8・3・4 民録 25 輯 372 頁 ………… 1105
大判大 8・5・3 民録 25 輯 814 頁 ………… 1109
大判大 8・9・3 民録 25 輯 1555 頁 ………… 1162
大判大 8・9・4 民録 25 輯 1580 頁 ………… 1106
大判大 8・11・19 民録 25 輯 2029 頁 ………… 776
大判大 9・3・18 民録 26 輯 354 頁 ………… 269
大判大 9・4・5 民録 26 輯 451 頁 ………… 1008
大判大 9・4・24 民録 26 輯 687 頁 …… 89, 730
大判大 9・5・13 民録 26 輯 699 頁 ………… 1106
大判大 9・7・15 民録 26 輯 983 頁 ………… 1291
大判大 9・8・9 民録 26 輯 1354 頁 ………… 103
大決大 9・8・21 民録 26 輯 1166 頁 ………… 1131
大判大 9・9・10 民録 26 輯 1324 頁 ………… 366
大判大 9・11・5 民録 26 輯 1646 頁 …… 1175, 1192
大判大 9・11・15 民録 26 輯 1785 頁 ………… 360
大判大 9・12・2 民録 26 輯 1883 頁 ………… 366
大判大 10・1・27 民録 27 輯 111 頁 ………… 93
大判大 10・2・2 民録 27 輯 172 頁 …… 418, 996
大判大 10・2・9 民録 27 輯 252 頁 ………… 112
大判大 10・4・25 民録 27 輯 770 頁 ………… 1080
大決大 10・5・2 民録 27 輯 838 頁 ………… 418
大判大 10・5・13 民録 27 輯 910 頁 ………… 1071
大判大 10・7・14 民録 27 輯 1341 頁 ………… 1148
大判大 10・9・28 民録 27 輯 1646 頁
　　　　　　　　　　　　 460, 1005, 1009
大判大 10・11・2 民録 27 輯 1872 頁 ………… 89
大判大 10・11・4 民録 27 輯 1942 頁 ………… 763
大判大 10・11・10 民録 27 輯 2003 頁 ………… 1071
大判大 11・2・20 民集 1 巻 52 頁 ………… 89
大決大 11・3・22 民集 1 巻 122 頁 ………… 244
大判大 11・7・8 民集 1 巻 376 頁 ………… 1291
大判大 11・12・5 民集 1 巻 755 頁 ………… 1051
大判大 12・2・3 民集 2 巻 42 頁 …… 418, 996
大判大 12・3・10 民集 2 巻 91 頁 ………… 1219

大判大 12・4・7 民集 2 巻 218 頁 ………… 1139
大連判大 12・6・2 民集 2 巻 345 頁 ………… 944
大判大 12・8・2 評論 13 巻民訴 98 頁 …… 1006
大判大 12・11・20 評論 13 巻民訴 137 頁
　　　　　　　　　　　　 761, 762, 763
大判大 13・3・3 民集 3 巻 105 頁 … 78, 730, 735
大判大 13・5・10 民集 3 巻 200 頁 ………… 1070
大判大 13・6・24 民集 3 巻 290 頁 ………… 181
大決大 13・8・2 民集 3 巻 459 頁 …… 1133, 1291
大判大 14・4・24 民集 4 巻 195 頁 …… 1291, 1305
大判大 14・6・4 民集 4 巻 317 頁 …… 1219, 1235
大判大 15・4・14 民集 5 巻 257 頁 ………… 1117
大判大 15・4・21 民集 5 巻 266 頁 ………… 1177
大判大 15・5・4 民集 5 巻 362 頁 ………… 313
大判大 15・12・6 民集 5 巻 781 頁 ………… 111
大判大 15・12・22 民集 5 巻 891 頁 ………… 418
大判昭 2・2・25 民集 6 巻 59 頁 ………… 418
大判昭 2・4・27 民集 6 巻 209 頁 ………… 942
大判昭 2・11・5 新聞 2777 号 16 頁 ………… 730
大判昭 2・12・27 新聞 2836 号 9 頁 ………… 730
大判昭 3・3・7 民集 7 巻 98 頁 ………… 1301
大判昭 3・4・7 新聞 2866 号 12 頁・評論
　 17 巻民訴 403 頁 ………………… 180, 316
大判昭 3・6・2 新聞 2888 号 16 頁・評論
　 17 巻民訴 492 頁 ………………… 775, 776
大判昭 3・10・20 民集 7 巻 815 頁 …… 1003, 1005
大判昭 4・4・5 民集 8 巻 249 頁 ………… 418
大判昭 4・6・1 民集 8 巻 565 頁 …… 1175, 1192
大判昭 5・1・28 評論 19 巻民法 343 頁 …… 1239
大決昭 5・4・24 民集 9 巻 415 頁 ………… 1298
大判昭 5・6・18 民集 9 巻 609 頁 ………… 460
大判昭 5・6・27 民集 9 巻 619 頁 ………… 1005
大判昭 5・11・15 新聞 3205 号 6 頁 ………… 730
大判昭 5・11・19 評論 19 巻民訴 592 頁 …… 942
大決昭 5・11・29 民集 9 巻 1102 頁 ………… 1131
大決昭 6・2・3 民集 10 巻 33 頁 ………… 1255
大決昭 6・2・20 民集 10 巻 77 頁 ………… 1133
大決昭 6・3・3 評論 20 巻民訴 167 頁 …… 1253
大決昭 6・3・10 裁判例 5 巻民 32 頁 ……… 796
大決昭 6・4・22 民集 10 巻 380 頁
　　　　　　　　　　　　 1291, 1301, 1305
大判昭 6・4・23 法律新報 256 号 21 頁 …… 313
大判昭 6・5・23 新聞 3280 号 14 頁 ………… 1136
大判昭 6・5・27 新聞 3296 号 12 頁・評論
　 20 巻民訴 499 頁 ………………… 762, 763

大決昭 6・6・3 裁判例 5 巻民 145 頁………… 207
大決昭 6・8・21 評論 20 巻民訴 479 頁
　………………………………………… 1131, 1135
大判昭 6・10・14 法学 1 巻上 398 頁……… 1130
大判昭 6・12・5 裁判例 5 巻民 271 頁
　………………………………………… 627, 631, 633
大判昭 7・2・4 裁判例 6 巻民 14 頁………… 776
大判昭 7・3・7 民集 11 巻 285 頁…… 378, 1009
大判昭 7・4・18 刑集 11 巻 384 頁………… 830
大判昭 7・4・19 民集 11 巻 671 頁
　………………………………………… 111, 485, 697, 697
大決昭 7・4・19 民集 11 巻 681 頁………… 1298
大判昭 7・6・2 民集 11 巻 1099 頁…… 971, 1092
大判昭 7・6・10 民集 11 巻 1394 頁… 1175, 1192
大判昭 7・7・8 民集 11 巻 1525 頁………… 1018
大判昭 7・9・22 評論 21 巻民訴 480 頁…… 1140
大判昭 7・10・24 民集 11 巻 1912 頁… 512, 576
大判昭 7・11・25 民集 11 巻 2125 頁
　………………………………………… 1291, 1301, 1305
大判昭 7・11・28 民集 11 巻 2204 頁……… 968
大判昭 7・12・17 新聞 3511 号 12 頁…… 941, 943
大判昭 8・1・24 法学 2 巻 1129 頁………… 1239
大判昭 8・1・31 民集 12 巻 39 頁…………… 1069
大判昭 8・2・3 民集 12 巻 112 頁
　………………………………………… 1053, 1066, 1074
大判昭 8・2・7 民集 12 巻 151 頁………… 1056
大判昭 8・2・9 民集 12 巻 397 頁… 74, 83, 1136
大決昭 8・2・25 裁判例 7 巻民 3 頁………… 209
大判昭 8・3・28 民集 12 巻 505 頁… 1069, 1071
大判昭 8・4・25 民集 12 巻 870 頁………… 443
大判昭 8・4・26 新聞 3558 号 17 頁………… 1301
大決昭 8・5・8 民集 12 巻 1084 頁………… 1252
大判昭 8・5・16 民集 12 巻 1178 頁… 1130, 1136
大判昭 8・5・17 法学 3 巻 109 頁・新聞
　3561 号 10 頁………………………………… 1391
大判昭 8・6・15 新聞 3576 号 13 頁………… 956
大判昭 8・7・4 民集 12 巻 1752 頁………… 932
大判昭 8・7・10 刑集 12 巻 1227 頁………… 856
大決昭 8・7・11 民集 12 巻 2040 頁
　………………………………………… 1217, 1236, 1305
大判昭 8・9・12 民集 12 巻 2160 頁・評論
　22 巻民訴 481 頁…………………………… 318
大判昭 8・9・29 民集 12 巻 2459 頁… 1195, 1236
大判昭 8・12・15 法学 3 巻 563 頁………… 935
大決昭 8・12・23 裁判例 7 巻民 292 頁…… 209

大決昭 9・1・12 民集 13 巻 10 頁………… 1057
大判昭 9・3・1 新聞 3675 号 10 頁・評論
　23 巻民訴 269 頁…………………………… 313
大判昭 9・3・30 新聞 3686 号 12 頁・評論
　23 巻民訴 269 頁…………………………… 313
大判昭 9・4・7 民集 13 巻 519 頁………… 1071
大判昭 9・6・15 民集 13 巻 1000 頁………… 966
大判昭 9・7・5 民集 13 巻 1283 頁………… 1097
大判昭 9・7・11 法学 4 巻 227 頁………… 1239
大判昭 9・11・20 新聞 3786 号 12 頁……… 1141
大判昭 9・11・27 民集 13 巻 2183 頁
　………………………………………… 1107, 1135
大判昭 9・12・21 新聞 3823 号 7 頁………… 349
大判昭 10・2・4 法学 4 巻 923 頁………… 315
大判昭 10・2・27 新聞 3823 号 13 頁・評論
　24 巻民訴 193 頁…………………………… 315
大判昭 10・5・25 民集 14 巻 1027 頁……… 1163
大判昭 10・6・24 法学 5 巻 120 頁………… 313
大判昭 10・7・9 民集 14 巻 1309 頁… 1005, 1006
大判昭 10・7・25 新聞 3874 号 18 頁……… 1301
大判昭 10・8・10 民集 14 巻 1566 頁
　………………………………………… 1190, 1195
大判昭 10・8・24 民集 14 巻 1582 頁……… 65
大判昭 10・9・3 民集 14 巻 1886 頁……… 1305
大決昭 10・9・13 民集 14 巻 1608 頁……… 1217
大決昭 10・9・27 民集 14 巻 1650 頁……… 1166
大判昭 10・10・8 新聞 3900 号 9 頁………… 378
大判昭 11・3・10 民集 15 巻 695 頁………… 1089
大判昭 11・4・7 法学 5 巻 1363 頁………… 68
大判昭 11・5・20 民集 15 巻 849 頁………… 1097
大判昭 11・5・21 新聞 3993 号 12 頁……… 1004
大判昭 11・6・9 民集 15 巻 1328 頁………… 75
大判昭 11・6・24 民集 15 巻 1209 頁
　………………………………………… 1170, 1184
大判昭 11・7・2 新聞 4011 号 18 頁……… 1130
大判昭 11・7・16 新聞 4022 号 12 頁……… 1004
大判昭 11・9・2 新聞 4038 号 7 頁・評論
　25 巻民訴 434 頁…………………………… 775
大判昭 11・10・6 民集 15 巻 1789 頁
　………………………………………… 181, 317, 427
大判昭 11・11・27 民集 15 巻 2102 頁……… 1074
大判昭 11・12・22 民集 15 巻 2278 頁……… 1242
大判昭 12・2・23 民集 16 巻 133 頁… 52, 1196
大判昭 12・5・11 判決全集 4 輯 10 号 3 頁
　……………………………………………… 1300

大判昭 12・12・18 民集 16 巻 2012 頁 ……… 1248
大判昭 12・12・24 民集 16 巻 2045 頁
　………………………………… 1189, 1285, 1311
大判昭 13・4・20 民集 17 巻 739 頁 ………… 1069
大判昭 13・5・24 民集 17 巻 1063 頁 …… 153, 886
大判昭 13・7・4 法学 8 巻 237 頁 …………… 407
大判昭 13・7・11 民集 17 巻 1419 頁 ………… 1070
大判昭 13・8・9 新聞 4323 号 12 頁 ………… 1391
大決昭 13・11・19 民集 17 巻 2238 頁 ……… 1142
大判昭 13・12・20 民集 17 巻 2502 頁 ……… 1177
大判昭 13・12・28 評論 28 巻民訴 261 頁 … 1228
大判昭 14・2・1 評論 28 巻民訴 273 頁 …… 313
大判昭 14・4・7 民集 18 巻 319 頁
　………………………………… 1189, 1285, 1311
大判昭 14・6・24 民集 18 巻 721 頁 ………… 1423
大判昭 14・7・5 民集 18 巻 740 頁 ………… 327
大判昭 14・7・7 新聞 4456 号 9 頁 ………… 398
大判昭 14・8・12 民集 18 巻 903 頁 ………… 1301
大判昭 14・8・24 民集 18 巻 877 頁 ………… 966
大判昭 14・11・17 民集 18 巻 1250 頁 ……… 1211
大判昭 14・11・21 民集 18 巻 1545 頁
　…………………………… 418, 420, 423, 996
大判昭 14・12・2 民集 18 巻 1407 頁 ……… 1232
大判昭 14・12・18 評論 29 巻民訴 87 頁 …… 1228
大判昭 15・2・27 民集 19 巻 239 頁 ………… 427
大判昭 15・3・5 民集 19 巻 324 頁 ………… 934
大判昭 15・3・9 民集 19 巻 373 頁 ………… 1109
大決昭 15・5・18 民集 19 巻 873 頁 ………… 331
大判昭 15・5・24 法学 10 巻 83 頁 ………… 958
大判昭 15・6・8 民集 19 巻 975 頁 ………… 1398
大判昭 15・6・28 民集 19 巻 1045 頁 ……… 1131
大判昭 15・6・28 民集 19 巻 1087 頁 ……… 112
大判昭 15・7・22 法学 10 巻 91 頁 ………… 730
大判昭 15・9・21 民集 19 巻 1644 頁 …… 762, 764
大判昭 15・12・20 民集 19 巻 2215 頁 ……… 1005
大判昭 15・12・20 民集 19 巻 2283 頁 ……… 1009
大判昭 16・1・27 新聞 4667 号 11 頁 ……… 1058
大判昭 17・2・25 評論 31 巻民訴 85 頁 …… 774
大判昭 17・2・28 法学 12 巻 151 頁 ………… 1008
大判昭 17・7・31 新聞 4795 号 10 頁 ……… 348
大判昭 18・6・1 民集 22 巻 426 頁 ………… 1069
大判昭 18・7・2 民集 22 巻 574 頁
　……………………… 430, 431, 432, 435, 436, 994
大判昭 18・11・30 民集 22 巻 1210 頁 ……… 1286
大判昭 19・1・20 民集 23 巻 1 頁 …………… 1074

【最高裁判所】
最判昭 23・4・13 民集 2 巻 4 号 71 頁 ……… 990
最判昭 23・5・18 民集 2 巻 5 号 115 頁
　…………………………………… 925, 1070, 1071
最判昭 23・8・5 刑集 2 巻 9 号 1123 頁
　……………………………………………… 8, 17, 981
最判昭 23・9・30 民集 2 巻 10 号 360 頁
　…………………………………… 925, 1070, 1071
最判昭 23・12・21 民集 2 巻 14 号 491 頁 ‥ 1009
最判昭 24・2・1 民集 3 巻 2 号 21 頁
　…………………………………… 418, 420, 996, 997
最判昭 24・4・28 民集 3 巻 5 号 164 頁 …… 1103
最判昭 24・8・2 民集 3 巻 9 号 291 頁
　…………………………………………… 961, 962, 963
最判昭 24・8・18 民集 3 巻 9 号 376 頁
　……………………………………………… 1066, 1071
最判昭 24・11・8 民集 3 巻 11 号 495 頁
　……………………………………… 1094, 1232, 1234
最判昭 25・1・26 民集 4 巻 1 号 11 頁 ……… 1110
最判昭 25・2・14 民集 4 巻 2 号 60 頁 ……… 1088
最判昭 25・2・28 民集 4 巻 2 号 75 頁
　…………………………………… 706, 979, 989, 1101
最判昭 25・5・18 判夕 13 号 63 頁 ………… 996
最判昭 25・5・30 裁判集民 3 号 354 頁 …… 1117
最判昭 25・6・16 民集 4 巻 6 号 219 頁 …… 456
最判昭 25・6・23 民集 4 巻 6 号 240 頁 …… 1107
最判昭 25・7・11 民集 4 巻 7 号 316 頁
　………………………………………… 89, 730, 1098
最判昭 25・7・14 民集 4 巻 8 号 353 頁 … 93, 108
最判昭 25・9・15 民集 4 巻 9 号 395 頁 …… 1054
最判昭 25・11・17 刑集 4 巻 11 号 2328 頁
　………………………………………………… 1074
最判昭 25・12・1 民集 4 巻 12 号 651 頁 … 1109
最判昭 25・12・28 民集 4 巻 13 号 701 頁 …… 68
最判昭 26・2・22 民集 5 巻 3 号 102 頁
　……………………………………………… 1074, 1076
最判昭 26・3・29 民集 5 巻 5 号 177 頁
　………………………………… 103, 108, 989, 1056, 1075
最判昭 26・4・13 民集 5 巻 5 号 242 頁 …… 1298
最判昭 26・6・29 裁判集民 4 号 949 頁
　……………………………………………… 1053, 1074
最大判昭 26・8・1 刑集 5 巻 9 号 1684 頁 … 991
最判昭 26・10・16 民集 5 巻 11 号 583 頁 … 893
最判昭 27・2・8 民集 6 巻 2 号 63 頁 ……… 1291
最判昭 27・2・22 民集 6 巻 2 号 279 頁

最判昭27・8・6刑集6巻8号974頁 …… 179, 317, 340
最判昭27・8・6刑集6巻8号974頁 ……… 225
最判昭27・10・21民集6巻9号841頁
　　　　　　　　　　　　　　…… 726, 1005
最大判昭27・11・5刑集6巻10号1159頁
　　　　　　　　　　　　　　　　…… 269
最判昭27・11・18民集6巻10号991頁‥1069
最判昭27・11・20民集6巻10号1015頁‥103
最判昭27・12・5民集6巻11号1117頁
　　　　　　　　　　…… 182, 183, 415, 996
最判昭27・12・25民集6巻12号1240頁
　　　　　　　　　　　　…… 108, 115, 1061
最判昭27・12・25民集6巻12号1255頁
　　　　　　　　　　　　　…… 1232, 1278
最判昭27・12・25民集6巻12号1271頁
　　　　　　　　　　　　　　　…… 1298
最判昭28・4・23民集7巻4号396頁 …… 767
最判昭28・4・30民集7巻4号457頁
　　　　　　　　　　　　　　…… 100, 112
最判昭28・5・14民集7巻5号565頁
　　　　　　　　　　　　　　…… 1009, 1051
最判昭28・9・25民集7巻9号979頁 …… 39
最判昭28・10・15民集7巻10号1083頁
　　　　　　　　　　　　　　　…… 1283
最判昭28・10・23民集7巻10号1114頁‥103
最判昭28・11・20民集7巻11号1229頁
　　　　　　　　　…… 348, 1018, 1025, 1040
最判昭28・12・8裁判集民11号145頁‥1232
最判昭28・12・24裁判集民11号537頁‥1130
最判昭29・1・19民集8巻1号35頁 …… 1084
最判昭29・2・11民集8巻2号429頁
　　　　　　　　　　　　　　…… 265, 427
最判昭29・2・18裁判集民12号693頁 …… 170
最判昭29・3・9民集8巻3号637頁 …… 1200
最判昭29・11・5民集8巻11号2007頁
　　　　　　　　　　　　　　…… 112, 327
最判昭30・3・24民集9巻3号357頁 …… 579
最判昭30・4・7民集9巻4号466頁 …… 956
最大判昭30・4・27民集9巻5号582頁 …112
最判昭30・6・24民集9巻7号919頁 …… 966
最判昭30・6・24民集9巻7号930頁
　　　　　　　　　　　　　　…… 181, 317
最判昭30・7・5民集9巻9号985頁 …80, 91
最判昭30・7・5民集9巻9号1012頁
　　　　　　　　　　…… 1147, 1150, 1217

最判昭30・9・9民集9巻10号1242頁
　　　　　　　　　　　　　　…… 112, 116
最判昭30・9・22民集9巻10号1294頁
　　　　　　　　　　　　　　…… 1147, 1150
最判昭30・9・27民集9巻10号1444頁 …… 86
最判昭30・9・29民集9巻10号1484頁‥1136
最判昭30・9・29裁判集民19号757頁‥1094
最判昭30・9・30民集9巻10号1491頁‥1283
最判昭30・11・8裁判集民20号373頁
　　　　　　　　　　…… 1006, 1007, 1103
最判昭31・3・30民集10巻3号242頁‥1291
最判昭31・5・25民集10巻5号577頁
　　　　　　　　　　　　　　　…77, 730
最判昭31・6・1民集10巻6号625頁……1136
最判昭31・7・19民集10巻7号915頁‥72, 81
最判昭31・7・20民集10巻8号947頁
　　　　　　　　　　…… 91, 92, 979, 1011
最判昭31・9・28裁判集民23号281頁
　　　　　　　　　　…… 623, 628, , 643, 651, 652
最判昭31・10・4民集10巻10号1229頁
　　　　　　　　　　　　　　　…… 1085
最判昭31・10・23民集10巻10号1275頁
　　　　　　　　　　　　　　…… 990, 1102
最判昭31・12・20民集10巻12号1573頁
　　　　　　　　　　…… 1094, 1147, 1190
最判昭31・12・28民集10巻12号1639頁
　　　　　　　　　　　　　　　…… 370
最判昭32・1・31民集11巻1号133頁 …… 956
最判昭32・2・8民集11巻2号258頁
　　　　　　　　　　　…… 183, 276, 999
最判昭32・2・8裁判集民25号441頁…… 116
最判昭32・2・26民集11巻2号364頁‥1071
最判昭32・2・28民集11巻2号374頁
　　　　　　　　　　　　　　…… 1094, 1208
最判昭32・3・26民集11巻3号543頁 …… 182
最判昭32・5・10民集11巻5号715頁 …… 49
最判昭32・6・7民集11巻6号948頁
　　　　　　　　　　　　　　…… 950, 1089
最判昭32・6・11民集11巻6号1030頁
　　　　　　　　　　　　　　…… 989, 1101
最判昭32・6・25民集11巻6号1143頁
　　　　　　　　　　　　…… 100, 103, 451
最判昭32・7・2民集11巻7号1186頁
　　　　　　　　　　…… 1130, 1136, 1139, 1140
最判昭32・7・9民集11巻7号1203頁

最判昭32・7・30民集11巻7号1424頁
……………………………………… 182, 996
………………………………………… 1084, 1089
最判昭32・9・17民集11巻9号1555頁‥1088
最判昭32・10・4民集11巻10号1703頁
………………………………………………… 1054
最判昭32・10・31民集11巻10号1779頁
……………………………………… 990, 1102
最判昭32・12・3民集11巻13号2009頁…… 44
最判昭33・1・23民集12巻1号72頁…… 1107
最大判昭33・3・5民集12巻3号381頁
……………………………………… 1300, 1301
最判昭33・3・7民集12巻3号469頁…89, 730
最判昭33・3・13民集12巻3号524頁
……………………………………… 969, 1088
最判昭33・4・11民集12巻5号760頁
……………………………………… 1056, 1074
最判昭33・5・16民集12巻7号1034頁‥1070
最判昭33・6・6民集12巻9号1384頁
……………………………………… 967, 969, 1088
最判昭33・6・14民集12巻9号1492頁
……………………………………… 1296, 1301
最判昭33・7・8民集12巻11号1740頁… 949
最判昭33・10・14民集12巻14号3091頁
………………………………………………… 1094
最判昭33・10・17民集12巻14号3161頁
………………………………………………… 1254
最判昭33・11・4民集12巻15号3247頁
……………………………………… 1054, 1057
最判昭34・1・8民集13巻1号1頁……… 766
最判昭34・2・20民集13巻2号209頁
……………………………………… 1201, 1203
最判昭34・3・6判時179号16頁………… 180
最判昭34・7・2裁判集民37号5頁……… 990
最判昭34・9・17民集13巻11号1372頁
……………………………………… 88, 730
最判昭34・9・17民集13巻11号1412頁
……………………………………… 36, 39
最判昭34・9・22民集13巻11号1451頁‥954
最判昭34・11・19民集13巻12号1500頁‥88
最判昭34・11・26民集13巻12号1573頁
………………………………………………… 979
最判昭35・2・2民集14巻1号36頁……… 38
最判昭35・2・9民集14巻1号84頁
……………………………………… 159, 375, 1051

最判昭35・3・10民集14巻3号389頁
……………………………………… 372, 374, 376, 1009
最判昭35・4・12民集14巻5号825頁
……………………………………… 950, 957
最判昭35・4・21民集14巻6号930頁
……………………………………… 374, 376, 1009
最判昭35・4・26民集14巻6号1064頁… 112
最判昭35・4・26民集14巻6号1111頁… 112
最判昭35・5・24訟月6巻6号1206頁…… 949
最判昭35・6・2裁判集民42号75頁…… 750
最判昭35・6・14民集14巻8号1324頁
……………………………………… 1084, 1091
最判昭35・7・26判時231号40頁………1117
最判昭35・10・4判時238号20頁………1170
最判昭35・12・9民集14巻13号3020頁
……………………………………… 443, 459, 460
最判昭36・1・24民集15巻1号35頁
……………………………………… 979, 989
最判昭36・2・9民集15巻2号209頁……1177
最判昭36・2・24民集15巻2号301頁…… 942
最判昭36・2・28民集15巻2号324頁…… 967
最判昭36・3・24民集15巻3号542頁
……………………………………… 950, 957
最判昭36・4・7民集15巻4号694頁
……………………………………… 1006, 1007, 1103
最判昭36・4・28民集15巻4号1115頁
……………………………………… 26, 348
最判昭36・6・16民集15巻6号1584頁‥1091
最判昭36・8・8民集15巻7号2005頁
……………………………………… 991, 1103
最判昭36・10・5民集15巻9号2271頁
……………………………………… 89, 730
最判昭36・11・10民集15巻10号2474頁
………………………………………………… 112
最判昭36・12・27民集15巻12号3092頁
………………………………………………… 1071
最判昭37・1・30裁判集民58号377頁
……………………………………… 1059, 1060
最判昭37・2・13判時292号18頁………… 80
最判昭37・2・27裁判集民58号997頁… 418
最判昭37・3・1裁判集民59号9頁………1102
最判昭37・3・15民集16巻3号548頁…1407
最判昭37・3・22裁判集民59号481頁…1101
最判昭37・3・23民集16巻3号594頁
……………………………………… 989, 1102

判例索引

最判昭 37・4・6 民集 16 巻 4 号 686 頁 …… 1213
最判昭 37・4・10 裁判集民 60 号 97 頁 … 419
最判昭 37・5・18 裁判集民 60 号 705 頁 … 456
最判昭 37・6・9 訟月 9 巻 8 号 1025 頁 … 1145
最判昭 37・6・19 裁判集民 61 号 267 頁 … 1104
最判昭 37・7・17 裁判集民 61 号 633 頁 … 313
最判昭 37・8・10 民集 16 巻 8 号 1720 頁
　　　　　　　　　　　　　　　955, 1232
最判昭 37・9・18 裁判集民 62 号 517 頁 … 1101
最判昭 37・9・21 民集 16 巻 9 号 2052 頁
　　　　　　　　　　　　　　　442, 443
最判昭 37・10・30 民集 16 巻 10 号 2170 頁
　　　　　　　　　　　　　　　　　1090
最判昭 37・11・22 裁判集民 63 号 307 頁 … 1104
最判昭 38・1・18 民集 17 巻 1 号 1 頁 … 1237
最判昭 38・2・21 民集 17 巻 1 号 182 頁
　　　　　　　　　　　　　　　1301, 1402
最判昭 38・2・22 民集 17 巻 1 号 235 頁 … 966
最判昭 38・3・8 民集 17 巻 2 号 304 頁
　　　　　　　　　　　　910, 1094, 1149
最判昭 38・3・14 裁判集民 65 号 119 頁 … 1074
最判昭 38・3・19 裁判集民 65 号 231 頁 … 1101
最判昭 38・4・18 裁判集民 65 号 527 頁 … 766
最判昭 38・10・1 民集 17 巻 9 号 1128 頁 … 1242
最判昭 38・10・1 民集 17 巻 11 号 1301 頁
　　　　　　　　　　　　　　　　　1255
最判昭 38・10・15 民集 17 巻 9 号 1220 頁 … 944
最大判昭 38・10・30 民集 17 巻 9 号 1266 頁
　　　　　　　　　　　　　　　　　1404
最判昭 38・11・7 民集 17 巻 11 号 1330 頁
　　　　　　　　　　　　　109, 110, 112
最判昭 38・11・15 裁判集民 69 号 243 頁 … 741
最判昭 38・12・17 裁判集民 70 号 259 頁
　　　　　　　　　　　　　　　990, 1102
最判昭 39・1・28 民集 18 巻 1 号 136 頁
　　　　　　　　　　　　　　　1018, 1027
最判昭 39・3・12 裁判集民 72 号 459 頁 … 1103
最判昭 39・4・3 民集 18 巻 4 号 513 頁 …… 112
最判昭 39・4・7 民集 18 巻 4 号 520 頁
　　　　　　　　　　　　　　　1076, 1094
最判昭 39・5・12 民集 18 巻 4 号 597 頁
　　　　　　　　　　　　　　739, 743, 749
最判昭 39・5・26 民集 18 巻 4 号 654 頁
　　　　　　　　　　　　　　　1084, 1094
最判昭 39・6・5 刑集 18 巻 5 号 189 頁 …… 212

最判昭 39・6・24 民集 18 巻 5 号 874 頁
　　　　　　　　　　　　　　　1018, 1042
最判昭 39・7・21 裁判集民 74 号 677 頁 … 1084
最判昭 39・7・28 民集 18 巻 6 号 1241 頁 … 49
最判昭 39・9・17 裁判集民 75 号 249 頁
　　　　　　　　　　　　　　　633, 652
最判昭 39・9・25 裁判集民 75 号 499 頁 … 1101
最判昭 39・11・27 裁判集民 76 号 347 頁 … 419
最判昭 40・2・23 判時 403 号 31 頁 ……… 65, 74
最判昭 40・4・2 民集 19 巻 3 号 539 頁 … 931
最判昭 40・4・16 民集 19 巻 3 号 658 頁 … 953
最判昭 40・7・2 裁判集民 79 号 639 頁 … 739
最判昭 40・7・23 民集 19 巻 5 号 1292 頁 … 968
最判昭 40・9・17 民集 19 巻 6 号 1533 頁
　　　　　　　　　　　　　952, 964, 1089
最判昭 40・10・21 民集 19 巻 7 号 1910 頁
　　　　　　　　　　　　　　　269, 1008
最判昭 40・12・10 裁判集民 81 号 395 頁 … 766
最判昭 40・12・21 民集 19 巻 9 号 2221 頁 … 81
最判昭 40・12・21 裁判集民 81 号 713 頁
　　　　　　　　　　　　　　　1074, 1076
最判昭 41・1・21 民集 20 巻 1 号 94 頁 …… 1213
最判昭 41・1・21 判時 438 号 27 頁 … 68, 1004
最判昭 41・1・27 民集 20 巻 1 号 136 頁 … 39, 44
最判昭 41・2・24 裁判集民 82 号 547 頁 … 1058
最判昭 41・3・11 判時 441 号 33 頁 ……… 478
最判昭 41・4・14 民集 20 巻 4 号 584 頁 … 1133
最判昭 41・5・20 裁判集民 83 号 579 頁 … 944
最判昭 41・6・2 判時 464 号 25 頁 ………… 1166
最判昭 41・7・15 民集 20 巻 6 号 1197 頁 … 1091
最判昭 41・9・8 民集 20 巻 7 号 1314 頁 … 74, 85
最判昭 41・9・22 民集 20 巻 7 号 1392 頁
　　　　　　　　　　　　　　　　77, 730
最判昭 41・10・6 判時 473 号 31 頁 ……… 954
最判昭 41・11・10 民集 20 巻 9 号 1733 頁 … 897
最判昭 41・11・22 民集 20 巻 9 号 1914 頁
　　　　　　　　　　　　　916, 917, 918
最判昭 41・12・6 判時 468 号 40 頁 ……… 730
最判昭 41・12・23 裁判集民 85 号 869 頁 … 1103
最判昭 42・3・23 裁判集民 86 号 669 頁 … 1090
最判昭 42・3・31 民集 21 巻 2 号 502 頁
　　　　　　　　　　　　　　338, 1060, 1061
最判昭 42・5・23 民集 21 巻 4 号 916 頁
　　　　　　　　　　　　　　　1069, 1077
最大判昭 42・5・24 民集 21 巻 5 号 1043 頁

1501

.... 1086
最判昭 42・7・21 民集 21 巻 6 号 1615 頁
　.. 1133, 1137, 1141
最判昭 42・8・25 民集 21 巻 7 号 1729 頁‥ 1298
最判昭 42・8・25 判時 496 号 43 頁............ 1135
最判昭 42・9・7 裁判集民 88 号 343 頁...... 317
最判昭 42・11・16 民集 21 巻 9 号 2430 頁.... 80
最判昭 42・12・21 裁判集民 89 号 457 頁.. 1102
最判昭 42・12・26 民集 21 巻 10 号 2627 頁.. 71
最判昭 43・2・1 判時 514 号 53 頁............ 580
最判昭 43・2・9 判時 510 号 38 頁...... 181, 1008
最判昭 43・2・15 民集 22 巻 2 号 184 頁.. 1309
最判昭 43・2・16 民集 22 巻 2 号 217 頁.... 39
最判昭 43・2・22 民集 22 巻 2 号 270 頁.. 1090
最判昭 43・2・23 民集 22 巻 2 号 296 頁
　.. 1136, 1138
最判昭 43・3・1 裁判集民 90 号 535 頁...... 1102
最判昭 43・3・12 民集 22 巻 3 号 562 頁.. 1104
最判昭 43・4・12 民集 22 巻 4 号 877 頁
　.. 911, 913, 1147
最判昭 43・4・16 民集 22 巻 4 号 929 頁.. 1107
最判昭 43・4・26 裁判集民 4 号 26 頁...... 1094
最判昭 43・6・21 民集 22 巻 6 号 1329 頁.. 1183
最判昭 43・6・21 裁判集民 91 号 427 頁.... 739
最判昭 43・8・20 民集 22 巻 8 号 1677 頁.. 991
最判昭 43・12・24 民集 22 巻 13 号 3428 頁‥ 50
最判昭 44・2・27 民集 23 巻 2 号 497 頁.. 1070
最判昭 44・5・29 民集 23 巻 6 号 1034 頁.. 1092
最判昭 44・5・29 判時 560 号 44 頁............ 966
最判昭 44・7・10 民集 23 巻 8 号 1423 頁.. 1209
最判昭 44・7・18 裁判集民 96 号 369 頁.... 329
最判昭 44・9・11 判時 572 号 23 頁............ 1090
最判昭 44・10・17 民集 23 巻 10 号 1825 頁
　.. 1221, 1395
最判昭 44・12・4 判時 583 号 60 頁...... 456, 457
最判昭 44・12・18 判時 583 号 59 頁...... 1136
最判昭 45・1・23 裁判集民 98 号 43 頁・判時
　589 号 50 頁.................................... 1009, 1084
最判昭 45・3・26 民集 24 巻 3 号 165 頁
　.. 159, 163, 165, 403
最判昭 45・5・21 判時 595 号 55 頁............ 112
最判昭 45・5・22 判時 594 号 66 頁.. 1070, 1071
最判昭 45・7・9 民集 24 巻 7 号 755 頁...... 953
最判昭 45・10・30 裁判集民 101 号 313 頁
　.. 1102

最判昭 45・11・6 判時 610 号 43 頁............ 1203
最判昭 45・11・26 裁判集民 101 号 565 頁
　.. 707, 1102
最判昭 45・12・4 裁判集民 101 号 639 頁‥ 1094
最判昭 45・12・24 判時 618 号 34 頁............ 911
最判昭 46・4・20 民集 25 巻 3 号 290 頁.. 1403
最判昭 46・4・22 判時 629 号 60 頁
　.. 706, 757, 758, 759
最判昭 46・6・25 民集 25 巻 4 号 640 頁
　.. 1227, 1228
最判昭 46・10・7 民集 25 巻 7 号 885 頁.. 1231
最判昭 46・11・25 民集 25 巻 8 号 1343 頁‥ 970
最判昭 46・12・7 判時 657 号 51 頁............ 970
最判昭 47・3・2 裁判集民 105 号 225 頁.. 1102
最判昭 47・6・15 民集 26 巻 5 号 1000 頁
　.. 1196, 1199
最判昭 47・6・22 判時 673 号 41 頁............ 1018
最判昭 47・10・12 金法 668 号 38 頁............ 744
最判昭 47・11・16 民集 26 巻 9 号 1619 頁
　.. 969, 1088
最大判昭 47・11・22 刑集 26 巻 9 号 554 頁
　.. 224
最判昭 48・4・5 民集 27 巻 3 号 419 頁
　.. 958, 973
最判昭 48・4・26 裁判集民 109 号 225 頁‥ 1109
最判昭 48・6・26 判時 735 号 5 頁............ 744
最判昭 49・2・7 民集 28 巻 1 号 52 頁...... 767
最判昭 49・4・26 民集 28 巻 3 号 503 頁
　.. 971, 1091, 1092
最判昭 50・1・17 判時 769 号 45 頁.... 216, 1322
最判昭 50・2・14 金法 754 号 29 頁.......... 1208
最判昭 50・6・12 裁判集民 115 号 95 頁..... 742
最判昭 50・10・24 民集 29 巻 9 号 1417 頁
　.. 8, 14, 170, 980, 991, 1011, 1103
最判昭 50・10・24 判時 824 号 65 頁
　.. 1069, 1071
最判昭 50・11・28 民集 29 巻 10 号 1797 頁
　.. 1237
最判昭 51・1・16 判時 806 号 34 頁............ 332
最判昭 51・11・4 刑集 30 巻 10 号 1887 頁
　.. 1076
最判昭 51・11・25 民集 30 巻 10 号 999 頁
　.. 1202
最判昭 52・3・15 民集 31 巻 2 号 289 頁
　.. 1038, 1158, 1199

最判昭 52・3・24 金判 548 号 39 頁 ……… 1202
最判昭 52・4・15 民集 31 巻 3 号 371 頁
　　　　　　　……… 78, 405, 731, 732, 734, 735
最判昭 52・7・19 民集 31 巻 4 号 693 頁
　　　　　　　…………………………… 1241, 1243
最判昭 52・10・25 裁判集民 122 号 119 頁
　　　　　　　…………………………………… 1080
最決昭 52・12・19 刑集 31 巻 7 号 1053 頁
　　　　　　　………………………………… 196, 520
最判昭 53・3・23 判時 885 号 118 頁 ……… 111
最決昭 53・5・31 刑集 32 巻 3 号 457 頁
　　　　　　　………………………………… 196, 520
最判昭 53・6・16 裁判集民 124 号 123 頁 ‥ 1086
最判昭 53・6・23 判時 897 号 59 頁 …… 950, 957
最判昭 53・7・17 裁判集民 124 号 333 頁 ‥ 1080
最判昭 53・7・25 判時 909 号 45 頁 ……… 959
最判昭 53・9・7 刑集 32 巻 6 号 1672 頁 …… 995
最判昭 53・12・21 民集 32 巻 9 号 1749 頁
　　　　　　　…………………………………… 1194
最判昭 54・5・29 判時 933 号 128 頁 ……… 991
最判昭 54・11・16 民集 33 巻 7 号 709 頁 … 953
最判昭 54・12・20 裁判集民 128 号 253 頁
　　　　　　　…………………………………… 1080
最判昭 55・1・18 判時 961 号 74 頁 ……… 1243
最判昭 55・1・24 民集 34 巻 1 号 102 頁 … 1201
最判昭 55・4・22 判時 968 号 53 頁
　　　　　　　………………………… 78, 731, 732
最判昭 55・9・11 民集 34 巻 5 号 737 頁 … 1077
最判昭 56・3・20 民集 35 巻 2 号 219 頁
　　　　　　　…………………………… 925, 1070, 1071
最判昭 56・9・24 民集 35 巻 6 号 1088 頁 … 132
最判昭 56・10・8 判時 1023 号 47 頁 …… 1038
最判昭 56・11・13 裁判集民 134 号 227 頁
　　　　　　　…………………………………… 1101
最判昭 56・11・13 判時 1026 号 89 頁
　　　　　　　………………………………… 1147, 1150
最判昭 57・3・9 判時 1040 号 53 頁 … 944, 1136
最判昭 57・3・30 判時 1038 号 288 頁 ……… 94
最判昭 57・10・19 判時 1062 号 87 頁 … 1070
最判昭 58・3・31 民集 37 巻 2 号 152 頁 … 1088
最判昭 58・4・14 判時 1131 号 81 頁 …… 1149
最判昭 58・5・26 判時 1088 号 74 頁
　　　　　　　………………………… 103, 375, 452
最判昭 59・3・13 裁判集民 141 号 295 頁 ‥ 1102
最判昭 60・3・15 判時 1168 号 66 頁 …… 1214

最判昭 61・2・20 民集 40 巻 1 号 43 頁 …… 1092
最判昭 61・5・30 民集 40 巻 4 号 725 頁 …… 958
最判昭 62・2・6 判時 1232 号 100 頁 ……… 959
最判昭 62・12・11 判時 1296 号 16 頁 ……… 743
最判昭 63・3・15 民集 42 巻 3 号 170 頁
　　　　　　　………………………………… 1179, 1204
最判平元・9・22 裁判集民 157 号 645 頁 … 1086
最判平元・12・8 民集 43 巻 11 号 1259 頁‥ 1018
最判平元・12・11 民集 43 巻 12 号 1763 頁
　　　　　　　…………………………………… 1091
最判平 2・7・20 民集 44 巻 5 号 975 頁 …… 946
最判平 3・4・2 判時 1386 号 95 頁 ……… 1117
最判平 3・7・16 訟月 38 巻 3 号 473 頁 …… 957
最判平 3・12・5 訟月 38 巻 6 号 1029 頁 …… 874
最判平 4・10・29 民集 46 巻 7 号 1174 頁
　　　　　　　…………………………………… 58, 104
最判平 5・11・11 民集 47 巻 9 号 5255 頁
　　　　　　　………………………………… 972, 1091
最判平 6・1・25 民集 48 巻 1 号 41 頁 …… 1231
最判平 6・2・10 民集 48 巻 2 号 388 頁 …… 1282
最判平 6・11・22 民集 48 巻 7 号 1355 頁 … 973
最判平 7・1・27 民集 49 巻 1 号 56 頁 ……… 60
最判平 7・10・24 交通民集 28 巻 5 号 1260 頁
　　　　　　　……………………………………… 163
最判平 8・2・22 判時 1559 号 46 頁 ……… 353
最判平 8・5・28 判時 1569 号 48 頁 …… 1118
最判平 8・10・31 民集 50 巻 9 号 2563 頁 ‥ 1091
最判平 9・2・25 民集 51 巻 2 号 448 頁 …… 968
最判平 9・2・25 民集 51 巻 2 号 502 頁
　　　　　　　……………………… 8, 15, 51, 378, 981
最判平 9・4・10 民集 51 巻 4 号 1972 頁 … 1091
最判平 9・5・30 判時 1605 号 42 頁 … 729, 1102
最判平 9・7・17 裁判集民 183 号 1031 頁・
　　判時 1614 号 72 頁 ………………… 85, 1090
最判平 9・7・17 裁判集民 1617 号 93 頁 …… 968
最判平 11・2・25 民集 53 巻 2 号 235 頁 … 981
最判平 11・2・25 判時 1670 号 21 頁 …… 1054
最判平 11・3・23 判時 1677 号 54 頁 ……… 51
最判平 11・6・29 判時 1684 号 59 頁 …… 1012
最決平 11・11・12 民集 53 巻 8 号 1787 頁
　　 ‥ 493, 514, 532, 533, 534, 535, 538, 541, 542, 544
最決平 11・11・26 金判 1081 号 54 頁 ‥ 493, 541
最決平 12・3・10 民集 54 巻 3 号 1073 頁
　　　　　　　………… 109, 247, 249, 528, 615, 851
最決平 12・3・10 訟月 47 巻 4 号 897 頁・

1503

判時 1711 号 55 頁……………… 492, 498, 513
最判平 12・3・24 民集 54 巻 3 号 1126 頁 ‥ 1402
最判平 12・4・7 裁判集民 198 号 1 頁 ……… 85
最判平 12・7・18 判時 1724 号 29 頁
　　　　　　　　　　………… 8, 15, 57, 981, 983
最決平 12・12・14 民集 54 巻 9 号 2709 頁
　　　　　　　　　　………… 493, 535, 540, 541
最決平 12・12・14 民集 54 巻 9 号 2743 頁‥ 620
最決平 13・2・22 判時 1742 号 89 頁
　　　　　　　　… 553, 560, 564, 566, 569, 583, 602
最判平 13・3・13 判時 1745 号 88 頁……… 1102
最決平 13・4・26 判時 1750 号 101 頁
　　　　　　　　　　……………… 109, 617, 618
最判平 13・7・10 金法 1638 号 40 頁 …… 1074
最決平 13・12・7 民集 55 巻 7 号 1411 頁
　　　　　　　　　　………………… 540, 541
最決平 13・12・13 民集 55 巻 7 号 1546 頁
　　　　　　　　　　……………………… 1180
最決平 16・2・20 判時 1862 号 154 頁 ‥ 493, 522
最判平 16・2・26 判時 1853 号 90 頁…… 1016
最決平 16・5・25 民集 58 巻 5 号 1135 頁
　　　　　　　　　　………………… 547, 548, 549, 601
最決平 16・11・26 民集 58 巻 8 号 2393 頁
　　　　　　　　　　…… 525, 526, 527, 535, 536
最判平 17・4・14 刑集 59 巻 3 号 259 頁
　　　　　　　　　　……………………… 297, 301
最決平 17・7・22 民集 59 巻 6 号 1837 頁
　　　　　　　　　　…… 510, 512, 547, 548, 549, 601
最決平 17・7・22 民集 59 巻 6 号 1888 頁
　　　　　　　　　　……………………… 522, 593
最決平 17・10・14 民集 59 巻 8 号 2265 頁
　　　　　　　　… 196, 198, 202, 203, 520, 521, 523, 853
最決平 17・11・10 民集 59 巻 9 号 2503 頁
　　　　　　　　　　……………………… 537, 539, 543
最決平 17・11・18 判時 1920 号 38 頁……… 331
最決平 18・1・24 判時 1926 号 65 頁…… 1039
最決平 18・1・27 判時 1927 号 57 頁
　　　　　　　　　　……………… 378, 1001, 1016
最決平 18・2・17 民集 60 巻 2 号 496 頁
　　　　　　　　　　…… 535, 538, 539, 542
最判平 18・3・3 判時 1928 号 149 頁……… 991
最決平 18・6・16 民集 60 巻 5 号 1997 頁 …… 981
最決平 18・10・3 民集 60 巻 8 号 2647 頁
　　　　　　　　　　…… 228, 248, 249, 530
最判平 18・11・14 裁判集民 222 号 167 頁・

判時 1956 号 77 頁………… 111, 378, 990, 1016
最判平 18・11・27 民集 60 巻 9 号 3437 頁…… 91
最判平 19・1・16 裁判集民 223 号 1 頁…… 1054
最決平 19・8・23 裁判集民 225 号 345 頁… 248
最決平 19・11・30 民集 61 巻 8 号 3186 頁
　　　　　　　　　　……………… 530, 536, 538
最決平 19・12・11 民集 61 巻 9 号 3364 頁
　　　　　　　　　　……………… 251, 252, 529
最決平 19・12・12 民集 61 巻 9 号 3400 頁
　　　　　　　　… 510, 512, 547, 548, 549, 601
最判平 20・6・10 判時 2042 号 5 頁… 1024, 1040
最判平 20・7・10 判時 2020 号 71 頁 …… 973
最決平 20・11・25 民集 62 巻 10 号 2507 頁
　　　　　　　　… 248, 251, 252, 528, 529, 530, 613
最決平 20・12・18 判例集未登載……… 843, 853
最判平 21・1・15 民集 63 巻 1 号 46 頁
　　　　　　　　　　……………… 851, 855
最判平 22・4・12 判時 2078 号 3 頁
　　　　　　　　　　…… 537, 539, 543, 544
最判平 22・4・20 判時 2078 号 22 頁……… 966
最判平 22・6・1 民集 64 巻 4 号 953 頁
　　　　　　　　　　……………… 1196, 1199
最判平 22・7・16 判時 2094 号 58 頁… 1016
最判平 23・3・9 民集 65 巻 2 号 723 頁… 1395
最判平 23・4・13 民集 65 巻 3 号 1290 頁… 621
最判平 23・9・13 民集 65 巻 6 号 2511 頁… 1038
最判平 23・10・11 判時 2136 号 9 頁… 537, 539
最判平 24・1・31 裁判集民 239 号 659 頁… 956
最判平 24・4・6 民集 66 巻 6 号 2535 頁… 1177
最判平 25・4・19 判タ 1392 号 64 頁… 197, 203
最決平 25・11・21 民集 67 巻 8 号 1686 頁
　　　　　　　　　　……………………… 1378
最決平 25・12・19 民集 67 巻 9 号 1938 頁
　　　　　　　　　　……………… 192, 533
最決平 26・7・10 判時 2237 号 42 頁… 1378
最決平 26・10・29 判時 2247 号 3 頁…… 543
最決平 27・11・30 民集 69 巻 7 号 2154 頁
　　　　　　　　　　……………… 957, 1395

【控訴院・高等法院】
東京控判明 41・1・25 新聞 481 号 4 頁…… 397
朝鮮高院判大 10・2・25 新聞 1841 号 16 頁
　　　　　　　　　　……………………… 1228
東京控決昭 9・2・17 新聞 3682 号 5 頁
　　　　　　　　　　……………… 1132, 1135

東京控判昭 9・7・23 新聞 3748 号 4 頁 …… 943

【高等裁判所】
大阪高判昭 24・11・25 高民 2 巻 3 号 309 頁
………………………………………………… 1396
大阪高判昭 25・1・21 下民 1 巻 1 号 35 頁
………………………………………………… 1121
東京高決昭 25・6・22 下民 1 巻 6 号 967 頁
…………………………………………… 1395, 1399
東京高決昭 26・2・13 高民 4 巻 3 号 49 頁
………………………………………………… 1131
福岡高決昭 27・5・8 下民 3 巻 5 号 639 頁
…………………………………………… 1131, 1136
東京高決昭 28・7・4 東高民時報 4 巻 2 号
73 頁 ……………………………………… 1131
大阪高判昭 29・8・5 下民 5 巻 8 号 1250 頁
………………………………………………… 1196
東京高判昭 29・12・20 東高民時報 5 巻 13 号
305 頁 ……………………………………… 317
東京高判昭 30・5・30 東高民時報 6 巻 6 号
138 頁 ……………………………………… 1295
大阪高判昭 30・5・31 高民 8 巻 5 号 345 頁
………………………………………………… 1191
名古屋高判昭 30・10・17 高民 8 巻 10 号
782 頁 ……………………………………… 1077
福岡高判昭 30・11・26 高民 8 巻 8 号 602 頁
………………………………………………… 1162
大阪高判昭 30・11・29 高民 8 巻 9 号 678 頁
………………………………………………… 458
大阪高決昭 31・1・29 高民 9 巻 1 号 3 頁 … 1137
東京高判昭 31・2・28 高民 9 巻 3 号 130 頁
………………………………………………… 317
東京高判昭 31・4・26 高民 9 巻 4 号 231 頁
………………………………………………… 1173
大阪高判昭 31・5・22 下民 7 巻 5 号 1325 頁
………………………………………………… 1396
名古屋高決昭 31・11・8 下民 7 巻 11 号
3153 頁 …………………………………… 1252
仙台高決昭 31・11・29 下民 7 巻 11 号
3460 頁 …………………………………… 512
広島高判昭 31・12・18 下民 7 巻 12 号
3699 頁 ………………………………… 78, 730
札幌高判昭 32・5・13 高民 10 巻 4 号 223 頁
………………………………………………… 957
福岡高決昭 33・1・23 訟月 4 巻 6 号 825 頁

……………………………………………………… 498
大阪高決昭 33・3・29 高民 11 巻 2 号 169 頁
………………………………………………… 1202
札幌高決昭 33・4・10 下民 9 巻 4 号 631 頁
………………………………………………… 207
東京高判昭 33・8・27 高民 11 巻 7 号 441 頁
………………………………………………… 1133
大阪高判昭 33・12・9 下民 9 巻 12 号 2412 頁
………………………………………………… 1067
広島高岡山支判昭 33・12・26 高民 11 巻 10 号
743 頁 ………………………………………… 70
東京高判昭 33・12・27 東高民時報 9 巻 12 号
238 頁 ……………………………………… 1137
東京高決昭 34・5・26 金法 212 号 4 頁
………………………………………………… 1131
名古屋高決昭 34・11・18 判時 212 号 27 頁
………………………………………………… 1191
名古屋高判昭 35・1・29 高民 13 巻 1 号 72 頁
………………………………………………… 1396
東京高判昭 35・3・3 東高民時報 11 巻 3 号
81 頁 ……………………………………… 1396
大阪高決昭 35・5・30 高民 13 巻 4 号 397 頁
………………………………………………… 1202
仙台高決昭 35・6・29 高民 13 巻 9 号 795 頁
………………………………………………… 1131
東京高決昭 35・7・18 下民 11 巻 7 号 1508 頁
………………………………………………… 1131
大阪高判昭 36・1・28 下民 12 巻 1 号 128 頁
………………………………………………… 1403
福岡高判昭 36・5・30 判時 276 号 21 頁 …… 966
大阪高判昭 36・6・28 下民 12 巻 6 号 1451 頁
………………………………………………… 954
大阪高判昭 36・10・11 判時 282 号 22 号 … 338
大阪高判昭 37・7・26 下民 13 巻 7 号 1568 頁
………………………………………………… 954
東京高判昭 37・10・29 高民 15 巻 7 号 567 頁
…………………………………………… 1066, 1117
大阪高判昭 37・11・19 高民 15 巻 9 号 654 頁
………………………………………………… 1199
大阪高判昭 37・12・26 下民 13 巻 12 号
2602 頁 …………………………………… 73
東京高判昭 38・2・19 東高民時報 14 巻 2 号
24 頁 ……………………………………… 1396
東京高決昭 38・3・5 下民 14 巻 3 号 359 頁
………………………………………… 614, 616, 855

広島高判昭38・7・4高民16巻5号409頁
　……………………………… 1136, 1147, 1148
仙台高決昭38・7・16下民14巻7号1432頁
　………………………………………… 364
東京高判昭38・9・23下民14巻9号1857頁
　………………………………………… 1214
大阪高判昭38・11・5下民14巻11号
　2208頁 ……………………………… 1171
大阪高決昭38・12・26下民14巻12号
　2664頁 …………………………… 874, 875
名古屋高判昭39・1・30高民17巻1号14頁
　………………………………………… 1402
東京高決昭39・3・10下民15巻3号502頁
　………………………………………… 333
仙台高判昭39・5・27訟月10巻7号940頁
　……………………………………… 78, 730
東京高決昭39・7・3下民15巻7号1713頁
　…………………………………… 499, 576
東京高決昭39・7・8東高民時報15巻
　7＝8号148頁 ……………………… 1135
仙台高決昭39・9・10下民15巻9号2172頁
　………………………………………… 1137
東京高決昭39・11・30東高民時報15巻
　11号241頁 ………………………… 1009
広島高判昭40・1・20高民18巻1号1頁
　………………………… 1291, 1296, 1297
札幌高判昭40・5・14判タ178号148頁 … 966
東京高決昭40・5・20判タ178号147頁
　…………………………… 499, 502, 503
東京高決昭40・8・4東高民時報16巻
　7＝8号144頁 ……………… 1131, 1136
大阪高決昭40・9・28判時434号41頁
　…………………………………… 507, 508
東京高決昭40・10・8下民16巻10号
　1549頁 ……………………………… 1142
大阪高決昭41・4・20下民17巻3＝4号
　334頁 ………………………………… 1204
広島高判昭41・9・30高刑19巻5号620頁
　………………………………………… 268
東京高判昭41・11・11判タ205号152頁
　………………………………… 1147, 1148
東京高判昭41・11・25判時469号43頁 … 964
大阪高判昭43・9・20判時548号75頁 …… 329
東京高判昭43・10・16判タ230号273頁
　………………………………………… 1166

東京高決昭43・10・28判タ230号273頁
　………………………………………… 1164
大阪高判昭44・3・20判タ235号251頁 … 329
高松高決昭45・5・20判時608号146頁 … 1143
東京高判昭47・5・22高民25巻3号209頁
　…………………………………… 505, 506, 510
東京高決昭48・1・30判時695号74頁 …… 329
福岡高決昭48・2・1下民24巻1〜4号
　74頁 ………………………………… 508
大阪高決昭48・7・12下民24巻5〜8号
　455頁 ………………………………… 530
福岡高決昭49・2・2判時747号67頁 …… 579
福岡高決昭49・3・29判時753号21頁 …… 616
高松高決昭50・7・17判時786号3頁
　…………………………………… 511, 569
福岡高決昭50・7・31判タ332号237頁 … 332
東京高決昭50・8・7下民26巻5〜8号
　686頁 ………………………………… 569
大阪高決昭50・11・27判時797号36頁 … 1168
東京高決昭51・2・25判時812号61頁 …… 957
東京高決昭51・6・30判時829号53頁
　…………………………………… 511, 870
東京高決昭51・9・13判時837号44頁 …… 183
名古屋高決昭52・2・3高民30巻1号1頁
　…………………………………… 501, 503
大阪高決昭52・3・30判時873号42頁
　………………………………… 1135, 1148
札幌高決昭52・5・30下民28巻5〜8号
　599頁 ……………………………… 496, 615
東京高決昭52・6・27判時864号92頁 …… 1057
福岡高決昭52・7・12下民28巻5〜8号
　796頁 ……………………………… 496, 503
福岡高決昭52・7・12下民32巻9〜12号
　1167頁 ……………………………… 497
福岡高決昭52・7・13高民30巻3号175頁
　………………………………………… 507
東京高判昭52・7・15判時867号60頁
　…………… 428, 429, 430, 433, 434, 435, 439, 994
広島高決昭52・12・19高民30巻4号456頁
　…………………………………… 619, 856
大阪高決昭53・3・6高民31巻1号38頁
　………………………… 555, 818, 819, 836
大阪高決昭53・3・15労判295号46頁 …… 508
広島高決昭53・4・22下民29巻1〜4号
　247頁 …………………………… 362, 363, 364

大阪高決昭53・5・17 高民31巻2号187頁
………………………… 509, 511, 619
東京高決昭53・5・19 訟月24巻6号1255頁
……………………………………… 364
大阪高決昭53・6・20 下民32巻9〜12号
1288頁……………………………… 507
東京高決昭53・7・19 東高民時報29巻7号
150頁 …………………………… 1131
大阪高決昭53・9・4 判時918号86頁…… 615
大阪高決昭53・9・22 判時912号43頁…… 511
東京高決昭53・11・28 判時916号28頁 … 511
東京高判昭54・2・6 東高民時報30巻2号
21頁・判時925号71頁………………… 1059
名古屋高金沢支決昭54・2・15 判タ384号
127頁 ……………………………… 509
大阪高決昭54・2・26 高民32巻1号24頁
………………………… 818, 819, 836
大阪高決昭54・3・15 下民32巻9〜12号
1387頁……………………………… 507
東京高判昭54・4・26 下民34巻5〜8号
679頁 ……………………………… 72
広島高判昭54・5・16 判時944号40頁 … 56
東京高決昭54・6・6 家月32巻3号101頁 ‥ 69
高松高決昭54・7・2 下民32巻9〜12号
1437頁 …………………………… 506
札幌高判昭54・7・5 判タ402号109頁
…………………………………… 1193, 1204
東京高決昭54・8・3 判時942号52頁
…………………………………… 499, 576
大阪高判昭54・8・29 判タ402号97頁…… 81
札幌高決昭54・8・31 下民30巻5〜8号
403頁 ……………………………… 260
大阪高決昭54・9・5 下民32巻9〜12号
1460頁……………………… 507, 510, 511
大阪高決昭54・9・5 下民32巻9〜12号
1471頁……………………… 507, 508, 510
東京高判昭54・10・8 判タ402号78頁…… 1228
東京高判昭54・10・18 下民33巻5〜8号
1031頁…………… 53, 623, 642, 643, 645,
647, 651, 652, 653, 656
東京高決昭55・1・18 下民32巻9〜12号
1512頁 …………………………… 506
大阪高判昭55・1・30 下民31巻1〜4号
2頁 ………………………… 53, 652, 653
大阪高判昭55・1・30 判時966号50頁

………………………………… 1297, 1399
東京高決昭55・5・16 判時967号72頁…… 1137
大阪高決昭55・7・17 判時986号65頁…… 511
東京高決昭56・1・28 判時995号58頁
………………………………… 363, 365
名古屋高決昭56・2・18 判時1007号66頁
……………………… 431, 432, 433, 435
東京高決昭56・4・23 判タ446号99頁…… 329
大阪高決昭56・10・14 判時1046号53頁
………………………… 499, 576, 578
東京高決昭56・11・10 判時1029号77頁
………………………………………… 1137
東京高決昭56・11・25 判時1029号78頁
………………………………………… 1225
東京高決昭56・12・3 下民32巻9〜12号
1604頁 …………………………… 617
東京高決昭57・4・28 判時1045号91頁 … 615
大阪高決昭58・2・28 高民36巻1号39頁
………………………………………… 842
大阪高決昭58・9・26 判タ510号117頁 … 331
東京高決昭58・12・13 判時1105号54頁 … 506
東京高決昭59・2・20 判タ526号145頁 … 497
東京高決昭59・2・28 判タ528号191頁 … 507
東京高決昭59・3・29 判時1112号65頁 … 1074
大阪高決昭59・4・23 判タ535号212頁 ‥ 1396
東京高決昭59・6・7 下民35巻5〜8号
336頁 ……………………………… 620
東京高決昭59・7・3 高民37巻2号136頁
………………………… 244, 245, 259, 530
東京高決昭59・8・16 判タ545号139頁 ‥ 1136
東京高決昭59・9・17 高民37巻3号164頁
……………………………… 509, 856
東京高決昭59・9・18 判タ544号133頁 ‥ 1137
大阪高決昭59・10・5 判タ546号142頁 ‥ 1004
東京高決昭60・8・29 判時1163号69頁 … 870
東京高決昭61・1・29 判時1184号72頁 ‥ 1077
東京高決昭61・5・8 判時1199号75頁…… 507
大阪高決昭61・6・23 高民39巻3号45頁
………………………………………… 842
東京高決昭61・7・16 判時1207号56頁
………………………………… 1133, 1137
大阪高決昭61・9・10 判時1222号35頁 … 583
大阪高決昭62・3・18 判時1246号92頁
………………………………… 498, 504
東京高判昭63・10・20 高民41巻3号125頁

……………………………………1165
広島高松江支決平元・3・6 訟月 36 巻 3 号
　323 頁………………………………583
東京高決平元・6・28 判時 1323 号 64 頁……513
大阪高決平元・10・23 判時 1373 号 51 頁
　………………………………511, 512
東京高判平元・10・31 判タ 765 号 234 頁……90
名古屋高金沢支決平 2・2・7 判時 1358 号
　112 頁………………………1137, 1143
東京高判平 3・1・30 判時 1381 号 49 頁
　…………………53, 54, 652, 653, 657, 671
東京高判平 3・9・2 東高民時報 42 巻
　1〜12 号 56 頁……………………1230
大阪高判平 4・1・28 判タ 787 号 263 頁
　………………………………327, 329
大阪高決平 4・6・11 判タ 807 号 250 頁
　………………………………507, 508
東京高決平 4・6・19 判タ 856 号 257 頁
　………………………241, 245, 527
東京高判平 4・6・22 判時 1428 号 87 頁
　………………………………1137, 1142
大阪高決平 4・11・30 判時 1470 号 83 頁
　………………………………1136, 1139
仙台高決平 5・5・12 判時 1460 号 38 頁……555
大阪高判平 7・2・14 判タ 889 号 281 頁……1213
福岡高決平 7・3・9 判タ 883 号 269 頁……513
福岡高決平 8・8・15 判タ 929 号 259 頁
　………………………………499, 576
東京高判平 8・9・26 判タ 1589 号 56 頁……1213
名古屋高判平 9・6・18 判時 1616 号 153 頁
　………………………………………1074
東京高決平 9・8・22 金法 1506 号 68 頁……513
東京高判平 10・4・22 判時 1646 号 71 頁……1037
東京高判平 10・7・16 金判 1055 号 39 頁
　………………………………611, 612
高松高決平 11・8・18 判時 1706 号 54 頁
　………………………………497, 498
東京高判平 11・12・3 判タ 1046 号 280 頁…264
東京高判平 11・12・3 判タ 1026 号 290 頁
　………………………………830, 842
大阪高決平 12・1・17 判時 1715 号 39 頁……602
東京高判平 13・7・16 判時 1757 号 81 頁……1037
東京高判平 14・1・31 判時 1815 号 123 頁
　………………………654, 655, 656
東京高判平 15・7・29 判時 1838 号 69 頁…960

東京高決平 15・11・18 判時 1884 号 34 頁‥498
東京高決平 16・5・6 判時 1891 号 56 頁……521
東京高決平 16・6・8 民集 58 巻 8 号 2412 頁
　………………………………………527
東京高判平 16・8・31 判時 1903 号 21 頁‥1151
大阪高判平 16・10・15 判タ 1188 号 313 頁
　………………………………………928
大阪高判平 16・12・27 判時 1921 号 68 頁‥529
東京高判平 17・5・19 判時 1196 号 311 頁…362
札幌高判平 17・6・29 判タ 1226 号 333 頁
　………………………………………1122
福岡高決平 18・3・2 判タ 1232 号 329 頁…1022
東京高決平 18・3・29 ＴＫＣ文献番号
　25437213………………………………578
東京高決平 18・3・30 判タ 1254 号 312 頁‥593
東京高決平 18・8・30 金判 1251 号 13 頁‥1036
大阪高判平 18・9・14 判時 1226 号 107 頁
　………………………………1035, 1041
福岡高決平 18・12・28 判タ 1247 号 337 頁
　………………………………………557
大阪高決平 19・1・30 金判 1263 号 25 頁…164
東京高決平 19・1・31 判タ 1263 号 280 頁
　………………………………………1039
東京高決平 19・5・30 判時 1993 号 22 頁‥1077
東京高決平 19・7・18 訟月 54 巻 9 号 2065 頁
　………………………………………582
大阪高決平 19・10・30 判タ 1265 号 190 頁
　………………………………………1035
名古屋高金沢支判平 20・2・4 裁判所ウェブ
　サイト………………………………654, 655
東京高決平 20・2・19 判タ 1300 号 293 頁
　………………………………524, 593
福岡高決平 20・5・19 判例集未登載………853
福岡高判平 20・5・29 判時 2025 号 48 頁‥1036
名古屋高決平 20・10・27 証券取引被害判例
　セレクト 32 巻 121 頁…………540, 543
知財高判平 21・1・28 判タ 1300 号 287 頁
　………………………………654, 656
東京高決平 21・2・24 判タ 1299 号 186 頁
　………………………………………1029
名古屋高決平 21・3・5 ＴＫＣ文献番号
　25471888………………………………578
東京高判平 21・3・27 判タ 1308 号 283 頁
　………………………654, 655, 656, 657
大阪高決平 21・5・15 金法 1901 号 132 頁‥542

東京高判平 21・5・28 判時 2060 号 65 頁
……………………………………………… 1035, 1042
名古屋高決平 21・9・30 TKC 文献番号
25463465 ……………………………………… 543
広島高決平 21・11・17 消費者法ニュース
82 号 82 頁…………………………… 499, 578
東京高判平 21・12・17 判時 2097 号 37 頁
……………………………………………………… 1037
東京高決平 22・7・20 判時 2106 号 37 頁… 531
東京高決平 22・12・15 消費者法ニュース
87 号 60 頁………………………… 654, 655, 657
東京高判平 23・3・23 判時 2116 号 32 頁… 1042
東京高決平 24・3・22 消費者法ニュース
92 号 157 頁…………………………… 654, 655
東京高判平 24・6・4 判時 2162 号 54 頁
………………………………………… 654, 656
知財高判平 24・9・26 判例集未登載……… 434
東京高判平 24・10・24 判時 2168 号 65 頁… 400
東京高決平 26・8・8 判時 2252 号 46 頁…… 537

【地方裁判所・簡易裁判所】
東京地決大 3・12・28 新聞 990 号 26 頁…… 873
盛岡地判昭 2・4・22 新聞 2723 号 12 頁…… 966
大阪地決昭 2・4・27 新聞 2721 頁 5 頁…… 1190
大阪地決昭 2・6・14 新聞 2721 号 6 頁…… 1190
盛岡地判昭 5・7・9 新聞 3157 号 9 頁……… 965
神戸地判昭 24・6・3 高民 2 巻 3 号 317 頁
………………………………………………………… 1395
京都簡判昭 25・3・4 下民 1 巻 3 号 344 頁
………………………………………………………… 1122
京都地判昭 25・8・22 下民 1 巻 8 号 1322 頁
………………………………………………… 325, 326
東京地判昭 26・2・12 下民 2 巻 2 号 187 頁
………………………………………………………… 1396
神戸地判昭 26・2・15 下民 2 巻 2 号 202 頁
………………………………………………………… 1166
長野地諏訪支判昭 26・6・25 下民 2 巻 6 号
808 頁………………………………………… 1166
神戸地判昭 26・7・19 下民 2 巻 7 号 923 頁
………………………………………………… 130, 278
大阪地判昭 27・10・21 下民 3 巻 10 号
1487 頁……………………………………… 68
大阪地判昭 28・6・29 下民 4 巻 6 号 945 頁… 70
仙台地判昭 28・11・10 下民 4 巻 11 号
1625 頁………………………………………… 1166

大阪地判昭 29・12・7 下民 5 巻 12 号 1981 頁
………………………………………………………… 1166
東京地判昭 30・6・15 判時 59 号 19 頁……… 953
東京地判昭 30・8・16 下民 6 巻 8 号 1633 頁
……………………………………………… 1396, 1399
東京地判昭 31・6・7 下民 7 巻 6 号 1500 頁
………………………………………………………… 1166
東京地判昭 31・12・3 下民 7 巻 12 号 3528 頁
………………………………………………………… 731
神戸地判昭 32・9・30 下民 8 巻 9 号 1843 頁
………………………………………………………… 948
東京地判昭 33・8・29 下民 9 巻 8 号 1701 頁
………………………………………………………… 1181
仙台地判昭 33・10・7 判時 167 号 24 頁
……………………………………………… 1175, 1192
大阪地判昭 35・1・22 下民 11 巻 1 号 85 頁… 70
東京地判昭 35・3・17 行集 11 巻 3 号 598 頁
………………………………………………………… 72
甲府地判昭 35・3・29 下民 11 巻 3 号 609 頁
………………………………………………………… 70
東京地判昭 35・7・4 判時 234 号 7 頁……… 971
東京地判昭 35・9・27 判時 238 号 26 頁…… 886
東京地判昭 35・9・30 下民 11 巻 9 号 2034 頁
………………………………………………………… 129
大阪地判昭 36・2・3 下民 12 巻 2 号 218 頁
………………………………………………………… 1074
大阪地判昭 36・4・13 行集 12 巻 4 号 650 頁
………………………………………………………… 964
東京地判昭 36・7・13 下民 12 巻 7 号 1657 頁
………………………………………………………… 1060
東京地判昭 36・8・29 下民 12 巻 8 号 2055 頁
………………………………………………………… 1403
秋田地判昭 36・12・25 下民 12 巻 12 号
3194 頁……………………………………… 1166
高松地判昭 37・5・8 判時 302 号 27 頁…… 1227
千葉地判昭 37・10・27 判タ 139 号 103 頁… 954
横浜地判昭 37・11・2 下民 13 巻 11 号
2225 頁……………………………………… 1131
大阪地判昭 38・6・4 判時 347 号 54 頁…… 1403
東京地決昭 39・3・16 下民 15 巻 3 号 532 頁
………………………………………………………… 1394
東京地判昭 39・8・15 判時 398 号 39 頁…… 971
灘簡決昭 39・12・4 下民 15 巻 12 号 2875 頁
………………………………………………………… 1399
大阪地判昭 40・1・21 判タ 172 号 149 頁

………………………… 1396, 1399
京都地決昭 40・3・30 訟月 11 巻 6 号 877 頁
　…………………………………………… 687
東京地判昭 40・8・25 下民 16 巻 8 号 1322 頁
　………………………………………… 997
東京地判昭 40・8・31 下民 16 巻 8 号 1359 頁
　………………………………………… 1196
京都地判昭 40・9・21 下民 16 巻 9 号 1429 頁
　………………………………………… 1434
東京地判昭 40・10・14 判時 437 号 51 頁 ‥ 1117
大阪地判昭 41・3・28 判タ 191 号 184 頁 ‥ 1167
熊本地判昭 41・6・10 訟月 12 巻 7 号 1088 頁
　………………………………………… 1186
東京地判昭 41・9・8 判時 463 号 50 頁…… 458
札幌地判昭 42・1・13 判時 493 号 49 頁…… 730
名古屋地決昭 42・1・16 下民 18 巻 1 = 2 号
　1 頁 ……………………………………… 1396
東京地判昭 42・2・28 下民 18 巻 1 = 2 号
　186 頁 …………………………………… 953
東京地判昭 42・3・6 下民 18 巻 3 = 4 号
　219 頁 ………………………… 1396, 1396
東京地判昭 42・3・28 判タ 208 号 127 頁 ‥ 1002
鳥取地判昭 42・4・25 判タ 218 号 219 頁 …… 70
東京地判昭 42・10・20 下民 18 巻 9 = 10 号
　1033 頁 ………………………………… 948
東京地判昭 42・11・7 判時 519 号 61 頁 …… 966
広島地決昭 43・4・6 訟月 14 巻 6 号 620 頁
　…………………………………………… 507
中之条簡決昭 43・4・10 判時 539 号 63 頁
　…………………………………………… 1399
大阪地判昭 43・5・20 判タ 225 号 209 頁
　…………………… 632, 633, 651, 652, 657
東京地決昭 43・9・14 判時 530 号 18 頁 …… 503
東京地決昭 43・9・27 行集 19 巻 8 = 9 号
　1523 頁 ………………………………… 511
東京地判昭 43・10・15 訟月 14 巻 10 号
　1185 頁 ………………………………… 501
福岡地決昭 44・7・8 判時 589 号 65 頁…… 1396
大阪地判昭 45・1・31 判時 606 号 61 頁 …… 953
東京地判昭 45・6・26 判時 615 号 46 頁 …… 757
東京地判昭 45・6・29 判時 615 号 38 頁
　……………………………………… 55, 987
大阪地決昭 45・11・6 訟月 17 巻 1 号 131 頁
　…………………………………………… 501
東京地判昭 46・2・22 判時 633 号 91 頁…… 70

東京地決昭 46・3・15 下民 22 巻 3 = 4 号
　267 頁 …………………………………… 208
東京地判昭 46・4・26 判時 641 号 81 頁
　…………………………… 428, 430, 435, 994
大阪地判昭 46・9・10 判タ 274 号 337 頁 … 875
名古屋地判昭 46・9・14 判タ 271 号 216 頁
　…………………………………………… 1395
新潟地判昭 46・9・29 下民 22 巻 9 = 10 号
　別冊 1 頁 ……………………… 44, 53, 651, 652
大分地判昭 46・11・8 判時 656 号 82 頁
　…………………………… 430, 435, 438, 439, 994
大阪地決昭 46・11・15 判時 651 号 28 号 … 848
浦和地判昭 47・1・27 判時 655 号 11 頁 …… 568
大阪地判昭 47・4・26 判タ 282 号 367 頁 …… 329
東京地判昭 47・7・17 判タ 282 号 235 頁
　……………………………………… 55, 987
東京地判昭 48・4・18 判時 720 号 72 頁…… 730
広島地判昭 48・4・19 判時 700 号 89 頁…… 56
東京地判昭 49・3・1 下民 25 巻 1～4 号
　129 頁 …………………………………… 81
東京地判昭 49・7・18 判時 764 号 62 頁
　……………………………………… 55, 987
横浜地決昭 49・8・27 訟月 20 巻 11 号 110 頁
　……………………………………… 1399, 1400
東京地判昭 50・2・24 判時 789 号 61 頁 …… 695
大阪地判昭 50・10・30 判時 817 号 94 頁 ‥ 1244
水戸地判昭 50・12・8 判タ 336 号 312 頁
　……………………………………… 55, 987
名古屋地判昭 50・12・24 下民 26 巻
　9～12 号 105 頁 ……………………… 317
名古屋地決昭 51・1・30 訟月 22 巻 3 号
　779 頁 …………………………………… 501
東京地八王子支決昭 51・7・28 判時 847 号
　76 頁 …………………………………… 247
釧路地決昭 51・12・23 訟月 22 巻 13 号
　2929 頁 ………………………………… 1396
福岡地久留米支判昭 52・3・15 判タ 362 号
　292 頁 …………………………………… 1228
福岡地判昭 52・6・21 判時 869 号 31 頁 …… 497
大阪地決昭 52・11・22 労働法律旬報 953 号
　27 頁 …………………………………… 510
大阪地決昭 53・1・17 判時 904 号 75 頁 …… 509
東京地決昭 53・3・3 下民 29 巻 1～4 号
　112 頁 …………………………………… 247
静岡地決昭 53・3・10 訟月 24 巻 2 号 310 頁

高知地決昭53・4・15判時900号100頁
　………………………………………… 362, 364
東京地決昭53・11・30判時913号96頁
　………………………………………… 363, 364
高松地決昭54・2・7判時942号60頁…… 508
京都地判昭54・2・23下民30巻1～4号
　39頁……………………………………… 1399
東京地判昭54・3・23判時942号65頁…… 73
大阪地判昭54・8・10下民32巻9～12号
　1453頁…………………………………… 508
大阪地判昭54・9・21下民32巻9～12号
　1482頁…………………………………… 508
浦和地決昭54・11・6訟月26巻2号325頁
　…………………………………………… 501
東京地判昭55・2・25判タ414号90頁… 1403
大阪地判昭55・5・28判タ419号131頁… 1196
大阪地判昭56・2・25判タ440号109頁… 508
横浜地決昭56・7・31判時1042号128頁
　…………………………………………… 1137
東京地判昭56・9・14判時1015号20頁… 1180
浦和地判昭57・11・10行集33巻11号
　2256頁…………………………………… 555
東京地判昭58・5・30判時1112号91頁… 329
宮崎地判昭58・9・26交通民集16巻5号
　1273頁…………………………………… 987
大阪地決昭59・3・2判タ535号266頁… 1396
神戸地判昭59・5・18判時1135号140頁
　………………………………… 432, 433, 435, 440, 995
横浜地判昭59・5・28判タ537号165頁… 1260
盛岡地判昭59・8・10判時1135号98頁
　………………………………… 429, 430, 435, 994
千葉地決昭59・8・21判時1147号130頁
　…………………………………………… 1137
京都地判昭61・2・4判時1199号131頁… 1162
大阪地決昭61・5・28判時1209号16頁
　………………………………………… 502, 583
広島地決昭61・11・21判時1224号76頁… 871
東京地判昭63・7・21判時1303号93頁… 363
東京地判昭63・8・29判時1314号68頁… 1228
名古屋地決昭63・12・12判タ693号226頁
　…………………………………………… 583
鳥取地決平元・1・25訟月36巻3号337頁
　…………………………………………… 583
千葉地判平元・8・25判時1361号106頁… 1399
　…………………………………………… 364
東京地判平元・9・26判時1354号120頁… 1396
東京地判平2・7・24判時1364号57頁
　………………………………… 53, 652, 653, 657, 671, 674
東京地判平2・7・30判時1389号102頁… 1399
東京地判平2・10・5判時1364号3頁
　……………………………………… 460, 461
名古屋地決平2・10・16判時1378号61頁
　…………………………………………… 504
大阪地決平3・5・14判時1455号119頁… 1396
大阪地決平3・5・30判時1402号93頁… 1136
名古屋地判平3・8・9判時1408号105頁
　………………………………… 432, 433, 435, 995
東京地判平3・8・27判時1420号104頁… 1137
東京地判平4・1・24交通民集25巻1号
　71頁……………………………………… 163
東京地判平4・1・31判時1418号109頁… 965
東京地判平4・2・7判タ782号65頁……… 56
東京地判平4・2・24判タ796号223頁…… 89
大阪地判平4・3・9判タ1425号106頁… 508
東京地判平4・6・17判時1435号27頁… 1182
大阪地判平4・7・24判タ825号264頁… 1136
東京地判平5・7・20判タ862号271頁… 1399
大阪地判平5・10・13判時1514号119頁
　…………………………………………… 1193
東京地判平5・12・22判タ868号224頁… 1203
東京地判平6・3・30判時1523号106頁
　……………………………………… 636, 652, 653
浦和地判平7・10・27判タ905号215頁
　………………………………… 54, 632, 633, 652, 653, 657
高知地判平8・3・19交通民集29巻2号
　419頁……………………………………… 163
田川簡決平8・8・6判タ927号252頁…… 1395
東京地判平8・9・26判時1605号76頁… 1396
東京地判平8・12・10判時1589号81頁… 960
東京地決平9・3・31判時1613号114頁… 1143
東京地判平10・5・29判タ1004号260頁
　………………………………… 102, 433, 435, 439, 994
東京地判平10・8・27判タ983号278頁… 872
東京地判平10・10・16判タ1016号241頁
　…………………………………………… 1032
札幌簡決平10・12・4判タ1039号267頁
　………………………………… 553, 569, 579, 631
京都地判平10・12・11判時1708号71頁… 56
大阪地判平11・3・29判例集未登載……… 434
大阪地決平11・7・23判時1715号42頁… 602

東京地判平 11・8・31 判時 1687 号 39 頁 … 1036
横浜地判平 12・9・6 判時 1737 号 101 頁 … 1034
東京地判平 12・11・29 判タ 1086 号 162 頁
　………………………………………………… 994
東京地判平 13・2・28 判タ 1068 号 181 頁
　………………………………………………… 1034
東京地判平 14・3・28 判時 1793 号 133 頁
　………………………………………………… 1034
東京地判平 14・7・24 判時 1799 号 124 頁
　………………………………………………… 1034
東京地八王子支判平 14・9・5 交通民集 35 巻
　5 号 1207 頁 ……………………………… 75
東京地判平 14・10・15 判タ 1160 号 273 頁
　…………………………………………… 326, 327
東京地判平 14・10・29 判時 1885 号 23 頁
　………………………………………………… 1337
東京地判平 15・1・17 判例集未登載 ……… 434
名古屋地判平 15・2・7 判タ 1118 号 278 頁
　………………………………………… 434, 435, 439
大阪地判平 15・10・3 判タ 1153 号 254 頁
　………………………………………………… 1036
東京地判平 15・11・28 裁判所ウェブサイト
　………………………………………… 654, 656, 658
東京地決平 16・9・16 判時 1876 号 65 頁 … 523
東京地判平 17・2・24 先物取引裁判例集
　40 号 113 頁 ……………………………… 1228
東京地判平 17・2・25 判例集未登載 ……… 434
東京地判平 17・3・30 判時 1896 号 49 頁 … 327
東京地判平 17・5・30 判例集未登載 ……… 434
大阪地判平 17・6・27 判タ 1188 号 282 頁 … 960
東京地判平 17・11・30 判タ 1244 号 298 頁
　………………………………………………… 1033
大阪地判平 18・2・22 金判 1238 号 37 頁 … 164
大分地決平 18・2・28 ＴＫＣ文献番号
　25437224 ……………………………………… 578
東京地判平 18・3・17 裁判所ウェブサイト
　………………………………………………… 326
旭川地決平 18・5・1 ＴＫＣ文献番号
　25437208 ………………………………… 577, 578
東京地判平 18・11・17 判タ 1249 号 145 頁
　………………………………………………… 1036
東京地判平 18・12・12 判時 1981 号 53 頁
　………………………………………………… 1029
本庄簡判平 19・6・14 判タ 1254 号 199 頁
　………………………………………… 631, 654, 655

東京地決平 19・6・26 訟月 54 巻 9 号 2074 頁
　………………………………………………… 582
東京地判平 19・7・11 判時 1992 号 99 頁 … 1213
横浜地決平 19・7・31 労経速 1982 号 3 号・
　ＴＫＣ文献番号 28132202 …………………… 209
横浜地決平 19・9・21 判タ 1278 号 306 頁
　………………………………………………… 584, 593
東京地判平 19・10・26 判時 2012 号 39 頁
　………………………………………………… 1041
福岡地小倉支判平 20・1・16 判例集未登載
　………………………………………………… 853
東京地判平 21・6・18 判タ 1310 号 198 頁
　………………………………………………… 1042
名古屋地判平 21・8・7 判時 2070 号 77 頁
　……………………………………… 1024, 1027, 1042
名古屋地判平 21・12・11 判時 2072 号 88 頁
　………………………………………………… 1041
東京地判平 21・12・25 裁判所ウェブサイト
　……………………………………………… 434, 435
岡山地決平 22・3・8 判時 2078 号 87 頁 … 523
さいたま地判平 23・2・4 賃金と社会保障
　1576 号 58 頁 …………………… 654, 655, 656, 657
京都地判平 23・10・31 判タ 1373 号 173 頁
　………………………………………………… 654, 658
東京地判平 26・6・20 裁判所ウェブサイト
　………………………………………………… 434

【家庭裁判所】
名古屋家決昭 37・6・15 判時 306 号 40 頁
　………………………………………………… 1132
大阪家堺支審昭 39・6・11 家月 16 巻 11 号
　156 頁 …………………………………………… 946

【編者紹介】

高田裕成（たかた・ひろしげ）
　　東京大学教授

三木浩一（みき・こういち）
　　慶應義塾大学教授

山本克己（やまもと・かつみ）
　　京都大学教授

山本和彦（やまもと・かずひこ）
　　一橋大学教授

注釈民事訴訟法　第4巻　§§179〜280
　　　　　　　　第一審の訴訟手続(2)

平成29年7月20日　初版第1刷発行

編　者	高　田　裕　成
	三　木　浩　一
	山　本　克　己
	山　本　和　彦
発行者	江　草　貞　治
発行所	株式会社　有　斐　閣

郵便番号 101-0051
東京都千代田区神田神保町2-17
電話(03)3264-1314〔編集〕
　　(03)3265-6811〔営業〕
http://www.yuhikaku.co.jp/

印刷・萩原印刷株式会社／製本・牧製本印刷株式会社
©2017, Hiroshige Takata, Koichi Miki, Katsumi Yamamoto,
Kazuhiko Yamamoto. Printed in Japan
乱丁・落丁本はお取替えいたします。
★定価はケースに表示してあります。
ISBN 978-4-641-01794-8

JCOPY　本書の無断複写（コピー）は、著作権法上での例外を除き、禁じられています。複写される場合は、そのつど事前に、(社)出版者著作権管理機構（電話03-3513-6969, FAX03-3513-6979, e-mail:info@jcopy.or.jp）の許諾を得てください。

本書のコピー，スキャン，デジタル化等の無断複製は著作権法上での例外を除き禁じられています。本書を代行業者等の第三者に依頼してスキャンやデジタル化することは，たとえ個人や家庭内での利用でも著作権法違反です。